中国现代学术编年

梅新林 俞樟华 钟晨音 王 锐 潘德宝 撰

第三卷 （1923—1926）

华东师范大学出版社·上海

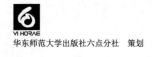

华东师范大学出版社六点分社　策划

浙江省哲学社会科学重点研究基地"浙江工业大学浙江学术文化研究中心"重大项目

目　　录

凡　例

　　一、《中国现代学术编年》（以下简称《编年》）是一部以编年体著录中国现代学术发展历程与成果的集成性之作，同时兼具工具书的检索功能。

　　二、《编年》起于1911年，迄于1949年，在时间上与《中国学术编年》相衔接和贯通。

　　三、《编年》共分12卷，约1800万字，收录10万余位学者，8万余部学术著作，5万余篇学术论文。

　　四、《编年》具有自己独特而鲜明的学术追求，重点关注本时段学术主流特色与学术发展趋势两个方面，重在揭示以下四大规律：

　　1. 注重中国学术史的宏观发展演变历程，以见各代学术盛衰规律；

　　2. 注重学术流派的源起、形成、鼎盛及至解体历程，以见学术流派的兴替规律；

　　3. 注重学术群体的区域流向、移位、承变历程，以见学术中心的迁移规律；

　　4. 注重中外学术的冲突、交流与融合历程，以见跨文化的学术传通规律。

　　五、《编年》综合吸取历代史书与各种学术编年之长而加以融通之，率先采用一种新的编撰体例，由学术背景、学术活动、学术论文、学术著作、学者生卒、学术评述六大栏目构成，同时在各栏目适当处加按语，合之为七大板块。若遇跨类，则以"互见法"于相应栏目分录之。

　　六、《编年》中的"学术背景"栏目以事件进程为序著录，着重反映深刻影响中国学术史发展进程的重大文化政策以及政治、经济、军事、外交诸方面的重大事件，重点突显中西交融与新旧转型的时空特征，以考察学术演变的特定时代背景及其对学术思潮、治学风尚的影响。

　　七、《编年》中的"学术活动"栏目以人物兴替为序著录，着重记述学者治学经历、师承关系和学术交流活动，以明学术渊源之所自、学术创见之所成、学术流派之脉络以及不同流派之间的争鸣、兴替轨迹。其中学者仕历与学术思想和学术活动之演变关系密切，故多予著录。人物兴替以空间流向为板块，以学坛领袖为中心，以学术大师为主角，以代际交替为序列，有时遇相关或相近活动则一并著录之。

　　八、《编年》中的"学术论文"栏目以论文刊载时间为序著录，着重记述具有代表性的学术论文，兼录奏疏、序跋、书信以及译文等等。鉴于5万余篇学术论文的海量文献，故而按照学术论文发表的刊物为序编排。

　　九、《编年》中的"学术著作"栏目以著述类型为序著录，着重记述具有代表性的学术著作，包括纂辑、校勘、评点、注释、考证、译著等等。鉴于8万余部学术著作的海量文献，故而分为往代著述、时人自著、译著以及编译四种类型,其中往代著述以时代为序,时人自著以类别为序,译著以国别为序,编译以未署名的著作列于最后。

十、《编年》中的"学者生卒"栏目以卒年生年为序著录,又分卒年、生年两小栏。其中卒年栏著录学者姓名、生年、字号、籍贯以及代表性的重要著述,凡特别重要人物,略述其一生主要成就、贡献与地位、传记资料及后人的简单评价。

十一、《编年》中的"学术评述"栏目,以上述文献著录为基础,再就每年的学术活动与成果以及发展趋势加以简要归纳和揭示,犹如揭示各代学术发展的"纲目",以此与以上各栏目的"按语"组合起来,即相当于一部简明学术史。

十二、《编年》采用正文加按语的形式著录。按语的主要内容是:

1. 价值评判。即对学术价值以及对学术之影响进行评价,直接评价或引用前人成说皆可。

2. 原委概述。对其缘起、过程、流变、结果、影响诸方面作一概要论述。

3. 补充说明。即对其具体内容以及相关背景材料再作扼要说明。

4. 史料存真。即录下比较珍贵的史料或略为可取的异说,裨人参考。

5. 考辨论断。对于异说或有争论者,略加考辨并尽量作出断论,或择取其中一说。

"按语"犹如揭示各代学术发展的"纲目",更具学术史评述的容量与特点。

十三、《编年》采用公元纪年,配之以民国与干支年号。凡因农历与公历差异产生年份出入问题,以公历为准。鉴于公元纪年始于1912年,此前的1911年以两者兼录作为过渡。无法确切考定月、日者,用"是年""是月"标之。凡在系年上有分歧而难以断定者,取一通行说法著录之,另以按语录以他说。

十四、《编年》所涉及的地名,以民国行政区划为据,一般不注今地名。

十五、《编年》以文集、目录(图书与报刊目录)、年谱、年鉴、传记、日记、笔记、回忆录等为主要材料依据,同时也重点参考了相关学案、编年以及学术史论著。所录文献,引文标注所出,以示征信;其他材料,限于体例,未能一一注明所出。

十六、《编年》充分借鉴和吸取了学界前辈同仁的诸多学术成果,包括文集、目录、索引、年谱、年鉴、传记、日记、笔记、回忆录、评述、学案、编年以及相关学术史论著等,除了部分见于《前言》以及有关条目"按语"之外,主要载于最后所列"征引与参考文献",包括著作与论文两个方面。征引与参考文献的著录顺序:先著作,后论文,按拼音先后排序。

十七、《编年》根据一以贯之的统一要求与体例格式进行编写,但根据学术发展演变的实际情况或有变通处理,力求达到规范与变通的有机结合。

1923 年　民国十二年　癸亥

一、学术背景

1月1日,孙中山在上海发表《中国国民党宣言》,宣布对时局的主张与民族、民权、民生政策。

按:宣言曰:盖以言民族,有史以来,其始以一民族成一国家,其继乃与他民族糅合搏聚以成一大民族。民族之种类愈多,国家之版图亦随以愈广。以言民权,则民为邦本之义,深入于人心,四千余年残贼之独夫,鲜能逃民众之斧钺。以言民生,则不患寡而患不均之说,由学理演为事实,求治者以摧抑豪强为能事,以杜绝兼并为盛德,贫富之隔,未甚悬殊。凡此三者,历史之留遗,所以浸渍而繁滋者,至丰且厚,此吾人所以能自立于世界者也。然民族无平等之结合,民权无确立之制度,民生无均衡之组织,故革命战争循环不已,盛衰起伏,视为固然,而未由睹长治久安之效。近世以来,革命思潮,磅礴于欧,渐渍于美,波荡于东亚。所谓民族主义、民权主义、民生主义,乃由磨砻而愈进于光明,由增益而愈趋于完美。此世界所同,而非一隅所能外者。我国当此,亦不能不激励奋发,于革命史上开一新纪元矣。

本党总理孙先生文,内审中国之情势,外察世界之潮流,兼收众长,益以新创,乃以三民主义为立国之本原,五权宪法为制度之纲领,俾民治臻于极轨,国基安于磐石;且以跻于有进而无退,一治而不复乱之域焉。夫革命之内容既异于前代,革命之手段亦因以不同。前代革命虽起于民众,及其成功,则取独夫而代之,不复与民众为伍。今日革命则立于民众之地位,而为之向导,所关切者民众之利害,所发抒者民众之情感。于民众之未喻,则劳心焦思,瘏口哓音,以申儆之;且不恤排万难,冒万险,以身为之先。及其既喻,则相与戮力,锲而不舍,务薪于成而后已。故革命事业由民众发之,亦由民众成之。本此宗旨,爰有兴中会之组织,事业非常,顿遭挫折。继以时势之推移,人心之感动,志于革命者,乃如水之随地而涌,于是更扩而为同盟会。党员遍于各省,而弥漫于海外;主义之宣传与实行,前仆后继,枕藉相望,党员为主义而流之血,殆足以涤尽赤县之腥膻矣。清廷既覆,民国肇兴,以为破坏已终,建设方始,宪政实施,宜有政党,故国民党因以成立。中更癸丑之变,痛邦基未固,国难方殷,复有中华革命党之改组,集合同志,努力与卖国称帝者为敌。及帝制既踣,革命之进行于以停止。既而武人毁法倡乱,国内汹汹,连兵数载,未获宁息。同人感于主义之未贯彻,责任之无旁贷,乃更组织中国国民党,以与全国人士共谋完成民国建设之大业,而期无负初衷焉。盖吾党名称虽有因革,规则虽有损益,而主义则始终一贯,无或稍改。

溯自兴中会以至于今,垂三十年。吾党为国致力,虽稍稍有所成就,而挫折亦至多。顾所成就者,为主义之成就;而所挫折者,则非主义之挫折,特进行之偶然颠踬而已。民国以前,吾党本主义以建立民国;民国以后,则本主义以捍卫民国。前此数年,为民国与非民国之争;最近数年,为法与非法之争。反对者所挟持之力非不甚强,然卒于一蹶而不能复振。盖其所施为者,违反国情,悖逆时势,有以使然也。然亦惟反对者之梗阻与中立者之观望,遂致民国之建设事业,进行迟滞,三民主义尚未能完全实现,五权宪法亦未得制定施行,此吾党所为彷徨不可终日者。抚已有之成效,既不敢不自勉,思现存之缺憾,又不敢不自奋,则惟有夙夜黾勉,前进不已,以求最后之成功已耳!所谓成功者,非一人一党之谓,乃中华民国由阽危而巩固、而发扬光大之谓也。本党同人爰据斯旨,依三民、五权之原则,对国家建设计划及现所采用之政策,谨依次陈述于国民之前。

一、前清专制,持其"宁赠朋友,不与家奴"之政策,屡牺牲我民族之权利,与各国立不平等之条约。至今清廷虽覆,而我竟陷为列强殖民地之地位矣。故吾党所持之民族主义,消极的为除去民族间之不平等,积极的为团结国内各民族,完成一大中华民族。欧战以还,民族自决之义,日愈昌明,吾人当仍本此精神,内以促全国民族之进化,外以谋世界民族之平等。其大要如左:

甲、励行教育普及,增进全国民族之文化。

乙、力图改正条约,恢复我国国际上自由平等之地位。

二、现行代议制度已成民权之弩末,阶级选举易为少数所操纵。欲践民权之真义,爰有下列之主张:

甲、实行普选制度,废除以资产为标准之阶级选举。

乙、以人民集会或总投票之方式,直接行使创制、复决、罢免各权。

丙、确定人民有集会、结社、言论、出版、居住、信仰之绝对自由权。

三、欧美经济之患在不均,不均则争;中国之患在贫,贫则宜开发富源以富之。惟富而不均,则仍不免于争,故思患预防,宜以欧美为鉴,力谋社会经济之均等发展,及关于社会经济一切问题,同时图适当之解决。其纲领如左:

甲、由国家规定土地法、使用土地法及地价税法。在一定时期以后,私人之土地所有权,不得超过法定限度。私人所有土地,由地主估报价值于国家,国家就价征税,并于必要时,得依报价收买之。

乙、铁路、矿山、森林、水利及其他大规模之工商业,应属于全民者,由国家设立机关经营管理之,并得由工人参与一部分之管理权。

丙、清查户口,整理耕地,调整粮食之产销,以谋民食之均足。

丁、改良币制,以实货为交易之中准,并订定税法,整理国债,以保全国经济之安宁。

戊、制定工人保护法,以改良劳动者之生活状况,徐谋劳资间地位之平等。

己、确认妇女与男子地位之平等,并扶助其均等的发展。

庚、改良农村组织,增进农人生活,徐谋地主佃户间地位之平等。

同人所计虑,尚有不止于是者。右所陈述,特其崖略,其余国家重大事项,将依本党规程,就专任委员研究之结果,继续就商于邦人君子。谨此宣言。(程道德、郑月明等编《中华民国外交史资料选编(1919—1931)》,北京大学出版社1985年版)

1月2日,孙中山在上海召集中国国民党党务改进会议,公布《中国国民党党纲》和《中国国民党总章》,推定改进后之中央干部组织人员。

按:《党纲》分三民主义和五权宪法两部分,阐明了三民主义和五权宪法的基本内容。三民主义即民族主义、民权主义、民生主义,五权宪法包括立法权、司法权、行政权、监察权、考试权,并以五权分立作为五权宪法的原则,完成民国更进步的宪法。

是日,中共中央复信旅欧中国少年共产党,希望他们根据中共中央第十次会议议决国外组的办法,加入中国社会主义青年团。该建议为旅欧中国少年共产党接受,并更名"中国社会主义青年团旅欧支部"。

1月4日,北京政府改组,王正廷辞北京政府国务总理职,黎元洪特任张绍曾为国务总理兼署陆军总长,彭允彝任教育总长。

是日,孙中山通电广东人民,声讨陈炯明的罪行。

1月8日,教育基金委员会在北京成立,熊希龄为委员长,蔡元培、孙宝琦为副委员长。

1月10日,共产国际代表马林向共产国际执委会作中国国共合作情况的报告。

是日,四川省宪法起草委员会在成都成立。

1月12日,共产国际执行委员会通过《关于中国共产党与国民党的关系问题的决议》,促进了第一次国共合作。

1月15日,北京大学马克思学说研究会在高等师范学校开会,纪念李卜克内西、卢森堡殉难4周年,李大钊、蔡和森和瞿秋白等出席并发表演讲。

1月16日,孙中山夺回广州,发表和平统一宣言。

1月17日,为纪念黄爱、庞人铨被害一周年,长沙700多名工人举行"中国劳动纪念节工人游街大会",散发特刊和纪念传单。同日,中国社会主义青年团长沙执行委员会发表《黄庞纪念日告青年无产阶级书》。

是日,蔡元培为抗议北京政府教育总长彭允彝干涉司法独立、蹂躏人权的卑劣行径,向总统府提出辞去北京大学校长一职,立即离京赴津。北京大学学生掀起挽蔡驱彭运动。

1月18日,北大评议会发出布告:"现本校校长以不屑与摧残司法蹂躏人权之现教育当局共事,辞去校长职务,自本日起不到校办事。"

是日,北大学生开全体大会,议决:(一)驱逐彭允彝,(二)拥护司法独立,(三)挽留蔡校长,(四)警告国会,(五)联络全国学校及各团体。

是日,国立八校校务讨论会及北大评议会先后开会,议决挽留蔡校长。

1月19日,北大全体教职员开会,议决:(一)一致挽留蔡校长,(二)不承认任何其他人充任北大校长,(三)发表宣言,表示态度,(四)照常上课。

是日,北大、工专、医专、法专等校4000余人到国会请愿,反对通过彭允彝任教育总长案,被军警毒打,多人受伤,学生们返校后,召开全体大会,议决联络全国教育界一致驱彭,并向全国发出通电。

1月20日,为反对彭允彝任教育总长,北京学生联合会宣告成立。

1月21日,孙中山以总理名义任命中国国民党本部各部部长。

1月22日,孙中山会见苏联特使越飞,双方开始会谈。

1月23日,孙中山任命廖仲恺、陈独秀等21人为参议。

是日,蔡元培发表《不合作宣言》,表示不与北京的黑暗政治同流合污。

是日,上海中国无线电社开始播音,是为国内商业无线电之始。

1月24日,为北京参议院投阁员同意票的时间,北京34所学校的学生5000余人,列队到参议院,请愿否决任命彭允彝为教育总长。

按:彭允彝最终通过教育总长任命。

1月25日,国立北京女高师、医专、工专、美专四校校长愤于"以教育为政争之具",呈请辞职。国立八校教职员联合会立即开会议决:声明除现任四校长外,不承认任何其他人出任校长,并决计运动教育独立。

是日,北京学生联合会开会议决:(一)通电全国,不承认彭允彝为教育总长;(二)请各校当局不收受教育部公文;(三)请各校直接与国务院接洽。

按:此后,北大与北京各校师生驱彭留蔡的运动坚持不息,直至9月4日彭允彝去职,"驱彭"一事方始结束。蔡元培赴欧、蒋梦麟于12月27日被派代理北大校长职务后,"留蔡"之举,亦告一段落。(参见高平叔编著《蔡元培年谱长编》,人民教育出版社1996年版)

1月26日,孙中山与苏联特使越飞达成协议,发表《孙中山与越飞联合宣言》,表明孙中山初步确立联俄、联共、扶助农工三大政策,同时也表明了苏俄政府对孙中山的支持。

按:《宣言》指出:"中国最要最急之问题,乃在民国的统一之成功,与完全国家的独立之获得。"其核心内容共有四条:第一条宣称要共同努力促成中国的统一,而强调共产主义和苏维埃制度不适应于中国;第二条越飞重申苏联准备及愿意放弃沙俄时代对中国的一切不平等条约,另行商议;第三条是关于当时中东铁路的管理问题;第四条越飞重申苏联无意令外蒙古独立于中国之外。这个宣言的发表,标志着苏联与孙中山和国民党结盟,从此双方的关系进入到一个崭新的阶段,此后不久在苏联和共产国际的努力游说之下,促成了第一次国共合作。

1月27日,孙中山派廖仲恺偕同越飞赴日,双方在热海会谈月余,具体商讨了中苏联合、共同反帝的问题。

1月29日,中共中央同意旅欧中国少年共产党加入青年团中央的公开信,正式承认其为中国社会主义青年团的旅欧组织,同时令其修改章程,停刊《少年》。

是月,共产国际执行委员会作出《关于中国共产党与国民党的关系问题的决议》,规定中国共产党应该保持自己独特的政治面貌,应该在自己原有的旗帜下从事工人运动。为了贯彻共产国际第四次代表大会的精神和1923年1月通过的共产国际执行委员会关于国民党与共产党关系的决议,中国共产党积极筹备召开第三次全国代表大会。

是月,北京政府教育部设立蒙藏教育委员会,管理蒙藏教育。

是月,《国学季刊》在北京大学创刊,主要发表研究国学的论文。1952年12月终刊。

2月1日,京汉铁路工人在郑州举行京汉铁路总工会成立大会,遭到直系军阀吴佩孚的武力阻挠,总工会遂发动全路工人于2月7日实行总罢工。这次罢工的主要领导人有张国焘、项英、罗章龙、林育南等。吴佩孚先后杀害林祥谦等50余名工人,受伤者达数百人之多,被捕入狱者40余人,被开除者1000余人,制造了震惊中外的"二七"惨案。

2月2日,孙中山回广州任大元帅。

2月3日,北京民权运动大同盟、平民阶级大同盟、北大职员校务协进会、直隶教育改进会、马克思学说研究会、民治主义同志会、民潮周刊社、京兆自治会、少年中国学会、国民监督会团、北大学生干事会、北京学生联合会、唯真学会、社会主义青年团、劳动组合书记部、赣事报等40余个团体在北京北河沿开会,继续讨论应付时局之方法。

2月9日,北京政府当局向北京巡阅使王怀庆发出"关于侦查李大钊在北大组织革命机关,宣传共产主义"的密电。之后公布了对李大钊、陈独秀、马林等人的通缉令。

是日,黎元洪颁布整顿学风令。

2月12日,《小说世界》在上海创刊,由商务印书馆发行。

2月中旬,陈独秀在北京召集中共中央会议,听取张国焘关于"二七"工潮的报告。鉴于"二七"后北方白色恐怖严重,根据马林建议,决定中央机构秘密迁回上海。

2月17日,"旅欧中国少年共产党"经国内中共中央同意后,改名为"旅欧中国共产主义青年团"。

2月21日,孙中山抵广州,筹划重建大元帅府。

2月22日,国立北京高等师范学校改为国立北京师范大学,任命范源濂为校长。

2月下旬,在杭州召开中共中央会议,马林传达了共产国际关于国共合作的决议。

是月,京汉路罢工爆发后,中国共产党领导各阶层人民展开了大规模的声援活动;民权运动大同盟召开紧急会议,决定向全国发出援助此次罢工的通电,组织铁路工人罢工后援会,派代表慰问工人。

3月2日,孙中山在广州重新组成大元帅府,程潜、谭延闿、廖仲恺、邓泽如分别出任军政、内政、财政和建设各部部长。

3月3日,共产国际执行委员会发表《就京汉铁路罢工工人流血事件告中国铁路工人书》,肯定中国工人阶级已经真正进入了有组织的国际无产阶级的行列。

3月5日,北京国立农业大学开学,设农艺、森林、畜牧、园艺、生物、病害虫、农业化学7个系。

3月15日,全国学生联合会第四次代表大会在上海举行,中共派黄日葵、夏曦等人参加会议。会议明确提出"打倒军阀""打倒国际帝国主义"的政治主张。

3月25日,张耀曾、谷钟秀、李根源等70余人召开重组后的新政学会(又称宪政社)成立大会,设办事处于北京中铁匠胡同12号,分政务、事务两部,政务部下设法制、外交、财政、内务、社会、经济、交通、教育、边务10股,事务部下设文牍、交际、编辑、宣传、游艺、会计6股,另于江西会馆设匡庐组织,由汤漪、王侃、王有兰等主其事。鉴于直系军政势力的专横,李根源在会上提出"守法、卫国、持正、不畏强御"的政治主张,以勉励会员。

3月26日,北京各界4000人在天安门举行国民大会,通过决议:国民自动收回旅大,宣布"二十一条"无效;召集国民会议,解决内政外交诸问题;宣布北京现政府之罪状及与日本绝交。

是月,从前的劝学所改称县教育局。

4月1日,黎元洪大总统公布《县自治法》。

4月10日,孙中山发布命令,委任陈独秀为大本营宣传委员会委员。陈独秀与马林共同制订改组国民党的计划。

是日,湖南自修大学机关报《新时代》在长沙创刊,李达主编,主要宣传中国共产党反帝反封建的政治主张。

5月1日,北京共产党组织在天安门召开纪念"五一"国民大会,到会团体有劳动组合书记部、社会主义青年团、俄罗斯研究会、民权运动大同盟、少年中国学会等40余团体及高师、北大等30余学校,约计五六千人,韩麟符为主席,何孟雄、高尚德等10余人发表演说。会议通过五项决议:(一)拥护工人集会结社及罢工之自由,恢复被封工会;(二)推倒张内阁并严惩张绍曾、刘恩源、彭允彝、程克等误国殃民应得之罪;(三)革除国会中被政府收买之不良分子;(四)请国民一致努力收回旅大及片马;(五)严惩"二七"屠杀祸首。

是日,苏联向孙中山提供200万金卢布援助,用于统一中国,争取民族独立活动。

是月,中华教育改进社完成全国各类教育的调查统计工作,历时一年。

按:据统计,各类学校总数178,972校,其中大专125所,师范275所,师范讲习所110所,中学校547所,甲种实业学校164所,乙种实业学校439所,高小10,236所,国民学校167,076所。全国学生总数为6,819,486人,其中大学、专门学校学生34,880人,中等学校学生182,804人,高等小学校学生615,378人,国民学校学生5,965,957人。女生百分比,大专为2.42%,中学为3.14%,国民学校为6.33%。全国1,811县中,无女子初等小学生者423县,无女子高等小学生者1,161县。统计报告由该社综合后,编成《中国教育统计概览》于1924年7月出版。(参见中央教育科学研究所编《中国现代教育大事记1919—1949》,教育科学出版社1988年版)

5月3日,《商标法》由国会通过并公布。

5月5日,北京大学马克思学说研究会和社会主义研究会在北京组织召开马克思诞辰105周年大会。会议还举办了李汉俊的"唯物史观"、邝摩汉的"阶级斗争"、卜士畸的"马克思主义与俄罗斯"等讲演。

5 月 6 日,北京国立法政专门学校改为北京法政大学,设政治、经济、法律、商业四科及预科和研究院。

5 月 7 日,上海工业新闻社发行的《工商新闻》创刊,以研究广告学术及鼓吹工商业为宗旨。

5 月 8 日,中州大学开始招生。

按:中州大学即今河南大学。1921 年,河南省议会决议将 1912 年 4 月成立的留学欧美预备学校改为中州大学,至此开始招生。1927 年 6 月,中州大学合并法政专门学校、农业专门学校成为国立中山大学。7 月更名为河南中山大学。1930 年 9 月 7 日,再更名为省立河南大学。

5 月 13 日,《创造周报》在上海创刊,郭沫若、郁达夫、成仿吾主编。

5 月 26 日,中华职业教育社在上海召开第六次年会,同时全国职业学校联合会举行第二次年会。

按:年会议决,建议以庚子赔款酌拨为职业教育经费等案,并研讨了职业学校之课程应分为职业学科、职业基本学科、非职业学科三种。(参见中央教育科学研究所编《中国现代教育大事记 1919—1949》,教育科学出版社 1988 年版)

5 月 30 日,唐山警察局邮件检查员检查出《工人周刊》的"内容纯为鼓吹工潮,实带过激色彩,要求查禁",国务院遂致函内务部查明办理。

5 月 31 日,北京医学专门学校经教育部呈报批准改组为大学,以严智钟为校长。

6 月 4 日,全国教育会联合会组织的新学制课程标准起草委员会在上海召开第三次委员会,讨论小学及初中课程标准纲要。

按:全国教育会联合会公布《新学制课程纲要总说明》,明确国语的目的和任务,同时规定国语教学包括语言、读文、作文、写字四项。本纲要分科起草的专家是:小学　国语:吴研因;算术:俞子夷;卫生:俞凤宾、胡宣明、丁晓先;公民:杨贤江;历史:朱经农、丁晓先;地理:黄孟姒、王伯祥;社会:丁晓先;自然园艺:施仁夫、姜文洪、葛敬中;工用艺术:熊翥高;形象艺术:宗亮寰;音乐:刘质平;体育:王小峰。初级中学　公民:周鲠生;历史:常乃惪;地理:王伯祥;国语:叶绍钧;外国语:胡宪生;算学:胡明复;自然:胡刚复;图画:刘海粟、何元、俞寄凡、刘质平;手工:刘海粟、何元、俞寄凡、刘质平;音乐:刘海粟、何元、俞寄凡、刘质平;体育:麦克乐。高级中学　国语:胡适;外国语:朱复;人生哲学:黄炎培;文化史:徐则陵;科学概论:任鸿隽;体育:麦克乐;以上为公共必修科。特设国文:胡适;心理学初步:廖世承;伦理学初步:胡适;以上为普通科第一组必修的。三角:汪桂荣;高中几何:何鲁;高中代数:汪桂荣;解析几何大意:倪若水;物理学:薛天游;化学:任鸿隽;生物学:秉志。以上为普通科第二组必修的。(吴履平编《20 世纪中国中小学课程标准·教学大纲汇编·课程(教学)计划卷》,人民教育出版社 2001 年版)

6 月 12—20 日,中国共产党第三次全国代表大会在广州召开。陈独秀主持会议,并代表上届中央委员会作工作总结报告,李大钊、毛泽东等 30 余人出席大会。会议的中心是根据共产国际的决议,讨论国共合作问题,决定全体共产党员以个人名义加入国民党,与中国国民党建立党内合作关系,但仍然保持并努力扩大共产党的组织。会议通过《关于国民运动及国民党问题的议决案》和《中国共产党党纲草案》,决定与国民党结成统一战线。

按:会议前,蔡和森、陈独秀、毛泽东、瞿秋白、张国焘、张太雷等与共产国际代表马林分工起草各项决议草案。会议开幕前,中共第二届执委会扩大会进行了两天的预备会议,由陈独秀主持,李大钊、张国焘、蔡和森、陈潭秋、罗章龙和马林等出席。预备会议讨论了中央委员人选和起草党纲、党章等决议案问题。蔡和森、陈独秀、毛泽东、张太雷和马林参加了党章起草工作。

6 月 13 日,北京发生政变,曹锟迫总统黎元洪出京。蔡和森写有《北京政府与吴佩孚》

一文对此加以评论。

6 月 15 日,中国共产党理论刊物《新青年》改为季刊,在广州继续出版,瞿秋白任主编。《国际歌》译配词在《新青年》上发表。

按:《新青年》发表《新宣言》曰:《新青年》杂志是中国革命的产儿。中国旧社会崩坏的时候,正是《新青年》的诞辰。于此崩坏的过程中,《新青年》乃不得不成为革新思想的代表,向着千万重层层压迫中国劳动平民的旧文化,开始第一次的总攻击。中国的旧社会、旧文化是什么? 是宗法社会的文化,装满着一大堆的礼教伦常,固守着无量数的文章词赋;礼教伦常其实是束缚人性的利器,文章词赋其实也是贵族淫昏的粉饰。一九一一年十月十日的中国革命,不过是宗法式的统一国家及奴才制的满清宫廷败落瓦解之表象而已。至于一切教会式的儒士阶级的思想,经院派的诵咒画符的教育,几乎丝毫没有受伤。如何能见什么自由平等! 可是中国的大门上,却已挂着“民国”招牌呢。当时社会思想处于如此畸形的状态之中,独有《新青年》首先大声疾呼:反对孔教,反对伦常,反对男尊女卑的谬论,反对矫柔做作的文言! 反对一切宗法社会的思想,才为“革命的中国”露出真面目,为中国的社会思想放出有史以来绝未曾有的奇彩。五四运动以来,更足见中国社会之现实生活确在经历剧烈的变迁过程,确有行向真正革命的趋势,所以《新青年》的精神能波及于全中国,能弥漫于全社会。《新青年》乃不期然而然成为中国真革命思想之先驱。中国现实的旧社会,不但是宗法社会而已,他已落入世界资本主义的虎口,与世界无产阶级同其命运。因此,中国黑暗反动的旧势力,凭藉世界帝国主义要永久作威作福,是中国资产阶级自然依赖世界资本主义而时时力谋妥协。于是中国的真革命,乃独有劳动阶级方能负担此等伟大使命。中国社会中近年来已有无数事实,足以证明此种现象——即使资产阶级的革命亦非劳动阶级为之指导,不能成就;何况资产阶级其势必半途而辍,失节自卖。真正的解放中国,终究是劳动阶级的事业;所以《新青年》的职志,要与中国社会思想以正确的指导,要与中国劳动平民以智识的武器。《新青年》乃不得不成为中国无产阶级革命的罗针。

《新青年》自诞生以来,先向宗法社会、军阀制度作战,革命性的表示非常明显。继因社会现实生活的教训,于“革命”观念,得有更切实的了解,——知道非劳动阶级不能革命,——所以《新青年》早已成为无产阶级的思想机关,不但将与宗法社会的思想行剧激的争斗,并且对于资产阶级的思想同时攻击。本来要解放中国社会,必须力除种种障碍:——那宗法社会的专制主义,笼统的头脑,反对科学,迷信,固然是革命的障碍;而资产阶级的市侩主义,琐屑的对付,谬解科学,“浪漫”,亦是革命的大障碍。因此种种,《新青年》孤军独战,势不均,力不敌,——军阀的统治,世界帝国主义的统治,如此的残酷,学术思想都在其垄断贿买威迫利诱之下,无产阶级的思想机关既不能充分积聚人才能力之可能,又内受军阀的摧残,外受“文明西洋人”的压迫,所以困顿竭蹶,每月不能如期出世,出世的又不能每期材料丰富。然而凡是中国社会思想的先进代表必定对于《新青年》表无限的同情,必定尽力赞助;《新青年》亦决不畏难而退,决不遇威而屈。现在既能稍稍集合能力,务期不负他的重任,所以在可能的范围内,重行整顿一番,再作一次郑重的宣言。

《新青年》当为社会科学的杂志。《新青年》之有革命性,并不是因为他格外喜欢革命,“爱说激烈话”,——而是因为现代社会已有解决社会问题之物质基础,所以发生社会科学,根据于此科学的客观性,研究考察而知革命之不可免;况且无产阶级在社会关系之中,自然处于革命领袖的地位,所以无产阶级的思想机关,不其然而然突现极鲜明的革命色彩。中国古旧的宗法社会之中,一切思想学术非常幼稚,同时社会演化却已至极复杂的形式,——世界帝国主义,突然渗入中国的社会生活,弄得现时一切社会现象繁杂淆乱,初看起来,似乎绝无规律,中国人的简单头脑遇见此种难题尤其莫名其妙,于是只好假清高唱几句“否认科学”的“高调”。独有革命的无产阶级,能勇猛精进,不怕“打开天窗说亮话”,应当竭尽全力指导中国社会思想之正常轨道,——研究社会科学;当严格的科学方法研究一切,自哲学以至于文学,作根本上考察,综观社会现象之公律,而求结论。况且无产阶级,不能像垂死的旧社会苟安任运,应当积极斗争,所以特别需要社会科学的根本知识,方能明察现实的社会现象,求得解决社会问题的方法。凡是中国社会的新活力,真为劳动平民自由正义而奋斗的青年,不宜猥猥琐琐泥滞于目前零碎的乱象,或者因此而灰心丧志,或者因此而敷衍涂砌,自以为高洁,或自夸为解决问题;更不宜好高骛远,盲目的爱新奇,只知求所谓高深邃远的学问,以至于厌恶实际运动。《新青年》对于社会科学的研究,必定要由浅入深,有系统、有规划的应此中国社会思想的急需。——"社会现象复杂得很呢,单是几个'新术语'尚且要详加绅绎,然后能令真正虚心诚意的革命青年及劳动平民知道'社会'是个什么东西!"

《新青年》当研究中国现实的政治经济状况。研究社会科学,本是为解决现实的社会现状;解决现实的社会问题,分析现实的社会运动;真正的科学,决不是玄虚的理想。中国新思想的幼稚时期已过。现在再也不用搬出种种现成的模型,勉强要中国照着他捏。其实"中国式的新乌托邦家"不但不详悉他自己所荐举的模型,而且也不明了中国社会,正因不了解社会科学的方法,不能综观实际现象而取客观的公律,所以不是拘泥于太具体的事实:说到中国政治,头脑里只有张曹吴孙几个大姓大名,就是力避现实,逃于玄想;说到经济改造,满嘴的消费、生产、分配等类的外国新名词,不会应用于实际。《新青年》现在也要力求避免此等弊病,当尽其区区的力量,用社会科学的方法,试解剖中国的政治经济,讨论实际运动。

《新青年》当表现社会思想的渊源,兴起革命情绪的观感。社会科学本是要确定社会意识,兴奋社会情绪,以助受压迫、被剥削的平民实际运动之进行。所以对于一般的思想及情绪之流动都不得不加以正确的分析及映照。一切文学艺术思想之流派,本没有抽象的"好"与"坏",在此中国社会忙于迎新送旧之时,《新青年》应当分析此等流派之渊源,指出社会情绪变动的根由,方能令一般的意识渐渐明晰,不至于终陷于那混沌颠顸等于飞蛾扑火的景象;再则,现时的中国文学思想,——资产阶级的"诗思",往往有颓废派的倾向,此旧社会的反映,与劳动阶级的心声同时并呈,很可能排比并观,考察其中的动象;亦可以借外国文学相当的各时期之社会的侧影,旁衬出此中的因果。却尤其要收集革命的文学作品,与中国麻木不仁的社会以悲壮庄严的兴感。

《新青年》当开广中国社会之世界观,综合分析世界的社会现象。社会科学本无国界;仅因历史的关系,造成相隔离的文化单位,所以觉得各国有各国的"国粹",其实不过是社会的幻觉,泥滞于形式上的差别。中国受文化上封锁三千多年,如今正是滚入国际舞台的时候,非亟亟开豁世界观不可。况且无产阶级的斗争本来就是国际的,尤其不可以不知道各国劳工革命运动的经验。因此《新青年》当注意于社会科学之世界范围中的材料,研究各国无产阶级运动之过去与现在,使中国得有所借鉴。从最反动的日本到赤色的苏维埃俄国都应当研究。

《新青年》当为改造社会的真理而与各种社会思想的流派辩论。社会科学,因研究之者处于所研究的对象之中间,其客观的真理比自然科学更容易混淆。因此,人既生于社会之中,人的思想就不能没有反映社会中阶级利益的痕迹;于是社会科学中之各流派,往往各具阶级性,比自然科学中更加显著。《新青年》是无产阶级思想机关。无产阶级于现代社会中,对于现在制度自取最对抗的态度;所以他的观察始终是比较最客观的。何况《新青年》在世界无产阶级的文字机关中,算是最幼稚的,未必有充分健全的精力,足以为绝对正确的观察。有此两因,都足以令《新青年》不能辞却各方面的辩论:一则以指出守旧各派纯主观的谬误,一则以求真诚讨论后之更正确的结论。于辩论之中,方能明白何者为无产阶级的科学结论,何者为更正确、更切合于事实的结论。总之,为改造社会而求真理。

中国幼稚的无产阶级,仅仅有最小限度的力量,能用到《新青年》上来的,令他继续旧时《新青年》之中国"思想革命"的事业,行彻底的坚决斗争,以颠覆一切旧思想,引导实际行动,帮助实际行动,以解放中国,解放全人类,消灭一切精神上、物质上的奴隶制度,达最终的目的:共产大同。《新青年》虽然力弱,必定尽力负担此重大责任,谨再郑重宣告于中国社会:《新青年》曾为中国真革命思想的先驱,《新青年》今更为中国无产阶级革命的罗针。(《新青年》1923年第1期)

6月19日,中共中央执行委员会通过《中国共产党第三次代表大会关于日本进行逮捕的决议》和《中国共产党第三次代表大会关于爪哇进行逮捕的决议》,对遭日本反动政府逮捕的100多名日本共产党员、被荷兰殖民政府迫害和逮捕的印度尼西亚共产党人均表示极大的同情。

6 月 21 日,中共中央执行委员会第一次全会召开。会议选举陈独秀、毛泽东、蔡和森、谭平山、罗章龙 5 人组成中央局。推选陈独秀为中央执行委员会兼中央局委员长,总理全党党务。毛泽东为中央局秘书,罗章龙为中央局会计,蔡和森仍然主编中央机关报《向导》,谭平山主持国共合作事宜。这是中共中央第一次正式成立中央执行委员会内负责日常工作的常务机构。

6 月 28 日,中华职业教育改进社派蔡元培、范源濂等出席在美国旧金山召开的万国教育会议,7 月 6 日结束。

7 月 1 日,中国共产党机关刊物《前锋》月刊创刊,由瞿秋白主编,主要撰稿人尚有向警予、屈维他、张太雷、毛泽东、刘仁静等。陈独秀撰《本报露布》(发刊词),并在创刊号上发表《中国农民问题》一文。

按:陈独秀撰发刊词宣称:"我们认定国民运动是中国国家生命之救星,是备受压迫过困苦生活的全中国人民之救星;我们在此运动中,不敢说是领袖,更不敢说是先觉,只顾当前锋,只顾打头阵。"

按:《中国农民问题》一文,将农村居民分为十等五个阶级:一、大地主。二、中地主。三、小地主。这些统称之为"自己不耕作之地主"。四、自耕农兼地主。五、自耕农兼雇主。这些统称之为"中产阶级"。六、自耕农民。七、自耕农兼佃农。这些统称之为"小有产阶级"。八、佃农兼雇工。九、佃农。这些统称之为"半无产阶级"。十、雇工"农业的无产阶级"。他认为,一般农民受痛苦的原因有三:一是外货输入致使农业破产;二是政治不良,军阀战争及水旱灾荒;三是农民文化过低,又无组织。地主豪绅的痛苦,并引导其加入国民运动的方法:(1)教育和宣传。农暇时授以文字及世界大势,宣传"排斥外力""打倒军阀""限田""限租""推翻官僚劣绅"。(2)组织和实际运动。组织:①农会。联合自耕农、佃农、雇工为一组织,反对大地主、官吏、劣绅,并以组织消费协作社、农民借贷机关、谷价公议机关等为实际运动。②乡自治公所。③佃农协会。以向政府要求"限田""限租"为佃农特有之运动。④雇农协会,以协议工资及介绍工作为主要任务。

7 月 4 日,中国共产党就曹锟驱逐黎元洪的北京政变,发表对于时局之主张,认为"在北京之国会已成为封建军阀之傀儡,国民已否认其代表资格,只有国民会议才真能代表国民,才能够制定宪法,才能够建立新政府统一中国"。(李永春编著《蔡和森年谱》,湘潭大学出版社 2008 年版)

7 月 6 日,中国留学生和国内大专学生在上海成立中华学艺社,出版《学艺杂志》和学艺丛书。

是日,中国工程学会在上海举行国内的第一次年会,正式开始中国工程学会在国内发展的新历程。

7 月 8 日,中华学艺社(丙辰学社改名)在上海召开第一次社员会。

7 月 15 日,旅法全体华人"反对国际共管中国铁路大会"在巴黎社会博物馆召开,由华侨协社秘书何鲁之主席。

7 月上旬,中共中央召开会议,接受马林建议,决定由陈独秀、蔡和森等以《向导》编辑身份与孙中山会晤,座谈北方的形势及孙中山今后的计划。

8 月 2 日,北京双桥无线电台开始与世界各地通电讯。

8 月 20—25 日,中国社会主义青年团在南京举行第二次全国代表大会。邓中夏代表中共中央出席会议,少共国际代表达林出席并讲话,施存统作工作报告。大会表示拥护中共三大确定的同国民党合作建立革命统一战线的方针,着重讨论如何贯彻中共三大关于国共合作的决定,并规定社会主义青年团团员同共产党一样,以个人身份加入国民党。会议还通过了青年工人运动、学生运动、农民运动、教育宣传、青年妇女运动等决议案,选出了以邓中夏为委员长的团中央执行委员会。

8月24日,中华教育改进社在北京举行第二次年会。

8月26日,中华平民教育促进会总会在北京成立,朱其慧任董事长,陶行知任书记,晏阳初任总干事。

按:曲铁华说:"中华平民教育促进会总会(简称'平教会'),是以晏阳初为首的一批爱国知识分子组成的民办教育学术团体,依靠国内外捐款,争取各方面支持合作来开展工作。朱其慧任董事长、陶行知任董事会书记、晏阳初任总干事。干事会设总务、城市教育、乡村教育、华侨教育四部和调查统计、平民文学、视导训练、公民教育、生计教育、直观教育、妇女教育、健康教育八科。中华平民教育促进会总会以'除文盲,做新民'为宗旨,认为除文盲的识字运动是平民教育的起步和基础,做新民是平民教育的最高目标。其主要工作有:制定全国平民教育办法;研究平民学校组织法、教学法、管理法、指导法及平民教育推行法;组织编辑平民教育学校所用之教材及书报;研究平民教育学校应用之教具;培养平民教育推行人员,辅导边疆、华侨地区推行平民教育;设立试验学校;实地或通信调查平民教育实施情况;提倡各地组织平民教育促进会;提倡平民学校学生毕业后继续教育及其他事项。从1923年到1926年间,中华平民教育促进会总会的活动基本上以城市为主,以城市下层平民的识字教育为主,显示出它重视下层、重视教育实践活动的开展和具备较强的组织能力等特点,也在一定程度上显示了它'温和'的改革色彩。新文化运动中的教育学术团体,集中了当时一大批学识丰厚、思想敏锐、视野开阔的时代精英,他们以新文化运动的宗旨为依托,高举科学与民主的鲜明旗帜,广泛吸取欧美教育的优长,大胆探索近代中国教育改革的有效途径,使中国教育的现代化进程与世界新教育的发展初步接轨,为近代中国教育的发展作出了不可替代的贡献。"(曲铁华编著《中国教育发展史纲》,东北师范大学出版社2006年版)

是月,共产国际代表马林被调回莫斯科。

9月4日,北京政府大总统黎元洪任命黄郛为教育总长。

9月7日,蒋介石率代表团抵达苏联访问。

9月15日,东北大学举行开学典礼,奉天省省长王永江兼任校长。

9月17日,孙中山在大元帅府召集会议,讨论时局和方针问题。认为黎元洪赴沪重组政府的企图不能解决时局的症结,必须继续坚持打倒北洋军阀的原则。

9月30日,武昌师范大学成立,教育部派张继煦为校长。

10月5日,曹锟贿选为大总统。上海、浙江、安徽、广州等省市各界团体旋即通电全国,一致声讨曹锟。

10月6日,苏联代表鲍罗廷抵达广州,被聘为国民党特别顾问,并指导陈延年、周恩来等人组成的中共广东区委的工作。

10月8日,孙中山在大元帅府召开会议,决定下令讨伐曹锟,通缉贿选议员,并通告各国使团不得承认伪总统。

10月10日,《中华民国宪法》颁布。

是日,江苏省教育会、中华职业教育社、上海家庭日新会、基督教青年会举行全国公民教育运动。

10月14日,少年中国学会在苏州召开第四届年会,决定学会进行方针为"求中华民族独立,到青年中间去"。会议发表《苏州大会宣言》。

按:会议制定纲领9条,主要内容有:一、反对国际帝国主义的侵略,特别注意英美帝国主义,以矫正一般人因对内而忽略对外,因对日本而忽略对英美的恶弊;更应矫正一般无识者亲善英美的心理。二、为打倒军阀、肃清政局、提倡国民自决主义,应注意打破国民依赖外力及其他军阀或其他恶势力解决国是的心理。三、提倡民族性的教育,以培养爱国家、保种族的精神。反对丧失民族性的教会教育及近于侵略的文化政策。四、唤醒国民注意现实的政治经济及其他社会问题,以矫正漠视国事或专恃浅薄的直觉以谈国事,致易受外人言论所欺蔽等弊。五、推阐经济压迫为国民道德堕落的主要原因,以反证中华民族绝对非劣等民族。应反对此类减少国民自信力的各种宣传,且指示经济改造为国民道德改造的重要途径。六、提倡青年为民族独立运动,为各种切实有效的社会服务。力矫浮夸偷惰,或只知无目的的修身求学而不问国家社会事务的恶习。七、注意青年团体生活的训练。须力矫不合群、不协作、不服从规律等恶习。并应提倡各同志团体的相互协力,务使各团体弃小异以就大同,以使人民活动力渐呈集中的趋势。八、反对现时知识界个人享乐主义的趋势,提倡坚忍刻苦的精神,以培养为民族独立运动牺牲的品性。九、提倡华侨教育与边疆教育,以培养中华民族独立运动的实力,且注意融洽国内各民族的感情,以一致打倒国际势力的压迫。(《一九二三年苏州大会宣言》,1923年12月《少年中国》第4卷第8期)

是日,新南社在上海成立,柳亚子为社长,以鼓吹三民主义,提倡民众文学,归结到社会主义的实行为宗旨。

10月19日,孙中山致电国民党上海事务所,着其密电李大钊赴沪商讨国民党改组事宜。

10月20日,中国社会主义青年团机关刊物《中国青年》在上海创刊,由恽代英、邓中夏、萧楚女主办。主要撰稿人有敬云、毛泽民等。

10月22日,全国教育联合会第九次会议在云南昆明举行,云龙为大会主席。

10月25日,孙中山在广州召开国民党改组特别会议,委任廖仲恺、谭平山、邓泽如、陈树人等9人为临时中央执行委员,负责筹备国民党改组事宜。

11月1日,中国共产党在上海成立秘密发行机构——上海书店。

11月24日,北京新闻记者公会成立,在京的80多家报纸、通讯社记者参加成立大会,公推邵飘萍为大会主席,以保障记者言论及身体之自由为宗旨。

11月24—25日,中国共产党第三届第一次执行委员会在上海召开,陈独秀主持会议,并代表中央局作"三大"后的工作报告。会议通过《教育宣传问题议决案》,并批准成立教育宣传委员会。下设编辑部、函授部、通讯部、印行部和图书馆。编辑部有8种出版物:《新青年》季刊、《前锋》月刊、《向导》周刊、《党报》不定期刊、《青年工人》月刊、《中国青年》周刊、《团镌》不定期刊。

按:《教育宣传问题议决案》:A.宣传方针 一、政治 最近期间可略偏重于下列几种政治上的及外交的宣传:1.反对英美帝国主义之各方面的宣传。2.中俄亲善及承认苏俄(以爱国主义为立足点之分数当加多:中国可以利用俄国抵制英美日;俄国实际上决不能侵略,而必须经济的政治的合作)。3.国民党之改组(反对非政党说,提倡健全的国民运动的政党,当就现有的国民党着手)。4.反对曹吴及外交系(当注全国目光于直系,对其他军阀不必与以同等之攻击;不可落于普遍否认的稚气,当以竭力求变更现状为宣传的最近目标)。5.反对研究系——宪法派(证明宪法非民众实力不能保证;研究系借"法律条文"投机与外交系借"西餐礼节"卖国有同等的罪)。6.各省的现实政治之批评(如省区及地方组织尤当注意如山东哈尔滨等有C.P.所能支配之新闻机关者)。7.地方自治之实际建设(如职业选举之类,当以能实行为前提:如哈尔滨市议会——中国,日本,俄国平民——之选举权等,都可借此相机引起中国商人、工人等的政治运动)。8.五权宪法的研究——(应当借革命的一权说,民党所谓五权宪法,不过组织上的问题而并非"权")。9.其他各殖民地及半殖民〈地〉的革命运动之宣传及介绍。10.近时德国革命形势之论述。此中尤以反对英美及直系为最重要。二、劳动 劳动群众中,除上述的政治外交问题当以极浅近的口号宣传外,并须特别注意下列几项:1.经济斗争(须有组织有步骤之坚决斗争,勿作孤注一掷)。2.经济斗争与政治及外交之关系(当取中国实际经验作例,如海员唐山京汉等)。3.自然及社会科学之常识,共产主义之浅释(当与工人以整个的科学的奋斗的人生观)。4.普通集会组织的方法。5.世界劳动运动史略及现势。已有的《工人周刊》及《劳动周报》当尽力推销于工人及党员之间。凡能与工人接触之党员当尽力运用《前锋》《新青年》《向导》社会科学讲义等之材料,使用口语,求其通俗化(Popularization)。当尽力编著通俗的问答的歌谣的小册子。有可能的地方当设贫民学校。三、农民　农民间之宣传大致与工人中相等,但材料当取之于农民生活;尤其要指明农民与政治的关系,为具体的经济改良建议之宣传,如协作社,水利改良等,尽可以用外国译语,只求实质能推广农民运动。四、文化　文化思想上的问题亦当注意,这是吸取知识阶级,使为世界无产阶级革命之工具的入手方法。1.反对东方文化派(纯粹的东方派是幻想的退步的思想;纯粹西方资产阶级文化是个人主义,伪慈善主义;共产派当宣传为斗争而互助,斗争乃为将来全人类之互助;无斗争即无生活)。2.文学的及科学的宣传主义。3.反对宗法社会之旧教义。4.反对基督教的教义及其组织(如青年会)。5.健全的唯物主义的宇宙观及社会观及"集体主义"的人生观(反对个人主义;各个人当择一宗旨,结为团体,服从其分配工作以达共同目的,亦即自己之目的;个人生活当然因此得一部分的满足,同时亦当自求生活保证,求身心的强健;结团体本是为着各个人的目的;个人的安全亦是为着团体的工作。既有团体(或社会)便有各团员间之相当关系(或新的习俗),非此不能维系;决不应以为共产主义便真是"过激主义"——蔑视一切个人私德)。共产党员人人都应是一个宣传者,平常口语之中须时时留意宣传,在这一时期,大家都当以上述的方针为标准去实行。至于材料,可以取之于C. P. S. Y之出版物。出版物及团体内的宣传教育方法亦另定暂时的办法,见教育宣传委员会的组织法。

　　B.教育方法　甲、一、各地方之政治讨论(每次大会由教育委员选择《前锋》或《向导》论文作材料)。二、各小组之政治讲演(除现时政治问题外,最好每组以党纲草案为根据逐段讨论研究——此于新加入之同志有大益处)。三、各小组之组织原理讲演(以章程为材料)。乙、四、国内劳动运动及各地现实的劳动生活,每小组均当加以讨论(以《工人周刊》等为材料)。以上各种材料及讲演员之分配当由各地方教育委员负责——每月报告中央教育委员会。各地C. P.及S. Y各推一教育委员合作——可以共同报告——(但S. Y.所用材料当注重青年方面,如《中国青年》,《青平[年]工人》及S. P.章程纲领;C. P.党纲却亦为S. Y.所必须研究,此为两团体之政治的共同精神)。丙、五、各地有可能时,设社会科学的研究会(任取何名,如哈尔滨之青年学院),大致可如下法组织:——(亦可利用其他学会,掺入自己材料)新青年,社会科学讲义,译著的关于主义之书籍为材料(党员的新译著随时报告中央);每月召集会员几次,预指材料及问题,或请人讲演或共同问答;结果若有疑问,可寄到名义上的"社会科学会"(即中央教育委员会)令答复。再则,可令会员从事实际调查各种中国现实问题如劳动状况等。(根据一九二三年十一月三十日出版的《中国共产党党报》第一号刊印)

　　11月25日,中共中央教育宣传委员会在上海成立,隶属于中共中央局。书记罗章龙,委员蔡和森、瞿秋白、高君宇、恽代英等。对外采用"社会科学会"名义,统一领导中央的刊物书籍的编撰和宣传教育工作。

　　是日,中国国民党临时中央执行委员会发表《中国国民党改组宣言》,公布《中国国民党纲党章》《中国国民党章程草案》,确定联俄、联共和扶助农工三大政策。

　　12月1日,北京国立八校"读书运动会"发表宣言,宣布该会改名为国立八校学生与基金运动会。

　　12月2日,中国青年党在法国巴黎郊外玫瑰城共和街正式成立,会议推举曾琦为党务主任,张子柱为宣传主任,出席会议的有何鲁之、李不韪、黄晃、胡国伟、梁志尹、周燮元等。

　　12月8日,孙中山在大元帅府召开会议,决定积极筹备北伐。

　　12月17日,孙中山发表《致美国国民电》,指责美国政府正实行以"多于他国之军舰,合力为毁吾中华民国之谋"。19日,又向美国政府提出抗议。

　　12月24日,孙中山以军政府名义发表关于收回粤海关关余问题的宣言,抗议列强干涉中国内政。

12月25日，中共中央发出《中央通告第十三号》，要求全体共产党员积极参加国民党改组工作。

是月，新月社在北京成立，为"五四"以来最大的以探索新诗理论与新诗创作为主的文学社团，主要成员有胡适、徐志摩、梁实秋等。

按：曹万生说："新月社1923年在北京成立，终于1933年6月《新月》的停刊。以1927年为界，分为前期（北京时期）和后期（上海时期）。流派的命名受印度诗人泰戈尔的诗集《新月集》影响。新月社是'五四'以来最大的以探索新诗理论与新诗创作为主的文学社团，最能体现其文学观乃至整个基本精神的是他们的诗歌创作，文学史上将新月社中有相近诗风的青年诗人称为'新月诗派'，'新月诗派'又被称为新格律诗派。前期有闻一多、徐志摩、朱湘、刘梦苇、饶孟侃、林徽因、孙大雨等，后期增加了陈梦家、方玮德、卞之琳、邵洵美等一批年轻诗人。新月诗派的成员主要是回国的英美留学生，基本刊物是《晨报》副刊的《诗镌》。1931年陈梦家将前后期'新月诗派'18位诗人的部分作品编成《新月诗选》，较完整地展现了'新月诗派'的风貌。"（曹万生主编《中国现代汉语文学史》，中国人民大学出版社2010年版）

是年，上海平民教育促进会、武汉平民教育促进会成立。

是年，北京道教慈善会成立。

是年，《国学季刊》《贵州教育公报》《前锋》《中国青年》《创造日》《燕大周刊》《华北大学旬刊》《法律评论》《音乐界》《河海季刊》《唐大月刊》《留日学生学报》《留法勤工俭学学生周刊》《清华消夏旬刊》《扬子江》《奋斗》《曙滇》《小说世界》《艺术评论》《农声旬刊》《农学》《三三医报》《医事月刊》《民国医学杂志》《同济医学会旬刊》《纺织时报》《直隶实业丛刊》《湖北实业月刊》《中外经济周刊》《矿业联合会季刊》《甘肃教育公报》《新建设》《出版周刊》《鸿光》《黔山青年报》《华铎》《辛酉学社月刊》《社会之花》《浅草季刊》《唤群特刊》《新民国》《奋斗》《还我河山》《正言》《民生》《佛光》《青年翼》《武铎》《括苍杂志》《诗坛》《新诗半月刊》《十日文艺》《广州民国日报》《北京大陆晚报》《五点钟晚报》《自由晚报》《正报晚刊》《都门晚报》《中国晚报》《东方夜报》《道路晚报》《东方晚报》《警钟日报晚报》《大晚报》《世界晚报》《新中华报》《宪政日报》《台湾民报》《燕大周刊》《精神》《青年翼》《启蒙半月刊》《奉天学生》《启明》《新东》《满蒙》《南洋商报》《化学工业》《江南铁路半月刊》《商标公报》《湘雅》等报刊创刊。

二、学术活动

蔡元培1月3日撰《跋爱因斯坦来信》。4日，领衔与许璇、林损、伦明、张尔田、洪彦远、项骧、马裕藻、沈尹默、马叙伦等联名为举行陈怀（孟冲）追悼大会刊发通告。1月6日下午4时，蔡元培和尚志学会、新学会、讲学社等学术机构的代表，以及北京教育部的代表，到北京车站迎接应邀来华讲学的德国哲学名家杜里舒教授夫妇。8日，收到鲁迅发来一函以及三枚汉石刻中之人首蛇身像。14日，李四光和许淑彬在北京举行结婚典礼，蔡元培应邀为证婚人。17日，发表《蔡元培启事》，因不满教育总长彭允彝干涉"罗文干"案，破坏司法独立、蹂躏人权的卑劣行径，愤然向总统府提出辞职，立即离京赴津。辞去北大校长职务，此为蔡元培第七次辞校长职，再次彰显了蔡元培的正义与道义担当。

按：1月17日，蔡元培发表《蔡元培启事》："元培属保持人格起见，不能与主张干涉司法独立、蹂躏人权之教育当局，再生关系，业已呈请辞去国立北京大学校长之职。自本日起，不再到校办事。特此声明。"1月19日，蔡元培辞呈刊于《北京大学日刊》，曰："窃元培承乏国立北京大学校长，虽职有专司，然国家大政所关，人格所在，亦不敢放弃国民天职，漠然坐视。数月以来，报章所记，耳目所及，举凡政治界所有最卓污之罪恶,最无耻之行为,无不呈现于中国。国人十年以来最希望之司法独立,乃行政中枢竟以威权干涉而推翻之。最可异者,钧座尊重司法独立之命令朝下,而身为教育最高行政长官之彭允彝,即于同日为干涉司法独立与蹂躏人权之提议,且已正式通过国务会议。似此行为,士林痛恨!佥谓彭允彝此次自告奋勇,侵越权限,无非为欲见好于一般政客,以为交换同意票之条件耳。元培目击时艰,痛心于政治清明之无望,不忍为同流合污之苟安;尤不忍于此种教育当局之下,支持教育残局,以招国人与天良之谴责。惟有奉身而退,以谢教育界及国人。谨此呈请辞职,迅予派员接替,立卸仔肩。"

　　按:1月18日,北大评议会发出布告,刊于1月19日《北京大学日刊》,曰:"现本校校长以不屑与摧残司法蹂躏人权之现教育当局共事,辞去校长职务,自本日起不到校办事。本会同人全体,对于校长之行动,深有同感,本应陪同辞职。但因欲顾全学生之学业,本日开会议决:暂行以本会名义,会同总务长及教务长,维持本校一切事务,至教育当局问题及校长去留问题确有明白的解决之日为止。此布。"同日下午2时,北大学生开全体大会,议决:(一)驱逐彭允彝,(二)拥护司法独立,(三)挽留蔡校长,(四)警告国会,(五)联络全国学校及各团体。同日,国立八校校务讨论会及北大评议会先后开会,议决挽留蔡校长。1月19日,北大全体教职员开会,议决:(一)一致挽留蔡校长,(二)不承认任何其他人充任北大校长,(三)发表宣言,表示态度,(四)照常上课。同日,北大、工专、医专、法专等校数千学生到众议院请愿、被军警毒打、多人受伤后,学生们返校,召开全体大会,议决联络全国教育界一致驱彭。北大学生并向全国发出通电,宣告众议院"议长……竟嗾使军警肆行残杀,敝同学除依法提出诉讼外,谨掬血泪,敢以告哀"。(均见《教育杂志》第15卷第2号,1923年2月)1月24日下午,为北京参议院投阁员同意票的时间,北京34所学校的学生5000余人,列队到参议院,请愿否决任命彭允彝为教育总长。5时20分,会毕,彭竟获通过。1月25日,国立北京女高师、医专、工专、美专四校校长愤于"以教育为政争之具",呈请辞职。国立八校教职员联合会立即开会议决:声明除现任四校长外,不承认任何其他人出任校长,并决计运动教育独立。同时,北京学生联合会开会议决:(一)通电全国,不承认彭允彝为教育总长;(二)请各校当局不收受教育部公文;(三)请各校直接与国务院接洽。(《教育杂志》第15卷第2号)

　　按:1月20日,北京政府国务院发来电报,云:"顷奉发下贵校长辞呈文一件,奉谕交院〈慰〉留等因。先生领袖学界,士望攸归,祈早回京,毋萌退志。院号印。"(上海《民国日报》1923年1月22日)25日,北京政府总统黎元洪来电,云:"上海探送北京大学校长蔡孑民先生:时事蜩螗,致公高蹈,南天引企,轸结殊深。窃维执事导扬文化,启迪新知,毅力热诚,万流宗仰。现在莘莘学子,急盼还辕。务祈勉抑高怀,北来视事,临电延伫,立候复音。"(北京《晨报》1923年1月25日)但黎元洪于1月29日对彭允彝提出的辞呈,下令慰留,内有"整顿学风,不辞劳怨;国事阽危,正资倚赖"等语。彭允彝遂于1月30日正式就任北京教育总长之职。此后,北大与北京各校师生驱彭留蔡的运动坚持不息,直至9月4日彭允彝去职,"驱彭"一事方始结束。蔡先生赴欧、蒋梦麟于12月27日被派代理北大校长职务后,"留蔡"之举亦告一段落。

　　蔡元培1月23日发表《不合作宣言》,表示不与北京的黑暗政治同流合污。2月9日,大总统黎元洪严禁师生聚众干政。同月,蔡元培撰《五十年来中国之哲学》长文,对50年来中国之哲学研究作了全面梳理与总结。3月20日,杭州大学董事会于本月上旬召开第一次会议,到张载扬、沈钧业、蒋梦麟、张寿镛、张宗祥、何炳松、郑宗海等10余人,就校址、经费、行政组织、科系设置、筹备步骤等进行讨论,并作出若干决议。蔡元培在津未能赴杭出席,特与陈大齐、蒋梦麟联名,提出《筹办杭州大学的建议》。4月10日,蔡元培抵达上海。17日,蔡元培与商务印书馆商定,为该馆编译书稿,取得稿费,以作赴欧及居欧费用。18日,张元济设宴邀请,座有汪精卫、胡汉民、徐谦、高梦旦。29日,前往爱俪园(即哈同花园),访王国维。不知王国维住址,惟知其仍在哈同夫妇所办仓圣明智大学园中授课,因投以一函,属约期晤谈。同日,王国维来晤。5月1日,看望王国维。

　　按:据蔡元培《日记》载:"彼对于西洋文明很怀疑,以为不能自救(因我告以彼等已颇觉悟),又深以中国不能防止输入为虑。我询以对于佛学之意见,彼言素未研究。询以是否取孔学,彼说大体如此。彼以为西人之病根在贪不知止。彼以为科学只可作美术观,万不可应用于实际。"于此略可窥见王国维的思想要义。

蔡元培5月27日接北大全体教职员发来一长信,恳切陈词,请其不作赴欧之计。31日,蔡元培偕沈肃文、刘大白往上虞白马湖春晖中学校,晤经子渊、夏丐尊诸君(途中遇薛阆仙,同去)。晚,为诸生演说。6月13日10时,抵新新旅馆,会晤在杭的胡适、高梦旦。6月21晨回绍兴,得蒋梦麟、黄干城、杨芳及蔡威廉来函,知陈启修、杨芳、段子均被举为北大教职员代表,专程来绍兴面邀回校。6月24日晚,蔡元培赴上海。7月5日,李大钊由北京专程来晤。晚,宴李大钊、李骏、施家昱(叔侯)、范体仁、马复于一品香。李大钊代表北大教职员,李、施、范、马代表北大及北京各校学生会到上海,再请蔡元培打消辞意。7月10日,蔡元培与周峻(字养浩)在苏州留园结婚。7月13日午前,访顾颉刚等。随后携眷离沪赴欧。
(以上参见高平叔编著《蔡元培年谱长编》,人民教育出版社1996年版;王世儒编撰《蔡元培先生年谱》,北京大学出版社1998年版;耿云志《胡适年谱》,四川人民出版社1989年版)

蒋梦麟1月1日被全国商会推为"裁兵劝告员",与蔡元培、余日章等联名发表声明,倡导裁兵与和平统一。1月17日,蔡元培以教育总长彭允彝干涉司法,蹂躏人权,羞与为伍,辞职离校。18日,接替蔡元培再度担任代理北大校长兼"国立北京八校校长联合会"主席。北大学生集会,力主挽留蔡校长、驱逐彭允彝、警告国会。19日,北京各高校学生集会抗争,号召全国教育界一致行动驱逐彭允彝。30日,彭允彝就任教育总长。31日,北大等六校评议会议决凡彭允彝签署的教育部文件一律不接受。3月,与蔡元培、陈大齐等联名提出《筹办杭州大学之意见》。4月17日,蔡元培发致北大评议会电,谓"北京汉花园国立北京大学评议会鉴:蒋梦麟教授来电,只肯代表个人,培亦赞成,请公决"。5月4日,北京学生纪念"五四",驱彭允彝运动再起,并结队毁彭允彝住宅。彭允彝向法庭控北大教职员蒋梦麟主使,蒋梦麟等反控彭允彝诬陷。

蒋梦麟、李石曾等为委员的中日学术协会10月1日在北京成立。11月17日,北京国立大学及专门学校八校教职员联席会议议决因政府欠薪9个月,宣告八校难以维持,只能关闭。12月6日,教育部宣布,经国务会议决议,自1924年2月起每月拨盐款15万元指定为京师国立八校及公立学校教育基金。12月27日,教育部任命蒋梦麟在蔡元培考察欧洲归来前为北大代理校长。

按:马叙伦代表北京大学评议会呈报教育部呈文曰:"敬启者。查本校蔡校长,因在本校任职五年以上,照例得给假休息或赴外国游历。业于本年七月起程赴欧,所有校长职务,蔡校长函致本会,委托蒋总务长梦麟代理,经本会于本年七月十六日会议议决,公推蒋总务长兼代校长,并每月支校长办公费三百元。蒋总务长业于八月四日就兼代校长职。为此合行具文呈报,请予备案。谨呈教育部。北京大学评议会书记马叙伦。十二年十二月二十六日。"(北京大学档案(七)1—162)(参见马勇、黄令坦编《中国近代思想家文库·蒋梦麟卷》附录《蒋梦麟年谱简编》,中国人民大学出版社2015年版;高平叔编著《蔡元培年谱长编》,人民教育出版社1996年版;卢礼阳《马叙伦年谱》,浙江古籍出版社2021年版)

胡适1月21日在《努力周报》第38号上发表《蔡元培以辞职为抗议》的评论,支持蔡元培为"罗案"及彭允彝出任教育部长而采取不合作的立场。28日,胡适在《努力周报》第39号上又发表《蔡元培的不合作主义》《蔡元培与北京教育界》两文。同月,北京大学《国学季刊》创刊,胡适任主编。此为专门登载"国学方面研究所得"的刊物,创刊后在学术界产生重要影响。胡适在其撰写的《发刊宣言》中指出:"国学"是"国故学"的简称,是研究"中国的一切过去的文化历史"的学问。"国故"这个名词,最为妥当;因为他是一个中立的名词,不含褒贬的意义。"国故"包含"国粹"，但又包含"国渣"。我们若不了解"国渣"，如何懂得"国粹"？所以我们现在要扩充国学的领域，包括上下三四千年的过去文化，打破一切的门户成见，拿历史的眼光来整统一切，认清了"国故学"的使命是整理中国一切文化历史，便可以把一切狭陋的门户之见都扫空了。这一关于"国学"定义为学界所广泛接受。《发刊宣言》又简要总结了自明末到当时的国学研究三方面成果：一是整理古书，二是发现古书，三是发现古物；同时存在三方面的缺失：一是研究的范围太狭窄了，二是太注重功力而忽略了理解，三是缺乏参考比较的材料，提出要"用历史的眼光来扩大国学研究的范围"，"用系统的整理来部勒国学研究的资料"，"用比较的研究来帮助国学的材料的整理与解释"。由此发起整理国故运动。创刊号刊载了马衡《石鼓为秦刻石考》、沈兼士《国语问题之历史的研究》、朱希祖《萧梁旧史考》（第2号连载）、顾颉刚《郑樵著述考》（第2号连载）、王国维《五代监本考》及罗福苌《伦敦博物馆敦煌书目》等文。

　　按：国故学是胡适关于单纯用考辨史料的方法研究中国历史文化的主张。胡适从1919年到1933年连续发表文章，在学术界打起了"整理国故"的旗号，他提出"中国过去的文化历史，都是我们的'国故'；研究这一切过去的历史文化的学问，就是'国故学'，省称'国学'"。他认为"国故学"的性质不外乎要懂得国故，这是人类求知的天性所要求的（《论国故学——答毛水子》）。胡适极力推崇清代学者的治学方法，夸大考据的作用，认为"发明一个字的古义，与发现一颗恒星，都是一大功绩"。

　　《国学季刊》是民国四大学术刊物之一。编委会由胡适、沈兼士、周作人、顾孟余、单不庵、马裕藻、刘文典、钱玄同、李大钊、朱希祖、郑奠等人组成，胡适为主任。该刊《编辑略例》云："1.发表国内外学者研究'中国学'之结果；2.虽以'国学'为范围，但与国学相关之各种科学，如东方古言语学、比较言语学、印度宗教及哲学……亦与以相当之地位。""举凡论著合于上述标准者，编委会同人皆极表欢迎。"（《国立北京大学国学季刊编辑略例》，《国学季刊》第1卷第2号）

　　胡适在《〈国学季刊〉发刊宣言》中，曾拟订了一个具体而微的规划，其研究系统包括（一）民族史；（二）语言文字史；（三）经济史；（四）政治史；（五）国际交通史；（六）思想学术史；（七）宗教史；（八）文艺史；（九）风俗史；（十）制度史等。胡适强调："国学的系统的研究，要以此（中国文化史）为归宿。一切国学的研究，无论时代古今，无论问题大小，都要朝着这一个大方向走。只有这个目的可以整统一切材料……希望学者能用分工合作的办法，先就性之所近做成各种专史。"（《国学季刊》第1卷第1号）

　　胡适1月始作《崔述的年谱》，至43岁而止。8年后，由赵贞信补写完成。2—5月，撰《〈镜花缘〉的引论》。2月4日，在《努力周刊》第40号上发表《蔡元培是消极吗？》，这是陈独秀认为蔡元培以辞职为抗议是消极的答复，谓"蔡先生的抗议，在积极方面，能使一个病废的胡适出来努力；而在消极方面，决不会使一个奋斗的陈独秀退向怯懦的路上去"。同时对陈独秀进行影射与攻击："自从袁世凯以来，政府专用金钱来收买政客，十年的功夫，遂使猪仔遍于国中，而'志士'一个名词竟久已不见经传了！新文化，学生运动，安那其，社会主义，共产主义……无不不可作猪仔之敲门砖！今天谈安那其，明天不妨捧为政客；今天谈共产主义，明天又不妨作教育次长（按：指陈独秀曾任广东教育委员会委员长）！在这个猪仔世界里，民众不用谈起，组织也不可靠，还应该先提倡蔡先生这种抗议的精神，提倡'不降志，不辱身'的精神，提倡那为要做人而有所不为的牺牲精神。"同月，胡敦元等清华学校学生将赴美国留学，请胡适拟一个"想在短时期中得着国故学等常识"的书目，胡适拟《一个最低限度的国学书目》，发表于2月25日出版的《东方杂志》第20卷第4号，并被3月4日出版的《读书杂志》第7期转载。随后，梁启超发表《评胡适之的〈一个最低限度的国学书目〉》，认为所开书目"文不对题"，他自己另开了一个《国学入门书要目及其读法》。3月11日，《清华周刊》

记者给胡适写信，认为胡适所开列的书目，一方面范围太窄，另一方面内容"太深"，不合于"最低限度"。胡适对此进行说明，并在原书目上以加圈的方式，又拟了一个"实在的最低限度的书目"。5月11日，梁启超在《清华周刊》总281号《书报介绍》副刊第3期发表《国学入门书要目及其读法》，文后附胡适的《一个最低限度的国学书》、梁启超的《治国学杂话》《评胡适之的〈一个最低限度的国学书〉》。由于这两位学界权威的提倡，国学遂成热门。

按：胡适在书目的《序言》中说："我拟这个书目的时候，并不为有国学的根底的人设想，只为普通青年人想得一点系统的国学知识的人设想"，"在这个没有门径的时候，我曾想出一个下手方法来：就是用历史的线索做我们的天然系统，用这个天然继续演进的顺序做我们治国学的历程"。

胡适3月6日撰《淮南鸿烈集解序》。4月1日，在《读书杂志》第8期发表《读梁漱溟先生的东西文化及其哲学》，批评梁漱溟的主观主义的东西文化观。指出梁漱溟把世界各民族的文化分成：一、西方的意欲向前的，二、印度的意欲向后的，三、中国的意欲自为调和的，三种互不相通的文化发展路径，是根本不合实际的。认为人类在文化发展上是根本大同小异的，只是发展的迟速不同。中国或印度亦终将走上科学化与民治化之路。4日，北洋政府颁发勋章，以胡适于"鲁案"有力，奖给三等嘉禾章。胡适公开声明："我是根本反对勋章勋位的。如果这个胡适真是我，还是请政府收了回去吧。"15、22日，《努力周报》第48—49期连载了丁文江的《玄学与科学》，批评张君劢的《人生观》讲演。"努力"派的大将们差不多都陆续参加了论争。16日，胡适在《国学季刊》第1卷第2号发表《科学的古史家崔述》。

按：作者认为崔述"以经证史"的治学方法和怀疑的治学精神是史学进入科学时代的法宝，所以"中国新史学应该从崔述做起，用他的《考信录》做我们的出发点"，并认为"新史学的成立须在超过崔述以后，然而我们要想超过崔述，先须要跟上崔述"。出于这样的认识，作者决定撰写此文介绍崔述。文章分为"家世""年谱"等。"年谱"只截止到乾隆四年，后因胡适兴趣变换及《国学季刊》停刊，该年谱未有续载（1931年赵贞信续写了后半部）。

胡适4月21日离京到南方休养，月底到杭州烟霞洞。5月11日，胡适在上海撰成《孙行者与张君劢》，发表于《努力周报》，文中用嘲谑的口气把张君劢比作孙悟空，而把"赛先生（科学）和罗辑先生（逻辑）"比作如来佛，谓"我的朋友张君劢近来对于科学家的跋扈，很有点生气，他一只手捻着他的稀疏的胡子，一只手向桌上一拍，说道：'赛先生，你有多大的手心！你敢用逻辑先生网罗我吗？老张去也！'""张君劢翻了二七一十四天的筋斗，原来始终不曾脱离逻辑先生的一件小小法宝——矛盾律的笼罩之下！哈！哈！"认为玄学纵有天大的本领，也跳不出科学的掌心，以此批评张君劢的玄学人生观。15日，胡适致信郭沫若、郁达夫两人，对上年9月《努力周报》第20号的《编辑余谈》批评郁达夫，由此引起双方不愉快的关系作解释，并声称对"两位的文学上的成绩，虽然也常有不能完全表同情之点，却只有敬意，而毫无恶感"，同时又提请郭沫若、郁达夫不要攻击考据学，指出"我很诚恳地盼望你们对我个人的不满意，不要迁怒到'考据学'上去。你们做文学事业，也许有时要用得着考据的帮助"。17日，郭沫若与郁达夫分别回信给胡适，都有婉转批评之意。25日，胡适访郭沫若、郁达夫、成仿吾，"结束了一场小小的笔墨官司"。27日，郭沫若、郁达夫、成仿吾三人回访胡适。5月30日，胡适致信顾颉刚，认为"关于古史，最要紧的是重提《尚书》的公案，指出《今文尚书》的不可深信"。6月2日，顾颉刚回函响应。7月18日，陈大齐致信胡适，盼其返校，说校中时有危机，胡适回校可起稳定作用。22日，任鸿隽致信胡适，告称科学社年会已将胡适列入讲演委员中。同时另请社外的汪精卫、马君武及马相伯到会演讲。信中还说，汪精卫很想与胡适相见。8月12日，胡适在浙江暑期学校讲演《科学的人生观》。9月

24日,作《中古文学概论序》,批评旧史学。10月4日,离烟霞洞赴上海。在这次休养期间,曾一度与徐志摩同住,交往颇密。徐志摩从此受胡适影响最大。胡适返北大后,徐志摩亦随之去北大任教。

胡适10月9日致信高一涵、陶孟和、张慰慈、沈性仁等四位,对他们此前一个时期辛苦维持《努力周报》表示谢意。然后告称,7日,在沪邀集任鸿隽、陈衡哲、朱经农、徐新六等商议,决定《努力周报》暂时停办,将来改组为半月刊或月刊,专从文艺思想方面着力,但亦不放弃政治。《读书杂志》仍继续。10月20日,作《〈水浒〉续集两种序》。21日,《努力周报》出版最后一号,即第75号,登出停刊启事,同时发表胡适的《一年半的回顾》一文,谓一年半来一切谋求政治改革的梦想都失败了,"我们的《努力》里最有价值的文章恐怕不是我的政论,而是我们的批评梁漱溟、张君劢一班先生的文章和《读书杂志》里讨论古史的文章。"28日,在杭州西湖拟就《整理国故的计划》,初步拟出首批待整理的古书33种,并拟定部分承担此工作的人选。

胡适10月在沪停留期间,与郭沫若、成仿吾等频有往还。11月29日,写成《科学与人生观序》,系为亚东图书馆编辑的科学与人生观问题论战的文集而作,首先尖锐地批评了由梁启超的《欧游心影录》挑起的对"科学破产"的喧嚷。接着指出在论争中,双方都没有指明科学的人生观到底是什么样。这是这场争论最大的不足之处。12月,胡适曾到东南大学讲演《书院制史略》;在上海商科大学讲演《哲学与人生》,载《东方杂志》第20卷第23期。回到北京后,开始写作《戴东原的哲学》。12月16日,胡适写信给亚东图书馆编辑章希吕,信中提到该馆编《科学与人生观》一书时说:"此书不得稚晖先生之文,即行出版,是我极不赞成的。仲甫的答书,近于强辩,末段竟是诬人,使我失望。"同日,胡适在日记中记有往访王国维、谈论戴东原之哲学及西方文明。

> 按:胡适是日在日记中有载:往访王静庵先生(国维),谈了一点多钟。他说戴东原之哲学,他的弟子都不懂得,几乎及身而绝。此言是也。戴氏弟子如段玉裁可谓佼佼者了。然而他在《年谱》里恭维戴氏的古文和八股,而不及他的哲学,何其陋也!静庵先生问我,小说《薛家将》写薛丁山弑父,樊梨花也弑父,有没有特别意义?我竟不曾想过这个问题。希腊古代悲剧中常有这一类的事。他又说,西洋人太提倡欲望,过了一定限期,必至破坏毁灭。我对此事却不悲观。即使悲观,我们在今日势不能跟西洋人向这条路上走去。他也以为然。我以为西洋今日之大患不在欲望的发展,而在理智的进步不曾赶上物质文明的进步。他举美国一家公司制一影片,费钱六百万元,用地千余亩,说这种办法是不能持久的。我说,制一影片而费如许资本工夫,正如我们考据一个字而费几许精力,寻无数版本,同是一种作事必求完备尽善的精神,正未可厚非也。

胡适12月19日写信给梁启超,告戴东原的生日应是1月19日。是时,学界正在筹办纪念戴东原诞辰200周年,胡适与梁启超都赶写重头文章。27日,胡适致函钱玄同,谈重新认识颜、李,谓"近年多读颜习斋、李恕谷的著作,觉得他们确是了不得的思想家,恕谷尤可爱。你说我'不甚爱颜习斋',那是'去年的我'了!近作《东原的哲学》,开端即叙颜、李"。同月下旬,努力社与商务印书馆签订《合印〈努力月刊〉附约》,拟于明年春出版《努力月刊》。是年,较重要的著述还有:《国语月刊》汉字改革号卷头语(《国语月刊》第1卷第7期),《〈西游记〉考证》(《读书杂志》第6期),读王国维先生的《曲录》(《读书杂志》第7期)等。是年,胡适、徐志摩、梁实秋、陈源(西滢)、蒋百里、张彭春等人在北京成立"新月社",为"五四"以来最大的以探索新诗理论与新诗创作为主的文学社团。林徽因常常参加新月社举办的文艺活动。(以上参见耿云志《胡适年谱》,四川人民出版社1989年版;唐宝林、林茂生《陈独秀年谱》,上海人民出版社 1988 年版；文韬《"国故学"与"中国学术"的纠结——民国时期两种"国学"概念的争执及其语境》，《中山大学学报》2013 年 5 期；王学典《20 世纪史学编年（1900—1949）》，商务印书馆 2014 年版）

李大钊 1 月 11 日上午 9 时半至 11 时半，在北大第一院第四教室，为社会系讲"印度问题"。15 日，马克思学说研究会在北京高师礼堂，召开纪念李卜克内西与卢森堡殉难 4 周年大会。李大钊出席并发表演说，同时发表演说的还有瞿秋白、蔡和森等。16 日，在《北大经济学会半月刊》第 3 号上发表《社会主义下的经济组织》一文，此为李大钊为北大经济学会所作演讲的文稿。18 日，李大钊出席北大评议会召集的特别会议，讨论关于校长辞职后的应急办法，议决暂以评议会名义维持学校事务，至校长去留问题解决为止。李大钊联络北京大学教授蒋梦麟、顾孟余、马叙伦等 20 人，以北京大学全体教职员名义上书大总统，请求罢免教育总长彭允彝，挽留蔡元培以维持教育。19 日晚 7 时，出席北大评议会召集的第二次特别会议，讨论学生被打事件，推举代表慰问受伤学生，决定经法律手续办理这一事件。26 日下午 4 时，出席北大评议会召集的第三次特别会议。同日，经李大钊、林伯渠联系安排，孙文、越飞会谈后在上海发表《孙文越飞联合宣言》。

按：苏俄政府代表越飞来华后，经李大钊、林伯渠联系安排，本月 16 日以养病为名赴上海。22 日前往莫利爱路 29 号孙中山寓所访问，并举行会谈。两人讨论了改组国民党、建立革命军队及苏联援助中国革命等问题，并于本日发表宣言。

李大钊 1 月为商务印书馆出版的《百科小丛书》之第十五种作《平民主义》。同月，共产国际代表马林自莫斯科返回北京，曾与李大钊等就国共合作问题进行讨论；致函周作人，约其同赴武汉讲学，谓"昨接胡小石先生由武昌来函，云寒假时当地教职员会拟组织一学术讲演会，嘱转请吾兄及爱罗先珂先生联袂一行"。2 月初，离京赴武汉讲学。2 日，李大钊在湖北高等师范发表《进步的历史观》系列演讲，至 4 日结束，共 3 次。4 日下午 7 时至 9 时，应湖北女权运动同盟之邀，在寒假演讲会上发表题为《现在世界四种妇女运动之潮流及性质并中国妇女运动进行之方法》的演说。12 日，在《社会科学季刊》第 1 卷第 2 号发表《"今"与"古"》一文。同月，在《申报之最近五十年》上发表《一八七一年的巴黎"康妙恩"》，此文是应《申报之最近五十年》编辑黄炎培之约，为纪念《申报》50 周年所作，原定题目为《五十年来世界的劳工运动》，其中记叙了巴黎公社的历史。"二七"惨案发生后，北京政府发布了对李大钊、陈独秀和共产国际代表马林等人的通缉令，随后中共中央机关和国际代表由京迁回上海，李大钊也从武汉转抵上海。

李大钊 3 月 12 日在《时事新报》之《合作》周刊第 3 期发表《马克思的经济学说》一文，此为李大钊在上海的一次演讲文稿，由孙席珍笔记。文章介绍了马克思经济学说的核心——剩余价值学说，揭露了资本家剥削的秘密，并指出为研究马克思的经济学说，必须系统地开展对《资本论》的研究。23 日，北京党组织以各界人士名义在师大风雨操场，隆重举行追悼施（洋）林（祥谦）大会，出席千余人。4 月，应邀在复旦大学、上海大学作学术演讲。月底，离沪返京。5 月 1 日，在《晨报》副刊发表《工人国际运动略史》一文。4 日，出席北京学生联合会在北京女子高等师范学校召开的"五四"纪念大会，并作演讲，号召"组织民众"，"对现政府立于弹劾的地位"。6 月，出席在广州召开的中国共产党第三次全国代表大会。大会决定与国民党建立统一战线，共产党员以个人身份加入国民党。李大钊当选为中央委员。会后，在广州与孙中山进行会谈，讨论了统一战线和对外政策问题。下旬，从广州抵达上海。7 月月初，在上海拜访蔡元培，并参加蔡元培婚礼。中旬，离沪返京。

李大钊 8 月在北京大学《社会科学季刊》第 1 卷第 4 号发表《桑西门的历史观》。同月，

收到鲁迅惠赠新出版的《呐喊》一书,甚为高兴。曾与子女谈论这本书的价值,尤赞扬书中
《阿Q正传》写得好,要孩子们认真阅读。9月9日,出席在北京大学第二院召开的欢迎苏
联代表加拉罕大会。16日,在《北京周报》第80号发表《中、日、俄三国关系日益接近》,又在
《努力周报》第70期发表《"大国民"的外交》。同月,曾有两信寄胡适,其时胡适正在编辑
《世界丛书》,李大钊为蔡和森所著《俄国革命史》一书能在丛书中出版,特致函胡适。10月
月初,在北京会见共产国际代表和苏联驻广东革命政府代表鲍罗廷。19日,孙中山致电国
民党上海事务所,命其密电李大钊赴上海商讨国民党改组问题。25日,《北京大学日刊》第
一版报道,北大校评议员选举已于24日下午3时在第二院大讲堂当众开票,李大钊与顾孟
余、王星拱、李煜瀛、马叙伦等15人当选。同日,《北京大学日刊》第二版刊登注册部布告:
"李大钊先生因事假两星期,所授功课假满时补授。"这是他应孙中山之约,赴沪与廖仲恺讨
论国民党改组事宜。11月1日,《北京大学日刊》公布校评议会下设各委员会委员及委员长
名单,李大钊任学生事业委员会委员长。7日,上海大学于俄国十月革命6周年纪念日成立
社会问题研究会,李大钊在成立大会上发表了题为《社会主义释疑》的演讲,讲稿刊于13日
《民国日报》副刊《觉悟》上。15日,李大钊在北京大学《社会科学季刊》第2卷第1号发表
《孔道西的历史观》。24—25日,出席中共三届一中全会。会议检查了中共三大以来各项决
议的执行情况,主要讨论了国民革命运动、工人运动等。29日,在《民国日报》副刊《觉悟》发
表《研究历史的任务》。

　　按:李大钊提出研究历史的任务一是"整理事实,寻找它的真确的证据",二是"理解事实,寻出它的
进步的真理"。

　　李大钊12月4日在《民国日报》副刊《觉悟》上发表《劳动问题的祸源》。9日,廖仲恺奉
孙中山之命,在上海主持召开第十次国民党中央干部会议,讨论有关改组问题。会上,廖仲
恺报告了改组的意义及措施,成立了上海临时执行委员会。李大钊出席了这次会议。11
日,为青年学者萧一山编写《清代通史》初版本作序,梁启超以及日本京都帝国大学教授、博
士今西龙等中外知名学者曾为之作序。中旬,离沪返回北京。17日,在北大校庆之第二日
纪念会上发表讲演,"略谓北大是黑暗中之灯塔。我个人心中没有一切,所有者唯北大耳"。
20日,在《新民国》第1卷第2号发表《艰难的国运与雄健的国民》。下旬,赴天津,指导筹建
中共天津地方党组织。23日,在天津学术演讲会上发表题为《历史与人生观》的演说。30
日,参加直隶法政专门学校18周年校庆活动,并在庆祝会上发表题为《十八年来之回顾》的
讲演。同月,李大钊开始编印《史学思想史》讲义,为第一部史学思想史著作。是年,李大钊
领导北京党组织,开始在北京蒙藏学校的青年学生中进行工作,发展了第一批中国共产党
蒙古族党员。(参见朱文通主编《李大钊年谱长编》,中国社会科学出版社2009年版;杨琥编《中国近代
思想家文库·李大钊卷》附《李大钊年谱简编》,中国人民大学出版社2015年版)

　　王国维1月16日为《史料月刊》及唐尺等问题,致函罗振玉。同月,撰《魏正始石经残
石考》。2月4日,因讨论《生魄考》等问题,复书唐兰。2月,为南陵徐氏所藏古器拓本作跋
数则,如《刺鼎跋》《父乙卣跋》等。同月,赵万里趁先生返海宁之便,于戚氏家谒见先生,问
以治学之道,先生举治学必先通《说文》,而后再治《诗》《书》《三礼》以相告。3月2日,看到
了唐天宝十载(751年)重定本《唐韵》后,致函唐兰。同月,撰高邮王念孙《训诂音韵书稿叙
录》,极称赞王念孙在古音韵学上的创见。

　　按:《训诂音韵书稿叙录》提出王氏"分古音为无入、有入二大类,与戴孔二君同;而不用其异平同入

及阴阳对转之说。其分支脂为三,尤侯为二,真谆为二,与段君同;又以尤之入声之半属侯,与孔君同,而增至祭二部,则又为段孔二君之所未及。此六家之古韵,虽先后疏密不同,其说亦不能强合,然其为百世不祧之宗则一也"。

王国维3月编定这数年来所为文字刊于《学术丛编》及旧作之刊于雪堂、广仓二丛刊者,删繁损华,为艺林8卷、史林10卷、缀林2卷,名曰《观堂集林》,凡20卷。5月,友人乌程蒋汝藻出资以仿聚珍板印行,并作序。又有罗振玉序,实王国维事先撰就,后经罗氏稍加修改,略述王国维前半期治学演变的经过及其成就。

按:王国维门人赵万里说:"先生之辑《集林》也,去取至严,凡一切酬应之作,及少作之无关弘旨者,悉淘去不存。旧作如《魏石经考》《汉魏博士考》《〈尔雅〉草木虫鱼鸟兽释例》,亦只存一部分而已。"今所传《遗书》本《集林》,乃王氏去世后,门人赵万里遵其临终前手定篇目,增辑而成。自辛亥东渡以后十数年间攻治古文字音韵、古史地,及版本目录诸学的主要成果,毕萃于此。故郭沫若谓此书乃王氏一生"学业的结晶"。

蒋汝藻序云:"窃谓君书才厚数寸,在近世诸家中,著书不为多,然新得之多,未有如君书者也。君新得之多,固由于近日所出新史料之多。然非君之学识,则亦无以理董之。盖君于乾嘉诸儒之学术方法无不通,于古书无不贯串。其术甚精,其识甚锐,故能以旧史料释新史料,复以新史料释旧史料,辗转相生,所得乃如是之夥也。"

罗振玉序曰:"海宁王静安征君,裒其前后考证经史之作并诗文若干篇,为《观堂集林》二十四卷,乌程蒋孟蘋学部为之校刊,成书有日矣。征君书来,索余文弁其首。余谓征君之学,于国朝二百余年中最近歙县程易畴先生及吴县吴憩斋中丞。程君之书以精识胜,而以目验辅之,其时古文字、古器物尚未大出,故启涂虽启,而运用未宏。吴君之书,全据近世之文字器物以立言,其源出于程君,而精博则逊之。征君具程君之学识,步吴君之轨躅,又当古文字古器物大出之世,故其规模大于程君,而精博过于吴君。海内新旧学者咸推重君书无异辞。然则,余于君书,其又何言?虽然,余交君二十有六年,于君学问之变化,知之为最深。光绪戊戌,始与君相见于上海,时余年三十有三,君二十有二,君方治东西文字,继又治泰西哲学,逮岁丁未,君有《静庵文集》之刻。戊申以后,与君同客京师,君又治元明以来通俗文学,时则有《曲录》之刻,而《宋元戏曲史》亦属草于此时。然君治哲学,未尝溺新说而废旧闻,其治通俗文学,亦未尝尊俚辞而薄雅故。辛亥之变,君复与余航海居日本,自是始尽弃前学,专治经史,日读注疏尽数卷,又旁治古文字声韵之学。甲寅,君与余共考释流沙坠简,余考殷虚文字亦颇采君说。丙辰之春,君自日本归上海。为英伦哈同氏编《学术丛刊》杂志,君之撰述乃益富。丁巳,君撰《殷卜辞中所见先公先王考》及《殷周制度论》,义据精深,方法缜密,极考证家之能事,而于周代立制之源及成王、周公所以治天下之意,言之尤为真切,自来说诸经大义,未有如此之贯串者。盖君之学,实由文字声韵以考古代之制度文物,并其立制之所以然。其术皆由博以反约,由疑而得信,务在不悖不惑,当于理而止。其于古人之学说亦然。君尝谓今之学者于古人之制度文物学说无不疑,独不肯自疑其立说之根据。呜呼,味君此言,可以知君二十年中学问变化之故矣。"(参见王学典《20世纪史学编年(1900—1949)》,商务印书馆2014年版)

王国维4月16日以蒙古升允(素庵)荐,受命任溥仪"南书房行走"。同时被命者尚有杨钟羲、景方昶及温肃三人。4月下旬,唐兰具函请教《吕氏春秋》《方言》等有关问题。4月28日,王国维复信。5月7日,与罗振玉书,讨论迁居北京的寓所及魏石经等问题。9日,与罗振玉书,讨论三字石经等问题。11日,与日本友人神田喜一郎书,讨论魏石经事。同月,乌程蒋氏《密韵楼藏书志》撰成,历时二年余,书以经、史、子、集分部。如四库全书分法,部各分目,不分卷次,书志中著录各书皆一一作提要,述版本源流及诸本异同,精审无比。25日,王国维束装自上海由海道北上。行前,在沪友朋设宴饯行。28日,到天津。31日,抵北平。夏,赴津假归罗振玉新购王念孙《释大》《方言疏证》稿,手自录副藏之。既获见王念孙未定稿《谐声谱》,乃重草《说文谐声谱》1卷,以补王氏之阙,至岁终始写定。7月1日,为商承祚撰《殷虚文字类编序》。

　　按：序曰："今世弱冠治古文字学者，余所见得四人焉。曰嘉兴唐立庵兰，曰东莞容希白庚，曰胶州柯纯卿昌济，曰番禺商锡永承祚。立庵孤学，于书无所不窥，尝据古书古器以校《说文解字》。希白则专攻古金文，欲补吴县吴愙斋中丞之书，而其书皆未就。纯卿为凤苏学士次子，年最小读书亦最多，尝以书问字于余，余叹其逸足，每思所以范之。前岁撰《殷虚书契补释》一篇寄余，尚未能中绳墨也。锡永从上虞罗叔言参事游。壬戌夏，持参事书访余于上海，出所纂《殷虚文字类编》，索余文弁其首。癸亥五月，余来京师，锡永书亦垂刊成，乃始得而序之。夫殷虚文字之学，始于瑞安孙仲容比部，而实大成于参事。参事于宣统庚戌撰《殷虚贞卜文字考》，甲寅复撰《殷虚书契考释》，创获甚多，丙辰之夏，复集殷虚文字之不可识者，为《殷虚书契待问编》，参事与余续有所释，皆笺识其上，其于《考释》一书又大有增删。锡永乃汇诸书以《说文》次序编之，其所自释者亦十之一二，精密矜慎，不作穿凿附会之说。……如锡永此书，可以传世矣。虽然，书契文字之学，自孙比部而罗参事而余，所得发明者不过十之一二，而文字之外，若人名，若地理，若礼制，有待于考究者尤多。故此新出之史料，在在与旧史料相需，故古文字古器物之学与经史之学实相表里，惟能达观二者之际，不屈旧以就新，亦不绌新以从旧，然后能得古人之真，而其言乃可信于后世。"

　　王国维7月14日获清逊帝溥仪手令："加恩赏给五品衔，并赏食五品俸。"同日，致书马衡，考定《礼经》小石乃在《乡饮酒礼》之末。26日，为罗振玉赠《皋陶谟》残石拓本及自己病况，致书马衡。同日，撰《颂壶跋》。8月1日，撰《梁伯戈跋》《六朝瓦当拓本跋》。23日，撰《魏正始石经残石考》成。26日，与友人陈乃乾书，讨论洛阳新出土石经的问题。初到北平后，事务清闲，得以校录王念孙手稿，从事古音韵学之研究。9月18日，眷属来京，赁宅于地安门内织染局。同月，重订《秦公敦跋》。10—11月，撰《古磬跋》。秋，撰《持付轩仿古玺印谱序》。11月8日，为故宫所藏康熙地图等事，致函马衡。12月31日，《观堂集林》印刷装订竣事，蒋孟频从上海先寄来样书一部，并与先生商量寄售问题。同月，王国维在《国学季刊》第1卷第4号发表《韦庄的〈秦妇吟〉》。是年，撰《肃霜涤场说》撰《鱼匕跋》《沈司马石阙朱鸟象跋》《论政学疏》等。（以上参见陈鸿祥《王国维年谱》，齐鲁书社1991年版；袁英光、刘寅生《王国维年谱长编（1877—1927）》，天津人民出版社1996年版；彭林编《中国近代思想家文库·王国维卷》附《王国维年谱简编》，中国人民大学出版社2015年版）

　　陈垣继续担任北京大学研究所国学门导师，又受聘为燕京大学讲师。1月初，为北京大学组织的浙江水灾募捐活动捐款。1月24日，张宗祥来函，代人推售《永乐大典》一册。同月，在《北京大学国学季刊》第1卷第1号发表《火祆教入中国考》。月底，沈兼士来函，告知《摩尼教考》已编入《北京大学国学季刊》第2期。2月17日，高鲁来函，答复陈垣指出的中央观象台编制的历书对照表与道光万年书不符的问题。3月15日，在《真理周刊》第2、3期发表《旧约三史异文考》。21日，在《北京大学日刊》第1193期发表校订版《火祆教入中国考》（上）。23日，在《北京大学日刊》第1195期发表校订版《火祆教入中国考》（中）。24日，在《北京大学日刊》第1196期发表校订版《火祆教入中国考》（下）。4月3日，吴承仕来函，谈思辨社活动事。4月20日，沈兼士来函，请为北大史学会演讲。

　　陈垣4月在《北京大学国学季刊》第1卷第2号发表《摩尼教入中国考》。5月9日，沈兼士来函，介绍日本学者那波利贞来访。同月，在《北京大学国学季刊》第1卷第3号发表《摩尼教残经一、二》，校录京师图书馆及伦敦博物院、法国图书馆所藏敦煌莫高窟摩尼教经残卷两种，作为《摩尼教入中国考》的附录。8月30日，吴震春来函，并送来《宗教辨惑说》。9月24日，胡鸣盛来函，谈校勘清太宗圣训事。10月5日，陈垣以众议院议员的身份参加国会投票，选举总统。10月9日，著成《元西域人华化考》。《元西域人华化考》是陈垣精心撰著的一部著作,也是他早年最为满意的一部著作,公开出版后,在中外学术界引起巨大轰动。

按:油印稿本卷八尾注有"(民国)十二年十月九日、写于北京西安门外恒德厂"。《元西域人华化考》共8卷29章,卷目章节如下:

卷一　绪论

一、西域范围

二、元时西域文化状况

三、华化意义

四、西域人华化先导

卷二　儒学篇

一、西域人之儒学

二、基督教世家之儒学

三、回回教世家之儒学

四、佛教世家之儒学

五、摩尼教世家之儒学

卷三　佛老篇

一、西域词人之佛老

二、回回教世家由儒入佛

三、基督教世家由儒入道

卷四　文学篇

一、西域之中国诗人

二、基督教世家之中国诗人

三、回回教世家之中国诗人

四、西域之中国文家

五、西域之中国曲家

卷五　美术篇

一、西域之中国书家

二、西域之中国画家

三、西域人之中国建筑

卷六　礼俗篇

一、西域人名氏效华俗

二、西域人丧葬效华俗

三、西域人祠祭效华俗

四、西域人居处效华俗

卷七　女学篇

一、西域妇女华化先导

二、西域妇女之华学

卷八　结论

一、总论元文化

二、元人眼中西域人之华化

三、元西域人华文著述表附

附　征引书目

按:张相文对《元西域人华化考》一书尤其喜爱。曰:"陈援庵精于考据。然与清代汉学家支离破碎者不同，所著如《摩尼教入中国考》《元也里可温考》《元西域人华化考》，搜罗宏富，抉择精详，于朝章国故，关系极钜。而余尤爱其《西域华化》书，论有元一代西域人沾被华化者凡百有十六人。……今之醉心新文化者，鄙弃国学几乎一文不值，余屡怂恿援庵亟将此编刊布，俾以间执其心。援庵曰：'未也，行见西洋人之华化矣。'余思之仅得数人，若援庵详加搜讨，又当裒然成帙矣。"（张相文《沌谷笔谈》，载《南园丛稿》，上海书店 1935 年版）

陈寅恪为此书重刊本作序，序曰："近二十年来，国人内感民族文化之衰颓，外受世界思潮之激荡，其论史之作，渐能脱除清代经师之旧染，有以合于今日史学之真谛，而新会陈援庵先生之书尤为中外学人所推服。盖先生之精思博识，吾国学者自钱晓徵以来未之有也。先生是书之材料丰实、条理明辨，分析与综合二者极具工力。……今日吾国治学之士竞言古史，察其持论，间有类乎清季夸诞经学家之所为者。先生是书之所发明，必可示以准绳，匡其趋向，然则是书之重刊流布，关系吾国学术风气之转移者至大，岂仅局于元代西域人华化之一事而已哉！"（《陈寅恪史学论文选集》，上海古籍出版社 1992 年版）

白寿彝评论说："在援庵先生早期著作中，他比较重视《元西域人华化考》一书。这书是讲国内西方少数民族和外来侨民的汉化的。它的规模宏大，材料丰富、条理明辨，是在国内外久享盛誉的著作；对于治中国民族关系史的学者说，是一部必须阅读的书。"（白寿彝《要继承这份遗产》，《励耘书屋问学记》代序，三联书店 1982 年版）

许冠三从三个方面对此书进行分析和评价：第一，材料丰富，全书"共用材料二百二十种，以金石录和诗文集为主体，所引元、明人诗文集约百种，在一般史家常用的正史、方志、杂记、随笔外，连画旨、画谱、画法、进士录等，亦搜罗无遗。如此的繁富而多样，仅有晚年的陈寅恪和顾颉刚差堪匹敌"。第二，论证谨严。善于综合归纳，不用孤证。"如证《丁鹤年集》通行本皆明刻说，共举五证，证证确切。又证于丁氏为回回一节，则有八证。曰举证皆按效力强弱定先后。条理井然"。第三，文字精炼简洁，"论朴实，极类顾炎武；论简赅，直逼王国维；论明白通晓，可敌胡适之"。从而指出："从以科学方法整理国故的路向考察，《华化考》无疑是北大《国学季刊》出版以来第一部划时代的杰作"，"是新史学摸索前进中罕见的佳构"。（许冠三《新史学九十年》，香港中文大学 1986 年版）

日本东洋史学创始人、著名汉学家桑原骘藏评论说："陈垣氏为现在支那史学者中，尤为有价值之学者也。支那虽有如柯劭忞氏之老大家，及许多之史学者，然如能陈垣氏之足惹吾人注意者，殆未之见也。陈垣氏研究之特色有二。其一，为研究支那与外国关系方面之对象。从来支那学者研究关系外国之问题，皆未能得要领。故支那学者著作之关系此方面者，殆无足资吾人之参考。惟陈垣氏关于此方面研究之结果，裨益吾人者甚多。陈氏之创作以《元代也里可温考》始，次如《国学季刊》所揭载之《火祆教入中国考》《摩尼教入中国考》两篇。资料丰富，考据精确。为当时学界所见重。其二，陈氏之研究方法为科学的也。支那学者多不解科学的方法。犹清代学者之考证学，实事求是，其表面以精核的旗帜为标榜，然其内容非学术的之点不少。资材之评判亦不充分，论理亦不彻底，不知比较研究之价值。今日观之，乃知从来支那学者之研究方法缺陷甚多，具有新思想之支那少壮学者，亦承认此缺陷（观《国学季刊》第 1 卷第 1 号之发刊宣言）。然陈垣氏之研究方法，则超脱支那学者之弊窦而为科学的者也。观其《绪论》先限定西域之范围，以解释华化之意义。于此可证明著者之研究为科学的也。此为从来支那学者所不经见。又如以介绍元以前西域人华化之事实为研究之前提，更可见著者研究之方法周到也。其本论博引旁搜元人之文集随笔等一切资料，征引考核，其所揭之各题目，殆无遗憾。就中如畏吾儿人高锲氏家传及一门九进士事迹之考证（《摩尼教世家之儒学》）及元末诗人丁鹤年事迹之考证（《回教世家由儒入佛》），又如考证《丁鹤年集》四卷之非元刻（《回回教世家之中国诗人》）尤尽委曲，非独为研究元代历史，即研究支那文化史者，亦有参考此论著之必然。"（桑原骘藏《读陈垣氏之元西域人华化考》，《史林》第 9 卷第 4 号，日本史学研究会编，1924 年 10 月，陈彬和译。）

《元西域人华化考》由美国学者钱星海和古德里译成英文并加注释，作为加利福尼亚大学《华裔学志》专论第十五，于 1966 年在洛杉矶出版。前言中说，他们译注的原因是"由于舆论界对这书所给予的高度评价"。

陈垣 10 月 29 日接沈兼士来函,请代为考订五代后唐的一历史年代。11 月 20 日,访王国维,借得王国维收藏的《唐九姓回鹘可汗碑图》直幅及其跋语。24 日,请陈彬和抄录《唐九姓回鹘可碑图》直幅及王国维跋,并作识语。12 月,在北京大学《国学季刊》第 1 卷第 4 号发表《元西域人华化考》前四卷。后四卷 1927 年 12 月发表于《燕京学报》第 2 期。同月,以《元西域人华化考》油印本上下两册,寄赠日本东洋史学创始人、著名汉学家桑原骘藏。是年,陈垣开始编纂《道家金石略》。(参见刘乃和、周少川、王明泽《陈垣年谱配图长编》,辽海出版社 2000 年版)

高一涵 1 月 7 日就宪法起草委员会制定"国权""地方制度"两章的草案,提交宪法会议讨论,遭实力派议员反对事,在《努力周报》第 36—37 期上连续发表评论和文章。21 日,为反对江苏督军齐燮元干涉皖政,与旅京皖学界胡适、王星拱、李辛白、程振基、张贻侗、刘文典、卢中严、吴复振等人联名通电声讨。同日,在《努力周报》发表《关于罗案的批评》,就《罗(文干)案不起诉处分书》证据和理由不十分充分,提出批评。28 日,在《努力周报》第 39 期发表《国民应该起来制裁这制造革命的国会》,对前往议会请愿的学生惨遭巡警打杀痛加斥责。同月,所著《欧洲政治思想史》(上)由商务印书馆出版发行。

按:高一涵在自序中指出:"政治思想史的功用:就在把许多有条理有系统的思想,用科学的方法,找出他的派别和来纵去路,为初学的人理出一点头绪……大概每种政治思想总都是时势的出产品,没有一种思想是'无病呻吟'或从空中掉下来的。政治思想多半是时事的写真或反动。由时势产新思想,复由思想造成新时势,再由新时势产生新思想,再由新思想造成新时势,我们如果承认这层道理,便可找出历史上政治思想变迁进步的蛛丝马迹。"

高一涵 3 月 4 日与胡适等 13 人为维护教育经费独立,反对安徽军阀马联甲为补充军费截留教育专款,联名通电声讨。4 月 8 日,在《努力周报》第 47 期发表时评《关于旅大租借的条约》,就相关条约中租借旅大的法律时效问题进行论述,强调已满 25 年的约定期,今年应当收回旅大。21 日,胡适离北京赴上海养病,后赴杭州小住。《努力周报》交由高一涵代编。5 月 6 日,在《努力周报》第 51 期发表《中国的根本问题》。13 日,就章士钊 5 月 5 日在中国大学所作"新文化运动的批评"的演讲,在《努力周报》发表时评,进行反批评。

按:针对章士钊"所有思想都是循环的""新的不如旧的好""白话文太简单,不能作出好文字"等观点,指出:"我以为要比较文化的进步或退步,万不能单拿文化中所包括的一两件事做代表,应该要观察文化的全体。"

高一涵 5 月 30 日致信胡适,告知《努力周报》第 55 期编排情况,并请胡适为北大学生高达观所译小说作篇序文。7 月 15 日,在《努力周报》发表《北京教育界的岐路》。8 月 5 日,在《努力周报》发表《我们最后的希望》,希望教育界选出专门学者制宪,以求根本的改造;希望工业界出来主张凡无职业者不得充任国家一切官吏;希望商业界出来干涉财政,凡国家一切收支,都由纳税者选出代表去监督。在《努力周报》第 71—75 期上连续发表《政治思想的研究》,介绍西方的《权利论》和宗教改革思想。10 月 6 日,北大政治学系教授会布告高一涵任政治理论演习指导教师。13 日,北大聘请高一涵为本校教授并颁发聘书。是年,在《努力周报》发起关于"制宪"问题与"国民党"问题的讨论,发表时评凡 20 余篇。(参见高大同《高一涵年谱》,上海文化出版社 2011 年版;郭双林、高波编《中国近代思想家文库·李大钊卷》附《高一涵年谱简编》,中国人民大学出版社 2015 年版)

张君劢与瞿菊农等 1 月 1 日陪同杜里舒博士到汉口讲学。2 月 11、12 日,张君劢陪同杜里舒在南开大学演讲。2 月,《申报》馆编辑出版的《最近之五十年》上发表《严氏复输入之四大哲学家学说及西洋哲学界最近之变迁》(第1编第5篇)。同月14日,张君劢应吴文藻之邀在清华大学发表了题为《人生观》的演讲,认为人生观的特点是主观的、直觉的、综合的、自由意志的、单一的,唯其有此五点,故而最后得出结论:"科学无论如何发达,而人生观问题之解决,决非科学所能为力,唯赖诸人类之自身而已。"讲稿发表于《清华周刊》第272期后,首先受到素以拥护科学为职志的地质学家丁文江的驳难,张君劢直言:"读我文后,勃然大怒曰:诚如君言,科学而不能支配人生,则科学复有何用?吾两人口舌往复,历二时许,继则以批评之文万余字发表于《努力周报》。"27日下午4时半,张君劢陪同杜里舒在北京大学第二院大礼堂演讲《系统哲学》。3月18日,梁启超致陈叔通、黄溯初、张东荪、张君劢书,商谈出售并改组《时事新报》各事。28日,张君劢在松坡图书馆京寓写成《关于杜里舒与罗素两家心理学之感想》一文。同月,张君劢在《文哲学报》第3期上发表《现时两大哲学潮流之比较》(上)。4月12日,丁文江在《努力周报》第48—49期连载《玄学与科学——评张君劢的〈人生观〉》,率先对张君劢的《人生观》展开学术批判。25日,张君劢在《东方杂志》"杜里舒专号"(第20卷第8期)上发表《关于杜里舒与罗素两家心理学之感想》一文。4月29日、5月6日,张君劢在《努力周报》第50、51期上发表《再论人生观与科学并答丁在君》(上篇)一文。此后,张君劢在5月6—8日《晨报副刊》第116—118号发表上篇;在5月9—10日第119—120号发表中篇;在5月13—14日第124—125期发表下篇。全文上中下三篇,旁征博引,洋洋万言,从十二个方面答复了丁文江的驳难,旨在批评丁文江"中了迷信科学之毒",重申科学不能支配人生观的观点,强调支配人生观的不是理智,而是情感和意志。核心议题仍在于人生观与科学的界限,于是引发科学与玄学大论战。不久,张君劢又在中国大学发表题为《科学之评价》的演讲。

　　按:张君劢主张科学不能解决人生观问题,科学有其自身之界限,力陈人生观与科学的区别,并强调指出,唯其有此区分,"故科学无论如何发达,而人生观问题之解决,绝非科学所能为力,唯赖诸人类之自身而已"。张君的演讲激起了坚定的科学主义者、地质学家丁文江的猛烈反击。4月12日,丁文江作《玄学与科学——评张君劢的〈人生观〉》,发表在《努力周报》第48期和第49期上;接着,张君劢作《再论人生观与科学并答丁在君》发表在《晨报副刊》上。这样,关于科学与人生观问题的大论战便开始了。梁启超随后发表《关于玄学科学论战之"战时国际公法"》,提出论战应将问题集中一下,不要牵涉太大,或在枝节问题上纠缠;同时措词要庄重恳挚,不可有嘲笑或骂语。他作了《人生观与科学》,站在张君劢一边;胡适也于5月11日作《孙行者与张君劢》,站在丁文江一边。这样便形成了科学派与玄学派的对垒。这场论战所争论的核心问题是:科学能不能解决人生观问题。张君劢认为科学不能解决,主旨是要批评"科学万能"论。在科学派看来,这种批评只会有阻于人们对科学的信仰和科学知识的传播。因此,胡、丁等人自然要起而维护"科学"的神圣和尊严,对梁、张进行反击。胡适在《科学与人生观·序》中说:"我们当这个时候,正苦科学的提倡不够,正苦科学的教育不发达,正苦科学的势力还不能扫除那迷漫全国的乌烟瘴气,不料还有名流学者出来高唱'欧洲科学破产'的喊声,出来把欧洲文化破产的罪名归到科学身上,出来菲薄科学,历数科学家的人生观的罪状,不要科学在人生观上发生影响!信仰科学的人看了这种现状,能不发愁吗?能不大声疾呼出来替科学辩护吗?"

　　王学典《20世纪史学编年(1900—1949)》(商务印书馆2014年版)认为,论战中形成张君劢、梁启超为代表的"玄学派",丁文江、胡适、吴稚晖为代表的"科学派"。论战后期,陈独秀、瞿秋白等以"唯物史观派"参战,主要支持"科学派"。争论的焦点围绕着科学是否要为欧战负责,以及科学能否应用到人生问题上等议题,由此衍生出汉宋之学的优劣的论题。面对丁文江的"痛诋宋学",张君劢疾呼"宋明理学有昌明之必要""当此人欲横流之际",欲正"人心风俗""又岂碎义逃难之汉学家所得而矫正之乎?诚欲求发聋振聩之药,惟在新宋学之复活"。张东荪同情张君劢提倡宋学的主张,反对把"科学"和"考据"相提并论,否认汉学家的考据即是科学方法之说。对于丁文江称张君劢是西洋玄学鬼投入中国的宋学而作的"借尸还魂"，张东荪反讥其是把科学投入汉学，"做一个同样的借尸还魂"。论战中玄学派力言宋明理学之长，引起了科学派的反击。汉宋之学的优劣问题被卷进东西方文化论战之中，成为双方争论的焦点之一。1928年，胡适将科玄论战视为清代以来"理学与反理学"最近的一幕，是"拥护理学与排斥理学"的一段历史。这意味着晚清以来渐趋平息的汉宋问题再起波澜。

张君劢5月1、9、10、19日在《时事新报》副刊《学灯》上连载《再论人生观与科学并答丁在君》一文。11日，胡适写就《孙行者与张君劢》一文，刊于5月20日《努力周报》第53期，5月22日《晨报副刊》转载。23日，梁启超写成《人生观与科学——对于张丁论战的批评》一文，刊于6月2日《时事新报》副刊《学灯》。5月27日至6月10日，丁文江连续发表《玄学与科学——答张君劢》（本题）、《玄学与科学——答张君劢》（本题续）、《玄学与科学的讨论的余兴》三文。6月7日，张君劢在《晨报副刊》上刊登启事曰："关于人生观与科学之论争承京沪诸贤哲多所指示，顷因杜里舒讲演急待结束，且将有济南太原之行，无暇作文，一俟杜氏事毕，当综校群言，专文答复，乞谅为幸。"10日，在《时事新报》副刊《学灯》上发表在中国大学的演讲稿，题为《科学之评价》（童过西笔记）。9月10日上午12时，国民外交同志会公宴苏俄代表加拉罕及其随员于中央公园来今雨轩，宾主到者80余人，请张君劢发表演讲。9月15日，张君劢与友人胡善恒、郭梦良、徐六几、瞿世瑛以共同拥护唯心史观而会盟于北京西山灵光寺。随后又与张东荪、郑振铎、陈霆锐等商议，创办一份以宣传唯心史观为宗旨的杂志，企图通过对唯心史观的宣传，广结同志，为以后组建政党做准备。

张君劢9月23日接江苏省省长韩国钧电报，由北京赴上海，与张东荪、瞿菊农等人开始自治学院的筹建工作。临时院址设于爱文义路。由此又将科学与玄学大论战引向上海。10月9日，会见胡适等。13日，接到江苏省长韩国钧的聘书。27—28日，在《申报》上发表《国立自治学院缘起》一文。11月9日，自治学院与中国公学签订院基转让合同。13日，陈独秀应邀为即将出版的《科学与人生观》作序。29日，胡适也应邀为此书作序，并作《答陈独秀先生》。陈独秀又于12月9日作《答适之》。两篇序文和答文一并收入《科学与人生观》一书中。12月10日，张君劢接到江苏省长发来的自治学院董事正式聘任书。18日，撰写《人生观之论战·序》。28日下午4时，国立自治学院在爱文义路88号该学院内召开第一次董事会，报告筹备经过，并讨论此后进行计划。月底，张君劢作序并签署的《人生观之论战》一书由上海泰东图书局出版发行。冬，张东荪与张君劢等人又在上海讨论组织政党问题，拟先组织理想会，拟办《理想》月刊，集合同志，为日后组建政党做好准备。又邀徐志摩参加，并向他约稿。（以上参见李贵忠《张君劢年谱长编》，中国社会科学出版社2016年版；余子侠编《中国近代思想家文库·张君劢卷》及附录《张君劢年谱简编》，中国人民大学出版社2015年版；左玉河编《张东荪年谱》，群言出版社2014年版；左玉河编《张东荪年谱》，群言出版社2014年版）

丁文江1月6—8日在北京举行的中国地质学会第一次年会上当选为会长。7日，丁文江发表《重印〈天工开物〉始末记》一文，高度评价《天工开物》的学术价值。29日，丁文江、翁文灏就安特生捐四分之一薪水补助印刷经费事呈文农商部备案。3月4日，丁文江在《努力周报》第42期发表《一个外国朋友对于一个留学生的忠告》。11日，丁文江在《努力周报》第43—44期连载《历史人物与地理的关系》，认为"历史同地理的关系，是近代科学上最有兴味的问题，也是最没有解决的问题"。

按：作者计划"把中国历史上的有名的人物，照他们的籍贯，做一个统计，看看一个史地之中国，哪一个地方的人，在政治上社会上，最有势力，最有影响"。此文对此作了初步尝试，将西汉、东汉、唐、北宋、南宋、明六个时代正史有列传的人，按照省籍进行统计，并对统计显示的现象进行了分析。实际上开启了历史地理学的学术范式。胡适在此文前加注，称"丁君此种研究的结果，已屡见人征引；但丁君原作对于自己的方法，颇下严厉的批评，其防弊之意甚深"。1928 年，傅斯年在《国立中山大学语言历史学研究所周刊》第 10 期发表《评丁文江的〈历史人物与地理的关系〉》一文，称"这篇文章我非常地爱读，当时即连着看了好几遍，我信这篇文章实在很有刺激性"，这些研究"在欧洲虽已是经常，而在中国却尚未尝有人去切实地弄过的那些新观点、新方术，去研究中国历史"，但"这篇文章的功绩，在此时却只是限于这个胎形，看来像是有后文，我们却不能承认其中证求得的事实为成立，而且这种方法也不是可以全不待讨论的"。傅氏对此文提出了商榷，尤其是认为拿现在的省区划分去分割一部二十四史中的人物存在问题，事实和表格中的数字多无直接的联系等。傅氏最后指出，"把统计方法应用在历史一类的研究上尤其要仔细"。

　　丁文江 3 月 21 日与翁文灏联名呈报农商部的《全国地质图测制印刷办法》得到农商部命令认可。26 日，丁文江致函胡适，谈与张君劢辩论人生观问题的概要，表示不能轻易放过他这种主张，并拟写批评文章。4 月 15、22 日，在《努力周报》第 48—49 期连载《玄学与科学——论张君劢的〈人生观〉》，认为这是玄学对科学的一次进攻，对树立科学的权威有害处。丁文江不仅把张君劢的人生观哲学斥为"玄学"，而且称张君劢"玄学鬼附身"，并从以下八个方面驳斥了张君劢的"人生观"哲学，由此引发科学与玄学的大论战。学界参与讨论者多至二三十人，时间延续半年多。

　　按：北大教授张君劢在清华作题为《人生观》的讲演，承袭一战以后渐渐崛起的"东方文化派"对科学与理性的批判，提出人生观的特质是主观的、直觉的、综合的……所以无论科学如何发展，对人生观问题也只能徒唤奈何。不意却引起地质学家丁文江的极大反感，旋即撰文《玄学与科学》予以批驳。张、丁两人往复辩难，梁启超、张东荪、林宰平、胡适、王星拱、吴稚晖等名流纷纷发表文章，争相参战。陈独秀作《答适之》一文，批判胡适"心""物"二元论，并为《科学与人生观》作序，批判丁文江、张君劢的唯心主义；在《前锋》第 2 期发表文章《中国国民革命与社会各阶级》，认为资产阶级力量较农民集中，较工人雄厚，这决定了资产阶级在中国革命中的统治地位。腾蛟起凤，俊采星驰，一时成为思想学术界的热点。这场论战是新文化运动深入开展后，科学思想进一步发展的标志之一。（参见王学典《20 世纪史学编年（1900—1949）》，商务印书馆 2014 年版）

　　丁文江 5 月与张元济、罗振玉等发起成立"古物研究社"，以"发掘搜集并研究中国之古物为宗旨"。同月 9 日，丁文江请张君劢吃晚饭。丁文江说："我答你的文章的帽子已经做好了。"5 月 27 日，丁文江在《努力周报》第 54 期上发表《玄学与科学——答张君劢》（本题）一文，6 月 6 日《晨报副刊》刊登此文。30 日，丁文江写成《玄学与科学——答张君劢》（本题续），刊于 6 月 3 日《努力周报》第 55 期（增刊）上，以及 6 月 7—10 日《晨报副刊》。6 月 5 日，丁文江作《玄学与科学的讨论的余兴》一文，刊于 6 月 10 日《努力周报》第 56 期和 6 月 30 日《晨报副刊》第 170 期。其中《玄学与科学的讨论的余兴》主要是批驳玄学派林宰平的观点，文后还附上一个长长的书目。8 月 26 日，在《努力周报》第 67 期发表了在燕京大学的演讲记录《少数人的责任——燕京大学讲演稿》。9 月 13 日，丁文江致书张元济，附与天津同人草拟之《古物研究社简章》。古物研究社发起人为罗振玉、张学良、朱启钤、章鸿钊、梁启超、翁文灏、张元济、丁文江。《简章》主要条款有"本社以发掘、搜集并研究中国之古物为宗旨""本社研究范围，暂以三代以前为限""本社发掘古物，应先从河南、山西两省着手"等。27 日，丁文江在北京地质调查所主持中国地质学会第七次常会，欢迎美国自然历史博物馆第三次亚洲考察团。同月，丁文江致函张元济，谈《天工开物》的注释问题。10 月 2 日，丁文江邀请李济前往河南新郑，寻找该地区有无新石器时代的遗存。21 日，丁文江在南京出席中国科学社理事会第一次大会。是年，丁文江仍任北票煤矿公司总经理。自是年始，丁文江始广泛筹划为《徐霞客游记》编配地图事。(参见宋广播编《中国近代思想家文库·丁文江卷》附录《丁文江年谱简编》,中国人民大学出版社 2015 年版;张人凤、柳和城编著《张元济年谱长编》,上海交通大学出版社 2011 年版;王学典《20世纪史学编年(1900—1949)》,商务印书馆 2014 年版)

翁文灏 1 月 6—8 日出席在地质调查所举行的中国地质学会第一届年会。6 日上午,会议选举丁文江为中国地质学会新一届会长,李四光、翁文灏为副会长,章鸿钊、叶良辅、葛利普、王烈、王宠佑、袁复礼为评议员。会议期间,翁文灏还发表了《平推层及其与中国北部地质构造之关系》和《甘肃北部贺兰山之倒断层》两篇论文。2 月 14 日,北京政府国务会议议决任命翁文灏为农商部专业技术最高负责人——技监,并于 25 日由大总统正式任命。翁文灏所遗矿政司第四科科长职由章鸿钊继任。28 日,奉农商部部令,聘任农商部修订农商法规委员会委员。3 月 12 日,奉农商部部令,经呈大总统批准,官等叙列二等,给技监第六级薪俸,即月薪 550 元。21 日,与丁文江联名呈报农商部的《全国地质图测制印刷办法》,得农商部令"尚属可以,仍仰订定详细办法"。同月,呈请农商部咨请各省长、都统,搜罗各府州县志送地质调查所图书馆储存,以为研究参考。4 月 27 日,翁文灏出席农商部技师甄录(资格认定)委员会成立会,并担任该委员会矿科常任委员。同月,呈请农商部咨请各省酌订各处地质调查办法大纲,筹办地质调查分所,辅助农商部地质调查所早日完成全国地质总图的绘制。5 月,翁文灏与张元济、罗振玉、张学良、朱启钤、章鸿钊、梁启超、丁文江等发起成立古物研究社。

翁文灏 6 月 15 日出席并主持在地质调查所图书馆召开的中国地质学会第六次常会。会上,翁文灏向出席会议者介绍了法国地质学会副会长德日进神甫(Pere Teilhard Chardin),并由德日进、李四光等宣读了学术论文。8 月,出席在杭州举行的中国科学社第八次年会,并发表学术演讲《中国中生代地质述略》。9 月 27 日,出席中国地质学会为招待中亚考查团的奥斯朋(HenryFairfield Osborn)教授和美国自然历史博物馆第三次亚洲考察团成员而举行的第七次常会,并在中央公园来今雨轩举行的晚宴上发表致词。10 月 21 日,在天津中华工程师学会发表题为《远东铁矿之供给》的演讲。被中国科学社理事会第一次大会推举为该社编辑委员。11 月 8 日,主持中国地质学会为欢迎瑞典探险家斯文·赫定(Sven-Hedin)在地质调查所举行的特别会议。斯文·赫定在会上发表了学术演讲,介绍其 1885 年以来在亚洲的探险活动。是年,翁文灏兼北京大学地质系、清华大学地质系教授。曾在北京高等师范发表《对于自然科学的大概观念》的演讲。在《博物杂志》第 6 期发表《对于自然科学之大概观念》;在《科学》第 8 卷第 8 期发表《中国地震区分布简说》。又在《科学》杂志发表《地质时代译名考》,就统一地质、岩石、矿物的译名问题,提出"从先""从众"的原则,反对"经易多创新名,徒靡时力"。同时,在翁文灏的主持下,地质调查所的董常开始编纂矿物、岩石及地质名词辑要。(参见李学通《翁文灏年谱》,山东教育出版社 2005 年版;潘云唐《翁文灏年谱》,《中国科技史料》第 10 卷(1989)第 4 期)

吴稚晖 4 月 6 日发表《就批评而运动"注释"》。8 月,吴稚晖回国后介入张君劢与丁文江等人的"科学与玄学"论战,坚定地站在科学派一边,在《太平洋(上海)》第 4 卷第 1、3 号连载《一个新信仰的宇宙观及人生观》的长文,提出玄学与科学却非截然二分,科学是由玄学演化而来,"玄学之学用着论理,慢慢将一座一座的空中楼阁,能升天入地,去求得假设。于是把假设了得到反应'至信'的一部分,叫他独立了,别起一个名目,叫做科学","玄学是尚未论定之科学,科学是已论定之玄学"。科学较之于玄学,是位阶更高、权威更强、效用更大的所在，因而不能以玄学否定科学、歪曲科学，玄学本身也不能自治，而应努力于科学、服务于科学。论文发表后，反响巨大，胡适《几个反理学的思想家》誉之为科学派的"压阵大将"，"中国近三百年来四个反理学的思想家之一"。是年，与蔡元培共同创建北京世界语专门学校，并积极倡导注音识字运动。

> 按：1924年2月8日，《读书杂志》第18期刊出胡适所撰《古史讨论的读后感》一文。胡适之文对上述"疑古派"与"信古派"的论争作了初步总结发言，说这场有关古史的讨论，是中国学术界的"一件极可喜的事"，也是这本副刊上最具永久价值的问题，并强调自己信服"实事求是，莫作调人"的原则，但依然坚持自己的疑古立场，旗帜鲜明地肯定顾颉刚的重要贡献，说顾的学术观点是对今日史学界的大贡献，并肯定顾的学说中三层意思都是治古史的重要工具。（参见金以林、马思宇《中国近代思想家文库·吴稚晖卷》之《导言》及附录《吴稚晖年谱简编》，中国人民大学出版社2015年版；王学典《20世纪史学编年（1900—1949）》，商务印书馆2014年版）

钱玄同在北京回应并深度参与顾颉刚发起的"疑古派"与"信古派"论战。1月3日，钱玄同日记有载："宇众因谓教育界亦极可悲观：南开主张读经，东大有《学衡》和《文哲学报》。这都是反六七年来新文化运动的现象。我觉得这种现象并不足悲，而且有了这种现象，新文化更加了一重保障。你看，袁世凯称了一次皇帝，共和招牌就钉牢了一点；张勋干了一次复辟的事，中华民国的国基就加了一层巩固，这都是很好的先例。"2月9日，钱玄同致函顾颉刚，讨论群经辨伪问题（《与顾颉刚论诗说及群经辨伪书》），自名"疑古玄同"的钱玄同强调"研究国学的第一步便是辨伪"，"学术之有进步，全由于学者的善疑，而赝鼎最多的国学界，尤非用极炽烈的怀疑精神去打扫一番不可"。6月10日，钱玄同在《读书杂志》第10期发表《答顾颉刚先生书》，称赞顾颉刚"层累地造成的中国古史"真是精当绝伦。

> 按：钱玄同《答顾颉刚先生书》说："先生所说'层累地造成的中国古史'一个意见，真是精当绝伦。举尧，舜，禹，稷，及三皇，五帝，三代相承的传说为证，我看了之后，惟有欢喜赞叹，希望先生用这方法，常常考查多多发明，廓清云雾，斩尽葛藤，使后来学子不致再被一切伪史所蒙。"（参见《古史辨》第1册）

钱玄同8月5日在《读书杂志》第12期发表《研究国学应该首先知道的事》，谓"看了胡刘二君的文章而联想到现在研究国学的人有三件应该首先知道的事"：（1）"要注意前人辨伪的成绩"，"前人辨订伪书伪物，有许多已有定论的，我们应该首先知道，一则可以免被伪书伪物所欺，二则也可以省却自己辨订的工夫"。（2）要敢于"疑古"。（3）"治古史不可存'考信于六艺'之见"。他觉得胡、刘二人的文章中很有"信经"的色彩，因此联想到现在治古史的人仍旧不脱两千年来"考信于六艺"的传统见解，认为经是最可信的史料，这是不正确的。是年，钱玄同又在师大《国文学会丛刊》第2期发表《胡适、梁启超两家最低限度国学书目的批评》；在《晨报副刊》发表《出人意表之作》《"五四"与"游园"与"放假"》《对于许锡王君的国语字母钢笔书写法说的话》《汉字革命与国故》等文。其中《出人意表之外》一文批评商务印书馆于较进步的刊物《小说月报》之外，又另办一个"在时间的轨道上开倒车"的刊物《小说世界》；而"出人意表之外的是，沈雁冰和王统照两个名字亦赫然写在里面"！钱玄同用爱护的语气说，他很希望沈、王两君"爱惜羽毛"！

钱玄同是年在教育部国语统一筹备会第五次常年大会上提出请组织"国语罗马字"委员会的议案，议决通过，由主席指定钱玄同、黎锦熙、赵元任、周辨明、林语堂、汪怡等共11人为委员。钱玄同又提出《请组织国音字典增修委员会案》，都通过，指定王璞、钱玄同、黎锦熙、汪怡、赵元任、吴敬恒、陈懋治、白镇瀛、沈兼士、沈颐、陆基等27人为委员。

> 按：当时赵元任提出制订国语罗马字的25条原则和一个国语罗马字方案的草稿。钱玄同、周辨明、

林语堂、许锡五等也都提出了各自的罗马字拼音方案。(参见曹述敬《钱玄同年谱》,齐鲁书社 1986 年版;沈卫威《学衡派编年文事》,南京大学出版社 2015 年版;王学典《20 世纪史学编年(1900—1949)》,商务印书馆 2014 年版)

黎锦熙促使"国语统一筹备会"设立"国语辞典编纂处",专门编纂《国语辞典》。黎锦熙、钱玄同、赵元任、黎锦晖、周辨明、林语堂、汪怡、叶谷虚、易作霖、朱文熊、张远荫等 11 人组成国语罗马字拼音研究委员会,研制国语罗马字。(参见黎泽渝《黎锦熙先生年谱》,《汉字文化》1995 年第 2 期)

按:是年,教育部国语统一筹备会召开第五次常年大会,钱玄同提出《请组织国语罗马字委员会案》,黎锦熙、叶谷虚等也提案请求公议一种罗马字拼音方案,与注音字母同时推行。大会通过决议,成立"国语罗马字拼音研究委员会",指定钱玄同、黎锦熙、黎锦晖、赵元任、周辨明、林玉堂(语堂)、汪怡、叶谷虚、易作霖、朱文熊、张远荫 11 人为委员。但由于时局变动,委员会无法开会,改由刘复发起的研究音韵学的"数人会"进行讨论。"数人会"的 6 个成员中,5 个是"国语罗马字拼音研究委员会"的在京委员。经过一年时间,开会 22 次,九易其稿,终于议定了《国语罗马字拼音法式》。

钱玄同《请组织国语罗马字委员会案》说:"二十六个罗马字母,现在已成为世界通用的字母。英、法、意等文字本用罗马字母组成的不待论。德文虽用 Gothic 字母,但他们的科学派的学者大都喜用罗马字母。俄文也别有它的字母,但是它的词儿若行诸国外,就非用罗马字母拼音不可。其他如印度文,如日本文,都各有它们自己的字母,但行诸国外,也非用罗马字母拼音不可。而日本现在新派学者且主张根本废弃汉字及假名,改用罗马字母拼日本语音,认为日本将来的新文字。看以上所举的例,可知自己固有字母的都有兼用罗马字母的倾向,这就可见罗马字母已成为世界通用的字母了。我们现在要做到国音统一和教育普及,都非靠注音字母不可;所以我们主张应该竭力将它推行,认它为目下识字辨音的适用工具,决不学那喜唱高调而不负责任的人们的口吻来抹杀它,推翻它。可是我们与德国的科学派的学者有同样的意见:就是我们固然愿意用注音字母,但同时我们又主张应该兼用罗马字母,将罗马字母作为国音字母的第二式。我们以为'国语罗马字'制成以后,至少有下列这几种用处:(1)可以适用'罗马字母打字机'和'罗马字母铅字'印国语的文章。(2)对于向来用罗马字母拼合的中国人名、地名,拼音不对的可以更正,拼法分歧的可以划一。将来中国的外交部、邮务局、电报局、铁路等处可以不再用外国人所拼的声音不准确的中国人名、地名等等。(3)国语文中遇着不能'音译'的外国词儿,可以直将原字写入,不必再用不准确的'音译'。(4)便于书写。所以我们希望本会组织一个'国语罗马字委员会',对于字母应该怎样配置,声韵应该怎样拼合,声调应该怎样表示,等等,除由会员悉心研究外,便征集各方面的意见,定出一种正确使用的'国语罗马字'来。提案人:钱玄同。连署人:黎锦熙、黎锦晖、汪怡。"(《钱玄同文集》第 3 卷,中国人民大学出版社 1999 年版)

魏建功 1 月 13 日在《晨报副刊》发表《不必盲从》一文,反驳俄国盲诗人爱罗先珂对北大实验话剧社演出话剧《黑暗之势力》的批评。因语涉双关,鲁迅发表《读魏建功君〈不敢盲从〉》一文,严厉批评之。魏未作解释并继续听鲁迅先生的《中国小说史》课程。后经孙伏园的引见,开始与鲁迅交往。5 月,魏建功参加北大研究所国学门"风俗调查会"。该会成立于 5 月 14 日,由张竞生主持,台静农任事务员。魏建功参加了该会组织的妙峰山进香调查活动,并为奉宽著《妙峰山》一书作引用书目。8 月,魏建功暑假期间回原籍,出席"如皋平民社"第一届年会。是年,参加编辑《慧琳一切经音义引用书辑佚》,至 1925 年完成。并开始与恩师钱玄同先生往来,成为钱氏之入室弟子。在《歌谣》增刊发表论文《搜集歌谣应全注音并标调之提议》。(参见曹达《魏建功年谱》,《文教资料》1996 年第 4 期)

吴承仕 4 月 22 日整理《焦理堂日记》。26 日,校《盐铁论》数条,录入《盐铁论集解》。11 月,撰成训释古音文字的专著《经籍旧音辨证》7 卷,由钱玄同题签。是年,直系军阀首脑曹锟贿选总统,极力粉饰太平,用以收买人心。昆曲社受制于这次贿选的笼络,于西单堂子胡同组织唱堂会。昆曲社曾发帖邀请吴承仕赴会,吴承仕复函拒绝与会。(参见庄华峰编纂《吴承仕研究资料集》,黄山书社1990年版)

　　沈兼士1月18日被选为北京大学教职员轮流出席北京各校联席会议代表之一。20日,北京大学公布蒋梦麟、沈兼士等教职员全体代表呈总统文,要求罢免教育总长彭允彝,慰留北大校长蔡元培。同月,北京大学《国学季刊》第1卷第1号出版,任该刊编辑委员会委员。7月14日,北京大学平民夜校发布启事,内附北大同人助学清单,沈兼士捐款10元。9月30日下午1—5时,沈兼士与蒋梦麟、马裕藻、周作人、张竞生、郑奠、谭熙鸿、陈垣、李泰棻、沈尹默以及法国铎尔孟、日本今西龙、俄国伊凤阁等30余人出席在城南龙树寺之抱冰堂举行的北大国学门恳亲会,并代表该学门在会上汇报上学年所办理各项事业及新学年预订的各种计划。会议主要讨论有关戴震诞辰二百周年纪念活动的设想和安排。首先由国学门主任沈兼士致开会辞,在其关于《国学季刊》的工作设想部分率先倡导举行清代学者戴震200年纪念活动,谓"近以清代学者戴震二百年的纪念(戴氏生于雍正元年十二月二十六日,即公历一七二四年二月十四日),同人拟以第五期《国学季刊》作为戴东原专号,现在在此向大家报告一声,以代征文的广告。我看这个题目尚不算枯窘:戴氏所治学术,方面极多,如小学、经学、算学、哲学、地理、校勘……等,均可就其一门从事论述。此外或泛言其治学方法,或综考皖学流派,或订正段著《年谱》之疏失,用新方法再作一部戴氏年谱,均未尝不可。大家倘能多多投稿,不胜欢迎"。继之蒋梦麟代校长兼所长致词,感谢沈兼士等同仁的热心奔走,希望我们都有如此精神的奋斗。然后是茶话会,听取对于举办戴震诞辰200周年纪念活动的意见。

　　沈兼士10月24日被选为北京大学评议会评议员。据北大章程规定,评议会为学校最高权力机构,凡校内重要事项均须由评议会开会议决,然后由校长组织实施。30日,北京大学召开评议会第一次会议,通过沈兼士为出版委员会委员长和聘任委员会委员。11月20日,参加北京大学教职员全体大会,讨论因政府拖欠经费,学校是否执行北京八校教职员代表联席会议来函,暂时关门停课。12月17日,在《歌谣周年纪念增刊》发表《今后研究方言之新趋势》。此文主张今后研究汉语方言应政学分途,求是与致用并重,融汇古今中外,提出了一套系统而科学的现代方言研究方法与应用理论,是中国现代方言学开创时期产生的具有历史意义的文献。(参见郦千明、汪素梅《沈兼士年谱简编》,《湖州师范学院学报》2021第3期;郭道平《戴东原二百年生日纪念活动钩沉》,《云梦学刊》2007年第1期)

　　孙伏园时为《晨报副镌》主编,亦以新闻记者的身份参加了此次北大国学门恳亲会,对于其后在《晨报副镌》率先向公众发出纪念戴震诞生200周年活动,进而成为面向社会宣传纪念活动的主要舆论阵地,起到了关键的作用。10月5—8日,北京《晨报副镌》"论坛"栏开始连载汪震的《戴震的哲学》一文,孙伏园撰写"记者案"冠于文首,谓"今年阴历十二月二十六日(即1924年2月14日)为戴东原诞生二百周年纪念。国内学术团体,如讲学社、北大国学门研究所等,拟共同发起,有所举动。本刊原拟届时特出专号,但一则因篇幅有限,恐容不下多少文章;二则因戴先生学问太近专门,又恐不能邀大多数人的注意,故愿先登汪君撰著两篇(另一篇为戴氏之心理学),藉资提倡,海内国学家或能因此纪念引起研究戴氏学说的兴趣罢"。同月10日、13日,《晨报副镌》"论坛"栏,连载汪震《戴震的心理学》。12月8—12日,《晨报副镌》"专著"栏陆续刊载《戴东原研究指南》,此文乃由贺麟在梁启超指导之下编成。

按:沈兼士在 9 月 30 日下午举行的北大国学门恳亲会致开会辞,谓"近以清代学者戴震二百年的纪念(戴氏生于雍正元年十二月二十六日,即公历一七二四年二月十四日),孙伏园"记者案"承此说,称"今年阴历十二月二十六日(即 1924 年 2 月 14 日)为戴东原诞生二百年纪念"。至是年 12 月 19 日,胡适致函梁启超,告戴东原的生日应是 1 月 19 日。次年纪念活动时间准此作了更正。(参见郭道平《戴东原二百年生日纪念活动钩沉》,《云梦学刊》2007 年第 1 期)

王世杰继续任北京大学教授。4 月,在北京大学《社会科学季刊》第 1 卷第 3 号上发表《论联邦制之基性与派别》。7 月,在北京大学《社会科学季刊》第 1 卷第 4 号上发表《法国新近保护美术物与古物之法律》及为伦敦大学近世经济史教授 L. Knowlesde 的著作《19 世纪英国之工商业革命》所写的书评。8 月,与国民党中央委员石瑛及部分《太平洋》杂志编辑与作者商讨筹办《现代评论》杂志事宜。10 月,在北京大学《社会科学季刊》第 2 卷第 1 号上发表《财产权性质之新义》。是年,开始担任北京大学法律系学生研究公法和英文翻译的专门研究导师。(参见薛毅《王世杰传》及附录《王世杰生平大事年表》《王世杰著述目录》,武汉大学出版社 2010 年版)

邵飘萍 2 月对"二七"大罢工予以热烈支持,怒斥军阀枪杀工人的暴行。军阀吴佩孚、萧耀南在案头钉有"邵振背"名片,视之为眼中钉、肉中刺。5 月 5 日,马克思诞生 105 周年纪念日,《京报》为此出纪念特刊,随报附赠。是年,北京平民大学设立报学系(一作新闻系),邵飘萍为系主任、教授。前著《综合研究各国社会思潮》购阅者甚为踊跃,已再版 3 次,在群众中影响极大。又著《实际应用新闻学》,为我国第一部研究新闻采访工作的专著。(参见郭佐唐《邵飘萍年谱》,《浙江师范大学学报》1986 年第 4 期)

陶行知 2 月为改进社参加万国教育会议做准备,撰写《中华教育改进社之历史组织及事业》(英文),拟作资料携往。3 月 4 日,改进社在天津召开京、津董事会,被推为出席万国教育会议的代表。4 月,与改进社职员薛鸿志共同整理全国教育调查资料,合撰《中国教育之统计》(英文),列为该社丛刊出版。5 月,与朱其慧、黄炎培、袁观澜等发起成立中华平民教育促进会筹备会,并担任筹备干事。6 月,因准备改进社第二届年会,未能赴美参加万国教育会议。与朱经农合编《平民千字课本》。7 月 28 日,致函东南大学代理校长刘伯明,请辞教育科主任、教育系主任之职。8 月底,东南大学准其辞职。夏,陶行知全家迁至北京居住。8 月 20—25 日,中华教育改进社第二届年会在北京清华学校举行。陶行知与熊希龄联名致欢迎词,并报告社务以及该届年会筹备情形,提《地方教育行政机关应编教育概况统计案》。(参见余子侠编《中国近代思想家文库·陶行知卷》附录《陶行知年谱简编》,中国人民大学出版社 2015 年版)

朱其慧、陶知行等 6 月 20 日发起组织的南京平民教育促进会成立,袁希涛任会长,蒋维乔任副会长。8 月 26 日,陶行知、朱其慧、晏阳初、朱经农、黄炎培等人在北京发起召开中华平民教育促进会成立大会,以"除文盲,作新民"为宗旨,并陆续在全国各省设立分会,开办平民学校。推举熊希龄之妻朱其慧为董事长,陶行知为董事会执行书记,晏阳初为总干事。执行董事有张伯苓、蒋梦麟、周作民、蔡庭幹、张训钦、陈宝泉等。会上一致通过了与陶行知和姚金绅共同起草的《中华平民教育促进总会简章》。秋,安徽旅宁同乡会、同学会创立南京安徽公学,被校董事会公推任校长,姚文采任副校长。在南京致函朱其慧,建议聘请晏阳初为中华平民教育促进会总会主任干事。10 月 4—16 日,在南京推行平民教育。其间将从长子、次子读《平民千字课》时悟出的"连环教学法",向中华平民教育促进会董事会报告,以求推广借以推动平民教育。10 月 18 日至 11 月初,在安庆推行平民教育。其间出席安徽省平民教育促进会董事会。11 月上旬，在南昌推行平民教育。11 月 13—27 日，在武汉三镇推行平民教育。为专心致意于中华教育改进社工作及促进平民教育运动，回绝北京教育部关于武昌高等师范学校（武汉大学前身）校长的聘任。12 月上旬，回北京后组织了十余处平民读书处。12 月 12 日，南京高师口字房失火，放在办公室内的博士论文《中国教育哲学与新教育》文稿被焚毁。（参见中央教育科学研究所编《中国现代教育大事记 1919—1949》，教育科学出版社 1988 年版；余子侠编《中国近代思想家文库·陶行知卷》附录《陶行知年谱简编》，中国人民大学出版社 2015 年版）

晏阳初 2 月在烟台推行平民教育实验。春，受朱其慧邀请，与陶知行、朱经农、袁观澜、胡适、傅若愚等在上海沧州旅馆讨论组织平民教育全国总机关、在全国推行平民教育的计划，决定先改编《千字课》，推举朱经农与陶行知负责改编并交商务印书馆印行。推举筹备委员若干，准备请各省教育厅及教育会派出代表，于同年 8 月中华教育改进社在北京清华学校举行年会时，组织中华平民教育促进会总会。朱其慧愿意负责解决经费问题。5 月 27 日，与朱其慧等具名分函各省，正式发起组织全国平民教育的总机构，计划在一年内全国 22 省和特别区以及海外侨胞足迹所到之处都普遍推行平民教育。5 月，参加上海召开的中华平民教育促进会筹备会。6 月，与朱其慧、王伯秋、陆志韦、朱君毅等讨论《平民千字课》教材，对《平民千字课》文字图画给予了很多批评。8 月初，新编《平民千字课》第一册出版。8 月 1 日，烟台平民学校举行毕业典礼。毕业学生 1000 多人，其中女生 372 名。朱其慧为毕业生颁发《识字国民证书》。

晏阳初 8 月 21 日出席中华教育改进社借北京西郊清华学校举行的年会。当晚 7 时，应邀演讲《平民教育》，现身说法，报告在法国华工队及国内各地推行实验平民教育实况，并呼吁全国社员："当立志必于五年内使中国人人人能识字。""中国不必亡，亡不亡全在教育界！教育界可以支配中国，支配前途，改造社会，有史可证。事在人为，望诸君勉力，兄弟也勉力。"听众有朱其慧、陶玄女士、陶行知及各省区代表、中华教育改进社全体社员。22 日上午 10 时，出席中华平民教育促进会借清华学校举行的筹备会议，被公推为这次会议的副主席。同日，在第一次平民教育会议上发表《举办平民教育的几种要素》的讲话，后刊发于同月《新教育》第 7 卷第 2 期。23 日，继续参与中华平民教育促进会筹备会议，讨论并通过《中华平民教育促进会总会组织大纲》。8 月 26 日，中华平民教育促进会总会在北京成立，宣布"除文盲、作新民"为宗旨。经陶行知推荐，被总会聘请为总干事，主持日常一切工作，并被推选为九位执行董事之一。（参见杜学元、郭明蓉、彭雪明《晏阳初年谱长编》，上海交通大学出版社 2017 年版；宋恩荣编《中国近代思想家文库·晏阳初卷》附《晏阳初年谱简编》，中国人民大学出版社 2015 年版）

晏阳初与朱其慧、陶行知 8 月下旬一同致函胡适，希望胡适"将新世纪中国民应有之精神态度、知识技能，条分缕析，赐作南针，并请于一星期内开单示知，最为盼切"。同月，"平教总会"成立后，即订立全国五大区推行计划：分华东、华北、华西、华南、华中五区，以北京、南京、长沙、成都、广州五地为各区的中心。先从北京入手，有了成绩后，再到各区实验。9 月，晏阳初新编《平民千字课》第二、三册出版。10 月 5 日下午 2 时，晏阳初参加南京平民教育促进会干事会，在会上演讲《干事应有的精神》。4 时，晏阳初参加南京平民教育促进会董事会，聆听王伯秋的会务报告、陶知行的连环教学法报告。7 时 30 分，晏阳初与王伯秋和陶行知在南京女子师范演讲。6 日，晏阳初与王伯秋和陶行知在南京公共演讲厅演讲平民教育。10 月 7 日上午 9 时，晏阳初召开平民教员会议商议改良教学问题。同月，晏阳初在《新教育》第 7 卷第 2—3 期合刊上发表《平民教育》《中华平民教育促进会宣言》。11 月，晏阳初新编《平民千字课》第四册出版，全书出齐。12 月 22 日，晏阳初在南京进行的平民教育实验取得初步成功。是年，晏阳初将在法国曾试验过由少数教师教众多学生的幻灯教学法在浙江嘉兴实验，取得成功。又运用所积累的平民教育经验，先后在华北、华中、华西、华南等地开展义务扫盲运动，前后参加学习者达 10 万余人。还将教育送到了军营，一时传为美谈。（参见杜学元、郭明蓉、彭雪明《晏阳初年谱长编》，上海交通大学出版社 2017 年版；宋恩荣编《中国近代思想家文库·晏阳初卷》附《晏阳初年谱简编》，中国人民大学出版社 2015 年版）

鲁迅 1 月 7 日下午接待日本记者丸山昏迷和橘朴来访。11 日，作《关于〈小说世界〉》载 15 日《晨报副刊》。19 日，至北京高等师范学校听爱罗先珂演说。2 月 17 日，与郁达夫等应周作人之邀共进午餐，谈至下午。这是鲁迅和郁达夫交往的最早记录。本年，郁达夫来北大任教，与鲁迅同事。此后，互相邀饮，互赠书刊，过从甚密。此时的鲁迅在教育部工作之余，除了写作外，还在北大、师大等校兼课。4 月 15 日，与周作人、张凤举、徐祖正同往北京大学三院参加北京大学学生组织的文艺社团春光社的集会。同日午间，应丸山之招，与爱罗先珂及周作人同往中央饭店宴饮，这是鲁迅与爱罗先珂离别前最后一次友好聚会。翌日，爱罗先珂即启程经东北回苏联。

鲁迅 4 月 19 日将《中国小说史略》上卷编完。自 1920 年秋季在北大讲授"中国小说史"以来，自编讲义，陆续印发给学生。5 月 14 日晚，鲁迅至北京大学第二院听田边尚雄演说《中国古代音乐之世界的价值》。此次讲演内容主要是：一、中国古代对音乐的研究；二、中国古代音乐的艺术价值。20 日，编定《呐喊》，托孙伏园持交新潮社排印。28 日午后，往帝王庙观北京阿博洛学会所办阿博洛展览会绘画。6 月 12 日，鲁迅作《关于爱情定则讨论的意见》。7 月 19 日，收周作人的决裂信。8 月 2 日下午，迁居砖塔胡同 61 号。鲁迅与周作人决裂之后，决定搬出八道湾。22 日晚，孙伏园持《呐喊》20 册来。此为鲁迅第一部小说集《呐喊》由北京新潮社出版，列为新潮社"文艺丛书"之一。

按：《呐喊》是中国现代小说的艺术巅峰之作。刊行时收有 15 篇作品。1930 年 1 月第 13 次印刷时，作者抽去其中的《不周山》。从此，《呐喊》便一直只收有 14 篇小说。（以上参见鲁迅博物馆、鲁迅研究室编《鲁迅年谱》，人民文学出版社 1981 年版）

鲁迅 10 月 7 日作《〈中国小说史略〉序言》，指出"中国小说自来无史"，即使有一点，也是先看到外国人作的中国文学史中有，然后中国人也有一点，含蓄地说明要打破这种"中国小说自来无史"的沉闷局面。8 日，以《中国小说史略》上卷稿寄孙伏园，托为付印。11 月 18 日，发表《教育部拍卖问题的真相》的谈话。同月，作《宋民间之所谓小说及其后来》。12 月 11 日，《中国小说史略》（上卷）正式出版。

按：《中国小说史略》是鲁迅的一部重要学术著作，是以他自 1920 年起在北京大学等高等学校讲授中国小说史课程的讲义为基础修订而成的。1920 年北京大学曾出过四号字排印本讲义，称《中国小说史大略》，"讲前三篇的时候，因为课本还没有印出，就用中国的油光纸临时印的"。此书上卷（第一篇至第十五篇）和下卷（第十六篇至二十八篇）分别于 1923 年 12 月、1924 年 6 月由新潮社出版。1925 年 9 月由北京北新书局合为一本印行，内增加第一、第十七两节，并作《再版附识》。1930 年、1932 年、1934 年又加以修改，才最后完成。在《中国小说史略》中，鲁迅对中国小说由上古的神话传说、鬼神志怪，到唐宋传奇、宋元话本、明清小说的演变过程，作了系统的说明，叙述了中国古代小说发生、发展、演变过程，描画出了一条脉络清晰的数千年中国小说"进行的线索"，分析了历代小说的思想、艺术，言简意赅，评断允当。该书是中国文学研究领域第一部系统论述中国小说发展历史的著作，与王国维《宋元戏曲史》被誉为文学史的

"双璧"，对中国文学史研究影响深远。

　　鲁迅12月20日夜写《中国小说史略》下卷毕。26日上午，郁达夫来，持赠《创造周报》半年汇刊一册。鲁迅以《中国小说史略》上卷一册同赠。晚，赴女高师文艺会讲演半小时，题为《娜拉走后怎样》，记录稿载1924年女高师《文艺会刊》第6期，后经鲁迅校正，发表于同年8月1日《妇女杂志》第10卷第8号，署名鲁迅。是年，鲁迅撰《明以来小说年表》，所录起于明洪武元年（1368年），迄于民国癸亥年（1923年）。上列公元，次列干支，再次是年号纪元。端有凡例两则："一、云某年作某年成者皆据序文言之，其脱稿当较先。二、所据书名注于下，无注者皆据本书。"稿本现存，未印。（参见鲁迅博物馆、鲁迅研究室编《鲁迅年谱》，人民文学出版社1981年版；王学典《20世纪史学编年（1900—1949）》，商务印书馆2014年版）

　　周作人1月1日邀沈士远、沈尹默、张凤举、徐祖正、孙伏园来八道湾集宴。8日下午，往燕京大学听徐志摩讲演。10日，朱遏先、马幼渔、张凤举、沈士远、沈尹默、沈兼士来访。17日，在《晨报副镌》发表《爱罗先珂君的失明》，记述了爱罗先珂的失明及失明后日本官宪对他的横暴无礼。晚，日本立教大学教授今村来访。20日晚，与俄国盲诗人爱罗先珂一起宴请从日本来的井上、今村及丸山昏迷、清水安三。鲁迅和冯省三作陪。2月6日，往北京大学参加国学季刊会。11日，在《晨报副镌》发表《〈歌咏儿童的文学〉》。郁达夫来访，赠《创造》一本。14日下午，与沈士远、徐祖正同去禄米仓邀张凤举至燕京大学讲演。17日上午，邀郁达夫、张凤举、徐祖正、沈士远、沈尹默、沈兼士、马幼渔、朱遏先共进午餐，谈至下午。21日，寄梁实秋函。27日，得清华朱湘函，约3月3日往清华讲演，次日复。同月，作《文艺批评杂话》。

　　周作人3月3日往清华大学讲演《日本的小诗》。8日，发表《儿童剧》。11日下午2时，往北京高等女子师范学校为诗学研究会讲演。18日，发表《读〈童谣大观〉》。22日，为杭州《之江日报》10周年作《地方与文艺》，载《之江日报》（见《谈龙集》），文中略论了地方与文艺的关系，指出浙江"近来三百年的文艺界里可以看出有两种潮流"，即"飘逸与深刻"，并列举了明清以来的浙江作家以说明这一特性。春，指导燕京大学女校学生谢婉莹（冰心）的毕业论文，题为《元代的戏曲》。4月15日下午，与鲁迅、张凤举、徐祖正同往北京大学三院参加北京大学学生组织的文艺社团春光社的集会。

　　按：春光社是当时北大学生董秋芳、许钦文、龚宝贤等发起组织的进步文学研究团体，共约20来人，邀请鲁迅、周作人、张凤举、徐祖正4人作导师。

　　周作人4月16日以爱罗先珂离京回国，赴张凤举在广和居为爱罗君举行的饯行宴。同座有马叔平、沈尹默、沈兼士、徐祖正等。22日，在日文《北京周报》第62号发表《中国新文学的前途》。5月2日下午，周作人往燕京大学文学会讲演《日本的川柳诗》。6日，往北京大学参加《文艺季刊》会议。下午，往中央公园，赴王统照约，商议出刊《晨报·文学旬刊》事。10日，与鲁迅同治肴酒共饮三弟建人，孙伏园也应邀在座。11日，与张凤举同至北京大学会见日本东洋学校讲师田边尚雄。晚至北京女子高等师范文艺会讲演。12日午，与张凤举、徐祖正、沈尹默、沈兼士、马幼渔等在京华饭店宴请日本友人田边、田山、泽村、今西、清水等5人。下午，至北京大学听东京大学美术史教授泽村专太郎讲演。13日下午，与鲁迅同往北京大学赴春光社会。又至中央公园赴文学会后，同鲁迅、三弟建人、丰一同饮茶。这是周氏三兄弟最后一次同聚。14日，往北京大学赴歌谣研究会会议。日本东洋学校讲师田边尚雄在北大二院讲《中国古乐之价值》，周作人为之口译，鲁迅也在座。同日，周建人回上海。

周作人 5 月 25 日作《世界语读本》。26 日，宴请当时在北京研究中国美术的东京大学美术史教授泽村专太郎，丸山昏迷、徐祖正、张凤举、沈士远、马幼渔、鲁迅作陪，同席共 8 人。27 日，发表《读〈各省童谣集〉》，载《歌谣》第 20 号，署名周作人，收《谈龙集》。文章评述了朱天民编、商务印书馆出版的《各省童谣集》。同月，主编的新潮社"文艺丛书"开始陆续出版。该"丛书"共出 10 种。6 月 1 日，发表《艺术与道德》。21 日，往北京大学，赴歌谣研究会会议；发表《儿童的书》，载《晨报·文学旬刊》第 3 号。同月，与鲁迅合译的《现代日本小说集》，由上海商务印书馆出版。7 月 18 日，作致鲁迅的信，鲁迅与周作人兄弟失和。8 月 2 日，鲁迅携妇从八道湾迁至砖塔胡同 61 号。29 日，往北京大学参加国语统一会审查会。10 月 14 日下午，周作人至西四帝王庙参加中日学术协会成立大会。日本方面有坂西、土肥原及在北京政府各部做顾问的若干人；中国方面有张凤举、陈百年、马幼渔、沈尹默、周作人等。张凤举和坂西被选为干事。10 月 19 日，周作人作《新文学的二大潮流》。22 日，作《儿歌之研究》。27 日，发表《不讨好的思想革命》。11 月 19 日，发表《文学作品的分类法》。(参见张菊香、张铁荣主编《周作人年谱》，南开大学出版社 1985 年版；卢礼阳《马叙伦年谱》，浙江古籍出版社 2021 年版)

朱希祖 1 月 10 日与马裕藻、沈士远、沈尹默、沈兼士、张凤举等访鲁迅、周作人，鲁迅赠自藏砖拓一份，并与周作人商谈中日文化交流事。18 日，李大钊、王星拱、马裕藻、谭熙鸿 5 人出席北大评议会特别会议，此次会议因蔡元培辞职而提议召开。20 日，北京大学教职员代表蒋梦麟、顾孟余、朱希祖、王星拱、沈兼士、沈士远、马叙伦等 19 人呈文民国政府总统，要求罢免教育总长彭允彝，并乞慰留北京大学校长蔡元培。同月，在北京大学《国学季刊》第 1 卷第 1 号发表所撰《萧梁旧史考》。2 月，在北京大学《社会科学季刊》第 1 卷第 2 号发表《文字学上之中国人种观察》。3 月 26 日，北京大学史学系改选主任，朱希祖继续当选。4 月 9 日，武昌高等师范来函，延聘朱希祖等前往讲学两个月。6—8 月，应陕西督军刘镇华之请，与陈百年先联袂西上，入关讲学，并遍谒汉唐陵寝，广搜关中古迹，所得古籍、拓片，盈箱满篋。8 月 24 日，与顾颉刚晤谈。31 日，向北大研究所国学门捐赠拓片 7 件。

朱希祖 9 月 8 日午刻在家设宴招待马裕藻、马衡、沈士远、沈尹默、沈兼士、钱玄同、周作人、陈百年、张凤举、单不庵等人。30 日，北京大学研究所国学门于龙村寺召开年会，出席会议的有沈兼士、周作人、陈垣、俄人伊凤陶等 30 余人，会上讨论了有关戴震诞辰 200 周年纪念活动的设想和安排。10 月 7 日，与陈百年、马裕藻、沈尹默、周作人、张凤举、顾颉刚等在龙村寺宴日本客人吉田、阪西、土肥原、今西等，商议成立"中日学术协会"。10 月 14 日，"中日学术协会"成立。同日，北京大学举行 1923—1924 年度评议会评议员选举，朱希祖当选为评议员。10 月 30 日，出席本届评议会第一次会议，蔡元培校长提出各行政委员会委员名单，朱希祖担任图书委员会委员。同月，应北京女子师范大学校长许寿裳之请，兼任该校教授，讲授中国文学史。12 月 10 日，为萧一山《清代通史》作序。13 日，发布《史学系布告》，提出研究中国历史的办法。同月 13、15 日，在《北京大学日刊》发表《研究秦汉史条例》。是年，在《文史地杂志》第 1 卷第 1 期发表《新史序与救史学不同之要点》；在北京大学《社会科学季刊》第 1 卷第 2 号发表《文字学上之中国人种观察》。又购得明抄宋本《水经注》，次年 12 月王国维作跋。1935 年 5 月章炳麟作跋。(以上参见朱元曙、朱乐川《朱希祖先生年谱长编》，中华书局 2013 年版)

马衡仍任国学门考古研究室主任。5月，北大成立古迹古物调查会，一年后改名为考古学会，其宗旨是"用考古学的方法调查、保存、研究中国过去人类之物质遗迹及遗物"，作为下一步发掘与保存的预备。8月24日，马衡任古迹古物调查会会长，计划先自调查入手，"并为发掘与保存之预备"，待经费落实，再组织发掘团。同月，马衡等听闻河南新郑地区发现大量春秋时期的青铜器物，迅速作出反应。一月后，马衡受北京大学研究所国学门委派，前往河南新郑调查新郑彝器出土情况，历时半月有余，此为北大国学门开展的第一次野外考古。事后，马衡撰写了一本名为《新郑古物出土调查记》的报告书，推断出土地点为"郑伯之墓"，详细介绍了此次调查的经过，文物的种类和数量，并附制了发掘图。（参见王学典《20世纪史学编年（1900—1949）》，商务印书馆2014年版；中国大百科全书总编辑委员会《中国大百科全书·考古学》，中国大百科全书出版社2002年版）

沈尹默1月1日与沈士远、张凤举、徐耀辰、孙伏园等赴八道湾鲁迅、周作人家午宴。4日，与马裕藻、蔡元培等27人联名刊发陈怀（孟冲）追悼大会通告。10日，与马裕藻、沈士远、沈兼士、朱希祖、张凤举等访鲁迅和周作人。2月17日上午，与马裕藻、郁达夫、张凤举、徐耀辰、沈士速、沈兼士、朱希祖等应周作人邀请参加茶话会，谈至下午。4月18日，北京大学发布造型美术研究会通告，宣布该会已组织就绪，决定于同月23日开始研究。沈尹默和马衡被聘为该会书法篆刻导师。9月30日，出席北京大学研究所国学门恳谈会，先听主任沈兼士致开会词，再由蒋梦麟代校长致辞，最后举行茶话会，并集体摄影留念。（参见郦千明《沈尹默年谱》，上海书画出版社2018年版；张菊香、张铁荣主编《周作人年谱》，南开大学出版社1985年版；朱元曙、朱乐川《朱希祖先生年谱长编》，中华书局2013年版）

马寅初所著《中国关税问题》1月由商务印书馆出版，此为中国学者首次系统论述关税问题，并提出一揽子改革方案。2月21日，在上海外滩仁记路22号偕中国银行宋汉章行长，共同主持中国银行上海汉口路银行新建银行大楼落成典礼，工商、银行界贺者数百人。3月22日，在北京大学经济学会演讲《信用生产资本乎》，陈宝麟笔记。24日，在燕京大学演讲《今日吾国之经济状况》，徐兆荪笔记。4月7日，在北京通才商业专门学校经济研究会演讲《中国之买办制》，秦彦钊笔记。24日，在《京报》发表《短期财政计划之我见》。27日，应北京女师高附中校长邀请演讲《中国女子之经济问题》，陈小兰笔记。同月，为堀江归一《银行论》作序。

马寅初5月25日发表《吾国公债票之买卖》，系清华学校演讲词。6月1日，为王效文《货币论》作序。5日，在南开大学演讲《吾国银行业与欧美银行业之比较》，陈小兰笔记。8月10日，出席银行公会召开的紧急联席会议，反对王克敏以银行总长身份兼任政府财长。18日，上海总商会民治委员会召开第七次常会，决定聘请金融界领袖、经济专家、曾充财政总长并有声望者为顾问。议决请秦润卿、盛竹书、马寅初、钱新之、徐沧水诸君为顾问。同月，参与中国华洋义赈救灾总会工作，后出任该会农利会委员。9月10日，上海总商会民治委员会召开临时会议，研究理财具体方案。因仅到四省，未能如期开议，故将由盛竹书、徐沧水、马寅初、钱新之等委员编制《中央财政报告书》奉上，请将各省财政情形函告以备汇齐后另订日期再行召集讨论。

按：《中央财政研究报告书》详细介绍中央财政支出短细之原因、近年中央重要收入之概数、近年中央军政经费之概数、现负外债之概数、现负国内公债及国库券之概数、现负银行欠款之概数。民治委员会拟于9月召集以全国商会代表为主体之全国理财会议，清理全国内外债及收支款项，并制定管理全国、省、县各级财政办法。（《上海总商会月刊》1923年第9号）

马寅初9月19日至中南海瀛台参加全国财政整理会成立大会。会长颜惠庆,会员张弧、吴毓麟、孙宝琦、庄蕴宽、王克敏等。后因不赞成该会方针而辞顾问之职。9月22日,出任上海总商会民治委员会顾问。同月,《马寅初演讲集》第一集由商务印书馆出版,选录1920年1月至1921年7月演讲稿《银行之根本问题》《中国公债问题》等44篇。12月1日,在《晨报》5周年纪念增刊发表《我国经济界之三滥》,指出中国经济三大弊端:(一)滥借内外债;(二)滥铸铜元与辅币;(三)滥发纸币。三滥之根本原因,实系军阀之祸。使军阀不去,财政无整理之望,金融无旺盛之期。12月30日,发表《中国财政之根本问题》,系保定河北大学演讲词,姚志崇笔记。是年,与刘大钧联合发起并成立了中国经济学社,任副社长。(参见徐斌、马大成编著《马寅初年谱长编》,商务印书馆2012年版;彭华《马寅初年谱简编》,《淮阴师范学院学报》2005年第1期)

马叙伦1月4日列名《陈孟冲先生追悼大会通告》,择于本月7日第三院举行。中旬,国务会议通过教育总长彭允彝的提议,第三次逮捕无罪的罗文干。蔡元培愤而辞职;马叙伦与李大钊、蒋梦麟、顾孟余、胡适诸人上书总统黎元洪。3月2日,杭州大学董事会第二次开会,审议《杭州大学意旨书》《杭州大学章程》《筹办杭州大学计划书草案》等一组文件。26日,《北京大学日刊》刊出《杭州大学章程》。同月,浙江省长张载阳将汤尔和、汪兆铭、马叙伦、经亨颐、朱希祖、范寿康等新增杭州大学董事会董事名单送交省议会审议,连同首批10人,董事总数达到22人。4月,张载阳省长将杭州大学董事会拟定的《杭州大学章程、学制及计划书》《杭州大学第一期建设预算书》《杭州大学民国十二年度常年费预算书》等文件提交省议会,议决通过。8月27日,设家宴招待来京出席职业学校展览会开幕式的黄炎培。

马叙伦9月22日就浙江第一师范学潮事,与马裕藻召集浙籍同人讨论,致电浙江省长张载阳、教育厅长张宗祥、浙一师校长何炳松。23日,访晤马裕藻,继续商量浙江学潮应对事宜。25日,访晤沈士远,继续商量浙江学潮应对事宜。29日,北大同人聚会商讨浙江学潮应对办法。10月1日,再次约浙籍同人钱玄同、陈大齐等至马裕藻家商讨浙江学潮应对事宜。作长函一通驳斥张宗祥复电。5日,浙籍同人在北大第一院商讨浙江学潮应对事宜。26日,马叙伦代表北京大学评议会呈报教育部,自8月4日起校总务长蒋梦麟兼代校长之职。18日,邵裴子40初度,马叙伦提前一日晚赠以唐人写本《佛说如来相好经》残卷。

按:卷末另有马叙伦旧跋一则,曰:"此与《天请问经》为一人所书。《天请问经》在此纸后一卷,完好无阙,末有题记,说发愿写经造种种福利之意,后署'辛未弟六月一日,祖远此二字少漫。马报达在伊州作客写记之耳'廿一字。余考唐太宗贞观初始置伊州,而唐代纪年值辛未者凡四,第一位高宗咸亨二年。此书体近六朝,决是初唐人书也。敦煌所出六朝唐人写品,不署纪年、书人名氏者多,此独具题记,记年月日、书人名氏本贯及作书之地,可不谓珍物耶?此经凡四纸相联,兹因付装,依旧解之,亦藉以见唐纸尺度,复留此徐帧,容余记莿,抑何多幸乃尔,愿余子孙能永宝之。中华民国十一年八月三十一日,石屋书于嚼梅咀雪之盦。"(毛昭晰主编《浙藏敦煌文献》,浙江教育出版社2000年版,第70页)(参见卢礼阳《马叙伦年谱》,浙江古籍出版社2021年版)

张慰慈10月在《努力周报》被迫停刊前在该报连载了大量关于北京市政问题的文章,包括《市政问题》《城市在文化史上所占的地位》等。他也针对欧洲的时局发表了系列文章,包括《英国最近政体情况》《制宪问题》《什么叫近东问题》《德国的经济议会》《欧洲的新国家》《普鲁士的宪法》《新旧国家立法部和行政部关系的比较》《德国的赔偿账》《罗尔问题》等,同时也发表了《什么是豫算》《多元的主权论》《政治改革的目的》《革命和政治改革》等,引发了热烈反响。是年,张慰慈整理出版了《英国选举制度史》《政治概论》,作为北京大学政治学课程的教本，其中《政治概论》由胡适作序。（参见李源编《中国近代思想家文库·张慰慈卷》附录《张慰慈年谱简编》，中国人民大学出版社 2015 年版）

张竞生时为北京大学哲学系教授。4 月 29 日，在北京《晨报副刊》发表《爱情定则与陈淑君女士事的研究》，提出爱情是有条件的，爱情是可以比较的，爱情是可以变更的，以及夫妻为朋友的一种著名主张，以一种全新的观点引导关于妻妹陈淑君（已与沈家订婚）女士与其姐夫谭熙鸿教授（其妻去世）相恋而后同居是否合理的讨论，将被嫁狗随狗观念束缚或视包办婚姻为合理、视媒妁之言为神圣、对豪绅纳妾熟视无睹的恶习横行的中国旧社会的毛病和不人道家庭视妻子为私产的种种问题都一举端到人们面前，从而引起了社会的强烈反响，大大地推进了陈淑君、谭熙鸿与沈厚培（陈的订婚人）事件的讨论。5 月，常惠提出组成民俗学会的倡议，诸同仁合议时，张竞生建议改称风俗调查会。5 月 24 日下午，北京大学风俗研究会正式成立。

张竞生 6 月 20、22 日又在《晨报副刊》发表了约 3 万字的《答复爱情定则的议论》总结，用反对封建道德礼教的全新理论为陈谭婚恋事件作了总结。这是张竞生反对封建礼教，开展性教育的序幕。寒假期间，张竞生在《京报副刊》发表《一个寒假的最好消遣法——代"优种社"同人启事》的性史征文。性史调查是北大风俗调查会的社会调查课题之一。经到会教授公议，认为性史调查是开风气之先的事，为避免引起副作用，决定作为一个专门的问题，用征文出版专辑的方式向社会发起调查。这次征文启事发出后，引起强烈反响。短短时间，张竞生就收到稿件 300 余篇，性史征文启事是张竞生对中国封建婚姻制度和性禁锢、性盲发起的一场挑战，是正义的、勇敢的、动机纯正的。但这一战，张竞生声誉扫地，几为社会所不容。（参见张枫《张竞生博士年表及其性学术思想》，《韩山师专学报（社会科学版）》1992 年第 1 期）

辜鸿铭 3 月在美国《当代》杂志发表《中国之和》一文。是年，英文《尊王篇》一书在北京由《北华正报》社重版。是年前后，辜鸿铭在《北华正报》等英文报刊上发表系列论文，讨论东西文明，评判时事。（参见黄兴涛编《中国近代思想家文库·辜鸿铭卷》附录《辜鸿铭年谱简编》，中国人民大学出版社 2015 年版）

梁漱溟是春到山东曹州中学演讲，提出以农立国的主张。秋季在北京大学讲授《孔家思想史》，为期一学年。该笔记经李渊庭整理，交中国和平出版社于 1993 年出版。10 月 28 日在北大发表题为《答胡评〈东西文化及其哲学〉》的讲演。（参见刘定祥《梁漱溟著述年谱》，载《社会科学家》1989 年第 1 期；李渊庭、阎秉华编著《梁漱溟先生年谱》，广西师范大学出版社 2003 年版）

熊十力在北京大学讲授佛教唯识学。10 月，北大出版组印制熊十力的《唯识学概论》讲义。该讲义基本上依据于佛家本义，忠实于内院所学。印出不久，忽盛疑旧学，于所宗信，极不自安，乃毁稿，草创《新唯识论》。在北京大学结识林宰平教授，经常与之讨论哲学问题。与梁任公晤谈，与梁漱溟等住北京西郊永安观。同时又与汤用彤、钱穆来往，结为讲友。（《熊十力年谱》，载叶贤恩《熊十力传》，湖北人民出版社 2010 年版）

吴虞 4 月 30 日收到丙辰学社来函，举吴虞为学艺丛书委员会委员。5 月 11 日，抄毕《荀子文》讲义，送印。12 月 3 日，作《道家之理想国》一文。（参见朱玉、孙文周《吴虞年谱简编》，《吴虞诗词研究与整理》附录一，河南文艺出版社 2016 年版）

林语堂年初因为手头拮据，与妻子决定回国分娩。为此紧赶慢赶地完成了博士论文 Zur Altchinesische Lautlehre（《古汉语音韵学》，或译《古代中国语音学》），并顺利通过答辩，获得博士学位。2 月中旬，离开德国前往意大利，于热内亚登上了回国的轮船。4 月 1 日，乘船抵达香港，随即转船前往厦门。4 月下旬，林语堂乘船北上，向北京大学报到。7 月，所译《答马斯贝罗（Maspero）论切韵之音》载《国学季刊》第 1 卷第 3 期，目录题名为《答马斯贝罗论切韵之音》；所撰《读汪荣宝歌戈鱼虞模古读考书后》载《国学季刊》第 1 卷第 3 期，目录题名为《读汪荣宝"歌戈鱼虞模古读考"书后》，此为对汪荣宝所撰《歌戈鱼虞模古读考》（载《国学季刊》第 1 卷第 2 号）一文的回应。商务印书馆推出了周辨明撰《中华国语音声字制》的单行本。这种罗马字拼音制最早是由赵元任提出的，周辨明对进行了一番修改，然后又与林玉堂（林语堂）共同研究斟酌，重加改订，最后才编订成书。9 月初，林语堂正式到北京大学执教，任英文系英文及语言学教授，开设《基本英文》《作文》《英语教授法》等课程。9 月 12 日，所撰《国语罗马字拼音与科学方法》载《晨报副刊》第 232 号，这是对庄泽宣所撰连载于 1923 年 8 月 22—23 日《晨报副刊》第 216—217 号《解决中国言文问题的几条途径》一文的商榷。12 月 1 日，所撰《科学与经书》载《晨报副刊》"晨报五周年纪念增刊号"的"论文"栏目。17 日，所撰《研究方言应有的几个语言学观察点》载北京大学研究所国学门歌谣研究会编辑用以庆祝"北大二十五周年"的《歌谣》纪念增刊。是年，其妻子廖翠凤在北大预科教英文。（参见郑锦怀《林语堂学术年谱》，厦门大学出版社 2018 年版）

郁达夫 2 月初辞去安庆法政学校教职，去北京长兄处。17 日下午，应周作人之邀，与张凤举、徐耀辰、沈士远、沈尹默、马裕藻等饮，鲁迅作陪，始与鲁迅结识。27 日晚，郁达夫在北京东兴楼宴请鲁迅。28 日，致函鲁迅，告之离京返回富阳。4 月初，由北京回到上海，主持创造社工作，并编辑各种刊物。同月，文学创作集《辛夷集》由上海泰东图书局出版，为创造社"辛夷丛书"第一种。5 月 19 日，作《文学上的阶级斗争》，刊于 27 日《创造周报》第 3 号。文中以文学表现人生的现实主义思维方法，从"反抗古典主义的浪漫主义起后的文学的变迁"论证了马克思、黑格尔的"自有文化以来的政治社会史所记录者不过是人类的阶级斗争而已"的论点，谓"二十世纪的文学上的阶级斗争，几乎要同社会的阶级斗争取一致的行动"，并大声疾呼："世界上受苦的无产阶级者，在文学上、社会上被压迫的同志，凡对有权有产阶级的走狗对敌的文人""结成一一个世界共和的阶级，百屈不挠地来实现我们的理想"。郭沫若在《创造十年》一文中提到这篇文章时说："第三期上他便出马上阵。他的勇猛也不亚于仿吾，最初在中国的文艺界提出了'阶级斗争'这个名词的怕就是达夫。"

按：尽管《文学上的阶级斗争》对文学的阶级斗争这一观念有一定不正确的表述，但确是国内早期提倡无产阶级文学之作，为无产阶级文学在中国的发展起到了促进作用。

郁达夫 6 月 17 日作《艺术与国家》。7 月 4 日，作论文《批评与道德》，刊于 23 日《创造周报》第 7 号。15 日，作小说《春风沉醉的晚上》，刊于次年 2 月 28 日《创造季刊》第 2 卷第 2 期，这是我国现代文学中最早表现工人生活的作品之一。21 日，《创造日》创刊，由郁达夫、成仿吾、邓均吾负责编辑。郭沫若在《中华新报·创造日》作《背着两个十字架——代卷头语》；郁达夫发表《创造日宣言》，谓《创造日》的宗旨是"想以纯粹的学理和严正的言论来批评文艺政治经济"，"想以唯真唯美的精神来创造文学和介绍文学"，并说"现代中国的腐败的政治实际，与无聊的政党偏见"，是他们"所不能言、不屑言的"。8 月 12 日，郁达夫作随笔《诗人的末路》。同日，发表论文《文艺赏鉴上的偏爱价值》。10 月 5 日，应北京大学之聘离开上海，从海路经天津去北京。9 日，抵京。此次去北京亦是应北京大学之聘，接替陈豹隐教授的课，任统计学讲师，每周两课时。同月，郁达夫小说散文合集《茑萝集》被列为"辛夷小丛书"第三种，由上海泰东图书局出版。（参见陈其强《郁达夫年谱》，浙江大学出版社 1989 年版）

商承祚继续著《殷墟文字类编》。春,容庚致函,商承祚复函称"近因赶写《殷文》,致忘作复,顷理积书,始发见尊缄,健忘抑何可笑",又称自己《殷墟文字类编》"已书十四卷,如释重负",并转达罗先生对《金文编》古器考所定目次的意见。此函容庚生前一直保存着,现藏广东省立中山图书馆,当为容商友谊最早的文字和实物见证。商承祚著成《殷墟文字类编》后,父亲商衍鎏赞助了800多块钱,制成木版,帮助他印成了此生第一部著作。此书出版后,得到学术名师罗振玉、王国维的赞赏,弱冠成名。马衡因此推荐他入北京大学研究所国学门做研究生。(参见林燕忠《商承祚书学研究》,福建师范大学硕士学位论文,2020年)

容庚仍为北京大学研究所国学门当研究生。1月,作《甲骨文字之发现及其考释》一文,刊于北京《国学季刊》第1卷第4期。2月,校抄《簠斋尺牍》,为秦前文字之语及《传古别录补》2种。3月,编考古学堂书目。校《金文编》稿。夏,王国维来京师,北京大学研究所国学门开欢迎会,容庚得趋谒焉。冬,《金文编》写定,就正于王国维,并请作序。

按:容庚《王国维先生考古学上的贡献》曰:"十年前,余始识彝器文字,欲补吴大澂《说文古籀补》,乃读各家著录金文之书,同器异名,同名异器,苦于检索。读先生《宋代金文著录表》《国朝金文著录表》二书,大喜,家贫不能得,乃假友人卢贯藏本手录之。并得读其他关于金石之作,未尝不惬于心。民国十二年夏,先生来京师,北京大学研究所国学门开欢迎会,余得趋谒焉。冬,《金文编》写定,就正于先生,先生为举正四五十事。至是过从日密。"(参见容庚《颂斋自订年谱》,东莞市政协编《容庚容肇祖学记》,广东人民出版社2002年版;袁英光、刘寅生《王国维年谱长编(1877—1927)》,天津人民出版社1996年版)

萧一山为北京大学政治系三年级学生,继一年级课余完成《清代通史》第一、二篇以及二年级完成《清代通史》第三、四篇之之后,再著《清代通史》上卷六篇毕,由中华书局出版。梁启超、李大钊、朱希祖及日本今西龙等为之序。

按:《清代通史》上卷体现出一种新型的民族革命史观,认为有清一代的历史,是满族入主中原统治中国的历史,同时也是以汉族为主的中国民族革命的历史,"所述为清国史,亦即清代之中国史,而非清朝史或清室史也。""盖本书所述,为清代社会之事变,而非爱新一朝之兴亡。"该书颂扬民族革命,肯定太平天国、天地会等反清斗争,与《清史稿》的立论观点、体例形式形成鲜明对比。全书体例及表格颇有特色,有清代大事表、清帝爱新觉罗世系表、清代学者著述表、清代学者生卒年表、清代外交约章表、清代宰辅表、清代军机大臣表、清代督抚表等。该书于官爵、禄位、兵刑、选举、学校之制,多纳于表,卷首并详列大事。李大钊序曰:"为有清一代之中国国民史;置之史学系中,当为普通史中之记述的民国史;取材既极宏富,而于文明与政治诸象,统摄贯通。以为叙述,目合于社会诸象悉相结附不能分离之史理。愚故乐为之序,冀著者之益精厥业,以此著为重作中国各史之先声也。"梁启超序谓:"萧子之于史,非直识力精越,乃其技术亦罕见也!"1933年杨家骆最先在《图书年鉴》推介此书,晚年又为萧著撰跋,概括定稿本诸特点甚详。其中解释其体例之善,谓其糅合纪传体、纪事本末体、通志、通典体与新式章节体于一炉。但吴宓却在1933年公开批评《清代通史》"革命意味过重"。(参见王学典《20世纪史学编年(1900—1949)》,商务印书馆2014年版)

容肇祖继续在北京大学哲学系学习。是年,撰写《美国思想的变迁》,胡适为其介绍几本美国初期思想的英文书,后向《晨报》投稿得以发表。(参见《容肇祖全集》编纂委员会《容肇祖全集·容肇祖自传》,齐鲁书社2013年版;衷尔钜《容肇祖年谱简编》,东莞市政协编《容庚容肇祖学记》,广东人民出版社2002年版)

曹云祥继续任清华学校代理校长。1月10日,在曹云祥的提议下,清华成立校务协进委员会,本日召开第一次会议。该委员会将协助校长,研究改良校务办法,6名委员由校长委派,各代表教职员会、学生会等团体。会长余日宣。29日,《清华周刊》记者采访北京大学教授胡适,询问其对清华改办大学的意见。胡适赞成清华改办大学,认为清华至少要办成文科和理科,要罗致有名教授来校任教。另外,还谈到要对国学作历史的系统的研究。2月11日,《清华周刊》记者去天津拜访梁启超。梁启超谈及有关校董事会及校长人选、改办大学等问题,并开列一个清华学生于留美之前应读的"最低限度的书目"。14日,清华举行伦理演讲,邀请张君劢到校演讲,题为《人生观》。讲演稿刊于《清华周刊》第272期。之后,丁文江在《努力周报》上发表《科学与玄学》一文,批评张君劢的观点,由此在国内掀起了围绕科学与人生观问题的激烈论辩。同月,曹云祥提出"十八年(1923—1940)计划",筹划逐步改办大学的具体方案。为此,学校成立了"课程委员会",先后3次提出改办大学的方案,由教职工会议通过,决定自1924年起为大学筹备期。聘请胡适、范源濂、张伯苓、张景文、丁文江等5人为大学筹备顾问,充实和加强张煜全校长时成立的大学筹备委员会。具体程序是:"大学筹备委员会"下设联席会议与分组会议。分组会议的决议提交联席会议,通过后,再提交大学筹备顾问、学校董事会形成决议,最后呈报外交部,批准后实施。3月,清华公布章程,准予毕业学生留在国内工作一年,再行出国留学。9月10日,曹云祥出席清华秋季开学典礼,并在致辞中提出本学年学校6项计划:(1)审订大学课程;(2)改良中文课程;(3)体育应重主观;(4)设立道德指导;(5)设置职业指导部、同学会干事、学报助理;(6)呈外交部四大计划。14日,曹云祥在与《清华周刊》记者谈话时表示:本校下学年改用全国通行的学制。17日,清华国学部顾问梁启超到校,本学年在校进行演讲。每周三晚演讲《最近三百年学术史》,每周四晚演讲《群书概要》。12月28日,清华年级学生会评议会举行第七次评议会,选举梅汝璈、王士倬分别担任下学期《清华周刊》总编辑、总经理。(参见清华大学校史研究室编《清华大学一百年》,清华大学出版社2011年版;清华大学校史编写组《清华大学校史稿》,中华书局1981年版)

张彭春6月被聘为清华教务长。9月13日,清华设置课程委员会审订课程与筹划学校教育方针,张彭春为主席。同月,清华设18个常年委员会,张彭春任毕业委员会、课程委员会主席。11月1日,清华举行教职员会议,教务长张彭春向会议提出课程委员会报告,报告分为总纲、将来之课程、过渡之课程3项。总纲提出:清华希望成为一造就中国领袖人才之试验学校;清华教育分大学各科及高级中等教育两级;清华大学部分毕业期限自3年至6年,高级中学毕业期限3年;清华大学的教育应特别奖励创造学力、个人研究及应付中国实际状况及需要之能力。15日,张彭春就此报告向学生做了说明。12月20日,课程委员会召开教员讨论会,对委员会所拟《在校学生课程》征求意见。新课程拟将自然科学和数学提前一年进行教授。(参见清华大学校史研究室编《清华大学一百年》,清华大学出版社2011年版)

梅贻琦3月担任周年纪念讨论委员会委员长。同月,应校科学社邀讲《洋灰制造法》《矿地设备》等。4月,向华员大学会报告教职员新添住宅各建议。同月,为纪念"五四"青年学生运动纪念日,率领高等物理班及同学中有志研究者于30日赴京参观电灯厂、电报局、无线电台等,以增加学生们对电学的实际印象。9月,担任《清华周刊》特载栏编辑。10月,担任华员大学会交际组主任。11月,带领童子军作短途旅行。同月,讲演《欧战中科学上之进步》。(参见黄延复、钟秀斌《清华校长梅贻琦》,九州出版社2011年版)

陈达获美国哥伦比亚大学哲学博士学位。与陈国均组织爱国会,发行小册子,向美国人宣传关于山东及胶州湾的问题。9月回国,到北京清华学校任讲师,讲授现代文化,并任《清华学报》编辑。12月7日,在《清华周刊》第297期刊登文章,介绍《关于研究中国社会的汉文书》。是年,组织学生对清华学校附近成府村91个家庭和安徽休宁湖边村56个家庭

的生活费用进行调查。（参见田彩凤《陈达先生年谱》，《清华大学学报》1995 年第 2 期）

袁复礼 1 月 10 日在《国学季刊》第 1 卷第 1 号发表的考古消息报道《记新发现的石器时代的文化》，首次在学术期刊上将瑞典人安特生几年前在河南的考古发现介绍给中国学术界。5 月，袁复礼受地质调查所派遣，前往甘肃进行地质和煤田调查，并跟随安特生一起在甘肃进行考古。首次确定了我国具有早石炭世晚期地层，并采集到袁氏珊瑚等许多新化石种属，对我国石炭纪地层划分和古地理研究作出了重要贡献。10 月，农商部地质调查所《地质汇报》第 5 号刊载安特生著、袁复礼节译《中华远古之文化》，此为第一篇对中国新石器时代进行系统和科学研究的论文，文中比较了仰韶文化与中亚的安诺和特里波列文化彩陶，提出彩陶由西向东传播的假说，在很长一段时间对国内学术界产生了重要的影响。

按：1921 年，安特生在中国地质调查所支持下，在河南从事考古发掘，在渑池发现了许多石器、骨器和陶器。当时袁复礼担任安特生的助手。1922 年 3 月，安特生在北京协和医院作公开演讲，以"石器时代的中国文化"为题，首次把这次发现的成绩对外公布。胡适听后意识到这次发现的重要性，当即请安特生为《国学季刊》撰文说明这次发掘的原委。安特生乃转托袁复礼写一简短介绍。袁氏在这篇报道中，将安特生的发掘工作称为"从地质方面去研究文化史"，这其实就是西方考古学范围内的工作。安特生在中国的几次重大考古发现，都有袁复礼的重要参与。（参见王学典《20 世纪史学编年（1900—1949）》，商务印书馆 2014 年版）

陆懋德在清华华员公会上的演讲《甲骨文之历史及其价值》12 月 21 日刊于《清华周刊》第 299 期，认为甲骨文的发现在学术研究上有很大的价值，可以订正文字，考订史事。此文的最大价值是提出了"甲骨文"的概念，一般认为从此文发表以后"甲骨文"成为通用的概念。是年，将 1922 年应北京清华学校之聘主讲中国哲学的讲稿编为《周秦哲学史》，由京华印书局印行，颇有与胡适对垒之意，从整体上对哲学史的意义、中国哲学的精神、先秦哲学的特点另立一说，对胡适书中的错误之处亦多有纠正。（参见王学典《20 世纪史学编年（1900—1949）》，商务印书馆 2014 年版）

贺麟先后听梁启超所开几门关于中国学术思想史的课程，对学术研究产生浓厚兴趣。在梁启超指导下，贺麟撰成《戴东原研究指南》一文，刊于 12 月 8—12 日《晨报副刊》。又在《清华周刊》发表《博大精深的焦理堂》。（参见高全喜编《中国近代思想家文库·贺麟卷》附《贺麟年谱简编》，中国人民大学出版社 2015 年版）

梁治华等清华高等科四年级学生二三人来东南大学游览、参观。梁治华连听吴宓课两三日，适值其讲授《欧洲文学史》，正至卢梭之生活及其著作。梁治华回校后即在《清华周刊》中著论，述东南大学学风之美，师饱学而尽职，生好读而勤业。又述其听吴宓讲卢梭课，吴宓预先写《大纲》于黑板，讲时不开书本，不看笔记及任何纸片，而内容丰富，讲得井井有条，滔滔不绝。清华今正缺乏良好教授，此人之所共言。吴先生亦是清华毕业游美同学，而母校未能罗致其来此，宁非憾事哉！云云。

按：此与次年清华大学聘吴宓任教有关。（参见刘明华《吴宓教育年谱》，《重庆教育学院学报》1999 年第 4 期）

张荫麟考入清华学堂中等科三年级肄业。9 月，在《学衡》第 21 期发表处女作《老子生后孔子百余年之说质疑》一文，以质疑老子与孔子的生卒年代为题，评论梁启超对老子的考证，对梁启超考证《老子》认定其在孟子之后的六条证据，逐一进行批驳，富有精辟见解，清华师生大为震动，梁启超叹为天才，以为将来必有所成。张荫麟自此一举成名。进入清华后，张荫麟终日埋头于图书馆，阅读与著述范围均极广博，重点为史学和哲学。（参见沈卫威

《学衡派编年文事》,南京大学出版社 2015 年版)

范源濂 2 月 22 日被北京政府教育部任命为北京师范大学校长。3 月 22 日,北京学生联合会和北京各团体在北京高等师范学校联合举行施洋、林祥谦及"二七"请烈士追悼大会。6 月 28 日至 7 月 6 日,蔡元培、范源濂、郭秉文等 8 人赴美国旧金山,出席万国国民教育协会发起的万国教育会,有 60 个国家的教育专家出席。中华教育改进社为会议准备的文件有《中国近年教育之进步》等 20 余件。会议议决成立世界教育会联合会,通过改良乡村教育等议案。10 月,南开大学举行校庆纪念大会,范源濂作了题为《第一次大战后的欧美教育及其特点》的演讲,重点介绍欧美各国教育发展的情况和特点。因其有数度游历欧美各国的经历,以及自身丰富的兴办教育的经验和较为成熟的教育理论,本次演讲给学生留下了深刻的印象。据《南开周刊》描述:"范先生甫自海外归来,所见极多,演说辞极有意义!"(参见中央教育科学研究所编《中国现代教育大事记 1919——1949》,教育科学出版社 1988 年版)

许寿裳夏任国立北京女子高等师范学校校长,致力于提高师资力量,多方延聘专家学者,并邀请北大教授来校兼课;敦请鲁迅来校讲授《中国小说史》,影响甚远。联络北京 8 所国立大学校长支持北京大学校长蔡元培,抵制教育总长彭允彝。(参见倪墨炎、陈九英编《许寿裳文集》下及附录二《许寿裳先生年谱》,百花出版社 2003 年版)

洪业从美国回国,受燕京大学之聘,协助哈里·卢斯为燕京大学在北平西郊建造新校舍募得巨款,当年返回北平,参与新校舍建设,并任燕京大学历史系教授,兼历史系代理主任。讲授几门历史与宗教课程,其中最主要的一门是"历史方法"。(参见王学典《20 世纪史学编年(1900—1949)》,商务印书馆 2014 年版)

刘大钧、马寅初、陈长蘅、卫挺生、赵文锐、胡立猷、陈达、林襟宇、吴泽湘、杨培昌、李炳华、戴贝等清华留美归国的经济学者 11 月与燕京大学英籍教授戴乐仁等共同创立中国经济学社,其最初目的是为社员提高经济学教学和科研水平服务。

按:中国经济学社原社章规定,学社的目的共分四项:(一)研究中国经济问题;(二)输入外国经济学说;(三)刊印经济书籍及论文;(四)社员间交换经济智识(刘大钧《中国经济学社略史》,见《中国经济问题》,商务印书馆 1929 年版)。1925 年 5 月,中国经济学社在北京中国政治学会举行的年会上,对旧社章进行修订,新社章规定:本社宗旨在联络同志进行左列事项:甲、提倡经济学精深之研究;乙、讨论现代经济问题;丙、编译各种经济书籍;丁、赞助中国经济界之发展与改进(刘大钧《中国经济学社社章》,载《中国经济问题》,商务印书馆 1929 年版)。孙大权说:"总体来看,旧社章规定的宗旨是:学社要为社员提高经济学教学和科研水平服务,注重经济学术本身。新社章规定的宗旨是:学社是要为中国经济学学术的提高和中国现实经济的发展服务,更注重经济学术的功用。这一转向,体现了中国经济学社方针的重大变化。"(《中国经济学社研究(1923—1953)》,四川大学博士学位论文,2005 年)

刘谦初(乾初)、熊佛西、董秋斯(绍明)为燕京大学文理科二年级插班。年初,发起成立燕大文学会,提倡以白话文为体的新文学、反对以文言文为体的旧文学;提倡艺术为人生的新文学,反对把艺术作消遣品的旧文学。在这个学会的倡导下,燕大师生涌现出不少新的文学作品。6 月初,熊佛西毕业离校,刘、董二人接办了《燕大周刊》,刘任编辑部副部长。(参见张玮瑛、王百强、钱辛波主编《燕京大学史稿》,北京人民中国出版社 2000 年版)

王之乾等人 12 月 15 日在北京发起成立豫社,以研究学术,砥砺品行,促进社会事业为宗旨。

黄攻素时为国会议员,在国会提出设立国家科学院议案,认为一国学术之昌明与否,全赖乎政府之提倡。

梁思成 5 月去天安门广场参加"二十一条"国耻日的纪念活动,在途中被军阀金永贵的汽车撞伤,左腿骨折,使他留学美国不得不推迟一年。

李毅士、王毓修、吴新吾、王之英、钱稻孙、陈启民、王子云、郭云之、王悦之、钱铸九等人 10 月 20 日在北京发起成立阿博洛学会,以集合同志,研究西洋美术为宗旨。

> 按:《阿博洛学会简章》:第一条,本会以集合同志,研究西洋美术为宗旨。第二条,本会事业不出下列各项:一、研究制作美术作品;二、开展览会,发表会员之制作;三、普及西洋美术之常识及技艺;四、刊行关于西洋美术之图书杂志;五、其他关于西洋美术之研究有所贡献之事业。第三条,本会以发起人为会员,但有研究西洋美术者,得以会员二人以上之介绍入会。第四条,本会会员得享共同研究之一切设备。第五条,本会会员每年纳费十二元,分两期缴纳。第六条,本会设干事一人,由会员选举,掌理本会一切事务,干事任期一年,但得连任。第七条,本简章得以会员三人以上之提议,由大会共同修改。(《中华民国史档案资料汇编》第三辑文化)

薛笃弼等 7 月于北京发起成立中华西北协会,以调查西北边境实况,研究该地教育、实业、交通、经济之发达方法为宗旨。

> 按:中华西北协会宗旨:一为促进西北开发;二为介绍西北情形;三为传达西北消息;四为联络西北各族感情;五为宣传西北协会设施。协会会员多时达到 180 余人。在协会刊物《西北半月刊》(自第 21 号起改为月刊)上刊登了马鹤天的《蒙古志》《西北志》等大量有关西北史地的文章。(管彦波《民族地理学》,社会科学文献出版社 2011 年版)

老舍 2 月辞去南开学校教职,回到北京。是年,曾在顾孟余主持的北京教育会当文书,常与罗常培来往。后又在灯市口大街北京公理会基督教附设地方服务团工作,在北京市第一中学兼教国文,音乐和修身课。又经宝广林推荐,认识了燕京大学英籍教授艾温士,得以在业余时间到燕京大学旁听英语。(参见甘海岚编《老舍年谱》,书目文献出版社 1989 年版)

陈晓江、夏伯鸣时为北京国立美专教授,9 月与上海大学绘画系主任洪野、东方艺术会主任周劲豪、傅彦长,晨光美术会宋志钦、王荣钧、朱应鹏、鲁少飞,艺术师范校长吴梦非,杭州工业学校教授周天初,南京美专教授许敦谷、创造社郭沫若、成仿吾、郁达夫,青年画会倪贻德、上海女子美术校长唐家伟等,共同集议,组织全国艺术协会,以联合全国艺术界及筹划艺术上各种重要建设为宗旨,现发表宣言,征集各方同志共同发起。

石评梅在北京女高师毕业后,留校任该校附中女子部主任兼国文、体育教员。

凌叔华升入北京大学本科外文系,主修英文、法文和日文,并听过周作人的"新文学"课。

韩儒林转入上海中法通惠工商学校,同年秋天考入北京大学哲学系预科。

张友渔毕业于太原省立第一师范学校。后考入北京国立法政大学法律系,课余任《并州新报》驻京记者,并为北京各报撰稿。

陈毅入北京中法大学学习,由王统照介绍参加文学研究会。(参见陈福康《郑振铎年谱》,三晋出版社 2008 年版)

李安宅考入山东济南齐鲁大学,后转入北平燕京大学社会学系研究班。

侯外庐考入北京政法大学法律系。

方壮猷考入北京师范大学。

李廷弼和刘屹夫联合北京牛街 10 余名穆斯林知识分子,成立穆斯林青年团体——穆友社,以砥砺言行、联络感情为宗旨。同时创办《穆友月刊》。

吴雷川等 7 人 4 月在北京创办《真理周刊》,为中国近代基督徒知识分子创办的刊物之一，以"联合信徒同志，以耶稣无畏的精神，为真理作证，谋教会革新，促中国改造"为宗旨。

陈独秀1月10日回到北京，带回共产国际关于国共合作的决议。1月18日，发表《革命与反革命》，主张"对于任何党派甚至于任何军人每个革命的行动，都可以与之联合；这种联合纯然是革命的联合，为推进革命的过程而联合，为克服反革命而联合，决不是妥协的联合"。1月21日，孙中山以总理名义任命中国国民党本部各部部长。23日，又任命廖仲恺、陈独秀等21人为参议。24日，在《向导》第17期上发表《评蔡校长宣言》一文，谓"正告蔡校长及一般国民：革命的事业必须建设在大民众积极运动的力量上面，依赖少数人消极的拆台政策来打倒恶浊政治，未免太滑稽了，太幼稚了，而且太空想了"。胡适则发表《蔡元培是消极吗?》予以反驳，并对陈独秀进行影射与攻击。下旬，陈独秀在北京与李大钊、蔡和森、张国焘、邓中夏等代表中共中央听取旅欧回来的李维汉报告旅欧共产主义青年团的情况和要求，当即批准旅欧共青团为中国社会主义青年团的一个支部，并于29日将决定函告巴黎赵世炎、周恩来等人。

陈独秀2月中旬在北京召集中共中央会议，听取张国焘关于"二七"工潮的报告。鉴于"二七"后北方白色恐怖严重，根据马林建议，决定中央机构秘密迁回上海，并派张国焘赴共产国际报告"二七"罢工经过。20日，陈独秀回到上海。下旬，陈独秀在杭州召开中共中央会议，马林传达了共产国际关于国共合作的决议。26日，到达广州。27日，发表《统一的国民运动》。4月7日，陈独秀致函胡适，催早日出版瞿秋白介绍"新俄"的书。10日，中华民国陆海军大元帅孙中山发布命令，委任陈独秀为大本营宣传委员会委员。陈独秀与马林共同制订改组国民党的计划。4月14日，在广州的广东工会联合会机关报《劳动》周刊创刊，陈独秀撰写《发刊词》。4月25日，发表《资产阶级的革命与革命的资产阶级》。5、6月间，在广东高师发表《我们为什么相信社会主义》《我们相信何种社会主义》《社会主义如何在中国开始进行》三次讲演。6月10—20日，中共第三次全国代表大会在广州东山恤孤院后街举行。陈独秀在会上报告中共中央一年来工作的经过和加入国民党政策的演变，陈独秀态度逐步转向右倾。"三大"以后，陈独秀与李大钊、毛泽东、徐梅坤一起两次拜访廖仲恺，商谈国共合作问题。6月15日，《新青年》改为季刊，仍作为中国共产党机关刊物，重新在广州出版。

按：陈独秀撰写的《新青年之新宣言》宣称："新青年杂志是中国革命的产儿。中国社会崩坏的时候，正是新青年的诞辰"，"新青年曾为中国真革命思想的先驱，新青年今更为中国无产阶级革命的罗针"。

陈独秀为7月1日创刊的中共中央理论机关刊物《前锋》月刊撰写创刊词。9月，中共中央机关由广州迁到上海。同月8日，发表《日本大灾与中国》《张作霖令驻京东省议员离京》《章炳麟与民国》。10月20日，发表《青年们应该怎样做》。27日，发表《我们为什么欢迎泰戈尔》。28日，孙中山召集国民党改组会议，委任廖仲恺、谭平山、陈树人和邓泽如等9人组成新的国民党临时中央执行委员会，李大钊等5人为候补委员，进行国民党改组工作。31日，撰《苏俄六周》，纪念苏联十月革命6周年。11月，维经斯基接替马林来华，常驻上海，指导陈独秀、瞿秋白等人中共中央的工作。同月7—25日，多次与汪孟邹、胡适聚谈。11月13日，应汪孟邹的邀请为其《科学与人生观》一书作序，随后与胡适发生争论。

按：陈独秀所撰序在批判了张君劢、梁启超及丁文江的唯心史观后，点了胡适的名："适之最近对我说，'唯物史观至多只能解释大部分的问题'，经过这回辩论之后，适之必能百尺竿头，更进一步。"最后指出:"我们相信只有客观的物质原因可以变动社会,可以解释历史,可以支配人生观,这便是'唯物的历史观'。我们现在要请问丁在君先生和胡适之先生:相信'唯物的历史观'为完全真理呢,还是相信唯物以外像张君劢等类人所主张的唯心观也能够超科学而存在?"

11月29日,胡适也给《科学与人生观》写了序,认为"这一次为科学作战的人都有一个共同的错误,就是不曾具体地说明科学的人生观是什么,却去抽象地力争科学可以解决人生观的问题",并在序后附注《答陈独秀先生》,说对于唯物史观,"独秀自己也不曾说得十分明白""独秀终是一个不彻底的唯物论者。他一面说'心即是物之一种表现',一面又把'物质的'一个字解成'经济的'。……我们治史学的人,知道历史事实的原因往往是多方面的,所以我们虽然极端欢迎'经济史观'来做一种重要的史学工具,同时我们也不能不承认思想知识等事也都是'客观的原因',也可以'变动社会,解释历史,支配人生观'。所以我个人至今还只能说,'唯物(经济)史观至多只能解释大部分的问题'。独秀若不相信思想知识言论教育也可以'变动社会,解释历史,支配人生观',那么他尽可以袖着手坐待经济组织的变更就完了,又何必辛辛苦苦地努力做宣传的事业,谋思想的革新呢?"。

12月9日是星期天,亚东的朋友们都去看梅兰芳的戏,陈独秀却到亚东图书馆编辑所继续写《〈科学与人生观〉的序——答适之》,汪孟邹见他"未免寂寞",陪他到晚上。在《答适之》中,陈批驳了胡二点;(一)"照适之的意见,只须努力具体地说明科学的人生观,不必去力争科学可否解决人生观的问题,像这样缩短战线,只立而不破的辩论法,不是纵敌,便是收兵。……适之只重在我们自己主观的说明,而疏忽了社会一般客观的说明,只说明了科学的人生观自身之美满,未说明科学对于一切人生观之威权,不能证明科学万能,使玄学游魂尚有四出的余地;我则以为,固然在主观上须建设科学的人生观之信仰,而更须在客观上对于一切超科学的人生观加以科学的解释。毕竟证明科学之威权是万能的,方能使玄学鬼无路可走,无缝可钻。"(二)"唯物史观所谓客观的物质原因,在人类社会,自然以经济(即生产方法)为骨干""唯物史观所谓客观的物质原因,是指物质的本因而言,由物而发生之心的现象,当然不包括在内。……唯物史观的哲学者也并不是不重视思想文化宗教道德教育等心的现象之存在,惟只承认他们都是经济的基础上面之建筑物,而非基础之本身",是"一元论",而非"多元论","这本是适之和我们争论之焦点"。对胡讥笑的陈"何必辛辛苦苦地努力做宣传事业",陈的解答是:"在社会的物质条件可能范围内,唯物史观论者本不否认人的努力及天才之活动。……然其效力只在社会的物质条件可能以内。思想知识言论教育,自然都是社会进步的重要工具,然不能说他们可以变动社会解释历史支配人生观和经济立在同等地位。""适之果坚持物的原因外,尚有心的原因,……像这样明白主张心物二元论,张君劢必然大摇大摆地来向适之拱手道谢!"

陈独秀12月1日发表《中国国民革命与社会各阶级》,指出资产阶级的力量比农民集中,比工人雄厚,因此国民革命若轻视了资产阶级,是一个很大的错误观念,认为资产阶级力量较农民集中,较工人雄厚,这决定了资产阶级在中国革命中的统率地位。同时发表《亡中国者留学生也》《中华民国的新法律》《皇帝与学术》《辜鸿铭太新了》《基督徒望基督成佛》《孔圣人又要走运了》等。(以上参见唐宝林、林茂生《陈独秀年谱》,上海人民出版社1988年版)

顾颉刚继续任职于商务印书馆。1月6日,与郑振铎、周予同、顾颉刚、王伯祥、叶圣陶、谢六逸、沈雁冰、胡愈之、陈兼善、常乃惪等11人发起成立"朴学"。顾颉刚任会计。10日,顾颉刚在《小说月报》第14卷第1期发表《我们对于国故应取的态度》,提出"我们是立在家派之外,用平等的眼光去整理各家派或向来不入家派的思想学术,我们也有一个态度,就是'看出它们原有的地位,还给它们原有的价值'"。2月25日,顾颉刚回复2月9日钱玄同《与顾颉刚论诗说及群经辨伪书》,指出不把"经"中有许多伪史这个意思说明,则周代以前的历史是永远讲不好的。3月,顾颉刚在《小说月报》第14卷第3—5期连载《诗经的厄运与幸运(上)》,后改题《〈诗经〉在春秋战国间的地位》,收入《古史辨》。4月,在《国学季刊》第1卷第2号发表《郑樵传》。5月6日,《努力周报》增刊《读书杂志》第9期刊发《与钱玄同先生论古史书》,提出"凡是一件史事,应当看它最先是怎样的,以后逐步的变迁是怎样的"。顾颉刚进而考证,"禹是上帝派下来的神,不是人",也就是《说文》所说的"虫",大约是九鼎上铸的一种动物,或即蜥蜴之类,引起一场古史大辩论。顾颉刚以此文首次公开提出"层累地造成的中国古史"说,堪称"古史辨宣言",迅速引起了轰动,同时也引发了"疑古—信古"的激烈论争。

按:顾颉刚《与钱玄同先生论古史书》曰:我二年以来,蓄意要辩论中国的古史,比崔述更进一步。崔述的《考信录》确是一部极伟大又极细密的著作,我是望尘莫及的。我自知要好好地读十几年书,才可追得上他。但他的著作有两点我觉得不满意。第一点,他著书的目的是要替古圣人揭出他们的圣道王功,辨伪只是手段。他只知道战国以后的话足以乱古人的真,不知道战国以前的话亦足以乱古人的真。他只知道杨、墨的话是有意装点古人,不知道孔门的话也是有意装点古人。所以他只是儒者的辨古史,不是史家的辨古史。第二点,他要从古书上直接整理出古史迹来。也不是稳妥的办法。因为古代的文献可征的已很少,我们要否认伪史是可以比较各书而判定的,但要承认信史便没有实际的证明了。崔述相信经书即是信史,拿经书上的话做标准。合的为真,否则为伪,所以整理的结果,他承认的史迹亦颇楚楚可观。但这在我们看来,终究是立脚不住的:因为经书与传记只是时间的先后,并没有截然不同的真伪区别;假使在经书之前还有书,这些经书又要降做传记了。我们现在既没有"经书即信史"的成见,所以我们要辨明古史,看史迹的整理还轻,而看传说的经历却重。凡是一件史事,应当看它最先是怎样的,以后逐步的变迁是怎样的。我们既没有实物上的证明,单从书籍上入手,只有这样做才可得一确当的整理,才可尽我们整理的责任。

我很想做一篇《层累地造成的中国古史》,把传说中的古史的经历详细一说。这有三个意思。第一,可以说明"时代愈后,传说的古史期愈长"。如这封信里说的,周代人心目中最古的人是禹,到孔子时有尧舜,到战国时有黄帝神农,到秦有三皇,到汉以后有盘古等。第二,可以说明"时代愈后,传说中的中心人物愈放愈大"。如舜,在孔子时只是一个"无为而治"的圣君,到《尧典》就成了一个"家齐而后国治"的圣人,到孟子时就成了一个孝子的模范了。第三,我们在这点上,即不能知道某一件事的真确的状况,但可以知道某一件事在传说中的最早的状况。我们即便不能知道东周时的东周史,也至少能知道战国时的东周史;我们即便不能知道夏商时的夏商史,也至少能知道东周时的夏商史。但这个题目的范围太大了,像我这般没法做专门研究的人,简直做不成功。因此,我想分了三个题目做去:一是《战国以前的古史观》,二是《战国时的古史观》,三是《战国以后的古史观》。后来又觉得这些题目的范围也广,所以想一部书一部书的做去,如《诗经中的古史》《周书中的古史》《论语中的古史》……我想,若一个月读一部书,一个月做一篇文,几年之后自然也渐渐地做成了。崔述的学力我固是追不到,但换了一个方法做去,也足以补他的缺陷了。

这回适之先生到上海来,因为赶不及做《读书杂志》的文字,嘱我赶做一篇。我当下就想做一篇《论语中的古史》,因为材料较少,容易做成。但今天一动笔之后,又觉得赶不及,因为单说《论语》自是容易,但若不与他书比较看来,就显不出它的地位,而与他书一比较之后,范围又大了,不是一二天内赶得出的。因此,想起我两月前曾与玄同先生一信,论起这事,固然是信笔写下,但也足以说出一点大纲。所以就把这篇信稿抄在这里,做我发表研究的起点。我自己知道既无学力,又无时间,说不上研究;只希望因了发表这篇,引起了阅者的教导和讨论,使我可以把这事上了轨道去做,那真是快幸极了!……先生嘱我为《国学季刊》作文,我也久有这个意思。我想做的文是《层累地造成的中国古史》。现在先对先生说一个大意,——我这些意思从来没有写出,这信恐怕写得凌乱没有条理。……这些意思如果充分的发挥,准可著成数十卷书。古代的史靠得住的有几,崔述所谓"信"的又何尝是信!即如后稷,周人自己说是他们的祖但有无是人也不得而知。因为在《诗》《书》上看,很可见出商的民族重游牧,周的民族重耕稼,所谓"后稷",也不过因为他们的耕稼为生,崇德报功,追尊创始者的称号。实际上,周人的后稷和许行的神农有什么分别?这两个倡始耕稼的古王,很可见出造史的人的重复。他们造史的人为什么要重复?原来禹的上面堆积的人太多了，后稷的地位不尊重了，非得另创一个神农，许行一辈人就不足以资号召了！（《古史辨》第 1 册，朴社 1926 年版）

　　胡适《古史讨论的读后感》："顾先生的'层累地造成的中国古史'的见解真是今日史学界的一大贡献，我们应该虚心地仔细研究他，虚心地试验他，不应该叫我们的成见阻碍这个重要观念的承受。"（《古史辨》第 1 册，第 164 页）胡适《介绍几部新出的史学书》说："这是中国史学界的一部革命的书，又是一部讨论史学方法的书。此书可以解放人的思想，可以指示做学问的途径，可以提倡那'深澈猛烈的真实'的精神。治历史的人，想整理国故的人，想真实地做学问的人，都应该读这部有趣味的书。……这些讨论至今未完，但我们可以说，颉刚的'层累地造成的中国古史'一个中心学说，已替中国史学界开了一个新纪元。中国的古史是逐渐地、层累地堆砌起来的——'譬如积薪，后来居上'，——这是决无可讳的事实。崔述在十八世纪的晚年，用了'考而后信'的一把大斧头，一劈就削去了几百万的上古史（他的《补上古考信录》是很可佩服的）。但崔述还留下了不少的古帝王，凡是《经》里有名的，他都不敢推翻。颉刚现在拿了一把更大的斧头，胆子更大了，一劈直劈到禹，把禹以前的古帝王（连尧带舜）都送上封神台上去！连禹和后稷都不免发生问题了。故在中国古史学上，崔述是第一次革命，顾颉刚是第二次革命，这是不须辩护的事实。"（《古史辨》第 2 册）

　　傅斯年致信顾颉刚，认为"三百年中，史学、文籍考订学，得了你这篇文字，而有'大小总汇'"，"史学的中央题目，就是你这'层累地造成的中国古史'……这一个题目，乃是一切经传子家的总钥匙，一部中国古代方术思想史的真线索，一个周汉思想的摄镜，一个古史学的新大成。这是不能为后来的掘地所掩的，正因为不在一个题目之下"。盛赞顾颉刚把"这个宝贝弄到手""是在史学上称王了"。

　　周予同说："这部书所给予学术界的影响，与其说自安辩驳的结论，不如说在他治学的态度与方法，更其是在态度方面，能引起人们热切的同情与兴奋。因为结论之能否成立，……我们固在怀疑，在踟蹰，即颉刚自身，恐怕也不见得就满足于现在的论证；但他的态度与方法，那我们只有赞叹，只有提出意见来商榷，假使读者平心静气而不是受什么学统或党系的偏见所蔽。"（周予同《顾著〈古史辨〉的读后感》，见《古史辨》第 2 册，第 234 页）

　　钱穆 1936 年在《崔东壁遗书序》中表示："《古史辨》不胫走天下，疑禹为虫，信与不信，交相传述，三君者（胡适、钱玄同、顾颉刚）或仰之如日星之悬中天，或畏之如洪水猛兽之泛滥纵横于四野，要之凡识字之人几于无不知三君名。"

　　顾颉刚 6 月 1 日致信胡适，决定响应胡适 5 月 30 日来函中"重提《尚书》的公案"的号召，表明"这事我颇想做"，并向胡适报告了已简单将《尚书》各篇分类。其与胡适讨论《今文尚书》各篇著作时代，后题《论今文尚书著作时代书》，收入《古史辨》。6 月 20 日，因《努力周报》社转来刘掞黎、胡堇人对"层累地造成的中国古史"说质问之文，遂专门撰写《答刘胡两先生书》，与刘掞黎、胡堇人等文一同刊于 7 月 1 日《努力周报》增刊《读书杂志》第 11 期，明确提出打破民族出于一元、地域向来一统、古史人化、古代为黄金世界四个观念。

　　按：《答刘胡两先生书》先是说明《与钱玄同先生论古史书》本来"是要先把与古史有关的书一部一部的读了，把内中说及古史的地方抄出归纳成为一篇'某书中的古史'；等到用得着的书都读完了，它们说着的古史都抽出了，再依了它们的先后关系，分别其真伪异同，看出传说中对于古史的变迁，汇成一篇《层累地造成的中国古史》。"继之提出"研究古史自应分析出信史和非信史两部分"。然后重点论述在推翻非信史方面应设立四项标准，具体如下：

　　（一）打破民族出于一元的观念。在现在公认的古史上，一统的世系已经笼罩了百代帝王，四方种族，民族一元论可谓建设得十分巩固了。但我们一读古书，商出于玄鸟，周出于姜嫄，任、宿、须句出于太皞，郯出于少皞，陈出于颛顼，六、蓼出于皋陶、庭坚，楚、夔出于祝融、鬻熊（恐是一人），他们原是各有各的始祖，何尝要求统一！自从春秋以来，大国攻灭小国多了，疆界日益大，民族日益并合，种族观念渐淡而一统观念渐强，于是许多民族的始祖的传说亦渐渐归到一条线上，有了先后君臣的关系，《尧典》《五帝德》

《世本》诸书就因此出来。中国民族的出于一元,俟将来的地质学及人类学上有确实的发现后,我们自可承认它;但现在所有的牵合混缠的传说我们决不能胡乱承认。我们对于古史,应当依了民族的分合为分合,寻出他们的系统的异同状况。

（二）打破地域向来一统的观念。我们读了《史记》上黄帝的"东至于海,西至于空桐,南至于江,北逐荤粥",以为中国的疆域的四至已在此时规定了;又读了《禹贡》《尧典》等篇,地域一统的观念更确定了。不知道《禹贡》的九州,《尧典》的四罪,《史记》的黄帝四至乃是战国时七国的疆域,而《尧典》的羲、和四宅以交趾入版图更是秦、汉的疆域。中国的统一始于秦,中国人民的希望统一始于战国;若战国以前则只有种族观念,并无一统观念。看龟甲文中的地名都是小地名而无邦国种族的名目,可见商朝天下自限于"邦畿千里"之内。周有天下,用了封建制以镇压四国——四方之国,已比商朝进了一步,然而始终未曾没收了蛮貊的土地人民以为统一寰宇之计。我们看,楚国的若敖、蚡冒还是西周末东迁初的人,楚国地方还在今河南、湖北,但他们竟是"筚路蓝缕以启山林"。郑国是西周末年封的,地在今河南新郑,但竟是"艾杀此地,斩之蓬蒿藜藿而共处之"。那时的土地荒芜如此,那里是一统时的样子！自从楚国疆域日大,始立县制,晋国继起立县,又有郡;到战国时郡县制度普及;到秦并六国而始一统。若说黄帝以来就是如此,这步骤就乱了。所以我们对于古史,应当以各时代的地域为地域,不能以战国的七国和秦的四十郡算做古代早就定局的地域。

（三）打破古史人化的观念。古人对于神和人原没有界限,所谓历史差不多完全是神话。人与神混的,如后土原是地神,却也是共工氏之子;实沈原是星名,却也是高辛氏之子。人与兽混的,如夔本是九鼎上的罔两,又是做乐正的官;饕餮本是鼎上图案画中的兽,又是缙云氏的不才子。兽与神混的,如秦文公梦见了一条黄蛇,就作祠祭白帝;鲧化为黄熊而为夏郊。此类之事,举不胜举。他们所说的史固决不是信史,但他们有如是的想像,有如是的祭祀,却不能不说为有信史的可能。自春秋末期以后,诸子奋兴,人性发达,于是把神话中的古神古人都"人化"了。人化固是好事,但在历史上又多了一层的作伪,而反淆乱前人的想像祭祀之实,这是不容掩饰的。所以我们对于古史,应当依了那时人的想像和祭祀的史为史,考出一部那时的宗教史,而不要希望考出那时以前的政治史,因为宗教是本有的事实,是真的,政治是后出的附会,是假的。

（四）打破古代为黄金世界的观念。古代的神话中人物"人化"之极,于是古代成了黄金世界。其实古代很快乐的观念为春秋以前的人所没有;所谓"王",只有贵的意思,并无好的意思。自从战国时一班政治家出来,要依托了古王去压服今王,极力把"王功"与"圣道"合在一起,于是大家看古王的道德功业真是高到极顶,好到极处。于是异于征诛的禅让之说出来了,"其仁如天,其知如神"的人也出来了,《尧典》《皋陶谟》等极盛的人治和德化也出来了。从后世看唐、虞,真是何等的美善快乐！但我们反看古书,不必说《风》《雅》中怨苦流离的诗尽多,即官撰的《盘庚》《大诰》之类,所谓商、周的贤王亦不过依天托祖的压迫着人民就他们的轨范;要行一件事情,说不出理由,只会说我们的占卜上是如此说的,你们若不照做,先王就要"大罚殛汝"了,我就要"致天之罚于尔躬"了！试问上天和先王能有什么表示？况且你既可以自居为天之元子,他亦可以自说新受天命,改天之元子;所谓"受命""革命",比了现在的伪造民意还要胡闹。又那时的田亩都是贵族的私产,人民只是奴隶,终年服劳不必说,加以不歇的征战,死亡的恐怖永远笼罩着。试问古代的快乐究在那里？我们要懂得五帝、三王的黄金世界原是战国后的学者造出来给君王看样的,庶可不受他们的欺骗。

以上四条为从杂乱的古史中分出信史与非信史的基本观念,我自以为甚不误。惜本期篇幅甚短,不能畅说。

顾颉刚8月5日起在《读书杂志》第12—16期连载3万字左右的长文《讨论古史答刘胡二先生》,对其"层累"说涉及的具体问题作了更加系统的论述,并补充修正了以前的一些观点。文章分为六部分:(1)禹是否有天神性？(2)禹与夏有没有关系？(3)禹的来源在何处？(4)尧舜禹的关系是如何来的？(5)后稷的实在怎样？(6)文王是纣臣吗？为顾颉刚在古史辩论过程中阐述他对自己的疑古学说中的各个问题的观点与见解的最全面的论文之一,文中的基本观点,讨论问题的思路与方法,对一系列关于古史问题的结论、推测与假定,都对当时及后世研究古史产生了深远影响。11月,顾颉刚辞去商务印书馆编辑职务。12月5日,回到北京大学研究所国学门任助教,编辑《国学季刊》《歌谣》周刊。26日,顾颉刚在《歌谣》第39号发表《从诗经中整理出歌谣的意见》,此为顾颉刚正式步入歌谣研究之始。同月顾颉刚,在《读书杂志》第17期发布启事:"我初到北京,下月又要到河南,在两个月内无暇讨论古史",这一论争才告一段落。年底,赴河南参观新郑出土文物;所记笔记《淞上读书记》5册。

> 按:顾颉刚《从诗经中整理出歌谣的意见》曰:"老实说,我对于歌谣的本身并没有多大的兴趣,我的研究歌谣是有所为而为的:我想借此窥见民歌和儿歌的真相,知道历史上所谓童谣的性质究竟是怎样的,《诗经》上所载的诗篇是否有一部分确为民间流行的徒歌。我的研究文学的兴味远不及我的研究历史的兴味来得浓厚;我也不能在文学上有所主张,使得歌谣在文学的领土里占得它应有的地位。我只想把歌谣作我的历史的研究的辅助。"(参见顾潮编著《顾颉刚年谱》,中国社会科学出版社1993年版;顾潮编《中国近代思想家文库·顾颉刚卷》附录《顾颉刚年谱简编》,中国人民大学出版社2015年版;袁英光、刘寅生《王国维年谱长编(1877—1927)》,天津人民出版社1996年版;王学典《20世纪史学编年(1900—1949)》,商务印书馆2014年版)

张东荪仍任上海《时事新报》主笔,对玄学与科学论战予以高度关注,并从玄学派的立场作出回应。1月10日,在《东方杂志》第20卷第1号上发表《这是甲——我对哲学上的一个愚见》,开始综合经验主义、实用主义、新实在论、康德先验论及柏格森生命哲学的观点,以唯用论为基础,以讨论认识问题为起点和核心,初步提出了所谓"客观的理想论"的见解。这种见解,是后来张东荪提出的"主客交互作用"说的基础。此文表明张东荪已经不满足于一般性的介绍及评述西方哲学,而是力图阐发自己对于哲学问题的看法。2月,张东荪在《教育杂志》第15卷第4号发表《知识之本性》,作为《这是甲》的姊妹篇,进一步讨论认识问题,同时在《东方杂志》第20卷第3号发表《批导的实在论》,对美国新兴起的批判实在论进行评价。2月2日,梁启超致函张东荪,讨论时局态度与创办文化学院之事。3月18日,鉴于《时事新报》经费困难,梁启超复函张东荪等人提议对其增资改组,或者考虑将其出售。4月11日,张东荪在《学灯》第5卷第11号刊载《张东荪复琴勋》信,说明自己今后的研究计划:进行哲学研究,创立一个新人生观,以救济中国青年。春夏之间,张东荪密切关注科学与人生观论战的动向。鉴于胡适、丁文江主持的《努力周报》发表了许多支持丁文江而反对张君劢的文章,张东荪本其"打抱不平"的性格,立即在《学灯》上组织了一批反击科学派的文章,与《努力周报》对阵。

> 按:张东荪后来在1925年1月25日《东方杂志》第22卷第2号发表的《科学与哲学》一文对此解释道:科玄论战,"其事起于张君劢论人生观而有轻蔑科学之言。丁在君起而维护之。一方以为科学不能解决人生,故人生观不能统一。他方以为凡人生无不可入科学,故终可得一定于一尊之科学的人生观。丁在君之维护科学,是也;乃因维护科学之故而侵犯哲学,痛诋玄学为无赖鬼。于是爱哲学者,如屠孝实等,为之抱不平焉。余亦即其中之一人"。

张东荪是年夏在《时事新报》及其副刊《学灯》上刊载了梁启超的《关于玄学与科学论战之"战时国际公法"》和《人生观与科学》,以及孙伏园的《玄学科学论战杂话》,并为梁、孙二文写了编后按,借此表示自己的观点和态度。随后,又刊载了林宰平写的一篇反击丁文江的重头文章——《读丁在君先生的"玄学与科学"》,并加了按语。6月9日,张东荪在《时事新报》副刊《学灯》上发表《劳而无功——评丁在君先生口中的科学》一文,赞成林宰平《读丁在君先生的"玄学与科学"》一文的观点。此后,张东荪又在《学灯》上刊载了张君劢的《科学之评价》以及其他学者的《"死狗"的心理学》《旁观者言》《玄学上之问题》等论战文章,进一步推动了这场论战的进行。

按:张东荪《劳而无功——评丁在君先生口中的科学》谓林宰平的文章"把我的文章十分之九都抢了去了。对于丁先生所应当说的话十分之九既被林先生道破了,我今天所说只是一些余义"。在这篇文章中,张东荪提出对丁文江的三点批评:"(甲)我认为丁先生不是真正拿科学来攻击玄学,而只是采取自己性质相近的一种哲学学说而攻击与自己性质相远的那种哲学学说。(乙)我认为丁先生对于科学的真正性质没有说明白。(丙)我认为丁先生对于科学,与汉学的考证混为一谈,这样宣传科学是有害无益的"。他认为丁文江的观点是采取了詹姆士、马赫的经验论观点,其对科学的解释也是不圆满的。张东荪此后又撰写了《科学与哲学》一书,进一步阐述自己的观点。他说:"余于书中所斤斤言之者即在科学之性质一点,其次则为哲学之性质,以为今之扬科学之大旗往来于闹市者,实未尝真知科学之为何物。"他认为,科学的哲学不是真正的哲学。

这场玄学与科学论战,其核心问题应当是"科学的人生观"是什么、科学能否解决人生观问题。但论战开始后,主要围绕着后者展开,而对什么是科学,什么是玄学,什么是科学的人生观等基本问题没有界定,故论战很快便陷入混战中,围绕一些次要和枝节问题进行争论。论战开始后,孙伏园在《玄学科学论战杂话》中便向论战双方提出:"我以为现在两方都还没有注意到首先应该注意的三个问题,就是:玄学是什么? 科学是什么? 人生观是什么?"建议两方对这三个名词给予界定。张东荪认为这是个好的意见,在篇后按语中加以肯定,称"这真可谓独具只眼","我本来久想对于双方提出这个忠告,只因懒于动笔,以致未果"。张东荪对"玄学""哲学"和"科学"进行了初步的界定:"玄学是狭义的哲学",科学在哲学之外。基于以前丁张两人论战,均未对科学、玄学和人生观等基本问题作界定,张东荪向双方提出忠告:"就是奉劝两位把这次笔战认为等于运动会的预赛,而不算为正赛。这种预赛即此而止,不再进行。于是重整旗鼓,开始正赛。否则照这样下来,实不能不为两位惜了。"

张东荪 6 月 25 日在《东方杂志》第 20 卷第 12 号上发表《谁能救中国》,公开声称救中国者唯有培养知识阶级不怕死的壮烈精神。8 月,张东荪在《东方杂志》第 20 卷第 15—16 号上连载长文《唯用论在现代哲学上的真正地位》。9 月底,张君劢应江苏省省长韩国钧的聘请从北京抵上海,与张东荪、瞿菊农等人创办吴淞自治学院(后改为国立政治大学),张君劢出任吴淞自治学院院长,陈筑山任中国公学代理校长,将原有商科专门提高程度,改升大学。张东荪与张君劢等人又在上海讨论过组织政党问题,认为首先创办理想杂志,集合同志,为日后组建政党做好准备。11 月,亚东图书馆将发表在《努力周报》和《学灯》及其他报刊上的科学与人生观论战文章收集起来,编为《科学与人生观》,并请陈独秀和胡适两人作序。陈独秀站在唯物史观的立场上对这场论战作了批评,胡适则站在科学派的立场上对论战进行了评述,从而将科学与人生观论战推向高潮。(以上参见左玉河编《张东荪年谱》,群言出版社 2014 年版;左玉河编《中国近代思想家文库·张东荪卷》及附录《张东荪年谱简编》,中国人民大学出版社 2015 年版)

任鸿隽仍任职于上海商务印书馆,参与科玄论战。1 月,在《科学》第 8 卷第 1 期发表《中国科学社的过去及将来》,勾画了科学社在南通年会之后的未来发展蓝图。5 月 20 日,任鸿隽在《努力周报》第 53 号上发表《人生观的科学或科学的人生观》,旨在澄清科学与人生的关系,认为科学可以影响人生观的形成,也可以间接改变人生观。6 月,所译斯宾塞著《教育论》由商务印书馆出版。8 月 10—14 日,出席在杭州举行的科学社第八次年会,随后通过突出"学术研究"的新社章,被推选为理事和董事会书记,处于连接董事会与理事会之间的枢纽地位。(参见赵慧芝《任鸿隽年谱》,《中国科技史杂志》1989年第3期;樊洪业、潘涛、王勇忠编《中国近代思想家文库·任鸿隽卷》附录《任鸿隽年谱简编》,中国人民大学出版社2015年版)

范寿康毕业于日本东京帝国大学,获教育与哲学硕士学位后归国,经留日同学郑贞文、周昌寿的介绍,不久进入商务印书馆编译所哲学教育部任编辑,同时兼任中华学艺社编辑部部长,主编《学艺》月刊。适逢科学与人生观论战正酣,遂在《学艺》第5卷第4号发表《评所谓"科学与玄学之争"》一文,首先概述了此次论战的主要过程,然后借用梁启超的话将此次争论的中心思想归结为"人生观与科学的关系",并就讨论的程次和范围方面,与梁启超站在了一边。他认为讨论的程次和范围应该是:一、人生观是什么? 二、科学是什么? 三、人生观与科学究竟有无关系? 接着,他就这三方面对当时的学界名流张君劢、梁启超、任鸿隽等参战者逐个进行了点评,言辞犀利,论证严密,大有初生牛犊不畏虎之势,在当时的文坛中发出了自己强劲的声音。5月,范寿康著《教育哲学大纲》(学艺汇刊)由上海中华学艺社刊行,有著者自序。是书为中国较早的教育哲学专著。本书为著者1921年所作德文论文的汉译本,分导言、教育哲学、教育论理学、教育美学、教育伦理学、结论等6章。7月,范寿康编《各科教授法》列入现代师范教科书,由上海商务印书馆刊行。12月,范寿康与施存统等译述《马克思主义与唯物史观》由商务印书馆出版,系辑录当时《东方杂志》所刊与马克思主义有关的文章而成,包括范寿康译河上肇的《马克思的唯物史观》、施存统的《唯物史观在马克思学上底位置》等。是年,范寿康编《教育史》由上海商务印书馆刊行。(参见任志胜《范寿康与"科学与人生观论战"刍议》,《剑南文学(经典教苑)》2013年第1期;中央教育科学研究所编《中国现代教育大事记1919—1949》,教育科学出版社1988年版;何民胜《施复亮年谱》,商务印书馆2019年版)

朱经农入上海商务印书馆,后兼任《申报》编辑。8月26日,参与陶行知、朱其慧、晏阳初、黄炎培等人在北京发起中华平民教育促进会召开的成立大会,以"除文盲,作新民"为宗旨,并与陶行知合编《平民千字课本》。科学与玄学论战发生后,朱经农在《努力周报》发表《读张君劢论人生观与科学的两篇文章后所发生的疑问》一文,从八个方面对张君劢所阐述人生观的是非因果、物质科学与精神科学的划分等提出了质疑。12月,此文被收入汪孟邹编辑《科学与人生观》,由上海亚东图书馆出版。(参见张君劢等《科学与人生观》,黄山书社2008年版)

邓中夏1月15日出席马克思学说研究会在北京高等师范礼堂举行的李卜克内西、卢森堡殉难4周年纪念大会。1月18日下午2时,出席在北大三院召开的会议,决定一致驱彭。会上成立了"北京大学学生干事会",邓中夏与黄日葵、何孟雄、杨廉等人当选为学生干事会干事,嗣后在京领导学生驱彭运动。2月,参与发动和领导京汉铁路工人"二七"大罢工。3月31日遵照党的指示,化装成商人模样,由北京赴上海。4月上旬,经李大钊推荐,邓中夏出任上海大学校务长。上海大学校长于右任、副校长邵力子为表诚恳,特派代表程永言到宝山路寓所迎接邓中夏到校履新。15日,邀请李大钊到上海大学作《演化与进步》的讲演。5月2日,邀请郭沫若到上海大学,作《文艺之社会的使命》演说。3日,邓中夏主持上海大学图书馆开馆仪式,并在会上作《图书馆与自动教育》的讲演。13日,邀请马君武到上海大学作《国民生计政策》演说;聘请陈望道为上海大学美术科美学教员。同月,对上海大学办学体制进行改革。

按:成立"大学部"(本科)、"专门部"(专科)、"中学部"。大学部设文艺院、社会科学院、自然科学院;专门部设美术科、英数科、新闻科;中学部设初中班、高中班。文艺院中开设了中国文学、英国文学,俄国文学、德国文学、法国文学、绘画、音乐七系；社会科学院开设社会、经济、政治、法律、史学、哲学、教育、商业八系；自然科学院分设数学、物理、化学、生物学四系。

邓中夏6月12—20日与陈独秀、李大钊、蔡和森、张国焘、毛泽东、瞿秋白、张太雷、谭平山、向警予、王荷波出席在广州东山恤孤院后街31号召开的中国共产党第三次全国代表大会。邓中夏当选为候补中央执行委员，并当选为新成立的"中华全国总工会筹备委员会"主任委员。14日，拟定的《上海大学教学规划》刊于《民国日报》副刊《觉悟》。19日，邓中夏与邵力子、恽代英、萧楚女、沈雁冰、陈望道等先后应邀到新松江社讲演。7月1日上午9时，出席上海大学美术科学生毕业典礼，在典礼上发表关于艺术与革命的关系的演说，要求美术科毕业生走向社会，向民众进行马克思主义宣传。22日，聘请瞿秋白为上海大学教务长兼社会学系主任。8月8日上午，赴"一江春"酒楼，出席于右任主持的上海大学全体教职员的聚餐会。他在会上提议组织"上海大学评议会"，作为校务的最高决策机构，得到一致通过。邓中夏与叶楚伧、陈望道、周颂西、瞿秋白、洪野、陈德征、邵力子、冯子恭等9人被推举为评议会评议员，评论会书记为陈德征。8月11日，聘请陈望道为上海大学中文系主任，沈仲九、田汉等为教授。12日下午，主持召开上海大学评议会第一次会议，会上决定组建校董会。

按：决定聘请孙中山为名誉校董，蔡元培、汪精卫、马君武、李石曾、章太炎、张溥泉、马宝山、张静江等为校董，9月20日之前成立校董会；会上还决定设立校舍建筑委员会，邓中夏被推举为校舍建筑委员会委员长，陈德征、曾伯兴、冯子恭等为校舍建筑委员会委员，聘请邵力子、张溥泉为校舍建筑委员会顾问，负责新校舍的建筑，"限半年内筑成新校舍""半年内在宋园建筑社会科学院、图书馆及学生寄宿舍"。

邓中夏8月21日出席在东南大学召开的中国社会主义青年团第二次全国代表大会开幕式。25日晚，主持召开中国社会主义青年团第二届中央执行委员会议，决定成立临时中央局。邓中夏在会上当选为临时中央局委员长。8月，聘请施存统、恽代英为上海大学社会学系教授。9月7日，出席上海大学社会学系"社会问题研究会"成立大会。30日，与少年中国学会上海会员杨贤江、恽代英、恽震、刘仁静、常道直、田汉等8人在静安寺中华书局左舜生寓所举行谈话会，讨论"少年中国学会"会务。同月，兼任上海大学中学部《伦理学》《公民学》等学科教授。10月8日，与吴虞、李春涛等人赴北京东火车站，送别陈心农赴奉天转俄国留学。10日，出席上海大学"双十节"庆祝大会，在大会发表开幕演说。14日，与恽代英、刘仁静、杨贤江等人赴苏州，出席"少年中国学会"年会。邓中夏在年会上作了题为《社会运动》的报告，并与恽代英、刘仁静、杨贤江、曹刍、沈泽民、田汉、恽震、左舜生等21人联名发表《苏州宣言》。20日，中国社会主义青年团中央机关刊物《中国青年》创刊，邓中夏为之作《发刊词》。21日，邀请马君武到校作《赫凯尔一元哲学》演讲。23日上午9时，主持上海大学建校一周年纪念大会，并与瞿秋白、施存统、汪精卫、张继等人先后在纪念大会上发表演说。26日，给杨钟健写信，约其为《民权》杂志第9期撰稿。10月29日，与邵力子、柳亚子等131人为曹锟贿选一事，联名发表启事，主张驱逐议员中的受贿者。

邓中夏11月7日邀请李大钊到上海大学社会问题研究会演讲《社会主义释疑》。10日，邀请胡适到上海大学作《科学与人生观》演讲。24日，在《中国青年》第6期上发表《中国现在的思想界》一文，其思想价值与贡献主要体现在：第一，对中国思想界"东方文化派"（玄学派）、"科学方法派"与"唯物史观派"三足鼎立的格局作出了一种异常清晰的勾画，这种勾画直到今天仍旧适用。第二，运用唯物史观的原理来对此格局进行分析，尤其强调了论战的阶级斗争性质。第三，论述了唯物史观派与科学方法派之间的异同，强调了两者的一致——"唯物史观派,他们亦根据科学,亦应用科学方法,与上一派原无二致。所不同者,只是他们相信物质变动(老实说,经济变动)则人类思想都要跟着变动,这是他们比上一派尤为有识尤为彻底的所在",提出唯物史观派与科学方法派应联合起来迎击玄学派。第四,此文与瞿秋白刊于 12 月 20 日《新青年》季刊第 2 期的《自由世界与必然世界》一样,代表了"唯物史观派"直接参与了这场"玄学—科学"大论战。29 日,邀请李大钊到上海大学开设"特别讲座",作题为《研究历史的任务》的讲演。12 月 2 日,邀请章炳麟到上海大学演讲《中国语音系统》。5 日,上海大学评议会召开评议员会议,讨论并通过邓中夏起草的《上海大学章程》7 章 49 条。15 日,在《中国青年》第 9 期上发表《论工人运动》一文。29 日,在《中国青年》第 11 期上发表《论农民运动》一文。(参见冯资荣、何培香编著《邓中夏年谱》,中国文史出版社 2014 年版;张清俐《"科玄论战"之当代反思》,《中国社会科学报》2015 年 3 月 4 日)

瞿秋白 1 月上旬入满洲里国境,在哈尔滨停留 3 天。13 日,抵达北京,住东城大羊宜宾胡同瞿纯白家中,其间翻译《国际歌》。15 日,参加北京马克思学说研究会在高师举行的纪念李卜克内西与卢森堡殉难 4 周年大会,发表演说,唱国际歌。同月,在北京女子师范大学等处演讲,介绍苏俄现状和苏联文学。3 月 9 日,维经斯基致函马林,拟调瞿秋白到苏俄远东地区从事华工工作。4 月初,瞿秋白离京赴沪,途经常州、无锡,看望亲友。7 日,陈独秀致函胡适,推介《赤都心史》交商务印书馆出版。上旬,瞿秋白在上海筹编《新青年》季刊、《前锋》月刊,参与编辑《向导》。同月,编定《新青年》季刊创刊号,撰写《〈新青年〉之新宣言》。6 月上旬,瞿秋白在广州参与中共第三次全国代表大会筹备工作,负责起草党纲草案及修改党章。6 月 12—20 日,瞿秋白出席中共三大,并就党纲草案及国共合作问题发表意见。15 日,《新青年》季刊出版,内载瞿秋白文多篇。20 日,马林分别致函越飞、季诺维也夫、布哈林,称瞿秋白"是唯一真正懂得马克思主义的人""是这里最优秀的马克思主义者"。21 日,瞿秋白受中共中央委托,致函共产国际主席季诺维也夫报告中国及中共情况。下旬,瞿秋白由粤返沪,途经杭州召集浙江党、团会议,传达中共三大决议。住四伯父瞿世琥家,与轶群、景白、坚白团聚,并与俞平伯访胡适于烟霞洞。

瞿秋白主编之《前锋》月刊 7 月 1 日在上海创刊,发表文章多篇。陈独秀、张太雷、向警予等为主要撰稿人。上旬,经李大钊向于右任推荐,瞿秋白任上海大学学务长兼社会学系主任,并给社会学系开"现代社会学"和"社会学概论"课。7 月 9 日,中共上海区委第一次会议,瞿秋白编入第一党小组(上海大学小组),指定讲授共产主义知识。23 日,撰写《现代中国所当有的"上海大学"》,提议设社会科学院和文艺院,"切实社会科学的研究及形成新文艺的系统"。30 日,致函胡适,辞却商务印书馆编译事。8 月 8 日,上海大学教职员会议,推定瞿秋白、叶楚伧、陈望道、邵力子、邓中夏等 9 人为校评议会成员。同月 20—25 日,瞿秋白在南京参加中国社会主义青年团第二次全国代表大会。会间结识丁玲、王剑虹。9 月 20 日,瞿秋白当选中共上海区委委员。多次担任每月讲演任务。9 月下旬,斯大林特使鲍罗廷抵达上海,秘密会晤陈独秀等人,当于此时结识瞿秋白。稍后,向陈独秀提出由瞿秋白担任助手和译员,未经中共中央同意,即把瞿秋白调往广州。10 月 10 日,瞿秋白参加上海大学纪念辛亥革命大会,高唱国际歌。下午,同茅盾、周作人等参加郑振铎和高君箴结婚仪式并赠自篆名章。11 月 19 日,瞿秋白在《文学》周刊第 97 期上发表《弟弟的信》,委婉批评郑振铎在《小说月报》上发表的《欢迎太戈尔》一文中的某些提法,认为不能爱一切人,而对衣冠禽兽的剥削阶级"只可使他消灭,不可使他繁殖"。23 日,瞿秋白出席中共上海区委第廿四次会议,并演讲《美国与中国》。24 日,瞿秋白撰写《自由世界与必然世界》,刊于 12 月 20 日《新青年》季刊第 2 期,文中从五个方面集中讨论自由与必然的关系问题:(1)自然现象及社会现象的因果性。(2)"自由"与"意志"。(3)历史的必然与有意识的行动。(4)理想与社会的有定论;(5)谈社会与个性,然后重点批评了玄学派的"自由意志"论。此文与邓中夏《中国现在的思想界》的意义一样,即作为"唯物史观派"参与到了这场"玄学—科学"大论战。12 月 16 日,在上海向鲍罗廷介绍有关中共与国民党改组、蒋介石访苏等情况。23 日,瞿秋白出席国民党上海市党部全体党员大会。本年加入中国国民党。下旬,上海大学评议会改为行政委员会,为委员,辞学务长,专任社会学系主任;作为鲍罗廷助手、译员,参与国民党第一次全国代表大会宣言起草和文件翻译工作。冬,与王剑虹恋爱,有诗赠王剑虹:"万郊怒绿斗寒潮,检点新泥筑旧巢。我是江南第一燕,为衔春色上云梢。"是年,瞿秋白在《新青年》季刊第 1 期发表《东方文化与世界革命》,重新引发东西文化问题的论争。(参见陈铁健编《中国近代思想家文库·瞿秋白卷》附录《瞿秋白年谱简编》,中国人民大学出版社 2015 年版;陈福康《郑振铎年谱》,三晋出版社 2008 年版)

按:《东方文化与世界革命》曰:东西文化的差异,其实不过是时间上的。人类社会的发展,因为天然条件所限,生产力发达的速度不同,所以应当经过的各种经济阶段的过程虽然一致,而互相比较起来,各国各民族的文化于同一时代乃呈先后错落的现象。若详细分析起来,其中因果关系非常复杂,而一切所谓"特性""特点"都是有经济上的原因,东方和西方之间,亦没有不可思议的屏障。西方文化,现已经资本主义而至帝国主义,而东方文化还停滞于宗法社会及封建制度之间,假设使此两种文化各自独立,不相关涉,便可以如此说,以得一确定的概念。然后更进一步,先明了此两种经济制度之不同,两种制度的特性,然后看他们俩各自发展中的动象,以至于因发展而相接触,因相接触而起混合的演化,便能得现代世界政治经济的形势,世界革命的渊源及其趋向。中国人,甚至于学者,所心爱的东方文化究竟是什么?第一种元素是宗法社会之"自然经济",第二种元素是畸形的封建制度之政治形式。第三种元素是殖民地式的国际地位。

宗法社会的文化早已处于崩坏状态之中,而所谓"东方文化派"的学者还在竭力拥护。或者说,谈文化何必论到此等琐琐屑屑的"细事"。然而,要知道,所谓"文化"是人类之一切"所作"。一、生产力之状态,二、根据于此状态而成就的经济关系,三、就此经济关系而形成的社会政治组织,四、依此经济及社会政治组织而定的社会心理,反映此种社会心理的各种思想系统,凡此都是人类在一定的时间、一定的空间中之"所作",这种程序是客观上当有的。中国的文化,宗法社会,已经为帝国主义所攻破;封建制度,已经成帝国主义的武器,殖民地的命运已经注定,现在早已成帝国主义的鱼肉。我们也决不歌颂西方文化,因为文化本无东西之别。文化只是征服天行;若是充分的征服自然界,就是充分的增加人类驾驭自然界的能力。此种文化愈高,则社会力愈大,方能自强,方能独立,方能真正得自由发展。宗法社会及封建制度的思想不破,则于帝国主义的侵略无法抗拒;所以不去尽帝国主义的一切势力,东方民族之文化的发展永无伸张之日。

所谓东方文化的"恶性"决非绝对的,宗法社会的伦理也曾一度为社会中维持生产秩序之用。但是他现在已不能适应经济的发达,所以是东方民族之社会进步的障碍。西方之资产阶级文化,何尝不是当时社会的大动力。但是他既成资产阶级的独裁制,为人类文化进步之巨魔,所以也成了苟延残喘的废物。直至帝国主义沟通了全世界的经济脉络,把这所谓东方西方两文化熔铸为一;然亦就此而发生全人类的文化——世界无产阶级得联合殖民地之受压迫的各民族,以同进于世界革命。此种趋势,此种新革命文化的先驱,正就是杀帝国主义的刽子手。宗法社会的思想代表还正在竭力拥护旧伦理,世界资产阶级也反过来否认新科学。这也难怪,原来他们俩,一在殖民地上,一在强国之中,都已魂游墟墓,看不见前途,所以不得不向后转。只有世界革命,东方民族方能免殖民地之苦,方能正当的为大多数劳动平民应用科学,以破宗法社会、封建制度的遗迹,方能得真正文化的发展。

汪孟邹仍为上海亚东图书馆经理。5月，举行芜湖科学图书社10周年纪念活动，陈独秀撰《芜湖科学图书社十周年纪念》。年底，汪孟邹以科学派的立场，收录"玄学—科学"大论战相关论文，编为《科学与人生观》，共有19位作者29篇：张君劢《人生观》《再论人生观与科学并答丁在君》《科学之评价》（张君劢先生在中国大学讲），丁文江《玄学与科学——评张君劢的〈人生观〉》《玄学与科学——答张君劢》《玄学与科学的讨论的余兴》，梁启超《关于玄学科学论战之"战时国际公法"——暂时局外中立人梁启超宣言》《人生观与科学》，胡适《孙行者与张君劢》，任叔永《人生观的科学或科学的人生观》，孙伏园《玄学科学论战杂话》，章演存《张君劢主张的人生观对科学的五个异点》，朱经农《读张君劢论人生观与科学的两篇文章后所发生的疑问》，林宰平《读丁在君先生的〈玄学与科学〉》，唐钺《心理现象与因果律》《"玄学与科学"论证的所给的暗示》《一个痴人的说梦——情感真是超科学的吗?》《科学的范围》《读了〈评所谓"科学与玄学"之争〉以后》，张东荪《劳而无功——评丁在君先生口中的科学》，菊农《人格与教育》，陆志韦《"死狗"的心理学》，王星拱《科学与人生观》，穆《旁观者言》，颂皋《玄学上之问题》，王平陵《"科哲之战"的尾声》，吴稚晖《箴洋八股化之理学》《一个新信仰的宇宙观及人生观》，范寿康《评所谓"科学与玄学之争"》。11月7—25日，汪孟邹多次与陈独秀以及在上海修养的胡适之聚谈。13日，陈独秀应汪孟邹约撰成《科学与人生观序》。29日，胡适亦应汪孟邹约为此书撰成序言，彼此之间在书序中展开激烈论争。12月9日，陈独秀到亚东图书馆编辑所继续写《〈科学与人生观〉的序——答适之》，汪孟邹见他"未免寂寞"，陪他到晚上。11日，汪孟邹复胡适6日函，告"仲甫做了一篇答适之文，约三千字，即附你答独秀文之后，明日可以排好，即行打样，与你的序清样一并邮呈"。同月，汪孟邹编辑《科学与人生观》由亚东图书馆出版。（参见张君劢等著《科学与人生观》，辽宁教育出版社1998年版；唐宝林、林茂生《陈独秀年谱》，上海人民出版社1988年版）

郭梦良编辑"玄学—科学"大论战相关论文为《人生观之论战》，共收录论文30篇，分为三编，甲篇收玄学派的文章，包括：《人生观》《再论人生观与科学并答丁在君（上篇）》《再论人生观与科学并答丁在君（中篇）》《再论人生观与科学并答丁在君（下篇）》《科学之评价》《读丁在君先生科学与玄学》《劳而无功》《玄学果为痴人说梦耶》《人格与教育》《评所谓科学与玄学之争》；乙篇收科学派的文章，包括：《玄学与科学》《玄学与科学——答张君劢》《玄学与科学的讨论的余兴》《人生观与科学》《心理现象与因果律》《一个痴人的说梦》《张君劢主张的人生观对科学的五个异点》《读张君劢论人生观与科学的两篇文章后所发生的疑问》《人生观的科学或科学的人生观》《读了所谓科学与玄学之争以后》；附录则收其他文章，包括：《关于玄学科学论战时国际公法》《玄学与科学论争所给的暗示》《死狗的心理学》《人生观与知识论》《玄学科学论战杂话》《科学的范围》《旁观者言》《玄学上之问题》《孙行者与张君劢》《一个新信仰的宇宙观及人生观》《箴洋八股化之理学》《科哲之战的尾声》。书前冠以张君劢序。张序就其关于"人生观"的观点作了进一步阐述，重在说明心理学、社会学和唯物史观作为"科学"是不可能的，尤其对马克思主义的历史唯物论、"科学的社会主义"不以为然，认为其"公例"无定准，绝非科学。因为在其学理逻辑中，"第一，科学上之因果律，限于物质，而不及于精神。第二，各分科之学之上，应以形上学统其成。第三，人类活动之根源之自由意志问题，非在形上学中，不能了解"。此序与编者一样代表了玄学派的立场。12月，《人生观之论战》由上海泰东图书局出版。（李妍《"科玄"论战及其当代启示》，《社会科学辑刊》2008年第4期；蒋国保《"科玄论战"九十年祭——为学术思想界"开一新纪元"》，《社会科学报》2014年2

月 13 日；洪晓楠《"科玄论战"对中国文化哲学思潮发展的影响》，《南昌大学学报》2002 年第 3 期）

章士钊 1 月 23 日在上海暨南大学商科演讲《欧游之感想》，副标题为《主张农业立国之制》。4 月，在《申报》发表《论代议制何以不适于中国》一文，引起强烈反响。6 月 26 日，直系军阀发动政变，逼迫总统黎元洪离京。章士钊与部分议员先后离京赴沪，与孝方带有黎元洪的手书，交与章太炎。随后应邀主笔《新闻报》。连续撰文痛斥曹锟破坏约法，继而抨击代议政治。7 月起，先后在《新闻报》发表了数十篇文章，其中比较重要的有《无首论》《无首辩答徐佛苏》《业治论》《业治与农》《评新文化运动》《元首寄生论》《非党》《再论非党》《三论非党》《农国辨》《农治述意》等。这些文章后来经其删削结集，于 1929 年由上海商务印书馆出版，取名《长沙章氏丛稿》（癸甲集）。8 月 21、22 日，章士钊在《新闻报》发表《评新文化运动》，从一曰文化、二曰新、三曰运动三个层面讨论新文化运动这一论题。11 月 6、11、17、27 日，章士钊在《新闻报》上发表《墨学谈》《章氏墨学一斑》《墨辩之辩》《墨辩三物辨》等文，纵论墨学，梁启超说"最近章行严，常为讨论墨经之短文，时有创获"。其中《墨学谈》推崇章炳麟"言墨独先，所论虽不多，精审或过之，盖自张皋文以迄适之，言墨学者，终推吾兄祭酒，非敢阿也"，同时批评胡适"武断"，对当时墨子之研究起了推进作用，并引发了学界有关墨学的论争。（参见袁景华编《章士钊先生年谱》，吉林人民出版社 2001 年版；郭双林编《中国近代思想家文库·章士钊卷》附录《章士钊年谱简编》，中国人民大学出版社 2015 年版）

章炳麟 2 月针对孙中山南下，于广州建立大元帅大本营，认为此举于大局有益无害。4 月，为反对直系军阀武力统一主义，以孙文、唐继尧等西南各省领袖名义发表通电，声明自今以后，西南各省决以推诚相见，共议图存，以抗直系。此电系章起草，征询孙中山等同意后发表。5 月，章炳麟从上海返回杭州一周，参加浙江省教育会召开的五四纪念会，发表演说。6 月，直系军阀逼使黎元洪辞大总统职，控制北京政权。章炳麟一再通电抗议，建议黎元洪与国会议员南下。7 月中旬，黎元洪代表金永炎、韩玉辰来沪，与各方"商榷应付时局办法"，并招宴章炳麟和汪精卫、褚辅成等。8 月，发起在上海召集各省代表会议，未成功。9 月 15 日，章炳麟在《国学丛刊》第 1 卷第 3 期发表《论魏正始三体石经书》。同日，章炳麟弟子汪东在上海创办《华国月刊》，推章炳麟任社长，章炳麟撰《发刊辞》，强调以"甄明学术、发扬国光"为宗旨。创刊号刊载孙世扬《国学通论》、章炳麟《新出三体石经考》（第 2—4 期连载）、汪荣宝《释皇》等文。

按：《〈华国月刊〉发刊辞》载于 9 月 15 日《华国月刊》第 1 卷第 1 期，略曰："晚近世乱已亟，而人心之俶诡，学术之陵替，尤莫甚于今日。往者，息肩东夷，讲学不辍，恢廓鸿业，卒收其效。民国既建，丧乱娄〔屡〕更，栖栖南北，席不暇暖，睹异说之猖披，惧斯文之将坠，尝欲有所补救，终已未惶。吴县汪东尝从余问学，其行事不随流俗，今鸠集同志，创为《华国月刊》，志在甄明学术，发扬国光。"

章炳麟 10 月 5 日因曹锟贿选为总统，发表通电声讨。建议西南或再设军政府，或建立各省攻守同盟，与北京政府相抗。11 月 15 日，《华国月刊》第 1 卷第 3 期出版，封里有《本刊特别启事》云："本社请章太炎先生鬻书二百件，现收之件，已过半数，号满即不再书，爱先生书者，幸勿失此机会。"12 月 15 日，章炳麟在《华国月刊》第 1 卷第 4 期刊出《与章行严论墨学第一书》《与章行严论墨学第二书》《答曹聚仁论白话诗》《与于右任论三体石经书》。《与章行严论墨学第一书》进一步阐释了惠施和公孙龙的名家"徒求胜"，与儒墨两家有根本不同。然后直指"适之以争彼为争伪。徒成辞费。此未知说诸子之法，与说经有异。（原注："《说文》诐字，本训辩论，假令诐也自可成义，然《墨经》非《尔雅》之流专明训诂者比。以此为说，乃成駮语尔。"）盖所失非独武断而已"。《与章行严论墨学第二书》继续批评胡适，申述"治经"与"治诸子"的学术差异。是年,所撰尚有《答黄季刚书》《癸亥政变纪略序》《唐人写经两卷跋》《拟重刻古医书目序》《得友人所赠二体石经》等。(参见汤志钧编《章太炎年谱长编(增订本)》,中华书局2013年版;王小红《章太炎学术简谱》,《儒藏论坛》2010年第3辑)

汪东7月被委派为吴县屠宰税征收委员。8月12日,南社发起人陈去病50初度,汪东应征作《佩忍先生五十》绝句六首为寿。9月15日,汪东发起的《华国月刊》正式创刊,由中华书局出版发行。以弘扬"国故",挽救"人心"为己任,以"甄明学术、发扬国光"为宗旨,分图画、通论、学术、文苑、小说、杂著、记事、通讯、公布、馀兴等栏,发表关于中国古代哲学、文学、艺术等方面的论文,在当时具有一定的影响。章炳麟任社长,汪东任编辑,汪东侄汪星伯任助编,黄侃、但焘、吴承仕、唐大圆、太虚、汪荣宝、陈三立、孙世扬、钟歆、李健、孙镜、田桓等任撰述,多为研究国学的专门名家及诗词大家。《发刊辞》署名章炳麟,实由汪东代笔。

按:《华国月刊》是由华国月刊社编辑并发行的文史类综合刊物,该刊逐页题名"华国月刊"。1926年出版第3卷第14期后停刊。该刊以国学研究为主,通论针对时政学风,表达了新文化运动兴起后,对传统文化、学术和历史的维护和重视,曾刊登章炳麟的多篇文章,如《新出三体石经考》《中学国文书目》,对当今章太炎思想研究、民国学术史研究有重要的资料价值。此外,还刊登了章太炎《论白话诗》、汪东《新文学商榷》两篇反对新文学及白话文的文章,旗帜鲜明地表达了对于新文化运动的立场与态度。

汪东10月15日在《华国月刊》第1卷第2期发表《新文学商榷》一文,系统阐述了其对"新文化""新文学"的看法,大致亦代表《华国月刊》对新文化的态度。

按:汪东《新文学商榷》针对"新旧两派的争执,往往各走极端"的情形各有批评,但倾向性在旧文化阵营,曰:"前几年,新文化的潮流很盛。到了现在,虽已稍稍平静,却依然有一部分的势力。这几个提倡新文化的学者,把西欧学术顶礼膜拜自不消说,翻转来还要把中国原有的文化看得好像不共戴天似的。提起来便发竖眦裂,甚至说中国学术没一件可以研究,中国书籍没一部可以存留,几乎恨到秦火当时,焚烧未尽。像这种过火的论调,自然就引起一班旧派学者的反抗来了。""平心而论,学术也有分别,一种是求是的,只问是非,不论新旧,譬如哲学之类,后人发明,可以补苴或改正古人的地方,固然很多,但是古人有极精确的议论,任是如何,颠扑不破的,却也不少。一种是应时的,斟酌情形,务在可行,譬如政治法律之类,有所建制,必定要适合当时环境的需要,环境既变,旧的自然不甚适用,至少也要容纳几分新的来修正调和。但是把旧的一刀从根铲了,却换一个簇崭全新的来代替他,这新的是否与环境适合,也自有审慎讨论之余地。从前帝王,凭着至高无上的权力,把学术定于一尊,绝不许人对于钦定的学说,丝毫有所怀疑,那些学者,便也兢兢业业,遵守功令,除了父师相传的几本故书,把其余的一概贬作异端,所以新学家诋诃他是专制,是盲从,是一点不错的。然而,我要问提倡新文化的学者,垄断学籍,排斥异己,俨然有一派顺我者存逆我者亡的气象,是不是专制?一般青年学子对于新文化,若者为是,若者为非,若者为适,若者为否,并没有充分考量判断的识力,一味跟着附和,是不是盲从?我们反对的是专制啊!盲从啊!却不论他是用哪一种学术来专制与盲从的是哪一派的学说。再质言之,讲学这件事,应当凭着商量的态度。新文化固当虚心容受,旧文化也断不可以一概抹杀。如果一个人能够新旧兼贯最好,不能便联络两派的学者,通力合作,重在互相引证发明,不要互相诋毁。至于辩论,自然是不可少的,却只要研究过的人,循持条理,破他自成,不要完全不懂的人,立在门外谩骂。"最后作者"再下几句简单的断语,结束全篇道:第一,主张以白话通俗应用的,只能叫'白话文'或者'通俗文',不能叫'新文学';第二,主张采取一部分用艺术的白话文的,只能叫'小说派的文学',不能叫'新文学';第三,主张用外国派的文法作文的,只能叫'欧化或西式的文学',不能叫'新文学'。"(参见薛玉坤《汪东年谱》,河南文艺出版社2016年版;桑兵《民国学界的老辈(之一)》,《历史研究》2005年第6期)

史量才为《申报》总经理。《申报》为纪念发行50周年,敦请国内著名人士和学术权威对50年(至1922年)来中国及世界的变化进行总结。1月,申报馆主编《最近之五十年》大型纪念特刊(1872—1922)由申报馆出版,书前有张謇、章炳麟所作序言。全书共载71篇文章,分为3编:第一编为"五十年之世界",内容涉及世界的哲学、科学、宗教、工业、农业、军事、卫生、妇女运动、军备等,主要有徐则陵《五十年来世界进化概论》《五十年来世界大事表》、胡适《五十年来之世界哲学》,张嘉森《严氏复输入之四大哲学家学说及西洋哲学界最近之变迁》、任鸿隽《五十年来之世界科学》、华封老人《五十年来之世界宗教》等文。第二编为"五十年来之中国",内容涉及中国的哲学、科学、文学、外交、法制、财政、军事、教育、农业、工业、交通、体育等各个方面。第一、二两编的有关文章之后附有世界大事表、彩色世界变迁大势图、中国对外贸易统计图表。梁启超《五十年来中国进化概论》、蔡元培《五十年来中国之哲学》、胡适《五十年来中国之文学》、蒋方震《中国五十年来军事变迁史》、叶恭绰《五十年来中国之交通》等文。第三编为"五十年来之新闻事业",内容有世界新闻事业、世界报纸进化小史、西洋新闻纸杂谈、世界报界名人来华、申报馆之言论与感想、编辑记者的回顾、馆驿自述、《申报》50周年纪念赠言及编辑余谈等。《最近之五十年》内容丰富,印制精良,反响热烈。不仅是对《申报》50年来的一次总结,而且也是对中国、世界各领域各方面的回顾,保存了较为完整、珍稀的历史资料,出版后成为研究近现代学术史、新闻史的重要资料来源,可供学界深入研究,具有重要的学术史之意义与价值。(参见《最近之五十年——申报馆五十周年纪念特刊(1872—1922)》,上海书店出版社2015年版;王学典《20世纪史学编年(1900—1949)》,商务印书馆2014年版)

蔡和森1月为躲避当局的搜捕,在楚图南编辑《劳动文化》的小屋内住了半月,蔡与楚日日接触,多次谈话,并委托他进行联络工作。同月15日,与李大钊、瞿秋白等出席北京大学马克思学说研究会在高等师范召开的纪念李卜克内西、卢森堡殉难4周年大会,并发表演讲。18日,在《向导》第16—18期连载《赔偿问题与帝国主义》的长文。2月26日,《向导》周报发行处肇嘉路兰发里8号被查封。同月,支持中国济难会在北京天桥、珠门口一带化装演出揭露军阀屠杀京汉铁路工人暴行的活话剧以扩大宣传声援工人斗争的影响。3月上旬,鉴于"二七"罢工失败后北京的形势日趋严峻,中共中央机关由北京迁回上海,转入严密的地下工作状态。陈独秀、李大钊、蔡和森、高君宇、向警予等分散隐蔽于上海公共租界,秘密活动,《向导》亦迁至上海发行。赴沪前夕,蔡和森布置北京高等师范地下党建立了党的外围组织"新华学会",旨在发动和团结全校师生员工开展反对军阀统治的"倒直"运动。该组织后来在北京政变、国民会议促进会和国共合作宣传等活动中发挥了相当的作用。

蔡和森4月18日在《向导》上发表《外国帝国主义与军阀协同压迫革命的真势力》《中日交涉与中俄关系》等文。4月21日北洋政府与帝国主义新银行团交涉借款四万万元,蔡和森撰写《大借款之内幕》一文予以揭露,发表于《向导》第24期。4月25日,在《向导》上发表《外国帝国主义者对华的新旧方法》《"以后一切对华侵略皆将以教育的形式出之"》。4月底,中共中央机关由沪迁往广州,蔡和森、向警予、毛泽东等先后抵达,住新河浦路春园,开始筹备召开党的三大。《向导》周报总发行通讯处亦迁至广州昌兴街28号3楼。5月2日,在《向导》第23期发表《中国革命运动与国际之关系》。5月15日,英人中国协会上海分会在上海总会召开年会,马凯氏主席演说"中国之时局"。蔡和森撰写《英人中国协会主席之演说》一文,揭露英帝国主义侵略中国的罪行。6月12—20日,出席在广州召开的中国共产党第三次全国代表大会。6月13日,北京发生政变,直系军阀驱逐了黎元洪。蔡和森撰写《北京政府与吴佩孚》一文对此发表评论。6月中旬,蔡和森、瞿秋白、彭述之、恽代英等组成中央机关报编辑委员会,蔡和森为主任。20日,《向导》第30期发表《中国共产党第三次全国代表大会宣言》。

　　蔡和森6月21日出席中共中央执行委员会第一次全会。会议选举陈独秀、毛泽东、蔡和森、谭平山、罗章龙5人组成中央局。蔡和森仍然主编中央机关报《向导》。24日,与李大钊、陈独秀、谭平山、毛泽东等讨论北方政治危机及国共合作问题。7月11日,《向导》周报第31—32期合刊"北京政变特刊号"发表陈独秀的《北京政变与国民党》《北京政变与学生》《北京政变与军人》、毛泽东的《北京政变与商人》、竞人的《北京政变与劳动阶级》、孙铎的《北京政变与上海工会之主张》、仁静的《北京政变与农民》、致中的《北京政变与孙曹携手说》,以及蔡和森的《北京政变与英美》《北京政变与吴佩孚》《北京政变与克利斯浦借款》《北京政变与各政系》4篇揭露北京政变内幕的文章。13日,陈独秀、蔡和森以《向导》编辑身份与孙中山会谈。7月下旬,中央机关开始由广州迁回上海。《向导》周报随迁至此。

　　按:蔡和森、向警予回上海后,住在中央机关闸北区中兴路三曾里。毛泽东、杨开慧也搬入,还有罗章龙等。所以又有"三户楼"之称。他们对外化名为"王姓兄弟",称向警予为"大嫂"。

　　蔡和森是夏代表中共中央出席和指导上海地方兼区执行委员会会议,担任执委会为对党员进行教育而组织的小组演讲会的演讲人。8月22日,《妇女周报》在上海创刊,宣传马克思主义,指导整个妇女解放运动。向警予任主编。同月,上海大学聘请蔡和森为社会学系讲授社会进化史、私有财产及家庭起源。该系课程包括社会思想史、社会运动史、社会问题和社会哲学、政治经济学等。9月4日,上海地方兼区执委会召开第九次会议,会议指定瞿秋白、蔡和森、施存统、恽代英、向警予、邓中夏6人为党小组讲演员,每人每月讲演一次。9月30日,在《向导》第42期发表《今年双十节应注意的四大事》,号召同胞们一致联合起来,打倒国贼曹锟,抵制英国帝国主义的侵略,反对英国侦探在中国发起的和平会议,以人民自己的力量建立真正的人民政府,并承认新俄罗斯。9月,所著《俄国社会革命史》一书脱稿,为生计所迫,托李大钊联系出版。

　　按:9月7日,李大钊在北京写信给胡适,说:"蔡和森君所著之《俄国社会革命史》(《世界丛书》)内可否纳人?和森很穷,专待此以为糊口,务望吾兄玉成之。如何?盼你赐复。"稍后,李大钊又给胡适写信:"前谈和森君所编之《俄国社会革命史》一书,已由和森将所取材之书列成一表,现在把他同原稿送交先生,如能收入《世界丛书》,即希示复,以便转达和森!"

　　蔡和森是秋与邓中夏、瞿秋白等同志和国民党上海负责人,共同创办上海大学,为革命培养干部。蔡和森兼任社会学教授,讲授"社会进化史",编写《社会进化史》讲义。10月15日,中共中央局通知"党及社会主义青年团两中局兹组织教育宣传委员会",下设编辑部、函授部、通讯部、印书部、图书馆。编辑部设两名主任,教育宣传委员会统管的党中央机关报和理论刊物有《新青年》季刊、《前锋》月刊、《向导》周刊、《党报》(不定期刊)。书记由中央局会计罗章龙兼,委员有蔡和森、瞿秋白、恽代英、林育南、高君宇、萧楚女等。11月25日,中共中央教育宣传委员会在上海成立,隶属于中共中央局。书记罗章龙,委员蔡和森、瞿秋白、高君宇、恽代英等。对外采用"社会科学会"名义,统一领导中央的刊物书籍的编撰和宣传教育工作。12月6日,陈独秀致信胡适,替蔡和森向商务印书馆催索稿费。19日,在《向导》第49期发表《苏俄在欧洲国际地位之复振》。(参见李永春编著《蔡和森年谱》,湘潭大学出版社2008年版;唐宝林、林茂生《陈独秀年谱》,上海人民出版社1988年版;麻星甫编著《楚图南年谱》,群言出版社2008年版)

　　恽代英1月谢绝川南师范学校校方的挽留,辞职离开泸州,前往成都。2月5日,在上海《民国日报》副刊《觉悟》和《学生杂志》第10卷第2号上分别发表《青年与偶像》和《学生的社会活动》两文。3月5日,在《学生杂志》上发表《知识经验与感情》一文。3月,受成都高师校长吴玉章和教务长王右木之聘,到高师授课。参加王右木等所组织的马克思主义研究小组。5月5日,在成都西南公学主持马克思诞辰纪念会,并发表演说。在《学生杂志》第10卷第5号上发表《学生与民权运动》《做人的第一步——比研究正确的人生观还重要些的一个问题》等文。7月15日,在《先驱》第23期上发表《中国社会革命及我们目前的任务——致存统》一文,表示坚决拥护中国共产党与国民党建立联合战线的重大决策,并明确指出在联合战线中"须完全注意于为无产阶级势力树根基"。

恽代英8月20—25日出席在南京召开的中国社会主义青年团第二次代表大会,当选为候补中央执行委员。随后与邓中夏、萧楚女在上海创办中国社会主义青年团机关刊物《中国青年》周刊。同月22日,向警予主编的上海《民国日报》副刊《妇女周报》创刊,由《妇女评论》改组而成。10月10日,恽代英在上海《民国日报》副刊《妇女周报》上发表《妇女解放运动的由来和其影响》一文。14日,出席少年中国学会苏州年会并被选为评议员。大会通过了恽代英起草的《少年中国学会苏州大会宣言》,宣言规定学会的方针为"求中华民族独立,到青年中间去"。17日,恽代英在《中国青年》第2、7、17期发表《蔡元培的话不错吗?》一文,批评蔡元培的教育救国论是一种似是而非的议论,青年们切不要无条件地相信,指出:"我要问蔡先生,把英文的重音或会话学好了,便可以救国吗? 一国的人,都懂了三角微积分,便可以救国么? 再不然,大家都会做'风啊''月啊'的'新文学',便可以救国吗? 蔡先生办北京大学亦七八年了。这七八年不看见中国有转机。然而,贿选反成功了,临城通牒反承受了,便是蔡先生自身,亦反不能容身于北京那个地方了。"20日,《中国青年》第1期出版。恽代英为创刊号写了《〈中国青年〉发刊辞》,同时还发表了《对于有志者的三个要求》和《怎样才是好人?》两文。11月5日,恽代英在《学生》杂志第10卷第11号发表《学生政治运动与入政党问题的讨论》一文,主张学生应参加革命的政党。20日,由恽代英任主编的《新建设》月刊正式出版,该刊为国民党改组期间在上海创办的刊物,共出版8期,1924年8月停刊。恽代英在创刊号上发表《论三民主义》《中国贫困的真原因》《学生加入政党问题》等多篇文章。12月1日,在《中国青年》第7期上发表《学术与救国》一文,指出"单靠技术科学来救国,只是不知事情的昏话""技术科学是在时局转移以后才有用,他自身不能转移时局",并因而认为,"要救中国,社会科学比技术科学重要得多"。8日,在《中国青年》第8期上发表《我们为甚么反对基督教?》一文,认为"基督教实在只是外国人软化中国的工具"。29日,在《中国青年》第11期上发表《社会主义与劳工运动》,批判伪社会主义学说,宣传科学社会主义思想。是年,兼在上海大学任教。(参见刘辉编《中国近代思想家文库·恽代英卷》附录《恽代英年谱简编》,中国人民大学出版社2015年版;中央教育科学研究所编《中国现代教育大事记1919—1949》,教育科学出版社1988年版)

毛泽东2月上半月在湖南自修大学接待回湘接替工作的李维汉,要他先回乡省亲,春节后再接交工作。4月10日,与李达等创办和主持的湖南自修大学校刊《新时代》月刊创刊号出版,聘请李达任自修大学校长兼主编,何叔衡、郭亮、夏曦、毛泽民、夏明翰、罗学瓒等都曾在该校学习或工作。同日,在《新时代》创刊号发表《外力、军阀与革命》一文。文章指出国内存在三派势力:革命的民主派,非革命的民主派,反动派。同月,毛泽东离长沙去上海,到中共中央工作。行前向继任中共湘区委书记的李维汉移交工作,把领导工人运动、农民运动和社会主义青年团的具体工作,分别交给郭亮、夏曦等。

毛泽东6月上旬离上海到广州,出席中共"三大"预备会议。会议由陈独秀主持,李大钊、张国焘、谭平山、蔡和森、陈潭秋、罗章龙和共产国际代表马林等出席。马林传达共产国际关于国共合作问题的意见,报告国际形势。会后,同陈独秀、李大钊、蔡和森、向警予等留在广州。曾与陈独秀、李大钊到廖仲恺家谈国共合作问题。6月2日,与陈独秀、李大钊、蔡和森、谭平山以国民党员身份致信孙中山,建议国民党"在上海或广州建立强有力的执行委员会,以期合力促进党员的活动和广泛开展宣传"。7月1日,在广州中共中央理论刊物《前锋》月刊创刊号发表《省宪下之湖南》一文。2日,中共中央局委员长陈独秀、秘书毛泽东致信共产国际,报告中共"三大"及其以后的活动情况。11日,在中共中央机关报《向导》周报第31—32期合刊上发表《北京政变与商人》一文。7月下旬,离开广州去上海。9月上旬,中共中央机关由广州迁到上海,中央局机关设在闸北区三曾里。毛泽东同蔡和森、向警予、罗章龙等住中央局机关。

毛泽东9月16日遵照中共中央的决定并受国民党本部总务部副部长林伯渠的委托,回到长沙,在湖南筹建国民党。11月20日,湘江中学成立,24日正式开课。毛泽东、何叔衡、李维汉、罗宗翰、易礼容、姜梦周、陈昌、夏曦、夏明翰、谢觉哉、王季范、李六如等为校董。12月底,奉中央通知离开长沙去上海,准备赴广州参加国民党第一次全国代表大会。(参见中共中央文献研究室编撰、逄先知主编《毛泽东年谱(1893—1949)》,人民出版社、中央文献出版社1993年版)

茅盾仍在商务印书馆编译所工作,同时给化名"钟英"的党中央传递文件和刊物。1月1日,在《妇女杂志》第9卷第1号发表《妇女教育运动概略》《〈妇女教育运动概略〉附志》。10日,在《小说月报》第14卷第1号发表《匈牙利爱国诗人裴都菲百年纪念》。同月,商务印书馆老板对改革《小说月报》不满,调沈雁冰至国文部工作。《小说月报》编务由郑振铎接任。春,邓中夏到上海大学任总务长,决定设立社会学系、中国文学系、英国文学系和俄国文学系。随后瞿秋白任教务长兼社会学系主任,茅盾结识瞿秋白。约在4月上旬,曾与郑振铎、胡愈之、谢六逸等筹划合作翻译英国约翰·特林瓦透与威廉·俄彭合著的《文学艺术大纲》。10日,在《小说月报》第14卷第4号发表所译Milivoy S. Stanoyevich著《南斯拉夫的近代文学》与John E. Jacoby著《奥国的现代文学》。5月12日,为了加强《文学旬刊》的力量,自本日出版的第73期起,与王伯祥、余伯祥、郑振铎、周予同、俞平伯、胡哲谋、胡愈之、叶绍钧、谢六逸、严既澄、顾颉刚等成为《文学旬刊》编辑成员。7月8日,出席上海党员全体大会,会议传达了中共第三次全国代表大会所通过的各项决议,决定成立上海地方兼区执行委员会,茅盾与徐梅坤、邓中夏、甄南山、王振一5人当选为执行委员。9日,出席中共上海地方兼区执行委员会召开的首次会议,被选为国民运动委员并兼任该委员会的委员长,其任务是与国民党员合作,发动社会上各阶层的进步力量参加革命工作等。8月5日,出席上海地方兼区执行委员会举行的第六次会议,中央委员毛泽东代表中央出席指导,于此茅盾第一次会见毛泽东。

按:会议作出的决议中包括由沈雁冰联系上海工商界知名人士保释在狱同志,劳委会与劳动组合书记部合并,沈雁冰以国民运动委员会负责人的身份加入该机构。同时决定由沈雁冰向陈望道、邵力子解释,请他们不要出党。

茅盾9月2日出席中共上海地方兼区执行委员会的全体大会,会上进行了改选,选出王荷波、徐白民、沈雁冰、顾作之为执行委员。27日,出席中共上海地方兼区执行委员会第十五次会议,会上改组了国民运动委员会,决定由向警予、沈雁冰专任妇女方面的国民运动。在这次会议上第一次会见了恽代英。秋,见到由广州赶来上海、即将赴法国留学的梁宗岱。通信两年有余而初次谋面,欣喜非常。8日,《文学》第91期发表《读〈呐喊〉》,对鲁迅的小说集《呐喊》中的重要作品《狂人日记》《阿Q正传》等作了精到分析和高度评价。10日,与瞿秋白、周建人等参加郑振铎、高君箴结婚仪式。12日,在《文学》第96期发表译作《俄国文学与革命》及《〈俄国文学与革命〉附注》。同月,所著《近代俄国文学家论》列入《东方文库》第六十四种,由商务印书馆出版。是年,弟弟沈泽民任上海大学社会学系教授,以共产党员的身份,参加了上海国民党执行部宣传部的工作。又邀周建人来上海大学讲授进化论,并先后在神州大学、上海暨南大学、安徽大学任教授。(参见唐金海、刘长鼎主编《茅盾年谱》,山西高校联合出版社1996年版)

　　李登辉继续任私立复旦大学校长。郭任远从美国留学归来,在上海小住,准备应蔡元培之邀请前往北京大学任教。李登辉命胡寄南等学生诚恳邀请郭任远回母校服务。郭最终选择复旦。郭任远短期内筹得一笔巨款,创办心理学科,设立行政院,招收研究生。诸多创新使得复旦在行政、教学诸多方面显出欣欣向荣的景象。郭任远年轻有为,精力充沛,雄心勃勃,但"性情孤傲",与李登辉发生矛盾。李登辉淡然处之。秋,李登辉参与组织私立群治大学董事会。是年,李登辉继续兼任文科教务长。任教科目有哲学、拉丁文、法文。李权时担任商科教务长。李登辉开设拉丁文,为复旦准备赴美留学生而设。是年起,金通尹创设土木工程本科,复旦理科第一次有了本科专业。李登辉成立建筑工程科的理想得以实现。(参见钱益民《李登辉传》及附录四《李登辉年谱简编》,复旦大学出版社2005年版;《复旦大学百年志》编纂委员会编《复旦大学百年志(1905—2005)》,复旦大学出版社2005年版)

　　张尔田离清史馆,返上海。当时张东荪主持中国公学,并先后就教于中央政治大学、光华大学,教授西方哲学和伦理学,张尔田亦受聘上述学校,教授历史学。9月在《宗圣学报》第26号第3卷第3册发表《答梁任公论史学书》,另刊《来复》第237期。是年,吴宓拜访张尔田及孙德谦于上海,又应吴宓之邀,为《学衡》投稿。所撰《与王静安论治公羊学书》《与王静安论今文家学书》《与欧阳竟无书》《答王君恩洋书》刊于《学衡》杂志第23期;《刘向校雠学纂微序》《耆献史公清德之碑》刊于《学衡》第24期;《传经室文集序》刊于《学衡》第26期;《黄晦闻鲍参军诗注序》刊于《学衡》第27期;《孔教会国教意见书》刊于《昌明孔教经世报》第2卷第3期。其中《与王静安论治公羊学书》《与王静安论今文家学书》《与欧阳竟无书》《答王君恩洋书》又刊于11月1日《史地学报》第2卷第7期。《与王静安论今文家学书》提醒王国维注意:"读书得间,固为研究一切学问之初步,但适用于古文家故训之学,或无不合,适用于今文家义理之学,则恐有合有不合。何则,故训之学,可以目論,可以即时示人以论据,义理之学,不能专凭目論,或不能即时示人以证据故也……故弟尝谓:不通周秦诸子之学,不能治今文家言。虽然,此种方法,善用之则为益无方,不善用之亦流弊滋大。"12月1日,在《学衡》第23期发表《刘向校雠学纂微序》《耆献史公清德之碑》(参见孙文阁、张笑川编《中国近代思想家文库·张尔田、柳诒徵卷》及附录《张尔田年谱简编》,中国人民大学出版社2015年版;桑兵《民国学界的老辈(之二)》,《历史研究》2005年第6期)

　　赵正平继续任暨南学校校长。春,校董会决定秋季开办商科大学部,定名为国立暨南商科大学,即呈教育部备案,并筹备招考新生。夏,真如新校舍第一期工程完成。男子部师范、中学二科全部迁来,南京校区改为女子部校舍。男生补习科暂留南京校区。9月,暨南商科大学开办,师范、中学二科的男生从南京迁入真如新校舍,商科也自上海松社迁入真如新校舍。女子部学生仍留南京。(参见张晓辉、夏泉主编《暨南大学史(1906—2016)》,暨南大学出版社2016年版)

钱基博在上海圣约翰及光华两大学执教，因任无锡江苏省立第三师范四年班国文课尚未结束，欲待该班毕业，故仍留校兼课。秋，力推钱穆到该校专任国文课程。钱基博每周自沪返三师，课毕，钱穆常至其室长谈。是年，钱基博所著《〈周易〉解题及其读法》由上海商务印书馆出版。又编《国学必读》。（参见韩复智编著《钱穆先生学术年谱》，中央编译出版社2012年版；王玉德《钱基博学术年谱简编》，舒大刚主编《儒藏论坛》第3辑，四川大学出版社2009年版）

于右任、邵力子创办的国共合作大学上海大学成立，于右任任校长，邵力子任代理校长。瞿秋白、恽代英、邓中夏、任弼时、蔡和森、张太雷、萧楚女相继在校任教。8月，施存统因患严重的神经衰弱症，力辞中国社会主义青年团中央的一切职务。月底，来到上海大学社会学系任教，讲授社会运动史、社会思想史、社会问题三门课，并编写三门课的讲义。是年，上海大学成立了党小组，称中共上海地委第一小组，有党员11人，占上海党员人数的四分之一；学校搬入西摩路后，是上海公共租界内唯一的党组织。（参见何民胜《施复亮年谱》，商务印书馆2019年版）

陈望道8月接受中共中央执行委员会委员长陈独秀委派，前往上海大学出任中文系主任，开设美学、修辞学、文法学等课程，又任上大最高议事和行政机构评议会评议员。同月，应邀赴上虞白马湖春晖中学夏期教育讲习会演讲，讲题为"国语教授资料"。同期参加讲学的还有黎锦晖、舒新城、黄炎培、丰子恺等。是月15日，《妇女评论》诞生两周年，在该刊第104期发表《两周年的感言》。23日，由《妇女评论》与《现代妇女》合并组成的《妇女周刊》创刊，为刊物出版写了社评。10月，与柳亚子、叶楚伧、胡朴安、余十眉、邵力子、曹聚仁、陈德征8人共同成立"新南社"。他与邵力子、胡朴安3人为编辑主任。是年，在《民国日报》副刊《觉悟》发表《最近物理学概观》《对于白话文的讨论》（一）（二）（三）《文言白话和美丑问题》《方言可取的一例》《旧梦诗序——评刘大白的诗集》《谈新文化运动》《韩端慈女士底生涯》《骂人的不骂人党》《解约》；在《妇女评论》发表《英国下议院与平等离婚案》《保护女子制度底萌芽》《女子工业社诸女子底努力》；在《艺术评论》发表《看了东方艺术研究会底春季习作展览会的感想》等。（参见上海鲁迅纪念馆编《陈望道纪年集》，复旦大学出版社2006年版）

施存统8月出席在南京市东南大学召开的中国社会主义青年团第二次全国代表大会，上海的瞿秋白、恽代英，北京的刘仁静、邓中夏，湖北的林育南等出席会议。因为施存统患严重的神经衰弱症，在会上力辞团中央的一切职务，后经大会讨论同意其请求，于是施存统离开了团中央。秋，施存统来到上海大学社会学系任教。12月，范寿康、施存统等译述《马克思主义与唯物史观》由商务印书馆出版，系辑录当时《东方杂志》所刊与马克思主义有关的文章而成，包括范寿康译河上肇的《马克思的唯物史观》、施存统的《唯物史观在马克思学上底位置》等。（参见和民胜编《施复亮年谱》，商务印书馆2019年版）

俞平伯1月中旬收到朱自清1月13日自台州的来信，继续讨论生活态度问题。28日下午，访周作人。月底，离开北京，经上海回杭州。3月上旬，收到顾颉刚3月6日来信及为《红楼梦辨》所作的《序》。同月，郑振铎与叶圣陶在上海发起成立朴社，社员共10人，每人每月出资10元钱，集资出版书籍，俞平伯与王伯祥、顾颉刚、沈雁冰、胡愈之、周予同等均为朴社成员。4月中旬，收到朱自清4月10日自温州来信，继续讨论生活态度问题。同月，《红楼梦辨》由上海亚东图书馆出版。除作者的《引论》和顾颉刚的《序》外，全书分3卷，共收论作17篇。上卷专论高鹗续书一事；中卷专就80回立论，并述作者个人对于80回以后的揣测，附带讨论《红楼梦》的时间与地点问题；下卷是考证两种高本以外的续书，其余是杂论,作为附录。俞平伯在《红楼梦辨序》中提出"新红学"的概念时还说:"我希望大家看着这旧红学的打倒,新红学的成立,从此悟得一个研究学问的方法。"

按:俞平伯《红楼梦辨》是在受胡适《红楼梦考证》启示并与顾颉刚、胡适等人通信讨论的基础上撰写而成的,是继《红楼梦考证》之后的又一经典之作,两书一同奠定了"新红学"的历史地位。但《红楼梦辨》对胡适《红楼梦考证》的考据学与"自传说"既有发展,也有修正,由《红楼梦考证》的重在文献考证引向文学批评的领域。

俞平伯5月9日作《黎明时旅客的谈话》,这是以问答形式为民权同盟浙江支部的刊物所作的宣传文,发表在本年6月2日《时事新报·文学旬刊》第75期。5月12日,文学研究会会刊《时事新报·文学旬刊》第73期,公布了该刊的12个负责编辑人名单,俞平伯与王伯祥、叶圣陶、郑振铎、顾颉刚、沈雁冰、胡愈之等均名列其中。6月,接受上海大学校务长兼历史学教授邓中夏聘请,任上海大学中国文学系教授,讲授诗歌和小说,至秋季开学始上任。7月中旬初,应邀陪瞿秋白到烟霞洞访胡适。27晚,由杭州到上海,并受托将法国杜里舒著、江绍原所译《实生论大旨》手稿转交上海亚东图书馆的汪孟邹。7月下旬,收到瞿秋白上海来信并附其7月23日写讫的《现代中国所当有的"上海大学"》一文,征求俞平伯的意见。7月末8月初,与朱自清结伴作南京4日游,其中夜游秦淮河的印象最深。尔后,二人分别作了不同风格的同题散文《桨声灯影里的秦淮河》。

俞平伯8月初回到北京探亲。同月5日,致周作人信,告知"下半年拟在上海大学教中国小说,此项科目材料之搜集颇觉麻烦",希望周作人能见赐一份鲁迅先生所编的《中国小说史》讲义。上旬,收到周作人6日来信。13日下午,与江绍原一同访周作人。8月10日,作《读〈毁灭〉》,发表在《小说日报》第14卷第8号。22日,作散文《桨声灯影里的秦淮河》在北京作讫,发表在1924年1月25日《东方杂志》第21卷第2期"二十周年纪念号"下册。9月2日,致周作人信,向他辞行,并告知《小说史讲义》已从鲁迅先生处借阅,觉得条理很好。原书仍交孙伏园奉返。同时,谈到拟写长文,论述中国旧诗词之特色,并为此征询周作人的意见。9月3日,离京,与江绍原同车回上海。9月,到上海大学中国文学系任教,讲授《诗经》、小说等。与陈望道、田汉、沈雁冰、瞿秋白等教授共事。时住上海闸北永兴路的小楼上,自署室名为"茸芷缭衡室"。(参见孙玉蓉编《俞平伯年谱》,天津人民出版社2006年版;姜健康、吴为公编《朱自清年谱》,安徽教育出版社1996年版)

郑振铎为摆脱商务出书限制,约集叶圣陶、沈雁冰、王伯祥、胡愈之、顾颉刚、谢六逸、陈达夫、常乃惪等,组织朴社。每人每月出资10元,为出版基金。1月6日,朴社正式成立。后又陆续约俞平伯、吴维清、潘家洵、郭绍虞、陈乃乾、朱自清、陈万里、耿济之、吴颂皋等入社。10日,《小说月报》第14卷第1期"整理国故与新文化运动"专栏,郑振铎撰写《发端》,并发表《新文学之建设与国故之新研究》《读毛诗序》《关于文学原理的重要书籍介绍》。《读毛诗序》指出《毛诗序》是研究、认识《诗经》的"一堆最沉重、最难扫除,而又必须最先扫除的瓦砾",认为自己此文"算是这种扫除运动里的小小的清道夫的先锋而已"。同期还刊出了顾颉刚的《我们对于国故应取的态度》、王伯祥的《国故的地位》、余祥森的《整理国故与新文学运动》和严既澄的《韵文及诗歌之整理》,另有钱玄同的《汉字革命与国故》,发表在《晨报五周年纪念增刊》,都清晰地表达了文学研究会对"整理国故"的支持理由。

按:郑振铎《新文学之建设与国故之新研究》曰:"我主张在新文学运动的热潮里,应有整理国故的一种举动。我所持的理由有二:第一,我觉得新文学的运动,不仅要在创作与翻译方面努力,而对于一般社会的文艺观念,尤须彻底的把他们改革过。因为旧的文艺观念不打翻,则他们对于新的文学,必定要持反对的态度。或是竟把新文学误解了。……第二,我以为我们所谓新文学运动,并不是要完全推翻一切中国的故有的文艺作品。这种运动的真意义,一方面在建设我们的新文学观,创作新的作品;一方面却要重新估定或发现中国文学的价值。把金石从瓦砾堆中搜找出来。把传统的灰尘。从光润的镜子上拂拭下去。……我们的国故新研究……须有切实的研究,无谓的空疏的言论,可以不说。我们须以诚挚求真的态度,去发见没有人开发过的文学的旧园地。我们应以采用已公认的文学原理与关于文学批评的有力言论,来研究中国文学的源流与发展;但影响附会的论调必须绝对避免。"同期还发表邓演存译《研究文学的办法》并加按语,指出"无论是批评创作,或谈整理中国文学","目前最急的任务,是介绍文学的原理"。

　　按:王伯祥《国故的地位》认为整理国故和新文学运动在学术研究上同等重要。首先,整理国故代表历史的观念,新文学运动体现现代的精神,二者各有各的位置,各有各的价值,即便是反对,也当先知道它的真实面貌。其次,研究历史并不意味着回到过去,生活也不至于因此而倒退。历史观念非但不妨碍现代生活,反而可以借此明了现代精神的由来。因而,介绍中国古代文学的作家作品和介绍外国文学一样必要。第三,中国文学毕竟还有一定的价值,而中国历来的文学精神都分散在国故当中,必须经过整理,才能了解其真相。何况建设自己的民族新文学也没有仇视国故的道理。(《小说月报》第 14 卷第 1 期)(参见王学典《20 世纪史学编年(1900—1949)》,商务印书馆 2014 年版)

　　郑振铎接吴文祺 1 月 21 日信,谈联绵词在文学上的价值等问题。郑振铎后在 3 月号《小说月报》上公开作答,给了吴文祺极大的鼓励,促使他走上语言文学研究的道路。2 月 10 日,在《小说月报》第 14 卷第 2 期上发表《何谓古典主义?》,并开辟《文学上名词译法的讨论》专栏,撰《发端》,发表《文学上名辞的音译问题》。3 月 5 日,为所购黄丕烈《士礼居藏书题跋记》题跋。10 日,在《小说月报》第 14 卷第 3 期上发表《关于诗经研究的重要书籍介绍》。3 月 17 日,去博古斋购得影印本《宋六十名家词》,归作题跋。4 月 27 日,周作人收到郑振铎订婚通知。翌日,周作人复信,并寄赠《比较文学史》一册。同月,曾与茅盾、胡愈之、谢六逸、费鸿年等人打算合作翻译英国约翰·特林瓦特与威廉·俄彭合著的《文学艺术大纲》(The Outline of Literature and Art),后这一合作翻译计划未实现,而由郑振铎参考该书,一人编撰了《文学大纲》。5 月 10 日,在《小说月报》第 14 卷第 5 期上发表《中国的诗歌总集》,并开始连载所撰《俄国文学史略》,此为我国最早较系统地介绍俄国文学史的专著。12 日,在《文学旬刊》第 73 期上发表《给读者》,回顾了该刊创办两周年来对"盲目的复古运动与投机的'反文学'运动"斗争的经历。

　　郑振铎 7 月 2 日在《文学旬刊》第 78 期上发表《翻译与创作》。10 日,在《小说月报》第 14 卷第 7 期上发表《关于中国戏曲研究的书籍》。30 日,在《文学旬刊》(改名为《文学》)第 81 期上发表《本刊改革宣言》,宣布该刊自本期起改为周刊。8 月 3 日,瞿秋白为郑振铎《俄国文学史略》一书写了第十四章《劳农俄国的新作家》,介绍了马雅可夫斯基等苏联作家。8 月 6 日,在《文学》周刊第 82 期上发表论文《文学的分类》,借鉴了国内外历来的文学分类法而提出自己的分类。7 日,为瞿世英等人译《太戈尔戏曲集》(一集)作序,该书由商务印书馆于 9 月出版。9 日,作评论《诗歌之力》,后发表于 9 日《文学》周刊。15 日,作《何谓诗?》,借鉴了国外很多理论家的定义,提出自己的"一个较周密较切当的诗的定义"——"诗歌是最美丽的情绪文学的一种。它常以暗示的文句,表白人类的情思。使读者能立即引起共鸣的情绪。它的文字也许是散文的,也许是韵文的"。后发表于 20 日《文学》周刊。17 日,送许地山、冰心、顾毓琇(一樵)等人赴美留学。22 日,作《太戈尔新月集译序》。9 月 3 日,在《文学》周刊第 86 期上发表文学短论《抒情诗》。5 日,为叶圣陶童话集《稻草人》作序。

　　按:《稻草人》为我国新文学史上第一本国人创作的童话集,是郑振铎在主编《儿童世界》时请叶圣陶撰写的作品的结集,11月由商务印书馆出版;而郑振铎该篇序文为新文学史上较早的重要的儿童文学论文。

郑振铎9月10日主编《小说月报》第14卷第9期"太戈尔号"(上)出版,发表所作《欢迎太戈尔》《太戈尔传》《关于太戈尔研究的四部书》,以及所译泰戈尔作品。在《文学》周刊第87期上发表《史诗》,论述史诗的定义、分类、特点、作者等。18日,为熊佛西《青春底悲哀》、侯曜《复活的玫瑰》作序。文字相同,实为所主编的《文学研究会通俗戏剧丛书》的总序。同月,所译泰戈尔诗集《新月集》由商务印书馆出版。10月10日下午,在一品香酒楼举行与高君箴结婚仪式,请顾颉刚任司仪,胡适、张东荪、茅盾、瞿秋白等应邀出席。同日,主编《小说月报》第14卷第10期"太戈尔号"(下)出版。10月31日,为所著《俄国文学史略》作序。11月1日下午,文学研究会在郑振铎处开会,议《文学》百号纪念册。12月10日,《文学》(包括旬刊和周刊)出满百期,发表《本刊的回顾与我们今后的希望》。同日,在《小说月报》第14卷第12期上发表《一九二三年得诺贝尔奖金者夏芝评传》。15日,作《中国文学者生卒考序》,刊于17日《文学》周刊第101期。郑振铎在最近两个月得到夫人高君箴的帮助,正从事《中国文学者生卒考》的编纂研究工作。(参见陈福康《郑振铎年谱》,三晋出版社2008年版)

周予同1月6日与郑振铎、顾颉刚、王伯祥、叶圣陶、谢六逸、沈雁冰、胡愈之、陈兼善、常乃惪等11人发起成立"朴社",周予同为此社起名曰"朴社",因为他听了钱玄同的课,十分醉心于清代的"朴学"。同月,在《小说月报》第14卷第1期发表《札记一则》,与胡适《中国哲学史大纲》论《易》之观点有所商榷。2月,《小说月报》第14卷第2期发表读书杂记《〈渔父〉》《韩退之与卫退之》《〈周易〉》。4月,《小说月报》第14卷第4期发表读书杂记《"何"与"底"》《〈史记·南越尉佗传赞〉》。4月22日,朴社集会议事。约在上半年,加入《文学旬刊》编辑团队。6月,在《学生杂志》第10卷第6期发表《中学国文学习法之商榷》。夏秋之际,眷属南归,遂与杨贤江同住闸北西宝通路。11月19日,在郑振铎处宴请文学会诸人。(参见成棣《周予同先生年谱》,《传统中国研究集刊》第20辑,上海社会科学院出版社2019年版)

郭沫若1月1日以日文撰写的《芽生嫩叶》发表于日本大阪《朝日新闻》,至2日分两次刊载完毕。后由成仿吾译成中文本,以《中国文化之传统精神》为题,刊载于上海《创造周报》5月20日第2号,译文有所删节。19日,复信四川草堂文学研究社。上旬,致信闻一多,并附《创造》。3月3日,作《批评与梦》,发表于上海《创造》季刊5月第2卷第1期。31日,九州帝国大学医学部公布医学士资格考试合格者名单,榜上有名。至此,从九州帝国大学医学部毕业,获医学士考试合格证书与医学士学位证书。同月,郭沫若毕业前夕,接张凤举函,邀赴北京大学任教,婉辞。4月,携安娜母子归国,抵达上海。3日,与成仿吾和当日从安庆返回上海的郁达夫同摄一合影照,刊载于上海《创造》季刊5月第2卷第1期,以为《创造》创刊一周年纪念。12日,作《讨论注译运动及其他》,发表于上海《创造》季刊5月第2卷第1期,此文系针对吴稚晖的长文《就批评而运动注译》而论。同月,与人合集之《辛夷集》,由上海泰东图书局作为创造社辛夷小丛书第一种出版。

郭沫若4—5月间赴田汉宴请日本作家村松梢风的家宴,同席者有成仿吾、林祖涵、黄日葵等人。餐后邀村松梢风往寓所小坐;赴上海美术专科学校做题为《生活的艺术化》的演讲。5月1日,作诗《创世工程之第七日》,作为《创造周报》发刊词。与郁达夫、成仿吾、邓均吾在《创造》季刊第2卷第1期联名发表《创造社启事》。2日,在上海大学作题为《文艺之社会的使命》的演讲。13日,与成仿吾、郁达夫共同创办的《创造周报》创刊号由上海泰东图书局出版发行。此为创造社的一个综合性刊物,内容侧重于批评和翻译。15日,接读胡适派人由亚东书局送来的书信。同日,被选为丙辰学社新成立的学艺丛书委员会委员。17日,复信胡适。

　　按:郭沫若复信胡适曰:"手札奉到了。所有种种释明和教训两都敬悉。先生如能感人以德,或则服人以理,我辈尚非豚鱼,断不至因小小笔墨官司便致损及我们的新旧友谊。目下士气沦亡,公道凋丧,我辈极思有所振作,尚望明晰如先生者大胆尝试,以身作则,则济世之功恐不在提倡文学革命之下。最后我虔诚地默祷你的病恙痊愈。"(《胡适来往书信集》上册,中华书局1979年5月版)

　　郭沫若5月18日将"Our New Movememt in Literature"自译成中文,题为《我们的文学新运动》,发表于上海《创造周报》5月27日第3号。20日,致宗白华信,题为《论中德文化书——致宗白华兄》,发表于6月10日《创造周报》第5号,表示不同意宗白华关于"东方的'静观'和西方的'进取'实是东西文化的两大根本差点"的说法。25日,接待胡适来访。同日,胡适日载:"访郭沫若、郁达夫、成仿吾,结束了一场小小的笔墨官司。"(曹伯言整理《胡适日记全编》,安徽教育出版社2001年版)27日下午,与郁达夫、成仿吾同访胡适。6月8日,作《论翻译的标准》,发表于上海《创造周报》7月14日第10号,针对张东荪所谓"翻译没有一定的标准",指出这是"掩饰"自己的错译,其实"留与不错"就是标准。13日,作《读梁任公〈墨子新社会之组织法〉》,发表于《创造周报》23日第7号,对梁文所引《墨子》中的话提出异议,认为"墨子信神,所以他把神的观念来做他一切思想言论的出发点",不可能在国家起源问题上"创出甚么'民约论'"来,同时兼驳胡适与梁任公"大同小异"的观点。16日,作《暗无天日的世界——答复王从周》,刊于上海《创造周报》23日第7号,批驳张东荪化名王从周在《学灯》上发表的攻击成仿吾的书信。

　　郭沫若7月中旬赴消闲别墅参加留日同学宴会。席间,张季鸾提议为《中华新报》编文学副刊。21日,《创造日》作为上海《中华日报》副刊始刊行,为之作标题画。同日,作《自然与艺术——对于表现派的共感》,刊于上海《创造周报》26日第16号。27日夜,作《未来派的诗约及其批评》,刊于上海《创造周报》9月2日第17号。4日夜,作《艺术家与革命家》,刊于上海《创造周报》9月9日第18号,此文简要论述了艺术家与革命家的关系,不同意"艺术家和革命家是不能兼并的"的说法,提出"一切真正的革命运动都是艺术运动,一切热诚的实行家是纯真的艺术家,一切热诚的艺术家也便是纯真的革命家",宣称"我们是革命家,同时也是艺术家。我们要做自己的艺术的殉教者,同时也正是人类社会的殉教者。进!进!进!张起美化的大纛,向着自由前进!"由此开启了后续有关革命文学的论争。同月,所著《卷耳集》由泰东图书局出版,今译《诗经·国风》40首。10月7日,作《中华全国艺术协会宣言》,发表于上海《创造周报》第22号,阐述应该采取的文艺主张和方针政策。11日,作《太戈儿来华之我见》,发表于上海《创造周报》14日第23号。同日下午,胡适、徐志摩、朱经农来访。13日,访胡适,谈诗歌。晚,在美丽川宴请胡适、徐志摩,同席有田汉、成仿吾、何公敢、楼石庵等人。交谈甚欢,饮者多醉。18日,应邀往郑振铎家吃饭。同席有高梦旦、胡适、徐志摩等。同日,作论文《国家的与超国家的》,发表于上海《创造周报》20日第24号。24日夜,作《批评——欣赏——检察》,发表于上海《创造周报》28日第25号。31日,作《〈创造日〉停刊布告》,发表于11月2日上海《中华新报·创造日》第100期。下旬,《中华新报》的总理殷柱夫来访,以报馆经费支绌为由,希望结束《创造日》。郭沫若与成仿吾商量决定停刊。

　　郭沫若11月1日夜作《瓦特裴德的批评论》,发表于上海《创造周报》4日第26号。7

日,作《神话的世界》,发表于上海《创造周报》11日第27号。16日,致信梁实秋,约写有关拜伦的文章。23日,作《艺术的评价》,批评托尔斯泰的《艺术论》,发表于上海《创造周报》25日第29号。12月10日,作《惠施的性格与思想》,认为"春秋战国期间我国学术史上有一个黄金时代的存在","后期的学者中,惠施正是一位最主要的人物,庄子的《天下篇》把他和老聃、墨翟诸人并举,荀子的《非十二子篇》也把他和墨翟、仲尼同说,可见他的学者的位置在当时也不亚于他的政治家的位置了",此文后发表于上海《创造周报》16日第32号。30日,在上海美术专科学校演讲《印象与表现》,发表于上海《时事新报·艺术》第33期。同月,任中华学艺社总事务所编辑科干事。(参见林甘泉、蔡震主编《郭沫若年谱长编》,中国社会科学出版社2017年版;谢保成、魏红珊、潘素龙编《中国近代思想家文库·郭沫若卷》即附录《郭沫若年谱简编》,中国人民大学出版社2015年版)

成仿吾1月9日作《创造社与文学研究会》一文的附记。20日,在《时事新报·学灯》发表《最后之批评——胡适骂人的余波》。4月初,郭沫若结束留学生活,携家眷回到上海,随后郁达夫亦携家眷由安庆到了上海,创造社的三个"元老"同聚于上海。鉴于创造社在社会上也日益引起了强烈的反响,季刊在时间上已不能适应创造社的发展趋势,于是三人决定过"笼城生活",第二步便是决定出《创造周报》。11日,作《喜剧与手势戏》,刊于《创造季刊》第2卷第1期,针对张东荪所译《物质与记忆》中的错译进行了尖锐的批评,原意为"手势戏容易看懂,喜剧则不然",张译为"手势戏开场,喜剧终了"。15日,与郭沫若同往北火车站,送梁实秋赴南京。5月1日,与郭沫若拟好《创造周报》出版预告,指出"我们这个周报的性质和我们的季刊是姊妹,季刊本来偏重于创作,而以评论介绍为副,这回的周报想偏重于评论介绍,而以创作为副之"。4日,作《诗之防御战》,刊《创造周报》第1号,在《创造周报》创刊号上发表《诗之防御战》,在批评胡适的同时还批评了文学研究会一些诗人的作品,以致徐祖正、张凤举与创造社脱离关系。

按:此文分别就胡适的《尝试集》、康白情的《草儿》、俞平伯的《冬夜》、徐玉诺的《将来的花园》,以及周作人的小诗、宗白华和冰心的哲理诗,一一进行了批评之后,指出"诗的本旨是想象,诗的现形是音乐,我不知诗歌还留有什么","我们要起而守护诗的王官,我愿与我们的青年诗人共起而为这诗的防御战",以致徐祖正、张凤举与创造社脱离关系。

成仿吾5月9日作《新文学之使命》,刊于《创造周报》第2号。文章从"以内心的要求为文学上活动之原动力的那原理"出发,进而分析了新文学应有的三个使命,即"对于时代的使命"、"对于国语的使命"、"文学本身的使命",而为了"履行新文学的使命""做为一个文学家,我们要先有十分的科学与哲学上的素养"。是为成仿吾早年倡导文学革命的一部力作,提出了具有浪漫主义色彩的文学主张。13日,经过半年余的酝酿,创造社的第二个刊物《创造周报》在上海出版,由郭沫若、成仿吾、郁达夫等编辑。中旬,应日本大版《每日新闻》驻沪特派员之邀,郭沫若用日文为该报"中国专号"撰述《我们的文艺新运动》。此文由成仿吾译成英文稿,刊于本月25日《朝日新闻》英文版"支那介绍专号"。20日,应《朝日新闻》"新年特号"之邀,郭作《中国文化之传统精神》,原为日文,由成仿吾译成中文,刊于《创造周报》第2号。31日,给徐志摩复信,刊于《创造周报》第4号,信中谈到:"在这里诚恳地劝你以后少做些虚伪。……别来一无长进,只是越穷越硬,尚堪告慰。"6月10日,在《创造周报》第5号发表《写实主义与庸俗主义》,提出了真写实主义与假写实主义的异同。14日,作给梁实秋的复信,刊于《创造周报》第13号。7月15日,所译法国H. Poincare原著《科学之价值的序论》刊于《创造周报》第11号,旨在"近来科学与玄学的论争,颇有误解科学之处,我不惮烦地把他译出来登在这里"。

　　成仿吾7月中旬应《中华新报》主笔张季鸾之邀,在该报每天编一页文学副刊,经郭沫若、成仿吾、郁达夫商议,何畏、陶晶孙亦在座,同意接受这一邀请。日刊定名《创造日》,16—19日在《时事新报·学灯》发表《创造日》发刊预告。21日,《创造日》作为《中华新报》的副刊于本日创刊,除星期日外,每天一期。8月1日,作《批评与同情》,刊于《周报》第13号。9月3日,作《论译诗》,刊于《创造周报》第18号。31日,作《〈创造日〉终刊感言》,刊于《创造周报》第26号。11月2日,《创造日》出到第101期停刊。郁达夫北上任教后主要由成仿吾负责编辑。6日,作《真的艺术家》,刊于《周报》第27号。13日,作《国学运动的我见》,刊于《创造周报》第28号,文章认为"这种运动的神髓可惜只不过是要在死灰中寻出火烬来满足他们那'美好的昔日'的情绪,他们是想利用盲目的爱国的心理实行他们倒行逆施的狂妄","国学不能说它没有研究之价值,但研究必须持批评的态度,而保持批评的态度或精神","当对于科学维持我们的信仰"。27日,作《郑振铎译〈新月集〉正误》,刊于《创造周报》第30号。12月19日,作《批评的建设》,刊于《创造季刊》第2卷第2号。(张傲卉、宋彬玉《成仿吾年谱》,《华东师范大学学报》1985年第3期)

　　田汉1月25日为译作《罗蜜欧与朱丽叶》的发表撰《附言》,对此剧本作简要说明,载3月《少年中国》第4卷第1期。6月20日,致信宗白华,详谈归国后的工作、生活情况及今后打算,表示"将以三四年之力独出二十种丛书,计为莎翁杰作集十种,近代小说及戏曲诗歌十种",同时努力创作"心中所理想的戏剧"。7月,在《少年中国》第4卷第5期发表《蜜尔敦与中国》一文。8月,在《少年中国》第4卷第6期发表译文《学者气质》。9月,与少年中国学会在上海的会员恽代英、邓中夏、恽震、刘仁静、杨贤江、常道直、左舜生等一起在住处开会,讨论向下月学会苏州大会的提议,拟提出"凡会员用个人名义为一切向上活动有绝对之自由"等建议。10月10日,作《艺术与社会》,刊于本月上海《创造周报》第23号。14日,少年中国学会举行苏州大会,通过《宣言》,刊于12月《少年中国》第4卷第8期。田汉未出席本次大会,但在这份《宣言》上签了名。秋,田汉入上海大学国文系任教,讲授"文学概论"和"近代戏剧"两门课程。是年,将夏衍在日本译出后寄来的菊池宽的《戏曲论》书稿推荐给上海良友图书公司出版。次年夏衍回国,两人晤识。(参见张向华编《田汉年谱》,中国戏剧出版社1992年版)

　　叶圣陶1月由商务印书馆史地部主任朱经农介绍到商务印书馆国文部当编辑。同月30日,叶圣陶与郑振铎、王伯祥、顾颉刚联名发表《我们对于北京国立学校南迁的主张》,声援蔡元培和北京学生反对彭允彝的斗争,建议国立学校南迁,以离开北方军阀、政客的控制。3月,应复旦大学教授、神州女学教务长谢六逸的邀请,到复旦大学、神州女学兼教新文学和国文课。5月12日,《文学旬刊》自第73期起,改由王伯祥、余伯祥、沈雁冰、周予同、俞平伯、胡哲谋、胡愈之、叶绍钧、郑振铎、谢六逸、严既澄、顾颉刚等12人轮流主编。自第102期(1923年12月24日)起,改由叶圣陶主编,直至第4卷第25号(总第275期,1927年7月11日)止。叶圣陶在主编《文学周报》期间,还以"文学周报社"的名义编辑文学研究会丛书。夏,徐玉诺自福州回河南,途经上海访叶圣陶。秋,叶圣陶应郭绍虞邀请,到福州协和大学教新文学,住在郭绍虞家里。因水土不服,叶圣陶于12月初辞职回沪,仍进商务印书馆当编辑,并由杨贤江介绍到上海大学任教,初识瞿秋白。读瞿秋白的《饿乡纪程》《赤都心史》,对社会主义的苏联有所了解。11月,所著童话集《稻草人》由上海商务印书馆出版,为文学研究会丛书,是我国第一本童话集。郑振铎作《序》,许敦谷插图。鲁迅《〈表〉译者的话》谓

"叶绍钧先生的《稻草人》是给中国的儿童开了一条自己创作的路的"(《鲁迅全集》第14卷第298页)。是年,叶圣陶参加了"新学制中学国文课程标准"的拟订工作,与顾颉刚合编的初级中学教科书《国语》(第2—6册),自3月起由商务印书馆陆续出版,署名编纂者顾颉刚、叶绍钧,校订者胡适、王云五、朱经农。书前有叶绍钧、顾颉刚合写的《编辑例言》。年底,移家至宝山路顺泰里1弄1号居住,与王伯祥、傅东华同住一幢房子,负责处理文学研究会的日常事务及信件往来等工作,大门上钉"文学研究会"的牌子。(参见商金林编《叶圣陶年谱》,江苏教育出版社1986年版)

今心8月在《时事新报·学灯》发表《两个文学团体与中国文学界》,认为文学研究会和创造社把"一向暗无天日,死气沉沉的中国文学界"给他们弄得有声有色了,评介了两个团体的优缺点,文末指出:"我与雁冰先生一样认为个人研究与指示民众,终竟是两件事。""论到挽救中国文坛的浑沌的时候,实在有提倡自然主义之必要,雁冰先生等人说的很详尽而且很痛快了。"(参见唐金海、刘长鼎主编《茅盾年谱》,山西高校联合出版社1996年版)

张定璜(凤举)教授将冯至的诗歌选送给《创造季刊》第2卷第1期发表,引起浅草社成员的注意,邀请冯至参加浅草社。是年,倪贻德参加创造社,开始进行文学创作。

江亢虎1月发表《自救会旨趣书》,含"信条"10则、"规约"10则,强调"本会确信政治与经济之改造,当以新民主主义、新社会主义为旨归"。2月,分别写信给政府内阁总理和北京各报馆,就社会所传自己被作为政府"专使"赴俄一事予以澄清。同月,所著《新俄游记》由上海商务印书馆初版发行。3—6月,在上海南方大学讲授"社会问题"。5月,为南方大学学生出版《国耻特刊》撰写弁言。6月,作《精武内传序》。7月下旬至8月上旬,应邀从湖北抵湘,在湖南暑期学校授课,分别演讲了《新民主主义》《新社会主义》《社会主义运动之今昔》等。夫人卢岫也第一次用汉语做了《孟特梭利教育》的讲演。

> 按:自8月1日至8日,江亢虎为暑期学校作了《社会主义概论》的专题讲授,其内容丰富而又系统,除"绪论"外,包括10节:1.社会改造之动机(事实与理想;保守与进步);2.社会本位思想(社会主义与个人主义分立);3.经济制度之改革(社会主义与宗教、教育、政治分立);4.私有财产之废除(社会主义与社会改良学说及社会政策分立);5.卡尔·马克思学说(科学社会主义与理想社会主义分立);6.第一国际(社会主义与无政府主义分立);7.第二国际与第三国际(社会主义与共产主义分立);8.变相的社会主义(修正社会主义、国家社会主义、帝国社会主义);9.社会主义与社会运动(革命、政党、女权、劳工);10.最近社会主义之新意。在湖南暑期讲学期间,当地的张效敏、李达分别撰文,对江亢虎的观点,提出商榷和质疑。

江亢虎8月13日在江西教育会讲《社会改造与教育家之责任》。随后,回到原籍江西弋阳,给家乡父老兄弟讲《余三十年来之经过》。10月,在浙江教育会,先后演讲《社会主义进化史》和《俄、德二国革命后之状况》。同月,撰成《南大一年来之教训与感想》。11月13日,乘船离上海,去东南亚诸国游历、访问,直至次年2月24日回国。先后访问了香港、新加坡、马来西亚的吉隆坡和槟榔屿、缅甸的仰光、泰国的曼谷、越南的河内和菲律宾的马尼拉等处。是年,所著《社会问题演讲集》由东南大学出版部印行,所著《山西演讲集》由太原山西日报社印行。(参见江佩伟编《中国近代思想家文库·江亢虎卷》附录《江亢虎年谱简编》,中国人民大学出版社2015年版)

孙德谦9月1日复吴宓函,答应吴宓冀将《亚洲学术杂志》停办后所留遗之稿见赐,恳其全力扶助的要求,并同意作《评今之治国学者》一文交《学衡》杂志刊登。15日,在《国学丛刊》第1卷第3期发表《孙益庵论学三书》,批评王国维以先秦诸子附会欧美思想以及用遗书取代正史的做法。

　　按：《孙益庵论学三书》批评以先秦诸子附会欧美思想以及用遗书取代正史，并指王国维"睹一古器，获一旧拓，详加考订，弟总嫌其穿凿而无关宏谊，有时独标新解，如释史籀二字，不作字体说，人且据之以推翻许叔重矣。为学而不守亭林'信古阙疑'之旨，一任我之颠倒失实，于人心风俗，亦大有关系"。

　　孙德谦11月在《学衡》第23期发表《评今之治国学者》《六朝丽指序》。前文提出今之治国学者，有好古、风雅、游戏三类人，此辈治学，固然不算是治国学，以科学方法考据亦非国学。又有孙德谦《申章实斋六经皆史说》刊于《学衡》第24期。

　　按：《评今之治国学者》曰："言乎考据，何得即称为国学乎？夫考据亦綦难矣，非通乎小学，识其字方形声，而尤洞悉乎六书假借之义，则释解有时而穷。余往者亦尝治此学，久之而病其繁琐，故决然去之，但考据之弊，则知之实深。其弊若何？求之形声，而用假借之法，已不免穿凿而附会，乃又专辄臆断，不曰衍文，则曰脱文，无可如何，则归之传写者之误。审如是，读古人书一任我之所为，殆无难矣。""凡有志于学者，当探索其义理，而寻章摘句，繁称博引，要为不贤识小，所贵乎考据者，岂詹詹在此哉？……夫国学而仅以考据当之，陋孰甚焉。今夫学亦求其有用耳，宣圣赞述六经，为万世治术之本，即周秦道墨诸家，亦何尝空言无用，不足见之行事哉。呜呼！今天下之乱至矣，彼非圣无法者，日出其奇谬之学说以隳弃纲常，铲灭轨物，世风之愈趋而愈下，正不知伊于何底……使果于国学而深造有得，好古三者之失，宜力戒而弗为，支离破碎之考据，亦无事疲耗其精神，有可得时则驾，惟本此经世之志，以措之事业。倘终其身穷老在下，守先待后，砥柱中流，庶几于名教有所裨益。"(参见桑兵《民国学界的老辈(之二)》，《历史研究》2005年第6期；王锐《读子以致用——孙德谦对于诸子学的阐释》，载方勇主编《诸子学刊》第14辑，上海古籍出版社2017年版；沈卫威《学衡派编年文事》，南京大学出版社2015年版；王学典《20世纪史学编年(1900—1949)》，商务印书馆2014年版)

　　陈问涛10月16日在《时事新报》副刊《学灯》第5卷第10册第16号发表《国学之"遗老化"》一文，认为"国学的遗老化，真是现在学术思想上一件最可担忧的事"，"在国学的本身，一定要减损不少的价值；在政治社会学术思想上，一定要生出不少的恶影响"。

　　按：此文鉴于"国学遗老化的恶影响这么厉害"，认为整理国故刚刚开始，有人就公开反对，认为"国学的遗老化，真是现在学术思想上一件最可担忧的事"。不仅那些遗老遗少等余孽，就算是新式的科学的国学家胡适，所办《国学季刊》，"除掉《科学的古史家崔述》外，也只看到《述皇》一类古香古色的文字。又在他的《中学的国文教授》里，竟要学生读四史、通鉴……一些大学生不必人人要读的书。在最近手定的《高级中学国语纲要》里，竟要学生大做其古文"。而"我们敬仰的国学老辈"梁任公，又主张对古人要拿出一副道学面孔，不许嬉笑怒骂，说俏皮话，对孔子要表相当的敬礼。其《国学入门书要目及其读法》，说《论语》《孟子》《易经》有益道德，要摘记先圣先哲身心践履之言以资修养，"这样的态度，是不是与那些圣人之徒开口夫子，闭口先师一鼻孔出气呢？"国学倘若这样慢慢地遗老化下去，"在国学的本身，一定要减损不少的价值；在政治社会学术思想上，一定要生出不少的恶影响"。(参见桑兵《民国学界的老辈(之一)》，《历史研究》2005年第6期)

　　黄炎培1月19日写成《职业教育之礁》一文，刊于《教育与职业》第41期，文中指出：职业教育在发展中，受教育者有如下三种心理，实为职业教育前途之礁：一、求职业须有知识，故重视读书；二、既受教育，就应就任高等的职业，否则是大耻辱；三、入职业界实习者，则以实习不及读书之有味，职业界不及学校之受用。总之，不以职业为贱，即以职业为苦。5月27日，中华职业教育社在职工教育馆举行第六届年会，代表办事部报告社务及修改章程意见。8月16日，在《申报》辟"教育与人生"专栏，并致函胡适征稿。20日，至北京，参加中华教育改进社第二届年会，主持"职业教育组"的会议，先后开会3次，通过重要议案如促进各县职业教育、提倡军队职业教育、调查全国需要指导国外求学方针等案多起。28日，与梁启超、汪大燮等发起"中国文化学会"。9月30日，离沪经海路赴越南，转云南，参加第九届全国教育会联合会。11月16日，自滇返沪，经香港，在青年会讲演女子教育、平民教育和职业教育诸问题。23日，至江苏南通访张謇，陈述全国教育会联合会议情形。在女师讲演，题为《理想的女子》，主张女子受教育后，应能善理家政，并有从事职业专业之知识和技能。（参见余子侠编《中国近代思想家文库·黄炎培卷》附录《黄炎培年谱简编》，中国人民大学出版社2015年版；中央教育科学研究所编《中国现代教育大事记1919—1949》，教育科学出版社1988年版）

邹韬奋继续担任中华职业教育社编辑股主任，负责编撰"职业教育丛刊"，编辑《教育与职业》月刊。2月28日，《职业教育之鹄的》刊于《职业与教育》第42期。同月，《中国之职业教育》收入《申报》馆成立五十周年纪念特刊《最近之五十年》。3月1日，中华职业学校开学，邹韬奋任英文教员。31日，译文《职业测验》刊于《教育与职业》第53期。同月，《职业教育研究》列入职业教育丛刊第一种，由上海商务印书馆出版。6月3日下午7时，参加中华教育改过社等在宁波同乡会设宴欢送郭秉文等参加万国教育大会。7月10—24日，中华职业学校与东献学合作，在暑期学校课程中加入职业教育一组内容，由黄炎培讲职业教育概论，朱经农、杨鄂联讲职业教育课程，廖世承、邹韬奋讲职业知能测试报告。18日，在东南大学召开职业指导委员会第一次讨论会，朱经农、廖世承、黄炎培、杨卫玉、邹韬奋等出席，并规定每半年开常会一次，报告执行成绩及规定将来扩充计划，先试行于江苏，逐渐推广于各省。同月，中华职业教育社改组职业指导部，由刘湛恩任主任，邹韬奋为副主任；邹韬奋《职业智能测验法》列入职业教育丛刊第二种，由上海商务印书馆出版。8月22日，邹韬奋、刘湛恩、朱经农、黄炎培、陆规亮、庄泽宣、杨卫玉等出席中华职业教育社职业指导委员会在清华大学召开的第二次会议，详细讨论进行办法。9月17日下午1时，中华职业教育社职业指导委员会在上海青年会举行第三次会议，刘湛恩、陆规亮、邹韬奋、廖世承、杨卫玉等参加，并报告工作进展情况。30日，《职业指导之真谛》刊于《教育与职业》第48期。11月30日，《实施职业指导之资料》刊于《教育与职业》第50期。12月30日，译文《美国军队职业教育之特点》刊于《教育与职业》第51期。同月，《职业指导》列入职业教育丛刊第三种，由上海商务印书馆出版。（参见邹嘉骊编著《邹韬奋年谱长编》，上海交通大学出版社2015年版）

沈钧儒3月21日被聘为外交委员会委员。25日，政学会改组，在北京召开成立大会。张耀曾、彭允彝、谷钟秀、钮永建及李根源任总务，沈钧儒被推为教育股股员。7月，沈钧儒为反对曹锟贿选，坚辞国会参议院秘书长职，赴沪，与离京议员一起频发通电和宣言，抨击、揭露和声讨曹锟的违法贿选。8月3日，参加在上海半淞园四面厅召开的由京到沪议员恳亲会，会上议决设接洽总枢。6日，与黄炎培、沈信卿在上海一枝香设宴，请江浙两省士绅讨论江浙问题。推举先生筹划一种团体，开展和平运动；并由张謇草拟电文，通电呼吁维护江浙安宁。7日，往江苏省教育会，与黄炎培、沈信卿研究江浙和平具体办法。16日，苏浙和平协会于上海西门职工教育馆召开成立大会，两省人士80余人参加。公推陶拙存为主席。苏浙和平协会成立后，广泛开展工作，联络各方，促成了苏浙和平公约的签订。同时，沈钧儒还参加移沪国会的活动。在此期间，移沪国会屡发通电履行国会职责，以及揭露和反对曹锟、吴景濂等收买议员以图选举总统等事。同月，所著《家庭新论》由商务印书馆出版发行。9、10月间，为反对曹锟贿选总统，频繁奔走于京、津、沪间。9月17日，自京赴津。旋即去沪。10月初又北上。10月7日，沈钧儒等22名在津议员发表《反贿选宣言》。郑重声明："对于公开贿买之大选，则一致反对。南山可移，此志不易。"27日，与汤漪等12名留津国会议员通电全国，列举大量事实，全面揭露贿选内幕。又与杨永泰、胡钧、焦易堂等滞留天津议员抵沪，并即日与褚辅成同赴杭州，进行"联省政府"活动。11月底，全家搬至天津宫岛街永安里3号居住。12月20日，与史量才、黄以霖、穆藕初等10余人参加苏浙和平协会干事会，对苏、浙、闽军事现状违行研究。（参见沈谱、沈人骅编《沈钧儒年谱》，中国文史出版社1992年版）

戴季陶1月虽远在川，仍被孙中山列为实施联俄、容共政策的20位参议之一。10月，被孙中山指定为国民党改组委员会五人之一。秋离川东下，绕道乐山、峨眉山返沪。12月9日，参加国民党中央干部会议，被选为临时中央委员。因与孙中山容纳共产党加入国民党主张不同，电请辞去临时中央委员之职。后孙中山立派廖仲恺赴沪劝其南下，廖、戴辩论容共政策二星期之久，廖仲恺未遂愿而归。（参见桑兵、朱凤林编《中国近代思想家文库·戴季陶卷》附录《戴季陶年谱简编》，中国人民大学出版社2015年版）

杨度再次与孙中山相约于上海，被孙中山任命为全权代表，赴北京联络曹锟，酝酿建立孙曹联盟。（参见左玉河编《中国近代思想家文库·杨度卷》及附录《杨度年谱简编》，中国人民大学出版社2014年版）

柳亚子、叶楚伧、邵力子、胡朴安、陈望道等8人5月在上海发起成立新南社。宗旨是"鼓吹三民主义，提倡民众文学。而归结到社会主义的实行，对于妇女问题、劳动问题，更情愿加以忠实的研究"。这是柳亚子从旧南社分裂出来，支持新文化运动而成立的文学团体，旨在不断探索寻求文化振兴之方。9月10日，发表《新南社发起宣言》。10月14日，新南社在上海以聚餐的形式召开成立大会，宣告新南社正式成立。会议通过了《新南社条例》和《新南社编辑部组织法》等文件，选举柳亚子为社长，邵力子、陈望道、胡朴安等为编辑主任。1925年，柳亚子全力投入改组国民党的工作，新南社活动归于停顿。（参见曾景忠《新南社在南社历史上的地位》，《民国档案》2014年第1期）

曹聚仁5月与柳亚子、邵力子、陈望道、胡朴安、叶楚伧等8人在上海发起成立新南社，被上海艺术科学院聘为国文教授，兼在上海大学附中部、上海艺术大学教国文，并成为章太炎入室弟子，在上海文化学术圈声名鹊起。7月21日，致信胡适，请教治学方法问题。主要是：一、请开示于研究儒学方面，西方是否有足资借镜的著作；二、在方法上，是专择一二重要典籍详究之，还是遍加浏览，志其概略为上？三、儒学盛于鲁，治儒学是否当注意鲁之民族性等方面？信中还说到其师章太炎最近讲演"琐碎散漫，意气过重"。10月14日，在上海福州路小花园都益处菜馆出席新南社成立大会。秋，在新闸路主持沧笙公学。（以上参见曹雷编订《曹聚仁年谱》，《曹聚仁先生纪念集》，2000年；耿云志《胡适年谱》，四川人民出版社1989年版）

胡朴安编著《中华全国风俗志》6月由上海广益书局出版，此为我国第一部全国性风俗志著作。8月5日，胡朴安在上海参与发起成立新南社。8月8日，在上海《民国日报·国学周刊》第14期发表《论今人治学之弊》。10月10日，《民国日报·国学周刊》国庆日增刊发表《民国十二年国学之趋势》，论述清季的学人及其学术。14日，出席新南社在上海从聚餐的形式召开成立大会，与邵力子、陈望道等为编辑主任。

按：胡朴安《论今人治学之弊》指出："今之学者，新旧互相攻击，夫攻击非治学之弊，攻击之结果，恒有以策学问之进步……今之互相攻击者，不仅不见进步，且日见退步，于是知其相攻击也，非以诚恳之心，研究学问，徒以利禄之心，标榜声名，相当之战守器具，皆所不问，惟日以攻击为事，此真治学之弊也。"他进而批评道："今之学者不求所以自立，徒为虚骄之气所乘，以盗窃为能事，以标榜为名事，不仅文话白话然也，一切学问，莫不如是。……无闭门读书之人，只有登坛演讲之人，无执卷问业之人，只有随众听讲之人。……至其比较稍善者,亦不能有具体之研究,而求治学之条理,或抽其一二枝枝节节为之。此等治学者,一中于欲速之心,二中于好奇之念,盖具体的研究,非穷年累月不为功,且无新奇可喜之说,足以动人闻听。今撷一二事,彼此钩稽,甚且穿凿附会,为之者计日可成,听之者诧为未经人道,于是治学者遂有二途:一曰求中国隐僻之书,以比附西方最新之说;一曰求单文孤证,以推翻前人久定之案。尤以翻案之学说,风行一时。"

按:《民国十二年国学之趋势》对于清季的学人及其学术,尚能给予肯定,曰:"中国国学,至清乾嘉时而极盛,道咸以后,迄于光宣之际,日即衰微矣。然而未尝绝也。其矫矫可数者,瑞安孙氏诒让仲容,德清俞氏樾曲园,寻江、戴之坠绪,群经而外,兼及诸子,参互钩稽,时有精言。四川廖氏平季平,广东康氏有为更生,沿刘、庄之辙迹,变而加厉,掊击东汉,独尊西京,罢黜百家,独尊公羊,大同三世之说,比附《礼运》,先进后进之说,比附《论语》,时多怪诞之言,好为新奇之论,然而持之有故,言之成理,虽非通才,足树一帜。长沙王氏先谦益吾,搜讨颇勤,见闻亦富,注史笺子,简明有法,最便初学。湘潭王氏闿运壬秋,文笔健洁,纪湘军尤可观,诗亦优长,惜无独到。所注《墨子》,浅陋无足论已。吴县吴氏大澂清卿,奔走潘氏之门,颇见三代之器,耳目既广,知识遂多,校其文字,为之排比,虽鲜发明,可资参考。上虞罗氏振玉叔蕴,海宁王氏国维静安,获殷墟文字,识其音义,证之许书,发千古未有之奇,校六书违背之旨,骨甲出土,有造于罗、王二氏多也。杭州张氏尔田孟劬,孙氏德谦益安,守实斋之成法,兼治史子,亦可以观。长沙叶氏德辉、吴县曹氏元弼,一则杂不名家,一则拘未宏览,要之一时之好,有足多者。其他诗文词曲卓然成家者,颇亦有之,不悉举也。"但另一方面,在胡朴安看来,老辈的学问只能代表过去,不足以开创未来,因而与现在的学术无关:"兹数先生,虽为足当启发学术之任,亦可谓翘然异于众人矣。惟世界息息推移,学术亦时时递变,诸先生之学术,仅足结清室之终,未足开民国之始,其著作之精粹,可供吾人之诵读,其治学之方法,不能为吾人之楷式。虽诸先生在今日尚有存者,而于民国十二年之国学无与。"(参见桑兵《民国学界的老辈(之一)》,《历史研究》2005年第6期;王学典《20世纪史学编年(1900—1949)》,商务印书馆2014年版)

王秉恩、柯劭忞、陈三立、辜鸿铭、叶尔恺、郑孝胥、朱祖谋、陶葆廉、李孺、章钰、宝熙、王季烈、张美翊、徐乃昌、陈曾矩、陈毅、金梁、刘承干、王国维、罗振玉等20人8月联名发起成立东方学会,拟定简章10条,宣称:"中国有数千年的没有中断的文化传统。近几十年,欧美人民因饱受战争之苦,认识到在强权和枪杆之外还有一条通向真理之路,因而纷纷注重研究东方文化。本会以研究中华文物制度为己任,研究古代经籍和历史的关系,以图洞悉国家和社会治乱之根源。"计划设立董事会和理事会,由柯劭忞任董事长,尉礼贤和今西龙为董事。

按:此事当与日本方面鼓吹所谓日中文化联合有关。1923年6月26日,上海《民国日报·觉悟》刊布一则《东方学会缘起及草章》,会中拟设印刷局、图书馆、博物馆和通信部,印书数十种。应是另一同名组织。(参见桑兵《民国学界的老辈(之一)》,《历史研究》2005年第6期)

胡汉民1月25日受孙中山委任,就广东省长职。26日,沈鸿英策动"江防会议"事变,险遭不测,次日到香港。28日,受孙中山委派,为驻沪办理和平统一代表。5月,由上海到广州协助孙中山主持后方。6月,代理孙中山大元帅职权,任大本营总参议。10月25日,国民党临时中央执行委员会成立,为九委员之一。28日,召开第一次国民党临时中央执行委员会会议,与汪精卫等5人组织上海执行部,负责上海地区改组工作。(参见陈红民、方勇编《中国近代思想家文库·胡汉民卷》附录《胡汉民年谱简编》,中国人民大学出版社2015年版)

张元济1月30日致朱希祖书,答复购求志书方法。同月,为欧阳慧《摄影指南》撰序。又撰《四部丛刊刊成记》。2月,主持校阅的《续古逸丛书》20种出版。3月1日,《四部丛刊》第6期书66种,395册出版。同月,补抄杭州文澜阁《四库全书》工作正式开始。4月18日晚,宴蔡元培,在座有汪兆铭、胡汉民、徐季龙、高凤谦。5月5日,撰《明万历十五年休阳程氏刊本〈陶靖节集〉跋》。26日,中华职业教育社第六届年会举行,大会开揭新一届议事员通讯选举结果:黄炎培、沈恩孚、袁观澜、郭秉文、王正廷、穆湘瑶、穆湘玥及张元济等27人为第三届议事会议事员,任期3年。同月,商务印书馆开始出版《道藏》。7月3日,张元济、董康、李宣龚、朱祖谋、林诒书、刘承幹等出席蒋汝藻于西摩路寓所的家宴。20日午后1时,张元济与陈叔通、高凤谦、徐新六等诣黄浦码头,为蔡元培夫妇赴欧送行。8月11日,梁启超致书张元济,因出版期迫,将所撰成国学讲义中《读书法》前半部稿寄沪,并催问《先秦政治思想史》及《任公近著》中、下卷。9月13日,丁文江致书张元济,附与天津同人草拟之《古物研究社简章》。17日,张元济复丁文江书,并汇去500元,参与发起成立古物研究会。10月5日,胡适自杭州抵沪。6日,到商务印书馆编译所访张元济、高凤谦、王云五、任鸿隽、朱经农等。同月,商务印书馆开始编印"少年史地丛书"。(参见张人凤、柳和城编著《张元济年谱长编》,上海交通大学出版社2011年版)

王云五主持的《国学小丛书》开始出版,涉及总论、哲学、宗教、社会科学、语文学、自然科学、艺术、文学、史地等多个门类,共收录书籍212种。所收书籍撰稿人大多为当时的著名学者,同时还收有一些外国学者的研究著作,对民国国学研究产生了深远的影响。

按:《国学小丛书》系王云五在胡适的计划上提出并主持的,为商务印书馆三套著名国学丛书中首先印行的,全套丛书共收录书籍212种,至1948年8月才停止印行。所收书籍撰稿人大多为当时的著名学者,其中代表性的著作有:谢无量《诗经研究》(1923年5月)、《楚辞新论》(1923年5月)、《中国古田制考》(1932年12月)、《古代政治思想研究》(1923年6月),梁启超《陶渊明》(1923年9月)、《中国历史研究法》(1933年6月)、《中国历史研究法补编》(1936年6月),钱穆《论语要略》(1925年12月)、《惠施公孙龙》(1931年8月),吕思勉《中国文字变迁考》(1926年2月)、《经子解题》(1926年4月)、《史通评》(1934年9月),周予同《经今古文学》(1926年2月)、《朱熹》(1929年10月),胡朴安《诗经学》(1928年3月),郎擎霄《孟子学案》(1928年3月),陈柱《周易论略》(1929年10月),贾丰臻《宋学》(1929年10月),钱基博《周易解题及其读法》(1931年11月)、《四书解题及其读法》(1934年1月)、《读庄子天下篇疏记》(1933年4月),罗根泽《孟子评传》(1932年11月),蒙文通《诗经执原》(1933年2月),吴梅《辽金元文学史》(1934年3月),柯敦伯《宋文学史》(1934年4月),熊梦《晚周诸子经济思想史》(1936年7月)等。丛书同时还收有一些外国学者的研究著作,如[日]宇野哲人著、陈彬龢译的《孔子》(1926年8月),[日]儿岛献吉郎著、陈清泉、隋树森译《诸子百家考》(1933年7月)、《毛诗楚辞考》(1936年2月),[日]本田成之著、陈清泉译的《经学史论》(1934年5月),[日]青木正儿著、郭虚中、江侠庵译《南北戏曲源流考》(1938年10月),[日]三上义夫著、林科棠译《中国算学之特色》(1933年3月)等。(参见王学典《20世纪史学编年(1900—1949)》,商务印书馆2014年版)

杨贤江继续为商务印书馆聘为《学生杂志》主编。1月,与侯绍裘、高尔松等组织"青年问题讨论会",主要讨论青年的求学、婚姻、择业、独立生活及服务社会等。2月20日,在《教育杂志》第15卷第2号发表《教育者与政治》一文,强调"只有革命的教育,才是中国最需要的教育;只有革命的教育者,才是中国最需要的教育者",并提出教育者"应有一种眼光来识别国内最有革命精神的党派而与之合作","要教学生革命、教群众革命"。同月,在《民铎》第4卷第2号发表《社会学发达的大势》,介绍了社会学发达的三条路径,即实际的社会观、哲学的社会观和科学的社会观以及国外社会学最近的发展现状,建议中国中等以上学校设立社会学这门课,使学生有社会学的知识,了解社会学的研究方法,也使有志于社会学的研究者有机会研究它。7月,所著《新法公民教科书》由商务印书馆初版。8月5日,在《学生杂志》第10卷第8号发表《中国的学生运动与青年运动》。10月14日,参加少年中国学会在苏州召开的第四次大会。与邓仲夏、恽代英等,为学会制定"求中华民族独立,到青年中去"的方针,以及"反对国际帝国主义"等九条纲领。同月,杨贤江协助恽代英编辑《中国青年》。又在《新教育》第7卷第23期发表译作《教育心理测量》,为美国学者麦柯尔博士讲演的记录稿,是麦柯尔博士对在中国进行教育心理测量工作的总结及展望,由杨贤江和杜元载两人记录并整理。11月,在《学生杂志》上开辟"答问"专栏。是年,担任中共中央与各地党组织的秘密通讯与联络工作,并兼任浙江春晖中学教务主任。同时抽暇在上海大学社会学系、上海大学附中及景贤女中讲课。是年,复旦大学首开心理学系,前往该系学习普通心理学、实验心理学、比较心理学等10多门课程。(参见中央教育科学研究所编《中国现代教育大事记1919—1949》,教育科学出版社1988年版;杜学元、吴吉惠等撰著《杨贤江年谱长编》,光明日报出版社2005年版)

张其昀就读于南京高等师范学校文史地部,与陈训慈、缪凤林等同为柳诒徵门人。1月1日,在《史地学报》第2卷第2期发表《最近欧洲各国地理学进步之概况》。5月1日,在《史地学报》第2卷第4期发表所译英国密尔博士原著《方志之价值》。7月1日,在《史地学报》第2卷第5期发表《兑豆二君之大学地理教育观》。夏,南京高等师范学校文史地部毕业后,赴上海商务印书馆工作。8月1日,在《史地学报》第2卷第6期发表所译英国格莱哥雷父子合著《亚洲东南部山脉河流之新解释》与英国利物浦大学教授洛斯裴(Percy M. Roxby)原著《远东问题之地理的背景》。11月1日,在《史地学报》第2卷第7期发表《地理学之新精神》《地理与国际问题》。在上海商务印书馆主编的《高中中国地理》,与戴运轨主编的高中物理教科书、林语堂主编的高中英语课本构成当时全国通用的三大课本,对中学教育起了很好的提升作用(参见沈卫威《学衡派编年文事》,南京大学出版社2015年版)

向达从东南大学毕业考入上海商务印书馆编译所做编译员。1月1日,在《史地学报》第2卷第2期发表所译亚里士多德《伦理学》卷一。8月1日,在《史地学报》第2卷第6期发表所译Walter Eugene著《希印古代交通考》与(俄)A. Presniakov著《俄国革命史时历史研究之状况》。11月1日,在《史地学报》第2卷第7期发表(美)李兰著、向达译《不鲁舍拉万国史学会第五次大会纪事》。后与梁思成等人一同合译了《世界史纲》,又与丰子恺合著《东方艺术与西方艺术》。(参见沈卫威《学衡派编年文事》,南京大学出版社2015年版;王学典《20世纪史学编年(1900—1949)》,商务印书馆2014年版)

陈衡哲著《西洋史》(上册)完稿。5月,写信给胡适说:"你们把我邀入努力社,我很感谢你们的厚意,但我对于政治上恐不能有所努力……我所能努力的,是借了文艺思想来尽我改造社会心理的一分责任。"9月,与胡适、徐志摩、朱经农、任鸿隽、江北铭、马君武等乘观湖专车往海宁观湖。10月8日,胡适在上海邀集任鸿隽、陈衡哲、朱经农、徐新等人商议,决定改《努力周报》为半月刊或月刊。21日,《努力周报》出版最后一号(第75号),有胡适撰写的停刊启事。(参见杨同生《陈衡哲年谱》,《中国文学研究》1991年第3期)

戈公振继续任职于《时报》。1月1日《时报》刊登陈学昭《我理想中的新女性》征文稿。戈公振对于这位未见面的作者,除寄去稿酬外,并附信勉励。开始书信往来。8月10日,戈公振在《东方》杂志发表《中国新闻事业之将来》一文。对于当时我国新闻事业的前途,戈公振认为:"乐观悲观,虽两者兼有,而乐观之量,较多于悲观,则所敢言:我人苟知卧薪尝胆,则新闻界之将来,即中国国运之将来,尚有无穷希望。海内同胞,当闻此而欣然也。"(参见洪惟杰编著《戈公振年谱》,江苏人民出版社1990年版)

张伯简、毛泽民、徐白民先后主持的上海书店11月1日成立于上海。曾出版并经售《共产党宣言》《反帝国主义运动》《世界劳工运动史》《中国青年丛书》《向导丛书》等。

戴志骞在《教育丛刊》第3卷第6期发表《图书馆学术讲稿》，比较系统地介绍了西方图书馆学的理论和方法。

杨昭悊在《晨报副刊》发表《人民对于公共图书馆的权利义务》，是晚清公共图书馆运动以来到民国时期新图书馆运动时期唯一一篇在标题中涉及公民对于公共图书馆的"权利"的文章。

杜定友任复旦大学教授兼图书馆馆长，并发起成立全国图书馆学研究会。

黎锦晖兼任上海南方大学国语学教授。

张耀曾赴西欧考察司法制度，回国后先后出任法律讨论会会长、上海中国公学社会科学院法律系主任兼教授。

潘天寿先后任上海美术专科学校及新华艺术专科学校教授。

谭正璧因经济不支而辍学，去上海神州女校任教。

余井塘任三藩市《少年中国晨报》总编。

陈之佛从日本学成回国，在上海创办尚美图案馆。同时受聘上海东方艺专图案科主任，并为《东方杂志》等书刊担任装帧设计工作。

朱应鹏、宋志钦、陈南荪、鲁少飞等知名画家作品150余件参加晨光美术会7月14日在上海举办的美展。

吴昌硕、王一亭、刘海粟、吴杏芬、汪亚尘、王济远等人的作品参加天马会举办的第六届绘画作品展览。

潘思同与陈秋草、方雪鸪在上海创办白鹅画会，出版《白鹅画刊》。附设有白鹅绘画研究所。

按：白鹅画会是上海最早创立的职工业余美术研究团体。

袁克文在上海发起组织中国文艺协会，任主席兼审查。

祝湘石、罗伯夔、黄咏台编辑的《音乐季刊》8月在上海创刊。

尚小云9月与余叔岩合作为各国驻华外交使团演出《御碑亭》。

关良毕业于东京太平洋美术学院。归国后，任教于上海神州女学。

丁兰荪因全福班散班，在上海专以教曲、教戏为生，"传字辈"艺人中的旦行演员朱传茗、张传芳、姚传芗等皆向他问艺。

施蛰存夏季因参加非宗教大同盟，被迫离开之江大学。9月，与戴望舒同往上海，入上海大学中国文学系，教师有陈望道、沈雁冰、俞平伯、田汉等。

柯柏年升入沪江大学社会学系学习，后因翻译出版列宁的《帝国主义论》被学校开除。因瞿秋白、张太雷的建议而转入上海大学社会学系学习。

白蕉考入上海英语专修学校，通过同学蒋丹麟结识徐悲鸿，与徐悲鸿、周练霞、徐建奇，与戚石印夫妇一起加入蒋梅笙组织的诗社。

李可染入上海美术专科学校学习。

史良考入上海法政大学。

杨荫浏进上海圣约翰大学文学系学习，后转入光华大学经济系。

戴望舒考入上海大学，开始新诗创作。

丁玲入上海大学中文系学习。

大勇法师10月从日本回国，为江味农、吴璧华等居士所劝请，先是在上海开坛传法，继往杭州设坛灌顶,随其修习印咒大法者多至上百人。

余日章任中华全国基督教协进会会长。

丁淑静任中华基督教女青年会总干事。

刘湛恩任中华基督教青年会全国协会教育部总干事。

徐宗泽任《圣教杂志》主编、上海徐家汇藏书楼馆长。

梁启超1月9日为东南大学国学研究会演讲《治国学的两条大路》,强调"我们现在作这种工作,眼光又和先辈不同,所凭借的资料也比先辈们为多。我们应该开出一派'新考证学'!"13日,梁启超结束在东南大学讲学事,对该校学生发表课毕告别演说一篇。同日,梁启超在归事匆忙中,尚为王仲武所著《统计学之原理与应用》一书撰序文。15日,由南京北返,抵津后即登养病谢客启事一则于北京《晨报》。同月,在天津创办文化书院,自任院长,作《为创办文化学院事求助于国中同志》书,受到同仁、弟子与学界的高度关注。2月2日,梁启超致张东荪一书,论对时局态度与文化学院事。10日,著成《陶渊明年谱》,内计《论陶》一篇,《陶年谱》一篇,《陶集考证》一篇。3月15日,驻英国代办公使朱兆莘致先生一书,言荐梁启超为万国著作家俱乐部名誉会员事。18日,梁启超致陈叔通、黄溯初、张东荪、张君劢等书,商出售并改组《时事新报》各事。20日,梁启超致高梦旦书,报告翻译《世界史纲》情形及著《陶渊明》《释伽》各事。4月1日,为所著《陶渊明》作自序。

按:序曰:"客冬养病家居,诵陶集自娱,辄成论陶一篇,陶年谱一篇,陶集考证一篇。更有陶集私定本,以吾所推证者重次其年月,其诗之有史迹可稽者为之解题。但未敢自信,仅将彼三篇布之云尔。"

梁启超4月养病于北京西郊之翠微山,其时为《清华周刊》撰《国学入门书目》。同月,在《史地丛刊》第2卷第2—3期合刊发表《中华民族之成分》。5月7日,梁思成、梁思永为汽车轧伤。中旬,梁启超迎晤康有为于天津。春夏间,张君劢、丁文江因为人生观的争论,发起很剧烈的玄学与科学的论战。其时梁启超正在养病翠微山中,因为怕他们过用意气反伤和气的缘故,所以当时曾撰《关于玄学科学论战之战时国际公法》和《人生观与科学》两篇文章,借以导入为真理而论战的途径。

按:梁启超《人生观与科学》(载1923年5月29日《晨报》)对"人生""人生观"和"科学"作出了自己的界定,提出了自己的看法:"人生问题,有大部分是可以——而且必要用科学方法来解决的。却有一小部分——或者还是最重要的部分是超科学的。"其文曰:

张君劢在清华学校演说一篇《人生观》,惹起丁在君做了一篇《玄学与科学》和他宣战。我们最亲爱的两位老友,忽然在学界上变成对垒的两造。我不免也见猎心喜,要把我自己的意见写点出来助兴了。当未写以前,要先声叙几句话:第一,我不是加在那一造去"参战",也不是想斡旋两造做"调人",尤其不配充当"国际法庭的公断人"。我不过是一个观战的新闻记者,把所视察得来的战况随手批评一下便了。读者还须知道,我是对于科学、玄学都没有深造研究的人。我所批评的一点不敢自以为是。我两位老友以及其他参战人、观战人,把我的批评给我一个心折的反驳,我是最欢迎的。第二,这回战争范围,已经蔓延得很大了,几乎令观战人应接不暇。我为便利起见,打算分项批评。做完这篇之后,打算还跟着做几篇:(一)科学的知识论与所谓"玄学鬼"。(二)科学教育与超科学教育。(三)论战者之态度……等等。但到底作几篇,要看我趣味何如,万一兴尽,也许不作了。第三,听说有几位朋友都要参战,本来想等读完了各人大文之后再下总批评,但头一件,因技痒起来等不得了;第二件,再多看几篇,也许"崔颢题诗"叫我搁笔,不如随意见到那里说到那里。所以这一篇纯是对于张、丁两君头一次交绥的文章下批评,他们二次彼此答辩的话,只好留待下次。其余陆续参战的文章,我很盼早些出现,或者我也有继续批评的光荣,或者我要说的话被人说去,或者我未写出来的意见已经被人驳倒,那末,我只好不说了。

凡辩论先要把辩论对象的内容确定:先公认甲是什么乙是什么,才能说到甲和乙的关系何如。否则一定闹到"驴头不对马嘴",当局的辩论没有结果,旁观的越发迷惑。我很可惜君劢这篇文章,不过在学校里随便讲演,未曾把"人生观"和"科学"给他一个定义。在君也不过拈起来就驳。究竟他们两位所谓"人生观",所谓"科学",是否同属一件东西,不惟我们观战人摸不清楚,只怕两边主将也未必能心心相印哩。我为替读者减除这种迷雾起见,拟先规定这两个名词的内容如下:(一)人类从心界、物界两方面调和结合而成的生活,叫做"人生"。我们选一种理想来完成这种生活,叫做"人生观"。(物界包含自己的肉体及己身以外的人类,乃至己身所属之社会等等。)(二)根据经验的事实,分析综合,求出一个近真的公例,以推论同类事物,这种学问叫做"科学"。(应用科学改变出来的物质或建设出来的机关等等,只能谓之"科学的结果",不能与"科学"本身并为一谈。)

我解释这两个名词的内容,不敢说一定对。假定拿以上所说做个标准,我的答案便如下:人生问题,有大部分是可以——而且必要用科学方法来解决的。却有一小部分——或者还是最重要的部分是超科学的。因此我对于君劢、在君的主张,觉得他们各有偏宕之处。今且先驳君劢。

君劢既未尝高谈"无生",那么,无论尊重心界生活到若何程度,终不能说生活之为物,能够脱离物界而单独存在。既涉到物界,自然为环境上——时间空间——种种法则所支配,断不能如君劢说的那么单纯,专凭所谓"直觉的""自由意志的"来片面决定。君劢列举"我对非我"之九项,他以为不能用科学方法解答者,依我看来什有八九倒是要用科学方法解答。他说:"忽君主忽民主,忽自由贸易忽保护贸易……等等,试问论理学公例,何者能证其合不合乎?"其意以为这类问题既不能骤然下一个笼统普遍的断案,便算屏逐在科学范围以外。殊不知科学所推寻之公例乃是:(一)在某种条件之下,会发生某种现象。(二)欲变更某种现象,当用某种条件。笼统普遍的断案,无论其不能,即能,亦断非科学之所许。若仿照君劢的论调,也可以说:"忽衣裘忽衣葛,忽附子玉桂忽大黄芒硝……,试问论理学公例,何者能证其合不合乎?"然则连衣服、饮食都无一定公例可以支配了,天下有这种理吗?殊不知科学之职务不在绝对的普遍的证明衣裘衣葛之孰为合孰为不合,他却能证明某种体气的人在某种温度之下非衣裘或衣葛不可。君劢所列举种种问题,正复如此。若离却事实的基础,劈地凭空说君主绝对好,民主绝对好,自由贸易绝对好,保护贸易绝对好……,当然是不可能。却是在某种社会结合之下宜于君主,在某种社会结合之下宜于民主,在某种经济状态之下宜自由贸易,在某种经济状态之下宜保护贸易,……那么,论理上的说明自然是可能,而且要绝对的尊重。君劢于意云何?难道能并此而不承认吗?总之,凡属于物界生活之诸条件,都是有对待的,有对待的自然一部或全部应为"物的法则"之所支配。我们对于这一类生活,总应该根据"当时此地"之事实,用极严密的科学方法,求出一种"比较合理"的生活。这是可能而且必要的。就这点论,在君说"人生观不能和科学分家",我认为含有一部分真理。

君劢尊直觉,尊自由意志,我原是赞成的,可惜他应用的范围太广泛而且有错误。他说:"……常有所观察也、主张也、希望也、要求也,是之谓人生观。甲时之所以为善者,至乙时则又以为不善而求所以革之;乙时之所以为善者,至丙时又以为不善而求所以革之。……"君劢所用"直觉"这个字,到底是怎样的内容,我还没有十分清楚。照字面看来,总应该是超器官的一种作用。若我猜得不错,那么,他说的"有所观察而甲乙丙时或以为善,或以为不善",便纯然不是直觉的范围。为什么"甲时以为善,乙时以为不善"?因为"常有所观察";因观察而以为不善,跟着生出主张、希望、要求。不观察便罢,观察离得了科学程序吗?"以为善不善",正是理智产生之结果。一涉理智,当然不能逃科学的支配。若说到自由意志吗?他的适用,当然该有限制。我承认人类所以贵于万物者在有自由意志;又承认人类社会所以日进,全靠他们的自由意志。但自由意志之所以可贵,全在其能选择,于善不善之间而自己做主以决从违。所以自由意志是要与理智相辅的。若象君劢全抹杀客观以谈自由意志,这种盲目的自由,恐怕没有什么价值了。(君劢清华讲演所列举人生观五项特征,第一项说人生观为主观的,以与客观的科学对立,这话毛病很大。我以为人生观最少也要主观和客观结合才能成立。)

然则,像我全部赞成在君的主张吗?又不然。在君过信科学万能,正和君劢之轻蔑科学同一错误。在君那篇文章,很像专制宗教家口吻,殊非科学者态度,这是我最替在君可惜的地方,但亦无须一一指摘了。在君说："我们有求人生观统一的义务。"又说："用科学方法求出是非真伪，将来也许可以把人生观统一。"（他把医学的进步来做比喻。）我说，人生观的统一，非惟不可能，而且不必要；非惟不必要，而且有害。要把人生观统一，结果岂不是"别黑白而定一尊"，不许异己者跳梁反侧？除非中世的基督教徒才有这种谬见，似乎不应该出于科学家之口。至于用科学来统一人生观，我更不相信有这回事。别的且不说，在君说"世界上的玄学家一天没有死完，自然一天人生观不能统一"，我倒要问：万能的科学，有没有方法令世界上的玄学家死完？如其不能，即此已可见科学功能是该有限制了。闲话少叙，请归正文。

人类生活，固然离不了理智；但不能说理智包括尽人类生活的全内容。此外，还有极重要一部分——或者可以说是生活的原动力，就是"情感"。情感表出来的方向很多，内中最少有两件的的确确带有神秘性的，就是"爱"和"美"。"科学帝国"的版图和威权无论扩大到什么程度，这位"爱先生"和那位"美先生"依然永远保持他们那种"上不臣天子，下不友诸侯"的身份。请你科学家把"美"来分析研究罢，什么线，什么光，什么韵，什么调……任凭你说得如何文理密察，可有一点儿搔着痒处吗？至于"爱"那更"玄之又玄"了。假令有两位青年男女相约为"科学的恋爱"，岂不令人喷饭？又何止两性之爱呢？父子、朋友…间至性，其中不可思议者何限？孝子割股疗亲，稍有常识的也该知道是无益。但他情急起来，完全计较不到这些。程婴、杵白，代人抚孤，抚成了还要死。田横岛上五百人，死得半个也不剩。这等举动，若用理智解剖起来，都是很不合理的，却不能不说是极优美的人生观之一种。推而上之，孔席不暖，墨突不黔，释迦割臂饲鹰，基督钉十字架替人赎罪，他们对于一切众生之爱，正与恋人之对于所欢同一性质。我们想用什么经验什么轨范去测算他的所以然之故，真是痴人说梦。又如随便一个人对于所信仰的宗教，对于所崇拜的人或主义，那种狂热情绪，旁观人看来，多半是不可解而且不可以理喻的。然而，一部人类活历史，却十有九从这种神秘中创造出来。从这方面说，却用得着君劢所谓主观、所谓直觉、所谓综合而不可分析……等等话头。想用科学方法去支配他，无论不可能，即能，也把人生弄成死的，没有价值了。

我把我极粗浅极凡庸的意见总括起来，就是：人生关涉理智方面的事项，绝对要用科学方法来解决；关涉情感方面的事项，绝对的超科学。

我以为君劢和在君所说，都能各明一义。可惜排斥别方面太过，都弄出语病来。我还信他们不过是"语病"，他们本来的见解，也许和我没有什么大分别哩。以上批评"人生观与科学"的话，暂此为止。改天还想讨论别的问题。十二年五月二十三日在翠微山秘魔岩作。

梁启超6月在居翠微山期间，曾撰《稷山论书序》一篇，文中除道及山居生活情形外，颇多讨论书法的话。同月20日，松坡图书馆择定馆址于北海快雪堂，先生为《馆记》一篇。7月4日，自翠微山返津后，因其时曹锟谋总统事甚急，乃为长书劝告之。同月，主讲南开大学暑期学校。8月11日，梁启超在《清华周刊》总281号《书报介绍》副刊第3期发表《国学入门书要目及其读法》，因梁启超不赞同胡适所列《一个最低限度的国学书》，故而另撰此文以为矫正，后附胡适的《一个最低限度的国学书》、梁启超的《治国学杂话》《评胡适之的〈一个最低限度的国学书〉》。此又曾刊登在6月14—23日的《晨报副刊》。同月，梁启超《先秦政治思想史》由中华书局出版。9月起，在清华学校讲学。10月5日，梁启超在《清华周刊》总288号《书报介绍》副刊第5期开始发表《要籍解题及其读法》。10日，梁启超在北京倡议发起"戴东原生日二百年纪念会"，撰《戴东原生日二百年纪念会缘起》一文，借以广征学者之同情，兼作纪念会之准备。

按：梁启超主张在戴震生日那一天，在北京举行"东原学术讲演会"，并列出所要讲的大致范围："一、戴东原在学术史上的位置；二、戴东原的时代及其小传；三、音声训诂的戴东原；四、算学的戴东原；五、戴东原的治学方法；六、东原哲学及其批评；七、东原著述考；八、东原师友及弟子。"梁启超打算写5篇文章纪念戴震，一是《东原先生传》，二是《东原著述考》，三是《东原哲学》，四是《东原治学方法》，五是《颜习斋与戴东原》。后"因为校课太忙"，仅作出3篇：《戴东原先生传》《戴东原哲学》《戴东原著述纂校书目考》。（梁启超《戴东原生日二百年纪念会缘起》，《饮冰室合集》第5册，《饮冰室文集》之四十）

梁启超发起的松坡图书馆11月4日于北海正式成立。11月10日，应北京中国大学之请，讲演中国人格教育之两大出发点——性善论、性恶论一题。13日，胡适致先生书，言愿参加戴东原生日纪念会事。22日，梁启超致高梦旦书，言为《东方杂志》纪念号撰文事，此文后来题作《颜李学派与现代教育思潮》，是时正当美国杜威博士到中国讲演实验主义以后，所以一时国内提倡颜李学的人很多。12月1日，梁启超在《晨报五周年纪年增刊》发表《〈清代通史〉序》和《清代政治之影响于学术者》两文。17日，张元济复书梁启超，言收到《颜李学派与现代教育思潮》一文各事，谓《颜李学派与现代教育思潮》"深足药吾中国能坐言不能起行之病，尤足救近人所倡行之匪艰知之维艰之说之偏，至为钦佩"。是年，所著《先秦政治思想史》（一名《中国圣贤之人生观及其政治哲学》）由上海商务印书馆刊行。论文尚有《朱舜水年谱》一书以及《黄梨洲朱舜水乞师日本辩》《阳明先生传及阳明先生弟子录序》《为江苏省议员摧残教育事告江苏人民》《救灾同志会公启》《巴黎和会预备提案序》《清代通史序》《晨报增刊经济界序》。又拟辑《清儒学案》一书未果。

> 按：梁启超《先秦政治思想史》曾针对国故学复活的原因指出："盖由吾侪受外来学术之影响，采彼都治学方法以理吾故物。于是乎昔人绝未注意之资料，映吾眼而忽莹；昔人认为不可理之系统，经吾手而忽整；乃至昔人不甚了解之语句，旋吾脑而忽畅。质言之，则吾侪所恃之利器，实'洋货'也。坐是之故，吾侪每喜以欧美现代名物训释古书；甚或以欧美现代思想衡量古人。"（夏晓虹编《梁启超文选》下，第328页）（参见丁文江、赵丰田编著《梁启超年谱长编》，上海人民出版社2009年版；沈卫威《学衡派编年文事》，南京大学出版社2015年版）

张伯苓1月10日出席北京私立平民学校校长汪伯唐为德国杜里舒博士夫妇来北京讲学举行的欢迎会，并为杜里舒讲话做翻译。2月11—12日，欢迎德国哲学家杜里舒博士（Dr. Driesch）来南开大学演讲《历史之意义》《伦理之自觉性》，由梁启超致介绍词。3月4日，中华教育改进社在南开大学举行京津董事会，熊希龄、梁启超、张伯苓、陶行知、孟禄等出席，推定代表蔡元培、张伯苓、范源濂、黄炎培、胡适、陶行知、汪精卫等8人出席本年6月28日至7月6日在美国旧金山举行的世界教育会议。6日，在南开中学新学期第一次修身班上发表讲话，主要讲解南开学校的公共目的，就是"期望每人皆成一个人"，使个人皆得充分地发展其才能。7日，收到中华教育改进社来函，赴美参加世界教育会议代表的名单确定为蔡元培、范源濂、黄炎培、郭秉文、张伯苓、胡适、汪精卫、陶行知。11日，南开大学校董会常会召开，孙子文、严慈约等出席，张伯苓列席。张伯苓在会上报告大学建科学馆、向银行借款事，以及八里台南开大学新校工程等。同时，创办天津南开女子中学，提议女子中学于本年7月开始招生。19日，南开师生举行反对日本对我国提出的"二十一条"报告会，要求政府根本否认"二十一条"，收回旅顺大连。张伯苓发表演说，谓"苟诸生能立定心志，本自立人之精神，以救将亡之国家，何患旅大之不归还"。22日，张伯苓委派理科教师和行政人员在北京与洛克菲勒基金会胡恒德、祁天锡及建筑师讨论科学馆建筑计划。

> 按：这个计划稍作修改，将提交校董会批准。次日，胡恒德在给顾临的信中谈了南开大学审议科学馆设计图的情况，指出"这建筑是一个有着非常好的结构，与周围建筑很协调。物理系在一层，生物系在二层，化学系在三层。这个建筑还可能扩展到翼楼。现在的计划是采取水暖取热，将来会有一个中央控制系统"。胡恒德告诉顾临，"南开期待尽快完成施工图，一旦拿到动工许可，就立即动工建筑"。

张伯苓4月16日欢迎泰戈尔（Rabindranath Tagore）来华代表、印度大学教授艾理米休斯（Elmhirs）来南开讲演《印度教育状况》。5月4日，第十届华北运动会在南开大学举行，张伯苓主持大会并任总裁判。10日，邀请德国威赫禄穆博士（Wihelm）在南开大学讲演

《东方哲学对于西方思想之关系》。20日，与严修陪徐世昌等参观八里台南开大学新校。22日，出席直隶中等教育会议。6月28日，南开大学首届毕业典礼在八里台新校秀山堂举行，授予21名毕业生学士学位。张伯苓、梁启超相继祝词，并颁发毕业文凭。7月6日，达仁女校校长马千里为该校教员邓颖超等6人报名入南开大学暑期学校。8月10日，应日本驻津领事吉田茂邀请，赴日本驻津领事馆领事寓所，同座有严修、梁启超、凌冰、王竹林等，日本方面有东京医科大学入泽达吉博士、日本外务省书记处冈井部长、副领事浦田昌义，以及鹤见、越崎诚近等。12日，迁八里台南开大学新校址办公。19日，中华教育改进社在第二届年会前召开社务会议，张伯苓作为临时主持主持会议，并致开会辞，称现在国事毫无进步，吾人相信教育为解决一切困难问题之妙物。我们所最信仰之教育，将来无论时局如何变化，都要努力前进，毫不懈怠。23日，在中华教育改进社第二届年会第一次全体学术会议上做报告。26日，出席第一次全国平民教育大会，被推举为执行董事。

按：会议议决成立中华平民教育促进会总会，选举董事40人，推举张伯苓、周作民、陈宝泉等9人为执行董事。朱其慧为董事长，晏阳初为总干事。

张伯苓9月17日在南开学校大学部开学式上发表讲演，提出"办大学之目的，在信学以致大，学以易愚，学以救国、救世界，学能求真理又能改善人格"。学者要做到：立志、敦品、勤勉、虚心、诚意。21日，《南开周刊》载，张伯苓在南开全体教职员聚餐会上讲话，强调办教育的目的，就是要造就新人才，改造旧中国，创造新中国。任教育者当注重人格感化。人格感化之功效，较课堂讲授之力，相去不可以道里计。10月4日，在北京与张彭春看梅兰芳、杨小楼的《霸王别姬》。8日，与南开女中学生谈世界各国需要教育的原因及教育的意义，提倡学生主动学习。14日，主持美国讲演家艾迪博士在南开中学演讲《世界之大局》。16日，接待美国罗氏基金团代表、美国远东办学处副主任格先生来南开大学参观。26日，请南开大学人类学教授李济博士在修身班演讲《新郑之行》。30日，倡议南开大学成立教授会，并提供房屋作为教授社交活动室。11月1日，在南开学校高级修身班上演讲，深信"中国将来之希望，纯在人才之多寡"。12日，邀梁漱溟在南开中学高级修身班上演讲《孔子的真面目》。15日，在南开中学高级修身班讲话，就梁漱溟前日所讲《孔子的真面目》，望诸生特别注意孔子学术要点，并要求学生各备《论语》一部，仔细研读，称"以吾观之，中国之古书最有分量者，实算《论语》者也"。月底，北京大学教授李大钊等来南开学校参观。12月4日，应山东烟台基督教青年会约请，前往讲演3天。18日，江苏省长韩国钧聘任张伯苓等人为国立自治学院董事。23日，校董事会常会开会，严慈约、卞傲成、王濬明出席，张伯苓列席报告学校财务状况，并提出因学校经济困难，请董事会变通前决议的教员增薪问题。24日，北京大学教授谭仲逵、李大钊，天津法汉学校校长法国人葛禄举，天津法政学校校长李秀夫，汉口明德大学校长胡元倓，日人瓜田友卫等均先后来校参观，张伯苓等人接待。(参见龚克主编《张伯苓全集》第十卷附编《张伯苓年谱》，南开大学出版社2015年版)

罗振玉是春据敦煌本《道德经》残卷，合以传世各本，计石本四、六朝及唐残卷十，全经不见唐钞者仅四章，乃合校于王注本上，为《道德经考异》2卷，唐以后本不复阑入。又据敦煌本《庄子》《胠箧》《刻意》《山木》《徐无鬼》《田子方》诸篇，校以今本，为《南华真经残卷校记》。据敦煌六朝写本《抱朴子》《畅玄》《访仙》《对俗》三篇，校以今本，为《抱朴子残卷校记》。据敦煌初唐写本《刘子》，起《去情》第四之后半讫《思顺》第九之前半，校以今本，写《刘子残卷校记》。5月，王国维应召入都，寓后门织染局。罗振玉每与通书谈宫禁事，心以为忧。季夏得古砚，形制古朴，背有"聱叟"二字，大径两寸许，识为元次山遗砚。王国维考次山称聱叟，在宝应元年侍亲客樊上时，后二年出知道州，《舂陵行》《中兴颂》皆知道州后作，疑用此砚所草。乡人因以"聱砚"名斋。

罗振玉等8月在天津组织东方学会，发起者为王秉恩、柯劭忞、陈三立、辜鸿铭、叶尔恺、郑孝胥、朱祖谋、陶葆廉、李孺、章钰、宝熙、王季烈、徐乃昌、陈曾矩、陈毅、金梁、刘承干、王国维、罗振玉等。东方学会的宗旨是改变"中国兴学以来，数十年的光明，大半花掉在'保存国粹'和'贩卖洋货'两种工作上面"的状况，"努力脱离过渡的时期，赶上创造的领域去"。冬，罗振玉至开封观新郑出土古彝器。又去秋距洛阳城东30里之大东郊朱家古墩，农民掘地得石，乃魏正始石经《尚书》《春秋》残石，售诸贾人。以石大，中剖为二，致损字一行。石表里刻，一面为《尚书·君奭》，计34行，一面为《春秋》僖公文公，计32行。《君奭》一面，适与30年前出土藏于黄县丁氏者一石相衔接，延津剑合。罗振玉又得见未剖本，遂考证其文字与经本古今异同，并进而论篆法源流，作长跋。（参见罗继祖《永丰乡人行年录（罗振玉年谱）》，江苏人民出版社1980年版；王学典《20世纪史学编年（1900—1949）》，商务印书馆2014年版）

严修3月4日与熊希龄、梁启超、陶知行、张伯苓、张仲述等出席中华教育改进社在南开大学召开的董事会。4月16日，至南开大学，有英人某君自印度来华，代表英著名诗家塔戈（Tagore，今译泰戈尔）考察中国教育。塔戈在印度办一大学，注重职业实习，某君携其大学之活动电影，在南开学校开演。5月26日，访康有为，谈一小时。6月6日，康有为来访，久谈。13日，黎元洪总统被直系军警所逼，弃职至津。14日，严修往见，谈片刻即出。7月19日，阅康有为所著《不忍杂志》。8月10日，赴日本领事馆吉田君约，至其寓所（英租界中街利顺德对过）。同坐有入泽达吉（医学博士，医科大学博士，系智钟之师）、冈部长景（日本外务省书记官）、浦田副领事鹤见、野崎诚近、石田、梁任公、郭桐柏、张伯苓、张仲苏、凌冰、王竹林。12月10日，先前因割治摄护腺肿瘤入协和医院，是日出院。20日，自京返津宅。是年，与津绅筹款重修文庙，筹办广智馆，发刻县志，并仍维持城南诗社，但本年社集较少。（参见严修自订、高凌雯补、严仁曾增编、王承礼辑注、张平宇参校《严修年谱》，齐鲁书社1990年版）

范文澜是年起任南开大学部教授，讲授中国文学史、文论名著、国学要略等课程，自编《文心雕龙讲疏》《正史考略》《诸子略》等讲义。在《南开季刊》发表论文《周秦传记诸子引诗考略序》《理想之兵制》。（参见范文澜《中国通史简编》下附录《范文澜先生学术年表》，商务印书馆2010年版）

李济是年夏完成博士论文《中国民族的形成》，获哈佛大学人类学博士学位。归国后就任南开大学人类学、社会学教授。秋末，赴河南新郑作考古调查。

按：李济博士学位论文《中国民族的形成》1928年由哈佛大学出版部出版，系研究中国人类学的第一部著作。该书第二章由雷宝华翻译成《中国人种之构成》一文，发表于1925年《科学》月刊第9卷第11期。（参见王学典《20世纪史学编年（1900—1949）》，商务印书馆2014年版）

蒋廷黻获哥伦比亚大学博士学位，归国途中与校友唐玉瑞于船上举行了婚礼，并请船长当见证人，任南开大学第一任历史系主任，与梁启超成为南开大学史学系的奠基者。

邓颖超、赵达、王卓吾、何雪、钱曾敏等领导的天津女星社4月25日成立，以实地拯救被压迫妇女，宣传妇女应有革命精神，力求觉悟女子参加无产阶级的革命运动为宗旨。

丁士源任天津《日日新闻》主笔。

陆辛农创办蘐庐画社，专门招收女弟子，培养有章亚子、展树光、任文华、孙淑清、王敏、魏梅君、章元晖等女画家。

　　张謇1月1日8时往女子师范学校参加校友会作长篇演说。10时,往通崇海泰商务总会大厦,对南通中等以上学校师生代表发表演说。16日,奉黎元洪令,偕王克敏为教育基金委员会委员。28日,撰《忠告苏议会与学校》。年初,与欧阳予倩有关伶工学社合作结束,前后历时3年。2月18日至3月1日撰《商榷世界实业宜供求统计中国实业宜应供求之趋势书》。3月6日,往更俗剧场,参加欢迎宋希尚学成归国会议,发表演说。3月13—16日,在苏社于苏州留园举行的第四届大会上被推为理事。另有黄以霖、韩国钧、张怡祖、钱崇固、黄炎培、王清穆、马士杰、张一麐、穆湘瑶、冒景玮、沈恩孚、陈琛、陈坚、卢殿虎、朱绍文、沙元炳、段书云、宋铭勋为理事。14日起,嘱卢寿联于《申报》连载上海沪江影戏院广告,介绍该院上映由中国影片制造股份有限公司拍摄的新闻片与滑稽片。

　　按:3月17日《密勒氏评论报》载《中国实业之进步观——中国模范城南通州》,认为南通"年来变化之速,革新之进步,实堪为吾人注意也,而有中国模范城之称"。

　　张謇3月为陈希周《山西调查记》作序。4月,为浙江舟山定海公学校刊《定海公学年刊》第1期题写刊名。5月9日为国耻纪念日,张謇往东公园,参加南通各校学生集会,并发表演说。5月26—27日,于中华职业教育社在上海中华职业学校举行的年会上被推为议事员。另有黄炎培、沈恩孚、聂云台、袁希涛、郭秉文、王正廷、穆湘玥、穆湘瑶、蔡元培、蒋梦麟、钱永铭、贾丰臻、顾维钧、史量才、张元济、王宠惠、简照南、赵正平、张一鹏、许沅、王震、朱庆澜、庄俞、陆费逵、顾树森等为议事员。6月中旬至7月上旬,与日本东京帝国大学、九州帝国大学教授吉野作造、田中贞次晤谈,并陪同并参观。7月13日,致函赵凤昌,谓"今年下走自编《年谱》,盖有感于家国身世而然,与但系一人者有别。惟当时有不欲明言尽言者,故甚略。然坐此多难于记忆,无可如何。大都与公共计相商者,亦将二十年。兹以稿草奉览,祈按年书于眉上,以便加入更缮。"

　　张謇8月6—8日致辞贺中华农学会在苏州省立第二农业学校举行第六届年会。约在11月5日,中华全国道路建设协会青年会在上海举行,张謇与王正廷、郭秉文、史量才、张怡祖、卢永祥、李登辉、冯玉祥、柏文蔚、朱少屏、张元济、戈公振、许世英、许沅、叶恭绰、张学良、严直方、陈光甫、胡明复、傅宗耀、马相伯、黄楚九、虞和德、贝润生、许人俊等被推为董事。11月23日,所邀黄炎培、沈恩孚、袁希涛、袁希洛、张世鎏、杨鄂联、章慰高、高凤谦、莫经农、侯鸿鉴等,及"沪校演讲竞进会"学生乘"大德"轮抵通,另有南京、苏州等地学生约同时抵通,共37人。同日晚,于中公园设欢迎宴会,招待与会代表。宴后,邀黄炎培往南通县立女子师范学校演说《理想的女子》。24日晚,邀黄炎培往南通学生联合会演说《科学研究法与〈中庸〉学问思辨行之比较》。约在12月7日,中华全国道路建设协会在上海举行董事会议,张謇与于右任、蔡元培、江亢虎、施肇基、韩国钧、沈铭昌、鲍惠尔被推为名誉顾问。是年,撰《〈棉纺辑要〉序言》《〈游陇集〉序》。后序谓"(程先甲)其所经皆穷边大漠,人迹罕至,一闻一见,莫不可惊可愕可喜可泣。""呜呼!謇老矣,犹获见斯集之成,宁不谓幸。"(以上参见庄安正《张謇年谱长编(民国篇)》,上海交通大学出版社2018年版)

　　陈去病是年春移家南京后卜居洪武街,有《卜居洪街梦中得此》,反映壮志未磨,欲振翮再飞,挽救时局。游莫愁湖,忆明开国功臣中山王徐达,联想到孙中山先生,因赋《莫愁湖有怀徐中山王》一首,称南京临时政府成立后,有欲为香山公建坊于此,嗣以事变不果。4月,柳亚子因分湖先哲祠迁址事,与芦墟陆映澄、陆树棠父子构衅,陈去病与沈昌眉、沈昌直等支持柳亚子,致书陆树棠责之。8月,经朋友怂恿,陈去病出其《浩歌堂诗钞》10卷付梓,以为自寿。由汪兆铭、侯鸿鉴、姚锡钧、柳亚子等人作序,长女绵祥校阅,末附《五十寿言》1卷。友朋柏文蔚、于右任、柳亚子等24人联署发起《为陈佩忍先生五秩征文启》,后收集到寿诗、寿文、寿画,共43件,辑为《五十寿言》1卷。10月14日,以引纳新潮、提倡气节、发挥民族精神、整理国学为宗旨的新南社在上海成立。不久,陈去病即参加新南社。10月29日,曹锟贿选,南社社员高旭等19人被收买。陈去病与柳亚子、叶楚伧、邵力子、姚石子等131人在《民国日报》联名发表《旧南社社友启》,称高旭等19人"贿选祸国,辱没南社,不再承认其社友资格",并望社中同志随时随地"发表同一之态度,为中华民国稍留正气"。12月25日,陈去病与柳亚子等在上海创岁寒社,以砥砺气节。是日,举行第一集,到会有张溥泉、汪精卫、于右任、柳亚子、徐自华、吕志伊、陈陶遗、胡朴安、叶楚伧、余十眉、张心芜、吴孟芙、胡漳平、谢景秋、剑曦等。12月31日,岁寒社三集于上海香山公私邸,陈去病有诗赋呈岁寒诸友,有句云:"八千子弟今还健,万里烽烟望不迷。我慕能诗玛丽爱,革除歌就法兰西。"第一次以西方爱国诗人入诗。同月,与叶楚伧介绍柳亚子以同盟会会员资格加入中国国民党;陈去病与余十眉编辑、姚石子担任印费的南社22集出版,分订上下两册,收录文105篇、诗874首、词232首。(参见俞前、殷安如《陈去病年谱简编》,吴江市政协和文史委员会编《吴江文史资料》第18辑)

袁希涛回国,被选为江苏省教育会会长、江苏义务教育期成会会长,发起组织义务教育期成会,联合各省共同探讨、推广,并倡设乡村师范作为推行义务教育的基础。6月20日,朱其慧、陶知行等发起成立南京平民教育促进会,袁希涛任会长,蒋维乔任副会长。12月20日,该会扩大为江苏平民教育促进会。(参见中央教育科学研究所编《中国现代教育大事记1919—1949》,教育科学出版社1988年版)

郭秉文时任国立东南大学校长。3月,茅以升、杨杏佛、涂羽卿等7人提议添设土木工程系和机电工程系。6月,举行毕业典礼,校长郭秉文宣布高师正式归并东大,并陈述其理由。8月20—25日,中国社会主义青年团第二次代表大会在本校召开。出席这次大会的有林育南、邓中夏、瞿秋白、恽代英等30人左右,代表了全国6000名团员,南京参加大会的代表是本校学生谢远定。秋,美国洛氏基金会中国医药部代表孟禄博士来校讲演,允拨洛氏基金会14万美元与本校合筑科学馆。后因江浙战争,省库告竭,延至1926年夏完竣。

是年,作为中国首席代表出席世界教育会议,连续三次被推举为世界教育会副会长兼亚洲分会会长。中华教育改进社编撰系列丛书作为世界教育大会材料,其中有郭秉文著单行本《民国十一年之高等教育》和《中国近代教育之进步》。又在《新教育》第6卷第2期发表《民国十一年之高等教育》;在《教育与人生》1923年第5期发表《五十年来中国之高等教育》《太平洋国家的大学如何促进国际间了解与友谊》。(参见南京大学高教研究所编《南京大学大事记(1902—1988)》,南京大学出版社1989年版;郭秉文著、耿有权编《郭秉文教育文集》附录《郭秉文学术年谱》,东南大学出版社2018年版;沈卫威《学衡派编年文事》,南京大学出版社2015年版)

刘伯明时为东南大学副校长。4月1日,发表《论学风》,刊于《学衡》第16期。夏,刘伯明代郭秉文理校务。11月24日,因患脑膜炎卒于五台山病院,全校师生深为惋悼,下午停课致哀。当群贤纷至东南大学时,执掌校事的领袖人物,却因病离去而失去了一展宏图的机会。刘伯明也曾为《学衡》杂志提供了一个较好的存在与发展空间,他的故去使《学衡》杂志处于分崩离析的边缘。后至中大成立时,以南高院之大会堂改名"伯明堂",以志纪念。(参见南京大学高教研究所编《南京大学大事记(1902—1988)》,南京大学出版社1989年版;沈卫威《学衡派编年文事》,南京大学出版社2015年版)

杨杏佛3月在中国科学社举行的第三次春季系列科学演讲安排中,演讲《社会科学与近代文明》。中国科学社组织编译英国生物学家 J. A. Thomson 编著的《汉译科学大纲》(*Outline of Science*)由上海商务印书馆出版,杨杏佛参与编译"飞行"篇。6月9日,杨杏佛致信胡适,告知东南大学情况。当时东大内部因办学方针不同分成两派,校长郭秉文倚重江苏地方势力压制主张教育独立的教授,杨杏佛也受到排斥。冬,在上海大学作《劳动问题》系列讲座,内容包括:劳动问题的意义及与社会问题的关系,劳动阶级的进化,资本制度的进化,等等。是年,在《科学》上发表文章4篇论文:《工程学与近世文明》《社会科学与近代文明》《资本主义与中国之将来》《贫乏与劳动》。另外为《申报》馆所编《最近五十年》一书撰《五十年来中国之工业》(1862—1921)一文,计32000字。(参见许为民《杨杏佛年谱》,《中国科技史料》1991年第2期)

梅光迪年初在《学衡》第14期发表《安诺德之文化论》。自1月起,梅光迪因和吴宓的矛盾,不再为《学衡》撰稿,谓"《学衡》内容愈来愈坏,我与此杂志早无关系矣!"9月,梅光迪与张谔的内斗白热化。因梅光迪与西洋文学系女生李今英发生婚外恋,成为校内的一大新闻。英文系张谔等以此当作攻击的炮弹,向首任西洋文学系主任梅光迪发难。梅光迪自掘堤坝,新文化的巨浪倒灌沟壑。内外两大势力不期相遇,从而摧毁了民国大学的第一个西洋文学系。结果是梅光迪与张谔同时下台,西洋文学系被取消,东南大学新聘楼光来担任外文系主任。(参见沈卫威《学衡派编年文事》,南京大学出版社2015年版)

吴宓讲授《欧洲文学史》声誉鹊起。1月,英国人 Arthur Sowerby 将其主编(美国人福开森为副主编)的英文刊物《中国学艺》杂志寄赠吴宓,请与《学衡》杂志互为交换,互登广告及每期目录。4月,大连《东北文化月报》主编杨成能致函吴宓,表示赞同《学衡》的主张,愿在东北为该刊物做宣传、推销。于是杨成能也就成了《学衡》作者。8月中旬,香港大学副校长沃姆到南京拜访吴宓。沃姆的3位学生(7月自香港大学毕业)郭斌龢、胡稷咸、朱光潜,后来都成为吴宓的朋友。31日,吴宓发出《学衡》杂志第22期全稿。《学衡》杂志稿件缺乏,吴宓致函在上海的孙德谦,请其把《亚洲学术》停办后所遗留的稿件转交《学衡》杂志。8月31日,吴宓正在殚精竭虑为《学衡》杂志而奔走,于是致函孙德谦、张尔田等人求助,恳其全力扶助。3日上午,吴宓到上海拜访在美国留学时的同学洪深,取得自己所寄存的白璧德的照片和哈佛大学画册。下午,又到孙德谦家拜访,并拜会张尔田。孙、张二人答应为《学衡》杂志提供国学方面的稿件。

按:因《学衡》稿件缺乏,国学一部,尤形欠缺,吴宓向孙德谦、张尔田等人求助,晤谈之下,感慨良多:"不禁为《学衡》前途庆,而益增其奋励图谋之志。且二先生确系学术湛深,议论通达,品志高卓,气味醇雅。其讲学大旨,在不事考据,不问今古文及汉宋门户之争,而注重义理,欲源本经史,合览古今,而求其一贯之精神哲理,以得吾中国文明之真际。其所言类皆条理分明,诂解精当,发人深省,不能一一记。予窃自念,昔恨不早十年遇白璧德师,则不至摸索彷徨,而西学早人正轨。今又恨不早二十年遇孙张二先生,则不至游嬉无事,虚度光阴,而国学早已小有成就。"

吴宓9月7日分别访刘伯明、柳诒徵,谈《学衡》杂志之事;吴宓收到香港大学副校长沃姆来函,推荐其高足郭斌龢(时任教于南京第一中学)与吴相识。吴宓特到第一中学访郭,未见到。吴宓到支那学院访王恩洋,出示《学衡》杂志来稿中驳王之文;郭斌龢拜访吴宓,表示热心《学衡》事业。8日,吴宓访刘伯明、柳诒徵、梅光迪。9日,华桂馨访吴宓。10日,汤用彤访吴宓。11日,吴宓访萧纯锦、王伯秋、朱经农。12日,马宗霍访吴宓。13日,吴宓同汤用彤一起访郭斌龢,欲请郭为他二人讲授希腊文。郭斌龢告知南京中央神学院的马伯熙牧师正在校内开讲希腊文课。15日,吴宓会晤邵祖平,解释推迟登载其《无尽藏斋诗话》的理由。此事引起邵的不满,两人发生争吵。吴宓访柳诒徵,解释他与邵的矛盾。16日,吴宓同郭斌龢一起到马伯熙处学希腊文。17—19日,吴宓编《学衡》杂志第23期稿件。22日,郭斌龢、胡稷咸、朱君复(二人均为郭在香港大学读书时的同学,胡此时任教于常州省立第五中学,朱任教于南京第一中学)访吴宓,表示愿意为《学衡》杂志撰、译文稿。24日,王恩洋访吴宓。25日,吴宓会晤李思纯。29日,吴宓发出《学衡》杂志第21期。(参见刘明华《吴宓教育年谱》,《重庆教育学院学报》1999年年第4期;沈卫威《学衡派编年文事》,南京大学出版社2015年版;桑兵《民国学界的老辈(之二)》,《历史研究》2005年第6期)

柳诒徵继续任教于东南大学。1月1日,在《史地学报》第2卷第2期发表《论臆造历史以教学者之弊》《五百年前南京之国立大学》。3月1日,在《史地学报》第2卷第3期发表《正史之史料》,对于当时盛行的疑古风气颇持异议,对其时的将古书一概抹杀的趋向表示了不满。5月1日,在《史地学报》第2卷第4期发表《中国乡治之尚德主义》。7月1日,在《史地学报》第2卷第5期发表《婆罗门述》。同月,参加中华教育改进社在济南召开的年会,提出"拟编全史目录"议案。8月1日,在《史地学报》第2卷第6期发表《契丹大小字考》。12月1日,在《学衡》第23期发表《说习》。(参见孙文阁、张笑川编《中国近代思想家文库·张尔田、柳诒徵卷》及附录《柳诒徵年谱简编》,中国人民大学出版社2015年版;沈卫威《学衡派编年文事》,南京大学出版社2015年版)

吴梅仍在东南大学任教。3月,所撰《笛律七释略》和《南北戏曲概言》分别刊于《国学丛刊》第1卷第1、3期。4月清明前后,应任中敏邀,游扬州。5月,为许守白作《曲律易知·序》。夏,作《诚斋乐府·跋》。所撰《词与曲的区别》一文在《国学研究会演讲录》第1集刊出。9月15日,在《国学丛刊》第1卷第3期发表《南北戏曲概言》。秋,在《华国月刊》第1期第9册发表《湖州守乾作风月司》;在《国学丛刊》第1卷第3期发表《瞿安读曲跋》(即《长生殿·跋》《紫钗记·跋》《南柯记·跋》《四声猿·跋》《南词十二律昆腔谱·跋》)。冬,作《九宫大成南北词谱·序》。(参见《吴梅全集·日记卷上》,河北教育出版社2002年)

陈中凡、顾实等3月在南京创办《国学丛刊》,由东南大学国学研究会主办,以"整理国学,增进文化"为宗旨。至此,南京高师—东南大学学生社团组织"史地学会""文学研究会""哲学研究会""国学研究会"各自所办的刊物都得以出版。创刊号刊载陈中凡《论读古书之旨趣》《秦汉经师之方士化》《〈诗经〉毛传改字释例》《明儒》,顾实《周季文史之分途及文学之派别》《秦汉烧书校书两大案平议》《老子〈道德经〉解诂》,刘师培遗著《西汉周官师说考》,易培基《〈楚辞〉校补》,范希曾《屈子生卒年月及流放地考》,章太炎《散氏盘释文》等文。9月15日,陈中凡在《国学丛刊》第1卷第3期发表《周代南北文学之比较》。11月,陈中凡《古书读校法》由商务印书馆出版。

按:《国学丛刊》至1926年8月出版3卷停刊,共出9期。《国学丛刊》主要刊载刘师培的遗著,以及陈中凡、顾实、吴梅等东南大学师生的文章。校外撰稿人尚有陈衍、李瑞清(遗稿)、李详、聂鸿仁、商承祚、王曾稼、陶鸿庆、冉崇烈、胡朴安、叶俊、李育、李俶、李冰若、余永梁、张世禄、蒙文通、唐圭璋、严惠文、黎群铎、陈兆馨、张右源、樊德荫、陈登原、江圣壤、杭海槎、吴法鼎、王锡睿、王炽昌、徐天璋、唐大圆、段天炯、田世昌、胡俊、姚鹓雏(锡钧)、薄成名等。由于陈中凡、吴梅都有来自北京大学的特殊身份和顾实留学日本的学术背景,使得国学研究会及《国学丛刊》较少学衡派的保守倾向,也没有与北京大学的极端对立情绪。如果说他们也有保守成分存在的话,那最明显的就是刊物坚持刊登旧体诗词。(参见沈卫威《学衡派编年文事》,南京大学出版社2015年版)

按：次年 3 月 15、18 日，《北京大学日刊》第 1420、1422 号作为"专件"分两期转载顾实的《东南大学国学院整理国学计划书》。同月 27 日，陶然（周作人）在《晨报副镌》刊出《国学院之不通》。29 日，陶然（周作人）在《晨报副镌》刊出《国故与复辟》。30 日，天均在《晨报副镌》刊出《评〈东南大学国学院整理国学计划书〉》。（参见沈卫威《学衡派编年文事》，南京大学出版社 2015 年版）

顾实 12 月在《国学丛刊》第 1 卷第 4 期"史学专号"刊出由其执笔的半文半白、规模宏大的《东南大学国学院整理国学计划书》，提出"以科学理董国故诚为今日之大利，而弊亦即可立见。盖今日学子之大患，正在徒诵数册讲义、报章、杂志及奉某学术书为神圣，而未尝根本课读古书。即课读古书矣，亦以著有科学系统之色彩。于成见，信口开河。譬如戴西洋有色眼镜，视中国所有，无一不可变为西式，是其弊也"，主张"以国故理董国故"来弥补其不足。同期还刊载了陈去病《明清最初交涉史》、胡韫玉《〈史记〉体例之商榷》、顾实《中华民国立国纪念日前之革命党》、柳弃疾《中华民国开国杰士传》、陈中凡《〈尚书·泰誓〉年月今古文异说考》、顾实《〈穆天子传〉西征今地考》等文。

按：3 月 15、18 日，《北京大学日刊》第 1420、1422 号作为"专件"分两期转载顾实的《东南大学国学院整理国学计划书》。30 日，天均在《晨报副镌》刊出《评〈东南大学国学院整理国学计划书〉》。（参见沈卫威《学衡派编年文事》，南京大学出版社 2015 年版；王学典《20 世纪史学编年（1900—1949）》，商务印书馆 2014 年版）

李思纯 6 月自法国留学归来，到东南大学拜访吴宓、梅光迪。梅光迪推荐李思纯为东南大学西洋文学系教授。9 月，李思纯被聘为东南大学西洋文学系法文及法国文学教授。10 月 1 日，在《学衡》杂志第 22 期发表《论文化》。（参见沈卫威《学衡派编年文事》，南京大学出版社 2015 年版）

吴梅仍在东南大学任教。3 月，作《笛律七释略》和《南北戏曲概言》，分别刊于《国学丛刊》第 1 卷第 1、3 期。4 月清明前后，应任中敏邀游扬州。5 月，为许守白作《曲律易知·序》。夏，作《诚斋乐府·跋》。又有《词与曲的区别》一文刊于《国学研究会演讲录》第 1 集。秋，作《瞿安读曲跋》（即《长生殿·跋》《紫钗记·跋》《南柯记·跋》《四声猿·跋》《南词十二律昆腔谱·跋》）刊于《国学丛刊》第 3 卷第 1 期。冬，作《九宫大成南北词谱·序》。（参见《吴梅全集·日记卷上》附录《吴梅年谱》，河北教育出版社 2002 年）

陈鹤琴任东南大学教授兼教务主任。秋，在南京鼓楼自己住宅内创设实验幼稚园，继续进行他在东南大学教育科开始的我国儿童心理和幼儿教育的科学研究工作，试验科学化、中国化的幼稚教育。（参见中央教育科学研究所编《中国现代教育大事记 1919—1949》，教育科学出版社 1988 年版）

舒新城 2 月应东南大学附属中学之聘任研究股主任，继续试验道尔顿制。他采用比较方法，把智力、学力相等的学生分为两组，一组用道尔顿制，一组采普通方法，比较两组成绩之高低。是年，舒新城专门为东南大学的暑期学校讲授道尔顿制。并应上海、白马湖、武进、宜兴、武昌、长沙等地的邀请，作有关道尔顿制的讲演，介绍研究所得。（参见中央教育科学研究所编《中国现代教育大事记 1919—1949》，教育科学出版社 1988 年版）

刘掞黎就读于南京高等师范学院。3、9 月，任南京高师史地研究会第七届、第八届总务部副主任和研究部副主任，参加燕子矶、钟山等地质考察活动，在《史地学报》上发表了 7 篇关于上古史和史学理论与方法的研究论文。7 月 1 日，在《读书杂志》第 11 期发表《读顾颉刚君〈与钱玄同先生论古史书〉的疑问》一文，率先质疑"顾君疑古的精神是我很表同情的；不过他所举的证据和推想，是很使人不能满意的"。然后对顾颉刚正文中表达的诸多要点逐一反驳:(1)"禹是上帝派下来的神,不是人。"(2)西周时,在禹之前还没有黄帝、尧、舜。(3)"'禹'和'夏'并没有发生了什么关系。"(4)"至于禹从何来? 禹与夏何以发生关系,我以为都是从九鼎上来的。""在《论语》之后,尧舜的事迹编造得完备了,于是有《尧典》《皋陶谟》《禹贡》等篇出现。有了这许多篇,于是尧与舜有翁婿的关系,舜与禹有君臣的关系了。"疑古与信古之争由此开始。同日,刘掞黎在《史地学报》第2卷第5—6期连载《史法通论》,重点探讨了史学、史识、史体、通史、史限等论题。9月20日起,刘掞黎在《读书杂志》第13—16期连载《讨论古史再质顾先生》,继续围绕对古史的态度、禹是否有天神性、禹与夏的关系、禹的来源、尧舜禹的关系等问题与顾颉刚展开讨论,认为顾颉刚"这种翻案的议论,这种怀疑的精神,很有影响于我国的人心和史界",表示基本赞同顾颉刚的推翻非信史的四项标准中的两项,即打破民族出于一元的观念和打破古代为黄金世界的观念;但反对另外两项,即打破地域向来一统的观念和打破古史人化的观念。刘掞黎还就钱玄同对他很有"信经"的色彩的批评进行反驳:"我对于经书或任何子书不敢妄信,但也不敢闭着眼睛,一笔抹杀;总须度之以情,验之以理,决之以证。经过严密的考量映证,不可信的便不信了。但不能因一事不可信,便随便说他事俱不可信;因一书一篇不可信,便随便说他书他篇皆不可信。"

(参见王学典《20世纪史学编年(1900—1949)》,商务印书馆2014年版)

胡堇人7月1日在《读书杂志》第11期发表《读顾颉刚先生论古史书后》一文,认为"我以为古史虽然庞杂,但只限在尧舜以前。若尧舜以后的史料,似乎比较稍近事实"。究其依据是:第一,"古史官是世传的,他们父传子、子传孙,容易把史料保存。就是突遭兵火,他们因职务上关系,不能不尽法搜辑。况列国有史官。一国失传。还有别国可以参互考订。决不能各国同时间对干另时代造出一色的假货"。第二,"古人一命以上每每铸造重器,各有款识,流传下来,恰是考古的好资料,所以历代学者多很注意。春秋时代那虞夏彝器当然还多"。第三,"天文家岁差之说创始唐一行,其理论则萌芽于晋虞喜,三国以前并没有一人知道。若依顾先生所说《尧典》是春秋以后造出的伪作的,那么何以《尧典》的天象和春秋时代不同而又暗合岁差的公例呢"。此文与刘掞黎7月1日在《读书杂志》第11期发表《读顾颉刚君〈与钱玄同先生论古史书〉的疑问》一样,代表了"信古派"的立场,主要针对《与钱玄同先生论古史书》一文中的具体论点在细节上加以反驳,也是对胡适、钱玄同与顾颉刚等"疑古派"的否定,彼此立场与观点截然相反。

按:王梅《刘掞黎生平与学术思想研究》(四川师范大学硕士学位论文,2017年)作了如下归纳与总结:"1923年,刘掞黎时年24岁,正在南京高等师范学校孜孜求学。同年,30岁的顾颉刚在《努力周报》副刊《读书杂志》上发表《与钱玄同先生论古史书》,引起史学界众多学者就相关问题的持久考辨论议,堪称'古史辨宣言'。针对顾颉刚的'疑古'学说,刘掞黎率先以引据多疏、疏解违理而作长函以驳之,'理充辞畅,翘焉如圭角之渐露',大有初生牛犊不怕虎之势。刘掞黎在《读书杂志》1923年第11期上发表《读顾颉刚君〈与钱玄同先生论古史书〉的疑问》后,继续在第13—16期连载《讨论古史再质顾先生》,围绕对古史的态度、禹是否有天神性、禹与夏的关系、禹的来源、尧舜禹的关系等问题与顾颉刚展开讨论。他们的讨论不是无理的相互指责,而是围绕相同的学术问题小心求证,然后运用大量的史料予以辩驳。因他们年龄相当,实力相当,学界常常用'旗鼓相当'一词来评价他们。胡适曾说,'这一次古史的讨论里最侥幸的是双方的旗鼓相当'。(《古史讨论的读后感》,原载《读书杂志》1924年第18期)王树民评价,'顾氏的主要对手是刘掞黎,刘氏的旧学基础很深厚,顾氏因夙有准备,所以能旗鼓相当的对阵'。(《中国史学史纲要》,中华书局1997年版)周荣认为,顾颉刚和刘掞黎'在年龄、辈份上旗鼓相当。新文化运动之后,北京大学和东南大学基本上被视为新史学与传统史学的两个主阵地,而胡适和柳诒徵则分别是两大史学阵营中的两大导师。因此,刘掞藜与顾颉刚的论争与交流,其实在一定程度上是两大学术阵营的学术论争与交流,也是20世纪20年代多层面复杂史学动态中的一个侧影'。(《刘掞藜的古史思想——以武汉大学图书馆藏民国老讲义为蓝本》,《武汉大学学报》2014年第1期)一直以来,学界疏于对刘掞藜的认识。再回到90多年前审视这场运动时发现,刘掞藜对顾颉刚疑古思想的正面反驳显得非常突出。他始终秉承着实事求是的商榷态度,运用充分的史料严密论证疑古辨伪的得失,有理有据,不卑不亢。他钦佩顾颉刚的怀疑精神,但忧虑顾颉刚翻案的议论和怀疑的精神'很有影响于我国的人心和世界',心有所欲言,不吐不快,于是勇敢地向顾颉刚发起挑战。刘掞藜批判以顾颉刚为代表的'疑古派'的系列文章,在当时的史学界产生了较大的影响,对古史辨派形成一定的冲击,推动了'古史辨'运动的深入发展。顾颉刚本人也非常意外,《与钱玄同先生论古史书》的信一发表,'竟成了轰炸中国古史的一颗原子弹',以刘掞藜、胡堇人、柳诒徵为代表的反对派迅速发文回应,引起史学界一场古史大讨论。这场古史大讨论集合了中国近代史学一大批学人参与。钱玄同、胡适作为顾颉刚的导师,对顾颉刚的'疑古'思想影响很大,始终启发并引导顾颉刚大胆地怀疑和批评古史,把古史研究做深做细。钱玄同一贯支持顾颉刚疑古辨伪,往来信函频繁。胡适则时刻敏锐地把握着疑古辨伪的方向,在顾颉刚陷于刘掞藜穷追猛打的字句争执而不能自拔时,及时地发表《古史讨论的读后感》声援顾颉刚,并兼有纠正古史辨派偏失的用意。刘掞藜这边也不是孤军奋战,胡适《古史讨论的读后感》一文出,他的导师柳诒徵即发表《论以〈说文〉证史必先知〈说文〉之谊例》,批驳顾颉刚'勇于疑古,疏于读书'。此前,胡堇人也撰文反对顾颉刚疑古过甚,认为古史虽然庞杂,但只限在尧舜以前,尧舜以后的史事还是比较接近历史真相的。此后,陆续还有王国维、傅斯年、钱穆、冯友兰等参与讨论。他们的论点指向各不相同,但他们的关注本身说明,这场古史讨论是有必要且有价值的。刘掞藜参与其中,我们不能只把他看作顾颉刚疑古活动中的一个陪衬。刘掞藜始终是主动积极地回应顾颉刚的,这即是出于一个学者的谨严,也是他治学的旨趣所在。进一步说,刘掞藜不应始终掩映在胡适、钱玄同、顾颉刚等大师的光芒之下,'古史辨'运动中应有属于他的一席之地。"

陈训慈就读于南京高等师范学校文史地部。1月1日,在《史地学报》第2卷第2期发表所译美国葛尔绥教授著《战后之德意志历史教学》与美国汉斯著《近世欧洲政治社会史》。3月1日,在《史地学报》第2卷第3期发表《中国之史学运动与地学运动》。5月1日,在《史地学报》第2卷第4期发表所译美国赫尔教授著《历史之价值》。夏,陈训慈在南京高等师范学校毕业后,又就读于东南大学历史系。(参见沈卫威《学衡派编年文事》,南京大学出版社2015年版)

缪凤林、张其昀、范希曾、胡焕庸、王子素、陈训慈、杨楷、陆鸿图、诸葛麒、唐兆祥、赵鉴光、景昌极、田耀章、王锡睿、阮真、盛奎修、罗会洋、何惟科、高国栋、余启铭、王庸、夏崇璞、刘文翮、徐震堮、钱堃新、方培智、孙士枏、黄英玮、诸晋生、王玉章、张廷休、姜子润、周光倬、仇良虎等毕业于南京高等师范学校。林育南、刘仁静、邓中夏、瞿秋白、恽代英等8月出席在东南大学召开的中国社会主义青年团第二次全国代表大会。缪凤林大学毕业后,去沈阳东北大学任教。11月1日,缪凤林在《史地学报》第2卷第7期发表《历史之意义与研究》,主要承接"新史学"运动中梁启超阐述的史学观念,而与当时"整理国故运动"的学术主张多有歧异。(参见沈卫威《学衡派编年文事》,南京大学出版社2015年版)

胡焕庸就读于南京高等师范学校文史地部,1月1日开始在《史地学报》第2卷第2期连载节译《各国历史所受地理之支配》。3月1日,在《史地学报》第2卷第3期发表《美国国民史》。夏,毕业后到江苏省立第八中学任教。(参见沈卫威《学衡派编年文事》,南京大学出版社2015年版)

周惎就读于南京高等师范学校文史地部,受到柳诒徵的特别赏识。11月1日,在《史地学报》第2卷第7期发表《夏商二代学者考略》。(参见沈卫威《学衡派编年文事》,南京大学出版社

2015 年版）

吴俊升、倪亮等南京高等师范学院的学生组成调查团,对江浙一带共 12 个地区 56 所小学 262 个年级开设公民科情况进行调查,并绘制了一份"年级总数及教公民学级数占该总数之百分数表"。

胡梦华与东南大学同班同学吴淑贞 12 月 1 日在南京花牌楼中国青年会举行新式婚礼。胡适此时在南京讲学,应邀作证婚人。东南大学梅光迪、楼光来为男女双方介绍人,老师杨杏佛、柳翼谋、吴宓、李思纯到场。为北大《新青年》派的胡适与东南大学《学衡》派的梅、吴、柳提供了一次当面交锋的难得机会。

> 按:胡梦华时为东南大学西洋文学系学生,与胡适为绩溪同乡。胡梦华祖父胡宝铎为同治戊辰年进士,曾任兵部员外郎、军机,并在总理各国事务衙门行走。胡适父亲胡传到东北找吴大澂,是得胡宝铎和张爱玲祖父张佩纶的推荐书。胡梦华父亲胡幼晴也与胡适交好。胡梦华报考南京高等师范学校时,其父特请胡适给校长郭秉文写了推荐信。胡梦华凭自己实力考取后,南京高等师范学校英文科系主任张士一却在第一次上课时公开了胡适的人情信,说他们录取是凭考生的实力,而不是胡适的信。意在轻鄙胡适。1922 年 9 月,东南大学西洋文学系成立后,胡梦华自南京高师英文系转入西洋文学系。据胡梦华回忆,在青年会这个婚礼喜堂上,"吾家博士适之叔展出文学革命观点,梅、吴二师提出希腊大师苏格拉底、柏拉图、亚里斯多德以示当时名遍中国学术界的杜威、罗素二博士,未必青胜于蓝,更不足言后来居上。接着柳师还提出子不学的孟轲助阵,适之叔单枪匹马,陷入重围;杏佛师拔刀相助,雄辩滔滔。事后,淑贞与我研究,认为他们雄辩引经据典,俱有根底,给我们婚仪添了佳话。吾家博士主张文学革命提倡的话,展开新风气。迪生老师坚持白话应提倡,但文言不可废,则是不朽之论"。(参见沈卫威《学衡派编年文事》,南京大学出版社 2015 年版)

陈启天就读于南京高等师范学校。8 月,在《中华教育界》发表《中国新教育思潮小史》,文中介绍了 11 种新教育思潮开始提出的年代和代表人物:一、兵工(或西艺)教育思潮,始于同治十年,以容闳、曾国藩、李鸿章为代表;二、西政教育思潮,始于光绪二十四年,以张之洞为代表;三、国民教育思潮,始于光绪二十八年,以梁启超为代表;四、军国民教育思潮,始于光绪二十八年,以蒋百里为代表;五、美感教育思潮,始于民国元年,以蔡元培为代表;六、实用教育思潮,始于民国二年,以黄炎培、庄俞为代表;七、职业教育思潮,始于民国二年,以蔡元培、黄炎培为代表;八、平民教育思潮,始于民国八年,以蔡元培、胡适、蒋梦麟为代表;九、大同教育思潮,始于民国八年,以康有为、梁启超为代表;十、科学教育思潮,民国十年最盛,以严复、任鸿隽、唐钺为代表;十一、教育独立思潮,始于民国十一年,以蔡元培、梁启超为代表。(参见中央教育科学研究所编《中国现代教育大事记 1919—1949》,教育科学出版社 1988 年版)

吕思勉 2 月至 1925 年 7 月在江苏省立第一师范学校专修科任教,教授国文、历史课程。4 月下旬,苏州举办苏常道教育成绩展览会,吕思勉参与其事。9 月,所著《自修适用白话本国史》初版由上海商务印书馆印行,为中国史学界第一部有系统的新式的通史。

> 按:杨宽《吕思勉先生史学研究》(《中国史研究》1982 年第 3 期)称赞《白话本国史》为通史的写作开创了新纪元。因为中国历史悠久,史料浩如烟海,要做到"真有研究",颇不容易,很容易产生两种偏向:一种列举的史实并不是有关紧要的,不能组成条理系统,缺乏见解;另一种很多主观的想象,表现得很有见解,但是不符合历史实际。当时最差的通史著作,这两种偏向同时存在,既"失掉古代事实的真相,甚至错误到全不可据",又"毫无条理系统,再加上些凭虚臆度之词"。先生在这部书中,力求做到叙事正确而议论符合于史实,并且有条理系统。

吕思勉针对梁启超发表于《东方杂志》第 20 卷第 10 号的《阴阳五行说之来历》一文,认为梁启超关于阴阳五行说起于战国时代燕齐方士,由邹衍首先传播的观点"颇伤武断",撰成《辨梁任公阴阳五行说之来历》一文发表在10月出版的《东方杂志》第20卷第20号。10月，所著《白话本国史》由商务印书馆出版，为我国第一部用语体文写成的中国通史。

按：顾颉刚在《当代中国史学》中评论说，"中国通史的写作，到今日为止，出版的书虽已不少，但很少能够达到理想的地步……其中较近理想的，有吕思勉《白话本国史》"，吕思勉"以丰富的史识与流畅的笔调来写通史，方为通史写作开一个新的纪元"。蔡尚思在《中国现代学术思想史论》说，"吕先生是中国通史的正式开山者"，"是近现代编著《中国通史》者的先锋。其余的几部《中国通史》都是在他之后的。吕先生被人们一致称赞为中国通史的权威学者"。

吕思勉10月后阅曾毅撰《中国文学史》，并于书中写有眉批订误等。12月，讲《群经概要》，由汤焕文笔记。是年，撰有《专修科中国文学讲义》《国文选文》讲义以及《三十年来之出版界（一八九四至一九二三）》一文，评述自1894至1923年间书报杂志的出版及其对学术思想、社会风气的影响。

按：《三十年来之出版界》略曰："三十年来动撼社会之力，必推杂志为最巨。凡风气将转迻时，必有一两种杂志为之唱率；而是时变动之方向，即惟此一二种杂志之马首是瞻。是何也？曰：凡社会之变动，骤观之，一若由于理性，而实皆驱率于感情。日报专事记载，不重议论，其能激动人感情之处甚少。书籍说理较深，又多译自异国，其所言，非必为目前利害切身之事。非如杂志，多吾国人自著之论，皆针对当时之人发言；又其声情激越，足以动人之感情也。然则今日之风气，所以竞趋于新，一若旧政旧俗，无一足以保存者，其故可深长思矣。今日稳健之士，每訾喜新者流，事事欲效法他人，而尽忘其故；又或讥此辈于异国之事，亦无真知灼见；其言亦诚有片面之理由。殊不知社会当变动时，本非有所慕于彼，而思竭力以赴之之问题，乃皆有所恶于此，而急欲排而去之之问题耳。自新说创导以来，能激刺人之感情，而支配其行为，俨若具有魔力者，无如（一）民主，（二）决弃旧礼俗，（三）社会主义之论。夫昔日之君主专制，则诚恶矣；今效法欧美之代议政体，其善安在？旧时礼俗，诚哉不宜于今，然一旦决而去之，将何以代之？此又新者徒所茫然无以为答者也。社会主义，诚救世根本之谈，然现在之魇焉若不可终日者，又岂尽资本家之咎？此理甚明，人所易晓，而今之人顾若熟视无睹，即明知之，其主张之激烈，亦曾不少减，是何也？则所恶于旧者既深，急欲决而去之，而其余遂有所不及顾也。人之情，有所恶于此，必有所慕于彼，其所慕者，未尝有一时一地焉，曾现之于实也。然情感所迫，往往能造为幻象以自慰，虽明知其未尝实见，亦不恤谓有一时一地焉，曾现之于实以自欺。市三成虎，况于一国？合多数人之心理而皆如是，则所慕虽幻，亦若实有其事矣。故今日之称颂西欧，犹其昔日之讴歌三代。非必真知三代之若何善美也，有所疾于今，则凡与今反对者，一切托之于古云尔。故曰："尧舜之美，千载之积誉；而桀纣之恶，千载之积毁也。"然君子观于此，不訾大多数人识见之浅短，所慕者之不确实，而转以此知旧俗之必不可以复存。何则？多数人所慕之新，固或为镜花水月，然其痛心疾首于旧，则已彰明较著矣。夫世固未有为大多数人所痛心疾首，而犹能存焉者也。故君子所观察之事实，与常人同，而其所得之结论，恒与常人异。（今人訾吾国民有否定性而无肯定性，亦即此理，初不足为吾国民咎也。何则？彼固惟知旧者之当去，而未尝知何者之当从也。以前譬明之：则知君主专制之不善，而未知何种政体为善也；知旧礼俗之不适，而未知新礼俗当如何也；知私有财产制度之为乱源，而未知当代以何种经济组织也。其采用代议政体等，乃适然之事，非真知其善而采取之也。此等现象，非独今日，亦非独吾国；伊古以来，大变革之际，皆系如此。其初皆惟知除旧，至新者之建设，则破坏后因缘交会而成，非破坏前所豫定也。破坏前所幻想欲建设之境，其后大抵不能实现。）（参见李永圻、张耕华编撰《吕思勉先生年谱长编》，上海古籍出版社2012年版；王学典《20世纪史学编年（1900—1949）》，商务印书馆2014年版）

唐文治2月为无锡国学专修馆学生讲授《周易》及《性理学大义》。4月12日，交通大学《技击部十周年纪念册》印行，孙中山题词"强国强种"，唐文治作跋。8月，所著《政治学大义》4卷成，分奏疏、公牍、书函、本论凡四门。编成后即用作国学馆课本。10月，高吹万等组织"国学商兑会"编行的会刊《国学丛选》再版，由唐文治、金天翮、张孔瑛、吴沛霖、徐珂分别作序。是年，唐文治选派王蘧常、唐兰、吴其昌、毕寿颐、侯堮、白虚、蒋庭曜、戴恩溥等人到苏州从曹元弼学习《仪礼》和《孝经》，每星期一次。学期毕，王蘧常等人共同编成《礼经大义》数卷副刊；为《南洋大学年刊》作序，以"正人心，救民命"教育交大学子明辨是非，求真学问，成真人才；作《礼始于男女之别论》。（参见陆阳《唐文治年谱》，上海三联书店 2013 年版）

　　钱穆年初寒假后返集美上课。未几，因学校闹风潮提前返家。秋，以钱基博推荐，到无锡江苏省立第三师范学校任教，开文字学课程，讲六书大义。是年，撰《屈原考证》等论文 3篇。（参见韩复智编著《钱穆先生学术年谱》，中央编译出版社 2012 年版）

　　卜凯指导金陵大学农科学生崔毓俊对其家乡所在地河北盐山县的 3 个村庄的 150 户农家的经济状况进行调查。后以《直隶盐山县 150 个农家的社会经济调查》为名发表于金陵大学《农林丛刊》第 51 号。

　　任中敏任教于苏州东吴大学，寓居吴梅家，尽读词曲善本。

　　卢剑波、胡迈在南京发起成立民锋社，出版《民锋》杂志，宣传无政府主义。

　　蒋天枢到江苏无锡丰县中学任教，又到初级师范兼课。

　　刘海粟 8 月 10 日被推选为"江苏省第一届美展"成立"草案起草委员会"第一委员。

　　施桂林因全福班解散，到江苏南通伶工学社任昆曲教师。

　　巴金是春先到上海入读上海南洋中学，是夏考入南京东南大学附中。

　　欧阳翥入东南大学心理系学习。

　　蒙文通上半年仍任教于重庆联中及二女师。所撰《近二十年来汉学之平议》刊出后，友人杨叔明于 1923 春节宴请廖平时，读与廖平听，大受赞赏。

　　按：杨叔明致蒙文通函曰："你《近二十年来汉学平议》的主张，曾同我讲过几次，我也是很赞成的。我前天请廖先生到家中吃春酒，就把你的文章念与他老人家听，他老人家很赞赏你的识力。但是说：诸侯不立博士，河间献王无博士，须考得其立博士之凭据后始可说。又云：《逸周书》乃三国时书。《逸周书》有二，其出自家中者多后人加入之语。又《汉立博士考》可细阅，足知立博士之难，云云。过后，我们大家说得闹热，先生也非常高兴，又亲自左手写了一篇，嘱我抄给你，我想先生晚年左书不可多得，我简直就与你挂号寄来保存，自不待说。依先生的说法，你再讨论一番，必更一篇惊人之论也。文敔在此朝夕相处谭究，甚乐也。"

　　按：然是时蒙文通"欲一览清末经术家言"，并"始知考据之学无事于经术，称考据为汉学者陋矣"。其《廖季平先生与清代汉学》曰："及年已三十，教学渝州，欲一览清末经术家言，稍搜各家书读之，始知考据之学无事于经术，称考据为汉学者陋矣。而两先生之言实卓识，为百世不易之论，固足启一时之惑而醒群蒙。"（《经学抉原》，第 103 页）又云："余于年三十以后，始觉左庵之学与廖师同归，其未入蜀前所著作，与入蜀后者不复类。及再游金陵，以问谢无量师，谢师与刘、廖亦同时居蜀讲席者，谢师为余言左庵所以问于廖师者，其事甚详。"（《经学抉原》，第 105 页）

　　蒙文通是秋赴欧阳竟无所办的南京支那内学院潜心研究佛学。为试学班学生之一，尝以治经之法治佛典，撰《中国禅学考》，以刊于《内学》第 1 辑。论达摩前二十八祖之不足据，并辨析古禅、今禅之异趣，深得欧阳竟无的赞赏。（参见王承军《蒙文通先生年谱长编》，中华书局2012 年版）

　　欧阳竟无 7 月在南京支那内学院成立内院研究会，并在第一次研究会上致《研究会开会辞》。9 月，因弟子黄树因和儿子欧阳东去世，悲苦无奈，乃发愿循龙树旧规，读《大般若经》600 卷。此为欧阳竟无佛学一大转变。同月，欧阳竟无在第二次研究会作《今日之佛法研究》之演讲，强调佛教内部的和合精神，首次较系统地阐述了研究佛学的"结论后研究"的方法。又设研究部试学班,用导师制,通习法相唯识要典,间月开研究会一次,发表研究,至1924年年终,开始将研究成果编印成年刊与杂刊。(参见徐清祥《欧阳竟无评传》及附录一《欧阳渐学术行年简表》,百花洲文艺出版社2010年版;徐清祥编《欧阳竟无先生学术年表》,载欧阳竟无《欧阳竟无内外学》,商务印书馆2017年版)

李维汉 1月受中共中央决定派,去湖南担任中共湘区执行委员会书记,接替即将调中央工作的毛泽东。4月,离长沙去上海,到中共中央工作。行前向继任中共湘区委书记的李维汉移交工作。6月,国民党本部派覃振从广东去湖南,毛泽东托覃带信给李维汉,要中共湘区委员会协助覃在湖南筹建国民党组织。(参见中共中央文献研究室编撰、逄先知主编《毛泽东年谱(1893—1949)》,人民出版社、中央文献出版社1993年版)

刘少奇 4月由长沙返回安源。李立三因事离开安源,刘少奇代理工人俱乐部总主任。同月,主持工人干部代表会,欢迎毛泽东来安源视察工作。毛泽东在会上介绍了苏联情况和国内工人运动的情况,并对安源工人运动作了指示。8月10日,与朱少连合著《安源路矿工人俱乐部略史》。20日,为纪念安源路矿工人罢工胜利一周年,撰写《对俱乐部过去的批评和将来的计划》。9月18日,安源路矿工人俱乐部举行纪念罢工胜利一周年庆典,中国劳动组合书记部和全国14个工团,或派代表、或致函电以表示热烈祝贺。刘少奇在纪念大会上发表了《对俱乐部过去的批评和将来的计划》的演说。中共中央教育委员会高君宇、中共湖区执行委员会书记李维汉等到会讲话。为纪念罢工一周年,安源工人创作了长篇叙事歌谣《劳工记》(又名《罢工歌》),该歌谣共800多行,热情颂扬了安源工人的斗争和李立三、刘少奇的事迹。(参见中共中央文献研究室编《刘少奇年谱(1898—1969)》,中央文献出版社1996年版)

李达 4月与毛泽东创办自修大学校刊《新时代》,并任主编。在创刊号上发表《何谓帝国主义?》《为收回旅大运动敬告国人》二文以及《德国劳动党纲领栏外批评》(即《哥达纲领批判》)的译文。该译文是《哥达纲领批判》最早的两个中译本之一(另一译本是北京《今日》杂志1922年5月第1卷第4号所载熊得山译《哥达纲领批评》)。5月,在《新时代》第1卷第2号发表《马克思学说与中国》。7月,在《新时代》第4号发表《中国商工阶级应有之觉悟》《旧国会不死,大盗不止》两文。此二文与4月间发表的《何谓帝国主义?》《为收回旅大运动敬告国人》,围绕着"帝国主义如何打倒,武人政治如何推翻"两大问题,阐明了中共二大宣言的基本精神,得出马克思主义学说在中国已"由介绍的时期而进到实行时期了"的结论。暑假后,从长沙到上海同陈独秀商谈国共合作问题。陈独秀主张共产党以整个团体加入国民党,李达则主张共产党员以个人身份加入国民党,保持共产党的独立性,二人发生激烈争吵。回长沙后中断了与陈独秀主持的中央的联系,随后脱离了党组织,但仍继续从事马克思主义理论的宣传和研究工作。8月14、15、17、19、21日,在长沙《大公报》副刊《现代思想》连载长文《社会主义与江亢虎》,阐明科学社会主义的理论根据、实行方法、具体主张,社会革命的涵义及其实现步骤。11月,在《湘报》发表《评江亢虎的中国社会党》。(参见宋俭、宋景明编《中国近代思想家文库·李达卷》附录《李达年谱简编》,中国人民大学出版社2015年版;左玉河编《张东荪年谱》,群言出版社2014年版)

杨东莼 3月3日下午1时因北京学界各团体联合会于3月2日举行了市民提灯会,游行到大栅栏,遭到军警毒打,酿成少有的流血惨剧。在北京大学第三院召开全体学生大会,杨东莼发言较多。春,回到湖南长沙,先后执教于长郡中学和协均中学。协均中学(长沙县三中的前身)为革命烈士柳直荀于1921年与雅礼中学同学数人所创办。在协均中学任教期间,杨东莼任该校史地科教学,领导协均中学文史科的全面教务,还担任了校办刊物《协均周刊》的主编。5月21日,在《协均周刊》第4期刊载的《严北溟论孔子学说》一文上作批语,对严北溟极为赏识,二人结为文友。27日,在长沙完成《达尔文学说与唯物论的关系》(续进化论号上),后发表于《民铎》杂志第4卷第4期。7月,在长沙协均中学任教时加入中国共产党,毛泽东出席监誓,与何叔衡、曹伯韩、黄芝岗等常有工作联系,但不久和黄芝岗同时失去了与党组织的关系。夏,开始翻译海涅(德)的诗歌,刊于协均中学主编的《协均周刊》。(参见周洪宇等著《杨东莼大传》及附录《杨东莼生平年表》,华中师范大学出版社2014年版)

徐特立仍在法国勤工俭学。6月下旬,湖南留法勤工俭学学生代表罗益增回湘,争取到省教育司给留法勤工俭学学生每人津贴年支200元的资助。9月,徐特立离法赴德考察教育。11月7日,湖南《大公报》报道:"现在法国考察教育之徐特立,因法国考察期满,现又将赴德、比、英三国考察教育,以资比较,并便道回国。但考察需费,昨特电请教育司照案发考察洋一千元。"(参见《徐特立年谱》编纂委员会编《徐特立年谱》,人民出版社2017年版)

赵景深9月由郑振铎、黎锦晖介绍,任教于湖南长沙岳云中学,兼教平民大学。出版"绿波社"社刊《潇湘绿波》。加入"文学研究会"。出版第一本著作《失恋的故事》。(参见赵易林《赵景深的学术道路》,山西古籍出版社2004年版;陈福康《郑振铎年谱》,三晋出版社2008年版)

李剑农与友人彭一湖在长沙举办晨光学校,以不介入政治斗争相标榜。

蒋牧良考入长沙雅礼大学预科,后转武昌高等师范旁听。

黄侃仍授武昌中华大学国文系课,继续圈点十三经,并治《说文》。3月17日,讲《文心雕龙》大旨,论研究文学的材料与方法。9月,《华国》月刊在上海创刊。《华国》月刊的宗旨为:"志在甄明学术,发扬国光,选材则慎,而体例至宽,举凡《七略》所录,分科所肄,以及艺术之微,稗官之说,靡不兼收并容。"章炳麟亲任社长,汪东任编辑兼撰述,黄侃为该刊最主要的撰稿人之一。10月,与同姓女生黄菊英结婚,引起轩然大波。是年,应太虚之邀,至庐山讲演。尤以慧眼发现了日后成为现代新儒家重镇的徐复观。所著尚有《音略》发表于《华国》月刊第1卷第1期;《稷通释》《补文心雕龙隐秀篇》发表于《华国》月刊第1卷第3期;《释尸鸠》《至武昌寄北京大学文科同学》发表于《华国》月刊第1卷第4期。(参见司马朝军、王文晖《黄侃年谱》,湖北人民出版社2005年版)

胡小石仍在武昌高等师范任教。教学之余,勤奋著述。当时研究范围极广,包括:一、考订之学;二、金石之学;三、古音之学;四、词曲;五、章回小说;六、校勘;七、评点;八、疑古文尚书始末史;九、治仪礼始末史;十、韵书:广韵、集韵之类;十一、通史、通鉴及通鉴纪事本末之类;十二、有系统之学,通志;十三、艺术:画家、织锦、刻丝之类;十四、美术的工业、烧磁之类;十五、戏曲:宋元戏曲史;十六、谱录:年谱、家传皆始于宋人;十七、音韵:切韵、指掌之类;十八、语体文、语录之类;十九、今文学、三家诗考之类。撰写《桐城周君传》《论治选学之派别》《论文选之长有五》《杜诗批评》《楚辞辨名》《屈原赋考讲义》《张若虚事迹考略》《汉至宋书目考》《庄子天下篇》《荀子非十二子篇》《宋代文学论》《甲骨文字用点例》等。(参见胡小石《胡小石文史论丛》附录《胡小石先生年表》,南京大学出版社2008年版)

包惠僧任中共武汉区委会委员长。"二七"惨案发生后,包惠僧因"鼓动工潮"罪而遭到军阀政府通缉。而在党内,包惠僧与张国焘之间的矛盾发展到了公开冲突的程度。包惠僧认为当时中共党内能领导他的只有陈独秀一人,同时认为存在一个以北大同学为基础的"张国焘小组织",张国焘为此向中共中央告包的状,要求开除包的党籍。陈独秀一方面不同意,一方面训斥了包惠僧,这事才算不了了之。(参见徐光寿《包惠僧与陈独秀的终身友谊》,《党

《史纵览》2013年第4期）

董必武在武汉中学工作及任教，并兼任启黄中学国文教员。1月中旬，回黄安为父祭奠。其间为当地青年妇女办了一个"草帽传习所"，组织她们边劳动，边识字，并学习妇女求解放等道理。2月下旬，邀请李大钊到武汉中学和湖北女权运动同盟会组织的寒假讲演会上，讲演社会主义和妇女运动问题。春，武汉中学开始兼收女生，实行男女生同校同班。省议会为此向当局提出质问，令教育厅切实查禁，并以取消补助费相威胁。武汉中学在董必武领导下，对省议会的主张置之不理，继续坚持招收女生。4月12日，参与组织领导武汉各界群众反帝爱国游行示威及举行国民大会，声援北京、上海等地的"收回旅大""抵制日货""废除二十一条"的反帝运动。夏，和陈潭秋等指导武汉中学、第一师范等校学生，利用假期回本县组织文娱宣传队、放足队、辅导农民识字队等，开办农民夜校、农民识字班，开展教育改革、妇女解放、破除迷信等宣传活动。秋，联络湖北教育界知名人士，联名向湖北政府提出改组湖北教育会的要求。同时冲破重重阻力，召开了教育界师生代表大会，推选吴德峰等10余人为委员，组成湖北新教育会，并向政府提出改革旧教育、发展新教育的倡议。是年，从武汉选派一批共产党员和共青团员赴苏联学习。（参见《董必武年谱》编辑组编《董必武年谱》，中央文献出版社1991年版）

李震瀛年初参与领导筹备成立京汉铁路总工会。任京汉铁路总工会秘书长，参与组织京汉路全线大罢工。

陈时仍任武昌中华学校校长。6月，出席在美国旧金山举行的世界教育会议，当选为该会委员。

龙榆生经郭一岑介绍在上海一家小学教国文，旋转至武昌中华大学附中任教。

太虚仍在武昌弘法。1月14日于院外研究部成立后，为其讲《教观纲宗》。22日，作《评〈梁启超〉大乘起信论考证》，反对以西洋进化论观念治佛学。2月，太虚于寒假期中偕陈元白等游宜昌，其间阅唐焕章之"陈独秀人生真义之驳正"等，乃作《略评外道唐焕章》。武院春季开学，添聘张化声为教授。学科以三论为中心，太虚讲三论玄要，十二门论。4月4日，汉口佛教会成立宣教讲习所，大师为所长，聘新自温州弘法归来之唐大圆为教务主任。5月23日佛诞，传为佛元2950年。武汉佛教徒，假中华大学，举行盛况空前之纪念大会。太虚讲"纪念佛诞的意义"。夏，作大乘宗地图。7月10日，偕王森甫、史一如等去庐山，主持暑期讲习会。23日，暑期讲习会开讲，至8月11日，太虚凡讲4次：《佛法略释》《佛法与科学》《佛法与哲学》《佛法悟入渐次》，陈维东与程圣功笔记。黄侃、汤用彤、张纯一（仲如）并有演讲。随后太虚于庐山大林寺发起世界佛教联合会。8月，太虚回武昌。是年，太虚之佛学院与欧阳竟无之内学院，每为法义之诤。（参见释印顺编著《太虚法师年谱》，宗教文化出版社1995年版）

廖平2月2日偶失足，跌伤后脑，流血甚多，旋愈。春节期间，杨叔明宴请廖平时，将蒙文通所撰《近二十年来汉学之平议》读与廖平听，大受赞赏。时廖已偏瘫，犹左手书写数纸付之。5月，廖平命次孙宗泽辑出《公羊补证》中有关革命文字，作为外编。

按：廖平手书曰：讲《春秋》是小统，孟、荀主之。讲《尚书》是大统，邹衍、《淮南》主之。讲礼制突分小戴、《春秋》说。西汉以上《白虎通》群以《春秋》说。突分大戴派，多同《周礼》，是古学根源。今文学西汉盛说《春秋》是也。古文家据《周礼》以解《尚书》是也。《易》《诗》天学，古文家说，隔靴搔痒。河间献王不得立博士。古文家以朝廷所立为今学，河间所立为古学，一派谣言。今文所立博士，其详其慎。秦始皇所立七十二人，汉立博士是法古非创立。蒙文通文如桶底脱落，佩服佩服，后来必成大家，谨献所疑以待评定。

(《蒙文通先生诞辰110周年纪念文集》,第23页)(参见廖幼平编《廖季平年谱》,巴蜀书社1985年版)

宋育仁2月在四川省行政会议上发言,主张保境息民,为废督裁兵之先声。9月,日本关东大地震发生,致电旅京四川同乡,望其捐助钱财以济日本人民。是年,为四川省署顾问;国史馆向各省名宿致信征集乡土文献,宋育仁因而在成都少城公园设文献征集处,搜罗巴蜀文献。在《国学月刊》第6期发表《推论孔子以后学术流别》《说史四纲(转载国学社史学讲义)》《益部两汉经师表序》《益部先贤士女人物表序》《宋君西女子哀词》;在第7期发表《礼运大同小康确解》《致四川制宪处概略意见书》《再致制宪处军政四条》《周礼地域彪蒙》;在第8期发表《〈孟子·王霸〉章觿解》《名学释例》《易经卦名隶古定解诂》;在第9期发表《君子小人决义》《必也正名新义》《周易经别卦名隶古定解诂序》《代人民呼吁》;在第10期发表《古今指迷辨惑篇结论》《宣告不能承认国会议员理由书》《代国民电政府》;在第11期发表《周礼孝经演讲义后序》《孝经正义钩命决》《声讨民国国民叛国之宣言》《四川地方自治筹备会宣言》《说文质疑广诂叙》;在第12期发表《辨学》《覆旅京川同乡告济日炎电》《遍告国人书发起地方自治宣言书书后》《国家学决论》《文史校雠匡谬正俗(附国学文选例)》;在第13期发表《商榷书(附自序)》《讲论孟谈国是寄何晓生书》《广谈丛说例》《仿宋格言》;在第14期发表《明夷后访录》《辨言》《存伦篇补义平议》《倡兴普及教育暨改良学制方法》《宋君西女子遗文序》;在第15期发表《费氏易(释出处)》《国是揭言》《续文史校雠匡谬正俗》;在第16期发表《圣人之言(成都青年会演讲)》《成言乎良解》《更化篇议学制》《共和钩沉平议示子书》《驳梁启超清初五大经师说》《建国宪法讨论通告国人书》《评胡适国学季刊宣言书》《评梁启超国学人门书要目及其读法》《甲子春学会演讲社致词》《前感旧诗》《后感旧诗》;在17期发表《周易筮法举隅书后》《部议取缔蓄妾案短评》《改良学制议》《国家大论警诫议员李礬阳等》《国学学制改进联合会宣言书》《国学研究社讲习专门学科》《民国国民叛国一篇书后》;在第18期发表《论世变》《国学尊经辨惑》《广乡于国谈》《笔余闲话》《里昂见闻杂记感言》《〈诗·国风〉子夏传说论救国》《咏怀古迹尔疋台一首答观澜同社》;在第19期发表《道古》《国是学校根本解决论》《稽古篇上下(概括中西史学、概括中西政见)》《孔教真理》《浅近教科说》《熄杨墨(斯世怪骇感言)》《辛亥自劾疏》;在第20期发表《释文化(论中国古今一教三教文化源流)》《论史学(统释文史校雠源流得失并致章梁)》《致省长督理厘正铜币书》《尚书发微》;在第21期发表《学源上(兑命学而)》《宪法沿革挈要》《真古文尚书发微》《致孔教总会论规复夏正书》《癸亥川兵事起国学会暨三会会议拟告国民并请仲裁书》《国民请愿喤引》;在第22期发表《驰告段执政卢嘉帅张雨帅吴玉帅唐外长各省总机关暨讨冯各师旅长并通讯国人书》《达诂(上下篇)》《答何雨辰问李澄波以伾为姊嗣称贞女否》《答颜伯秦赠翰礼问》《覆谢子厚问学程书》《古今一大公案》《国教宣言致国民会议》《国学会质问救国会议理由书》《读吾五族人民痛言讨论书》《夏时传》《致张雨帅王聘帅段临时执政书》等。

按:宋育仁《评胡适国学季刊宣言书》(载《国学月刊》第16期,署名"问琴"),对胡适的《国学季刊发刊宣言》公开逐句批驳,其中反复论道的重要一点,正是"古学是书中有学,不是书就为学,所言皆是认书作学,真真庄子所笑的糟粕矣乎。今之自命学者流多喜盘旋于咬文嚼字,所谓旁收博采,亦不过是类书目录的本领,尚不知学为何物,动辄斥人以陋,殊不知自己即陋。纵使其所谓旁收博采非目录类书的本领,亦只可谓之书箧而已。学者有大义,有微言,施之于一身,则立身行道,施之于世,则泽众教民。故子夏曰:贤贤易色,事父母能竭其力,事君能致其身,与朋友交言而有信,虽曰未学,吾必谓之学矣。今之人必欲盘旋于咬文嚼字者,其故何哉。盖即所谓古之学者为己,今之学者为人,此病种根二千年,于今而极。是以西人谓中国之学,多趋于美术。美术固不可不有,不过当行有余力,乃以学文也。今之人不揣其本,而齐其末,不过欲逞其自炫之能力,以成多徒,惑乱视听。既无益于众人,又无益于自己。凡盘旋于文字脚下者,适有如学道者之耽耽于法术,同是一盅众炫能的思想,乌足以言讲学学道,适足以致未来世之愚盲子孙之无所适从耳。吾甚为此辈惜之。"(参见王东杰、陈阳编《中国近代思想家文库·宋育仁卷》附录《宋育仁年谱简编》,中国人民大学出版社 2015 年版;桑兵《民国学界的老辈(之二)》,《历史研究》2005 年第 6 期)

吴玉章 1 月 2 日出席成都高师第六次数理部会。2 月 10 日,四川省宪起草委员会闭会,参加起草的委员除吴玉章外,为戴季陶、杨伯谦、张重民、董鸿诗、谢无量、伍非百、饶英、薛仲良、谭其蓁、谢盛堂、郑可望等共 12 人。2 月中旬,吴玉章聘恽代英到成都高师任教授,讲授教育学等课程。恽代英于春节后率学生余泽鸿、张霁帆等人,由重庆步行至成都。先住西南公学内,随即应聘到高师。3 月,为组织成都高师本科三年级学生考察国内外各地教育状况事呈文教育总长。致函教育总长、四川省长公署,呈报成都高师十年度周年概况。4 月上旬,致信吴虞、任鸿隽,嘱托关照途经北京、上海的高师考察团的学生。5 月上旬,支持王右木等人以平民教育社为名,在高师内培训工人骨干,宣讲马克思主义、俄国革命及各国工人运动史等。

按:7 月初,为恽代英离蓉东下举行告别会。恽代英离蓉,去上海出席中国社会主义青年团第二次代表大会。会后留团中央工作。

吴玉章 9 月初得旅法四川勤工俭学学生会 7 月 28 日自巴黎来信。秋后,常去探望因伤在蓉治疗休养的刘伯承,并介绍杨闇公与刘伯承结识。三人志同道合,情谊愈深。冬,与杨闇公等秘密组织中国青年共产党。(参见刘文耀、杨世元《吴玉章年谱》,四川人民出版社 1998 年版)

萧楚女年初到万县省立第四师范学校任教,发动学生进行抵制日货,迫使政府封闭专卖日货的"万申祥"百货商店。4 月,驻鄂的川军师长杨森由鄂回川,聘萧楚女做秘书。但杨森在夺取了四川政治大权后,违背向人民许下的诺言,萧楚女为表抗议愤而辞职。6 月,萧楚女在重庆就任四川省立第二女子师范学校教员,兼任《新蜀报》的主笔,负责撰写社论和时评。(参见广东革命历史博物馆编著《萧楚女文存》,中共党史出版社 1998 年版;刘文耀、杨世元《吴玉章年谱》,四川人民出版社 1998 年版)

姜亮夫在成都高等师范学校读书。酷爱诗词,遍读王闿运《湘绮楼八代诗选》以及《唐诗选》、两宋词、元明曲,多能成诵。从龚道耕习音韵学,熟读江永《音学辩微》、陈澧《切韵考》,广泛研读顾炎武、段玉裁、王念孙、王引之、孔广森、阎若璩、戴震等朴学大师的著作,于《说文解字》《广韵》《诗经》《楚辞》用力尤勤。此间,结识罗运贤、徐仁甫。(参见林家骊《姜亮夫先生年谱简编》,《职大学报》2012 年第 4 期)

钟荣光时任岭南大学副校长。12 月 21 日,孙中山偕夫人宋庆龄到岭南大学(现中山大学南校区所在地)视察,孙中山在岭南大学怀士堂作《学生要立大志做大事,不可做大官》的演说。指出:古今人物名望的高大,不在于他做的官大,而在于他所做事业的成功,学生要做有益于社会的事,不可做大官。要重新把中华民国建设好,让民国的文明,将来能和各国并驾齐驱。又说:岭南大学仅有一千几百名学生,而要使中国转弱为强,化贫为富,就"不是一个人单独能够做成功的,必须要有很多的人才,大家同心做去,那才容易。要有很多的人才,那么造就人才的好学校,不可只有一个岭南大学。广东省必要几十个岭南大学,中国必要几百个岭南大学,造就几十万或几百万好学生,那才于中国有大利益"。预示了孙中山在教育方面的战略布局。(参见吴定宇主编《中山大学校史(1924—2004)》,中山大学出版社 2006 年版)

邹鲁继续任大总统特派员。春,孙中山逐陈炯明出广州后,回到了广东,第三次建立革命政权,邹鲁则卸去特派员和代行大总统职权,担任广东省财政厅长。被誉为"理财经纶手"。孙中山为培养革命文武人才,决定创建黄埔军校和广东大学。年底,孙中山计划将广东高师、政法大学、广东农业专科学校合并成立广东大学,委任邹鲁为国立广东高等师范学校校长,以便筹备创办广东大学。(参见吴定宇主编《中山大学校史(1924—2004)》,中山大学出版社2006年版)

谢无量南下广州。3月,孙中山在广州成立大元帅府,谢无量被聘为大元帅府大本营参议。当时孙中山筹备北伐,谢无量有时也参与其事。时北方军阀割据,内战连年。孙中山采取分化瓦解或联合的策略,图谋统一。秋,孙中山派遣谢无量、孙科、陈剑如为代表,持亲笔信至沈阳会见张作霖,然后至天津说服段祺瑞。阅一月余,段祺瑞、张作霖与孙中山达成协议,形成"三角联盟",从而在一定程度上对内战有所抑制。是年,谢无量著成《诗经研究》《楚词新论》《古代政治思想研究》《平民文学之两大文豪》四种出版。(参见彭华《谢无量年谱》,载《儒藏论坛》第3辑,四川大学出版社2009年版)

刘成禺3月被孙中山任为大本营参议。12月,国民党发表改组宣言,被任为临时中央执行委员。

邓泽如时任国民党广东支部长,11月29日与林直勉、曾克祺、黄心持、朱赤霓、黄隆生、邓慕韩、赵士观、林达存、吴荣新、陈占梅等共11人联名上书孙中山,对以陈独秀为首的共产党的所谓罪状和阴谋进行检举。

梁宗岱7月8日致郑振铎信,报告"文学研究会广州分会"昨日成立,会员共9人,并决议创办《越华报·文学旬刊》。郑振铎将此信发表于《小说月报》8月号,并加按语对此表示祝贺。(参见陈福康《郑振铎年谱》,三晋出版社2008年版)

陈树人被任命为国民党本部党务部部长、广东省政务厅厅长。

黄少梅、潘和、张谷雏、卢观海、何冠五、黄君璧、黄般若、罗艮斋、李耀屏、赵浩公、姚粟若、卢振寰、卢子枢、邓芬等14人共同发起组织癸亥合作社,以"发扬国光,研究国画"为宗旨。后改为国画研究会。

蔡卓勋与朱家驹、金式陶、陆宝树、高燮、庞友兰、郭绍裘、吴承烜、左学昌、沈蓸、丁乃潜、吴汝霖、吴沛霖、戴祺孙、侯节、朱家骅、李允年、戴鸣等18人3月在广东汕头倡设壶社,出版有《壶社丛选》。

赖际熙在香港创立学海书楼,初名"崇圣书堂",以"尊崇孔道,羽翼经训"为宗旨,后仿广州阮元学海堂的建制,更名为"学海书楼"。邀请陈伯陶、温肃、区大典、区大原、朱汝珍、岑光樾、何藻翔、俞叔文等讲学授课。(参见桑兵《民国学界的老辈(之一)》,《历史研究》2005年第6期)

黎民伟、黎海山、黎北海等5月14日在香港正式成立民新影片公司。

董泽继续任私立东陆大学校长。1月20日,选聘本大学职教员。至是年秋,先后聘请职教员24人。袁嘉谷为国文教授,卢锡荣为大学编辑部部长,陶鸿焘为秘书长,杨维浚为庶务长,周恕为会计长,肖扬勋为预科主任,华振为秘书兼国文讲师,赵家通为预科副主任兼算术讲师,张邦翰为建筑事务所工程师,杨克嵘为建筑事务所总理兼物理讲师,毕近斗为算术讲师,严继光为英文讲师,柏励为英文讲师,葛尔田为法文讲师,柳希权为几何讲师,黄学勤为英文教授,余名钰为英文讲师兼理化实验室设计及仪器筹备员,龚自知为国文讲师,杨汝觉为英文讲师,胡昭及为军事训练教师,刘钰为体育教师,李士贤为学监,李耀商为校刊编辑兼图书管理。3月18日,开会修改大学预科暂行规程及职员办事规程。4月20日,东陆大学举行隆重的校本部(即会泽院)奠基及开学典礼。省长唐继尧、各机关长官、各国驻滇领事、各学校、各公共团体共约数千人参加了这次盛典。董泽校长致奠基词,唐继尧省长亲临奠基,并致训词。

按:东陆大学创办人唐继尧省长在训词中说:"自己对于创办东陆大学其原因有:(一)国家不幸,大乱迭兴,靖护诸役,数次起兵,以'正义'、'人道'相号召,即欲以此纠正人心,治国平乱,不料结果均无甚美满。于是憬然于国家之败坏,由于无多数优秀人才奋斗其间,致正义无由伸张,民治无由发达。迨民八年,军事收束后,乃觉悟培养人才之不可缓;(二)欧战以还,思潮勃兴,至理名言,阐发无遗。但各处环境不同,主张亦因之有异,适此者,未必尽适于彼。研究所得虽多,但取材能力殊弱,削足适履,致旧文化无由发扬。拟以固有文化精神,吸收新文化,成一折衷适于国情者,非谋建设一最高学府以研究之不可;(三)废督后实行民本政治,如实业、教育、交通及一切庶政,在在需用专门人才,方克有济。此项专门人材,更非由大学以造成不可;(四)本省无相当之学校以升学,如中学毕业后,多数辍学,欲向省外国外谋升学,又苦于交通经济之种种障碍。今设此大学,向上颇便,人材易出。基于以上四种理由,故积极筹备焉。初意,本拟联合固有之各校,如法政、农业、工业、师范等合办一完备之大学,继因政变,遂尔搁浅。前游在外,环顾各地情形,知筹办大学更不可缓。故回滇后,即令董校长继续筹办,并由政府拨款10万为之补助。董校长及职员诸君受托以来,日夜热心,幸抵于成。今后教育,希望诸君以德育为主。今之世乱极矣,揆其原因,实由旧道德堕落,新道德又不能范围人心。欲图挽救,专赖此一般青年。故校章第一条曰:'发扬东亚文化,研究西欧学术',望诸君勉力实行之。"

董泽校长为启发东陆大学学生学习新知识,倡立讲学风范,特设讲演会,敦请名流学者专家来校讲演。19日,敦请周钟岳作题为《关于读书的己见》演讲。26日,敦请由夔举(由云龙)司长来校作《历史上云南与大局之关系》演讲。此后,相继邀请来校演讲的有名誉校长王九龄演讲《中国历代之学风》,巡宣使胡子嘉演讲《国家与个人之关系》,邹子彦演讲《中国群治不振之片面观》,陈光甫演讲《我国之银行情形》等等。秋,《东陆校刊》第一号出版,刊载了唐继尧所作的《东陆大学校训并序》,序文十分强调王阳明的学说。10月24日,前来参加在昆明召开的全国教育联合会第九次会议的代表黄炎培等人,应邀来东陆大学参观并发表演讲。是年,校长董泽优礼敦请前清经济特科第一(状元)袁嘉谷主讲国学。从此讲学无间断。因学校系私立,故不受薪,另捐千元助学。讲学以经学为主,另讲考据、词章、文理;假期专讲诗法,每周3学时。云南远近学者趋道赶来至公堂听课,座无虚席。每有好书出版,都购买许多,捆载入校,发给同学。对学生的好作品口诵不忘,先后汇集为《东陆大学诗选》三集及《云南大学诗选》一集,为之序,尽力表彰,受益者甚多。(参见《云南大学志》编审委员会《云南大学志》第2卷《大事记(1915年—1993年)》,云南大学出版社1993年版)

楚图南1月在《教育新刊》第5、10、18、19、20期连载《应用心理学述略》。3月4日在《教育新刊》第11期发表《单纯的教育改造社会论者可以觉醒了》。6月从北京高师毕业。7月,按照云南教育厅与北京高师的规定,毕业后要回云南省任教。临行前,李大钊再次与他谈话,给他的任务是:尽可能多接触青年学生,组织读书会,吸引他们阅读进步书籍,宣传马克思主义和苏俄十月革命的胜利,为建立党团组织准备条件,但不要发展组织。8月,回到昆明,在省立第一中学任国文教员,并在昆华女中、私立成德中学兼课。(参见麻星甫编著《楚图南年谱》,群言出版社2008年版)

何炳松1月为新成立的杭州大学董事会10位董事之一。3月10日,浙一师发生严重食物中毒事件,至12日,死亡学生达24人。为此数度辞职。同月,何炳松在《教育杂志》第15卷第3号发表《我国教育的墙和我的拆墙主义》。又在《教育丛刊》第3卷第1集发表《西洋史与他种科目的关系》。5月,《浙江省立第一师范学校毒案纪实》编竣,蔡元培题签,胡适作《一师毒案感言》。6月,参加中华学艺社。7月,《浙江省立第一师范学校毒案纪实》出版,为作《弁言》和《一师毒案之回顾》。同月,何炳松任浙一师和浙一中合并后的新一中校长。8月,参加在杭州举行的中国科学社第八次年会。10月1日,《浙江一中周刊》创刊。(参见房鑫亮《忠信笃敬:何炳松传》,浙江人民出版社2006年版)

朱自清1月6日与沈雁冰、郑振铎、叶圣陶、胡愈之、顾颉刚、王伯祥、周予同、谢六逸、陈达夫、常燕生发起成立朴社,每人每月出资10元,为便利自己出书,摆脱社会摧残,不受出版商限制。该社社员还有俞平伯、潘家洵、郭绍虞、耿济之、严既澄、陈万里等。13日,致俞平伯信,论及其提出的"刹那主义"。2月,携眷赴温州浙江省立第十中学和省立第十师范任教。其间推动了温州新文学运动的发展。同月,以通讯投票的方式,当选为少年中国学会第四届评议会候补评议员。当选为候补评议员的还有邰爽秋、恽代英、杨贤江、高君宇、刘仁静等8人。暑假,回扬州探望父母。7月30日,文学研究会主办的《时事新报》副刊《文学旬刊》改为《文学》周报,朱自清与王统照、沈雁冰、沈泽民、周予同、周建人、俞平伯、胡愈之、许地山、陈望道、徐玉诺、徐志摩、郭绍虞、叶绍钧、耿济之、郑振铎、刘延陵、谢六逸、瞿世英、瞿秋白、严既澄、顾颉刚等25人被聘为特约撰稿者。8月上旬,与俞平伯相约,同游南京4天,游览了清凉山、秦淮河等地。临分手前相约,各以《桨声灯影里的秦淮河》为题写一篇散文。在南京期间,与筹备社会主义青年团第二次全国代表大会的老友邓中夏相遇。10月11日,作散文《桨声灯影里的秦淮河》毕,刊于次年1月25日《东方杂志》第21卷第2号二十周年纪念号(下)。20日,译美国柳威生编《近代批评辑要》中一篇《心灵的漫游》,刊于10月29日《文学》周刊第94期。11月17日,作《文艺的真实性》毕,刊于次年1月10日《小说月报》第15卷第1号。是年,加入朴社。(参见姜健康、吴为公编《朱自清年谱》,安徽教育出版社1996年版)

夏丏尊1月10日和25日在《东方杂志》第19卷第1号和第2号上连载《近代文学与儿童问题》。2月,弘一法师于出家后,在温州庆福寺破例刻印5方,赠与夏丏尊,并于8日作《赠夏丏尊篆刻题记》。3月,与李继桢合译日本高畠素之著《社会主义与进化论》由上海商务印书馆出版,被列为《新时代丛书》第10种。4月26日,所撰《生殖的节制》刊于《民国日报》《妇女评论》副刊第38期。5月23日,译述《女性中心说》刊于《民国日报》《觉悟》副刊。7月29日晚,访陈望道。夏丏尊提出"女天下"的论点,各人略有辩论。8月2日,《"女天下"底社会学的解说》,刊于《民国日报》《妇女评论》副刊第52期。初秋,应夏丏尊之邀,丰子恺离开上海专科师范,赴白马湖执教。10月31日,与刘薰宇、赵友三等创办《春晖》半月刊。11月下旬,主持春晖中学课外讲演会,由校长经亨颐主讲。12月20日,所撰《汉字所表现的女性的地位》刊于《民国日报》《妇女评论》副刊第72期。(参见葛晓燕、何家炜编著《夏丏尊年谱》,中国文史出版社2012年版)

马一浮是年冬迁葬本生祖妣倪太恭人、祖庶妣饶太君、先考、先妣、戴氏姑、仲姐于去年新修先茔墓地,自此有"皋亭老农"号。为筹集迁葬费用,先生第一次公开卖字。应绍兴学人冯学书、王述曾之请,为撰《重修绍兴县文庙记》。(参见张雨晴《马一浮学术年谱整理(1911—1949)及其儒学践履活动研究》,贵州大学硕士学位论文,2019年)

冯雪峰9月18日与潘训(漠华)等42位同学发表宣言,反对校长何炳松因浙江旧一师拒长风潮,强令中学部学生暂行休学之通令。12月,与应修人、潘漠华以湖畔诗社名义出版诗集《春的歌集》。此书为《湖畔诗集》第二集,共收诗105首。冬季,因家庭经济困难辍学。

（参见包子衍《雪峰年谱》，上海文艺出版社1985年版）

华岗在衢州浙江省第八师范读书时，为反对学校干涉学生运动被开除。后改名少峰转入宁波浙江省第四中学。

戴望舒主编的《兰友》旬刊1月1日在杭州创刊，共发行17期，7月1日停刊。

李叔同在上海与尤惜阴居士合撰《印造经像之功德》。赴上海途中曾在上虞白马湖、绍兴、杭州等地停留。6月，为杭州西泠印社《弥陀经》一卷刻石。

慈舟在杭州灵隐寺办明教学院、在常熟兴福寺筹办法界学院。

林文庆继续任厦门大学校长。4月，各学部改称为科，全校共设文、理、工、教育、新闻、商等科。同时，校评议会议决自1923年9月起，预科由两年改为一年，本科仍为四年。7月，厦门大学在上海、厦门、福州、莆田、广州、新加坡等处招收预科新生146名，本科插班生3名。9月，思明县（厦门）公署发出布告，划定厦大校址之四至地界。（参见洪永宏编著《厦门大学校史》（第一卷），厦门大学出版社1990年版）

朱谦之继续在福州养病，是年重点阐释唯情哲学，其唯情哲学代表作《周易哲学》由上海学术研究会出版。3月，在《民铎》第4卷第1期发表《美及世界》，附录《泛神的宗教》（均收入《周易哲学》）。4月，在《民铎》第4卷第2期刊登《系统哲学导言》。5月，在《民铎》第4卷第3号发表《宇宙生命——真情之流》。养病期间与杨没累通信，确定恋爱关系，以5月18日为二人的定情纪念日。6月，发表《我的新孔教》，与杨没累发表《虚无主义者的再生》（两篇文章均在《民铎》第4卷第4号）。在南京建业大学讲学，与杨没累通信讨论音乐与文学的关系，成为后来提倡音乐文学的缘起。7月，在《民铎》第4卷第5号发表《论"宇宙美育"》。（参见黄夏年编《中国近代思想家文库·朱谦之卷》附《朱谦之年谱简编》，中国人民大学出版社2015年版）

蔡培火从日本东京回台湾，兼掌台湾文化协会。

冯汉骥任厦门大学图书馆主任。

袁玉冰与方志敏等在江西创建共产党和社会主义青年团组织。

方志敏与赵醒侬等人创建中国社会主义青年团南昌地方组织、江西"民权运动大同盟"和"马克思学说研究会"。其白话小说《谋事》与鲁迅、郁达夫、叶圣陶等人的作品一起入选上海小说研究所编印的《小说年鉴》。

楚图南1月在《教育新刊》第5、10、18、19、20期连载《应用心理学述略》。3月4日，在《教育新刊》第11期发表《单纯的教育改造社会论者可以觉醒了》。6月，从北京高师毕业。7月，按照云南教育厅与北京高师的规定，毕业后回云南省任教。临行前，李大钊再次与他谈话，给他的任务是：尽可能多接触青年学生，组织读书会，吸引他们阅读进步书籍，宣传马克思主义和苏俄十月革命的胜利，为建立党团组织准备条件，但不要发展组织。8月，回到昆明，在省立第一中学任国文教员，并在昆华女中、私立成德中学兼课。（参见麻星甫编著《楚图南年谱》，群言出版社2008年版）

冯友兰在杜威等的指导下，完成博士论文《人生理想之比较研究》（又名《天人损益论》）。夏，通过博士论文答辩，毕业后返国。暑期后，任中州大学教授兼哲学系主任、文科主任、校评议会成员、图书馆委员会委员。又受聘为学生社团文艺研究会名誉会长。与友人筹备《心声》第二次复刊。9月12日晚7时，在中州大学演讲厅主持大会欢迎新教员与学生，并代表旧教员致欢迎辞。11月1日，所作《〈心声〉第二次复活》刊于《新中州报》。冬，往曹州山东第六中学讲演两星期。回开封后，据此次讲演写成《一种人生观》。（参见蔡仲德《冯友兰年年谱长编》,中华书局 2014 年版;李中华编《中国近代思想家文库·冯友兰卷》附录《冯友兰年谱简编》,中国人民大学出版社 2015 年版)

王献唐在青岛任职胶澳商埠督办公署。8 月 12 日,起草《中德学社缘起》,与苏保志(W. Seufert)等人发起成立"中德学社",以研究文学、哲学为目的,主要翻译中、德两国文艺、哲学作品。11 月 7 日,为陈干作《陈明侯藏书目录序》。12 月 7 日,为刘瑞三(何千)作诗序。(参见张书学、李勇慧《王献唐年谱长编》,华东师范大学出版社 2017 年版)

臧克家就读于山东省立第一师范学校。

刘盼遂离开山西大学,赴菏泽山东第二女子师范任教。

刘镇华 8 月正式筹办西北大学,成立西北大学筹备处,由傅铜任处长,参与筹备的有陕西法政专门学校校长蔡江澄及段绍岩、张辛南、史碧如等。次年 3 月,正式开学上课。

罗常培应聘到西安国立西北大学任教授兼国学专修科主任,讲授"中国文字学"和"中国音韵学"等课程。(参见《罗常培文集》编委会编《罗常培文集》第 10 卷附录《罗常培年谱》,山东教育出版社 2000 版)

潘梓年从北京大学哲学系毕业后到河北保定中学任教。

张作霖 4 月创立东北大学。

王永江为校长的东北大学 4 月在沈阳创办。

蔡元培 8 月 25 日蔡元培乘船抵达马赛,登陆后前往巴黎。8 月 28 日,由巴黎抵达比利时布鲁塞尔。9 月 18 日,开始编写《哲学纲要》。10 月 10 日,应比利时沙洛埃劳工大学之邀,发表《中国之文艺中兴》演讲。将"最重要的中国人根本思想"归结为:(一)平民主义;(二)世界主义;(三)和平主义;(四)平均主义;(五)信仰自由主义。10 月 11 日,由基尔教授之介绍,接比利时高等研究院(Institut des Hautes Etudes de Belgique)函告,本学年于 10 月 27 日晚 8 时半开始讲演。10 月 20 日,北京《晨报》刊出蔡元培关于《学校应提倡体育》的谈话。29 日,刘半农自巴黎来访,谈其研究语言、哲学情形及回北大任教之预备。同月,蔡元培与校董王式通、李煜、许寿裳、林步随、许宝蘅、吴贯因、理事樊守忠、林晓、罗庸、范文澜、潘渊等联名撰发《华北大学募集基金启》。12 月,申报馆出版《最近之五十年》一书,内收蔡元培所撰《五十年来中国之哲学》一文。12 月 27 日,北京教育部令:"国立北京大学校长蔡元培在欧洲考察未回校以前,派蒋梦麟代理校长。"(参见高平叔编著《蔡元培年谱长编》,人民教育出版社 1996 年版;王世儒编撰《蔡元培先生年谱》,北京大学出版社 1998 年版;耿云志《胡适年谱》,四川人民出版社 1989 年版)

刘半农继续在法国巴黎学习。1 月,《国立北京大学国学季刊》创刊。7 月,在国立北京大学《国学季刊》第 1 卷第 8 号上发表论文《实验四声变化之一例》《守温三十六字母排列法之研究》。9 月 23 日,在北京大学《歌谣》周刊第 25 号上发表《海外的中国民歌》。10 月 22 日,于巴黎撰《中国文法通论·四版附言》,初收在 1923 年上海群益书社四版《中国文法通论》。12 月 22 日,通过沈雁冰,致书吴立模,将自己抄录的有关《五更调》的资料送给他,供吴研究之用。12 月,参加巴黎大学助教阿脑而特女士举办的私人歌谣讲演会。是年,为撰写《汉语字声实验录》准备材料,进行实验。在巴黎国家图书馆抄录该馆所藏我国敦煌写本中有关文学、语言、历史等方面的珍贵资料,时约半年。(以上参见徐瑞岳编《刘半农年谱》,中国矿业大学出版社 1989 年版;曹波、万兵《刘半农小说著译学术年谱(1913—1920)》,《广西社会科学》2020 年第 1 期)

袁同礼 6 月毕业于纽约州立图书馆专科学校,获图书馆学学士学位(Bachelor in Library Science）。暑假，参加美国国会图书馆中文编目工作。9月，赴欧考察图书馆、博物院，并在英国伦敦大学历史研究院研究，当选英国目录学会（the Bibliographical Society）及牛津目录学会（the Oxford Biblographical Society）会员，为获此殊荣的第一个中国人，并在法国巴黎大学古文献学院（Ecole des Chartes）研究一段时间。11月，袁同礼在伦敦撰成《〈永乐大典〉考》。次年，在《学衡》第26期刊出。12月14日，自伦敦致顾孟余函，谈国会图书馆寄北大目录片。是年，袁同礼担任国际图书馆协会执行委员会委员，英国图书馆协会会员。（参见张光润《袁同礼先生年谱初编（1895—1965）》，载张光润《袁同礼研究（1895—1949）》，华东师范大学博士学位论文，2018年）

余家菊 2月20日在伦敦作《学习法第一课》一文，介绍"意志控制律、经验律、记持律、选择律、胶合律、疲劳律"六种学习法，发表于《学生杂志》第10卷第6号。3月6日，在伦敦作《中国教育的统一与独立》一文，倡导收回教育权，以保障我教育之完整，刊于《中华教育界》第12卷第8期。春，陪同范源濂考察英国教育。读《道尔顿制》一书，对该书介绍的个别教授以发展个性的教育办法，产生极大的兴趣，随后撰《道尔顿制之实际》一文，寄《中华教育界》。后由舒新城将"道尔顿制"试验于吴淞中学，不久东南大学附中亦有实验，并由《教育杂志》刊出"道尔顿制专号"，由是一时在全国"引起不小的波浪"。4月28日，作《个性与学程编制》一文，刊于《教育杂志》第15卷第7号。5月末，作《读常道直君〈学校风潮之研究〉》一文，探讨了学校风潮的起因、责任的承担以及解决的方法，后刊于《教育杂志》第15卷第10号。6月，修毕研究生课程，下年须作硕士论文。因念及自己虚耗国民脂膏而负笈海外，费一年岁月作一论文以博一学位，于心不忍不安，乃"决计放弃学位，再作学习"。于是与曼彻斯特大学教育教授芬德来通信讨论，拟往学社会学。去法国中部蒙自利野与周太玄、李劼人共度暑假。途经巴黎，与曾琦、李璜三人商量组建政党事宜。7月14日，作《国庆日之教育》一文，刊于《中华教育界》第13卷第5期。9月，赴英爱丁堡大学从达诺教授研习教育哲学，兼习实验教育于该校师范学院。作《教会教育问题》一文，明确提出"收回教育权"的口号，直接推动非基督教运动的发展。后刊于《少年中国》第4卷第7期。10月，少年中国学会举行苏州大会，余家菊所提出的"收回教育权"的主张，得到了会友的积极呼应，在学会中产生了重要影响。同月，余家菊、李璜合著《国家主义的教育》一书出版，该书集印了1922年以来二人在《中华教育界》《少年中国》上发表的论文7篇。作者在"序"中指出："用教育确定国体，是教育中固有之一文，……教育之功用有更重要于此者，则是用教育以绵延国命。"少年中国学会向教育界赠送该书若干部，以为宣传。此后，国家主义的教育思潮逐渐引起社会注意。11月15日，将所作《〈道尔顿〉制与中国之教育》一文寄达舒新城，企望以"道尔顿制"救济我国教育界的颓风，随之发表在《教育杂志》第14卷第12号。（参见余子侠、郑刚编《中国近代思想家文库·余家菊卷》及附录《余家菊年谱简编》，中国人民大学出版社2015年版；中央教育科学研究所编《中国现代教育大事记1919—1949》，教育科学出版社1988年版）

曾琦、李璜、李鲁之、李不韪、张子柱、胡国伟、何鲁之、黄晃、梁志尹等12人12月2日在法国巴黎郊外玫瑰城共和街召开中国青年党成立大会，会议通过了曾琦起草的《中国青年党党纲》《中国青年党党章》，并发表了《中国青年党建党宣言》。《宣言》极力标榜国家主义，声称该党的宗旨是："对外，则以力争中华民国之独立与自由为旗帜"，"对内，则以推倒祸国殃民之军阀，实现全民政治为信条"。由于出席成立大会的"党员人数太少"，未按党章规定选举委员长及执行委员，仅决定成立党务与宣传两组，推定曾琦为党务组主任，张子柱为宣传组主任。党的名称初期保密，对外活动一律以"中国国家主义青年团"的名义出现，因其信奉国家主义，故称"国家主义派"。

按：直至1929年9月中国青年党召的第四次代表大会时始公开党名。本年12月2日在法国巴黎召开中国青年党成立大会之前，由曾琦起草《中国青年党建党宣言》，全文如下：

呜呼！二十世纪之国家，其国基之飘摇不定，其政象之杌陧不宁，孰有过于今日之中国乎？二十世纪之青年，其处境之艰难困苦，其心思之忐忑不安，孰有过于今日之中国乎？内有残民以逞之军阀，外有伺隙而动之列强，官僚既舞弊营私，政客更寡廉鲜耻，奸商但逐什一之利，乡愿徒为两可之辞，其余假公济私之辈，损人利己之徒，更不胜枚举，行见大好河山，竟将断送于若辈者之手。

环顾国内，非无多数之前辈，而以时势之迁移，忠烈者死于锋镝矣，狡黠者变于中途矣。坐令奸党横行，善人裹足，民有偕亡之叹，国无重振之极。当此之时，舍吾辈青年奋起而以血肉与黑暗势力相搏战，则中华民国之前途，又安有光明之望哉？迩来海内慨时之士，不乏救国之谈。有欲输入欧洲文明，以期改造思想者，此虽根本之图，要非救急之策，试杋往籍，殷鉴匪遥，道学虽盛，何补南宋之亡？玄理纵高，无救东晋之乱！向黄巾而讲孝经，对虎豹以谈仁义，适足形其迂拘，曾何补于国是？又有主张一阶级专政，而忽视其他各界者，殊不知吾人欲行革命，不可不察本国之情势，就国内之人口计之，则全国国民，农居八九，商界次之，学界次之，据最近全国职业之调查表，工人仅占全国人口比例百分之四强。以如斯少数之工人，而欲实行专政，征绪事实，殆万不能。况全国农工商学各界，同受军阀之压迫，各有倒悬之痛苦，于此而独倡一阶级专政之说，几何不使他界失望？虽不至迫彼等以附和军阀，亦将使吾人失却最多数之同情，不能行大规模之革命，将令军阀官僚得以延其寿命耳。又有知理想之难行而欲依他党以成功者，殊不知已成政党，早失信用，即有二三先觉之士，亦无支配全党之能，若欧美政党之旗帜鲜明，纪律严明者，殆难以望诸彼辈，则吾人又何取乎依赖行为，而失其独立精神，以与过去人物同为一丘之貉耶？此同人等所以外瞻大势，内审国情，毅然有中国青年党之发起也。

本党之宗旨：言乎对外，则以力争中华民国之独立与自由为旗帜，盖鉴于国际强权之方盛，世界大同之尚遥，新加坡之增筑军港，太平洋之派遣舰队，铁路财政之共管，宜昌长沙之示威，实在令人惊心动魄，故不敢再为空言以误国也。至于对内，则以推倒祸国殃民之军阀，实现全民政治为信条，盖鉴于全国国民之齐受宰割于军阀，欲唤起各界之觉悟，合群力以诛国贼，人人皆当协力同心，故不敢徒唱高调以拒人也。若夫成败利钝，要亦不难逆睹，昔意大利之再造邦家，实成于少年意大利党之手；近土耳其之恢复故土，亦由子青年土耳其党之努力。即吾国旧属之三韩，亦有朝鲜青年党之组织，三月革命之举，全球为之震惊，事在人为，理无或爽。他国青年之奋斗如此，吾国青年之有血性者，宁能无所感奋哉？抑吾人之所谓青年，非必以年龄为限，而要以精神为主，苟能奋斗不懈，则春秋虽高，亦吾党之同志，若其畏葸无能，则年龄纵幼，实社会之赘民。世有志在兴邦而意存救民者乎？则请细览本党党纲，而加入协同工作。众志成城，行见青年之奏凯；人心未死，伫看祖国之重兴，是则本党同人所敢郑重昭告于海内外青年同志者也。

张申府春夏间与刘清扬继续住在德国柏林，研究数理逻辑、马克思主义、新物理(相对论)、新心理学(弗洛伊德心理分析)。秋，收到国内筹措的归国路费。冬，取道莫斯科回国。停留莫斯科3周期间，在莫斯科住东方共产主义大学赵世炎处，与正在莫斯科商谈在广州开办军事学校的代表团成员蒋介石、张太雷见面。(参见张申府《建党初期的一些情况》；郭一曲《中国现代新文化的探索——张申府思想研究》附录《张申府年谱简编》，广东人民出版社2002年版)

周恩来2月17—20日出席在巴黎召开的旅欧中国少年共产党临时代表大会。大会通过周恩来起草的《旅欧中国共产主义青年团章程》，改选了领导机构，周恩来、任卓宣、尹宽、汪泽楷、肖朴生5人为执行委员，刘伯坚、王凌汉、袁子贞为候补委员，周恩来任书记。3月18日，旅欧中国共产主义青年团根据中共中央指示，派赵世炎、王若飞、陈延年、陈乔年、熊雄等12人，第一批赴莫斯科东方大学学习。周恩来陪送他们到柏林，并设法为他们办理去苏联的入境手续。夏，返回法国，住在巴黎戈德弗鲁瓦街17号，专门从事党、团工作。6月

16 日和尹宽、林蔚等一起到里昂,与奉孙中山之命到法国筹组国民党支部的王京歧(后任国民党驻欧支部执行部长)商谈合作问题。7 月 3 日,以《少年》杂志社代表身份,发起并出席旅法各团体代表在巴黎西郊华侨协社的集会。8 日,和徐特立、袁子贞、许德珩等 22 个团体代表在巴黎中华饭店集会。秋,任国民党驻欧支部特派员。11 月 25 日,出席在里昂召开的国民党驻欧支部成立大会,发表演说,着重批评国民党内的腐败现象。会上当选为国民党驻欧支部执行部总务科主任,李富春为宣传科主任。在王京歧回国期间,由周恩来代理执行部长,主持国民党驻欧支部的工作。是年,郭隆真经周恩来介绍加入中国社会主义青年团,同年转为中国共产党。(参见中央文献研究室《周恩来年谱 1898—1976》,中央文献出版社 1998年)

杨堃加入共产主义青年团,改名杨赤民,不久,国共第一次合作,杨堃加入国民党,被选为国民党驻法总支部里昂支部的宣传委员,后又被选为驻法总支部代表大会里昂支部代表,在巴黎召开的代表大会中被选为驻法总支部宣传委员。

林如稷留学法国里昂大学和巴黎大学。

马思聪赴法国巴黎音乐学院读书并学习小提琴。

王光祈 1 月 6 日在柏林致函"少年中国学会"同志,后发表在《少年中国》第 4 卷第 2 期。2 月 12—27 日,撰成《德意志之青年运动》,连载于 5 月 24 日至 7 月 6 日上海《申报》,《少年中国》第 4 卷第 5 期全文转载。3 月 4 日,德国莱比锡举行春季赛会,王光祈应柏林外交部邀于午后 4 时由柏林乘赛会专车去该城。同行者有日本、美国、英国、意大利等 13 国记者。8 月18—24 日,在上海《申报》连载《战后世界商业之趋势》。11 月,在柏林南郊阿笃夫街住宅完成《欧洲音乐进化论》一书,并作序,次年由中华书局出版。12 月,在柏林为《德国人之婚姻问题》作序。(参见四川音乐学院、成都市温江区人民政府编《王光祈文集》,巴蜀书社 2009 年版)

杨钟健是春代表北京大学学生会至上海出席"中国学生联合会",编辑会刊。在沪期间,由李大钊、邵力子介绍加入了孙中山领导的国民党。7 月,在北京大学地质系毕业,获得理学士学位。所撰《南口一带的地形特征》刊于《中国地质学会志》第 2 卷第 2 期,这是他的第一篇科学论文。10 月,赴德国留学,在李四光的帮助下进入慕尼黑大学地质系学习古脊椎动物学。(参见王仰之《杨钟健年谱》,《西北大学学报》1193 年第 2 期)

陈寅恪仍在德国柏林大学研究院,研究梵文、巴利文、藏文等。因当时国内局势动荡,江西省教育厅官费停寄,此后一两年间,在德生活至为艰难。3 月 15、31 日,陈寅恪与曾琦等聚谈。5 月,中国共产党人与无政府主义派及国家主义派在欧洲斗争甚烈,陈寅恪常亲历目睹其事。8 月,在《学衡》第 20 期发表《致妹书》,谓"我今学藏文甚有兴趣,因藏文与中文系同一系文字,如梵文之与希腊拉丁及英俄德法等之同属一系。以此之故,音韵训诂上,大有发明"。此为陈寅恪自述学术思想的最早文字资料。约在是年前后,陈寅恪在柏林晤金岳霖。秋,傅斯年自英至德,入柏林大学,得识陈寅恪。毛子水因傅斯年介绍,得识陈寅恪及俞大维,傅斯年告以此二人是我威最有希望之读书种子。(参见卞僧慧《陈寅恪先生年谱》,中华书局 2010 年版)

傅斯年 1 月为刘半农著《四声实验录》作序,刘著于 1924 年 3 月由上海群益书店出版。10 月,由英国至德国,傅斯年入柏林大学哲学院,攻读比较语言学等。(参见韩复智《傅斯年先生年谱》,《台大历史学报》1996 年第 20 期;欧阳哲生编《中国近代思想家文库·傅斯年卷》附录《傅斯年年谱简编》,中国人民大学出版社 2015 年版)

罗家伦是秋完成《科学与玄学》初稿,此受国内科玄论战激发,但主旨在辨析三个基本问题:什么是玄学? 什么是科学? 两者之间关系怎样? 冬,赴德国柏林大学历史研究所攻读。这一时期,对文学、史学、哲学、教育、民族、地理等多有涉猎。当时常相过从者有朱家骅、俞大维、陈寅恪、毛子水、傅斯年、金岳霖、段锡朋等。(参见刘维开《罗家伦先生年谱》,中国国民党中央委员会党史委员会 1996 版;张晓京编《中国近代思想家文库·罗家伦卷》附《罗家伦年谱简编》,中国人民大学出版社 1015 年版)

孙云铸赴德国入哈勒大学学习,获理学博士。

梁希在德国撒克逊森林学院德累斯顿—塔郎脱研究所研究林产化学。

王宠惠赴荷兰海牙,就任国际永久法庭候补法官。又为东吴大学兼职教授。(参见王宠惠著、张仁善编《王宠惠法学文集》附录《王宠惠先生年谱》,法律出版社 2008 年版)

张家树在英国泽西岛被祝圣为天主教神父。

尹宽 2 月因旅欧中国少年共产党改为中国社会主义青年团旅欧总支部,任总支部执行委员会委员、共产主义研究会主任。主编《少年》杂志。署名"石生",连续发表《在中国的共产主义运动》《马克思主义道德观》等文章。同年 12 月,被派赴苏联,入莫斯科东方大学学习。(参见陈贤忠、童志强《尹宽略论——考察一个中国托派分子所走过的道路》,《合肥工业大学学报》1990 年第 1 期)

赵世炎、王若飞、陈延年等 3 月 18 日由旅欧中国社会主义青年团根据中共中央指示选派赴莫斯科入中山大学学习。是年,陈乔年亦赴莫斯科东方大学学习。(参见李永春编著《蔡和森年谱》,湘潭大学出版社 2008 年版)

赵元任在哈佛大学继续任教,开设中国语言课。在系主任 Woods 教授帮助下,申请查理斯·霍尔基金(Charles Hall Foundation),很快得到批准。后来哈佛大学以此基金为基础与燕京大学协作,成立 Harvard-Yenching Institute,即哈佛-燕京社。该社逐渐成为国际上研究中国与远东文化的重要中心之一。8 月,教育部召开国语统一筹备会,决议成立"国语罗马字拼音研究委员会",聘请钱玄同、黎锦熙、黎锦晖(均荃)、赵元任、周辨明、林玉堂(后改名林语堂)、汪怡、叶虚谷、易作霖、朱文熊(造五)、张远荫 11 人为委员。是年,赵元任在《科学》上发表《再论注音字母译音法》;在 The Chinese Students' Monthly(第 18 卷第 7期)上发表"Ten Objections to Romanization"(该文后以中文《对国语罗马字的十点质疑》发表于《国语月刊》第 1 卷第 7 期),回答并试图驳倒反对国语罗马字化工作的十种议论;又在 The Chinese Students' Monthly(第 18 卷第 8 期)上发表"Principles for Constructing a Practical System of Romanization",提出建立实用国语罗马字系统应该考虑的 25 条原则;在《国语月刊》汉字改革号上发表《国语罗马字的研究》,强调中文之罗马字化是中国人自己为中国之需要而提出的改革方案(该文后以英文发表,题目为"The National Romaniza-tion",亦指出"It is a Romanization of the Chinese, by the Chinese, and(primarily) for the Chinese"),该文还提出了详细的国语罗马字草案。国内东南大学郭秉文与北京清华学校张彭春都来函邀请元任回国任教,且拟提供赴欧洲考察进修一年的机会。经过认真考虑,决定应清华学校之聘。

按:清华学校毕竟是派遣元任出国留学的母校,且清华学校正在酝酿成立清华大学,并准备成立国学研究院,拟聘梁启超、王国维(静安)、赵元任与陈寅恪"四大导师",阵容很强,学术上大有可为。此时哈佛大学的 Woods 教授与 Hocking 教授都力荐元任。Hocking 教授认为元任是他最好的学生之一,不但应留在哈佛大学,而且应回到哲学专业。元任夫妇未为所动,毅然坚持绕道欧洲考察进修一年,然后返国服务,并推荐梅光迪(迪生)接替自己在哈佛大学的教学工作。(参见赵新那、黄培云编《赵元任年谱》,商务印书馆1998年版、刘维开《罗家伦先生年谱》,中国国民党中央委员会党史委员会1996版;张晓京编《中国近代思想家文库·罗家伦卷》附《罗家伦年谱简编》,中国人民大学出版社1015年版)

张闻天、须恺、郝坤巽合撰《质问胡适之先生》于1月3日寄上海《时事新报》,对胡适于上年11月在《努力周刊》第30号上发表的"制宪庸议"的时评提出质问,并批评其《联省自治与军阀割据》一文,希望胡适公开答复。《时事新报》主编张东荪特将此信转给胡适,并告此信不拟发表。6日,张闻天复汪馥泉信,发表于2月20日《民国日报·觉悟》,信中诉说自己的苦闷与矛盾的心态。2月2日,撰成长篇国际问题论文《赔款与战债》,发表于2月10、25日《东方杂志》第20卷第3、4期。春,离开报馆潜心译著,到饭馆打工挣钱度日。5月,在美国与康白情、孟寿椿一起介绍须恺、杨亮工加入少年中国学会。7月30日,撰《生命的跳跃——对于中国现文坛的感想》一文,对当时国内文学状况的贫乏表示深切的关注,批评了充斥文坛的种种悲观、颓废的作品与论调,发表于9月出版的《少年中国》第4卷第7期。12月29日,即将离美回国前与孟寿椿话别,孟寿椿赠英国爱丁堡大学教授乔治·森茨佰里(George Saintsbury)所著《十九世纪文学史》(*A History of Nineteenth Century Literature*,1780—1895)英文本作为分别纪念。同月,在美购买一批书籍携带回国,其中勃兰兑斯所著《创造精神》(*Brandes Creative Spirits*)一书的扉页上留下了张闻天的签名;所译法国柏格森著《笑之研究》列入尚志学会丛书,由商务印书馆出版。是年,参加康白情等组织的自由资产阶级政党"新中国党",但回国后不久即同该党没有联系,该党不久亦无形解散。(参见张培森主编《张闻天年谱》,中共党史出版社2000版;耿云志《胡适年谱》,四川人民出版社1989年版)

闻一多1月5日致闻亦有信,谓"此美术学校最满我意处,乃日间上课,课毕即无事,故晚间返寓,犹得研究文学也"。14日,致闻家骤、闻家驷转父母亲信,再次陈述了欲早日归国的念头,尤对在美受到之种族歧视感到无比愤慨。3月17日,致吴景超、梁实秋信,说《园内》的创作激情与构思意图。22日,致梁实秋信,批评梁实秋与吴景超负气辞《清华周刊》文艺编辑事。5月1日,在《创造季刊》第2卷第1期发表诗评《莪默伽亚谟之绝句》。6日晚,出席中国留学生在芝加哥召开的国耻纪念会。7月,积极参与芝加哥清华同学会成立的"改良清华委员会"。8月17日,清华学校癸亥级毕业生放洋,中有方重、孔繁祁、全增嘏、吴文藻、吴景超、梁实秋,梁思成、翟桓、谢文炳、顾毓琇等,皆为闻一多之友。9月,与部分志同道合的清华同学成立了"大江学会",以"本自强不息的精神,持诚恳忠实的态度,取积极协作的方法,以谋国家的改造"为宗旨。同月中旬,转到科罗拉多大学。同月,闻一多第一部诗集《红烛》经郭沫若介绍,由上海泰东书局出版。11月10日,与梁实秋、陈肇彰、王国华、谢奋程、麦健曾、盛斯民、赵敏恒发起成立科罗拉多大学清华同学会。12月3日,在《时事新报》文学副刊《学灯》发表《泰果尔批评》。(参见闻黎明、侯菊坤编著《闻一多年谱长编》(增订本),上海交通大学出版社2014年版)

胡先骕于国立南京高等师范学校并入东南大学后,任农科的植物学教授兼生物学系主任。介绍金陵大学农学院森林系教授陈焕镛来东南大学任教。此时在东南大学生物系任教的尚有秉志、钱崇澍、陈桢、张景钺等。6月1日,在《学衡》杂志第18期发表《评胡适〈五十年来中国之文学〉》,对胡适《五十年来中国之文学》所提出的观点和理由加以批评。同月,所译4卷本《科学大纲》(*The Outline of Science*)由商务印书馆开始出版。9月,经陈焕镛介绍,得江西省教育厅资助,再度赴美,入哈佛大学攻读植物分类学博士学位,于行程作《旅程杂诗》38首。在美期间仍为《学衡》杂志撰稿。12月,译英国克利弗得《信仰之道德》

一文,刊于《东方杂志》第 12 期,前有译者胡先骕题识。(参见胡宗刚编著《胡先骕先生年谱长编》,江西教育出版社 2008 年版;沈卫威《学衡派编年文事》,南京大学出版社 2015 年版)

梁实秋 2 月 15 日在《清华周刊》第 269 期发表《评一多的诗六首》,此为第一篇专论先生新诗研究的文章。3 月,梁实秋到东南大学拜访吴宓,并听吴宓课数日。春,辞去《清华周刊》文艺编辑,另出版《文艺汇刊》。6 月 17 日,参加清华学校举行的毕业典礼,结束 8 年清华学习生活。8 月,经上海出国留学。海上结识冰心,与许地山、冰心等办壁报《海啸》。9 月 1 日,到达美国,前往科罗拉多大学,插入英文系四年级。(参见万直纯《梁实秋年谱》,《阜阳教育学院学报》,1994 年第 3—4 期;沈卫威《学衡派编年文事》,南京大学出版社 2015 年版)

许地山 6 月 16 日撰《〈落华生舌〉弁言》。《落华生舌》系地山自编的一组情诗,共 10 首,随后发表。8 月 17 日,与谢冰心、梁实秋、熊佛西、顾一樵、吴文藻等在上海乘坐杰克逊总统号邮船,赴美国留学。旅途中,与谢冰心、梁实秋、顾一樵 4 人合编舟次壁报《海啸》,3 日 1 期。9 月,入纽约哥伦比亚大学联合宗教研究院,研究宗教史与宗教比较学。(参见周俟松原著、王盛修订《许地山年表》(上),《世界华文文学论坛》1992 年第 2 期)

潘光旦在美国学习已一年零三个月时间。11 月在 Eugenical News 第 8 卷第 11 期发表 "Eugenics and China: A Preliminary Survey of the Background",文中对中华民族的种族特征及某些影响深远的社会制度与优生学的关系进行了初步的考察。(参见吕文浩编《中国近代思想家文库·潘光旦卷》及附录《潘光旦年谱简编》,中国人民大学出版社 2015 年版)

周纬 7 月 28 日至 8 月 1 日代表中国出席在日来弗(今译日内瓦)举办的第三届国际德育大会,并在会上作了阐扬孔子德育要旨的《中国的德育教育》的演讲。(参见中央教育科学研究所编《中国现代教育大事记 1919—1949》,教育科学出版社 1988 年版)

杨光泩在美国任《中国学生月刊》总编辑、美国东部中国学生联合会主席。

孟宪承受圣约翰大学校长卜舫济之邀,前往任教。

吴经熊应邀回到美国,在哈佛大学进行比较法哲学的研究。

叶企孙获哈佛大学哲学博士学位。

吴景超是年夏毕业于清华学校,赴美入明尼苏达大学学习社会学。

梁思永自清华学校留美预备班毕业,赴美国入哈佛大学研究院攻读考古学和人类学。

杨振声毕业于美国哥伦比亚大学。后转入哈佛大学读教育心理学。(参见蓬莱市历史文化研究会《杨振声编年事辑初稿》,黄河出版社 2007 年版)

张珏哲赴美国芝加哥大学留学。

熊佛西赴美国留学,在哥伦比亚大学研究院学习戏剧、文学。

方令孺留学美国,在华盛顿州立大学和威斯康星大学读书。

夏维海、詹汝嘉、孙同康、赵兰坪、孙大可、顾宝蘅等在日本东京的留学生创办经济学社,以研究经济学术及刊行杂志丛书为宗旨,6 月 20 日所办的《经济》创刊号发行。

夏衍春在福冈(博多)第一次与郭沫若见面,埋下了长期合作的种子。7 月,暑假经朝鲜及我国东北、北平回乡探亲。9 月,关东大地震,参加中国救援日本地震活动。10 月,受当时日本左翼运动的影响,结识了"水平社"领导人松本治一郎,参加日本进步学生的"社会科学研究会",并与日本学生一起参与"水平社"的示威运动。在《创造日汇刊》《狮吼》《民国日报》副刊等处陆续发表作品。(参见沈宁、沈旦华、沈芸《夏衍全集·书信日记》,浙江文艺出版社 2005 年版)

聂绀弩到缅甸仰光任《觉民日报》《缅甸晨报》编辑。

朱慈祥参与创办《南洋时报》。

陈嘉庚在新加坡创办《南洋商报》。

德国哲学名家杜里舒教授夫妇 1 月 1 日在张君劢、瞿菊农陪同到汉口,住六国饭店。2 日下午,出席湖北省教职员联合会在黄鹤楼举办的欢迎杜里舒博士夫妇和张君劢、瞿菊农的宴会,杜里舒致答谢词,由张君劢翻译,谓西方文化,在科学上对中国有供给,在伦理上对中国无供给,西方学者之伦理学,不如中国孔孟原理之精密,希望中国人士,研究西方文化,勿过于盲从,致失其固有之国粹。次张君劢、瞿菊农致辞。午后 3 时,同赴华中大学演讲。6 日下午 4 时,杜里舒教授由汉口到达北京,由张君劢、瞿菊农陪同,蔡元培和尚志学会、新学会、讲学社等学术机构的代表,以及北京教育部的代表,到车站欢迎。杜里舒暂住北京饭店,并于下周开始在北京讲学。1 月上半月,由张君劢、瞿菊农译记的《杜里舒演讲集》第 1 期由商务印书馆出版发行。2 月 11、12 日,杜里舒在南开大学演讲《历史之意义》和《伦理之自觉性》,张君劢陪同并任翻译。15 日,杜里舒在高等师范生物学会做演讲《一与多》,张君劢陪同并任翻译。27 日下午 4 时半,杜里舒在北京大学第二院大礼堂演讲《系统哲学》。从是日起至 5 月 15 日,杜里舒在北京大学、北京高等师范学校做系列演讲"系统哲学""哲学史"。每周二、周五下午 4 时半在北京大学第二院大礼堂讲演《系统哲学》,每周一、周四下午 4 时半至 6 时在北京高等师范学校讲演《哲学史》。此外,每周做《哲学讨论》演讲一次,张君劢陪同并任翻译。4 月 25 日,《东方杂志》第 20 卷第 8 期刊发"杜里舒专号"。6 月 15 日,杜里舒在北京的演讲期满,讲学社主人梁启超召集北京学界及外交界有关人士,在金鱼胡同海军联欢社为杜里舒饯行,北京大学代表蒋梦麟、高等师范代表查勉仲分别发表欢送词,张君劢受梁启超之委托,代表讲学社发表欢送词。同日,杜里舒博士夫妇离北京南下,经开封、济南等地,回沪。7 月 8 日,离沪赴日、美讲学。

按:张君劢在演讲中介绍了邀请杜博士来华演讲的原因、过程、内容及其预计的结果等。特别提到杜博士的思想之特色,曰:"杜博士哲学之特色,莫若借用美人詹姆士之语,詹氏曰,理性主义者,以全体解释部分者也,经验主义者,以部分解释全体者也。杜博士之哲学,以全体性为根本观念,故惟有厕之于理性主义或惟心主义之林。吾国先杜博士而来之西方哲学家二人,曰杜威,曰罗素,杜氏实用主义者也,工具主义者也,罗素氏英之新惟实主义者也。惟心之说,未之前闻,则杜博士者,谓为吾国思想史中惟心主义之先驱可也。"(参见李贵忠《张君劢年谱长编》,中国社会科学出版社 2016 年版;高平叔编著《蔡元培年谱长编》,人民教育出版社 1996 年版)

美国人司徒雷登继续任燕京大学校务长。春,司徒雷登在美国作第二次募款。燕京学制由预科二年、本科三年制改为本科四年制。在过渡期中,一岁之间,于 1、6 月分别举行两期毕业典礼。协和医学校开始与燕京合作,捐款美金 7500 元,用作理科常年经费。北京政府颁给司徒雷登三等嘉禾章。在教会学校中首先开设家政专业,目标是:培养社会工作者、教师以及受过良好教育的家庭主妇。课程有育儿营养学、卫生学、持家等,都尽量根据中国的生活实际。1 月 26 日,决议授予第一届毕业生文学士学位,男生 6 人,女生 1 人。4 月,普林斯顿与燕京合作:1. 资助政治及社会科学人员;2. 包括社、政、经各系三、四年级及研究生;3. 参加北京董事会及美国托事部;4. 在海淀应有一栋楼。6 月,司徒雷登在美国作第二次募款返校。8 月,博爱理(访问教授)代理生物系主任,夏仁德为教育系讲师,洪业为历史系副教授;与商务印书馆签订合同出版大学丛书。秋,司徒雷登第三次赴美。10 月 8 日,授予硕士学位 4 人。(参见张玮瑛、王百强、钱辛波主编《燕京大学史稿》,北京人民中国出版社 2000 年版)

美国教育测量专家麦柯尔博士与我国刘廷芳博士8月6—18日应中华教育改进社在北京举办施行教育心理测验讲习会邀请作主讲。讲习会旨在培养施行教育心理测验人才，以求教育上实际之改进。学习对象是各省的省视学及县视学、教育局长或劝学所长、中小学校校长、师范学校专任教员及教育心理教员。（参见中央教育科学研究所编《中国现代教育大事记1919—1949》，教育科学出版社1988年版）

美国籍教授莱德在考察厦门海区动物分布时，发现大量脊椎动物远祖宗亲之活化石文昌鱼，在美国发表了《厦门大学附近之文昌鱼》一文，引起国际科学界的瞩目。（参见洪永宏编著《厦门大学校史》（第一卷），厦门大学出版社1990年版）

瑞典地质学家、考古学家安特生率领的考察团经西安去甘肃、青海二省的洮河、湟水等地区，广泛进行史前遗址的调查发掘工作。6月21日，抵达兰州市，首先研究了黄河沿岸的地质。6—7月间，安特生一行继续西行，并在西宁附近的十里堡开始了正式的考古发掘工作。8月，在青海省贵德县和西宁市的罗汉堂、朱家寨、卡约等地进行考古发掘。9月，安特生的助手发现了后来赫赫有名的朱家寨遗址，这是仰韶文化时期一处丰富的聚落遗址。至10月结束。（参见中国大百科全书总编辑委员会《中国大百科全书·考古学》，中国大百科全书出版社2002年版；王学典《20世纪史学编年(1900—1949)》，商务印书馆2014年版）

法国汉学家伯希和是年获得新郑新发现的一座大型古墓中的玉雕等器件。因河南省督军靳云鹏派兵发掘，弃取任意，除数百件无字青铜器外，玉雕千百件，为外人所得，法国伯希和集成专书，并加考析，以书赠王国维。1月，由北京大学校长蔡元培具函，敦请伯希和担任文科研究所国学门考古学通信员。同月，伯希和在《国学季刊》第1卷第1号刊载《近日东方古言语学及史学上之发明与其结论》。

按：此为1911年伯希和就任法兰西学院中亚语史学讲座时的讲演词，明确指出由于古物学和古语学的复兴，改变了此前考中亚史事仅据典籍的状况，因而取得长足进展。1919年9月，翻译此文的王国维认为是篇"实举近年东方语学文学史学研究之成绩，而以一篇括之"。胡适称赞"此文甚好"，并为之加上标点。（参见袁英光、刘寅生《王国维年谱长编(1877—1927)》，天津人民出版社1996年版；王学典《20世纪史学编年(1900—1949)》，商务印书馆2014年版）

法国汉学家伯希和应罗振玉、王国维之要求，将敦煌文献中完整的韦庄《秦妇吟》卷文，寄给罗、王二人。王国维以此文对《秦妇吟》作了简单校勘，撰成《韦庄的〈秦妇吟〉》，刊于《国学季刊》第1卷第4号。（参见王学典《20世纪史学编年(1900—1949)》，商务印书馆2014年版）

法国古生物学家桑志华和另一法国传教士德日进，在今内蒙古乌审旗发现并发掘了萨拉乌苏遗址，从晚更新世的地层中采集到一批旧石器和一颗人类牙齿化石；又在今宁夏灵武县水洞沟，发现一处旧石器时代晚期遗址。这些遗存，被命名为"河套文化"。

按：河套文化是约5万年前至3万年前的旧石器时代遗址，在内蒙古萨拉乌苏河六湾沟一带的峡谷峭壁上。在河、湖生成的细沙、淤泥和风成的沙丘底层，发现了丰富的动物化石。其中有晚期智人化石23件，包括额骨、枕骨、肩胛骨、胫骨和牙齿等。还有用石英和燧石打制的刮削器、尖形器、楔形石器、钻具和雕刻器等共500余件。这些石器的特点是器形小巧，因而被命名为"细小石器"。这里的动物化石被称为"萨拉乌苏动物群"，这些动物里面有最晚鬣狗、诺琪驼、河套大角鹿、披毛犀、原始牛、王氏水牛、赤鹿、蒙古野马等30多种。（参见中国大百科全书总编辑委员会《中国大百科全书·考古学》，中国大百科全书出版社2002年版；秋实编著《中华上下五千年大全集》，中国画报出版社2011年版）

新加坡侨领陈嘉庚继续任厦门大学永久董事。春，陈嘉庚在南洋首次为厦大募捐失败。9月,陈嘉庚在为新加坡《南洋商报》撰写的题为《实业与教育之关系》的开幕宣言中,提出发展厦大的三个五年计划及展望,计划将厦大办成生额万众的大学。(参见洪永宏编著《厦门大学校史》(第一卷),厦门大学出版社1990年版)

三、学术论文

恽代英《再论学术与救国》刊于《中国青年》第1卷第17期。

按:学术是一向被中国人胡里胡涂地尊崇的东西。一般愚弄读书人的帝王,纵然在他"马上取天下"的时候,亦会溺儒冠、辱儒生;一旦得了天下,为着粉饰太平与消弭隐患起见,都不惜分点余沥,用各种名位爵禄,把那些所谓"学者"羁縻起来。一般白面书生,亦乐得与帝王勾结,以眩惑农、工、商贾,于是亦帮着宣传"宰相须用读书人"一类的鬼话。因此,学术遂永远与治国平天下,有了一种莫名其妙的关系。

我自问不敢鄙薄任何学术。无论科学亦好,文学亦好,玄学亦好,我每看见那些学者们连串的举出一些西洋的人名,以及他们能在各种书中举出各种的材料,不问他究竟学问深浅,我总永远的只有甘拜下风。我以为我们总应当服善,总应当服一切比我们有才能知识的人。我看见无论甚么唱京戏的,打大鼓的,变魔术的,我对他们都有相当的敬意,亦因为我没有甚么比得上他。

但是我有一种偏见——或者是偏见罢!我想:倘若我害眼病的时候,我应当求唱京戏的为我疗治呢?还是请打大鼓的、变魔术的为我疗治呢?还是请科学家(自然不包括医学家),或文学家,或玄学家为我疗治呢?我的偏见,以为他们都不配为我疗治眼病。我不是敢于鄙薄他们;但是我的偏见,对于疗治眼病这一层,他们一定是不配,一定是不配。你们以为我的话太不妥当了么?

由于同样的偏见,我想:现在中国的病象太复杂危险了,我应当希望一般人唱京戏来救国呢?还是希望他们打大鼓、变魔术来救国呢?还是希望他们研究科学(自然不包括社会学),或研究文学,或研究玄学来救国呢?我的偏见,以为这些事都不配救国。我亦何曾敢于鄙薄这些事;但是我的偏见,对于救国一层,这些事一定是不配,一定是不配。你们以为我的话太不妥当了么?

我说要救国须研究救国的学术——社会科学,真有不少的朋友,以为是偏见呢!他们定要说任何学术都可以救国;倘若我反对了这句话,他们便要判我一个"鄙薄学术"的罪名。我真太冤枉了啊!

我要正式申明的,我并不反对任何人,用任何目的,去研究任何学术乃至任何东西。世界上必须有种种色色的人,乃能成一个世界;这种事谁能够反对呢?我的意思,不过我们今天第一件事,希望真有些人能救国;因此希望真有些人能研究救国的学术。我第一是要指明,别的学术与救国没有甚么直接的关系。靠别的学术救国,是靠不住的。第二要指明,要救国仍非研究救国的学术不可,从前那种凭直觉盲动,是太热心而没有结果的事。

不过,我这种话,无意的究竟侵犯了学术与治国平天下的神秘关系,究竟有一点排斥科学、文学、玄学于救国范围以外的嫌疑,于是终成了"过激"的论调了。然而,我错了么?亦许因为我不会说话的原故罢!许多朋友说,我要叫人家丢了他所学的一切,都来研究社会科学。其实我那里有这样的大胆呢?我的意思,只是象下面说的几段话:

一、我以为要投身作救国运动的,应当对于救国的学术下一番切实的研究功夫。我们决不只是发传单、打通电、开会、游行;闹了一阵,究竟闹不出甚么结果,便可以心满意足的,我们必须要研究。然而我们在研究之外,在合当的时候,用发传单、打通电、开会、游行乃至其他活动,以求达到一种目的,自然亦是应当的事情,这正如学理化的人,必须进实验室,是一样的事。

二、我以为我们定要打破任何学术都可以救国的谬想。我们要研究救国的问题,不可信靠我们自己数理、文学的知识,亦不可信靠那些大数理家、大文学家的议论。我们最好是自己能多少研究些救国的学术,而且从有这种研究的人那里,去得着相当的指导。

我以前只顾说救国，不曾说到吃饭的问题，我实在荒谬了一点。我们自然承认吃饭亦是一件重要的事，不能反对人家用任何技能去吃饭。因此，一般人学科学、文学、玄学来吃饭，谁应该反对呢？我们只愿请大家注意的，人怕不只是要为吃饭罢！你学科学、文学、玄学，你便可以吃饱了饭；然而你的亲友邻舍还是这样贫困窘迫，你以为这中间没有甚么问题么？再进一层，人怕不只是学了科学、文学、玄学，便可以有饭吃罢！倘若科学、文学、玄学便可以给饭人家吃，又那里有新派、旧派、东洋派、西洋派、南高派、北大派，这些抢饭碗的好听名词呢？

我以为要使一切人的吃饭问题都得着解决，要使我们自己的吃饭问题，得着永久安定的解决，我们非加入救国运动不可，所以亦非研究救国的学术不可。我们决不反对人家用任何学术去吃饭；我们所希望的，只是在吃饭的余闲，大家注意一点救国的学术。我们不要以为吃饭的学术便是救国的学术，不要欺骗青年，以为吃饭的学术，比救国的学术更重要。

有的人说，我们研究学术，便是为的学术本身的价值，原不问他是否有用处，所以原不问他可以救国与否。这种研究学术的态度，我并不敢反对。人应当有顺着他自己的意志，以寻求享乐的权利。而且中国若能出几个牛登、爱恩斯坦，便令亡了国，灭了种，亦仍可以留存着他们万古馨香的姓名。有时人家提及他们是中国人，我们亦还要分一点荣誉。不过我的偏见，以为这种荣誉，不享受亦罢了！我天天最感觉的，是这种贫困窘迫的惨状；我总要想有一般人把这些事挽救过来。我只希望一般青年，多花些精神，研究挽救这些事间的学术，这似乎比那种个人的享乐，与虚空的荣誉更重要一点罢！

有的人说，便令研究救国的学术——社会科学，我们岂能完全离开别的学问？我们不懂生物学，便不懂人性；不懂人性，可以研究社会科学么？研究任何一种科学，离不了别的科学，这是不错的。但是凡研究一种科学的，都有他研究的出发点。研究社会科学的，由他的出发点去研究生物学，便与本身是研究生物学的人，所持的研究态度不同。实在说，研究社会科学的，若他不要自己改变目的，成为生物学家，他只是要利用生物学研究结果所得比较满意的假设，以应用到他的社会科学研究上面。他固然可以因他的高兴，多作一番搜集标本或显微镜的研究，然而他若不能亲身去作那种研究，他只是利用别个曾作那种研究的人，发表心得的书籍，你不能说，他象这样便不配作社会科学的研究。倘若是这样，外国生物学家发表心得的书籍，亦多了；中国有研究生物学的人与否，我们自己曾经象生物学家那样态度去研究生物学与否，究竟与我们研究社会科学的前途，有甚么关系呢？

一切学术，都可以七湾八转的使他与救国发生关系，这是我承认的。但是没有救国的学术，而只有别的东西，终究永远不能收救国的成效。倘若我们为研究救国的切实方略，一切学术都可以供给我们一些基本的资料；但是这不是说，我们应去研究一切学术，这是说，我们应研究而接受他们所供给的那些资料，以供我们为社会科学的研究。倘若只有人供给这些资料，而没有研究接受他们，应用他们以解决社会问题的人，我看这与救国，终究是风马牛不相及呢！所以便令我们认承一切学术，都可以供给救国方略的资料；然而说一切学术都可以救国，然而说，中国人研究一切学术，是一样的急切而重要，终究是靠不住的话。然而一般青年竟被这些靠不住的话欺骗了。他们说，学校的功课都是一样要紧的。他们的死用心，不但为混分数，而且亦为的那些功课可以救国的原故。

章士钊《评新文化运动》刊于8月21、22日《新闻报》。

按：《评新文化运动》从一曰文化，二曰新，三曰运动三个层面讨论新文化运动这一论题，文曰：愚昨以杭州暑期学校之招，讲演本题。愚论之当否，何敢自执？然批评之学，吾夙无之。自有文化运动以来，或则深闭固拒，或则从风而靡。求一立乎中流，平视新旧两域，左程右准，恰如是非得失之本量，以施其衡校者，吾见实罕。拙评之起，或为椎轮。吾友胡敦复同游湖上，闻愚说而善之，以为可与天下人共见。迩来愚在长沙、南京、上海、北京等处，为此说者屡矣。久思笔述，因循未就。今因敦复之请，为撮其概略于兹，全文拟在《东方杂志》布刊之也。

文化二字，作何诂乎？此吾人第一欲知之事也。以愚所思，文化者，非飘飘然而无倚，或泛应而俱当者也。盖不脱乎人地时之三要素。凡一民族，善守其历代相传之特性，适应与接之环境，曲迎时代之精神，各本其性情之所近，嗜好之所安，力能之所至，孜孜为之，大小精粗，俱得一体。而于典章文物，内学外艺，为其代表人物所树立布达者，悉呈一种欢乐雍容情文并茂之观，斯为文化。惟如斯也，言文化者，不得不冠以东洋西洋、或今与古之状物词。若剥去此类加词，而求一物，焉能餍足人类之意欲，表襮人类之材性，放之四海而皆准，俟之百世而不惑者，字曰文化。殆非理想中之所能有，果其有之，亦适如公孙龙之白马论，外白马而求马，同蹈逻辑实宗苦求共相之失，莫可救也。今之言文化者，以为其中有此共相，因虚拟一的，群起而逐之。其的之为正为鹄，及大小远近何若，殆无一人有差明之印象。东西古今之辨，虽亦为心目中所恒有，而以此特文化偶著之偏相耳。人有通欲，材有通性，西方何物，有为者亦若是。因谋毁弃固有之文明务尽，以求合于口耳四寸所得自西方者，使之毕肖。微论所得者至为肤浅，无足追慕也，即深造焉，而吾人非西方之人，吾地非西方之地，吾时非西方之时，诸缘尽异，而求其得果之相同，其极非至尽变其种，无所归类不止。此时贤误解文化二字之受病处，敢先揭焉。

其次，则状文化曰新。新之观念，又大误谬。新者对夫旧而言之，彼以为诸反乎旧，即所谓新。今既求新，势且一切舍旧。不知新与旧之衔接，其形为犬牙，不为栉比，如两石同投之连线波，不如周线各别之二圆形。吾友胡适之所著《文学条例》，谓今人当为今人之言，不当为古人之言。此语之值，在其所以为今古之界者而定。若谓古人之言之外，别有所谓今人之言者，崭然离立，两不相混，则适之之说，乃大滑稽而不可通。今假定古人未尝有言，即有言而吾人已浸忘之，或者相禁不许重提一字，同时复假定继祖承宗之制度文为化乌有，如鲁滨孙之飘流绝岛者。然则试闭目以思，吾人破题儿第一声，当作何语？此将智同苍颉，口创六书，听者各有神悟，自然了解；抑将伊优亚，狋吽牙，或犬或否，唯东方朔能射其覆矣乎？如属后者，可知今人之言，即在古人之言之中，善为今人之言者，即其善为古人之言，而扩充变化者也。适之日寝馈于古人之言，故其所为今人之言，文言可也，白话亦可，大抵俱有理致条段。今为适之之学者，乃反乎是，以为今人之言，有其独立自存之领域；而所谓领域，又以适之为大帝，绩溪为上京，遂乃一味于胡氏《文存》中求文章义法，于《尝试集》中，求诗歌律令，目无旁骛，笔不暂停，以致酿成今日的底、他它、吗呢、呢咧之文变。有时难读，与曩举郭舍人所拟六字，相去不远。语称其父杀人，其子必且行劫，弊所由中，适之当自知之。惟文化亦然，新者早无形孕育于旧者之中，而决非无因突出于旧者之外。盖旧者非他，乃数千年来巨人长德、方家艺士之所殚精存积，流传至今者也。愚尝谓思想之为物，从其全而消息之，正如《墨经》所云，弥异时，弥异所，而整然自在。其偏之见于东西南北，或古今旦莫，特事实之适然。决无何地何时，得天独全，见道独至之理。新云旧云，特当时当地之人，以其际遇所环，情感所至，希望嗜好之所逼拶，惰力生力所交乘，因字将谢者为旧，受代者为新已耳，于思想本身，何所容心？若升高而鸟瞰之，新新旧旧，盖诚不知往复几许。五十年来，达尔文之《天演论》，如日中天，几一扫前此进化诸论而空之。今德之杜里舒，标生机主义则反之。法之柏格森，倡创造进化又反之。杜氏所谈生机自主，非同机械，纲维主宰，别有真因，与达氏前此所排之结局论，转形相近。柏氏万物皆流之说，近宗黑格尔，远祖额勒吉来图。且即达尔文之学，亦非独创，近古者且不论，据柏格森诏我，适者生存之义，希腊之言披图格即主之，徒以为雅里士多德所峻拒，故尔不昌。由斯以谈，言披图格也，达尔文也。结局论诸贤也，杜里舒也，额勒吉来图也，黑格尔也，柏格森也，以及其他无量数之学者也。吾欲以新旧字分牒之，使之截不浑殽，将何牒而可乎？意大利之文艺复兴，其思潮昭哉新也，而曰复兴，是新者旧也。英吉利之王政复古，其政潮的然新也，而曰复古，是新者旧也。即新即旧，不可端倪，必通此藩，始可言变。愚为此言，非谓今之学理政术，悉为前有，广狭同幅，了无进境也。特谓思想之流转于字与久间，恒相间而迭见。其所以然，则人类厌常与笃旧之两矛盾性，时乃融会贯通而趋于一。盖凡吾人久处一境，饫闻而厌见，每以疲苶恼乱，思有所迁念之初起，必且奋力向外驰去，冀得斩新绝异之域，以为息壤，而盘旋久之，未见有得。此岂南方有穷，理亦犹是乎？抑造物狡狯，困其智力乎？姑不深论。于时但觉祖宗累代之所递嬗，或自身早岁之所曾经，注存于吾先天及无意识之中，向为表相及意志之所控抑而未动者，今不期乘间抵罅，肆力奔放而未有已。所谓迷途知反，反者斯时，不远而复，复者此境本期开新，卒乃获旧。虽云旧也，或则明知为旧而心安之，或则竟无所觉，而仍自欺欺人，以为新不可阶。此诚新旧相衔之妙谛，其味深长，最宜潜玩者也。今之谈文化者，不解斯义，以为新者，乃离旧而僢驰，一是仇旧，而惟渺不可得之新是骛。宜夫不数年间，精神界大乱，郁郁伥伥之象，充塞天下。躁妄者悍然莫明其非，谨厚者薔然丧其所守，父无以教子，兄无以诏弟，以言教化，乃全陷于青黄不接、辕辙背驰之一大恐慌也。不谓误解一字之弊,乃至于此。

　　既假定文化为万应神膏,可不择病而施,复于新旧连续之理,大有乖悟,其误已如前述。具此两误,因有必至固然之第三误立于其后者,则文化运动之方式是也。号曰运动,必且期望大众彻悟,全体参加可知。独至文化为物,其精英乃为最少数人之所独擅,而非士民众庶之所共喻。宋玉曰:"客有歌于郢中者,其始曰《下里巴人》,国中属而和者数千人;其为《阳阿薤露》,国中属而和者数百人;其为《阳春白雪》,国中属而和者不过数十人;引商刻羽,杂以流徵,国中属而和者不过数人而已。"为问一国文化之所照耀,将恃有不过数人能和之引商刻羽、杂以流徵乎? 抑恃有人人可和之《下里巴人》乎? 楚客有灵,将不使后人之读其书者,无从削辨。然果标歌曲之名,曰何曰何,以相号召,则无蕲于曲之高,惟恐其和之寡。商云羽云,无所用之,《下里巴人》,为其帜志,乃无疑义。信如斯也。凡为文化运动,非以不文化者为其前茅,将无所启足。今之贤豪长者,图开文运,披沙拣金,百无所择,而惟白话文学是揭,如饮狂泉,举国若一,胥是道也。间尝论之,西方切音,而吾文象形;西文复音,而吾文单音。惟切音也,耳治居先,象形则先目治。惟复音也,音随字转,同音异义之字少,一字一音,听与读了无异感。而单音音乏字繁,同音异义之字多,一音数字乃至数十字不等,读时易辨,而听时难辨。以此之故,西文文言可趋一致,而在吾文竟不可能。如英文辟齿,吾译为桃,为文为语,西文俱昭然可晓。吾则闻人说桃,离其语脉,使不相属,究不识其为桃乎? 陶乎? 逃乎? 淘乎? 抑乎? 以著之文,桃与非桃,又一目了然,无待蹰躇。因是出话之时,于本文之下,每缀语助,以撼听觉,使易摄取。如桃不仅曰桃而曰桃子,则立辨为与渊明作宰。同人先号,一无连系,效同辟齿,入耳即明矣。夫语以耳辨,徒资口谈,文以目辨,更贵成诵。则其取音之繁简连截,有其自然,不可强混。如园有桃,笔之于书,词义俱完。今日此于语未合也,必曰园里有桃子树。二桃杀三士,谱之于诗,节奏甚美。今日此于白话无当也,必曰两个桃子杀了三个读书人,是亦不可以已乎? 英伦小儿学语牙牙,每为单音所苦,因于寻常日用之字,如父母童子女儿之类,别益唉音,使成长浪。父本曰达,增言达帝;母本曰妈,增言妈密;童子曰博,增言博异;女儿曰格,增言格丽。愚之长川,生于苏格兰,小名曰康,佣保群呼,易为康汔,吾儿至今因以为号,得名曰可也。儿童对语,虽属如是,一涉笔墨,自初为文以至名家,设非如迭更司者,故作下流乡曲之语,以资笑谑,帝密异丽之词,都不更缀。而吾必以辅助单音之赘字,泥沙俱下而著之文,一何智出英伦小儿女之下至于是乎? 复次,为白话文者,其取材限于一时口所能道之字,是又大谬。窃谓国既有文,文可足用,则在逻辑。无论何种理想,其文之总体中,必有最适于抒写者若干字,可得委曲连缀以抒写之。能控制总体,拣出此号称最适之各字,不增不减,正如其量,道尽人人意中之所欲道而不能道,闻之而叫绝,累读而不厌者,是谓文家。文章本天成,妙手偶得之。谓曰偶得,形容最妙。以知文家之能臻是域,关键全在选词。词而曰选,必其词之总积,无今无古,无精无粗,往来罗布于胸中,听其甄拔,应有尽有,应无尽无,然后能事可尽。语其总积,号曰"彼有",语吾甄拔,号曰"此求",知其有量,明其求法,文家之能宣泄宇宙之玄秘,职是故也。今白话文之所以流于艰窘,不成文理,味同嚼蜡,去人意万里者,其弊即在为文资料,全以一时手口所能相应召集者为归,此外别无工夫。推适之"有甚么话说甚么话"之说,且将以有准备为丧失文学上自然之致。香山吟曰:"彼有此求两不知。"既已无求,焉得有知? 无所知矣,媸妍之辨,决无常理。宜夫文之穷滥,至于今日,而举世且以富丽得未曾有争相夸说也。白话文品之高,既如所信,而同时又以为极易,尽人可为。吾友高一涵尝告愚曰:"吾人久不为文言,欲以文言说明己意,转觉大难。"一涵如此,其他可知。试观今之束发小生,握笔登先,名流巨公,易节恐后,诗家成林,"作品"满街。家家自命为施、曹,人人自诩为易、莫,风流文采,盛极一时,何莫非至易至美两性同具之新发明,导之至此。呜呼! 以鄙倍妄为之笔,窃高文美艺之名,以就下走圹之狂,隳载道行远之业,所谓"俗恶俊异,世疵文雅"。文软化软,愚窃以为欲进而反退,求文而得野,陷青年于大阱,颓国本于无形,甚矣运动方式之误,流毒乃若是也!

　　方式之误何谓也? 曰,文化运动。志在国中人人自进于文化之域,以收其利而擅其美,则其所最忌而不可犯者,乃于文化事业中独择一事,以为标题,图以易天下也。何也? 文化者,无论寄于何事,其事要贵纵不贵横,贵突不贵衍,贵独至不贵广谕,而运动则非横、非衍、非广谕,其义无取。今以此自律背反之二义,并为一谈,登高一呼,求人响应,则若果如所求,将志纵得横,志突得衍,志独至得广谕,如吾国今日白话文之局势焉，无可疑也。适之知此局势之未如所期也，乃发为一面普及、一面提高之论，而不悟其意则是，其实乃不可能也。故愚谓此类运动，决不当求题目于文化本体，而当熟察今之阻滞文化，与后来足资辅导之者何在，因树为表的，与世同追。如适之所倡好政府主义，虽失之宽缓，而尚不失为一种方法。盖凡一国文化，能达于最高合理之境者，必其举国之中，上自德慧术智之士，下至庸众驽散之材，不为贵贱贫富之遇所限，不为刀兵灾疫之祸所苦，所有文教之设备，修养之日力，外于困学必需之限而宽假之，在机会均等之下，极英才教育之观，因得如曩所言，"各本其性情之所近，嗜好之所安，力能之所至，孜孜为之。大小精粗，俱得一体。而于典章文物，内学外艺，为其代表人物所树立布达者，悉呈一种欢乐雍容、情文并茂之观"者也。然无论何时，不拘何国，国之子弟，大抵聪明才智相混，居养师保不一，贵贱贫富，级次有殊。刀兵灾疫，无代蔑有。设备以际遇而分，日力为生活所吸。彼枉其性情，抑其嗜好，销其力能，使大才中就，中才小就，小才无就，以至一国之文化，渐次坠地，无从奋发者，不知凡几。于时运动起焉。方式如何，一以当时之社会情况为衡，不能一律。其在欧洲，则十八世纪以来之资本主义，乃知言者认为有妨于文化者也。哲家义士，因为社会主义以抗之。就中辈流杂出，不可究穷，而综其全观之，其谋使劳动者与资本者平分参与文化之权与机，乃为根本要义。盖文化者，与国民生活状况息息相关者也。一国生活状况枯涩纾促之度如何，即可以卜其文化高下真伪之度如何。知欧洲之情事者，可断言其资本之制不变，文化决无可讲。而吾农国也，资本之制未立，而资本国之晏安鸩毒，沉浸入骨，不此之去，文化已无可讲。此其理味醰醰，不可殚述。惜今幅窄，未克多谈。要之文化运动，乃社会改革之事，而非标榜某种文事之事。凡改革之计划，施于群治，义与文化有关，曲折不离其宗者。从社会方面观之，谓之社会运动；从文化方面观之，谓之文化运动。愚之所理解于文化运动，如斯而已。

综上所谈，粗释三事：一曰文化，二曰新，三曰运动。其他条理尚富，浮于本篇。即在杭州演坛所言，亦不止此。姑为发凡，取资世论。闻暑期学校，乃萃集全浙中小学教员诸君而为之，不同常会。愚于座间，曾以批评之批评相要。兹事体大，幸致三思。杭州又为适之卧游都讲之所，正负质剂，或归至当。而敦复当今豪杰之士也，学问重实践不重浮言，所主大同学院，有造于学，为全国公私各校冠。既不以愚言为不尽当，尚其纵览今古，横极东西，有以语我来。

胡适《发刊宣言》刊于《国立北京大学国学季刊》第 1 卷第 1 号。

按：蔡元培先生 1917 年掌门北大之后，他的学术理念之一是建立分科的研究院所。1921 年，通过《北大研究所组织大纲提案》，第二年，即 1922 年 1 月，北京大学研究所国学门宣告成立。所长由蔡元培兼任，主任是太炎弟子、研究文字训诂的沈兼士，委员包括胡适、李大钊、鲁迅、周作人、钱玄同、朱希祖、蒋梦麟、马衡、陈垣、沈尹默等硕学、健将、老师，阵容不可谓不强大。国学门下面设歌谣研究会、明清史料整理会、考古学会、民俗调查会、方言研究会等分支机构。北大国学门的重大举措之一便是 1923 年创办《国学季刊》，而尤以胡适执笔撰写《发刊宣言》影响最著。全文如下：

近年来，古学的大师渐渐死完了，新起的学者还不曾有什么大成绩表现出来。在这个青黄不接的时期，只有三五个老辈在那里支撑门面。古学界表面上的寂寞，遂使许多人发生无限的悲观。所以有许多老辈遂说，"古学要沦亡了！""古书不久要无人能读了！"

在这个悲观呼声里，很自然的发出一种没气力的反动的运动来。有些人还以为西洋学术思想的输入是古学沦亡的原因；所以他们至今还在那里抗拒连他们自己也莫名其妙的西洋学术。有些人还以为孔教可以完全代表中国的古文化；所以他们至今还梦想孔教的复兴；甚至于有人竟想抄袭基督教的制度来光复孔教。有些人还以为古文古诗的保存就是古学的保存了；所以他们至今还想压语体文字的提倡与传播。至于那些静坐扶乩，逃向迷信里去自寻安慰的，更不用说了。在我们看起来，这些反动都只是旧式学者破产的铁证；这些行为，不但不能挽救他们所忧虑的国学之沦亡，反可以增加国中少年人对于古学的藐视。如果这些举动可以代表国学，国学还是沦亡了更好！我们平心静气地观察这三百年的古学发达史，再观察眼前国内和国外的学者研究中国学术的现状，我们不但不抱悲观，并且还抱无穷的乐观。我们深信，国学的将来，定能远胜国学的过去；过去的成绩虽然未可厚非，但将来的成绩一定还要更好无数倍。自从明末到于今，这三百年，诚然可算是古学昌明时代。总括这三百年的成绩，可分这些方面：

　　(一)整理古书。在这方面,又可分三门。第一,本子的校勘;第二,文字的训诂;第三,真伪的考订。考订真伪一层,乾嘉的大师(除了极少数学者如崔述等之外)都不很注意;只有清初与晚清的学者还肯做这种研究,但方法还不很精密,考订的范围也不大。因此,这一方面的整理,成绩比较的就最少了。然而,校勘与训诂两方面的成绩实在不少。戴震、段玉裁、王念孙、阮元、王引之们的治"经";钱大昕、赵翼、王鸣盛、洪亮吉们的治"史";王念孙、俞樾、孙诒让们的治"子";戴震、王念孙、段玉裁、邵晋涵、郝懿行、钱绎、王筠、朱骏声们的治古词典;都有相当的成绩。重要的古书,经过这许多大师的整理,比三百年前就容易看的多了。我们试拿明刻本《墨子》来比孙诒让《墨子间诂》,或拿二徐《说文》来比清儒的各种《说文》注,就可以量度这几百年整理古书的成绩了。

　　(二)发现古书。清朝一代所以能称为古学复兴时期,不单因为训诂校勘的发达,还因为古书发现和翻刻之多。清代中央政府,各省书局,都提倡刻书。私家刻的书更是重要:丛书与单行本,重刊本,精校本,摹刻本,近来的影印本。我们且举一个最微细的例。近三十年内发现与刻行的宋元词集,给文学史家添了多少材料?清初朱彝尊们固然见着不少的词集;但我们今日购买词集之便易,却是清初词人没有享过的福气了。翻刻古书孤本之外,还有辑佚书一项,如《古经解钩沉》《小学钩沉》《玉函山房辑佚书》和《四库全书》里那几百种从《永乐大典》辑出的佚书,都是国学史上极重要的贡献。

　　(三)发现古物。清朝学者好古的风气不限于古书一项,风气所被,遂使古物的发现,记载,收藏,都成了时髦的嗜好。鼎彝,泉币,碑版,壁画,雕塑,古陶器之类;虽缺乏系统的整理,材料确是不少了。最近三十年来,甲骨文字的发现,竟使殷商一代的历史有了地底下的证据,并且给文字学添了无数的最古材料。最近辽阳、河南等处石器时代的文化的发现,也是一件极重要的事。

　　但这三百年的古学的研究,在今日估计起来,实在还有许多缺点。三百年的第一流学者的心思精力都用在这一方面,而究竟还只有这一点点结果,也正是因为有这些缺点的缘故。那些缺点,分开来说,也有三层:

　　(一)研究的范围太狭窄了。这三百年的古学,虽然也有整治史书的,虽然也有研究子书的,但大家的眼光与心力注射的焦点,究竟只在儒家的几部经书。古韵的研究,古词典的研究,古书旧注的研究,子书的研究,都不是为这些材料的本身价值而研究的。一切古学都只是经学的丫头!内中固然也有婢作夫人的;如古韵学之自成一种专门学问,如子书的研究之渐渐脱离经学的羁绊而独立。但学者的聪明才力被几部经书笼罩了三百年,那是不可讳的事实。况且在这个狭小的范围里,还有许多更狭小的门户界限。有汉学和宋学的分家,有今文和古文的分家;甚至于治一部《诗经》还要舍弃东汉的郑笺而专取西汉的毛传。专攻本是学术进步的一个条件;但清儒狭小研究的范围,却不是没有成见的分功。他们脱不了"儒书一尊"的成见,故用全力治经学,而只用余力去治他书。他们又脱不了"汉儒去古未远"的成见,故迷信汉人,而排除晚代的学者。他们不知道材料固是愈古愈可信,而见解则后人往往胜过前人;所以他们力排郑樵、朱熹而迷信毛公、郑玄。今文家稍稍能有独立的见解了;但他们打倒了东汉,只落得回到西汉的圈子里去。研究的范围的狭小是清代学术所以不能大发展的一个绝大原因。三五部古书,无论怎样绞来挤去,只有那点精华和糟粕。打倒宋朝的"道士《易》"固然是好事;但打倒了"道士《易》",跳过了魏晋人的"道家《易》",却回到两汉的"道士《易》",那就是很不幸的了。《易》的故事如此;《诗》《书》《春》《秋》《三礼》的故事也是如此。三百年的心思才力,始终不曾跳出这个狭小的圈子外去!

　　(二)太注重功力而忽略了理解。学问的进步有两个重要方面:一是材料的积聚与剖解;一是材料的组织与贯通。前者须靠精勤的功力,后者全靠综合的理解。清儒有鉴于宋明学者专靠理解的危险,所以努力做朴实的功力而力避主观的见解。这三百年之中,几乎只有经师,而无思想家;只有校史者,而无史家;只有校注,而无著作。这三句话虽然很重,但我们试除去戴震、章学诚、崔述几个人,就不能不承认这三句话的真实了。章学诚生当乾隆盛时(乾隆,一七三六——一七九五;章学诚,一七三八——一八〇〇),大声疾呼的警告当日的学术界道:"今之博雅君子,疲精劳神于经传子史,而终身无得于学者,正坐……误执求知之功力,以为学即在是尔。学与功力实相似而不同。学不可以骤几,人当致攻乎功力,则可耳。指功力以为学,是犹指秫黍以为酒也。"(《文史通义·博约篇》)他又说:"近日学者风气,征实太多,

发挥太少,有如蚕食叶而不能抽丝。"(《章氏遗书·与汪辉祖书》)

古人说:"鸳鸯绣取从君看,不把金针度与人。"单把绣成的鸳鸯给人看,而不肯把金针教人,那是不大度的行为。然而,天下的人不是人人都能学绣鸳鸯的;多数人只爱看鸳鸯,而不想自己动手去学绣。清朝的学者只是天天一针一针的学绣,始终不肯绣鸳鸯。所以他们尽管辛苦殷勤的做去,而在社会的生活思想上几乎全不发生影响。他们自以为打倒了宋学,然而全国的学校里读的书仍旧是朱熹《四书集注》《诗集传》《易本义》等书。他们自以为打倒了伪《古文尚书》,然而全国村学堂里的学究仍旧继续用蔡沈《书集传》。三百年第一流的精力,二千四百三十卷《经解》,仍旧不能替换朱熹一个人的几部启蒙的小书!这也可见单靠功力而不重理解的失败了。

(三) 缺乏参考比较的材料。我们试问,这三百年的学者何以这样缺乏理解呢?我们推求这种现象的原因,不能不回到第一层缺点——研究的范围的过于狭小。宋明的理学家所以富于理解,全因为六朝唐以后佛家与道士的学说弥漫空气中,宋明的理学家全都受了他们的影响,用他们的学说作一种参考比较的资料。宋明的理学家,有了这种比较研究的材料,就像一个近视眼的人戴了近视眼镜一样;从前看不见的,现在都看见了;从前不明白的,现在都明白了。同是一篇《大学》,汉魏的人不很注意他,宋明的人忽然十分尊崇他,把他从《礼记》里抬出来,尊为《四书》之一,推为"初学入德之门"。《中庸》也是如此的。宋明的人戴了佛书的眼镜,望着《大学》《中庸》,便觉得"明明德""诚""正心诚意""率性之谓道"等等话头都有哲学的意义了。清朝的学者深知戴眼镜的流弊,决意不配眼镜;却不知道近视而不戴眼镜,同瞎子相差有限。说《诗》的回到《诗序》,说《易》的回到"方士《易》",说《春秋》的回到《公羊》,可谓"陋"之至了;然而,我们试想这一班第一流才士,何以陋到这步田地,可不是因为他们没有高明的参考资料吗? 他们排斥"异端";他们得着一部《一切经音义》,只认得他有保存古韵书古词典的用处;他们拿着一部子书,也只认得他有旁证经文古义的功用。他们只向那几部儒书里兜圈子;兜来兜去,始终脱不了一个"陋"字! 打破这个"陋"字,没有别的法子,只有旁搜博采,多寻参考比较的材料。

以上指出的这三百年的古学研究的缺点,不过是随便挑出了几桩重要的。我们的意思并不要菲薄这三百年的成绩;我们只想指出他们的成绩所以过如此的原因。前人上了当,后人应该学点乖。我们借鉴于前辈学者的成功与失败,然后可以决定我们现在和将来研究国学的方针。我们不研究古学则已;如要想提倡古学的研究,应该注意这几点:

(1)扩大研究的范围;(2)注意系统的整理;(3)博采参考比较的资料。

(一) 怎样扩大研究的范围呢?"国学"在我们的心眼里,只是"国故学"的缩写。中国的一切过去的文化历史,都是我们的"国故";研究这一切过去的历史文化的学问,就是"国故学",省称为"国学"。"国故"这个名词,最为妥当;因为他是一个中立的名词,不含褒贬的意义。"国故"包含"国粹";但他又包含"国渣"。我们若不了解"国渣",如何懂得"国粹"? 所以我们现在要扩充国学的领域,包括上下三四千年的过去文化,打破一切的门户成见:拿历史的眼光来整统一切,认清了"国故学"的使命是整理中国一切文化历史,便可以把一切狭陋的门户之见都扫空了。例如治经,郑玄、王肃在历史上固然占一个位置,王弼、何晏也占一个位置,王安石、朱熹也占一个位置,戴震、惠栋也占一个位置,刘逢禄、康有为也占一个位置。段玉裁曾说:

校经之法,必以贾还贾,以孔还孔,以陆还陆,以杜还杜,以郑还郑,各得其底本,而后判其理义之是非。……不先正《注》《疏》《释文》之底本,则多诬古人。不断其立说之是非,则多误今人。……(《经韵楼集·与诸同志书论校书之难》。)

我们可借他论校书的话来总论国学;我们也可以说:

整治国故,必须以汉还汉,以魏晋还魏晋,以唐还唐,以宋还宋,以明还明,以清还清;以古文还古文家,以今文还今文家;以程朱还程朱,以陆王还陆王,……各还他一个本来面目,然后评判各代各家各人的义理的是非。不还他们的本来面目,则多诬古人。不评判他们的是非,则多误今人。但不先弄明白了他们的本来面目,我们决不配评判他们的是非。

这还是专为经学哲学说法。在文学的方面,也有同样的需要。庙堂的文学固可以研究,但草野的文学也应该研究。在历史的眼光里，今日民间小儿女唱的歌谣，和《诗三百篇》有同等的位置；民间流传的小说，和高文典册有同等的位置，吴敬梓、曹霑和关汉卿、马东篱和杜甫、韩愈有同等的位置。故在文学方面，也应该把《三百篇》还给西周东周之间的无名诗人，把《古乐府》还给汉魏六朝的无名诗人，把唐诗还给唐，把词还给五代两宋，把小曲杂剧还给元朝，把明清的小说还给明清。每一个时代，还他那个时代的特长的文学，然后评判他们的文学的价值。不认明每一个时代的特殊文学，则多诬古人而多误今人。

近来颇有人注意戏曲和小说了；但他们的注意仍不能脱离古董家的习气。他们只看得起宋人的小说，而不知道在历史的眼光里，一本石印小字《平妖传》和一部精刻的残本《五代史平话》有同样的价值，正如《道藏》里极荒谬的道教经典和《尚书周易》有同等的研究价值。

总之，我们所谓"用历史的眼光来扩大国学研究的范围"，只是要我们大家认清国学是国故学，而国故学包括一切过去的文化历史。历史是多方面的：单记朝代兴亡，固不是历史；单有一宗一派，也不成历史。过去种种，上自思想学术之大，下至一个字，一只山歌之细，都是历史，都属于国学研究的范围。

（二）怎样才是"注意系统的整理"呢？学问的进步不单靠积聚材料，还须有系统的整理。系统的整理可分三部说：

（甲）索引式的整理。不曾整理的材料，没有条理，不容易检寻，最能消磨学者有用的精神才力，最足阻碍学术的进步。若想学问进步增加速度，我们须想出法子来解放学者的精力，使他们的精力用在最经济的方面。例如一部《说文解字》，是最没有条理系统的；向来的学者差不多全靠记忆的苦工夫，方才能用这部书。但这种苦工夫是最不经济的；如果有人能把《说文》重新编制一番（部首依笔画，每部的字也依笔画），再加上一个检字的索引（略如《说文通检》或《说文易检》），那就可省许多无谓的时间与记忆力了。又如一部《二十四史》，有了一部《史姓韵编》，可以省多少精力与时间？清代的学者也有见到这一层的；如章学诚说：

窃以典籍浩繁，闻见有限；在博雅者且不能悉究无遗，况其下乎？校雠之先，宜尽取四库之藏，中外之籍，择其中之人名地名官阶书目，凡一切有名可治有数可稽者，略仿《佩文韵府》之例，悉编为韵；乃于本韵之下，注明原书出处及先后篇第；自一见再见，以至数千百，皆详注之；藏之馆中，以为群书之总类。至校书之时，遇有疑似之处，即名而求其编韵，因韵而检其本书，参互错综，即可得其至是。此则渊博之儒穷毕生年力而不可究殚者，今即中才校勘可坐收于几席之间，非校雠之良法欤？（《校雠通义》）

当日的学者如朱筠、戴震等，都有这个见解，但这件事不容易做到，直到阮元得势力的时候，方才集合许多学者，合力做成一部空前《经籍纂诂》，"展一韵而众字毕备，检一字而诸训皆存，寻一训而原书可识"（王引之序）；"即字而审其义，依韵而类其字，有本训，有转训，次叙布列，若网在纲"（钱大昕序）。这种书的功用，在于节省学者的功力，使学者不疲于功力之细碎，而省出精力来做更有用的事业。后来这一类的书被科场士子用作夹带的东西，用作抄袭的工具，所以有许多学者竟以用这种书为可耻的事。这是大错的。这一类"索引"式的整理，乃是系统的整理的最低而最不可少的一步；没有这一步的预备，国学止限于少数有天才而又有闲空工夫的少数人；并且这些少数人也要因功力的拖累而减少他们的成绩。若大的事业，应该有许多人分担去做的，却落在少数人的肩膀上：这是国学所以不能发达的一个重要原因。所以我们主张，国学的系统的整理的第一步要提倡这种"索引"式的整理，把一切大部的书或不容易检查的书，一概编成索引，使人人能用古书。人人能用古书，是提倡国学的第一步。

（乙）结账式的整理。商人开店，到了年底，总要把这一年的账结算一次，要晓得前一年的盈亏和年底的存货，然后继续进行，做明年的生意。一种学术到了一个时期，也有总结账的必要。学术上结账的用处有两层：一是把这一种学术里已经不成问题的部分整理出来，交给社会；二是把那不能解决的部分特别提出来，引起学者的注意，使学者知道何处有隙可乘，有功可立，有困难可以征服。结账是（1）结束从前的成绩，（2）预备将来努力的新方向。前者是预备普及的，后者是预备继长增高的。古代结账的书，如李鼎祚《周易集解》，如陆德明《经典释文》，如唐宋《十三经注疏》，如朱熹《四书》《诗集传》《易本义》等，所以都在后世发生很大的影响，全是这个道理。三百年来，学者都不肯轻易做这种结账的事业。二千四百多卷《清经解》，除了极少数之外，都只是一堆"流水"烂账，没有条理，没有系统；人人从"粤若稽古""关关雎鸠"

说起,人人做的都是杂记式的稿本!怪不得学者看了要"望洋兴叹"了;怪不得国学有沦亡之忧了。我们试看科举时代投机的书坊肯费整年的工夫来编一部《皇清经解》缩本编目,便可以明白索引式的整理的需要,我们又看那时代的书坊肯费几年的工夫来编一部《皇清经解》分经汇纂,便又可以明白结账式的整理的需要了。现在学问的途径多了,学者的时间与精力更有经济的必要了。例如《诗经》,二千年研究的结果,究竟到了什么田地,很少人说得出的,只因为二千年《诗经》烂账至今不曾有一次的总结算。宋人驳了汉人,清人推翻了宋人,自以为回到汉人;至今《诗经》的研究,音韵自音韵,训诂自训诂,异文自异文,序说自序说,各不相关连。少年的学者想要研究《诗经》的,伸头望一望,只看见一屋子的烂账簿,吓得吐舌缩不进去,只好叹口气,"算了罢!"《诗经》在今日所以渐渐无人过问,是少年人的罪过呢?还是《诗经》的专家的罪过呢?我们以为,我们若想少年学者研究《诗经》,我们应该把《诗经》这笔烂账结算一遍,造成一笔总账。《诗经》的总账里应该包括这四大项:

(A) 异文的校勘:总结王应麟以来,直到陈乔枞、李富孙等校勘异文的账。

(B) 古韵的考究:总结吴棫、朱熹、陈第、顾炎武以来考证古音的账。

(C) 训诂:总结毛公、郑玄以来直到胡承珙、马瑞辰、陈奂、二千多年训诂的账。

(D) 见解(序说):总结《诗序》《诗辨妄》《诗集传》《伪诗传》,姚际恒,崔述,龚橙,方玉润,……等二千年猜谜的账。

有了这一本总账,然后可以使大多数的学子容易踏进"《诗经》研究"之门:这是普及。入门之后,方才可以希望他们之中有些人出来继续研究那总账里未曾解决的悬账:这是提高。《诗经》如此,一切古书古学都是如此。我们试看前清用全力治经学,而经学的书不能流传于社会,倒是那几部用余力做《墨子间诂》《荀子集解》《庄子集释》一类结账式的书流传最广。这不可以使我们觉悟结账式的整理的重要吗?

(丙) 专史式的整理。索引式的整理是要使古书人人能用;结账式的整理是要使古书人人能读:这两项都只是提倡国学的设备。但我们在上文曾主张,国学的使命是要使大家懂得中国的过去的文化史;国学的方法是要用历史的眼光来整理一切过去文化的历史。国学的目的是要做成中国文化史。国学的系统的研究,要以此为归宿。一切国学的研究,无论时代古今,无论问题大小,都要朝着这一个大方向走。只有这个目的可以整统一切材料;只有这个任务可以容纳一切努力;只有这种眼光可以破除一切门户畛域。

我们理想中的国学研究,至少有这样的一个系统:中国文化史:(一)民族史;(二)语言文字史;(三)经济史;(四)政治史;(五)国际交通史;(六)思想学术史;(七)宗教史;(八)文艺史;(九)风俗史;(十)制度史。这是一个总系统。历史不是一件人人能做的事;历史家须要有两种必不可少的能力:一是精密的功力,一是高远的想象。没有精密的功力,不能做搜求和评判史料的工夫;没有高远的想象力,不能构造历史的系统。况且中国这么大,历史这么长,材料这么多,除了分工合作之外,更无他种方法可以达到这个大目的。但我们又觉得,国故的材料太纷繁了,若不先做一番历史的整理工夫,初学的人实在无从下手,无从入门。后来的材料也无所统属;材料无所统属,是国学纷乱烦碎的重要原因。所以我们主张,应该分这几个步骤:

第一,用现在力所能搜集考定的材料,因陋就简的先做成各种专史,如经济史、文学史、哲学史、数学史、宗教史……之类。这是一些大间架,他们的用处只是要使现在和将来的材料有一个附丽的地方。

第二,专史之中,自然还可分子目,如经济史可分时代,又可分区域,如文学史哲学史可分时代,又可分宗派,又可专治一人;如宗教史可分时代,可专治一教,或一宗派,或一派中的一人。这种子目的研究是学问进步必不可少的条件。治国学的人应该各就"性之所近而力之所能勉者",用历史的方法与眼光担任一部分的研究。子目的研究是专史修正的唯一源头,也是通史修正的唯一源头。

(三) 怎样"博采参考比较的资料"呢?向来的学者误认"国学"的"国"字是国界的表示,所以不承认"比较的研究"的功用。最浅陋的是用"附会"来代替"比较"。他们说基督教是墨教的绪余,墨家的"巨子"即是"矩子"。而"矩子"即是十字架! ……附会是我们应该排斥的,但比较的研究是我们应该提倡的。有许多现象,孤立的说来说去,总说不通,总说不明白;一有了比较,竟不须解释,自然明白了。例如一个

"之"字,古人说来说去,总不明白;现在我们懂得西洋文法学上的术语,只须说某种"之"字是内动词(由是而之焉),某种是介词(贼夫人之子),某种是指物形容词(之子于归),某种是代名词的第三身用在目的位(爱之能勿劳乎),就都明白分明了。又如封建制度,向来被那方块头的分封说欺骗了,所以说来说去,总不明白;现在我们用欧洲中古的封建制度和日本的封建制度来比较,就容易明白了。音韵学上,比较的研究最有功效。用广东音可以考"侵""覃"各韵的古音,可以考古代入声各韵的区别。近时西洋学者如Karlgren,如Baron von Stael—Holstein,用梵文原本来对照汉文译音的文字,很可以帮助我们解决古音学上的许多困难问题。不但如此:日本语里,朝鲜语里,安南语里,都保存有中国古音可以供我们参考比较。西藏文自唐朝以来,音读虽变了,而文字的拼法不曾变,更可以供我们参考比较,也许可以帮助我们发现中国古音里有许多奇怪的复辅音呢。制度史上,这种比较的材料也极重要。懂得了西洋的议会制度史,我们更可以了解中国御史制度的性质与价值;懂得了欧美高等教育制度史,我们更能了解中国近一千年来的书院制度的性质与价值。哲学史上,这种比较的材料已发生很大的助力了。《墨子》里《经上下》诸篇,若没有印度因明学和欧洲哲学作参考,恐怕至今还是几篇无人能解的奇书。韩非,王莽,王安石,李贽,……一班人,若没有西洋思想作比较,恐怕至今还是沉冤莫白。看惯了近世国家注重财政的趋势,自然不觉得李觏、王安石的政治思想的可怪了。懂得了近世社会主义的政策,自然不能不佩服王莽、王安石的见解和魄力了。《易系辞传》里"易者,象也"的理论,得柏拉图的"法象论"的比较而更明白;荀卿书里"类不悖,虽久同理"的理论,得亚里士多德的"类不变论"的参考而更易懂。这都是明显的例。至于文学史上,小说戏曲近年忽然受学者的看重,民间俗歌近年渐渐引起学者的注意,都是和西洋文学接触比较的功效更不消说了。此外,如宗教的研究,民俗的研究,美术的研究,也都是不能不利用参考比较的材料的。

以上随便举的例,只是要说明比较参考的重要。我们现在治国学,必须要打破闭关孤立的态度,要存比较研究的虚心。第一,方法上,西洋学者研究古学的方法早已影响日本的学术界了,而我们还在冥行索涂的时期。我们此时应该虚心采用他们的科学的方法,补救我们没有条理系统的习惯。第二,材料上,欧美日本学术界有无数的成绩可以供我们的参考比较,可以给我们开无数新法门,可以给我们添无数借鉴的镜子。学术的大仇敌是孤陋寡闻;孤陋寡闻的唯一良药是博采参考比较的材料。

我们观察这三百年的古学史,研究这三百年的学者的缺陷,知道他们的缺陷都是可以补救的;我们又返观现在古学研究的趋势,明了了世界学者供给我们参考比较的好机会,所以我们对于国学的前途,不但不抱悲观,并且还抱无穷的乐观。我们认清了国学前途的黑暗与光明全靠我们努力的方向对不对。因此,我们提出这三个方向来做我们一班同志互相督责勉励的条件:第一,用历史的眼光来扩大国学研究的范围。第二,用系统的整理来部署国学研究的资料。第三,用比较的研究来帮助国学的材料的整理与解释。

马衡《石鼓为秦刻石考》刊于《国立北京大学国学季刊》第1卷第1号。

陈垣《火祆教入中国考》刊于《国立北京大学国学季刊》第1卷第1号。

钢和泰《音译梵书与中国古音》刊于《国立北京大学国学季刊》第1卷第1号。

沈兼士《国语问题之历史的研究》刊于《国立北京大学国学季刊》第1卷第1号。

朱希祖《萧梁旧史考》刊于《国立北京大学国学季刊》第1卷第1号。

顾颉刚《郑樵著述考》刊于《国立北京大学国学季刊》第1卷第1号。

王国维《五代监本考》刊于《国立北京大学国学季刊》第1卷第1号。

[法]伯希和著,王国维译《近日东方古言语学及史学上之发明与其结论》刊于《国立北京大学国学季刊》第1卷第1号。

陈垣《摩尼教入中国考》刊于《国立北京大学国学季刊》第1卷第2号。

汪荣宝《歌戈鱼虞模古读考》刊于《国立北京大学国学季刊》第1卷第2号。

胡适《科学的古史家崔述》刊于《国立北京大学国学季刊》第1卷第2号。

顾颉刚《郑樵传》刊于《国立北京大学国学季刊》第1卷第2号。

朱希祖《萧梁旧史考(完)》刊于《国立北京大学国学季刊》第 1 卷第 2 号。

顾颉刚《郑樵著述考(完)》刊于《国立北京大学国学季刊》第 1 卷第 2 号。

汪荣宝《释"皇"》刊于《国立北京大学国学季刊》第 1 卷第 2 号。

钢和泰《十八世纪喇嘛文告译释》刊于《国立北京大学国学季刊》第 1 卷第 3 号。

潘尊行《原始中国语试探》刊于《国立北京大学国学季刊》第 1 卷第 3 号。

刘复《实验四声变化之一例》刊于《国立北京大学国学季刊》第 1 卷第 3 号。

刘复《守温三十六字母排列法之研究》刊于《国立北京大学国学季刊》第 1 卷第 3 号。

林玉堂《读汪荣宝"歌戈鱼虞模古读考"书后》刊于《国立北京大学国学季刊》第 1 卷第 3 号。

[瑞典]珂罗倔伦著,林玉堂译《答马斯贝罗论切韵之音》刊于《国立北京大学国学季刊》第 1 卷第 3 号。

[瑞典]珂罗倔伦著,徐炳昶译《对于"死""时""主""书"诸字内韵母之研究》刊于《国立北京大学国学季刊》第 1 卷第 3 号。

马衡《汉熹平石经论语尧曰篇残字跋》刊于《国立北京大学国学季刊》第 1 卷第 3 号。

罗振玉《魏正始石经残字跋》刊于《国立北京大学国学季刊》第 1 卷第 3 号。

王国维《高邮王怀祖先生训诂音韵书稿序录》刊于《国立北京大学国学季刊》第 1 卷第 3 号。

单不庵《跋补抄文澜阁书六种》刊于《国立北京大学国学季刊》第 1 卷第 3 号。

陈垣《元西域人华化考上编》刊于《国立北京大学国学季刊》第 1 卷第 4 号。

容庚《甲骨文字之发现及其考释》刊于《国立北京大学国学季刊》第 1 卷第 4 号。

伊凤阁《西夏国书说》刊于《国立北京大学国学季刊》第 1 卷第 4 号。

罗福成《宴台金源国书碑考》刊于《国立北京大学国学季刊》第 1 卷第 4 号。

王国维《韦庄的秦妇吟》刊于《国立北京大学国学季刊》第 1 卷第 4 号。

王国维《书式古堂书画汇考所录唐韵后》刊于《国立北京大学国学季刊》第 1 卷第 4 号。

陈钟凡《秦汉经师之方士化》刊于《国学丛刊》第 1 卷第 1 期。

顾实《周季文史之分途及文学之派别》刊于《国学丛刊》第 1 卷第 1 期。

刘师培《西汉周官师说考》刊于《国学丛刊》第 1 卷第 1 期。

陈钟凡《明儒》刊于《国学丛刊》第 1 卷第 1 期。

胡光炜《中国修辞学史略》刊于《国学丛刊》第 1 卷第 1 期。

王会稼《论楚人之文学》刊于《国学丛刊》第 1 卷第 1 期。

刘师培《古重文考》刊于《国学丛刊》第 1 卷第 1 期。

陈钟凡《古代图绘文字之异同与其分合》刊于《国学丛刊》第 1 卷第 2 期。

严慧文《文字与语言之关系》刊于《国学丛刊》第 1 卷第 2 期。

赵华煦《金石骨甲骨文学及文学形体之发明》刊于《国学丛刊》第 1 卷第 2 期。

陈旦《清儒治文字学之派别及其方法述略》刊于《国学丛刊》第 1 卷第 2 期。

张世禄《文字上之古代社会观》刊于《国学丛刊》第 1 卷第 2 期。

陈钟凡《从文字学上所见初民之习性》刊于《国学丛刊》第 1 卷第 2 期。

陈钟凡《中国文字学上之原始宗教考》刊于《国学丛刊》第 1 卷第 2 期。

陈钟凡《文字学上之中国人种起源考》刊于《国学丛刊》第 1 卷第 2 期。

吴梅《南北曲概言》刊于《国学丛刊》第1卷第3期。

吴梅《南北戏曲概言》刊于《国学丛刊》第1卷第3期。

陈钟凡《陶君墓志铭》刊于《国学丛刊(南京)》第1卷第3期。

陈钟凡《马君墓志铭》刊于《国学丛刊(南京)》第1卷第3期。

陈钟凡《尚书泰誓年月今古文异说考》刊于《国学丛刊(南京)》第1卷第4期。

顾实《穆天子传征西今地考》刊于《国学丛刊(南京)》第1卷第4期。

陈去病《明清最近交涉史》刊于《国学丛刊(南京)》第1卷第4期。

陈去病《中华民国释义》刊于《国学丛刊(南京)》第1卷第4期。

胡韫玉《史记体例之商榷》刊于《国学丛刊(南京)》第1卷第4期。

高景宪《太平天国志序》刊于《国学丛刊(南京)》第1卷第4期。

陈钟凡《经学通论叙旨》刊于《国学丛刊(南京)》第1卷第4期。

冉崇烈《斥误据〈史记〉以攻〈左传〉之妄》刊于《国学丛刊(南京)》第1卷第4期。

陈垣《摩尼教入中国考》刊于《国学季刊》第1卷第2号。

陈垣《摩尼教残经一、二》刊于《国学季刊》第1卷第3号。

范寿康《评所谓"科学与玄学之争"》刊于《学艺》第5卷第4号。

按:文章说:自张君劢氏在《清华周刊》第272期上发表了一篇讲演稿"人生观"以后,引起了我国学术界年来罕见的大波澜。所谓"科学与玄学之争"的导火线就是这篇"人生观"。张君劢氏为了这篇文字,不久就引起了丁文江氏的驳击。丁氏发难以后,于是加入这一次的争论的有梁启超、任叔永、胡适之、孙伏园、林宰平、张东荪、章演存、朱经农、唐钺、甘蛰仙、王星拱等诸氏,对于这种大规模的学术上的讨论,一方面我觉得这是学术界应有的事情,所以我以为这种争论,在争论本身上,是应该提倡,却不应该排斥;但是在他方面我却觉得这次讨论的内容未能十分令人满意,所以我不顾自己学识的浅陋,以为为真理起见,为学术起见,还有出来把这笔总账清算一下的必要。

我看这次论争的中心要在于"人生观与科学的关系",所以关于讨论的程次和范围似应由这个中心问题而决定。梁启超氏在他那篇"人生观与科学"里面说得好:"凡辩论先要把辩论对象的内容确定:先公认甲是什么,乙是什么,才能说到甲和乙的关系何如。否则一定闹到'驴头不对马嘴',当局的辩论没有结果,旁观的越发迷惑。我很可惜君劢这篇文章,不过在学校里随便讲演,未曾把'人生观'和'科学'给他一个定义。在君也不过拈起来就驳。究竟他们两位所谓'人生观',所谓'科学',是否同属一件东西,不惟我们观战人摸不清楚,只怕两边主将也未必能心心相印哩。"梁氏这段评论最是确当。这次论争的缺点我以为第一就在讨论的程次和范围问题多被忽视的一点。梁氏独具只眼,对于这个问题,独能首先认定清楚,而且他又能与以相当的解决,他确不愧为论坛的老将。

对于讨论的程次和范围一层,梁氏而外,伏园氏也有一种提案。伏园氏在"玄学科学论战杂话"里面说:"我以为现在两方都还没有注意到首先应该注意的三个问题,就是:玄学是什么?科学是什么?人生观是什么?不消说,只是这三个定义就可以讨论几百万言而没有解决。不过,至少,我以为双方都应该宣布自己对这三个名词的定义。这样才能使观战人明白,此方之所谓玄学,科学,人生观,是不是彼方之所谓玄学,科学,人生观。""不过,要讨论这个问题,只是下了那三个定义还不够,我以为还有一个更重要的定义应该明白的,就是哲学是什么?"伏园氏这个提案虽足以证明他注意到讨论的程次和范围,然而,我觉得他的见解已落梁氏之后。他于科学之外,另立一个哲学,不是他已承认科学只能为狭义的科学(不包含哲学在内)么?但是争论者所指的科学倘是广义的科学,那么,他这个另论哲学的意见又未免是另生枝节了。

梁氏及伏园氏而外,王星拱论"科学与人生观",他所定的程次和范围也还不错,他对于这一层的见解,大体与梁氏相同。至于其他诸氏中间,有的人们所实施的攻击系侧面攻击,有的人们所计划的战斗系短兵相搏,可以说树这一种堂堂正正的旗帜的差不多是没有。照我的私见,我同梁氏一样,也以为这次问题的核心既是"人生观与科学的关系",那么,讨论的程次和范围应当如下面所列:(一)人生观是什么?(二)科学是什么?(三)人生观与科学究竟有无关系?如有,他们二者的关系究是怎样?

人生观既是关于人生的现实及理想两方面的见解,科学又指广义的科学,那么,人生观与科学二者,我以为大部分是有关系的,可是同时我却主张科学决不能解决人生问题的全部。为什么呢?人生观既分做现实和理想两面,那么,我们关于人生所能得到的法则,一部是必然的法则,一部是当然的法则。而人生观既注重于理想方面,关于现实的法则不过是为树立理想的准备,那么,当然的法则自然比必然的法则为重,而所得必然的法则不过是为树立当然的法则的根据。因为这个缘故,我们很可以说人生观实在是规范科学里面的伦理学的研究问题,同时我们也可以说:人生观大体就是伦理规范的全部。

张君劢氏在"人生观"里面,把人生观与科学二者完全绝缘,以为人生观的各项问题决非科学(广义)所能解决,而科学所能解决的决非人生观上的问题。这一种立论未免过于超绝事实,无怪乎引起了科学家丁文江氏的攻击。更进一层,就是张氏自己弄到后来也不能自圆其说,居然现出胡适之那篇"孙行者与张君劢"中的三对矛盾来。我对于这一种人生观与科学完全无关的见解不得不表示反对。

至于丁文江、王星拱、唐钺等研究狭义的科学的诸氏呢,他们对于科学(狭义)与人生观二者似乎都有主张完全相关的倾向。换句话说:他们都以为人生观的解决全赖狭义的科学,狭义的科学能够解决人生观的全部。弄到结局,他们竟至承认人类的意志全受因果律(狭义)的支配,他们看人类直同机械一样,他们们否认自由和道德。这种议论是科学家对于人生观所时有的偏见。我对于这一种人生观的见解也不敢表示赞成。

胡朴安《民国十二年国学之趋势》刊于 10 月 10 日《民国日报・国学周刊(上海)》国庆日增刊。

按:《民国十二年国学之趋势》一文,对于清季的学人及其学术,给予了肯定:"中国国学,至清乾嘉时而极盛,道咸以后,迄于光宣之际,日即衰微矣。然而,未尝绝也。其矫矫可数者,瑞安孙氏诒让仲容,德清俞氏樾曲园,寻江戴之坠绪,群经而外,兼及诸子,参互钩稽,时有精言。四川廖氏平季平,广东康氏有为更生,沿刘庄之辙迹,变而加厉,掊击东汉,独尊西京,罢黜百家,仅存公羊,大同三世之说,比附《礼运》,先进后进之说,比附《论语》,时多怪诞之言,好为新奇之论,然而持之有故,言之成理,虽非通才,足树一帜。长沙王氏先谦益吾,搜讨颇勤,见闻亦富,注史笺子,简明有法,最便初学。湘潭王氏闿运壬秋,文笔健洁,纪湘军尤可观,诗亦优长,惜无独到。所注《墨子》,浅陋无足论已。吴县吴氏大澂清卿,奔走潘氏之门,颇见三代之器,耳目既广,知识遂多,校其文字,为之排比,虽鲜发明,可资参考。上虞罗氏振玉叔蕴,海宁王氏国维静安,获殷墟文字,识其音义,证之许书,发千古未有之奇,校六书违背之旨,骨甲出土,有造于罗王二氏多也。杭州张氏尔田孟劬,孙氏德谦益安,守实斋之成法,兼治史子,亦可以观。长沙叶氏德辉、吴县曹氏元弼,一则杂不名家,一则拘未宏览,要之一时之好,有足多者。其他诗文词曲卓然成家者,颇亦有之,不悉举也。"不过,在是文看来,老辈的学问只能代表过去,不足以开创未来,因而与现在的学术无关:"兹数先生,虽为足当启发学术之任,亦可谓翘然异于众人矣。惟世界息息推移,学术亦时时递变,诸先生之学术,仅足结清室之终,未足开民国之始,其著作之精粹,可供吾人之诵读,其治学之方法,不能为吾人之楷式。虽诸先生在今日尚有存者,而于民国十二年之国学无与,故略纪之不复详论焉。"

景昌极《广乐利主义》刊于《学衡》第 13 期。

柳诒徵《五百年前南京之国立大学》刊于《学衡》第 13 期。

按:是文曰:"金陵之有国学,自孙吴始,晋宋齐梁陈迭有兴废。……江左偏安,虽号国学,其所培植,止于江淮以南,不足觇全中国之盛也。金陵之为全国首都,厥惟朱明,明之南京国子监,实为上下千年唯一之国立大学。其略见于《明史选举志》《续文献通考》,其详见于《南雍志》《太学志》及《太祖实录》等书。"

吴宓《希腊文学史第一章 荷马之史诗》刊于《学衡》第 13 期。

向达译《亚里士多德伦理学・卷一》刊于《学衡》第 13—14 期。

梅光迪《安诺德之文化论》刊于《学衡》第 14 期。

缪凤林《中国人之佛教耶教观》刊于《学衡》第 14 期。

柳诒徵《五百年前南京之国立大学(续第十三期)》刊于《学衡》第 14 期。

吴宓《希腊文学史(续第十三期)第二章 希霄德之训诗》刊于《学衡》第 14 期。

夏崇璞译《亚里士多德伦理学(续第十三期)卷二》刊于《学衡》第 14 期。

吴宓《论今日文学创造之正法》刊于《学衡》第 15 期。

刘永济《论文学中相反相成之义(预录湘君季刊)》刊于《学衡》第 15 期。

缪凤林《中国人之佛教耶教观(续第十四期)》刊于《学衡》第 15 期。

钱堃新译《西塞罗说老》刊于《学衡》第 15 期。

刘伯明《论学风》刊于《学衡》第 16 期。

吴宓《我之人生观》刊于《学衡》第 16 期。

柳诒徵《华化渐被史(续第十一期)》刊于《学衡》第 16 期。

缪凤林《中国人之佛教耶教观(续第十五期)》刊于《学衡》第 16 期。

向达译《亚里士多德伦理学(续第十四期)卷三》刊于《学衡》第 16 期。

吴家镇《欧洲封建制度与武士教育之概观》刊于《学衡》第 16 期。

王恩洋《大乘非佛说辨》刊于《学衡》第 17 期。

陈柱《中学生研究国文之方法》刊于《学衡》第 17 期。

王恩洋《大乘起信论料简》刊于《学衡》第 17 期。

柳诒徵《中国乡治之尚德主义》刊于《学衡》第 17 期。

汤用彤译《亚里士多德哲学大纲》刊于《学衡》第 17 期。

景昌极《唯识志疑一·见相别种辨》刊于《学衡》第 18 期。

陈钧译《福禄特尔记阮讷与柯兰事》刊于《学衡》第 18 期。

徐震堮译《圣伯甫释正宗》刊于《学衡》第 18 期。

徐震堮译《圣伯甫评卢梭忏悔录》刊于《学衡》第 18 期。

胡先骕《评胡适五十年来中国之文学》刊于《学衡》第 18 期。

按:《五十年来中国之文学》是 1922 年胡适应《申报》为创刊 50 周年之约而写,作为他对于近 50 年来中国文学的总结和思考,原文见《申报五十年纪念册》。其《五十年来中国之文学》在实录的基础上自出机杼,从古文的末路、古文学的新变、白话小说的发达及缺点、文学革命这几个方面概括了 50 年的文学发展。在此文中胡适虽然没有否定文言在这 50 年中所取得的成就,但他概括这个时代是"危急的过渡时期,种种的需要使语言文字不能不朝着'应用'的方向变去",要由"死文学"发展到"活文学",再到文学革命。而文言作为"已死的文字",显然应该为白话所取代。

对于胡适在《五十年来中国之文学》所提出的观点和理由,胡先骕并不认可,是文曰:"至文言白话之争,为胡君学说之根本立足点。其理由之不充足,余已屡屡论之,本无庸更为断断之辩。然胡君此文,仍本其'内台叫好'之手段,为强词夺理之宣传,不得不更为剀切详明之最后论断。文学之死活本不系于文字之体裁,亦不系于应用之范围。彼希腊罗马荷马、苏封克里、柏拉图、西赛罗诸贤之著作,宁以其文字之灭亡,遂变为死文学耶?胡君动辄引但丁以塔斯干方言创造意大利新文学、乔塞以英国方言创英国新文学为先例,以为吾国亦须以现代流行之方言为文学之媒介,抑知其历史何如乎?第一须知欧洲各国文字认声,中国文字认形。认声之文字,必因语言之推迁而嬗变。认形之文字,则虽语言逐渐变易,而字体可以不变。……吾国文法又极简单,无欧洲文法种种不自然之规律,因而亦少文法上之变迁,故吾国文字不若欧洲各国文字之易于变易。故宋元人之著作,吾人读之,不异时人之文章,而英国乔塞之诗,已非浅学之英人所能读矣。再则希腊拉丁文之灭亡,纯由于政治之影响与民族之混淆,致使其语言文字益加驳杂而变易愈大。"

"但丁之用塔司干方言为诗,与胡君之创白话文有根本不同者三。(一)欧洲语言易于变迁,而文字随语言而变迁。故其六七百年间拉丁语之变为意大利语。较吾国同等期间语言文字之变迁为大。(二)意大利为异族所征服,罗马文化灭亡,其时复为黑暗时代,教皇教会之势力弥漫全欧,学术文章日就衰落,罗马文化之精神与意大利人民已生隔膜。(三)意大利之诗人,竟用异国语言或不通行而驳杂不纯之方言为诗。故但丁不得不择一较佳、较纯洁、较近于古拉丁语之方言作诗。佛罗伦斯城在当时以文物称盛,为塔司干尼诸城之冠,加以佛罗伦斯方言为最纯洁最近古拉丁者,故但丁择用之也。……夫佛罗伦斯方言最纯洁而极近似古拉丁文者,但丁尚以为不足作庄重诗,而其作文仍用拉丁文。则胡君不能引但丁为其党徒明矣。且文重理智,诗重感情,重感情则不妨引用俗语,此诗中用俗语较多之故。在欧洲诸国为然,在吾国亦莫不然。小说亦以动感情为要,故多用俗语。正不得以中国欧美诸国之诗与小说多用俗语,便谓一切文体皆宜用俗语也。"

"至于乔塞之于英国文学,则与但丁微有不同,与中国情形尤异。盎格罗撒克逊本为野蛮之民族,初无文学之可言。至十一世纪中,诺曼人征服英国之后,朝廷贵族学校教会以及文学所用者,皆为诺曼法兰西语,盎格罗撒克逊语,则普通人民所说者。初征服之百五十年,无有用英语为文者。诗与散文,皆以诺曼法兰西语为之。自后诺曼人渐与其大陆上祖国绝,而与土著同化,至十三世纪之末,渐成近日英语所自出之各种方言。乔塞与卫克立夫(Wycliff)出,乃用之以作诗文,英语于是以立。是盖草创文学之人,与但丁之以由拉丁递嬗之佛罗伦斯方言为诗者异,与在有数千年不断之文学中而特创白话文之诸公尤异也。"

[法]马西尔原作、吴宓译《白璧德之人文主义》刊于《学衡》第 19 期。

缪凤林《唯识今释》刊于《学衡》第 19 期。

缪篆《老子古微卷首》刊于《学衡》第 19 期。

汤用彤译《亚里士多德哲学大纲(续第十七期)》刊于《学衡》第 19 期。

刘永济《今日中等教育界之紧急问题》刊于《学衡》第 20 期。

景昌极译《柏拉图语录之三·斐都篇(续第十期)》刊于《学衡》第 20 期。

夏崇璞、向达译《亚里士多德伦理学(续第十六期)卷四卷五》刊于《学衡》第 20 期。

徐震堮译《柯克斯论古学之精神》刊于《学衡》第 21 期。

吴芳吉《再论吾人眼中之新旧文学观(录湘君季刊)》刊于《学衡》第 21 期。

按:吴芳吉,学衡派代表人物,是北京大学新文化派的死对头。是文曰:"文学惟有是与不是,而无所谓新与不新。此吾人立论之旨也。旧派之不是处,新派之人类能言之。新派之不是处,则群俗汶汶无多议其非者。此无他,举世之人犹惑于所谓文学革命之几不主义是也。(指胡适的'八不主义')夫文学固非政治可与比拟,政治为群众之所组织,文学则为个人之所表现;政治有兵刑以立其威,有律法以严其范。文学则述作自由,断非身外之人得而干预强迫。政治不良,其罪在于执政之人,故当锄而去之;此其手段是曰革命。文学之善与不善,其责惟在于己,己所为文不善,己之罪也,非文学之罪也;革己之命可也,革文学之命不可也。而乃混为一谈,牵强附会,已属根本不是。"

缪凤林《中国人之佛教耶教观(续第十六期)》刊于《学衡》第 21 期。

柳诒徵《中国乡治之尚德主义(续第十七期)》刊于《学衡》第 21 期。

张荫麟《老子生后孔子百余年之说质疑》刊于《学衡》第 21 期。

李笠《定本墨子间诂校补叙》刊于《学衡》第 21 期。

吴宓《沃姆中国教育谈》刊于《学衡》第 22 期。

汪懋祖《现时我国教育上之弊病与其救治之方略》刊于《学衡》第 22 期。

李思纯《论文化》刊于《学衡》第 22 期。

吴其昌《朱子传经史略》刊于《学衡》第 22 期。

吴宓《西洋文学入门必读书目》刊于《学衡》第 22 期。

孙德谦《评今之治国学者》刊于《学衡》第 23 期。

胡稷咸《敬告我国学术界》刊于《学衡》第 23 期。

徐震堮译《柯克斯论美术家及公众》刊于《学衡》第 23 期。

［英］穆莱撰,吴宓译《希腊之留传·第一篇·希腊对于世界将来之价值》刊于《学衡》第 23 期。

缪凤林《历史之意义与研究》刊于《学衡》第 23 期。

缪凤林《中国人之佛教耶教观(续第二十一期)》刊于《学衡》第 23 期。

常惺《大乘起信论料简驳议》刊于《学衡》第 23 期。

王恩洋《大乘起信论料简驳议答辩》刊于《学衡》第 23 期。

柳诒徵《说习》刊于《学衡》第 24 期。

孙德谦《申章实斋六经皆史说》刊于《学衡》第 24 期。

［英］尹吉撰,汤用彤译《希腊之留传 第二篇 希腊之宗教》刊于《学衡》第 24 期。

［英］庞乃德撰,胡稷咸译《希腊之留传 第三篇 希腊之哲学》刊于《学衡》第 24 期。

缪凤林《哲学之意义与起原》刊于《学衡》第 24 期。

章太炎《发刊辞》刊于《华国月刊》第 1 卷第 1 期。

按:《华国月刊》1923 年 9 月 15 日在上海创刊,每月 1 期,12 期为 1 卷,共出 3 卷 28 期,1926 年 7 月停刊。《发刊辞》曰:"吴县汪东,尝从余学问,其行事不随流俗,今鸠集同志,创为《华国月刊》,志在甄明学术,发扬国光。"章太炎任社长兼主编,刊物发起人汪东任编辑兼撰述,撰述者有黄侃、孙世扬、钟歆、但焘、李建、孙镜、田桓,编辑方海客、汪景熙。《华国月刊》在栏目上设有"图画""通论"(文言语体不拘一格,若新式符号,概所不取)、"学术"(治国故者,往往以玄学文学朴学为限,余多略而不谈。中西自抒新意者,皆所辑录,不专主疏释古籍也)、"文苑""小说""杂箸""记事""通讯"等。

孙世扬《国学通论》刊于《华国月刊》第 1 卷第 1 期。

孙世扬《文学管窥》刊于《华国月刊》第 1 卷第 1 期。

章炳麟《新出三体石经考》刊于《华国月刊》第 1 卷第 1 期。

汪荣宝《释皇》刊于《华国月刊》第 1 卷第 1 期。

黄侃《音略》刊于《华国月刊》第 1 卷第 1 期。

钟歆《词言通释》刊于《华国月刊》第 1 卷第 1 期。

汪东《法言疏证别录》刊于《华国月刊》第 1 卷第 1 期。

章炳麟《前海军总长程君碑》刊于《华国月刊》第 1 卷第 1 期。

章炳麟《童师长祠堂记》刊于《华国月刊》第 1 卷第 1 期。

刘仲蓬《书画鉴》刊于《华国月刊》第 1 卷第 1 期。

汪东《新文学商榷》刊于《华国月刊》第 1 卷第 2 期。

章炳麟《新出三体石经考(续)》刊于《华国月刊》第 1 卷第 2 期。

汪荣宝《歌戈鱼虞模古读考》刊于《华国月刊》第 1 卷第 2 期。

钟歆《词言通释(续)》刊于《华国月刊》第 1 卷第 2 期。

但焘《周礼政诠》刊于《华国月刊》第 1 卷第 2 期。

汪杨宝《养蚕学》刊于《华国月刊》第 1 卷第 2 期。

章炳麟《龚未生事略》刊于《华国月刊》第 1 卷第 2 期。

汪东《黄安刘君事略》刊于《华国月刊》第 1 卷第 2 期。

黄侃《刘仲蓬哀辞》刊于《华国月刊》第 1 卷第 2 期。

吴梅村《通天台(续)》刊于《华国月刊》第 1 卷第 2 期。

退庐《驴背集》刊于《华国月刊》第 1 卷第 2 期。

但焘《书画鉴》刊于《华国月刊》第 1 卷第 2 期。

陆锦燧《校中西医论》刊于《华国月刊》第 1 卷第 3 期。

章炳麟《新出三体石经考(续)》刊于《华国月刊》第 1 卷第 3 期。

汪荣宝《歌戈鱼虞模古读考(续)》刊于《华国月刊》第 1 卷第 3 期。

黄侃《音略(续)》刊于《华国月刊》第 1 卷第 3 期。

黄侃《稷通释》刊于《华国月刊》第 1 卷第 3 期。

汪东《法言疏证别录》刊于《华国月刊》第 1 卷第 3 期。

章炳麟《武昌首义纪念宣言书》刊于《华国月刊》第 1 卷第 3 期。

黄侃《补文心雕龙隐秀篇》刊于《华国月刊》第 1 卷第 3 期。

寄生《华胥梦(续)》刊于《华国月刊》第 1 卷第 3 期。

退庐《驴背集(续)》刊于《华国月刊》第 1 卷第 3 期。

但焘《书画鉴(续)》刊于《华国月刊》第 1 卷第 3 期。

章炳麟《论白话诗》刊于《华国月刊》第 1 卷第 4 期。

但焘《法通(解惑篇)》刊于《华国月刊》第 1 卷第 4 期。

章炳麟《新出三体石经考(续)》刊于《华国月刊》第 1 卷第 4 期。

章炳麟《与于右任论三体石经书》刊于《华国月刊》第 1 卷第 4 期。

黄侃《释尸鸠》刊于《华国月刊》第 1 卷第 4 期。

钟歆《词言通释》刊于《华国月刊》第 1 卷第 4 期。

太虚《荀子论》刊于《华国月刊》第 1 卷第 4 期。

汪杨宝《养蚕学》刊于《华国月刊》第 1 卷第 4 期。

马浮《绍兴县重修文庙记》刊于《华国月刊》第 1 卷第 4 期。

章炳麟《与章行严论墨学第一书》刊于《华国月刊》第 1 卷第 4 期。

章炳麟《与章行严论墨学第二书》刊于《华国月刊》第 1 卷第 4 期。

徐震《刘行生行状》刊于《华国月刊》第 1 卷第 4 期。

退庐《驴背集(续)》刊于《华国月刊》第 1 卷第 4 期。

但焘《书画鉴(续)》刊于《华国月刊》第 1 卷第 4 期。

顾颉刚《与钱玄同先生论古史书》,刊于《读书杂志》第 9 期。

钱玄同《答顾颉刚先生》刊于《读书杂志》第 10 期。

刘掞藜《读顾颉刚君〈与钱玄同先生论古史书〉的疑问》刊于《读书杂志》第 11 期。

胡堇人《读顾颉刚先生论古史书以后》刊于《读书杂志》第 11 期。

钱玄同《研究国学应该首先知道的事》刊于《读书杂志》第 12 期。

刘掞藜《讨论古史再质顾先生》刊于《读书杂志》第 13—16 期。

黄文弼《西北科学考查团在新疆考古情形报告》刊于《女师大学术季刊》第 1 卷第 4 期。

王恩洋《佛法之真义》刊于《文哲学报》第 3 期。

张君劢《现时两大哲学潮流之比较》刊于《文哲学报》第3期。
梁任公《屈原研究》刊于《文哲学报》第3期。
范希曾《驳远游大招为东汉人伪作说》刊于《文哲学报》第3期。
汤用彤讲,张廷休记《叔本华之天才主义》刊于《文哲学报》第3期。
陈训慈《托尔斯泰(续第二期)》刊于《文哲学报》第3期。
张志超《法国大戏剧家毛里哀评传》刊于《文哲学报》第3期。
刘文翩《介绍文学评论之原理》刊于《文哲学报》第3期。
陈钧《小说通义》刊于《文哲学报》第3期。
卢于道《心理学是否为精神科学》刊于《文哲学报》第4期。
陈钧《质考据莎士比亚者》刊于《文哲学报》第4期。
陈训慈《托尔斯泰(续第三期)》刊于《文哲学报》第4期。
哲文士著,翁之镛译《欧洲宗教演化思想之现势》刊于《文哲学报》第4期。
胡翼成《佛法与哲学之对比与其论理根据之批评》刊于《文哲学报》第4期。
胡翼成《再评所谓佛法》刊于《文哲学报》第4期。
徐昂《声纽通转》刊于《文哲学报》第4期。
王焕镳《史传叙法举例》刊于《文哲学报》第4期。
赵祥瑗《论秦柳之异点》刊于《文哲学报》第4期。
陈去病《诸静斋墓志铭》刊于《文哲学报》第4期。
陈去病《舅氏伴皾先生七十双寿颂并序》刊于《文哲学报》第4期。
柳翼谋《论臆造历史以教学者之弊》刊于《史地学报》第2卷第2期。
梁任公《历史统计学》刊于《史地学报》第2卷第2期。
顾泰来《蓝盖氏论历史的政治价值(续完)》刊于《史地学报》第2卷第2期。
[美]Davis著,王素学译《地理研究院之计划》刊于《史地学报》第2卷第2期。
陈训慈译《战后之德意志历史教学》刊于《史地学报》第2卷第2期。
江亢虎先生讲,陆维钊记《战后俄德二国之现状》刊于《史地学报》第2卷第2期。
张其昀《历史地理学》刊于《史地学报》第2卷第2期。
胡焕庸《各国历史所受地理之支配》刊于《史地学报》第2卷第2期。
陈训慈《近世欧洲政治社会史》刊于《史地学报》第2卷第2期。
张廷休《英国经济史大纲》刊于《史地学报》第2卷第2期。
张其昀《地学书十种》刊于《史地学报》第2卷第2期。
屠急公《余姚鱼盐调查》刊于《史地学报》第2卷第2期。
张其昀《最近欧洲各国地理学进步概况》刊于《史地学报》第2卷第2期。
叔谅《中国之史学运动与地学运动》刊于《史地学报》第2卷第3期。
竺可桢《地理教学法之商榷》刊于《史地学报》第2卷第3期。
萧叔絅《自然环境与经济》刊于《史地学报》第2卷第3期。
张其昀《美国之地理学》刊于《史地学报》第2卷第3期。
柳翼谋《正史之史料》刊于《史地学报》第2卷第3期。
全文晟《唐虞夏商祭祀考(续)》刊于《史地学报》第2卷第3期。
梁任公《护国之役回顾谈》刊于《史地学报》第2卷第3期。

胡焕庸《各国历史所受地理之支配(续)》刊于《史地学报》第 2 卷第 3 期。

[美]巴纳博士著,王唐译《社会学与史学之关系》刊于《史地学报》第 2 卷第 4 期。

[美]赫尔教授著,陈训慈译《历史之价值》刊于《史地学报》第 2 卷第 4 期。

[英]密尔博士著,张其昀译《方志之价值》刊于《史地学报》第 2 卷第 4 期。

向达《赫邰民族考》刊于《史地学报》第 2 卷第 4 期。

徐则陵《高级中学世界文化史纲要》刊于《史地学报》第 2 卷第 4 期。

王学素《地质学发达史(续二卷一期)》刊于《史地学报》第 2 卷第 4 期。

赵祥瑗《片马问题研究》刊于《史地学报》第 2 卷第 4 期。

丁文江《历史人物与地理之关系》刊于《史地学报》第 2 卷第 4 期。

袁复礼《记新发现的石器时代的文化》刊于《史地学报》第 2 卷第 4 期。

刘掞藜《史法通论》刊于《史地学报》第 2 卷第 5 期。

张其昀《兑豆二君之大学地理教育观》刊于《史地学报》第 2 卷第 5 期。

柳翼谋《婆罗门述》刊于《史地学报》第 2 卷第 5 期。

金文晟《周代商业及交通》刊于《史地学报》第 2 卷第 5 期。

郑鹤声《司马迁之史学(读史记)》刊于《史地学报》第 2 卷第 5 期。

郑鹤声、沈孝凰记《印度现状及其趋势》刊于《史地学报》第 2 卷第 5 期。

郑鹤声《地学考察报告(聚宝山)(栖霞山)》刊于《史地学报》第 2 卷第 5 期。

郑鹤声《对于本会之希望》刊于《史地学报》第 2 卷第 5 期。

按:是文曰:"史地之学,不仅为当世治乱得失之林,抑亦研究自然科学之本。殷鉴不远,实学攸关,故欧西诸国于斯学视之特重,实测深研,不遗余力。自十六世纪以远,其研究会之设立,殆遍各地。反视我国,瞠乎后矣。然自仓皇作史,大禹敷土,斯学肇端允称首届。祇以科学不昌,实学沈涸,故典籍虽博,斯学无闻。堕先民之典型,俾白人占优胜,言念及此,辄为寒心。为今之计,宣传吸取,俱不容缓。"

刘掞藜《史法通论》刊于《史地学报》第 2 卷第 6 期。

柳翼谋《契丹大小字考》刊于《史地学报》第 2 卷第 6 期。

张其昀《亚洲东南部山脉河流之新解释》刊于《史地学报》第 2 卷第 6 期。

向达译《希印古代交通考》刊于《史地学报》第 2 卷第 6 期。

张其昀译《远东问题之地理的背景》刊于《史地学报》第 2 卷第 6 期。

郑鹤声《司马迁之史学(附表一)》刊于《史地学报》第 2 卷第 6 期。

徐韦曼教授讲,王学素、全文晟记《滇缅交界情形》刊于《史地学报》第 2 卷第 6 期。

胡焕庸译《各国历史所受地理之支配》刊于《史地学报》第 2 卷第 6 期。

向达译《俄国革命时历史研究之状况》刊于《史地学报》第 2 卷第 6 期。

陈旦《古代中西交通考》刊于《史地学报》第 2 卷第 6 期。

梁任公《要籍解题及其读法——史记》刊于《史地学报》第 2 卷第 7 期。

张其昀《地理学之新精神》刊于《史地学报》第 2 卷第 7 期。

缪凤林《历史之意义与研究》刊于《史地学报》第 2 卷第 7 期。

张其昀《地理与国际问题》刊于《史地学报》第 2 卷第 7 期。

周悫《夏商二代学者考略》刊于《史地学报》第 2 卷第 7 期。

全文晟《两汉对外政策》刊于《史地学报》第 2 卷第 7 期。

束世澂《中国史书上之马哥孛罗考》刊于《史地学报》第 2 卷第 7 期。

天聪《昆剧偶谈》刊于《戏杂志》第9期。

坚瓠《本志的第二十年》刊于《东方杂志》第20卷第1号。

按：到1923年，《东方杂志》已经办刊20年，"这在出版事业幼稚的中国，也许是我们所可以自豪的事"。是文可以看做是《东方杂志》对过去办刊的总结及对未来办刊方向的阐释。"杂志的本意是'仓库'，本来可以容纳负载的材料的；而本志则尤其自始以来是一种普通社会的读物。所以有许多人，说我们内容的不统一，说我们不能多发表政治问题的主张，我们是不能任咎的。据我们的意思：欲对于现代的任何问题下一个公平确当的批判，其有待于智识之积储与事实之观察者，其种类和数量，皆至为繁赜；而逞臆悬谈，凭空立论，尤其是中国人传统的习惯。所以我们与其以感情的言论，刺激读者之神经，毋庸以有用的知识，开拓读者之心胸；与其发表未成熟的主张，使读者跟着走错路，毋庸提供事实的真相，给读者做自下主张的底子。换一句话说：我们是希望为舆论的顾问者，而不敢自居为舆论的指导者的。""本志虽函有多方面的内容，但这并不是说我们预备做一个上下古今无所不包的杂拌""我们所注重的，却有下列几项""一、时事述评""二、大事记""三、人物志""四、经济和实业""五、哲学和宗教""六、科学""七、问题讨论""八、书评""九、评论之评论""十、文艺"。

罗罗《一九二三年之世界与中国》刊于《东方杂志》第20卷第1号。

吴之椿《近东时局的大变化》刊于《东方杂志》第20卷第1号。

张梓生《青岛接收及其交涉之经过》刊于《东方杂志》第20卷第1号。

侯厚培《中国历代货币之沿革》刊于《东方杂志》第20卷第1号。

徐广德《我国邮政之现况及今后应有之方策》刊于《东方杂志》第20卷第1号。

周建人《华莱斯的达尔文主义》刊于《东方杂志》第20卷第1号。

尚一《最近列强之国防与外交》刊于《东方杂志》第20卷第2号。

武佛航《全回教运动之将来》刊于《东方杂志》第20卷第2号。

济之《中东铁路成立秘史》刊于《东方杂志》第20卷第2号。

罗罗《法国内情及其对德侵略之动机》刊于《东方杂志》第20卷第3号。

张东荪《批导之实在论》刊于《东方杂志》第20卷第3号。

费鸿年《生物学上之两性观》刊于《东方杂志》第20卷第3号。

俞寄凡《表现主义的小史》刊于《东方杂志》第20卷第3号。

坚瓠《"欧化"的中国》刊于《东方杂志》第20卷第4号。

幼雄《五年来劳农俄国外交之变迁》刊于《东方杂志》第20卷第4号。

张梓生《中日二十一条交涉之解剖》刊于《东方杂志》第20卷第4号。

朱枕薪《日本之经济状况及其劳动运动》刊于《东方杂志》第20卷第4号。

丰子恺《使艺术伟大的真的性质》刊于《东方杂志》第20卷第4号。

陆世益《兵工计划大纲》刊于《东方杂志》第20卷第5号。

冯锐《最近美国之对外经济政策》刊于《东方杂志》第20卷第5号。

朱朴《评合作运动》刊于《东方杂志》第20卷第5号。

孙锡麟《合作先驱者金威廉传略及其学说》刊于《东方杂志》第20卷第5号。

化鲁《两个哲学家的死》刊于《东方杂志》第20卷第5号。

周建人《植物的心理》刊于《东方杂志》第20卷第5号。

阎一士《联邦国与分治国是一样的》刊于《东方杂志》第20卷第6号。

谢冠生《法国经济状况概观》刊于《东方杂志》第20卷第6号。

济之《日本的帝国主义与西伯利亚》刊于《东方杂志》第20卷第6号。

朱枕薪《第三国际第四届世界大会之经过》刊于《东方杂志》第 20 卷第 6 号。

梁启超《黄梨州朱舜水乞师日本辩》刊于《东方杂志》第 20 卷第 6 号。

汤澄波《析心学论略》刊于《东方杂志》第 20 卷第 6 号。

唐钺《吾国人思想习惯的几个弱点》刊于《东方杂志》第 20 卷第 7 号。

俞颂华《意大利法西斯主义之第三幕(柏林通信)》刊于《东方杂志》第 20 卷第 7 号。

叶元龙《中国工资低贱之解释》刊于《东方杂志》第 20 卷第 7 号。

黄卓《赁银制度的废除》刊于《东方杂志》第 20 卷第 7 号。

邓光禹《东西哲学本体论之别类比观与综合批评》刊于《东方杂志》第 20 卷第 7 号。

健孟《一九二二年间美国的科学界》刊于《东方杂志》第 20 卷第 7 号。

[德]杜里舒著,张君劢译《近代心理学中之非自觉及下自觉问题》刊于《东方杂志》第 20 卷第 8 号。

费鸿年《杜里舒学说概观》刊于《东方杂志》第 20 卷第 8 号。

瞿世英《杜里舒哲学之研究》刊于《东方杂志》第 20 卷第 8 号。

张君劢《关于杜里舒与罗素两家心理学之感想》刊于《东方杂志》第 20 卷第 8 号。

秉志《杜里舒生机哲学论》刊于《东方杂志》第 20 卷第 8 号。

[德]杜里舒著,严宏译《生机论的概念》刊于《东方杂志》第 20 卷第 8 号。

菊农《杜里舒与现代精神》刊于《东方杂志》第 20 卷第 8 号。

徐广德《内外债之类别及其整理计划》刊于《东方杂志》第 20 卷第 9 号。

王宣《美国地方自治在法律上的观察》刊于《东方杂志》第 20 卷第 9 号。

戴铭礼《美国联合准备银行制度概述》刊于《东方杂志》第 20 卷第 9 号。

初民《政治问题之根本的讨论》刊于《东方杂志》第 20 卷第 9 号。

张东荪《相对论的哲学与新论理主义》刊于《东方杂志》第 20 卷第 9 号。

叶启芳《现代基督教思想概略》刊于《东方杂志》第 20 卷第 9 号。

愈之《演剧界巨星莎拉般哈德夫人》刊于《东方杂志》第 20 卷第 9 号。

侯厚培《中国设施遗产税问题》刊于《东方杂志》第 20 卷第 10 号。

谢冠生《赔偿问题下之德国经济》刊于《东方杂志》第 20 卷第 10 号。

梁启超《阴阳五行说之来历》刊于《东方杂志》第 20 卷第 10 号。

丏尊《马尔萨斯的中国人口论》刊于《东方杂志》第 20 卷第 10 号。

王靖《论乔治梅立狄的小说》刊于《东方杂志》第 20 卷第 10 号。

日新《劳农俄国的解剖》刊于《东方杂志》第 20 卷第 11 号。

朴之《一九三二年之俄罗斯》刊于《东方杂志》第 20 卷第 11 号。

潘公展《纸币世界之欧洲》刊于《东方杂志》第 20 卷第 11 号。

叶元龙《巴维克对于利息论之贡献》刊于《东方杂志》第 20 卷第 11 号。

滕固《威尔士的文化救济论》刊于《东方杂志》第 20 卷第 11 号。

吴颂皋《精神分析的起源和派别》刊于《东方杂志》第 20 卷第 11 号。

周建人《近代生物学的倾向与人生》刊于《东方杂志》第 20 卷第 11 号。

蒋方震《复陆先生世益论兵工书》刊于《东方杂志》第 20 卷第 12 号。

潘公展《乞斯德让与权问题》刊于《东方杂志》第 20 卷第 12 号。

陈朴《英属海峡殖民地钱法考》刊于《东方杂志》第 20 卷第 12 号。

胡先骕译《信仰之道德》(英国克利弗得著)刊于《东方杂志》第 20 卷第 12 号。

化鲁《威尔士的新乌托邦》刊于《东方杂志》第 20 卷第 12 号。

周光熙《原始人类》刊于《东方杂志》第 20 卷第 12 号。

化鲁《民众运动的方式及要素》刊于《东方杂志》第 20 卷第 13 号。

周守一《对日经济绝交根本策》刊于《东方杂志》第 20 卷第 13 号。

康符《美国禁酒问题》刊于《东方杂志》第 20 卷第 13 号。

王世颖《法国帝制运动之复兴》刊于《东方杂志》第 20 卷第 13 号。

卢会文《免厘加税之善后研究》刊于《东方杂志》第 20 卷第 13 号。

于曙峦《贵州苗族杂谭》刊于《东方杂志》第 20 卷第 13 号。

高宝寿《最近文化史之趋向》刊于《东方杂志》第 20 卷第 13 号。

吴颂皋《睡眠的研究》刊于《东方杂志》第 20 卷第 13 号。

杨开道《归农运动》刊于《东方杂志》第 20 卷第 14 号。

谢冠生《法国中产阶级生活状况》刊于《东方杂志》第 20 卷第 14 号。

黄惟志译《印度复兴之内面的径路》刊于《东方杂志》第 20 卷第 14 号。

王希和《太戈尔学说概观》刊于《东方杂志》第 20 卷第 14 号。

李权时《划分中央与地方财政问题》刊于《东方杂志》第 20 卷第 15 号。

济之、亚权《苏维埃联邦宪法》刊于《东方杂志》第 20 卷第 15 号。

戈公振《中国新闻事业之将来》刊于《东方杂志》第 20 卷第 15 号。

张济翔《工厂地址概论》刊于《东方杂志》第 20 卷第 15 号。

张东荪《唯用论在现代哲学上的真正地位》刊于《东方杂志》第 20 卷第 15 号。

孙本文《一个社会调查大纲》刊于《东方杂志》第 20 卷第 15 号。

遂如《杨朱的有无及杨朱篇的真伪之研究》刊于《东方杂志》第 20 卷第 15 号。

韩士元《杜绝中国乱源之三大计划》刊于《东方杂志》第 20 卷第 16 号。

张梓生《日本大地震记》刊于《东方杂志》第 20 卷第 16 号。

李权时《德国的新税制》刊于《东方杂志》第 20 卷第 16 号。

李长傅《世界的华侨》刊于《东方杂志》第 20 卷第 16 号。

幼雄《地震的研究》刊于《东方杂志》第 20 卷第 16 号。

周光熙《地球的年代和地质学者的分期》刊于《东方杂志》第 20 卷第 16 号。

孙倬章《农业与中国》刊于《东方杂志》第 20 卷第 17 号。

潘公展《鲁尔占领后之赔偿问题》刊于《东方杂志》第 20 卷第 17 号。

仲特《欧洲前途之豫测》(英国罗素著)刊于《东方杂志》第 20 卷第 17 号。

叶元龙《斯密亚丹经济学说概观》刊于《东方杂志》第 20 卷第 17 号。

李权时《斯密亚丹学说之批评》刊于《东方杂志》第 20 卷第 17 号。

黄惟志《斯密亚丹评传》刊于《东方杂志》第 20 卷第 17 号。

叶元龙《自斯密亚丹至二十世纪之经济学说》刊于《东方杂志》第 20 卷第 17 号。

朱朴《斯密亚丹以前之经济思想》刊于《东方杂志》第 20 卷第 17 号。

瞿秋白《国法学与劳农政府》刊于《东方杂志》第 20 卷第 18 号。

谢冠生《世界燃料问题》刊于《东方杂志》第 20 卷第 18 号。

马洗繁《葛林奈尔城市政调查记》刊于《东方杂志》第 20 卷第 18 号。

丰子恺《从西洋音乐上考察中国的音律》刊于《东方杂志》第 20 卷第 18 号。

吴品今《人权论之真谛》刊于《东方杂志》第 20 卷第 18 号。

郑初民《土地国有问题》刊于《东方杂志》第 20 卷第 19 号。

王慧中《欧战后列强对华经济侵略及我国应付的方针》刊于《东方杂志》第 20 卷第 19 号。

颂华《德国劳动的之实况》刊于《东方杂志》第 20 卷第 19 号。

耿济之《英俄冲突始末记》刊于《东方杂志》第 20 卷第 19 号。

陈云飞《赫格尔学说概要》刊于《东方杂志》第 20 卷第 19 号。

颂华《时代精神的批判与中国的前途》刊于《东方杂志》第 20 卷第 20 号。

潘公展《俄国经济界之复兴》刊于《东方杂志》第 20 卷第 20 号。

丏尊《日本的一灯园及其建设者西田天香氏》刊于《东方杂志》第 20 卷第 20 号。

樊得一译《妇女与文明》(美国 R. Trapuaiq 著)刊于《东方杂志》第 20 卷第 20 号。

吕思勉《辩梁任公阴阳五行说之来历》刊于《东方杂志》第 20 卷第 20 号。

谢冠生《大战以来之德国社会党》刊于《东方杂志》第 20 卷第 21 号。

钱江春《苏俄的民律》刊于《东方杂志》第 20 卷第 21 号。

仲云《印度不合作运动领袖甘地入狱以后》刊于《东方杂志》第 20 卷第 21 号。

章行严《名墨应訾论》刊于《东方杂志》第 20 卷第 21 号。

唐钺译《科学之精神的价值》刊于《东方杂志》第 20 卷第 21 号。

恽代英《时论的误点》刊于《东方杂志》第 20 卷第 22 号。

潘公展《全美会议与门罗主义》刊于《东方杂志》第 20 卷第 22 号。

汤澄波《行为派之心理学观及其批判》刊于《东方杂志》第 20 卷第 22 号。

健孟《工业生理学》刊于《东方杂志》第 20 卷第 22 号。

查修《编制中文书籍目录的几个方法》刊于《东方杂志》第 20 卷第 22 号。

董时进《中国立国事业之讨论》刊于《东方杂志》第 20 卷第 23 号。

仲云译《工业制度的前途》(英国罗素著)刊于《东方杂志》第 20 卷第 23 号。

张东荪《新实在论的研究》刊于《东方杂志》第 20 卷第 23 号。

周太玄《地球构成之经过与其原理》刊于《东方杂志》第 20 卷第 23 号。

陈大齐讲,金公亮记《略评人生观和科学的论争兼论道德判断的遍效性》刊于《东方杂志》第 20 卷第 24 号。

周佛海《租税应据之原则》刊于《东方杂志》第 20 卷第 24 号。

张亚权《西部中国的经济状况》刊于《东方杂志》第 20 卷第 24 号。

李石岑《佛学与人生》刊于《东方杂志》第 20 卷第 24 号。

杨端六《对于湖南省自治之希望》刊于《太平洋》第 3 卷第 9 号。

胡庶华《中国职业前途之危机》刊于《太平洋》第 3 卷第 9 号。

吴颂皋《合作银行与中国的社会》刊于《太平洋》第 3 卷第 9 号。

周更生《读狄骥宪法学(三)》刊于《太平洋》第 3 卷第 9 号。

[美]麦克杜加尔著,吴颂皋译《心理学(二)》刊于《太平洋》第 3 卷第 9 号。

董时进《中国不该有独立的农务部吗》刊于《太平洋》第 3 卷第 9 号。

张务源《法兰西人的特质》刊于《太平洋》第 3 卷第 9 号。

杨端六《对于临城事件之感想》刊于《太平洋》第 3 卷第 10 号。

燕树棠《国内土匪问题与国际法》刊于《太平洋》第 3 卷第 10 号。

皓白《评西川省宪法草案》刊于《太平洋》第 3 卷第 10 号。

时瑛《冶金与工业之关系》刊于《太平洋》第 3 卷第 10 号。

向复菴《今日吾国教育界之责任》刊于《太平洋》第 3 卷第 10 号。

[美]麦克杜加尔著,吴颂皋译《心理学(三)》刊于《太平洋》第 3 卷第 10 号。

稚晖《一个新信仰的宇宙观及人生观》刊于《太平洋》第 4 卷第 1 号。

李仲揆《风水之另一解释》刊于《太平洋》第 4 卷第 1 号。

石公《时事杂感》刊于《太平洋》第 4 卷第 1 号。

祉伟《治商学者所应采之态度》刊于《太平洋》第 4 卷第 1 号。

周鲠生《国会与外交》刊于《太平洋》第 4 卷第 1 号。

[美]麦克杜加尔著,吴颂皋译《心理学(四)》刊于《太平洋》第 4 卷第 1 号。

詹姆斯亨利著,西滢译《四次会面(二)》刊于《太平洋》第 4 卷第 1 号。

周鲠生《时局之根本的解决》刊于《太平洋》第 4 卷第 2 号。

王世杰《中国议会政治之前途与贿赂风气》刊于《太平洋》第 4 卷第 2 号。

趋理《罢工风潮与劳资调和问题》刊于《太平洋》第 4 卷第 2 号。

兰梦《园中一夕》刊于《太平洋》第 4 卷第 2 号。

会仲鸣《巴斯嘉与洛朗》刊于《太平洋》第 4 卷第 2 号。

会仲鸣《洛朗百年纪念》刊于《太平洋》第 4 卷第 2 号。

吴稚晖《一个新信仰的宇宙观及人生观(续)》刊于《太平洋》第 4 卷第 3 号。

燕树棠《临案通牒评论之评论》刊于《太平洋》第 4 卷第 3 号。

胡庶华《日本震灾与汉冶萍公司之关系》刊于《太平洋》第 4 卷第 3 号。

周鲠生《关于国际法院的实用之观察》刊于《太平洋》第 4 卷第 3 号。

张效敏《联邦制之研究》刊于《太平洋》第 4 卷第 3 号。

杨端六《最近三年华洋贸易统计比较》刊于《太平洋》第 4 卷第 3 号。

[法]佛兰西著,会仲鸣译《黑克》刊于《太平洋》第 4 卷第 3 号。

[法]佛兰西著,会仲鸣译《黑克的思想》刊于《太平洋》第 4 卷第 3 号。

杨端六《斯密亚丹小传》刊于《太平洋》第 4 卷第 4 号。

唐德昌《代议制发达之小史及在中国应行改良之点》刊于《太平洋》第 4 卷第 4 号。

戴修骏《俄国在亚洲之行动》刊于《太平洋》第 4 卷第 4 号。

松子《中国可以退出万国联盟吗?》刊于《太平洋》第 4 卷第 4 号。

张效敏《国家存在问题》刊于《太平洋》第 4 卷第 4 号。

皓白《德国赔款问题》刊于《太平洋》第 4 卷第 4 号。

松子《国际战争的原因》刊于《太平洋》第 4 卷第 4 号。

杨树达《长沙方言考》刊于《太平洋》第 4 卷第 4 号。

Anatole France 著,杨袁昌译《灵魂之探险》刊于《太平洋》第 4 卷第 4 号。

林《汉译科学大纲》刊于《太平洋》第 4 卷第 4 号。

杨端六《上海金融市场论》刊于《太平洋》第 4 卷第 4 号。

成仿吾《〈沉沦〉的评论》刊于《创造季刊》第 1 卷第 4 号。

成仿吾《〈残春〉的批评》刊于《创造季刊》第 1 卷第 4 号。

成仿吾《评冰心的〈超人〉》刊于《创造季刊》第 1 卷第 4 号。

徐祖正《英国浪漫派三诗人拜伦,雪莱,箕茨》刊于《创造季刊》第 1 卷第 4 号。

Moissaye J. Olgin 著,何畏译《俄罗斯文学便览》刊于《创造季刊》第 1 卷第 4 号。

成仿吾《创造社与文学研究会》刊于《创造季刊》第 1 卷第 4 号。

郭沫若《批评与梦》刊于《创造季刊》第 2 卷第 1 号。

闻一多《莪默伽亚谟的绝句》刊于《创造季刊》第 2 卷第 1 号。

成仿吾《评〈命命鸟〉》刊于《创造季刊》第 2 卷第 1 号。

成仿吾《〈一叶〉的评论》刊于《创造季刊》第 2 卷第 1 号。

徐志摩《艺术与人生》刊于《创造季刊》第 2 卷第 1 号。

成仿吾《雅典主义》刊于《创造季刊》第 2 卷第 1 号。

成仿吾《喜剧与手势戏》刊于《创造季刊》第 2 卷第 1 号。

郭沫若《讨论注释运动及其他》刊于《创造季刊》第 2 卷第 1 号。

成仿吾《诗之防御战》刊于《创造周报》第 1 号。

成仿吾《新文学之使命》刊于《创造周报》第 2 号。

郭沫若《中国文化之传统精神》刊于《创造周报》第 2 号。

郁达夫《文学生的阶级斗争》刊于《创造周报》第 3 号。

林灵光《致青年的一封信》刊于《创造周报》第 3 号。

郭沫若《我们的文学新运动》刊于《创造周报》第 3 号。

成仿吾《士气的提倡》刊于《创造周报》第 4 号。

闻一多《〈女神〉之时代精神》刊于《创造周报》第 4 号。

成仿吾《写实主义与庸俗主义》刊于《创造周报》第 5 号。

闻一多《〈女神〉之地方色彩》刊于《创造周报》第 5 号。

成仿吾《新的修养》刊于《创造周报》第 6 号。

林灵光《致青年的第二封信》刊于《创造周报》第 6 号。

郁达夫《艺术与国家》刊于《创造周报》第 7 号。

郭沫若《读梁任公〈墨子新社会之组织法〉》刊于《创造周报》第 7 号。

林灵光《致青年的第三封信》刊于《创造周报》第 8 号。

成仿吾《东方艺术展览会印象记》刊于《创造周报》第 8 号。

梁实秋《读飞鸟集》刊于《创造周报》第 9 号。

郭沫若《论道德与良心》刊于《创造周报》第 9 号。

郁达夫《批评与道德》刊于《创造周报》第 10 号。

林灵光《致青年的第四封信》刊于《创造周报》第 10 号。

郭沫若《论翻译的标准》刊于《创造周报》第 10 号。

[法]H. Poincare 著,成仿吾译《〈科学之价值〉的序论》刊于《创造周报》第 11 号。

梁实秋《繁星与春水》刊于《创造周报》第 12 号。

何畏《争斗观》刊于《创造周报》第 12 号。

成仿吾《批评与同情》刊于《创造周报》第 13 号。

郁达夫《文艺赏鉴上之偏爱价值》刊于《创造周报》第 14 号。

成仿吾《作者与批评家》刊于《创造周报》第 14 号。

尼采著,郭沫若译《战争与战士》刊于《创造周报》第 14 号。

郭沫若《自然与艺术》刊于《创造周报》第 16 号。

郭沫若《未来派的诗约及其批评》刊于《创造周报》第 17 号。

郭沫若《艺术家与革命家》刊于《创造周报》第 18 号。

成仿吾《论译诗》刊于《创造周报》第 18 号。

郭沫若《文艺上的节产》刊于《创造周报》第 19 号。

郁达夫《The Yellow Book 及其他(上)》刊于《创造周报》第 20 号。

郁达夫《The Yellow Book 及其他(下)》刊于《创造周报》第 21 号。

郭沫若《天才与教育》刊于《创造周报》第 22 号。

郭沫若《太戈儿来华的我见》刊于《创造周报》第 23 号。

田汉《艺术与社会》刊于《创造周报》第 23 号。

郭沫若《国家的与超国家的》刊于《创造周报》第 24 号。

郭沫若《批评—欣赏—检查》刊于《创造周报》第 25 号。

郭沫若《瓦特裴德的批评论》刊于《创造周报》第 26 号。

成仿吾《真的艺术家》刊于《创造周报》第 27 号。

郭沫若《神话的世界》刊于《创造周报》第 27 号。

成仿吾《国学运动的我见》刊于《创造周报》第 28 号。

郭沫若《艺术的评价》刊于《创造周报》第 29 号。

非怯《新鲜的呼声》刊于《创造周报》第 29 号。

郭沫若《雅言与自力》刊于《创造周报》第 30 号。

成仿吾《郑译〈新月集〉正误》刊于《创造周报》第 30 号。

郑伯奇《新文学之警钟》刊于《创造周报》第 31 号。

郭沫若《惠施的性格与思想》刊于《创造周报》第 32 号。

郑伯奇《国民文学论(上)》刊于《创造周报》第 33 号。

郑伯奇《国民文学论(中)》刊于《创造周报》第 34 号。

成仿吾《莪默伽亚谟新研究》刊于《创造周报》第 34 号。

李璜《社会主义与个人》刊于《少年中国》第 4 卷第 1 期。

王光祈《我们的工作》刊于《少年中国》第 4 卷第 1 期。

周太玄《法兰西民族之天才与其前途》刊于《少年中国》第 4 卷第 1 期。

黄仲苏《诗人微尼评传》刊于《少年中国》第 4 卷第 1 期。

田汉《江户之春》刊于《少年中国》第 4 卷第 1 期。

田汉译《罗密欧与朱丽叶》刊于《少年中国》第 4 卷第 1 期。

李璜《民主主义的革命与社会主义的革命》刊于《少年中国》第 4 卷第 2 期。

余家菊《心理研究备忘录》刊于《少年中国》第 4 卷第 2 期。

谢循初《心理学是什么干什么》刊于《少年中国》第 4 卷第 2 期。

田汉《江户之春》刊于《少年中国》第 4 卷第 2 期。

田汉《屈利斯坦与懿苏尔特》刊于《少年中国》第 4 卷第 2 期。

田汉译《罗密欧与朱丽叶》刊于《少年中国》第 4 卷第 2 期。

左舜生《工厂的学校化》刊于《少年中国》第 4 卷第 3 期。

恽代英《收拾时局的一个提议》刊于《少年中国》第 4 卷第 3 期。

余家菊《心理研究备忘录》刊于《少年中国》第 4 卷第 3 期。

谢循初《反动》刊于《少年中国》第 4 卷第 3 期。

效春、儒勉《诗》刊于《少年中国》第 4 卷第 3 期。

田汉译《罗密欧与朱丽叶》刊于《少年中国》第 4 卷第 3 期。

李璜《编纂文哲各科专门辞典问题》刊于《少年中国》第 4 卷第 4 期。

张闻天《科路伦科评传》刊于《少年中国》第 4 卷第 4 期。

余家菊《心理研究备忘录》刊于《少年中国》第 4 卷第 4 期。

田汉《罗密欧与朱丽叶》刊于《少年中国》第 4 卷第 4 期。

王光祈《我们应该怎样运动》刊于《少年中国》第 4 卷第 5 期。

周太玄《日常生活与思想学术》刊于《少年中国》第 4 卷第 5 期。

王光祈《德意志青年运动》刊于《少年中国》第 4 卷第 5 期。

田汉《蜜尔敦与中国》刊于《少年中国》第 4 卷第 5 期。

田汉《罗密欧与朱丽叶》刊于《少年中国》第 4 卷第 5 期。

周光煦《世界文化与民族特性》刊于《少年中国》第 4 卷第 6 期。

陈启天《学记通义》刊于《少年中国》第 4 卷第 6 期。

魏嗣銮《分量论的数学基础》刊于《少年中国》第 4 卷第 6 期。

田汉译《学者气质》刊于《少年中国》第 4 卷第 6 期。

余家菊《教会教育问题》刊于《少年中国》第 4 卷第 7 期。

张闻天《生命的跳跃》刊于《少年中国》第 4 卷第 7 期。

李儒勉译《哲学与科学》刊于《少年中国》第 4 卷第 7 期。

李璜译《法国经济学史略》刊于《少年中国》第 4 卷第 7 期。

杨钟健《地震与人类的安全》刊于《少年中国》第 4 卷第 7 期。

刘仁静《对学会的一个建议》刊于《少年中国》第 4 卷第 7 期。

杨效春《重庆公学始末记》刊于《少年中国》第 4 卷第 7 期。

王光祈《德国人之音乐生活》刊于《少年中国》第 4 卷第 8 期。

周光煦《原始人类》刊于《少年中国》第 4 卷第 8 期。

余家菊《心理学研究法》刊于《少年中国》第 4 卷第 8 期。

汪奠基《数学逻辑的产生》刊于《少年中国》第 4 卷第 8 期。

李璜《愚诚的教育家不要灰心》刊于《中华教育界》第 13 卷第 6 期。

舒新城《介绍游戏教学》刊于《中华教育界》第 13 卷第 6 期。

穆济波《道尔顿制实验班国文教学计划》刊于《中华教育界》第 13 卷第 6 期。

张煦侯《中等教科西洋史述教》刊于《中华教育界》第 13 卷第 6 期。

K.J.《尚在讨论中的职业指导组织》刊于《中华教育界》第 13 卷第 6 期。

沈宜甲《法国学制大概及留法学生状况与将来革新意见》刊于《中华教育界》第 13 卷第 6 期。

斯密上著,陈启天译《应用教育社会学》刊于《中华教育界》第 13 卷第 6 期。

蔡挺生、黄成业《南高附小一月参观记》刊于《中华教育界》第 13 卷第 6 期。

教授者麦柯尔博士与刘廷芳博士,赵崇华辑录《施行教育心理测验捷诀》刊于《中华教育界》第13卷第6期。

余家菊《道尔顿制之精神》刊于《中华教育界》第13卷第7期。

李璜《法国国立公立各学校中公费生名额设置办法》刊于《中华教育界》第13卷第7期。

杨逸群《试行道尔顿制后的报告》刊于《中华教育界》第13卷第7期。

K.J.《巴黎法国学生的恐慌和救济》刊于《中华教育界》第13卷第7期。

沈宜甲《法国学制大概及留法学生状况与将来革新意见(续)》刊于《中华教育界》第13卷第7期。

斯密上著,陈启天译《应用教育社会学(续)》刊于《中华教育界》第13卷第7期。

唐珏《丹麦教育制度和行政》刊于《中华教育界》第13卷第7期。

祝其乐《乡村生活与教育》刊于《中华教育界》第13卷第7期。

记者《天津宋氏私立小学优待教员的办法》刊于《中华教育界》第13卷第7期。

《职业学校之理想的计划》刊于《教育丛刊》第4卷第6集。

《中学国文课程标准的商榷》刊于《教育丛刊》第4卷第6集。

《应用于教育测量上之表格法》刊于《教育丛刊》第4卷第6集。

《记忆的经济》刊于《教育丛刊》第4卷第6集。

《近代教育思潮》刊于《教育丛刊》第4卷第6集。

《几个关于公民测验的介绍》刊于《教育丛刊》第4卷第6集。

《赴日参观教育报告》刊于《教育丛刊》第4卷第6集。

李声堂《教育是解决妇女问题唯一的钥》刊于《教育丛刊》第4卷第7集。

周调阳《应用于教育测量上之图格法》刊于《教育丛刊》第4卷第7集。

陶孟和《大学的课程问题》刊于《教育杂志》第15卷第2期。

张东荪《国文教授中之读古书问题》刊于《教育杂志》第15卷第2期。

杨鄂联《江苏省职业教育计划之我见》刊于《教育杂志》第15卷第2期。

陈兼善《遗传与雌雄》刊于《教育杂志》第15卷第2期。

高卓《生物学和教育》刊于《教育杂志》第15卷第2期。

常乃惪《教育上之理想国》刊于《教育杂志》第15卷第2期。

杨贤江《从议会议案所见之美国教育趋势》刊于《教育杂志》第15卷第2期。

常导之《德国现时之教育运动》刊于《教育杂志》第15卷第2期。

盛朗西《四年下期实施设计教学的一例》刊于《教育杂志》第15卷第2期。

朱经农《对于初中课程的讨论(一)》刊于《教育杂志》第15卷第3期。

何炳松《教育界的墙和我的拆墙主义》刊于《教育杂志》第15卷第3期。

舒新城《道尔顿制与小学教育》刊于《教育杂志》第15卷第3期。

李文华《道尔顿制下的艺术教育》刊于《教育杂志》第15卷第3期。

薛鸿志《计算中点数之法则》刊于《教育杂志》第15卷第3期。

俞子夷《中数计算法说明》刊于《教育杂志》第15卷第3期。

常道直《四年来俄国教育的概况》刊于《教育杂志》第15卷第3期。

黎闻《劳农任务之教育概观》刊于《教育杂志》第15卷第3期。

张九如《上期设计教学法的决算与经验及本期改革的预算》刊于《教育杂志》第 15 卷第 3 期。

张东荪《知识之本质》刊于《教育杂志》第 15 卷第 4 期。

常道直《民国十一年度学校风潮之具体的研究》刊于《教育杂志》第 15 卷第 4 期。

盛朗西《教育行政效率问题一部分的研究》刊于《教育杂志》第 15 卷第 4 期。

熊卿云《法国教育概况》刊于《教育杂志》第 15 卷第 4 期。

杨贤江《瑞士的教育》刊于《教育杂志》第 15 卷第 4 期。

祁森焕《一九二二年的日本教育》刊于《教育杂志》第 15 卷第 4 期。

张九如《上期设计教学法的决算与经验及本期改革的预算（续完）》刊于《教育杂志》第 15 卷第 4 期。

叶绍钧《对于编辑中学国语教科书的一点意见》刊于《教育杂志》第 15 卷第 4 期。

常导之《柏希满的初等教育原理》刊于《教育杂志》第 15 卷第 4 期。

吕凤子《中学校的美育实施》刊于《教育杂志》第 15 卷第 5 期。

黄卓《中国的劳动教育问题》刊于《教育杂志》第 15 卷第 5 期。

盛朗西《教育行政效率问题一部分的研究（续完）》刊于《教育杂志》第 15 卷第 5 期。

倪文宙《变态心理之基本观》刊于《教育杂志》第 15 卷第 5 期。

周天冲《英国教育最近之趋势》刊于《教育杂志》第 15 卷第 5 期。

任白涛《一个日本学者之欧美教育视察观》刊于《教育杂志》第 15 卷第 5 期。

杨贤江《最近的两大国际教育会议》刊于《教育杂志》第 15 卷第 5 期。

常导之《比格罗的性教育》刊于《教育杂志》第 15 卷第 5 期。

林昭音《中等学生个人卫生的测验》刊于《教育杂志》第 15 卷第 5 期。

周太玄《庚子赔款与教育其一》刊于《教育杂志》第 15 卷第 6 期。

庄泽宣《庚子赔款与教育其二》刊于《教育杂志》第 15 卷第 6 期。

陈启天《庚子赔款与教育其三》刊于《教育杂志》第 15 卷第 6 期。

陈振民《庚子赔款与教育其四》刊于《教育杂志》第 15 卷第 6 期。

邱椿《庚子赔款与教育其五》刊于《教育杂志》第 15 卷第 6 期。

周法乾《庚子赔款与教育其六》刊于《教育杂志》第 15 卷第 6 期。

赵金源《庚子赔款与教育其七》刊于《教育杂志》第 15 卷第 6 期。

朱兆林《庚子赔款与教育其八》刊于《教育杂志》第 15 卷第 6 期。

朱天一《庚子赔款与教育其九》刊于《教育杂志》第 15 卷第 6 期。

曾强《庚子赔款与教育其十》刊于《教育杂志》第 15 卷第 6 期。

张印通《庚子赔款与教育其十一》刊于《教育杂志》第 15 卷第 6 期。

余家菊《个性与学程编制》刊于《教育杂志》第 15 卷第 7 期。

盛朗西《班级教学与个别教学》刊于《教育杂志》第 15 卷第 7 期。

舒新城《关于道尔顿制的几种新表格》刊于《教育杂志》第 15 卷第 7 期。

任白涛《欧美教育之新趋势》刊于《教育杂志》第 15 卷第 7 期。

任白涛《英吉利的成人教育与 W. E. A》刊于《教育杂志》第 15 卷第 7 期。

杨贤江《欧美劳动教育的近况》刊于《教育杂志》第 15 卷第 7 期。

杜佐周《国文教学的几个问题及现在一般儿童读书能力的测验》刊于《教育杂志》第 15

卷第 7 期。

常道直《性教育概论(一)》刊于《教育杂志》第 15 卷第 8 期。

卢怡《性教育概论(二)》刊于《教育杂志》第 15 卷第 8 期。

黄公觉《性教育概论(三)》刊于《教育杂志》第 15 卷第 8 期。

陈兆蘅《性教育之真谛及欧美各国之性教育运动》刊于《教育杂志》第 15 卷第 8 期。

周建人《性教育的几条原则》刊于《教育杂志》第 15 卷第 8 期。

潘公展《两性生活与教育》刊于《教育杂志》第 15 卷第 8 期。

沈泽民《同性爱与教育》刊于《教育杂志》第 15 卷第 8 期。

林昭音《男女性之分析》刊于《教育杂志》第 15 卷第 8 期。

易家钺《中国的性欲教育问题》刊于《教育杂志》第 15 卷第 8 期。

盛朗西《性教育在新学制课程上的位置》刊于《教育杂志》第 15 卷第 8 期。

祁森焕《儿童性教育实施》刊于《教育杂志》第 15 卷第 8 期。

任白涛《青年期之性的卫生及道德》刊于《教育杂志》第 15 卷第 8 期。

关桐华《性教育之倡导者》刊于《教育杂志》第 15 卷第 8 期。

张君劢《学生自治》刊于《教育杂志》第 15 卷第 9 期。

盛朗西《编制小学新课程之具体目标及求达目标之进程》刊于《教育杂志》第 15 卷第 9 期。

钱希乃《麦柯测验编造的 TBCF 制》刊于《教育杂志》第 15 卷第 9 期。

华超《中国未来全国学校调查测验之我见》刊于《教育杂志》第 15 卷第 9 期。

俞子夷《小学教学法的新旧冲突(一)》刊于《教育杂志》第 15 卷第 9 期。

祝其乐《研究乡村教育的途径与方法》刊于《教育杂志》第 15 卷第 9 期。

杜佐周《国文教学的几个问题及现在一般儿童读书能力的测验》刊于《教育杂志》第 15 卷第 9 期。

任白涛《欧美之补习教育制度》刊于《教育杂志》第 15 卷第 9 期。

卢怡《美国中小学生徒之自学状况》刊于《教育杂志》第 15 卷第 9 期。

周天冲《美国师范教育近讯》刊于《教育杂志》第 15 卷第 9 期。

高卓《新心理学与教育》刊于《教育杂志》第 15 卷第 10 期。

舒新城《首尔顿制功课指定概说(上)》刊于《教育杂志》第 15 卷第 10 期。

余家菊《读常道直君学校风潮之研究》刊于《教育杂志》第 15 卷第 10 期。

俞子夷《我对于办暑期学校的一点小意思》刊于《教育杂志》第 15 卷第 10 期。

俞子夷《小学教学法的新旧冲突(二,兴味和努力)》刊于《教育杂志》第 15 卷第 10 期。

张九如《协助教学法的尝试》刊于《教育杂志》第 15 卷第 10 期。

任白涛《欧美教育制度概观》刊于《教育杂志》第 15 卷第 10 期。

熊卿云、张熙《比利时学校概述》刊于《教育杂志》第 15 卷第 10 期。

潘之赓《一九一八年瑞典学校法规与同年英国教育法令之比较》刊于《教育杂志》第 15 卷第 10 期。

廖世承《应用科学原理改良入学考试的方法——一个入学标准》刊于《教育杂志》第 15 卷第 10 期。

常导之《测量教授的成绩》刊于《教育杂志》第 15 卷第 10 期。

郝耀东《考贝来的校长与学校》刊于《教育杂志》第 15 卷第 10 期。

周太玄《我国教育之集中统一与独立》刊于《教育杂志》第 15 卷第 11 期。

廖世承《性教育与中学校》刊于《教育杂志》第 15 卷第 11 期。

朱经农《对于初中课程的讨论(二)》刊于《教育杂志》第 15 卷第 11 期。

费鸿年《生物学的范围方法和趋势》刊于《教育杂志》第 15 卷第 11 期。

俞子夷《小学教学法的新旧冲突(三,全体和部分)》刊于《教育杂志》第 15 卷第 11 期。

张九如《协助教学法的尝试(续)》刊于《教育杂志》第 15 卷第 11 期。

任白涛《德美师范教育之改造》刊于《教育杂志》第 15 卷第 11 期。

常导之《大英帝国教育会议纪要》刊于《教育杂志》第 15 卷第 11 期。

沈百英《参观南高附小杜威院维城院记略》刊于《教育杂志》第 15 卷第 11 期。

常导之《欧哈德的教授之方式》刊于《教育杂志》第 15 卷第 11 期。

王雅、黄炎、舒新城《关于道尔顿制之讨论》刊于《教育杂志》第 15 卷第 11 期。

李石岑《教育与人生》刊于《教育杂志》第 15 卷第 12 期。

余家菊《理想与训育》刊于《教育杂志》第 15 卷第 12 期。

朱经农《对于初中课程的讨论(三)》刊于《教育杂志》第 15 卷第 12 期。

赵荣华《教育心理测验之施行方法》刊于《教育杂志》第 15 卷第 12 期。

朱光潜《道尔顿制下的英文教学法》刊于《教育杂志》第 15 卷第 12 期。

沈涤生《道尔顿制下数学学程之讨论》刊于《教育杂志》第 15 卷第 12 期。

俞子夷《小学教学法的新旧冲突(四,因材施教和程度划一)》刊于《教育杂志》第 15 卷第 12 期。

蒋竹如《小学教育推广之一法——注重儿童的家庭作业》刊于《教育杂志》第 15 卷第 12 期。

任白涛《英国劳动党之教育政策》刊于《教育杂志》第 15 卷第 12 期。

抱朴《新俄教育现状》刊于《教育杂志》第 15 卷第 12 期。

常导之《德维士的教授术》刊于《教育杂志》第 15 卷第 12 期。

朱斌魁《中国留美学生成功之要素素问题之陈述》刊于《新教育》第 6 卷第 1 期。

朱斌魁《达尔顿方法述要》刊于《新教育》第 6 卷第 1 期。

俞子夷《读李步青真沛诚两先生讨论中学级任制并且报告小学校试行指导制的一个经验》刊于《新教育》第 6 卷第 1 期。

洪有丰讲,施廷镛记《东南大学图书馆述要》刊于《新教育》第 6 卷第 1 期。

程湘帆《小学后段应酌量采用指导自习制度》刊于《新教育》第 6 卷第 1 期。

邹秉文《新学制实行后之各省农业教育办法》刊于《新教育》第 6 卷第 1 期。

庄泽宣讲,李效泌记《告赴美学教育者》刊于《新教育》第 6 卷第 1 期。

蔡元培《开会词》刊于《新教育》第 6 卷第 1 期。

陶知行《报告本年社务》刊于《新教育》第 6 卷第 1 期。

顾维钧《应否设置科学馆》刊于《新教育》第 6 卷第 1 期。

邓萃英《世界教育之趋势》刊于《新教育》第 6 卷第 1 期。

章洪熙《社务报告》刊于《新教育》第 6 卷第 1 期。

郑晓沧《学校风潮与罢课》刊于《新教育》第 6 卷第 1 期。

陶知行《为反对中学男女同学的进言》刊于《新教育》第 6 卷第 1 期。

洪有丰、朱家治《新教育五卷检查指南》刊于《新教育》第 6 卷第 1 期。

熊希龄《香山慈幼院创办史》刊于《新教育》第 6 卷第 2 期。

邹秉文《江苏实行新学学后之农业教育办法》刊于《新教育》第 6 卷第 2 期。

刘伯明讲,张绳祖记《以哲学眼光评论我国近今教育趋势》刊于《新教育》第 6 卷第 2 期。

袁希涛《对于宪法法草案义务教育年期请加斟酌并拟请加成人教育一条之意见》刊于《新教育》第 6 卷第 2 期。

朱其慧等《改进中国女子教育之计划》刊于《新教育》第 6 卷第 2 期。

中国留法勤工俭学生会《勤工俭学生根本解决计划书》刊于《新教育》第 6 卷第 2 期。

郭秉文《民国十一年之高等教育》刊于《新教育》第 6 卷第 2 期。

陆殿扬《民国十一年之中学教育》刊于《新教育》第 6 卷第 2 期。

俞子夷《民国十一年之初等教育》刊于《新教育》第 6 卷第 2 期。

黄炎培《民国十一年之职业教育》刊于《新教育》第 6 卷第 2 期。

麦克乐《民国十一年之体育》刊于《新教育》第 6 卷第 2 期。

沈祖荣《民国十一年之图书馆教育》刊于《新教育》第 6 卷第 2 期。

杨中明《民国十一年之学潮》刊于《新教育》第 6 卷第 2 期。

李步青《小学教材之商榷》刊于《新教育》第 6 卷第 3 期。

俞子夷《学生自治》刊于《新教育》第 6 卷第 3 期。

沈恩孚《教育与我国之需要》刊于《新教育》第 6 卷第 3 期。

克乃文著,陈明璠译《国立学校如何能得海关附加税》刊于《新教育》第 6 卷第 3 期。

程湘帆《外国语言在小学课程上之位置》刊于《新教育》第 6 卷第 3 期。

王文培《与友人论初中职业科目究竟如何设施书》刊于《新教育》第 6 卷第 3 期。

沈百英《怎样指导儿童学习故事》刊于《新教育》第 6 卷第 3 期。

廖世承等《济南学务调查》刊于《新教育》第 6 卷第 3 期。

黄炎培《草拟学务调查》刊于《新教育》第 6 卷第 3 期。

陈明璠译《万国教育会议宣言书》刊于《新教育》第 6 卷第 3 期。

按:万国教育会议是由美国全国教育会发起的,在宣言书的"欢迎词"中,表明了万国教育会议的目的在于"集合我友邦各教育会各大学校各团体于一堂,共商教育理想之新建设,以促成世界之和平,而跻人类与幸福之域。"

俞子夷《编造小学书法测验方法的概要》刊于《新教育》第 6 卷第 4 期。

陈宝泉《我国义务教育之经过及进行》刊于《新教育》第 6 卷第 4 期。

推士博士讲,汤茂如译,秦森源、郑逸仙记《中国文化改造与女子的科学教育》刊于《新教育》第 6 卷第 4 期。

陈明璠译《电影与教育之关系》刊于《新教育》第 6 卷第 4 期。

杨鄂联《高小毕业生出路感言》刊于《新教育》第 6 卷第 4 期。

推士博士著,汤茂如译《奉天科学教学调查报告》刊于《新教育》第 6 卷第 4 期。

冯达夫记《算术教学法的实地参观讨论》刊于《新教育》第 6 卷第 4 期。

沈祖荣《提倡改良中国图书馆之管见》刊于《新教育》第 6 卷第 4 期。

冯达夫、王芝九《英语实地教学参观讨论会纪要》刊于《新教育》第 6 卷第 4 期。

夏承枫《民国十一年之暑期教育》刊于《新教育》第 6 卷第 4 期。

喻鉴《南天暑期学校概况》刊于《新教育》第 6 卷第 4 期。

章洪熙《社务报告》刊于《新教育》第 6 卷第 4 期。

程湘帆《师范学校之各学科教学标准》刊于《新教育》第 6 卷第 5 期。

梁达《清华教育的背景》刊于《新教育》第 6 卷第 5 期。

露悫思女士著,朱家治译《基督教教育在中国之情形》刊于《新教育》第 6 卷第 5 期。

杨泽民《图书馆之价值及管理者应注意之要点》刊于《新教育》第 6 卷第 5 期。

夏承枫《法兰西之公民教育》刊于《新教育》第 6 卷第 5 期。

李贻燕《调查青岛教育报告书》刊于《新教育》第 6 卷第 5 期。

章洪熙《社务报告》刊于《新教育》第 6 卷第 5 期。

刘衡如《美国公共图书馆概况》刊于《新教育》第 7 卷第 1 期。

赵士法《学校卫生人才之培养》刊于《新教育》第 7 卷第 1 期。

黄仲苏《巴黎大学》刊于《新教育》第 7 卷第 1 期。

黄维廉《约翰大学图书馆》刊于《新教育》第 7 卷第 1 期。

杨中明《怎样消弭学校风潮》刊于《新教育》第 7 卷第 1 期。

夏承枫《学校处理特殊儿童之办法》刊于《新教育》第 7 卷第 1 期。

沈佩弦《吴江历年高小毕业生调查报告》刊于《新教育》第 7 卷第 1 期。

推士博士著,徐澄译《皖省科学教育状况调查报告及关于科学教育之建议》刊于《新教育》第 7 卷第 1 期。

章洪熙《社务报告》刊于《新教育》第 7 卷第 1 期。

推士博士著,徐澄译《皖省科学教育状况调查报告及关于科学教育之建议(续七卷一期)》刊于《新教育》第 7 卷第 4 期。

顾树森《意大利最近学学之改革》刊于《新教育》第 7 卷第 4 期。

夏承枫、张绳祖《江苏第七次省教育行政会议议案研究》刊于《新教育》第 7 卷第 4 期。

戴志骞《图书馆学简说》刊于《新教育》第 7 卷第 4 期。

胡叔异《标准测验简说》刊于《新教育》第 7 卷第 4 期。

[日]文部省编,傅代言译《学制五十年史》刊于《新教育》第 7 卷第 4 期。

章洪熙《社务报告》刊于《新教育》第 7 卷第 4 期。

邰爽秋《从学务调查中所见美国都市教育局之趋势》刊于《新教育》第 7 卷第 5 期。

推士博士著,朱亦松译《中国科学教育之概况》刊于《新教育》第 7 卷第 5 期。

推士博士著,徐澄译《皖省科学教育状况调查报告及关于科学教育之建议(续)》刊于《新教育》第 7 卷第 5 期。

舒新城《一个改革中学学生自治的具体方案》刊于《新教育》第 7 卷第 5 期。

曹刍《设计教学法原理》刊于《新教育》第 7 卷第 5 期。

俞子夷讲,胡叔异记《小学教员之苦境与乐境》刊于《新教育》第 7 卷第 5 期。

夏承枫译《瑞典中等教育改革计划》刊于《新教育》第 7 卷第 5 期。

文部省编,傅代言译《学制五十年史(续)》刊于《新教育》第 7 卷第 5 期。

瑟庐《妇女运动的新倾向》刊于《妇女杂志》第 9 卷第 1 号。

周作人《妇女运动与常识》刊于《妇女杂志》第9卷第1号。

陈德徵《妇女运动的第一步》刊于《妇女杂志》第9卷第1号。

朱学静《中国的女性压迫及妇女运动》刊于《妇女杂志》第9卷第1号。

杨袁昌英《中国妇女参政运动之前途》刊于《妇女杂志》第9卷第1号。

尚一《妇女运动与新社会的建设》刊于《妇女杂志》第9卷第1号。

克士《近代妇女运动的先导》刊于《妇女杂志》第9卷第1号。

康国《妇女运动的成立及其要求》刊于《妇女杂志》第9卷第1号。

尚一《横在妇女运动根柢的两种主张》刊于《妇女杂志》第9卷第1号。

云鹤《中国的女权主义及女性改造运动》刊于《妇女杂志》第9卷第1号。

丰子恺《妇女运动概论》刊于《妇女杂志》第9卷第1号。

倪文宙《妇女运动的将来》刊于《妇女杂志》第9卷第1号。

吴觉农《爱伦凯的母权运动论》刊于《妇女杂志》第9卷第1号。

乔峰《纪尔曼及须林那的妇女职业运动观》刊于《妇女杂志》第9卷第1号。

诸家《我国目前妇女运动应取的方针》刊于《妇女杂志》第9卷第1号。

无竞《女权发达史话》刊于《妇女杂志》第9卷第1号。

L. T.《欧美妇女运动近状》刊于《妇女杂志》第9卷第1号。

沈雁冰《妇女教育运动概略》刊于《妇女杂志》第9卷第1号。

味辛《妇女参政运动年表》刊于《妇女杂志》第9卷第1号。

祁森焕《无产阶级的妇女运动》刊于《妇女杂志》第9卷第1号。

张梓生《法国妇女运动小史》刊于《妇女杂志》第9卷第1号。

张梓生《英国妇女参政运动的经过》刊于《妇女杂志》第9卷第1号。

黄日葵《英国妇女参政运动与中国妇女》刊于《妇女杂志》第9卷第1号。

祁森焕《美国妇女选举权获得的历史》刊于《妇女杂志》第9卷第1号。

[俄]柯伦泰作,朱枕薪译《俄国妇女运动与劳农妇女》刊于《妇女杂志》第9卷第1号。

健孟《德国及斯堪选那维亚的妇女运动》刊于《妇女杂志》第9卷第1号。

张梓生《新德国妇女的要求》刊于《妇女杂志》第9卷第1号。

易闲《回教国的妇女运动》刊于《妇女杂志》第9卷第1号。

高山《埃及妇女的自由运动》刊于《妇女杂志》第9卷第1号。

祁森焕《日本妇女运动的过去和现在》刊于《妇女杂志》第9卷第1号。

Y. D.《日本妇女团体及妇女运动者访问记》刊于《妇女杂志》第9卷第1号。

孙齰《中国妇女运动之进步》刊于《妇女杂志》第9卷第1号。

乔峰《国际妇女运动团体》刊于《妇女杂志》第9卷第1号。

薇生《革命运动中的妇女》刊于《妇女杂志》第9卷第1号。

健孟《英国女权运动的先驱》刊于《妇女杂志》第9卷第1号。

健孟《美国妇女运动的领袖》刊于《妇女杂志》第9卷第1号。

克士《法国自由思想的先驱斯台耳及乔治散》刊于《妇女杂志》第9卷第1号。

施存统《忆伏尔斯顿克拉夫脱女士》刊于《妇女杂志》第9卷第1号。

Y. D.《西维亚班霍斯德女士自叙传》刊于《妇女杂志》第9卷第1号。

黄纽艾《女子应有参政权之理由》刊于《妇女杂志》第9卷第1号。

朱剑霞《女子参政与女子教育的普及》刊于《妇女杂志》第 9 卷第 1 号。

邓睿《女子参政之必要》刊于《妇女杂志》第 9 卷第 1 号。

周浣芳《世界妇女参政之宪法》刊于《妇女杂志》第 9 卷第 1 号。

旷夫《我自己的婚姻史》刊于《妇女杂志》第 9 卷第 2 号。

魏瑞芝《吾之独身主义观》刊于《妇女杂志》第 9 卷第 2 号。

晏始《民国十二年的妇女界》刊于《妇女杂志》第 9 卷第 2 号。

晏始《重男轻女的清华学校》刊于《妇女杂志》第 9 卷第 2 号。

健孟《女子为什么不可以剪发》刊于《妇女杂志》第 9 卷第 2 号。

陈谅《妇女职业问题》刊于《妇女杂志》第 9 卷第 2 号。

李昭实《欧美女校观风记一》刊于《妇女杂志》第 9 卷第 2 号。

凤子《恋爱自由解答客问第四》刊于《妇女杂志》第 9 卷第 2 号。

Y．D.《自由恋爱与恋爱自由》刊于《妇女杂志》第 9 卷第 2 号。

凤子《恋爱自由解续篇》刊于《妇女杂志》第 9 卷第 2 号。

Y．D.《自由恋爱与恋爱自由续篇》刊于《妇女杂志》第 9 卷第 2 号。

章锡琛《读凤子女士和 YD 先生的讨论》刊于《妇女杂志》第 9 卷第 2 号。

Y．D.《恋爱与自由》刊于《妇女杂志》第 9 卷第 2 号。

叶家璧《我女界应筹备加入万国妇女参政会》刊于《妇女杂志》第 9 卷第 2 号。

石冠英《对于妇女杂志选择材料的希望》刊于《妇女杂志》第 9 卷第 2 号。

胡仰莫《一个妇女问题的先决问题》刊于《妇女杂志》第 9 卷第 2 号。

直清《离婚的我见》刊于《妇女杂志》第 9 卷第 2 号。

洪为法《女子解放与自由力》刊于《妇女杂志》第 9 卷第 2 号。

祁森焕《美国文艺与妇女的势力》刊于《妇女杂志》第 9 卷第 2 号。

孙晓楼《丹麦妇女的生活》刊于《妇女杂志》第 9 卷第 2 号。

克士《印度细径的妇女状况》刊于《妇女杂志》第 9 卷第 2 号。

高山《英国女哲学家的逝世》刊于《妇女杂志》第 9 卷第 2 号。

克士《美国女参议员的选出》刊于《妇女杂志》第 9 卷第 2 号。

董小华《她恋爱的是什么》刊于《妇女杂志》第 9 卷第 2 号。

东原《吻的分析》刊于《妇女杂志》第 9 卷第 2 号。

宋树男《我的家庭》刊于《妇女杂志》第 9 卷第 2 号。

顾伯英《野蛮民族之抵抗力》刊于《妇女杂志》第 9 卷第 2 号。

胡定安《胎产和育儿改良之必要》刊于《妇女杂志》第 9 卷第 2 号。

克士《室内清洁法》刊于《妇女杂志》第 9 卷第 2 号。

羃士《家庭染术之心得》刊于《妇女杂志》第 9 卷第 2 号。

吴鸿飞《恋爱与奸淫的讨论》刊于《妇女杂志》第 9 卷第 2 号。

K．C.《对于崇拜女同学的反响》刊于《妇女杂志》第 9 卷第 2 号。

朱福照《关于女子命名的主张》刊于《妇女杂志》第 9 卷第 2 号。

金素存《对于恋爱名词的提议》刊于《妇女杂志》第 9 卷第 2 号。

高崇福《一个恋爱问题》刊于《妇女杂志》第 9 卷第 2 号。

王真麒《同性不婚问题的提议》刊于《妇女杂志》第 9 卷第 2 号。

瑟庐《世界人类的耻辱》刊于《妇女杂志》第9卷第3号。

乔峰《废娼的根本问题》刊于《妇女杂志》第9卷第3号。

朱枕薪《论娼妓问题》刊于《妇女杂志》第9卷第3号。

陈德徵《卖淫事业之经济的原因》刊于《妇女杂志》第9卷第3号。

屯民《娼妓和贞节》刊于《妇女杂志》第9卷第3号。

待秋《卖淫的动机》刊于《妇女杂志》第9卷第3号。

无竞《买淫之社会学的考察》刊于《妇女杂志》第9卷第3号。

幼雄《娼妓之卫生的取缔》刊于《妇女杂志》第9卷第3号。

晏始《女子之性的知识》刊于《妇女杂志》第9卷第3号。

高山《对于两起离婚事件的感想》刊于《妇女杂志》第9卷第3号。

乔峰《结婚的制限》刊于《妇女杂志》第9卷第3号。

克士《婚姻的应当谨慎》刊于《妇女杂志》第9卷第3号。

祁森焕《日本妇女团体的变动》刊于《妇女杂志》第9卷第3号。

高山《美国妇女的和平运动》刊于《妇女杂志》第9卷第3号。

克士《苏维埃俄国下的妇女》刊于《妇女杂志》第9卷第3号。

无竞《土耳其的女教育总长》刊于《妇女杂志》第9卷第3号。

高山《美国女工状况》刊于《妇女杂志》第9卷第3号。

克士《英国妇女的医学教育》刊于《妇女杂志》第9卷第3号。

高山《美国的妇女俱乐部总联盟》刊于《妇女杂志》第9卷第3号。

王其隆《过渡期间的危险问题》刊于《妇女杂志》第9卷第3号。

霞英《为什么要做女尼》刊于《妇女杂志》第9卷第3号。

晦庵《尼姑的解放》刊于《妇女杂志》第9卷第3号。

陈谅《妇女职业问题(完)》刊于《妇女杂志》第9卷第3号。

味辛《女子之性的知识》刊于《妇女杂志》第9卷第3号。

克士《住宅的设备》刊于《妇女杂志》第9卷第3号。

允中《竹制的科学玩具》刊于《妇女杂志》第9卷第3号。

顾伯英《亲爱的印象》刊于《妇女杂志》第9卷第3号。

周建人《妇女主义之科学的基础》刊于《妇女杂志》第9卷第4号。

黄石《家庭中的妇女》刊于《妇女杂志》第9卷第4号。

Y．D.《从家庭生活到人类生活》刊于《妇女杂志》第9卷第4号。

Y．D.《从大家庭生活到个人生活》刊于《妇女杂志》第9卷第4号。

费哲民《日本托儿所视察记》刊于《妇女杂志》第9卷第4号。

朱枕薪《第三国际对于妇女问题的决议》刊于《妇女杂志》第9卷第4号。

陈霞琳《全国司法会议通过女律师案》刊于《妇女杂志》第9卷第4号。

高山《告中国女权运动者》刊于《妇女杂志》第9卷第4号。

关时《废除婢女的希望》刊于《妇女杂志》第9卷第4号。

高山《我们应当怎样教济小孩》刊于《妇女杂志》第9卷第4号。

味辛《女子之性的知识(续)》刊于《妇女杂志》第9卷第4号。

羃士《烹饪用具之研究》刊于《妇女杂志》第9卷第4号。

高山《烹调食物的原理》刊于《妇女杂志》第 9 卷第 4 号。

景逊《儿童的游戏和玩具》刊于《妇女杂志》第 9 卷第 4 号。

克士《爱情的表现与结婚生活》刊于《妇女杂志》第 9 卷第 4 号。

陈待秋《新旧的冲突》刊于《妇女杂志》第 9 卷第 4 号。

杨少努《重圆的希望》刊于《妇女杂志》第 9 卷第 4 号。

元启《对于"逃婚"的同情》刊于《妇女杂志》第 9 卷第 4 号。

陈德徵《女性观和恋爱观》刊于《妇女杂志》第 9 卷第 4 号。

Y．D.《我的离婚的前后》刊于《妇女杂志》第 9 卷第 4 号。

莲史《妇女的非人时代》刊于《妇女杂志》第 9 卷第 4 号。

徐呵梅《偏见的男性之偏见》刊于《妇女杂志》第 9 卷第 4 号。

卫士生《太富于科学家色彩的郑先生》刊于《妇女杂志》第 9 卷第 4 号。

陆江东《对于四条问题的答案》刊于《妇女杂志》第 9 卷第 4 号。

沈晒炎《一点意见》刊于《妇女杂志》第 9 卷第 4 号。

瑟甫《不要向弱者宣布死刑》刊于《妇女杂志》第 9 卷第 4 号。

赵孝清《时髦与改良》刊于《妇女杂志》第 9 卷第 4 号。

周宝韩《妇女解放的必要》刊于《妇女杂志》第 9 卷第 4 号。

高歌《没有重圆的可能》刊于《妇女杂志》第 9 卷第 4 号。

孟睿《论近日女权运动的沈寂》刊于《妇女杂志》第 9 卷第 5 号。

健孟《恋爱的艺术》刊于《妇女杂志》第 9 卷第 5 号。

陈德徵《节操的功能》刊于《妇女杂志》第 9 卷第 5 号。

晏始《中国型的恋爱方式》刊于《妇女杂志》第 9 卷第 5 号。

克士《束胸习惯与性知识》刊于《妇女杂志》第 9 卷第 5 号。

晏始《男女的隔离与同性爱》刊于《妇女杂志》第 9 卷第 5 号。

朱枕薪《妇女与法律》刊于《妇女杂志》第 9 卷第 5 号。

健孟《伟大的女学问家》刊于《妇女杂志》第 9 卷第 5 号。

杨于青《对于妇女运动的几个意见》刊于《妇女杂志》第 9 卷第 5 号。

柏杨《对于女子解放的私议》刊于《妇女杂志》第 9 卷第 5 号。

崔文成《现代妇女解放的意义》刊于《妇女杂志》第 9 卷第 5 号。

严敦易《废娼问题的重要》刊于《妇女杂志》第 9 卷第 5 号。

味辛《女子之性的知识(续)》刊于《妇女杂志》第 9 卷第 5 号。

克士《室内装饰法》刊于《妇女杂志》第 9 卷第 5 号。

姜振勋《小儿管养法》刊于《妇女杂志》第 9 卷第 5 号。

翟毅夫《英美妇女政治上地位的比较》刊于《妇女杂志》第 9 卷第 5 号。

祁森焕《日本女界的现状》刊于《妇女杂志》第 9 卷第 5 号。

鲁懿《美国妇女的地位》刊于《妇女杂志》第 9 卷第 5 号。

克士《美国妇女的活动》刊于《妇女杂志》第 9 卷第 5 号。

朱枕薪《德国妇女的劳动运动》刊于《妇女杂志》第 9 卷第 5 号。

克士《大学妇女同盟的希望》刊于《妇女杂志》第 9 卷第 5 号。

克士《大美洲协会在巴的摩开会追记》刊于《妇女杂志》第 9 卷第 5 号。

朱枕薪《瑞典文学家莱甘洛夫女士》刊于《妇女杂志》第 9 卷第 5 号。

高山《今日女子教育的缺陷》刊于《妇女杂志》第 9 卷第 6 号。

渭川《自暴的青年男女》刊于《妇女杂志》第 9 卷第 6 号。

健孟《妇女地位之历史的考察》刊于《妇女杂志》第 9 卷第 6 号。

沈泽民《女子的和平运动》刊于《妇女杂志》第 9 卷第 6 号。

任白涛《爱与食之关系》刊于《妇女杂志》第 9 卷第 6 号。

晏始《妇女团体运动力的微弱》刊于《妇女杂志》第 9 卷第 6 号。

晏始《人权与兽权》刊于《妇女杂志》第 9 卷第 6 号。

高山《婚姻选择的目标》刊于《妇女杂志》第 9 卷第 6 号。

因疑《进化与改造》刊于《妇女杂志》第 9 卷第 6 号。

余芝华《我的婚姻史的一段》刊于《妇女杂志》第 9 卷第 6 号。

子晋《营共同生活的最初期》刊于《妇女杂志》第 9 卷第 6 号。

汪云天《中国公学男女共校状况》刊于《妇女杂志》第 9 卷第 6 号。

R《解放童养媳》刊于《妇女杂志》第 9 卷第 6 号。

胡焦琴《女子求学不仅在增益知识》刊于《妇女杂志》第 9 卷第 6 号。

文成《恋爱问题杂评》刊于《妇女杂志》第 9 卷第 6 号。

旦清《怎样对付旧式婚姻》刊于《妇女杂志》第 9 卷第 6 号。

存统《劳农俄国的儿童解放》刊于《妇女杂志》第 9 卷第 6 号。

朱汪筱《德国之家庭生活》刊于《妇女杂志》第 9 卷第 6 号。

鲁懿《美国妇女的地位(完)》刊于《妇女杂志》第 9 卷第 6 号。

克士《美国妇女国民党的企图》刊于《妇女杂志》第 9 卷第 6 号。

克士《朝鲜的新妇女》刊于《妇女杂志》第 9 卷第 6 号。

味辛《女子之性的知识(续)》刊于《妇女杂志》第 9 卷第 6 号。

姜振勋《小儿管养法(完)》刊于《妇女杂志》第 9 卷第 6 号。

允中《竹制科学玩具》刊于《妇女杂志》第 9 卷第 6 号。

周宝韩《怎样是社交正当的态度》刊于《妇女杂志》第 9 卷第 6 号。

李继濂《什么是离婚的主因》刊于《妇女杂志》第 9 卷第 6 号。

陈子晋《中学女生可读的丛书》刊于《妇女杂志》第 9 卷第 6 号。

陈绍馨《结婚与恋爱的定义》刊于《妇女杂志》第 9 卷第 6 号。

叶健行《成年失学妇女的就学问题》刊于《妇女杂志》第 9 卷第 6 号。

顾泽培《关于节制生育的书籍》刊于《妇女杂志》第 9 卷第 6 号。

谢似颜《女子体育问题》刊于《妇女杂志》第 9 卷第 7 号。

严畏《女子体育研究》刊于《妇女杂志》第 9 卷第 7 号。

谢似颜《从体育上看来的美人》刊于《妇女杂志》第 9 卷第 7 号。

晏始《男女同学与恋爱的指导》刊于《妇女杂志》第 9 卷第 7 号。

健孟《新学说与旧礼教》刊于《妇女杂志》第 9 卷第 7 号。

克士《道德的保守本能》刊于《妇女杂志》第 9 卷第 7 号。

高山《劳动妇女与闲散妇女的装束》刊于《妇女杂志》第 9 卷第 7 号。

叶启芳《社会学的家庭观》刊于《妇女杂志》第 9 卷第 7 号。

沈泽民《女子的科平运动（完）》刊于《妇女杂志》第 9 卷第 7 号。

何心冷《我的婚姻问题解决法》刊于《妇女杂志》第 9 卷第 7 号。

荷荷《六个男同学给我的信》刊于《妇女杂志》第 9 卷第 7 号。

克士《美国妇女在法律上的地位》刊于《妇女杂志》第 9 卷第 7 号。

黄卓《美国劳动阶级的妇女》刊于《妇女杂志》第 9 卷第 7 号。

弥弼《朝鲜妇女状况》刊于《妇女杂志》第 9 卷第 7 号。

林建邦《菲律宾妇女概况》刊于《妇女杂志》第 9 卷第 7 号。

冷观《奇异的联想》刊于《妇女杂志》第 9 卷第 7 号。

黄子心《这叫做婚姻大事》刊于《妇女杂志》第 9 卷第 7 号。

绍先《生物与色彩》刊于《妇女杂志》第 9 卷第 7 号。

味辛《女子之性的知识（续）》刊于《妇女杂志》第 9 卷第 7 号。

景逊《对小孩讲故事的原理》刊于《妇女杂志》第 9 卷第 7 号。

丘华声、刘天耳《实际的婚姻问题》刊于《妇女杂志》第 9 卷第 7 号。

吴昌汉《第五号插图的解释》刊于《妇女杂志》第 9 卷第 7 号。

杜里舒夫人《德国的妇女》刊于《妇女杂志》第 9 卷第 8 号。

K. D.《女子教育的改革》刊于《妇女杂志》第 9 卷第 8 号。

祁森焕《妇女竞技问题的考察》刊于《妇女杂志》第 9 卷第 8 号。

关桐华《爱之纯化》刊于《妇女杂志》第 9 卷第 8 号。

悫甫《M 君的婚姻史》刊于《妇女杂志》第 9 卷第 8 号。

蒋慕林《男性的离婚》刊于《妇女杂志》第 9 卷第 8 号。

青山《镜影的婚姻史谭》刊于《妇女杂志》第 9 卷第 8 号。

克士《权利是要自己争来的》刊于《妇女杂志》第 9 卷第 8 号。

健孟《再论束胸习惯与性知识》刊于《妇女杂志》第 9 卷第 8 号。

高山《婚姻问题的解决难》刊于《妇女杂志》第 9 卷第 8 号。

叶启芳《社会学的家庭观（完）》刊于《妇女杂志》第 9 卷第 8 号。

高硎若《性和性的决定》刊于《妇女杂志》第 9 卷第 8 号。

克士《德国妇女主义者的要求》刊于《妇女杂志》第 9 卷第 8 号。

高山《美国女工的趋势》刊于《妇女杂志》第 9 卷第 8 号。

克士《安基的与乌拉圭的妇女运动》刊于《妇女杂志》第 9 卷第 8 号。

谅《英国的女童子军》刊于《妇女杂志》第 9 卷第 8 号。

仲云《女子第一高等审判官爱伦女士》刊于《妇女杂志》第 9 卷第 8 号。

谅《大战后英国的寡妇》刊于《妇女杂志》第 9 卷第 8 号。

谅《英国的女法官》刊于《妇女杂志》第 9 卷第 8 号。

高思廷《理想之家庭》刊于《妇女杂志》第 9 卷第 8 号。

严敦易《现在妇女所急需的出版物》刊于《妇女杂志》第 9 卷第 8 号。

L. F.《我们在暑假中的最大任务》刊于《妇女杂志》第 9 卷第 8 号。

幼雄《起死回生的新法》刊于《妇女杂志》第 9 卷第 8 号。

味辛《女子之性的知识（续）》刊于《妇女杂志》第 9 卷第 8 号。

T. S.《陈良璧离婚的情形》刊于《妇女杂志》第 9 卷第 8 号。

汪竹一《父母对于子女婚姻的固执》刊于《妇女杂志》第 9 卷第 8 号。

郑绍棠《对宋婚妻提出要求的商榷》刊于《妇女杂志》第 9 卷第 8 号。

东原《生育节制的实行问题》刊于《妇女杂志》第 9 卷第 8 号。

李冰漪《甘肃的师弟结婚问题》刊于《妇女杂志》第 9 卷第 8 号。

李洞明《青年女子自杀的防止》刊于《妇女杂志》第 9 卷第 8 号。

郑振埙《对于批评婚姻史者的答辩》刊于《妇女杂志》第 9 卷第 8 号。

卓如《姊姊的屈服》刊于《妇女杂志》第 9 卷第 8 号。

徐雉《我的爱情关不住了》刊于《妇女杂志》第 9 卷第 8 号。

石英女士《儿童的生活》刊于《妇女杂志》第 9 卷第 8 号。

何心冷《最后的安慰》刊于《妇女杂志》第 9 卷第 8 号。

瑟庐《家庭革新论》刊于《妇女杂志》第 9 卷第 9 号。

健孟《新旧家庭的代谢》刊于《妇女杂志》第 9 卷第 9 号。

乔峰《家庭改造的途径》刊于《妇女杂志》第 9 卷第 9 号。

晏始《家庭制度崩坏的趋势》刊于《妇女杂志》第 9 卷第 9 号。

屯民《机械婚的反动与家庭制度的破裂》刊于《妇女杂志》第 9 卷第 9 号。

黄石《家庭的组织和家庭的生活》刊于《妇女杂志》第 9 卷第 9 号。

无竞《经济组织的进化与家庭制度》刊于《妇女杂志》第 9 卷第 9 号。

屯民《家庭议会的建设》刊于《妇女杂志》第 9 卷第 9 号。

Y. S.《二十年来的家庭生活》刊于《妇女杂志》第 9 卷第 9 号。

朱汪道蕴《国际妇女参政会第九次大会会议决案》刊于《妇女杂志》第 9 卷第 9 号。

朱汪道蕴《意国众议院提出女子行政选举权案》刊于《妇女杂志》第 9 卷第 9 号。

光亮《第三国际及其妇女部》刊于《妇女杂志》第 9 卷第 9 号。

卓如《姊姊的屈服(完)》刊于《妇女杂志》第 9 卷第 9 号。

友真女士《人生的悲哀》刊于《妇女杂志》第 9 卷第 9 号。

味辛《女子之性的知识(完)》刊于《妇女杂志》第 9 卷第 9 号。

李光业《可怕的寄生虫》刊于《妇女杂志》第 9 卷第 9 号。

M. Y. H.《青年的求爱问题》刊于《妇女杂志》第 9 卷第 9 号。

王半梅《妊娠中的性交之害》刊于《妇女杂志》第 9 卷第 9 号。

如水《为夫另蓄一妻的可否》刊于《妇女杂志》第 9 卷第 9 号。

耿萧秋《恋爱的波折》刊于《妇女杂志》第 9 卷第 9 号。

方卓然《机械婚姻下的呼吁者》刊于《妇女杂志》第 9 卷第 9 号。

陆江东《关于七号文中疑点的解释》刊于《妇女杂志》第 9 卷第 9 号。

高山《新人的产生》刊于《妇女杂志》第 9 卷第 10 号。

叶启芳《泰戈尔的妇女论》刊于《妇女杂志》第 9 卷第 10 号。

景逊《女子教育的进步》刊于《妇女杂志》第 9 卷第 10 号。

无竞《女性之建设的生活与性的道德》刊于《妇女杂志》第 9 卷第 10 号。

晏始《刘廉彬案与女子解放的前途》刊于《妇女杂志》第 9 卷第 10 号。

晏始《重男轻女与重女轻男》刊于《妇女杂志》第 9 卷第 10 号。

克士《妇女发展的两个途径》刊于《妇女杂志》第 9 卷第 10 号。

景逊《改善女工生活的状况的重要》刊于《妇女杂志》第 9 卷第 10 号。

健孟《养成正确的两性观念的重要》刊于《妇女杂志》第 9 卷第 10 号。

渭川《实际的男女同学观》刊于《妇女杂志》第 9 卷第 10 号。

涂身洁《我经过的男女同校》刊于《妇女杂志》第 9 卷第 10 号。

周白棣《旧式妇女的痛苦和救济》刊于《妇女杂志》第 9 卷第 10 号。

梁珠心《我的女子卫生观》刊于《妇女杂志》第 9 卷第 10 号。

瑞芝《读渭川君〈自暴的青年男女〉》刊于《妇女杂志》第 9 卷第 10 号。

胡焦琴《现代女子的修养》刊于《妇女杂志》第 9 卷第 10 号。

志坚《女青年应改革的不良习惯》刊于《妇女杂志》第 9 卷第 10 号。

澹如《恋爱结婚的失败》刊于《妇女杂志》第 9 卷第 10 号。

费哲民《运动日本的有岛武郎情死事件》刊于《妇女杂志》第 9 卷第 10 号。

周作人《对于有岛武郎情死的批评》刊于《妇女杂志》第 9 卷第 10 号。

无竞《欧洲妇女对于生活的苦恼》刊于《妇女杂志》第 9 卷第 10 号。

光亮《英国劳动妇女和失业问题》刊于《妇女杂志》第 9 卷第 10 号。

克士《新土耳妇女的进步》刊于《妇女杂志》第 9 卷第 10 号。

W《英国女令当选为国会议员》刊于《妇女杂志》第 9 卷第 10 号。

高阳《英国的新离婚法》刊于《妇女杂志》第 9 卷第 10 号。

谢菊庭《结婚的仪式》刊于《妇女杂志》第 9 卷第 10 号。

鲁夫《结婚与爱》刊于《妇女杂志》第 9 卷第 10 号。

爱瑛《男女社交的两个疑问》刊于《妇女杂志》第 9 卷第 10 号。

朱武《一个失恋的兵士的来信》刊于《妇女杂志》第 9 卷第 10 号。

张晔如《关于女子体育的书籍》刊于《妇女杂志》第 9 卷第 10 号。

谭祥烈《妇女杂志与失学妇女》刊于《妇女杂志》第 9 卷第 10 号。

余亦民《问函授学校》刊于《妇女杂志》第 9 卷第 10 号。

季异《徘徊歧途中的婚姻问题》刊于《妇女杂志》第 9 卷第 10 号。

汪竹一《对于反对婚姻改革者的不平》刊于《妇女杂志》第 9 卷第 10 号。

成章女校《绍兴成章女校成年补习班的详情》刊于《妇女杂志》第 9 卷第 10 号。

K. C.《神交式的恋爱与入赘制》刊于《妇女杂志》第 9 卷第 10 号。

建人《生命的三方面》刊于《妇女杂志》第 9 卷第 10 号。

伟尔处《社会主义与妇女主义》刊于《妇女杂志》第 9 卷第 10 号。

羆士《介绍的西礼》刊于《妇女杂志》第 9 卷第 10 号。

高山《着高跟鞋的害处》刊于《妇女杂志》第 9 卷第 10 号。

乔峰《配偶选择的价值》刊于《妇女杂志》第 9 卷第 11 号。

无竞《关于配偶选择的几条要件》刊于《妇女杂志》第 9 卷第 11 号。

周建人《配偶选择的进化》刊于《妇女杂志》第 9 卷第 11 号。

健孟《配偶选择与疾病》刊于《妇女杂志》第 9 卷第 11 号。

健孟《性教育与配偶选择》刊于《妇女杂志》第 9 卷第 11 号。

瑟庐《爱伦凯儿童的两亲选择观》刊于《妇女杂志》第 9 卷第 11 号。

幼雄《恋爱的选择》刊于《妇女杂志》第 9 卷第 11 号。

黄云孙《美国大学生对于理想的配偶的意见》刊于《妇女杂志》第 9 卷第 11 号。

瑟庐《现代青年男女配偶选择的倾向》刊于《妇女杂志》第 9 卷第 11 号。

高山《朴素民族中的妇女地位》刊于《妇女杂志》第 9 卷第 11 号。

高山《谁可以结婚》刊于《妇女杂志》第 9 卷第 11 号。

吴隼《爱情制造者》刊于《妇女杂志》第 9 卷第 11 号。

颜实《对于新女子的罪言》刊于《妇女杂志》第 9 卷第 12 号。

高山《谁是公民》刊于《妇女杂志》第 9 卷第 12 号。

王庚《妇女体育刍议》刊于《妇女杂志》第 9 卷第 12 号。

黄石《家庭组合论》刊于《妇女杂志》第 9 卷第 12 号。

咏唐《未来社会的妇女》刊于《妇女杂志》第 9 卷第 12 号。

朱枕薪《妇女劳动问题》刊于《妇女杂志》第 9 卷第 12 号。

高山《将来的女权运动》刊于《妇女杂志》第 9 卷第 12 号。

晏始《妇女运动的回顾》刊于《妇女杂志》第 9 卷第 12 号。

高山《闲散阶级妇女的责任》刊于《妇女杂志》第 9 卷第 12 号。

健孟《谬误的性观念》刊于《妇女杂志》第 9 卷第 12 号。

秋星《北京师大附中男女同学纪实》刊于《妇女杂志》第 9 卷第 12 号。

黄亚中《恋爱的悲剧》刊于《妇女杂志》第 9 卷第 12 号。

泽民《近东妇女运动的现势》刊于《妇女杂志》第 9 卷第 12 号。

高山《斯干狄那维亚妇女的进步》刊于《妇女杂志》第 9 卷第 12 号。

朱枕薪《俄国的新劳动法与妇女》刊于《妇女杂志》第 9 卷第 12 号。

书琴女士《在中学毕业之后》刊于《妇女杂志》第 9 卷第 12 号。

祖堂《亡友 C 君的遗书》刊于《妇女杂志》第 9 卷第 12 号。

景逊《临产的预备及幼儿保护法》刊于《妇女杂志》第 9 卷第 12 号。

慕林《关于遗传系统及体质的知识》刊于《妇女杂志》第 9 卷第 12 号。

戛玉《线结六角花篮编法》刊于《妇女杂志》第 9 卷第 12 号。

无生《华藏世界图说》刊于《佛学旬刊》第 1 年第 26 期。

如幻《开班研究百法明门》刊于《佛学旬刊》第 1 年第 26 期。

大云《佛教会之教务会义》刊于《佛学旬刊》第 1 年第 26 期。

殷仁《极乐世界游记(续)》刊于《佛学旬刊》第 1 年第 26 期。

弘愿《日本权田大僧正八秩开七寿文》刊于《佛学旬刊》第 1 年第 26 期。

无生《华藏世界图说》刊于《佛学旬刊》第 1 年第 27 期。

殷仁《极乐世界游记(续)》刊于《佛学旬刊》第 1 年第 27 期。

无生《华藏世界图说(续)》刊于《佛学旬刊》第 1 年第 28 期。

仁云《佛经流通处壬戌大事记》刊于《佛学旬刊》第 1 年第 28 期。

仁云《南京组立法相大学》刊于《佛学旬刊》第 1 年第 28 期。

行静《扬州长生寺华严大学院成立纪》刊于《佛光月报》第 1 期。

谛闲《真信切愿一心为净土法门之最要论》刊于《佛光月报》第 1 期。

梅光羲《大乘相宗十胜论》刊于《佛光月报》第 1 期。

印正《萧母翟太夫人五秩寿序》刊于《佛光月报》第 1 期。

谛闲《净土会要序》刊于《佛光月报》第 1 期。

显荫《佛学大辞典序》刊于《佛光月报》第 1 期。

项詠《参观定海县监狱讲经记》刊于《佛光月报》第 1 期。

灵云《宁波佛教孤儿院近讯》刊于《佛光月报》第 1 期。

谛闲《熏修净业日课仪规》刊于《佛光月报》第 1 期。

可端《华严止观略说》刊于《佛光月报》第 1 期。

可端《法华权实开废论》刊于《佛光月报》第 2 期。

谛闲《示三谛指中道》刊于《佛光月报》第 2 期。

谛闲《圆教释》刊于《佛光月报》第 2 期。

可端《华严六相指归论》刊于《佛光月报》第 2 期。

守培《一心念佛即得往生论》刊于《佛光月报》第 2 期。

梅光羲《大乘相宗十胜论(续)》刊于《佛光月报》第 2 期。

可端《大方广佛华严经疏悬谈讲义》刊于《佛光月报》第 2 期。

谛闲《徵楞严文释天台别教五十二位真菩提路》刊于《佛光月报》第 2 期。

华严僧《与台宗无相上人事理二观辨》刊于《佛光月报》第 2 期。

麈空《华严大学学课日行记》刊于《佛光月报》第 2 期。

蒋维乔《湖上留题录序》刊于《佛光月报》第 2 期。

印光《参观记跋》刊于《佛光月报》第 2 期。

丁福保《重刻三藏法数序》刊于《佛光月报》第 2 期。

印正《长生寺建造大禅堂募化千佛启》刊于《佛光月报》第 2 期。

可韶《观心入手功夫宗教二门各得其宜说》刊于《佛光月报》第 2 期。

铁峰《参观佛学校实形记》刊于《佛光月报》第 2 期。

炳见《华严大学院学课日行记》刊于《佛光月报》第 2 期。

可端《与净业上人释观人心佛疑》刊于《佛光月报》第 2 期。

陈含光《答放生或问》刊于《佛光月报》第 2 期。

华严僧《傀儡登场弄琵琶歌舞楼台各会家一抽机来又牵去万别千差总是他》刊于《佛光月报》第 2 期。

华严僧《说明物不迁之真相》刊于《佛光月报》第 2 期。

邓尉山僧《何物不可思议说》刊于《佛光月报》第 2 期。

华严僧《华严法界观》刊于《佛光月报》第 3 期。

愚谷《华严旨趣》刊于《佛光月报》第 3 期。

可端《天台二空观》刊于《佛光月报》第 3 期。

可端《一念三千心要论》刊于《佛光月报》第 3 期。

梅光羲《相宗新旧两译不同论》刊于《佛光月报》第 3 期。

守培《禅净真偏抑扬辨》刊于《佛光月报》第 3 期。

可端《大方广佛华严经疏悬谈讲义(续)》刊于《佛光月报》第 3 期。

谛闲《徵楞严文释天台别教五十二位真菩提路(续)》刊于《佛光月报》第 3 期。

印光《护教文序》刊于《佛光月报》第 3 期。

许止净《普院山礼观世音菩萨疏》刊于《佛光月报》第 3 期。

尘空《法界观趣文》刊于《佛光月报》第 3 期。

普照《华严学院学员暑假考试录取列额文林编——念佛指津》刊于《佛光月报》第 3 期。

朗泉《法界观》刊于《佛光月报》第 3 期。

秦漳《学佛指津》刊于《佛光月报》第 3 期。

如定《学佛指津》刊于《佛光月报》第 3 期。

月印《观察自心云何入法界说》刊于《佛光月报》第 3 期。

宗培《事事无碍即广狭自在解》刊于《佛光月报》第 3 期。

道融《识为生死宜如何转念成智说》刊于《佛光月报》第 3 期。

续光《具分唯识变造义》刊于《佛光月报》第 3 期。

六念《莲花境智行位因果依正体用具足解》刊于《佛光月报》第 3 期。

持益《周遍含容事事无碍观》刊于《佛光月报》第 3 期。

唐大圆《法界新莲社启》刊于《佛光月报》第 3 期。

月澄《华严十玄门大意》刊于《佛光月报》第 3 期。

可端《华严一乘论》刊于《佛光月报》第 4 期。

大圆《扬州长生寺华严大徹堂千佛阁碑》刊于《佛光月报》第 4 期。

愚谷《华严旨趣(续)》刊于《佛光月报》第 4 期。

刘玉子《中国佛教之传译及其教义之变迁论》刊于《佛光月报》第 4 期。

悟善《善恶因果论》刊于《佛光月报》第 4 期。

谛闲《戒杀放生文跋》刊于《佛光月报》第 4 期。

尘空《华严学院文林试课编——学佛指津》刊于《佛光月报》第 4 期。

海印《不学无术宜如何专志入学论》刊于《佛光月报》第 4 期。

唐大圆《起信论料简之忠告》刊于《佛光月报》第 4 期。

许止净《复彭泽佛学会书》刊于《佛光月报》第 4 期。

刘契净《彭泽佛学会复孔教会某君书》刊于《佛光月报》第 4 期。

慧音《与月波侄论念佛法门书》刊于《佛光月报》第 4 期。

月澄《华严十玄门大意(续)》刊于《佛光月报》第 4 期。

昧然《佛化新青年会说明》刊于《佛化新青年》创刊号。

灵华《佛化新青年会出现一大因缘》刊于《佛化新青年》创刊号。

慧如《佛化新青年之责任》刊于《佛化新青年》创刊号。

李宗载《佛化新青年会委员应具之资格》刊于《佛化新青年》创刊号。

宁达蕴《学佛态度的商榷》刊于《佛化新青年》创刊号。

申远居士《随喜佛化新青年月刊出现世间劝请文》刊于《佛化新青年》创刊号。

悲《(一)评大乘起信论考证》刊于《佛化新青年》创刊号。

慧《摩诃衍室问答》刊于《佛化新青年》创刊号。

邢定云《现今文明生活之澈底的观察及提倡佛化之必要》刊于《佛化新青年》创刊号。

张宗载《春与佛之使命》刊于《佛化新青年》创刊号。

鹤笙《读了〈春与佛之使命〉以后的题词》刊于《佛化新青年》创刊号。

宁达蕴《佛化与新生活》刊于《佛化新青年》创刊号。

唐大圆《佛剧》刊于《佛化新青年》创刊号。

蔡心觉《素食主义》刊于《佛化新青年》创刊号。

唐大圆《饮食论》刊于《佛化新青年》创刊号。

梁启超《大乘起信论考证》刊于《佛化新青年》创刊号。

悲《评大乘起信论考证》刊于《佛化新青年》创刊号。

慧如《关于梁漱溟先生〈东西文化及其哲学〉的一点意见》刊于《佛化新青年》创刊号。

邹代权《佛化新青年会医学丛书》刊于《佛化新青年》创刊号。

昧然《论学佛者须止恶行善》刊于《佛化新青年》第1卷第2号。

化声《佛学院教授国文之演说》刊于《佛化新青年》第1卷第2号。

宁达蕴《佛学与人生之关系》刊于《佛化新青年》第1卷第2号。

张宗载《大乘佛法之精神》刊于《佛化新青年》第1卷第2号。

蔡心觉《佛化运动是什么》刊于《佛化新青年》第1卷第2号。

宁达蕴《学佛来做什么》刊于《佛化新青年》第1卷第2号。

善馨《真进化论》刊于《佛化新青年》第1卷第2号。

太心《真正学佛的道理》刊于《佛化新青年》第1卷第2号。

慧如《读楞严经随笔》刊于《佛化新青年》第1卷第2号。

王位功《读大佛顶首楞严经研究书后》刊于《佛化新青年》第1卷第2号。

唐大圆《四宏愿解》刊于《佛化新青年》第1卷第2号。

黄通《真俗篇》刊于《佛化新青年》第1卷第2号。

周浩云《佛化新青年会俱乐部宣言》刊于《佛化新青年》第1卷第2号。

定慈《随太虚法师行化江口之演说》刊于《佛化新青年》第1卷第2号。

定慈《随太虚法师行化沙市之演说》刊于《佛化新青年》第1卷第2号。

定慈《学佛不可抑郁自伤》刊于《佛化新青年》第1卷第2号。

滁尘《执持名号如何为多善根福德因缘》刊于《佛化新青年》第1卷第2号。

朱石僧《念佛感应记》刊于《佛化新青年》第1卷第2号。

朱石僧《"南无阿弥陀佛"六字之神通》刊于《佛化新青年》第1卷第2号。

六明觉士《诗人春梦》刊于《佛化新青年》第1卷第2号。

邹代权《天年医社问答文抄》刊于《佛化新青年》第1卷第2号。

灵华《万佛涌出颂》刊于《佛化新青年》第1卷第3号。

邢定云《吾人宜如何图报尊之应世》刊于《佛化新青年》第1卷第3号。

太虚《佛诞纪念会演说》刊于《佛化新青年》第1卷第3号。

张宗载《采花献佛》刊于《佛化新青年》第1卷第3号。

宁达蕴《过去二千九百五十年的释迦牟尼佛》刊于《佛化新青年》第1卷第3号。

化声《释加牟尼佛二九五〇年圣诞日敬告同胞书》刊于《佛化新青年》第1卷第3号。

慧如《我辈青年学佛之意义》刊于《佛化新青年》第1卷第3号。

唐大圆《释迦牟尼佛诞纪念日办法略说》刊于《佛化新青年》第1卷第3号。

陈妄清《略说宾主镜三昧》刊于《佛化新青年》第1卷第3号。

李润生《释加牟尼佛二九五〇年诞节宣言》刊于《佛化新青年》第1卷第3号。

大圆《释加牟尼佛诞纪念之大狮子吼》刊于《佛化新青年》第1卷第3号。

一如《释加世尊的略传》刊于《佛化新青年》第1卷第3号。

杨毓芬《佛生日》刊于《佛化新青年》第 1 卷第 3 号。

何仲朴《释迦文佛二九五〇年纪念感言》刊于《佛化新青年》第 1 卷第 3 号。

大圆《佛教之真义》刊于《佛化新青年》第 1 卷第 3 号。

前人《救国的根本解决谈》刊于《佛化新青年》第 1 卷第 3 号。

周浩云《人们到极乐世界去吧》刊于《佛化新青年》第 1 卷第 3 号。

显亮《释迦牟尼文佛二千九百五十年纪念演说》刊于《佛化新青年》第 1 卷第 3 号。

王位功《释迦牟尼文佛圣诞纪念》刊于《佛化新青年》第 1 卷第 3 号。

灵华《清明节郊外之人生观》刊于《佛化新青年》第 1 卷第 4 号。

六明觉士《佛化的儿童世界》刊于《佛化新青年》第 1 卷第 4 号。

宁达蕴《儿童教育须有佛学的基础》刊于《佛化新青年》第 1 卷第 4 号。

王恩洋《佛法与外道之差别及佛法之根据》刊于《佛化新青年》第 1 卷第 4 号。

唐大圆《释我》刊于《佛化新青年》第 1 卷第 4 号。

善雄《我的佛法伦理观》刊于《佛化新青年》第 1 卷第 4 号。

慧空、李润生《佛诞纪念日在中华大学之演讲词》刊于《佛化新青年》第 1 卷第 4 号。

慧龙《与某居士评论道录之谬》刊于《佛化新青年》第 1 卷第 4 号。

妙叶大师《宝王三昧论》刊于《佛化新青年》第 1 卷第 4 号。

圆瑛《劝戒杀放生文》刊于《佛化新青年》第 1 卷第 4 号。

涂润琴记《沙市佛教会举行释迦文佛二千九百五十年纪念大会之经过》刊于《佛化新青年》第 1 卷第 4 号。

邹代权《今中国无中医论》刊于《佛化新青年》第 1 卷第 4 号。

宁达蕴《现代青年之觉悟》刊于《佛化新青年》第 1 卷第 5 号。

灵华《佛化新青年对于非宗教新青年之安慰语》刊于《佛化新青年》第 1 卷第 5 号。

邢定云《我是谁？谁是我？》刊于《佛化新青年》第 1 卷第 5 号。

夏易堪《研究佛法应特别注重"利他"这一点》刊于《佛化新青年》第 1 卷第 5 号。

唐大圆《佛化的世界观》刊于《佛化新青年》第 1 卷第 5 号。

李润生《论佛教徒当实行中日联合以宏法欧美》刊于《佛化新青年》第 1 卷第 5 号。

得禄《佛学与劳动》刊于《佛化新青年》第 1 卷第 5 号。

灵华《佛化新青年杂志新拟编纂体例》刊于《佛化新青年》第 1 卷第 5 号。

王位功《关于读〈大佛顶首楞严经研究书后〉一篇之驳辨》刊于《佛化新青年》第 1 卷第 5 号。

达蕴《三年不见的重庆》刊于《佛化新青年》第 1 卷第 5 号。

杨毓芬《入"佛化新青年会"自述》刊于《佛化新青年》第 1 卷第 5 号。

宁达蕴《佛化与文化》刊于《佛化新青年》第 1 卷第 6 号。

灵华《世界大革命与新佛化》刊于《佛化新青年》第 1 卷第 6 号。

陈妄清《佛法的人格》刊于《佛化新青年》第 1 卷第 6 号。

梅光羲《五重唯识观注》刊于《佛化新青年》第 1 卷第 6 号。

净空《佛化新青年改造世界与各家主义之同异》刊于《佛化新青年》第 1 卷第 6 号。

袁烈成《佛化与教育之关系》刊于《佛化新青年》第 1 卷第 6 号。

徐亮羲《佛学与社会上教育上之关系》刊于《佛化新青年》第 1 卷第 6 号。

显亮《佛化与科学之关系》刊于《佛化新青年》第 1 卷第 6 号。

汪绍原译《研究佛浓宇宙论为研究佛家玄学之基础及其应根据之典籍》刊于《佛化新青年》第 1 卷第 6 号。

唐大圆《读法味谈因书后》刊于《佛化新青年》第 1 卷第 6 号。

唐大定《是心作佛是心是佛说》刊于《佛化新青年》第 1 卷第 6 号。

黄觉《菩提心戒释义自叙》刊于《佛化新青年》第 1 卷第 6 号。

释佛慈《望青年学佛以脱迷信》刊于《佛化新青年》第 1 卷第 6 号。

圆瑛《佛学研究会讲演录》刊于《佛化新青年》第 1 卷第 6 号。

释悲观《京师第一模范监狱演说词》刊于《佛化新青年》第 1 卷第 6 号。

定慈《念佛瑞相三则》刊于《佛化新青年》第 1 卷第 6 号。

刘玉子《中国佛教之传译及其教义之变迁论》刊于《佛化新青年》第 1 卷第 6 号。

宗载《中秋明月与佛化新青年的佛化运动》刊于《佛化新青年》第 1 卷第 7 号。

宁达蕴《日灾感言》刊于《佛化新青年》第 1 卷第 7 号。

善达《论白璧德人文主义》刊于《佛化新青年》第 1 卷第 7 号。

净空《佛学是"究竟哲学"之解决》刊于《佛化新青年》第 1 卷第 7 号。

唐大圆《救劫的心法谈》刊于《佛化新青年》第 1 卷第 7 号。

梅光羲《五重唯识观注》刊于《佛化新青年》第 1 卷第 7 号。

尹道畊《佛化教育实施的计划》刊于《佛化新青年》第 1 卷第 7 号。

袁烈成《中国二十年来之教育观》刊于《佛化新青年》第 1 卷第 7 号。

净心《我对于无相布施者之感言》刊于《佛化新青年》第 1 卷第 7 号。

时谙《对于"六圣真道同一实义"的十笑论》刊于《佛化新青年》第 1 卷第 7 号。

林德林《佛教之起原》刊于《南瀛佛教会会报》第 1 卷第 1 期。

谢平译《佛教之光明》刊于《南瀛佛教会会报》第 1 卷第 1 期。

许林《论净土法门贯通诸法大义》刊于《南瀛佛教会会报》第 1 卷第 2 号。

谢平译《佛教之光明(续)》刊于《南瀛佛教会会报》第 1 卷第 2 号。

林德林《佛教之起原(续)》刊于《南瀛佛教会会报》第 1 卷第 2 号。

王净元《前川听法纪闻》刊于《海潮音》第 3 年第 11—12 期合刊。

唐大圆《温州莲池海会讲经宣言》刊于《海潮音》第 3 年第 11—12 期合刊。

舍予居士《佛学谈》刊于《海潮音》第 3 年第 11—12 期合刊。

默庵《衡北大罗汉寺中兴记》刊于《海潮音》第 3 年第 11—12 期合刊。

默庵《祝圣寺建地藏殿记》刊于《海潮音》第 3 年第 11—12 期合刊。

默庵《福严寺长明镫记》刊于《海潮音》第 3 年第 11—12 期合刊。

谛闲《修建天台山万年寺启》刊于《海潮音》第 3 年第 11—12 期合刊。

显荫《长安兴教寺修建殿堂募缘启》刊于《海潮音》第 3 年第 11—12 期合刊。

圣功《重九游归元寺记》刊于《海潮音》第 3 年第 11—12 期合刊。

能守《因明入正理论考试》刊于《海潮音》第 3 年第 11—12 期合刊。

能守《大乘起信论考试》刊于《海潮音》第 3 年第 11—12 期合刊。

涤尘《大佛顶首楞严经考试》刊于《海潮音》第 3 年第 11—12 期合刊。

圣功《报告听讲小乘佛学之心得》刊于《海潮音》第 3 年第 11—12 期合刊。

严定《自誓发菩提心文》刊于《海潮音》第3年第11—12期合刊。

培修述,善因校《念佛是始觉之智》刊于《海潮音》第3年第11—12期合刊。

佛隐《救国新法》刊于《海潮音》第3年第11—12期合刊。

太虚《佛法总抉择义》刊于《海潮音》第3年第11—12期合刊。

非心《评大乘起信论考证》刊于《海潮音》第4年第1期。

王弘愿《密教之数息观》刊于《海潮音》第4年第1期。

大圆《建修千佛大忏之演说》刊于《海潮音》第4年第1期。

希声《观俱舍论记(续)》刊于《海潮音》第4年第1期。

密林《摄大乘论义记(续)》刊于《海潮音》第4年第1期。

圆瑛《解答梁少如居士函问》刊于《海潮音》第4年第1期。

汤雪筠《与丁福保居士讨论佛学丛书》刊于《海潮音》第4年第1期。

丁仲祜《复汤雪筠居士书》刊于《海潮音》第4年第1期。

王弘愿《复汤雪筠居士论丁氏经注书》刊于《海潮音》第4年第1期。

大勇《留学日本真言宗之报告》刊于《海潮音》第4年第1期。

瑞光《仁山法师至姜堰岱岳寺讲经随行记》刊于《海潮音》第4年第1期。

月华《生西小传》刊于《海潮音》第4年第1期。

默庵《募修南岳高台寺引》刊于《海潮音》第4年第1期。

解凡《古难神鼎游记》刊于《海潮音》第4年第1期。

大圆《温州九山宿觉寺弥陀七期回向文》刊于《海潮音》第4年第1期。

善因《学佛行仪》刊于《海潮音》第4年第1期。

太炎《在世界佛教居士林演辞》刊于《海潮音》第4年第1期。

清凉居士《法海一汇绪言》刊于《海潮音》第4年第1期。

空也《长沙监狱布教宣言》刊于《海潮音》第4年第2期。

邢定云《提倡佛化以补救现今文明之缺陷论》刊于《海潮音》第4年第2期。

唐大圆《折世辩》刊于《海潮音》第4年第2期。

唐大圆《辨老》刊于《海潮音》第4年第2期。

唐大圆《知足论》刊于《海潮音》第4年第2期。

希声《观俱舍论记(续)》刊于《海潮音》第4年第2期。

唐大圆《与人论求我书》刊于《海潮音》第4年第2期。

笠居众生《示妙莲尼》刊于《海潮音》第4年第2期。

空也《南岳淡云禅师传》刊于《海潮音》第4年第2期。

廉南湖《灵婢涅槃记》刊于《海潮音》第4年第2期。

默庵《少颠上人书华严经叙》刊于《海潮音》第4年第2期。

空也《长松禅师并徒一宗上人塔铭》刊于《海潮音》第4年第2期。

释绍三《杭州西湖游记》刊于《海潮音》第4年第2期。

笠居众生释善因述《学佛行仪》刊于《海潮音》第4年第2期。

樱宁《我之因果谈》刊于《海潮音》第4年第2期。

清凉居士《法海一沤绪言》刊于《海潮音》第4年第2期。

清凉居士《佛法与迷信》刊于《海潮音》第4年第2期。

昧昧《论佛法普及当设平易近人情之方便》刊于《海潮音》第4年第3期。

慧龙、陈安清记《太虚法师在宜昌商会之讲演》刊于《海潮音》第4年第3期。

希声《观俱舍论记（续）》刊于《海潮音》第4年第3期。

王弘愿《复汤一心居士书》刊于《海潮音》第4年第3期。

石扶持《论佛教》刊于《海潮音》第4年第3期。

水日《陕西寂园讲经会纪略》刊于《海潮音》第4年第3期。

王弘愿《日本兴教大师传》刊于《海潮音》第4年第3期。

圆瑛《补祝转道和尚五十耆婆天》刊于《海潮音》第4年第3期。

仁静《高邮放生寺仁山法师建立四宏学院开学祝词》刊于《海潮音》第4年第3期。

松若的《德充发愿文》刊于《海潮音》第4年第3期。

笠居众生《学佛行仪（续）》刊于《海潮音》第4年第3期。

赵慧纶译《世界宗教联合会之佛教一斑》刊于《海潮音》第4年第4期。

化声《佛学院教授国文之演说》刊于《海潮音》第4年第4期。

王恩洋《佛法与外道之判别及佛法之根据》刊于《海潮音》第4年第4期。

释太虚《庐山牯岭劫设佛教讲演所》刊于《海潮音》第4年第4期。

慧通《仁缘女居士传》刊于《海潮音》第4年第4期。

徐文霨《冯宜人事略》刊于《海潮音》第4年第4期。

定慈居士《渔夫》刊于《海潮音》第4年第4期。

嘿庵《"解放""改造"的佛教徒观》刊于《海潮音》第4年第4期。

智常《十二门论试题》刊于《海潮音》第4年第4期。

啸岩《佛化与吾人之关系》刊于《海潮音》第4年第4期。

慧威笔记《太虚法师在沙市佛教会讲演录》刊于《海潮音》第4年第5期。

孙止后、陈石琴记《太虚法师在沙市佛教会第二次讲演录》刊于《海潮音》第4年第5期。

大圆《书唯识扶择谈后》刊于《海潮音》第4年第5期。

慧空、李润生《佛诞纪念日在中华大学演讲》刊于《海潮音》第4年第5期。

太虚《十二门论听讲录（续）》刊于《海潮音》第4年第5期。

王恩洋《大乘非佛说辨》刊于《海潮音》第4年第5期。

笠居众生《代灵涛师答郑君周天证真如之疑问》刊于《海潮音》第4年第5期。

成桂林《提倡宣讲佛经以代齐醮之必要》刊于《海潮音》第4年第5期。

慧龙《与某居士评论道录之谬》刊于《海潮音》第4年第5期。

宗镜《长沙佛诞纪念会之状况》刊于《海潮音》第4年第5期。

袁闻纯《武冈佛诞纪念之报告》刊于《海潮音》第4年第5期。

定慈《巫山成立佛教会》刊于《海潮音》第4年第5期。

胡蒙子《周居士国香传》刊于《海潮音》第4年第5期。

太虚《新宏明集序》刊于《海潮音》第4年第5期。

昧然《论学佛者须止恶行善》刊于《海潮音》第4年第5期。

昧昧《略评外道唐焕章》刊于《海潮音》第4年第5期。

善长《数论思想之特徵有几试——略说之》刊于《海潮音》第4年第5期。

安如《我之佛理参悟》刊于《海潮音》第 4 年第 5 期。

王邕笔记《太虚法师在宜昌佛教会演说辞》刊于《海潮音》第 4 年第 6 期。

慧堂居士《太虚法师在荆州佛教会讲演纪录》刊于《海潮音》第 4 年第 6 期。

唐大圆《听太虚法师谈唯识》刊于《海潮音》第 4 年第 6 期。

希声《世界学术因果谈》刊于《海潮音》第 4 年第 6 期。

善馨录《十二门论讲演录(续)》刊于《海潮音》第 4 年第 6 期。

大勇《留学日本之调查》刊于《海潮音》第 4 年第 6 期。

王弘愿《惠果阿阇梨传》刊于《海潮音》第 4 年第 6 期。

王弘愿《日本真言宗高祖弘法大师传》刊于《海潮音》第 4 年第 6 期。

太虚《重建汉阳归元寺藏经阁碑》刊于《海潮音》第 4 年第 6 期。

圣功《智融禅师遗稿记》刊于《海潮音》第 4 年第 6 期。

张慰西《佛经四大洲说》刊于《海潮音》第 4 年第 6 期。

黄觉《释觉》刊于《海潮音》第 4 年第 6 期。

善长《佛教徒对于中日交涉前途之观察》刊于《海潮音》第 4 年第 6 期。

嘿庵《百论之一切善法戒为根本义》刊于《海潮音》第 4 年第 6 期。

陈维东《二九五〇年佛诞纪念大会太虚法师在中华大学演说词》刊于《海潮音》第 4 年第 7 期。

慧空、李润生《论佛教徒当实行中日联合以宏法欧美》刊于《海潮音》第 4 年第 7 期。

大圆《起信论料简之忠告》刊于《海潮音》第 4 年第 7 期。

黄安陈康《佛诞日枝江佛教会欢迎军界道友辞》刊于《海潮音》第 4 年第 7 期。

心园居士《游终南山记》刊于《海潮音》第 4 年第 7 期。

慧龙、陈妄清《日本东京大谷佛教大学教授稻叶圆成来沙市佛教会参访之答问》刊于《海潮音》第 4 年第 7 期。

定慈《杨纯青居士生西之确见》刊于《海潮音》第 4 年第 7 期。

大圆《僧备可风》刊于《海潮音》第 4 年第 7 期。

大圆《佛化奇效》刊于《海潮音》第 4 年第 7 期。

王弘愿《陈育卿居士生西事略》刊于《海潮音》第 4 年第 7 期。

曹达溶《转龙山中兴龙溪禅师墓碑记》刊于《海潮音》第 4 年第 7 期。

永光《挹麈上人塔碑记》刊于《海潮音》第 4 年第 7 期。

慧楞、徐国瑞《刻印金刚经附记》刊于《海潮音》第 4 年第 7 期。

圆瑛《劝戒杀放生文》刊于《海潮音》第 4 年第 7 期。

超一《佛化救国论》刊于《海潮音》第 4 年第 7 期。

善朴《中论因缘品何以注重破自生》刊于《海潮音》第 4 年第 7 期。

圣功《太虚法师主讲世界佛教联合会第一讲》刊于《海潮音》第 4 年第 8 期。

圣功《太虚法师主讲世界佛教联合会第二讲》刊于《海潮音》第 4 年第 8 期。

唐大圆《苦海指南并叙》刊于《海潮音》第 4 年第 8 期。

刘玉子《中国佛教之传译及其教义之变迁论》刊于《海潮音》第 4 年第 8 期。

佛隐《念佛妙悟》刊于《海潮音》第 4 年第 8 期。

觉慧《太虚法师在黄梅讲演之纪载》刊于《海潮音》第 4 年第 8 期。

大圆《温州宏法记》刊于《海潮音》第4年第8期。

大圆《唐琼轩先生西游记》刊于《海潮音》第4年第8期。

龙山觉《吉安彭母李恭人生西事略》刊于《海潮音》第4年第8期。

定慈《纪异二则》刊于《海潮音》第4年第8期。

朱石僧《念佛感应记》刊于《海潮音》第4年第8期。

大圆《日灾祈安道场纪事》刊于《海潮音》第4年第8期。

释印光《护教文序》刊于《海潮音》第4年第8期。

大圆《唐乐道先生年六十寿文》刊于《海潮音》第4年第8期。

王弘愿《一切经音义汇编跋》刊于《海潮音》第4年第8期。

妙珑《募请大藏经小引》刊于《海潮音》第4年第8期。

袁闻纯《募建武冈高沙藏经处寿光林启》刊于《海潮音》第4年第8期。

遂安《来鹤寺大殿被火募化重建启》刊于《海潮音》第4年第8期。

大勇《留学日本真言宗之通信》刊于《海潮音》第4年第8期。

太虚《佛化旬报绪言》刊于《海潮音》第4年第8期。

大心《真正学佛道理》刊于《海潮音》第4年第8期。

太玄《净土真理》刊于《海潮音》第4年第8期。

能守《十二门论观作者门与百论破神品同异之校勘及摧破现代天基回等教之应用（其一）》刊于《海潮音》第4年第8期。

能学《十二门论观作者门与百论破神品同异之校勘及摧破现代天基回等教之应用（其二）》刊于《海潮音》第4年第8期。

漱芳《十二门论观作者门与百论破神品同异之校勘及摧破现代天基回等教之应用（其三）》刊于《海潮音》第4年第8期。

唐慧瑞《护生汇抄并叙》刊于《海潮音》第4年第8期。

希声《观俱舍论记》刊于《海潮音》第4年第8期。

太虚《我新近理想中之佛学院完全组织》刊于《海潮音》第4年第9期。

圣功《太虚法师主讲世界佛教联合会》刊于《海潮音》第4年第9期。

大圆《真平等论》刊于《海潮音》第4年第9期。

大圆《一切可唯论》刊于《海潮音》第4年第9期。

释印光《挽回劫运护国救民正本清源论》刊于《海潮音》第4年第9期。

佛隐《救劫的心法谈》刊于《海潮音》第4年第9期。

欧阳渐《黄建事略》刊于《海潮音》第4年第9期。

显荫《戒杀放生集弁言》刊于《海潮音》第4年第9期。

佛隐《神辨》刊于《海潮音》第4年第9期。

倚云《评孔德璋北山移文》刊于《海潮音》第4年第9期。

大勇《答太虚法师书一》刊于《海潮音》第4年第9期。

大勇《答太虚法师书二》刊于《海潮音》第4年第9期。

大勇《答超一师书》刊于《海潮音》第4年第9期。

唐大定《与友人论学佛书》刊于《海潮音》第4年第9期。

大圆记《太虚法师在汉阳水警厅演讲》刊于《海潮音》第4年第9期。

释出塵《宝庆点石庵佛诞纪念会演说一》刊于《海潮音》第 4 年第 9 期。

时谙《劝请净宗马一浮禅宗刘大心两居士息净》刊于《海潮音》第 4 年第 9 期。

太虚《佛法悟入渐次》刊于《海潮音》第 4 年第 10 期。

觉慧记《太虚法师在黄梅明伦堂之演说》刊于《海潮音》第 4 年第 10 期。

大圆《汉阳水警厅之讲演》刊于《海潮音》第 4 年第 10 期。

佛隐《金刚四相义》刊于《海潮音》第 4 年第 10 期。

大圆《大乘真实相演论》刊于《海潮音》第 4 年第 10 期。

圣功记《陈仇二先生在佛学院讲记》刊于《海潮音》第 4 年第 10 期。

大圆《武昌第一模范监狱布教记》刊于《海潮音》第 4 年第 10 期。

印光《乐清虹桥净土堂序》刊于《海潮音》第 4 年第 10 期。

开悟《潇湘精慧雅亭重建华严盛典记》刊于《海潮音》第 4 年第 10 期。

大圆《世界佛化女学院募缘疏》刊于《海潮音》第 4 年第 10 期。

王弘愿《古大士庵承领地基募捐启》刊于《海潮音》第 4 年第 10 期。

定慧《修理东山寺募捐疏》刊于《海潮音》第 4 年第 10 期。

邹申远《蔼香室笔记自序》刊于《海潮音》第 4 年第 10 期。

法传《放生寺四宏学院记》刊于《海潮音》第 4 年第 10 期。

默庵《僧人应变的态度》刊于《海潮音》第 4 年第 10 期。

佛隐《敬告青年学人》刊于《海潮音》第 4 年第 10 期。

梁启超《思想之矛盾与悲观》刊于《海潮音》第 4 年第 10 期。

会中《今后昌明佛法之方针》刊于《海潮音》第 4 年第 10 期。

陈维东《世界佛化新青年的说明》刊于《海潮音》第 4 年第 10 期。

刘玉子《真如略释》刊于《海潮音》第 4 年第 10 期。

超一《湖北第一模范监狱演讲》刊于《海潮音》第 4 年第 10 期。

江绍源《印度宗教书籍大纲》刊于《海潮音》第 4 年第 10 期。

慧月《观世音菩萨灵感记》刊于《海潮音》第 4 年第 10 期。

时谙《阮本性示寂之纪略》刊于《海潮音》第 4 年第 10 期。

吴倩芗《胡居士志西往生记》刊于《海潮音》第 4 年第 10 期。

萧愿西《评杞人忧天说》刊于《海潮音》第 4 年第 10 期。

太虚法师《唯识讲要》刊于《海潮音》第 4 年第 11 期。

太虚《深密纲要》刊于《海潮音》第 4 年第 11 期。

大圆《唯识教义述要》刊于《海潮音》第 4 年第 11 期。

大圆《真自由论》刊于《海潮音》第 4 年第 11 期。

大圆《汉阳水警厅演讲》刊于《海潮音》第 4 年第 11 期。

笠居众生《对于出世二字之再释》刊于《海潮音》第 4 年第 11 期。

圣功《宁波佛教孤儿院志略》刊于《海潮音》第 4 年第 11 期。

宜民《宜昌普济寺讲经会纪盛》刊于《海潮音》第 4 年第 11 期。

徐埇立《张无垢居士往生记》刊于《海潮音》第 4 年第 11 期。

郑步武《毛母牟太夫人临终瑞相记》刊于《海潮音》第 4 年第 11 期。

修慈《坠井得救》刊于《海潮音》第 4 年第 11 期。

太虚《国学钩玄叙》刊于《海潮音》第 4 年第 11 期。

邹幾极《满香室笔记续集自序》刊于《海潮音》第 4 年第 11 期。

修慈《续修新化招云峰佛像记》刊于《海潮音》第 4 年第 11 期。

妙珑《中兴天王寺融光和尚传》刊于《海潮音》第 4 年第 11 期。

陈雪颐《廖女士雪如传》刊于《海潮音》第 4 年第 11 期。

王弘愿《敬告海内佛学家》刊于《海潮音》第 4 年第 11 期。

郁九龄《三毒说之一(贪)》刊于《海潮音》第 4 年第 11 期。

德清《研究唯识无畏难说》刊于《海潮音》第 4 年第 11 期。

莲尊《因果浅说》刊于《海潮音》第 4 年第 11 期。

刘玄达录《齐素论》刊于《海潮音》第 4 年第 11 期。

梁启超《文学之反射》刊于《海潮音》第 4 年第 11 期。

慧月《观音菩萨灵感记》刊于《海潮音》第 4 年第 11 期。

吴倩芗《吴志西往生记》刊于《海潮音》第 4 年第 11 期。

唐德醒《化魔念佛说》刊于《海潮音》第 4 年第 11 期。

萧愿西《评杞人忧天》刊于《海潮音》第 4 年第 11 期。

性林《百论之一切善法戒为根本义》刊于《海潮音》第 4 年第 11 期。

超一《读惺社社邱的感言》刊于《海潮音》第 4 年第 11 期。

谢绪《武冈佛化群贤学校文徵之一》刊于《海潮音》第 4 年第 11 期。

刘玉子《真如略释》刊于《海潮音》第 4 年第 11 期。

梅光羲《相宗纲要续编》刊于《海潮音》第 4 年第 11 期。

四、学术著作

(元)郭居业辑,陈镜如音译,周湘绘图《(水彩画)二十四孝图说》由上海文明书局刊行。

(清)钱大昕著《(白话辞源)恒言录》由江苏常州新群书社刊行。

(清)陈氏编《太上感应篇注讲证案汇编》由江苏苏州弘化社刊行。

(清)刘智著《纂释天方性理图传》由上海中华书局刊行。

(清)王古初注《孝经经解》由上海明善书局刊行。

(清)李杕著《拳祸记》(上卷:拳匪祸国记)由上海土山湾印书馆刊行。

(清)李杕著《拳祸记》(下卷:拳匪祸国记)由上海土山湾印书馆刊行。

(清)刘熙载著《艺概》由上海开明书店刊行。

章太炎著《章太炎国学讲演集》由中华国学研究会刊行。

梁启超著《梁任公学术讲演集》(第 3 辑)由上海商务印书馆刊行。

缪尔纾著《老子新注》由上海新文化书社刊行。

支伟成标点《(标点注解)老子道德经》由上海泰东书局刊行。

程辟金著《老子哲学的研究和批评》由上海民智书局刊行。

梁树棠著《孔子新义》由上海中华圣教总会刊行。

陈顾远著《墨子政治哲学》由上海泰东图书局刊行。

伍非百著《墨辩解故》由北京中国大学出版部刊行。

熊梦著《墨子经济思想》由北京志学社刊行。

张纯一著《墨学与景教》编者刊行。

苏甲荣著《庄子哲学》由北京镡津寄庐刊行。

朱谦之著《周易哲学》（上卷）由上海学术研究会丛书部刊行。

陆懋德《周秦哲学史》由京华印书局印行。

梁启超著《先秦政治思想史》（一名《中国圣贤之人生观及其政治哲学》）由上海商务印书馆刊行。

按：是书分序论、前论和本论共34章。序论部分讨论先秦政治思想所涉及的问题、资料及其研究方法；前论以逻辑的方法论述先秦时期主要的思想范畴天道、民本等；本论分别对儒家、道家、墨家、法家四个流派加以论述。作者认为，先秦思想家的所谓"百家言""罔不归宿于政治"。而"中国学术，以研究人类现世生活之理法为中心，古今思想家皆集中精力与此方面的各种问题，以今语道之，即人生哲学及政治哲学所包含之诸问题也。盖无论何时代何宗派之著述，未尝不归结于此点"。

东方杂志社编纂《近代哲学家》由上海商务印书馆刊行。

按：是书收有《冯德之生平及其学说》（康符），《黑格尔学说一般》（心暝），《文得尔班学说》（康符），《居约传略》（华林）。附录：《研究哲学之管见》（瞿世英）。

东方杂志社编《现代哲学一脔》由上海商务印书馆刊行。

黄忏华编《西洋哲学史》由上海商务印书馆刊行。

黄忏华编《现代哲学概观》（师范学校用书）由上海商务印书馆刊行。

按：是书分两篇，第1篇总论：现代哲学的评释和解说，讲述实在、价值、生命三者与哲学的关系；第2篇为各论；介绍实用主义、新黑格尔主义、直觉主义、新实在论等。书前有引论《现代哲学的发端》；书末有结论《现代哲学和生活》。

潘公展著《哲学问题》由上海商务印书馆刊行。

徐庆誉著《爱的哲学》由湖南长沙世界学会刊行。

刘宜之著，向警予校《唯物史观浅释》由国光书店刊行。

汪孟邹编辑《科学与人生观》（上下册）由上海亚东图书馆刊行，有陈独秀、胡适序。

按：《科学与人生观》代表了科学派的立场，收录论文29篇，有陈独秀、胡适序。1923年初，中国思想界发生了一场规模较大的科学与玄学的论战，辩论是由张君劢在清华大学作了题为"人生观"的演说引起的，参加辩论的人包括丁文江、梁启超、张东荪、吴敬恒等数十人。这场历时半年余，发表文章超过25万字，是书就是论战文章的汇编。主要有张君劢《人生观》、丁文江《玄学与科学——评张君劢的〈人生观〉》、张君劢《再论人生观与科学并答丁在君》《关于玄学科学论战之"战时国际公法"——暂时局外中立人梁启超宣言》、胡适《孙行者与张君劢》、任叔永《人生观的科学或科学的人生观》、孙伏园《玄学科学论战杂话》、梁启超《人生观与科学》、章演存《张君劢主张的人生观对科学的五个异点》、朱经农《读张君劢论人生观与科学的两篇文章后所发生的疑问》、林宰平《读丁在君先生的〈玄学与科学〉》、丁文江《玄学与科学——答张君劢》、唐钺《心理现象与因果律》、张君劢先生在中国大学讲《科学之评价》、张东荪《劳而无功——评丁在君先生口中的科学》、菊农《人格与教育》、陆志韦《"死狗"的心理学》、丁文江《玄学与科学的讨论的余兴》、唐钺《"玄学与科学"论证的所给的暗示》、唐钺《一个痴人的说梦——情感真是超科学的吗?》、王星拱《科学与人生观》、唐钺《科学的范围》、穆《旁观者言》、颂皋《玄学上之问题》、王平陵《"科哲之战"的尾声》、吴稚晖《箴洋八股化之理学》、范寿康《评所谓"科学与玄学之争"》、唐钺《读了〈评所谓"科学与玄学之争"〉以后》、吴稚晖《一个新信仰的宇宙观及人生观》。

按：陈独秀《科学与人生观序》说：亚东图书馆汇印讨论科学与人生观的文章，命我作序，我方在病中而且多事,却很欢喜地作这篇序。第一,因为文化落后的中国,到现在才讨论这个问题(文化落后的俄国此前关于这问题也有过剧烈的讨论,现在他们的社会科学进了步,稍懂得一点社会科学门径的人,都不会有这种无常识的讨论了,和我们中国的知识阶级现在也不至于讨论什么天圆地方、天动地静、电线是不是蜘蛛精这等问题一样),而却已开始讨论这个问题,进步虽说太缓,总算是有了进步;只可惜一班攻击张君劢、梁启超的人们,表面上好像是得了胜利,其实并未攻破敌人的大本营,不过打散了几个支队,有的还是表面上在那里开战,暗中却已投降了(如范寿康先天的形式说,及任叔永人生观的科学是不可能说)。就是主将丁文江大攻击张君劢唯心的见解,其实他自己也是以五十步笑百步,这是因为有一种可以攻破敌人大本营的武器,他们素来不相信,因此不肯用。"科学何以不能支配人生观",敌人方面却举出一些似是而非的证据出来;"科学何以能支配人生观",这方面却一个证据也没举出来,我以为不但不曾得着胜利,而且几乎是卸甲丢盔的大败战,大家的文章写得虽多,大半是"下笔千言离题万里",令人看了好像是"科学概论讲义",不容易看出他们和张君劢的争点究竟是什么,张君劢那边离开争点之枝叶更加倍之多,这乃一场辩论的最大遗憾! 第二,因为适之最近对我说,"唯物史观至多只能解释大部分的问题,"经过这回辩论之后,适之必能百尺竿头更进一步! 因为这两个缘故,我很欢喜地作这篇序。

人生观和(社会)科学的关系是很显明的,为什么大家还要讨论? 哈哈! 就是讨论这个问题之本身,也可以证明人生观和科学的关系之深了。孔德分人类社会为三时代,我们还在宗教迷信时代;你看全国最大多数的人,还是迷信巫鬼符咒算命卜卦等超物质以上的神秘;次多数像张君劢这样相信玄学的人,旧的士的阶级全体,新的士的阶级一大部分皆是;像丁在君这样相信科学的人,其数目几乎不能列入统计。现在由迷信时代进步到科学时代,自然要经过玄学先生的狂吠;这种社会的实际现象,想无人能够否认。倘不能否认,便不能不承认孔德三时代说是社会科学上一种定律。这个定律便可以说明许多时代许多社会许多个人的人生观之所以不同。譬如张君劢是个饱学秀才,他一日病了,他的未尝学问的家族要去求符咒仙方,张君劢立意要延医诊脉服药;他的朋友丁在君从外国留学回来,说汉医靠不住,坚劝他去请西医,张君劢不但不相信,并说出许多西医不及汉医的证据;两人争持正烈的时候,张君劢的家族说,西医汉医都靠不住,还是符咒仙方好;他们如此不同的见解,也便是他们如此不同的人生观,他们如此不同的人生观,都是他们所遭客观的环境造成的,决不是天外飞来主观的意志造成的,这本是社会科学可以说明的,决不是形而上的玄学可以说明的。

张君劢举出九项人生观,说都是主观的,起于直觉的,综合的,自由意志的,起于人格之单一性的,而不为客观的,论理的,分析的,因果律的科学所支配。今就其九项人生观看起来:第一,大家族主义和小家族主义,纯粹是由农业经济宗法社会进化到工业经济军国社会之自然的现象。第二,男女尊卑及婚姻制度,也是由于农业宗法社会亲与夫都把子女及妻当作生产工具,当作一种财产,到了工业社会,家族手工已不适用,有了雇工制度,也用不着拿家族当生产工具,于是女权运动自然会兴旺起来。第三,财产公有私有制度,在原始共产社会,人弱于兽,势必结群合作,原无财产私有之必要与可能(假定有人格之单一性的张先生,生在那个社会,他的主观,他的直觉,他的自由意志,忽然要把财产私有起来,怎奈他所得的果物兽肉无地存储,并没有防腐的方法,又不能变卖金钱存在银行,结果恐怕只有放弃他私有财产的人生观);到了农业社会,有了一定的住所,有了仓库,谷物又比较的易于保存,独立生产的小农,只有土地占有的必要,没有通力合作的必要,私有财产观念,是如此发生的;到了工业社会,家庭的手工的独立生产制已不能存立,成千成万的人组织在一个通力合作的机关之内,大家无工做便无饭吃,无工具便不能做工,大家都没有生产工具,生产工具已为少数资本家私有了,非将生产工具收归公有,大家只好卖力给资本家,公有财产观念,是如此发生的。第四,守旧维新之争持,乃因为现社会有了经济的变化,而与此变化不适应的前社会之制度仍旧存在,束缚着这变化的发展,于是在经济上利害不同的阶级,自然会随着变化之激徐,或激或徐的冲突起来。第五,物质精神之异见,少数人因为有他的特殊环境,一般论起来,漫说工厂里体力工人了,就是商务印书馆月薪二三十元的编辑先生,日愁衣食不济,那有如许闲情像张君劢、梁启超高谈什么精神文明东方文化。第六,社会主义之发生,和公有财产制是一事。第七,人性中本有为我利他两种本能,个人本能发挥的机会,乃由于所遭环境及所受历史的社会的暗示之不同而异。第八,悲观乐观见解之不同,亦由于个人所遭环境及所受历史的社会的暗示而异,试观各国自杀的统计,不但自杀的原因都是环境使然,而且和年龄性别职业节季等都有关系。第九,宗教思想之变迁,更是要受时代及社会势力支配的:各民族原始的宗教,依据所传神话,大都是崇拜太阳,火,高山,巨石,毒蛇,猛兽等的自然教;后来到了农业经济宗法社会,族神祖先农神等多神教遂至流行;后来商业发达,随着国家的统一运动,一神教遂至得势;后来工业发达,科学勃兴,无神非宗教之说随之而起;即在同一时代,各民族各社会产业进化之迟速不同,宗教思想亦随之而异,非洲美洲南洋蛮族,仍在自然宗教时代,中国印度,乃信多神,商工业发达之欧美,多奉基督;使中国圣人之徒生于伦敦,他也要奉洋教,歌颂耶和华;使基督信徒生在中国穷乡僻壤,他也要崇拜祖宗与狐狸。以上九项种种不同的人生观,都为种种不同客观的因果所支配,而社会科学可一一加以分析的论理的说明,找不出那一种是没有客观的原因,而由于个人主观的直觉的自由意志凭空发生的。

梁启超究竟比张君劢高明些,他说:"君劢列举'我对非我'之九项,他以为不能用科学方法解答者,依我看来十有八九倒是要用科学方法解答。"梁启超取了骑墙态度,一面不赞成张君劢,一面也不赞成丁在君,他自己的意见是:"人生问题,有大部分是可以——而且必要用科学方法来解决的。却有一小部分——或者还是最重要的部分是超科学的。"

他所谓大部分是指人生关涉理智方面的事项,他所谓一小部分是指关于情感方面的事项。他说:"既涉到物界,自然为环境上——时间空间——种种法则所支配。"理智方面事项,固然不离物界,难道情感方面事项不涉到物界吗?感官如何受刺激,如何反应,情感如何而起,这都是极普通的心理学。关于情感超科学这种怪论,唐钺已经驳辩很明白。但是唐钺驳梁启超说:"我们论事实的时候,不能羼入价值问题。"而他自己论到田横事件,解释过于浅薄,并且说出"没有多大价值"的话,如此何能使梁启超心服!其实孝子割股疗亲,程婴杵臼代人而死,田横乃木自杀等主动,在社会科学家看起来,无所谓优不优,无所谓合理不合理,无所谓有价值无价值,无所谓不可解,无所谓神秘,不过是农业的宗法社会封建时代所应有之人生观。这种人生观乃是农业的宗法社会封建时代之道德传说及一切社会的暗示所铸而成,试问在工业的资本主义社会,有没有这样举动,有没有这样情感,有没有这样的自由意志?

范寿康也是一个骑墙论者,他主张科学是指广义的科学,他主张科学决不能解决人生问题的全部。他说:"人生观一部分是先天的,一部分是后天的。先天的形式是由主观的直觉而得,决不是科学所能干涉。后天的内容应由科学的方法探讨而定,决不是主观所应安定。"他所谓先天的形式,即指良心命令人类做各人所自认为善的行为。

什么先天的形式,什么良心,什么直觉,什么自由意志,一概都是生活状况不同的各时代各民族之社会的暗示所铸而成:一个人生在印度婆罗门家,自然不愿意杀人,他若生在非洲酋长家,自然以多杀为无上荣誉;一个女子生在中国阀阅之家,自然以贞节为她的义务,她若生在意大利,会以多获面首夸示其群;西洋人见中国人赤膊对女了则骇然,中国人见西洋人用字纸揩粪则惊讶,匈奴可汗父死遂妻其母,满族初入中国不知汉人礼俗,皇太后再嫁其夫弟而不以为耻;中国人以厚葬其亲为孝,而蛮族有委亲尸于山野以被鸟兽所噬为荣幸者;欧美妇女每当稠人广众吻其所亲,而以为人妾为奇耻大辱;中国妇人每以得为贵人之妾为荣幸,而当众接吻虽娼妓亦羞为之;由此看来,世界上那里真有什么良心,什么直觉,什么自由意志!

丁在君不但未曾说明"科学何以能支配人生观",并且他的思想之根底,仍和张君劢走的是一条道路。我现在举出两个证据:

第一,他自号存疑的唯心论,这是沿袭了赫胥黎、斯宾塞诸人的谬误;你既承认宇宙间有不可知的部分而存疑,科学家站开,且让玄学家来解疑。此所以张君劢说:"既已存疑,则研究形而上界之玄学,不应有丑诋之词。"其实我们对于未发见的物质固然可以存疑,而对于超物质而独立存在并且可以支配物质的什么心(心即是物之一种表现),什么神灵与上帝,我们已无疑可存了。说我们武断也好,说我们专制也好,若无证据给我们看,我们断然不能抛弃我们的信仰。

第二,把欧洲文化破产的责任归到科学与物质文明,固然是十分糊涂,但丁在君把这个责任归到玄学家教育家政治家身上,却也离开事实太远了。欧洲大战分明是英德两大工业资本发展到不得不互争世界商场之战争,但看他们战争结果所定的和约便知道,如此大的变动,那里是玄学家、教育家、政治家能够制造得来的。如果离了物质的(即经济的)原因,非科学的玄学家、教育家、政治家能够造成这样空前的大战争;那么,我们不得不承认张君劢所谓自由意志的人生观真有力量了。

我们相信只有客观的物质原因可以变动社会,可以解释历史,可以支配人生观,这便是"唯物的历史观"。我们现在要请问丁在君先生和胡适之先生:相信"唯物的历史观"为完全真理呢,还是相信唯物以外像张君劢等类人所主张的唯心观也能够超科学而存在? 十二,十一,十三。

按:胡适《科学与人生观序》说:亚东图书馆主人汪孟邹先生近来把散见国内各种杂志上的讨论科学与人生观的文章搜集印行,总名为《科学与人生观》。我从烟霞洞回到上海时,这部书已印了一大半了。孟邹要我做一篇序。我觉得,在这空前的思想界大笔战的战场上,我要算一个逃兵了。我在本年三、四月间,因为病体未复原,曾想把《努力周报》停刊;当时丁在君先生极不赞成停刊之议,他自己作了几篇长文,使我好往南方休息一会。我看了他的玄学与科学,心里很高兴,曾对他说,假使《努力》以后向这个新方向去谋发展,——假使我们以后为科学作战,——《努力》便有了新生命,我们也有了新兴趣,我从南方回来,一定也要加入战斗的。然而,我来南方以后,一病就费去了六个多月的时间,在病中,我只作了一篇很不庄重的《孙行者与张君劢》,此外竟不曾加入一拳一脚,岂不成了一个逃兵了? 我如何敢以逃兵的资格来议论战场上各位武士的成绩呢? 但我下山以后,得遍读这次论战的各方面的文章,究竟忍不住心痒手痒,究竟不能不说几句话。一来呢,因为论战的材料太多,看这部大书的人不免有"目迷五色"的感觉,多作一篇综合的序论也许可以帮助读者对于论点的了解。二来呢,有几个重要的争点,或者不曾充分发挥,或者被埋没这二十五万字的大海里,不容易引起读者的注意,似乎都有特别点出的需要。因此,我就大胆地作这篇序了。

这三十年来,有一个名词在国内几乎做到了无上尊严的地位;无论懂与不懂的人,无论守旧和维新的人,都不敢公然对他表示轻视或戏侮的态度。那个名词就是"科学"。这样几乎全国一致的崇信,究竟有无价值,那是另一个问题。我们至少可以说,自从中国讲变法维新以来,没有一个自命为新人物的人敢公然毁谤"科学"的,直到民国八九年间梁任公先生发表他的《游欧心影录》,科学方才在中国文字里正式受了"破产"的宣告。梁先生说:"要而言之,近代人因科学发达,生出工业革命,外部生活变迁急剧,内部生活随而动摇,这是很容易看得出的。……依着科学家的新心理学,所谓人类心灵这件东西,就不过物质运动现象之一种。……这些唯物派的哲学家,托庇科学宇下建立一种纯物质的纯机械的人生观,把一切内部生活外部生活都归到物质运动的'必然法则'之下。……不唯如此,他们把心理和精神看成一物,根据实验心理学,硬说人类精神也不过是一种物质,一样受'必然法则'所支配。于是人类的自由意志不得不否认了。意志既不能自由,还有什么善恶的责任? ……现今思想界最大的危机就在这一点。宗教和旧哲学既已被科学打得个旗靡帜乱,这位'科学先生'便自当仁不让起来,要凭他的试验发明个宇宙新大原理。却是那大原理且不消说,敢是各科的小原理也是日新月异,今日认为真理,明日已成谬见。新权威到底树立不来,旧权威却是不可恢复了。所以全社会人心,都陷入怀疑沉闷畏惧之中,好像失了罗针的海船遇着风雾,不知前途怎生是好。既然如此,所以那些什么乐利主义强权主义越发得势。死后既没有天堂,只好尽这几十年尽情地快活。善恶既没有责任,何妨尽我的手段来充满我个人欲望。然而享用的物质增加速率,总不能和欲望的升腾同一比例,而且没有法子令他均衡。怎么好呢? 只有凭自己的力量自由竞争起来,质而言之,就是弱肉强食。近年来什么军阀,什么财阀,都是从这条路产生出来。这回大战争,便是一个报应。总之,在这种人生观底下,那么千千万万人前脚接后脚地来这世界走一趟住几十年,干什么呢? 独一无二的目的就是抢面包吃。不然就是怕那宇宙物质运动的大轮子缺了发动力,特自来供给他燃料。果真这样,人生还有一毫意味,人类还有一毫价值吗? 无奈当科学全盛时代,那主要的思潮,却是偏在这方面,当时讴歌科学万能的人,满望着科学成功,黄金世界便指日出现。如今功总算成了,一百年物质的进步,比从前三千年所得还加几倍。我们人类不惟没有得着幸福,倒反带来许多灾难。好像沙漠中失路的旅人,远远望见个大黑影,拼命往前赶,以为可以靠他向导,哪知赶上几程,影子却不见了,因此无限凄惶失望。影子是谁,就是这位'科学先生'。欧洲人做了一场科学万能的大梦,到如今却叫起科学破产来。"(《梁任公近著》第1辑,上卷,第19—23页。)

梁先生在这段文章里很动感情地指出科学家的人生观的流毒:他很明显地控告那"纯物质的纯机械的人生观"把欧洲全社会"都陷入怀疑沉闷畏惧之中",养成"弱肉强食"的现状,——"这回大战争,便是一个报应"。他很明白地控告这种科学家的人生观造成"抢面包吃"的社会,使人生没有一毫意味,使人类没有一毫价值,没有给人类带来幸福,"倒反带来许多灾难",叫人类"无限凄惶失望"。梁先生要说的是欧洲"科学破产"的喊声,而他举出的却是科学家的人生观的罪状;梁先生撮拾了一些玄学家诬蔑科学人生观的话头,却被加上了"科学破产"的恶名。梁先生后来在这段之后,加上两行自注道:"读者切勿误会,因此菲薄科学,我绝不承认科学破产,不过也不承认科学万能罢了。"然而,谣言这件东西,就同野火一样,是易放而难收的。自从《欧游心影录》发表之后,科学在中国的尊严就远不如前了。一般不曾出国门的老先生很高兴地喊着:"欧洲科学破产了!梁任公这样说的。"我们不能说梁先生的话和近年同善社、悟善社的风行有什么直接的关系,但我们不能不说梁先生的话在国内确曾替反科学的势力助长不少的威风。梁先生的声望,梁先生那枝"笔锋常带情感"的健笔,都能使他的读者容易感受他的言论的影响。何况国中还有张君劢先生一流人,打着柏格森、倭铿、欧立克……的旗号,继续起来替梁先生推波助澜呢?

我们要知道,欧洲的科学已到了根深蒂固的地位,不怕玄学鬼来攻击了。几个反动的哲学家,平素饱餍了科学的滋味,偶尔对科学发几句牢骚话,就像富贵人家吃厌了鱼肉,常想尝尝咸菜豆腐的风味;这种反动并没有什么大危险。那光焰万丈的科学,绝不是这个玄学鬼摇撼得动的。一到中国,便不同了。中国此时还不曾享着科学的赐福,更谈不到科学带来的"灾难"。我们试睁开眼看看:这遍地的乩坛道院,这遍地的仙方鬼照相,这样不发达的交通,这样不发达的实业,——我们那里配排斥科学?至于"人生观",我们只有做官发财的人生观,只有靠天吃饭的人生观,只有求神问卜的人生观,只有《安士全书》的人生观,只有《太上感应篇》的人生观,——中国人的人生观还不曾和科学行见面礼呢!我们当这个时候,正苦科学的提倡不够,正苦科学的教育不发达,正苦科学的势力还不能扫除那迷漫全国的乌烟瘴气,——不料还有名流学者出来高唱"欧洲科学破产"的喊声,出来把欧洲文化破产的罪名归到科学身上,出来菲薄科学,历数科学家的人生观的罪状,不要科学在人生观上发生影响!信仰科学的人看了这种现状,能不发愁吗?能不大声疾呼出来替科学辩护吗?这便是这一次"科学与人生观"的大论战所以发生的动机。明白了这个动机,我们方才可以明白这次大论战在中国思想史上占的地位。

张君劢的人生观原文的大旨是:"人生观之特点所在,曰主观的,曰直觉的,曰综合的,曰自由意志的,曰单一性的。惟其有此五点,故科学无论如何发达,而人生观问题之解决,决非科学所能为力,惟赖诸人类之自身而已。"君劢叙述那五个特点时,处处排斥科学,处处用一种不可捉摸的语言——"是非各执,绝不能施以一种试验","无所谓定义,无所谓方法,皆其自身良心之所命起而主张之","若强为分析,则必失其真义","皆出于良心之自动,而绝非有使之然者"。这样一个大论战,却用一篇处处不可捉摸的论文作起点,这是一件大不幸的事。因为原文处处不可捉摸,故驳论与反驳都容易跳出本题。战线延长之后,战争的本意反不很明白了。(我常想,假如当日我们用了梁任公先生的"科学万能之梦"一篇作讨论的基础,我们定可以这次论争的旗帜格外鲜明,——至少可以免去许多无谓的纷争。)我们为读者计,不能不把这回论战的主要问题重说一遍。君劢的要点是"人生观问题之解决,决非科学所能为力"。我们要答复他,似乎应该先说明科学应用到人生观问题上去,会产生什么样子的人生观;这就是说,我们应该先叙述"科学的人生观"是什么,然后再讨论这种人生观是否可以成立,是否可以解决人生观的问题,是否像梁先生说的那样贻祸欧洲,流毒人类。我总观这二十五万字的讨论,总觉得这一次为科学作战的人,——除了吴稚晖先生——都有一个共同的错误,就是不曾具体地说明科学的人生观是什么,却去抽象地力争科学可以解决人生观的问题。这个共同错误的原因,约有两种:第一,张君劢的导火线的文章内并不曾像梁任公那样明白指斥科学家的人生观,只是笼统地说科学对于人生观问题不能为力。因此,驳论与反驳论的文章也都走上那"可能与不可能"的笼统讨论上去了。例如,丁在君的玄学与科学的主要部分只是要证明

"凡是心理的内容,真的概念推论,无一不是科学的材料"。然而,他却始终没有说出什么是"科学的人生观"。从此以后许多参战的学者都错在这一点上。如张君劢《再论人生观与科学》只主张"人生观超于科学以上""科学决不能支配人生"。如梁任公的《人生观与科学》只说"人生关涉理智方面的事项,绝对要用科学方法来解决;关于情感方面的事项,绝对的超科学"。如林宰平的《读丁在君先生的玄学与科学》只是一面承认"科学的方法有益于人生观",一面又反对科学包办或管理"这个最古怪的东西"——人类。如丁在君《答张君劢》也只是说明"这种(科学)方法,无论用在知识界的那一部分,都有相当的成绩,所以我们对于知识的信用,比对于没有方法的情感要好;凡有情感的冲动都要想用知识来指导他,使他发展的程度提高,发展的方向得当"。如唐擘黄《心理现象与因果律》只证明"一切心理现象都是有因的"。他的《一个痴人的说梦》只证明"关于情感的事项,要就我们的知识所及,尽量用科学方法来解决的"。王抚五的《科学与人生观》也只是说:"科学是凭藉'因果'和'齐一'两个原理而构造起来的;人生问题无论为生命之观念,或生活之态度,都不能逃出这两个原理的金刚圈,所以科学可以解决人生问题。"直到最后,范寿康的《评所谓科学与玄学之争》也只是说:"伦理规范——人生观——一部分是先天的,一部分是后天的。先天的形式是由主观的直觉而得,绝不是科学所能干涉。后天的内容应由科学的方法探讨而定,不是主观所应妄定。"

综观以上各位的讨论,人人都在那里笼统地讨论科学能不能解决人生问题或人生观问题。几乎没有一个人明白指出,假使我们把科学适用到人生观上去,应该产生什么样子的人生观。然而,这个共同的错误大都是因为君劢的原文不曾明白攻击科学家的人生观,却只悬空武断科学决不能解决人生观问题。殊不知,我们若不先明白科学应用到人生观上去时发生的结果,我们如何能悬空评判科学能不能解决人生观呢?这个共同的错误——大家规避"科学的人生观是什么"的问题——怕还有第二个原因,就是一班拥护科学的人虽然抽象地承认科学可以解决人生问题,却终不愿公然承认那具体的"纯物质,纯机械的人生观"为科学的人生观。我说他们"不愿",并不是说他们怯懦不敢,只是说他们对于那科学家的人生观还不能像吴稚晖先生那样明显坚决地信仰,所以还不能公然出来主张。这一点确是这一次大论争的一个绝大的弱点。若没有吴老先生把他的"漆黑一团"的宇宙观和"人欲横流"的人生观提出来做个压阵大将,这一场大战争真成了一场混战,只闹得个一哄散场!

对于这一点,陈独秀先生的序里也有一段话,对于作战的先锋大将丁在君先生表示不满意。独秀说:"他(丁先生)自号存疑的唯心论,这是沿袭赫胥黎、斯宾塞诸人的谬误;你既承认宇宙有不可知的部分而存疑,科学家站开,且让玄学家来解疑。此所以张君劢说'既已存疑,则研究形而上界之玄学,不应有丑诋之词'。其实我们对于未发现的物质固然可以存疑,而对于超物质而独立存在并且可以支配物质的什么心(心即是物之一种表现),什么神灵与上帝,我们已无疑可存了。说我们武断也好,说我们专制也好,若无证据给我们看,我们断然不能抛弃我们的信仰。"关于存疑主义的积极精神,在君自己也曾有明白的声明(《答张君劢》,第12—23页)。"拿证据来!"一句话确然是有积极精神的。但赫胥黎等在当用这种武器时,究竟还只是消极的防御居多。在十九世纪的英国,在那宗教的权威不曾打破的时代,明明是无神论者,也不得不挂一个"存疑"的招牌。但在今日的中国,在宗教信仰向来比较自由的中国,我们如果深信现有的科学证据只能叫我们否认上帝的存在和灵魂的不灭,那么,我们正不妨老实自居为"无神论者"。这样的自称并不算是武断;因为我们的信仰是根据证据的:等到有神论的证据充足时,我们再改信有神论,也还不迟。我们在这个时候,既不能相信那没有充分证据的有神论,心灵不灭论,天人感应论,……又不肯积极地主张那自然主义的宇宙观,唯物主义的人生观,……怪不得独秀要说"科学家站开!且让玄学家来解疑"了。吴稚晖先生便不然。他老先生宁可冒"玄学鬼"的恶名,偏要冲到那"不可知的区域"里去打一阵,他希望"那不可知区域里的假设,责成玄学鬼也带着论理色彩去假设着"(《宇宙观及人生观》,第9页)。这个态度是对的。我们信仰科学的人,正不妨做一番大规模的假设。只要我们的假设处处建筑在已知的事实之上,只要我们认我们的建筑不过是一种最满意的假设,可以跟着新证据修正的,——我们带着这种科学的态度,不妨冲进那不可知的区域里,正如姜子牙展开了杏黄旗,也不妨冲进十绝阵里去试试。

我在上文说的,并不是有意挑剔这一次论战场上的各位武士。我的意思只是要说,这一篇论战的文章只做了一个"破题",还不曾做到"起讲"。至于"余兴"与"尾声",更谈不到了。破题的功夫,自然是很重要的,丁在君先生的发难,唐擘黄先生等的响应,六个月的时间,二十五万字的煌煌大文,大吹大擂地把这个大问题捧了出来,叫乌烟瘴气的中国知道这个大问题的重要,——这件功劳真不在小处!

可是现在真有做"起讲"的必要了。吴稚晖先生的《一个新信仰的宇宙观及人生观》已经给我们做下一个好榜样。在这篇"科学与人生观"的"起讲"里,我们应该积极地提出什么叫做"科学的人生观",应该提出我们所谓"科学的人生观",好教将来的讨论有个具体的争点。否则你单说科学能解决人生观,他单说不能,势必至于吴稚晖先生说的"张、丁之战,便延长了一百年,也不会得到究竟"。因为若不先有一种具体的科学人生观作讨论的底子,今日泛泛地承认科学有解决人生观的可能,是没有用的。等到那"科学的人生观"的具体内容拿出来时,战线上的组合也许要起一个大大的变化。我的朋友朱经农先生是信仰科学"前程不可限量"的,然而,他定不能承认无神论是科学的人生观。我的朋友林宰平先生是反对科学包办人生观的,然而,我想他一定可以很明白地否认上帝的存在。到了那个具体讨论的时期,我们才可以说是真正开战。那时的反对,才是真正反对。那时的赞成,才是真正赞成。那时的胜利,才是真正胜利。

我还要再进一步说:拥护科学的先生们,你们虽要想规避那"科学的人生观是什么"的讨论,你们终于免不了的。因为他们早已正式对科学的人生观宣战了。梁任公先生的"科学万能之梦",早已明白攻击那"纯物质的,纯机械的人生观"了。他早已把欧洲大战祸的责任加到那"科学家的新心理学"上去了。张君劢先生在《再论人生观与科学》里,也很笼统地攻击"机械主义"了。他早已说"关于人生之解释与内心之修养,当然以唯心派之言为长"了。科学家究竟何去何从?这时候正是科学家表明态度的时候了。

因此,我们十分诚恳地对吴稚晖先生表示敬意,因为他老先生在这个时候很大胆地把他信仰的宇宙观和人生观提出来,很老实地宣布他的"漆黑一团"的宇宙观和"人欲横流"的人生观。他在那篇大文章里,很明白地宣言"那种骇得煞人的显赫的名词,上帝呀,神呀,还是取消了好"(第12页)。很明白地"开除了上帝的名额,放逐了精神元素的灵魂"(第29页)。很大胆地宣言:"我以为动植物且本无感觉,皆止有其质力交推,有其辐射反应,如是而已。譬之于人,其质构而为如是之神经系,即其力生如是之反应。所谓情感,思想,意志等等,就种种反应而强为之名,美其名曰心理,神其事曰灵魂,质直言之曰感觉,其实统不过质力之相应"(第22—23页)。他在人生观里,很"恭敬地又好像滑稽地"说:"人便是外面只剩两只脚,却得到了两只手,内面有三斤二两脑髓,五千零四十八根脑筋,比较占有多额神经系质的动物"(第39页)。"生者,演之谓也,如是云尔"(第40页)。"所谓人生,便是用手用脑的一种动物,轮到'宇宙大剧场'的第亿垓八京六兆五万七千幕,正在那里出台演唱"(第47页)。

他老先生五年的思想和讨论的结果,给我们这样一个"新信仰的宇宙观及人生观"。他老先生很谦逊地避去"科学的"尊号,只叫他做"柴积上,日黄中的老头儿"的新信仰。他这个新信仰正是张君劢先生所谓"机械主义",正是梁任公先生所谓"纯物质的纯机械的人生观"。他一笔勾销了上帝,抹煞了灵魂,戳穿了"人为万物之灵"的玄秘。这才是真正的挑战。我们要看那些信仰上帝的人们出来替上帝向吴老先生作战。我们要看那些信仰灵魂的人出来替灵魂向吴老先生作战。我们要看那些信仰人生的神秘的人们出来向这"两手动物演戏"的人生观作战。我们要看那些认爱情为玄秘的人们出来向这"全是生理作用,并无丝毫微妙"的爱情观作战。这样的讨论,才是切题的、具体的讨论。这才是真正开火。这样战争的结果,不是科学能不能解决人生的问题了,乃是上帝的有无,鬼神的有无,灵魂的有无,……等等人生切要问题的解答。只有这种具体的人生切要问题的讨论才可以发生我们所希望的效果,——才可以促进思想上的刷新。

反对科学的先生们!你们以后的作战,请向吴稚晖的"新信仰的宇宙观及人生观"作战。

拥护科学的先生们!你们以后的作战,请先研究吴稚晖的"新信仰的宇宙观及人生观":完全赞成他的,请准备替他辩护,像赫胥黎替达尔文辩护一样;不能完全赞成他的,请提出修正案,像后来的生物学者修正达尔文主义一样。从此以后,科学与人生观的战线上的压阵老将吴老先生要倒转来做先锋了!

说到这里,我可以回到张、丁之战的第一个"回合"了。张君劢说:"天下古今之最不统一者,莫若人生观"(《人生观》,第1页)。丁在君说:"人生观现在没有统一是一件事,永久不能统一又是一件事,除非你能提出事实理由来证明他是永远不能统一的,我们总有求他统一的义务"(《玄学与科学》,第3页)。"玄学家先存了一个成见,说科学方法不适用于人生观;世界上的玄学家一天没有死完,自然一天人生观不能统一"(第4页)。"统一"一个字,后来很引起一些人的抗议。例如,林宰平先生就控告丁在君。说他"要把科学来统一一切",说他"想用科学的武器来包办宇宙"。这种控诉,未免过于张大其词了。在君用的"统一"一个字,不过是沿用君劢文章里的话;他们两位的意思大概都不过是大同小异的一致罢了。依我个人想起来,人类的人生观总应该有一个最低限度的一致的可能。唐擘黄先生说得最好:人生观不过是一个人对于世界万物同人类的态度,这种态度是随着一个人的神经构造,经验,知识等而变的。神经构造等就是人生观之因,我举一二例来看。无因论者以为叔本华、哈德门的人生观是直觉的,其实他们自己并不承认这事。他们都说根据经验阅历而来的。叔本华是引许多经验作证的,哈德门还要说他的哲学是从归纳法得来的。

人生观是因知识而变的。例如,柯白尼太阳居中说,同后来的达尔文的人猿同祖说发明以后,世界人类的人生观起绝大变动;这是无可疑的历史事实。若人生观是直觉的,无因的,何以随自然界的知识而变更呢?我们因为深信人生观是因知识经验而变换的,所以深信宣传与教育的效果可以使人类的人生观得着一个最低限度的一致。最重要的问题是:拿什么东西来做人生观的"最低限度的一致"呢?我的答案是:拿今日科学家平心静气地,破除成见地,共同承认的"科学的人生观"来做人类人生观的最低限度的一致。宗教的功效已曾使有神论和灵魂不灭论统一欧洲(其实岂止欧洲!)的人生观至千余年之久。假使我们信仰的"科学的人生观"将来靠教育与宣传的功效,也能有"有神论"和"灵魂不灭论"在中世纪欧洲那样的风行,那样的普遍,那也可算是我所谓"大同而小异的一致"了。

我们若要希望人类的人生观逐渐做到大同而小异的一致,我们应该准备替这个新人生观作长期的奋斗。我们所谓"奋斗",并不是像林宰平先生形容的"摩哈默得式"的武力统一;只是用光明磊落的态度,诚恳的言论,宣传我们的"新信仰",继续不断的宣传,要使今日少数人的信仰逐渐变成将来大多数人的信仰。我们也可以说这是"作战",因为新信仰总免不了和旧信仰冲突的事;但我们总希望作战的人都能尊重对方的人格,都能承认那些和我们信仰不同的人不一定都是笨人与坏人,都能在作战之中保持一种"容忍"(Toleration)的态度;我们总希望那些反对我们的新信仰的人,也能用"容忍"的态度来对我们,用研究的态度来考察我们的信仰。我们要认清:我们的真正敌人不是对方;我们的真正敌人是"成见",是"不思想"。我们向旧思想和旧信仰作战,其实只是很诚恳地请求旧思想和旧信仰势力之下的朋友们起来向"成见"和"不思想"作战。凡是肯用思想来考察他的成见的人,都是我们的同盟!

总而言之,我们以后的作战计划是宣传我们的新信仰,是宣传我们信仰的新人生观。(我们所谓"人生观",依唐擘黄先生的界说,包括吴稚晖先生所谓"宇宙观"。)这个新人生观的大旨,吴稚晖先生已宣布过了。我们总括他的大意,加上一点扩充和补充,在这里再提出这个新人生观的轮廓:(1)根据于天文学和物理学的知识,叫人知道空间的无穷之大。(2)根据于地质学及古生物学的知识,叫人知道时间的无穷之长。(3)根据于一切科学,叫人知道宇宙及其中万物的运行变迁皆是自然的,——自己如此的,——正用不着什么超自然的主宰或造物者。(4)根据于生物的科学的知识,叫人知道生物界的生存竞争的浪费与残酷,——因此,叫人更可以明白那"有好生之德"的主宰的假设是不能成立的。(5)根据于生物学,生理学,心理学的知识,叫人知道人不过是动物的一种,他和别种动物只有程度的差异,并无种类的区别。(6)根据于生物的科学及人类学,人种学,社会学的知识,叫人知道生物及人类社会演进的历史和演进的原因。(7)根据于生物的及心理的科学,叫人知道一切心理的现象都是有因的。(8)根据于生物学及社会学的知识,叫人知道道德礼教是变迁的,而变迁的原因都是可以用科学方法寻求出来的。(9)根据于新的物理化学的知识,叫人知道物质不是死的,是活的;不是静的,是动的。(10)根据于生物学及社会学的知识,叫人知道个人——"小我"——是要死灭的,而人类——"大我"——是不死的,不朽的;叫人知道"为全种万世而生活"就是宗教,就是最高的宗教;而那些替个人谋死后的"天堂""净土"的宗教,乃是自私自利的宗教。这种新人生观是建筑在二三百年的科学常识之上的一个大假设,我们也许可以给他加上"科学的人生观"的尊号。但为避免无谓的争论起见,我主张叫他做"自然主义的人生观"。

在那个自然主义的宇宙里,在那无穷之大的空间里,在那无穷之长的时间里,这个平均高五尺六寸,上寿不过百年的两手动物——人——真是一个藐乎其小的微生物了。在那个自然主义的宇宙里,天行是有常度的,物变是有自然法则的,因果的大法支配着他——人——的一切生活,生存竞争的惨剧鞭策着他的一切行为,——这个两手动物的自由真是很有限的了。然而,在那个自然主义的宇宙里的这个渺小的两手动物却也有他的相当的地位和相当的价值。他用他的两手和一个大脑,居然能做出许多器具,想出许多方法,造成一点文化。他不但驯服了许多禽兽,他还能考究宇宙间的自然法则,利用这些法则来驾驭天行,到现在他居然能叫电气给他赶车,以太给他送信了。他的智慧的长进就是他的能力的增加;然而,智慧的长进却又使他的胸襟扩大,想象力提高。他也曾拜物拜畜生,也曾怕神怕鬼,但他现在渐渐脱离了这种种幼稚的时期,他现在渐渐明白:空间之大只增加他对宇宙的美感;时间之长只使他格外明了祖宗创业之艰难;天行之有常只增加他制裁自然界的能力。甚至于因果律的笼罩一切,也并不见得束缚他的自由,因为因果律的作用一方面使他可以由因求果,由果推因,解释过去,预测未来;一方面又使他可以运用他的智慧,创造新因以求新果。甚至于生存竞争的观念也并不见得就使他成为一个冷酷无情的畜生,也许还可以格外增加他对于同类的同情心,格外使他深信互助的重要,格外使他注重人为的努力以减免天然竞争的残酷与浪费。——总而言之,这个自然主义的人生观里,未尝没有美,未尝没有诗意,未尝没有道德的责任,未尝没有充分运用"创造的智慧"的机会。我这样粗枝大叶的叙述,定然不能使信仰的读者满意,或使不信仰的读者心服。这个新人生观的满意的叙述与发挥,那正是这本书和这篇序所期望能引起的。十二,十一,廿九,在上海。

　　郭梦良编辑《人生观之论战》(上、中、下册)由上海泰东图书馆刊行,有张君劢《人生观之论战序》。

　　按:《人生观之论战》代表了玄学派的立场,收录论文30篇,分为3编,甲篇收玄学派的文章,乙篇收科学派的文章,附录则收其他文章,冠以张君劢序,书末附有王平陵《科学论战的尾声》。张序就其关于"人生观"的观点作了进一步阐述,重在说明心理学、社会学和唯物史观作为"科学"是不可能的,尤其对马克思主义的历史唯物论、"科学的社会主义"不以为然,认为其"公例"无定准,绝非科学。因为在其学理逻辑中,"第一,科学上之因果律,限于物质,而不及于精神;第二,各分科之学之上,应以形上学统其成;第三,人类活动之根源之自由意志问题,非在形上学中,不能了解"。

　　陆费逵著《论理学大意讲义》由上海商务印书馆刊行。

　　东方杂志社编纂《名学稽古》由上海商务印书馆刊行。

　　吕澂编《美学概论》由上海商务印书馆刊行。

　　吕澂著《美学浅说》由上海商务印书馆刊行。

　　东方杂志社编《美与人生》由上海商务印书馆刊行。

　　顾树森、潘文安编《(新编)公民须知》(1—3册)由上海商务印书馆刊行。

　　梁漱溟编著《漱溟卅前文录》由上海商务印书馆刊行。

　　钱贞干编《国民德育宝鉴》由上海大陆图书公司刊行。

　　钱智修译述《柏格逊与欧根》由上海商务印书馆刊行。

　　萧瑜著《时间经济法》由上海商务印书馆刊行。

　　魏炳荣重订《安乐铭》由北平文华书局刊行。

　　尧门山人等著《成人必需约编》刊行。

　　《黄石公素书》由四川合川慈善会刊行

　　东方杂志社编《催眠术与心灵现象》由上海商务印书馆刊行。

　　古道著《变态心理学讲义录》(精神疗法讲义)由中华变态心理学会刊行

　　郭任远著《人类的行为》(卷上)由上海商务印书馆刊行,有作者自序。

居中州著《变态心理学讲义录》(临症催眠术讲义)由中华变态心理学会刊行。

李声甫著《变态心理学讲义录》(催眠术讲义)由中华变态心理学会刊行。

中国心灵研究会编《伦敦理学院催眠术讲义译本》由上海编者刊行。

北京佛教讲习会编《释迦牟尼佛略史》由北京法论书局刊行。

简又文编《新宗教观》由上海中华基督教青年会刊行。

按:是书分宗教概论、基督教概论两部分,共收16篇文章,介绍什么是基督教、基督教与各方面的关系。

陈乃西著《宗教雄辩论》由福建厦门著者刊行,林齐春作序。

汪秉刚著《宗教大纲》由北京道德学社刊行。

东方杂志社编《迷信与科学》由上海商务印书馆刊。

按:是书包括迷信的由来、迷信与近代思想、科学与迷信的冲突等6章。

陈垣著《元也里可温考》由上海商务印书馆刊行,有自序和马相伯序,英敛之作跋。

按:作者在卷首曰:"此书之目的,在专以汉文史料,证明元代基督教之情形。先认定《元史》之也里可温为基督教,然后搜集关于也里可温之史料,分类说明之,以为研究元代基督教史者之助。"

陈垣著《开封一赐乐业教考》由上海商务印书馆刊行。

戴怀仁著《圣道讲台(卷2)》由中华信义会书报部刊行。

邓孝然著《两苍馆通函》由世界宗教大同会刊行。

佛教弘化社编《大乘起信论研究》由湖北武昌佛经流通处刊行。

按:是书内容包括王恩洋、章太炎、梁启超、释太虚等10人关于大乘起信论的研究、讨论文章10篇。

华北公理会著作委办拟稿《教会规礼》由编者刊行。

贾履初编《相学肇新》由北京中华书局刊行。

姜山编《曹国舅全传》由上海新华书局刊行。

姜山编《韩湘子全传》由上海新华书局刊行。

姜山编《汉钟离全传》由上海新华书局刊行。

姜山编《蓝彩和全传》由上海新华书局刊行。

姜山编《吕洞宾全传》由上海新华书局刊行。

姜山编《张果老全传》由上海新华书局刊行。

俞印民编《李铁拐全传》由上海新华书局刊行。

曾了若著《玄奘法师年谱》由文史学研究所刊行。

陈化鹏主编《故事汇抄》刊行。

李盛烈著《要理六端讲论》由香港那匹肋静院刊行。

梁漱溟著,东方杂志社编《究元决疑论》由上海商务印书馆刊行。

吕澂著《声明略》由江苏南京支那内学院刊行。

弥勒子著《信相浅言》由四川成都益文印刷社刊行。

缪凤林述《唯识今释》由江苏南京支那内学院刊行。

欧阳竟无讲《唯识讲义》由江苏南京支那内学院刊行。

戚饭牛编《中国相术大观》由上海相术研究会刊行。

按:是书列举李鸿章、张之洞、伍廷芳等名人小影人相,并逐一分析。另有13家相法精华、总论12种相观。

全绍武等编《基督教全国大会报告书》由上海协和书局刊行。

上海基督教青年会编《上海基督教青年会会事丛录》由上海编者刊行。

世界佛教居士林编《地藏菩萨行愿纪(林刊增刊第1种)》由上海编者刊行。

王恩洋述《大乘非佛说辨》由江苏南京支那内学院刊行。

王恩洋述《佛法真义》由江苏南京支那内学院刊行。

显荫述《释迦牟尼佛略传》由世界佛教居士林刊行。

新华书局编《古今神相大全》(上下册)由上海新华书局刊行。

杨钟钰编《太上宝箴中西缵义》由上海中华书局刊行。

印光鉴定《感应篇汇编》(上下册)由上海佛学书局刊行。

张亦镜编《大光破暗集》由美华浸会印书局刊行,有张祝龄、黎文锦作序。

张智良编《圣教楹联类选》(上卷)由上海土山湾印书馆刊行。

张中译解　刘智原注《四篇要道》由北京清真书报社刊行。

郑城元著《相人秘法》由上海文明书局刊行。

中华基督教青年会全国协会职工组编《中华基督教青年会服务黄河工程始末记》由上海编者刊行。

中华圣公会合一委办发出《复合说明书(附兰拍会议致全球基督徒恳请书及关于复合之议案)》由湖北汉口刊行。

朱味腴著《味腴讲演集》由上海广学会刊行。

中国大学出版部编辑《中国大学学术讲演集》(第1集)由北京编者刊行。

俞子夷编《测验统计法概要》由上海商务印书馆刊行。

寿毅成(原题寿景伟)著《应用统计浅说》由上海商务印书馆刊行。

唐翼修著《家庭宝库》(人生必读)(4册)由上海新华书局刊行。

陈政译述《泰西礼仪指南》由上海文明书局刊行。

东方杂志社编纂《世界风俗谈》由上海商务印书馆刊行。

胡朴安编《中华全国风俗志》由上海广益书局刊行。

按:是书按省分区分别列叙,介绍全国各省市县之风俗。全书分上、下编,上编10卷,取材于方志;下编10卷,取材于报刊及作者笔记。张季鸾评价此书说:"此书也,诚不可以尽朴安之学,而其用甚著。盖风俗乃历史产物,乡间习俗,皆有渊源,一事一物,俱关文化。故能知古今风俗,即为知中国一切。而其书易读,不若正史或地志之艰涩干燥。学者于此一编,有漫游伦敦、巴黎之兴味。而能自然理解我祖先之思想感情,及现代全国同胞之生活状态。在今日鄙言本国之时,此书盖尤有诱导之效也。中国人愿否知中国,将以此书之风行如何觇其端矣。"(《民国学案》第4卷《胡朴安学案》)

张亮采编《中国风俗史》由上海商务印书馆刊行。

江亢虎演讲、高维昌编记《社会问题讲演录》由上海商务印书馆刊行。

易家钺著《妇女职业问题》由上海泰东图书局刊行。

于树德著《农荒预防策》由上海商务印书馆刊行。

张慰慈编《政治学大纲》由上海商务印书馆刊行。

周鲠生著《近时国际政治小史》由上海商务印书馆刊行。

李大钊《平民主义》由上海商务印书馆刊行。

昆明市政公所编《昆明市政报告书》由云南昆明编者刊行。

谭平山著《十二年来之国民党》由广东广州大本营宣传委员会刊行。

东方杂志社编纂《代议政治》由上海商务印书馆刊行。

刘文岛著《政党政治论》由上海商务印书馆刊行。

按:是书分两编:第一编政党,论述政党产生的必要、定义、活动等;第二编政党政治,论述政党政治与立宪、寡头政治、选举、舆论的关系等问题。

谢无量著《古代政治思想研究》由上海商务印书馆刊行。

高一涵编著《欧洲政治思想史》由上海商务印书馆刊行。

按:是书上卷讲述希腊、罗马及中古欧洲时代政治思想史;中卷讲述 15 世纪至 18 世纪中期欧洲政治思想史。下卷未见出版。

黄耀武著《中日现状之比较》由广东广州著者刊行。

按:是书就土地、人口、物产、财政、军备、教育、交通、贸易等方面对中日两国进行比较。

施存统著《中国革命与三民主义》由上海复旦书店刊行。

孙中山讲《孙中山先生十讲》由上海民智书局刊行。

孙中山演说《建国演说》由上海民智书局刊行。

孙倬章著《新革命论》由上海健社刊行。

中国社会主义青年团广东区执行委员会编《陈独秀先生讲演录》由广东广州丁卜图书织造社刊行。

胡适等著《中国妇女问题讨论集》(1—3 册)由上海新文化书社刊行。

胡适等著《中国妇女问题讨论集》(续集 4—6 册)由上海新文化书社刊行。

按:是书著者有晓凤、惠民、陈望道、李宗武、周作人、胡适、叶绍钧、沈兼士等。

顾彭年著《现代欧美市制大纲》由上海商务印书馆刊行。

毕晴帆著《蒙行随笔》刊行。

郭濬黄著《新蒙古》由著者刊行。

按:是书受北京蒙藏学校派遣前往外蒙招生时,记述所见所闻而成本书。介绍外蒙独立运动始末,外蒙政府机关,以及经济、交通、军事、宗教等方面的情况。有自序。

李万里著《李万里考察日本警察实录》由南通通新印刷有限公司刊行。

张慰慈著《英国选举制度史》由上海商务印书馆刊行。

王觐编《法学通论》由北京公慎书局订补刊行

周鲠生著《法律》由上海商务印书馆刊行。

李炘著《思达木藦法律学说大纲》由北京朝阳大学刊行部刊行。

陈受中著《国法学笔存》由太原著者刊行。

东方杂志社编《欧洲新宪法述评》由上海商务印书馆刊行。

赵欣伯著《民刑法要论》由上海商务印书馆刊行。

经济部商标局编《商标法》由北京编者刊行。

朱鸿达编著《新刑律汇览》由上海世界书局刊行。

宁协万著《现行国际法论》由北京武学书馆刊行

周鲠生著《领事裁判权》由上海商务印书馆刊行。

东方杂志社编《战争哲学》由上海商务印书馆刊行。

按:是书收文 4 篇:《般哈提将军主战论概略》《评般哈提将军之战争哲学》《论道德之势力》《战争与道德》。

朱执信著《兵的改造与其心理》由上海民智书局刊行。

饶景星编《最新步兵口令定义》由北京武学书局刊行。

马仲侯著《前锋兵指南》由北京武学书局刊行。

陆军部编《实战经验夜间演习教育法》由北京武学书局刊行。

墨守仁编《骑兵鞍具保管法》刊行

郝赤著《机关枪筑垒》由北京武学书局刊行。

郝赤著《机关枪实施》由北京武学书局刊行。

马寅初著《马寅初演讲集》(4 册)由上海商务印书馆刊行。

按：炎德说："马寅初先生初期之经济议论，已集刊于其演讲集中。……其中对马克思学说抨击甚力，引据种种实例，否定'劳动价值论'，谓价值之生非尽由于劳力，乃由多方面因素配合而成。于共产制度下之生产力是否在资本制度之上，颇示怀疑。彼认为马克思主义以资本主义发达为对象，中国生产力尚未发达，资本尚未集中，劳资阶级未分，且工人散漫无团结，故断其为不可行。农村方面大地主不多，行共产制之可能更小。中国之患不在资本主义，而在资本不足，故甚至作'中国经济问题就是资本不足问题'之论。以马克思与李士特两家学说言，马认为中国宜取后者，以中国企业家之需求保护与当日之德国相同也。"(夏炎德《中国近三十年来经济学之进步》，《中国近百年经济思想》，上海书店 1989 年版)马寅初反对社会主义和马克思主义的主要作品有《中国的经济问题——评"资本万恶，劳动神圣"说》《评今日我国之讲社会主义者》《价值》《中国今日之劳资问题》《马克思主义在中国有实现之可能性否》《中国之劳农与经济》《马克思价值论之批评》《马克思学说与李士特学说二者孰宜于中国》《中国历代经济政策，尚共产乎，抑尚均富乎？》《马克思主义与中国之劳农》等。

周明秦编《德国最近之实业与经济》由华新印刷局刊行。

徐永祚著《会计师制度之调查及研究》由上海徐永祚会计师事务所刊行。

东方杂志社编《合作制度》由上海商务印书馆刊行。

东南大学农科编《江苏省农业调查录》(金陵道属)由江苏省教育实业行政联合会刊行。

东南大学农科编《江苏省农业调查录》(苏常道属)由江苏省教育实业行政联合会刊行。

王泽敷著《朝鲜棉业调查》由天津整理棉业筹备处刊行。

葛敬中编《参观日本参与机关一部之报告》由编者刊行。

周明泰编《德国最近之实业与经济》由天津华信印刷局刊行。

李友兰著《考察日本林业日志》刊行。

开滦矿物总局编《开滦矿务总局惠工现况》由编者刊行。

张謇著《盐垦公司水利规划通告股东暨职员书》刊行。

觉非编绘《中国交通全图》由上海新学会社刊行。

交通部统计科编《民国九年份交通部统计图表汇编》由编者刊行。

王倬著《交通史》由上海商务印书馆刊行。

张心澂著《交通理债方略》由京华印书局刊行。

交通部铁路联运事务处编《第十一次中日联运会议协定书》由编者刊行。

按：会议于 1923 年在东京召开。

高祖武著《铁路与中国之需要》由南洋大学铁路管理科刊行。

交通部铁路联运事务处编《第一次华北旅客联运会议记录》由编者刊行。

编辑东省铁路历史委员会编《东省铁路沿革史》由编者刊行。

郑乃文著《铁路车务实验谈》由上海中华书局刊行。

汤震龙著《美国铁路管理法》由上海商务印书馆刊行。

李郁著《电务管理大纲》由上海中华书局刊行。

朱世杰编《中国集邮图谱》由上海集古社刊行。

董坚志编著《商业应用文件程式》由上海会文堂书局刊行。

吴东初著《零售学》由上海商务印书馆刊行。

吴东初著《进货学》（商业概要第二卷）由上海商务印书馆刊行。

章祖源编《复式商业簿记》由上海中华书局刊行。

周东白校订《中国商业习惯大全》由上海世界书局刊行。

王孝通著《中国商业史》由上海商务印书馆刊行。

按：是书为中国文化史丛书之一。是书分"上古史""中古史""近世史"3 编，按朝代叙述自黄帝时代至民国时期的商业发展情况、特点、发达程度及商业兴衰与历代统治者的关系等。1936 年版对原有章节的内容文字进行了补充、修改。

王孝通著《中国商业小史》由上海商务印书馆刊行。

按：是书为百科小丛书之一。

张英华著《改良盐政刍议》由北京和济印刷局刊行。

徐沧水编《内国公债史》由上海商务印书馆刊行。

杨端六著《货币浅说》由上海商务印书馆刊行。

按：是书为商业小丛书之一。货币学入门读物。分 8 章简述货币的种类、硬币的铸造与流通、价值的本位、纸币、信用、物价等货币学原理。

王效文编《货币论》由上海商务印书馆刊行。

按：是书内容取材于胡视同的《货币论》，美国根来及柯南的《货币论》《银行史》，以及贾士毅的《民国财政史》等书。分总论、实币论、纸币论等编，卷末"附录"作为第四编，叙述制钱、铜圆等货币形式及制度的沿革。

东方杂志社编《货币制度》由上海商务印书馆刊行。

陈家瓒编《银行原论》由上海群益书社刊行。

按：是书从国民经济的角度研究银行之原理、原则，并涉及银行政策和银行经营问题。由分银行之起源及其发达、银行之效用及其地位、银行之种类、银行之业务及经营上之原则、存款、纸币之发行、债票之发行、贴现、放款、汇兑等 19 章。

杨端六著《银行要义》由上海商务印书馆刊行。

按：是书分概说、银行之种类、商业银行之业务、银行之协同与垄断 5 章，介绍银行学基本知识。

吴颂皋著《合作银行通论》由上海商务印书馆刊行。

伧父著等《东西文化批评》由上海商务印书馆刊行。

申报馆编《最近之五十年》（申报馆五十周年纪念）由编者刊行，有章炳麟的序及自序。

王解生著《新闻纸改造》由新闻学研究社刊行。

邵飘萍（原题邵振青）著《实际应用新闻学》由北京京报馆刊行。

按：是书分 14 章，主要介绍新闻记者在采访与校作方面的注意事项和应有的常识等。有顾维钧、蒋梦麟等人的序共 10 篇及题字多幅。附录《日本普通新闻学》。

徐宝璜、胡愈之著《新闻事业》由上海商务印书馆刊行。

孙贵定编《教育学原理》（现代师范教科书）由上海商务印书馆刊行。

卫士生等编辑《英美教育近著摘要》由江苏南京高等师范学校刊行。

余家菊、李璜著《国家主义的教育》（少年中国学会丛书）由上海中华书局刊行。

按：是书内容包括民族主义的教育、国家教育与国民道德、国家小学教师对于今日中国国家之使命、教会教育问题等。

范寿康著《教育哲学大纲》(学艺汇刊)由上海中华学艺社刊行,有著者自序。

按:是书为中国较早的教育哲学专著。本书为著者1921年所作德文论文的汉译本。分导言、教育哲学、教育论理学、教育美学、教育伦理学、结论等6章。

王骏声编《挽近教育学说概论》(师范学校用)由上海商务印书馆刊行。

按:挽近教育学说即"教育即生活论"。内分教育即生活论、个性教育论、自学教育论、自由教育论、设计教授法论、道尔顿式教育论等8编。

舒新城编《道尔顿制概观》(教育丛书)由上海中华书局刊行,有编者序。

按:道尔顿制是教学的一种组织形式和方法,又称"契约式教育",全称为道尔顿实验室计划。其由美国H. H. 帕克赫斯特于1920年在马萨诸塞州道尔顿中学所创行,因此得名。

薛天汉编著《设计教学法》由江苏南京第一女子师范附属小学、江苏各师范暨各附属小学、各大书坊刊行。

江苏省立第一师范学校编《葛雷学校之组织》由上海商务印书馆刊行。

范寿康编《各科教授法》(现代师范教科书)由上海商务印书馆刊行。

沈沂、许志中编撰《新学制国语教授书》(6)由上海商务印书馆刊行。

许志中编撰《新法国语教授》(1)由上海商务印书馆刊行。

吴致觉著《教育心理学》由上海商务印书馆刊行。

按:是书分9章,包括人类本能的总述、求食、学习、习惯、恐怖、求知等。

艾华编《儿童心理学纲要》(师范学校用)由上海商务印书馆刊行,有编者序。

按:是书分3编。上编介绍儿童的发育及神经系统、普通心理学与儿童心理学等;中编介绍儿童的感觉、观念、记忆、兴趣等;下编讲述儿童的本能、感情、意志等。

唐新雨著《变态心理学讲义录》由中华变态心理学会刊行。

中华变态心理学会编辑部编《变态心理学讲义录》(心灵学讲义)由中华变态心理学会刊行

王平陵等著,东方杂志社编《心理学论丛》由上海商务印书馆刊行。

查良钊著《学校调查用教育测验》由上海商务印书馆刊行。

廖世承编《团体智力测验》(量表甲　第一类)由上海商务印书馆刊行。

廖世承编《团体智力测验》(量表乙　第一类)由上海商务印书馆刊行。

张裕卿编《学校调查纲要》由上海商务印书馆刊行。

范寿康编《学校管理法》由上海商务印书馆刊行。

殷芝龄编《世界教育会议之经过》由上海商务印书馆刊行。

范寿康编《教育史》由上海商务印书馆刊行。

王炽昌编《新师范教育史》由上海中华书局刊行。

张武著《教育机会贫富均等问题》由著者刊行。

张鸿英编《新学制与普通教育》由上海中华书局刊行。

全国教育会联合会编《第九届全国教育会联合会会务纪要》由编者刊行。

全国教育会联合会编《历届全国教育会联合会议决案》由编者刊行。

中华教育改进社编《中华教育改进社同社录》由北京编者刊行。

中华教育改进社编《中华教育改进社第二次社务报告》由北京编者刊行。

中华教育改进社编《中华教育改进社年会会务一览》由北京编者刊行。

王卓然编《中国教育一瞥录》(中华教育改进社丛书)由上海商务印书馆刊行。

世界教育会议中国代表团编《世界教育会议中国代表团报告》由北京中华教育改进社刊行。

李建勋著《对于世界教育会之感想》由北京求知学社刊行。

中华教育改进社编《京师教育概况》(民国十一年七月至十二年六月)由北京编者刊行。

熊梦宾编《济南教育调查特号》(山东教育月刊第二卷号外)由济南山东教育月刊经理处刊行。

江苏省教育厅编《江苏第六次省教育行政会议汇录》由编者刊行。

江苏义务教育期成会编《义务教育》(特刊号)由编者刊行。

江苏省教育会编《江苏省教育会年鉴》(第8期)由编者刊行。

江苏省教育实业联合会编《江苏省教育实业联合会第一届大会会议录》由编者刊行。

上海县劝学所编《上海县教育状况》(中华民国九年十二月)由上海编者刊行。

浙江省教育厅编《浙江省教育统计表》由(中华民国十一年度)由编者刊行。

湖南省教育会编《湖南省教育会年鉴》(民国十一年度)由编者刊行。

云南省教育司编《云南教育概况》由编者刊行。

昆明市政府编《教育》(昆明市政第一年报告书)由云南昆明编者刊行。

马鹤天编著《菲律宾教育考察日记》(山西学术研究会丛书)由太原山西学术研究会刊行。

江卓群编著《儿童自治》由江苏苏州江苏第一师范小学校刊行。

俞子夷主编《初等教育》(第1卷增刊)由江苏南京初等教育季刊社刊行。

北京女子高等师范附属小学校新学制课程讨论委员会编《小学校课程纲要》由北京编者刊行。

程湘帆著《小学课程概论》(中华教育改进社丛书)由上海商务印书馆刊行,有陶行知序。

新学制实施讨论会编《新学制小学实施教学法》由上海商务印书馆刊行。

张化工编《师范生的良友》由上海商务印书馆刊行。

王砥平编《低学年设计教学法》由上海商务印书馆刊行,有黄炎培等人序。

张席丰编《国语教学的意见》刊行。

瞿志远等编《新法自然研究》(1、5、6册)由上海商务印书馆刊行。

沈百英编《(低学年)卫生故事和教学法》由上海商务印书馆刊行。

陈鹤琴编《小学默字测验》(第1类)由上海商务印书馆刊行。

王怀琪编著《正反游戏法》由上海商务印书馆刊行。

马客谈、张九如编《新法卫生故事读本》(小学校用1—6册)由上海商务印书馆刊行。

江苏省立师范附属小学校编辑部编《协动社组织法》由江苏南京江苏省立师范附属小学校出版部刊行。

赵宗预编《(新著)分团教学法》由上海商务印书馆刊行。

赵宗预编《(新著)各科教学法》由上海商务印书馆刊行。

苏毓菜、廖世承著《中学混合历史测验说明书》由上海商务印书馆刊行。

胡仁源、张鹏飞、华襄治编校《平面三角法习题详解》由上海中华书局刊行。

天津南开学校编《天津南开学校中学部一览》由天津编者刊行。

段碧江著《新女子职业教育》由上海中华书局刊行,有蔡元培序。

按:是书内容包括女性、责任、知能、目的、解放、职业教育、职业教育之各方面等8章。

顾复编《农村教育》由上海商务印书馆刊行。

邝震鸣编《北京平民教育之现状》由北京青年会服务股刊行。

熊翥高著《家庭教育与学校》由上海商务印书馆刊行,有吴研因、俞子夷、周政的序及汪景双的跋。

郑宗海编《修学指导》(南京大学丛书)由上海商务因素馆刊行。

丁惠康编《读书指南》(青年丛书)由上海医学书局刊行。

王怀琪编著《业余运动法》由上海商务印书馆刊行,有编者序和箴言录。

中华基督教青年会全国协会订定《笼球规则》由上海青年协会书报部刊行。

独孤子人编《中华武术秘传》由上海中国第一书局刊行。

向恺然等著,姜侠魂编订《国技大观》(武术丛刊)由上海振民编辑社刊行。

罗啸敖著《精武内传》由上海中央精武会刊行。

王怀琪编《十二路潭腿新教授法》由上海中华书局刊行。

商承祚著《殷墟文字类编》木刻本刊行。

按:此书是一部比较完备的甲骨文字典。全书共分14卷,收字共计4184个。其中包括重文3394个,甲骨独体文790个。全书体例仿《说文解字》而制,按偏旁部首编次,从文字、音韵、训诂三个方面进行分析,从而使该书成为当时最完备、详尽的甲骨文字典。

叶玉森著《说契·㪍契枝谭》刊行。

叶玉森编著《殷契钩沉》刊行。

庄泽宣著《中国言文问题》由著者刊行。

按:此书收《中国的言文问题》《用科学的方法去解决中国的言文问题》等4篇论文,并附林玉堂的文章及钱玄同写的附记。初版年月据书前序的写作日期。封面由梁启超题署。

叶俊生著《闽方言考》(无尽宝藏丛著第1种方言)由福建全省通志局刊行。

谢璇编著《方言字考》由上海会文堂书局刊行。

施括乾编《虚助词典》由上海亚东图书馆刊行。

按:此书据《经传释词》《助字辨略》编,按笔画多少编排。后附词之分类、词之释要、词之原始、词之通俗等4卷。

马瀛编《破音字举例》由上海商务印书馆刊行。

按:"破音字"即多音字。本书收经籍习见及世所通行的多音字1000多个,注明读音和字义。按笔画多少编排。

赵元任著《国音新诗韵》(附平水韵)由上海商务印书馆刊行。

乐嗣炳编《国音讲义》由上海中华书局刊行。

赵元任著《再论注音字母译音法》由上海中国科学社刊行。

周辨明编《中华国语音声字制》由厦门大学语言科学系刊行。

唐钺著《修辞格》(百科小丛书第14种,王岫庐编)由上海商务印书馆刊行。

张廷华评选,沈镕等注释《(评注)周秦文读本》(上下册)由上海大东书局刊行。

王承治编《骈体文作法》由上海大东书局刊行。

世界书局编辑所编《全国中学国文成绩》(1—6册)由上海世界书局刊行。

张廷华编《(新体实用)学生字典》由上海大东书局刊行。

按：此书供小学生用。后附古体字、俗体字表。初版年月据编者序的写作日期。

王德崇作《国语演说辩论术概论》由北平平社刊行部刊行。

沈镕选编《国语文选》(第1—6集)由上海大东书局刊行。

黎锦晖编《应用国语会话》由上海中华书局刊行。

黎锦晖编《实用国语文》由上海中华书局刊行。

按：是书分概论、纪载文、描写文、抒情文、说理文、日用文件等6章。

乐嗣炳编《语言学大意》(国语讲义第9种)由上海中华书局刊行。

按：是书分语言的起源、演进、变迁及分类等7讲。

赵元任编著《国语留声片课本》(乙种)由上海商务印书馆刊行。

乐嗣炳编《国语概论》(国语讲义第1种)由上海中华书局刊行。

姜证禅编著《国文法纲要》由上海大东书局刊行。

胡以鲁编《国语学草创》由上海商务印书馆刊行，章炳麟作序。

按：此书作于1913年，是我国第一部普通语言学著作，分国语缘起、国语缘起心理观、国语后天发展、国语成立之法则等10部分。论述语言的起源、发展，以及标准语、汉语在语言学的地位、方言等。文言文、旧式标点。

沈兼士著《国语问题之历史的研究》由国学季刊社刊行。

马俊如、后觉编《国语普通词典》由上海中华书局刊行。

马国英编《国语文》由上海中华书局刊行。

马国英编《国语普通会话》由上海中华书局刊行。

马国英编《国音练习读本》由上海中华书局刊行。

马国英编《国音独习法》由上海中华书局刊行。

后觉编著《国语发音纲要》由上海中华书局刊行。

符宗翰编著《国音辨似》由上海中华书局刊行。

后觉编《国语法》(初级国语讲义)由上海中华书局刊行。

吕云彪编《国语信写法》由上海大东书局刊行。

东方杂志社编《国际语运动》(东方文库第70种)由上海商务印书馆刊行。

秦同培评选《(言文对照)清代文评注读本》(上下册)由上海世界书局刊行。

沈镕选《近世文选》(1—4集)由上海大东书局刊行。

吕云彪、杨文苑编《(言文对照)作文题目五千个》由上海广益书局刊行。

陆律西编《商界白话尺牍》(上下册)由上海文明书局刊行。

徐敬修编《白话书信范本》由上海文明书局刊行。

大陆图书公司编辑《写信研究法》由上海大陆图书公司刊行。

大陆图书公司编《(分类详注)各界尺牍渊海》由上海大陆图书公司刊行。

悢工编著《记叙文作法讲义》由上海民智书局刊行。

胡怀琛编著《修辞学要略》由上海大东书局刊行。

陈钟凡编述《古书读校法》由上海商务印书馆刊行。

按：此书附录《治国学书目》，共分7类，第一类"学术流别及目录学书目"26种，第二类"文字学及文法书目"40种，第三类"经学类书目"52种，第四类"史学书目"66种，第五类"诸子学术思想书目"87种，第六类"文学书目"168种,第七类"汇书及札记书目"26种。所收书目较多,读者可以择要读之。

郭怵编《语体文作法》由上海大东书局刊行。

张震南等编《中学国文述教》由江苏淮阴孚尹社刊行。

庄允升编《华法启蒙初集》由上海商务印书馆刊行。

中华书局编《(英文本)注音字母书法体式》由上海中华书局刊行。

黄添福编《英文典与作文法》由上海中华书局刊行。

按:是书介绍英文文法、简单造句及作文的方法。

刘尚一编《简易英文法》(1—2册)由上海中华书局刊行。

张西曼编著《中等俄文典》由北京作者刊行。

倪灏森编《(英汉双解)详注略语辞典》由上海商务印书馆刊行。

冯省三编《初级世界语读本》由上海商务印书馆刊行。

范翊云著,武学书局编辑部校正《军用公文必要》由北京武学书局刊行。

陈嘉编著《(英汉双解)熟语大辞典》由上海群益书社刊行。

北京世界语专门学校董事会编《北京世界语专门学校计划书》由编者刊行。

童士恺著,胡先骕校《毛诗植物名考》由公平书局刊行。

刘师培著《中古文学史》由国立北京大学出版部刊行。

胡寄尘编《中国文学理论》由上海大东书局刊行。

东方杂志社编《近代文学与社会改造》由上海商务印书馆刊行。

按:是书收《社会改造运动与文艺》(谢六逸译),《俄罗斯文学和社会改造运动》([日]升曙梦著,馥泉译),《近代文学与儿童问题》(丏尊)等3篇文章,论述了文学的社会作用。

东方杂志社编《写实主义与浪漫主义》由上海商务印书馆刊行。

按:是书收《近代文学上的写实主义》(愈之译述),《现代文学上的新浪漫主义》(昔尘译述),《近代文学的反抗——爱尔兰的新文学》(雁冰译述),《战后文学的新倾向—浪漫主义的复活》(冠生译述)等4篇讨论近、现代文学流派问题的文章。

凌独见编《新著国语文学史》由上海商务印书馆刊行。

按:是书首先以"通论"和"本论"两篇讲述文学的定义、起源和作用,文学史的目的,国语文学史的范围、时间区分等问题,然后分5编按时代叙述自上古至民国早期的中国文学史。

林纾著《庄子浅说》《畏庐诗存》2卷刊行。

按:《畏庐诗存序》曰:"余恒谓诗人,多恃人而不自恃。不得宰相之宠,则发己牢骚,莫用伧父之钱,则憾人卑啬。迹其用心,直以诗为市耳。乃绝意不为诗。三十以后,李畲曾佛客兄弟,立支社,集同人咏史。社稿以周辛仲为冠。始皆含悲凉激楚之音,余私以为不祥。已而仲辛卒,畲曾兄弟远宦,社事遂寝。余亦客京师,不为诗近三十年。辛亥春,罗掞东集同人为诗社。社集,必选名胜之地。每集必请余作画,众系以诗,于是复稍稍为之。是岁九月,革命军起,皇帝让政。闻闻见见,均弗适于余心,因触事成诗。十年来,每况愈下,不知所穷,盖非亡国不止。而余诗之悲凉激楚,乃甚于三十之时。然幸无希宠宰相责难伧父之作,唯所恋恋者故君耳。集中诗多谒陵之作,讥者以余效颦顾怪,近于好名。呜呼! 何不谅余心之甚也! 顾怪谒陵之后,遂不许第二人为之。顾怪不足道。譬如欲学孔孟者,亦将以好名斥之耶? 天下果畏人言,而不敢循纲常之辙,是忘己也。故余自遂己志,自为己诗,不存必传之心,不求助传之序。至于分唐界宋,必谓余发源于何家,瓣香于某氏,均一笑置之。此集畏庐之诗也,爱者听其留,恶者任其毁。必如康乾之间,寄托渔洋、归愚二先生门下,助其声光,余不屑也。壬戌十月,闽县林纾识于宣南烟云楼。"(薛绥之、张俊才编《林纾研究资料》,福建人民出版社1982年版)

林纾著《畏庐三集》刊行。

按:《畏庐三集》,1924年7月出版。《畏庐文钞》除《续辨奸论》一篇外,皆自《畏庐文集》《续集》《三集》中选入。

林纾著《畏庐文钞》刊行。

林纾著《畏庐文集》由上海商务印书馆刊行。

姚永朴著《蜕私轩易说》2卷、《蜕私轩诗说》8卷、《古今体诗约选》4卷。

马其昶著《抱润轩文集》22卷刊行。

按:张舜徽评其文曰:马其昶"早有文名,承其乡先辈古文辞遗绪,复游于吴汝纶、张裕钊之门,所学益进,论者目为桐城派古文之殿军。晚居京师,治群经、诸子,著有《周易费氏学》《诗毛氏学》《老子故》《庄子故》诸书。然朴学非其所长,而文章堪称能手。名既大盛,世之谋不朽其先,及假其一言以自重者,争辐辏其门。故是集文字,以碑传、志状之作为最多,亦以此类为最佳。居辞峻洁,而有义法。惟边幅稍窘耳。至其平生论学,以义理为宗,犹桐城先正遗风也"(《清人文集别录》卷二三)。

游艺辑《诗法入门》由上海裕德书局刊行。

谢无量著《诗经研究》由上海商务印书馆刊行。

谢无量著《楚辞新论》由上海商务印书馆刊行。

胡寄尘(原题胡怀琛)编《新诗概说》由上海商务印书馆刊行。

诸福坤著《杏庐诗钞》2卷刊行。

郁达夫著《茑萝集》由上海泰东图书局刊行。

宋春舫著《宋春舫论剧》(第1集)由上海中华书局刊行。

按:是书收录作者自1916年回国后在京沪各报刊上发表的16篇关于戏剧的论文,其中包括《剧场新运动》《法兰西战时之戏曲及今后之趋势》《德国之表现派戏剧》《现代意大利戏剧之特点》《未来派剧本》等。

俞平伯著《红楼梦辨》由上海亚东图书馆刊行,顾颉刚作序。

按:顾颉刚序说:"平伯做这部书,取材于我的通信很多,所以早先就嘱我做一篇序。我一直没有工夫做。到现在,这部书快要出版了,使我不得不在极冗忙的生活中抽出一点功夫来把它做了。……我祝颂这部书的出版,能够随着《红楼梦》的势力而传播得广远!我更祝颂由这部书而发生出来的影响,能够依了我的三个愿望:第一,红学研究了近一百年,没有什么成绩;适之先生做了《红楼梦考证》之后,不过一年,就有这一部系统完备的著作:这并不是从前人特别糊涂,我们特别聪颖,只是研究的方法改过来了。从前人的研究方法,不注重于实际的材料而注重于猜度力的敏锐,所以他们专爱喜用冥想去求解释。猜度力的敏锐固然是好事体,但没有实际的材料供它的运用,也徒然成了神经过敏的病症;病症一天深似一天,眼睛里只看见憧憧往来的幻象,反自以为实际的事物,这不是自欺欺人吗!这种研究的不能算做研究,正如海市蜃楼的不能算做建筑一样。所以红学的成立虽然有了很久的历史,究竟支持不起理性上的攻击。我们处处把实际的材料做前导,虽是知道的事实很不完备,但这些事实总是极确实的,别人打不掉的。我希望大家看着这旧红学的打倒,新红学的成立,从此悟得一个研究学问的方法,知道从前人做学问,所谓方法实不成为方法,所以根基不坚,为之百年而不足者,毁之一旦而有余。现在既有正确的科学方法可以应用了,比了古人真不知便宜了多少;我们正应当善保这一点便宜,赶紧把旧方法丢了,用新方法去驾驭实际的材料,使得嘘气结成的仙山楼阁换做了砖石砌成的奇伟建筑。

第二,《红楼梦》是极普及的小说,但大家以为看小说是消闲的,所谓学问,必然另有一种严肃的态度,和小说是无关的。这样看小说,很容易养成一种玩世的态度。他们不知道学问原没有限界,只要会做,无所往而不是学问;况且一个人若是肯定人生的,必然随处把学问的态度应用到行事上,所以这一点态度是不可少的。这部书出版之后,希望大家为了好读《红楼梦》而连带读它;为了连带读它而能感受到一点学问气息,知道小说中作者的品性,文字的异同,版本的先后,都是可以仔细研究的东西。无形之中,养成了他们的历史观念和科学方法。他们若是因为对于《红楼梦》有了正当的了解，引申出来，对于别种小说以至别种书，以至别种事物，都有了这种态度了，于是一切'知其当然'的智识都要使它变成'知其所以然'的智识了，他们再不肯留下模糊的影像，做出盲从的行为：这是何等可喜的事！

第三，平伯这部书，大部分是根据于前年四月至八月的我们通信。若是那时我们只有口谈，不写长信，虽亦可以快意一时，究不容易整理出一个完备的系统来。平伯的了解高鹗续书的地位，差不多都出于我们的驳辩；若是我们只管互相附和，不立自己的主张，也不会逼得对方层层剥进。我们没有意气之私，为了学问，有一点疑惑的地方就毫不放过，非辩出一个大家信服的道理来总不放手，这是何等地快乐！辩论的结果，胜的人固是可喜，就是败的人也可以明白自己的误解，更得一个真确的智识，也何等地安慰啊！所以我希望大家做学问，也像我们一般的信札往来，尽管讨论下去。越是辨得凶，越有可信的道理出来。我们的工作只有四个月，成绩自然不多；但四个月已经有了这些成绩，若能继续研究至四年乃至四十年，试问可以有多少？这一点微意，希望读者采纳。我们自己晓得走的路很短，倘有人结了伴侣，就我们走到的地方再走过去，可以发见的新境界必然很多。发见了新境界，必然要推倒许多旧假定，我们时常可以听到诤言，自然是十分快幸；然而岂但是我们的快幸呢！顾颉刚，一九二三年三月五日。"

鲁迅著《中国小说史略》由北京北大第一院新潮社刊行。

按：鲁迅著《中国小说史略》系作者1920年至1924年在北京大学、北京女子师范学院讲授中国小说史时的讲义，无疑是研究中国小说史的开山之作，与王国维《宋元戏曲史》被誉为文学史"双璧"。根据付祥喜《20世纪前期中国文学史写作编年研究》(北京师范大学出版社2013年版)的归纳：第一，在文学史观上，首次用进化史观研究中国小说；第二，在文学史观上，首次用进化史观研究中国小说，第三，在体例上，鲁迅《中国小说史略》的重大创举，就是小说分类与命名，既有鲁迅自己的综合、独创，又融进西方小说的类型概念。由此，鲁迅命名的明清小说类型，构成了《中国小说史略》一书的重头戏，加上书中的研究思路、方法和观念，形成了内在的小说类型体系。这个体系尤其所采用的分类名称，对后世的小说史研究影响极大，乃至直到今天有些仍是众所周知的术语。但最为重要的是鲁迅对于中国小说史的独到见解，往往言简意赅，评断允当，十分精辟，远远高于同时代的其他同类著作，并为后来学者所推崇。

孙俍工编《小说作法讲义》由上海中华书局刊行。

按：是书分绪论、作者、方法、余论等4章。

魏寿镛、周侯于编《儿童文学概论》由上海商务印书馆刊行。

东方杂志社编纂《文学批评与批评家》由上海商务印书馆刊行。

按：是书收入了《文学批评——其意义及方法》(愈之译述)、《布兰兑司》(陈嘏述)、《安诺德》(胡梦华等编)3篇文章。

陈嘏、孔常、雁冰编《近代戏剧家论》由上海商务印书馆刊行。

愈之、泽民等编《近代文学概观》(上下册)由上海商务印书馆刊行。

按：是书上册含近代英国文学概观、近代法国文学概观、近代德国文学概观等3节；下册含俄国文学内所见的俄国国民性、维新后日本小说界述概等2节。

谢六逸著《西洋小说发达史》由上海商务印书馆刊行。

李璜编《法国文学史》由上海中华书局刊行。

按：是书分3卷。第一卷18世纪，包括概观、两个先觉者白勒和封得乃尔、18世纪的戏剧、18世纪的哲学的文学、18世纪的哲学的文学(续)、18世纪的哲学的文学(再续)、18世纪的哲学的文学(三续)、18世纪的哲学的文学(四续)、18世纪的小说抒情诗和雄辩文9章；第二卷19世纪，包括概观、罗曼主义的两个先觉者斯达埃尔夫人和沙多布里阳、19世纪之初罗曼主义以外的文学界、罗曼主义、罗曼主义的诗歌、罗曼主义的诗歌(续)、罗曼主义的诗歌(再续)、罗曼主义的戏剧、罗曼主义的小说、罗曼主义的历史、写实主义、写实主义的诗歌——巴尔那斯派、写实主义的诗歌——巴尔那斯派(续)、写实主义的戏剧、写实主义的小说、写实主义的小说(续)、写实主义的小说(再续)、写实主义的历史、写实主义的文学批评

19 章;第三卷 20 世纪开场,包括概观、诗歌、诗歌(续)、戏剧、小说、小说(续)、历史和批评 7 章。

袁昌英著《法兰西文学》由上海商务印书馆刊行。

东方杂志社《近代法国小说集》(上下册)由上海商务印书馆刊行。

胡怀琛编,《托尔斯泰与佛经》由上海世界佛教居士林刊行。

东方杂志社编《近代俄国小说集(一)》由上海商务印书馆刊行。

东方杂志社编《近代俄国小说集(二)》由上海商务印书馆刊行。

东方杂志社编《近代俄国小说集(三)》由上海商务印书馆刊行。

东方杂志社编《近代俄国小说集(四)》由上海商务印书馆刊行。

东方杂志社编《近代俄国小说集(五)》由上海商务印书馆刊行。

东方杂志社编《艺术谈概》由上海商务印书馆刊行。

伍联德、陈炳洪编《新绘学》(上下册)由上海商务印书馆刊行,有钟荣光、梁銮、梁宗岱的序。

按:是书分总论、写生法、位置、方向、通论、反影、配率法、图案、色彩等 12 部分。

刘海粟绘,上海美术用品社编《海粟之画》由上海美术用品社刊行。

徐咏青、郭怵编绘《水彩画风景写生法》由上海大东书局刊行。

潘衍编《山水画诀》(名家秘传)由上海中华新教育社刊行,有潘衍的序。

雷家骏编,吴研因、芮佳瑞、马宗瀛校订《爱美生学画记》由上海商务印书馆刊行。

潘衍编,东皋居士、欧波渔隐校《花鸟画诀》由上海中华新教育社刊行,有潘衍的序。

中华书局编《中华十字图案》(手工适用)(1—2 册)由上海中华书局刊行。

刘天祥著《箫谱大全》由北京中亚书局刊行。

丘鹤俦著《琴学新编》(第 2 集)由香港正昌隆号刊行,有傅柔常等人的序及著者自序。

刘质平编《弹琴教本》由上海泰东图书局刊行。

刘质平编《师范讲习科乐理教本》(第 1 集)由上海泰东图书局刊行。

李龙公编《童谣唱歌集》由上海广益书局刊行,有编者序。

杨荫浏、陈鼎钧编《雅音集》(第 1 集)由江苏无锡乐群公司刊行。

张觉民编著《(学校适用)雅声唱歌集》由上海世界书局刊行。

黄醒作《一半儿》由湖南长沙湖南印书馆总发行。

易韦斋作词,萧友梅作曲《新歌初集》由上海商务印书馆刊行。

喋喋编《(绘图)游戏百科全书》由上海竞智图书馆刊行。

陈铁生编辑《新乐府》由上海中央精武体育会刊行,有黄维庆等人的序及编者序。

范寿康著《学校剧》由上海商务印书馆刊行。

真光剧场编辑《赖婚》(解决婚姻问题之大名著)由北京真光剧场刊行。

文化开明社编辑《戏学指南》(1—16 册)由上海文化开明社刊行。

东方杂志社编《欧战发生史》由上海商务印书馆刊行。

王金绂编《欧战与新潮》由北京师范大学图书馆刊行,有王桐龄序。

按:是书概述战争的起因、经过、结局、俄国政局的变化,以及战后的国际会议情况。

东方杂志社编《中国社会文化》由上海商务印书馆刊行。

按:是书系论文集。收文 4 篇:《中国社会文化之特质》《中国社会之本质及其作用》《中国人的人生哲学》《中国古代社会钩沉》。作者有日本汉学家稻叶君山,美国汉学家杜威及易白沙。

吕思勉著《白话本国史》由上海商务印书馆刊行。

按：是书将秦至南宋灭亡的历史分为上古、中古、近古三期，以元至清代中期为近世，以西力东渐到辛亥革命为最近世，即将元至辛亥革命的历史作为中国历史的近代和现代。

钱通明著《清史纪事本末》由上海国学社刊行。

萧一山著《清代通史》(上中)由北京中华印刷局、上海商务印书馆、北平文史政治学院刊行。

按：此书出版时，萧一山还是北京大学三年级的学生。他凭一己之力完成中国第一部体系完整的新式清代通史，史学界颇为之震动，受到许多史学前辈及孙中山先生的赞赏。李大钊先生为《清代通史》刊行写了序言。梁启超、蒋百里、蒋梦麟、日本史学家今西龙博士等先生亦为之作序。李大钊在序言中称："萧子一山，以绩学之余，著《清代通史》一书。书成，执以示愚。愚受而读之，知其书之性质为有清一代之中国国民史。置之史学系统中，当为普通史中之记叙的国民史。取材既极宏富，而于文明及政治诸象，统摄贯通以为叙述，且合于社会诸象悉相结附不能分离之史理。余故乐为之叙，冀著者之益精厥业，以此为重作各史之先声也。"萧一山对早期清史和清代重大历史事件的研究和考证，为清史研究的深入作了大量的奠基性工作，被人称为"清史研究第一人"。但此书也受到陈恭禄等人的批评，陈恭禄首先掀起一场激烈争论，双方甚至超出学术范围进行人身攻击。最后陈恭禄宣布："萧君苟再答辩，不以事实为根据，而徒意气用事，空言诋毁，恕余不再作复"(陈恭禄《为清代通史下卷再答萧一山君》，《清代通史下卷讲稿辩论集》，北平中华印刷局1934年版)。萧一山也于《为清代通史请国内外学者赐教启事》中宣布"此启事独不适用于陈恭禄君请原谅"(萧一山《为清代通史请国内外学者赐教启事》，《清代通史下卷讲稿辩论集》，北平中华印刷局1934年版)。

何天柱编《曾胡批牍》由上海广智书局刊行。

银行周报社编《对法赔款之金纸法郎问题》(经济类钞第1辑)由上海编者刊行。

《关于以庚子赔款维持中法实业银行复业并协定十六款用金佛郎偿还案国务院钞送各文件》刊行。

凌善清编著《太平天国野史》由上海中华书局刊行。

按：是书分本机、职官、兵制、宗教、礼制、刑法、食货、文告、殉国诸王传、列传、女官传、贰臣传、载余等部分。

高劳著，东方杂志社编《辛亥革命史》由上海商务印书馆刊行。

按：是书简述辛亥革命的起因和经过。共分3章：1.革命战争时代；2.成功时代；3.临时政府成立时代。

孙曜编《中华民国史料》(第1—3册)由上海文明书局刊行。

王正廷编《二十一条之交涉经过》由北京刊行。

国民外交协会编《国民外交协会对二十一条问题及收回旅大宣言书》由编者刊行。

高劳编《帝制运动始末记》由上海商务印书馆刊行。

唐会泽(继尧)著《会泽靖国文牍》由编者刊行。

屈古愚著《陕西靖国军革命战记》由著者刊行。

黄敬仲(原题沃邱仲子)编《民国十年官僚腐败史》由上海中华图书集成公司刊行。

啸秋著《讨论"国民人格问题"之几封书》由著者刊行。

张梓生编《壬戌政变记》由上海商务印书馆刊行。

陈无我编述《临城劫车案纪事》由北京华民发刊行。

夏光南著《云南文化史》由云南昆明市立第五小学校、云南崇文印书馆刊行。

东方杂志社编纂《俄国大革命记略》由上海商务印书馆刊行。

梁启超著《陶渊明》由上海商务印书馆刊行。

余重耀著《阳明先生传纂》由上海中华书局刊行。

喻谦著《新续高僧传》(65卷)由北洋印书局刊行。

曾了若著《玄奘法师年谱》由北京文史学研究所刊行。

谢无量著《平民文学之两大文豪》由上海商务印书馆刊行。

按：是书后改名为《罗贯中与马致远》，1930年由上海商务印书馆再版。作者《绪论》说："从前我曾经编一部书，叫做《中国六大文豪》。其中是屈原、司马相如、扬雄、李白、杜甫、韩愈六人。他们的文学，是高深的，不是浅近的，大部分是模拟的，不是创造的。是比较少数人可以服膺的，不是多数人能够了解的。是国家的教令，贵族的嗜好，所提倡养成的，不是社会一般的需要，平民普遍的精神，所自由发展的(内中只有屈原一家，近于平民文学，详见拙著《楚辞新论》)。他们那种文学的势力，到宋朝的时候，就渐渐衰了。那时候发生一种平民文学，这种文学，直到元朝，成了个独立的局面。前前后后，也有许多作者。当中必定也有扬、马、李、杜一等人物，做那时代的代表。不过我们始终把他们忽略，没注意现在我毕竟找到两个人，一个是罗贯中，一个是马致远，可算平民文学的两大文豪。本编就是要将他们的著作和思想，及在文学上的价值，来约略研究批评一下。"

余重耀辑《阳明先生传纂》由上海中华书局刊行。

上海世界书局编《年羹尧全史》由该社刊行。

严芙孙编著《全国小说名家专集》由上海云轩出版部刊行。

新新书社编《曹锟》由编者刊行。

魏家猷编《唐会泽言行录》由云南昆明云南官印局刊行。

杨树编《杨珍林自订年谱》由贵阳文通书局刊行。

实事白话报编辑部编《名伶化装谱》由编者刊行。

翁小琴编《金陵五艳集》由上海中国第一书局刊行。

纪凤翱等编《歌场妙影》由上海国华书局刊行。

泪红生题咏《最新群芳倩影》由上海丽华美术社刊行。

白眉初著《地理哲学》由北平琉璃厂宏道堂刊行。

按：是书分地理学之概说、地理学之特性、答客难、人类知识上之地理欲、地理之生养力、地理志残杀力、地理学之涵养力、地理构造之微意、人类对于地理志利用力及抵抗力、人生及地理之结局观、理想末世之状况等12章。

萧澄编《最新外国地志》由太原晋新书社、晋华书社刊行。

晨报社刊行部编《游记第一集》由北京晨报社刊行。

白眉初编《中国人文地理》由北平建国图书馆刊行。

按：是书分民族、民权、民生3篇。民族篇分种族、礼俗、宗教3章；民权篇分政治及组织、军制、财政、教育、面积统计5章；民生篇分实业、交通2章。

王华隆等著，东方杂志社编纂《辣古调查记》由上海商务印书馆刊行。

刘仁甫编《明朝十三陵汇志备要》刊行。

庄俞、谢燕堂编《美术名胜画册》由上海商务印书馆刊行。

姚祝聋著《北京便览》由上海文明书局刊行。

陈希周编《山西调查记》(上下卷)由江苏南京共和书局刊行。

傅绍曾著《南洋见闻录》由北京求知学社刊行。

山口武著，陈清泉译《暹罗》由上海商务印书馆刊行。

胡贻穀等著《欧游经验谈》由上海青年协会书局刊行。

石毓赋著《欧行日记》刊行。

姚祝萱编《新游记汇刊续编》由上海中华书局刊行。

布牢温著《南美洲一瞥》由上海商务印书馆刊行。

谢彬著《全国一周》由上海商务印书馆刊行。

吴崇光著《川藏哲印水陆记异》由武进新群书社刊行。

鲁云奇编《上海游览指南》由上海中华图书集成公司刊行。

南通指南风景社编《南通参观指南》由南通指南风景社刊行。

葛其瑶等编《徐州游览指南》由铜山县教育会刊行。

闲闲居士编《名胜西湖》由杭州西湖鑫记书局刊行。

西湖鑫记书局编《西湖指南、游杭纪略合刻》由杭州编者刊行。

上海世界舆地学社编《中华新形势一览图》由编者刊行。

杨宝珊著《最新川江图说集成》由重庆中西书社刊行。

大陆图书公司编《国民修养全书》由编者刊行。

丁国瑞著《竹园丛话(第 1 集)》由天津敬慎医室刊行。

丁国瑞著《竹园丛话(第 2 集)》由天津敬慎医室刊行。

丁国瑞著《竹园丛话(第 3 集)》由天津敬慎医室刊行。

湖北省教育厅编《湖北寒期讲演会讲演集》由编者刊。

杨昭悊编著《图书馆学》(上下册)由上海商务印书馆刊行，有蔡元培等人的序以及编者序。

按：是书分图书馆和教育、图书馆经营法、图书分类、促进图书馆教育的机关等 8 篇。附录教育部图书馆规程等 10 种。此为我国第一部系统的图书馆学理论著作，标志着图书馆学已经成为一门独立的科学。蔡元培为该书作序曰："一种事业，发达到一定程度，便有产生一种有系统的理论。有了系统的理论，那种事业的发达，才有迅速的进步。这是各种事业的通例，图书馆就不在例外。"

梁启超、胡适编《梁任公胡适之先生审定研究国学书目》由上海亚洲书局刊行。

按：是书收录梁启超《国学入门书要目及读法》(附《最低限度之必读书》)《治国学杂话》《评胡适之一个对子限度的国学书目》，胡适《一个最低限度的国学书目》。附录胡适《中学的国文教学》、梁启超《学问之趣味》。

湖北省教育厅编《湖北寒期讲演会讲演集》由编者刊行。

唐敬杲编《新文化辞书》由上海商务印书馆刊行。

大陆图书公司编《国民修养全书》由编者刊行。

丁国瑞著《竹园丛话》(第 1 集)由天津敬慎医室刊行。

丁国瑞著《竹园丛话》(第 2 集)由天津敬慎医室刊行。

丁国瑞著《竹园丛话》(第 3 集)由天津敬慎医室刊行。

许啸天主编《星光》(第 1 号)由星期文会刊行。

任鸿隽、沈奎、周鲠生、秉志、胡先骕等任校对的《少年百科全书》由上海商务印书馆刊行，王云五作总序。

郝祥辉编辑《百科新辞典》由上海世界书局刊行。

［日］纪平正美著,彭学浚译《哲学概论》由译者刊行。

［日］大泉黑石著,廖景云译《老子》(创作)由译者刊行。

［日］松涛泰严著,林本等译《设计教育大全》由上海商务印书馆刊行。

［日］速水滉著,陶孟和译《现代心理学》由北京大学出版部刊行。

［日］幸德秋水著,高劳译《社会主义神髓》由上海商务印书馆刊行。

［日］梅谷光贞讲,刘士木译述,温清河校刊《南洋之霸者》由上海南洋荷属苏门答腊日里留苏华侨学生会刊行。

［日］吉野作造著,罗家衡译述《普通选举论》由北京译述者刊行。

按:是书有原著者绪言,吴景濂、顾维钧序,译者序。

［日］织田万著,泰东图书局编译《地方自治精义》由上海泰东图书局刊行。

［日］堤林数卫著,刘士木译《日本人之新南洋发展策》由上海中华南洋协会筹备处刊行。

［日］崛三之助著《满蒙各重要铁路概论》刊行。

［日］大漱甚太郎著,郑次川、林科棠合译《现代教育思潮》由上海商务印书馆刊行。

［日］松涛泰严著,林本等译《设计教育大全》由上海商务印书馆刊行。

［日］松本亦太郎、楢崎浅次郎著,朱兆萃、邱陵译《教育心理学》由上海商务印书馆刊行,有范寿康序及原序。

［日］松涛泰严著,林本等译《设计教育大全》由上海商务印书馆刊行。

［英］卡尔著,刘延陵译《柏格森交之哲学》由上海商务印书馆刊行。

［英］罗素著《罗素论文集》(上下册)由上海商务印书馆刊行。

［英］狄采奇著,黄风希译《灵魂学》由上海存正书局刊行。

［英］格铁夫人著《喻言丛谈》由上海广学会刊行。

［英］何多马著,[英]斐有文译,柴连复述《得个人信主法》刊行。

［英］梅益盛、周云路译述《模范信徒》(原名《吴累满传记》)由上海广学会刊行。

［英］翟辅民译《圣光日引(晚课)》由上海商务印书馆刊行。

［英］马肯底著,邹敬芳译《社会哲学原论》由上海学术研究会丛书部刊行。

［英］浦徕斯著,梅祖芬译,张慰慈校《现代民治政体》(第一编)由上海商务印书馆刊行。有张慰慈序及原著者序。

［英］格雷西著,刘建阳译《社会主义之意义》由上海商务印书馆刊行。

［英］爱尔窦登兄妹著,赵文锐译《统计学原理》由上海商务印书馆刊行。

［英］细拉著,陈鸿璧译《儿童之训练》由上海商务印书馆刊行。

［英］卡本特(原题嘉本特)著,后安译《爱的成年》由北平晨报社刊行。

［英］克卡朴著,孙百刚译《社会主义初步》由上海中华书局刊行。

［英］施格铁著,翰才译述《英国海军秘史》由上海文明书局刊行。

［英］毕尔德著,董时译《经济的政治基础》由上海商务印书馆刊行。

按:是书内收作者讲稿 4 篇:《哲学家底学说》《经济的集合和国家底构造》《政治上平等底学说》《矛盾和结果》,着重从历史进程阐明政治组织与经济基础的密切关系。

［英］威特尔斯著,梁云池译《外国汇兑论》由上海商务印书馆刊行。

［英］布舍尔著,戴岳译,蔡元培校《中国美术》由上海商务印书馆刊行,有序。

〔英〕斯宾塞尔著,任鸿隽译《教育论》(汉译世界名著)由上海商务印书馆刊行,有译者序及爱理亚原序。

〔英〕Lamb 改编,周砥译注《伟里市商人》(青年英文学丛书第 4 编)由上海群益书社刊行。

〔英〕温彻斯特著,景昌极、钱堃新译《文学评论之原理》由上海商务印书馆刊行。

〔英〕J. Swift 著,陈亮初译《小人国游记》(青年英文学丛书第八编)由上海群益书社刊行。

〔英〕萧伯纳著,金本基、袁弼译《不快意的戏剧》由上海商务印书馆刊行。

〔英〕王尔德著,田汉译《沙乐美》由上海中华书局刊行。

〔英〕萧伯纳著,潘家洵译《华伦夫人之职业》由上海商务印书馆刊行。

〔英〕马理溢德著,无闷居士译《荒岛孤童记》(上下册)由上海世界书局刊行。

〔英〕李提摩太编辑《地球一百名人传》由上海广学会刊行。

按:本卷介绍摩西、孔子、释迦牟尼等 15 人的生平事迹。

〔英〕窝尔次著,郑次川泽《俄罗斯一瞥》由上海商务印书馆刊行。

〔英〕巴文著,林纾、毛文钟译《妖髡缳首记》刊行。

〔美〕奥·约·罗德格著,钱智修等译述《宇宙与物质》由上海商务印书馆刊行。

〔美〕杜威、塔夫特(原题突夫茨)著,周谷城编译《实验主义伦理学》由上海商务印书馆刊行。

〔美〕马尔腾著,陈鸿璧译《思想之伟能》由译者刊行。

〔美〕伊利著,黄尊三译《近世社会主义论》由上海商务印书馆刊行。

〔美〕高文著,钟健闳译《首领论》由上海泰东图书局刊行。

〔美〕麦独孤(原题麦铎格)著,刘延陵译《社会心理学绪论》(上下册)由上海商务印书馆刊行。

〔美〕屠尔门著,许兴凯编译《智慧测量》由北京晨报社刊行部刊行。

〔美〕怀爱伦著《拾级就主》由上海时兆报馆刊行。

〔美〕励德厚、陈金镛著《旧约历史》由上海广学会刊行。

〔美〕林乐知编《路得改教纪略》由上海广学会刊行。

〔美〕吉来德著,刘鸣九译《家庭与社会》由上海商务印书馆刊行。

〔美〕桑格著,封熙卿译《家庭性教育实施法》由上海商务印书馆刊行。

〔美〕桑格著,戴时熙编译《生育节制论》由上海泰东图书局刊行。

〔美〕芮恩施著,罗志希译,蒋梦麟校《平民政治的基本原理》由上海商务印书馆刊行。

〔美〕列德莱著,李季译,陶孟和校《社会主义之思潮及运动》由上海商务印书馆刊行。

〔美〕尔文著,立武译《将来之大战》由上海商务印书馆刊行。

〔美〕E. Untermann 著,周佛海译《马克斯经济学原理》由上海商务印书馆刊行。

〔美〕安德生(原题安德孙)编《中外学校唱歌集》由上海商务印书馆刊行。

〔美〕巴格莱著,杨荫庆、兆文钧译《巴格莱氏教育学》(上卷)由共和印书局刊行。

〔美〕杜威著,朱经农、潘梓年译《明日之学校》(大学丛书)由上海商务印书馆刊行,有原序及译者序言。

〔美〕麦克司卫尔著,施仁夫译《教学观察法》由上海中华书局刊行。

［美］杜威著，钱希乃、诸葛龙译《道尔顿研究室制》由上海商务印书馆刊行。

［美］麦克牟利著，杨廉译《设计教学法》（师范小丛书）由上海商务印书馆刊行。

［美］杜威著，张裕卿、杨伟文译《教育上兴味与努力》由上海商务印书馆刊行，有郑宗海序。

［美］特尔曼著《调查用非文字智力测验》（第1类）由上海商务印书馆刊行。

［美］特尔曼著《调查用非文字智力测验》（第2类）由上海商务印书馆刊行。

［美］德尔满著，郑国荣译《新学制初小社会化的学程》（1—3册）（燕京大学丛书）由上海商务印书馆刊行。

［美］克拉可韦瑞著，沈有乾译《初等教育设计教学法》（教育丛书）由上海中华书局刊行。

［美］麦克牟利著，杨廉译《设计教学法》（师范小丛书）由上海商务印书馆刊行。

［美］葛雷著，钱江春、戴昌凤译《初级体育教练法》由上海中华书局刊行

［美］桑戴克著，张士一改编《英文最常用四千字表》由上海中华书局刊行。

［美］勃利司·潘莱著，傅东华、金兆梓译《诗之研究》由上海商务印书馆刊行。

［美］密司脱著，快活三郎译《半夜人》（侦探小说）由上海侦探小说社刊行。

［法］柏格森著，张闻天译《笑之研究》由上海商务印书馆刊行。

［法］杰十多录述《新经公函与默示录》由香港那匝助静院刊行。

［法］黎明（原题鲁滂）著，钟健宏译《群众（原名原群）》由上海泰东图书局刊行。

［法］布亚著，黄慕松译述《世界大战中之德军》刊行

［法］基特著，李泽彰译《经济思潮小史》由上海商务印书馆刊行。

按：是书内分"依方法来区分各学派""依问题来区分各学派"（包括自由主义派、社会主义派、国家社会主义派、基督教社会改良主义派、社会连带关系主义派）两部分内容。

［法］基特、李士特著，王建祖译述《经济学史》由上海商务印书馆刊行。

按：是书分3卷。第1卷"创始者"，包括农宗（重农学派）、亚当·斯密、悲观派（马尔萨斯及李嘉图）3章；第2卷"批评及反对者"，包括西斯蒙第、圣西门、傅立叶、李斯特、普鲁东4章；第3卷"自由说之继续"，包括乐观者（巴斯夏、约翰·穆勒）2章。

［法］莫里哀著，高真常译《悭吝人》由上海商务印书馆刊行。

［法］卢梭著，魏肇基译《爱弥儿》由上海商务印书馆刊行。

［法］大仲马著，洪观涛译《地亚小传》由上海商务印书馆刊行。

［法］雨果著，俞忽译《活冤孽》由上海商务印书馆刊行。

［法］小仲马著，晓斋主人、冷红生译《茶花女遗事》由上海商务印书馆刊行。

［法］莫柏霜著，谢直君译《莫柏霜短篇》由译者刊行。

［法］莫泊桑著，李青崖译《莫泊桑短篇小说集（一）》由上海商务印书馆刊行。

［法］莫泊桑著，耿济之译《遗产》由上海商务印书馆刊行。

［德］杜里舒著，张君劢等译，讲学社编辑《杜里舒讲演录》（第1期）由上海商务印书馆刊行。

［德］杜里舒著，江绍原译《实生论大旨》由上海亚东图书馆刊行

［德］冯德（原题冯特）著，吴颂皋译《心理学导言》由上海商务印书馆刊行。

［德］谠恩著，杨丙辰译《费德利克小姐》由上海商务印书馆刊行。

[德]福沟著,徐志摩译《涡堤孩》由上海商务印书馆刊行。

[俄]托尔斯泰著,郎醒石、张国人合译《土地与劳工》由上海商务印书馆刊行。

[俄]克鲁泡特金著,徐苏中译《国家论》由民钟社刊行。

[俄]安锐戈佛黎著,费觉天译《社会主义与近世科学》由上海商务印书馆刊行。

[俄]爱尔伯著,谢晋青译《托尔斯泰学说》由上海新文化书社刊行。

[俄]安得列夫著,耿济之译《人之一生》由上海商务印书馆刊行。

[俄]安特列夫著,张闻天译《狗的跳舞》由上海商务印书馆刊行。

[苏]柴霍甫著,耿济之译《柴霍甫短篇小说集》由上海商务印书馆刊行。

[俄]爱罗先珂著,鲁迅译《桃色的云》由北京新潮社刊行。

[俄]托尔斯泰著,唐小圃译《托尔斯泰儿童文学类编》由上海商务印书馆刊行。

[意]鲍尔谷著,圣心报馆译《默想圣心九则》由上海土山湾慈母堂刊行。

[葡]阳玛诺译,朱宗元订《轻世金书》由上海土山湾印书馆刊行。

[瑞典]伦凯著,朱舜琴译《恋爱与结婚》由上海光明书局刊行。

[瑞典]陆鼎著,黄鼎勋译《考查浙江植物重兴森林计划书》由上海华洋义赈会刊行。

[瑞典]爱伦凯著,沈泽民译《儿童的教育》(新时代丛书)由上海商务印书馆刊行。

[瑞典]安特生著,袁复礼译《奉天锦西县沙锅屯穴层遗址》由农商部地质调查所刊行。

[瑞典]安特生著,袁复礼译《中华远古之文化》由农商部地质调查所刊行。

[比利时]梅脱灵著,汤澄波译《梅脱灵戏曲集》由上海商务印书店刊行。

[比利时]梅德林克著,王维克译《青鸟》由上海泰东图书局刊行。

[比利时]梅脱灵著,傅东华译《青鸟》由上海商务印书馆刊行。

[丹麦]霍甫丁著,彭建华译《西洋近世哲学史》由上海民智书局刊行。

[丹麦]安徒生著,赵景深译《无画的画帖》由上海新文化书社刊行。

[挪威]易卜生著,潘家洵译,胡适校《易卜生集》(二)由上海商务印书馆刊行。

[奥]菲利波维奇著,王恒译《近世经济政策之思潮》由上海学术研究会刊行。

[威]务道编纂《圣经历史教科书》(第3册)由湖北汉口中华信义会书报部刊行。

[印度]泰谷尔著,吴致觉译述《谦屈拉》由上海商务印书馆刊行。

[印度]太戈尔著,王独清译,创造社编辑《新月集》由上海泰东图书馆刊行。

[印度]太戈尔著,郑振铎译《新月集》由上海商务印书馆刊行。

[印度]泰谷儿著,朱枕薪译《泰谷儿戏曲集》(一)由上海民智书局刊行。

[印度]太戈尔著,瞿世英、邓演存译《太戈尔戏曲集(一)》由上海商务印书馆刊行。

[印度]太戈尔著,高滋译《太戈尔戏曲集》(二)由上海商务印书馆刊行。

[印度]太戈尔著,如音译《太戈尔短篇小说集》(第1集)由上海民智书局刊行。

[印度]太戈尔著,东方杂志社编《太戈尔短篇小说集》由上海商务印书馆刊行。

[印度]泰谷尔著,张墨池、景梅九译《家庭与世界》由上海泰东图书局刊行。

范寿康等译著《马克思主义与唯物史观》由上海商务印书馆刊行。

　　按:是书收论文4篇:《马克思的唯物史观》(范寿康),《马克思的理想及其实现的过程》(河上肇著、施存统译),《唯物史观在马克思学上的位置》(栉田民藏著、施存统译),《马克思主义的最近辩论》(化鲁译述)。

朱和中译《德国宪法》由上海民智书局刊行。

丁格兰著，谢家荣译《中国铁矿志》下册由北京农商部地质调查所刊行。

徐卓呆译《人肉市场》由上海世界书局刊行。

邹恩润编译《职业教育研究》（职业教育丛书）由上海中华职业教育社刊行，有黄炎培序。

邹恩润编译《职业智能测验法》（职业教育丛刊）由上海商务印书馆刊行，有黄炎培序。

潘知本编译《杖球》（体育丛书）由上海商务印书馆刊行。

郭秉文、张世鎏等编译《（英汉双解）韦氏大学字典》由上海商务印书馆刊行。

A. Vanoni 著《修身西学》由上海土山湾印书馆刊行。

南庶熙编译《心理与生命》由北京晨报社刊行，书末附有《心理学研究的态度和历史》《心理学的应用及其将来》。

黄奉西译《密宗大纲》由上海有正书局刊行。

贾立言著，冯雪冰译《基督教史纲》由上海广学会刊行。

梅尔著，季理裴、任保罗译《先知以利亚实录》由上海广学会刊行。

欧阳钧编译《社会学》由上海商务印书馆刊行。

吴亚男编译《泰西交际常识》由上海民智书局刊行。

潘公展译述、东方杂志编《新村市》（东方杂志 20 周年纪念刊物）由上海商务印书馆刊行。

朱枕薪译《俄罗斯之妇女》由上海民智书局刊行，有译者小序。

金陵女子大学学生编译女青年协会编辑部修订《世界妇女的先导》由上海中华基督教女青年协会刊行。

金陵女子大学学生编译《世界巾帼英雄传》由中华基督教女青年会全国协会刊行。

李谟译著《东京市之市政》由上海民智书局刊行。

许同华译《瑞士民主政治》由上海商务印书馆刊行。

黄海泉译述《欧战发明小部队攻击法》由湖北汉口通业里鹤报社刊行。

王作新编译《最新应用战术》由北京武学书馆刊行。

塞里格门、尼林著，岑德彰译《资本主义与社会主义》由上海商务印书馆刊行。

吴调梅编译《京调风琴谱》由上海文明书局刊行，有周瘦鹃等人的序。

林本译《道尔顿式教育的研究》由上海商务印书馆刊行，有译者序。

芮佳瑞著《道尔顿制原理》（百科小丛书）由上海商务印书馆刊行。

芮佳瑞著《实验设计教学法》（百科小丛书）由上海商务印书馆刊行。

须家桢编译《家庭体操》由上海商务印书馆刊行。

萧子琴等编译《模范法华字典》由上海商务印书馆刊行。

曼殊大师译《英汉三昧集》由上海泰东图书局刊行。

P. A. Parker 编《沪语汇编》由上海广协书局刊行。

《拉丁文初学课本》（第 2 卷）由山东兖州天主教堂印书局刊行。

蒋启藩编译《近代文学家》由上海泰东图书局刊行。

周作人编译《现代日本小说集》由上海商务印书馆刊行。

须莱纳尔著，CF 女士译《梦》由北京阳光社刊行。

法兰鸽林著，不尘士译、海上漱石生润《半文钱》由时还书局刊行。

悲鸿译《女儿镜》由上海土山湾印书馆刊行。

韦思德著，李冠芳等译《长腿蜘蛛爹爹》（学校小说）由上海广学会刊行。

上海福幼报馆译《爱性的玛利》由上海广学会刊行。

朱枕薪编译《俄国革命史》由上海商务印书馆刊行。

郑次川译《德意志一瞥》由上海商务印书馆刊行。

上俊彦著，王辑唐译《新俄罗斯》由上海商务印书馆刊行。

布牢温著，周育民译《希腊一瞥》由上海商务印书馆刊行。

福克著，吴良培译《澳洲一瞥》由上海商务印书馆刊行。

凡爱利著，俞松笠译《新西兰一瞥》由上海商务印书馆刊行。

钢和泰著，胡适译《音释梵书与中国古音》由北京大学刊行。

按：此书为《国学季刊》第 1 卷第 1 期抽印本。由汉文音译的梵文书（佛经）推断中国文字的古音。

康绍言、薛鸿志编译《设计教育法辑要》（北京师范大学丛书）由上海商务印书馆刊行。

鸠摩罗什译，王应照编述《阿弥陀经直解》由上海世界佛教居士林刊行。

李廷相译著《圣谕详解》由天津光明书社刊行。

《般若波罗蜜多心经全卷》刊行。

《大造实有》由上海土山湾印书馆刊行。

《东哈雷凡速》由北平清真书报社刊行。

《福女德肋撒灵迹杂录》由上海土山湾印书馆刊行。

《圣歌宝集》刊行。

《宗座驻华代表公署落成纪念册》刊行。

五、学者生卒

王秉恩（约 1841—约 1923）。秉恩字息存，一作雪岑、雪澄、雪丞、雪城，号茶龛，四川华阳人。同治举人，光绪初官广东按察使。精校勘目录学。曾被张之洞聘至广雅书局刻书，任提调。与缪荃孙交往甚密。辛亥革命后，闲居上海，晚年多以古书、字画、金石换米度日。喜谈论金石、校勘学，推崇贵州郑珍、莫友芝二人。工书法，隶承汉魏，行似晋人。著有《养云馆诗存》，与罗文彬合撰有《平黔纪略》。

曹元忠（1865—1923）。元忠字夔一，号君直、凌波，江苏吴县人。1894 年举人，官翰林学士，充值内阁，遍览皇室藏书和翰林院藏书，精于三礼、医学、辞章，由此通目录学，校勘学功底极深。光绪末年任玉牒官校勘官，校阅内阁大库书籍，通阅宫廷宋元旧本，旋任大库学部图书馆纂修、礼学馆纂修。辛亥革命后家居讲学。富藏书。与潘祖荫、吴梅、叶昌炽、金天翮等均为吴门藏书名家。著有《笺经室遗集》《丹邱先生集》《宋元本古书考证》《桂花珠丛》《司马法古注》《赐福堂诗词稿》《顾璜三儒丛祀录》《学志》等。

姚永概（1866—1923）。永概字叔节，号幸孙，安徽桐城人。姚莹孙，姚浚昌子，姚永朴弟。事从吴汝纶治学，前后长达九年，得吴先生之真传。1888 年，中举人。以大挑二等，授太平县教谕。1903 年，任桐城中学堂总监之一，旋又被聘为安徽高等学堂总教习。1906 年，为安徽师范学堂监督（校长）。1907 年，受命赴日本考察学制，归国后积极提倡教育革新。1912年,任北京大学文科学长,与马其昶、林纾等以桐城派古文相号召,与其时任教北大的章炳麟发生冲突,愤而辞职。被清史馆馆长赵尔巽聘为清史馆协修,分任名臣传。1918年,被徐树铮聘为正志学校教务长。著有《孟子讲义》14卷、《左传选读》4卷、《诗本义》《左传讲义》4卷、《东游自治译闻》2卷(侄焕同译)、《历朝经世文钞》《慎宜轩诗集》8卷、《慎宜轩文集》8卷、《慎宜轩笔记》10卷、《国文初学读本上下编》2卷(与姚永朴同编)等。事迹见马其昶《姚君叔节墓志铭》。

按:刘声木《桐城文学渊源考》卷一〇曰:"姚永概师事方宗诚、张裕钊、吴汝纶,受古文法,从汝纶最久。其为文,气专而寂,澹宕而有致;不矜奇立异,而言皆衷于名理;虽崛强,有俊逸之致。历主学堂敎习,其敎士必根本道德,以文艺为户牖。""姚永概,任清史馆纂修,论学于汉、宋无所偏,主治经,独好《诗经》。其文迂回蓄缩,务使词尽意不尽,以至词意俱不尽,此桐城文派家法,永概文允称嗣音。尝著《辛酉论》六篇,皆有关于风敎。"

汪春源(1869—1923)。春源字杏泉,号少义,晚自号柳塘,台湾安平人。早年海东学院肄业,师事施士洁。1895年赴京会试时,上书都察院,反对割让台湾,又参与康有为"公车上书"。1903年,中进士,历任大庾、建易、安义、安仁知县。1915年,参加厦门菽庄吟社,与社中台籍诗人林尔嘉、林景仁、施士洁、许南英等唱和。著有《柳塘诗文集》。

李涵秋(1873—1923)。涵秋名应漳,以字行,别署沁香阁主人、韵花馆主、娱受室主,江苏扬州人。1889年,在汉口主持《公论报》。辛亥革命时曾担任扬州民政署秘书长,后任教于江苏省立第五师范学校。1921年,应上海时报之聘,兼任《时报》副刊《小时报》和《小说时报》主编,后又主编《快活》杂志。其间写有大量小说,主要有《广陵潮》《双花记》《雌蝶影》《琵琶怨》《并头莲》《梨云劫》《双鹃血》《好青年》《怪家庭》《还娇记》《众生相》《平沙恨》《怪姻缘》《青萍吼》《滑稽魂》《瑶瑟夫人》《姐妹花骨》《侠风奇缘》《孽海鸳鸯》《镜中人影》《情天孽镜》《秋冰别传》《玉痕小史》《近十年目睹之怪现状》《雪莲日记》《无可奈何》《绿林怪杰》《战地莺花录》《爱克司光录》《社会罪恶史》《剑钏双侠记》等长篇小说,《奇童记》《儿泪血》《磁菩萨》《怨偶记》《林芝祥的妻子》《一千个闹时髦的笑剧》等短篇小说,及《我之小说观》《沁香阁笔记》《沁香阁诗集》等诗文杂著。

按:刘明坤《李涵秋小说论稿》说:"李涵秋是晚清民初的重要作家,他虽然在诗歌、散文、金石、书画等方面均有独特的造诣,但代表他文学创作最高成就的却是小说。他的言情小说继承了《红楼梦》、特别是晚清以来言情的优点,克服了晚清言情小说的不足,取得了较大的成绩;而他的社会小说则因袭了晚清以来社会小说的长处,在扬弃的基础上,超越了其缺点,别开生面,自成风格。更重要的是,他结合了晚清以来言情小说反映社会生活不足、而社会小说又缺少一根主线的现实,以社会为经、言情为纬开创了社会言情的小说新模式。我们把他做出重要贡献的、具有开创意义、既'言情'又'言社会'、社会为经言情为纬的小说叫做社会言情小说。"(扬州大学博士学位论文,2008年)

许国英(1875—1923)。国英字志毅,一字指严,又作子年,别署苏庵、不才子等,江苏武进人。南社社员。清末曾执教于上海南洋公学。继受商务印书馆之聘,编写中学国文、历史等教科书,兼教该馆练习生。入民国后,主讲金陵高等师范。继任民国政府财政部机要秘书。两年后辞归上海,除一度曾任某银行文书外,皆以卖文糊口。曾为世界书局杜撰《石达开日记》。著有《清鉴易知录》《清史野闻》《天京秘录》《三海秘录》《新华秘录》《十叶野闻》《南巡秘记》《京尘闻见录》等。所作小说颇多,有《泣路记》《近十年之怪现状》《民国春秋演义》《电世界》《模范乡》《蚕尾毒》《醒游地狱记》《劫花惨史》等长篇;短篇小说辑为《许指严小说集》《许指严小说精华》。另有《埃及惨状弹词》《小筑茗谈》《指严余墨》等。

陈师曾(1876—1923)。师曾又名衡恪,号朽道人、槐堂,江西义宁人。湖南巡抚陈宝箴孙,陈三立长子,陈寅恪之兄。曾留学日本,攻读博物学。归国后从事美术教育工作。1913年,在张謇邀请下赴湖南省立第一师范学校任教。同年,又任北京政府教育部编纂处编审员。1915年,出任国立北京高等师范学校国画教师。1917年,在北京法源寺与齐白石相识,两人结成莫逆之交。1918年,受北京大学校长蔡元培之邀,任中国画导师。同年,任国立北京美术专门学校中国画教授。1922年,在日本画家荒木十亩、渡边晨亩之邀下,携自己与齐白石等人作品与金拱北一同前往日本参加中日联合绘画展览会。善诗文、书法,尤长于绘画、篆刻。著有《中国绘画史》《中国文人画之研究》《染苍室印存》《陈师曾先生遗墨》《槐堂诗钞》《不朽录》等。

按:徐书城《陈师曾先生小传》说:"师曾先生为本世纪内以理论形式明确肯定文人画价值之第一人,其缘由似为针对当时某些全盘否定民族传统艺术之议论而发。先生以一'论'(《文人画之价值》)一'史'(《中国绘画史》)阐释传统艺术之精粹要义,独辟蹊径,发前人所未发;筚路蓝缕,为现代形态之中国绘画历史与理论研究方法奠定一坚忍不拔之基础。"(陈平原等编《中国现代学术经典鲁迅·吴宓·吴梅·陈师曾传》,河北教育出版社1996年版)

陈撷芬(1883—1923)。撷芬,湖南衡山人。系《苏报》馆主陈范之女。1899年,在上海创办中国第一份以妇女为对象的刊物《女报》,自任主编。不久因故停刊。1902年,续出《女报》月刊,仍任主编。1903年,易名《女学报》继续出版,由苏报馆发行。后因"苏报案"发生,暂停出版。并随父避居日本。留日期间,在东京出版第四期《女学报》。后赴美国留学。1923年,逝世。

胡柏年(1877—1923)。柏年字柯亭,号许安,原籍浙江绍兴,定居山东济南。工画,梅、兰、竹、菊,随手挥毫,无不神妙。尤工篆隶,善刻印,又喜收藏,书画、字帖及金石拓片甚多。存有石章千余方,有"石痴"之名。著有《抱影庐印存》行世。

刘伯明(1887—1923)。伯明名经庶,字伯明,祖籍山东,生于南京。曾游学日本,加入同盟会。1911年,赴美国留学,获博士学位。回国后历任金陵大学国文部主任、东南大学校长办公室主任、副校长,支持《学衡》杂志。著有《西洋古代中世哲学史大纲》《近代西洋哲学史大纲》等。

王郅隆(1888—1923)。郅隆字祝三,天津人。先后创办天津华昌火柴公司、丹华火柴公司,任董事。1902年,参与投资英敛之创办天津《大公报》,为主要股东之一。民国成立后兼营金融业和纺织业,一度担任金城银行总董,与皖系军阀关系密切。1911年,被倪嗣冲委为安武军后路局总办,与倪嗣冲、段芝贵经营盐务,与徐树铮、段芝贵组织天津长顺盐业公司以及井陉、正丰煤矿公司。1916年9月,在徐树铮支持下,集资购进《大公报》,自任总董,聘胡政之为该报经理兼总编辑,使该报成为皖系军阀的喉舌。1918年8月,安福国会产生,被选为参议院议员。1923年9月1日,在日本时逢关东大地震,遇难身亡,死于横滨。

施洋(1889—1923)。洋原名吉超,号万里,字伯高,湖北竹山人。1914年,考入湖北警察学校,期满毕业。次年又考入湖北私立法政专门学校本科学习法律。1917年,毕业后加入武汉律师公会,即被选为副会长。他的收入大都用来保障人权,伸张公理,被广大平民称为"劳工律师"。

俞沙丁(—1966)、巴牧(—1968)、闻捷(—1971)、方济众(—1987)、吴谷虹(—1988)、张永(—1991)、宋仁(—1992)、路翎(—1994)、桑介吾(—1996)、马德昌(—1997)、蒋孔阳(—1999)、漆侠(—2001)、曲波(—2002)、李慎之(—2003)、高振铎(—2004)、徐朔方(—2007)、

谢晋(—2008)、林斤澜(—2009)、牛汉(—2013)、来新夏(—2014)、傅维慈(—2014)、陈桥驿(—2015)、周大风(—2015)、张友仁(—2015)、杨静远(—2015)、郑立(—2015)、杨海波(—2016)生。

六、学术评述

本年度是孙中山正式确定联俄、联共和扶助农工三大政策即"新三民主义"的重要年份。其间,原先南北、中外矛盾角力的政治版图较之去年承中有变:一是苏联对于中国政治力量重组的推进与强化。1月12日,共产国际执行委员会通过《关于中国共产党与国民党的关系问题的决议》,促进了第一次国共合作。26日,孙中山与苏联特使越飞达成协议,发表《孙中山与越飞联合宣言》。27日,孙中山派廖仲恺偕同越飞赴日,双方在热海会谈月余,具体商讨了中苏联合、共同反帝的问题。10月6日,苏联代表鲍罗廷抵达广州,被聘为国民党特别顾问,并指导陈延年、周恩来等人组成的中共广东区委的工作。二是国民党的改造与国共合作。1月1日,孙中山在上海发表《中国国民党宣言》,宣布对时局的主张与民族、民权、民生政策。2日,孙中山在上海召集中国国民党党务改进会议,公布《中国国民党党纲》和《中国国民党总章》。3月2日,孙中山在广州重新组成大元帅府。4月10日,孙中山发布命令,委任陈独秀为大本营宣传委员会委员。陈独秀与马林共同制订改组国民党的计划。10月19日,孙中山致电国民党上海事务所,着其密电李大钊赴沪商讨国民党改组事宜。25日,孙中山在广州召开国民党改组特别会议,委任廖仲恺、谭平山、邓泽如、陈树人等9人为临时中央执行委员,负责筹备国民党改组事宜。11月25日,中国国民党临时中央执行委员会发表《中国国民党改组宣言》,公布《中国国民党党纲党章》《中国国民党章程草案》,正式确定联俄、联共和扶助农工三大政策,被称为"新三民主义"。三是共产党与国民党结成统一战线。1月,共产国际执行委员会作出《关于中国共产党与国民党的关系问题的决议》后,为了贯彻共产国际第四次代表大会的精神和1923年1月通过的共产国际执行委员会关于国民党与共产党关系的决议,中国共产党积极筹备召开第三次全国代表大会。6月12—20日,中国共产党第三次全国代表大会在广州召开,会议的中心是根据共产国际的决议,讨论国共合作问题,决定全体共产党员以个人名义加入国民党,与中国国民党建立党内合作关系,但仍然保持并努力扩大共产党的组织。会议通过《关于国民运动及国民党问题的议决案》和《中国共产党党纲草案》,决定与国民党结成统一战线。12月25日,中共中央发出《中央通告第十三号》,要求全体共产党员积极参加国民党改组工作。四是北洋政府的内外交困。1月4日,北京政府改组,王正廷辞北京政府国务总理职,黎元洪特任张绍曾为国务总理兼署陆军总长。2月1日,京汉铁路工人在郑州举行京汉铁路总工会成立大会,遭到直系军阀吴佩孚的武力阻挠与镇压,制造了震惊中外的"二七"惨案。6月13日,北京发生政变,曹锟迫总统黎元洪出京。10月5日,曹锟贿选为大总统。上海、浙江、安徽、广州等省市各界团体旋即通电全国,一致声讨曹锟。10月8日,孙中山在大元帅府召开会议,决定下令讨伐曹锟,通缉贿选议员,并通告各国使团不得承认伪总统。五是反对彭允彝任教育总长的新学潮兴起。1月4日,北京政府改组,彭允彝任教育总长。17日,蔡元培为抗议北京政府教育总长彭允彝干涉司法独立、蹂躏人权的卑劣行径,向总统府提出辞去北京大学校长,立即离京赴津。北京大学学生掀起挽蔡驱彭运动。18日,北大学生开全体大会,议决:(一)驱逐彭允彝;(二)拥护司法独立;(三)挽留蔡校长;(四)警告国会;(五)联络全国学校及各团体。同日,国立八校校务讨论会及北大评议会先后开会,议决挽留蔡校长。19日,北大、工专、医专、法专等校4000余人到国会请愿,反对通过彭允彝任教育总长案,被军警毒打,多人受伤,学生们返校后,召开全体大会,议决联络全国教育界一致驱彭,并向全国发出通电。20日,为反对彭允彝任教育总长,北京学生联合会宣告成立。23日,蔡元培发表《不合作宣言》,表示不与北京的黑暗政治同流合污。24日,北京34所学校的学生5000余人,列队到参议院,请愿否决任命彭允彝为教育总长。但彭允彝最终通过教育总长任命。25日,国立北京女高师、医专、工专、美专四校校长愤于"以教育为政争之具",呈请辞职。国立八校教职员联合会立即开会议决:声明除现任四校校长外,不承认任何其他人出任校长,并决计运动教育独立。同日,北京学生联合会开会议决:(一)通电全国,不承认彭允彝为教育总长;(二)请各校当局不收受教育部公文;(三)请各校直接与国务院接洽。此后,北大与北京各校师生"驱彭留蔡"的运动坚持不息,直至9月4日彭允彝去职,"驱彭"一事,方始结束。蔡元培赴欧后,蒋梦麟于12月27日被派代理北大校长职务,"留蔡"之举亦告一段落。以上对北京大学以及整个学界都产生了直接或间接的影响。

在四大学术板块结构中,北京处于"驱彭留蔡"运动的中心,而且坚持不息直至9月4日彭允彝去职为止。此为蔡元培第七次辞校长职,再次彰显了蔡元培的正义与道义担当。在赴欧之前,蔡元培撰写了《五十年来中国之哲学》长文,对50年来中国之哲学研究作了全面梳理与总结;与陈大齐、蒋梦麟联名向杭州大学董事会提出《筹办杭州大学的建议》,以尚志学会、新学会、讲学社等学术机构名义邀请德国哲学名家杜里舒教授夫妇来华讲学,以及在上海与王国维、胡适、李大钊、顾颉刚等会晤,都是富有意义的学术活动。而在蔡元培辞职南下直至7月从沪赴欧之后,蒋梦麟再次承担起了代理校长的"苦差":一方面需要持续推进"驱彭留蔡"运动;另一方面又要维持北京大学的日常运转。然就学术界而言,则以胡适的前沿学术与李大钊的先进思想为代表,彼此的分合关系与论争,从一定意义上说也就是先前"问题与主义"论争的延续。胡适在极力维护和支持蔡元培之际,先后在《努力周报》发表《蔡元培以辞职为抗议》《蔡元培的不合作主义》《蔡元培与北京教育界》《蔡元培是消极吗》等文,但更为重要的是以《努力周报》与《国学季刊》为阵地,高举"整理国故"的大旗,大张旗鼓地发起了整理"国故"运动,希望聚集志同道合之人重新整理、叙述中国的历史与文化,不仅得到了梁启超的积极响应,而且也得到了北京大学诸多知名学者包括朱希祖、钱玄同、周作人等章门弟子群体的鼎力支持,同时也意味着章炳麟与北大章门弟子群体的进一步分化。此外,李大钊协同共产国际与国共两党在推进国共合作中扮演着重要角色并取得重要成效;王国维4月16日以蒙古升允(素庵)荐,受命任溥仪"南书房行走",借此从上海来到北京,并将所集成的《观堂集林》出版;陶行知、晏阳初携手北上,在北京发起中华平民教育促进会成立大会,在推行平民教育上取得重要突破;张君劢在清华大学作《人生观》的演讲,丁文江率先对张君劢的《人生观》展开学术批判,于是引发科学与玄学大论战;沈兼士率先倡导举行清代学者戴震诞辰200周年纪念活动,得到梁启超、胡适等积极回应,于是戴震研究一时蔚为显学。所有这些,都为北京轴心增提了学术分量。

上海轴心中,以陈独秀为首的共产党人逐步达成共识,积极推进国共合作,并深度参与国民党的改造工程。与此同时,陈独秀不仅将《新青年》改为季刊,仍作为中国共产党机关刊物,重新在广州出版,创办中共中央理论机关刊物《前锋》月刊,而且对一些重大政治与理论问题作出回应,先后发表《评蔡校长宣言》《章炳麟与民国》《中国国民革命与社会各阶级》《资产阶级的革命与革命的资产阶级》以及《我们为什么相信社会主义》《我们相信何种社会主义》《社会主义如何在中国开始进行》的讲演。此外,还应汪孟邹的邀请为其《科学与人生观》一书作序,随后与胡适发生争论。毫无疑问,王国维的离沪赴京,显然加重了北京轴心的分量,但在以下诸多方面却得到了有效的弥补和强化:一是继续任职商务印书馆的顾颉刚首次公开提出了"层累地造成的中国古史"说,迅速引起了轰动,同时在全国引发了有关"疑古—信古"的大论战。傅斯年致信顾颉刚,认为"三百年中,史学、文籍考订学,得了你这篇文字,而有'大小总汇'""史学的中央题目,就是你这'层累地造成的中国古史'……这一个题目,乃是一切经传子家的总钥匙,一部中国古代方术思想史的真线索,一个周汉思想的摄镜,一个古史学的新大成。这是不能为后来的掘地所掩的,正因为不在一个题目之下",盛赞顾颉刚把"这个宝贝弄到手""是在史学上称王了"。次年,胡适《古史讨论的读后感》说:"顾先生的'层累地造成的古史'的见解真是今日史学界的一大贡献,我们应该虚心地仔细研究他,虚心地试验他,不应该叫我们的成见阻碍这个重要观念的承受。"钱穆 1936 年在《崔东壁遗书序》中表示:"《古史辨》不胫走天下,疑禹为虫,信与不信,交相传述,三君者(胡适、钱玄同、顾颉刚)或仰之如日星之悬中天,或畏之如洪水猛兽之泛滥纵横于四野,要之凡识字之人几于无不知三君名。"二是张东荪、任鸿隽、范寿康、朱经农等积极回应由北京张君劢、丁文江发起的"玄学—科学"的大论战。尽管"玄学—科学"发起于北京,然后得到上海、天津、南京等地的热烈响应,但最终分别由汪孟邹编辑《科学与人生观》,由上海亚东图书馆出版;郭梦良编辑《人生观之论战》由上海泰东图书局出版,论战成果的结集出版皆在上海。三是章炳麟与其弟子汪东创办《华国月刊》,主要撰稿人包括汪东、但焘、黄侃等章门弟子。这份刊物的矛头直接指向胡适等人提倡的"整理国故"思潮,强调以"甄明学术、发扬国光"为宗旨,与同年创刊、胡适主编的《国学季刊》呈南北对应之势。从中国现代学术的发展过程来看,章门的地位与影响不容小觑。尤其是新文化运动中许多批判中国传统的论说,它们在学术研究中的展开,很大程度上都与亲近新思潮的章门弟子有关。这当然与章太炎本人一方面对中国传统有着近乎全盘性的新解,一方面在清末广泛汲取西学与佛学的资源有关。而晚年章太炎目睹世变,感到在中国的政治与文化问题上不能简单套用西学。因此与他的那批比较"趋新"的弟子渐行渐远,而和弟子中坚守中国传统之价值的走得越来越近。这份刊物创办不久,钱玄同就致信胡适,批判自己的老师守旧。章门内部的新旧之争,在同于本年创刊的这两份刊物中体现得尤为明显。四是章士钊在上海《新闻报》上发表《墨学谈》《章氏墨学一斑》《墨辩之辩》《墨辩三物辨》等文,系针对胡适的"整理国故"而发,推崇章炳麟,批评胡适"武断",然后章炳麟接连致函章士钊,共同批评胡适,于是引发了学界有关墨学的论争。五是《申报》总经理史量才为纪念《申报》发行 50 周年,敦请国内著名人士和学术权威对 50 年来中国及世界的变化进行总结,编为《最近之五十年》大型纪念特刊(1872—1922)由申报馆出版,分为"五十年之世界""五十年来之中国""五十年来之新闻事业"三编,书前有张謇、章炳麟所作序言。其中胡适《五十年来之世界哲学》、张嘉森《严氏复输入之四大哲学家学说及西洋哲学界最近之变迁》、任鸿隽《五十年来之世界科学》、华封老人《五十年来之世界宗教》等文值得注意。梁启超《五十年来中国进化概论》、蔡元培《五十年来中国之哲学》、胡适《五十年来中国之文学》、蒋方震《中国五十年来军事变迁史》、叶恭绰《五十年来中国之交通》等文,皆为经典之作,不仅是对《申报》50 年来的一次总结,而且也是对中国、世界各领域各方面的回顾,保存了较为完整、珍稀的历史资料,出版后成为研究近现代学术史、新闻史的重要资料来源,可供学界深入研究,具有重要的学术史之意义与价值。总体而论,上海向来是藏龙卧虎之地,全国各地以及留学海归的学者会源源不断地流向上海,从而不断地为上海轴心输入新鲜血液,即以张元济主导下的商务印书馆为例,先后汇聚了王云五、顾颉刚、郑振铎、陈衡哲、张其昀、向达等著名学者,上海特有的学术活力与魅力由此可见一斑。

　　诸省板块中,当以天津与江苏最具实力。归根到底,天津的区域学术地位主要系于梁启超,从年初的1月9日梁启超曾往东南大学国学研究会演讲《治国学的两条大路》,强调"我们现在作这种工作,眼光又和先辈不同,所凭借的资料也比先辈们为多。我们应该开出一派'新考证学'",到春夏间响应张君劢、丁文江发起的玄学与科学的论战,发表《关于玄学科学论战之战时国际公法》和《人生观与科学》两篇文章,借以导入为真理而论战的途径,再到10月在北京倡议发起"戴东原生日二百年纪念会",撰《戴东原生日二百年纪念会缘起》一文,借以广征学者之同情,兼作纪念会之准备,梁启超继续引领天津学术走在全国前列,而且深度融合到京沪以及全国的学术交流圈中。同样,居于天津的张伯苓、罗振玉、严修也继续作出了各自的贡献,张伯苓继续重视南开大学的高端学术交流,比如2月11日至12日欢迎德国哲学家杜里舒博士来南开大学演讲《历史之意义》《伦理之自觉性》,由梁启超致介绍词;4月16日欢迎泰戈尔来华代表、印度大学教授艾理米休斯来南开讲演《印度教育状况》;同月10日,邀请德国威赫禄穆博士在南开大学讲演《东方哲学对于西方思想之关系》;10月14日,主持美国讲演家艾迪博士在南开中学演讲《世界之大局》;10月16日,接待美国罗氏基金团代表、美国远东办学处副主任格先生来南开大学参观;12月24日,北京大学教授谭仲逵、李大钊,天津法汉学校校长法国人葛禄举,天津法政学校校长李秀夫,汉口明德大学校长胡元俊,日人瓜田友卫等均先后来校参观,张伯苓等人接待。再如罗振玉等8月在天津组织东方学会,发起者为王秉恩、柯劭忞、陈三立、辜鸿铭、叶尔恺、郑孝胥、朱祖谋、陶葆廉、李孺、章钰、宝熙、王季烈、徐乃昌、陈曾矩、陈毅、金梁、刘承干、王国维、罗振玉等。东方学会的宗旨是改变"中国兴学以来,数十年的光明,大半花掉在'保存国粹'和'贩卖洋货'两种工作上面"的状况,"努力脱离过渡的时期,赶上创造的领域去"。还有范文澜、李济、蒋廷黻加盟南开,以及邓颖超、赵达、王卓吾、何雪、钱曾敏等发起成立天津女星社,都有助于提高天津区域的学术地位。江苏的特殊地位首先是由张謇奠定的,但在学术上则主要依托东南大学,而且较之南开大学学术与人才更胜一筹。这里汇聚了包括郭秉文校长、刘伯明副校长以及杨杏佛、梅光迪、吴宓、柳诒徵、吴梅、陈中凡、顾实、李思纯、陈鹤琴等知名学者。除了原有的《学衡》《史地学报》两大刊物之外,陈钟凡、顾实等又于3月在南京创办了《国学丛刊》,由东南大学国学研究会主办,以"整理国学,增进文化"为宗旨。至此,南京高师——东南大学学生社团组织"史地学会""文学研究会""哲学研究会""国学研究会"各自所办的刊物都得以出版,借此不仅聚集了海内外的相关专业论文,而且也为东南大学的学生提供了难得的学术锻炼与论文发表的机会,东南大学的学生之所以如此出类拔萃,既得益于名师群体的良好教育与熏陶,同时也与上述学会与刊物密不可分,刘掞黎、陈训慈、胡焕庸、周恧、缪凤林、张其昀、景昌极、吴俊升、倪亮等,都是其中的佼佼者。此外,吕思勉任教于江苏省立第一师范学校,任中敏任教于苏州东吴大学,钱穆任教于无锡江苏省立第三师范学校,蒋天枢任教于江苏无锡丰县中学,以及蒙文通在欧阳竟无所办的南京支那内学院潜心研究佛学,他们日后都成长为著名学者。

海外板块中,在"出"的方面,首先需要关注欧洲区域:蔡元培8月25日乘船抵达马赛,登陆后前往巴黎。9月18日,在比利时布鲁塞尔开始编写《哲学纲要》。10月10日,应比利时沙洛埃劳工大学之邀,发表《中国之文艺中兴》演讲,将"最重要的中国人根本思想"归结为:(一)平民主义;(二)世界主义;(三)和平主义;(四)平均主义;(五)信仰自由主义。10月,蔡元培与校董王式通、李煜、许寿裳、林步随、许宝蘅、吴贯因、理事樊守忠、林晓、罗庸、范文澜、潘渊等联名撰发《华北大学募集基金启》。12月,申报馆出版《最近之五十年》一书,内收蔡元培所撰《五十年来中国之哲学》一文,对50年来的中国哲学发展与研究作了系统总结。而此时还在法国留学的刘半农则在10月29日访蔡元培,谈其研究语言、哲学情形及回北大任教之预备。此年,在欧美任职的有王宠惠、赵元任等,在欧洲留学的有陈寅恪、傅斯年、罗家伦、余家菊、王光祈、杨钟健、曾琦、李璜、何鲁等,在美国留学的有袁同礼、闻一多、梁实秋、胡先骕、张闻天、须恺、郝坤巽、叶企孙、梁思永、熊佛西等,在法国勤工俭学的有张申府、周恩来、刘伯承等,苏联留学的有赵世炎、王若飞、陈延年、陈乔年等。在"进"的方面,主要有:一是瑞典地质学家、考古学家安特生率领的考察团至西宁附近的十里堡开始了正式的考古发掘工作,安特生的助手发现了后来赫赫有名的朱家寨遗址,这是仰韶文化时期一处丰富的聚落遗址。二是法国汉学家伯希和是年获得新郑新发现的一座大型古墓玉雕等器件,后在《国学季刊》第1卷第1号刊载《近日东方古言语学及史学上之发明与其结论》,翻译此文的王国维认为是篇"实举近年东方语学文学史学研究之成绩,而以一篇括之"。伯希和又应罗振玉、王国维之要求,将敦煌文献中完整的韦庄《秦妇吟》卷文,寄给罗、王两人。王国维以此文对《秦妇吟》作了简单校勘,撰成《韦庄的〈秦妇吟〉》,刊于《国学季刊》第1卷第4号。三是法国古生物学家桑志华在内蒙古乌审旗萨技乌苏发现旧石器时代晚期遗址,命名为河套文化。四是德国哲学名家杜里舒教授夫妇应尚志学会、新学会、讲学社等学术机构之邀来华讲学。1月6日下午4时,蔡元培和尚志学会、新学会、讲学社等学术机构的代表,以及北京教育部的代表,到北京车站迎接应邀来华讲学的德国哲学名家杜里舒教授夫妇,可见杜里舒教授莲花讲学礼遇之隆。

与以往相比,本年度的学术论争更聚焦于学界与学术,现按发生时间前后简要梳理与归纳如下:

1. 关于"玄学—科学"的论争。大致可以分为发端、高涨与总结三个阶段。2月14日,北京大学教授张君劢应吴文藻之邀在清华大学作了题为《人生观》的演讲,认为人生观的特点是主观的、直觉的、综合的、自由意志的、单一的,"惟其有此五点,故科学无论如何发达,而人生观问题之解决,决非科学所能为力,惟赖诸人类之自身而已"。讲稿发表于《清华周刊》第272期后,素以拥护科学为职志的地质学家丁文江首先著文驳难。26日,丁文江致函胡适,谈与张君劢辩论人生观问题的概要,表示不能轻易放过他的这种主张,并拟写批评文章。4月15,22日,丁文江在《努力周报》48—49期连载《玄学与科学——论张君劢的〈人生观〉》,认为这是玄学对科学的一次进攻,对树立科学的权威有害处。丁文江不仅把张君劢的人生观哲学斥为"玄学",而且称张君劢"玄学鬼附身",并从8个方面驳斥了张君劢的"人生观"哲学。最后,丁文江引用胡适的一句话来作结论:"我们观察我们这个时代的要求,不能不承认人类今日最大的责任与需要是把科学方法应用到人生问题上去。"为此,张君劢又在《晨报副刊》发表长文《再论人生观与科学并答丁在君》予以反击,围绕人生观与科学的界线核心议题,从12个方面答复了丁文江的驳难,由此引发科学与玄学的大论战。然后到了5月,引来梁启超与胡适的出场,分别为张君劢与丁文江助力。5月5日,梁启超撰文《关于玄学科学论战之"战时国际公法"——暂时局外中立人梁启超宣言》,以其特有的学术敏锐性,提出两大要点:其一,"这个问题(即"人生观"问题)是宇宙间最大的问题"。其二,"这种论战是我国未曾有过的论战""替我们学界开一新纪元",并提议论战应将问题集中一下,不要牵涉太大,或在枝节问题上纠缠;同时措词要庄重恳挚,不可有嘲笑或骂语,基本上持中立态度,借以导入为真理而论战的途径。5月11日,胡适在上海撰成《孙行者与张君劢》,刊于《努力周报》,文中用嘲谑的口气,把张君劢比做孙悟空,而把"赛先生(科学)和罗辑先生(逻辑)"比做如来佛,认为玄学纵有天大的本领,也跳不出科学的掌心,以此批评张君劢的玄学人生观。23日,梁启超《人生观与科学——对于张丁论战的批评》刊于29日《晨报》,文中对于张君劢与丁文江各有批评:"我以为君劢和在君所说,都能各明一义。可惜排斥别方面太过,都弄出语病来。我还信他们不过是'语病',他们本来的见解,也许和我没有什么大分别哩",并对"人生""人生观"和"科学"作了自己的界定,提出了自己的看法,就是:"人生关涉理智方面的事项,绝对要用科学方法来解决;关涉情感方面的事项,绝对的超科学。"但通观全文,是站在玄学派的立场上,偏向张君劢观点的。在梁启超与胡适的出场和发声之后,林宰平、甘蛰仙、菊农、王平陵、范寿康等代表玄学派,任鸿隽、章演存、朱经农、唐钺、王星拱、陈独秀、吴稚晖等代表科学派,纷纷参与这场"玄学—科学"大论战。10月21日,胡适在《努力周报》最后一号即第75号发表《一年半的回顾》一文,谓一年半来一切谋求政治改革的梦想都失败了,"我们的《努力》里最有价值的文章恐怕不是我的政论,而是我们的批评梁漱溟、张君劢一班先生的文章和《读书杂志》里讨论古史的文章。"到了年底,这场论战的成果被编为两本文集,同在12月出版:一是郭梦良编辑、上海泰东图书局出版的《人生观之论战》;一是汪孟邹编辑、上海亚东图书馆出版的《科学与人生观》。但两书的思想倾向性却是截然对立的:《科学与人生观》代表了科学派的立场,而《人生观之论战》代表了玄学派的立场。11月13日,陈独秀应汪孟邹之邀为即将出版的《科学与人生观》作序,旗帜鲜明地以"唯物史观派"审视和评判这场科玄大论战。同月29日,胡适也应邀为《科学与人生观》作序,正式提出了他的"科学的人生观"或者"新人生观的轮廓",此即著名的"胡适十诫"。此外,《科学与人生观》所录唐钺《"玄学与科学"论争所给的暗示》以及范寿康刊于《学艺》第5卷第4号的《评所谓"科学与玄学之争"》皆有学术总结的意义。前文将"科玄论战"的主题归纳为十三个方面:(1)人生观与科学的异点;(2)人生观与玄学的关系;(3)科学的分类法;(4)论理学(包含概念、推论等)与科学的关系;(5)物和心;(6)知识论;(7)纯粹心理现象与因果律;(8)科学教育与修养;(9)人生观和情感的关系;(10)情感和科学方法的关系;(11)科学与哲学的关系;(12)科学的性质;(13)科学与考据学的关系。后文提出:"对于这种大规模的学术上的讨论,一方面我觉得这是学术界应有的事情,所以我以为这种争论,在争论本身上,是应该提倡,却不应该排斥;但是在他方面我却觉得这次讨论的内容未能十分令人满意,所以我不顾自己学识的浅陋,以为为真理起见,为学术起见,还有出来把这笔总账清算一下的必要",并认为"这次论争的中心要在于'人生观与科学的关系',所以关于讨论的程次和范围似应由这个中心问题而决定"。需要补充说明的是,无论是郭梦良编辑的《人生观之论战》,还是汪孟邹编辑的《科学与人生观》,都未收录"唯物史观派"的参战论文,包括邓中夏11月24日刊于《中国青年》第6期的《中国现在的思想界》,瞿秋白12月20日刊于

《新青年》季刊第2期的《自由世界与必然世界》。鉴此,陈独秀之序以及另行所作《答适之》对此缺陷总算有所弥补。但论争并未就此完全结束,而是陆续延展至次年。

2.关于"疑古—信古"的论争。这一论争发端于顾颉刚与钱玄同关于"疑古"问题的讨论以及顾颉刚"层累地造成的中国古史"说的提出。2月9日,钱玄同致函顾颉刚,讨论群经辨伪问题(《与顾颉刚论诗说及群经辨伪书》),自名"疑古玄同"的钱玄同强调"研究国学的第一步便是辨伪""学术之有进步,全由于学者的善疑,而赝鼎最多的国学界,尤非用极炽烈的怀疑精神去打扫一番不可"。2月25日,顾颉刚回复2月9日钱玄同《与顾颉刚论诗说及群经辨伪书》,指出不把"经"中有许多伪史这个意思说明,则周代以前的历史是永远讲不好的。3月1日,柳诒徵在《史地学报》第2卷第3期发表《正史之史料》,对于当时盛行的疑古风气颇持异议,对其时的将古书一概抹杀的趋向表示了不满。5月6日,顾颉刚在《努力周报》增刊《读书杂志》第9期刊发《与钱玄同先生论古史书》,提出"凡是一件史事应当看它最先是怎样的,以后逐步逐步的变迁是怎样的"。顾颉刚进而考证,"禹是上帝派下来的神,不是人",也就是《说文》所说的"虫",大约是九鼎上铸的一种动物,或即蜥蜴之类,于是引起一场古史大辩论。顾颉刚以此文首次公开提出"层累地造成的中国古史"说,堪称"古史辨宣言",迅速引起了轰动。5月30日,胡适致信顾颉刚,认为"关于古史,最要紧的是重提《尚书》的公案,指出《今文尚书》的不可深信"。6月1日,顾颉刚致信胡适,决定响应胡适5月30日来函中"重提《尚书》的公案"的号召,表明"这事我颇想做",并简单向胡适报告了已将《尚书》各篇分类。其与胡适讨论《今文尚书》各篇著作时代,后题《论今文尚书著作时代书》收入《古史辨》。10日,钱玄同在《读书杂志》第10期发表《答顾颉刚先生书》,谓顾颉刚"'层累地造成的中国古史'一个意见,真是精当绝伦。举尧舜禹稷及三皇五帝三代相承的传说为证,我看了之后,惟有欢喜赞叹,希望先生用这方法,常常考查多多发明,廓清云雾,斩尽葛藤,使后来学子不致再被一切伪史所蒙"。20日,因《努力周报》社转来刘掞黎、胡堇人对"层累地造成的中国古史"说质问之文,于是顾颉刚专门撰写了《答刘胡两先生书》,与刘掞黎《读顾颉刚君〈与钱玄同先生论古史书〉的疑问》、胡堇人《读顾颉刚先生论古史书后》两文一同刊于7月1日《努力周报·读书杂志》第11期,明确提出打破民族出于一元、地域向来一统、古史人化、古代为黄金世界四个观念。刘掞黎《读顾颉刚君〈与钱玄同先生论古史书〉的疑问》率先质疑,说"顾君疑古的精神是我很表同情的;不过他所举的证据和推想,是很使人不能满意的"。然后对顾颉刚正文中表达的诸多要点,围绕对古史的态度、禹是否有天神性、禹与夏的关系、禹的来源、尧舜禹的关系等问题逐一反驳。《读书杂志》第11期还发表了胡堇人《读顾颉刚先生论古史书后》一文,此文与刘掞黎7月1日在《读书杂志》第11期发表《读顾颉刚君〈与钱玄同先生论古史书〉的疑问》一样,代表了"信古派"的立场,主要针对《与钱玄同先生论古史书》一文中的具体论点在细节上加以反驳,也是对胡适、钱玄同与顾颉刚等"疑古派"的否定,彼此立场与观点截然相反。于是疑古与信古之争由此开始。8月5日,钱玄同在《读书杂志》第12期发表《研究国学应该首先知道的事》,认为胡、刘二人的文章中很有"信经"的色彩,因此联想到现在治古史的人仍旧不脱两千年来"考信于六艺"的传统见解,认为经是最可信的史料,这是不正确的。同在8月5日,顾颉刚于《读书杂志》第12—16期连载3万字左右的长文《讨论古史答刘胡二先生》,对其"层累"说涉及的具体问题作了更加系统的论述,并补充修正以前的一些观点。文章分为六部分:(1)禹是否有天神性?(2)禹与夏有没有关系?(3)禹的来源在何处?(4)尧舜禹的关系是如何来的?(5)后稷的实在怎样？（6）文王是纣臣吗？为顾颉刚在古史辩论过程中阐述他对自己的疑古学说中的各个问题的观点与见解的最全面的论文之一，文中的基本观点，讨论问题的思路与方法，对一系列关于古史问题的结论、推测与假定，都对当时及后世研究古史产生了深远影响。与"玄学—科学"的论争相比，"疑古—信古"的论争尽管没有前者规模之宏大，但持续时间更长，同时也将彼此的背后力量牵扯进来。周荣《刘掞藜的古史思想——以武汉大学图书馆藏民国老讲义为蓝本》（《武汉大学学报》2014年第1期）认为，新文化运动之后，北京大学和东南大学基本上被视为新史学与传统史学的两个主阵地，而胡适和柳诒徵则分别是两大史学阵营中的两大导师。因此，刘掞藜与顾颉刚的论争与交流，其实在一定程度上是两大学术阵营的学术论争与交流，也是20世纪20年代多层面复杂史学动态中的一个侧影。

3. 关于"整理国故"的论争。这一论争发源于胡适倡导的整理国故运动。1月，北京大学《国学季刊》创刊，胡适任主编，在其撰写的发刊的《宣言》中提出要"用历史的眼光来扩大国学研究的范围""用系统的整理来部勒国学研究的资料""用比较的研究来帮助国学的材料的整理与解释"，由此发起整理国故运动。10月28日，胡适在杭州西湖拟就《整理国故的计划》，初步拟出首批待整理的古书33种，并拟定部分承担此工作的人选，于是将年初发起的整理国故运动付诸实施。整理国故运动在北大内部基本达成一致，但在全国各地却产生不同的反响，并引起不同层面的论争，因而较之上述"玄学—科学""疑古—信古"的论战更为普泛，也更为复杂，比如与北京大学胡适主编的《国学季刊》相对应，东安大学陈中凡、顾实等3月在南京创办了《国学丛刊》，由东南大学国学研究会主办，以"整理国学，增进文化"为宗旨。顾实还执笔撰写了半文半白、规模宏大的《东南大学国学院整理国学计划书》。由于陈中凡、吴梅都有来自北京大学的特殊身份和顾实留学日本的学术背景，使得国学研究会及《国学丛刊》较少"学衡派"的保守倾向，也没有与北京大学的极端对立情绪，但与胡适的学术宗旨与理念还是多有不同。缪凤林于11月1日在《史地学报》第2卷第7期发表《历史之意义与研究》，即主要承接"新史学"运动中梁启超阐述的史学观念，而与当时"整理国故运动"的学术主张多有歧异。再如章炳麟与弟子汪东等9月15日在上海创办《华国月刊》，黄侃、但焘、吴承仕、缪篆、唐大圆、太虚、汪荣宝、陈三立、孙世扬、钟歆、李健、孙镜、田桓等任撰述，章炳麟在《发刊辞》强调"创为《华国月刊》，志在甄明学术，发扬国光"。《华国月刊》隐然有与北大《国学季刊》对垒的意味，尽管彼此都讲国学，但此"国学"非彼"国学"，前者更具守旧立场，实际上反映了章炳麟在新文化运动中的退却及其弟子群体的分化。又如针对胡适发表在2月25日出版的《东方杂志》第20卷第4号上的《一个最低限度的国学书目》，梁启超在5月11日《清华周刊》总281号《书报介绍》副刊第3期发表《国学入门书要目及其读法》加以矫正，文后附胡适的《一个最低限度的国学书》、梁启超的《治国学杂话》《评胡适之的〈一个最低限度的国学书目〉》。由于这两位学界权威的提倡，国学遂成热门。但彼此的抬杠意味至为明显。还有如陈问涛10月16日在《时事新报》副刊《学灯》第5卷第16号发表《国学之"遗老化"》一文，认为"国学的遗老化，真是现在学术思想上一件最可担忧的事"，文中专门点名批评了梁启超、胡适，指出：国学倘若这样慢慢地遗老化下去，"在国学的本身，一定要减损不少的价值；在政治社会学术思想上，一定要生出不少的恶影响"。此外，值得重点关注的是，胡适倡导的整理国故运动在上海的文学研究会与创造社之间引发截然不同的反应：与北京大学《国学季刊》创刊紧密相呼应，上海《小说月报》在1月10日出版的第14卷第1期隆重推出"整理国故与新文化运动"专栏，郑振铎撰写《发端》，并发表

《新文学之建设与国故之新研究》《读毛诗序》《关于文学原理的重要书籍介绍》。其《读毛诗序》指出《毛诗序》是研究、认识《诗经》的"一堆最沉重、最难扫除,而又必须最先扫除的瓦砾",认为自己此文"算是这种扫除运动里的小小的清道夫的先锋而已"。《新文学之建设与国故之新研究》更是明确提出:"我主张在新文学运动的热潮里,应有整理国故的一种举动。"同期还刊出顾颉刚的《我们对于国故应取的态度》、王伯祥的《国故的地位》、余祥森的《整理国故与新文学运动》和严既澄的《韵文及诗歌之整理》,另有钱玄同的《汉字革命与国故》,发表在《晨报五周年纪念增刊》,都清晰地表达新文化人士对"整理国故"的支持理由。但创造社却持截然相反的态度,成仿吾在作于11月13日的《国学运动的我见》(《创造周报》第28号)甚至认为"这种运动的神髓可惜只不过是要在死灰中寻出火烬来满足他们那'美好的昔日'的情绪,他们是想利用盲目的爱国的心理实行他们倒行逆施的狂妄""国学不能说它没有研究之价值,但研究必须持批评的态度,而保持批评的态度或精神""当对于科学维持我们的信仰"。与此同时,郭沫若、郁达夫还对考据学有所非议,以致5月15日胡适专门致信郭沫若、郁达夫,劝其不要攻击考据学,指出"我很诚恳地盼望你们对我个人的不满意,不要迁怒到'考据学'上去。你们做文学事业,也许有时要用得着考据的帮助"。郁达夫的回信表示,"我们本来对你没有恶感,岂有因你而来攻击考据学之理"。

4. 关于"五四"运动4周年的纪念与阐释。北京《晨报副刊》与上海《民国日报》一如既往地继续纪念"五四"运动。5月4日,《晨报副刊》发表章廷谦《所望于今之教育界者》。同日,北京学生联合会在北京女子高等师范学校召开"五四"纪念大会,李大钊、陈启修、朱务善出席并作演讲,李大钊阐述了学生干政的理由:"今天是'五四'纪念日,是学生加入政治运动之纪念日,也是学生整顿政风的纪念日。因为政治不澄清,使我们不能不牺牲求学之精神,而来干涉政治。"他号召"组织民众""对现政府立于弹劾的地位"。陈启修演说内容集中于打倒军阀、裁兵、否认现政府和现国会、维护人权、教育独立、对外作国民的"自动外交"等。李大钊、陈启修、朱务善三人皆为共产党员,此次纪念活动和演讲意味着中国共产党开始利用纪念"五四"的活动做政治动员。次日,北京《晨报副刊》对此作了报道。同在5月4日,上海邵力子主编的《民国日报》刊登了楚伧《"五四"运动后的学生》。此外,章士钊、陈望道分别撰有《评新文化运动》与《谈新文化运动》,前文刊于8月21—22日《新闻报》,作者从一曰文化,二曰新,三曰运动三个层面讨论新文化运动这一论题,其中谈到:"今既求新,势且一切舍旧。不知新与旧之衔接,其形为犬牙,不为栉比,如两石同投之连线波,不如周线各别之二圆形。吾友胡适之所著《文学条例》,谓今人当为今人之言,不当为古人之言。此语之值,在其所以为今古之界者而定。若谓古人之言之外,别有所谓今人之言者,崭然离立,两不相混,则适之之说,乃大滑稽而不可通。"又曰:"要之文化运动,乃社会改革之事,而非标榜某种文事之事。凡改革之计划,施于群治,义与文化有关,曲折不离其宗者。从社会方面观之,谓之社会运动;从文化方面观之,谓之文化运动。愚之所理解于文化运动,如斯而已。"此为对"五四"新文化运动的异向阐释。

5. 关于新文学评价的论争。《申报》社为纪念《申报》发行50周年,于1月出版《最近之五十年》大型纪念特刊(1872—1922),其中有胡适所撰《五十年来中国之文学》,作者在实录的基础上自出机杼,从古文的末路、古文学的新变、白话小说的发达及缺点、文学革命这几个方面概括了50年的文学发展。胡适此文虽然没有否定文言在这五十年中所取得的成就,但他概括这个时代是"危急的过渡时期,种种的需要使语言文字不能不朝着'应用'的方向变去"，要由"死文学"发展到"活文学"，再到文学革命。而文言作为"已死的文字"，显然应该为白话所取代。但东南大学的胡先骕、吴芳吉等并不认同。6月1日，胡先骕在《学衡》第18期发表的《评胡适五十年来中国之文学》中直接批评道："至文言白话之争，为胡君学说之根本立足点。其理由之不充足，余已屡屡论之，本无庸更为断断之辩。然胡君此文，仍本其'内台叫好'之手段，为强词夺理之宣传，不得不更为剀切详明之最后论断。"吴芳吉在《学衡》第21期发表《再论吾人眼中之新旧文学观》，其立论颇为奇特："文学惟有是与不是，而无所谓新与不新。此吾人立论之旨也。""文学之善与不善，其责惟在于己，己所为文不善，己之罪也，非文学之罪也；革己之命可也，革文学之命不可也。而乃混为一谈，牵强附会，已属根本不是。"10月15日，汪东在《华国月刊》第1卷第2期发表《新文学商榷》一文，系统阐述其对"新文化""新文学"的看法，尽管对"新旧两派的争执，往往各走极端"的情形各有批评，但倾向性在旧文化阵营。最后作者"再下几句简单的断语，结束全篇道：第一，主张以白话通俗应用的，只能叫'白话文'或者'通俗文'，不能叫'新文学'；第二，主张采取一部分用艺术的白话文的，只能叫'小说派的文学'，不能叫'新文学'；第三，主张用外国派的文法作文的，只能叫'欧化或西式的文学'，不能叫'新文学'。"此外，郁达夫于5月19日作《文学上的阶级斗争》，刊于27日《创造周报》第3号。文中以文学表现人生的现实主义思维方法，从"反抗古典主义的浪漫主义起后的文学的变迁"论证了马克思、黑格尔的"自有文化以来的政治社会史所记录者不过是人类的阶级斗争而已"的论点，谓"二十世纪的文学上的阶级斗争，几乎要同社会的阶级斗争取一致的行动"，并大声疾呼："世界上受苦的无产阶级者，在文学上、社会上被压迫的同志，凡对有权有产阶级的走狗对敌的文人""结成一个世界共和的阶级，百屈不挠的来实现我们的理想。"郭沫若在《创造十年》一文中提到这篇文章时说："第三期上他便出马上阵。他的勇猛也不亚于仿吾，最初在中国的文艺界提出了'阶级斗争'这个名词的怕就是达夫。"尽管《文学上的阶级斗争》对文学的阶级斗争这一观念有一定不正确的表述，但确是国内早期提倡无产阶级文学之作，为无产阶级文学在中国的发展起到了促进作用。再至9月9日，郭沫若在上海《创造周报》第18号发表《艺术家与革命家》，简要论述了艺术家与革命家的关系，提出"一切真正的革命运动都是艺术运动，一切热诚的实行家是纯真的艺术家，一切热诚的艺术家也便是纯真的革命家"，宣称"我们是革命家，同时也是艺术家。我们要做自己的艺术的殉教者，同时也正是人类社会的殉教者。进！进！进！张起美化的大纛，向着自由前进！"由此开启了后续有关革命文学的论争。

　　6. 关于中西文化论争的延续。一是胡适与梁漱溟之间的论争。胡适3月28日作《读梁漱溟先生的东西文化及其哲学》，刊于4月1日《读书杂志》第8期。文中批评梁漱溟的文化观察"犯了笼统的大病"，指出梁漱溟把世界各民族的文化分成西方的意欲向前的、印度的意欲向后的、中国的意欲自为调和的三种互不相通的文化发展路径，是根本不合实际的。认为人类在文化发展上是根本大同小异的，只是发展的迟速不同。中国或印度亦终将走上科学化与民治化的路。10月28日，梁漱溟在北大演讲《答胡评〈东西文化及其哲学〉》作为对此文的回应，说："我读适之先生和其他各位的批评，都有同一的感想；感觉着大家的心理与我相反。……大家读我的书，大概都像看新闻纸一样，五分钟便看完了。作者下过一番心的地方，他并没有在心里过一道，便提笔下批评。……如果他有一天想到东西方文化问题要来考究，自然会再找这书着意看看；自然会明白。"这一批评柔中见刚，其实是很严厉的。二是郭沫若与宗白华的商榷。5月20日，郭沫若致宗白华信，表示不同意宗白华关于

"东方的'静观'和西方的'进取'实是东西文化的两大根本差点"的说法，认为将世界的各种文化思想粗略地划分时，"印度思想与希伯来思想同为出世的，而中国的固有精神与希腊思想则同为入世的。假使静指出世而言，动指入世而言则中国的固有精神当为动态而非静观"。此信后题为《论中德文化书——致宗白华兄》刊于6月10日《创造周报》第5号。此外，瞿秋白《东方文化与世界革命》则为一直纷纷扰扰的东西方文化之争提供了一种新的思路：强调指出东西文化的差异，其实不过是时间上。人类社会的发展，因为天然条件所限，生产力发达的速度不同，所以应当经过的各种经济阶段的过程虽然一致，而互相比较起来，各国各民族的文化于同一时代乃呈先后错落的现象。若详细分析起来，其中因果关系非常复杂，而一切所谓"特性""特点"都是有经济上的原因，东方和西方之间，亦没有不可思议的屏障。归根到底，所谓的东西文化差异不过就是先进的工业生产国和落后的手工业生产国之间差异，所以主张以社会革命论代替东西方文化之争论。学术著作方面，则有杜亚泉（伧父）等著《东西文化批评》由上海商务印书馆刊行。

　　7. 关于墨学研究的论争。是年前后，学界出现了一股墨学热，本年即有陈顾远著《墨子政治哲学》、伍非百著《墨辩解故》、熊梦著《墨子经济思想》、张纯一著《墨学与景教》出版。而在论文方面，则由致力于墨学研究的章士钊与章炳麟引发学术论争。11月6日、11日、17日、27日，章士钊在《新闻报》上发表《墨学谈》《章氏墨学一斑》《墨辩之辩》《墨辩三物辨》等文，又在《东方杂志》第20卷第21号发表《名墨应訾论》，纵论墨学。梁启超尝谓"最近章行严，常为讨论墨经之短文，时有创获"。上述诸文对当时墨子之研究，起了推进作用，其中《墨学谈》推崇章炳麟"言墨独先，所论虽不多，精审或过之，盖自张皋文以迄适之，言墨学者，终推吾兄祭酒，非敢阿也"，同时批评胡适"武断"：其一，不认同胡适《中国哲学史大纲》对"辩者争彼也"的新诂；其二，不认同胡适认为施龙为别墨。于是引发了学界有关墨学的论争。12月15日，章炳麟在《华国月刊》第1卷第4期刊出《与章行严论墨学第一书》《与章行严论墨学第二书》《答曹聚仁论白话诗》《与于右任论三体石经书》。其《与章行严论墨学第一书》进一步阐释了惠施和公孙龙的名家"徒求胜"，与儒墨两家有根本不同。《与章行严论墨学第二书》继续批评胡适，申述"治经"与"治诸子"的学术差异。另有郭沫若《读梁任公〈墨子新社会之组织法〉》刊于《创造周报》第7号。宁腾飞《经降子升——章太炎、胡适的墨学争议及知识转型》（《江南大学学报》2016年第6期）认为，如果章士钊与胡适的"辩者争彼也"的争论还停留在认识差异层面，那么章太炎与胡适的争议就把认识差异进一步深化到治学方法的根本性差异。之后，胡适与章太炎围绕"治经"与"治诸子"的差异问题进行了三个回合的学术竞争。以"辩者争彼也"为始点，章太炎和胡适层层深入指涉"治经"与"治诸子"的学术差异，其实这种学术争论指涉清末民初"经史子集"学术秩序遭受西潮冲击和瓦解而转型时的关键问题。第一回合是治诸子与治经是否有差别；第二回合是治诸子与治经的差别是什么；第三回合是校勘训诂与义理的关系问题。然而由于章士钊至年末发起关于墨学研究的论争，所以以上三个回合主要延续于次年及之后。

　　8. 关于"以农立国"的论争。章士钊的"以农立国"思想形成于1922年9月欧洲考察回国之后。12月21日，他在就任农大校长的演说中谈到自己思想的重大转折："我以前研究中国的政治，失点在什么地方？多久没有答案。近几年来，往欧美考察，得着了一个答案，就是：中国忘记了他的本身是以农立国的，当注重农业""觉悟这层，所以要提倡以农村立国。"至本年4月18—19日，章士钊在《申报》上连载《论代议制何以不适于中国》，详细论述代议制不适于中国的原因,关键在于中国的经济基础不同。最后得出结论:"一言蔽之,吾为农国,不能妄采工业国之制度,今图改革,请从农始。"还是万变不离其宗。此文发表后,高一涵、蒋梦麟等纷纷著文与章士钊进行商榷。高一涵在《努力周报》第 50 期发表《代议制的讨论》一文,从以下三个方面对章士钊的文章提出质疑:(一)代议制是否仅仅只是工业国的专属品?(二)代议制是否完全不能移植于农业国?(三)凡是农业国除掉古代已有的制度外,是否绝对不能发生新制度? 蒋梦麟在刊于《东方杂志》的《代议制的又一讨论》中则指出:章士钊所谓的"吾为农国",西方的制度不适于中国的论调是没有历史依据的。8 月,章士钊在上海《新闻报》上发表《业治与农(告中华农学会)》一文,主张"吾国当确定国是,以农立国,文化治制,一切使基于农",而反对"兴工业以建国",正式提出了"以农立国"主张,成为这场论战的开端。11 月,章士钊以"孤桐"笔名发表《农国辨》,进一步阐述"以农立国"主张。随后,章士钊在《大公报》《申报》《新闻报》《甲寅》周刊等报刊上发表《农村自治》《何故农村立国》等 20 多篇文章,系统阐述了"以农立国"思想,在社会思想界产生较大反响。章士钊的"以农立国"思想是一套集政治、经济、文化在内的社会建设思想,带有某种反思西方文明而向东方文明回归的乌托邦情结,所以有的名之为"农业民粹主义",以此作为拯救中国的灵丹妙药,则不仅逆时代潮流而动,而且也不契合当时中国的具体国情,所以只是得到少数学者的支持,更多是对其提出质疑与批评。同年 9 月,孙倬章在《东方杂志》第 20 卷第 17 号撰文《农业与中国》,反驳章士钊的观点。随后,以章士钊、董时进等为代表的"以农立国"派和以恽代英、孙倬章、杨杏佛等为代表的"以工立国"派相继在报刊上发表文章,对中国的经济发展方向和道路进行辩论,双方辩论的结果显然以"以农立国"派处于下风。10 月 28 日,《申报》刊载了杨杏佛《中国能长为农国乎?》与杨明斋《评农国辨》。后文被认为"是中国早期马克思主义者宣传中国应走工业化道路的珍贵文献"。由于"以农立国"关乎国家立国之基本战略取向,所以在本年之后,这一论争还在继续。

此外还有一些规模较小的讨论或论争,诸如:张尔田《与王静安论今文学家书》提醒王国维注意:"读书得间,固为研究一切学问之初步,但适用于古文家故训之学,或无不合,适用于今文家义理之学,则恐有合有不合。"孙德谦《孙益庵论学三书》,批评王国维以先秦诸子附会欧美思想以及用遗书取代正史的做法,并指摘其"睹一古器,获一旧拓,详加考订,弟总嫌其穿凿而无关宏谊,有时独标新解,如释史籀二字,不作字体说,人且据之以推翻许叔重矣。为学而不守亭林'信古阙疑'之旨,一任我之颠倒失实,于人心风俗,亦大有关系"。吕思勉针对梁启超的《阴阳五行说之来历》一文,认为梁启超关于阴阳五行说起于战国时代燕齐方士,由邹衍首先传播的观点"颇伤武断",撰成并发表了《辨梁任公阴阳五行说之来历》提出商榷。郭沫若在《创造周报》创刊号上发表《诗之防御战》,在批评胡适的同时还批评了文学研究会一些诗人的作品。文中分别就胡适的《尝试集》、康白情的《草儿》、俞平伯的《冬夜》、徐玉诺的《将来的花园》,以及周作人的小诗、宗白华和冰心的哲理诗,一一进行了批评,指出"诗的本旨是想象,诗的现形是音乐,我不知诗歌还留有什么""我们要起而守护诗的王宫,我愿与我们的青年诗人共起而为这诗的防御战!"成仿吾在给徐志摩复信中谈到:"在这里诚恳地劝你以后少做些虚伪。…… 别来一无长进,只是越穷越硬,尚堪告慰。"今心《两个文学团体与中国文学界》(1923 年 8 月 22—23 日《时事新报·学灯》)认为文学研究会和创造社把"一向暗无天日,死气沉沉的中国文学界"给他们弄得有声有色了,评介了两个团体的优缺点。

　　本年度又有一批具有学术创新意义的重要论著问世，其聚焦于重要学术论题的论题有：恽代英《再论学术与救国》，胡朴安《论今人治学之弊》，孙德谦《评今之治国学者》，唐钺译《科学之精神的价值》，章炳麟著《章太炎国学讲演集》，梁启超著《梁任公学术讲演集》（第3辑）和《先秦政治思想史》，张东荪《唯用论在现代哲学上的真正地位》，蒙文通《中国禅学考》，陈独秀《中国国民革命与社会各阶级》、杨杏佛《社会科学与近代文明》、高一涵编著《欧洲政治思想史》，吕澂编《美学概论》与《美学浅说》，孙中山演说《建国演说》，施存统著《中国革命与三民主义》，马寅初《中国关税问题》，范寿康著《教育哲学大纲》，余家菊、李璜著《国家主义的教育》，陶行知、朱经农等合编《平民千字课本》，邵飘萍《实际应用新闻学》，余家菊《中国教育的统一与独立》，梁启超《中华民族之成分》，朱希祖《文字学上之中国人观察》，陈钟凡《文字学上之中国人种起源考》，李济《中国民族的形成》，袁复礼《记新发现的石器时代的文化》，辜鸿铭《中国之和》，瞿秋白《东方文化与世界革命》，陈垣著《元也里可温考》《元西域人华化考》，肖静山《天主教传行中国考》，胡朴安编著《中华全国风俗志》，顾实《穆天子传征西今地考》《秦汉烧书校书两大案平议》，商承祚编纂《殷虚文字类编》8册，陈钟凡编述《古书读校法》，沈兼士著《国语问题之历史的研究》，叶玉森编著《殷契钩沉》，马衡《石鼓为秦刻石考》，陈钟凡《秦汉经师之方士化》，易培基《〈楚辞〉校补》，范希曾《屈子生卒年月及流放地考》，陈垣《火祆教入中国考》《摩尼教入中国考》，束世澂《中国史书上之马哥孛罗考》，吴梅《南北戏曲概言》，王国维《五代监本考》，孙德谦《申章实斋六经皆史说》，罗福苌《伦敦博物馆敦煌书目》，凌独见编《新著国语文学史》，鲁迅著《中国小说史略》，童士恺著、胡先骕校《毛诗植物名考》，谢无量著《诗经研究》《楚辞新论》，陈钟凡《周代南北文学之比较》，胡适《〈西游记〉考证》，俞平伯《红楼梦辨》，陈暇、孔常、雁冰编《近代戏剧家论》，愈之、泽民等编《近代文学概观》（上下册），魏寿镛、周侯于编《儿童文学概论》，张闻天《生命的跳跃——对于中国现文坛的感想》，成仿吾《新文学之使命》，郭沫若《艺术家与革命家》，郑振铎《文学的分类》，郁达夫《文学上的阶级斗争》，周作人《地方与文艺》，吴宓《希腊文学史》，茅盾《俄国文学与革命》，谢六逸著《西洋小说发达史》，李璜编《法国文学史》，郑振铎《俄国文学史略》，李大钊《研究历史的任务》《孔道西的历史观》《桑西门的历史观》，于炳祥《读〈新史学〉》，陈训慈《中国之史学运动与地学运动》，缪凤林《历史之意义与研究》，吕思勉《白话本国史》，萧一山《清代通史》上卷，白眉初著《地理哲学》，丁文江《历史人物与地理的关系》，张其昀《地理学之新精神》，杨昭悊编著《图书馆学》等等。恽代英《再论学术与救国》重在讨论学术与救国的关系，提出"要救国须研究救国的学术——社会科学"，为此，作者强调：第一，"我以为要投身作救国运动的，应当对于救国的学术下一番切实的研究功夫"；第二，"我以为我们定要打破任何学术都可以救国的谬想"，由此得出结论："一切学术，都可以七湾八转的使他与救国发生关系，这是我承认的。但是没有救国的学术，而只有别的东西，终究永远不能收救国的成效。"胡朴安《论今人治学之弊》批评"今之学者，新旧互相攻击，夫攻击非治学之弊，攻击之结果，恒有以策学问之进步……今之互相攻击者，不仅不见进步，且日见退步，于是知其相攻击也，非以诚恳之心，研究学问，徒以利禄之心，标榜声名，相当之战守器具，皆所不问，惟日以攻击为事，此真治学之弊也""于是治学者遂有二途：一曰求中国隐僻之书，以比附西方最新之说；一曰求单文孤证，以推翻前人久定之案。尤以翻案之学说，风行一时。"孙德谦《评今之治国学者》提出今之治国学者，有好古、风雅、游戏三类人，此辈治学，固然不算是治国学，以科学方法考据亦非国学，提出"凡有志于学者，当探索其义理，而寻章摘句,繁称博引,要为不贤识小,所贵乎考据者,岂詹詹在此哉?……夫国学而仅以考据当之,陋孰甚焉。今夫学亦求其有用耳,宣圣赞述六经,为万世治术之本,即周秦道墨诸家,亦何尝空言无用,不足见之行事哉",文中驳斥持"汉学家言"者谓考据之学"合于科学方法"的论调,主要集矢于胡适《清代汉学家的科学方法》一文,但归结于"倘终其身穷老在下,守先待后,砥柱中流,庶几于名教有所裨益"。王国维门人赵万里说:"先生之辑《集林》也,去取至严,凡一切酬应之作,及少作之无关弘旨者,悉淘去不存。旧作如《魏石经考》《汉魏博士考》《〈尔雅〉草木虫鱼鸟兽释例》,亦只存一部分而已。"今所传《遗书》本《集林》,乃王氏去世后,门人赵万里遵其临终前手定篇目,增辑而成。自辛亥东渡以后十数年间攻治古文字音韵、古史地,及版本目录诸学的主要成果,毕萃于此。故郭沫若谓此书乃王氏一生"学业的结晶"。邵飘萍《实际应用新闻学》,为我国第一部研究新闻采访工作的专著。马寅初《中国关税问题》,为中国学者首次系统论述关税问题,并提出一揽子改革方案。陈垣著《元西域人华化考》上编刊于北京大学《国学季刊》第 1 卷第 4 号,这是陈垣精心撰著的一部著作,也是他早年最为满意的一部著作,公开发表后,在中外学术界引起巨大轰动。商承祚编纂《殷虚文字类编》是一部比较完备的甲骨文字典。魏寿镛、周侯于编《儿童文学概论》为中国第一部儿童文学理论著作,具有开创性意义。鲁迅著《中国小说史略》系作者 1920 年至 1924 年在北京大学、北京女子师范学院讲授中国小说史时的讲义,无疑是研究中国小说史的开山之作,与王国维《宋元戏曲史》被誉为文学史"双璧"。鲁迅又著有《明以来小说年表》,稿本现存,未印,这一年表也同样具有开创性意义。俞平伯《红楼梦辨》是受胡适《红楼梦考证》启示,并在与顾颉刚、胡适等人通信讨论的基础上撰写而成的,是继《红楼梦考证》之后的又一经典之作,两书一同奠定了"新红学"的历史地位。成仿吾《新文学之使命》从"以内心的要求为文学上活动之原动力的那原理"出发,进而分析了新文学应有的三个使命,即"对于时代的使命""对于国语的使命""文学本身的使命"。而为了"履行新文学的使命""做为一个文学家,我们要先有十分的科学与哲学上的素养"。是书为成仿吾早年倡导文学革命的力作,提出了具有浪漫主义色彩的文学主张。周作人《地方与文艺》在此特别提出,因为此文略论了地方与文艺的关系,指出浙江"近来三百年的文艺界里可以看出有两种潮流",即:"飘逸与深刻",并列举明清以来的浙江作家,说明了这一特性。一方面由于运用了相当前言的文学地理学理论,另一方面则在于"飘逸与深刻"这对概念,概括这文学精神传统,几乎都被诸多浙江区域文学研究者所忽略。郑振铎《俄国文学史略》先在刊物上连载,为我国最早较系统地介绍俄国文学史的专著。吕思勉《白话本国史》为我国第一部用语体文写成的中国通史。萧一山出版《清代通史》时,还是北京大学三年级的学生。他凭一己之力完成中国第一部体系完整的新式清代通史,史学界颇为之震动,受到许多史学前辈及孙中山先生的赞赏。丁文江《历史人物与地理的关系》计划"把中国历史上的有名的人物,照他们的籍贯,做一个统计,看看一个史地之中国,那一个地方的人,在政治上社会上,最有势力,最有影响"。此文对此作了初步尝试,将西汉、东汉、唐、北宋、南宋、明六个时代正史有列传的人,按照省籍进行统计,并对统计显示的现象进行了分析。实际上开启了历史地理学的学术范式。

聚焦于学术史方面的论著则主要有:梁启超《阴阳五行说之来历》、李大钊《史学思想史》(讲义)、张子高《科学发达略史》、陆懋德《甲骨文之历史及其价值》、周悫《夏商二代学者考略》、张荫麟《老子生后孔子百余年之说之质疑》、范文澜《周秦传记诸子引诗考略序》、顾实《周季文史之分途及文学之派别》、沈兼士《国语问题之历史的研究》、(法)伯希和《近日东方古言语学及史学上之发明与其结论》、胡朴安《民国十二年国学之趋势》、蒙文通《近二十年来汉学之平议》等等。白寿彝认为李大钊《史学思想史》"是属于史学史范围阐述历史观的第一部专著"。胡朴安《民国十二年国学之趋势》与蒙文通《近二十年来汉学之平议》都是比较典型的学术史论文,前文一方面回溯清代以来学术,尚能给予肯定的评价;但另一方面,在胡朴安看来,老辈的学问只能代表过去,不足以开创未来,因而与现在的学术无关:"兹数先生,虽为足当启发学术之任,亦可谓翘然异于众人矣。惟世界息息推移,学术亦时时递变,诸先生之学术,仅足结清室之终,未足开民国之始,其著作之精粹,可供吾人之诵读,其治学之方法,不能为吾人之楷式。虽诸先生在今日尚有存者,而于民国十二年之国学无与。"蒙文通《近二十年来汉学之平议》分九节论述经学的相关问题,即绪论、今学、古学、鲁学、齐学、晋学、王伯、诸子、结语等。友人杨叔明于 1923 春节宴请廖平时,读与廖平听,大受赞赏,并手书:"蒙文通文如桶底脱落,佩服佩服,后来必成大家,谨献所疑以待评定。"此外,申报馆主编出版《最近之五十年》大型纪念特刊(1872—1922),其中徐则陵《五十年来世界进化概论》、胡适《五十年来之世界哲学》与《五十年来中国之文学》、张嘉森《严氏复输入之四大哲学家学说及西洋哲学界最近之变迁》、任鸿隽《五十年来之世界科学》、华封老人《五十年来之世界宗教》、梁启超《五十年来中国进化概论》、蔡元培《五十年来中国之哲学》、郭秉文《五十年来中国之高等教育》等,皆为高水平的学术史之作。(以上参见本书"学术背景""学术活动""学术著作""学者生卒"栏所引文献与出处,以及章恒忠、王亚夫主编《中国学术界大事记(1919—1985)》,上海社会科学出版社 1988 年版;中央教育科学研究所编《中国现代教育大事记 1919—1949》,教育科学出版社 1988 年版;曹义孙、胡晓进编著《三十年中国法学教育大事记 1919—1949》,中国政法大学出版社 2011 年版;王学典《20 世纪史学编年(1900—1949)》,商务印书馆 2014 年版;付喜祥《20 世纪前期中国文学史写作编年史》,北京师范大学出版社 2013 年版;中国大百科全书总编辑委员会编《中国大百科全书·考古学》,中国大百科全书出版社 2002 年版;王学珍等编《北京大学纪事(1898—1997)》,北京大学出版社 1998 年版;清华大学校史研究室编《清华大学一百年》,清华大学出版社 2011 年版;北京师范大学党委办公室、北京师范大学校长办公室《北京师范大学纪事》,北京师范大学出版社 2012 年版;南京大学高教研究所编《南京大学大事记(1902—1988)》,南京大学出版社 1989 年版;沈卫威编《学衡派编年文事》,南京大学出版社 2015 年版;吴永贵《民国出版史编年:1912—1949》,社会科学文献出版社 2018 年版;卢毅《"整理国故运动"与中国现代学术转型——以北大研究所国学门、"古史辨派"、史语所为中心》,北京师范大学博士学位论文,2003 年;陈宝云《学术与国家:〈史地学报〉及其群体研究》,复旦大学博士学位论文,2006 年;姜萌《从"新史学"到"新汉学"——1901—1929 年中国史学发展史稿》,山东大学硕士学位论文,2007 年;文韬《"国故学"与"中国学术"的纠结——民国时期两种"国学"概念的争执及其语境》,《中山大学学报(社会科学版)》2013 年第 5 期;张艳《五四运动阐释史研究(1919—1949)》,浙江大学博士学位论文,2005 年;欧阳哲生《纪念"五四"的政治文化探幽——一九四九年以前各大党派报刊纪念五四运动的历史图景》,《中共党史研究》2019 年第 4 期;桑兵《民国学界的老辈(之一)》,《历史研究》2005 年第 6 期;张清俐《"科玄论战"之当代反思》,《中国社会科学报》2015 年 3 月 4 日;李妍《"科玄"论战及其当代启示》,《社会科学辑刊》2008 年第 4 期;蒋国保《"科玄论战"九十年祭——为学术思想界"开一新纪元"》,《社会科学报》2014 年 2 月 13 日;郑大华《20 世纪 30 年代思想界关于中国经济发展道路的争论》,《求索》2007 年第 3 期;洪晓楠《"科玄论战"对中国文化哲学思潮发展的影响》,《南昌大学学报》2002 年第 3 期;张君劢等著《科学与人生观》,辽宁教育出版社 1998 年版;李天华《关于恽代英〈中国可以不工业化平〉一文的考证及解读》,《中国经济史研究》2012 年第 3 期;王梅《刘掞藜生平与学术思想研究》,四川师范大学硕士学位论文,2017 年;左玉河《章士钊农国论的民粹主义》,《北京科技大学学报》2010 年第 1 期;左玉河《章士钊农国论的民粹主义》,《北京科技大学学报》2010 年第 1 期;孙胜娜《章士钊以农立国思想研究》,河北大学硕士学位论文,2008 年;袁景华编《章士钊先生年谱》,吉林人民出版社 2001 年版;薛玉坤《汪东年谱》,河南文艺出版社 2016 年版;郭双林编《中国近代思想家文库·章士钊卷》及附录《章士钊年谱简编》,中国人民大学出版社 2015 年版;谢保成、魏红珊、潘素龙编《中国近代思想家文库·郭沫若卷》及附录《郭沫若年谱简编》,中国人民大学出版社 2015 年版;高平叔编著《蔡元培年谱长编》,人民教育出版社 1996 年版;冯资荣、何培香编著《邓中夏年谱》,中国文史出版社 2014 年版)

1924 年　民国十三年　甲子

一、学术背景

1月1日，上海《民国日报》出版元旦增刊《中国国民党改组号》，发表去年制定之中国国民党改组文献《中国国民党改组宣言》《中国国民党党纲草案》《中国国民党章程草案》《孙总理演说改组原因》。

是日，浙江省公布自治程序及自治会议组织法。

是日，湖南教育界在长沙召开平民教育运动游行大会，号召有钱者快办学，识字者快教人，不识字者快读书，并往省署及省议会请愿，请求支持经费。

1月4日，孙中山在广州大本营召开会议，决定于最短时间成立中华民国政府，出师北伐，统一财政，并为重组民国政府通告全国人民。

1月5日，中共中央举行临时特别会议，邀请北京的李大钊、张国焘参加。会议讨论了参加国民党一大应采取的态度问题。根据陈独秀的提议，决定由李大钊、张国焘与已在广州的谭平山、瞿秋白等人组成一个指导小组，指导出席国民党一大的中共党员。

1月7日，北京政府教育部告诫各校整饬学风。

1月10日，曹锟任命洪式间为国立医科大学校长。

1月12日，北京政府大总统曹锟任命范源濂为教育总长，范源濂坚辞不就。

1月17日，中国国民党巴黎通讯处（巴黎区分部）成立。

1月20—30日，在孙中山主持下，中国国民党第一次全国代表大会于广州举行。大会审议并通过了《中国国民党第一次全国代表大会宣言》，接受了中国共产党所提出的反帝反封建政纲。大会确定了联俄、联共、扶助农工的三大政策，对"三民主义"作了新解释，包含了新的内容和新的革命精神，称之为"新三民主义"，成为国共合作的共同纲领。大会选举国民党中央执行委员会，李大钊等10名共产党员当选为委员和候补委员。中国国民党第一次全国代表大会的召开，标志着国民党改组的完成和第一次国共合作的正式形成。

按：《中国国民党第一次全国代表大会宣言》由孙中山提交代表大会审查讨论，于1月23日经大会表决通过。随后几天，大会继续讨论《宣言》，并补入一些条款。2月，大会秘书处印发修订本《宣言》，全文如下：

一　中国之现状

中国之革命，发轫于甲午以后，盛于庚子，而成于辛亥，卒颠覆君政。夫革命非能突然发生也。自满洲入据中国以来，民族间不平之气，抑郁已久。海禁既开，列强之帝国主义如怒潮骤至，武力的掠夺与经济的压迫,使中国丧失独立,陷于半殖民地之地位。满洲政府既无力以御外侮,而钤制家奴之政策,且行之益厉,适足以侧媚列强。吾党之士,追随本党总理孙先生之后,知非颠覆满洲,无由改造中国,乃奋然而起,为国民前驱;激进不已,以至于辛亥,然后颠覆满洲之举始告厥成。故知革命之目的,非仅仅在于颠覆满洲而已,乃在于满洲颠覆以后,得从事于改造中国。依当时之趋向,民族方面,由一民族之专横宰制过渡于诸民族之平等结合;政治方面,由专制制度过渡于民权制度;经济方面,由手工业的生产过渡于资本制度的生产。循是以进,必能使半殖民地的中国,变而为独立的中国,以屹然于世界。

然而,当时之实际,乃适不如所期,革命虽号成功,而革命政府所能实际表现者,仅仅为民族解放主义。曾几何时,已为情势所迫,不得已而与反革命的专制阶级谋妥协。此种妥协,实间接与帝国主义相调和,遂为革命第一次失败之根源。夫当时代表反革命的专制阶级者实为袁世凯,其所挟持之势力初非甚强,而革命党人乃不能胜之者,则为当时欲竭力避免国内战争之延长,且尚未能获一有组织、有纪律、能了解本身之职任与目的之政党故也。使当时而有此政党,则必能抵制袁世凯之阴谋,以取得胜利,而必不致为其所乘。夫袁世凯者,北洋军阀之首领,时与列强相勾结,一切反革命的专制阶级如武人官僚辈,皆依附之以求生存;而革命党人乃以政权让渡于彼,其致失败,又何待言!

袁世凯既死,革命之事业仍屡遭失败,其结果使国内军阀暴戾恣睢,自为刀俎,而以人民为鱼肉,一切政治上民权主义之建设,皆无可言。不特此也,军阀本身与人民利害相反,不足以自存,故凡为军阀者,莫不与列强之帝国主义发生关系。所谓民国政府,已为军阀所控制,军阀即利用之结欢于列强,以求自固。而列强亦即利用之,资以大借款,充其军费,使中国内乱纠缠[纷]不已,以攫取利权,各占势力范围。由此点观测,可知中国内乱,实有造于列强;列强在中国利益相冲突,乃假手于军阀,杀吾民以求逞。不特此也,内乱又足以阻滞中国实业之发展,使国内市场充斥外货。坐是之故,中国之实业即在中国境内,犹不能与外国资本竞争。其为祸之酷,不止吾国人政治上之生命为之剥夺,即经济上之生命亦为之剥夺无余矣。环顾国内,自革命失败以来,中等阶级频经激变,尤为困苦;小企业家渐趋破产,小手工业者渐致失业,沦为游氓,流为兵匪;农民无力以营本业,至以其土地廉价售人,生活日以昂,租税日以重。如此惨状,触目皆是,犹得不谓已濒绝境乎?

由是言之,自辛亥革命以后,以迄于今,中国之情况不但无进步可言,且有江河日下之势。军阀之专横,列强之侵蚀,日益加厉,令中国深入半殖民地之泥犁地狱。此全国人民所为疾首蹙额,而有识者所以彷徨日夜,急欲为全国人民求一生路者也。

然所谓生路者果如何乎? 国内各党派以至于个人暨外国人多有拟议及此者,试简单归纳各种拟议,以一评骘其当否,而分述于下:

一曰立宪派。此派之拟议,以为今日中国之大患在于无法,苟能借宪法以谋统一,则分崩离析之局庶可收拾。曾不思宪法之所以能有效力,全恃民众之拥护,假使只有白纸黑字之宪法,决不能保证民权,俾不受军阀之摧残。元年以来尝有约法矣,然专制余孽、军阀官僚僭窃擅权,无恶不作,此辈一日不去,宪法即一日不生效力,无异废纸,何补民权? 迩者曹锟以非法行贿,尸位北京,亦尝借所谓宪法以为文饰之具矣,而其所为,乃与宪法若风马牛不相及。故知推行宪法之先决问题,首在民众之能拥护宪法与否。舍本求末,无有是处。不特此也,民众果无组织,虽有宪法,即民众自身亦不能运用之,纵无军阀之摧残,其为具文自若也。故立宪派只知求宪法,而绝不顾及将何以拥护宪法,何以运用宪法,即可知其无组织、无方法、无勇气以真为宪法而奋斗。宪法之成立,唯在列强及军阀之势力颠覆之后耳。

二曰联省自治派。此派之拟议,以为造成中国今日之乱象,由于中央政府权力过重,故当分其权力于各省;各省自治已成,则中央政府权力日削,无所恃以为恶也。曾不思今日北京政府权力初非法律所赋予、人民所承认,乃由大军阀攘夺而得之。大军阀既挟持暴力以把持中央政府,复利用中央政府以扩充其暴力。吾人不谋所以毁灭大军阀之暴力,使不得挟持中央政府以为恶,乃反欲借各省小军阀之力,以谋削减中央政府之权能,是何为耶? 推其结果,不过分裂中国,使小军阀各占一省,自谋利益,以与挟持中央政府之大军阀相安于无事而已,何自治之足云! 夫真正的自治,诚为至当,亦诚适合吾民族之需要与精神;然此等真正的自治,必待中国全体独立之后,始能有成。中国全体尚未能获得自由,而欲一部分先能获得自由,岂可能耶? 故知争回自治之运动,决不能与争回民族独立之运动分道而行。自由之中国以内,始能有自由之省。一省以内所有经济问题、政治问题、社会问题,惟有于全国之规模中始能解决。则各省真正自治之实现,必在全国国民革命胜利之后,亦已显然,愿国人一思之也。

三曰和平会议派。国内苦战争久矣,和平会议之说,应之而生。提倡而赞和者,中国人有然,外国人亦有然。果能循此道而得和平,宁非国人之所望,无如其不可能也。何则? 构成中国之战祸者,实为互相角立之军阀,此互相角立之军阀各顾其利益,矛盾至于极端,已无调和之可能。即使可能,亦不过各军阀间之利益得以调和而已,于民众之利益固无与也。此仅军阀之联合,尚不得谓为国家之统一也,民众果何需乎此乎? 此等和平会议之结果,必无以异于欧战议和所得之结果。列强利益相冲突,使欧洲各小国不得和平统一;中国之不能统一,亦此数国之利益为之梗也。至于知调和之不可能,而惟冀各派之势力保持均衡,使不相冲突,以苟安于一时者,则更为梦想。何则? 盖事实上不能禁军阀中之一派不对于他派而施以攻击,且凡属军阀莫不拥有雇佣军队,推其结果,不能不出于争战,出于掠夺。盖掠夺于邻省,较之掠夺于本省为尤易也。

四曰商人政府派。为此说者,盖鉴于今日之祸由军阀官僚所造成,故欲以资本家起而代之也。虽然,军阀官僚所以为民众厌恶者,以其不能代表民众也;商人独能代表民众利益乎? 此当知者一也。军阀政府托命于外人,而其恶益著,民众之恶之亦益深;商人政府若亦托命于外人,则亦一丘之貉而已。此所当知者二也。故吾人虽不反对商人政府,而吾人之要求则在于全体平民自己组织政府,以代表全体平民之利益,不限于商界。且其政府必为独立的不求助于外人,而惟恃全体平民自己之意力。

如上所述,足知各种拟议,虽或出于救国之诚意,然终为空谈;其甚者则本无诚意,而徒出于恶意的讥评而已。

吾国民党则夙以国民革命、实行三民主义为中国唯一生路。兹综观中国之现状,益知进行国民革命之不可懈。故再详阐主义,发布政纲,以宣告全国。

二　国民党之主义

国民党之主义维何? 即孙先生所提倡之三民主义是已。本此主义以立政纲,吾人以为救国之道,舍此末由。国民革命之逐步进行,皆当循此原则。此次毅然改组,于组织及纪律特加之意,即期于使党员各尽所能,努力奋斗,以求主义之贯彻。去年十一月二十五日孙先生之演说,及此次大会孙先生对于中国现状及国民党改组问题之演述,言之綦详。兹综合之,对于三民主义为郑重之阐明。盖必了然于此主义之真释,然后对于中国之现状而谋救济之方策,始得有所依据也。

(一)民族主义国民党之民族主义,有两方面之意义:一则中国民族自求解放;二则中国境内各民族一律平等。

第一方面:国民党之民族主义,其目的在使中国民族得自由独立于世界。辛亥以前,满洲以一民族宰制于上,而列强之帝国主义复从而包围之,故当时民族主义之运动,其作用在脱离满洲之宰制政策与列强之瓜分政策。辛亥以后,满洲之宰制政策已为国民运动所摧毁,而列强之帝国主义则包围如故,瓜分之说变为共管,易言之,武力之掠夺变为经济的压迫而已,其结果足使中国民族失其独立与自由则一也。国内之军阀既与帝国主义相勾结,而资产阶级亦眈眈然欲起而分其馂余,故中国民族政治上、经济上皆日即于憔悴。国民党人因不得不继续努力,以求中国民族之解放。其所恃为后盾者,实为多数之民众,若知识阶级、若农夫、若工人、若商人是已。盖民族主义对于任何阶级,其意义皆不外免除帝国主义之侵略。其在实业界,苟无民族主义,则列强之经济的压迫,自国生产永无发展之可能。其在劳界,苟无民族主义,则依附帝国主义而生存之军阀及国内外之资本家,足以蚀其生命而有余。故民族解放之斗争,对于多数之民众,其目标皆不外反帝国主义而已。帝国主义受民族主义运动之打击而有所削弱,则此多数之民众,即能因而发展其组织,且从而巩固之,以备继续之斗争,此则国民党能于事实上证明之者。吾人欲证实民族主义实为健全之反帝国主义,则当努力于赞助国内各种平民阶级之组织,以发扬国民之能力。盖惟国民党与民众深切结合之后,中国民族之真正自由与独立始有可望也。

第二方面:辛亥以前,满洲以一民族宰制于上,具如上述。辛亥以后,满洲宰制政策既已摧毁无余,则国内诸民族宜可得平等之结合,国民党之民族主义所要求者即在于此。然不幸而中国之政府乃为专制余孽之军阀所盘踞,中国旧日之帝国主义死灰不免复燃,于是国内诸民族因以有杌陧不安之象,遂使少数民族疑国民党之主张亦非诚意。故今后国民党为求民族主义之贯彻,当得国内诸民族之谅解,时时晓示其在中国国民革命运动中之共同利益。今国民党在宣传主义之时,正欲积集其势力,自当随国内革命势力之伸张,而渐与诸民族为有组织的联络,及讲求种种具体的解决民族问题之方法矣。国民党敢郑重宣言,承认中国以内各民族之自决权,于反对帝国主义及军阀之革命获得胜利以后,当组织自由统一的(各民族自由联合的)中华民国。

(二) 民权主义国民党之民权主义,于间接民权之外,复行直接民权,即为国民者不但有选举权,且兼有创制、复决、罢官诸权也。民权运动之方式,规定于宪法,以孙先生所创之五权分立为之原则,即立法、司法、行政、考试、监察五权分立是已。凡此既以济代议政治之穷,亦以矫选举制度之弊。近世各国所谓民权制度,往往为资产阶级所专有,适成为压迫平民之工具。若国民党之民权主义,则为一般平民所共有,非少数者所得而私也。于此有当知者:国民党之民权主义,与所谓"天赋人权"者殊科,而唯求所以适合于现在中国革命之需要。盖民国之民权,唯民国之国民乃能享之,必不轻授此权于反对民国之人,使得借以破坏民国。详言之,则凡真正反对帝国主义之个人及团体,均得享有一切自由及权利;而凡卖国罔民以效忠于帝国主义及军阀者,无论其为团体或个人,皆不得享有此等自由及权利。

(三) 民生主义国民党之民生主义,其最要之原则不外二者:一曰平均地权;二曰节制资本。盖酿成经济组织之不平均者,莫大于土地权之为少数人所操纵。故当由国家规定土地法、土地使用法、土地征收法及地价税法。私人所有土地,由地主估价呈报政府,国家就价征税,并于必要时依报价收买之,此则平均地权之要旨也。凡本国人及外国人之企业,或有独占的性质,或规模过大为私人之力所不能办者,如银行、铁道、航路之属,由国家经营管理之,使私有资本制度不能操纵国民之生计,此则节制资本之要旨也。举此二者,则民生主义之进行,可期得良好之基础。于此犹有当为农民告者:中国以农立国,而全国各阶级所受痛苦,以农民为尤甚。国民党之主张,则以为农民之缺乏田地沦为佃户者,国家当给以土地,资其耕作,并为之整顿水利,移殖荒激,以均地力。农民之缺乏资本至于高利借贷以负债终身者,国家为之筹设调剂机关,如农民银行等,供其匮乏,然后农民得享人生应有之乐。又有当为工人告者:中国工人之生活绝无保障,国民党之主张,则以为工人之失业者,国家当为之谋救济之道,尤当为之制定劳工法,以改良工人之生活。此外如养老之制、育儿之制、周恤废疾者之制、普及教育之制,有相辅而行之性质者,皆当努力以求其实现。凡此皆民生主义所有事也。

中国以内,自北至南,自通商都会以至于穷乡僻壤,贫乏之农夫,劳苦之工人,所在皆是。因其所处之地位与所感之痛苦,类皆相同,其要求解放之情至为迫切,则其反抗帝国主义之意亦必至为强烈。故国民革命之运动,必恃全国农夫、工人之参加,然后可以决胜,盖无可疑者。国民党于此,一方面当对于农夫、工人之运动,以全力助其开展,辅助其经济组织,使日趋于发达,以期增进国民革命运动之实力;一方面又当对于农夫、工人要求参加国民党,相与为不断之努力,以促国民革命运动之进行。盖国民党现正从事于反抗帝国主义与军阀,反抗不利于农夫、工人之特殊阶级,以谋农夫、工人之解放。质言之,即为农夫、工人而奋斗,亦即农夫、工人为自身而奋斗也。

中国为农业的国家,故军队多由农民征集补充而成,乃不为民利捍卫,又不助人民抵抗帝国主义,而反为帝国主义所操纵之军阀,以戕贼人民之利益;国民党于此,认为有史以来莫大之矛盾。其所以然之故,在于中国经济落后,农民穷苦,不得已而受佣于军阀,以图几微之生存。其结果,乃至更增贫困,加人民以压迫,使流为土匪而不顾。欲除此种矛盾,使军队中农民真实之利益与其现在所争之利益无相妨之弊,国民党将于一般士兵及下级军官中极力宣传运动,使知真利所在,立成革命的军队,为人民利益而奋斗。

凡助国民党奋斗以驱除民贼、建设自卫的革命政府之革命军,国民对之当有特殊待遇。每革命军人于革命完全成功之后,愿意归农,革命政府行将给以广田,俾能自给而赡家族。

国民党之三民主义,其真释具如此。自本党改组后,以严格之规律的精神,树立本党组织之基础,对于本党党员,用各种适当方法施以教育及训练,使成为能宣传主义、运动群众、组织政治之革命的人才。同时以本党全力,对于全国国民为普遍的宣传,使加入革命运动,取得政权,克服民敌。至于既取得政权树立政府之时,为制止国内反革命运动及各国帝国主义压制吾国民众胜利之阴谋,芟除实行国民党主义之一切障碍,更应以党为掌握政权之中枢。盖惟有组织、有权威之党,乃为革命的民众之本据,能为全国人民尽此忠实之义务故耳。

　　三　国民党之政纲

　　吾人于党纲固悉力以求贯彻,顾以道途之远,工程之巨,诚未敢谓咄嗟有成;而中国之现状危迫已甚,不能不立谋救济。故吾人所以刻刻不忘者,尤在准备实行政纲,为第一步之救济方法。谨列举具体的要求作为政纲,凡中国以内,有能认国家利益高出于一人或一派之利益者,幸相与明辨而公行之。

　　甲　对外政策

　　(一)　一切不平等条约,如外人租借地、领事裁判权、外人管理关税权以及外人在中国境内行使一切政治的权力侵害中国主权者,皆当取消,重订双方平等、互尊主权之条约。

　　(二)　凡自愿放弃一切特权之国家,及愿废止破坏中国主权之条约者,中国皆将认为最惠国。

　　(三)　中国与列强所订其他条约有损中国之利益者,须重新审定,务以不害双方主权为原则。

　　(四)　中国所借外债,当在使中国政治上、实业上不受损失之范围内,保证并偿还之。

　　(五)　庚子赔款,当完全划作教育经费。

　　(六)　中国境内不负责任之政府,如贿选、僭窃之北京政府,其所借外债,非以增进人民之幸福,乃为维持军阀之地位,俾得行使贿买,侵吞盗用。此等债款,中国人民不负偿还之责任。

　　(七)　召集各省职业团体(银行界、商会等)、社会团体(教育机关等)组织会议,筹备偿还外债之方法,以求脱离困因顿于债务而陷于国际的半殖民地之地位。

　　乙　对内政策

　　(一)　关于中央及地方之权限,采均权主义。凡事务有全国一致之性质者,划归中央;有因地制宜之性质者,划归地方。不偏于中央集权制或地方分权制。

　　(二)　各省人民得自定宪法,自举省长;但省宪不得与国宪相抵触。省长一方面为本省自治之监督,一方面受中央指挥,以处理国家行政事务。

　　(三)　确定县为自治单位。自治之县,其人民有直接选举及罢免官吏之权,有直接创制及复决法律之权。

　　土地之税收,地价之增益,公地之生产,山林川泽之息,矿产水力之利,皆为地方政府之所有,用以经营地方人民之事业,及应育幼、养老、济贫、救灾、卫生等各种公共之需要。

　　各县之天然富源及大规模之工商事业,本县资力不能发展兴办者,国家当加以协助。其所获纯利,国家与地方均之。

　　各县对于国家之负担,当以县岁入百分之几为国家之收入,其限度不得少于百分之十,不得超过于百分之五十。

　　(四)　实行普通选举制,废除以资产为标准之阶级选举。

　　(五)　厘订各种考试制度,以救选举制度之穷。

　　(六)　确定人民有集会、结社、言论、出版、居住、信仰之完全自由权。

　　(七)　将现时募兵制度渐改为征兵制度。同时注意改善下级军官及兵士之经济状况,并增进其法律地位。施行军队中之农业教育及职业教育,严定军官之资格,改革任免军官之方法。

　　(八)　政府当设法安置土匪游民,使为社会有益之工作。而其所以达此目的之一法,计可以租界交还中国国民后所得之收入充此用途。此之所谓租界,乃指设有领事裁判权之特别地区,发生"国中有国"之特别现象者而言。此种"国中有国"之现象,当在清除之列。至关于外人在租界内住居及营业者,其权利当由国民政府按照中国与外国特行缔结之条约规定之。

　　(九)　严定田赋地税之法定额,禁止一切额外征收,如厘金等类当一切废绝之。

（十）清查户口，整理耕地，调正粮食之产销，以谋民食之均足。

（十一）改良农村组织，增进农人生活。

（十二）制定劳工法，改良劳动者之生活状况，保障劳工团体，并扶助其发展。

（十三）于法律上、经济上、教育上、社会上确认男女平等之原则，助进女权之发展。

（十四）励行教育普及，以全力发展儿童本位之教育。整理学制系统，增高教育经费，并保障其独立。

（十五）由国家规定土地法、土地使用法、土地征收法及地价税法。私人所有上地，由地主估价呈报政府，国家就价征税，并于必要时依报价收买之。

（十六）企业之有独占的性质者，及为私人之力所不能办者，如铁道、航路等，当由国家经营管理之。

以上所举细目，皆吾人所认为党纲之最小限度，目前救济中国之第一步方法。（孟庆鹏编《孙中山文集》上，团结出版社 2016 年版，第 261—269 页）

1 月 21 日，列宁在莫斯科附近的哥尔克村逝世，享年 54 岁。

按：列宁逝世后，北京举行了隆重的"国民追悼列宁大会"，追悼会后还专门刊印特刊，同时印刷发行《列宁纪念册》，内有像《国家与革命》等列宁重要经典的若干译文。沪、粤等地多家报刊也都先后登载悼念文章和列宁著作中文本。

是日，北京政府大总统曹锟特任张国淦为教育总长。

1 月 23 日，中国国民党第一次全国代表大会通过了《中国国民党第一次全国代表大会宣言》，通过了孙中山制定的《国民政府建国大纲》。

1 月 24 日，在中国国民党第一次全国代表大会上，孙中山正式宣布成立陆军军官学校筹备会，并选派蒋介石担任军官学校筹备委员会委员长，选派王柏龄等 7 人担任陆军军官学校筹备委员会委员。筹备委员会下设教授、教练、管理、军需、军医五部，分别以王柏龄、李济深、林振雄、余飞鹏、宋荣昌为各部临时主任。

1 月 25 日，孙中山建议大会致电莫斯科，对列宁逝世表示深切哀悼。并在讲话中赞扬列宁为"革命中之圣人"，重申学习列宁领导的俄国革命的精神。大会决定电唁致哀，休会 3 天。

1 月 26 日，北京学生联合会、马克思学说研究会等团体在北京大学举行遥祭列宁大会。

1 月 27 日，孙中山开始每周一次的"三民主义"系列演讲，系统地讲述"三民主义"，比较全面详尽地阐明了三民主义思想体系，并在阐发民生主义时表述了社会历史观点——"民生史观"。

按：孙中山每周一次的系列演讲始于 1 月 27 日，迄于 8 月 24 日，共 16 讲（民族主义 6 讲，民权主义 6 讲，民生主义 4 讲）。

是月，孙中山在回答宋庆龄提出的"为什么需要共产党加入国民党"问题时指出："国民党正在堕落中死亡，因此要救活它，就需要新血液。"

是月，中国三教圣道总会在北京正式成立，黄欲仁出任董事长。该总会是以先天道明善堂为基础建立起来的。

2 月 1 日，中国共产党旅欧总支部机关刊《赤光》半月刊在法国巴黎创刊，主编周恩来，邓希贤（邓小平）负责编辑，李畅英（李大章）负责刻蜡版。

2 月 4 日，孙中山发布大元帅令，着将国立高等师范、广东法科大学、广东农业专门学校合并，改为国立广东大学，任命邹鲁为国立广东大学筹备主任。

按：是年 11 月 11 日，广东大学成立典礼正式举行，邹鲁为校长。1926 年 6 月 19 日，广东大学改名为中山大学。

2 月 5 日,基督教联合会大会在南京金陵女子大学举行,7 日结束。

2 月 6 日,中国国民党陆军军官学校筹备处正式成立,校址选在广州黄埔岛。

是日,全国总工会在北京成立。

2 月 7 日,中国铁路总工会成立。

2 月 9 日,广东高师、农专、法专合并组成广东大学(现中山大学前身)。

2 月 23 日,北京政府教育部颁布《国立大学校条例》26 条,宣布废除 1912 年和 1913 年先后颁行的《大学令》和《大学规程》,重新制定大学教育宗旨和体制机构。规定大学校长由教育总长聘任,遭到北京大学等校反对。

按:《国立大学校条例》规定"国立大学校以教授高深学术,养成硕学闳才,应国家需要为宗旨""国立大学校分科为文、理、法、医、农、工、商等科""得设数科或单设一科""各科分设各学系";私立大学校也应该参照本条例办理(中国第二历史档案馆编《中华民国史档案资料汇编》第 3 辑教育,江苏古籍出版社1991 年版)。

是日,国立北京工业专门学校改为国立北京工业大学。

是日,中国留英学生在伦敦成立退款兴学研究会,以促进英国政府退还庚子赔款兼讨论用途为宗旨。

3 月 1 日,北京政府全权代表王正廷与苏俄驻华全权代表加拉罕在北京会商修正《解决中俄悬案大纲协定草案》。

3 月 4 日,北京大学等 8 所高校派遣学生 46 人赴日本考察。

3 月 15 日,北京政府拒绝接受王正廷与加拉罕拟妥的《解决中俄悬案大纲协定草案》。

3 月 21 日,北京教育会、北京国立八校教职员联席会议、中华教育改进社、北京青年国民俱乐部、民权运动大同盟、北京各团体联合会、马克思学说研究会、国立北京大学学生干事会、中俄协进会等九团体联合发布宣言,催迫北京政府当局承认苏俄。

3 月 23 日,江西九江平民教育促进会召开成立大会,吴金彪任主席。

3 月 24 日,北京大学发表宣言反对北京政府教育部所颁《国立大学条例》。

3 月 31 日,上海大学决定组织平民学校,是日召开筹办平民教育大会,邓中夏阐明提倡平民教育的必要性。推举卜世畸、刘华、王秋心等 8 人为委员。

4 月 1 日,直属国民党中央党部的中央通讯社(简称中央社)在广州成立。

4 月 4 日,孙中山在广东女子师范学校创办 17 周年纪念会上发表演讲,强调民权主义要"包含全国男女的政治地位一律的平等"。

4 月 10 日,山东平民教育促进会在济南成立。

4 月 12 日,孙中山正式公布《国民政府建国大纲》25 条,陈述了孙中山的建国理念和思想,提出"建设之程序即实行三民主义分为三期:一曰军政时期;二曰训政时期;三曰宪政时期"。

按:《国民政府建国大纲》又称《建国大纲》,1924 年 1 月 23 日国民党第一次全国代表大会审议通过。4 月 12 日又经孙中山亲笔誊写,并对原件稍加修改后正式公布。《建国大纲》开宗明义提出:"国民政府本革命之三民主义、五权宪法,以建设中华民国。"即以三民主义作为人民应有之"权",以五权宪法作为政府施政的"能"。《建国大纲》将建设国家的程序分为三个阶段:军政时期、训政时期与宪政时期。《建国大纲》不仅是孙中山近代化思想的集中体现,也是孙中山对其自身思想理论的概括、阐述和新发展。全文如下:

一、国民政府本革命之三民主义、五权宪法,以建设中华民国。

二、建设之首要在民生。故对于全国人民之食、衣、住、行四大需要,政府当与人民协力,共谋农业之发展,以足民食;共谋织造之发展,以裕民衣;建筑大计划之各式屋舍,以乐民居;修治道路、运河,以利民行。

三、其次为民权。对于人民之政治知识、能力,政府当训导之,以行使其选举权,行使其罢官权,行使其创制权。

四、其三为民族。故对于国内之弱小民族,政府当扶植之,使之能自决自治;对于国外之侵略强权,政府当抵御之。并同时修改各国条约,恢复我国际平等,国家独立。

五、建设之程序分为三期:一曰军政时期;二曰训政时期;三曰宪政时期。

六、在军政时期,一切制度悉隶于军政之下。政府一面用兵力扫除国内之障碍;一面宣传主义以开化全国之人心,而促进国家之统一。

七、凡一省完全底定之日,则为训政开始之时,而军政停止之日。

八、在训政时期,政府当派曾经训练、考试合格之员,到各县协助人民筹备自治。其程度以全县人口调查清楚,全县土地测量完竣,全县警卫办理妥善,四境纵横之道路修筑成功;而其人民曾受四权使用之训练,而完毕其国民之义务,誓行革命之主义者得选举县官,以执行一县之政事;得选举议员,以议立一县之法律,始成为一完全自治之县。

九、一完全自治之县,其国民有直接选举官员之权,有直接罢免官员之权,有直接创制法律之权,有直接复决法律之权。

十、每县开创自治之时,必须先规定全县私有土地之价。其法由地主自报之,地方政府则照价征税,并可随时照价收买。自此次报价之后,若土地因政治之改良、社会之进步而增价者,则其利益当为全县人民所共享,而原主不得而私之。

十一、土地之岁收,地价之增益,公地之生产,山林川泽之息,矿产水力之利,皆为地方政府之所有;而用以经营地方人民之事业,及育幼、养老、济贫、救灾、医病与夫种种公共之需。

十二、各县之天然富源与及大规模之工商事业,本县之资力不能发展与兴办,而须外资乃能经营者,当由中央政府为之协助;而获之纯利,中央与地方政府各占其半。

十三、各县对于中央政府之负担,当以每县之岁收百分之几为中央岁费,每年由国民代表定之;其限度不得少于百分之十,不得加于百分之五十。

十四、每县地方自治政府成立之后,得选国民代表一员,以组织代表会,参预中央政事。

十五、凡候选及任命官员,无论中央与地方,皆须经中央考试、定资格者乃可。

十六、凡一省全数之县皆达完全自治者,则为宪政开始时期,国民代表会得选举省长,为本省自治之监督。至于该省内之国家行政,则省长受中央之指挥。

十七、在此期间,中央与省之权限采均权制度。凡事务有全国一致之性质者,划归中央;有因地制宜之性质者,划归地方;不偏于中央集权或地方分权。

十八、县为自治之单位,省立于中央与县之间,以收联络之效。

十九、在宪法开始时期,中央政府当完成设立五院,以试行五权之治。其序列如下:曰行政院;曰立法院;曰司法院;曰考试院;曰监察院。

二十、行政院暂设如下各部:一、内政部;二、外交部;三、军政部;四、财政部;五、农矿部;六、工商部;七、教育部;八、交通部。

二十一、宪法未颁布以前,各院长皆归总统任免而督率之。

二十二、宪法草案当本于建国大纲及训政、宪政时期之成绩,由立法院议订,随时宣传于民众以备到时采择施行。

二十三、全国有过半数省分达至宪政开始时期,即全省之地方自治完全成立时期,则开国民大会决定宪法而颁布之。

二十四、宪法颁布之后,中央统治权则归于国民大会行使之,即国民大会对于中央政府官员有选举权,有罢免权;对于中央法律有创制权,有复决权。

二十五、宪法颁布之日,即为宪政告成之时,而全国国民则依宪法行全国大选举。国民政府则于选举完毕之后三个月解职,而授政于民选之政府,是为建国之大功告成。(庆鹏编《孙中山文集上》,团结出版社 2016 年版,第 383—385 页)

是日,广州举行平民教育运动大会,万余人整队游行。

4 月 14 日,平民教育四川分会在成都成立,推举杨伯钦等 12 人为董事。

4 月 18 日,北京政府国务院明令内务部阻止清室盗卖文物。

4 月 20 日,中国青年党在巴黎哲人大厅召开第一次全体大会,到会者 52 人,分别由曾琦演说"本党之精神及其使命",李璜演说"国家主义之真谛",张子柱演说"全民革命及其方略"。曾琦当选为委员长,张子柱、李璜、何鲁之、李不韪等当选为中央执行委员。

4 月 22 日,康德诞辰 200 周年,我国国内报刊为此均刊登康德像,发表纪念文章。《学灯》和《晨报》副刊发表胡嘉的《康德学说与我们对于康氏生辰纪念之感想》和张东荪的《康德杂谈》。在《晨报》刊出甘蛰仙的《康德纪念与东原纪念》和《康德在唯心论史上之地位》二文,对于康德哲学作出较高的评价。

4 月 23 日,印度诗人泰戈尔到达北京,开始为期 28 天的讲学、访问活动。

4 月 28 日,奉天成立收回教育权运动委员会,反对日本在南满自由设立学校,实行殖民教育。

5 月 4 日,中共领导的天津学生联合会举行纪念"五四"运动 5 周年大会,到会 700 余人。蔡和森在会上发表了以反帝为主题的演说,受到青年热烈欢迎。

5 月 5 日,国共合作的国民党陆军军官学校在广州黄埔创立。孙中山任军校总理,委任蒋介石为校长,廖仲恺为驻校国民党党代表,戴季陶、王柏龄分别为政治部主任和教授部主任,何应钦任总教官,李济深任教练部主任,林振雄任管理部主任,周骏彦任军需部主任,宋荣昌任军医部主任,此外还设立苏联顾问组。周恩来、恽代英、萧楚女、熊雄、聂荣臻等共产党人先后在该校担任政治领导工作以及其他工作。

按:黄埔军校初建时全称中国国民党陆军军官学校,1926 年改名为中央军事政治学校,因校址设在广州黄埔,因此又通称黄埔军校。黄埔军校与前苏联的伏龙芝军事学院、美国西点军校、英国桑赫斯特皇家军事学院并成为当时的世界四大军事名校。

是日,马克思诞辰 106 周年,北京大学的《北大经济学会半月刊》登载"马克斯纪念专号",刊发《马克斯年谱》等 4 篇重要文献。

5 月 10—15 日,中共中央在上海召开第二届第一次执行委员会扩大会议。会议总结了国共合作 5 个月以来的经验,提出国民党内有左派与右派两种力量。特别强调今后在国民党中的工作以宣传为主,使国民党不断有规划地宣传一大宣言关于反对帝国主义及军阀、要求民权的原则。会议提出党的组织工作和教育工作的重要性;决定设立中央机关报编辑委员会,在工农部设立工会运动委员会。会议通过《共产党在国民党内的工作问题议决案》《工会运动问题议决案》《党内组织和宣传教育问题议决案》等。

5 月 12 日,广东省教育会等 8 个团体为协助创设广东大学,发布《请争广东关余及欧美各国退回庚子赔款为广东大学经费宣言书》。

5 月 21 日,张国焘、杨子烈在北京被捕,供出李大钊、张昆弟等在京共产党人。北京的党团组织被暴露,李大钊等人遭到北京政府当局通缉。

5 月 25 日,中华职业教育会在武昌举行第七届年会。同日,汉口举行第三届全国各省职业教育出品展览会。

5 月 26 日,京畿卫戍总司令部致函京师警察厅,要求查禁《陈独秀讲演录》,禁售《胡适文存》《独秀文存》、周作人《自己的园地》等书籍。

5 月 31 日,北京政府同苏俄政府签订《中俄解决悬案大纲协定》。同日,两国政府宣布恢复正常外交关系。

6 月 9 日,中国科学社胡适、天文学会高鲁、远东生物学会李石曾、考古学会沈兼士、史地学会陈垣、地质学会翁文灏、气象学会蒋丙然等代表各学术团体,是日及 10 日两度在北京集会,讨论美国退还庚子赔款事宜。

6 月 11 日,由于张国焘等被捕供出李大钊等共产党人,北京政府内务部发出通缉李大钊、张昆弟、黄日葵、高尚德、刘仁静等人的咨文,要求京畿卫戍总司令部严速拘拿,务获归案讯办,以维治安,而遏乱萌。

6 月 13 日,廖仲恺被任命为广东省长。

6 月 16 日,黄埔军校举行开学典礼,孙中山及夫人宋庆龄以及众多中央执行委员出席典礼,苏联顾问鲍罗廷等应邀出席。在开学典礼上,孙中山发表《陆军军官学校开学演说》,宣告黄埔军校正式建立。

按:为加快培养军事人才,抗日战争前,黄埔军校在广东广州、广东潮州、广西南宁、湖南长沙、湖北武汉、河南洛阳、四川成都、江西南昌等地共设立了 8 个分校,其中潮州分校、南宁分校、长沙分校、武汉分校被称为大革命时期黄埔军校四大分校。

6 月 17 日至 7 月 8 日,国产国际第五次代表大会在莫斯科召开,李大钊、罗章龙、王荷波、刘清扬等人代表中共出席会议。

6 月 18 日,国民党中央监察委员邓泽如、张继、谢持呈文孙中山弹劾共产党。

6 月 19 日,北京政府通知各地邮局禁止邮寄《自治旬刊》《陈独秀演讲录》《上海》《劳动旬刊》《劳工周刊》《工人周刊》《青年工人月刊》《平民旬刊》《中国青年》《新建设》等 10 种出版物。

6 月 29 日,中国共产党创办的最早的日报《热血日报》被封禁。

是日,国民党讲习所在广州开学,学员 360 余人。孙中山勉励学员以语言文字去宣传民众,为本党之主义作和平奋斗。

6 月 30 日,国民党中央执行委员会决定派出农民运动特派员到广东各地开展农民运动,并决定开办广州农民运动讲习所。

7 月 1 日,中华教育改进社在南京召开年会,并在贡院旧址开全国教育品展览会,提请教育部调京师图书馆善本书籍参展。

是日,"外蒙古人民政府"宣言成立"蒙古人民共和国",公布"宪法"。

7 月 3 日,国共合作举办的第一届农民运动讲习所在广州正式开学。农讲所共开办六届,学员来自全国 20 个省区,每届时间一个月,毕业后选派为农民运动特派员。毛泽东、周恩来、萧楚女、恽代英、彭湃、阮啸仙、李立三等均在农讲所讲授过主要课程。

7 月 3—9 日,中华教育改进社第三届年会在南京大学举行。出席社员 699 人,年会会员 124 人,连同邀请、旁听、职员共 1040 人。范源濂、马寅初、章炳麟、丁文江、马君武、陶行知、颜惠庆等作讲演。会议着重讨论收回教育权问题,通过请求力谋收回教育权案、无中华民国国籍者不得在中华民国领土内对中华民国人民施行国民教育案、请取缔外人在中国设立学校案等三大提案。

7月5日,中华全国体育联合会在南京成立,张伯苓、郭秉文、陈时、聂云台、沈嗣良等9人当选为董事。

7月13日,世界佛教联合会在江西庐山召开大会,太虚法师主持会议。

7月15—25日,青年共产国际第四次代表大会在莫斯科举行,卜世畸、任弼时、王一飞、彭泽湘等代表中国社会主义青年团出席会议。

7月22日,北京政府教育部布告:中央政法专门学校、通才商业专门学校、新华商业专门学校、朝阳大学、中国大学、民国大学、平民大学、华北大学等私立专门以上学校,均经先后核准立案。

7月26日,教育部公布《管理自费留学生规则》,规定自费生需领取留学证书,毕业合格者拥有和官费生同等待遇。此外,自费生还需报部备案,否则国家不予承认。

是月,上海艺术师范学校改称上海艺术师范大学。

8月11日,中国科学社在南京举行第九次年会。

8月13日,中国国民党中央执行委员会举行全体会议,讨论国共合作中的纠纷问题。国民党中央常务委员会提议成立一个"国际联络委员会",由国民党、共产党和共产国际各派代表一人组成,负责处理国共合作中的纠纷问题,规定共产国际发给中国共产党的所有指令,都要先通知该委员会。但中共中央没有同意。

是日,孙中山公布《大学条例》,规定大学之旨趣,以灌输及研究世界日新之学理、技术为主,而因应国情,力图推广其应用,以促社会道义之长进、物力之发展。

8月17日,上海新闻记者联合会成立。

8月20日,孙中山主持国民党中央政治委员会第六次会议,通过关于"国共合作""国民党与世界革命运动"两大问题的草案。

8月23日,孙中山出席农民运动讲习所第一期结业礼并发表演说。

9月1日,孙中山对英国麦克唐纳政府支持商团叛乱、干涉中国内政提出严重抗议,并发表对外宣言,宣称"今将开始一时期,为努力推翻帝国主义之干涉中国,扫除完成革命之历史的工作之最大障碍"。

9月4日,江浙军阀战争爆发。孙中山在大元帅府召开筹备北伐会议。

9月5日,孙中山发布《讨贼宣言》,表示"刻日移师北指,与天下共讨曹吴诸贼"。

9月10日,孙中山发表《告广东人民书》,宣布政府将实行三事:北伐、广东自治和免除苛捐杂税。

是日,中共中央在《向导》周报第82期发表《中国共产党第三次对于时局宣言》。

9月14日,北京政府大总统曹锟任命黄郛为教育总长。

9月18日,第二次直奉战争爆发。孙中山以中国国民党名义发布《北伐宣言》,申明北伐目的。

是日,中华教育文化基金董事会在北京成立,负责管理美国第二次退还的庚款。颜惠庆、张伯苓、顾维钧、郭秉文、蒋梦麟、范源濂、黄炎培、周诒春、施肇基等任中方董事,范源濂为干事长。孟禄、杜威、贝克、贝诺德、顾临为美国董事。该款用以发展中国科学研究、科学教育和文化事业。

按:中华教育文化基金董事会为北京政府(后南京国民政府)和美国共同成立的负责保管、分配、监督使用美国退还"庚子赔款"的机关。董事会由中美双方有关人员组成。庚子赔款是中国历史上数额最大的一笔赔款。在第一次董事会年会开会时，为了章程中的"教育""文化"含义更为明确，并使该会工作有一定范围起见，曾通过以下两项决议案：其一："兹决议美国所退还之赔款，委托于中华教育文化基金董事会管理者，应用以：（一）发展科学知识，及此项知识适于中国情形之应用，其道在增进技术教育、科学之研究、试验与表征，及科学教学法之训练；（二）促进有永久性质之文化事业，如图书馆之类。"其二："兹议决应设一固定基金，其数目应使在目下已积存之数，仅以后每年附加之数，至二十年后凑成一种基金，足生每年约美金 50 万元之收入。"（北京市档案馆编《北京档案史料》，新华出版社 2006 年版）

9月20日，孙中山在广东韶关誓师北伐，讨伐直系。

9月22日，中国国民党中央执行委员会通告，以青天白日旗为党旗及军旗，以青天白日满地红旗为国旗。

是日，私立大夏大学在上海成立，马君武任校长。

9月24日，孙中山发表《制定建国大纲宣言》。

是月，孙中山在广州东山大沙头革命航空基地仿效苏联军队办学模式创办"军事飞行学校"，年底更名为广东航空学校。

10月10日，孙中山成立革命委员会，自任会长。后又委任鲍罗廷为顾问。

是日，中国气象学会在山东青岛成立。

10月23日，直军第三路军总司令冯玉祥发动北京政变，电邀孙中山北上，共商和平统一大业。

按：冯玉祥囚禁曹锟，推翻曹锟、吴佩孚的北京政府，皖系军阀段祺瑞任临时执政。冯玉祥将所部改称国民军，同情广东革命政府，并电邀孙中山北上，共商和平统一大业。

10月27日，孙中山致电冯玉祥等，祝贺北京政变成功，表示愿意应邀北上，议定"建设大计"。

11月1日，孙中山在大元帅府召开重要会议，讨论应付北方时局的方针和办法。

是日，中国国民党在广州以孙中山大元帅名义，颁布《工会条例》21 条，确认劳工全体的合法地位，允许工会有较多的权利和活动自由。

11月2日，曹锟宣告退职，黄郛代理内阁总理，并摄行总统职权。

是日，《醒狮》周报社召开第一次社员会议，选举职员，筹议经费，是日到会者有曾琦、左舜生、张梦九、陈启天、罗季则、何公敢、萨孟武、涂九衢、郭步陶、赵畹人、黄绍兰等共 11 人，最后选举曾琦为总编辑。

按：《醒狮周报》1924 年 10 月 10 日创刊，到 1930 年 1 月 28 日停刊，前后 5 年多，共出版 212 期。该报的宗旨在于："唤起国民之自觉心，恢复国民之自信心，于以安内攘外，安国兴邦，使西人咸知'睡狮'已醒，而不可复侮，因以载其'侵略野心'，而共保'国际和平'耳。"（曾琦《〈醒狮周报〉出版宣言》，《曾琦先生文集》上，台北中央研究院近代研究所 1980 年版）

按：为了加强宣传的力度，国家主义派将《醒狮周报》上的文章结集出版，以便于流传，特别是在不能读到《醒狮周报》的地区，其效果较大。他们在 1925 年至 1927 年分别将发表在《醒狮周报》上的文章结集为"醒狮丛书"，共有 10 册：《国家主义演讲集》、《国家主义浅说》（李璜）、《国家主义小史》（常燕生）、《解剖室里的共产党》（天海）、《中国国家主义青年团代表大会宣言》、《系狱七月的回忆》（卢琰）、《我们的联省自治》（李璜）、《马克斯主义与爱国精神》（邓孝情）、《职业代表制的研究》（邓孝情）、《现代的国家主义运动》。

按：在 1925 年到 1928 年间，上海的中华书局、商务印书馆、爱文书局等，也出版有关"国家主义"的书籍。其中部分文章也曾在《醒狮周报》上发表过，其中有《国家主义论文集》第一、二集（曾琦等）、《国家主义的理论根据》（曾琦等）、《建国政策发端》（陈启天）、《国家主义及其政策》（李璜）、《国家主义与文学》（胡云翼)、《国家主义之历史观》(程中行)、《国防与外交》(谢彬)、《中国丧地史》(谢彬)、《国家主义三讲》(曾琦)、《国家主义通释》(胡国伟)、《国家主义概论》(余家菊)、《国家主义与世界潮流》(张子柱等)、《中国青年党的过去与现在》。

是日,孙中山在中国共产党的支持下决定北上,令胡汉民留守广州代行大元帅职权,谭延闿负责大本营事务,驻守韶关,主持北伐军事。

11月3日,吴佩孚南逃,第二次直奉战争结束。

11月4日,由冯玉祥国民军控制的北京政府修改《清室优待条例》,永远废除皇室尊号,命令清皇室迁出紫禁城。

是日,孙中山为北上事通告军民,说明此行目的是"共筹统一建设之方略"。

11月5日,末代皇帝溥仪被逐出宫。"清室古物保管委员会"成立,并封闭检查各宫殿。

按:冯玉祥的部将鹿钟麟率兵包围清宫,宣布修正清室优待条例,没收清宫财产,永远废除皇帝尊号,并限令溥仪等立即搬出紫禁城。胡适当晚即给北京政府的王正廷写了封公开信,表示抗议。这封信最初登载在《晨报》上,随后被中外各报转载,舆论一片哗然,对胡适的攻击如雪花而至。

是日,黄郛内阁成立"办理清室善后委员会",接收故宫,筹备文物点查。委员会以李煜瀛为委员长,委员包括汪兆铭(易培基代)、蔡元培(蒋梦麟代)、鹿钟麟、张璧、俞同奎、范源濂、陈垣、沈兼士、葛文濬以及清室方面的绍英、载润、耆龄、宝熙、罗振玉等15人,另以吴敬恒、张继、庄蕴宽为监察员。

11月7日,黄郛内阁发布《清室宫禁充作博物馆令》,规定由清室善后委员会会同清室近支人员清理公私产。清理工作结束后,开放宫禁,将其备充博物馆、图书馆之用。

按:清室善后委员会的成立,是根据民国十三年十一月八日北平当日黄郛主持之摄政内阁的命令而组织的。令云:"修正清室优待条件,业经公布施行,著国务院组织善后委员会,会同清室近支人员,协同清理公产,昭示大公,所有接收各公产,暂责成该委员会,妥慎保管,俟全部结束,即将宫禁一律开放,备充国立图书馆博物馆等项之用,藉彰文化,而垂久远,此令。"(庄严《前生造定故宫缘》,紫禁城出版社2006年版)

11月10日,孙中山发表《北上宣言》,提出"召开国民会议"和"废除不平等条约"两大主张。

是日,《政府公报》公布《办理清室善后委员会组织条例》,规定善后委员会成员名单及任务。

按:《办理清室善后委员会组织条例》:第一条 国务院依据国务会议,修正清室优待条件议决案组织办理清室善后委员会,分别清理清室公产,私产及一切善后事宜。第二条 委员会之组织,委员长一人,由国务总理聘任,委员十四人,由委员长商承国务总理聘任,但得由清室指定五人;监察员六人、由委员公推选任,国务总理得就委员长,委员中指定五人为常务委员,执行委员会议决事项,各院部得派一人或二人为助理员辅助常务委员分办各项事务,委员会得聘请顾问若干人,就有专门学识者选定,委员长、委员、监察员、助理员、顾问均系名誉职。第三条 委员会之职务。甲、清室所管财产先由委员会接收。乙、已接收之各项财产或契据,由委员会暂为保管。丙、在保管中之各项财产,由委员会审查其属于公私之性质,以定收回国有或交还清室;如遇必要时,得指定顾问或助理员若干人审查之。丁、俟审查终了,将各项财产,分别公私,交付各主管机关,及溥仪出宫之后,委员会即行取消。戊、监察员负纠察之责,如发现委员会团体或各人有不法情事,得随时向相当之机关举发之。己、委员会办理事项及清理表册清单,随时报告政府公布之。第四条 委员会以六个月为期,如遇必要时,得酌量延长之;其长期事业如图书馆、博物馆、工厂等,当于清理期内,另组各项筹备机关,于委员会取消后仍赓续进行。第五条 委员会办事处所,设于旧宫内。第六条 委员会所需办公费,由财政部筹拨。第七条 委员、监察员、助理员之审查

规则及议事细则及办事细则,均另订之。(庄严《前生造定故宫缘》,紫禁城出版社 2006 年版)

是日,北京政府摄政黄郛以大总统名义任命易培基为教育总长。

按:11 月 24 日,临时执政段祺瑞任命王九龄为教育总长。25 日,王未到任前令马叙伦次长暂代部务。(参见中央教育科学研究所编《中国现代教育大事记 1919—1949》,教育科学出版社 1988 年版)

11 月 11 日,孙中山致电冯玉祥,赞许其驱除废帝溥仪出宫的做法。

11 月 17 日,孙中山抵达上海,受到万余群众的热烈欢迎。

11 月 19 日,《向导》第 92 期发表《中国共产党对于时局之主张》,支持孙中山的北上活动,主张在全国发起召集国民会议。

11 月 24 日,段祺瑞就任中华民国临时执政府临时总执政职,并公布临时政府条例。

是月,广东大学成立,系由广东高等师范学校、农业专门学校、省立法科大学合并而成。

12 月 4 日,孙中山抵天津,受到两万余人的热烈欢迎。当晚,肝病发作。

12 月 7 日,中共中央决定在北京成立北方局,委员有李大钊、蔡和森、赵世炎、谭平山,李大钊任书记,谭平山为副书记。这是中共中央第一次成立中央派出机构。1925 年 1 月,中共四大决定撤销北方局。

12 月 14 日,段政府决定解散国会、取消宪法、取消约法,引发国内反对浪潮。

12 月 24 日,日本用庚子赔款于外务省特设对华文化事务机构并准备在中国境内设置一些文化设施,遭中方反对未果。

12 月 31 日,孙中山扶病到京,受到 10 万各界群众的盛大欢迎。发表《入京宣言》。

是年,内务部拟定《古籍、古物、古迹保存法草案》时,规定无论何人均不得将文物贩运或携出国境。

是年,国语统一筹备会开会专门讨论《国音字典》增修问题,决定以北京音为标准。

是年,《语丝》《现代评论》《现代周刊》《中国国民党周刊》《浙江周报》《赤光》《红玫瑰》《出版周刊》《中华书局月报》《中国工人》《进化周刊》《黄埔潮》《南国》《京报副刊》《戏剧周刊》《洪水》《学生文艺丛刊》《美术画刊》《文化报》《图画世界》《影剧周刊》《游艺场日报》《清华文艺》《醒狮周报》《国闻周报》《联狮月刊》《孤军》《大夏周刊》《医药学》《经济学报》《湖州》《统一晚报》《今晚报》《新华晚报》《世界晚报》《新京晚报》《中央晚报》《春明晚报》《京兆晚报》《北京大早报》《复报》《大北日报》《中外日报》《北京导报》《北京穆声周报》《和平日报》《和平报》《政法周刊》《西北半月刊》《民国大学半周刊》《民生日刊》《燕报》《社会周刊》《维新刊》《佛教警钟报》《常识周报》《醒愁文刊》《平民新报》《北京午后报》《春明新报》《孤军周报》《中华日报》《太平洋日报》《国学月报》《民德日报》《北京新闻报》《维纳丝日报》《谭风报》《经济报》《经济日刊》《少年日报》《甲子报》《捷报》《北洋日报》《新春秋报》《财政经济丛刊》《边事季刊》《京兆晨报》《三余旬刊》《广告日报》《国际日报》《中国统一报》《北京时事报》《中国妇女日日新闻》《午后新闻》《宇宙声报》《京都新报》《平民新报》《农林新报》《希望》《广济医刊》《中国天文学会会报》《社会科学讲义》《江声日报》《间岛新报》《东北》《银幕杂志》《辽东诗坛》《新天津报》《农林新报》《福建教育月刊》《希望月刊》等报刊创刊。

二、学术活动

由梁启超、胡适发起的"戴东原二百年生日纪念会"1 月 29 日在宣武门外安徽会馆举行,北京学界出席者达三四百人。梁启超、胡适、沈兼士、朱希祖等各就戴震的学术思想发表演讲,戴震研究在北京学术界一时蔚为显学,掀起了一股热潮。会后将文章结集为《戴东原二百年生日纪念论文集》出版,梁启超《戴东原生日二百年纪念会缘起》作为该书"引子"。北京大学国学门同人也积极参与了这次纪念会,并将《国学季刊》第5期列为"戴东原专号",胡适《戴东原的哲学》、魏建功《戴东原年谱》以及容肇祖《戴震说的理及求理的方法》等即是在此背景下所作的。梁启超原拟为此纪念会作论文《东原先生传》《东原著述考》《东原哲学》《东原治学方法》《颜习斋与戴东原》5篇,后因时间短促,校课忙迫,撰成《戴东原先生传》《戴东原哲学》以及《戴东原著述纂校书目考》。是时,戴东原原籍有发起建筑戴东原图书馆之举,梁启超撰《戴东原图书馆缘起》一文。

　　按:此次会议影响极大,"当时整个一年期间,报纸副刊与杂志上几乎成为戴学的天下,在'整理国故'的风气之下,戴学最为出风头。"(侯外庐《近代中国思想学说史》上册)以这次纪念为象征,标志着戴震研究高潮的到来。冯友兰、钱穆、侯外庐等均从不同角度对戴震学术、思想予以阐发,虽见解各异,评价不一,但都推动戴震研究的发展,使戴学在民国年间成为显学,同时也由此激发学界对于清代学术史的高度关注,并逐渐成为当时国学研究的一个热门论题。(参见丁文江、赵丰田编著《梁启超年谱长编》,上海人民出版社2009年版;王学典《20世纪史学编年(1900—1949)》,商务印书馆2014年版)

　　胡适1月接丁文江为东南大学国学研究班发表《再谈谈整理国故》演讲,谓"东大与北大,虽同为国立的,而在世界学术上尚无何等位置。要想能够有一种学术能与世界上学术上比较一下,惟有国学"。同月5日,鲁迅致信胡适,称《〈水浒〉续集两种序》"序文极好,有益于读者不少"。送一种《西游补》给胡作参考。信中还提及《海上花列传》甚有重印的价值。6日,在《读书杂志》第17期发表《戴东原在中国哲学史上的位置》,此为纪念戴震诞生200周年而作。18日,陈独秀致函,请胡适为张申府在商务印书馆谋一事,同时请他速催商务方面为蔡和森书稿办结付酬。同日,汪孟邹致信胡适:"仲甫常与我谈,云有数讯寄兄,均未得复。望吾兄即复他一讯,如何?"19日,与梁启超、胡适、钱玄同、朱希祖等学界名流出席在北京安徽会馆举行戴震生日200周年纪念讲演会,梁启超作讲演。是时,胡适家中子侄患病,心绪不好,《努力月刊》出版事受到影响。同月24日,丁文江致信安慰。25、26日,任鸿隽与陈衡哲夫妇相继致信慰问,并赞成月刊展期至5月出版。2月15日,陈独秀亦致信慰解。同时再次催请商务办结蔡和森事,并问月刊何时出版。22日,胡适等人创办的《读书杂志》于第18期发表停刊启事,声明将与先已停刊的《努力周报》合并为《努力月刊》,预定5月出版。同期发表胡适的《古文讨论的谈后感》,对顾颉刚、钱玄同与刘掞藜、胡堇人等辩论古史的问题作了初步总结和评价。

　　按:是文首先表明了胡适对古史讨论的基本态度及写作此文的缘由:"《读书杂志》上顾颉刚、钱玄同、刘掞藜、胡堇人四位先生讨论古史的文章,已做了八万字,经过了九个月,至今还不曾结束。这一件事可算是中国学术界的一件极可喜的事,他在中国史学史上的重要一定不亚于丁在君先生们发起的科学与人生观的讨论在中国思想史上的重要。这半年多《努力》和《读书杂志》的读者也许嫌这两组大论争太繁重了,太沉闷了;然而,我们可以断言这两组的文章是《努力》出世以来最有永久价值的文章。在最近的将来,我这个武断的估价就会有多人承认的。这一次古史的讨论里最侥幸的是双方的旗鼓相当,阵势都很整严,所以讨论最有精彩。顾先生说的真不错:中国的古史全是一篇糊涂账。二千余年来随口编造,其中不知有多少罅缺漏,可以看得出它是假造的。但经过了二千余年的编造,能够成立一个系统,自然随处也有它的自卫的理由。现在我尽寻它的缺漏,刘先生尽寻它的自卫的理由,这是一件很好的事。即使不能遽得结论,但经过了长时间的讨论,至少可以指出一个公认的信信和疑疑的限度来,这是无疑的。我们希望双方的论主都依着这个态度去搜求证据。这一次讨论的目的是要明白古史的真相。双方都希望求得真相,并不是顾先生对古史有仇,而刘先生对古史有恩。他们的目的既同,他们的方法也只有一条路:就是寻求证据。只有证据的充分与不充分是他们论战胜败的标准,也是我们信仰与怀疑的标准。现在双方的讨论都暂时休战了,顾先生登有启事,刘先生没有续稿寄来。我趁这个机会,研究他们的文章,忍不住要说几句旁观的话,就借着现在最时髦的名称'读后感'写了出来,请四位先生指教。"

　　按:胡适在此将讨论古史以及科学与人生观的两大论战相提并论,并予以高度评价。然后重点从以下三个层面展开论述:第一,所谓"影响人心"的问题。先是引出刘掞藜开宗明义的担忧:"因为这种翻案的议论,这种怀疑的精神,很有影响于我国的人心和史界,心有所欲言,不敢不告也。"明确提出"否认古史某部分的真实,可以影响于史界,那是自然的事。但这事决不会在人心上发生恶影响","这回的论争是一个真伪问题;去伪存真,决不会有害于人心",并借用"实事求是,莫作调人"这八个字贡献给讨论古史的诸位先生。第二,对顾颉刚的"层累地造成的古史"的见解作出高度评价,盛称"真是今日史学界的一大贡献,我们应该虚心地仔细研究他,虚心地试验他,不应该叫我们的成见阻碍这个重要观念的承受"。胡适形象地"叫它做'剥皮主义',譬如剥笋,剥进去方才有笋可吃"。同时提醒"这几个月的讨论不幸渐渐地走向琐屑的枝叶上去了;我恐怕一般读者被这几万字的讨论迷住了,或者竟忽略了这个中心的见解,所以我要把它重提出来,重引起大家的注意"。第三,"我们既申说了顾先生的根本方法,也应该考察考察刘掞藜先生的根本态度与方法",于是就刘掞藜的所论"对于古史,只采取'察传'的态度,参之以情,验之以理,断之以证",提出质疑和批评,提倡"疑古"的精神。由此可见,在这场"疑古"与"信古"的大论战中,尽管胡适对双方都作了肯定,但明显是站在"疑古"派一边的。

　　胡适接清华校长曹云祥2月22日来信,告清华举办大学,此后大学部与留学部分开,特请胡适为筹备顾问。4月17日,胡适写信给王国维,闻有近作论戴东原水经注释的文章,恳其在《国学季刊》发表,谓"季刊此次出东原专号,意在为公平的评判,不在一味谀扬。闻尊文颇讥弹东原,同人决不忌讳"。23日晚,泰戈尔抵达北京,胡适与蒋百里、林长民、梁漱溟、蒋梦麟、辜鸿铭、熊希龄、范源濂等文化名人以及各界人士大约四五百人到正阳门东车站迎接。25日中午,英美协会欢迎泰戈尔一行。下午,梁启超、蒋百里、熊希龄、汪大燮、范源濂等在北海静心斋设宴款待,胡适等40余人作陪。5月7日,胡适出席在协和学校礼堂为泰戈尔64岁生日举行的盛大宴会及其中国名字"竺震旦"的命名庆祝会,并致开幕词,梁启超说明"竺震旦"的含义。

　　按:泰戈尔京访问讲学期间,胡适与其交往颇多,曾赠以《回向》一诗。

　　胡适5月27日第二次进宫见溥仪。6月2日,胡适致信顾维钧,告美国退还庚款当由我国先定一使用原则,即以全款作为教育文化基金。11日,代表各学术团体提出美国退还庚款管理办法的意见给外交部长顾维钧,由顾转给驻美公使施肇基与美方接洽。28日,胡适在《申报·平民周刊》创刊号上发表《差不多先生传》,为嘲笑办事不认真之人的一篇讽刺小品,发表以后,曾经传诵一时。7月3日,写信给北洋政府教育总长张国淦,询问警察厅禁止书摊售卖《胡适文存》事。4日及稍后,两次写信给王国维,讨论宋词中"拍衮"的含义。下旬,胡适应中华青年会与满铁的邀请去大连。24日,到沈阳。25日,到大连,在满铁暑期学校讲演。同月起,编写《中国禅学史》,至禅宗六祖处大生疑问,遂搁笔,以待进一步搜集材料。8月15日,章希吕致信,告《文存》二集卷三校样已寄出,望其阅后速寄回。同月,应丁文江之邀到北戴河避暑。9月8日,胡适致函高一涵,力辩商务承办《月刊》并非为赚红利,实在是"全出于好意的友谊"。12日,又在《晨报副镌》上发表《努力的问题》一文,针对高一涵的文章受到左边来的影响,借题发挥抨击陈独秀等人。

　　胡适10月10、21日两次写信给王国维讨论《教坊记》中的曲目。认为《教坊记》虽早出,但其中曲目未必皆早有。后人刻书为求全计,把后出的曲目列入是很可能的。10月30日,撰成《南宋初年的军费》一文。11月5日,写信给外交部长王正廷,反对冯玉祥派军队将清废帝驱逐出宫,此信刊载于11月9日《晨报》之后,受到舆论及同仁的指责。溥仪出宫后,胡适曾特地到醇王府去看望,表示慰问,并劝他出国留学,愿意予以帮助。同月,《胡适文存》二集出版。是时前后,清华学校曹云祥校长向筹备顾问胡适请教如何办研究院,并商请他来担任国学研究院导师时,胡适表示:"非第一流学者不配作研究院导师。我实在不敢当。你最好请梁任公、王静安、章太炎三位大师,方能把研究院办好。"12月4日,顾颉刚请胡适荐王国维入清华任教。8日,胡适陪同清华学校校长曹云祥拜访了王国维。9日,曹云祥再致函胡适,托胡适婉请王国维任清华学校筹设研究院。为此,胡适数次致函王国维。后来,王国维征得清宫室的意见后,勉应任导师而不就主任之职。20日,北洋政府"办理清室善后委员会"委员长李石曾致函邀聘胡适为该委员会的顾问。

胡适、陈源、王世杰、周鲠生、张慰慈、唐有壬等人12月13日在北京创办综合性的《现代评论》周刊,内容涉及政治、经济、法律、文艺、哲学、教育、科学等各方面。王世杰负责编辑,主要撰稿人有燕树棠、高一涵、周鲠生、陈西滢、陈翰笙、张奚若、李四光、胡适、唐有壬等,多为留学英、美的教授学者;徐志摩、丁西林、凌叔华、闻一多、沈从文、胡也频等亦有文学创作在该刊发表。其宗旨主张自由主义,反对中国共产党领导的革命群众运动,反映了自由派知识分子的政治要求,由此形成了"现代评论派"。

按:《现代评论》1927年7月移至上海出版,至1928年12月29日停刊,共出9卷209期。其间还出版了3期增刊和一批"现代丛刊"。曹万生说:"现代评论派以1924年12月创刊的《现代评论》周刊而得名。主要成员有陈源(西滢)、胡适、徐志摩、凌叔华等,多是欧美留学归国的自由主义知识分子。现代评论派是一个思想复杂的文化流派。主要提倡资产阶级政治、文化、文学思想及其人道主义。"(曹万生主编《中国现代汉语文学史》,中国人民大学出版社2010年版)(以上参见耿云志《胡适年谱》,四川人民出版社1989年版;耿云志《中国近代思想家文库·胡适卷》附《胡适年谱简编》,中国人民大学出版社2015年版;胡颂平编《胡适之先生年谱长编初稿》,台北联经出版事业公司1984年版;丁文江、赵丰田编著《梁启超年谱长编》,上海人民出版社2009年版;沈卫威《学衡派编年文事》,南京大学出版社2015年版;孙敦恒《清华国学院纪事》,载《清华汉学研究》第1辑,清华大学出版社1994年版;齐家莹编《清华人文学科年谱》,清华大学出版社1999年版)

李大钊1月4日主持在北京大学召开的在京国民党全体党员大会。会议选举李大钊、谭熙鸿、许宝驹等6人为出席国民党第一次代表大会代表。5日,离京南下。11日,抵达广州。15日,《北大日刊》刊登校长启事,聘请李大钊等为校庆25周年纪念册编辑导师。18日,《北大日刊》发表公告,公布改选校教职员临时代表团结果。李大钊当选为24名代表之一。20日,出席在广州召开的中国国民党第一次全国代表大会。孙中山以总理身份担任主席,李大钊与胡汉民、汪精卫、林森、谢持被指定为主席团5名成员,李大钊并任大会宣言审查委员会委员、国民党章程草案审查委员会委员和出版及宣传审查委员会委员。21日晚,李大钊赴鲍罗廷寓所开会,讨论共产党员在大会上应取的立场和步骤。出席的还有谭平山、瞿秋白等。23日,大会通过《中国国民党第一次全国代表大会宣言》。《宣言》接受了中国共产党所提出的反帝反封建主张,用革命精神重新解释了三民主义。30日,当选为国民党中央执行委员。31日,参加孙中山主持召开的国民党中央执行委员会和监察委员会第一次全体会议。2月7日,李大钊在广州工会联合会等团体联合举行的,追悼列宁并纪念"二七"大会上发表演讲。

李大钊、陶孟和、马叙伦、郁达夫、丁燮林、沈尹默等47位教授2月26日致函北京政府外交总长顾维钧,要求政府与苏联恢复邦交。30日,在中华民国国民追悼列宁大会刊行的《列宁纪念册》上,发表题为《列宁不死》的纪念文章。3月8日,李大钊根据中共中央的有关要求,中共北京区委进行改组,由李大钊任委员长,蔡和森任秘书。4月20日,任国民党北京执行部组织部部长。5月9日,出席北京大学评议会第三次特别会议。13日下午,在北大第三院第一教室为北大政治学会作题为《人种问题》的演讲。20日,晤见赴上海参加中央会议归来的张国焘,皆以北京军阀政府即将进行大逮捕,令其从速收拾文件,加以躲避。21日,张国焘、杨子烈在北京被捕,供出李大钊、张昆弟等在京共产党人。北京的党团组织被暴露,北洋政府加紧了对共产党人的搜捕,李大钊等人遭到北京政府当局通缉,李大钊前往家乡昌黎五峰山避难。同月,李大钊所著《史学要论》一书,由商务印书馆,作为《百科小丛书》的第51种出版发行。6月4日,北大第十次评议会通过决议,代表教授致函教育部,质问通缉李大钊事,不得随意毁谤教授。上旬,接到中共中央紧急通知,派李大钊作为中共中央代表团首席代表,赴莫斯科出席共产国际第五次代表大会,随行有罗章龙、王荷波、刘清扬等。11日,由北洋军阀政府内务部发"海捕文书"密令各省长、都统、镇守使、护军使,查照办理,"严速拘拿"李大钊等人。同日,撰写《新闻的侵略》一文,发表在本月18日出版的《向导》第71期。中旬,李大钊启程赴苏。17日至7月8日,共产国际第五次代表大会在莫斯科召开,李大钊与中共其他代表王荷波、彭述之、刘清扬等出席了这次会议,并于7月1日在共产国际第五次代表大会第二十二次会议上作报告。会后,留在苏联,任中共驻共产国际代表。

李大钊9月4日于莫斯科撰写《苏俄民众对于中国革命的同情》一文,发表在本年11月10日《民国日报》副刊"觉悟"上。初冬,李大钊回北京。12月,根据革命形势发展的需要,中共中央决定成立中共北方区执行委员会,由李大钊负总责,成员有赵世炎、陈乔年、范鸿劼等。以《政治生活》为北方区党委机关刊物,由区党委宣传部长赵世炎任主编。北大红楼设有中共北方区委接头机关,和《政治生活》发行的房间。31日,孙中山扶病入京,李大钊率领北京的共产党员和共青团员前往车站迎接。(参见朱文通主编《李大钊年谱长编》,中国社会科学出版社2009年版;杨琥编《中国近代思想家文库·李大钊卷》附《李大钊年谱简编》,中国人民大学出版社2015年版;李永春编著《蔡和森年谱》,湘潭大学出版社2008年版)

钱玄同1月19日出席在北京安徽会馆举行的戴震生日200周年纪念讲演会,并发表演讲。4月,在《晨报副镌》发表《我也来谈谈"博雅的手民"》(对于排错字的杂感和小议)。同月29日,在《晨报副镌》发表《孔家店老伙计》一文,提出孔家店有老牌和冒牌二种,都该打倒。近来打老牌的打手是胡适和顾颉刚,打冒牌的打手是陈独秀、易白沙、胡适、吴稚晖、鲁迅、周作人,于是感慨道:打到老牌的孔家店非做严密的研究,不易得到结果。5月1日,《晨报副镌》发表《世界语名著选序》。6月17日,在《晨报副镌》发表"夏"和胡适的《通信》。11月17日,《语丝》周刊第1期出版,钱玄同是名列第二位的发起人,而且为写报头,并先后在第1期发表《恭贺爱新觉罗溥仪君迁升之喜并祝进步》;在第2期发表《随感录》(关于溥仪的称呼);在第4期发表《告遗老》。12月30日,作《三十年来我对于满清的态度底变迁》,发表于次年1月5日《语丝》第8期,此为研究钱玄同先生的经历和思想的宝贵资料。(参见曹述敬《钱玄同年谱》,齐鲁书社1986年版;顾潮编著《顾颉刚年谱》,中国社会科学出版社1993年版;朱元曙、朱乐川《朱希祖先生年谱长编》,中华书局2013年版)

顾颉刚任北大研究所国学门助教,在其编辑室、歌谣研究会、方言调查会、风俗调查会、考古学会诸会工作,编辑《国学季刊》。2月6日,顾颉刚向丁文江请教"大禹治水"的真伪。2月起,重新标点《崔东壁遗书》,又为商务印书馆撰辑《崔述》。3月26日,为《努力》月刊作《我的研究古史的计划》。4月,以常惠病,为其代编《歌谣周刊》,并为主要撰稿人。6月,见钱玄同在《晨报副镌》发表《孔家店老伙计》一文,提出孔家店有老牌和冒牌二种,近来打老牌的打手是胡适和顾颉刚,打冒牌的打手是陈独秀、易白沙、胡适、吴稚晖、鲁迅、周作人。是时前后,顾颉刚因久感为学而没有详备的年表和各种索引的痛苦,故甚愿以数年之力,为国学门编成年表、地表、人表、书表四种。但此事范围太大,非个人精力所能完全担负,需请学界相助。6月15日,沈兼士在研究所国学门第二次恳亲会上说明此事缘起,将印好之学术年表格纸发给与会者,请大家于读书时见到有关学术者即按格式填列寄来。顾颉刚在会上说明年表填法。25日,顾颉刚撰《中国学术年表及说明》刊于《北京大学日刊》,进一步说明并举列至下半年,收回者百余份。后又刊于7月《东方杂志》第21卷第14号"欧战纪念号"《中国学术年表及说明》。6月29日,顾颉刚为北京大学女生演讲"国学大意"三点:十三经的真相;现今国学的趋势;整理国学与保存国粹之别。其中第二点讲"现今国学的趋势",分为五派。

按:顾颉刚所论五派,依次为:一是考古学,用古代的实物和文字来解释古史,罗振玉、王国维是这一派的代表。二是东方言语学及史学,研究亚洲汉族以外的各民族的文化,他们在甘肃、新疆、中央亚细亚等处发掘,有巨大的发见。法人伯希和,英人斯坦因,中国罗福成、张星烺、陈寅恪、陈垣等都是这一派的代表。三是地质学,因发掘地层而得有铜器时代以前之古物,可助古史学之研究,因到各处实地调查而对历史地理学发生新解释。丁文江、翁文灏、章鸿钊等都是这一派的代表。四是学术史,要求把文化的进程做一个系统的排列。胡适、章炳麟、梁启超等都是这一派的代表。五是民俗学,北大国学门中的风俗调查会和歌谣研究会,都是向这方面进行的表示。周作人、常惠等是这一派的代表。这五派学问都是二十年来的新进展,旧式学者梦想不到的。(1924年7月5日《与履安书》)

顾颉刚暑期偶然翻览京汉铁路局出版的《燕楚游骖录》,在徐水县一篇中见到明代几部书中有关该县孟姜女古迹的记载,感到极度快乐。后与董作宾谈及,彼亦将所存一河南唱本送来参考。看后大吃一惊,因该唱本所叙孟姜女故事除了几个大情节外,其余与自己原有一苏州唱本完全不同,由此"觉悟到这件事还有地方性的不同,还有许多横的方面的材料可以搜集",于是在上一年所搜集的纵的历史系统的材料之外又开出了一个新境界。9月20日,北大歌谣研究会决定《歌谣丛书》以顾颉刚前几年所集《吴歌甲集》作为《歌谣丛书》第一种,先刊于《歌谣》,载另印成册。同月,与俞平伯、郭绍虞等将上海朴社本部迁往北京,由顾颉刚负责事务经营。10月,顾颉刚开始为孔德学校作《国史讲话》,此系顾颉刚从事通俗历史传播的第一次行动,至年底完成了《宋代的统一》《契丹势力的南渐》《西夏的始末》等文。11月6日,应沈兼士邀加入清室善后委具会。10日起,参加查封清宫工作,并作《清宫善后委员会会同重、警、国务院、内务府查封清宫报告》。17—19日,作《孟姜女故事的转变》,载于11月23日《歌谣》第69期,在学术界引起震动。

按:《孟姜女故事的转变》撰成于1924年11月19日,是日文后附记:"作者最近事务非常冗忙,为践专号的宿诺,勉强抽出三天工夫,匆促作成这半篇。以下半篇,得暇即做。但说不定何日有暇,续文下期如能登出,那是最好。但不能登出亦是在意料之中的,请读者原谅。再,读者如果有材料供给我,请送本校三院研究所国学门歌谣研究会转交。"

按:《孟姜女故事的转变》是顾颉刚"层累地造成的古史"说的一次成功实践与经典案例,也是顾颉刚学术生涯中的一项标志性成果,受到学界的高度评价。正在法国留学的刘半农致信顾颉刚,对此文"佩服欲得五体投地"，称赞顾颉刚"用第一等史学家的眼光与手法来研究这故事"，而此文"是二千五百年来一篇有价值的文章"。魏建功在40多年后的回忆认为，《歌谣》周刊所出的专号中，"成绩丰富多彩的"是"孟姜女"，"顾先生用研究史学的方法、精神来对旧社会认为'不登大雅之堂'的故事传说进行研究，一时成了好几十位学者共同的课题"，有的帮助收集材料，有的通信讨论故事内容，魏建功称"孟姜女专号""最典型地体现了人们自发自愿、肯想肯干、互相启发、不断影响的范例"。钟敬文在《孟姜女故事论文集》序中说，孟姜女故事的研究是使顾颉刚"取得世界声名的科学业绩"，其成果不仅"为我们学界建立了一种崭新的传说科学，而且给从长期封建社会的古旧学术传统中开始觉醒过来的青年学者，开辟了一条新的学术道路，形成一种新的学术风气。当时有不少的人是跟他走上这条道路的。用不着讳言，我自己也正是其中一员"。（参见顾潮编著《顾颉刚年谱》，中国社会科学出版社1993年版；王学典《20世纪史学编年（1900—1949）》，商务印书馆2014年版）

顾颉刚12月以清华成立国学研究院，致函胡适推荐王国维任职清华，谓："而资本有限，亦不能供给较多之薪水。我意，清华校既要组织大学国文系，而又托先生主持其事，未知可将静安先生介绍进去否？他如能去，则国文系已有中坚，可以办得出精彩。"

按：12月4日，顾颉刚日记载："写适之先生信，荐静安先生入清华。"信中说："静安先生清宫俸既停，研究所薪亦欠，月入五十元，何以度日？曾与幼渔先生谈及，他说北大功课静安先生不会肯担任，惟有俟北京书局成立时，以友谊请其主持编辑事务。然北京书局不知何日能成立，即使成立，而资本有限，亦不能供给较多之薪水。我意，清华校既要组织大学国文系，而又托先生主持其事，未知可将静安先生介绍进去否？他如能去，则国文系已有中坚，可以办得出精采。想先生亦以为然也。清宫事件，报纸评论对于先生都好作尖酸刻薄之言，足见不成气候的人之多。"

王国维1月17日为赠送《观堂集林》事，致函蒋孟蘋，分赠名单为：陈弢庵、朱艾卿、庄士敦、绍越千、耆寿民、宝瑞辰、荣钟权、袁珏生、朱聘文、杨子勤、景明九、温毅甫、升吉甫、徐森玉、今西龙（日人）、尉礼贤（德人）、伊凤阁（俄人）、柯凤生、金息侯。同月，致函罗振玉，告以对当时若干政治情况的看法和估计。27日，因故宫内事，又致函罗振玉。2月1日，致信罗振玉，告以清废帝溥仪及故宫内情况。同日，撰《元次山砚跋》。2月，法国汉学家伯希和寄其手写敦煌所出《秦妇吟》二足本至，一为巴黎国民图书馆藏，一为伦敦博物馆藏，互校一过，遂成完璧。王国维作《唐写本韦庄秦妇吟又跋》。

按：王国维作《唐写本韦庄秦妇吟又跋》曰："余曩考日本狩野博士所录伦敦博物馆残本，据《北梦琐言》定为韦庄《秦妇吟》。后阅巴黎国民图书馆敦煌书目，有《秦妇吟》一卷，署右补阙韦庄撰。因移书伯希和教授，属为写寄。甲子正月，教授手录巴黎所藏天复五年（905年）张龟写本以至，复与伦敦别藏梁贞明五年（919年）安友盛写本校之，二本并首尾完具，凡千三百八十六字。"又曰："《（北梦）琐言》又云：尔后公卿颇多垂讶，庄乃讳之，时人号为'秦妇吟秀才'，他日撰《家戒》，内不许垂《秦妇吟》障子，以此止谤亦无及也，云云。是庄贵后讳言此诗，故弟蔼编《浣花集》，不以入集，遂不传于世。然此诗当时制为障子，则风行一时可知。"至近世敦煌石室书出，乃与其他古佚书并现于世。

王国维1—2月间撰《补高邮王氏〈说文〉谐声谱》。2月，在《国学季刊》第1卷第4号发表《韦庄的〈秦妇吟〉》《书式〈古堂书画汇考〉所录〈唐韵〉后》。2月6日，致函蒋孟蘋，告以所编《密韵楼藏书志》已修改一次。3月17日，撰《甘陵相碑跋》。25日，为石经残石事，致函马衡。3—4月间，撰《明钞本〈水经注〉跋》《戴校〈水经注〉跋》《古瓦灶跋》《汉熹平魏正始石经残石跋》。春，北京大学国学研究所欲聘王国维为主任，王国维考虑再三不欲就。4月6日，致蒋孟蘋信中曾道及其缘故。11日，为讨论音韵学的有关问题，致函唐兰，5月1日，撰《明内阁藏书目录跋》。18日，撰《筹建皇室博物馆奏折》。25日，为考证《说文》蒀字事致函容庚。同月，故宫养心殿库中发见散氏盘，废帝溥仪命摹拓六十本赐所属，王国维亦得一本,因撰《散氏盘铭考释》1卷,以补前作《散氏盘跋》所未备。是月 26 日,致信马衡,谓"近日作散盘考释,比前所考者略有进步",信中又告以近日排比魏石经行款等事。是时,王国维撰《论政学疏》,上书逊帝溥仪,陈时势,论学说,有助于了解当时王国维的政治学术思想。

按:《论政学疏》曰:"臣窃观自三代至于近世,道出于一而已。泰西通商以后,西学西政之书输入中国,于是修身齐家治国平天下之道,乃出于二。光绪中叶,新说渐胜,逮辛亥之变,而中国之政治学术,几全为新说所统一矣。……而原西说之所以风靡一世者,以其国家之富强也。然自欧战以后,欧洲诸强国情见势绌,道德堕落,本业衰微,货币低降,物价腾涌,工资之争斗日烈,危险之思想日多,甚者如俄罗斯赤地数万里,饿死千万人,生民以来,未有此酷。而中国此十二年中,纪纲扫地,争夺频仍,财政穷蹙,国几不国者,其源亦半出于此。臣尝求其故,盖有二焉:西人以权利为天赋,以富强为国是,以竞争为当然,以进取为能事;是故挟其奇技淫巧,以肆其豪强兼并,更无知止知足之心,浸成不夺不餍之势;于是国与国相争,上与下相争,贫与富相争。凡昔之所以致富强者,今适为其自毙之具,此皆由贪之一字误之。此西说之害,根于心术者一也。中国立说,首贵用中。孔子称过犹不及,孟子恶举一废百。西人之说,大率过而失其中,执一而忘其余者也。试言其尤著者:国以民为本,中外一也。先王之不能自治也,故立君以治之;君不能独治也,故设官以佐之;而又虑君与官吏之病民也,故立法以防制之,以此治民,是亦可矣。西人以是为不足,于是有立宪焉,有共和焉。然试问立宪、共和之国,其政治果出于多数国民之公意乎?抑出于少数党人之意乎?民之不能自治,无中外一也;……孔子言患不均,《大学》言平天下,古之为政,未有不以均平为务者,然其道不外重农抑末,禁止兼并而已,井田之法,口分之制,皆屡试而不能行,或行而不能久。西人则以为不足,于是有社会主义焉,有共产主义焉,然此均产之事,将使国人共均之乎?抑委托少数人使均之乎?均产以后,将合全国之人而管理之乎?抑委托少数人使代理之乎?由前之说则万万无此理;由后之说,则不均之事俄顷即见矣。俄人行之,伏尸千万,赤地万里,而卒不能不承认私产之制度,则曩之汹汹,又奚为也。臣观抑西人处事,皆欲以科学之法驭之,夫科学之所能驭者,空间也,时间也,物质也,人类与动植物之躯体也;然其结构愈复杂,则科学之律令愈不确实。至于人心之灵及人类所构成之社会国家,则有民族之特性,数千年之历史与其周围之一切境遇,万不能以科学之法治之。而西人往往见其一而忘其他,故其道方而不能圆,往而不知反,此西说之弊,根于方法者二也。至西洋近百年中,自然科学与历史科学之进步,诚为深邃精密,然不过少数学问家用以研究物理,考证事实,琢磨心思,消遣岁月斯可矣。而自然科学之应用,又不胜其弊。西人兼并之烈与工资之争,皆由科学为之羽翼。其无流弊如史地诸学者,亦犹富人之华服,大家之古玩,可以饰观瞻,而不足以养口体。是以欧战以后,彼土有识之士,乃转而崇拜东方之学术,非徒研究之,又信奉之。数年以来,欧洲诸大学议设东方学讲座者以数十计,德人之奉孔子、老子说者,至各成一团体。盖与民休息之术,而长治久安之道,莫备于周孔,在我国为经验之良方,在彼土尤为对症之新药,是西人固已憬然于彼政治之流弊,而思所变计矣。"

王国维 6 月 6 日致函罗振玉,告以清宫内部派系斗争激烈,及拟请假,闭门授徒以自给。同日,致函容庚,告以《金文编序》已撰就。6 月,撰《攻吴王大差鉴跋》。同月,陈乃乾影印日本京都大学刊本《古今杂剧》30 种,卷首收载王国维所撰《元杂剧三十种序录》。8 月,因获见西安府学所藏伪齐阜昌七年岐州所刊《禹迹》《华夷》二图,撰《伪齐所刊禹迹华夷两图跋》。19 日,以日本旧抄本皇侃《论语义疏》以校正平本《论语集解》。21 日,又以注疏本勘之,又取阮氏校勘记检补一过。10 月,清废帝溥仪派王国维与罗振玉检理内府所藏彝器,因得获观散氏盘于养心殿两廊。秋,清华大学校长曹云祥拟创办研究院。当时清华有独立的经费,认为在学术的研究上,应当有独特的表现,故欲聘海内名宿为院长。先拟聘请北大教授胡适就任,胡适荐以王国维等,并配合校长曹云祥乃亲往敦请,而王国维则婉辞以谢。

王国维氏秋撰《名家翰墨跋》。10 月 7 日,撰《汉王保卿买地券跋》。11 月 5 日,北京政府当局修改对清室优待条款,废帝溥仪遵照新条款,迁出皇宫,暂住醇王府,王国维侍行。

同月，因清废帝溥仪被逐出故宫，王国维自认日在忧患中，常欲自杀，为家人监视得免。12月1日，王国维将溥仪被逐出故宫情况，函复日本友人狩野直喜。13日。因石经等事致函马衡。是年，致沈兼士、马衡书。因北京大学考古学会在报上登载《保存大宫山古迹宣言》，斥责清室出卖产业，散失文物，先生阅报后对此事大为不满，大发脾气，草此长信，并怒而辞去北京大学研究所国学门导师职务，并要求将胡适、容庚索去拟刊用的文稿，宣布"停止排印"。同年，撰成《高宗彤日说》《陈宝说》《〈书·顾命〉"同瑁"说》《释天》《周莽京考》《遹敦跋》《王子婴次庐跋》《以五介彰施于五色说》《羌伯敦跋》《古画砖跋》《沈司马石阙朱鸟象跋》等。（以上参见袁英光、刘寅生《王国维年谱长编(1877—1927)》，天津人民出版社1996年版；彭林编《中国近代思想家文库·王国维卷》附《王国维年谱简编》，中国人民大学出版社2015年版）

曹云祥继续任清华学校代理校长。2月17日，清华学生会全权委员会召开第七次会议，通过对于学校董事会改组的五项原则：(1)董事会应完全脱离政治关系；(2)董事会应完全打破国家观念；(3)清华急应办成一所适应中国需要之完美大学；(4)清华大学与清华送派留学两项功用应行分开；(5)清华基金会仍应给现在之基金会保管。2月22日，曹云祥分别致函周诒春、胡适、范源濂、张伯苓、张福运、丁文江等6人，聘请他们担任清华大学筹备顾问。同月，北京师范大学校长范源濂来校做《学识与气力》的讲演。他说，要使中国在"政治上、经济上、学术上的发达，责任完全在我们去干。"并希望清华的学生"不可永做一个国耻的纪念碑，要能做雪国耻的人！"3月20日，清华全体教职员在大礼堂集会，曹云祥发表题为《过渡时代之危险》的演讲。28日，《清华周刊》刊载《清华学校校歌》，汪鸾翔作词，张慧珍（何林一夫人）作曲。

按：歌词为："西山苍苍，东海茫茫，吾校庄严，岿然中央。东西文化，荟萃一堂，大同爰跻，祖国以光。莘莘学子来远方，莘莘学子来远方。春风化雨乐未央，行健不息须自强。自强，自强，行健不息须自强！左图右史，邺架巍巍，致知穷理，学古探微。新旧合冶，殊途同归，肴核仁义，闻道日肥。服膺守善心无违，服膺守善心无违。海能卑下众水归，学问笃实生光辉。光辉，光辉，学问笃实生光辉！器识其先，文艺其从，立德立言，无问西东。孰绍介是，吾校之功，同仁一视，泱泱大风。水木清华众秀钟，水木清华众秀钟。万悃如一矢以忱，赫赫吾校名无穷。无穷，无穷，赫赫吾校名无穷！"

曹云祥校长4月底得知印度著名诗人泰戈尔来清华讲学，敏锐地感觉到这是一次推送清华学校改办计划的好机会，于是作了精心安排，并亲自陪同。4月29日上午，泰戈尔参加了北京画界欢迎会，下午赴庄士敦私宅参加聚会。随后与徐志摩等赶赴位于京城西北部的清华学校，下榻清华后工字厅。5月1日晚，清华大学为泰戈尔准备了盛大的欢迎会，并盛情邀请泰戈尔在大礼堂为清华师生作演讲，徐志摩担任翻译。泰戈尔作了热情洋溢的演讲，鼓励教师不要忘记天职，鼓励学生们要宣扬推崇其东方的精神文明。5月3日晚，清华学校学生会召开全体学生大会，欢迎泰戈尔。当泰戈尔步入大礼堂时，全体同学起立致敬。落座后，首先由学生会干事部主席致开会辞。接着，同学们唱校歌。会上，同学们还表演哑剧、国乐、昆曲等节目。泰戈尔对国乐表现出浓厚兴趣，一曲完毕后，意犹未尽，请同学们再弹奏一曲。泰戈尔共在清华住了6天5夜，其间又与梁启超、胡适、辜鸿铭等学术大师进行了交流，并接受了同学们的采访。于是自清华园内掀起了一股"泰旋风"，泰戈尔以及全程翻译徐志摩都对清华学校的接待很满意。

按：徐志摩说："泰氏在清华住的那几天——五月初那星期，承清华学校曹云祥与张仲述先生的好意，替他安排得又舒服又安闲，他在他得忙碌的旅行内总算受用了几天的清福，那是他近年来不常有的。"（参见1924年5月2日《晨报》刊载《泰戈尔昨在清华讲演》；王邦维主编《泰戈尔与中国》，中央编译出版社 2011 年版;孙宜学《泰戈尔:中国之旅》,中央编译出版社 2013 年版;孙宜学《泰戈尔与中国现代知识分子》,上海三联书店 2015 年版;王心文《1924 年:泰戈尔的中国之行》,《湖北档案》2011 年第 10 期)

曹云祥 5 月 12 日由外交部任命为清华学校校长。15 日,张彭春在全校大会上作《校风的养成》演讲。23 日,梁启超在毕业班师生话别会上作《清华的成败与中国的安危》的致辞,提出:"清华学生在自己所习的学科里应立志做第一流的人物。"6 月,《清华学报》复刊第 1 期出版。第一部分为著述,刊登梁启超的《近代学风之地理的分布》等 8 篇。第二部分为撰著提要,分文学、哲学、地史、数理化、农林、博物、政治、经济、社会、教育等。7 月 10 日至 8 月 8 日,清华与中华教育改进社、洛氏医社联合在清华园举办科学教员暑期研究会,曹云祥任会长,陶行知任副会长。研究会分生物、物理、化学三科,会员 130 人,历时 29 日。9 月 19 日,《清华周刊》报道:曹云祥在秋季演说词中提出"本学年本校改良之大概""注重体智德三育"。10 月 10 日,《清华周刊》报道:清华最近组织筹备大学委员会,筹划将来清华大学之设备及发展,委员为 15 人,曹云祥任主席。10 月 22 日,清华筹备大学委员会课程及计划组开会,讨论通过《清华大学之工作及组织纲要》(第一稿)。31 日,《清华周刊》刊载本校《教职员分级办法(草案)》。11 月 4 日,《清华周刊》刊载曹云祥暑期中撰写的《西方文化与中国前途之关系》一文。曹云祥认为,"吾人今日所汲汲者,不在输入文化,而在将所输入之文化,如何融和,如何承受,令其有实用于国家。""中国今日宜设研究院,以为建设最高等学术之基础。"提出清华学校"别谋远大而有利益的计划":(1)于 1925 年起设立"清华大学部";(2)筹备大学基金;(3)设研究院。12 月 26 日,《清华周刊》刊登《清华大学筹备委员会报告草案》,包括:(1)"清华大学之工作及组织"纲要;(2)"清华研究院"简章;(3)"教员等级与资格"拟稿;(4)"职员等级与资格"拟稿;(5)"教职员薪金"拟稿等。

曹云祥下半年重点筹备清华国学研究院,开始网罗人才。9 月 2 日,曹云祥致电吴宓,欢迎他到清华任教。3 日,曹云祥再致信吴宓,聘他为清华教授。19 日,吴宓接清华学校校长曹云祥函,要他 1925 年 2 月到任。29 日,吴宓复函清华学校校长曹云祥,决定明年 2 月到清华任职。10 月 22 日,清华学校筹备设立国学研究院,曹云祥先请胡适来清华主持筹建清华国学研究院,胡适推辞,并举王国维为院长,建议采用宋、元书院式的导师制。王国维不就院长,于是胡适举荐王国维、梁启超、章炳麟、赵元任为导师。王国维、章炳麟不就。在胡适、溥仪的劝说下,王国维答应担任导师。12 月 8 日,曹云祥请胡适陪同其拜访王国维。9 日,曹云祥致函胡适,谓"昨承偕访王静庵先生晤谈之后,曷胜钦佩。敝校拟添设研究院,即请王君为该院院长。兹将致王君一函并聘书送请察阅"。11 日,曹云祥致信胡适,约定胡适同王国维到清华聚餐,以共商聘王国维之事。31 日,曹云祥因求贤心切,在未与胡适、王国维协商妥当的情况下,按本校聘教员的惯例,给王国维送上了印刷品的聘书。事后,曹云祥方觉此法不妥,忙致信王国维解释,并附手写聘书一件,信和聘书均请胡适代转。(以上参见清华大学校史研究室编《清华大学一百年》,清华大学出版社 2011 年版;清华大学校史编写组《清华大学校史稿》,中华书局 1981 年版;沈卫威《学衡派编年文事》,南京大学出版社 2015 年版)

范源濂仍任北京师范大学校长。1 月,孙宝琦组阁,邀请他再任教育总长,范源濂表示要留在师大同师生共甘苦而加以推辞,从而获得师大师生更大的敬佩。然因在当时内乱日亟、国是日非之时,教育经费短缺,经常发不出教职工的工薪。范源濂痛感自己力薄,无法挽救师大,于 9 月辞去师大校长之职。同月,因北洋政府外交总长顾维钧、教育总长黄郛呈请,中华教育文化基金董事会(The China Foundation for Promotion of Education and Culture)正式成立,为保管及处置美国第二次退还庚款之机关。13 日,大总统令派颜惠庆、张伯苓、郭秉文、蒋梦麟、范源濂、黄炎培、顾维钧、周诒春、施肇基、孟禄（Monroe）、杜威（J. Dewey）、贝克（J. E. Baker）、贝诺德（C. R Bennet）、顾临（R S. Greene）为董事。10月3日，复另派丁文江为董事，合成15人之数。18日，中华教育文化基金董事会在北京开成立会，通过董事会章程，推举董事会临时职员，范源濂被举为会长，美方孟禄君为副会长，周诒春为秘书。胡适虽没有参加董事会，但始终参与有关事项的讨论。

　　按：中华教育文化基金董事会简称"中基会"。1924年，美国国会通过决议，将余下的庚子赔款用于中国，成立"中华教育文化基金会"。其职责是负责接收与管理美国第二次退还的庚款余额，运用此款项促进中国的教育文化事业。掌管的金额为1254.5万美金。董事会由15人组成（中方10人，美方5人），按照章程，最初的董事由中国政府派定，第三届年会时以抽签决定任期，此后每3年有董事3人任满，由董事会自行选举继任董事。（参见张光润《袁同礼先生年谱初编（1895—1965）》，载张光润《袁同礼研究（1895—1949）》，华东师范大学博士学位论文，2018年；王学典《20世纪史学编年（1900—1949）》，商务印书馆2014年版）

　　蒋梦麟在蔡元培游历欧洲期间继续代理北京大学校长。1月17日，蒋梦麟致函蔡元培。2月29日，蔡元培复函蒋梦麟，有云："接一月十七日惠书，知学校内部甚好，学生较前为用功；师大之范（源濂），法大之江（庸）均已就职。若政府能酌量发给经费，现状实可乐观，惟兄当内外之冲，劳苦可想，心甚不安耳！"4月23日晚，泰戈尔抵达北京，蒋梦麟与蒋百里、林长民、胡适、梁漱溟、辜鸿铭、熊希龄、范源濂等文化名人以及各界人士大约四五百人到正阳门东车站迎接。9月17日，蒋梦麟被政府派为中华教育文化基金中方董事。11月3日，蔡元培致蒋梦麟函，略谓："诸承关爱，良深感佩。惟弟去年离校以后，视北京为畏途。既已出国，正可借以脱离。徒以当局太无人格，不愿向彼提出辞呈。而兄与教部商妥，援任职五年后请假留学之例以助，弟又不敢辜负美意。满拟及此时期，对于美学及人类学较为有系统之研究，以期归国后在学术界稍稍有所贡献。今旅行归来，方着手于参考整理之业；若遽辍业而归，势必前功尽弃。……务请玉成。"8日，蔡元培复蒋梦麟电，谓"留欧研究，不能即归。余函详。乞转告评议会并顾（孟余）、李（石曾）两公。"20日，蒋梦麟代表蔡元培出席"办理清室善后委员会"会议。20日，蒋梦麟被推选为北京大学教育系教授会主任。12月4日，蒋梦麟到天津欢迎孙中山，稍后被告以段祺瑞对善后会议没有诚意。31日，蒋梦麟在前门火车站欢迎抱病北上的孙中山。（以上参见高平叔编著《蔡元培年谱长编》，人民教育出版社1996年版；王世儒编撰《蔡元培先生年谱》，北京大学出版社1998年版；耿云志《胡适年谱》，四川人民出版社1989年版；张光润《袁同礼先生年谱初编（1895—1965）》，载张光润《袁同礼研究（1895—1949）》，华东师范大学博士学位论文，2018年）

　　范源濂7月1—4日出席中国科学社在南京举行的第九届年会暨该社成立10周年纪念会，范源濂、竺可桢、丁文江、任鸿隽等发表演说。3—9日，中华教育改进社第三届年会在东南大学举行。出席社员、年会会员连同邀请、旁听、职员共1040人。范源濂、马寅初、章太炎、丁文江、马君武、陶知行、颜骏人等作讲演。会议着重讨论了收回教育权问题，通过请求力谋收回教育权案、无中华民国国籍者不得在中华民国领土内对于中华民国人民施行国民教育案、请取缔外人在中国设立学校案等三大提案。会议议决：研究蒙古教育之方针；反对日本对华文化事业及收回教育权；建议组织教育经费保管委员会。9月18日，中华教育文化基金董事会成立，通过章程10条，确定该会为处理美国退回庚子赔款的机关。推举范源濂为会长，孟禄为副会长。董事会由中美人士组成，中国董事9人由政府派定人选：黄炎培、颜惠庆、顾维钧、范源濂、施肇基、蒋梦麟、郭秉文、张伯苓、周诒春；美国董事5人：孟禄、杜威、葛理恒、贝克尔、白纳脱。后增补丁文江为董事。在此之前,6月14日,美国务总理照会我国驻美公使施肇基,称美国议会二院通过退还庚款专充发展中国教育文化事业基金。我政府表示同意。8月。美政府委派孟禄来我国与当局协商,并约教育界人士共同商榷。(参见中央教育科学研究所编《中国现代教育大事记1919—1949》,教育科学出版社1988年版)

丁文江1月5—7日在北京出席中国地质学会第二次年会。春,丁文江极力鼓励并赞助李济到河南新郑县从事考古工作。春末,丁文江初识朱家骅。5月24日,致函胡适,谈到美国第二次退还庚款的用途;又谈到中国科学社的工作方向。6月30日,分别致函胡适、蒋梦麟、顾临等人,陈述他个人对庚款用途之意见。7月1—5日在南京出席中国科学社第九次年会及成立10周年纪念会。8月9日,为谢家荣著《地质学》作序。8月,携眷在北戴河避暑,邀胡适同住。9月22日,国务院函请教育部征询教育界意见,提出补聘中华教育文化基金会(简称中基会)董事1名。30日,北洋政府内阁会议决定以丁文江补中基会董事悬缺,旋由大总统令批准。10月21日,中国科学社理事会举行第一次大会,任鸿隽、丁文江、胡明复、杨铨、秉志、竺可桢、孙洪芬、胡刚复、王琎出席。12月,丁文江以南开大学校董的身份,调停该校的教授罢教风潮,但未取得预期效果。是年,丁文江仍任北票煤矿公司总经理。(参见宋广播编《中国近代思想家文库·丁文江卷》附录《丁文江年谱简编》,中国人民大学出版社2015年版)

翁文灏1月5—7日出席在地质调查所图书馆举行的中国地质学会第二届年会,并当选中国地质学会新一届会长,李四光、王宠佑为副会长,丁文江、谢家荣、王烈、章鸿钊、叶良辅、安特生、何杰为评议员。翁文灏报告了学会1923年的主要工作。7日上午,在大会上宣读了题为《房山大理石》的学术论文。4月,应《科学》杂志编辑部之邀,在《科学》杂志第9卷第4期上发表《近十年来中国地质学之进步》的文章,从古生界地质、中生界地质、新生界地质、石器时代之人类、地质构造、矿产地质、矿物岩石和地质教育之进步等八个方面,对民国以来中国地质科学的发展,进行了较全面的概况总结。7月1—5日,出席在南京举行的中国科学社第九次年会及该社成立10周年纪念会。会上,翁文灏以司选委员会委员名义报告了本届理事选举结果,并被推举为学社自然历史科编辑。25—26日,出席并主持在地质调查所召开的中国地质学会第八次常会。会上,李四光、德日进、葛利普等宣读了论文。9月,为管理美国退还的中国庚子赔款而设立的中华教育文化基金董事会成立。翁文灏曾极力劝丁文江为地质调查所而争取进入该会成为董事。初,丁文江进入14人的中国候选委员名单,但在17日的大总统令中"被挤",后于10月1日由国务院通过被聘为第一届董事。

翁文灏10月在《科学》杂志第10期的地质学专号上发表《中国山脉考》,为翁文灏在地理学方面的一篇重要代表作。文中参考了大量中国古籍和外国著作,对古代中国地理学家们对山脉的种种说法分析评述,正确阐述了中国山脉的成因,特别纠正了"天下山脉发源于一""两山之间必有水,两水之间必有山"等流传了数千年的传统错误观点,并介绍了西方地理、地质学家的对中国山脉的认识。翁文灏此文与其此后的《中国地理学中的几个错误的原则》《中国地势》(与曾世英合著)等文章,第一次正确地指出了中国的地势西高东低、自东向西三个台阶的特点,而使人们对中国地形的认识产生根本性的科学变革,成为中国近代地理学的奠基之作。这些论文与《中华民国新地图》等著作一起,奠定了翁文灏中国近代地理学奠基人之一的地位。是年,翁文灏作《开发西北矿业计划》,刊于《农商公报》第10卷第9期。作者在计划中对西北金矿、石油矿及煤矿的开发利用均有较详的意见和建议,其中尤对石油矿的开发颇具卓见。(参见李学通著《翁文灏年谱》,山东教育出版社2005年版)

杨杏佛7月1—5日出席在南京举行的中国科学社第九次年会及成立10周年纪念会,为会议日程委员。会议委托杨杏佛起草科学社对庚款用途宣言,提出把庚款用于中国最缺乏最需要而又为今日国家能力仍不及的学术研究方面。夏,东南大学校长郭秉文因不满杨杏佛与恽代英等共产党人经常交往,支持进步学生活动,宣传社会改造思想,必欲去之而后快,遂以财政困难为由,不征求工科主任茅以升意见就突然停办工科,迫使杨杏佛离校。杨杏佛因而"抛弃苟全乱世之教读生涯,恢复十年前之国民革命生活",奔赴广州再次投奔孙中山,担任孙中山的秘书。11月10日,孙中山发表《北上宣言》,离广州赴北京商议国是。杨杏佛奉命随同北上。启程前,孙中山委托汪精卫、杨杏佛、黄昌毂3人起草设立全国最高科研机构——中央学术院的计划。是年,杨杏佛在《科学》上发表了《科学与反科学》《泰戈尔与科学》二文和代表中国科学社起草的《对庚款用途之宣言》,又撰有《社会自救与中国政治之前途》《人格教育与大学》等,后收入《杨杏佛文存》。(参见许为民《杨杏佛年谱》,《中国科技史料》1991年第2期)

李石曾与吴稚晖1月在国民党一大上被选为国民党中央监察委员。10月,冯玉祥发动北京政变,将末代皇帝溥仪驱逐出宫。11月5日,李石曾以民间代表身份参与其事,出任清室善后委员会委员长,并筹建故宫博物院。蔡元培(蒋梦麟代理)、汪兆铭(易培基代理)、鹿钟麟、张璧、范源濂、陈垣、俞同奎、沈兼士、葛文、绍英、载润、耆龄、宝熙、罗振玉任清室善后委员会委员。另以吴敬恒、张继、庄蕴宽为监察员。同月,马衡、袁同礼、徐鸿宝、李玄伯、徐炳昶、黄文弼、顾颉刚、吴瀛受聘为清室善后委员会顾问,参加点查清宫物品工作。

易培基是年春为新成立的国立广东大学校长邹鲁聘为教授。孙中山与段祺瑞、张作霖联合反直系,易培基再次奉命担任孙中山驻北京全权代表,参与联冯(玉祥)倒吴活动,以孙中山的代表身份与苏联公使加拉罕谈判庚款分配问题,被任为法国退还庚子赔款用途研究委员会委员。在京期间,结识了国民党元老李石曾、吴稚晖等。10月,冯玉祥反戈回京,发动政变,驱逐曹锟,黄郛受命组织摄政内阁。黄郛原请李石曾担任教育总长,李石曾初已允诺,旋又变计不就,黄郛乃兼任教育总长。同月15日,因李石曾荐易培基代表南方革命政府出任,黄郛摄政内阁任易培基为教育总长。随后易培基与李石曾等商洽,策动冯玉祥派鹿钟麟(北京卫戍司令)、张璧(北京警察总长)偕同李石曾,并带领武装军警前往紫禁城,逼迫溥仪出宫,组设清室善后委员会,清点宫内古玩及文献。11月5日,溥仪被逐出宫。20日,李石曾等15人组织清室善后委员会,并任委员长,易培基代理汪兆铭为委员。

按:据北大物理系教授李书华《七年北大》回忆:"(开始)推李石曾为教育总长,托黄郛转达。嗣因李石曾坚辞不就,黄膺白请石曾先生推荐人选;石曾先生想到顾孟余,孟余也不肯作,孟余乃推荐易培基(寅村)。时易寅村方到北京,作中山先生代表,携汪精卫介绍信,来见北方教育界人士,因此顾孟余想到易寅村。但易与北方教育界素无关系,所以蒋孟邻提出赞成的交换条件,以马夷初为次长。此即当时易任教长,马任次长之由来。"(李宗侗《故宫博物院回忆录》之三,《中国一周》第737号,1964年版;陈平原、夏晓虹编《北大旧事》,三联书店1998年版)

陈垣继续在北京大学研究所国学门任教。担任地学会会长一年。1月20日,为云岗第七窟造像记墨拓本题识。22日,高步瀛来函,请教关于《四库全书》事。25日,在《东方杂志》第21卷第2号(《二十周年纪念号》下册)上发表《元基督教徒之华学》,此为《元西域人华化考》中的一部分。2月4日,高步瀛来函,认为陈垣考证文宗阁而非文淙阁证据确凿。3

月4日,受法国汉学家伯希和所托,帮忙调查并拓录福建乌石山的两通摩尼教碑文《二宗经》和《三际经》,陈垣转托樊守执调查。15日,樊守执来函,报告调查《二宗经》和《三际经》两碑的初步结果。30日,浙江省教育厅长张宗祥来函,介绍到任后遇到的情况。春,陈垣致卢弼函过,对《丁鹤年集》的版本和校勘等问题进行了系统分析和考证。4月4日,顾颉刚来函,代陈万里借阅有关云岗石窟的材料。12日,缪凤林自南京来函,欲索购有关耶教书籍,并称陈垣为"圣教大师,薄海同钦"。5月7日,顾颉刚来函告《儒学年表》一册半月后可送上。6月3日,胡适在《黄氏日抄》卷86发现一篇摩尼教道士张希声所作的《崇寿宫记》,可以补充陈垣《摩尼教入中国考》中的材料,遂致函陈垣。陈垣在《摩尼教入中国考》修订本第十二章中,将胡适提供的《崇寿宫记》等有关材料补入。4日,陈垣复胡适6月3日函,确认摩尼教已混入道教。同月,撰写完成《书内学院新校慈恩传后》。

陈垣7月初应邀在华北第十六次大学夏令会上发表专题演讲《基督教入华史略》,由何志新记录成稿,刊于7月27日《真理周刊》第2年第18期,文中将基督教入华分为三个时期:唐代景教为第一时期,元代也里可温为第二时期,明清天主教为第三时期,乾隆后耶稣新教来华为第四时期。7月29日,吴承仕来函,其师章太炎作《清建国别记》,需要查阅《明宪宗实录》,转请陈垣代查,并附上章太炎原信。夏,敦煌经籍辑存会成立,借故宫午门历史博物馆办公,被推举为采访部部长。遂拟定工作计划,准备将公私所藏敦煌经籍汇编为一总目。是季,参加中国天文学会。9月29日,常福元来函,告知古代印度所用历法及闰月情况。10月10日,在《东方杂志》第21卷第19号上发表《书内学院新校慈恩传后》。11月20日,"办理清室善后委员会"(后去"办理"二字)正式成立,负责清理清室公产私产及处理一切善后事宜。全体委员由国务院聘任,李石曾任委员长,陈垣为委员。12月1日,在《晨报六周纪念增刊册》上发表《拟编中西回三历岁首表意见书》。3日,李石曾来函,请陈垣代理清室善后委员会常务委员之职。后又委托陈垣主持清室善后委员会工作。20日,参加清室善后委员会召开的第一次会议。会议讨论通过《点查清宫物件规划草案》。23日,同清室善后委员会及有关方面代表一起,开始按计划点查宫内物品。是年,《道家金石略》《敦煌劫余录》初稿编纂完成。(参见刘乃和、周少川、王明泽《陈垣年谱配图长编》,辽海出版社2000年版)

罗振玉1月1日临洛阳新出东汉司空袁敞残碑两通。12日,罗振玉与柯劭忞同拜紫禁城骑马之命,引为殊荣。3月,散氏盘出于内府库中,不能别真赝,延罗振玉往鉴定。罗振玉早岁见仪徵阮氏仿制一器,后归海东。此器非赝。郑苏龛将赴洛阳说吴佩孚,并觇其倾向。罗振玉阻以民国军阀,平日拥重兵,擅威命,一旦有事,往往土崩瓦解,全不足恃,皇室今日但应保威重,不轻与某一方面接近。6月,罗振玉从上年所得大库档案中辑成《史料丛刊初编》22种。

按:《史料丛刊初编》22种,皆大库史籍所董理写定者:《贞观政要》残卷(日本古写卷子本存五、六两卷,可订正元戈直集论本衍夺,且补逸文),《帝范》《臣轨》各一卷,《臣轨校记》一卷(皆据日本宽文本,惟《臣轨》别有日本弘安十年一本,当中土至元廿四年,存《同体》至《匡谏》凡五篇,可勘正宽文本脱误不少,故附《校记》),《江村书画目》(高士奇所藏,分九类。其中进与送两类,皆注明赝迹值廉,而永存秘玩一类皆真而价昂。罗振玉谓其"以赝品欺罔,心术可骇,留此记录,不啻自定爱书")。时博爱工厂各科毕业,以资绌停办,惟办印刷一科,以上诸书皆付厂排印。又隋丁道护书《启法寺碑》,人间孤本,罗振玉特假寄海东影印,附跋驳阮文达"南北书派"之说。

罗振玉8月4日被召直南书房。8日,入都面谢,命检宁寿宫藏器。越3日,复命与袁励准、王国维,同检定养心殿陈设。罗振玉暂住王国维家。11月5日,与贝勒载润、绍英、耆龄、宝熙同充皇室善后委员。是年,著有《魏书宗室传注》12 卷,《表》1 卷,以及《雪堂藏古器物目录》《敦煌零拾》。文有《唐律残卷》《宋淳化残历》《秦妇吟》《俚曲》《佛曲》《魏冀州刺史元绍墓志》诸跋。(参见罗继祖《永丰乡人行年录(罗振玉年谱)》,江苏人民出版社 1980 年版)

吴稚晖 1 月出席中国国民党第一次全国代表大会,当选中央监察委员,主要负责对上海党务进行检查和考核。2 月,在《东方杂志》发表《二百兆平民大问题最轻便的解决法》,提倡国音,促进平民教育。任商务印书馆创办的上海国语师范学院校董,兼教国语,为国语运动推波助澜。4 月,为《民国日报》撰写《科学周报编辑语》,每周一次,共刊载 21 周。10 月,冯玉祥发动北京政变,驱逐溥仪出宫。11 月,吴稚晖到北京就任清室善后委员会委员监察员。(参见金以林、马思宇编《中国近代思想家文库·吴稚晖卷》及附录《吴稚晖年谱简编》,中国人民大学出版社 2015 年版)

袁同礼 2 月在《学衡》第 26 期发表《〈永乐大典〉考》。4 月,袁同礼由比利时安特卫普(Anvers,此为法语,英语作 Antwerp,比利时第二大城市)赴伯林,取道荷兰,游历了当地的图书馆,后有《荷兰图书馆参观记》。同月,总统曹锟提议,将参谋本部空操场、连同北海西岸隙地划作京师图书馆(时在方家胡同)基地。5 月 7 日,袁同礼在德国莱比锡(Universität Leipzig,郑氏作莱普齐希大学)大学访郑寿麟,并参观该校图书馆及东亚研究所(Ostasiatisches Seminar),拜访东亚研究所主持人孔好古(August Conrady)教授。在德期间,还访问了柏林图书馆,调查《永乐大典》,遇西门华德(Walter Simon)。11 月 15 日,袁同礼谒新任教育部部长易培基,建议将在清宫设国立图书馆、国立博物院,保存古物。11 月 18 日,北京大学教务处发布袁同礼到该校教授图书学布告。20 日,袁同礼出席清室善后委员会,与马衡、徐鸿宝、李玄伯、徐炳昶、黄文弼、顾颉刚、吴瀛等受聘为清室善后委员会顾问。21 日,北大注册部布告,先生所授教育系图书馆学、图书利用法、目录学三种功课,已排定时间表。28 日,京师图书馆馆长由教育次长兼任。同月,袁同礼被聘为黄郭摄政内阁的国务院咨议,为清室善后委员会里的国务院咨议代表。袁同礼建议为故宫所藏军机处档案辟设专门图书馆。12 月 13 日,京师图书馆暂停《借抄四库全书规则》,由"流通《四库全书》缮校筹备会"接管文津阁本为原本。时由教育次长马叙伦代理部务,兼任馆长。(参见张光润《袁同礼先生年谱初编(1895—1965)》,载张光润《袁同礼研究(1895—1949)》,华东师范大学博士学位论文,2018 年)

马衡仍为北京大学研究所国学门考古研究室主任兼导师。5 月 19 日,北京大学古迹古物调查会更名为北京大学考古学会,叶瀚、李宗侗、陈万里、沈兼士、韦奋鹰、容庚、马衡、徐炳昶、董作宾、李石曾、铎尔孟、陈垣等 12 人到会。会议决定更改会名为考古学会,修订后的简章规定,以"用科学的方法调查、保存、研究中国过去人类之物质遗迹及遗物"为宗旨,强调"与国内外同志团体之互相联络",特别捐款则不限于外国。11 月 5 日,沈兼士与蔡元培(蒋梦麟代理)、汪兆铭(易培基代理)、鹿钟麟、张璧、范源濂、陈垣、俞同奎、葛文、绍英、载润、耆龄、宝熙、罗振玉任清室善后委员会委员。马衡与袁同礼、徐鸿宝、李玄伯、徐炳昶、黄文弼、顾颉刚、吴瀛受聘为清室善后委员会顾问,参加点查清宫物品工作。是年,马衡前往洛阳调查汉魏故城南出土石经的太学遗址。又将其在北京大学的讲义编成《中国金石学概要》,重点探讨了金石学的定义、与史学的关系、历代的铜器石器以及甲骨文、研究鉴别方法等。

按:《中国金石学概要》最终并未出版,后因战乱而散佚部分篇章,一部分内容被编入 1956 年出版的《凡将斋金石丛稿》。(参见王学典《20 世纪史学编年(1900—1949)》,商务印书馆 2014 年版;中国大百科

全书总编辑委员会《中国大百科全书·考古学》,中国大百科全书出版社 2002 年版)

朱希祖 1 月 8 日出席本年度北大评议会第二次会议,讨论北大经济问题。19 日,出席在北京安徽会馆举行的戴震生日 200 周年纪念讲演会,并就戴震与《水经注》问题发表演讲。26 日,北京大学研究所国学门"方言调查会"成立,朱希祖参加成立大会,与会者还有沈兼士、周作人、林语堂。在讨论征集方言方法时,朱希祖提议"确定几个能标音人往各处调查"。3 月 14 日,出席评议会临时会议,讨论本年 2 月 23 日教育部颁布的《国立大学条例》。15 日,与北大 60 位教授联名致函北大校长,认为教育部《国立大学条例》拟在各国立大学设立董事会一事"既悖于理,复昧于事",请校长向教育部严重交涉,根本取消。31 日,请假一月,南回浙江,史学系主任由叶瀚代理。5 月 10 日,在北大学系研究室讲演《辽元金明京城图说》。12 日,北大史学系杨栋林辞职,其所授上古史朱希祖拟请顾颉刚任之,托沈兼士转达,顾颉刚拒之。

朱希祖 5 月 28 日出席北大第九次评议会,讨论成立东方文学系案。6 月 4 日,出席第十次评议会,讨论《交换教授暂行规程》及研究所国学门修改章程等议案。8 日,赴龙树寺出席北大研究所委员会会议。25 日,为张鹏一《司马迁年谱》作跋。7 月 22 日,与马裕藻、陈垣、沈尹默至顾颉刚处谈事。9 月 30 日,与周作人、张凤举至扶桑馆访日本东京帝国大学教授市村瓒次郎博士。10 月 9 日,北京大学举行 1924—1925 学年度评议会评议员选举,朱希祖当选为评议员。28 日,出席评议会,讨论李四光、胡适辞评议员及函请蔡元培校长回校等议案,议决请校长致函李四光、胡适,以示挽留,并请蒋梦麟代校长及评议会去电敦促蔡元培速回校。12 月,应清室善后委员会之请,点查清宫文物。同月 10 日,朱希祖在北京汇记书局"购得升平署档案及钞本戏曲共一千数百册"。

按:该档案"仅此一份,另无副本,近百年来戏曲之流变、名伶之递代,以及宫廷起居之大略、朝贺册封以及婚丧之大典,皆可于此征之"。1931 年 12 月朱希祖在《燕京学报》第 10 期发表《整理升平署档案记》,系对此档研究整理的成果。(参见朱元曙、朱乐川《朱希祖先生年谱长编》,中华书局 2013 年版;王学典《20 世纪史学编年(1900—1949)》,商务印书馆 2014 年版)

魏建功 1 月参加北大研究所国学门"方音调查会"。该会成立于 1 月 26 日,由林语堂主持(后由林与刘半农共同主持),董作宾任事务员。4 月,中共北方区执委会机关刊物《政治生活》创刊,魏建功以"康龙"为笔名经常在该刊物上发表文章。8 月,暑假回原籍出席"如皋平民社"第二届年会。该社因揭露豪索绅谋划收回农民所租公产土地遭忌,被当地势力向省署密结为"过激党",县方拟对之加以迫害。魏建功被推为代表,连夜赶赴南京,据理向省督军、省长公署进行交涉,揭穿了地方势力的阴谋。11 月,冯玉祥将军驱逐溥仪出宫。国学门导师沈兼士、马衡、陈垣等参与组织"清室善后委员会",负责接收、清点、登记、保管故宫宫殿、文物,及筹建博物馆、图书馆。魏建功以国学门临时书记调任办事员。是年,《歌谣表示法之最要紧者——重奏复沓》《拗语的地方性》《歌谣之辞曲及调谱》《医事用的歌谣》《暇辞》等研究歌谣的文章先后发表于《歌谣》周刊。(参见曹达《魏建功年谱》,《文教资料》1996 年第 4 期)

陈去病 5 月 5 日出席新南社在上海小花园都益处菜馆举行的第二次聚餐会,30 余人参加,席间陈去病与邵力子诸人作关于文学革命的演说。同月,中国国民党江苏临时省党部在松江成立,陈去病与朱季恂、秦毓鎏、张曙时、顾子扬、刘云昭、沈进 7 人为执行委员。6 月初,陈去病以"南社同人"名义在《民国日报》刊登《曼殊灵榇安葬孤山通告》,希苏曼殊生前好友,准时到杭州车站迎候灵榇,参加葬礼。8 日,苏曼殊灵榇由上海运抵杭州。9 日午时,陈去病选择背山面湖方向，为曼殊葬于西湖孤山之阴。葬礼结束后商定，于曼殊墓前再建一塔院，由诸宗元撰《铭》，先生撰《疏》。并由先生撰《建塔院募捐启》。9 月，江浙军阀发生齐（燮元）、卢（永祥）之战，陈去病与柳亚子在上海组织江苏民治建设会，宣传民众自治意识，迎接大革命的到来。参加者以新南社江苏籍社友为多，陈绵祥任秘书。10 月 10 日，新南社第三次聚餐会在上海南京路新世界西莱部举行，陈去病等 37 人参加。11 月 13 日，孙中山应段祺瑞、冯玉祥之邀启程北上，谋求合作，召开国民会议。陈去病继之北上，参加故宫博物院的整理工作。览上苑珍品，阅明代及清太平天国档案，大开眼界，有益于先生研究明清历史，曾作故宫杂咏十绝纪之。是年，陈去病既参加新南社的活动，又加入南社湘集。说明他受旧思想、旧文学的影响较深，在新旧文化的冲撞中，有些动摇不定。（参见俞前、殷安如《陈去病年谱简编》，吴江市政协和文史委员会编《吴江文史资料》第 18 辑）

　　章士钊 1 月 1 日在《新闻报》以"社论"的形式发表《弃我论》。11、12 日，《新闻报》发表《农治述意》，再次申述其"以农立国"思想，并回应吴稚晖的批评。15 日，《华国月刊》第 1 卷第 5 期刊载了章太炎的《与章行严论改革国会书》。25 日，在《东方杂志》20 周年纪念号上发表《名墨皆应考》一文，重申前说，谓"推言惠施之学，不出于墨之道，仅明其理，未列诸证。法当逐条考之，俾便推究"。26 日，章士钊在《新闻报》以"社论"的形式发表《论列宁之死》。同月，与林长民、张我华、钟才宏、潘大道、杨永泰、黄云鹏、乌泽声共同署名的《反对〈新宪法〉宣言》发表于《东方杂志》第 21 卷第 6 号。又撰《今四维论》。年初，在《申报》等报刊上刊出《创办〈甲寅周刊〉招股广告》，拟集资 10 万元，恢复《甲寅》。7 月 7 日，在《新闻报》发表《论上海自治学院无端兴废事》。8 月 19 日，在《新闻报》发表《现代民主政治》。26 日，在《新闻报》发表《论江浙战讯》。同日，章太炎发表《与章行严论江浙战争》，提出了与之不同的看法。11 月 15 日，段祺瑞被推为临时执政后，为了网络知名人士，特邀章士钊北上。经过段祺瑞的公子段骏良的一再约请，章士钊由上海走天津，加入了段祺瑞集团，参与段祺瑞政府筹备工作。24 日，段祺瑞进京，宣布包括章士钊等有名望的人在内的临时政府组成。25 日，段祺瑞公布了内阁阁员名单，章士钊被委任为司法总长。

　　按：对在学术界与思想界颇有名望的人物章士钊参加段集团，时人颇为之惋惜。吴稚晖就说"章此番跌入了粪坑深处"。（参见袁景华编《章士钊先生年谱》，吉林人民出版社 2001 年版；郭双林编《中国近代思想家文库·章士钊卷》附录《章士钊年谱简编》，中国人民大学出版社 2015 年版）

　　沈钧儒 1 月 18 日出席参议院会议，投票选举法制、财政、内务、外交、军事、交通、教育、实业、决算、惩戒、院内审计、预算等股常任委员会委员。当选为预算股委员。2 月 1 日，春节前，匆匆离津，于 3 日抵沪。29 日，由沪返津。3 月，长孙人镰患腥红热夭折，长媳张绚悲痛过度，以致精神失常。为避免触景生情，以及为缓和悲痛心情，全家于阴历 4 月底急急移京，寓北京西单北西斜街尚志里 65 号。7 月 11 日，参议院公布有先生与张我华、李文治等 28 人署名的《快邮代电》，揭露王克敏等人在交涉德国赔款时"上下其手，侵渔国帑"的内幕。21 日，与李文治、黄元操等带头署名，再次以《快邮代电》通电敬告国人，进一步揭露政府当局于"德发债票案"签字的内幕。同时，与周兆沅、张我华、黄元操、韩玉宸等提出《对于德发债票怀疑之点质问书》；以及与张我华、向乃祺等提出《政府当局交涉德国赔款及德发债票丧失权利损害国库急图补救议决案》。28 日，报载参议员黄元操与沈钧儒等 11 人于该院大会提出紧急动议，就反对"金佛郎案"事以参议院名义致电法国国会及内阁，请其改正前政府对待我国之"一切失态，从速抛弃用金之主张，依照美、俄两国先例，以真正善意退还赔款"。该电文当即由参议院议决,以是日出席议员 184 人联名拍发。但因北京政府监视甚严,此电于北京及天津均未能发出。31 日,沈钧儒离京南下,赴杭参加浙江省自治法会议。携带上电至上海,于 8 月 4 日由上海大东公司译妥发出。8 月 7 日至 10 月初,沈钧儒参加浙江省自治法会议,提出不少有益建议。26 日,被浙江军务善后督办处聘为西湖博览会筹备处评议员。11 月 10 日,移沪国会议决陆续北上。22 日,国会拒贿议员 279 人发表《宣言》。25 日,国会非常会议议决组织大纲 11 条,并通电全国宣告成立。12 月 26 日,参加国会非常会议,讨论并通过先生等起草的《护法宣言》。(参见沈谱、沈人骅编《沈钧儒年谱》,中国文史出版社 1992 年版)

马叙伦 1 月 7 日开始在《北京大学日刊》连载《读书续记》卷五,至 6 月 25 日结束。中旬,继续当选本校教职员临时代表团"临时代表"。20 日,在《新民国杂志》第 1 卷第 3 期发表《军阀宰制底下的教育家的精神和工作》,认为"中国最近的未来的时期里,要离开政治问题纯粹的讲教育是不可能的,所以不如干干脆脆的来讲革命教育"。26 日,致郑孝观、陆侃如短简发表于《北京大学日刊》。同日,出席北京遥祭列宁大会。同月,《六书之商榷》发表于《国文学会丛刊》第 1 卷第 2 期。3 月 26 日,《马夷初启事》发表于《北京大学日刊》。28 日,顾颉刚应约代撰寿联祝马 40 初度。4 月 13 日,为世界语专门学校维持问题,应约在中央公园与方老五、杨适夷、马夷初、徐旭生、赵述庭、李石曾、钱玄同诸人聚会讨论。16 日,40 初度,约友好餐叙。26 日,许宝蘅致函马叙伦,并送所藏《说文》目录。同月,任国民党北京执行部宣传部长。

马叙伦 6 月 17 日在《北京大学日刊》发表《丁竹筠先生传》。7 月 7 日,作《老子校诂序》。8 月,在国立八校欢迎苏联驻华大使加拉罕的集会上,致长篇欢迎词。9 月 18 日,黄炎培来访。19 日,访余绍宋,请余出任美术专门学校校长。20 日起,在《北京大学日刊》连载《读书续记》卷六,至次年 1 月 16 日结束。同月,得读杨树达《古书疑义举例续补》8 则,复函引为同调。10 月 3 日,余绍宋作书请辞美专校长。10 月,北京医专学生陈万里摄影《大风集》由朴社出版,卷首马叙伦题字,俞平伯卷头语,钱稻孙、顾颉刚两序。11 月初,摄政内阁组成,发表易培基任教育总长,马叙伦任次长。24 日,段祺瑞任临时执政,留任次长并代理部务。26 日,国立八校教职员代表联席会议议决,"关于教育经费及教育上应办事件,请主席(许绳祖君)与教育马次长交涉,从速办理"。12 月 11 日,马叙伦出席国务会议,代表教育部提议将东西陵附近之森林产业拨充教育基金,议决由内政、财政、教育、农商部四部会同专员前往查勘复报,再交国务会议讨论。中旬,鉴于教育部部员薪水积欠达 15 个月之久,屡次与财政部商拨无果,不得已向一家银行借款,给部员发放部分欠薪。31 日,前往东车站迎候孙中山。是年,就北京师范大学之聘,兼教国文研究科。是年,马叙伦《老子校诂》4 卷由景山书社排印出版,系作者对《老子》研究的代表性著作。(参见卢礼阳《马叙伦年谱》,浙江古籍出版社 2021 年版;王学典《20 世纪史学编年(1900—1949)》,商务印书馆 2014 年版)

焦易堂 1 月赴广州出席国民党一大。会后即赴北方,参与冯玉祥、胡景翼、孙岳等推翻曹锟贿选政府的酝酿。10 月 19 日,与焦易堂、王用宾、刘允丞等被孙中山任命为大元帅府军事委员,专事联络北方军事。23 日,冯玉祥发动北京政变,将贿选总统曹锟赶下了台。焦易堂代表国民军赴广州迎接孙中山北上,一路护送孙中山、宋庆龄自沪乘船到津,转道北京。

按:次年 3 月 12 日,孙中山病逝北京,焦为护陵组成员,以后又扶孙中山灵柩去南京,参加了在南京紫金山墓地举行的奉安典礼。

谢无量5月19日被任命为元帅府大本营特务秘书（机要秘书）。10月23日，冯玉祥发动北京政变，囚禁贿选总统曹锟，驱逐溥仪出故宫。25日，冯玉祥电邀孙中山北上。11月17日，孙中山由广州抵达上海，电邀谢无量由广州到天津。21日，谢无量离沪北上，于12月4日到达天津。谢无量至天津时，孙中山已病危。谢无量临床守候，护送孙中山至北京。（参见许为民《杨杏佛年谱》，《中国科技史料》1991年第2期）

高一涵1月10日在《东方杂志》第21卷第1号发表《二十年来中国的政党》。2月，在《北大社会科学季刊》第2卷第2期发表《福滨社会主义派的方法和理论》，介绍19世纪末作为英国社会主义的福滨派，对社会改革的态度、方法、理论及其思想渊源。2月23日，教育部颁布《国立大学条例》，规定大学校长"由教育总长聘任"，学校设董事会，董事"由教育部长就部员中指派"，高一涵与李大钊、顾孟余、谭熙鸿、沈尹默、钱玄同、高仁山等60多位大学教授公开表示反对。3月，在北京大学讲演"福滨社会主义派的方法和理论"。8月，在《北大社会科学季刊》第2卷第4册上发表《唯物史观的解释》，内容包括"唯物史观的公式""唯物史观的公式的略解""唯物史观的必然性""唯物史观与人为的势力"等。同月20日，《晨报副镌》发表一个读者来信，质问为什么《努力月刊》早已登出出刊预告，却至今尚未出版。28日，《努力》的同人高一涵发表《关于〈努力月刊〉的几句话》回答读者的质问。胡适从报上见到高一涵的文章以后，很是生气。9月8日，致函高一涵，责备其说的话太过火了。11月，高一涵在《北大社会科学季刊》第3卷第1期上发表《美国独立时代的普通政治思潮》。12月13日，《现代评论》周刊创刊，为主要撰稿人之一，在《现代评论》上发表时评多篇。是年，受李大钊（该年初参加国民党"一大"）影响，开始倾向于国民党。后由石瑛、王星拱介绍，加入国民党。（参见高大同《高一涵年谱》，上海文化出版社2011年版；郭双林、高波编《中国近代思想家文库·李大钊卷》附《高一涵年谱简编》，中国人民大学出版社2015年版）

蔡和森1月1日与陈独秀、恽代英、瞿秋白和鲍罗廷等一起出席中共中央和社会主义青年团中央在上海举行的联席会议，讨论国民党召开一大问题、共产党和青年团在帮助国民党改组中的方针问题。会上陈独秀"建议所有同志协助国民党改组"。年初，蔡和森和向警予仍然过着非常清苦的生活，几乎靠业余时间写文章所得稿费维持生活。向警予怀上了第二个孩子，蔡和森不幸卧病在床，医药无着，旧年迫近，需钱甚急，不得不通过陈独秀设法借款度日。1月27日，陈独秀致信胡适，为蔡和森催索稿费。2月15日，陈独秀致信胡适，再为蔡和森催索稿费。3月8日，为加强北方党的工作和民主统一战线工作，中共中央决定对北京区委兼北京地委进行改组，由李大钊、蔡和森、张昆弟、何孟雄、范鸿劼5人组成新的中共北京区委兼北京地委，李大钊任委员长，蔡和森任区委秘书负责日常工作。同月，为了进一步加强国共合作统一战线，中共中央决定中央委员除陈独秀直接从事党的工作外，其他中央委员均调去做国民党的工作。编辑《新青年》的瞿秋白、编辑《向导》的蔡和森，被调到国民党北京执行部工作。4月20日，中国国民党北京执行部在北京织染局29号正式成立，管理京、直、鲁、豫、热、察、绥、奉、吉、黑、哈（尔滨）、晋、甘、新等省区，分设秘书处和组织、宣传、青年、工人等8个部处。李大钊任组织部部长，蔡和森为秘书。

蔡和森4月27日兼任中共北京区执行委员会新创刊的机关刊物《政治生活》周报主编，并在《政治生活》第1期发表《外国帝国主义最近进攻之一览》一文，列出最近几天来外国帝国主义对中国的"侵略账"。又在同期《政治生活》上发表《英美协会欢迎太戈尔》的文章,称"太戈尔提倡的东方文化是'无抵抗主义',不反抗外国帝国主义的东方文化",他是"被统治于英国的印度诗人",与何东一样是"亡国奴","都光临敝国替外国帝国主义有所鼓吹"。通过英美协会欢迎泰戈尔之举,可见泰戈尔与研究系有关系,与帝国主义也有关系。5月4日,中共领导的天津学生联合会举行纪念"五四"运动5周年大会,到会700余人。蔡和森在会上发表了以反帝为主题的演说,受到青年热烈欢迎。5日,出席北京国民党全部党员大会,纪念"五五"马克思诞辰。同月,蔡和森所著《社会进化史》一书在上海大学社会学系讲稿基础上修订而成,由上海民智书局出版。

按:是书分四个部分:篇首是绪论,就有史以来的人类演进之程序——野蛮时代、半开化时代和文明时代的历史特征作一个概述。其余三部分,分别就人类社会有关家族、财产、国家三方面的起源与进化,以马克思主义的历史唯物主义作指导,引证古希腊、罗马、日耳曼、埃及以及中国的大量历史资料进行了详尽的论述,从而深刻地揭示了人类社会按历史规律发展的必然性,以及阶级社会的阶级斗争对人类生活的深刻影响。最后结论是,近世社会必然崩溃,"世界革命的成功,只是时间迟早的问题"。

按:11月2—8日,民智书局在《申报》广告栏目中刊登《社会进化史》的出版消息,称之为"上海大学丛书之一","蔡和森先生著,大本一厚册,定价一元","蔡和森先生为上海大学社会学教授,于社会科学.研究有素,本书为其经心之作。书凡三篇:一、家族之起源与进化;二、财产之起源与进化;三、国家之起源与进化。共十余万字。论述甚详。"(参见李永春编著《蔡和森年谱》,湘潭大学出版社2008年版)

邵飘萍《京报》积极支持第一次国共合作。5月中苏建交后,邵飘萍以国民身份个人名义在北京中央公园(即后之中山公园)来今雨轩设宴招待苏联驻华第一任大使加拉罕,并向苏联驻华大使馆郑重赠送"精神可师"锦幛。12月,创办《京报图画周刊》。孙中山北上途中拍摄的照片,托人送《京报》,即在《图画周刊》创刊号上刊出,标题是《全国景仰之中山先生》。同月,《京报副刊》创刊,请孙伏园为主编,得鲁迅的全力支持。鲁迅有大量的杂文及文章,先后在《京报副刊》刊出。冬,开始与鲁迅相识,鲁迅曾造访邵飘萍家。是年,冯玉祥驻军京郊南苑,举行阅兵,邵飘萍应邀参加。建议冯玉祥驻军西北,建设边疆。冯玉祥对此大加赞赏,后来逐步实行。飘萍并建议冯玉祥赴苏学习,将部队改编为国民军,与南方革命力量取得联系。又兼任北京务本女子大学校长,所著《新闻学总论》出版。(参见郭佐唐《邵飘萍年谱》,《浙江师范大学学报》1986年第4期)

张慰慈主要研究城市问题,在《北京大学社会学季刊》与《东方杂志》等学术杂志上发表《中世纪的民治主义和选举制度》《欧美城市和国家的关系》《二十年来美国城市政府改革》等关于城市治理的文章。在此期间,张慰慈在《英国选举制度史》基础上,扩展大量英国政体研究成果,完成《英国政府纲要》,由商务印书馆出版。12月13日,《现代评论》在北京创刊,王世杰负责编辑,张慰慈参与其中。(参见李源编《中国近代思想家文库·张慰慈卷》附录《张慰慈年谱简编》,中国人民大学出版社2015年版)

晏阳初5月24日与陶行知、北京及全国文学和教育界著名人士熊希龄、胡适、钱玄同、林语堂、赵元任、庄泽宣、郁达夫、高仁山、陈鹤琴、王伯秋等人发起成立了平民文学委员会,得到梁启超的支持。请平民文学委员编辑出版平民文学书刊,并为《平民周刊》撰稿。初夏,受张学良之托,拟订推行军队识字教育的详细计划,由王正黼递交张学良。7月1日,应张学良邀请至奉天省城(今沈阳)支持有300名军官参加的军官师资训练班,参加东三省奉军识字教育班开学典礼。7月上旬,主持东三省奉军识字师资训练班,讲授平民教育要义及《平民千字课》教授法等,历时一周。此后启动由300名"军官教师"开始教授1万名"士兵学生"运动。7月,中华基督教青年会全国协会的青年协会书局刊行晏阳初与傅若愚、黄沧渔共同编辑的《平民千字课》第三版。8月初,晏阳初回到北京,正式到"平教总会"上任,即电请美国康奈尔大学乡村教育学博士傅葆琛回国担任平教会总会乡村教育部主任职,傅葆琛欣然接受。到北京平教会总会任职之初,一切都靠熊希龄夫人朱其慧支持。9月,北方出版社出版了《平民教育运动》(*The Mass Education Movement*)英文单行本一书,全面介绍了平民教育运动的各方面内容。同月,聘美国康奈尔大学乡村教育博士傅葆琛为中华平民教育促进会总会乡村教育科主任并上任。11月,晏阳初与傅葆琛前往宛平县联系县知事选"清河集"为实验区。冬,开始在华北作第一期的平民教育实际提倡。当时京兆尹薛笃弼邀请"平教总会"合作,在辖区普遍提倡平民教育,使用《平民干字课》教学,又组织编印《平民常识》一册,分发各县民家,使自治道理深入人心,将京兆特别区变为京兆模范区,从而实现了自己在京都全面推行平民教育的愿望。(参见杜学元、郭明蓉、彭雪明《晏阳初年谱长编》,上海交通大学出版社2017年版;宋恩荣编《中国近代思想家文库·晏阳初卷》附《晏阳初年谱简编》,中国人民大学出版社2015年版)

陶行知1月7日由北京前往张家口,在察哈尔地界推行平民教育。在为蒙古族学生演讲平民教育的欢迎会上,得一蒙古名:麦勒根亚布达拉图。3月2日,在北京举行的专题演讲会上,报告提倡平民读书处的办法和经验。26—29日,在河南推行平民教育。4月20日,以中华教育改进社名义致函东南大学,奉商在该校设立改进社事务分所。5月,筹备出版《平民周刊》,并发起筹备平民文学委员会,编辑出版平民文学书刊。6月29日,《平民周刊》创刊于上海,任主编。得《申报》总经理史量才的赞助,《平民周刊》为《申报》副刊之一,随报发行。7月3—9日,改进社第三届年会在南京举行,在会上谈对《请求力谋收回教育权案》的修改意见,记录稿载《中华教育界》第14卷第1期。自当年3月起筹办的全国教育展览在年会期间正式展出。10日,举行改进社董事会,陶行知被公推连任改进社主任干事。并在董事会上被推为出席下届世界教育会议的代表。7月,作《半周岁的燕子矶国民学校——一个用钱最少的活学校》,发表于8月4日《申报·教育与人生》第24期。8月9日,为《平民周刊》撰文,申明我们应当拿自己的思想来凑农民的实际,"不要拿他们前途来供我们牺牲"。10月,在《中华教育界》第14卷第4期发表《平民教育概论》,概述我国近年兴起的平民教育运动,认为平民教育是一个平民读书运动,是将来普及教育的先声。平民教育要采用平民学校、平民读书处、平民问字处三种形式以适应群众的需要。在4个月的千字课教育之后,要由发行平民书刊等办法,使他们不致忘却,并能运用。年底,主持制定改进社下年度方针,强调"适合本国国情,满足生活需要"。是年,作英文论著《中国》,后被收入《哥伦比亚大学师范学校国际教育研究所教育年鉴》(1925年纽约麦克米兰公司出版)。(参见余子侠编《中国近代思想家文库·陶行知卷》附录《陶行知年谱简编》,中国人民大学出版社2015年版;中央教育科学研究所编《中国现代教育大事记1919—1949》,教育科学出版社1988年版)

马寅初1月在北京中国大学发表演讲《何谓九八规元》;在北京平民大学发表演讲《上海造币厂之重要》和《上海之银洋并用问题》;在北京华北大学发表演讲《公库制与集中制之比较》。2月,在保定河北大学发表演讲《中国财政之根本问题》。3月,在北京法政大学发表演讲《以科学眼光观察中国之财政与金融》。4月6日和27日,在《申报》发表《何以上海必须设立票据交换所》《读第五届银联会议各案随抒我见》。4月7日,在北京通才商业专科学校经济研究会发表演讲《中国之买办制》。5月14日,在北京交通大学发表演讲《整理案内各种公债涨价原因》。17日,在北京平民中学发表演讲《中国何以如此之穷》《欧战后之货币》。(参见彭华《马寅初年谱简编》,《淮阴师范学院学报》2005年第1期)

马寅初 6 月发表演讲《价值论》。7 月,在中华教育改进社南京大会发表演讲《中国财政与教育之关系》。8 月,在汉口银行公会发表演讲《中国银行界前途之危机》,在武昌中华大学发表演讲《中国之银行问题》《金佛郎问题之研究》和《无确实抵押品之内外债问题》。8 月 13 日,在北京民国大学发表演讲《中外经济银根紧急法之不同》。21 日,在武昌中华大学发表演讲《中国币制问题》。22 日,在国立武昌商科大学发表演讲《德发债票问题》。23 日,在武昌中华大学经济学系发表演讲《吾国关税问题》。24 日,在武昌师范大学发表演讲《经济与教育之关系》。25 日,在北京大学毕业同学会湖北分会发表演讲《中国外债之特色》。12 月,在北京政治学会发表演讲《十三年中国经济恐慌之根本原因》;在《中山文化教育馆季刊》第 1 卷第 1 号发表《利用外资的三种方法》。(参见彭华《马寅初年谱简编》,《淮阴师范学院学报》2005 年第 1 期)

鲁迅 1 月 5 日致胡适信,谓:"前两天得到手教并《水浒》两种序。序文极好,有益于读者不鲜。我之不赞成《水浒后传》,大约在于托古事而改变之,以浇自己块垒这一点。"13 日,所著《中国小说史略》的日译文开始在日文《北京周报》连载,直至 137 期。17 日,鲁迅应北京师范大学附属中学校友会之邀,讲演《未有天才之前》,谓"自从新思潮来到中国以后,其实何尝有力,而一群老头子,还有少年,却以丧魂失魄的来讲国故了",认为"若拿了这面旗子来号召,那就是要中国永远与世界隔绝了。倘以为大家非此不可,那更是荒谬绝伦!"23 日,作《奇怪的日历》,刊于 27 日《晨报副刊》,抨击北洋军阀统治下的"中华民国""一年一年的加增昏谬"。28 日,在《晨报副刊》发表《望勿"纠正"》,对当时文人胡乱标点和校改古书的现象进行了抨击。2 月 7 日,作短篇小说《祝福》,塑造了祥林嫂的典型形象,刊于 3 月 25 日《东方杂志》第 21 卷第 6 号。16 日,作《在酒楼上》,刻划了一个在黑暗现实的不断打击下,失去了生活的理想和信心的知识分子吕纬甫的形象,提出了知识分子的出路问题,刊于 5 月 10 日《小说月报》第 15 卷第 5 号。3 月 3 日,鲁迅作《〈中国小说史略〉后记》。4 日,校《中国小说史略》下卷讫,8 日寄出。

按:《〈中国小说史略〉后记》未另发表。收入 1924 年 6 月新潮社版《中国小说史略》(下卷)。本文说明刊印此书主要是为了教学上的需要,完成"助听者之聆察、释写生之烦劳之志愿",因此,某些材料只能暂时"任其不备"。

鲁迅 3 月 27 日复信北师大,表示辞去讲师之职。4 月 8 日,鲁迅往东亚公司买《苦闷的象征》等书籍。后来鲁迅翻译了厨川白村的《苦闷的象征》。5 月 8 日晚 8 时,鲁迅应新月社之请往协和学校礼堂参加泰戈尔 64 岁生日及他的中国名字"竺震旦"命名庆祝会。21 日,鲁迅应女师大进步学生邀请,出席调解该校风潮的会议。25 日,鲁迅移居西三条胡同新屋。6 月 1 日夜,鲁迅校《嵇康集》。至 8 日夜,校毕。11 日,作《〈嵇康集〉序》,主要说明历代《嵇康集》流传的情况,以及自己校正《嵇康集》所依据的版本。又作《〈嵇康集〉逸文考》,辑录了散见于古籍中的《嵇康集》逸文,有的地方加了按语;作《〈嵇康集〉著录考》,辑录散见于历代书籍中关于《嵇康集》的著录和嵇康生平的某些记载以及对《嵇康集》所作的题解和提要。6 月 11 日下午,鲁迅回八道湾取书及什器,为周作人夫妇辱骂殴打。

按:《鲁迅日记》载:"比进西厢,启孟及其妻突出骂詈殴打,又以电话招重久及张凤举、徐耀辰来,其妻向之述我罪状,多秽语,凡捏造未圆之处,则启孟救正之,然终取书、器而出。"鲁迅《〈俟堂专文杂集〉题记》:"迁徙以后,忽遭寇劫,子身道遁,止携大同十一年者一枚出,余悉委盗窟中。"许广平《鲁迅回忆录》:"后来朋友告诉我:周作人当天因'理屈词穷',竟拿起一尺高的狮形铜香炉向鲁迅头上打去,幸亏别人接住,抢开,这才不致打中。"

　　鲁迅6月17日下午校《呐喊》第二版讫,并作《呐喊正误》。20日,鲁迅所著《中国小说史略》下卷由新潮社出版。28日,鲁迅接受西北大学赴陕作夏期讲演的邀请。7月7日晚10时,鲁迅乘火车向西安,同行有北京师范大学教授王桐龄,天津南开大学教授陈定谟、李济之、蒋廷黻,以及《晨报》记者孙伏园,《京报》记者王小隐等10余人。14日下午2时,抵西安,寓居西北大学教员宿舍。15日,鲁迅等游览碑林,并在市场购得石刻拓片和古董多种。讲演之余,鲁迅同孙伏园等游览名胜古迹,实地体味那古长安的风光。

　　按:参见王桐龄《陕西旅行记》,北京文化书社1928年版。又据1924年7月18日西安《旭报》所载"暑期学校简章",当时被邀者还有北京师范大学教授李干臣、林砺儒,东南大学教授陈钟凡、刘文海、吴宓,前北京大学理科学长夏元瑮,法国大学法学博士王凤仪,北京法政大学教授柴春霖,广州大学法学院院长梁龙等。

　　鲁迅7月21—29日在西北大学暑期学校作题为《中国小说之历史的变迁》的讲演,前后8天,讲演了11场。后来以此编为《中国小说史略》的附录。8月3日,鲁迅赴陕西省长刘镇华在易俗社所设的饯行宴并观剧。4日,鲁迅离西安返京。12日夜半抵京,为期36天的陕西之行结束。13日,鲁迅寄还女师大聘书。23日,鲁迅以《中国小说史略》及《呐喊》各5部寄西安,分赠西北大学蔡江澄、段绍岩、王翰芳、智健行、薛效宽。9月3日,鲁迅收西北大学所寄《中国小说的历史的变迁》讲稿一卷。22日,开译日本厨川白村的文艺论文集《苦闷的象征》,至10月10日译完,刊于10月1日至31日《晨报副刊》。24日,致李秉中信,对自己当时思想上的矛盾、苦闷进行了剖析。26日,作《译〈苦闷的象征〉后三日序》,刊于10月1日《晨报副刊》。10月2日,鲁迅在《晨报副刊》发表《文学救国法》。10日,鲁迅译日本山本修二的《〈苦闷的象征〉后记》。11日,鲁迅往东亚公司买《近代思想十六讲》《近代文艺十二讲》《赤俄见闻记》各1部。28日,鲁迅作《论雷峰塔的倒掉》,刊于11月17日《语丝》周刊第1期。12月5日,鲁迅寄顾颉刚信并《国学季刊》封面图案一枚。该刊第1—2两卷曾采用此封面。14日,鲁迅译日本厨川白村的论文《从灵向肉和从肉向灵》。(参见鲁迅博物馆、鲁迅研究室编《鲁迅年谱》,人民文学出版社1981年版)

　　周作人1月1日与马裕藻、沈士远、沈尹默、张凤举、徐祖正等宴叙。9日,在《晨报副镌》发表《教科书的批评》。13日,去北京大学二院参加中日学术协会会议。16日,发表为北京女子高等师范纪念刊作《女子的读书》,载《民国日报·妇女周报》第22期。25日,在《东方杂志》第21卷第2号(二十周年纪念号)发表《中国戏剧的三条路》。26日,往北京大学,赴研究所方言调查会。29日,在《晨报副镌》发表《神话的辩护》。31日下午,出席北京大学研究所国学门歌谣研究会常会,作为主席在会上致开会辞。2月4日,往六部口汤尔和宅,与马裕藻、陈百年、沈尹默、沈兼士共商日本对华文化事业问题。10日,往北京大学二院,赴中日学术协会会议,到会共12人。12日,往北京大学二院,共宴吉田、今西、张凤举、徐祖正等共20人。13日,在《晨报副镌》发表《一年的长进》。18日,周作人设家宴招待池山夫妻、永井、山本,共8人。19日,往中央公园水榭,公宴吉田、今西,共11人。23日,在《晨报副镌》发表《蔼理斯的话》;往车站送今西龙教授赴欧洲。24日,日文《北京周报》刊载了记者访问北京大学教授周作人、张凤举对中国文化事业和北京大学所发表的意见和资料;在《晨报副镌》发表《复旧倾向之加甚》。28日,在《晨报副镌》发表《童话与伦常》。

　　按:《复旧倾向之加甚》针对当时《时事新报·学灯》上所载东南大学教授柳翼谋的讲演《什么是中国的文化》中鼓吹三纲五常,而指出当时社会上各方面复旧倾向加甚的情况。《童话与伦常》批评了柳翼谋的讲演《什么是中国的文化》中不满意于童话不讲"中国的五伦"的观点,阐明正因为童话不讲传统的教训,所以可以成为"良好的儿童文学读物"。

周作人3月12日作《"古文旧戏"》,载3月20日《晨报副镌》,抨击了当时警察厅禁止"白话新戏"这种对新文化反动的做法,戏言既然禁止白话新戏,就应提倡"古文旧戏"。15日,与张凤举至蒋梦麟家,与沈尹默、陈百年、沈兼士、马裕藻等一起为日本对华文化事同教育部罗次长谈话。17日,在《晨报副镌》发表《诗人的文化观》。27日,在《晨报副镌》发表《国学院之不通》,抨击了东南大学国学院当时发表的整理国学计划书中对章太炎古文的曲解,嘲笑了他们"国学家而不懂国文"的荒唐可笑。29日,在《晨报副镌》刊出《国故与复辟》。4月5日,陪同日本教育视察团参观北京大学二院,参观后又与该团会谈中日文化事业问题。7日,与沈尹默同往汤尔和宅,谈日中文化事业问题。10日,在《晨报副镌》发表《续神话的辩护》,指出对于神话的解释意义不要走进言语学派的迷途里去。5月10日,郑振铎致信周作人,谓《小说月报》"七八月拟作为'非战文学号'",邀周作人和鲁迅为之写稿。13日,作《一封反对新文化的信——致孙伏园》,载5月16日《晨报副镌》。

按:此信针对北京大学一教师因与不认识的女生通信而被革职一事指出:"在这样假道学的冷酷的教育界里很是寒心,万一不慎多说了一句话多看了一眼,也难保不为众矢之的,变为名教的罪人。"又说:"我真不懂中国的教育界怎么会这样充满了法利塞的空气,怎么会这样缺少健全的思想与独立的判断。"

周作人5月14日在《晨报副镌》发表《"大人之危害"及其它》,针对泰戈尔在中国演讲引起的不同凡响,批评了中国思想界的排外与复古倾向。29日,郁达夫来访。6月11日下午,周作人夫妇对回八道湾取书及什器的鲁迅,进行辱骂殴打。30日,在《晨报副镌》发表《太戈尔与耶稣》。9月26日,应胡适、徐志摩、郁达夫等人之约至来今雨轩聚会,到者共30余人。11月2日,周作人与钱玄同、孙伏园、李小峰、章矛尘、江绍原、顾颉刚等人商议创办《语丝》周刊。议决由周作人起草《语丝发刊词》。计划本月17日出版。内容以杂文和短论为主,对北洋军阀和封建专制思想加以抨击,其文体被称为"语丝文体",语丝社成员为代表的文学派别。

按:《语丝发刊词》说:"我们几个人发起这个周刊,并没有什么野心的奢望。我们只觉得现在中国的生活太枯燥,思想界太沉闷,感到一种不愉快,想说几句话,所以创刊这张小报,作自由发表的地方。我们并不期望这于中国的生活或思想上会存什么影响,不过姑且表达自己所要说的话,聊以消遣罢了。我们并没有什么主义要宣传,对于政治经济问题也没有什么兴趣,我们所想做的只是想冲破一点中国的生活和思想界的昏浊停滞的空气。我们个人的思想尽自不同,但对于一切专断和卑劣之反抗则没有差异。我们这个周刊的主张是提倡自由思想,独立判断,和美的生活。我们的力量弱小,或者不能存什么着实的表现,但我们总是向着这一方面努力。"《语丝》创办后,语丝社同人曾定期到中央公园(今为中山公园)的来今雨轩聚会。经常到会的有周作人、孙伏园、钱玄同、林语堂、俞平伯、郁达夫等,鲁迅也时而出席。语丝社成员为代表的文学派别,称语丝派。

周作人8日往中国大学讲演《神话的趣味》,载12月5日《晨报·文学旬刊》第55号,略述了神话的种类及五家神话新旧学说。9日,因见报载胡适致王正廷的信,得知胡反对国民军对清室的处置,特作致胡适信。12日,胡适复信周作人,说明他对待溥仪的问题上,并未"为外国人的谬论所惑"。13日,周作人再致函胡适谈此事。30日,作《致溥仪君书》,载12月8日《语丝》第4期,以致溥仪的信的形式戏言对他的出宫表示道贺,希望他"补习一点功课,考入高中,大学毕业后再往外国留学",并"最好是往欧洲去研究希腊文学"。12月1日,《语丝》第3期发表《林琴南与罗振玉》,认为林琴南"确是清室孝廉",但他在中国文学上的功绩是不可泯没的。15日,在《语丝》第5期发表《笠翁与兼好法师》,引录清代文人李笠翁的《笠翁偶集》与日本和尚兼好法师《徒然草》中的话,称赞他们对生活的理解。(参见张菊香、张铁荣主编《周作人年谱》,南开大学出版社1985年版)

沈尹默1月8日出席本年度北大评议会第二次会议,讨论北大经济问题。9日,在北京大学校内收到吴虞面交的《诗经通论》一册。15日,北京大学校长发布启事,请李大钊、胡适、沈尹默等为学校25周年校庆纪念册编辑导师。2月4日,与周作人、马裕藻、陈大齐、沈兼士同访日本人汤中君,商谈对华文化事业。18日,《申报》刊登消息,称蒋梦麟、陈大齐、王星拱、沈尹默等47名北大教授联名致函北洋政府外交部顾维钧、王正廷,要求立即宣布恢复中俄邦交。同日,顾颉刚来访,未遇。24日,钱玄同来访。27日,访马叙伦。3月2日,顾颉刚来访,商谈编教材事,邀请顾颉刚为孔德学校编历史讲演稿。5日,访顾颉刚。

沈尹默3月15日与胡适、李大钊、钱玄同、周作人等北大60位教授联名致函北大校长,批评并要求教育部取消《国立大学条例》。同日,与蒋梦麟、周作人、马裕藻、陈百年、沈兼士同访教育部次长罗文干,商谈对华文化事业。4月9日上午,与周作人、马裕藻访代理校长蒋梦麟。下午,周作人来访。12日,北京大学国文学系等六系主任改选开票,国文学系马裕藻当选主任,沈尹默落选。8月3日,沈尹默为刘半农校点的唐韩致尧《香奁集》作序。6日,劝顾颉刚在北京书局加股,被选为候补董事。10月9日,北京大学评议会评议员选举结果揭晓,沈尹默当选为评议员。25日,与罗惠侨、马叙伦、沈士远等7人被北京大学公布为校庶务委员会委员。(参见郦千明《沈尹默年谱》,上海书画出版社2018年版)

沈兼士1月8日参加北京大学评议会第二次会议,讨论学校经费问题。17日,被选为北京大学教职员临时代表团代表。19日,赴北京安徽会馆参加戴震诞辰200周年纪念会并演讲。26日,参加北京大学评议会第三次会议,主要议题为学校经费、移用日本赔款作文化事业及学生旅行考察补助费用问题。同日,参加北京大学研究所国学门方言调查会成立会议,报告该会成立经过,说明研究的范围和方法,主持推定该会主席,讨论征集方言的方法、发表文字的报刊。30日,参加在北京大学第三院研究所国学门歌谣室召开的歌谣研究会会议,讨论上学期会务进行情况、今后的工作计划及欢迎新会员。2月18日,《申报》刊登消息,称蒋梦麟、陈大齐、王星拱、沈兼士等47名北大教授联名致函北洋政府外交部顾维钧、王正廷,要求立即宣布恢复中俄邦交。3月8日,参加北京大学评议会第四次会议,议决章廷谦出洋请仍给助教薪事,德国留学生毛准、姚士鳌请加学费及韩述祖教授催请寄薪等八项议案。14日,参加北京大学评议会第一次临时会议,讨论国立大学校条例事。15日,与胡适、李大钊、钱玄同、周作人等北京大学60名教授联名致函校长,批评教育部制定的国立大学校条例。25日,《申报》刊登消息,称北京女子高等师范学校教员李泰、徐炳昶、沈兼士等30余人联名发布宣言,反对教育部向该校派遣董事会。

沈兼士4月11日参加北京大学评议会第二次临时会议,议决本会书记马先生(马裕藻)辞职等案。18日,参加北京大学评议会第五次会议,讨论决定教务会议议复学生旅行津贴案等。5月9日,参加北京大学评议会第三次特别会议,讨论音乐传习所请改名等议案。15日,参加研究所国学门风俗调查会会议,审查该会简章,提出意见和建议。17日,参加北京大学研究所国学门方言研究会第二次常会,讨论会章等事宜。19日,参加北京大学研究所国学门考古学会会议,听取主席报告该会成立经过,讨论会章及各项工作。21日,参加并主持北京大学研究所国学门整理档案会第三次常会,议决摘录明题行稿等事项。28日,参加北京大学第九次评议会会议,讨论由教务会议提出的设立东方文学系等事项。6月4日,参加北京大学评议会第十次会议,讨论仪器保证金案等。9、10 日,代表考古学会,两次参加各学术团体代表会议,讨论对美国退还部分庚款的使用和保管问题,并将议决事项分呈外交部、教育部及美国公使。15 日,参加北京大学研究所国学门第二次恳亲会,报告该学门各项进行事项,讨论今后填写和编辑学术年表等工作。8 月 5 日,撰成《〈说文〉通俗序》。

沈兼士 9 月 20 日被选为北京大学教职员临时代表团代表。27 日,参加北京大学评议会与教务会联席会议,听取校长报告经费问题,讨论如何节省经费等议案。10 月 3 日,北京大学公布《国文学系课程指导书(十三年至十四年度)》,沈兼士的科目为"文字学大意"(4 课时)、"文字学形义"(3 课时)和补讲科目"文字学形义"(2 课时)。9 日,被选为北京大学评议会评议员。15 日,参加北京大学评议会第一次会议,校长照章宣布选举本会书记,议决沈漱明教授请假等案。22 日,参加北京大学评议会第二次会议,讨论学校经费问题等事项,并被会议通过为财务委员会、聘任委员会委员。28 日,参加北京大学评议会会议,讨论各委员会委员辞职允准事件及李四光、胡适辞评议员事件和校长提议请蔡元培先生回校两项议案。11 月 9 日,作为清室善后委员会委员,参加清室善后委员会会议,讨论清室眷属出宫等问题。20 日,随同清室善后委员会委员长李煜瀛及内务、教育部有关人员暨军方代表等,赴故宫检查近日所封各宫殿。28 日,由北京大学评议会会议通过为北大欢迎孙中山先生临时委员会委员。12 月 22 日,赴神武门参加清室善后委员会筹备查点会议,议决拒绝执政府命令,按期开始清宫物品点查工作。24 日,参加北京大学评议会会议,讨论大学条例问题等事项。同日,下午参加清室善后委员会组织的检查坤宁宫物品工作。(参见郦千明、汪素梅《沈兼士年谱简编》,《湖州师范学院学报》2021 第 3 期)

王世杰继续任北京大学教授。1 月,在《东方杂志》第 21 卷纪念号上发表《现代之出版自由》。2 月,被国立广东大学(1926 年 7 月改为中山大学)筹备委员会主任邹鲁聘为广东大学筹备委员会委员。主要负责拟定该校的规章制度。同时担任该校法科委员会委员。2 月,在《东方杂志》第 22 卷第 3 号上发表《军人的人身自由、言论自由与政治权》。10 月,在北京大学《社会科学季刊》第 3 卷第 1 号上发表《行政合议制》。同期发表介绍《汉律考》《宋刑统》《中国法典编纂沿革史》等著作的文章。12 月,与陈源、周览等人创办《现代评论》周刊。在创刊号上发表《时局之关键》。(参见薛毅《王世杰传》及附录《王世杰生平大事年表》《王世杰著述目录》,武汉大学出版社 2010 年版)

杨振声获教育学博士学位。由美归国,回山东蓬莱县老家看望父母。10 月下旬,北大新潮社同人宴请刚回国的杨振声。11 月 15 日,致胡适函,谈到创作中篇小说《玉君》等事宜。是年,小说《玉君》初稿写成,先后交由邓以蛰、陈源、胡适等阅览,后按几人的建议进行了三次修改。(参见蓬莱市历史文化研究会《杨振声编年事辑初稿》,黄河出版社 2007 年版)

郁达夫时任北京大学统计学讲师。1 月 15 日,作散文《零余者的自觉》。3 月 18 日下午,郁达夫访鲁迅,赠以《创造季刊》第 2 卷第 2 期一册。同月,寄消息于郭沫若、成仿吾,谓"太平洋社"想与"创造社"合作,打算停刊《太平洋》杂志,同办《创造周报》,前半政治,后半文艺。政治的一半由北京编好寄往上海,在上海再加上文艺的一半付印出版。郭沫若、成仿吾觉得太平洋社的那些从英国回来的学者"太绅士"了,官僚气味太重,"好象合作不来"。又加以用文艺来做政论的附属品,就是自己出马时最反对的办法。故而他们提出,《周报》由两社的人轮流编辑,一期政治,一期文艺,此意见由郁达夫转告北京太平洋社,没有得到太平洋社的同意。4 月 30 日下午,访鲁迅。5 月中旬,郁达夫南下行返上海,在民厚里旧寓和成仿吾等"收拾《周报》的结束工作",并把"太平洋社"有关人员第二次提出与"创造社"合办《现代评论》之事进行讨论。经大家同意,便在《创造周报》第52期上刊出"太平洋社与创造社合办新周刊《现代评论》"的预告。此事后未曾实现。

　　按:《现代评论》创刊后,达夫等创造社人员曾为此撰稿,但"当他们发觉'太平洋社'有其背景势力和另外政治目的时,就停止了寄稿"。关于这次南下,达夫说:"表面上虽则说是为收拾'周报'和商议与'太平洋'杂志合作事情而去,但我的内心实际上想上南边去看看有没有机会可以使我脱离这万恶贯盈的北京而别求生路。"(据《给沫若》)

　　郁达夫5月发表演讲《介绍一个文学公式》,认为世界上的文学逃不脱F+f的公式,即"认识要素加情绪要素"。6月初,返回北京。15日,访鲁迅。22日,撰论文《读了珰生的译诗而论及于翻译》。7月3日,郁达夫接待鲁迅首访,鲁迅赠以《中国小说史略》下卷一册。晚,达夫带陈翔鹤、陈炜谟回访鲁迅。25日,郁达夫作随笔《读上海一百三十一号的〈文学〉而作》,批评梁实秋,为郭沫若、成仿吾辩护。11月2日上午,郁达夫访鲁迅。13日,结识刚练习写作、"四处碰壁"的沈从文,给予生活和写作上的帮助。同日,作《给一个文学青年的公开状》,系给沈从文来信的回复。12月15日晚,访鲁迅。25日晚,访鲁迅。是年,郁达夫与鲁迅多次商量编选出版青年作者的优秀之作,以帮助青年作者迅速成长。(参见陈其强《郁达夫年谱》,浙江大学出版社1989年版)

　　孙伏园时为《晨报副刊》编辑。10月,因其代理总编辑刘勉已无理抽去已发稿的鲁迅打油诗《我的失恋》,周作人连载的《徐文长的故事》也遭"腰斩",便愤而辞职,联络文友,另办刊物。11月2日下午,孙伏园、周作人、钱玄同、李小峰、章川岛、江绍原、顾颉刚诸人在北京东安市场开成案餐馆聚餐,商议创办《语丝》周刊,大家写稿,印刷费由鲁迅和到场的7人分担,每月每人8元。由周作人起草《语丝发刊词》。至晚8时散。17日,《语丝》周刊创刊于北京,最初没有社址,借用北京大学第一院"新潮社"编辑、校对、发行的地方。该刊《发刊辞》说明创刊的目的是想"冲破一点中国的生活和思想的昏浊停滞的空气",要以"简短的感想和批评""发表自己所要说的话",反抗"一切专断与卑劣","提倡自由思想,独立判断,和美的生活","也兼采文艺创作以及关于文学美术和一般思想的介绍与研究",也可"发表学术上的重要论文"。最初列名撰稿的有鲁迅、钱玄同、江绍原、川岛、斐君女士、王品青、衣萍、曙天女士、孙伏园、李小峰、淦女士,顾颉刚、春台、林兰女士、林语堂、周作人等16人。这些人政治态度,观点并不相同,后来只剩下五六人。12月5日,孙伏园在鲁迅等支持下,创办《京报副刊》,任主编。

　　按:据《语丝》同人章川岛《说说〈语丝〉》(《文学评论》1962年第4期)回忆:在孙伏园辞去《晨报副刊》的编辑以后,有几个常向副刊投稿的人,为便于发表自己的意见不受控制,以为不如自己来办一个刊物,想说啥就说啥。于是由伏园和几个熟朋友联系,在那年(1924)的11月2日正好是星期天,钱玄同、江绍原、顾颉刚、周作人、李小峰、孙伏园和我在东安市场的开成豆食店集会,决定出一个周刊,大家写稿,印刷费由鲁迅先生和到场的7人分担,每月每人8元。刊物的名称大家一时都想不出来,就由顾颉刚在带来的一本《我们的七月》中找到"语丝"两个字,似可解也不甚可解,却还像一个名称,大家便同意了。就请钱玄同先生题签。次日即由伏园去报告鲁迅先生,他表示都同意。后来又由伏园去联系了几位,就写了一张石印的广告,说这个周刊将在何时出版,是由某某16个人长期撰稿,到处张贴、发散。

　　按:《京报副刊》以发表形式短小的作品为主,支持群众反帝爱国运动和学生运动。1926年4月24日被奉系军阀以"宣传赤化"为借口封闭。(参见鲁迅博物馆、鲁迅研究室编《鲁迅年谱》,人民文学出版社1981年版;张菊香、张铁荣主编《周作人年谱》,南开大学出版社1985年版)

　　林语堂1月被推举为北京大学方言调查会主席。9月，参加《语丝》社，成为《语丝》主要撰稿人之一，并在《语丝》上发表第一篇文章《论士气与思想界之关系》。是年，还发表了《关于研究方言应有几个语言观察点》《北大研究所国学门方言调查会宣言书》《北大方言调查会方言字母草案》《征求关于方言的文章》《征译散文并提倡幽默》等文章。（参见郑锦怀《林语堂学术年谱》，厦门大学出版社2018年版）

　　许寿裳3月辞去北京女子高等师范学校校长，返回教育部再任编审。北洋政府教育部委任杨荫榆为新校长。5月，教育部决定将该校改名为北京女子师范大学。（参见倪墨炎、陈九英编《许寿裳文集》下及附录二《许寿裳先生年谱》，百花出版社2003年版）

　　吴承仕以庄逵吉刊本为批评对象，"校其短长，理其肴乱"，共得近400条，于1月撰成《淮南旧注校理》3卷。又据蜀刊《道藏辑要》本，得60余条，撰成《校理之余》1卷，是对前3卷的印证和补充。

　　按：杨树达曾评论本书说"检斋喜治音韵校勘之学，尝校《淮南王书》，为《旧注校理》三卷，说多精到"。

　　吴承仕所著《经籍旧音辨证》5月正式出版，其《经籍旧音辨证序》刊于5月《华国月刊》第1卷第9期。是书就旧音的传写错讹与注音中的特异现象以及前人未加解释或解释不当者加以考证、阐释，章炳麟为撰《经籍旧音题辞》，称"其审音考事皆甚精，视宁人之疏、稚存之钝，相去不可以度量校矣。明清诸彦，大抵能辨三代元音，亦时以是与唐韵相斠，中间代嬗之通，阙而未宣，检斋之书出而后本末完具，非洽闻强识、思辨过人者，其未足与语此也"。随后黄侃作《经籍旧音辨证笺识》，沈兼士作《吴著经籍旧音辨证发墨》。11月，吴承仕所撰《吴承仕致华国月刊书》刊于《华国月刊》第2期第1册。12月，所撰《男女阴释名》刊于《华国月刊》第2期第2册。岁末，出任北京师范大学国文系主任，兼授《三礼名物》。同时应聘为中国大学、北京大学、东北大学等校教授。（参见庄华峰编纂《吴承仕研究资料集》，黄山书社1990年版）

　　吴虞2月6日，作《吕蕙仙集序》。3月5日，柳亚子来信，请吴虞加入新南社，吴虞复信柳亚子，并填新南社介绍书。4月9日，《晨报副镌》署名又辰者，有"介绍打孔家店的老英雄底近著"一文，将吴虞赠娇玉诗单全行登录。12日，《晨报副镌》登出"吴吾赠娇玉式的淫靡古诗，本刊不以为然，放在必攻之列"诸语。29日，吴虞作《致晨报记者》一文，回应《晨报副镌》对自己的攻击。8月24日，选定《韩非子》文，凡32篇。9月7日，南方大学校长江亢虎送来教授聘约。14日，北京学院教务主任刘兢炎送来聘书。12月16日，中国大学国学研究会来函请吴虞任导师。（参见朱玉、孙文周《吴虞年谱简编》，《吴虞诗词研究与整理》附录一，河南文艺出版社2016年版）

　　徐旭生参加北京大学研究所设立的考古学会。12月5日，徐旭生在《太平洋》第4卷第9号发表《〈西游记〉作者的思想》。提出应该从"历史的批评""艺术的批评""思想的批评"这三个层次来评价研究文艺作品，并认为胡适的文学研究多是"历史的批评"。（王学典《20世纪史学编年(1900—1949)》，商务印书馆2014年版）

　　李玄伯毕业于法国巴黎大学，返国后受聘于国立北京大学，兼法文系主任。12月27日，李玄伯在《现代评论》第1卷第3期发表《古史问题的唯一解决方法》，认为"古史辨派"的古籍辨伪并不能真正解决问题，只能依赖"古人直遗的作品"，假设以科学的方法严密地去发掘，所得的结果必能与古史上甚重大的材料相印证。"要想解决古史，唯一的方法就是考古学。我们若想解决这些问题，还要努力向发掘方面走"。（参见王学典《20世纪史学编年

（1900—1949）》，商务印书馆 2014 年版）

容庚 1 月任北京大学研究所国学门事务员。6 月 6 日，王国维致函容庚，告以《金文编序》已撰就，至是过从日密。11 月，所撰《甲骨文字之发现及其考释》载《国学季刊》第 1 卷第 4 期。

按：王国维《金文编序》载《观堂集林》卷四，曰："孔子曰：'多闻阙疑。'又曰：'君子于其所不知，盖阙如也。'许叔重撰《说文解字》，窃取此义。于文字之形声义有所不知者，皆注云阙。至晋荀勖等写定《穆天子传》，于古文之不可识者，但如其字，以隶写之，犹此志也。宋刘原父，杨南仲辈释古彝器，亦用此法。……（近时）吴清卿（大徵）中丞撰《说文古籀补》，则以字之不可识者为附录一篇，乃有合于《说文》注阙之例。今古文日出，古文字之学亦日进，中丞书中附录之字，颇有可灼知其为某字者。其本书中之字亦有不能不致疑者，顾未有续中丞书而补其阙遗匡其违失者，亦兹学之缺典也。癸亥冬日，东莞容君希白出所著《金文编》相示，其书祖述中丞，而补正中丞书处甚多，是能用中丞之法而光大之者。余案阙遗之说出于孔子，盖为一切学问言，独于小学则许叔重一用之，荀勖辈再用之，杨南仲三用之，近时吴中丞又用之。今日小学家如罗叔言参事考甲骨文字，另撰《殷虚文字待问编》一卷，亦用此法。而希白是编与参事弟子商锡永《殷虚文字类编》用之为尤严，至于他学，无在而不可用此法。古经中若《易》若《书》，其难解盖不下于古文字，而古来治之者皆章疏句释，与王薛诸氏之释彝器款识同。余尝欲撰《尚书》注，尽阙其不可解者，而但取其可解者著之，以自附于孔子阙疑之义。荏苒数年，未遑从事。"（参见容庚《颂斋自订年谱》，东莞市政协编《容庚容肇祖学记》，广东人民出版社 2004 年版；袁英光、刘寅生《王国维年谱长编（1877—1927）》，天津人民出版社 1996 年版）

容肇祖继续在北京大学哲学系学习。为纪念戴震诞生 200 周年，北大《国学季刊》第 2 卷第 2 号拟出一个纪念戴震专号，容肇祖撰《戴震说的理及求理的方法》一文，被《国学季刊》采用，次年刊出。受此激励和鼓舞，又撰写了《述复社》《记廖燕生平及其思想》《读抱朴子》，其中《记廖燕生平及其思想》通过廖燕《二十七松堂文集》，旨在发掘清初廖燕的反对八股取士的思想。

按：《容肇祖自传》："1924 年，戴震诞生二百周年，北大《国学季刊》二卷二号拟出一个纪念戴震专号。戴震是我国著名的天文学家、数学家和哲学家，他是摧毁宋儒理学家哲学体系的著名学者，当时学术界纪念戴震是有其时代意义和需要的。我写了《戴震说的理及求理的方法》一文，被《国学季刊》采用，这对我的激励和鼓舞是不小的。我又写了《述复社》，把明末一些文人组织复社的历史背景、目的及其变化，全面地进行介绍，并对复社的主要成员如顾炎武、黄宗羲的成就，作了重点的评介，以历史事实证明复社是知识分子在特定的历史条件下组成的政党，是时代的需要。随着，我写了《廖燕的生平及其思想》一文。廖燕，广东曲江人，他有浓厚的反对清王朝封建政治的色彩，在清王朝大兴文字狱和愚民政策，以八股考试的制度下，廖燕提出：'明太祖以八股取士的制度比秦始皇焚书之心为更毒。'他从侧面揭露清王朝以八股取士的本质，他敢于反抗的胆略，在清初不能不说是伟大的，在文学上也有不小的声誉，因而在日本颇有名。当时我见到他的《二十七松堂文集》，对这位压抑了二百多年的学者要为他的不幸而呼吁，同时也产生了一种要对进步文人潜德幽光进行发掘的想法。我写了《读抱朴子》一文，对葛洪宣扬方士炼丹、求长生等迷信愚弄人民的思想作了详细揭露，同时我对葛洪错误的反对鲍敬言提出君权不是神授，立君不是民意的主张，作了批判。"（参见《容肇祖全集》编纂委员会《容肇祖全集·容肇祖自传》，齐鲁书社 2013 年版；衷尔钜《容肇祖年谱简编》，东莞市政协编《容庚容肇祖学记》，广东人民出版社 2004 年版）

陆侃如由北京大学中文系毕业，考入清华大学研究院专攻中国古典文学。5 月 24 日，与游国恩、林之棠、张为骐、黄优仕和徐嘉瑞等草拟《爱智学会宪章修改草案》，刊于《北京大学日刊》，决定学术委员会暂设国学、社会科学、文艺三部，各部分设编辑部，各部虽分头进行，部务完全独立，而精神则完全一致。6 月 6 日，爱智学会国学部《国学月报》创刊，《发刊引言》指出："我们是极恨这种'顽固的信古态度'及'浅薄的媚古态度'的。我们宁可冒着

'离经叛道'的罪名,却不敢随随便便的信古;宁可拆下'学贯中西'的招牌,却不愿随随便便的媚古。"第 1 卷由《楚辞号》《诗经号》和《陶渊明号》3 个专号 2 期构成。

　　按:爱智学会国学部为述学社的前身,但非述学社本身,以往常常混为一谈,需要略作辨析。徐坤《述学社研究》(曲阜师范大学硕士学位论文,2014 年)认为,述学社是"整理国故"运动中诸多国学社团之一,其成立时间,有学者认为是 1924 年 5 月,这显然是误将爱智学会国学部成立的时间当作述学社成立的时间了。述学社成员多曾是爱智学会国学部成员,社刊《国学月报》也曾是爱智学会国学部的刊物,早在四五十年代,游国恩和陆侃如在回忆中已将两个团体混淆为一,实则二者并非一个团体。爱智学会是孔襄我、吕一鸣、赵景深等人于 1921 年 10 月在天津创办的秉承无政府主义的团体,该会以"讨论学术,养成高尚人格,研究真理,发扬改造精神为宗旨"。爱智学会的《简章》刊登在同年 12 月 23 日的《北京大学日刊》第 925 号。该会在北京设有分会,后孔襄我等到北京,总会也随之北上。1924 年 4 月 4 日,该会在北京大学第一院会所"开全体会""讨论本会进行事宜并报告上海分会筹办处来函"。5 月 21 日,该会讨论本会组织大纲并欢迎新加入会员。5 月 24 日,该会修改委员成员孔襄我、何联奎、林之棠、游国恩等六人草拟的《爱智学会宪章修改草案》公布于《北京大学日刊》,决定学术委员会暂设国学、社会科学、文艺三部,各部分设编辑部,各部虽分头进行,部务完全独立,而精神则完全一致。国学部的发起成员中至少有陆侃如、游国恩、林之棠、张为骐、黄优仕和校外徐嘉瑞等人。陆、游等五人均是北京大学 1920 级乙部预科的学生:黄优仕是一年级英文戊班,林之棠和游国恩是预科一年级英文班己班,陆侃如、张为骐是一年级英文班庚班。虽然五人预科均为 1920 级,但陆侃如、游国恩、林之棠是国文系 1922 级,黄优仕是国文系 1924 级,张为骐是国文系 1925 级,此中缘由不详。国学部于《国学月报》《楚辞号(一)》出版后不久便遇到暑假,成员"均相继返里,不得不停刊;暑假后又因交通阻隔,负责人员未能如期来京",以至第 1 期发表后的 5 个月后"第二期仍未能与读者相见"。1925 年 1 月,该部举行本部第一次月会。12 月,该部举行第二次月会,"由会员智原喜太郎先生报告朝鲜发见古物情形"。该部主要依靠学缘和地缘扩展成员。1924 年 5 月,陆侃如阅读徐嘉瑞《中古文学概论》一书后,希望胡适将自己的五条批评"转致徐先生"。另一成员刘尧民则与徐嘉瑞曾一起任教于昆明女中。黄优仕和杨晶华都是北京大学国文系 1924 级的学生。1924 年秋,北京南方大学储皖峰经同学傅琴心介绍认识傅氏的同乡游国恩,又经游国恩介绍认识陆侃如,当即加入爱智学会国学部。游国恩非常兴奋,这一个小小的刊物居然被人注意而获得新的同好了。

　　钱端升上半年漫游欧洲各国,就教于英、法、德、奥等国一些宪法或政治学教授、学者,访问各国议会议员、工作人员,同时了解各大图书馆情况。5 月,获哈佛大学哲学博士学位,离美归国,6 月抵上海。秋季开始任教于清华学校,于历史系讲授"西洋近百年史"。(参见孙红云编《中国近代思想家文库·钱端升卷》附录《钱端升年谱简编》,中国人民大学出版社 2015 年版)

　　陈达 2 月 14 日邀请成府绅商 10 余人于工字厅讨论社会调查之办法,同学加入 40 余人。2 月,在《清华学报》第 1 卷第 2 期发表《社会调查之尝试》。6 月,《清华学报》改组复刊,陈达任主编。学报的内容,分为文字、哲学、地史、数理化、农林、博物、政治、经济、社会、教育八大类。陈达始将《清华学报》办成学术性刊物,并且重新编列卷期号。名家如王国维、梁启超、陈寅恪、赵元任、胡适都有论著发表。所取稿件精益求精,校对手续尤其认真。9 月,为办好学报,收集材料,陈达进行了广泛的社会调查,凡灾荒、劳动、实业等事,应有尽有。

　　按:1915 年 12 月,清华学校创办《清华学报》,以介绍欧美科技发展等重点,至 1919 年 12 月停刊,共出版 5 卷 22 期。《清华学报》复刊后先为半年刊,1934 年改为季刊,抗战军兴后,受时局影响,停办续办多次,1949 年停办。《清华学报》刊登了大量史学论著,是民国时期重要的史学学术刊物之一。

　　按:陈达在学报编辑部《引言》中说:"我们以为求学的态度,应以诚实为标准;第一要存个谦抑的心,然后实事求是,平心静气,来研究学问;第二要有科学的精神,然后可以渐趋精确稳实,脱离虚浮的习惯。"(田彩凤《陈达先生年谱》,《清华大学学报》1995 年第 2 期;王学典《20 世纪史学编年(1900—1949)》,商务

印书馆 2014 年版)

张荫麟 6 月在《清华学报》第 1 卷第 1 期发表《明清之际西学输入中国考略》,将西方学术之输入我国分为二期:第一期,始于明万历中叶,盛于清康熙间,至乾隆中而绝;第二期,始于清咸丰同治间之讲求洋务以迄今日,旨在"整理第一期西学输入之史迹,而说明其与我国学术界之关系"。(参见齐家莹编《清华人文学科年谱》,清华大学出版社 1999 年版)

常乃德是年秋改就燕京大学之聘,教授历史。其间,又在进山中学教书。是年,在《中华教育界》第 14 卷第 1 期上发表《新制初级中学历史课程编制之一得——为解释并补正课程标准而作》。(参见顾友谷《常乃德学术思想评述》及《常乃德先生年谱》,云南大学出版社 2013 年版)

许仕廉在燕京大学社会学系主讲"社会学原理",李景汉主讲"社会调查与研究方法",王文豹主讲"犯罪学",社会调查所所长陶孟和、知名学者朱积汉、张友渔等为燕京大学社会学系兼职教授。

杨树达任北京高等师范学校国文系主任教授。9 月 5 日,在《太平洋》第 4 卷第 8 号发表《汉代老学者考》。(参见王学典《20 世纪史学编年(1900—1949)》,商务印书馆 2014 年版)

罗常培因军阀混战,交通梗阻,不但书报不通,就连平安家书也难送到。夏,罗常培只好辞职返京,同时辞谢了河南中州大学聘请做中国文学系教授兼主任之邀。在 5 个机关约请下继续做速记员,同时兼任私立四存中学国文教员。12 月 27 日,罗常培在西北大学的讲演,撰为论文《清代校雠学家的方法》。(参见《罗常培文集》编委会编《罗常培文集》第 10 卷附录《罗常培年谱》,山东教育出版社 2000 版)

丁惟汾 1 月在国民党第一次全国代表大会上当选为中央执行委员,被任命为北京办事处主任。

李世璋就读日本东京帝国大学研究院法律科毕业。秋,任北京《京报》记者和孙中山赴北京代表团新闻发言人、上海《申报》和《国民日报》记者。

王福厂应故宫博物院院长马衡推荐,参加故宫博物院清点清宫文物的工作,为当时故宫的专门委员会 15 人委员之一。

沈钧儒等国会拒贿议员 11 月联合发表宣言成立国会非常会议,企图以此对抗临时执政段祺瑞及其提出的善后会议,以维护《临时约法》。

简又文受聘为燕京大学宗教学院副教授,结识冯玉祥,旋任冯玉祥创办的今是学校校长。

柯柏年 9 月从上海到北京,在杜国庠、李春涛合住的"赭庐"四合院里成立北京"反对基督教同盟",参加的共 8 人。推举杜国庠、李春涛为会长,柯柏年、李辞三(清华大学)、李典煌(北京工业大学)、黄雄、王洪声(朝阳大学)、李春鏵(李春涛的弟弟)6 个学生为会员。

蒋式模、张克勋等人 3 月 5 日在北京发起成立湖北旅京自治学会,以研究学术,发扬本省自治为宗旨。

黄云为总干事的中央陆军讲武堂同学会 12 月 7 日成立于北京。

王统照 6 月 1 日任文学研究会的北京会员新创办的《文学旬刊》编辑,由《晨报》附送,逢一出版,每月发行 3 次,旨在促进文学批评与创作的兴盛。

成舍我创办,龚德柏、张恨水、黄少谷、张友鸾等编撰的《世界晚报》4 月 15 日在北京创刊。

邵元冲任社长的《北京民国日报》2 月 20 日在北京创刊,出版 28 天后停刊。

李景汉回国，任北京社会调查所干事。

萧瑜回国，任国民党北平市党务指导委员、《民报》总编辑。

石评梅与陆晶清等编辑出刊《京报》副刊《妇女周刊》。

成济安在北京参与创办《民立晓报》和民立通讯社，宣传革命，旋被北京政府查封。

李志云、李小峰兄弟在北京创办北新书局。

李景汉等社会学者对北京 100 户人力车夫家庭、200 家人力车租赁厂、100 个人力车夫进行调查。

陈半丁参加在北京中山公园举办的中日绘画展览会，齐白石、王梦白、广濑东亩、小石翠雪、太田秋民等数十人作品同展。

袁仲忻、李苦禅、王梦白、王雪涛、徐兰贞、孙功符、阎爱兰、何吉祥、王香之在国立北京艺术专门学校成立九友画会。

吴昌硕到北京，与弟子陈半丁相晤。

英千里自英国伦敦大学毕业后回国，协助父亲英敛之筹办辅仁大学。

陈翰笙获柏林大学博士学位，回国任北京大学教授。

胡仁源任北京交通大学教务长。

郑天挺北京大学毕业后，留校任教。

王重民考入北京高等师范学校国文系，从高步瀛、杨树达、陈垣等专攻文史。

废名就读于北京大学英国文学系。

潘漠华考入北京大学学习。

高亨考入北京大学学习。

缪钺年北京大学文预科肄业。

侯外庐又入北京师范大学历史学专业学习。

大勇法师在汤铸新、胡子笏、但怒刚、刘亚休、陶初白等名流居士智识与资金支持下，于北京慈因寺成立佛教藏文学院，10 月 11 日正式开学。学院延请多杰觉拔格西为导师，开示西藏佛教住持传承规模、学法习定、修持浅深、成就过程等修习内容。

法尊先后在北京藏文学院、康定安却寺、甘孜札噶寺和拉萨学藏文和经书。

谢尔吉为教督的中华正教会 11 月 26 日成立于北京，以"昌明宗教，阐发教义，化导社会，保守信仰，广行博爱，奋兴慈善，启发民众爱国思想"为宗旨。

陈独秀、瞿秋白、恽代英、蔡和森及鲍罗廷等 1 月 1 日出席中国共产党和青年团在上海举行的联席会议，讨论共产党和青年团在协助国民党改组中的方针问题。会上，陈独秀发表讲话，"建议所有同志协助国民党改组"。鲍罗廷提出"不提议陈独秀为国民党中央候选人"，陈独秀表示同意。6 日，孙中山指派柏文蔚、张秋白、陈独秀为安徽省出席国民党"一大"代表。9 日，陈独秀发表《广东战争之意义》，批驳孙（中山）陈（炯明）之争是所谓"集权制与分权制政见不同之战"及"广东内部"之争的说法，指出是"北洋军阀与南方革命党之争"。同月，发表《国民党与共产主义者》，阐明国民革命与共产主义革命之不同。2 月 1 日，陈独秀在《前锋》第 3 期发表《精神生活及东方文化》《国学》《一九二三年列强对华之回顾》《实庵笔记》及《圣人也得崇拜商品》。

按：《精神生活及东方文化》主要批判"东方文化派"，从辜鸿铭到张君劢、吴稚晖、梁启超、章士钊，但重点是梁漱溟,曰:"东方现有的农业的文化,家庭手工业的文化,宗法封建的文化,拜物教、多神教的文化,以及这些文化所产生之一切思想、道德、教育、礼俗、文字不解放的文化,西方以前也曾经历过,并不是东方所特有的什么好东西,把这不进化的老古董当作特别优异的文化保守起来,岂不是自闭于幽谷!如此提倡精神生活,如此提倡东方文化,真是吴稚晖先生所谓'祸国殃民亡国灭种之谈'了!我虽不认识张君劢,大约总是一个好学深思的人;梁任公本是我们新知识的先觉者;章行严是我的廿年老友;梁漱溟为人的品格更是我所钦佩的;但是他们提倡那些祸国殃民亡国灭种的议论,要把国人囚在幽谷里,我们不得不大声疾呼的反对,看他们比曹锟、吴佩孚更为可恶,因为他们的害处大过曹、吴。梁漱溟说我是他的同志,说我和他走的是一条路,我绝对不能承认。他要拉国人向幽谷走,我要拉国人向康庄大道(不用说这康庄大道也有许多荆棘须我们努力砍伐)走。如何是一条路,又如何是同志?更有一位浑沌不过的浑沌先生他在《东西文化到底能够融合吗》那篇论文(见民国十二年九月十八日《民国日报》'觉悟'栏)里说:'梁先生不知道中国化是把什么问题都解决了的。''世界未来之文化即是中国化,而中国化成为世界文化以后,也永远不会再有变迁了。''虽然在大都市里与知识阶级里有禁不起西方化的诱惑而投降的,但在大部分的农民,仍旧勤恳地种着田,纯朴而且自然,仍旧无思无虑的过那孔老的生活,一些儿没有变动,只待西方化、印度化来到他们的中国化面前低头。'他又分析东西文化不同之点是:西方人全靠自己的力满足欲求,印度人全靠神的力满足欲求,中国人没有欲求。这位浑沌先生真算名称其实了?他有何证据断定中国人没有欲求?由古之穴居野处、茹毛饮血一直到今之饮食、衣裳、车马、客室,不是欲求是什么?他怀着西方化来到农村向中国化低头的幻想,他不看见西方化来到中国农村驱遣无数农民去而为匪为兵的事实!可怜我们东方化的农业与手工业,已被西方化打得零落不堪;因此,建筑在东方化的农业手工业上面之政治、法律、思想、道德都随着摇动起来,这位浑沌先生还做着梦说:'一些儿没有变动。'我不知道梁漱溟先生也认他是走一条路的同志吗?"

按:《国学》有对"国故"或"中国学"与"国学"之别的辨析,曰:"曹聚仁先生说:'我们的社会,毕竟建筑在东亚大陆上,社会中各个体,毕竟要受旧文化的影响,一切思想决不能离了历史独自存在的。'他这段话我完全赞成。他以这样的精神来研究中国的古董学问,纯粹是把他看作历史的材料来研究,我不但不反对,而且认为必要,尤其是在社会学与考古学。但是用这样精神去研究他,只可称他为'国故'或'中国学',而不可称他为'国学';因为国故与中国学,都只表示历史材料的意思,而'国学'便含有特别一种学问的意思。学问无国界,'国学'不但不成个名词,而且有两个流弊:一是格致古微之化身,一是东方文化圣人之徒的嫌疑犯;前者还不过是在粪秽中寻找香水(如适之、行严辛辛苦苦的研究墨经与名学,所得仍为西洋逻辑所有,真是何苦!),后者更是在粪秽中寻找毒药了!"(以上引自《陈独秀文章选编》,生活·读书·新知三联书店1984年版)

陈独秀2月2日在《中国青年》第16期发表《列宁之死》,阐述领袖人物在历史上的作用。3月24日,致函胡适,告《中国青年》将出特号反对泰戈尔,请胡作一篇短文。4月18日,在《中国青年》第27期发表《太戈尔与东方文化》。23日,发表《崇拜太戈尔的主张派兵征服蒙古》。30日,发表《太戈尔与梁启超》《好个友爱无争的诗圣》。4月30日、5月1日发表《苏李诗考证》。同月,发表《评太戈尔在杭州、上海的演说》。5月7日,发表《太戈尔与清帝及青年佛化的女居士》,《无聊无赖无意识的中国报界》。14—16日,陈独秀出席中共中央在上海举行三届三次会议(又称"第一次扩大执行委员会"),并作中央局工作报告。17日,陈独秀到亚东图书馆,与汪原放谈到胡适时说:"思想是不进则退的。"25日,陈独秀作《答张君劢及梁任公》,刊于8月1日《新青年》季刊第3期,驳斥张君劢九项"人生观",并批判梁启超的主观唯心主义。

按:陈独秀此文章要点有三:一是对于张君劢列举的九项"人生观"问题的驳难:"汇集各种事实而推求其由来,而为之说明,此非科学之方法而何?此方法倘有应用于说明及推求社会现象所由来之可能,则社会现象亦必为因果律所支配,尚何待赘言?社会科学亦得成为科学,又何待赘言?"二是关于张君劢对于"事实"与"思想"之关系的观点的辩论："第一先有了物质的世界这个事实,第二才有能思想的人这个事实,第三又有了所思想的对象这个事实,然后思想才会发生,思想明明是这事实底儿孙,如何倒果为因,说思想是事实之母?"三是关于梁启超对马克思主义的"两个误会":一个是把马克思主义视为"机械的人生观";另外一个误会是把马克思主义视为一种"宿命论"。

陈独秀5月28日发表《太戈尔与北京》《康有为的道德》《巴尔达里尼与太戈尔》《泰戈尔是一个什么东西》。6月4日,发表《诗人却不爱谈诗》《太戈尔与金钱主义》《大同主义与弱小民族》《亚洲民族联合与亚洲平民联合》。11日,发表《德国对华赔款问题》《无政府工团主义与黑暗势力》及《反对太戈尔便是过激》《准印度人的亡国奴何东》。18—25日,发表《法国政潮》《研究系之丑表功》《政客还不及军阀有良心》《研究系不至如此下流》。7月9日,发表《沈恩孚、梁启超眼中的平民》《梁启超勿忘今日之言》《玄学家言原来如此》《外国的文化侵略与国民革命》。7月13日,陈独秀致函维经斯基,就国共关系的新形势,要求共产国际制订对国民党的"新政策"。21日,陈独秀以委员长名义与秘书毛泽东共同签署《中央通告第十五号》,要求各地党组织作好与国民党分裂的组织准备,指示对国民党右派的反共活动应取的策略。23日,陈独秀发表《美国侵略与蒙古独立》《反帝国主义运动联盟》及《无政府党与研究系》《收回教育权与中国学校》。

陈独秀8月13日发表《欧战十周纪念之感想》。9月3日,在《向导》纪念辛丑条约23周年的"九七特刊"上发表《我们对于义和团两个错误的观念》。17日,发表《我们的回答》,批驳国民党右派攻击"共产党破坏国民党",以及"取消共产党""共产党退出国民党"等叫嚣。10月1日,发表《国民党的一个根本问题》。8日,在《向导》"双十特刊"上发表《辛亥革命与国民党》。29日,发表《北京政变与中国人民》。11月初,孙中山决定离粤北上后,陈独秀在中共中央会议上,与彭述之、蔡和森等人一起,反对中共广东区委支持孙中山北上的意见,认为孙此举是"军事投机""与段祺瑞妥协",主张孙应留广东,巩固革命胜利。而广东区委则认为孙之北上,可以使革命运动推向北方发展。11月7日,发表《俄罗斯十月革命与中国最大多数人民》。19日,发表中共中央第四次对时局的宣言:支持孙中山北上及其政治主张。再次强调解决目前危机的方法"只有"国民会议,并提出"废除一切不平等条约"等为未来临时政府和国民会议的13条政纲。12月初,陈独秀与彭述之、维经斯基等人组成"起草委员会",进行起草中共"四大"文件的工作。20日,《新青年》季刊出版第4期后停刊。（以上参见唐宝林、林茂生《陈独秀年谱》,上海人民出版社1988年版）

章炳麟1月5日由其友人及弟子发起,在远东饭店陈设寿筵庆祝56寿辰。中午及晚间均有宴会,并有各种游艺助兴。到者有冷遹、李根源、马君武等,及旅沪国会议员多人。15日,在《华国月刊》第1卷第5期发表《与章行严论改革国会书》,主张以选举元首、批准宪法之权还之国民,监督政府当规复给事中,监督官吏当规复监察御史。3月8日,章炳麟致电湖南省议会,嘱坚持"省自治之说"。15日,《华国月刊》第1卷第7期刊载但焘《改革学制私议》,中引章炳麟有关学制论述。4月3日,章炳麟作《复叶德辉书》,斥责湖南劣绅叶德辉为"甘作谯周"。5月15日,在《华国月刊》第1卷第9期发表《经籍旧音题辞》,系为吴承仕所撰《经籍旧音辨证》所题。7月15日,章炳麟《华国月刊》第1卷第11期出版,载有章氏所撰《喻培伦传》和《复湖南船山学社书》。28日,联省自治会在沪开第三次筹备会,到会有章太炎、汤漪、潘大道、黄云鹏、徐兰望、但焘、陈光谱、刘君亮、史嘉霖、陈懋鼎等10余人,章炳麟任大会主席,会上通过致各省长函及各省议会电。

章炳麟8月15日在《华国月刊》发表《救学弊论》,对当时学风有所箴贬,对迷恋西学有所讥刺,对胡适派的"因疏陋而疑伪造"也有所批评,但过分强调"眼学",不务"耳学",要学生锢蔽于旧书堆中,"明练经文,粗习注义",欲治史以寻"国性",亦多有局限。8月26日,章炳麟对章士钊在《新闻报》上发表的"论江浙战讯"有不同看法,发出《与章行严论江浙战争》。11月1日,章炳麟发表《改革意见书一》。4日,再发表《改革意见书》,两书认为统一不如分治,中央实行总统制不如改行委员制。同时倡导长江流域之鄂、赣、闽、皖、苏、浙六省自治。同月,在《华国月刊》第2期第1册发表《王文成公全书题辞》,撰《王文成公全书后序》《仲氏世医记》。

按:《王文成公全书题辞》曰:"余观其学,欲人勇改过而促为善,犹自孔门大儒出也。昔者子路告人以有过则喜,闻斯行之,终身无宿诺,其奋厉兼人如此。文成以内过非人为证,故付之于良知,以发于事业者或为时位阻,故言行之明觉精察处即知,知之真切笃实处即行,于是有知行合一之说,此乃以子路之术转进者。要其恶文过、戒转念,则二家如合符,是故行己则无忮求,用世则使民有勇,可以行三军。盖自子路奋乎百世之上,体兼儒侠,为曾参所畏。自颜、闵、二冉以外,未有过子路者。晚世顾以嚵蔑之。至文成然后能兴其学.其托与陆子静同流者,直以避末俗之议耳。""降及清世,诋文成之学者,谓之昌狂妄行,不悟文成远于孔、颜,其去子路无几也。小人有勇而无义为盗,自文成三传至何心隐,以劫质略财自枭,借令子路生于后代,为之师长,焉知其末流之不为盗也。凤之力不与雕鹗殊,以不击杀谓之德,不幸而失德,则与雕鹗等,要之不肯为鸡鹜审矣。""文成诸弟子,以江西为得其宗,泰州末流,亦极昌狂,以犯有司之禁令耳。然大礼议起,文成未殁也,门下唯邹谦之以抗论下诏狱谪官,而下材如席书、方献夫、霍韬、黄绾争以其术为佞,其是非勿论,要之谲诡面诳,导其君以专,快意刑诛,肆为契薄。且制礼之弊,流为斋醮,靡财于营造,决策于鬼神,而国威愈挫。明之亡,世宗兆之,而议礼诸臣导之,则比于昌狂者愈下,学术虽美。不能毋为佞臣资,此亦文成之蔽也。"末云:"夫善学者。当取其至醇,弃其小漓,必若黄太冲之持门户,与东人之不稽史事者,唯欲为一先生卫。惧后人之苛责于文成者,甚乎畴昔之苛责于宋贤矣。"

按:《王文成公全书后序》曰:"自清之末,诸无借者始言新法,未几有云新道德新文化者,专己如是,以拂民之旧贯。新法行二十余年,如削趾适屦,民不称便,而政亦日紊。新道德新文化者,有使人淫纵败常而已矣,是则徽公新民之说导其端也。原其始,不过失于文义,而妄者借以为柄,祸遂至此,则诚所谓洪水猛兽者,文成力为之闲,不验于明而验于今之世,诵其书者,宜可以戒矣。"又本册"图画"有《王阳明先生像》,章氏为之赞曰:"渊默之貌,雷霆之声。气矜之隆,学道之名。强哉矫乎,阳明先生。"

章炳麟是年冬在国民党右派冯自由等的怂恿下,与冯自由、居正、田桐等共同发出《护党救国宣言》,要求同盟旧人重新集合团体,反对国共合作。12月26日,在《华国月刊》第2期第6册发表《与吴承仕论尚书古今文书》。同月,段祺瑞函聘章氏为执政府高等顾问,被拒绝。又在《华国月刊》第2期第2册上发表《中学国文书目》《华严庵记》《华严庵记书后》《中学国文书目》开列书目38种,每书皆注读法及精要提要。

按:《中学国文书目》"引"曰:"余既为《救学弊论》,或言专务史学,亦恐主张太过。求为中学作国文书目,意取博泛,不专以史部为主,于是勉作斯目,顾终不以自夺前论。穷研六书,括囊九流,余素殚精于此,而前论皆以为不急。盖乱世之学,不能与承平同贯也。是目但为中学引导,知者当识其旨趣。""目"曰:"凡习国文,贵在知本达用,发越志趣,空理不足矜,浮文不足尚也。中学诸生,年在成童以上,记诵之力方强,博学笃志,将从此始。若导以佻奇,则终身无就。"所列书目为《尚书孔传》、《诗》毛《传》郑《笺》、《周礼》郑《注》、《春秋左传》杜《解》、《史记》、《资治通鉴》、《续通鉴》、《明通鉴》、《清五朝东华录》、《老子》王弼《注》、《庄子》郭象《注》、《荀子》杨倞《注》、《韩非子》、《吕氏春秋》高诱《注》、《中论》、《申鉴》、《颜氏家训》、《文中子》、《二程遗书》、《王文成公全书》、《颜氏学记》、《古文辞类纂》、《续古文辞类纂》、《古诗源》、《唐诗别裁》、《说文句读》、《说文解字注》、《尔雅义疏》、《广韵》、《经传释词》、《世说新语》、《梦溪笔谈》、《困学纪闻》翁《注》、《日知录》黄《释》、《十驾斋养新录》、《中华民国宪法》、《中华民国刑律》、《仪礼·丧服篇》、《清服制图》。这些书,有的"全阅",有的"检阅",有的"全阅全读",有的"选诵选读";另外还有"总参考书",如"地理类"即有顾氏《方舆纪要》,洪氏《乾隆府厅州县志》。

章炳麟是年除继续为《华国月刊》撰文外,又注意明季清初史事,曾陆续在该刊发表《史考》,对"永历帝后裔""李赤心后裔""袁督帅家系"、张英、李巨来,吕用晦等进行考索,并从事《清建国别记》的撰述,以聚珍仿宋本刊行,中华书局代售。《章氏丛书》由上海古书流通处印本刊行;《国故论衡》由上海中西书局刊行;《章太炎先生国学讲演集》(张冥飞笔述)由平民印书局再版;又著《猝病新论》4卷成书。(参见汤志钧编《章太炎年谱长编(增订本)》,中华书局 2013 年版;王小红《章太炎学术简谱》,《儒藏论坛》2010 年第 3 辑)

钱智修 1 月主编《东方杂志》第 21 卷第 1 号"二十周年纪念号"出版,并署名"坚瓠"在《东方杂志》第 21 卷第 1 号"二十周年纪年号"(上)发表《本志的二十周年纪念》。同期所载有:张君劢《政治学之改造》、张东荪《中国政制问题》、杨铨《社会自救与中国政治之前途》、陆鼎揆《国是会议宪法草案对于北京新宪法之影响》、王世杰《现代之出版自由》、张蔚慈《二十年来美国城市政府的改革》、潘公展《从世界眼光观察二十年来之中国》、周鲸生《中俄关系论》、瞿世英《国家主义与国际主义》、高一涵《二十年来中国的政党》、于右任《国民党与社会党》、徐沧水《岁出预算上之军费限制论》、马寅初《上海之银洋并用问题》、瞿秋白《现代文明的问题与社会主义》、李权时《二十年来中国的经济思想》、汤苍园《中国之合作运动》、陈望道《我的婚姻问题观》、刘叔琴《唯物史观在历史哲学上的价值》、俞颂华《德奥社会学之派别与其特质》、郭梦良《柯尔与卢骚》、郭任远《反对本能运动的经过和我最近的主张》、李石岑《英德哲学之比观》、黄鸿年《立伽脱之生命哲学及其批评》、胡朴安《二十年学术与政治之关系》、甘蛰仙《最近二十年来中国学术思想蠡测》、梁启超《颜李学派与现代教育思潮》、章行严《名墨訾应考》。《东方杂志》第 21 卷第 1 号"二十周年纪年号"(下)所载有:马衡《新郑古物出土调查记》、张森祯《罗叔言先生考订古物略说》、缪凤林《唯识论之重光》、陈垣《六基督教徒之华学》、吴稚晖《二百兆平民大问题最轻便的解决法》、何仲英《中国方言学概论》、黎锦熙《京音入声字谱》、杨树达《说中国语言之分化》、周作人《中国戏剧的三条路》、徐志摩《汤麦司哈代的诗》、王统照《夏芝的生平及其作品》、俞寄凡《现代之美学》、丰子恺《画家米勒的人格及其艺术》、周昌寿《新宇宙观》、李润章《二十年来物理学之进步》、郑贞文《二十年来华学的新进步》。7 月,钱智修又主编《东方杂志》第 21 卷第 14 号"欧战纪念号",并署名"坚瓠"在《东方杂志》第 21 卷第 14 号"欧战纪念号"发表《欧战十年纪念》。同期所载有:化鲁《欧战给与我们的教训与儆戒》与《世界大战的一盘总账》、潘公展《欧战责任问题》、陈叔谅《大战与领袖主义》、金侣琴《欧战与世界金融市场》、俞颂华《战后捷罗巨三国地制改良之比较》、刘秉麟《欧战后之人口问题》、顾颉刚《中国学术年表及说明》。

按:钱智修自 1920 年 7 月接任杜亚泉任《东方杂志》主编,长达 12 年,为该杂志有史以来任期最长的主编。

张君劢 1 月在《东方杂志》第 21 卷"二十周年纪念号"发表《政治学之改造》,同月 11 日,张君劢与张东荪、筑山霆、郑振铎等发起组织的理想杂志社开成立大会,以鼓吹唯心主义史观为目的,等到响应者多了以后,再俟机组党。22 日午后,主持国立自治学院第一次院务会议。2 月 12 日,致信梁启超,约其为《申报》撰稿,并论时事。27 日下午 2 时,张君劢主持国立自治学院举行开学典礼仪式,章太炎应邀发表演讲,就国宪立论,谓"自治乃现今中国政治唯一之途径",演讲长达两小时。3 月 9 日下午 2 时许,辛酉学社在上海公平路号辛酉学社社内开春季全体大会,特请张君劢作题为"政治与个人"之演讲。23 日,苏社在扬州开第五届常会第一次会议,张君劢应邀在会议上演讲"联省自治与公民投票"。晚8时,张君劢、黄炎培应扬州第五师范、第八中学和代用商业三学校的邀请在五师大讲堂发表演讲,张君劢讲马克思学说之批评。

张君劢与徐志摩、殷芝龄、潘公弼、钮立卿等以及在沪外侨30多人4月12日清晨一大早齐集汇山码头,恭候泰戈尔。上午9时一刻,泰戈尔一行乘"热田丸号"如期而至。下午4时许,在徐志摩等的陪同下,泰戈尔出现在张君劢宅的草坪。晚上8时,泰戈尔在沧州别墅与徐志摩、瞿世英、张君劢、殷芝龄等人小酌,至9时半始散。4月13日下午2时,上海自治学院、讲学社、中国公学、文学研究会等团体假借慕尔鸣路37号张君劢家草坪,专为欢迎泰戈尔举行茶话会,由张君劢主席,到场名家有郑振铎、殷芝龄、张东荪、黄柏樵、朱经农、陆鼎揆等百余人。张君劢用英语致欢迎词后,泰戈尔作抵沪后的第一次演讲,由徐志摩翻译。14日晨8时,泰戈尔与由印度同来之5人赴杭州游览西湖,张君劢、张东荪、郭秉文、朱经农诸君及报社记者10余人在车站晤候泰戈尔,为他们送行。17日下午2时,张君劢出席江苏督军齐抚万召集的关于筹建金陵学院的讨论会。18日下午3时半,中外各界人士1200余人,借宝山路商务印书馆的图书馆会议室,为泰戈尔举行盛大的欢迎会。欢迎会本来由张君劢主持,但因他这时还未到,故改由沈信卿、聂云台轮流主持。沈信卿在介绍词中盛赞泰戈尔对于人类精神的贡献,说明上海各界为了表示对这位大诗人的热烈欢迎之意,特地举行这次欢迎大会。5月29日黄昏,张君劢在慕尔鸣路37号住宅设宴欢送泰戈尔,出席欢送会的有沈信卿、殷芝龄、瞿菊农、徐志摩,印人喜司爱,朝鲜人赵素印,以及自治学院学生等共计150余人。张君劢主席,致辞毕,泰戈尔发表其在上海的最后一次讲演——《告别辞》。

按:有人认为,泰戈尔是张君劢在"科学与玄学"的论战中搬来的救兵,所以在随后泰戈尔的行程中,泰戈尔发表演讲,有人到场发反对的传单,令张君劢、徐志摩大光其火。由此仍能感受到科学玄学论战的余音。

张君劢6月2日在自治学院演讲《倭伊铿哲学》。8月9日,乘江新轮离沪赴武昌中华大学讲学,在轮船上赋诗有"不因哲学忘政治,不因政治忘哲学"之句。24日,返回上海。秋,江浙战争爆发,张君劢在自治学院公开演讲,题为《国内战争六讲》。9月4日,江浙军阀战争爆发。8日,张君劢开始在自治学院公开演讲《国内战争六讲》,连载于9月13、14、15、18、19、20、21、22日《时事新报》。其核心观点又重新向科玄论战之前的立场回归:面对中国内战的危机与乱局,张君劢重新肯定了欧美现代文明的基本价值——"民族的国家之成立""理性主义之广被""富力之发达""法律主义之确守";同时也基本放弃了科玄论战中对科学之流弊的一味批评和对所谓"反主智主义""新玄学时代"的高调宣扬,强调"事实"(知识)与"价值"(道德)并重,将对科学主义的反思建筑在一种文艺复兴以降的广义的理性主义观念之上。30日,张君劢作《国内战争六讲》自序。同年,上海吴淞国立自治学院单行本刊行。

按:张君劢《国内战争六讲·自序》曰:"哀哉我国,处二十世纪人权大昌之世,而政权之消长,犹决于蛮力而不决于平和的自由的讨论也!夫同为人类,同为理性的动物,关于一群之利害,各本其自由意志,共同讨论,以决可否而定取舍,此至当不易之理也;而吾国政象何如乎?尝见西欧山中之牧童矣,背手枪,随猎犬,阔步前行,其四足著地,徐徐逐队以进者,则群羊也;羊在田间啄草自倭,则童持鞭作响以警之。今之持兵柄者横行国中,旁若无人,非牧童乎?军队者军人之利器,犹童之枪与犬也。所谓国民,供奔走敲剥之资耳;生死不可知,财产不可保,非羊而何?呜呼!吾四万万之人民,固神明之胄也!奈何以羊自居,至数千年之久而不自知乎?今世界则大通矣,民治之规模广行于大地矣,其早觉醒,其早具决心,其早识涂径,去此羊群之心理,而还此自由自在之身!此则新历史新时代开创之唯一方法,而我之所欲与国人共勉者也！"

　　按：张君劢《国内战争六讲》又有吴经熊、郭梦良、俞颂华序，郭序从基尔特社会主义的出发来解读与评价《国内战争六讲》。"基尔特社会主义所用以估量一切思想、一切制度的，也是这两个东西。我读了张君劢先生的《国内战争六讲》，觉得他的主张，也完全站在这两个立脚点上面。"俞序则对张君劢科玄论战以来的思想变化作了探讨，谓"去岁君励先生尝作玄科之论战，此论于吾国学术界上贡献虽多，而余当时窃疑先生将耽于超国家之学问问题研究，重理想而轻实际。今当全国卷入混战漩涡之秋，聆先生《国内战争六讲》，对于中国国内战争，比较欧美历史，本乎学理，穷源竟委，探其症结所在，以求今后对症之药石，始恍然先生固未尝蔑视本国实际问题。先生之注重理想与精神生活，盖意在使实际生活之理想化与物质生活之精神化，前后态度，固属一贯，疑团顿释，对于本书趣味倍浓矣。"

　　张君劢 10 月 13 日离沪赴北京。18 日，抵达北京。11 月 2 日，由北京抵达天津。13 日，上海图书馆协会编辑委员会，为举办月刊问题在天后宫上海总商会图书馆举行第一次会议，张君劢等被推为名誉编辑。8 日，返回上海。11 月 9 日，在国立自治学院演讲北京政变中之见闻。19 日，致电段祺瑞，表示对时局之意见，后以《张君劢致段执政电》刊于 12 月 14 日《申报》。20 日，张君劢出席大夏大学董事会全体会议，与会者有叶楚伧、王伯群、邵力子、马君武、张君劢、汪精卫等。会议讨论校长人选、募集经费、推定董事会主席等事。推举马君武为校长，王伯群为董事会主席。22 日下午 2 时，自治学院举行教授德人翁钢夫人就职礼节及演说，张君劢出席典礼仪式并讲话。11 月，所译并自序的杜里舒（Hans Driesch）《伦理学上之研究：爱因斯坦相对论及其批评》收入尚志学会丛书，由商务印书馆出版。29 日下午 2 时，国立自治学院举行周年纪念典礼，张君劢致开幕词。同日，《时事新报》副刊《学灯》发行国立自治学院纪念周刊。张君劢发表《一年来之杂感》（发刊词）一文。31 日，在《晨报六周纪念增刊》上发表张君劢在新月社之演讲稿《诗之反柏拉图主义》。是年，张君劢在上海创办的国立自治学院正式招生，自任院长之外，并担任唯物史观批判、英伦政治、时事研究等课程的教学工作。（参见李贵忠《张君劢年谱长编》中国社会科学出版社 2016 年版；翁贺凯编《中国近代思想家文库·张君劢卷》附录《张君劢年谱简编》，中国人民大学出版社 2015 年版）

　　张东荪 1 月 10 日《东方杂志》第 21 卷第 1 号上发表《中国政制问题》，站在局外人立场上评议中国宪政，怀疑西方代议制的价值。春，张东荪辞去《时事新报》主笔，第二次主持中国公学。中国公学废除代理校长，改设学长，仍以张东荪任之，协助校长总揽全校大政。张东荪聘请知名教授，增添图书设备，提倡自由研究的学风，取得了突出成就。秋，江浙战争爆发，浙军占用中国公学吴淞校舍，高中遂停办一年。战争结束后，张东荪积极推动公学的各项工作。

　　按：中国公学是梁启超、张东荪为首的研究系在上海的重要文化据点，梁启超等人力图将它办成研究系在南方的大本营，所以尽管遇到了经费和学生风潮等各方面的困难，研究系并不愿放弃它。张东荪聘请俞颂华到中国公学担任教务主任兼教授，所聘其他教授均是 30 岁左右即已学有专长、备受学生欢迎者。

　　张东荪 9 月 28 日为张君劢《国内战争六讲》作《跋》，刊于 10 月 12 日《时事新报》副刊"学灯"。《跋》称张君劢"于炮火声中独辟讲坛，作《国内战争六讲》，而我于其第三讲尤为心折。其所列举之数项以明先进国所以免于内战者，如曰民族国家，如曰富力集中，自政治学、社会学、经济学以研究之，殆为不刊之义"，并试图以理性主义的广狭二义加以调和。

　　按：张东荪为《国内战争六讲》所写《跋》曰："畏友君劢于炮火声中独辟讲坛，作《国内战争六讲》，而我于其第三讲尤为心折。其所列举之数项以明先进国所以免于内战者，如曰民族国家，如曰富力集中，自政治学、社会学、经济学以研究之,殆为不刊之义。何以言之? 盖民族国家之所由组成,不仅在种族之相同;种族同矣,而不自知有同种必须互助之义,则其群集乃由于自然而非出于自觉。故民族国家之成立,必以有种族的自觉为条件。一种族中各人皆自知负一种义务,必使本种族得以发扬其生命。(而所谓御外侮者,即亦包括其中。)此即所谓种族的自觉。凡由此种自觉而组成之国家,其政体必为民治。盖民治之精神,在各分子皆有主动资格,所有情志得以尽量宣达。苟有主张,皆可取政治手段以求现实,不必诉诸武力,为破坏秩序之革命。且民治政体必常悬有关于全体幸福之数大事件,使有政治野心者相率奔赴,则部分的利益即可借此吸收以去。而况执政时有更替,党派得其平衡。鲜有久抑不伸之情怀,故能免挺而走险之现象。是以民治宪政之可贵,不在其政治效率高出于专制,而实在其能永弭内乱。由种族的自觉而组成民治的国家,有情感言语之相通,有共同生存之觉悟,有互相献替之机会,有全体幸福之祈向,则内战自可不致发生。若更益以工商业之发达,不特内乱可免,抑且内战纵欲发生,亦复不易。盖工商业愈发达,愈使社会扩大,所谓大社会者形成矣。人谓大社会为近代文明之产物,洵不诬也。原夫社会之雏形,不过人与人之结合,迫结合之道日密,则社会遂不复为个人所左右,而独自如一机器,人乃为其中之一轮一钉焉。近代物质文明之发达,足以使囊日组织疏散之社会变为组织紧密之社会。顾社会之组织愈紧密,其似机器之程度乃愈甚。其中一轮既动,他轮不得不转。于是各小机括一施一应而成其全体之活动。设社会竟如此抟为一体,则在此种机械活动中,断难自起反抗。故内战多起于农业国或封建时代,而工商业发展以后必渐见减免。诚以农业国社会之组织疏散,部分之间得自相抗战,而在工商发达之邦,社会组织紧密,不易起破坏秩序之事。且工商发达后,人之志趣性情亦不免有所转移。大多数人重视产业,决不愿见内乱;人人复群趋于企业,为平坦的竞进,自薄此险途而不为。可见富力增加,社会抟紧,则内战不易发生。自民族国家言,为内战之可免,自富力集中言,为内战之难起。社会学家、政治学家、经济学家言之者有人,固不独君劢。此系从外界制度说明内战减免之原因,其为真理当可勿赘。惟我独佩服君劢者,不在罗列此外界制度之原因,乃在其于此外更注目于内界精神之原因,谓内乱之所以减免有思想上之原因焉,即理性主义之大昌是已。斯言也我闻之,喜跃不已。

夫理性主义有广狭二义。自其广义诠之,固与人类知识俱始,盖凡成为知识必辨是非,谓有是非即理性主义之胚芽也。科学继常识而起,故科学亦理性主义之成绩。自其狭义言,则为理想主义之哲学。理想主义之标语非'万物唯心',乃'唯理为真'(To be real is to be rational)。今我闻叩门声,门启一远客至。谓此客此声皆为我心所造,在外界并无是物,恐无论任何唯心论者皆不敢出此语。唯闻声而知为此叩门之声也,见人而辨为此久别之友也,则显然为理智作用。不然,闻而不知其为声,见而不辨其为人,止所谓浑沌是已。以浑沌变为条理,换言之,即浑朴的世界变为秩序的世界,其关键果何在耶? 无论理想主义与非理想主义,一切哲学各派所一致认为问题者,即此是耳。唯心派之解决问题,以为浑沌所以变为条理者,犹如铸钱有范焉,铜注其中,遂以之成形。康德谓识别为自然界之立法者,此之谓也。此说之精髓在明一切经验皆有的元素潜含于其中,是由内在说则进而为超越说,其结果乃于人生起极大影响:使人知世界为一大理想,人生宇宙间即负有实现此理想之先天的义务。于是心安理得,凡事据理为断,虽一事件之是非与他事件之是非相矛盾,然在无数之是非中,纵极其错乱,而终有愈扩愈大、愈积愈明之趋势,此即足证世界非仅有相对的各个真理而永无绝对的唯一真理。须知目前诚无已成之绝对唯一真理,以其方在自身创进中耳。此说同时使人能慎独,不欺暗室,且复有乐生之心,以为社会之所以有种种缺憾者,正由理性未十分发达之故。苟施以教训,自可迁善。故理想主义之宇宙人生观即为进化主义,此狭义之理性主义,乃说明广义理性主义之所以存在而复加以生气,犹如灯之于光,广义之理性主义光也,狭义之理性主义则为灯,灯为光之源,使光不断自增。君劢谓理性主义之发达,足以减免内战,自指广义而言。顾我尤侧重于狭义者,以无灯则光无从出耳。君劢自欧洲归后,目睹国内俶扰之状,尝欲提倡新理学以救世。我不知君劢所谓新理学者是否如我所言,设其是也,则我愿为君劢之马前卒也。"

张东荪是年继续参加科学与玄学论战,加深了张东荪对哲学的兴趣,并通过对科学与人生观涉及问题的深入思考和潜心研究,著成《科学与哲学》一书,并由商务印书馆出版,重点阐述的是科学与哲学各自的性质和范围,目的是进一步论证两者有着不同的性质和范围,人生观问题并不是科学所解决的范围,而恰恰是哲学所能解决的,并将该书内容归纳为:"余于书中所斤斤言之者即在科学之性质一点;其次则为哲学之性质。以为今之扬科学之大旗往来于闹市者,实未尝真知科学之为何物。"书中对吴稚晖自然主义的宇宙观和"物欲横流的人生观"进行了严厉的批评。

按:张东荪对科学与哲学的不同之处作了一个有趣的比喻:"我以为科学好像芭蕉一样,一层一层皮叶长大起来,自然一天一天厚肥了。而哲学则是对于已成的芭蕉一层一层剥下来。所以科学是顺进的,哲学是逆进的;科学是经验的堆积与知识的开拓,而哲学则由开拓而逆探其原始,由堆积而返窥其起点。所以从哲学以观科学,便知道科学不是摹写世界,乃是改造或创造世界。"(以上参见左玉河编《张东荪年谱》,群言出版社 2014 年版;左玉河编《中国近代思想家文库·张东荪卷》附录《张东荪年谱简编》,中国人民大学出版社 2015 年版)

李登辉继续任私立复旦大学校长。1 月 22 日,复旦创设学校评议机构——行政院(即校务会议之前身)。行政院首次常务会议在青年会餐室召开,李登辉任会议主席,出席会议的有李权时、郭任远、邵力子、张季量、金通尹、余楠秋、俞希稷、叶藻庭、叶秉孚。会议通过《行政院议事细则》,决定由郭任远起草各机关职务草案。2 月 23 日,李登辉主持召开行政院第二次常务会议。会议通过郭任远议案,决定对复旦学制系统作重大更改。3 月 12 日,李登辉当选上宝平民教育促进会董事。22 日,在行政院第三次常务会议上提出"请假"。4月 3 日下午 2 时,李登辉出席行政院在上海青年会会议室召开临时会议,因临时得到通知,匆匆赶来与会,因而迟到。会后,方知这次会议是讨论大、中学的经费问题。而出席会议的成员中,有人指责李登辉经济不公开,其妻汤佩琳(任会计)的账目也应查核。李登辉感到气氛不洽,即行早退。未久,怀疑李登辉经济有问题的消息不胫而走,李登辉风闻后愤而请长假,携妻出走南洋,舟次送行惜别,唯章益一人而已。4 月 23 日,校董唐少川、韩希琦、许剑青、陆达权、林文庆召开董事会,讨论李登辉出走后学校局势。决定同意李登辉请长假一年;在此期间,由郭任远代理校长。12 月 7 日,行政院第十二次常务会议决定:以行政院名义,敦促李登辉于明年 3 月底回沪。是年,章益赴美留学,李登辉建议改习教育,将来学成归国,为母校发展教育系。数年后,章益学成归来,创建教育系。李登辉缔造了复旦教师队伍主体,这是他对复旦最大的贡献之一。(参见钱益民《李登辉传》及附录四《李登辉年谱简编》,复旦大学出版社 2005 年版;《复旦大学百年志》编纂委员会编《复旦大学百年志(1905—2005)》,复旦大学出版社 2005 年版)

郭任远继续任教于复旦大学。3 月 22 日,复旦举行行政院第三次常务会议,李登辉校长提出"请假",郭任远当选行政院代理主席,自 4 月 1 日起任职。4 月 3 日下午 2 时,郭任远主持行政院在上海青年会会议室召开临时会议,讨论大、中学的经费问题。出席会议的有李权时、余楠秋、张季量、金通尹、叶季纯、叶藻庭、邵力子。23 日,校董事会议决定由郭任远代理校长。6 月 1 日,郭任远在中学部主持召开行政院第六次常务会议。会议决定:此前由李登辉订立的有关学校合同,除已经移交及郭任远亲自接收者外,概作无效。是年,颁布《复旦大学文科章程》《复旦大学理科章程》《复旦大学商科章程》《复旦大学心理学院章程》《复旦大学中国文学科章程》。章程规定,复旦各科设立研究院,招收研究生,实行学分制。(参见钱益民《李登辉传》及附录四《李登辉年谱简编》,复旦大学出版社 2005 年版)

陈望道在复旦大学国文部开设"新闻学讲座"。与刘大白教授等编辑《黎明》周刊。是年,在《妇女周报》发表《妇女问题》;在《东方杂志》发表《我的婚姻问题观》;在《觉悟》发表《人类的行为与艺术描写的关系》《"老马"与"复辟"》《答曹慕管先生》《自称"研究新文学者"

底文气谈》《美学纲要》《论辞格底效用兼答江淹》;在《时事新报》副刊《文学》发表《修辞学在中国的使命》;在《小说月报》发表《修辞随录》多则。（参见上海鲁迅纪念馆编《陈望道先生纪念集》,复旦大学出版社2006年版）

赵正平继续任暨南学校校长。夏,齐卢军阀战争爆发。齐军进驻真如,在暨南校园内设立指挥部。学校损失较大。11月,军阀部队开走,学校遭此兵灾,元气大伤。师生回到劫后的校园,着手整修,恢复正常的教学秩序。（参见张晓辉、夏泉主编《暨南大学史(1906—2016)》,暨南大学出版社2016年版）

邓中夏1月1日赴济南。同日,上海大学学生安剑平等发起成立"中国孤星社",宗旨是"研究学术,讨论问题,彻底了解人生,根本改造社会"。聘校长于右任为名誉社长,邓中夏、邵力子、瞿秋白等人为顾问。3日,返回上海,随后任上海大学教务长。5日,在《中国青年》第13期发表《中国农民状况及我们的方针》一文,文中批驳了党内不重视农民运动的错误倾向,再一次介绍了彭湃领导的广东海丰农民运动和毛泽东领导的湖南农民运动。26日,主持召开上海大学校务处全体职员会,通过《上海大学行政委员会议事细则》《学务处办事细则》和《校务处办事细则》等。同日,在《中国青年》第15期发表《思想界的联合战线问题》,指出学衡派与社会上形形色色的"反动思想势力"都是一丘之貉,号召文化思想界联合起来,联合战线的范围应扩大,应包括哲学中之梁启超、张君劢（张东荪、傅侗等包括在内）梁漱溟;行为派的心理学家中之刘廷芳;文学中之"梅光之迪";教育中之黄炎培、郭秉文等;社会学中之陶履恭、余天休等;以及政治论中之研究系、政学系、无政府党、联省自治派。

> 按:《思想界的联合战线问题》延续去年的科玄论战,但更为激进,曰:"我们应该结成联合战线,向反动的思想势力分头迎击,一致进攻。再明显些说,我们应结成联合战线,向哲学中之梁启超、张君劢（张东荪、傅侗等包括在内）梁漱溟;心理学中之刘廷芳(其实他只是一教徒,没有被攻的资格);政治论中之研究系、政学系、无政府党、联省自治派;文学中之'梅光之迪'等,和一般无聊的新文学家,教育中之黄炎培、郭秉文等、社会学中之陶履恭、余天休等这一些反动的思想势力分头迎击,一致进攻。战线不怕延长呀! 战期不怕延久呀! 反正最后的胜利是我们的。"

邓中夏1月31日领导上海大学进步师生发动驱逐国民党右派、上海大学中学部主任陈德征的斗争,迫使校长于右任将陈解职,改聘杨明轩为中学部主任。2月2日,在《中国青年》第16期发表《列宁年谱》,为首部列宁年谱之作。10日,主持上海大学行政委员会第二次全体委员会议,并代表校行政委员会在会上作《上半年经济情况》的校务报告。会上决定编辑出版《上海大学丛书》,邓中夏与瞿秋白、邵力子、陈望道、何世桢等5人被推选为"上海大学丛书审查委员会"委员,负责本校丛书出版的选题、编审事务。19日,上海大学从闸北青岛路旧址搬入西摩路29号新校址。23日,在《中国青年》第19期发表《北游杂记——上海的报纸》一文,文中介绍了上海《申报》《新申报》《新闻报》等10家大报的基本情况及政治倾向。2月25日,主持上海大学行政委员会第三次委员会议,并在会上作《迁校情形报告》。

> 按:会上决定成立"上海大学建筑募捐委员会",邓中夏与于右任、邵力子、何世桢等4人被推选为"建筑募捐委员会"委员。下学期添设五学系,推定刘庐隐为政治学系筹备员,瞿秋白为经济学系筹备员,何世桢为法律学系及商业学系筹备员,杨基骏、陈望道为教育学系筹备员,会上还决定出版校刊,推定陈望道为编辑主任。

邓中夏3月11日出席国民党上海执行部全体职员会议,听取毛泽东、张秋人两人报告,会上决定组织《新建设》杂志社和平民教育运动委员会。12日,邓中夏主持召开上海大学行政委员会第四次委员会议。会上讨论了"校舍建筑计划及募捐办法",议决组织"校舍建筑费保管委员会"。14日,邀请戴季陶到上海大学作《东方问题与世界问题》讲演。15日,邓中夏在《青年工人》第3期"列宁特号"上发表《列宁传》。17日,与李立三等以寰球中国学生会和上海大学名义发起成立"上海平民教育促进会"。31日,邓中夏主持上海大学行政委员会第五次会议。4月1日,主持召开上海大学"平民教育大会"筹备会议,并在会上报告开会宗旨和提倡平民教育的重要性。4日,邀请恽代英、沈泽民到上海大学讲演《中俄交涉破裂原因》《欧洲现势与东方民族之关系》。15日晚7时,邓中夏出席上海大学"平民义务学校"开学典礼。17日,邀请刘仁静到上海大学讲演。20日,邀请胡汉民到上海大学演讲。22日,邓中夏主持在四马路同兴楼举行的上海大学全体教职员会议。会上决定自下学期起,增设俄文、社科、史学三系。邓中夏在会上被推举为"办理扩充后章程事要"负责人,负责修订《上海大学章程》。5月4日,上海大学校刊《上海大学周刊》创刊号出版,邓中夏在创刊号发表《上大的使命》一文。5日上午10时,冒着蒙蒙细雨与毛泽东、恽代英、向警予等人赴莫里哀路孙中山住宅,出席国民党上海执行部举行的"纪念孙中山先生就任非常大总统"3周年庆祝大会,会后摄影留念。6日,主持上海大学"马克思诞生一百〇六年纪念大会"。7日上午9时,出席上海大学欢送大会,欢送张继赴南洋为上海大学新校舍建筑募捐。9日,与邵力子、瞿秋白等出席在天后宫举行的"五九"国耻纪念会。

邓中夏6月20日出席上海大学"平民义务学校"毕业典礼。22日下午2时,出席上海大学美术科学生毕业典礼。7月6日,由上海大学发起,复旦大学、南洋大学、东吴大学等共同举办的"上海夏令讲习会"正式开幕。8月19日,在《民国日报》副刊《觉悟》"非基督教特刊"第1期发表《从何种理论上去反对基督教》一文。30日,团中央局就恢复"反基督教大同盟"一事发出通告,要求各地"重整旗鼓,再下动员","商定计划,组织团体"。同月,聘任李达、彭述之为上海大学教授。9月,委托沈雁冰找周越然谈话,聘任周越然为上海大学英文系主任。10月中旬,邓中夏主编的《中国工人》创刊号出版。10月26日,出席上海大学举行的"黄仁烈士追悼会",并应邀在追悼会上发表演说。11月17日,孙中山北上途经上海,邓中夏与毛泽东、恽代英等在国民党上海执行部的14人联名上书孙中山。是年,朱经农兼任上海大学文科主任。(参见冯资荣、何培香编著《邓中夏年谱》,中国文史出版社2014年版)

瞿秋白1月1日在上海参加中共中央和团中央联席会议,讨论国民党改组问题。同月初,与王剑虹结婚,旋赴广州。4日,鲍罗廷致函维经斯基,改组后的国民党上海《民国日报》编辑委员会由胡汉民、汪精卫、叶楚伧、邵力子和瞿秋白组成,瞿任秘书。上旬,陈独秀提议,由张国焘、谭平山、瞿秋白3人组成指导小组,以指挥出席国民党一大的中共党员。14、15日,瞿秋白与鲍罗廷、胡汉民、汪精卫、廖仲恺等讨论修改国民党一大宣言草案。16日,应广东共产主义青年团邀请,演讲《中国革命史之第二篇》。18日,参加中共党团会议。20—30日,瞿秋白出席中国国民党第一次全国代表大会,当选为中央候补执行委员。会后,派驻上海执行部。2月7日,瞿秋白由粤返沪。10日,任上海大学丛书审查委员会委员。12日,致函鲍罗廷,报告到沪情况。25日,参加上海执行部第一次执委会议。同月,任上海大学经济学系筹备员。3月6日,参加上海执行部第二次执委会议,议定推行平民教育。9日参加追悼列宁大会,报告列宁事略。13日,参加上海执行部第三次执委会议,议定招考黄埔军校学员。

瞿秋白4月5日致函鲍罗廷,报告上海执行部及《民国日报》情况。5月4日,参加全国学联等社团"五四"5周年纪念会,发表演说。5日,参加上海大学马克思诞辰106周年纪念会,发表演说,与任弼时唱国际歌。6日,致函鲍罗廷,报告中共中央、上海执行部工作情况。9日,与汪精卫、沈玄庐、叶楚伧、邵力子等在上海天后宫参加"五九"国耻纪念会,有2000多人出席纪念会,瞿秋白、邵力子等发表了演说。10—15日,参加中共中央执委第一次扩大会议,讨论国共关系问题。6月中旬,陪同鲍罗廷在上海了解国共两党情况。20日,致函鲍罗廷,报告国民党右派反共动向等。29日,致函鲍罗廷,报告国共两党派别问题及戴季陶拟往苏联担任国民党与广东政府代表。7月14日,致函鲍罗廷,报告上海执行部及国民党右派蠢动情况。同月,瞿秋白所著《赤都心史》书由商务印书馆刊行,此为最早记述苏联之著作。16日,孙中山主持召开国民党中央政治委员会第二次会议,批准谭平山辞政治委员,以瞿秋白补任。18日,鲍罗廷函告瞿秋白应参加国民党中央政治委员会,中共中央应组织国民党左派运动中心,聚集所有左派力量。同月,妻王剑虹病逝,瞿秋白料理丧事后即赴广州。8月1日,瞿秋白在《新青年》季刊第3期发表《实验主义与革命哲学》,批判胡适实验主义哲学。

> 按:《实验主义与革命哲学》曰:"哲学的思潮往往是时代的人生观变易之际的产物。譬如法国革命前的百科全书派,启蒙学派,或是欧战前后的复古思潮,都是社会制度根本动摇时的影响。然而每一时代新旧交替之际,各派思想的争辩都含有阶级的背景。中国五四运动前后,有胡适之的实验主义出现,实在不是偶然的。中国宗法社会因受国际资本主义的侵蚀而动摇,要求一种新的宇宙观、新的人生观,才能适应中国所处的新环境;实验主义的哲学刚刚能用他的积极方面来满足这种需要。这固然是中国'第三阶级'发展时的思想革命。可是实验主义的本身在欧美思想界里所处的地位是否是革命的呢?这却是一个疑问。实验主义(唯用主义)首先便否认理论的真实性,而只看重实用方面,——'多研究问题,少谈主义!'可是这一个原则,却亦没有抽象的价值。他的应用亦是因时因地而异其性质的。他应用于中国的时候,对于资产阶级是很好的一种革命手段;且不要管什么礼教罢,怎样能发展你自己,便怎样做;可是他对于劳动阶级的意义,却是:不用管什么社会主义了,怎样能解决你们目前的难题,便怎样做去算了。于是大家蒙着头干去,当前的仇敌,固然因此大受打击,而后面的群众也不至于'妄想',——岂不是很好的手段?所以'且解决目前问题,不必问最后目的'——这种原则,用之于中国,一方面是革命的,一方面就是反动的。至于欧美呢,这却纯粹是维持现状的市侩哲学。……实验主义既然只承认有益的方是真理,他便能暗示社会意识以近视的浅见的妥协主义,——他决不是革命的哲学(这两行原文加着重号)。"

瞿秋白8月6—13日在广州参加国民党中央政治委员会第四、五次会议,讨论解决国民党内共产派纠纷问题。15—30日,参加国民党中央执委一届二中全会,先后多次发言,反击右派进攻。20日,参加国民党中央政治委员会第六次会议,讨论通过《国民党内之共产派问题》《国民党与世界革命运动之联络问题》决议草案。次日,经一届二中全会通过。10月,瞿秋白所著《社会科学概论》由上海书店出版,系作者任上海大学教务长兼社会科学系主任时,根据在上海学生联合会、复旦大学、南洋大学、东吴大学法科等院校共同举办的夏令讲学会上的讲演修改而成,出版后产生重要影响。同月8日,中共中央作出决议,批评鲍罗廷、瞿秋白在广州"向中派让步","落入了中派设置的圈套"。瞿秋白致函鲍罗廷,转达中共中央召请鲍来沪进行政治磋商。11月18日,瞿秋白与杨之华结婚,并于27—29日在上海《民国日报》刊登启事,宣布婚事。12月9日,上海公共租界巡捕房搜抄瞿秋白住所和上海大学。瞿秋白转入地下活动。12月,中共组建中央北方局,又称"中央临时委员会",由张国焘、李大钊、谭平山、瞿秋白、赵世炎组成。瞿秋白秘密前往北京。其间,参加鲍罗廷在苏联大使馆召开的会议,讨论培植以蒋介石部队为中心、黄埔军校为基地的革命军事力量问题。

(参见陈铁健编《中国近代思想家文库·瞿秋白卷》及附录《瞿秋白年谱简编》,中国人民大学出版社2015

年版；王学典《20世纪史学编年(1900—1949)》，商务印书馆2014年版)

蔡和森7月10日从北京返回上海中共中央局工作，《政治生活》交由刘仁静主编。8月，蔡和森著《社会进化史》由民智书局出版，此书系根据恩格斯原著的精神，参照世界历史的材料编成。9月3日，《向导》第81期出"九七"特刊，纪念亡国辱种之《辛丑条约》签订23周年。蔡和森在《向导》上发表《义和团与国民革命》一文，分析了义和团运动的性质、意义、失败原因及其与国民革命的关系。10日，《中国共产党第三次对于时局宣言》刊于《向导》周报第82期。29日，中国社会主义青年团中央局开会，蔡和森因病由项英代替出席。10月1日，在《向导》第85期发表《警告国民党中派诸领袖》一文。9日，上海公共租界巡捕房对上海大学进行搜查，查获189种宣传社会主义的书籍共801册，其中不少是鼓吹布尔什维克主义和共产主义的。15日，在《向导》第87期发表《广州反革命之再起》一文。29日，蔡和森在《向导》第89期发表两篇文章揭露冯玉祥北京政变内幕。同月，蔡和森与邵力子为突然发生的北京政变展开争论。当时中央局机关分住几处，其中中央宣传部、《向导》编辑部在上海民厚南里两间统楼，蔡和森与向警予住一栋楼下；彭述之、郑超麟住另一统楼上。11月12日，蔡和森在《向导》第91期发表《段、张、冯三派军阀暗斗之北方政局》一文。19日，在《向导》第92期发表《中国共产党对于时局之主张》，支持孙中山的北上活动。主张在全国发起召集国民会议。同月，中共成立中央政治局，由陈独秀、蔡和森和维经斯基3人组成。12月初，中共中央局在上海成立党的四大文件起草委员会，指定陈独秀、蔡和森、彭述之、罗章龙、瞿秋白为委员，起草大会的各种草案。4日，向警予等参与发起组织上海女界国民会议促成会，于14日正式成立，向警予当选为委员。19日，《向导》周报上海通讯处因再次遭帝国主义巡捕的搜查，暂迁至杭州马坡巷政法学校。27日，蔡和森在《向导》第95期发表《地方的政治争斗与全国的政治争斗》一文，指出这次政变显示了"军阀势力之分化与崩溃"，显示中国政治前途的两条道路。(参见李永春编著《蔡和森年谱》，湘潭大学出版社2008年版)

恽代英1月5日在《前锋》第3期上发表《革命政府与关税问题》，明确指出我们现有的关税制度，正是国际资本主义征服中国最重要的武器。2月2日，在《中国青年》第16期"列宁特号"上发表《列宁与中国的革命》一文。9日，在《中国青年》第17期上发表《再论学术与救国》一文，要求人们"打破任何学术都可以救国的谬想"，认为我们今天第一件事，是研究社会科学，举行社会的改革，这才是救国之道。15日，在上海《民国日报》副刊《觉悟》上发表《纪念施伯高兄》，以缅怀在"二七"大罢工中牺牲一周年的施洋烈士。同月，在《少年中国》第4卷第9期上发表致余家菊、李璜的信(《读〈国家主义的教育〉》)，批判了国家主义教育学的观点，阐明了教育与社会根本改造的关系。文中对余家菊、李璜合著《国家主义的教育》一书提出三点质疑：一、国家主义的教育，不应当从中国民族特性或东方文化上立说；二、中国今日最要是能造成救国的人才，革命的人才，不应仍游移于和谐的或专门化的教育；三、只提倡同情自爱的教育，不足以救国。此文还认为《国家主义的教育》"有一共同忽略之点，即全书均未注意中国人所受经济侵略的势力"，"要求经济的独立，终必须经过一番政治革命"。3月1日，恽代英在《中国青年》第20期上发表《何谓国民革命?》一文，阐述了国民革命的内容、目的、最终理想以及中国革命与世界革命的关系。9日，出席国民党上海执行部联合各团体举行的追悼列宁大会，并在该会特刊上发表《列宁与新经济政策》一文。23日，在《中国青年》第23期上发表《怎样研究社会科学》一文，认为研究社会科学必须注重研究社会的构造与各种势力的关系、社会进化的原理、各国与中国的财政与社会政策、各国与中国农工商业的发达和衰败的原因及现状等问题。4 月 20 日，在《新建设》第 1 卷第 5 期上发表《中国革命的基本势力》，对中国各阶级力量进行了较为详尽的分析，指出农工是革命的基本势力。23 日，团中央发出通告，决定重新组织中央执行委员会，恽代英任宣传部长。同月，恽代英在松江县各团体举行的列宁追悼会上发表《我们现在应该如何努力？》的演讲，认为要改造社会，不能单靠知识分子，必须引导知识分子与农民结合。后刊于 5 月 7 日的上海《民国日报》副刊《觉悟》上。

恽代英、毛泽东、邓中夏、向警予、沈泽民等 200 余人 5 月 5 日出席国民党上海执行部在孙中山寓所举行的孙中山就任非常大总统 3 周年纪念会。24 日，恽代英在《中国青年》第 32 期上发表《预备暑期的乡村运动——"到民间去"》，号召青年们利用暑期"民间去"，宣传、引导广大农民，以壮大中国革命的基本势力。在此前后，恽代英曾几次著文论述农民运动的目的、重要性、特点和方法，他认为，农民运动最好的方法是办平民教育。6 月 10 日，在上海同文书院中华学生部发表演说《中国民族独立问题》。14 日，在《中国青年》第 35 期上发表《中国革命与世界革命》一文，对中国革命与世界革命的关系进行了辩证的思考。28 日，在《中国青年》第 37 期上发表《农村运动》一文，号召青年人到乡村去，结交农民、教育农民，最重要的是研究农民，使其成为农村革命的主力军，并认为这是中国革命最重要而且必要的预备。7 月 7—8 日，恽代英出席在南京召开的少年中国学会第五届年会。会上，同杨贤江等人一起，与学会内的国家主义派进行了激烈的辩论，学会的分裂已无可避免。11 月 1 日，在《中国青年》第 51 期上发表《国家主义者的误解》，指出所谓国家主义，第一以为不合理，第二以为不合用。

按：《国家主义者的误解》总结主张国家主义的理由，认为一般自命主张国家主义的人所说的理由，都是不成其为理由的。第一，以为一国的文明可以为主张国家主义的理由么？第二，以为一国的历史可以为主张国家主义的理由么？第三，以为国民自有一种与物质生活无关的爱国精神，可以为主张国家主义的理由么？第四，以为被压迫者的自卫可以为主张国家主义的理由么？作者最后的结论是："我们对于所谓国家主义，第一以为不合理，第二以为不合用。人没有按着国界的区分而妄生分别的道理；在今天经济进化的世界，亦不容许再实现所谓独立自给的国家，所以提倡国家主义一定等于二三十年来富国强兵的空谈。至于为中国解放的前途呢，我们以为宁是要顺应国际主义的潮流，联合世界革命势力，以共同打倒帝国主义。我们要揭破国家主义乃是资本阶级用以愚弄人民，驱使一般压迫的工人平民，以蹂躏同运命的殖民地弱小民族的口号。怎样反转在这个时候，大鼓吹其国家主义呢？"

恽代英 11 月 29 日在《中国青年》第 55 期上发表《为"国民会议"奋斗》，号召民众从今往后，致力于孙中山先生倡导的"国民会议"运动。12 月 13 日，在《中国青年》第 57 期上发表《国民党左派与共产党》，驳斥国民党右派的各种反共言论，认为国民党应该"赶快造成有力的左派，以自己扫除党内的右派势力"。（参见刘辉编《中国近代思想家文库·恽代英卷》附录《恽代英年谱简编》，中国人民大学出版社 2015 年版）

恽代英、邓中夏和沈泽民等重新提出了革命文学的口号。5 月 17 日，恽代英《中国青年》第 31 期发表《文学与革命》。6 月 14 日，茅盾发表《苏维埃俄罗斯的革命诗人》。11 月 6 日，沈泽民在《民国日报·觉悟》发表《文学与革命文学》。22 日，邓中夏在《中国青年》第 10 期发表《贡献于新诗人之前》。之后，茅盾还考虑要写一篇以苏联的文学为借鉴的论述无产阶级革命文学的文章，一则想对无产阶级艺术的各个方面作一番探讨；二则也有清理一番自己过去的文学艺术观点的意思，以使用"为无产阶级的艺术"来充实和修正"为人生的艺术"。（参见茅盾《我走过的道路·"五卅"运动和商务印书馆罢工》；唐金海、刘长鼎主编《茅盾年谱》，山西高校联合出版社 1996 年版；中央教育科学研究所编《中国现代教育大事记 1919—1949》，教育科学出版社 1988 年版）

　　萧楚女年初返襄阳师范任教。2 月 10 日，在《中国青年》发表《陶朱公的平民教育》一文，评论陶知行、朱其慧的"平民教育救国论"，指出："平民教育是要紧的，但是起码的生活，不是更要紧么？……现制度若不经过一番彻底的翻砂功夫，平民教育么？——我恐怕还不止像汉口今天这样只留下几张纸招牌，做个聋子的耳朵，徒为装饰哩！即令有效，也不过是多使平民识得几个字，因而多使平民添得几分烦恼苦痛而已！"5 月，萧楚女奉团中央令调往上海工作，协助恽代英编辑《新青年》，并为《向导》《学生杂志》等刊物撰稿。同月，萧楚女在《少年中国》第 4 卷第 12 期发表给恽代英的一封信，讨论《国家主义的教育》的，同意恽的前两个见解，并提出"我们须得先把政权夺到了自己手中，然后再去主张"。7 月 29 日，撰《国民党与最近国内思想界》，刊于 8 月《新建设》第 2 卷第 2 期（署名"萧初遇"），文中全面评述了当时的思想界，其中谈及"东方文化派"或"精神文明派"之反对科学、反对物质文明、反对工业，乃是出于对资本主义、帝国主义的厌恶，却是一种幼稚的、落后的观念。8 月，萧楚女受党的委派再次入川，仍任《新蜀报》主笔。9 月 1 日，社会主义青年团中央委任萧楚女为特派员，负责清理整顿重庆团组织，领导成都、泸州、重庆三地的党团组织。是年，萧楚女在《少年中国》第 4 卷第 12 期发表《讨论国家主义的教育的一封信》，批判国家主义教育观。

（参见广东革命历史博物馆编著《萧楚女文存》，中共党史出版社 1998 年版；刘文耀、杨世元《吴玉章年谱》，四川人民出版社 1998 年版；中央教育科学研究所编《中国现代教育大事记 1919—1949》，教育科学出版社 1988 年版）

　　按：本年度关于科玄论战的文章尚有：谢国馨的《评吴稚晖的人生观》，陈大齐的《略评人生观和科学论争——兼论道德判断的普效性》，张颜海的《人生观论战余评》等。

　　毛泽东 1 月中旬与国民党部分代表乘轮船离上海到广州，参加国民党第一次全国代表大会。20—30 日，毛泽东作为湖南国民党地方组织的代表，出席在广州召开的国民党第一次全国代表大会，大会选举中央执行委员会，共产党人李大钊、谭平山、树德为委员，沈玄庐、林祖涵（林伯渠）、毛泽东、于方舟、瞿秋白、韩麟符、张国焘为候补委员。31 日，毛泽东出席国民党第一届中央执行委员、监察委员第一次全体会议。会议决定派遣中央执行委员分赴上海、北京、汉口等特别区，组织执行部，指导和监督当地党务。毛泽东被派到上海执行部。2 月中旬，毛泽东从广州到上海，与蔡和森、向警予、罗章龙住在闸北区三曾里。中共中央决定毛泽东、罗章龙、王荷波、恽代英（代表青年团中央）4 人参加国民党上海执行部工作。遇有特别重大问题，则由国民党总理孙中山与中共中央局委员长陈独秀协商决定。又派沈泽民、邵力子、瞿秋白、施存统、邓中夏、向警予、张秋人等共产党人参加执行部各部门的实际工作。2 月 2 日，毛泽东出席国民党上海执行部第一次执行委员会会议，并作记录。会议宣布正式成立国民党上海执行部，管辖江苏、浙江、安徽、江西和上海。会议通过胡汉民、叶楚伧、汪精卫为执行部常务委员；邵元冲任文书科主任，邵未到任前，由毛泽东代理；胡汉民任组织部长，毛泽东任秘书；汪精卫任宣传部长，恽代英任秘书；于右任任工人农民部长，邵力子任秘书；叶楚伧任青年妇女部长，何世桢任秘书；茅祖权任调查部长，孙镜任秘书。罗章龙、施存统、沈泽民、邓中夏、向警予等共产党人都在执行部任职。4 月 19 日，中共中央局委员长陈独秀、秘书毛泽东联名发出中共中央第十三号通告，要求各地党和团的组织开展"五一""五四""五五""五七"纪念和宣传活动。

　　按：通告指出："五一"纪念，在可能的范围内，召集工人演讲会，向工人讲演"五一"的历史及中国国民革命与集会结社之自由的关系。"五四"纪念,以学生为中心,必须发挥"五四"运动两个重要的意义:(一)恢复国权运动;(二)新文化运动。"此时国外列强之压迫,国内旧思想之反攻,都日甚一日,因此,"五四"运动之精神仍有发挥之必要。""五五"纪念,应集合党、团员同志,由在理论上素有研究者讲演。"五七"纪念,务努力联合工商学生做大规模的示威运动,口号是:否认"二十一条",取消租界,废弃不平等条约等。

毛泽东5月5日在上海莫利哀路29号孙中山寓所(今中山路故居),出席为纪念孙中山就任非常大总统3周年举行的庆祝集会。到会的国民党各区党部代表300多人,上海执行部成员邓中夏、张继、胡汉民、汪精卫、向警予、毛泽东、沈泽民邵力子、戴季陶等在草坪合影留念。6月初,杨开慧同母亲携毛岸英、毛岸青从长沙到上海。7月21日,中共中央局委员长陈独秀、秘书毛泽东联名发出中共中央第十五号通告,分析了国民党右派反共排共的严重开形势。由于同国民党上海执行部负责人经常发生分歧,毛泽东辞去组织部秘书职务,只领导文书科工作,另推荐中共党员张廷灏继任组织部秘书。11月13日,孙中山应冯玉祥、段祺瑞、张作霖共商国是之邀,偕夫人宋庆龄离开广州北上和谈。途经上海时,毛泽东以国民党上海执行部和秘书处文书科主任名义领衔同组织部秘书张廷灏、干事罗章龙、宣传部秘书恽代英等14人,联名致信孙中山,反映上海执行部的经费自8月起即未能照发,近来内部更无负责之人,一切事务几乎停滞,要求派员解决。12月,毛泽东因工作过于劳累患病。经中共中央同意,回湘疗养。年底,毛泽东偕杨开慧等回到湖南。(参见中共中央文献研究室编撰、逄先知主编《毛泽东年谱(1893—1949)》,人民出版社、中央文献出版社1993年版)

彭述之、陈延年、周恩来、王一飞、任弼时、尹宽等人9月由莫斯科及巴黎回国。彭述之在上海主编中共中央机关报《向导》周报和党的理论杂志《新青年》,同时任上海大学社会科学系教授。尹宽任中共中央局秘书,协助陈独秀处理党中央日常事务。(参见唐宝林、林茂生著《陈独秀年谱》,上海人民出版社1988年版)

罗章龙3月被调到国民党上海执行部。6月17日至7月8日,罗章龙、王荷波、刘清扬等随李大钊出席赴苏出席在莫斯科召开共产国际第五次代表大会。10月,《中国工人》在上海创刊,罗章龙任主编,邓中夏、赵世炎、刘少奇、任弼时等主要撰稿。

张太雷是年春按党的要求回国,担任团中央总书记,出席党的"四大"并当选为候补中央委员,同时兼任中共广东区委委员、宣传部长等职。是年,所译《马克思政治学》(即《国家与革命》中的内容)一文刊载于上海《民国周报》。

杨明斋所著《评中西文化观》由三联书店上海分店出版,为《民国沪上初版书》丛书之一。全书共分4卷:第一卷评梁漱溟的《东西文化及其哲学》,第二卷评梁启超的《先秦政治思想史》,第三卷评章士钊的《农国辩》,第四卷总解释,属通论性质,从理论和历史的结合来阐明一种新的文化观,是自觉以马克思主义理论来分析中国社会的新探索。

按:李维汉曾在长沙《新民周报》发文称赞"这部书的确是一部极有价值之作,在此东方文化的声浪甚嚣尘上、真伪是非不易辩白时,有了这部书,可以帮助青年解决不少疑难"。北京大学名历史学家罗荣渠教授这样评价道:"中国的先进知识分子转向一种崭新的世界观和历史观来研究中国与世界的演进历程,《评中西文化观》大概是这方面最早的一部系统性论著。是这场大战(上世纪二十年代初中西文化论战)留下的出色的文献之一,也是早期马克思主义启蒙运动、中国现代化启蒙思想运动留下的珍贵遗产。"(参见袁景华编《章士钊先生年谱》,吉林人民出版社2001年版)

杨贤江继续被商务印书馆聘为《学生杂志》主编。1月12—13日,中共上海党员大会改选上海地方兼上海区执行委员会,杨贤江与徐梅坤、张秋人等3人当选为候补执行委员。

随后被递补为执行委员。2月5日,杨贤江在《学生杂志》第11卷第2号发表《国故毒!》一文,指出上海澄衷中学国文会考"乃是国文教育上的'复辟'行为,凡不甘受束缚的教育的青年,应该对于这种行为竖起反叛之旗,大喊一声革命!"引发文教战线上的传统与现代之争。3月21日,上海《时事新报》发表澄衷中学校长曹慕管致杨贤江书,谓"吾校不授白话","注重国故,本校主之遗嘱而然也",指责杨"鼓吹破坏,掀起学潮,贻害学生"。曹慕管多方制造舆论,重唱国故,对杨施加压力。其后,上海一些报刊,围绕"国故毒"展开复古与反复古的论战。陈望道、恽代英、沈雁冰、曹聚仁等纷纷著文批驳曹慕管顽固复古的论点。

杨贤江3月5日在《学生杂志》第11卷第3号上发表《我对于人生观的见解》,指出:"现代中国青年应该有怎样的一种人生观?这便要从青年的需要、现代的趋势和中国的现状这三方面来研究考虑,才能有个正确的规定。"3月25日,杨贤江在《时事新报》上发表《杨贤江答复澄衷中学校长曹慕管信——讨论国故》,继续对"国故派"进行斗争。4月5日,在《学生杂志》第11卷第4号上发表《求学与救国》,提出"求学不忘救国,救国不忘求学"。同日,在《学生杂志》第11卷第4号上发表《告青年学生之从事于平民教育运动者》。5月5日,在《民国日报·觉悟》上发表《今年的"五四"和第三期复古运动》,文中强调了青年学生在"五四"运动中的重要作用,并作出三次复古运动的归纳。

按:《今年的"五·四"和第三期复古运动》提出,自民国成立以来,在这短短的十几年的历史中,已经有过三次复古运动。第一期是跟了革命声音来的孔教会所扮演的尊孔戏;第二期的复古运动是在民国七、八年间,因为当时《新青年》排斥孔丘,提倡文学革命,便引起所谓"新旧之争";第三期的复古运动原不是始于本年,但以本年为尤显著。其影响足以麻痹青年学生的神经,使他们感觉不灵,竟会对于有灭国亡种的祸患熟视而面无睹的,便是思想界的反动。

杨贤江6月与旅居上海的余姚青年朱公垂、楼建南等发起组织"余姚青年协社"。7月,参加少年中国学会在南京召开的第五次年会,与恽代英一起同国家主义派作针锋相对的斗争,并作了关于道德与经济改造问题的发言,强调道德受社会制度的影响、受环境的支配,随着经济状态而变迁,并非独立与超然。8月15—18日,在《民国日报·觉悟》上发表《教育问题》,从当时中国的社会背景入手,估测了民国以来的教育发展的五个趋势,即社会的意识、自由的意识、职业教育、科学的精神、政治的空气。

按:文中同时指出目前教育存在以下三种不良趋势:商业化的教育、复古运动、教职员的不称职,以及三个特殊问题,即教育界风潮问题、留学生问题、外国人办教育问题,认为中国教育中的弊端造成了三个后果:(一)乡愿的——没有是非,妄从他人;(二)奴隶的——这有二种:(1)在现状底下,自己还过得去,并不觉苦痛,并不想改革的;(2)崇拜洋大人,大多是教会学校出身,很想连自己也变成了洋人,并不愿意做个中国人。(三)酿乱的——现在国内的乱源,有一部分是教育的成绩。于是进而提出改革现在的教育的方法必须注意两点:(一)教育的革命;(二)革命的教育。

杨贤江9月9日在《民国日报觉悟》上发表《中国青年活动的黎明——反对基督教运动》一文。是年,杨贤江以共产党身份加入国民党,并担任改组后的国民党上海市党部青年部部长。同时兼任上海《时报》"教育周刊"编辑。经常往返于上海、上虞、宁波、杭州之间,为发展宁波、余姚等地方党组织积极活动。(参见杜学元、吴吉惠等撰著《杨贤江年谱长编》,光明日报出版社2005年版)

茅盾1月13日出席中共上海地方兼区执行委员会召开的上海党员大会。此次会议改选执行委员会,选出茅盾等5人为执行委员,茅盾任秘书长兼会计。3月16日,因邵力子邀编《民国日报》的副刊《社会写真》(后改名《杭育》),加之其他事情繁忙,茅盾向上海地方兼区执委会提出辞职,被通过,但因补选在即,需仍任执委会的秘书兼会计,直到补选出新的执委为止。同月,发表《司各德重要著作解题》《司各德著作编年表》。4月初,茅盾接编《民国日报》副刊《社会写真》,至7月底。7日,发表《〈红楼梦〉〈水浒〉〈儒林外史〉的奇辱!》,批驳《红楼梦》是"性欲小说",《水浒》是"盗贼小说",《儒林外史》是"科举小说"等谬论。10日,发表《拜伦百年纪念》。14日,发表《对于泰戈尔的希望》。28日,发表《匈牙利文学史略》。同月,出版主编的《法国文学研究》,列为《小说月报》第15卷号外,由商务印书馆发行。又发表《法国文学对于欧州文学的影响》。5月12日,在上海《文学》旬刊第121期发表《文学界的反动运动》,驳斥"学衡派"反对白话文、主张言文不应合一的观点。16日,发表《太戈尔与东方文化——读太氏京沪两次讲演后的感想》。19日,在上海《文学》旬刊第122期发表《进一步退两步》。

　　按:《文学界的反动运动》《进一步退两步》,把"整理国故"定性为"文学界的反动运动""进一步退两步"。《文学界的反动运动》说:"和其他反动运动一样,文学上的反动运动的主要口号是'复古'。不论是他们反对白话,主张文言的,或是主张到故纸堆里寻求文学的意义的,他们的根本观念同是复古。他们自然不肯明明白白说自己是复古的,他们一定否认自己是反动的,他们有他们的一大套理由,说自己的主张是如何的合理:他们是这样的巧言如簧,乱人听闻的,所以我想一度的揭发是必要的。我明知时代先生的皮鞭落到中国人的脊梁上,必不容中国人不朝前进,人类历史的长途本来作曲线进行,反动之后必有反反动,反动运动的生命是不会长久的,可是我们万不能竟把这副担子交给时代先生,自己做个旁观者,我们要站在凶恶的反动潮流前面,尽力抵抗。文学上反动运动的第一支是反对白话主张文言的,他们自己也研究西洋文学,他们似乎也承认中国旧书里对于文学的研究,不及西洋人那么精深,但是他们竭力反对白话。……平心论之,这一支反动势力不过无价值无立足点罢了,未便说他们直接做了多少罪恶,但是他们间接造成的罪恶却不小。这便是因为他们诱起了第二支的反动运动。第二支的反动运动是于主张文言之外,再退后一步,要到中国古书——尤其是经里面去找求文学的意义,他们的标语仍旧是'六经以外无文',他们以为经是文之极则,子史已不足观。他们牵强附会,说西洋人的文学观念在中国古书所已有的,故当捧出自己的宝贝来,排斥洋货,不要弄成'贫子忘己之珠',这一等反动家,头脑陈腐,思想固陋,实在不值一驳;他们本不敢如此猖獗的,却因一则主张文言的一支反动派呶呶不休,引起了他们攘臂加入的热心,二则近年来'整理国故'的声浪大盛,'古书原来也有用处',引得这班糊涂虫因风起波,居然高唱复古了。有他们这班人在中国向后的努力,虽然于新文学的发展一无所损害,但是群众的正当的文艺欣赏力,至少要迟十年始得养成。文艺的普遍发达,一要有作者,二要有读者,中国目下果然缺乏作者,而尤缺乏读者,中国的作者界就是读者界。'不过他们自己做这些东西的,买几本看看',这句虽是反动派讥笑的话,但是颇有几分近乎实情。中国今日一般民众,毫无文艺的鉴赏力,所以新文学尚没有广大的读者界;要养成一般群众的正则的欣赏力,本来不是一朝一夕所可成功,或者要比产生一个大作家还困难。而况还有反动派作退后的运动呢?所以这等曾经的反动派,虽然不能阻碍新文学之发展,却能阻碍一般群众的正则的文艺欣赏力之养成;在这一点上,他们所做的罪恶,实在不小。以上两种反动运动,现在已经到了最高潮,正像政治上的反动已经到了最高潮一样;我们不肯在时间上开倒车的人应该怎样呢?等他们自己被时代潮流所淘汰么?还是我们要用几分力,推进时代的轮机呢?我们应该立起一道联合战线,反抗这方来的反动恶潮!"(魏宏运《中国现代史资料选编》第2册《第一次国内革命战争时期》,黑龙江人民出版社1981年版)

　　茅盾6月23日发表《四面八方的反对白话声》。14日,发表《苏维埃俄罗斯的革命诗人》。21日,与郑振铎联名在上海《文学》旬刊第131期发表《答郭沫若》,针对同期发表的《郭沫若致编辑诸君》文中的所谓"借刀杀人""滥招党羽"等观点进行了批评,指出"郭君及成君等如以学理相质,我们自当执笔周旋,但若仍旧羌无佐证谩骂快意,我们敬谢不敏,不用回答"。由于茅盾、郑振铎一方主动挂出了"免战牌",持续3年的文学研究会与创造社的论战,至此结束。10日,茅盾发表《欧洲大战与文学——为欧战十年纪念而作》,刊于《小说月报》第15卷第8号。

> 按:文章有如下几部分:一、发端;二、文学家对于战争的态度——赞助者;三、文学家对于战争的态度——反对者;四、不谈战争的青年文艺家;五、战争文学一瞥——小说;六、战争文学一瞥——诗歌;七、战争文学一瞥——戏曲。系统介绍并评论了第一次世界大战后欧洲文学的发展及衍变。

茅盾10月25日发表《呜呼,研究系之〈时事新报〉》,载《民国日报·觉悟》。约11月,茅盾筹组数月之"桐乡青年社",因故涣散,活动停止,报刊停办;获悉瞿秋白迁至闸北顺泰里12号,过往较密。12月11日,作《中国神话的研究》,为一篇系统研究中国神话理论的长篇文论,运用横向比较研究的方法,探讨了"各文明民族"神话产生的原因,又从纵向比较研究的角度论述了"中国神话与古史的关系"等理论问题,同时把中国神话分类为"天地开辟的神话""日月风雨及其他自然现象的神话""万物来源的神话""记述神话""幽冥世界的神话""人物变形的神话"及记载神仙的古籍等。后刊于《小说月报》第16卷第1期。冬,茅盾任商务印书馆的党支部书记,支部会议常在其家开,刚结婚的瞿秋白和杨之华住在闸北泰顺里12号,代表党中央常来出席会议,并常谈论时局和党内问题。(参见唐金海、刘长鼎主编《茅盾年谱》,山西高校联合出版社1996年版;翟同泰《茅盾在大革命前的社会和革命活动述略》,载《茅盾研究》第3期)

郑振铎、茅盾、胡愈之、叶圣陶、王伯祥、陈乃乾等人2月15日在上海郑振铎寓所参加朴社会议,决定印行《浮生六记》,陆续印行《中国文学选本》,作为中等学校教本或补充课本。3月16日,郑振铎、沈雁冰、叶圣陶、胡愈之、王伯祥、周予同、瞿菊农、黄庐隐、高君箴、计硕民、陈乃乾、褚东郊等出席文学研究会举行的欢迎自北京来上海的傅东华。17日,郑振铎、茅盾、叶圣陶、胡愈之、王伯祥、傅东华、周建人、章雪村等一起开会,商量《文学》周刊编辑印行事宜,拟脱离《时事新报》。5月10日,郑振铎致信周作人,说《小说月报》七八月拟作为"非战文学号",邀周作人和鲁迅为之撰稿。9月18日,郑振铎等上海朴社同人发出《通启》,暂时解散朴社。30日,顾颉刚致信郑振铎,质问解散朴社。11月11日,林纾去世,郑振铎写成长篇论文《林琴南先生》,对他的一生作了全面的评价。(参见陈福康《郑振铎年谱》,三晋出版社2008年版)

郭沫若1月13日在上海《创造周报》第36号发表《整理国故的评价》,对当时整理国故的盛行表示不满,认为"整理国故的流风,近来也几乎成为了一个时代的共同色彩了。国内人士,上而名人教授,下而中小学生,大都以整理相号召,甚至有连字句也不能圈断的人,也公然在堂堂皇皇地发表著作,这种现象,决不是可庆的消息"。郭沫若表示既反对"笼统地宣传国学",也反对"笼统地排斥国学",认为"整理国故的最大目标,是在使难解的古书普及,使多数的人得以接近","整理中国的古代文书,如考证真伪,作有系统的研究,加新式标点,作群书索隐,都是很必要的事情",但"这种整理事业的评价我们尤不可估之过高。整理的事业,充其量只是一种报告,是一种旧价值的重新估评,并不是一种新价值的重新创造,他在一个时代的文化的进展上,所效的贡献殊属微末"。因此,他表示反对"笼统地宣传国学",也反对"笼统地排斥国学",认为"不问社会需要"拼命提倡整理国故,"是超越了自己的本分,扰乱了别人的业务",因而"招人厌弃";至于笼统地排斥国学研究者,则也是犯了同样的错误。此外,他还提出国学研究的方法"要合乎科学精神"。20日,郭沫若在上海《创造周报》第37号发表《古书今译的问题》,驳以《卷耳集》翻译的成败论定"古书今译是走不通的路",援引实例证明"古代书籍的普及自不得不待今译一途"。3月上旬,郭沫若辞四川省立成都医院医务主任职不就,并退回川资。16日,郭沫若赴杭州出席中华学艺社年会。17日下午,在教育会会场出席讲演会,作《文艺之社会的使命》的演讲。4月1日,郭沫若离开上海,重赴日本福冈;译著《少年维特之烦恼》(德国歌德原著)由上海泰东图书局作为《世界名家小说》第2种出版发行。5月下旬,接读成仿吾寄来的《创造周报》终刊号,看到夹在其中的"太平洋社和创造社的共同预告"时,为《创造周报》的命运深感痛心。

　　按:《创造周报》于本月19日出版第52号终刊号。郭沫若《创造十年续编》曰:"达夫在我离开了上海之后,他在四月尾上由北京赶到了上海,赶着在《周报》的最终号中夹了一张预告,是太平洋社和创造社的共同预告。预告着两社将合办一种周刊,就是后来的《现代评论》,在最短期内将与读者见面。这个预告当然是得到仿吾同意的,事后我也得到达夫的一封信来向我提及。但我在福冈接着了最终号的《周报》,并同时接着了那张预告的时候,我痛痛快快地把我不值钱的眼泪清算了一场。在这儿我和达夫的感情自不能不取着对立的方向。在达夫方面或者会说,我们的密斯创造临到弥留的时候,由他度了一口气便复活了转来,更嫁给了高门;而在我这一方面,始终是感觉到;那位可怜的姑娘夭折了,还受了一次尸妖。""太平洋社和创造社的合伙在当时的情势上是有充分可能的。太平洋社本来有《太平洋》月刊在商务出版,他们的构成分子大都还是有点相当学识的自由主义者,所发表的政论,公平地说,也还算比较开明。那个月刊虽然从不曾左右过中国文化界,但在科学与玄学之战闹得昏天黑地的时候,吴稚晖在那儿发表过一些突梯滑稽的论文,把读书界轰动过一下。我对他们虽然没有什么接触,但其中的主要角色多是湖南人,与仿吾有同乡之谊,而与仿吾的长兄劭吾又多是日本留学时代的同学。仿吾随着他的长兄留学日本时,是和他们之中的一部分人同居过的。其在达夫,则因为多是北大的同事,过从当然更加亲密。有这种种关系,加上我们自己本已有趋向政治的要求,两社的合伙,除掉我自己的一点点洁癖和矜持之外,几几乎可以说是等于自然之数。"

　　郭沫若5月下旬译日本河上肇原著《社会组织与社会革命》讫。其中下篇第2章《社会革命与政治革命》、下篇第3章《社会革命与社会政策》分别发表于上海《学艺》杂志1924年8月第6卷第4期、12月第6卷6期。6月17日,作《伟大的精神生活者王阳明》讫,系为《阳明全书》写的序,叙述王阳明的生平史迹和自己与王阳明是在什么样的动机和状态下"接触",以及王阳明思想学说之梗概。月底,因缴纳不起房租,被房主逐出,迁居到福冈市外马出滨松原大佛像前,重又搬进6年前待过的当铺仓库楼上。同月,作《盲肠炎与资本主义》,认为"资本家是社会的盲肠"。后发表于上海《洪水》周刊8月20日第1号,又载《洪水》半月刊1925年10月1日第1卷第2期。8月9日,郭沫若致信成仿吾,谓"我们现在不能成为纯粹的科学家,纯粹的文学家,纯粹的艺术家,纯粹的思想家",在译完《社会组织和社会革命》之后,"我现在成了个彻底的马克斯主义的信徒了!马克斯主义在我们所处的这个时代是唯一的宝筏"。后发表于上海《创造月刊》1926年4月第1卷第2期,题为《孤鸿》。月底,举家迁至称名寺旁租屋居住。同月,接武昌师范大学校长拟聘任为该校文科教授函,但聘书和旅费迟迟未到。后来学校风潮,校长换人,而且江浙战事已起,遂辞聘。

　　郭沫若11月16日,携妻儿由日本回到上海,在环龙路44弄8号租住。21日,与从广州扶长兄灵柩路经上海返长沙的成仿吾聚首。同月,应中华学艺社之邀,任学艺大学筹备委员会委员,并允诺将来担任文学系教授及主任;拟翻译马克思的《资本论》,并得商务编译所何公敢支持,但在商务印书局的编审会上没有通过。12月,赴中华学艺社宴,欢迎为办理庚子赔款作为文化基金而来华访问的日本医学博士大泽、子爵冈部等人,在座有章士钊。

(参见林甘泉、蔡震主编《郭沫若年谱长编》,中国社会科学出版社2017年版)

田汉与易漱瑜合力主办的《南国半月刊》1月5日在上海创刊。创刊号发表《南国宣言》，宣称办此刊物旨在"欲打破文坛的惰眠状态，鼓动一种新鲜芳烈的空气"；并申明："我们在'艺术之社会化'，或'社会之艺术化'的旗帜下，从事第一义的创作、批评、介绍。"此刊物两人"自己出钱印刷，自己校对，自己折叠，自己发行"，"从第二期起又附刊《南国新闻》，注重各种艺术如戏剧、电影，以及出版物的批评"。3月，田汉当选为少年中国学会第五届评议部候补评议员。同月，因经济负担不支及易漱瑜染病心力两疲的原因，《南国半月刊》发行4期后停刊。春，周信芳根据《南国半月刊》上的地址来访，两人会面相识。4月，观看上海戏剧协社上演的由洪深改编并导演的《少奶的扇子》一剧后，致信洪深，对剧中"几个不妥的地方"作批评。洪深因此引以为"知己"，两人之间的友谊由此建立。7月30日，为译著《菊池宽剧选》一书出版写《序》。12月，剧集《咖啡店之一夜》一书由上海中华书局出版，内收《咖啡店之一夜》《午饭之前》《乡愁》《获虎之夜》《落花时节》5部独幕剧。译著《菊池宽剧选》(《日本现代剧选》第一集)作为《少年中国学会丛书》由上海中华书局出版，内收《父归》《屋上的狂人》《海之勇者》《温泉场小景》4个编译剧本。是年，田汉离沪前居民厚里时，与欧阳予倩"时常过从，谈论得非常投机。我们全然不愿离开了。我们觉得欲从事新兴戏剧运动时，我们不能缺掉哪一个"。(参见张向华编《田汉年谱》，中国戏剧出版社1982年版)

朱光潜撰写第一篇美学文章《无言之美》。又到上海与叶圣陶、胡愈之、夏衍、夏丏尊、丰子恺、陶元庆、陈望道、茅盾、郑振铎、刘大白、朱自清等成立立达学会，创办立达学园，广泛进行新型教育的改革试验，倡导教育的自由独立。(参见宛小平《朱光潜年谱长编》，安徽大学出版社2019年版)

江亢虎2月下旬从马尼拉乘船经香港回到上海。3月中旬，取道天津来到北京。3月19日，致函金梁，请求觐见清废帝溥仪。信中对溥仪有不少溢美之词。此函后来引发了次年其涉嫌"甲子阴谋复辟案"的风波。春，在北京筹办上海南方大学北京分校，于秋季开学，设专科和本科，并更名为北京南方大学。3月，写信给孙中山，表示对国民党改组"尤深钦佩"，但又提醒道："革命事业，当以人民自觉、自动、自决为原则，以民党自身养成之根本势力为先锋。若在我本无可恃，而利用国内已成之势力者国必乱，其利用国外已成之势力者国必亡。"3月，应约为友人创刊的《新新日报》撰写《发刊词》，在简要叙述社会主义发展的历程时说道："科学社会主义，马克斯、恩格尔集其大成。"4月，江亢虎发出《善后会议紧急提案》，联署者有王士珍、熊希龄、屈映光、刘炳南、言敦源、马福祥、陆兴祺、朱绣、朱清华和田步蟾。5月，撰《〈亚东新闻〉国耻纪念特刊题词》。

江亢虎6月15日为抵制南方革命，启动重建中国社会党的行动，代表"中国社会党同人"发布《为重立中国社会党公启》《中国社会党复活宣言》以及该党的主张、态度、临时政略、组织大纲等文告。6、7月间，陈独秀在《向导》周报上发表短评，讥讽中国社会党请"军民长官"来提倡社会主义。为此，江亢虎撰写《社会党与军民长官》的短文，作出回应和辩驳。7月，江亢虎所著《南游回想记》由中华书局出版发行。秋，在湖南讲学。11月11日，针对10月发生的"北京政变"，发表《代表中国社会党对于时局之宣言》，提出"解散现在国会、召集宪法会议、建设非常政府、确立经济政策、规定职业代议、组织义务民兵"等六点希望。是年，为推行"新民主主义、新社会主义"的主张，曾写信给各省当局，包括东北张作霖、云南唐继尧、湖南赵恒惕、湖北萧耀南、山西阎锡山、广东陈炯明、浙江夏超等，希望各省能"一试"其两主义之"政见"。随信还附上其《请愿十条》，并表示拟带学生二三人，愿往各省演讲，且

"晋谒而谈"。（参见江佩伟编《中国近代思想家文库·江亢虎卷》附录《江亢虎年谱简编》，中国人民大学出版社 2015 年版）

曾琦、李璜等 4 月 20—21 日出席中国青年党在巴黎哲人大厅召开第一次党员大会，李璜作《国家主义之真谛》的报告。大会成立了中央领导机构，设内务、外务、宣传、组织、训练、总务 6 部，并选举了中国青年党中央领导人，曾琦被选为委员长，李璜当选为外务部长。9 月，曾琦与李璜、张梦九一起回到上海，确定回国后的任务是："宣传国家主义与全民政治，组织青年党"；活动方针是："先行办报，从主义与政策的宣传，以吸引青年知识分子，期之三年，有了可信赖的干部同志，站住脚后，然后再将青年党公开出来，以与国共两党相周旋"。张梦九先后在大夏大学、法政大学任教。曾琦、李璜等 4 月 20—21 日出席中国青年党在巴黎哲人大厅召开的第一次党员大会，李璜作《国家主义之真谛》的报告。大会成立了中央领导机构，设内务、外务、宣传、组织、训练、总务 6 部，并选举了中国青年党中央领导人，曾琦被选为委员长，李璜当选为外务部长。9 月，曾琦与李璜、张梦九一起回到上海，确定回国后的任务是："宣传国家主义与全民政治，组织青年党"；活动方针是："先行办报，从主义与政策的宣传，以吸引青年知识分子，期之三年，有了可信赖的干部同志，站住脚后，然后再将青年党公开出来，以与国共两党相周旋"。10 月 10 日，曾琦与左舜生、李璜、张梦九、陈启天、余家菊等人在上海创办《醒狮》周报，作为青年党的党报，辟有"时评""论说""纪事""讲演""译述""笔枪墨剑"等栏目。曾琦撰写《〈醒狮周报〉出版宣言》。11 月 2 日，醒狮周报社召开第一次社员会议，选举职员，筹议经费，是日到会者有曾琦、左舜生、张梦九、陈启天、罗季则、何公敢、萨孟武、涂九衢、郭步陶、赵畴人、黄绍兰等共 11 人，最后选举曾琦为总编辑，左舜生任总经理，余家菊任该刊《教育特刊》主编。中国青年党极力宣扬国家主义，反对国民革命、国共合作和孙中山的三大革命政策，声称要发动一个"醒狮运动"，"扫除一切家内家外的小窃大盗"。故中国青年党又称"醒狮派"，成为一支新兴政治力量。是年，曾琦在《醒狮》上连续发表文章，竭力宣传国家主义。李还在《中华教育界》第 13 卷第 9 期发表其代表作之一《再谭国家主义的教育》，宣扬国家主义教育。

按：《醒狮》周报于 1927 年 11 月 19 日出至第 162 期时，因与国民党有矛盾，被封禁。同年 12 月 10 日恢复出版，1930 年 9 月出至第 221 期停刊。

按：中国青年党于 1923 年 12 月成立于法国，至是年 9 月随着曾琦、李璜等归国而迁至国内，曾先后在湘、鄂、川、粤、桂、闽、滇、黔、皖、晋、鲁、赣、京、津、沪等地建立 30 余个团体。1929 年 8 月 20 日，在沈阳举行第四次全国代表大会，正式定名为"中国青年党"。中国青年党的成员多为知识分子，不少人在学术上有着一定的能力，如李璜对于近代社会学的研究、陈启天对于法家学说的研究、常燕生对于中国思想史的研究。值得一提的是，这些知识分子里的不少人曾在法国与中国的马克思主义者进行激烈论战，甚至大打出手。他们的国家主义虽然强调国家利益至上，但带有极强的反共色彩，甚至连主张国共合作的国民党也一并反对。因此，他们提倡的国家主义在近代中国很大程度上是一种没有清晰阶级基础的国家主义，表面上主张联合所有爱国者，但实际上却不为任何一个阶级或团体所真正接受，后来也只能致力于联络地方军人或往政府中输送党员，行为方式较之当时的各种小政治团体并无太多区别。

陈启天是年夏于南京高等师范学校毕业后，任上海中华书局编辑，主编《中华教育界》。7 月 3—9 日，与余家菊等人在东南大学举行的中华教育改进社第三次年会上提出《请求力谋收回教育权案》，获得大会通过。陈启天参与组织国家教育协会，认定"教育是一种国家主权、国家事业、国家工具、国家制度"，号召并发起收回教育权运动，同时在教育实践中，抵制马列主义的传播，也反对无政府主义，受到当时革命报刊的广泛反击。是年，陈启天在

《少年中国》第4卷第9期发表《新国家主义与中国前途》,在《中华教育界》发表《新国家主义与国民教育的改造》《廖教授著的教育心理学》《廖教授等编的施行新学制后之东大附中》以及译斯密上原著《应用教育社会学》等。《新国家主义与国民教育的改造》谓"自从五四运动以来一切教育的材料均起了一个大大的改变:人人以为有国家色彩的教材太狭隘,不如采用含有世界色彩的教材;纪述战事的教材太残酷,不如采用歌颂和平的教材较合人道;培养爱国思想的教材太危险,不如培养文化的教材可赞赏。"(以上参见余子侠、郑刚编《中国近代思想家文库·余家菊卷》及附录《余家菊年谱简编》,中国人民大学出版社2015年版)

萨孟武毕业于日本东京帝国大学法学部政治系,获法学学士学位。回国后,在上海以译书、撰文为生,曾主编《孤军》杂志。同人中有何公敢、周佛海、郭心嵩、陶希圣等,多为日本帝国大学毕业生。其间曾在大夏大学兼课。后又参与曾琦等人发起的《醒狮周报》的创刊。11月2日,与曾琦、左舜生、张梦九、陈启天、罗季则、何公敢、涂九衢、郭步陶、赵畴人、黄绍兰等11人出席《醒狮》周报社召开第一次社员会议,

按:何公敢、萨孟武等于1922年在上海创办《孤军》杂志,政治主张介于三民主义与国家主义之间,世人称之为"孤军派",主要成员包括何公敢、阮湘、郭心嵩、周佛海、陶希圣、萨孟武、林植夫、刘光华、涂开兴、罗益增、彭维基、郭沫若等。以后孤军社发生分化,其中郭沫若等即从孤军社分裂出来另组创造社,而何公敢、阮湘等与从广州到上海的周佛海、郭心崧发起独立青年社,创办《独立青年》月刊,由郭心崧主编,陶希圣则主办《独立评论》周刊。

杜亚泉1月参加理科教材讨论会。该会由中华博物学会及江苏省教育会附设的理科研究会召开。在上海创办新中华学院,杜亚泉自任校长,与学生同居宿舍。学院旨在培养从事科学、实业人才,杜亚泉自任教授训导之责,提倡敦朴学风,鼓励学生毕业后赴农村,从事教育及农村合作事业。有《〈新中华学院简章〉序言》一文阐明其理念。新中华学院勉力支持两年半,斥资八千余元,无力继续,不得已而停办。杜氏为办校除脱售商务印书馆股票外,又负债二三千元。(参见周月峰编《中国近代思想家文库·杜亚泉卷》附录《杜亚泉年谱简编》,中国人民大学出版社2015年版)

戴季陶1月因孙中山连续电促其赴穗参加国民党第一次全国代表大会,并再派廖仲恺赴沪面请,只好一同赴穗。会上当选为中央执行委员、常务委员、宣传部部长、政治委员会委员。戴季陶向孙中山要求不担任党政中枢职务。大会闭幕之日即离穗返沪。其间,曾有万言书致川中同志会,报告中国国民党改组情况。2月中旬,赴穗就职。3月29日,劝说谭平山等放弃共产党籍,未遂愿。4月,被任命为大本营法制委员会委员长。曾起草《考试院组织条例》《考试条例》与《施行细则》三个法案。创办中央通讯社。5月,黄埔军校成立,任政治部主任,认为国共合作形势对其不利,遂辞职返沪。不久,向孙中山主张召开国民党中央扩大委员会,到穗之日即遭国民党左派批评指摘攻击,遂再度离穗返沪,隐居湖州。11月17日,作为日文秘书随孙中山经日本北上。12月4日,与孙中山同抵天津,后孙中山因健康之故取消访欧计划,其日语翻译任务完成,遂先暂回上海。(参见桑兵、朱凤林编《中国近代思想家文库·戴季陶卷》附录《戴季陶年谱简编》,中国人民大学出版社2015年版)

蒋百里在《武铎》杂志发表《国民军事学》(又名《共武论》)、《欧战之大要及德国失败之原因》。(参见皮明勇、侯昂妤编《中国近代思想家文库·蒋百里、杨杰卷》附录《蒋百里年谱简编》,中国人民大学出版社2015年版)

张尔田在《学衡》第28期发表《九十者一子不事八十者二算不事答问》。又在《昌明孔教经世报》第2卷第12期发表《刘向校雠学纂微序》。(参见孙文阁、张笑天编《中国近代思想家

文库·张尔田、柳诒徵卷》及附录《张尔田年谱简编》，中国人民大学出版社 2015 年版）

邵力子 1 月参加国民党改组，当选为国民党第一届中央候补执政委员，任国民党上海执行部工农部秘书。5 月，在《觉悟》副刊连载李春蕃翻译的列宁原著《帝国主义》。（参见晨朵《邵力子生平大事纪要》，《浙江师范学院学报》1983 年第 1 期）

曹聚仁所论"整理国故"2 月 1 日为陈独秀刊于《前锋》第 3 期的《国学》所引。5 月 5 日出席在上海福州路小花园都益处菜馆举行的新南社第二次聚会。10 月 10 日，曹聚仁出席在新世界西餐部举行的新南社第三次聚会。（参见曹雷编订《曹聚仁年谱》，《曹聚仁先生纪念集》，2000 年；唐宝林、林茂生《陈独秀年谱》，上海人民出版社 1988 年版）

李笠在上海《东方杂志》第 21 卷第 9 期上发表《国学用书撰要》，开列哲学部书目 83 种，史学部书目 71 种，文学部书目 122 种，小学部书目 60 种，类书辞典 11 种。文后附有评胡适、梁启超书目。

黄炎培 2 月 4 日撰成《民国十二年之职业教育》一文，叙述斯年全国职业教育发展的概况，并论述职业学校课程的标准问题和职业指导问题之重要。9 月 18 日，参加在外交部举行的中华文化教育基金董事会成立会。该组织为处理美国退回庚子赔款的机关。11 月 25 日，和史量才商讨筹设"甲子社"，目的在于收集关于人群文化之记述，分类庋藏，使修学、著书、施政行事得所依据。其后改为"人文社"，出版有《人文月刊》。12 月 6 日，撰《职业教育上四个新问题》一文，发表于《教育与职业》第 61 期。文中提出下列四个新问题将为职业教育之新责任：一是灾民职业教育，二是伤员职业教育，三是裁员后之职业教育，四是清室旗人职业教育。是年，杨卫玉参加中华职业教育社，推行职业教育，并被推为该社副理事长。（参见余子侠编《中国近代思想家文库·黄炎培卷》附录《黄炎培年谱简编》，中国人民大学出版社 2015 年版）

邹韬奋继续担任中华职业教育社编辑股主任，负责编撰"职业教育丛刊"，编辑《教育与职业》月刊。3 月 10 日下午 3 时，邹韬奋以中华职业教育社职业指导股主任在上海青年会与澄衷中学、青年会中学议定两校实施职业教育指导办法，从 4 月 14 日起，实行一周的职业指导运动，用专家演讲和个人谈话方式开展。3 月 31 日，《中国职业指导的现况》刊于上海申报馆《教育与人生》周刊第 24 期。同月，山东济南正谊中学函请黄炎培、刘湛恩、邹韬奋、杨卫玉于 4 月中到校演讲职业指导。4 月 30 日，译文《个人在职业方面发展之步骤刊于《教育与职业》第 54 期。5 月 5 日，《哥伦比亚大学职业教育科之内容》刊于《教育与人生》周刊第 29 期。6 月 30 日，《职业的真乐》刊于《教育与职业》第 56 期。是年，在担任中华职业教育社编辑股主任的同时，仍有半天在海澜英文专科学校、中华职业学校教授英文。不断撰写和翻译有关职业教育指导的论文，发表在《教育与职业》、申报馆《教育与人生》、中华书局《中华教育界》等杂志。（参见邹嘉骊编著《邹韬奋年谱长编》，上海交通大学出版社 2015 年版）

张相文发表《佛学地理志》，第一次明确提出秦岭—淮河是中国的南北分界线。

丁福宝自称藏有"十万又三千"卷书，建"诂林精舍"，吴稚晖题写匾额，藏书总数达 15 万余卷。

马相伯是年秋震旦大学 20 年纪念庆后，所著《致知浅说》刊印出版。本书 1903 年撰成，为现存最早的中国大学西方哲学教材。（参见李天纲编《中国近代思想家文库·马相伯卷》附录《马相伯年谱简编》，中国人民大学出版社 2015 年版）

张元济 2 月以商务印书馆成立将届 30 年，希望影印《四库全书》以为建馆纪念。特由高凤谦进京，与清室内务府商借文渊阁本全书，一次运沪，照原书版式酌加缩小，参用道林纸影印，以 5 年为期，原书分 4 次缴回。几经磋商，始得同意，订定领印办法 13 条。3 月 17

日,蔡元培自德致函,寄《简易哲学纲要》稿。8月,是书由商务印书馆出版。是月中旬,商务印书馆报请北洋政府国务院及内务部、教育部、交通部备案,由交通部令行京奉、津浦、沪中三路局预备专车,沿途护送文渊阁本《四库全书》到上海。同月,商务印书馆编译所附设之涵芬楼新建筑落成,地处上海宝山路商务印书馆总馆厂之对面,系钢骨水泥之五层楼房。涵芬楼藏中外图书数十万册,其中善本书不少。涵芬楼移入新馆后,易名为东方图书馆,聘王云五为馆长,总理馆务。4月8日,曹锟亲信李彦青向商务索贿未遂,即由大总统府秘书厅致国务院公函,查禁装运出京。20日,北京政府再次查禁《四库全书》出京运沪。7月11日,赴上海总商会出席中国工程学会年会开幕礼,并发表演说。(参见张人凤、柳和城编著《张元济年谱长编》,上海交通大学出版社2011年版)

何炳松6月在《民铎》杂志第5卷第4号发表《民国十三年来之回顾及吾人应有之觉悟》。辞浙一中校长职。任内,经常请国内外专家及名流来校讲演。16日,《浙江一中周刊》终刊,共出版30期。旋进入商务印书馆。7月,(美)鲁宾逊著、何炳松译《新史学》由商务印书馆出版。

按:鲁宾逊是美国20世纪初流行的"新史学派"的倡导者,《新史学》是其史学理论的代表作,对"新史学派"的形成影响至大,被视为"新史学"的宣言。1920年,何炳松在北京大学历史系开设"历史研究法"课,以《新史学》原本为教本,深受学生欢迎,系主任朱希祖遂请其译为中文。1921年2月,在北京高等师范学校学生江兴若的协助下,开始着手翻译。5月,江兴若离京,友人傅东华协助翻译。8月译毕,又经朱希祖、胡适等校阅。全书共8章,尤以"新史学""史学史""史学的新同盟军"3章为重要,旨在阐述一种有别于传统史学的新主张。它要求打破传统史学的狭隘范围,把研究领域扩大到人类活动的各个方面,要求史学家融会现代各种科学知识,使之成为新的历史研究方法的一部分。

何炳松9月在《教育杂志》第16卷第9号发表《浙江小学教育的现状及其罪人》。10月,在《教育与人生》第51期发表《中国西洋史学界与陈衡哲之高中西洋史》。姚名达来信求教,从此订交。所著《中古欧洲史》由商务印书馆出版,陈衡哲为之序。此后多次再版。(参见房鑫亮《忠信笃敬:何炳松传》,浙江人民出版社2006年版;王学典《20世纪史学编年(1900—1949)》,商务印书馆2014年版)

王云五主编《少年百科全书》6月由商务印书馆出版,计有《欧美名著节本》《游艺》《奇象》诸种,任鸿隽、沈奎、周鲠生、秉志、胡先骕、段育华、曹慧群、刘树海担任《全书》之校对。王云五撰《总序》,谓"这部《少年百科全书》就是许多暑期编译员合力编译而成的,其中稍涉专门的稿件,并请各科专家加以校对,俾免错误"。(参见胡宗刚编著《胡先骕先生年谱长编》,江西教育出版社2008年版)

陶希圣7月进入商务印书馆编译所任法制经济部编辑,并投稿《学艺杂志》和《妇女杂志》。(参见陈峰编《中国近代思想家文库·陶希圣卷》附录《陶希圣年谱简编》,中国人民大学出版社2015年版)

彭家煌进上海中华书局工作,参与编辑《小朋友》杂志。

俞颂华入上海商务印书馆,编辑《东方杂志》。

向达以优异成绩毕业,入上海商务印书馆编译所任编辑。

戈公振3月28日受侄子戈宝权之托,在上海邮寄了一套唐小圃编译、商务印书馆出版的《托尔斯泰儿童文学类编》给戈宝权。7月2日,顾维钧任北洋政府代理国务总理期间,聘戈公振为国务院谘议。7月,戈公振编译《新闻学撮要》,其初版《序》云:"我国关于新闻事业的著作和译述,近来虽有几本书印出来,但是可算极少数了;而且偏重理论的多,注意事实的少。我常想将自己在新闻界十余年中的经验,一一写出来,供给有新闻记者志愿的人们参考。但是担任的事务多,至今未能如愿。这本美国开乐凯氏的《新闻学撮要》书中所说,句句先得我心,是一本很有价值的著作。开氏服务新闻界很久,他的阅历,当然是很丰富,所以我将它先翻译出来,或者于我国新闻界不无小补。其中有与我国情形不同的地方,由译者酌量删节或附加注释,使此书便于我国人实用。"(参见洪惟杰编著《戈公振年谱》,江苏人民出版社 1990 年版)

成舍我在 1924 年 4 月 1 日至 1925 年 10 月 1 日,用一年半的时间内先后在上海创办《世界晚报》《世界日报》和《世界画报》,后称"三个世界"(下文简称"三报")。

徐调孚参加《小说月报》编辑工作,做郑振铎的助手。

王平陵任《时事新报》副刊《学灯》主编,并为《东方杂志》撰稿。

王钝根主编的《社会之花》1 月 5 日创刊,周瘦鹃作《祝社会之花》贺词。

许杰在《小说月报》上发表其成名作《惨雾》。

严独鹤、赵苕狂主编的《红玫瑰》周刊 8 月 2 日在上海创刊,以发表文艺作品为主。

胡政之主办的综合性时事周刊《国闻周报》8 月在上海创刊。初期的政论、时评大多由胡政之执笔。

王景歧为主席,李登辉、马寅初、丁淑静为副主席的中华国民拒毒会 8 月 5 日在上海成立,蔡元培为名誉副会长。

凌鸿勋、周琦、裘维裕、程志颐、方子卫等人在中国工程学会第二次年会上宣读论文。

许敦谷与留日画家陈抱一、关良一起参加上海东方艺术研究会举办的画展,此次画展首开购票参观之例。

洪深是年加入上海戏剧协社。年初,将英国王尔德著《温德米尔夫人的扇子》改编为《少奶奶的扇子》。4 月,"戏剧协社"在上海公演《少奶奶的扇子》。洪深因这次演出确立了严肃认真的话剧舞台风格而成名。同年,担任明星影片公司编导,并任中华电影学校校长。

黄宾虹、王震等人在上海发起成立上海中国书画保存会,以保存书画为己任。

按:潘君祥《从文学与书画界的近代社团看海派文化的发展》说:"近代中西文化的冲撞,对中国传统绘画艺术曾经构成巨大的冲击。在上海的绘画界同样兴起了一个创建近代社团的高潮。据不完全统计,仅在 20 世纪上半叶,全国各地以及海外留学生组织的各级各类美术社团就达 300 多个,这在中国的绘画史上是绝无仅有的。那时在上海创建的书画社团主要有:海上书画公会、文明书画雅集、豫园书画善会、宛米山房书画会、上海书画研究会、清漪馆书画会、文美会、贞社、东方画会、天马会、中华美育会、晨光美术会、上海书画会、海上书画联合会、艺观学会、朝花社、寒之友社、上海中国书画保存会、蜜蜂画社、组美艺社、清远艺社、中国画会等近百个绘画社团组织。"(李伦新、方明伦、李友梅、丁锡满主编《海派文化的创新发展与世界文明》,上海大学出版社 2012 年版)

张大千应邀参加上海文人雅集"秋英会",结识常州词人谢玉岑、上海画家郑曼青,并与谢玉岑结为知友。

杜定友 2 月离开复旦,其间在上海筹组上海图书馆协会。6 月,上海图书馆协会正式成立,杜定友被选为协会委员长。7 月,应河南省教育厅之聘去开封讲授"小学图书馆管理法"。9 月间,受聘兼任江苏第二师范学校讲授图书馆学课程。

欧元怀 6 月创办大夏大学于上海,马君武任校长。

陈柱被聘为大夏大学教授、国文系主任。中秋,作《守玄阁诗学叙》于锡山之尊经阁。

谢冠生从法国回国,任上海复旦大学教授。

黎锦晖兼任上海交通大学国语学讲师。

谢观创办上海中医大学。

袁昌英转至上海澄衷中学教英文。

王统照大学毕业后至于上海暨南大学任教。

胡健中毕业于上海复旦大学。

陈巨来拜赵叔孺先生为师,学习汉印。

张竹平主办的申时电讯社在上海建立。

郑超麟译普列汉诺夫《辩证法与逻辑》一文刊载于《新青年》。

仲武译列宁《落后的欧洲与先进的亚洲》一文刊载于《新青年》。

蒋光斥译斯大林《列宁主义基础》第六章刊载于《新青年》。

张天翼进入上海美术专科学校学画一年。

胡瑞华考入洪深等人主持的中华电影学校,并改名胡蝶。

王力入上海南方大学学习。

傅雷因反迷信反宗教,言辞激烈,为徐汇公学开除。仍以同等学历考入上海大同大学附属中学。

梁启超1月19日出席在北京安徽会馆举行的戴震生日200周年纪念讲演会,梁启超作讲演。春,梁启超在南开大学讲学,撰写《清代学者整理旧学之总成绩》一文。25日,梁启超在《东方杂志》第1号发表《颜李学派与现代学术思潮》。2月10日,梁启超在《东方杂志》第3号发表《明清之交中国思想界及其代表人物》。3月2—6日,梁启超在《晨报副刊》连载《清学开山祖师之顾亭林》。4月12日,应梁启超讲学社的邀请,印度诗哲泰戈尔来华讲学抵达上海,梁启超令蒋百里负责接待,徐志摩充当英语翻译。18日,夏穗卿曾佑卒后,梁启超撰《亡友夏穗卿先生》一文。其时张东荪、陈筑山等数促先生积极发展中国公学事。23日晚,泰戈尔到京,蒋百里、林长民、陈源、林玉棠、张逢春,北大、北师大教授和学生,各团体代表,以及英美日各界人士,共四五百人在北京正阳门东车站迎接泰戈尔。25日下午,梁启超、蒋百里、熊希龄、汪大燮、范源濂等在北海静心斋设宴款待,胡适等40余人作陪。梁启超发表中印文化之交流演说。

按:4月26日,《申报》记梁启超与蒋百里、熊希龄等在北海静心斋欢迎他的情形说:"梁启超、蒋百里、熊希龄、汪大燮、蒋梦麟、范源濂等在北海静心斋欢迎泰戈尔,胡适、陈普贤、秦墨哂等四十余人陪。梁致词:'中、印为文化上亲属,阔别千余年,今重聚,喜可知。今先代表少数人致欢迎意,明后日为多数青年介绍中、印学识云云。'"(民国十三年四月二十六日《申报》北京电)

梁启超5月7日出席在协和学校礼堂为泰戈尔64岁生日举行的盛大宴会及其中国名字"竺震旦"的命名庆祝会,由胡适致开幕词,梁启超说明"竺震旦"的含义。6月1日,梁启超在《史地学报》第3卷第1—2合期开始连载所著《中国近三百年学术史》,此为第一部清代学术通史。

按:《中国近三百年学术史》首载于《史地学报》第3卷第1—8期(1924年5月—1925年6月),1929年上海民智书局刊行单行本。作者在书中提出,著学术史的四个必要条件:第一,叙一个时代的学术,"须把那个时代重要各学派全数网罗,不可以爱憎为去取";第二,叙某家学说,"须将其特点提絜出来,令读者有很明晰的观念";第三,要忠实传写名家真相,"勿以主观上下其手";第四,要把各人的时代和他的一生的经历大概叙述,"看出那人的全人格"。是书此后收入《饮冰室合集》。

梁启超6月25日在《东方杂志》第12号发表《清代学者整理旧学之总成绩》,文中首次提出"方志学"的概念,并对章学诚的方志理论进行了系统总结,论证章学诚为中国方志学的奠基人。同月,在《清华学报》第1卷第1期发表《近代学风之地理的分布》,以行政区划为基础,将全国各地分为不同的学术地域,并考察各地学者的产生情况,是继《清代学术概论》之后对清代学术探讨的继续,也是启超文化史研究的新尝试,对此后的学术史、文化史研究均有一定影响。(以上参见丁文江、赵丰田编著《梁启超年谱长编》,上海人民出版社2009年版;王学典《20世纪史学编年(1900—1949)》,商务印书馆2014年版)

张伯苓1月3日出席国立北京师范大学校董会的成立会。北京政府教育部聘请张伯苓、梁启超、李石曾、熊希龄、袁希涛、王祖训及委派教育部参事邓萃英、司长陈宝泉为北京师范大学董事会董事。7日,特邀美国芝加哥大学植物学主任、教授柯尔脱博士(Dr. Coulter)来校,在南开大学、南开中学做学术报告。10日晚,张伯苓宴请柯尔脱,胡适、丁文江作陪。9日,出席天津废娼运动期成会会议。张伯苓为该会发起人之一。2月11日,在南开大学开学式上讲话,报告学校改革事宜,并分发《师生建议书》。22日,清华学校代理校长曹云祥致函张伯苓,请其担任清华大学筹备顾问。3月14日,为推进学校改革,成立南开大学评议会,制定《南开大学评议会章程》。评议会成员包括校长,大学主任,文科、理科、商科、矿科主任,教授会议代表及校长指定成员等,"专司评议全校一切大政方针等事"。4月,接待日本文部省督学官山内雄太郎及日本教员视察团30余人来南开参观。同月23日,与熊希龄、张国淦、颜惠庆、范源濂、黄炎培、蒋梦麟、丁文江等22名学者代表全国教育会联合会退还庚款事宜委员会、中华教育改进社筹划全国教育经费委员会、中国科学社、中华学艺社、中国地质学会和留日大高同学教谊社发表《对于日本在我国办理文化事业之宣言》,对日本的主张提出异议。5月5日,邀请美国驻华公使舒尔曼博士(Dr Shulman)来校演讲。

按:舒尔曼谓:"我见着贵校蓬蓬勃勃的景象,觉得她发展的迅速,出乎意外。不禁深深地颂赞贵校长办事之热忱,与夫诸君奋勉之毅力。"

张伯苓5月16日乘京汉车赴武昌参加全国第三届运动会。本届运动会由萧耀南任名誉会长,熊希龄任会长,张伯苓任副会长兼总裁判长,中华大学校长陈时任副会长兼筹备委员会委员长。26日,中华职业教育会第七届年会在武昌召开,中华大学校长陈时主持会议并致开幕词,张伯苓发表讲话,指出职业教育须注重职业与教育的沟通。6月18日,应邀出席中国大学毕业典礼,在演说中告诫毕业生走入社会后,"不宜专想吃社会,或在社会上找便宜",应该实心做事。同月,胶澳商埠督办高恩洪倡办私立青岛大学,招收文商工科学生,聘请张伯苓、蔡元培、黄炎培等人为董事。7月3—9日,中华教育改进社第三届年会在东南大学召开。会议推举张伯苓、蔡元培、陶行知、郭秉文出席下届世界教育会议。7月4日,中华全国体育联合会在东南大学召开成立大会,张伯苓任大会主席,沈嗣良任书记,大会选举张伯苓、聂云台、郭秉文、陈时、方小川、沈嗣良、郝伯阳、卢炜昌、穆藕初等9人为董事。9月17日出席在北京政府外交部举行的中华教育文化基金董事会成立会。

按:为保管和分配使用美国退还庚子赔款余额事,北京政府派定中国董事张伯苓及颜惠庆、顾维钧、范源濂、黄炎培、施肇基、蒋梦麟、郭秉文、周诒春等9人与美国董事孟禄、杜威、贝克、白莱脱、葛理恒等5人合组中华教育文化基金董事会。

张伯苓11月为执教南开大学的范文澜转请梁启超为其所著《文心雕龙讲疏》作序,梁启超序谓"范君仲法之《文心雕龙讲疏》也,展卷诵读,知其征证详核,考据精审,于训诂义理,皆多所发明,荟萃通人之说,而折中之,使义无不明,句无不达,是非特嘉惠于今世学子,而实有大勋劳于舍人也,爰乐而为之序"。同月20日,《南大周刊》刊登以笑萍为笔名的《轮回教育》一文,批评任课的一些留学归国教师照搬美国书本,没有真才实学,引起南开大学教师不满。师生观点对立,一时沸沸扬扬。后又进而引发张伯苓校长辞职风波。12月4日,孙中山北上抵津,张伯苓拟于5日召开欢迎会,邀孙中山莅校演讲。孙中山因病未能出席。18日,由其秘书黄昌谷前来南开大学讲演《中国工业之现状》。11日,邀请戴季陶在南开中学讲演《文化复兴与文化之统一》。是年,《学术与教育杂志》第1卷第1期刊登张伯苓为该杂志题写的祝词。(参见龚克主编《张伯苓全集》第十卷附编《张伯苓年谱》,南开大学出版社2015年版)

李济自美国克拉克大学获得博士学位回国,最初任职于南开大学,从事人类学、社会学等学科的教学工作。后去职开始从事田野考古,赴河南新郑对春秋铜器出土地点进行调查清理。

按:当时,美国华盛顿史密森学会弗利尔艺术馆派遣毕士博率团来华进行考古发掘和研究。毕士博到达北京后,写信给李济希望合作进行田野考古发掘。李济提出两项条件:在中国进行田野考古发掘,必须与中国学者合作;古物必须留在中国。毕士博答应了这两项要求。李济遂去职参加毕士博的考察团。

刘仙洲任北洋大学校长,大力提倡学生课外研究学术之精神,并对学生自办刊物、自组社团均给予支持和奖励。

唐兰应罗振玉之邀来天津,馆于周家做家庭教师,授文字训诂。

邓颖超为主席的天津妇女国民会议促成会12月21日成立。

张謇1月8日邀袁希洛赴南通,往县立女子师范学校演讲"欧美、日本之女子教育"。12日,于震旦大学同学会在上海举行的职员会议上,偕马相伯等被推为名誉会董。2月中旬,张謇偕宋汉章、史量才、马玉山、陆费逵、方椒伯、任矜蘋、郭秉文、简玉阶、聂云台、劳敬修、余日章、张元济、虞和德、盛炳纪、王震、朱葆三等在上海各路商界总联合会名誉会董之列。3月23—25日于苏社在扬州省立第五师范学校等处举行的第五届大会上,张謇与黄以霖、余恒、黄炎培,武同举、张一麐、朱绍文、王清穆、邓邦述、荣宗铨、马士杰、卢殿虎、韩国钧、周树年、冒景玮、张怡祖、王鸿藻等被推为理事。5月22—25日,张謇与萧耀南、王正廷、李隐尘、汤芗铭、颜惠庆、齐燮元、赵恒惕、蔡成勋、马联甲、韩国钧、杨森、熊炳琦、郑士琦、卢永祥、何丰林、孙传芳、唐继尧、刘显世、刘镇华、杨增新、陆洪涛、林俊廷等被推为在武昌举行的第三届全国运动会名誉会长。9月18日或稍后,设南通文化教育事业基金,并致函美国政府,谓"兹闻贵国慨以赔款退还,用于扶助中国文化。南通为国内文化计,粗有先路之导,正求增进发展。……是直接助南通,间接即助全国,拜德宁有涯矣"。时颜惠庆、顾维钧、范源濂、施肇基、黄炎培、蒋梦麟、张伯苓,郭秉文、孟禄、杜威等于北京成立中华教育文化基金董事会。10月10日,在青岛举行的中国气象学会成立大会及第一届理事会上,偕高恩洪、高鲁被推为名誉会长。蒋丙然为会长,竺可桢等为理事。会所设观象台。(以上参见庄安正《张謇年谱长编(民国篇)》,上海交通大学出版社2018年版)

郭秉文继续任东南大学校长。春,地下党领导的进步组织"南京社会科学研究会"在本校成立。4月27日,校董会议决,鉴于江苏省财政困难,学校经费支绌,暂时停办工科。此议案遭到工科学生反对。5月14日,常务校董会议,复议暂行停办工科案,一致主张维持原案。工科学生誓死不愿他去,校内舆论共表同情。6月28日,校董会召开临时会议,继续讨论停办工科案,校长陈述了执行中的困难,建议可否另筹经费维持工科。会议未有结论。8

月4日,校董会临时会议复会,议决以本校之工科与河海工程学校为基础,改组成国立工科大学(即河海工科大学),请工科主任茅以升为校长。此议决前,省行政长官已与全国水利局总裁取得有关本校工科与河海工程学校合并的一致意见。10月,本校组织教育考察团赴日考察。11月24日,国立自治学院院长张嘉森、国立暨南学校校长赵正平、国立同济大学校长阮尚介、东南大学校长郭秉文联衔致函江苏督军齐燮元,请解决四校经费问题。(参见南京大学高教研究所编《南京大学大事记1902—1988》,南京大学出版社1989年版)

任鸿隽1月出任东南大学副校长。5月25日,在南京召开科学社理事会,讨论美国退还庚子赔款余额的用途,争取利用此款发展科学社的事业。7月1日,在《申报》上发表《中国科学社对美款用途意见》,同月16日,又将其改写为《中国科学社对庚款用途之宣言》,以单行本印发。7月1—5日,主持在南京社所召开的第九次年会暨成立10周年纪念会,担任年会委员长和会程委员会委员,在大会上作社史报告。竺可桢、范源濂、丁文江、任鸿隽等发表演说。宣读论文者有22人次。推举叶企荪,鲍国宝、叶元龙、翁文灏分任天算理化、工程、社会科学、自然历史四科编辑。(参见赵慧芝《任鸿隽年谱》,《中国科技史杂志》1989年第3期;樊洪业、潘涛、王勇忠编《中国近代思想家文库·任鸿隽卷》附录《任鸿隽年谱简编》,中国人民大学出版社2015年版;中央教育科学研究所编《中国现代教育大事记1919—1949》,教育科学出版社1988年版;王学典《20世纪史学编年(1900—1949)》,商务印书馆2014年版)

陈衡哲所著《新学制高级中学教科书西洋史》上册由商务印书馆出版。胡适称赞此书"是一部带有创作的野心的著作。在史料的方面她不能不依赖西洋史家的供给。但在叙述与解释的方面,她确实做了一番精心结构的工夫。这部书可以说是中国治西史的学者给中国读者精心著述的第一部《西洋史》。在这一方面,此书也是一部开山的作品"。5月28日,陈衡哲致信胡适说:"你说我反对唯物史观,这是不然的。你但看我的那本《西洋史》便可以明白,我也是深受这个史观的影响的一个人。但我确不承认历史的解释是一元的。我承认唯物史观为解释历史的良好工具之一,但不是他的唯一工具。"(参见杨同生《陈衡哲年谱》,《中国文学研究》1991年第3期)

王正廷5月趁着第三届全国运动会在武昌举行之际,与张伯苓等人向华北、华东、华中、华南、华西五大区的体育联合会倡议,组织一个全国性的体育组织,申请成立中国国家奥委会。8月间,各区代表大会在南京召开,通过成立"中华全国体育协进会"(简称"体协")的决议,选举张伯苓、王正廷为正副会长,宋如海为总干事,下设委员15名。

柳诒徵继续任教东南大学。3月,在《学衡》第27期发表《中国文化西被之商榷》。4月1日,柳诒徵在《史地学报》第3卷第1—2期合刊发表《试以〈说文〉证史必先知〈说文〉之谊例》《拟编全史目录议——中华教育改进社历史研究组议案》。同期还刊有胡士莹《周代教育之研究》,周光倬、仇良虎《两汉太学学生考》等文。

　　按:《中国文化西被之商榷》批评"国内学者及教育家纯然着眼国内,不敢一议及学术上对外之发展",认为"吾国之人苟不自勉于传播文化,则彼我文化之交换终不易相得益彰"。柳诒徵将"今日治国学"者分为"求小学""搜罗金石""熟复目录""专攻考据""耽玩词章""标举掌故"六类,而"六者之中,各有新旧",旧者"墨守陈法不善傅会",新者提倡"科学之方法",但柳诒徵认为要论中国文化,必须着眼于比较性地研究中国与其他国家民族的异同,而中国文化"可持以西被者"和"在今日之世界具有研究之价值者""惟在人伦道德",其他如训诂考据金石之学皆为"附属物"。

　　按:《试以〈说文〉证史必先知〈说文〉之谊例》是针对顾颉刚1923年发表在《读书杂志》上讨论古史的文章而发。柳诒徵认为顾以《说文》释"禹"为虫而未能依据《说文》的例。"今人喜以文字说史,远取甲骨鼎彝古文,近则秦篆,爬罗抉剔,时多新异可熹之谊。顾研究古代文字,虽亦考史之一涂术,要当以史为本,不可专信文字,转举古今共信之史籍,一概抹煞。即以文字言,亦宜求造字之通例。"以说文证经考史,必先明说文之谊例。不明《说文》之谊例,刺取一语,辄肆论断,虽曰勇于疑古,实属疏于读书。"又说:"今之学者欲从文字研究古史,盍先熟读许书,潜心于清儒著述,然后再议疑古乎!"此文刊出后,遭到顾颉刚与钱玄同、魏建功、容庚等人的激烈反击。1926年1月27日,《国学门周刊》第2卷第15、16期合刊特辟"《说文》证史讨论号",刊发顾颉刚《答柳翼谋先生》、钱玄同(署名疑古玄同)《论〈说文〉及壁中古文经书》、魏建功《新史料与旧心理》、容庚《论〈说文〉谊例代顾颉刚先生答柳翼谋先生》。古史论战再起高潮。

柳诒徵5月在《学衡》杂志第29期发表评陆懋德《周秦哲学史》。夏,邀请章炳麟至东南大学讲学。是年,所撰《马哥波罗游记导言序》《泉男生墓志跋》《奴尔干事辑》发表于《史地学报》;《明伦》《教育之最高权》《庆节母张孺人传》《励耻》《学者之术》发表于《学衡》。(参见孙文阁、张笑川编《中国近代思想家文库·张尔田、柳诒徵卷》及附录《柳诒徵年谱简编》,中国人民大学出版社2015年版;王学典《20世纪史学编年(1900—1949)》,商务印书馆2014年版;沈卫威《学衡派编年文事》,南京大学出版社2015年版)

刘掞黎2月1日在《史地学报》第2卷第8期刊出的东南大学《史地研究会第七届职员录》(1923年2月—1923年7月)中任研究部副主任。同期发表刘掞黎《儒家所言尧舜禹事伪邪真邪》。4月1日,刘掞黎在《史地学报》第3卷第1—2期合刊发表《读顾颉刚君与钱玄同先生论古史书的疑问》(附顾颉刚《与钱玄同先生论古史书》、钱玄同《答顾颉刚先生书》、顾颉刚《答刘胡二先生书》)。继续与顾颉刚、钱玄同展开"疑古—信古"论战。(参见王学典《20世纪史学编年(1900—1949)》,商务印书馆2014年版;沈卫威《学衡派编年文事》,南京大学出版社2015年版)

刘离明在6月《学衡》第30期发表《治经杂语》,对梁启超尤其是胡适提出了严厉批评。同期还载有孙德谦《秦记图籍考》《左传汉初出张苍家说》,汤用彤《印度哲学之起源》等文。

> 按:《治经杂语》本着"一切学术统于经"的传统经生立场,传授治经方法门径,同时不满于"近世不学之徒,震日本及梁、胡之呓语,桃经而祖子,主史而宾经,塞断学术本源",痛批"胡适及胡适之类"是"焉知学"的"无知妄男子"。作者虽然也批评梁启超,但是最后指出,从梁启超和胡适开列的国学书目来看,"梁氏知有史学,其见识加胡氏一等",其"书目所云作札记与精读成诵诸条,颇神实用",但因"知有史而不知有经,终是门外人"。(参见王学典《20世纪史学编年(1900—1949)》,商务印书馆2014年版;沈卫威《学衡派编年文事》,南京大学出版社2015年版)

吴梅是年春与东南大学词学班学生在南京创立潜社习词,社规有三:一不标榜,二不逃课,三潜修为主。规定月集两次,大家轮流出题,即席创作,由吴氏一一评定,列出名次。词作者除吴梅外,尚有罗刚、卢炳普、楼公凯、蒋竹如、冯国瑞、张世禄、张汝舟、陆祖庥、陆垚、马著骥、唐圭璋、唐廉、徐景铨、段天炯、周世钊、李慰祖、李祖祎、李和兑、沙宗炳、宋希庠、朱祖谦、王玉章、王文元、王起、吴宏纲、贺楚南、龚慕兰、武祥凤、曹明焕、蔡达理、朱元俊、聂青田、刘德曜、刘润贤、蒋维崧、翟贞元、杨志溥、彭铎、陈永柏、陈舜年、陈昭华、陈松龄、张遒香、梁璆、盛静霞、陶希华、徐益藩、周法高、周鼎、吴怀孟、李孝定、朱子武、王凌云、常任侠等人。5月,编《曲选》成,并作序。夏,作《集成曲谱玉集·序》。8月,汇校《朝野新声太平乐府》,作《朝野新声太平乐府校勘记》,并在《华国月刊》第2期第9、10、12、19册及次年第3期第3册刊出。同月7日,为《又满楼丛书》作《归玄恭年谱·序》。(参见《吴梅全集·日记卷上》附录《吴梅年谱》,河北教育出版社2002年)

陈鹤琴继续任东南大学教务部主任兼教授。根据对孩子陈一鸣成长的观察和研究,编成《儿童研究纲要》,作为在东南大学及江苏省立第一女子师范讲授儿童心理课之讲稿;经常抱陈一鸣到课堂作示范和研究对象。3月,陈鹤琴在《新教育》第8卷第2期发表《现今幼稚教育之弊病》一文,指出中国幼稚园存在的四种弊病:一、与环境的接触太少,在游戏室内的时间太长;二、功课太简单;三、团体动作太多;四、没有具体的目标。5月,与陶行知等组织平民文学委员会。7月,由中华教育改进社发起的全国教育展览会在南京举办,任展会幼稚教育组和儿童玩具组主干事。会后分别作两组工作总结报告。是年,在《中华教育界》杂志发表《调查小学之方法》等文。(参见陈鹤琴《陈鹤琴全集》附录《陈鹤琴生平年表》,江苏教育出版社2008年版;中央教育科学研究所编《中国现代教育大事记1919—1949》,教育科学出版社1988年版)

胡小石1月因人事纠纷离开武昌高师,回南京。3月,西北大学校长傅佩青邀请胡小石任国文系教授兼系主任,教散文,兼系行政。6月,闻母病回南京。9月,金陵大学改组国文系,由程湘帆介绍,任金陵大学教授兼系主任,讲授《楚辞》《杜诗》《李杜诗文比较》,由源流、体制而详述修辞、音韵风格等。又讲甲骨文,成《甲骨文例》油印本授学生。文章从甲骨文全篇出发,研究其书写款式、语法修辞,章句段落,分为若干常例,由此考订一字,可以根据其上下文而得其谊,再根据音义相关之理,由训诂通假推定其读音,其可信程度倍增。此文实为契文之学开了一条新路。是年回宁后,自筑小楼于将军巷31号,号"愿夏庐"。一楼为客厅。二楼北为胡小石自居,称北楼。其室内一榻倚壁,前列几案,皆堆典籍,室中置大案,为挥毫作书之所。三楼为藏书楼,牙签万卷。庐前有一池塘,环岸种杨柳,风景幽胜。(参见胡小石《胡小石文史论丛》附录《胡小石先生年表》,南京大学出版社2008年版)

吴经熊回国,任东吴大学法学院教授。10月,为张君劢《国内战争六讲》作序,谓张君劢有点金之术,"无论研求甚么问题——人生观也好,认识论也好,政治学也好,国际公法也好,宪法也好,文学也好,其结果总有一个独出心裁的答案"。(参见李贵忠《张君劢年谱长编》中国社会科学出版社2016年版;翁贺凯编《中国近代思想家文库·张君劢卷》载《国内战争六讲》,中国人民大学出版社2015年版)

廖世承在实验的基础上,写出《东南大学附中道尔顿制实验报告》,比较了道尔顿制与班级教学制的优劣,并得出根据中国具体条件很难实行道尔顿制的结论。

叶玉森在7月《学衡》第31期发表《挈契枝谭》《说契》。《挈契枝谭》所论分为"方国""渔猎""农林""古兵""古刑""官刑"等专题,涉及上古典制社会等问题。(参见王学典《20世纪史学编年(1900—1949)》,商务印书馆2014年版;沈卫威《学衡派编年文事》,南京大学出版社2015年版)

郑鹤声就读于东南大学。2月1日,在《史地学报》第2卷第8期发表《清儒之史地学说与其事业》。同期还载有G. P. Gooch著、张廷休译《近五十年历史的讨源述略》,柳诒徵《大夏考》,陈兆馨《商尚质证》,王焕镳《汉代讲五行者之异同》等文。

按:郑鹤声《清儒之史地学说与其事业》不太认同梁启超所言清代史学著作寂寥的看法,认为清儒虽然"格于时势,惮为著述,因用其全力于旧史整理,以避其锋,披荆斩棘,以启山林,遂开中国史界空前之大事业。盖史学之所贡于社会后世,固非一端。吾人享受其赐,乃得阶进而作更上层之整理,厥功伟矣"。鉴于清儒有关史学之"学说事业,亦颇散见于各人著述传记中",乃"采各家言论,略加评论,庸为参证,以为治斯学者之一助",分"学说""事业""感言"三部分加以论述和总结。

郑鹤声4—5月间,在《史地学报》第3卷第4—5期连载《清儒对于元史学之整理》。夏,将毕业论文《汉隋间之史学》撰成10余万字专著,由上海中华书局出版。9月,在《学衡》第33期发表《汉隋间之史学》。(参见王学典《20世纪史学编年(1900—1949)》,商务印书馆2014年版;沈卫威《学衡派编年文事》,南京大学出版社2015年版)

陈训慈就读于东南大学历史系。4月1日,在《史地学报》第3卷第1、2、3、5期连载《史学蠡测》,认为对欧美关于史学沿革得失的探讨情况不熟悉而空谈"整理国史",恐将"志大而道拙",故将"史学之要端,以及吾国与欧美史学之演进,作一最简略之叙述"。

按:《史学蠡测》针对"古史辨派"的论争意味比较明显,主要内容有字原、定义、综合史观与新史学、史之范围、史与人类之关系、史料之审别、史法之应用、史学是否一种科学、史学与其他学科、中国史学一瞥、西洋史学一瞥等。作者肯定了历史学的科学属性,认为史学研究如果"用审密之方法,广集古今之实证,则纵不能得万能之定律,要非无寻得公例之可能"。至于"其名与科学与否,正复无关轻重"。陈训慈还认为,新史学内容的扩充当表现为三个方面:一曰"质性之繁富",即昔主政治,今则政治、社会、经济、学术各方面都应网罗无遗;二曰"时间之拓展",即昔述史迹,远不过数千年,今因地质学人类学等的发展,知人类初史至少可推到 75 万年前,考古发现及古文字研究,"皆足为荒渺之远古,放其光明";三曰"空间统一",即昔旧史家规于民族,今则新史学统观世界。作者还认为:历史学科"有赖于其他学科之辅助,亦较其他学科为尤繁";通史编纂与专史研究,二者应相辅相成,并行不悖。(参见王学典《20 世纪史学编年(1900—1949)》,商务印书馆 2014 年版;沈卫威《学衡派编年文事》,南京大学出版社 2015 年版)

吕思勉编著的《更新初中本国史》(1—4 册)及新学制高级中学教科书《本国史》2 月由商务印书馆出版。是年,撰《考试论》。(参见李永圻、张耕华编撰《吕思勉先生年谱长编》,上海古籍出版社 2012 年版)

唐文治 1 月 1 日出席无锡国学专修馆第一班第一届学生毕业典礼,本届毕业生有丁天兆、丁儒侯、王钟恩、王鸿栻、王蘧常、白虚、吴其昌、政思兴、俞汉忆、侯堮、袁鹏骞、郭其俊、陆吕年、陆遵羲、陈宝恭、陈绍尧、唐兰、唐景升、许师衡、毕寿颐、钱国瑞、蒋庭曜、严济宽、顾季吉、吴宝凌、夏云庆、杨养吾等 27 人。唐文治邀请毕业生王蘧常、唐景升、蒋庭曜到无锡中学任教。毕业生吴其昌、吴宝凌、侯堮和第二班毕业生蒋天枢先后考取清华国学研究院继续深造。5 月,唐文治纂《论语大义》定本 20 卷成。适施肇曾刊刻《十三经读本》成,遂附刻于后。9 月 28 日,张謇致唐文治等函,婉拒江苏兵灾善后筹备会会长一职,并推荐唐文治与王清穆出任会长一职。秋,国学专修馆开课,潘汉年到馆学习,至下年初转赴上海中华国语专科学校学习。是年,作《天命论三篇》《书尧典皋陶谟大义》《天地机论》;王典章刊印《高忠宪公周易孔义》3 卷,唐文治为之作序;邹文卿所著《读文法笺注》由天一书局印行,唐文治为之作序;作陈柱之父陈幹丞《墓志铭》,刊于《国学周刊》第 74 期。(参见陆阳《唐文治年谱》,上海三联书店 2013 年版)

钱穆仍在无锡第三师范任教。秋,随班迁升教二年级国文,开设《论语》课,编成《论语要略》一书。因同事中有常州府中学堂同班同学江阴郭瑞秋,曾留学日本,寝室相接比邻,购有多种日文书籍,于是得以自修日文。(参见韩复智编著《钱穆先生学术年谱》,中央编译出版社 2012 年版)

朱了洲 8 月在江苏苏州创办中国体育专门学校,自任校长。

吴湖帆离开苏州到上海,与陈子清合办书画事务所。

陆学善入东南大学学习。

欧阳竟无 5 月在第六次内学院研究会上发表《心学大意》之演讲,对心学(定学)之观修作了大纲式的提要。9 月,又作《谈内学研究》之演讲。12 月,支那内学院刊行《内学》年刊第 1 辑,欧阳竟无为之作《内学序》。(参见徐清祥《欧阳竟无评传》及附录一《欧阳渐学术行年简表》,百花洲文艺出版社 2010 年版;徐清祥编《欧阳竟无先生学术年表》,载欧阳竟无《欧阳竟无内外学》,商务印书馆 2017 年版)

邹鲁继续任国立广东高等师范学校校长,奉孙中山令着手筹办国立广东大学。1月,中国国民党召开第一次全国代表大会,邹鲁当选为中央执行委员,兼任青年部长。年初,孙中山在广州创办了一文一武两所学校:1月24日,筹办黄埔军校;2月4日,颁布两道大元帅令:"着将国立高等师范、广东法科大学、广东农业专门学校合并改为国立广东大学""派邹鲁为国立广东大学筹备主任"。9日,孙中山给广东省省长廖仲恺发出训令:"为令饬事:照得国立高等师范、广东法科大学、广东农业专门学校三校业明令合并,改为国立广东大学,并派邹鲁为国立广东大学筹备主任在案。除训令该筹备主任即日将各该校接管、从速筹备成立外,仰该省长即分别转饬各该校遵照。嗣后所有用人、行政,悉由该筹备处主管办理,以归划一,而促进行。此令。"廖仲恺和邹鲁接到孙中山的训令之后,迅速着手国立广东大学的筹办工作。2月20日,廖仲恺省长发出第314号训令:"法科大学及农科专门学校,悉属省立性质,校长原为本署委任,现既奉合并改为国立大学,各该校校长,自应即予取消,以便筹备主任及时接管办理。"21日,高师校长邹鲁就任国立广东大学筹备主任一职,并接管广东农业专门学校、广东法科大学两校。24日,邹鲁召集三校学生在广东高等师范学校礼堂举行大会,会上宣布筹建国立广东大学,并报告了筹备经过和进行计划等。3月3日,广东大学召开首次筹备会议,着重讨论并通过了国立广东大学筹备处组织大纲。根据筹备处组织大纲,筹备主任邹鲁多方函聘筹备委员,成立筹备处,最后聘定廖仲恺、胡汉民、汪精卫、伍朝枢、马君武、孙科、许崇清、蒋梦麟、李守常(李大钊)、石瑛、胡适、王星拱、王世杰、周览(周鲠生)、皮宗石、郭秉文、吴稚晖、李石曾、易寅村、杨庶堪、陈树人、熊希龄、范源濂、顾孟余、任鸿隽、杨铨(杨杏佛)、胡敦复、黄昌谷、关恩助、程天固、徐甘棠、梁龙、何春帆、陈耀祖、邓植仪35人为筹备委员。接管广东农业专门学校和广东法科大学之后,根据筹备处组织大纲和各校的实际情况,学校将国立广东高等师范学校改为文科和理科,将广东法科大学改为法科,将广东农业专门学校改为农科;另设预科和工科,并设立6个特科委员会,以研究筹划各科的课程内容和所需的设备。

按:孙中山训令已经明确赋予了筹备主任职权,这对筹备建校工作的开展十分有利。正是在孙中山的支持下,邹鲁得以名正言顺地使用各种职权,有计划、有步骤地进行建校工作,他在实际工作中又面临了"经费短缺"和"校舍少而分散且破旧"两大难题最终也迎刃而解。

邹鲁6月9日由孙中山任命为国立广东大学首任校长。21日,邹鲁遵令在原高师礼堂就职任事,同时举行广东大学校长就职和原国立广东高等师范、广东法科大学、广东农业专业学校三校毕业生的毕业典礼,原三校师生及毕业生共2000多人参加了大会,党政要人胡汉民、陈树人、许崇清,军政部长程潜等也出席了大会。孙中山委托总参议胡汉民代表大元帅在会上宣读了训词:"学海汪洋,毓仁作圣,大学毕业,此其发轫。植基既固,建业立名,登峰造极,有志竟成。为社会福,为邦家光,勖哉诸君,努力自强。"张继、徐谦、许崇清,以及教师朱秩如、潘震亚等依次上台演说,勉励毕业生出校以后,将所学贡献于国家。7月,又有广东公医大学并入国立广东大学。邹鲁校长积极聘请国内外饱学之士来校做教授。至7月,所聘定海内外名人有:张真如(英美两国哲学博士)、费鸿年(生物)、谢无量(国学)、周鲠生、皮宗石(理科)、许崇清(教育)、周佛海(经济)、萧诚、王雪艇、黄国华、梁龙、马洪焕等。8月13日,孙中山颁布《大学条例》令。其中第一条:"大学之旨趣,以灌输及讨究世界日新之学理、技术为主,而因应国情,力图推广其应用,以促社会道义之长进,物力之发展副之。"同日,孙中山还颁布大元帅训令第420号,令国立广东大学校长邹鲁按《大学条例》"查照遵行"。9月1日，又颁发大元帅指令第983号，令邹鲁"呈投拟定《国立广东大国[学]规程》及特别会计规程暨预科各科组课程，缮具清册，请鉴核令遵由。呈、册均悉。所定国立广东大学各规程及本、预科各课程均尚妥协，立予照准，仰即知照。册存"。11月11日，举行隆重的广东大学成立典礼大会。孙中山因要于11月13日离粤北上，公务相当繁忙，无法脱身莅临大会，他便将儒家经典《中庸》第20章中讲述儒家求知行事方法的"博学之，审问之，慎思之，明辨之，笃行之"摘录下来，手书国立广东大学成立训词："博学、审问、慎思、明辨、笃行"，并委托广东省长胡汉民代表他致训词。

　　按：这是孙中山给其创办的广东大学留下的最后遗训，他的教育理念浓缩在这句训词中，80余年来成为广东大学（中山大学）所遵循的校训，也是其灵魂所在。（参见吴定宇主编《中山大学校史（1924—2004）》，中山大学出版社2006年版）

　　陈中凡仍在东南大学任教。7月，应国立西北大学校长傅佩青暨陕西省教育厅长马凌甫函邀，任陕西暑期学校国学讲席，遂有西安之行。往返49日，游踪所及，举凡太华、终南之奇，河渭伊洛之广，函谷潼关之险峻，昔所响往者，莫不登临，一览其胜。同时应邀者10人，其余9人为：北师大之王桐令、李干臣，南开大学之李济之、陈定谟、蒋廷黻，北京大学之夏元瑮、周树人，东南大学之刘文海，以及法学家王凤仪。陈中凡担任的讲题为：中学国文教学法；中国文字演进的顺序；读古书的途径。11月，孙中山创立广东大学。12月，陈中凡应广东大学校长邹鲁之聘，任该校文学院长兼教授。是年，接京师图书馆邓秉钧信，以"昨读贵校国学院计划书，知尊处注重国学，内典一门亦与以相当之地位，发皇大业，惠泽群伦，真吾道之光也"为赞，并告以"张克诚早已物故，许君季上兄（许丹）改行做生意，尚佳于做官做教习也"等旧交近况；接马叙伦信，索寄《国学丛刊》中有关顾铁生《老子解诂》、陶瘤石《读庄子札记》等资料，用为修订其所著《老子聂诂》一书之参考；接伍崇学三信，论及私立建邺大学事。（参见姚柯夫编著《陈中凡年谱》，书目文献出版社1989年版）

　　胡汉民1月12日参加临时中央执行委员会议，筹备国民党第一次全国代表大会。20日，国民党一大召开，为大会主席团主席。会议期间，以大会主席主持会议，否定"本党党员不得加入他党"的提议，使党章顺利通过。当选中央执行委员。2月，任国民党上海执行部组织部长。5月，应孙中山电召回粤，任黄埔军校政治教官，讲授党义（三民主义）。9月5日，孙中山决定出师北伐，奉命留守广州，代行大元帅职权并兼广东省长。11月3日，就任广东省长，处理商团事件。11月4日，孙中山决定北上，命代行大元帅职权。（参见陈红民、方勇编《中国近代思想家文库·胡汉民卷》及附录《胡汉民年谱简编》，中国人民大学出版社2015年版）

　　张申府回国后由李大钊、陈独秀介绍，到广州参与黄埔军校筹备工作，任黄埔军校筹备委员会委员长蒋介石的英、德文翻译，是中共从事早期军事工作的党员之一。5月，孙中山任命张申府为黄埔军校政治部副主任，是当时中共在黄埔军校最高的任职。应国民党高层要求，推荐旅欧学生，开列15人名单，其中第一名即周恩来。兼任广东大学（中山大学前身）教授，兼教高等数学、西洋哲学史、逻辑三门课，并任图书馆主任、图书馆馆长。6月下旬因与蒋介石难以共事，辞去政治部副主任职务。秋季，被广东大学校长邹鲁解聘。（参见雷颐编《中国近代思想家文库·张申府卷》附录《张申府年谱简编》，中国人民大学出版社2015年版；郭一曲《现代中国新文化的探索——张申府思想研究》，广东人民出版社2002年版）

　　周恩来1月17日出席国民党巴黎通讯处的成立大会，并以通讯处筹备员身份报告筹备经过。2月1日，周恩来所主持的中共旅欧组织和旅欧共青团合办的机关刊物《赤光》（半月刊）创刊。创刊号上发表《赤光的宣言》，指出："我们所认定的唯一目标便是：反军阀政府的国民联合,反帝国主义的国际联合。”“我们是要以科学的方法,综合而条理出各种事实来证明我们的主张无误。本此,便是我们改理论的《少年》为实际的《赤光》的始意,同时也就是《赤光》的新使命了。”2 月 15 日,在《赤光》第 2 期上发表《革命救国论》等文章。3 月 1 日,在《赤光》第 3 期上发表《救国运动与爱国主义》等文章。6 月 15 日,在《赤光》第 10 期上发表《太平洋上的新风云》等文章。7 月下旬,周恩来和刘伯庄、周子君、罗振声等从法国启程,由海路回国。

> 按:7 月 13—15 日,旅欧中国共产主义青年团第五次代表大会改选了执行委员会,由林蔚担任书记。20 日,新选出的执行委员会委任即将遵照中共中央指示回国的周恩来、刘伯庄为其代表,向国内团中央报告工作,并代表旅欧团组织参加各种会议。

周恩来 9 月初到达国共合作后的广东政府所在地广州,中国社会主义青年团广州地方执行委员会委员兼秘书阮啸仙、农工委员彭湃到码头迎接。10 月 30 日,周恩来撰写《最近二月广州政象之概观》。同月,周恩来任中共广东区委委员长兼区委宣传部部长。秋,周恩来任黄埔军校政治教官,讲授政治经济学。11 月,就任黄埔军校政治部主任。到职后,按照苏联创建红军的经验,健全政治工作制度和建立正常的工作秩序,部内增加了部员,分为指导、编纂、秘书三股,选调共产党员杨其纲、王逸常等到各股任职。12 月 29 日,周恩来出席广东反基督教大同盟在广东大学召开的大会,在会上演讲《基督教与帝国主义》。31 日,撰写《中山北上后之广东》,文中揭露广东的国民党右派在孙中山离粤北上后,“群起攘夺广东的权利地位”,以及“久困在广东的各军阀”“群思向外谋更大的发展”的野心。后刊于 1925年 1 月 7 日出版的《向导》周报第 98 期。(参见中央文献研究室《周恩来年谱 1898—1976》,中央文献出版社 1998 年版)

卜士奇 3 月参加中国社会主义青年团第二届中央扩大会议。曾与邓中夏主办《中国青年》杂志。是夏,赴广东,任黄埔军校校长蒋介石的俄文翻译、苏联军事顾问加仑将军的翻译。

张知本 1 月以湖北代表的身份参加中国国民党第一次代表大会,孙中山亲自提名张知本为第一届中央候补委员,与毛泽东等同一名单。

李章达 1 月出席中国国民党第一次全国代表大会。会后因“联系国共双方甚为得力”而辞去军事职务,跟随廖仲恺全力从事党务工作。8 月,在中国国民党一届三中全会上被推选为中央农民部长。

冼玉清 6 月毕业于岭南大学文学院教育科。12 月,以论文《中国诗之艺术》获学士学位。

黄晃是春从巴黎回国,在香港青年会演讲国家主义,回广州后任广东大学农学院教授,在广州创办《狮声旬刊》,后改为《独一旬刊》,积极宣传国家主义。

聂绀弩回国考入广州陆军军官学校(黄埔军校)第二期。

陈伯坛应广州医家吴味苑等邀,主办中医夜学馆,主讲《伤寒论》。

董泽继续任私立东陆大学校长。会泽院、理化实验室、实习工厂相继落成。创办人、校董事会董事长唐继尧聘任卢锡荣为东陆大学副校长兼编辑部主任。(参见《云南大学志》编审委员会《云南大学志》第 2 卷《大事记(1915 年—1993 年)》,云南大学出版社 1993 年版)

楚图南 1 月在《云南教育会月刊》第 1 卷第 1 期发表《云南中等学校教师问题》和《双桂轩读书录:宗教起源、文字起源》。2 月,在《云南教育会月刊》第 1 卷第 2 期发表《师范生服务问题》和《易之浅测》。3 月,在《云南教育会月刊》第 1 卷第 3 期发表在寒假期间的讲演记录《历史唯物论和唯心论》。4月,在《云南教育会月刊》第1卷第4期发表《纬书之研究》。6月,在《云南省立一中校刊》第41、46期发表《读〈韩非子〉》。9月,在《云南省立一中校刊》第44、45期发表《中等学校之国文讲读教材及教授法》。11月,在《云南省立一中校刊》第49期发表《文章、文学、学问》。(参见麻星甫编著《楚图南年谱》,群言出版社2008年版)

张闻天1月从美国乘林肯号邮船返回上海,与家人共度春节。2月,应聘回中华书局任编辑。其间因与已加入共产党的沈泽民、沈雁冰的关系,开始同共产党人陈望道、李汉俊、施存统、董亦湘、俞秀松、杨贤江等接近。但由于仍"一心于个人文艺活动,故还不愿意加入共产党,因为怕加入它'不自由'"。同月,所译俄罗斯柯罗连科《盲音乐家》列入少年中国学会丛书由中华书局出版,所译英国韦鲁多·柯尔《柏格森之变易哲学》亦由上海民智书局出版。3月1日,译述《勃兰兑斯的拜伦论》,发表于4月出版的《小说月报》第15卷第4号"拜伦纪念号"。春,张闻天赴浙江上虞县白马湖畔春晖中学探望在那里读书的胞弟张健尔、妹夫马景园,并被邀在该校讲演,介绍美国情况,讲文学问题。此行还去拜访画家丰子恺,请其为准备出版的剧本《青春的梦》设计封面。4月,所撰文艺论文《哥德的浮士德》收入该月由商务印书馆出版的《但底与哥德》(胡愈之、黄幼雄合编,"东方文库"第65种)一书。5月6日,长篇小说《旅途》完稿,自5月10日《小说月报》第15卷第5号开始连载。9月24日,译毕美国作家房龙所著《人类的故事》,并重新起名为《西洋史大纲》。同月,因致力于革命文学创作和翻译而影响所任编辑业务,被中华书局辞退。10月,应友人康纪鸿等邀请,离上海前往四川成都,途经重庆时,被重庆友人蒋锡昌等留住。其时被任命为中共四川特派员的萧楚女与四川党、团(C.Y,Y.C)创始人杨闇公在四川和重庆领导革命斗争。11月,应聘到重庆"四川省立第二女子师范学校"任英文教员,同萧楚女利用讲坛,宣传新文化、新思想,鼓吹男女自由恋爱,抨击封建伦理道德。12月,长篇小说《旅途》列入文学研究会丛书由商务印书馆出版单行本。(参见张培森主编《张闻天年谱》,中共党史出版社2000年版)

张澜仍在南充办中小学教育,并从事地方自治工作。11月14日,为成渝备战谣传致杨森、刘湘、邓锡侯、赖心辉电,提出解决问题的几点办法。12月1日,邓锡侯复电张澜,赞同弭兵求治。是年,撰写《南充之实业自治》一文,分析了南充自治所以注重实业的三大原因,全面总结了兴办实业教育和发展实业的成就与体会,阐述了教育、实业与自治之间的关系,并对南充未来十年兴办地方自治、发展实业作了美好的设想和规划。(参见谢增寿编著《张澜年谱》,群言出版社2013年版)

吴玉章1月6日在杨闇公寓所开会,研究组织革命"团体"——中国YC团和革命宣传事项。4月2、6日,出席YC团会议,研究成立赤心社、出版《赤心评论》等事,会议研究决定,赤心社及《赤心评论》由傅双吾、郭祖勃具名向警察厅呈请立案;YC团成员每人捐洋5角作办刊经费。13日,在成都社会主义研究会成立大会上发表《马克思主义的势力》的演说。5月1日,YC团刊物《赤心评论》创刊,刊出吴玉章的专论《人类生活问题当如何解决》的前半部分。5月中下旬,吴玉章回到荣县,应荣县旭阳中学校长谷醒华之邀,在全校师生大会上发表《革命与读书》的演讲。6月1日,《赤心评论》第2期出刊,续载吴玉章《人类生活问题当如何解决》的后半部分。12月,吴玉章到上海,看到当时全国工人运动的浪潮汹涌澎湃,国共合作已经开始,广州革命政府日益巩固,革命局势蒸蒸日上,真是感到无比的兴奋鼓舞。月底,与刘伯承一同北上京城。(参见刘文耀、杨世元《吴玉章年谱》,四川人民出版社1998年版)

宋育仁因重修四川通志局成立,受命任总裁,陈钟信为助手,张森楷、周翔等人为编纂,主修《四川通志》。在《国学月刊》第23期发表《〈春秋〉大义(上下篇)》《读黄石斋书感言》《讲学与授徒课文之异》《评蒋竹庄讲佛学大意》《说文部首笺正序》《谈丛括论》《问琴阁评朱阁章周秦诸子叙录》《续讲文学》《续讲学篇分别六艺九流》等。另有《国教宣言》《原学》《再宣国教》《礼乐萌芽》《王道真宰卷上》《易经预言》《政治学》等文,以《国学月刊》(国学特刊)形式,分4期发表。(参见王东杰、陈阳编《中国近代思想家文库·宋育仁卷》附录《宋育仁年谱简编》,中国人民大学出版社2015年版)

廖平3月应邀到四川成都佛学社讲《诗经》《周易》,即以近年《诗》《易》稿作讲稿。夏,因成《诗易合纂》,交佛学社排印。(参见廖幼平编《廖季平年谱》,巴蜀书社1985年版)

蒙文通1月在南京内学院召开的第四次研究会发表所撰《中国禅学考》,推治经之法以治佛典,考达摩前二十八祖之不可据,并辨析古禅今禅之不同,深得欧阳竟无的赞赏,刊于《内学院年刊》第1期。3月10日,蒙文通致函陈中凡,谓"近读《国学丛刊》第4期内大著《泰誓年月考》一篇,钦佩无已"。5月20日,陈中凡复函蒙文通,就蒙文通信中所示"充尚等为神仙,而邹衍为阴阳,似不同,其后则颇难分辨"加以阐述。暑期,蒙文通伯父蒙公甫和友人彭云生赴京、津、沪、杭等地考察教育,并在南京赴中华教育改进会。约在此时,蒙文通回重庆,仍任教重庆第二女子师范学校。9月,蒙文通《与胡朴安论三体石经书》刊《国学汇编》第二集。10月,舒新城应吴玉章邀请,赴成都高等师范学校任教,途经重庆第二女子师范学校。(参见王承军《蒙文通先生年谱长编》,中华书局2012年版)

姜亮夫继续在成都高等师范学校读书。5月,拜见井研,当时井研讲学少城公园。经其引导,博览儒学、佛学及西方社会科学著作,精通《华严经》,唯识论及老庄之学。暑假,游青城山,山居一月。10月,草撰《昭通方言考》。(参见林家骊《姜亮夫先生年谱简编》,《职大学报》2012年第4期)

李劼人从法国回国,先到出国前供职的《川报》做编辑,写评论。后《川报》停刊,又到刚刚成立的成都大学执教,当时因与学校风气不合而辞职。

俞平伯3月10日到浙江宁波白马湖春晖中学访朱自清,并应夏丏尊、朱自清之邀,为该校学生讲演《诗底方便》。3月12日上午,应宁波第四中学师范部三年级学生邀请,演讲《中国小说之概要》。下午,乘船返沪。4月,俞平伯与朱自清、叶圣陶、刘大白、顾颉刚、丰子恺、刘延陵、潘漠华、张维祺等人组织"我们社",出版同人刊物《我们》。9月,俞平伯在鉴于上海朴社解体,与顾颉刚在北京联络北京大学同学吴维清、范文澜、潘家洵、冯友兰等人,继续组织朴社,每人每月交纳10元,集资印书。上海的叶圣陶、王伯祥仍为朴社成员。一年后,他们在北京大学附近开办"景山书社"。11月3日,俞平伯、叶绍钧、周作人、孙伏园、瞿秋白、恽代英等人被上海图书馆协会编辑委员会推定为月刊名誉编辑。是年,俞平伯与昆曲艺术家陈延甫相识。(参见孙玉蓉编《俞平伯年谱》,天津人民出版社2006年版)

朱自清2月离开温州浙江省立第十中学,应宁波浙江省立第四中学校长兼上虞白马湖私立春晖中学校长经亨颐之聘,到上述两校任教。同在四中任教的有夏丏尊、丰子恺、刘延陵、许杰、夏承焘等人,同时在春晖中学任教的有夏丏尊、丰子恺、刘熏宇、刘叔琴、匡互生、朱光潜等。朱自清在四中教高中文科国文和科学概论,在春晖中学教国文。7月3日,朱自清参加在正中街公共讲演厅举行的中华教育改进社第三届年会开幕大典。4日,旁听中华教育改进社第三届年会国语教学组会议。7—8日,参加少年中国学会在南京召开的第五届年会,并在《民国十三年七月南京大会宣言》上签名。参加会议的还有左舜生、余家菊、金海观、吴俊升、舒新城、杨贤江、陈启天、恽代英等24人。12日晚,朱自清与沈雁冰、叶圣陶、胡愈之、周予同、郑振铎、俞平伯、王伯祥、陈乃乾赴晋隆聚餐,商量朴杜事宜。夜宿叶圣陶宅。是月,与俞平伯共同主编的《我们的七月》由上海亚东图书馆出版。是年,诗歌散文合集《踪迹》由上海亚东图书馆刊行,是为朱自清第一部个人作品专集。(参见姜建、吴为公编著《朱自清年谱》,光明日报出版社2010年版)

夏丏尊时在春晖中学任教。1月1日,在《春晖》校刊第22期发表《一年间教育界的回顾和将来的希望》。5日,主讲本年第一次"五夜讲话",话题为《道德之意义》。25日,译作《爱的教育》开始在《东方杂志》连载,直至年底,共刊出12期。1月,在夏丏尊指导下,学生会会刊《春晖学生》创刊。3月2日,在夏丏尊的动员下,朱自清离开温州十中,到宁波四中和春晖中学兼课。11日,应朱自清之邀,俞平伯访春晖中学。夏丏尊约俞平伯、朱自清至宅用餐,并邀俞平伯次日作演讲。自3月起,应宁波第四中学的聘请,兼任该校中学部国文教师,首任文科组长。4月,与周作人等合译《近代日本小说集》,由东方杂志社编印,商务印书馆出版。5月4日,由春晖中学协治会发起,在春晖大礼堂举行纪念演讲会。夏丏尊、钟显谟、郭肇塘、王执中、刘薰宇、匡互生、刘叔琴等发表演说。5日,吴稚晖应邀至白马湖。下午和本校教师畅谈各项问题,夜在春晖大礼堂演讲。9月23日,朱自清正式受聘于春晖中学。10月10日,春晖中学举行双日节纪念仪式,夏丏尊作题为《历史的命运与创造历史》的演讲。11月11日,夏丏尊亲赴上海,敦请朱光潜到春晖中学担任英文教师。后在夏丏尊、朱自清影响下,朱光潜开始学习写作。25日,丰子恺因春晖风潮辞职,夏丏尊等亦在朱自清寓所商议辞职事。12月2日,春晖中学举行本校创立两周年纪念礼。12月,朱自清编竣自己的第一本诗文集《踪迹》,夏丏尊把它介绍给上海亚东图书馆出版。是年,夏丏尊译著《女性中心说》,由上海民智书局出版。(参见葛晓燕、何家炜编著《夏丏尊年谱》,中国文史出版社2012年版)

吴文祺在硖石教书时受"五四"精神的激发,勇敢地与贩卖日货的硖石恶霸地主作斗争。2月12日,吴文祺在浙江平湖市东北部新仓镇作《重新估定国故学之价值》,刊于次年5月《鉴赏周刊》。文中指出:"一二年来,整理国故的呼声,可算是甚嚣尘上了",认为"近人往往把国故学省称为国学,于是便引起了许多可笑的误会",呼吁"正名定义"。作者不仅有对"国故""国故学"的概念辨析,提出"整理国故这种学门,就叫做国故学,国故是材料,国故学是一种科学。从来没有人替国故学下过定义,我且来替它下一个定义吧!"即"用分析综合比较种种方法,去整理中国的国故的学问,叫做国故学。"同时又将科学与国故学加以对比,点明二者的相通之处:"科学只是要求真,并不含什么浅狭的功利观念;而国故学的目的也是要求真。科学用分析综合比较的方法,以求事物的秩序关系,国故学也是如此。科学家有'无信不征'的口号,国故学家也最重客观的依据。"2、3月间,吴文祺不得已于离开海宁来到杭州谋职,任杭州大共和保险公司文牍编辑,兼任浙江书局编辑。随后由中共江浙地区区委书记徐梅坤、杭州印刷工会负责人倪优天介绍加入中国共青团。又经当时杭州学生运动著名领导人宣中华、华林介绍加入中国共产党,先后主持共产党浙江地区共青团经济口和宣传口的工作。(参见邱光华《吴文祺先生研究》,复旦大学硕士学位论文,2004年;许啸天编《国故学讨论集》第1集,上海群学社1927年版;谢保成《20世纪前期两次关于"国学"与"国粹""国故"的论辩》,《探索与争鸣》2008年第11期)

方豪2月辞职从安徽回到浙江,任浙江省立第五中学校长。刚到绍兴两个月,齐卢战争爆发了,浙江省的中学全部停课,只有方豪所在的第五中学坚持上课,弦歌不辍,受到当局的嘉奖。

华岗加入中国社会主义青年团,任青年团浙江宁波地委宣传部长,参加编辑进步刊物《火曜》。

关良在上海宁波同乡会举办画展,声名鹊起,被郭沫若、郁达夫等组成的著名文学团体"创造社"聘为美术编辑,同时为郭沫若主编的《创造》杂志画插图和封面设计。

来楚生大学毕业后,曾在杭州与潘天寿、姜丹书、唐云等人组织莼社,从事书画活动。

汪仰真、费友石、高念兹、施子韵、谢冠群、马漱六、黄软良、费醒吾等人在吴兴发起成立双林石湖书画社。会员时有雅集,参与者日夥,遂开双林文会之风,青年加入研究者尤众。

冯雪峰春季通过应修人关系由郭沫若介绍到上海中华学艺社当事务员三四个月。秋,回杭州。与汪静之同住善福庵读书、写作。冬,经柔石介绍到浙江慈溪县立女子小学代课两个月。(参见包子衍《雪峰年谱》,上海文艺出版社 1985 年版)

林汉达毕业于杭州之江大学。

王任叔任《四明日报》编辑,主编副刊《文学》。

马一浮 1 月致书金蓉镜,与之论佛。2 月,自肇庵法师处闻得重建香积寺之人智禅师傅行事,撰《香积寺智禅师傅》文。3 月,致书金蓉镜,与之论学。信中云已患病两月,始能出户。9 月 25 日,年久失修的雷峰塔倒塌,事后先生作诗《雷峰塔砖藏经》《为人题雷峰塔藏经》。9 月,孙传芳占据浙江后,曾拜访马一浮,马一浮拒绝与他会面。11 月,为弘一法师手书《梵绸经》题诗。冬,为乐清黄仲荃《慎江草堂诗钞》题《慎江草堂诗》。(参见张雨晴《马一浮学术年谱整理(1911—1949)及其儒学践履活动研究》,贵州大学硕士学位论文,2019 年)

太虚、道阶、梁启超、张绍曾、李经羲、汤芗铭等 16 人在汉口发起成立世界佛教联合会,以"联合世界各国研究佛学之人士,讲演佛教,传布全球"为宗旨。7 月,太虚筹备发起的第一次世界佛教联合会在庐山召开,推行世界佛教运动,与会有中、日、英、德、芬、法诸国代表。10 月底,辞去武汉佛学院院长一职,离开武汉。经上海回甬,于山中静居。(参见释印顺编著《太虚法师年谱》,宗教文化出版社 1995 年版;于凌波《中国近现代佛教人物志》,宗教文化出版社 1995 年版)

成仿吾 2 月 20 日作《艺术之社会的意义》,刊于《周报》第 41 号。25 日,作《建设的批评论》,刊于《周报》第 43 号。28 日,在《创造季刊》第 2 卷第 2 期发表《〈呐喊〉的评论》,称赞鲁迅小说集《呐喊》的出现,是在"消沉到极处"的文坛的"一声宏亮的呐喊"。4 月 23 日,作《文学界的现形》,刊于《周报》第 50 号,出于激愤,本文对新文学运动和文学研究会的许多提法是片面的。后来成仿吾谈到这一时期新文学阵营内部的公开论争时说,"和文学研究会没什么原则分歧,主要是互相不了解"。5 月上旬,郁达夫从北京南下到上海,停留四五个月间,成仿吾离沪去广州,任广东大学理学院物理力学主任教授。11 月 21 日,成仿吾专程扶兄劭否棺枢由广州回湖南新化安葬,途经上海时与郭沫若聚首,提起家事仿否伸出两只手来说:"这两只手!这两只手!"意是长兄留下了 5 个子女,次兄也有 5 个子女,都须他来扶持。25 日,由上海起程回湖南。继续在长沙高等工业学校任教和在长沙兵工厂任技正,从此不但照抚长兄的 5 个遗孤,对次兄的 5 个孩子也尽到了培育的责任。(参见张傲卉、宋彬玉《成仿吾年谱》,《东北师大学报》1985 年第 5 期)

徐特立 1 月离开德国去比利时考察教育。初夏,从比利时起航回国。7 月 6 日,在广州登岸,辗转上海、武汉,转湘潭,20 日回到长沙。同月,接到广州大学校长邹鲁聘书,婉拒未就聘;就赴法勤工俭学和欧洲考察教育的情况多次演讲。其中《法国小学状况》和《欧洲义务教育现状》讲演稿,刊于湖南《教育杂志》第3卷;《在法比游学归来的讲演》摘登于《育群期刊》,原题为《徐懋恂先生演讲录》。8月28日,联络长沙县教育界人士举行长沙女子师范建校筹备会议,与会人员有黄惠君、王惕、曹典琦等12人。会议公推狄昂人为主席,票选徐特立为校长。会后徐特立即着手筹备,8月底至9月招生100名,分成两班开学。10月2日,参加长沙女子师范学校校董会成立会。到会及来函请假者还有李笛楼、俞秩华、曹典琦、张淑诚、王惕、李维汉、马邑馥等26人,会上公推李笛楼为主席,票选黄惠君为主任校董,李笛楼担任书记。10月上半月,向长沙县议会请愿,称自担任长沙女子师范校长以来,"虽得同志为之协助,而经费实苦无着",请定长沙女师为代用学校,每年拨常年费洋1000元。14日,经县议会请愿股审查并向大会报告,请愿获得议员一致赞同。19日,参加长沙县教育会召开的湖南数学研究社成立大会。26日,参加湖南义务教育促进会成立大会并被公推为董事,被推选为董事者还有罗教铎、何炳麟、曹子谷、狄昂人等人。是年,任国民党长沙县党部执行委员,敦请熊希龄和范源濂继续为接济留法勤工俭学学生做筹款工作。留法勤工俭学的大批先进分子或回国,或转赴苏联学习。留法勤工俭学运动宣告结束。(参见《徐特立年谱》编纂委员会编《徐特立年谱》,人民出版社2017年版)

李六如1月2日在《中国青年》发表《评平民千字课》一文,批评晏阳初编写的《平民千字课》和《太上感应篇》一样,消极的劝善,劝人只做家务,不做国事,劝人爱仇如己,对人独善其身,无非是一些提倡独善其身的文字,提倡享现成福的文字,提倡屠门大嚼、画饼充饥的文字,何尝注意到实际的现代的生活呢? 在精神上违反了平民教育的精神和民主政治的原则。是年,受中共湘区区委派遣去广州筹集宣传经费,经批准留在广州,先后任国民革命军总司令部党务处处长、第二军军校政治部指导主任兼政治教员,在湘军中建立和发展党的组织。(参见中央教育科学研究所编《中国现代教育大事记1919—1949》,教育科学出版社1988年版)

李达仍在长沙。10月,所译高柳松一郎著《中国关税制度论》由商务印书馆出版。(参见宋俭、宋景明编《中国近代思想家文库·李达卷》附录《李达年谱简编》,中国人民大学出版社2015年版)

杨东莼1月在国民党"一大"召开前夕于长沙以个人名义加入国民党。4月3日,撰成《实践理性批判梗概》一文。10日,翻译完成泡尔生《哲学概论》中的《康德之形式的合理主义》一文,文中"一切译名皆以杜里舒演讲录中张君劢所译者为准"。7月23日,撰成《怎样研究本国史》一文。冬,由王泽楷组建中共醴陵特别支部后,即着手筹建国民党县党部。在共产党的帮助下,醴陵县成立了国民党临时县党部。在文庙尚志学校召开的第一次党员大会上,杨东莼被选举为临时县党部常务执行委员,以姜湾开元学校、城东县立女校、西山县立中学等为据点,进行秘密活动。是年,县立中学学生陈恭、陈觉、左权、蔡申熙、宋时轮、王亚文等,在进步教师杨东莼、孙筱山的引导支持下,组织名为"社会问题研究社"的学术团体,研究政治,针砭时弊,还创办了《前进》周刊,宣传马列主义,揭露帝国主义、封建势力侵略、压迫人民的罪行;编辑出版《顾颉刚编现代初中本国史参考》(1924年醴陵石印本),该书现存湖南省图书馆;编辑出版《中国近代史参考资料(近世条约)》一册。(参见周洪宇等著《杨东莼大传》及附录《杨东莼生平年表》,华中师范大学出版社2014年版)

赵景深到湖南第一师范任教,同田汉、叶鼎洛等编辑《潇湘绿波》杂志。

贺绿汀入长沙岳云学校艺术专科学习钢琴、小提琴及音乐理论。

周立波考入长沙省立第一中学,在师长王季范、徐特立等影响教育下,思想追求进步,喜爱新文学。

黄侃所撰《音略》发表后产生广泛影响,再于《华国》月刊第1卷第5期发表《音略》

（续）。

　　按：钟崇荃致汪东信云："当今言声韵者，以章、黄师弟为最精。章君所说，既具于《丛书》，而黄君之
造，则获见于杂志，虽欲窥其大略无由。寻贵刊曾载黄君《音略》，而五期以后阒焉无闻。不识能否以渐揭
橥，甚恳恳也。"华惟馨致汪东信云："近读尊编《华国》月刊，获益良多。弟黄君《音略》，目本六篇，今刊行
其三，便尔中画，我心焰然。请速续出，以饷来学，幸甚。"汪东案："黄君《音略》，属稿仅半，本社屡请续成，
而黄君复书终以愁病交乘，未暇及此、甚望四方学人，交相督促，俾得成书，不胜大愿。"

　　黄侃是年复就武昌师范大学之聘，兼教武昌中华大学。其授《尔雅》，则持郝懿行《尔雅
义疏》登堂，间评骘其得失。尝言《尔雅》解释群经之义，无此则不能明一切训诂。《说文》解
释文字之原，无此则不能得一切文字之由来。盖无《说文》，则不能通文字之本，而《尔雅》失
其依归。无《尔雅》，则不能尽文字之变，而《说文》不能致用。如车之运两轮，鸟之鼓双翼，
缺一则败矣。先生曾拟撰《尔雅郝疏订补》，迄未著笔。黄焯据其订正郝疏与补充郝疏之识
语，整理为《尔雅音训》。至其论治《尔不雅》之法，则见于《尔雅略说》及《训诂笔记》中。黄
侃每言，《说文》《尔雅》《广韵》三书，于治小学最为切要。黄焯于《说文》笺识抽编为《说文同
文》2卷、《字通》1卷、于《说文》新附字下所笺本学字，则绅绎其义，为《说文新附考原》4卷，
又将昔年讲说文段注讲词编为《说文段注小笺》2卷。其手写《说文》笺识全帙，黄焯撰序例
1篇，明其旨趣。《广韵》笺识亦得10余万言，几经爬罗纂辑，数易其稿，始定名为《广韵校
录》。（参见司马朝军、王文晖《黄侃年谱》，湖北人民出版社2005年版）

　　余家菊3月接武昌高等师范校长张继煦电约，请归国就任该校哲学教育系主任，因感
愤"吾鄂教育之零落，慨然允之"。途经德国柏林，会晤王光祈、章伯钧。中国青年党在巴黎
召开第一届代表大会，推选曾琦为委员长，发起人均被推选为中央委员。4月归国后，在武
昌高等师范任教，并向校方推荐李璜。汪典存介绍他任北京女子师范大学教授兼秘书，因
武昌高师学生坚留而未往。7月3—9日，中华教育改进社第三次年会在东南大学举行，余
家菊在年会上与陈启天等人提出《请求力谋收回教育权案》，获得大会通过，正式掀开了收
回教育权运动帷幕。同月，出席在南京举行的少年中国学会会议。10月10日，曾琦在上海
发刊《醒狮周报》，以作中国国家主义青年团的机关刊物，余家菊任该刊《教育特刊》主编。
12月17日，作《收回教育权问题答辩》一文，刊于《中华教育界》第14卷第8期，文中再次明
确提出收回教育权，对各种妥协思想进行了批判，并提出收回教育权后的善后之方。是年，
发表系列论文，阐明和鼓吹国家主义教育思想。在《中华教育界》第15卷第1期发表《国家
主义下之教育行政》《教育上的国家主义与其他三种主义之比较》，前文阐明国家主义教育
的真髓；后文将国家主义与个人主义、世界主义、平民主义进行一番比较，坚信"国家主义非
徒于事实上为最适国情之主义，实亦于理论上为最圆满而涵括之主义也"。（参见余子侠、郑
刚编《中国近代思想家文库·余家菊卷》及附录《余家菊年谱简编》，中国人民大学出版社2015年版）

　　董必武仍在武汉中学，并在湖北女师兼课教书。1月，与詹大悲出席中国国民党在广州
召开的第一次代表大会，国共合作统一战线正式形成。4月，中共中央决定董必武负责筹组
国民党湖北省党部。9月5日，武汉反帝国主义大联盟在武昌大学召开，公推董必武为大会
主席和联盟执委。7日，董必武以联盟会主席在武昌阅马厂主持召开"九七国耻纪念大会"
并发表演说。是年，董必武曾与萧楚女去重庆活动。（参见《董必武年谱》编辑组编《董必武年
谱》，中央文献出版社1991年版）

　　大勇法师抵达武汉，在太虚法师改革佛教道场武昌佛学院内开坛传法，掀起内地学密
风潮，入坛学法者达237人，李隐尘、赵南山、孙自平、杜汉三、杨选承、黄子理等名流居士均

莅场习法。

朱谦之在济南第一师范讲演《一个唯情论者的宇宙观及人生观》，3、4 月，《一个唯情论者的人生观》在《民铎》第 5 卷第 1—2 号连载。回北京后应厦门大学讲师的聘约，途中逗留长沙一周，写成《音乐的文学小史》，在长沙第一师范讲《中国文学与音乐之关系》，在平民大学讲《平民文学与音乐文学》，开了音乐文学的先声。至厦门大学任教"中国哲学史""中国文学史""历史哲学"三门课。（参见黄夏年编《中国近代思想家文库·朱谦之卷》及附录《朱谦之年谱简编》，中国人民大学出版社 2014 年版）

林长民 4 月在京接待泰戈尔来华讲学。是年，将自办的法政学堂改为私立福建大学，并任校长。

连横在台湾创办《台湾诗荟》月刊，宣传爱国思想。

阿英回到安徽芜湖，在省立第二女子师范学校任教，并兼省立第二甲种农业学校及省立第五中学语文课。蒋光慈从苏联回来，常在一起交谈。

林文庆继续任厦门大学校长。春，陈嘉庚在南洋再度接连两次为厦大募捐，均告失败。5 月 28 日至 6 月 8 日，爆发震动全国学界的第一次学潮，宣誓离校的 200 名学生推举全权代表 14 人，到上海组织"厦门大学离校学生团总部"。与学生同时辞职离校的有 9 名教师。6 月，校评议会议决，将教育科、商科、新闻科并归文科，工科并归理科，预科保留。文理两科共设国学、外国语文、哲学、历史社会、政治经济、教育、商学、新闻、算学、物理、化学、植物、动物、工程等 14 个学系。7 月 7 日，厦大去职教员与离校学生团全权代表联名发布《大夏大学临时筹备处成立通告》，着手筹办大夏大学。11 月，董事会通过预科恢复为两年毕业。（参见洪永宏编著《厦门大学校史》（第一卷），厦门大学出版社 1990 年版）

梁漱溟应邀来清华大学作短期讲学，贺麟抓住这一良机，数次拜访梁漱溟。是夏，会见泰戈尔。暑假后，辞去北京大学教职，赴山东支持曹州高中及重华书院的创建事务，并筹办曲阜大学。（参见刘定祥《梁漱溟著述年谱》，载《社会科学家》1989 年第 1 期；李渊庭、阎秉华编著《梁漱溟先生年谱》，广西师范大学出版社 2003 年版）

熊十力为自己更名为"十力"（此前叫"子真"）。夏秋之间，暂停北大教职，随梁漱溟师弟前往山东曹州创办曹州高中，并任教于曹州高中。高赞非得列门墙。年底取道济南返乡。（参见郭齐勇《天地间一个读书人：熊十力传》附录《熊十力年表》，上海文艺出版社 1994 年版）

王献唐在青岛，任职胶澳商埠督办公署。1 月 1 日，将前岁所作诗稿集为一册，名《沧勺集》，作《〈沧勺集初稿〉自序》。同月，著《老庄学案初稿》。8 月 14 日，始撰《公孙龙子悬解》。是年，治佛学，由法相宗改修天台宗。（参见张书学、李勇慧《王献唐年谱长编》，华东师范大学出版社 2017 年版）

蒋丙然代表中央观象台接收日本管理的青岛测候所，并将该所改名为青岛观象台，出任台长，直至抗日战争期间青岛沦落止。

刘盼遂曾在曲阜山东省立第二师范学校任教。

冯友兰年初重游北京，寄住瓷器库姻兄孙炳文处。2 月 28 日，出席中州大学成立纪念日活动。5 月 6 日上午 10 时，开封中学以上教职员工于文庙内第一图书馆开座谈会，欢迎印度泰戈尔及其学生，冯友兰应邀出席。10 月，所著《一种人生观》作为"百科小丛书"第 72 种由商务印书馆出版。冯友兰在其《引言》谓"民国十二年，中国思想界中的一件大事，自然要算所谓'人生观之论战'了"。11 月 17、18 日，《对于人生问题的一个讨论——冯芝生在中大讲演会讲演稿》刊于《新中州报》。12 月 9 日上午 10 时，在徐府街教育会出席河南公民善后会,冯友兰及李敬斋、嵇文甫等 14 人当选执行委员。12 月,《天人损益论》(*The Way of Decrease and Increase with Interpretation and Illustrations from the Philosophies of the East and the West*)改名《人生理想之比较研究》(*A Comparative Study of Life ideals*),由商务印书馆出版。出版后,获哥伦比亚大学研究院哲学博士学位;由刘积学介绍在河南加入中国国民党,并被选为河南省党部执行委员会候补委员。(参见蔡仲德《冯友兰年年谱长编》,中华书局 2014 年版;李中华编《中国近代思想家文库·冯友兰卷》附录《冯友兰年谱简编》,中国人民大学出版社 2015 年版)

杨杰以全班第一名成绩从日本陆军大学第 15 期毕业,拒绝日本军方的劝留,毅然回国。12 月,受冯玉祥国民军第三军军长孙岳邀请,任该军参谋长。同月 6 日,孙岳被任命为河南省省长。(参见皮明勇、侯昂妤编《中国近代思想家文库·蒋百里、杨杰卷》及附录《杨杰年谱简编》,中国人民大学出版社 2015 年版)

汪敬熙回国,在河南省立中州大学任教。

傅铜暑假邀请鲁迅和北京大学夏元瑮、北京师范大学王桐龄和林砺儒、南开大学蒋廷黻和陈定谟、东南大学陈钟凡和刘文海、北京晨报记者孙伏园、京报记者王小隐等到西北大学讲学。

张景房、范树寨等人 12 月 25 日在山西祁县创办《明报》周刊。

吴宓因 5 月间学校宣布西洋文学系并入英语系,以及胡先骕赴美进修,梅光迪赴美任教,决定离开东南大学就奉天(沈阳)东北大学之聘。但与中华书局商定,《学衡》仍由他编定,交中华书局出版。7 月 19—24 日,吴宓在赴沈阳东北大学之前,将《学衡》杂志诸事交付给总干事柳诒徵。27 日,吴宓与柳诒徵离开南京去上海。28 日,吴宓与柳诒徵在上海中华书局拜访左舜生,谈《学衡》杂志之事。又拜访胡子靖,托他致函范静生,向中华书局说情,主张《学衡》杂志续办。同日,吴宓访在上海的刘永济。29 日,吴宓与洪深会晤。30 日,吴宓、柳诒徵拜访中华书局总经理陆费逵,双方商议继续出版《学衡》杂志第 37—38 期。同日,吴宓在上海会晤章士钊、欧阳予倩。31 日,吴宓在上海拜访《中华新报》总编辑张季鸾,张季鸾约请吴宓半年以后来做他和吴鼎昌等创办新式日报《文学副刊》的主编。8 月 1 日,洪深访吴宓。2 日,吴宓返回南京。8 月 3 日,吴宓离开南京,前往东北大学,柳诒徵为他送行。

　　按:柳诒徵《送吴雨僧之奉天序》曰:"梅子、吴子同创杂志曰《学衡》以诏世,其文初出,颇为聋俗所诟病。久之,其理益章,其说益信而坚,浮薄怪谬者屏息不敢置喙。则曰,此东南学风然也。"

吴宓 8 月 5 日在北京欲拜访美国传教士福开森、溥仪的英文老师英国人庄士敦,谈《学衡》杂志,未成。6 日,吴宓到达沈阳,受到此时在东北大学任教的缪凤林、景昌极的接待。7 日,东北大学文法科学长汪兆璠与吴宓相会。17 日,吴宓删润《学衡》稿件。18 日,时任《东北文化月报》总编辑的《学衡》杂志社社员杨成能拜访吴宓。20 日,胡先骕、白璧德、黄华自美国致信吴宓。29 日,吴宓收到任职于外交部的同学顾泰来之函,知其已向清华学校校长曹云祥举,吴宓决定于寒假后辞东北大学教职,就教职于清华学校。9 月 2 日,吴宓接清华学校校长曹云祥的来电,欢迎他到清华任教。3 日,曹云祥致信吴宓,聘他为清华教授。吴决定明年 2 月到任。12 日,缪凤林、景昌极不主张吴宓离开东北大学。19 日,吴宓接清华学校校长曹云祥函,要他 1925 年 2 月到任。29 日,吴宓致函清华学校校长曹云祥,决定明年 2 月到清华任职。10 月 18 日,在旅顺博物馆演讲《人文主义论》。19 日,在大连中华青年会演讲《青年修养(道德)之标准》。20 日,在满蒙文化协会以英语演讲《白璧德之人文主义》。(参见刘明华《吴宓教育年谱》,《重庆加与学院学报》199 年第 4 期;沈卫威《学衡派编年文事》,南京

大学出版社 2015 年版）

李震瀛先后在大连、唐山等地视察指导，曾在大连帮助筹建青年团和中共组织，参加中共唐山地委领导工作。

杨增新在新疆创办俄文法政学校。

蔡元培年初仍在欧洲从事研究和著述。1 月 30 日，中国国民党第一次全国代表大会，孙中山提出中央执行委员和中央监察委员的名单，蔡元培被列为候补中央监察委员的头一名，请众同意，结果举手通过。2 月 6 日，为时在巴黎大学研习的周太玄所译弗利野德原著《人的研究》一书撰写序文。10 日，为褚民谊所著《兔阴期变论》撰序。同月，留法研习艺术的刘既漂、林风眠、林文铮等筹办旅欧中国美术展览会，推蔡元培先生为名誉会长。3 月 15 日，蔡元培所撰《简易哲学纲要》完稿。17 日，致函张元济，将此书手稿寄给商务印书馆。

按：此书分为绪论、认识问题、原理问题、价值问题、结论五编。尚有附录：译名检对表。

蔡元培 3 月 28 日偕夫人周养浩由巴黎到达伦敦，协助留英中国学生陈剑儵、黄建中、潘绍棠等开展向英国有关方面商洽退还庚子赔款供中国发展教育的工作。30 日，出席留英学生退款兴学会及留英工商学共进会的欢迎会，发表演说。4 月 4 日午后 2 时半，访罗素夫人，当时罗素在美国讲学，其夫人对蔡先生在伦敦推进英国退款兴学事竭力相助。5 日，与杨荫庆同访牛津大学校长沙尔特（M. Salder），此人对英政府发言颇有力，蔡元培阐明退款用于教育的主张，沙尔特甚表同情。4 月 8 日，与杨荫庆同赴英国议员哈奈（E. Harney）午餐之约，席间蔡先生说明退款用途的主张。座中尚有 8 个议员。9 日，与杨荫庆同往剑桥大学，晤中文系主任柴理斯（Giles）。此人在舆论界颇有影响，他应许尽力帮助退款兴学。10 日，蔡元培应伦敦的英国人所组中国学会（China Society）之请，宣读论文《中国教育的发展》，特别强调以庚子赔款依照南肯辛顿科学博物馆和自然历史博物馆的方式，创办一所大规模的研究院，这是全体中国人民，特别是教育工作者们，在退还庚款问题上的普遍愿望。14 日，与罗素夫人及杨荫庆同往英国外交部，晤东方司司长瓦特罗勒（Waterlory）。15 日，蔡元培提出《处理退还英庚款的备忘录》。

按：建议的要点：（一）此款主要部分用来建立一所大型的科学院。（二）一部分用于资助某些著名大学建立或扩展科技系、科。（三）一部分配给某些国立大学用以购置研究英国科学、艺术、文学的设备。并从其中拨一些专款作基金，用于①聘教授，②购图书，③为研究生设奖学金。（四）一部分设立基金，用作派遣我国大学教师、毕业生赴英学习费用。（五）一部分作邀请英国学者来华研究中国文、哲等科费用。（六）一小部分用于购回陈列大英博物馆的中国艺术品，（七）一部分用于英、中两国互派教授，进行学术交流。

蔡元培 4 月 21 日偕夫人周养浩到达德国的哥尼斯堡，出席康德诞生 200 周年纪念会，发表演说。5 月中旬，撰旅法《中国美术展览会目录》序。5 月 21 日晚 9 时，旅法中国美术展览会在法国斯特拉斯堡莱茵河宫（即德皇旧行宫）隆重开幕。观众 3000 余人，极一时之盛。22 日晚间 8 时，筹备委员会假红楼饭店设宴招待巴黎、里昂等地前来以及斯埠当地的中、法各界来宾 50 余人。蔡元培发表演说。6 月，胶澳商埠督办高恩洪倡办私立青岛大学，聘蔡元培、张伯苓、黄炎培等为董事，招收文、商、工三科学生。7 月 15 日，致伯兰特·罗素函，感谢其在将赔款基金支持中国教育事业所提供的热忱帮助，并提出两点建议。8 月 6 日，由黄尊生陪同，到达奥地利首都维也纳，出席第十六届国际世界语大会，并在大会上发表了演说。8 月 12 日起，第二十一届国际阿美利加大会（Congres International des Americanistes，亦即国际民族学研究会，专研哥伦布未发现新大陆前的美洲民族问题）在海牙开幕，到世界各国专家 185 人。蔡元培撰著论文一篇，由谢寿康译为法文，提交该会，并在大会上宣讲。秋，蔡元培住在巴黎维尔曼街 30 号，夫人周养浩正在辑编《蔡元培在欧讲演集》一书。

　　蔡元培 11 月 10 日为许德珩所译法国涂尔干所著《社会学方法论》一书作序。11 月 15 日，离开巴黎，前往德国汉堡。19 日午后 3 时 16 分，到达汉堡。20 日，北京政府派任办理清室善后委员会委员（李石曾任委员长），因蔡元培时在国外，由蒋梦麟代表出席会议。21 日，蔡元培与夫人周养浩一同到汉堡大学报名注册入学。访薛尔蒙斯（Thilemns）院长。24 日，俄国庚子赔款委员会在北京苏联使馆举行第一次会议，出席委员徐谦、李石曾（代蔡元培）、伊法尔，推举蔡元培为委员长。是年，蔡元培、蒋梦麟、钱稻孙在北京大学创办造型美术研究会，陈半丁、贺良朴、沈尹默、马衡等同任造型美术研究会指导教师。（以上参见高平叔编著《蔡元培年谱长编》，人民教育出版社 1996 年版；王世儒编撰《蔡元培先生年谱》，北京大学出版社 1998 年版）

　　刘半农继续在法国巴黎学习。1 月 7 日，与巴黎大学助教阿脑而特女士谈论中国民歌，并邀请她担任北京大学歌谣研究会通信员。8 日，于巴黎作《致沈兼士、周作人、常维钧三先生的信》，载同年 3 月 23 日北京大学《歌谣》周刊第 48 号，提出不仅要注意征集歌谣，还要注重研究歌谣，并建议聘请巴黎大学助教阿脑而特女士为"歌谣研究会通信员"。后为北大所接受。3 月，专著《四声实验录》由上海群益书社出版，由蔡元培封面题签，吴敬恒撰序及书序赘后，傅斯年撰序二。

　　　　按：这是作者运用近代实验语音学的仪器和方法研究汉语四声的一部学术著作。该书指出：声音的要素在于强弱、音质、长短、高低，但汉语的四声与强弱绝不相干，与音质、长短有某种关系，但不起决定作用；决定四声的主要因素是高低。但这种高低是复合的，不是简单的，两音之间的移动是滑动的，不是跳跃的。书中还记录了北京、南京、武昌、长沙、成都、福州、广州、潮州、江阴、江山、旌德、腾越等 12 个地方方言的声调实验结果，弄清了汉语调类和调值的关系。分为：引言、声音之断定、语音与乐音、浪纹计、计算及作图、声音及对数。已实验的四声、余论等章节。此书一山。破除了自齐梁间周颙、沈约首创四声说以来，1500 年间在四声解释上的层层疑云，给了四声以科学的说明，在我国音韵学史上具有划时代的意义。

　　刘半农 8 月运用江阴方言作《拟儿歌》。12 月 6 日，法国巴黎语言学会召开常委会，经巴黎大学院院长贝尔诺提名，刘半农被吸收为该会会员。是年，赵元任曾去巴黎拜访刘半农。当时，刘半农住在巴黎拉丁区里"Rue de l'Estrapade"的一个小房子里，已完成《汉语字声调实验录》论文的实验工作。（以上参见徐瑞岳编《刘半农年谱》，中国矿业大学出版社 1989 年版；曹波、万兵《刘半农小说著译学术年谱（1913—1920）》，《广西社会科学》2020 年第 1 期）

　　赵元任是年春忙于照顾两个小孩及准备离美，变卖家具，收拾行李，装箱托运等。同时以北京音系为基础的"新国音"对《国语留声片课本》进行修改。5 月，离开剑桥去纽约，在纽约期间会见了山格夫人（Margaret Sanger）研究一下生产限制的事，夫人杨步伟准备回国后继续推动计划生育及人口控制；再到纽约哥伦比亚唱片公司，重新灌制以北京音系为基础的国语留声片。6 月 7 日，与夫人乘 S. S. Orbita 轮离纽约，横渡大西洋，10 天后在英国南安普顿（Southampton）登岸，开始了欧洲之行。先到伦敦，赵元任只身去法国，然后返回英国带全家去巴黎暂住，自此开始了在欧洲考察进修一年（1924 年 6 月至 1925 年 5 月）的生活，赵元任学习语言学、拜访欧洲著名语言学专家学者，参观语音实验室。先在英国，应邀探望罗素夫妇。7月10—24日,赵元任修改完《国语留声片课本》。接着访问英国著名语言学家Lloyd James,Daniel Jones 和 Stephen Jones 等,Jones 教授强烈地建议赵元任留在英国。7月22日,拜访奥格登(C. K. Ogden)教授。7月24—31日,回到巴黎,拜访在法留学的刘半农。月底,往德国,当时在柏林的中国留学生如傅斯年(孟真)、陈寅恪、俞大维、罗家伦(志希)、徐志摩等,纷纷来访,相晤甚欢,往往一谈便过深夜,甚至凌晨两三点钟才辞去,其中傅斯年、陈寅恪与元任夫妇过从甚密,更是家中常客。夏,在德国约住一个半月,在此期间曾几次去瑞典哥特堡访问汉学家高本汉(Bernhard Karlgren)。又到汉堡(Hamburg)访问著名语音学家海因尼兹(Wilhelm Heinitz),参观其设备精良齐全的语音实验室。下半年,赵元任的旅欧活动主要是在法国,曾在巴黎大学注册听课,很频繁。与时在法国的张奚若、刘半农一家、蔡元培夫妇以及金岳霖(龙荪)、张道藩时有来往。蔡元培极力劝说元任去北京大学任教,赵元任夫妇仍坚持回清华学校任教。(参见赵新那、黄培云编《赵元任年谱》,商务印书馆 2001 年版)

陈寅恪仍在德国留学。赵元任先任教于哈佛大学,既应国内清华国学研究院之聘,乃商请陈寅恪续任,陈寅恪避不就。5月9日,《北京大学日刊》转发姚从吾3月11日自柏林致朱希祖的信。信中述及当时我国留德学习历史科者情况,于陈寅恪尤属推重。6月29日,北京大学研究所国学门助教顾颉刚为北京大学数女生演讲"国学大意"三点,第二点讲"现今国学的超势",分为五派,其中第二派东方言语学及史学,以法人伯希和,英人斯坦因,中国人罗福成、张星烺、陈寅恪、陈垣等为这一派的代表。(参见卞僧惠《陈寅恪先生年谱》,中华书局 2010 年版)

王光祈1月19日在柏林完成《西洋音乐与诗歌》一书。2月,在《少年中国》第4卷第10期发表《社会活动之真义》,主张"办学校、报馆、实验室、博物院等",推行"有基础事业的文化运动"。3月30日,在柏林将自己几年来撰写的关于"少年中国学会运动"的重要文章,编为《少年中国运动》,并作《少年中国运动序言》,后作为"少年中国学会小丛书",由上海中华书局出版。5月25日,在柏林完成《德国国民学校与唱歌》一书。7月4日,在柏林完成《西洋音乐与戏剧》一书。7月下旬,王光祈致曾琦,为自己在欧洲至少尚有三四年之勾留,拟编辑音乐丛书30种左右,现已成《欧洲音乐进化论》《西洋音乐与诗歌》《德国国民学校与唱歌》《西洋音乐与戏剧》4种。9月1日,在柏林完成《西洋乐器提要》一书。12月16日,在柏林完成《东西乐制之研究》一书。(参见四川音乐学院、成都市温江区人民政府编《王光祈文集》,巴蜀书社 2009 年版)

杨钟健考入德国慕尼黑大学地质系,毕业时获哲学博士学位。是年,与王恭睦合编《地震浅说》一书,由上海中华书局出版。(参见王仰之《杨钟健年谱》,《西北大学学报》1983 年第 2 期)

罗家伦因穆氏基金资助中断,留学费用全为国内出版界友好筹借。10月,所著《科学与玄学》经多次修改完毕。同月12日,在德国柏林撰自序,论述《科学与玄学》的缘起、宗旨与方法,然后将此书寄国内付印出版。

按:罗家伦自序曰:这本书的内容,与从前国内发动的所谓"科玄论战"毫不相关,虽然著者写这本书的时候,多少受了那次论战的冲击。著者的意思,以为不问中国有那次论战与否,以下三个基本问题:什么是科学? 什么是玄学? 科学和玄学的关系怎样? 是有志治一种科学,或有志治一点哲学的人,不能不知道的。所以他排开那次的纷争,独立地想综合西洋思想界研究的所得,经过自己一番的反省,用剥蕉抽茧式的讨论法,去说明科学与玄学本身的性质,其所研究的问题、所用的方法、所具的特长、所受的限制等方面,想使大家把最近代科学与玄学的地位和关系认个清楚。

　　本来著者仅想做一篇长文，结果他的思想和研究不能停止，竟费了四个整月在图书馆日夜的工作，写了这本书。所用的重要参考书籍约 400 余种。这书的小注甚多，似乎麻烦；但是读者若有心看完这书，不想生出误会来，则看小注的麻烦是万不能省的。

　　这本书于 1923 年的秋天，成于纽约哥伦比亚大学的图书馆。以后著者把他带往欧洲，放在身边一年多，修改过几次，方才寄回中国付印。

　　借这个机会，著者谨致谢意于 Dewey、Woodbridge、Montague 和 Spaulding 几位教授；他平日常得他们的教益，而且当写这本书的时候，他们曾不吝和他讨论，而且给他鼓励。

　　赵元任先生于柏林短促的居留期间，把全稿从头至尾看过一遍；王抚五先生和朱经农先生于此稿寄回国内以后，又校看一遍；这都是著者所感谢的。

　　在欧期间，与俞大维先生和傅孟真先生——著者两位最敬爱的朋友——对于这问题作多次的辩论，被他们唤醒著者好几处不曾注意的地方，是他很受益处而当感谢的。不过，本书如果仍有错误，或不完备之处，责任还完全在著者身上，不涉及以上所致谢的诸位。

　　最后诚恳的谢意，谨致于穆藕初先生为社会而提倡学术的创举，设如著者不在国外的学术环境里面，则这一点不值什么的工作，恐怕也因为缺乏研究的便利，不会发生。（参见刘维开《罗家伦先生年谱》，中国国民党中央委员会党史委员会 1996 年版；张晓京编《中国近代思想家文库·罗家伦卷》及附《罗家伦年谱简编》，中国人民大学出版社 2015 年版）

　　傅斯年在柏林大学攻读，主修课程人类学。（参见欧阳哲生主编《傅斯年全集》第七卷及附录《傅斯年先生年谱简编》，湖南教育出版社 2003 年版）

　　老舍是年夏经燕京大学英籍教授艾温士推荐，由上海坐轮船赴英国讲学，在伦敦大学东方学院任华语讲师。9 月初，抵达伦敦，住卡纳旺路的一处寓所。是年，在《中华基督教会年鉴》第 7 期发表《北京缸瓦市伦敦会改建中华教会经过纪略》。（参见甘海岚编《老舍年谱》，书目文献出版社 1989 年版）

　　许地山 2 月 10 日早晨接友人顾一樵自美国麻省理工学院寄赠之中篇小说《芝兰与茉莉》（商务印书馆 1923 年 12 月出版）。读后感慨万分，遂于当日根据父母讲述之台湾许氏家族的故事创作出短篇纪实小说《读〈芝兰与茉莉〉因而想及我底祖母》。5 月 10 日，刊于《小说月报》第 15 卷第 5 号。同期还载有鲁迅《在酒楼上》，编者在后记中指出这两篇小说"都是近年来文学界里很好的作品"。夏，在美国哥伦比亚大学得文学硕士学位。9 月，因不习惯美国生活方式，转入英国伦敦牛津大学研究院，研究宗教史、印度哲学、民俗学、梵文、希腊文等。入学前在伦敦与老舍相遇，合住一处。入学后，寒暑假必来聚会，感情弥深。其时老舍来英国任伦敦大学东方学院讲师。是年，曾以《道家思想与道教》一文，请英人伊文思翻译与推荐到秋季在伦敦大学举办的"帝国宗教大会"进行学术交流，收入当年 Duckworth 书店出版的《帝国的宗教》一书。（参见周俟松原著、王盛修订《许地山年表》（上），《世界华文文学论坛》1992 年第 2 期）

　　邵洵美留学剑桥大学经济系。留学期间，结识徐志摩、梁宗岱、张道藩、刘纪文等。

　　劳君展在法国里昂大学毕业，获硕士学位，入巴黎大学理科，并从居里夫人学习镭学。

　　林风眠、刘既漂、林文铮、王代之、曾以鲁、唐隽、李金发、吴大羽等人 1 月 27 日在巴黎发起成立"霍普斯会"，以研究和介绍艺术为宗旨。

　　梅光迪因与自己的学生李今英相恋，面临与原配妻子离婚、安顿即将出生的孩子的困境，正在哈佛留学的胡先骕请赵元任推荐梅光迪到美国哈佛大学教书。赵元任于是推荐梅光迪继任自己在美国哈佛大学的职位，担任东方文学教授，讲授东方文化与哲学等课程。10 月，梅光迪辞去东南大学教职，前往美国哈佛大学。此后在美任教 10 年，曾任哈佛大学中国文学系主任，为美国培养不少汉学家及熟知东方文化之学者。

按：据赵元任夫人杨步伟的《一个女人的自传》所载，当时哈佛方面要求必须找一个哈佛毕业生来接替赵元任的职位，"元任写信给寅恪，他回信才妙呢，他说对美国一无所恋，只想吃波士顿醉香楼的龙虾，这当然是不要来的开玩笑的说法了。其时胡先骕正在哈佛，对元任说，梅光迪因离婚的缘故想出来，可否推荐，元任虽知他们是学衡派反对白话的，但元任为人向不以门户之见来埋没人才的，所以一口答应荐他"。（参见沈卫威《学衡派编年文事》，南京大学出版社2015年版）

胡先骕仍在哈佛大学攻读植物分类学博士学位，并继续为《学衡》杂志撰稿。1月，在《学衡》杂志第25期发表《三十初度言志八章》及书评《评陈仁先〈苍虬阁诗存〉》。2月26日，金毓黻阅《晨报》转载《学衡》第25期所载胡先骕《评陈仁先诗》一文，对文中所述清朝覆亡之原因，甚加赞同。3月，经胡先骕校、由童士恺著《毛诗植物名考》一书由公平书局出版。同月，在《学衡》杂志第27期发表书评《评文芸阁〈云起轩词钞〉》《王幼遐〈半塘定稿腾稿〉》。5月，胡先骕向赵元任推荐梅光迪，由其接替赵元任在美国哈佛大学任教。6月，商务印书馆出版《少年百科全书》，胡先骕与任鸿隽、沈奎、周鲠生、秉志、段育华、曹慧群、刘树海担任《全书》之校对。7月，在《学衡》杂志第31期发表《文学之标准》，通过简洁的文字对比了英美革命与法国大革命的异同。20日，胡先骕、白璧德、黄华自美国致信吴宓。9月，在《学衡》杂志第33期发表《诸家颇有未经见录者》。10月1日，在《史地学报》第3卷第3期发表书评《评刘裴春〈介白堂诗集〉》。（参见胡宗刚编著《胡先骕先生年谱长编》，江西教育出版社2008年版；沈卫威《学衡派编年文事》，南京大学出版社2015年版）

董时进获美国康奈尔大学农业经济学博士，被选为美国施革玛赛学会荣誉会员，又在伦敦大学作学术研究，在欧洲各国考察一年。

周培源由清华学校高等科毕业。同年秋天，被清华学校派送去美国继续完成大学课程，入美国芝加哥大学数理系二年级学习。

李方桂毕业于清华学校（清华大学）高等科，同年赴美国密歇根大学医科，改读语言学系。在萨丕尔的指导之下研究印第安语，进行田野调查。

雷海宗9月入芝加哥大学研究院历史研究所深造，撰写博士学位论文《杜尔阁的政治思想》，导师是詹姆斯·汤普逊教授。（参见江沛、刘忠良编《中国近代思想家文库·雷海宗、林同济卷》及附录《雷海宗年谱简编》，中国人民大学出版社2015年版）

梁实秋是年夏从科罗拉多大学英文系毕业，进入哈佛大学研究院。赴哈佛途中，经芝加哥，与同学罗隆基、何浩若、闻一多等组织"大江会"，出版会刊《大江季刊》，提倡"国家主义"。秋，选修白璧德教授《十六世纪以后之文学批评》，读白氏主要著作，接受其新人文主义思想，抛弃早年青春期的浪漫，转向古典主义，向中国传统文化认同。（参见万直纯《梁实秋年谱》，《阜阳教育学院学报》，1994年第3、4期）

闻一多6月上旬毕业于科罗拉多大学，但未得学位。先与梁实秋同至芝加哥，参加清华同学夏令会。在芝加哥，与罗隆基、何浩若、梁实秋、浦薛凤、时昭瀛、吴景超等清华毕业的留美学生成立大江会，任《大江季刊》主编。9月初，转学进入纽约艺术学院。（参见闻黎明、侯菊坤编著《闻一多年谱长编》（增订本），上海交通大学出版社2014年版）

潘光旦7月从达特茅斯学院毕业，获学士学位。8月，作《中国之优生问题》一文，刊于《东方杂志》第21卷第22号，周建人发表《读〈中国之优生问题〉》，提出商榷意见，刊于《东方杂志》第22卷第8号。夏，进入纽约州长岛冷泉港优生学纪录馆研究人类学与优生学一年。参加清华留美同学组织的国家主义团体"大江会"，并为《大江季刊》撰稿。是年，加入美国优生学研究会。(参见吕文浩编《中国近代思想家文库·潘光旦卷》及附录《潘光旦年谱简编》,中国人民大学出版社2015年版)

邱椿、刘师舜、余上沅、沈祖同、吕谷丸等留美学生发起成立国家主义团体"大神州社"。

林徽因和梁启超长子梁思成同时赴美攻读建筑学。由于当时美国宾州大学建筑系不收女生,她改入该校美术学院,而主要仍选修建筑系的课程。

陈岱孙取得哈佛大学文学硕士学位。

饶孟侃赴美国芝加哥大学留学。

翦伯赞7月东渡美国,在加利福尼亚大学读书,研究经济学。开始学习马克思主义著作,阅读过《共产党宣言》《反杜林论》《家庭、私有制和国家的起源》等。(参见张传玺《翦伯赞传》及附录张怡青《翦伯赞大事年表》,北京大学出版社1998年版)

余日章赴美国出席青年会国际会议。

罗亦农介绍前来莫斯科出席国际运输工人大会的中国代表林伟民加入中国共产党,使其成为中国第一位海员共产党员。

蒋光慈在莫斯科加入中国共产党,并开始新诗创作。

陈豹隐当选为中共第四期旅莫支部审查委员会委员。

郭隆真赴苏联,在莫斯科东方大学学习。

袁玉冰赴莫斯科入东方大学学习。

夏衍在日本读达尔文的进化论著作,恩格斯的《自然辩证法》。11月。在日本门司港受到孙中山及其夫人宋庆龄的接见,在孙中山面前,由李烈钧介绍加入中国国民党,开始参加政治活动。(参见沈宁、沈旦华、沈芸《夏衍全集·书信日记》,浙江文艺出版社2005年版)

陈邦贤赴日本出席远东热带医学会学术会议。

马哲民东渡日本,进早稻田大学学习政治经济学。在日组建中国共产党和中国社会主义青年团驻日支部,兼任两组织书记。

持松出席东京召开的东亚佛教大会。会后留京都延历寺学习台密仪轨。

美国司徒雷登继续任燕京大学校务长。第一次大募捐完成,共得美金250万余,折华币仅400万左右。1月17日,授予完成医预课程并在协和医学院完成学习的学生以理学士学位。4月,捐到五所宿舍,两所膳堂及图书馆建筑费之一半。开始办新闻专业,由白瑞华(Britton)和聂士芬(Nash)合作。夏初,司徒雷登返校。夏,普林斯顿大学与燕京大学订约合作,政治学系、社会学系经费由此得普校之助。4月14日,批准将宗教系改为宗教理论系,并规定开设课程;由教育系为大一学生开设一学分的必修课"大学工作介绍";自下学年开始,所有宗教课改为选修。6月3日,批准男部推荐的洪业为文学院长。6月,刘谦初经方务伯介绍加入中国社会主义青年团,在方领导下秘密从事革命活动。10月4日,所有学生在四年级均须选修一门自然科学课。同月,邀请晏阳初讲《国家问题与平民教育运动》;沈尹默教诗学,吴雷川教孔子研究。12月,新校掘出水泉,博晨光叔父捐水塔。(参见张玮瑛、王百强、钱辛波主编《燕京大学史稿》,人民中国出版社2000年版)

印度诗人、亚洲第一位诺贝尔文学奖金获得者罗宾德拉纳特·泰戈尔应梁启超讲学社的邀请来华讲学。4月12日抵达上海。23日抵京,下榻于北京饭店。先后访问上海、杭州、北京、南京、济南、太原、武汉等地,并发表演说。5月7日,泰戈尔64岁生日之际,梁启超讲学社及新月社同仁在协和学校礼堂举行盛大的生日宴会及其中国名字"竺震旦"的命名庆祝会,由胡适致开幕词,梁启超说明"竺震旦"的含义,泰戈尔致谢词,然后以英语演出了泰戈尔名剧《齐德拉》,林徽因扮演公主齐德拉,徐志摩扮演爱神玛达那,林徽因父亲林长民扮演春神代森塔,梁思成担任布景,成为生日宴会的最大亮点,从而将"泰旋风"推向高潮。鲁迅也应邀参与了生日宴,但他中途拂袖离去,并且留下一句"一塌糊涂"。5月30日,由徐志摩陪同泰戈尔乘船离开中国前往日本。

按:邀请泰戈尔来华讲学最初由蔡元培发起,但因北大遭遇经费困境,后由梁启超讲学社承接,设法动用各界力量给予高规格礼遇,具体由蒋百里负责接待,徐志摩担任全程英语翻译。3月7日,徐志摩在《晨报副刊》刊出文章,报告了泰戈尔来华的准确时间和随行人员。3月21日,泰戈尔一行6人如期从加尔各答乘船出发。4月12日上午抵达上海。徐志摩与郑振铎、张君劢、瞿世英等人在上海汇山码头迎接乘"热田丸"来华访问的泰戈尔。13日,文学研究会等团体为泰戈尔举行隆重的欢迎会。14日,徐志摩和瞿世英陪同泰戈尔一行在杭州游览西湖。17日返回上海。18日,上海二十余团体假东方图书馆会议厅举行欢迎会,江苏省教育会、文学研究会、讲学社、中华学艺社、南方大学、大同大学、圣约翰大学、商务印书馆、中华书局、申报、新闻报、时报等代表张元济、沈恩孚、江亢虎、聂云台、王云五、刘湛恩、胡敦复、郑振铎等1200余人出席。泰戈尔发表演说,徐志摩翻译。(1924年4月19日《申报》)23日,泰戈尔由天津抵北京,蒋百里、林长民、胡适、梁漱溟、蒋梦麟、辜鸿铭、熊希龄、范源濂等文化名人以及各界人士四五百人到正阳门东车站迎接,气氛十分热烈。当晚,泰戈尔下榻于北京饭店。为了欢迎远道而来的客人,当时禁止市民参观的北海公园破例开放了3小时。25日下午,梁启超、蒋百里、熊希龄、汪大燮、蒋梦麟、范源濂、胡适等在北海静心斋设宴欢迎印度诗人泰戈尔来华讲学,梁启超发表中印文化之交流演说。27日上午,末代皇帝溥仪请泰戈尔游故宫御花园。晚上,在海军联欢社参加北京文学界举行的公宴。28日,泰戈尔在先农坛与北京学生见面并发表演说,听众有3000人之多。29日上午,北京美术界举行欢迎茶会,并请泰戈尔参观特地为他来华举办的书画展,著名画家凌文渊介绍了中国画的成就和特点,齐白石、陈半丁、姚茫父等绘画大师都出席了欢迎会。此后,泰戈尔又先后访问南京、济南、太原、武汉等地,并发表演说。5月7日,在协和学校礼堂为泰戈尔64岁生日举行盛大的生日宴会及其中国名字"竺震旦"的命名庆祝会,并以英语演出了泰戈尔名剧《齐德拉》。19日,泰戈尔一行即将离开北京。中午,梅兰芳、姚茫父、郑振铎等为贵宾们设宴饯行。当晚,梅兰芳把泰戈尔一行请到开明戏院,专为他们演了一出新编京剧《洛神》。泰戈尔对此十分重视,特意穿上了他创办国际大学时的红色长袍礼服前往观看。5月30日,泰戈尔结束中国之行,由徐志摩陪同乘船离开中国前往日本东京,后取道香港返回印度。

按:梁启超等精心策划邀请泰戈尔访华讲学,当时学术界与文学界普遍持欢迎态度,并予以超规格的接待,但因泰戈尔强调东方文明的思想理念以及拜访末代皇帝溥仪与陈三立等晚清遗老,遭到一些左翼激进知识分子的反对。5月9日,泰戈尔在真光演戏院第一次公开演讲时,就有人在下面散发传单:《我们为什么反对泰戈尔》《送泰戈尔》。原定的6次演讲,被迫取消3次。此实与当时中国学术思想界的激烈纷争与交锋息息相关。有学者将泰戈尔访华之前的国内知识阶层分为三派:一是以梁启超、张君劢为首的玄学派,认为科学只能指导物质生活,哲学才能指导精神生活;二是以胡适、丁文江为首的科学派,认为哲学是空想,生活应由科学支配;三是以陈独秀为首的唯物派,认为根本不存在"思想自由"。三方各执一词,谁也说服不了谁,态势渐呈白热化。其中以梁启超、张君劢为首的玄学派极力推动并精心策划泰戈尔访华讲学以及相应的热情接待,而持批评意见的是以陈独秀为首的唯物派以及瞿秋白、郭沫若、茅盾、林语堂、冯乃超等文化界左翼人士。陈独秀反应尤为激烈,在泰戈尔访华讲学之际,陈独秀先后用本名和笔名撰文20多篇,其中最为偏激的一篇是《泰戈尔是一个什么东西!》,文中矛头直指泰戈尔:"请不必多放莠言乱我思想界! 泰戈尔! 谢谢你罢,中国老少人妖已经多的不得了呵。"林语堂在《晨报》发表讽刺文章《吃牛肉茶的泰戈尔》,说泰戈尔以亡国奴的身份,来尚未亡国的中国大谈精神救国,本身就不够格;曾翻译过泰戈尔著作的茅盾专门撰发了《太戈尔与东方文化——读太氏京沪两次讲演后的感想》一文,担心泰戈尔会给中国青年带来"不良影响",旗帜鲜明地说"我们决不欢迎高唱东方文化的泰戈尔";而早年对泰戈尔尊崇有加的郭沫若则在《泰戈尔来华的我见》一文也与他"划线""无原则的非暴力的宣传是现时代的最大毒物"。胡适作为科学派的领袖与"科玄之争"的主将,但同时又是新月社的创始者,其态度前后有所变化,当初讲学社请泰戈尔来中国时,他曾冷嘲热讽,但与泰戈尔对谈后,却在文学革命中找到共识,惺惺相惜起来,所以也积极参与了相关欢迎活动。至于鲁迅的中途退场,主要是因为不认同讲学社与新月社接待泰戈尔的态度与方式。鲁迅博物馆、鲁迅研究室编《鲁迅年谱》(人民文学出版社 1981 年版)将泰戈尔的生日宴会载于 5 月 8 日晚 8 时:鲁迅"应新月社之请往协和学校礼堂参加泰戈尔六十四岁生日及他的中国名字'竺震旦'命名庆祝会。鲁迅在《马上日记之二》中,谈到那两年中有四个外国文学名家到中国来时说:'第一个自然是那最有名的泰戈尔即竺震旦,可惜被戴印度帽子的震旦人弄得一塌胡涂,终于莫名其妙而去。'鲁迅又在作于 1934 年的《骂杀和捧杀》回忆道:'他到中国来了,开坛讲演',可是被新月派的文人'说得他好像活神仙一样,于是我们的地上的青年们失望,离开了。神仙和凡人,怎能不离开呢?'"(参见丁文江、赵丰田编著《梁启超年谱长编》,上海人民出版社 2009 年版;张人凤、柳和城编著《张元济年谱长编》,上海交通大学出版社 2011 年版;陈福康《郑振铎年谱》,三晋出版社 2008 年版;王邦维主编《泰戈尔与中国》,中央编译出版社 2011 年版;孙宜学《泰戈尔:中国之旅》,中央编译出版社 2013 年版;孙宜学《泰戈尔与中国现代知识分子》,上海三联书店 2015 年版;王心文《1924 年:泰戈尔的中国之行》,《湖北档案》2011 年第 10 期)

　　瑞典考古学家安特生与中国考古学家袁复礼及其助手 5 月开始在西北发掘多处遗址。先是在甘肃临洮调查发掘辛店遗址,后以此地命名此类文化。6 月,在甘肃广河县调查发掘齐家坪遗址,后将此类文化命名为齐家文化。7 月,又发掘了甘肃临洮寺洼山遗址、马家窑新石器时代遗址,青海民和县调查发掘马厂塬遗址、甘肃民勤县调查发掘沙井遗址等。(参见王学典《20 世纪史学编年(1900—1949)》,商务印书馆 2014 年版)

三、学术论文

恽代英《再论学术与救国》刊于《中国青年》第 1 卷第 17 期。

　　按:此文提出要"打破任何学术都可以救国的谬想",认为我们今天第一件事,是研究社会科学,举行社会的改革,这才是救国之道。

恽代英《怎样研究社会科学》刊于《中国青年》第 1 卷第 23 期。

　　按:此文认为研究社会科学必须注重研究社会的构造与各种势力的关系、社会进化的原理、各国与中国的财政与社会政策、各国与中国农工商业的发达和衰败的原因及现状等问题。

胡适《古史讨论的读后感》刊于《读书杂志》第 18 期。

　　按:胡适的《古文讨论的谈后感》曰:《读书杂志》上顾颉刚、钱玄同、刘掞藜、胡堇人四位先生讨论古史的文章,已做了八万字,经过了九个月,至今还不曾结束。这一件事可算是中国学术界的一件极可喜的事,他在中国史学史上的重要一定不亚于丁在君先生们发起的科学与人生观的讨论在中国思想史上的重要。这半年多的《努力》和《读书杂志》的读者也许嫌这两组大论争太繁重了,太沉闷了;然而,我们可以断言这两组的文章是《努力》出世以来最有永久价值的文章。在最近的将来,我这个武断的估价就会有多人承认的。

　　这一次古史的讨论里最徼幸的是双方的旗鼓相当,阵势都很整严,所以讨论最有精采。顾先生说的真不错:中国的古史全是一篇糊涂账。二千余年来随口编造,其中不知有多少罅漏,可以看得出它是假造的。但经过了二千余年的编造,能够成立一个系统,自然随处也有它的自卫的理由。现在我尽寻它的罅漏,刘先生尽寻它的自卫的理由,这是一件很好的事。即使不能遽得结论,但经过了长时间的讨论,至少可以指出一个公认的信信和疑疑的限度来,这是无疑的。

　　我们希望双方的论主都依着这个态度去搜求证据。这一次讨论的目的是要明白古史的真相。双方都希望求得真相（"求得真相"四字下加着重号），并不是顾先生对古史有仇，而刘先生对古史有恩。他们的目的既同，他们的方法也只有一条路：就是寻求证据。只有证据的充分与不充分是他们论战胜败的标准，也是我们信仰与怀疑的标准。（"寻求证据"到"信仰与怀疑的标准"加着重号）

　　现在双方的讨论都暂时休战了——顾先生登有启事，刘先生没有续稿寄来。我趁这个机会，研究他们的文章，忍不住要说几句旁观的话，就借着现在最时髦的名称"读后感"写了出来，请四位先生指教。……以上所说，不过是我个人的读后感。内中颇有偏袒顾先生的嫌疑，我也不用讳饰了。但我对于刘掞藜先生搜求材料的勤苦，是十分佩服的；我对他的批评，全无恶感，只有责备求全之意，只希望他对他自己治史学的方法有一种自觉的评判，只希望他对自己搜来的材料也有一种较严苛的评判，而不仅仅奋勇替几个传说的古圣王作辩护士。（以上蓝色部分"只希望"到"辩护士"加着重号）行文时说话偶有不检点之处，我也希望他不至于见怪。

　　顾颉刚《孟姜女故事的转变》刊于《歌谣周刊》第 69 期。

　　按：《孟姜女故事的转变》开篇曰："孟姜女的故事，论其年代已经流传了二千五百年，按其地域几乎传遍了中国本部，实在是一个极有力的故事。可惜一般学者只注意于朝章国故而绝不注意于民间的传说，以至失去了许多好材料。但材料虽失去了许多，至于古今传说的系统却尚未泯灭，我们还可以在断编残简之中把它的系统搜寻出来。"《孟姜女故事的转变》作为顾颉刚"层累地造成的古史"说的一次成功实践与经典案例，不仅由此开启了对中国民间故事考证的热潮，而且超越民间故事而具有学术思想实验与学术范式变革的重要意义，成为顾颉刚及其"古史辨派"的标志性成果之一，在学术界产生了强烈的震动效应。

　　陈旦《列子杨朱篇伪书新证》刊于《国学丛刊（南京）》第 2 卷第 1 期。

　　陈登元《荀子》刊于《国学丛刊（南京）》第 2 卷第 1 期。

　　杨筠如《评孟荀哲学》刊于《国学丛刊（南京）》第 2 卷第 1 期。

　　周世钊《庄子哲学之研究》刊于《国学丛刊（南京）》第 2 卷第 1 期。

　　陈钟凡《老子学说略》刊于《国学丛刊（南京）》第 2 卷第 1 期。

　　陶鸿庆《读墨子札记》刊于《国学丛刊（南京）》第 2 卷第 1 期。

　　江圣壤《法家源于道家说》刊于《国学丛刊（南京）》第 2 卷第 1 期。

　　刘师培《诸子札记序》刊于《国学丛刊（南京）》第 2 卷第 1 期。

　　易培基《楚辞校补》刊于《国学丛刊（南京）》第 2 卷第 1 期。

　　胡光炜《中国修辞学史》刊于《国学丛刊（南京）》第 2 卷第 1 期。

　　姚寅顺《礼运说》刊于《国学丛刊（南京）》第 2 卷第 2 期。

　　杨筠如《孔子仁说》刊于《国学丛刊（南京）》第 2 卷第 2 期。

　　陈登元《荀子之心理学说》刊于《国学丛刊（南京）》第 2 卷第 2 期。

　　黎群铎《荀子性论申义》刊于《国学丛刊（南京）》第 2 卷第 2 期。

　　陈钟凡《荀子哲学叙》刊于《国学丛刊（南京）》第 2 卷第 2 期。

　　刘师培《荀子补释自序》刊于《国学丛刊（南京）》第 2 卷第 2 期。

　　薄成名《孟荀以前之儒家思想》刊于《国学丛刊（南京）》第 2 卷第 2 期。

　　刘师培《墨子拾补卷上》刊于《国学丛刊（南京）》第 2 卷第 2 期。

　　刘师培《老子韵表自序》刊于《国学丛刊（南京）》第 2 卷第 2 期。

　　刘师培《老子斠补自序》刊于《国学丛刊（南京）》第 2 卷第 2 期。

　　顾实《诸子文学略说》刊于《国学丛刊（南京）》第 2 卷第 2 期。

　　樊德荫《大学述义》刊于《国学丛刊（南京）》第 2 卷第 2 期。

蒋竹茹《儒家教育学说》刊于《国学丛刊(南京)》第2卷第2期。

周世钊《庄子哲学之研究》刊于《国学丛刊(南京)》第2卷第2期。

周世钊《庄子哲学之研究》刊于《国学丛刊(南京)》第2卷第3期。

陶鸿庆《读庄子札记》刊于《国学丛刊(南京)》第2卷第3期。

刘师培《西汉周官师说考》刊于《国学丛刊(南京)》第2卷第3期。

张右源《王充学说的梗概和治学方法》刊于《国学丛刊(南京)》第2卷第3期。

薄成名《中国修辞学书目》刊于《国学丛刊(南京)》第2卷第3期。

陈斠玄、田世昌《唐人五七绝诗之研究》刊于《国学丛刊(南京)》第2卷第3期。

李冰若《论北宋慢词》刊于《国学丛刊(南京)》第2卷第3期。

董寿慈《清十九通儒赞》刊于《国学丛刊(南京)》第2卷第3期。

叶俊生《文字学名词诠释自叙》刊于《国学丛刊(南京)》第2卷第3期。

刘师培《古本字考》刊于《国学丛刊(南京)》第2卷第3期。

陈衍《文字学名词诠释叙》刊于《国学丛刊(南京)》第2卷第3期。

胡小石、苏拯《李杜诗之比较》刊于《国学丛刊(南京)》第2卷第3期。

梁启超《近代学风之地理的分析》刊于《清华学报》第1卷第1期。

张荫麟《明清之际西学输入中国考略》刊于《清华学报》第1卷第1期。

董修甲《论内务部所订之市自治制》刊于《清华学报》第1卷第1期。

陆懋德《中国上古石器图说》刊于《清华学报》第1卷第1期。

陈文波《伪造列子者之一证》刊于《清华学报》第1卷第1期。

胡适《词的起源》刊于《清华学报》第1卷第2期。

卫挺生《清季中国流行之货币及其沿革》刊于《清华学报》第1卷第2期。

陆懋德《中国第一篇古史之时代考》刊于《清华学报》第1卷第2期。

陈铨《元曲中三个代表作者》刊于《清华周刊》第317期。

孙德谦《释墨经说辩义》刊于《学衡》第25期。

周正权《跋三体石经残文》刊于《学衡》第25期。

景昌极《唯职志 疑二唯识今释补义》刊于《学衡》第25期。

缪凤林《哲学之研究》刊于《学衡》第25期。

柳诒徵《明伦》刊于《学衡》第26期。

袁同礼《永乐大典考》刊于《学衡》第26期。

李翘《转注正义》刊于《学衡》第26期。

汤用彤《佛教上座部九心轮略释》刊于《学衡》第26期。

缪凤林《阐性 从孟荀之唯识》刊于《学衡》第26期。

王恩洋《书缪凤林君阐性篇后》刊于《学衡》第26期。

李思纯《读汪荣宝君歌戈鱼虞模古读考书后》刊于《学衡》第26期。

柳诒徵《中国文化西被之商榷》刊于《学衡》第27期。

杨成能《戒纵侈以救乱亡论(录东北文化月报)》刊于《学衡》第27期。

徐震堮译《柯克斯论进步之幻梦》刊于《学衡》第27期。

郭斌龢译《希腊之流传第九篇 希腊之历史》刊于《学衡》第27期。

朱复译《希腊之流传第十一篇 希腊美术之特色》刊于《学衡》第27期。

刘永济《迂阔之言》刊于《学衡》第 28 期。

柳诒徵《教育之最高权》刊于《学衡》第 28 期。

缪凤林《哲学通论 绪言 第三章 极成相分识变》刊于《学衡》第 28 期。

吴宓译《世界文学史》刊于《学衡》第 28 期。

向绍轩《学校考试与教育前途》刊于《学衡》第 29 期。

向绍轩《今日吾国教育界之责任(录太平洋杂志)》刊于《学衡》第 29 期。

范祎《由读庄子而考得之孔子与老子》刊于《学衡》第 29 期。

景昌极《佛法浅释 导言》刊于《学衡》第 29 期。

唐大圆《八识本体即真如义》刊于《学衡》第 29 期。

吴宓译补《世界文学史(续第二十八期)》刊于《学衡》第 29 期。

柳诒徵《评陆懋德周秦哲学史》刊于《学衡》第 29 期。

柳诒徵《励耻》刊于《学衡》第 30 期。

孙德谦《秦记图籍考》刊于《学衡》第 30 期。

刘离明《治经杂语》刊于《学衡》第 30 期。

汤用彤《印度哲学之起原》刊于《学衡》第 30 期。

吴宓译补《世界文学史 第三章 圣经之文学(续第二十九期)》刊于《学衡》第 30 期。

夏崇璞译《亚里士多德伦理学卷六 (续第二十期)》刊于《学衡》第 30 期。

刘永济《文鉴篇》刊于《学衡》第 31 期。

胡先骕《文学之标准》刊于《学衡》第 31 期。

吴芳吉《三论吾人眼中之新旧文学观(预录湘君季刊)》刊于《学衡》第 31 期。

景昌极《消遣问题"礼乐教育之真谛"》刊于《学衡》第 31 期。

叶玉森《说契》刊于《学衡》第 31 期。

叶玉森《㩦契枝谭》刊于《学衡》第 31 期。

吴宓 译《白璧德论民治与领袖》刊于《学衡》第 32 期。

太虚《东洋文化与西洋文化》刊于《学衡》第 32 期。

按:文章说:西洋文化,古为希腊,中为罗马,近为英、法、俄、德、美,上下几千年,纵横数万里,亦宁一言之可概齐? 而古者苏、伯、亚三氏,以及康德、白璧德诸哲,其为学与吾此篇所言之东方文化,固多相近;况曾主持西洋文化千余年之基督教,亦本为东方之文化哉! 然现世界为一西洋文化弥纶之世界,故今言西洋文化,专就现代西洋文化之盛行者言之。其化维何? 曰:发达科学知识,竭取宇宙所有,以争求满足人类之动物欲而已。动物欲维何? 曰:肉体生存,亲族蕃殖之私欲是也。由之以发展为行动,要不外饮食——衣食住——男女之事,及附著之奢华嬉戏而已。由衣食住生计问题,进展至帝国主义、资本主义、无治主义、共产主义等;由男女之恋爱问题,进展至婚姻自主、离合自由、男女公开、儿童公育等;要皆以极衣食住之奢华,与男女之嬉戏为至乐而已。除饮食、男女、游戏之外,更别无何种高尚之目的。其为家、为国、为社会、为世界,较之为身,亦不过之扩充,期达其饮食、男女、游戏之欲则一。而此饮食、男女、游戏之三事,乃人与诸动物生活之共欲,而绝非人类特具灵长之理性。今彼西洋文化,惟以扩张此动物生活之共欲为进化,故于制成之器用,及资造之工具,与能作之智力,虽日见其进步,但于人类特性之德行及内心之情理,则不惟无所进善,且日见其摧剥消陷耳! 故予于今世盛行之西洋文化,一言以蔽之曰:"造作工具之文化"。而于能用工具之主人,则丝毫不能有所增进于善,惟益发挥其动物欲,使人类可进于善之几,全为压伏而已!

夫动物欲,诚亦人类与生俱有之生物、动物共同性,以人类本为众生之一也。然各东方文化,则最低亦须将动物欲节之以礼,持之以义,以涵养人类特长灵贵之情性,使保存而不楛亡,以希贤、希圣、希天之上达基本;而对于动物欲,则闲之、防之,如人群之畜牧禽兽然,善调而住,随宜以用,不令腾踔飞突以为害人性。而鬼神因果祸福之事,亦引之为行善止恶之辅,以和畅人性——宋儒曰天理——而遏动物之欲(宋儒曰人欲),此中国孔、孟之儒之所由尚,亦人类伦理道德之所存也。盖尝静察禽兽,饥寒倦病,则营求衣食住药;生活丰足,则为孩童之抚育,男女之玩嬉或交合等;再不然、则为族类之团聚,群众之游戏或战斗等。爱之极则交合,憎之极则战斗,而不外肉体生存、亲族繁殖——严译赫胥黎《天演论》,谓人与动物皆以自营之私欲、及族类之繁殖为本性——之暗示使然也。今世西洋文化之所开展扩充于人者,要唯斯物斯事而已,故与东洋文化之最低限度亦相背驰。充动物欲以残人性,则虽谓之率兽食人可也,此儒家所以首严人禽之辨欤?

从儒教伦理等而上之,则有回教、基督、婆罗门教——中国之道教及日本之神道教属前鬼神教——等天神教,于人界之上提出一天神为宇宙最高善之标准,引发人之善性,使专壹其志,上达乎天。虽其行教之方法或和、或激,旁起之影响及副产之效果有好、有坏,其主旨在令人类由人达天,上进乎所期最高善则同。诚能践其上达乎天之志行,则就其所凭借所经过之基程上,已收节动物欲与人为善之效矣。故回、耶、梵诸教,皆近有乎伦理道德之诚条,以为其范众进德之本,而不远乎儒术也。

更等而上之,则有疏观缘生法尔之万化,悟其皆起于心气之激荡,以是惟务因任以相与宁息,持之以慈俭让,守之以孩提初生之精神状态,以止流变而归根极,则由老、庄之道及无想、非非想之禅等。其至乎此者,则动物欲不惟节之者已多,且几乎完全停息矣。然儒家所存养之人性,至是亦化为人而上性,非复人性矣。故是与前者之天神教,亦皆有偏限。衡以佛之普法,上之未能至其极,下之又将失其本,就人以言,反不若儒术之平正也。

然则佛之普法又如何?尝察儒家之道,虽注重存养人性,而对于动物欲则闲防之以为用,俾能听命于人性之主——若康德所谓良知之命令等——为止,初未尝欲剿绝之矣。佛之普法亦然,亦如其缘生法尔之性,使之各安其分,各适其宜,则不相为害而互成其利也。其为救弊除病之对治也,则用人乘法之儒教,以节度动物欲、闲存人性之善可也;或用人天乘法,禁制动物欲,以上达乎天,而增进人性之善,亦可也;或用天乘法,止息动物欲,引之超人入天,亦可也;或用罗汉、辟支法,以断除动物、人、天升沉流转之苦,而超出生死,亦可也;或直用佛菩萨法,俾息除障碍普得通达,亦可也。其为摄德成事之利用也,佛菩萨法之为妙德妙用无论矣;其在相当之程度内,罗汉、辟支法亦妙德妙用也;大乘人乘法,亦妙德妙用也;即发挥其动物之欲以丰足其生活,繁殖其族类,亦妙德妙用也。惟除佛之普法而外,余皆有限有偏,故相为倾夺高下,消长治乱,不能永安!世之思想较宽者,往往罗观世间诸宗教学术,而欲成一调和统合之教法、以宁一人心;而智小谋大,卤莽灭裂,杂乱附会,此无论其必不得成矣,即稍有所成,亦弥增乱原耳!凡是、皆生于不知佛之普法,久已将一切宗教学术,如其性分,称其理宜,以调和统合成为普利群生之种种妙方便门。故有天地之大而弗知窥,有规矩之巧而弗知用,徒抱头闷思以终其身也!呜呼!世之怀大志能极思者,盍回尔之慧光,一谛审谛观于佛法乎!

但今世之偏用成弊者,虽在西洋文化之惟以发挥扩充人类之动物欲为进化,而致汩没人理,沉沦兽性。然由此所获之副产品,则科学之知识及方法也,工作之机器及技能也,生活物产之丰富华美也,社会言行之平等自由也,交通之广而速也,发见之新而奇也,在在足令人心迷目醉而不能自主!故今欲挽救其弊,虽可用儒教,而儒教之力量微小,犹杯水不能救车薪之火,拳石不能塞河汉之流也!虽可用天神教,则彼张牙舞爪之"西洋文化兽",乃曾冲却天神教——指基督教——之栏,而断缰绝驰而出者也,又岂能复用是破栏朽缰以为之羁勒哉!老、庄之道似乎较能也,仍有才小谋大之憾!且之三者,藉使能之亦暂宁一时,终无以使之循分顺理而浩然均德也。故诸智者,应知欲救治今世动物欲发挥已极之巨病,殆非用佛陀普法之大药不能矣。

救偏用西洋文化所成之流弊,须用东洋文化,渐已有人能言之矣。而西洋文化之病根何在?言之每鲜剀切!而于东洋文化中,又惟佛之普法真能救到彻底而永无其弊,尤未能有言之者!吾今浅略言之:盖佛之普法,乃含涵一切而超胜一切者也。夫西洋文化之副产品,其科学知识方法诚精矣!其工作机器技能诚巧矣！其生活中之物产诚丰富华美矣！其社会中言行诚平等自由矣！其交通诚广而速矣！其发见诚新而奇矣！然使一窥到佛普法中佛菩萨之智慧圆满也，工巧圆满也，生活圆满也，群众圆满也，神通自在也，知见无碍也，必将如河伯之过海，若叹为汪洋无极而自失其骄矜之气！由是喻之，以因缘生果、善恶业报之法尔常理，使之从劣至胜之真进化路坦然可行；乃告之以儒教之人伦，可即为其转兽为人之妙法，而后不为儒限以上通乎佛。即语之以耶、梵之天，老庄之道，亦即为其消罪殖福、化形入神之妙法，而复不为天限以上通乎佛。于是乎西洋文化之偏补之弊救，而东西洋文化咸适其用，不相为害而相为益。由上言之，则西洋文化、乃造作工具之文化，东洋文化、乃进善人性之文化也。东洋之文化，未尝不造作工具也，而以今世之西洋文化为至极；东西洋之文化，未尝不进善人性也——西洋若康德等——而以东洋之佛法文化为至极。诚能进善人性以至其究竟，则世界庄严，生民安乐，而西洋文化之长处，乃真适其用也。今偏用西洋文化之弊，既极而其势又极张，非猛速以进善人性不足以相济，非用佛法又不能猛速以进善人性，此所愿为经世之士一大声疾呼者也！

　　刘朴《辟文学分贵族平民之讹（录湘君季刊）》刊于《学衡》第32期。

　　曹慕管《论文学无新旧之异（节录智识旬报）》刊于《学衡》第32期。

　　缪凤林《评快乐论上》刊于《学衡》第32期。

　　向达译《亚里士多德伦理学卷七（续第三十期）》刊于《学衡》第32期。

　　柳诒徵《学者之术》刊于《学衡》第33期。

　　郑鹤声《汉隋间之史学　第一至第三章》刊于《学衡》第33期。

　　叶瑛《谢灵运文学》刊于《学衡》第33期。

　　唐大圆《见相别种释疑》刊于《学衡》第33期。

　　景昌极《见相别种未释之疑》刊于《学衡》第33期。

　　徐震堮　译《白璧德释人文主义》刊于《学衡》第34期。

　　郑鹤声《汉隋间之史学（续第三十三期）》刊于《学衡》第34期。

　　郑鹤声《汉隋间之史学　第六至七章（续第三十四期）》刊于《学衡》第35期。

　　缪凤林《评快乐论下》刊于《学衡》第35期。

　　柳诒徵《中国乡治之尚德主义（续第二十一期）》刊于《学衡》第36期。

　　郑鹤声《汉隋间之史学　第八至十章（续第三十五期）》刊于《学衡》第36期。

　　张廷休译《近五十年历史的讨源述略》刊于《史地学报》第2卷第8期。

　　郑鹤声《清儒之史地学说与其事业》刊于《史地学报》第2卷第8期。

　　柳翼谋《大夏考》刊于《史地学报》第2卷第8期。

　　陈兆馨《商尚质证》刊于《史地学报》第2卷第8期。

　　刘掞藜《儒家所言尧舜禹事为邪真邪》刊于《史地学报》第2卷第8期。

　　王焕镳《汉代讲五行者之异同》刊于《史地学报》第2卷第8期。

　　梁任公《要籍解题之其读法——左传　国语》刊于《史地学报》第2卷第8期。

　　周光倬《俄国杂记》刊于《史地学报》第2卷第8期。

　　王焕镳译《锡兰所传之阿输迦王佚事》刊于《史地学报》第2卷第8期。

　　柳翼谋《论以说文证史必先知说文之谊例》刊于《史地学报》第3卷第1—2合期。

　　陈训慈《史学蠡测》刊于《史地学报》第3卷第1—2合期。

　　柳翼谋《拟编全史目录（中华教育改进社议案）》刊于《史地学报》第3卷第1—2合期。

　　刘掞藜《读顾颉刚君与钱玄同先生论古史书的疑问》刊于《史地学报》第3卷第1—2合期。

胡士莹《周代教育之研究》刊于《史地学报》第 3 卷第 1—2 合期。

周光倬、仇良虎《两汉大学学生考》刊于《史地学报》第 3 卷第 1—2 合期。

梁任公《中国近三百年学术史》刊于《史地学报》第 3 卷第 1—2 合期。

胡焕庸译《美国国民史》刊于《史地学报》第 3 卷第 1—2 合期。

《史地研究会简章》刊于《史地学报》第 3 卷第 1—2 合期。

柳翼谋《泉男生墓志跋》刊于《史地学报》第 3 卷第 3 期。

陈训慈《史学蠡测(续)》刊于《史地学报》第 3 卷第 3 期。

张其昀《初级中学人生地理编辑例言》刊于《史地学报》第 3 卷第 3 期。

刘掞藜《与顾颉刚讨论古史第二书》刊于《史地学报》第 3 卷第 3 期。

顾颉刚《讨论古书答刘胡二先生书》刊于《史地学报》第 3 卷第 3 期。

钱玄同《研究国学应该首先知道的事》刊于《史地学报》第 3 卷第 3 期。

诸葛麒《法显玄奘西行之比较》刊于《史地学报》第 3 卷第 3 期。

张星烺《答束世澂君中国史书上之马哥孛罗质疑》刊于《史地学报》第 3 卷第 3 期。

贾伸《中国妇女缠足考》刊于《史地学报》第 3 卷第 3 期。

刘芝祥译《发见外希马拉雅八地之伟绩》刊于《史地学报》第 3 卷第 3 期。

梁任公《中国近三百年学术史》刊于《史地学报》第 3 卷第 3 期。

胡焕庸译《美国国民史(续)》刊于《史地学报》第 3 卷第 3 期。

柳翼谋《马哥孛罗游记导言序》刊于《史地学报》第 3 卷第 3 期。

郑鹤声《清儒对于"元史学"之研究》刊于《史地学报》第 3 卷第 4 期。

刘掞藜《与顾颉刚先生书》刊于《史地学报》第 3 卷第 4 期。

顾颉刚《答刘胡二先生(续)》刊于《史地学报》第 3 卷第 4 期。

徐震堮《战国用金广证》刊于《史地学报》第 3 卷第 4 期。

刘芝祥《山越考》刊于《史地学报》第 3 卷第 4 期。

诸葛麒《法显玄奘西行之比较(续)》刊于《史地学报》第 3 卷第 4 期。

束世澂《王船山先生之政法思想》刊于《史地学报》第 3 卷第 4 期。

梁任公《中国近三百年学术史(续)》刊于《史地学报》第 3 卷第 4 期。

胡焕庸译《美国美民史(续)》刊于《史地学报》第 3 卷第 4 期。

隋树森《〈东墙记〉与〈西厢记〉》刊于《文史杂志》第 2 卷 5—6 期。

章炳麟《论改革国会书》刊于《华国月刊》第 1 卷第 5 期。

但焘《给事中制度论》刊于《华国月刊》第 1 卷第 5 期。

陈兆鼎《中国文学以六艺为心本说》刊于《华国月刊》第 1 卷第 5 期。

章炳麟《指南针考》刊于《华国月刊》第 1 卷第 5 期。

章炳麟《与汪阳初论阿字长短音书》刊于《华国月刊》第 1 卷第 5 期。

太虚《荀子论(性恶篇论)》刊于《华国月刊》第 1 卷第 5 期。

黄侃《音略(续)》刊于《华国月刊》第 1 卷第 5 期。

张文澍《论双声叠韵》刊于《华国月刊》第 1 卷第 5 期。

但焘《周礼政诠(续)》刊于《华国月刊》第 1 卷第 5 期。

章炳麟《清故腾越镇中营千总李君墓志铭》刊于《华国月刊》第 1 卷第 5 期。

章炳麟《璞庐诗序》刊于《华国月刊》第 1 卷第 5 期。

黄侃《王孺人墓表》刊于《华国月刊》第1卷第5期。

失名《燕叶纪程》刊于《华国月刊》第1卷第5期。

但焘《御史制度论》刊于《华国月刊》第1卷第6期。

章炳麟《墨子大取释义序》刊于《华国月刊》第1卷第6期。

汪荣宝《释身》刊于《华国月刊》第1卷第6期。

钟歆《词言通释（续）》刊于《华国月刊》第1卷第6期。

徐震《歌戈鱼虞模古读考质疑》刊于《华国月刊》第1卷第6期。

唐大圆《佛学丛论》刊于《华国月刊》第1卷第6期。

汪东《法言疏证别录（续）》刊于《华国月刊》第1卷第6期。

章炳麟《伤寒论单论本题辞》刊于《华国月刊》第1卷第6期。

汪杨宝《养蚕学（续）》刊于《华国月刊》第1卷第6期。

倭艮峰《燕叶纪程（续）》刊于《华国月刊》第1卷第6期。

退庐《驴背集（续）》刊于《华国月刊》第1卷第6期。

但焘《改革学制私议》刊于《华国月刊》第1卷第7期。

汪荣宝《释彝》刊于《华国月刊》第1卷第7期。

黄侃《六祝斋日记》刊于《华国月刊》第1卷第7期。

太虚《荀子论》刊于《华国月刊》第1卷第7期。

唐大圆《佛学丛论》刊于《华国月刊》第1卷第7期。

但焘《周礼政诠》刊于《华国月刊》第1卷第7期。

倭艮峰《燕叶纪程（续）》刊于《华国月刊》第1卷第7期。

退庐《驴背集（续）》刊于《华国月刊》第1卷第7期。

但焘《法学卮言》刊于《华国月刊》第1卷第7期。

但焘《裁道设府议》刊于《华国月刊》第1卷第8期。

刘师培《废旧历论》刊于《华国月刊》第1卷第8期。

黄侃《六祝斋日记》刊于《华国月刊》第1卷第8期。

钟歆《词言通释（续）》刊于《华国月刊》第1卷第8期。

章炳麟《李自成遗诗存录》刊于《华国月刊》第1卷第8期。

唐大圆《佛学丛论》刊于《华国月刊》第1卷第8期。

汪东《法言疏证别录（续）》刊于《华国月刊》第1卷第8期。

汪杨宝《养蚕学（续）》刊于《华国月刊》第1卷第8期。

倭艮峰《燕叶纪程（续）》刊于《华国月刊》第1卷第8期。

退庐《驴背集（续）》刊于《华国月刊》第1卷第8期。

但焘《法学卮言（续）》刊于《华国月刊》第1卷第8期。

但焘《广章太炎代议然否论》刊于《华国月刊》第1卷第9期。

陈兆鼎《私家箸述始于周末说》刊于《华国月刊》第1卷第9期。

曹元忠《郑君注书非百两篇辨》刊于《华国月刊》第1卷第9期。

汪荣宝《转注说》刊于《华国月刊》第1卷第9期。

章炳麟《史考五篇》刊于《华国月刊》第1卷第9期。

陈柱《守玄阁字说》刊于《华国月刊》第1卷第9期。

唐大圆《真如正诠》刊于《华国月刊》第 1 卷第 9 期。

但焘《周礼政诠(续)》刊于《华国月刊》第 1 卷第 9 期。

焦循《撰孟子正义日课记》刊于《华国月刊》第 1 卷第 9 期。

退庐《驴背集(续)》刊于《华国月刊》第 1 卷第 9 期。

但焘《法学卮言(续)》刊于《华国月刊》第 1 卷第 9 期。

但焘《乡官制度论》刊于《华国月刊》第 1 卷第 10 期。

但焘《复书院议》刊于《华国月刊》第 1 卷第 10 期。

曹元忠《尔雅有序篇说》刊于《华国月刊》第 1 卷第 10 期。

尤程镰《师许斋经义》刊于《华国月刊》第 1 卷第 10 期。

钟歆《词言通释》刊于《华国月刊》第 1 卷第 10 期。

章炳麟《史考两篇》刊于《华国月刊》第 1 卷第 10 期。

刘念亲《荀子正名篇诂释》刊于《华国月刊》第 1 卷第 10 期。

唐大圆《法学卮言(续)》刊于《华国月刊》第 1 卷第 10 期。

焦循《撰孟子正义日课记》刊于《华国月刊》第 1 卷第 10 期。

冯昭适《飞凫山馆笔记》刊于《华国月刊》第 1 卷第 10 期。

唐大圆《广孝》刊于《华国月刊》第 1 卷第 11 期。

章炳麟《大雅韩奕义》刊于《华国月刊》第 1 卷第 11 期。

黄侃《六祝斋日记》刊于《华国月刊》第 1 卷第 11 期。

陈柱《守玄阁诗学序例》刊于《华国月刊》第 1 卷第 11 期。

刘念亲《荀子正名篇诂释》刊于《华国月刊》第 1 卷第 11 期。

章炳麟《杂说三篇》刊于《华国月刊》第 1 卷第 11 期。

余严《中华旧医结核病亲念变迁史》刊于《华国月刊》第 1 卷第 11 期。

汪杨宝《养蚕学》刊于《华国月刊》第 1 卷第 11 期。

焦循《撰孟子正义日课记(完)》刊于《华国月刊》第 1 卷第 11 期。

但焘《法学卮言(续)》刊于《华国月刊》第 1 卷第 11 期。

但焘《文话一则》刊于《华国月刊》第 1 卷第 11 期。

章炳麟《救学弊论》刊于《华国月刊》第 1 卷第 12 期。

按:《救学弊论》,批评现代教育体制,主张回归民间办学和书院教育,曰:士先志,不足以启其志者,勿教焉可也。尊其所闻则高明,行其所知则光大,不足以致高明光大者,勿学焉可也。末世缀学,不能使人人有志,然犹什而得一,及今则亡。诸学子之躁动者,以他人主使故然,非有特立独行如陈东、欧阳澈者也。且学者皆趣侧诡之道,内不充实,而外颇有溲闻,求其以序进者则无有,所谓高明光大者,亦殆于绝迹矣。

凡学先以识字,次以记诵,终以考辨,其步骤然也。今之学者能考辨者不皆能记诵,能记诵者不皆能识字,所谓无源之水,得盛雨为潢潦,其不可恃甚明。然亦不能尽责也。识字者古之小学,晚世虽大学或不知,此在宋时已然。以三代之学明人伦,则谓教字从孝,以《易》之四德元合于仁,则谓元亦从人从二,此又何责于今之人邪?若夫记诵之衰,仍世而益甚,则趣捷欲速为之。盖学问不期于广博,要以能读常见书为务。宋人为学,自少习群经外,即诵荀、扬、老、庄之书。自明至清初,虽盛称理学经学者,或于此未悉矣。

明徐阶为聂豹弟子,自以为文成再传,亦读书为古文辞,非拘于王学者。然陈继儒《见闻录》载其事,曰:吾乡徐文贞督学浙中,有秀才结题用颜苦孔之卓语。徐公批云杜撰,后散卷时,秀才前对曰:此句出扬子《法言》。公即于台上应声云：本道不幸科第早，未曾读得书。是明之大儒未涉《法言》也。清胡渭与阎若璩齐名，于《易》知《河洛》先天之妄，于《书》明辨古今水道，卓然成家。然《尚书·蔡沈传》有云：陟方乃死，犹言殂落而死。胡氏以为文义不通，不悟殂落而死语亦见《法言》。且扬子于《元后诔》亦云殂落而崩，以此知《法言》非有误字，必以文义不通为诟，咎亦在扬子，不在蔡沈矣。是清初大儒未涉《法言》也。夫以宋世占毕之士所知，而明清大儒或不识，此可谓不读常见书矣。自惠、戴而下，诵览始精，有不记必审求之，然后诸考辨者无记诵脱失之过。顾自诸朴学外，粗略者尚时有。章学诚标举《文史》《校雠》诸义，陵厉无前，然于《汉·艺文志》儒家所列《平原老》七篇者，误刟为赵公子胜，于是发抒狂语，谓游食者依附为之，乃不悟班氏自注明云朱建，疏略至是，亦何以为校雠之学邪？是亦可谓不读常见书者矣。如右所列，皆废其坦途，不以序进，失高明光大之道。然今之学者又不必以是责也。

吾尝在京师，闻高等师范有地理师，见日本人书严州宋名睦州，因记方腊作乱事，其人误以方腊为地名，遂比附希腊焉。而大学诸生有问朱元晦是否广东人者，有问《段氏说文注》是否段祺瑞作者，此皆七八年前事，不知今日当稍进邪？抑转劣于前邪？近在上海闻有中学教员问其弟子者，初云孟子何代人，答言汉人，或言唐宋明清人者殆半。次问何谓五常，又次问何谓五谷，则不能得者三分居二。中学弟子既然，惧大学过此亦无几矣。

然余观大学诸师，学问往往有成就者，其弟子高材勤业亦或能传其学，顾以不及格者为众，斯乃恶制陋习使然。制之恶者，期人速悟，而不寻其根柢，专重耳学，遗弃眼学，卒令学者所知，不能出于讲义。习之陋者，积年既满，无不与以卒业证书，与往时岁贡生等。故学者虽惰废，不以试不中程为患。学则如此，虽仲尼、子舆为之师，亦不能使其博学详说也。夫学之弇鄙，无害于心术，且陋者亦可转为娴也。适有佻巧之师，妄论诸子，冀以奇胜其侪偶，学者波靡，舍难而就易，持奇诡以文浅陋，于是图书虽备，视若废纸，而反以辨丽有称于时。师以是授弟子，是谓诬徒，弟子以是为学，是谓欺世，斯去高明光大之风远矣。其下者或以小说传奇为教，导人以淫僻，诱人以倾险，犹曰足以改良社会，乃适得其反耳。苟征之以实，校之以所知之多寡，有能读《三字经》者，必堪为文学士，有能记鲍东里《史鉴节要便读》者，则比于景星出黄河清矣。

老氏云："大道甚夷而民好径。"夫学者之循大道亦易矣，始驱之于侧诡之径者，其翁同和、潘祖荫邪？二子以膏粱余荫，入翰林为达官，其中实无有。翁喜谈《公羊》，而忘其他经史。潘好铜器款识，而排《说文》，盖经史当博习，而《说文》有检柙，不可以虚言伪辞说也。以二子当路，能宠贵人，新进附之如蚁，遂悍然自名为汉学宗。其流渐盛。康有为起，又益加厉，谓群经皆新莽妄改，谓诸史为二十四部家谱。既而改设学校，经史于是乎为废书，转益无赖，乃以《墨子·经说》欺人，后之为是，亦诚翁、潘所不意，要之始祸者必翁、潘也。他且勿问，正以汉学言之。汉人不尽能博习，然约之则以《论语》《孝经》为主，未闻以《公羊》为主也。始教儿童皆用《仓颉篇》，其后虽废，亦习当时隶书，如近代之诵《千字文》然，未闻以铜器款识为教也。盖为约之道，期于平易近人，不期于吊诡远人。今既不能淹贯群籍，而又以《论语》《孝经》《千字文》为尽人所知，不足以为名高，于是务为恢诡，居之不疑，异乎吾所闻之汉学也。子夏曰："贤贤易色，事父母能竭其力，事君能致其身，与朋友交言而有信，虽曰未学，吾必谓之学矣。"子夏为文学之宗，患人不能博习群经，或博习而不能见诸躬行，于是专取四事为主，汉世盖犹用其术。降及明代，王汝止为王门高弟，常称见龙在田，其实于诸经未尝窥也。然其所务在于躬行，其言学是学此乐，乐是乐此学者，为能上窥孔、颜微旨，借使其人获用，亦足以开物成务，不必由讲习得之。所谓操之至约，其用至博也。诚能如是，虽无识字、记诵、考辨之功何害？是故汉宋虽异门，以汉人之专习《孝经》《论语》者与王氏之学相校，则亦非有殊趣也。

徐阶政事才虽高，躬行不逮王门耆旧远甚，即不敢以王学文其弇陋之过。且其职在督学，督学之教人，正应使人读常见书，己不能读而诸生知之，于是痛自克责，是亦不失为高明光大也。若翁、潘之守《公羊》，执铜器，其于躬行何如？今之束书不观，而以哲学墨辨相尚者，其于躬行复何如？前者既不得以汉学自饰，后者亦不得以王学自文，则谓之诳世盗名之术而已矣。是故高明光大之风，由翁、潘始绝之也。

夫翁、潘以奇诡眇小为学，其弊也先使人狂，后使人陋。尽天下为陋儒，亦犹尽天下为帖括之士，而其害视帖括转甚。则帖括之士不敢自衒,翁、潘之末流敢自衒也。张之洞之持论,蹈乎大方,与翁、潘不相中,然终之不能使人无陋,而又使人失其志,则何也?凡学者贵其攻苦食淡,然后能任艰难之事,而德操亦固,汉宋之学者皆然。明虽少异,然涉艰处困之事,文儒能坦然任之。其在官也,虽智略绝人,退则家无余财,行其素而不以钓名,见于史传者多矣。

　　张之洞少而骄蹇,弱冠为胜保客,习其汰肆,故在官喜自尊,而亦务为豪举。以其豪举施于学子,必优其居处,厚其资用,其志固以劝人入学,不知适足以为病也。自湖北始设学校,其后他省效之,讲堂斋庑备极严丽,若前世之崇建佛寺然,学子家居无是也。仆从周备,起居便安,学子家居无是也。久之,政府不能任其费,而更使其家任之。学子既以纷华变其血气,又求报偿,如商人之责子母者,则趣于营利转甚。其后学者益崇远西之学,其师或自远西归,称其宫室舆马衣食之美,以导诱学子。学子慕之,惟恐不得当,则益与之俱化。以是为学,虽学术有造,欲其归处田野,则不能一日安已。自是惰游之士遍于都邑,唯禄利是务,恶衣恶食是耻,微特遗大投艰有所不可,即其稠处恒人之间,与齐民已截然成阶级矣。向之父母妻子,犹是里巷翁媪与作苦之妇也。自以阶级与之殊绝,则遗其尊亲,弃其伉俪者,所在皆是。人纪之薄,实以学校居养移其气体使然。

　　观今学者竞言优秀,优秀者何?则失其勇气,离其淳朴是已。虽然,吾所忧者不止于庸行,惧国性亦自此灭也。夫国无论文野,要能守其国性,则可以不殆。金与清皆自塞外胜中国者也,以好慕中国文化,失其朴劲风,比及国亡,求遗种而不得焉。上溯元魏,其致亡之道亦然。蒙古起于沙漠,入主中夏,不便安其俗,言辞了戾,不能成汉语,(观元时诏书令旨可知。)起居亦不与汉同化,其君每岁必出居上都,及为明所覆,犹能还其沙漠,与明相争且三百年。清时蒙古已弱,而今喀尔喀犹独立也。匈奴与中国并起,中行说告以勿慕汉俗,是故匈奴虽为窦宪所逐,其遗种存者犹有突厥、回纥横于隋唐之间,其迁居秦海者,则匈牙利至今不亡。若是者何也?元魏、金、清习于汉化,以其昔之人为无闻知,后虽欲退处不毛,有所不能。匈奴、蒙古则安其士俗自若也。夫此数者悉野而少文,保其野则犹不灭,失其野则无礓类,是即中国之鉴矣。

　　中国人治之节,吾所固有者已至文,物用则比于远西为野。吾守其国性,可不毙也。今之学子慕远西物用之美,太半已不能处田野。计中国之地,则田野多而都会少也。能处都会不能处田野,是学子已离于中国大部,以都会为不足,又必实见远西之俗行于中国然后快。此与元魏、金、清失其国性何异?天诱其衷,使远西自相争,疮痍未起,置中国于度外耳。一日有事,则抗节死难之士必非学子可知也。且夫儒者柔也,上世人民刚戾,始化以宗教,渐又化以学术。然后杀伐之气始调。然其末至于柔弱,是何也?智识愈高,则志趣愈下,其消息必至于是也。善教者使智识与志趣相均,故不亟以增其智识为务,中土诸书皆是也。今之教者,唯务扬其智识,而志趣则愈抑以使下,又重以歆慕远西,堕其国性,与啖人以罂粟膏,醉人以哥罗方,无以异矣。推学者丧志之因,则张之洞优养士类为之也。

　　吾论今之学校先宜改制,且择其学风最劣者悉予罢遣,闭门五年然后启,冀旧染污俗悉已澂除,于是后来者始可教也。教之之道,为物质之学者,听参用远西书籍,唯不通汉文者不得入。法科有治国际法者,亦任参以远西书籍授之。若夫政治经济,则无以是为也。然今诸科之中,唯文科最为猖披,非痛革旧制不可治。微特远西之文徒以绣其鞶悦,不足任用而已,虽所谓国学者,亦当有所决择焉。夫文辞华而鲜实,非贾、傅、陆公致远之言。哲学精而无用,非明道定性象山立大之术。欲骤变之,则无其师,固不如已也。说经尚矣,然夫穷研训故,推考度制,非十年不能就。虽就或不能成德行,不足以发越志趣。必求如杜林、卢植者以为师,则又不可期于今之教员也。此则明练经文,粗习注义,若颜之推所为者,亦可以止矣。欲省功而易进,多识而发志者,其唯史乎?其书虽广,而文易知,其事虽烦,而贤人君子之事与夫得失之故悉有之。其经典明白者,若《周礼》《左氏内外传》,又可移冠史部,以见大原,(昔段若膺欲移《史记》《汉书》《通鉴》为经,今移《周礼》《左氏》为史,其义一也。)其所从入之途,则务于眼学,不务耳学。为师者亦得以余暇考其深浅也。如此则诡诞者不能假,慕外者无所附,顽懦之夫亦渐可以兴矣。厥有废业不治,积分不足者,必不与之卒业证书。其格宜严而不可使滥,则虽诱以罢课,必不听矣。

　　然今之文科,未尝无历史,以他务分之,以耳学囿之,故其弊有五:一曰尚文辞而忽事实。盖太史兰台之书,其文信美,其用则归于实录,此以文发其事,非以事发其文,继二公为之者,文或不逮,其事固粲然。今尚其辞而忽其事,是犹买珠者好其椟也。二曰因疏陋而疑伪造。盖以一人贯串数百年事,或以群材辑治,不能相顾,其舛漏宜然,及故为回隐者,则多于革除之际见之,非全书悉然也。《史通》曲笔之篇,《通鉴》考异之作,已往往有所别裁。近代为诸史考异者,又复多端,其略亦可见矣。今以一端小过,悉疑其伪,然则耳目所不接者,孰有可信者乎?百年以上之人,三里以外之事,吾皆可疑为伪也。三曰详远古而略近代。夫羲农以上,事不可知,若言燧人治火,有巢居槽,存而不论可也。《尚书》上起唐虞,下讫周世。然言其世次疏阔,年月较略,或不可以质言。是故孔子序《甘誓》以为启事,墨子说《甘誓》以为禹事,伏生太史公说《金滕》风雷之变为周公薨后事,郑康成说此为周公居东事,如此之类,虽闭门思之十年,犹不能决。降及春秋,世次年月,始克彰著。而迁、固以下因之,虽有异说,必不容绝经如此矣。好其多异说者,而恶其少异说者,是所谓好画鬼魅,恶图犬马也。不法后王而盛道久远之事,又非所以致用也。四曰审边塞而遗内治。盖中国之史自为中国作,非泛为大地作。域外诸国与吾有和战之事,则详记之,偶通朝贡则略记之,其他固不记也。今言汉史者喜说条支、安息,言元史者喜详鄂罗斯、印度,此皆往日所通,而今日所不能致。且观其政治风教,虽往日亦隔绝焉。以余暇考此固无害,若徒审其踪迹所至,而不察其内政军谋何以致此,此外国之人之读中国史,非中国人之自读其史也。五曰重文学而轻政事。夫文章与风俗相系,固也。然寻其根株,是皆政事隆污所致,怀王不信谗,则《离骚》不作;汉武不求仙,则《大人赋》不献。彼重文而轻政者,所谓不揣其本,求之于末已。且清谈盛时,犹多礼法之士。诗歌盛时,犹有经术之儒。其人虽不自爆于世,而当世必取则焉。故能持其风教,调之适中。今徒标揭三数文士,以为一时士俗,皆由此数人持之,又举一而废百也。扬榷五弊,则知昔人治史,寻其根株。今人治史,摭其枝叶。其所以致此者,以学校务于耳学,为师者不可直说事状以告人,是以遁而为此。能除耳学之制,则五弊可息,而史可兴也。

吾所以致人于高明光大之域,使日进而有志者,不出此道。史学既通,即有高材确士欲大治经术,与明诸子精理之学者,则以别馆处之。诚得其师,虽一二弟子亦为设教。其有豪杰间出,怀德葆真,与宋明诸儒之道相接者,亦得令弟子赴其学会。此则以待殊特之士,而非常教所与也。能行吾之说,百蠹千穿,悉可以使之完善。不能行吾之说,则不如效汉世之直授《论语》《孝经》,与近代之直授《三字经》《史鉴节要便读》者,犹愈于今之教也。

刘师培《中古文考》刊于《华国月刊》第1卷第12期。

黄侃《六祝斋日记》刊于《华国月刊》第1卷第12期。

尤程镳《师许斋经义偶钞(续)》刊于《华国月刊》第1卷第12期。

钟歆《词言通释(续)》刊于《华国月刊》第1卷第12期。

但焘《周礼政诠(续)》刊于《华国月刊》第1卷第12期。

唐大圆《唯识教义阐微》刊于《华国月刊》第1卷第12期。

但焘《法学卮言(续)》刊于《华国月刊》第1卷第12期。

寄生《铅椠余录》刊于《华国月刊》第1卷第12期。

但焘《论汉代选举》刊于《华国月刊》第2期第1册。

陈汉章《周礼行于春秋时证》刊于《华国月刊》第2期第1册。

章炳麟《史考一篇》刊于《华国月刊》第2期第1册。

但焘《读栝枫山房集(其一)(其二)》刊于《华国月刊》第2期第1册。

章炳麟《王文成公全书题辞》刊于《华国月刊》第2期第1册。

刘念亲《荀子正名篇诂释(续)》刊于《华国月刊》第2期第1册。

唐大圆《佛学摘要》刊于《华国月刊》第2期第1册。

但焘《法学卮言(续)》刊于《华国月刊》第2期第1册。

宋于庭《乐府余论》刊于《华国月刊》第2期第1册。

章炳麟《中学国文书目》刊于《华国月刊》第2期第2册。

尤程镳《师许斋经义偶钞》刊于《华国月刊》第2期第2册。

黄侃《六祝斋日记》刊于《华国月刊》第2期第2册。

钟歆《词言通释》刊于《华国月刊》第2期第2册。

吴承仕《男女阴释名》刊于《华国月刊》第2期第2册。

章炳麟《与吴承仕论满洲旧事书》刊于《华国月刊》第2期第2册。

但焘《读栢枧山房集（其三）（其四）》刊于《华国月刊》第2期第2册。

汪杨宝《养蚕学》刊于《华国月刊》第2期第2册。

言启方《明余杂咏》刊于《华国月刊》第2期第2册。

陈启天《新国家主义与中国前途》刊于《少年中国》第4卷第9期。

恽代英《读〈国家主义的教育〉》刊于《少年中国》第4卷第9期。

黄仲苏《法兰西文学批评与文学史之概略》刊于《少年中国》第4卷第9期。

王光祈《德国人之音乐生活》刊于《少年中国》第4卷第9期。

余家菊《心理研究备忘录》刊于《少年中国》第4卷第9期。

王光祈《社会活动的真义》刊于《少年中国》第4卷第10期。

李璜《伦理的社会性》刊于《少年中国》第4卷第10期。

吴俊升《国家主义的教育之进展及其评论》刊于《少年中国》第4卷第10期。

杨效春《学生与社会》刊于《少年中国》第4卷第10期。

恽震《就职分类的工程教育》刊于《少年中国》第4卷第10期。

王光祈《欧洲音乐进化论自序》刊于《少年中国》第4卷第10期。

黄仲苏《文学史方法》刊于《少年中国》第4卷第10期。

周太玄《悼陈愚生》刊于《少年中国》第4卷第10期。

曾琦《悼陈愚生君并勗少年中国学会同志》刊于《少年中国》第4卷第10期。

黄仲苏《一件听不厌的老故事》刊于《少年中国》第4卷第10期。

史坦曼《宗教之怅——教堂》刊于《少年中国》第4卷第11期。

谢循初《论国家主义》刊于《少年中国》第4卷第11期。

张梦九《中华民族独立与国民大学》刊于《少年中国》第4卷第11期。

恽震《甘地是怎样一个人》刊于《少年中国》第4卷第11期。

曾琦《中国国防问题之飞潜政策》刊于《少年中国》第4卷第11期。

沈怡《介绍德国水利学大家恩格司博士》刊于《少年中国》第4卷第11期。

黄仲苏《文学史方法》刊于《少年中国》第4卷第11期。

张闻天《从梅雨时期到暴风雨时期》刊于《少年中国》第4卷第12期。

萧楚女《讨论国家主义的教育的一封信》刊于《少年中国》第4卷第12期。

沈怡《维廉欧诗阀》刊于《少年中国》第4卷第12期。

周太玄《生物学纲要译序》刊于《少年中国》第4卷第12期。

黄仲苏《文学史方法（续完）》刊于《少年中国》第4卷第12期。

坚瓠《本誌的二十周年纪念》刊于《东方杂志》第21卷第1号"二十周年纪念号"（上）。

张君劢《政治学之改造》刊于《东方杂志》第21卷第1号"二十周年纪念号"（上）。

张东荪《中国政制问题》刊于《东方杂志》第 21 卷第 1 号"二十周年纪念号"（上）。

杨铨《社会自救与中国政治之前途》刊于《东方杂志》第 21 卷第 1 号"二十周年纪念号"（上）。

陆鼎揆《国是会议宪法草案对于北京新宪法之影响》刊于《东方杂志》第 21 卷第 1 号"二十周年纪念号"（上）。

王世杰《现代之出版自由》刊于《东方杂志》第 21 卷第 1 号"二十周年纪念号"（上）。

张蔚慈《二十年来美国城市政府的改革》刊于《东方杂志》第 21 卷第 1 号"二十周年纪念号"（上）。

潘公展《从世界眼光观察二十年来之中国》刊于《东方杂志》第 21 卷第 1 号"二十周年纪念号"（上）。

周鲸生《中俄关系论》刊于《东方杂志》第 21 卷第 1 号"二十周年纪念号"（上）。

瞿世英《国家主义与国际主义》刊于《东方杂志》第 21 卷第 1 号"二十周年纪念号"（上）。

高一涵《二十年来中国的政党》刊于《东方杂志》第 21 卷第 1 号"二十周年纪念号"（上）。

于右任《国民党与社会党》刊于《东方杂志》第 21 卷第 1 号"二十周年纪念号"（上）。

徐沧水《岁出预算上之军费限制论》刊于《东方杂志》第 21 卷第 1 号"二十周年纪念号"（上）。

马寅初《上海之银洋并用问题》刊于《东方杂志》第 21 卷第 1 号"二十周年纪念号"（上）。

瞿秋白《现代文明的问题与社会主义》刊于《东方杂志》第 21 卷第 1 号"二十周年纪念号"（上）。

李权时《二十年来中国的经济思想》刊于《东方杂志》第 21 卷第 1 号"二十周年纪念号"（上）。

汤苍园《中国之合作运动》刊于《东方杂志》第 21 卷第 1 号"二十周年纪念号"（上）。

陈望道《我的婚姻问题观》刊于《东方杂志》第 21 卷第 1 号"二十周年纪念号"（上）。

刘叔琴《唯物史观在历史哲学上的价值》刊于《东方杂志》第 21 卷第 1 号"二十周年纪念号"（上）。

俞颂华《德奥社会学之派别与其特质》刊于《东方杂志》第 21 卷第 1 号"二十周年纪念号"（上）。

郭梦良《柯尔与卢骚》刊于《东方杂志》第 21 卷第 1 号"二十周年纪念号"（上）。

郭任远《反对本能运动的经过和我最近的主张》刊于《东方杂志》第 21 卷第 1 号"二十周年纪念号"（上）。

李石岑《英德哲学之比观》刊于《东方杂志》第 21 卷第 1 号"二十周年纪念号"（上）。

费鸿年《立伽脱之生命哲学及其批评》刊于《东方杂志》第 21 卷第 1 号"二十周年纪念号"（上）。

胡朴安《二十年学术与政治之关系》刊于《东方杂志》第 21 卷第 1 号"二十周年纪念号"（上）。

甘蛰仙《最近二十年来中国学术思想蠡测》刊于《东方杂志》第 21 卷第 1 号"二十周年

纪念号"(上)。

梁启超《颜李学派与现代教育思潮》刊于《东方杂志》第 21 卷第 2 号"二十周年纪念号"(下)。

章行严《名墨訾应考》刊于《东方杂志》第 21 卷第 2 号"二十周年纪念号"(下)。

马衡《新郑古物出土调查记》刊于《东方杂志》第 21 卷第 2 号"二十周年纪念号"(下)。

张森桢《罗叔言先生考订古物略说》刊于《东方杂志》第 21 卷第 2 号"二十周年纪念号"(下)。

缪凤林《唯识论之重光》刊于《东方杂志》第 21 卷第 2 号"二十周年纪念号"(下)。

陈垣《六基督教徒之华学》刊于《东方杂志》第 21 卷第 2 号"二十周年纪念号"(下)。

吴稚晖《二百兆平民大问题最轻便的解决法》刊于《东方杂志》第 21 卷第 2 号"二十周年纪念号"(下)。

何仲英《中国方言学概论》刊于《东方杂志》第 21 卷第 2 号"二十周年纪念号"(下)。

黎锦熙《京音入声字谱》刊于《东方杂志》第 21 卷第 2 号"二十周年纪念号"(下)。

杨树达《说中国语言之分化》刊于《东方杂志》第 21 卷第 2 号"二十周年纪念号"(下)。

周作人《中国戏剧的三条路》刊于《东方杂志》第 21 卷第 2 号"二十周年纪念号"(下)。

徐志摩《汤麦司哈代的诗》刊于《东方杂志》第 21 卷第 2 号"二十周年纪念号"(下)。

王统照《夏芝的生平及其作品》刊于《东方杂志》第 21 卷第 2 号"二十周年纪念号"(下)。

俞寄凡《现代之美学》刊于《东方杂志》第 21 卷第 2 号"二十周年纪念号"(下)。

丰子恺《画家米勒的人格及其艺术》刊于《东方杂志》第 21 卷第 2 号"二十周年纪念号"(下)。

周昌寿《新宇宙观》刊于《东方杂志》第 21 卷第 2 号"二十周年纪念号"(下)。

李润章《二十年来物理学之进步》刊于《东方杂志》第 21 卷第 2 号"二十周年纪念号"(下)。

郑贞文《二十年来华学的新进步》刊于《东方杂志》第 21 卷第 2 号"二十周年纪念号"(下)。

马寅初《中国财政之根本问题》刊于《东方杂志》第 21 卷第 3 号。

郑霆昇《二十年来我国政局概观》刊于《东方杂志》第 21 卷第 3 号。

诵虞《李宁的死与其事业》刊于《东方杂志》第 21 卷第 3 号。

幼雄《李宁传略》刊于《东方杂志》第 21 卷第 3 号。

愈之《诸名家的李宁观》刊于《东方杂志》第 21 卷第 3 号。

化鲁《著作家的李宁》刊于《东方杂志》第 21 卷第 3 号。

李劼人《李宁在巴黎时》刊于《东方杂志》第 21 卷第 3 号。

化鲁、幼雄《李宁轶事》刊于《东方杂志》第 21 卷第 3 号。

梁启超《明清之交中国思想界及其代表人物》刊于《东方杂志》第 21 卷第 3 号。

幼雄《今年之天文界》刊于《东方杂志》第 21 卷第 3 号。

蔡元培《中国的文艺中兴》刊于《东方杂志》第 21 卷第 3 号。

洪式闾《东方学术之将来》刊于《东方杂志》第 21 卷第 3 号。

按:是文最初发表在 1923 年《晨报五周年》纪念增刊上,《东方杂志》第 21 卷第 3 号"选录"。是文从自身游历欧洲看到各国专门学术机构对欧美学术发展及学社养成具有重大贡献说起:"世之言学术之盛者,大抵首推欧美。予亦曾持此说,而未悉其所以致盛之故,迨予游欧洲,见其国各种专门学术机关,无不设备,于是深悟其学者之成就,盖非偶然。此等机关专为研究高深学术而设,大者可容数十人,少亦十数人不等;其初皆由一二人之提倡经营,经费多取给于资本家;迨办有成效时,而政府亦愿为之尽力扩充。如汉堡(Hamburg)之热带病研究所,开办仅二十有五年,已蔚然为世界著名之一学术机关。当其初创时,仅破屋数椽,址今尚存。比观其新宇奂美,种种设备莫不应有尽有;仅建筑费一项,已达四百万金,全由汉堡政府拨付,今并为之筹常年经费。如此宏廓规模,其间研究员不过二十余人耳;而此二十余人者,终日孜孜不预外事,殚精竭虑,时有发明。予亦侧身其间,约五阅月,故得尽窥其学者之所专心致力之处。尝谓学问之成功为偶然,失败为当然,成固可喜,败亦决不灰心,其精神可想而见矣。他如柏林之生物学研究所……虽规模大小,各不相同,然皆为二三学者惨淡经营而成,成绩斐然可观。此皆予身历其地,而详悉其内容者。又如巴黎Pasteur研究所,固世人所共知;一研究所内分至数十部之多,缔造规划,亦仅藉P.氏一人之力,今日观其屋宇之零散,以及新旧之不一致,亦可以推知其逐渐扩充之迹。今即以P.氏之名名研究所,以志纪念。由此可知此等机关,皆西方学者精神之结晶体,亦即专门学者之养成所也。各种研究所,均各有其专门之杂志,以发表其成绩,成绩愈多,则其在学术上之地位愈高;而所谓学术中心之所在,即以发表成绩之多寡定之。此学术中心,非由威刼势夺而来,实无数学者之心血造成之也。"

我国在学术上实处有优越的条件,"无论何种学科研究材料,皆易探取。譬如寄生虫一科,在欧洲虽设有专门研究所,而材料几不可得,常派员向东方搜集,归而研究之资;在我国则遍地皆是,倘能加以研究,必有绝大之成绩,可以贡献于世界。又如中药之功效,亦有不可妄诬者;倘能就化学方面一一为之分析,探求其药之成分及其对于某症何以如是之效验。此理一明,便可于世界学术上另树一帜。诸如此类,不胜枚举,此为我东方学者特殊之地会,是在国内学术界诸君之努力耳。""至论我东方人研究之能力,未必在欧洲人之下,此非予夸大之词。柏林生物学教授Krause氏尝与予论中日两国学子之优劣。其言曰:'中国人之思想活泼,不固执一见,颇似于法人。常于教授指示途径之外,能自寻他道;惟缺少毅力,于学术上发现之事业,可以幸成,不能有大成就也。日本人之优点在有毅力,颇似于德人,研究任一问题,未能解决,不肯罢休。惟思想勿如中国人之灵敏,墨守师说而不敢轻易更改,其结果纵不能有大发见,但决不至毫无所成也。'察其所言,颇为中肯。予谓思想活泼,为研究学术之要素,我人既具有此天赋之优点,应再持之以毅力,其成绩必大有可观者焉。"

如果说在学术上不利之条件,大概是所谓"我国政治混乱,财力凋敝。凡洁身好学之士,大抵困于衣食之谋,焉望振作精神,探求学术"。针对这一点,是文认为:"国事纠纷,乃一时之现象。修明学术,实千载良图。救国之道多端,其本在于重学;未有不学无术而可入于言治之林。是故世愈乱,而学者之责任愈重,财虽艰而学术不可不讲。吾国人而安于无自治之能力以听人之共管也则已;否则,正宜急起直追,斯言,奋勉为学,扬神州民族之光,跻世界学者之林,世有同志,必韪斯言,殷忧启圣,多难兴邦,又未始非东方学术前途之幸也。"所以,"我国人士如能利用环境,而深致其力,必可成就专门人才;而欲养成此项专门人才,宜从组织专门研究所入手。其组织之方法,有欧洲各国之成制,可资参酌,我师汤和先生亦曾于一年前著论发表,见当时沪上各报,国内不乏明达之士,必有注意及此。盖各尽力提倡,组织各种学术研究所,以为造成专门人才之地? 人才既聚,然后我国所有之问题,皆得从容研究而解决之。予信将来在世界学术上,必可另辟一新天地,或能及我身而亲见之也"。

胡适《书院制史略》刊于《东方杂志》第21卷第3号。

陈叔谅《世界煤油问题》刊于《东方杂志》第21卷第4号。

熊保丰《最近一年间之欧洲局势及其将来之蠡测》刊于《东方杂志》第21卷第4号。

次行《关于我国人口之调查研究》刊于《东方杂志》第21卷第4号。

祝鼎章《南京的近况》刊于《东方杂志》第21卷第4号。

吴献书《中西文化之比较》刊于《东方杂志》第21卷第4号。

伯潜《汉字的进化》刊于《东方杂志》第 21 卷第 4 号。

胡梦华《文艺批评概论》刊于《东方杂志》第 21 卷第 4 号。

郑钟珪《国民自理币制之必要》刊于《东方杂志》第 21 卷第 5 号。

谢冠生《金佛郎问题之法国舆论一斑》刊于《东方杂志》第 21 卷第 5 号。

楼桐孙《俄德在国际公法上之地位》刊于《东方杂志》第 21 卷第 5 号。

周以让《武汉三镇之现在及其将来》刊于《东方杂志》第 21 卷第 5 号。

李笠《墨辨止义辨》刊于《东方杂志》第 21 卷第 5 号。

唐钺《哲学者之眼中钉——心理学》刊于《东方杂志》第 21 卷第 5 号。

周建人《新曼兑尔主义和习得性遗传说的复兴》刊于《东方杂志》第 21 卷第 5 号。

坚瓠《欢迎太戈尔》刊于《东方杂志》第 21 卷第 6 号。

李三无《代议制之改造与消极投票》刊于《东方杂志》第 21 卷第 6 号。

飘萍《我国新闻学进步之趋势》刊于《东方杂志》第 21 卷第 6 号。

瞿秋白《李宁与社会主义》刊于《东方杂志》第 21 卷第 6 号。

于曙峦《贵阳社会的状况》刊于《东方杂志》第 21 卷第 6 号。

冯式权《北方的小曲》刊于《东方杂志》第 21 卷第 6 号。

周光熙《地球内部的研究及地震与火山爆裂之原因》刊于《东方杂志》第 21 卷第 6 号。

张荣福《职业代表制之比较研究》刊于《东方杂志》第 21 卷第 7 号。

熊宝平《德法问题与欧洲和平》刊于《东方杂志》第 21 卷第 7 号。

于树德《妇女问题与贫富问题》刊于《东方杂志》第 21 卷第 7 号。

沈作乾《畲民调查记》刊于《东方杂志》第 21 卷第 7 号。

梁启超《支那内学院精校本玄奘传书后》刊于《东方杂志》第 21 卷第 7 号。

朔一《平民教育运动的发展》刊于《东方杂志》第 21 卷第 8 号。

吴天放《金佛郎问题》刊于《东方杂志》第 21 卷第 8 号。

廖焕星《今日欧洲的军备》刊于《东方杂志》第 21 卷第 8 号。

朱彬元《国外汇兑与世界银市》刊于《东方杂志》第 21 卷第 8 号。

黄卓《职能的民主主义》刊于《东方杂志》第 21 卷第 8 号。

玄默《新康德派学说概要》刊于《东方杂志》第 21 卷第 8 号。

钱穆《墨辩探源》刊于《东方杂志》第 21 卷第 8 号。

汤尔和《精神病与其治疗》刊于《东方杂志》第 21 卷第 8 号。

愈之《英国工党政治的开始》刊于《东方杂志》第 21 卷第 9 号。

幼雄《英国工党发展史》刊于《东方杂志》第 21 卷第 9 号。

陈日新《英国工党的经济政策》刊于《东方杂志》第 21 卷第 9 号。

诵虞《英国工党内阁的外交政策》刊于《东方杂志》第 21 卷第 9 号。

李笠《国学用书概要》刊于《东方杂志》第 21 卷第 9 号。

陆鼎揆《政治理想与理想政治》刊于《东方杂志》第 21 卷第 10 号。

［英］Augur 著，王希和译《欧洲均势论》刊于《东方杂志》第 21 卷第 10 号。

李劼人《法人最近的归田运动》刊于《东方杂志》第 21 卷第 10 号。

曹树铭《导淮计划》刊于《东方杂志》第 21 卷第 10 号。

徐墀《东三省之商》刊于《东方杂志》第 21 卷第 10 号。

瞿世英《太戈尔之国际大学》刊于《东方杂志》第 21 卷第 10 号。

梁启超《大宝积经迦叶品梵藏汉文六种合刻序》刊于《东方杂志》第 21 卷第 10 号。

诵虞《近二十年来的十大作品与十大作家》刊于《东方杂志》第 21 卷第 10 号。

马寅初《价值论》刊于《东方杂志》第 21 卷第 11 号。

周光熙《法国人口问题之现在与将来》刊于《东方杂志》第 21 卷第 11 号。

吴心水《日本复兴事业与经济界之现状》刊于《东方杂志》第 21 卷第 11 号。

[日]本间久雄著，从予译《生活美化论》刊于《东方杂志》第 21 卷第 11 号。

甘蛰仙《庄子研究历程考略》刊于《东方杂志》第 21 卷第 11 号。

庄泽宣《续刘复的四声实验录》刊于《东方杂志》第 21 卷第 11 号。

化鲁《欧洲问题的缓和与亚洲问题的紧张》刊于《东方杂志》第 21 卷第 12 号。

周守一《士气与国运》刊于《东方杂志》第 21 卷第 12 号。

韦伯《美日移民问题》刊于《东方杂志》第 21 卷第 12 号。

[日]石渡繁胤著，张勘译《世界蚕丝业之大势》刊于《东方杂志》第 21 卷第 12 号。

许绍棣《联合耕地贷款制度研究》刊于《东方杂志》第 21 卷第 12 号。

侯厚培《失业救济问题》刊于《东方杂志》第 21 卷第 12 号。

杨立惠《烟台调查》刊于《东方杂志》第 21 卷第 12 号。

梁启超《清代学者整理旧学之总成绩》刊于《东方杂志》第 21 卷第 12 号。

潘力山《病室说诗》刊于《东方杂志》第 21 卷第 12 号。

化鲁《远东列强新形势与中国的生命》刊于《东方杂志》第 21 卷第 13 号。

张梓生《中俄复交之经过》刊于《东方杂志》第 21 卷第 13 号。

楼桐孙《"向右转走"之法国选举及各政党之说略》刊于《东方杂志》第 21 卷第 13 号。

黄惟志《专家报告与德国赔偿问题之解决》刊于《东方杂志》第 21 卷第 13 号。

坚瓠《欧战十年纪念》刊于《东方杂志》第 21 卷第 14 号"欧战纪念号"。

化鲁《欧战给与我们的教训与徼戒》刊于《东方杂志》第 21 卷第 14 号"欧战纪念号"。

潘公展《欧战责任问题》刊于《东方杂志》第 21 卷第 14 号"欧战纪念号"。

陈叔谅《大战与领袖主义》刊于《东方杂志》第 21 卷第 14 号"欧战纪念号"。

金侣琴《欧战与世界金融市场》刊于《东方杂志》第 21 卷第 14 号"欧战纪念号"。

俞颂华《战后捷罗巨三国地制改良之比较》刊于《东方杂志》第 21 卷第 14 号"欧战纪念号"。

刘秉麟《欧战后之人口问题》刊于《东方杂志》第 21 卷第 14 号"欧战纪念号"。

化鲁《世界大战的一盘总帐》刊于《东方杂志》第 21 卷第 14 号"欧战纪念号"。

顾颉刚《中国学术年表及说明》刊于《东方杂志》第 21 卷第 14 号"欧战纪念号"。

朔一《教育学术团体在南京开会》刊于《东方杂志》第 21 卷第 14 号。

按：7月初旬，国内教育团体在南京开年会的，有中华教育改进社，其趁此在南京成立的，有中华体育联合会，中华民国大学联合会；学术团体则有中国科学社亦于此时在南京开年会；更加以全国教育展览会，江苏全省县立师范成绩展览会，亦在此时开会于南京。当时南京方面，真是人才蔚萃，济济称盛。

这回在南京开会的各教育学术团体中，以中华教育改进社第三届年会规模最大，全国会员来宾到者有千余人，其开会分社务会议，学术会议与分组会议，自 6 月 3 日至 9 日共开集会一星期，全国平民教育促进会亦趁此有所活动。中国科学社为学术团体，到会会员均是国内专门研究学术者，自不能如改进社的众多，且所议为团体内部研究与今后一年中进行的计画，亦不比如改进社那样铺张。其余如大学联合会,体育联合会,都是初创,仅以树立基础为止。而两种展览会亦因临时仓猝,虽有可观,尚不免于草率。

这回南京各会议中,除普通举行年会成立会所应有的手续不必详述外,有(一)议定收回国内外国人的教育权,(二)注意蒙古教育,(三)全国大学联合——诸点可称特色。关于(一)项,改进社末次会议中已议决办法三条,以严定学校注册条例限止外人藉学校实行侵略或宣传宗教;而规定未注册学校及学生不得享受种种权利,以防止外人学校之自由行动。关于(二)项,改进社这回有蒙古教育的各种会议,及特设蒙古教育组,以决定推广蒙古教育的办法。关于(三)项,大学联合会成立会中已通过组织大纲,举定临时会长及职员,立定国内各大学联合的基础。

在现下北京教育学术界方悴憔于经济及禁令的时候,南京方面能大集教育学术人才开此大会,固然一桩盛事,所具三种特色,亦足表见眼光的远大,我愿与会诸君此后奋力前进,勿负此一场大结合。(朔一)

徐志摩译《国际关系》(太戈尔讲演)刊于《东方杂志》第21卷第15号。

楼桐孙《法国政潮之旁观者言》刊于《东方杂志》第21卷第15号。

李权时《二十世纪英法德美租税负担比较观》刊于《东方杂志》第21卷第15号。

栾调甫《梁任公五行说之商榷》刊于《东方杂志》第21卷第15号。

周建人《试验胚胎学的成功》刊于《东方杂志》第21卷第15号。

化鲁《南非领土的新变更》刊于《东方杂志》第21卷第16号。

潘力山《社会主义与社会政策》刊于《东方杂志》第21卷第16号。

冯次行《日本在世界的地位与其危机》刊于《东方杂志》第21卷第16号。

[英]罗素著,仲云译《科学对于社会组织的影响》刊于《东方杂志》第21卷第16号。

幼雄《火星的考察及与火星通信的计划》刊于《东方杂志》第21卷第16号。

尹文敬《我国财政困难之原因及其整理之方法》刊于《东方杂志》第21卷第17号。

楼桐孙《日美冲突声中之法国舆论》刊于《东方杂志》第21卷第17号。

诵虞《万国运动会之今昔》刊于《东方杂志》第21卷第17号。

杨铨《中国近三十年来之社会改造思想》刊于《东方杂志》第21卷第17号。

孝威《唐山调查录》刊于《东方杂志》第21卷第17号。

伍非百《名墨訾应考辨正》刊于《东方杂志》第21卷第17号。

钱秀之《黑体辐射与原能论之大意》刊于《东方杂志》第21卷第17号。

徐志摩译《科学的位置》(太戈尔演讲)刊于《东方杂志》第21卷第18号。

郭绍宗《日本国防方正论》刊于《东方杂志》第21卷第18号。

何思源《德国民族及德国人之国家观念》刊于《东方杂志》第21卷第18号。

乔峰译《死的心理》(美国麦陀那著)刊于《东方杂志》第21卷第18号。

董时进《中国的经济问题及其解决法》刊于《东方杂志》第21卷第19号。

楼桐孙《法国政潮之余响》刊于《东方杂志》第21卷第19号。

孙德谦《辨史记体例》刊于《东方杂志》第21卷第19号。

黄仲苏《论剧》刊于《东方杂志》第21卷第19号。

贺圣鼐《印刷之新进步》刊于《东方杂志》第21卷第19号。

化鲁《法国的政教分离问题》刊于《东方杂志》第21卷第20号。

杨铨《人格教育与民德》刊于《东方杂志》第21卷第20号。

曾友豪《中俄协定给予中国之利害》刊于《东方杂志》第21卷第20号。

章蒙正《整理我国币制管见》刊于《东方杂志》第21卷第20号。

于瑾怀《北票煤矿调查记》刊于《东方杂志》第 21 卷第 20 号。

黄石译《劳动心理》（美国桑戴克著）刊于《东方杂志》第 21 卷第 20 号。

吴稚晖《国音沿革序》刊于《东方杂志》第 21 卷第 20 号。

仲云译《文艺上几个根本问题的考察》（日本厨川白村著）刊于《东方杂志》第 21 卷第 20 号。

化鲁《摩洛哥战争和西班牙政局危机》刊于《东方杂志》第 21 卷第 21 号。

周守一《日美移民问题中之黄种联盟论》刊于《东方杂志》第 21 卷第 21 号。

伍宁恭《美国国防日之面面观》刊于《东方杂志》第 21 卷第 21 号。

资耀华《中国关税制度之影响》刊于《东方杂志》第 21 卷第 21 号。

杨大震《新疆回族杂谭》刊于《东方杂志》第 21 卷第 21 号。

师泉《广告心理学概论》刊于《东方杂志》第 21 卷第 21 号。

冯式权《两宋同辽的杂剧及金元院本的结构考》刊于《东方杂志》第 21 卷第 21 号。

无明《过渡时代的国内大势》刊于《东方杂志》第 21 卷第 22 号。

朔一《清帝出宫与修改优待条件》刊于《东方杂志》第 21 卷第 22 号。

潘光旦《中国之优生问题》刊于《东方杂志》第 21 卷第 22 号。

胡善恒《英国议会之解散》刊于《东方杂志》第 21 卷第 22 号。

王开基《伦敦会议》刊于《东方杂志》第 21 卷第 22 号。

陈庆瑜《南洋商业一瞥》刊于《东方杂志》第 21 卷第 22 号。

陈正谟《柏格逊哲学之批评》刊于《东方杂志》第 21 卷第 22 号。

吕澂《释迦一代教化时地考》刊于《东方杂志》第 21 卷第 22 号。

刘海粟《古典主义与浪漫主义之美术及其批判》刊于《东方杂志》第 21 卷第 22 号。

毛以亨《代议制革新议》刊于《东方杂志》第 21 卷第 23 号。

幼雄《英美的选举及其对于世界的影响》刊于《东方杂志》第 21 卷第 23 号。

彭维基《铁叶与保护税之关系》刊于《东方杂志》第 21 卷第 23 号。

陈训恕《犯罪学》刊于《东方杂志》第 21 卷第 23 号。

诵虞《佛朗士》刊于《东方杂志》第 21 卷第 23 号。

费鸿年《生命分子论》刊于《东方杂志》第 21 卷第 23 号。

张荫麟《纪元后二世纪间我国第一位大科学家——张衡》刊于《东方杂志》第 21 卷第 23 号。

擎黄《病国论》刊于《东方杂志》第 21 卷第 24 号。

刘运中《德意志货币之大改革》刊于《东方杂志》第 21 卷第 24 号。

屠楚渔《中美通商概观》刊于《东方杂志》第 21 卷第 24 号。

刘昌绪《职业代表制与比例代表制之比较论》刊于《东方杂志》第 21 卷第 24 号。

朱文叔《布尔乔和社会连带主义》刊于《东方杂志》第 21 卷第 24 号。

吴稚晖《一个新信仰的宇宙观及人生观（续）》刊于《太平洋》第 4 卷第 5 号。

李润章《中学校教育问题》刊于《太平洋》第 4 卷第 5 号。

毅夫《从条约上讨论金佛郎案》刊于《太平洋》第 4 卷第 5 号。

周鲠生《国宪与省自治法》刊于《太平洋》第 4 卷第 5 号。

西滢《显尼志劳的剧本》刊于《太平洋》第 4 卷第 5 号。

慕渔白《购买书报难》刊于《太平洋》第 4 卷第 5 号。

林《关于汉译科学大纲批评之更正》刊于《太平洋》第 4 卷第 5 号。

会仲鸣《里昂高等教育概况》刊于《太平洋》第 4 卷第 5 号。

王世杰《撤废领事裁判权的程序问题》刊于《太平洋》第 4 卷第 6 号。

皓白《英国最近政局变迁之因果》刊于《太平洋》第 4 卷第 6 号。

孟和《美国的高等教育》刊于《太平洋》第 4 卷第 6 号。

光《辟美博士造谣并浅说地震》刊于《太平洋》第 4 卷第 6 号。

曲殿元《九八规元历史的考证与推想》刊于《太平洋》第 4 卷第 6 号。

杨树达《读刘文典君淮南鸿烈集解》刊于《太平洋》第 4 卷第 6 号。

杨端六《涡堤孩》刊于《太平洋》第 4 卷第 6 号。

董时进《论中国不宜以外资开发富源》刊于《太平洋》第 4 卷第 6 号。

燕树棠《中俄交涉问题》刊于《太平洋》第 4 卷第 7 号。

向复菴《民国以来中国银行界进步之观察及其希望》刊于《太平洋》第 4 卷第 7 号。

杨端六《欧战以来之俄国货币》刊于《太平洋》第 4 卷第 7 号。

程振钧《道路业谭》刊于《太平洋》第 4 卷第 7 号。

王竞《郑玄著述考》刊于《太平洋》第 4 卷第 7 号。

梁纶才《社会主义之性质及其主要的派别》刊于《太平洋》第 4 卷第 7 号。

江绍原《评孟宪承先生译实用主义》刊于《太平洋》第 4 卷第 7 号。

李寅恭《女性与美术》刊于《太平洋》第 4 卷第 7 号。

李寅恭《道尔顿制》刊于《太平洋》第 4 卷第 7 号。

杨端六《钱庄领用中行券问题》刊于《太平洋》第 4 卷第 7 号。

王星拱《今日中国的社会根本问题》刊于《太平洋》第 4 卷第 8 号。

周鲠生《民族主义与国际主义》刊于《太平洋》第 4 卷第 8 号。

唐擘黄《机械与人生》刊于《太平洋》第 4 卷第 8 号。

张效敏《现代经济制度之特点》刊于《太平洋》第 4 卷第 8 号。

程振钧《道路业谭(二)》刊于《太平洋》第 4 卷第 8 号。

李耕硕《自来水厂发展史》刊于《太平洋》第 4 卷第 8 号。

杨树达《汉代老学者考》刊于《太平洋》第 4 卷第 8 号。

梁云池《借外资开发富源问题》刊于《太平洋》第 4 卷第 8 号。

刘光一《罗素的新书——工业文明的前途》刊于《太平洋》第 4 卷第 8 号。

燕树棠《国内战争与国际责任》刊于《太平洋》第 4 卷第 9 号。

松子《苏俄的政治组织》刊于《太平洋》第 4 卷第 9 号。

周佛海《阶级斗争之理论的说明》刊于《太平洋》第 4 卷第 9 号。

武堉干《中国商业状况述评》刊于《太平洋》第 4 卷第 9 号。

杨端六《最近五年华洋贸易统计比较》刊于《太平洋》第 4 卷第 9 号。

徐旭生《西游记作者的思想》刊于《太平洋》第 4 卷第 9 号。

杨袁昌英《短篇小说家契诃夫》刊于《太平洋》第 4 卷第 9 号。

江绍原《法国一位宗教史名家的基督教史略》刊于《太平洋》第 4 卷第 9 号。

松子《四十年来德法两国的关系》刊于《太平洋》第 4 卷第 9 号。

孙宝墀《评李小峰译的结婚的爱》刊于《太平洋》第 4 卷第 9 号。

成仿吾《〈呐喊〉的评论》刊于《创造季刊》第 2 卷第 2 号。

成仿吾《批评的建设》刊于《创造季刊》第 2 卷第 2 号。

郑伯奇《批评之拥护》刊于《创造季刊》第 2 卷第 2 号。

郑伯奇《国民文学论(下)》刊于《创造周报》第 35 号。

郭沫若《整理国故的评价》刊于《创造周报》第 36 号。

黄仲苏《法国最近五十年来文学之趋势》刊于《创造周报》第 37 号。

郭沫若《古书今译的问题》刊于《创造周报》第 37 号。

黄仲苏《法国最近五十年来文学之趋势(续)》刊于《创造周报》第 38 号。

黄仲苏《法国最近五十年来文学之趋势(续)》刊于《创造周报》第 39 号。

滕固的《科学与艺术》刊于《创造周报》第 40 号。

成仿吾《艺术之社会的意义》刊于《创造周报》第 41 号。

洪为法《评沫若女神以后的诗》刊于《创造周报》第 42 号。

成仿吾《建设的批评论》刊于《创造周报》第 43 号。

郁达夫《北国的微音》刊于《创造周报》第 46 号。

华清《〈太谷儿小说〉质疑》刊于《创造周报》第 46 号。

成仿吾《民众艺术》刊于《创造周报》第 47 号。

田楚侨《雪莱译诗之商榷》刊于《创造周报》第 47 号。

成仿吾《矮丑的说道者》刊于《创造周报》第 48 号。

焦户孚《读星空后的感想》刊于《创造周报》第 48 号。

唐汉森《瞿译〈春之循环〉的一瞥》刊于《创造周报》第 49 号。

成仿吾《文学界的现形》刊于《创造周报》第 50 号。

唐汉森《瞿译〈春之循环〉的一瞥(续)》刊于《创造周报》第 50 号。

成仿吾《批评与批评家》刊于《创造周报》第 52 号。

[日]宫岛新三著,李达译《日本文坛之现状》刊于《小说月报》第 4 种。

晓风《日本文坛最近状况》刊于《小说月报》第 4 种。

陈建民译《西方的国家主义》刊于《小说月报》第 5 种。

仲云译《欧行通信》刊于《小说月报》第 5 种。

俞平伯《读毁灭》刊于《小说月报》第 6 种。

俞平伯《文艺杂论》刊于《小说月报》第 6 种。

[日]山岸光宣著,海镜译《近代德国文学的主潮》刊于《小说月刊》第 11 种。

[日]片山孤村著,李达译《大战与德国国民性及其文化文艺》刊于《小说月刊》第 11 种。

A. Filippov 著,希真译《新德国文学》刊于《小说月刊》第 11 种。

Gerhart Hauptmann 著,元枚译《新德国文学的新倾向》刊于《小说月刊》第 11 种。

沫若《盲肠炎与资本主义》刊于《洪水周刊》第 1 期。

全平《对于梁俊青君的意见》刊于《洪水周刊》第 1 期。

现代评论编辑部《本刊启事》刊于《现代评论》第 1 卷第 1 期。

按:《现代评论》,民国十三年(1924 年)十二月十三日在北京创刊(每星期六日出版,周刊),胡适主办,陈西滢等任主编。主要撰稿人有王世杰、周鲠生、郁达夫等。《现代评论》可以说是由在北京的一批曾经留学英美的著名学者和作家创办的较为典型的"同人杂志"。是文曰:"本刊内容,包含关于政治,经济,法律,文艺,科学各种文字。本刊的精神是独立的,不主附和;本刊的态度是研究的,不尚攻讦;本刊的言论趋重实际问题,不尚空谈。凡对于本刊,愿赐佳作者,无论为通讯或论著,俱所欢迎。本刊同人,不认本刊为纯为本刊同人之论坛,而认为同人及同人的朋友与读者的公共论坛。"

燕树棠《法统与革命》刊于《现代评论》第1卷第1期。

王世杰《时局之关键》刊于《现代评论》第1卷第1期。

王鲠生《清室优待条件》刊于《现代评论》第1卷第1期。

胡适《翻译之难》刊于《现代评论》第1卷第1期。

高一涵《国会问题》刊于《现代评论》第1卷第2期。

吴稚晖《怎么办呢?》刊于《现代评论》第1卷第2期。

徐志摩《这回连面子都不顾了!》刊于《现代评论》第1卷第2期。

西林《批评与骂人》刊于《现代评论》第1卷第2期。

西滢《民众的戏剧》刊于《现代评论》第1卷第2期。

周鲠生《约法问题的解决》刊于《现代评论》第1卷第3期。

润章《何不彻底的解决?》刊于《现代评论》第1卷第3期。

西滢《凯铺子主义》刊于《现代评论》第1卷第3期。

李玄伯《古史问题的唯一解决方法》刊于《现代评论》第1卷第3期。

勉旃《"不合逻辑"》刊于《现代评论》第1卷第3期。

梅自新《唐明赋税之异同》刊于《经济学报(南洋大学经济学会)》第1卷第1期。

吴维翰《银行行政概要》刊于《经济学报(南洋大学经济学会)》第1卷第1期。

高祖武《工厂消防管见》刊于《经济学报(南洋大学经济学会)》第1卷第1期。

李炳瑗《国际新银行团在经济上之意义》刊于《经济学报(南洋大学经济学会)》第1卷第1期。

奚复旦《广告学概论》刊于《经济学报(南洋大学经济学会)》第1卷第1期。

周增奎《改善劳工待遇谈》刊于《经济学报(南洋大学经济学会)》第1卷第1期。

华立《消费者的购买动力》刊于《经济学报(南洋大学经济学会)》第1卷第1期。

邱褚联《麻雀牌商业之崛兴》刊于《经济学报(南洋大学经济学会)》第1卷第1期。

高祖武《铁路之开支》刊于《经济学报(南洋大学经济学会)》第1卷第1期。

萧淑恩《分销处之成立执行及取消》刊于《经济学报(南洋大学经济学会)》第1卷第1期。

梅自新《个人消费统计及安其尔氏之定律》刊于《经济学报(南洋大学经济学会)》第1卷第1期。

蒋凤五《交通救国论》刊于《经济学报(南洋大学经济学会)》第1卷第1期。

施家俊《联邦准备银行与贴现率》刊于《经济学报(南洋大学经济学会)》第1卷第1期。

孙孝钧《生产之要素》刊于《经济学报(南洋大学经济学会)》第1卷第1期。

梅自新《旅行贩卖及通信贩卖业概要》刊于《经济学报(南洋大学经济学会)》第1卷第1期。

李芸《中国社会主义之采择》刊于《经济学报(南洋大学经济学会)》第1卷第1期。

余家菊《英国之中学》刊于《中华教育界》第13卷第8期。

舒新城《论道尔顿之精神答余家菊》刊于《中华教育界》第13卷第8期。

穆济波《新制中学国文科课程标准纲要问题》刊于《中华教育界》第 13 卷第 8 期。

杨效春《英文在我国中学课程里应占什么位置》刊于《中华教育界》第 13 卷第 8 期。

K. J.《法人口中的德国宣传教育》刊于《中华教育界》第 13 卷第 8 期。

沈宜甲《法国学制大概及留法学生状况与将来革新意见(续)》刊于《中华教育界》第 13 卷第 8 期。

斯密上著,陈启天译《应用教育社会学(续)》刊于《中华教育界》第 13 卷第 8 期。

祝其乐《乡村生活与教育(续)》刊于《中华教育界》第 13 卷第 8 期。

雷通先《性的知识怎样授与儿童》刊于《中华教育界》第 13 卷第 8 期。

杨逸群《试行道尔顿制后的报告》刊于《中华教育界》第 13 卷第 8 期。

K. J.《法国教育杂志中的中国教育谈》刊于《中华教育界》第 13 卷第 8 期。

介石《德国之教育》刊于《中华教育界》第 13 卷第 8 期。

李璜《再谭国家主义的教育》刊于《中华教育界》第 13 卷第 9 期。

余家菊《英国之中学(续)》刊于《中华教育界》第 13 卷第 9 期。

K. J.《"镭"的二十五周年纪念盛典》刊于《中华教育界》第 13 卷第 9 期。

盛朗西《教师之专业的训练》刊于《中华教育界》第 13 卷第 9 期。

张煦侯《学生界刊行定期出版物宜用"级番编辑制"》刊于《中华教育界》第 13 卷第 9 期。

斯密上著,陈启天译《应用教育社会学(续)》刊于《中华教育界》第 13 卷第 9 期。

祝其乐《乡村生活与教育(续)》刊于《中华教育界》第 13 卷第 9 期。

穆济波《道尔顿制实验班国文科比较教学的报告》刊于《中华教育界》第 13 卷第 9 期。

杨逸群《试行道尔顿制后的报告(续)》刊于《中华教育界》第 13 卷第 9 期。

介石《德国之教育》刊于《中华教育界》第 13 卷第 9 期。

余家菊《英国的大学》刊于《中华教育界》第 13 卷第 10 期。

怡怡《留学生问题》刊于《中华教育界》第 13 卷第 10 期。

李劼人《法人对于性教育的讨论》刊于《中华教育界》第 13 卷第 10 期。

陈启天译《编制课程的程序》刊于《中华教育界》第 13 卷第 10 期。

盛朗西《教师之专业的训练(续)》刊于《中华教育界》第 13 卷第 10 期。

斯密上原著,陈启天译《应用教育社会学(续)》刊于《中华教育界》第 13 卷第 10 期。

穆济波《道尔顿制实验班国文科比较教学的报告(续)》刊于《中华教育界》13 卷第 10 期。

祝其乐《乡村教师问题》刊于《中华教育界》第 13 卷第 10 期。

余家菊《英国的大学(续)》刊于《中华教育界》第 13 卷第 11 期。

怡怡《再论留学生问题》刊于《中华教育界》第 13 卷第 11 期。

穆济波《高中国文教学中的几种科学方法》刊于《中华教育界》第 13 卷第 11 期。

杨效春《指导中学生旅行的前前后后》刊于《中华教育界》第 13 卷第 11 期。

K. J.《学年开始时的巴黎》刊于《中华教育界》第 13 卷第 11 期。

K. J.《在恶经济影响下的法国儿童教育》刊于《中华教育界》第 13 卷第 11 期。

[日]升曙梦著,朱文叔译《苏俄文化设施之现状》刊于《中华教育界》第 13 卷第 11 期。

陈启天译《编制课程的程序(续)》刊于《中华教育界》第 13 卷第 11 期。

祝其乐《乡村教师问题(续)》刊于《中华教育界》第 13 卷第 11 期。

杨逸群《小学校的一个训育标准——做人初步》刊于《中华教育界》第 13 卷第 11 期。

周太玄《对于我国理科高等教育的几种意见》刊于《中华教育界》第 13 卷第 12 期。

K. J.《土耳其封闭土国境内外国教会学校》刊于《中华教育界》第 13 卷第 12 期。

李劼人《巴黎的高等教育谈》刊于《中华教育界》第 13 卷第 12 期。

曹典瑞《长沙之农村补习教育运动》刊于《中华教育界》第 13 卷第 12 期。

钱义璋《小学教员实际生活调查》刊于《中华教育界》第 13 卷第 12 期。

王庚《体育学与体育教学》刊于《中华教育界》第 13 卷第 12 期。

张岸勤《一个月国文教材的计划及教学上经过的实况》刊于《中华教育界》13 卷第 12 期。

王晋三《小学校高年级表演用的剧本的研究》刊于《中华教育界》第 13 卷第 12 期。

介石《德国之女子教育》刊于《中华教育界》第 13 卷第 12 期。

郑宗海《评学艺竞赛的组织》刊于《中华教育界》第 14 卷第 1 期。

陆费逵《国民教育之两大问题》刊于《中华教育界》第 14 卷第 1 期。

汪懋祖《中西教育之岐点》刊于《中华教育界》第 14 卷第 1 期。

程湘帆《小学视察及指导问题》刊于《中华教育界》第 14 卷第 1 期。

舒新城《中学教育问题》刊于《中华教育界》第 14 卷第 1 期。

常乃惪《新制初级中学历史课程编制之一得》刊于《中华教育界》第 14 卷第 1 期。

俞子夷《初等教育的新趋势》刊于《中华教育界》第 14 卷第 2 期。

程湘帆《中国初等教育行政问题》刊于《中华教育界》第 14 卷第 2 期。

李步青《小学教育经费问题》刊于《中华教育界》第 14 卷第 2 期。

程稚秋《学童调查方法》刊于《中华教育界》第 14 卷第 2 期。

陈鹤琴《调查小学之方法》刊于《中华教育界》第 14 卷第 2 期。

常道直《中国城市小学几个问题》刊于《中华教育界》第 14 卷第 2 期。

古梅《乡村小学组织及行政问题(上)》刊于《中华教育界》第 14 卷第 2 期。

邹恩润《小学中的职业教育问题》刊于《中华教育界》第 14 卷第 2 期。

杨嘉椿《小学卫生问题》刊于《中华教育界》第 14 卷第 2 期。

黄竞白《小学校内的图书馆》刊于《中华教育界》第 14 卷第 2 期。

顾克彬《小学成绩考察法》刊于《中华教育界》第 14 卷第 2 期。

马客谈《中国小学生出路问题》刊于《中华教育界》第 14 卷第 2 期。

饶上远《小学的推广事业》刊于《中华教育界》第 14 卷第 2 期。

唐珏《中国小学教师问题》刊于《中华教育界》第 14 卷第 2 期。

胡叔异《东南大学附小概况》刊于《中华教育界》第 14 卷第 2 期。

郑朝熙《北京师范大学附小概况》刊于《中华教育界》第 14 卷第 2 期。

陈启天《新国家主义与国民教育的改造》刊于《中华教育界》第 14 卷第 3 期。

夏承枫《我国小学教育几种合作的必要》刊于《中华教育界》第 14 卷第 3 期。

胡叔异《小学课外活动及其指导问题》刊于《中华教育界》第 14 卷第 3 期。

施仁夫《儿童个性的研究法》刊于《中华教育界》第 14 卷第 3 期。

赵欲仁《小学测验问题》刊于《中华教育界》第 14 卷第 3 期。

蒋息岑《小学关于女性教育的几个问题》刊于《中华教育界》第 14 卷第 3 期。

王友兰,郭质如《中国女子小学问题》刊于《中华教育界》第 14 卷第 3 期。

黄濂、李瓒、严畹《小学生的养护问题》刊于《中华教育界》第 14 卷第 3 期。

曹俊升《学校计分问题》刊于《中华教育界》第 14 卷第 3 期。

唐珏《中国小学教师问题(续)》刊于《中华教育界》第 14 卷第 3 期。

赵鸿志《北京女子高等师范附属小学设施概况》刊于《中华教育界》第 14 卷第 3 期。

俞子夷《参观乡村小学校之报告》刊于《中华教育界》第 14 卷第 3 期。

俞子夷《对于城镇村小学教育的建议》刊于《中华教育界》第 14 卷第 3 期。

陆费逵《滥设大学之罪恶》刊于《中华教育界》第 14 卷第 4 期。

陈启天《各国退款保管及用途问题与国家教育政策》刊于《中华教育界》第 14 卷 4 期。

汪懋祖《中西教育之岐点下篇》刊于《中华教育界》第 14 卷第 4 期。

陶行知《平民教育概论》刊于《中华教育界》第 14 卷第 4 期。

周调阳《中学课程编制之原则》刊于《中华教育界》第 14 卷第 4 期。

余先砺《中国公民科之编制》刊于《中华教育界》第 14 卷第 4 期。

舒新城《小学教育问题杂谈》刊于《中华教育界》第 14 卷第 4 期。

缪序宾《乡村小学之缺点及其病原之补救法》刊于《中华教育界》第 14 卷第 4 期。

周光煦《巴黎露天学校》刊于《中华教育界》第 14 卷第 4 期。

启天《廖教授著的教育心理学》刊于《中华教育界》第 14 卷第 4 期。

启天《廖教授等编的施行新学制后之东大附中》刊于《中华教育界》第 14 卷第 4 期。

两遂《吴康君译的近代教育史》刊于《中华教育界》第 14 卷第 4 期。

王晋三《一个月的地方小学视察以后》刊于《中华教育界》第 14 卷第 4 期。

尚迁《暑假其中教育记闻》刊于《中华教育界》第 14 卷第 4 期。

怡怡《择校与择师》刊于《中华教育界》第 14 卷第 5 期。

怡怡《方法与教育》刊于《中华教育界》第 14 卷第 5 期。

周太玄《科学精神与科学方法》刊于《中华教育界》第 14 卷第 5 期。

程湘帆《视察教学之要领》刊于《中华教育界》第 14 卷第 4 期。

唐珏《嗜好与教育》刊于《中华教育界》第 14 卷第 4 期。

卢白然《如何适应中学生个性的差别》刊于《中华教育界》第 14 卷第 4 期。

罗廷光《编制小学课程的两条要路》刊于《中华教育界》第 14 卷第 4 期。

杨逸群《新制小学公民课程的实际讨论》刊于《中华教育界》第 14 卷第 4 期。

Hyde 著,李铭新译《教师哲学上篇》刊于《中华教育界》第 14 卷第 4 期。

周光煦《法国马赛的夏令营学校》刊于《中华教育界》第 14 卷第 4 期。

杨乃晋《海属教育状况》刊于《中华教育界》第 14 卷第 4 期。

杨锡昌《东南大学附属小学低年级教学参观报告》刊于《中华教育界》第 14 卷第 4 期。

余盖《全国教育展览会中的湖北模范小学》刊于《中华教育界》第 14 卷第 4 期。

周冲天《国外教育新闻》刊于《中华教育界》第 14 卷第 4 期。

黄竞白、徐映川、季禹九《小学历史地理教学法》刊于《教育杂志》第 16 卷第 1 期。

王芝九《小学历史教学商榷》刊于《教育杂志》第 16 卷第 1 期。

沈炳魁《小学地理教学法》刊于《教育杂志》第 16 卷第 1 期。

王伯祥《小学地理教学法》刊于《教育杂志》第16卷第1期。

张裔云《小学自然科教学法》刊于《教育杂志》第16卷第1期。

邹盛文《小学园艺教学法》刊于《教育杂志》第16卷第1期。

熊翥高《工艺教学法》刊于《教育杂志》第16卷第1期。

雷家骏《美术科教学法》刊于《教育杂志》第16卷第1期。

丰子恺《小学生底描画能力及其开发指导》刊于《教育杂志》第16卷第1期。

江晓因《小学音乐教学法》刊于《教育杂志》第16卷第1期。

顾西林《小学音乐教学法》刊于《教育杂志》第16卷第1期。

杨彬如《新学制小学校体育科教学法》刊于《教育杂志》第16卷第1期。

王小峰《小学体育教学法》刊于《教育杂志》第16卷第1期。

张士一《小学外国语教学举隅》刊于《教育杂志》第16卷第1期。

周越然《英语教学法》刊于《教育杂志》第16卷第1期。

胡叔昪《小学英语教学法》刊于《教育杂志》第16卷第1期。

潘文安《小学职业科教学法概要》刊于《教育杂志》第16卷第1期。

张九如《试行两个月的协助教学法成绩报告》刊于《教育杂志》第16卷第1期。

黄竞白、徐映川、季禹九《小学历史地理教学法》刊于《教育杂志》第16卷第2期。

王芝九《小学历史教学商榷》刊于《教育杂志》第16卷第2期。

沈炳魁《小学地理教学法》刊于《教育杂志》第16卷第2期。

王伯祥《小学地理教学法》刊于《教育杂志》第16卷第2期。

张裔云《小学自然科教学法》刊于《教育杂志》第16卷第2期。

邹盛文《小学园艺教学法》刊于《教育杂志》第16卷第2期。

熊翥高《工艺教学法》刊于《教育杂志》第16卷第2期。

雷家骏《美术科教学法》刊于《教育杂志》第16卷第2期。

丰子恺《小学生底描画能力及其开发指导》刊于《教育杂志》第16卷第2期。

江晓因《小学音乐教学法》刊于《教育杂志》第16卷第2期。

顾西林《小学音乐教学法》刊于《教育杂志》第16卷第2期。

杨彬如《新学制小学校体育科教学法》刊于《教育杂志》第16卷第2期。

王小峰《小学体育教学法》刊于《教育杂志》第16卷第2期。

张士一《小学外国语教学举隅》刊于《教育杂志》第16卷第2期。

周越然《英语教学法》刊于《教育杂志》第16卷第2期。

胡叔昪《小学英语教学法》刊于《教育杂志》第16卷第2期。

潘文安《小学职业科教学法概要》刊于《教育杂志》第16卷第2期。

张九如《试行两个月的协助教学法成绩报告》刊于《教育杂志》第16卷第2期。

李石岑《本能之研究》刊于《教育杂志》第16卷第3期。

高卓《机械主义与生机主义的教育》刊于《教育杂志》第16卷第3期。

朱经农《对于初中课程的讨论(四)》刊于《教育杂志》第16卷第3期。

陈兼善《高级中学生物学课程之研究及其教授法》刊于《教育杂志》第16卷第3期。

朱公振《革新小学教学法的四大原动力》刊于《教育杂志》第16卷第3期。

孙伯才、严良才《后期小学自然科教学法》刊于《教育杂志》第16卷第3期。

周法均《小学低年级的文学教学法》刊于《教育杂志》第 16 卷第 3 期。

高卓《心体平行论与心体交感论》刊于《教育杂志》第 16 卷第 4 期。

朱经农《对于安装中课程的讨论(五)》刊于《教育杂志》第 16 卷第 4 期。

沈百英、俞焕斗《试行道尔顿制之困难问题及其补救办法》刊于《教育杂志》第 16 卷第 4 期。

周为群《申说试行道尔顿制之困难问题及其补救办法》刊于《教育杂志》第 16 卷第 4 期。

周天冲《小学公民科的新教学》刊于《教育杂志》第 16 卷第 4 期。

张粒民《小学校之公民教育》刊于《教育杂志》第 16 卷第 4 期。

李石岑《中国教育与西洋教育之异点》刊于《教育杂志》第 16 卷第 5 期。

舒新城《道尔顿制功课指定概说(中)》刊于《教育杂志》第 16 卷第 5 期。

沈仲九《中学国文教授的一个问题》刊于《教育杂志》第 16 卷第 5 期。

盛朗西《县教育局长应有之资格应操之职权与应享之待遇》刊于《教育杂志》第 16 卷第 5 期。

陈鹤琴《中小学默读测验编造程序》刊于《教育杂志》第 16 卷第 5 期。

顾钟序《小学教授外国语的示意方法》刊于《教育杂志》第 16 卷第 5 期。

张九如《儿童文艺教学法》刊于《教育杂志》第 16 卷第 5 期。

王克仁《识字问题之研究》刊于《教育杂志》第 16 卷第 6 期。

舒新城《道尔顿制功课指定概说(下)》刊于《教育杂志》第 16 卷第 6 期。

林轶西《初中国文科读书问题之研究》刊于《教育杂志》第 16 卷第 6 期。

薛鸿志《TBCF 制之量尺制造法》刊于《教育杂志》第 16 卷第 6 期。

叶绍钧《说话训练》刊于《教育杂志》第 16 卷第 6 期。

谢骧超《小学校训育亟应采用训导制的建议》刊于《教育杂志》第 16 卷第 6 期。

葛承训《情绪试验报告》刊于《教育杂志》第 16 卷第 6 期。

胡超伦《一个大单元的教学报告》刊于《教育杂志》第 16 卷第 6 期。

朱经农《对于初中课程的讨论(六)》刊于《教育杂志》第 16 卷第 7 期。

常道直《试验学校之演进》刊于《教育杂志》第 16 卷第 7 期。

周为群《试行道尔顿制的必要条件》刊于《教育杂志》第 16 卷第 7 期。

张九如《参观苏浙皖师范附小联合研究会中的美术成绩展览会后》刊于《教育杂志》第 16 卷第 7 期。

俞子夷《小学校算术练习法》刊于《教育杂志》第 16 卷第 7 期。

郑飞卿《小学校算术科算题速算法》刊于《教育杂志》第 16 卷第 7 期。

杨彬如《儿童自治施行实况》刊于《教育杂志》第 16 卷第 7 期。

程其保《中国教育经费问题》刊于《教育杂志》第 16 卷第 8 期。

赵廷为《课程改造》刊于《教育杂志》第 16 卷第 8 期。

郝耀东《学校视察与教育政策》刊于《教育杂志》第 16 卷第 8 期。

周玲荪《改进中等学校音乐课程之商榷》刊于《教育杂志》第 16 卷第 8 期。

夏承枫、胡叔异《教学方术概论》刊于《教育杂志》第 16 卷第 8 期。

沈百英《实施新教学法的几个注意点》刊于《教育杂志》第 16 卷第 8 期。

王骏声《儿童自出发表之研究》刊于《教育杂志》第16卷第8期。

杨彬如《儿童自治施行实况(续)》刊于《教育杂志》第16卷第8期。

高卓《心理学的对象与方法》刊于《教育杂志》第16卷第9期。

陈兼善《学生参与学校行政论》刊于《教育杂志》第16卷第9期。

朱经农《对于初中课程的讨论(七)》刊于《教育杂志》第16卷第9期。

何炳松《浙江小学教育的现状及其罪人》刊于《教育杂志》第16卷第9期。

彭基相《公民的训练》刊于《教育杂志》第16卷第9期。

俞子夷《最近小学教育之趋势》刊于《教育杂志》第16卷第9期。

沈百英《设计教学法》刊于《教育杂志》第16卷第9期。

杨彬如《儿童自治施行实况(续)》刊于《教育杂志》第16卷第9期。

赵廷为《霍兰斯门小学教育研究的介绍》刊于《教育杂志》第16卷第10期。

杨贤江《费里兰的近代小学校的实际》刊于《教育杂志》第16卷第10期。

高卓《亚丹的新教学法》刊于《教育杂志》第16卷第10期。

俞子夷《读了十二本设计教学法专书的书后》刊于《教育杂志》第16卷第10期。

何仲英《小学教师的国语参考书》刊于《教育杂志》第16卷第10期。

沈炳魁、张粒民《小学校地理科参考书述要》刊于《教育杂志》第16卷第10期。

李清悚《小学学生参考书的编制》刊于《教育杂志》第16卷第10期。

盛朗西《介绍中国学者关于设计法与道尔顿制之主要著述》刊于《教育杂志》第16卷第10期。

赵廷为《小学教师的英文教育参考书》刊于《教育杂志》第16卷第10期。

余家菊《生物学与教育之关系》刊于《教育杂志》第16卷第11期。

周调阳《计算学童年龄的研究》刊于《教育杂志》第16卷第11期。

卢自然《一个最合理的分班的方法》刊于《教育杂志》第16卷第11期。

杨彬如《小学校的健康教育(上)》刊于《教育杂志》第16卷第11期。

盛朗西《重估海尔巴脱派五段教学法之价值》刊于《教育杂志》第16卷第11期。

邹盛文《东大附小校景设计》刊于《教育杂志》第16卷第11期。

高卓《今后中国教育所应取的方针》刊于《教育杂志》第16卷第12期。

杨效春《中学校之课外活动》刊于《教育杂志》第16卷第12期。

胡叔异、夏承枫《教材选择法》刊于《教育杂志》第16卷第12期。

王庚《体育行政概论》刊于《教育杂志》第16卷第12期。

张九如、周翥青《读了全国儿童玩具展览会审查报告后的紧急动议》刊于《教育杂志》第16卷第12期。

王剑虹《我对于后期小学教学法的管见》刊于《教育杂志》第16卷第12期。

胡叔异《怎样教小学低年级的自然研究》刊于《教育杂志》第16卷第12期。

俞子夷《昆山算术测验的结果》刊于《教育杂志》第16卷第12期。

潘毓才《记苏五师附小"社会活动"》刊于《教育杂志》第16卷第12期。

吴俊升《在职中学教员之改进问题》刊于《新教育》第8卷第1期。

陈启天《国家主义与教育》刊于《新教育》第8卷第1期。

陈鹤琴《图表式的统计报告法》刊于《新教育》第8卷第1期。

推士博士著,徐澄译《皖省科学教育状况调查报告及关于科学教育之建议(续)》刊于《新教育》第 8 卷第 1 期。

顾树森《瑞士教育之新调查》刊于《新教育》第 8 卷第 1 期。

推士博士著,朱家治译《科学教学与国际善意》刊于《新教育》第 8 卷第 1 期。

夏承枫译《社会研究科试验课程》刊于《新教育》第 8 卷第 1 期。

文部省编、傅代言译《学制五十年史》刊于《新教育》第 8 卷第 1 期。

夏承枫辑《国外教育消息择要》刊于《新教育》第 8 卷第 1 期。

章洪熙《社务报告》刊于《新教育》第 8 卷第 1 期。

陈鹤琴《现今幼稚教育之弊病》刊于《新教育》第 8 卷第 2 期。

杨中明《斯宾塞知识价值论与现代课程编制之研究》刊于《新教育》第 8 卷第 2 期。

冯顺伯、金崇如、王衍康《初中公民学教材编制与教学》刊于《新教育》第 8 卷第 2 期。

曹刍《设计教学法原理(续)》刊于《新教育》第 8 卷第 2 期。

顾树森《瑞士高等教育新调查》刊于《新教育》第 8 卷第 2 期。

推士博士著,徐澄译《皖省科学教育状况调查报告及关于科学教育之建议(续)》刊于《新教育》第 8 卷第 2 期。

夏承枫译《社会研究科试验课程(续)》刊于《新教育》第 8 卷第 2 期。

文部省编、傅代言译《学制五十年史(续)》刊于《新教育》第 8 卷第 2 期。

夏承枫辑《国外教育消息择要》刊于《新教育》第 8 卷第 2 期。

章洪熙《社务报告》刊于《新教育》第 8 卷第 2 期。

陈鹤琴《初小默读测验编造程序》刊于《新教育》第 8 卷第 3 期。

黄仲苏《法国高等师范学院》刊于《新教育》第 8 卷第 3 期。

王克仁《为什么课程不合人生的需要》刊于《新教育》第 8 卷第 3 期。

黄仲苏《巴黎大学(续)》刊于《新教育》第 8 卷第 3 期。

曹刍《设计教学法原理(续)》刊于《新教育》第 8 卷第 3 期。

顾树森译《职业指导问题与方法》刊于《新教育》第 8 卷第 3 期。

推士博士著,徐澄译《皖省科学教育状况调查报告及关于科学教育之建议(完)》刊于《新教育》第 8 卷第 3 期。

夏承枫译《社会研究科试验课程(续)》刊于《新教育》第 8 卷第 3 期。

文部省编,傅代言译《学制五十年史(续)》刊于《新教育》第 8 卷第 3 期。

夏承枫辑《国外教育消息择要》刊于《新教育》第 8 卷第 3 期。

章洪熙《社务报告》刊于《新教育》第 8 卷第 3 期。

王衍康《安徽地方教育行政概况及其史略》刊于《新教育》第 8 卷第 4 期。

俞子夷《编造小学书法测验方法的概要(续六卷四期)》刊于《新教育》第 8 卷第 4 期。

程宗潮译《德国之试验学校》刊于《新教育》第 8 卷第 4 期。

唐毅译《斯干的那瓦三国之学制比较》刊于《新教育》第 8 卷第 4 期。

曹刍《设计教学法原理(续)》刊于《新教育》第 8 卷第 4 期。

黄维康《中文书籍编目法》刊于《新教育》第 8 卷第 4 期。

夏承枫、张绳祖《书报介绍——派尔学习心理实验》刊于《新教育》第 8 卷第 4 期。

唐毅《国外教育消息择要》刊于《新教育》第 8 卷第 4 期。

俞子夷《小学教育的效力》刊于《新教育》第8卷第5期"小学教育专号"。

马客谈《小学新方法之批评》刊于《新教育》第8卷第5期"小学教育专号"。

章天觉《初等教育的共同目标》刊于《新教育》第8卷第5期"小学教育专号"。

蒋息岑《小学校的教师》刊于《新教育》第8卷第5期"小学教育专号"。

胡叔异《小学校的儿童》刊于《新教育》第8卷第5期"小学教育专号"。

施仁夫《适应个性的小学教育法》刊于《新教育》第8卷第5期"小学教育专号"。

张若南《小学公民教育》刊于《新教育》第8卷第5期"小学教育专号"。

赵欲仁《设计的小学教育法》刊于《新教育》第8卷第5期"小学教育专号"。

唐毅辑《国外教育消息择要》刊于《新教育》第8卷第5期"小学教育专号"。

程其保《中国教育经费纲要》刊于《新教育》第9卷第1—2期合刊。

吴哲夫《私立学校在国家教育制度中的地位》刊于《新教育》第9卷第1—2期合刊。

陆殿扬《江苏省教育最近概况》刊于《新教育》第9卷第1—2期合刊。

郑宗海《大学某种教法上的两项实试》刊于《新教育》第9卷第1—2期合刊。

赵迺传《初级中学与小学及高中之关系》刊于《新教育》第9卷第1—2期合刊。

孟宪承《初中国文之教学》刊于《新教育》第9卷第1—2期合刊。

沈履《中学训育问题》刊于《新教育》第9卷第1—2期合刊。

郑宗海《师范学校教育学科之教学论文纲要》刊于《新教育》第9卷第1—2期合刊。

余家菊《师范生实习问题》刊于《新教育》第9卷第1—2期合刊。

汪懋祖《师范教育三大问题》刊于《新教育》第9卷第1—2期合刊。

俞子夷《关于算学教学法的两个问题》刊于《新教育》第9卷第1—2期合刊。

顾倬《义务教育实施事项》刊于《新教育》第9卷第1—2期合刊。

袁希涛《义务教育经费问题》刊于《新教育》第9卷第1—2期合刊。

查良钊《学务调查论文纲要》刊于《新教育》第9卷第1—2期合刊。

朱君毅《学校报告之细目与表格》刊于《新教育》第9卷第1—2期合刊。

张见庵《县教育统计调查之试验》刊于《新教育》第9卷第1—2期合刊。

郭仁风讲、章之汶译《乡村新教育》刊于《新教育》第9卷第1—2期合刊。

过探先《改良乡村学校实施办法之商榷》刊于《新教育》第9卷第1—2期合刊。

章伯寅《乡村教育视察所得之问题》刊于《新教育》第9卷第1—2期合刊。

查修《中文书籍编目问题》刊于《新教育》第9卷第1、2期合刊。

沈祖荣、胡庆生《中学图书馆几个问题》刊于《新教育》第9卷第1—2期合刊。

朱经农《评经济史观和否认因果律的历史哲学》刊于《新教育》第9卷第1—2期合刊。

吴有容《我国山脉系统究竟怎么样》刊于《新教育》第9卷第1—2期合刊。

刘海粟《艺术与生命表白》刊于《新教育》第9卷第1—2期合刊。

李毅士《艺术的社会化》刊于《新教育》第9卷第1—2期合刊。

汪亚尘《艺术与社会》刊于《新教育》第9卷第1—2期合刊。

张士一《英语教学改进的计划》刊于《新教育》第9卷第1—2期合刊。

林玉堂《辜恩的外国语教学》刊于《新教育》第9卷第1—2期合刊。

方毅《扬子江下游的国语教育》刊于《新教育》第9卷第1—2期合刊。

冯顺伯、金崇如、王仲和《初中公民学教本的说明》刊于《新教育》第9卷第1—2期合刊。

刘湛恩《职业指导的具体计划》刊于《新教育》第 9 卷第 1—2 期合刊。

杨卫玉《中华职业教育社第八年度进行计划》刊于《新教育》第 9 卷第 1—2 期合刊。

沈廪渊《信用合作社与改造乡村生活之关系及乡村小学教师之责任》刊于《新教育》第 9 卷第 4 期"乡村教育专号"。

赵叔愚《布加利亚农民党的教育方针》刊于《新教育》第 9 卷第 4 期"乡村教育专号"。

唐毅《想像中的乡村中学》刊于《新教育》第 9 卷第 4 期"乡村教育专号"。

章天觉译《乡村小学课程问题》刊于《新教育》第 9 卷第 4 期"乡村教育专号"。

储劲《乡村教育之意义与目标》刊于《新教育》第 9 卷第 4 期"乡村教育专号"。

张宗麟《乡村学校辅导的计划书》刊于《新教育》第 9 卷第 4 期"乡村教育专号"。

吴日信《造就乡村师范学校师资之计划》刊于《新教育》第 9 卷第 4 期"乡村教育专号"。

侯曜《乡村学校教学辅导计划》刊于《新教育》第 9 卷第 4 期"乡村教育专号"。

沈廪渊《县教育行政组织计划》刊于《新教育》第 9 卷第 4 期"乡村教育专号"。

王晋三《乡村教育漫谈》刊于《新教育》第 9 卷第 4 期"乡村教育专号"。

沈子善《东南大学教育科附设昆明学校概况》刊于《新教育》第 9 卷第 4 期"乡村教育专号"。

唐毅辑《国外教育消息择要》刊于《新教育》第 9 卷第 4 期"乡村教育专号"。

徐则陵《全国教育展览会之回顾》刊于《新教育》第 9 卷第 5 期"全国教育展览会报告号"。

夏承枫《全国教育展览会筹备纪略》刊于《新教育》第 9 卷第 5 期"全国教育展览会报告号"。

沈佩弦《布置报告》刊于《新教育》第 9 卷第 5 期"全国教育展览会报告号"。

吴越《全国教育展览会收支报告》刊于《新教育》第 9 卷第 5 期"全国教育展览会报告号"。

黄修仁《高等教育组报告》刊于《新教育》第 9 卷第 5 期"全国教育展览会报告号"。

汪懋祖《成绩鉴别报告》刊于《新教育》第 9 卷第 5 期"全国教育展览会报告号"。

易克椿《统计报告》刊于《新教育》第 9 卷第 5 期"全国教育展览会报告号"。

倪文富《统计报告》刊于《新教育》第 9 卷第 5 期"全国教育展览会报告号"。

施仁夫等《审查报告》刊于《新教育》第 9 卷第 5 期"全国教育展览会报告号"。

程宗潮《出口统计报告》刊于《新教育》第 9 卷第 5 期"全国教育展览会报告号"。

郑宗海《训育组报告》刊于《新教育》第 9 卷第 5 期"全国教育展览会报告号"。

陈鹤琴《幼稚教育组报告》刊于《新教育》第 9 卷第 5 期"全国教育展览会报告号"。

陈鹤琴《儿童玩具组报告》刊于《新教育》第 9 卷第 5 期"全国教育展览会报告号"。

刘海粟《鉴别报告》刊于《新教育》第 9 卷第 5 期"全国教育展览会报告号"。

周任苏《图画之鉴别》刊于《新教育》第 9 卷第 5 期"全国教育展览会报告号"。

张季信《手工成绩之鉴别》刊于《新教育》第 9 卷第 5 期"全国教育展览会报告号"。

徐康民《全国教育展览会艺术部之鉴别》刊于《新教育》第 9 卷第 5 期"全国教育展览会报告号"。

吕凤子《国画鉴别书》刊于《新教育》第 9 卷第 5 期"全国教育展览会报告号"。

华璂、许书瑞《刺绣成绩鉴别》刊于《新教育》第 9 卷第 5 期"全国教育展览会报告号"。

程宗潮《义务教育组报告》刊于《新教育》第 9 卷第 5 期"全国教育展览会报告号"。

华伯雄、孙文郁《乡村教育组报告》刊于《新教育》第 9 卷第 5 期"全国教育展览会报告号"。

黄炎培、杨鄂联《职业教育组报告》刊于《新教育》第 9 卷第 5 期"全国教育展览会报告号"。

黄修仁《特殊教育组报告》刊于《新教育》第 9 卷第 5 期"全国教育展览会报告号"。

张绳祖《蒙古教育组报告》刊于《新教育》第 9 卷第 5 期"全国教育展览会报告号"。

黄炎培《成绩品鉴别报告》刊于《新教育》第 9 卷第 5 期"全国教育展览会报告号"。

杨鄂联《华侨教育测验成绩鉴别报告》刊于《新教育》第 9 卷第 5 期"全国教育展览会报告号"。

徐则陵《华侨学校普通学科成绩品鉴别报告》刊于《新教育》第 9 卷第 5 期"全国教育展览会报告号"。

黄伯斌《全国教育展览会之南洋体育教育出品》刊于《新教育》第 9 卷第 5 期"全国教育展览会报告号"。

潘璧如《华侨教育组女子教育科鉴别报告》刊于《新教育》第 9 卷第 5 期"全国教育展览会报告号"。

黄懋勋《华侨教育组博物科鉴别报告》刊于《新教育》第 9 卷第 5 期"全国教育展览会报告号"。

冯澄如《全国教育展览会南洋图工成绩的鉴别》刊于《新教育》第 9 卷第 5 期"全国教育展览会报告号"。

程宗潮《统计报告》刊于《新教育》第 9 卷第 5 期"全国教育展览会报告号"。

傅代言《出口鉴别报告》刊于《新教育》第 9 卷第 5 期"全国教育展览会报告号"。

潘抑强《出口统计报告》刊于《新教育》第 9 卷第 5 期"全国教育展览会报告号"。

朱家治《图书馆教育组报告》刊于《新教育》第 9 卷第 5 期"全国教育展览会报告号"。

郑宗海《教育书报组报告》刊于《新教育》第 9 卷第 5 期"全国教育展览会报告号"。

徐德懋《金陵大学林科出口报告》刊于《新教育》第 9 卷第 5 期"全国教育展览会报告号"。

顾鋆《金大蚕桑系陈列品说明书》刊于《新教育》第 9 卷第 5 期"全国教育展览会报告号"。

瑟庐《最近十年内的妇女界》刊于《妇女杂志》第 10 卷第 1 号。

乔峰《妇女运动的过去及将来》刊于《妇女杂志》第 10 卷第 1 号。

警予《妇女的国民革命运动》刊于《妇女杂志》第 10 卷第 1 号。

周石华、朱文叔《今后妇女教育的改造》刊于《妇女杂志》第 10 卷第 1 号。

陶怡《妇女教育的永久计划》刊于《妇女杂志》第 10 卷第 1 号。

陈友琴《妇女经济独立的基础》刊于《妇女杂志》第 10 卷第 1 号。

周剑虹《妇女生计问题的将来》刊于《妇女杂志》第 10 卷第 1 号。

王方淑女士《今后妇女地位的改进》刊于《妇女杂志》第 10 卷第 1 号。

凌汉《妇女运动之先决问题》刊于《妇女杂志》第 10 卷第 1 号。

谢远定《促妇女澈底的觉悟》刊于《妇女杂志》第 10 卷第 1 号。

渭川《对于妇女界的希望》刊于《妇女杂志》第 10 卷第 1 号。

吴变臣《妇女与娱乐》刊于《妇女杂志》第 10 卷第 1 号。

汤苍园《与女儿论修学择业》刊于《妇女杂志》第 10 卷第 1 号。

汪精卫《对于女界的感想》刊于《妇女杂志》第 10 卷第 1 号。

邵力子《勉诸位女同学》刊于《妇女杂志》第 10 卷第 1 号。

仲云《美国女权运动七十五年》刊于《妇女杂志》第 10 卷第 1 号。

佩华《妇女发明的进步》刊于《妇女杂志》第 10 卷第 1 号。

樊仲云《土耳其妇女运动近状》刊于《妇女杂志》第 10 卷第 1 号。

幼雄《德国妇女家庭生活》刊于《妇女杂志》第 10 卷第 1 号。

佩华《美国新总统的家庭》刊于《妇女杂志》第 10 卷第 1 号。

漱琴女士《长江印象记》刊于《妇女杂志》第 10 卷第 1 号。

郭鲍懿《欧美漫游录》刊于《妇女杂志》第 10 卷第 1 号。

马世复《男女平权当自私权始》刊于《妇女杂志》第 10 卷第 1 号。

陆缑之《女子受了教育当怎样》刊于《妇女杂志》第 10 卷第 1 号。

宋步洲《旧家庭的改革》刊于《妇女杂志》第 10 卷第 1 号。

胡焦琴《祭祖的商榷》刊于《妇女杂志》第 10 卷第 1 号。

无竞译《儿童的特权》刊于《妇女杂志》第 10 卷第 1 号。

陈佩华译《妇女的新时代》刊于《妇女杂志》第 10 卷第 1 号。

许敬庐译《爱情与健康》刊于《妇女杂志》第 10 卷第 1 号。

王深译《恋爱观的变迁》刊于《妇女杂志》第 10 卷第 1 号。

景逊《妇女卫生新论》刊于《妇女杂志》第 10 卷第 1 号。

周建人《男女的差别》刊于《妇女杂志》第 10 卷第 1 号。

晏始《黎明期妇女的烦闷》刊于《妇女杂志》第 10 卷第 2 号。

高山《求婚漫评》刊于《妇女杂志》第 10 卷第 2 号。

陈德徵《告知识阶级的妇女》刊于《妇女杂志》第 10 卷第 2 号。

龙今吾《太戈尔的恋爱观》刊于《妇女杂志》第 10 卷第 2 号。

侠侬《从旧婚姻发生的新爱情》刊于《妇女杂志》第 10 卷第 2 号。

樊仲云译《女性道德的变迁(格莱哥里著)》刊于《妇女杂志》第 10 卷第 2 号。

Ｓ Ｙ《平湖书屋》刊于《妇女杂志》第 10 卷第 2 号。

景逊《妇女卫生新论》刊于《妇女杂志》第 10 卷第 2 号。

沈雁冰译《南美的妇女运动(甲德夫人著)》刊于《妇女杂志》第 10 卷第 2 号。

克士译《美国妇女的改革(海尔夫人著)》刊于《妇女杂志》第 10 卷第 2 号。

樊仲云译《德意志的新妇女》刊于《妇女杂志》第 10 卷第 2 号。

张春浩《乡村妇女教育问题》刊于《妇女杂志》第 10 卷第 2 号。

张娴《妇女解放的我见》刊于《妇女杂志》第 10 卷第 2 号。

屠哲隐《贤妻良母的正义》刊于《妇女杂志》第 10 卷第 2 号。

光义《良妻贤母主义的不通》刊于《妇女杂志》第 10 卷第 2 号。

高山《评女性中心说》刊于《妇女杂志》第 10 卷第 3 号。

警予《女学生读书问题》刊于《妇女杂志》第 10 卷第 3 号。

颜筠《今日妇女的二难》刊于《妇女杂志》第 10 卷第 3 号。

与谢野品子著,张娴译《给聪明的男子们》刊于《妇女杂志》第 10 卷第 3 号。

仓田百三著,W. Y. 女士译《自由恋爱论》刊于《妇女杂志》第 10 卷第 3 号。

格利康著,许敬庐译《爱情与健康》刊于《妇女杂志》第 10 卷第 3 号。

沈连三译《婚姻是一种和约》刊于《妇女杂志》第 10 卷第 3 号。

希莱伯女士著,熊保丰译《德国的女议员》刊于《妇女杂志》第 10 卷第 3 号。

汉那女士著,仲云译《德国妇女工作平等的要求》刊于《妇女杂志》第 10 卷第 3 号。

弥弼《新发生的日本妇女团体》刊于《妇女杂志》第 10 卷第 3 号。

高山《尼赛兰的妇女》刊于《妇女杂志》第 10 卷第 3 号。

王贤桢《马洲见闻杂记》刊于《妇女杂志》第 10 卷第 3 号。

Y. D. 译《万璞女士会见记》刊于《妇女杂志》第 10 卷第 3 号。

莎丽勃女士著,景逊译《妇女卫生新论》刊于《妇女杂志》第 10 卷第 3 号。

陈卓人《牛乳和人乳的比较》刊于《妇女杂志》第 10 卷第 3 号。

罴士《简易丝纲造花术》刊于《妇女杂志》第 10 卷第 3 号。

何觉余《妇女运动的错路及正轨》刊于《妇女杂志》第 10 卷第 4 号。

顾仲雍《对于男女社交应有的觉语》刊于《妇女杂志》第 10 卷第 4 号。

彭善彰《女权与知识》刊于《妇女杂志》第 10 卷第 4 号。

陈瑾昆《说中国现时的婚姻》刊于《妇女杂志》第 10 卷第 4 号。

夏秀岚《爱儿断乳的时候》刊于《妇女杂志》第 10 卷第 4 号。

西华《烈妇殉夫记》刊于《妇女杂志》第 10 卷第 4 号。

绮中《女性的觉悟》刊于《妇女杂志》第 10 卷第 4 号。

汪汝干《对于妇女的新忠告》刊于《妇女杂志》第 10 卷第 4 号。

兰影女士《我的社交观》刊于《妇女杂志》第 10 卷第 4 号。

姜长麟《女学生服装问题》刊于《妇女杂志》第 10 卷第 4 号。

诵虞《摆伦的妇女观及恋爱观》刊于《妇女杂志》第 10 卷第 4 号。

仓田百三著,W. Y. 女士译《自由恋爱论》刊于《妇女杂志》第 10 卷第 4 号。

格里康著,许敬庐译《爱情与健康》刊于《妇女杂志》第 10 卷第 4 号。

莎罗勃女士著,景逊译《妇女卫生新论》刊于《妇女杂志》第 10 卷第 4 号。

守拙《皮肤保护法》刊于《妇女杂志》第 10 卷第 4 号。

岛村民藏著,作舟译《跳舞的快感》刊于《妇女杂志》第 10 卷第 4 号。

健孟《妇女职业的先决问题》刊于《妇女杂志》第 10 卷第 6 号。

克士《妇女职业和母性》刊于《妇女杂志》第 10 卷第 6 号。

黄石《妇女果不适于职业么》刊于《妇女杂志》第 10 卷第 6 号。

长谷川如是闲著,叶作舟译《家庭制度与妇女职业》刊于《妇女杂志》第 10 卷第 6 号。

范隅《妇女的家庭工作》刊于《妇女杂志》第 10 卷第 6 号。

克士《泰倍尔女士的妇女职业观》刊于《妇女杂志》第 10 卷第 6 号。

晏始《中国职业妇女的三型》刊于《妇女杂志》第 10 卷第 6 号。

陈友琴《中国商业女子的现状》刊于《妇女杂志》第 10 卷第 6 号。

杨彬如《职业妇女的运动》刊于《妇女杂志》第 10 卷第 6 号。

市川房枝著,张娴译《美国的职业妇女》刊于《妇女杂志》第 10 卷第 6 号。

山川菊荣著,高山译《日本妇女的自由职业》刊于《妇女杂志》第 10 卷第 6 号。

山川菊荣著,高山节译《日本妇女职业生活概况》刊于《妇女杂志》第 10 卷第 6 号。

傅一星《民间运动的一分子》刊于《妇女杂志》第 10 卷第 6 号。

卢兰《哀苦余生录》刊于《妇女杂志》第 10 卷第 6 号。

邓颖超《工读的失败》刊于《妇女杂志》第 10 卷第 6 号。

莞兰《教师生活的追忆》刊于《妇女杂志》第 10 卷第 6 号。

山风《平凡生活的一段》刊于《妇女杂志》第 10 卷第 6 号。

问梅《社会生活与家庭生活》刊于《妇女杂志》第 10 卷第 6 号。

吴光清《工读生活》刊于《妇女杂志》第 10 卷第 6 号。

兰芬《半日的职业生活》刊于《妇女杂志》第 10 卷第 6 号。

叔勤《半生的经验》刊于《妇女杂志》第 10 卷第 6 号。

王瑞麟《乡村的趣味》刊于《妇女杂志》第 10 卷第 6 号。

江素涵《剪刀和浆糊的工作》刊于《妇女杂志》第 10 卷第 6 号。

峙山《生活难的苦闷》刊于《妇女杂志》第 10 卷第 6 号。

张娴《实习室的内外》刊于《妇女杂志》第 10 卷第 6 号。

林翠侬《海外的拓殖事业》刊于《妇女杂志》第 10 卷第 6 号。

刘桂芬《孤独的悲哀》刊于《妇女杂志》第 10 卷第 6 号。

顾玉如《从织袜工人到小学教师》刊于《妇女杂志》第 10 卷第 6 号。

婷婷《新潮中的老妇》刊于《妇女杂志》第 10 卷第 6 号。

张笑菱《南洋飘泊的三年》刊于《妇女杂志》第 10 卷第 6 号。

英国格里康著,许敬庐译《爱情与健康》刊于《妇女杂志》第 10 卷第 6 号。

高山《家庭制度的变迁》刊于《妇女杂志》第 10 卷第 7 号。

Y. D.《家庭制度的将来》刊于《妇女杂志》第 10 卷第 7 号。

颜筠《贞操观革命的呼声》刊于《妇女杂志》第 10 卷第 7 号。

仲云《自由恋爱与贞操问题的关系》刊于《妇女杂志》第 10 卷第 7 号。

起睡《两性间一椿习见的事》刊于《妇女杂志》第 10 卷第 7 号。

任白涛《女子教育之科学的根据》刊于《妇女杂志》第 10 卷第 7 号。

仲云《俄国文学家高尔基的妇女观》刊于《妇女杂志》第 10 卷第 7 号。

徐漆圃《乱中归途记》刊于《妇女杂志》第 10 卷第 7 号。

奚浈《居里夫人恋爱史》刊于《妇女杂志》第 10 卷第 7 号。

鲁迅《娜拉走后怎样》刊于《妇女杂志》第 10 卷第 8 号。

惕文《异哉现代的良妻贤母主义》刊于《妇女杂志》第 10 卷第 8 号。

黄石《无家阶级》刊于《妇女杂志》第 10 卷第 8 号。

任白涛译《女子教育之科学的根据(倍倍尔著)》刊于《妇女杂志》第 10 卷第 8 号。

沈雁冰《远东与近东的妇女运动》刊于《妇女杂志》第 10 卷第 8 号。

伯恩《法国的家庭指导事业》刊于《妇女杂志》第 10 卷第 8 号。

莎丽勃女士著,景逊译《妇女卫生新论》刊于《妇女杂志》第 10 卷第 8 号。

寺田瑛著,幼雄译《女子的运动竞技》刊于《妇女杂志》第 10 卷第 8 号。

高山《男女理解与性的伦理》刊于《妇女杂志》第 10 卷第 10 号。

荆俊生、张丽贞《我们相互的希望》刊于《妇女杂志》第 10 卷第 10 号。

高山《性的进化》刊于《妇女杂志》第 10 卷第 10 号。

任白涛《现代的结婚生活》刊于《妇女杂志》第 10 卷第 10 号。

无竞《美国妇女运动的左右翼》刊于《妇女杂志》第 10 卷第 10 号。

杨贤江《苏联的妇女》刊于《妇女杂志》第 10 卷第 10 号。

高山《英国的妇女职业问题》刊于《妇女杂志》第 10 卷第 10 号。

周峻《我之结婚史》刊于《妇女杂志》第 10 卷第 10 号。

潘垂统《我们的家庭生活》刊于《妇女杂志》第 10 卷第 10 号。

王馈琪、吴洪兴《儿童运动法》刊于《妇女杂志》第 10 卷第 10 号。

寺田瑛著,幼雄译《女子的运动竞技》刊于《妇女杂志》第 10 卷第 10 号。

莎丽勃女士著,景逊译《妇女卫生新论》刊于《妇女杂志》第 10 卷第 10 号。

凤子《女子解放与女子教育》刊于《妇女杂志》第 10 卷第 11 号。

刘经庵《歌谣中的婚姻问题》刊于《妇女杂志》第 10 卷第 11 号。

生田长江著,无竞译《妇女解放论的浅薄》刊于《妇女杂志》第 10 卷第 11 号。

山川菊荣著,无竞译《妇女非解放论的浅薄》刊于《妇女杂志》第 10 卷第 11 号。

爱理斯著,文宙译《妇女的心》刊于《妇女杂志》第 10 卷第 11 号。

派尔生著,仲逊译《两性关系的变化》刊于《妇女杂志》第 10 卷第 11 号。

陶汇曾《离婚原因之义绝》刊于《妇女杂志》第 10 卷第 11 号。

潘光旦《冯小青考》刊于《妇女杂志》第 10 卷第 11 号。

莎丽勃女士著,景逊译《妇女卫生新论》刊于《妇女杂志》第 10 卷第 11 号。

吴洪兴、王馈琪《儿童运动法》刊于《妇女杂志》第 10 卷第 11 号。

寺田瑛著,幼雄译《女子的运动竞技》刊于《妇女杂志》第 10 卷第 11 号。

欧阳师讲《支那内学院研究会开会辞》刊于《内学》第 1 辑。

欧阳师讲《今日之佛法研究》刊于《内学》第 1 辑。

欧阳师讲《心学大意》刊于《内学》第 1 辑。

蒙文通《中国禅学考》刊于《内学》第 1 辑。

吕澂《愿扬圣教论大意》刊于《内学》第 1 辑。

王恩洋《成立唯识义》刊于《内学》第 1 辑。

刘定权译《藏文三十颂》刊于《内学》第 1 辑。

吕澂《杂阿含经刊定记》刊于《内学》第 1 辑。

汤用彤《释迦时代之外道》刊于《内学》第 1 辑。

林德林《大悲心陀罗尼之由来》刊于《南瀛佛教会会报》第 2 卷第 1 号。

释圆瑛《大乘起信论讲义叙》刊于《南瀛佛教会会报》第 2 卷第 1 号。

许林《论净土法门贯通诸法大义(续)》刊于《南瀛佛教会会报》第 2 卷第 1 号。

谢平译《佛教之光明(续)》刊于《南瀛佛教会会报》第 2 卷第 1 号。

蔡敦辉《地理说》刊于《南瀛佛教会会报》第 2 卷第 1 号。

蔡敦辉《信教之迷如是》刊于《南瀛佛教会会报》第 2 卷第 1 号。

释圆瑛《儒释同源论》刊于《南瀛佛教会会报》第 2 卷第 2 号。

林德林译《大悲心陀罗尼之由来（续）》刊于《南瀛佛教会会报》第 2 卷第 2 号。

许林《论净土法门贯通诸法大义（续）》刊于《南瀛佛教会会报》第 2 卷第 2 号。

谢平译《佛教之光明（续）》刊于《南瀛佛教会会报》第 2 卷第 2 号。

述三《争即是空》刊于《南瀛佛教会会报》第 2 卷第 2 号。

蔡樱《寻安乐》刊于《南瀛佛教会会报》第 2 卷第 2 号。

星怪《诗话（其三）》刊于《南瀛佛教会会报》第 2 卷第 2 号。

张妙禅《人生观（其一）》刊于《南瀛佛教会会报》第 2 卷第 3 号。

释圆瑛《戒杀放生文》刊于《南瀛佛教会会报》第 2 卷第 3 号。

许林《论净土法门贯通诸法大义（续）》刊于《南瀛佛教会会报》第 2 卷第 3 号。

江云松译《诚心》刊于《南瀛佛教会会报》第 2 卷第 3 号。

怪星《色即是空（续）》刊于《南瀛佛教会会报》第 2 卷第 3 号。

张妙禅《人生观（其二）》刊于《南瀛佛教会会报》第 2 卷第 4 号。

林德林译《法华经大意》刊于《南瀛佛教会会报》第 2 卷第 4 号。

许林《论净土法门贯通诸法大义（续）》刊于《南瀛佛教会会报》第 2 卷第 4 号。

怪星《色即是空（续）》刊于《南瀛佛教会会报》第 2 卷第 4 号。

释庆妙《色声了悟》刊于《南瀛佛教会会报》第 2 卷第 4 号。

释圆瑛《佛说阿弥陀经》刊于《南瀛佛教会会报》第 2 卷第 5 号。

张妙禅《人生观（其三）》刊于《南瀛佛教会会报》第 2 卷第 5 号。

林德林《大悲心陀罗尼意译》刊于《南瀛佛教会会报》第 2 卷第 5 号。

怪星《色即是空（续）》刊于《南瀛佛教会会报》第 2 卷第 5 号。

释圆瑛《佛说阿弥陀经（续）》刊于《南瀛佛教会会报》第 2 卷第 6 号。

许林《等不等观杂著》刊于《南瀛佛教会会报》第 2 卷第 6 号。

游时中《佛教与社会》刊于《南瀛佛教会会报》第 2 卷第 6 号。

蔡奇泉《泛神论》刊于《南瀛佛教会会报》第 2 卷第 6 号。

李发成《赎命放生》刊于《南瀛佛教会会报》第 2 卷第 6 号。

怪星《色即是空（续）》刊于《南瀛佛教会会报》第 2 卷第 6 号。

太虚《曹溪禅之新擊节》刊于《海潮音》第 4 年第 12 期。

太虚《论宋明儒学》刊于《海潮音》第 4 年第 12 期。

大圆记《太虚法师讲》刊于《海潮音》第 4 年第 12 期。

佛隐《唯识学之价值》刊于《海潮音》第 4 年第 12 期。

大圆记《太虚法师谈在家学佛方法》刊于《海潮音》第 4 年第 12 期。

钱三照《慈东永远放生会之成立》刊于《海潮音》第 4 年第 12 期。

大愚《两家夫妇同受具足大戒记略》刊于《海潮音》第 4 年第 12 期。

培安《江苏觉海学院缘起》刊于《海潮音》第 4 年第 12 期。

袁闻纯《募建高沙南岳庙启》刊于《海潮音》第 4 年第 12 期。

钱三照《慈东永远放生会缘起》刊于《海潮音》第 4 年第 12 期。

大圆《哀古今觉魂文》刊于《海潮音》第 4 年第 12 期。

万定《则愿行祖法师行述》刊于《海潮音》第 4 年第 12 期。

开悟《大沩罗汉山普应机禅师传》刊于《海潮音》第 4 年第 12 期。

空也《重游归元寺记》刊于《海潮音》第 4 年第 12 期。

善因《唯心治病的经验》刊于《海潮音》第 4 年第 12 期。

圆瑛《基隆佛教讲演》刊于《海潮音》第 4 年第 12 期。

大圆《汉口佛教会宣教讲习所毕业训词》刊于《海潮音》第 4 年第 12 期。

会觉《三论所遮之自性与唯识所表之自性之研究》刊于《海潮音》第 4 年第 12 期。

太虚《志行之自》刊于《海潮音》第 5 年第 1 期。

大圆《人群须速著及佛化之建议》刊于《海潮音》第 5 年第 1 期。

大圆《佛化之新对治》刊于《海潮音》第 5 年第 1 期。

佛隐《唯识之密意》刊于《海潮音》第 5 年第 1 期。

大圆《净土之正见》刊于《海潮音》第 5 年第 1 期。

善因《对于了生死一语之训释》刊于《海潮音》第 5 年第 1 期。

樱宁《佛乘法师小传》刊于《海潮音》第 5 年第 1 期。

慧玉、慧英《壬戌亲见诸师现比丘尼相记》刊于《海潮音》第 5 年第 1 期。

萧大醒《念佛戒杀之近效》刊于《海潮音》第 5 年第 1 期。

印光《乐清柳市净土堂募缘》刊于《海潮音》第 5 年第 1 期。

大圆《袁了凡立命篇释疑》刊于《海潮音》第 5 年第 1 期。

愿修《聪明人不懂佛法如聋盲论》刊于《海潮音》第 5 年第 1 期。

戒常《读海潮音感言》刊于《海潮音》第 5 年第 1 期。

满智《因缘法之空假中义》刊于《海潮音》第 5 年第 1 期。

梁启超《科学万能之梦》刊于《海潮音》第 5 年第 1 期。

太虚《新僧》刊于《海潮音》第 5 年第 2 期。

大圆《二十世纪求治之根本》刊于《海潮音》第 5 年第 2 期。

大圆《慈悲与爱之区别》刊于《海潮音》第 5 年第 2 期。

大圆《再辨我爱与慈悲》刊于《海潮音》第 5 年第 2 期。

慧英记《陈石琴居士在枝江金盆山弥陀陆军演讲》刊于《海潮音》第 5 年第 2 期。

显荫《中华佛教现在之情势》刊于《海潮音》第 5 年第 2 期。

大圆《在家居士紧要之筹备》刊于《海潮音》第 5 年第 2 期。

会觉《唯识三能变义略》刊于《海潮音》第 5 年第 2 期。

杨棣棠《二十世纪文化之大潮流当以佛法为归宿论》刊于《海潮音》第 5 年第 2 期。

圆成《日本佛教大学表》刊于《海潮音》第 5 年第 2 期。

圆成《日本佛教大寺刹表》刊于《海潮音》第 5 年第 2 期。

佛隐《重刊金刚心经合注流通叙》刊于《海潮音》第 5 年第 2 期。

黄子理《读善因法师唯心治病经验书后》刊于《海潮音》第 5 年第 2 期。

慧月《广轮回》刊于《海潮音》第 5 年第 2 期。

刘子荣《净原禅师塔铭》刊于《海潮音》第 5 年第 2 期。

蒋竹庄《演讲佛学大意》刊于《海潮音》第 5 年第 2 期。

曾乐玄《国庆纪念日演说》刊于《海潮音》第 5 年第 2 期。

郁九龄《素食与卫生的关系》刊于《海潮音》第 5 年第 2 期。

梁启超《学说影响一班》刊于《海潮音》第 5 年第 2 期。

清光《改革寺院积弊意见书》刊于《海潮音》第 5 年第 2 期。

慧如《入檀波罗密门说》刊于《海潮音》第 5 年第 2 期。

邹中远《满香室笔记二则》刊于《海潮音》第 5 年第 2 期。

观空《百论之一切善法戒为根本义》刊于《海潮音》第 5 年第 2 期。

象贤《大乘空有二宗异同论》刊于《海潮音》第 5 年第 2 期。

太虚《学佛者应知行之要事》刊于《海潮音》第 5 年第 3 期。

太虚《略说贤首义》刊于《海潮音》第 5 年第 3 期。

大圆《新式的佛化》刊于《海潮音》第 5 年第 3 期。

大圆《武昌中华大学开讲唯识记言》刊于《海潮音》第 5 年第 3 期。

显荫《真言密教与中华佛法之关系》刊于《海潮音》第 5 年第 3 期。

大圆《佛学撷要》刊于《海潮音》第 5 年第 3 期。

大圆《言说文字之无我观》刊于《海潮音》第 5 年第 3 期。

慧如《直心正念真如论》刊于《海潮音》第 5 年第 3 期。

王佛愿《佛化与小学教育之关系》刊于《海潮音》第 5 年第 3 期。

朱念禅《为劝阻出家者进一解》刊于《海潮音》第 5 年第 3 期。

显荫《留东随笔》刊于《海潮音》第 5 年第 3 期。

黄子理《佛学院亲闻录》刊于《海潮音》第 5 年第 3 期。

了意《拟整理僧界之条件》刊于《海潮音》第 5 年第 3 期。

能学《曼殊般若为龙树系显教之宗本》刊于《海潮音》第 5 年第 3 期。

太虚《佛疑今解》刊于《海潮音》第 5 年第 3 期。

大圆《唯识方便谈卷上》刊于《海潮音》第 5 年第 3 期。

太虚《佛法之真价》刊于《海潮音》第 5 年第 4 期。

太虚《人心所缘有为现行境之本质与影像关系》刊于《海潮音》第 5 年第 4 期。

大圆记《太虚法师谈东西学术及政治》刊于《海潮音》第 5 年第 4 期。

大圆《唯识教义阐微》刊于《海潮音》第 5 年第 4 期。

佛隐《佛出家日感言》刊于《海潮音》第 5 年第 4 期。

大圆《说易》刊于《海潮音》第 5 年第 4 期。

现月《儒家谈中与佛法中道之比较》刊于《海潮音》第 5 年第 4 期。

显荫《远东佛教协会组织大纲》刊于《海潮音》第 5 年第 4 期。

周秉清《本慧比丘出家以前略历》刊于《海潮音》第 5 年第 4 期。

邹幾极《读护法录》刊于《海潮音》第 5 年第 4 期。

佛隐《文章三昧论》刊于《海潮音》第 5 年第 4 期。

郑维翰《樊川图记》刊于《海潮音》第 5 年第 4 期。

唐大休《刘母曾太夫人生西实录》刊于《海潮音》第 5 年第 4 期。

刘玄达《重修金龙山落成记》刊于《海潮音》第 5 年第 4 期。

陈妄清《孙庆余先生六十寿序》刊于《海潮音》第 5 年第 4 期。

张纯一《致太虚法师书》刊于《海潮音》第 5 年第 4 期。

释太虚《希望老诗人泰戈尔变为佛化新青年》刊于《海潮音》第 5 年第 4 期。

大圆《泰果尔与佛化新青年》刊于《海潮音》第 5 年第 4 期。

严定《内院上品生六事中第二威仪不缺说》刊于《海潮音》第 5 年第 4 期。

晤一《前题》刊于《海潮音》第 5 年第 4 期。

天然《儒家谈中与佛法中道之比较》刊于《海潮音》第 5 年第 4 期。

蒋竹庄《演讲佛学大意》刊于《海潮音》第 5 年第 4 期。

显荫《佛教救世之根本要义》刊于《海潮音》第 5 年第 4 期。

原印《我的世界观》刊于《海潮音》第 5 年第 4 期。

唐大圆《唯识三十颂口义》刊于《海潮音》第 5 年第 4 期。

太虚《佛教化的世界宗教学术观》刊于《海潮音》第 5 年第 5 期。

太虚《佛法之分宗判教》刊于《海潮音》第 5 年第 5 期。

太虚《遗虚存实唯护观之特胜义》刊于《海潮音》第 5 年第 5 期。

大圆《建设新净土》刊于《海潮音》第 5 年第 5 期。

大圆《广孝上下篇》刊于《海潮音》第 5 年第 5 期。

戒常《佛诞纪念日感言》刊于《海潮音》第 5 年第 5 期。

佛隐《周易卦义新诠》刊于《海潮音》第 5 年第 5 期。

心观《记甲子人日欧阳竟无先生训弟子语》刊于《海潮音》第 5 年第 5 期。

大敬《日僧参访佛学院长》刊于《海潮音》第 5 年第 5 期。

心观《记欧阳竟无先生论神通》刊于《海潮音》第 5 年第 5 期。

慧明《组织学佛女同志会征求同志启》刊于《海潮音》第 5 年第 5 期。

慧明《征文启》刊于《海潮音》第 5 年第 5 期。

显荫《留东随笔》刊于《海潮音》第 5 年第 5 期。

宏渡《无表色唯识养与南山律宗所谈戒律》刊于《海潮音》第 5 年第 5 期。

严定《申种子本有义难》刊于《海潮音》第 5 年第 5 期。

大定《性论》刊于《海潮音》第 5 年第 5 期。

太虚《缘起抉择论》刊于《海潮音》第 5 年第 6 期。

太虚《天神教之人界以上根据》刊于《海潮音》第 5 年第 6 期。

大圆《新佛化之标准》刊于《海潮音》第 5 年第 6 期。

大圆《孟子学说阐微》刊于《海潮音》第 5 年第 6 期。

黄慧勤记《太虚法师在武昌佛教会之开示》刊于《海潮音》第 5 年第 6 期。

大圆《断惑证真之精细谈》刊于《海潮音》第 5 年第 6 期。

善因《佛初教科书序》刊于《海潮音》第 5 年第 6 期。

大圆《宁波白衣寺随喜功德堂疏》刊于《海潮音》第 5 年第 6 期。

善长《唐武宗破佛与中华佛教盛衰之关系》刊于《海潮音》第 5 年第 6 期。

宋复《圆测法师舍利塔铭并序》刊于《海潮音》第 5 年第 6 期。

邹幾极《读袖珍本法华经跋一二》刊于《海潮音》第 5 年第 6 期。

妙吉《台湾佛教之现状》刊于《海潮音》第 5 年第 6 期。

杜万空《释迦牟尼佛诞日纪念刊之宣言》刊于《海潮音》第 5 年第 6 期。

黄谦六《佛诞纪念观》刊于《海潮音》第 5 年第 6 期。

大圆《八识本体即真如义》刊于《海潮音》第 5 年第 6 期。

显荫《留京随笔》刊于《海潮音》第 5 年第 6 期。

源印《京师第一监狱演讲三皈五戒的利益》刊于《海潮音》第 5 年第 6 期。

戒常《佛教解决人生之幸福》刊于《海潮音》第 5 年第 6 期。

性修《佛律不许畜珍玩与老子不贵难得之货试就修身治世分别说其利害》刊于《海潮音》第 5 年第 6 期。

大定《前题》刊于《海潮音》第 5 年第 6 期。

志清《说内院上品生六事中之第二威仪不缺》刊于《海潮音》第 5 年第 6 期。

捨蕴《申种子熏生义难本有二俱》刊于《海潮音》第 5 年第 6 期。

谛闲法师《普贤行愿品讲演录》刊于《海潮音》第 5 年第 6 期。

太虚《西洋文化与东洋文化》刊于《海潮音》第 5 年第 7 期。

李正刚《余之佛教复兴论》刊于《海潮音》第 5 年第 7 期。

大圆《真正佛学家当为世界大劳动家》刊于《海潮音》第 5 年第 7 期。

大圆《人生当以智慧为生活论》刊于《海潮音》第 5 年第 7 期。

大圆《杨朱学说阐微》刊于《海潮音》第 5 年第 7 期。

佛隐《真无碍论》刊于《海潮音》第 5 年第 7 期。

释满智记《院长太虚上人论教育》刊于《海潮音》第 5 年第 7 期。

释道申《刺舌血写妙法莲华经发愿文》刊于《海潮音》第 5 年第 7 期。

孙至诚《佛化基督教序》刊于《海潮音》第 5 年第 7 期。

邹幾极《四宗纲要自跋》刊于《海潮音》第 5 年第 7 期。

唐大圆《入佛文范举隅》刊于《海潮音》第 5 年第 7 期。

罗楷《中兴点石禅林安愚和尚道状》刊于《海潮音》第 5 年第 7 期。

大圆《治唯识应知之难》刊于《海潮音》第 5 年第 7 期。

戒常《佛教真意略说》刊于《海潮音》第 5 年第 7 期。

笠居众生《学佛者不可用耶稣世纪》刊于《海潮音》第 5 年第 7 期。

邢定云《批佛学院某生月试佛律不许畜珍玩与老子不贵难得佛法谈》刊于《海潮音》第 5 年第 7 期。

景昌极《佛法浅释》刊于《海潮音》第 5 年第 7 期。

源印《京师第一监狱演讲佛学的人生观》刊于《海潮音》第 5 年第 7 期。

捨蕴《儒家谈中与佛法中道之比较》刊于《海潮音》第 5 年第 7 期。

翠华《内院上品生六事中第二威仪不缺说》刊于《海潮音》第 5 年第 7 期。

月印《贵阳大乘寺励诸同学宣言》刊于《海潮音》第 5 年第 7 期。

张纯一《逍遥游释叙》刊于《海潮音》第 5 年第 7 期。

阳复子《救火须知》刊于《海潮音》第 5 年第 7 期。

太虚《读木村博士佛教研究之大方针书后》刊于《海潮音》第 5 年第 8 期。

象贤记《听太虚法师在光孝寺讲维摩诘经杂录九则》刊于《海潮音》第 5 年第 8 期。

大圆《唯识大旨》刊于《海潮音》第 5 年第 8 期。

显荫《再论真言密教与中华佛法之关系》刊于《海潮音》第 5 年第 8 期。

象贤《光孝寺开讲维摩诘经记》刊于《海潮音》第 5 年第 8 期。

化声《女佛学院缘起》刊于《海潮音》第 5 年第 8 期。

仁山《山西五台山碧山寺募缘重修启》刊于《海潮音》第 5 年第 8 期。

释法念《无生居士行略》刊于《海潮音》第 5 年第 8 期。

李石岑《佛学与人生》刊于《海潮音》第 5 年第 8 期。

象贤、现月记《太虚法师在世界佛教联合会宣告开会之宗旨》刊于《海潮音》第 5 年第 9 期。

太虚《律仪之原理》刊于《海潮音》第 5 年第 9 期。

太虚《上海居士林之讲演》刊于《海潮音》第 5 年第 9 期。

化声《俱舍论讲录》刊于《海潮音》第 5 年第 9 期。

太虚《镇江佛学会之讲演》刊于《海潮音》第 5 年第 9 期。

太虚《日本临济宗代表讲记》刊于《海潮音》第 5 年第 9 期。

嘿庵《如皋各界欢迎太虚法师记》刊于《海潮音》第 5 年第 9 期。

超一《蔡督游大林寺记》刊于《海潮音》第 5 年第 9 期。

嘿庵《太虚法师在姜堰净业寺讲演记》刊于《海潮音》第 5 年第 9 期。

嘿庵《云水僧记》刊于《海潮音》第 5 年第 9 期。

嘿庵《论作法师之不易》刊于《海潮音》第 5 年第 9 期。

廖谦《重刻菩提心戒释义叙》刊于《海潮音》第 5 年第 9 期。

黄觉《菩提心戒释义自叙》刊于《海潮音》第 5 年第 9 期。

能净《代拟安乐寺传戒自叙》刊于《海潮音》第 5 年第 9 期。

杨棣棠《复世界佛教联合会书》刊于《海潮音》第 5 年第 9 期。

杨棣棠《与张纯一居士讨论耶教书》刊于《海潮音》第 5 年第 9 期。

邹申远《与张季直先生书》刊于《海潮音》第 5 年第 9 期。

悦安《再寄月沧法师函》刊于《海潮音》第 5 年第 9 期。

象贤《太虚法师在光孝寺上堂法语一则》刊于《海潮音》第 5 年第 9 期。

芝峰《信为十一善法之首论》刊于《海潮音》第 5 年第 9 期。

象贤《中国初期佛教罗什与慧远二系之比较》刊于《海潮音》第 5 年第 9 期。

觉慧《论世亲俱舍与天主因明在佛学中之价值》刊于《海潮音》第 5 年第 9 期。

现月《论同善社》刊于《海潮音》第 5 年第 9 期。

太虚《大乘五蕴论讲记》刊于《海潮音》第 5 年第 9 期。

刘玉子《三论宗略说》刊于《海潮音》第 5 年第 9 期。

大圆《唯识三十颂口义》刊于《海潮音》第 5 年第 9 期。

满智记《佛学院院长太虚法师对于学人之训辞》刊于《海潮音》第 5 年第 10 期。

八指头陀《在家二众不应剃度收徒说》刊于《海潮音》第 5 年第 10 期。

净心《金刚直解辨伪》刊于《海潮音》第 5 年第 10 期。

木村秦贤《现代思想与佛教》刊于《海潮音》第 5 年第 10 期。

邢定云《从佛法以观察宇宙人生之缘起》刊于《海潮音》第 5 年第 10 期。

张纯一《答边润怀君宗教之疑问》刊于《海潮音》第 5 年第 10 期。

童莲国《专念阿弥陀佛决定往生浅说》刊于《海潮音》第 5 年第 10 期。

观空《定命论之批评》刊于《海潮音》第 5 年第 10 期。

显教《自然界之无常观》刊于《海潮音》第 5 年第 10 期。

化声《我国佛学研究之历史观》刊于《海潮音》第 5 年第 10 期。

朱善纯《甲子中秋佛学院同人赏月记》刊于《海潮音》第 5 年第 10 期。

王弘愿《对于变卖庵产案上粤军指挥洪兆麟书》刊于《海潮音》第 5 年第 10 期。

李兰圃《庵产案上太虚法师书》刊于《海潮音》第 5 年第 10 期。

李兰圃《庵产案上洪指挥书》刊于《海潮音》第 5 年第 10 期。

王弘愿《震旦密教重兴纪盛》刊于《海潮音》第 5 年第 10 期。

八指头陀《致月朗和尚书》刊于《海潮音》第 5 年第 10 期。

显荫《真方宗释疑》刊于《海潮音》第 5 年第 10 期。

杨铨《民国十三年之学术观》刊于《海潮音》第 5 年第 10 期。

黄书云《嘉定明德学会讲演录》刊于《海潮音》第 5 年第 10 期。

黄子理《肉食之非》刊于《海潮音》第 5 年第 10 期。

支伟成《新式标点金刚般若波罗密经序》刊于《海潮音》第 5 年第 10 期。

支伟成《金刚经大意及其关于近世文化之影响》刊于《海潮音》第 5 年第 10 期。

念生《绝俗问答》刊于《海潮音》第 5 年第 10 期。

太虚《四大种之研究》刊于《海潮音》第 5 年第 11 期。

徐方坪《佛学在社会上教育上之关系》刊于《海潮音》第 5 年第 11 期。

杨棣棠《论人生之究竟终归于大觉》刊于《海潮音》第 5 年第 11 期。

现月记《大愚法师演说科学的无我观》刊于《海潮音》第 5 年第 11 期。

唐大圆《释愚》刊于《海潮音》第 5 年第 11 期。

化声《触之研究》刊于《海潮音》第 5 年第 11 期。

满智《业感缘起与西人唯心论之比较》刊于《海潮音》第 5 年第 11 期。

严定《地球成佛之研究》刊于《海潮音》第 5 年第 11 期。

晤一《无常观与目的论》刊于《海潮音》第 5 年第 11 期。

化声《俱舍论时间之研究》刊于《海潮音》第 5 年第 11 期。

冯宝瑶《启净公主生西实录》刊于《海潮音》第 5 年第 11 期。

郑佈五《郑本周孝徵女士往生记》刊于《海潮音》第 5 年第 11 期。

善胜《印超居士往生记》刊于《海潮音》第 5 年第 11 期。

释自安《周源山历代兴衰记》刊于《海潮音》第 5 年第 11 期。

倪天觉《福建泉州佛化之一班》刊于《海潮音》第 5 年第 11 期。

邹幾极《摄录野获编释门类序》刊于《海潮音》第 5 年第 11 期。

邹幾极《禅净摘要自跋》刊于《海潮音》第 5 年第 11 期。

康寄遥《郑母刘太夫人六秩祝词》刊于《海潮音》第 5 年第 11 期。

邓尉山僧《劝佛教徒提倡慈善刍言》刊于《海潮音》第 5 年第 11 期。

太虚法师《小乘佛学慨略之科目》刊于《海潮音》第 5 年第 11 期。

蒋维乔《佛学大意》刊于《海潮音》第 5 年第 11 期。

幾警《佛学院与丛林》刊于《海潮音》第 5 年第 11 期。

太虚法师《大乘五蕴论讲》刊于《海潮音》第 5 年第 11 期。

水淇《全生命之艺术》刊于《狮吼》第 1 期。

滕固《遗忘的彼岸》刊于《狮吼》第 1 期。

黄主心《影儿》刊于《狮吼》第 1 期。

布毅《牺牲》刊于《狮吼》第 1 期。

水淇《晨雞之啼——文化与科学》刊于《狮吼》第 1 期。

水淇《晨雞之声——金钱的威权》刊于《狮吼》第 1 期。

滕固《文艺批评的素养》刊于《狮吼》第 2 期。

滕固《失业与失德》刊于《狮吼》第 2 期。

水淇《吹灰录》刊于《狮吼》第 2 期。

滕固《民众的教养》刊于《狮吼》第 3 期。

章克标《纸背的文字》刊于《狮吼》第 3 期。

倪贻德《幽怀》刊于《狮吼》第 3 期。

沫若《再上一次十字架》刊于《狮吼》第 3 期。

水淇《吹灰录》刊于《狮吼》第 3 期。

滕固译《心醉之乡》刊于《狮吼》第 4 期。

百刚《缥缈的回忆》刊于《狮吼》第 4 期。

莱蒂《棺材匠与道德家》刊于《狮吼》第 4 期。

水淇《吹灰录》刊于《狮吼》第 4 期。

水淇《希腊之追求》刊于《狮吼》第 5 期。

滕固《心醉之乡(续)》刊于《狮吼》第 5 期。

百刚《缥缈的回忆》刊于《狮吼》第 5 期。

莱蒂《欲望的大虫》刊于《狮吼》第 5 期。

水淇《吹灰录》刊于《狮吼》第 5 期。

四、学术著作

(春秋)晏婴撰,(清)孙星衍《晏子春秋》7 卷、《音义》2 卷、《校勘记》1 卷(四部备要本)由上海中华书局刊行。

(战国)吴起撰《吴子》2 卷(四部备要本)由上海中华书局刊行。

(春秋)司马穰苴撰《司马法》3 卷(四部备要本)由上海中华书局刊行。

(春秋)管仲撰,(唐)房玄龄注《管子》24 卷、《文评》1 卷(四部备要本)由上海中华书局刊行。

(春秋)邓析撰《邓析子》1 卷(四部备要本)由上海中华书局刊行。

(春秋)公孙龙撰,(宋)谢希深注《公孙龙子》1 卷(四部备要本)由上海中华书局刊行。

(春秋)李耳撰,(晋)王弼注《老子道德经》2 卷、《音义》1 卷(四部备要本)由上海中华书局刊行。

(战国)慎到撰,(清)钱熙祚校并辑逸文《慎子》1 卷、《遗文》1 卷(四部备要本)由上海中华书局刊行。

(战国)商鞅撰,(清)严可均校《商君书》5 卷、《附考》1 卷(四部备要本)由上海中华书局刊行。

(战国)韩非撰,佚名注《韩非子》20 卷、《识误》3 卷(四部备要本)由上海中华书局刊行。

（战国）尹文撰，（清）钱熙祚校勘《尹文子》1卷、《校勘记》1卷（四部备要本）由上海中华书局刊行。

（战国）墨翟撰，（清）毕沅校注《墨子》16卷（四部备要本）由上海中华书局刊行。

（战国）尸佼撰，（清）孙星衍辑《尸子》2卷（四部备要本）由上海中华书局刊行。

（战国）尹喜撰《关尹子》1卷（四部备要本）由上海中华书局刊行。

（战国）列御寇撰，（晋）张湛注《列子》8卷（四部备要本）由上海中华书局刊行。

（战国）庄周撰，（晋）郭象注《庄子》10卷（四部备要本）由上海中华书局刊行。

（战国）辛钘撰，（清）钱熙祚校勘《文子》2卷、《校勘记》1卷（四部备要本）由上海中华书局刊行。

（战国）荀况撰，（唐）杨倞注《荀子》20卷、《校勘补遗》1卷（四部备要本）由上海中华书局刊行。

（秦）吕不韦撰，（汉）高诱注《吕氏春秋》26卷、《附考》1卷（四部备要本）由上海中华书局刊行。

（汉）孔安国传、（唐）陆德明音义《尚书》13卷（四部备要本）由上海中华书局刊行。

（汉）毛亨传、（汉）郑玄笺《毛诗》20卷（四部备要本）由上海中华书局刊行。

（汉）郑玄注、（唐）陆德明音义《仪礼》17卷（四部备要本）由上海中华书局刊行。

（汉）郑玄注、（唐）陆德明音义《礼记》20卷（四部备要本）由上海中华书局刊行。

（汉）何休撰，（唐）陆德明音义《春秋公羊传》28卷（四部备要本）由上海中华书局刊行。

（汉）赵岐注《孟子》14卷（四部备要本）由上海中华书局刊行。

（汉）郑玄注《孝经》9卷（四部备要本）由上海中华书局刊行。

（汉）孔安国传《附释音尚书注疏》20卷（四部备要本）由上海中华书局刊行。

（汉）毛亨传、（汉）郑玄笺《附释音毛诗注疏》20卷、《校勘记》20卷（四部备要本）由上海中华书局刊行。

（汉）郑玄注，（唐）陆德明音义《附释音周礼注疏》42卷、《校勘记》42卷（四部备要本）由上海中华书局刊行。

（汉）郑玄注，（唐）陆德明音义《仪礼疏》50卷、《校勘记》50卷（四部备要本）由上海中华书局刊行。

（汉）郑玄注，（唐）陆德明音义《附释音礼记注疏》63卷、《校勘记》63卷（四部备要本）由上海中华书局刊行。

（汉）何休注《监本附音春秋公羊注疏》28卷、《校勘记》28卷（四部备要本）由上海中华书局刊行。

（汉）赵岐注、（宋）孙奭疏《孟子注疏解经》14卷、《校勘记》14卷（四部备要本）由上海中华书局刊行。

（汉）许慎撰，（宋）徐铉校定《说文解字》15卷（四部备要本）由上海中华书局刊行。

（汉）扬雄撰、（清）戴震疏《輶轩使者绝代语释别国方言》13卷（四部备要本）由上海中华书局刊行。

（汉）董仲舒撰、（清）卢文弨校《董子春秋繁露》17卷、附录1卷（四部备要本）由上海中华书局刊行。

（汉）司马迁著《史记》130卷、《补史记》1卷、《史记正义论例》1卷，附考证（四部备要本）

由上海中华书局刊行。

（汉）班固撰，（唐）颜师古注《前汉书》100 卷，附考证（四部备要本）由上海中华书局刊行。

（汉）高诱注，（清）黄丕烈札记《战国策》33 卷、《札记》3 卷（四部备要本）由上海中华书局刊行。

（汉）袁康撰《越绝书》15 卷（四部备要本）由上海中华书局刊行。

（汉）赵晔撰，（宋）徐天祐音注《吴越春秋》10 卷（四部备要本）由上海中华书局刊行。

（汉）刘向撰，佚名续《列女传》7 卷、《续列女传》1 卷（四部备要本）由上海中华书局刊行。

（汉）刘向撰《说苑》20 卷（四部备要本）由上海中华书局刊行。

（汉）刘珍等撰《东观汉记》24 卷（四部备要本）由上海中华书局刊行。

（汉）桑钦撰，（北魏）郦道元《水经注》40 卷、卷首 1 卷、附录 2 卷（四部备要本）由上海中华书局刊行。

（汉）佚名撰，（清）孙星衍校集《汉官》1 卷（四部备要本）由上海中华书局刊行。

（汉）王隆撰，（汉）胡广注并撰《汉官解诂》1 卷，附《汉制度》1 卷（四部备要本）由上海中华书局刊行。

（汉）卫宏撰，（清）孙星衍校并辑补遗《汉旧仪》2 卷、补遗 2 卷（四部备要本）由上海中华书局刊行。

（汉）应劭撰《汉官仪》2 卷（四部备要本）由上海中华书局刊行。

（汉）蔡质撰《汉官典职仪式选用》1 卷（四部备要本）由上海中华书局刊行。

（汉）孔鲋撰《孔丛子》7 卷、《释文》1 卷（四部备要本）由上海中华书局刊行。

（汉）扬雄撰，（唐）李轨注《扬子法言》13 卷、《音义》1 卷（四部备要本）由上海中华书局刊行。

（汉）陆贾撰《新语》2 卷（四部备要本）由上海中华书局刊行。

（汉）贾谊撰，（清）卢文弨校《新书》10 卷（四部备要本）由上海中华书局刊行。

（汉）桓宽撰，（清）王先谦撰校勘小识《盐铁论》10 卷、《校勘小识》1 卷（四部备要本）由上海中华书局刊行。

（汉）王充撰《论衡》30 卷（四部备要本）由上海中华书局刊行。

（汉）王符撰，（清）汪继培笺《潜夫论》10 卷（四部备要本）由上海中华书局刊行。

（汉）桓谭撰，（清）孙冯翼辑《桓子新论》1 卷（四部备要本）由上海中华书局刊行。

（汉）应劭撰《风俗通义》10 卷（四部备要本）由上海中华书局刊行。

（汉）荀悦撰，（明）黄省曾注《申鉴》5 卷（四部备要本）由上海中华书局刊行。

（汉）张仲景撰，（晋）王叔和编《注解伤寒论》10 卷（四部备要本）由上海中华书局刊行。

（汉）张仲景撰，（晋）王叔和集《金匮玉函要略方论》3 卷（四部备要本）由上海中华书局刊行。

（汉）赵爽注，（北周）甄鸾述《周髀算经》2 卷、《音义》1 卷（四部备要本）由上海中华书局刊行。

（汉）焦赣撰《易林》16 卷（四部备要本）由上海中华书局刊行。

（汉）刘安撰、高诱注，（清）庄逵吉校《淮南子》21 卷（四部备要本）由上海中华书局刊行。

（汉）王逸章句，（宋）洪兴祖补注《楚辞》17 卷（四部备要本）由上海中华书局刊行。

（汉）蔡邕撰《蔡中郎集》10 卷、外纪 1 卷、外集 4 卷、卷末 1 卷（四部备要本）由上海中华书局刊行。

（魏）王弼，（晋）韩康伯注《周易》9 卷、略例 1 卷（四部备要本）由上海中华书局刊行。

（魏）何晏集解《论语》20 卷（四部备要本）由上海中华书局刊行。

（魏）王弼注，（唐）孔颖达正义《周易兼义》9 卷（四部备要本）由上海中华书局刊行。

（魏）何晏集解、（宋）邢昺疏《论语注疏解经》20 卷、《校勘记》20 卷（四部备要本）由上海中华书局刊行。

（魏）王肃注《孔子家语》10 卷（四部备要本）由上海中华书局刊行。

（魏）刘邵撰《人物志》3 卷（四部备要本）由上海中华书局刊行。

（魏）吴普等述，（清）孙星衍《本草经》3 卷（四部备要本）由上海中华书局刊行。

（魏）曹植撰《曹子建集》10 卷（四部备要本）由上海中华书局刊行。

（蜀）冯继先撰《春秋名号归一图》2 卷（四部备要本）由上海中华书局刊行。

（三国吴）韦昭注，（清）黄丕烈札《国语》21 卷、《札记》1 卷、《考异》4 卷（四部备要本）由上海中华书局刊行。

（三国吴）丁孚撰《汉仪》1 卷（四部备要本）由上海中华书局刊行。

（晋）杜预集解《春秋经传集解》30 卷（四部备要本）由上海中华书局刊行。

（晋）郭璞注《尔雅》11 卷（四部备要本）由上海中华书局刊行。

（晋）杜预注，（唐）陆德明音义《附释音春秋左传注疏》60 卷、《校勘记》60 卷（四部备要本）由上海中华书局刊行。

（晋）范宁集解《监本附音春秋谷梁注疏》20 卷、《校勘记》20 卷（四部备要本）由上海中华书局刊行。

（晋）范宁集解，（唐）陆德明音义《春秋谷梁传》20 卷（四部备要本）由上海中华书局刊行。

（晋）郭璞注，（宋）邢昺疏《尔雅疏》10 卷、《校勘记》10 卷（四部备要本）由上海中华书局刊行。

（晋）陈寿撰，（南朝宋）裴松之注《三国志》65 卷，附考证（四部备要本）由上海中华书局刊行。

（晋）孔晁注《逸周书》10 卷、《校正补遗》1 卷、附录 1 卷（四部备要本）由上海中华书局刊行。

（晋）郭璞传《山海经》18 卷、《图赞》1 卷、《订伪》1 卷、《叙录》1 卷（四部备要本）由上海中华书局刊行。

（晋）郭璞注，（清）洪颐煊校《穆天子传》6 卷、附录 1 卷（四部备要本）由上海中华书局刊行。

（晋）常璩撰《华阳国志》12 卷（四部备要本）由上海中华书局刊行。

（晋）皇甫谧撰《高士传》3 卷（四部备要本）由上海中华书局刊行。

（晋）崔豹撰《古今注》3 卷（四部备要本）由上海中华书局刊行。

（晋）马缟撰《中华古今注》3 卷（四部备要本）由上海中华书局刊行。

（晋）葛洪撰《抱朴子》内篇 20 卷、外篇 50 卷、附篇 1 卷（四部备要本）由上海中华书局刊行。

（晋）张华撰，（宋）周日用等注《博物志》10 卷（四部备要本）由上海中华书局刊行。

（晋）嵇康撰《嵇中散集》10 卷（四部备要本）由上海中华书局刊行。

（晋）陆机撰《陆士衡集》10 卷（四部备要本）由上海中华书局刊行。

（晋）陆云撰《陆士龙文集》10 卷（四部备要本）由上海中华书局刊行。

（晋）陶潜撰，（清）陶澍集《靖节先生集》10 卷、卷首 1 卷、卷末 1 卷（四部备要本）由上海中华书局刊行。

（南朝宋）鲍照撰《鲍氏集》10 卷（四部备要本）由上海中华书局刊行。

（南朝宋）范晔撰，（唐）李贤注《后汉书》120 卷，附考证（四部备要本）由上海中华书局刊行。

（南朝宋）刘义庆撰、（梁）刘孝标注《世说新语》3 卷（四部备要本）由上海中华书局刊行。

（齐）谢朓撰《谢宣城诗集》5 卷（四部备要本）由上海中华书局刊行。

（梁）顾野王撰，（唐）孙强增字《大广益会玉篇》30 卷（四部备要本）由上海中华书局刊行。

（梁）沈约撰《宋书》100 卷，附考证（四部备要本）由上海中华书局刊行。

（梁）萧子显撰《南齐书》59 卷，附考证（四部备要本）由上海中华书局刊行。

（梁）沈约注，（清）洪颐煊校《竹书纪年》2 卷（四部备要本）由上海中华书局刊行。

（梁）陶宏景注，（清）秦恩复校《鬼谷子》3 卷、篇目考 1 卷、附录 1 卷（四部备要本）由上海中华书局刊行。

（梁）释僧佑撰《弘明集》14 卷（四部备要本）由上海中华书局刊行。

（梁）萧统撰《梁昭明太子文集》5 卷（四部备要本）由上海中华书局刊行。

（梁）江淹撰，（清）梁宾辑《江文通集》4 卷（四部备要本）由上海中华书局刊行。

（梁）何逊撰《何水部集》1 卷（四部备要本）由上海中华书局刊行。

（梁）昭明太子辑，（唐）李善注《文选》60 卷、考异 10 卷（四部备要本）由上海中华书局刊行。

（梁）刘勰撰、（清）黄叔琳注《文心雕龙》10 卷（四部备要本）由上海中华书局刊行。

（梁）刘勰著，（清）黄叔琳注释，沈子英标点《文心雕龙》由上海梁溪图书馆刊行。

（梁）钟嵘撰《诗品》3 卷（四部备要本）由上海中华书局刊行。

（陈）徐陵辑，（清）吴兆宜注《玉台新咏》10 卷（四部备要本）由上海中华书局刊行。

（陈）徐陵撰，（清）吴兆宜笺注《徐孝穆全集》6 卷、备考 1 卷（四部备要本）由上海中华书局刊行。

（北魏）崔鸿撰《十六国春秋》16 卷（四部备要本）由上海中华书局刊。

（北魏）杨衒之撰，（清）吴若准集证《洛阳伽蓝记》5 卷、集证 1 卷（四部备要本）由上海中华书局刊行。

（北魏）贾思勰撰《齐民要术》10 卷（四部备要本）由上海中华书局刊行。

（北齐）魏收撰《魏书》114 卷，附考证（四部备要本）由上海中华书局刊行。

（北齐）颜之推著《颜氏家训》7 卷、壬子年重校 1 卷、注补正 1 卷、注补并重校 1 卷（四部备要本）由上海中华书局刊行。

（北周）宗懔撰《荆楚岁时记》1 卷（四部备要本）由上海中华书局刊行。

　　（北周）庾信撰，（清）倪璠注并撰《庾子山集》16 卷、总释 1 卷（四部备要本）由上海中华书局刊行。

　　（隋）王通撰，（宋）阮逸注《中说》10 卷（四部备要本）由上海中华书局刊行。

　　（唐）陆德明撰《周易音义》1 卷（四部备要本）由上海中华书局刊行。

　　（唐）唐玄宗注、（宋）邢昺疏《孝经正义》9 卷、《校勘记》9 卷（四部备要本）由上海中华书局刊行。

　　（唐）姚思廉撰《梁书》56 卷，附考证（四部备要本）由上海中华书局刊行。

　　（唐）姚思廉撰《陈书》36 卷，附考证（四部备要本）由上海中华书局刊行。

　　（唐）李百药撰《北齐书》50 卷，附考证（四部备要本）由上海中华书局刊行。

　　（唐）令狐德棻等撰《周书》50 卷，附考证（四部备要本）由上海中华书局刊行。

　　（唐）魏徵、长孙无忌等撰《隋书》85 卷，附考证（四部备要本）由上海中华书局刊行。

　　（唐）李延寿撰《南史》80 卷，附考证（四部备要本）由上海中华书局刊行。

　　（唐）吴兢撰，（元）戈直集论《贞观政要》10 卷（四部备要本）由上海中华书局刊行。

　　（唐）李延寿撰《北史》100 卷，附考证（四部备要本）由上海中华书局刊行。

　　（唐）陆贽撰，（清）耆英增辑《唐陆宣公集》22 卷、增辑 2 卷（四部备要本）由上海中华书局刊行。

　　（唐）马总辑《意林》5 卷、逸文 1 卷，附别下斋补刻宋本第 6 卷（四部备要本）由上海中华书局刊行。

　　（唐）启玄子注，（宋）林亿等校正《补注黄帝内经素问》24 卷（四部备要本）由上海中华书局刊行。

　　（唐）王冰注《黄帝内经灵枢》12 卷（四部备要本）由上海中华书局刊行。

　　（唐）王勃撰《王勃文集》9 卷（四部备要本）由上海中华书局刊行。

　　（唐）杨炯撰《杨炯文集》7 卷（四部备要本）由上海中华书局刊行。

　　（唐）卢照邻撰《卢照邻文集》2 卷（四部备要本）由上海中华书局刊行。

　　（唐）骆宾王撰《骆宾王文集》3 卷（四部备要本）由上海中华书局刊行。

　　（唐）张九龄撰《唐丞相曲江张文献公集》12 卷（四部备要本）由上海中华书局刊行。

　　（唐）李白撰，（清）王琦辑注《李太白文集》36 卷（四部备要本）由上海中华书局刊行。

　　（唐）杜甫撰《杜工部集》20 卷、卷首 1 卷（四部备要本）由上海中华书局刊行。

　　（唐）王维撰《王右丞集》28 卷、卷首 1 卷、卷末 1 卷（四部备要本）由上海中华书局刊行。

　　（唐）孟浩然撰《孟浩然集》4 卷（四部备要本）由上海中华书局刊行。

　　（唐）元结撰《唐元次山文集》10 卷、拾遗 1 卷（四部备要本）由上海中华书局刊行。

　　（唐）颜真卿撰，（清）黄本骥编《颜鲁公文集》30 卷、补遗 1 卷（四部备要本）由上海中华书局刊行。

　　（唐）韦应物撰《韦苏州集》10 卷（四部备要本）由上海中华书局刊行。

　　（唐）刘长卿撰《刘随州集》10 卷、外集 1 卷（四部备要本）由上海中华书局刊行。

　　（唐）韩愈撰《昌黎先生集》40 卷、外集 10 卷、遗文 1 卷（四部备要本）由上海中华书局刊行。

　　（唐）柳宗元撰《唐柳河东集》45 卷、外集 5 卷、遗文 1 卷、附录 1 卷（四部备要本）由上海中华书局刊行。

（唐）刘禹锡撰《刘宾客文集》30卷、外集10卷（四部备要本）由上海中华书局刊行。

（唐）孟郊撰《孟东野诗集》10卷（四部备要本）由上海中华书局刊行。

（唐）贾岛撰《唐贾浪仙长江集》10卷（四部备要本）由上海中华书局刊行。

（唐）李贺撰《李长吉歌诗》4卷、卷首1卷、外集1卷（四部备要本）由上海中华书局刊行。

（唐）元稹撰《元氏长庆集》60卷、集外文章1卷（四部备要本）由上海中华书局刊行。

（唐）白居易撰《白香山诗长庆集》20卷、后集17卷、别集1卷、补遗2卷（四部备要本）由上海中华书局刊行。

（唐）杜牧撰《樊川诗集》4卷、别集1卷、外集1卷、补遗1卷（四部备要本）由上海中华书局刊行。

（唐）李商隐撰《玉溪生诗笺注》6卷、《玉溪生诗详注补》1卷（四部备要本）由上海中华书局刊行。

（唐）李商隐撰，（清）冯浩编订《樊南文集详注》8卷，附补（四部备要本）由上海中华书局刊行。

（唐）李商隐撰《樊南文集补编》12卷、《玉溪生年谱订误》1卷（四部备要本）由上海中华书局刊行。

（唐）温庭筠撰《温飞卿诗集》7卷、别集1卷、集外诗1卷（四部备要本）由上海中华书局刊行。

（唐）鱼玄机撰《唐女郎鱼玄机诗》1卷（四部备要本）由上海中华书局刊行。

（唐）释道宣撰《广弘明集》40卷（四部备要本）由上海中华书局刊。

（唐）司空表圣撰《诗品二十四则》1卷（四部备要本）由上海中华书局刊行。

（五代）刘昫等撰《旧唐书》200卷，附考证（四部备要本）由上海中华书局刊行。

（五代）王定远撰《唐摭言》15卷（四部备要本）由上海中华书局刊行。

（五代）李璟，（五代）李煜撰《二主词》1卷（四部备要本）由上海中华书局刊行。

（五代）赵崇祚辑《花间集》10卷（四部备要本）由上海中华书局刊行。

（宋）环中撰《春秋年表》1卷（四部备要本）由上海中华书局刊行。

（宋）朱熹撰《四书集注》19卷（四部备要本）由上海中华书局刊行。

（宋）朱熹章句《大学》1卷（四部备要本）由上海中华书局刊行。

（宋）朱熹章句《中庸》1卷（四部备要本）由上海中华书局刊行。

（宋）朱熹集注《论语》10卷（四部备要本）由上海中华书局刊行。

（宋）朱熹集注《孟子》7卷（四部备要本）由上海中华书局刊行。

（宋）徐锴撰，（清）承培元校《说文解字通释》40卷、校勘记3卷（四部备要本）由上海中华书局刊行。

（宋）陈彭年等修、（清）黎庶昌校《广韵》5卷、《校札》1卷（四部备要本）由上海中华书局刊行。

（宋）丁度等修《集韵》10卷（四部备要本）由上海中华书局刊行。

（宋）欧阳修撰《唐书》225卷、《释音》25卷，附考证（四部备要本）由上海中华书局刊行。

（宋）薛居正等撰《旧五代史》150卷，附考证（四部备要本）由上海中华书局刊行。

（宋）欧阳修撰，（宋）徐无党注《五代史》74卷，附考证（四部备要本）由上海中华书局刊行。

（宋）司马光撰，（元）胡三省音注《资治通鉴》294 卷、附表 1 卷（四部备要本）由上海中华书局刊行。

（宋）司马光撰《资治通鉴目录》30 卷（四部备要本）由上海中华书局刊行。

（宋）罗泌著《路史》47 卷（四部备要本）由上海中华书局刊行。

（宋）佚名撰《新编宣和遗事》前集 1 卷、后集 1 卷（四部备要本）由上海中华书局刊行。

（宋）李纲撰《靖康传信录》3 卷（四部备要本）由上海中华书局刊行。

（宋）郑樵撰《通志略》52 卷（四部备要本）由上海中华书局刊行。

（宋）吉天保辑《孙子十家注》13 卷、叙录 1 卷、遗说 1 卷（四部备要本）由上海中华书局刊行。

（宋）陆佃解《鹖冠子》3 卷（四部备要本）由上海中华书局刊行。

（宋）周敦颐撰《周子通书》1 卷（四部备要本）由上海中华书局刊行。

（宋）程颐、程颢撰《二程全书》6 种（四部备要本）由上海中华书局刊行。

（宋）朱熹辑《河南程氏遗书》25 卷、附录 1 卷（四部备要本）由上海中华书局刊行。

（宋）朱熹辑《河南程氏外书》12 卷（四部备要本）由上海中华书局刊行。

（宋）程颐撰《明道文集》5 卷（四部备要本）由上海中华书局刊行。

（宋）程颐撰《伊川文集》8 卷、遗文 1 卷、附录 1 卷（四部备要本）由上海中华书局刊行。

（宋）程颐撰《伊川易传》4 卷（四部备要本）由上海中华书局刊行。

（宋）程颐撰《伊川经说》8 卷（四部备要本）由上海中华书局刊行。

（宋）杨时订定《二程粹言》2 卷（四部备要本）由上海中华书局刊行。

（宋）张载撰、朱熹注释《张子全书》15 卷（四部备要本）由上海中华书局刊行。

（宋）朱熹著《晦庵先生朱文公集》100 卷、续集 11 卷、别集 10 卷、目录 2 卷（四部备要本）由上海中华书局刊行。

（宋）陆九渊撰，（清）李绂评点《陆象山先生全集》36 卷（四部备要本）由上海中华书局刊行。

（宋）朱熹撰，（明）陈选注《小学集注》6 卷（四部备要本）由上海中华书局刊行。

（宋）朱熹、吕祖谦撰《近思录集注》14 卷（四部备要本）由上海中华书局刊行。

（宋）刘温舒原本《黄帝内经素问遗篇》1 卷（四部备要本）由上海中华书局刊行。

（宋）司马光撰《集注太玄》10 卷（四部备要本）由上海中华书局刊行。

（宋）邵康节撰《皇极经世书绪言》8 卷、卷首 1 卷、杂著 1 卷（四部备要本）由上海中华书局刊行。

（宋）孔平仲撰《续世说》12 卷（四部备要本）由上海中华书局刊行。

（宋）朱熹撰，（清）钱熙祚校《周易参同契考异》1 卷（四部备要本）由上海中华书局刊行。

（宋）高似孙撰《子略》4 卷（四部备要本）由上海中华书局刊行。

（宋）徐铉撰《徐公文集》20 卷、补遗 1 卷、校记 1 卷（四部备要本）由上海中华书局刊行。

（宋）林逋撰《林和靖诗集》4 卷、拾遗 1 卷、附录 1 卷（四部备要本）由上海中华书局刊行。

（宋）苏舜钦撰《苏学士文集》16 卷（四部备要本）由上海中华书局刊行。

（宋）司马光撰《司马温公文集》14 卷、卷首 1 卷（四部备要本）由上海中华书局刊行。

（宋）梅尧臣撰《宛陵先生文集》60卷（四部备要本）由上海中华书局刊行。

（宋）欧阳修撰《欧阳文忠全集》153卷（四部备要本）由上海中华书局刊行。

（宋）胡柯编《庐陵欧阳文忠公年谱》1卷（四部备要本）由上海中华书局刊行。

（宋）欧阳修撰《居士集》50卷、外集25卷（四部备要本）由上海中华书局刊行。

（宋）欧阳修撰《易童子问》3卷（四部备要本）由上海中华书局刊行。

（宋）欧阳修撰《外制集》3卷、内制集8卷（四部备要本）由上海中华书局刊行。

（宋）欧阳修撰《表奏书启四六集》7卷（四部备要本）由上海中华书局刊行。

（宋）欧阳修撰《欧阳文忠公奏议》18卷（四部备要本）由上海中华书局刊行。

（宋）欧阳修撰《河东奉使奏草》2卷（四部备要本）由上海中华书局刊行。

（宋）欧阳修撰《河北奉使奏草》2卷（四部备要本）由上海中华书局刊行。

（宋）欧阳修撰《欧阳文忠公奏事录》1卷（四部备要本）由上海中华书局刊行。

（宋）欧阳修撰《欧阳文忠公濮议》4卷（四部备要本）由上海中华书局刊行。

（宋）欧阳修撰《崇文总目叙释》1卷（四部备要本）由上海中华书局刊行。

（宋）欧阳修撰《于役志》1卷（四部备要本）由上海中华书局刊行。

（宋）欧阳修撰《归田录》2卷（四部备要本）由上海中华书局刊行。

（宋）欧阳修撰《欧阳文忠公诗话》1卷（四部备要本）由上海中华书局刊行。

（宋）欧阳修撰《笔说》1卷（四部备要本）由上海中华书局刊行。

（宋）欧阳修撰《试笔》1卷（四部备要本）由上海中华书局刊行。

（宋）欧阳修撰《近体乐府》3卷（四部备要本）由上海中华书局刊行。

（宋）欧阳修撰《集古录跋尾》10卷（四部备要本）由上海中华书局刊行。

（宋）欧阳修撰《欧阳文忠公书简》10卷（四部备要本）由上海中华书局刊行。

（宋）欧阳修撰《欧阳文忠全集附录》5卷（四部备要本）由上海中华书局刊行。

（宋）苏洵撰《嘉祐集》15卷（四部备要本）由上海中华书局刊行。

（宋）苏轼撰《东坡集》40卷（四部备要本）由上海中华书局刊行。

（宋）苏辙撰《栾城集》50卷、后集24卷、三集10卷（四部备要本）由上海中华书局刊行。

（宋）苏过撰，（清）吴长元订误《斜川集》6卷、附录2卷、订误2卷（四部备要本）由上海中华书局刊行。

（宋）王安石撰《临川先生文集》100卷（四部备要本）由上海中华书局刊行。

（宋）黄庭坚撰《山谷诗集注》20卷、《外集诗注》17卷、《别集诗注》2卷（四部备要本）由上海中华书局刊行。

（宋）陈师道撰《后山先生集》24卷（四部备要本）由上海中华书局刊行。

（宋）秦观著《淮海集》17卷、后集2卷、词1卷、补遗1卷、续补遗1卷、考证1卷（四部备要本）由上海中华书局刊行。

（宋）陈与义撰《增广笺注简斋诗集》30卷、《无住词》1卷、《外集》1卷、《正误》1卷（四部备要本）由上海中华书局刊行。

（宋）杨万里著《诚斋集》42卷（四部备要本）由上海中华书局刊行。

（宋）陆游撰《剑南诗稿》85卷、《放翁逸稿》1卷（四部备要本）由上海中华书局刊行。

（宋）陆游撰《渭南文集》50卷（四部备要本）由上海中华书局刊行。

（宋）陆游撰，（元）戚光音释《南唐书》18卷、《音释》1卷（四部备要本）由上海中华书局刊行。

（宋）叶适撰《水心文集》29 卷（四部备要本）由上海中华书局刊行。

（宋）陈亮撰《龙川文集》30 卷、卷首 1 卷、补遗 1 卷、附录 2 卷（四部备要本）由上海中华书局刊行。

（宋）张先撰，（清）朱孝臧撰校记《张子野词》2 卷、补遗 2 卷、校记 2 卷（四部备要本）由上海中华书局刊行。

（宋）周邦彦撰，（宋）陈元龙集注《片玉集》10 卷、校记 1 卷（四部备要本）由上海中华书局刊行。

（宋）范成大撰，（清）朱孝臧撰校记《石湖词》1 卷、补遗 1 卷、校记 2 卷（四部备要本）由上海中华书局刊行。

（宋）辛弃疾撰《稼杆长短句》12 卷、补遗 1 卷、补遗校记 1 卷（四部备要本）由上海中华书局刊行。

（宋）姜夔撰《白石道人诗集》2 卷、《集外诗》1 卷、附录 1 卷、附录补遗 1 卷（四部备要本）由上海中华书局刊行。

（宋）姜夔撰《白石道人诗说》1 卷（四部备要本）由上海中华书局刊行。

（宋）姜夔撰《白石道人歌曲》4 卷、别集 1 卷（四部备要本）由上海中华书局刊行。

（宋）吴文英撰，（清）朱孝臧撰小笺《梦窗词集》1 卷、补 1 卷、小笺 1 卷（四部备要本）由上海中华书局刊行。

（宋）周密撰《苹洲渔笛谱》2 卷、集外词 1 卷、校记 1 卷（四部备要本）由上海中华书局刊行。

（宋）张炎撰，（清）江昱疏证《山中白云》8 卷、附录 1 卷、校记 1 卷（四部备要本）由上海中华书局刊行。

（宋）王沂孙撰《花外集》1 卷、附录 1 卷（四部备要本）由上海中华书局刊行。

（宋）郭茂倩辑《乐府诗集》100 卷（四部备要本）由上海中华书局刊行。

（宋）武陵逸史编《草堂诗余》4 卷（四部备要本）由上海中华书局刊行。

（宋）周密辑《绝妙好词笺》7 卷、续抄 1 卷、续抄补录 1 卷（四部备要本）由上海中华书局刊行。

（宋）晏殊撰《珠玉词》1 卷（四部备要本）由上海中华书局刊行。

（宋）欧阳修撰《六一词》1 卷（四部备要本）由上海中华书局刊行。

（宋）柳永撰《乐章集》1 卷（四部备要本）由上海中华书局刊行。

（宋）苏轼撰《东坡词》1 卷（四部备要本）由上海中华书局刊行。

（宋）黄庭坚撰《山谷词》1 卷（四部备要本）由上海中华书局刊行。

（宋）秦观撰《淮海词》1 卷（四部备要本）由上海中华书局刊行。

（宋）晏几道撰《小山词》1 卷（四部备要本）由上海中华书局刊行。

（宋）毛滂撰《东堂词》1 卷（四部备要本）由上海中华书局刊行。

（宋）陆游撰《放翁词》1 卷（四部备要本）由上海中华书局刊行。

（宋）辛弃疾撰《稼轩词》4 卷（四部备要本）由上海中华书局刊行。

（宋）周邦彦撰《片玉词》2 卷补遗 1 卷（四部备要本）由上海中华书局刊行。

（宋）史达祖撰《梅溪词》1 卷（四部备要本）由上海中华书局刊行。

(宋)姜夔撰《白石词》1 卷(四部备要本)由上海中华书局刊行。

(宋)叶梦得撰《石林词》1 卷(四部备要本)由上海中华书局刊行。

(宋)向子諲撰《酒边词》2 卷(四部备要本)由上海中华书局刊行。

(宋)谢逸撰《溪堂词》1 卷(四部备要本)由上海中华书局刊行。

(宋)毛开撰《樵隐词》1 卷(四部备要本)由上海中华书局刊行。

(宋)蒋捷撰《竹山词》1 卷(四部备要本)由上海中华书局刊行。

(宋)程垓撰《书舟词》1 卷(四部备要本)由上海中华书局刊行。

(宋)赵师使撰《坦庵词》1 卷(四部备要本)由上海中华书局刊行。

(宋)赵长卿撰《惜香乐府》10 卷(四部备要本)由上海中华书局刊行。

(宋)杨炎正撰《西樵语业》1 卷(四部备要本)由上海中华书局刊行。

(宋)高观国撰《竹屋痴语》1 卷(四部备要本)由上海中华书局刊行。

(宋)吴文英撰《梦窗(甲稿)》1 卷、乙稿 1 卷、丙稿 1 卷、丁稿 1 卷、绝笔 1 卷、补遗 1 卷(四部备要本)由上海中华书局刊行。

(宋)周必大撰《近体乐府》1 卷(四部备要本)由上海中华书局刊行。

(宋)黄机撰《竹斋诗余》1 卷(四部备要本)由上海中华书局刊行。

(宋)石孝友撰《金谷遗音》1 卷(四部备要本)由上海中华书局刊行。

(宋)黄升撰《散花庵词》1 卷(四部备要本)由上海中华书局刊行。

(宋)方千里撰《和清真词》1 卷(四部备要本)由上海中华书局刊行。

(宋)刘克庄撰《后村别调》1 卷(四部备要本)由上海中华书局刊行。

(宋)张元干撰《芦川词》1 卷(四部备要本)由上海中华书局刊行。

(宋)张孝祥撰《于湖词》3 卷(四部备要本)由上海中华书局刊行。

(宋)程珌撰《洺水词》1 卷(四部备要本)由上海中华书局刊行。

(宋)蔡伸撰《友古词》1 卷(四部备要本)由上海中华书局刊行。

(宋)刘过撰《龙洲词》1 卷(四部备要本)由上海中华书局刊行。

(宋)王安中撰《初寮词》1 卷(四部备要本)由上海中华书局刊行。

(宋)陈亮撰《龙川词》1 卷补 1 卷(四部备要本)由上海中华书局刊行。

(宋)李之仪撰《姑溪词》1 卷(四部备要本)由上海中华书局刊行。

(宋)葛立方撰《归愚词》1 卷(四部备要本)由上海中华书局刊行。

(宋)戴复古撰《石屏词》1 卷(四部备要本)由上海中华书局刊行。

(宋)曾觌撰《海野词》1 卷(四部备要本)由上海中华书局刊行。

(宋)杨无咎撰《逃禅词》1 卷(四部备要本)由上海中华书局刊行。

(宋)洪瑹撰《空同词》1 卷(四部备要本)由上海中华书局刊行。

(宋)赵彦端撰《介庵词》1 卷(四部备要本)由上海中华书局刊行。

(宋)洪咨夔撰《平斋词》1 卷(四部备要本)由上海中华书局刊行。

(宋)李公昂撰《文溪词》1 卷(四部备要本)由上海中华书局刊行。

(宋)葛胜仲撰《丹阳词》1 卷(四部备要本)由上海中华书局刊行。

(宋)侯寘撰《孏窟词》1 卷(四部备要本)由上海中华书局刊行。

(宋)沈端节撰《克斋词》1 卷(四部备要本)由上海中华书局刊行。

(宋)张矩撰《芸窗词》1 卷(四部备要本)由上海中华书局刊行。

（宋）周紫芝撰《竹坡词》3 卷（四部备要本）由上海中华书局刊行。

（宋）吕滨老撰《圣求词》1 卷（四部备要本）由上海中华书局刊行。

（宋）杜安世撰《寿域词》1 卷（四部备要本）由上海中华书局刊行。

（宋）王千秋撰《审斋词》1 卷（四部备要本）由上海中华书局刊行。

（宋）韩玉撰《东浦词》1 卷（四部备要本）由上海中华书局刊行。

（宋）黄公度撰《知稼翁词》1 卷（四部备要本）由上海中华书局刊行。

（宋）陈与义撰《无住词》1 卷（四部备要本）由上海中华书局刊行。

（宋）陈师道撰《后山词》1 卷（四部备要本）由上海中华书局刊行。

（宋）卢祖皋撰《蒲江词》1 卷（四部备要本）由上海中华书局刊行。

（宋）晁补之撰《琴趣外篇》6 卷（四部备要本）由上海中华书局刊行。

（宋）卢炳撰《烘堂词》1 卷（四部备要本）由上海中华书局刊行。

（宋）胡仔撰《渔隐丛话前集》60 卷、《后集》40 卷（四部备要本）由上海中华书局刊行。

（宋）佚名撰《词林韵释》1 卷（四部备要本）由上海中华书局刊行。

（金）元好问撰《元遗山诗集笺注》14 卷、附录 1 卷、补载 1 卷（四部备要本）由上海中华书局刊行。

（元）脱脱等撰《宋史》496 卷、目录 3 卷，附考证（四部备要本）由上海中华书局刊行。

（元）脱脱等撰《辽史》116 卷，附考证（四部备要本）由上海中华书局刊行。

（元）脱脱等撰《金史》135 卷，附考证（四部备要本）由上海中华书局刊行。

（元）李志常撰《长春真人西游记》2 卷、附录 1 卷（四部备要本）由上海中华书局刊行。

（元）杜道坚撰《文子缵义》12 卷（四部备要本）由上海中华书局刊行。

（元）司农司撰《农桑辑要》7 卷（四部备要本）由上海中华书局刊行。

（元）袁桷撰《清容居士集》50 卷、目录 2 卷、札记 1 卷（四部备要本）由上海中华书局刊行。

（元）虞集撰《道园学古录》50 卷（四部备要本）由上海中华书局刊行。

（元）杨维桢撰《铁崖乐府注》10 卷、《咏史注》8 卷、《逸编注》8 卷（四部备要本）由上海中华书局刊行。

（元）张雨撰《贞居词》1 卷、补遗 1 卷（四部备要本）由上海中华书局刊行。

（元）张翥撰《蜕岩词》2 卷（四部备要本）由上海中华书局刊行。

（元）马致远撰《破幽梦孤雁汉宫秋杂剧》1 卷（四部备要本）由上海中华书局刊行。

（元）乔孟符撰《李太白匹配金钱记杂剧》1 卷（四部备要本）由上海中华书局刊行。

（元）佚名撰《包待制陈州粜米杂剧》1 卷（四部备要本）由上海中华书局刊行。

（元）佚名撰《玉清庵错送鸳鸯被杂剧》1 卷（四部备要本）由上海中华书局刊行。

（元）佚名撰《随何赚风魔蒯通杂剧》1 卷（四部备要本）由上海中华书局刊行。

（元）关汉卿《撰温太真玉镜台杂剧》1 卷（四部备要本）由上海中华书局刊行。

（元）萧德祥撰《杨氏女杀狗劝夫杂剧》1 卷（四部备要本）由上海中华书局刊行。

（元）张国宾撰《相国寺公孙合汗衫杂剧》1 卷（四部备要本）由上海中华书局刊行。

（元）关汉卿撰《钱大尹智宠谢天香杂剧》1 卷（四部备要本）由上海中华书局刊行。

（元）佚名撰《争报恩三虎下山杂剧》1 卷（四部备要本）由上海中华书局刊行。

（元）吴昌龄撰《张天师断风花雪月杂剧》1 卷（四部备要本）由上海中华书局刊行。

(元)关汉卿撰《赵盼儿风月救风尘杂剧》1卷(四部备要本)由上海中华书局刊行。

(元)秦简夫撰《东堂老劝破家子弟杂剧》1卷(四部备要本)由上海中华书局刊行。

(元)李文蔚撰《同乐院燕青博鱼杂剧》1卷(四部备要本)由上海中华书局刊行。

(元)杨显之撰《临江驿潇湘秋夜雨杂剧》1卷(四部备要本)由上海中华书局刊行。

(元)石君宝撰《李亚仙花酒曲江池杂剧》1卷(四部备要本)由上海中华书局刊行。

(元)郑廷玉撰《楚昭公疏者下船杂剧》1卷(四部备要本)由上海中华书局刊行。

(元)佚名撰《庞居士误放来生债杂剧》1卷(四部备要本)由上海中华书局刊行。

(元)张国宾撰《薛仁贵荣归故里杂剧》1卷(四部备要本)由上海中华书局刊行。

(元)白仁甫撰《裴少俊墙头马上杂剧》1卷(四部备要本)由上海中华书局刊行。

(元)白仁甫撰《唐明皇秋夜梧桐雨杂剧》1卷(四部备要本)由上海中华书局刊行。

(元)武汉臣撰《散家财天赐老生儿杂剧》1卷(四部备要本)由上海中华书局刊行。

(元)佚名撰《朱砂担滴水浮沤记杂剧》1卷(四部备要本)由上海中华书局刊行。

(元)李直夫撰《便宜行事虎头牌杂剧》1卷(四部备要本)由上海中华书局刊行。

(元)佚名撰《包龙图智赚合同文字杂剧》1卷(四部备要本)由上海中华书局刊行。

(元)佚名撰《冻苏秦衣锦还乡杂剧》1卷(四部备要本)由上海中华书局刊行。

(元)杨文奎撰《翠红乡儿女两团圆杂剧》1卷(四部备要本)由上海中华书局刊行。

(元)武汉臣撰《李素兰风月玉壶春杂剧》1卷(四部备要本)由上海中华书局刊行。

(元)岳伯川撰《吕洞宾度铁拐李岳杂剧》1卷(四部备要本)由上海中华书局刊行。

(元)佚名撰《小尉迟将斗将认父归朝杂剧》1卷(四部备要本)由上海中华书局刊行。

(元)戴善夫撰《陶学士醉写风光好杂剧》1卷(四部备要本)由上海中华书局刊行。

(元)石君宝撰《鲁大夫秋胡戏妻杂剧》1卷(四部备要本)由上海中华书局刊行。

(元)佚名撰《神奴儿大闹开封府杂剧》1卷(四部备要本)由上海中华书局刊行。

(元)马致远撰《半夜雷轰荐福碑杂剧》1卷(四部备要本)由上海中华书局刊行。

(元)佚名撰《谢金吾诈拆清风府杂剧》1卷(四部备要本)由上海中华书局刊行。

(元)马致远撰《吕洞宾三醉岳阳楼杂剧》1卷(四部备要本)由上海中华书局刊行。

(元)关汉卿撰《包待制三勘蝴蝶梦杂剧》1卷(四部备要本)由上海中华书局刊行。

(元)李寿卿撰《说专诸伍员吹箫杂剧》1卷(四部备要本)由上海中华书局刊行。

(元)孙仲章撰《河南府张鼎勘头巾杂剧》1卷(四部备要本)由上海中华书局刊行。

(元)高文秀撰《黑旋风双献功杂剧》1卷(四部备要本)由上海中华书局刊行。

(元)郑德辉撰《迷青琐倩女离魂杂剧》1卷(四部备要本)由上海中华书局刊行。

(元)马致远撰《西华山陈抟高卧杂剧》1卷(四部备要本)由上海中华书局刊行。

(元)佚名撰《庞涓夜走马陵道杂剧》1卷(四部备要本)由上海中华书局刊行。

(元)王仲文撰《救孝子贤母不认尸杂剧》1卷(四部备要本)由上海中华书局刊行。

(元)马致远撰《邯郸道省悟黄粱梦杂剧》1卷(四部备要本)由上海中华书局刊行。

(元)乔孟符撰《杜牧之诗酒扬州梦杂剧》1卷(四部备要本)由上海中华书局刊行。

(元)郑德辉撰《醉思乡王粲登楼杂剧》1卷(四部备要本)由上海中华书局刊行。

(元)朱凯撰《昊天塔孟良盗骨杂剧》1卷(四部备要本)由上海中华书局刊行。

(元)关汉卿撰《包待制智斩鲁斋郎杂剧》1卷(四部备要本)由上海中华书局刊行。

(元)庾天锡撰《朱太守风雪鱼樵记杂剧》1卷(四部备要本)由上海中华书局刊行。

（元）马致远撰《江州司马青衫泪杂剧》1卷（四部备要本）由上海中华书局刊行。

（元）王实甫撰《四丞相高会丽春堂杂剧》1卷（四部备要本）由上海中华书局刊行。

（元）佚名撰《孟德耀举案齐眉杂剧》1卷（四部备要本）由上海中华书局刊行。

（元）郑庭玉撰《包龙图智勘后庭花杂剧》1卷（四部备要本）由上海中华书局刊行。

（元）宫大用撰《死生交范张鸡黍》1卷（四部备要本）由上海中华书局刊行。

（元）乔孟符撰《玉箫女两世姻缘杂剧》1卷（四部备要本）由上海中华书局刊行。

（元）秦简夫撰《宜秋山赵礼让肥杂剧》1卷（四部备要本）由上海中华书局刊行。

（元）杨显之撰《郑孔目风雪酷寒亭杂剧》1卷（四部备要本）由上海中华书局刊行。

（元）王晔撰《桃花女破法嫁周公杂剧》1卷（四部备要本）由上海中华书局刊行。

（元）范子安撰《陈季卿误上竹叶舟杂剧》1卷（四部备要本）由上海中华书局刊行。

（元）郑廷玉撰《布袋和尚忍字记杂剧》1卷（四部备要本）由上海中华书局刊行。

（元）张寿卿撰《谢金莲诗酒红梨花杂剧》1卷（四部备要本）由上海中华书局刊行。

（元）贾仲名撰《铁拐李度金童玉女杂剧》1卷（四部备要本）由上海中华书局刊行。

（元）李行道撰《包待制智赚灰阑记杂剧》1卷（四部备要本）由上海中华书局刊行。

（元）郑廷玉撰《崔府君断冤家债主杂剧》1卷（四部备要本）由上海中华书局刊行。

（元）郑德辉撰《㑳梅香骗翰林风月杂剧》1卷（四部备要本）由上海中华书局刊行。

（元）尚仲贤撰《尉迟恭单鞭夺槊杂剧》1卷（四部备要本）由上海中华书局刊行。

（元）谷子敬撰《吕洞宾三度城南柳杂剧》1卷（四部备要本）由上海中华书局刊行。

（元）高文秀撰《须贾大夫谇范叔杂剧》1卷（四部备要本）由上海中华书局刊行。

（元）佚名撰《李云英风送梧桐叶杂剧》1卷（四部备要本）由上海中华书局刊行。

（元）吴昌龄撰《花间四友东坡梦杂剧》1卷（四部备要本）由上海中华书局刊行。

（元）关汉卿撰《杜蕊娘智赏金线池杂剧》1卷（四部备要本）由上海中华书局刊行。

（元）曾瑞卿撰《王月英元夜留鞋记杂剧》1卷（四部备要本）由上海中华书局刊行。

（元）尚仲贤撰《汉高皇濯足气英布杂剧》卷（四部备要本）由上海中华书局刊行。

（元）佚名撰《两军师隔江斗智杂剧》1卷（四部备要本）由上海中华书局刊行。

（元）杨景贤撰《马丹阳度脱刘行首杂剧》1卷（四部备要本）由上海中华书局刊行。

（元）李寿卿撰《月明和尚度柳翠杂剧》1卷（四部备要本）由上海中华书局刊行。

（元）王子一撰《刘晨阮肇误入桃源杂剧》1卷（四部备要本）由上海中华书局刊行。

（元）孟汉卿撰《张孔目智勘魔合罗杂剧》1卷（四部备要本）由上海中华书局刊行。

（元）佚名撰《玎玎珰珰盆儿鬼杂剧》1卷（四部备要本）由上海中华书局刊行。

（元）佚名撰《逞风流王焕百花亭杂剧》1卷（四部备要本）由上海中华书局刊行。

（元）石子章撰《秦修然竹坞听琴杂剧》1卷（四部备要本）由上海中华书局刊行。

（元）佚名撰《金水桥陈琳抱妆盒杂剧》1卷（四部备要本）由上海中华书局刊行。

（元）纪君祥传《赵氏孤儿大报仇杂剧》1卷（四部备要本）由上海中华书局刊行。

（元）关汉卿撰《感天动地窦娥冤杂剧》1卷（四部备要本）由上海中华书局刊行。

（元）康进之撰《梁山泊李逵负荆杂剧》1卷（四部备要本）由上海中华书局刊行。

（元）贾仲名撰《萧淑兰情寄菩萨蛮杂剧》1卷（四部备要本）由上海中华书局刊行。

（元）佚名撰《锦云堂暗定连环计杂剧》1卷（四部备要本）由上海中华书局刊行。

（元）张国宾撰《罗李郎大闹相国寺杂剧》1卷（四部备要本）由上海中华书局刊行。

（元）郑廷玉撰《看钱奴买冤家债主杂剧》1卷（四部备要本）由上海中华书局刊行。

（元）李致远撰《都孔目风雨还牢末杂剧》1卷（四部备要本）由上海中华书局刊行。

（元）尚仲贤撰《洞庭湖柳毅传书杂剧》1卷（四部备要本）由上海中华书局刊行。

（元）佚名撰《风雨像生货郎旦杂剧》1卷（四部备要本）由上海中华书局刊行。

（元）关汉卿撰《望江亭中秋切鲙杂剧》1卷（四部备要本）由上海中华书局刊行。

（元）马致远撰《马丹阳三度任风子杂剧》1卷（四部备要本）由上海中华书局刊行。

（元）佚名撰《萨真人夜断碧桃花杂剧》1卷（四部备要本）由上海中华书局刊行。

（元）武汉臣撰《包待制智赚生金阁杂剧》1卷（四部备要本）由上海中华书局刊行。

（元）佚名撰《冯玉兰夜月泣江舟杂剧》1卷（四部备要本）由上海中华书局刊行。

（元）李好古撰《沙门岛张生煮海杂剧》1卷（四部备要本）由上海中华书局刊行。

（明）吕坤著，（清）陈宏谋评，汤寿铭校《（精校圈点）呻吟语》刊行，有洛学编《吕新吾先生传》，高延第、陆陇其序，吕坤原序，陈宏谋《评辑呻吟语序》，蒋兆奎《吕予节录序》，洪亮吉《重刻吕子呻吟语序》

（明）刘伯温著《真本烧饼歌》（中国预言）由上海中华新教育社刊行。

（明）王守仁撰《王文成公全书》38卷（四部备要本）由上海中华书局刊行。

（明）王守仁撰《王文成公传习录》3卷，附《朱子晚年定论》1卷（四部备要本）由上海中华书局刊行。

（明）王守仁撰《王文成公文录》5卷（四部备要本）由上海中华书局刊行。

（明）王守仁撰《王文成公别录》10卷（四部备要本）由上海中华书局刊行。

（明）王守仁撰《王文成公外集》7卷（四部备要本）由上海中华书局刊行。

（明）王守仁撰《王文成公文录续编》6卷（四部备要本）由上海中华书局刊行。

（明）钱德洪编，王畿辑附录《王文成公年谱》3卷、附录2卷（四部备要本）由上海中华书局刊行。

（明）钱德洪、王畿辑《王文成公世德纪》1卷、附录1卷（四部备要本）由上海中华书局刊行。

（明）宋濂撰《宋文宪公全集》53卷卷首4卷（四部备要本）由上海中华书局刊行。

（明）高启撰《青丘高季迪先生诗集》18卷、遗诗1卷《扣舷集》1卷《凫藻集》5卷（四部备要本）由上海中华书局刊行。

（明）方孝孺撰《方正学先生逊志斋集》24卷（四部备要本）由上海中华书局刊行。

（明）归有光撰《震川先生集》30卷别集10卷（四部备要本）由上海中华书局刊行。

（明）贾仲名撰《荆楚臣重对玉梳记杂剧》1卷（四部备要本）由上海中华书局刊行。

（明）王九思，（明）王鼎象辑《难经集注》5卷（四部备要本）由上海中华书局刊行。

（明）臧懋循辑《元曲选》100种（四部备要本）由上海中华书局刊行。

（明）毛晋辑《宋六十名家词》61种（四部备要本）由上海中华书局刊行。

（明）刘伯温著《真本烧饼歌》（中国预言）由上海中华新教育社刊行。

（清）戴震著《戴氏三种》由北京朴社刊行。

（清）噶勒桑译《（蒙汉合璧）大学中庸》由北京蒙文书社刊行。

（清）曾国藩著《曾文正公大事记·治兵语录》由上海大达图书供应社刊行。

（清）刘智译《天方至圣实录》（上下册）由上海中华书局刊行。

（清）刘智著《天方典礼》由上海中华书局刊行。

（清）刘智著《天方典礼择要解》由上海中华书局刊行。

（清）刘智著《天方性理》由奉天醒时报营业部刊行。

（清）刘智纂译《天方性理》由上海中华书局刊行。

（清）史洁理编著《感应类钞》由上海聂氏家言旬刊社刊行。

（清）王建章著《仙术秘库》由上海万国长寿学会刊行。

（清）曾国藩、胡润之著,蒋介石编《（增补）曾胡治兵语录》由江苏南京力行要览发行所刊行。

（清）包世臣著《艺舟双楫》由上海文艺书社刊行。

（清）潘博著《中国名相传》由上海世界书局刊行。

（清）曾国藩著《曾文正公大事记·治兵语录》由上海大达图书供应社刊行。

（清）阮元撰《周易注疏校勘记》9卷（四部备要本）由上海中华书局刊行。

（清）阮元撰《尚书校勘记》20卷（四部备要本）由上海中华书局刊行。

（清）惠栋撰《周易述》21卷（四部备要本）由上海中华书局刊行。

（清）江藩撰《周易述补》4卷（四部备要本）由上海中华书局刊行。

（清）李林松撰《周易述补》5卷（四部备要本）由上海中华书局刊行。

（清）孙星衍撰《尚书今古文注疏》30卷（四部备要本）由上海中华书局刊行。

（清）马瑞辰撰《毛诗传笺通释》32卷（四部备要本）由上海中华书局刊行。

（清）孙诒让撰《周礼正义》86卷（四部备要本）由上海中华书局刊行。

（清）胡培翚撰,（清）杨大堉补《仪礼正义》40卷（四部备要本）由上海中华书局刊行。

（清）朱彬辑《礼记训纂》49卷（四部备要本）由上海中华书局刊行。

（清）洪亮吉撰《春秋左传诂》20卷（四部备要本）由上海中华书局刊行。

（清）陈立撰《公羊义疏》76卷（四部备要本）由上海中华书局刊行。

（清）钟文烝撰《谷梁补注》24卷（四部备要本）由上海中华书局刊行。

（清）皮锡瑞撰《孝经郑注疏》2卷（四部备要本）由上海中华书局刊行。

（清）刘宝楠撰、（清）刘恭冕补《论语正义》24卷、附录1卷（四部备要本）由上海中华书局刊行。

（清）焦循撰《孟子正义》30卷（四部备要本）由上海中华书局刊行。

（清）朱彝尊撰《经义考》300卷、目录2卷（四部备要本）由上海中华书局刊行。

（清）王引之撰《经义述闻》32卷（四部备要本）由上海中华书局刊行。

（清）郝懿行撰《尔雅郭注义疏》3卷（四部备要本）由上海中华书局刊行。

（清）段玉裁注并撰《说文解字》15卷、《六书音韵表》5卷（四部备要本）由上海中华书局刊行。

（清）黎永椿编《说文通检》14卷、卷首1卷、卷末1卷（四部备要本）由上海中华书局刊行。

（清）王念孙撰、（清）王引之述《广雅疏证》10卷（四部备要本）由上海中华书局刊行。

（清）胡承珙撰《小尔雅义证》13卷、补遗1卷（四部备要本）由上海中华书局刊行。

（清）张廷玉等纂《钦定金国语解》1卷（四部备要本）由上海中华书局刊行。

（清）毕沅撰《续资治通鉴》220卷（四部备要本）由上海中华书局刊行。

（清）陈鹤撰《明纪》60卷（四部备要本）由上海中华书局刊行。

（清）张廷玉等撰《明史》332卷、目录4卷（四部备要本）由上海中华书局刊行。

（清）魏源撰《圣武记》14卷（四部备要本）由上海中华书局刊行。

（清）廖寅撰《补华阳国志三州郡县目录》1卷（四部备要本）由上海中华书局刊行。

（清）廖寅撰《补华阳国志三州郡县目录》1卷（四部备要本）由上海中华书局刊行。

（清）李元度撰《国朝先正事略》60卷（四部备要本）由上海中华书局刊行。

（清）朱孔彰撰《中兴将帅别传》30卷（四部备要本）由上海中华书局刊行。

（清）孙星衍辑《汉官六种》10卷（四部备要本）由上海中华书局刊行。

（清）纪昀等纂《钦定历代职官表》72卷（四部备要本）由上海中华书局刊行。

（清）吴荣光撰《吾学录初编》24卷（四部备要本）由上海中华书局刊行。

（清）浦起龙撰《史通通释》20卷（四部备要本）由上海中华书局刊行。

（清）王夫之撰《读通鉴论》30卷、卷末1卷（四部备要本）由上海中华书局刊行。

（清）王夫之撰《宋论》15卷（四部备要本）由上海中华书局刊行。

（清）章学诚撰《文史通义》8卷（四部备要本）由上海中华书局刊行。

（清）章学诚撰《校雠通义》3卷（四部备要本）由上海中华书局刊行。

（清）万斯同撰《历代史表》59卷（四部备要本）由上海中华书局刊行。

（清）齐召南撰，（清）阮福续编《历代帝王年表》14卷（四部备要本）由上海中华书局刊行。

（清）陆费墀撰《帝王庙谥年讳谱》1卷（四部备要本）由上海中华书局刊行。

（清）段长基述《历代统纪表》13卷（四部备要本）由上海中华书局刊行。

（清）段长基编《历代疆域表》3卷（四部备要本）由上海中华书局刊行。

（清）段长基编《历代沿革表》3卷（四部备要本）由上海中华书局刊行。

（清）李兆洛撰《历代纪元编》3卷、卷末1卷（四部备要本）由上海中华书局刊行。

（清）李兆洛辑《历代地理志韵编今释》20卷（四部备要本）由上海中华书局刊行。

（清）赵翼撰《廿二史札记》36卷、补遗1卷（四部备要本）由上海中华书局刊行。

（清）孙星衍校《燕丹子》3卷（四部备要本）由上海中华书局刊行。

（清）黄宗羲撰《明夷待访录》1卷（四部备要本）由上海中华书局刊行。

（清）陈弘谋辑《五种遗规》16卷（四部备要本）由上海中华书局刊行。

（清）陈弘谋辑《养正遗规》2卷、补编1卷（四部备要本）由上海中华书局刊行。

（清）陈弘谋辑《训俗遗规》4卷（四部备要本）由上海中华书局刊行。

（清）陈弘谋辑《从政遗规》2卷（四部备要本）由上海中华书局刊行。

（清）陈弘谋辑《教女遗规》3卷（四部备要本）由上海中华书局刊行。

（清）陈弘谋辑《在官法戒录》4卷（四部备要本）由上海中华书局刊行。

（清）李光地等辑《御纂性理精义》12卷（四部备要本）由上海中华书局刊行。

（清）黄宗羲撰《宋元学案》10卷、卷首1卷、考略1卷（四部备要本）由上海中华书局刊行。

（清）黄宗羲撰《明儒学案》62卷、师说1卷（四部备要本）由上海中华书局刊行。

（清）唐鉴撰《国朝学案小识》14卷、卷末1卷（四部备要本）由上海中华书局刊行。

（清）江藩撰《国朝汉学师承记》8卷（四部备要本）由上海中华书局刊行。

（清）江藩撰《国朝经师经义目录》1 卷（四部备要本）由上海中华书局刊行。

（清）江藩撰《国朝宋学渊源记》2 卷、附记 1 卷（四部备要本）由上海中华书局刊行。

（清）翁元圻撰《困学纪闻注》20 卷、卷首 1 卷（四部备要本）由上海中华书局刊行。

（清）顾炎武撰《日知录集释》32 卷、刊误 2 卷、续刊误 2 卷（四部备要本）由上海中华书局刊行。

（清）钱大昕撰《十驾斋养新录》20 卷、余录 3 卷（四部备要本）由上海中华书局刊行。

（清）陈澧撰《东塾读书记》25 卷（四部备要本）由上海中华书局刊行。

（清）张行孚撰《蚕事要略》1 卷（四部备要本）由上海中华书局刊行。

（清）汪曰桢撰《历代长术辑要》10 卷、《古今推步诸术考》1 卷（四部备要本）由上海中华书局刊行。

（清）倪璠编《庚子山年谱》1 卷（四部备要本）由上海中华书局刊行。

（清）许增辑《白石道人诗词评论》1 卷（四部备要本）由上海中华书局刊行。

（清）佚名辑《白石道人逸事》1 卷、补遗 1 卷（四部备要本）由上海中华书局刊行。

（清）施国祁编《元遗山年谱》1 卷（四部备要本）由上海中华书局刊行。

（清）顾炎武撰《亭林诗集》5 卷、文集 6 卷、余集 1 卷（四部备要本）由上海中华书局刊行。

（清）黄宗羲撰《南雷文定集》前集 10 卷、后集 4 卷、三集 3 卷、诗历 4 卷、附录 1 卷（四部备要本）由上海中华书局刊行。

（清）王夫之撰《姜斋文集》10 卷（四部备要本）由上海中华书局刊行。

（清）侯方域撰《壮悔堂文集》10 卷、遗稿 1 卷、年谱 1 卷（四部备要本）由上海中华书局刊行。

（清）吴伟业撰《吴诗集览》20 卷、《谈薮》2 卷、《补注》20 卷（四部备要本）由上海中华书局刊行。

（清）朱彝尊撰《曝书亭集》80 卷、附录 1 卷（四部备要本）由上海中华书局刊行。

（清）赵执信撰，（清）王士禛撰、惠栋训纂《渔洋山人精华录训纂》10 卷（四部备要本）由上海中华书局刊行。

（清）宋琬撰《安雅堂诗》1 卷、《未刻稿》5 卷、《入蜀集》1 卷（四部备要本）由上海中华书局刊行。

（清）赵执信撰《饴山诗集》20 卷、《文集》12 卷、附录 1 卷（四部备要本）由上海中华书局刊行。

（清）吴雯撰《莲洋集》20 卷、附录 1 卷（四部备要本）由上海中华书局刊行。

（清）查慎行撰《敬业堂诗集》50 卷、续集 6 卷（四部备要本）由上海中华书局刊行。

（清）方苞撰《望溪先生文集》18 卷、《集外文》10 卷、《补遗》2 卷（四部备要本）由上海中华书局刊行。

（清）厉鹗撰《樊榭山房集》10 卷（四部备要本）由上海中华书局刊行。

（清）袁枚撰《小仓山房诗集》37 卷、《诗集补遗》2 卷、《文集》35 卷、《外集》8 卷（四部备要本）由上海中华书局刊行。

（清）戴震撰、（清）段玉裁撰《戴东原集》12 卷、《覆校札记》1 卷（四部备要本）由上海中华书局刊行。

（清）汪中撰《述学内篇》3 卷、《外篇》1 卷、《补遗》1 卷、《别录》1 卷《春秋述义》1 卷（四部备要本）由上海中华书局刊行。

（清）洪亮吉撰《卷施阁文》甲集 10 卷、乙集 8 卷、诗 20 卷（四部备要本）由上海中华书局刊行。

（清）洪亮吉撰《更生斋文》甲集 4 卷、乙集 4 卷、诗 8 卷、诗余 2 卷（四部备要本）由上海中华书局刊行。

（清）孔广森撰《骈俪文》3 卷（四部备要本）由上海中华书局刊行。

（清）姚鼐著《惜抱轩文集》16 卷（四部备要本）由上海中华书局刊行。

（清）恽敬撰《大云山房文稿》初集 4 卷、二集 4 卷、言事 2 卷、补编 1 卷（四部备要本）由上海中华书局刊行。

（清）张惠言撰《茗柯文》初编 1 卷、二编 2 卷、三编 1 卷、四编 1 卷、词 1 卷（四部备要本）由上海中华书局刊行。

（清）唐鉴撰《唐确慎公集》10 卷、卷首 1 卷、卷末 1 卷（四部备要本）由上海中华书局刊行。

（清）龚自珍撰《定盦文集》3 卷（四部备要本）由上海中华书局刊行。

（清）曾国藩撰《曾文正公诗集》3 卷（四部备要本）由上海中华书局刊行。

（清）曾国藩撰《曾文正公文集》3 卷（四部备要本）由上海中华书局刊行。

（清）郑珍撰《巢经巢文集》6 卷、诗集 9 卷、诗后集 4 卷、遗诗 1 卷、附录 1 卷（四部备要本）由上海中华书局刊行。

（清）龚鼎孳撰《定山堂诗余》4 卷（四部备要本）由上海中华书局刊行。

（清）曹贞吉撰《珂雪词》2 卷、补遗 1 卷（四部备要本）由上海中华书局刊行。

（清）陈维嵩撰《湖海楼词集》30 卷（四部备要本）由上海中华书局刊行。

（清）顾贞观撰《弹指词》2 卷（四部备要本）由上海中华书局刊行。

（清）纳兰性德撰《纳兰词》5 卷、补遗 1 卷（四部备要本）由上海中华书局刊行。

（清）郭麟撰《灵芬馆词四种》7 卷（四部备要本）由上海中华书局刊行。

（清）郭麟撰《蘅梦词》2 卷（四部备要本）由上海中华书局刊行。

（清）郭麟撰《浮眉楼词》2 卷（四部备要本）由上海中华书局刊行。

（清）郭麟撰《忏余绮语》2 卷（四部备要本）由上海中华书局刊行。

（清）郭麟撰《爨余词》1 卷（四部备要本）由上海中华书局刊行。

（清）许梿评辑《六朝文絜》4 卷（四部备要本）由上海中华书局刊行。

（清）姚鼐辑《古文辞类纂》75 卷、《校勘记》1 卷、附录 1 卷（四部备要本）由上海中华书局刊行。

（清）李兆洛辑，（清）谭献评《骈体文钞》31 卷（四部备要本）由上海中华书局刊行。

（清）黎庶昌辑《续古文辞类纂》28 卷（四部备要本）由上海中华书局刊行。

（清）曾国藩辑《经史百家杂抄》26 卷（四部备要本）由上海中华书局刊行。

（清）王士禛辑《古诗选》32 卷（四部备要本）由上海中华书局刊行。

（清）沈德潜辑《古诗源》14 卷（四部备要本）由上海中华书局刊行。

（清）姚鼐辑《五言今体诗抄》9 卷（四部备要本）由上海中华书局刊行。

（清）姚鼐辑《七言今体诗抄》9 卷（四部备要本）由上海中华书局刊行。

（清）曾国藩辑《十八家诗抄》28 卷（四部备要本）由上海中华书局刊行。

（清）朱彝尊辑《词综》38 卷（四部备要本）由上海中华书局刊行。

（清）王昶辑《明词综》12 卷（四部备要本）由上海中华书局刊行。

（清）王昶辑《国朝词综》48 卷（四部备要本）由上海中华书局刊行。

（清）王昶辑《国朝词综二集》8 卷（四部备要本）由上海中华书局刊行。

（清）黄燮清辑《国朝词综续编》24 卷（四部备要本）由上海中华书局刊行。

（清）孙默辑《十五家词》37 卷（四部备要本）由上海中华书局刊行。

（清）吴伟业撰《梅村词》2 卷（四部备要本）由上海中华书局刊行。

（清）梁清标撰《棠村词》3 卷（四部备要本）由上海中华书局刊行。

（清）宋琬撰《二乡亭词》2 卷（四部备要本）由上海中华书局刊行。

（清）曹尔堪撰《南溪词》2 卷（四部备要本）由上海中华书局刊行。

（清）王士禄撰《炊闻词》2 卷（四部备要本）由上海中华书局刊行。

（清）尤侗撰《百末词》2 卷（四部备要本）由上海中华书局刊行。

（清）陈世祥撰《含影词》2 卷（四部备要本）由上海中华书局刊行。

（清）黄永撰《溪南词》2 卷（四部备要本）由上海中华书局刊行。

（清）陆求可撰《月湄词》4 卷（四部备要本）由上海中华书局刊行。

（清）邹祗谟撰《丽农词》2 卷（四部备要本）由上海中华书局刊行。

（清）彭孙遹撰《延露词》3 卷（四部备要本）由上海中华书局刊行。

（清）王士禛撰《衍波词》2 卷（四部备要本）由上海中华书局刊行。

（清）董以宁撰《蓉渡词》3 卷（四部备要本）由上海中华书局刊行。

（清）陈维嵩撰《乌丝词》4 卷（四部备要本）由上海中华书局刊行。

（清）董俞撰《玉凫词》2 卷（四部备要本）由上海中华书局刊行。

（清）舒梦兰撰，（清）谢朝征笺《白香词谱》4 卷（四部备要本）由上海中华书局刊行。

（清）吴德旋撰、吕璜纂《初月楼古文绪论》1 卷（四部备要本）由上海中华书局刊行。

（清）沈德潜撰《说诗晬语》2 卷（四部备要本）由上海中华书局刊行。

（清）曾国藩辑《鸣原堂论文》2 卷（四部备要本）由上海中华书局刊行。

（清）万树辑《词律》20 卷、《拾遗》8 卷、《补遗》1 卷（四部备要本）由上海中华书局刊行。

（清）周兆基辑《佩文诗韵释要》5 卷（四部备要本）由上海中华书局刊行。

章炳麟著《国故论衡》由上海中西书局刊行。

章炳麟著《章太炎国学讲演集》由平民印书局刊行。

钱基博编《国学必读》（上下册）由上海中华书局刊行。

按：是书分文学通论、国学概论两部分。收录自魏文帝以来 37 家文 80 篇，杂记 78 则。

支伟成编纂《管子通释》由上海泰东图书局刊行。

马叙伦《老子校诂》由景山书社排印刊行。

张丁达等著，卢锡荣校订《读老子》由云南昆明云南东陆大学刊行。

赵思治等著，卢锡荣校订《读庄子》由云南昆明云南东陆大学刊行。

支伟成编点《（标点注解）庄子校释》由上海泰东图书局刊行。

梁启超等著《戴东原二百年生日纪念论文集》由北京晨报社刊行部刊行。

陈安仁著《天演评论》由广东广州南太平洋亚包埠互助联合社刊行。

范寿康编《哲学初步》由上海商务印书馆刊行,书前有原著者序、译者序、张东荪、张君劢序。

俞度恩辑《先哲格言》由上海俞世德堂刊行。

袁家骅著《唯情哲学》由上海泰东图书局刊行。

张东荪著《科学与哲学》(一名《从我的观点批判科玄论战》)由上海商务印书馆刊行。

胡适著《五十年来之世界哲学》由上海申报馆刊行。

> 按:1923年2月在《申报》50周年纪念刊上,胡适又撰《五十年来之世界哲学》,该文讲述了1872年以来世界哲学发展概论,介绍了各哲学流派,分析了五十多年来政治哲学发展趋势。其中对实验主义哲学又一次作了全面阐述,是胡适宣扬实用主义理论的代表作。1924年,该文作为单行本,由《申报》馆刊行,而世界书局又将该书易名为《五十年来之世界哲学史》,在1924年4月—1925年8月一年多的时间内连出三版,可见其流传之广,影响之大(李喜所、刘集林等著《近代中国的留美教育》,天津古籍出版社2000年版)。

胡适著《五十年来之世界哲学史》由上海世界图书馆刊行。

李石岑著《李石岑论文集》(第1辑)由上海商务印书馆刊行。

沈润身著《系统进化哲学》(上篇之一)由北京中华印书局刊行。

孙传芳释《三略私注(即黄石公素书)》由闽粤边防督办公署刊行。

王炽昌编《论理学》由上海中华书局刊行。

林励儒著《伦理学要领》由北京文化学出版社刊行。

胡贻毂著《人格与修养》由上海青年协会书包部刊行。

吕澂著《美学概论》由上海商务印书馆刊行。

黄忏华著《美学略史》由上海商务印书馆刊行。

> 按:是书除历史概述外,还从科学、心理学、社会学和哲学等角度论及当代美学。

蒋维乔(原题蒋竹庄)著《孔子与释迦》由上海商务印书馆刊行。

杨明斋著《评中西文化观》由上海中华书局刊行。

> 按:是书对梁漱溟《东西文化及其哲学》、梁启超《先秦政治思想史》、章士钊《农国辨》等书的批评。作者在评述三人观点之后,转而阐述他的实行国民自治、由农业国转化为工业国的主张。

罗正纬著《东方文化和现在中国及世界的关系》由著者刊行。

张武著《人生泛论》由著者刊行。

张竞生著《普遍的逻辑》由国立北京大学印刷课刊行。

梁树棠著《树棠文集》由上海中华圣教总会刊行。

遣使会司铎编《格言俗语录》由浙江嘉兴天主堂刊行。

陈垣撰《元也里可温考》由上海商务印书馆刊行。

丁良才著《经训类纂》由中国基督圣教书会刊行。

莲午编《佛学入门》刊行。

谢颂羔著《宗教教育概论》由上海美以美会全国书报部刊行。

杨棣棠著《论佛书稿》第1集由上海世界佛教居士林刊行。

车庆和著《打破迷信》由著者刊行。

劳珰著《金训》由上海土山湾慈母堂刊行。

陈金铺著《创世纪的家庭研究》由上海广学会刊行。

福幼报社编《福音故事》由上海广学会刊行。

观瀑主人著《人鉴》由北京复报社刊行。

海上老江湖著《九流三教秘术真传》（4 册）由上海南洋图书公司刊行。

李乾忱编《破除迷信全书》由美以美会全国书报部刊行。

梁启超著《大乘起信论考证》由上海中华书局刊行。

王治心编，[挪]艾香德校勘《基督徒之佛学研究》由上海广学会刊行。

按：是书介绍佛教，重在基督教与佛教之比较。

夏威尔著《教育组织》由基督教会刊行。

龙华发会编《超度名册》由龙华法会刊行。

马德新著《据理质证》由北京刊行。

马复初纂辑《醒世箴》由北京光明书店刊行。

马冀平讲，许丹记《唯识讲演录》刊行。

戚饭牛编《江湖秘诀百种》（白手谋生）由上海公记书局刊行。

沈锦编著《正心编》由上海土山湾印书馆刊行。

世界佛教居士林编《朝暮课诵》由上海佛学书局刊行。

寿世草堂编《太上感应篇说咏》由上海编者刊行。

唐大圆选《唯识方便谭》（第 1 编、第 2 编）由世界佛教居士林刊行。

天津公教图书馆编《天津公教图书馆》由天津编者刊行。

逍遥子著《修真指南注介》由上海五教书局刊行。

谢洪赉编《宗教界六大伟人之生平》由上海青年协会书报部刊行。

余哲夫著《灵验符咒全书》由上海春明书店刊行。

赵眠云等著《缥缈史》由上海竞智图书馆刊行。

支那内学院编《内学》（第 1 辑）由江苏南京编者刊行。

智遒编《慈悲镜》由福建泉州同文斋印书馆刊行。

智印辑《近代往生传》（第 1 辑）刊行。

中国青年社、非基督教同盟同编辑《反对基督教运动》由上海书店刊行。

中国主日学合会编《教员季本》（主日学普通课第 1 号）（甲种初种）由上海编者刊行。

中华基督教女青年会第一次全国大会编《中华基督教女青年会第一次全国大会纪录》由上海中华基督教女青年会全国协会书报部刊行。

中华基督教青年会全国协会编《全国协会之芹献》由上海编者刊行。

中华全国基督教协进会编《中华基督教会年鉴》（第 7 期）由上海中华全国基督教协进会刊行。

中华全国基督教协进会乡村教会与农民生活事业委员会编《乡村教会之前途》由编者刊行。

中华信义会编《信义宗颂主圣诗》由湖北汉口中华信义会书报部刊行。

瞿秋白著《社会科学概论》由上海书店刊行。

瞿秋白著《现代社会学》由上海书店刊行。

瞿秋白著《社会哲学概论》由上海书店刊行。

德普、建年编《社会学入门》由上海世界书局刊行。

刘延陵著《社会论》由上海商务印书馆刊行。

施存统编《社会思想史》由上海书店刊行。

蔡和森著《社会进化史》由上海民智书局刊行。

按:是书分35章,论述家族、财产和国家的起源与进化。

杜定友、王引民著《心理学》由上海中华书局刊行。

陆志韦著《社会心理学新论》由上海商务印书馆刊行,有自序。

南京高等师范教育学校教育科甲子级编《本能与教学》由上海商务印书馆刊行,有郭秉文序。

郑康明编《实用心理学要义》由上海亚东图书馆刊行。

廖世承著《教育心理学》刊行。

按:此书为中国教育心理学学科最早的教科书,主要内容有学习心理、儿童心理、个性差异等。

中国心灵研究会编辑部编《催眠术讲义》由上海中国心灵研究会附设心灵学院刊行。

中华变态心理学会编辑部编《变态心理学讲义录》由中华变态心理学会刊行。

陆志韦编《社会心理学新论》由上海商务印书馆刊行。

顾复编《农村社会学》由上海商务印书馆刊行。

陶孟和编《社会问题(新学制高级中学教科书)》由上海商务印书馆刊行。

相菊潭编《社会问题》由上海商务印书馆刊行。

陈达著《社会调查的尝试》由北京清华学校刊行。

张镜予编《社会调查》由上海商务印书馆刊行。

顾寿白著《人类学》由上海商务印书馆刊行。

顾寿白著《人类学大意》由上海商务印书馆刊行。

谢晋青著《日本民族性研究》由上海商务印书馆刊行。

按:是书分概说、阶级思想底变迁、模仿性、叛逆性、自杀心理、神道中心和宗教思想、外人观察的日本民族性等8篇。

王光祈著《德国人之婚姻问题》由上海中华书局刊行。

罗敦伟、易家钺著《中国家庭问题》由上海泰东图书局刊行。

于树德著《农荒预防策》由上海商务印书馆刊行。

熊卿云编《开会的方法》由上海商务印书馆刊行。

张慰慈编《政治概论》由上海商务印书馆刊行。

班鹏志编《接收青岛纪念写真》由编者刊行。

东省特别区警察总管理处编纂《东省特别区警察总管理处统计报告书》由编者刊行。

王光祈著《少年中国运动》由上海中华书局刊行。

程国璋著《太平洋问题与中国》由北京求知学社刊行。

黄成垿著《民国十三年来外蒙古经过情形及感想》由著者刊行。

吴山著,徐谦修正《中华民国委员制政府组织大纲商榷书》由上海著者刊行。

尹寿松编《中日条约汇纂》由上海中华书局刊行。

阮湘著《殖民》由上海商务印书馆刊行。

按:是书叙述殖民和殖民政策,殖民活动发展的原因,殖民地统治的机构和形式,并介绍19世纪中叶以后欧洲一些国家的殖民政策和概况。

孙倬章著《社会主义史》由上海商务印书馆刊行。

自由人社编《克鲁泡特金学说概要》由自由人社刊行。

孙中山讲演,中国国民党中央执行委员会编辑《民权主义》由中国国民党中央执行委员会宣传部刊行。

孙中山演讲《民族主义》由上海民智书局刊行。

孙中山著《孙文学说》由上海振华印书局刊行。

中国国民党中央执行委员会宣传部编《中山先生演说全集》由编者刊行。

中国国民党中央执行委员会宣传部编辑《孙中山先生最近讲演集》由编者刊行。

公民丛书社编《孙文与共产党》由公民丛书社刊行。

江亢虎讲《近世三大主义与中国》由南方大学京校出版部刊行。

江亢虎著《江亢虎博士演讲录》由上海南方大学刊行。

新青年社编《陈独秀先生讲演录》由平民书社刊行。

梅生编《妇女年鉴》(第一回)由上海新文化书社刊行。

刘大晖著《和平统一刍议》由北京著者刊行。

郭卫著《法律常识》由上海法学编译社刊行。

邓毓怡编《宪法论丛》由北京宪法学会刊行。

吴宗慈编《中华民国宪法史》由北京编者刊行。

周东白编《中华民国宪法》由上海世界书局刊行。

柯凌汉著《中国债权法总论》由福州编者刊行。

熊才著《特别诉讼程序法详论》由北京熊氏法律事务所编译处刊行。

陈崇德著《领事裁判权之研究》由北京编者刊行。

孙中山讲《军人精神教育》由广东广州中国国民党中央执行委员会宣传部刊行。

杨中科编《严冬作战》由北京武学书局刊行。

邢启周著《民团要略》由浙江嵊县辛社刊行。

烽镝余生编著《东南大战史》卷一由上海东南战报社刊行。

陆军军学编辑局编《初级地形学》由陆军部纂译官处刊行。

李鹏华编《炸弹教程浅说》(卷上下)由北京武学书馆刊行。

孙锡麟著《合作主义》(上下册)由上海商务印书馆刊行。

施泽臣编《新编实业法令》由上海中华书局刊行。

欧阳瀚存编《商会法通释》由上海商务印书馆刊行。

王纯根等编《工商新闻百期汇刊》由上海工商新闻报馆刊行。

徐广德编《查账要义》由上海商务印书馆刊行。

杨肇遇著《成本会计概要》由上海商务印书馆刊行。

邵元冲著《美国劳工状况》由上海民智书局刊行。

朱懋澄著《合作运动概论》由上海青年协会书报部刊行。

张受均编《农业政策》由上海泰东图书局刊行。

云南实业司农林科编《云南农业概况》由编者刊行。

徐正铿编《美国之农业教育》由上海商务印书馆刊行。

山东西北移垦事务所编《山东西北移垦辑要》由编者刊行。

　　林骙著《林业浅说》由上海商务印书馆刊行。

　　宋毓修著《振兴河南棉业刍议》由北京豫社刊行。

　　万国鼎编《中国蚕业概况》由上海商务印书馆刊行。

　　梁宗鼎著《石炭》由上海商务印书馆刊行。

　　欧阳瀚存著《矿业条例通释》由上海商务印书馆刊行。

　　曾鲁光著《个旧锡业概况》由著者刊行。

　　包立德、朱积权编《北京地毯业调查记》由北京基督教青年汇服务部刊行。

　　汤震龙编注《建筑汉口商场计划书》由湖北武昌永盛印书馆刊行。

　　大陆图书公司编《中华全国水陆旅行指南》由上海编者刊行。

　　叶恭绰著《交通救国论》由上海商务印书馆刊行。

　　交通部铁路联运事务处编《第十二次中日联运会议协定书》由编者刊行。

　　按：会议于1924年在朝鲜召开。

　　交通部铁路联运事务处编《中华国有铁路中日旅客联运价目表》由编者刊行。

　　东省铁路经济实业事务局编,鄂杰民·沃托德拉克译《东省铁路与东省铁路之沿带区域》由黑龙江哈尔滨商务印书馆刊行。

　　曾鲲化著《中国铁路史》由北京新化曾宅刊行。

　　按：是书分绪论、路政、路线3编,述及铁路兴建过程、路政机构、政策、路线建设、运输、财政、法规、对外事务以及当年国营、民营铁路的路况等。

　　李懋勋著《铁路会计学》(上下册)由上海商务印书馆刊行。

　　中华书局编制《建设中华全国汽车道路图》由上海中华书局刊行。

　　周佛海著《物价问题》由上海商务印书馆刊行。

　　按：是书为百科小丛书之一。全书分2编,共8章。上编"物价涨落之原理",论述物价内涵,物价测定的方法,以及物价涨落的直接与间接原因；下编"物价政策",讨论治标与治本的物价政策问题。

　　王效文著《消费合作》由上海商务印书馆刊行。

　　上海书业商会编《上海书业商会二十周年纪念》由编者刊行。

　　吴应图编《国际贸易》由上海中华书局刊行。

　　陈启修著《财政学总论》由上海商务印书馆刊行。

　　按：是书除"绪论"一编泛论财政的意义、内容、原则以及财政学之原理和财政思想发展史外,主要部分为财务行政秩序论、公共经费论、公共收入论、收支适合论、地方财政论5编。附录：中华民国现行会计法、审计法、审计法施行规则、各国国防费统计、重要各国历年公债统计、重要各国历年岁出统计、重要各国历年纯岁出中各费比例表、重要各国历年财政趋势统计、各国最近财政统计、各国收入历年统计、最近各国租税收入表、各国租税负担统计、中国财政统计。

　　寿景伟著《财政诠要》由上海商务印书馆刊行。

　　陈启修著《财政学总论》由上海商务印书馆刊行。

　　何公敢著《公债》由上海商务印书馆刊行。

　　通易信托公司编《国内外公债纪要》由编者刊行。

　　金国宝著《英国所得税论》由上海商务印书馆刊行。

　　陈重民编《今世中国贸易通志》由上海商务印书馆刊行。

　　按：是书叙述了对外贸易之大势、出口货物产地产额及海外销路情况、进口货物产地、内地销路及市场竞争状况等内容。

王恒编《货币概论》由上海中华书局刊行。

按：是书为常识丛书之一。概论货币的沿革、职能、币制，货币与经济生活的关系，中国的货币现状与改革等。

邵飘萍（原题邵振青）著《新闻学总论》由京报馆刊行。

按：是书除绪论外，分为10章，第一章新闻事业之特质，第二章新闻记者之地位及资格，第三章新闻社之组织，第四章新闻纸之表里，第五章世界的通信事业，第六章新闻纸之进化史略，第七章新闻纸之法律问题，第八章我国新闻事业之现状，第九章新闻事业之将来，第十章余论。

祈天锡著《科学教授之我见》由上海伊文思图书有限公司刊行。

国立北京大学造型美术杂志社编《造型美术》第1期由北京造型美术研究会刊行。

范寿康著《个性教育》（师范小丛书）由上海商务印书馆刊行。

卫士生等编辑《英美教育近著摘要》由上海商务印书馆刊行。

舒新城编《道尔顿制讨论集》（教育丛书）由上海中华书局刊行。

舒新城编《道尔顿制浅说》由上海中华书局刊行。

舒新城著《道尔顿制研究集》（教育丛书）由上海中华书局刊行，有著者序。

赵宗预等编《设计教学法之实际》（师范小丛书）由上海商务印书馆刊行。

芮佳瑞编《葛雷式学校组织概观》（教育丛书）由上海中华书局刊行，有编者序。

杜定友、王引民编，舒新城、朱文叔校《新师范心理学》由上海中华书局刊行。

蒋世刚编《学校庶务之研究》由上海商务印书馆刊行。

陈国儒等编《各国教育谈》由上海商务印书馆刊行，有熊卿云叙言。

吴家镇著《世界各国学制考》（人文丛书）由上海商务印书馆刊行。

方蔚编《新学制应用表册大全》由上海中华书局刊行。

朱麟编《新小学教科书国语读本教授书》（1）由上海中华书局刊行。

中华教育改进社编《中华教育改进社第三次社务报告》由北京编者刊行。

中华教育改进社编《中国教育统计概览》（中华教育改进社丛书）由上海商务印书馆刊行。

山西省长公署统计处编《山西省第六次教育统计》（民国十年度）由编者刊行。

蒋维乔编《江苏教育行政概况》由上海商务印书馆刊行。

江苏省教育会编《江苏省教育会年鉴》（第9期）由编者刊行。

江苏省教育实业联合会编《江苏省教育实业联合会第三届常会会议录》由编者刊行。

江苏省教育实业联合会编《江苏省教育实业联合会第四届常会会议录》由编者刊行。

金山县教育局编《金山县教育局民国十三年度县市乡教育经费决算表》由江苏金山县教育月刊社刊行。

湖南省教育会编《湖南省教育会年鉴》（民国十二年度）由编者刊行。

邹恩润、徐亮编《江苏中等以上学校投考须知》由上海商务印书馆刊行。

江苏省立第三师范附属小学校编《小学教育的实际问题》由江苏无锡编者刊行。

陈泽辉、邝震鸣编《初等教育之研究》由北京基督教小学教育研究会刊行。

李晓农、辛曾辉编《革新单级教育》由上海商务印书馆刊行。

顾旭侯等编著《新学制小学复式教学法》由上海商务印书馆刊行。

陈达等编《小学校道尔顿制实施法》由上海商务印书馆刊行，有黄炎培序。

北师附小编辑部编《各科教学法概要》(北师附小丛书)由北京编者刊行,有张安国序。

唐湛声著《小学公民科教学法》由上海中华书局刊行。

治永清著《游戏专论》由上海商务印书馆刊行。

江苏第二师范儿童读物研究会编《儿童游戏算术》由上海商务印书馆刊行。

芮佳瑞编《小学行政及组织》由上海商务印书馆刊行。

朱赓生编《小学校公文释例》由上海中华书局刊行。

杨廉编《近代欧美初等教育发达小史》(教育小丛书)由上海中华书局刊行。

张安国编《北师附小概览纪念号》(北师附小丛书)由北京编者刊行。

曾作忠编《初级中学教育》(北京师范大学丛书)由北京师范大学刊行。

廖世承著《中学教育》(师范丛书)由上海商务印书馆刊行。

周玲荪编《中等学校唱歌集》(第1编普通唱歌法)由上海商务印书馆刊行。

上海爱国女学校校友会编《爱国女校年刊》(第1期)由上海编者刊行。

余毅公著《兴学救国》由上海中华圣教总会刊行,有梁树棠、梁基泰、郭佩璋序。

清华学校学生会编《清华的根本改造》(中国教育大问题)由编者刊行。

按:是书介绍学生要求改组该校董事会的缘由。

吴稚晖著《二百兆平民大问题》由上海商务印书馆刊行。

古梅编述《美国乡村教育概观》(教育丛书)由上海中华书局刊行。

悔初编《劝君读书》(平民小丛书)由上海商务印书馆刊行。

罗一东著《体育学》由上海中华书局刊行,书前有序。

按:是书的总论专门论述体育之目的及与科学人生的关系;各分论有发育论、运动论、卫生论、实施方法论等。

体育研究社北京体育学校编《体育丛刊》由北京体育研究社刊行。

程瀚章著《运动生理》(新知识丛书)由上海商务印书馆刊行。

李之龙编《实验健身术》由上海中华书局刊行,有编者序。

孙福全著《拳意述真》由著者刊行。

孙福全编《太极拳》由上海大华书局刊行。

大东书局编译所编《服气图说》由上海大东书局刊行。

上海游艺社编《绘图麻雀牌谱》由上海编者刊行。

张伯康编《古语浅释》(第1集)由上海商务印书馆刊行。

易作霖编《国语文法四讲》由上海中华书局刊行。

严工上编《国音辨音》由上海商务印书馆刊行。

刘儒编《国语同音词类辨》由上海商务印书馆刊行。

方毅编《注音字母》(上下册)由上海商务印书馆刊行。

方毅编纂《国音沿革》由上海商务印书馆刊行。

按:是书分国音字母的发生和经过、国音字母在音韵学上的价值、旧音韵的三大变迁等4章。

方宾观编《(国音标准)白话词典》由上海商务印书馆刊行。

范祥善、刘儒、杨世恩编《国音新浅说》由上海商务印书馆刊行。

张铁珊编《国语发音图解》由上海大东书局刊行。

汪怡编《新著国语发音学》由上海商务印书馆刊行。

　　董文编《国音字母习字范本》由上海中华书局刊行。

　　刘复著《四声实验录》由上海群益书社刊行,蔡元培题签,吴敬恒、傅斯年作序。

　　按:用语音实验仪器研究汉语方言声调的著作。1924 年 3 月上海群益书社印行,1950 年北京中华书局重印出版。书名上的"四声"是汉语声调的统称,所实验的方言的声调不限于四声。该书实验的方言共 12 处:北京、南京、武昌、长沙、成都、福州、广州、潮州、江阴、江山、旌德、腾越(今腾冲)。内容除"引言"外,分 7 个部分。该书指出,声音的要素在于强弱、音质、长短、高低,但汉语的四声与强弱绝不相干,与音质、长短有某种关系,但不起决定作用;决定四声的主要因素是高低。但这种高低是复合的,不是简单的,两音之间的移动是滑动的,不是跳跃的。是书破除了自齐梁间周颙、沈约首创四声说以来,一千五百年间在四声解释上的层层疑云,给了四声以科学的说明,在我国音韵学史上具有划时代的意义。

　　上海会文堂书局编辑所编辑《(最新校正)国音新字汇》由上海会文堂书局刊行。

　　按:此书有注音字母、反切、同音汉字 3 种注音口按部首编排。书眉题《考正国音新字汇》。

　　秦同培选辑《(中学)国语文读本》(1—4 册)由上海世界书局刊行。

　　秦同培评选《(言文对照)历代文评注读本》由上海世界书局刊行。

　　秦同培评选,世界书局编译所注释《(评注)文选读本》(上下册)由上海世界书局刊行。

　　黎锦熙编《新著国语文法》由上海商务印书馆刊行。

　　黎锦熙编《新著国语教学法》由上海商务印书馆刊行。

　　按:是书融教育学、心理学等各方面的知识为一体,是我国现代史上第一部系统的有关语文教学的专著。

　　黄正厂著《国语文作法》由上海中华书局刊行。

　　按:是书分概说、作文的初步、文章的构造、文章的体裁、文章的美质及作文的学习等篇章。

　　伦达如编著《国文修辞学》由编者刊行。

　　崔唐卿、杨育园编著《国语文法概要》由北京师范大学附属小学刊行。

　　许廑父编《白话文作法》由上海梁溪图书馆刊行。

　　按:是书分导言、实质论、形式论、构造法等 6 章。

　　张廷华编著《记叙文作法》(学生自修用书)由上海大东书局刊行。

　　张廷华编《论说文作法》由上海大东书局刊行。

　　叶绍钧著《作文论》(百科小丛书第 48 种,王岫庐主编)由上海商务印书馆刊行。

　　孙俍工编《论说文作法讲义》由上海商务印书馆刊行。

　　双黛馆主编《古文作法精华》(学生文学宝库)由上海新华书局刊行。

　　双黛馆主编《酬酢文作法精华》(学生文学宝库)由上海新华书局刊行。

　　朱麟公、沈味之编《(言文对照)初等作文修辞法》(上下册)由上海广益书局刊行。

　　中华书局编《中华新式字汇》由上海中华书局刊行。

　　中华书局编《旅行用会话》由上海中华书局刊行。

　　张廷华评注《(评注)古诗读本》(上下册)由上海大东书局刊行。

　　王承治评选,张廷贵、沈镕注释《(评注)唐诗读本》(上下册)由上海大东书局刊行。

　　吴遁生、郑次川编《近人白话文选》(上下册)由上海商务印书馆刊行。

　　吴遁生、郑次川编《古白话文选》(上下册)由上海商务印书馆刊行。

　　文明书局编《白话女子尺牍》由上海文明书局刊行。

　　傅绍先编著《白话女界尺牍》(上下册)由上海文明书局刊行。

　　徐毓嘉、刘传厚编辑《(音注)实用尺牍大全》由上海中华书局刊行。

徐沧水编《上海商业习惯用语字汇》由上海商务印书馆刊行。

张文宽、朱焕鼎编辑《成语汇编》由上海南华书局刊行。

王士湜编《实用成语大辞典》由上海大陆图书公司刊行。

唐昌言、李康复等编《（国音白话注）学生词典》由上海商务印书馆刊行。

汲约翰编《（潮正）两音字集》由上海长老会刊行。

李育彬编《学生自修必读》由上海世界书局刊行。

程季枚编《童子军中国旗语》由上海商务印书馆刊行。

中华书局编《德华会话大全》由上海中华书局刊行。

震旦大学院编《法语进阶》由上海徐家汇土山湾印书馆刊行。

张毓良编《英语高级商业会话》由上海商务印书馆刊行。

周由廑编《英文论说文范初集》由上海商务印书馆刊行。

张士一编《英语基本练习》由上海中华书局刊行。

史雨文编著《（图线剖解）英文文法镜》由上海神州书局刊行。

上海土山湾印书馆编《法文初范》由编者刊行。

胡汉痴主编，董光昌等分撰《（全国各界）切口大词典》由上海东陆图书公司刊行。

贺群上编《（重订）写信速成秘诀》由上海广益书局刊行。

杭州世界语学社编，王造周、张民权校正《世界语汉文新字典》由杭州浙江印刷公司刊行。

李振镛编《中国文学沿革概论》由上海大东书局刊行。

按：是书分19章，包括总说、唐虞以前之文、唐虞夏商文学、周秦文学、前汉之文学、后汉之文学、三国之文学、两晋之文学、南北朝之文学、隋之文学、唐之文学、五季时代之文学、两宋之文学、辽金之文学、元之文学、明之文学、清之文学、二十年来文学之趋势、结论。

胡怀琛著《中国文学通评》由上海大东书局刊行。

胡寄尘（原题胡怀琛）编著《中国文学史略》由上海梁溪图书馆刊行。

按：是书概述自上古至清代的中国文学史。附录《中国文言分歧之原因》《中国之地方文学》《中国小说之源流》《古今儿童读物之变迁》等7篇论文。

刘毓盘著《中国文学史》由上海古今图书店刊行。

徐嘉瑞著《中古文学概论》（上册）由上海亚东图书馆刊行。

吴闿生编《晚清四十家诗钞》3卷成书。

按：前两卷选录晚期桐城派若干关键人物的诗作，以相当大的篇幅建构了一个以吴汝纶为核心的北传桐城诗派的力量组合，对桐城派诗学源流的梳理与总结进行了一定深度的探索，很有参考价值。闵定庆作有《〈晚清四十家诗钞〉与桐城诗派的最后历程》，发表在《中国韵文学刊》2008年第1期，可参阅。

谢晋青著《诗经之女性的研究》由上海商务印书馆刊行。

支伟成编《楚辞之研究》由上海泰东图书局刊行。

胡适著《五十年来中国之文学》由上海申报馆刊行。

按：是书叙述自1872年至1923年间的中国文学的发展，原系1923年申报馆出版的《最近之五十年》中的一篇。

王希和著《西洋诗学浅说》由上海商务印书馆刊行。

按：是书分诗之定义与起源、诗的分类、诗的内质、诗的外形、论诗节与韵脚等5章，介绍西洋的诗歌理论。

王希和编辑《诗学原理》（新学制中学国语补充读本）由上海商务印书馆刊行。

潘大道著《诗论》由上海中华学艺社刊行。

胡怀琛著《小诗研究》由上海商务印书馆刊行。

周服著《诗人性格》由上海商务印书馆刊行。

蒋瑞藻编《小说考证续编》（上下册）由上海商务印书馆刊行。

文学研究会编辑《墨海》（上册——为《文学》百期纪念）由上海商务印书馆刊行。

朱鼎元著《儿童文学概论》由上海中华书局刊行。

按：是书分文学的涵义、起源、儿童文学的定义、儿童文学的本质、儿童文学的建设以及儿童文学教材的举例等 9 章。

赵景深编《童话评论》由上海新文化书社刊行。

百药山人编《（改良订正）新诗韵（第一至三卷）》由上海大陆图书公司刊行。

林纾著《畏庐三集》、评选古文集《后山文集选》刊行。

章炳麟著《太炎文录初编》由古书流通处刊行。

梁启超著《梁任公近著》（第一辑上卷）由上海商务印书馆刊行。

虞景璜著《澹园杂著》由虞和钦铅印刊行。

东方杂志社编《近代日本小说集》由上海商务印书馆刊行。

宁达蕴编辑《泰谷尔与佛化新青年》由北京佛化新青年会刊行。

黄忏华编《近代文学思潮》由上海商务印书馆刊行。

王希和著《荷马》由上海商务印书馆刊行。

沈雁冰、郑振铎编《法国文学研究》由上海商务印书馆刊行。

按：是书乃《小说月报》第 15 号的号外（法国文学特刊），收录中国作者编译的关于法国文学的论文、作家研究等 16 篇，巴比塞、巴尔扎克、莫泊桑、拉夫丹等人的小说、剧本等 15 篇，以及法国文学家名录。

文棣、冠生著《莫泊三传》由上海商务印书馆刊行。

小说月报社编《近代德国文学主潮》由上海商务印书馆刊行。

郑振铎编《俄国文学史略》由上海商务印书馆刊行。

王希和著《意大利文学》由上海商务印书馆刊行。

按：是书分 4 章简述意大利文学的分期、起源及发展。

国立北京大学造型美术杂志社编《造型美术》第 1 期由北京造型美术研究会刊行。

云南图书博物馆编《滇南书画集》由云南图书博物馆刊行，有赵藩的序。

沈初鸣编《中国书画精选》刊行。

郭元梁编《画理新诠》由上海商务印书馆刊行。

吕澂编《图画教材概论》由上海中华书局刊行。

按：是书分述图画教材之性质、种类、排列、运用等。

叶元珪编绘《（实用）图案画》由上海大东书局刊行，有叶正度、王复的序及编绘者序。

补庵著《补庵谈戏》（第 1 集）由个人刊行，有朽老人序、著者自序及跋。

张亦庵编《毛笔写实图案》（1—3 集）由上海商务印书馆刊行。

陈万里摄《大风集》（陈万里摄影集作品之一）由摄影者刊行，有钱稻孙、顾颉刚的序及陈万里自序。

王光祈著《西洋音乐与诗歌》由上海中华书局刊行。

王光祈著《欧洲音乐进化论》由上海中华书局刊行,有著者自序。

北京师大平民学校编,张永荣、凌锡濂、葛世勋校订《平民唱歌集》由北京求知学社刊行。有陈宝泉的序。

刘达(原题刘豁公)等编辑《律和声》由上海律和票房刊行。

齐嘉笨辑《京调胡琴工尺秘诀》由北京中华印刷局刊行。

苑月楼著,顾曲主人编,陈彦衡校订《胡琴韵谱》由北京菊贤社刊行,有序。

周秉清著《西方道琴十二首》由北京佛经流通处刊行,有跋。

郑觐文编《箫笛新谱》由上海文明书局刊行。

祝湘石编《中国丝竹指南》由上海大东书局刊行。

儒仙室主编辑《古今歌曲大观》由辽宁沈阳宝信山房刊行,有序。

兖州府天主堂编《圣歌摘要》由山东兖州府天主堂刊行。

雷家骏著,赵景源校订《敏儿演剧史》由上海商务印书馆刊行。

潘毅华、周瘦鹃编辑《钟楼怪人》由上海环球影片公司刊行。

潘毅华、顾肯夫编《侠盗罗宾汉》由上海卡尔登影戏院刊行。

李守常(李大钊)著《史学要论》由上海商务印书馆刊行。

按:是书论述什么是历史、什么是历史学、历史学的系统、史学在科学中的位置、史学与相关学科的关系、现代史学的研究及对于人生态度的影响等6节。

支伟成编《尚书去伪》由上海泰东书局、上海大中书局刊行。

陈柱著《尚书论略》由上海商务印书馆刊行。

易白沙著《帝王春秋》由上海中华书局刊行。

沈子英标点《史记精华录》由上海梁溪图书馆、上海启智书店、桂林进修书店刊行。

张仲和著《西史纲要》由北平文化学社刊行。

吕思勉(原题吕诚之)著《本国史》由上海商务印书馆刊行。

熊卿云编《中国历史》(上下册)由上海商务印书馆刊行。

萧一山著《中国通史大纲》刊行。

顾康伯著《中国文化史》(上下册)由上海泰东图书公司刊行。

李泰棻编《中国近百年史》(上中下册)由上编商务印书馆刊行。

孙种因、曹之骐编《复滇录》由上海泰东书局刊行。

袁世凯著,上海会文堂新记书局编《袁大总统文牍类编》由编者刊行。

赵晋源著《贿选记》由上海淞沪通讯社刊行。

刘楚湘编《癸亥政变纪略》由上海泰东书局刊行。

共和书局编辑所编辑《江浙大战记》由上海共和书局刊行。

上海宏文图书馆编著《江浙战史》(第1—3册)由上海编著者刊行。

文公直、李菊庐编《江浙战记》由上海太平洋印刷公司刊行。

古蕲孙著《甲子内乱始末纪实》(战场风景之一)由上海中华书局刊行。

按:是书叙述张作霖、吴佩孚、曹锟等军阀混战情形。

无聊子编《第二次直奉大战记》由上海共和书局刊行。

上海宏文图书馆编《奉直战史》由上海编者刊行。

无聊子编《北京政变记》由上海共和书局刊行。

清室善后委员会编《清帝宣统出宫始末记》由编者刊行。

孙中山著《中山先生对于开国民会议及废除不平等条约之主张》由上海三民书店刊行。

谢缵泰著《中华民国革命秘史》刊行。

黎世衡编著《俄国农奴史略》由北京刊行。

厉时中编《先圣贤儒年考》由山东道德社刊行。

悔初编纂《范蠡传》由上海商务印书馆刊行。

甘鹏云著《楚师儒传》由崇雅堂刊行。

钱文选著《钱文穆王年表》由钱氏家乘本刊行。

钱文选著《钱武肃王年表》由钱氏家乘本刊行。

钱文选著《钱忠逊王年表》由钱氏家乘本刊行。

钱文选著《钱忠献王年表》由钱氏家乘本刊行。

钱文选著《钱忠懿王年表》由钱氏家乘本刊行。

孙毓修著《苏轼》由上海商务印书馆刊行。

梁启超著《戴东原》由北平晨报社刊行。

胡适著《吴敬梓年谱》由上海亚东图书馆刊行。

按：胡适说："我的朋友汪原放近来用我的嘉庆丙子本的《儒林外史》标点出来，作为《儒林外史》的第四版。这一番工夫，在时间上和金钱上，都是一大牺牲。他这一点牺牲的精神，竟使我不能不履行为吴敬梓作新传的旧约了。因此，我把这两年搜集的新材料整理出来，作成这一篇年谱。古来的中国小说大家，如《水浒传》《金瓶梅》《红楼梦》的作者，都不能有传记：这是中国文学史上一件最不幸的事。现在吴敬梓的文集居然被我找着，居然使我能给他做一篇一万七八千字的详传，我觉得这是我生平很高兴的一件事了。"

藕香室主人著述《洪秀全全传》由上海世界书局刊行。

石达开著，许指岩编《石达开日记》由上海世界书局刊行。

无聊子编《现代之吴佩孚》由上海共和书局刊行。

竞智图书馆编《卢永祥全传》由上海编者刊行。

燕北闲人著《人妖李彦青》(李莲英)由警世社书店刊行。

东方杂志社编《文学批评与批评家》由上海商务印书馆刊行。

瞿秋白著《赤都心史》由上海书店刊行。

按：是为瞿秋白访问苏俄的游记，记叙莫斯科见闻及作者的感受，为最早记述苏联之著作。

谢洪赉编《宗教界六大伟人之生平》由上海青年协会书报部刊行。

东三省官绅录刊行局编《东三省官绅录》由编者刊行。

胡春林著《新民鉴》由北京大学出版部刊行。

按：是书介绍先秦至清代的子路、西门豹、赵奢、文翁等人的生平事迹。

智印辑《近代往生传》(第1辑)出版。

青年协会书报部编《世界伟人之胜利生活》(第1集)由编者刊行。

中国科学社编辑《科学名人传》由上海编者刊行。

按：是书录自《科学》杂志各篇。初版内收伽利略、牛顿、富兰克林、卡文迪许、普利斯特利、瓦特、戴维、柏济力阿斯、法拉第、达尔文、门德尔、巴士特、爱迪生、拉姆赛、马可尼等30名科学家小传。王琎在序中说："私人之意，以为传记一类，其有益于学者特多。凡成伟业者必有伟才，或有伟量"，"吾人读其事略，不但于其学术思想，得悉其发达之经过，即对于其立身求学之道，亦颇多可采之处"，并指出"吾国近日研究科学者渐多,惟科学名人传记之书,尚不多观"的现象,希望通过出版此书"以便读者翻阅,藉以引起国内讨论与研究科学之兴趣云尔"。

谢介眉编《王希天小史》由上海商务印书馆刊行。

胡愈之著《但底与哥德》由上海商务印书馆刊行。

耿济之著《俄罗斯四大文学家》由上海商务印书馆刊行。

按:是书介绍果戈理、屠格涅夫、列夫·托尔斯泰、陀思妥耶夫斯基等4位俄国作家的生平与创作。

中华民国国民追悼列宁大会编《列宁纪念册》由编者刊行。

杨鸿烈著《史地新论》由北京晨报社刊行。

按:是书系作者历史学地理学论文集。正文收《今日研究历史学和地理学的一个根本错误》《论历史家和地理家合理的态度》《论历史的分类》《论作史所应具有的两个要点》等17篇文章。书后附有《中国伪书的研究》《历史上野心家的演进观》《知识阶级历史上所表演的功罪谈》等6篇杂论。

王金绂编《中华地理分志》由北京求知学社刊行。

张资平著《人文地理学》由上海商务印书馆刊行。

余祥森等编《外国人名地名表》由上海商务印书馆刊行。

丁訾盫、葛绥成编《中外地名辞典》由上海中华书局刊行。

许士毅编《现代五大强国》由上海中华书局刊行。

谢洪赉编《瀛寰全志》由上海商务印书馆刊行。

柔冰编《杭游小志》由上海余社刊行。

大陆图书公司编《中华名胜古迹大观续编》由上海编者刊行。

北京银行月刊社编《京华胜迹》由编者刊行。

余祥森等编《外国人名地名表》由上海商务印书馆刊行。

南满洲铁道株式会社调查课编《满蒙纪要》由大连编者刊行。

陈荣广编《上海轶事大观》(上中下册)由上海泰东图书局刊行。

京奉铁路管理局总务处编查课编《京奉铁路旅行指南》由编者刊行。

陈博文编《东三省一瞥》由上海商务印书馆刊行。

黄栩园编《南洋》由上海中华书局刊行。

钱江春编《苏维埃俄罗斯》上海商务印书馆刊行。

李友兰著《新俄罗斯游记》由编者刊行。

俞颂华著《游记第二集》刊行。

王文濡编《新游记汇刊》(上中下册)由上海中华书局刊行。

姚祝萱编《国外游记汇刊》(第1—8册)由上海中华书局刊行。

马鹤天著《山东河南印影录》由编者刊行。

陶凤子编《上海快览》由上海世界书局刊行。

俞旭华编《南京居游指南》由江苏南京共和书局文华学社刊行。

周颂尧著《京绥游记》由编者刊行。

杨祚昌编《灵隐游记》由杭州文元堂书庄刊行。

琴石山人辑《续天下名山胜景记》由上海会文堂书局刊行。

屠思聪著《世界新形势一览图》由上海世界舆地学社刊行。

无名氏编《江浙交界图》由上海商务印书馆刊行。

中华书局编《四部备要》由上海中华书局开始刊行。

按:是书线装本出版于1924年至1931年间,1936年又加以重印。现根据中华书局编《四部备要书目提要》,将全书子目罗列如下。

姚明煇著《汉书艺文志注解》(上下册)由江苏南京共和书局刊行。

姚明煇著《汉书艺文志姚氏学》由上海共和书局刊行。

顾实著《汉书艺文志讲疏》由上海商务印书馆刊行。

留菴著《中国雕版源流考》由上海商务印书馆刊行。

阮湘等编《中国年鉴》(第一回)由上海商务印书馆刊行。

中华书局编《中华书局图书目录(附本局经售文明书局图书目录)》由编者刊行。

云南图书馆编《云南图书馆书目(二编)》由编者刊行。

天长县立公园暨图书馆编《天长县立公园暨图书馆二周年纪念汇刊》由编者刊行,有何锡麒序及薛维福序。

广雅版片印行所编《广雅版片印行所书目》由编者刊行。

郭秉文主编《孟芳图书馆落成纪念册》由江苏东南大学刊行。

曾宝荪编《艺芳杂俎》由艺芳学校刊行。

晨报社编辑处编《晨报六周纪念增刊》由晨报社刊行部刊行。

丁国瑞著《竹园丛话(第4集)》由天津敬慎医室刊行。

丁国瑞著《竹园丛话(第5集)》由天津敬慎医室刊行。

丁国瑞著《竹园丛话(第6集)》由天津敬慎医室刊行。

丁国瑞著《竹园丛话(第7集)》由天津敬慎医室刊行。

丁国瑞著《竹园丛话(第8集)》由天津敬慎医室刊行。

丁国瑞著《竹园丛话(第9集)》由天津敬慎医室刊行。

丁国瑞著《竹园丛话(第10集)》由天津敬慎医室刊行。

王云五主编《万有文库》第1集由上海商务印书馆陆续刊行。

[美]布茹斯著,东方杂志社编译《笑与梦》由上海商务印书馆刊行。

[美]何令渥斯(原题霍林涅斯)、佩福尔勃尔格著,庄泽宣译《应用心理学》由上海商务印书馆刊行。

[美]莫尔著,舒新成编译《现代心理学之趋势》由上海中华书局刊行。

[美]伍德沃思(原题乌特窪)著,潘梓年译《动的心理学》由上海商务印书馆刊行。

[美]哈立斯著,王志辛编译《青年与职业》由上海商务印书馆刊行。

[美]马尔腾著,吕鹏搏译《励志集》由上海世界书局刊行。

[美]越富勒著,屠坤华译《青年德育鉴》由上海华泰印制公司刊行。

[美]詹姆斯著,孟宪承译《实用主义》由上海商务印书馆刊行。

[美]Henry F. Cope 著,罗运炎译《家庭宗教教育》由上海美以美会全国书报部刊行。

[美]丁韪良著《天道溯源》由湖北汉口中国基督圣教书会刊行。

[美]米路尔著,季理斐译《安慰人的妙诀》由上海广学会刊行。

[美]卜龙飞著,王文培译《青年职业指导》由上海中华书局刊行。

[美]布来克马(原题白拉克马)著,陶乐勤译《社会学原理》由上海新文化书社刊行。

[美]罗伟尔著,范用余译《公共意见与平民政治》由上海商务印书馆刊行。有译者

序言。

[美]纪尔曼著,邹敬芳译《妇女与经济》由上海学术研究会丛书部刊行。

[美]布鲁克斯著,赵蕴琦译,张慰慈校《瑞士的政府和政治》由上海商务印书馆刊行。

[美]阿格著,李光忠译述《近世欧洲经济发达史》由上海商务印书馆刊行。

[美]D. Kenley著,徐宝璜译《货币论》由编者刊行。

[美]波特著,孟宪承译《教育哲学大意》(现代教育名著)由上海商务印书馆刊行,有著者序和巴格莱的弁。

按:是书分教育的意义和价值、教育与平民主义、理想的发展、思想的历程和训练、心灵实质说、意识状态说、意识即行为说、教育与哲学等12章。

[美]吉特著,郑宗海译《教育之科学的研究》由上海商务印书馆刊行,有著者原序。

[美]帕克著,俞子夷译述《普通教学法》(大学丛书)由上海商务印书馆刊行。有译者序。

[美]柏克赫司特著,曾作忠、赵廷为译《道尔顿制教育》(北京师范大学丛书)由上海商务印书馆刊行,有译者序。

[美]麦克牟利著,李振南译述《启发式的教学法》(师范小丛书)由上海商务印书馆刊行。

[美]派尔著,朱定钧、夏承枫译《学习心理学》(教育丛书)由上海中华书局刊行,有著者序。

按:是书分学习之性质、学习曲线、经济和意念的学习、学习能量之性质、度量及差异、疲劳与学习、天性与学习之关系等14章。

[美]爱德华兹著,钱希乃、祝其乐译《学习之基本原理》(大学丛书)由上海商务印书馆刊行。

[美]特尔曼著,华超译《比纳西蒙智力测验》(推孟氏订正)(世界丛书)由上海商务印书馆刊行。

[美]贝克著,谢颂羔、米星如译《儿童教育学》由上海协和书局刊行。

[美]散得维克著,俞人元译《各科之效用与学习法》(师范小丛书)由上海商务印书馆刊行。

[美]Bancroft等著,女青年会全国协会编辑部编译《合群游戏大全》由上海女青年会全国协会刊行。

[美]哈米顿著,华林一译《小说法程》由上海商务印书馆刊行。

[美]查普霖著,剑虹氏译述《无名之尸》(侦探小说)由上海公记书局刊行。

[美]兰敦著,杨敬慈译《义贼毕加林》由北京晨报社刊行。

[美]白福庇著,文明书局译《盗窟花》(侦探小说)由上海文明书局刊行。

[美]鲁滨生著,何炳松译《新史学》由上海商务印书馆刊行。

按:是书系论文集。内分新史学、历史的历史、历史的新同盟、思想史的回顾、普通人应读的历史、罗马的灭亡、一七八九年的原理、史光下的守旧精神等8篇文章。

[美]瑞美尔著,[英]梅益盛译,哈志道转译《阿拉伯游记》由上海广学会刊行。

[英]卡尔著,张闻天译《柏格森之变易哲学》由上海民智书局刊行。

[英]罗素著,朱枕薪译《罗素论思想自由》由上海民智书局刊行。

[英]罗素著,赵文锐译《中国之问题》由上海中华书局刊行。

按:是书论述中国的文化、教育、经济及与列强的关系等。

[英]特雷西著,唐子庸译《青春期心理学》由上海商务印书馆刊行。

[英]泊迭生等著,[英]莫安仁口译,许宗惺笔述《原神》由上海广学会刊行。

[英]梅益盛著,周云路译述《杨格非传》由上海广学会刊行。

[英]周维德著,梅益盛、哈志道译《热心领人归主论》由上海广学会刊行。

[英]柯尔著,张东荪、吴献书译《社会论》由上海商务印书馆刊行。

[英]司托浦司著,李小峰译《结婚的爱》由北京北新书店刊行。

[英]倭拉士著,钟建闳译《政治中之人性》(政法名著)由上海商务印书馆刊行。

[英]浦徕斯著,日本读书协会译,杨永泰重译《现代民主政治》由上海东泰图书局刊行,有章炳麟、章士钊、黄元蔚序。

[英]卢麟斯著,钟建闳译《国际公法要略》由上海商务印书馆刊行。

按:是书共分4部。第1部导言,概述国际法的定义、沿革、主体、渊源及分类;第2部平时法、论述国家独立、国家财产、国家司法权、国际平等及外交等权利责任;第3部战时法,讲述关于敌人、陆地敌产、海上敌产的战争法,以及交战国的非战事件交涉等;第4部中立法,说明中立的性质、分类,以及交战国与中立国间的权责。

[英]阚南著,史维焕、陶因译《富之研究》由上海商务印书馆刊行。

[英]霍布逊著,郭梦良、郭刚中译《基尔特社会主义与赁银制度》由上海商务印书馆刊行。

[英]莎士比亚著,邵挺译《天仇记》(上下)由上海商务印书馆刊行。

[英]莎士比亚著,田汉译《罗密欧与朱丽叶》由上海中华书局刊行。

[英]司各德著,林纾、魏易译,沈雁冰校注《撒克逊劫后英雄略》由上海商务印书馆刊行。

[英]克林登著,林纾、毛文钟译《晴天补恨录》由上海商务印书馆刊行。

[英]克林登女士著,林纾、毛文钟译《情天补恨录》成。

按:毛文钟,林纾的英文口述。与林纾合译预匀(今译雨果)的《双雄义死录》(今译《九三年》)、伊卜森(今译易卜生)的《梅孽》(今译《群鬼》),以及英国作家路易的《埃及异闻录》、伯明罕的《沙利沙女王小记》、克林登的《情天补恨录》、美国作家锁司倭司女士的《以德报怨》等。

[英]梅益盛著,周云路译述《马礼逊传》(国外布道英雄集第四册)由上海广学会刊行。

[英]梅益盛著,周云路译述《杨格非传》由上海广学会刊行。

[日]朝永三十郎著,蒋方震译《近世"我"之自觉史》(一名《新理想哲学及其背景》)由上海商务印书馆刊行。

按:是书分上下两篇,上篇分13章:文艺复兴时代"我"之发现,中世纪之教权中心主义,我与教权——神秘说(宗教改革及理性哲学之先驱),"我"与国家——立宪政治运动,"我"与理知——主知主义及其反动,"我"与自然机械的人生观及世界观,多数个"我"问题连带丧失,大"我"(超个人"我")之发现——康德,大"我"(超个人"我")之绝对化浪漫派时期——理想主义之全盛等;下篇为近世欧洲哲学思想变迁之大势。

[日]服部宇之吉著,郑子雅译《儒教与现代思潮》由上海商务印书馆刊行。

[日]金子筑水著,林科棠译《欧洲思想大观》由上海商务印书馆刊行。

[日]幸德秋水著,狸吊匹译《基督抹杀论》刊行。

[日]河上肇著、郭沫若译《社会组织与社会革命》由上海商务印书馆出版。

[日]远藤隆吉著,覃寿公译《近世社会学》由上海泰东图书局刊行。

[日]丘浅次郎著,上官垚登节译《人类之过去现在及未来》由上海商务印书馆刊行。

[日]恒山雅男著,孟森译《(改订增补)统计通论》由上海商务印书馆刊行。

按:是书分统计沿革、理论及方法、统计之机关、人口统计、经济统计、政治统计、社会统计、道德统计、教育及宗教统计等9编。

[日]本间久雄著,章锡琛译《妇女问题十讲》由上海开明书店刊行。

[日]北泽新次郎著,周佛海译述《经济学史概论》由上海商务印书馆刊行。

[日]东奭五郎著,陈掖神译《近世簿记法大纲》由上海商务印书馆刊行。

[日]吉田良三著,陈家瓒译《工业簿记》由上海商务印书馆刊行。

[日]关一著,马凌甫译《工业政策》(上下册)由上海商务印书馆刊行。

[日]小川乡太郎著,甘浩泽、史维焕译《社会问题与财政》由上海商务印书馆刊行。

[日]高柳松一郎著,李达译《中国关税制度论》由上海商务印书馆刊行。

[日]今泽慈海、竹贯宜人著,陈逸译述《儿童图书馆之研究》由上海商务印书馆刊行。

[日]永野芳夫著,林科棠译《杜威教育学说之研究》(师范小丛书)由上海商务印书馆刊行。

[日]入泽宗寿著,罗迪先译《新教授法原论》(师范丛书)由上海商务印书馆刊行,有吉田熊次序及著者自序。

[日]三田谷启著,程浩译《学龄儿童智力测验法》(百科小丛书)由上海商务印书馆刊行。

[日]厨川白村著,鲁迅译《苦闷的象征》由北京新潮社刊行。

[日]菊池宽著,田汉译《日本现代剧选》(第1集菊池宽剧选)由上海中华书局刊行。

[日]神田丰穗著,徐傅霖译《学校剧本集》由上海商务印书馆刊行。

[日]波多野乾一编《现代支那之记录》(1924年9月)由燕尘社刊行。

[德]斯登堡著,俞颂华译《柏拉图政治教育学说今解》由上海商务印书馆刊行,书前有原著者序、译者序、张东荪、张君劢序。

[德]摩伊曼著,吕澂译《晚近美学思潮》由上海商务印书馆刊行。

[德]米勒利尔著,陶孟和等译《社会进化史》由上海商务印书馆刊行。

按:是书包括社会学绪论、饮食工具衣服及住居的进化史、工作演化史、文化进步之原因、文化与幸福等5卷17章。

[德]波尔著,陈迪光译《都市居住问题》由上海商务印书馆刊行。

[德]福尔倍著,钱稻孙译《造型美术》由上海商务印书馆刊行。

[德]霍脱迈著,陈家驹译《织工》由上海商务印书馆刊行。

[德]苏台尔曼著,胡仲持译《忧愁夫人》由上海商务印书馆刊行。

[德]施园女士著,杨敬慈译《人世地狱》由北京晨报出版社刊行。

[法]季特著,李璜译《经济学要旨》由上海中华书局刊行。

[法]柏格森著,胡国钰译《心力》由上海商务印书馆刊行。

[法]法格著,顾钟序译《欧洲文学入门》由上海商务印书馆刊行。

[法]大仲马著,伍光建译《侠隐记》(上下册)由上海商务印书馆刊行。

[法]都德著,李劼人译《达哈士孔的狒狒》由上海少年中国学会刊行。

[法]莫泊桑著,李青崖译《莫泊桑短篇小说集(二)》由上海商务印书馆刊行。

[法]莫泊桑著,雷晋笙、徐蔚南译《莫泊桑短篇小说集》由上海新文化书社刊行。

[法]莫泊桑著,李青崖译《髭须及其他》由上海朴社刊行。

[法]普雷沃著,李劼人译《妇人书简》由上海中华书局刊行。

[法]孟代著,CF女士译《纺轮的故事》由上海北新书局刊行。

[法]A. France 著,穆木天译《蜜蜂》由上海泰东书局刊行。

[苏]卜朗特著,赵季和注释《俄文通用尺牍》由北京俄文法政专门学校刊行。

[苏]库里塞尔著,耿济之译《现代世界经济大势》由上海中华书局刊行。

[俄]列夫·托尔斯泰著,林纾译《三种死法》刊行,口译者不详,署名林琴南。

[俄]普希金著,赵诚之译《普希金小说集》由上海亚东图书馆刊行。

[俄]托尔斯泰著,胡贻穀译《灵光的三笑》由上海青年协会书报刊行。

[俄]科路伦科著,张闻天译《盲音乐家》由上海中华书局刊行。

[苏]柴霍甫著,小说月报社编辑《犯罪》由上海商务印书馆刊行。

[俄]路卜洵著,叶树芳译《灰色马》由上海商务印书馆刊行。

[苏]弗里采著,毛秋萍译《柴霍甫评传》由上海开明书店刊行。

[俄]爱罗先珂著,东方杂志社编《枯叶杂记及其他》由上海商务印书馆刊行。

[俄]爱罗先珂著,鲁迅译《世界的火灾》由上海商务印书馆刊行。

[意]伯辣弥诺著,倪栖梅译《架上七言》由上海土山湾印书馆刊行。

[意]檀德著,钱稻孙译《神曲一脔》由上海商务印书馆刊行。

按:译者用文言楚辞体裁,从意大利语原文译出《神曲》地狱篇的前5章。

[意]康努遒著,张闻天译《琪瑛康陶》由上海中华书局刊行。

[意]格恩梅著,傲骨译述《魂游记》(幻想小说)由上海文明书局刊行。

[挪威]唐务道编译,喻筠记述《新约考古学》由湖北汉口中华信义会书报部刊行。

[挪威]唐务道编译《神道要义》由湖北汉口中华信义会书报部刊行。

[奥]菲里波维奇著,马君武译《交通政策》由上海中华书局刊行。

[波兰]华罗琛著,华通斋译《恋爱与义务》由上海商务印书馆刊行。

[丹麦]安徒生著,林兰译《旅伴》由北京新潮社刊行。

[印度]太戈尔著,张墨池、景梅九译《散雅士》由上海新民社刊行。

[印度]太戈尔著,小说月报社编辑《诗人的宗教》由上海商务印书馆刊行。

A. S. Hoyt 著,谢颂羔、米星如编译《近代宣道学大纲》由美以美会全国书报部刊行。

F. W. Baller 编《华文释义》由上海长老会刊行。

A. M. lewes 著,殷凯译《演说术》由上海太平洋书店刊行。

Ernest Rhys 著,杨甸葛、钟余荫译《太戈尔》由上海新文化书社刊行。

力戈登著,马冯纲、王揆生合译《以色列诸先知》由上海广学会刊行。

爱默生著,郑梦驯译《教育理想发展史》(师范丛书)由上海商务印书馆刊行。

哈华甫著,俞敦培、谢维耀译《(德文译注小说)莫克趣史》(第1集)由译者刊行。

苏清心著,徐世光译《亚西伟人轶事》由上海时兆报馆刊行。

蔡元培编译《简易哲学纲要》由上海商务印书馆刊行。

按:是书据德国文德尔班著《哲学入门》和日本宫本和吉的《哲学概论》二书编译而成。论述哲学及其所讨论的问题。全书分绪论、认识问题、(本体论)原理问题、价值问题及结论。书末附译名检对表。

蒙文书社编译部编译《(蒙汉合璧)告子》(2册)由北京蒙文书社刊行。

蒙文书社编译部编译《(蒙汉合璧)孟子》由北京蒙文书社刊行。

王平陵编译《西洋哲学概论》由上海泰东图书局刊行。

杨昌济译述《西洋伦理主义述评》由上海商务印书馆刊行。

按:是书将西方伦理学学说分为六派加以介绍。全书分为禁欲主义、快乐主义、公众的快乐主义、进化论的快乐主义、自我实现主义等6节。书末附善齐译述的《西洋立身篇》,文内分失败与成功、说运、职业、体育、专心、独立、决断、风采等8部分。

庄泽宣编《心理学名词汉译》由北京中华教育改进社刊行,有编者自序。

刘葆儒译《实业上个人效能论》由上海商务印书馆刊行。

狄珍珠编辑,张仲温译《旧约妇女》由上海广学会刊行。

狄珍珠编辑,张仲温译《新约妇女》由上海广学会刊行。

显荫译《真言宗义章》由世界佛教居士林刊行。

伏若望译《助善终经》由上海土山湾慈母堂刊行。

赫神父著译《领圣体经》由山东兖州天主堂印书馆刊行。

朱聚仁、曹源文编译《社会学大纲》由上海民智书局刊行。

沈介人编译《中国民族性之检讨(一个外国人的观察的)》由上海大华书局刊行。

爱真编译《爱的诱惑》由上海大通图书社刊行。

东京市役所公园课编纂,童振海译《东京市公元概观》由云南昆明市政公所总务课刊行。

周宣极译《俄罗斯共和国民法》由北京修订法律馆刊行。

校重译著《各国陆军军需官补充教育制度》刊行。

韩白秋编译《会计监督》由北京银行月刊社刊行。

刘葆儒译《近世会计学》由上海商务印书馆刊行。

裴汾龄、韩永镇译《私立共和国劳工法》由译者刊行。

王怡柯编译《货币学》由上海商务印书馆刊行。

按:是书大体根据美国肯列(David Kenley)货币学著作编写,并加之以作者本人搜集的我国材料及有关我国币制史的论述。于1928、1935年再刊,是大学丛书之一。

王怀琪、吴洪兴编译《最新女子篮球游戏》(健学社丛书)由上海大东书局刊行。

柯剑公译著《道尔顿制详解》由上海大东书局刊行。

唐毅编译《近代教育家及其理想》由上海中华书局刊行。

郭沫若译《鲁拜集》(创造社丛书:辛夷小丛书第4种)由上海泰东图书局刊行。

陈戬编著《英汉歧字分类大辞典》由上海新中国印书馆刊行。

北京师范大学附属小学校编辑《国语科学习指导案》由北平平民书局刊行。

奚若译述,叶绍钧校注《天方夜谭》由上海商务印书馆刊行。

忆秋生编译《欧洲最近文艺思潮》由上海商务印书馆刊行。

按:是书分5章,第一章欧洲最近思潮的源流,第二章罗曼主义的消长,第三章 Realism(Naturalism)的运动,第四章新罗曼主义之诸相,第五章改造期之文艺思潮。

闻野鹤编译《白话诗研究》由上海梁溪图书馆刊行。

按：是书简述新诗的定义、起源、领域、作法、音节等问题。

小说月报社编辑《波兰文学一脔》（上下册）由上海商务印书馆刊行。

小说月报社编辑《北欧文学一脔》由上海商务印书馆刊行。

按：是书收论文4篇：[日]生田春月著、李达译《现代的斯干底那维亚文学》，沈雁冰《挪威写实主义前驱般生》《瑞典大诗人佛罗亭》和《瑞典诗人卡尔佛尔脱与诺贝尔文学奖金》。挪威和瑞典短篇小说3篇：般生著、蒋百里译《鹙巢》，史特林堡著、雁冰译《人间世历史之一片》，苏特尔褒格著、雁冰译《印第安墨水画》，后2篇附作者简介。

小说月报社编辑《芬兰文学一脔》由上海商务印书馆刊行。

按：是书收论文1篇：H. Ramsden著、沈雁冰译《芬兰的文学》；短篇小说3篇：哀禾著、周作人译《父亲拿洋灯回来的时候》，明那·亢德著、鲁迅译《疯姑娘》，巴衣伐林太著、沈泽民译《我的旅伴》，各篇后附作者简介。

小说月报社编辑《近代丹麦文学一脔》由上海商务印书馆刊行。

按：是书收亨利·哥达·侣赤著、沈泽民译《近代的丹麦文学》，沈雁冰《十九世纪末丹麦大文豪约柯伯生》，郑振铎《丹麦现代批评家勃兰特传》3篇文章。

杨敬慈译《狂人》（侦探小说第2集）由北京晨报社刊行社刊行。

唐小圃编译《俄国童话集》由上海商务印书馆刊行。

朱湘译《路曼尼亚民歌一斑》由上海商务印书馆刊行。

俞寄凡译述《近代西洋绘画》（上下册）由上海商务印书馆刊行。

唐毅编译《近代教育家及其理想》由上海中华书局刊行。

刘麟生编译《世界十大成功人传》由上海商务印书馆刊行。

按：是书介绍了乔治·皮博迪、瓦特、乔赛亚·梅森、贝尔纳·帕利西、法拉第、埃兹拉·康奈尔、爱迪生等10人的生平事迹。

吴建庵译《南丁格尔格言录》由上海广学会刊行。

王揖唐译《前德皇威廉二世自传》由上海商务印书馆刊行。

张星烺译注《马哥孛罗游记导言》由北京中国地学会刊行。

《福女德肋撒行实》由山东烟台天主堂印书馆刊行。

《古新圣经问答》由上海土山湾慈母堂刊行。

《孩童善领圣体》由北京西什库天主堂遣使会印字馆刊行。

《增补金刚般若波罗蜜经旁解》由北京慈济印刷所刊行。

《中国归化》由河北献县天主堂刊行。

五、学者生卒

黄吉安（1836—1924）。吉安原名云瑞，号余僧，安徽寿州人。晚年落籍四川成都。少时聪明过人，中童子试第三名。喜读书，酷爱戏曲。与川剧艺人和票友广泛结交，一生共创作川剧剧本80多部，四川扬琴唱本20余个。四川省戏曲研究所编校的《黄吉安剧本选》于1960年出版，收优秀剧本18种。

方守彝（1847—1924）。守彝字伦叔，号贲初，又号清一老人，安徽桐城人。方宗诚子。诸生，官太常寺博士。好为诗，为之至勤，晚年写定曰《纲旧闻斋调刁集》20卷。另著有《柏堂遗书》《附录》1 卷。与陈澹然等合撰《方柏堂事实考略》5 卷。事迹见《碑传集补》卷五三。

　　按：刘声木《桐城文学渊源考》卷八曰："师事郑福照。亦工诗、古文词有声。""方守彝，濡染家学，文学志节均有可称，国变后隐居不仕。"

　　吴庆坻（1848—1924）。庆坻字敬疆，晚号补松老人，浙江钱塘人。1886 年进士，授翰林院编修，充会典馆帮办，总纂中外图籍。1897 年任四川学政，1906 年授湖南提学使，东渡日本考察学制。归国后在长沙创立湖南第一师范学堂、湖南工艺学堂等。1918 年，与沈曾植同受聘续修《浙江通志》。著有《辛亥殉难记》8 卷、《辛亥殉难表》、《杭州艺文志》10 卷、《杭州府志》、《蕉廊脞录》8 卷、《游记》、《补松庐诗录》、《补松庐文录》、《吴氏一家诗录》10 卷等。

　　按：刘声木《桐城文学渊源考》卷四曰："吴庆坻字子修，一字敬疆，钱塘人。光绪丙戌进士，官湖南提学使，宣统辛亥后不仕。为文服膺曾国藩阳刚阴柔之说，而深有合于桐城之矩矱故事要而不繁，辞文而不缛。撰《补松庐文录》八卷、《诗录》六卷。其宣统辛亥后作，别为《悔余生诗》五卷，其《辛亥殉难记》八卷、《表》久负盛名，最有功于人心世道，不刊之作也。"

　　黄乃裳（1849—1924）。乃裳原名久美（玖美、九美），字绂丞，号慕华，晚号退庵居士，福建福州人。1866 年与其叔黄福居受薛承恩牧师洗礼，皈依基督教。1869 年，考进为美以美年议会会员，派主福州东街福音堂传教。1871 年起，随许扬美牧师在古田、尤溪、沙县、顺昌、洋口、延平等地传教。1873 年秋，被推举为美以美年议会书记，并连续 5 年担任该职。1871 年，被保灵牧师聘为文案，此后翻译《美以美会纲例》，作《拜日学之庇哩亚问答》百余册，主办《郇山使者》月报数十册，同时帮助薛承恩牧师翻译《天文图说》《圣经图说》和《卫斯理传》，帮助武吉林牧师翻译《丁大理传》《哥林多注》等书籍。1894 年，以第三十名中举人。在北京结交康有为，并参与公车上书运动。1896 年，在福州创办福建最早的报纸《福报》，鼓吹维新。1897 年，入京会试，被选为拔贡。八次上书要求维新。戊戌变法开始以后，结交六君子，并向李鸿章、翁同龢讲述新学，与丁韪良、刘海澜讨论变法维新。1899 年 9 月，举家来到新加坡，并担任《星报》主笔。1904 年 7 月，经新加坡抵上海回国，在上海会见宋教仁、蔡元培、马相伯等人。1905 年，受聘主办厦门《福建日日新闻》。1906 年 6 月，在新加坡会见孙中山并加入同盟会。1907 年，参与策划潮州黄冈起义，同年回到故乡闽清创办教育和实业。1911 年，任英华、福音、培元三校教务长。2 月，在福州主办《左海公道报》。1920 年 12 月 1 日，孙中山在广州重组军政府，应邀出任元帅府高等顾问。

　　按：张云《黄乃裳与近代福州报刊的文化研究》说："黄乃裳一生所从事的许多社会活动中，办报是一项重要的内容。他或受人聘请，或自筹资金，先后主办过《郇山使者》月刊（后改为《闽省会报》）、《福报》《日新报》《福建日日新闻》（后改为《福建日报》）《左海公道报》和《伸报》等六种报刊。除了《日新报》是黄乃裳在新加坡主办的之外，其余的五种都是他在福建所办，除《福建日日新闻》在厦门所办，另四种都在福州所办。黄乃裳对于晚清民初福建近代报业的形成与发展，有着极其重要的影响，筚路蓝缕之功殊不可没。"（福建师范大学硕士学位论文，2010 年）

　　林纾（1852—1924）。纾原名群玉，字琴南，号畏庐，别署冷红生，晚称蠡叟、六桥补柳翁、践卓翁、长安卖画翁，私谥贞文，福建闽县人。博学强记，能诗，能文，能画，有狂生的称号。1882 年举人，考进士不中。1900 年在北京任五城中学国文教员。所作古文，为桐城派大师吴汝纶所推重，名益著，因任北京大学讲席。辛亥革命后，入北洋军人徐树铮所办正志学校教学，推重桐城派古文。后在北京，专以译书售稿与卖文卖画为生。入民国后，与桐城马其昶、姚永概相继离开北京大学。翻译小说总计在 180 种以上，此外，尚著有《畏庐文集》《畏庐续集》《畏庐三集》《畏庐诗存》《闽中新乐府》《畏庐漫录》《畏庐笔记》《畏庐琐记》《技击余闻》等；古文研究著作《韩柳文研究法》《春觉斋论文》以及《左孟庄骚精华录》《左传撷华》；自著小说有《京华碧血录》《巾帼阳秋》《冤海灵光》《金陵秋》等；传奇有《蜀鹃啼》《合浦珠》《天妃庙》等。事迹见朱羲胄编《贞文先生年谱》，薛绥之、张俊才编《林纾研究资料》（福建人民出版社1982年版）。

按：林纾翻译小说始于光绪二十三年，与精通法文的王寿昌合译法国小仲马的《巴黎茶花女遗事》。接着，他受商务印书馆的邀请专译欧美小说，先后共译作品180余种。介绍有美国、英国、法国、俄国、希腊、德国、日本、比利时、瑞士、挪威、西班牙的作品。单行本主要由商务印书馆刊行，未出单行本的多在《小说月报》《小说世界》上刊载。与林纾合译美英作品者有魏易、曾宗巩、陈家麟、毛文钟等，合译法国作品者有王寿昌、王庆通、王庆骥、李世中等。林纾译得最多的是英国哈葛德，有《迦因小传》《鬼山狼侠传》等20种；其次为英国柯南道尔，有《歇洛克奇案开场》等7种。林译小说属于世界名作家和世界名著的，有俄国托尔斯泰的《现身说法》等6种，法国小仲马《巴黎茶花女遗事》等5种，大仲马《玉楼花劫》等2种，英国狄更斯的《贼史》等5种，英国莎士比亚的《西泽遗事》等4种，司各特的《撒克逊劫后英雄略》等3种，美国欧文的《拊掌录》等3种，希腊伊索的《伊索寓言》，挪威易卜生的《梅孽》，瑞士威斯的《颤巢记》，西班牙塞万提斯的《魔侠传》，英国笛福的《鲁滨孙漂流记》，菲尔丁的《洞冥记》，斯威夫特的《海外轩渠录》，斯蒂文森的《新天方夜谭》，里德的《吟边燕语》，安东尼·霍普的《西奴林娜小传》，美国斯托夫人的《黑奴吁天录》，法国巴尔扎克的《哀吹录》，雨果的《双雄义死录》，日本德富健次郎的《不如归》。林纾共译了40余种世界名著。

按：《清史稿·林纾传》曰："林纾，字琴南，号畏庐，闽县人。光绪八年举人。少孤，事母至孝。幼嗜读，家贫，不能藏书。尝得史、汉残本，穷日夕读之，因悟文法，后遂以文名。壮渡海游台湾，归客杭州，主东城讲舍。入京，就五城学堂聘，复主国学。礼部侍郎郭曾炘以经济特科荐，辞不应。生平任侠尚气节，嫉恶严。见闻有不平，辄愤起，忠恳之诚发于至性。念德宗以英主被扼，每述及，常不胜哀痛。十谒崇陵，匍匐流涕。逢岁祭，虽风雪勿为阻。尝蒙赐御书'贞不绝俗'额，感幸无极，誓死必表于墓，曰'清处士'。忧时伤事，一发之于诗文。为文宗韩、柳。少时务博览，中年后案头唯有《诗》《礼》二疏，《左》《史》《南华》及韩、欧之文，此外则《说文》《广雅》，无他书矣。其由博反约也如此。其论文主意境、识度、气势、神韵，而忌率袭庸怪，文必己出。尝曰：'古文唯其理之获，与道无悖者，则味之弥臻于无穷。若分画秦、汉、唐、宋，加以统系派别，为此为彼，使读者炫惑莫知所从，则已格其途而左其趣。经生之文朴，往往流入于枯淡，史家之文则又骧突恣肆，无复规检，二者均不足以明道。唯积理养气，偶成一篇，类若不得已者，必意在言先，修其辞而峻其防，外质而中膏，声希而趣永，则庶乎其近矣。'纾所作务抑遏掩蔽，能伏其光气，而其真终不可自閟。尤善叙悲，音吐惨不忍睹梗，令人不忍卒读。论者谓以血性为文章，不关学问也。所传译欧西说部至百数十种。然纾故不习欧文，皆待人口达而笔述之。任气好辩，自新文学兴，有倡非孝之说者，奋笔与争，虽胁以威，累岁不为屈。尤善画，山水浑厚，冶南北于一炉，时皆宝之。纾讲学不分门户，尝谓清代学术之盛，超越今古，义理、考据，合而为一，而精博过之。实于汉学、宋学以外别创清学一派。时有请立清学会者，纾抚掌称善，力赞其成。甲子秋，卒，年七十有三，门人私谥贞文先生。有《畏庐文集》《诗集》《论文》《论画》等。"

按：钱基博《现代中国文学史》上编说："永朴、永概生长桐城，而为文不矜奇奥，为诗自然清道，恪守姚氏家法，顾不以桐城张门户。独有产匪出桐城，文不尽淡雅，异军突起，而持桐城姚鼐以为天下号者，厥有林纾焉。"（上海书店2007年版）

按：郑振铎作有《林琴南先生》（《小说月报》第15卷第11号1924年11月）。在文章中写林琴南先生是"性质之刚强善怒"，但同时是一个很"热情"的人，又是一个很清介的人，在光绪壬午中举人之后，便弃绝制举之业，专心致力于古文。后来以极大的热情投入到和他人合作的翻译事业中去。郑振铎先生虽对林琴南先生创作的作品评价很中肯，但是很肯定林纾作品的创新：一，打破"章回小说"的界限；二，小说叙述的时事很有历史价值；三，林琴南先生的"传奇"少见"旦"角，而且只有十多处；四，林琴南先生的《闽中新乐府》,体现林纾对新党的倾向。郑振铎先生对林琴南先生的翻译既赞扬他的翻译之多,同时指出翻译作品的档次较低,郑振铎先生看到了林纾不懂外文的前提,因此,混淆一些作品的题材,任意删节原文,口译者对作品选择的随意性等等。林译小说在当时作出了巨大的贡献:一、向国人介绍了世界的知识,较清醒地看待英美国家的真实面目;二、对当时国人极力抬高西方的军事和政治的同时绝对的赞赏中国文学的不良心态有一个较好地纠正;三、以古文手法翻译外国小说,正视小说的载道价值。(详见郑振铎《中国文学研究》下册,作家出版社1957年版)

按:阿英在《晚清小说史》中说,林纾"使中国知识阶级,接近了外国文学,认识不少第一流的作家,使他们从外国文学里去学习,以便促进本国文学的发展"(人民文学出版社1980年版)。

按:朱自清说:"读《聊斋志异》和林译小说,都曾给我影响。"又说:"中学时代曾写过一篇《聊斋志异》式的山大山的故事,辞藻和组织大约还模仿林译小说。"(太平书局本《国文教本》)

按:郭沫若《我的幼年》中也承认林译小说"对于后来在文学上的倾向有一个决定性的影响",还说林纾把司各特《撒克逊劫后英雄略》的"那种浪漫派的精神""具象地提示给我了",因此他断定林纾"在文学上的功劳,就和梁任公(启超)先生在文化批评上的一样,他们都是资本制革命时代的代表人物,而且是相当有些建树的人物"(上海光华书局1929年版)。

按:寒光《林琴南》一书对林纾的思想、古文创作和小说翻译等成就做了全面评价,其结论说:一、林氏为人甚清介,富有毅力和热诚,这是他的大过人处。秉性服善甚笃而疾恶如仇,他之所以不甚满意于新文化、新思潮者,也就错拿了这种主意,和受了一时感情冲动的蒙蔽。二、他的功绩是在使中国人明白欧、美的强盛、发达不尽关于舰坚炮利和理化之学,根本原因实在文化的进展,和严几道同是散布这种思想的人,功绩极大。三、中国人轻视小说及小说家的习俗和陋见,由林氏而革除;小说的价值和小说家的身价,由林氏而提高。四、林氏的古文在近今来的文坛上已失去了稳固的地位。诗虽少作,却很成功,尤其是题画诗。词无专集,一时尚难估价。古画的成绩极好,晚年尤大见进步,价值很高,品位名贵,加以题画诗的美妙、清新,益是珠联璧合而相得益彰!题字也很好,只为诗、画所掩,所以没曾听见人家说起。五、他的成功在翻译不在创作。六、他的翻译是有目的的,有作为的,就是他自己所说的:"强支此不死期内,多译有益之书以代弹词为劝喻之助。"所以他这样要采外国之长来补吾国之短的诚意和苦心,是很值得尊崇而万万不可埋没的。七、所译书都富有他自己一种特殊的风味,所以"林译小说"便在中国成为一个特别的名称了。八、创作小说的好处在记事翔实足资史料,而其牵累乃在夹叙不相关联的爱情。九、笔记无论创作或翻译都没有多大的成功,只有华盛顿·欧文的作品可说是例外的。十、传奇的成绩很著,但仅收效于一时,仍不免为新剧本所淘汰,这当然是时代潮流的关系,不过他的作品总算是得到很成功的了。十一、神仙鬼怪和才子佳人团圆式的传统小说由林氏而扫荡;小说的形式由林氏而改造,小说的范围由林氏而扩张。十二、中国的旧文学当以林氏为终点,新文学当以林氏为起点。十三、中国文学界由他才开放文学的世界眼光;所以他于新文化的功绩就像哥伦布的发现新大陆,荒谬的所在应该原谅,功绩却是永远不可埋没的。十四、他最大的缺陷在于不会直接读原文,他之所以杂收外国第二三流作品和发生讹误者,都是口述者的过失,不能单责罪于林氏。十五、攻击林氏的人多因思想不合故唱反调,很少能作退一步批评者。指摘林氏文字上的纰缪者,多数为吹毛求疵的论调。十六、林译小说发行已久,印刷和装潢均甚简陋,其中的译名又因时代关系所以很不能划一;很有选精拔萃而加以校订和重印的必要。换句话说,就像沈雁冰、严既澄的校订《撒克逊劫后英雄略》和《拊掌录》,然后合为"校订本"的《林译小说集》,这当然是商务印书馆和其他别的书局的责任。十七、后来编纂中国近代文化史和文学史的人们对于林氏少不了必有一大篇详细的记载的;至于我这篇简陋的东西只可算为我个人研究的心得。倘然有人认这文为浅陋而别做出较精详,更完美的专论者,那就是我抛砖引玉的功劳,也是我所诚恳切望的!(节录自寒光《林琴南》第七部分,中华书局1935年版)

崔适(1852—1924)。适字怀瑾,一字解甫,浙江吴兴人。初受业于俞樾,治校勘训诂学,后受康有为《新学伪经考》影响,专讲今文经学。曾任北京大学教授。撰《春秋复始》《史记探源》《五经释要》《论语足徵记》等。

按：李可亭《崔适对钱玄同经学思想的影响》说："崔适是钱玄同的老师，也是对钱玄同经学思想影响较大的人物之一。钱玄同一生受了章太炎、崔适今古两派相反的思想的影响，但他最后跳出家派，超然今古，成为促使经学走向终结的主要代表人物。崔适对钱玄同经学思想的影响主要表现在：培植了钱玄同今文经学的情结，扩大了钱玄同对经学的认识范围，在一定程度上促成了钱玄同超越今古、埋葬经学思想的形成。"（《贵州社会科学》2009 年第 10 期）

张锡恭（1857—1924）。锡恭字闻远，号殷南，江苏娄县人。1885 年中拔萃科，1888 年举人，1899 年为两湖书院分教。光绪末被京中礼学馆征为《大清通礼》纂修。著有《修礼心刍议》《礼学大义》。

夏曾佑（1863—1924）。曾佑字遂卿，作穗卿，号别士、碎佛，笔名别士，浙江杭县人。晚清进士，授礼部主事。1897 年在天津与严复等创办《国闻报》，宣传新学，鼓吹变法。后致力于中国古代历史的研究，用章节体编著《最新中国学》《中国历史教科书》，重版时改名《中国古代史》，是近代中国尝试用进化论研究中国历史的第一部著作。民国时，任教育部普通教育司司长。后调任京师图书馆馆长。今有《夏曾佑集》。

按：章小亮《夏曾佑思想研究》说："夏曾佑是晚清思想史、史学史、乃至佛学史上的重要人物。梁启超在《亡友夏穗卿先生》一文中推许他'是晚清思想界革命的先驱者'，是他'少年做学问最有力的一位导师'。戊戌前夏曾佑与严复在天津创办《国闻报》，大力宣传维新思想；夏曾佑撰写的《中国古代史》，破天荒第一次以进化论发展观为指导，提出了一套划分中国古代历史发展阶段的新学说；夏曾佑还精通佛典，致力推动近代佛学的入世转向，是当时有名的居士佛学大师。可见，夏曾佑的思想具有丰富、复杂的特点，反映了晚清思想文化急剧变革、新旧思想激烈冲突的历史面貌。"（福建师范大学硕士学位论文，2009 年）

刘永焜（1865—1924）。永焜，北京人。早年学画，1902 年被彭翼仲创办的《启蒙画报》聘为画报插图。1904 年，又为彭翼仲创办的《京话日报》作插图。1906 年，慈禧太后召他到如意馆任职，专门从事宫廷绘画，被拒绝。1912 年，任财政部印刷局活版科图书室技士，为培养一批懂得现代科学的画家做出了贡献。

杭辛斋（1869—1924）。辛斋名慎修，又名凤元，别字一苇，浙江海宁人。1889 年，县试第一，补博士弟子员。次年，入北京国子监。后考入同文馆，弃科举，习新学。1897 年，到天津，次年，与严复、夏曾佑等创办我国第一张民办报纸《国闻报》，鼓吹变法维新。1905 年，加入同盟会，同时到北京办《京话报》《中华报》。1908 年，被浙江巡抚聘为农工研究会会长，主办《农工杂志》。又与许行彬合办《浙江白话新报》，宣传民主革命，并提倡白话。1911 年，参加光复会，创办《汉民日报》。1912 年，春当选为众议员。1917 年，南下广州，参加孙中山领导的护法运动，出席国会非常会议，被举为惩戒委员长。1921 年，到上海，受孙中山委派，任宣传部长，并创办新闻学会。1923 年，被选为国民党第一次全国代表大会代表。著有《易楔》6 卷、《学易笔谈初集》《学易笔谈二集》《易数偶得》《读易杂识》《愚一录易说订》《沈氏改正揲蓍法》等。编著有《易学丛书》以及《白话痛史》《猪仔记》等。

按：周神松《杭辛斋易学思想浅论》说："杭辛斋是清末民初著名易学家。他立足于象数，重整象数体系，企图将象数扩展为融数学、科技、术数为一炉的无所不包的易学体系。杭辛斋治易具有世界眼光，他的雄心壮志开一代易学之新风，引起了同时代人的充分重视。杭氏易学重视对易学史的研究，广泛吸取前人易说，几乎集古今易说之大成。在各学派的参照与对比中，杭氏更喜欢汉代易学，对除邵雍以外的宋代易学家进行排斥，对清代的汉学家进行的周易资料考据，杭氏也多有批评。这反映了杭氏易以汉代象数学和宋代图书之学为根基的特点。杭氏发展了象数易，他用整体性的原则来思考象数问题，他重整的象数体系具有精思和发挥深远的特点。为了展示周易卦象的神奇，他广为取象，将新生事物、社会制度、历史文化，甚至小到生物细菌，都发挥为卦象。杭氏易丰富的取象展现了中国易学'范围天地'的特点和他扎实的易学功力。杭辛斋认为数学是一切科学的基础,非常重视对于易数的研究。杭氏青年时期肄业于同文馆,习天文历算,他将算学与古代易数相结合,解决了古代易学中的易数'阳顺阴逆'、'四为阴之始'的问题,这种互证的方法值得让后人称道。"(山东大学硕士学位论文,2010年)

杨白民(1874—1924)。白民初名士照,字白民,后以字行,上海人。1902年,自费赴日本考察教育,次年回到上海,在家中创办城东女学(初名女子苦学社),自任校长。嗜好绘画,于校中特开设国画专修科,聘名师吴梦非、李叔同、张聿光等任教素描、木炭、石膏、静物水彩、油画写生、图案画,造就甚多。献身于校务30余年。

罗瘿公(1880—1924)。瘿公名惇曧,字掞东,号瘿庵,晚号瘿公,广东顺德人。早年就读于广雅学院,与梁启超、陈千秋同为康有为弟子。1903年,中副贡,官至邮传部郎中。1908年,任唐山路矿学堂坐办。1911年,与樊增祥、林纾等集为诗社。民国成立后,先后任总统府秘书、国务院参议、礼制馆编纂等职。1921年至1924年,为程砚秋创作和改变剧本,有《梨花记》《龙马姻缘》《花舫缘》《孔雀屏》《红拂传》《花筵赚》《风流棒》《鸳鸯冢》《赚文娟》《玉狮坠》《青霜剑》《金锁记》等。著有《宾退随笔》《鞠部丛谈》《庚子国变记》《德宗承统私纪》《中日兵事本末》《割台记》《拳变馀闻》《太平天国战记》《中俄伊犁交涉始末》《瘿公诗集》等。

林锡光(1881—1924)。锡光字芷馨、英琼,福建长乐人。1903年,中举人。后赴日本留学,入师范学校。回国后历任学部主事、广州琼州师范学堂监督、宪政筹备处筹备员。民国成立后,曾任北京政府教育部普通教育司第三科主事、教科书编纂纲要审查会审查员。1921年2月,任甘肃省教育厅厅长。1922年7月至1924年3月,任甘肃省省长。工书画。

胡新吾(1883—1924)。新吾又名法鼎,河南信阳人。1897年,中秀才。1903年,开始从事美术创作,并考入北京译学馆。1911年,被河南省选派到法国学习法律。留法8年,精通法文,工于绘画,兼及雕刻、雕塑。回国前通历意大利、德国、奥地利、瑞士、荷兰、英国、西班牙、葡萄牙等国。1919年夏归国,被蔡元培聘为北京大学画法研究会油画导师。1920年又任教于北京美专。后转到上海美专任教。1921年8月,在京创办"阿博洛学会",造就大批绘画人才。著有《西洋画派汇考》《大同云冈石窟》《拉斐尔传》《米格朗若传》《兰卜朗传》等。

张之铣(？—1924)。之铣,河南郑州人,一作邓县人。1895年进士,官汝宁知府。著有《易象阐微》《新教证墨经注》等。

罗广斌(—1967)、张守慎(—1968)、幸熙(—1977)、陈今言(—1977)、李芳远(—1981)、马彬(—1983)、卢宾(—1985)、邓稼先(—1986)、李伏雨(—1995)、常宝林(—1998)、董乐山(—1999)、陈贻焮(—2000)、李承仙(—2003)、阎梓昭(—2009)、罗哲文(—2012)、李懿(—2013)、刘庆隆(—2014)、李景先(—2014)、柳溪(—2014)、田余庆(—2014)、周斌武(—2014)、田自秉(—2015)、宓汝成(—2015)、梁思礼(—2016)、宋文薰(—2016)生。

六、学术评述

本年度为第一次国内革命战争时期(1924年1月至1927年7月)的开启之年,也是南北、中外固有矛盾与政治角力发生急剧变局的一年,孙中山无论在思想、政治、军事、组织建设还是内政外交上都取得了重大胜利,并完全主导了中国政局的变化。就在新年第一天的

1月1日,上海《民国日报》出版元旦增刊《中国国民党改组号》,发表去年制定之中国国民党改组文献《中国国民党改组宣言》《中国国民党党纲草案》《中国国民党章程草案》《孙总理演说改组原因》,具有一定的风向标意义。1月4日,孙中山在广州大本营召开会议,决定于最短时间成立中华建国政府,出师北伐,统一财政,并为重组建国政府通告全国人民,表明孙中山为之奋斗多年的建国行动计划即将重新启动。通观和总结孙中山所采取的重大战略决策,主要有:一是系统阐释民族、民权、民生"三民主义";二是确立联俄、联共、扶助农工的三大政策;三是制定《国民政府建国大纲》;四是在军事上筹办和建立黄埔军校;五是举办农民讲习所激发农民革命力量;六是发布《讨贼宣言》,再次发动北伐;七是确立亲苏反帝的外交政策。就南北、中外政治全局来看,国民党与孙中山都处于难得的历史机遇,除了与共产党达成国共合作,结成统一战线之外,一个至为重要的因素是北京的变局。其中同时交织着南北与北洋军阀战争的爆发。先是9月4日江浙军阀战争爆发之际,孙中山就在大元帅府召开筹备北伐会议。5日,孙中山发布《讨贼宣言》,表示"刻日移师北指,与天下共讨曹吴诸贼"。10日,孙中山发表《告广东人民书》,宣布政府将实行三事:北伐、广东自治和免除苛捐杂税。18日,孙中山以中国国民党名义正式发布《北伐宣言》,申明北伐目的。20日,孙中山在广东韶关誓师北伐,讨伐直系。继之是第二次直奉战争爆发。10月23日,直军第三路军总司令冯玉祥发动北京政变,囚禁曹锟,推翻曹锟、吴佩孚的北京政府,皖系军阀段祺瑞任临时执政。冯玉祥将所部改称国民军,同情广东革命政府,并电邀孙中山北上,共商和平统一大业。10月27日,孙中山致电冯玉祥等,祝贺北京政变成功,表示愿意应邀北上,议定"建设大计"。11月2日,孙中山在中国共产党的支持下决定北上,令胡汉民留守广州代行大元帅职权,谭延闿负责大本营事务,驻守韶关,主持北伐军事。3日,吴佩孚南逃,第二次直奉战争结束。11月4日,由国民军控制的北京政府修改《清室优待条例》,永远废除皇室尊号,命令清皇室迁出紫禁城。5日,末代皇帝溥仪被逐出宫。这对孙中山来说,的确是"天赐良机"。10日,孙中山发表《北上宣言》,提出召开国民会议和废除不平等条约两大主张。11日,孙中山致电冯玉祥,赞许其驱除废帝溥仪出宫的做法。17日,孙中山抵达上海,受到万余群众的热烈欢迎。12月4日,孙中山抵天津,受到两万余人的热烈欢迎。当晚,肝病发作。12月31日,孙中山扶病到京,受到10万各界群众的盛大欢迎,可见当时的民心所向与孙中山威望之高。然而,不幸的是,孙中山已患肝癌。次年1月26日,孙中山入协和医院施行手术。3月12日上午9时30分,孙中山不幸逝世于北京,真是不禁令人仰天长叹! 否则包括政局与学界在内的整个民国历史都要改写。

随着南北之间以及北洋军阀内部矛盾的激化,以北京大学为中心的学潮再度兴起。1月12日,北京政府贿选大总统曹锟任命范源濂为教育总长,范源濂坚辞不就。21日,曹锟特任张国淦为教育总长。2月23日,教育部颁布《国立大学校条例》26条,宣布废除1912年和1913年先后颁行的《大学令》和《大学规程》,重新制定大学教育宗旨和体制机构,规定大学校长由教育总长聘任,遭到北京大学等校反对。3月21日,北京教育会、北京国立八校教职员联席会议、中华教育改进社、北京青年国民俱乐部、民权运动大同盟、北京各团体联合会、马克思学说研究会、国立北京大学学生干事会、中俄协进会等九团体联合发布宣言,催迫北京政府当局承认苏俄。24日,北京大学发表宣言反对北京政府教育部所颁《国立大学条例》,于是北京学潮再度兴起。5月26日,京畿卫戍总司令部致函京师警察厅,要求查禁《陈独秀讲演录》,禁售《胡适文存》《独秀文存》、周作人《自己的园地》等书籍。北洋政府与北京大学知识群体的矛盾进一步激化。7月22日,教育部布告:中央政法专门学校、通才商业专门学校、新华商业专门学校、朝阳大学、中国大学、民国大学、平民大学、华北大学等等私立专门以上学校,均经先后核准立案。9月14日,北京政府大总统曹锟任命黄郛为教育总长。18日,中华教育文化基金董事会在北京成立,负责管理美国第二次退还的庚款。颜惠庆、张伯苓、顾维钧、郭秉文、蒋梦麟、范源濂、黄炎培、周诒春、施肇基等任中方董事,范源濂为干事长。孟禄、杜威、贝克、贝诺德、顾临为美国董事。该款用以发展中国科学研究、科学教育和文化事业。11月10日,北京政府摄政黄郛以大总统名义任命易培基为教育总长。24日,临时执政段祺瑞任命王九龄为教育总长。25日,王九龄未到任前令马叙伦次长暂代部务。再看南方政权的两大决策:一是2月4日孙中山发布大元帅令,着将国立高等师范、广东法科大学、广东农业专门学校合并,改为国立广东大学;二是11月10日孙中山北上启程前委托汪精卫、杨杏佛、黄昌毂3人起草设立全国最高科研机构——中央学术院的计划,两者都对本年度及其后的学术格局产生重要影响。

本年度的学术版图结构依然分为四大板块。就北京轴心观之,由于蔡元培校长仍在欧洲,于是由蒋梦麟与胡适分别承担起了行政领导与学术领袖的责任。开年之初最为重要的活动,即是1月29日由北京大学胡适与居于天津的梁启超等发起的"戴东原二百年生日纪念会"在宣武门外安徽会馆举行,北京学界出席者达三四百人。梁启超、胡适、沈兼士、朱希祖等各就戴震的学术思想发表演讲。会后文章结集为《戴东原二百年生日纪念论文集》出版,梁启超《戴东原生日二百年纪念会缘起》作为该书"引子"。梁启超原拟为此纪念会作论文《东原先生传》《东原著述考》《东原哲学》《东原治学方法》《颜习斋与戴东原》5篇,后因时间短促,校课忙迫,撰成《戴东原先生传》《戴东原哲学》以及《戴东原著述纂校书目考》。北京大学国学门同人也积极参与了这次纪念会,并将《国学季刊》第5期列为"戴东原专号",胡适《戴东原的哲学》、魏建功《戴东原年谱》以及容肇祖《戴震说的理及求理的方法》等即是在此背景下所作。戴震研究在北京学术界一时蔚为显学,掀起了一股热潮。除了参与"戴东原二百年生日纪念会"之外,胡适在学术研究上也多有作为,包括:2月22日在《读书杂志》第18期发表《古文讨论的谈后感》,对顾颉刚、钱玄同与刘掞藜、胡堇人等辩论古史的问题作了初步总结和评价,将讨论古史以及科学与人生观的两大论战相提并论,并予以高度评价;2月,清华校长聘胡适为大学部筹备顾问,并商请他来担任国学研究院导师,胡适推荐梁启超、王国维、章炳麟3人,后得梁启超、王国维应允;4月,参与迎接印度泰戈尔来华讲学,泰戈尔访问讲学期间,胡适与其交往颇多,曾赠以《回向》一诗;12月13日,胡适、陈源、王世杰、周鲠生、张慰慈、唐有壬等人在北京创办综合性的《现代评论》周刊,反映了自由派知识分子的政治要求,由此形成了"现代评论派"。但胡适先于5月27日第二次进宫见溥仪,后在11月5日写信给外交部长王正廷,反对冯玉祥派军队将清废帝驱逐出宫,此信刊载于11月9日《晨报》之后,被中外各报转载,舆论一片哗然,对胡适的攻击如雪花而至。在北京轴心中,王国维不仅处于比较特殊的位置,而且与北大、清华发生了密切的关系。本来,王国维在上海时勉强同意担任北京大学研究所国学门导师。春,北京大学国学研究所欲聘王国维为主任,王国维考虑再三不欲就。秋,清华大学拟创办研究院,欲聘海内名宿为院长,主持学校大计的人,以为清华有独立的经费,在学术的研究上,应当有独特的表现,时北大教授胡适以王国维荐,校长曹云祥乃亲往敦请,而王国维则婉辞以谢。然因北京大学考古学会在报上登载《保存大宫山古迹宣言》,斥责清室出卖产业,散失文物,王国维阅报后对此事大为不满,怒而辞去北京大学研究所国学门导师职务,并要求将胡适、容庚索去拟刊用的文稿,宣布"停止排印"。后经胡适、曹云祥的一再敦请,王国维终于舍北大而就清华,由此造就了清华国学研究院的传奇。这一事件对于王国维、曹云祥以及清华学校的极端重要性,都是不言而喻的。与此同时,去年首次公开提出"层累地造成的中国古史"而迅速引起轰动,并在全国引发有关"疑古—信古"大论战的顾颉刚离开上海商务印书馆而回到北大任研究所国学门助教,在其编辑室、歌谣研究会、方言调查会、风俗调查会、考古学会诸会工作,编辑《国学季刊》,因而不仅为北京大学也为整个北京轴心增添了分量。

上海轴心以陈独秀、章炳麟为左右阵营的领袖,有点类似于北京轴心李大钊与胡适的关系。是年冬,章炳麟在国民党右派冯自由等的怂恿下,与冯自由、居正、田桐等共同发出《护党救国宣言》,要求同盟旧人重新集合团体,反对国共合作,因而在政治立场上进一步倒退。然而,上海毕竟不同于北京,这里是中共中央所在地与红色力量大本营,汇聚了一批优秀政治活动家、思想家、理论家,包括陈独秀、瞿秋白、恽代英、蔡和森、毛泽东、邓中夏、陈望道、茅盾、彭述之、向警予、沈泽民、罗章龙、王一飞、赵世炎、刘少奇、任弼时、尹宽、张太雷、杨明斋等,风云际会,于斯为盛,不仅在推进国共合作与国民党改造、支持孙中山北伐方面作出了重大决策和重要贡献,而且积极参与当时学界的重要论争,在思想批判与理论建设方面取得了新的收获。然而,在中共中央会议上,陈独秀与彭述之、蔡和森等人一起,反对中共广东区委支持孙中山北上的意见,认为孙中山此举是"军事投机""与段祺瑞妥协",主张孙中山应留广东,巩固革命胜利。而广东区委则认为孙中山之北上,可以使革命运动推向北方发展。当时身在北京的李大钊则以率领北京的共产党员和共青团员前往车站迎接的实际行动,支持了广东区委的正确意见。其间,邓中夏因李大钊推荐担任上海大学教务长,一方面加强上海大学的建设,同时以此作为相关政治与学术活动的重要平台,比如1月31日领导上海大学进步师生发动驱逐国民党右派、上海大学中学部主任陈德征的斗争,迫使校长于右任将陈解职,改聘杨明轩为中学部主任。2月10日,主持上海大学行政委员会第2次全体委员会议,决定编辑出版《上海大学丛书》,邓中夏与瞿秋白、邵力子、陈望道、何世桢等5人被推选为"上海大学丛书审查委员会"委员,负责本校丛书出版的选题、编审事务。3月14日,邀请戴季陶到上海大学作《东方问题与世界问题》讲演。4月4日,邀请恽代英、沈泽民到上海大学讲演《中俄交涉破裂原因》《欧洲现势与东方民族之关系》。20日,邀请胡汉民到上海大学演讲。6日,主持上海大学"马克思诞生一百〇六年纪念大会"。7日上午9时,出席上海大学欢送大会,欢送张继赴南洋为上海大学新校舍建筑募捐。9日,与邵力子、瞿秋白等出席在天后宫举行的五九国耻纪念会。8月,聘任李达、彭述之为上海大学教授。与此同时,在上海的红色力量大本营中,以茅盾为纽带而延伸于茅盾、郑振铎为代表的文学研究会以及以郭沫若、田汉等为代表的创造社,因而在文艺战线初步结成了"党外联盟"。恽代英、邓中夏、茅盾和沈泽民等重新提出了革命文学的口号。从文学革命到革命文学,具有质的不同,预示了一种新的文学建设和发展方向。总体而言,以陈独秀为首的红色阵营在泰戈尔访华讲学、科玄论战与整理国故论争的延续、批评无政府主义与国家主义主张以及建立革命文学等方面都发出了自己强有力的声音。诚然,在一些注重思想批判的论文中,也已出现一些"左"的倾向,比如1月26日在《中国青年》第15期发表《思想界的联合战线问题》,号召文化思想界联合起来,迎头痛击学衡派与社会上形形色色的"反动思想势力",包括哲学中之梁启超、张君劢(张东荪、傅侗等包括在内)、梁漱溟,行为派的心理学家中之刘廷芳,文学中之"梅光之迪",教育中之黄炎培、郭秉文等,社会学中之陶孟和、余天休等,以及政治论中之研究系、政学系、无政府党、联省自治派,则显得打击面过于宽泛。另一方面,江亢虎6月15日为抵制南方革命启动重建中国社会党的行动的"右倾化"。10月10日,曾琦、左舜生、李璜、张梦九、陈启天、余家菊等人在上海创办《醒狮》周报之后中国青年党的兴起,也都进一步强化了上海政治力量的多元性与复杂性。在出版界,商务印书馆编译所附设之涵芬楼新建筑落成。涵芬楼藏中外图书数十万册,其中善本书不少。涵芬楼移入新馆后,易名为东方图书馆,聘王云五为馆长,总理馆务。上海中华书局开始出版《四部备要》,往代重要著作得以集中出版,为数众多,规模宏大,为往年所未有。

诸省板块中,天津与江苏依然为区域学术高地,但广东、四川、两湖、浙江、山东等地都有著名学者聚集,整体上比以往更为均衡。天津依然以梁启超为领袖,以南开大学为舞台。梁启超的重要学术活动包括:1月19日,出席在北京安徽会馆举行的戴震生日200年纪念讲演会,并作讲演。春,在南开大学讲学,撰写《清代学者整理旧学之总成绩》一文。4月25日下午,与蒋百里、熊希龄、汪大燮、范源濂等在北海静心斋设宴款待来华讲学的印度诗哲泰戈尔发表中印文化之交流演说。5月,所著《中国近三百年学术史》在《史地学报》上开始连载。与此同时,李济自美国克拉克大学获得博士学位回国,最初任职于南开大学;刘仙洲任北洋大学校长;唐兰应罗振玉之邀来天津,馆于周家做家庭教师,授文字训诂,都为天津增添了学术分量。江苏的学术重镇依然在东南大学,包括任鸿隽、陈衡哲夫妇加盟东南大学,任鸿隽任东南大学副校长。知名学者有柳诒徵、吴梅、胡小石、叶企孙、吴经熊、廖世承、刘掞黎、刘离明、叶玉森、郑鹤声、陈训慈等,都是学界同代人的佼佼者。另有无锡国学专修馆第一班第一届学生毕业,1月1日,唐文治校长出席毕业典礼,本届毕业生有丁天兆、丁儒侯、王钟恩、王鸿栻、王蘧常、白虚、吴其昌、政思兴、俞汉忆、侯堮、袁鹏骞、郭其俊、陆吕年、陆遵義、陈宝恭、陈绍尧、唐兰、唐景升、许师衡、毕寿颐、钱国瑞、蒋庭曜、严济宽、顾季吉、吴宝凌、夏云庆、杨养吾等27人,可谓人才济济。广东作为孙中山和国民党的大本营,地位骤然上升,这里汇聚了胡汉民、张申府、周恩来、卜士奇、张静江、邹鲁、冼玉清、黄晃、聂绀弩等。此外,四川有张闻天、张澜、吴玉章、宋育仁、廖平、李劼人等;浙江有俞平伯、朱自清、夏丏尊、方豪、华岗、关良、来楚生、汪仲真、费友石、高念兹、施子韵、谢冠群、马漱六、黄软良、费醒吾、冯雪峰、林汉达、王任叔、马一浮等;两湖有黄侃、余家菊、董必武、成仿吾、李达、赵景深、田汉、叶鼎洛、贺绿汀、周立波等;山东有梁漱溟、熊十力、王献唐、蒋丙然、刘盼遂等。以上皆为分散于区域的著名学者或日后成长为著名学者。

海外板块中,"出"的方面,以欧美为两大中心。欧洲区域,蔡元培仍在欧洲从事研究和著述,除了完成《简易哲学纲要》并将此书手稿寄给商务印书馆之外,他还花了大量精力开展向英国有关方面商洽退还庚子赔款供中国发展教育的工作:先是出席留英学生退款兴学会及留英工商学共进会的欢迎会,并发表演说;访罗素夫人、牛津大学校长沙尔特(M. Salder)、剑桥大学中文系主任柴理斯(Giles),与罗素夫人同往英国外交部晤东方司司长瓦特罗勒(Waterlory)以及赴英国议员哈奈(E. Harney)午餐之约。4月10日,蔡元培应伦敦的英国人所组中国学会(China Society)之请,宣读论文《中国教育的发展》,特别强调以庚子赔款依照南肯辛顿科学博物馆和自然历史博物馆的方式,创办一所大规模的研究院,是全体中国人民,特别是教育工作者们,在退还庚款问题上的普遍愿望。当时在欧洲留学的有刘半农、陈寅恪、王光祈、杨钟健、罗家伦、傅斯年、老舍;在美国留学的有许地山、邵洵美、劳君展、林风眠、刘既漂、林文铮、王代之、曾以鲁、唐隽、李金发、吴大羽。王光祈在柏林主攻音乐，成果尤为丰硕。美国区域，梅光迪因与自己的学生李今英相恋，面临与原配妻子离婚、安顿即将出生的孩子的困境，正在哈佛留学的胡先骕请赵元任推荐梅光迪到美国哈佛大学教书。赵元任于是推荐梅光迪继任自己在美国哈佛大学的职位，担任东方文学教授，讲授东方文化与哲学等课程。10月，梅光迪辞去东南大学教职，前往美国哈佛大学。此后在美任教10年，曾任哈佛大学中国文学系主任，为美国培养了不少汉学家及熟知东方文化之学者。"进"的方面，最引人注目的活动是4月12日印度诗人、亚洲第一位诺贝尔文学奖金获得者罗宾德拉纳特·泰戈尔应梁启超讲学社的邀请来华讲学，先后访问上海、杭州、北京、南京、济南、太原、武汉等地，并发表演说。5月7日泰戈尔64岁生日之际，梁启超与讲学社及新月社同仁在协和学校礼堂举行盛大的生日宴会及其中国名字"竺震旦"的命名庆祝会，胡适致开幕词，梁启超说明"竺震旦"的含义，泰戈尔致谢词，然后以英语演出了泰戈尔名剧《齐德拉》，林徽因扮演公主齐德拉，徐志摩扮演爱神玛达那，林徽因父亲林长民扮演春神代森塔，梁思成担任布景，成为生日宴会的最大亮点，从而将"泰旋风"推向高潮，但也因此在学界引发激烈争议。另有瑞典考古学家安特生与中国考古学家袁复礼及其助手5月开始在西北发掘多处遗址，取得重要成果。

本年度的学术论争呈现为新旧交替的局面：旧者主要是"玄学—科学"的延续、整理国故论争的演变、新旧文学论争的转向、"以农立国"论争的深化；新的主要有关于泰戈尔来华讲学、国家主义的论争。

1. 关于"玄学—科学"论争的延续。延续到本年，科学派基本上退出了论争，但如杨杏佛在《科学》上发表《科学与反科学》，依然坚守科学立场。而唯物史观派则还在加大力度继续发声。2月1日，陈独秀在《前锋》第3期发表《精神生活及东方文化》，继续批判"东方文化派"，从辜鸿铭到张君劢、吴稚晖、梁启超、章士钊，但重点是梁漱溟。5月25日，陈独秀作《答张君劢及梁任公》，刊于8月1日《新青年》季刊第3期，重点驳斥张君劢9项"人生观"，同时批驳了梁启超对马克思主义的"两个误会"：一个是把马克思主义视为"机械的人生观"；另外一个误会是把马克思主义视为一种"宿命论"。5月26日，邓中夏在《中国青年》第15期发表《思想界的联合战线问题》，其中有批评梁启超、张君劢、张东荪等的内容。8月1日，瞿秋白在《新青年》季刊第3期发表《实验主义与革命哲学》，重点批判科学派，尤其是胡适的实验主义哲学，旨在说明实验主义不是真正彻底的科学，只是一种唯心论的改良派哲学；马克思主义才是真正彻底的"科学"，因而才是一种"革命哲学"。同月，萧楚女在《新建设》第2卷第2期发表《国民党与最近国内思想界》，全面评述了当时的思想界，其中谈及"东方文化派"或"精神文明派"之反对科学、反对物质文明、反对工业，乃是出于对资本主义、帝国主义的厌恶，却是一种幼稚的、落后的观念。玄学派中有所分化，率先发起"玄学—科学"论争的张君劢有所转向，其成于是年秋的《国内战争六讲》似又重新向科玄论战之前的立场回归。与张君劢的价值回归有所不同，张东荪通过对科学与人生观涉及问题的深入思考和潜心研究，著成《科学与哲学》一书并由商务印书馆出版，重点阐述的是科学与哲学各自的性质和范围，目的是进一步论证两者有着不同的性质和范围，人生观问题并不是科学所解决的范围，而恰恰是哲学所能解决的。在"破"的方面，张东荪重点对吴稚晖自然主义的宇宙观和"物欲横流的人生观"进行了严厉的批评；在"立"的方面，张东荪特别注重讨论科学与哲学的关系。就此而论，《科学与哲学》作为"玄学—科学"论争的重要成果，又有超越"玄学—科学"论争本身的意义与价值。10月,远在德国柏林留学的罗家伦所著《科学与玄学》经多次修改完毕。同月12日,罗家伦在德国柏林撰自序,论述《科学与玄学》的缘起、宗旨与方法,然后将此书寄国内付印出版。此书不仅在论争立场上更为超脱,而且学理与思辨色彩也更为浓厚。应该说,此书与张东荪《科学与哲学》一同成为"玄学—科学"论争的压轴之作。这里需要补充一下的是王国维5月所作的《论政学疏》,尽管王国维没有直接参与"玄学—科学"的论争,但此疏批评西方科学与文明之弊,推崇中国文明与文化,实际上所持的是玄学派——也有学者称之为"东方文化派"的立场,也可以视为对五四新文化运动的批评与反击。

2. 关于整理国故论争的演变。整理国故与"疑古—信古"论争有广狭之别,彼此时有不同的侧重,是一个持续不断的论争领域与话题。本年度的论争也是两者兼而有之,但重点已向前者倾斜。胡适1月接丁文江为东南大学国学研究班作《再谈谈整理国故》演讲,谓"东大与北大,虽同为国立的,而在世界学术上尚无何等位置。要想能够有一种学术能与世界上学术上比较一下,惟有国学"。这是对当时整理国故两大中心以及论战双方的重要定位。其中北京大学依然以胡适、钱玄同、顾颉刚、周作人等为代表。再至2月22日,胡适在《读书杂志》第18期发表《古文讨论的谈后感》,对顾颉刚、钱玄同与刘掞藜、胡堇人等的"疑古—信古"论争作了初步总结和评价,但其立场明显倾向于"疑古派"。3月27日,周作人在《晨报副镌》发表《国学院之不通》,抨击了东南大学国学院当时发表的整理国学计划书中对章太炎古文的曲解,嘲笑了他们"国学家而不懂国文"的荒唐可笑。29日,在《晨报副刊》刊出《国故与复辟》。6月29日,顾颉刚为北京大学数女生演讲"国学大意"三点:十三经的真相;现今国学的趋势;整理国学与保存国粹之别。其中第二点讲"现今国学的趋势",分为五派:一是考古学,罗振玉、王国维是这一派的代表。二是东方言语学及史学,法人伯希和,英人斯坦因,中国罗福成、张星烺、陈寅恪、陈垣等都是这一派的代表。三是地质学,丁文江、翁文藻、章鸿剑等都是这一派的代表。四是学术史,胡适、章炳麟、梁启超等都是这一派的代表。五是民俗学,周作人、常惠等是这一派的代表。这五派学问都是20年来的新进展,旧式学者梦想不到的(1924年7月5日《与履安书》)。这是首次将当时诸多重要学者纳入"整理国故"之中,并加以分门别派。当然,此举的争议也是难以避免的。令人惊喜的是,11月23日,顾颉刚在《歌谣》第69期发表《孟姜女故事的转变》,在学术界引起震动。《孟姜女故事的转变》是顾颉刚"层累地造成的古史"说的一次成功实践与经典案例,也是顾颉刚学术生涯中的一项标志性成果。正在法国留学的刘半农致信顾颉刚,对此文"佩服得五体投地",称赞顾颉刚"用第一等史学家的眼光与手法来研究这故事",而此文"是二千五百年来一篇有价值的文章"。所有这些,都为整理国故运动赢得了空前的声势与荣誉。论争的另一方主要还是东南大学。2月1日,刘掞藜在《史地学报》第2卷第8期发表《儒家所言尧舜禹事伪邪真邪》,主要针对顾颉刚的"疑古"派而作。3月,柳诒徵在《学衡》第27期发表《中国文化西被之商榷》,文中将"今日治国学"者分为"求小学""搜罗金石""熟复目录""专攻考据""耽玩词章""标举掌故"六类,而"六者之中,各有新旧",旧者"墨守陈法不善傅会",新者提倡"科学之方法",即指胡适的整理国故。柳诒徵的重头论文《试以〈说文〉证史必先知〈说文〉之谊例》,批驳顾颉刚1923年发表在《读书杂志》上讨论古史的观点。此文刊出后,遭到顾颉刚与钱玄同、魏建功、容庚等人的激烈反击。《史地学报》第3卷第1—2期合刊还刊载了刘掞藜《读顾颉刚君与钱玄同先生论古史书的疑问》(附顾颉刚《与钱玄同先生论古史书》、钱玄同《答顾颉刚先生书》、顾颉刚《答刘胡二先生书》），继续与顾颉刚、钱玄同展开"疑古—信古"论战。从 4 月 1 日起，陈训慈在《史地学报》第 3 卷第 1、2、3、5 期连载《史学蠡测》。此文针对"古史辨派"的论争意味比较明显，主要内容有字原、定义、综合史观与新史学、史之范围、史与人类之关系、史料之审别、史法之应用、史学是否一种科学、史学与其他学科、中国史学一瞥、西洋史学一瞥等。6 月，刘离明在《学衡》第 30 期发表《治经杂语》，对梁启超尤其是胡适提出了严厉批评。12 月 27 日，北京大学李玄伯在《现代评论》第 1 卷第 3 期发表《古史问题的唯一解决方法》，认为"古史辨派"的古籍辨伪并不能真正解决问题，只能依赖"古人直遗的作品"，假设以科学的方法严密地去发掘，所得的结果必能与古史上甚重大的材料相印证。"要想解决古史，唯一的方法就是考古学。我们若想解决这些问题，还要努力向发掘方面走。"次年 2 月 24 日，顾颉刚作《答李玄伯先生》，刊于《现代评论》第 1 卷第 10 期，文章指出："我对于古史的主要观点，不在它的真相，而在它的变化"，即"不立一真，惟穷流变""我研究古史的愿望还有一个，是把神话与传说从古代的载记中、后世的小说诗歌戏剧以至道经善书中整理出来，使得二者互相衔接，成为一贯的记载"。另外的批评声音主要来自左翼文学界。1 月 13 日，郭沫若在上海《创造周报》第 36 号发表《整理国故的评价》，表示既反对"笼统地宣传国学"，也反对"笼统地排斥国学"，但在总体上对整理国故、宣传国学评价不高。2 月 1 日，陈独秀在《前锋》第 3 期发表《国学》，文中有对"国故"或"中国学"以及"国学"的内涵辨析，最终却将批判矛头重点指向胡适、章士钊与"东方文化派"，说彼此只是"在粪秽中寻找香水"与"在粪秽中寻找毒药"不同罢了。5 月 12 日，瞿秋白在上海《文学》旬刊第 121 期发表《文学界的反动运动》。19 日，又在上海《文学》旬刊第 122 期发表《进一步退两步》。两文把"整理国故"定性为"文学界的反动运动""进一步退两步"，同时也包含了对"学衡派"反对白话文、主张言文不应合一的观点的驳斥。最后，简述一下吴文祺有关"整理国故"的理论思考与探索。2 月 12 日，吴文祺在浙江平湖市东北部新仓镇作《重新估定国故学之价值》，指出"一二年来，整理国故的呼声，可算是甚嚣尘上了"，认为"近人往往把国故学省称为国学，于是便引起了许多可笑的误会"，呼吁"正名定义"，文中不仅有对"国故""国故学"的概念辨析，同时又将科学与国故学加以对比，点明二者的相通之处。此文刊于次年 5 月《鉴赏周刊》。

3. 关于五四运动 5 周年的纪念与阐释。4 月 19 日，陈独秀与毛泽东联名发出通告，要求各地党和团的组织开展"五一""五四""五七"纪念和宣传活动，这是中国共产党历史上关于纪念五四运动的第一个中央文件。通告明确要求，在"同志们演说词中，须发挥五四运动的两个重要意义：（一）恢复国权运动；（二）新文化运动。此时国外列强之压迫，国内旧思想之反攻，都日甚一日，因此，五四运动之精神仍有发挥之必要。"通告中的表述，赋予了五四运动更广泛的意义，从而确定了对五四运动双重内涵的基本认识。5 月 4 日，上海《民国日报》刊登叶楚伧《打通"五四""五一"的障壁》与施存统《"五四"地意义与价值》，与上述陈独秀与毛泽东联名发出通告主旨相呼应。后文强调"'五四'地意义决不仅仅在于打了一顿曹汝霖辈，它实是一种伟大的国民革命运动，是国民革命底一大转机。其重要竟可说是等于辛亥革命"。同在 5 月 4 日，北京《晨报副刊》"特载"一栏刊出一组纪念五四运动的文章，有夷初《五四》、朱务善《五四运动给国人对外的印象》、谭仲逵《五四纪念与青年的责任》、董秋芳《五四运动在中国文学上的价值》、赵国钧和萧友梅《五四纪念爱国歌》、王振钧《五一与五四》、冈念《五四杂谈》。5 日，《晨报副刊》又刊出君度《五四运动之革命的涵义》。此外，为纪念五四运动 5 周年,由赵国钧作词、萧友梅作曲,创作了充满激情的《五四纪念爱国歌》,展示出五四热血青年的英雄气概与精神力量,这是以另一种方式对五四运动的纪念与阐释。

4. 关于新旧文学论争的转向。本年度新旧文学论争的烽烟再起,与整理国故的论争交织在一起。本来,胡适 1 月为东南大学国学研究班作《再谈谈整理国故》演讲,谓“东大与北大,虽同为国立的,而在世界学术上尚无何等位置。要想能够有一种学术能与世界上学术上比较一下,惟有国学”,当有主动与东南大学尤其是“学衡派”和解的意味。而后至 2 月 22日,胡适在《古文讨论的谈后感》一文中对北大与东大双方辩论古史的问题作了初步总结和评价,亦未涉及新旧文学的论题。但北大的钱玄同、周作人等却并非如此,而是直接旧话重提,而且合二为一。2 月 24 日,周作人在《晨报副刊》发表《复旧倾向之加甚》,主要针对当时《时事新报·学灯》上所载东南大学教授柳诒徵的讲演《什么是中国的文化》中鼓吹三纲五常,提请注意当时社会上各方面复旧倾向加甚的趋势。3 月 17、29 日,在《晨报副刊》发表《国学院之不通》《国故与复辟》,对东南大学国学院当时发表的整理国学计划书严加抨击。4 月 29 日,钱玄同在《晨报副刊》发表《孔家店老伙计》一文,提出孔家店有老牌和冒牌二种,都该打倒。近来打老牌的打手是胡适和顾颉刚,打冒牌的打手是陈独秀、易白沙、胡适、吴稚晖、鲁迅、周作人,于是感慨道:打到老牌的孔家店非做严密的研究,不易得到结果。由此进而以“打倒孔家店”为纽带而将文学革命与古史辨合为一体。11 月 2 日,周作人与钱玄同、孙伏园、李小峰、章矛尘、江绍原、顾颉刚等人商议创办《语丝》周刊。《语丝》周刊提倡自由思想,抨击北洋军阀和封建专制思想,其文体被称为“语丝文体”,语丝社成员为代表的文学派别,代表了五四新文学的一个新的发展方向。另一方面,东南大学“学衡派”在 7 月《学衡》杂志第 31 期发表了胡先骕的长文《文学之标准》与吴芳吉《三论吾人眼中之新旧文学观》(预录《湘君》季刊)。继之又在 8 月《学衡》杂志第 32 期发表了刘朴《辟文学分贵族平民之讹》(录《湘君》季刊)与曹慕管《论文学无新旧之异》(节录《智识》旬报)。吴芳吉、刘朴、曹慕管三文尽管论证方法不同,但学术宗旨相近,刘朴《辟文学分贵族平民之讹》一文论点最为鲜明,认为文学只有是非之别,无所谓贵族与平民之分,新文化运动倡导建设“平民文学”,纯属无稽之谈,具有一定的代表性。以上三文的鲜明观点可以视为对新文学革命的否定与反击,而胡先骕的《文学之标准》则为此提供了理论支撑。与上述不同,在上海的茅盾、恽代英、邓中夏和沈泽民等不仅仅是简单回应有关论争,而是直接提出了“革命文学”的口号。5 月 12 日,茅盾在上海《文学》旬刊第 121 期发表《文学界的反动运动》,驳斥“学衡派”反对白话文、主张言文不应合一的观点。5 月 17 日,恽代英《中国青年》第 31 期发表《文学与革命》。6 月 14 日,茅盾发表《苏维埃俄罗斯的革命诗人》。11 月 6 日,沈泽民在《民国日报·觉悟》发表《文学与革命文学》。22 日,邓中夏在《中国青年》第 10 期发表《贡献于新诗人之前》。这是对上年郁达夫《文学上的阶级斗争》、郭沫若《艺术家与革命家》两文的进一步阐述与发展。从“文学革命”到“革命文学”,无疑是一个重要转折,对此后的新旧文学论争与革命文学建设意义重大、影响深远。

5. 关于东西方文化论争的延续。陈独秀《精神生活及东方文化》、太虚《东洋文化与西洋文化》、吴献书《中西文化之比较》等文,以及杨明斋著《评中西文化观》多涉及这一论题。学衡派的观点以柳诒徵《中国文化西被之商榷》为代表,此文刊于 3 月《学衡》第 27 期,文中开篇云:“中国文化之传播于欧洲,远起元明,至清代而递演递进,原书译籍,靡国蔑有。盖西人之嗜学术,愈于吾人之趋势利。纵使中国国威坠失,民族陵夷,但令过去之文化,有可研寻之价值,彼亦不惮致力于其残编蠹简遗器剩物之中,不必以强国富民为鹄的也。"然后指责"今之言学者,率以欧美晚近风尚为主,见其破坏激烈之论,恶吾国之不如是也,则务仿效之。举极中和之道德、极高尚之文学,一律视为土苴,深恶痛诋,若惟恐其或存者然。然苟反而自思,脱无此者,吾惟可自署生番野人,直陈其自明季以前未接哲人,毫无文化可言。""今举国皆嗜新说,不暇究心本原之学。吾独因西人之有须于吾之文化,而粗述所见如右,其言之当否,尚冀大雅君子有以教之。"左翼阵营则以陈独秀《精神生活及东方文化》、杨明斋《评中西文化观》等为代表。前文刊于2月1日《前锋》第3期,作者集中批判梁漱溟的观点,认为把东方文化当作特别优异的东西,保守着不思改进,实质上就是"要把国人囚在幽谷里","比曹锟、吴佩孚更为可恶"。杨明斋《评中西文化观》6月由三联书店上海分店出版,为《民国沪上初版书》丛书之一。全书共分四卷:第一卷评梁漱溟的《东西文化及其哲学》,第二卷评梁启超的《先秦政治思想史》,第三卷评章士钊的《农国辩》,第四卷总解释,属通论性质,从理论和历史的结合来阐明一种新的文化观,是自觉以马克思主义理论来分析中国社会的新探索。李维汉曾在长沙《新民周报》发文称赞"这部书的确是一部极有价值之作,在此东方文化的声浪甚嚣尘上、真伪是非不易辩白时,有了这部书,可以帮助青年解决不少疑难"。北京大学历史学家罗荣渠教授这样评价道:"中国的先进知识分子转向一种崭新的世界观和历史观来研究中国与世界的演进历程,《评中西文化观》大概是这方面最早的一部系统性论著。是这场大战(上世纪二十年代初中西文化论战)留下的出色的文献之一,也是早期马克思主义启蒙运动、中国现代化启蒙思想运动留下的珍贵遗产。"此外,太虚《东洋文化与西洋文化》提出"西洋文化乃造作工具之文化;东洋文化乃进善人性之文化也",主张以东洋文化救西洋文化之弊,与柳诒徵、梁漱溟等观点相近。

6. 关于"国家主义"的论争。国家主义(Statism)是近代兴起的关于国家主权、国家利益与国家安全和国民的利益问题的一种政治学说,经留学欧洲的中国学者加以接受然后传入国内。上年12月,留学法国的曾琦、李璜等创建了以"国家主义"为宗旨的中国青年党。本年4月20—21日,中国青年党在巴黎哲人大厅召开第一次党员大会,李璜作《国家主义之真谛》的报告。大会选举了中国青年党中央领导人,曾琦被选为委员长,李璜当选为外务部长。中国青年党的成员多为知识分子,不少人在学术上有着一定的能力,如李璜对于近代社会学的研究、陈启天对于法家学说的研究、常乃惪对于中国思想史的研究。这些知识分子里的不少人曾在法国与中国的马克思主义者进行激烈论战。9月,曾琦与李璜、张梦九一起回到上海,确定回国后的任务是:"宣传国家主义与全民政治,组织青年党";活动方针是"先行办报,从主义与政策的宣传,以吸引青年知识分子,期之三年,有了可信赖的干部同志,站住脚后,然后再将青年党公开出来,以与国共两党相周旋"。10月10日,曾琦与左舜生、李璜、张梦九、陈启天、余家菊等人在上海创办《醒狮周报》,作为青年党的党报,曾琦撰写《〈醒狮周报〉出版宣言》。11月2日,醒狮周报社召开第一次社员会议,曾琦、左舜生、张梦九、陈启天、罗季则、何公敢、萨孟武、涂九衢、郭步陶、赵畴人、黄绍兰等共11人到会,最后选举曾琦为总编辑,左舜生任总经理,余家菊任该刊《教育特刊》主编。中国青年党极力宣扬国家主义,反对国民革命、国共合作和孙中山的三大革命政策,声称要发动一个"醒狮运动""扫除一切家内家外的小窃大盗"。故中国青年党又称"醒狮派",成为一支新兴政治力量。除了曾琦在《醒狮》上连续发表文章,竭力宣传国家主义之外,在教育领域,李璜在《中华教育界》第13卷第9期发表其代表作之一《再谭国家主义的教育》,陈启天在《中华教育界》第14卷第3期发表《新国家主义与国民教育的改造》，又在《少年中国》第4卷第9期发表《新国家主义与中国前途》，余家菊在《中华教育界》第15卷第1期发表《国家主义下之教育行政》《教育上的国家主义与其他三种主义之比较》，宣扬国家主义教育。此外，罗隆基、何浩若、梁实秋、闻一多、浦薛凤、时昭瀛、吴景超等清华毕业的留美学生是年夏在芝加哥成立大江会，出版会刊《大江季刊》，提倡"国家主义"，与国内中国青年党和《醒狮》遥相呼应。他们的国家主义虽然强调国家利益至上，但带有极强的反共色彩，甚至连主张国共合作的国民党也一并反对。但由于当时国家主义刚刚在国内兴起，尚未引起学界的高度关注，但恽代英即已敏锐觉察到其反马克思主义的性质与危害，所以先于2月在《少年中国》第4卷第9期上发表《读〈国家主义的教育〉》一文，至11月1日，又在《中国青年》第51期上发表《国家主义者的误解》。前文重点批判国家主义教育学的观点，阐明了教育与社会根本改造的关系；后文总结主张国家主义的理由，认为一般自命主张国家主义的人所说的理由，都是不成其为理由的。第一，以为一国的文明可以为主张国家主义的理由么？第二，以为一国的历史可以为主张国家主义的理由么？第三，以为国民自有一种与物质生活无关的爱国精神，可以为主张国家主义的理由么？第四，以为被压迫者的自卫可以为主张国家主义的理由么？作者最后的结论是："我们对于所谓国家主义，第一以为不合理，第二以为不合用。人没有按着国界的区分而妄生分别的道理；在今天经济进化的世界，亦不容许再实现所谓独立自给的国家，所以提倡国家主义一定等于二三十年来富国强兵的空谈。至于为中国解放的前途呢，我们以为宁是要顺应国际主义的潮流，联合世界革命势力，以共同打倒帝国主义。我们要揭破国家主义乃是资本阶级用以愚弄人民，驱使一般压迫的工人平民，以蹂躏同运命的殖民地弱小民族的口号。怎样反转在这个时候，大鼓吹其国家主义呢？"另有吴俊升、萧楚女、瞿世英等撰文参与有关"国家主义"的论争。吴俊升《国家主义的教育之进展及其评论》刊于《少年中国》第4卷第10期，萧楚女《讨论国家主义的教育的一封信》，刊于《少年中国》第4卷第12期，瞿世英《国家主义与国际主义》刊于《东方杂志》第21卷第1号二十周年纪念号（上）。

7. 关于"以农立国"论争的深化。年初，章士钊为宣传他的以农立国主张，在报刊上发布集资广告，说是要筹集10万元，重新恢复自1917年就已经停刊的《甲寅》，并把它办成周刊。1月11—12日，章士钊在《新闻报》发表《农治述意》，再次阐述了"以农立国"的主张。稍前吴稚晖曾致函章士钊，激烈批评其"以农立国"论"为祸国殃民、亡国灭种之谈"，《农治述意》即是对吴稚晖激烈批评的回应以及自己主张的申述。同在1月，瞿秋白在《东方杂志》第21卷第1号"二十周年纪念号"（上）发表《现代文明的问题与社会主义》一文，重点揭示了章士钊的"以农立国"论的农业社会主义空想本质。2月1日，陈独秀在《前锋》第3期上发表《卖场上的农村立国》，批评章士钊的农业立国思想，文中谈到"更奇怪的是他近来忽然登报发起集资十万元办《甲寅》周刊。行严君！以十万元办一周刊，在欧美大工业资本社会原不算什么，连工业后进的日本还不配，何况中国；行严君所理想的农村立国的社会，比现在中国人之生活与文化更简陋的社会，是否有此穷奢极欲之需要可能？行严君之行如此矛盾，简直是神经错乱！"7月16日，陈独秀在《向导》周报第74期上发表《精神生活与金钱》，谓："章行严、太戈尔、张君劢，他们极力提倡精神生活反对物质文明的高论，我们都领教过。然而第一个章先生竟发起招集十万元办周刊，并且投身交易所事业……"12月28日，章士钊在北京农大发表演说，其中谈到"余今虽未办农校，然欲以农业救国之志始终未改,只要余在国内,余未有不努力于农业者,诸有属意吾国农业,从事研究改革,余当然尽力帮助"。是年,杨明斋《评中西文化观》由三联书店上海分店出版,其中发表于1923年10月28日《申报》的《评农国辨》编为第三卷。卷四《总解释》第八章《五千年的历史循环在近大变动之所以然是由于农化为工》又针对章士钊的观点,通过大量生动事例,阐明了马克思主义的一个基本观点,即:"政治法律大部分是维持经济的组织及其社会道德习惯与秩序的,今其经济情形已变,则前之政治法律自然的随之而失其效用。"

　　8. 关于泰戈尔来华讲学的论争。早在年初,陈独秀就开始筹划反对泰戈尔来华讲学活动。3月24日,陈独秀致函胡适,告《中国青年》将出特号反对泰戈尔,请胡适作一篇短文,当然胡适不可能应允作文。4月12日,印度诗人、亚洲第一位诺贝尔文学奖金获得者罗宾德拉纳特·泰戈尔应梁启超讲学社的邀请来华讲学,抵达上海,梁启超令蒋百里负责接待,徐志摩充当英语翻译。其间,泰戈尔与中国新闻社记者谈话时说,"抹杀亚洲古来之文明,而追随于泰西文化之思想,努力吸收之者,是实大误",认为东洋文明最为健全,大力推崇传统文化。23日晚,泰戈尔到京,蒋百里、林长民、陈源、张逢春,北大、北师大教授和学生,各团体代表,以及英美日各界人士,共四五百人在北京正阳门东车站迎接泰戈尔,气氛十分热烈。当晚,泰戈尔下榻于北京饭店。为了欢迎远道而来的客人,当时禁止市民参观的北海公园破例开放了3个小时。25日下午,梁启超、蒋百里、熊希龄、汪大燮、蒋梦麟、范源濂、胡适等在北海静心斋设宴欢迎印度诗人泰戈尔来华讲学,梁启超发表中印文化之交流演说。27日上午,末代皇帝溥仪请泰戈尔游故宫御花园。28日,泰戈尔在先农坛与北京学生见面并发表演说,听众有3000人之多。接待规格之高、礼遇之隆,实属罕见。然而由于泰戈尔主张不抵抗主义,强调东方文明的思想理念以及拜访末代皇帝溥仪与陈三立等晚清遗老,遭到一些左翼激进知识分子的反对,在其访问上海、杭州、北京、南京、济南、太原、武汉等地过程中,不断传来抗议与批评声音。5月9日,泰戈尔在真光演戏院第一次公开演讲时,就有人在下面散发传单:《我们为什么反对太戈尔》《送太戈尔》。原定的6次演讲,被迫取消3次。此实与当时中国学术思想界的激烈纷争与交锋息息相关。以梁启超、张君劢为首的玄学派极力推动并精心策划泰戈尔访华讲学以及相应的热情接待,而持批评意见的是以陈独秀为首的唯物派以及瞿秋白、郭沫若、茅盾、林语堂、冯乃超等文化界左翼人士。陈独秀反应尤为激烈,在泰戈尔访华讲学之际,陈独秀先后用本名和笔名撰文20多篇,其中刊于4月18日《中国青年》第27期的《太戈尔与东方文化》一文针对泰戈尔与中国新闻社记者的谈话,提到此次来华的宗旨"在提倡东洋思想亚细亚固有文化之复活",指出他要复活的东洋思想、亚洲文化不仅没有死,而且还支配着绝大多数中国人的生活,而这正是阻碍中国进步的祸根。于是他说:"太戈尔所要提倡复活的东方特有之文化,倘只是抽象的空论,而不能在此外具体的指出几样确为现社会进步所需要,请不必多放莠言乱我思想界!太戈尔!谢谢你罢,中国老少人妖已经多的不得了呵!"当然,最为偏激的一篇是《太戈尔是一个什么东西!》。林语堂在《晨报》发表讽刺文章《吃牛肉茶的泰戈尔》,说泰戈尔以亡国奴的身份,来尚未亡国的中国大谈精神救国,本身就不够格;曾翻译过泰戈尔著作的茅盾专门撰发了《太戈尔与东方文化——读太氏京沪两次讲演后的感想》一文,担心泰戈尔会给中国青年带来"不良影响",旗帜鲜明地说"我们决不欢迎高唱东方文化的泰戈尔";而早年对泰戈尔尊崇有加的郭沫若则在《太戈尔来华的我见》一文中也与他"划线",说"无原则的非暴力的宣传是现时代的最大毒物"。胡适作为科学派的领袖与"科玄之争"的主将,同时又是新月社的创始者,其态度前后有所变化,当初讲学社请泰戈尔来中国时,他曾冷嘲热讽,但与泰戈尔对谈后,却在文学革命中找到共识,惺惺相惜起来,所以也积极参与了相关欢迎活动。至于鲁迅的中途退场,主要是因为不认同讲学社与新月社接待泰戈尔的态度与方式。鲁迅在《马上日记之二》中,谈到那两年中有四个外国文学名家到中国来时说:"第一个自然是那最有名的泰戈尔即竺震旦,可惜被戴印度帽子的震旦人弄得一塌糊涂,终于莫明其妙而去。"鲁迅后来又在作于1934年的《骂杀和捧杀》回忆道:'他到中国来了,开坛讲演',可是被新月派的文人'说得他好象活神仙一样,于是我们的地上的青年们失望,离开了。神仙和凡人,怎能不离开呢?'"

其他相关论争尚有:一是关于社会党的重组与论争。江亢虎6月15日为抵制南方革命,启动重建中国社会党的行动,代表"中国社会党同人"发布《为重立中国社会党公启》《中国社会党复活宣言》以及该党的主张、态度、临时政略、组织大纲等文告。6—7月间,陈独秀在《向导》周报上发表短评,讥讽中国社会党请"军民长官"来提倡社会主义。为此,江亢虎撰写《社会党与军民长官》的短文,作出回应和辩驳。这意味着社会党与共产党即将分道扬镳。二是文学研究会与创造社的论战暂告结束。6月21日,茅盾与郑振铎联名在上海《文学》旬刊第131期发表《答郭沫若》,针对同期发表的《郭沫若致编辑诸君》文中的所谓"借刀杀人""滥招党羽"等观点进行了批评,指出"郭君及成君等如以学理相质,我们自当执笔周旋,但若仍旧羌无佐证谩骂快意,我们敬谢不敏,不用回答"。由于茅盾、郑振铎一方主动挂出了"免战牌",持续三年的文学研究会与创造社的论战,至此结束。三是李思纯《读汪荣宝君〈歌戈鱼虞模古读考〉书后》、徐震《歌戈鱼虞模古读考质疑》等围绕汪荣宝君《歌戈鱼虞模古读考》提出不同意见。四是4月22日康德200周年诞辰,国内多家报刊为此刊登康德像,发表纪念文章。《学灯》和《晨报》副刊发表胡嘉的《康德学说与我们对于康氏生辰纪念之感想》和张东荪的《康德杂谈》。《晨报》刊出甘蛰仙的《康德纪念与东原纪念》和《康德在唯心论史上之地位》二文,对于康德哲学作出较高的评价。此外,《东方杂志》第21卷第1—2号刊出"二十周年纪年号"(上、下),其中学术性比较强的有:张君劢《政治学之改造》、王世杰《现代之出版自由》、瞿秋白《现代文明的问题与社会主义》、李权时《二十年来中国的经济思想》、刘叔琴《唯物史观在历史哲学上的价值》、俞颂华《德奥社会学之派别与其特质》、郭梦良《柯尔与卢骚》、李石岑《英德哲学之比观》、黄鸿年《立伽脱之生命哲学及其批评》、胡朴安《二十年学术与政治之关系》、甘蛰仙《最近二十年来中国学术思想蠡测》;在《东方杂志》"二十周年纪年号"(下),发表梁启超《颜李学派与现代教育思潮》、章行严《名墨訾应考》、马衡《新郑古物出土调查记》、张森祯《罗叔言先生考订古物略说》、缪凤林《唯识论之重光》、何仲英《中国方言学概论》、黎锦熙《京音入声字谱》、杨树达《说中国语言之分化》、周作人《中国戏剧的三条路》、俞寄凡《现代之美学》、周昌寿《新宇宙观》、李润章《二十年来物理学之进步》、郑贞文《二十年来华学的新进步》。

除了上述学术论争或讨论之外,本年度聚焦于重要学术论题的论著尚有:洪式闾著《东方学术之将来》,恽代英著《再论学术与救国》《怎样研究社会科学》,章炳麟著《救学弊论》《国故论衡》《章太炎国学讲演集》《清建国别记》,钱基博编《国学必读》(上下册),高一涵著《唯物史观的解释》,刘叔琴著《唯物史观在历史哲学上的价值》,袁家骅著《唯情哲学》,顾实著《诸子文学略说》,陈钟凡著《老子学说略》《荀子哲学叙》,周世钊著《庄子哲学之研究》,杨树达著《汉代老学者考》,王焕镳著《汉代讲五行者之异同》,梁启超等著《戴东原二百年生日纪念论文集》、束世澂著《王船山先生之政法思想》,梁启超著《戴东原》《颜李学派与现代教育思潮》《大乘起信论考证》,容肇祖著《戴震说的理及求理的方法》,蒋维乔(原题蒋竹庄)著《孔子与释迦》,陈垣《元也里可温考》《元基督教徒之华学》《基督教入华史略》,诸葛麒著《法显玄奘西行之比较》,吕澂著《美学概论》,俞寄凡著《现代之美学》,朱光潜著《无言之美》,李石岑著《英德哲学之比观》,汤用彤著《印度哲学之起原》,瞿秋白著《现代文明的问题与社会主义》,缪凤林著《唯识论之重光》,俞颂华著《德奥社会学之派别与其特质》,孙中山著《孙文学说》《民族主义》《民权主义》,新青年社编《陈独秀先生讲演录》,瞿秋白著《社会哲学概论》《社会科学概论》《现代社会学》,孙倬章著《社会主义史》,施存统编《社会思想史》、蔡和森著《社会进化史》、江亢虎讲《近世三大主义与中国》、王光祈著《少年中国运动》,但焘著《给事中制度论》《御史制度论》《乡官制度论》,陈达著《社会调查的尝试》,陆志韦编《社会心理学新论》,中华变态心理学会编辑部编《变态心理学讲义录》,陈启修著《财政学总论》,陈重民编《今世中国贸易通志》,刘秉麟著《欧战后之人口问题》,卫挺生著《清季流行之货币及其沿革》,马寅初著《中国财政与教育之关系》,曾鲲化著《中国铁路史》,舒新城著《道尔顿制讨论集》《道尔顿制浅说》《道尔顿制研究集》,吴家镇著《世界各国学制考》,清华学校学生会编《清华的根本改造》,胡士莹著《周代教育之研究》,周光倬和仇良虎著《两汉大学学生考》,徐养秋演讲、苏拯笔记《中古大学及其精神》,陆费逵《国民教育之两大问题》,陶行知著《平民教育概论》,李石岑著《中国教育与西洋教育之异点》,张慰慈著《欧美城市和国家的关系》,胡光炜著《中国修辞学史》,陈望道著《修辞学在中国的使命》,何仲英著《中国方言学概论》,黎锦熙著《新著国语教学法》《京音入声字谱》,刘半农著《四声实验录》,杨树达著《说中国语言之分化》,郭沫若著《古书今译的问题》,黄仲苏著《文学史方法》,郁达夫著《介绍一个文学公式》,周作人著《中国戏剧的三条路》,朱鼎元著《儿童文学概论》,赵景深编《童话评论》,谢晋青著《诗经之女性的研究》,罗福葆辑录《沙洲文录补》,徐嘉瑞著《中古文学概论》,徐旭著《〈西游记〉作者的思想》,黄忏华编《近代文学思潮》,胡适著《五十年来中国之文学》,沈雁冰、郑振铎编《法国文学研究》,小说月报社编《近代德国文学主潮》,郑振铎编《俄国文学史略》,王希和著《意大利文学》、李大钊著《史学要论》,顾康伯著《中国文化史》,萧一山著《中国通史大纲》,陆懋德著《中国第一篇古史之时代考》,顾实著《汉书艺文志讲疏》,姚明辉著《汉书艺文志注解》、钱文选著《钱文穆王年表》《钱武肃王年表》《钱忠逊王年表》《钱忠献王年表》《钱忠懿王年表》,胡适著《吴敬梓年谱》,陈衡哲著《新学制高级中学教科书西洋史》,邓中夏著《列宁年谱》,瞿秋白著《赤都心史》,邵飘萍(原题邵振青)著《新闻学总论》,王光祈著《西洋音乐与诗歌》《欧洲音乐进化论》,张资平著《人文地理学》,杨鸿烈著《史地新论》,张相文著《佛学地理志》,陆懋德《中国上古石器图说》,孙德谦《秦记图籍考》,马衡《新郑古物出土调查记》,王竟《郑玄著述考》,袁同礼《永乐大典考》等等。洪式闾《东方学术之将来》提出参酌欧洲各国之成制,"尽力提倡,组织各种学术研究所,以为造成专门人才之地?人才既聚,然后我国所有之问题,皆得从容研究而解决之。予信将来在世界学术上,必可另开一新天地,或能及我身而亲见之也。"章炳麟《救学弊论》指出,当时的学术研究存在五项弊端,主张回归民间办学和书院教育。恽代英《再论学术与救国》提出要"打破任何学术都可以救国的谬想",认为我们今天第一件事,是研究社会科学,举行社会的改革,这才是救国之道。陈垣《基督教入华史略》将基督教入华分为四个时期:唐代景教为第一时期,元代也里可温为第二时期,明清天主教为第三时期,乾隆后耶稣新教来华为第四时期。黎锦熙编《新著国语教学法》融教育学、心理学等各方面的知识为一体，是我国现代史上第一部系统的有关语文教学的专著。刘半农《四声实验录》用语音实验仪器研究汉语方言声调，破除了自齐梁间周颙、沈约首创四声说以来，一千五百年间在四声解释上的层层疑云，给了四声以科学的说明，在我国音韵学史上具有划时代的意义。郁达夫《介绍一个文学公式》提出世界上的文学逃不脱"F＋f"的公式，即"认识要素加情绪要素"。徐嘉瑞著《中古文学概论》的独特之处是"认定中古文学史上最重要的部分是在那时间的平民文学，所以他把平民文学的叙述放在主要的地位，而这一千年的贵族文学只占了一个很不冠冕的位子"，这里所说的"平民文学"，主要指曲舞而言，胡适引为同调，主动为其作序并加以推崇，在当时文坛产生较大影响。罗福葆辑录《沙洲文录补》附在蒋斧《沙洲文录》后由上虞罗氏出版。该书辑录社会史、经济史、文学作品等此前不甚注意的材料，对敦煌文献的收集和研究的方向转变发生了直接的影响。胡适《五十年来中国之文学》叙述自1872年至1923年间的中国文学的发展，原系1923年申报馆出版的《最近之五十年》中的一篇，至此再由上海申报馆刊行单行本，相当于一部新型的近代文学史。徐旭《〈西游记〉作者的思想》提出应该从"历史的批评""艺术的批评""思想的批评"这三个层次来评价研究文艺作品，并认为胡适的文学研究多是"历史的批评"，这一批评的确切中了胡适在《西游记》以及《红楼梦》等经典名著考证中的要害问题。陈衡哲《新学制高级中学教科书西洋史》被胡适称为"中国治西史的学者给中国读者精心著述的第一部《西洋史》。在这一方面，此书也是一部开山的作品"。瞿秋白著《赤都心史》系他访问苏俄的游记，记叙莫斯科见闻及作者的感受，为最早记述苏联之著作。邓中夏《列宁年谱》为第一篇列宁年谱之作。张相文《佛学地理志》第一次明确提出秦岭—淮河是中国的南北分界线。

聚焦于学术史的论著中，最为重要是经典著作是梁启超连载于《史地学报》的《中国近三百年学术史》，作者叙述明清以来中国学术之演变，经纬交织、层次繁复，分别以问题叙史、人物（学派）叙史、学科叙史，构成社会思潮史、学派史与学科史三大板块，为第一部清代学术通史著作，与后来钱穆的同名著作皆为中国学术史研究的经典名著。与此同时，梁启超借助"戴东原二百年生日纪念会"的东风，悉心致力于清代学术史研究，在《东方杂志》发表《颜李学派与现代学术思潮》《明清之交中国思想界及其代表人物》《清代学者整理旧学之总成绩》，在《清华学报》发表《近代学风之地理的分布》，在《晨报副刊》发表《清学开山祖师之顾亭林》，这些论文普遍具有学术史意识和价值。此外，尚有章炳麟《王文成公全书题辞》《王文成公全书后序》、王国维《论政学疏》、顾颉刚《中国学术年表及说明》、郑鹤声《汉隋间之史学》《清儒之史地学说与其事业》、张荫麟《明清之际西学输入中国考略》、胡适《五十年来之世界哲学》《五十年来之世界哲学史》、张廷休译《近五十年历史的讨源述略》、黄忏华《美学略史》等等。胡适《五十年来之世界哲学》《五十年来之世界哲学史》为同一著作，先由《申报》馆刊行单行本，后世界书局又易名为《五十年来之世界哲学史》出版，都具有学术史性质与价值。（以上参见本书"学术背景""学术活动""学术著作""学者生卒"栏所引文献与出处，以及章恒忠、王亚夫主编《中国学术界大事记(1919—1985)》，上海社会科学出版社1988年版；中央教育科学研究所编《中国现代教育大事记1919—1949》，教育科学出版社1988年版；王学典《20世纪史学编年(1900—1949)》，商务印书馆2014年版；付喜祥《20世纪前期中国文学史写作编年史》，北京师范大学出版社2013年版；中国大百科全书总编辑委员会编《中国大百科全书·考古学》，中国大百科全书出版社2002年版；王学珍等编《北京大学纪事(1898—1997)》，北京大学出版社1998年版；清华大学校史研究室编《清华大学一百年》，清华大学出版社2011年版；北京师范大学党委办公室、北京师范大学校长办公室

《北京师范大学纪事》,北京师范大学出版社 2012 年版;南京大学高教研究所编《南京大学大事记(1902—1988)》,南京大学出版社 1989 年版;沈卫威编《学衡派编年文事》,南京大学出版社 2015 年版;吴永贵《民国图书出版史编年:1912—1949》,社会科学文献出版社 2018 年版;欧阳哲生《纪念"五四"的政治文化探幽——一九四九年以前各大党派报刊纪念五四运动的历史图景》,《中共党史研究》2019 年第 4 期;李永康《纪念五四的第一个中央文件》,《学习时报》2019 年 8 月 30 日;李艳红《民国时期左舜生的社会与政治活动研究》,湖南师范大学博士学位论文,2018 年;谢保成《20 世纪前期两次关于"国学"与"国粹""国故"的论辩》,《探索与争鸣》2008 年第 11 期;郑大华《20 世纪 30 年代思想界关于中国经济发展道路的争论》,《求索》2007 年第 3 期;王邦维主编《泰戈尔与中国》,中央编译出版社 2011 年版;孙宜学《泰戈尔:中国之旅》,中央编译出版社 2013 年版;孙宜学《泰戈尔与中国现代知识分子》,上海三联书店 2015 年版;王心文《1924 年:泰戈尔的中国之行》,《湖北档案》2011 年第 10 期;左玉河编《张东荪年谱》,群言出版社 2014 年版;左玉河编《中国近代思想家文库·张东荪卷》附录《张东荪年谱简编》,中国人民大学出版社 2015 年版;左玉河《章士钊农国论的民粹主义》,《北京科技大学学报》2010 年第 1 期;袁景华编《章士钊先生年谱》,吉林人民出版社 2001 年版;《陈独秀文章选编》,生活·读书·新知三联书店 1984 年版;孙胜娜《章士钊以农立国思想研究》,河北大学硕士学位论文,2008 年;李天华《关于恽代英〈中国可以不工业化乎〉一文的考证及解读》,《中国经济史研究》2012 年第 3 期;丁文江、赵丰田编著《梁启超年谱长编》,上海人民出版社 2009 年版;张人凤、柳和城编著《张元济年谱长编》,上海交通大学出版社 2011 年版;陈福康《郑振铎年谱》,三晋出版社 2008 年版;冯资荣、何培香编著《邓中夏年谱》,中国文史出版社 2014 年版;张萍、张磊《中国近代思想家文库·孙中山卷》及附录《孙中山年谱简编》,中国人民大学出版社 2015 年版;许为民《杨杏佛年谱》,《中国科技史料》1991 年第 2 期)

1925 年　民国十四年　乙丑

一、学术背景

1 月 4 日,北京国民会议促成会经一个月的筹备,在北大三院召开成立大会。

1 月 6 日,北京临时执政府教育部免东南大学校长郭秉文职,引起东南大学风潮。

1 月 10 日,陈独秀与罗章龙共同签发《中央通告第二十四号》,指示各地国民会议促成会揭露和抵制段祺瑞策划的"善后会议",包括一定时间的(一日或二日)罢市、罢工、罢课、罢税运动及示威运动。

1 月 11 日,中国共产党第四次全国代表大会在上海召开。会议分析了中国社会各阶级在民族革命中的地位,提出无产阶级领导权和工农联盟的重要性。陈独秀被推选为总书记,与张国焘、彭述之、蔡和森、瞿秋白组成中央局。会议通过《中国共产党第四次全国代表大会宣言》等 11 个决议案。

1 月 15 日,广东革命政府颁布东征宣言,对乘孙中山北上而自称"救粤军总司令"进犯广州的陈炯明予以讨伐。

1 月 17 日,孙中山复电段祺瑞,指责其包办"善后会议"的行径,并提出补救办法,要求"善后会议"兼纳"人民团体代表"和不具有"最后决定之权"。

1 月 18 日,因时任国立女子师范大学校长的杨荫榆处置学生不公引起了学生和教职工的严重不满,女师大学生会召开紧急会议,讨论驱杨方针,女师大"驱杨风潮"由此爆发。

1 月 26 日,中国社会主义青年团第三次全国代表大会在上海召开,决定改名为中国共产主义青年团。会议选举张太雷任总书记,任弼时任组织部主任,恽代英任宣传部主任,贺昌任农工部主任,张秋人任非基督教部主任。大会明确共青团要绝对服从中国共产党的政治领导,动员号召全体团员认真贯彻中共四大决议。

同日,孙中山入协和医院施行手术,确诊为肝癌。

1 月 30 日,北京临时执政府教育部以学生拒绝新校长到校蔑视部令为由,宣布北京国立美术专门学校"暂行停办"。

1 月 31 日,鉴于段祺瑞拒绝补救办法,孙中山决定国民党员拒绝参加"善后会议",并指示国民党中央执委会下达通知,以便全党抵制。

是月,冯玉祥受到段祺瑞、张作霖的排挤。段祺瑞任命冯玉祥为西北边防督办,取消国民军番号,称为"中华民国西北边防军",简称"西北军"。

是月,全国教育联合会庚款委员会成立。

2月1日,段祺瑞政府"善后会议"在北京开幕。根据段祺瑞颁布的《善会议条例》,列席善后会议的资格是:(一)大有勋劳于国家者;(二)此次讨伐贿选制止内乱各军最高领袖;(三)各省区及蒙藏青海军民长官;(四)有特殊之资望学术经验,由临时执政府聘请或特允者(但不得逾30人)。

按:善后会议是与国民会议相对抗的一个会议,李大钊领导北方人民开展了反对善后会议的斗争。

同日,黄埔军校中国青年军人联合会由周恩来发起成立,主要负责人有蒋先云、徐向前、陈赓、左权等。

2月2日,北京临时执政府教育部成立教育行政讨论会,以讨论审查关于教育行政上之重要问题为目的,范源濂、蒋梦麟为正副会长。

2月24日,孙中山口授遗嘱及家事遗嘱,又以英语口述《致苏联遗书》。

3月1日至4月16日,由中国共产党和国民党左派共同发起的国民会议促成会全国代表大会在北京召开。大会宣传了中国共产党反帝反封建的政治主张,对国民会议运动的方针和组织大纲等作出了决议。

3月8日,国民党右派冯自由、张继召集会议,宣布成立排挤共产党的分裂的国民党同志俱乐部。

3月10日,国民党中央执行委员会举行会议,主要讨论抵制国民党同志俱乐部问题。在李大钊等人的坚持下,会议对国民党右派的分裂活动给予了有力的揭露和打击,并决定登报声明:"否认该俱乐部为本党同志所组织,与本党毫无关系。"

3月11日,孙中山于弥留之际正式签字《孙文遗嘱》与《致苏联遗书》。

按:孙中山的遗嘱为两份,其一为国事遗嘱:"余致力国民革命凡四十年,其目的在求中国之自由平等。积四十年之经验,深知欲达到此目的,必须唤起民众及联合世界上以平等待我之民族,共同奋斗。现在革命尚未成功,凡我同志,务须依照余所著《建国方略》《建国大纲》《三民主义》及第一次全国代表大会宣言,继续努力,以求贯彻。最近主张开国民会议,及废除不平等条约,尤须于最短期间,促其实现。是所至嘱!(中华民国十四年二月二十四日,孙文三月十一日补签,笔记者汪精卫,证明者宋子文、邵元冲、戴恩赛、孙科、吴敬恒、何香凝、孔祥熙、戴季陶、邹鲁)"其二为家事遗嘱:"余因尽瘁国事,不治家产。其所遗之书籍、衣物、住宅等,一切均付吾妻宋庆龄,以为纪念。余之儿女已长成,能自立,望各自爱,以继余志。此嘱!"(郑大华、任青《辛亥著名人物传记丛书·孙中山》,团结出版社2011年版)

按:在《致苏联遗书》中,孙中山阐明了他实行的联俄、联共、扶助农工的三大政策,坚持反帝爱国的信念。其全文是:"苏维埃社会主义共和国大联合中央执行委员会亲爱的同志:我在此身患不治之症。我的心念,此时转向你们,转向我党及我国的将来。你们是自由的共和国大联合之首领。此自由的共和国大联合,是不朽的列宁遗产与被压迫民族的世界之真遗产。帝国主义下的难民,将藉此以保卫其自由,从以古代奴役战争偏私为基础之国际制度中谋解放。我遗下的是国民党。我希望国民党在完成其由帝国主义制度解放中国及其他被侵略国之历史的工作中,与你们合力共作。命运使我必须放下我未竟之业,移交于彼谨守国民党主义与教训而组织我真正同志之人。故我已嘱咐国民党进行民族革命运动之工作,俾中国可免帝国主义加诸中国的半殖民地状况之羁缚。为达到此项目的起见,我已命国民党长此继续与你们提携。我深信:你们政府亦必继续前此予我国之援助。亲爱的同志!当此与你们诀别之际,我愿表示我热烈的希望,希望不久即将破晓,斯时苏联以良友及盟国而欢迎强盛独立之中国;两国在争世界被压迫民族自由之大战中,携手并进以取得胜利。谨以兄弟之谊祝你们平安!孙逸仙(签字)"(郑大华、任青《辛亥著名人物传记丛书·孙中山》,团结出版社2011年版)

3月12日,孙中山在北京铁狮子胡同行辕逝世,终年59岁。国共两党组织各界民众进行哀悼活动,广泛传播孙中山的遗嘱和革命精神,形成一次全国规模的声势浩大的革命宣传活动。

3月16日,国民会议促成会全国代表大会举行第三次大会,会议决定组织国际问题委员会、内政问题委员会、财政问题委员会、国民会议运动委员会等4个委员会。

是日,北京临时执政府执政段祺瑞任命王九龄为教育总长。因京师各校反对王九龄就任教育总长,并派代表在教育部门前"挡驾",王九龄在警察总监保护下到部。

3月20日,北洋政府教育总长发布《政府查禁各大学共产党》通令。

3月21日,《向导》第107期出版"孙中山特刊",蔡和森发表《孙中山逝世与国民革命》,批驳帝国主义与军阀的"孙中山死了,中国革命也就完了"的谬论。

4月1日,京师警察厅总监朱深公布《管理新闻营业规则》,遭到新闻界强烈反对。

4月4日,中共中央发出第19号通告《宣传孙中山遗言,发展国民党左派力量》。

4月7日,全国10多所私立高等学校代表30余人在北京民国大学召开全国私立大学联合会成立大会。

4月14日,北京临时执政府执政段祺瑞任命司法总长章士钊暂行兼署教育总长。

4月17日,北京临时执政府教育部颁布整饬学风禁止学生集会令。

4月21日,鲍罗廷再次访问冯玉祥,达成关于苏联政府向国民军提供援助,冯玉祥接纳苏联军事顾问和国民党政工人员的协议。

4月24日,黄埔军校孙文主义学会成立,该会由贺衷寒、缪斌发起,是一反对联俄、联共、扶助农工三大政策的国民党右派组织。

5月1日,国共两党在广州召开第二次全国劳动大会,并成立了中华全国总工会。中国工会第二次全国代表大会在广州召开,会上正式成立了中国工人阶级全国统一的工会领导机关—中华全国总工会。

5月2日,第二次全国劳动大会和广东省第一次农民代表大会联合举行开幕式。刘少奇、廖仲恺、王一飞等被推选为大会主席。大会讨论今后中国工人运动的策略方针及谋全国工人阶级的大团结。大会议决工人阶级必须作政治斗争;中国的民族革命运动,非得无产阶级参加并取得领导地位,提携农民进行,是不能成功的。

5月7日,北京市民和学生数千人为追悼孙中山先生和纪念"五七",举行集会,安福政府教育总长章士钊禁止学生举行国耻纪念活动,学警冲突,多人被捕,学生怒而捣毁章宅,北京学生4000人向政府请愿。蔡和森发表《五七纪念北京学生奋斗的意义》,称赞这次事件"在中国革命史上有重大的意义"。

5月9日,全国教育会联合会庚款事宜委员会通电各省区教育会反对《中日文化协定》。

5月10—15日,中共中央执委会第一次扩大会议在上海召开。陈独秀、蔡和森、瞿秋白、张国焘及共产国际代表维经斯基等人出席会议。陈独秀代表中央局作工作报告,会议通过《共产党在国民党内的工作问题决议案》《党内组织及宣传教育问题决议案》等。

5月27日,鲁迅、钱玄同、马裕藻、沈兼士、李泰棻、沈尹默等7人联名在《京报》发表《对于北京女子师范大学风潮宣言》,旨在揭露杨荫榆的封建家长式的统治,批驳了杨荫榆在《对于本校暴烈学生之感言》中的种种诬蔑。

5月28日,中共中央召开紧急会议,决定以反对帝国主义屠杀中国工人为中心口号,发动群众于30日在上海租界举行反帝示威。同时,中共中央还决定,为了加强工会的组织力量,由共产党人李立三、刘华等主持,成立上海总工会。随后刘少奇到达上海,也参加了上海总工会的领导。

5月30日,上海学生2000余人到租界内演讲,近百名学生被英警逮捕。是日下午,上海各界群众近千余人集中在南京路老闸捕房,要求释放被捕学生,遭到英巡捕枪击,造成震惊中外"五卅"惨案,史称"五卅运动",全国因此掀起反帝爱国浪潮。

按:上海发生震惊中外的"五卅"惨案时,由于当局的压力,当时上海的各大报刊都不敢对此次惨案进行揭露,《东方杂志》却挺身而出,在1925年7月出版了《五卅事件临时增刊》。这期增刊由于注重事实调查,并且收集了大量的法律证据及反映事实的照片,揭露了帝国主义的谎言,在当时产生了重大的影响。《东方杂志》在"五卅"事件中的作为,体现了其"欲对于现代的任何问题下一个公平确当的批判,其有待于智识之基础与事实之观察者"的办刊理念,也体现了其为实现办刊理念的勇气,这种理想的坚守也使得《东方杂志》赢得了知识界及社会的尊重。可以说,在"一·二八"事变之前的《东方杂志》,以"讨论时政""增进国民知识"为宗旨,已经成为了中国当时杂志界之重镇,国内许多著名学者、社会活动家、政界要人,都在该刊发表文章。不但"有裨学术",而且具有广泛的社会影响,"读者皆以万计"。

是日,北京图书馆协会为欢迎来华考察的鲍士伟博士,在中央公园(即今中山公园)举办"京师图书馆展览会"。此次展览历时4天,展出金元明刊本约200余种、敦煌遗书3000轴,展品二十分之十九为京师图书馆藏品。

5月31日,上海工人、学生、市民冒雨进行反帝示威,全市人民投入"三罢"斗争。是晚,蔡和森、瞿秋白、李立三召集产业工会代表举行联席会议,决定进一步展开反帝斗争,由瞿、李、蔡组织行动委员会,立即成立上海市总工会,并发出第一号通令,宣布全市工人为反对帝国主义大屠杀而举行总同盟大罢工。

是月,中共中央决定成立出版部,由蔡和森任主任。

6月1日,上海总工会成立,李立三任委员长,刘华任副委员长,宣布大罢工,全市掀起反帝怒潮。

6月4日,中国共产党的第一份日报《热血日报》在上海创刊,由瞿秋白主编,郑超麟、沈泽民、何味辛参与编辑。

6月5日,中共中央执委会发表《为反抗帝国主义野蛮残暴的大屠杀告全国民众》,号召把兴起于上海的反帝爱国运动引向全国。

6月6日,《向导周报》发表《中国共产党为反抗帝国主义野蛮残暴的大屠杀告全国民众书》。

6月10日,北京举行20万群众的游行示威,游行前在天安门召开北京国民大会。参加的团体有国民党北京市党部、马克思学说研究会、长辛店总工会、京汉铁路工会等数百个。

同日,中共北方区委发出《告国民书》,以指导这个轰轰烈烈的群众运动。

6月19日,为支援上海人民五卅反帝爱国运动,广州和香港爆发规模宏大的省港大罢工,一直坚持到1926年10月为支援北伐自动结束,历时16个月,为世界工人运动史上坚持时间最长的一次大罢工。

6月25日,为全国总示威日,北京各界30万人再次举行大规模游行示威活动。

6月30日,北京500多个团体5万多人(一说20万人)在天安门举行全世界被压迫民族国民大会。朝鲜、印度、土耳其、日本、德国等国代表应邀出席大会。国民党左派宋庆龄等出席并发表演说。

6月30日,京师警察厅拟订《管理通信社营业章程》,呈内务部。

是月,梁启超、朱启钤、顾维钧、李士伟、范源濂、张国淦、董显光、丁文江等人就"五卅"惨案发表《共同宣言》,表示愤慨和谴责。

7月1日,经国民党中央执行委员会决定,改广州大元帅府为中华民国国民政府,当日宣告成立。政府组织采取合议制,有政府委员16人,汪精卫任国民政府主席,胡汉民任外交部长,廖仲恺任财政部长,孙科任交通部长,许崇智任军事部长,徐谦任司法部长。

7月3日,国民政府军事委员会成立。汪精卫、胡汉民、伍朝枢、廖仲恺、朱培德、谭延闿、许崇智、蒋介石等8人为委员,汪精卫为主席。

7月7日,章士钊时任北京政府司法总长兼署教育总长,在北京复刊《甲寅》杂志,改月刊为周刊,提倡复古,反对白话文,甲寅派因而得名。

按:章士钊先后在《甲寅》杂志上发表《评新文化运动》和《评新文学运动》,重新提倡"尊孔读经",引发了民国时期第二次读经思潮,掀起一股反对新文化运动和文学革命的复古主义逆流。是年11月,章士钊执掌的教育部颁布《读经令》,规定小学从四年级起,每周读经一小时,至高小毕业为止。章士钊所倡导的尊孔、读经活动,遭到陈独秀、鲁迅等人的强烈反对。

7月8日,广州国民政府决定将所属各军统一改称为国民革命军,并在国民革命军各军中设立党代表和政治部。

7月9日,在广州东校场隆重举行蒋介石就任国民革命军总司令和国民革命军北伐誓师大会,国民政府代主席谭延闿授印,国民党中央党部代表吴稚晖授旗,蒋介石谨受宣誓毕并致答词,并举行阅兵式。国民革命军总司令部成立,蒋介石以国民革命军总司令名义,宣告北伐战争正式开始。

7月18日,少年中国学会第五届年会在南京召开,出席此次会议的共计18人,国家主义派人员众多,有曾琦、左舜生、陈启天、余家菊等。共产主义派有恽代英、邓中夏、沈泽民、杨贤江。会上,国家主义派主张国家主义,共产主义派主张暴力革命。双方激烈争辩,各不相让。因此会议决定成立改组委员会,授予调查改组全权。

按:是年冬,同为少年中国学会的共产党人邓中夏、恽代英、杨贤江和国家主义派的曾琦、左舜生、陈启天、杨效春等人就双方停止相互攻击进行协商,结果辩论一天,不欢而散。这成了"少年中国学会"解体的关键一幕。改组委员会经调查认为:会员所抱主义有互相冲突之点,且许多会员精神不属于学会,少年中国学会在此时实无存在之必要,主张宣布解散。少年中国学会的历史就此结束。少年中国学会是中华民国早年的一个重要的全国性组织。从1918年6月30日的岳云别墅会议为始,7月1日正式成立,以1925年7月20日于南京的第五次年会为结束,其学会历史一共是七年零十天。

按:在少年中国学会共产主义派中,加入共产党的有李大钊、毛泽东、恽代英、邓中夏、杨贤江、沈泽民、高君宇、刘仁静、赵世炎、张闻天、黄日葵、萧楚女、侯少裘、张申府、周佛海。而曾琦、左舜生、李璜、陈启天、余家菊、张梦九、何鲁之、彭云生、曹刍、刘泗英等国家主义者组织或参加了中国青年党。加入国民党的有:官至考试院院长的杨亮工、教育部次长吴保丰、南京市市长沈怡、《中央日报》社社长程沧波、《国民日报》社社长易君左等。在科学、教育、文化、艺术领域,少年中国学会会员更是声名卓著。著名的有:音乐家王光祈、小说家李劼人、散文家朱自清、美学家宗白华、戏剧家田汉、教育家吴俊升、地质学家杨钟健、诗人康白情、哲学家方东美、出版家舒新城、剧作家郑伯奇、经济学家周炳琳、地理学家苏甲荣、电工专家恽震、教育家邰爽秋、生物学家周太玄、物理学家魏时珍、教育家许德珩、作家李初梨、心理学家谢循初等。(参见齐玉东《独领风骚的少年中国学会》,《钟山风雨》2012年第1期)

7月23日,戴季陶所撰《国民革命与中国国民党》小册子由上海季陶办事处印行,与此前戴季陶刊行的《孙文主义之哲学的基础》成为国民党右派的理论指南,号称"戴季陶主义"。

按:《国民革命与中国国民党》内分何谓中国国民党、中国国民革命之历史的因缘、革命思想的变迁和革命党员的分化、第一次代表大会之精神的意义、总理逝世后党的中心是甚么、中国国民党的两大病、右倾病的救治、旧党员的淘汰、旧党员登记和新党员加入、左倾病的救治、告 CP 和 CY 的人们等 23 节。书前有叶楚伧《中国国民党丛书叙言》;后有附录:《读〈国民革命与中国国民党〉书后》(邵元冲)与《告国民党的同志并告全国国民》。

8 月 6 日,京师警察厅拟定《减少京师报馆办法》,呈内务部。

8 月 7 日,北京各校沪案后援会、学联会、救国团等 83 团体派代表至政府递交请愿书,提出取消停办女师大之议案,并即日罢免章士钊、杨荫榆等 4 项要求。

8 月 17 日,中华教育改进社在太原举行第四届年会,与会者 700 余人。陶行知作社务报告,袁希涛、黄炎培、陶知行、马寅初、叶恭绰及柏克赫司特女士等到会演讲。

按:陶行知在社务报告中说:"从去年至今年,为中国最不幸的一年。天灾人祸,内忧外患,纷起叠来。教育界亦陷于不幸时期,无法发展。本社能于今日安然在此地开会,实为各省教育界人士互助之力。中国教育可分两方面观察:一方面觉得困难;一方面仍向前努力。困难实为努力之机会。本社宗旨载诸社章。一为调查教育实况;二为研究教育学术;三为力谋教育发展。本社社员现有机关社员一百五十余人,个人社员二千余人。从前开会,社员仅限于汉、满、回三族,今年则蒙古、西藏均有代表莅会。聚五族兄弟于一堂,以谋教育之改进,实为莫大幸事。本社所表现精神有二:一为合作精神;二为科学精神。本社现在所办理之事业,可以特别提出者:一为科学教育;二为乡村教育。"(顾明远、边守正主编《陶行知选集》第 1 卷,教育科学出版社 2011 年版)

8 月 18 日,针对教育总长章士钊镇压北京女子师范大学学潮以及鼓吹读经、科举,反对白话文等教育复古主张,北京大学评议会决议:章士钊为教育界罪人,北大与教育部脱离关系。

是日,中共中央和共青团中央发表文告《全国被压迫阶级在中国共产党旗帜底下联合起来呵!》。

8 月 20 日,廖仲恺遇刺,广州宣布戒严。

8 月 26 日,鲁迅与王尚济、王仁辅、朱家骅、朱希祖、朱洪、李书华、李宗侗、李麟玉、李辛白、李石曾、吴文潞、沈士远、沈尹默、周作人、许寿裳、刘文典等 42 位教员联名发表《反对教育总长章士钊的宣言》,严正谴责章士钊压制学生爱国运动,禁止学生开会纪念国耻,提倡荒谬绝伦的复古运动,压迫新思想,解散女师大,以整顿学风为名摧残教育等种种反动措施,坚决表示不承认这个"思想陈腐""抹杀时代精神"的政客为教育总长。

是月,国民政府将所辖军队统一改编为国民革命军。

是月,圣约翰大学的爱国师生抗议美籍校长侮辱中国国旗的罪行,全体退学后筹设上海光华大学成立。

9 月 20 日,陈望道、恽代英、张闻天、杨贤江、郭沫若、韩觉民、吴开先、沈雁冰等在上海举行中国济难会第一次筹备会,以救济一切解放运动的受难者为宗旨。会议推举韩觉民为主席,通过《中国济难会发起宣言》、组织章程,选举恽代英等 13 人为筹委会正式委员,侯绍裘等 5 人为候补委员。会址设在上海闸北宝山路三德里。

按:9 月 30 日,筹备委员会召开会议,决定韩觉民、陈望道为总务。10 月,中国济难会在上海召开代表大会,会议决定将筹备委员会改为全国总会临时委员会,并通过发展会员、国际联络、募集经费等 8 项决议案。11 月,出版机关刊物《济难》月刊、《光明》半月刊、《济难画报》。江西、广州、长沙、天津、北京等地先后成立了省总会。1927 年秋,中国济难会随中共中央机关由武汉迁回上海,被迫转入地下活动。

9 月 28 日,国民政府决定蒋介石为二次东征总指挥,以一、四军为主力,再度东征。

9 月 29 日,清室善后委员会通过《故宫博物院临时组织大纲》,决定于 1925 年 10 月 10 日正式成立故宫博物院。

　　按:根据《临时组织大纲》,故宫博物院由临时董事会和临时理事会组成,理事会下属古物、图书两馆。董事有蔡元培、熊希龄、张学良、庄蕴宽、梁士诒、于右任等 21 人,理事由李煜瀛、易培基、马衡、沈兼士、袁同礼等 9 人担任。李煜瀛任理事会理事长,易培基任古物馆馆长,马衡任副馆长,陈垣任图书馆馆长。

10 月 1 日,国民革命军第二次东征讨伐陈炯明,蒋介石被任命为东征军总指挥。

10 月 10 日,故宫博物院在北京紫禁城成立,并向社会开放。

10 月 25 日,国民党北京市党部、学生联合会、反宗教大同盟,反帝国主义大同盟等 200 多个团体 3000 余人,在天安门召开关税自主运动大会。

10 月 26 日,段祺瑞政府不顾全国人民的反对,与英、美、法等帝国主义举行所谓特别关税会议。

10 月 30 日,《向导》第 135 期出版"十月革命特刊",发表陈独秀《十月革命与中国民族解放运动》、瞿秋白《世界社会革命开始后之第八年》等文章。

是日,北京临时执政府教育总长章士钊在教育部部务会议上讨论中小学课程标准表时,因提倡小学读经,禁用国语,与黎锦熙等发生争议。

是月,北京临时执政府国务会议通过将吴淞自治学院改称为国立政治大学。

11 月 1 日,专门招收中国学生的莫斯科中山大学成立。

　　按:莫斯科中山大学全称为莫斯科中国劳动者中山大学,1928 年改名为中国劳动者中山共产主义大学。学制 2 年,学习课程有:语言、历史、哲学、政经学、经济地理、列宁主义和军事学等。(参见中央教育科学研究所编《中国现代教育大事记 1919—1949》,教育科学出版社 1988 年版)

11 月 16 日,国民党中央执行委员林森、邹鲁、戴季陶、谢持等人在北京集会,联名写信给国民党中央及国民党上海执行部,要求"清党"。

11 月 20 日,国民党中央执行委员会急电李大钊、于树德,丁维汾、王法勤、于右任等,指斥林森等人的分裂行为,要求国民党北京执行部切实查明。

11 月 21 日,国民党中央执行委员会再次急电李大钊等人,取消国民政府外交代表团邹鲁的代表职权及名义,并将他交国民党北京执行部查办。

11 月 23 日,林森、谢持、居正、邹鲁、叶楚伧等 10 余人在北京西山碧云寺孙中山的灵前,召开国民党一届四中全会,又称"西山会议",讨论国民党的去向问题和解决国民党内的共产党问题。出席会议的有中央执行委员叶楚伧、居正、沈定一、邵元冲、石瑛、邹鲁、林森、覃振、石青阳,候补中央执行委员茅祖权、傅汝霖,中央监察委员张继、谢持共 13 人。林森、邹鲁分别担任会议主席。会议通过《取消共产党员的国民党籍宣言》《开除国民党中央执行委员共产党人李大钊等通电》《取消政治委员案》等决议,宣布取消共产党员的国民党党籍,分别开除共产党人谭平山、李大钊、毛泽东等的中央执行委员会委员和候补中央执行委员职务,并取消他们的党籍。

　　按:会议通过一系列反共议案:(一)驱逐鲍罗廷;(二)取消陈独秀、李大钊、谭平山党籍;(三)不准共产党员在国民党势力范围内主持教育行政;(四)不准共产党员在国民党势力范围内作官吏;(五)不准共产党员参加群众运动等。

同日,奉系将领郭松龄在滦州倒戈,北京、天津及直隶全省掌握在国民军手中。

11月25日,中共中央发布《中央通告第五十六号——与国家主义派及国民党右派斗争的问题》,该通告指出:"我们现在对于国家主义派及国民党右派之思想上的争斗,非常重要,必须在此种争斗上得到胜利,我们在学生运动中才能得到胜利,学生青年在国民运动中占重要的地位。"(中国人民解放军政治学院编《中共党史教学参考资料》第13册)

11月27日,国民党中央执行委员汪精卫、谭延闿、谭平山、林伯渠、李大钊、于右任、于树德、王法勤、丁惟汾、恩克巴图,候补执委毛泽东、瞿秋白、韩麟符、于方舟、张国焘通由全国各级党部,指出林森等在北京西山召开所谓国民党一届四中全会为非法。

11月28日,在中共北方区委和李大钊的直接领导下,爆发了以推翻段祺瑞执政府和建立"国民政府"为目标的"首都革命"。

11月29日,在天安门举行国民大会,会上通过了"即日解除段祺瑞一切政权,由国民裁制""组织国民政府临时委员会,召开国民会议""责成国民军服从国民大会一切决议"等决议案。

按:这次首都的民众革命运动,由于国民党右派的告密以及国民军首领的犹豫,使原定计划未能达到。但它显示了革命群众的力量,给了反动军阀以沉重打击,是一次夺取政权的尝试。(参见朱文通主编《李大钊年谱长编》,中国社会科学出版社2009年版)

同日,上海报学社正式成立。以研究报学,发展报业为宗旨。出版学术期刊《言论自由》。

12月1日,毛泽东在《革命》半月刊发表《中国社会的各阶级分析》一文。

按:毛泽东此文是为反对当时党内存在着的两种倾向而写的。当时党内的第一种倾向,以陈独秀为代表,只注意同国民党合作,忘记了农民,这是右倾机会主义。第二种倾向,以张国焘为代表,只注意工人运动,同样忘记了农民,这是左倾机会主义。毛泽东说:"综上所述,可知一切勾结帝国主义的军阀、官僚、买办阶级、大地主阶级以及附属于他们的一部分反动知识界,是我们的敌人。工业无产阶级是我们革命的领导力量。一切半无产阶级、小资产阶级,是我们最接近的朋友。那动摇不定的中产阶级,其右翼可能是我们的敌人,其左翼可能是我们的朋友——但我们要时常提防他们,不要让他们扰乱了我们的阵线。"(《毛泽东选集》第1卷,山东人民出版社1993年版)

12月2日,西山会议派发出通电,非法宣布取消共产派国民党中央委员的党籍。

12月4日,国民党中央执行委员、监察委员、各部部长第一百二十五次联席会议召开,通过《中国国民党对全国及海外全体党员解释革命策略之通告》。通告以历史和现状说明国民党一届四中全会只能在革命根据地广州开会,邹鲁等西山会议派反对联俄容共、分裂国民党、离间各阶级联合战线是叛党行为。

12月5日,中国国民党中央机关刊物《政治周报》在广州创刊,由毛泽东主编,是国民党左派进行革命宣传的政治性刊物。

按:毛泽东《政治周报发刊理由》说:"为什么出版《政治周报》? 为了革命。为什么要革命? 为了使中华民族得到解放,为了实现人民的统治,为了使人民得到经济的幸福。我们为了革命,得罪了一切敌人——全世界帝国主义,全国大小军阀,各地买办阶级、土豪劣绅,安福系、研究系、联治派、国家主义派等一切反动政派。这些敌人,跟着我们革命势力的发展而增强对于我们的压迫,调动他们所有的力量企图消灭我们。他们有外国及本国的海军、陆军和警察,有国际的广大宣传机关(路透社等),有全国的报纸和学校。他们之间虽因利害不同时起冲突,说到对于我们,却无一怀着好意。……我们现在不能再放任了。我们要开始向他们反攻。'向反革命派宣传反攻,以打破反革命派宣传',便是《政治周报》的责任。我们反攻敌人的方法,并不多用辩论,只是忠实地报告我们革命工作的事实。敌人说:'广东共产。'我们说:'请看事实。'敌人说:'广东内讧。'我们说:'请看事实。'敌人说:'广州政府勾联俄国丧权辱国。'我们说:

'请看事实.'敌人说:'广州政府治下水深火热民不聊生.'我们说:'请看事实.'《政治周报》的体裁,十分之九是实际事实之叙述,只有十分之一是对于反革命派宣传的辩论.接受我们对于革命工作的忠实报告,全国革命的民众起来!"(《政治周报》第1期,1925年12月5日)

12月6日,上海孙文主义学会召开成立大会,发表宣言.

12月9日,中共中央发出第六十七号通告,希望各地共产党员主持的国民党党部对西山会议派一致发电痛驳.

12月11日,国民党中央执行委员、监察委员、各部部长第一百二十六次联席会议,召开会议就国民党西会议派冒用中央执委会名义开除中央执行委员、候补执委中的共产党员党籍一事,作出决议:"此种会议,违法无效."

12月12日,中共中央成立军事部,由张国焘、王一飞、任弼时组成.下设北京委员会(主任李大钊)、广州委员会(主任谭平山),后来在中共河南、湖南的党组织中也成立了军委,并规定了在国民革命军和国民军中开展工作的具体计划.

12月15日,中华少年自强会、光华学会、爱国青年社、国魂社、国光社、自强团、醒狮社、巴黎先声周报社、巴黎救国杂志社等社团代表在上海召开中国国家主义团体联合会成立大会.

12月17日,上海总工会副委员长、中华全国总工会执行委员、"五卅"运动领导人之一刘华被军阀孙传芳秘密杀害.

12月27日,国民党中央执行委员会北京执行部、国民党北京特别市执行委员会及各区执行委员会联席会议同时在《京报》刊登"紧要启事",痛斥西山会议派的非法活动.

12月31日,北京临时执政府执政段祺瑞任命易培基为教育总长.

是年,《莽原》《新时代》《北京民国日报》《平民月刊》《西北日报》《党务月刊》《铎声》《中国评论》《热血日报》《血潮日刊》《民族日报》《上海总工会日刊》《岭东民国日报》《政治周报》《工人之路》《广大学生周刊》《农工周刊》《青年军人》《中国军人》《革命军》《武汉评论》《武汉妇女》《诗镌》《沉钟》《摄影画报》《上海画报》《教育季刊》《紫罗兰》《生活》《同济医学》《远东》《工程》《狂飙》《太平导报》《寰球中国学生会周刊》《中国学生》《京国夕报》《新北京晚报》《明星晚报》《国民晚报》《心声晚报》《大同晚报》《德邮晚报》《世界日报》《世界画报》《建国周报》《时事评论》《自由周刊》《法学信报》《北京时报》《劳工日刊》《畿辅日报》《括苍》《爱国白话报》《京兆日报》《新新日报》《北京群言报》《三民报》《大东报》《国际协报》《大亚细亚日报》《人权杂志》《商标法学期刊》《新教育评论》《亚星周刊》《黔人之声》《国民新报》《北京大公报》《复言报》《民报》《交通日报》《光华日报》《新时报》《工报》《文报》《赣民月刊》《宪报》《新春秋日报》《京师市报》《黄舆日报》《闽潮》《南鸿》《上海工人》《中华图书馆协会报》《锡江日报》等报刊创刊.

二、学术活动

胡适1月1日因段祺瑞政府发布邀请"有特殊资望学术经验者"参加所谓"善后会议"而成为被邀者之一.胡适在给安徽省长许世英的信中说:"会议式的研究时局解决法,总比武装对打好一点,所以我这回对于善后会议虽然有许多怀疑之点,却也愿意试他一试."是时,赵恒惕曾致电胡适称:"公倡联治,为世所宗.此次聘列议席,知必及此良机,发挥主张,以弘建树。"19日，《京报》主人邵飘萍将两件批评胡适准备参加善后会议的来稿寄来，其中董秋芳的《致胡适之先生的一封信》指出，善后会议是"丧心病狂的军阀政客们的分赃的行径"，这种"分赃会议实在不值一试，不能一试"。胡适回信给邵飘萍说："青年界对我的议论，乃是意中的事。"信中极力辩白，他与当局毫无关系。2月1日，胡适出席"善后会议"，提出"国民会议组织法"的修正案。是时前后，朱经农、陈柏庄、任鸿隽、陶行知、汪孟邹等致函胡适，论"善后会议"相关事宜。陶行知要他在"善后会议"上特别注意边疆少数民族问题。2月11日，胡适在《京报·副刊》上发表《青年必读书十部》。

胡适2月13日接到北京各界国民会议促成会通知，被推为国民会议组织法研究委员会委员。同日，胡适第二次致信王国维，告以清华校长曹云祥的意思：王国维到清华研究院后，一切行动均极自由，希望他宜以为学术计，不宜拘泥小节。22日起，胡适在《晨报副镌》上连载所作《正统哲学的起源》一文，介绍杜威的《哲学的改造》一书的主要内容。2月下旬，军阀之战在河南重开。3月初，鉴于政府当局对河南战事无能为力，胡适乃直接致信段祺瑞，声明辞去善后会议会员。当时颇有人极力劝阻，但胡适辞意甚坚，最后勉强答应不将声明公开发表，以避去拆台之嫌。3月4日，报上登出了胡适退出"善后会议"的消息。15日，金家凤、毛一鸣致信胡适，称孙中山逝世后，国民党必分裂，左派右派均无希望，提议蔡元培、胡适等"肯毅然兼顾政治之活动，实行组党，那末，民治前途庶几有望"。是日，胡适撰《〈三侠五义〉序》。24日，张歆海致信胡适，告东南大学闹风潮，哲学系解散。特荐汤用彤，请胡适设法由北大聘请。4月12日，复函钱玄同论《华国》与《学衡》两种杂志的提倡国粹与复古，攻击新文化的谬说。

按：此前不久，钱玄同致函胡适，附寄《华国》与《学衡》两种杂志。因那上面有许多倡国粹、倡复古，攻击新文化的谬说。彼希望胡适像从前发表《评梁漱溟的〈东西文化及其哲学〉》及《科学与人生观序》那样，继续做"思想界的医生"，对这些谬说，给一个彻底的批驳。

胡适4月为中华全国村市建设协会聘为哲学顾问。5月16日，撰成《汉初的儒道之争》。17日，在北大哲学研究会讲演《从历史上看哲学是什么》。6月13日，北京成立沪案救济会，请胡适为评议会评议员。是时，胡适曾介绍北大学生会代表与英公使面谈，遭到批评。21日，胡适与罗文干联名致信外交部长沈瑞麟谈"五卅"惨案事，提出分三步走的解决方案："第一步之交涉，似可以分三层；第一为急待解决之事项，如解除非常戒备、惩凶、赔偿、道歉等项；第二为较难解决之事项，如公共租界之组织及会审公廨之废除等项；第三为根本解决之预备，即上文所言修改条约会议之要求。"并提出"修改条约之会议最好能与关税会议同时举行"。26日，对少年卫国团讲演《对于沪汉事件的感想》，宣称他是"比较倾向于和平"的，提出：第一是要调查事实；第二要有负责任的态度；第三，要认清步骤。不赞成长期罢工、罢课。28日，应北京青年会夏令营之请，在西山卧佛寺万松亭讲演《基督教与中国文化》。7月3日，梁启超致信讨论诗韵的问题。8月18日上午9时，当时因北大代校长蒋梦麟回乡探亲，校务北大教务长由顾孟余代行。顾孟余主持北京大学评议会会议，王星拱、高一涵、皮宗石(补胡适、李四光)、丁燮林、王世杰、周览、李煜瀛、陈大齐、马裕藻、沈尹默、沈兼士、朱希祖、谭熙鸿、罗惠侨、冯祖荀(补马叙伦)、余文灿(补石瑛)共17人出席会议，当时北京各校为反对章士钊长教育部而与教育部脱离关系，于是由李石曾提议，讨论因北女师风潮北大脱离教育部事，会上意见不一，辩论甚烈，最后投票表决，表决通过。当日，评议会将议决案公布：本校学生会因章士钊摧残教育，及女师大事，请本校宣布与教育部脱离关系事。议决：以本会名誉宣布不承认章士钊为教育总长，拒绝接受章士钊签署之教育部文件。

> 按：胡适等 20 人签署的《这回为本校脱离教育部事抗议的始末》一文，后刊于 21、22 日《北京大学日刊》，曰："我们几个评议员到场始知为反对章士钊为教长的事。当时讨论甚久，最初表决的问题为本校对于此事应否有所表示，马裕藻教授并说明评议会本有建议于教育部之权，故表示是可以的。表决的结果为赞成与反对各六票（余文灿、罗惠侨两教授中途退席，不及参加投票），主席顾先生自投一赞成票，赞成表示者遂为多数。次表决应否与教部脱离。时皮宗石教授退席而去；王星拱、王世杰教授等声明，对于此案无表决权，应交全体教授大会议决，但主席卒以此案付表决，赞成与教部脱离者凡六票。"据此，可以推测出当日到会者本为 15 人（主席顾孟余，第一轮表决赞成与反对票各 6 人，以及提前退场之余文灿、罗惠侨）。

胡适、陶孟和、颜任光、陈源（西滢）、燕树堂 5 位教授 8 月 19 日向评议会发表声明，表示抗议，后载于 8 月 22 日《申报》。首先，事先并未征求教职员同仁意见，"就手续言，要不免有越权自专，抹视全体教职员同仁之嫌"。其次，"处兹政治与教育十分纷乱之时期，本校对于教部倘采取脱离关系之极端手段，似亦应以教部对于本校地位有直接加害行为之场合为限"，否则一来"本校将日日在一般学潮与政潮之漩涡中"，二来从功利的角度考虑，"就目前而论，下学年本校之经费尚无着落，下学年之考试与课务亦尚缺乏任何准备"。李四光作《李四光教授致陶孟和教授等书》，明确支持胡适等人观点。21 日，胡适又与颜任光、李四光、丁燮林、王世杰、燕树堂、高一涵、陶孟和、皮宗石、王星拱、周览、胡睿济、陈源、张歆海、陈翰笙、邓以蛰、高仁山 17 位教授联名发表《为北大脱离教部关系事致本校同事的公函》，极力反对学校卷入政争，强调学术独立与政教分离的原则，认为"学校为教学的机关，不应该自己滚到政治漩涡里去，尤不应该自己滚到党派之争的漩涡里去"。后刊于 8 月 29 日《北京大学日刊》。

> 按：胡适等人在《为北大脱离教部关系事致本校同事的公函》中提出三项主张：第一，"应该早日脱离一般的政潮与学潮，努力向学问的路上走，为国家留一个研究学术的机关"；第二，校内人员"要做学校以外的活动的，应该各以个人的名义出去活动，不要牵动学校"；第三，学校"评议会今后应该用其大部分的精力去谋学校内部的改革，不当轻易干预其职权以外的事业"。（胡适《致北大同事公函》，耿云志、欧阳哲生编《胡适书信集》（上），北京大学出版社 1996 年版）

胡适等在蒋梦麟代理校长 22 日回京后，于 23 日即给蒋梦麟撰写公函，要求早日召集联席会议，复议此案，并要求蒋梦麟将此函在《北京大学日刊》临时增刊发表。蒋梦麟口头答应 26 日召集联席会议，但同时遭到顾孟余、李石曾、马裕藻等人的反对。25 日，胡适见北大评议会复议仍无动静，于是又代表王世杰、高一涵等 12 位教授致函代校长蒋梦麟，要求召集教务会议与评议会联席会议，重议脱离教育部一案。李石曾等 8 名评议员也写信给蒋梦麟，认为无复议之必要。另一方面，周作人等人于评议会之后亦发布《致校长书》，对于评议会的议决表示赞同，但对其没有得到落实表示不满，"提出严重质问"，催促将其"速为执行"。8 月 26 日，针对 8 月 21 日胡适与陶孟和、王世杰、李四光等 17 位教授联名发表《为北大脱离教部关系事致本校同事的公函》，王尚济、朱希祖、李石曾、李书华、李麟玉、李宗侗、沈士远、沈兼士、沈尹默、周作人、马裕藻、马衡、徐炳旭、冯祖荀、杨震文、谭鸿熙、顾孟余 17 名教授联名发表《为反封章士钊事致本校同事的公函》，刊于 8 月 29 日《北京大学日刊》。同日，王尚济、王仁辅、朱家骅、朱希祖、朱洪、李书华、李宗侗、李麟玉、李辛白、李石曾、吴文潞、沈士远、沈尹默、沈兼士、鲁迅、周作人、林损、马裕藻、马衡、徐炳昶、徐宝璜、翁之龙、陈大齐、陈君哲、陈倬、张凤举、张颐、屠孝实、冯祖荀、贺之才、叶瀚、杨芳、杨震文、赵承易、刘文典、黎世衡、钱玄同、戴复、关应麟、谭熙鸿、顾孟余、赵廷炳等 42 名北大教员又发表《反对章士钊宣言》，刊于 8 月 29 日《晨报》。北京大学知名教授群体"法日派""英美派"由此加剧分化与对抗。

按：《为反封章士钊事致本校同事的公函》援本校 1923 年"驱彭挽蔡"旧例，对胡适等人的反对意见进行回应。首先，不应因章士钊没有直接损害北大便不加反抗。因为前次教长"彭允彝引起蔡校长辞职及本校否认之理由，即在其越权参与查办罗文干一案。罗文干虽曾为本校讲师，但此次之被构陷，实因其为王内阁（即所谓好人内阁）阁员的缘故。本校于地位上未受到什么直接的损害，徒以为正义故尚且那样地反抗"，此时章士钊比彭氏对于教育界的摧残更重，更应该本着上次的精神进行反抗。其次，从经济方面来说，章士钊时代与彭允彝时代亦无不同，即使章士钊真可以保证学校的经费，也不应"抛弃历来所叹赞提唱之'狂狷的精神'，而采取'有奶便是娘'主义"。最后，强调"评议会为大学最高机关，所议决案件，他种机关当然无推翻之权"。

按：胡适因要求复议维护章士钊，又加此时有所谓"清室复辟文证"被揭载于报。其主要文证是康有为及金梁给溥仪的"奏折"，在金梁"奏折"中，涉及到胡适进宫见溥仪事，竟说胡适"为皇上所化"。激进青年以此为据，再联系上年为溥仪出宫鸣不平的事，遂掀起一阵批胡反胡的运动。8 月 26 日，有以"上海学生联合会"的名义写给胡适的一封信，其中很可反映出青年界一些人对胡适的态度，故摘录一段于此："比年以来，先生浮沉于灰沙窟中，舍指导青年之责而为无聊卑污之举，拥护复辟余孽，尝试善后会议，诸如（此）类，彰彰较著。近更倒行逆施，与摧残教育蔑视学生人格之章贼士钊合作。清室复辟函中又隐然有先生之名。呜呼！首倡文学革命之适之先生乎？先生前为青年指导者，青年所期望于先生者良切。先生近来种种举动，荒谬卑污。长此以往，先生将永为吾全国青年所深恶痛绝。为先生人格计，为先生令名计，为全国教育界人格计，敝会仅代表上海学生郑重致辞于先生之前，希望先生痛改前非，恢复前倡文学革命时之精神，但丁、赵叟正引领相望。"云云。在此前一日，还有人以反清同盟名义在报上发表宣言，要求将胡适驱逐出京。

胡适 8 月 27 日撰成《老章又反叛了》一文。因此前章士钊当上北洋政府司法总长兼教育总长之后，摆出要"端正学风"的架势，向新文化反扑。在其《评新文学运动》一文中，极力攻击新文学是"欲进而反退，求文而得野，陷青年于大阱，颓国本于无形"，且明指胡适是罪魁祸首，所以本来对章士钊多有维护的胡适写此文大举反击，指出章士钊已成"落伍者的首领"，但他要推翻新文学是断然不能实现的，指出："白话文学的运动是一个很严重的运动，有历史的根据，有时代的要求，有他本身的文学的美，可以使天下睁开眼睛的共见共赏。"31日，胡适在天津撰成《爱国运动与求学》一文，针对"五卅"以来学生的罢课运动，提出："群众运动总是不能持久的"，"没有一个像样的政府，虽有民气，终不能单独成功"，文中一面指责政府"不但不能用民气，反惧怕民气"，或者"只会利用民气来便利他们自己的私图"；一面又要学生脱离斗争，明确"真正的救国的预备在于把自己造成一个有用的人才"，主张学歌德的榜样："每遇着国家政治上大纷扰的时候，他便用心去研究一种绝不关系时局的学问，使他的心思不致受外界的扰乱。"同月，撰《戴东原的哲学》脱稿，后刊于 12 月出版的《国学季刊》2 卷 1 期。9 月 9 日，顾颉刚致信胡适，谈到编刊《古史辨》的缘由。同月，应武昌大学校长石蘅青、武昌商科大学校长郭泰祺之邀，胡适到武汉讲学。在武昌大学的讲题有《新文学运动之意义》，回击章士钊的针对性十分明显，此文后刊于 10 月 10 日《晨报副镌》。胡适回胡适又在武汉讲授《谈谈诗经》，对于《诗经》，胡适主张把它作为社会史、政治史与文化史的材料看，用社会历史的和文学的眼光重新加以注解。

按：《新文学运动之意义》说："今天的讲题是新文学运动之意义，这个题目，我从来没有讲过，大家在这个时候,以为这个题目,可以说是过去了的。不过现在就不是这样了,在这新文学运动的时期之中,我何以从没有讲过,今天反要向诸位讲的是什么道理呢?因为今年有一般思想很顽固的人,得了很大的势力,他们居然利用他们的势力,起来反抗这种时代之要求、时代之潮流,并摧残这种潮流要求,摧残新文学,到了现在,有几行省公然禁令白话文,学校也不取做白话文的学生,因为这个原故,我们从前提倡白话文学的人,现在实有重提之必要,所谓新文学的运动,简单地讲起来,是活的文学之运动,以前的那些旧文学,是死的、笨的、无生气的,至于新文学可以代表活社会、活国家、活团体。"

按:胡适在武昌还讲过"五卅运动"的问题,劝学生闭门读书,不问政治,甚至公开指责反帝的群众说,当直奉战争时打死十几万人,你们不说话,泸案打死几个人,就闹得如此纷扰,结果引起了听者的愤慨。事后有李翊东写公开信批评胡适,警告说:"湖北人不但不排斥新文化,而且很欢迎新文化的。……然湖北是革命发源的地方,只是不欢迎为复辟的运动、外国帝国主义宣传者。"

胡适10月9日为所编《词选》作序,特写信向王国维请教有关词的起源问题。同月,胡适抵达上海,在政治大学、中国公学等校讲演《谈谈二千五百年的中国哲学》,又应徽州同乡的"徽社"之邀前往讲演中西文化问题,认为"西洋的文化,处处现出精神来。所以西洋的文化乃是精神的。这种精神,就是西洋人背后有一个'人生不知足'的观念。中国的文化,处处现不出一点精神来。这真是物质的。这就是因为中国人太'知足'了"。对此有人提出了质问。21日,胡适在《北京大学研究所国学门周刊》第2期发表《汉初儒道之争》。23日,在中华职业学校讲《怎样读书》。26日,在大夏大学讲《怎么样思想》。28日,在光华大学讲《思想方法》。11月12日,在商科大学讲演《人生观的问题》。其间,曾与汪原放谈及出版《中国哲学丛书》的计划。17日,刘海粟致信,请胡适为上海美术专科学校作校歌。12月上旬,胡适致函给陈独秀,谈起上月北京群众烧毁晨报馆一事。是月,徐志摩、陆小曼恳请胡适去见徐父为他们"疏说一切"。同月,胡适在《国学季刊》第2卷第1号发表《戴东原的哲学》,此期为"戴东原专号",还载有魏建功《戴东原年谱》、容肇祖《戴东原的理及求理的方法》两文。

按:胡适对戴震哲学的意义重释与众不同,将其置于明末以来"反玄学"运动的大背景下,认为戴震哲学史"注重实用"和"注重经学"的两大趋势结合的产物,并分析了戴震的治学方法、戴震的影响等。胡适在文末指出:"我们关心中国思想的前途的人,今日已到了歧路之上,不能不有一个抉择了。我们走那条路呢?我们还是'好高而就易',甘心用'内心生活''精神文明'一类的揣度影响之谈来自欺欺人呢?还是决心不怕艰难,选择那纯粹理智态度的崎岖山路,继续九百年来致知穷理的遗风,用科学的方法来修正考证学派的方法,用科学的知识来修正颜元、戴震的结论,而努力改造一种科学的致知穷理的中国哲学呢?我们决心走那一条路呢?"《戴东原的哲学》作为当时纪念戴震的重要成果,不仅对戴震研究本身,而且对清代学术研究有较大影响。1927年10月由商务印书馆出版单行本。(以上参见耿云志《胡适年谱》四川人民出版社1989年版;郦千明《沈尹默年谱》,上海书画出版社2018年版;朱元曙、朱乐川《朱希祖先生年谱长编》,中华书局2013年版;王晴飞《1925年的北京大学脱离教育部事件》,《粤海风》2012年第1期;王学典《20世纪史学编年(1900—1949)》,商务印书馆2014年版)

李大钊1月17日下午在北京师范大学作《帝国主义侵略中国后之国民运动》的讲演。21日下午3时,主持在北大三院大礼堂举行的北京各界纪念列宁大会。参加大会的有3000余人。22日,中国共产党第四次全国代表大会在上海闭幕,会议讨论的中心议题是如何加强对日益高涨的革命运动的领导,李大钊继续当选为中央委员。29日,李大钊陪同胡景翼到苏联驻华大使馆会见格克尔武官,继续商谈苏联向国民二军提供顾问、教官、军火的援助问题。同月,孙中山到达北京后,由于病情日益加重,遂指派在北京的国民党中央执、监委员组成中国国民党政治会议,特加委李大钊、于右任、李石曾、吴雅晖、陈友仁等为政治委员,以代替孙中山在治病期间处理一切政治事务。中央政治会议每星期开会两次,此外还有一些临时会议。会议通常在上午举行,李大钊均按时到会,在会上坚决维护孙中山的革命主张,对国民党右派排挤共产党员的企图,作了有原则有策略的斗争。2月1日,段祺瑞主持召集的"善后会议"在北京开幕,这是与国民会议相对抗的一个会议,李大钊领导北方人民开展了反对善后会议的斗争。27日,经李大钊联系,苏联政府应胡景翼要求,向国民军第二军派出顾问组。同月,李大钊发表《吴佩孚压迫京汉劳工运动的原因》一文,载铁路总工会出版的《"二七"二周年纪念册》。3月1日,为抵制段祺瑞的"善后会议",由中国共产党和国民党左派倡导的国民会议促成会全国代表大会在北京开幕。李大钊出席大会并作演说。8日,出席北京妇女国民会议促成会等20多个团体发起的国际妇女节纪念大会,并在会上发表演说。

李大钊3月10日出席国民党中央执行委员会会议,由于国民党右派冯自由、张继于本月8日召集会议,宣布成立排挤共产党的分裂的国民党同志俱乐部,这次会议主要讨论抵制国民党同志俱乐部的种种办法。12日,孙中山在北京逝世。李大钊参加了治丧处秘书股中文主稿。16日,国民会议促成会全国代表大会召开第三次大会,李大钊被推举为国民会议运动委员会委员长。19日上午11时,孙中山灵柩由铁狮子胡同行辕移至中央公园社稷坛大殿内。李大钊参加举柩。在孙中山逝世期间,李大钊作《挽孙中山》长联,上联是:"广东是现代思潮汇注之区,自明季迄于今兹,汉种孑遗,外邦通市,乃至太平崛起,类皆孕育萌兴于斯乡;先生挺生其间,砥柱于革命中流,启后承先,涤新淘旧,扬民族大义,决将再造乾坤;四十余年,殚心瘁力,誓以青天白日,满地红旗,唤起自由独立之精神,要为人间留正气。"下联是:"中华为世界列强竞争所在,自泰西以至日本,政治掠取,经济侵陵,甚至共管阴谋,争思奴隶牛马尔家国;吾党适丁此会,丧失我建国山斗,云凄海咽,地黯天愁,问继起何人,毅然重整旗鼓;亿兆有众,惟工与农,须本三民五权,群策群力,遵依牺牲奋斗诸遗训,成厥大业慰英灵。"同月,李大钊致函中共中央,报告孙中山逝世和立遗嘱的有关情况;在北京《民国日报》发表《蒙古民族的解放运动》一文。

按:2月20日,教育总长王九龄签发教育部第七十一号训令,内称"据宪兵第二营报称,北京大学首倡共产党李大钊,字秀昌。现住该校第三院教员休息室,并有不日开会议决进行手续之消息等情。据此,当函复该司令部加意严密侦查,随时报告。兹据报称,于本月九日据第二营续报,探闻北京大学共产党首领李大钊于昨晚在该校第三院寄宿舍召集党员密开会议之事,其宗旨令各党员分派成组,密住京师中学以上各校,运动学生加入该党等晋。"令北京大学"即便遵照,严密查察,认真防范,是为至要……"。(《北大档案》)30日,北京大学发表声明:"据京师宪兵探报,三月九日晚。共产党首领李大创在北京大学第三院寄宿舍召集党员,密开会议,并称李大钊在第三教员休息室居住等语,查本校第三院并无寄宿舍,第三教员休息案。亦向无人住宿,九日晚间亦无人在第三院开会,该项训令所载探报,显系讹传……。"(《京报》3月31日)

李大钊6月领导北京党组织发动多次大规模的群众示威活动,声援"五卅"运动。5日,北京成立有480余团体参加的北京各界对英、日帝国主义惨杀同胞雪耻大会,推举共产党员刘清扬等30人为临时执行委员。10日,北京举行20万群众的游行示威,参加的团体有国民党北京市党部、马克思学说研究会、长辛店总工会、京汉铁路工会等几百个。游行前,20万人齐集天安门召开北京国民大会,通过了《北京国民大会宣言》。会后,20万群众冒着滂沱大雨游行20余里,表现了中国人民反对帝国主义的英勇气概。同日,中共北方区委发出《告国民书》,以指导这个轰轰烈烈的群众运动。25日,为全国总示威日,北京各界30万人游行示威。7月,北京成立了第一所区委党校,来自各地的学员经过期训练派往各地工作。

李大钊8月6日在开封第一师范青年学社创办的进步刊物《雷火》第8期上发表《大英帝国主义者侵略中国史》一文。9月9日,李大钊在《政治生活》第50期发表《从印度航路发见以至辛丑条约帝国主义侵入东方大势年表》一文。10月初,为了加强对北京地区(包括天津、山西等地)工作的指导,经中共中央决定,中共北方区委和北京地委分开,李大钊任中共北方区委书记。25日下午1时,国民党北京市党部、学生联合会、反宗教大同盟、反帝国主义大同盟等200多个团体3000余人,在天安门召开关税自主运动大会。同月,李大钊由赵世炎陪同赴张家口参加内蒙古工农兵大同盟成立大会。11月18日,李大钊在《政治生活》第58期发表《民众势力发展中的国内战局》一文,分析了国民军,直系军阀、奉系军阀三种势力的三角关系,肯定了民众的巨大力量并对这种三角关系的发展趋势作出估计。11月28日,在北京爆发了以推翻段祺瑞政权和建立"国民政府"为目的的"首都革命",李大钊领导了这次斗争。29日,在天安门举行国民大会,通过了"即日解除段祺瑞一切政权,由国民裁制""组织国民政府临时委员会,召开国民会议""责成国民军服从国民大会一切决议"等决议案,会后举行了游行示威。12月30日,李大钊在《政治生活》第62—67期连载《土地与农民》一文,这是李大钊关于中国农民运动的一篇重要论文。31日,为反对奉系军阀张作霖勾结日本帝国主义出兵东三省的侵略行径,国民党北京执行部、国民党北京市党部、北京总工会,北京学生总会等80多个团体,在天安门举行了国民大会。(以上参见朱文通主编《李大钊年谱长编》,中国社会科学出版社2009年版)

蒋梦麟继续代理北京大学校长。1月3日,蔡元培致北大评议会函,谓"前奉惠电,促即回国,……惟事实上实不能即作归计,曾电复代理校长蒋君,请为转致。……惟蒋君屡次来函,陈述种种困难,似非培归国不可者。培今拟暑假中归国一次,接洽各事。惟培有不得不请贵会许可者,即至少于暑假后再续假一年是也"。2月1日,出席在北京召开的"善后会议"。2日,北京临时执政府教育部成立教育行政讨论会,与范源濂分任正副会长。26日,致函蔡元培催促回国。

按:蒋梦麟2月26日致函蔡元培校长曰:评议会复函,允先生继续请假一年,已于日前邮寄,想已达钧览。薪水一层,评议会未加讨论,且待抵京后再商。此次回国一行之举,既无可避免,尚祈早日动身。守常已回京,仍任校长秘书。其意以为此次回国,不妨便道过俄,彼土人士,甚为期望。且道途亦较由海路为近。请早日决定,以便电达俄政府。何日启行,亦请早定,以便汇寄川资。师母想同行。行期愈早愈妙,能于五月中动身最好。此间诸事,须早解决,以便受业于暑期中摆脱一切,略事休养,并预备下学年所授功课。数年不上讲堂,学业生锈矣,须略一磨励也。学校内外,现甚平静。对于将来维持计画,亦已筹及。第一步谋减轻先生责任,使但留校长名义。第二步始能谋摆脱也。办事程序如此,操切必生变故。一切详细办法,容当面罄。孙中山先生病已绝望,此信到时,一代英雄,恐已成历史上之人物矣。

蒋梦麟3月12日于孙中山在北京弥留之际,陪侍在侧。23日,主持北大孙中山追悼会,吴稚晖、李石曾、邵元冲等发表演讲。31日,蔡元培复函蒋梦麟,谓:"二月二十六日惠函敬悉。惟弟五月间必不能即行,恐须在八、九月之间,俟酌定后再奉告。……评议会来函已收到,勿念。校事重累吾兄,亦无可如何耳。"4月28日,中法教育基金委员会在北京外交部开会宣告成立,中国方面委员7人,包括外交部、财政部、教育部、北京大学、东南大学、广东大学、中法大学各一人:刘锡昌、任鸿隽、刘百昭、蒋梦麟、胡敦复、邹鲁、李石曾。7月7日,蔡元培致蒋梦麟电,载于7月18日《北京大学日刊》,谓"国内运动,集中于收回国权,甚善。

列强会议，为形式上不能免之举，然受外国官商久留中国者之包围，恐无大效，请告外交当局，责成驻外各公使分别交涉，并在舆论上鼓吹单方废弃之理由"。

蒋梦麟8月18日因回乡探亲，由教务长顾孟余主持上午9时的北京大学评议会会议，讨论并经表决通过北大脱离教育部事，议决：章士钊为教育界罪人，北大与教育部脱离关系。19日，胡适等5位教授向评议会发表声明，表示抗议。21日，胡适等17位教授联名发表《为北大脱离教部关系事致本校同事的公函》，表明极力反对学校卷入政争，强调学术独立与政教分离的原则的意见。22日，北大代理校长蒋梦麟回京。23日，胡适等人即给其撰写公函，要求早日召集联席会议，复议此案。蒋梦麟口头答应26日召集联席会议，但同时遭到顾孟余、李石曾、马裕藻等人的反对，陈大齐、朱家骅、张凤举、王烈4人出来调停，无果。25日，胡适等12位教授致函代校长蒋梦麟，再次要求召集教务会议与评议会联席会议，重议脱离教育部一案。另一方面，李石曾等8名评议员也写信给蒋梦麟，认为无复议之必要。周作人等人又发布《致校长书》，极力赞同评议会的议决，并催促将其"速为执行"。8月26日，王尚济、王仁辅、朱家骅、朱希祖、李石曾、沈士远、沈尹默、鲁迅、周作人、许寿裳、刘文典等42名北大教员发表《反对章士钊宣言》。王尚济、朱希祖、李石曾、沈士远、沈兼士、沈尹默、周作人、马裕藻、马衡、顾孟余等17名教授又联名发表《为反封章士钊事致本校同事的公函》，对胡适《为北大脱离教部关系事致本校同事的公函》予以回应与反击。面对北京大学知名教授群体"法日派""英美派"的公开对抗与摊牌，蒋梦麟作为北京大学代校长，不愿得罪任何一方，一时陷于两难境地。

蒋梦麟决定于8月28日上午召集联席会议，马裕藻等人坚持此会只可为谈话会，因联席会无法律上的依据，胡适一方退步，同意此会作为谈话会，但坚持谈话会仍可投票复决，只是表决案采取建议书形式，对学校无约束力。马裕藻、李煜瀛、沈尹默、陈大齐则坚持谈话会不应有表决权。最后胡适以退席相胁，李石曾等方才同意可以用个人签名式签名于建议书。双方勉强达成一致后，胡适、王世杰分别提出建议书一件。胡适的建议书是："同人建议于校长，请其对于本月十八日评议会议议决案基的情形停止执行"。结果签名同意者12人；王世杰的建议书是："同人愿建议评议会请求议定：评议会凡对于政治问题，以及其他与本校无直接关系之重大问题，尚有所议决，须经评议会之二度议决，或经由评议会与教务会议联席会议之复决；或经用教授大会之表决，方能执行。"结果签名者22人。31日，蒋梦麟召集评议会，报告其斟酌的结果，是仍然继续执行评议会原案，并于数日后在北大日刊登载启事。此次评议会议决："评议会对于与本校无直接关系之重大问题，倘有所预闻，须由评议会召集全校教授，依照多数意见决定之。"但是关于"与本校无直接关系之重大问题"一句的解释权归属问题，并未讨论出结果，胡适认为是一个漏洞。至此因北女师引发围绕反对教育总长章士钊以及北大脱离教育部的北大评议会决议案之争终于告一段落，最终结果显然是"法日派"胜出，"英美派"落败，这正可以反映出"法日派"在北大评议会中的优势地位。

　　按：总结"法日派"与"英美派"争论的焦点在两方面：一是对于评议会权限的理解；二是对于"驱彭挽蔡"和"王九龄教部事"这两个前例的阐释，而由于前者的模糊性，所以对于后者的阐释也就是间接地界定前者。

蒋梦麟接蔡元培9月15日函，谓"连接两电，曾奉告定于十一月启行。因有种种未了之事，不能提前。累兄偏劳，歉仄无似"。后载于10月7日《北京大学日刊》。10月8日，蔡元培致函蒋梦麟，谓"弟决于十一月启行。前奉告索取俄京科学院出版物之事，陈君寅格〔恪〕曾开示几种重要书籍目录，原函奉上。余容续布"。后载于 10 月 30 日《北京大学日刊》。是年，蒋梦麟博士论文《中国教育之原理》在上海印行。（参见马勇、黄令坦编《中国近代思想家文库·蒋梦麟卷》及附录《蒋梦麟年谱简编》，中国人民大学出版社 2015 年版；朱元曙、朱乐川《朱希祖先生年谱长编》，中华书局 2013 年版；王晴飞《1925 年的北京大学脱离教育部事件》，《粤海风》2012 年第 1 期；中央教育科学研究所编《中国现代教育大事记 1919—1949》，教育科学出版社 1988 年版）

章士钊 4 月 14 日兼署教育总长。莅任后立即着手清理积欠经费，整顿学风。16 日，为解决东南大学易长风潮，颁布《修正国立大学条例第十一条》。稍后，公布修正《东南大学大纲》，从而根除了东南大学师生迎拒校长的法律根据。17 日，章士钊在教育部召集的参事司长会议上，传阅其亲自起草的《整饬学风令》。23 日，在内阁会议上提出恢复教育厅长回避本籍制度的计划，得到通过。25 日，非正式发表合并京中八校主张，但直到去职，也未见施行此项计划。29 日，非正式发表设立考试院的决定，并派毛邦伟主持考试委员会。5 月 2 日，章士钊以兼署教育总长的名义咨行各省省长、特别区都统、京兆尹，要求变通 1917 年教育部发布的关于禁止学校校长兼充他项职务的训令。7 日，北京各校学生因举行国耻纪念会受阻，遂冲入其住宅，捣毁门窗及用具、字画、古玩等物，并与赶来的警察发生冲突。8 日，北京学界和社会各界组织"北京市民五七伤亡后援会"，通电全国，抗议北京临时执政府摧残爱国学生运动。9 日，北京 30 余所大学组织万余学生赴执政府请愿。同日，北京女子师范学校校长杨荫榆因开除学生自治会职员蒲振声、张平江、郑德音、刘和珍、许广平、姜伯谛等 6 人酿成风潮。11 日，教育部部务会议通过决议：中学学生的初试由各校执行，复试由各省教育厅专门设立的考试处执行；大学生的初试由各大学执行，复试由教育部设立的考试处执行。

章士钊 5 月 12 日向段祺瑞提出辞呈，请辞本兼各职，并于 19 日晚偕夫人吴弱男及亲信秘书若干人乘车离京赴津。6 月 23 日，经多方挽留，章士钊回任司法总长。7 月 18 日，《甲寅周刊》创刊。先后辟有"时评""论说""征文""特载""通讯""杂记"（后改为"孤桐杂记"）、"光宣点将录""书林丛讯""说林""章氏墨学""逻辑""揣篰录""清华园题解记""诗录""文录"等栏目。在《甲寅》周刊上，章士钊先后以孤桐的笔名和本名发表了《代议非易案》《说蝉》《答适之》《疏解蝉义》《文俚平议》《评新文学运动》《反动辨》《再疏解斡义》《创设教授院议》《特定学区议》《答稚晖先生》《再答吴稚晖先生》《三答稚晖先生》《论南京倡投壶礼事》《何故农村立国》《论业治》等文章。其中《答适之》《文理平议》两文公开反对白话文，积极鼓吹复古。《评新文学运动》更是极力攻击新文学是"欲进而反退，求文而得野，陷青年于大阱，颓国本于无形"，且明指胡适是罪魁祸首。这一时期章士钊虽然在政治上仍未放弃自由主义，但在文化上已经完全回归保守主义。

按：章士钊创办《甲寅》杂志，反对新文化运动，宣传封建复古思潮，被称为甲寅派。至 1926 年 3 月 26 日出完第 36 期后，《甲寅》周刊停刊半年。1927 年 4 月 2 日出版第 45 号后停刊。

章士钊 7 月 28 日经执政府国务会议决定，并由段祺瑞下令，调署教育总长。8 月 10 日，北洋军阀政府颁布停办女师大令。女师大进步师生于本日《京报》发表了《国立北京女子师范大学紧要启事》，宣告："章士钊欺内媚外，摧残教育"，"若章士钊在部，敝校与教部完全脱离关系。"17 日，章士钊召集教育部部务会议，正式决定将女师大改组为国立北京女子大学，成立筹备处，章亲任处长，教育部各参事、司长均为筹备员。18 日，同情女师大学生的北京大学教授李石曾、顾梦余、马裕藻等召开学校教职员联合会和评议会联席会议，决议脱离教育部独立,从9月1日起,不再收受教育部文件。8月底,段祺瑞政府发布"整饬学风令"。9月1日,经呈请临时执政段祺瑞,正式批准设立国立编译馆。4日,经章士钊提议,内阁会议议决:暂时停发北京大学办学经费,并电请正在法国的蔡元培回国,以挽残局。11日,章士钊兼国立编译馆总裁。16日,授意江苏省长郑谦停办东南大学,引起强烈反弹。10月22日,将教育部原来设立的编译馆改为图书审查委员会,专掌审定教育图书事宜。30日,章士钊在教育部部务会议上,主张中小学课程应以国语(即白话)包国文(文言文),实即提倡文言文,反对白话文,并保留读经课。《教育杂志》曾以《教育当局复古思想之实现》为名来报道此次会议讨论情况。11月28日,章士钊发表《特定学区议》一文,主张在北京建立中央学区。同日,为反对关税会议,北京学生、市民数万人举行大游行,捣毁章士钊以及朱深、李恩浩、刘百昭等人的住宅,火烧研究系喉舌《晨报》馆。29日,章士钊在《寒家再毁记》一文中称示威群众为"暴民"。12月24日,段祺瑞被迫明令恢复女师大。31日,段祺瑞改组国务院,章士钊辞去教育总长,由易培基继任。(参见袁景华编《章士钊先生年谱》,吉林人民出版社2001年版;郭双林编《中国近代思想家文库·章士钊卷》附录《章士钊年谱简编》,中国人民大学出版社2015年版;鲁迅博物馆、鲁迅研究室编《鲁迅年谱》,人民文学出版社1981年版)

马叙伦仍任教育部次长。1月,面临东南大学"易长风潮"、北京女师大学生"驱杨风潮"等。是月7日,报载6日阁议,免去东南大学校长郭秉文之职,命胡敦复继任。郭见报后即电教部"恳迅聘接替,以便交代"。东大及商大全体教职员、江苏省大学校长等则纷纷致电责问北京政府,要求说明免职原因,挽留郭秉文。新校长胡敦复复电表示不愿接任。由此引起东大"易长风潮"。8日,马叙伦就东南大学校长郭秉文免职事致电东南大学董事黄炎培。31日,鉴于美专难以平息,勉强应命的余绍宋又一再恳辞,教育部下令解散美专。同月,北京女师大学生向教育部请愿,要求撤换校长杨荫榆。马叙伦多方调处,"亦无法弭平"反杨风潮。2月14日,马叙伦应邵元冲之约,赴撷英番菜馆晚宴,到者为吴雷川、沈士远、魏仲车、马夷初、蒋梦麟、赵丹若、徐轼游、朱内光、赵述庭、潘企莘、陈君哲、吴鸣岐、邓仲纯诸君。8时后散,至青年会访陈翰笙不遇。15日,马叙伦访晤邵元冲,谈美专风潮及解散之理由,与东南大学之对策等。3月12日,孙中山病逝于铁狮子胡同,马叙伦到段祺瑞书房与同僚商议"饰终典礼"。15日,参加孙中山遗体入殓仪式。16日,警察总监朱深陪新任教育总长王九龄到部视事,要求马向各校代表解释(王出长教部),马叙伦予以拒绝,随后送交辞呈,当晚被免次长。

　　按:3月20日,许广平复鲁迅函,谈及马辞职事:"孙中山一死,教育次长立刻下台,《民国日报》立刻关门(或者以为与中山之死无关),以后的把戏,恐怕正要五花八门,层出不穷呢。"(《两地书》第1集,海婴编《许广平文集》,江苏文艺出版社1998年版,第3卷)此处所言《民国日报》,指该报3月份曾报道:"段执政方面指(马)叙伦纵容,因此下令将马免职。"23日,鲁迅致许广平函,也提到对马辞职一节:"这回的教育次长的下台,我以为似乎是他自己的失策,否则,不至于此的。至于妨碍《民国日报》,乃是北京官场的老手段,实在可笑。停止一种报章,他们的天下便即太平么?"(《两地书》第1集,《许广平文集》第3卷)5月12日,周作人在《京报副刊》发表评论,谈马任教次期间的功过:"我觉得马叙伦君任教次时只做了一件可以称许的事,便是撤换郭秉文,却有两件错事:解散美专与不撤换杨荫榆女士;现在章士钊君不替他补救,不早日撤换杨女士与恢复美专,却更进一层,容许杨女士率领军警凌逼学生,随后加以解散,还引前例加以解嘲,这真是太荒唐了。"(黄开发编《知堂书信》,华夏出版社1994年版)

马叙伦5月13日在《北京大学日刊》发表《老子核诂出版预告》。22日,所撰《读书续记》卷七刊于《北京大学日刊》,至9月17日结束。6月,参与组织"五卅"惨案后援会;发起

"沪案失业同胞救济会"。8月8日,女师大校务维持会开会,学生委员出席者10人,教职员委员出席者8人,初步分工为:一、校务行政主任马叙伦;二、总务主任周树人、李泰棻;三、教务主任文范村、沈尹默;四、事务主任陆滋勇;五、斋务主任郭剑秋。11日,马叙伦致函章士钊,辩论女师大风潮。9月26日,《天马山房丛书总目》发布于《北京大学日刊》。本学期讲授老庄哲学、二程王阳明哲学。秋,陈万里敦煌考察归来,持赠敦煌出土《大般涅槃经》写本。引首题"唐人写经残卷/叙伦",下钤"马叙伦印"白文篆书方印。11月,林森、邹鲁、张继、谢持结成"西山会议派"。由于不赞成暴动政策,马叙伦加入"西山派"。12月上旬,马叙伦《民生周刊》第2卷第2号发表《关税自主与关税会议》。(参见卢礼阳《马叙伦年谱》,浙江古籍出版社2021年版)

杨荫榆时任国立女子师范大学校长,因处置学生不公引起了学生和教职工的严重不满,女师大"驱杨风潮"由此爆发。1月18日,女师大学生会召开紧急会议,讨论驱杨方针。全校学生237人,共分11级。其中7级172人一致通过驱杨;另外4级65人声明中立,但不反对学生会的一切行动。会议决定,从本日起即不再承认杨荫榆为女师大校长,并称这一运动为驱"羊"运动。同月,女师大学生代表赴教育部诉述杨荫榆治校以来的种种黑暗情形,请求撤换校长,并发表了宣言。2月1日下午,女师大学生自治会在中山公园来今雨轩开茶话会招待新闻记者,并散发第二次驱杨宣言。9日,女师大春季开学。学生自治会一面致函杨荫榆,促其离校;一面致函全体教职员,请求照常上课,并提出组织临时校务维持会。4月14日,章士钊以司法总长兼任教育总长后,扬言"整顿学风",公开支持杨荫榆。5月9日,假借女师大评议会名义,宣布开除刘和珍、许广平、张平江、郑德音、蒲振声、姜伯谛等6名学生自治会成员。10日,杨荫榆又在《展报》登出《本校学生公览》,说9日的开除学生是因为"少数学生滋事,犯规至于出校"。11日,女师大学生召开紧急大会,决定驱逐杨荫榆出校,封锁校办公室,并在校门口张贴"行矣杨荫榆"的大幅启事,上写"杨荫榆先生注意! 同人等早已否认先生为校长,请以人格为重,幸勿擅入校门",同时出版《驱杨运动特刊》。12日下午,女师大学生自治会召开师生联席会议,会上报告了驱杨经过,并宣布开除学生应作无效。同日,女师大学生将鲁迅代拟的呈文递交教育部,说明女师大学潮的真相,斥责杨荫榆"视学生如土芥,以大罚为儿戏",并宣布"自其失踪之日起,即绝对不容再入学校之门"。

杨荫榆5月20日在《晨报》发表《对于本校暴烈学生之感言》,大造压迫有理的舆论。21日下午,女师大学生自治会为扩大反杨力量,邀请教职员开校务维持讨论会。当晚,她又在太平湖饭店纠集私党,继续策划阴谋。27日,鲁迅、钱玄同、马幼渔、沈兼士、李泰棻、沈尹默等7人联名在《京报》发表《对于北京女子师范大学风潮宣言》,揭露了杨荫榆的封建家长式的统治,批驳了杨荫榆在《对于本校暴烈学生之感言》中的种种诬蔑,表示坚决支持学生。28日,女师大教务长薛培元秉承杨荫榆旨意,从各级点名册上涂去学生自治会六职员名字,学生哗然,议决拒绝薛培元入校,急请全校教职员维持校务。同月,鲁迅第二次为女师大学生代拟呈教育部文,揭露杨荫榆9日开除学生代表后继续施展的种种阴谋。"五卅"运动爆发,女师大学生运动汇入了全国人民反帝反封建的斗争。6月17日,女师大学生组织"沪案后援会",支持上海人民的反帝斗争。7月28日,段祺瑞政府复章士钊教育总长职,章士钊开始与杨荫榆策划镇压"女师大风潮"。29日,杨荫榆突然贴出布告,借口修理校舍,迫令学生全行搬出校外,以期达到破坏学生继续参加爱国运动的目的。30日夜,杨荫榆乘住校学生睡熟之际,派人潜入校内,揭贴布告,解散女师大学生自治会。8月8日,段祺瑞政府准杨荫榆辞职。(参见徐卫《近代历史上一位知识女性的时代悲剧——杨荫榆一生述略》,扬州大学硕士学位论文,2007 年;鲁迅博物馆、鲁迅研究室编《鲁迅年谱》,人民文学出版社 1981 年版)

陈源(西滢)在女师大"驱杨风潮"中以袒护章士钊、杨荫榆而与鲁迅发生激烈论战。1 月 18 日,女师大学生自治会针对杨荫榆的种种劣迹,召开全校学生紧急会议,讨论驱逐杨荫榆。会后,学生散发宣言,争取社会人士的同情,并派代表赴教育部陈述理由,反对杨为校长。2 月 7 日,陈源在《现代评论》第 9 期的"时事短评"专栏里,发表《北京的学潮》一文,谓"女子师范大学驱逐校长的风潮,也酝酿了好久了。风潮的内容我们不很明了,暂且不欲有所置议。不过我们觉得那宣言中所举的校长的劣迹,大都不值一笑。至于用'欲饱私囊'的字眼,加杨氏以'莫须有'之罪,我们实在为'全国女界的最高学府'的学生不取",鲜明地表现他支持杨荫榆、反对学生运动的态度。3 月 21 日,陈西滢在《现代评论》第 15 期刊出"一个女读者"的信,题为《女师大的学潮》,进而提出:"女师大中攻击杨氏的学生,不过是极少数的学生;而这回风潮的产生和发展,校内校外尚别有人在那里主使",又把矛头指向了同情和支持学生运动的进步人士。5 月 30 日,陈源在《现代评论》第 25 期上发表题为《粉刷毛厕》的"闲话",不仅抨击女师大学潮"闹事太不像样了""好像一个臭毛厕""人人都有扫除的义务",而且把矛头直接指向以鲁迅为代表的支持学生运动的人士,指责师大学潮"是北京教育界占最大势力的某籍某系的人在暗中鼓励",影射攻击鲁迅等"挑剔风潮",说他们在女师大风潮中"未免偏袒一方""不大公允"。8 月 29 日,陈源在所撰《闲话》中,谈到当时爱国群众以高呼"打! 打!"来反抗美国兵殴打中国人一事时,讥讽说:"打! 打! 宣战! 宣成! 这样的中国人,呸!"9 月 12 日,陈源在《现代评论》第 2 卷第 40 期发表的《闲话》中,为袒护章士钊、杨荫榆压迫女师大言论作辩解,对鲁迅撰写的《并非闲话(二)》进行揭批。12 月 14 日,陈源等人发起"教育界公理维持会",次日又改名为"国立女子大学后援会",打着维持公理的旗号进行种种活动,公开反对女师大复校,攻击女师大进步师生,为北洋军阀政府张目。24 日,《晨报》刊出《女大学生二次宣言》,对女师大复校大加攻击。26 日,陈源在《现代评论》第 3 卷第 55 期的《闲话》中引用了这个《宣言》,大讲所谓女大和女师大之争是这 180 人和 20 人之争,以支持"多数"为名反对女师大复校。

按:鲁迅为女师大学潮写的第一篇文章,是《忽然想到七》,发表在 5 月 12 日的《京报》副刊上,那是在陈源的《北京的学潮》和"一个女读者"的《女师大的学潮》发表之后两三个月,文章揭露杨荫榆和她手下的人,并未涉及陈源。只有当陈源指责"某籍某系"(即暗指浙江籍、北大国文系)的人"在暗中鼓动"直接向鲁迅下攻击令时,鲁迅才开始反击。可见这场论争完全是陈源挑起的。

5 月 30 日,鲁迅撰写了《并非闲话》一文,刊于 6 月 1 日的《京报》副刊,文中驳斥了陈西滢的攻击诬蔑,指出他"虽然吞吞吐吐,明眼人也会看出他暗中'偏袒'那一方,所表白的不过是自己的阴险和卑劣""所谓'挑剔风潮'的'流言',说不定就是这些伏在暗中,轻易不大露面的东西所制造的"。以此揭露陈源等人"自在黑幕中,偏说不知道;替暴君奔走,却以局外人自居;满肚子怀着鬼胎,而装出公允的笑脸"的虚伪性。

6 月 2 日,鲁迅作《我的"籍"和"系"》,刊于 6 月 5 日《莽原》周刊第 7 期。针对陈源在《粉刷毛测》一文中说他常常听到"流言""女师大的风潮,有北京教育界占最大势力的某籍某系的人在暗中鼓动",还别有用心地说他"自然还是不信平素所很尊敬的人会暗中挑剔风潮",含沙射影地攻击鲁迅,鲁迅嘲讽陈西滢的连文字都不通的攻击:"我常常要'挑剔'文字是确的,至于'挑剔风潮'这一种连字面都不通的阴谋,我至今还不知道是怎样的做法。"文中揭穿了陈源的所谓"尊敬",不过是从乏的古人那里拾来的"一个制驭别人的巧法;可压服的将他压服,否则将他抬高。而抬高也就是一种压服的手段"。指出:"我本来也无可尊敬;也不愿受人尊敬,免得不如人意的时候,又被人摔下来。""无论如何,'流言'总不能吓哑我的嘴。"

9月15日,鲁迅作《"碰壁"之余》,刊于9月21日《语丝》周刊第45期,鉴于女师大进步学生被反动当局殴曳出校后,陈源诬蔑社会上进步力量对女师大风潮的声援是"重女轻男",并攻击鲁迅对章士钊斗争是没有"学者的态度",鲁迅在本文中指出,陈源"想到"并提出"重女轻男这些大秘密",无非是陷入了弗罗特先生"精神分析"的"坑里",自以为"超然",其实"正人君子的外套都被撕碎了"。又说:"我还不是'臣罪当诛兮天王圣明'式的理想奴才,所以……已经在平政院对章士钊提起诉讼了。"

9月19日,鲁迅作《并非闲话(二)》,刊于9月25日《猛进》周刊第30期。本文针对8月29日陈源所作《闲话》中谈到当时爱国群众以高呼"打!打!"来反抗美国兵殴打中国人一事时,讥讽说:"打!打!宣战!宣成!这样的中国人,呸!"重在揭露陈源诬蔑反帝爱国民众的错误言论,指出这种奴才论调的实质是要"中国人该被打而不作声",并以极大的憎恶和轻蔑回敬道:"这样的中国人,呸!呸!!"文中还针对陈源在9月12日《闲话》中颠倒黑白,用诬陷别人"造谣"来遮掩自己制造"流言"的行径,揭露了他明明充当章、杨的帮凶,却标榜为"代被群众专制所压迫者说了几句公平话"的伪善面目。

11月22日,鲁迅作《并非闲话(三)》,刊于12月7日《语丝》周刊第56期。文中揭穿陈源对鲁迅作品被书贾擅自选印而蒙受损失所表示的假意同情。鲁迅说:"我一生中,给我大的损害的并非书贾,并非兵匪,更不是旗帜鲜明的小人;乃是所谓'流言'。"文章还结合自己的创作经验,批判了陈源宣扬的天才论、"创作冲动"论、"灵感"论等唯心主义文艺思想。说我的"所谓文章也者,不挤,使不做。挤了才有,则和什么高超的'烟士披离纯'(按英语'灵感'的音译)呀,'创作感兴'呀之类不大有关系";假使"肚子一饱,应酬一少,便要心平气和,关起门来,什么也不写了;即使还写,也许不过是温暾之谈,两可之论,也即所谓执中之说,公允之言,其实等于不写而已",阐明了创作与生活斗争及作家政治立场的关系。文章还明确提出文艺批评的任务,"不但是剪除恶草,还得灌溉佳花,——佳花的苗"。对徐志摩一类"文士"随意"痛击、冷笑、抹杀"青年作家作品的狂傲态度,也予以了抨击。

12月18日,鲁迅作《"公理"的把戏》,刊于12月24日《国民新报副刊》,同年12月28日《女师大周刊》第115期转载。女师大复校后,陈源等人与女子大学校长胡敦复,于9月14日发起"教育界公理维持会",次日又改名为"国立女子大学后援会",打着维持公理的旗号进行种种活动,公开反对女师大复校,攻击女师大进步师生,为北洋军阀政府张目。本文针对陈源等人侈谈"公理"的行径,历数北洋军阀政府及其在教育界代理人迫害女师大进步师生的种种罪行,指出"当章氏势焰熏天时",陈源等人毫无伸张"公理"之心,反而对压迫者"歌功颂德";在女师大复校后,他们却以维持"公理"的面目出现,不惜对女师大大放流言,有力地戳穿了陈源等人维持的"公理"的本质。

12月28日,鲁迅作《这回是"多数"的把戏》,刊于12月31日《国民新报副刊》,1926年1月4日《女师大周刊》第116期转载。12月24日,《晨报》刊出《女大学生二次宣言》,对女师大复校大加攻击,以所谓"女师大学生之在宗帽胡同者,其数不过二十人",而女师大学生"转入女大者,有一百八十人",来断定"恢复女师大校址,当然应归此多数主持"。曾经以"多数不该'压迫'少数"为理由替杨荫榆鸣冤叫屈的陈源一反故态,在26日《现代评论》第3卷第55期的《闲话》中引用了这个《宣言》,大讲所谓女大和女师大之争是这180人和20人之争,以支持"多数"为名反对女师大复校。本文重点揭露了陈源玩弄"多数"的新把戏,无非是要"二十人都往多的一边跑,维持会早该趋奉章士钊"。指出:"其实,'要是'章士钊再做半年总长,或者他的走狗们作起崇来,宗帽胡同的学生纵不至于'都入了女大',但可以被迫胁到只剩一个或不剩一个,也正是意中事。……那么,怎么办呢?我想,维持。那么,'目的究竟是什么呢?'我想,就用一句《闲话》来答复:'代被群众专制所压迫者说几句公平话'。"

按:林志浩《评鲁迅与陈源的论争》(《齐齐哈尔大学学报》1988年第4期)曰:鲁迅与陈源的论争,主要在1925年围绕着女师大学潮展开,也涉及到"五卅"运动和1926年的"三一八"惨案。面对着反帝,反军阀、反封建文化教育的群众运动,鲁迅采取坚决支持的态度,而陈源却持自由主义的立场,他在《现代评论》上发表的大量"闲话"(后结集为《西滢闲话》出版),就不免表现出自由主义者的两面性特点。鲁迅对于这种人的自由主义思想和两面性的特点,是有认识的,多次描绘其形象是:"折中、公允,调和,平正之状可掬,悠悠然摆出别个无不偏激,惟独自己得了'中庸之道'似的脸来。"由于鲁迅是个彻底的革命论者,对自由主义的危害性深恶痛绝,对陈源言论中消极、妥协的一面十分敏感,于是便着重揭露这一面。《华盖集》和《华盖集续编》就集中反映这一点。这样一来,陈源(及其同伙)便成了"媚态的猫","比它主人更严厉的狗","吸人的血还要预先哼哼地发一通议论的蚊子","脖子上挂着一个小铃铎"、"能引了群众稳妥平静地走去"的山羊,总之成了统治阶级的走狗。在女师大学潮中,陈源确是偏袒杨荫榆一方,对学生运动则取批评、攻击的态度,扮演了一个不光彩的角色。论争中,鲁迅主要批判陈源的错误言论,但有时也涉及现代评论派的其他成员,如胡适、徐志摩、李四光、丁西林等。鲁迅笔下的正人君子,有时则是泛指这个派别的许多人。当批判涉及其他成员时,情况就比较复杂:陈源能以《现代评论》为阵地,与鲁迅所代表的语丝派进行壁垒分明的论战,说明他决不是孤立的一个人。而是一股社会势力,在这股势力中,胡适、徐志摩等人确实也在论争中支持了陈源,因此鲁迅的文章不限于批评一个人,而是批评一种社会势力,这自然是合理的、正确的。但是由于不同成员的情况颇有差别,因此不加区别的笼统批评,便容易发生"走火"的现象,这也是无庸讳言的。例如《杂论管闲事·做学问·灰色等》一文,在批判陈源时,把《现代评论增刊》上刊载的李四光的科学论文《生命的研究》,丁西林的独幕喜剧《压迫》,以及胡适、徐志摩的译诗,全都说成是"灰色",就未免是缺乏具体分析的偏颇之论。(参见鲁迅博物馆、鲁迅研究室编《鲁迅年谱》,人民文学出版社1981年版;林志浩《评鲁迅与陈源的论争》,《齐齐哈尔大学学报》1988年第4期)

　　鲁迅1月1日因为惊异于青年之消沉而作《希望》,刊于1月19日《语丝》第10期,副题为《野草之七》。3日,作《诗歌之敌》,刊于1月17日《京报》副刊《文学周刊》第5期,对中外"反诗歌党"的种种谬论进行了抨击和揭露。8日,作《咬文嚼字(一)》,刊于1月11日《京报副刊》,讽刺当时翻译界的两种不正常现象。9日,作《关于〈苦闷的象征〉》,刊于1月13日《京报副刊》,回答读者王铸关于该书各篇发表的经过及全书定名等问题,概述了我国翻译此书的情况,指出该书"为我国人所爱重"。16日,译日本厨川白村的文艺论文《现代文学之主潮》,并作《译后附记》。均载1月20日《民众文艺》周刊第6号。2月6日,鲁迅作《再论雷峰塔的倒掉》,刊于2月23日《语丝》周刊第15期,文中抨击了存在于复古主义者和维持现状的保守派中间的"十景病",认为"悲剧将人生的有价值的东西毁灭给人看"。10日,鲁迅撰《青年必读书》,以刊表的形式提出:"我以为要少——或者竟不——看中国书,多看外国书""卖国"。3月5日,鲁迅在《京报副刊》发表《聊答"……"》,加以痛斥。他说:"到我死掉为止,中国被卖与否未可知,即使被卖,卖的是否是我也未可知,……但有一节要请你明鉴:宋末,明末,送掉了国家的时候;清朝割台湾,旅顺等地的时候,我都不在场。"又指出柯柏森"连近时近地的事都很不了了",他的谩骂,"倒反更丢国粹的脸"。又有中国大学学生熊以谦发表《奇哉!所谓鲁迅先生的话》,攻击鲁迅主张少读中国书是"浅薄无知识""糟蹋了中国书""贻误青年",使人"只能爱外国""变成一个外国人"等等。8日,鲁迅在《京报副刊》发表《报〈奇哉所谓……〉》逐条加以驳斥,指出熊文的攻击,不是用"老得生了锈的老兵器",便是有意篡改原意,故意"推演",甚至是些"不省人事之谈"。鲁迅还指出,"国的存亡是在政权,不在语言文学""如果外国人来灭中国,是只教你略能说几句外国话,却不至于劝你多读外国书,因为那书是来灭的人们所读的。但是还要奖励你多读中国书,孔子也还要更加崇奉,像元朝和清朝一样"。文章深刻揭示了帝国主义利用中国传统文化来达到侵略的目的,帝国主义和封建势力互相勾结互相利用的本质,尖锐地揭露熊以谦之流的"国粹"论正是亡国的论调。3月9日,鲁迅在《语丝》周刊第17期发表《论辩的魂灵》,从"青年必读书"等问题的多次论辩中,概括了复古保守派的各种诡辩手法和逻辑,剖析了他们的丑恶"魂灵",指出他们种种奇谈怪论的实质,不过是妄图保存旧事物,阻止社会前进。4月3日,鲁迅在《京报副刊》发表《这是这么一个意思》,从一篇通信中看到有位学者攻击他"读得中

国书非常的多。……如今偏不让人读这,……这是什么意思呢?"鲁迅在本文中,再次坚持
"要少—或者竟不—看中国书,多看外国书"的意见,并以自己喝酒而"害了肠胃",故劝人不
喝酒等作比,说明自己读中国书受了毒害,因此,就不要青年再受害:"就是这么一个意思。"
但也有为鲁迅撰《青年必读书》叫好的,5月1日,汪静之致信周作人,说"《京报副刊》上'青
年必读书'里面鲁迅先生说的'少看中国书,多看外国书'我一见就拍案叫绝,这真是至理名
言,是中国学界的警钟、的针砭,意见极高明,话语极痛快,我看了高兴得很……"并邀请周
作人到育德学校讲演一次。1926年,鲁迅在《写在〈坟〉后而》文中曾说:"去年我主张青年少
读,或者简直不读中国书,乃是用许多苦痛填来的真话,决不是聊且快意,或什么玩笑,愤激
之辞。"(参见鲁迅博物馆、鲁迅研究室编《鲁迅年谱》,人民文学出版社1981年版;张菊香、张铁荣主编
《周作人年谱》,南开大学出版社1985年版)

　　鲁迅3月11日得许广平信后予以回复,此为鲁迅与许广平的首次通信。12日,北京师
范大学学生傅筑夫、梁绳祎致信鲁迅请教有关丛集、研究中国神话方面的问题。15日,鲁迅
在复函中指出"关于中国神话,现在诚不可无一部书",并对中国"鬼神谈"的发展变化及编
书的分类,提出了自己的意见。21日,鲁迅作《战士和苍蝇》,刊于3月24日《民众文艺周
刊》(《京报》副刊之一)第14号,系为肯定孙中山的历史功绩,回击反动政客文人对孙中山
的污蔑而作。4月12日,鲁迅作《〈苏俄的文艺论战〉前记》,最初载入本年8月北新书局出
版的《苏俄的文艺论战》一书。29日,鲁迅作《灯下漫笔》,由互有联系而又相对独立的两部
分组成,刊于5月1日、22日《莽原》周刊第2期和第5期。第一部分揭示几千年的中国历
史,不过是人民"想做奴隶而不得的时代"和"暂时做稳了奴隶的时代"的相互更替;号召青
年们去创造"中国历史上未曾有过的第三样时代"。第二部分指出中国的"古圣先贤"极力
保存的、使外国人"陶醉"的"中国固有文明""其实不过是安排给阔人享用的人肉的筵宴",
中国不过是"安排这人肉的筵宴的厨房",而且"许多人还想一直排下去"。文末指出了"扫
荡这些食人者,掀掉这筵席,毁坏这厨房,则是现在青年的使命"。此文洋溢着彻底的、不妥
协的反帝反封建精神,为鲁迅前期最有反抗斗争精神的篇章之一。

　　鲁迅、高长虹、韦素园、黄鹏基、尚钺、向培良等人4月在北京发起成立莽原社,所编《莽
原》周刊正式出版。同月21日,鲁迅在《京报》发表《〈莽原〉周刊出版预告》,说明《莽原》的
内容是"思想及文艺之类",文字风格是"率性而言,凭心立论,忠于现世,望彼将来"。5月
12日下午,鲁迅出席女师大学生自治会召开的师生联席会议,并为女师大学生代拟递交教
育部的呈文。21日下午,出席女师大学生会,以示对反杨力量的支持。26日,作《俄文译本
〈阿Q正传〉序》刊于6月15日《语丝》周刊第31期。

　　鲁迅、马裕藻、沈尹默、李泰棻、钱玄同、沈兼士、周作人5月27日联名在《京报》发表
《对于北京女子师范大学风潮的宣言》,此《宣言》由鲁迅起草,旨在揭露杨荫榆的封建家长
式的统治,批驳了杨荫榆在《对于本校暴烈学生之感言》中的种种诬蔑,指出"可知公论尚在
人心,曲直早经显现,偏私谬戾之举,究非空言曲说能掩饰也"。同月,鲁迅再次为女师大学
生代拟递交教育部的呈文。

　　按:《对于北京女子师范大学风潮的宣言》说:"溯本校不安之状,盖已半载有余,时有隐显,以至现
在,其间亦未见学校当局有所反省,竭诚处理,使之消弭,迨五月七日校内讲演时,学生劝校长杨荫榆先
生退席后,杨先生乃于饭馆召集教员若干燕饮,继即以评议部名义,将学生自治会职员六人(文预科四
人理预科一人国文系一人)揭示开除,由是全校哗然,有坚拒杨先生长校之事变,而杨先生亦遂遍送感
言,又驰书学生家属,其文甚繁,第观其已经公表者,则大概谆谆以品学二字立言,使不谙此事始末者见

之,一若此次风潮,为校长整饬风纪之所致,然品性学业,皆有可征,六人学业,俱非不良,至于品性一端,平素尤绝无惩戒记过之迹,以此与开除并论,而又若离若合,殊有混淆黑白之嫌,况六人俱为自治会职员,倘非长才,众人何由公举,不满于校长者倘非公意,则开除之后,全校何至哗然?所罚果当其罪,则本系之两主任何至事前并不与闻,继遂相率引退,可知公论尚在人心,曲直早经显见,偏私谬戾之举,究非空言曲说所能掩饰也,同人忝为教员,因知大概,义难默尔,敢布区区,惟关心教育者察焉。"(1925年5月27日《京报》)

按:鲁迅始终坚定地支持女师大学生反对杨荫榆的斗争。鲁迅先后写的《寡妇主义》《忽然想到(七至九)》《"碰壁"之后》《并非闲话》《流言和谎话》《女校长的男女的梦》《补白》《答KS君》《咬文嚼字(三)》等文章,尖锐批评杨荫榆在女师大推行的是"寡妇主义"教育,是迫害学生的"一广有羽翼的校长"。鲁迅甚至因此被开除了教育部的职务。

鲁迅8月8日在《民报副刊》第3号发表所译日本厨川白村的论文《从艺术到社会改造》。同日,北洋政府准杨荫榆校长辞职。下午,鲁迅赴女师大维持会。又与北大马裕藻等5名教员联名向女师大全体教员发出倡议信,倡议"于8月10日下午2时在本校大礼堂开教员全体会议,共商善后之法",以"冀中国唯一之女子最高学府不至陷于绝境"。10日午后,鲁迅往女师大维持会,维持会本次会议议决,女师大校务维持会实行委员制,从教员中公推委员9人,学生中公推委员12人,鲁迅、周作人等被正式推举为女师大校务维持会委员。自本日起到月底止,鲁迅曾十多次到女师大维持会,表现出对女师大斗争的密切关注。同日,北洋军阀政府颁布停办女师大令,随后正式决定将女师大改组为国立北京女子大学,女师大以及鲁迅的斗争矛头转向教育部长章士钊。14日,鲁迅被章士钊非法免除教育部佥事职。

按:8月15日,《京报》即刊出《周树人免职之里面》,揭露"自女师大风潮发生,周颇为学生出力,章士钊甚为不满,故用迅雷不及掩耳手段,秘密呈请执政准予免职。"得同事的拥护,主要由于他们代表的是真理。8月25日,鲁迅的好友许寿裳(时任教育部常任编译员),齐宗颐(教育部视学)更公开在《京报》发表《反章士钊宣言》,谴责章"秘密行事,如纵横家,群情骇然,以为妖异",表示"今则道揆沦丧,政令倒行,虽在部中,义难合作。自此章士钊一日不去,即一日不到部,以明素心面彰公道"。

鲁迅8月15日为反抗北洋军阀政府迫害,草拟起诉书,控告章士钊。下午,赴女师大校务维持会。该会举行招待会,向社会各界揭发教育部迫害女师大的真相,并讨论组织驱章大同盟。19日,教育部司长刘百昭率武装军警与便衣流氓武装接收女师大,打伤学生多人。同日,鲁迅赴女师大校务维持会,决定正式成立驱章大同盟。20日,鲁迅作《答KS君》,刊于8月28日《莽原》周刊第19期,指出章士钊绝非"学者或智识阶级的领袖",嘲讽了他主办的《甲寅》周刊和鼓吹的复古运动。22日,鲁迅赴平政院投递控告章士钊的诉状。25日上午,鲁迅赴女师大校务维持会。

鲁迅与王尚济、王仁辅、朱家骅、朱希祖、朱洪、李书华、李宗侗、李麟玉、李辛白、李石曾、吴文澡、沈士远、沈尹默、周作人、许寿裳、刘文典等42位教员8月26日联名发表《反对教育总长章士钊的宣言》,严正谴责章士钊压制学生爱国运动,禁止学生开会纪念国耻,提倡荒谬绝伦的复古运动,压迫新思想,解散女师大,以整顿学风为名摧残教育等种种反动措施,坚决表示不承认这个"思想陈腐""抹杀时代精神"的政客为教育总长。《宣言》宣告:"我们要出来抵抗他,反对他为教育总长。"

按:《反对教育总长章士钊的宣言》载8月29日《北京大学日刊》。

鲁迅、韦素园、台静农、曹靖华、韦丛芜、李霁野等9月发起成立文学团体未名社,译介、出版外国进步文学,尤"以介绍苏联文学作为努力的重心"。该社编印《未名》半月刊等,稿件由鲁迅审阅和编辑。9月10日,作《〈中国小说史略〉再版附识》,刊于1925年9月北新书局再版合订本《中国小说史略》序文后。21日晨,鲁迅赴女师大(宗帽胡同新址)出席开学典礼,鲁迅、许寿裳均在会上讲了话。下午与许寿棠、马裕藻、郑介石等商谈校务,至5时归。23日上,鲁迅往中国大学。自即日起在该校兼课,任大学部文科国文系小说学科讲师。10月9日午后,鲁迅往女师大授课,续讲《中国小说史略》,每周2次。11月3日上午,鲁迅往女师大参加该校建校17周年纪念会。5日,被教育部加派为清室善后委员会助理员。18日,鲁迅作《十四年的"读经"》,刊于11月27日《猛进》周刊第39期,批评章士钊任教育总长以后的鼓吹"尊孔读经""读经救国"。又作《评心雕龙》刊于11月27日《莽原》周刊第32期,以简洁新颖的对话体方式,概括和讽刺了从林琴南到章士钊一类封建复古派攻击新文学,鼓吹尊孔读经的种种谬论。22日,作《坚壁清野主义》刊于1926年1月《新女性》月刊创刊号,针对教育部颁布的"整顿风化令"而作。29日,译日本片山孤村的文艺论文《自然主义之理论及技巧》毕。30日,鲁迅与许寿裳同至女师大教育维持会送学生复校。12月1日下午,鲁迅出席女师大向各界代表报告复校经过的招待会并讲话。13日,鲁迅作《我观北大》,刊于12月17日《北大学生会周刊》创刊号。

　　按:此文应该校学生会之请,为纪念北大成立27周年而作。作者以自己被流言家"指为北大派"而自豪,热情赞扬北大从"五四"以来一贯坚持的反帝反封建的革命方向和英勇斗争的优秀传统。

　　因为北大学生会的紧急征发,我于是总得对于本校的27周年纪念来说几句话。

　　据一位教授的名论,则"教一两点钟的讲师"是不配与闻校事的,而我正是教一点钟的讲师。但这些名论,只好请恕我置之不理;——如其不恕,那么,也就算了,人那里顾得这些事。我向来也不专以北大教员自居,因为另外还与几个学校有关系。然而不知怎的,——也许是含有神妙的用意的罢,今年忽而颇有些人指我为北大派。我虽然不知道北大可真有特别的派,但也就以此自居了。北大派么?就是北大派!怎么样呢?但是,有些流言家幸勿误会我的意思,以为谣我怎样,我便怎样的。我的办法也并不一律。譬如前次的游行,报上谣我被打落了两个门牙,我可决不肯具呈警厅,吁请补派军警,来将我的门牙从新打落。我之照着谣言做去,是以专检自己所愿意者为限的。

　　我觉得北大也并不坏。如果真有所谓派,那么,被派进这派里去,也还是也就算了。理由在下面:既然是27周年,则本校的萌芽,自然是发于前清的,但我并民国初年的情形也不知道。惟据近七八年的事实看来,第一,北大是常为新的,改进的运动的先锋,要使中国向着好的,往上的道路走。虽然很中了许多暗箭,背了许多谣言;教授和学生也都逐年地有些改换了,而那向上的精神还是始终一贯,不见得弛懈。自然,偶尔也免不了有些很想勒转马头的,可是这也无伤大体,"万众一心",原不过是书本子上的冠冕话。

　　第二,北大是常与黑暗势力抗战的,即使只有自己。自从章士钊提了"整顿学风"的招牌来"作之师",并且分送金款以来,北大却还是给他一个依照彭允彝的待遇。现在章士钊虽然还伏在暗地里做总长,本相却已显露了;而北大的校格也就愈明白。那时固然也曾显出一角灰色,但其无伤大体,也和第一条所说相同。

　　第三,我不是公论家,有上帝一般决算功过的能力。仅据我所感得的说,则北大究竟还是活的,而且还在生长的。凡活的而且在生长者,总有着希望的前途。

　　第四,今天所想到的就是这一点。但如果北大到28周年而仍不为章士钊者流所谋害,又要出纪念刊,我却要预先声明:不来多话了。一则,命题作文,实在苦不过;二则,说起来大约还是这些话。

　　鲁迅12月14日作《这样的战士》,刊于12月21日《语丝》周刊第58期。17日午后,鲁迅往北大参加建校27周年纪念会。24日,段祺瑞被迫明令恢复女师大。28日,鲁迅所译《出了象牙之塔》一书由未名社出版,为《未名丛刊》之一,收日本厨川自村的文艺论文10

篇,由鲁迅邀请陶元庆作封面画。29日,鲁迅作《论"费厄泼赖"应该缓行》,提出"痛打落水狗"的斗争原则。是年,鲁迅作《我的"籍"和"系"》《"碰壁"之余》《并非闲话(二)》《并非闲话(三)》《"公理"的把戏》《这回是"多数"的把戏》,反击陈源在女师大风潮中对杨荫榆、章士钊的维护以及对自己的攻击。(参见鲁迅博物馆、鲁迅研究室编《鲁迅年谱》,人民文学出版社1981年版;张菊香、张铁荣主编《周作人年谱》,南开大学出版社1985年版;郦千明《沈尹默年谱》,上海书画出版社2018年版;王晴飞《1925年的北京大学脱离教育部事件》,《粤海风》2012年第1期)

周作人1月1日作《介绍日本人的怪论》,刊于1月6日《京报副刊》第28号。文中译录了日本《东洋文化》第11号转载日文报《上海》所刊题为《清室之废号迁宫》一文,并加了一些批语,抨击了该文说清室废号迁宫,即指示着"民国末路愈甚"等怪论。同日,钱玄同、马幼渔、沈士远、沈尹默、张凤举、陶晶孙、章川岛、孙伏园等来集宴。13日,在《京报副刊》第35号发表《〈日本人的怪论〉书后》,再度抨击了日本《东洋文化》第11号上转载的《清室之废号迁宫》一文视"废号迁宫""是民国灭亡之预兆"的观点,说"日本人要自省,这样的侮辱他人结果就是自侮"。16日,周作人40岁生日,江绍原、孙伏园、李小峰、章廷谦、钱玄同、俞平伯、许钦文等皆来祝贺。2月14日,周作人在《京报副刊》第60号发表《读经之将来》,抨击了当时社会上的复古逆流。同日,周作人在《京报副刊》第60号发表《青年必读书》,文中开列青年必读书10部(详后)。17日,周作人收到刘半农1月25、28日自巴黎的两封来信及附寄的文章,信中称赞周作人寄给他的《语丝》。22日,作《再说林琴南》,刊于3月30日《语丝》第20期,批评社会上对林琴南的过分称扬。3月13日,作《孙中山先生》,刊于3月23日《语丝》第19期,系为孙中山于3月12日在京逝世而作,认为"中华民国"四字便是孙中山革命事业"最大的证据和纪念",同时也指出,"中国连民族革命也还实在没有完成""拔去国民的奴气惰性",仍是艰巨的任务。23日,在《语丝》第19期发表《古文秘诀》《道学艺术家的两派》,前文认为"以古字易今字""是向来作古文的不传之秘法"。4月2日,在《京报副刊》第107号发表《非宗教运动》,认为"中国的所谓非宗教实即复古潮流之一支""中国的非宗教运动即为孔教复兴之前兆"。5日,在《京报副刊》第110号发表《古书可读否的问题》。25日,郑振铎致信周作人,谈《文学》在4年中的遭遇。

按:郑振铎说:"兹奉上《文学》广告一份,乞登《语丝》……《文学》在四年中,结了不少仇敌,文丐之流及学衡派的人切齿于我们无论矣,即自命为创造派的几位也怒目相对,此实至为痛心者。然而我们终要努力(最恨的是不做事)做去,以与这些人周旋。"

周作人5月4日在《京报副刊》发表《论章教长之举措》。5日,在《京报副刊》第139号发表《再介绍日本人的谬论》,抨击了日本《东洋文化》第15号上转载日文报《上海》所刊西本白川作《穷途之支那与宣统帝》文中主张中国复辟,认为"宣统帝之出走"是"提早民国之自灭期"等谬论。21日下午,往女师大学生自治会召集的校务维持讨论会。女师大反对校长杨荫榆的风潮日益发展,学生自治会为扩大反杨力量,召开校务维持讨论会,邀请部分教职员参加。22日,在《京报副刊》第156号发表《女师大的学风》,文中批判了女师大校长杨荫榆发表的《教育之前途棘矣》一文,认为"女师大教育前途之棘""据我看来并不在于反对校长的暴动,而在于内部离间的暴露""女师大的风潮早已发生",杨荫榆"不适当解决""想只开除几个学生,或用别的高压手段消除风潮,整顿学风,是所谓南辕北辙,适得其反"。并希望杨荫榆"能够因教育前途之棘而引咎辞职"。25日,作致顾颉刚的信,载刊于5月31日《歌谣周刊》第93期,信中抄录了昆山柴桑著《京师偶记》中关于"山海关孟姜女墓"中的一条记载。

　　周作人5月27日因女师大校长杨荫榆以校方"评议会"名义宣布开除学生自治会职员许广平、刘和珍、张平江、郑德音、蒲振声、姜伯谛等人,遂与马裕藻、沈尹默、鲁迅、李泰棻、钱玄同、沈兼士等联名在《京报》上发表《关于北京女子师范大学风潮宣言》。5月31日《女师大周刊》第109期转载。30日下午,往什刹海会贤堂,赴语丝社之会。6月1日,《京报副刊》第166号发表《京兆人》,文中讽刺了女师大校长杨荫榆诬蔑女师大风潮是由"某籍某系"教员构煽的谬论。14日,钱玄同、黎锦熙倡议创办《京报副刊·国语周刊》,以周作人与魏建功、胡适、林语堂等为撰稿人。同日,周作人在《京报副刊·国语周刊》第1期发表《古文之末路》。15日,在《语丝》第31期发表《黑背心》。29日,在《京报副刊》发表《五四运动之功过》。7月20日,在《语丝》第36期发表《一部英国文选》,推荐英国华伦女士编的《英文学宝库》。23日,作《吃烈士》,刊于8月3日《语丝》第38期,文中讽刺了那些在"五卅"惨案中因镇压群众而"加官进禄"的官僚及借"五卅"惨案而"博得蝇头之名利"的商贾,并谓之曰"吃烈士"。26日,作《理想的国语—致玄同》,刊于9月6日《京报副刊·国语周刊》第13期,提出理想的国语,应是"以白话(即口语)为基本,加入古文、方言及外来语,组织适宜,具有论理之精密与艺术之美"的语言。

　　周作人8月1日作《女师大大改革论》,刊于8月3日《京报副刊》。3日,在《京报副刊》发表《续女师大大改革论》。7日,在《京报副刊》发表《老虎报质疑》,文中戏用文言讽刺了章士钊主办的老虎报——《甲寅》的封面题字与刊名。10日,往女师大赴校务维持会。鲁迅、周作人等被正式推举为女师大校务维持会委员。12日,在《京报副刊》第236号发表《与友人论章杨书—致申抚》,信中叙述了在女师大事件中自己反对章士钊、杨荫榆的立场与态度形成的原因,再次抨击了章士钊"反对白话的"文以载道论,说明自己"目下的工作是想对于思想的专制与性道德的残酷加以反抗",虽"明知这未必有效,更不足以救中国之亡,亦不过行其心之所安而已"。13日午间,周作人至来今雨轩赴猛进社之会,到会者30余人。下午,周作人作为女师大学生张静淑的保证人赴教育部召集的女师大学生家长会议,在会上周作人发言表示反对解散女师大,会议以无结果而散。19日晨,教育部专门教育司司长刘百昭,率部员10余人,在武装巡警保护下,来到女师大强行接收,学生代表向刘质问抗争,发生冲突,武装警察及便衣流氓大打出手,女师大共7人受伤,各团体、各学校代表14人被捕。当天周作人同川岛夫妇,去女师大支持学生的斗争。同日,作《答张嵩年先生书》,刊于8月21日《京报副刊》第245号,信中重申了自己反对章士钊的立场。

　　周作人8月26日与王尚济、王仁辅、朱家骅、朱希祖、朱洪、李书华、李宗侗、李麟玉、李辛白、李石曾、吴文潞、沈士远、沈尹默、鲁迅、许寿裳、刘文典等42位教员联名发表《反对教育总长章士钊的宣言》,载8月29日《北京大学日刊》。同日,因胡适等17名北京大学教授对北大评议会通过不承认章士钊为教育总长有所抗议,于是赞同此案的王尚济、朱希祖、李石曾、李书华、李麟玉、李宗侗、沈士远、沈兼士、沈尹默、周作人、马裕藻、马衡、徐炳旭、冯祖荀、杨震文、谭鸿熙、顾孟余17名教授联名发表《为反封章士钊事致本校同事的公函》,北京大学知名教授群体由此就此加剧分化。27日,周作人作《章士钊是什么》,刊于8月31日《京报副刊》。30日,周作人往陈百年处,商议改革同文书院事。

　　周作人9月2日作《萨满教的礼教思想》,刊于9月14日《语丝》第44期。10日,周作人往宗帽胡同女师大新址赴校务维持会会议。21日,鲁迅、周作人、许寿裳往女师大(宗帽胡同新址)出席开学典礼。8至9月间,周作人与陈百年、马幼渔、张凤举、沈尹默及日本在中国设立的经济文化侵略机关东亚同文会代表大内江藤、土肥原等人共同商议改革天津同文书院,设立中日教育会事。9月4日,在土肥原宅议定中日教育会契约。9月5日,中日教育会成立,周作人被推为会长,并议定以天津同文书院为基础,设立中日学院,沈兼士兼任院长。教务方面由中国人主持,一切总务(即经济)归日本人担任。10月3日,周作人作《日本与中国》,刊于10月10日《京报副刊》第394期。12日,周作人与钱玄同、常惠在《语丝》第48期上共同署名发表《征求猥亵的歌谣启》。启事中说:"这类猥亵的歌谣""实在是后来优美的情诗的根苗""其次,我们想从这里窥测中国民众的性的心理",并"预定在明年六月底编成《猥亵歌谣集》第一集"。11月30日,女师大仍搬回石驸马大街原处。周作人继续在女师大任教。

周作人12月10日作《华北大学之宣战》,刊于12月12日《京报副刊》第355期,就当时华北大学与北京大学因校舍问题发生的争执而发表意见,指出"华北今日对北大之强硬,与昔日对于段章之谦恭我均不能了解,希望华北当局能够变更态度"。20日,在《京报副刊》第363号发表《大虫不死》,认为章士钊这只老虎"何尝死呢""章士钊绝不是孤生独立的,他是中国恶劣旧势力的代表,他的背后有成千成万的坏人挨挤着,推着他一个人偶然倒了。他背后的那些'见部'多数的无名老虎是不会倒的,所以他这个大虫是一个不死的、至少也是死而不僵的虫",因而应穷追猛打。25日,作《国语文学谈》,刊于1926年1月24日《京报副刊》第394号,文中认为国语文学指"华语所写的一切文章",包括古文与白话文,又说古文"重在模拟,这便是文学的致命伤""白话文的生命是独创",但也应"紧防模拟"。31日,在《京报副刊》第373期发表《半席话甲》,认为"代表无耻的章孤桐教长""他所做的事与他恭维的人一样,大抵没有好东西""但是有一件事我觉得是好的,应当继续办下去才好,这就是国立编译馆"。同月,所著《雨天的书》由北新书局出版,收1921年11月至1925年11月所写散文52篇,附录1篇;作《谈〈谈谈诗经〉》,文中批评了胡适发表于《艺林》第20期的《谈谈诗经》一文对《诗经》中一些诗的解释。是年,北京大学成立东方文学系,从预科办起。周作人任该系筹备主任,在该系任教的还有张凤举、徐祖正。(参见张菊香、张铁荣主编《周作人年谱》,南开大学出版社1985年版;王晴飞《1925年的北京大学脱离教育部事件》,《粤海风》2012年第1期)

杨振声1月6日致胡适函,谈到《玉君》修改情况及工作问题。24日,评论《礼教与艺术》刊于《现代评论》第1卷第8期。2月2日,将赴武昌高等师范学校任教,晚,俞平伯等在东兴楼饯行,周作人应邀出席。3月初,小说《玉君》作为"现代丛书"中的"文艺丛书"第一种,由北京大学现代社出版。7日,丁西林在杨振声、沈从文鼓动下据《酒后》改编成同名独幕剧,发表于《现代评论》第1卷第3期。4月18日,作民歌《河边草》,刊于5月15日《现代评论》第1卷第23期。5月,《玉君》由北京大学现代社再版。6月17日,作杂文《侏儒与痰盂子》。30日,《侏儒与痰盂子》刊于《晨报副刊·艺林旬刊》第8号。9月,胡适应邀到武昌大学作学术报告。10月,作《长湖堤畔序》,收入1928年10月上海艺林社出版的《秋雁集》。冬,到北京任北大中文系教授。年底,顾颉刚为《北京大学研究所国学门周刊》作《一九二六年始刊词》。杨振声与陈源著文表示对文中"几乎没有一句话不同意",认为此文是把国学置于科学基础上的奠基石。是年,与陈源、胡适、高一涵、张奚若、唐钺、丁西林、唐有壬、王世杰、陶孟和等"新潮社"成员和部分曾留学欧美的北京大学教授始在《现代评论》辟专栏发表短篇杂文,大都关于社会万象、生活况味,可读性强。这批学人被鲁迅称为"语丝派",而他们自称"现代派",鲁迅也称"现代派"或"现代系",有时又称"现代评论派"。刊物前期主编王世杰，前两卷文艺稿件由陈源（西滢）负责，第三卷始，由杨振声负责。杨振声任《现代评论》编辑期间，曾邀郁达夫作该刊撰稿人并帮编辑部看稿。所作小说《李松的罪》刊于《晨报》"七周年纪念增刊号"。（参见蓬莱市历史文化研究会《杨振声编年事辑初稿》，黄河出版社 2007 年版）

许寿裳仍在教育部任编审。8 月，鲁迅因支持北京女师大"驱杨风潮"而被教育总长章士钊免职。同月 26 日，许寿裳参与鲁迅等 42 位教员联名发表《反对教育总长章士钊的宣言》，严正谴责章士钊是一个"思想陈腐""抹杀时代精神"的政客，亦被免职。当时女子师范大学已被章士钊非法解散，许寿裳乃与马裕藻、鲁迅、郑石君（奠）、徐耀辰（祖正）等发动护校，另觅宗帽胡同校址，重新开学，全体教员义务授课，如是者三月。9 月 21 日，鲁迅、许寿裳赴女师大宗帽胡同新址出席开学典礼，并作讲话。下午，鲁迅与许寿裳、马裕藻、郑介石等商谈校务，至 5 时归。是年，许寿裳在《莽原》上发表《爱国》《争面子》《"有功文律"？》《谈"每下愈况"》《"胡说"》等杂文，在《国民新报副刊》乙刊上发表《精神的杀人罪》《此一时的"公允"话》《教育界之革命派与反革命派》等文。（参见倪墨炎、陈九英编《许寿裳文集》下及附录二《许寿裳先生年谱》，百花出版社 2003 年版；鲁迅博物馆、鲁迅研究室编《鲁迅年谱》，人民文学出版社 1981 年版）

钱玄同 5 月 27 日与鲁迅、马裕藻、沈尹默、李泰棻、沈兼士等联名在《京报》上发表《关于北京女子师范大学风潮宣言》。6 月 14 日，钱玄同、黎锦熙倡议创办的《京报副刊·国语周刊》出刊，由钱玄同、黎劭西编辑，设有言论、文艺、通信、诠释等栏目，由京报馆发行，第 27 期起，由北新书局独立发行，为《京报》副刊之第 7 种周刊。钱玄同为撰《发刊词》，其宗旨是提倡白话，反对"复古"，推广国语普通话，刊登有关论述、教学方法，以及少量的通俗文学作品，"宣传汉字改革"，旗帜鲜明地反对使用文言文而大力主张使用国语，内容丰富，通俗易懂，是文学交流的重要阵地，也是国语统一运动的重要宣传刊物。主要撰稿人有吴雅晖、胡适之、林语堂、魏建功、杜同力、李遇安、赵元任、黎锦熙等人。在此前的 6 月 5 日，钱玄同致信胡适，告知《国语周刊》定于 6 月 14 日创刊，已列胡适为主撰，胡适回信表示不肯担任，以后也未多予以赞助。《国语周刊》是作为《京报》的一种副刊发行。胡适因善后会议事，与《京报》主人邵飘萍不快，这大概是他对《国语周刊》不做积极赞助的主要原因。《国语周刊》刊有汪震、疑古玄同《与疑古玄同先生论文书》，胡适《吴歌甲集序》，黎锦熙《国语研究会的年谱》，邵式平、黎锦熙《谈江西的国语教育》，杜同力《改革思想和唤醒民众的工具》等重要文章，还刊有沈从文、胡适、李遇安、魏建功、白涤洲等人的文艺作品。12 月出版至第 29 期停刊。

按：钱玄同《国语周刊发刊词》曰：这个《国语周刊》，是黎劭西先生和我所办的。我们因为对于国语，自己有话要讲，又因为国语上应该讨论研究的问题很多很多，所以办这周刊做咱们大家发表关于国语的言论机关。我们自己要讲的话也不少，现在姑举三点如下：

（1）我们相信这几年来的国语运动是中华民族起死回生的一剂圣药，因为有了国语，全国人民才能彼此互通情愫，教育才能普及，人们的情感思想才能自由表达。所以我们对于最近"古文"和"学校的文言课本"阴谋复辟，认为有扑灭它之必要；我们要和那些僵尸魔鬼决斗，拼个你死我活！

（2）我们相信正则的国语应该以民众的活语言为基础，因为它是活泼的、美丽的、纯任自然的，所以我们对于现在那种由古文蛆化的深语，认为不能满足；我们要根据活语言来建立新国语。

（3）我们相信中华民族今后之为存为亡，全靠民众之觉醒与否；而唤醒民众，实为知识阶级唯一之使命。这回帝国主义者英吉利和日本在上海屠杀咱们的学生和工人的事件发生，我们更感到"祸至之无日",唤醒民众之万不容再缓。讲到唤醒民众,必须用民众的活语言和文艺,才能使他们真切地了解。所以我们对于现在那种为民众的书报和文艺,认为绝对的不适用;我们要仔细地搜集考察民众的语言和文艺的真髓,用它来建设种新的民众文艺。

……

同是主张国语的人,对于国语上的问题,当然有种种不同的甚至相反的见解。我们希望大家都把它发表出来,并且愿意两方面都在这儿吵嘴打架。我们欢迎大家投稿,但主张古文反对白话的人要除外,因为他们是我们的敌人;我们不但不欢迎他们,而且拒绝他们!他们若在别处发表谬论,我们高兴时也许要加以驳斥;但若送到这儿来,则我们一定摆出"拒人于千里之外"的态度给他们看。

钱玄同9月参与发起成立刘半农倡议的"数人会",专谈语言音韵之学。每周聚餐,轮流主席。钱玄同主张就"数人会"之便,专议"国语罗马字"问题,由赵元任主稿。"数人会"本是北京几个研究音韵学学者的联欢会,既然担任起讨论"国语罗马字"问题,于是有人就用隋陆法言《切韵序》中"数著作谓法言曰,我辈数人,定则定矣"这两句话来做解释。所谓"数人",即刘半农、赵元任、钱玄同、黎锦熙、汪怡、林语堂等6人。(参见曹述敬《钱玄同年谱》,齐鲁书社1986年版;耿云志编《胡适年谱》,福建教育出版社2012年版;朱元曙、朱乐川《朱希祖先生年谱长编》,中华书局2013年版;卢礼阳《马叙伦年谱》,浙江古籍出版社2021年版)

黎锦熙任北京女师大国文系代主任,教授国语文法。是年,女师大学生爆发驱赶反动校长杨荫榆的正义斗争,黎锦熙与鲁迅等进步教授站在学生一边,公开揭露反动校长迫害学生的阴谋;为被迫离校的学生义务授课,以实际行动支援进步学生。又在报刊上公开上书司法总长兼教育总长章士钊,反对复古"读经",谓读经"有百害而无一利"。还发动东南半壁(浙、皖、苏三省)的"焚烧小学文言文教科书运动",以坚持"五四"运动以来的革命传统。是年,还兼任开封、沈阳国语讲习会讲师。发表了《"读经问题"解潮》《提宾篇》等10余篇专论。(参见黎泽渝《黎锦熙先生年谱》,《汉字文化》1995年第2期)

钱玄同、黎锦熙、王璞、赵元任、汪怡、白镇瀛6人被推举为"国音字典增修委员会"起草委员。1月7日,钱玄同对马叙伦关于国语读本的意见不以为然。3月1日,钱玄同在《京报副刊》上发表《予亦名"疑古"》,这是给孙伏园的信,辨明《笑里刀》第1期之专著栏中有《淮南鸿烈集解胡序考》一文,作者署名"疑古",与钱玄同无涉。又称当时的报刊登其文稿的,除《语丝》外,唯有《京报副刊》《现代评论》及《猛进》。28日,又发表杂文《这三天所见》,发表对女师大演出《酒后》《娜拉》两剧时的评论的感想。30日,钱玄同在《语丝》第20期上发表《写在半农给启明的信底后面》一文,对周作人、刘半农的观点表示异议。

按:启明(周作人)在第3期《语丝》上发表《林琴南与罗振玉》一文后,刘半农自巴黎写信给启明。信中说:"你批评林琴南很对,经你一说,真叫我们后悔当初之过于唐突前辈。我们做后辈的被前辈教训两声,原是不足为奇,无论他教训的对不对。不过他若止于发卫道之牢骚而已,也就罢了;他要借重荆生,却是无论如何不能饶恕的。"刘半农此信署名刘复,刊于《语丝》第20期。钱玄同因作此文,表示不同意见。

沈尹默与钱玄同、马裕藻,沈士远、张凤举等1月1日上午赴周作人家聚餐。11日,钱玄同来访。26日,钱玄同来访。28日,刘半农致函周作人,谈沈尹默等朋友。31日,赴东兴楼周作人、张凤举午宴,同席有陶孟和夫妇、郁达夫、沈兼士、钱玄同、林语堂、徐志摩、陈百年等共23人。同月,将历年所作诗词辑为《秋明集》,由北京书局出版。2月14日,出席北京大学评议会会议。28日,访顾颉刚。3月5日,钱玄同来访,谈孔德学校购书事宜。3月9日,出席北京大学评议会会议,讨论校长报告本校曾经提交政府的预算案之数额等。14日,出席北京大学评议会会议,讨论本校学生会请求津贴等案。23日下午4时,与李石曾等

9人代表中法大学,参加北京大中小各学校追悼孙中山先生第一次会议。5月13日,穆木天致周作人信,谈及沈尹默"新古典"思想。

沈尹默5月27日与马裕藻、钱玄同、鲁迅、李泰棻、沈兼士等联名在《京报》上发表《关于北京女子师范大学风潮宣言》,公开支持女师大学生的正义斗争。同日,与蒋梦麟、李石曾、易培基等13人代表北京大学、东南大学、广东大学等7所大学,发表《法国庚款解决后与政府交涉教育经费之经遇》的宣言。6月16日,吴虞来访。28日,钱玄同作《敬答穆木天先生》,谈及沈尹默及其诗作。8月8日下午4时,参加北京女子师范大学校务维持会,并被推选为教务主任。18日上午9时,参加北京大学评议会会议,讨论北大脱离教育部事,会上意见不一,辩论甚烈,最后投票表决,表决通过。26日,沈尹默与王尚济、王仁辅、朱家骅、朱希祖、李石曾、李书华、鲁迅、周作人等42名北大教职员联名表《反对章士钊的宣言》。又与王尚济、朱希祖、李石曾、李书华、李麟玉、李宗侗、沈士远、沈兼士、沈尹默、周作人、马裕藻、马衡、徐炳旭、冯祖荀、杨震文、谭鸿熙、顾孟余17名教授又联名发表《为反封章士钊事致本校同事的公函》,作为对8月23日胡适等17位教授联名发表《为北大脱离教部关系事致本校同事的公函》的回音与反击。

沈尹默8月28日参加北京大学评议会教务会议谈话会,讨论北大脱离教育部和关于政治及其他对外重大问题两项建议案。29日,《晨报》刊登消息,称北京大学独立事件尚未解决。9月1日,《晨报》刊登消息,称沈尹默等参加由蒋梦麟主持召开的北京大学评议会会议,再次通过北大与教育部脱离关系的决定。9月7日,与北京大学国文系同人周作人、钱玄同、顾颉刚等会商课程事。17日,与马衡在森隆饭店宴请归国的刘半农,陪客有周作人、张凤举、马裕藻。10月,马衡兼任故宫博物院临时理事会理事、古物馆副馆长。同月27日,北京大学评议会评议员选举揭晓,沈尹默再次当选。是年,沈尹默参加由北京大学同人发起组成的驼群社。之所以名为驼群社,取任重致远之意。是年,沈兼士负责主持故宫博物院文献馆。(参见郦千明《沈尹默年谱》,上海书画出版社2018年版)

沈兼士2月15日赴北京大学第三院参加欢送陈万里赴西北考察会,并作赠辞。春,美国哈佛大学考古队华尔纳等将赴敦煌考察,北大研究所国学门派陈万里同往调查。这是北大研究所国学门及考古学会第一次派人进行野外考察,于学术研究颇具意义。3月2日,参加北京大学评议会会议,讨论预科教授会组织大纲等事项。9日,参加北京大学评议会会议,讨论校长报告本校曾经提交政府的预算案之数额等事项。14日,参加北京大学评议会会议,讨论本校学生会请求津贴等事项。4月11日,《晨报》刊登消息,称中华图书馆协会将于明日在北京中央公园开发起人大会,由大会推举筹备委员,再召集成立大会。沈兼士为该会发起人之一。28日,赴北京大学第二院宴会厅,参加国立北京大学等四校联合举行的欢迎法国公使宴会。5月7日,北京女子师范大学学生自治会开讲演会,校长杨荫榆与学生发生激烈冲突。两天后,杨宣布开除该自治会成员6人学籍。学生群情激愤,誓将杨驱逐出校。13日,赴女师大开会,讨论国文教员对于此次学生反对校长杨荫榆开除学生事件的办法,到会者有钱玄同、马裕藻、黎锦熙等。当时沈兼士兼任女师大国文系教员。5月27日,因北京女子师范大学校长杨荫榆以学校评议会名义,宣布开除学生自治会职员6人,女师大教员鲁迅、周作人、马裕藻、李泰棻、沈尹默、钱玄同、沈兼士联名在《京报》发表《对于北京女子师范大学风潮宣言》,公开支持女师大学生的行动。6月8日,参加北京大学师生在第一院操场的集会,并推选代表,即赴吉兆胡同段祺瑞府邸,要求北洋政府采取措施,援助上海爆发的"五卅"惨案。15日,与李四光、高仁山等45人代表北京国立各学校教职员作致各校长函,要求将财政部拨给国立各校积欠经费150万元中捐出10万元,救助上海"五卅"惨案中的失业同胞。

沈兼士7月20日撰成《金文编序》。23日,撰成《〈说文段注〉摘例序》。8月4日,参加清室善后委员会委员、监察员联席会议,讨论内阁会议通过案例,主张反对阁议。8日下午2时,参加北京大学研究所国学门欢迎陈万里调查敦煌返京会议,并作为主席主持此会。4时,参加北京女子师范大学校务维持会,并被推选为教务主任。10日,参加北京女子师范大学教员、学生联席会议,决定采用委员制维持校务,并准备向外界或学生家长募捐临时费用。26日,与李石曾、李书华等42名北大教职员联名发表《反对章士钊的宣言》。又与李石曾、李书华等17人,联名发表《为反对章士钊事致本校同事的公函》。28日,参加北京大学评议会教务会议谈话会,讨论北大脱离教育部和关于政治及其他对外重大问题两项建议案。31日,参加由蒋梦麟主持召开的北京大学评议会会议,通过北大与教育部脱离关系的决定。9月29日,赴故宫清室善后委员会委员室参加该委员会会议,讨论故宫博物院成立和文渊阁《四库全书》保管等问题。10月8日,参加北京大学教职员沪案后援会全体委员会议,议决召开教职员全体大会,报告委员会办事经过情形等四项内容。18日,参加北京大学研究所国学门在北海濠濮间举行的第三次恳亲会,并代表该学门报告工作任务,讨论《北京大学研究所国学门周刊》的体例问题。27日,被选为北京大学评议会评议员。同月,北平故宫博物院正式成立,沈兼士首先关注的是宫内档案,着手组织人员进行保存和整理。11月24日,参加北京大学研究所国学门同人欢迎李仲揆、陈惺农两教授茶话会,并致开会辞。12月11日,撰成《吴歌序》。20日,参加中日教育会成立大会,并被推举为天津中日学院院长。同月,北京大学《国学季刊》第2卷第1号出版发行,为该刊编辑委员会委员之一。(参见郦千明、汪素梅《沈兼士年谱简编》,《湖州师范学院学报》2021第3期)

王世杰继续任北京大学教授。1月,在北京大学《社会科学季刊》第3卷第2号上发表文章介绍日本人东川德治的著作《支那法制史研究》。7月,在《现代评论》第2卷第33期上发表《拉杂的政闻》。9月12日,在《现代评论》发表《工会条例问题》。10月24日,在《现代评论》第2卷第46期上发表《战争的责任》。12月19日,在《现代评论》第3卷第54期上发表《民众运动与领袖》。(参见薛毅《王世杰传》及附录《王世杰生平大事年表》《王世杰著述目录》,武汉大学出版社2010年版)

魏建功1月参与钱玄同、黎锦熙创办《国语周刊》的编辑工作,并为主要撰稿人之一。当时,钱玄同、黎锦熙针对章士钊创办之《甲寅》杂志作捍卫白话文的斗争。暑假,魏建功以优异成绩毕业于北大中文系,获文学士学位,沈兼士先生赞之为"乙丑科状元"。中文系教授会决定留校,当时制度需经校"聘任委员会"通过,遂由刘半农介绍先兼中法大学服尔德学院中文系讲师,等待北大正式批准。毕业前,魏建功上书中文系教授会,建议改进学科组织办法,分为语言文字、文学、整理国故三类,教授会采纳了这个建议,改订了《学科组织大纲》。国学门《歌谣》停刊扩充为《国学门周刊》,魏建功参与了扩充工作并任周刊编辑。8月,魏建功与陈垣之子陈仲益等发起创办黎明中学(解放后为北京市女九中),任教务主任,聘请鲁迅、钱玄同、黎锦熙等到校授课。冬,经范鸿劼介绍参加中国共产党,编在中法大学小组。同组有陈毅、王跃郁等。不久,调做"济难会"工作。是年,因自己对婚姻问题的两条要求不能兑现,印发公开信布解除父母包办的婚约。同时宣布经济独立,不再接受家庭的供给。在《京报副刊》发表连载《琐杂的记载清故宫》,并在《国学周刊》等刊物上先后发表论文《从中国文字的趋势上论汉字(方块字)的应该废除》《华长忠的〈韵籁〉》《吴歌声韵类》《杞梁姓名的递变与哭崩之城的递变》等。(参见曹达《魏建功年谱》,《文教资料》1996年第4期)

朱希祖2月14日出席北大评议会,讨论沈士远、余文燦两评议会候补评议员签定一人为评议员案、函请蔡元培校长暑期回国案及国民会议促成会请求北大加入该会等议案。3月5日,史学系主任改选,朱希祖续任。3月9日,出席北大评议会,校长报告预算,讨论校外人员在本校讲演事宜、大学章程等问题。3月14日,北大评议会,讨论北大对于王九龄任教育部长应持态度案。6月,北大教职员成立"沪案后援会",朱希祖被举为经济抵抗委员会委员,参与"救济沪案失业工人"活动。8月26日,与王尚济、王仁辅、朱家骅、朱希祖、朱洪、李书华、李宗侗、李麟玉、李辛白、李石曾、吴文澍、沈士远、沈尹默、鲁迅、周作人、许寿裳、刘文典等41名北大教员发表《反对章士钊宣言》;与王尚济、朱希祖、李石曾、李书华、李麟玉、李宗侗、沈士远、沈兼士、沈尹默、周作人、马裕藻、马衡、徐炳旭、冯祖荀、杨震文、谭鸿熙、顾孟余17名教授又联名发表《为反封章士钊事致本校同事的公函》,皆载于8月29日《北京大学日刊》。

朱希祖9月任故宫博物院文献馆导师。9月,长子朱偰入北京大学政治学系,次女倓转入北京大学。同月下旬,与马衡、沈兼士、陈垣等与来华访问的日本考古学者滨田耕作、原田淑人交流,双方决定合组东方考古学协会。10月27日,北京大学举行1925—1926年度评议会评议员选举,朱希祖当选为评议员。11月8日,参与发起慰劳因在10月26日北京市民为争取关税自主游行示威中受武装警察殴打受伤的北大教授徐炳昶、被捕学生傅启学大会。11月,北大史学系学生组织史学研究会。同月26日,召集史学系全体学生开史学研究讨论会,会上朱希祖作了讲演,讲史学研究会的旨趣与范围,学生也提出多项建议。12月2日,北京大学学术研究会筹备处召开成立大会,聘朱希祖为顾问。7、14日,为学生讲演《明代倭寇史略》,引导学生作相关研究。12日,当选为北京大学职员校务协进会委员。同月下旬,请陈汉章讲演《中国回教史》。(参见朱元曙、朱乐川《朱希祖先生年谱长编》,中华书局2013年版)

高一涵1月10日在《现代评论》第1卷第5期发表《善后会议议员的出席问题》,指出"我们并不是信任这个善后会议。我们只是在原则上相信用会议的方法来解决国事。至少总要比用战争的方法来解决国事妥当些",与胡适主张相近。同日,在《东方杂志》第22卷第1期发表《联邦建国论》。16日,中共与国民党北京执行部协商。由京沪民众团体发起召开国民议会促成会,与段祺瑞的善后会议对抗,北京国民会议促成会宣传股议决邀请汪精卫、李石曾、于右任、李守常、王世杰、周鲠生、高一涵、杨杏佛、黄昌谷等先生担任讲演大会宣讲人。自15日起,至20日止,每日下午2时,在北京大学、师范大学、美术专科等处轮流讲演。24日,在《现代评论》第1卷第7期发表《愚弄人民的废督令》。2月14日,在《现代评论》第1卷第10期发表《我们对于国民会议组织法的主张》。3月12日,为吊唁孙中山病逝于北京,作挽联"民国更六总统,经袁黎冯徐曹,孰若先生真知有民、真知有国;共和本五大族,合汉满蒙回藏,团结一体永保其共、永保其和"。同日,被聘为华北六大学辩论会评判员。20日,被国民议会促成会聘为该会专门委员。

高一涵4月26日在中国大学发表《马克思的唯物史观》的演讲,经熊以谦记录,刊于4月26日《京报副刊》。同月,得猩红热病,一度有生命危险,养病三月余才痊愈,其间完成

《中国御史制度的沿革》，次年6月由商务印书馆出版。5月9日，女师大校长杨荫榆以干扰"国耻日演讲会"为由，挂牌开除学生自治会6名成员。11日，女师大学生召开紧急大会，会议决定驱逐杨荫榆出校，封锁校长办公室，并出版《驱杨运动特刊》。至此，由去年底开始的女师大风潮越演越烈，并由此引发了鲁迅与陈源（西滢）的论战。高一涵与马寅初、燕树堂、白鹏飞、丁燮林、周鲠生、皮宗生、李四光也在被鲁迅点名之列。5月，高一涵所著《欧洲政治思想史》（中）由商务印书馆出版发行。

按：高一涵在自序中指出："这一卷所包括的时期，不过三百三十年，可是这三百三十年真可以算是欧洲一切思想脱胎换骨的时代。文艺复兴和宗教改革两件大事业都在这个时期内完成；而为近世政治思想精髓的'主权在民''社会契约''自然权利'……等学说，也由十六世纪的反对君政论派酝酿成熟。十七世纪清教徒和其他学者所发挥的关于生命权、自由权、财产权，言论思想的自由权和政治的平等权……等学理，又无一不成为十八世纪末期的政治革命及十九世纪的宪政改革的学理根据。不但个人主义的思想在这个时期发生，就是近世的社会主义的思想，也在这个时期内播下种子。他如一元的主权论（布丹），立宪政治论（洛克），三权分立论（孟德斯鸠），和国际法学（格老秀斯），也都发源或成熟于这个时期。故这一个三百多年，简直可以说是十九世纪以来一切政治思想的构精成形和产生发育的时期。我们如果不曾研究这个时期的政治思想，便不能了解十九世纪政治思想的来源。"

高一涵8月21日参与胡适、颜任光、李四光、丁燮林、王世杰、燕树堂、陶孟和、皮宗石、王星拱、周览、胡睿济、陈源、张歆海、陈翰笙、邓以蛰、高仁山17位教授联名发表《为北大脱离教部关系事致本校同事的公函》，刊于8月29日《北京大学日刊》。章士钊在《甲寅》周刊第1卷第6号时评中称：反对本案最力之王君星拱、高君一涵俱与教章（士钊）有嫌。并曾为言语细故涉于诉讼。此次特持公论，时议高之。28日，北大召开评议会教务会议谈话会，计25人参加，由列席会议者对两个建议案自动签名表决。在建议"停止执行18日议决案"上签名的有胡适、高一涵、王星拱、王世杰等12人；在建议"评议会凡对于政治问题，以及其他与本校无直接关系之重大问题。倘有所议决。须经评议会之二度议决，或经由评议会与教务会议之复决，或经由教授大会之复决，始能执行"上签名的22人，高一涵为签名者之一。9月24日，《北京大学日刊》公布十四年度至十五年度（民国）政治学课程指导书，高一涵所著《政治学原理》《政治学史》《政治思想史》《现代政治》列入其中。10月27日，北大评议员选举，共17人当选，高一涵当选本届评议会评议员。12月，高一涵在《晨报七周年增刊》上发表《中国现在是否有恢复御史制度的必要》。是年，在《现代评论》上发表时评多篇。（参见高大同《高一涵先生年谱》，上海文化出版社2011年版）

陶孟和4月18日在北京《现代评论》第1卷第19期发表《言论自由》，揭示有人认为自己是全能全知者，他们凭借特有的权力，无视他人存在，一意孤行，为所欲为，这就是言论不能自由的根本原因。

按：陶孟和在文章中举例说：假如邻居在你的门前倾倒垃圾，你还可以与他理论；倘若那个倒垃圾的是政府官员，你要是批评他，就可能被扣上防害公务的罪名。对于这种不正常的状况，陶孟和做了如下分析是：第一，政府的职能是维护社会治安，但维护社会治安决不能成为强迫人民服从的借口。第二，政府首脑也是普通人，他们或许有特别的知识或高人一筹的本领，但他们并没有长着三头六臂，也不是无所不能的神仙。第三，当今政治已经进入一个分工越来越细的时代，这就更不是少数官员能包办的事情了。在这篇文章中陶先生还反复强调：政府是由人而不是由神组成的，所以政府犯错误是正常的，可以理解的。现代社会的政治结构和文化团体都是为人民发表意见而设置的。政府有过错并不可怕，可怕的是有了过错不肯承认，不允许批评。不认错不仅会给人民带来危害，还使政府丧失改正错误的机会和长期存在的可能。因此文章的结论是："恶政府视言论自由为毒害，为仇敌，好政府视言论自由为兴奋剂，为滋养品。言论自由是每个好政府必不可少的要素。"

陶孟和5月30日在北京《现代评论》第1卷第25期发表《我们为什么意见不同?》,继续讨论言论自由问题。

按:文章说,如果这个世界上没有不同的意见,当然非常美妙,但实际上这是永远也不可能的。人与人之间有不同意见,首先是由于"人的禀质不同",比如对于日落的景象,乐观者会有"夕阳无限好"的感慨,悲观者却会有"只是近黄昏"的哀叹。再加上所处的环境不同、所受的教育不同、每个人的利益不同,要想让大家意见一致是绝对不可能的。因此,政府的作用,应该是为所有的人提供发表意见的机会,让每一个人都有实现其愿望的可能。这也是政府存在的理由。(参见暴玉瑾《陶孟和的早期活动及思想研究(1887—1926)》,河北大学硕士学位论文,2011年)

曹云祥继续任清华学校校长。2月6日,清华新聘教授吴宓到校,并谒见校长曹云祥。10日,曹云祥召集筹备大学委员会联席会议,讨论本学期校务工作。审查招生委员会的报告,听取教职员待遇组报告并讨论。议决聘请吴宓为筹备大学委员会委员。12日,清华研究院筹备处成立,校长曹云祥委任吴宓为主任,派卫士生佐理研究院筹备事务。中旬,吴宓持曹云祥校长之聘书,到地安门内织染局10号王国维住处,商聘大师来研究院任教事,终得王国维应允。13日,本校职员会议通过决议,部分校舍更名。由校长命令公布:新大楼及高等科教室更名为第一院,高等科北部七排房屋更名为第二院,中等科更名为第三院,手工教室更名为工艺馆。《清华周刊》报道:寒假前,清华筹备大学委员会召开联席会议,通过大学工作计划、研究院工作计划、招考委员会报告。请余日宣(任主席)、郑之蕃、庄泽宣为1925年招考委员会委员。16日,经吴宓的推荐,曹云祥校长电聘陈寅恪为研究院导师。22日,吴宓持曹云祥校长之聘书,聘梁启超为清华国学院教授。3月6日,校务会议通过《研究院章程》。13日,《清华周刊》刊载《清华学校研究院缘起》和《清华学校研究院章程》。中旬,清华学校大学部刊登招生广告,谓"本校因变更教育方针,自去年始,即将原有之高等科及中等科停止招生,并自今夏始开办大学,以在国内造就需要人材,而不以预备留学为宗旨"。另刊出招考研究院学员广告,谓"本校今夏开办大学同时,更设研究院,以研究高深学术,造成专门人才为宗旨,注重个人指导及专题研究。本年先办国学一科,已聘王国维、梁启超、赵元任、陈寅恪诸先生为讲师。现定于七月六日起在北京、上海、武昌、广州四处同时考试,录取研究院学员三十名至五十名"。

按:《研究院章程》规定:"本院以研究高深学术,造成专门人才为宗旨","略仿旧日书院及英国大学制度;研究之法,注重个人自修,教授专任指导,其分组不以学科,而以教授个人为主,期使学员与教授关系异常密切。而学员在此短时期中,于国学根柢及治学方法,均能确有所获";其组织是"本院为清华学校之一部,经费及设备,均暂不另划分。清华学校校长总揽本院一切事务"。科目为"本院拟按照经费及需要情形,逐渐添设各种科目。开办第一年先设国学一科,其内容约为中国语言、历史、文学、哲学等,其目的专在养成下列两项人才:(一)以著述为毕生事业者。(二)各种学校之国学教师"。章程还对教授及讲师作出规定,即"聘宏博精深、学有专长之学者数人,为专任教授","对于某种学科素有研究之学者得由本院随时聘为特别讲师"。章程还对学员及研究方法作出若干规定。此章程为吴宓同梁启超商量后,又征求了王国维等人的意见草拟成。同时还作有《研究院章程缘起》,其中说:"学问者一无穷之事业也。其在人类,则与人类相终始;在国民,则与一国相终始;在个人,则与其一身相终始。今之施高等教育专门教育者,不过与以必要之预备,示以未来之途径,使之他日得以深造而已。故东西各国大学,于本科之上更设大学院,以为毕业生研究之地。近岁北京大学亦设研究所。本校成立十有余年,今年即新设大学部,复以地处京师西郊,有交通之便,而无嚣尘之烦,故拟同时设立研究院。良以中国经籍,自汉迄今,注释略具,然因材料之未备与方法之未密,不能不有待于后人之补正。又近世所出古代史料,至为夥颐,亦尚待会通细密之研究。其他人事方面,如历代生活之情状,言语之变迁,风俗之沿革,道德、政治、宗教、学艺之盛衰;自然方面,如川河之迁徙,动植物名实之繁颐,前人虽有记录,无不需专门分类之研究。至于欧洲学术,新自西来,凡哲理文中诸学,非有精深比较之考究,不足以把其菁华而定其取舍。要之,学者必致其曲,复观其通,然后足当指导社会昌明文化之任。然此种事业,终非个人及寻常学校之力所能成就,此研究院之设所以不可缓也。本校有鉴于此,因念大学院之成立尚需四五年,乃设立研究院,先开办国学一门,延名师,拓精舍,招海内成学之士,凡国内外大学毕业者,与现任教育事业,或闭户自修,而有相当之学力者,入院肄业,分门研究,冀于世界文化有所贡献。事难责重,所不敢辞,亦本校尽力国家、服务社会之微意也。"(吴宓《研究院章程缘起》,载《清华周刊》第339期)。

　　曹云祥校长4月17日主持清华学校校务会议,吴宓在会上提出的研究院经费、预算及房舍等议案,均获通过。同日,在《清华周刊》上发表《领袖人才之养成》一文,从态度、言语、礼仪、机变、乐观、公正、纲纪、义务、团体、爱国、知人等方面分析真领袖人才必须具备之资格。21日,苏联驻华大使加拉罕来校演讲,题为《苏联政府与远东人民之关系》。23日,英文京津《泰晤士报》发表《清华之过激主义》,谓俄使加拉罕在清华演讲,以其过激主义,煽动学生。"过激主义之侵入清华,将妨碍彼等留学之权利。"曹云祥和本校德文教授谭唐去信驳复。同日,外交部批准本校大学筹备委员会提出的《清华大学工作及组织纲要(草案)》和《北京清华学校大学部暂行章程》。由此清华学校分为大学部、留美预备部和研究院三部分。《暂行章程》规定设置校务会议,除校长、各科主任外,由教授互推代表4人及校长选派教职员2人组成。同月,校务会议由曹云祥、张彭春、庄泽宣、吴宓、王祖廉、全绍文、梅贻琦、余日宣、郑之蕃、王文显共10人组成。曹云祥任主席,张彭春任副主席。5月9日,国耻纪念日。清华停课一日,召开纪念大会,全体教职员学生出席。曹云祥、余日宣和学生黄仕俊等先后演说。誓言:勿忘国耻,勿忘5月7日,勿忘"二十一条"。24日,清华学生会评议会开会,选举《清华周刊》总编辑为贺麟,总经理为毕国箴;《清华年报》总编辑为张宝恒,总经理为沈熙瑞。6月12日,赵元任到校,任国学院导师。

　　曹云祥校长6月15日批准研究院教职员名单:教授:王国维、梁启超、赵元任、陈寅恪;讲师:李济;助教:陆维钊、梁廷灿、章明煌;主任:吴宓。7月6日起,清华国学研究院连续3日在城内进行招生考试。11日,曹校长为欢迎赵元任、李济而设宴,张彭春、吴宓作陪。27日,研究院录取新生,正取30名,备取2名,另有旧制留美预备部学生3人作为特别生,可随班听课和研究。8月1日,研究院公布新生录取名单,清华研究院正式成立。9月9日,研究院举行开学典礼,曹云祥校长致开学词,后刊于《清华周刊》第350期。其中讲到"巩固新大学之根本"时说:"现在中国所谓新教育,大都抄袭欧美各国之教育,欲谋自动,必须本中国文化精神,悉心研究。所以本校同时组织研究院,研究中国高深之经史哲学。其研究之法,可以利用科学方法,并参加中国考据之法。希望研究院中寻出中国之国魂,犹如日本武士道之魂,新意大利之魂,及各国之国魂。"10月9日,《清华周刊》报道,本校各种常设委员会共13个:奖品委员会、毕业委员会、社会服务审查捐款委员会、课程委员会、房舍委员会、演讲委员会、训育委员会、卫生委员会、庆祝委员会、戏剧委员会、茶话委员会、音乐委员会、学生辩论演说委员会。11月6日,《清华周刊》报道:新的校务委员会成立,委员有曹云祥、张彭春、庄泽宣、吴宓、全绍文、王酌清、梅贻琦、赵元任、孟宪承、陆懋德。10日,清华校务委员会召开第一次会议。会议讨论事项:(1)起草校务委员会细则,请梅贻琦等3人负责。(2)每月至少召开常会一次。(3)添设新委员会等。本次会议组织设立教育方针委员会、预算委员会。

　　按：曹云祥创办清华国学研究院，并先后聘请王国维、梁启超、陈寅恪、赵元任任国学院导师，号称清华园"四大导师"，是全国学界的一件大事、盛事，无论在清华发展史上还是曹云祥校长的职业生涯中都具有里程碑意义。然因不久王国维、梁启超去世，清华国学研究院盛势不再，殊为可惜。刘崇鋐《中华民国大学志》记国立清华大学说："清华大学初成立的时候，有一件事值得大书特书，那就是国学研究所（实称国学研究院）的创办。当时主持学校大计的人，以为清华有独立的经费，特殊的历史，应当有独特的工作，在学术上有所表现。以往清华只是留美的预备学校，所以偏重英语英文与西方文化科目。现在既改成国立大学，应当提倡国学的研究，来沟通中西的文化，用西方的科学方法、科学观念，来整理国家固有的文化。时在五四新潮之后不久，国学与科学同为当世所重视，所以清华国学研究所的成立，很受学术界的注意，所聘导师是当时一时人选，王国维、梁启超、赵元任、李济诸先生，各以蜚声学术界的专门学问，来指导后进。所招收的研究生，也多是相当成熟，国学具有根柢的热心求学者。整理国故，研究古文物，孜孜努力，后来颇有几位有卓著的成就。可惜为时不久，王、梁二师先后逝世，继者无人，喧赫一时的国学研究所，只训练了三期（实为四期）的学生，便如昙花的一现，没有继续下去，日后的清华大学，还是以理工见称。"（参见清华大学校史研究室编《清华大学一百年》，清华大学出版社2011年版；清华大学校史编写组《清华大学校史稿》，中华书局1981年版；沈卫威《学衡派编年文事》，南京大学出版社2015年版；孙敦恒《清华国学院纪事》，载《清华汉学研究》第1辑，清华大学出版社1994年版；齐家莹编《清华人文学科年谱》，清华大学出版社1999年版；袁英光、刘寅生《王国维年谱长编（1877—1927）》，天津人民出版社1996年版）

　　吴宓1月离开东北大学回上海、南京探亲。2月5日，吴宓到北京，访袁复礼、袁同礼兄弟。6日，吴宓到清华学校，拜访校长曹云祥、教务长张彭春。7日，吴宓在北京"新月社"参加灯会，遇到胡适、徐志摩。9日，曹校长与吴宓协商，决定由吴宓任清华学校研究院（国学科）筹备处主任。吴宓向校长提出，自己名义为筹备主任，但要全权负责本部的事务，曹云祥校长答应。10日，吴宓入校，住西客厅。12日，清华学校研究院筹备处正式成立，并开始办公。由于吴宓到北京清华学校，《学衡》的作者队伍以后将以清华的师生和清华以外北京地区的人员为主。13日，吴宓持曹云祥校长之聘书，到地安门内织染局10号王国维住处，商聘大师来研究院任教事。

　　按：吴宓此系初次拜访王国维，以研究院筹备主任的身份请其出任清华学校研究院导师。据孙敦恒《清华国学研究院纪事》（《清华汉学研究》第1辑）载："吴宓进了客厅，见到王国维，他恭恭敬敬地鞠了三个躬，然后才说明来意。他在《日记》中写道：'宓持清华曹云祥校长聘书恭谒王国维（静安）先生，在厅堂上行三鞠躬礼。王先生事后语人，彼以为来者必系西服革履，握手对坐之少年，至是乃知不同，乃决就聘。'王国维到职后，对吴宓说：'我本不愿意到清华任教，但见你执礼甚恭，大受感动，所以才受聘。'"

　　吴宓2月所译《白璧德论欧亚两洲文化》及《论循规蹈矩之益与纵性任情之害》，载《学衡》第38期。同月14日，吴宓向曹校长、张彭春教务长举荐陈寅恪为清华学校研究院导师。15日，张彭春告诉吴宓，说陈寅恪的薪水未决。21日，吴宓再次拜访王国维。22日，吴宓到天津拜访梁启超，以筹备处主任身份请梁出任清华学校研究院导师，并与之商量研究院章程及办法。16日，曹云祥校长电聘陈寅恪为研究院教授。

　　按：吴宓《空轩诗话》曰："始宓于民国八年，在美国哈佛大学得识陈寅恪。当时即惊其博学，而服其卓识。驰书国内诸友，调合中西新旧各种学问而统论文，吾必以寅恪为全中国最博学之人。今时阅十五六载，行历三洲，广交当世之士，吾仍坚持此言。且喜众人之同于吾言。寅恪虽系吾友而实吾师。"（《吴宓诗集》，上海中华书局1935年版）

　　吴宓3月1日拜访王国维,商议清华学校研究院章程。5日,主持茶会,讨论研究院章程。6日,研究院章程通过。7日,访哈佛大学同学林语(玉)堂。14日,拜访《学衡》杂志作者姚华。21日,入城拜访王国维,讨论出题之事。随后访汤用彤。28日,出席"新月社"查良钊,原清华学校同学"明德社"同仁袁同礼的宴会。29日,拜访《学衡》作者、北京大学教授黄节。4月11日,为募《学衡》杂志经费,访汤用彬等。12日,拜访王国维。17日,王国维移书籍到清华园。18日,王国维入住清华园。20日,吴宓拜访王国维。21日,陪同王国维见清华各部要人。两日来,吴宓分别与张彭春、曹云祥谈清华学校研究院聘李济之事,此时李济任南开大学文科主任。23日,与王国维、梁启超商议并开始为清华学校研究院招生出题。24日,向教务长张彭春推荐刘永济等为清华学校教员。27日,接陈寅恪来函,表示因家务不能立即应聘,但建议研究院应多购书。28日,张彭春向吴宓表示清华学校不能聘刘永济。

　　吴宓5月1日拜访王国维。3日,清华学生、《学衡》杂志作者张荫麟、贺麟拜访吴宓。4日,清华教授、《学衡》杂志作者陆懋德拜访吴宓。19日,清华学生、《学衡》杂志作者顾谦吉拜访吴宓。23日,吴宓、张歆海访张奚若。25日,吴宓访王文显、钱端升。清华教授张歆海对吴宓说:"办《学衡》为'吃力不讨好',不如不办。"31日,王国维为答谢吴宓的积极关照,今日特设家宴。6月1日,吴宓、陆懋德访王国维。9日,汪兆璠到北京为东北大学聘请教师,吴宓向汪推荐吴芳吉。15日,吴宓得校方的聘书,聘他为研究院国学部主任,任期一年。吴宓以自己的地位不明为由将聘书退回给校长。17日,冯友兰、赵元任访吴宓。18日,校方将原聘书改为研究院主任,送给吴宓,遂接受。吴为陈寅恪薪水事草拟方案,并上书校长,获批准。19日,曹校长向吴宓表示,研究院主任一职为一年,一年之后如不愿办研究院的事,可改任英文教授。

　　按:据孙敦恒《清华国学研究院纪事》(《清华汉学研究》第1辑)载,曹云祥校长本欲请吴宓出任院长,吴宓不肯,乃聘为主任。冯友兰谈及此事时说:"雨僧一生,一大贡献是负责筹备建立清华国学研究院,并难得地把王、梁、陈、赵四个人都请到清华任导师,他本可以自任院长的,但只承认是'执行秘书'。这种情况是很少有的,很难得的。"

　　吴宓6月21日接王国维来访。23日,戴家祥持胡适的推荐书来访吴宓,欲报考清华学校研究院。25日,陈寅恪致函吴宓,答应清华学校研究院之聘,但言明年春才能到校。28日,吴宓访在华的俄国汉学家钢和泰,以译稿就正。又访黄节。7月1日,王国维访吴宓。3日,张彭春向吴宓表示清华学校无法聘用吴芳吉。4日,吴宓访李济、姜忠奎,李濂镗向吴宓表示自己热心《学衡》杂志的编辑出版事业。9日,王国维访吴宓。11日,吴宓与张彭春作陪,出席曹校长为欢迎赵元任、李济而设的宴会。17日,吴宓为王国维草复俄国科学院函。18日,刘朴自湖南来北京,吴宓荐其到东北大学任教。同日,王国维访吴宓。25日,吴宓访王国维。26日,《学衡》杂志作者刘朴拜访吴宓。28日,研究院考生周传儒访吴宓。同月,因吴宓的关系,东南大学毕业生陆维钊到清华学校研究院做王国维的助教。

　　吴宓8月1日复胡先骕函,并致函白璧德。4日,吴宓致函章昭煌,聘他为赵元任的助教。5日,吴宓访赵元任。同日,刘朴离去。6日,清华学生、《学衡》杂志作者陈铨拜访吴宓。10日,吴宓发出《学衡》杂志第44期稿件。12日,《学衡》社社员缪凤林、郭斌龢、柳诒徵、汤用彤在天津与吴宓相聚。随后,缪凤林、郭斌龢乘车赴东北大学。14日,吴宓收到陈寅恪来信,说购书殊多且难。同日,吴宓访王国维、赵元任。15日,胡子靖访吴宓。16日,邵祖平到北京访吴宓,话不投机。吴宓访《学衡》作者黄节、陈焕章,相约赞助《学衡》之事。

22日,吴宓访邱仲君、姜忠奎、汪荣宝,为《学衡》取稿。访林损。23日,吴宓得知邵祖平致函胡先骕,责难吴宓及《学衡》。25日,吴宓为陈寅恪薪水、赵元任助教之事向曹校长汇报。27日,王国维访吴宓,并一同到图书馆看书。28日,吴宓为陈寅恪支付购书款。晚访王国维。30日上午,吴宓访王国维。31日,赵元任访吴宓。同日,陆维钊因祖父病故,辞去助教职务,改聘东南大学毕业生赵万里为王国维助教。9月1日,吴宓复函陈寅恪。3日,吴宓为陈寅恪预支薪水,寄往德国柏林。同日,王国维访吴宓。8日,王国维、梁漱溟访吴宓。同日,国学研究院举行第一次教务会议,王国维、梁启超、赵元任和李济到会,吴宓主持会议,会上宣布了各教授指导研究学科的范围和普通演讲的讲题及时间。9日,王国维访吴宓。同日,清华学校大学部、清华学校研究院开学典礼。吴宓演说《清华开办研究院之旨趣及经过》,后刊于同月18日《清华周刊》第351期。下午,吴宓主持研究院召开的茶话会,全体教授及学生到会,梁启超、王国维、赵元任、李济相继发言,内容为:明研究院宗旨,论治学方法,讲述个人修学经验及言观摩砥砺之有益。

按:吴宓在演讲时说:"研究院之切实宗旨及办法,则备具于《研究院缘起及章程》。曹校长之意,约分三层;(一)值兹新旧递嬗之际,国人对于西方文化,宜有精深之研究,然后可以采择适当,融化无碍;(二)中国固有文化之各方面(如政治、经济、哲理学),须有通彻之了解,然后于今日国计民生,种种重要问题,方可迎刃而解,措置咸宜;(三)为达上言之二目的,必须有高深学术机关,为大学毕业及学问已有根柢者进修之地,且不必远赴欧美多耗资财,所学且与国情隔阂。此即本校设立研究院之初意。"又说:"今即开办研究院,而专修国学。惟兹所谓国学者,乃指中国学术文化之全体而言。"其研究院地位为:"(一)非清华大学之毕业院(大学院),乃专为研究高深学术之机关;(二)非为某一校造就师资,乃为中国养成通才硕学。"研究院之性质为:"(一)研究高深学术;(二)注重个人指导。"又认为聘教授讲师"则务敦聘国内硕学重望,具有上言之三种资格;(一)通知中国学术文化之全体;(二)具正确精密之科学的治学方法;(三)稔悉欧美日本学者研究东方语言及中国文化之成绩,与学生以个人接触、亲近讲习之机会,期于短时间内获益至多"。

按:1925年7月研究院招收第一届新生27人,9月5日报到,9月8日研究院举行第一次教务会议,宣布各教授指导研究学科的范围和普通演讲的讲题(即所开课程)及时间。学生可就其范围,与各教授商谈研究题目,由教授认定,即可从事研究。若欲于范围以外研究,则须得教授之特许。各教授指导之学科范围是:王国维指导经学、小学、上古史、中国文学;梁启超指导诸子、中国佛学史、宋元学术史、清代学术史、中国文学;赵元任指导语言学;陈寅恪指导年历学、古代碑志与外族有关系者之研究、摩尼教经典回纥译文之研究、佛教经典各种文字译本之比较研究、蒙古满洲书籍及碑志与历史有关系者之研究;李济指导中国人种考。(《清华周刊》1925年9月18日第351期)

吴宓9月10日得陈寅恪来函后,转请曹校长以英文证明函寄给陈寅恪。13日,吴宓、王国维、赵万里到琉璃厂为学校购书。15日,吴宓陪同梁启超、王国维、赵元任拜见曹校长。20日,吴宓为王国维预备刊登的文章《最近二三十年中中国新发见之学问》作注。同月,吴宓为清华大学高年级学生开设"翻译术"选修课,讲授翻译的原理和技巧,并辅导翻译练习。选习此课的学生不多,贺麟、张荫麟、陈铨是选修此课最认真的学生,三人以后被称为"吴门三杰"。在吴宓影响下,贺麟于是年完成学术论文《严复的翻译》。10月2日,吴宓访汤用彤、顾泰来。9日,李思纯到北京,向吴宓送交法国诗歌选译《仙河集》,将刊登《学衡》杂志。12—13日,吴宓整理《仙河集》。14日,吴宓为《学衡》杂志整理柳诒徵的《中国文化史》。15日,柳诒徵致函吴宓要求停刊《中国文化史》。刘永济致函吴宓要《学衡》杂志为他的《说部流别》登广告。16日,吴宓主持召开清华国学研究院第二次教务会议,王国维、梁启超、赵元任、李济出席,议决本院暂不发行刊物。同时决定编印《国学研究院丛书》,第一本为王国维

《蒙古史料四种校注》。17日,李思纯致函吴宓,要求退还《仙河集》,不登《学衡》杂志。吴宓回函谎称,已经发稿,无法退还。同日,何士骥、王庸访吴宓,表示热心《学衡》事业。24日,研究院学生吴其昌、刘盼遂访吴宓,要求研究院办一杂志。吴宓趁机拉吴、刘加入《学衡》杂志的作者队伍。25日,吴宓访黄节,劝其就任清华学校讲师之聘。随后又访李思纯。26日,中华书局复函吴宓,《学衡》杂志续办一年,自第49至60期。由于黄节不就清华教职。吴宓特向张彭春推荐李汉声、李思纯。

吴宓11月5日校阅《审安斋遗稿》,至8日校毕。9日,吴宓接陈寅恪函,说12月8日由法国马赛起程归国。12日,主持国学研究院举行第三次教务会议,王国维、梁启超、赵元任、李济出席会议,议决设古物史料陈列室,举行外出考查,与外界协同进行考古事业等。13日,吴宓主持国学研究院举行第四次教务会议,继续前次讨论,议决明年拟招新生40名,专修中国文学学生应学课程及明年预算。同日,中华书局复函吴宓,说《学衡》杂志第1、3期有缺。晚,吴宓与王国维谈学校事。17日,吴宓与王国维讨论明年招考科目。19日,吴宓主持国学研究院举行第五次教务会议,通过了下年度招生办法,大致与本年同。21日,王国维访吴宓。23日,吴宓、张歆海访梁启超、王文显,梁表示自己愿意出任清华学校校长。24日,梁启超向吴宓表示自己愿就校长,要胡适到研究院来任职。吴宓担心梁就职后要胡适来,是逼他离开研究院。30日,吴宓接陈寅恪函,说归期推迟。

按:此时张歆海欲请胡适来任校长。据《胡适之先生晚年谈话录》1960年11月7日所记:"当年我在上海,清华大学闹风潮,张歆海等几个人想要我出来当校长。我复了一个电报'不干了。谢谢。'"

吴宓12月5日偕王国维、赵万里到琉璃厂购书。6日,吴宓访林损。8日,张作霖败逃,吴宓担心东北大学将被解散,这样一来,任教于东北大学的《学衡》社社员柳诒徵、缪凤林、景昌极、郭斌龢、刘朴等将失去教职,而吴宓也就失去了自己所倚为志业根据地及一身之退步的东北大学。13日,吴宓发出《学衡》杂志第49期稿件。14日,吴宓向曹校长推荐柳诒徵为清华学校教授,被校长否决。理由是柳诒徵曾在东南大学鼓动风潮。16日,王国维访吴宓;刘盼遂、王庸访吴宓。同日,梁启超与吴宓谈自己愿就校长之事。18日,吴宓对大学部及旧制部分学生讲演《希腊罗马之文化与中国》,由贺麟记录,载《清华周刊》第364期。20日,吴宓访李濂镗,议定选辑攻诋新文学的论文为一集,单独出版。27日,吴宓为《学衡》杂志整理《中国文化史》。29日,为陆德懋明年兼任研究院讲师等事,吴宓拜见曹校长。(参见沈卫威《学衡派编年文事》,南京大学出版社2015年版;孙敦恒《清华国学院纪事》,载《清华汉学研究》第1辑,清华大学出版社1994年版;齐家莹编《清华人文学科年谱》,清华大学出版社1999年版)

王国维1月撰《魏石经续考》,草稿略具。同月31日,为金文"酓""乃"二字的考释问题,致函容庚。2月13日,胡适第二次(第一次是致信并转交曹校长的聘书)致函王国维,劝他出任研究院导师,谓清华曹校长说:"先生到校后,一切行动均极自由;先生所虑(据吴雨僧君说)不能时常往来清室一层,殊为过虑。鄙意亦以为先生宜为学术计,不宜拘泥小节,甚盼先生早日决定,以慰一班学子的期望。"同日,吴宓初次拜访王国维,以研究院筹备主任的身份请其出任清华学校研究院导师。校方曾有意请他出任研究院院长,他以"院长须总理院中大小事宜"为由,坚辞不就,专任教授。

按:王国维去清华任教经历了一段曲折。清华办国学研究院,校长曹云祥初欲仿照美国大学研究院的办法,商之于胡适之。胡适认为美国研究院制度不尽适应于中国,请参考中国宋、元以来的书院制度,于是乃拟定研究院规程。胡适之并推荐王国维、梁启超为研究院导师,清华又自邀约有家学有成就的陈寅恪先生及清华毕业留美的赵元任、李济两先生为导师,赵长于音韵学,李长于人类学、考古学,五星聚奎，极一时之盛。但胡适之前去敦请王国维时，先生婉谢之。胡适之乃去托溥仪请其代为劝驾，溥仪便命师傅们代写了一道诏书，王国维不好再谢绝，就答应了，所以先生到清华任教是奉诏去的。

王国维 2 月 22 日撰《拜经览古图跋》。3 月 6 日，清华校务会议通过《研究院章程》，系吴宓同梁启超商量后，又征求了王国维等人的意见草拟而成。12 日，王国维到清华园看住房。13 日，王国维、梁启超到清华学校，表示应聘。21 日，自天津返京后将交办事件及打算迁入清华园居住的日期，函告罗振玉。26 日，王国维偕夫人到清华园看住房，并付房费。同月，王国维撰《水经注跋尾》，是为先生历年校勘《水经注》的总成绩。

按：《水经注跋尾》后厘分为《宋刊〈水经注〉残本跋》、《永乐大典本〈水经注〉跋》、《明抄本〈水经注〉跋》、《朱谋㙔〈水经注笺〉跋》、《孙潜夫校〈水经注〉残本跋》、《聚珍本戴校〈水经注〉跋》等 6 篇，王国维于跋戴校中，叙述了历年校勘《水经注》的经过。

王国维 4 月 17 日移书籍到清华园。18 日，王国维举家迁居清华园西院。21 日，王国维由吴宓陪同见清华各部要人。23 日，梁启超来校，吴宓、王国维与其一同商定研究院招生试题。同月，日本友生青木正儿来北平，谒王国维于清华园中。所撰《高宗肜日说》《陈宝说》《书顾命同瑁说》刊于《学衡》第 40 期。4—5 月，王国维始拟研究西北地理及元代历史。5 月 11 日起，从《连筠簃丛书》内抄出《长春真人西游记》，凡 10 日而毕，此后着手注《长春真人西游记注》。同月，王国维《肃霜涤场说》《释天》《莽京考》刊于《学衡》第 41 期。又东方文化总委员会在北平成立，委员中国人有柯劭忞等 11 人，日本人有狩野直喜、内藤虎次郎等10 人。以柯劭忞为主任委员。中日学人多希望王国维参与，日本汉学家中尤以狩野直喜持之最力。然王国维终不居委员之名，一则不喜交际活动，二则亦不慕浮名虚利，作为一位纯学人。

按：1927 年，日本学者狩野直喜对此回忆道："我最后会见王君，那是前年东方文化事业总会在北京开会，我赴中国，在北京郊外西山的清华学校会见他，受到他的热情招待。我很希望王静安君参加东方文化事业总会，屡向我当局提及此事，也对中国委员们说过；东方文化事业，如果要研究学问，首先非请王君参加不可。双方都表示了赞成之意。今日中国，因为政治上意见相异和思想混乱，所以不一定大家都会与王君在思想上有共鸣。然对于王君的学问，因其学识超越时代，……只要对中国学问有了解的人，没有一个不推崇他的。甚至连北京大学的新进学者，在学问上也对他同声称赞。"事实表明，先生先后从事哲学、文学、戏曲史、甲骨金文、古器物、殷周史、汉晋木简、汉魏碑刻、敦煌文献等学科的研究方面，都作出了重大的贡献，在国内外学术界有巨大影响，享有国际盛誉。

王国维 6 月 21 日访吴宓。同月，王国维所撰《水经注跋尾》刊于《清华学报》第 2 卷第 1期。7 月 1 日，王国维访吴宓。9 日，王国维访吴宓。17 日，因撰写《耶律年谱》事，致函罗振玉。18 日，王国维访吴宓。27 日上午 9—11 时，王国维在清华学校工字厅为学生消夏团演讲《最近二三十年中中国发见之学问》，谓："古来新学问起大都由于新发见。汉文壁中书，晋文汲冢书，均其著者也。而最近二三十年古器物图籍之发见，又非昔日所能比。兹将此二三十年间发见之材料，并学者研究之结果，分五项略说之。"五项为：（一）殷墟甲骨文字；（二）敦煌塞上及西域各地之简牍；（三）敦煌千佛洞之六朝唐人所书卷轴；（四）内阁大库之书籍档案；（五）中国境内之古外族遗文。后刊于《清华周刊》第 350 期，又载 9 月出版的《学衡》第 45 期。30 日，梁启超作《致王国维书》，告阅考生试卷情况。8 月，王国维赴天津，祝贺罗振玉六十大寿，并献贺诗。

按：诗曰："卅载云龙会合常，半年濡呴更难忘。昏灯履道坊中雨，羸马慈恩院外霜。事去死生无上策，智穷江汉有回肠。毗蓝凤里山河碎，痛定为君举一觞。""事到艰危誓致身，云雷屯处见经纶。庭墙雀立难存楚,关塞鸡鸣已脱秦。独赞至尊成勇决,可知高庙有威神。百年知遇君无负,惭愧同为侍从臣。"

王国维7—8月撰《姬鼎跋》《公违鼎跋》《杞伯鼎跋》《般作父已甗跋》《公违敦跋》《史颂敦跋》《䣄從盨跋》《召尊跋》等。8月1日,因急欲阅读王仁煦《切韵》,致函唐兰。8月13日,撰《膡侯戈跋》。23日,致函马衡,讨论石经、虎符及研究元史近况。29日,因重印《人间词话》问题,致函陈乃乾。31日,门人赵万里北来受业,王国维命馆于其家。适巧研究院原聘助教陆维钊以事辞,吴宓命万里补其缺,日与检阅书籍及校录文稿。同月,草成《耶律文正公年谱》,于谱余中殷殷致意,颇推崇元遗山。9月2日,收到马衡所赠起建武猿戏柱石孔拓本后,复函马衡。8日,出席国学研究院举行第1次教务会议,会上宣布了各教授指导研究学科的范围和普通演讲的讲题及时间。王国维教授指导范围如下:经学:(一)书;(二)诗;(三)礼。小学:(一)训诂;(二)古文字学;(三)古韵。上古史;中国文学。同日,王国维、梁漱溟访吴宓。9日,收到马衡所赠汉魏石经残石拓本近70种后,致函马衡。同日,清华学校大学部、清华学校研究院开学典礼。吴宓演说《清华开办研究院之旨趣及经过》。同日,王国维访吴宓。13日,王国维与吴宓、赵万里到琉璃厂为学校购书。14日,因考魏石经事,致函马衡。同日,清华国学研究院"普通演讲"开课,王国维讲《古史新证》,听者甚众。王国维在《古史新证》中明确提出"二重证据法"。此后治学转入西北地理及元史。

按:此课讲授一学期,是以其前几年发表的《殷卜辞中所见先公先王考》《续考》《殷商制度记》《三代地理小记》等论著为纲要,讲述中注入自己的治学方法。后整理成《古史新证》一书石印行世。全书分5章:"总论""禹""殷之先公先王""商诸臣""商之都邑与诸侯"。王国维在《总论》中说:"研究中国古史,为最纠纷之问题,上古之事,传说与史实混而不分。史实之中,固不免有所缘饰,与传说无异;而传说之中,亦往往有史实为之素地,二者不易区别。此世界各国之所同也。在中国古代,已注意此事。孔子曰'信而好古',又曰:'君子于其所不知,盖阙如也。'故于夏殷之礼,曰:'吾能言之,杞宋不足征也,文献不足故也。'孟子于古事之可存疑者,则曰:'于传有之。'于不足信者,曰:'好事者为之。'太史公作《五帝本纪》,取孔子所传《五帝德》及《帝系姓》,而斥不雅驯之百家言,于《三代世表》,取《世本》,而斥黄帝以来皆有年数之谍记,其术至为谨慎,然好事之徒,世多有之,故《尚书》于今古文外,在汉有张霸之《百两篇》,在魏晋有伪孔安国之书。《百两》虽斥于汉,而伪孔书则六朝以降行用迄于今日。又汲冢所出《竹书纪年》,自夏以来,皆有年数,亦《谍记》之流亚。皇甫谧作《帝王世纪》,亦为五帝三王尽加年数。后人乃复取以补太史公书。此信古之过也。至于近世,乃知孔安国本《尚书》之伪,《纪年》之不可信。而疑古之过,乃并尧舜禹之人物而亦疑之。其于怀疑之态度及批评之精神,不无可取,然惜于古史材料未尝为充分之处理也。吾辈生于今日,幸于纸上之材料外,更得地下之新材料。由此种材料,我辈固得据以补正纸上之材料,亦得证明古书之某部分全为实录,即百家不雅驯之言,亦不无表示一面之事实。此二重证据法,唯在今日始得为之。虽古书之未得证明者,不能加以否定,而其已得证明者,不能不加以肯定,可断言也。"《古史新证·总论》明确地提出了将文物考古新材料与传统历史文献相互印证,以研究古代历史的史学方法,即"二重证据法",可以看作是王国维的商史及上古传说时代研究的总结,也是他的古史研究方法论的总结。

按:徐葆耕在《释古与清华学派》一文中称,王国维的第一课《古史新证》打响了第一炮,"突破旧有史学方法,提出新的'二重证法'。如果说,康有为对历史文本的怀疑是出于主观冲动的话,王国维则把这种怀疑落到了坚实的客观实在上—所有的历史之本不再具有绝对的权威性,它必须接受来自'地下新材料'的挑战,'以实证史'而又'以史证实',开以科学方法研究史学之新河。"(载《文学史》第3辑,北京大学出版社1996年版)王国维之讲稿经吴其昌记录整理,以《王静安先生〈古史新证〉讲授记》为题,发表于《清华周刊》第374期。《古史新证》亦载《燕大月刊》第7卷第1—2期合刊。1935年,由北京来薰阁影印出版,由唐兰作《序》。1994年,清华大学出版社出版了《古史新证—王国维的最后讲义》,由季镇淮提供讲义并作《跋》,裘锡圭为该书写了《前言》。(参见张岂之编《民国学案》第三卷《王国维学案》,湖南教育出版社

2011 年版)

王国维 9 月 15 日与梁启超、赵元任由吴宓陪同拜见曹校长。18 日,王国维为《人间词话》重新出版事,复书陈乃乾。24 日,读蔡尚思所撰《文稿》后复信。同月,因蔡尚思向他请教读经问题,复函谓"可先读《毛诗》注疏,参考《说文》段注及《经义述闻》,再及《礼疏》;否则,精读《史记》《汉书》亦佳",又撰《经学概论讲义》。26 日,研究院学生选定研究题目,为指导学生进行专题研究,设立了 5 个研究室,王国维、梁启超、赵元任、陈寅恪和李济各负责一室。9—10 月,王国维将近作《西辽都城虎思斡耳朵考》,寄赠给日本友人神田喜一郎。10 月 16 日,王国维出席清华国学研究院第二次教务会议,议决编印《国学研究院丛书》,第一本为王国维《蒙古史料四种校注》。同月,王国维所撰《王子婴次卢跋》载《学衡》第 46 期。

王国维 10 月 2 日作《书番禺商氏所撰散氏盘墨本后》。26 日,因日本友人神田喜一郎询问关于《永乐大典》、赵友同《存轩集》等书,复函作答。同日,假沈宝熙藏芗楂书室抄本《蒙古源流》,以校光绪中刻本,又以《元秘史》《元史》《明史》等书详为校注。同月,摘录史籍中所言鞑靼、阻卜,草成《鞑靼年表》及《鞑靼考》1 卷。又草成《〈元朝秘史〉地名索引》。秋,撰《克鼎铭考释》1 卷,《盂鼎铭考释》1 卷。11 月 12 日,出席国学研究院举行第三次教务会议,议决设古物史料陈列室,举行外出考查,与外界协同进行考古事业等。15 日,王国维将研究元史等情况函告罗振玉。17 日,王国维与吴宓讨论明年招考科目。19 日,撰《蒙文元朝秘史跋》。又撰《〈元朝秘史〉校记》2 卷。21 日,王国维访吴宓。同月,又跋《蒙鞑备录》,撰成《鞑靼考》。11—12 月,撰《鄂侯骢方鼎跋》《秦瓦量跋》。12 月 5 日,王国维与吴宓、赵万里到琉璃厂购书。16 日,因是时研究元史,急需《黑鞑事略》等书参考,因复函罗振玉。同月,撰《辽金时蒙古考》。冬,撰《月支未西徙大夏时故地考》。(参见袁英光、刘寅生《王国维年谱长编(1877—1927)》,天津人民出版社 1996 年版;齐家莹编《清华人文学科年谱》,清华大学出版社 1999 年版;沈卫威《学衡派编年文事》,南京大学出版社 2015 年版;王学典《20 世纪史学编年(1900—1949)》,商务印书馆 2014 年版)

梁启超 2 月 12 日在《京报副刊》上发表《青年必读书十部》。22 日,吴宓持曹云祥校长之聘书,聘梁启超为清华国学院教授,并与之商量研究院章程及办法。3 月 13 日,梁启超、王国维到清华学校,表示应聘。14 日,梁启超亲往中山行馆吊唁孙中山逝世,致奠后,由汪精卫等招待。29 日,梁启超作《致王国维书》,谓"请将所拟清华研究院招生试题抄示一二,俾拟题参考"。同月,段祺瑞发起宪法起草会,坚邀先生赞襄其事,梁启超婉言谢绝之。4 月 23 日,梁启超来清华国学院,与吴宓、王国维一同商定研究院招生试题。5 月,拒绝出任段祺瑞政府请他任宪法起草会秘书长一职。6 月,梁启超与朱启钤、顾维钧、李士伟、范源濂、张国淦、董显光、丁文江等人就"五卅"惨案发表《共同宣言》,表示愤慨和谴责。又撰《为沪案告欧美朋友我们怎样应付上海惨杀事件》《沪案交涉方略敬告政府》《赶紧组织会审凶手的机关啊》《答北京大学教职员》等文论其事。

按:《共同宣言》以《梁启超等对于沪案之意见》载于 6 月《申报》,略曰:"要使得目前紧张的局面不再增加,我们希望两方面应该注意以下的步骤:(一)希望北京有关系的外国使馆赶紧训令上海领事团通告工部局,对于徒手的市民不再用武器,并且不靠武器的力量处置目前严重的局面。(二)希望上海市民始终保持稳健固有秩序的态度。不拿他们生命肢体再冒危险,而且不令将来有责任的机关用和平手段来解决时,增加困难。(三)双方当局应该立刻派公正的中外代表共同组织委员会,会同自由调查杀伤人的实在情形,来决定责任究竟在谁人身上,并作一个报告,作为解决这件事的根据。同时应该承认如果杀伤的行为照世界公认的法律原则的公断不是必要的,那么对于此案应有充分的处分。为使前项步骤得达我们所希望的效果起见,深望驻京有关系国的使馆,希本坦白的心来应付上海的现状,将此项惨案的责任问题,留待上文提议的公平自由调查的办法来确定。"

梁启超 6 月初发表《致罗素电》。同月 2 日,中华图书馆协会在北京正式举行成立大会,通过了协会组织大纲共 9 章 25 条。组织大纲规定该协会以研究图书馆学术、发展图书馆事业,并谋求图书馆之协助为宗旨。该协会的领导机构为董事部与执行部,梁启超被公推为首任董事部部长。25 日,张君劢致函梁启超,言圣约翰大学聘请讲学及草本党政纲事。7 月 30 日,梁启超作《致王国维书》,告阅考生试卷情况。7 月下旬至 8 月中旬,梁启超作《桃花扇注》,收入《专集》第 20、21 册。8 月 8 日,梁启超到清华学校研究院就任导师。9 月 8 日,梁启超出席国学研究院举行第一次教务会议,会上宣布了各教授指导研究学科的范围和普通演讲的讲题及时间。梁启超指导研究学科的范围为:诸子,中国佛学史,宋元明学术史,清代学术史,中国文学。11 日,梁启超在研究院向全体学生做如何选择研究题目和进行研究的谈话,谓本校"设研究院之本意,非欲诸君在此一年中即研究出莫大之成果也;目的乃专欲诸君在此得若干治学方法耳","总之,本院目的,在养成诸君研究学问的方法,以长期见面机会而加以指导"。后以《梁任公教授谈话记》为题,发表于《清华周刊》第 352 期。同日,梁启超所撰《学问独立与清华第二期事业》一文,载《清华周刊》第 350 期,强调"凡一独立国家,其学问皆有独立之可能与必要"。

按:其中涉及对清华学科发展的方向与定位,曰:"一国之学问独立,须全国各部分人共同努力,并不望清华以独占。但为事势便利计,吾希望清华最少以下三种学问之独立自任:一、自然科学——尤注重者生物学与矿物学。二、工学。三、史学与考古学。""若能办到此著,便是清华第二期事业成功。一国之政治独立及社会生活独立,俱以学问为之基础。吾侪今努力从事于学问独立,即为他日一切独立之准备。如此乃可语于清华第三期事业。"

梁启超 9 月 13 日与研究院学生谈《指导之方针及选择研究题目之商榷》,由周传儒记,连载《清华周刊》第 353、354 期,提出"研究院的目的,是在养成大学者,但是大学者不是很快很短的时间所能养成的""大学者,不单靠天才,还要靠修养,如果用科学的方法来研究,并且要得精深结论,必须有相当的时间,并受种种磨炼,使其治学方法与治学兴趣都经种种的训练陶冶,才可以使学问有所成就",所以"在研究中,必需做到的,有两件事:(一)养成做学问的能力。(二)养成做学问的良好习惯"。能力包括四方面:明敏、密察、别裁、通方。习惯也是四个方面:忠实、深切、敬慎、不倦。15 日,梁启超与王国维、赵元任由吴宓陪同拜见曹云祥校长。20 日,有致思顺、思成、思永、思庄一书,言及清华、北大、东大各校问题。

按:其中有曰:"日来许多'校长问题',纠缠到我身上,亦致忙之一。师大不必论,教职员、学生、教育部三方面合起来打我的主意。北大与教部宣战,教部又欲以我易蔡,东南大学则教部、苏省长、校中教员、学生,此数日内又迭相强迫。北大问题最易摆脱,不过一提便了。现在师大、东大尚未肯放手。我惟以极诚恳之辞坚谢之,然即此亦费我时间不少也。"

梁启超 9 月 23 日开始在清华国学院讲授"中国历史"。学生初受教于梁启超,问师:"近日患学问欲太多,而欲集中精力于一点,此一点为何? 先生曰:'史也! 史也!'"

按:此见姚名达在为《中国历史研究法补编》写的《跋》。又徐葆耕在《释古与清华学派》中说到梁启超在清华国学院讲"历史研究法"课程,可见梁启超当时的新史观,该文谓梁启超"仍不避批判旧史学锐气,提出求'真',求'活'的新目标,要求对历史的阐释应'求得真事实''予以新意义''予以新价值',并能'供吾人活动之资鉴'。从力本论出发,梁启超特别重视从历史中追寻民族的生命活力,以求得中华民族在弱肉强食的世界里得以生存.他独具慧眼地把历史分解为自然系和文化系,指出后者(即'人'的活动)是充满'殊相''偶然'和'无意识'的历史活动,不能用简单的归纳法、因果律来予以规范"(《文学史》第 3

辑)。

梁启超9月26日因研究院为指导学生进行专题研究,设立了5个研究室,与王国维、赵元任、陈寅恪和李济各负责一室。10月16日,出席清华国学研究院第二次教务会议,议决编印《国学研究院丛书》。18日,梁启超撰《〈龙游县志〉序》,后载《清华周刊》第361期,收入《文集》第15册。

按:梁启超在《〈龙游县志〉序》中指出:"方志之学,非小道也",因为"中国之大,各区域遗传实况、环境之相差别,盖甚。赜必先从事于部分的精密研索,然后可以观其全。不此之务,漫然搏拾一姓兴亡之迹,或一都市偶发之变态,而曰吾既学史矣,吾已知今之中国作何状,此又与不知之甚也。有良方志,然后有良史。有良史,然后开物成务之业有所凭借。故夫方志者,非直一州一邑文献之寄而已。民之荣瘁,国之污隆,于兹系焉"。梁启超不仅明确把地方志看作是地方史,而且还在此文中借总结章学诚、余绍宋所修志书的优点探讨了如何修纂优秀志书的方法。梁启超此序与其《中国历史研究法补编》《中国近三百年学术史》中有关方志的叙述构成了中国近代方志学理论体系的雏形,仓修良《方志学通论》认为"梁启超不仅是中国资产阶级史学理论的奠基人,而且也是资产阶级方志理论的开创者"。

梁启超10月25日以清华大学部历史教授刘崇鋐讲授"世界史",讲到印度部分,请其代讲"印度之佛教"一章。此讲稿以《佛陀时代及原始佛教教理纲要》为题,载《清华周刊》第358—362期,又题为《佛教理概要》连载于11月28日及12月7、9、10、12日《晨报副刊》。秋冬之际,梁启超撰《中国文化史—社会组织篇》,刊于《专集》第18册。

按:梁启超曾拟撰一部多卷本《中国文化史》,其中《中国历史研究法》为第1卷,《五千年史实鸟瞰》为第2卷。此处所谓《中国文化史》计8章,实为《社会组织篇》的一部分,为1925年在清华大学之讲义。

梁启超11月2日在校讲演《研究院之目的及我对于本院前途之志愿》。6日,梁启超向研究院学生讲演《读书法》,由吴其昌记录,连载于《清华周刊》第358—359期。主要讲求知目的有二:一是求智,二是致用。即"知行合一",二者兼备方称得上学问。12日,出席国学研究院举行第三次教务会议,议决设古物史料陈列室,举行外出考查,与外界协同进行考古事业等。23日,吴宓、张歆海来访,梁启超表示自己愿意出任清华学校校长。24日,梁启超向吴宓表示自己愿就校长,要胡适到研究院来任职。同月,时局紧张,门人后辈中颇多投身政潮者,梁启超虽不谓然,但政治兴味则甚浓厚。12月1日,梁启超《中国都市小史》刊于《晨报》,此篇及《中国之都市》(1926年12月《史学与地学》第1—2期),即《中国文化史》第8章《都市》,收入《专集》第18册。20日,梁启超致李仲揆、袁守和一书,商制定中国图书分类法各事。25日,梁启超在清华政治学研究会做题为"政治家之修养"之讲演,由张锐、吴其昌记录,载《清华周刊》第365期。并载12月27日《国闻报》第2卷第50期。同月,梁启超兼任京师图书馆馆长。所著《要籍解题及其读法》一书由清华周刊社印刷出版,是书系先生于民国十三年春季在清华学校所讲之一部讲义。又有《中国奴隶制度》,刊于《清华学报》第2卷第2期。(参见袁英光、刘寅生《王国维年谱长编(1877—1927)》,天津人民出版社1996年版;齐家莹编《清华人文学科年谱》,清华大学出版社1999年版;沈卫威《学衡派编年文事》,南京大学出版社2015年版;王学典《20世纪史学编年(1900—1949)》,商务印书馆2014年版)

赵元任上半年继续羁留法国,时而去英国参加伦敦大学的学术活动。在法与刘半农夫妇经常来往。对刘半农发明的"乙二推断尺"及正在进行的汉语字声实验很有兴趣,常在一起废寝忘食地讨论。刘半农定于3月参加法国国家文学博士学位答辩,与元任夫妇约好,在答辩通过后,两家一同回国,预订了4月23日由马赛启程驶往上海的S. S. Porthos轮三等舱票。当时,元任一家经济也不充裕,希望两家一起,互相照顾。3月17日,去巴黎大学的路易·利雅大厦(Salle Louis Liard)参加刘半农的答辩,历时达6小时之久,主考们出来向刘半农祝贺,宣布答辩通过,授予法国国家文学博士学位。4月15日,刘半农荣获法国最高文艺学院语言学专奖,随后有一系列仪式与活动,无法按原定日期成行,赵元任夫妇则决定按原期回国。4月下旬,赵元任一家由巴黎乘火车去马赛。刘半农一家到车站送行,相约不久在中国再见。

赵元任5月28日船抵上海,住东亚旅馆。杨杏佛、胡明复等来访,并介绍情况,方知上海和南京一带形势非常紧张。东南大学也在闹风潮,其中一派因知元任回国在沪,正拟迎接元任去南京主持校务。赵元任原拟回老家探望亲友,见情况复杂,更怕卷入东南大学纠纷,不得不改变计划,急买北上天津船票,于6月4日不辞而别。船到天津,丁文江到码头迎接。5日,清华梅贻琦、张彭春接元任一家到清华园,住南院(后改称老南院)1号。12日,赵元任继王国维、梁启超之后,正式到校就任国学院导师。15日,校长曹云祥批准研究院教职员名单,即教授:王国维、梁启超、赵元任、陈寅恪。次年8月,陈寅恪到任,一时形成以拥有"四大导师"而引以为豪的清华国学研究院鼎盛时期。7月11日,曹云祥校长为欢迎赵元任、李济而设宴,张彭春、吴宓作陪。8月4日,吴宓致函章昭煌,聘其为赵元任的助教。31日,赵元任访吴宓。

赵元任9月8日出席国学研究院举行第一次教务会议,会上宣布了各教授指导研究学科的范围和普通演讲的讲题及时间。赵元任教授指导范围包括:现代方言学、中国音韵学,普通语言学。15日,赵元任与梁启超、王国维由吴宓陪同拜见曹云祥校长。26日,研究院设立5个研究室,赵元任与王国维、梁启超陈寅恪和李济各负责一室。同日,由回国继续在北京大学任教的刘半农发起,到赵元任家讨论成立"数人会",刘半农、钱玄同、黎锦熙、汪怡、赵元任出席,是为在京几位研究音韵学者的联谊会,兼作讨论学理的聚谈会,会名取自隋陆法言《切韵》序:"魏著作谓法言曰:'我辈数人,定则定矣'"之意。10月16日,出席清华国学研究院第二次教务会议,议决决定编印《国学研究院丛书》。17日,刘半农、钱玄同、黎锦熙、林语堂、汪怡到赵元任举行第二次会议,"数人会"正式成立。

按:"数人会"从1925年9月到1926年9月共开了22次会,提出了"国语罗马字拼音法式"稿本。1925年12月,教育部国语统一会同意采用"数人会"提出的以北京音系为国音的建议。

赵元任23日应清华科学社邀请,讲演《近在日前之现象》,将能见能听等普通人所不注意之现象,一一讲解,助之以图,听者踊跃,有人满之患。同月,赵元任为指导学生选定研究题目做《中国语言研究题示例》的谈话,后载《清华周刊》第354期。11月12日,出席国学研究院举行第三次教务会议,议决设古物史料陈列室,举行外出考察,与外界协同进行考古事业等。是年,赵元任几次与萧友梅谈论音乐教育问题,相互交换自己的音乐作品;赵元任为外国人学习中国语言(国语)而著的留声机片教程 *A Phonograph Course in the Chinese National Language* 由上海商务印书馆出版。

按:赵元任在序言(英文)中指出:用留声机片教授言语并不新鲜,用留声机片教授中国语言(国语)也已不是第一次,但是用留声机片教授外国人学习中国国语则确是第一次尝试。(参见赵新那、黄培云编《赵元任年谱》,商务印书馆1998年版;齐家莹编《清华人文学科年谱》,清华大学出版社1999年版;沈卫威《学衡派编年文事》,南京大学出版社2015年版)

李济继续任南开大学教授。7月11日,曹云祥校长为欢迎赵元任、李济而设宴,张彭春、吴宓作陪。9月,李济正式应聘任清华国学研究院专任讲师,兼任历史学系教授。讲授"普通人类学""人体测量学""古器物学""考古学"等课程(助教王庸),同时与美国弗利尔艺术馆的毕士博合作,由美方提供经费,以清华的名义,主持考古工作。9月8日,出席国学研究院举行第一次教务会议,会上宣布了各教授指导研究学科的范围和普通演讲的讲题及时间。李济指导范围为:中国人种考。26日,研究院为指导学生进行专题研究,设立了5个研究室,李济与王国维、梁启超、赵元任、陈寅恪各负责一室。10月16日,出席清华国学研究院第二次教务会议,议决编印《国学研究院丛书》。31日,李济开始上普通演讲课"人文学"。11月12日,出席国学研究院举行第3次教务会议,议决设古物史料陈列室,举行外出考查,与外界协同进行考古事业等。(参见齐家莹编《清华人文学科年谱》,清华大学出版社1999年版;沈卫威《学衡派编年文事》,南京大学出版社2015年版)

　　孙伏园自1924年12月5日开始主持《京报副刊》笔政,是年1月4日在报上刊出《一九二五新年本刊之二大征求"青年爱读书十部""青年必读书十部说明"》,征求书目附卷随《京副》发送。到4月9日,"青年必读书"共收到海内外"名流学者"的答卷78份,其中有胡适、梁启超、周作人、马裕藻、鲁迅、林语堂、沈兼士、顾颉刚、马叙伦、许寿裳、太虚、李笠、汪辟疆、孙德谦、陈衍、钱基博等。从2月11日始,陆续在《京报副刊》上发表;"青年爱读书"共征得全国各地青年的答卷306份,一次性刊于3月发行的《"青年爱读书"特刊》。

　　按:胡适2月11日在《京报副刊》上发表《青年必读书十部》,其中中国典籍5部,即《老子》《墨子》《论语》,王充《论衡》、崔述《崔东壁遗书》,另有英文书5部。

　　梁启超2月12日在《京报副刊》上发表《青年必读书十部》,包括《孟子》《荀子》《左传》《汉书》《后汉书》《资治通鉴》《通志》二十略、王阳明《传习录》《唐宋诗醇》《词综》。

　　周作人2月14日在《京报副刊》上发表《青年必读书十部》,包括《诗经》《史记》《西游记》、汉译《旧约》(文学部分)、严译《社会通诠》、威斯德玛克《道德观念之起源与发达》、凯本德《爱的成年》、色耳凡德思《吉诃德先生》、斯威夫德《格里佛旅行记》、法兰西《伊壁鸠鲁的园》。

　　马裕藻2月18日在《京报副刊》上发表《青年必读书十部》,包括顾炎武《日知录》、黄宗羲《明夷待访录》、戴震《孟子字义疏证》、章学诚《文史通义》、龚自珍《定庵文集》、戴望《颜氏学记》、夏曾佑《中国历史》、康有为《新学伪经考》、崔适《史记探源》、章太炎《检论》。

　　林语堂2月23日在《京报副刊》上发表《青年必读书十部》,包括《诗经》《左传》《老子》《庄子》《四书》《昭明文选》《九种纪事本末》《说文释例》《西厢记》《红楼梦》。

　　罗振玉2月23日深夜在日本公使馆庇护下,陪同溥仪秘密迁至天津日本租界地张园,后因功被委为顾问。

　　沈兼士2月25日在《京报副刊》上发表《青年必读书十部》,包括《科学方法论》《书目答问》《中国历史研究法》《经学历史》《中国哲学史大纲》《诗经》《史记》《汉书》《杜诗》《儒林外史》。

　　易培基2月26日在《京报副刊》上发表《青年必读书十部》,包括《说文解字》《毛诗》《史记》《汉书》《三国志》《资治通鉴》《墨子》《古书疑义举例》、严复译《群己权界论》和《法意》。

　　郑介石2月28日在《京报副刊》上发表《青年必读书十部》,包括《传习录》《孟子》《论语》《史记》《汉书》《资治通鉴》《诗经》《左传》《庄子》《马氏文通》。

　　顾颉刚3月1日在《京报副刊》上发表《有志研究中国史的青年可备阅览书十四种》,包括《山海经》《武梁石室画像》《世说新语》《洛阳伽蓝记》《大唐西域记》《唐人说荟》《宋元戏曲史》《元秘史》《马可波罗游记》《陶庵梦忆》《徐霞客游记》《桃花扇》《西秦旅行记》《南洋旅行记》。

　　马叙伦3月6日在《京报副刊》上发表《青年必读书十部》,包括《说文解字》《史记》《周礼正义》《墨子》《老子》《庄子》《论衡》《论语》《唐五代词选》《杜工部诗》。

　　罗庸3月7日在《京报副刊》上发表《青年必读书十部》,包括《论语》《老子》《小戴礼》《孟子》《春秋左氏传》《史记》《汉书》《资治通鉴》《毛诗》《楚辞》。

　　汪兆铭3月8日在《京报副刊》上发表《青年必读书十部》,包括《孟子》、王阳明《传习录》、黄宗羲《明夷待访录》、孙中山《民族主义民权主义民生主义》、吴稚晖《上下古今谈》《经史百家杂钞》《十八家诗钞》《毛诗》《陶渊明诗》,张皋文《词选》。

常乃惪3月13日在《京报副刊》上发表《青年必读书十部》,包括《中华民国临时约法》、吴敬恒著《中华民国暂行新刑律上下古今谈》、美浦来士著《近代民治主义》《社会问题概观》《胡适文存》《科学与人生观》、英威尔斯著《史纲》《发明与文明》《东坡诗集》。附注:一二国民常识,三比科学大纲通俗点,四民主国民应知者,五世界思潮,六中国现代思潮,七人生观,八因无通俗历史善本,聊胜于无,九进行应知,十文学中最易启发青年思想者。(更正字样:"美浦来士著"系"英浦来士著"之误,不知系我的笔误抑排字人排错了,应即更正。常乃惪,1925年3月15日)

吴稚晖1月在孙中山北上后因病手术之际,受孙中山指派,与李大钊、于右任、李石曾、陈友仁5人组成北京政治委员会,负责重大事务的决策。3月12日,孙中山逝世,为其举丧,发表《我亦一谈中山先生》,回忆当年与孙中山的交往,高度评价孙中山的历史地位和革命贡献。10月,北京清室善后委员会通过《故宫博物院临时组织大纲》及《故宫博物院临时董事会组织章程》,推定吴稚晖等21人为董事。其间,在北京创立海外预备学校,召集党内元老之子女,加以集中教育,亲自为学生教授中英文。11月,林森、邹鲁、谢持等人策划组织国民党内反对派"西山会议派",在香山碧云寺召开中央委员全体会。虽受邀,但不认同对方理念,认为可对汪精卫加以劝告,而非弹劾;对共产党应相互协商,避免全面破裂。故始终未参加西山会议。(参见金以林、马思宇编《中国近代思想家文库·吴稚晖卷》及附录《吴稚晖年谱简编》,中国人民大学出版社2015年版)

戴季陶1月得知孙中山入医北京协和医院,即北上侍疾。3月11日,在孙中山遗嘱上签字,为9名证明人之一。3—4月,在孙中山治丧移殡结束后,即返沪,于萨坡赛路慈安里设季陶办事处,努力于著书立说。5月7日,与谭平山、汪精卫、沈定一、甘乃光等5人被中央常务委员会("中央常委会")推为组织考试委员会。17日,与汪精卫、沈定一、于树德、张国焘、邵元冲、谭平山等7人被中央常委会推定为临时政治宣传委员会委员。18日,国民党中央在北京召开一届三中全会,中途迁往广州继续会议。其在会上呈交预先写好的《接受总理遗嘱宣言》提请讨论,经激烈讨论终获通过。会后返沪。5—7月,先后完成《孙文主义之哲学的基础》与《国民革命与中国国民党》两本小册子。7月27日至8月3日,在《民国日报》副刊《觉悟》连载《孙文主义之哲学的基础》,此文同时由上海民智书局印行。9月,戴季陶与邹鲁、林森等共议反对广州国民党中央之事。11月中旬,与叶楚伧、沈定一等前往北京,计划参加11月23日的西山会议。19日,数十名暴徒至西山香云旅社将其殴伤,指其与沈定一为共产党,继又架至北京城内国民党同志俱乐部,威胁其不得与会。20日,被迫离京,以书面声明在一定主张下,可以同意会议决议。12月13日,电告宣布自行解除所有党政职务,返回浙江湖州养病。(参见桑兵、朱凤林编《中国近代思想家文库·戴季陶卷》附录《戴季陶年谱简编》,中国人民大学出版社2015年版;成棣《周予同先生年谱》,载《传统中国研究集刊》第20辑,上海社会科学院出版社2019年版)

杨度3月12日在孙中山病逝于北京后,呈送一副挽联表示吊唁:"雄做事无他,只坚忍一心,能全世界能全我。自古成功有几,正疮痍满目,半哭苍生半哭公。"随后杨度通过胡鄂公和李大钊参加了"反帝国主义大同盟"活动。(参见左玉河编《中国近代思想家文库·杨度卷》及附录《杨度年谱简编》,中国人民大学出版社2015年版)

范源濂在2月2日出任北京临时执政府教育部新成立教育行政讨论会会长,蒋梦麟为副会长。该会"以讨论审查关于教育行政上之重要问题为目的",会员共40人,除部派邓萃英、秦汾等18人外,并函聘教育专家蔡元培、范源濂、蒋梦麟、顾孟余、杨荫庆、张耀翔等20余人为会员。"三一八"惨案发生后,范源濂特送一幅挽屏以示哀悼。11月,范源濂任中华图书馆委员会委员长,陈仲骞为副委员长,胡适为书记,梁启超、李四光分任正副馆长。(参见中央教育科学研究所编《中国现代教育大事记1919—1949》,教育科学出版社1988年版)

沈钧儒仍居北京。2月25日,出席国会非常会议。与范熙壬、王用宾、向乃祺、周恭寿、黄元操、郑衡之7人被指定共同起草《国会非常会议第三次宣言》及《国民会议组织法》。3月19日,参加国会非常会议,通过先生等所起草的国会非常会议第三次宣言,并以"快邮代电"通电全国。22日,与褚辅成、韩玉宸等100余人在中央公园水榭,讨论联省自治运动方法,任会议临时主席,向会议报告迭次开会经过。经讨论,多数人主张先不成立组织,从联络各省入手,然后正式组党。4月,段祺瑞政府公然做出曹锟所不敢做的事,悍然承认"金佛郎案"。21日,发表"金佛郎案"新协定8条,遭到国会非常会议的强烈反对。22日国会非常会议召开紧急大会。议决:将对"金佛郎案"发表宣言。8、9月间,沈钧儒等部分拒贿议员虽仍为国会非常会议的存在而奔忙,但因国民党已经抛弃了护法的旗帜,北方军阀也没有人愿意支持国会,国会非常会议终于无结果而散。沈钧儒暂留北京。(参见沈谱、沈人骅编《沈钧儒年谱》,中国文史出版社1992年版)

王宠惠任修订法律馆总裁,当选为"国际联合会国际法革新编纂委员会"(A Member of the League Committee for the Progressive of International Law)委员之一。任关税特别会议中国代表,法权调查委员会名誉主席,提出《对于在中国治外法权现代实行状况之意见书》。(参见张仁善《王宠惠先生年谱》,载《王宠惠法学文集》,法律出版社2008年版)

柯劭忞10月主持编辑了《四库全书提要》,亲手整理编辑经部易经类提要152条。同月9日,东方文化事业总委员会在北平北海静心斋成立。柯劭忞、贾恩绂、王树枏等中方委员11人、狩野直喜、内藤虎次郎等日方委员10人,柯劭忞任主任委员。

按:1923年3月下旬,日本众议院和上议院先后通过了《日本对华(支那)文化事业特别会计法》,决定在北京设立人文科学研究所及图书馆,在上海设立自然科学研究所,为此先设立"东方文化事业总委员会"。该委员会包括《续修四库全书总目提要》即由该委员会主持。(参见王学典《20世纪史学编年(1900—1949)》,商务印书馆2014年版)

易培基8月2日在教育总长章士钊宣布解散女子师范大学的次日,与李石曾等集会援助女师大学生。10月10日,出席故宫博物院在乾清门内举行成立典礼。故宫博物院设古物馆和图书馆,易培基任古物馆由馆长,张继、马衡副之;图书馆由陈垣任馆长,沈兼士、袁同礼副之。图书馆复分图书、文献两部,文献部由沈兼士主持,从事档案文献的整理出版。12月24日,段祺瑞令继续办理女子师范大学,派易培基为校长。31日,段祺瑞为适应时局新变化,任许世英为国务总理,易培基为教育总长。(参见王学典《20世纪史学编年(1900—1949)》,商务印书馆2014年版)

陈垣1月20日接雷鸣夏来函,遵嘱代抄也里可温材料。1月25日,陈垣在《晨报》6周纪念增刊第4版再次发表《拟编中西回三历岁首表意见书》。是月,陈垣继续点检清宫文物。因点查工作繁重,事务工作甚多,故很多北京大学文、史两系的教职工和学生参加,同时聘请马裕藻、马衡、董作宾、徐炳昶、杨树达、蒋梦麟、徐森玉、黄文弼、容庚、单士元、魏建功、吴承仕等学者协助工作。工作分若干组,每组由善委会委员负责,组中人员各有分工。每组人员到齐,工作才能开始。查点完毕,各自签名。同月,李煜瀛(石曾)来函,请陈垣主持清室善后委员会会务。2月28日,经陈垣介绍,清室善后委员会同意聘任吴承仕到故宫任点查员。同月,为瞿宣颖《北京历史风俗丛书》作序。指出阿剌伯回回教徒也黑迭儿是元大都宫城的建筑设计者。

按:序云:"瞿子撰《北京历史风土丛书》,征序于余。余于此无专门研究,何足以益瞿子?顾有一事为自来言都门掌故者所未注意,或亦瞿子所乐闻也。清宫城之制沿于明,明沿于元,今人徒叹北京宫阙之宏丽,而不知其始建筑者阿剌伯回回教徒也黑迭儿也。也黑迭儿为建筑学专家、元至元三年定都燕京,诏张柔、段天佑、也黑迭儿同行工部,修筑宫城。元制:工部尚书三员。张柔,武人,为镂功奇石张弘范之父、翌年即卒,未与其谋;段天佑,亦武人,不谙工事,曾任大都留守。其职掌犹卫戍司令;而也黑迭儿则兼领茶迭儿局。茶迭儿。华言庐帐,犹土木工程局也。此事详载《欧阳圭斋集·马合马沙碑》。而《元史·世祖纪》书修筑宫城事,独遗也黑迭儿之名,仅言其中统至元间修琼花岛而已。陶宗仪《辍耕录》言元宫阙制度甚备.亦不言计画建筑者为谁。孙承泽、朱彝尊诸书更无论矣。此吾国士夫从来轻视异教徒及工程学者之过也。愿因瞿子书一表彰之。"(《北京历史风土丛书》,北京广业书局1925年石印本)

陈垣4月11日辑录丘处机和耶律楚材在西域相互唱和诗作,成《丘耶西游倡和诗》1卷,并写下识语。17日,在故宫斋宫发现元刻本《元典章》。自述谓"清室善后委员会在斋宫发见元刻本《元典章》,有汲古阁主人毛晋私印,即《四库提要》所谓内府藏本是也"。4月28日,带领助手清点故宫摛藻堂,发现尘封多年的《四库全书荟要》,特意留影纪念。

按:据刘乃和《励耘承学录》记述:"更使他异常高兴的事,是他在摛藻堂发现了《四库全书荟要》。那天,他们点查到紫禁城御花园琼苑东门内摛藻堂的时候,打开殿门,只见屋内连楹充栋,百架横陈,架前堆叠杂书,满屋尘封土覆,看来已多年无人进入。他们打扫清理,搬移杂书,发现满架排列的是一部《四库全书荟要》。他惊喜非常,粗略统计,有一万多册。次日,特在摛藻堂门前拍照留念,以表示对此事的欣喜之情。留为纪念。照片上,手中拿的就是点查登记册、衣襟上带的是善委会委员进行工作时的绸签标志。照片下的字为陈老亲笔,书的册数是未经点查时粗略估计的数字。《四库全书荟要》与《四库全书》同时编成的。编《四库全书》时,乾隆帝已63岁,他恐怕《四库》编成时间太久,自己年事已高、生前不见得能看到,所以又命四库馆臣选择全书的菁华,缮写为《四库荟要》,其编写形式与《四库全书》全同,共收书173种,11151册,分装于一千函中。另外函为总目,书皮颜色也按《四库全书》,经绿色,史红色,子白色,集灰色,总目香色。《荟要》共抄两部,一部放在圆明园味腴书屋.一部即放在紫禁城内摛藻堂。今圆明园的一部已焚毁,摛藻堂这一部成为世间仅存,后自北京的故宫移贮于我台湾省。在点查武英殿刻书处时,又在其中发现了自《四库全书》中撤出准备销毁的书,有李清《诸史同异录》、周亮工《读画录》等的残本,都是很难看到的书。"

陈垣6月20日接吴承仕来函,告知太极殿、长春宫等处有盗窃痕迹及相关问题。7月14日,编撰完成《中西回史日历》20卷初稿,作自序。8月1日,吴承仕来函,告知在养心殿发现康有为、升允、金梁、江亢虎等阴谋复辟的函件。8月,马相伯、英敛之筹办北京公教大学,推荐陈垣担任公教大学副校长。除推重陈垣的学问外,也因为陈垣曾经担任教育部次长,进行立案时较为熟手。10月10日,清室善后委员会及北京各界人士在乾清门广场召开大会,宣布故宫博物院成立,并通电全国。陈垣任故宫博物院理事会理事。故宫博物院设古物馆和图书馆,古物馆由易培基任馆长,张继、马衡副之;图书馆由陈垣任馆长,沈兼士、袁同礼副之。28日,致章士钊函,对其欲校勘出版李之藻所译《名理探》提出意见和建议。31日,撰写完成《再论〈遵主圣范〉译本》。同月,在《晨报》7周纪念增刊上发表《二十史朔闰表例言》。11月初,英敛之来函,请陈垣为原藏故宫懋勤殿而被陈垣新发现的《教王禁约》和《康熙谕西洋人》两份档案加上跋语,准备影印出版。11月25日,陈垣著成《二十史朔闰表》,并于年底作为北京大学研究所国学门丛书之一种出版。

按:陈垣《二十史朔国表例言》:"始吾欲为中西两千年日历,曾将中史两千年朔闰考定。迨《中西回史日历》告成,凡二十卷,卷帙较繁,一时不能付印。而朋辈索观及借钞者众,故特将中史朔闰表先付影印,而西历回历亦附见焉。"

按:《二十史朔闰表》出版后,在学术界引起极大轰动,受到普遍欢迎和肯定,很快抢购一空。半年后即再版。胡适《介绍几部新出的史学书》(《现代评论》1926年第4卷第91期)评论说:"此书在中学上的用处,凡做过精密的考证的人皆能明了,无须我们一一指出。……我们应该感谢陈先生这一番苦功夫,作出这种精密的工具来供治史者之用。……这种勤苦的工作,不但给刘羲叟、钱侗、汪曰桢诸人的'长术'研究作一个总结果,并且可以给世界治史学的人作一种极有用的工具。"刘乃和《励耘承学录》说:"《二十史朔闰表》当时所以受到如此重视和欢迎,就因为它是一本读史不能离开的极好工具书,内容确切严密,使用方便。这书出版前,我国还从来没有一部贯穿二千年,中历、西历、回历可以互换的精确年表。……这部书是我国历表的创举,六十多年来,学人称便。内容有其自己的特点,为目前其他历表所不能代替。"(参见刘乃和、周少川、王明泽《陈垣年谱配图长编》,辽海出版社2000年版)

顾颉刚任北京大学研究所国学门助教。4月30日至5月2日,顾颉刚受北大风俗调查会之托,与容庚、容肇祖等人到妙峰山调查进香风俗,是为我国第一次有领导、有组织、有计划的庙会风俗调查。5月13日,在《京报副刊》第147号开始推出"妙峰山进香专号",再次引起学界震动。顾颉刚等人的妙峰山进香调查,是中国学界第一次有目的、有计划、有组织的民俗学田野作业,开中国民俗学田野调查的先河,提供了田野作业的典范。

按:"妙峰山进香专号"专号第一篇文章是容肇祖的《妙峰山进香者的心理》。此后又刊出孙伏园《朝山记琐》、容庚《碧霞元君庙考》、俞宗杰《妙峰山的漫游》、顾颉刚《游妙峰山杂记》、俞琴《妙峰山的传说、妙峰山上的口号》等共18篇文章。专号中的文章,以顾颉刚的《妙峰山的香会》一文最有价值。有学者指出:"无论就方法的独特,还是就分析的缜密而言,该文都是难以企及的典范,除了奉宽的妙峰山琐记,至今还没有一篇研究妙峰山进香民俗的文章或专著能够与之媲美。"1928年9月,专号中的文章与顾颉刚收集到的其他讨论妙峰山的文章共29篇,以《妙峰山》为题,作为中山大学语言历史研究所民俗学会丛书之一结集出版。

顾颉刚在"五卅"惨案发生后任北大救国团出版股主任,负责为《京报》主编《救国特刊》。顾颉刚撰写《发刊词》,指出此刊"宗旨有二件:一是用浅近的语言作演讲稿,可以供给演讲员的应用;二是把这次的事变寻出它的前因后果,以求不止于这一件事的解决,更进而了解多少件积案,慢慢地计划总解决的办法"。先后在《特刊》发表《上海的租界》《鸦片战争》《不平等条约之一——江宁条约》《不平等条约之二—天津条约》《不平等条约之三—中法条约》《永久的救国事业的真实基础》《救国与工作》等数十篇讲演稿及评论文字,并想写出一部通俗易懂的"国耻史",以昭示国人、唤醒民众。6月,与友人在京重组朴社,任总干事。开门市部景山书社,预备出书。8月30日,任中华图书馆协会分类委员会委员。暑后,将《歌谣》周刊扩张为《北京大学研究所国学门周刊》,继续编辑,其中《孟姜女专号》编至17期,为此专号作文多篇。作《吴歌甲集附录·写歌杂记》。又作《吴歌甲集》自序,感谢北大同人的帮助。作《尚书》单篇译文发表,受到学术界好评。8月下旬,顾颉刚见曹聚仁编《古史讨论集》此书错字很多,印刷粗劣,决定开始另行编辑,并将此书定名为《古史辨》,先行编成《古史辨》第一册。9月9日,顾颉刚致信胡适,谈到编刊《古史辨》的缘由,谓"曹聚仁君将辩论古史的文字出版后,朴社同人大哗。因他们嘱我编辑《古史辨》付印。我已于二年前答应他们了。现在只得赶速编集,并赶作些文字加入"。11月18日,顾颉刚在《北京大学研究所国学门周刊》第10、11、12期连载《论〈诗经〉所录全为乐歌》,文中提出"《诗经》中一大部分是为奏乐而创作的乐歌,一小部分是由徒歌而变成的乐歌"的观点。是年,顾颉刚为孔德学校图书馆整理蒙古车王府曲本千余册,至次年编《曲本分类目录》;作《答柳翼谋先生》刊于《国学门周刊》，又收入《古史辨》；作《盘庚》《金滕》两篇的今译发表，开《尚书》今译之先河。

按：顾颉刚意在明了经书的真相，辑出古代的真貌，并探索怎样使《尚书》能为今日研究工作所利用。该项工作在学术界甚得好评，朱自清认为："五四运动以后，整理国故引起了古书今译。顾颉刚先生的《盘庚》篇今译最先引起我们的注意。他是要打破古书奥妙的气氛，所以将《尚书》里诘屈聱牙的这《盘庚》三篇用语体译出来，……他的翻译很谨严，也够确切；最难得的，又是三篇简洁明畅的白话散文，独立起来看也有意思。"（参见顾潮编著《顾颉刚年谱》，中国社会科学出版社1993年版；顾潮《中国近代思想家文库·顾颉刚卷》附录《顾颉刚年谱简编》，中国人民大学出版社2015年版；王学典《20世纪史学编年（1900—1949）》，商务印书馆2014年版）

容庚　1月整理方濬益《缀遗斋彝器款识》手稿。同月起，校《红楼梦》，10月写成，就《红楼梦》本子问题撰文质胡适之、俞平伯先生一文。3月12日，孙中山逝世于北京，容肇祖拟挽联云："革命虽未成，公之精神满天下。苛政亦云猛，我所忧思在故乡。"又联云："为天下不顾家，故乡偏千里创痍，民生之谓何，一死空留遗恨在。定方略以建国，革命积卅年心血，哲人其萎矣，万方同吊泪痕多。"后联曾写送到追悼会。4月30日至5月2日，与容肇祖、孙伏园、庄严等参与顾颉刚受北大风俗调查会之托到北京妙峰山调查进香风俗活动。5月16日，容庚于陈垣家识张荫麟。7月，所著《金文编》出版。9月28日，被聘为广东大学文科教授，后辞职未去。11月2日，为研究所编金石书目。（参见容庚《颂斋自订年谱》，东莞市政协编《容庚容肇祖学记》，广东人民出版社2004年版）

容肇祖　4月与顾颉刚、孙伏园、容庚等民俗学爱好者一道，于春天对北京妙峰山的进香活动作调查。容肇祖写有《妙峰山进香者的心理》一文，刊登在《京报副刊》的《妙峰山专号》上。所撰《戴震说的理及求理的方法》刊于《国立北京大学国学季刊》第2卷第1号。（参见《容肇祖全集》编纂委员会《容肇祖全集·容肇祖自传》，齐鲁书社2013年版；衷尔钜《容肇祖年谱简编》，东莞市政协编《容庚容肇祖学记》，广东人民出版社2004年版）

俞平伯　1月13日致周作人信，谈及"拟作《红楼梦》新论"，稿未写出，已被《现代评论》预定了去。16日，与钱玄同、许钦文问访周作人，为周作人40岁生日祝寿。同日，作论文《〈红楼梦辨〉的修正》讫，发表在2月7日《现代评论》第1卷第9期，指出《红楼梦辨》一书首先要修正的是"《红楼梦》为作者的自叙传"这一观点。

按：俞平伯检讨自己在书中"不曾确定自叙传与自叙传的文学的区别""无异不分析历史与历史的小说的界线"，他希望"净扫以影射人事为中心观念的索隐派的'红学'"。他说："我从前写这书时，眼光不自觉地陷于拘泥。那时最先引动我的兴趣的，是适之先生的初稿《红楼梦考证》；和我以谈论函札相启发的是颉刚。他们都以考据名癖的，我在他们之间不免渐受这种癖气的熏陶。"

俞平伯　1月26日在《语丝》周刊第11期发表《修正〈红楼梦辨〉的一个楔子》。2月2日晚，在东兴楼为即将赴武昌师范大学任教的杨振声饯行，周作人应邀出席。上旬，收到朱自清1月30日自白马湖春晖中学的来信，谈春晖中学发生风潮事，颇想脱离教育界，另谋职业，也想到北京去，请俞平伯为他留意。下旬初，俞平伯由周作人介绍，到燕京大学文学会演讲。3月3日，作论文《文学的游离与其独在》，载《我们的六月》。同月，俞平伯校点清代石玉昆著《三侠五义》120回本由上海亚东图书馆出版，书内有俞平伯写的校勘通则、所用标点示例以及《校读后记》；开始在北京外国语专门学校任中文教员，时间仅数月。4月11日应顾颉刚邀请，在景阳宫御书房参加点查书籍。6月，被清室善后委员会聘为顾问，与顾颉刚一起整理清宫书画。秋，俞平伯任教于燕京大学，讲授中国文学史等课。5月26日，与刘大杰讨论高鹗续《红楼梦》的通信二则发表在《晨报副刊》。同月，应顾颉刚邀请，到末代皇帝溥仪妻所居之储秀宫点查物品。后作《杂记"储秀宫"》，记其所见。6 月 9 日，致顾颉刚信，讨论《诗经·野有死麕》。15 日，作杂感《雪耻与御侮——这是一番闲话而已》，刊于 6 月 22 日《语丝》周刊第 32 期。

　　按：俞平伯在文中指出"被侮之责在人，我之耻小；自侮之责在我，我之耻大"，年来国耻大于外辱，所以，主张必先"克己""先扫灭自己身上作寒作热的霉菌，然后去驱逐室内的鼠，广外的豺狼"。此文发表后，曾引起反响与争论，郑振铎代表叶圣陶、沈雁冰、王伯祥等人连续写了数篇文章，批评俞文的观点。一年后，为了"存此以见吾拙"，俞平伯仍将此文收入了《杂拌儿》文集。数十年后，俞平伯回忆这段经历说："五卅"运动后，"我和振铎曾打过一场笔墨官司，……我那时的看法，认为必先自强，然后能御侮；振铎之意恰相反，他认为以群众的武力来抵抗强暴才是当务之急，切要之图。现在想起来，当然，他是对的。他已认清了中国的敌人是帝国主义，而我其时正在逐渐地沉没在资产阶级学者们的迷魂阵里"。

　　按：7 月 5 日，郑振铎在《文学周报》第 180 期发表《杂谭》，批评俞平伯的《雪耻与御侮》的观点。7 月 20 日，俞平伯在《语丝》周刊第 36 期发表《质西谛君》，对郑振铎的批评予以反驳，他在文末说：西谛君在《杂谭》一文上终没有指斥我的名姓，只是某君某君地叫着。我觉得大可以不必，我若错了，他为我讳亦无益；我若不错，他硬派我有错亦不能。藏头露尾，遮遮掩掩的讲话，正是中国人的传统态度，不特西谛君所不取，即我亦有所不屑似的。故此文题为《质西谛君》。7 月 22 日，郑振铎作《答平伯君》，继续讨论"雪耻与御侮"的问题，并将文稿寄给俞平伯过目。后由俞平伯将文稿交给李小峰，刊于 8 月 10 日《语丝》周刊第 39 期。7 月 29 日，俞平伯作《答西谛君》，刊于 8 月 10 日《语丝》周刊第 39 期。7 月末，俞平伯复周作人信，告知已将郑振铎的《答平伯君》和俞平伯的《答西谛君》二文送到李小峰处。他说："此最后之一答矣，深悔多一番闲话，不如杜口为得。"

　　俞平伯 6 月 21 日应邀与顾颉刚到清宫点查懋勤、永和两宫书画二三十帧。6 月 4 日下午，周作人、钱玄同、孙伏园、章廷谦等 5 人在北海公园长美轩宴客，俞平伯、林语堂夫妇、江绍原、张申府、顾颉刚、张凤举等应邀出席。同月底，顾颉刚建议增聘俞平伯为整理故宫书画顾问。8 月 21 日访顾颉刚，与之讨论整理清宫书画一事。同日，应嘱为顾颉刚搜集编选的《吴歌甲集》作序，发表在本年 9 月 6 日《国语周刊》第 13 期。8 月 31 日，与顾颉刚到清宫懋勤殿开始整理书画工作。8 月，北京清华学校增设大学部，成立国文系，俞平伯推荐朱自清到该校任教。秋，俞平伯到燕京大学任教，讲授中国文学史等。10 月 1 日下午，往太和春参加《语丝》周刊聚会，得周作人赠送新出版的译作《陀螺》一册。同月，作《论〈商颂〉的年代》，从情理和证据两方面推论，"以为说《商颂》是周诗，较为得体"。11 月 1 日，以短笺形式为《子恺漫画》作跋。12 月，第三部新诗集、线装、作者手写影印袖珍本《忆》由北京朴社出版。是年，俞平伯被聘为清华文学社的指导教师。（参见孙玉蓉编《俞平伯年谱》，天津人民出版社 2006 年版；陈福康《郑振铎年谱》，三晋出版社 2008 年版）

　　邵飘萍年初在《京报》扩充副刊，除每日有《京报副刊》外，并增设 12 种周刊：《莽原》（鲁迅编）、《戏剧周刊》《民众文艺周刊》《妇女周刊》《儿童周刊》《文学周刊》《电影周刊》《国语周刊》《小说周刊》《图画周刊》《西北周刊》《教育周刊》，以及三种半月刊：《北大经济学会半月刊》《社会科学半月刊》《诗学半月刊》。此种兼日报与杂志之长而有之的办法，在北京则《京报》开始，多具有强烈的爱国主义精神和追随新思潮的进步倾向。春，邵飘萍在李大钊和罗章龙介绍下，秘密加入中国共产党。"五卅"运动爆发后，《京报》就作了长达二个多月的连续宣传，其报道规模之大，内容之广泛，形式之多样，旗帜之鲜明，在当时国内新闻界实属鲜见。邵飘萍既是"沪案失业同胞救济会"的发起人与董事之一，又是北京"中国济难会"的董事。第二次直、奉战争爆发后，邵飘萍全力支持并赞扬奉军将领郭松龄回师沈阳推倒张作霖的斗争,揭露日帝侵华、张与之勾结卖国的阴谋。张作霖曾以大洋30万元巨款向飘萍收买,遭到严拒。(参见郭佐唐《邵飘萍年谱》,《浙江师范大学学报》1986年第4期)

陶行知英文论著 *Education In China 1924*(《民国十三年中国教育状况》)6月由商务印书馆出版。7月28日,被聘为中华教育文化基金董事会干部执行秘书,掌握美国庚款退款分配工作。8月17—23日,改进社第四届年会在太原山西大学举行,负责年会组织工作,并在社务报告中特别强调,本社现在所办理的事业,"一为科学教育,一为乡村教育"。8月,邀请美国"道尔顿制"创始人柏克·赫司特参加改进社本届年会。在改进社年会期间,与朱其慧、王伯秋提议发起筹备"中华女子教育促进会"。9月,在北京同教育界知名人士发起筹办《新教育评论》。11月中旬,参观吕镜楼教课,随后针对小学教员漠视科学教育,疾呼"科学教育应当从儿童时代下手"。12月4日,负责编辑的《新教育评论》创刊发行,为该刊撰发刊词《本刊之使命》。6日,参加由北京师范大学教育系发起成立的"乡村教育研究会"成立大会。在演讲时主张,先试办小学,再试办乡村师范学校以为改良乡村生活之中心。11日,在《新教育评论》第1卷第2期发表书评《陈(鹤琴)著之〈家庭教育〉——愿与天下父母共读之》和《女师大与女大问题之讨论》。冬在南开大学作题为《教学合一》的演讲,张伯苓校长建议改为"学做合一"。受此启发而将"教学合一"发展为"教学做合一"。(参见余子侠编《中国近代思想家文库·陶行知卷》附录《陶行知年谱简编》,中国人民大学出版社2015年版)

晏阳初1月22日致信孔祥熙,信中报告平民教育会1925年拟定推行的平教计划,从区域约分为全城的、全县的和全省的三项,其实施之步骤分为识字教育、公民教育和生计教育三种。最后,表达希望在义务教育很有根底的山西省开展平民教育,并希望能得到孔祥熙先生的帮助,尽力说服阎锡山以便及早推行。春,"平教总会"因无固定经费,精简机构,只设总干事、乡村教育部主任及文牍、庶务、书记。晏阳初担任总干事,傅葆琛担任乡村教育部主任。3月1日,"平教总会"主办的《农民旬刊》创刊,供平民学校读完《平民千字课》4册的人阅读。这是中国历史上第一份专门为农民刊行的报纸,受到农民的欢迎,仅保定道境内就销售2000余份,内地各省也多订阅。3月,在北京通县附近之20县推行乡村教育。4月,在保定道20县推行的平民教育举行第一次学员毕业大会。同月,与傅若愚共同编辑、由青年会全国协会出版、文明书局印刷所承印、青年协会书局发行的《平民千字课》第1—4册重订第四版面世,每册4分大洋。6月,晏阳初受京兆尹薛笃弼之邀讲授《平民教育要义》,在全京兆地区推广平民教育,规定所有职员及眷属都按时到公署来识字读书。为配合《平民千字课》的讲授,编印了《平民常识》。夏,晏阳初与傅葆琛、董时进同往包头为冯玉祥倡导之平教训练班讲课,参加训练的有机关职员及学校教师。包头、张家口等地均设平民学校,半年间识字者逾万。7月,应邀出席檀香山太平洋国民会议,并开展募捐。7月5日,晏阳初肖像与简历被《檀香山广告报》(*The Honolulu Advertiser*)刊登在《夏威夷生活猎影》专栏左上角处。6日晚,在太平洋国民会议发表《中国的新生力量——平民教育》的演讲,7月15日,参加第一次太平洋关系研究会(The Institute of Pacific Relations)闭幕式,中国平民教育运动受到高度赞扬。会后菲律宾、印度等代表向晏详问平民教育种种办法,以便仿效。檀香山华侨在晏阳初协助下组织了檀香山华侨平民教育促进会。

按:为在国际会议中陈述我国当时民众之奋发精神,又可将国内平教运动情形报告于侨胞,晏阳初受中国太平洋国民会议筹备会之邀与朱其慧作为代表参会。恰逢檀香山中国大学学生会会长黄福民由余日章博士及林国芳先生介绍,特来公函邀请赴檀讲演平民教育。故抽身于烦冗事务,毅然赴檀。(旧版

《全集》卷一)

按:7月6日晚,晏阳初在《中国的新生力量——平民教育》讲演中,把中国平民教育运动的精神、历史以及在中国努力的经过给大家报告,并且说明这个运动如果成功,不但与太平洋,而且与整个世界和平有绝对关系。演讲完毕,在座来自中国、美国、日本、朝鲜、菲律宾、加拿大等国110多位代表如狂一样欢呼,对这个运动表示同情与赞佩。(旧版《全集》卷2,第310页;吴著《晏传》,第94页)大会主席美国韦尔伯博士起立总结道:"我们开了两星期的会,讨论了60个不同的问题,听了12位演讲,但以今天这一次为最有价值。照我看,以中国物力的富足,历史的伟大,假使四亿民众都受了教育,我敢说,那中国是维持世界和平唯一的主力。中国要世界乱,世界不敢不乱;中国要世界平,世界不敢不平。"(旧版《全集》卷二)

按:7月15日,晏阳初参加第一次太平洋关系研究会闭幕式,议长韦尔伯博士在致闭幕词中高度赞扬中国平民教育运动,说:"程序委员会要我对这一会议的成就作一评估。现在我就分组讨论及各种论文所获致的确切印象,我应该说:第一件最使人感动的事,是中国平民教育运动,以及其在太平洋问题上的重要关系。其次,我想是中国的爱国新精神和她的兴起且壮大的对外国侵犯的态度。"(R. L. Wilbur, Closing Address of Chairman. Documents and Papers of IPR Honolulu, 1925. No. 71. Hoover Library, Stanford University)《檀香山广告报》以头条报道:"太平洋会议在发现中国平民教育运动是近年以来太平洋各国间极大的历史事件。"

晏阳初8月19日赴山西太原出席中华教育学会年会暨平民教育会年会。9月,与傅若愚共同编辑、由青年会全国协会出版、文明书局印刷所承印、青年协会书局发行的《平民千字课》第1—4册第五版面世,每册大洋4分。前有《修正弁言》。是年,所著《中国的平民教育运动》由上海商务印书馆出版(Y. C. James Yen, *The Mass Education Movement in China*, Shanghai:Commercial Press, 1925);因与陶行知在办平民教育方面想法不同、性格不合、国事及教育界的混乱等而最终与其分道扬镳。晏阳初回国后,积极从事平民教育总会发展工作,经过其努力,总会获得发展,总会刊物增加。

按:总会职员方面,至1925年底,总会职员由6人增加到17人。除总干事外,主持乡村平民教育的有傅葆琛,主持城市平民教育的有汤茂如,主持乡村平民教育研究调查的有冯锐和平民教育社会生活调查专家、美国人甘博,主持平民文学和公民教育的有陈筑山,主持美术的有郑郅裳,主持乡村生计教育的有冯锐,主持视导训练科有汤茂如,主持《平教汇刊》的有赖成骧,担任《农民报》主笔的有李荫春,担任《新民报》主笔的有周德之,主持平教会图书馆的有夏家驹,此外各部各科干事和行政职员,除了普通书记以外,要么是留学海外的,要么是本国专科以上学校毕业者(舒编《新教育》)。总会内部组织扩充。本年底,内部组织大大扩充。行政方面,分为总务、乡村、城市、华侨四部。各部之下又分设若干股。研究方面,分为研究调查、平民文学、视导训练、公民教育、生计教育、妇女教育和健康教育,共设7科,每科之下又分股若干系,此外还有其他附设机关。总会刊物方面,到1928年时,总会的普通平教出版物已有30余种(不包括平教文学科出版物),并增加了3种定期出版物,即为乡村平校毕业生和乡村里粗通文字的人编辑的《农民旬报》、为城市平校毕业生和城市里粗通文字的人编辑的《新民旬报》,为全国讨论平民教育及交流平民教育消息的总刊物《平民汇刊》(月刊)。(参见吴相湘《晏阳初传——为全球乡村改造奋斗六十年》,岳麓书社2001年版;晏鸿国编著《晏阳初传略》,天地出版社2005年版;杜学元、郭明蓉、彭雪明《晏阳初年谱长编》,上海交通大学出版社2017年版;宋恩荣编《中国近代思想家文库·晏阳初卷》附《晏阳初年谱简编》,中国人民大学出版社2015年版)

任鸿隽3月在东南大学发生的"易长风潮"中持中立态度,后辞去东南大学副校长职务,专心著述《科学概论》。6月3日,次女以书出生,后由胡适认作义女。8月24—28日,出席在北京欧美同学会举行的科学社第十次年会,并被推举为参加次年泛太平洋学术会议筹备委员会委员。9月初,应中基会干事长范源濂之邀,赴京出任中华教育文化基金董事会专门秘书。(参见樊洪业、潘涛、王忠勇编《中国近代思想家文库·任鸿隽卷》及附录《任鸿隽年谱简编》,中国人民大学出版社2015年版;中央教育科学研究所编《中国现代教育大事记1919—1949》,教育科学出版社1988年版)

　　陈衡哲5月著成《文艺复兴小史》,其自序中写道:"这部书便负有两重的使命:其一,是去补充我西洋史的不及;其二,乃是去求引起一般普通人士对于这件史迹的兴趣。"10月1日,迁居北京。同月,徐志摩接编北京《晨报副刊》,约陈衡哲、梁启超、胡适、闻一多、陈西滢、任鸿隽、郁达夫等为该刊撰稿。是年,所著《西洋史》下册完稿。(参见杨同生《陈衡哲年谱》,《中国文学研究》1991年第3期)

　　丁文江2月2日复函胡适,谈及《努力》复刊等事。3月15日,丁文江致函胡适,谈如果亚东图书馆不愿意出版《民国军事近纪》,将交晨报社出版。4月3日,丁文江致函胡适,希望胡适"出洋去走走",继续著述的工作。12日,中华图书馆协会在来今雨轩召开发起人大会,丁文江是该会发起人之一。25日,中华图书馆协会在上海成立,会议通过了《组织大纲》并选举职员,丁文江当选为董事。30日,丁文江作《赫胥黎的伟大》一文,高度评价赫胥黎。春,丁文江向北票煤矿公司提出辞去总经理职务。5月8日,丁文江致函胡适,谈到英国庚子赔款委员会候选人的事。30日,上海发生"五卅"惨案,丁文江与梁启超、朱启钤、李士伟、顾维钧、范源濂、张国淦、董显光诸氏发表共同宣言。同月,全国教育会联合会庚款董事会致函丁文江、胡适等,谈对英国处置庚款办法的意见等。6月2—4日,丁文江在天津裕中饭店参加中基会第一次年会。8日,丁文江复函胡适,主要谈英国赔款的事。7月上旬,丁文江得罗文干密电,嘱他由海道回南,到岳州去见吴佩孚。丁文江得电后即向北票公司请假一个月,并于7月下旬后到上海,先会晤刘厚生。两人会晤后,丁文江即前往岳州会晤吴佩孚。8月,丁文江在岳州停留两周后,返回上海,与刘厚生等江苏士绅开会,旋往杭州与孙传芳会晤。丁文江在杭州停留一周,与孙会谈5次;孙、丁会谈时,孙传芳同意反奉,丁文江则同意帮孙传芳的忙。11月9日,丁文江在北京团城出席中基会执行委员会与财政委员会联席会议。是年,丁文江与翁文灏合著的《地质调查所的十年工作》,由农商部地质调查所印行。(参见宋广播编《中国近代思想家文库·丁文江卷》及附录《丁文江年谱简编》,中国人民大学出版社2015年版;张人凤、柳和城编著《张元济年谱长编》,上海交通大学出版社2011年版;王学典《20世纪史学编年(1900—1949)》,商务印书馆2014年版)

　　翁文灏1月3—5日出席在北京举行的中国地质学会第3届年会。3日上午,翁文灏主持大会,并当选为学会新一届评议员和编辑主任。4日下午,主持论文宣读会并宣读了自己的学术论文。晚间,在北京大学二院大礼堂举行的大会上发表《理论的地质学与实用的地质学》的会长演说。27日,在中国天文学会发表《惠氏大陆漂移学说》的学术演说,首次将惠格纳的大陆漂移理论介绍到中国。3月16日,云南大理一带发生强烈地震,翁文灏后作《云南洱海附近地震述要》一文,刊于《科学》第12期。4月7日,出席在地质调查所举行的中国地质学会第9次常会。会议由李四光主持,美国第3次亚洲考察团的学者发表学术演讲,介绍了他们在亚洲考察的主要收获。5月4日,翁文灏作《地质调查所图书馆第一次工作报告》。9日,作《地质调查所地质矿产陈列馆第一次报告》。15日,出席在协和医学院举行的中国地质学会策10次常会。5月至6月间,经李四光联系,同意将地质调查所所收集已送到瑞典乌普萨拉大学进行鉴定的有脊物化石,分出一部分交由在德国留学的杨钟健研究,并嘱托当时正要回瑞典的安特生,将此意转达给乌普萨拉大学的维曼(C. Wiman)教授。后来,杨钟健即以此研究完成其博士论文。

　　翁文灏7月9日至8月7日出席由中国科学社、中华教育改进社、罗氏驻华医社和清华学校在清华学校举办的科学教员暑期研究会。同月,应南开大学校长张伯苓之邀,在南开大学科学馆开幕式上发表《为何研究科学,如何研究科学》的演讲。8月24—28日,出席在北京举行的中国科学社第10次年会,并以北京社友会会长的名义在开幕式上致欢迎词,阐述开会之意义。在会议期间举行的社务会议上,翁文灏当选为新一届会长、编辑员及奖章筹备委员。9月23日,出席在地质调查所举行的中国地质学会第11次常会。10月7日晚,出席并主持在地质调查所召开的中国地质学会第12次常会。会上,李四光介绍其作为北京大学和地质调查所代表参加苏联科学院成立200周年纪念活动情况。10月25—27日,以执行主席名义出席并主持在北京古观象台举行的中国天文学会第3届年会。11月4日,由北京临时执政府临时执政段祺瑞派范源濂、周诒春、任鸿隽、陈任中、高步瀛、徐鸿宝、胡适、翁文灏、马君武为国立京师图书馆委员会委员。该馆由教育部与中华教育文化基金董事会合办。是年,与丁文江合著《地质调查所的十年工作》。从是年起,担任《中国地质学会志》主编直至1937年。在此期间,翁文灏共编辑了第4—17卷共45期6152页的《中国地质学会志》。(参见李学通《翁文灏年谱》,山东教育出版社2005年版)

吴承仕1—2月撰成《唐写本尚书舜典释文笺》,刊于《华国月刊》第2期第3—4册。3月,《吴承仕致华国月刊书》刊于《华国月刊》第2期第5册。8月,《检斋杂识》刊于《华国月刊》第2期第8册。11月,《尚书传王孔异同考》刊于在中国大学出版的《国学丛编》第1期第1册。年底,参加故宫博物院维持会。是年,撰写《尚书讲疏》《尚书集释》《经学通论》《左氏杜注书孔传异同考》《皇甫谧帝王世纪与书孔传异同考》《尚书古文辑录》《尚书篇名表》《蓟汉微言外录序》等手稿。(参见庄华峰编纂《吴承仕研究资料集》,黄山书社1990年版)

马寅初6月10日在湖广会馆发表演讲《中英日之经济关系》。13日,发表《上海不宜继续罢市》。15日,在北京大学发表演讲《如何提倡中国工商业》。16日,在交通大学发表演讲《筹款方法与抵制英日货》。7月,在京兆公署发表演讲《吾国之财政适合于对外宣战否》;在山西青年会发表演讲《中国农工商矿之状况》;在《现代评论》第2卷第28期发表《总罢市总罢工之足以自杀》;在《晨报》发表题为《上海租界之历史及其性质》的讲演原稿;在《东方杂志》第22卷第13号发表《世界经济恐慌如何影响及于中国与中国之对策》。

马寅初8月14日在上海职工教育馆发表演讲《中国关税自主》。15日,在上海学生联合会发表演讲《中国经济上之分裂》和《中国财政之紊乱》。20日,在山西大学发表演讲《不平等条约于我国经济之关系》。同月,在国立自治学院发表演讲《中国劳资问题》;在《东方杂志》22卷16号发表《不平等条约于我国经济上之影响》。9月,在上海澄衷学校发表演讲《经济之要素》。同月25日,在《东方杂志》第22卷第18号发表《汇丰银行》。

马寅初10月在东南大学发表演讲《上海之工部局》;在武昌大学发表演讲《英国之过去现在与未来》;在武昌中华大学发表演讲《中国缺乏资本之影响》;在浙江省教育会发表演讲《五卅事件后中国经济上之损失》;在北京美学会发表演讲《关税特别会议》;在北京大学发表演讲《营口由银码头变为空码头之原因及其经过》;在汉口银行公会发表演讲《中国关税问题》。

马寅初11月在协和医科大学医院发表演讲《关税自主权何以必须收回》;在北京师范大学发表演讲《国民对于关税会议应注意之要点》;在北京大学发表演讲《关税会议日美提案之比较》;在交通大学发表演讲《关税自主与出厂税问题》。同月19日,在北京洋商公会发表演讲《在中国之洋商》。12月5日,在民大发表演讲《关税会议与出口税》。同月,在清华学校发表演讲《关税会议与英日美》;在北京金城银行发表演讲《关税会议与关款存放问题》;在北京长老会发表演讲《中国厘金与外国厘金之比较》。(参见彭华《马寅初年谱简编》,《淮阴师范学院学报》2005年第1期)

刘半农继续在法国巴黎学习。1月2日,刘半农将自己从敦煌写本中搜集的《孟姜女小唱》抄寄顾颉刚,供其研究。2月20日,在《北京大学日刊》第1627号上发表《刘半农致研究所国学门主任函》,信中就北大研究所国学门聘请法兰西大学伯希和教授事,叙述了联系的经过和办法。3月1日,在北京大学《歌谣》周刊第80号上发表通信《太平天国时代的民歌》。2日,在《语丝》第16期上发表杂文《徐志摩先生的耳朵》,系针对徐志摩发表在《语丝》第2期上《死尸》译文而作,认为徐文从谈音乐到谈诗,故弄玄虚,信口雌黄,宣扬唯心主义的神秘论和艺术至上主义,且犯有常识性错误,所以给以犀利、辛辣的嘲讽和批判。3月17日下午1时,以《汉语宁声实验录》和《国语运动史》两篇论文,以及自行设计、制作的测音仪器"音高推断尺"和"刘氏音鼓甲种",参加法国国家文学博士学位答辩。答辩会场设在巴黎大学博士堂,主试者为法兰西大学的梅耶,伯希和、马士贝洛教授,巴黎大学的贝尔诺·弗里欧教授、格拉内讲师。答辩项目及内容极为详细,气氛紧张,直至下午6时考毕。答辩结果,被授于法国国家文学博士学位,并获光荣之考语。其论文《汉语字声实验录》,被列为巴黎大学语音学院丛书之一。

刘半农3月22日在北京大学《歌谣》周刊第83号上发表《致顾颉刚—敦煌写本中之孟姜女小唱》。4月15日,据《法国最高文艺学院公报》宣布:刘半农所著《汉语字声实验录》荣获法国康士坦丁·伏尔内语言学专奖,成为我国第一个获此国际大奖者。5月23日,在《时事新报·学灯》副刊上发表论文《国语运动略史提要》。25日,在《时事新报·学灯》副刊上发表《汉语字声实验录提要》。6月,刘半农携带大批研究语音学的最新仪器,暨夫人和子女,离开巴黎,搭乘法轮"Porthos"号由马赛启程回国。同月19日,在马赛作《敦煌掇琐序目》。8月7日,抵上海。9月上旬,从上海回到北京。复任北京大学国文系教授兼研究所国学门导师,并兼任中法大学讲师。积极筹建北京大学语音乐律实验室。又积极筹备编写一部《中小字典》,就编写问题,曾拟了办法27条,拟约主撰4人:刘半农、钱玄同、黎锦熙、顾颉刚;常任编辑3人:常惠、魏建功、白涤洲。

刘半农和北京几位研究音韵的学者9月16日一起在赵元任家聚餐。席间,刘半农提议发起"数人会"。刘半农等人采用陆法言、魏渊、刘臻、颜之推等人"我辈数人,定则定矣"的往例,将他与赵元任等人研究音韵、切磋学问的组织称为"数人会",由此可见当时发起者抱负之大。当时参与者尚有钱玄同、黎锦熙、汪怡、林语堂等。9月26日,"数人会"召开首次会议,赵元任为主席。以后每月举行一次聚会,轮流任主席,主要工作是共同拟定《国语罗马字拼音方式》,这是现行《汉语拼音方案》的奠基工作之一。同月,经沈兼士介绍,魏建功成为刘半农的助手。10月17日,"数人会"召开第二次会议,刘半农任主席。林语堂亦参加。"数人会"会员此后没有发展,仅出席过这两次会议的6人。18日下午2时,北京大学研究所国学门假北海公园瀛濮间举行第三次恳亲会,沈兼士先生主持。与会者共39人。会上,刘半农发表了《我的求学经过及将来工作》的演说,解释了在欧留学期间,鉴于"鱼和熊掌不可得兼",才忍痛舍去文学、改而专攻语音学的原委,并表示希望今后能够进一步从事实验语音学研究。26日,在《北京大学研究所国学门周刊》第3期上发表论文《敦煌掇琐序目》。11月4日,在《北京大学研究所国学门周刊》第4期发表《我的求学经过及将来工作》。25日上午10时,全国国语运动大会总筹备处召开成立大会,由蔡元培、张一麟、吴敬恒分任正、副会长,刘半农等12人任会董。同月,刘半农从孔德学校临时住所搬迁到北京北帅府胡河7号寓所居住。12月23日,在天津作《读〈海上花列传〉》一文。是年,刘半农所著《敦煌掇琐》一书由中央研究院历史语言研究所作为专刊之二出版。(以上参见徐瑞岳编《刘半农年谱》,中国矿业大学出版社1989年版;曹波、万兵《刘半农小说著译学术年谱(1913—1920)》,《广西社会科学》2020年第1期)

梁漱溟是春因山东政局变化,将曹州高中交陈亚三先生接办后,离曹州回北京,熊十力和一些学生随行,在北京什刹海东煤厂租房,师生10人共住共学,相互砥砺,兴办"朝会"。回京后一度暂住清华园,谢绝外务,整理父亲遗稿,辑印《桂林梁先生遗集》5卷:一、《遗笔汇存》;二、《感劬山房日记》;三、《侍疾日记》;四、《辛壬类稿》;五、《伏卯录》;六、《竹辞花记》。又编成《年谱》1卷。另作《思亲记》一文,回顾父亲养育之恩。是年,正值北伐前夕,南方革命空气高涨,李济深、陈铭枢、张难先三位来信,以革命大义相责勉,促他速南下,而梁漱溟此时对中国大局之出路正处于疑闷中:"自己胸中犹豫烦闷无主张,要我跟他们一齐干,还不甘心;要我劝他们莫干,更无此决断与勇气,则去又何用?"年底,派王平叔、黄艮庸、徐名鸿同去广州了解南方大局,三人旋即随陈真如(铭枢)参加国民革命军北伐之役。(参见刘定祥《梁漱溟著述年谱》,载《社会科学家》1989年第1期;李渊庭、阎秉华编著《梁漱溟先生年谱》,广西师范大学出版社2003年版)

熊十力元月在北京大学《现代评论》上发表《废督裁兵的第一步》。春,应武汉大学前身武昌大学校长石瑛邀聘,执教于武大。熊十力携高赞非赴任,同事有方东美等,学生有胡秋原等。秋,武大校长易人,熊十力仍返北大任教。秋冬,删注窥基《因明大疏》,作为讲授因明学用。与梁先生师弟十数人共住什刹海东梅厂胡同,斋名"广大坚固瑜伽精舍"。12月,南京内学院年刊《内学》第2辑发表先生的《境相章》。(叶贤恩《熊十力年谱》,载叶贤恩《熊十力传》,湖北人民出版社2010年版)

袁同礼时任国立北京大学目录学教授兼图书馆馆长,北京图书馆协会会长。2月京师图书馆主任陈述该馆困难。时任馆长由教育部次长马叙伦兼任。同月5日下午2时,吴宓抵京后,两次来访,下午未遇;晚间谈甚久,得悉清华细情。3月11日下午,访顾颉刚(商量发起图书馆事),未遇。4月25日,中华图书馆协会在上海成立。协会分董事和执行两部,前者总领全局,后者担任具体会务。袁同礼为董事部书记,执行部部长(代理在美的戴志骞)。5月18日,袁同礼联合同仁,为中华图书馆协会呈请京师警察厅转呈内务部立案。6月2日,袁同礼等发起的中华图书馆协会在北京(欧美同学会礼堂)举行成立会,梁启超发表演说。梁启超为董事部会长,袁同礼为书记(任期一年),颜惠庆、熊希龄、丁文江、胡适、袁希涛为财务委员。名誉董事为教育总长及施肇基、鲍士伟、韦棣华。协会名誉会员有罗振玉、徐世昌、傅增湘、严修、王国维、张元济、陈垣、叶恭绰、叶德辉、李盛铎、董康、张相文、柯劭忞、徐乃昌、王树枏、陶湘、蒋汝藻、刘承干、张钧衡、朱孝臧、欧阳渐、卢靖、Melvile Dewey,Herbert Putnam,E. C. Richardson,C. W. Andrews,James I. Wyer,Edwin H. Anderson,John Cotton Dana,W. W. Bishop,Charles P. D. Belden,Carl H. Milam. 6月30日,中华图书馆协会会报《中华图书馆协会会报》出版。

袁同礼7月6日会同梁启超、蔡元培、熊希龄等中华图书馆协会董事向临时政府秘书厅请款,得补助5000元。7月15日至8月15日,在东南大学暑期学校,教授图书馆学术史、分类法、目录学课程。该课程属于中华图书馆协会与东南大学、中华职业教育社、江苏省教育会合组暑期学校下图书馆学组的部分课程。8月20日,袁同礼出席中华教育改进社第四次年会图书馆教育组会议,任临时主席,讨论图书馆经费等四项决议案。9月12日,杜威来函,谈对中国文化发生兴趣始于1897年在伦敦遇梁诚以后,述美国图书馆协会发展经过,勖勉中国同行。29日,袁同礼与李煜瀛、黄郛、鹿钟麟、易培基、陈垣、张继、马衡、沈兼士被聘为故宫博物院临时委员会理事。同月,袁同礼与梁启超提议,经会通过,王国维、陈垣、张元济、傅增湘、叶恭绰、叶德辉等为中华图书馆协会名誉会员。戴志骞归国,拟于下月接收部长职务,先生代理部长6个月后,宣告解代理部长职务。10月初,应袁同礼之邀,严文郁自武昌华中大学图书馆学系(1929年改为文华图书馆学专科学校)赴北京大学图书馆为先生助手,为西文书籍编目。10月17日,政府影印《四库全书》。本日,教育总长章士钊遵照临时执政令,训令京师图书馆将文津阁《四库》"一律点交移沪",由商务印书馆影印(缩影);故宫文渊阁《四库》,"仍交京师图书馆保存,以供阅览"。

袁同礼11月5日筹备国立京师图书馆委员会,聘范源濂为委员长,陈任中为副委员长,胡适为书记,高步瀛为司库,周诒春、任鸿隽、徐鸿宝、翁文灏、马君武为执行委员。推梁启超、李四光为正副馆长。以北海公园庆霄楼为筹备处。该委员会有《章程》13条。11月26日,京师图书馆改名,教育总长章士钊训令,方家胡同之京师图书馆,移入北海,改为国立京师图书馆;原方家胡同部分,改为国立京师图书馆分馆(改建京师第一普通图书馆,王丕谟为主任)。同时,改京师通俗图书馆为京师第二普通图书馆,黄中地为主任;改中央公园阅览所为京师第三普通图书馆,戴克让为主任。11月,袁同礼为国立京师图书馆图书部主任。12月2日,教育部与中基会合作国立京师图书馆。12月,刊出《〈永乐大典〉现存卷目》。是年,王重民从袁同礼受目录学。(参见张光润《袁同礼先生年谱初编(1895—1965)》,载张光润《袁同礼研究(1895—1949)》,华东师范大学博士学位论文,2018年)

李璜到北京大学任教,与国魂社等学生教师团体联络,在"五卅"惨案发生后共同进行反帝救国运动。夏,留学生中研究、讨论国家主义的团体组织,如大江学会、大神州学会等会员如罗隆基、闻一多、余上沅等,先后回国到北京,李璜与之联络,以先声社及国魂社名义发起国家主义团体联合会,在北京大学第三院召开扩大成立会,举行公开讲演。大致同时,李璜组织了中国青年党北京市党部,设委员7人,常乃惪为宣传委员。对外活动仍以国魂社为名义进行掩护,继续出版《国魂周刊》,由常乃惪主编,与上海《醒狮周报》南北呼应。10月,中国青年党公开名称"中国国家主义青年团"。(参见闻黎明、侯菊坤《闻一多年谱长编》(增订版),上海交通大学2014年版)

朱自清1月下旬致俞平伯信,谈春晖中学风波事,及欲另谋职业事。3月2日,致俞平伯信,流露想脱离教育界的想法。30日,在《时事新报》副刊《文学》第166期发表《文学的美——读Puffer的〈美之心理学〉》,论述文学之不同于其他艺术门类的美的特质。4月6—12日赴上海为《我们的六月》出版事找亚东图书馆交涉,返春晖后作散文《上海七日记》。4月12日,致俞平伯信,谈《我们的六月》出版事宜等,后刊于1948年10月《文学杂志》第3卷第5期。5月23日,作论《中等学校国文教学的几个问题》,刊于本年7月20日《教育杂志》第17卷第7期,署名朱自清。未收集。该文从教师、教材、教学组织、作文等多方面探讨了中学国文教学存在的问题和改进的办法。24日,发表译文《圣林》(A. France作),该文为译者从美国柳威生编《近代批评辑要》一书中选出,刊于《文学周报》第174期。6月10日,作新诗《血歌——为五卅惨剧作》,载《我们的六月》,又刊于7月10日《小说月报》第16卷第7期,作者对帝国主义者屠杀中国人民的暴行表示了极大愤慨,号召同胞们奋起抗争。6月,朱自清主编《我们的六月》由上海亚东图书馆出版。又在《立达季刊》第1卷第1期发表论文《文学的一个界说》。

> 按:朱自清认为胡适"达意达得好,表情表得妙,便是文学"的定义太粗疏,于是他根据自己的理解,给"文学"的概念作了六个方面的界定:一,文学是用真实和美妙的话表现人生的;二,文学是记载人们的精神,思想,情绪,热望;是历史,是人的灵魂之唯一的历史;三,文学的特色在它的"艺术的""暗示的""永久的"等性质;四,文学的要素有二:普遍的兴味与个人的风格;五,文学的目的,除给我们喜悦而外,更使我们知道人—不要知道他的行动,而要知他的灵魂;六,在文学里,保存着种族的理想,便是为我们文明基础的种种理想;所以它是人心中最重要最有趣的题目之一。

朱自清8月经俞平伯推荐至清华任国文教授,住中文部教员宿舍古月堂6号。因清华学校设立大学部,请胡适推荐教授,胡适推荐了俞平伯。而俞平伯出于种种考虑,暂不愿出城去清华教书,遂转荐了朱自清,只身前往北京清华学校大学部,朱自清从此结束在江浙一带5年飘荡的生活,开始了一辈子服务于清华的历程。9月9日,清华学校开学,朱自清给旧制部学生教李杜诗,给大学普通部学生教国文。26日,作书评《〈吴稚晖先生文存〉》,刊于10月11日《文学周报》第194期。27日,叶圣陶发表散文《与佩弦》,刊于《文学周报》第192期。

> 按:作者回忆了与朱自清相交的往事,用"永远的旅人的颜色"来形容朱自清"慌忙的神气",说:"你的慌忙,我以为有一部分的原因在你的认真。说一句话,不是徒然说话,要掏出真心来说;看一个人,不是徒然访问,要带着好意同去;推而至于讲解要学者领悟,答问要针锋相对;总之,不论一言一动,既要自己感受喜悦,又要别人同沾美利。这样,就什么都不让随便滑过,什么都得认真。认真得厉害,自然见得时间之暂忽。如何教你不要慌忙呢!"叶圣陶断定,朱自清一生都无改其"匆匆的旅人的颜色"。

朱自清9月作散文《背影》,刊于11月22日《文学周报》第200期。11月2日,作《〈子恺漫画〉代序》,刊于11月23日《语丝》第54期,又载《子恺漫画》,《文学周报》社1925年12月版。为《子恺漫画》作"序""跋"的还有郑振铎、夏丏尊、方光焘、刘熏宇、俞平伯等。15日,朴社门市部景山书社开业。

> 按:陈竹隐《追忆朱自清》(《扬州文史资料》第7辑,1988年版)曰:"当时的北京,旧文学的市场很广,书店里出售的都是旧文学书籍。佩弦认为应该开发新文学园地,扩大新文学市场,使新文学大众化。他与俞平伯等十人商议决定,每人出一份钱开一个'景山书店',专门出售新文学书籍、刊物,并请了一个人专门负责经销工作,书店的收入就维持这个人的生活。而出股的十个人都没有收入,纯粹是为推广新文学尽义务。"(参见姜健康、吴为公编《朱自清年谱》,安徽教育出版社1996年版)

张荫麟4月在《学衡》第40期发表《评近人对于中国古史之讨论》,提出"默证及其适用之限度"问题,用以批判顾颉刚的历史"层累说",认为顾颉刚的"层累说"有一个相当突出的特质,即他把"层累"看成是有意造伪的结果,而不是自然累积而成的,其根本方法之谬误"在于"违反默证适用之限度而误用默证。由于顾颉刚的论证"几尽用默证",而用默证处又十有八九是违背限度的误用,所以"顾氏所谓'禹是西周中期起来的,尧舜是春秋后期起来的,他们本来没有关系',其说不能成立"。张荫麟的批评在史学界造成了不小影响,如绍来、梁园东、徐旭生、陈垣、陈寅恪以及傅斯年都有类似的言论,陈垣、陈寅恪等甚至引以为戒教导弟子者。6月,张荫麟所译《葛兰坚论学校与教育》刊于《学衡》第42期。9月25日,张荫麟在《清华周刊》第352期发表《论最近清华校风之改变》,文中提到:"清华校风之动的方面,有二极重大而极可喜庆之改变:其一曰提倡国家主义运动;其一曰反对教会化运动。"该期记者按说:"此篇于将来清华之新校风,关系甚大,故特提前载于此期周刊之首。"同月,吴宓开"翻译术"选修课。选习此课的学生不多,有时课堂上只剩下贺麟、张荫麟和陈铨,人称他们为"吴宓门下的三杰"。(参见齐家莹编《清华人文学科年谱》,清华大学出版社1999年版;卢毅《试论民国时期"整理国故运动"的缺失》,《史学理论研究》2004年第4期;王学典《20世纪史学编年(1900—1949)》,商务印书馆2014年版)

陈达1月9日应美国纽约一学会之邀,偕同在华数美人往中国各地从事社会调查。2月20日,调查团一行由上海抵香港,写信给校长处,陈说数事:(1)中国农业社会尚须大改良,大发展。(2)国内清华同学,渴望此间改办大学。(3)归校后,拟调查海淀社会情形。3月至4月初,返校小住数日,继续南行调查。4月3日,由杭致信王士达,介绍该地天经织染厂之本色纺绸,并寄回样料一匹。4月,社会调查完毕,着手编制报告,每日工作八九小时,勤而忘倦。同月,中华工程师学会请清华曹云祥校长加入,并赴日参观。曹校长以公事繁忙,派陈达偕同工程师学会赴日。6月,陈达将社会调查4个月所得材料写成报告,题为《中国社会改造问题》,在校内作长篇讲演。夏,陈达参加太平洋国交讨论会,在《清华周刊》358期上发表太平洋国交讨论会上的讲稿:《中国在国际关系上希望列强承认之二三事》,认为关税自主,撤销领事裁判权及移民,乃为中国当前之严重问题。

按:陈达在4个月之内,调查了上海纱丝厂、上海日本纱厂、开滦矿务公司、天津地毯厂、烟台纱丝厂、武昌纺织公司、武昌筷子厂、汉口火柴公司、山东发网厂。访问了广东象牙球工、景德镇瓷器工,以及一些农村的农民等。通过调查,他认为中国尚不发达,大概有两种原因:(1)中国政府太缺乏保护能力,如政府稍不摧残,工业必定有起色;(2)外国人在中国势力特大,办工业的人时感痛苦。对工人劳动条件之差更有深切感受。如在调查汉口火柴公司时,看到工人用黄磷做火柴,黄磷弄到眼里就要瞎眼,弄到嘴里就要掉牙,三四年内,资本家盈利四五十万元,工人残废五六十人。他呼吁:虽要办工厂赚钱,而一方面亦要谋工人的幸福。

按:《中国在国际关系上希望列强承认之二三事》指出:"现行的税率,足已防碍中国工业及国际贸易。例如,有多数货物,均可在中国制造,不必运销外货,然因关税律极低之故,外货充塞市场,致使中国幼稚之工业,无从发展。故中国之进口额常超过出口额。又如领事裁判权,损害中国主权,中国人民皆为奇耻大辱。所以,关税自主,撤销领事裁判权及移民,乃为中国当前之严重问题。"(参见田彩凤《陈达先生年谱》,《清华大学学报》1995第2期)

贺麟任《清华周刊》总编辑。吴宓为高年级学生开设选修课"翻译",讲授翻译的原理和技巧,并辅导翻译练习。贺麟、张荫麟、陈铨是班上最出众的3人,后被称为"吴门三杰"。在吴宓的悉心指导下,开始翻译英文诗歌和散文,阅读严复的译作,以介绍和传播西方古典哲学为自己终身的"志业"。11月,在《东方杂志》第22卷第21期发表《严复的翻译》一文。是年,基督教大同盟在北平举行会议,贺麟代表《清华周刊》在本刊发表《论研究宗教是反对外来宗教传播的正当方法》,表明他对外来宗教所持有的理性的同情态度。被选为"沪案("五卅"惨案)后援团"的两个宣讲人之一,于暑假公费到石家庄、太原、开封、洛阳、信阳等地宣传鼓动,宣传三民主义。(参见高金喜编《中国近代思想家文库·贺麟卷》及附录《贺麟年谱简编》,中国人民大学出版社2015年版)

钱端升1月在《清华周刊》第333期发表《清华改办大学之商榷》。7月,在沪案谈判陷入僵局后,在《晨报副镌》上发表《租界惨杀国人案交涉方法》一文,提出沪案交涉的方案。秋,清华学校首次招收本科生,受聘为政治学系教授,同时兼历史系讲师。11月上旬,大学教职员关税自主会宣告成立,被选举为中文宣传股副主任。同月,在《晨报社会周刊》第 5 号上发表《对俄问题致勉已书》。12 月 3 日,在清华学校大学普通科"修学目的及方法"班演讲政治学方法及分类,后以《政治学》为题刊登于《清华周刊》第 366 期。4 日,所作《清华学校》一文刊登于《清华周刊》第 362 期。当天下午,清华召开职员会议,讨论此文章。同月,在《晨报》7 周年纪念增刊上发表《治外法权问题》,主张废除"治外法权"。12 月至翌年 2 月,兼任北京师范大学讲师。(参见孙宏云编《中国近代思想家文库·钱端升卷》及附录《钱端升年谱简编》,中国人民大学出版社 2015 年版)

闻一多 1 月上旬在纽约参与发起中华戏剧改进社,成员有余上沅、梁实秋、梁思成、林徽因、顾毓琇、瞿世英、张嘉铸、熊佛西、熊正瑾、赵太侔等。6 月 1 日,从美国回到上海,受到洪深、欧阳予倩的热情接待。7 月,闻一多与赵太侔、余上沅、孙伏园共同草拟成《北京艺术剧院计划大纲》。8 月 9 日,与徐志摩、汤尔和、林长民、丁文江等参加新月社茶话会,并正式加入新月社。10 月 5 日,被北京艺术专门学校校长刘百昭聘为该校教务长。(参见闻黎明、侯菊坤《闻一多年谱长编》(增订版),上海交通大学出版社 2014 年版)

曹靖华加入"文学研究会"。译亚穆柏著剧本《可怜的裴迹》,并在北大校庆 25 周年参加用俄语演出。所译契诃夫著《三姊妹》,经瞿秋白交郑振铎,列入文学研究会丛书,由商务印书馆出版。经李大钊介绍去开封国民革命军第二军苏联顾问团任翻译。在此期间曾向顾问团工作人员王希礼推荐《阿 Q 正传》,由后者译成俄文,同时开始与鲁迅通讯,曹靖华在翻译中遇到疑难,请鲁迅先生解答。鲁迅先生在复信中不但详细作答,还附了亲手画的绍兴赌博图,解释文中绍兴的赌法,并应译者要求附寄了近照、直传和为俄译本《阿 Q 正传》写的序言。秋,文学团体"未名社"在北平成立,主要成员有鲁迅、韦素园、曹靖华、李霁野、台静农和韦丛芜 6 人。(参见冷柯、毛粹《曹靖华年谱简编》,《河南大学学报》1984 年第 5 期)

王庸以优异成绩考取北京清华学校国学研究院研究生,亲受梁启超、王国维、陈寅恪等大师的指导,深究史地之学,开始撰写《明代北方边防图籍录》《海防图籍录》。

赵紫宸以燕京大学神科改名为"燕京大学宗教学院",接受司徒雷登赴燕京大学宗教学院任教的邀请,但因病未能成行。11 月,在病榻上完成专著《基督教哲学》,为中国人自撰的第一本基督教哲学著述。发表"The Work of the Committee on the International Relationship of the National Christian Council"、《信徒的生命》、《关于一个宣教士思想的演变之讨论的一封信》等文章。所著《基督与我的人格》由上海青年协会书局出版。(参见赵晓阳编《中国近代思想家文库·赵紫宸卷》及附录《赵紫宸年谱简编》,中国人民大学出版社 2015 年版)

常乃惠仍任教于燕京大学。5 月 1 日,旨在对抗段祺瑞"善后会议"的"国民会议促成会"在北京召开,常乃惠代表上海学联参加了会议。同年,常乃惠联络在京山西学界同乡,组织"青年山西学会",出版《山西周报》,对省政建言改革。成员中有当时属于国民党西山会议派的张友渔、侯外庐,属共产党的陈孔焕(显文)、属无政府主义派的高长虹等。常乃惠认为尽管大家政治见解不同,但私人友谊保持得很好。因高长虹的关系。在《狂飙》和《莽原》上发表文章。8 月 17 日,中华教育改进社在太原举行第四届年会,常乃惠参会并提出两个议案。余家菊、陈启天皆曾回忆,会议期间与常乃惠交流过"国家主义"观点,并获得他的赞同。11 月,常乃惠加入中国青年党,并在《晨报》上发表反对苏俄的文章。

按:中国青年党成立于 1923 年 12 月,发起者为曾琦、李璜等人,初为秘密组织。(参见查晓英编《中国近代思想家文库·常乃惠卷》及附录《常乃惠年谱简编》,中国人民大学出版社 2015 年版)

王献唐在青岛，任职胶澳商埠督办公署。4月5日，修正《公孙龙子悬解》。6月24日，作《尹烈士希农殉国事略》。同月，《公孙龙子悬解》校讫，并作《自序》。10月23日，《公孙龙子悬解》校讫。（参见张书学、李勇慧《王献唐年谱长编》，华东师范大学出版社2017年版）

傅增湘出任故宫博物院图书馆馆长。将宫中散于各殿图书集中，并且请陶湘进行编目，同时编纂《故宫善本书影》。

沈祖荣任中华图书馆协会董事、执行委员。

王式通任清史馆纂修、礼制馆总纂、故宫博物院管理委员会副委员长。

庄严参加故宫博物院工作，任古物馆科长。

王重民在黎锦熙先生的提示下，用4个月时间编写《国学论文索引》，又经过3年的增补，于1928年印行出版。成为当时研究国学重要的工具书。是年，开始受业于袁同礼。

萧一山北京大学毕业后，应聘到清华大学任教授，其在清华时期，与梁启超同校执教，梁主讲文化史，萧主讲政治史，并深为梁氏器重。

按：周培智《近代史学界泰斗萧一山先生》说："时萧先生以二十四岁之青年，竟受聘为清华大学部尚任教授，并与梁任公先生同莅讲座。使全校学生，深为惊异，并引起全国各大学留学美国博士教授，大加疑忌。此后先生著作益多，声名烂然，而忌者蜂起，先生绝未与任何人计较，终以实至名归之故。"（《萧一山先生文集》下册，台北经世书局1979年版）

叶企孙接受清华大学之聘，就任物理学副教授。

陈豹隐从莫斯科回国后，参与领导关税自主运动、首都革命、"三一八"反对段祺瑞政府等，并任国立北京中俄大学教务长、北京女子师范大学教授、《国民新报·副刊》（甲刊）主编等。

陆维钊毕业于南京高等师范文史地部，应聘在北京清华大学国学研究院任助教，为王国维的助手。

刘清扬为主席，江韵清、周自强、黄亚中、张平江、皮以书等为委员的全国各界妇女联合会4月28日在北京成立，以"集中和增大我们的运动的力量，谋吾国妇女运动之发展"为宗旨。

胡鄂公、雷殷、王文璞等155人及国民对英外交联席会议、北京学生联合会、社会主义青年团、中俄协进会、马克思学说研究会、国民外交改进会、国际问题研究会、人权运动会、中俄问题研究会等50余个团体7月13日在北京发起成立北京反帝运动大同盟。

贺衷寒、缪斌等人4月24日发起成立孙文主义学会，出版有《国民革命》和《孙文主义丛刊》。

佟守仁为会长，祁子延为书记，张雨农为会计的中国语言教授协会4月10日在北京成立，以"联合同志，研究教授方法而使外人精学华语"为宗旨，有会员44人。

黄伯耀为会长，古伯荃为副会长的华侨公会4月在北京成立。

吕荫南为理事长的旅京皖民协会6月3日在北京成立。

林如稷、陈炜谟、杨晦、冯玉等人10月在北京发起成立沉钟社，以文艺唤起民众，促进社会发展为宗旨。创办《沉钟》半月刊及《沉钟周刊》。

温挺修等人12月12日在北京发起成立西南各省区代表联合会，以"联络友情，交换意见，图谋对于国家政见一致"为宗旨。

辛钟灵等人发起的赣民社于8月1日在北京成立，以"联络感情，研究学术"为宗旨。

邓飞黄为总编辑的《国民新报》12月在北京创刊,得到李大钊指导,林语堂、陈友仁分任英文编辑和记者。

高君宇出席北京国民促进会第一次全国代表大会。

朱其慧、张默君、谈杜英等发起组织中国妇女协会,朱其慧被推选为委员长。

蒋百里任吴佩孚部总参谋长。

蒋光慈从苏联回国,任冯玉祥苏联顾问的翻译。

谭祖任在北京发起成立聊园词社,夏孙桐任社长。

李苦禅应聘为北京师范大学美术专修科国画教授,兼保定第二师范学校国画教员。是年,李苦禅的油画《合唱》和8幅大写意花鸟画在北京国立艺专举办的毕业生作品展中展出,其作品被林风眠校长及其他老师全部买走。

余上沅从美国回国,在北京艺术专门学校开办戏剧系。

赵太侔从美国回国,创建国立北京艺术专门学校戏剧系,任教授兼系主任。

郭隆真从苏联回国,被派往中国国民党北京市党部妇女部工作,创办《妇女钟》《妇女之友》等刊物,主持北京缦云女校。

成舍我2月10日在北京创办《世界日报》,吴范寰为经理。

王庸与清华大学研究院同学吴其昌、谢星朗9月19日被《清华周刊》总编辑贺麟之聘为该刊特约编辑。

凌叔华1月10日在北京《现代评论》第1卷第5期上发表成名作《酒后》;3月21日,短篇小说《绣枕》又在《现代评论》第1卷第15期发表,引起文学界广泛的注意。

方国瑜在京师大学预科毕业考试期间,患重病住院治疗及回乡休养多年。

吴其昌为无锡国学专修馆首届毕业生。7月27日,清华国学研究院录取首届新生,正取30名,备取2名。吴其昌考入清华国学研究院,成为第一届研究生。(参见陆阳《唐文治年谱》,上海三联书店2013年版)

刘盼遂赴北京,曾在北京新民大学任教。5月,开始准备投考清华学校研究院。7月,清华学校研究院首届招生。以第一名被录取,其作文得满分,得梁启超之赞赏。9月,清华研究院开学,开始跟随王国维、梁启超等导师学习。同届同学有吴其昌、高亨等32人,与吴其昌、冯国瑞等同学交好。10月,暂定在研究院"研究题目"为"诗经状词通释",导师为王国维。12月,发表《唐写本〈世说新书〉跋尾》《〈世说新语〉校读》于《清华学报》第2卷第2期。为刘盼遂现今可查的最早发表的学术文章。(参见之远、章增安《刘盼遂先生学术年谱简编》,《华北水利水电学院学报》2011年第6期)

唐君毅毕业于重庆联中,往北京就读。先入中俄大学,读马克思、列宁著作。后考入北京大学哲学系,老师有熊十力、汤用彤、张东荪、金岳霖诸先生。尝听胡适、梁启超、梁漱溟等先生演讲。

高亨考入清华大学研究生院,师从梁启超、王国维。

周培智考入清华大学,随王国维、萧一山学习历史。

姚名达7月考入清华大学国学研究院,拜梁启超为导师,以"章实斋之史学"为题进行研究。

徐中舒考入清华大学国学研究院,师从王国维、梁启超等著名学者。

李健吾考入清华大学,先在中文系,后转入西洋文学系。同年由王统照介绍加入文学研究会。

许杰毕业于北京大学地质系。

冯雪峰春季由杭州往北京。借用潘漠华的入学证在北京大学旁听,并自修日语,曾几次往听鲁迅讲课。一度和潘漠华等同住在沙滩的小公寓内,经济非常拮据,常以烧饼充饥。2月,应修人在上海主持创办文艺月刊《支那二月》,以湖畔诗社名义出版,共出4期。冯雪峰在北京为刊物撰稿。秋,在国会议员郭同家中当家庭教师,几个月后因欠薪而停止。(参见包子衍《雪峰年谱》,上海文艺出版社1985年版)

李泰棻向北京大学请假赴绥,就任绥远教育厅厅长,历任8月,由于政局改变,于次年秋回京,闭门究学。

侯外庐在北京法政大学法律系和北京师范大学历史系学习,并参加爱国学生运动。在王昆仑、纪任勤等同学的影响下,与张友渔等一起参加以孙科为首的"孙文主义学会",但未参与活动。

容肇祖从北京大学教授刘半农学习语言学。

胡风考入北京大学预科。

蔡仪考入北京大学文学系。

胡瑞霖等6月15日在北京发起成立佛化教育会。

太虚经武院院董委恳请,同意继续担任院长。但很少主持院务,关系渐形疏离。4月,与白普仁、庄思缄等在北京设立中华佛教联合会筹备处,呈段祺瑞政府备案,以便推派代表出席将于日本召开的东亚佛教大会。10月,率中华佛教代表团赴日本参加东亚佛教大会。

大勇法师6月率"留藏学法团"由北京出发,赴藏学法,成为民国时期内地僧人以游学方式自发组织前往西藏求法的先声。

按:王海燕、喜饶尼玛说:"民国时期汉地佛教处于整顿僧伽制度、规范佛教组织、保护弘法寺院的复兴阶段,'留藏学法团'以组织游学的方式前往西藏研习佛教原典,首开僧团组织赴藏求法之先河,成为汉藏文化交流过程中最具影响力与典范性的团体组织,开创现代汉藏佛教交流的新阶段。'留藏学法团'在汉藏佛教文化交流的基础上建立了拓展交流的历史新起点。学僧广泛引介藏传佛教经典特别是格鲁派的经律论集,关注汉藏佛教发展的历史及佛学研究的不同侧重,阐析汉藏佛教交流活动的要旨及影响。首先,'留藏学法团'在翻译经典和著述方面,全面系统翻译和校勘宗喀巴大师的经典著作,集中阐述和释读藏传佛教的显密佛法理论及其教义,填补了汉译藏经因明之缺;在校勘、推证和释经方面,学僧从各自不同的理解和体验出发,解析不同地域、不同派别的佛教教典主旨;在佛教与人生、佛教与现代科学、佛教与社会、佛教与国家等方面,学僧注重充实佛教问答现世理论内容,促进了现代佛教哲学思想体系的建立。其次,在引介藏传佛教比照汉地佛教发展方面,'留藏学法团'学僧通过叙述西藏佛教不同阶段教派发展兴衰的历史及原因,追溯汉地佛教各宗的建立与发展,进而提出佛教改革的具体步骤与实施规划。……最后,在汉地弘传密法方面,'留藏学法团'学僧通过讲授藏密经律论、创设金刚道场、举办护国息灾法会,引入藏传佛教的密法仪轨,努力冲破汉地佛教界的排他主义和自我贬抑否定的两极认识,阐发西藏密法的特质与精髓,从宗教自身的特点与终极价值来研究双方的共同本质,并自觉认识汉藏佛教在学理、修习及体系上的差异与隐含意识的不同。……在汉地僧人为沟通汉藏佛教界所做出努力的影响下,西藏寺院藏传佛教僧人开始接触汉地僧人,与汉地僧人切磋佛学与辩经论法,增进了解,由此他们对汉地佛教的概念性认识或想象逐渐转化为具体的感知,并开始建立起双方长期交往的平台,藏传佛教寺院开始尊奉汉地如来佛,建造佛像,历史地见证了汉藏佛教文化交流的借鉴与理解、互促与认知。'留藏学法团'从佛教原典出发,补阙内地佛教之疑,助兴佛教之路,这种宗教文化交流行为作为改善汉藏关系的长期性政策选择与施政方案一端,引起民国政府的关注,有利于推进政府制定政策改善汉藏关系。

1935、1942年蒙藏委员会先后颁布《汉藏互派僧侣游学办法》《派遣与补助内地僧侣赴藏游学规则》,组织选派、分批资助汉地僧人游学西藏。自办法颁行到1948年间,驻藏办事处每年都会选派和补助自费或公费汉僧入藏学法。"(《"留藏学法团"与民国时期汉藏文化交流》,《中国边疆史地研究》2010年第2期)

吴佩孚为主席,江朝东为副主席的救世新教总会在北京成立,该组织宣称以"统一儒道佛耶回五教真义为一教,并纳全世界民族于一教之下"为主旨。

天主教徒英敛之获罗马教廷鼓励与支持,在北京创办北京公教大学,系由美国本笃会创办的一所教会大学。8月,英敛之制定《辅仁社简章》,明确指出"本社专事国学之研究"。10月10日,北京公教大学及其附属辅仁社正式开学,以英敛之为社长。校内专设国学专修科,讲授中国文学、史学、哲学、英文等课,以为大学预科。

按:1926年1月26日,陈垣接替去世的英敛之主持事务,陈垣、张相文、郭家声、李泰棻4人为主讲。(参见王学典《20世纪史学编年(1900—1949)》,商务印书馆2014年版)

陈独秀1月7日发表《我们对于造谣中伤者之答辩》。10日,与罗章龙共同签发《中央通告第二十四号》,指示各地国民会议促成会揭露及抵制段祺瑞策划的"善后会议"。11—22日,中国共产党第四次全国代表大会在上海闸北区横浜路6号举行,国际代表维经斯基参加,陈独秀主持会议并作工作报告。大会选举出新的中央执行委员会,选举陈独秀、张国焘、彭述之、蔡和森、瞿秋白5人组成中央局。21日,中共四大通过《中国共产党第四次大会对于列宁逝世一周年纪念宣言》,明确指出:"列宁主义就是资本帝国主义专权时代的马克思主义,是消灭帝国主义的唯一武器""我们只有站在列宁主义的旗帜之下,实行列宁主义,与全世界的工农阶级联合起来去消灭世界帝国主义。"22日,中央执行委员会召开第一次会议,决定如下分工:陈独秀为总书记,领导中央秘书处,主管中央行政事务。中央宣传部主任彭述之,宣传部委员瞿秋白、蔡和森,中央工农部部长张国焘。蔡和森还担任中央宣传教育委员会书记、《向导》周刊主编。28日,发表《我们应如何对付善后会议》。2月7日,发表《中国国民革命运动中工人的力量》,14日,发表《大家应该开始懂得善后会议的价值了》,同时发表致章士钊的信,斥诘章士钊所掌管的北京司法部查办共产党的训令,要求章士钊在报上公开答复。21日,发表《愚弄国民的国民会议条例》《被压迫者的自由与赤化》及《国民党究竟应当和谁合作》《国际奴隶境遇》《善后会议与社会主义》《共产和普选果足以亡国么?》《你们早已背叛了民党啊!》《只要脸厚什么事都好干》。3月7日,发表《帝国主义者及其工具对付中国国民革命运动之总策略》及《精神文明、东方文化与段祺瑞》《崇信外国》《军阀与国民会议》《陈炯明与辛亥同志俱乐部》。14日,发表《悼孙中山先生》,号召全中国的革命分子,应该因中山先生之死,加速的集合到中山先生创造的国民党,团结成伟大的集合体,来继续中山先生革命事业。同时发表《一朝天子一朝臣》《社会党与政府官吏》《废帝得志是何意义》《高一涵应该知罪呵!》《"过激"之第三个解释》《静候江亢虎在善后会议宣传社会主义》《反……救亡会》《护党还是叛党》《工人运动与各国在华工业》。21日,发表《评中山先生死后之各方面》。同月,为出版《字义类例》作自序。

陈独秀4月5日发表《统一与分立》及《呜呼孙段合作》《反段与降段》《帝国主义下的难民与苏俄》等。19日,发表《亡国的上海》。22日,发表《列宁主义与中国民族运动》。同日,《新青年》仍作为中共中央机关报改为不定期刊物出版。5月初,与中共中央秘书长王若飞一起,接见新近入党由北京来上海的吴玉章。决定利用吴与国民党孙中山的深厚的历史关系,留在国民党内,做统一战线工作,指示吴先去广州,与国民党中央取得联系,然后再到四川工作。5月19日，签发《中共中央关于发动反对日本帝国主义运动的通告》(中共中央通告第三十三号)。24日，发表《"反唐"与国民革命》。28日，中共中央和上海党组织举行联席会议，与会者分别汇报了国民党、雪耻会、学生、工人等方面活动情况。30日，"五卅"惨案爆发，当晚中共中央召开紧急会议，研究决定发动工人罢工，商人罢市，学生罢课，进一步反抗帝国主义的暴行，推动全国的爱国反帝斗争；并决定由瞿秋白、蔡和森、李立三组成行动委员会，立即公开组织上海市总工会。6月1日晚，中共中央召开会议作出决定，由上海总工会联合中华全国学生总会、上海学生联合会、各马路商界总联合会组成统一战线性质的上海工商学联合委员会，作为运动的公开指挥机关。4日，上海工商学联合委员会正式成立。4—29日，帮助瞿秋白创办中共中央的第一份日报《热血日报》，指导"五卅"运动。6日，发表《上海大屠杀与中国民族自由运动》，揭露控诉帝国主义的"五卅"大屠杀，提出这次运动的五大教训和五条"最低限度的要求"。是月，中共中央就"五卅"惨案发表告全国民众书，指出这次上海事变的性质既不是偶然的，更不是法律的，完全是政治的。解决之道不在法律而在政治，所以应认定废除一切不平等条约，推翻帝国主义在中国的一切特权为其主要目的。20日，发表《此次争斗的性质和我们应取的方法》。8月10日，发表《我们认识江亢虎了》。30日，致函戴季陶，批判其《国民革命与中国国民党》小册子。

按：斥《国民革命与中国国民党》在理论方面，"只看见民族争斗的需要不看见阶级争斗的需要"；在态度方面，"以为共产党加入国民党，不是促进国民党而是阴谋破坏国民党"的谬论。

陈独秀8月7日发表《本报三年来革命政策之概观》，总结了3年来中国政局的变化及党提出的口号、主张及其收到的效果。11日，发表《戴季陶反共产派运动》《可怜的段府》《奉军在北京之治外法权》。25日，发表《我们对于关税问题的意见》及《康有为与奉系军阀》《康有为、章士钊、戴季陶》《段执政的"甲寅"》《资产阶级的民生主义》《奉军大义灭亲》《帝国主义者不可无走狗》《帝国主义者为什么帮助反动军阀?》《是谁的国家?》。9月28日至10月2日，主持召开在北京苏联大使馆举行的中共中央第二次执委扩大会议，通过了《中国现时的政局与共产党的责任议决案》等，第一次在党内提出农民土地问题，制定了反对封建主义的土地纲领。10月10日，中共中央根据二次扩大会议精神发表《告农民书》，这是中国共产党第一次提出解决农民土地问题的文件。12日，陈独秀发表《今年双十节中之广州政府》。13、14日，陈独秀在亚东图书馆两次会见北来的胡适，彼此各有各的见解，各有各的意见，谈的是"问题与主义"老问题，陈重"主义"，胡重"问题"。30日，发表《反奉运动与法统问题》及《戴季陶之道不孤矣》《中国共产党的力量》等。11月7日，发表《十月革命与中国民族解放运动》。同月上旬某日，陈独秀在亚东图书馆再次与胡适发生争论说："适之，你连帝国主义都不承认吗?"胡生气说："仲甫，哪有帝国主义! 哪有帝国主义!"21日，发表《中国民族运动中之资产阶级》。同月，以中共中央的名义，否定周恩来、陈延年、鲍罗廷等广东区委提出的建立中共独立领导的革命武装的计划；会见由皖来沪的朱蕴山和高语罕，决定朱蕴山、高语罕以特邀代表资格，与吴玉章、董必武，恽代英，杨闇公等一起去广州出席国民党第二次代表大会，并特函广州区委书记陈延年，让其发展朱蕴山入党。

陈独秀12月3日发表《什么是国民党左右派?》，指出孙中山逝世后国民党内分裂出的"戴季陶派是新右派"，是"口头主张反对帝国主义及军阀，口头信仰三民主义，而不想实行的非革命派""他们的专门工作只是反对苏俄，反对共产党，反对阶级斗争这三件大事"。9日，中共中央发出党内通告第六十七号，指示各地通电反对西山会议派，并逐条驳斥了西山会议通过的反共决议。10日,发表《中国军阀之左右派》《预防赤化的国民党右派》等。20日,发表《国民党新右派之反动倾向》,认为"左派领袖汪精卫、蒋介石等在国民政府所做的工作","功多于过","然而,右派对于他们的攻击,竟无所不用其极"。12月下旬,鲍罗廷召集中共中央代表张国焘、广东区委负责人陈延年等人举行会议,鲍罗廷指斥陈独秀为首的中央"团结左派,联络中派,打击右派"的政策,是"死板的公式"。其意见遭到张国焘的批驳,不欢而散;胡适复函陈独秀,就北京群众11月29日烧毁《晨报》馆事,批评陈独秀认为"该烧"的意见,主张"大家能容忍异己的意见与信仰"。(以上参见唐宝林、林茂生《陈独秀年谱》,上海人民出版社1988年版;李永春编著《蔡和森年谱》,湘潭大学出版社2008年版;周永祥《瞿秋白年谱新编》,学林出版社1992年版)

　　章炳麟1月拒绝段祺瑞邀请其赴京参加善后会议。同月,在《华国月刊》第2期第3册发表《致知格物正义》,以为郑康成、王肃"二说虽异,皆深达心要,又不违于孔、孟,非大儒尽心知性者,何以能道此。顾由其义,当云知至而后物格,于本记之文为因果相倒,犹惧非作者意也"。末谓:"凡学,治事为后,自修为先,自修安出哉? 溯其本于最先,则必言心法矣。导江于岷山、导河于积石者,行视其水势所从来,非若下游之有浚治矣。且夫去物与知,与夫好恶之诚者,其心如顽空,恶固不起,亦无以止于至善,是以君子不去也,不去,则不惮郑重言之也。"同期又有《康成子雍为宋明心学导师说》《书秦蕙田〈五礼通考〉后》。2月,章炳麟与唐绍仪等组织辛亥同志俱乐部。同月,章炳麟在《华国月刊》第2期第4册出版发表《现代民主政治序》。3月12日,孙中山逝世后,章炳麟参加商议治丧事宜,并撰《祭孙公文》。15日,孙中山治丧事务所发出通函,"正式请唐少川、章太炎'担任追悼会筹备处干事员,指示一切'"。22日,全浙公会开追悼王文庆筹备会,章炳麟及蒋伯器等出席。3月,在《华国月刊》第2期第5册出版发表《铜器铁器变迁考》。4月12日,上海追悼孙中山大会在西门公共体育场召开,壁间悬有章炳麟、唐绍仪之挽联。章炳麟所拟挽联为:"孙郎使天下三分,当魏德萌芽,江表岂曾忘袭许;南国本吾家旧物,怨灵修浩荡,武关无故人盟秦。"追悼大会由唐绍仪主祭,何香凝发表演说。

　　章炳麟5月3日草《为辛亥同志俱乐部纠正段祺瑞废止法统令通电》。6月1日,发布《为上海英租界巡捕惨杀学生通电》,要求收回租界市政。7月1日,群治大学学生代表访问章炳麟,询问"对于五卅惨剧意见",章炳麟认为应"一面督促政府,一面实行经济绝交"。7月5日,章炳麟与唐绍仪联名致电段祺瑞,反对国民代表会议组织法。8月29日,章炳麟《甲寅》周刊第1卷第7号载有汪国垣《光宣诗坛点将录》,以章炳麟为"地默星混世魔王樊瑞"。下云:"太炎经学为晚近大师,诗原出汉魏乐府,古艳盎然,世不多见。余曩在申江曾见友人录其五言古诗若干首,颇有阅世高谈自辟户牖之概,惜未写福,今尚怅怅耳。"9月18日,章炳麟应湖南省长赵恒惕之邀,乘轮"赴长沙主考知事",辛亥同志俱乐部唐绍仪等设宴欢送,并讨论大局。10月4日,湘省县长考试考竣。5日,章炳麟至"各处拜客",又至省议会与晨光学校演讲,在湘议会讲"联省自治"和"湘宪",在晨光学校讲"智识阶级"和"国文为重要学科"。31日,章炳麟在上海国民大学讲《我们最后的责任》,散布反共谬论。同月,《华国月刊》第2期第9册发表《伯夷叔齐种族考》。11月30日,发起召开苏、浙、皖、闽、赣五省协会,辅助及监督五省总司令之行动,商讨五省兴革之事。同月,在《华国月刊》第2期第10册发表《疏证古文八事》。12月18日,发表《外交政策之通电》,反对冯玉祥联俄。1924年12月至本年,章炳麟与吴承仕函札往复,讨论《尚书》古今文。(以上参见汤志钧编《章太炎年谱长编(增订本)》,中华书局 2013 年版;姜义华编《中国近代思想家文库·章太炎卷》附录《章太炎年谱简编》,中国人民大学出版社 2015 年版)

瞿秋白 1 月 11—22 日出席在上海举行的中共第四次全国代表大会,并参加大会领导工作,任政治决议草案审查小组组长。与陈独秀、彭述之、蔡和森、张国焘组成五人中央局。22 日,瞿秋白出席中央执行委员会召开的第一次会议,会议决定瞿秋白、蔡和森为宣传部委员。26 日,致函鲍罗廷,报告中共四大情况,依中央决定不再担任鲍罗廷助手和译员。2 月 7 日,在《向导》第 101 期发表《一九二三年之"二七"与一九二五年之"二七"》。8 日,在《民国日报·觉悟》发表《国际主义者列宁之民族主义》。2 月 28 日,在《向导》第 104 期发表《帝国主义的佣仆与中国平民》。同月,作《列宁主义与杜洛茨基主义》,又改译斯大林所著《论列宁主义基础》中的一部分,题作《列宁主义概论》,刊于 4 月 22 日《新青年》月刊第 1 号;作《孙中山与中国国民革命运动》《道威斯计划与世界帝国主义》刊于 6 月 1 日《新青年》月刊第 2 号。3 月 7 日,在《向导》第 105 期发表《日本对华贸易之经济侵略》。14 日,在《向导》第 106 期发表《胡适之与善后会议》,针对胡适曾表示同意参加段祺瑞为欺骗人民而提出召开的所谓"善后会议",并提出一个所谓国民会议组织法草案,揭露和批判胡适对封建军阀妥协改良的态度。21 日,在《向导》第 107 期发表《孙中山之死与孙中山之敌》《孙中山辛亥革命后之第二功绩—镇压买办阶级商团之反革命》。

瞿秋白 5 月 10 日在《向导》第 114 期发表《五七国耻与日本帝国主义》。5 月 18 日,作《日本对华之屠杀政策——上海—青岛—大连》,刊于 5 月 24 日《向导》第 116 期。28 日,与陈独秀、蔡和森、李立三等出席中共中央召开紧急会议,会议通过了《扩大反帝运动和组织"五卅"大示威的决议》,决定立即开展宣传和组织工作,争取社会各界的支持。30 日,"五卅"惨案发生当晚,瞿秋白出席中共中央紧急会议,决定发动上海罢工、罢市、罢课。6 月 4 日,中国共产党中央机关第一份日报——《热血日报》创刊号出版,编辑部设于闸北宝昌路(近香山路,今象山路口),由瞿秋白和郑超麟、沈泽民、何味辛(今名何公超)组成,瞿秋白任主编,并负责撰写社论。瞿秋白为《热血日报》创刊号撰写了《发刊词》,又在《热血日报》创刊号发表了《中国民族解放运动之高潮》,揭露帝国主义在"五卅"惨案中的"强暴的寇盗行为"。而后以"热""血""沸""腾""了"的笔名给《热血日报》写了 20 余篇短文。《热血日报》深受广大群众的欢迎和拥护,产生了很大的社会影响。6 月 13 日,在《热血日报》第 10 期发表《江亢虎辟赤化谣》,批评中国无政府主义者江亢虎歪曲"五卅"惨案中的人民群众的正义要求和共产党的革命主张。22 日,在《向导》第 119 期发表《帝国主义之五卅屠杀与中国的国民革命》。7 月,戴季陶撰写了《国民革命与中国国民党》《孙文主义之哲学基础》等小册子,公然反对阶级斗争,反对工农革命运动。8 月 13 日,瞿秋白作《五卅后反帝国主义联合战线的前途》,刊于 8 月 18 日《向导》第 125 期,着重论述民族革命统一战线的形成是"工人阶级的勇猛斗争"的结果,并指出要进一步发展全国各阶级的大联合。27 日,作《英国帝国主义对中国的进攻与广州国民政府》,刊于 8 月 31 日《向导》第 127 期。同月,瞿秋白受中央的委托,针对戴季陶为蒋介石篡夺革命领导权而发表的一系列文章,其中《中国国民革命与戴季陶主义》编入《反戴季陶的国民革命观》,作为向导丛书,公开发行。

瞿秋白 9 月 8 日作《"五卅"运动中之国民革命与阶级斗争》,刊于 9 月 11 日《向导》第 129 期。9 月 28 日至 10 月 2 日,出席在北京苏联大使馆召开的中共中央第二次执委扩大会议,赞成"耕地农有",反对中共退出国民党。10 月 23 日,作《反奉战争与国民革命运动》,刊于10月30日《向导》第134期,文中揭露了奉系军阀北京政变以来的种种罪行。10月,作《反帝国主义运动与国民党》,后编入《帝国主义与中国》,由中国经济研究会出版,上海新文化书社发行。11月1日,作《世界社会革命开始后之第八年》,发表于11月7日《向导》第135期。27日,作《沪案重查与五卅屠杀的结局》,刊于12月3日《向导》第137期。同日,与国民党中委、候补中委联名通电严斥西山会议派。12月24日,与陈独秀、张国焘,同邵元冲、孙科、叶楚伧会谈国共关系及国民党"二大"问题。12月,在上海大学、中共上海区委党校,分别讲授《国民革命与阶级斗争》《中国劳动运动与我党的发展》。年底,由蒋光慈陪同,访郭沫若,荐郭赴广州大学任教。(参见周永祥《瞿秋白年谱新编》,学林出版社1992年版;陈铁健编《中国近代思想家文库·瞿秋白卷》附录《瞿秋白年谱简编》,中国人民大学出版社2015年版)

　　蔡和森1月11—22日出席在上海举行的中国共产党第四次全国代表大会,并在大会上发言。大会选举出新的中央执行委员会,由陈独秀、张国焘、彭述之、蔡和森、瞿秋白5人组成中央局。为了加强对《向导》周报的领导,中央决定蔡和森不再兼管宣传,而与瞿秋白一道专职主编《向导》。在《对于宣传工作之议决案》强调:"中央应有一强固的宣传部负责进行各事""中央宣传部下应有一真能负责做事的编译委员会。"《向导》等党刊的编辑具有政治指导作用的,由蔡和森、瞿秋白主编;其编辑方针直接由中央议定,不受宣传部的管辖。22日出席中央执行委员会召开第一次会议,会议决定瞿秋白、蔡和森为宣传部委员,蔡和森又任中央宣传教育委员会书记、《向导》周刊主编。30日,《向导》周报社祝贺全国铁路总工会代表大会。同月,蔡和森与恽代英等编写的《反基督教运动》一书再版。之后不到半年,该书印行了6版。2月2日,《向导》周报出版纪念"二七"惨案两周年特刊。陈独秀、蔡和森、瞿秋白、彭述之等主要作者都一致宣告,必须以1923年"二七"惨案为基本教训,夺取无产阶级领导权。7日,在《向导》第101期发表《孙中山病后帝国主义与军阀之阴谋》一文,揭露帝国主义与段祺瑞资助陈炯明进攻广州的阴谋。14日,在《向导》第102期发表《段祺瑞的假和平主义与战争》一文,指出全国人民要免除段祺瑞假和平主义之下的战祸,只有努力真正人民代表的国民会议之实现,收回政权于由这会议产生的国民政府。各省人民要免除段祺瑞和平主义之下的战祸,只有自动的民选省长,驱逐或拒绝一切段政府任命的军阀。21日,在《向导》第103期发表《段祺瑞执政后军阀与帝国主义的新攻势》一文,批驳军阀利用会议方法解决时局是走向民主政治的幻想。3月7日,在《向导》第105期发表《河南战争的祸首—段祺瑞》《江苏人民怎样解除军阀的宰割与战祸?》。

　　蔡和森3月14日在《向导》第106期发表《广东反革命势力的覆灭》一文。3月21日,《向导》第107期刊行"孙中山特刊",蔡和森发表《孙中山逝世与国民革命》一文,批驳了帝国主义与军阀的"孙中山死了,中国革命也就完了"的叫嚣。4月5日,在《向导》第109期发表《安福政府对于舆论的摧残》《金佛郎案与国民党》。12日,在《向导》第110期发表《卖国备战的金佛郎案》。13日,撰写《冯自由派反革命运动的解剖》一文,深刻剖析冯自由派真相,论证国民党淘汰反革命分子之必要。5月3日,在《向导》第113期发表《何谓国民党左派?》一文,纠正所谓"共产党为国民党左派"的错误认识。同月,中共中央决定成立出版部,蔡和森任主任,直到10月卸任。6月初,因领导"五卅"运动过于劳累,哮喘病和胃病复发,由中央安排去北京西山疗养。《向导》由中央宣传部部长彭述之担任主编,实际上是宣传部秘书郑超麟负责编辑。10月下旬,中共中央决定派遣蔡和森与向警予、李立三为代表,赴莫斯科参加共产国际第六次执委会扩大会议。沈泽民担任蔡和森的英文秘书随同前往。11

月23日,蔡和森抵达莫斯科。(参见李永春编著《蔡和森年谱》,湘潭大学出版社2008年版)

向警予1月在中国共产党第四次全国代表大会上,再次连任中共中央妇女部部长。1月1日,上海女界国民会议促成会成员分头四出向市民们宣传动员。向警予带领南方大学女生团、大夏大学女生团等100余人,手持旗帜和宣传品,到西门、城内(今南市区一部分)、闸北、虹口提篮桥等处演讲;王一知、李一纯等到仪昭女校演讲;王立明、唐家伟到上海青年会新青年社成立大会上演讲。她们还深入到居民家中宣传。同月,上海女界国民会议促成会再次发表宣言,提出13条代表妇女权益的具体要求:(1)男女社会地位平等;(2)女子应有财产权与继承权;(3)女子应有结婚自由权;(4)男女教育平等;(5)一切职业为女子开放;(6)女子应有参政权;(7)男女工资平等;(8)保护女性;(9)废除娼妓制度;(10)禁止蓄婢纳妾;(11)禁止溺女;(12)禁止缠足;(13)凡有碍女权之法律,一概废除,另订男女平权并助进女权发展之法律与宪法。

向警予2月9日在上海《民国日报》副刊《妇女周报》发表《对于根本改革北京女子师范大学的意见并质北京女子师范大学全体同学》,对女师大学生运动表示"十分同情",并提出相应的意见。文中指出:"北京女子师范大学是中国的女子最高学府,也就是中国的女子高等学校的师资养成所","校长人选最低限度应有廿世纪社会革新的思想而且根本赞成女子解放的见地。总而言之,要能一面反对东方国粹妾妇之道的教育,一面反对西方拜金主义的教育而彻底了解廿世纪的新潮流。但是单靠校长达到根本改革学校的目的仍旧是不够的",还要靠"学生的自觉",而驱杨运动就是以学生的自觉压力根本改造学校之第一步。此后,中共北京市委也委派了夏之栩等来女师大了解情况,培养骨干,指导运动。

向警予3月21日在上海女界国民会议报告中指出:"要一个肩膀担负力争女权的重担,一个肩膀担负力争民权的重担"。5月30日,"五卅"运动爆发后,向警予积极组织和领导上海妇女参加斗争。发表40多篇有关女权解放的文章,指导中国的妇女运动。向警予亲自带领妇女部的一些同志深入工厂、街道发动女工参加罢工;并到南京路上和其他一些街头去作宣传鼓动工作。向警予站在街头上,挥舞着拳头,滔滔不绝地揭露了帝国主义者镇压工人运动的罪行。柳亚子曾赋诗一首,赞美这位挥洒自如的女权革命家。9月,向警予与蔡和森的感情开始发生危机,向警予向蔡和森坦承了她与彭述之的感情。应向警予之请,中央常委会议讨论"同志恋爱纠纷"问题。会议最后决定派蔡和森率中共代表团赴莫斯科参加共产国际执行委员会第六次扩大会议,派向警予去莫斯科东方大学学习。(参见戴绪恭《向警予年谱简编》,《华中师范大学学报》1981年第1期;李永春编著《蔡和森年谱》,湘潭大学出版社2008年版)

恽代英1月出席团中央局会议,与林育南、邓中夏、张秋人、任弼时、张伯简等人筹备召开团的三大。26—30日,出席在上海召开的中国社会主义青年团第三次全国代表大会,为五人主席团成员之一。本次大会通过决议,改中国社会主义青年团为中国共产主义青年团,并选举张太雷、恽代英等9人为团中央执行委员。30日,出席共青团三届一中全会,会议决定由张太雷、任弼时、恽代英、贺昌、张秋人等5人组成团中央局。其中张太雷担任总书记兼妇女部主任;任弼时任组织部主任;恽代英任宣传部主任兼学生部主任,并任《中国青年》主编;贺昌任工农部主任,未到职前暂由张伯简代;张秋人任非基督教部主任,兼上海地方团书记。31日,在《中国青年》第63—64期合刊上发表《中国共产主义青年团》一文。2月7日,为纪念京汉铁路大罢工和"二七"惨案两周年,在《中国青年》第66期上发表《中国劳动阶级斗争第一幕》。2月21日,在《中国青年》第67期上发表《纠正对于马克思学说的一种误解》。3月7日,在《中国青年》第69期上发表《妇女运动》,批评了以往妇女运动的弊病,认为开展妇女解放运动还需要"真正觉悟的妇女"来参与领导。13日,参加国民党上海执行部与各界人士追悼孙中山先生的活动,任上海治丧事务所文牍员。14日,在上海大学作《孙中山先生逝世与中国》的讲演,高度评价了孙中山先生革命的一生,同时号召全体国民党员团结起来,完成中山先生未竟的事业。该讲演词后发表于3月19日上海《民国日报》副刊《觉悟》与《中国青年》第71期。3—4月间,以国民党上海执行部名义先后赴丹阳、镇江、扬州、南京、南通、芜湖等地参加悼念孙中山先生逝世活动,并多次在各地发表演说。

恽代英4月4日在《中国青年》第73期上发表《与李璜卿君论新国家主义》,批评了国家主义者在无产阶级专政、阶级斗争等问题上的立场和态度。25日,在《中国青年》第76期上发表《评醒狮派》,继续批判了国家主义派反苏反共以及反对阶级斗争、宣传超阶级的国家观的立场,揭露国家主义派乔装"醒狮",高呼教育救国的本来面目。5月28日,恽代英参与领导发起五卅反帝爱国运动,提出《扩大反帝运动和组织五卅大示威》的决议,得到中共中央紧急会议的通过。5月31日,"五卅"惨案发生后,以国民党上海执行部名义通电各省,要求支援上海"五卅"运动。6月13、15日,分别在《民族日报》上发表《评三种洋奴的论调》《告愤激的国民》,批判"五卅"运动中所谓"就事论事"的错误论调和错误倾向,教育群众坚持斗争。6月26日至7月7日,出席在上海召开的全国学生第七届代表大会,并作演讲。7月18日,在《中国青年》第82期上发表《答〈醒狮周报〉三十二期的质难》,强调民族解放运动决不是什么"国家主义",反对国家主义者用国家观念来压倒阶级观念、漠视阶级冲突、反对阶级斗争的观点。同时还阐述了联合国民党左派、联合苏联开展国民革命的必要性。同日,出席在南京召开的少年中国学会第六届年会,会上与沈泽民等人一起同左舜生等国家主义派进行坚决斗争。19日,在东南大学大礼堂作关于"五卅"运动的演讲。23日,在《中国青年》第83期上发表《革命势力与反革命势力》。7月25日,在《中国青年》第84期上发表《怎样做一个宣传家?》。

恽代英8月8日在《中国青年》第87期上发表《读〈孙文主义之哲学的基础〉》,集中批判了戴季陶主义。22日,在《中国青年》第89期上发表《民族革命中的共产党》,阐述了共产党在当前民族革命中的基本政治主张,在纠正社会上对共产党种种误解的同时也驳斥了国民党右派对共产党的各种指责。25日,在《中国青年》第90期上发表《悼廖仲恺先生》,高度评价了廖仲恺的功绩,对其遇刺表示深切哀悼,提出要"毫无顾惜地扫除一切反革命派"。9月1日,在《向导》周刊第128期上发表《辛丑条约对于中国的影响》,认为除了签订巨额赔款等丧权辱国的条款外,《辛丑条约》最大的恶影响则是"帝国主义者加于中国精神上的打击"。11月2日,出席全国学总、上海学联、各界妇女联合会所发起的反对关税会议的大会,并发表演讲。28日,在《中国青年》第103期上发表《学潮与革命运动》《"五卅"运动与阶级争斗—答重良》等文。12月27日,在《中山主义》周刊第2期上发表《孙中山主义与戴季陶主义》,通过对两者思想的比较,批评戴季陶主义的必然结果一是"使中山主义改良化宗教化",二是"使中山主义完全被反动派利用",成为抵制革命的工具。同月,致函柳亚子,信中揭露戴季陶和西山会议派相互勾结的行为,希望柳亚子能够发表公正之言论,参与反戴季陶的斗争。是年,作《真正三民主义》一文,登载于孙文主义研究社编《三民主义之研究》一书中,该书1927年1月由上海明明书局出版。(参见刘辉编《中国近代思想家文库·恽代英卷》附录《恽代英年谱简编》,中国人民大学出版社2015年版;中央教育科学研究所编《中国现代教育大事记1919—1949》,教育科学出版社1988年版)

张闻天1月将所译《西洋史大纲》译稿装订成三册寄上海中华书局,寄出前为该书写了译序,其中阐述了张闻天本人的历史观。2—3月,因宣传新思想,受到重庆保守、反动势力的围攻。3月14日,决然离开重庆二女师,随后即应聘到"川东联合县立师范学校"任国文教员。18日,同萧楚女等一起参加杨闇公、赵宗楷婚礼。30日,张闻天与萧楚女在重庆创办《南鸿》周刊,张闻天撰写《发刊词》。4月6日,在《南鸿》周刊第2期上发表评论《追悼孙中山先生》,文中颂扬了孙中山与列宁生前共同的伟大革命精神,同时又比较了两位伟人身后事业的成败,指出孙中山事业之所以未能如列宁那样的成功,就在于他的后面没有列宁"所组织成功的共产党",因此要拥护孙中山先生的理想,就不能"去依赖快要分裂的国民党",而是"需要一个代表全民众的利益的结实的新团体"。4月上旬,张闻天在川东师范学校又遭到封建顽固势力的攻击。14日夜,作《川师学潮所引起的感想》,刊于4月22日《南鸿》第4期。5月中旬,被重庆卫戍司令王陵基以"败坏风俗,煽惑青年"的罪名查封,并勒令萧楚女、张闻天、廖划平在两周内离开重庆。18日,作《别重庆的朋友们》,刊于6月20日《夜鹰》第11期。5月24日晨,张闻天、萧楚女乘船离渝返沪。同月,所译《热情之花》《伪善者》与沈雁冰译《太子的旅行》合编为《倍那文德戏曲集》,列入"文学研究会丛书"由商务印书馆出版。6月初,张闻天由董亦湘、沈泽民介绍在上海加入中国共产党。10月3日,《申报》发表《中国济难会发起宣言》,张闻天为发起人之一。28日,张闻天离上海赴莫斯科中山大学学习。(参见张培森主编《张闻天年谱》,中共党史出版社2000年版)

萧楚女在四川主持"四川青年团组织的整顿和共产党组织",取得显著成绩,军阀、官僚深为痛恨。5月,萧楚女将自己所负责的工作移交给杨闇公,离开重庆,乘船东下去上海。6月,萧楚女以全国学联代表身份到南京指导青年运动,担任《人权日报》主笔,发动群众组织"南京国民外交后援会""反帝大同盟"等团体。7月25日,萧楚女在南京的《人权日报》发表《阶级斗争与我们底基本工作》一文,劝醒狮派的朋友,不要空谈理论,专只以"醒狮"做门面,要去和共产党一路做实际工作。8月间,萧楚女到河南担任中共豫陕区委宣传部长,主编党的机关报《中州评论》。又与中共豫陕区委书记王若飞等一起工作,帮助各界青年组织了"河南青年协社"等进步团体。后因被军阀李纪才通缉,返回上海。10月,针对戴季陶《国民革命与中国国民党》,发表《国民革命与中国共产党》一文,批判"戴季陶主义"。是年,萧楚女在上海与恽代英共同主编《中国青年》,积极支持群众的反帝行动,同国民党右派戴季陶进行斗争。(参见张培森主编《张闻天年谱》,中共党史出版社2000年版)

陈望道5月30日"五卅"运动爆发后,接任上海大学教务长和代理校务主任。在党的领导下,率领全校师生投入反帝反封建斗争。6月4日,上海大学被英帝国主义武装占领。5日,上大在老西门勤业女子师范学校建立临时办公处,由教务长陈望道主持师生大会,详细报告学校被占领经过。由他起草宣言,发表通电,抗议帝国主义暴行。9月20日,陈望道与恽代英、张闻天、杨贤江、郭沫若、韩觉民、吴开先、沈雁冰等在上海举行中国济难会第一次筹备会,以救济一切解放运动的受难者为宗旨。会议推举韩觉民为主席,通过《中国济难会发起宣言》、组织章程,选举恽代英等13人为筹委会正式委员,侯绍裘等5人为候补委员。会址设在上海闸北宝山路三德里。30日,筹备委员会召开会议,决定韩觉民、陈望道为总务。同月,陈望道、匡互生、叶圣陶、夏丏尊、朱光潜、朱自清等在上海创办立达学园,成立立达学会,以修养健全人格,实行互助生活,促进文化,以改造社会为宗旨。陈望道在《立达季刊》第 1 卷第 1 期发表《修辞学的中国文字观》。10 月,中国济难会在上海召开代表大会,到会团体代表和个人 80 余人。会议决定将筹备委员会改为全国总会临时委员会,并通过发展会员、国际联络、募集经费等八项决议案。11 月,出版机关刊物《济难》月刊、《光明》半月刊、《济难画报》等刊物。江西、广州、长沙、天津、北京等地先后成立了省总会。是年,陈望道与丁衍庸为首组办中华艺术大学,陈抱一任主任委员。陈望道在《妇女周报》第 91—95 期连载译文《恋爱的三角关系论》;在《民国日报》副刊《黎明》周刊上发表《毒火》。(参见上海鲁迅纪念馆编《陈望道先生纪念集》,复旦大学出版社 2006 年版)

张申府 1 月参加在上海召开的中国共产党第四次全国代表大会,讨论党的纲领时反对与国民党结盟而与其他人激烈争论,因自己意见未被接受负气退党。虽然李大钊、赵世炎极力劝阻,张申府仍坚持在党外帮助党工作的立场。此后在上海、北京从事教学、写作、出版工作,宣传民主、科学、唯物辩证法。3 月 26 日,在《京报副刊》发表《所思:精神与物质》。4 月,章士钊任段祺瑞的执政政府教育总长,在教育部内部成立编审委员会,聘张申府与沈步洲为编审委员,专门审查教科书。6 月 22 日,在《京报副刊》发表《第三文化之建设》。8 月 25 日,在《京报副刊》发表《与周作人先生论事实》。9 月 14 日,在《京报副刊》发表《数学的哲学》。25 日,在《京报副刊》发表《数学与哲学篇的校正》。10 月 7 日,在《京报副刊》发表《女师大事之余》。12 月 27 日,在《京报副刊》发表《从无穷小到无穷大》。是年,兼任私立中国大学西洋哲学教授。还在《京报副刊》发表《罗素近刊文》《女数学家古洼鲁克夫人传》等文。(参见郭一曲《现代中国新文化的探索——张申府思想研究》,广东人民出版社 2002 年版;雷颐编《中国近代思想家文库·张申府卷》附录《张申府年谱简编》,中国人民大学出版社 2015 年版)

杨贤江继续主编《学生杂志》。1 月 5 日,在《学生杂志》第 12 卷第 1 号上发表《学风与校风》。5 月 30 日,参加动员和组织上海大学等校学生投入"五卅"反帝爱国运动。5 月,当选为国民党上海执行部"教育运动委员会"委员。6 月 2 日,参加"上海教职员联合会"。4 日,与韩觉民、侯绍裘、沈雁冰、周越然、丁晓先、董亦湘、刘薰宇等 30 余人集体退出由右派势力把持的上海教职员联合会,发起组织"上海教职员救国同志会",在小西门立达中学召集筹备会,并发表宣言。6 日,与侯绍裘、沈雁冰一起代表"上海教职员救国同志会"发表谈话,阐述上海教职员救国同志会"六项办法"。16 日起,参加上海教职员救国同志会所组织的讲演团,其讲演题目为《"五卅"运动与民族革命》《民众的力量》《国民外交》等,扩大了"五卅"运动影响。6 月下旬,上海商务印书馆重新组建工会及党团组织,与陈云、沈雁冰、丁晓先等 10 余人为其成员,分工与沈雁冰担任编译所党组织负责人。又与陈云、沈雁冰等同志领导商务印书馆的职工运动。7 月 21 日,被聘为景贤女子中学沪办高级中学文史科兼职教师。

杨贤江 8 月 12 日乘火车北上,与黄炎培夫妇、刘海粟等 12 人同行,前往太原参加中华教育改进社第四届年会。16 日,到达太原。会议期间,与余家菊、孙伏园等 9 人任编译组成员。9 月 20 日,受中共上海区委指派,与恽代英、沈雁冰等联络社会知名人士杨杏佛、叶圣陶、郭沫若、于右任等成立中国济难会,被推选为济难会委员。同日,在《教育杂志》第 21 卷第 9 号上发表《日本高等教育政策及其影响》一文。30 日,参加中国济难会委员会会议,分工负责宣传工作。10 月 5 日,在《学生杂志》第 12 卷第 11 号上发表《图书馆利用法》。25 日,在中国济难会代表大会上发表演说,阐明该组织人道主义宗旨,主张营救遭受反动派逮捕的革命者,并筹款救济他们的家属。同月,与沈雁冰、丁晓先、朱义权等一起被国民党右派(西山会议派)把持的伪中央非法开除国民党党籍。与国民党右派展开针锋相对的斗争。
(参见杜学元、吴吉惠等撰著《杨贤江年谱长编》,光明日报出版社 2005 年版)

茅盾 1 月初开始编选《淮南子》。5 日,在《妇女杂志》第 11 卷第 1 号发表《新性道德的唯物史观》。同月,与郑振铎介绍顾仲起到广州黄埔陆军教导团参加北伐战争。顾仲起原为南通师范学校学生,因参加学生运动被学校开除,流浪到上海,曾给《小说月报》投稿,被郑振铎发现,本想推荐他到商务印书馆工作,未被接收,于是送他去黄埔军校。后来加入中国共产党,革命低潮时期又感到"幻灭"。后来茅盾《幻灭》小说中"强连长"的原型,就是顾仲起。2 月 23 日,在《文学》第 161 期发表《最近法兰西的战争文学》。28 日,在《儿童世界》第 13 卷第 9 期发表《喜芙的金黄头发——北欧神话之一》。3 月 10 日,在《小说月报》第 16 卷第 3 号发表《人物的研究——〈小说研究〉之一》,详尽分析了中外小说中人物形象塑造的方法及其流变。同月,在《儿童世界》连续发表《菽耳的冒险——北欧神话之二》《亚麻的发现——北欧神话之三》《芬利思被擒——北欧神话之四》《青春的苹果——北欧神话之五》。4 月 11 日,发表《为何海水味咸—北欧神话之六》。5 月 2 日,应邀为上海艺术师范学校师生作报告,谈及无产阶级艺术的特征、无产阶级艺术的形成和发展,以及苏联的文艺现状。10 日,在《文学周报》第 127 期发表长篇论文《论无产阶级艺术》。5 月 17、31 日和 10 月 24 日出版的《文学周报》第 173、175 和 196 期继续刊载。

按:《论无产阶级艺术》共分 5 节。第一节探讨无产阶级艺术的形成;第二节论述无产阶级艺术产生的条件;第三节探讨对无产阶级艺术的范畴;第四节苏联的文艺现象,讨论无产阶级艺术的内容;第五节讨论无产阶级艺术的形成。

茅盾 5 月 30 日前往南京路参加"五卅"示威游行,沿路演讲,遭巡捕驱赶,目睹了"五卅"惨案,义愤填膺。同月,与张闻天合译西班牙《倍那文德戏曲集》出版。6 月 2 日,与郑振铎、胡愈之、叶圣陶等通宵撰编《公理日报》。3 日,《公理日报》正式创刊,茅盾与郑振铎、叶圣陶、胡愈之、王伯祥、徐调孚等任编辑,开始揭露各报不敢报道的"五卅"惨案真相。4 日,茅盾与韩觉民、侯绍裘、沈联璧、周越然、丁晓光、杨贤江、董亦湘、刘薰宇等 30 余人发起成立上海教职工救国同志会。8 日,在《公理日报》发表《我们对美国的态度》。15 日,负责起草的《上海教职员救国同志会宣言》。16 日,参与教职员救国同志会组织讲演团,讲演"五卅"事件的外交背景》。21 日上午,参加商务印书馆工会成立大会。同月,编纂《文学小辞典》,后因罢工而辍笔。8 月,与陈云、徐梅坤、杨贤江、郑振铎、丁晓先等人领导与参加了上海商务印书馆的罢工斗争,28 日胜利结束。9 月 13 日,在《文学周报》第 190 期发表《文学者的新使命》。

茅盾与恽代英、张闻天、沈泽民、杨贤江、郭沫若等人 9 月联合发起的中国济难会在上海成立,总会设在上海,全国各重要城市设有分会,旨在保护和营救受迫害的革命者及革命烈士家属。同月,陈望道等在上成立立达学会,茅盾为该会会友。11 月 7 日,出席瞿秋白与杨之华的结婚仪式。约 12 月 20 日,获悉上海总工会副委员长、中华全国总工会执行委员、"五卅"运动领导人之一刘华被孙传芳秘密杀害,遂与郑振铎、胡愈之、叶圣陶等商量采取抗议行动。同月与郑振铎等 43 人联署发表《人权保障宣言》。国民党召开西山会议后,茅盾受党中央指令,与恽代英一起组织两党合作的国民党上海特别市党部执行委员会,恽代英主任委员兼组织部长、茅盾任宣传部长。月底,在上海市党员大会上,茅盾与恽代英、张廷灏、吴开先等5人被选为左派国民党上海市党部代表,赴广州出席国民党第二次全国代表大会。会后,留广州工作,在毛泽东任代理部长的国民党中央宣传部做秘书。(参见唐金海、刘长鼎主编《茅盾年谱》,山西高校联合出版社1996年版;翟同泰《茅盾在大革命前的社会和革命活动述略》,《茅盾研究》第3期)

郑振铎1月5日在《文学》周刊第155期上发表翻译《印度寓言》。1月26日上午,与沈雁冰访叶圣陶。同月,与茅盾介绍顾仲起到广州黄埔陆军教导团参加北伐战争。2月10日,在《小说月报》第16卷第2期上续载《文学大纲》第16章《中国小说的第一期》。24日,为所作《太戈尔传》一书作序。3月,所译《太戈尔诗》由商务印书馆出版。4月7日,鲁迅接郑振铎信请教有关小说史问题。4月,所著《太戈尔传》由商务印书馆出版,为《文学研究会丛书》之一。此书为我国第一部研究泰戈尔的专著。4—5月间,王任叔从浙江四明报馆辞退出来漂流到上海,找到郑振铎,受到热情接待,在郑振铎家参加过聚餐会,结识了陈望道、叶圣陶、夏丏尊等人。5月10日,《文学》周刊第172期出版,改名为《文学周报》,独立出版。11日,郑振铎主编的《时事新报·鉴赏周刊》创刊,为“书报评论”性质的专刊。26日,郑振铎为所编《中国短篇小说史》第一集作序言,这一集所收皆唐人小说,序中论述了唐代小说的价值及兴盛的原因等。

郑振铎、胡愈之、叶圣陶、应修人、楼适夷等上海学术团体负责人6月1日在郑振铎家集会,激愤于当时上海各报“对于如此惨酷的足以使人类震动的大残杀案,竟不肯说一句应说的话”(郑振铎《〈公理日报〉停刊宣言》),郑振铎提议自己来办一份报纸,得到与会者一致赞同。3日,郑振铎负责主编的、以“上海学术团体对外联合会”名义主办的《公理日报》创刊。该报尖锐揭露抨击英日帝国主义的暴行,发行后受到广大群众的热烈支持和欢迎。6月24日,《公理日报》被迫停刊,郑振铎发表他撰写的《停刊宣言》。28日,在《文学周报》第179期上发表记述“五卅”惨案的著名散文《街血洗去后》。7月2日,为所译《印度寓言》作序。3日,为所译德国《莱森寓言》作序。8月24日,商务印书馆编译所职工也组织临时委员会参加罢工。郑振铎被选为编译所临时委员会执行委员,出席与商务资方的谈判。25日,商务印书馆三所一处工会代表开会,讨论组织“罢工中央执行委员会”,以统一事权,共选出13名委员。编译所三位委员为茅盾、丁晓先、郑振铎。28日上午,郑振铎参加商务印书馆全体职工大会,庆祝罢工胜利,通过《复工宣言》等。下午,编译所同人会成立。同月,郑振铎所译《印度寓言》和德国《莱森寓言》出版。

郑振铎9月参与恽代英等发起、中国共产党领导的中国济难会的成立,为58位发起人之一。10月4日,撰《四库全书中的北宋人别集》,刊于10月10日《时事新报》双十增刊上。11月12日,蒋介石读郑振铎《太戈尔传》日记载:“太戈尔以无限与不朽为人生观之基点,又以爱与快乐为宇宙活动之意义。列宁以权力与斗争为世界革命之手段。一以唯心,一以唯物。以哲学言,则吾重精神也。”29日,为所译《高加索民间故事》作序。同月,郑振铎加入楼适夷、丁修人等人组织的上海通信图书馆共进会。12月17日,上海总工会副委员长、中华全国总工会执行委员、“五卅”运动领导人之一刘华被反动军阀孙传芳秘密杀害,郑振铎闻讯后极为悲愤,后与郭沫若、沈雁冰、胡愈之、叶圣陶、蒋光赤、周建人等43人签署《人权保障宣言》,表示强烈抗议。(参见陈福康《郑振铎年谱》,三晋出版社2008年版)

赵景深任教于上海大学,兼任立达学园、景贤女子中学(即江苏第二代用女中)教师。投稿《文学旬刊》。主编《文学周报》第6至第8卷。开始为《小说月报》长期写世界文坛消

息,并介绍无产阶级文学动态。(参见赵易林《赵景深的学术道路》,山西古籍出版社 2004 年版)

郭沫若 1 月辞武昌师范大学之聘。同月,郭沫若应邀赴殷汝耕宴,同席有日本博士山崎百治及学艺社要人。3 月 13 日,闻孙中山逝世噩耗,作《哀感》,刊于 28 日北京《现代评论》周刊第 1 卷第 16 期。3—4 月间,与漆树芬频繁交往,并认识了吴稚晖。4 月 6 日,作《〈新时代〉序》。4 月,受聘任大夏大学讲师,讲授文学概论课。希望借此为自己建立一个文艺论的基础,以构成"文艺的科学",包括总论,诗歌、小说、戏剧等分论。为此常到内山书店去读书,以编写讲义。5 月 30 日下午,与周全平在南京路目睹了"五卅"惨案发生当日的部分情况。同月,赴休闲别墅宴会,谢绝曾琦为《醒狮》撰稿之请求。6 月,与漆树芬、曾琦、熊晓岩、王兆荣、何鲁、郭步陶等筹备组织四川旅沪学界同志会,被推举担任负责文字工作的干事;所作历史剧《聂嫈》由上海美专学生会组织的救济工人的游艺会排练,欧阳予倩作曲并教唱,汪仲贤任后台指导,葆炎任导演。16 日,为四川旅沪学界同志会起草《五卅案宣言》,刊于 7 月 13 日北京《晨报副刊》。同月,郭沫若译俄国屠格涅甫著《新时代》由上海商务印书馆初版发行。夏,参加学艺大学筹备工作。7 月 1 日,往九亩地新舞台观看《聂嫈》的演出,并祝贺演出成功。

郭沫若 7 月 8 日作《文学的本质》,发表于上海《学艺》月刊 8 月第 7 卷第 1 期。认为,论到文学的本质,就是文学究竟是甚么的问题。古今中外学者们的解答不知有多少种,因此,研究必须先从文学的净化入手。中旬,作《论节奏》,刊于上海《创造月刊》1926 年 3 月第 1 卷第 1 期。7—8 月间,与田汉同往位于四马路的一家旅馆,晤见相识已久未曾谋面的宗白华,并一连几天在一起聚会。8 月 15 日,郭沫若赴上海美术专科学校作题为《国际阶级斗争之序幕》的讲演,由肖韵记,刊于 23、24 日上海《民国日报·觉悟》。同月,就任新创办之学艺大学文科主任,并兼主持校图书馆工作;应沈松泉约稿,允将《聂嫈》交刚成立的光华书局出版,并请沈松泉代为搜集在报刊上发表过的文章,以结集出版。9 月 10 日,参与筹备并编辑的四川旅沪学界同志会会刊《长虹》在上海创刊,共出两期。22 日,作《共产与共管》,刊于上海《洪水》半月刊 11 月 16 日第 1 卷第 5 期,针对林灵光在《独立党出现的要求》一文中断言"中国共产党的革命不成功则已,若一成功,同时便是中国受列强共管之时"予以驳斥。11 月 17 日,作历史小说《马克斯进文庙》,刊于上海《洪水》半月刊 12 月 16 日第 1 卷第 7 期。29 日,作《〈文艺论集〉序》,刊于上海《洪水》半月刊 12 月 16 日第 1 卷第 7 期。同月,郭沫若与郁达夫同访蒋光慈,并请蒋光慈对照俄文校改译稿《新时代》。12 月 20 日夜,作《新国家的创造》,刊于上海《洪水》半月刊 1926 年 1 月 1 日第 1 卷第 8 期。22 日,作《讨论〈马克斯进文庙〉》,刊于上海《洪水》半月刊 1926 年 1 月 16 日第 1 卷第 9 期。27 日,所著《文艺论集》分上、下两卷作为"创造社丛书"之一由上海光华书局初版发行,收文章、书信 31 篇。(参见林甘泉、蔡震主编《郭沫若年谱长编》,中国社会科学出版社 2017 年版)

田汉是春在长沙第一师范学校任国文教员。"因为潜心于西洋文学,所以讲'国文'时也就专讲文艺思潮和西洋文学史,尤其是戏剧;因此被学生们戏称为外国国文教员。"5 月 27 日,发表话剧《黄花岗》,并附《小序》。30 日,上海爆发"五卅"反帝爱国运动。"五卅"惨案消息传来长沙师范学校之日,学生们因故对田汉、赵景深、叶鼎洛、何呈笻 4 位教师产生误会,从而导致他们几人不久从学校离职。夏,田汉与田洪、叶鼎洛结伴乘船离长沙赴上海。8 月 29 日,以老友左舜生劝,为上海《醒狮周报》主编的附刊《南国特刊》创刊。10 月 24 日,在《醒狮周报·南国特刊》第 9 号发表《文艺界杂话》一文,叙自己同郭沫若、胡适、马君武等人交往中的轶事。秋,在编《南国特刊》的同时,分别在上海大学和大夏大学任教。12月,由欧阳予倩引见,在他家里结识刚从法国回国的唐槐秋。(参见张向华编《田汉年谱》,中国戏剧出版社1992年版)

周予同在《民铎》第6卷第2、3期发表《经今古文之争及其异同》,次年改题名《经今古文学》出版。4月起,与王伯祥、叶圣陶、丁晓先等友人相约共学日文,邀谢六逸来教课,议定每星期二、四、六三晚7时一刻至9时上课,用葛祖兰《日语汉译读本》卷一,上课地点在尚公学校。8月,商务印书馆编译所同人参加罢工,周予同入选执行委员会。是年,曾在立达学园及持志大学、国民大学兼课,并与郑振铎、沈雁冰、陈望道、胡愈之、朱自清、夏丏尊等列名立达学会会员。(参见成棣《周予同先生年谱》,载《传统中国研究集刊》第20辑,上海社会科学院出版社2019年版)

夏丏尊年初在匡互生、丰子恺、朱光潜等人离开春晖中学后不久后,因与经亨颐在办学理念上的分歧越来越大,不久亦离开春晖中学赴上海,与匡互生、丰子恺、朱光潜等人创办一所新型艺术学校,取名"立达中学",系取义《论语》中的"己欲立而立人,己欲达而达人"句,以为办学宗旨,得到胡愈之、叶圣陶等文化界名人的大力支持。学校设有美术科、音乐科、文学科。茅盾、郑振铎、陈望道、胡愈之、叶圣陶、刘大白、朱自清、夏衍、许杰、周予同、陶元庆、夏承焘、丁衍镛、关良、陈抱一、裘梦痕、刘薰宇、杨明轩、陈之佛、刘叔琴、方光焘等先后在此授课。2月8日,以刘薰宇、陶载良、匡互生、沈仲九、朱光潜、丰子恺、夏丏尊、钱梦渭、练为章9人组成的立达学园校务委员会的名义,在《申报》登载招生广告。3月2日,正式开课。3月12日,在夏丏尊等倡议下,发起成立"立达学会"。它以"修养人格、研究学术、发展教育、改造社会"为宗旨。

按:"立达学会"会员共42人:刘大白、易寅村、朱光潜、沈仲九、张作人、陈抱一、陈望道、何乃仁、张东屏、方光焘、胡愈之、高觉敷、周予同、秦大钧、朱自清、周为群、刘尚一、黎锦熙、许敦谷、徐中舒、关良、黄鸿诏、陆露沙、刘叔琴、沈亦珍、裘梦痕、丁衍镛、李石岑、周建人、王伯祥、郑振铎、叶圣陶、章锡琛、王淮君、荣渭阳、蒋爱真、叶吉廷、张农、章克标、张克成、陈字梓、王亢侯。加上刘薰宇、夏丏尊等9名常务委员共51人。这是一支人数庞大而素养极高的队伍,一时沪上文化教育界知名人士云集于立达旗下。

夏丏尊合译著作《俄国诗坛的昨日今日和明日》4月由商务印书馆出版,作为小说月报丛刊第57种。6月,与匡互生等创办《立达季刊》,作为立达学会会员表现自己个性的园地。夏丏尊在《立达季刊》第1卷第1号上发表《论记叙文中作者的地位并评现今小说界的文字》一文,率先介绍了西方叙事学中的视点知识。

按:《论记叙文中作者的地位并评现今小说界的文字》曰:"原来在第三人称的小说作者的立点有三:一是全知的视点(The omniscient point of view),二是限制的视点(The limited point of view),三是纯客观的视点(The rigidly restricted point of view)。在全知的视点中,作者好似全知全能的神,从天上注视下界。作品中一切人物的内心秘密无不知道。一般描写心理的小说,作者如果不完全立脚于这态度,就在情理上通不过去。限制的视点,是把全知的视点缩小范围,只在作品中一人物上,行使其全知的权利,凡借了作品中一人物(主人公)而叙述一切者皆是。纯客观的视点范围更狭,作者绝不自认有全知的权利,对于作品中人物但取客观的态度而已。"

夏丏尊在立达学园教国文,兼教文艺思潮。8月,朱自清受聘于清华大学,于是,他把家眷留在白马湖,只身赴京。夏丏尊等设便宴为之饯行。9月,弘一法师从温州永嘉至宁波,原打算经南京再往安徽九华山,因江浙军阀混战,交通受阻,驻足宁波,挂单七塔寺。夏丏尊得知消息后,前往拜望,并坚请弘一法师同往白马湖小住。10月28日夜,在奉化江畔远寺作《序子恺的漫画集》。10月底，伴同弘一法师至白马湖，为其在"春社"安顿住处。11月7日，弘一法师与经亨颐、夏丏尊等一行离开白马湖赴杭。8日，夏丏尊《序子恺的漫画集》刊《文学周报》第198期。12月，翻译日本芥川龙之介的《支那游记》中的几节，题名《芥川龙之介氏的中国观》。是年，翻译日本作家武者小路实笃《伟大的支那》和《支那对于人类的使命》两文；赵景深到立达学园执教，始与夏丏尊相识。（参见葛晓燕、何家炜编著《夏丏尊年谱》，中国文史出版社2012年版）

吴文祺作于去年2月12日的《重新估定国故学之价值》，刊于5月《鉴赏周刊》。冬，吴文祺考入上海商务印书馆国文函授社，为函授学生修改作文，编写讲义。同时任商务印书馆编辑部党小组组长，秘密做党的工作。当时党中央设在上海，吴文祺又兼任党中央交通员。（参见邱光华《吴文祺先生研究》，复旦大学硕士学位论文，2004年）

曹聚仁2月在上海《东方杂志》第22卷第4号发表《国故学之意义与价值》，归纳当时存在的三种不同的"国故观"以及三种对应的态度，提出"国故学者以'国故'为研究之对象，而以科学方法处理之，使成为一种科学也""'国故'与'国故学'，非同物而异名也，亦非可简称'国故学'为'国故'也。'国故'乃研究之对象，'国故学'则研究此对象之科学也，此乃本篇独标之新义，亦即国故学新生命所寄托，不惮词费以阐明之。"6月，曹聚仁将在《读书杂志》上辩论古史的文字编为《古史讨论集》由上海梁溪图书馆出版。本书收录顾颉刚、钱玄同、刘掞藜等人讨论古史的9篇文章和胡适的《古史讨论的读后感》，朴社同人大哗。曹聚仁秋任国立暨南大学国文教师。10月，任暨南大学商学院国文教授，暨南大学校长为姜琦。所著《国故学大纲》由上海梁溪图书馆出版。12月30日，曹聚仁发表《春雷初动中之国故学》，强调"国学"乃就"国故学"而言，实际的重心在"故"字上。"故"字之所以不能省略，就在于"国故学"已然把研究的范围限定在成为历史的过去，国学研究的对象已落幕于"五四运动"。曹聚仁还将北大《国学季刊》视为"'新考证学'的园地"。（参见许啸天编《国故学讨论集》第1集，上海群学社1927年版；曹雷编订《曹聚仁年谱》，上海市政协文史资料委员会、上海鲁迅纪念馆编《曹聚仁先生纪念集》，2000年；文韬《"国故学"与"中国学术"的纠结——民国时期两种"国学"概念的争执及其语境》，《中山大学学报》2013年第5期；王学典《20世纪史学编年（1900—1949）》，商务印书馆2014年版）

江亢虎1月1日代表中国社会党再次发表对时局宣言，对北京执政府提出的"善后会议"和南方孙中山提出的"国民会议"，就两者的关系如何协调发表了看法。28日，又一次发表宣言，宣告中国社会党，"本原来新社会主义、新民主主义之主张，更名中国新社会民主党"。该党设本部于北京，实行首领集权制，由江亢虎任总理。同月，为《新星》杂志撰写发刊词。2月1日，"善后会议"在北京召开，江亢虎以"有特殊之资望、学术经验"的社会名流的身份与会，并担任会议的制宪委员会委员。针对北京《京报》所载评论中涉及江参加善后会议的"非难之词"，两次写信给《京报》的编辑，进行解释和辩驳。24日，提出《善后会议自动起草宪法提案》，表明"本席对于宪法向有特殊之主张，曾代拟省宪草案一书，于不违反中国礼教习俗范围内，容纳新社会主义、新民主主义各要则，足供宪法起草者之参考"。该提案还附有其拟定的宪法起草委员会"办法大纲"。2月底，在《演说善后会议、国民会议前途之大意》中指出："今善后会议已开会半月以上，而政府提案、会议议事，在在不能令人满意"，"善后会议之罪恶，将与十四年来之国会等"。同月，以国民党人黄郛、叶恭绰为首的清室善后委员会公布了清室密谋复辟的大量文证，其中有江亢虎致废帝溥仪的请求觐见书以及给一些支持复辟的前清遗老们的信函。此事一经传开，全国哗然，江亢虎遭到了来自各界进步人士的痛斥。

江亢虎 3 月初参加"善后会议"期间，曾专程到铁狮子胡同孙中山的住处，探视病危中的革命元勋孙中山。在孙逝世以后，参加了中央公园悼念孙中山的仪式并献挽联。4 月 19 日，代表中国新社会民主党发表《关于国民代表会议宣言》。宣言认为"国民代表会议条例并未容纳本党修正案各意见"，"希望国民代表会议制定宪法时，能采用本党新社会主义、新民主主义之主张"。5 月 1 日，江亢虎发表《新社会主义与劳动纪念节》，文中通报了中国新社会民主党为纪念劳动节的四件大事，并盛赞"此诚空前之举"。然后就该党党纲的"新社会主义三要则"，即"资产公有、劳动报酬、教养普及"，及其与工界有密切关系的地方，进行了阐释。6 月 3 日，代表中国新社会民主党对"五卅"惨案发布宣言，称此案为"民族与国家共同之大耻，且为国际和平与人道、正义前途一大不幸事"，主张"专持不合作主义。对于外人，尤其英人所设立之学校、公司、银行、工厂，一律停止交通，租界各捐一律停止缴付"；提出"惩凶、赔款、道歉及取消租界苛税、苛例"等"最低限度之要求"。此后再组织机构，进行废除不平等条约、撤销领事裁判权、收回租界等事项。13 日，江亢虎代表中国新社会民主党对惨案再次发表宣言，就社会上"道路传闻"此案与共产党人的关系问题发表了看法。

江亢虎 8 月因涉嫌金梁、康有为等人的"甲子阴谋复辟案"，上海南方大学师生发动了"驱江"运动。11 日《新申报》登载了讨伐江亢虎的讽刺画，画面上江氏身着清官服、头戴博士帽伏地称臣，口中念念有词"我皇万岁万岁万万岁"。同月 6、11 日，由于涉嫌"请觐溥仪案"，为洗刷自己，先后发布启事和说明书进行辩白，同时以校长的名义，发出《致南方大学同人公函》，自称"此次横被冤诬，早经公函声辩，当然自负责任，不与学校相干"。10 月，南方大学创办已 3 周年，江亢虎发表 3 周年纪念感言。11 月，江亢虎代表中国新社会民主党发表《对国民党宣言》，指称"新旧帝国主义同为我国家、民族之公敌""继今以往，在本党主张相同或相似轨度内，谨认非共产派之国民党为先辈及友党，竭诚联络，一致进行"。20 日，发表《警告国民》，声称"以推倒国际帝国主义、国际资本主义、国际共产主义为国是，务使三害一律荡平，根株断绝"。12 月，写信给吴佩孚，就"读书"和"会客"两事建言，建议多读现代书，多读政治书，多见学者，多见游历出洋之人。是年，所著《江亢虎博士演讲录》（1—4 集）由上海南方大学出版部印行，所著《三大主义与中国》由北京南方大学出版部印行。（参见江佩伟编《中国近代思想家文库·江亢虎卷》及附录《江亢虎年谱简编》，中国人民大学出版社 2015 年版）

杨杏佛 3 月 12 日与孙中山在北京病逝之际侍候其旁，希望能"减少自己的寿数，来延长孙先生的生命"，并认为"孙先生的物质生命，我们虽然无法延长，但是用心血颈血和一切的牺牲来延长孙先生的革命生命，却是全国乃至全世界孙先生主义的信徒的责任"。4 月 18 日，孙中山葬事筹备委员会第一次会议在上海举行，会上推定杨杏佛为孙中山葬事筹备处主任干事，负执行责任。23 日，在孙中山葬事筹委会会议上，杨杏佛提出墓地选址方案："圈地宜包括紫金山全部，山下则以灵谷寺、孝陵及往汤山大路为界，同时包括小茅山全部"获得同意。会议还决定派杨赴宁接洽圈地、测量、照相等事。6 月 10 日，由杨杏佛主编的《民族日报》在沪出刊，所撰《发刊词》谓"民族日报，何为而作也？将以唤醒中国民族之自觉也""同人惧吾民族之善忘易睡也，因发刊斯报，欲以孙中山先生之民族主义，为国人暮鼓晨钟明灯木铎"。下午 3 时，上海女国民党员召开大会，杨杏佛到会演说。11 日，上海工商学联合会 20 万人在西门体育场召开大会，愤怒声讨日本帝国主义分子残杀中国工人的罪行。

杨杏佛上台痛陈:"国人今受凌虐,当坚持到底,……倘交涉不能得伸公道,则国人当抱人人宁死之决心,以与周旋。"6 月 25 日,为环境所迫,《民族日报》发行 16 天后不得不停刊。杨杏佛作为主编,这期间每天为报纸撰写一至两篇社论,抨击帝国主义罪恶行径,揭露军阀名流投降媚外的丑恶嘴脸。他还承担了编排、校对等工作,忘寝废食,常常工作到第二天黎明才回家。《民族日报》存在时间虽不长,但为当时有影响的民族运动报纸之一。9 月 7 日,上海总工会等百余团体两万人在斜桥体育场举行"九七国耻纪念会"。杨杏佛应邀作主台演讲,号召民众牢记 24 年前清政府屈服于八国联军签订《辛丑条约》的耻辱,打倒帝国主义,取消不平等条约。9 月,与恽代英、张闻天等共同发起中国济难会。12 月 20 日,撰成《思想界与中国今日之祸乱》一文,提出"欲改造中国,当先改造士类—思想界。寄生之思想界不去,则中国永无治日。政治、生产、思想三界不合一体,则乱终未已。"(参见许为民《杨杏佛年谱》,《中国科技史料》1991 年第 2 期)

陈去病是年春与叶楚伧、刘三、胡朴安、陈望道、孙镜亚等任上海持志大学国学系教授,移家苏州朱家园 40 号。1 月 26 日,孙中山病情沉重,入协和医院接受手术。2 月 18 日,医治无效,迁往铁狮子胡同行辕。陈去病留京侍疾,孙中山以葬紫金山之愿相托。3 月 12 日,孙中山在北京逝世,陈去病悲痛至极,挽联写道:"题榜铭碑慈,母累承褒大节,南舣北驾,不才空自怨三生。"参与治丧,任葬事筹备委员会委员。奉命回南京勘察墓地,作《紫金山考》。夏,南京各界在体育馆召开追悼孙中山大会,先生由北京赴会,慷慨演说并编写《总理哀思录》。6 月,陈去病受南京右派分子范冰雪唆使与沈进、何海樵擅自开会,企图强行接收国民党江苏省临时党部(上海望志路),并迁往南京,会后根据叶楚伧的指令,前去接收时,遭到省党部秘书长姜长林严词拒绝。同月 27 日,国民党吴江县党部致电广州中央执行委员会,要求严惩捣乱南京市党部成立大会的罪魁范冰雪等人;又在《新黎里》报上发表《对范冰雪、沈进、陈去病、何海樵等人的揭露、谴责》,主张将范冰雪永远开除党籍,并严令训诫沈进、陈去病、何海樵 3 人,在未取得党员资格之前,不准干预党事。11 月 27 日,陈去病以"中国国民党江苏临时省党部执行委员"名义,与沈进、刘汉川、范冰雪、秦效鲁、何海樵、顾子扬等人,通电支持西山会议。是年,所著《浩歌堂诗钞》印成。(参见俞前、殷安如《陈去病年谱简编》,载吴江市政协学习和文史委员会编《吴江文史资料》2000 年第 18 辑)

张君劢 1 月 10 日夜,在家中招待黄炎培等。2 月 15 日下午 2 时,参加在商科大学召开的江苏国立四校联合会议。16 日下午 2 时,国立自治学院举行开学典礼式,出席开学典礼的除该校教职员工及全体学生外,还有朱经农、郭秉文等来宾。同月,段祺瑞在北京召开善后会议后电邀其参加,未予应允。3 月 1 日上午 10 时,淞沪特别市公约起草委员会,在爱文义路国立自治学院开第一次会议,张君劢、王伯秋、袁观澜、沈信卿、韩森等出席会议。决议公推张君劢为起草委员会主任。2 日,张君劢发表对于淞沪特别市之意见。21 日,负责起草的《淞沪特别市公约草案》完稿。3 月初起,太平洋国民会议中国筹备会积极活动,进行各方面的准备工作。筹备委员会前后共推选出提案委员 70 余人,张君劢、陈衡哲、张东荪、陈立廷等为人种平等股委员。5 月 25 日,在《东方杂志》第 22 卷第 10 期上发表《社会学研究方法上之争辩》一文。6 月 1 日上午,参加大夏大学周年庆典,主席并讲话。25 日,致书梁启超先生,言圣约翰大学聘请讲学及草拟政党政纲事。9 月 12 日,张君劢出席江苏省教育会召集的公民教育研究会,并发表讲话。16 日上午 10 时,自治学院请北京大学教授马寅初博士,讲演劳资问题,张君劢作陪并在演讲前介绍马教授于听众。

张君劢、张东荪在上海吴淞创设的"国立自治学院"，奉北洋政府教育总长章士钊之命，改名为"国立政治大学"。10 月 1 日，国务会议通过上海自治学院改称国立政治大学之议案。4 日，"国立政治大学"迁至吴淞新校址，张君劢任校长。该校是"五卅"运动后从上海圣约翰大学推出的部分爱国师生为基础，由张君劢与张东荪等人在江浙军阀孙传方的资助下在上海吴淞创设的。当时张东荪、罗文干、金井羊、瞿菊农、陈伯庆、张孟劬、陆鼎揆、吴国桢、刘英士、岑住彰、金国宝、叶元龙、潘光旦等均任教授。

张君劢 11 月 8 日被国民大学聘为校董。11 月 11 日下午，适值欧战休战纪念日，在戈登路国民大学演讲《欧战回想》。16 日，出席江苏省教育会宴全国教联会代表之宴会。20 日晚，国立政治大学举行第一次辩论会，辩论题为"多数政治与少数政治"，辩论者为该校校长张君劢与该校教授刘芙士。首由金井羊博士主席致辞介绍。此二君互相答辩，雄论滔滔，口若悬河，听者具大为动容。24 日，国民大学开校董会成立大会于大东酒楼，校董 9 人，到者 6 人，宣告国民大会校董会正式成立，张君劢派殷芝龄为代表出席会议，会议公举章太炎为正式校长，议定募集捐款 15 万元。12 月 1 日，在《晨报七周增刊》上发表《论教化标准—国立政治大学新校舍成立记》一文，论述了国立政治大学的成立目的及教学原则。3 日，与张东荪等 42 人在《申报》上登载"公祭郭孟良"之公告。6 日，撰写《祭郭君梦良文》，刊于 12 月 7 日《时事新报》副刊《学灯》"追悼郭君梦良专号"上，文中记述郭梦良对基尔特主义之追求的精神及两人在社会道路选择上的志同道合的情谊，并述其在自治学院的办理上对张君劢的大力支持。25 日，作《乔特〈心与物〉译序》。29 日上午 10 时，率领来宾、教职员、学生全体绕行新校舍一周后，在校舍旁隙地演说。散后复至大会堂重新集会，举行两周年纪念式。张君劢先致开会辞，继由校董代表袁观澜报告建筑校舍经过，来宾代表发言。同日，公函各教育机关，告知自治学院正式改名为政治大学并启用新校章等事。（参见李贵忠《张君劢年谱长编》，中国社会科学出版社 2016 年版；左玉河编《中国近代思想家文库·张东荪卷》附录《张东荪年谱简编》，中国人民大学出版社 2015 年版）

张东荪是年春继续主持中国公学，并将商科从上海迁回吴淞。当时雄心勃勃，拟仿照伦敦经济学院制度，将中国公学办成中国第一流的社会科学大学。特别注意两方面：一是广延名师，不拘年龄，不分党派及政治背景，凡是学有专长者，都大胆聘用，先后聘请余颂华、刘秉麟、徐广德、高践四、郭德华、陈其鹿、陈伯庄、童瑗逊、李祖虞、金侣琴、余颂华、郭传治、霍俪白、陆鼎揆、傅子馀、章经芳、郭颂馀、岑德彰、谢冠生、黎纯良、黎照寰等 20 多位教授。二是丰富图书，搞好图书馆的建设，拟在 5 年内建设成一个专门图书馆。但因缺乏必要的办学经费，其创办一流"社会科学大学"的目标未能实现。3 月 25 日，张东荪在《东方杂志》第 22 卷第 6 号上发表《联邦论辩》，解释自己将注意力由政治转移到思想文化方面的原因。5 月 10 日，张东荪在《东方杂志》第 22 卷第 9、10 号上连载长文《席勒唯用派哲学之自由论按语》。6 月 27 日，张东荪在北京《晨报》上发表《甘地动机与马克思动机》。9 月 25 日，张东荪在《东方杂志》第 22 卷第 18 号上发表《出世思想与西洋哲学》，自称在日本留学时接受了西方自然科学和哲学并为之折服。文中将人类文化大别为五，即埃及文化、希腊文化、希伯来文化、印度文化、中国文化，认为"文化、希腊文化、希伯来文化、印度文化、中国文化。埃及文化久已亡了，无从批评。希伯来文化具有禁欲性质，亦是一种似是而非的出世思想。中国文化当以道家为代表，孔子亦是大部分承其余绪。中国道家思想以任天为原则，最排斥的是人为，所以可名为顺世思想。因此我以为希伯来文化无足取,惟希腊文化苟得而发挥光大之,可以变为世界文化。且要救目前中国,亦唯有充分输入这种文化;使理性主义大倡,则中国的前途或有几分希望了。"(以上参见左玉河编《张东荪年谱》,群言出版社 2014 年版;左玉河编《中国近代思想家文库·张东荪卷》附录《张东荪年谱简编》,中国人民大学出版社 2015 年版)

张尔田 3 月花朝日出席于沪上周氏园圃举行的淞社第 57 集,淞社至此止。同月,张尔田在《学衡》第 39 期发表《史传文研究法》,文中"小序"中指出,"考论记之文,发源史传""不明乎史传文法,不能为论记之文",故"先述史传文研究法,以为论记前导"。所谓"史传之文",即"所以全配事实之一种程式",是史家才学识的表现方式,其具体体现在"体""例""义法"三个方面。张尔田分别就"史与其他叙事方式之不同""史有成体之文与不成体之文""史有六家三体"展开论述。5 月,东方文化总委员会在北平成立,续修《四库全书提要》,重币聘张尔田,拒之。是年,所撰《清史后妃传序》刊于《学衡》第 43 期;《彊村语业序》刊于《学衡》第 45 期。(参见孙文阁、张笑天编《中国近代思想家文库·张尔田、柳诒徵卷》附录《张尔田年谱简编》,中国人民大学出版社 2015 年版;王学典《20 世纪史学编年(1900—1949)》,商务印书馆 2014 年版)

陶希圣在"五卅"惨案发生后,撰写《五卅惨杀事件事实之分析与证明》,分析南京路巡捕房的法律责任,刊于《东方杂志》"五卅"事件临时增刊。陶希圣被上海学生联合会和商务印书馆罢工委员会聘请为法律顾问。秋,兼在上海大学教授"法学通论"。(参见陈峰编《中国近代思想家文库·陶希圣卷》附录《陶希圣年谱简编》,中国人民大学出版社 2015 年版)

张相文总纂的《泗阳县志》3 月成书。该志分图、表、志、传、大事表五类,《田赋志》《河渠志》等 30 目,共 25 卷,60 余万字。是可和黄炎培《川沙县志》、余绍宋《游龙县志》媲美的民国时期佳志。其中《乡镇志》《氏族志》具有开创性意义。

按:仓修良在为该志撰写的"重印序"中指出,该志内容丰富、资料翔实,体例完备,能体现民国社会特点,反映当时精神风貌和社会风气,又能重视国计民生大事,关心民众疾苦,而且独创性设置《乡镇志》《氏族志》,是可和黄炎培《川沙县志》、余绍宋《游龙县志》媲美的民国时期佳志。此志于 1926 年铅印出版,1985 年删节再版,1991 年江苏古籍出版社重印全书。(参见王学典《20 世纪史学编年(1900—1949)》,商务印书馆 2014 年版)

张静江在国民党第一次全国代表大会上当选为中央执行委员。在孙中山逝世后召开的国民党第二次全国代表大会上,又当选为中央监察委员,被称为"国民党四大元老"之一。7 月,张静江以国民党元老的身份提名蒋介石为国民革命军总司令,领导北伐事宜。

黄炎培 1 月 1 日修改甲子社简章。3 月 5 日,上海临时市议会成立。被选为议员。5 月27 日午后,参加中华职业教育社举行第八届年会。8 月 17—23 日,中华教育改进社第四届年会在太原举行。袁希涛、黄炎培、陶知行、马寅初、叶恭绰及柏克赫司特女士等到会演讲。黄炎培主持"职业教育组"会议 3 次。21 日,在太原大会堂讲演《职业教育之原则及方式》,听者千人。24 日,草拟《山西职业教育计划书》,送山西省长兼督军阎锡山参考。10 月 11日,创办《生活》周刊,由邹恩润(韬奋)主编。12 月 13 日,在《教育与职业》第 71 期发表《提出大职业教育主义征求同志意见》一文,认为近年来中华职教社尽心竭力倡办职业教育,所达目的距离理想甚远,其原因不完全在国内战争之频仍和社会经济之困难,而在于过去的努力只限于教育方面。今后办职业学校须同时和一切教育界、职业界联络沟通;提倡职业教育者须分一部分精神,参加全社会的运动。对外须有最高的热情参与一切,有最大的度量容纳一切。黄炎培称此种方针为"大职业教育主义"。12 月,美国职业教育社在利和兰举行年会,曾被邀参加,因事不能远行,乃撰《关于中国职业教育现状》英文报告,寄往求教。

该社复函告知,该文曾在年会宴席上宣读,与宴者二三百人均表称许。(参见余子侠编《中国近代思想家文库·黄炎培卷》附录《黄炎培年谱简编》,中国人民大学出版社2015年版;中央教育科学研究所编《中国现代教育大事记1919—1949》,教育科学出版社1988年版)

邹韬奋继续担任中华职业教育社编辑股主任,负责编撰"职业教育丛刊",编辑《教育与职业》月刊。1月20日,《职业心理学与职业指导》刊于《教育杂志》第17卷第1号。同月,《职业指导实验(第二辑)》列入职业教育丛刊第4种,由上海商务印书馆出版。5月11—17日,邹韬奋在昆山县立中学讲职业原理及择业方法。27日,参加中华职业教育社在南京举行的第八届年会。先期组织参观团,邀约与会同志,就上海、南京、镇江、常州、无锡、苏州等处,根据十种职业教育机关之分类,择要参观,以资研究。31日,《选择工程职业之最新指导法》刊于《教育与职业》第65期。同月,《关于职业指导的讨论》刊于《中华教育界》第14卷第11期。7月20日,《参观江苏职业教育后的感触与建议》刊于《教育杂志》第17卷第7期。9月30日,《理想的职业教育目标》《德国职业指导最近概况》刊于《教育与职业》第68期。10月11日,中华职业教育社创办《生活》周刊,王志莘任主编,以宣传职业教育和职业指导为宗旨,系该社的机关刊物。从第1卷第2期起,邹韬奋为之撰写文章。(参见邹嘉骊编著《邹韬奋年谱长编》,上海交通大学出版社2015年版)

余家菊1月3日作《教育建国论发微》一文,认定其主旨"对内则在使国民有公共的志趣,而无党派的龃龉;对外则在抵抗强权,延存国脉"。后刊于《醒狮周报》第13号。春节,在乡度假。石瑛奉命长校武昌师范大学,到校后即函催先生返校。后因石瑛取消教育哲学系一事,两人意见相左,遂决裂。旋应中华书局聘,赴沪为编审。春初到沪,与曾琦、左舜生、陈启天同寓哈同路民厚南里。对曾琦拉他入中国青年党颇感不悦。5月2日,上海《醒狮周报》第30号出版"学校军事教育问题专号",论述学校军事教育之原理与方法,介绍美、德、日诸国之军事教育。同期发表余家菊《学校军事教育问题发端》,为近代中国新式学校军事训练的最初提倡者。9日,在国立暨南大学讲演《国耻的教育》,进一步阐明"国家主义的教育""培养自尊精神与独立气概""发扬国性而阐扬国光""陶铸国魂以奠定国基""拥护国权以延绵国脉"。后刊于《醒狮周报》第37号。夏初,应东南大学之聘,任该校教师。夏,著成《国家主义教育学》,系统地阐述国家主义教育思想,"为国人自著教育学之第一书"。7月8日,在东南大学暑校作题为《国家主义的教育之意义》的演讲。20日,出席少年中国学会于东南大学梅庵召开的第六次年会。是月,所著《教育原理》由中华书局出版发行。又与左舜生、舒新城、陈启天、李璜等39人发起成立"国家教育协会",以国家主义的精神谋教育之改进为宗旨,同时创办《国家与教育》周刊,并在《中华教育界》7至8月连续两月编辑两期"国家主义的教育研究专号",发表陈启天、余家菊、李璜等18人的文章。8月22日,中华教育改进社召开第四届年会,会议决定由陶行知、余家菊、张彭春、王伯秋、查良钊5人及正副主席组成教育专章起草委员会,形成"宪法中应制定教育专章案"10条。同月,赴任东南大学教授,同时仍为中华书局馆外编辑,并任《醒狮周报》副刊主编。12月,在《醒狮周报》第62号发表《〈醒狮周报〉教育专刊宣言》一文,指出"本刊为国家教育协会出版物之一,当然以国家教育协会宗旨为宗旨"。冬,往上海沧州别墅拜谒陈宝泉。(参见余子侠、郑刚编《中国近代思想家文库·余家菊卷》及附录《余家菊年谱简编》,中国人民大学出版社2015年版;中央教育科学研究所编《中国现代教育大事记1919—1949》,教育科学出版社1988年版)

陈启天参加中国青年党,当选为中央委员兼训练部部长。7月,在《中华教育界》第15卷第1期发表《国家主义的教育要义》一文,提出:"我们所谓国家主义的真精神,不外内求国家的统一，和外求国家的独立两大端。促进国家统一和独立的方法自然很多，但我们相信利用教育以促进国家的统一和独立，却是一个很重要的根本方法。这个方法可以简称为'国家主义的教育'"。"国家主义的教育在积极方面所要求的是：第一，明定国家教育宗旨，国家教育的宗旨重在凝成国民意识，发扬本国文化，以促进国家的统一和独立。第二，确立国家教育政策。第三，划定国家教育经费。第四，厉行国家教育监督。国家主义的教育在消极方面，第一，反对外国教育；第二，反对教会教育；第三，反对党化教育。"（参见中央教育科学研究所编《中国现代教育大事记 1919—1949》，教育科学出版社 1988 年版）

张元济 5 月为校钞文澜阁《四库全书》事与吴士鉴、沈铭昌、周庆云、吴宪奎联名致函浙江省教育厅长。随后浙江省教育厅案准先生等 5 人联名函，派员校抄《四库全书》。6 月 1 日商务印书馆职工组成"五卅"事件后援会，议定本日起按日捐出薪金一部分，日捐洋 350 元。张元济、高梦旦、王云五各捐 100 元，馆方另捐 1 万元。7 月 22 日，北京政府教育总长章士钊致张元济、高凤谦、李宣龚电，称《四库全书》事"政府有意继续前议办理，务请贵馆委派代表来京会商"。张元济即复电。同月，张元济主持的《翁文恭公日记》由商务印书馆影印出版，并撰跋文。10 月 12 日，李宣龚在京代表商务印书馆与教育部签订影印《四库全书》合同及承印《四库全书》特种本专合同。17 日，教育部训令京师图书馆，将文津阁本全书点交商务印书馆运沪。是年，胡适倡办中华图书馆协会，聘请有特殊贡献者为该会名誉会员。张元济与王国维、陈垣、徐世昌、陶湘、傅增湘、叶恭绰、叶德辉、董康、刘承幹、蒋汝藻、罗振玉、严修等 22 人列名。又由张元济倡导并主持，王季烈、刘富梁编《集成曲谱》由商务印书馆出版。全书分金、声、玉、振四集，线装 32 册，选入昆曲折子戏 416 出，唱词以工尺记谱。分别由魏戫、俞宗海、吴梅、严修作序。（参见张人凤、柳和城编著《张元济年谱长编》，上海交通大学出版社 2011 年版）

张静庐在"五卅"惨案发生后，代表上海各界联合会，参加抗议日、英等帝国主义残酷屠杀中国工人的斗争，向租界当局争取参政权，组织抗捐运动和华人纳税会，以声援北伐战争。是年，经林钧介绍参加改组后的中国国民党，曾任上海市党部候补执委、执委。又与沈松泉、卢芳等在上海创办光华书局。

何炳松 1 月在《民铎》杂志第 6 卷第 1 号发表《〈史通〉评论》。2 月，在《民铎》杂志第 6 卷第 2 号发表《章学诚史学管窥》。在《教育杂志》第 17 卷第 2 号发表《历史教授法》。3 月，在《民铎》杂志第 6 卷第 3 号发表《元史外纪·译者导言》。又在《教育杂志》第 17 卷第 3 号续刊《历史教授法》。4 月，在《学生杂志》第 12 卷第 5 号发表《改造学风的管见》。5 月，在《民铎》杂志第 6 卷第 5 号发表《五代时之文化》。同期还以"论中学"为名，刊登了姚名达与何炳松的来往书信。7 月，在《小说月报》第 16 卷第 7 期发表《人类史上的惨杀案》，为抨击"五卅"事件中英国巡捕残杀中国人而作。8 月，在《东方杂志》第 22 卷第 15 号发表《蒙古史导言并序》。所著《近世欧洲史》由商务印书馆出版，此后多次再版。10 月，在《史地学报》第 3 卷第 8 期发表《拟编中国旧籍索引例议》。（参见房鑫亮《忠信笃敬：何炳松传》，浙江人民出版社 2006 年版）

王云五 2 月主持商务印书馆，开始出版发行"学生国学丛书"。此套丛书系王云五、朱经农根据胡适的构想而编，目的是帮助学生提高课外阅读的质量，为青年学子提供一套整理后的课外阅读书籍。所收书共 95 种，均系重要著作，经部如《诗》《礼》《春秋》等；史部如《史记》《汉书》《三国志》《后汉书》《新唐书》《五代史》《宋元学案》《文史通义》《经学历史》等；

子部如《庄》《孟》《荀》《韩》等;文辞则上溯汉、魏,下迄近代,诗歌则陶、谢、李、杜,均有单本,词则多采五代、北宋,曲则撷取元、明大家,传奇、小说亦选其英。3月,王云五发明四角号码检字法和编出《王云五大词典》等书,在学术界获得一定声名。

按:曾参与丛书编写工作的茅盾在《我走过的道路》中指出,丛书把孟子与庄子、荀子、韩非子并列,视为诸子之一,而不认其为"经""有点打破宋元以来传统思想的精神",而把传奇(唐人传奇)、说(明朝的三言二拍)列为国学,"也同样有打破传统的意味"。(参见王学典《20世纪史学编年(1900—1949)》,商务印书馆2014年版)

沙孟海任教上海商务印书馆图文函授社,其间从冯君木、陈屺怀学古文学。

丁福保因静安寺路39号诊室将翻造改为外国青年会,因此以医药书局迁于梅白路宏昌里住宅。行医刊书在海上,已18年。准备专心读书、著书,谢绝一切杂务,即医药一事,亦准备辍业,作一小小总结。(参见高毓秋《丁福保年表》,《中华医史杂志》2003年第3期)

汪东3月以父汪凤瀛以归葬吴县越溪陆墓山,章太炎为撰《前总统府高等顾问汪君墓志铭》。其间,汪东与伯兄汪荣宝、弟汪楚宝、侄女汪复熙有《岁暮伤乱》诗唱和,咏卢永祥、齐燮元、孙传芳诸军阀混战事。6月11日,继上海"五卅"惨案之后,汉口亦发生英帝国主义者屠杀我同胞惨案,汪东旋与章炳麟、但焘等联名发出《为汉口英租界惨案唤醒全国军人》,通电全国。12月,陈陶遗出任江苏省长,汪东旋被聘为省长公署秘书。在署期间,与姚鹓雏等同事,常有诗书往还。(参见薛玉坤《汪东年谱》,河南文艺出版社2016年版)

戈公振《新闻学撮要》2月由上海新闻记者联欢会出版发行。卷首有梁启超1月17日所作之《序》。春,上海南方大学设立报学系及报学专修科。必修学科有三:报学原理、广告原理和访事学。戈公振任教《访事学》。课外组织"南大通讯社"学生分日出外采集新闻,供本埠各报馆用。上海国民大学开设报学系,戈公振任教《中国报学史》,潘公展任教《编辑法》,潘公弼任教《报馆管理》,陈布雷任教《社论编写》。6月,《新闻学撮要》再版。戈公振在《再版的序》中写道:"此书的第一版,居然有人欢迎,立刻销售罄尽,这是编者所非常欣慰而以为荣幸的。并且得了读者的指教不少,更使我非常感谢。此次再版,除将应当改正之处,重行排过外,又加入若干新材料,我相信可以供读者的参考。这本小书虽然无甚价值,万一多少有贡献于中国新闻界,那就是编者的莫大希望。"7月5日,《学生》杂志出版"择业问题号"专辑。戈公振在此专辑上发表《告有志于报业者》一文。文中告有志于报业者,必须具备以下四个条件:一是热心;二是文字的清顺;三是身体的强健;四是高等的教育。

戈公振8月25日在《东方》杂志上发表《报馆剪报室之研究》一文。文章开头引用梁启超《新大陆游记》作按语。11月初,在《时报》馆与正在上海爱国女学读书的陈学昭第一次见面。19日,当时各大学设新闻学科者颇多,戈公振为培养新闻人材,推动新闻理论的研究,决意发起组织报学研究会。是日,在国民大学第二院召开筹备会。到会者除国民大学学生外,尚有大夏大学学生。27日,继续召开筹备会议。会上将研究会组织定名为"上海报学社"。会议选举戈公振、黄养愚、周尚筹等15人为执行委员。29日,"上海报学社成立大会"在大夏大学礼堂举行,到会社员50多人,戈公振在会上发表演说。在戈公振主持下,"上海报学社"出版《言论自由》社刊,蜚声海上。后来光华等大学报学系学生也加入此社,人数日增,影响扩大四方。蒋光堂、成舍我等新闻界有影响人物也加入此社。该社到1932年1月28日淞沪战争爆发后停止活动。是年,戈公振约请杨贤江编撰《时报》副刊"教育周刊";所编《中国图案集》由有正书局出版发行。此书的问世,开我国古代图案和民间图案整理工作之先河;根据多年教学过程中积累起来的资料,戈公振开始撰写《中国报学史》,将我国新闻史的研究工作推向一个新的阶段。是年前后,戈公振与邹韬奋、李公仆等相识,

按:戈公振《中国图案集·引言》曰:"图案二字,译自英文 Design,我国普通谓之花样,乃美术上或建筑上形式或颜色之一种计画。在现代学问中,居极重要之地位。我国工商业尚未发达,故对于图案素少研究。夫外货之所以能畅销我国,固为其质料坚美,然花样

翻新,亦足以引人入胜。故欲促进我国之工商业,似不能不注意于此。近来我国出版界,已有图案集数种发现。惟其中多取材于外国图案集,能整理旧有之花样,而成一种新图案者,则未之见。大凡一国人有一国人之习惯,即一国人有一国人之嗜好,货物之形式与颜色,倘不合于习惯上所嗜好,则销行必不易,此理之最浅显而易明者也。此书取材于古代之钟鼎彝器,盖钟鼎彝器乃我国美术之结晶也。凡类于今之图案者,临模而编次之,以供我国工商业家与广告家之参考,虽区区不过十余页,倘读者能因所需要或由小放大,或由短引长,或化单色而为复色,'举一反三'是在善于运用耳。此书之成,得画家陶元庆君之助不少,特识之以示不忘。"戈公振所述的"古代之钟鼎彝器",指的是商周时代的青铜器。这个时期的青铜工艺,是我国继原始时代彩陶之后,出现在中国美术发展史上的第二个高潮。戈公振能取此材"临模而编次之",可见其美术修养功底之深。

按:戈公振在撰写《中国报学史》过程中付出了巨大而艰辛的劳动。为了证实史料的可靠性,他多次写信虚心向别人求教。为了觅得第一手报刊资料,他除在《时报》刊登"访求旧报"广告外,还不辞辛苦地在上海徐家汇藏书楼等处消磨了大量时光。10 余年来,他一直不停地广泛搜集史料,致使摆设在他那书房兼卧室的 4 张高大的书架上,全部堆满有关新闻书籍和各种稀有报刊与剪报。他那如痴如醉的治学精神,使同事和朋友们都大为惊叹。因经常到上海徐家汇耶稣会修道院藏书楼查阅资料。此间与主持人徐宗泽修士相识,结为朋友。该会办的徐汇公学是一所只收住读生的欧洲传统教育方法学校,管教严格。送戈宝树入此校读书。(参见洪惟杰编著《戈公振年谱》,江苏人民出版社 1990 年版)

李石岑继续主编《民铎》第 6 卷第 4 号刊载"康德号",发表吕澂的《康德之美学思想》、H. C. 的《康德年谱》、胡嘉的《纯粹理性批评梗概》、杨人杞的《实践理性批评梗概》、叶启芳的《康德范畴论及其批判》、张铭鼎的《康德批判哲学之形式说》、彭基相的《批评主义的概念》、彭基相的《二百年后的康德》、任白涛的《康德的和平论》、吴致觉的《康德哲学的批评(一)》、杨人杞的《康德之形式的合理主义》、余文伟的《康德哲学的批评(二)》、朱经农的《康德与杜威》、胡嘉的《康德传》及《康德之著述及关于康德研究之参考书》)。

李登辉是春在巴达维亚,为父母重修坟墓。4 月 27 日,返回上海。继续任复旦大学校长。5 月,上海爆发"五卅"运动。圣约翰大学发生学潮,部分学生离校。李登辉致信圣约翰大学校长卜舫济,称大多数青年学生系感情一时冲动,在较为冷静的思考后,他们可能被说服返校。部分圣约翰大学和附中师生脱离学校,另组光华大学,函聘李登辉为筹备发起人。脱离圣约翰大学的若干学生,经李登辉许可,准予免试插班复旦。程中行(程沧波)、裴复恒等破例转入复旦四年级。9 月 13 日,中华国民拒毒会举行年会,李登辉任大会主席并当选正会长。钟可托、赵晋卿当选副会长。顾子仁、陈光甫、何世桢、唐少川等 12 人当选特约会员。12 月,主持中华民国拒毒会常务委员会会议,筹备国际禁烟大会及摄制拒毒电影等事宜。是年,着手编纂《中国今日之重要因素》。从是年开始,李登辉不再任课。但仍经常听教师的课,检查教学质量。(参见钱益民《李登辉传》及附录四《李登辉年谱简编》,复旦大学出版社2005 年版)

张寿镛 6 月 27 日任正在筹备成立的光华大学(今华东师范大学)校长。"五卅"惨案发生后,圣约翰大学师生 550 余人因校长卜舫济以高压手段阻挠学生的爱国举动,愤慨离校。在各界爱国人士的支持下,在数月后即筹备成立私立光华大学。9 月开学,先在霞飞路(今

淮海路）租房上课。朱经农参与了光华大学的创办。张寿镛效仿蔡元培兼收并蓄的思想，先后网罗了不少著名学者，仅文史哲方面就有吕思勉、钱基博、张东荪、胡适、徐志摩、梁实秋、潘光旦、蒋维乔、王造时、罗隆基、杨宽、童书业等。（参见王学典《20 世纪史学编年（1900—1949）》，商务印书馆 2014 年版）

钱基博在圣约翰大学任教。5 月 30 日，上海发生日本资本家枪杀中国工人顾正红事件，即"五卅"惨案。圣约翰大学学生集会声援，校长美国人卜舫济却横加指责，公然将中国国旗抵于地上。钱基博先生勃然而起，在会上慷慨陈词，痛斥卜舫济压制学生爱国运动的罪行，要卜舫济公开向中国人民谢罪，并宣布辞去圣约翰大学任职。在上海光华大学任中国文学系主任及文学院院长。是年，撰《光华大学成立记》，长逾万言，发表于《光华大学半月刊》上。（参见王玉德《钱基博学术年谱简编》，载舒大刚主编《儒藏论坛》，四川大学出版社 2009 年版）

赵正平继续任暨南学校校长。秋，姜琦接任校长。9 月，商科主任潘序伦提出改进本校商科大学教育，从学科分系、课程改进、学分制度等方面加以改进，提出分设专系、添设预科、改用选科制等。校董会决议实行。11 月，决定于明春在商科设立普通商业系、会计统计系、银行理财系、国际理财系、工商管理系 5 个学系。秋季起，增设商业科，加强女子商业教育。（参见张晓辉、夏泉主编《暨南大学史（1906—2016）》，暨南大学出版社 2016 年版）

陈柱兼任暨南大学、光华大学中文系主任。春，作《定本墨子间诂补正》《祭孙中山先生文》《文心雕龙增注叙例》《茹经堂文集序》。又编纂《粤西十四家诗抄序》，选编广西 14 位诗人的代表诗作，附录一位女诗人的诗歌，共搜集编辑旧体诗 4902 首，自明末清初至 1923 年止。5 月 1 日，作《粤西十四家诗抄序》于无锡国学专修馆。15 日，作《文心雕龙增注叙例》于上海大夏大学宿舍。6 月，作《豪杰》《说穷》《茹经堂文集序》。7 月，所作《守玄阁诗家叙例》刊于《华国》第 11 期第 1 卷。

按：陈三百《粤西十四家诗抄前记》曰："先父重视地方文献之搜集整理。1925 年主持编撰《粤西十四家诗抄》，稿成，种种原因未及付梓，稿本亦不知流落何方，数十年湮没无闻焉。"至 1997 年，诗抄遗稿由广西人民出版社列为《桂苑书林丛书》出版，陈湘、高湛祥整理。（参见张京华、王玉清《陈柱学术年谱》，《广西社会科学》2007 年第 2 期）

吕思勉 4 月发表《国文教授祛蔽篇》，论当时的国文教学有六弊。夏，撰成《说文解字文考》。暑假后，由朱经农介绍，到上海沪江大学、光华大学讲授中国哲学史，篇目有《古代人性论十家五派》《西汉哲学思想》《魏晋玄谈》等。是年，吕思勉日记名曰《更循记》，有《日记·更循记序》。所撰尚有《国民自立艺文馆议》《魏晋玄谈》《西汉哲学思想》等。（参见李永圻、张耕华编撰《吕思勉先生年谱长编》，上海古籍出版社 2012 年版）

杜定友与友人在上海创建国民大学，并在国民大学建立中国图书馆学教育史上第一个图书馆学系，任系主任兼教授。3 月，所编《学校教育指导法》列入教育丛书，由中华书局出版社出版。（参见中央教育科学研究所编《中国现代教育大事记 1919—1949》，教育科学出版社 1988 年版）

戈公振是年开始，先后在上海国民大学、南方大学、大夏大学、复旦大学的报学系或新闻学系，讲授新闻学和中国报学史，为我国培养了一批新闻人才。

丽英译《空想的及科学的社会主义》（即《社会主义从空想到科学的发展》）一文刊载于上海《国民日报》副刊《觉悟》。

刘芦隐任复旦大学社会学系主任兼持志大学教授。

恽铁樵与章太炎及其弟子张破浪等在上海创办"中国通函教授学社"，即"铁樵函授中医学校"。

俞剑华在上海"五卅"惨案发生后,联合济南书画家举行书画展义卖,援助上海难胞。

李金发回国,任上海美术专科学校教授。

刘海粟8月因使用裸体模特引起社会争议。

按:刘海粟8月22日给江苏省教育会写了公开信,为模特儿申辩。上海市议员姜怀素读了刘海粟的信后,在《申报》上写了呈请当局严惩刘海粟的文章,刘海粟立即写文章反驳。上海总商会会长兼正俗社董事长朱葆三又在报纸上发表了给刘海粟的公开信,骂刘海粟"禽兽不如"。孙传芳下了通缉刘海粟的密令,又电告上海交涉员许秋风和领事团,交涉封闭地处法租界的美专,缉拿刘海粟。急得刘海粟之师康有为一天三次去找他,劝他离开上海,他坚守美专不离寸步。法国总领事认为刘海粟无罪,尽管许秋风一再交涉,并不逮捕刘海粟,领事馆为了让孙传芳下台阶,只好在报上登了一条消息,说孙传芳严令各地禁止模特儿,前次刘海粟强辩,有犯尊严,业已自动停止模特儿。

李剑华从日本毕业回国,在上海学艺大学任教。

关良因东方艺术研究会改组为上海艺术大学,任教于该校。

彭十严为负责人的中国少年自强会在上海成立。创办有《自强》杂志。

周全平、倪贻德、敬隐渔、严良才等创办《洪水》杂志9月16日复刊,周全平任主编。

叶灵凤加入创造社,主编过《洪水》半月刊,又与潘汉年合办《幻洲》半月刊。

汪仲贤在上海加入文学研究会,曾任《戏剧》月刊和《时事新报》编辑。

王志莘任主编的《生活》周刊10月11日在上海创刊,由中华职业教育社主办。

尚小云2月创办"协庆社",聘请侯喜瑞、朱素云、言菊朋、马连良、尚富霞、茹富兰等入社。尚小云的岳父李寿山任本社执教,尚小云自任社长。

沙彦楷与沈钧儒合作设上海律师事务所,执行律师业务。

张大千在上海宁波同乡会举办首次画展,由李秋君主持。

毕倚虹主编的《上海画报》6月6日创刊,特邀周瘦鹃为主要撰稿人。7月,毕氏病,周瘦鹃曾代理编务。

周瘦鹃主编的《紫葡萄画报》9月14日创刊。

邵醉翁、邵邨人兄弟在上海创办天一影片公司,邵醉翁任总经理兼导演。

欧阳予倩加入刚成立的民新影片公司。

徐碧波参加新成立的上海友联影片公司。

吴性栽将百合影片公司与大中华公司合并,成立大中华百合影片公司,任董事长。

胡蝶加入友联影片公司,主演《秋扇怨》。

黄绍芬入上海民新影片公司学习摄影、洗印、照明。

李震瀛被调到上海从事工人运动,参与"五卅"运动中的工人斗争的组织活动。

阳翰笙毕业于上海大学,加入中国共产党。"五卅"运动中担任全国学联常务理事。

陈序经7月获复旦大学社会科学学院授予的学士学位。

王力转入上海国民大学学习。

施蛰存参加"五卅"运动。6月4日,上海大学被查封,秋季转入大同大学。

戴望舒转入震旦大学法文特别班。

马彦祥考入复旦大学中文系。

沙千里以同等学力考取上海法政大学法律系。

白寿彝考入上海文治大学,不久转学到河南中州大学文科二年级读书,受到冯友兰的直接教诲。

张家树回国,在上海浦东传教,任上海徐汇中学首任中国籍校长达16年之久。

毛泽东1月中旬与杨开慧携毛岸英、毛岸青到长沙板仓岳母家过春节。2月6日,与杨开慧携毛岸英、毛岸青到韶山,并带回100多斤重的书籍。回韶山后,毛泽东一边养病一边作些社会调查。3月,以毛福轩、毛新枚、钟志申、庞叔侃、李耿侯等为骨干组织秘密农协,并通过他们发展会员。4月,通过杨开慧、李耿侯等发动进步教师,利用原来的公立学校、族校、祠堂等,在韶山一带创办农民夜校。8月底,在长沙向中共湘区委员会报告韶山农民运动情况。秋,作《沁园春·长沙》。

按:词曰:独立寒秋,湘江北去,橘子洲头。看万山红遍,层林尽染;漫江碧透,百舸争流。鹰击长空,鱼翔浅底,万类霜天竞自由。怅寥廓,问苍茫大地,谁主沉浮?携来百侣曾游。忆往昔峥嵘岁月稠。恰同学少年,风华正茂;书生意气,挥斥方遒。指点江山,激扬文字,粪土当年万户侯。曾记否,到中流击水,浪遏飞舟?

毛泽东9月上旬与准备到农民运动讲习所(第五期)学习的庞叔侃、周振岳由长沙动身赴广州。9月29日,国民党第二次全国代表大会重要议案委员会召开第一次会议。会议决定,宣传问题议案由汪精卫、陈孚木、毛泽东负责起草,毛泽东开始参与国民党二大的筹备工作。10月5日,国民政府主席汪精卫以政府事繁,不能兼任宣传部长职务,向国民党中央党部常务会议推荐毛泽东代理宣传部长。常务会议通过,并请毛泽东即日到部任事。月7日,毛泽东到国民党中央宣传部就职,召开宣传部第一次部务会议。会议讨论了宣传计划和编纂事宜。13日,出席国民党中央执行委员会第一百一十三次会议,会议通过毛泽东关于调戴季陶来广州工作的提议。14日,主持召开中央宣传部第二次部务会议。16日,出席国民党中央执行委员、监察委员、各部部长第一百一十四次联席会议。会议决定组织国民党党史编纂委员会,指定毛泽东、甘乃光、詹菊似3人起草编纂党史章程,提请中执委审定。20日,毛泽东出席由国民党中央执委会直接筹备召开的国民党广东省第一次代表大会,会议决定由毛泽东、黎樾廷、李谷珍3人组成大会宣言起草委员会,负责宣言的起草工作。同日,毛泽东为《广东省党部代表大会日刊》撰写的《发刊词》发表。26日,国民党广东省代表大会通过由毛泽东等起草的大会宣言。

按:宣言指出:半殖民地中国的革命,不能离开世界的革命。现在全世界的势力显然分成两种,即革命势力与反革命势力。"在东方被压迫民族的民族革命运动,已日益扩大,而西方被压迫阶级的社会革命运动,亦蓬蓬勃勃而起,此可为全世界革命势力已有集合的一种表现。而在欧美日本一切帝国主义国家,于严重剥削压迫其本国工农阶级之外,又勾结殖民地半殖民地的军阀、政客、买办阶级及地主阶级,严重剥削压迫其中层及下层民众,此亦全世界反革命势力已有集合的一种表现。"在中国,"五卅"运动之后,革命与反革命两大势力对垒激斗的情形,实为历史所仅见。宣言号召广东的人民、全国的人民起来,立站在国民党领导下的革命战线,团结革命战线上的一切势力,向反革命战线进攻。

毛泽东10月27日出席国民党广东省代表大会闭幕会,以国民党候补中央执行委员和代理宣传部长身分,向参加大会的千人发表演说。11月12日,国民党中央执行委员会第一百一十九次会议,决定成立国民党第二次全国代表大会代表资格审查委员会,推定谭平山、邓泽如、林伯渠、林森、毛泽东5人为委员。27日,毛泽东出席国民党中央执行委员、监察委员、各部部长第一百二十三次联席会议。会议通过毛泽东以代理宣传部长名义提出的《中国国民党之反奉战争宣传大纲》。同月,毛泽东以宣传部名义向国民党中央建议在上海设立交通局,作为沟通中央与全国各地的机关。国民党中央同意,决定将上海交通局的工作交宣传部负责管理。12月1日在国民革命军第二军司令部编印的《革命》第4期发表《中国社会各阶级的分析》。次年2、3月，先后在《中国农民》《中国青年》上转载。

按：邱少明说："该文通篇应用马克思主义阶级分析方法，对中国社会各阶级的经济地位和政治态度进行全面、系统和深入的析论，鲜明解答了谁是我们的敌人、谁是我们的朋友这个革命的首要问题。这就自理论的高度将我国革命的性质、动力、对象、任务等课题作了科学阐释，既为马克思主义中国化和党的政治纲领的制定奠定坚实思想和政治基石，又为马克思主义的大众化指明了目标方向。"（《民国马克思主义经典著作翻译史（1912至1949年）》，南京航空航天大学博士学位论文，2011年）

毛泽东12月4日出席国民党中央执行委员、监察委员、各部部长第一百二十五次联席会议。会议通过毛泽东起草的《中国国民党对全国及海外全体党员解释革命策略之通告》。5日主编的《政治周报》在广州创刊，并为该刊撰写《〈政治周报〉发刊理由》。该《政治周报》自第5期起，由中共党员张秋人、沈雁冰主编。12月13日，在《政治周报》第2期发表北京广东、上海等地国民党组织发出的20份反对西山会议的文电，并加写按语。15日，出席国民党中央执行委员会第一百二十七次会议。会议就湖南政治研究会呈请开办短期政治讲习班并指定理事问题，作出决定：指派谭延闿、程潜、陈嘉祐、鲁涤平、李富春、林伯渠、毛泽东为该讲习班理事。20日，毛泽东在《政治周报》第3期发表《上海〈民国日报〉反动的原因及国民党中央对该报的处置》一文，揭露国民党右派叶楚伧等主持的上海《民国日报》的反动面貌及其反动的原因。是冬，杨开慧和母亲携毛岸英、毛岸青由湖南来到广州，同毛泽东住在东山庙前西街38号。杨开慧协助毛泽东从事革命活动和编辑《政治周报》。是年，毛泽东在广州期间，曾到中共广东区委同陈延年等商量工作，研究农运、工运以及中共与国民党的关系等问题；在国民党第五届中央农民运动讲习所讲过中国社会各阶级的分析和农民运动等；在国立广东大学附设中学兼任教员，每周授课两小时，讲授农工政策；兼任国民革命军第二军军官学校教官。（参见中共中央文献研究室编撰、逄先知主编《毛泽东年谱（1893—1949）》，人民出版社、中央文献出版社1993年版）

周恩来年初应胡志明邀请，到广州文明路，为越南革命青年同志会主办的越南青年政治训练班讲课。1月11—22日，周恩来以中共留法组代表身份出席在上海召开的中国共产党第四次全国代表大会。15日，广州政府决定东征讨伐陈炯明，发布东征命令。周恩来以黄埔军校政治部主任身份负责黄埔校军的政治工作，这是中国共产党第一次领导军队政治工作。31日，在黄埔军校举行的东征誓师典礼上向全校师生进行政治动员。周恩来因准备随军出发东征，在中共广东区委内改任常委兼军事部部长（军委书记），这是中国共产党内最早成立的领导军事工作的部门。同月，周恩来领导黄埔军校政治部组织"血花剧社"，开展革命宣传。2月3日，周恩来以黄埔军校政治部主任身份，同校长蒋介石及苏联军事顾问加伦等率黄埔军校校军出发，参加东征。3月6日，随军进驻揭阳。7日，出席群众大会，作题为《国民革命的宗旨和三民主义的真谛》的报告。30日，周恩来出席黄埔军校在兴宁举行的追悼孙中山逝世大会。会上，以政治部主任身份宣读祭文。5月7、8日，中共中央局鉴于总部远处上海，不能直接指导广东地区的工作，遂同鲍罗廷商议决定：由谭平山、周恩来、罗觉（罗亦农）、陈延年、鲍罗廷5人组织临时委员会，代表中央局就近指导广东一切实际工作。

周恩来6月2日随军回师，途中向黄埔校军作题为《军队中政治工作》的讲演。后刊在国民革命军总司令部政治部1926年出版的《政治工作须知》中。7月6日，在黄埔军校第三期开学典礼上讲话，强调革命军人自觉遵守纪律的重要性。31日，在省港罢工工人第六次代表大会上作政治报告,坚决支持省港大罢工。8月,邓颖超从天津调到广东,任中共广东区委委员兼妇女部长。8日,周恩来和邓颖超结婚。20日,周恩来闻国民党左派领袖廖仲恺在广州遇刺身亡,赶到医院。随即同陈延年、邓中夏、鲍罗廷商讨对策。廖案的发生涉及与胡汉民、许崇智有关的人员,胡、许离广东出走,蒋介石掌握了军事领导权。25日,周恩来任国民政府为审理廖仲恺一案组织的临时特别法庭的检查委员。9月中旬,国民政府军任委员会任命周恩来为国民革命军第一军政治部主任,授少将军衔。此为中国军队设立政治部的开始。29日,周恩来任东征军总政治部总主任,全权负责前方政治工作。同月,周恩来发表《沙基惨案与廖党代表之惨死》。文章揭露制造沙基惨案和杀害廖仲恺的凶手是帝国主义,指出今天国民党人的最大目标应该是"本民族主义的精神打倒帝国主义"。11月21日,国民政府任命周恩来为广东东江各属行政委员,管辖惠(州)、潮(州)、梅(县)和海陆丰下属25县行政工作。这是第一次由中国共产党人担任地区行政的主要领导职务。由于军事行动尚未结束,周恩来没有立刻就职,继续以东征军总政治部总主任身份处理地方行政事务。22日,周恩来和邓颖超出席汕头市妇女联欢大会。在会上发表演说。大会决定成立汕头妇女解放协会,并通过保护妇女利益的协会大纲。同月13—27日,周恩来以国民党东江各地党务组织主任身份出席并主持国民党惠、潮、梅、海陆丰各县党部大会,会议强烈谴责"西山会议派"的分裂活动。12月初,周恩来召集汕头市南强学校、淑德女校、童子部小学、福音国民学校、贝理书院五所教会学校代表开会,商讨收回教育权问题。2日,周恩来,主持汕头市收回教育权委员会成立大会。(参见中央文献研究室《周恩来年谱 1898—1976》,中央文献出版社 1998 年版)

邵力子 2 月 8 日在《觉悟》副刊出"列宁号特刊"。2—3 月,在《觉悟》副刊连载丽英女士译昂格斯(恩格斯)原著《空想的及科学的社会主义》。3 月 27 日,在《觉悟》副刊出"特悼孙中山先生特刊"。5 月,在上海南市沪军营外马路亚东医科大学,与瞿秋白、恽代英、沈雁冰等应上海学生总会邀,出席会议,参加领导"五卅"运动。被上海护军使下令通缉。离上海,去广州。6 月,在广州黄埔军校任秘书长。8 月,以国民党中央执委名义,去张家口出席国民党会议。9 月,任黄埔军校政治部主任。(参见晨朵《邵力子年谱》,《浙江师范学院学报》1983 年第 1 期)

廖仲恺 1 月 25 日任新成立的黄埔军校"青年军人社"社长,该社刊物《青年军人》第 1 期出版。廖仲恺在孙中山逝世后仍坚定不移地贯彻执行三大政策,在平定商团叛乱、杨刘叛乱、北伐、东征等战役中起了重要作用,为巩固广东革命政权作出了巨大贡献,并支持省港大罢工。3 月 30 日,廖仲恺在国民党第一届中央执行委员会第 71 次会议上提议,将国立广东大学更名为国立中山大学列入议事日程。7 月,国民政府成立,廖仲恺任财政部长、军事委员会常务委员、广东省政府财政厅长。8 月 5 日,广东大学第 38 次校务会议议决由本校申叙改为国立中山大学理由,提请国民会议及广东人民代表大会会议决定。国民党第一届中央执行委员会第 108 次会议通过了改国立广东大学为国立中山大学的决议。8 月 20 日上午,廖仲恺携夫人何香凝乘车前往党部开会,半路上遇见陈秋霖,随即同车前往,不想竟在戒备森严的国民党中央党部门前惨遭杀害。(参见林甘泉、蔡震主编《郭沫若年谱长编》,中国社会科学出版社 2017 年版)

邹鲁继续任国立广东大学校长。2 月 6 日,孙中山令将里昂中法大学海外部依照原案定为国立广东大学海外部之一。海外部学习名额暂以 60 名为限。未经考试,派文科教授吴康、附小主任谢清及大学毕业生龙詹、张农、李佩秀、董绮文、陈书农、颜继金、郑彦蓁、彭师勤、刘克平、林祖泽赴法留学。3月12日,孙中山不幸因病逝世。23日,中国国民党党员黄行函致国民党中央党部,认为全国各地均有以"中山"命名之事物,广东大学本由孙中山手创,"似宜将广东大学改为中山大学,查以党建国,为先生之特见,以党建校,实宜传之要图"。30日,廖仲恺在国民党第一届中央执行委员会第71次会议上正式提议将国立广东大学改名为国立中山大学。同月,李大钊应聘为广东大学的筹备员后,推荐曾与他一起在北京建立共产主义小组的张申府任广东大学教授兼图书馆长。8月5日,国立广东大学召开第38次校务会议,议决"本大学改为国立中山大学案"。议决同意"由本校申叙改为国立中山大学理由,提出国民会议及广东人民代表大会会议决定,以示郑重",并正式备函由邹鲁送呈国民会议及广东人民代表大会。9月,毛泽东兼任广东大学附中教员,每周到校讲学两小时,讲授农工政策。其他共产党员如孙炳文、熊锐、吴玉章、王若怡、章伯钧等也曾被聘为广东大学教授或兼职教师。

邹鲁校长10月16日主持国立广东大学召开第51次校务会议,讨论"本校组织中山大学筹备委员会案",与会者同意"照案通过并由各科学长及预科主任会计主任秘书长附中附小各主任会同校务会议所聘请五人公同筹备"。邹鲁校长根据校务会议决定,向国民政府呈请,申明学校为先大元帅所手创,亦为先大元帅所演讲三民主义之地,拟改为国立中山大学,以作纪念,并拟将11月11日,亦即学校成立一周年纪念日作为改名国立中山大学的日子。中央执行委员会第108次会议议决此事。批示:"呈悉,该校既经中央执行委员会议决改名为中山大学,自应积极筹备,俾名副其实。所请拟于本年11月11日成立,为期过促,应从缓议。"接受广东大学校长邹鲁的呈请之后,中国国民党中央政治委员会第69次会议对此事进行了讨论,决定调查国立广东大学的办学情况,以制订更好的改名改制方案,促使学校更好地发展。国民政府为此特成立了调查广东大学委员会,派甘乃光、马洪焕、陈公博为调查广东大学委员会委员,以甘乃光为主席,由此引发严重风波。当时邹鲁校长在北京参加西山会议,被撤去校长职务。11月24日,国民政府派汪精卫、谭延闿、伍朝枢、顾孟余、陈公博组成广东大学管理委员会,由顾孟余任主任,并明示顾未到任前由陈公博代理主任职务。27日,陈公博的代任并不受广东大学师生的欢迎,全校教授联席会成员决定全体辞职。同日下午,100多广东大学的师生前往国民政府请愿,希望政府惩办甘乃光,维持广东大学经费独立。(参见吴定宇主编《中山大学校史(1924—2004)》,中山大学出版社2006年版)

顾孟余南下广州。3月,任中央执行委员会常务委员、宣传部长,声望与日俱增。11月30日,被任命为广东大学校长,由陈公博代理。12月1日下午2时,广东大学师生召开了联席会议,黎兆葵为主席主持了会议。会议报告了11月30日的请愿经过,并请教授们忍辱负重,继续上课。2日,国立广东大学国民党特别区党部召开党员大会,请汪精卫就"调查""教育经费"及"校长撤换"等问题作具体说明。汪精卫就上述问题作了说明,说9月中央执行委员会接校长邹鲁呈请将广东大学改为中山大学函,中央执委会将该事交国民党中央政治委员会议。政治委员会认为此事不能当即议决,需要设委员会进行调查后再作决议,调查学校一事纯属善意。关于校长问题,汪精卫则解释说自邹鲁到北京之后,其言行大不相同。他的《告孚木》一文中,已有许多中伤国民政府广州中央执行委员会及政治委员会的话,日前,又发现邹鲁寄经同事及同学的文章,这时政府才开始将他免职,并任北京大学教授顾孟余来当校长。顾孟余肯不肯来,还不能断定,所以政府暂时派代理青年部长陈公博兼任。这次报告会给了广东大学师生一个基本满意的说法,调查风波于是暂告一段落。顾孟余了解到广东大学的学潮与政潮相关联,不想卷入漩涡,于是申请辞职。《上海民国日报》刊其电文:"汪精卫先生鉴,来电敬悉,弟因故不能遵命赴粤,详情由某君面呈,广东大学职务,敬请国民政府令简贤能,不胜感祷。"(参见吴定宇主编《中山大学校史(1924—2004)》,中山大学出版社2006年版)

陈公博4月结束在美国的留学生涯,回到广州,立即受到国民党汪精卫和廖仲恺的重视和信任,国民党左派领袖廖仲恺约他面谈,极力劝说他从政。最终经廖仲恺介绍,陈公博在脱离中共3年后,又加入了中国国民党,再次登上政治舞台。不久,任国民党中央党部书记。7月,广州国民政府成立,陈公博任军事委员会政治训练部主任和广东省农工厅长。接着又出任中央农民部长。12月1日,广州国民政府发布任免令,免去国民党"西山会议"派邹鲁的国立广东大学校长本职,由陈公博代理。4日,陈公博代理校长到校任职,认为要扭转学校当时的混乱局面,实现学校的由乱到治,解决教授辞职问题首当其冲。5日,陈公博在校礼堂宣布了办学政见,表示在他代理校长期间,将着重办好四个方面的事情:第一,每日晚上或星期六,如校外有心研究科学的人,可以进校研究。增加教授所增加的经费,拟由各大企业公司分担。第二,扩充图书馆,拟派人赴南洋等处募集款项,专为扩充图书馆之用,将图书馆改名为广东图书馆,全省人士均可入馆阅览。第三,政府与学校以后须互相联络。学校须参与研究财政问题。第四,聘请名流作系统演讲。

陈公博代理校长12月8日召集学生中的全体中枢委员在大钟楼召开了一次谈话会,与学生们讨论了学校该时期发生的一切事情。到会的委员提出了三个要求:(一)请挽留各教授。(二)请多聘教师。(三)使本校经费独立。陈公博对此一一应允。9日,广东大学特别区党部召开党员大会,欢迎陈公博任代理校长。陈公博借此机会陈述了组设调查委员会的经过,并且又一次强调了他的施政重点。10日,广东大学教授讲师中的国民党员70多人召开会议,决定:(一)星期一一律上课。(二)电请已辞职教授回校。12日,陈公博召开教授及讲师会议,磋商上课问题并通电上海挽留各辞职教授。与此同时,政府方面也向去沪教授发出了请求。陈公博一方面动员辞职教员返校上课,另一方面设法对已坚决辞职离校者作出合适的安排。11日,冯友兰、萧鸣籁、费鸿年、黄季陆、周佛海等38名教授在《上海民国日报》发表离校辞职后的宣言,特别声明他们并非邹鲁的死党,既不替左派偏袒,更不为右派利用。他们是本着学者的良心,以教授的资格,发表言论,进行工作,决不为任何派系捧场。

陈公博12月12日召集教授及讲师磋商了上课的问题。出席教员全体议决星期一上课。会后,陈公博即函请各教授讲师,并拟通电上海挽留学校各辞职教授,并报国民政府批准。14日,《广州民国日报》以《挽留广大教授:国民政府已批准》为题对此进行了报道。经过学校和政府的共同努力,在院级领导方面,除农科学长邓植仪、医科学长褚民谊仍照旧任外,法科学长程天固坚决辞职,于是由余锡恩继任。文科学长陈钟凡已去上海,在其未回校之前,由陈公博暂代。教授方面,也仍有38名教授离开学校。除此之外,在省内的辞职教授都已回校上课。邓植仪、柳金田、丁颖、温泰华、杨寿昌等17位教授,还回复了就陈公博关于询问《上海民国日报》登载《广大教授辞职宣言》中有较多诋毁革命政府之话语的信。下旬,广东大学大学部各科未辞职的教授和讲师都已上课。在政府和广东大学师生的再三挽留下,尚留在广东的20余名教师打消了辞职的念头。24日,《广州民国日报》上发表了

《广大教员取消辞职宣言》。

　　按：该宣言说，各教授是为着大元帅经营教育的苦心，为学术、为革命来投奔本校，希望各人能尽己之力。甘乃光等"擅改调查为查办，实系违背政府命令，挑拨政府与本大学之感情，妨害本大学之名誉，及侮辱同人，有负政府委任，难胜调查大学之责"。教授联席会议的举措，"纯本个人良心之主张，为尊重学校、尊重政府起见，并无丝毫意气及其他作用掺杂其间"。若依政府批词，作正确解释，则为人所愚，是无独立自主之能力，妄逞意气，非研究学理革新事业之态度，二者有一，教授资格，完全消失。同人等若仍恋栈不去，在个人则失其廉耻，在学校则失其尊严，安能阐扬文化，指导民众，是以先后提出辞职，不约而同，以保全个人之人格，维持大学之尊严，非悻悻然忍舍弃先大元帅辛苦设立之大业。现读政府对于陈代校长呈文之批词，已将前批取消，足证政府之前批，原属于一时之误会，又经陈代校长说明种种误会之原因，及调查委员会事实上已不存在，并承认同人等讲学言论自由之主张，对于此次辞职教员，又已一律挽留。同人等以为政府既表示爱护学校，信任教授之诚意，政府与学校之隔阂，既经根本解除，则同人等自应本平日尊重学校、尊重政府之素志，将辞职取消，继续进行原有之职务，而求达所希望之目的。该宣言的发表，表明调查学校而引起查办风波已经结束，改名改制已然深入人心，筹备改名国立中山大学工作已然步入正轨。（参见吴定宇主编《中山大学校史（1924—2004）》，中山大学出版社 2006 年版；中国第二历史档案馆《中华民国史档案资料汇编》第 4 辑，江苏古籍出版社 1997 年版；林甘泉、蔡震主编《郭沫若年谱长编》，中国社会科学出版社 2017 年版）

　　冯友兰年初应北京大学同学、广东大学文科主任陈中凡之邀，同意下半年去广东大学任教。不久，又应博晨光之邀赴北京面谈，相约一半时间在哈佛—燕京社做研究工作，一半时间在燕京讲一两门课。当时商定先去广东大学一学期，然后到燕京大学工作。在京期间，曾与胡适相见，畅谈甚快。3 月 1 日，冯友兰以河南教职员联合会干事身份出席该会评议部会议。19 日，在开封文庙出席追悼孙中山大会。春，所著《人生理想之比较研究》（*A Comparative Study of Life Ideals*）由商务印书馆再版。4 月，中州大学文艺研究会会刊《文艺》创刊，冯友兰为之撰发刊词。4 月 20 日，撰《怎样办现在中国的大学?》。该文刊于 5 月 16 日《现代评论》第 1 卷第 23 期，强调学术发展对中国的重要意义，又强调发展学术必须办好大学。

　　按：此文认为，当时的中国面临如下情况：（一）须充分的输入学术，并彻底整理旧的东西；（二）须力求学术上的独立；（三）出版界可怜异常，有许多人想看书而又无书可看；（四）对西洋学术有较深研究的人甚少；（五）更无人在世界学术界可以称为"大师"。针对这样的情况，要办好大学，应先设像样的本科，为此，就要"以请中国人作教员为原则"，且所请的教员要"有继续研究他所学之学问之兴趣与能力""大学要给他继续研究他所学之学问之机会"，因此又要设研究部，使教员既教学又研究，设编辑部，使教员既教学又编译西洋学术著作。如能本科部、研究部、编辑部三位一体，"再假以时日，中国亦可有像样的学者，而中国学术亦可独立矣"。

　　冯友兰《对于哲学及哲学史之一见》6 月 5 日刊于《太平洋》杂志第 4 卷第 10 期。15 日，胡适赠《胡适文存二集》一套。暑期前，冯友兰向中州大学校长要求担任该校校务主任，校长未予同意。8 月，在开封遇于右任，冯友兰向他了解广东情况。8 月 29 日，由开封经南京抵上海，寓旅馆内。8 至 9 月间某日晚，忽有郁达夫来访，相谈甚洽。9 月 3 日，致函胡适，请代为设法在教育部国立编译馆谋一职位。4 日，乘海轮离沪赴粤。9 月起，任广东大学哲学系教授兼主任。10 月 3 日，在《现代评论》第 2 卷第 43 期发表《国骂》。约 12 月，离广州，经上海，到开封。在上海停留期间，曾在反对陈公博的宣言上签名。是年，李笠赠其所著《史记订补》相赠。（参见李中华编《中国近代思想家文库·冯友兰卷》附录《冯友兰年谱简编》，中国人民大学出版社 2015 年版）

陈中凡任广东大学文科学长兼教授。开学之初,应邀在全院发表两次演说,讲题是《唐诗之修辞学》《儒家之态度及其精神》。前者谈文艺,后者讲人生,受到欢迎。8月,列名为中华图书馆协会出版委员会书记处成员。10月中旬,在文学院朝会上,就文科教育之方针、目前现状和将来的规划提出报告,颇具雄心壮志。23日,出席第52次校务会议,与会者尚有农科学长邓植仪、理科学长徐甘霖、法科学长程天固、医科学长褚民谊等人,并参加文学院明远文学研究社联欢会,发表演说。11月9日,《广东大学周刊》"校闻"报道:"文科学长陈钟凡先生,因江浙战事影响,已于前周请假回籍。所有文科学长职务,暂请中文系主任吴敬轩先生代理云。"年底,离穗返里。陈中凡返里后,曾应邀兼课于苏州东吴大学。(参见姚柯夫编著《陈中凡年谱》,书目文献出版社1989年版)

罗亦农回国,以中共中央特派员身份赴广州参加全国第二次劳动大会的筹备工作。会后,奉命留在广州,担任中央驻粤临时委员会委员,中共广东区委宣传部长。

柯柏年由时任苏联军事顾问加伦将军翻译的李炳祥介绍,到周恩来领导的东征军总政治部任东江各属行政委员公署社会科副科长,负责农运、工运,并被周恩来任命为东征军总政治部驻澄海特派员,负责指导澄海的国民革命运动。

贺衷寒、缪斌、王柏龄、陈诚、陈肇英等黄埔军校国民党右派12月29日发起组织孙文主义学会。

杨杰3月任国民军第三军前敌指挥官。受孙中山三大政策、国共合作的感召,南下广东。(参见皮明勇、侯昂妤编《中国近代思想家文库·蒋百里、杨杰卷》及附录《杨杰年谱简编》,中国人民大学出版社2015年版)

张知本因与中共党人接触,受到开除国民党党籍的处分。

陈树人以国民政府秘书长身份参加"廖案"检查委员会工作,在广州发起成立清游会。

王一飞主笔的《中国军人》2月20日在广州创刊。蒋先云、周逸群、李富春等主要撰稿。

经亨颐离开浙江,任国民政府常务委员、全国教育委员长、中山大学校长。

冼玉清8月任岭南大学国文系助教。

王一知任主编的《广东妇女解放协会会刊》6月在广州创刊,9月改名为《光明》。

胡毅生在广州创办《国民新闻》日报,旋因廖仲恺被刺案而遭通缉,逃往香港。

赵少昂在广州创办"岭南制版所",自行设计广告画,并研习制版技术。

董泽继续任私立东陆大学校长。春,东陆大学开始办大学本科。本校预科生毕业后,除应聘为中学及师范学校任教及考入京、沪、香港大学者外,多数升入本校本科学习。为适应云南需要及本校实际,东陆大学本科先设文、工两科。文科分设政治经济、教育等系,工科分设土木工程、采矿冶金二系。采矿冶金系因一时设备不及,故仅先办土木工程系。5月30日,上海爆发"五卅"反帝爱国运动。消息传到昆明,东陆大学学生派代表与昆明中等以上学校代表一起,组成云南学生沪潮后援会。7月1日,东陆大学与云南高等师范学校、法政学校、省立师范、联合师范、省立中学、成德中学、昆明师范、女子中学等校学生一起,进行示威演讲,宣传反帝爱国思想。这是东陆大学成立后,首次参加的学生爱国运动,促进了学生的觉醒。在革命思潮的薰陶下,一些先进分子参加了云南的革命活动,走上了革命的道路。(参见《云南大学志》编审委员会《云南大学志》第2卷《大事记(1915年—1993年)》,云南大学出版社1993年版)

艾芜因不满学校守旧的教育和反抗旧式婚姻而出走,漂流于云南边疆、缅甸和马来亚等地,当过小学教师、杂役和报纸编辑。

郑鹤声大学毕业后,在云南高等师范任教,并兼课于东陆大学。

艾思奇考入云南省立一中,接触马克思主义,并与聂耳结为好友。

张謇 2 月 13 日致电时在上海、次日离沪的张学良,邀赴通一行。张学良以迭接电催北上,行色匆促,已复电婉谢。3 月 25 日,张謇往第一公共体育场,参加孙中山追悼大会,发表演说。4 月 17 日,往县立女子师范学校,参加纪念建校 19 周年校友会,并发表演说。26日,往县教育会参加特别会议,发表演说。27 日,嘱于忱、顾公毅、马灵源、罗玉衡、范盖晋、高镌、顾偿基、叶婧、刘俊升、严树钊等筹办南通暑期讲习会。6 月 11 日,往更俗剧场,参加伶工学社评艺会。同月,南通"上海五卅血案后援会"共捐款 2750 元。7 月 27 日,往南通农科大学,参加县教育局、教育会与省代用师范、县女子师范暨省师范附小联合会举办的暑期讲习会开幕式,发表演说。7 月 28 日,在《通海新报》发表《太虚以佛法批评社会主义录答问》。8 月 2 日,往南通农科大学,参加暑期讲习会,发表演说。8 月 20 日,嘱顾公毅、顾偿基、曹文麟、管励冰、徐昂、方赓编纂《读经救国论》,供南通中等以上学校使用。8 月 25 日,嘱更俗剧场即日起放映电影,连映 10 日。该新片系上海明星公司特制最著名之社会佳剧,计有四种:一、《好哥哥》;二、《最后之良心》;三、《战功》;四、《诱婚》。9 月 1—3 日,在中国气象学会在青岛举行的第一届年会及第二届理事会上,张謇与高恩洪、高鲁被推为名誉会长,蒋丙然为会长,竺可桢为副会长。27 日,往南通农科大学,向学生发表"分科治农"演说。11月 28 日,因事不能到沪,寄"演说词"与江苏省教育会,贺教育会下月 12 日召开成立 20 周年纪念会。12 月 17 日,嘱张怡祖、张仁奎、卢鸿钧、李万里、于振声、高湘、邢启才、顾偿基、保思毓、江导岷、韩奉持、费师洪、束曰璐、宋希尚等往天生港,迎候孙传芳、徐树铮乘"江华"轮抵通。12 月 18 日,邀孙传芳、徐树铮参观博物苑、图书馆、农科大学、狼山观音禅院、盲哑学校、残废院等处。(以上参见庄安正《张謇年谱长编(民国篇)》,上海交通大学出版社 2018 年版)

郭秉文时为东南大学校长。1 月 6 日,北洋政府阁议,免去东南大学校长郭秉文之职,命胡敦复继任。郭见报后即电教部"恳迅聘接替,以便交代"。东大及商大全体教职员、江苏省大学校长等则纷纷致电责问北京政府,要求说明免职原因,挽留郭秉文。新校长胡敦复复电表示不愿接任。东南大学学生自治会当即发表全体学生宣言,对免郭表示强烈反对;东大部分教师也以全体教职员名义致电教育部;东大行政委员会则立即致电黄炎培、蒋梦麟诸校董,要他们出面维持。由此引起东大"易长风潮"。2 月 1 日,东大校董会再次举行会议,决议否认教育部易长之令,请郭秉文照旧任职,先请赴国外考察教育。由东大校董会和商大委员会组成临时委员会,协助两校行政委员会维持校务。23 日,郭秉文以受校董会委托名义,赴美考察教育,担任芝加哥大学哈里斯基金会(The Harris Foundatiom)讲座,任中华教育促进会会长。

按:马叙伦时任教育部次长。卢礼阳《马叙伦年谱》(浙江古籍出版社 2021 年版)所载相关信息如下:1 月 7 日,报载 6 日阁议,免去东南大学校长郭秉文之职,命胡敦复继任。郭见报后即电教部"恳迅聘接替,以便交代"。东大及商大全体教职员、江苏省大学校长等则纷纷致电责问北京政府,要求说明免职原因,挽留郭秉文。新校长胡敦复复电表示不愿接任。由此引起东大"易长风潮"。教育部训令第一号:"前派东南大学校长郭秉文应即解职,另候任用。现经改聘胡敦复为东南大学校长,除函聘外,仰即遵照,此令。"1 月 8 日,马叙伦就东南大学校长郭秉文免职事致电东南大学董事黄炎培。11 日,东南大学校董会联席会议假座申报馆举行。因教育部、上海商科大学委员会提议更易校长,会议"议决对于此次教育部违反校董会章程,任免校长,电执政府、教育部,严重抗议,否认乱命,一面由校董委员组织临时委员会,协同两校行政委员办理校务进行。"12日,东南大学校董会议讨论校长变更事件。2月1日,东南大学校董会、上海商科大学委员会为更易校长问题再次举行联席会议,否认教育部命令,仍请郭秉文照旧供职、暂赴欧美考察,并致函马表示难以承认。《申报》1925年2月11日报道,会议议决:否认教育部违章命令,仍请郭秉文照旧任职。现时请郭赴外考察教育,校务由联席会议合组临时委员会,协助南京、东大及上海商科两校行政委员会维持。同日,东南大学校董会致教育部代理部长马叙伦函云:"本月一日,本会与分设之上海商科大学委员会联席会议,时由东南大学转来大部训令第一号内开,'前派东南大学校长郭秉文应即解职,另候任用。现经改聘胡敦复为东南大学校长,除函聘外,仰即遵照,此令'等因。查此事前于一月七日上海各报披露六日阁议消息,校中教职员学生及毕业同学因郭校长办学十年,辛苦经营,深著劳绩,校务蒸蒸日上,前途正未可量也。以国家多故,影响所及,未能照所计划进行,而公家积欠经费三十万馀,学校万分困难。教职员仰体时艰,并感于郭校长之维持苦心,本道义结合之精神,相与勉力维持,不致弦歌中辍。学生尤一致信仰,是郭校长劳苦功高,实不应无端更易。……查去年六月二十五日经大部修正核准之《东南大学校董会简章》第三条第三款,推选校长,于教育当局为校董会之职权。今郭校长固无应行免职之理由,大部并未践行部令核准章程之规定,遽予任免,夫岂所宜?本会因于一月十二日与分设之上海商科大学委员会联席会议时议决,根据上例种种理由,对于此次东南大学校长免职绝对否认。"3月17日,穆藕初分别致函马、吴稚晖,为东南大学易长事陈情。18日,穆藕初为东南大学易长事致函蒋梦麟、胡适,恳请两人出面斡旋。函云:"东大易长事,黑幕重重,令人齿冷。学界尚如此,中国前途何堪设想。昨函马次(长)及稚晖先生,请其向各方疏解,就此罢手,免得再起纠纷。国中能有几个好人,何必自相残杀,同归于尽耶?兄等片言九鼎,敢乞不吝齿芬,设法斡全,是为至幸。附奉萧某亲笔函件之印刷品,阅后一笑置之可也。"19日,东南大学教授致电执政府,退回教育部训令。4月2日下午,东南大学校董紧急临时会假座上海商科大学举行,沈信卿主席,校长代表陈逸凡报告东南大学最近状况。4月5日《申报》所载紧急临时会议案:一、"因校长任免问题发生纠纷之处理方法",一致推选张一麐继任东南大学校长,即呈请教育部聘任;二、"提议仍请省长派员查账",议决"仍请省长派员查账"。会后,东南大学校董会致函教育部云:"本会冬日开会,经出席校董详加讨论,佥以校长问题纠纷已久,亟宜从速解决。本会前经力主挽留郭校长,惟教育部对于郭校长如果另有任用,本会可另推选。当由主席按照校董会第三条第三款,推选校长于教育当局之规定提出人选问题。当经一致推选张君一麐继任东南大学校长,即呈请教育部聘任等情,一致议决除另呈外,谨电请鉴核施行。"(转引自《穆藕初年谱长编》)(参见郭秉文著、耿有权编《郭秉文教育文集》附录《郭秉文学术年谱》,东南大学出版社2018年版;沈卫威《学衡派编年文事》,南京大学出版社2015年版)

　　胡敦复3月9日接替郭秉文任东南大学校长,遭到部分师生的拒绝,并被殴打。13日,教育部令东大教授互选评议员,克日成立评议会。同时,令校董会解散。5月30日,校董会决定由陈逸凡代行校长职。6月1日,南京学联召开紧急会议,决定各校立即行动,声援上海"五卅"运动。2日,东大学生为支援上海"五卅"罢工斗争,决定罢课。师生员工分别组织后援会,发表宣言,举行示威游行。6月3日,在全市万人大会上,本校学生、共产党员宛希俨作了"'五卅'惨案经过"的报告。9日,东大全体教职员致函上海各报馆声讨英帝国主义者惨杀国人的罪行。7月3日,四校联合会致函省教育厅经费管理处,要求解决经费问题。9日,江苏省公署请蒋竹庄代理东大校长(9月14日,被解职)。10日,东大学生自治会执行部决定请学校实行军事教育,以抗外辱。21日,学校致函省署,请求将短发本校的经费,从速筹发,以备专发中西教员的欠薪。9月,北洋政府电令江苏省长郑谦停办东南大学。10月9日,江苏省长委任原教育部所派东南大学筹备员秦汾为代理校长。秦即到校视事。13日,教育部正式任命秦汾为校长,任崇学为副校长。不久,秦汾辞职。(参见南京大学高教研究所编《南京大学大事记1902—1988》,南京大学出版社1989年版)

　　胡先骕是年春在世界著名植物园阿诺德森林院作《阿诺德森林院放歌》,即有在中国创建植物园之志。7月，获哈佛大学博士学位(Doctor of Science)，其博士论文《中国有花植物属志》(Synopsis of Chinese Genera of Phaenogams with Descriptions of Representative Species)，共3卷。此系利用哈佛大学比较齐全的图书、标本等优越的条件，对中国有花植物进行较全面整理。秋，胡先骕自美国留学归来，重返南京，住太学街。仍执教于东南大学，并在中国科学社生物研究所从事研究；《东南论衡》创刊，胡先骕发表《东南大学与政党》一文，对郭秉文校长治校予以称颂，对各派政治势力予以批评。

> 按：此时胡先骕对国家的政治、经济、文化等社会事务甚为关切，但其思想发生了重要变化。胡先骕《对于我的旧思想的检讨》曰："第二次从美国回来，受到进步刊物《民族》的影响，对于政治、经济、外交、时事都发生了兴趣，使我相信了改良主义的社会主义。在此以前，我对于孙中山的三民主义都是有偏见不接受的，只幻想一种贤人政治。这时我相信了计划经济，于是我渐渐赞成孙中山三民主义主张，耕者有其田及节制资本，但我所信的是英国费边式的与北欧式的社会主义，是以资产阶级立场来缓和阶级斗争的不彻底的社会主义。我所以相信这种社会主义，完全是由于我的家庭出身的影响"。(中科院植物所档案)

胡先骕是年冬就中国高等教育问题，分别在《东方杂志》和《甲寅》上发表《留学问题与我国高等教育之方针》《师范大学制平议》，以两次留学美国之感观和在国内高校执教多年之经验，指出中国高等教育之弊害。前文提出"吾国高等教育之方针，宜效法英国，以养成人格提高学术为职志，决不可陷于美国化之功利主义中，仅图狭隘之近利"。是年，胡先骕对前所发表之《浙江植物名录》予以增订，刊于是年《科学》杂志；在《东南论衡》第1卷第6期又发表《学阀之罪恶》一文，谓"吾国学阀之兴，始于胡适之新文化运动。胡氏以新闻式文学家之天才，秉犀利之笔，恃偏颇之论，以逢迎青年喜新厌故之心理，风从草偃，一唱百和，有非议之者，则僸薄尖刻之恶声报之。陈独秀之流，复以卑劣政客之手段，利诱黠桀之学生，为其徒党，于是笃学之士，不见重于学校，浮夸之辈，名利兼收。"将社会新思潮引起的混乱归结于学阀"四罪"，并对新文化运动发起者胡适、陈独秀大加抨击。(参见胡宗刚编著《胡先骕先生年谱长编》，江西教育出版社2008年版)

陈鹤琴继续任东南大学教务部主任兼教授。秋，鼓楼幼稚园新园舍建立，定为东南大学教育科实验幼稚园，请助教张宗麟协助工作，全面开展实验。幼稚园同时得到中华教育改进社的支持。是年，所著《儿童心理之研究》(上、下册)和《家庭教育》两本专著作为大学丛书由商务印书馆出版。两书系根据对自己孩子身心发展的研究及家庭教育的实验，阐述儿童教育学说和家庭教育原则。在《家庭教育》中指出，父母对小孩子有"从小教起"以形成健全人格的责任，提出教育原则101条。陶行知发表书评《愿与天下父母共读之》，称著者"以科学的头脑、母亲的心肠做成此书"，此书"系近今中国出版教育专书中最有价值之著作"。又与廖世承合著《测验概要》由商务印书馆出版，列为高等师范学校丛书。(参见陈鹤琴《陈鹤琴全集》附录《陈鹤琴生平年表》，江苏教育出版社2008年版)

吴梅仍在东南大学任教。1—2月间，读《盛明杂剧》，作《读盛明杂剧诗》30首。5月，作《中乐寻源·序》。7月，为《又满楼丛书》作《民抄董宦事实·跋》。9月21日，作《祝氏集略·跋》。26日，又作《祝氏集略·跋》。是年，著成《中国戏曲概论》。又作《梨园外史·序》。(参见《吴梅全集·日记卷上》附录《吴梅年谱》，河北教育出版社2002年)

胡小石仍在金陵大学任教。8月，因孙洪芳邀请，胡小石也想重入国立学校，兼任东南大学教授、文理科长，教文学史。(参见胡小石《胡小石文史论丛》附录《胡小石先生年表》，南京大学出版社2008年版)

宗白华春季从柏林回国。途中，游历欧洲。7月，经同乡小说家曾朴介绍，被聘到东南大学哲学系任教。开始写作《美学》提纲,从人生和文化方面论述美学研究的对象,并就美学的趋势、美感、审美方法、美感分析各学说之评价、美感分析方法、艺术创造之问题等方面,进行讲解。又在《艺术学》和《艺术学(讲演)》中,就什么是艺术学、艺术的范围、起源与进化、形式美、美感的主要范畴等问题,进行讲解。(参见林同华《宗白华生平及著述年表》,载《宗白华全集》第4卷附录,安徽教育出版社1994年版)

唐文治因父病未参加1月1日举行的无锡国学专修馆第二班第二届学生毕业礼,毕业生计王道中、王震、朱宗洵、李家俊、周天游、胡集勋、姚继旭、孙执中、孙品珩、陆庆熙、陈学裘、陈渭犀、陈雪艇、陈拔彰、徐靖澜、徐世城、黄希真、冯励青、杨焱、秦艾三、杨仁溥、刘文灏、钱安定、蒋天枢、萧雪亮、钮方义、龚天玉等27人。1月,施肇曾不再担任无锡国专馆主,由孙鹤卿继任。同月下旬,在家丁忧的唐文治始"到馆上课"。10月,唐文治辑成《国文经纬贯通大义》(《读文法》)8卷,并于次年由无锡国学专修馆刊行。约11月,唐文治述父唐受祺事略1篇,并石印手书格言(《唐封翁手书格言》)1卷。12月,唐文治检集先人遗集,撰《家祠藏书谨志》《家祠藏救生绳谨志》以及《外祖古愚胡公手迹谨志》。(参见陆阳《唐文治年谱》,上海三联书店2013年版)

邹云翔4月由无锡教育界前辈秦执中推荐,拜唐文治为师,唐文治命其和第四班学生一起上课。邹云翔在国学馆读至1927年,因母病需侍奉而辍学。(参见陆阳《唐文治年谱》,上海三联书店2013年版)

钱穆仍继续在无锡第三师范任教。秋,随班递升教三年级国文,讲《孟子》,编《孟子要略》。10月,浙奉战争又起,人心大震,欲移情新业,藉忘外氛,乃为《公孙龙子》作新注。《易书》3卷亦增订完。12月,所著《论语要略》由商务印书馆初版。(参见韩复智编著《钱穆先生学术年谱》,中央编译出版社2012年版)

宗白华从柏林回国后,经曾朴介绍,被聘到东南大学哲学系任教。

余井塘从美国学成回国,任教于东南大学。

张景钺从美国回国,任东南大学生物系教授。

商承祚任东南大学讲师。

刘国钧回国,任金陵大学图书馆古籍部主任兼教授。

陈裕光任金陵大学文理科长兼教授。

冯沅君7月毕业于北京大学研究所国学门,开始先后到金陵大学任教。

李小缘毕业于哥伦比亚大学后回国,历任金陵大学图书馆西文部主任、图书馆馆长、图书馆学系主任等职。

华岗6月任青年团南京地委书记。同年8月,加入中国共产党,中断学业,从事职业革命活动。

董康被东吴大学法学院授予名誉博士学位。

陈宗器获东南大学物理系理学士。

王季思考入东南大学中文系,开始在曲学大师吴梅先生的指导下学习古代戏曲。同时参加吴梅组织的"潜社",从事诗词和散曲的创作,与唐圭璋、常任侠等交往密切。还在闻一多先生指导下,从事话剧与新诗的创作。

舒新城在南京专门从事著述,主编《中华百科辞典》。

朱士杰任江苏苏州美术专科学校教授兼实用美术系主任。

王蘧常兼任江苏无锡国学专门学院讲师。

曾琦 10 月在江苏无锡第三师范学校发表演讲,提倡国家主义,攻击共产主义不适合中国之情。

祝廷华与至友谢鼎镕及吴宝廉、祝书根、章廷华、周大封等人结社江苏江阴怡园,因仰慕陶潜气节,命名为陶社。公推祝廷华为社长,夏孙桐、陈衍任名誉社长。

欧阳竟无 6 月在内院第十一次研究会作《龙树法相学》的演讲,认为法性法相义无别而总别有殊,教之经律论皆涉法相,龙树学亦是法相学。9 月 13 日,内院法相大学特科举行开学典礼,王恩洋任特科主任,欧阳竟无院长报告本科开办历史,上系继承杨仁山居士之祇洹精舍而来,其宗旨则在提倡西域之学与为人之学。秋,立院训曰:师、悲、教、戒。欧阳竟无作《释悲》,揭明在家众可以住持佛法之义,以奠居士道场之基。冬,欧阳竟无作《楞伽疏决》6 卷。是年,太虚在庐山针对欧阳渐判法相、唯识为二宗的观点,作《法相必宗唯识》之讲演,内院《内学》第 2 辑遂发表欧阳渐的旧作《摄论大意》以作答,太虚在看到此文后又作《再论法相必宗唯识》以破之,争论不果。(参见徐清祥《欧阳竟无评传》及附录一《欧阳渐学术行年简表》,百花洲文艺出版社 2010 年版;徐清祥编《欧阳竟无先生学术年表》,载欧阳竟无《欧阳竟无内外学》,商务印书馆 2017 年版)

应慈在江苏常州清凉寺办清凉学院。

张伯苓 1 月上旬到北京面见美国科学家祁天锡,告知学校风潮的最近动向,谓正常的关系将会恢复,学校将在中国春节后很快开课,用以弥补风潮造成的两周的损失。1 月 15 日,祁天锡访问南开大学。16 日,南开大学风潮结束。张伯苓致函《益世报》发表声明说明原委。3 月 2 日,欢迎中华教育文化基金董事会董事孟禄博士来南开大学演讲《大学生之责任》。4 月 7 日,参加在北京大学召开的全国私立大学联合会成立大会。10 日,在清华学校遇颜惠庆,邀其在南开毕业典礼演讲。5 月 4 日,《南开周刊》载,张伯苓在南开中学高中学生集会上演讲,奋斗即是快乐,奋斗即是生活的方法。6 月 2—4 日,中华教育文化基金董事会在天津举行第一次会议,颜惠庆、顾维钧、蒋梦麟、丁文江、黄炎培等出席。选举颜惠庆为董事长,张伯苓、孟禄当选副董事长。

按:据 6 月 3 日颜惠卿记述:"我当选为主席。其他成员有张伯苓、孟禄、丁、贝纳特和周等。执行委员会有格林、蒋和顾。委员会将拟定基金分配原则。有些人反对建立图书馆的设想。"

张伯苓 7 月 9 日出席南开大学科学馆开幕式,邀请翁文灏作《为何研究科学,如何研究科学》的演讲。7 月 23 日,卞白眉为争取办理美国退还庚款存汇业务,函请张伯苓从旁协力,并请其代向范源濂教育总长处说明此意。28 日,张伯苓与丁文江、颜惠庆、范源濂、蒋梦麟、周诒春、贝克、贝诺德等人出席中华教育文化基金董事会事务所开幕仪式。8 月 10 日,北京政府教育部核准私立南开大学立案。12 日,中华全国体育协进会在津开会,张伯苓蝉联董事长。9 月 8 日,报载张伯苓致函段祺瑞,对当局整顿学风一事亟表赞成,并借此呈请批拨南开经费。此举报端时有议论。秋,应邀赴山东烟台基督教青年会,连续演讲《公民教育运动》。10 月 11 日,应邀在北京协和医学院演讲《爱国主义与基督教》,述其立志服务教育和皈依宗教原因。17 日,主持学校校庆纪念会,并致辞。同日,南开大学科学馆落成,名曰"思源堂"。张伯苓主持开幕式,京津政学各界代表出席。会上捐款人袁述之和美国罗氏基金团代表演讲,另请丁文江、任鸿隽、翁文灏等演讲;邀请日本学习院女子部平冈教授讲"东亚和平"问题。同月,以中华全国体协董事长名义,为创设中华全国体育协进会呈请立案。

　　张伯苓 11 月 15 日接待中华教育文化基金董事会调查团陶行知、钱崇澍、祁天锡等人来南开大学参观。25 日，在大学商学会成立会上演讲，阐述南开大学教育目的。27 日，陶行知继昨天在南开大学作《大学生应有之精神》演讲后，又在张伯苓陪同下讲演《学术独立在中国之重要》。随后，张伯苓也就"理科学生与中国科学之关系"和"科学事业之将来"两个问题发表演说。同日，邀请陶行知在南开中学讲演《学做一个人》，并针对教职员发表《教学合一》的讲话。张伯苓听讲后特别提出"更要教学生行"作为补充。陶行知对这一论述豁然贯通，于是将"教学合一"直称"教学做合一"。12 月 2 日，中华教育文化基金董事会任鸿隽、程文勋来南开大学考察矿科教学，特约任鸿隽发表演讲。同日，组织南开大学理科教授饶毓泰、邱宗岳、应尚德赴北京参观各大学理科。为此陶行知发表《南开大学教授来京参观感言》，指出南开大学教授在国内交相参观，此为开风气之先，并赞扬张伯苓校长把教授参观费列入预算一举。7 日，自从前不久对陶行知在南开所讲"教学合一"提出"教学生行"的论断后，张伯苓又在南开中学高中学生周会上继续论述"学行合一"问题。是年，张伯苓受聘任齐鲁大学董事长，并任中国教育学会理事。

　　汤用彤上学期因国民党与院系之间的势力斗争引发东南大学"易长"风潮受到牵连。3 月，《释迦时代之外道》转载于《学衡》第 39 期。7 月，自 1923 年 9 月开办的内学院试学班圆满结束。8 月，汤用彤转任南开大学哲学系教授。（参见汤一介、赵建永编《中国近代思想家文库·汤用彤卷》及附录《汤用彤年谱简编》，中国人民大学出版社 2015 年版）

　　范文澜在南开大学任教，参加天津人民群众的游行示威等活动。10 月，所著《文心雕龙讲疏》由天津新懋印书局印行，梁启超作序，称赞此书"征证详核，考据精审"。（参见范文澜著《中国通史简编》下附录《范文澜先生学术年表》，商务印书馆 2010 年版）

　　曹禺 3 月加入南开中学文学会，并为该会图书股职员。该会曾出版《文学》半月刊，后改为《文学旬刊》。同时加入南开新剧团，从此开始演剧活动。

　　吴鼎昌与胡政之、张季鸾接办天津《大公报》，任社长。

　　宋则久任天津国民大会促成会主席。

　　吴玉章 1 月初至北京，住大同公寓，后迁至石驸马大街太平湖饭店。欲见孙中山，因孙病等，未果。1—2 月，多次召集 YC 团北京组织会议，发展健全 YC 团北京组织。接受刘伯承加入 YC 团。1 月 19 日，应邀出席在京成都公学学生会的会议，并作演说。会议在全蜀会馆举行，吴虞等也到会。3 月 12 日孙中山逝世后，参加孙中山治丧工作，在铁狮子胡同行馆常务室第一组工作。14 日，因治丧往来文件甚多，孙中山行馆秘书处另组治丧处秘书股，与李大钊等任秘书股中文主稿职务。由此，与李大钊相知日深、情谊日笃。19 日，孙中山灵柩由协和医院移置中央公园社稷坛，吴玉章向孙中山敬献挽联："为东亚造和平，拯斯民于水火；与列宁相伯仲，极世界之哀荣。"4 月，经赵世炎、童庸生、李国暄介绍，加入中国共产党。

　　吴玉章 5 月初奉中共北方组织之命到上海，面见中共中央总书记陈独秀和秘书长王若飞，并带去赵世炎的信。由于与国民党的深厚历史关系，中共中央决定不公开吴玉章的共产党员身份，留在国民党内做统一战线工作。常与王若飞、恽代英、李立三等研究情况，商讨工作步骤。中共中央决定吴玉章先去广州与国民党中央取得联系，然后回四川工作。6 月上旬，吴玉章参加国民党上海执行部的工作，力促上海执行部主任戴季陶等人出版《反日战线》刊物。14 日，四川旅沪学界同志会成立，吴玉章被选举为委员。中旬，离开上海南去广州,与国民党中央联系,同时应熊克武之请,为建国川军事向政府报告请命。24 日,到达广州。25 日以后,拜会廖仲恺、汪精卫、胡汉民等人,提出整顿四川国民党组织的计划,得到赞同。7 月 2 日,被国民党中央委派为四川省党务筹备员,廖仲恺并批发 1000 元活动经费。

吴玉章 8 月 15 日到达重庆。19 日,改组国民党四川临时执行委员会。下旬,筹办中法学校,大学部称"中法大学"(因华法教育会的渊源),把回川时廖仲悦所给的 1000 元活动经费连同自己在川江轮船公司的股票捐出,全部充作办学之用。校址选在重庆市大溪沟"懋园"侧。9 月 3 日,中法学校筹备就绪,吴玉章出任校长。以童庸生任教务主任(后由肖华清接任),杨伯恺(润)任训育主任,张克勤任庶务主任,杨闇公、漆树棻、冉钧、周贡植、李嘉仲等任教员。首期招生 300 多名。4 日,重庆中法学校开始上课。20 日,重庆中法学校正式开学。11 月 9 日,吴玉章抵上海。19 日,在上海大学"中山主义研究会"成立大会上作《民族问题与阶级斗争》的演讲。12 月 4 日,吴玉章正式就任国民党二大秘书长。(参见刘文耀、杨世元《吴玉章年谱》,四川人民出版社 1998 年版)

张澜 5 月 25 日在川军内战暂停之时,立即向刘湘、杨森等军阀发出《为根本解决川事办法电》。9 月 25 日,四川省长公署以照会方式聘请张澜担任成都大学校长,张澜以成都大学和成都高等师范学校的纠纷尚未了结,未立即应允,成都大学学生非常欢迎张澜出任校长,于是,学生会派出代表易光谦、周维权等赴南充恳请张澜就任。下旬,张澜回函作答。12 月 17 日,在成都召开的第二次善后会议上发言。会议期间,成都大学学生会不断派代表到会请愿,历陈四川应设普通大学的理由,提出在盐款中拨给 60 万元作办学经费的议案,由于先生事前多方面周旋,向省府秘书长沈与白和省长赖心辉陈述四川成立普通大学的必要和可能,因此省府立即将该案转善后会议讨论,四川军务善后督办刘湘当即表示支持,军阀首脑也赞成年拨盐款 60 万作为成大经费来源。(参见谢增寿编著《张澜年谱》,群言出版社 2013 年版)

卢作孚在通俗教育馆内举办了四川第一个大型运动会,数万民众观看。7—8 月间,杨森在军阀混战中失利,再次下台。卢作孚感到"纷乱的政治不可凭依",事业随军事上的成败而沉浮不定,遂决意返乡创办实业、建设地方,通过局部改造以模范全局。8 月,和彭瑞成、赵瑞清等成都通俗教育馆的同事、老同学一起回到了合川家乡,拟筹组航运公司。8—9 月,围绕航运,对合川、嘉陵江三峡沿线开展了调查研究,写就《两市村之建设》小册子。10 月 1 日,民生公司筹备会在合川通俗教育馆和陈家花园举行,卢作孚、陈伯遵、黄云龙、彭瑞成、卢志林、刘润生等 23 人出席,多为卢氏老师、同学、好友和当地贤达。会议决定成立民生公司,推举卢作孚为筹备处主任,积极开展募集股本的工作,定股本为 5 万元,每股 500 元。会后,卢作孚、黄云龙赴申购船,路费由卢的老师陈伯遵垫支 200 元。冬,在沪上为购船奔波两月,接洽 9 个船厂,订购一只 70.6 吨的小船"民生"号,造价 3.5 万元。由于股东对航业的疑虑,汇至上海的股款仅 0.8 万元。卢作孚以 0.5 万元购回柴油发电机,供合川县城发电照明,以 0.3 万元作造船订金,决心回川再集股资。郑东琴、陈伯遵在募集资金中起了关键作用。(参见王果编《中国近代思想家文库·卢作孚卷》及附录《卢作孚年谱简编》,中国人民大学出版社 2015 年版)

蒙文通仍任教于重庆第二女子师范学校。春,重庆教育界多次召开各中小学校长会议,研究形势,筹商对策,制定严格教育的办学指南,企图整顿曾经被革命运动冲得七零八落的教育秩序。3 月,张闻天离开重庆第二女子师范学校。14 日,在全校师生大会上,蒙文通伯父蒙公甫当众挽留张闻天继续任教。7月10日，蒙文通致函章士钊。据此可知，蒙文通曾撰《五经通义疏证》，并欲撰《齐鲁学考》，然此二文今皆不见，或已失之南京沦陷。12月5日，章士钊复函蒙文通。上述蒙文通致章士钊函与章士钊复函以及后蒙文通所撰《议蜀学》皆刊于《甲寅周刊》第1卷第21期。

按：蒙文通致章士钊函曰：在昔汉唐开国，规模宏远，方百度之更新，乃汲汲然求遗书，征旧老，考正经义，论纂史籍，诚以丧乱之余，简编坠失，耆德凋谢，非殷勤搜讨，将道散学绝，文献无征，非得已也，则有孔颖达、贾公彦、姚思廉、李百药之伦，领袖群儒，被命删述，网罗旧闻，考论故实，千载之下，欲寻汉、晋师儒之绪论，六代治乱之所由者，靡不取资于是，其成功巨而嘉惠远，所系诚重也。有清之主中夏. 历年三百。其间老师硕儒所精心研索者，悉在六经传记，由唐、宋而反之汉、魏，而反之周、秦。孔广森、张惠言之流专门名家者，奚止数十？自虞翻、何休、贾、服、马、郑之学，下及六书谶纬，皆有专家为之董理。畅家法，明条例，钩深抉微，实能阐二千年来不传之坠绪；次焉者亦能疏证名物，发正训故，造述宏富，汁牛车，充栋宇，曾不足以喻其盛。然方其盛时，阮伯元已深以经说坠失为忧，此则《学海堂经解》之所由刻也。及二刘、梅、陈之在金陵，乃议分经作疏，以萃集众家，网罗放逸，由是以"正义"之学鸣者，自惠定宇以迄孙仲容，不下二十余家。鸿篇巨帙，搜罗富有，《仪礼》《周礼》《论语》《公羊》诸新疏，且欲驾唐疏而上，则可以为难也。惟作者宗旨各殊，义例不一，弹正删并，胥待校理。昔熊、皇、炫、焯之流，江南海北，造为义疏者，奚止百家？孔、贾据以撰述。至宋而邢昺、孙奭，被命校正，亦何莫非六朝旧文？今诚能修唐、宋故事，裁正新书，匡其违失，补所未备，以孔、张诸贤之精，刘、陈诸贤之博，隐括大义，删并繁文，协六经之异说，整百家之不齐，以恢弘道术，扶掖微学。至清代史录，其于文献所系实深，亦宜慎重成书，垂之永久，此皆百世不朽之业也。惟先生亮节雅才，宏通博物，久为士林宗仰，今既在位，自当高瞻远览，谋所建树，先发使巡访州郡，搜求岩野，博采图典，鸠聚散亡，然后礼致鸿儒，征其弟子，重修经疏，撰成清史，则贞观、皇祐岂得专美于前？方今内乱频仍，烽燧不熄，恐及今不图，淹迟岁时，师儒凋谢，简篇坠绝，虽欲为之而不能，事非深可惜哉！往昔张之洞尝欲检定《群经正义》，刊为一帙，诚亦此意。盖不得已而思其次也。诚能分庚款之一滴，征集图史，举此盛业，俾旧闻得有要束，新义自当勃然生之，揆之前代学术与兴替之迹，靡不皆然。今之倡言整理国故者，往往昧此而妄立科条，任意比附，此诚不知其本者也。苟于开馆征贤，今势有所不能，而搜采遗书，则未可再缓。先生惇悦艺文，重惜道术，将不菲弃刍言也。倘能进法石渠、白虎之盛，讲论异同，宗于一是，则事更优大，非敢望于今之儒者。惟就国立大学，别开经科，教授高材，俟之异日，或庶几耳。先生幸深察而熟衡之，延此绝学，其于吾国文献，所系宁浅末哉？通之企仰先生，自昔已久，往者得王恩洋书，言先生在海上见拙著《经学导言》，嘱以再易稿时送呈尊处刊布，益知前辈奖掖后进之殷，深为感佩！顾通之疏陋，何以堪兹？竟无师亦尝以易稿为言，良以《导言》义据犹昔，惟徒易其文词，则何足以言造述？当再博考精研，别为《齐鲁学考》，俾理证通洽，条例明豁，以踵《今古学考》之后，庶于道术斯有毫末之益。然其事优大，匪旦夕可期，箧中纂录，惟《五经通义疏证》一篇，略有端绪。盖刘向为鲁学大师，《通义》乃据石渠议奏而作，只辞碎义，颇有足以决嫌疑、辨犹豫者，虽钩沉索隐于散绝之余，而义实驾乎《白虎议奏》之上。昔儒以残文忽之，未为理董，马、黄辑本，缺略犹多，今为补其缺遗，略加疏释，惟未为定稿，不敢缮呈。往岁有与陈斠玄论《内学》一书，即拟补入《导言》为第四篇者。《议蜀学》一篇，则拟质之同志者。盖昔儒多宗古文，其究心今学者，往往徒骋浮辞，不精礼学，或至比附谶纬，为世诟病，不祛此惑，学何由明？此则通之所为发愤忧慨者也。（《章士钊全集》第五卷）

按：章士钊《答蒙文通》曰："蒙君巴蜀奇士，早惠鸿篇，先阻邮路，继淹积稿，直至今日，始得昭宣，愧荷！愧荷！疏经纂史，鄙志所存；开馆征书，亦非不办。然时局如斯。所谓高谈无所与陈，发义无所与展，吾则奈之何哉？"（《章士钊全集》第5卷）（参见王承军《蒙文通年谱长编》，中华书局2012年版）

向志均毕业于日本东京高等师范体育科，国立成都大学创设体育系，聘请向志均为教授兼体育系第一任主任，承担运动生理、体育概论、体育史、体育心理及田径、球类、游泳等教学任务。后又编译有《运动生理》《世界体育史》和《体育心理》等讲义。

姜亮夫继续在成都高等师范学校读书。2月，初识李劼人。暑假中，遍读三礼，至8月读毕《礼记》为止。9月，《昭通方言考》成，寄父亲求正。（参见林家骊《姜亮夫先生年谱简编》，《职大学报》2012年第4期）

黄侃1月4日阅《销毁抽毁书目·禁书总目·违碍书目·奏缴咨禁禁书目》毕。5日，从徐行可处借来《东方杂志》第21卷第20号，对其中所载吴敬恒《国音沿革序》提出批评。11日，撰《清国子监生陈君墓表》。2月1日，论假借转注："本无其字，始为假借。而本有其字者，亦蒙假借之名。声义相受，始为转注。而惟义互训者，亦蒙转注之名。"7—14日，取亚新社《中国历代疆域战争合图》与杨守敬《历代舆地险要图》对看。15日，近日阅地图完毕，搜集正史参考书目大体完备，开始治史。3月12日，孙中山逝世，黄侃赠挽联曰："洪以甲子灭，公以乙丑殂，六十年间成败异；生袭中山称，死傍孝陵葬，一匡天下古今同。"8月10日，黄侃与武昌师范大学校长石瑛发生冲突后遭到辞退，此事在教育界引起震动。21日，章炳麟致书吴承仕，谈黄侃近况。9月26日，黄侃离开武昌师范大学，就武昌中华大学之聘。同月，于黄鹤楼上欢宴章炳麟，又陪同章炳麟至湘，返经岳阳。9—10月，黄侃以《汉律考》赠但焘。12月2日，《申报》发表胡适《五十年来中国之文学（七）—章炳麟》，其中有云："有一个黄侃学得他的一点形式，但没有他那'先豫之以学'的内容，故终究只成了一种假古董。"黄侃弟子郑际旦来信，以胡适所谓"假古董"之辞见告，黄侃即复郑际旦信，与胡适展开伪古伪新之争。

按：黄侃致弟子郑际旦函曰："郑生大弟：昨示仆以胡适之在《申报》论近日文学，涉及于仆之辞，怪仆何以遂默默。年来闭户息纷，不观杂报，即以近日时事言之，除孙文死去，举国匈匈，仆无容不晓外，实一无所闻。藉非足下语我，虽使白首不闻胡君之教可也。胡君起自孤生，以致盛誉，久游外国，尚知读中国书，介固未尝不称道之；而品核古今，裁量人物，殆非所任。正使讥仆，亦何伤乎？而以默默为病耶？少违严父之教，幸为慈母、因母、嫡兄、寡姊所怜，得至成立。性气浮躁，不能潜心学问，徒恃灵明，弄笔骋辞，虽承师说，无所裨益。授书横序，尟有发明。斯不学之征，胡君论仆，自为知之不谬耳！人固有晚命，而仆自失供养以来，心事凄苦，无意问学。偶欲究声音训诂之条例，求汉世经师之家法，而闻见苦于未广，窃恐此生遂终废弃，上负在三之恩，胡君虽欲刻厉仆，其如驽骞之乘，无志千里何哉！仆闻衔䲹叫呼，悬旌自表者，非隋和之宝。仆之为文，诚'不豫之以学'，何可讳言！抑胡君以文变天下之俗，其自视学问果居何等耶？猥以'假古董'为诮，盖伪古伪新，其事均等。仆与胡君，分据两涂，各事百年，不亦可乎！仆非不能以恶声反诸胡君，窃见今之学者，为学穷于询骂，博物止于斗争，故耻之不为也。"

按：陈子展《中国近代文学之变迁·最近三十年中国文学史》曰："他写这封信，表面上似乎矜平躁释，不与人争；实则大有'心愤涌，笔手扰'之概。他说'伪古伪新，其事均等，分据两涂，各事百年'，这是他与胡适不相菲薄不相师的一种表示。"

黄侃12月22日有《上太炎先生书》，补证章太炎"夷齐出自鲜卑"之论。是年，居武昌，兼授武昌师范大学、中华大学两校课。所撰《文心雕龙札记》连载于《华国》月刊第2期第5、6、10册；叶德辉来信，道仰慕之忱，并赠《说文读若字考》；北京某报妄造黄侃谤章士钊之联语，故作《与章士钊书》辨之。后来章士钊就此回应道："北京自失季刚，士林为之黯淡。忽睹书来，诚庄生所见而喜者矣。联语愚固未寓目，有无都无关系。愚居北京，人且时时伪造部文，揭诸报端，号曰舆论，区区词翰等诸自郐，彼等方积邱山之毁，以销愚骨，季刚所称，又何啻一尘？微私人谤誉事人（小），斯文得丧事大。比来文坛芜秽，正议销亡。季刚文才，照耀天下，此间为其昔年都讲之地，何时北来，更树风声，所想望者，又宁止愚一人已也。"（参见司马朝军、王文晖《黄侃年谱》，湖北人民出版社2005年版）

郁达夫1月作杂文《骸骨迷恋者的独语》,严厉抨击近年来国学热,文中讥讽说:"近来国学昌明,旧书铺的黄纸大字本的木版书,同中头彩的彩票一样,骤涨了市价,却是一件可贺的喜事,不过我想这一种骸骨迷恋,和我的骸骨迷恋,是居于相反的地位。我只怕现代的国故整理者太把近人的'易厌'的'好奇'的心理看重了。"希望他们"不要把当初建设下来的注音字母打破,能根本的作他的整理国故的事业才好"。2月上旬,应国立武昌大学校长石瑛(石衡青)之请,离开北大,前往武昌担任武昌师范大学文科教授。当时张资平在该校任生物学教授。2月5日,翻译论文《生活与艺术》(上、下),载12—13日《晨报副镌》,文后有译者《书后》。4月10日,在《艺林旬刊》第1号发表《文学上的殉情主义》。5月初,与张资平及刚到达武昌的成仿吾共同商议脱离泰东书局,筹办"创造社出版部",并就地印刷章程,集筹股金。惟因股金计划太大,难以实施,未成。20日,在《晨报副镌·艺林旬刊》发表论文《诗的意义》。9月23日,作随笔《咒〈甲寅〉十四号的评新文学运动》,刊于10月31日《现代评论》第2卷第47期。先是《甲寅》第14号发表章士钊(署名孤桐)的《评新文学运动》,对胡适在武昌大学的讲演《新文学运动的意见》(载10月10日《晨报副刊》)提出批评,郁达夫特撰此文为其辩护,并逐一驳斥章士钊论点。10月17日,作《通信—说几句话》,信中针对有人说他不做文章是由于"缺少勇气""有了职业""有了钱"的原因予以辩驳。24日上午,访鲁迅。30日,在武昌大学《艺林》半月刊第19期发表《戏剧之一般概念》。11月,因石瑛辞去武昌师范大学之职而受牵连,加之学校国家主义派和守旧势力猖獗,不久亦被卸职返回上海。郁达夫返沪后,为复活创造社竭力奔波,计划在"创造社出版部"建立后,一面恢复《创造》和《洪水》等期刊,一面再编印一些文艺书籍。由于过度劳累,旧病复发,开始咯血。同月下旬,去杭州,回故乡富阳养病。(参见陈其强《郁达夫年谱》,浙江大学出版社1989年版)

董必武是年春按中共汉口地委和上级党组织的指示,正式离开武汉中学,专门从事党的工作和对国民党的统战工作。2月,得潘正道信,说刘湘相邀赴川,盼董必武同去。经与陈潭秋商议,认为此可以了解四川情况并和潘做此工作,就和潘同赴四川。在四川除会见刘湘外,曾与《新蜀报》编辑肖楚女会见。3月,为了解当时北方各派势力的动向,通过刘湘介绍,偕同潘正道北上。先后到北京、奉天。4月,在张家口会见了冯玉祥。按照党的指示,6月初由北京回武汉。7月15—20日,主持召开国民党湖北省第一次代表大会。大会听取了临时省执行委员会的报告,通过了大会宣言以及教育宣传、农民运动,工人运动、青年运动等决议案,选举了省执行委员会。董必武、陈潭秋、钱介磐、张国恩、蔡以忱,吴德峰等当选为执行委员。秋,开始筹办《楚光日报》,为解决经费、房舍、人员、纸张、印刷等问题多方奔走。12月29日,董必武出席中国国民党第二次全国代表大会代表谈话会,和邓颖超、陈其瑗、詹大悲等被推举为大会开会词草案审查委员会委员。(参见《董必武年谱》编辑组编《董必武年谱》,中央文献出版社1991年版)

邓初民到武汉任法科大学教务长,加入中国国民党,被选为湖北省党部执行委员兼青年部部长,参与领导湖北青年和学生运动。

许敦谷转至上海东方美术专科学校任教,专门教授油画、素描等课程。是年底应蒋南甫之邀,任武昌艺术专科学校教务长。

翦伯赞继续在美国加利福尼亚大学研读经济学。12月,因不满所学课程和种族歧视,离美回国。(参见张传玺《翦伯赞传》及附录张怡青《翦伯赞大事年表》,北京大学出版社1998年版)

段锡朋回国,任武昌大学教授、广东大学史学系主任。

刘大杰出版最初的短篇小说集《黄鹤楼头》。同时与胡云翼等人在武昌组织艺林社,创办文学刊物《艺林》。

凯丰在萍乡中学毕业,考入武昌高等师范。为抵制湖北的"反赤运动",撰写一篇关于武汉"反赤"情形的通讯,登在鲁迅主编的《莽原》上,署名"未名"。

成仿吾 3 月从长沙到武昌,同张资平、郁达夫相会,为筹备创造社出版部事宜,三人商议了几次。此间还同郁达夫谈论了筹办出版《创造月刊》的事。5 月 23 日晨,辞郁达夫,离武昌过江至汉口,返回长沙。9 月中上旬,《洪水》半月刊在上海复刊。15 日,作《今后的觉悟》,刊于《洪水》第 1 卷第 3 期,文章针对"文艺界的弊端",主张把"'五卅'不幸的狂风,做为一个起点,划一个新纪元""希望大家从此觉悟起来,想想以往的过失,决定今后的态度"。11 月 9 日,在长沙作《读章氏〈评新文学运动〉》,刊于《洪水》第 1 卷第 6 期,文章从事实与理论两方面批驳了章文的谬误,对胡适提倡新文学作了肯定,但对他提倡整理国故,则又给予了恰当的批评。是年,作《文化的进化》,刊《大公报》十周年纪念册;与郭沫若、郁达夫应东方艺术研究会之邀,担任文学讲座讲师。(参见张傲卉、宋彬玉《成仿吾年谱》,《东北师大学报》1985 年第 4 期)

徐特立 1 月初向长沙县教育会陈述长沙女子师范办学困难。22 日,受教育司委派,出任湖南省立第一女子师范学校校长,同时继续兼任私立长沙女子师范学校校长。月底,与在南京东南大学求学、为筹学费回长沙的周世钊长谈,聘周到省立第一女师任教,并委托他为学校到外地招聘教师。2 月 1 日,公布《整顿第一女师之计划》,称赞教务主任钟国陶、事务主任熊瑾玎均德才称位,强调校长是学校的核心,学校一切用人与课程,均由校长主张。该计划称,要从教员水平和考试考查两方面狠抓教学质量,从人格感化与规则生活两方面抓训育工作。7 月 1 日,与章仙麓等 120 余人开会,筹备成立长沙县教育界联合会。9 月 22 日,参加湖南省教育会筹备常年大会,被推为女子教育组干事。26 日,与湖南省立第一师范等三校校长联合发表《湘教育界电救被拘黄静源等》,申述安源所拘禁多名教员均系四校专心教育、向无越轨行为的毕业生,敦促释放。10 月 25 日上午 10 时至下午 4 时,组织召开长沙女子师范学校办学一周年纪念会。同月,反对长沙县县长周伯南决定恢复劝学所、撤销长沙县教育委员会的决定。12 月 15 日,参加省城公立学校校长联席会议,与黄士衡等被公推为代表赴教育司请愿,要求年关前发放两个月经费。次日,与各校校长齐往省长公署请愿。同月,向教育司提出"有北京之行",请求辞职,未获允。是年,在湖南省立第一女子师范写作"黑板诗",对学生施以"诗教"。(参见《徐特立年谱》编纂委员会编《徐特立年谱》,人民出版社 2017 年版)

杨东莼 4 月在《民铎》杂志第 6 卷第 4 期发表文章《实践理性批判梗概》。在《民铎》杂志第 6 卷第 10 期发表译文《康德之形式的合理主义》。夏,由于醴陵的国民党组织,是民国初年由同盟会分会改为国民党分部的,不久被袁世凯解散。中共醴陵特支根据党的"三大"实行国共合作,共产党以个人身份可以加入国民党的决定,帮助醴陵县建立了县党部,所有共产党员全都加入了国民党,并在开元学校召开了第二次代表大会,正式成立了国民党醴陵县党部,杨东莼担任第一届执行委员。秋,任长沙长郡中学教务主任时,由郭亮介绍第二次入党。12 月,在共产党人帮助下,国民党长沙市第一次代表大会召开,成立国民党长沙市党部。李亚农当选为市党部执委会常委,杨东莼担任执行委员。是年,因参加了改组后的国民党,通过何叔衡的介绍,兼任《国民日报》编辑。(参见周洪宇等《杨东莼大传》及附录《杨东莼生

平年表》，华中师范大学出版社2014年版）

李达仍在长沙。5月21日，在上海《民国日报》副刊《觉悟》发表《致友人论入社会学系事》。（参见宋俭、宋景明编《中国近代思想家文库·李达卷》附录《李达年谱简编》，中国人民大学出版社2015年版）

周世钊应徐特立聘，在湖南省立第一女子师范执教国文。

黄士衡任湖南长沙商业专门学校校长。

李剑农在湖南长沙创办晨光大学。

马一浮5月下旬至6月，应了悟禅师请，撰《虎跑定慧寺五百应真造象时刻后记》，记叙自品照住持至了悟住持，经过三代人20余年的努力才造成罗汉像之事。12月，取通志堂本《四书纂疏》供圣风书苑影印，撰《四书纂疏札记跋》，跋语云："为学必先治经，治经必先四书，读四书必以朱子《章句》《集注》为主，而用《论孟精义》《中庸辑略》《或问》《语类》参互寻译，然后知朱子下语精切，真字字称量而出，确乎其不可易也……学者欲通四书，其或于《精义》《辑略》《或问》《语类》不能备览，苟得赵氏《纂疏》而详究之，则于朱子之说，亦思过半矣。"同月，代张謇撰《汤蛰先先生家传》；复王育春（植坤）书，此前王育春寄来《周易周义》以求圣风书苑印行，马一浮复书和退原稿并指出其标题、画卦缘起等不足之处；与释肇庵唱和，作《兰亭》诗。

余绍宋任总编的《龙游县志》7月全部告竣，送京城印书局印行，凡42卷，分正志23卷，附志17卷，分有纪、考、表、传、丛载、掌故等几大类，共计120万字。被列为民国四大优秀方志之一，从而奠定了他在方志领域中的地位。梁启超为《龙游县志》作序，盛称"这是一次成功的志书修纂，越园之治学也，实事求是，无征不信，纯采科学家最严正之态度，剖析力极敏，组织力极强，故能驾驭其所得之正确资料，若金在炉、惟所铸焉"。

按：《龙游县志》始纂于1921年，余绍宋任总编，祝康祺为副总编，历时四年告竣，为学界所称许，但也有不同意见，傅振伦在《中国方志学通论》一书中则认为"梁氏之言，实属妄誉溢美之词"，该志"不仅不能贯彻自定体例"，而且存在六大缺点，"仅可说是一邑文献的私家杂记，既未实地调查，不合现实，谈不上有裨实用的地方志书"。（参见王学典《20世纪史学编年（1900—1949）》，商务印书馆2014年版）

朱谦之5月辞去厦门大学的教职，与杨没累隐居杭州西湖，门对宋诗人林和靖的故居，实践恋爱至上的唯情生活。杨没累研究《中国乐律学史》，朱谦之研究《中国音乐文学史》。8月，所著《音乐的文学小史》由上海泰东书局出版。（参见黄夏年编《中国近代思想家文库·朱谦之卷》及附录《朱谦之年谱简编》，中国人民大学出版社2015年版）

丁求真任浙江医学专门学校校长。

常书鸿任浙江省立工业专科学校美术教员。

刘英士从美国哥伦比亚大学毕业回国，任杭州《民国日报》主笔。

蔡文镛、李篆卿、郁佐梅、倪志方、余辛甫、李明庚、朱仲益、姚原逢、李瘿梅、郁世烈、郁佐皋、姚允之、江树霖、顾我权、冯焕成、梅卓然、朱景舒、袁长康、李彝士、徐石年、沈德镛等21人8月15日在浙江嘉善西园之听涛轩举行第一次雅集，成立胥社，社长为江雪塍。

王任叔在浙江奉化中学任教务主任，主编剡社月刊《新奉化》。曾向郑振铎要语文教员，郑振铎推荐了许杰。后许杰因故未去，郑振铎又写介绍信推荐王以仁去。（参见陈福康《郑振铎年谱》，三晋出版社2008年版）

汪仰真、张贻毅、吴野洲、孙月庵、张泰然、钮秋江、周承峰、程晓硕、沈少畦等在吴兴发起成立盛泽红梨金石书画会。

刘奎龄携子刘继卣出游江南写生,并会见日本画家横山大观。作《仿郎世宁天真烂漫图》《仿沈铨花团锦簇图》《仿沈铨凤凰图》等。

太虚在江西庐山针对欧阳竟无判法相、唯识为二宗的观点,作《法相必宗唯识》之讲演,内院《内学》第2集遂发表欧阳竟无的旧作《摄论大意》以作答。太虚见此文后,又作《再论法相必宗唯识》以破之,争论不果。冬,任我国佛教界组织中华佛教代表团出席在日本召开的东亚佛教大会团长,率团赴日出席。(参见释印顺编著《太虚法师年谱》,宗教文化出版社1995年版;于凌波《中国近现代佛教人物志》,宗教文化出版社1995年版)

方志敏当选为国民党江西省党部执行委员兼农民部部长。回弋阳创建中共漆工镇小组,组织"弋阳青年社",出版《寸铁》旬刊,建立农民协会,领导农民运动。

林文庆继续任厦门大学校长。6月,师生掀起抗议"五卅"惨案的爱国运动。在6月6日全市民众集会上,罗扬才代表厦大学生发表演说。12月中旬,生物院、理化院及笃行、博学、兼爱等楼相继竣工,第二批新校舍宣告落成。12月26日,林文庆校长启程赴新加坡与陈嘉庚商讨校务,校长职务由理科主任刘树杞代拆代行。(参见洪永宏编著《厦门大学校史》(第一卷),厦门大学出版社1990年版)

胡一川入厦门集美师范学校,从张书学中国画。

赵树理入山西省立长治第四师范学校学习。

马松亭在山东济南穆家东门清真寺创办成达师范,1941年更名为国立成达师范学校。

林群贤任《泗水之声》编辑,旋任泗水《新直报》主编。

柳诒徵3月1日在《史地学报》第3卷第5期发表《〈中国史研究论文集〉序》,提出"欲治史学,必先读史,读之如肉贯串,然后可言改革"。同期还刊载了汪章才《周代丧制概略》、李长傅《志西沙群岛》等文。同月,柳诒徵以东南大学发生更易校长风潮,以校局势前途混沌,愤然辞去职务。夏,柳诒徵举宅返回镇江,子女均由南京转学苏州。6月,赴沈阳任东北大学教授,与弟子郭斌龢、缪凤林、景昌极为同事。是年,迁居镇江麒麟巷6号。为黄绍箕代撰《中国教育史》出版,所著《中国文化史》连载于《学衡》(至1928年)。论著《历史之知识》《中国文化史绪论》刊于《史地学报》,而《王玄策事辑》《罪言(一)》《学潮征故》《自立与他立》《正政》《说酒》《唐初兵数考》《致知》《反本》《解蔽》《墨化》《先姊事略》《祭妹文》《述社》刊于《学衡》。(参见孙文阁、张笑天编《中国近代思想家文库·张尔田、柳诒徵卷》及附录《柳诒徵年谱简编》,中国人民大学出版社2015年版)

楚图南5月在《校刊》第53期发表《介绍一个真正的"革命"运动》。6月,在《校刊》第57期发表《上海外国人惨杀中国人事件》。10月,在省立一中国庆纪念会上演讲,题为《革命未成功的事业》。11月,接到中共北方区委和李大钊的通知,到北京接受任务。12月到北京,向李大钊汇报了在昆明的工作情况,李大钊对他说:东北很需要人去工作,你可以利用教员身份,多接触青年学生,团结文化教育界人士,到的学校越多越好,接触的学生越多越好,宣传马克思主义,宣传社会主义,宣传十月革命的胜利,不断扩大党的影响。在工作上,"广种薄收";在做法上,根据不同情况,灵活运用不同的策略。年底,抵达哈尔滨,与哈尔滨地委书记吴丽石接上头,并担任党的宣传工作。(参见楚麻星编著《楚图南年谱》,群众出版社2008年版)

范腾霄任东北海军学校教育长。

李仪祉兼任国立西北大学校长,倡设陕西古物保管会,并完成引泾灌溉工程泾惠渠设计方案。

王凤仪被李仪祉聘为西北大学教务长，年底代理校长。

蔡元培年初与夫人周养浩继续在汉堡大学研习，蔡元培集中时间和精力，从事民族学的研究。1 月 14 日，蔡元培 59 岁生日，口占二绝："我有童心欲忘年，承卿点缀亦欣然。祝余老寿逾康德，团聚还当六十年。""上寿百年有二十，今方踽踽半途来。若参世界长期史，我是婴儿犹未孩。"3 月 31 日，复蒋梦麟 2 月 26 日函，谓 5 月间必不能即行，恐须至 8、9 月间回国。同月，为孙中山逝世撰写祭文及挽联。

> 按：蔡元培撰挽孙中山联曰："是中国自由神，三民五权，推翻历史数千年专制之局；愿吾侪后死者，齐心协力，完成先生一二件未竟之功。"撰祭孙中山文曰："呜呼！先生生于世者六十年，而奔走革命者四十载。其机动于救人，其效极乎博爱。至大至刚，充塞宇内。百折不挠，有进无退。革命垂成，百废俱兴。方欣日月之朗曜，遽痛山冢之猝崩。晚进之士，何诉何承？譬若楼船之失舵，亦如暗室之无灯。所可稍慰者，遗言具在，有赫然之典型。所应自励者，一致奋斗，将继先生之志以有成。凡先生之所诏示，至大如《建国方略》，至高如《三民主义》，无不以学术为基础，而予吾人以应出之途程。尤扼要者，谓革命之根本，在求学问之深且闳。所宜服膺勿失，刻苦砥砺，以共策夫科学之发荣。兹当国葬大典，敬献香花一束，表明德之芳馨。佐以清樽，湛然醳醽。呜呼！有尽者言词，不尽者伊怨凄楚之情。灵爽匪遥，鉴此精诚。"（《总理哀思录》）

蔡元培 4 月 3 日应世界学生基督教联合会（World's Student Christian Federation）之请，撰《中国现代大学观念及教育趋向》一文，由陈剑脩译为英文。4 月 12 日下午 3 时，英国各界华人在驻英中国使馆举行孙中山先生追悼会，蔡元培由汉堡专程前往伦敦，在会上致悼词，着重指出"我们所信仰所敬爱的，不是孙先生的体魄，而是孙先生的精神"，"将来终有一日，把孙先生所提出的三民主义完全实现。那就我们现在的追悼会，也未尝不可算是孙先生复活节了"。4 月 16 日，劳君展与许德珩在巴黎结婚，蔡元培由伦敦回汉堡时，途经巴黎，为他们主婚。19 日，法国里昂市各界华人及法国友好人士举行孙中山先生追悼会，蔡元培因忙于研究，未能专程前往参加，特赶写《孙逸仙先生传略》一篇，寄给该会，由里昂中法大学秘书刘厚代为宣读，并口译为法文。24 日，蔡元培致函吴稚晖，请其为章桐（张竞生笔名）译卢骚《忏悔录》作序。同月，蔡元培为樊炳清编《哲学辞典》与章桐译卢骚《忏悔录》作序。6 月 17 日，北大全体教职员组织沪案后援会，发来一电。24 日，蔡元培复"北京大学并转全国各团体"电，本日刊于《北京大学日刊》。

> 按：蔡元培复电曰："自主运动，深以不克躬与为憾。间闻过激，颇滋疑虑。请纯用不合作主义促对方反省。全国一致宣言，尊重外人生命财产。要求政府宣告列强，指明此次冲突，实为外国行政机关及其他（不）平等制度在华不能相安之铁证，应即废止，应特派全权专使另订平等新约，并对于此役牺牲者有相当赔偿。言论上务以平等、公道为标帜，避去偏激名词。"

蔡元培 7 月 25 日向世界教育会联合会第二次大会提交《中国教育的历史与现状》的演说稿，由陈剑脩译为英文，并由陈在本日全体会议上代为宣读。

> 按：世界教育会联合会首届大会于 7 月 20—28 日在苏格兰爱丁堡举行，46 国代表约千人出席，中华教育改进社和全国教育会联合会代表蔡元培、郭秉文、凌冰、黄建中、陈实谔、王志莘等出席大会。会议通过关于初期教育、小学教育、中等教育、高等教育、卫生教育、培养师资、不识字人民教育、德性教育、国际亲善等方面的议案 21 案。我国代表向大会提交《中国教育概况》《中国平民教育》等印刷品多种。

蔡元培 7 月在汉堡撰《为国内反对英日风潮敬告列强》一文，译成英、法、德文分别在欧洲各报发表，澄清"五卅"运动真相。8 月 10 日，撰写《巴黎万国美术工艺博览会中国会场陈列品目录序》。8月18日,中华教育改进社在太原举行第四届年会,通过组织筹备全国美术展览会委员会,推蔡元培、刘海粟、王济远、李毅士、钱稻孙等为委员。10月4日,为刘半农编《敦煌缀琐》撰序。(以上参见高平叔编著《蔡元培年谱长编》,人民教育出版社1996年版)

王光祈3月19日在柏林完成《西洋制谱学提要》。4月,撰成《阳调与阴调》,载《音乐季刊》第5期。5月,王光祈在柏林完成《各国国歌评述》一书。同月16日,在《醒狮》周报"海外通讯栏"发表《国人能力破产之可惊》。8月,王光祈在柏林完成《对谱音乐》一书。同月31日,王光祈在柏林致书"少年中国学会"同志,附《王光祈对于会事进行意见书》。

按:在意见书中认为:"若要打倒国内军阀之专横,须养成民众实力,所以我们应该先从事民众教育的实施。若要抵抗外国帝国主义之侵略,须促成东方民族之团结,所以我们应该先从东方民族联络入手。若要使中国民族有独立自尊精神,必须先养成民族文化以为其中心思想,所以我们应该努力研究学术。"他提议学会内部宜分三股进行:一、民众教育实施股,二、东方民族联络股,三、专门学术研究股。

王光祈11月在柏林完成《东方民族之音乐》一书。此书以英国人A.J.ELLIS所著关于比较音乐学的书籍为准,博采中国、德国、法国各种资料加以扩大和充实。特别详尽地收罗了亚洲各民族的音乐,加以比较研究。其体裁均先论乐制,后举作品。他在自序中说:"我希望此书出版后,能引起一部分中国同志去研究'比较音乐学'的兴趣,若有人能作比较深的研究,则吾此书价值,最多只能当作一本'三字经'而已。"是年,王光祈用德文写成《中国的音律体系》。(参见四川音乐学院、成都市温江区人民政府编《王光祈文集》,巴蜀书社2009年版)

许地山继续在牛津大学从事研究工作。终日读书于波得林图书馆、印度学院、阿克关屋(社会人类学讲室)以及曼斯菲尔学院,说不上三句话便要引经据典。同学们都戏称之为"牛津书虫"。后许地山有一篇未完成之散文《东归闲话》,其中便有"牛津的书虫"一节。6月,散文小品集《空山灵雨》(落华生散记之一)由商务印书馆出版,收作品44篇,被列为"文学研究会丛书"。7月10日,在《小说月报》第16卷第7号发表论文《中国文学所受的印度伊兰文学的影响》。是年,为挚友郑振铎写作《中国俗文学史》搜集有关敦煌风俗的文学资料。因博物馆禁止笔录,便常于馆内心记默诵,出馆后再一字一句回忆、记录下来。12月,在英国牛津印度学院完成长篇论文《梵剧体例及其在汉剧上底点点滴滴》,论及中国古典戏剧受到印度文学的影响。该文得到郑振铎的帮助。郑振铎为他搜集了不少中国古籍上的材料(许地山要求郑振铎帮助的信的片断曾发表于本年7月10日《小说月报》第16卷第7期),并为该文作了修订,后郑振铎把该文发表于1927年6月《小说月报》第17卷号外《中国文学研究专号》(上)。(参见周俟松原著、王盛修订《许地山年表》(上),《世界华文文学论坛》1992年第2期;于凌波《中国近现代佛教人物志》,宗教文化出版社1995年版;陈福康《郑振铎年谱》,三晋出版社2008年版)

罗家伦转入法国巴黎大学,主修科目仍为哲学、历史,并曾前往英国搜集近代中国史料。"五卅"运动后,赴英国参与"中国问询部"工作,拟订《中国问询部说明计划书》,油印传单,发起抗议。8月,返回巴黎继续学业。(参见刘维开《罗家伦先生年谱》,中国国民党中央委员会党史委员会1996版;张晓京编《中国近代思想家文库·罗家伦卷》及附《罗家伦年谱简编》,中国人民大学出版社1015年版)

金岳霖是年继续在法国观游。11月,离欧回国。秦丽莲小姐随之。秦小姐主张不结婚,但对中国家庭生活有兴趣,想在其中体验生活。(参见王中江编《中国近代思想家文库·金岳霖卷》附录《金岳霖年谱简编》,中国人民大学出版社2015年版)

傅斯年在柏林大学继续攻读,选修课程统计或然率和梵文入门。(参见欧阳哲生编《中国

近代思想家文库·傅斯年卷》附录《傅斯年年谱简编》，中国人民大学出版社 2015 年版）

老舍继续在英国伦敦大学东方学院任华语教员，业余时间进行文学创作，完成了第一部长篇小说《老张的哲学》，并在许地山的鼓励下，向国内投稿。（参见甘海岚编《老舍年谱》，书目文献出版社 1989 年版）

陈序经 1 月 1 日在《复旦》第 1 卷第 1 期发表《进化的程序》一文。7 月 1 日，获复旦大学学士学位。已对主权观念甚有兴趣。同日，在《复旦》第 1 卷第 2 期发表《贫穷的研究》一文。8 月 5 日，按其父意愿由沪出洋留学美国伊利诺伊大学，攻读政治学、社会学。（参见田彩编《中国近代思想家文库·陈序经卷》及附录《陈序经年谱简编》，中国人民大学出版社 2014 年版）

潘光旦 3 月为中国留学生举行的孙中山先生追悼会英译孙中山遗嘱，又与朋友合作英译《中国国民党第一次全国代表大会宣言》。孙中山遗嘱译本的遣词造句典雅精炼，令过目者难忘。9 月，入纽约哥伦比亚大学学习生物学。（参见吕文浩编《中国近代思想家文库·潘光旦卷》及附录《潘光旦年谱简编》，中国人民大学出版社 2015 年版）

吴耀宗 6 月 5 日参加哥伦比亚大学学生讨论会，声援"五卅"惨案受害者。9 月，妻子杨素兰自费赴美国留学，进入哲吾神学院（Drew Theological Seminary）学习。（参见赵晓阳编《中国近代思想家文库·吴耀宗卷》附录《吴耀宗年谱简编》，中国人民大学出版社 2015 年版）

胡汉民 3 月 14 日向前方将领通电孙中山逝世。6 月，平定刘振寰、杨希闵叛乱。7 月 1 日，国民政府成立，任外交部长，卸代理大元帅及广东省长职。8 月 25 日，住宅被军队包围，避居黄埔。9 月 22 日，离粤赴俄。抵莫斯科后，受到隆重欢迎。11 月，在《真理报》发表《苏俄十月革命的感想》。访苏期间，在《前进报》发表文章，称赞苏联与列宁。11 月 25 日，致电汪精卫，谴责"西山会议"。（参见陈红民、方勇编《中国近代思想家文库·胡汉民卷》及附录《胡汉民年谱简编》，中国人民大学出版社 2015 年版）

辜鸿铭 4 月下旬再度应邀赴日。5 月，讲学于日本东北五县。是月，张作霖来函请他回国做顾问。6 月，回东北一趟。7 月，返日，在日本发表《政治和社会的道德基础》《中国文明的真正价值》《中国古典的真精神》《什么是民主》《告研究中国文化的欧美人》《纲常名教定国论》等演说和论文。12 月初，美国《当代》杂志转登法国《争辩日报》连载他的《中国人精神的自我解释》一文。是年，日本大东文化协会编辑出版《辜鸿铭讲演集》。（参见黄兴涛编《中国近代思想家文库·辜鸿铭卷》附录《辜鸿铭年谱简编》，中国人民大学出版社 2015 年版）

美国司徒雷登继续任燕京大学校务长。燕大文学会同学排演洪深翻译改编、英作家王尔德著《少奶奶的扇子》，冲破校方阻拦，在京协和医院大礼堂公演。夏，司徒雷登第四次赴美，接洽与哈佛大学合作事。秋后返华。秋，协和医学校停办医预科，将预科学生全部归燕京，因燕京新建筑推迟竣工，未能依原定时期迁入，暂仍在协和教室上课。教员稍有更动。6 月 2 日，决定 1926 年为燕京年。同日，召开全校学生大会，成立"燕京沪案后援会"。15 日，规定招硕士生的条件。6 月 24 日，刘谦初作为北京各校学生沪案后援会总代表之一，向北洋军阀执政外交总长沈瑞麟、陆军总长吴光新当面质询政府态度和外交情况。林其煜时为汇文中学代表，也参与此事。9 月 26 日，张放向新同学介绍本校组织：校长：司徒雷登；副校长：路思；宗教学院：刘廷芳；华文学院：博晨光；男校文理科：洪煨莲；女校文理科：费宾闺臣；董事会：纽约理事会。12 月，决定学校英文名用 Yenching University。新到教员：冯友兰（哲学）、陶孟和（社会）。校友为筑校友门发起募捐。（参见张玮瑛、王百强、钱辛波主编《燕京大学史稿》，北京人民中国出版社 2000 年版）

美国柏克赫司特女士为最早创试道尔顿制者。7 月 14 日，应邀来我国讲演道尔顿制。

自 1922 年上海吴淞中国公学中学部试行道尔顿制以来,至是月,全国约有 100 所中小学试行道尔顿制,报刊发表有关论文约 150 篇,出版了有关著作、译著、试验报告等 17 册。再至 30 年代,我国试行道尔顿制的学校日少。(参见中央教育科学研究所编《中国现代教育大事记 1919—1949》,教育科学出版社 1988 年版)

瑞典考古学家安特生著、乐森浔译《甘肃考古记》6 月由农商部地质调查所出版。是书系作者对西北地区进行考古调查和小规模发掘的报告,农商部地质调查所将其作为《地质专报》甲种第 5 号出版。附甘肃史前人种说略。该书将甘肃青海两省的史前文化分为六期,即齐家—仰韶—马厂—辛店—寺洼—沙井,亦即仰韶文化"六期说"。齐家文化时代最早,大约开始于公元前 2500 年,齐家文化之后每一期递减 500 年。

按:由仰韶村的彩陶提出了"彩陶文化"的概念,并提出仰韶文化"六期说",被称为"仰韶文化之父",也曾被骂作"殖民主义和帝国主义的帮凶",但最终还是回归为一位成就卓著的学者。其仰韶文化"六期说"引起较大争论,梁思永、尹达、夏鼐、裴文中等先后对其进行了商榷。尤其是 1945 年 5 月夏霜在甘肃宁定县半山区阳洼湾发现了两家齐家墓葬,从陶片出土的位置否定了齐家期的领先地位,准确无误地证明了安特生把齐家文化当成仰韶文化第一期的错误。(参见中国大百科全书总编辑委员会《中国大百科全书·考古学》,中国大百科全书出版社 2002 年版;王学典《20 世纪史学编年(1900—1949)》,商务印书馆 2014 年版)

瑞典阿尔纳著、乐森浔译《河南石器时代之着色陶器》由农商部地质调查所出版。安特生在仰韶文化诸遗址发掘结束后,将部分彩陶与相关资料寄至瑞典,交由考古学家阿尔纳(Ture Algot Johnsson Arne)作进一步研究。阿尔纳在《河南石器时代之着色陶器》一文中进而将仰韶村等遗址出土的这类彩陶纹饰名之为"真螺旋纹"。

法国汉学家伯希和是年受北京大学研究所国学门委托,在亚洲学会会议上介绍国学门的概况。在伯希和建议下,亚洲学会允诺把该会出版的《亚洲学报》与国学门的《国学季刊》作为交换刊物。是年,伯希和又受法国远东学院及北大国学门两个机构共同委托,代表它们出席在埃及开罗召开的万国地理学会,并在会上代表国学门向与会代表致意。(参见王学典《20 世纪史学编年(1900—1949)》,商务印书馆 2014 年版)

美国中亚探险队考古学主任纳尔逊自是年至次年调查长江三峡地区的史前遗迹。(参见中国大百科全书总编辑委员会《中国大百科全书·考古学》,中国大百科全书出版社 2002 年版)

日本学者小畑薰良约于 10 月到北京。小畑薰良时任日本第一份具有学术价值刊物《改造》杂志的主笔,他到北京的目的是收集中国新文学代表作,然后译成日文,为《改造》出版一期中国专号。此举被认为是中日新文学的第一次合作。(参见闻黎明、侯菊坤《闻一多年谱长编》(增订版),上海交通大学出版社 2014 年版)

三、学术论文

胡适《戴东原的哲学》刊于《国立北京大学国学季刊》第 2 卷第 1 号。

魏建功《戴东原年谱》刊于《国立北京大学国学季刊》第 2 卷第 1 号。

容肇祖《戴震说的理及求理的方法》刊于《国立北京大学国学季刊》第 2 卷第 1 号。

郑宾于、陈垣《一句成语在元曲中之发现并质疑》刊于《北京大学国学门周刊》第 2 卷第 1 期。

郑宾于《孟姜女在元曲选中的传说》刊于《北京大学国学门周刊》第 2 卷第 2 期。

商承祚《殷墟文字考》刊于《国学丛刊(南京)》第 2 卷第 4 期。

唐圭璋《三百篇修词之研究》刊于《国学丛刊(南京)》第 2 卷第 4 期。

徐家齐《三百篇用韵之研究》刊于《国学丛刊(南京)》第 2 卷第 4 期。

胡光炜《离骚文例》刊于《国学丛刊(南京)》第 2 卷第 4 期。

刘师培《吕氏春秋高注校义后序》刊于《国学丛刊(南京)》第 2 卷第 4 期。

陈钟凡《论汉魏以来迄隋唐古诗》刊于《国学丛刊(南京)》第 2 卷第 4 期。

李冰若《书文心雕龙明诗篇后》刊于《国学丛刊(南京)》第 2 卷第 4 期。

黎群铎《晦庵学说平议》刊于《国学丛刊(南京)》第 2 卷第 4 期。

杨筠如《伊川学说研究》刊于《国学丛刊(南京)》第 2 卷第 4 期。

王国维《水经注跋尾》刊于《清华学报》第 2 卷第 1 期。

查修《中文书籍分类法商榷》刊于《清华学报》第 2 卷第 1 期。

陈文波《中国古代跳舞史》刊于《清华学报》第 2 卷第 1 期。

马寅初讲,金嘉斐记《中国预算之缺点》刊于《清华学报》第 2 卷第 1 期。

A. C. Moule 著,张荫麟译《宋燕肃吴景仁指南车造法考》刊于《清华学报》第 2 卷第 1 期。

宋春舫《象征主义 Le Symbolisme》刊于《清华学报》第 2 卷第 1 期。

梁启超《中国奴隶制度》刊于《清华学报》第 2 卷第 2 期。

陆懋德《中国经书之分析》刊于《清华学报》第 2 卷第 2 期。

刘盼遂《唐写本世说新书跋尾》刊于《清华学报》第 2 卷第 2 期。

蒋廷黻《现今史家的制度改革观》刊于《清华学报》第 2 卷第 2 期。

李俨《梅文鼎年谱》刊于《清华学报》第 2 卷第 2 期。

刘盼遂《唐写本〈世说新书〉跋尾》刊于《清华学报》第 2 卷第 2 期。

刘盼遂《〈世说新语〉校读》刊于《清华学报》第 2 卷第 2 期。

开明《读"目连戏"》刊于《语丝》第 15 期。

但焘《学校大法论》刊于《华国月刊》第 2 期第 3 册。

唐大圆《佛化之新对治》刊于《华国月刊》第 2 期第 3 册。

章炳麟《致知格物正义》刊于《华国月刊》第 2 期第 3 册。

章炳麟《康成子雍为宋明心学导师说》刊于《华国月刊》第 2 期第 3 册。

吴承仕《唐写本尚书舜典释文笺》刊于《华国月刊》第 2 期第 3 册。

章炳麟《与吴承仕论满洲旧事书》刊于《华国月刊》第 2 期第 3 册。

刘念亲《荀子正名篇诂释》刊于《华国月刊》第 2 期第 3 册。

但焘《刑律平议》刊于《华国月刊》第 2 期第 3 册。

唐大圆《佛学丛论》刊于《华国月刊》第 2 期第 3 册。

言启方《明余杂咏》刊于《华国月刊》第 2 期第 3 册。

寄生《铅椠余录》刊于《华国月刊》第 2 期第 3 册。

但焘《纲纪篇》刊于《华国月刊》第 2 期第 4 册。

唐大圆《人群须速普及佛化之建议》刊于《华国月刊》第 2 期第 4 册。

章炳麟《与吴承仕论三体石经书》刊于《华国月刊》第 2 期第 4 册。

吴承仕《唐写本尚书舜典释文笺》刊于《华国月刊》第 2 期第 4 册。

钟歆《词言通释》刊于《华国月刊》第 2 期第 4 册。

唐大圆《佛学丛论》刊于《华国月刊》第 2 期第 4 册。

但焘《自由新诠》刊于《华国月刊》第 2 期第 5 册。

章炳麟《铜器铁器变迁考》刊于《华国月刊》第 2 期第 5 册。

黄侃《六祝斋日记》刊于《华国月刊》第 2 期第 5 册。

王有宗《群经论略》刊于《华国月刊》第 2 期第 5 册。

刘念亲《荀子正名篇诂释》刊于《华国月刊》第 2 期第 5 册。

黄侃《文心雕龙札记》刊于《华国月刊》第 2 期第 5 册。

桂步阶《刚痉柔痉说》刊于《华国月刊》第 2 期第 5 册。

但焘《法学卮言》刊于《华国月刊》第 2 期第 5 册。

但焘《原忠》刊于《华国月刊》第 2 期第 6 册。

章炳麟《与吴承仕论尚书古今文书》刊于《华国月刊》第 2 期第 6 册。

尤程镳《师许斋经义偶钞》刊于《华国月刊》第 2 期第 6 册。

洪瑞钊《论鱼虞模古读侈音与汪先生书》刊于《华国月刊》第 2 期第 6 册。

黄侃《文心雕龙札记》刊于《华国月刊》第 2 期第 6 册。

但焘《限田均田制度论》刊于《华国月刊》第 2 期第 6 册。

唐大圆《释景幼南见相别种未释之疑》刊于《华国月刊》第 2 期第 6 册。

容菴《孤臣述》刊于《华国月刊》第 2 期第 6 册。

寄生《铅椠余录》刊于《华国月刊》第 2 期第 6 册。

但焘《中夏代议制度论》刊于《华国月刊》第 2 期第 7 册。

章炳麟《与吴承仕论尚书古今文书(续)》刊于《华国月刊》第 2 期第 7 册。

吴承仕《尚书传王孔异同考》刊于《华国月刊》第 2 期第 7 册。

钟歆《词言通释卷六》刊于《华国月刊》第 2 期第 7 册。

洪瑞钊《再论鱼虞模古读侈音与汪先生书》刊于《华国月刊》第 2 期第 7 册。

刘念亲《荀子正名篇诂释》刊于《华国月刊》第 2 期第 7 册。

唐大圆《佛学丛论》刊于《华国月刊》第 2 期第 7 册。

古直《述酒诗笺》刊于《华国月刊》第 2 期第 7 册。

但焘《法学卮言》刊于《华国月刊》第 2 期第 7 册。

但焘《租借地与居留地论》刊于《华国月刊》第 2 期第 8 册。

章炳麟《读论语小记》刊于《华国月刊》第 2 期第 8 册。

尤程镳《师许斋经义偶钞》刊于《华国月刊》第 2 期第 8 册。

黄侃《六祝斋日记》刊于《华国月刊》第 2 期第 8 册。

罗运贤《老子余谊》刊于《华国月刊》第 2 期第 8 册。

唐大圆《佛学丛论》刊于《华国月刊》第 2 期第 8 册。

章炳麟《夏布说》刊于《华国月刊》第 2 期第 8 册。

但焘《唐人诗谏论》刊于《华国月刊》第 2 期第 9 册。

章炳麟《伯夷叔斋种族考》刊于《华国月刊》第 2 期第 9 册。

汪荣宝《论阿字长短音答太炎》刊于《华国月刊》第 2 期第 9 册。

吴翊寅《唐节度使建置分并考》刊于《华国月刊》第2期第9册。

刘念亲《荀子正名篇诂释》刊于《华国月刊》第2期第9册。

唐大圆《平心之论》刊于《华国月刊》第2期第9册。

吴梅《朝野新声太平乐府校勘记》刊于《华国月刊》第2期第9册。

太虚《我之宗教观》刊于《华国月刊》第2期第10册。

章炳麟《疏证古文八事》刊于《华国月刊》第2期第10册。

尤程镛《师许斋经义偶钞》刊于《华国月刊》第2期第10册。

吴承仕《尚书传王孔异同考》刊于《华国月刊》第2期第10册。

宋慈袌《吕氏春秋补正》刊于《华国月刊》第2期第10册。

黄侃《文心雕龙札记》刊于《华国月刊》第2期第10册。

刘绍宽《鞠躬易拜议》刊于《华国月刊》第2期第10册。

吴梅《朝野新声太平乐府校勘记》刊于《华国月刊》第2期第10册。

寄生《铅椠余录》刊于《华国月刊》第2期第10册。

胡先骕《东南大学与政党》刊于《东南论衡》第1卷第1期。

按：《东南大学与政党》一文对郭秉文校长治校予以称颂，对各派政治势力予以批评，曰："东南大学与政党素不发生关系，言论思想至为自由，教职员中亦无党派地域之别。言留学所在国，则英、美、德、法、日本；言省籍，则苏、浙、皖、赣、湘、鄂、黔、川、闽、广、直、豫；言个人所隶属或接近之党，则国民党、研究系、国家主义派、社会党，而要以鄙视一切政党，态度超然，纯以研究学问为事者居多；言宗教则孔教、佛教、基督教，与不信一切宗教者。故梁任公可来校演讲，江亢虎可来校演讲，孙哲生与广东外交团亦可来校演讲。惟政党色彩过重之组织，如张君劢之欲以自治学院附设于东南大学，则刘伯明博士绝对拒之焉。自易长风潮发生，外间攻击郭秉文校长者，谓彼接纳军阀，又认郭为研究系，此乃最不平之事。郭氏为事业家，以成功为目的。对学术政治无一定之主张，此固其大缺点，然在军阀统治之下，欲求学校经济之发展，对于军阀政客与所谓之名人，势不得不与之周旋，否则必须效法北京大学，日以闹风潮为事，行同痞棍，使军阀政客名人反须与之周旋，此固亦自存之道。然学生之学业休矣。然即以北京大学之威，亦不敢不请张学良演讲焉。予为对于郭校长治校政策向表不满之人。即因其缺大学校长之度，无教育家之目光，但以成功为目的。然退一步论之，处今日人欲横流道德颓落之世责人过昔，亦非所宜。统观今日之大学校长，自蔡孑民以下能胜于郭氏者又有几人乎？然郭氏任内一方请梁任公演讲，一方学衡社同人即批评戊戌党人；一方请江亢虎演讲，一方杨杏佛即与之笔战。大学言论自由，亦不过如此而已。至谓某为校长某为教授，某与某政党关系如何，此何足问，但问东南大学是否受此种政党之影响？是否能保持其固有之超然学风耳！不得便谓惟国民党人可任东南大学校长与教授，凡非国民党人即应在摒除之列；不得便谓惟国民党或共产党人可保持其信仰，发表其言论，非国民党非共产党人即当钳口结舌，噤若寒蝉也。环顾国内，惟东南大学为不受政治影响专事研究学术之机关，奈何迭次攻击，必甘心而后已。既取我子，复毁我室，必欲使域内无一块干净土，学子无一读书之所哉。"

胡先骕《学阀之罪恶》刊于《东南论衡》第1卷第6期。

按：此文将社会新思潮引起的混乱归结于学阀"四罪"，并对新文化运动发起者胡适、陈独秀大加抨击，曰：阀至不详之名词也。阀之初义为阀阅之家。盖指贵仕未门而言，引而申之而附以恶义，乃重谓凭父兄之荫，不劳而食，擅作威福，欺压良贱之贵族。更引而申之，则凡一种人以其朋比之势力，不遵社会中正生活之轨范，以暴力或机诈，巧取豪夺逾分之权利者，皆得谓之阀。故军人者国之干城，以效命疆场，维护国权为天职，正市民所应崇仰爱护也，及至崔杨恩仇，喋血邻封，淫掳劫杀，祸被间巷，国本因之动摇，民生因之凋瘁，而势力深厚，裁制无方，则国人疾首蹙额，愿与偕之，而称之为军阀。又如商贾特筹握算，贸迁有无，全国农工，交相利赖，在今日社会组织繁复，农工业日进步，车航所至，千里眉睫之日，一国政治与实业之运行,尤赖操财权之巨子,为之擘画。及至登高垄断,恣为奸利,上而侵及国家之府库,下而夺及小民之衣食,而钱能使鬼,术可通神,惩之不能,吁之罔职,则国人侧目而视,而称之为财阀。甚如俄国专政之无产阶级,以众暴寡,暗无天日,亦可称为无产阀;既下贱如北京之挑粪夫,对于市政处之卫生干涉,无论是非,横以罢工相抵制,亦可称为粪阀。今之号为学阀者,亦无异是。

夫教育者一国文明之所系,师儒者人间最清高之职业,幸而身拥皋比,享教育英才之大乐,负百年树人之重任,而束修乞奉,至薄亦远超乎农工食力之资,其厚者且拟诸中上官吏之奉给,复无簿书之劳,折腰之辱。宜如何躬自策励,宵旰不遑,以求仰不愧天,俯不怍人。乃锱铢计利如市侩,攘夺恫吓如盗贼,出位而谈政治,而卑劣远胜于官僚,交口斥责军阀,而横暴倍蓰于武夫。又或呼朋行类,据学校为渊薮,引学生为爪牙,既不受政府之约束,复不顾社会之讥弹,浪糜国币,多至年数十百万,乃嚣然以学者以教育家自命。其势力之横暴,甚至武人与之周旋,官吏与之勾结,予圣自雄,不可响迩。则人窃窃谥为学阀,宁求全之毁哉?

吾国学阀之兴,始于胡适之新文化运动。胡氏以新闻式文学家之天才,秉犀利之笔,恃偏颇之论,以逢迎青年喜新厌故之心理,风从草偃,一唱百和,有非议之者,则儇薄尖刻之恶声报之。陈独秀之流,复以卑劣政客之手段,利诱黠桀之学生,为其徒党,于是笃学之士,不见重于学校,浮夸之辈,名利兼收。中国商人,本无资助教育之热情,间遇慷慨赠金之穆藕初,乃派遣无方,使之发悁眼之愤语,使青年误认求学之宗旨,社会对教育抱怀疑之态度,此学阀之罪一也。及至五四风潮,利用政府之罪恶激起群众运动之狂潮。总长可以驱逐,校长可以殴打,干涉政治,视为学生惟一之天职,啸聚既众,法律视同弁髦,行为等诸盗贼,毁居室、焚报馆、毒学生,以检仇货为名,而焚毁商人之货物;以惩奸究为号,而害及市民之躯体。其首领且与政府相勾结,明分金法郎,把持俄国庚款,得势则攫取显职,失势则鼓惑群众,又或受异族之豢养,不惜为虎作伥,以破坏社会组织为职志;甚至驱狂瞽之青年于死地,致十余龄之小学生,陈尸道左。以教育为武器,以学生为猫爪,此学阀之罪二也。于学术则不察国情,轻于改作我国固有之文化,诋諆之不遗余力,认孔学为吾国衰弱之主因,汉文为普及教育之障碍,谓杜甫不如沈尹默,以杜威配享耶稣,言教育则二四、三三,蒙得梭利、道尔顿,但图制度之更张,不问课程教授之良否。每每本校附属小学毕业之学生,不能考入本校之附属中学,本校附属中学毕业生不能升本校大学本科,人有非议者,则斥为不知教育。糜国家之公币,废学子之光阴,坏固有之文化,倡虚伪之教育,此学阀之罪三也。于服务则兼差累累,不时旷课,司农艺化学者,而教授生物学,复坐领月薪,一课不授,或勾结政府军阀与异族,挂名教席,猎取显官,置学生学业于不顾,对于他人之以真诚办学者,乃嫉妒之而谋破坏其事业,必欲使薰莸同臭,使人皆己若而已。不顾国家之命脉,惟奸利是图,此学阀之罪四也。

以此四者为纲,其罪恶之细目,殆擢发难数。吾国商民既无知识,官僚军阀尤无良心,未来之一线光明端在教育,而学阀破坏教育不遗余力至于此极,殆将陷吾国五千年华胄于万劫不复之域矣。今人动言政治革命与社会革命,拟知今日切要之图,厥惟教育革命,务使此种学阀学蠹,投诸豺虎,投诸有北,匿迹销声于光天化日之下,则教育趋于正轨,政治革新亦易于反掌矣。有志之士,盍兴乎来!

缪凤林《中国民族西来辨》刊于《学衡》第37期。

[英]赖斯德撰,吴宓译《罗马之留传　第七篇　罗马之家族及社会生活》刊于《学衡》第37期。

吴宓译《白璧德论欧亚两洲文化》刊于《学衡》第38期。

[美]吉罗德夫人撰,吴宓译《论循规蹈矩之益与纵性任情之害》刊于《学衡》第38期。

景昌极《佛法浅释之一　评进化论》刊于《学衡》第38期。

黄乃秋《评胡适红楼梦考证》刊于《学衡》第38期。

张正仁《德报》刊于《学衡》第39期。

孙德谦《答福田问墨学》刊于《学衡》第39期。

孙德谦《再答福田问墨学"论儒墨之异同"》刊于《学衡》第 39 期。

张尔田《史传文研究法 第一至四章》刊于《学衡》第 39 期。

方竑《读李翘君转注正义篇书后》刊于《学衡》第 39 期。

柳诒徵《王玄策事辑》刊于《学衡》第 39 期。

汤用彤《释迦时代之外道(录内学第一辑)》刊于《学衡》第 39 期。

吴宓《评杨振声玉君》刊于《学衡》第 39 期。

柳诒徵《罪言》刊于《学衡》第 40 期。

王国维《高宗肜日说》刊于《学衡》第 40 期。

王国维《陈宝说》刊于《学衡》第 40 期。

王国维《书顾命同瑁说》刊于《学衡》第 40 期。

刘永济《说部流别》刊于《学衡》第 40 期。

张荫麟《张衡别传》刊于《学衡》第 40 期。

瞿方梅遗著《史记三家注补正》刊于《学衡》第 40 期。

胡稷咸《哲学问题之研究 第一章 第二章 第三章》刊于《学衡》第 40 期。

张荫麟《评近人对于中国古史之讨论 古史决疑录之一》刊于《学衡》第 40 期。

王国维《肃霜涤场说》刊于《学衡》第 41 期。

王国维《释天》刊于《学衡》第 41 期。

王国维《奔京考》刊于《学衡》第 41 期。

陆懋德《中国文化史 第一章 第二章》刊于《学衡》第 41 期。

张其昀《中国与中道》刊于《学衡》第 41 期。

[美]葛兰坚教授撰,吴宓译《但丁神曲通论》刊于《学衡》第 41 期。

吴芳吉《四论吾人眼中之新旧文学观》刊于《学衡》第 42 期。

张荫麟译《葛兰坚论学校与教育》刊于《学衡》第 42 期。

柳诒徵《学潮征故》刊于《学衡》第 42 期。

瞿方梅《史记三家注补正卷二(续第四十期)》刊于《学衡》第 42 期。

柳诒徵《自立与他立》刊于《学衡》第 43 期。

邢琮《罪言录》刊于《学衡》第 43 期。

王国维《遹敦跋》刊于《学衡》第 43 期。

汪荣宝《论阿字长短音答太炎》刊于《学衡》第 43 期。

陆懋德《尚书尧典篇时代之研究》刊于《学衡》第 43 期。

姜忠奎《诗古义》刊于《学衡》第 43 期。

瞿方梅《史记三家注补正卷三》刊于《学衡》第 43 期。

钢和泰男爵撰,吴宓译《一七三四年班禅喇嘛告谕译释》刊于《学衡》第 43 期。

王国维《书辜汤生英译中庸后》刊于《学衡》第 43 期。

柳诒徵《正政》刊于《学衡》第 44 期。

张荫麟译《葛兰坚黑暗时代说》刊于《学衡》第 44 期。

王国维《庚嬴卣跋》刊于《学衡》第 44 期。

王国维《邾公鈡钟跋》刊于《学衡》第 44 期。

瞿方梅《史记三家注补正卷四》刊于《学衡》第 44 期。

鲍鼎《玉篇误字考》刊于《学衡》第 44 期。

陆祖鼎译《戏剧原理 第一章 第二章》刊于《学衡》第 44 期。

刘永济《六害篇》刊于《学衡》第 45 期。

柳诒徵《说酒》刊于《学衡》第 45 期。

林损《政理古微一 政始》刊于《学衡》第 45 期。

林损《政理古微二 述古》刊于《学衡》第 45 期。

陈黻宸《道德教育说》刊于《学衡》第 45 期。

王国维《最近二三十年中中国新发见之学问》刊于《学衡》第 45 期。

按:《最近二三十年中中国新发见之学问》具有重要的学术史论价值,曰:古来新学问起,大都由于新发见。有孔子壁中书出,而后有汉以来古文家之学;有赵宋古器出,而后有宋以来古器物、古文字之学。惟晋时汲冢竹简出土后,即继以永嘉之乱,故其结果不甚著。然同时杜元凯注《左传》,稍后郭璞注《山海经》,已用其说;而《纪年》所记禹、益、伊尹事,至今成为历史上之问题。然则中国纸上之学问赖于地下之学问者,固不自今日始矣。自汉以来,中国学问上之最大发见有三:一为孔子壁中书;二为汲冢书;三则今之殷虚甲骨文字,敦煌塞上及西域各处之汉晋木简,敦煌千佛洞之六朝及唐人写本书卷,内阁大库之元明以来书籍档册。此四者之一已足当孔壁、汲冢所出,而各地零星发见之金石书籍,于学术有大关系者,尚不与焉。故今日之时代可谓之"发见时代",自来未有能比者也。今将此二三十年发见之材料,并学者研究之结果,分五项说之。

一、殷虚甲骨文字

此殷代卜时命龟之辞,刊于龟甲及牛骨上。光绪戊戌己亥间,始出于河南彰德府西北五里之小屯。其地在洹水之南,水三面环之。《史记·项羽本纪》所谓"洹之南,殷虚上"者也。初出土后,潍县估人得其数片,以售之福山王文敏(懿荣)。文敏命其秘其事,一时所出,先后皆归之。庚子,文敏殉难,其所藏皆归丹徒刘铁云(鹗)。铁云复命估人搜之河南,所藏至三四千片。光绪壬寅,刘氏选千余片影印传世,所谓《铁云藏龟》是也。丙午,上虞罗叔言参事始官京师,复令估人大搜之,于是丙丁以后所出,多归罗氏。自丙午至辛亥,所得约二三万片。而彰德长老会牧师明义士(T. M. Menzies)所得亦五六千片。其余散在各家者尚近万片。近十年中乃不复出。

其著录此类文字之书,则《铁云藏龟》外,有罗氏之《殷虚书契前编》《殷虚书契后编》《殷虚书契菁华》《铁云藏龟之余》,日本林泰辅博士之《龟甲兽骨文字》,明义士之《殷虚卜辞》(The Oracle Records of the Waste of Yin),哈同氏之《戬寿堂所藏殷虚文字》,凡八种。而研究其文字者,则瑞安孙仲容比部始于光绪甲辰撰《契文举例》。罗氏于宣统庚戌撰《殷商贞卜文字考》,嗣撰《殷虚书契考释》《殷虚书契待问编》等。商承祚氏之《殷虚文字类编》,复取材于罗氏改定之稿。而《戬寿堂所藏殷虚文字》,余亦有考释。此外,孙氏之《名原》亦颇审释骨甲文字,然与其《契文举例》皆仅据《铁云藏龟》为之,故其说不无武断。审释文字自以罗氏为第一,其考定小屯之为故殷虚,及审释殷帝王名号,皆由罗氏发。余复据此种材料作《殷卜辞中所见先公先王考》,以证《世本》《史记》之为实录;作《殷周制度论》以比较二代之文化。然此学中所可研究发明之处尚多,不能不有待于后世之努力也。

二、敦煌塞上及西域各地之简牍

汉人木简,宋徽宗时已于陕右发见之,靖康之祸,为金人索之而去。当光绪中叶,英印度政府所派遣之匈牙利人斯坦因博士(M. Aurel Stein),访古于我和阗(Khotan),于尼雅河下流废址,得魏晋间人所书木简数十枚。嗣于光绪季年,先后于罗布淖尔东北故城,得晋初人书木简百余枚,于敦煌汉长城故址得两汉人所书木简数百枚,皆经法人沙畹教授(Ed. Chavannes)考释。其第一次所得,印于斯氏《和阗故迹》(Sand-buried Ruins of Khotan)中。第二次所得,别为专书,于癸丑甲寅间出版。此项木简中有古书、历日、方书,而其大半皆屯戍簿录,于史地二学关系极大。癸丑冬日,沙畹教授寄其校订未印成之本于罗叔言参事,罗氏与余重加考订,并斯氏在和阗所得者景印行世,所谓《流沙坠简》是也。

三、敦煌千佛洞之六朝唐人所书卷轴

汉晋牍简,斯氏均由人工发掘得之,然同时又有无尽之宝藏,于无意中出世,而为斯氏及法国之伯希和教授携去大半者,则千佛洞之六朝及唐五代宋初人所书之卷子本是也。千佛洞本为佛寺,今为道士所居。当光绪中叶,道观壁坏,始发见古代藏书之窟室。其中书籍居大半,而画幅及佛家所用幡幢等亦杂其中。余见其浭阳端氏所藏敦煌出开宝八年灵修寺尼画观音像,乃光绪己亥所得。又,乌程蒋氏所藏沙洲曹氏二画像,乃光绪甲辰以前叶鞠裳学使(昌炽)视学甘肃时所收。然中州人皆不知。至光绪丁未,斯坦因氏与伯希和氏(Paul pelliot)先后至敦煌,各得六朝人及唐人所写卷子本书数千卷,及古梵文、古波斯文及突厥、回鹘诸国文字无算。我国人始稍稍知之,乃取其余约万卷,置诸学部所立之京师图书馆。前后复经盗窃,散归私家者亦当不下数千卷。其中佛典居百分之九五。其四部书为我国宋以后所久佚者:"经"部有未改字《古文尚书》孔氏《传》、未改字《尚书》释文、糜信《春秋谷梁传》解释、《论语》郑氏《注》、陆法言《切韵》等;"史"部则有孔衍《春秋后语》,唐西州沙州诸图经、慧超《往五天竺国传》等(以上并在法国);"子"部则有《老子化胡经》、摩尼教《经》、景教《经》;"集"部有唐人词曲及通俗诗、小说各若干种。

己酉冬日,上虞罗氏就伯氏所寄景本为《敦煌石室遗书》,排印行世。越一年,复印其景本为《石室秘宝》十五种。又五年癸丑,复刊行《鸣沙石室逸书》十八种。又五年戊午,刊行《鸣沙石室古籍丛残》三十种,皆巴黎国民图书馆之物。而英伦所藏,则武进董授经(康)、日本狩野博士(直喜)、羽田博士(亨)、内藤博士(虎次郎),虽各抄录景照若干种,然未有出版之日也。

四、内阁大库之书籍档案

内阁大库在旧内阁衙门之东,临东华门内通路,素为典籍听所掌。其所藏,书籍居十之三,档案居十之七。其书籍多明文渊阁之遗,其档案则有历朝政府所奉之硃谕、臣工缴进之敕谕、批折、黄本、题本、奏本、外藩属国之表章、历科殿试之大卷。宣统元年,大库屋坏,有司缮完,乃暂移于文华殿之两庑,然露积库垣内尚半。时南皮张文襄(之洞)管学部事,乃奏请以阁中所藏四朝书籍设京师图书馆,其档案则置诸国子监之南学,试卷等置诸学部大堂之后楼。辛壬以后,学部及南学之藏复移于午门楼上之历史博物馆。越十年,馆中复以档案四之三售诸故纸商,其数凡九千麻袋,将以造还魂纸。为罗叔言所闻,三倍其价购之商人,移贮于彰义门之善果寺。而历史博物馆之剩余,亦为北京大学取去,渐行整理,其目在大学日刊中。罗氏所得,以分量太多,仅整理其十分之一,取其要者,汇刊为《史料丛刊》十册,其余今归德化李氏。

五、中国境内之古外族遗文

中国境内古今所居外族甚多。古代匈奴、鲜卑、突厥、回纥、契丹、西夏诸国,均立国于中国北陲,其遗物颇有存者,然世罕知之。惟元时耶律铸见突厥特勤碑及辽太祖碑。当光绪己丑,俄人拉特禄夫访古于蒙古,于元和林故城北,访得突厥特勤碑、苾伽可汗碑、回鹘九姓可汗三碑。突厥二碑皆有中国突厥二种文字,回鹘碑并有粟特文字。及光绪之季,英法德俄四国探险队入新疆,所得外族文字写本尤夥。其中除梵文、佉卢文、回鹘文外,更有三种不可识之文字,旋发见其一种为粟特语,而他二种则西人假名之曰"第一语言""第二语言",后亦渐知为吐火罗语及东伊兰语。此正与玄奘《西游记》所记三种语言相合:粟特语即玄奘之所谓"窣利",吐火罗即玄奘之"睹货逻",其东伊兰语,则其所谓葱岭以东诸国语也。当时粟特、吐火罗人多出入于我新疆,故今日犹有其遗物。惜我国人尚未有研究此种古代语者,而欲研究之,势不可不求之英法德诸国。惟宣统庚戌,俄人柯智禄夫大佐于甘州古塔,得西夏文字书。而元时所刻河西文《大藏经》,后亦出于京师。上虞罗福苌乃始通西夏文之读。今苏俄使馆参赞伊凤阁博士(Ivannoff),更为西夏语音之研究,其结果尚未发表也。

此外,近三十年中,中国古金石、古器物之发见,殆无岁无之。其于学术上之关系亦未必让于上五项,然以零星分散故,不能一一缕举。惟此五者分量最多,又为近三十年中特有之发见,故比而述之。然此等发见物,合世界学者之全力研究之,其所阐发尚未及其半,况后此之发见亦正自无穷,此不能不有待少年之努力也。

柳诒徵《唐初兵数考》刊于《学衡》第45期。

姜忠奎《诗古义卷一》刊于《学衡》第45期。

瞿方梅《史记三家注补正卷五》刊于《学衡》第 45 期。

洪深撰，张志超译《中国戏剧略说》刊于《学衡》第 45 期。

柳诒徵《反本》刊于《学衡》第 46 期。

林损《政理古微三　制法》刊于《学衡》第 46 期。

林损《政理古微四　爱民》刊于《学衡》第 46 期。

刘朴《文诵篇》刊于《学衡》第 46 期。

柳诒徵《中国文化史　绪论　第一篇　第一至第六章》刊于《学衡》第 46 期。

王国维《王子婴次卢跋》刊于《学衡》第 46 期。

鲍鼎《尔雅岁阳岁名出于颛顼考》刊于《学衡》第 46 期。

缪凤林《人道论发凡》刊于《学衡》第 46 期。

柳诒徵《致知》刊于《学衡》第 47 期。

林损《伦理正名论》刊于《学衡》第 47 期。

景昌极《信与疑"真伪善恶美丑之关系"》刊于《学衡》第 47 期。

王国维《攻吴王大差鉴跋》刊于《学衡》第 47 期。

王国维《汉王保卿买地券跋》刊于《学衡》第 47 期。

林损《伦理正名论》刊于《学衡》第 48 期。

林损《政理古微五　养性》刊于《学衡》第 48 期。

柳诒徵《中国文化史　第七至十二章（续第四十六期）》刊于《学衡》第 48 期。

郭斌龢译《柏拉图语录之四　宴话篇（续第四十三期）》刊于《学衡》第 48 期。

郑鹤声《清儒对于"元史学"之研究（续）》刊于《史地学报》第 3 卷第 5 期。

陈训慈《史学蠡测》刊于《史地学报》第 3 卷第 5 期。

汪章才《周代丧制概略》刊于《史地学报》第 3 卷第 5 期。

张世禄《日本藤原氏与春秋世族之比较》刊于《史地学报》第 3 卷第 5 期。

苏拯　笔记《中古大学及其精神（徐养秋教授　演讲）》刊于《史地学报》第 3 卷第 5 期。

李长傅《志西沙群岛》刊于《史地学报》第 3 卷第 5 期。

诸葛麒《法显玄奘西行之比较（续）》刊于《史地学报》第 3 卷第 5 期。

梁任公《中国近三百年学术史（续）》刊于《史地学报》第 3 卷第 5 期。

胡焕庸译《美国国民史（续）》刊于《史地学报》第 3 卷第 5 期。

柳翼谋《中国史学研究论文集序》刊于《史地学报》第 3 卷第 5 期。

龚尔恭《原刑上》刊于《史地学报》第 3 卷第 6 期。

盛朗西《宋元书院讲学制》刊于《史地学报》第 3 卷第 6 期。

柳翼谋《奴儿干事辑》刊于《史地学报》第 3 卷第 6 期。

竺藕舫教授讲，庄鳌璋笔记《中国历史上之旱灾》刊于《史地学报》第 3 卷第 6 期。

陈训正《定海县志例目》刊于《史地学报》第 3 卷第 6 期。

张其昀《日本地理纪要》刊于《史地学报》第 3 卷第 6 期。

刘掞藜《与顾颉刚先生书》刊于《史地学报》第 3 卷第 6 期。

顾颉刚《答刘胡二先生书》刊于《史地学报》第 3 卷第 6 期。

胡适《古讨史论的读后感》刊于《史地学报》第 3 卷第 6 期。

梁任公《中国近三百年学术史（续）》刊于《史地学报》第 3 卷第 6 期。

胡焕庸译《美国国民史(续)》刊于《史地学报》第 3 卷第 6 期。

王华隆《中国地理大辞典调查办法》刊于《史地学报》第 3 卷第 6 期。

张其昀《论宁波建设省会之希望》刊于《史地学报》第 3 卷第 7 期。

柳翼谋先生讲,黄锡康笔记《历史之知识》刊于《史地学报》第 3 卷第 7 期。

郑鹤声《读王船山先生读通鉴论宋论》刊于《史地学报》第 3 卷第 7 期。

向达译《史律》刊于《史地学报》第 3 卷第 7 期。

郑鹤声《汉隋间之史学》刊于《史地学报》第 3 卷第 7 期。

张其昀《南宋都城之杭州》刊于《史地学报》第 3 卷第 7 期。

张其昀《日本地理纪要(续)》刊于《史地学报》第 3 卷第 7 期。

梁任公《中国近三百年学术史(续)》刊于《史地学报》第 3 卷第 7 期。

胡焕庸译《美国国民史(续)》刊于《史地学报》第 3 卷第 7 期。

何炳松《拟编中国旧籍索引例义》刊于《史地学报》第 3 卷第 8 期。

柳翼谋《中国文化史绪论》刊于《史地学报》第 3 卷第 8 期。

张其昀《中国与中道》刊于《史地学报》第 3 卷第 8 期。

王庸译《大战开始后七年间西洋之中国史研究》刊于《史地学报》第 3 卷第 8 期。

郑鹤声《汉隋间之史学(续)》刊于《史地学报》第 3 卷第 8 期。

郑鹤声《补史记箕子世家》刊于《史地学报》第 3 卷第 8 期。

浦江清译《印度摩揭陀国孔雀王朝略纪》刊于《史地学报》第 3 卷第 8 期。

李莹璧《希腊文化蠡测》刊于《史地学报》第 3 卷第 8 期。

梁任公《中国近三百年学术史(续)》刊于《史地学报》第 3 卷第 8 期。

胡焕庸译《美国国民史(续)》刊于《史地学报》第 3 卷第 8 期。

晓风《日本文坛最近状况》刊于《小说月报》第 4 种。

陈建民译《西方的国家主义》刊于《小说月报》第 5 种。

仲云译《欧行通信》刊于《小说月报》第 5 种。

俞平伯《读毁灭》刊于《小说月报》第 6 种。

俞平伯《文艺杂论》刊于《小说月报》第 6 种。

[日]山岸光宣著,海镜译《近代德国文学的主潮》刊于《小说月刊》第 11 种。

[日]片山孤村著,李达译《大战与德国国民性及其文化文艺》刊于《小说月刊》第 11 种。

A. Filippov 著,希真译《新德国文学》刊于《小说月刊》第 11 种。

Gerhart Hauptmann 著,元枚译《新德国文学的新倾向》刊于《小说月刊》第 11 种。

吴稚晖《苦矣!》刊于《现代评论》第 1 卷第 4 期。

唐擘黄《"春风吹又生"》刊于《现代评论》第 1 卷第 4 期。

林玉堂《谈理想教育》刊于《现代评论》第 1 卷第 5 期。

润章《何谓"伪工业国之文明"》刊于《现代评论》第 1 卷第 6 期。

杨振声《礼教与艺术》刊于《现代评论》第 1 卷第 8 期。

陈东原《此路不通的现行教育》刊于《现代评论》第 1 卷第 8 期。

王世杰《我们对于军事善后的主张》刊于《现代评论》第 1 卷第 9 期。

秦监《狗化的教育》刊于《现代评论》第 1 卷第 9 期。

顾颉刚《古史研究法》刊于《现代评论》第 1 卷第 10 期。

江绍原《译古希腊人关于宗教的几段话》刊于《现代评论》第 1 卷第 10 期。

西滢《独身主义的萧士比亚兄妹》刊于《现代评论》第 1 卷第 10 期。

胡寄南《谈谈理想教育》刊于《现代评论》第 1 卷第 13 期。

张奚若《党化教育与东南大学》刊于《现代评论》第 1 卷第 17 期。

裴复恒《澄清吏治的根本方法》刊于《现代评论》第 1 卷第 17 期。

陈仲益《文渊阁四库全书缺失之发现》刊于《现代评论》第 1 卷第 17 期。

陶孟和《言论自由》刊于《现代评论》第 1 卷第 19 期。

燕树棠《对内问题与对外问题》刊于《现代评论》第 1 卷第 19 期。

唐擘黄《关于机械与人生的声明》刊于《现代评论》第 1 卷第 20 期。

西林《女学生与留学生》刊于《现代评论》第 1 卷第 20 期。

西滢《洋钱与艺术》刊于《现代评论》第 1 卷第 21 期。

周鲠生《青年学生的政治运动》刊于《现代评论》第 1 卷第 22 期。

冯友兰《怎样办现在中国的大学》刊于《现代评论》第 1 卷第 23 期。

周鲠生《民众势力的组织》刊于《现代评论》第 1 卷第 24 期。

唐擘黄《市场上的偶像》刊于《现代评论》第 1 卷第 25 期。

陶孟和《我们为什么意见不同》刊于《现代评论》第 1 卷第 25 期。

王中君《文艺家思想精神的背影》刊于《现代评论》第 2 卷第 27 期。

陈仲益《文渊阁四库全书缺失本发现续记》刊于《现代评论》第 2 卷第 27 期。

唐擘黄《"觉得的自由"与"由于自己本性的自由"》刊于《现代评论》第 2 卷第 28 期。

唐钺《论先秦无所谓别墨》刊于《现代评论》第 2 卷第 32 期。

张崧年《数理逻辑》刊于《现代评论》第 2 卷第 33 期。

寄萍《太古时代的中国》刊于《现代评论》第 2 卷第 34 期。

唐擘黄《"不务正业"的留学生》刊于《现代评论》第 2 卷第 35 期。

陶孟和《救国与求学》刊于《现代评论》第 2 卷第 37 期。

宇文《高等教育谈(一)》刊于《现代评论》第 2 卷第 38 期。

裴复恒《不平等律》刊于《现代评论》第 2 卷第 38 期。

鲁继增《盎格鲁萨逊人种族之成见》刊于《现代评论》第 2 卷第 38 期。

胡适《爱国运动与求学》刊于《现代评论》第 2 卷第 39 期。

任鸿隽,陈衡哲《一个改良大学教育的提议》刊于《现代评论》第 2 卷第 39 期。

宇文《高等教育谈(二)》刊于《现代评论》第 2 卷第 40 期。

唐有壬《什么是反革命》刊于《现代评论》第 2 卷第 41 期。

燕树棠《教员与学风》刊于《现代评论》第 2 卷第 41 期。

樊弘《任陈二教授的改良大学刍议》刊于《现代评论》第 2 卷第 42 期。

刘治熙《爱国运动与求学》刊于《现代评论》第 2 卷第 42 期。

剑公《教授耶抑流氓耶?》刊于《现代评论》第 2 卷第 42 期。

唐擘黄《文言文的优胜》刊于《现代评论》第 2 卷第 43 期。

冯友兰《"国骂"》刊于《现代评论》第 2 卷第 43 期。

查士骥《上海的华民》刊于《现代评论》第 2 卷第 43 期。

伍非百《何谓别墨》刊于《现代评论》第 2 卷第 44 期。

唐擘黄《中国学术的最大病根》刊于《现代评论》第 2 卷第 45 期。

按:是文认为:"凡非过度悲观的人都能见到今日中国的学术界比二三十年前的确已经有了大进步,这件事实固然可以给我们希望与锐气,使我们奋勇向前。但天下事不是专靠乐观勇气可以成功的;必定还要时时回顾,时时反省,找出自己的弱点与现状的缺陷,才可以逐渐改进,以期达到比较圆满的地步。简言之,我们对于学术界,既有了必需的乐观与勇气,又须能够'爱而知其恶'。"本着这种动机,是文阐述了"今日学术界的不能使人无憾的三事":

1."重书本而轻实物也。西洋一个学者的名言是:'研究自然而不研究书本。'这个道理当然是容易懂的;因为研究自然,可以得到关于世间事物之直接的知识;研究书本,不过得到别人的知识——这种间接得来的知识,难保不有好些别人的迷误属杂在内,因而不能视为真正的精确的知识。纵然都是精确的,其分量也极有限;并且我们不能从他找得新的直接的知识。"

2."重编译而轻研究也。不久以前,有人著书鄙笑日本人于学术只能稗贩远西,不能自己恢彍。但就近年的事实看,日本人于医学及他科上会有几个很重要的发现。就单论我们所最以自豪的国学研究,日本人的成绩也断然可以与我们争短长。这些事实,不特证明日本人不是单能稗贩的,并且证明稗贩他国之长是任何国的学术发达史所必有的阶级。因为这个原故,我们并不轻视编译这件事。为什么呢? 因为编译是稗贩——说客气些,就是输入——他国学术的一种重要工具。……但稗贩固然是必经的阶级;然而若一国的学术专靠稗贩,当然是不行的,所以一定要由稗贩进而为研究,才有学术可言。我们今日不应该停止稗贩的工夫——其实无论学术怎样发达的国族也不能停止此种工夫,否则就是自杀——但绝不可以稗贩自足。目下国中的趋势,似乎专重编译。学术界中的个人或团体多数以编译单行本或业书为满足,对于调查研究方面极少与以相当的注意,实不免使人失望。"

3."重文字而轻思想。论人当然以'文质彬彬'为理想;'质胜文则野,文胜质则史'。但不得已而择于斯二者,宁野毋史。……论人如是,论文何独不然。因为文字不过是形式、媒介、工具;假如思想已经充分地达出,文字纵然'野'些,也无关得失;其未至于'野'的,更无论了。……八股家无论遇着什么题目,无论他实在有没有话说,都可以做一篇文章;不特有字无意思的题目可以做文章,乃至无字的题目(如'子曰'上的圈)也可以做文章。……今人重文字而轻思想的程度,并不减于八股时代。"

王世杰《战争的责任》刊于《现代评论》第 2 卷第 46 期。

宇文《高等教育谈(三)》刊于《现代评论》第 2 卷第 46 期。

陈东原《教育失败的根本原因》刊于《现代评论》第 2 卷第 46 期。

胡适《著述的稀少》刊于《现代评论》第 2 卷第 46 期。

郁达夫《说几句话》刊于《现代评论》第 2 卷第 46 期。

张惕修《办教育之苦》刊于《现代评论》第 2 卷第 46 期。

唐有壬《大局的前途》刊于《现代评论》第 2 卷第 47 期。

擘黄《白话不毁,孰为文章》刊于《现代评论》第 2 卷第 47 期。

唐擘黄《先秦还是无所谓别墨》刊于《现代评论》第 2 卷第 48 期。

刘治熙《劳动阶级与社会革命》刊于《现代评论》第 2 卷第 49 期。

张友仁《学风之负责者》刊于《现代评论》第 2 卷第 49 期。

宇文《高等教育谈》刊于《现代评论》第 2 卷第 51 期。

钱端生《清华学校》刊于《现代评论》第 2 卷第 52 期。

徐文白《"国骂"的另一解》刊于《现代评论》第 2 卷第 52 期。

孤桐《字说》刊于《甲寅》第 1 卷第 1 号。

孤桐《大愚记》刊于《甲寅》第 1 卷第 1 号。

孤桐《毁法辨》刊于《甲寅》第 1 卷第 1 号。

梁敬錞《收回会审公廨平议》刊于《甲寅》第 1 卷第 1 号。

蔡元培《监狱问题》刊于《甲寅》第 1 卷第 1 号。

马晋义《耶佛》刊于《甲寅》第 1 卷第 1 号。

孤桐《太炎题词记》刊于《甲寅》第 1 卷第 2 号。

孤桐《代议非易案》刊于《甲寅》第 1 卷第 2 号。

瞿宣颖《科举议》刊于《甲寅》第 1 卷第 2 号。

潘大道《毁法》刊于《甲寅》第 1 卷第 2 号。

庄蕴宽《东南大学》刊于《甲寅》第 1 卷第 2 号。

石克士《农国》刊于《甲寅》第 1 卷第 2 号。

梁龙《吾人所有事》刊于《甲寅》第 1 卷第 2 号。

孤桐《说铁饭碗》刊于《甲寅》第 1 卷第 3 号。

孤桐《行宪半十论寿林宗孟》刊于《甲寅》第 1 卷第 3 号。

孤桐《今思维论》刊于《甲寅》第 1 卷第 3 号。

杨汝梅《论吾国财政之现状》刊于《甲寅》第 1 卷第 3 号。

庄杰《上海会审公廨纪实》刊于《甲寅》第 1 卷第 3 号。

梁漱溟《东西文化及其哲学》刊于《甲寅》第 1 卷第 3 号。

沈钧儒《家庭问题》刊于《甲寅》第 1 卷第 3 号。

沈恩孚《东南大学》刊于《甲寅》第 1 卷第 3 号。

孤桐《跡府》刊于《甲寅》第 1 卷第 4 号。

孤桐《与李君石会谈话记》刊于《甲寅》第 1 卷第 4 号。

金体乾《国民失业问题》刊于《甲寅》第 1 卷第 4 号。

朱德森《代议非易案(其一)》刊于《甲寅》第 1 卷第 4 号。

杨定襄《代议非易案(其二)》刊于《甲寅》第 1 卷第 4 号。

吴契宁《南中教育》刊于《甲寅》第 1 卷第 4 号。

汤剂沧《校试》刊于《甲寅》第 1 卷第 4 号。

孤桐《农治翼》刊于《甲寅》第 1 卷第 5 号。

梁敬錞《为滬案重行调查事敬告使团及各友邦政府》刊于《甲寅》第 1 卷第 5 号。

汪荣宝《与太炎论音之争》刊于《甲寅》第 1 卷第 5 号。

马叙伦《女师大》刊于《甲寅》第 1 卷第 5 号。

胡敦复《大同大学》刊于《甲寅》第 1 卷第 5 号。

伍剑禅《字说》刊于《甲寅》第 1 卷第 5 号。

汪吟龙《白话与科举》刊于《甲寅》第 1 卷第 5 号。

罗敦伟《科举(其一)》刊于《甲寅》第 1 卷第 5 号。

范育士《科举(其二)》刊于《甲寅》第 1 卷第 5 号。

孤桐《释言》刊于《甲寅》第 1 卷第 6 号。

孤桐《马学杂反》刊于《甲寅》第 1 卷第 6 号。

瞿宣颖《交体说》刊于《甲寅》第 1 卷第 6 号。

杨定襄《广科举议》刊于《甲寅》第 1 卷第 6 号。

郁嶷《代议非易案》刊于《甲寅》第 1 卷第 6 号。

李步青《考试》刊于《甲寅》第 1 卷第 6 号。

刘异《考试》刊于《甲寅》第 1 卷第 6 号。

王苍生《大愚》刊于《甲寅》第 1 卷第 6 号。

陈东原《教育》刊于《甲寅》第 1 卷第 6 号。

孤桐《说辀》刊于《甲寅》第 1 卷第 7 号。

汪荣宝《月生于西释义》刊于《甲寅》第 1 卷第 7 号。

瞿宣颖《代议非易案》刊于《甲寅》第 1 卷第 7 号。

欧阳渐《内学》刊于《甲寅》第 1 卷第 7 号。

汪馥炎《两院分职》刊于《甲寅》第 1 卷第 7 号。

陈宗蕃《题解》刊于《甲寅》第 1 卷第 7 号。

向绍轩《李石会》刊于《甲寅》第 1 卷第 7 号。

孤桐《答适之》刊于《甲寅》第 1 卷第 8 号。

按:《甲寅》周刊第 1 卷第 8 号 9 月 5 日出版,文曰:《甲寅》中兴,人以反动之时期将至,有色然喜者,有瞿然忧者,有相惊以伯有者,有防之如猛兽者;百感杂陈,嚣然尘上。吾国自有言论机关以来,论域至明,关系至大,正负两军,各不相让,笔锋所至,真感环焉。如吾《甲寅》今日所包举之论战者,未之前闻也。虽然,愚之本态,始终无改,物来顺应,何所容心? 天下之情既督,是非之公不显。未胜孟子好辩之任,敢忘东方答难之思? 粗举时言,略加指正,知我之遇,期于旦莫云尔。

胡君适之近为一文,因愚起论,全篇词旨纤滑,可驳之值甚微(见十二期《国语周刊》)。适之之文,大抵如是。今之所谓白话文者,均大抵如是。此先天不治之症,圣医所无如之何者也。今请择其稍壮者答之。适之曰:白话文学的运动,是一个很严重的运动,有历史的根据,有时代的要求,有他本身的文学的美,可以使天下睁开眼睛的共见共赏。这个运动,不是用意气打得倒的。今日一部分人的谩骂,也许赶得跑章士钊君,而章士钊君的谩骂,定不能使陈源、胡适不做白话文,更不能打倒白话文学的大运动。

时代要求者何谓也? 曾见小儿,身罹胃疾,好食饴饵,不得不止,其母溺爱,惧拂儿意,儿食不已,病乃日增,此一事也。情节同前,惟母贤明,延医诊视,慎拟方药,药大瞑眩,儿避不就,母强饮之,厥疾以瘳,此又一事也。以适之之说,施之医事,时代譬之小儿,则其所要求者,宜为自择而甘之饴饵乎? 抑苦口利病之方药乎? 夫文章大事也,曩者穷年矻矻,莫获贯通,偶得品题,声价十倍。今适之告之曰,此无庸也,凡口所道,俱为至文,被之篇目,圣者莫易。彼初试而将疑,后倡焉而百和,如蚊之聚,雷然一声,而六州之大错成矣。适之从其后而名之曰,此时代要求也。此时代要求也,是何异愚母之日纵病儿食饴饵者乎? 愚昔著论评之曰:"以鄙倍妄为之笔,窃高文美艺之名,以就下走扩之狂,隳载道行远之业。"此乃垂涕泣而道之,而适之以为悻悻。(适之本篇引此四句入愚罪,而断曰:"这不是悻悻然和我们生气吗?")是何异医者为言饴饵乱投之将杀儿也,而其母愤而摈之门外乎? 间尝论之,凡时代者,俱各有其所需适应之思想事业,号曰要求,不中不远。但此要求,不能以社会一时病态之心理定之,而当由通人艺士,匠心独运,于国民智识之水平线上,提高其度以成之。兹之所成,恒与社会一时病态之心理,居于反面,所谓挽狂澜于既倒,相反始得曰挽。障百川而东之,亦相反始得曰东。自来独虑往往见疑,非常每为民惧,而息邪说距诐行放淫词之为好与天下所归者辩,胥是道也,焉有"跟着一班少年人向前跑"(此适之颂扬梁任公语)。如适之所云,视卯蒲为神圣,戮子弟为名高,而犹得以识时成业,自文其陋者哉? 此点勘破,则其他"严重运动""历史根据"等词,羌无意识,不足致诘。适之谓白话本身,能为美文,此语在逻辑为可能,但处今日文化运动之下,其的决不能达,此义稍迂,请申言之。凡人类之心思,以何种方式,施于文字,使人见之而生美感,大是宇宙间之秘事,能得其秘,斯为文家。古今中外之大文家不多,足证此秘之未尽宣泄。又人类为富于模仿性之动物,而语言文字,尤集此性所寄之大成。从古文豪,绝不由胎息之功而成名者乃至罕,以文本天成,得之至艰,而理复伙颐,发挥难尽。前人既有独得,后人自审无出于右,其揣摩乃不期然而然,由是而公美成,由是而文学有史。此普通论文之理也。至白话文学,则与此异趣。吾国语文,自始即不一致,以字为单音,入耳难辨。凡于义无取,徒便耳治之骈枝字,语言中为独多,以此骈枝字尽入于文,律之文章义法,殊无惬心贵当之道。古来除语录小说及词曲之一部外,无以白话为文者此也。今以白话为文,因古之人无行之者,胎息揣摩,举无所施,其事盖出于创,天下事之创者,惟天才能之,岂能望之人人? 故白话文愚谓惟限于二种人为之:一全然不解文事,一文事至高者而已。中材如愚,直是无能为役。二十年前,吾友林少泉好谈此道,愚曾试为而不肖,十年前复为之(愚有《论哲学者之白话文》,见《东方杂志》),仍不肖,五年前又为之(题为《邦联》,为蓝志先作),更不肖。愚自是搁笔。盖作白话而欲其美,其事之难,难如登天,敢断言也。夫美物所必具之通德,在以情相接,反复之而不倦。西施与嫫母之别无他,亦愿常见与不愿见而已。惟文亦然,凡长者咏叹,手舞足蹈,令人百读而不厌者,始为美文。今之白话文,差足为记米盐之代耳,勉阅至尽,雅不欲再,漠然无感,美从何来? 若其翁谙文史,持笔本有可观,偶尔驱使语言,令为篇章,移文就语,或亦勉能入目,而非所论今之不娴文义,从白话中求白话者也。适之谓本身有美,此美其所美,非吾之所谓美。天下睁开眼睛,果是谁之天下? 共见共闻,又谁与共? 适之自为小天地,愚又何言? 惟若文学固有周咸偏之性在,则本篇所陈,或亦未尽为天下所弃也已。

适之曰,白话运动,非用意气所能打倒。以愚所知,意气之量,已为适之一派用罄,更无余沥,沾溉于人。七年前,愚与适之同入北大为教授,即为言尝试白话之未可。愚虽自始非之,而未或用力止之。偶尔为文,如评新文化之类,亦发愚一人之意态,选题制词,与他篇等而已,未若为白话者之有所谓运动也。即在今日,略有职司,亦未计以何气力,与适之为敌。适之引愚投赠之白话词,事虽近谑,心乃甚平,意气云云,乃适之自造蛇影之谈,实不尔也。然文章大业,非白话之力所胜,邪许之夫,妄扛大鼎,绝脰断脰,理有固然。今天下对白话文之感想,果复何如? 强弩之末,势不能穿鲁缟,适之应非全无觉念,故这个运动之倒,乃这个运动自倒之,于他人无与也。举凡本身无自存之值者,万事万物,终于一倒,又不独这个运动为如是也。凡愚持论,莫不与天下以共见,其使气果至何度,请天下人评之。诤言之来,并皆虚受,惟适之尸祝一部分之谩骂,赶愚使跑,悻然之态,情见乎词,此诚未免有蓬之心,而视傥来之势位过重。章士钊虽不才,亦宁假此为腐鼠之吓者流哉? 适之视愚,假其今日去职,明日即将俯首帖耳,开口不得者哉! 适之谓愚有意使不为白话文,此亦未然。适之以倡白话文为职志者也,君子爱人以德,愚岂愿其中途易节? 惟适之者,有权自了其一生,而无权阻人讨论一国文化之公共事业。愚以谓白话文者,固非不可为也,特以适之之道为之,则犹航于断港绝潢而不可通者也。适之已矣,今之纷纷藉藉,回环于断港绝潢而不得出者,愚念民口之瘝可痛,包胥之志未忘,子能亡之,吾未见不能兴之。夫天运未可知,而人力期于必尽,愚与适之,共拭目以观其后焉可已。至通伯归国未久,无多表见,沉溺未若适之之深,愚忝与为友,爱其文才,而病其随俗,感想又是一番,不能与适之并为一谈也。

孤桐《新旧》刊于《甲寅》第1卷第8号。

金体乾《国民失业问题续论》刊于《甲寅》第1卷第8号。

李祚辉《立法与监政》刊于《甲寅》第1卷第8号。

陈小豪《白话不通》刊于《甲寅》第1卷第8号。

朱心木《导之以学》刊于《甲寅》第1卷第8号。

张中《学问》刊于《甲寅》第1卷第8号。

公羊寿《字说》刊于《甲寅》第1卷第8号。

孤桐《三虫》刊于《甲寅》第1卷第9号。

孤桐《评新文化运动》刊于《甲寅》第1卷第9号。

按:《评新文化运动》原载1923年8月21、22日《新闻报》,1925年9月12日重刊于《甲寅》第1卷第9号,文前新加一段按语:"本篇作已三年,未见适之发抒何见,惟近于《国语周刊》,囫囵其词以拒之曰,不值一驳。实则吾文所陈诸理,可得与天下后世人共明之。事越数载,文厄益深,偶一循览,其言仍未可易,请更爆之,重与细论。此之行远之力如何,虽难自信,而其粗明大义,有关世运。谓斯时即轻轻为适之所下四字放倒,谅不尔也。昨岁在沪,适之会面告愚,子所讨论诸点,已成过去。文化大事,适之竟看作时辰表,针簧上下张弛,惟其手转,尤属奇谈。揣适之所谓过去,殆指今之后生,竞为白话,甚嚣尘上,遮国学不见已耳。此乃病态群理,允宜痛治。于斯谓健康为过夫,医者议复元气,讽以失时,有是道乎? 前岁北京农业大学,招考新生,愚在沪理其文卷,白话占数三之二,文言三之一。文言固是不佳,白话亦缴绕无以。愚曾告人,此事应由适之全然负责。盖适之倡为白话文,恰是五年,中学卒业,出应大学初试,即其时也。今年愚复试农大新生,限令不为白话文,乃全场文字,词条理达,明瞻可观。猝然得此,迥出意计之外。适之之时辰表,从此逆转,良未可知。过去与否,岂由一人之口说而定? 适之又病本文刻至之言,疵为谩骂,读者辨之,其然岂然。北京报纸,屡以文中士与读书人对举,为不合情实,意谓二桃之士,乃言勇士,非读书人。此等小节,宁关谋篇本旨,且不学日学,其理彼乃蒙然,又可哂也。"(引自郭双林编《中国近代思想家文库·章士钊卷》,中国人民大学出版社 2015 年版)

　　杨定襄《科道平议》刊于《甲寅》第 1 卷第 9 号。

　　林奄方《尘俗》刊于《甲寅》第 1 卷第 9 号。

　　董维键《法》刊于《甲寅》第 1 卷第 9 号。

　　孙师郑《读经救国》刊于《甲寅》第 1 卷第 9 号。

　　张客公《疑义》刊于《甲寅》第 1 卷第 9 号。

　　吴恭亨《代议》刊于《甲寅》第 1 卷第 9 号。

　　顾澄《译书》刊于《甲寅》第 1 卷第 9 号。

　　孤桐《说分》刊于《甲寅》第 1 卷第 10 号。

　　王照《纲说》刊于《甲寅》第 1 卷第 10 号。

　　梁大肃《代议非易案书后》刊于《甲寅》第 1 卷第 10 号。

　　金兆銮《论学制》刊于《甲寅》第 1 卷第 10 号。

　　高仲和《质正》刊于《甲寅》第 1 卷第 10 号。

　　曹典球《者何》刊于《甲寅》第 1 卷第 10 号。

　　黄复《民极》刊于《甲寅》第 1 卷第 10 号。

　　林大闾《三游》刊于《甲寅》第 1 卷第 10 号。

　　邵祖平《可忧》刊于《甲寅》第 1 卷第 10 号。

　　唐铁风《四人》刊于《甲寅》第 1 卷第 10 号。

　　周维屏《张子晋》刊于《甲寅》第 1 卷第 10 号。

　　叶蓁《文律》刊于《甲寅》第 1 卷第 10 号。

　　孤桐《疏解輗义》刊于《甲寅》第 1 卷第 11 号。

　　郁嶷《沪案诤词》刊于《甲寅》第 1 卷第 11 号。

　　苏希洵《取消不平等条约之法律根据》刊于《甲寅》第 1 卷第 11 号。

　　黄侃《毁人》刊于《甲寅》第 1 卷第 11 号。

　　陶镛《监狱》刊于《甲寅》第 1 卷第 11 号。

　　陈筮枢《国故》刊于《甲寅》第 1 卷第 11 号。

　　李濂镗《论无教》刊于《甲寅》第 1 卷第 11 号。

　　孙至诚《士》刊于《甲寅》第 1 卷第 11 号。

　　刘孝存《白话文》刊于《甲寅》第 1 卷第 11 号。

　　孤桐《原化》刊于《甲寅》第 1 卷第 12 号。

　　潘大道《代议不易辨》刊于《甲寅》第 1 卷第 12 号。

　　陈陶遗《害马》刊于《甲寅》第 1 卷第 12 号。

杨鸿烈《头脑》刊于《甲寅》第1卷第12号。

黄维翰《胡思敬》刊于《甲寅》第1卷第12号。

龚张斧《编译》刊于《甲寅》第1卷第12号。

孤桐《文俚平议》刊于《甲寅》第1卷第13号。

按：《甲寅》周刊第1卷第13号于10月10日出版。文曰：有自署擘黄者，以文言优胜为题，推言文俚相较，俚未必不如文之道，揭于《现代评论》（第二卷四十三期）。近所见白话文，无叫嚣儇薄之习，而能持理，人得相从讨论如是篇者实罕。以所言与愚近见有连，虽不及愚名，愚当自承。愿假斯会，略申论焉。

所谓白话文不通，不必指文之质地而言。以文俚言之通与否，固无绝对之义也。但今之文言通者，虽俚言亦通；不能文言，即俚言往往不通。其所以然，则文者非以口所能宣之字，泥沙俱下，而著于篇，即得是名也。其中造意遣言，至费斟酌。而此斟酌工夫，天姿与学力，盖参半焉。学力者何？即将古文中善于立言，而已有特嗜者，反复讽诵，得其仿佛，暴之于纸而心安，示之于人而共快者也。凡人无此学力，即于文事无所措手足。文事既无所措手足，则虽有幸，使以白话自见。而其所为白话，亦止于口如何道，笔如何写，韵味之不明，剪裁之不解，分位之不知，道谊之不协，横斜涂抹，狼藉满纸，媸妍高下，无力自判。已与徒党，辄悍然号于众曰文也文也，自画天地，跳踉以憙而已。夫文之道，要在雅驯，俚言之屏于雅，自无待论，而其蔽害之深切著明者，尤在不驯。凡说理层累之文，恒见五、六的字，贯于一句，亘二、三十言不休，耳治既艰，口诵尤涩，运思至四、五分钟，意犹莫明，请遣他词，源乃不具，谋易他句，法亦不习，臃肿堆垛，为势殭然。愚曾亲试此例弥不乏也。是无他，亦于白话中求白话文，而捉襟见肘，丑态乃尔耳。不通云云，其是之谓。擘黄君谓若干年后，不通者行即于通，此时无庸过虑。以愚思之，今去文未远，俚言多出能文者之手，茅塞已呈是境，更越若干年，将所谓国文为一事，传达思想又为一事，打成两橛，不见相属，仅"通""不通"云乎哉？擘黄君曰，人或以白话文为不美乎？吾请其自阅《水浒》《石头记》《儒林外史》等书可也。思俭如是，至可骇人。夫《水浒》等书，固无人谓其为不美也。特宇宙之文，何止小说？宇宙之事，何止淫盗琐屑？今欲以记淫盗琐屑而见为美者，移以为一切义理考据词章之文，而相与美之，尊彝与瓦缶并陈，宁无异感？巨屦与小屦同价，岂是人情？杀天下之文思，殓百家之道术，反国家于无化，启人类之淫邪，擘黄君一言以为不智，其流将及于是：敢断言也。愚尝论美，诂为人数数及之而不厌，如李陵答苏武，柳宗元与许孟容二书，文之甚美者也。每当晨起，天朗气清，持就明窗，回环高诵，其不手舞足蹈，心旷而神怡者，必其漠不知文者也。今试一如原书，而以白话文出之，擘黄君自揣所益于吾人之意境者何如？有白话文家，与人行野，遇妇道哭其夫，声徐而荒，不可卒闻。其词曰：

我的丈夫呀！

昨天我还看见你，

你真死了吗？

今天看不见了，

我好伤心啊！

白话文家厌之，速人去休，人愤然曰，此妇女作家所为新诗也。子宣玩味之不暇，而又何诟焉？此一事也。（事见《华国杂志》俊语录。）杜工部所纪石壕村妇人之词，"三男邺城戍"至"犹得备辰炊"云云，质直与此道哭之妇所称何异？乃一则见鄙于同派文宗，一为今古共推之绝唱。何也？擘黄君悬美字以资宏奖，其将何牒而可也？擘黄君曰："白话文向为读书人所蔑视，不以文章读之，故不觉其美。"是犹之为东施辩，谓此女不幸为里中轻贱，不以丽人待之，故其美不著之类也已。循环之义，愚于评新文化运动文中，言之颇详，重烦陈列，似无庸也。

信仰自由，天赋之权，人愿自安于不文，以白话为著作，他人无横阻理，擘黄君之言是也。但自由者，惟成年人得有之。今白话文之为害，非成年人自由著述之谓，而少数人以此风厉天下，未成年人不学而恣肆，垂熟之聪明材力，荒于虚牝，国家与人类，两受其损之谓。目"自由"之云，为可彼可此惟己所择者发也。而今白话文则未然，其于文无所知者无论矣；即凤堪持笔，蜚声论坛，而以近习村荒，俯拾即是，归依文雅,转病未能,是诸君奴于白话文也久矣。"自由"云乎哉?"自由"云乎哉?

答擘黄君竟,尚有二义,期于周知:盖文事之精,在以少许胜人多许,文简而当,其品乃高。计世界文字之中,此点以吾文为独至。然自昔大家,且兢兢以是境为不易几矣。故孙樵与高锡望书,称其为文,在彼宜一、二百言者,锡望能数十字,辄尽情状,及意穷事际,反若有千百言在。欧阳修与吴克书,亦谓发其文读之,浩手若干万言之多,及少定而视焉,终数百言尔。而白话文则反之,胎息《水浒》《红楼梦》之白话文尤反之,其参入的吗哩咧,及其他借撼听觉,羌无意义之辅字,而自成为赘,又不待言也。是文贵剪剔纷淆,而白话以纷淆为尚;文宜整齐驳冗,而白话以驳冗为高。徐志摩、陈通伯二子,俊拔之士也,所为白话文,俱可览观。然近见志摩作《晨报》副刊,琐琐序其为副刊之故,通伯吊刘叔和,通体看病之细言,皆不免于纷淆驳冗之讥。虽曰二子俌粃啜醨,以求苟合于时,储意摘词,未暇求其深雅;而亦白话文之本质,易趋于是,无可讳言,此一义也。其次则文以载道,愚夙昔疑之。自白话文兴,立言无范,以致论思失其准据,共喻为艰。然后笃信古人之不我欺,非有伦理基本观念,万说无自而立。李翱曰:"吾所以不协于时而学古文者,悦古人之行也。悦古人之行者,爱古人之道也。故学其言不可不行其行,行其行不可以不重其通。"其言似迂,其理切至。盖文者孕育理道以传于后,而非徒文墨笔砚之为也。今之于文,徒有取文墨笔砚,而遗其理道,以谓吾之理想,可得依此泛骛,无所于碍。不谓所持理想,乃至贫弱而相矛盾,人我隳突,一无准裁,犷悍相师,如兽走扩,冥冥中文化濒于破产,中国人且失其所以为中国人而不自知。此诚斯文之大厄,而华胄之亡征也。如愚以民国十四年乱无宁日,推言革命党应尸其责。愚夙主革命,负咎尤深。此乃显道恒情,庸童所晓。人可訾其情之伪,而无由议其理之非。今乃不然:愚言出而论者以为狂易,谓惟愚之革命事迹未见真耳。果其真矣,安得有此自毁之论?又愚论文章天成,惟妙手偶得,乃由以文字宣泄宇宙之玄秘,事至不易,非人人可能。此义稍识字者,莫不知之,而愚竟以此招怒聚骂,谓愚志存复古,故作大言欺人。如此类者,不一而足。凡与人持辩,必赖有 Common Ground 论得基之而起,今谷阑全失,所可假之为前提者,一一荡尽,如赤手长蛇,莫可捉搦,生马无控,骇奔而颠。是何也?自世重俚言,文字与理道僻驰阶文厉也,此又一义也。(引自郭双林编《中国近代思想家文库·章士钊卷》,中国人民大学出版社2015年版)

文天倪《科道制与代议制之利害得失如何立法与弹劾二权之分合利弊安在此项条文应如何规定其各分别论之》刊于《甲寅》第1卷第13号。

陈朝爵《远覆》刊于《甲寅》第1卷第13号。

黄际遇《士表》刊于《甲寅》第1卷第13号。

陆凡夫《乙卯》刊于《甲寅》第1卷第13号。

孙至诚《挽近》刊于《甲寅》第1卷第13号。

孤桐《评新文学运动》刊于《甲寅》第1卷第14号。

按:《甲寅》周刊第1卷第14号于10月17日出版。此文极力攻击新文学是"欲进而反退,求文而得野,陷青年于大阱,颓国本于无形",且明指胡适是罪魁祸首。文曰:愚曩《评新文化运动》,今胡君适之明其一偏,矜其独得,别标新文学运动之号,周游讲说。论域既狭,用力尤至。《晨报副刊》将彼武昌公开演讲之词,尽揭于篇(10月10日号)。审天下悦胡君之言而响之者众也,愚以职责所在,志虑攸关,不敢苟同以阿于世。敬抒所见,惟明者考览焉。

胡君首言新文学运动,其名早立,其义未始一讲,久矣此事成为过去,风行草偃,天下皆默认焉。今兹旧事重提,盖有思想顽固之人,出而反抗,吾不得已而为之云云。嘻!奇已。若而运动,行之已七八年,举国趋之若狂,大抵视为天经地义,无可畔越;乃主之者竟无说以处此,即有亦卷而怀之,未尝明白示人。事关百年至计,盲从而蠢动,不求甚解,一至于是,宁非至怪?愚尝澄心求之,以谓人本兽也。人性即兽性,其苦拘囚而乐放纵,避艰贞而就平易,乃出于天赋之自然,不待教而知,不待劝而能者也。使充其性而无法以节之,则人欲不得其养,争端不知所届,祸乱并至,而人道且熄。古之圣人知其然也,乃创为礼与文之二事以约之。一之于言动视听,使不放其邪心,著之于名物象数,使不穷于外物;复游之以诗书六艺,使舒其筋力而沦其心灵。初行似局，浸润而安，久之百行醇而至乐出，彬彬君子，实为天下之司命，默持而善导之，天下从风，炳焉如一。夫是之谓礼教，夫是之谓文化。斯道也，四千年来，吾国君相师儒，续续用力以恢弘之。其间至焉而违，违焉而复至，所经困折，不止一端。盖人心放之易而正之难，文事弛之易而修之难，质性如是，固无可如何者也。今乃反其道而行之，距今以前，所有良法美意，孕育于礼与文者，不论粗精表里，一切摧毁不顾，而惟以人之一时思想所得，口耳所得传，淫情滥绪，弹词小说所得描写，袒裼裸裎，使自致于世，号曰至美，是相率而返于上古猱猱狔狔之境。所谓苦拘囚而乐放纵，避艰贞而就平易，出于天赋之自然，不待教而知，不待劝而能者也。胡君倡为新文学，被荷如彼其远，而乃不言而人喻，能收大辩若嘿之效者以此。虽然，今既不以吾人为不肖而教之矣，请得一按所言，如其值而归之。

胡君曰："旧文学者，死文学也，不能代表活社会，活国家，活团体。"此最足以耸庸众之听，而无当于理者也。凡死文学，必其迹象与今群渺不相习，仅少教人资为考古而探索之，废兴存亡，不系于世用者也。今之欧人，于希腊拉丁之学为然，而吾也岂其俦乎？且弗言异国古文也，以英人而治赵瑟（Chaucer，14世纪诗人）即号难读，自非大学英文科生，解之者寥寥，否则二千年外之经典，可得琅然诵于数岁儿童之口。韩昌黎差比麦考黎（英19世纪之文家），而元、白之歌行，且易于裴Byron（裴伦）谢Shelley（谢烈与裴同为19世纪诗人）之短句，莎米更非其伦。死之云者，能得如是之一境乎。且文言贯乎？数千百年，意无二致，人无不晓；俚言则时与地限之，二者有所移易，诵习往往难通。黄鲁直之词，及元人之碑碣，其著例也。如曰死也，又在彼而不在此矣。

胡君言社会不应分两种阶级，使文人学士，独擅文言，而排斥愚夫愚妇顽童稚子于文学之外，此今之卯蒲所称文言属诸贵族，必白话始为平民者也。方愚幼时，吾乡之牧童樵子，俱得以时入塾，受《千字课》《四书》《唐诗三百首》，其由是而奋发，入邑庠，为团绅，号一乡之善士者比比也。寒门累代为农，亦至吾祖始读书，求科名，以传其子孙。凡通国情者，莫不知吾国自白丁以至宰相，可依人之愿力为之。文字限人之说，未或前闻。自新政兴，学校立，将《千字课》《四书》《唐诗三百首》，改为猫、狗、木、马、板凳之《国民读本》，向之牧童樵子，可得从容就傅者，转若严屏于塾门之外。上而小学，而高小，而中学，而高等，一乡中其得层累而进之徒，较之前清赴省就学政试，洋洋诵其场作，自鸣得意者，数尤减焉。求学难求学难之声，日闻于父兄师保，疾首蹙额而未已。是今之学校，自成为一种贵族教育，其故与文言白话之争，了不相关。由今之道，无变今之俗，即废手书而用口述，使所谓工具者，无可更加浅近，亦只便于佻达不学者之恣肆耳，去贵族平民之辩万里也。

胡君主造白话文之环境，谓若社会一切书籍，均用文言著述，平民概不了解，必且失趣而废然以返，故吾人必一致努力为白话文云云。白话文之万无成理，兹诚最大症结，胡君可谓明于自知。世界语之无生气，亦类是也。盖世界之学问，包涵于英、德、法三国之文字者（他国且不论），为量至大。而三国自身，不能互通。有时英人有求于德，德人有求于法，犹且尽力移译，弥其缺限。今一旦举三国之全量而废置之，惟以瓠落无所容之世界语，使人之耳目心思，从而寄顿，道德学术，从而发扬，他文著录，全译既有所不能，能亦韵味全失，无以生感。同时娴于他文者，复不能严为之界，使俱屏而不用，干枯杂沓，恼乱不堪，此其反于文化之通性，至为显著。世界语之无能为役，非无故也，惟白话文亦然。吾之国性群德，悉存文言，国苟不亡，理不可弃。今举百家九流之书，一一翻成白话，当非君等力能所至。君等竭精著作，将《水浒》《三国演义》《西游记》之心思结构，运用无遗，亦未见供人取求，应有而尽有。而又自为矛盾，以整理国故相号召，所列书目，又率为愚夫愚妇顽童稚子之所不谙。己之结习未忘，人之智欲焉传？环境之说，其虑弥是，而无如其法之无可通也。

胡君谓古文文言，二千年前已死。此二千年之文学历史，其真意义乃是白话。今售《三国演义》诸书，年逾百万。五百年来文学势力，不在孔孟程朱四书五经，而在《三国演义》诸书。今为问《三国演义》诸书，何时始见于世乎？文言死于二年前，是自距今千九百年以至《演义》出版之日，中国无文化也？其间皆死社会也？死国家也？死团体也？胡君之意，果即尔乎？小说年售百万，亦自亚东图书馆以胡君新标点问世为然耳。五百年间，悉如是乎？胡君之明版《康熙字典》，即考见前代为如是，而胡君曾亦忆及二十年前坊间流行之小题《文府策府统宗》，其销数为何等乎？又试查今之商务印书馆所编小学教科书，其年销之统计,果何若乎?胡君若以书贾为导师,从其后以噪于众曰,文化在是!文化在是!!此客观之念,毋乃太深,而许子之不惮烦,毋乃太甚乎?

胡君恶文法之繁难,且不切用,以谓不如语法之实在而便利。如文曰,吾未之见也。之字何以必在见字之上,其故无能言之。语曰,我见他,则何等爽快云云。夫文法者非逻辑也,约定俗宜,即为律令,从而轩轾,其道无由。吾文之法曰,凡否定句,止词必在动词之上。如"吾谁欺""愿莫之遂",皆"吾未之见"之例也。此类定律,不论持示何国文家,了无愧色。而曰"甚么原因讲不出来"。此特胡君讲不出来已耳,未必尽人为然也。若以语法不如是,是当废止,则一国之文,别有所谓 Conversation Grammar,与严正文律异趣者,所在多有。当今之时,中外互通,名家林立,谁则断言文语不两立如胡君乎?

右举各条,皆就胡君词中,稍稍论之。义取消极,辞止答辩,非特立主张,自成条贯者可比,亦非忘其谫陋,无病呻吟者所为。如施君畸者,或以老生常谈,泛而寡要少之,则须知菽粟为常,荒年视同性命;一壶非要,中流乃值千金。昔天下之言,不归杨则归墨。孟子之说,乃见真切而不为徒然;然后人犹以迂阔不近事情訾之。可见论世知人,本来非易。如愚行能,毫无足算,师今不及,安望古人?偶有发抒,亦比于候虫时鸟,鸣其所不得不鸣者而已。是非谤誉,焉足计哉!

陈朝爵《新旧质疑》刊于《甲寅》第 1 卷第 14 号。

胡先骕《师范大学制平议》刊于《甲寅》第 1 卷第 14 号。

董时进《释农国》刊于《甲寅》第 1 卷第 14 号。

陈伯肫《墨学》刊于《甲寅》第 1 卷第 14 号。

施畸《修辞学》刊于《甲寅》第 1 卷第 14 号。

陈鼎忠《治法》刊于《甲寅》第 1 卷第 14 号。

王璋《治法》刊于《甲寅》第 1 卷第 14 号。

尹桐阳《论音》刊于《甲寅》第 1 卷第 14 号。

孤桐《反动辨》刊于《甲寅》第 1 卷第 15 号。

孤桐《进化与调和》刊于《甲寅》第 1 卷第 15 号。

陈筦枢《国故》刊于《甲寅》第 1 卷第 15 号。

龚张斧《国立编译馆应负之职责》刊于《甲寅》第 1 卷第 15 号。

董时进《工化与农业》刊于《甲寅》第 1 卷第 15 号。

陈拔《论语体文》刊于《甲寅》第 1 卷第 15 号。

任鸿隽《科学》刊于《甲寅》第 1 卷第 15 号。

施畸《修辞学》刊于《甲寅》第 1 卷第 15 号。

梁漱溟《遗书》刊于《甲寅》第 1 卷第 15 号。

孤桐《合法辨》刊于《甲寅》第 1 卷第 16 号。

孤桐《慨言》刊于《甲寅》第 1 卷第 16 号。

叶蓁《新解蔽篇》刊于《甲寅》第 1 卷第 16 号。

马其旋《藉甚》刊于《甲寅》第 1 卷第 16 号。

张崧年《顷读》刊于《甲寅》第 1 卷第 16 号。

魏宸组《闻兄》刊于《甲寅》第 1 卷第 16 号。

贺有年《群言》刊于《甲寅》第 1 卷第 16 号。

施畸《顷自》刊于《甲寅》第 1 卷第 16 号。

李濂镗《前以》刊于《甲寅》第 1 卷第 16 号。

张中《甲寅》刊于《甲寅》第 1 卷第 16 号。

孤桐《再疏解輴义》刊于《甲寅》第 1 卷第 17 号。

汤松《超国论》刊于《甲寅》第 1 卷第 17 号。

吴康《明学》刊于《甲寅》第 1 卷第 17 号。

陆鼎揆《读甲》刊于《甲寅》第 1 卷第 17 号。

陈垣《去冬》刊于《甲寅》第 1 卷第 17 号。

孤桐《答志摩》刊于《甲寅》第 1 卷第 18 号。

郑贞文《沪滨》刊于《甲寅》第 1 卷第 18 号。

刘秉麟《闻来》刊于《甲寅》第 1 卷第 18 号。

龙泽厚《乐事》刊于《甲寅》第 1 卷第 18 号。

龙泽厚《奉诵》刊于《甲寅》第 1 卷第 18 号。

孤桐《创设教授院议》刊于《甲寅》第 1 卷第 19 号。

张崧年《吴穷小》刊于《甲寅》第 1 卷第 19 号。

龚张斧《农化蠡测》刊于《甲寅》第 1 卷第 19 号。

孤桐《特定学区议》刊于《甲寅》第 1 卷第 20 号。

陈筦枢《评新文化运动书后》刊于《甲寅》第 1 卷第 20 号。

郑窥古《无物论》刊于《甲寅》第 1 卷第 20 号。

章用《兼爱辨》刊于《甲寅》第 1 卷第 20 号。

孤桐《寒家再毁记》刊于《甲寅》第 1 卷第 21 号。

孤桐《名墨方行辨》刊于《甲寅》第 1 卷第 21 号。

蒙文通《议蜀学》刊于《甲寅》第 1 卷第 21 号。

孤桐《答稚晖先生》刊于《甲寅》第 1 卷第 22 号。

孤桐《委员制残论》刊于《甲寅》第 1 卷第 22 号。

孤桐《论败律》刊于《甲寅》第 1 卷第 23 号。

孤桐《与陈澜生论金佛郎书》刊于《甲寅》第 1 卷第 23 号。

孤桐《往事》刊于《甲寅》第 1 卷第 23 号。

孤桐《达旨》刊于《甲寅》第 1 卷第 24 号。

孤桐《评评》刊于《甲寅》第 1 卷第 24 号。

孤桐《记两君》刊于《甲寅》第 1 卷第 24 号。

陈无咎《辨漏雍》刊于《甲寅》第 1 卷第 24 号。

陈绍舜《论注音字母》刊于《甲寅》第 1 卷第 24 号。

孤桐《再论败律》刊于《甲寅》第 1 卷第 25 号。

孤桐《书郭松龄》刊于《甲寅》第 1 卷第 25 号。

孤桐《赵伯先事略》刊于《甲寅》第 1 卷第 25 号。

吴祖沅《论武力统一》刊于《甲寅》第 1 卷第 25 号。

陶孟和《列强环伺中之中国》刊于《东方杂志》第 22 卷第 1 号。

楼桐孙《英美选举与法国政局》刊于《东方杂志》第 22 卷第 1 号。

高一涵《联邦建国论》刊于《东方杂志》第 22 卷第 1 号。

潘大道《我之建国方案及其实行的希望》刊于《东方杂志》第 22 卷第 1 号。

何西亚《甲子大战后全国军队之调查》刊于《东方杂志》第 22 卷第 1 号。

唐钺《歌戈鱼虞模古读的管见》刊于《东方杂志》第 22 卷第 1 号。

愈之《埃及王陵发掘续记》刊于《东方杂志》第 22 卷第 1 号。

张蔚慈《世界人口与粮食问题》刊于《东方杂志》第 22 卷第 2 号。

张东荪《科学与哲学》刊于《东方杂志》第 22 卷第 2 号。

姚大荣《木兰从军时地表微》刊于《东方杂志》第 22 卷第 2 号。

王世杰《军人的人身自由言论自由与政治权》刊于《东方杂志》第 22 卷第 3 号。

竺可桢《中国历史上气候之变迁》刊于《东方杂志》第 22 卷第 3 号。

黄宾虹《鉴古名画论略》刊于《东方杂志》第 22 卷第 3 号。

周杰人《我国政治改造之计划》刊于《东方杂志》第 22 卷第 4 号。

寿景伟《自由主义与美国之经济政策》刊于《东方杂志》第 22 卷第 4 号。

颂皋《颜色与心理》刊于《东方杂志》第 22 卷第 4 号。

曹聚仁《国故学之意义与价值》刊于《东方杂志》第 22 卷第 4 号。

宋介《电影与社会立法问题》刊于《东方杂志》第 22 卷第 4 号。

刘海粟《写实主义之艺术及其大师》刊于《东方杂志》第 22 卷第 4 号。

周鲠生《俄罗斯的政治改造》刊于《东方杂志》第 22 卷第 5 号。

楼桐孙《德国选举之面面观》刊于《东方杂志》第 22 卷第 5 号。

仲云译《罗素论远东问题》刊于《东方杂志》第 22 卷第 5 号。

唐钺《杨朱考》刊于《东方杂志》第 22 卷第 5 号。

刘奇峰《伦理学的实用主义》刊于《东方杂志》第 22 卷第 5 号。

黄仲苏《论剧》刊于《东方杂志》第 22 卷第 5 号。

张东荪《联邦论辩》刊于《东方杂志》第 22 卷第 6 号。

陈燦《欧美各国最近之关税政策及将来之趋势》刊于《东方杂志》第 22 卷第 6 号。

彭家元《中国边地之现况与移民》刊于《东方杂志》第 22 卷第 6 号。

陈贤德《语言心理》刊于《东方杂志》第 22 卷第 6 号。

李笠《史记订补叙例》刊于《东方杂志》第 22 卷第 6 号。

朱经农《孙中山先生学说的研究》刊于《东方杂志》第 22 卷第 7 号。

齐水《苏俄的中国研究与东方杂志》刊于《东方杂志》第 22 卷第 7 号。

幼雄《日俄协定之成立及其影响》刊于《东方杂志》第 22 卷第 7 号。

干勤《中东铁路之过去现在及将来》刊于《东方杂志》第 22 卷第 7 号。

颂皋《江浙战事之教训与吾人今后之准备》刊于《东方杂志》第 22 卷第 7 号。

查夷平《律吕概论》刊于《东方杂志》第 22 卷第 7 号。

吕思勉《国民自立艺文馆议》刊于《东方杂志》第 22 卷第 7 号。

乔峰《生命的相互关系》刊于《东方杂志》第 22 卷第 7 号。

周建人《读中国之优生问题》刊于《东方杂志》第 22 卷第 8 号。

潘公展《最近世界大势的鸟瞰》刊于《东方杂志》第 22 卷第 8 号。

郭绍宗《美日战争之预测》刊于《东方杂志》第 22 卷第 8 号。

胡梦华《帝国主义之研究》刊于《东方杂志》第 22 卷第 8 号。

陈定谟《社会科学的行为中心说》刊于《东方杂志》第 22 卷第 8 号。

姚维锐《古书疑义举例补》刊于《东方杂志》第 22 卷第 8 号。

胡先骕《留学问题与吾国高等教育之方针》刊于《东方杂志》第 22 卷第 9 号。

春涛《新社会政策的国际运动》刊于《东方杂志》第 22 卷第 9 号。

周孝庵《中国最近之新闻事业》刊于《东方杂志》第 22 卷第 9 号。

陈日新《争斗观念中的垂直关系和水平关系》刊于《东方杂志》第 22 卷第 9 号。

汪馥炎《坚白盈离辩》刊于《东方杂志》第 22 卷第 9 号。

张东荪《唯用派哲学之自由论》刊于《东方杂志》第 22 卷第 9 号。

谢似颜《远东运动会之由来及我国今后之准备》刊于《东方杂志》第 22 卷第 10 号。

孙师毅《社会学研究方法上之争辩》刊于《东方杂志》第 22 卷第 10 号。

陈仲益《我国国际贸易源流考》刊于《东方杂志》第 22 卷第 10 号。

臧启芳《市政和促进市政之方法》刊于《东方杂志》第 22 卷第 11 号。

董修甲《田园新市与我国市政》刊于《东方杂志》第 22 卷第 11 号。

潘绍宪《市政组织法》刊于《东方杂志》第 22 卷第 11 号。

张锐《城市设计》刊于《东方杂志》第 22 卷第 11 号。

陈延杰《论唐人七绝》刊于《东方杂志》第 22 卷第 11 号。

叶秋原《市政与国家》刊于《东方杂志》第 22 卷第 12 号。

周建人《赫胥黎与达尔文进化说》刊于《东方杂志》第 22 卷第 12 号。

仲云《赫胥黎与宗教》刊于《东方杂志》第 22 卷第 12 号。

祝平《联治平议》刊于《东方杂志》第 22 卷第 13 号。

罗偟《美国城市经理制概述》刊于《东方杂志》第 22 卷第 13 号。

陈友琴《中国之铜元问题》刊于《东方杂志》第 22 卷第 13 号。

姚大荣《风怀诗本事表征》刊于《东方杂志》第 22 卷第 13 号。

李霁初《梦的心理》刊于《东方杂志》第 22 卷第 13 号。

吴剑煌《游清宫内中路记略》刊于《东方杂志》第 22 卷第 13 号。

陈霆锐《收回会审公廨问题》刊于《东方杂志》第 22 卷第 14 号。

徐中舒《木兰歌再考》刊于《东方杂志》第 22 卷第 14 号。

何济《民俗学大意》刊于《东方杂志》第 22 卷第 14 号。

姚公鹤《上海空前惨案之因果》刊于《东方杂志》第 22 卷第 15 号。

金侣琴《英日对华贸易与我国国民经济之关系》刊于《东方杂志》第 22 卷第 15 号。

楼桐孙《十年来之法国经济状况》刊于《东方杂志》第 22 卷第 15 号。

记者《云南大理地震纪略》刊于《东方杂志》第 22 卷第 15 号。

吴颂皋《行为派心理学对于行为中目的之解释》刊于《东方杂志》第 22 卷第 15 号。

何炳松《蒙古史导言并序》刊于《东方杂志》第 22 卷第 15 号。

马寅初《不平等条约于我国经济上之影响》刊于《东方杂志》第 22 卷第 16 号。

赵铣《索伦记略》刊于《东方杂志》第 22 卷第 16 号。

李云良《试算方法论》刊于《东方杂志》第 22 卷第 16 号。

唐钺《杨朱考补证》刊于《东方杂志》第 22 卷第 16 号。

戈公振《报馆剪报室之研究》刊于《东方杂志》第 22 卷第 16 号。

孔襄我《中国现状与美国舆论》刊于《东方杂志》第 22 卷第 17 号。

楼桐孙《英国之经济恐慌与沪案形势》刊于《东方杂志》第 22 卷第 17 号。

资耀华《中国国际贸易之现状及其救济方策》刊于《东方杂志》第 22 卷第 17 号。

幼雄《民众外交之方式》刊于《东方杂志》第 22 卷第 17 号。

宋介《儿童救济问题》刊于《东方杂志》第 22 卷第 17 号。

费鸿年《淘汰说在近代生物学上的位置》刊于《东方杂志》第 22 卷第 17 号。

愈之《摩洛哥问题与列强帝国主义的把戏》刊于《东方杂志》第 22 卷第 18 号。

胡善恒《英国之预算案及其经济政策》刊于《东方杂志》第 22 卷第 18 号。

金士宣《中国交通事业之各种问题》刊于《东方杂志》第 22 卷第 18 号。

张东荪《出世思想与西洋哲学》刊于《东方杂志》第 22 卷第 18 号。

李俨《中算输入日本之经过》刊于《东方杂志》第 22 卷第 18 号。

章克标《德国的表现主义剧》刊于《东方杂志》第 22 卷第 18 号。

王开基《选举权论》刊于《东方杂志》第 22 卷第 19 号。

康君《欧洲各国政治现状概观》刊于《东方杂志》第 22 卷第 19 号。

幼雄《国际联盟与学问艺术之国际化》刊于《东方杂志》第 22 卷第 19 号。

陈定谟《识认论之历史观》刊于《东方杂志》第 22 卷第 19 号。

吴天放《关税特别会议》刊于《东方杂志》第 22 卷第 20 号。

盛俊《我国协定关税之经过与关税特别会议之任务》刊于《东方杂志》第 22 卷第 20 号。

李培恩《关税自主》刊于《东方杂志》第 22 卷第 20 号。

程维嘉《我之关税会议观》刊于《东方杂志》第 22 卷第 20 号。

端木铸秋《关税制度与中国之关税制度》刊于《东方杂志》第 22 卷第 20 号。

白本《托尔斯泰晚年出亡的原因》刊于《东方杂志》第 22 卷第 20 号。

释太虚《由职志的国际组织造成人世和乐国》刊于《东方杂志》第 22 卷第 21 号。

王首春《中国经济现状之一面观》刊于《东方杂志》第 22 卷第 21 号。

徐恒耀《满蒙的劳动状况与移民》刊于《东方杂志》第 22 卷第 21 号。

樊仲云《最近一年来之印度国民运动》刊于《东方杂志》第 22 卷第 21 号。

贺麟《严复的翻译》刊于《东方杂志》第 22 卷第 21 号。

阮静如《列强对华经济侵略之解释》刊于《东方杂志》第 22 卷第 22 号。

陈章《美国电力事业十年前后之回顾与预测》刊于《东方杂志》第 22 卷第 22 号。

潘光旦《二十年来世界之优生运动》刊于《东方杂志》第 22 卷第 22 号。

许笃仁《转注浅说》刊于《东方杂志》第 22 卷第 22 号。

丰子恺《歌剧与乐剧》刊于《东方杂志》第 22 卷第 22 号。

愈之《外人在华的既得权利与中国民族独立》刊于《东方杂志》第 22 卷第 23 号。

幼雄《欧洲保安公约与罗加拿会议》刊于《东方杂志》第 22 卷第 23 号。

李承俊《关款保管问题》刊于《东方杂志》第 22 卷第 23 号。

黄毅《劳动争议之和解及裁决》刊于《东方杂志》第 22 卷第 23 号。

范用余《近百年欧洲政治哲学概述》刊于《东方杂志》第 22 卷第 23 号。

姚大荣《木兰从军时地补述》刊于《东方杂志》第 22 卷第 23 号。

高维《社会医学》刊于《东方杂志》第 22 卷第 23 号。

陈如玄《关税自主之先决问题》刊于《东方杂志》第 22 卷第 24 号。

陈日新《日本的无产政党树立运动》刊于《东方杂志》第 22 卷第 24 号。

樊仲云《苏俄近状》刊于《东方杂志》第 22 卷第 24 号。

[日]堀江归一著，韦伯译《失业问题及其对策》刊于《东方杂志》第 22 卷第 24 号。

董仲佳《吾国银行运用款项应有之觉悟》刊于《东方杂志》第 22 卷第 24 号。

陈植《满洲之农林概况及日人开发满洲农林业之设施》刊于《东方杂志》第 22 卷第 24 号。

[美]哈吉脱著，周建人译《无脊椎动物与文明》刊于《东方杂志》第 22 卷第 24 号。

松子《时局问题与民众势力》刊于《太平洋》第 4 卷第 10 号。

燕树棠《中国领事裁判权问题之常识》刊于《太平洋》第 4 卷第 10 号。

皮皓白《苏俄经济政策的演化》刊于《太平洋》第 4 卷第 10 号。

白鹏飞《论中国财政上所受外债之不法的压迫》刊于《太平洋》第 4 卷第 10 号。

陈沧来《食盐引岸溯源》刊于《太平洋》第 4 卷第 10 号。

曲殿元《战争与直隶皮毛业的损失》刊于《太平洋》第 4 卷第 10 号。

陶孟和《人性——改革社会的根本问题》刊于《太平洋》第 4 卷第 10 号。

冯友兰《对于哲学及哲学史之一见》刊于《太平洋》第 4 卷第 10 号。

李润章《物质文明的能力供给问题》刊于《太平洋》第 4 卷第 10 号。

光《地球之形状》刊于《太平洋》第 4 卷第 10 号。

江绍原《耶稣是否历史人物的问题》刊于《太平洋》第 4 卷第 10 号。

王世杰《我们对于军事善后的主张》刊于《太平洋》第 4 卷第 10 号。

唐有壬《我们对于财政善后的主张》刊于《太平洋》第 4 卷第 10 号。

彭基相《职业与文化》刊于《教育杂志》第 17 卷第 1 期。

吴俊升《杜威的职业教育论》刊于《教育杂志》第 17 卷第 1 期。

潘文安《职业教育概说》刊于《教育杂志》第 17 卷第 1 期。

程湘帆《小学校与职业教育》刊于《教育杂志》第 17 卷第 1 期。

俞子夷《职业教育职业学校我的三个疑问一个谬见》刊于《教育杂志》第 17 卷第 1 期。

卫士生《职业指导概论》刊于《教育杂志》第 17 卷第 1 期。

盛振声《职业指导是什么》刊于《教育杂志》第 17 卷第 1 期。

沈达时《教育与职业指导》刊于《教育杂志》第 17 卷第 1 期。

刘湛恩《职业指导的具体计划》刊于《教育杂志》第 17 卷第 1 期。

舒新城《中学职业指导的先决问题》刊于《教育杂志》第 17 卷第 1 期。

曹析权、潘仰尧《初级中学实施职业指导之计划》刊于《教育杂志》第 17 卷第 1 期。

邹恩润《职业心理学与职业指导》刊于《教育杂志》第 17 卷第 1 期。

杨贤江《职业心理的研究》刊于《教育杂志》第 17 卷第 1 期。

潘文安《职业教育与职业训练》刊于《教育杂志》第 17 卷第 1 期。

赵廷为《职业训练的目的》刊于《教育杂志》第 17 卷第 1 期。

丁晓先《小学校的职业训练》刊于《教育杂志》第 17 卷第 1 期。

熊翥高《实施职业教育时所得的几个失败原因和理想的改革方法》刊于《教育杂志》第 17 卷第 1 期。

杨鄂联《小学教育与职业陶冶》刊于《教育杂志》第 17 卷第 1 期。

赵廷为《职业测验编造法》刊于《教育杂志》第 17 卷第 1 期。

沈仲九《革命与教育》刊于《教育杂志》第 17 卷第 2 期。

何炳松《历史教授法(上)》刊于《教育杂志》第 17 卷第 2 期。

洪北平《中学国文教学底先决问题》刊于《教育杂志》第 17 卷第 2 期。

薛鸿志《溯因考原法》刊于《教育杂志》第 17 卷第 2 期。

杨彬如《小学校的健康教育(中)》刊于《教育杂志》第 17 卷第 2 期。

鲁民《新旧地理教学之异点》刊于《教育杂志》第 17 卷第 2 期。

姚以齐《中国中小学教师问题研究》刊于《教育杂志》第 17 卷第 2 期。

黄卓《政治教育与中国》刊于《教育杂志》第 17 卷第 3 期。

高卓《墨独孤的灵魂论及其批评(上)》刊于《教育杂志》第 17 卷第 3 期。

沈亦珍《暗示之研究》刊于《教育杂志》第 17 卷第 3 期。

孟宪承《查特斯论编制师范课程的原理》刊于《教育杂志》第 17 卷第 3 期。

何炳松《历史教授法(下)》刊于《教育杂志》第 17 卷第 3 期。

薛鸿志《溯因考察法(下)》刊于《教育杂志》第 17 卷第 3 期。

杨彬如《小学校的健康教育(下)》刊于《教育杂志》第 17 卷第 3 期。

沈百英《小学自然研究指导法》刊于《教育杂志》第 17 卷第 3 期。

姚以齐《中国中小学教师问题研究》刊于《教育杂志》第 17 卷第 3 期。

舒新城《愿全国教育家反省》刊于《教育杂志》第 17 卷第 4 期。

高卓《墨独孤的灵魂论及其批评(下)》刊于《教育杂志》第 17 卷第 4 期。

沈建平《近代各派艺术教育说之批判》刊于《教育杂志》第 17 卷第 4 期。

章柳泉《论小学训育》刊于《教育杂志》第 17 卷第 4 期。

沈百英《小学低年级作文教学法》刊于《教育杂志》第 17 卷第 4 期。

盛朗西《十年来江苏中等学校毕业生出路统计》刊于《教育杂志》第 17 卷第 4 期。

沈仲九《我的理想教育观》刊于《教育杂志》第 17 卷第 5 期。

朱经农《对于初中课程的讨论(八)》刊于《教育杂志》第 17 卷第 5 期。

朱文叔《职业指导与学校教育》刊于《教育杂志》第 17 卷第 5 期。

赵廷为《教育测验的意义应用及发展》刊于《教育杂志》第 17 卷第 5 期。

高觉《用脑工作的持久力成功及速率之关系》刊于《教育杂志》第 17 卷第 5 期。

李邦和《师范附小急须辅导地方小学改进之原因及其方法》刊于《教育杂志》第 17 卷第 5 期。

盛朗西《十年来江苏中等学校毕业生出路统计(续)》刊于《教育杂志》第 17 卷第 5 期。

廖世承《今后中学教育的问题》刊于《教育杂志》第 17 卷第 6 期。

唐毅《我国今日所需要的中学校》刊于《教育杂志》第 17 卷第 6 期。

赵廷为《初级中学的意义与职能》刊于《教育杂志》第 17 卷第 6 期。

李清悚《中学学生身心之变迁及其特徵》刊于《教育杂志》第 17 卷第 6 期。

甘豫源《中学学生的个别差异与教育》刊于《教育杂志》第 17 卷第 6 期。

王衍康《中等学校训育问题》刊于《教育杂志》第 17 卷第 6 期。

盛振声《中学训育问题的研究》刊于《教育杂志》第 17 卷第 6 期。

余家菊《中学校之训育方针》刊于《教育杂志》第 17 卷第 6 期。

朱经农《关于编制初中课程原则之争议》刊于《教育杂志》第 17 卷第 6 期。

杨效春《初中课程里两个建议》刊于《教育杂志》第 17 卷第 6 期。

孟宪承《初中作文教学法之研究》刊于《教育杂志》第 17 卷第 6 期。

胡衡臣《初级中学的理化教学法》刊于《教育杂志》第 17 卷第 6 期。

熊翥高《对于初级中学图画手工科的一种计划》刊于《教育杂志》第 17 卷第 6 期。

郑鹤春《浙江省立第四中学校试行中之二四制的课程标准》刊于《教育杂志》第 17 卷第 6 期。

薰宇《立达中学校》刊于《教育杂志》第 17 卷第 6 期。

沈仲九《关于中等教育之一种小小的试验》刊于《教育杂志》第 17 卷第 6 期。

沈子善《介绍研究中等教育的两种新参考书》刊于《教育杂志》第 17 卷第 6 期。

胡家健《介绍两本专论初级中学教育的名著》刊于《教育杂志》第 17 卷第 6 期。

夏承枫《改制后中等教育政策商榷》刊于《教育杂志》第 17 卷第 7 期。

章柳泉《中等学校休闲习惯之研究》刊于《教育杂志》第 17 卷第 7 期。

舒新城《中学教学法与学生团体活动》刊于《教育杂志》第 17 卷第 7 期。

朱自清《中等学校国文教学的几个问题》刊于《教育杂志》第 17 卷第 7 期。

盛朗西《英俄德法美日中七国的中学教育》刊于《教育杂志》第 17 卷第 7 期。

胡家健《加拿大中等教育概观》刊于《教育杂志》第 17 卷第 7 期。

廖世承《我国中等学校教师的概况》刊于《教育杂志》第 17 卷第 7 期。

邹恩润《参观江苏职业教育后的感触与建议》刊于《教育杂志》第 17 卷第 7 期。

曹刍《中学校的几个紧要问题》刊于《教育杂志》第 17 卷第 8 期。

杨贤江《中学训育问题的研究》刊于《教育杂志》第 17 卷第 8 期。

匡互生《中等学校的训育问题》刊于《教育杂志》第 17 卷第 8 期。

薰宇《怎样解决中等学校的风潮》刊于《教育杂志》第 17 卷第 8 期。

赵廷为《初级中学的外国文课程》刊于《教育杂志》第 17 卷第 8 期。

朱光潜《中学校英文教学法示例》刊于《教育杂志》第 17 卷第 8 期。

凌纯声《东大附中初级中学课程之过去现在与将来》刊于《教育杂志》第 17 卷第 8 期。

杨贤江《中等教育与青年问题》刊于《教育杂志》第 17 卷第 9 期。

周之淦《中学校长教学指导之责任》刊于《教育杂志》第 17 卷第 9 期。

丰子恺《中等学校的图画教育》刊于《教育杂志》第 17 卷第 9 期。

陈东原《去年中学毕业生之升学成绩》刊于《教育杂志》第 17 卷第 9 期。

刘延陵《教育感言（一）》刊于《教育杂志》第 17 卷第 10 期。

高卓《心之分析的起源与发展》刊于《教育杂志》第 17 卷第 10 期。

沈仲九《初中国文教科书问题》刊于《教育杂志》第 17 卷第 10 期。

沈百英《小学算学教学法》刊于《教育杂志》第 17 卷第 10 期。

盛朗西《英俄德法美日七国的中学教育》刊于《教育杂志》第 17 卷第 10 期。

杨贤江《德国的新学校》刊于《教育杂志》第 17 卷第 10 期。

常道直《旅美参观学校纪略》刊于《教育杂志》第 17 卷第 10 期。

周天冲《伯格来氏教学通论》刊于《教育杂志》第 17 卷第 10 期。

常道直《国家主义与德国教育之进展（上）》刊于《教育杂志》第 17 卷第 11 期。

刘延陵《教育感言（二）》刊于《教育杂志》第 17 卷第 11 期。

高卓《心之分析的起源与发展(续)》刊于《教育杂志》第 17 卷第 11 期。

瞿世英《教员与艺术家》刊于《教育杂志》第 17 卷第 11 期。

张九如《小学语文测验法》刊于《教育杂志》第 17 卷第 11 期。

任白涛《欧美的新学校》刊于《教育杂志》第 17 卷第 11 期。

沈子善《法国女子中学教育之新建设》刊于《教育杂志》第 17 卷第 11 期。

常道直《国家主义与德国教育之进展(下)》刊于《教育杂志》第 17 卷第 12 期。

赵笃明《中国教育应如何改革》刊于《教育杂志》第 17 卷第 12 期。

杜佐周《读法的心理》刊于《教育杂志》第 17 卷第 12 期。

周调阳《殷格利氏中等教育原理述要》刊于《教育杂志》第 17 卷第 12 期。

赵欲仁《小学生疾病问题》刊于《教育杂志》第 17 卷第 12 期。

任白涛《欧美的新学校(续)》刊于《教育杂志》第 17 卷第 12 期。

李大年《美国中等学校教授社会科学最近的趋势》刊于《教育杂志》第 17 卷第 12 期。

黄竞白《东大附小五六年级试行的社会测验诊断法》刊于《教育杂志》第 17 卷第 12 期。

陶行知《本刊之使命》刊于《新教育评论》第 1 卷第 1 期。

按:陶行知曾担任过《新教育》的主编,又是《新教育评论》的发起人之一。《新教育》出至第 11 卷第 3 期后停刊,陶行知与高仁山、赵廼传、查良钊、孟宪承、汪懋祖、王希曾等发起创办《新教育评论》周刊,参办单位有北京大学教育科、北京师范大学、东南大学教育科、北京清华学校、中华平民教育促进会、香山慈幼院、中华教育改进社等。按照王西征的说法:《新教育》"它的停刊,原不想是消极的中断,而是积极的改造。当改进社将编辑部收回时,并没想到用停刊的方法改造它,只想把它的内容充实,精炼,把它的管理整顿,统一;把它的印量加速,推广;而最重要的,就是要在内容里加入评论的文字,使它成为有时效而适合于本国教育需要的刊物。我们觉得:我国现在的教育,因为政治,经济,社会种种影响,已决不容单独空谈'弥乎六合'的原理。它已经明确地显示出特殊的差异,这种差异所形成的迫切需要,为教育刊物所应认真探讨于设法解决的。新教育对于这层,很难充分努力——因为它是月刊,而现在教育上的变化几乎是'早晚市价不同'的。因此,便决定把它改为周刊——取名新教育评论。"(参见王西征《从新教育到新教育评论》,载《新教育评论》1926 年第 3 卷第 1 期,第 10—14 页)可见,《新教育》和《新教育评论》这两份刊物是一脉相承的。陶行知为《新教育评论》写发刊词,是十分恰当的。陶行知在《本刊之使命》中提出了教育界"联络的必要",全文如下:

现在国内各界对于教育的关系,教育界对于国家的需要,都缺少充分的了解,不但如此,即教育界本身,也是隔阂很深,并无充分联络的机会。往往大学不知中学,中学不知小学,小学不知蒙养园,倒转来,亦复如是。而在教育界服务的人,办学的不知教学的;教此一科的不知教彼一科的;甚至同在一地,同教一科的人亦复不相闻问。这种闷起头来各干各的情形确有联络之必要。那应当联络中之最应当联络的就是试验学校与一般学校。试验学校是教育上新知识之来源;一般学校是应用此种新知识之场所。如何使这些新知来源和一般学校联串起来是一种最重要的工作。试拿自来水来做个比方。试验学校好比是泉水;一般学校好比是用户;本刊不敏,愿意做座水塔,谁要水用,还愿为他通根水管。

中国教育在万难中奋斗:有的禁不起过分的压迫,归于破裂;有的禁不起世俗的诱惑,归于萎靡;有的愈败欲战,愈见其卓绝之精神。不知者以腐败两字抹杀中国一切教育,那以耳代目之教育行政者亦跟在后面附和,实在有点冤屈。就我所知道的,各地教育成绩可以互供参证的正自不少,所可惜的就是缺少充分沟通的机会。我们很愿意把这个周刊献给大家。如果大家不嫌他太小,肯到这里来交换经验,沟通思想,我们是很欢迎的。我们愿意大家借这个机会把个各干各的教育界渐渐地化为一个通力合作的教育界。倘使本刊出现之后教育界多得一个有机体的联络,使他各部分的生命汇通起来产生一个更圆满,更和谐的新生命,我们也就心满意足了。

　　我们沟通思想,交换经验的时候,因为种种关系,不免发生不同的见解,不得已而出与辩论。理愈辩愈明,本刊即当作讲理的地方看也可。现在有些人论列世事往往当同伐异逞意气之争,以好恶毁誉利害与是非混作一谈。甚至是非可以制造,可以颠倒,可以买卖。把一般的阅者都弄得昏头昏脑,无所适从。至于顺带骂人几句亦为今日言论界的通病。骂人虽可取快一时,但是设身处地一想,叫对方见了气得脸上发青或胀得满脸通红又有什么趣味呢? 我们只愿讲理。是的说是;非的说非;是非未明,决不轻下判断。彼此所见不同,必求其所以不同之故。我与对方同是寻求真理的人,谁寻着真理,双方都应当乐意承受。所以讲理的人应当"毋意,毋必,毋固,毋我",而"我"关尤宜打破。谩骂和强辩都是把"我"字看得太重的缘故。所以说理的人,必愿尊重他人的意见,反省自己的主张,同时更有服从真理的勇气。本刊旨在说理,凡和我们说理的我们都很欢迎;倘寻人吵嘴,我们就要敬谢不敏了。我们愿在说理的时候顺带培养点浑厚的态度,减少些刻薄的风气。谅想这也是大家赞成的。

　　我们少数人的贡献是很有限的。但平日研究,或有一得。此一得之见,或者是各方同志所愿闻的。且因每周出版的督促,同人益加奋勉,而不容稍有懈怠;如是及时无益于人,至少有益于己。倘此有益于己的,兼能有益于人,岂不是更好吗? 所以本刊的旨趣乃是寓贡献与研究之中。他的使命就在为教育界通通血脉使大家呼吸些清新温润的空气,并给同志们一个努力切磋的机会。

　　汪懋祖《教育界应有之根本觉悟》刊于《新教育评论》第 1 卷第 1 期。

　　高仁山《教育界与民众运动》刊于《新教育评论》第 1 卷第 1 期。

　　陶知行《南开大学教授来京参观感言》刊于《新教育评论》第 1 卷第 1 期。

　　查良钊《新学制又"修正"了》刊于《新教育评论》第 1 卷第 1 期。

　　赵迺传《科学的态度与教育》刊于《新教育评论》第 1 卷第 1 期。

　　孟宪承《教育学科在大学课程上之地位》刊于《新教育评论》第 1 卷第 1 期。

　　高仁山《郑译教育之科学的研究》刊于《新教育评论》第 1 卷第 1 期。

　　王希曾《读胡蒋二氏的通信以后》刊于《新教育评论》第 1 卷第 1 期。

　　董时进《西北的平民教育》刊于《新教育评论》第 1 卷第 1 期。

　　查良钊《民众运动与言论自由》刊于《新教育评论》第 1 卷第 2 期。

　　赵迺传、陶知行等《女师大与女大问题之讨论》刊于《新教育评论》第 1 卷第 2 期。

　　王希曾《日本"对支文化事业"》刊于《新教育评论》第 1 卷第 2 期。

　　孟宪承《小学读经也成问题么?》刊于《新教育评论》第 1 卷第 2 期。

　　俞子夷《教育界领袖人物的特别免许状》刊于《新教育评论》第 1 卷第 2 期。

　　陶知行《陈著之家庭教育》刊于《新教育评论》第 1 卷第 2 期。

　　赵迺传《国宪草案中的教育专章》刊于《新教育评论》第 1 卷第 3 期。

　　陶知行《时局变化中之义务教育》刊于《新教育评论》第 1 卷第 3 期。

　　孟宪承《女师大女大问题的一段落》刊于《新教育评论》第 1 卷第 3 期。

　　陶知行《驳特定学区议》刊于《新教育评论》第 1 卷第 3 期。

　　谢循初《教育部重订外资学校认可新章》刊于《新教育评论》第 1 卷第 3 期。

　　张耀翔《六百年来最有势力的小学校教科书》刊于《新教育评论》第 1 卷第 3 期。

　　孟宪承《评两种教育新著》刊于《新教育评论》第 1 卷第 3 期。

　　陶知行《内蒙革命与教育》刊于《新教育评论》第 1 卷第 4 期。

　　赵迺传《儿童研究会》刊于《新教育评论》第 1 卷第 4 期。

　　孟宪承《最近德国教育的趋势》刊于《新教育评论》第 1 卷第 4 期。

　　翁文灏《与中小学教员谈中国地质(一)》刊于《新教育评论》第 1 卷第 4 期。

张耀翔《六百年来最有势力的小学校教科书(续完)》刊于《新教育评论》第1卷第4期。

汪懋祖《答彭基相先生讨论适存停办高中问题》刊于《新教育评论》第1卷第4期。

章柳泉《关于教学上所应知的两件事》刊于《新教育》第10卷第1期"初等教育"。

辛曾烨《怎样教学乡村小学的儿童》刊于《新教育》第10卷第1期"初等教育"。

俞子夷《读了舒新城〈小学教育问题杂谈〉以后》刊于《新教育》第10卷第1期"初等教育"。

辛曾烨《办理六年单级小学的我见》刊于《新教育》第10卷第1期"初等教育"。

徐敬修《各科测验法下编(续初等教育二卷三期)》刊于《新教育》第10卷第1期"初等教育"。

俞子夷《人类应用数字选择的又一报告》刊于《新教育》第10卷第1期"初等教育"。

徐元善《小学校公民教育之五大问题》刊于《新教育》第10卷第1期"初等教育"。

李晓农《前期小学国语教学概要》刊于《新教育》第10卷第1期"初等教育"。

潘蛰虹《三四年用剧本——一个小乞儿的梦》刊于《新教育》第10卷第1期"初等教育"。

赵欲仁《缀法方面的几个小问题》刊于《新教育》第10卷第1期"初等教育"。

蒋石洲《最少量的小学算术课程(续初等教育二卷四期)》刊于《新教育》第10卷第1期"初等教育"。

赵冕《中等学校行政组织系统之研究》刊于《新教育》第10卷第2期"中等教育"。

汪桂荣《初级中学算学教员造成法》刊于《新教育》第10卷第2期"中等教育"。

赵冕《废止中小学校寒暑期的建议》刊于《新教育》第10卷第2期"中等教育"。

李儒勉《怎样指导中学生读书》刊于《新教育》第10卷第2期"中等教育"。

夏承枫《美国芝加哥城之初中》刊于《新教育》第10卷第2期"中等教育"。

相菊潭、周莲洁《青年生活之研究》刊于《新教育》第10卷第2期"中等教育"。

陈礼勋《中学生学习国文问题》刊于《新教育》第10卷第2期"中等教育"。

解中苏《中学生选课问题》刊于《新教育》第10卷第2期"中等教育"。

陈礼勋《中学生毕业后入学试验问题》刊于《新教育》第10卷第2期"中等教育"。

潘文安《中学生之职业教育问题》刊于《新教育》第10卷第2期"中等教育"。

欧济甫《中等学生之爱美问题》刊于《新教育》第10卷第2期"中等教育"。

杨效春《学生工作问题》刊于《新教育》第10卷第2期"中等教育"。

张裕卿《中学生的心理》刊于《新教育》第10卷第2期"中等教育"。

唐毅《中学生自觉问题》刊于《新教育》第10卷第2期"中等教育"。

叶时修《中学生思想之解剖》刊于《新教育》第10卷第2期"中等教育"。

汪桂荣《中等学生算学参考资料》刊于《新教育》第10卷第2期"中等教育"。

现之《介绍关于中等教育的两部重要书籍》刊于《新教育》第10卷第2期"中等教育"。

吕思勉《国文教授袪蔽篇》刊于《新教育》第10卷第3期"国文教育特号"。

孟宪承《初中读书教学法之客观研究》刊于《新教育》第10卷第3期"国文教育特号"。

何仲英《初中混合文典之编制与效能》刊于《新教育》第10卷第3期"国文教育特号"。

张审《师范学校前三年国文教学的研究》刊于《新教育》第10卷第3期"国文教育特号"。

钱基博《〈古书治要〉之教材举例》刊于《新教育》第 10 卷第 3 期"国文教育特号"。

钱穆《编纂中等学校国文科公用教本之意见》刊于《新教育》第 10 卷第 3 期"国文教育特号"。

沈百英《小学国语科的十个重要问题的》刊于《新教育》第 10 卷第 3 期"国文教育特号"。

赵宗预《小学读文教学法述要》刊于《新教育》第 10 卷第 3 期"国文教育特号"。

范祥善《小学国语教学法的将来》刊于《新教育》第 10 卷第 3 期"国文教育特号"。

麦克乐《游戏与教育之关系》刊于《新教育》第 10 卷第 4 期"体育特号"。

丁嘉福《体育与物理学》刊于《新教育》第 10 卷第 4 期"体育特号"。

麦克乐《体育在教育上生物学之关系》刊于《新教育》第 10 卷第 4 期"体育特号"。

卢颂恩译《欧美体育史》刊于《新教育》第 10 卷第 4 期"体育特号"。

麦克乐《体育与普通精神病理学的关系》刊于《新教育》第 10 卷第 4 期"体育特号"。

麦克乐《体育上之兴趣学说与努力学说之比》刊于《新教育》第 10 卷第 4 期"体育特号"。

陈荣祖译《习惯与姿势》刊于《新教育》第 10 卷第 4 期"体育特号"。

麦克乐《灭除蚊蝇之应用方法》刊于《新教育》第 10 卷第 4 期"体育特号"。

赵秉衡译《女子篮球》刊于《新教育》第 10 卷第 4 期"体育特号"。

卢颂恩译《体育组织与管理》刊于《新教育》第 10 卷第 4 期"体育特号"。

黄斌生译《最新游戏法》刊于《新教育》第 10 卷第 4 期"体育特号"。

蒋石洲《美国小学校长职务分配的分量》刊于《新教育》第 10 卷第 5 期"初等教育"。

沈伯英《增设［朝事］课的提议》刊于《新教育》第 10 卷第 5 期"初等教育"。

季禹九《节日在小学历史教学上的地位》刊于《新教育》第 10 卷第 5 期"初等教育"。

俞子夷《姓里用字的研究》刊于《新教育》第 10 卷第 5 期"初等教育"。

赵欲仁《中国文字直写横写的比较研究（一）》刊于《新教育》第 10 卷第 5 期"初等教育"。

古梅《调查高小毕业生出路的结果》刊于《新教育》第 10 卷第 5 期"初等教育"。

李晓农《本学期我的作文教学》刊于《新教育》第 10 卷第 5 期"初等教育"。

潘蛰虹《一二年童谣图解》刊于《新教育》第 10 卷第 5 期"初等教育"。

潘志澂《这里玩够了——一个社会地理的设计》刊于《新教育》第 10 卷第 5 期"初等教育"。

杨彬如《小学体育进一步的研究》刊于《新教育》第 10 卷第 5 期"初等教育"。

骆世雄《怎样去施行乡村小学的体育科和艺术科》刊于《新教育》第 10 卷第 5 期"初等教育"。

徐允昭《低年级美术教学举例——三月里的景物》刊于《新教育》第 10 卷第 5 期"初等教育"。

邹盛文《小学校里应注意的卫生问题（一）》刊于《新教育》第 10 卷第 5 期"初等教育"。

蒋石洲《小学校设计的手工（一）》刊于《新教育》第 10 卷第 5 期"初等教育"。

陈燮勋《收回教育权应有的步骤》刊于《新教育》第 11 卷第 1 期"中等教育"。

程宗宣《积极的训育方法》刊于《新教育》第 11 卷第 1 期"中等教育"。

甘豫源《中学师生的隔阂与消除隔阂的方法》刊于《新教育》第 11 卷第 1 期"中等教育"。

许荣《选择初级动物学教材之标准并举例》刊于《新教育》第 11 卷第 1 期"中等教育"。

沈振家《中等学校男女同学问题的研究》刊于《新教育》第 11 卷第 1 期"中等教育"。

廖世承《一个初级中学入学试验的报告》刊于《新教育》第 11 卷第 1 期"中等教育"。

傅代言译《学制五十年史（续完）》刊于《新教育》第 11 卷第 1 期"中等教育"。

陶知行《第四届年会感言（一）》刊于《新教育》第 11 卷第 2 期"第四届年会报告号"。

黄炎培《第四届年会感言（二）》刊于《新教育》第 11 卷第 2 期"第四届年会报告号"。

程湘帆《第四届年会感言（三）》刊于《新教育》第 11 卷第 2 期"第四届年会报告号"。

余家菊《第四届年会感言（四）》刊于《新教育》第 11 卷第 2 期"第四届年会报告号"。

章洪熙记《董事会记要》刊于《新教育》第 11 卷第 2 期"第四届年会报告号"。

章洪熙、孙估园记《社务会议纪录》刊于《新教育》第 11 卷第 2 期"第四届年会报告号"。

袁观澜译《义务教育》刊于《新教育》第 11 卷第 2 期"第四届年会报告号"。

析克赫司特女士讲《首尔顿制概要》刊于《新教育》第 11 卷第 2 期"第四届年会报告号"。

叶恭绰《交通与教育》刊于《新教育》第 11 卷第 2 期"第四届年会报告号"。

马寅初讲《不平等条约与经济关系》刊于《新教育》第 11 卷第 2 期"第四届年会报告号"。

陶知行讲《中国教育政策之商榷》刊于《新教育》第 11 卷第 2 期"第四届年会报告号"。

黄任之讲《职业教育》刊于《新教育》第 11 卷第 2 期"第四届年会报告号"。

胡梅村《小学校教师对于地方教育的任务》刊于《新教育》第 11 卷第 3 期"初等教育"。

储劲《办理省立农村师范附属小学校的我见》刊于《新教育》第 11 卷第 3 期"初等教育"。

张信庵《我的小学教师生活历程中底一滴一点》刊于《新教育》第 11 卷第 3 期"初等教育"。

俞子夷《设计教学法问答》刊于《新教育》第 11 卷第 3 期"初等教育"。

孟知我《训育之根据及方法》刊于《新教育》第 11 卷第 3 期"初等教育"。

李晓农《怎样指导小学儿童生活中的生活》刊于《新教育》第 11 卷第 3 期"初等教育"。

杨彬如《小学生课外服务在教育上的价值》刊于《新教育》第 11 卷第 3 期"初等教育"。

张锡昌《低年级数学上的几个问题》刊于《新教育》第 11 卷第 3 期"初等教育"。

潘蛰虹《一二年童谣图解》刊于《新教育》第 11 卷第 3 期"初等教育"。

沈百英《参观美国小学一年级的情形》刊于《新教育》第 11 卷第 3 期"初等教育"。

沈荣龄《小学校教学注音字母的方法》刊于《新教育》第 11 卷第 3 期"初等教育"。

蒋石洲《为什么要教英语语音符号？》刊于《新教育》第 11 卷第 3 期"初等教育"。

徐亚生《儿童缀法数学的研究》刊于《新教育》第 11 卷第 3 期"初等教育"。

邹盛文《教小学生学习园艺的一种方法》刊于《新教育》第 11 卷第 3 期"初等教育"。

沈百英《欣赏名画的一例》刊于《新教育》第 11 卷第 3 期"初等教育"。

蒋石洲《小学校设计的手工（续十卷五期）》刊于《新教育》第 11 卷第 3 期"初等教育"。

张绳祖《作一张邮票地图——第五年级和第六年级的一个设计》刊于《新教育》第 11 卷

第 3 期"初等教育"。

胡适之《今日教会教育的难关》刊于《中华基督教教育季刊》第 1 卷第 1 期。

刘廷芳《我信（对于基督教教育之信条）》刊于《中华基督教教育季刊》第 1 卷第 1 期。

陈宝泉《基督教义是违反国家主义的吗?》刊于《中华基督教教育季刊》第 1 卷第 1 期。

高尔德《今日中国需要之国家主义》刊于《中华基督教教育季刊》第 1 卷第 1 期。

李登辉《国家教育与基督教》刊于《中华基督教教育季刊》第 1 卷第 1 期。

韦悫《基督教教育和政府教育》刊于《中华基督教教育季刊》第 1 卷第 1 期。

程湘帆《中华基督教教育会之作用与沿革》刊于《中华基督教教育季刊》第 1 卷第 1 期。

朱经农《中国教会学校改良谭》刊于《中华基督教教育季刊》第 1 卷第 2 期。

吴哲夫《私立学校在国家教育制度中的地位》刊于《中华基督教教育季刊》第 1 卷第 2 期。

爱姆司壮《日本政府与基督教教育》刊于《中华基督教教育季刊》第 1 卷第 2 期。

王希曾《"五四运动"的成就》刊于《中华基督教教育季刊》第 1 卷第 2 期。

张友仁《大学标准》刊于《中华基督教教育季刊》第 1 卷第 2 期。

本会《基督教大学最近统计》刊于《中华基督教教育季刊》第 1 卷第 2 期。

卜舫济《圣约翰大学沿革略》刊于《中华基督教教育季刊》第 1 卷第 2 期。

刘廷芳《赠予燕京大学毕业生圣经词》刊于《中华基督教教育季刊》第 1 卷第 4 期。

朱有光《基督教教育对于改造中国的特殊贡献》刊于《中华基督教教育季刊》第 1 卷第 4 期。

钟钟山《宗教与学校》刊于《中华基督教教育季刊》第 1 卷第 4 期。

林步基《基督教教育与国家主义》刊于《中华基督教教育季刊》第 1 卷第 4 期。

巴德《印度基督教教育概况》刊于《中华基督教教育季刊》第 1 卷第 4 期。

包文《金陵大学之近况》刊于《中华基督教教育季刊》第 1 卷第 4 期。

李常树《湖南教会小学改良的初步》刊于《中华基督教教育季刊》第 1 卷第 4 期。

吉予观《基督教小学标准草案》刊于《中华基督教教育季刊》第 1 卷第 4 期。

孟宪承《初中作文教学法》刊于《中华基督教教育季刊》第 1 卷第 4 期。

程湘帆《读文教学大纲》刊于《中华基督教教育季刊》第 1 卷第 4 期。

章锡琛《新性道德是什么》刊于《妇女杂志》第 11 卷第 1 号。

建人《性道德之科学的标准》刊于《妇女杂志》第 11 卷第 1 号。

雁冰《性道德的唯物史观》刊于《妇女杂志》第 11 卷第 1 号。

乔峰《现代性道德的倾向》刊于《妇女杂志》第 11 卷第 1 号。

沈泽民《艾伦凯的"恋爱与道德"》刊于《妇女杂志》第 11 卷第 1 号。

日本岛村民藏原著,莫盦译《近代文学上的新性道德》刊于《妇女杂志》第 11 卷第 1 号。

李宝梁《恋爱是什么》刊于《妇女杂志》第 11 卷第 1 号。

开明《生活之艺术》刊于《妇女杂志》第 11 卷第 1 号。

[日]山川菊荣著,一鸥女士译《贵妇人生活解剖》刊于《妇女杂志》第 11 卷第 1 号。

[日]大山郁夫著,薇生译《妇女个人的社会的解放》刊于《妇女杂志》第 11 卷第 1 号。

纪尔曼夫人著,仲云译《一夫一妇制的趋势》刊于《妇女杂志》第 11 卷第 1 号。

克鲁契著,仲云译《现代恋爱与现代小说》刊于《妇女杂志》第 11 卷第 1 号。

张友仁《女子教育与装饰品》刊于《妇女杂志》第 11 卷第 1 号。

[英]乔治著,胡伯恩译《妇女的历史》刊于《妇女杂志》第 11 卷第 1 号。

[美]哈脱著,文宙译《离婚防止与新性道德的建设》刊于《妇女杂志》第 11 卷第 1 号。

路易波斯得著,伯恩译《离婚后的结婚》刊于《妇女杂志》第 11 卷第 1 号。

蒋径三《现代人的性欲滥用的原因及其防止法》刊于《妇女杂志》第 11 卷第 1 号。

[美]劳珊纳著,哲生译《法国妇女对于参政的冷淡》刊于《妇女杂志》第 11 卷第 1 号。

[日]尾濑敬止著,叶作舟译《俄国的儿童教养事业》刊于《妇女杂志》第 11 卷第 1 号。

伯恩《瑞典女议员与妇女政治训练》刊于《妇女杂志》第 11 卷第 1 号。

伯恩《尼奈彭夫人——世界第一女内阁总长》刊于《妇女杂志》第 11 卷第 1 号。

幼雄《动物界的母性爱》刊于《妇女杂志》第 11 卷第 1 号。

颜筠《装饰化妆与美》刊于《妇女杂志》第 11 卷第 1 号。

幼雄《睡眠与人生》刊于《妇女杂志》第 11 卷第 1 号。

景逊《幼儿保护法大要》刊于《妇女杂志》第 11 卷第 1 号。

周建人《理想的女性》刊于《妇女杂志》第 11 卷第 2 号。

颜筠《家庭改造论》刊于《妇女杂志》第 11 卷第 2 号。

彭善彰《改良女监狱的提议》刊于《妇女杂志》第 11 卷第 2 号。

Mrs. St. O. Stobart《婚姻的新激励》刊于《妇女杂志》第 11 卷第 2 号。

晏始《社会改造与思想改造》刊于《妇女杂志》第 11 卷第 2 号。

晏始《恋爱自由与社会主义》刊于《妇女杂志》第 11 卷第 2 号。

开时《人格的个人主义》刊于《妇女杂志》第 11 卷第 2 号。

高山《禁欲主义思想》刊于《妇女杂志》第 11 卷第 2 号。

[日]生田长江著,无竞译《驳妇女非解放论的浅薄》刊于《妇女杂志》第 11 卷第 2 号。

[英]乔治著,胡伯恩译《妇女的历史(续)》刊于《妇女杂志》第 11 卷第 2 号。

[日]石川千代松著,朱云楼译《表现爱情的接吻拥抱的起源》刊于《妇女杂志》第 11 卷第 2 号。

[美]史公梅克夫人著,PK 译《欧美的离婚法》刊于《妇女杂志》第 11 卷第 2 号。

[法]彼洛得著,伯恩译《国际联盟中的妇女》刊于《妇女杂志》第 11 卷第 2 号。

佛尔丁著,慨士译《支配性》刊于《妇女杂志》第 11 卷第 2 号。

[日]与谢野晶子著,张娴译《新道德的要求》刊于《妇女杂志》第 11 卷第 2 号。

周建人《节烈的解剖》刊于《妇女杂志》第 11 卷第 3 号。

[英]赫黎著,高山译《性的升华》刊于《妇女杂志》第 11 卷第 3 号。

建人《妇女运动的焦点》刊于《妇女杂志》第 11 卷第 3 号。

开时《婚姻制度和优生问题》刊于《妇女杂志》第 11 卷第 3 号。

开时《离婚和恋爱》刊于《妇女杂志》第 11 卷第 3 号。

高山《评刘欧退婚问题》刊于《妇女杂志》第 11 卷第 3 号。

晏始《订婚的废除》刊于《妇女杂志》第 11 卷第 3 号。

[日]生田长江著,无竞译《驳妇女非解放论的浅薄(续)》刊于《妇女杂志》第 11 卷第 3 号。

[美]科拔尔特著,高山译《女性天才在那里》刊于《妇女杂志》第 11 卷第 3 号。

［英］乔治著，胡伯恩译《妇女的历史（续）》刊于《妇女杂志》第11卷第3号。

［美］肯包儿著，红娟译《泰倍尔女士访问记》刊于《妇女杂志》第11卷第3号。

［美］邓拉普著，郑师泉译《人体美的解剖》刊于《妇女杂志》第11卷第3号。

幼雄《生物界的亲善》刊于《妇女杂志》第11卷第3号。

［日］富士川游著，朱云楼译《恋爱之生物学的说明》刊于《妇女杂志》第11卷第3号。

景逊《小孩眼瞎的防御》刊于《妇女杂志》第11卷第3号。

绍先《进步的扫除法》刊于《妇女杂志》第11卷第3号。

伯冕《婚姻的禁条》刊于《妇女杂志》第11卷第3号。

黄馨北《艺术浅说》刊于《妇女杂志》第11卷第3号。

晏始《非恋爱自由论的诸派》刊于《妇女杂志》第11卷第4号。

周建人《恋爱选择与优生学》刊于《妇女杂志》第11卷第4号。

晏始《社会之花的妇女运动》刊于《妇女杂志》第11卷第4号。

晏始《禁止女生剪发的流弊》刊于《妇女杂志》第11卷第4号。

高山《贵族式的新女子》刊于《妇女杂志》第11卷第4号。

建人《文明与自由》刊于《妇女杂志》第11卷第4号。

谢远定《对于青年妇女的诤言》刊于《妇女杂志》第11卷第4号。

范定九《女子在中国的地位》刊于《妇女杂志》第11卷第4号。

许言午《读新性道德号一》刊于《妇女杂志》第11卷第4号。

慧英《读新性道德号二》刊于《妇女杂志》第11卷第4号。

江长麟《读新性道德号三》刊于《妇女杂志》第11卷第4号。

徐宝山《读新性道德号四》刊于《妇女杂志》第11卷第4号。

吴国铎《读新性道德号五》刊于《妇女杂志》第11卷第4号。

［美］戈顿维税著，高山译《男女的性生活与创造力》刊于《妇女杂志》第11卷第4号。

［美］邓拉普著，郑师泉译《人体美的解剖》刊于《妇女杂志》第11卷第4号。

董绍求、何仲箫《妇女学校与教会教育（通讯）》刊于《妇女杂志》第11卷第4号。

徐宝山《结婚年龄的研究》刊于《妇女杂志》第11卷第4号。

云楼《家庭看护法》刊于《妇女杂志》第11卷第4号。

章锡琛《民国会议与女国民》刊于《妇女杂志》第11卷第5号。

周建人《哈夫洛克爱理斯》刊于《妇女杂志》第11卷第5号。

高山《人生观的改造》刊于《妇女杂志》第11卷第5号。

建人《家族主义的子嗣观念》刊于《妇女杂志》第11卷第5号。

慨士《同性爱和婚姻问题》刊于《妇女杂志》第11卷第5号。

高山《习惯思想》刊于《妇女杂志》第11卷第5号。

何仲箫《失学妇女的教育问题》刊于《妇女杂志》第11卷第5号。

［日］与谢野晶子著，CY译《什么是"女样"》刊于《妇女杂志》第11卷第5号。

蒋径三《现代文明与卖淫问题》刊于《妇女杂志》第11卷第5号。

［英］乔治著，胡伯恩译《妇女的历史（续）》刊于《妇女杂志》第11卷第5号。

幼雄《英国的妇女政治家》刊于《妇女杂志》第11卷第5号。

PK《捷克妇女的消费同盟》刊于《妇女杂志》第11卷第5号。

邹盛文《西洋造园法》刊于《妇女杂志》第 11 卷第 5 号。

［美］摩休尔著,吴兴业译《健康与妇女运动》刊于《妇女杂志》第 11 卷第 5 号。

许言午《怎样推翻大家庭制度一》刊于《妇女杂志》第 11 卷第 5 号。

林土《怎样推翻大家庭制度二》刊于《妇女杂志》第 11 卷第 5 号。

刘成煇《怎样推翻大家庭制度三》刊于《妇女杂志》第 11 卷第 5 号。

欧阳饬《怎样推翻大家庭制度四》刊于《妇女杂志》第 11 卷第 5 号。

章锡琛《女学生的人生观》刊于《妇女杂志》第 11 卷第 6 号。

周建人《女子教育与女学生》刊于《妇女杂志》第 11 卷第 6 号。

林文方《我所希望与女学生者一》刊于《妇女杂志》第 11 卷第 6 号。

徐学文《我所希望与女学生者二》刊于《妇女杂志》第 11 卷第 6 号。

徐慧群《我所希望与女学生者三》刊于《妇女杂志》第 11 卷第 6 号。

许言午《我所希望与女学生者四》刊于《妇女杂志》第 11 卷第 6 号。

友松《我所希望与女学生者五》刊于《妇女杂志》第 11 卷第 6 号。

谢崇德《今后的女子教育与人生》刊于《妇女杂志》第 11 卷第 6 号。

乔峰《女子的求学问题》刊于《妇女杂志》第 11 卷第 6 号。

任梦霞《女学生的升学问题》刊于《妇女杂志》第 11 卷第 6 号。

［日］与谢野晶子著,无竞译《女子的自修自学》刊于《妇女杂志》第 11 卷第 6 号。

志超《男女同学中的女学生一》刊于《妇女杂志》第 11 卷第 6 号。

云青女士《男女同学中的女学生二》刊于《妇女杂志》第 11 卷第 6 号。

道仁《男女同学中的女学生三》刊于《妇女杂志》第 11 卷第 6 号。

滔滔《男女同学中的女学生四》刊于《妇女杂志》第 11 卷第 6 号。

玄之《女学生的择业问题》刊于《妇女杂志》第 11 卷第 6 号。

吴慧如《女学生的快乐和苦闷》刊于《妇女杂志》第 11 卷第 6 号。

伯恳《女学生与体育》刊于《妇女杂志》第 11 卷第 6 号。

［日］与谢野晶子著,张娴译《女子与高等教育》刊于《妇女杂志》第 11 卷第 6 号。

莎菲《婚姻不是女学生的急务》刊于《妇女杂志》第 11 卷第 6 号。

绿珊《资格和择偶》刊于《妇女杂志》第 11 卷第 6 号。

高奇父《中学女生的教学法》刊于《妇女杂志》第 11 卷第 6 号。

志坚《女学生的写作学习法》刊于《妇女杂志》第 11 卷第 6 号。

王春翠女士《女学生的过去现在及将来》刊于《妇女杂志》第 11 卷第 6 号。

［日］古屋登代子著,薇生译《同性爱在女子教育上的新意义》刊于《妇女杂志》第 11 卷第 6 号。

余哲贞《女学生的课外读物一》刊于《妇女杂志》第 11 卷第 6 号。

音奇《女学生的课外读物二》刊于《妇女杂志》第 11 卷第 6 号。

王光《女学生对社会的呼吁一》刊于《妇女杂志》第 11 卷第 6 号。

Y《女学生对社会的呼吁二》刊于《妇女杂志》第 11 卷第 6 号。

杨经武《保定女学生状况》刊于《妇女杂志》第 11 卷第 6 号。

陆恒生《安徽寿县的女学生》刊于《妇女杂志》第 11 卷第 6 号。

徐宝山《浙江兰溪女学生》刊于《妇女杂志》第 11 卷第 6 号。

筠兰《南宁女学生状况》刊于《妇女杂志》第 11 卷第 6 号。

培华《美与爱的家庭》刊于《妇女杂志》第 11 卷第 6 号。

冯文英《不幸而为女子》刊于《妇女杂志》第 11 卷第 6 号。

蔼娜《失父之儿》刊于《妇女杂志》第 11 卷第 6 号。

章锡琛《今后妇女运动的方针》刊于《妇女杂志》第 11 卷第 7 号。

周建人《原始民族的婚姻制度》刊于《妇女杂志》第 11 卷第 7 号。

建人《亲子关系的了解》刊于《妇女杂志》第 11 卷第 7 号。

建人《论思想自由》刊于《妇女杂志》第 11 卷第 7 号。

慨士《科学信仰与迷信》刊于《妇女杂志》第 11 卷第 7 号。

高山《性与文明》刊于《妇女杂志》第 11 卷第 7 号。

陶汇曾《判例上的七出》刊于《妇女杂志》第 11 卷第 8 号。

华因《妇女的职业倾向》刊于《妇女杂志》第 11 卷第 8 号。

高山《性与社会》刊于《妇女杂志》第 11 卷第 8 号。

邹政坚《女子的价值》刊于《妇女杂志》第 11 卷第 8 号。

君平《国民革命后幕中之孙中山夫人》刊于《妇女杂志》第 11 卷第 8 号。

蒋径三《家庭制度的性质与机能》刊于《妇女杂志》第 11 卷第 8 号。

周敬毅《俄国母性保护的实际》刊于《妇女杂志》第 11 卷第 8 号。

PK《毕度因的订婚》刊于《妇女杂志》第 11 卷第 8 号。

伯恳《小灵魂的悲哀》刊于《妇女杂志》第 11 卷第 9 号。

思启《矢岛楫子女士》刊于《妇女杂志》第 11 卷第 9 号。

少英《异物入喉的琐谭》刊于《妇女杂志》第 11 卷第 9 号。

赵稼生《衣服裁法及材料计算法》刊于《妇女杂志》第 11 卷第 9 号。

胡伯恳《妇女的历史》刊于《妇女杂志》第 11 卷第 9 号。

PK《妇女世界展览会》刊于《妇女杂志》第 11 卷第 9 号。

吴兴业《健康与妇女运动》刊于《妇女杂志》第 11 卷第 9 号。

邹盛文《西洋造园法》刊于《妇女杂志》第 11 卷第 9 号。

钦文《病儿床前的事》刊于《妇女杂志》第 11 卷第 9 号。

潘光旦《生育限制与优生学》刊于《妇女杂志》第 11 卷第 10 号。

汤尔和《欧洲诸国人口之减退》刊于《妇女杂志》第 11 卷第 10 号。

黄石《妇女界的革命》刊于《妇女杂志》第 11 卷第 10 号。

农隐《关于家庭教育的谈论》刊于《妇女杂志》第 11 卷第 10 号。

农隐《小孩容易感受的传染病》刊于《妇女杂志》第 11 卷第 10 号。

少英《家庭的进款》刊于《妇女杂志》第 11 卷第 10 号。

少英《生命的代价》刊于《妇女杂志》第 11 卷第 10 号。

程珤声《过渡时代的悲哀》刊于《妇女杂志》第 11 卷第 10 号。

顾言《从爱中取得的》刊于《妇女杂志》第 11 卷第 10 号。

PL《这是怎么道理》刊于《妇女杂志》第 11 卷第 10 号。

恨恨《两性间严慈的程度不同》刊于《妇女杂志》第 11 卷第 10 号。

鹤林《结果大家都是零》刊于《妇女杂志》第 11 卷第 10 号。

胡逸《世界上一切是虚假的》刊于《妇女杂志》第 11 卷第 10 号。

徐永龄《回忆去年的今日》刊于《妇女杂志》第 11 卷第 10 号。

陶汇曾《定婚的法制和女子职业问题》刊于《妇女杂志》第 11 卷第 11 号。

朱枕新《玛丽亚施庇里德诺华女士》刊于《妇女杂志》第 11 卷第 11 号。

吴兴业《健康与妇女运动》刊于《妇女杂志》第 11 卷第 11 号。

朱云楼《学龄儿童的卫生》刊于《妇女杂志》第 11 卷第 11 号。

胡伯恳《妇女的历史》刊于《妇女杂志》第 11 卷第 11 号。

少英《改造自然》刊于《妇女杂志》第 11 卷第 11 号。

少英《关于毛发之新知识》刊于《妇女杂志》第 11 卷第 11 号。

金南《关于天气的俗谚》刊于《妇女杂志》第 11 卷第 11 号。

PK《野蛮人的跳舞》刊于《妇女杂志》第 11 卷第 11 号。

李圣悦《现代妇女与现代家庭制度》刊于《妇女杂志》第 11 卷第 12 号。

黄石《妇女与文化》刊于《妇女杂志》第 11 卷第 12 号。

农隐《皮肤和肥皂的关系》刊于《妇女杂志》第 11 卷第 12 号。

云楼《香料杂谈》刊于《妇女杂志》第 11 卷第 12 号。

胡伯恳《妇女的历史》刊于《妇女杂志》第 11 卷第 12 号。

吴兴业《健康与妇女运动》刊于《妇女杂志》第 11 卷第 12 号。

车素霓《冥婚》刊于《妇女杂志》第 11 卷第 12 号。

［美］哈利逊著，LS 译《东方妇女的现状》刊于《妇女杂志》第 11 卷第 7 号。

高山《苏俄的家庭关系》刊于《妇女杂志》第 11 卷第 7 号。

［英］格里康著，高山译《娼妓制度的根本问题》刊于《妇女杂志》第 11 卷第 7 号。

［美］马腾著，一塞译《离婚是谁之咎》刊于《妇女杂志》第 11 卷第 7 号。

［美］薄若泼腊脱金著，邹政坚译《女子的价值》刊于《妇女杂志》第 11 卷第 7 号。

［英］乔治著，胡伯恳译《妇女的历史（续）》刊于《妇女杂志》第 11 卷第 7 号。

幼雄《利用环境的优生学》刊于《妇女杂志》第 11 卷第 7 号。

天庐《男女交际的现在及将来一》刊于《妇女杂志》第 11 卷第 7 号。

刘经庵《男女交际的现在及将来二》刊于《妇女杂志》第 11 卷第 7 号。

许言午《男女交际的现在及将来三》刊于《妇女杂志》第 11 卷第 7 号。

李晓岑《男女交际的现在及将来四》刊于《妇女杂志》第 11 卷第 7 号。

杜克明《医事卫生顾问》刊于《妇女杂志》第 11 卷第 7 号。

陶汇曾《判例上的七出》刊于《妇女杂志》第 11 卷第 8 号。

［美］荷令华斯著，华因译《妇女的职业倾向》刊于《妇女杂志》第 11 卷第 8 号。

［英］格里康著，高山译《性与社会》刊于《妇女杂志》第 11 卷第 8 号。

［美］薄若泼腊脱金著，邹政坚译《女子的价值（续）》刊于《妇女杂志》第 11 卷第 8 号。

君平《国民革命后幕中之孙中山夫人》刊于《妇女杂志》第 11 卷第 8 号。

蒋径三《家族制度的性质与机能》刊于《妇女杂志》第 11 卷第 8 号。

［日］茂森唯土著，周敬毅译《俄国母性保护的实际》刊于《妇女杂志》第 11 卷第 8 号。

PK《毕度因的订婚》刊于《妇女杂志》第 11 卷第 8 号。

伯恳《小灵魂的悲哀》刊于《妇女杂志》第 11 卷第 9 号。

思启《矢岛楫子女士》刊于《妇女杂志》第 11 卷第 9 号。

［美］彼得逊著，少英译《异物入喉的琐谭》刊于《妇女杂志》第 11 卷第 9 号。

赵稼生《衣服裁法及材料计算法》刊于《妇女杂志》第 11 卷第 9 号。

［英］乔治著，胡伯恳译《妇女的历史（续）》刊于《妇女杂志》第 11 卷第 9 号。

P. K.《妇女世界展览会》刊于《妇女杂志》第 11 卷第 9 号。

［美］摩休尔著，吴兴业译《健康与妇女运动（续）》刊于《妇女杂志》第 11 卷第 9 号。

邹盛文《西洋造园法（续）》刊于《妇女杂志》第 11 卷第 9 号。

潘光旦《生育限制与优生学》刊于《妇女杂志》第 11 卷第 10 号。

汤尔和《欧洲诸国人口之减退》刊于《妇女杂志》第 11 卷第 10 号。

海尔夫人著，黄石译《妇女界的革命》刊于《妇女杂志》第 11 卷第 10 号。

农隐《关于家庭教育的谈论》刊于《妇女杂志》第 11 卷第 10 号。

农隐《小孩容易感受的传染病》刊于《妇女杂志》第 11 卷第 10 号。

少英《家庭的进款》刊于《妇女杂志》第 11 卷第 10 号。

少英《生命的代价》刊于《妇女杂志》第 11 卷第 10 号。

陶汇曾《订婚的法制和女子职业问题》刊于《妇女杂志》第 11 卷第 11 号。

朱枕新《玛丽亚施庇里德诺华女士》刊于《妇女杂志》第 11 卷第 11 号。

刘孝伯《门外汉的一点意见》刊于《妇女杂志》第 11 卷第 11 号。

徐学文《如何才不算是失责呢》刊于《妇女杂志》第 11 卷第 11 号。

吴祖襄《和大家谈谈可能罢》刊于《妇女杂志》第 11 卷第 11 号。

渺一《理想上应有的条件》刊于《妇女杂志》第 11 卷第 11 号。

同先《根据家庭和社会所得的经验》刊于《妇女杂志》第 11 卷第 11 号。

逸纹《赤裸裸的陈说一下》刊于《妇女杂志》第 11 卷第 11 号。

朱志道《十二条的意见》刊于《妇女杂志》第 11 卷第 11 号。

耦菱《所负的责任却不轻》刊于《妇女杂志》第 11 卷第 11 号。

洪竞芳《旧家庭中的经验谈》刊于《妇女杂志》第 11 卷第 11 号。

林文方《愿极意讲求自己的人格》刊于《妇女杂志》第 11 卷第 11 号。

［美］摩休尔著，吴兴业译《健康与妇女运动（续）》刊于《妇女杂志》第 11 卷第 11 号。

朱云楼《学龄儿童的卫生》刊于《妇女杂志》第 11 卷第 11 号。

［英］乔治著，胡伯恳译《妇女的历史（续）》刊于《妇女杂志》第 11 卷第 11 号。

少英《改造自然》刊于《妇女杂志》第 11 卷第 11 号。

少英《关于毛发之新知识》刊于《妇女杂志》第 11 卷第 11 号。

PK《野蛮人的跳舞》刊于《妇女杂志》第 11 卷第 11 号。

李圣悦《现代妇女与现代家庭制度》刊于《妇女杂志》第 11 卷第 12 号。

Ramsay Traquair 著，黄石译《妇女与文化》刊于《妇女杂志》第 11 卷第 12 号。

农隐《皮膏和肥皂的关系》刊于《妇女杂志》第 11 卷第 12 号。

云楼《香料杂谈》刊于《妇女杂志》第 11 卷第 12 号。

［英］乔治著，胡伯恳译《妇女的历史（续）》刊于《妇女杂志》第 11 卷第 12 号。

［美］摩休尔著，吴兴业译《健康与妇女运动（完）》刊于《妇女杂志》第 11 卷第 12 号。

欧阳师说《谈内学研究》刊于《内学》第 2 辑。

欧阳师说《龙树法相学》刊于《内学》第 2 辑。

王恩洋《佛学概论导言》刊于《内学》第 2 辑。

欧阳渐《楞伽疏决》刊于《内学》第 2 辑。

聂耦庚述《杂阿含经蕴诵略释》刊于《内学》第 2 辑。

欧阳师说《摄论大意二种》刊于《内学》第 2 辑。

吕澂《西藏传本摄大乘论》刊于《内学》第 2 辑。

王恩洋《起信论唯识释质颖》刊于《内学》第 2 辑。

熊十力《境相章》刊于《内学》第 2 辑。

吕澂《阿毗达磨汎论》刊于《内学》第 2 辑。

何载阳译《南传小乘部执》刊于《内学》第 2 辑。

刘定权《经部义》刊于《内学》第 2 辑。

梅光羲《日本相宗古德著述略表》刊于《内学》第 2 辑。

释圆瑛《佛说阿弥陀经(续)》刊于《南瀛佛教会会报》第 3 卷第 2 号。

许林《等不等观杂著(续)》刊于《南瀛佛教会会报》第 3 卷第 2 号。

江云松《台湾佛教振兴策》刊于《南瀛佛教会会报》第 3 卷第 2 号。

傅幼怀《台湾佛教振兴策》刊于《南瀛佛教会会报》第 3 卷第 2 号。

蔡敦辉《台湾佛教振兴策》刊于《南瀛佛教会会报》第 3 卷第 2 号。

郑卓云《台湾佛教振兴策》刊于《南瀛佛教会会报》第 3 卷第 2 号。

怪星《色即是空(续)》刊于《南瀛佛教会会报》第 3 卷第 2 号。

述三《青白牛说》刊于《南瀛佛教会会报》第 3 卷第 2 号。

释普明《释儒合辙》刊于《南瀛佛教会会报》第 3 卷第 2 号。

许林《维摩经》刊于《南瀛佛教会会报》第 3 卷第 3 号。

仲诚《太上老君清静经》刊于《南瀛佛教会会报》第 3 卷第 3 号。

林述三《仁智近世观感论》刊于《南瀛佛教会会报》第 3 卷第 3 号。

觉空子《台湾佛教振兴策》刊于《南瀛佛教会会报》第 3 卷第 3 号。

蔡南樵《台湾佛教振兴策》刊于《南瀛佛教会会报》第 3 卷第 3 号。

怪星《一念之差》刊于《南瀛佛教会会报》第 3 卷第 3 号。

许林《维摩经(续)》刊于《南瀛佛教会会报》第 3 卷第 4 号。

仲诚《太上老君清静经(续)》刊于《南瀛佛教会会报》第 3 卷第 4 号。

博幼怀《佛教为神益国家社会说》刊于《南瀛佛教会会报》第 3 卷第 4 号。

槎客《生命运途论》刊于《南瀛佛教会会报》第 3 卷第 4 号。

林树勋《祸福说》刊于《南瀛佛教会会报》第 3 卷第 4 号。

释玠宗《佛心宗哲学》刊于《南瀛佛教会会报》第 3 卷第 5 号。

许林《维摩经(续)》刊于《南瀛佛教会会报》第 3 卷第 5 号。

仲诚《太上老君清静经(续)》刊于《南瀛佛教会会报》第 3 卷第 5 号。

释善雄《佛家的社会主义》刊于《南瀛佛教会会报》第 3 卷第 5 号。

许林《佛法可救今日人心之危险》刊于《南瀛佛教会会报》第 3 卷第 5 号。

释玠宗《最新无上体育卫生之发明》刊于《南瀛佛教会会报》第 3 卷第 5 号。

善雄《吾人何故信佛教乎何为学佛乎》刊于《南瀛佛教会会报》第 3 卷第 5 号。

太虚法师《发菩提心论讲录》刊于《海潮音》第 5 年第 12 期。

唐大圆《惠辩引义》刊于《海潮音》第 5 年第 12 期。

化声《色即是空空即是色之理化谈》刊于《海潮音》第 5 年第 12 期。

显教《自由谈》刊于《海潮音》第 5 年第 12 期。

严定《感情的佛化》刊于《海潮音》第 5 年第 12 期。

瞿胜东《佛化的社会主义》刊于《海潮音》第 5 年第 12 期。

化声《见色之研究》刊于《海潮音》第 5 年第 12 期。

超一《庐山青莲寺建设莲社启并章程》刊于《海潮音》第 5 年第 12 期。

严定《洪山宝通寺中兴密教纪盛》刊于《海潮音》第 5 年第 12 期。

法芳译《日本中外日报对于组织东亚佛教会之记载》刊于《海潮音》第 5 年第 12 期。

法芳译《支那佛教事情》刊于《海潮音》第 5 年第 12 期。

戒常《大春和尚传》刊于《海潮音》第 5 年第 12 期。

徐文霨《冯宜人事略》刊于《海潮音》第 5 年第 12 期。

范古农《楼真禅寺莲仁和尚行述》刊于《海潮音》第 5 年第 12 期。

吴尚彬、范古农《朱母任太恭人生西事略二则》刊于《海潮音》第 5 年第 12 期。

陈洪范《重刊莲池大师放生戒杀文汇编序二则》刊于《海潮音》第 5 年第 12 期。

陈石琴《重葺呼风禅林记》刊于《海潮音》第 5 年第 12 期。

如幻《佛理略谈》刊于《海潮音》第 5 年第 12 期。

黄觉《净心论》刊于《海潮音》第 5 年第 12 期。

幾警《佛教联合会进行之意见书》刊于《海潮音》第 5 年第 12 期。

唐大圆《唯识三十颂口义》刊于《海潮音》第 5 年第 12 期。

太虚法师《大乘之革命》刊于《海潮音》第 6 年第 1 期。

蒋竹庄《身心之修养》刊于《海潮音》第 6 年第 1 期。

唐大圆《观庄子天下篇》刊于《海潮音》第 6 年第 1 期。

显教《释法界》刊于《海潮音》第 6 年第 1 期。

满智《进化论在近代的影响及其救正之方法》刊于《海潮音》第 6 年第 1 期。

一厂《与徐曦伯先生论性书》刊于《海潮音》第 6 年第 1 期。

会觉《大乘起信论研究之书后》刊于《海潮音》第 6 年第 1 期。

化声《见色之研究》刊于《海潮音》第 6 年第 1 期。

善纯《佛学院甲子四月以来之略历》刊于《海潮音》第 6 年第 1 期。

法芳译《中华佛教联合会消息一束》刊于《海潮音》第 6 年第 1 期。

邵福宸译《印度大菩提会建筑鹿苑精舍记》刊于《海潮音》第 6 年第 1 期。

仝前《佛教徒之女布施家》刊于《海潮音》第 6 年第 1 期。

李开侁《安陆李公行状》刊于《海潮音》第 6 年第 1 期。

观初《与希真居士净修纪实》刊于《海潮音》第 6 年第 1 期。

仿鲁《重修赣州光孝寺天王殿启》刊于《海潮音》第 6 年第 1 期。

宜民《宜昌佛教会之演说》刊于《海潮音》第 6 年第 1 期。

罗兰《佛化与迷信》刊于《海潮音》第 6 年第 1 期。

王弘愿《陈君历典病谵有征》刊于《海潮音》第 6 年第 1 期。

宜伯行《因果谈》刊于《海潮音》第 6 年第 1 期。

太虚法师《当速组织佛教正信会为在家众之统一团体》刊于《海潮音》第 6 年第 2 期。

太虚法师《世间万有为进化抑为退化》刊于《海潮音》第 6 年第 2 期。

大圆居士《东方文化之三大要素》刊于《海潮音》第 6 年第 2 期。

佛隐《无智亦无得之无碍解》刊于《海潮音》第 6 年第 2 期。

幾警《读整理僧伽制度论发生之管见》刊于《海潮音》第 6 年第 2 期。

化声《意处与意界对于心理学上之要点》刊于《海潮音》第 6 年第 2 期。

充宝琳《藏事纪闻》刊于《海潮音》第 6 年第 2 期。

石琴《枝江县佛教会甲郭年纪事》刊于《海潮音》第 6 年第 2 期。

邱菽园《星洲莲山双林禅寺碑记》刊于《海潮音》第 6 年第 2 期。

迭更《恭请戒常上人住持光孝寺启》刊于《海潮音》第 6 年第 2 期。

戒常《设立赣州佛经陈列所启》刊于《海潮音》第 6 年第 2 期。

会中《送同院大刚晤一师等入北京佛教藏文学院序》刊于《海潮音》第 6 年第 2 期。

永祚《读佛学院缘起》刊于《海潮音》第 6 年第 2 期。

身轮《读整理僧伽制度论》刊于《海潮音》第 6 年第 2 期。

显荫《包母冯宜人传赞》刊于《海潮音》第 6 年第 2 期。

愿修《佛教寺庙宜速铲除地方施主招僧恶习并取缔外道窜居说》刊于《海潮音》第 6 年第 2 期。

机傲《读新僧》刊于《海潮音》第 6 年第 2 期。

太虚法师《以佛法批评社会主义》刊于《海潮音》第 6 年第 3 期。

太虚法师《佛法是否哲学》刊于《海潮音》第 6 年第 3 期。

常惺法师《研究佛经之方法及将来潮流之应付》刊于《海潮音》第 6 年第 3 期。

真常《中国唯识学兴衰之面面观》刊于《海潮音》第 6 年第 3 期。

大圆居士《今日学佛之大方针》刊于《海潮音》第 6 年第 3 期。

满智《灵魂之研究》刊于《海潮音》第 6 年第 3 期。

显教《中国佛学界最近思潮之观察》刊于《海潮音》第 6 年第 3 期。

化声《佛教心理学与西洋心理学特异之点》刊于《海潮音》第 6 年第 3 期。

太虚法师《佛教心理学之研究》刊于《海潮音》第 6 年第 3 期。

空也《净土释疑序》刊于《海潮音》第 6 年第 3 期。

邢定云《我对于人生观之见解》刊于《海潮音》第 6 年第 3 期。

太虚法师《大乘蕴论讲录》刊于《海潮音》第 6 年第 3 期。

太虚法师《实为学所以求真》刊于《海潮音》第 6 年第 4 期。

太虚法师《中华佛教联合会当如何组织耶》刊于《海潮音》第 6 年第 4 期。

太虚法师《今佛教中之男女僧俗显密问题》刊于《海潮音》第 6 年第 4 期。

张仲如《国学阐微》刊于《海潮音》第 6 年第 4 期。

唐大圆《唯识三自性谈》刊于《海潮音》第 6 年第 4 期。

会中《我国在佛化上之地位》刊于《海潮音》第 6 年第 4 期。

满智《鸣呼青年之自杀》刊于《海潮音》第 6 年第 4 期。

化声《叔本华哲学之批评》刊于《海潮音》第 6 年第 4 期。

太虚《箴新僧》刊于《海潮音》第6年第4期。

晤一《班禅传法记》刊于《海潮音》第6年第4期。

太虚《大乘五蕴论讲录》刊于《海潮音》第6年第4期。

太虚法师《会昌以前中华佛教之三大系》刊于《海潮音》第6年第5期。

太虚法师《知识行为能力之三者能否一致说》刊于《海潮音》第6年第5期。

持松法师《缘起说》刊于《海潮音》第6年第5期。

守培法师《一心念佛即得往生论》刊于《海潮音》第6年第5期。

笑仙记《陈妄清居士在巴东佛教会之演说》刊于《海潮音》第6年第5期。

满智《心理学之本能与唯识学种子之关系》刊于《海潮音》第6年第5期。

梵灯《益阳佛教讲习所缘起文》刊于《海潮音》第6年第5期。

江五民《重纂保国寺志序》刊于《海潮音》第6年第5期。

方光《读庄子天下篇》刊于《海潮音》第6年第5期。

慧明《影戏为今日宣传佛教之利器说》刊于《海潮音》第6年第5期。

太虚法师《敬告亚洲佛教徒》刊于《海潮音》第6年第6期。

范瑞《太虚法师应太原四团体欢迎会之讲演录》刊于《海潮音》第6年第6期。

王求是《印光法师讲演净土法门略录》刊于《海潮音》第6年第6期。

会中《佛化的模范国》刊于《海潮音》第6年第6期。

欧阳漾《北京请经之黑幕》刊于《海潮音》第6年第6期。

满智《洪山布教记》刊于《海潮音》第6年第6期。

笠居众生《筹备影戏布教之又一方法》刊于《海潮音》第6年第6期。

郑维翰《终南康谷圆通庵清遂禅师寿塔记》刊于《海潮音》第6年第6期。

何雯《石埭徐优婆夷传》刊于《海潮音》第6年第6期。

帅睿民《罗客洲居士事略》刊于《海潮音》第6年第6期。

释本度《华阴程母蒲太宜人生西纪略》刊于《海潮音》第6年第6期。

西尘《李媪往生小传》刊于《海潮音》第6年第6期。

江谦《亡妻汪氏略状》刊于《海潮音》第6年第6期。

杨棣棠《再与刘棣良居士论东西文及其哲学》刊于《海潮音》第6年第6期。

双松小隐《劝请中国佛教团创办佛化女学院刍言》刊于《海潮音》第6年第6期。

太虚法师《大乘五蕴论讲录》刊于《海潮音》第6年第6期。

唐大圆《念佛三昧方便谈》刊于《海潮音》第6年第7期。

木村《业与轮回之研究》刊于《海潮音》第6年第7期。

木村《有情存在之价值》刊于《海潮音》第6年第7期。

会中《佛化救国论》刊于《海潮音》第6年第7期。

寄尘《对于显荫法师涅槃之感想》刊于《海潮音》第6年第7期。

太虚法师《大乘五蕴论讲录》刊于《海潮音》第6年第7期。

太虚法师《论法相必宗唯识》刊于《海潮音》第6年第8期。

太虚法师《佛教世俗谛的人生观之一》刊于《海潮音》第6年第8期。

太虚法师《中国现时密宗复兴之趋势》刊于《海潮音》第6年第8期。

太虚法师《论即身成佛》刊于《海潮音》第6年第8期。

王镜周居士《一心念佛即得往生论之批评》刊于《海潮音》第6年第8期。

木村《十二因缘论》刊于《海潮音》第6年第8期。

木村《宇宙之本质观》刊于《海潮音》第6年第8期。

永祚《于迦林对机做二师赴往庐山之希望》刊于《海潮音》第6年第8期。

显亮《上武昌佛学院学员书》刊于《海潮音》第6年第8期。

陈怀恕《上太虚法师书》刊于《海潮音》第6年第8期。

余宝勳《大学讲义》刊于《海潮音》第6年第8期。

方光《读荀子非十二子篇》刊于《海潮音》第6年第8期。

亦幻《读整顿僧伽制度论》刊于《海潮音》第6年第8期。

显亮《劝老僧维持新僧》刊于《海潮音》第6年第8期。

荣菴《病榻谈禅记》刊于《海潮音》第6年第8期。

太虚法师《摄大乘论讲录》刊于《海潮音》第6年第8期。

太虚法师《人生》刊于《海潮音》第6年第9期。

化声《佛陀之说教与观察法》刊于《海潮音》第6年第9期。

释仁虚《破迷信论》刊于《海潮音》第6年第9期。

太虚法师《佛教办学议》刊于《海潮音》第6年第9期。

太虚法师《摄大乘论讲录》刊于《海潮音》第6年第9期。

太虚法师《中国人用中国之自救法》刊于《海潮音》第6年第10期。

印光法师《答恒惭师问二则》刊于《海潮音》第6年第10期。

真嵩《论大乘与人间两般文化》刊于《海潮音》第6年第10期。

郑晄震《刊经发愿文》刊于《海潮音》第6年第10期。

徐光熊《精神教育与物质教育》刊于《海潮音》第6年第10期。

四、学术著作

(汉)刘向著《(新式标点)说苑》由上海大陆图书公司刊行。

(汉)王充著,陈益标点《论衡》(上下册)由上海扫叶山房刊行。

(汉)王充著,陶乐勒标点《论衡》(上下册)由上海梁溪图书馆刊行。

(魏)王肃注,张绵周标点,邓元初校阅《孔子家语》由上海源记书庄刊行。

(魏)王弼注释,高岳岱标点《(新式标点)老子道德经》由上海扫叶山房刊行。

(东晋)张湛注释,周伯年标点《(新式标点)列子》由上海扫叶山房刊行。

(梁)刘勰著,(清)黄叔琳注释,陈益标点《文心雕龙》由上海扫叶山房刊行。

(宋)范应元集注直解,曹聚仁增订《老子集注》由上海群学社刊行。

(宋)陈抟秘传,(明)袁忠彻订,秦慎安校勘《神相全编》由上海文明书局刊行。

(宋)邵雍著《梅花易数》(上下册)由上海文明书局刊行。

(宋)黄庭坚书,有正书局审定《黄山谷行书华严疏墨宝》由上海有正书局刊行。

(明)王守仁著,倪贻德标点《阳明全书》由上海泰东图书局刊行。

(明)萧良有纂辑,杨臣诤增订,李恩绥校补,嵩山居士校阅《(绘图)龙文鞭影》(初集)由上海鸿文书局刊行。

（清）戴望校正，陶乐勒点校《管子校正》（上下册）由上海源记书庄刊行。

（清）毕沅释，陈益标点《（新式标点）墨子注》由上海扫叶书房刊行。

（清）黄宗羲（原题黄梨洲）著，罗经标点《明夷待访录》由上海梁溪图书馆刊行。

（清）王先谦集解《（新式标点）荀子集解》（上中下册）由上海扫叶山书房刊行。

（清）王先谦编，陈益标点《（新式标点）庄子集解》由上海扫叶山房刊行。

（清）王先慎注释，黄步青标点《韩非子集解》（上下册）由上海扫叶书房刊行。

（清）蓝熙著《天方正学》由北京清真书报社刊行。

（清）王原祁绘《王麓台仿宋元山水册》（珂罗版精印）由上海有正书局刊行。

（清）姚鼐（原题姚惜抱）书《影印姚惜抱先生墨迹》第 1 集由个人刊行，有其孙子的跋。

（清）李扶九选编，黄绂麟评语，陈益标点《（新式标点）古文笔法》由上海扫叶山方刊行。

（清）程允升著，邹圣脉增补，沈元起译白《（言文对照）幼学琼林读本》（上下册）由上海大达图书供应社刊行。

（清）李渔著，曹聚仁点读《李笠翁曲话》由上海梁溪图书馆刊行。

（清）章学诚著，陶乐勒校点《文史通义》由上海梁溪图书馆刊行。

（清）李兆洛编，罗振玉校雠本《纪元编》由东方学会刊行。

按：罗振玉 1890 年始校雠李兆洛《纪元编》，订正百数十处，别为《异考》1 卷。以后递有增订。

章太炎著，曹聚仁编《国学概论》（10 版）由上海泰东图书局刊行。

曹聚仁著《国故学大纲》（上卷）由上海梁溪图书馆刊行。

按：是书分国故与国故学、国故学之研究方法、国故学之分类、文学、史学、哲学、政治学、文字学、论理学与心理学、天算学及其他科学、宗教、美术、国故嬗变之过程、外来文化之渗透作用、国故学之新建设等 30 章。

梁启超著《中国古代学术思想变迁史》由上海群众图书公司刊行。

按：是书将中国学术思想的发展经历归结为八个阶段：春秋以前为"胚胎时代"，春秋战国为"全盛时代"，两汉为"儒学统一时代"，魏晋为"老学时代"，南北朝隋唐为"佛老时代"，宋元明为"儒佛混合时代"，清以来二百五十年为"衰落时代"，现今为复兴时代，重点就古代中国学术思想产生至隋唐"佛老时代"的学术思想进行了评述，分析每个时代的思想形成的原因及其特征和派别，并与希腊、印度哲学进行了比较。

郑立三著《易象今释　音乐通古合刊》由北京东方文化宣传团出版部刊行。

熊梦著《老子商君经济思想》由北京志学社刊行。

熊梦著《墨子经济思想》由北京志学社刊行。

王治心著《孔子哲学》由上海国学社刊行。

钱穆著《论语要略》（一名《孔子研究》）由上海商务印书馆刊行。

孙增大著《孟子与现代》刊行。

支伟成编《墨子综释》由上海泰东图书局刊行。

王治心著《墨子哲学》由江苏南京金陵神学出版部刊行。

葛琨著《孔子教育哲学》由著者刊行。

叶绍钧选注《荀子》由上海商务印书馆刊行。

高超编《晏子春秋类钞》刊行，有乙丑蔡廷干序；书末附有恩丰跋、高超跋。

刘永济编《周秦诸子选粹》由上海泰东图书局刊行。

陈钟凡著《诸子通谊》由上海商务印书馆刊行。

唐志孝标点《(新式标点)扬子法言》由上海扫叶书房刊行。

龙梦荪编《曾文正公学案》由编者刊行。

胡汉民著《唯物史观与伦理之研究》由上海民智书局刊行。

按：是书分6章：唯物史观批评之批评、中国哲学史之唯物的研究、孟子与社会主义、考茨基底伦理观与罗利亚底伦理观、阶级与道德学说、从经济的基础观察家族制度。

中国青年社编《唯物史观》由上海书店刊行。

董亦湘讲，徐恒耀记《唯物的人生观》由上海新文化书社刊行。

胡适等著，教育杂志社编《哲学与伦理》由上海商务印书馆刊行。

陈筑山著《哲学之故乡》由上海中华书局刊行。

戴季陶著《孙文主义之哲学的基础》由上海民智书局刊行，书后附有《民生哲学系统表说明》。

按：戴季陶在20世纪20年代提出了民生哲学理论，认为人类的原始目的和终极目的是生存。主张人类在生存行进中遇到障碍而产生的"生存的欲望"是社会发展的动力，"民生是历史的中心"。

周佛海著《中山先生思想概观》由上海民智书局刊行，有戴季陶的刊行序言。

屠孝实著《名学纲要》由上海中华学艺社刊行。

按：是书讲述思维的形式与规律。分7个部分：绪言，思维篇，悬拟篇，实验术，谬误篇。

徐敬修编《经学常识》由上海大东书局刊行。

徐敬修编《理学常识》由上海大东书局刊行。

徐敬修编《子学常识》由上海大东书局刊行。

蔡元培等著《美育实施的方法》由上海商务印书馆刊行。

李石岑、吕澂等著《美育之原理》由上海商务印书馆刊行。

吕澂著《晚近美学说和美的原理》由上海商务印书馆刊行。

张竞生著《美的人生观》由北京大学出版部刊行。

按：作者认为，美的人生观是由美的衣食住、美的体育、美的职业、美的科学、美的艺术、美的性育、美的娱乐和美的人生理念等8项内容构成的系统思想，是一个科学与哲学组合而成的人生观，是生命所需要的一种有规划、有目的与创造的人生观，其要旨为"用力少而收效大"，其目的是最大限度地提高生活质量，进而造就美的人生与美的社会。

薛笃弼辑《成功百诀》由辑者刊行。

章锡琛编《新性道德讨论集》由上海开明书店刊行。

王振瑄编《论理学》由上海商务印书馆刊行。

高卓著《心理学之哲学的研究》由上海商务印书馆刊行。

李石岑、解中苏著，教育杂志社编辑《心理学之哲学的研究》由上海商务印书馆刊行。

陆志韦著《心理学》由上海商务印书馆刊行。

倪文宙著《变态心理学概论》由上海商务印书馆刊行。

岳立仞、王国华著《心理学纲领》由山东兖州天主教堂印书馆刊行。

明石著《梦底心理》刊行。

吕澂著《佛典泛论》由上海商务印书馆刊行。

按：是书内容包括佛典之构成、佛典之流传、佛典之翻译、佛典之重编、佛典之印刻，共5章。

戴尔第著《教理详解》由上海土山湾印书馆刊行。

东方杂志社编《迷信与科学》由上海商务印书馆刊行。

杜万空编《东方论理学文类举隅》由福建泉州承天寺论理学会刊行。

吕澂著《印度佛教史略》由上海商务印书馆刊行。

美以美会全国书报部编《近代名牧讲坛集》(第 1 集)由编者刊行。

彭长琳著《宗教教学法大纲》由上海广学会刊行。

秦慎安校勘《神相水镜集》(上下册)由上海文明书局刊行。

陈乃西著《宗教雄辩论》由厦门著者刊行,林齐春作序。

陈日新编《福建兴化美以美会蒲公鲁士传》由美兴印书局刊行。

陈垣撰《开封一赐乐业教考》由上海商务印书馆刊行。

陈垣撰《元也里可温考》由上海商务印书馆刊行。

陈枞编《金刚经白话注解》由上海大通书局刊行。

风云子、张迈生著《(惊人相术奇书)鉴人术》由上海中西书局总店刊行。

刚恒毅著《宗座代表刚总主教对于中华学生之演讲》由上海土山湾印书馆刊行。

葛利农著《圣母忠仆》由河北献县张家庄刊行。

韩渝著《论如比来翁圣年》由山东刊行。

李圆净编《大乘起信论科会指要表解合刊》由上海世界佛教居士林刊行。

李圆净编《楞严经科会指要表解合刊》由上海世界佛教居士林刊行。

李圆净著《楞严经白话讲要》由上海佛学书局刊行。

梁漱溟著,东方杂志社编《究元决疑论》由上海商务印书馆刊行。

灵学研究社编《天下第三奇书》(又名《灵魂世界》)由上海世界书局刊行。

卢毅安著《人相学之新研究》由北京著者刊行。

骆岫青著《大乘固缘论》由北京卧佛寺经流通处刊行。

马化影著《乩坛真义》由上海大精神医学研究会刊行。

毛吟槎编《中华监理公会第三十九次年议会纪录》由江苏苏州天赐庄圣约翰堂刊行。

戚饭牛编《江湖秘诀百种》(白手谋生)由上海公记书局刊行。

秦慎安校勘《卜易指南》由上海文明书局刊行。

秦慎安校勘《灵祺经》由上海文明书局刊行。

秦慎安校勘《柳庄相法》(上下册)由上海文明书局刊行。

秦慎安校勘《六壬鬼撮脚》由上海文明书局刊行。

秦慎安校勘《六壬际斯》由上海文明书局刊行。

秦慎安校勘《六壬寻原》(上中下)由上海文明书局刊行。

秦慎安校勘《六壬指南》(上下册)由上海文明书局刊行。

秦慎安校勘《麻衣相法》(上下册)由上海文明书局刊行。

秦慎安校勘《奇门遁甲统宗》(1—4 册)由上海文明书局刊行。

秦慎安校勘《奇门五总龟》由上海文明书局刊行

秦慎安校勘《奇门元灵经》由上海文明书局刊行。

秦慎安校勘《神骨冰鉴·白鹤仙数》(合刊)由上海文明书局刊行。

秦慎安校勘《神相铁关刀》由上海文明书局刊行。

秦慎安校勘《太清神鉴》由上海文明书局刊行。

秦慎安校勘《相理衡真》(4 册)由上海文明书局刊行。

秦慎安校勘《牙牌神数》由上海文明书局刊行。

秦慎安校勘《烟波钓叟歌》由上海文明书局刊行。

秦慎安校勘《易隐》由上海文明书局刊行。

秦慎安校勘《增删卜易》由上海文明书局刊行。

秦慎安校勘《照胆经》由上海文明书局刊行。

上海公教进行会编《上海公教进行会公规》由上海编者刊行。

石振铎述《哀矜炼灵说》由上海土家湾印书馆刊行。

邬云程编《格言汇编》由上海国光印书局刊行。

杨慧镜编《近代往生传》由上海编者刊行。

袁天纲选,秦慎安校勘《演禽三世相法》由上海文明书局刊行。

招待班禅同人编《班禅东来记》刊行。

赵若望述《归元直指》由山东兖州天主堂刊行。

支那内学院编《内学》(第2辑)由江苏南京编者刊行。

中国青年社、非基督教同盟同编辑《反对基督教运动》由上海书店刊行。

中华民国学生联合会总会执委会编《反对基督教》由编者刊行。

中华全国基督教协进会编《中华基督教会年鉴》(第8期)由上海编者刊行。

中国青年社编《马克思主义浅说》由上海书店刊行。

陆志韦编《社会心理学新论》由上海商务印书馆刊行。

江亢虎演讲、高维昌编记《社会问题讲演录》由上海商务印书馆刊行。

那志良著《(平中)学术演讲集》(第1集)由北京平民中学刊行。

张竞生著《美的社会组织法》由北京大学出版部刊行。

陈其鹿编《统计学(新学制高级商业学校教科书)》由上海商务印书馆刊行。

金国宝著《统计新论》由上海中华书局刊行。

徐宗泽编著《劳工问题》由上海圣教杂志社刊行。

李兆民著《中国过渡时代的家庭》由上海广学会刊行。

吴应国编《人口问题》由上海中华书局刊行。

按:是书论述世界各国人口之现状及其增减原因,介绍人口问题之学说,增加、奖励女子生育之政策。

陈顾远著《中国古代婚姻史》由上海商务印书馆刊行。

按:是书分9章,包括婚姻底观察、婚姻底形式、婚姻底制限、婚姻的停止、婚姻底组织、婚姻底仪注、婚姻底影响、婚姻底关系、婚姻底济救。

谢颂羔编《家庭的研究》由上海美以美会全国书报部刊行。

程浩著《节制生育问题》由上海亚东图书馆刊行。

韩获编《恋爱之问题》由上海文明书局刊行。

吹影庐编《性之研究》由上海民智书局刊行。

李炘著《社会法学派》由北京朝阳大学出版部刊行。

李汉石著《反帝国主义运动》由上海经济研究会刊行。

高尔松、高尔柏编,抱恨生校《帝国主义与中国》由青年政治宣传会刊行。

陈茹玄著《联邦政治》由上海商务印书馆刊行,有自序。

刘文海著《近世大国家主义》由上海商务印书馆刊行。

常小川编《世界政治叙论》由北京东城印书馆刊行,有序言。

按:是书共 35 章。分述英、法、俄、德、美、意、土等国的政治、外交情况,近东、远东、巴尔干等地区的国际问题及协定,第一次世界大战前后签订凡尔赛条约及圣日耳曼条约的经过,并介绍俄国革命概况。

独立青年党本部宣传科编《独立青年党底出现及其主张》由独立青年党本部刊行。

郭葆琳等编辑《山西地方制度调查书》由山东公立农业专门学校农业调查会刊行。

内务部编《山西地方自治纲要》由上海泰东图书馆刊行。

易家钺著《精忠报国论》由独立青年党本部刊行。

中央执行委员会编《中国国民党中央执行委员会第三次全体会议议决》由编者刊行。

中央执行委员会上海执行部编《中国国民党第三次中央执行委员会全体会议决议案》由编者刊行。

曾友豪编,张君劢校《中华民国政府大纲》由上海商务印书馆刊行。

刘湛恩编《怎样做一个中华民国的良好公民》由上海青年协会书局刊行。

刘湛恩著《公民研究团办法》由上海青年协会书报部刊行。

邵元冲著《训政时期地方行政计划》由上海民智书局刊行。

王恒著《过渡的委员制》刊行。

谢彬著《国防与外交》由上海中华书局刊行。

按:是书论述我国边疆问题,分新疆经营论、阿尔泰现势论、帕米尔高原形势论、中英藏案交涉颠末、西藏问题研究等 26 章。

中华图书馆编《特别市组织汇要》由上海编者刊行。

张慰慈著《市政制度》由上海亚东图书馆刊行,有胡适序。

吴汉章著《联邦政治概要》由上海商务印书馆刊行,有著者例言。

广东省农民协会宣传部编《农民协会章程与农民自卫军组织大纲》由广东编者刊行。

甘乃光编辑《孙文主义讨论集》由广东广州孙文主义研究社刊行。

上海书店编辑《孙中山先生遗言》由上海书店刊行。

孙中山著《三民主义》由上海民智书局刊行。

孙中山著《孙中山先生由上海过日本之言论》由广东广州民智书局刊行。

新觉编《中山主义概要》由上海爱知社刊行。

孙中山著《中山全书》(1—2 册)由江苏南京共和书局刊行。

恢元居士著《大同明原》由大同学会刊行。

稽明编著《中国现代政治思潮》由河南教育厅编译处刊行。

马超俊著《中国劳工问题》由上海民智书局刊行。

少年中国学会编《国家主义论文集》(第 1 集)由上海中华书局刊行。

醒狮周报社编《国家主义讲演集》(第 1 集)由上海醒狮周报社刊行。

邵元冲著《劳动问题之发生经过及现代劳工事业之发展》由上海民智书局刊行。

蔡正中著《今后我国的出路及人类之将来》刊行。

戴季陶著《中国独立运动的基成》由中国国民党中央执行委员会上海执行部刊行。

冯玉祥讲,任右民笔记《冯焕章先生讲演集》由西北边防督办署刊行。

国际联盟同志会编《国际联盟同志会丛刊》刊行。

梅生编《妇女年鉴》（第二回）由上海新文化书社刊行。

谈社英编《中国妇女协会特刊》由上海中国妇女协会刊行。

谢乃壬编拟，青年学会书报部校《国际问题讨论大纲》由上海青年协会书局刊行。

冯玉祥著《国事刍言》由西北印刷局刊行。

北京中华报研究部著，仲材笔述《建国刍言》由北京新中华印书馆刊行。

朱学曾著，许藻镕编，《朱文伯先生遗著》由北京法律评论社刊行。

蒋竹贤编著《蒋竹贤学说初集》由江苏苏州编著者刊行。

夏勤、郁嶷合述，王选、于弼疏《法学通论·中国法制史》由北京朝阳大学刊行。

止观弃人著《湖南宪治史》由上海著者刊行。

京都市政公所第一处文书科编辑室编《京都市法规汇编》由北京编者刊行。

王立猷编《民律总则》由上海群治大学刊行。

郝立舆著《领事裁判权问题》由上海商务印书馆刊行。

参谋本部编制《世界列国军备现状之调查》刊行。

蒋介石编，孙中山鉴定，廖仲恺校阅《精神教育》由黄埔陆军军官学校刊行。

岳维峻著《辎重兵野外工作教程》刊行。

蒋介石著《陆军军官学校第三期同学录序》由国民革命军第一军政治部刊行。

朱清华著《整理海防案》刊行。

陆军部国军建设起草委员会拟《陆军部建设国军案》由军事善后委员会刊行。

陆军部制定《步兵操典》由北京武学书局刊行。

吕汉劲、陈以忠编《联军第九军作战经过》由第十师参谋处刊行。

军事善后委员会编《军事善后委员会纪事》第2期由北京编者刊行。

欧阳溥存编，何炳松、徐兆荪改订《经济学大意》由上海中华书局刊行。

浙江实业厅编《经济学原理》由编者刊行。

孙同康著《经济学研究》第1册由武昌时中书社刊行

刘秉麟著《李士特经济学说与传记》由上海商务印书馆刊行。

漆树芬著《经济侵略下之中国》由上海孤军杂志社刊行。

刘秉麟编《俄罗斯经济状况》由上海商务印书馆刊行。

陈震异著《英日侵略及对策》由北京编者刊行。

国立北京大学教职员沪案后援会编《实行对英日经济抵抗计划书》由北京编者刊行。

沪案救济会编《英国在华事业货物调查表》由编者刊行。

金廷蔚著《中国实业要论》由上海商务印书馆刊行。

颜纶泽编《中等农业经济学》由上海中华书局刊行。

按：是书论述农业经济之性质以及农业生产之土地、劳力、资本、农业组织、农业企业、农场组织、农村交易、市场等问题。

许士沅编著《会计学详解》由上海大东书局刊行。

向导周报社编《中国关税问题》由编者刊行。

按：是书内容分为引言、中国关税沿革略史、关税之一般的意义、中国关税制度之内容、中国海关之内容及关权之旁落、协定关税所及于各方面的影响、华会公约与中国关税问题——关税会议的裁厘加税问题7节。

徐永祚编《英美会计师事业》由上海徐永祚会计师总事务所刊行。

中华基督教青年会全国协会职工部编《职工事业丛刊》由编者刊行。

凌道扬著《中国农业之经济观》由上海商务印书馆刊行。

陈翰笙著《苏联的农业》由国立北京大学出版部刊行。

南满洲铁道株式会社同业部农务课编《开发满蒙农业指南》由大连满洲日日新闻社刊行。

邓植仪编《广东农业概况调查报告书》由国立广东大学农科学院刊行。

曾济宽编《林业经济学》由上海新学会社刊行。

华商纱厂联合会编《中国纱厂一览表》由编者刊行。

刘家富著《平汇水与设厂纺纱》由编者刊行。

张裕葡萄酒有限公司编《张裕葡萄酿酒有限公司》由编者刊行。

北京慈祥工厂编《慈祥丛刊》由编者刊行。

张廷金著《科学的工厂管理法》由上海商务印书馆刊行。

陆世益著《兵工问题》由上海商务印书馆刊行。

交通部统计科编《民国十一年份交通部统计图表汇编》由编者刊行。

交通部铁路联运事务处编《第十三次中日联运会议协定书》由编者刊行。

按：会议于 1925 年在北京召开。

交通部路政司营业科编《中华国有铁路第六次运输会议记录》由编者刊行。

路政司考工科编《铁道交通建设计划大纲》由编者刊行。

财政部理会编《交通部最近整理债务案暨债款表》由编者刊行。

程振钧著《安徽省计划书》刊行。

汪启堃著《电报事业之中国化》由上海电流学社刊行。

嵇观、王钟嶙、阙诏编辑《电流学社纪念集》由上海电流学社刊行。

蒋裕泉编《实用广告学》由上海商务印书馆刊行。

童传中著《高级商业簿记》由上海中华书局刊行。

盛俊辑《编制上海物价指数丛论》由财政部驻沪调查货价处刊行。

陈灿编著，王孝通增订《中国商业史》由上海商务印书馆刊行。

郑斌著《中国国际商约论》由上海商务印书馆刊行。

陈立廷编《关税问题讨论大纲》由上海青年协会书报部刊行。

戴蔼芦编辑《关税特别会议史》由北京银行月刊社刊行。

财政整理汇编《暂编国家预算总案》刊行。

林振翰编《浙盐纪要》由上海商务印书馆刊行。

刘文叔编著《银圆鉴别法》由上海大东书局刊行。

张家骧著《中华币制史》由北京民国大学刊行。

按：是书分 6 编，第一编历代货币，包括硬币、纸币；第二编现代货币，包括硬币、银圆、银角、铜圆、银两、制钱、金币、纸币、中央银行发行之钞券、特种银行发行之钞券、普通商业银行发行之钞券、地方银行发行之钞券、中外合办银行发行之钞券、在华各外国银行发行之钞券、纸币之法规及其制度、伪造货币禁例；第三编现代币制问题，包括币制问题之经过、币制本位问题、币制单位问题、现行国币条例与币制问题；第四编币制行政，包括造币机关、造币厂之官制及其组织、造币之化验与稽查、财政部印刷局造纸厂沿革、币制局设立之始末；第五编金银铜统计，包括金银铜进出口统计、金银铜比价、银铜铸币额数；第六编附录，包括清宣统三年币制实业借款始末、制币委员会会议币制报告书、中华贸易公司章程、各省区银行纸币发行总额累年比较表等。

郑维均编《实用银行堆栈簿记》由上海银行周报社刊行。

马寅初著《中国国外汇兑》由上海商务印书馆刊行。

范皕海著《东西文化之一贯》由上海青年协会书局刊行。

余尚同等著《科学教育之原理及其教授法》(教育杂志十六周年汇刊)由上海商务印书馆刊行。

张武著《娱乐事业之利用》刊行。

诸暨民报社编《诸暨民报五周纪念册》由浙江诸暨民报社刊行。

黄绍箕编著《中国教育史》刊行。

按:是书乃中国学者撰写的第一部中国教育史著作,标志着教育学成为一门独立的学科。福建教育出版社在2011年重版此书时,杜成宪在《特约编辑前言》中认为该书的理论贡献是:其一,划分了先秦教育的发展阶段。其二,初步确立了中国教育史的研究对象与范畴。其三,对中国历史与传统学术有深入的把握,提出诸多独到见解。其四,撰写体例上也颇有特点。首先是史料十分翔实;其次是长于考证。其五,运用西方近代教育和人文社会科学研究成果与方法研究中国教育历史作了有益的尝试。

余家菊著《教育原理》由上海中华书局刊行,有自序。

按:是书为教育丛书之一,内容包括教育的性质、资质论、目的论、课程论、方法论及学校论。

余家菊著《国家主义教育学》(国家教育协会丛书)由上海中华书局刊行。

按:是书阐述国家主义教育的基本主张、源流及教育策略与实施途径,是国家主义教育理论的代表作。

李石岑等著《教育哲学》(教育杂志十六周年汇刊)(教育丛书)由上海商务印书馆刊行。

萧恩承著《教育哲学》由上海商务印书馆刊行,有自序。

常道直、王骏声等著《社会教育与个性教育》(教育杂志十六周年汇刊)(教育丛书)由上海商务印书馆刊行。

刘建阳等著《教育与德谟克拉西》(教育杂志十六周年汇刊)由上海商务印书馆刊行。

蒋梦麟等著《教育杂文》(教育杂志十六周年汇刊)(教育丛书)由上海商务印书馆刊行。

舒新城撰《舒新城教育丛稿》(第1集)由上海中华书局刊行。

周太玄、余尚同合述《教育之美学的基础》(教育丛书)由上海商务印书馆刊行。

薛鸿志等编《教育统计法》(教育杂志十六周年汇刊)(教育丛书)由上海商务印书馆刊行。

刘建阳编述《教育之社会原理述要》(教育杂志十六周年汇刊)(教育丛书)由上海商务印书馆刊行。

厚生等著《社会学与教育》(教育杂志十六周年汇刊)(教育丛书)由上海商务印书馆刊行。

陈兼善、高卓著《教育之生物学的基础》(教育杂志十六周年汇刊)(教育丛书)由上海商务印书馆刊行。

常乃惠编《教育上之理想国》(教育杂志十六周年汇刊)(教育丛书)由上海商务印书馆刊行。

范锜著《最近欧美教育思潮》由上海商务印书刊行,有张嘉森序及著者序。

李石岑等著《现代教育思潮批判》(教育丛书)由上海商务印书馆刊行。

郑次川编《教育思潮概说》（百科小丛书）由上海商务印书馆刊行。

按：是书概述人文主义、实科主义、理想主义、自然主义、机械主义、个人主义、社会主义、国家主义等教育思潮。

余家菊著《英国教育要览》（少年中国学会丛书）由上海中华书局刊行，有著者序。

按：是书介绍英国的教育行政及小学、中学、师范、大学、女子教育等情况。

余家菊等著《个性与教学》（教育丛书）由上海商务印书馆刊行。

舒新城著《道尔顿制概要》（上下册）（教育杂志十六周年汇刊）由上海商务印书馆刊行。

中华教育改进社编《柏克赫司特女士与道尔顿制》（中华教育改进社丛刊）由上海商务印书馆刊行，有陶行知序。

高卓等著《道尔顿制的实际》（教育丛书）由上海商务印书馆刊行。

许兴凯编《柏女士讲演讨论集》（晨报社丛书）由北京晨报社刊行部刊行。

张九如编《试行协动教学法的成绩报告》（教育丛书）由上海商务印书馆刊行。

张九如著《协动教学法的尝试》（教育丛书）由上海商务印书馆刊行。

太玄等著《美国三大教育家之设计教学法主张》（教育杂志十六周年汇刊）由上海商务印书馆刊行。

刘孟晋等著《设计教学法概要》（教育丛书）由上海商务印书馆刊行。

俞子夷等著《设计教学法的实际》（教育丛书）由上海商务印书馆刊行。

高卓等著《教育心理学大要》（教育丛书）由上海商务印书馆刊行。

陈鹤琴著《儿童心理之研究》（上下册）（大学丛书）由上海商务印书馆刊行。

按：是书作者吸收欧美心理学理论，首次阐述中国儿童身体、动作、言语、心理等方面的发展程序和一般规律，为我国最早用追踪方法研究儿童心理的专著，出版后影响颇大。

华超编《教育测验纲要》（现代师范教科书）由上海商务印书馆刊行，有编者序。

廖世承等编《测验与入学考试的改进》（教育丛书）由上海商务印书馆刊行。

廖世承、陈鹤琴编《测验概要》（师范丛书）由上海商务印书馆刊行。

按：是书对推广教育测验和心理测验起了一定的作用，是一本测验的最简便的用书，多次再版。

孟宪承等著《测验之学理的研究》（教育丛书）由上海商务印书馆刊行。

钱希乃等编著《麦柯测验法》（教育丛著）由上海商务印书馆刊行。

直隶省立第三中学校编《三年来之直隶省立第三中学校》（1922—1924）由河北河间编者刊行。

廖世承、葛承训编《五项测验》（教育丛著）由上海商务印书馆刊行。

钱鹤译《久保氏之皮奈西门智力测验改订法》（教育丛著）由上海商务印书馆刊行。

郝耀东编《美国陆军用的智力测验法》（教育杂志十六周年汇刊）由上海商务印书馆刊行。

周太玄、罗廷光编《团体智力学力测验法》（教育丛著）由上海商务印书馆刊行。

盛朗西编《教育行政效率问题一部分的研究》（教育丛著）由上海商务印书馆刊行。

杜定友编《学校教育指导法》（教育丛书）由上海中华书局刊行，有蒋维乔、黄炎培的序及编者弁言。

郝耀东等著《教育视察与视察后的感想》（教育丛著）由上海商务印书馆刊行。

俞凤宾著《学校卫生要旨》（医学丛书）由上海商务印书馆刊行。

太玄等著《欧战后各国教育之改革》(教育丛书)由上海商务印书馆刊行。

李石岑等著《新学制的讨论》(教育丛书)由上海商务印书馆刊行。

李石岑等著《教育独立问题之讨论》(教育丛著)由上海商务印书馆刊行。

陈兼善等著《教育短评》(教育杂志十六周年汇刊)由上海商务印书馆刊行。

吴哲夫著《私立学校在国家教育制度中的地位》(教育丛著)由上海中华基督教教育会刊行。

姜琦等著《义务教育之研究及讨论》(教育丛书)由上海商务印书馆刊行。

第十一届全国教育会联合会事务所编《历届全国教育联合会议案分类汇编》由编者刊行。

中华教育改进社编《中华教育改进社第四次社务报告》由北京编者刊行。

中华教育改进社编《中华教育改进社同社录》(第四届年会修正)由北京编者刊行。

中华教育改进社编《中华教育改进社第四届年会一览》由北京编者刊行。

教育杂志社编《教育法令选》(教育丛著)由上海商务印书馆刊行。

教育部编《教育部提案》由编者刊行。

周太玄等著《庚子赔款与教育》(教育丛著)由上海商务印书馆刊行。

教育部编制《修正学校发给证书条例》(十四年部令第十二号)由北京编者刊行。

山西省长公署统计处编《山西省第七次教育统计》(民国十一年度)由编者刊行。

江苏省教育会编《江苏省教育会二十年概况》由编者刊行。

江苏省教育会编《江苏省教育会年鉴》(第10期)由编者刊行。

许震环编《浙江省教育会十四年度会员录》由杭州浙江省教育会刊行。

湖南全省教育调查委员会编《湖南全省十三年度教育统计》由编者刊行。

云南省教育会编《云南省教育会民国十三年度年鉴》由编者刊行。

陈鹤琴著《测验概要》由上海商务印书馆刊行。

胡昌才等编《儿童性向的测验报告》(教育丛书)由上海商务印书馆刊行。

范寿康编《训练法》(师范小丛书)由上海商务印书馆刊行。

祝其乐等著《幼稚教育及日美之幼稚园》(教育丛书)由上海商务印书馆刊行。

俞子夷、蒋竹如、朱公振著《小学教育的实际问题》(教育丛书)由上海商务印书馆刊行。

赵廷为等著《小学教育参考书》(上中下册)(教育丛书)由上海商务印书馆刊行。

余家菊等著《训育之理论与实际》(教育丛书)由上海商务印书馆刊行。

俞子夷等著《小学的新课程》(教育杂志十六周年汇刊)由上海商务印书馆刊行。

朱鼎元编《现代小学教学法纲要》(师范学校用)由上海商务印书馆刊行。

吴研因等著《小学教学法概要》(教育丛著)由上海商务印书馆刊行。

沈百英、张九如编《设计教学法实施报告》(教育丛著)由上海商务印书馆刊行。

北京师大附属小学校编《各种学习指导案》由北京平民书局刊行。

张粒民等著《小学公民教育及教学法》(教育丛书)由上海商务印书馆刊行。

吴研因、舒新城编《小学国语教学法概要》(教育杂志十六周年汇刊)由上海商务印书馆刊行。

黄竞白等著《小学史地教学法》(教育丛书)由上海商务印书馆刊行。

北京师范大学附属小学编《算术科学习指导案》由北京平民书局刊行。

俞子夷等编《小学算术教学法及练习法》（教育丛书）由上海商务印书馆刊行。

张裔云等编《小学自然科教学法》（教育丛刊）刊行。

蔡松筠编《校外观察教材集览》由上海商务印书馆刊行。

雷家骏等编《美术及音乐教学法》（教育丛书）由上海商务印书馆刊行。

熊翥高、王欣渠著《工艺科教学法》（教育丛书）由上海商务印书馆刊行。

王小峰著《小学体育教育法》（教育丛著）由上海商务印书馆刊行。

江苏第一师范附属小学校事务系编《小学行政实况》由苏州江苏第一师范附属小学校刊行。

饶上达、洪鋆编《新师范小学组织及行政》由上海中华书局刊行。

杨彬如编《儿童自治施行实况》（上中下册）（教育丛书）由上海商务印书馆刊行。

张粒民、何可人编《私塾改良的组织与教学法》（儿童教育丛书）由上海大东书局刊行。

郑宗海等著《初级中学教育》（教育丛著）由上海商务印书馆刊行。

廖世承等著《新学制中学的课程》（教育丛书）由上海商务印书馆刊行。

周予同等著《教材之研究》（教育丛书）由上海商务印书馆刊行。

陈兼善著《中学校之博物学教学法》（教育丛书）由上海商务印书馆刊行。

上杭学生会编《上杭学生会同人录》由福建上杭编者刊行。

哈尔滨东华学校季刊社编《校闻特刊》由哈尔滨编者刊行。

上海中西女校编《墨梯》由上海编者刊行。

上海招商局公学编《招商局公学乙丑年刊》由上海编者刊行。

廖世承编《东大附中道尔顿制实验报告》由上海商务印书馆刊行。

苏州慧灵女子中学编《苏州慧灵女子中学章程》由江苏苏州编者刊行。

陶孟和等著《大学校之教育》（教育丛书）由上海商务印书馆刊行。

教育杂志社编《职业教育之理论及职业之调查》（教育丛书）由上海商务印书馆刊行。

中华职业教育社编《新学制职业科课程标准》由上海编者刊行。

庄泽宣编《职业指导实验》（第1辑）（职业教育丛刊）由上海商务印书馆刊行。

常道直、任白涛著《成人教育》（教育丛书）由上海商务印书馆刊行。

顾旭侯、武云如、朱慰元编《平民教育实施法》由上海商务印书馆刊行。

陈醉云等编《平民千字课本教授书》（第2册）由上海中华书局刊行。

金啸梅编《平民新丛书》由上海新华书局刊行。

潘公展、祝其乐著《乡村教育研究及研究法》（教育丛著）由上海商务印书馆刊行。

盖殿勋编《敬告铁路职工》（职工教育小丛书）由北京交通部铁路职工教育委员会刊行。

任白涛著《欧美之义务补习教育》（教育丛书）由上海商务印书馆刊行。

祝其乐著《国家主义与中国乡村教育》（教育丛书）由上海中华书局刊行。

按：是书论述国家主义与中国乡村教育宗旨问题、行政问题、组织和设备、教材和教法、训育问题、推广问题、教师问题等。

邰爽秋等著《特殊教育之实施》（教育丛书）由上海商务印书馆刊行。

马宗荣著《社会教育概说》（学艺丛刊）由上海中华学艺社刊行。

按：是书分总论、社会教育的事业各论、学校中心的社会教育、结论4编。

姜琦等编《女子教育之问题及现状》（教育丛书）由上海商务印书馆刊行。

　　陈鹤琴著《家庭教育》(东南大学教育科丛书)由上海商务印书馆刊行,有郑宗海、陶行知序。

　　按:是书为《儿童心理之研究》的姐妹篇,自问世至1981年先后再版10余次,陶行知在"序"中称其为"近今中国出版教育专著中最有价值之著作"。

　　顾子仁等著《体育与人生》(体育小丛书)由上海青年协会书报部刊行。

　　王怀琪、邹法鲁编《体育测验法》(中国健学社体育丛书)由上海中国健学社刊行。

　　李石岑等著《体育之进行与改造》(教育丛著)由上海商务印书馆刊行。

　　刘敦桢等著《田径游泳竞技运动法》(教育丛书)由上海商务印书馆刊行。

　　治永清著《田径赛专论》(北京师范大学丛书)由北京求知学社刊行,有曾绍兴、焦莹序。

　　罗啸敖著《精武粤传》由广东广州精武体育会刊行,有陈铁笙、苏守洁序。

　　朱鸿寿著《拳艺指南》由上海中华书局刊行,有编者序。

　　孙福全编《太极拳学》由编者刊行,有陈曾则、吴心谷及编者序。

　　陈微明著《太极拳术》由北京致柔拳社刊行,有徐思允等3人及著者自序。

　　王怀琪编《华佗五禽戏》(中国健学社体育丛书)由上海中国健学社刊行。

　　顾拯来编《游泳术》由上海商务印书馆刊行,有张伯苓、顾树森题词。

　　张汝霖编《(最新)象棋秘诀》由上海棋学研究会刊行。

　　不辰子纪录《同棋》由上海优游社刊行。

　　知新室主编《同棋指南》由上海宏文图书馆刊行。

　　王襄著《簠室殷契征文》刊行。

　　按:是书公布了作者收藏的五千多篇甲骨中的精品。

　　容庚著《金文编》由贻安堂刊行。

　　按:《金文编》是一部内容丰富、体例谨严的商周金文字典。它祖述吴大澂的《说文古籀补》,而又补正吴书。它摹写准确,纠正《说文》传写之误、解说之误,指认文字通假关系,受到学术界的重视和欢迎,一时成了习金文者案头必备的工具书(《民国学案》第三卷《容庚学案》)。

　　徐敬修、顾实编《音韵常识》由上海大东书局刊行。

　　按:此书共10章。讲述古今字音的变迁、反切的起源、四声的分类、广韵的分部、等韵之开齐合撮、古韵之通转及注音字母等。

　　沈镕编著《音韵指南》由上海大东书局刊行。

　　按:此书叙述字音的起源、汉字的单音问题及字母、四声、反切等。文言体。

　　杨树达著《古书疑义举例续补》由著者刊行。

　　唐文治讲授《国文经纬贯通大义》(上下册)刊行。

　　董鲁安编著《修辞学》(一名《修辞学讲义》)由北平文化学社刊行。

　　按:宗延虎说:"在20世纪的前二三十年,语文界流行这样一种看法:文言文可以修辞,白话文不能修辞。有的修辞书,尽管用了半文半白的语言,或者用了近乎白话的语言写作,但用例几乎全部采自文言文。《修辞学讲义》不仅用白话文写作,(作者在《凡例》中也指出:'本书诠释,概用语体。不取奇辞奥义,务蕲教学交便。')更可贵的是,在引用文言文例句的同时,也引用了不少白话文例句。这样做,在当时的修辞学专著中,还是从来没有过的,董鲁安此书可说开了这方面的先河。你们说白话文修辞不美吗?请看范例。在作者选用的白话文例句中,既有鲁迅、胡适、周作人等当时知名人士的,也有一些不知名人士的。在刘大白为《修辞学发凡》所写的序言中,也肯定了董鲁安《修辞学讲义》'有白话文的引例'的特点。作者敢于向旧观念挑战,确实难能可贵。"(宗延虎著《中国现代修辞学史》,浙江教育出版社1997年版)

唐彪著《(国学门径)读书作文法》由上海中华新教育社刊行。

施畸著《中国文词学研究》由上海出版合作社刊行。

秦同培、陈和祥编著《(高级)国文读本教学法》由上海世界书局刊行。

金醒吾编《国语读本》(1—2册)由中华教育改进社刊行。

齐铁恨编《国语会话》由上海商务印书馆刊行。

潘文安编《职业应用文》由上海中华职业学校刊行。

马国英著《国语文研究法》由上海中华书局刊行。

> 按:是书分国语文的概说、国语文的读法、国语文的做法等。

黎锦熙编著《国语文法纲要六讲》由上海中华书局刊行。

> 按:是书第一讲字、词、语、句的区别,第二讲句法的成分(名词、代名词、动词),第三讲句法的成分(动词),第四讲句法的成分(形容词、特别介词),第五讲句法的成分(副词、介词),第六讲复句的种类(包孕复句、等立复句、主从复句);总结(助词、叹词)。

刘复著《汉语字声实验录提要·国语运动略史提要》由上海群益书社刊行。

陈独秀著《字义类例》由上海亚东图书馆刊行。

杜定友著《汉字排字法》由上海图书馆协会刊行。

> 按:此书介绍排字法原则、排字法规则、排字和检字方法及汉文排字法优点等,并有评论。书末附录:目录排叠法规则、排字盘用法。

梁启超讲演,卫士生、束世澂笔记《中学以上作文教学法》(教育丛书)由上海中华书局刊行。

黎锦熙、周法均著《作文及文学教学法》由上海商务印书馆刊行。

胡怀琛编著《作文研究》由上海商务印书馆刊行。

郭沫若著《(现代文艺选辑)郭沫若杰作选》由大公书局刊行。

陈和祥、张云石著《写信秘诀》由上海世界书局刊行。

贡少芹等编《尺牍辞典》(上下册)由上海国华书局刊行。

费有容编《尺牍成语辞典》由上海大东书局刊行。

蒋穀生编《尺牍入门》由上海文明书局刊行。

蒋穀生编《普通尺牍范本》由上海文明书局刊行。

朱松庐著,观涛室主评校《(新式标点)恋爱尺牍》由上海三益书局刊行。

中华书局编《新式学生辞林》由上海中华书局刊行。

张震南等编《中学国文述教》由上海商务印书馆刊行。

张西曼编著《(大学适用之俄文读本)新俄罗斯》由北京编著者刊行。

张廷华选辑,沈镕注释《初级古文读本》(上下册)由上海大东书局刊行。

张廷贵编《论说文范》由上海文明书局刊行。

沈镕选,徐敬修评注《中学论说新范》(1—4册)由上海大东书局刊行。

徐敬修编《小学常识》由上海大东书局刊行。

吴锦章编辑《洋务职业指南》由上海安利书社刊行。

王云五著《号码检字法》由上海东方杂志刊行。

王璞编《王璞的模范语》由上海商务印书馆刊行。

张士一等著《外国语教学法》由上海商务印书馆刊行。

英文周报读者著《学生英文创作集》(第 1 集)由上海中华书局刊行。

新中华学校编《(新中华教本)日本文法辑要》由上海商务印书馆刊行。

谢颂羔编《短篇英文论说》由上海中华书局刊行。

陶士英编《英文法捷径》由上海中华书局刊行。

任端编《英语语音学指南》由上海世界书局刊行。

吕蕴儒编《世界语论文集》(绿叶社丛书)由上海民智书局刊行。

洪中编《德文法程》由上海商务印书馆刊行。

樊仲云编注《(附国文注释)姊妹花》由上海中华书局刊行。

大陆图书公司编辑《(言文对照)评注古文百法示范》由上海大陆图书公司刊行。

范文澜著《文心雕龙讲疏》(上下册)由天津新懋印书局刊行。

章太炎著《文学论略》由上海群众图书公司刊行。

简贯三编纂《文学要略》由河南教育厅公报处刊行。

按:是书介绍文学的起源及进化,研究文学的方法、文学的分类以及文学与文字、人生、哲学、科学的关系问题。

潘梓年著《文学概论》由上海北新书局刊行。

按:是书分鸟瞰中的文学、内质与外形、文学中理智的要素、文学的变迁及派别、文学的分类和其比较等 5 讲。后有结论。末附录《怎样研究文学》《泰戈尔来华》《读诗与作诗》《艺术论》4 篇。卷首有代序《什么叫文学》。

马宗霍著《文学概论》由上海商务印书馆刊行。

谭正璧编著《中国文学史大纲》由上海光明书局刊行。

小说月报社编辑《创作讨论》由上海商务印书馆刊行。

按:是书收愈之《新文学与创作》、瞿世英《创作与哲学》、叶绍钧《创作的要素》、庐隐《创作的我见》、郑振铎《平凡与织巧》、沈雁冰《创作的前途》、叶圣陶《诚实的自己的话》等 12 篇有关文学创作问题的文章。

郭沫若著《文艺论集》由上海光华书局刊行。

张资平编著《文艺史概要》由湖北武昌时中合作书社刊行。

按:是书根据日本新潮社刊行的《近代文艺十二讲》和日本青山为吉的《文艺史》编写而成,主要概述古典主义、浪漫主义、自然主义、神秘主义及象征主义等精神欧洲文艺思潮。

赵景深著《近代文学丛谈》由上海新文化书社刊行。

徐敬修编《文学常识》由上海大东书局刊行。

胡怀琛著《中国民歌研究》由上海商务印书馆刊行。

按:是书论述中国古代的谣谚、抒情短歌、叙事长歌及其向戏曲的演变,以及近代的抒情短歌和叙事长歌等。

刘经庵编《歌谣与妇女》由上海商务印书馆刊行。

陶孟和著《孟和文存》由上海亚东图书馆刊行。

谢彬著《新疆游记》由上海中华书局刊行。

洪秋番著,徐行素校正《红楼梦抉隐》(1—8 册)由上海图书馆刊行。

吴又陵审定《中国文学选读书目》由北京宝文堂书局刊行。

孙俍工编《新诗作法讲义》由上海商务印书馆刊行。

朱谦之著《音乐的文学小史》由上海泰东图书局刊行。

按：此为我国第一部察音乐与文学关系的专著。

小说月报社编辑《诗的原理》由上海商务印书馆刊行。

徐敬修编著《诗学常识》由上海大东书局刊行。

顾颉刚著，小说月报社编辑《诗经的厄运与幸运》由上海商务印书馆刊行。

春灯诗社编辑《诗谜必中法》由上海书局刊行。

郭绍虞著《谚语的研究》由上海商务印书馆刊行。

孙俍工著《戏剧作法讲义》由上海亚东图书馆刊行。

徐敬修编著《词学常识》由上海大东书局刊行。

徐敬修编《说部常识》由上海大东书局刊行。

沈苏约编《小说通论》由上海梁溪图书馆刊行。

按：是书收《论小说与群治之关系》（梁启超），《研究小说的正法》（吕天石），《论短篇小说》（胡适），《童话小说在儿童用书中之位置》（饶上达），《通俗小说之积极教训与消极教训》（刘半农），《自然主义与中国现代小说》（沈雁冰），《今日中国所需要的小说》（胡怀琛），《中国之下等小说》（刘半农），《五十年来中国之白话小说》（胡适）等9篇有关小说的社会效果、研究方法及教育作用的论文。

雁冰、愈之、泽民编《近代俄国文学家论》由上海商务印书馆刊行。

按：是书分别论述了都介涅夫、陀斯妥以夫斯基、安得列夫、阿采巴希甫和柯洛涟科的文学成就。

耿济之著，小说月报社编辑《俄国四大文学家》由上海商务印书馆刊行。

小说月报编辑《俄国诗坛的昨日今日和明日》由上海商务印书馆刊行。

小说月报编辑《日本小说集》由上海商务印书馆刊行。

郑振铎编《太戈尔》由上海商务印书馆刊行。

小说月报社编辑《新犹太小说集》由上海商务印书馆刊行。

小说月报社编辑《法朗士传》由上海商务印书馆刊行。

小说月报社编辑《雾飙运动》由上海商务印书馆刊行。

小说月报社编辑《梭罗古勃》由上海商务印书馆刊行。

小时月报社编辑《包以尔》由上海商务印书馆刊行。

《北美甲子同人书画集》第一组由美术学校刊行，有陈延龄序。

白鹅西画研究所编《白鹅画展》由编者刊行。

有美堂编《金石书画家润单汇刊》由上海有美堂刊行。

黄宾虹著《古画微》由上海商务印书馆刊行。

吴昌硕等绘《中国现代名画》由上海商务印书馆刊行。

周玲荪编《金陵名胜写生集》（第1集油画写生集）由上海商务印书馆刊行。

周玲荪编《金陵名胜写生集》（第2集水彩写生集）由上海商务印书馆刊行，有柳诒徵、顾实序。

大中华百合影片公司编辑部编《小厂主特刊》由上海大中华百合影片公司刊行。

大中华百合影片公司编辑部编《风雨之夜》由上海大中华百合影片公司刊行。

广东中华基督教会大会编辑《颂主诗编》（琴谱）由上海美华浸会书局刊行。

王光祈著《德国国民学校与唱歌》由上海中华书局刊行，有著者序。

佟人冬编纂《丝竹指南》由奉天太古山房刊行，有马景阳、魏宪尧及编者的序。

丰子恺著《歌剧与乐剧》由上海商务印书馆刊行。

王光祈著《西洋音乐与戏剧》由上海中华书局刊行。

按:是书叙述近 300 年来西洋歌剧发展的概貌。

刘汉流编辑《戏剧论选》由北京中华印刷局刊行,有邵濬、笑笑生、汪侠公和编者序、跋。

谷剑尘著《剧本的登场》由上海东南剧学编译社刊行。

沈明珍编《舞蹈》由上海爱国女学出版部刊行,有朱士方序。

潘毅华、顾肯夫编辑《我王万岁》由上海卡尔登影戏院刊行。

神州影片公司编辑《花好月圆特刊》由上海神州影片公司刊行。

罗元鲲编《本国史表解》(上下册)由湖北武昌亚新地学社刊行。

徐敬修著《史学常识》由上海大东书局刊行。

曹聚仁编《古史讨论集》由上海梁溪图书馆、上海时代书局刊行。

许啸天点注,胡云翼校《战国策》(上下册)由上海群学社刊行。

杨树达著《汉书补注补正》由上海商务印书馆刊行。

国立北京大学研究所国学门明清史料整理会编《清九朝京省报销册目录》(顺治朝第 1 册)由编者刊行。

孟世杰著《中国最近世史》(第 1—4 册)由北京文化学社刊行。

邵元冲讲演《各国革命史略》由上海新华书局刊行。

按:是书包括绪论、美国的独立运动、法国的大革命、德国的革命运动、俄国革命史略(上下)、现在各国革命运动的趋向等 7 讲。

孟宪章著《世界最近之局势》(第 1 卷世界大战)由北京师范大学史地学社刊行。

陈曾亮著《金佛郎案痛史》由著者刊行。

赵端著《辛亥革命关河诸先烈蜀战殉国记》刊行。

周霁光等编《五九国耻十周年纪念特刊》由上海国民对日外交大会刊行。

林伟民著《中国海员罢工第三周年纪念册》由广东广州书局刊行。

竞智图书馆编《苏浙战史全编》由竞智图书馆刊行。

吴双热、程绿星著《海虞谈虎记》由北市心开文社刊行。

孤军杂志社编《战痕——甲子苏祸记》(孤军社实地调查纪录之一)由上海编者刊行。

徐再思、钱保和著《江阴战事记》由江阴商报馆刊行。

侯鸿鉴著《无锡兵灾记》由编者刊行。

清室善后委员会编《甲子清室密谋复辟文证》由编者刊行。

上海国民会议促成会编辑《我们所要的国民会议是什么?》由上海编者刊行。

中国国民党中央执行委员会上海执行部编《中华民国国民政府、中国国民党最近对于时局之主张》由编者刊行。

费保彦编《善后会议史》由编者刊行。

陈海臣著《善后刍议》由著者刊行。

国民代表会议编《国民代表会议条例草案汇编》(第 1 卷)由北京编者刊行。

李金坡著《"五卅"惨案调查记》由北京民国大学刊行。

孙祖基等编《五卅血案实录》由上海学生联合会刊行。

陈安仁著《尝胆录》由岭南大学对外委员会刊行。

高尔柏、高尔松著《沙面惨杀案》由青年政治宣传会刊行。

中国国民党中央执行委员会农民部编辑《国民政府之统一广东政策与反革命势力》（十四年十月本部特派员大会政治报告）由广东广州编者刊行。

管洛声编纂《北戴河海滨志略》刊行。

俞友清编著《虞山小志》由江苏常熟琴社刊行。

夏琳著《闽海纪要》由台北连雅堂刊行。

朱绣著《西藏六十年大事记》由著者刊行。

易顺豫著《孟子年略》由山西宗孟学社刊行。

胡怀琛编《中国八大诗人》由上海商务印书馆刊行。

按：是书论述屈原、陶渊明、李白、杜甫、白居易、苏轼、陆游、王士祯等8位诗人的生平和作品。

孙毓修著《郭子仪》由上海商务印书馆刊行。

孙毓修著《文天祥》由上海商务印书馆刊行。

胡越编著《王阳明》由上海中华书局刊行。

支伟成著《清代朴学大师列传》由上海泰东图书局刊行。

龙梦荪编《曾文正公学案》由上海商务印书馆刊行。

陈日新编《福建兴化美以美会蒲公鲁士传》由美兴印书局刊行。

上海密勒氏评论报编《中国名人录》（第3集）由上海编者刊行。

按：是书辑录中国政、财、商、学、军各界名人相片事略，是专供当时外国人查阅的中国名人录，除姓名外，全部用英文介绍。

无名氏编《最近烈士事略》刊行。

孙中山著《孙中山先生遗墨之一》由广东广州美华浸会印书局刊行。

徐翰臣著《孙中山全史》由上海唤群书报社刊行。

高尔松等著《孙中山先生与中国》由上海民智书局刊行。

三民编译部编《孙中山评论集》由上海三民出版部刊行。

平民书局编辑《孙中山》由上海平民书局刊行。

刘中杭纂辑《孙中山先生荣哀录》由北京讲武书局刊行。

中华革新学社编辑《孙中山先生荣哀录》由编者刊行。

中国国民党松江县党部编《孙中山先生哀挽录》由编者刊行。

黄昌谷著《孙中山先生北上与逝世后详情》由上海民智书局刊行。

中山主义研究社编，抱恨生校订《孙中山先生逝世周年纪念册》由编者刊行。

国立北平政法大学全体学生编《追悼孙中山先生纪念册》由编者刊行。

丹阳民社编《中山先生特刊》由编者刊行。

邵元冲编《陈英士先生革命小史》由上海民智书局刊行。

蒋中正等著《廖党代表纪念刊》由黄埔军校刊行。

汪精卫著《廖仲恺先生传略》由编者刊行。

竞智图书馆编《齐燮元全传》由上海编者刊行。

周叔贞著《周止庵先生别传》由著者刊行。

胡鸣盛主编《安定先生年谱》由北京编者刊行。

黄庞编辑委员会编《黄庞二三周纪念册》由湖南劳工会刊行。

幽燕居士编著《中华民国五大总统大事记》由北京神州广告社刊行。

唐钺著《唐钺文存》由上海商务印书馆刊行。

按:是书收录作者的传记作品《爱迭生传》《达尔文传》《策伯林传》等。

高觉敷著《心理学名人传》由上海商务印书馆刊行。

按:是书乃西方近代心理学名人传略。共分18章。收有陆克、柏克烈、休谟、哈德烈、培固、费希钠尔、布连搭等18人传略。第一章为引论。

郑振铎著《泰戈尔传》由上海商务印书馆刊行。

刘秉麟著《李士特经济学说与传记》由上海商务印书馆刊行。

小说月报社编辑《法朗士传》由上海商务印书馆刊行。

孙文桢编《地理撮要》由上海土山湾印书馆刊行。

王华隆著《人文地理学》上海商务印书馆刊行。

巫新寰编著《中外舆地纪要》由广东兴宁泰益印书馆刊行。

侯鸿鉴著《环球旅行记》(上下册)由江苏无锡竞志女学校刊行。

沈圻著《儿童中国游记》(1—4册)由上海商务印书馆刊行。

阎宝森编《现在之张家口》由张家口西北实业印刷局刊行。

郑民编著《菲律宾》由上海商务印书馆刊行。

伦达如编《改造外国地理》由广东广州编者刊行。

刘骥著《京兆公园纪实》刊行。

北海公园事务所编《北海公园景物略》由北京编者刊行。

王后哲等编《上海宝鉴》由上海世界书局刊行。

陈博文编《山东省一瞥》由上海商务印书馆刊行。

江亢虎著《新俄回想录》由北京军学编辑局刊行。

庄启编《德国一周》由上海商务印书馆刊行。

顾德隆译《瑞士一瞥》由上海商务印书馆刊行。

环球中国学生会编《游美须知》由上海环球中国学生会出版部刊行。

沈雏鹤著《松江社会》由著者刊行。

姚韶闻编《游杭便览》由杭州基督教青年会刊行。

刘再苏编《西湖快览》由上海世界书局刊行。

张其昀编《浙江省史地纪要》由上海商务印书馆刊行。

胡吉庐编《西康疆域溯古录》由上海商务印书馆刊行。

清室善后委员会编《故宫物品点查报告》(1—6编)由编者刊行。

按:是书共分6编,28册,以故宫中路各殿堂为第一编(5册),东路为第二编(9册),西路为第三编(5册),外东路为第四编(5册),外西路为第五编(2册),宫外各处为第六编(2册)。各编以各宫、殿、堂、园为单位分册,注明物品名称、件数,并加以编号,注明制造年代,残缺状况,包装形式等项。各册卷首附凡例及《清室善后委员会点查清宫物件规则》。

清室善后委员会编《点查故宫物品报告正误表》由编者刊行。

交通部路政司调查科编《国有铁路沿线县治调查表》由编者刊行。

罗正贵绘制《琼州地图》刊行。

奉化水利总局测制《奉化县水陆全图》由编者刊行。

薛思明编著《国学问答》由上海世界书局刊行。

汤济沧编《治国学门径》由上海文科专修学校刊行。

按：是书收录章太炎《中学国文书目》、梁启超《国学入门书要目及其读法》、胡适《一个最低限度的国学书目》等书目，作者在此基础上编出《各家书目比较略表》，并由此形成《中小学国学书目》。

徐文泰著《国学入门》由华通印书馆刊行。

汤济沧编《治国学门径》由上海文科专修学校刊行。

王先强编《国学入门书目汇编》由编者刊行。

钟泰著《国学书目举要》由江苏法政大学刊行。

梁启超著《要籍解题及其读法》由清华周刊丛刊社刊行，有自序。

按：梁启超《自序》说："我对于学问，件件都有兴味。因为方面太多，结果没有一方面做得成功。著述更不必说，始终没有专心致志好好地著成一部书。近几年来我名下的出版物，都不过一个学期中在一个学校的讲义。而且每学期所讲总是两门以上的功课，所编总是两种以上的讲义。我生平有种坏脾气，曾经讲过的功课，下次便不愿再讲，每次所讲总是新编的。匆匆忙忙，现蒸热卖，那里能有满意之作！所以每次讲完之后，便将讲义搁起，预备重新校改一番才付印。但每到休讲期间，又贪着读别的书去了。假期满后，又忙着著别的讲义。因此旧稿总没有时候整理，只好把它放在箧底后再说。两三年此类的讲稿有好几种哩！这部《要籍解题及其读法》便是其中之一。这部讲义是两年前在清华学校讲的。清华当局指定十来部有永久价值的古书，令学生们每学期选读一部或两部，想令他们得些国学常识而且养成自动的读书能力。这种办法，我原是很赞成的。当局因请我把这十几部书的大概和学生们讲讲。我答应了。每隔一星期来讲一次。一学期间，讲了从《论语》到《礼记》这几部。本来下学期还打算续讲，不幸亡妻抱病，跟着出了丧事，我什么功课都做不下去。因此向学校辞职，足足休讲了一年。现在虽再来学校，也没有续讲的机会。说'要籍'吗，中国最少也有一百几十种。像这部讲义讲的不伦不类几部书，算什么东西呢？何况是现蒸热卖的粗制品，当起稿时已经没有多翻参考书的余裕，脱稿后连复看的工夫也没有。这样作品，如何可以见人？所以许久不愿付印，为此。清华同学们不答应，说各处纷纷函索传抄，不胜其扰。说现在《清华周刊》要编辑丛书，决定把它充当第一种，已经付印了，而且要求我作一篇序文。我无法拒绝，也只好随顺。我想，一个受过中学以上教育的中国人，对于本国极重要的几部书籍，内中关于学术思想者若干种，关于文学者若干种，最少总应该读过一遍。但是，生当今日而读古书，头一件，苦于引不起兴味来；第二件，苦于没有许多时间向浩如烟海的书丛中埋头钻研；第三件，就令耐烦费时日勉强读去，也苦难得其要领。因此，学生们并不是不愿意读中国书，结果还是不读拉倒。想救济这种缺点，像'要籍解题'或'要籍读法'一类书，不能不谓为适应于时代迫切的要求。我这几篇虽然没有做得好，但总算在这条路上想替青年们添一点趣味，省一点气力。我希望国内通学君子多做这类的作品，尤其希望能将我所做的加以是正。例如钱先生新近在《清华周刊》发表的《论语解题及其读法》之类。同时我也要鞭策自己在较近期内对别的要籍，能再做些与此同类的工作。"

慈祥工厂编《梁任公胡适之吴又陵国学书目》由编者刊行。

丁国瑞著《竹园丛话》（第11集）由天津敬慎医室刊行。

丁国瑞著《竹园丛话》（第12集）由天津敬慎医室刊行。

丁国瑞著《竹园丛话》（第13集）由天津敬慎医室刊行。

丁国瑞著《竹园丛话》（第14集）由天津敬慎医室刊行。

丁国瑞著《竹园丛话》（第15集）由天津敬慎医室刊行。

丁国瑞著《竹园丛话》（第16集）由天津敬慎医室刊行。

丁国瑞著《竹园丛话》（第17集）由天津敬慎医室刊行。

丁国瑞著《竹园丛话》（第18集）由天津敬慎医室刊行。

会文堂书局编《会文堂书局图书目录》由编者刊行。

上海总商会商业图书馆编《上海总商会商业图书馆图书目录》由编者刊行。

王昌谟等编译《少年百科全书》由上海商务印书馆刊行。

王岫庐等编《日用百科全书》(补编)由上海商务印书馆刊行。

王岫庐等编《日用百科全书》(样本)由上海商务印书馆刊行。

朱毓魁编辑《现代论文丛刊》(第1—4册)由上海文明书局刊行。

北京民国大学图书馆编《北京民国大学图书馆概要》由编者刊行,有自序。

杜定友著《图书分类法》由上海图书馆协会刊行,有上海图书馆协会序。

杜定友著《图书馆通论》由上海商务印书馆刊行。

按:杜定友在书中将图书馆置于社会大系统中进行考察,认为图书馆事业发展的因素主要包括人才、书籍、财力和时势四个方面,这种认识已冲破单纯的技论而形成了社会论。是书分4章,第一章图书馆教育,包括广义的教育、图书馆教育之可能、图书馆教育之性质、图书馆教育之方法、图书馆教育之职业、图书馆教育之普及;第二章图书馆与教育,包括图书馆之责任、图书馆与教育主义、图书馆与教授法、图书馆与教育者、图书馆与科学、图书馆与新文化;第三章图书馆与社会,包括图书馆为国民修养中心点、图书馆为国民游乐中心点、图书馆与国民教育、图书馆与学校、图书馆与农工商界、图书馆与军政界;第四章图书馆与图书馆学,包括何谓图书馆、图书馆之需要、图书馆事业之发达、图书馆学之范围、图书馆之种类、图书学术语等。

杜定友编《著者号码编制法》由上海图书馆协会刊行。

国立北京师范大学附属小学校儿童图书馆编《(国立)北京师范大学附属小学校儿童图书馆的概况》由编者刊行。

查修著《中文书籍分类法商榷》由北京清华学校刊行。

高尔松、高尔柏著《阅书室概论》由上海新文化书社刊行。

湖南省教育会图书馆编《湖南省教育会图书馆请分润庚款陈述书》由编者刊行。

王文山编《南开大学校图书馆中西图书目录合编》1卷由南开大学图书馆刊行。

戴英等编《戴氏私立东原图书馆一周年纪念册》由戴氏私立东原图书馆刊行。

《天津图书馆协会及各教育机关欢迎鲍士伟博士》(中华民国十四年六月四日至七日)刊行。

校经山房成记书局编《(新订)校经山房书目》由编者刊行。

中国书店编《中国书店临时书目》(第1号)由编者刊行。

中国书店编《中国书店临时书目》(第2号)由编者刊行。

中国书店编《中国书店临时书目》(第3号)由编者刊行。

上海民国大学图书馆学系编《时报索引》由编者刊行。

中华书局编《中华书局图书目录》(附本局经售文明书局图书目录)由编者刊行。

[美]枯雷顿著,刘奇译《逻辑概论》由上海商务印书馆刊行。

[美]亚尔曼斯传著,叶新译《性底人生》由上海商务印书馆刊行。

[美]华生(原题瓦特孙)等著,谢循初等译《一九二五心理学》由北京文化学社刊行。

[美]华生(原题华德生)著,臧玉泩译《行为主义的心理学》由上海商务印书馆刊行。

[美]科尔文著,黄公觉译《学习心理》由上海商务印书馆刊行。

[美]伍德沃思(原题吴伟士)著,谢循初译《吴伟士心理学》(上下册)由上海中华书局刊行。

［美］柯嘉芝著，吴同焯译《宗教道德教育学》由上海广学会刊行。

［美］E. D. Hubbard 著，宋嘉钊译《耶德逊夫人传》由上海美华浸会印书局刊行。

［美］H. T. cowles 著，［美］都孟高、［中］黄叶秋译《希伯来宗教史》由上海中华圣公会刊行。

［美］富司迪著，胡贻榖译《信仰的意义》由上海青年协会书局刊行。

［美］富思迪著，谢乃壬译《完人之范》由上海青年协会书局刊行。

［美］怀爱伦著《基督实录引义》由上海时兆报馆刊行。

［美］张好义著，谢颂羔、米星如译《科学的基督化思想》由上海中国主日学和会刊行。

［美］波格达斯（原题鲍格度）著，瞿世英译《社会学概论》由上海商务印书馆刊行。

按：是书分 13 章，第一章人口，第二章社会进步之地理的生物的与心理的基础，第三章家庭，第四章社会与经济，第五章社会与经济（续），第六章社会与政治，第七章社会与道德，第八章社会与艺术，第九章社会与知识，第十章社会与宗教，第十一章社会与人类联合，第十二章社会进步与人类联合，第十三章社会进步之科学的观察。

［美］桑格著，赵元任夫人译《女子应有的知识》由重庆商务印书馆刊行。

［美］桑格著，陈海澄译《生育主义》由上海商务印书馆刊行。

［美］威尔确斯著，廖仲恺译《全民政治》由上海民智书局刊行。

［美］马尔腾著，高尔松、高尔柏译《妇女与家庭》由上海商务印书馆刊行，卷首有著者像，杨铨序及原序。

［美］韩讷著，臧启芳译《经济思想史》由上海商务印书馆刊行。

［美］考活、布土维著，黄泽普译《南中国丝业调查报告书》由广州岭南农科大学刊行。

［美］史可德著，吴应图译述《广告心理学》由上海商务印书馆刊行。

［美］汉伯纳著，徐兆荪译《人寿保险学》由上海商务印书馆刊行。

［美］巴力著，俞寄凡译《艺术教育设施法》由上海商务印书馆刊行，有译者序。

［美］斯密司著，陈启天译述《应用教育社会学》（少年中国学会丛书）由中华书局刊行。

［美］罗曼著，李大年译《欧洲新教育》（师范丛书）由上海商务印书馆刊行。

［美］麦柯著，薛鸿志译述《教育实验法》（北京师范大学教育丛书）由北京师范大学编译部刊行。

［美］斯特朗著，朱定钧、张绳祖译《教育心理学导言》由上海商务印书馆刊行。

［美］勒维特、布朗著，杨鄂联、彭望芬编译《小学职业陶冶》（职业教育丛刊）由上海商务印书馆刊行，有黄炎培、邹息润序。

［美］庞锡尔著，郑宗海、沈子善译《设计组织小学课程论》由上海商务印书馆刊行。

［美］散得维克著，俞人元译《各科之效用与学习法》（新知识小丛书）由上海商务印书馆刊行。

［美］基脱逊著，俞人元译《心智使用法》（百科小丛书）由上海商务印书馆刊行。

［美］利查孙著，黄修平译《最新读书法》由上海有正书局刊行。

［美］波登著，李浮梦译《教室柔软体操》（体育小丛书）由上海商务印书馆刊行。

［美］J. M. Brandau 著，李培藻译《布兰岛成组木棍体操》由上海商务印书馆刊行。

［美］培里著，汤澄波译《小说的研究》由上海商务印书馆刊行。

按：是书分小说之研究、小说与诗、小说与戏剧、小说与科学、唯实主义、浪漫主义、形式问题、现代美国小说之趋势等13章。

[美]欧高德著,贝厚德、沈俊英译《四姊妹》由上海广学会刊行。

[美]巴勒斯著,胡宪生译《野人记》由上海商务印书馆刊行。

[美]巴洛兹著,曹梁厦译《还乡记》由上海商务印书馆刊行。

[美]房龙著,沈性仁译《人类的故事》由上海商务印书馆刊行。

按:是书的翻译出版,在中国掀起了一股经久不衰的"房龙热"。

[美]格莱夫斯著,庄泽宣译《近三世纪西洋大教育家》由上海商务印书馆刊行。

按:是书介绍约翰·米尔顿、培根、拉特克、孔末纳司、洛克、弗兰克、卢梭、贝师道、斐斯塔洛齐、赫巴特、福禄培尔、兰开斯特、斯潘塞等人的生平事迹与学说。

[美]卜赖尔著,于道泉译《世界地理之改造》由上海商务印书馆刊行。

[日]高漱五次郎著,赵兰坪编译《中国哲学史》(上中下册)由上海国立暨南学校出版部刊行。

[日]金子筑水著,蒋乐汉译《欧洲思想大观》由上海泰东图书局刊行。

[日]小野清著,张绂译《佛教哲学》由上海商务印书馆刊行。

[日]高山林次郎著,李信臣译述《论理学纲要》由上海商务印书馆刊行。

[日]安岛健著,甘浩泽译《宗教问答》由上海商务印书馆刊行。

按:是书讲解宗教知识,包括宗教是什么,宗教学的概念、历史、根据,宗教的起源及发展规律,近代宗教思想变迁等。

[日]河上肇著,郭沫若译《社会组织与社会革命》由上海商务印书馆刊行。

[日]森口繁治著,萨孟武译《近世民主政治论》由上海商务印书馆刊行。

[日]幸德秋水著,赵必振译《帝国主义》由上海国耻宣传部刊行,有曹聚仁《与读者》和内材鉴三原序。

[日]美浓部达吉编,欧宗祐、何作霖译《宪法学原理》由上海商务印书馆刊行。

[日]山川均著,施存统译《资本制度浅说》由上海书店刊行。

[日]矢田七太郎著,吴剑秋译《都市经营论》由上海商务印书馆刊行。

[日]野中时雄编,黄越川译《满洲农家之生产与消费》由南满洲铁道株式会社同业部农务课刊行。

[日]本位田祥男著,林骙、唐敬杲译《消费合作运动》由上海商务印书馆刊行。

[日]小林澄见、大多和显著,唐开斌译《艺术教育论》由上海商务印书馆刊行。

[日]迁听花(原题迁武雄)著《中国戏曲》由北京顺天时报社刊行。

[日]浅野驯三郎著,甘浩泽译《教育问答》由上海商务印书馆刊行。

[日]本间久雄著,汪馥泉译《新文学概论》由上海书店刊行。

[日]本间久雄著,章锡琛译《新文学概论》由上海商务印书馆刊行。

[日]厨川白村著,丰子恺译《苦闷的象征》由上海商务印书馆刊行。

[日]厨川白村著,鲁迅译《出了象牙之塔》由北京未名社刊行。

[日]武者小路实笃著,周白棣译《妹妹》由上海中华书局刊行。

[日]押川春浪著,包天笑译述《未来世界》(哲理小说)由上海国学书室刊行。

[日]武者小路实笃著,周作人等译,小说月报社编辑《武者小路实笃集》由上海商务印书馆刊行。

[日]宫崎寅藏著，P. Y. 校刊《三十三年落花梦》由上海出版合作社刊行。

[日]波多野乾一编《现代支那之记录》由燕尘社刊行。

[英]部兹（原题步兹）著，瞿世英译《倭伊铿哲学》由上海商务印书馆刊行。

[英]华德著，简又文译《工业主义之伦理》由北京北新书局刊行。

[英]科克著，陈楚译《宗教基础》由上海商务印书馆刊行。

[英]耶方斯著，严既澄译《比较宗教学》由上海商务印书馆刊行。

[英]赫斯著，周云路译《威廉约翰传》由上海广学会刊行。

[英]司托浦司著，李小峰译《结婚的爱》由北京北新书店刊行。

[英]爱博敦著，朱有光译《卫生科教学法大纲》由上海伊文思图书公司刊行。

[英]斯宾塞尔著，胡哲谋译注《（英汉对照）斯宾塞尔文体论》（英文杂志丛书）由上海商务印书馆刊行。

[英]极姆斯包尔文著，李简译《泰西三十轶事》由江苏常州华新书社刊行。

[英]索士比著，邵挺、许邵珊译《罗马大将该撒》由译者刊行。

[英]高尔斯华绥著，顾德隆改译《相鼠有皮》由上海商务印书馆刊行。

[英]芬治著，陈家骥、陈克文编译《世界著名探险家》由上海商务印书馆刊行。

按：是书介绍马可•波罗、哥仑布、达伽马、麦哲伦、德雷克、安森、库克、利文斯敦、斯坦利、约翰•卡伯特、雅克•卡蒂埃、约翰•戴维斯、马丁•弗罗比舍、斯特尔特、亨利•赫德森、约翰•富兰克林、乔治•内尔斯、南森等人的探险事迹。

[英]赫斯著，周云路译《威廉约翰传》由上海广学会刊行。

[法]涂尔干著，许德珩译《社会学方法论》由上海商务印书馆刊行。

按：在译者序言中，许德珩说："现在中国谈研究社会学的人很多，而关于这类的著述不常见，又在巴黎大学及法国各大学课堂里，无人不先读这本书，我因此感其有译述之必要，所以把他译起。"蔡元培为该书作的序中，特别指出："我们中国地大物博，民族很复杂，历史很悠久，占有无量数的材料，可以贡献与科学界，独惜古代学者于纯粹客观的方法，发现颇少；所以他们虽未尝不尽力于观察，记录的工作，而总不能把此等无量数的材料，化为有条理，有系统的知识，就不能产生科学。我们现在既窥见欧洲科学的美备，自然不能不极力介绍；但是介绍他们科学的结论，决不如介绍科学的方法为重要；因为得了结论，不过趁他人的现成；得了方法，才可以引起研究的兴趣。"

[法]查理•季特著，楼桐孙译《协作》由上海商务印书馆刊行。

[法]拉法格著，李希贤译《财产进化论》由上海商务印书馆刊行。

按：是书主要内容包括现代财产之形式、原始公产制、家族或血族的集产制、封建的财产、资本的财产5章。

[法]加波林夫人著，季志仁译《女性美》由上海北新书局刊行。

[法]H. et J. Pauthier 著，王维克译《法国文学史》由上海泰东书局刊行。

[法]法朗士著，沈性仁译《法朗士集》由上海商务印书馆刊行。

[法]雷里、安瑞著，李青崖译《木马》由上海商务印书馆刊行。

[法]佛罗贝尔著，沈泽民译《坦白》由上海商务印书馆刊行。

[法]弗洛贝尔著，李劼人译《马丹波娃利》由上海中华书局刊行。

[法]沙畹著，冯承钧译《中国之旅行家》由上海商务印书馆刊行。

[苏]列宁著，李春蕃译《帝国主义浅说》（即《帝国主义是资本主义的最高阶段》）由上海新文化书社刊行。

[苏]郭范仑科著,王伊维译,瞿秋白校《新社会观》由平民书社刊行。

[苏]巴士果夫著《中华政治经济年鉴》(1924 年)由天津法文图书馆刊行。

[苏]褚沙克著,任国桢译《苏俄的文艺论战》由北京北新书局刊行。

[俄]米哈·柴霍甫著,曹靖华译《三姊妹》由上海商务印书馆刊行。

[俄]安特列夫著,沈泽民译《邻人之爱》由上海商务印书馆刊行。

[俄]屠格涅夫著,郭沫若译《新时代》由上海商务印书馆刊行。

[俄]托尔斯泰著,李藻译《我的生涯》由上海商务印书馆刊行。

[德]艾香德著,李路德译《雅各书新注释》由上海广学会刊行。

[德]髙五柏著,陈大齐译《儿童心理学》(学艺丛书)由上海商务印书馆刊行,由译者序。

[德]培伦子著,陆振帮译《德国工商补习学校》(职业教育丛刊)由上海商务印书馆刊行。

[德]歌德著,汤元吉译《史推拉》由上海商务印书馆刊行。

[德]许雷著,马君武译《威廉退尔》由上海中华书局刊行。

[德]莱森著,郑振铎译《莱森寓言》由上海商务印书馆刊行。

[德]格尔木兄弟著,王少明译《格尔木童话集》由开封河南教育厅编译出刊行。

[挪威]艾香德演讲,黄景仁译《宗教概论》由江苏南京风景山基督丛林刊行。

[挪威]艾香德著,李路得笔述《迦拉太人书注释》由湖北汉口中华信义会书报部刊行。

[挪威]艾香德著,李路得记述《约翰福音注解》由湖北汉口中华信义会书报部刊行。

[挪威]唐务道、艾香德译《马可福音注释》由湖北汉口中华信义会书报部刊行。

[丹麦]安徒生著,林兰译《旅伴及其他》由上海北新书局刊行。

[丹麦]爱华耳特著,李小峰译《两条腿》由北京北新书局刊行。

[意]艾儒略述《言行纪略》由河北献县张家庄刊行。

[意]马基雅弗利著,伍光建译《霸术》由上海商务印书馆刊行,有君朔序。

[西班牙]倍那文德著,沈雁冰、张闻天译《倍那文德戏曲集》由上海商务印书馆刊行。

[瑞典]爱伦凯著,沈泽民译《恋爱与道德》由上海书店刊行。

[瑞典]安特生著,乐森浔译《甘肃考古记》由农商部地质调查所刊行。

[瑞典]阿尔纳著,乐森浔译《河南石器时代之着色陶器》由农商部地质调查所刊行。

[芬兰]喜渥恩编译《改教四百年记》由湖北汉口中华信义会书报部刊行。

[瑞士]伊里雅著,李秉之译《俄宫见闻记》由上海亚东图书馆刊行。

[比利时]梅脱灵著,伦叟译《婀拉亭与巴罗米德》由上海商务印书馆刊行。

[犹太]宾斯奇著,小说月报社编辑《宾斯奇集》由上海商务印书馆刊行。

[印]泰戈尔著、楼桐孙译《国家主义》由上海商务印书馆刊行。

[印]苏达著,滁虑译《印度催眠浅讲》由上海中国心灵研究会刊行。

[印]穆罕默德·阿里著,尹恕仁译《克兰圣经弁言》刊行。

[印]太戈尔著,郑振铎等译,小说月报社编《太戈尔诗》由上海商务印书馆刊行。

[印]太戈尔著,徐曦、林笃信译《沉船》(上下册)由上海商务印书馆刊行。

C. J. Sodergren 著,谢受灵译《圣经历史教授指南》(卷上旧约)由中华信义会书报部刊行。

魏廉士著,文南斗译《基督教与文化》由上海青年协会书报部刊行。

施拜首著,胡钝初译《现代索隐》由上海时兆报馆刊行。

贝启著,高仲洽译《埃及小史》由上海商务印书馆刊行。

如雅德著,苏州青年会德育部译,青年学会书报部修订《爱国者应研究的问题》由上海青年学会书报部刊行。

利连撒尔著,张秋人译《将来之妇女》由上海书店刊行。

柯克斯著,武堉干译《人口问题》由上海商务印书馆刊行。

李勖刚编译《心理学赅要》由北方印刷所刊行,有刘廷芳序及著者自序。

按:是书分两部分,第 1 部分为心理学原理,包括总论、精神作用的物质的基础、感觉、知觉——即观念、概念、记忆、思想、联想、想象、意识、注意、意志、情、人格等;第 2 部分为心理学实用,包括概念底清晰,记忆底训练,想象底培养,注意底控制,习惯底造成及破坏,意志底自由,人格之力,刚毅的自我——社会之狮,刚毅的自我——独立,职业底选择等。

简又文编译《宗教与科学》由上海青年协会书版部刊行。

陈泗芬译《八大圣师传略合编》由上海土山湾印书馆刊行。

谢受灵编译《基督教五大证据》由湖北汉口中华信义会书报部刊行。

赫士著《希伯来书注释》由上海广学会刊行。

吴应图编译《审计学》(一名《会计监督》)由上海商务印书馆刊行。

戈公振编译《新闻学提要》由上海商务印书馆新闻记者联欢会刊行,有自序。

周天冲编译《中小学训育问题》(教育小丛书)由上海中华书局刊行。

周昌寿编译《自然科学及其教授法》由上海商务印书馆刊行。

吴钦泰编译《德国室内体操》(体育小丛书)由上海商务印书馆刊行。

李培藻编译《运动员指南》由上海商务印书馆刊行,书前有编译者序。

周树培编译《(英国之部)英美社交风土谈》由上海世界书局刊行。

马德宝编译《中阿要语合璧》由编译者刊行。

李秉之选译《俄罗斯名著》由上海亚东图书馆刊行。

吴太玄编译《秘密洞》由上海中华书局刊行。

小说月报社编辑《疯人日记》由上海商务印书馆刊行。

小说月报社编辑《熊猎》由上海商务印书馆刊行。

沈泽民译,小说月报社编辑《瑞典诗人赫滕斯顿》由上海商务印书馆刊行。

俞天游译《黑白记》由上海商务印书馆刊行。

雷家骏编,马客谈校订《艺术教育学》由上海商务印书馆刊行。

华林著《艺术思潮》由上海出版合作社刊行。

王昌谟等编译《游艺》(上下册)由上海商务印书馆刊行。

高仲洽译述《罗马小史》由上海商务印书馆刊行。

滕柱译《印度小史》由上海商务印书馆刊行。

何炳松编译《近世欧洲史》由上海商务印书馆刊行。

陈泗芬《八大圣师传略合编》由上海土山湾印书馆刊行。

王昌谟等编译《世界各国志》(上中下册)由上海商务印书馆刊行。

陈厚庵译《留声集》第 1 册由重庆音乐研究会刊行。

《爱主金言》由上海土山湾慈母堂刊行。

《祷文详解》刊行。

《珐琅祭器样子》刊行。

《救灵引》由河北献县天主堂刊行。

《内修模范》由河北献县张家庄天主堂刊行。

《劝民歌》由北京尹公署刊行。

《圣经摘录》刊行。

《张楼堂六十年纪念册》由上海土山湾印书馆刊行。

五、学者生卒

秦绶章(1849—1925)。绶章字佩鹤,江苏嘉定县人。1883年癸未科二甲进士。选庶吉士,散馆授翰林院编修,升侍读学士。历官詹事、内阁学士、福建学政、工部右侍郎等职。官至兵部左侍郎,镶黄旗满洲副都统。工书法。

李士铭(1849—1925)。士铭字子香,祖籍江苏昆山,世居天津。1876年举人,援例为户部候补郎中,户部云南司行走。民国后任天津议事会议长、顺直咨议局议员。其曾祖父李大纶在迁居天津时,设有"延古堂"藏书楼,历经数代,又有增益。并先后收有四明卢氏"抱经楼"、南陵徐氏"积学斋"、聊城杨氏"海源阁"的散佚之书,编有《延古堂李氏藏书目》,收书4000余种。著有《国朝名儒学案》《历代名医列传》。后裔辑有《李子香寿言录》。

王鸿寿(1850—1925)。鸿寿艺名三麻子,原籍安徽怀宁,生于江苏如东。幼在自家昆、徽班习昆曲武丑和徽戏靠把老生。青年时在太平军徽班度过,后投师里下河徽班武生艺人朱湘其门下深造。1871年前后,在上海庆乐、天仙、天乐、丹桂等茶园搭班。1908年北上,在天津、北京演出关羽戏《灞桥挑袍》《过五关》《古城会》《水淹七军》《走麦城》。代表剧目尚有《扫松下书》《三搜苏府》《徐策跑城》等。弟子有周信芳、李洪春、林树森、刘奎官等人。

安维峻(1854—1925)。维峻字晓峰,号盘阿道人,甘肃秦安县人。1880年,中进士,选翰林院庶士,1893年任福建道监察御史。中日甲午之战前夕,支持光绪皇帝为首的主战派,连续上疏65道,最著名的是《清诛李鸿章疏》,1894年上《请明诏讨倭法》。1899年后,主讲陇西南安书院,在家乡办学。辛亥革命中任京师大学堂总教习。总纂有《甘肃新通志》100卷,著有《谏垣存稿》4卷、《望云山房诗集》3卷、《四书讲义》4卷、《望云山房文集》3卷、《诗文杂集》1卷等。

叶赫那拉·那桐(1856—1925)。那桐字琴轩,一字凤楼,叶赫那拉氏,满洲镶黄旗人,晚清"旗下三才子"之一。1902年2月,署外务部左侍郎。次年擢户部尚书,旋调外务部会办大臣。1906年,授体仁阁大学士,参与厘定官制,变通旗制。1909年,授军机大臣。1911年,奕劻成立皇族内阁,任为内阁协理大臣。同年袁世凯内阁成立时,为弼德院顾问大臣。晚年居天津。著有《那桐日记》。

王舟瑶(1858—1925)。舟瑶字玫伯,一字星垣,号默庵,清末浙江黄岩人。1889年举人。历主浙江九峰精舍、清献、东湖、文达书院,赏加内阁中书衔。清末曾参与举办新学活动任教于上海南洋公学、京师大学堂,曾赴日本考察学务。著有《默庵集》《默庵诗存》等。自编有《默庵居士自定年谱》;王敬礼编有《默庵居士年续编》1卷。

张云锦(1858—1925)。云锦字绮年,安徽合肥人。光绪初诸生,官至湖北候补道。工诗文。著有《顺所然斋诗文集》。

田际云(1864—1925)。际云原名瑞霖,改名瑞麟,艺名想九霄(亦作响九霄),河北高阳人。爱好戏曲,12 岁入河北涿州白塔村双顺科班学戏。曾应邀到上海与黄月山、达子红、孙彩珠、陆肖芬、谭鑫培同演于金桂茶园。回京后,加入瑞胜和班。20 岁自组玉成科班,创皮黄与河北梆子同台演出(即"两下锅")方式。1900 年,任梨园工会会首。1901 年,重建天乐园,起小吉祥科班。1911 年,致力于戏曲改革,发起组织艺人群众团体"正乐育化会",创办北京第一个女伶科班"崇雅社",培养出一批女演员。擅演《梅龙镇》《海潮珠》《珍珠衫》《辛安驿》《英杰烈》《跪楼》以及全本《春秋配》等。

孙中山(1866—1925)。中山本名孙文,谱名德明,字载之,号日新,又号逸仙,广东香山人。1894 年 6 月,到天津上书李鸿章,要求改革时政,被置之不理。遂后赴檀香山,在华侨中宣传革命,建立兴中会,提出"驱逐鞑虏,恢复中华,创立民国,平均地权"的主张。1905 年 8 月,在东京成立中国同盟会,任总理。在同盟会机关报《民报》的发刊词里,首次提出"民族、民权、民生",即"三民主义"的政治纲领。先后领导的起义有 1907 年 5 月的黄冈起义、6 月的七女湖起义、9 月的防城起义、10 月的镇南关起义、1908 年 2 月的钦州起义、4 月的河口起义,1910 年 2 月的广州新军起义以及 1911 年 4 月 27 日的黄花岗起义等。1911 年 10 月 10 日武昌起义爆发后,立即在欧美各国开展外交活动,争取各国的支持,并于同年 12 月 25 日回到上海。12 月 29 日,在南京举行的 17 省代表会议上,被推举为中华民国临时大总统。1914 年 7 月,在东京成立中华革命党,被推举为总理。1915 年 10 月 25 日,与宋庆龄在日本东京结婚。1917 年 9 月 1 日,当选为中华民国军政府大元帅。1918 年 5 月 4 日,向非常国会提出辞职,赴上海。在上海完成《孙文学说》《建国方略》《建国大纲》等著述。1919 年 10 月,将中华革命党改组为中国国民党。1920 年 10 月,督促陈炯明率粤军攻克广州。11 月,回到广州,建立护法军政府。1921 年 5 月,在广州就任非常大总统。1922 年 6 月,陈炯明发动叛乱,被迫离开广州再赴上海。此后接受中国共产党和苏俄的帮助,提出联俄、联共、扶助农工的三大政策。1923 年初驱逐陈炯明后,在广州重建大元帅府,并派出"孙逸仙博士代表团"访问苏联,邀请苏联政治和军事顾问到广州帮助中国革命。1924 年 1 月,在广州召开中国国民党第一次全国代表大会,通过党纲、党章,重新解释三民主义,同时创办黄埔军官学校,训练革命武装干部。著有《中山全书》《总理全集》《孙中山全集》等。梁实秋主编有《国父年谱》。

按:毛泽东《纪念孙中山先生》说:"纪念伟大的革命先行者孙中山先生!纪念他在中国民主革命准备时期,以鲜明的中国革命民主派立场,同中国改良派作了尖锐的斗争。他在这一场斗争中是中国革命民主派的旗帜。纪念他在辛亥革命时期,领导人民推翻帝制、建立共和国的丰功伟绩。纪念他在第一次国共合作时期,把旧三民主义发展为新三民主义的丰功伟绩。他在政治思想方面留给我们许多有益的东西。现代中国人,除了一小撮反动分子以外,都是孙先生革命事业的继承者。我们完成了孙先生没有完成的民主革命,并且把这个革命发展为社会主义革命。我们正在完成这个革命。事物总是发展的。一九一一年的革命,即辛亥革命,到今年,不过四十五年,中国的面目完全变了。再过四十五年,就是二千零一年,也就是进到二十一世纪的时候,中国的面目更要大变。中国将变为一个强大的社会主义工业国。中国应当这样。因为中国是一个具有九百六十万平方公里土地和六万万人口的国家,中国应当对于人类有较大的贡献。而这种贡献,在过去一个长时期内,则是太少了。这使我们感到惭愧。但是要谦虚。不但现在应当这样,四十五年之后也应当这样,永远应当这样,中国人在国际交往方面,应当坚决、彻底、干净、全部地消灭大国主义。孙先生是一个谦虚的人。我听过他多次讲演,感到他有一种宏伟的气魄。从他注意研究中国历史情况和当前社会情况方面,又从他注意研究包括苏联在内的外国情况方面,知道他是很虚心的。他全心全意地为了改造中国而耗费了毕生的精力,真是鞠躬尽瘁,死而后已。像很多站在正面指导时代潮流的伟大历史人物大都有他们的缺点一样,孙先生也有他的缺点方面。这是要从历史条件加以说明,使人理解,不可以苛求于前人的。"这是毛泽东为纪念孙中山先生诞辰九十周年写的文章。(《毛泽东选集》第五卷)

按:萧致治《黄兴·引言》说:"辛亥革命推翻了数千年的中国封建专制统治,开创了民主共和的新时代。在这场划时代的伟大斗争中,孙中山和黄兴是杰出的革命领导人,并称为'开国二杰'。孙中山最早提出了'振兴中华'的口号,最早提出建立民主共和的主张,最早举起了革命的大旗,最早建立了推进革命的团体,最早发表了革命的理论,最早策动了反清武装革命,最先为振兴中国到处奔波,是当之无愧的革命先驱和辛亥革命的领导人。"(萧致治《辛亥著名人物传记丛书·黄兴》,团结出版社2011年版)

韩席卿(1873—1925)。席卿名殿珍,字席卿,河南桐柏人。早南年中秀才,后入河南优级师范数学科,卒业后在开封任教。辛亥革命后任豫南师范、中州公学、省立第五师范、省立二中学监。1918年,与冯友兰、嵇文甫等在开封成立《心南》杂志社,宣传科学与民主。1923年,任河南省立二中校长。

史一如(1876—1925)。一如原名锡绰,字裕如,又名靖和,法名慧圆,四川万县人。毕业于日本东京帝国大学,回国后曾于北京各大学任教。1912年,开始研究佛学。1919年,在上海与太虚、陈元白、蒋作宾、黄葆苍等组织弘法讲经团体"觉社",任驻社总干事。《觉世丛刊》改名为《海潮音月刊》后,任主编。1923年,在武昌佛学院任教。著有《小乘佛学概论》(上下册)《因明入正理论讲义》《中华佛教史》《印度佛教史》《印度六派哲学》等。

廖仲恺(1877—1925)。仲恺原名恩煦,又名夷白,字仲恺,广东归善人。1902年,留学日本,先入读早稻田大学预科,后在日本中央大学政治经济学毕业。1903年,结识孙中山,并参加同盟会,任总部外务干事。1909年,从日本回广州考取法政科举人,派赴吉林任翻译官。1911年,辛亥革命后,先后任广东任都督总参议、总统府财政部长兼广东省财政厅厅长。1913年,随孙中山亡命日本。1914年,任中华革命党财政部副部长,之后随孙中山反对袁世凯,参加护法运动;并在国民党刊物内发表文章,赞扬十月革命。1921年,为财政部次长。之后在第一次国共合作期间,任国民党中央执行委员,财政部长,工人部长,农民部长,黄埔军校党代表等职。1923年,协助孙中山联俄联共扶助农工三大政策,协助改组国民党,为实现国共两党第一次合作作出重要贡献。1925年1月25日,任黄埔军校"青年军人社"社长。擅长诗词、书法,著译编为《廖仲恺集》《双清文集》。

按:廖仲恺的牺牲是中国革命的损失,是工农群众的损失。恽代英在悼文中称颂廖仲恺是国民党中"最不妥协"的领袖,"是他帮助孙中山,主张国民党改组,主张吸收一切革命分子加入国民党;在改组以后,是他惟日孜孜的尽力于工农运动,反对一切压迫贫农的地主,反对一切压迫苦工的资本家,反对一切冒名革命蹂躏人民的军阀。他因为这受了许多疑怨毁谤,却只是埋头做下去,一直做到他被杀于反革命派之手。"(《中国青年》第90期,1925年8月25日)

高旭(1877—1925)。旭原名垕,字枕梅、天梅,别字慧云、钝剑,号剑公,笔名寿黄,江苏金山人。1903年10月,与叔父高燮和弟弟高增创办《觉民》杂志,宣传反清革命。1904年赴上海与陈去病、刘光汉等人交往,秋天东渡日本,就读于法政大学,年底结识流亡日本的陈天华、宋教仁等。1905年,接收已休刊的《觉民》《江苏》杂志,创立新刊《醒狮》。1905年8月,参加同盟会,任江苏省主盟人。1906年初,与归国留学生发起中国公学,旋另组健行公学。1907年,参加陈去病发起的神交社成立活动。1909年,与陈去病、柳亚子等发起组织南社。辛亥革命后,当选为众议院议员。诗文由其弟高基编为《天梅遗集》。

何天炯(1877—1925)。天炯字晓柳,广东兴宁人。1903年,东渡日本留学,攻读政治。1905年,参加同盟会。1911年,参与筹备策划广州起义。1912年,任驻日副代表。1916年,与朱执信等密谋讨袁,事败,避居海外。1921年,被孙中山任命为驻日全权代表。著有《革命史衡》《山居一年半》《无赫斋诗草》等。

吴应图(1885—1925)。应图,湖南邵阳人。早年留学日本山口高等商业学校。1914年毕业回国,1915年任北京《中华新报》记者,后调任上海《中华新报》经理。1916年11月,以议员身份在上海参加政学会,与吴稚晖等人负责该会宣传工作。1920年,获北京政府授予的会计师证书,嗣后在上海开设吴应图会计师事务所,并兼任上海多所高校的经济学与会计学教授。1925年3月,发起成立上海市中华民国会计师公会(后更名为上海会计师公会),并当选为理事。10月,病逝。编著有《人口问题》《审计学》(《会计监查》)《利息问题》《燃料问题》《国际贸易》《理论实践:外国汇兑详解》《商法概要》《资本问题》等,译著《会计学》《广告心理学》等。

郭唯灭(1885—1925)。唯灭,广东广州人。1911年7月,受卢谔生、李孟哲之聘,主持广州《天民报》笔政,宣传民主革命,因言论激烈,仅出版两天,就为清廷地方当局查封。同年7月,另创《中原报》,自任发行人兼编辑,继续鼓吹革命。辛亥革命后,《中原报》继续出版,进行反袁宣传。1913年,被报馆查封。1922年,秋创办《现象报》,自任总编辑,披露时弊,无所顾忌,曾风行一时,销售过万。1924年10月,报馆被广州商团焚毁。1924年,孙中山北伐开始后,恢复出版《现象报》,大力支持北阀。1925年,孙中山病逝后,对革命失去信心,亡走海外,不久即病死。

高君宇(1896—1925)。君宇名尚德,字锡三,号君宇,山西静乐人。1916年,考入北京大学理科预备班。1918年5月,为反对北京政府的卖国行径,与中华留日学生救国团一起,策划示威游行,成立北京爱国会。同时加入《新潮》社,任文牍干事。1919年,与邓中夏被选为北京大学驻北京市中等以上学校学生联合会代表,参加领导了五四爱国运动,带领学生上街游行,火烧赵家楼,痛打章宗祥,组织各校罢课,发表革命文章。1920年3月,在李大钊的领导下,与邓中夏、范鸿劼、黄日葵、何孟雄等19人发起组织马克思学说研究会,并在长辛店创办工人子弟学校,建立工人俱乐部和职工联合会,领导发动了北方早期的工人运动。是年冬,加入北京的共产党早期组织。11月,在北京大学被选为北京社会主义青年团书记。1921年3月,任北京社会主义青年团执行委员。之后回到山西,同年5月,发起成立太原社会主义青年团,改组《平民周刊》,使之成为宣传马克思主义的阵地。1922年1月,参加在莫斯科召开的远东各国共产党及民族革命团体第一次代表大会。同年5月,在中国社会主义青年团第一次全国代表大会上当选为团中央执行委员。7月,在中共第二次全国代表大会上当选为中央执行委员。后任中共中央机关报《向导》周报编辑,并发起成立民权运动大同盟。1923年10月,任中共中央教育宣传委员会委员。1924年夏,回山西筹建共产党组织。1924年下半年,南下广州担任孙中山先生秘书。1924年底,陪同孙中山北上,协助进行国民会议促成会的筹备工作。1924年12月起,任中共中央北方局委员。1925年3月6日,病逝于北京。

王尽美(1898—1925)。尽美原名瑞俊,字灼斋,山东莒县人。1918年,考入山东省立第一师范学校,其间积极投身五四爱国运动,被推举为山东学生联合会负责人之一。1920年

3月,北京大学马克思学说研究会成立后,他被发展为外埠会员。同年11月,与邓恩铭等发起成立励新学会,创办《励新》半月刊,任主编。1921年7月,与邓恩铭一起代表山东共产党小组出席中国共产党第一次全国代表大会。会后任中共山东区支部书记。1922年1月,与邓恩铭、高君宇等人参加在莫斯科召开的远东各国共产党及民族革命团体第一次代表大会。1923年2月,回山东负责党的工作,主办《晨钟报》《现代青年》《十日》等报刊。1924年1月,出席在广州召开的中国国民党第一次全国代表大会。12月,去北京参加李大钊组织的国民会议运动讲演大会。1925年8月19日,在青岛病逝。2009年,被评为百位为新中国成立作出突出贡献的英雄模范人物。

> 按:苗体君《试析中共"一大"代表王尽美的历史贡献》说:"王尽美短暂的27年人生对党和国家做出巨大的历史贡献:积极投身五四运动,是山东学生界最杰出的领袖;积极传播马克思主义,是传播马克思主义的先驱;以济南共产主义小组代表的身份出席中共'一大',他是中国共产党的创始人之一;他是山东工人运动的创始人,也是中共早期工人运动的领袖;第一次国共合作时期,积极支持并正确执行党的统一战线的策略。"(《德州学院学报》2010年第1期)

显荫法师(1902—1925)。法名大明,字显荫,江苏崇明县人。1922年任上海世界佛教居士林编辑部主任,1923年赴日本高野山天德寺,依穆韶阿阇黎研究密教,1925年返回上海。

陈秋霖(?—1925)。秋霖,广东惠阳人。1919年,任漳州《闽星日报》总编辑。1920年,在广州创办《星报》。后因经费不足,与陈公博主编的《群报》合并。1922年,陈公博出国后,主持《群报》工作。此后一度曾追随陈炯明反对孙中山的政治主张,陈炯明垮台后,赴香港代陈炯明主编《香港新闻报》。1923年,在廖仲恺的影响下,宣布拥孙反陈,并将《香港新闻报》改名为《中国新闻报》。1924年,秋回广州主持《民国日报》笔政,宣传孙中山的新三民主义和联俄、联共、扶助农工的三大政策。1925年8月20日,与廖仲恺同时为国民党右派暗杀。

姚以壮(—1973)、**彭加木**(—1980)、**李磐芝**(—1994)、**戚民**(—1995)、**江兆申**(—1996)、**黄胄**(—1997)、**茹志鹃**(—1998)、**李存义**(—2000)、**王吟秋**(—2001)、**马石江**(—2001)、**中叔皇**(—2005)、**刘宾雁**(—2005)、**黄永年**(—2007)、**章良猷**(—2013)、**王昆**(—2014)、**谢铁骊**(—2015)、**王仲殊**(—2015)生。

六、学术评述

本年度是第一次国内革命战争时期(1924年1月至1927年7月)的第二年,以孙中山病重逝世为天下所瞩目,为国人所痛惜。3月11日,孙中山弥留之际正式在《孙文遗嘱》与《致苏联遗书》上签字。12日,孙中山在北京铁狮子胡同行辕逝世,终年59岁。国共两党组织各界民众进行哀悼活动,广泛传播孙中山的遗嘱和革命精神,形成一次全国规模的声势浩大的革命宣传活动。然而在孙中山去世之后,《孙文遗嘱》与《致苏联遗书》对后续的国民党而言并没有太大约束力,整个中国政局顷刻间变成一个不可预测和控制的乱局。其间南北与国共的多方角力集中体现在:一是孙中山誓师北伐的继续;二是国民党左右派的分裂与较量;三是北洋军阀与帝国主义的反扑;四是中国共产党的相应对策。1月11日,中国共产党第四次全国代表大会在上海召开,会议分析了中国社会各阶级在民族革命中的地位,提出无产阶级领导权和工农联盟的重要性,通过了《中国共产党第四次全国代表大会宣言》等11个决议案。此后,根据特定时期国内外政局的变化,中国共产党主要领导了反军阀、反国民党右派、反帝国主义的"三反"与学生罢课、工人罢工、商人罢市"三罢"斗争。关于反北洋军阀的重要实践，即是 11 月 28 日在中共北方区委和李大钊的直接领导下，爆发了以推翻段祺瑞执政府和建立"国民政府"为目标的"首都革命"。29 日，在天安门举行国民大会，会上通过了"即日解除段祺瑞一切政权，由国民裁制""组织国民政府临时委员会，召开国民会议""责成国民军服从国民大会一切决议"等决议案。这次首都的民众革命运动是一次夺取政权的尝试。尽管由于国民党右派的告密以及国民军首领的犹豫，使原定计划未能达到，但它显示了革命群众的力量，给了反动军阀以沉重打击。总观中国共产党领导的"三罢""三反"斗争，毫无疑问，反帝反军阀依然是中国革命运动的中心主题，而反抗国民党右派则是当前最为紧迫的任务。

以上南北与国共的多方角力一同构成本年度学术的重要背景，其中以"三罢运动"的再度爆发与学界关联最为密切，先后形成相互衔接与交织的三波学潮：第一波是女师大的"驱杨风潮"。1 月 18 日，因时任国立女子师范大学校长杨荫榆处置学生不公引起了学生和教职工的严重不满，女师大学生会召开紧急会议，讨论驱杨方针，女师大"驱杨风潮"由此爆发。5 月 9 日，杨荫榆假借女师大评议会名义，宣布开除刘和珍、许广平、张平江、郑德音、蒲振声、姜伯谛等 6 名学生自治会成员。11 日，女师大学生召开紧急大会，决定驱逐杨荫榆出校，封锁校办公室，并在校门口张贴"行矣杨荫榆"的大幅启事，上写"杨荫榆先生注意！同人等早已否认先生为校长，请以人格为重，幸勿擅入校门"，同时出版《驱杨运动特刊》。8 月 8 日，段祺瑞政府准杨荫榆辞职。第二波是北京高校的罢免教育总长。4 月 14 日，章士钊以司法总长兼任教育总长后，扬言"整顿学风"，公开支持杨荫榆。5 月 7 日，北京市民和学生数千人为追悼孙中山先生和纪念"五七"，举行集会，安福政府教育总长章士钊禁止学生举行国耻纪念活动，学警冲突，多人被捕，学生怒而捣毁章宅，北京学生 4000 人向政府请愿。蔡和森发表《五七纪念北京学生奋斗的意义》，称赞这次事件"在中国革命史上有重大的意义"。7 月 7 日，章士钊时任北京政府司法总长兼署教育总长，在北京复刊《甲寅》杂志，改月刊为周刊，提倡复古，反对白话文，遭到陈独秀、鲁迅等人的强烈反对。8 月 7 日，北京各校沪案后援会、学联会、救国团等 83 团体派代表至政府递交请愿书，提出取消停办女师大之议案，并即日罢免章士钊、杨荫榆等四项要求。第三波是 5 月 30 日上海学生 2000 余人到租界内演讲，上海各界群众近千余人集中在南京路老闸捕房，遭到英巡捕枪击，造成震惊中外的"五卅"惨案，全国因此掀起反帝爱国浪潮。31 日，上海工人、学生、市民冒雨进行反帝示威，全市人民展开了轰轰烈烈的学生罢课、工人罢工、商人罢市的"三罢"斗争。运动很快波及北京、广州、汉口、南京、重庆、香港等城市，形成了大规模的反帝怒潮，从而揭开了大革命的序幕。6 月 10 日，北京举行 20 万群众的游行示威，游行前在天安门召开北京国民大会。25 日，为全国总示威日，北京各界 30 万人再次举行大规模游行示威活动。同月，为支援上海人民五卅反帝爱国运动，广州和香港爆发规模宏大的省港大罢工，一直坚持到 1926 年 10 月为支援北伐行动结束，历时 16 个月，为世界工人运动史上坚持时间最长的一次大罢工。在以上相互衔接与交织的三波学潮中，北京各高校教授群体即因此分为两大阵营。

本年度继续沿承以往的四大板块结构。在北京轴心中，第一件大事就是北大在新一轮学潮之中发生教授群体的分化与对立。由于蔡元培依然游学欧洲，北京大学校长继续由蒋梦麟代理。而在学术上，则依然以胡适与李大钊作为前沿学术与先进思想的代表，彼此在对待学潮尤其是"五卅"惨案后的"三罢斗争"方面呈现出截然不同的态度、策略和作用。6

月 13 日,北京成立沪案救济会,请胡适为评议会评议员。是时,胡适曾介绍北大学生会代表与英公使面谈,遭到批评。21 日,胡适与罗文干联名致信外交部长沈瑞麟谈"五卅"惨案事,提出分三步走的解决方案:"第一步之交涉,似可以分三层;第一为急待解决之事项,如解除非常戒备、惩凶、赔偿、道歉等项;第二为较难解决之事项,如公共租界之组织及会审公廨之废除等项;第三为根本解决之预备,即上文所言修改条约会议之要求。"26 日,胡适对少年卫国团讲演《对于沪汉事件的感想》,宣称他是"比较倾向于和平"的,提出:第一是要调查事实;第二要有负责任的态度;第三,要认清步骤。不赞成长期罢工、罢课。8 月 31 日,胡适在天津撰成《爱国运动与求学》一文,针对"五卅"以来学生的罢课运动,提出:"群众运动总是不能持久的""没有一个像样的政府,虽有民气,终不能单独成功",文中一面指责政府"不但不能用民气,反惧怕民气",或者"只会利用民气来便利他们自己的私图";一面又要学生脱离斗争,明确"真正的救国的预备在于把自己造成一个有用的人才",主张学歌德的榜样:"每遇着国家政治上大纷扰的时候,他便用心去研究一种绝不关系时局的学问,使他的心思不致受外界的扰乱。"与此截然不同的是,李大钊则在"五卅"惨案之后强有力地领导北京党组织发动多次大规模的群众示威活动,声援"五卅"运动。从 6 月 5 日北京成立有 480 余团体参加的北京各界对英、日帝国主义惨杀同胞雪耻大会,推举共产党员刘清扬等 30 人为临时执行委员,到 10 日国民党北京市党部、马克思学说研究会、长辛店总工会、京汉铁路工会等几百个团体参加和领导北京 20 万群众齐集天安门召开北京国民大会,通过《北京国民大会宣言》,会后冒着滂沱大雨游行 20 余里,又于当日由中共北方区委发出《告国民书》,以指导这个轰轰烈烈的群众运动,再到 25 日定为全国总示威日,发动北京各界 30 万人游行示威,直至 11 月 28 日在北京爆发了以推翻段祺瑞政权和建立"国民政府"为目的的"首都革命",都是与李大钊的精心谋划与卓越领导密不可分的。在此期间,北大教授群体的不同站队、分化与对立,大致以新一轮学潮发展阶段呈现为不同的重要节点。早在 1 月 18 日国立女师大"驱杨风潮"爆发之时,北京学潮的第一波只限于女师大校内。除了在女师大兼职任教的鲁迅等人之外,北大教授群体其实并没有予以更多的关注。但至 4 月 15 日章士钊以司法总长兼署教育总长着手整顿学风,并公开支持杨荫榆校长之后,北京学潮的第二波才开始烧向章士钊总长及北洋政府,然后集中爆发于 5 月 7 日北京市民和学生数千人为追悼孙中山先生和纪念"五七"的大规模集会。教育总长章士钊禁止学生举行国耻纪念活动,学警冲突,多人被捕,学生怒而捣毁章宅,同时获得了包括北大在内的众多教授群体的声援和支持。8 日,北京学界和社会各界组织"北京市民五七伤亡后援会",通电全国,抗议北京临时执政府摧残爱国学生运动。9 日,北京 30 余所大学组织万余学生赴执政府请愿。30 日,北京学潮传播至上海,结果发生了震惊中外的"五卅"惨案,于是经历此前两波的北京学潮迅速演变为全国"三罢"的反帝爱国浪潮。当时北京各校为反对教育总长章士钊长而与教育部脱离关系,然后便有 8 月 18 日上午 9 时北京大学评议会会议讨论因北女师风潮北大脱离教育部事。北京大学知名教授群体"法日派""英美派"由此加剧分化与对抗,其中以鲁迅、周作人与陈源围绕女师大校长杨荫榆与教育总长章士钊的论战尤为激烈。与此同时,由于胡适因要求复议维护章士钊,再联系上年为溥仪出宫鸣不平的事、此前参与段祺瑞政府所谓"善后会议"以及此时有所谓"清室复辟文证"被揭载于报,激进青年以此为据,遂掀起一阵批胡反胡的运动。北京轴心的另一件大事发生在清华。清华国学研究院经过一年多努力,所聘王国维、梁启超、赵元任、陈寅恪"四大导师"中的前三位已就任,陈寅恪也将于明年到位。其中决策者是清华学校校长曹云祥,具体经办者是吴宓,胡适也在其中发挥了"穿针引线"的作用。2月12日,清华研究院筹备处成立,校长曹云祥委任吴宓为主任,派卫士生佐理研究院筹备事务。13日,胡适第二次致信王国维,告以清华校长曹云祥的意思:王国维到清华研究院后,一切行动均极自由,希望他宜以为学术计,不宜拘泥小节,极力促成王国维任职清华国学研究院。同月中旬,吴宓持曹云祥校长之聘书,到地安门内织染局10号王国维住处,商聘大师来研究院任教事,终得王国维应允。16日,经吴宓的推荐,曹云祥校长电聘陈寅恪为研究院导师。2月22日,吴宓持曹云祥校长之聘书,聘梁启超为清华国学院教授。6月12日,赵元任到校,任国学院导师。6月15日,校长曹云祥批准研究院教职员名单:教授:王国维、梁启超、赵元任、陈寅恪;讲师:李济;助教:陆维钊、梁廷灿、章明煌;主任:吴宓。8月1日,清华国学研究院正式成立。9月9日,国学研究院举行开学典礼。9月14日,清华国学研究院"普通演讲"开课,王国维在《古史新证》中明确提出了可谓彪炳史册的"二重证据法";梁启超任职清华国学研究院后,除了学术上的研究与谋划之外,很有意愿出任清华学校校长。11日,梁启超所撰《学问独立与清华第二期事业》一文,载《清华周刊》第350期,强调"凡一独立国家,其学问皆有独立之可能与必要",文中凝结了梁启超对清华事业的总体思考;赵元任则于9月26日与刘半农、钱玄同、黎锦熙、汪怡等讨论成立研究国语的社团"数人会"。至10月17日,"数人会"正式成立,以此探索和推进国语研究。曹云祥创办清华国学研究院,并先后聘请王国维、梁启超、陈寅恪、赵元任任国学院导师,号称清华园"四大导师",是全国学界的一件大事、盛事,由此书写了水木清华的学术传奇,同时也书写了曹云祥与吴宓的人生辉煌,无论在清华发展史上还是在曹云祥校长与吴宓教授的职业生涯中都具有里程碑意义。第三件富有意义的事件是主持《京报副刊》笔政的孙伏园于1月4日在报上刊出《一九二五新年本刊之二大征求"青年爱读书十部""青年必读书十部说明"》,征求书目附卷随《京副》发送。到4月9日,"青年必读书"共收到海内外"名流学者"的答卷78份,其中有胡适、梁启超、周作人、马裕藻、鲁迅、林语堂、沈兼士、顾颉刚、马叙伦、许寿裳、太虚、李笠、汪辟疆、孙德谦、陈衍、钱基博等,从2月11日始,陆续在《京副》上发表。"青年爱读书"共征得全国各地青年的答卷306份,一次性刊于3月发行的《"青年爱读书"特刊》。这从一个侧面反映了当时北京学界的学术思想动态。

上海轴心中,以陈独秀与章炳麟作为先进思想与前沿学术的代表。但章炳麟的政治立场逐渐向右转化:10月31日,章炳麟在上海国民大学讲《我们最后的责任》,散布反共谬论。12月18日,发表《外交政策之通电》,反对冯玉祥联俄。其反共反俄的立场已与国民党右派趋同。在此"后孙中山时代",对于陈独秀等共产党阵营来说,形势愈来愈危急,考验愈来愈严峻,陈独秀等作出了一系列努力,包括揭露及抵制段祺瑞策划的"善后会议"、举行列宁逝世一周年纪念活动、哀悼孙中山逝世、揭露和批判"戴季陶主义"、领导"五卅"运动、创办第一张日报《热血日报》。关于"五卅"惨案,6月1日,郑振铎、胡愈之、叶圣陶、应修人、楼适夷等上海学术团体负责人在郑振铎家集会,激愤于当时上海各报"对于如此惨酷的足以使人类震动的大残杀案,竟不肯说一句应说的话"(郑振铎《〈公理日报〉停刊宣言》),郑振铎提议自己来办一份报纸,得到与会者一致赞同。2日,茅盾与郑振铎、胡愈之、叶圣陶等通宵撰编《公理日报》。3日,《公理日报》正式创刊,茅盾与郑振铎、叶圣陶、胡愈之、王伯祥、徐调孚等任编辑,开始揭露各报不敢报道的"五卅"惨案真相,抨击英日帝国主义的暴行,发行后受到广大群众的热烈支持和欢迎。24日,《公理日报》被迫停刊,郑振铎发表他撰写的《停刊宣言》。而在此前的 6 月 10 日,由杨杏佛主编的《民族日报》在沪出刊,所撰《发刊词》谓"民族日报,何为而作也。将以唤醒中国民族之自觉也""同人惧吾民族之善忘易睡也,因发刊斯报,欲以孙中山先生之民族主义,为国人暮鼓晨钟明灯木铎"。25 日,为环境所迫,《民族日报》发行 16 天后不得不停刊。杨杏佛作为主编,这期间每天为报纸撰写一至两篇社论,抨击帝国主义罪恶行径,揭露军阀名流投降媚外的丑恶嘴脸。9 月 20 日,恽代英、陈望道、张闻天、杨贤江、郭沫若、韩觉民、吴开先、沈雁冰等在上海举行中国济难会第一次筹备会,以救济一切解放运动的受难者为宗旨。会议推举韩觉民为主席,通过《中国济难会发起宣言》、组织章程,选举恽代英等 13 人为筹委会正式委员,侯绍裘等 5 人为候补委员。30 日,筹备委员会召开会议,决定韩觉民、陈望道为总务。10 月,中国济难会在上海召开代表大会,到会团体代表和个人 80 余人。会议决定将筹备委员会改为全国总会临时委员会,并通过发展会员、国际联络、募集经费等八项决议案。11 月,出版机关刊物《济难》月刊、《光明》半月刊、《济难画报》等刊物。江西、广州、长沙、天津、北京等地先后成立了省总会。关于学潮运动,2 月 9 日,向警予在上海《民国日报》副刊《妇女周报》发表《对于根本改革北京女子师范大学的意见并质北京女子师范大学全体同学》,对女师大学生运动表示"十分同情",并提出相应的意见。文中指出:"北京女子师范大学是中国的女子最高学府,也就是中国的女子高等学校的师资养成所""校长人选最低限度应有廿世纪社会革新的思想而且根本赞成女子解放的见地。质而言之,要能一面反对东方国粹妾妇之道的教育,一面反对西方拜金主义的教育而彻底了解廿世纪的新潮流。但是单靠校长达到根本改革学校的目的仍旧是不够的",还要靠"学生的自觉",而驱杨运动就是以学生的自觉压力根本改造学校之第一步。此后,中共北京市委也委派夏之栩等去女师大了解情况,培养骨干,指导运动。在学术方面,陈独秀与胡适在上海会晤,但分歧更大。10 月 13—14 日,陈独秀在亚东图书馆两次会见北来的胡适,彼此各有各的见解,各有各的意见,谈的是"问题与主义"老问题,陈重"主义",胡重"问题"。11 月上旬某日,陈独秀在亚东图书馆再次与胡适发生争论。12 月下旬,胡适复函陈独秀,就北京群众 11 月 29 日烧毁《晨报》馆事,批评陈独秀认为"该烧"的意见,主张"大家能容忍异己的意见与信仰"。由于上海的特殊环境与传统,各方人士多汇聚于此,其中张君劢与张东荪于 10 月 14 日在上海吴淞创设的"国立自治学院",奉北洋政府教育总长章士钊之命,改名为"国立政治大学",迁至吴淞新校址,张君劢任校长,具有汇聚学者的重要功能。该校是以"五卅"运动后从上海圣约翰大学推出的部分爱国师生为基础,由张君劢与张东荪等人在江浙军阀孙传方的资助下在上海吴淞创设的。当时张东荪、罗文干、金井羊、瞿菊农、陈伯庆、张孟劬、陆鼎揆、吴国桢、刘英士、岑住彰、金国宝、叶元龙、潘光旦等均任教授。此外,陈望道、匡互生、叶圣陶、夏丏尊、朱光潜、朱自清等 9 月在上海创办立达学园,成立立达学会,以修养健全人格,实行互助生活,促进文化,以改造社会为宗旨。面对新的政局变化,在上海的文学研究会与创造社两大群体大致能保持一致,彼此没有发生论争。

诸省板块中,因梁启超就职清华国学院,天津地位有所下降,江苏地位相应递升,而国民党大本营与广州大学所在的广东迅速上升,在这里汇聚了毛泽东、周恩来、罗亦农、柯柏年、邹鲁、邵力子、冯友兰、杨杰、张知本、陈树人、王一飞、贺衷寒、缪斌、王柏龄、陈诚、陈肇英、经亨颐、冼玉清、王一知、胡毅生、赵少昂等,包括共产党人与国民党左右派人士。毛泽东 9 月上旬由长沙动身赴广州。10 月 5 日,国民政府主席汪精卫以政府事繁,不能兼任宣传部长职务,向国民党中央党部常务会议推荐毛泽东代理宣传部长。12月1日,在国民革命军第二军司令部编印的《革命》第4期发表了经典文献《中国社会各阶级的分析》,"该文通篇应用马克思主义阶级分析方法,对中国社会各阶级的经济地位和政治态度进行全面、系统和深入的析论,鲜明解答了谁是我们的敌人、谁是我们的朋友这个革命的首要问题。这就自理论的高度将我国革命的性质、动力、对象、任务等课题作了科学阐释,既为马克思主义中国化和党的政治纲领的制定奠定坚实思想和政治基石,又为马克思主义的大众化指明了目标方向。"(邱少明《民国马克思主义经典著作翻译史(1912至1949年)》,南京航空航天大学博士学位论文,2011年)江苏区域中的重要事件是北洋政府免去东南大学校长郭秉文之职引发的"易长风潮"。1月7日,教育部训令第一号:"前派东南大学校长郭秉文应即解职,另候任用。现经改聘胡敦复为东南大学校长,除函聘外,仰即遵照,此令。"东大及商大全体教职员、江苏省大学校长等则纷纷致电责问北京政府,要求说明免职原因,挽留郭秉文。新校长胡敦复复电表示不愿接任。东南大学学生自治会当即发表全体学生宣言,对免郭表示强烈反对;东大部分教师也以全体教职员名义致电教育部;东大行政委员会则立即致电黄炎培、蒋梦麟诸校董,要他们出面维持。由此引起东大"易长风潮",而且与北京学潮遥相呼应,越演越烈。同样令人感叹的是在1月1日举行的无锡国学专修馆第二班第二届学生毕业礼上,有王道中、王震、朱宗洵、李家俊、周天游、胡集勋、姚继咃、孙执中、孙品珩、陆庆熙、陈学裘、陈渭犀、陈雪艇、陈拔彰、徐靖澜、徐世城、黄希真、冯励青、杨焱、秦艾三、杨仁溥、刘文灏、钱安定、蒋天枢、萧雪亮、钮方义、龚天玉等27位毕业生,由此可见无锡国学专修馆人才培养之成效。天津区域中,张伯苓任校长的南开大学终于在1月16日结束学校风潮,恢复正常秩序。6月2—4日,中华教育文化基金董事会在天津举行第一次会议,颜惠庆、顾维钧、蒋梦麟、丁文江、黄炎培等出席。选举颜惠庆为董事长,张伯苓、孟禄当选副董事长。9月8日,报载张伯苓致函段祺瑞,对当局整顿学风一事亟表赞成,并借此呈请批拨南开经费,此举报端时有议论。11月27日,陶行知在南开中学讲演《学做一个人》,并针对教职员发表《教学合一》的讲话。张伯苓听讲后特别提出"更要教学生行"作为补充。陶行知对这一论述豁然贯通,于是将"教学合一"直称"教学做合一"。当时在南开任教的著名学者还有汤用彤、范文澜等。此外,柳诒徵3月以东南大学发生更易校长风潮,以校局势前途混沌,愤然辞去职务。6月,赴沈阳任东北大学教授,与弟子郭斌龢、缪凤林、景昌极为同事,从而增加了东北大学的分量。

海外板块中,"出"的方面,首先应关注蔡元培的游学欧洲。年初,蔡元培与夫人周养浩继续在汉堡大学研习,蔡元培集中时间和精力,从事民族学的研究。3月,为孙中山逝世撰写祭文及挽联。4月3日,应世界学生基督教联合会之请,撰《中国现代大学观念及教育趋向》一文。6月17日,北大全体教职员组织沪案后援会,发来一电。24日,蔡元培复"北京大学并转全国各团体"电,称:"请纯用不合作主义促对方反省。全国一致宣言,尊重外人生命财产。要求政府宣告列强,指明此次冲突,实为外国行政机关及其他(不)平等制度在华不能相安之铁证,应即废止,应特派全权专使另订平等新约,并对于此役牺牲者有相当赔偿。言论上务以平等、公道为标帜,避去偏激名词。"7月,蔡元培在汉堡撰《为国内反对英日风潮敬告列强》一文,译成英、法、德文分别在欧洲各报发表,澄清"五卅"运动真相。8月18日,中华教育改进社在太原举行第四届年会,通过组织筹备全国美术展览会委员会,推蔡元培、刘海粟、王济远、李毅士、钱稻孙等为委员。当时在欧洲留学的还有许地山、罗家伦、金岳霖、傅斯年、陈序经,在美国的有潘光旦、吴耀宗,在俄罗斯的有胡汉民,在日本的有辜鸿铭等。"进"的方面,主要是法国汉学家伯希和受北京大学研究所国学门委托,在亚洲学会会议上介绍国学门的概况。在伯希和建议下,亚洲学会允诺把该会出版的《亚洲学报》与国学门的《国学季刊》作为交换刊物;瑞典考古学家安特生著、乐森㻞译《甘肃考古记》由农商部地质调查所出版。此书系作者对西北地区进行考古调查和小规模发掘的报告,将甘肃青海两省的史前文化分为六期,即齐家—仰韶—马厂—辛店—寺洼—沙井,亦即仰韶文化"六期说",但此说在学界存在较大争论,梁思永、尹达、夏鼐、裴文中等先后对其进行了商榷。

本年度的学术论争交织着政局变化,主要聚焦于以下几个方面,既有旧战线的延续,也有新战场的开辟。

1. 关于北京大学两大阵营的分裂。主要激荡于北洋政府与学潮运动的政局激变,而在蔡元培继续游学欧洲、蒋梦麟代理北大校长之际爆发,实际上则是北大"法日派""英美派"左右两派长期累积与分化裂变的必然结果,正与国民党左右两派必然走向分裂一样,这是北大无可挽回而又无可避免的最大损失。在8月18日北京大学评议会会议讨论因北女师风潮北大脱离教育部事之前,北大教授对于三波学潮的不同站队皆属自发或个体行为。但在发生"五卅"惨案之后,单纯的学潮运动演变为全社会的"三罢斗争"。因为教育总长章士钊的从《整饬学风令》到禁止学生举行国耻纪念活动,甚至镇压、逮捕学生,已触犯了那些具有反政府倾向的教授群体的底线,当时北京各校为反对章士钊长教育部而与教育部脱离关系,北京大学自然要继续走在前列,引领学潮,于是便有8月18日上午9时北京大学评议会会议讨论因北女师风潮北大脱离教育部事。当时因北大代校长蒋梦麟回乡探亲,校务由北大教务长顾孟余代行,故而由顾孟余主持评议会会议,经李石曾提议,经过激烈辩论,最后投票表决通过议案。议决:以本会名誉宣布不承认章士钊为教育总长,拒绝接受章士钊签署之教育部文件。然而,缘于政治立场、学术主张以及与章士钊的私谊关系,此前一直反对学潮和"三罢斗争"、一向"温润如玉"的胡适却对此决议作出了极为激烈的反应。19日,胡适、陶孟和、颜任光、陈源(西滢)、燕树堂五位教授向评议会发表声明,表示抗议。21日,胡适又与颜任光、李四光、丁燮林、王世杰、燕树堂、高一涵、陶孟和、皮宗石、王星拱、周览、胡睿济、陈源、张歆海、陈翰笙、邓以蛰、高仁山联名发表《为北大脱离教部关系事致本校同事的公函》,表明极力反对学校卷入政争,强调学术独立与政教分离原则的意见。22日,北大代理校长蒋梦麟回京。23日,胡适等人即给蒋梦麟撰写公函,要求早日召集联席会议,复议此案。蒋梦麟口头答应26日召集联席会议,但同时遭到顾孟余、李石曾、马裕藻等人的反对,陈大齐、朱家骅、张凤举、王烈4人出来调停,无果。25日,胡适等12位教授致函代理校长蒋梦麟,再次要求召集教务会议与评议会联席会议,重议脱离教育部一案。另一方面,李石曾等8名评议员也写信给蒋梦麟,认为无复议之必要。周作人等人于评议会之后亦发布《致校长书》,对于评议会的议决表示赞同,但对其没有得到落实表示不满,"提出严重质问",催促将其"速为执行"。26日,王尚济、朱希祖、李石曾、李书华、李麟玉、李宗侗、沈士远、沈兼士、沈尹默、周作人、马裕藻、马衡、徐炳旭、冯祖荀、杨震文、谭鸿熙、顾孟余等17名教授联名发表《为反对章士钊事致本校同事的公函》,对8月21日胡适与陶孟和、王世杰、李四光等17位教授联名发表《为北大脱离教部关系事致本校同事的公函》予以回应与反击。同日,王尚济、王仁辅、朱家骅、朱希祖、朱洪、李书华、李宗侗、李麟玉、李辛白、李石曾、吴文潞、沈士远、沈尹默、沈兼士、鲁迅、周作人、林损、马裕藻、马衡、徐炳昶、徐宝璜、翁之龙、陈大齐、陈君哲、陈倬、张凤举、张颐、屠孝实、冯祖荀、贺之才、叶瀚、杨芳、杨震文、赵承易、刘文典、黎世衡、钱玄同、戴复、关应麟、谭熙鸿、顾孟余、赵廷炳等42名北大教员又发表《反对章士钊宣言》，强烈谴责并要求撤换教育总长章士钊。面对北京大学"法日派""英美派"两大阵营的公开对抗与摊牌，蒋梦麟作为北京大学代理校长，不愿得罪任何一方，一时陷于两难境地。28日上午，蒋梦麟决定召集联席会议，马裕藻等人坚持此会只可为谈话会，因联席会无法律上的依据，胡适一方退步，同意此会作为谈话会，但坚持谈话会仍可投票复决，只是表决案采取建议书形式，对学校无约束力。马裕藻、李煜瀛、沈尹默、陈大齐则坚持谈话会不应有表决权。最后胡适以退席相胁，李石曾等方才同意可以用个人签名式签名于建议书。双方勉强达成一致后，胡适、王世杰分别提出建议书一件。胡适的建议书是："同人建议于校长，请其对于本月十八日评议会议决案斟酌情形停止执行。"结果签名同意者12人；王世杰的建议书是："同人愿建议评议会请求议定：评议会凡对于政治问题，以及其他与本校无直接关系之重大问题，尚有所议决，须经评议会之二度议决，或经由评议会与教务会议联席会议之复决；或经用教授大会之表决，方能执行。"结果签名者22人。31日，蒋梦麟召集评议会，报告其斟酌的结果，是仍然继续执行评议会原案，并于数日后在北大日刊登载启事。此次评议会议决："评议会对于与本校无直接关系之重大问题，倘有所预闻，须由评议会召集全校教授，依照多数意见决定之。"至此因北女师引发围绕反对教育总长章士钊以及北大脱离教育部的北大评议会决议案之争终于告一段落，最终结果显然是"法日派"胜出，"英美派"落败，这正可以反映出"法日派"在北大评议会中的优势地位。然而北京大学两大阵营经此冲突与分裂，的确内伤不轻，尤其是北大新文化运动时期的团结氛围以及彼此的学术情谊永远回不到从前了。与此密切相关的是鲁迅、周作人与陈源的论战。如果说上述是北大"法日派"与"英美派"的"群殴"，那么至此进入两大阵营的"单挑"。由于陈源在女师大"驱杨风潮"中因袒护章士钊、杨荫榆而与鲁迅发生激烈论战，陈源与胡适、徐志摩均属于"现代评论派"，而鲁迅的后盾则是钱玄同、刘半农、周作人、孙伏园等"语丝派"以及更为广泛的"章门学派"，当然还可以进一步放大到"英美派"与"法日派"的分歧与对立。

　　2. 关于五四运动6周年的纪念与阐释。与往年不同的是，北洋政府教育部竟然命令北京大学禁止学生游行讲演并国耻亦不许纪念。然而，北京《晨报副刊》还是一如既往地纪念五四运动。5月4日，《晨报副刊》特辟"五四运动纪念号"，刊有梁启超《学生的政治活动》、汪典存《每逢五月便伤神》、张维周《噫，五四运动！》、谭仲逵《五四运动与中国国家的前途》、止水《又要添一个纪念日罢！》、唯理《大学与学生》。5月6日，《晨报副刊》又刊载了汪震《想起来的几句话》、龚漱沧《五四运动纪念日的感想》。梁启超在《学生的政治活动》一文中把"五一"与"五四"作了一番比较：劳动节的"五一"是世界性的，学生节的"五四"是中国的；"五一"的价值如旭日初升、隆隆日上，"'五四'这个名词，不惟一般社会渐渐忘记，只怕学生界本身对于他的感情也日淡一日"。对"五四"的评价不再如当初那样高调，而似有贬意。梁启超以为纪念"五四""就是纪念学生们的政治活动。然则纪念'五四'，当然是要希望学生继续这种活动了"。鉴于当时政治"乱七八糟"的情形，他直率地说："中国现在并没有政治，现在凡号称政治活动的人，做的都不是政治活动。"因此奉劝青年学生："现在所谓政治是万恶渊薮，现在所谓政治活动是诱惑青年一大坑陷。"这番言论多少表现出梁启超对中国现实政治心灰意懒的心态。而在上海，因《民国日报》之《觉悟》副刊5月4日停刊，乃由上海学生联合会编辑的纪念"五四"专刊替代,共刊出记者《敬告学校青年》、张永和《瞻前顾后! 纪念五四》、光前《纪念五四的意义》、高尔松《五四纪念的感想》、杨幼炯《青年革命的第二期》、刘一清《五四运动与民众组织》、刘康侯《五四运动与辛亥革命》等 7 篇文章,其规模与气势与同期《晨报副刊》纪念五四运动的文章旗鼓相当,也是历年来《民国日报》刊出纪念五四文章最多的一年,可能是《民国日报》为抵消《晨报》的影响而有意作出的安排。高尔松《五四纪念的感想》认为:"什么是五四运动? 五四运动不过是中国人民不甘服于帝国主义与军阀官僚双重的压迫,自然的发生了一种反感的行动罢了。简言之,五四运动,乃纯粹是中国民众反对帝国主义与军阀政治的运动罢了。"而在共产党阵营及左翼报刊中也先后发表了下列纪念文章:5 月 1 日,西岩《五四运动六周年纪念》刊于《共进》第 81 期;2 日,太雷《五四运动的意义与价值》刊于《中国青年》第 77 期,第 78 期续载;3 日,双林(瞿秋白)《五四纪念与民族革命运动》刊于《向导》第 3 卷第 113 号。此外,周作人 6 月 29 日在《京报副刊》发表《五四运动之功过》,对五四运动之功过作了反思,认为"五四运动是国民觉醒的起头,自有其相当之价值,但也有极大的流弊,至今日而完全暴露。五四是一种群众运动,当然不免是感情用事,但旋即转向理知方面发展,致力于所谓新文化的提倡,截至民国十年止,这是最有希望的一时期。"另一方面,作者又把"五四以来前后六年"国内的"兵匪起灭",以及"讲演—游行—开枪—讲演……之循环"归咎于"五四运动",说"五四运动之流弊是使中国人趋于玄学的感情发动,而缺乏科学理知的计划,这样下去实在很是危险",其总体评价渐趋负面——与其说对"五四"评价渐趋负面,不如说是对衡之以"五四"目标与宗旨的现实的失望。另有王希曾《"五四运动"的成就》刊于《中华基督教教育季刊》第 1 卷第 2 期,主要是对五四运动成就的正向评价。

3. 关于新文化运动论争的激化。主要从以下两个层面展开:一是北大与东南大学论争的延续,胡适曾于 4 月 12 日复函钱玄同论《华国》与《学衡》两种杂志提倡国粹与复古、攻击新文化的言论。此前不久,钱玄同致函胡适,附寄《华国》与《学衡》两种杂志。因那上面有许多倡国粹、倡复古,攻击新文化的谬说,钱玄同希望胡适像从前发表《评梁漱溟的〈东西文化及其哲学〉》及《〈科学与人生观〉序》那样,继续做"思想界的医生",对这些谬说,给一个彻底的批驳。胡适在复信中说,《华国》与《学衡》都"读了,我实在忍不住要大笑。近来思想界昏谬的奇特,真是出人意表!"但"这种膏肓之病,不是几篇小品文字能医的呵! '法宜补泻兼用'。补者何? 尽量输入科学的知识、方法、思想。泻者何? 整理国故,使人明了古文化不过如此"。7 月,"学衡派"吴芳吉在《学衡》第 42 期发表《四论吾人眼中之新旧文学观》,再次申述反对新旧文学划分的观点,以此否定新文学革命的必要性。冬,胡先骕在《东南论衡》第 1 卷第 6 期又发表《学阀之罪恶》一文,将社会新思潮引起的混乱归结于学阀"四罪",并对新文化运动发起者胡适、陈独秀大加抨击。面对"学衡派"的反文学革命、否定白话文,胡适、钱玄同、鲁迅、周作人等都及时作出了回应与反击。二是对教育部长章士钊向新文化反扑的回击。4 月 15 日,章士钊以司法总长兼署教育总长后,摆出要"端正学风"的架势,向新文化反扑。7 月 18 日,章士钊在北京创办《甲寅》周刊,以反对新文化运动,宣传封建复古思潮为宗旨,被称为"甲寅派"。此后,章士钊先后以孤桐的笔名和本名发表了系列文章。9 月 5 日,章士钊在《甲寅》周刊第 1 卷第 8 号发表《答适之》。10 月 3 日,章士钊《原化》刊于《甲寅》周刊第 1 卷第 12 号,在充分肯定梁漱溟《东西文化及其哲学》的同时,从"文化"的"人地时"建构中提出救济东西文化的历史性思考。10 日,章士钊又在《甲寅》周刊第 1 卷第

13号发表《文俚平议》。此文与《答适之》都是公开反对白话文,积极鼓吹复古。17日,章士钊在《甲寅》周刊第1卷第14号发表《评新文学运动》,进而极力攻击新文学是"欲进而反退,求文而得野,陷青年于大阱,颓国本于无形",且明指胡适是罪魁祸首。30日,章士钊在教育部部务会议上,主张中小学课程应以国语(即白话)包国文(文言文),实即提倡文言文,反对白话文,并保留读经课。《教育杂志》曾以《教育当局复古思想之实现》为名来报道此次会议讨论情况。本来,胡适在北大反对章士钊运动中对其多有维护,但他实在无法忍受章士钊对于新文化、新文学运动与成果的否定,于是在8月27日撰成《老章又反叛了》一文大举反击。9月,胡适应武昌大学校长石蘅青、武昌商科大学校长郭泰祺之邀,到武汉演讲《新文学运动之意义》,回击章士钊的针对性十分明显。与此同时,身处武昌与长沙的郁达夫、成仿吾也参与了这场论争。针对章士钊刊于《甲寅》第14号的《评新文学运动》对胡适在武昌大学的讲演《新文学运动的意见》提出批评,郁达夫特作随笔《咒〈甲寅〉十四号的评新文学运动》为胡适辩护,并逐一驳斥章士钊论点。成仿吾在长沙作《读章氏〈评新文学运动〉》,从事实与理论两方面批驳了章文的谬误,对胡适提倡新文学作了肯定。

　　4. 关于"整理国故"论争的延续。整理国故与国学研究原以北大与东南大学为两大中心,自本年清华国学研究院成立以及王国维、梁启超、赵元任三位"导师"到位之后,遂以北大、清华、东大呈三足鼎立之势。4月30日至5月2日,仍任职于北京大学研究所国学门的顾颉刚又有新行动:受北大风俗调查会之托,顾颉刚与容庚、容肇祖等人到妙峰山调查进香风俗。5月13日,《京报副刊》第147号开始推出"妙峰山进香专号",再次引起学界震动。顾颉刚等人的妙峰山进香调查,是中国学界第一次有目的、有计划、有组织的民俗学田野作业,开中国民俗学田野调查的先河,提供了田野作业的典范。按照王国维地上、地下"二重证据法"的新方法论,则顾颉刚的民俗学田野调查可以称为"三重证据法",具有重要的创新意义。8月下旬,顾颉刚见曹聚仁编《古史讨论集》错字很多,印刷粗劣,决定开始另行编辑,并将此书定名为《古史辨》,先行编成《古史辨》第一册。9月9日,顾颉刚致信胡适,谈到编刊《古史辨》的缘由,谓"曹聚仁君将辩论古史的文字出版后,朴社同人大哗。因他们嘱我编辑《古史辨》付印。我已于二年前答应他们了。现在只得赶速编集,并赶作些文字加入。"作为常常与北大论争的东南大学,本年度对于"整理国故"的论题,仅仅在5月1日《史地学报》第3卷第6期"古史讨论"栏重刊1924年已发表的刘掞藜《与顾颉刚先生书》、顾颉刚《答刘胡二先生书》以及胡适《古史讨论的读后感》,但无论顾颉刚还是胡适都没有做出更多的回应。诚然,对顾颉刚的质疑声并不限于东南大学,当时就读于清华国学研究院的张荫麟4月在《学衡》第40期发表《评近人对于中国古史之讨论》,指出顾颉刚及古史辨派与康有为的关系,认为顾颉刚的"层累说"有一个相当突出的特质,即他把"层累"看成是有意造伪的结果,而不是自然累积而成的,其根本方法之谬误在于"违反默证适用之限度"而误用默证。由于顾颉刚的论证"几尽用默证",而用默证处又十有八九是违背限度的误用,所以"顾氏所谓'禹是西周中期起来的,尧舜是春秋后期起来的,他们本来没有关系',其说不能成立"。张荫麟的批评在史学界造成了不小影响,梁园东、徐旭生、陈垣、陈寅恪以及傅斯年都有类似的言论。11月11日,就读于北京大学研究所国学门的容庚在《北京大学研究所国学门周刊》第5、6、9期连载《红楼梦的本子问题质胡适之俞平伯先生》,就胡适、顾颉刚等疑古学风提出直接的批评:"须知'怀疑'与'求证'相联,万不能易'求证'而为'武断'。"另有王志刚在中州大学《文艺》第1集第2期发表《古史稽疑楔子》,也对顾颉刚的疑古风气提出批评:"顾颉刚等又疑及神禹为古代之怪兽,立使神州古史与神话同一荒唐。古籍昭然,欲强天下人舍古以从今,恐非易事,无怪乎又有人为抱不平之鸣也"。关于清华国学研究院与"整理国故"的关系,还要特别关注王国维的两次精彩讲座:一是7月27日上午9—11时在清华学校工字厅为学生消夏团演讲《最近二三十年中国发见之学问》;二是9月14日清华国学研究院"普通演讲"开课,王国维讲《古史新证》,听者甚众。后文明确提出"二重证据法",谓"吾辈生于今日,幸于纸上之材料外,更得地下之新材料。由此种材料,我辈固得据以补正纸上之材料,亦得证明古书之某部分全为实录,即百家不雅驯之言,亦不无表示一面之事实。此二重证据法,唯在今日始得为之。虽古书之未得证明者,不能加以否定,而其已得证明者,不能不加以肯定,可断言也"。王国维虽然没有标明"整理国故"或研究国学,但此"二重证据法"对于"整理国故"或研究国学而言,同样具有至为重要方法论意义。王国维《古史新证·总论》还主张对传统历史文献采取审慎态度,其中包含了对疑古过当的委婉批评。相比之下,文学界对于"整理国故"多予负面评价。郁达夫1月在北京作杂文《骸骨迷恋者的独语》,严厉抨击近年来的国学热。11月9日,成仿吾在长沙作《读章氏〈评新文学运动〉》,刊于《洪水》第1卷第6期,文中对胡适提倡新文学作了肯定,但对他提倡整理国故,则又给予了直接的批评。最后,简述一下曹聚仁的理论思考与《古史讨论集》的出版,以及顾颉刚《古史辨》第一册的编纂。曹聚仁2月在上海《东方杂志》第22卷第4号发表《国故学之意义与价值》,归纳当时存在的三种不同的"国故观"以及三种对应的态度,提出"国故学者以'国故'为研究之对象,而以科学方法处理之,使成为一种科学也""'国故'与'国故学',非同物而异名也,亦非可简称'国故学'为'国故'也。'国故'乃研究之对象,'国故学'则研究此对象之科学也,此乃本篇独标之新义,亦即国故学新生命所寄托,不惮词费以阐明之。"12月30日,曹聚仁发表《春雷初动中之国故学》,强调"国学"乃就"国故学"而言,实际的重心在"故"字上。"故"字之所以不能省略,就在于"国故学"已然把研究的范围限定在成为历史的过去,国学研究的对象已落幕于"五四运动"。曹聚仁还将北大《国学季刊》视为"'新考证学'的园地"。是年,曹聚仁将在《读书杂志》上辩论古史的文字编为《古史讨论集》,收录顾颉刚、钱玄同、刘掞藜等人讨论古史的9篇文章和胡适的《古史讨论的读后感》。此书6月由上海梁溪图书馆出版后,促动顾颉刚于8月自行编纂《古史辨》第一册,次年由朴社出版。

　　5.关于孙中山思想的阐释与论争。与往年不同的是,因为孙中山逝世而有大量相关著作接续问世,在出版界掀起了"孙中山热",包括:孙中山著《中山全书》(1—2册)、《三民主义》《孙中山先生由上海过日本之言论》,新觉编《中山主义概要》,戴季陶著《孙文主义之哲学的基础》,周佛海著《中山先生思想概观》,甘乃光编辑《孙文主义讨论集》,上海书店编辑《孙中山先生遗言》,孙中山著《孙中山先生遗墨之一》,徐翰臣著《孙中山全史》,高尔松等著《孙中山先生与中国》,三民编译部编《孙中山评论集》,平民书局编辑《孙中山》,刘中杭纂辑《孙中山先生荣哀录》,中华革新学社编辑《孙中山先生荣哀录》,中国国民党松江县党部编《孙中山先生哀挽录》,黄昌谷著《孙中山先生北上与逝世后详情》,中山主义研究社编、抱恨生校订《孙中山先生逝世周年纪念册》,国立北平政法大学全体学生编《追悼孙中山先生纪念册》,丹阳民社编《中山先生特刊》等等。由此可见出版界的快速反应能力。国民党右派基于反共反俄的需要,由国民党"文胆"戴季陶撰写《孙文主义之哲学基础》《国民革命与中国国民党》小册子,代表了国民党右派的核心观点,尤其是后书成为国民党右派的理论依据与行动指南,所以受到共产党人陈独秀、瞿秋白、恽代英、萧楚女等的集中批判。恽代英 8 月 8 日在《中国青年》第 87 期发表《读〈孙文主义之哲学的基础〉》,集中批判了戴季陶主义。12 月 27 日,恽代英在《中山主义》周刊第 2 期发表《孙中山主义与戴季陶主义》,通过对两者思想的比较,批评戴季陶主义的必然结果一是"使中山主义改良化宗教化",二是"使中山主义完全被反动派利用",成为抵制革命的工具。陈独秀 12 月 3 日发表《什么是国民党左右派?》,指出孙中山逝世后国民党内分裂出的"戴季陶派是新右派",是"口头主张反对帝国主义及军阀,口头信仰三民主义,而不想实行的非革命派""他们的专门工作只是反对苏俄,反对共产党。反对阶级斗争这三件大事"。

　　6. 关于"国家主义"论争的进展。继续发起"国家主义"讨论的是余家菊、曾琦、左舜生、陈启天等。其中比较活跃的余家菊致力于国家主义教育观的研究,因而兼具政治性与学术性。1 月 3 日,余家菊作《教育建国论发微》一文,认定其主旨"对内则在使国民有公共的志趣,而无党派的龃龉;对外则在抵抗强权,延存国脉",后刊于《醒狮周报》第 13 号。5 月 9 日,余家菊在国立暨南大学讲演《国耻的教育》,进一步阐明"国家主义的教育""培养自尊精神与独立气概""发扬国性而阐扬国光""陶铸国魂以奠定国基""拥护国权以延绵国脉",后刊于《醒狮周报》第 37 号。夏,余家菊著成《国家主义教育学》,系统地阐述国家主义教育思想,"为国人自著教育学之第一书"。7 月 8 日,余家菊在东南大学暑校作题为《国家主义的教育之意义》的演讲。同月,余家菊、左舜生、舒新城、陈启天、李璜等 39 人发起成立"国家教育协会",以国家主义的精神谋教育之改进为宗旨,同时创办《国家与教育》周刊,并在《中华教育界》连续编辑两期"国家主义的教育研究专号"。8 月,余家菊赴任东南大学教授,并任《醒狮周报》副刊主编。12 月,余家菊在《醒狮周报》第 62 号发表《〈醒狮周报〉教育专刊宣言》一文,指出"本刊为国家教育协会出版物之一,当然以国家教育协会宗旨为宗旨"。另一方面是同属于少年中国学会的恽代英、邓中夏、沈泽民、杨贤江等对"国家主义"的批评。4 月 4 日,恽代英在《中国青年》第 73 期发表《与李琯卿君论新国家主义》,批评了国家主义者在无产阶级专政、阶级斗争等问题上的立场和态度。25 日,恽代英在《中国青年》第 76 期发表《评醒狮派》,继续批判国家主义派反苏反共以及反对阶级斗争、宣传超阶级的国家观的立场。7 月 18 日,恽代英在《中国青年》第 82 期发表《答〈醒狮周报〉三十二期的质难》,强调民族解放运动决不是什么"国家主义",反对国家主义者用国家观念来压倒阶级观念、漠视阶级冲突、反对阶级斗争的观点。同日,少年中国学会第六届年会在南京召开,出席此次会议的共计 18 人,国家主义派人员众多,有曾琦、左舜生、陈启天、余家菊等;共产主义派有恽代英、邓中夏、沈泽民、杨贤江。会上,国家主义派主张国家主义,共产主义派主张暴力革命。双方激烈争辩,各不相让。因此会议决定成立改组委员会,授予调查改组全权。冬,同为少年中国学会的共产党人邓中夏、恽代英、杨贤江和国家主义派的曾琦、左舜生、陈启天、杨效春等人就双方停止相互攻击进行协商,结果辩论一天,不欢而散。这成了"少年中国学会"解体的关键一幕。改组委员会经调查认为:会员所抱主义有互相冲突之点,且许多会员精神不属于学会,少年中国学会在此时实无存在之必要,主张宣布解散。少年中国学会的历史就此结束。据齐玉东《独领风骚的少年中国学会》梳理,在少年中国学会共产主义派中,加入共产党的有李大钊、毛泽东、恽代英、邓中夏、杨贤江、沈泽民、高君宇、刘仁静、赵世炎、张闻天、黄日葵、萧楚女、侯少裘、张申府、周佛海;加入国民党的有官至考试院院长的杨亮工、教育部次长吴保丰、南京市市长沈怡、《中央日报》社社长程沧波、《国民日报》社社长易君左等;而曾琦、左舜生、李璜、陈启天、余家菊、张梦九、何鲁之、彭云生、曹刍、刘泗英等国家主义者组织或参加了中国青年党。在科学、教育、文化、艺术领域,少年中国学会会员更是声名卓著,包括:音乐家王光祈、小说家李劼人、散文家朱自清、诗人康白情、作家李初梨、美学家宗白华、戏剧家田汉、剧作家郑伯奇、教育家吴俊升、哲学家方东美、出版家舒新城、经济学家周炳琳、地质学家杨钟健、地理学家苏甲荣、电工专家恽震、教育家郐爽秋和许德珩、生物学家周太玄、物理学家魏时珍、心理学家谢循初等。"国家教育协会"的崛起及其与共产党阵营的冲突,最终非常遗憾地导致少年中国学会的解体。11月25日,中共中央发布《中央通告第五十六号——与国家主义派及国民党右派斗争的问题》(中国人民解放军政治学院编《中共党史教学参考资料》第13册),通告指出:"我们现在对于国家主义派及国民党右派之思想上的争斗,非常重要,必须在此种争斗上得到胜利,我们在学生运动中才能得到胜利,学生青年在国民运动中占重要的地位。"12月15日,中华少年自强会、光华学会、爱国青年社、国魂社、国光社、自强团、醒狮社、巴黎先声周报社、巴黎救国杂志社等社团代表在上海召开中国国家主义团体联合会成立大会。看来有关"国家主义"的论战还要持续下去。

除了上述论争之外,本年度聚焦于重要学术论题的尚有:陶孟和著《救国与求学》,唐擘黄著《中国学术的最大病根》、张其昀著《中国与中道》、陈定谟著《社会科学的行为中心说》,曹聚仁著《国故学大纲》(上卷),章太炎著、曹聚仁编《国学概论》,章炳麟著《铜器铁器变迁考》《文学论略》,冯友兰著《对于哲学及哲学史之一见》,胡汉民著《唯物史观与伦理之研究》,胡适等著《哲学与伦理》、陈筑山著《哲学之故乡》,张东荪著《唯用派哲学之自由论》,陆懋德著《中国经书之分析》《尚书尧典篇时代之研究》,熊梦著《老子商君经济思想》《墨子经济思想》,陈钟凡著《诸子通谊》,屠孝实著《名学纲要》,胡适著《汉初儒道之争》,杨筠如著《伊川学说研究》,胡适著《戴东原的哲学》,容肇祖著《戴震说的理及求理的方法》,张崧年著《数理逻辑》,吕澂著《印度佛教史略》,蔡元培等著《美育实施的方法》,李石岑,吕澂等著《美育之原理》,吕澂著《晚近美学说和美的原理》,张竞生著《美的人生观》,陈灿编著、王孝通增订《中国商业史》,张家骧著《中华币制史》,马寅初著《中国国外汇兑》,毛泽东著《中国社会各阶级的分析》,孙师毅著《社会学研究方法上之争辩》,缪凤林著《中国民族西来辨》,高一涵著《中国内阁制度的沿革》,竺可桢著《中国历史上之旱灾》,王世杰著《中国奴婢制度》,王振先著《中国古代法理学》,陈顾远著《中国古代婚姻史》,萧恩承著《教育哲学》,李石岑等著《教育哲学》《现代教育思潮批判》《教育独立问题之讨论》,任鸿隽、陈衡哲著《一个改良大学教育的提议》,樊弘著《任陈二教授的改良大学刍议》,何炳松著《改造学风的管见》,陈东原著《教育失败的根本原因》,舒新城著《道尔顿制概要》(上下册),陈鹤琴著《儿童心理之研究》(上下册)《家庭教育》,黄绍箕编著《中国教育史》,王国维著《释天》《高宗肜日说》《鞑靼考》《鞑靼年表》,王襄著《簠室殷契征文》,刘半农著《敦煌掇琐序目》,容庚著《金文编》,杨树达著《古书疑义举例续补》,董鲁安编著《修辞学》(一名《修辞学讲义》),黎锦熙编著《国语文法纲要六讲》,刘复著《汉语字声实验录提要·国语运动略史提要》,陈独秀著《字义类例》,杜定友著《汉字排字法》《图书分类法》《图书馆通论》,谭正璧编著《中国文学史大纲》,顾颉刚《论〈诗经〉所录全为乐歌》,张尔田著《史传文研究法》,黄侃著《文心雕龙札记》,范文澜著《文心雕龙讲疏》(上下册),黄乃秋著《评胡适红楼梦考证》,郭沫若著《文艺论集》,俞平伯著《文艺杂论》,张资平编著《文艺史概要》,赵景深著《近代文学丛谈》,小说月报社编辑《创作讨论》，雁冰、愈之、泽民编《近代俄国文学家论》，郑振铎著《泰戈尔传》，胡怀琛著《中国民歌研究》，刘经庵编《歌谣与妇女》，郭绍虞著《谚语的研究》，朱谦之著《音乐的文学小史》，陈文波《中国古代跳舞史》，王光祈著《西洋音乐与戏剧》，丰子恺著《歌剧与乐剧》，柳诒徵著《中国文化史》，陈垣《二十史朔闰表》，杨树达《汉书补注补正》，张荫麟《张衡别传》，魏建功《戴东原年谱》，李俨《梅文鼎年谱》，支伟成著《清代朴学大师列传》，朱绣著《西藏六十年大事记》，龙梦荪编《曾文正公学案》，孟世杰《中国最近世史》第 1 册，傅振伦《中国方志学通论》，竺可桢著《中国历史上气候之变迁》，梁启超著《要籍解题及其读法》，陈仲益著《文渊阁四库全书缺失之发现》等等。唐擘黄《中国学术的最大病根》提出"我们对于学术界，既有了必需的乐观与勇气，又须能够'爱而知其恶'"，本着这种动机，是文阐述了"今日学术界的不能使人无憾的三事"：一是"重书本而轻实物也"；二是"重编译而轻研究也"；三是"重文字而轻思想也"。这三个方面，的确切中了要害。曹聚仁《国故学大纲》（上卷）分国故与国故学、国故学之研究方法、国故学之分类、文学、史学、哲学、政治学、文字学、论理学与心理学、天算学及其他科学、宗教、美术、国故嬗变之过程、外来文化之渗透作用、国故学之新建设等 30 章。毛泽东《中国社会的各阶级分析》论述了中国革命的对象、动力、性质和前途等一系列问题，文中关于当时中国社会各阶级的立场和性质的分析，对马克思主义的近代史研究产生了重要影响。黄绍箕编著《中国教育史》为中国学者撰写的第一部中国教育通史著作，标志着教育学成为一门独立的学科。王襄著《簠室殷契征文》公布了作者收藏的五千多篇甲骨中的精品。容庚著《金文编》是继《说文古籀补》之后在编纂体例和方法上有新突破的第一部金文大字典，书前有罗振玉、王国维、马衡、沈兼士等人的序，深得学术界的推崇。刘半农《敦煌掇琐序目》作于作者自欧洲归国途中，文中列举了其从法国国家图书馆所藏敦煌写本中抄录而来的各种珍贵史料条目 104 种，同时也旗帜鲜明地表明了自己的学术宗旨与态度，谓"我们研究文学，决然不再作古人的应声虫；研究文字，决然不再向四目仓圣前去跪倒；研究语言，决然不再在古人的非科学的圈子里去瞎摸乱撞；研究歌谣民俗，决然不再说五行志里的鬼话；研究历史或考古，决然不再去替已死的帝王作起居注，更决然不至于因此而迷信帝王，而拖小辫，而闹复辟"，与其先前倡导的新文化运动之精神相契合。董鲁安编著《修辞学》敢于向旧观念挑战，在修辞学研究中不仅用白话文写作，而且引用了不少白话文例句，破旧立新，难能可贵。小说月报社编辑《创作讨论》收录愈之《新文学与创作》、瞿世英《创作与哲学》、叶绍钧《创作的要素》、庐隐《创作的我见》、郑振铎《平凡与织巧》、沈雁冰《创作的前途》、叶圣陶《诚实的自己的话》等 12 篇有关文学创作问题的文章，代表了当时文学界有关文学创作讨论的最新思考成果。胡怀琛著《中国民歌研究》论述中国古代的谣谚、抒情短歌、叙事长歌及其向戏曲的演变，以及近代的抒情短歌和叙事长歌等，为早期中国民歌研究的重要专著。朱谦之著《音乐的文学小史》为我国第一部观察音乐与文学关系的专著。柳诒徵著《中国文化史》原为 1923 年南京高等师范讲义，共计 70 余万言，"可算是中国文化史的开山之作"，其实在此书之前已有《中国文化史》著作问世，然就学术含量而论，皆无法与柳诒徵著《中国文化史》相提并论，所以所谓"开山之作"主要就学术地位而非时间早迟而论的。陈垣《二十史朔闰表》为一部具有开创性意义的工具书，历来受到学界的高度评价。

聚焦于学术史的代表性论著是梁启超著《中国古代学术思想变迁史》，是书将中国学术思想的发展经历归结为八个阶段：春秋以前为"胚胎时代"，春秋战国为"全盛时代"，两汉为"儒学统一时代"，魏晋为"老学时代"，南北朝隋唐为"佛老时代"，宋元明为"儒佛混合时代",清以来 250 年为"衰落时代",现今为复兴时代。书中重点就古代中国学术思想产生至隋唐"佛老时代"的学术思想进行了评述,分析每个时代的思想形成的原因及其特征和派别,并与希腊、印度哲学进行了比较。王国维《最近二三十年中中国发见之学问》谓:"古来新学问起,大都由于新发见""自汉以来,中国学问上之最大发见有三:一为孔子壁中书;二为汲冢书;三则今之殷虚甲骨文字,敦煌塞上及西域各处之汉晋木简,敦煌千佛洞之六朝及唐人写本书卷,内阁大库之元明以来书籍档册。此四者之一已足当孔壁、汲冢所出,而各地零星发见之金石书籍,于学术有大关系者,尚不与焉。故今日之时代可谓之'发见时代',自来未有能比者也。"此文富有学术史意义与价值。其他还有邝摩汉《用唯物史观解释中国各种思想之变迁》、张荫麟《评近人对于中国古史之讨论》、王庸译《大战开始后七年间西洋之中国史研究》、潘光旦《二十年来世界之优生运动》,等等,恕不赘述。(以上参见本书"学术背景""学术活动""学术著作""学者生卒"栏所引文献与出处,以及章恒忠、王亚夫主编《中国学术界大事记(1919—1985)》,上海社会科学出版社 1988 年版;中央教育科学研究所编《中国现代教育大事记 1919—1949》,教育科学出版社 1988 年版;曹义孙、胡晓进编著《三十年中国法学教育大事记 1919—1949》,中国政法大学出版社 2011 年版;王学典《20 世纪史学编年(1900—1949)》,商务印书馆 2014 年版;付喜祥《20世纪前期中国文学史写作编年史》,北京师范大学出版社 2013 年版;中国大百科全书总编辑委员会编《中国大百科全书·考古学》,中国大百科全书出版社 2002 年版;王学珍等编《北京大学纪事(1898—1997)》,北京大学出版社 1998 年版;清华大学校史研究室编《清华大学一百年》,清华大学出版社 2011 年版;北京师范大学党委办公室、北京师范大学校长办公室《北京师范大学纪事》,北京师范大学出版社 2012 年版;南京大学高教研究所编《南京大学大事记(1902—1988)》,南京大学出版社 1989 年版;沈卫威编《学衡派编年文事》,南京大学出版社 2015 年版;吴永贵《民国图书出版史编年:1912—1949》,社会科学文献出版社 2018 年版;欧阳哲生《纪念"五四"的政治文化探幽——一九四九年以前各大党派报刊纪念五四运动的历史图景》,《中共党史研究》2019 年第 4 期;商金林《几代人的"五四"(1919—1949)》,《新文学史料》2009年第 3 期;许啸天编《国故学讨论集》第 1 集,上海群学社 1927 年版;文韬《"国故学"与"中国学术"的纠结——民国时期两种"国学"概念的争执及其语境》,《中山大学学报》2013 年 5 期;谢保成《20 世纪前期两次关于"国学"与"国粹""国故"的论辩》,《探索与争鸣》2008 年第 11 期;卢毅《"整理国故运动"与中国现代学术转型——以北大研究所国学门、"古史辨派"、史语所为中心》,北京师范大学博士学位论文,2003年;吴洪成,张珍珍《民国时期国家主义教育运动述论——以余家菊为中心》,《辽宁教育行政学院学报》2021 年 12 月 15 日;齐玉东《独领风骚的少年中国学会》,《钟山风雨》2012 年第 1 期;任慧群《"文化"的"人地时"建构——试探章士钊〈原化〉的文化观》,《邢台学院学报》2008 年第 3 期;邱少明《民国马克思主义经典著作翻译史(1912 至 1949 年)》,南京航空航天大学博士学位论文,2011 年;耿云志《胡适年谱》,四川人民出版社 1989 年版;胡宗刚编著《胡先骕先生年谱长编》,江西教育出版社 2008 年版)

1926 年　民国十五年　丙寅

一、学术背景

1月1日,中国国民党第二次全国代表大会在广州召开。李大钊、毛泽东等14名共产党员被选为国民党中央执行委员。大会确定加强国共合作、扩大反帝反军阀运动等重要决议。

是日,浙江省自治会议公布《省自治法》《省自治法施行法》。

是日,全国国语运动大会及中华民国国语研究会10周年纪念会同时在北京中央公园举行。

1月2日,冯玉祥通电下野。

1月11日,张作霖宣布东三省独立。

1月12日,沈雁冰、叶圣陶、郭沫若、郑振铎、夏丏尊、胡愈之、蒋光慈、周建人等43人联署发表《人权保障宣言》,强烈抗议上海军阀当局残酷杀害工人领袖刘华,并提出了保障基本人权的四条要求。

按:1月25日,《晨报副刊》等报刊亦发表该宣言。《宣言》指出:"人权保障要求是吾人争取生存权的起码要求,凡我同胞均应奋起,为人权保障运动之后盾。"

是日,法权会议在北京召开,中国及参加关税会议的各国参加,会议历时8个月,结果,各国认为中国尚不具备取消领事裁判权的条件。

1月30日,广东、广西宣言合作,设统一委员会。

是月,北京临时执政府教育部将编译馆改为图书审定委员会,其职权是审定教育图书事宜,同时颁布《图书审定委员会规程》10条。

2月1日,国民政府军事委员会任命蒋介石担任国民革命军各军总监。

2月3日,上海书店被军阀孙传芳以"印刷过激书报,词句不正,煽动工团,妨害治安"的罪名查封。

2月5日,斯大林接见中国共产党参加共产国际执行委员会第六次扩大会议代表团的代表蔡和森、李立三、向警予等人,并发表了讲话。

2月15日,由伍联德主编的中国第一家大型画报《良友画报》创刊。

2月23日,国共两党发动民众讨伐吴佩孚。

2月27日,中国生理学会在北平协和医院举行成立大会。

按:中国生理学会,是中国生理科学工作者自愿组成的全国性的学术性和科普性的法人社会团体,是中国科学技术协会的组成部分,其宗旨是促进我国科技进步、经济振兴和社会发展,成为推动中国生理科学人才成长和提高,推动中国生理科学发展和普及,促进生理科学技术与经济结合,加强国际学术交流与合作的重要的社会力量。

2月28日,段祺瑞下令制止反基督教运动。

3月1日,北京图书馆成立。

3月4日,北京临时执政府执政段祺瑞任命马君武为教育总长,马君武坚辞不就。

3月8日,黄埔军校的《黄埔潮》第5期学生纪念特刊上发布《本校誓词》:"尽忠革命职务,服从本校命令。实行三民主义,无间始终生死。遵守五权宪法,只知奋斗牺牲。努力人类平等,不计成败利钝。"(广东革命历史博物馆编《黄埔军校史料(1924—1927)》,广东人民出版社1982年版)

3月12日,日本帝国主义军舰驶入大沽口,掩护奉军进攻天津,炮轰国民军,被国民军击退。16日,日本联合美、英等8个帝国主义国家向北京政府发出最后通牒,提出撤除大沽口国防工事等无理要求。

是日,中共中央在孙中山逝世周年纪念日发表《告中国国民党党员书》,称当前有两件"最痛心的事",一是国民党左右派的分裂,一是反赤运动之高涨,因此"极诚恳的劝告"国民党右派"继续中山先生的革命政策",来担负中国民族革命的工作。

3月13日,共产国际通过《关于中国问题的决议》,决议案强调了农民问题的重要性,指出"中国民族解放运动的基本问题是农民问题"。再次提出了无产阶级在民族民主革命中的领导权问题,仍坚持认为国民党"是工人、农民、知识分子和城市民主派的革命联盟";中国共产党与中国国民党进行党内合作的政策,虽然存在着大资产阶级的国民党右翼,但不主张左右派公开分裂。决议案还提出,中国共产党必须在政治保持独立自主,同时要反对右倾取消主义和极左情绪(李永春编著《蔡和森年谱》,湘潭大学出版社2008年版)。

3月18日,北京群众10余万人在李大钊、赵世炎等共产党和国民党左派的领导下举行游行示威,抗议日本军舰炮轰大沽口,反对帝国主义的侵略和执政府的卖国罪行。在执政府门前,卫队开枪镇压,造成"三一八"惨案。

按:"三一八"事件发生后,北洋政府开出一张黑名单,要抓54名批评政府的左翼教授,其中有来自北大国学门的蒋梦麟、马叙伦、马裕藻、沈兼士、陈垣、林语堂、徐旭生、周作人、李宗侗等人,因此不少人纷纷设法逃离北京。在一片恐怖的气氛中,北京大学国学门的学术工作完全停顿下来。5月16日,傅斯年与朱家骅联名致函国民党元老李石曾、吴稚晖,希望将北京大学因"三一八"事件星散的知名教授重新聚集到中山大学来,受到邀请的有马叔平、李玄伯、丁山、刘半农、李圣章、徐旭生、李润章等教授。

3月19日,北京段祺瑞政府发布通缉李大钊、徐谦、李石曾、易培基、顾孟余5人的命令。

3月20日,中国共产党为"三一八"惨案发表告全国民众书,号召全国人民团结起来打倒段祺瑞,推翻帝国主义、军阀的统治。天津、上海等地人民群起响应,纷纷举行集会、示威。

是日,蒋介石在广州制造"中山舰事件",谎称共产党人指挥的中山舰要炮轰黄埔,共产党要暴动,借以宣布戒严,派兵逮捕和监视共产党人,包围省港罢工委员会和苏联顾问办事处。

3月31日,北京临时执政府执政段祺瑞任命胡仁源为教育总长。

4月1日，北京晨报的《诗刊》创刊，闻一多、徐志摩等人主办，注重"新格式与新音节"的探讨。

4月9日，国民军将领鹿钟麟以段祺瑞勾结奉系卖国为由，派兵包围段祺瑞执政府。段祺瑞逃入东交民巷旧德国兵营，11日通电辞职，执政府垮台。张作霖进京，派军队闯进北大、女师大等学校及报馆，肆意查禁书刊，肆意抓捕人员。

4月15日，黄埔军校青年军人联合会被迫解散。

4月16日，蒋介石被广州国民政府任命为军事委员会主席。

4月20日，全国第一次农民代表大会在广州举行。中共中央在致大会的信中指出，农民运动必须与全国的民族革命运动相结合。同时指出，中国的民族革命运动，非得到农民大众的参加也不会成功。信中特别强调，农民运动必须接受工人阶级的领导，必须与工人运动相结合。

是日，黄埔军校孙文主义学会宣布解散。

4月26日，《京报》社长邵飘萍被北洋政府奉系军阀张作霖以"勾结赤俄，宣传赤化，罪大恶极"的罪名杀害于北京天桥。

是月，由历史博物馆陈列所、故宫博物院、清华研究院、中华图书馆协会、北京图书馆、中央观象台、天文学会等学术机构联合成立"中华学术团体学会"。

5月2日，上海东方图书馆开幕。

5月3日，第六届农民运动讲习所开学，9月11日结业。这届农讲所由毛泽东任所长，高语罕任政治训练主任，萧楚女任教务主任，招收来自全国20个省区的300余名学员，为北伐战争中全国农民运动的蓬勃发展准备了干部。

是日，中华职业教育社与东南大学教育科及农科、中华教育改进社、中华平民教育促进会等组成"联合改进农村生活董事会"，开展乡村教育实验。制定《实验改进农村生活合作条件》《联合改进农村生活董事会简章》。

5月12—29日，第一次卫生运动大会在北京中山公园召开。

5月13日，北京军政府大元帅张作霖任命王宠惠为教育总长。

5月15日，国民党在广州召开二届二中全会，通过蒋介石提出的整理党务案，限制中共在该党的活动。随后，担任国民党中央部长的中共党员全部被撤职。会后，蒋介石被任命为国民党中央组织部长、军人部长和军事委员会主席。

5月20日，叶挺独立团进入湖南，援助唐生智，揭开北伐的序幕。

6月5日，蒋介石被任命为国民革命军总司令。

6月19日，中国国民党中央致信中国共产党中央，提出成立国共两党联席会议，指派张静江、谭延闿、蒋介石、吴稚晖、顾孟余为国民党代表。中共中央表示同意，指派张国焘、瞿秋白、谭平山为中共代表。

6月22日，北京军政府大元帅张作霖任命任可澄为教育总长。

7月1日，国民政府颁布北伐动员令，蒋介石为北伐军总司令，李济深为总参谋长，邓演达为总政治部主任。

是日，国民政府教育行政委员会在广东召集中央教育行政大会。

7月4日，国民党中央临时全体会议通过《国民革命军北伐宣言》。

按：《国民革命军北伐宣言》全文如下：本党从来主张用和平方法，建设统一政府，盖一则中华民国之政府应由中华人民自起而建设,一则以凋敝之民生不堪再经内乱之祸。故总理北上之时,即谆谆以开国民会议解决时局号召全国。孰知段贼于国民会议阳诺而阴拒,而帝国主义者,复煽动军阀益肆凶焰。迄于今日,召集国民会议以谋和平统一之主张,未能实现,而且卖国军阀吴佩孚得英帝国主义者之助,死灰复燃,竟欲效袁贼世凯之故智,大举外债,用以摧残国民独立自由之运动。帝国主义者复饵以关税增收之利益,与以金钱军械之接济,直接帮助吴贼,压迫中国国民革命,间接即所以谋永久掌握中国关税之权,而使中国经济生命陷于万劫不复之地。吴贼又见国民革命之势力日益扩张,卖国借款之狡计势难得逞,乃一面更倾其全力攻击国民革命根据之地。既勾结匪徒,扰乱广东,又纠集党羽侵入湘省。本党至此,忍无可忍,乃不能不出于出师之一途矣。

　　本党敢郑重向全国民众宣言曰:中国人民一切困苦之总原因,在帝国主义者之侵略,及其工具卖国军阀之暴虐;中国人民之唯一的需要,在建设一人民的统一政府。而过去数年间之经验,已证明帝国主义者及卖国军阀实为和平统一之障碍,为革命势力之仇敌。故帝国主义者及卖国军阀之势力不被推翻,则不但统一政府之建设永无希望,而中华民国唯一希望所系之革命根据地,且有被帝国主义者及卖国军阀联合进攻之虞。本党为实现中国人民之唯一的需要——统一政府之建设,——为巩固国民革命根据地,不能不出师以剿除卖国军阀之势力。本党为民请命,为国除奸,成败利钝,在所不顾,任何牺牲,在所不惜。本党惟知遵守总理所昭示之方略,尽本党应尽之天职;宗旨一定,死生以之。愿全国民众平日同情于本党之主义及政纲者,更移其平日同情之心,进而同情于本党之出师,赞助本党之出师,参加本党之作战,则军阀势力之推倒,将愈加迅速,统一政府之建设,将愈有保障,而国民革命之成功,亦愈将不远矣。

　　统一政府建设万岁! 国民革命成功万岁! 中国人民自由解放万岁! 中国国民革命军万岁! (马民书主编《在世纪的回音壁里:二十世纪中国要闻评说》,中央文献出版社2004年版,第58—59页)

　　是日,国民党中央决定设立"学术院",以罗致、造就政治、建设人才。

　　7月9日,国民革命军举行誓师北伐典礼,蒋介石就任总司令。

　　7月12—18日,中共中央执委会第四届第三次扩大会议在上海举行。会议讨论了党在北伐战争中的组织路线、国共合作的策略和民众运动的政策等,着重讨论了对待资产阶级和蒋介石的方针问题。通过了《中央政治报告》和《党和国民党关系问题》等决议案,发表了《中共中央第五次对于时局的主张》。

　　是月,中华文化教育基金董事会社会调查部成立,后改为北平社会调查所。

　　8月6日,奉系军阀张宗昌令宪兵司令部逮捕《社会日报》社社长、主笔林白水,并立即枪毙。

　　8月7日,创造社出版部被上海军阀政府警察厅查封。后经交涉,于12日启封。

　　9月1日,《大公报》复刊,发表张季鸾的《本社同人之志趣》,提出大公报"不党、不卖、不私、不盲"的"四不"原则。

　　按:《本社同人之志趣》曰:"报业之厄运,至今日而极矣! 军权压力,重逾万钧;言论自由,不绝一线。而全国战兴,百业俱敝,报纸营业遂亦大难。通观国中,除三数社外,大抵呻吟憔悴于权力、财力两重压之下,发发不可终日。清末以来,言论衰微,未有今日之甚者也。然察民国以来新闻事业失败之历史,其原于环境者半,原于己身者亦半。报业天职,应绝对拥护国民公共之利益,随时为国民贡献正确实用之知识,以裨益国家。业言论者,宜不媚强御,亦不阿群众。而事实上能之者几何? 况国事败坏,报纸实亦负有责任。是以特殊势力之压迫言论,固足彰少数人之罪,而不必即反映言论界之功;国民虽痛愤强权之非,而不必即谓报纸之是。一言蔽之:舆论亡矣! 国民即欲审利害、定国是,将焉赖乎? 本社同人投身报业率十余年,兹复以言论与国民相见,识浅力微,无当万一,仅举四端,聊以明志。第一不党。党非可鄙之辞。各国皆有党,亦皆有党报。不党云者,特声明本社对于中国各党阀派系,一切无联带关系已耳。惟不党非中立之意,亦非敌视党系之谓。今者土崩瓦解,国且不国,吾人安有中立袖手之余地? 而各党系皆中国之人,吾人既不党,故原则上等视各党,纯以公民之地位发表意见,此外无成见,无背景。凡其行为利于国者,吾人拥护之;其害国者,纠弹之。勉附清议之末,以彰是非之公,区区之愿,在于是矣。第二不卖。欲言论独立,贵经济自存。故吾人声明不以言论作交易。换言之,不受一切带有政治性质之金钱补助,且不接收政治方面之入股投资是也。是以吾人之言论,或不免囿于知识及感情,而断不为金钱所左右。本社之于全国人士,除同胞关系一点外,一切等于白纸,惟愿赖社会公众之同情,使之继续成长发达而已。第三不私。本社同人,除愿忠于报纸固有之职务外,并无私图。易言之,对于报纸并无私用,愿向全国开放,使为公众喉舌。第四不盲。不盲者,非自诩其明,乃自勉之词。夫随声附和,是谓盲从;一知半解,是谓盲信;感情冲动,不事详求,是谓盲动;评诋激烈,昧于事实,是谓盲争。吾人诚不明,而不愿自陷于盲。以上四者,为吾人志趣之大凡。至于注重社会经济,详论国际潮流,总期勉尽现代报纸应尽之职务,以抒其服务社会之诚。虽然,其志则然耳。当兹神州鼎沸之秋,凡我全国同业所受有形无形之压迫,吾人宁能独逃。尤痛者,法律失效,纲纪不存,而独愿发扬清议,享现代国家报界普通之权利,宁不奢乎? 荆棘满地,冥夜长征,吾人惟本其良知所诏示,忍耐步趋,以求卒达于自由光明之路。各界人士,南北同业,其同情吾人而有以助之乎? 不胜馨香祝之矣!"(1926年9月1日,新记《大公报》复刊第一天)

9月4日,北洋军阀教育总长任可澄决定将女师大与女子大学合并为北京女子学院,并自兼院长。林素园任师范部学长,通女师大师生反对。任可澄与林素国率军警武装接收女师大。

9月17日,冯玉祥在绥远五原誓师,宣布将国民军改为国民革命军,全体将士集体加入国民党,参加北伐。

是月,国语统一筹备会召开国语罗马字拼音研究委员会会议,通过并提请教育部公布《国语罗马字拼音法式》。

10月1日,中国首次组织科学代表团,出席在日本东京召开的第三届泛太平洋学术会议。会议决定以中国科学社为中国代表机关进入评议会。

是日,应万国经度联合测量委员会的邀请,青岛观象台参加联测工作。

10月9日,南京中等学校训育研究会成立。

10月10日,中国历史博物馆开馆。

10月17日,广东大学改组为中山大学,并改为委员制。广东国民政府任命戴传贤为国立中山大学委员会委员长,顾孟余为副委员长,朱家骅等为委员。

11月2日,教育部颁布《学校职教员养老金及恤金条例》。

按:是年12月21日,教育部又颁布《条例实施细则》,规定凡连续从事教师工作15年以上者,60岁自行退休或由学校请其退休皆可领退休金,虽年未满60但身体衰弱不能继续工作者或因公伤致残而不能工作者,也可领取退休金。

11月7日,《晨报》以《瑞典考古队将来华》为标题,向外界公布斯文·赫定将组织探险队在中国西北地区考察的消息。

按:当时的新闻报纸如《大公报》《益世报》《晨报》《申报》《国闻周报》《东方杂志》《时代公论》《独立评论》等,均对西北科学考查团有过很多报道。《大公报》甚至全程关注整个考察活动,并有着详细的报道,如《斯文·赫定昨日离平》《西北气象考查》《西北科学考查团在新疆百余日不见人影,罗布泊废墟里获古物不少》《西北科学考查团在甘测量居延海工竣》《西北科学考察团考察蒙新经过谈:团长袁复礼昨返平携回采集品四十二箱》等新闻稿件。

11月8日,广州国民党中央政治会议为"适应革命时势的要求",决定迁国民政府及中央党部于湖北武汉。

11月9日,北京政府教育部公布《国语罗马字母拼音法》。

按:国语罗马字的方案有以下几个特点:①以北京语音为标准音,同时也适当兼顾其他"官话"区域的读音;②完全采用现成的拉丁字母,不增加新字母也不附加符号;③充分考虑到现代汉语的语音特点,同时也尽可能地照顾到国际习惯;④用变化拼法的办法来表示声调,避免附加符号。但缺点是表示声调的规则较繁,带来学习上的不便。

11月16日,中国国民党中央政治会议临时会议决定,国民政府和国民党中央党部迁至武汉。

11月18日,文学研究会上海分会、上海通信图书馆、上海世界语学会、中华农学会、创造社、妇女问题研究会、学术研究会等团体联合发布《拥护人道宣言》。

11月20日,瑞典考古专家斯文·赫定与汉莎航空公司派遣的飞行专家钱默满少校从柏林经西伯利亚到达北京,与中国政府商议赴西北考察事宜。

11月28日,国民党中央政治会议宣布:国民政府由广东广州迁都武汉。

12月1日张作霖在北京就任"安国军总司令",对教育学术界采取高压政策,大批学者南下。

12月3日,国民党中央执行委员及国民政府委员临时联席会议在武汉成立,代行国民党中央和国民政府职权。

12月16日,共产国际执委会第七次扩大会议通过《关于中国形势问题的决议》,详细论述了中国革命的形势,分析并指出了中国革命的前途,阐述了农民和土地问题的重要性,强调要巩固和加强国共两党的合作。

12月26日,共产国际执行委员会主席团成员、中国委员会书记罗易被任命为共产国际驻中国代表团的首席代表,奉命来华贯彻共产国际执委第七次扩大全会关于中国问题的决议。年底,罗易在谭平山陪同下取道海参崴来中国。

是年,《革命军日报》《政治周报》《汉口民国日报》《湖南民报》《自然界》《小朋友画报》《南岳日报》《湖南工人》《农民运动》《中国农民》《人民周刊》《少年先锋》《青年工作》《青年月刊》《广东青年》《扫把旬刊》《四军周报》《北伐》《北伐特刊》《前进》《前敌》《国际新闻》《群众周刊》《汉声周报》《宣传》《工人导报》《湖北农民》《创造月刊》《鹃血》《幻洲》《艺术界周刊》《东方文化》《良友》《白露》《光华年刊》《建设》《新女性》《医界春秋》《大公晚报》《民主晚报》《新闻晚报》《中外报章类纂》《华北公理月刊》《醒世日报》《哲学月刊》《晨光报》《科学》《中国报》《民生日报》《中华自治日报》《北京早报》《清华大学校刊》《经济新闻日报》《明报》《中华旬刊》《真理与生命》《新共和报》《述学社月报》《振华女校校刊》《南昌民国日报》《新女性》《一般》《奉天财政月刊》《大亚画报》《宗风》《东北大学周报》《华侨日报》《工商日报》《新光邮票杂志》《贵州省政府公报》《中华基督教会广东协会月刊》等报刊创刊。

二、学术活动

顾颉刚1月6日在《北京大学研究所国学门周刊》第2卷第13期发表《一九二六年始刊词》。由于国学门周刊创刊时未作发刊词,顾颉刚借1926年始刊之际作此文,以阐述有关学术平等、学术的求是与致用、学术与政治、学术与爱国、国学与科学等一系列重大的学术理论问题,集中反映了顾颉刚丰富的学术思想与理念,也代表了国学门同人的学术立场和学术理念,是中国现代学术史上极为重要的一份文献。

按:王学典《20世纪史学编年(1900—1949)》(商务印书馆2014年版)曰:"此文的主要目的是辨明

'求知'与'应用'是两条不同的大路,强调学问不求致用:'研究学问的人,只该问这是不是一件事实;他既不该支配事物的用途,也不该为事物的用途所支配。''我们研究的目的,只是要说明一件事实,绝不是要把研究的结果送与社会应用。''科学的基础是建筑于事实上而不是建筑于应用上的。''科学的目的不在应用。''我们的机关是只认得学问,不认得政见与道德主张的。''我们研究的东西也许是社会上很需要的,也许是现在虽没有用而将来可以大用的,但这种的斟酌取择原是政治家,社会改造家,教育家的事情而不是我们的事情。'作者持一种'学术平等的观念',提出'凡是真实的学问,都是不受制于时代的古今,阶级的尊卑,价格的贵贱,应用的好坏',而是'一律平等的'。顾颉刚反驳应研究科学而不应研究国学的责难,认为'所谓科学,并不在它的本质而在它的方法''我们看国学是中国的历史,是科学中的一部分,所以我们研究的主旨在于用了科学方法去驾驭中国历史的材料,不是要做成国粹论者'。此文发表后,不仅陈源、杨振声著文表示'几乎没有一句话不同意',认为此文是把国学置于科学基础上的奠基石,日本学界亦认为此文标志着中国新国学的诞生。作者大力阐扬的学术求真理念,也成为民国学术界的主导性认识,极大地影响了当时的学术风气。"

顾颉刚借编《古史辨》之机而作《答柳翼谋先生》一文,就柳诒徵对他观点的误解处做出解释,并说明他不把《说文》和清儒著述奉为治史准绳的基本态度:"我们现在研究学问,自有二十世纪的学问界作我们的指导。我们只有以不能达到当世的学问界水平线为自己的愧耻。至于许书和清儒著述,原只能供给我们以研究的材料,并不能供给我们以学问的准绳。就是要从文字研究古文,也应以甲骨文金文为正料,以《说文》等随便凑集的书为副料。"1月27日,顾颉刚所编《北京大学研究所国学门周刊》第2卷第15—16期合册"《说文》证史讨论号"刊发5篇文章:先转载东南大学教授柳诒徵《论以〈说文〉证史必先知〈说文〉之谊例》,然后以顾颉刚、钱玄同、魏建功、容庚4人的文章列于其后,这是信古派与古史辨派发生的直接学术冲突,由此将三年前《读书杂志》上开始的古史论辩推向高潮。

顾颉刚5月20日应北京华语学校学员之请,前往该校与学员见面,并始识美国学者恒慕义。6月1日,应美国传教士博晨光之请,向北京华语学校学员作题为《秦汉统一的由来和战国人对于世界的想象》的演讲。8日,顾颉刚致信胡适,告《古史辨》即将出版,谈到其《自序》时说:"这篇《自序》是费了两个多月的工夫作的。我本来不愿求人知,但数年来竭力要打出一条治学的境遇,终于打不出来。不得不尽量把自己说一下,希望人家知道之后肯帮助我一点。"11日,顾颉刚主编《古史辨》第1册由北平朴社出版。全书分3编,收录顾颉刚、胡适、钱玄同3人,也收录了柳诒徵、魏建功、容庚、王国维、李玄伯等人的文章。书首冠以顾颉刚长达6万言的自序,说明自己治学的经过,研究古史的方法和所以产生这些见解的原因,强调"我的唯一的宗旨,是要依据了各时代的时势来解释各时代的传说中的古史"。此书出版后,顾颉刚拿出246册赠与学术界乃至社会各界人士,其中有蔡元培、胡适之、钱玄同、沈兼士、沈士远、马幼渔、梁启超、王国维、傅孟真、毛子水、郑介石、俞平伯、柳翼谋、刘掞藜、胡堇人、陶孟和、李济之、徐志摩、郁达夫、金岳霖、博晨光、恒慕义、钢和泰等国外国学者,还有华文学校图书馆、京师图书馆、师大图书馆等机构,在学术界引起巨大轰动。在此书的推动下,一些学者纷纷加入,于是在中国史坛上形成了个以疑古新伪为旗帜、以"层累地造成中国古史"为基本理论的学派——"古史辨派"。

按:胡适评价云:"这是中国史学界的一部革命的书,又是一部讨论史学方法的书。此书可以解放人的思想,可以指示做学问的途径,可以提倡那'深澈猛烈的真实'的精神。""这些讨论至今未完。但我们可以说,颉刚的'层累地造成的中国古史'一个中心学说已替中国史学界开了一个新纪元了。中国的古史是逐渐地、展累地堆砌起来的,——'譬如积薪,后来居上'。——这是决无可讳的事实。""在中国古史学上,崔述是第一次革命,顾颉刚是第二次革命。"陆懋德称:"此书实为近年吾国史学界极有关系之著作;因其影响于青年心理者极大,且足以使吾国史学发生革命之举动也。"

按:顾颉刚主编《古史辨》开创"古史辨"派的意义在于:一方面,这一学派启动了一场全面颠覆经学古史系统的"史学革命"。他们以进化论为指导,打破了三皇五帝古史体系,摆脱了儒家经学的理论束缚,刷新了人们的历史观念。另一方面,古史辨派在古籍整理方面取得了巨大成就。他们承绪郑樵、姚际恒、崔述等人的辨伪传统及乾嘉以来的考证风气,由辨伪书而辨伪史,为辨伪史而考古籍,是继乾嘉学派之后又一次带有典范意义的"古籍整理"运动,开启了古籍整理事业的新时代。有论者认为"古史辨运动在中国近世史学史上的地位与十九世纪初年西洋史家如尼布尔(Niebuhr)等人永垂不朽"。古史辨派成为民国时期影响量巨的学术派别。(王学典《20世纪史学编年(1900—1949)》,商务印书馆2014年版)(以上参见顾潮编著《顾颉刚年谱》,中国社会科学出版社1993年版;高平叔编著《蔡元培年谱长编》,人民教育出版社1996年版;耿云志《胡适年谱》,四川人民出版社1989年版;董恩强《顾颉刚学术思想评析:以〈一九二六年始刊词〉为中心》,《福建论坛》2015年第6期)

胡适1—4月继续留在上海。1月,汤尔和在长江舟中写诗赠胡适,此诗后来又题在送给胡适的照片上,诗句颇能道出胡适的一些特点和某些轶事。诗云:"大声吓破千年梦,绝代佳人胡适之。只有两端吾反对,新诗无韵信中医。裸形文采谁为美,公论千秋待盖棺。当代腐儒齐攘臂,怕君撕破旧衣冠。墙花绿柳竞欢迎,一例倾心仰大名。若与随园生并世,不知多少女门生。缠头拼掷卖书钱,偶向人间作散仙。不料飞笺成铁证,两廊猪肉定无缘。"2月11日,丁文江致信,告以接得英公使正式信函,指聘胡、丁等为英国庚款咨询委员会中国委员,并告英庚款调查团即将来华。

按:按英国国会于上年6月30日通过议案决定退还一部分庚款给中国。但这部分庚款由英国外交大臣全权保管与支配,所设咨询委员会全由英国政府指聘,且英人居多数。因此,实际等于没有退还中国。对此,中国舆论甚为不满。3月16日,京中教育界人士在欧美同学会集议,决定反对英国处置庚款的办法,要求英政府"无条件退还。否则,中国决不接受"。会后,雷殷、马叙伦等22人联名致信胡适,指出英、庚款管理办法"实思借此伸张其行政权于我国领土""实属有辱国体,侵我主权,自当极端反对"。希望胡适不就其咨询委员职。

胡适3月21日在上海大同学院讲演,主张学术救国。27日,陶行知、凌冰亦为英庚款事致信胡适,重申3月16日会议的决定,主张管理英退庚款的董事会,我国人必须居大多数,而英国人董事任期必须于有限期间截止,且同由我国政府聘任。声明英国如不能无条件退还中国,则"各校虽穷窘至一律关门,亦决不愿受分文"。同月,胡适与亚东图书馆的汪原放商议出版《古短篇小说丛书》及《常识丛书》的事;督办教育特税事宜公署聘胡适为参议员。4月25日,胡适复信给陶行知、凌冰,并请他们传给有关各位阅看。信中略述各国退还庚款的历史,然后讲到英款管理办法。指出要英国无条件退还这是不可能的,认为"为今之计,只有潜移默运于此案范围之中,使此案不成为障碍,反为有益的根据"。26日,徐志摩从北京写信给仍在南方的胡适,对胡适为徐志摩与陆小曼的婚事有所帮忙十分感激,称他是"好兄长"。28日,对上海妇女会、基督教妇女协会等团体演讲英国退还庚款问题。5月8日,离沪北上。20日,朱经农之兄朱我农致信谈英国退还庚款问题。24日,胡适在天津裕中饭店,因读鲁迅的《热风》很有感触,遂写信给鲁迅、周作人及陈源,对他们之间八九个月来的"深仇也似的笔战"表示很惋惜,并表示希望"从今以后,都向上走,都朝前走"。

按:信中说:"你们三位都是我很敬爱的朋友;所以我感觉你们三位这八九个月的深仇也似的笔战,是朋友中最可惋惜的事。我深知道你们三位都自信这回打的是一场正谊之战;所以我不愿意追溯这战争的原因与历史,更不愿评论此事的是非曲直。我最惋惜的是当日各本良心的争论之中,不免都夹杂着一点对于对方动机上的猜疑:由这一点动机上的猜疑,发生了不少笔锋上的感情;由这笔锋上的感情,更引起了层层猜疑,层层误解。猜疑愈深,误解更甚。结果便是友谊上的破裂,而当日各本良心之主张,就渐渐变成了对骂的笔战。"并表示希望"从今以后,都向上走,都朝前走,不要回头睬那伤不了人的小石子,更不要回头自相践踏。我们的公敌是在我们的前面;我们进步的方向是朝上走"。

胡适3—5月间陪同英庚款咨询委员会英方委员团调查访问,从上海出发陆续走访了汉口、南京、杭州、天津、北京等地,为此辞去北京大学教职。6月6日,撰成《我们对于西洋近代文明的态度》,刊于7月10日《现代评论》第4卷第83期。此文主要是针对守旧势力而发,申言"全盘西化"的主张,批评梁启超等津津乐道的西洋学者崇拜东方精神文明的议论"本来只是一时的病态的心理,却正投合东方民族的夸大狂"。同日,胡适在北京大学研究所国学门第四次恳亲会上,对整理国故进行反思。

按:胡适表示:"这事我大约总得负一点点责任,所以不得不忏悔。我们所提倡的'整理国故',重在'整理'。""我们不存什么'卫道'的态度,也不想从国故里求得什么天经地义来供我们安身立命。""然而看看现在,流风所被,实在闹出多少弊病来了! 多少青年,他也研究国学,你也研究国学,国学变成了出风头的捷径,随便拿起一本书来就是几万字的介绍。有许多人,方法上没有训练,思想上没有充分的参考材料,头脑子没有弄清楚,就钻进故纸堆里去,实在走进了死路!"他提出要以科学的方法进行研究,才能走出一条生路。马裕藻为胡适开解说,社会上复古思想的回光返照,与胡适主张整理国故并无因果关系。但他又表示:"本所同人仍应努力工作,不得因噎废食""至于负有指导青年之责者如各大学教授,极宜大声疾呼,引导一般青年,向活路上走去。"整理国故自1919年倡导,1923年前后进入高潮,已引起鲁迅、郭沫若、茅盾等人的批评而面临危机。

胡适7月出国之前曾在北大演讲《学术救国》,谓:"救国不是摇旗呐喊能够行的,是要多少多少的人投身于学术事业,苦心孤诣、实事求是的去努力才行。……日本很小一个国家,现在是世界四大强国之一。这不是偶然来的,是他们一般人都尽量的吸收西洋的科学学术才成功的。你们知道,无论我们要做甚么,离掉学术是不行的。"同月17日,胡适离京赴英国参加庚款咨询委员会的会议。在李大钊建议下,他取道莫斯科赴欧。(以上参见耿云志《胡适年谱》,四川人民出版社1989年版;张菊香、张铁荣主编《周作人年谱》,南开大学出版社1985年版;王学典《20世纪史学编年(1900—1949)》,商务印书馆2014年版)

钱玄同阅顾颉刚《答柳翼谋先生》后,即撰《与顾颉刚先生论〈说文〉书》,支持顾颉刚的论点,认为对于一切古书,都只是一种可供参考的史料而已……决不愿奉某书为惟一可信据的宝典。辨古书的真伪是一件事,审史料的虚实又是一件事。并不能因其为真书,就一味相信。这是跟姚际恒、崔述、康有为及崔解甫、章太炎诸人最不同的一点。随后与柳诒徵《论以〈说文〉证史必先知〈说文〉之谊例》、顾颉刚《答柳翼谋先生》、魏建功《新史料与旧心理》、容庚《论〈说文〉谊例代顾颉刚先生答柳翼谋先生》五文一同刊于北大《研究所国学门周刊》第2卷15—16期合册"《说文》证史讨论号"。"三一八"惨案发生后,北京师大为烈士范士荣在学校的二门建立纪念碑,钱玄同写了碑文。9月,《国音字典》增修的工作进入了紧张时期。钱玄同、黎锦熙、汪怡、白镇瀛等几个委员逐日召开逐字逐音的审查讨论会。月底,"数人会"讨论"国语罗马字"问题,历时一年,稿凡九易,拼音方式已经确定,并由"国语罗马字"委员会通过。10月底,十二大册之《增修国音字典》稿本大致完成。11月,议决编纂体例,拟修成三书:(一)《增修国音字典》,仍依《康熙字典》部首,但部首目次稍加改善;(二)《国语同音字典》,按注音字母次序排列;(三)《国音常用字汇》,亦以同音字分四声排列,专供中小学教员及编辑教科书之用。以上三书颇似此北宋政府所修定的所谓《姚刻三韵》,即《礼部韵略》、司马光的《类篇》与丁度的《集韵》。凡字音,概以北京的普通读法为标准。11

月9日,鉴于当时是北洋军阀专政,凡事都开倒车,教育部不肯用部令公布,经钱玄同提议,就以教育部国语统一筹备会的名义直接布告公布了国语罗马字拼音方式。是年,钱玄同参与"数人会"讨论"国语罗马字"问题。又在《语丝》第73期发表《废话二·〈关于三一八〉》;在《语丝》第85期发表《疑古玄同与刘半农抬杠——〈两个宝贝〉》;在《语丝》102期发表《给黎劭西的信——〈樵歌〉的跋》;在《新生》第1卷第2期发表《为什么要提倡国语罗马字?》。其中《〈樵歌〉的跋》是一篇同黎劭西讨论音韵学问题的文章,主要是讨论宋词用韵的流变,认为南宋朱敦儒的词集《樵歌》中,已经有-ng,-n,-m三系附声之韵混合为一的现象,表示"我之所谓国语国音,是坚决主张古、今、中、外、雅、俗、京、方,都在撷取之列的,虽然应以中国北京现在的知识阶级的普通的读音为主体"。又说:"我的意见应该叫国语国音常跟着活语活音改变,决不可像有一班人所主张的'某字的国音一经规定,便应该永远照它读,不准再去迁就活语活音'那种办法。……若说现今所定之国语国音已经是尽美尽善,'天不变,语亦不变,音亦不变'那……"。诚为宏通之论。(参见曹述敬《钱玄同年谱》,齐鲁书社1986年版;王学典《20世纪史学编年(1900—1949)》,商务印书馆2014年版)

魏建功为钱玄同弟子。1月27日,在《北京大学研究所国学门周刊》第2卷第15—16期合册"《说文》证史讨论号"发表《新史料与旧心理》,对顾颉刚、钱玄同、柳诒徵等人关于古史的争论发表意见,虽然他站在顾、钱的一边,对柳诒徵的观点和态度不以为然,将柳诒徵的观点看作是学术思想中存在的"因袭"和"谬妄"两种弊病的反映,指出"历来少有人怀疑的便是可信的"旧心理,是柳诒徵对待所谓信史的态度。顾颉刚与柳诒徵的分歧"是思想的基础和方法的施展的根本不同",乃在后者缺乏一种勇于怀疑的精神。但其的结论却超越了争论的主题,重提历史建树的方向。文中最后写道:"我的结论:中国的历史,真正的历史,现在还没有。所谓'正史',的确只是些史料。这些史料需要一番彻底澄清的整理,最要紧将历来的乌烟瘴气的旧心理消尽,找出新的历史的系统。新历史的系统是历史叙述的主体要由统治阶级改到普遍的民众社会,历史的长度要依史料真实的年限决定,打破以宗法封建等制度中教皇兼族长的君主的朝代为起讫;历史材料要把传说、神话、记载、实物……一切东西审慎考查,再依考查的结果,客观的叙述出来。如此,我们倒不必斤斤的在这个旧心理磅礴的人群里为新史料的整理伴他们吵嘴,把重大工作停顿了!"春,北大"聘任委员会"正式批准为助教,协助刘半农做"语音乐律实验室"工作,同时仍任《国学周刊》编辑。2月,患肋膜炎住院。3月,住院期间发生"三一八"惨案,段祺瑞执政府卫队在铁狮子胡同开枪杀害游行示威群众40余人,在京学人纷纷南下。4月,病愈出院,与"济难会"失去联系,申请退党。7月,受鲁迅先生托,用北大图书馆藏明刻大字本校对《太平广记》,完成后鲁迅来信说:"给我校对过的太平广记,都收到齐了,这样的热天做这样的麻烦事,实在不胜感谢。"同月,赴徐州江苏省立第三女子师范任国文教员。同时仍兼《国学周刊》(已改为《国学月刊》)编辑,稿件由冯沅君邮寄徐州,编定后寄上海开明书店出版。是年,论文《读"帝"与"天"》《谈歌札记》等先后发表于《国学月刊》等刊物,并开始在《语丝》上发表连载《箭零的梦》。(参见曹达《魏建功年谱》,《文教资料》1996年第4期;王学典《20世纪史学编年(1900—1949)》,商务印书馆2014年版;桑兵《从眼光向下回到历史现场——社会学人类学对近代中国史学的影响》,《中国社会科学》2005年第1期)

按:桑兵《从眼光向下回到历史现场——社会学人类学对近代中国史学的影响》(《中国社会科学》2005年第1期)认为:"魏建功批评'国故'能叫人钻不出头,与顾颉刚的看法不尽相同。他的意见,显然是希望后者跳出'国故'的纠葛,回到社会学和考古学所指示的眼光向下的轨道上去。其实,在这方面,顾颉刚与胡适的看法也有所分别。师生二人都重视国学与中国历史的关系,具体而言,则侧重不同。胡适认为(或者至少同意):'国学的使命是要使大家懂得中国的过去的文化史;国学的方法是要用历史的眼光来整理一切过去文化的历史。国学的目的是要做成中国文化史。国学的系统的研究,要以此为归宿。'因此他所设定的总系统是一部包括民族、语言文字、经济、政治、国际交通、思想学术、宗教、文艺、风俗、制度等10项专史的中国文化史。这虽然可以说几乎等于一部通史。"

容庚1月27日在《北京大学研究所国学门周刊》第2卷第15—16期合册"《说文》证史讨论号"发表《论〈说文〉谊例代顾颉刚先生答柳翼谋先生》,对柳诒徵仅据《说文》治文字之学甚不谓然,文中不但列举柳文的论点,逐条批驳,而且一再引用柳诒徵批评顾颉刚的文句,反讥柳诒徵治学在"空疏"与"欠忠实"之间,"二者必居一",又谓柳氏"疏于读书""深闭固拒,不一涉猎",可谓极尽嘲讽之能事,强调"方今甲骨及彝器日出而不穷,如欲治文字之学,当博采以为证,不能守许氏一先生之言为已足"。在与柳诒徵论争的四篇文章中火药味最浓。3月9日,接聘为燕京大学襄教授。12月6日,内务部函聘为古物陈列所古物鉴定委员会委员。(参见容庚《颂斋自订年谱》,东莞市政协编《容庚容肇祖学记》,广东人民出版社2004年版;王学典《20世纪史学编年(1900—1949)》,商务印书馆2014年版)

柳诒徵是年应北京女子大学之聘,出任历史教授,兼任北京高等师范学校历史教授。1月4日致函吴宓,推辞任《学衡》杂志干事,吴宓决定继续兼任。同月,在《学衡》第49期发表《解蔽》,并继续连载所著《中国文化史》第一编第十三至第十八章。3月,在《学衡》第51期发表《墨化》。3月16日,柳诒徵到北京与吴宓相会,谈他对东北大学的不满。21日,吴宓拜访黄节、林损、柳诒徵。26日,吴宓将《学衡》的收据册、宣言、广告等交由北京志成书局印制。柳诒徵不同意吴宓所撰写的《学衡》五大特色,理由是"汝愈诚,人愈疑汝伪"。4月7日,吴宓、柳诒徵、李思纯相约参加《学衡》社社员邵祖平的婚礼。22日,吴宓访柳诒徵。5月16日,吴宓访陈垣,并与柳诒徵、李思纯、张荫麟、容庚、容肇祖聚会。29日,吴宓访李思纯、柳诒徵、陆德懋等。6月,在《学衡》第54期发表《述社》。11月11日上午,吴宓陪同柳诒徵访梁启超、楼光来等;下午,王国维、陈寅恪等在吴宓处与柳诒徵相会。27日,吴宓为《学衡》事访柳诒徵,柳诒徵表示无法挽救。但同时两人议定:一、请中华书局修改条件(如补贴现金);二、托竺可桢代请商务印书馆承印,以柳的《中国文化史》归商务单本印售为条件。12月1日,柳诒徵与向达、张其昀、陈训慈、缪凤林等商议组织中国史地学会,推举柳诒徵为总干事,创刊《史学与地学》。此刊由中国史地学会负责编辑出版,出版4期后停刊。柳诒徵为该刊撰写《弁言》,并在《史学与地学》创刊号发表《中国史学之双轨》。同期还刊载缪凤林《读史微言》、向达译《近四十年来美国之史学》、郑鹤声《各家〈后汉书〉综述》、张其昀《人生地理学之态度与方法》(第2期连载)、梁启超《中国之都市》(第2期连载)、陈汉章《中国回教史》、陈训慈《希腊四大史学家小传》、裴复恒译《比罗奔尼苏战役史》、王庸《宋明间关于亚洲南方沿海诸国地理之要籍》等文。

按:柳诒徵《史学与地学·弁言》指出:"宇宙者,时与空之和也,时无终始,空无畔岸,相赓相错,而成历史,而形地理,故欲明宇宙之真相,舍治史地,其道无由;国家者,亦时空之和也,画时而为世,截空而为域。纵则有史,衡则有地,故欲知国家之真谛,舍治史地,其道无由。人生者,亦时与空之和也,演以年寿,孕以风土,心量所函,惟历史与地理所宰制耳,故欲识人生之真义,舍治史地,其道无由。"又强调从传统看中华民族有能力治好史地之学,谓"求真之学,莫尚史地,膺斯任者,莫先吾族","而谋所以振吾族文明之零落,中国史地学会之兴,职是故也","一刹那之溃乱,曾何足以荼学者之灵府,昭我国光,进兹世运,持真学术与时空相副,永永勿懈,豪杰之士,无所于让"。

按：柳诒徵《中国史学之双轨》指出："吾观近制，冥符古谊，剖析本末，标曰双轨。一则类举件系，原于《世本》；一则以时属事，本之《春秋》。"此即所谓中国史学之"双轨"。文中认为，旧史家一般是不研究专门史的，清代学者大多是抱住《二十四史》，或重修，或校订，或补充，于深入与重点研究某一个问题，则不甚措意。同时，旧史家根于帝王，专注朝廷，而忽略了历史进化的主体即民族与社会的生活，故视野狭隘。这反映在中国史部上，则是分目不广，大抵以书为类，甚少以事为题。今史标举民主，史例自当因时而变，即当扩大中的范围，如农商渔牧、工艺医药、建筑绘画、音乐文学、宗教风俗，以及军事外交、政治教育、路电邮船等，上下古今，胪举万流，无不可"仿欧美之例，著为专门之史"。不惟如是，从前的历史不过范围数千年，今则由人类学的发展而可推知数十万年之前；从前只人类有史，今则推至动物植物以至于矿物地质等等，莫不可以有史。依柳诒徵的说法，此为"革新正史""运用以新法，恢弘史域""于史界开新纪元"。（参见孙文阁、张笑川编《中国近代思想家文库·张尔田、柳诒徵卷》及附录《柳诒徵年谱简编》，中国人民大学出版社2015年版；王学典《20世纪史学编年(1900—1949)》，商务印书馆2014年版）

曹云祥继续任清华学校校长。清华国学研究院因先后汇聚王国维、梁启超、赵元任、陈寅恪"四大导师"而极一时之盛，成为新的学术高地。1月5日，曹云祥主持召开清华学校校务会议，吴宓根据国学研究院教务会议决议，提出研究院明年发展计划、预算及招生办法。按原计划，研究院增设古物史料陈列室，并与外界协作进行考古发掘，增聘教授2人，下届招收学生增至50人。经讨论，此提案被否决，通过了"此后研究院应改变性质，明定宗旨，缩小范围，只作高深之研究，而不教授普通国学，教授概不添聘，学生甄取从严，或用津贴之法，冀得合格之专门研究生"。7日，召开国学研究院第6次教务会议，吴宓报告了校务会议决议，请教授们发表意见，赵元任与李济表示同意校务会议决议。梁启超表示反对，后与张彭春教务长谈话后，提出：普通讲演不可废，但不妨改为选科；官与大学专门部国文系有联络关系；津贴生易招学生间相互误会，若一定要设则宜另立名目；学生考取可较去年严些，但名额仍不妨以50名为限。王国维极赞同梁启超后一项建议。

曹云祥1月19日主持召开清华学校临时校务会议，讨论研究院问题。吴宓讲述了自己及教授们之意见。经讨论通过以下决议：研究院俟大学研究院成立，即归并其中；《研究院缘起及章程》中"国学一门"几个字仍保留；《研究院章程》（三）中"其目的专在养成下列两项人才"之"各种学校之国学教师"项删去；增聘教授暂不定；下年度学生定为40名；外出考察亦进行；普通讲演与专门科联络斟情办理。21日，研究院召开第七次教务会议，吴宓报告了19日校务会临时会议决议。王、梁、赵、李均对此次决议无异议。根据校务会议议决案讨论并通过：普通讲演下学期仍为必修课；本年度发放奖金名额15名；招生以40名为限。3月27日，王国维、梁启超和赵元任3教授拟就"本年招生各科命题及阅卷名单"，由研究院主任办公室呈校长批准。4月9日，《清华学校研究院选考科目表》，载《清华周刊》第374期。专修学科为：经学、小学、中国史、中国文化史、中国上古史、东西交通史、史学研究法、中国人种考、金石学、中国哲学史、儒家哲学、诸子、宋元明学术史、清代学术史、中国佛教史、佛经译本比较研究、中国文学史、中国音韵学、中国方言学、普通语音学、东方语言学、西人之东方学、中国音乐考。每科应考门类3门至6门不等。另附有7项说明。4月15日，为适应设立大学部订立了《清华学校组织大纲》。

曹云祥4月26日主持召开清华学校第一次评议会，到会会员有梅贻琦、陈达、吴宓、陈福田等6人。会议修改了议事细则，公举吴宓为本会书记（赵元任亦为会员，本次未到会）。曹云祥校长批准："王静安先生丛书付印五百部。"此丛书即《蒙古史料四种校注》，作为清华国学研究院丛书第1种印行，包括：《圣武亲征录校注》1卷，《长春真人西游记注》2卷，《蒙鞑备录笺证》1卷,《黑鞑事略笺证》1卷,附《鞑靼考》1卷、《辽金时蒙古考》1卷。4月28日,清华学校评议会举行第二次会议,议决大学部设立国文学系、东方语言学系、西洋文学系、数学系、物理学系、化学系、生物学系、历史学系、政治学系、经济学系、社会学系、哲学系、教育心理学系、农业学系、工程学系、音乐学系、体育军事学系等17学系(后将东方语言学系与西洋文学系合为外国语文学系,教育心理学系、农业学系、音乐学系、体育军事学系均未成立)。国文学系、外国语文系、历史学系、哲学系及社会学系5系均为清华最早成立的系。此次会议并议决选设立专修课程的11个系,其中有国文学系、西洋文学系和历史学系等。暂不设专修课程的有6个系,其中有东方语言学系、社会学系和哲学系。10月底,曹云祥出席研究院本学年首次茶话会,王国维、梁启超、赵元任、陈寅恪到会。(参见齐家莹编《清华人文学科年谱》,清华大学出版社1999年版;沈卫威《学衡派编年文事》,南京大学出版社2015年版)

　　梅贻琦4月19日被选为清华教务长后,开始建立学系制度,在大学部本科设立国文、历史等11个学系。5月10日,接管国学研究院事务。6月22日,国学研究院有15名毕业生申请留校继续研究,经教务会议议决批准。后来到校注册时有刘盼遂、周传儒、姚名达、吴其昌、何士骥、赵邦彦、黄淬伯7人。23日,研究院办公室公布"(十四年度)研究院毕业生成绩一览",后载《国学论丛》第1卷第1号。本年毕业生有刘盼遂、吴其昌、杜钢百、姚名达、周传儒、王庸、杨筠如、余永梁、程憬、徐中舒、方壮猷、高亨、王镜第、刘纪泽、何士骥、蒋传官、孔德、赵邦彦、黄淬伯、王啸苏、闻惕、汪吟龙、史椿龄、李绳熙、谢星郎、余戴海、李鸿樾、陈拔、冯德清等29人。24日,研究院举行第12次教务会议与历史学系教授联席会议,由梅贻琦主持,讨论考古学陈列室问题。会议认为:"欲研究吾国古代之文明,人类进化之程序,典籍以外,尤必资藉于实物及遗迹之考察也。"议决陈列室由研究院与历史学系合办,由两部教授共组考古学室委员会,推李济为主席,主持其事。25日,清华国学研究院举行第1届毕业典礼。8月11日,研究院举行本学年第1次教务会议,由梅贻琦主持,到会的有王国维、赵元任、李济等。议决录取新生24名,备取2名,后实到24名,加上上届录取未入学的1名及补录的4名,共计录取新生29人。其中有王力、戴家祥、卫聚贤、陆侃如等。27日,研究院举行本学年第二次教务会议,由梅贻琦主持,到会的有王国维、赵元任、陈寅恪、李济等人。议决请地质调查所的袁复礼与李济同往山西考察古物,时间3个月;议决本学年多增临时演讲,题目及时间随时宣布,学生每人至少要选4门普通演讲。

　　梅贻琦9月14日主持研究院举行第3次教务会议,出席会议的有王国维、梁启超、赵元任、陈寅恪四教授。会议讨论了学生补考问题、购置藏文藏经问题和创办季刊问题。"季刊"即下一年创办的《国学论丛》。10月7日,研究院举行第四次教务会议,由梅贻琦主持,梁启超、陈寅恪、赵元任到会。梁启超提出,《实学》月刊不能作为本院代表出版品,议决由办公室通知该社,如继续出版,则需取消"清华国学研究院"字样。另拟将《大宝积经论》列为研究院丛书第2种。此经汉译文由后魏北印度三藏菩提流支译出。本院印行本,为藏文汉文对照本。11月9日,研究院举行第五次教务会议,由梅贻琦主持,王国维、梁启超、赵元任、陈寅恪出席会议。会上讨论了下半年招生办法,议决:特别提倡文学科,遇有特别适合此项资格之学生时,可由教授酌定特别考试。(参见齐家莹编《清华人文学科年谱》,清华大学出版社1999年版;沈卫威《学衡派编年文事》,南京大学出版社2015年版;王学典《20世纪史学编年(1900—1949)》,商务印书馆2014年版)

　　吴宓1月1日访《学衡》作者李思纯、萧纯锦、姚华、胡子靖等。2日,吴宓访李濂镗,议定拟刊印之讥评新文学的论文集,名为《白雪集》。4 日,柳诒徵致函吴宓,推辞任《学衡》杂志干事,吴宓决定继续兼任。5 日,吴宓出席清华学校召开校务会议,根据国学研究院教务会议决议,提出《国学研究院明年发展计划及预算大纲》和《下届招生办法》。经讨论,此提案被否决。6 日,吴宓递交辞去研究院主任的报告。7 日,召开国学研究院第 6 次教务会议,吴宓报告了校务会议决议,请教授们发表意见。同日,吴宓校阅《学衡》杂志译稿中亚里士多德的《伦理学》卷八。王庸、刘盼遂访吴宓。8 日,吴宓访梁启超,梁极赞成吴的《国学研究院之议案》。9 日,吴宓发出《学衡》杂志第 50 期稿件。10 日,吴宓在不赞同校务会议决议的情况下,拟《致校务会议会员诸君函》,发表其对研究院宗旨及办法之意见,提请校长曹云祥召开临时会议复议此案。11 日,荷兰籍《学衡》杂志作者戴闻达访吴宓,吴赠《学衡》杂志一册。12 日,吴宓与王国维谈,王国维主张研究院研究生应作专题研究。13 日,梁启超复吴宓函,表示赞成意见书。14 日,吴宓求王国维、李济,各以其意见写出若干条。二人都主张研究院应作专题研究,不授普通国学。吴宓又拜访曹校长,谈自己的理想是研究院办普通国学。15 日,吴宓将意见书油印分发。17 日,吴宓在《清华周刊》第 371 期上发表《研究院发展计划意见书》,指出:"研究院正当之宗旨及办法,只能有二:一为国学研究院,一为科学研究院,今欲根本改组,只能就此二者择一而行,不容丝毫混淆假借。"又说:"宓极主张办国学研究院,而不取科学研究院","此次校务会议所通过之办法,实即犯了此'四不像'之病"。18 日,吴宓撰《学衡》杂志广告,预登《甲寅》周刊。赵元任、王国维访吴宓。19 日,曹云祥校长主持召开清华学校临时校务会议,讨论研究院问题,吴宓的意见书被校务会议否决。21 日,研究院召开第 7 次教务会议,吴宓报告了 19 日校务会临时会议决议。同日,吴宓再次向校方递交辞呈。

吴宓 2 月 4 日会来访之张荫麟、贺麟。5 日,吴宓访汤用彤、汤用彬。汤用彬对《学衡》杂志推销之事,愿尽力赞助。6 日,吴宓访林损、胡子靖、萧纯锦。7 日,吴宓访姜忠奎。10 日,吴宓到中华书局北京分部购《学衡》杂志第 46 期 20 册,让潘敦代售。吴宓将梁家义购买的《学衡》杂志第 1—47 期送到。梁表示要介绍吴与章士钊及《甲寅》经理彭君一谈。13 日,吴宓拜访张季鸾,为《学衡》杂志的广告宣传费请求帮助。张答应与吴鼎昌协商后,可望捐助 500 元。14 日,李思纯请吴宓引荐他拜访王国维,以所著《新元史学》请正。17 日,《甲寅》周刊经理彭毅拜访吴宓,劝吴将《学衡》杂志从中华书局那里收回,自己印刷发行,但遭到拒绝。吴宓表示为了稳妥起见,仍将依赖中华书局。18 日,吴宓编发《学衡》杂志第 51 期稿件。21 日,贺麟、张荫麟、陈铨访吴宓。同月,东南大学致函吴宓,聘他为东南大学文科主任,兼外国语文系主任。胡先骕特意劝他应聘,但吴宓以《学衡》杂志事业为重,不就。3 月 10—11 日,吴宓又一次向校方递交辞呈。15 日,吴宓因在研究院办院方针上逐渐与校方及个别导师发生意见分歧,在主持院务一年后,未能扬其志而于第四次向校方递交辞呈。16 日,清华学校校长发布公告,同意吴宓辞职。研究院主任一职由校长兼任,后由梅贻琦接任,添派侯厚培帮助接洽事务。此后,吴宓专任清华大学大学部西洋文学系教授,并兼国文学系主任至 1928 年。21 日,吴宓拜访黄节、林损、柳诒徵。26 日,吴宓将《学衡》杂志的收据册、宣言、广告等交由北京志成书局印制。27 日,姜忠奎劝告吴宓不必在文章中自赞,以免为大雅所讥。于是,吴宓决定在宣传材料中,只登简章和要目。29 日,陈铨访吴宓。

吴宓、柳诒徵、李思纯 4 月 7 日相约参加《学衡》社社员邵祖平的婚礼。19 日,东北大学的汪兆璠致函吴宓,请他出任东北大学英文系主任。吴为编辑《学衡》杂志计,推辞不就。

22 日,吴宓访柳诒徵。23 日,潘敦访吴宓,接洽代售《学衡》杂志之事。26 日,清华学校召开第一次评议会,吴宓与梅贻琦、陈达、陈福田等 6 人出席了会议,会议公举吴宓为本会书记。4 月底,吴宓所撰《由个人经验评清华教育之得失》刊于《清华十五周年纪念增刊》。5 月 1 日,吴宓访李濂镗,与李思纯、柳诒徵等同游。6 日,吴宓与张歆海一起访凌叔华、陈源、杨振声。7 日,吴宓访李思纯、陈垣、张歆海、徐志摩、李济。8 日,吴宓访李思纯、王国维。16 日,吴宓访陈垣,并与柳诒徵、李思纯、张荫麟、容庚、容肇祖聚会。29 日,吴宓访李思纯、柳诒徵、陆德懋等。31 日,吴宓访冯友兰、梁启超、张君劢等。同月,所译英国亨勒 R. F. A. Hoernlé 著《物质生命心神论(Matter, Life, Mind, and God)——现代思想之趋势》刊于《学衡》杂志第 53 期。6 月 1 日,吴宓访赵元任、李济。4 日,吴宓与戴闻达、冯友兰、黄建中等聚会。5 日,吴宓访姜忠奎。6 日,吴宓访姚华。又与李璜访张耘(张奚若)。20 日,吴宓应王文显的请求,答应代理清华学校西洋文学系主任一年。22 日,潘敦访吴宓。25 日,吴宓访汪懋祖。26 日,贺麟将赴美国留学,吴宓为他饯行。《学衡》杂志作者徐英访吴宓。28 日,吴宓访汤用彤。30 日,王国维访吴宓。同月,吴宓所撰《孔子老子学说对于德国青年之影响》刊于《学衡》第 54 期。

吴宓 7 月 1 日会王文显、张荫麟。2 日,贺麟、张荫麟访吴宓。4 日,吴宓为《学衡》杂志之事感叹,说无人热心帮助。5—6 日,吴宓编辑《学衡》杂志。7 日,吴宓发出《学衡》杂志第 56 期稿件之后,访抵京的陈寅恪。8 日,吴宓陪陈寅恪到清华学校访赵元任、王国维。9 日,王国维、李济、张准等访陈寅恪。10 日,吴宓陪同陈寅恪参观清华园,并访友。13 日,王国维访吴宓。吴宓陪同陈寅恪进城,并与陈垣相见。14 日,吴宓拜访柯凤荪,柯答应为《学衡》杂志撰稿。17 日,王国维、李济访吴宓。18 日,吴宓为凌其地发寄的《学衡》杂志有误而感伤。20 日,吴宓为陈寅恪料理杂事。22 日,吴宓以《学衡》杂志社名义购《竹简斋二十四史》。23 日,吴宓访林损、徐英。24 日,李沧萍向吴宓表示愿意赞助《学衡》杂志。26 日,吴宓陪同王国维进城讲演。27 日,吴宓请李沧萍担任《学衡》杂志诗录编辑。29 日,潘敦访吴宓。同月,吴宓所译德国雷赫完 A. Reichwein 著《中国欧洲文化交通史略》和译英国萨克雷小说《名利场》楔子第一回刊于《学衡》第 55 期。

吴宓 8 月 1 日会赵万里来访。4 日,吴宓访李沧萍,汪懋祖访吴宓。5 日,吴宓请求袁同礼以全国图书馆协会的名义发函各图书馆,介绍《学衡》杂志。吴宓请黄节担任《学衡》杂志的诗录"选诗",黄以年龄大为由推辞。8 日,吴宓陪同朱君毅访王国维。13 日,杨宗翰访吴宓,吴宓把中华书局将以黎锦熙为编辑长的消息告知,担心《学衡》杂志因此停办。15 日,吴宓访李沧萍,为《学衡》杂志诗录之事。16 日,汪懋祖访吴宓。21 日,王国维访吴宓。24 日,吴宓访王国维、浦江清。25 日,吴宓访赵元任、陈寅恪。26 日,吴宓陪同陈寅恪游圆明园,然后访王国维、李济、赵元任。31 日,中华书局致函吴宓,说局中罢工,《学衡》杂志出版停顿。同月,吴宓所撰《论事之标准》刊于《学衡》第 56 期;东南大学西洋文学系毕业生浦江清因吴宓的关系到清华学校研究院作陈寅恪的助教。9 月 8 日,李推果、陈寅恪访吴宓。9 日,吴宓陪同唐钺访陈寅恪。晚,陈寅恪及教务长访吴宓。11 日,陈源、杨振声、钱端升访吴宓。13 日,吴宓访陈寅恪。15 日,王国维、陈寅恪、楼光来、唐钺访吴宓。16 日,陈寅恪、赵元任访吴宓。22 日,陈寅恪访吴宓。10 月 3 日,吴宓上午访黄节,下午参加徐志摩、陆小曼的婚礼。10 日,吴宓访《学衡》杂志作者刘泗英、刘雨若兄弟。12 日,陈寅恪、楼光来访吴宓。15 日,吴宓校阅浦江清译《现代文学论·序》稿。16 日,吴宓在温德(Robert Winter)处与叶公超、楼光来聚会。17日,吴宓撰写浦江清译《现代文学论·序》前按语。22日,汪兆瑶访吴宓。26日,王国维访吴宓。28日,吴宓编发《学衡》杂志第57期稿件。同月,吴宓所撰《论孔教之价值》连载于《国闻周报》第3卷第40、41期。

　　吴宓11月6日访李沧萍、刘泗英、萧纯锦、黄建中、柳诒徵。9日,吴宓陪同曹校长、钱方轼访陈寅恪、赵元任。11日上午,吴宓陪同柳诒徵访梁启超、楼光来等;下午,王国维、陈寅恪等在吴宓处与柳诒徵相会。16日,中华书局致函吴宓,说《学衡》杂志第60期以后不再续办。为《学衡》杂志之事,吴宓访陈寅恪,陈认为《学衡》对社会无影响,理应停办。17日,吴宓致函中华书局,询问停办《学衡》杂志的真实理由。18日,吴宓为《学衡》杂志停办之事伤心。21日,吴宓与梁家义谈《学衡》杂志,怀疑黎锦熙破坏《学衡》的出版。27日,吴宓为《学衡》杂志事访柳诒徵,柳诒徵表示无法挽救。28日,梁家义、李郁与吴宓谈《学衡》杂志续办之事。杨宗翰主张请求章士钊向范源濂说项。吴宓以为曲折太多,故未照办。29日,吴宓拜访梁启超。30日,中华书局致函吴宓,说《学衡》杂志5年来销售数平均只有数百份,赔累不堪,故停办;梁家义劝吴宓,致函张季鸾,托其转商上海泰东书局接办《学衡》杂志。12月1日,吴宓为《学衡》杂志停办之事忧伤、感叹。4日,姜忠奎向吴宓表示,无论如何,当维持《学衡》杂志出版。5日,李郁愿按月资助《学衡》杂志,作为中华书局津贴之用。吴宓以《学衡》杂志第1—50期整部赠送李郁。6日,吴编辑《学衡》杂志第58期稿件。11日,姜忠奎为《学衡》杂志觅朱子、陆象山像。王国维访吴宓。12日,吴宓寄发《学衡》杂志第58期稿件。13日,吴宓接中华书局7日函,说《学衡》杂志不能续办,吴立即复函,表示:一、续办一年,每月津贴数十元;二、续办半年,印完柳著《中国文化史》,不给津贴。上海商务印书馆也表示不愿承印《学衡》杂志。15日,吴宓收到汪兆瑶13日函,表示接收吴宓的推荐,聘刘永济为东北大学教授。19日,吴宓访柳诒徵。21日,吴宓陪同李沧萍等访王国维、梁启超。22日,楼光来访吴宓。27日,陈寅恪访吴宓。29日,吴宓接中华书局23日函,说《学衡》杂志赔累过大,故不能续办。即以60期为止。同日,清华研究院学生吴其昌、刘盼遂访吴宓,以停办《学衡》杂志为可惜,表示愿意赞助刊物。(参见沈卫威《学衡派编年文事》,南京大学出版社2015年版;孙敦恒《清华国学院纪事》,载《清华汉学研究》第1辑,清华大学出版社1994年版;齐家莹编《清华人文学科年谱》,清华大学出版社1999年版)

　　王国维1月7日出席国学研究院第六次教务会议,吴宓报告了校务会议决议,请教授们发表意见,王国维极赞同梁启超的一项建议。21日,王国维出席研究院召开第七次教务会议,吴宓报告了19日校务会临时会议决议。王、梁、赵、李均对此次决议无异议。同月,王国维所撰《蒙文元朝秘史跋》刊于《学衡》第49期。2月2日,王国维撰《黑鞑事略跋考》,认为"此书所贡献,当不在《秘史》《亲征录》之下也",后刊于《实学》第1期。同月,王国维撰《克鼎铭考释》《盂鼎铭考释》,并改订《毛公鼎铭考释》,合以前所撰《散氏盘考释》,成《观堂古今文考释》5卷,连同其他周代彝器铭文考释,作为向研究院学生讲授金文之教材。梁启超评述:"《克鼎》《大盂鼎》《毛公鼎》等,字数抵一篇《尚书》。"同在2月,王国维所著《人间词话》首次由北京朴社单行出版。卷首有俞平伯《序》,首次高度评价了这本寥寥数千言的书内,"明珠翠羽,俯拾即是",是中国古典文论的"瑰宝",并揭示此书之要旨即"论词标举'境界'"及"'隔'与'不隔'之说"。

　　按:《人间词话》初刊于1908—1909年上海《国粹学报》第47、49、50期。王国维弃世后,学人对《人间词话》多次校订、增补。1927年,赵万里将其刊于《小说月报》上,题为《人间词话未刊稿及其他》;从《人间词话》原稿中辑录出未刊稿 44 则，又增入其他词评 4 则，共 48 则。1928 年罗振玉编《海宁王忠悫公遗书》，将《人间词话》辑为 2 卷，共 112 则。王国维生前发表的 64 则为上卷，赵万里辑录的 48 则为下卷。1939 年开明书店重印；1960 年人民文学出版社再版。1995 年，群言出版社出版《人间词话人间词》。

王国维 2 月 21 日赴天津，为溥仪祝寿。同月，校阅《亲征录》。3 月 27 日，王国维、梁启超和赵元任 3 教授拟就"本年招生各科命题及阅卷名单"，由研究院主任办公室及校长批准。4 月 5 日，王国维撰《圣式亲征录校注》成，并写《序》。王国维撰此书，起始于去冬以《元朝秘史》校《皇元圣武亲征录》，先后参校之书，达数种，此书为王国维校诸蒙元史料中用力最多、取材最博、校注最精者。由此书校注，可见其治学特重"寻源"功夫。26 日，清华批准印其丛书，即《蒙古史料四种校注》，作为清华国学研究院丛书第 1 种印行。同月，发表《耶律文正年谱余记》《黑鞑事略序》。5 月 7 日，王国维讲演"尚书"，由吴其昌记录，以《王静安先生〈尚书〉讲授记》为题，连载于《清华周刊》第 378—383 期。下旬，王国维撰定《长春真人西游记校注》上、下卷，并作《序》。同月，王国维《辽金时代蒙古考》刊于《学衡》第 53 期；所撰《圣武亲征录校注序》刊于实学社《实学》月刊第 2 期。6 月，王国维在《清华周刊》第 350 期发表《最近二三十年中国新发见之学问》，认为"古来新问题，大都由于新发现"，并肯定"纸上之学问赖于地下之学问"。此文又刊于 9 月《学衡》第 45 期。

按：王国维在文中指出："古来新学问起，大都由于新发见。有孔子壁中书出，而后有汉以来古文家之学。有赵宋古器出，而后有宋以来古器物、古文字之学。惟晋时汲冢竹简出土后，即继以永嘉之乱，故其结果不甚著，然同时杜元凯注《左传》，稍后郭璞注《山海经》，已用其说，而《纪年》所记禹、益、伊尹事，至今成为历史上之问题。然则，中国纸上之学问，赖于地下之学问者，固不自今日始矣。自汉以来，中国学问上之最大发现有三：一为孔子壁中书；二为汲冢书；三则今之殷墟甲骨文字，敦煌塞上及西域各处之汉晋木简，敦煌千佛洞之六朝及唐人写本书卷，内阁大库之元明以来书籍档册，此四者之一，已足当孔壁、汲冢所出。而各地零星发见之金石书籍，于学术有大关系者，尚不与焉。故今日之时代可谓之发见时代，自来未有能比者也。"（《王国维遗书》第五册，《静庵文集续编》，上海古籍书店 1983 年版）

王国维 6 月 11 日讲授"古金文字"，由吴其昌记录，以《王静安先生古金文字讲授记》为题，刊于《清华周刊》第 383 期。同月，所撰《鞑靼考》刊于《清华学报》第 3 卷第 1 期；所撰《长春真人西游记注序》刊于实学社《实学》月刊第 3 期。7 月 26 日，王国维为燕京华文学校讲演《中国历代之尺度》，后刊于 9 月出版的《学衡》第 57 期。8 月 11 日，出席研究院举行本学年第一次教务会议。27 日，出席研究院举行本学年第二次教务会议。本学年各教授指导学科范围亦有所变化，其中王国维增设"金石学"。同月，王国维编校《蒙古史料校注四种》，列为《清华研究院丛书》第一种四册刊行，收录《长春真人西游记校注》《圣武亲征录校注》《蒙鞑备录笺证》《黑鞑事略笺证》，附《鞑靼考》《辽金时蒙古考》。9 月上旬，清华大学研究院新学年开学，王国维每周讲演《仪礼》2 小时，《说文》1 小时；指导研究学科范围为：（1）经学（含《书》《礼》《诗》）；（2）小学（含训诂、古文字学、古音韵学）；（3）上古史；（4）金石学；（5）中国文学。9 月 14 日，出席研究院举行第三次教务会议。10 月 7 日，出席研究院举行第 4 次教务会议。10 月底，出席研究院举行的本学年首次茶话会。10 月，因其长子病逝，与罗振玉发生误会。同月，王国维作《桐乡徐氏印谱序》，谓："余近于六国文字及玺印之学颇有所论述，因书以弁其首，世之治文字学者以鉴观焉！"所撰王国维《莽量考》刊于《学衡》第 58 期。11 月 9 日，出席研究院举行第五次教务会议。下旬，王国维为北京历史学会讲演《宋代之金石学》。同月，所撰《西吴徐氏印谱序》刊于《实学》月刊第 6 期。12 月 10 日，王国维讲授"仪礼"，由吴其昌记录，以《王静安先生〈仪礼〉讲授记》为题，刊于《清华周刊》第 393 期。（参见袁英光、刘寅生《王国维年谱长编(1877—1927)》,天津人民出版社 1996 年版;齐家莹编《清华人文学科年谱》,清华大学出版社 1999 年版;沈卫威《学衡派编年文事》,南京大学出版社 2015 年版;王学典《20 世纪史学编年(1900—1949)》,商务印书馆 2014 年版)

　　梁启超 1 月 7 日出席国学研究院第六次教务会议,吴宓报告了校务会议决议,请教授们发表意见,赵元任与李济表示同意校务会议决议,梁启超提出不同意见。1 月 8 日,所撰《庄子天下篇释义》刊于《清华周刊》第 367 期,认为《天下篇》为庄周所作,而且是《庄子》全书之自序,在这一点上提出了与胡适不同的看法。21 日,梁启超出席研究院召开第七次教务会议,听取吴宓报告 19 日校务会临时会议决议。22 日,梁启超撰《淮南子要略书后》。24 日,梁启超撰《〈史记〉中所述诸子及诸子书最录考释》。27 日,梁启超撰《先秦学术年表》。同月,梁启超撰成《〈汉书·艺文志〉诸子略考释》。3 月,梁启超《佛教经录在中国目录学上的位置》,刊于《图书馆学季刊》第 1 卷第 1 期。4 月,梁启超就任北京图书馆馆长。5 月 7 日,梁启超在清华学生举行的"国耻纪念会"上讲演,号召"坚忍耐苦,能于消沉静寂之时努力向前做去",由梁思忠记录,刊于《清华周刊》第 379 期。同月,梁启超所撰《古诗十九首之研究》刊于实学社的《实学》月刊第 2 期。6 月,梁启超所撰《汉志诸子略各书存佚真伪表》实学社的《实学》月刊第 3 期。同月 1 日,梁启超在《晨报》7 周年纪念增刊发表《中国都市小史》。

　　按:此篇与 1926 年 12 月《史学与地学》第 1—2 期所刊《中国之都市》皆系《中国文化史》"都市"部分的内容。率先开启了中国近代意义上的城市史研究之先声。

　　梁启超所撰《先秦学术年表》7 月刊于《实学》月刊第 4 期。9 月,梁启超就任司法部司法储才馆馆长。同月 8 日,清华举行新学年开学典礼,由梁启超讲演。9 月 14 日,梁启超出席研究院举行第三次教务会议,会议讨论了学生补考问题、购置藏文藏经问题和创办季刊问题。"季刊"即下一年创办的《国学论丛》。中旬,研究院开始授课。梁启超讲授《儒家哲学》与《历史研究法补编》。由研究院学生周传儒和姚名达将其整理合辑,从 10 月 8 日《清华周刊》第 384 期起,《儒家哲学》连载至次年 3 月 18 日《清华周刊》第 402 期,《历史研究法补编》连载至 12 月 17 日《清华周刊》394 期。后《儒家哲学》辑为一书。《中国历史研究法补编》为《中国历史研究法》的补充,分为"总论"和"分论"两部分。"总论"注重理论的说明,"分论"注重史的研究,不愧是中国近代史学的名著。

　　按:汤志钧《梁启超和他的〈中国历史研究法〉》(《中国历史研究法》,上海古籍出版社 1987 年版)称"这两部书,是梁启超多年研究历史的治学积累""他涉猎东西方史学著作,结合中国史书的过去和现状,系统整理、专门讲演、条分缕析、言简意赅,有理论,有方法,有例证,有判断,不愧是中国近代史学的名著。其中很多治学经验,至今仍有重要参考价值"。徐葆耕《释古与清华学派》(《文学史》第 3 辑)一文评价道:"梁在国学院的讲演稿《中国历史研究法补编》中系统地论述了新史学的目的,新史家所应具备的德、才、学、识,以及治史的科学方法,为新中学确立了学术规范。如果说王国维的《古史新证》从一点突破、发人深省的话,梁启超则以其全面和系统的论述为新史学立下一块界碑。由此,《中国历史研究法》一时洛阳纸贵,多次再版。"

　　梁启超 10 月 17 日出席研究院举行第四次教务会议,梁启超提出,《实学》月刊不能作为本院代表出版品,议决由办公室通知该社,如继续出版,则需取消"清华国学研究院"字样。另拟将《大宝积经论》列为研究院丛书第 2 种。此经汉译文由后魏北印度三藏菩提流支译出。本院印行本,为藏文汉文对照本。26 日,梁启超在欢迎瑞典皇太子来华访问所发表的演说辞《中国考古学之过去及将来》,载《晨报》,认为考古学在中国成为一门专门学问起自北宋,中国传统学术中就有考古学的成分,只是未得到充分的发展,欧美的新方法新技术可以对中国既有的考古学有所裨益,并代表了今后考古学的发展方向。月底,梁启超出席研究院举行本学年首次茶话会,梁启超作了长篇讲演,他从研究院的宗旨,谈到树立"智仁勇三者并重"新学风的问题,由陆侃如、刘节记录,以《梁任公先生在清华研究院茶话会演说择》为题,刊于《清华周刊》第 389 期。12 月 17 日,梁启超给大学部经济系讲演"民国初年之币制改革",由孙碧奇笔记,刊于《清华周刊》第 394 期。同月,梁启超接受美国耶鲁大学名誉博士学位;在北京学术讲演会及清华讲演《王阳明知行合一之教》。在清华讲演时,不但研究院学生前往听讲,大学部和旧制学生亦积极前往。演讲稿连载于 12 月 20 日至次年 2 月 12 日《晨报》,后发表于《国学论丛》第 1 卷第 1 号和第 2 号。另作《〈荀子〉评诸子语汇解》《〈韩非子·显学篇〉释义》《司马谈〈论六家要指〉书后》《汉志诸子略各书存佚真伪表》(附:考诸子略以外文之现存子书)《〈尸子·广译篇〉〈吕氏春秋·不二篇〉合释》《荀子正义篇》等。(参见丁文江、赵丰田编著《梁启超年谱长编》,上海人民出版社 2009 年版;齐家莹编《清华人文学科年谱》,清华大学出版社 1999 年版;沈卫威《学衡派编年文事》,南京大学出版社 2015 年版;王学典《20 世纪史学编年(1900—1949)》,商务印书馆 2014 年版)

赵元任在清华国学研究院继续任教,除语言学与语音学外,还在哲学系兼授逻辑学,直至金岳霖到清华后才停止。此外,还在外校兼课讲学,从事国语会工作及音乐创作等。1 月 1 日,赵元任与夫人进城到中央公园参加庆祝国语运动 10 周年纪念会,与汪怡、黎锦熙等人会晤。7 日,出席国学研究院第六次教务会议,吴宓报告了校务会议决议,请教授们发表意见,赵元任与李济表示同意校务会议决议。21 日,赵元任研究院召开第七次教务会议,听取吴宓报告 19 日校务会临时会议决议,对此次决议无异议。2 月 5 日起,到燕京大学 School of Chinese Studies 讲课。3 月 27 日,赵元任与王国维、梁启超教授拟就"本年招生各科命题及阅卷名单",由研究院主任办公室呈校长批准。4 月底,赵元任所撰《语条儿十八则》刊于《清华十五周年纪念增刊》,此文为格言体,其中并列"物质文明"和"精神文明"两词,并简括阐述两者相互关系。4—6 月,在师大作语言学系列演讲,包括学习方言的方法(Methods of Studying Dialects)、音位学(Phonemes)、音韵学(Phonetics)、罗马字化原则(Principle of Romanization)、语音符号和声调(Phonetic Symbols and Tones)等。当时赵元任在北京城内景山东大街租到房子一所,共三进,第一进辟为诊所由夫人步伟主持,继续推动计划生育、避孕措施等;第二进作为"数人会"集会与学术讨论场所;第三进由步伟三哥(在国务院做一般差事)住家,并看管房子。

按:"数人会"从 1925 年成立以来,每二三星期聚会一次。当时主要集中讨论国语罗马字拼音方案,主张废弃当时国际上通行的用阿拉伯数码标注四声的 Wade-Giles System,采用变动拼法区别四声的方案,以达到便于学认、便于书写、便于打字、便于排版印刷的目的。赵元任参加草拟方案并主稿。最后,"数人会"把《国语罗马字拼音法式》稿通过"国语罗马字拼音研究委员会"上报,但当时的教育部不肯用部令公布。钱玄同想得一计,不用部令,而以教育部国语统一筹备会的名义,于 1926 年 11 月 9 日正式公布"国语罗马字拼音法式"。北京的中国教育促进协会(Chinese National Associa- tion for the Advancement of Education)又非正式以英文公布发表。该协会董事会由熊希龄(董事长)、张伯苓、郭秉文、蔡元培、黄炎培、范源濂、王正廷、Yuan Hsi-tao、Chen Pao-chuan 等人组成,在社会上有一定影响。1928 年,南京国民政府教育部(改称大学院)才以"国音字母第二式"正式公布(见本年谱 1928 年)。赵元任热心推行国语罗马字,那时写日记以及与钱玄同、林语堂等人的通信也都采用国语罗马字。

赵元任 8 月 11 日出席研究院本学年第一次教务会议。27 日,出席研究院本学年第二次教务会议。本学年各教授指导学科范围亦有所变化,其中赵元任增设"中国乐谱乐调",上年"普通语言学"取消。9月14日,出席研究院第三次教务会议。同月,在赵元任的引荐下,金岳霖被聘为清华大学部哲学教授,负责创办清华大学哲学系。10月3日,赵元任夫妇和陈寅恪一同进城,到北海参加徐志摩婚礼。7日,赵元任出席研究院第四次教务会议。月底,出席研究院举行的本学年首次茶话会。11月9日,出席研究院第五次教务会议。12月,赵元任所撰《北京、苏州、常州语助词的研究》刊于《清华学报》第3卷第2期。是年,赵元任被教育部"国语统一筹备会"聘为会员。其语言研究着重将历史比较法用到汉语史的研究上,善于用现代的科学理论和科学方法来研究汉语。又擅长用实验语音学之方法以研究中国语音调之变化,使得国音与各种方言中,字调之种类及彼等之实际分别更为明显。所开设的课程有"音韵练习""中国音韵学""中国乐谱乐调"等。所著《国语唱片教程》(*Phonograph Course in the Chinese National Language*)由商务印书馆出版;《符号学大纲》一文载《科学》杂志第11卷第5期,续第11卷第11期;《北京、苏州、常州语助词研究》刊于《清华学报》第3卷第2期。又开始翻译高本汉(Karlgren)的《谐声学》(*Theory of Phonetic Compounds*)。(参见赵新那、黄培云编《赵元任年谱》,商务印书馆1998年版;齐家莹编《清华人文学科年谱》,清华大学出版社1999年版;沈卫威《学衡派编年文事》,南京大学出版社2015年版)

陈寅恪自欧洲经海道归国。陈寅恪在欧时就与赵元任交往密切,赵元任很关心陈的到来。7月3日,赵元任看吴宓,谈关于陈寅恪来的事。7日,吴宓闻陈寅恪至北京,即进城往晤,又赋诗为赠。8日,吴宓陪同陈寅恪到清华,任国学院导师。即与吴宓同住在清华工字厅之西客厅。13日,吴宓介绍陈垣与会晤于中央公园之来今雨轩。8月27日,陈寅恪出席研究院本学年第二次教务会议。28日,赵元任与夫人和陈寅恪进城,替陈寅恪买家具。因陈寅恪到清华国学研究院教书时尚未婚,陈寅恪便让出一半住房给赵元任家用。同月,研究院新聘助教3名,其中浦江清担任陈寅恪的助教。9月2日,陈寅恪迁往清华南院赵元任家。8日,清华开学,陈寅恪任研究院专任教授,其普通演讲目为《西人之东方学之目录学》,指导学科范围设五题:一、年历学(中国古代闰朔日月食之类);二、古代碑志与外族有关侨者之比较研究;三、摩尼教经典与回纥文译本之研究;四、佛教经典各种文字译本之比较研究(梵文、巴厘文、藏文、回纥文及中央亚细亚文诸文字译文比较研究);五、蒙古、满洲之书籍及碑志与历史有关系者之研究。9月14日,陈寅恪出席研究院举行第三次教务会议,会议讨论了学生补考问题、购置藏文藏经问题和创办季刊问题。10月3日,陈寅恪与赵元任夫妇一同进城,到北海参加徐志摩婚礼。7日,陈寅恪出席研究院第四次教务会议。月底,出席研究院举行的本学年首次茶话会,梁启超作了长篇讲演。11月9日,出席研究院第五次教务会议。12月1日,出席研究院第六次教务会议。(参见卞僧慧《陈寅恪先生年谱》,中华书局2010年版;齐家莹编《清华人文学科年谱》,清华大学出版社1999年版;沈卫威《学衡派编年文事》,南京大学出版社2015年版;王学典《20世纪史学编年(1900—1949)》,商务印书馆2014年版)

李济1月7日出席国学研究院第六次教务会议,吴宓报告了校务会议决议,请教授们发表意见,李济与赵元任表示同意校务会议决议。14日,李济在大学部讲演"考古学",由章熊笔记,刊于《清华周刊》第375期。21日,李济出席研究院第七次教务会议,听取吴宓报告19日校务会临时会议决议,王、梁、赵、李均对此次决议无异议。8月11日,李济出席研究院本学年第一次教务会议。27日,李济出席研究院本学年第二次教务会议,会议议决请地质调查所的袁复礼与李济同往山西考察古物,时间3个月;议决本学年多增临时演讲,题目及时间随时宣布,学生每人至少要选 4 门普通演讲。李济的普通演讲题目:1. 普通人类学 2. 人体测验。10 月 15 日,作为清华大学国学研究院和美国弗利尔美术馆共同组织的合作项目,李济与清华学校兼职讲师袁复礼共同进行山西汾河流域的考古调查,并发掘夏县西阴村仰韶文化遗址。此为第一次由中国学者自己主持独立进行的田野考古科学发掘工作。至 12 月初结束。其间进行了两次考古活动。一次为调查,其间发现了夏县西阴村遗址;另一次为西阴村新石器时代遗址的发掘。李济在阎锡山的支持下,沿着汾河行走,去山西南部考古,并完成对西阴村史前遗址的科学发掘。共获仰韶文化时代遗物共 76 箱。这批遗物运回清华后,曾进行公开展览,李济作讲演,王国维等人参观展览。李济将发掘收获编撰为《西阴村史前遗存》(1927),另有梁思永所著《山西西阴村史前遗址中之新石器时代的陶器》(英文,1930)。是年,李济还牵头并联名 10 人致信英庚款咨询委员会调查团,要求用英庚款基金拨款建一座中国人类学和考古学博物馆;所撰论文《新郑的骨》(The Bones of Sin-cheng)载《中国科学社论文专刊》(*Transactions of the Science Society of China*)第 31 卷。

　　按:当时,清华学校国学研究院与弗利尔艺术馆达成协议,由后者提供资金,李济、袁复礼主持山西夏县西阴村考古发掘。协议也规定发掘古物留在中国,论文由中英文撰写分别发表在中美两国刊物上,这是第一次由中国人主持的考古发掘,采集到 76 箱出土文物,数以千计的陶片及大量磨制石器,为研究仰韶文化提供了丰富的新资料。(参见中国大百科全书总编辑委员会《中国大百科全书·考古学》,中国大百科全书出版社 2002 年版;齐家莹编《清华人文学科年谱》,清华大学出版社 1999 年版;沈卫威《学衡派编年文事》,南京大学出版社 2015 年版;王学典《20 世纪史学编年(1900—1949)》,商务印书馆 2014 年版)

　　翁文灏所作《地质调查所办事报告(1925 年)》1 月 7 日呈农商部,详细报告地质调查所的经费收支、地质调查、图书出版、学术研究及人员组织情况。15 日,作《地质调查所图书馆第二次工作报告》。2 月 26 日,由于翁文灏等人的努力,本日至 28 日召开的中华教育文化基金会董事会第一次常会决定,在 1926—1928 年度"学术团体补助"项内,给予地质调查所每年 35000 元的经费,用于"补助调查研究事业及设备"。在本次 22 个受补助学校及教育科学研究机构中,除北京图书馆外,地质调查所受补助额最多。该项补助遂成为地质调查所重要的经费来源。同月,在《农商公报》发表《路矿关系论》。3 月 3 日,出席中国地质学会评议会,并当选为中国地质学会葛氏奖章委员会委员。会议决定设立中国地质学会葛(利普)氏奖章,并通过了奖章规则,选举了葛氏奖章委员会委员。其他委员为章鸿钊、丁文江、王宠佑、李四光、葛利普。5 月 3—5 日,出席在地质调查所举行的中国地质学会第四届年会。3 日,学会进行了会长改选,翁文灏当选为新一届会长,葛利普、王烈当选副会长,丁文江、李四光、卢祖荫、叶良辅、袁复礼、安特生、何杰、朱家骅当选为评议员。翁文灏仍任编辑主任,并报告了会志的编辑出版情况。当晚,在欧美同学会举行的葛氏奖章颁授典礼上,翁文灏代表学会将第一届(1925 年度)"葛氏奖章"授予葛利普本人并发表致词,高度评价葛利普在中国地质科学发展中所发挥的巨大作用。4 日上午和 5 日下午的会议上,翁文灏先后宣读了两篇学术论文。

　　翁文灏 6 月 5 日与李济、沈兼士、葛利普、袁复礼、步达生、周治春、颜惠庆、曹云祥、蒋梦麟等联名致函中英庚款董事会,请求从庚款基金中拨款建设一所中国人类学和考古学博物馆。6 月,因丁文江应孙传芳之邀出任淞沪商埠总办,正式接任地质调查所所长。经翁文灏多方努力,开滦、中兴等六大煤矿表示愿联合捐助地质调查所,以 5 年为期,每年 2 万元。上述六矿还同时联衔函请中华教育文化基金董事会,请该基金会继续对地质调查所给予充分补助。夏,在中国科学社举行的第 11 次年会上作题为《如何发展中国科学》的演讲。8

月,出席在北平召开的中国工程学会第15届年会,并发表演说,认为"工程为人类最高之表见,必于事前有所研究"。10月10日,出席在欧美同学会举行的中国矿冶工程学会筹备会议,并被推举为筹备委员。会议研究讨论了学会章程草案,并推举翁文灏等5人为筹备委员,负责进行征求发起人、筹备临时经费及筹备成立大会等各项事务。16日,北京协和医学院解剖科主任步达生(Davidson Black,加拿大人)致函翁文灏,协议共同开展周口店发掘和筹建体质人类学研究机构。翁文灏自10月上旬以来与步达生多次会谈,双方就共同开展周口店发掘等问题形成共识。翁文灏建议双方以交换信件的方式将谈话内容记录下来。因此,步达生本日致函翁文灏,提出他起草的关于周口店研究计划和成立一个体质人类学研究机构的申请。翁文灏与步达生商定的周口店的研究计划包括:向洛克菲勒基金会研究部申请每年拨给12000元的为期两年的经费,由翁文灏与步达生处理。该研究项目采取同中国地质调查所合作的方式进行;所获得准备用于研究的资料,人类及类人猿化石由步达生掌握研究,论文在《中国古生物志》上发表。18日,翁文灏复函步达生,就讨论双方合作开展新生代研究问题提出补充意见。19日,步达生复函,表示非常欢迎翁文灏来信中所补充的各点意见,他和协和医学院院长胡恒德(H. S. Haughton,又译胡顿)都完全同意来信中的意见。

翁文灏10月22日出席并主持中国地质学会与协和医学院、北京博物学会等学术团体为欢迎瑞典王太子访华在协和医学院联合举行的欢迎会,并代表各学术团体致欢迎词。瑞典王太子即后来的瑞典国王古斯塔夫六世,是一位考古学家和中国文物鉴赏收藏家,时任瑞典科学研究委员会会长,掌管瑞典在中国进行地质学、古生物学和考古学考察研究活动的经费。会上,梁启超、瑞典王太子、德日进、步达生和安特生分别发表演讲。瑞典王太子在演讲中,赞扬地质调查所已发展成国际上的一个重要的研究机构,所出版的《中国古生物志》已成为古生物学和考古学研究领域里的主要刊物之一。安特生在学术报告中,首次公布了德国乌普萨拉大学的维曼(Wiman)教授对师丹斯基在周口店发现的两枚古人类牙齿的研究结果。这一消息立即引起国际学术界的轰动。10月30日至11月11日,出席在东京举行的第三次太平洋科学会议。这是中国学者首次参加太平洋科学会议。翁文灏在会上发表了题为《中生代的中国之造山运动》的论文,提出著名的"燕山运动"学说,是对中国地质学的重大贡献,影响深远。此文后经修订补充,刊于1929年的《中国地质学会志》。20年代后期,翁文灏致力于中国东部区域构造特征和构造运动时代的研究,总结分析了当时中外地质学界已有的调查和研究结果,提出了一批重要结论。翁文灏认为中国东部的加里东和海西运动不存在或表现微弱,最重要的运动出现于中生代,特别是侏罗白垩纪时期,这就是燕山运动。12月中旬,部分参加太平洋科学会议的外国学者在返国途中至北京参观访问。中国地质学会举行常会,请派克(P. H. Parder)、泰勒(G. taylor)、步洛(H. A. Brouwer)等发表学术演讲。是年,地质调查所将该所出版的学术刊物寄送为庆祝美国建国150周年而举行的费城国际博览会陈列,获得博览会荣誉奖章;翁文灏发表《中国石炭之分类》一文,总结分析了当时所知中国各煤田所产煤炭的化学性质,颇具实用价值。(参见李学通《翁文灏年谱》,山东教育出版社2005年版)

李大钊1月1日下午3时以国民党北京执行部负责人的身份出席在翠花胡同8号举行的国民党北京执行部和北京市党部升旗典礼,并发表题为《青天白日旗帜之下》的演说,这篇演说发表在本月8日《国民新报》副刊第31号。同日,北京总工会经过八九个月的酝酿,宣告正式成立。5日,发表成立宣言。6日,李大钊在《政治生活》第63期上发表《新帝国主义与战争的酝酿》一文。13日下午1时,出席北京国民反日大会在民国大学举行的讲演会,并发表演说。14日,国民党北京特别市党部、非基督教大同盟、北京学生总会等团体在天安门召开反日大会,声讨日本帝国主义者和奉系军阀张作霖。21日,出席北京各界在北大三院大礼堂举行的列宁逝世两周年纪念大会,并发表演说,与会者约有千人。28日上午11时,徐谦赴俄文专科学校上任,李大钊及苏联大使加拉罕等作为来宾出席上任仪式并发表演说。同月1—19日,国民党在广州召开第二次全国代表大会。由于共产党人联合国民党左派,使会议坚持了联俄、联共、扶助农工的三大政策和反帝反封建的革命目标,通过了制裁国民党右派的《弹劾西山会议议决案》。共产党员李大钊、林伯渠、吴玉章、恽代英等被选为中央执行委员;毛泽东、邓颖超、夏曦等被选为候补中央执行委员。

　　李大钊2月21—24日出席在北京召开的中共中央特别会议。24日国民党北京特别市党部在北大三院召开各级党部执行委员联席会。会上谭平山报告了省港罢工的经过,陈毅报告了北京的党务工作。27日,天安门前举行4万多人参加的反英讨吴大会,瞿秋白在会上发表了演说。28日,北京国民讨张吴大会在师范大学召开成立大会,参加大会的有国民党北京市党部等100余个团体。3月1日下午2时,出席北京学生总会在女师大礼堂举办的讲演会,听众千余人。李大钊在会上作了《日本维新运动与中国国民革命运动比较观》的讲演,瞿秋白也作了讲演,均极受听众之欢迎。8日下午,为纪念"三八"国际妇女节,北京妇女界定于在艺术专门学校开纪念大会并邀请李大钊、瞿秋白、于右任等讲演。12日,为纪念孙中山逝世一周年,北京20万人举行盛大公祭活动。李大钊作为国民党公祭主席团成员之一,出席了国民党左派在太和殿举行的纪念活动。同日,李大钊在《国民新报》《孙中山先生逝世周年纪念特刊》发表《孙中山先生在中国民族革命史上之位置》一文。18日,北京市总工会、学生总会等200多个团体10万多人集会天安门,召开国民大会。会后,群众整队赴段祺瑞执政府请愿。李大钊与赵世炎等参加了国民大会请愿队伍的游行,并亲自打起一面大旗,走在队伍的前列。北洋政府制造了震惊中外的"三一八"惨案,当场打死47人,重伤200余人。19日,国民军第一军的苏联顾问埃凡斯·阿连等前往府右街朝阳里李宅会见李大钊。同日,段祺瑞政府发布了"临时执政令",以"假借共产学说,啸聚群众"为名,通缉徐谦、李大钊、李石曾、易培基、顾兆熊5人。月底,为保存革命的有生力量,李大钊率领国共两党的党部机关进入苏联大使馆西院的旧兵营内。

　　按:4月9日《京报》有载《"三一八"惨案之内幕种种》一文,文中称,据线人爆料,通缉令的名单最初多达百人。执政府秘书长章士钊和教育总长马君武对近年来的学潮深恶痛绝,曾派人开列了一个多达百人的反对者名单。"三一八"之后,他们挑出了其中50人来讨论。可见这5人通缉令乃是段政府反复删减后的结果。

　　李大钊5月在《政治生活》第76期发表《马克思的中国民族革命观》。7月22日,在《政治生活》第79期发表《日本帝国主义最近进攻中国的方策》。同月,李大钊根据中共中央决定,派遣马文彦、于右任赴苏,敦促冯玉祥及早归国,率军参加国民革命,策应北伐战争,以期会师中原。9月17日,冯玉祥由苏联归国到达绥远五原县。在中国共产党及苏联顾问组帮助下,在五原誓师参加国民革命。五原誓师后,李大钊领导北方党组织先后派共产党员、共青团员400多人到冯部。其中著名的共产党员有刘志丹、陈延年、王若飞、王一飞等,他们分别在总政治部及各路军、师、旅、团政治处工作。11月,在《政治生活》发表《中山主义的国民革命与世界革命》。冬，由李大钊领导联合北京各进步团体，组成左派联席会议（简称左联），参加的有实践社、亲军社、四川革命青年社、新消社、革新社、琼岛魂、琼量协进会、中山学社、新中学会等九团体两千余人，有力地推动了反对国民党右派的斗争。是年，李大钊与朱希祖制定 1926—1927 年度《北大史学系课程指导书》，强调一是采取中外汇通与比较方法；二是注重综合性、系统性。（以上参见朱文通主编《李大钊年谱长编》，中国社会科学出版社2009 年版）

希祖 7 月 22 日在中共北方局机关刊物《政治生活》第 79 期发表《我们对于西洋近代文明的态度》，点名批评胡适并没有真正介绍西洋近代的新的健康的文明——新兴的无产阶级的文化，而只是"为资产阶级的文明又作了一次将死的最后呻吟"。文中表示同时反对胡适等赞美的西方资本主义文化与梁漱溟称颂的东方传统文化，而欢迎无产阶级的革命文化，"更具体的说：就是无产阶级的革命的历史哲学唯物史观，阶级争斗的理论，无产阶级对于资本主义生产关系的认识和解剖的马克思派的经济学说，以至于无产阶级的革命文学、艺术与夫他们的团结和争斗的行动，无产阶级的革命的策略和其对于未来的共产社会的组织的意见等等。总之，我们所欢迎的就是马克思主义，列宁主义，共产主义的全部"。

邵飘萍是年春在《京报》以亲笔标题："广州国民政府，论政治为全国第一"，表彰其革命功绩，轰动北方，深为军阀官僚所痛恨。"三一八"惨案发生后，邵飘萍连续工作两夜未眠。3 月 18 日当晚，邵飘萍发表讨段檄文：《世界空前惨案——不要得意，不要大意》。第二天晚上又撰写《可谓强有力之政府矣——举国同声痛哭，列强一致赞成》的社论。20 日，又撰写一篇尖锐的特写《小沙场之战绩》。另又邀请鲁迅撰写了《可惨与可笑》《如此讨赤》《大衍发微》三文。但当时邵飘萍与鲁迅等 48 人被通缉：邵飘萍名列第十六，鲁迅名列第二十一，鲁迅避往厦门，邵飘萍未离京。4 月 15 日，国民军退出北京，驻南口。事先冯玉祥三次派鹿钟麟劝飘萍随军离京，邵飘萍在白色恐怖下坚持斗争。《京报》编辑潘公弼被捕后，为固守舆论阵地，邵飘萍居东交民巷六国饭店暂避。22 日，邵飘萍在《京报》发表《飘萍启事》，是为邵飘萍之绝笔。24 日，邵飘萍被报界败类张翰举出卖，回馆被捕。26 日凌晨 4 点多，终被奉系军阀以"勾结赤俄，宣传赤化"罪名，杀害于北京天桥。临刑时神色坦然，向监刑官发笑，表现了革命的坚定性和必胜信心。

按：《飘萍启事》全文为："鄙人至现在止，尚无党籍（将来不敢预定），既非国民党，更非共产党。各方师友，知之甚悉，无待声明。时至今日，凡有怨仇，动辄以赤化布党诬陷，认为报复之唯一时机。甚至有捏造团体名义，邮寄传单对鄙人横加攻击者。究竟此类机关何在？主持何人？会员几许？想彼等自思亦将哑然失笑也。但鄙人自省，亦有罪焉。今不妨布之于社会。鄙人之罪：一不该反对段祺瑞及其党羽恋栈无耻；二不该主张法律追究段、贾等之惨杀多数民众（被屠杀者大多数为无辜学生）（段命令已自承认）；三不该希望取消不平等条约；四不该人云亦云承认国民第一军纪律不错（鄙人从未参与任何一派之机密，所以赞成国民军者，只在纪律一点，即枪毙也不否认，故该军退去之后，尚发表一篇欢送之文）；五不该说章士钊自己嫖赌，不配言整顿学风（鄙人若为教育总长，亦不配言整顿学风）。有此数罪，私仇公敌，早伺在旁，今即机会到来，则被诬为赤化布党，岂不宜哉！横逆之来源，亦可以了然而不待查考矣。承各界友人以传单见告，特此答陈，藉博一粲。以后无论如何攻击，不欲再有所言。"

按：噩耗传至家乡，邵飘萍生父邵桂补尚健在，三日三夜不食不语。家内不敢举哀，亲自撰联一首：碧血洒天桥与先烈同留正气；青萍挥地府愿义师迅扫妖氛。噩耗传至东阳老家，乡间小学开会追悼，有联云："先驱文笔擎天地，烈士碧血写春秋。"

郭春霖、徐宝璜、成舍我、孟宪章、胡政之、张恨水、金诚夫、张季鸾、黄天鹏等 80 人 8 月

19日在京参加邵飘萍、林白水的追悼会,北京市长何其巩主持会议,冯玉祥、方振武等撰挽联。(参见郭佐唐《邵飘萍年谱》,《浙江师范大学学报》1986年第4期)

林白水任北京《社会日报》主笔。4月,直奉联军进京,北京城一时大有乌云压城之势。林白水仍挺身而出,迎刃而上。21日,在《社会日报》登载《合肥政治闭幕》时评,斥军阀为"洪水猛兽"。林白水曾在报上自白"我这些说话,是着眼在国家利益,社会安危,与军阀个人,哪些党派,可是毫无关系"。8月5日,在《社会日报》发表的时评《官僚之运气》,文中讽刺张宗昌的"智囊"潘复:"某君者,人皆号称为某军阀之肾囊,因其终日系在某军阀之胯下,亦步亦趋,不离晷刻,有类于肾囊累赘,终日悬于腿间也。此君热心做官,热心刮地皮,固是有口皆碑……"将潘复在张宗昌背后出谋划策的丑陋形象刻画得入木三分,但文中阴损的比喻也彻底惹恼了潘复。潘复看罢文章后,找到张宗昌痛哭流涕,要求将林白水立即处死。当晚,林白水被军警逮捕。林白水的好友纷纷展开营救,与北洋军阀关系甚深的杨度、报人薛大可等纷纷苦求张宗昌枪下留人。次日凌晨2时,林白水以通敌罪名被张宗昌杀害。因潘复眼见众人求情,勾结行刑官,提前执行死刑。林白水之死与邵飘萍被杀,相去不过百日,被时人称为"萍水相逢百日间"。

蒋梦麟继续代理北京大学校长。3月12日,冯玉祥国民军与奉系作战,日本军舰掩护奉系军舰驶入大沽口,炮击国民军,国民军奋起反击,将日舰驱逐出大沽口。16日,日本联合英美等八国向段祺瑞政府发出最后通牒,要求撤除大沽口防务设施。18日,北京数千民众在天安门广场集会。会后游行至国务院,要求拒绝八国通牒。段祺瑞卫队向游行民众开枪,数十人死亡。蒋梦麟闻讯赶到出事地点,处理善后,北大学生三死五伤。当天,段祺瑞及国务院通电此惨案乃徐谦等人鼓动所致,下令通缉徐谦、李大钊、李石曾、易培基、顾孟余5人,北大代理校长蒋梦麟以及北大教授朱家骅、鲁迅、周作人、马叙伦、马裕藻、沈兼士、陈垣、林语堂、徐旭生、李宗侗、许寿裳等批评政府的左翼教授54人都赫然在这份名单上,因此不少人纷纷设法逃离北京。4月9日,段祺瑞倒台,张作霖进京,派军队闯进北大、女师大等学校及报馆,肆意查禁书刊,肆意抓捕人员。26日凌晨,《京报》名记邵飘萍被秘密处决。是夕,得前国务总理孙宝琦面告,获知被列入张作霖通缉名单中,遂搭乘来访王宠惠的汽车,急避东交民巷六国饭店,将北大校务委托总务长宇文灿代理。秋,化装潜至前门火车站秘密搭乘火车至天津,换乘英国轮船至上海蛰居。12月5日,任浙江政治分会委员。(参见马勇、黄令坦编《中国近代思想家文库·蒋梦麟卷》附录《蒋梦麟年谱简编》,中国人民大学出版社2015年版)

陈垣1月初致函国务总理,请将前清军机处档案收归故宫博物院。4日,张星烺来函,译介西方人有关耶律大石的记述。6日,马衡来函、送来《中西回史日历》封面题签。10日,英敛之逝世,临终以辅仁社和公教大学事务相托。11日,陈振先来函,推荐麦仲华入故宫档案馆。18日,张星烺自青岛来函,准备挟《中西交通史》稿回京。21日,任北京平民中学校董事长,张云涛任校长。28日,受聘为公教大学辅仁二社社长。30日,为英敛之《蹇斋剩墨》作跋,简介英敛之一生行事和风采。同月,为《元苌振兴温泉颂》作跋;作《答樊守执书》,对本年1月9日《申报》之《四库全书之疑案》提出意见。2月20日,张星烺自青岛来函,告知因交通及奉军入关决定暂不回京。3月2日,陈垣致张星烺函,询问《中西交通征信录》(即《中西交通史料汇编》)的撰著情况和其中有关拉耶德的材料。"三一八"惨案发生后,陈垣被列入段祺瑞政府黑名单。26日,故宫博物院召开紧急董事会、理事会联席会议,推举卢永祥(子嘉)、庄蕴宽(用缄)为维持员,主持院务,陈垣为实际负责人。

> 按:此前因发生"三一八"惨案,段祺瑞临时执政府借故通缉故宫博物院理事长李石曾和易培基,二人藏匿东交民巷。

陈垣3月29日接马其昶来函,索要《二十史朔闰表》。月底,冯玉祥国民军与直奉联军作战失利,即将退出北京,决定由执政府内务部卫队接替国民军驻防故宫。理事会决定派庄蕴宽和陈垣为代表,办理驻防交接手续。4月25日,张星烺来函,询问日本在北京设立人文科学研究所的情况,不满北京大学的党派之见。5月7日,陈垣去太平湖饭店访李思纯,遇吴宓。8日,吴宓来访,并借阅天主教书籍。16日,于同和居宴请柳诒徵、李思纯、张荫麟和吴宓等。同月,陈垣为《名理探》影印本作跋。6月9日,张星烺自青岛来函,收到陈垣所寄《二十史朔闰表》,并述及撰写《中西交通征信录》(即《中西交通史料汇编》)的甘苦。同月,励耘书屋钞本《名理探》由公教大学辅仁社影印出版。7月4日,邵章来函,拟商借故宫博物院在北长街的房产办学。13日,陈垣去中央公园来今雨轩,晤陈寅恪、吴宓。23日,陈垣参加故宫博物院理事会、董事会会议,会议决定移交之前必须清点。8月3日,"故宫保管委员会"正副委员长赵尔巽、孙宝琦在清史馆宴请善后委员会陈垣、俞同奎、吴瀛、江瀚等4人,商谈接管之事。

> 按:在此之前的7月10日,新组成的杜锡珪内阁举行国务会议,秘密议决:由政府各部各派一员,任故宫博物院保管员,准备接收故宫。7月14日,内阁再次开会,决定改组故宫博物院,成立"故宫保管委员会"。随后,在杜锡珪主持下,推举前清遗老赵尔巽、孙宝琦为"故宫保管委员会"正副委员长。(袁方《故宫博物院六十年》,载《故宫博物院院刊》1985年第3期)

陈垣8月5日接马衡来函,告知日本学者岩垂欲造访。8日上午,宪兵司令部派人将正在故宫工作的陈垣逮捕,经多方营救,于下午释放,送回西安门大街寓所软禁起来。10日,吴承仕来函,请担任中国大学课程。15日,陈垣为北京翊教女子中学命名,并担任学校董事长。25日,顾颉刚自厦门来函,介绍厦门大学的基本情况。谴责当局对清室善后委员会工作的破坏,并请教有关道教史的问题。9月1日,受聘为北京公教大学副校长,校长为教会代表美籍神甫奥图尔。英文《辅仁学志》出版。28日,李石曾来函,告知已同奉军方面接触.仍请陈垣去故宫办公,主持日常工作。10月,《中西回史日历》由北京大学研究所国学门印行,此书系我国中西回历合编的最早著作,为这三种历法的纪年提供了方便而准确的换算工具,为运用中外史料打开了一条通道。11月1日,中国天文学会开会,陈垣送去《中西回史日历》及《二十史朔闰表》《李之藻传》等著作,以供展览。同日,吴承仕来函,邀请到北京师范大学国文系演讲。5日,缪凤林自沈阳来函,谈《名理探》版本及沈阳文澜阁情况。8日,陈垣致函胡适,谈《中西回史日历》出版的问题。9日,容肇祖自厦门来函,谓由顾颉刚转来《名理探》一部,拜谢之至。17日,方豪来函,索求《灵言蠡勺》《主制群征》《名理探》《寰有诠》等天主教书籍,并致景仰之意。29日,致厦门大学张星烺函,告知家中监视之宪兵已经撤离,《中西回史日历》已经出版。12月6日,复方豪11月17日函,寄赠《灵言蠡勺》《主制群征》等书籍多种。9日,故宫博物院维持会正式成立,推江瀚为会长,随后选出常委会,陈垣等15人为常委。同月,所撰《泾阳王征传》刊于中华基督教文社编辑《文社月刊》第2卷第2册,此为陈垣所撰"基督教人物四传"之一。是年,陈垣作跋的《蹇斋剩墨》单行本印行。又王重民两次来函询问有关道教文献的问题。(参见刘乃和、周少川、王明泽《陈垣年谱配图长编》,辽海出版社2000年版;王学典《20世纪史学编年(1900—1949)》,商务印书馆2014年版)

马叙伦1月29日被北洋政府特派督办教育特税事宜。3月4日,国务院改组,马君武为教育总长。同日,马叙伦与雷殷、陶知行等 22 人致函胡适,劝其不就英国部分庚款咨询委员会中方委员一职。23 日,马叙伦将辞呈提交临时执政,抗议其制造"三一八"惨案。27 日,北洋政府令:"督办教育特税事宜马叙伦呈请辞职,马叙伦准免本职。"后被段祺瑞政府列入黑名单。

　　按:马叙伦辞呈略称:"是日枪杀之众,各校学生既居十九,其他亦属一般市民,以外交问题请愿之民众学生,杀之而又坐以倡乱之罪,加以暴徒之名,是国家育才养士,而不欲其爱国也,则亦何用教育?叙伦身任教授二十余年,迄今犹复忝跻学校,中间一再从政,俱关教育,此次督办特税,亦以事关教育,然后受令,今视各校学生,为国家争外交,被杀而犹蒙恶名,窃谓教育可废,特税亦可不办,用特恩予免去督办教育特税事宜之职。"因被列入拟通缉名单,躲进法国医院避难。3 月 24 日,《马叙伦因惨案辞职书》刊登于《京报》。30 日,《马叙伦因愤段惨杀学生辞职书》发表于《时报》。

　　马叙伦所撰《清人所著说文之部书目初稿》3 月发表于《图书馆学季刊》第 1 卷第 1 期。同月,与陶行知等联名发表《对于英国处置庚款办法之宣言》。月底,在沪当选西山会议派中央监察委员。5 月 1 日,致函陈乃乾,商讯中国图书会股款是否可以补缴。5 日,在沪撰《中国文字之原流与研究方法之新倾向》,刊于上海《学林》第 6—8 辑。7 月 6 日,余绍宋、黄晦闻来法国医院访晤。(参见卢礼阳《马叙伦年谱》,浙江古籍出版社 2021 年版)

　　徐旭生(炳旭)被聘任为北京大学教务长,协助校长蔡元培以民主精神整顿改造北京大学。3 月 18 日,北京各界人士在天安门广场集会,抗议日本干涉中国内政,段祺瑞政府公然镇压示威群众。当晚,徐旭升与鲁迅、李大钊等人看望受伤学生。随后,又向死难烈士的遗体告别。结果被段祺瑞政府列入黑名单。年底,瑞典著名探险家、地理学家斯文赫定博士率领一个大型远征队,准备到我国西北部进行科学考察。当时,北洋军阀政府与斯文赫定签订了不平等协议,其中规定不准中国科学家参加,采集品全部运到国外。协议内容传出,全国舆论哗然。北京十几个学术团体,联合成立了中国学术团体协会,发表宣言表示抗议,并派徐旭生和刘半农等为代表,经与斯文赫定反复谈判,终于达成新的协议:1. 在中国学术团体协会领导下成立西北科学考察团;2. 设中国及外国团长;3. 中外科学家各占一半;4. 采集品留在中国。(参见李旻《信而有征:中国考古学思想史上的徐旭生》,《考古》2019 年第 6 期)

　　鲁迅 1 月 2 日前往北京女子师范大学维持会,推荐易培基为该校校长。3 日,作《杂论管闲事·做学问·灰色等》,刊于 1 月 18 日《语丝》周刊第 62 期。此文系针对 1 月 2 日陈源发表于《现代评论》第 3 卷第 56 期的《闲话》而作,继续对陈源等现代评论派开展反击与批判,指出"天下本无所谓闲事,只因为没有这许多遍管的精神和力量,于是便只好抓一点来管。为什么独抓这一点呢?自然是最和自己相关的",所谓"不管闲事",其实是"故意装痴作傻"。文中对现代评论派的政治特色作了深刻的概括:他们虽然"光怪陆离",但"不免要显出灰色来"。13 日,易培基到任北京女子师范大学校长,女师大全体师生及女师大教育维持会、国立各校校长、各校学生会代表共 500 余人盛会欢迎。许寿裳主持大会,鲁迅代表校务维持会致欢迎词。14 日,鲁迅作《有趣的消息》,刊于 19 日《国民新报副刊》,继续揭露现代评论派佯装"不管闲事"和宣称将有大著作问世的伎俩,提醒人们不要上当,而要与之进行针锋相对的斗争。15 日上午,鲁迅出席女师大教职员代表第一次会议。会议决定女师大参加 1 月 16 日国立九校教职员赴北洋军阀政府国务院联合索薪的行动,并推选了鲁迅、陈启修代表女师大发言。16 日上午,鲁迅往北大与多人同赴国务院索学校欠薪,要求国务院在阴历 12 月 24 日前发四个月欠薪,当天须发两个月现银。同日,鲁迅控告章士钊初步获胜,教育部发布"复职令":"被告呈请免职之处分系属违法,应予取消。"24 日,作《学界的三魂》刊于2月1日《语丝》周刊第64期,文中针对现代评论派诬蔑鲁迅等为"土匪""学匪"的谬论,对"官魂""匪魂""民魂"作了具体分析,揭露了当时教育界"官气弥漫,顺我者'通',逆我者'匪'"的黑暗现象,戳穿了陈西滢等人貌似"民魂"实为"官魂"的伪装,并深刻揭示了历史上农民起义失败的原因,强调打倒黑暗现状的希望在于"民魂""惟有民魂是值得宝贵的,惟有他发扬起来,中国才有真进步"。同时指出,在当前极复杂的斗争中,要特别注意识别那些貌似"民魂",而实为"官魂"者的面目。25日,鲁迅作《古书与白话》,刊于2月2日《国民新报副刊》,文中针对章士钊的做好白话文必须"读破几百卷书"的论调,揭露他鼓吹文言文、反对白话文的手段,不过是袭用"保古家"的"祖传的成法",强调指出"古文已经死掉了;白话文还是改革道上的桥梁",由古文到白话的发展趋势是任何人也改变不了的。同日,鲁迅作《一点比喻》刊于2月25日《莽原》半月刊第4期,文中把胡适、陈源一类"青年毕师"形象地比作领路的"山羊",他们"脖子上还挂着一个小铃铎,作为智识阶级的徽章",竭力将"人们,尤其是青年"引向"循规蹈矩""使天下太平"的死路;同时,又把统治阶级比作"豪猪",对于他们鼓吹的安于命运、"中庸""礼让"等反动虚伪论调,也进行了讽刺和批判,指出人民必须"用牙角或棍棒"来抵御"豪猪"的进攻;鲁迅在《莽原》半月刊第2期发表所译日本厨川白村的文艺论文《东西之自然诗观》。

　　按:鲁迅1月25日又作《〈学界的三魂〉附记》,继续反击现代评论派诬蔑鲁迅等为"土匪""学匪"的谬论,揭露陈源等辈至今还在依仗官势,"慷慨激昂"地对别人进行诬陷。此文刊于2月1日《语丝》周刊第64期《学界的三魂》正文之后。《附记》说明该文批判的对象就是"陈源等辈",并揭露了他们至今还在依仗官势,"慷慨激昂"地对别人进行诬陷。同时,也重申了对敌斗争决不宽恕手软的严正立场,说"我要'以眼还眼以牙还牙',或者半牙,以两牙还一牙,因为我是人,难于上帝似的铢两悉称。如果我没有做,那是我的无力,并非我大度,宽恕了加害于我的敌人。还有,有些下贱东西,每以秽物掷人,以为人必不屑较,一计较,倒是你自己失了人格。我可要照样的掷过去,要是他掷来"。

　　鲁迅2月1日出席北京女子师范大学复校纪念会,为易培基校长聘为北京女子师范大学国文学教授。同日,鲁迅作《不是信》,刊于2月8日《语丝》周刊第65期,回击1月30日《晨报副刊》所刊徐志摩《关于下面一束通信告读者们》和陈源《闲话的闲话之闲话引出来的几封信》的造谣构陷与诽谤。3日,鲁迅作《我还不能"带住"》,刊于2月7日《京报副刊》,系针对徐志摩倡议"休战"而作,表示要无情地将他们的假面"撕下来""撕得鲜血淋漓,臭架子打得粉碎",决不"带住"。5日,鲁迅作《送灶日漫笔》,刊于2月11日《国民新报副刊》,揭露现代评论派"公论"家们在女师大风潮中既叨光酒饭,又讳言酒饭;既充当北洋军阀政府的帮凶,又装出公正的姿态,以掩盖其真面目的表现。15日,鲁迅校毕《华盖集》并作《后记》,再次揭露陈源等人"捏造事实传布流言"的卑劣行径。21日,鲁迅作《狗·猫·鼠》,刊于3月10日《莽原》半月刊第5期,抨击现代评论派帮闲文人,揭露他们对弱者"幸灾乐祸",对强者"一幅媚态"的嘴脸。27日,作《无花的蔷薇》,刊于3月8日《语丝》周刊第69期,通过典型事例勾勒了陈西滢、徐志摩等人互相吹捧的行为,揭露他们仇视中国人民反帝斗争的政治态度和散布流言,构陷罪状、伪装公正的卑劣伎俩,体现了鲁迅杂文的斗争精神和尖锐辛辣的讽刺特征。3月4日,鲁迅当选为女师大评议会委员。10日,鲁迅作《中山先生逝世后一周年》,刊于3月12日《国民新报》的《孙中山先生逝世周年纪念特刊》。15日上午,往美术学校观林风眠个人绘画展览会。这是林风眠从法国归来后举行的一次画展,展出了《摸索》《生之欲》《恶夜》《鱼归》《金色的颤动》《林中颤动》等作品。16日,译日本中泽临川、生田长江合写的文艺论文《罗曼罗兰的真勇主义》毕,并作《译后记》,均刊于4月25日《莽原》半月刊第7—8期《罗曼罗兰专号》。18日,作《无花的蔷薇之二》,刊于3月29日《语丝》周刊第72期。当日下午,鲁迅已写到《无花的蔷薇之二》前三节,女师大学生许羡苏来鲁迅的西三条寓所报告了卫队开枪屠杀群众,刘和珍等遇害的噩耗,鲁迅极为愤怒,在此文的后六节中,鲁迅将投枪匕首的锋芒,直接刺向段祺瑞军阀政府。文章末尾鲁迅还特意写明:“三月十八日,民国以来最黑暗的一天。”在“三一八”惨案发生后,鲁迅被段祺瑞政府列入黑名单。19日,鲁迅校完《苦闷的象征》再版稿。23日,鲁迅收平政院裁决书,教育部之处分取消之。25日上午,鲁迅赴女师大参加刘和珍、杨德群追悼会。同日,鲁迅作《“死地”》,刊于3月30日《国民新报副刊》,针对陈西滢等人在“三一八”惨案发生后公然诬蔑革命青年和爱国群众是“自蹈死地”,为段祺瑞执政府的屠杀暴行开脱罪责,提出严厉谴责,认为这种论调的阴谋毒辣,“比刀枪更可以惊心动魄”。26日,鲁迅避居西城莽原社。同日,作《可惨与可笑》,刊于3月28日《京报副刊》,揭露段祺瑞执政府为了开脱在“三一八”惨案中的罪责,捏造共产党“暴动”的谰言。29日,鲁迅入山本医院继续避难。

　　鲁迅4月1日作《记念刘和珍君》,刊于4月12日《语丝》周刊第74期,沉痛悼念“三一八”惨案死难烈士刘和珍,愤怒揭露和痛斥帝国主义、北洋军阀政府的凶残及现代评论派“学者”“文人”的卑劣。2日,鲁迅作《空谈》,刊于4月10日《国民新报副刊》。文中痛斥段祺瑞政府的“阴霾与凶残”,抨击陈源等人论调的险恶,告诫人们从“三一八”惨案中汲取教训,停止请愿,改变斗争策略。4月3日,鲁迅所译《苦闷的象征》由北新书局再版。6日,作《如此“讨赤”》,刊于4月10日《京报副刊》,揭露了北洋军阀以“讨赤”为名,发动战争,迫害进步人士,镇压群众运动的罪行;同时对“中国教育界”一些人借机争夺俄款以营私利己的行径予以讽刺。8日,作《淡淡的血痕中》,刊于4月19日《语丝》周刊第75期。文中勾画了面对死难烈士的血痕态度完全不同的两种人物:“造物主的良民”与“叛逆的猛士”。9日,鲁迅致章廷谦信,因当时段祺瑞政府正通缉文化教育界人士,所以鲁迅在信中说:“五十人案,今天京报上有名单,排列甚巧,不象谣言”,并说“我想调查五十人的籍贯和饭碗,有所议论,请你将所知者注入掷下”。13日,鲁迅作《大衍发微》,刊于4月16日《京报副刊》第469号,利用《京报》披露的黑名单,愤怒地抨击了北洋军阀镇压学生爱国运动和迫害文化界人士的罪行;同时揭露了他们的爪牙通过对文化界人士的迫害,达到其排斥异己,营私自肥的可耻目的。15日,鲁迅在友人齐宗颐(寿山)、许寿裳的帮助下,由山本医院移住东交民巷德国医院。26日,鲁迅由德国医院移居法国医院,继续避难。5月2日,鲁迅结束避难生活,由法国医院回寓。6日,鲁迅作《无花的蔷薇之三》,刊于5月17日《语丝》周刊第79期,文中揭露陈西滢貌似公正,攻击鲁迅杂文“没有一读之价值”的手法,抨击了当时军阀统治下社会上的黑暗现象,并着重痛斥了“流言家”制造谣言的卑劣伎俩。10日,鲁迅作《二十四孝图》刊于5月25日《莽原》半月刊第10期,文中严厉抨击守旧派反对新文化、维护旧文化的罪行。24日,鲁迅作《再来一次》,刊于6月10日《莽原》半月刊第11期,将两年前发表过的《“两个桃子杀了三个读书人”》加上说明重新发表。文中将章士钊的《评新文化运动》全文引入,再次对章士钊鼓吹古文,反对白话,并为自己的谬误狡辩的行径,进行了深刻的揭露和辛辣的讽刺。23日,鲁迅作《新的蔷薇》,刊于《语丝》周刊第81期,文中对当时社会上一些黑暗现象进行了抨击,特别揭露了陈西滢等人为了献媚军阀,诬陷别人受苏俄金钱收买的险恶用心和害怕鲁迅杂文的虚弱本质,同时还讽刺了教育界一些人争夺“庚子赔款”的丑行。25日,为刘半农标点本作《〈何典〉题记》,由北新书局出版。27日,致女师大评议会信,辞会员。31 日,致中国大学信,辞续讲。6 月 1 日,鲁迅在东亚公司购买《无产阶级艺术论》。3 日,所著《华盖集》由北新书局出版,此为鲁迅的第二本杂文集。11 日,鲁迅接待美国巴特勒特来访。

按:后来巴特勒特对这次访问有详细记述,见巴特勒特《新中国思想界的领袖》,原载美国 *Current History*,1927 年 10 月号;译文载《当代》第 1 卷第 1 编,石孚译,后收入李何林编《鲁迅论》。

鲁迅 6 月 12 日编辑《小说旧闻钞》。25 日,开始作《马上日记》。在日记正文前,有一篇《豫序》。同日,在《莽原》半月刊第 12 期发表所译日本武者小路实笃的文艺论文《论诗》。7 月 5 日,购买《新俄国宣传手册》二本。19 日,购买日本升曙梦著《无产阶级文学的理论与实际》一册。7 月 28 日,收厦门大学薪水 400 元,旅费 100 元,正式接受厦门大学聘请,任国文系教授兼国学院研究教授。8 月 1 日,鲁迅校完《小说旧闻钞》,并作《序言》。12 日,《小说旧闻钞》由北京北新书局印行。13 日上午,鲁迅赴女子师范大学参加送别会。午赴吕云章、许广平、陆品清 3 人午餐之招,同座有徐旭生、朱希祖、沈士远、沈尹默、许季市。为送鲁迅到厦门,从 8 日以后,友人曾多次钱行。22 日上午,鲁迅赴女师大参加校周年纪念会,并发表演说,由向培良记录,题为《记谈话》,刊于 8 月 28 日《语丝》周刊第 94 期。25 日,在《莽原》半月刊第 16 期发表所译日本武者小路实笃的论文《在一切艺术》。(参见鲁迅博物馆、鲁迅研究室编《鲁迅年谱》,人民文学出版社 1981 年版)

周作人 1 月 1 日在《世界日报·新年增刊》发表《在中国的日本汉文报》。同日,沈士远、沈尹默、沈兼士、钱玄同、马裕藻、刘半农、徐祖正、张凤举、章川岛、孙伏园等来集宴。14 日,在《京报副刊》第 384 号发表《中日文化事业委员会为甚还不解散?》。

按:文中说:“日本借了他的黄色面皮以及借用的汉字,对中国人盛称‘同文同种’,鼓吹什么中日亲善,中日共存共荣,有好些人都上了他的当;其实这全是靠不住的。我们只问他拿证据来。这只是阴谋复辟,帮助张作霖、李景林,进步南满,派日警在奉天站岗,此外还有什么!我们现在要正告中国国民曰:千万不要相信日本。他对于中国是幸灾乐祸的,他所提倡所赞许的事一定于中国有害,我们不但不当相信,还要加以反对。我们也可以对日本老实地说:‘此刻现在,敝国与贵国决不能共存共荣。’我并不说中国与日本应当拼个你死,只是说在现今政治状态下中日是决不能和协,无宁是应当立于反抗地位,因为两国的利害是相反的:日本是真正帝国主义的帝国。我们现在的工作是在广播不信托日本之种子,使大多数人民的心里都长出根深蒂固的排日思想,养成反抗日本以及一切内外迫压的力量。……此刻中日之间还办什么鸟文化事业,中国委员会为甚还不自行解散,或由教部撤消?中国委员如不愿,教部如不敢自动地解散,我们国民要求他立即解散。”

周作人 1 月 20 日发表《闲话的闲话之闲话》一文,继续对陈源等现代评论派的反击与批判。文中批评 1 月 13 日《晨报副刊》发表的徐志摩的《闲话引出来的闲话》中恭维陈源的话,指责徐志摩与章士钊、陈源沆瀣一气。21 日,作致陈源的信,刊于 1 月 30 日《晨报副镌》,信中回答了陈源 20 日来信中提出的两个问题:“(一)我是不是在先生所说的两个人里面?(二)如果有我在内,我在什么地方,对了谁扬言了来?”。22 日,周作人作致陈源的信,刊于 1 月 30 日《晨报副镌》,信中说:“前日所说声言女学生可以叫局的两个人,现经查考,并无先生在内,特此奉复。”30 日,周作人作《汉译〈古事记〉神代卷引言》,刊于 2 月 8 日《语丝》第 65 期。同日,作《关于闲话事件的订正》,刊于 2 月 3 日《晨报副镌》。2 月 1 日,在《语丝》第 64 期发表《陈源先生的来信》,文中抄录并回答了陈源 1 月 20 日的来信。4 日,作《代邮——寄徐志摩先生》,刊于 2 月 6 日《京报副刊》第 407 号。3 月 13 日,周作人赴语丝社之会。同日,作《整顿学风文件》,载 3 月 22 日《语丝》第 71 期,文中收录了 1925 年 8 月 26 日段祺瑞执政府整顿学风的命令。又在按语中说:"这一年来有这些礼教反动运动,却绝少反抗的呼声,不禁也发生了'江河日下,无可讳言'的感慨!"16日,在《京报副刊》第440号发表《排日——日本是中国的仇敌》。18日,段祺瑞政府对请愿学生开枪射击,死伤众多,发生"三一八"惨案。周作人往燕京大学上课,因学生去天安门集会又去段祺瑞执政府请愿,课未上而归。19日,周作人作《为三月十八日国务院残杀事件忠告国民军》,刊于3月21日《京报副刊》第445号。文章认为3月18日国务院卫队枪杀请愿学生市民的事件,"这是北京城中破天荒的大残杀,比上海'五卅'事件更为野蛮,其责任除政府当局段祺瑞、章士钊、贾德耀诸人直接负担"。20日,周作人往女师大赴会,会议在女师大校长许寿裳主持下,成立了"三月十八日外交请愿残杀案后援会"。在"三一八"惨案发生后,周作人被段祺瑞政府列入黑名单。

按:20日,周作人往女师大赴会,出席"三月十八日外交请愿残杀案后援会"成立会,并参加了女师大为在"三一八"事件中遇害的刘和珍、杨德群二烈士举行的棺殓。同日,在《京报副刊》第444号发表《对于大残杀的感想》文中谈到对"三一八"事件的几个小感想:一、在民国时代,不,就是在满清,自我有知以来,不曾听见北京有过这种残杀。现在却不料发现在国民军治下的北京。二、这令我联想到去年的五卅事件。但那是在上海租界,发令的是英捕头爱伏生,而死伤的没有这样的多。三、这又令我想到张之江与章士钊、贾德耀唱和的整顿学风电。四、我不知道这件事将如何结局。又作《可哀与可怕》,刊于3月22日《京报副刊》第446号,文中叙述了当天在女师大见到的刘和珍、杨德群棺殓的情景:"我见了她们两位并排睡着,不禁觉得十分可哀。"21日,周作人赴女师大之会。22日,周作人再赴女师大之会。又作《关于三月十八日的死者》,刊于3月29日《语丝》第72期,文中记述了刘和珍和杨德群遇害的情况,又说:"惭愧我总是'文字之国'的国民,只会以文字来纪念死者。"23日,北京各界数万人在北京大学三院召开"三一八"死难烈士追悼大会,周作人为作挽联一副,云:"赤化赤化,有些学界名流和新闻记者还在那里诬陷;白死白死,所谓革命政府与帝国主义原是一样东西。"25日,周作人往女师大赴刘和珍、杨德群追悼大会,作挽联云:"死了倒也罢了,若不想到二位有老母倚闾,亲朋盼信;活着又怎么着,无非多经几番的枪声惊耳,弹雨临头。"26日,周作人往女师大送刘和珍、杨德群出殡。

周作人3月22日在《京报副刊》第448号发表《北大索薪代表之权限》。27日,作《关于整顿学风文件的通信》,刊于4月5日《语丝》第73期。28日,作《陈源口中的杨德群女士》,刊于3月30日《京报副刊》第454号,文中指责陈源在《现代评论》上发表的关于述说杨德群的话:"实系利用死者以发表其阴险之暗示""是直接或间接扶助章士钊的各种策略。"并指出陈源"实在是现代评论社里替章士钊最出力的唯一的人"。4月1日,周作人往女师大参加复课典礼。典礼由教务主任林语堂主持,马裕藻、周作人、许寿裳等在会上讲话。周作人在讲话中说:这一次本校死了两位同学,我看见她们的遗体,看见她们入殓,我很受一点感动,使我对于死有一点了解。同日,周作人作《恕府卫》,刊于4月2日《京报副刊》第457期,文中抨击了北京大学出席联席会议的燕树棠及"现代评论的陈源之流""使用了明枪暗箭,替段政府出力,顺了通缉令的意旨,归罪于所谓群众领袖,转移大家的目光,减少攻击政府的力量,这种丑态是'五四'时代所没有的"。3日下午,往燕京大学,赴浙江同乡会。7日,在《京报副刊》第461号发表《洋铁水壶与通缉令》。10日,在《京报副刊》第463号发表《论并非文人相轻》,文中驳斥了以为攻击陈源是"文人相轻"的论调,说:"我轻陈源,与他是否文人毫不相关,我只轻他是章士钊的徒党,是现代评论社的第一个捧章的人。"并说章士钊"是代表无耻的人""捧这种无耻的人不是无耻之尤是什么"?同日,周作人作《恕陈源》,刊于4月12日《京报副刊》第465号。因陈源在《现代评论》第70期上刊文呼冤,说不应说他的罪比府卫队还大(按指在"三一八"事件中),遂写此文。11日,周作人作《论并非睚眦之仇》,刊于4月19日《语丝》第75期。26日,周作人在《语丝》第76期发表《我们的闲话(六)》。

按:《恕陈源》缘于陈源在《现代评论》第70期上刊文时呼冤,说不应说他的罪比府卫队还大(按指在"三一八"事件中)而作,曰:"我恕府卫的理由共有两点,即一因为他们无知识,二因为他们是奉令的。""我们看陈源会牺牲了他的母舅吴稚晖先生去媚章士钊、杨荫榆,觉得他的知识与府卫不见得有多大差异,这一点是同样可恕的""陈源同样的也是奉令的,府卫奉的是贾德耀的令,陈源奉的是章士钊的令,而上头的主子则同是段祺瑞。"

按:《论并非睚眦之仇》针对陈源《在杨德群女士的事件》的"闲话"里说周作人在《京报副刊》上对陈源的攻击,是在报"睚眦之仇",说明"我与陈源个人始终没有嫌怨""也没有什么别的纠葛""我看不起陈源的是他的捧章士钊,捧无耻的章士钊,做那无耻之尤的勾当"。

周作人5月5日致函俞平伯,谓:"现今的散文小品并非'五四'以后的新出产品,实在是'古已有之',不过现今重新发达起来罢了,由板桥冬心溯而上之这班明朝文人,再上连东坡山谷等似可编出一本文选,也即为散文小品的源流材料,此件事似大可以做,于教课者亦有便利。"8日,往中央公园长美轩赴语丝社为林语堂南下厦门送行,到者共15人。14日,周作人往北海,赴为林语堂饯行宴,到者共10人。15日,蔡元培复信周作人,是对此前周作人致信蔡元培,希望他重返北大的回复。19日,因北京大学停招日文新生,周作人致函北京大学当局,声明告假两年。24日,胡适致信鲁迅周作人陈源,为彼此的论战与误解深感惋惜,并表示希望"从今以后,都向上走,都朝前走,不要回头睬那伤不了人的小石子,审不要回头自相践踏。我们的公敌是在我们的前面;我们进步的方向是朝上走"。30日,周作人为刘半农的新诗集《扬鞭集》作序,刊于6月7日《语丝》第82期。31日,在《语丝》第81期发表《死法》,用反语抨击了军阀政府在"三一八"惨案中的暴行,表达了对死者的同情。同日,又作《陈源教授的报复》的"按语",刊于6月7日《语丝》第82期。6月12日,周作人至大陆饭店,同沈尹默、马裕藻、陈百年、张凤举共宴大内江藤、坂西、多田。后又共赴沈尹默处谈中日学院事。13日,与沈尹默、沈兼士、张凤举、刘半农等9人共宴苏联诗人毕力涅克。20日,中日教育会共8人在周作人宅开会,并午餐。28日,周作人作《六月二十八日》,刊于7月1日《世界日报·副刊》第1卷第1号,系为"三一八"百日忌所写的纪念文章,指出"正如'五四'是解放运动的开头一样,这'三一八'乃是压迫反动的开始"。"这三四年来,我天天在怕将有复古运动之发生,现在他真来了,三月十八日是他上任的日期。对于这种事情不大喜欢的人应当记取这个日子,永远放在心上,像母鸡抱蛋一样,一心守候它的孵化。"7月1日,周作人往陈百年处,赴中日学院之会。3日,周作人作《条陈四项》,刊于7月10日《世界日报·副刊》第1卷第10号。4日,在《世界日报·副刊》第1卷第4号发表《胡适之的朋友的报》。5日,在《语丝》第86期发表《现代评论主角唐有壬致〈晶报〉书后》。

按:《条陈四项》为一封致当时《世界日报·副刊》记者刘半农的信。信中提出条陈四项:一、不可"宣传赤化";二、"不可捧章士钊、段祺瑞";三、"不可怕太阳晒屁股但也不可乱晒",即"不可太有绅士气,也不可太有流氓气";四、"不可轻蔑恋爱",即"副刊上不可讨厌谈恋爱的诗歌小说论文而不登,只要他做的好"。

按:《胡适之的朋友的报》针对现代评论派攻击《语丝》"是新式的《晶报》"一事指出:"胡适之先生的友运不知到底是好是坏,在他的老朋友当中,既有人在上海办一《晶报》,又有人在北京办一《语丝》(或应称作《日晶晶报》),真是不胜抱歉之至——他的朋友也还不少是做正经事业,主持最公允的公理的。"

按:《现代评论主角唐有壬致〈晶报〉书后》是对5月18日唐有壬致《晶报社》的信的回击。唐有壬信中声明《晶报》载"现代评论被收买"的消息,是转载《语丝》的,它"起源于莫斯科","这不过是共产党造谣的惯伎"。周作人在这篇"书后"指出:"《现代评论》收章士钊一千元的消息乃是从现代评论社出来的,收受国民党一千元的消息也是如此。唐君却硬说这是赤俄的消息,信中又拉共产党的言动,时时用他们这一个代名词笼统包括,这实在是一种卑劣阴险、没有人气的行为。"

周作人7月10日往孔德学校参加学生毕业典礼,并在会上演讲。12日,赴中日学院之会。19日,周作人发表《我们的闲话二十五》,文中声明:"如在七月三十一日以前现代评论社不在他自己的报上有所表示,即是默认章士钊的一千元是事实。"24日,往女师大讲演。26日,与冯文炳、徐祖正合办的文艺周刊《骆驼》出刊。8月1日上午,赴骆驼社同人会,到者徐祖正、张凤举等共8人。2日,周作人在《语丝》第90期发表《我们的闲话》,文中说:"'现代评论社'收受章士钊大洋一千元的事件,调查属实,在七月三十一日以前该社毫无辩解,业已表示默认。今特郑重声明,现代评论社收受章士钊一千元一节全系事实。"同日,翻译英国作家哈利孙女士《希腊神话引言》,刊于8月28日《语丝》第94期。5日,与女师大代表共6人,为抗议将女师大与女大合并为北京女子学院事,往访当时北洋政府教育总长任可澄。次日再去,但两次均未见到。10日,作《艺术与生活·序》,刊于8月22日《语丝》第93期。11日,在《语丝》第96期发表《东南大学的怪剧》。22日,往女师大,参加"毁校纪念"会。28日,在《语丝》第94期发表《谢本师》。

按:本文对章炳麟民国成立以来"好作不大高明的政治活动",将"剿平发逆"的曾国藩奉作"人伦模范"而指出:"我相信我的师不当这样,这样的也就不是我的师。"并引章炳麟对俞曲园表示脱离的《谢本师》的文题,说:"不意我现今亦不得不谢先生。"

周作人8月4日往女师大参加教务会议。教育部决定将女子大学和女师大合并为女子学院,遂发生冲突。下午,林素园令武装接收女师大。5日,作《女师大的运命》,刊于9月11日《语丝》第96期。25日,出席中日教育会会议。同日,在《语丝》第98期发表《章任优劣论》,文中比较了章士钊、任可澄在对待女师大事件上的异同,说章士钊"卑谄无耻,说诳胡为""但是他还有作恶的才干",而任可澄处理女师大"手腕太不高明了"。30日,作《我学国文的经验》,刊于10月《孔德月刊》第1期。是月,所译《狂言十番》由北新书局出版,收所译日本狂言10篇。10月31日,作致鸣山的信,题为《南北》,刊于11月6日《语丝》第104期,信中说:"近年来广东与北京政府立于反对地位""这南北之争的声浪又起来了""我相信中国人民是完全统一的,地理有南北,人民无南北"。又说:"民国以来'南北之战'""不是两地方的人的战争,乃是思想的战争。"11月5日,俞平伯重刊明代张宗子所著《陶庵梦忆》作《〈陶庵梦忆〉序》,刊于12月18日《语丝》第110期。7日,与张凤举、徐祖正等共同商议续出《骆驼》周刊事。20日,在《语丝》第106期发表《丁文江的罪》,文中讽刺了讲"科学的人生观"的丁文江"一变而为皇英的高等华人",再变而为"孙联帅的淞沪督办""讨赤军兴,便在上海杀戮学生工人了"。21日,周作人撰《言语道断——致星辉》,针对任何澄借纪念女师大8周年强讨俄款一事,指出任何澄"学不到"章士钊的"能干有手腕,只学得他的无耻与无赖"。27日,往北京大学学术研究会讲演。12月11日,往北京大学二院讲演《希腊闲话》,后刊于《新生》第1卷第2期。

按:周作人说:"我本性喜欢两种文化,一是希腊的,一是日本的。""希腊文明差不多是一切学术的始祖,现在通常文学上科学上的用语,差不多以来自希腊的居多。"又说:"希腊文明的精神,很有许多表现在神话里面。这种精神的特点——也就是希腊人人生观的特点——有二:一是现世主义,一是爱美的精神。"并就这两种精神分别作了阐述。（参见张菊香、张铁荣主编《周作人年谱》，南开大学出版社1985年版；袁景华编《章士钊先生年谱》，吉林人民出版社2001年版）

　　林语堂1月上旬撰有《苦矣！左拉！》，未公开发表，后收入林语堂的《翦拂集》。文中批评陈源（西滢）发表于1925年12月12日《现代评论》第53期与1926年1月2日第56期的两篇《闲话》。23日，林语堂所绘《鲁迅先生打叭儿狗图》载《京报副刊》第393号，漫画旁边附有鲁迅载《莽原》1926年1月10日第1期的《论费厄泼赖应该缓行》一文中的部分文字。25日，林语堂在《语丝》第63期上发表《写在刘复博士文章及"爱管闲事"图表的后面》。3月29日，林语堂在《语丝》第72期所发表《悼刘和珍杨德群女士》。同月，所撰《图书索引之一新法》载《图书馆学季刊》第1卷第1期，文中分为"说明""例言""新韵卡索引图例""重编新韵疑年录"四部分，并附有《新韵建议》《新韵例言》《新韵杂话》（八条）。4月4日，所撰《请国人先除文妖再打军阀》载《京报副刊》第459号，这是对周作人在1926年4月2日出版的《京报副刊》第457号上发表的《恕府卫》一文的回应。19日，林语堂所撰《释疑》载《京报副刊》第472号。同期《京报副刊》还载有侯兆麟针对林语堂所撰《请国人先除文妖再打军阀》一文而于4月13日写的《一封通信》。《释疑》即是对侯兆麟所撰《一封通信》的答复。21日，林语堂所撰《"发微"与"告密"》载《京报副刊》第474号，针对3月18日北京"三一八"惨案而作。26日，林语堂所撰《图书索引之新法》载《语丝》第76期，文中首次提出按用"国音新韵"三十六韵母编制书目与人名索引的新方案，与众不同。（参见郑锦怀《林语堂学术年谱》，厦门大学出版社2018年版）

　　刘半农1月10日晚到女师大访鲁迅。11日，在《语丝》第61期发表杂文《悼"快绝一世的徐树铮将军"》。17日晚上，刘半农与林语堂等人在东安市场的"太和春"聚餐。25日，在《语丝》第63期上发表杂文《骂瞎了眼的文学史家》《刘复博士订正中国现代文学史冤狱图表》，前文把斗争的矛头直接指向了北洋军阀的"叭儿狗""现代评论派"干将陈源（西滢），将自比英国狄更斯、法国伏尔泰、左拉、法朗士的陈源视作"名盗、名贼、名妓、名优"之流。于是继去年鲁迅与陈源论战之后烽烟再起。

　　按：《骂瞎了眼的文学史家》并讥讽道："我所代陈先生愤愤不平者：便是我翻遍了一切的英国的文学史，没有看见陈先生的名字。这些编文学史图的，直是瞎了眼！而且，陈先生不但应该在英国文学史有地位而已也……那便是无论那一种世界通史中都应该大书而特书的，然而我竟孤陋寡闻，没有找到一些影子……。"《刘复博士订正中国现代文学史冤狱图表》署名"爱管闲事"者，文中除把段祺瑞比作俾斯麦、徐树铮比作林肯、徐志摩比作泰戈尔外，又把陈源比作伏尔泰、左拉、法朗士。该表的最后一行尚有"阿哥（陈源）的妹妹"拟："阿哥的英文比Dickens好！"的字样，从而使"妹妹问题"又成为当时争论的新焦点。

　　刘半农1月30日在《晨报副刊》上发表《致通伯》，驳斥陈通伯（即陈源）的谬论。2月1日，在《语丝》第64期上发表杂文《奉答陈通伯先生——兼答SSS君及某前辈》，语言更加辛辣犀利，文中采用重叠的方法，数次声明"陈通伯的妹妹并没有说她阿哥的英文比Dickens好！"，实刚"声明"是假，反复宣传是真。又将其在去年女师大风潮中与"老虎总长"章士钊、流氓打手刘百昭（时任北洋政府教育部专门教育司司长）沆瀣一气、狼狈为奸的恶行抖了出来，以此呼应当时鲁迅等人与"现代评论派"的论战。2日，刘半农在《北京大学研究所国学门周刊》第2卷第17期上发表《琵琶及他种弦乐器之等律定品法》。3月7日晚，在家中宴请鲁迅、张凤举、李玄伯、陈百年、林语堂、常维钧等人。22日，在《语丝》第71期上他化名"范奴冬女士"，公开发表《呜呼三月一十八》。4月5日，在《语丝》第73期上发表《重印〈何典〉序》。19日，在《语丝》第75期上发表《瓦釜集·代自序》。同月，民歌体诗歌专集《瓦釜集》由北京北新书局出版。5月10日，在《语丝》第78期上发表《一个极笨极笨的索引法》，建议在图书馆中实行新的索引法。25日，鲁迅为刘半农校点的《何典》一书作《何典·题记》。

刘半农6月6日下午出席北京大学研究所国学门第四次恳亲会。18日晚，往访鲁迅，约请鲁迅为《世界日报·副刊》撰稿。中旬，在北京《世界日报》社答应不加任何干涉的条件下，应成舍我之邀，愿意担任《世界日报·副刊》主编。27日，在《语丝》第85期发表《关于〈何典〉里方方及其他》《与疑古玄同抬杠》，"疑古玄同"即钱玄同，他反对刘半农担任《世界日报·副刊》主编，刘半农致信辩之。同月，刘半农诗歌专集《扬鞭集》上卷由北京北新书局出版，有周作人序，刘半农自序；刘复标点重印《何典》由北京北新书局初版。7月1日，北京《世界日报·副刊》创刊，刘半农兼任主编。同日，在《世界日报·副刊》创刊号上发表《印度寓言》；鲁迅将《马上日记》部分稿寄交刘半农。14日，鲁迅将《马上日记》之二稿寄交刘半农。19日，刘半农在《语丝》第88期上发表《译〈茶花女〉剧本序》。同月，所译剧本《茶花女》由北京北新书局出版。8月2日，在《世界日报·副刊》第2卷第2号上发表写给顾颉刚的信《瞎嚼蛆蛆的说诗》以及《民间文学中的"死"》。

　　按：前文针对刘大白、郭全和魏建功有关《邶风·静女》的详细讨论提出新的解说；后文认为民间文学作品中"死神与爱神争斗"的篇章，往往"最为精采"。

刘半农8月7日因北京《世界日报》负责人成舍我被军阀政府逮捕，于是离家到外面躲避了几日。9日，在《语丝》第91期上发表《校点〈香奁集〉后记》。同月，刘半农校点诗集《香奁集》由北京北新书局发行，有沈尹默序，刘复后记。9月14日，出席"数人会"会议，会上议决"国语罗马字拼音法式"，但北洋政府教育部不肯用部令公布，他们另筹别策。18日，在《语丝》第97期上发表《白话诗的先驱者》。（以上参见徐瑞岳编《刘半农年谱》，中国矿业大学出版社1989年版；曹波、万兵《刘半农小说著译学术年谱(1913—1920)》，《广西社会科学》2020年第1期）

陈源1月1日在《〈现代评论〉第一周年纪念增刊》上发表《做学问的工具》，与章士钊发表于去年12月29日的《寒家再毁记》相呼应："从《寒家再毁记》看来，好象他们夫妇两位的藏书都散失了。这真是很可惜的。"2日，陈源在发表于《现代评论》第3卷第56期的《闲话》中，把他美化帝国主义、诬蔑爱国群众的行径称之为"管闲事"，并说因此"常常惹了祸"，表示从今年起"永远不管人家的闲事"了。20日，陈源致信周作人，谓"先生今天在《晨报》骂我的文章里，又说起'北京有两位新文化新文学的名人名教授……扬言于众曰：现在的女学生都可以叫局'。这话先生说了不止一次了，可是好像每次都在骂我的文章里，而且语气里很带些阴险的暗示……请先生清清楚楚的回我两句话：（一）我是不是在先生所说的两个人里面？（二）如果有我在内，我在什么地方，对了谁扬言了来？"30日，陈源在《晨报副刊》上发表两封《致半农》，质问刘半农，尤其对"阿哥的妹妹拟"一句表示不满，认为这是刘半农"无缘无故的欺负一个弱女子"。同日，《晨报副刊》同时发表徐志摩的《关于下面一束通信告读者们》与陈源的《闲话的闲话之闲话引出来的几封信》，对鲁迅集中进行反击。其中陈源《致志摩》的一封长信攻击鲁迅是"做了十几年官的刑名师等……一下笔就想构陷人家的罪状……不是断章取义，便捏造些事实""没有一篇文章里不放几枝冷箭"等等，又攻击鲁迅《中国小说史略》抄袭日本人盐谷温的《支那文学概论讲话》里面的"小说"部分。于是引来鲁迅更为激烈、密集的反击。夏，凌叔华从燕京大学外文系毕业，以优异成绩获该校金钥匙奖，任职北京故宫博物院书法绘画部门。7月，凌叔华与陈源结婚。（参见徐瑞岳编《刘半农年谱》,中国矿业大学出版社1989年版;鲁迅博物馆、鲁迅研究室编《鲁迅年谱》,人民文学出版社1981年版;张菊香、张铁荣主编《周作人年谱》,南开大学出版社1985年版;袁景华编《章士钊先生年谱》,吉林人民出版社2001年版)

　　徐志摩在北京主编《晨报》副刊《诗镌》,与闻一多、朱湘等人开展新诗格律化运动。1月8日,章士钊撰《与徐志摩书》,刊于《甲寅》周刊第1卷第28号。13日,徐志摩在《晨报副刊》发表《闲话引出来的闲话》,盛赞陈源在《现代评论》第3卷第57期(1926年1月9日)谈法朗士的《闲话》,是"一篇可羡慕的妩媚的文章"。因而希望"上帝保佑他以后只说闲话,不再管闲事!"文中曾讲述了一件关于陈西滢的"家事":"'阿哥',他的妹妹一天对他求告,'你不要再作文章得罪人家了,好不好? 回头人家来烧我们的家,怎么好?''你趁早把自己的东西,'闲话先生回答说,'清点了开一个单子给我,省得出了事情以后你倒来向我阿哥报虚账!'"20日,周作人在《晨报副刊》发表《闲话的闲话之闲话》一文,批评1月13日《晨报副刊》发表的徐志摩的《闲话引出来的闲话》中恭维陈源的话。26日,徐志摩致信周作人,谓"我妄想解围做和事佬,谁想两头(按指周作人和陈源)都碰钉子……同时我却还有一句老实话,启明兄以为是否? 谑固然不碍,但不当近虐;新近有许多东西玩笑开得似乎太凶了。说来我还是不明白我们这几个少数人何以一定有吵架的必要。我呢,也许是这无怀氏之民的脾胃,老是想把事情的分别看小看没了的。就说西滢吧,我是完全信得过他的,就差笔头太尖酸些不肯让人,启明兄你如其信得过我,按我说,也就不该对西滢怀疑,说来还不是彼此都是朋友? 也许真是我笨,你们争执的分量我始终不曾看清楚"。31日,徐志摩致信周作人,谓"关于语丝派和现代评论派的笔战事,我今天与平伯、绍原、金甫诸君谈了,我们都认为有从此息争的必要,拟由两面的朋友们出来劝和,……千万请你容纳"。2月3日,《晨报副刊》以《结束闲话,结束废话!》为题,发表了徐志摩等人的通信。4月1日,徐志摩与闻一多等同仁发起的专门研究新诗的周刊《晨报·诗镌》创刊,时任《晨报副刊》主编的徐志摩撰写创刊词《诗镌弁言》,谓"我们几个人都共同着一点信心……我们信我们这民族这时期的精神解放或精神革命没有一部象样的诗式的表观现是不完全的,我们信我们自身灵里以及周遭空气里多的是要求投胎的思想的灵魂,我们的责任是替他们构造适当的躯壳,这就是诗文与各种美术的新格式与新音节的发见,我们信完美的形体是完美的精神唯一的表现"。是年,徐志摩移居上海,任光华大学、大夏大学和南京中央大学教授。(参见徐瑞岳编《刘半农年谱》,中国矿业大学出版社1989年版;鲁迅博物馆、鲁迅研究室编《鲁迅年谱》,人民文学出版社1981年版;张菊香、张铁荣主编《周作人年谱》,南开大学出版社1985年版;袁景华编《章士钊先生年谱》,吉林人民出版社2001年版;闻黎明、侯菊坤《闻一多年谱长编》(增订版),上海交通大学出版社2014年版)

　　高一涵1月2日在《现代评论》第56期上发表《对于委员制的意见》,此后又在《中大季刊》第1卷第2期上发表《委员制的性质及利弊》。两文通过比较实行委员制的瑞士和苏联的异同。4日,国民党中执委第四次全会函请高一涵为特别宣传委员。6日,北大雄辩会举行国语演说,高一涵到会指导。22日,所著《中国内阁制度的沿革》一书由北京大学出版部出版发行。当日《北大日刊》上刊出出版消息。1928年由商务印书馆收入《国学小丛书》出版。高一涵所作自序称:该书与《中国御史制度的沿革》,都是从历史上和法制上去研究中国的政治制度,作成一个有系统的叙述。2月9日,北京各团体讨张(作霖)反日大会在北大三院大礼堂,举行公开讲演大会,讲演人员为:吴稚晖、李石曾、徐谦、陈启修、于右任、顾孟余、李大钊、陈翰笙、高一涵、黄昌谷、蒋梦麟、徐旭生、王世杰。10日,高一涵在《东方杂志》第23卷第3期发表《卢梭的民权论和国权论》。详细介绍法国思想家卢梭的民治思想和国家学说,以及卢梭思想对于近代共和立宪国家的影响。3月6日,高一涵搬至织染局新家。18日,"三一八"惨案发生后,高一涵撰写《惨案的前途黑暗》予以声讨。23日,北京各界齐聚北大,为"三一八"惨案亡灵举行万人公祭大会,高一涵作挽联:"说什么法律,说什么共和,只看他卖国则生,爱国则死;谁配称民军,谁配称领袖,尽都是有害争后,有利争先。"

> 按:《惨案的前途黑暗》曰:"这种暗无天日的惨案,绝不会在文明国家或法治国家之下发生……这一次惨案决不是法律所能解决的。现政府一日不倒,起诉便一日无效;杀人犯一日不下政治舞台,在事实上便一日不受法律的制裁。"并呼吁:"在惨案发生以后,那就不管党派怎样不同,政见怎样不同,却都要消除私见,和衷共济,一致的主张公道,一致的拥护人道了。"

高一涵3月在国民党(左派)安徽省临时党部在安庆筹备成立之际,与章伯钧等十多人增补和先生为执行委员,高一涵任宣传部长。4月17日,高一涵在《现代评论》第71期发表《政局的前途》。20日,高一涵在"民大"作《委员制之特性及其采用之条件》的演讲,由黎际涛笔记,在《晨报副刊》社会专栏第27期刊出。5月29日,高一涵在《现代评论》第77期发表《护宪与卫戍司令部》。6月,所著《中国御史制度的沿革》由商务印书馆出版。8月21日,高一涵在《现代评论》第89期发表《闲话》,批时下文坛"一骂而诸侯惧"的互骂文风,呼吁:"我二十四分的希望一般文人彼此收起互骂的法宝,做我们应该做的和值得做的事业。"鲁迅在《华盖集》中曾引此文予以反驳。10月31日,高一涵在《现代评论》第98期发表评论《从武力的胜负到政治的胜负》。12月9日,北大雄辩会晚7时举行演说练习会,请高一涵、李宗武先生指导。25日,致信林素园对就任女师大教务长职表示辞意。是年,在《中大季刊》第1卷第1期上撰写了《海(黑)格尔的政治思想》,介绍黑格尔政治哲学的主要观点。继续将西方哲学和社会学理念介绍引进到国内。(参见高大同《高一涵年谱》,上海文化出版社2011年版)

朱希祖2月27日与鸵群社同仁同游彰仪门外天掌宁寺,又至白云观。3月,撰成《曲续录》。5月22日,撰成《太史公书十篇有录无书考——驳王鸣盛〈十七史商榷〉》。6月初,向北大研究所国学门捐赠拓本。6月30日,东方考古学协会成立,朱希祖被选为委员。7月3日,日本学者归国前在北京饭店设宴答谢中国学者,朱希祖与沈兼士、沈尹默、张凤举、徐旭生、陈垣、林万里、罗庸、翁文灏、李四光、马裕藻、裴子元、黄文弼、顾颉刚等出席,其中多数为与北大相关而热衷于考古事业的学者,当是参与东方考古学协会的骨干。8月3日,赴袁同礼为顾颉刚举行的饯行宴。8月13日,赴女师大学生许广平等3人为鲁迅举行的饯行宴。10月16日,与吴承仕、钱玄同、马裕藻、沈尹默、郑奠、李仲衍共宴黄侃。11月19日,北京大学举行1926—1927学年度评议会评议员选举,朱希祖当选为评议员。(参见朱元曙、朱乐川《朱希祖先生年谱长编》,中华书局2013年版)

沈尹默1月1日赴周作人家午宴,同席有沈士远、沈兼士、钱玄同、马裕藻、刘半农、徐耀辰等。4月24日,北京大学书法研究会召开第一次研究会,沈尹默等应邀到会指导。同月,当选为中法教育基金委员会中国代表团代理主席。6月12日,与周作人、马裕藻、陈大齐,张凤举共宴日本人大内、江藤等。13日,中午,与周作人、沈兼士、张凤举、刘半农共宴俄国诗人第干家。7月3日,赴日本学者归国前在北京饭店为中国学者举行的答谢宴会。8月13日,赴女师大学生许广平等3人为鲁迅举行的饯行宴。8月24日下午3时,参加教联会庚款董事会在北京教育会召开的茶话会,并发表演说。10月16日,赴方春湖郑奠、李仲衍共宴黄侃,吴承仕、钱玄同、马裕藻、朱希祖等在座。19日、26日,与李书华、徐炳昶、王尚济、刘半农、李玄伯、萧子升等中法大学丛书委员会委员,分别参加该委员会会议,讨论丛书编辑印刷事宜。11月19日,北京大学举行1926—1927学年度评议会评议员选举,沈尹默当选为评议员。12月7日,与王世杰、皮宗石、朱希祖等7人被北京大学公布为学校组织委员会委员。是年,沈兼士随鲁迅先生同赴厦门大学国文系任教,旋返回北京任故宫博物院文献馆馆长。(参见郦千明《沈尹默年谱》,上海书画出版社2018年版)

沈兼士1月20日撰成《文字学书目提要叙录》,后刊于《北京大学研究所国学门月刊》第1卷第5号。此文介绍编辑文字学书目提要的意义和目的,说明编辑凡例及目录分类情况,是研究文字学的必备知识,为学者的研究工作提供极大的便利。4月4日,奉军轰炸北京,在故宫南三所掷炸弹一枚,事后与故宫同人陈垣、李宗侗、马衡等察看现场,拾得铜螺盖、碎铁片各一个。5日,参加清室善后委员会会议,先听常务委员陈垣报告该委员会及故宫博物院成立之经过,再听陈垣、庄蕴宽演说等。6日,清室善后委员会委员长李煜瀛遭北京政府通缉。与陈垣等该委员会重要成员发起召集顾问及职员,讨论维持委员会工作的方法,决定推选卢永祥、庄蕴宽2人表面上主持会务。6月6日,赴定府大街东龙头井公教大学花园(旧涛贝勒府),参加北京大学研究所国学门第四次恳亲会,任会议主席,并作国学门今后计划重点在出版和讲演两方面的讲话。7月9日,为陈万里《西行日记》作序。

沈兼士应聘于厦门大学。7月31日,《申报》刊登消息,称厦门大学已聘定沈兼士为将要成立的国学研究院主任兼文科国文系主任。8月21日,正式应聘到厦门大学。9月4日,访问同应聘到厦门大学的鲁迅。当天下午一时鲁迅抵厦门,暂寓中和旅馆。沈兼士、林语堂、孙伏园闻讯,即赴旅馆探望。10月17日,赴厦门南轩顾颉刚等饯别宴会。因不堪厦门大学人事纷争,排挤打压,沈兼士决定重回北京大学。11月19日,被选为北京大学评议会评议员。20日,北京大学公布《国文学系课程指导书(十五年至十六年度)》,沈兼士所授有共同必修科目"中国文字声韵概要"(4课时)、分类必修及选修科目"中国文字及训诂"(3课时)和"中国文字及训诂补三"(2课时)。12月7日,北京大学公布其为聘任委员会和校舍委员会委员。9日下午3时,赴欧美同学会参加茶话会,为筹商故宫博物院事。15日,与王式通、江庸、汤铁樵、吴瀛等共10人,被故宫博物院维持会聘为该会常务维持员。(参见郦千明、汪素梅《沈兼士年谱简编》,《湖州师范学院学报》2021年第3期)

杨振声继续任北大中文系教授。1月9日,民歌《这个年头儿》刊于《现代评论》第3卷第57期。11日,小说《她为什么忽然发疯了》刊于《晨报副刊》。当时《新青年》已分裂,鲁迅、周作人与陈源之间发生笔战。2月中旬,与邓以蛰、冯友兰及日人小畑熏良四人在地安门邓以蛰寓晤谈,饮黄酒12斤。3月18日下午,"三一八"惨案。当天《国务院通电》称请愿学生、群众为"暴徒"。惨案发生后,杨振声与王世杰、陈西滢、高一涵、陶孟和、陈翰笙、许士廉、凌叔华等在《现代评论》刊载文章谴责段祺瑞政府屠杀民众、践踏民主的暴行。杨文为小说《阿兰的母亲》,刊于《现代评论》第3卷第68期。与此同时,周作人、朱自清、林语堂、梁启超、闻一多、刘半农、赵元任、邵飘萍等均发表文章,公开谴责政府。4月17日、24日,《现代评论》刊载陈西滢《闲话》,列举"中国新出有价值的书"共11种,其中举杨振声《玉君》为长篇小说代表,另有:胡适《胡适文存》(新文学、中国文学史)、吴稚晖《一个新信仰的宇宙观与人生观》(思想)、郁达夫《沉沦》和鲁迅《呐喊》(短篇小说)、郭沫若《女神》和徐志摩《志摩的诗》(新诗)、丁西林《一只马蜂》(戏剧)、冰心《超人》(儿童文学)、白薇《丽琳》(诗剧)、顾颉刚《古史辨》(史学)。陈西滢在此评论:"要是没有杨振声先生的《玉君》,我们简直可以说没有长篇小说。"然此时鲁迅与陈西滢矛盾正深,且此前不久鲁迅刚刚发表了中长篇小说

《阿Q正传》，故陈西滢的评论引起鲁迅不满。7月，杨振声在《晨报副刊》发表《中国语言与中国戏剧》。8月14日，同闻一多、余上沅、丁西林、陈西滢等前往北海参加徐志摩、陆小曼订婚宴，与刚留美回国的梁实秋等首次见面。同月，被燕京大学聘为中文系教授，主讲"现代文学"。10月30日，《圆明园之黄昏》刊于《现代评论》第4卷第99期。是年，经杨振声出面，燕京大学为应考北大未成的沈从文单独进行了一次考试，而沈从文"考燕大二年制国文班学生，一问三不知，得个零分，连两元报名费也退还。"（参见蓬莱市历史文化研究会《杨振声编年事辑初稿》，黄河出版社2007年版）

王世杰继续任北京大学教授。3月，在《东方杂志》第23卷第5号上发表《国际移民问题》；在《现代评论》第3卷第67期上发表《关于庚款退还部分的说明》；在《现代评论》第3卷第68期上发表《可耻的法院》和《论三月十八日的惨剧》。4月，在《现代评论》第3卷第70期上发表《京师地检处与三一八惨案》。5月，在《现代评论》第3卷第75期上发表《内乱与外论》。同月29日，北京大学校长布告，任命王世杰担任该校代理教务长。6月，在《现代评论》第4卷第81期上发表《学校与政治》。7月8日，在《北京大学日刊》1949号上发布启事，宣布已于6日辞卸代理教务长职务。9月，在《现代评论》第4卷第91期上发表《中国的妾制与法律》。10月，在北京大学《社会科学季刊》1926年10月号上发表《中国奴婢制度》。（参见薛毅《王世杰传》及附录《王世杰生平大事年表》《王世杰著述目录》，武汉大学出版社2010年版）

萧一山经北京大学代理校长蒋梦麟聘任为北京大学教席。另张凤举介绍其任教于北平孔德学校。萧一山辞清华大学教职，并由白眉聘任为北平师范大学教授。清代通史上、中卷之版权出让商务印书馆。（参见萧树苓《萧一山先生生平大事记》，中国人民政治协商会议江苏省徐州市委员会文史资料委员会编《徐州文史资料》，1991年）

许寿裳1月在女子师范大学恢复，新校长易培基氏就职之后，被聘为教授兼教务长。2月24日致信周作人，称兄之文章是我所最爱读的，平正通达四字唯兄足以当之，钦佩钦佩。对于西滢事，想是暂守沉默，将来尚有大文发表："人之卑劣，多阴谋，实在令人讨厌。"3月16日，辞去教务长兼职。18日，"三一八"惨杀案发生，许寿裳得悉女师大学生当场遇害者刘和珍与杨德群二人，受伤者六七人，即偕新任教务长林语堂先生同车赶赴国务院察看。3月20日，许寿裳在北京女子师范大学主持成立"三月十八日外交请愿残杀案后援会"，下设总务、交际、宣传、诉讼四股，筹办善后事宜。嗣后传闻段祺瑞政府将通缉学者名人约50人，许寿裳与鲁迅先生均列名单上，遂同入德国医院避难，至5月始返寓邸。8月鲁迅南下后，许寿裳因不满北洋军阀的黑暗统治，急于离开北京南下，曾托鲁迅代寻职务，鲁迅对此十分关心，但未能如愿。9月7日致许寿裳信，报告了到厦大后的感想："今稍观察，知与我辈所推测者甚为悬殊，玉堂极被掣肘，校长有秘书姓孙，无锡人，可憎之至，鬼祟似皆此人所为。"并说明替许寿裳谋工作之不易，"兄事曾商量数次，皆不得要领，据我看去，是没有结果的。"冬，许寿裳离北京，航海自津抵沪，旋赴浙江嘉兴南门大街66号陶外祖母寓中暂住。（参见倪墨炎、陈九英编《许寿裳文集》下及附录二《许寿裳先生年谱》，百花出版社2003年版；鲁迅博物馆、鲁迅研究室编《鲁迅年谱》，人民文学出版社1981年版；张菊香、张铁荣主编《周作人年谱》，南开大学出版社1985年版）

孙伏园继续任《京报副刊》主编。1月4日，在《京报副刊》在新年第1期头版刊登了向读者征求关于"新中国柱石十人"的倡议书。经过两个多月的征集工作，投票者达791人。结果蔡元培先生以得票最多而名列第一。应征者对蔡的功绩，都特别列举了他在北京大学改革中的作用和意义。其他9人依次为：汪精卫、蒋介石、吴稚晖、冯玉祥、王宠惠、陈独秀、李均烈、于右任、徐谦。从一个侧面反映了北洋军阀的衰落、国民党的重新崛起，以及新文化运动的影响等趋势。4月24日，《京报》被张作霖封闭而停刊，共出477号。8月，孙伏园南下，任厦门大学国学研究所编辑部干事。是年，孙伏园散文集《伏园游记》出版，封面由蔡元培题写书名，其弟孙伏熙为其画像。

按：附《京报副刊》"新中国柱石十人"测验评选结果：

排名	姓名	备　注	排名	姓名	备　注
1	蔡元培	1916年始任北京大学校长	6	王宠惠	民国时期著名法学家、政治家、外交家
2	汪精卫	广州国民政府主席	7	陈独秀	新文化运动代表人，中共中央总书记
3	蒋介石	国民革命军总司令	8	李烈钧	国民党员，参加过辛亥革命、二次革命、护国运动、国民大革命
4	吴稚晖	新文化运动代表人，1924年起任国民党中央监察委员等职	9	于右任	国民党员，积极宣传民主革命，参加过二次革命、国民大革命
5	冯玉祥	北洋军将领，1924年发动北京政变推翻直系军阀政府，组建国民军	10	徐　谦	民国时期著名法学家，参加过反袁斗争和国民大革命

马寅初2月在《东方杂志》第23卷第4号发表《银行之势力何以不如钱庄》。3月，《马寅初演讲集》(第三集)由商务印书馆出版发行。4月，马寅初在《东方杂志》23卷8号发表《中国历年入超之解释及其危险》。10月17—18日，马寅初在厦门集美学校农林部发表演讲《农村信用合作社》《不平等条约外的不平等》。11月，在《东方杂志》第23卷第21号发表《中国之财政与金融》。12月，马寅初在《东方杂志》第23卷第23号发表《中日现行通商航海条约之研究》。(参见彭华《马寅初年谱简编》，《淮阴师范学院学报》2005年第1期)

陶孟和2月提出社会调查计划，得到国内外人士的赞同。美国的一个社会宗教团体通知设在北京的中华教育文化基金董事会(分配和管理使用美国退还庚子赔款的机构)，愿捐赠专款3年，委托该会办理社会调查事业。该基金会随即决定接受此项赠款，在该会之下增设一社会调查部，从事社会调查工作，并聘陶孟和主其事。

按：调查机构成立后，陶孟和即提出三项研究课题，一为对"社会调查方法"进行系统的研究，二为对北京工人生活费的调查研究，三为对北京郊区农民生活费的调查研究。经过3年，完成了3部著作，即樊弘的《社会调查方法》(1927)；陶孟和的《北平生活费之分析》(1928)；李景汉的《北平郊外之乡村家庭》(1929)。此外，在陶孟和的指导下，由王清彬、林颂河等编了《第一次中国劳动年鉴》(1928)。这些工作的完成，为社会学在中国的发展开启了一个良好的开端。当时的主要骨干有樊弘、杨西孟、王子建等。(智效民《陶孟和：中国社会学的奠基者》，《学士界》2000年第5期)

黎锦熙在北京召开的全国国语运动大会上发表了《全国国语运动大会宣言》的长篇讲演。会上通过了《国语罗马字拼音法式》，并由"国语会"公布。11月，国语字典增修委员会六委员开会，始定北京音为国语标准音。是年，黎锦熙开始改用国语罗马字记日记。所著《国语四千年来变化潮流图》出版，此图是把我国语言、文学的发展源流用图解表现出来，来龙去脉清晰而形象。1926年在美国费城世界博览会展出时，曾获美国、比利时等国奖状、奖章，西方人见此图后对我国悠久文化赞叹不已。(参见黎泽渝《黎锦熙先生年谱》，《汉字文化》1995年第2期)

梁漱溟是春年派王平叔、黄艮庸、徐铭鸿赴广州了解南方革命形势，自己则与熊十力、卫西琴以及门生10余人在北京西郊大有庄租房同住，一起研究儒家哲学和心理学问题。

为期一年有余。（参见刘定祥《梁漱溟著述年谱》，《社会科学家》1989年第1期；李渊庭、阎秉华编著《梁漱溟先生年谱》，广西师范大学出版社2003年版）

熊十力所著《因明大疏删注》先由北大印成讲义本，后由上海商务印书馆出版发行，为治因明之津梁。梁漱溟第二种《唯识学概论》讲义由北大印出。此书为梁漱溟由佛归儒、自创新论的一个里程碑。与梁漱溟、卫西琴等10余人住北京万寿山大有庄。（参见郭齐勇《天地间一个读书人：熊十力传》附录《熊十力年表》，上海文艺出版社1994年版）

袁同礼2月28日为北京图书馆（北海）图书部主任。中基会第一次常会协议，因1月份教育部不能履行契约（以政局多故），决定原定合办的国立京师图书馆，暂由中基会独立进行，并改名为北京图书馆，聘梁启超、李四光为正副馆长、袁同礼为图书部主任，组建五人委员会。3月1日，北京图书馆成立。同月，《中华图书馆协会会报》载北京图书馆协会《章程》，袁同礼为会长，副会长冯陈祖怡，书记查修。3月，《图书馆学季刊》在南京创刊，主编刘国钧，刊物宗旨为："本新图书馆运动之原则，一方参酌欧美之成规，一方稽考我先民对于斯学之贡献，以期形成一种合于中国国情之图书馆学。"袁同礼，撰写《发刊词》，发表在该刊第1卷第1期，认为图书馆学成为一专门科学，是最近20余年间的事。所撰《清代私家藏书概略》刊于《图书馆学季刊》第1卷第1期。春，袁同礼与妹丈彭昭贤，参加北大讲师李璜召集座谈会，倾向于国家主义的政治主张。5月11日，由京赴武昌、南京，以中基会调查员身份，调查武昌大学图书馆和东南大学图书馆。此前已在京调查过北京图书馆。7月12日，经选举，袁同礼被推为中华图书馆协会执行部正部长，格于成例，辞去董事职务。同日，梁启超复袁同礼函，谈作《古今图书馆小史》，询馆中建筑进展，知购书费增加等。8月7日，教育总长任可澄令国立京师图书馆先行启封《四库全书》。国务院准教育部提议，该馆所藏文津《四库》，在因数款"未筹定以前"，先行启封，"照旧陈列，供众阅览"。

按：8月20日，梁启超致任志清、胡石青函，为国立京师图书馆向教部和财部请款。9月3日，教部饬令京师图书馆（1）在历史博物馆开馆前，将与该馆合作整理的"宋元旧椠书籍及重要档案"，归该馆所有者，"即日移交"；（2）拨借馆藏"旧本地理挂图"给历史博物馆陈列；（3）将馆藏"敦煌唐人写经"目录借给历史博物馆录副。10月1日，教育部提出阁议，将（方家胡同）京师图书馆改组为国立京师图书馆，应领经费4000元，由财政部拨付。12日起移交。原京师图书馆分馆，改为京师第一普通图书馆。通俗图书馆改为第二普通图书馆。图书阅览所改为第三普通图书馆。10月2日，教育总长任可澄函国立京师图书馆馆长梁启超，要求积极筹划与中基会合办契约。（1）改馆名为国立京师图书馆。（2）原有图书，因委员会停止职权，"应即移交国立京师图书馆，责成馆长接收整理"，为将来履行合办契约准备。（3）每月经费4000元，"应请财政部指定的款，从本年十月起，按月拨给该馆领用"。（4）"至国立京师图书馆应办事宜，尤赖贵馆长积极筹划，竭力进行，期于中华教育文化基金董事会早日履行合办契约，以符原案。"10月6日，京师图书馆馆长梁启超函京师图书馆，已派罗普、何澄意、陈熙贤三人，于本月12日到馆办理接收。10月7日，梁启超函教部，报告派罗普等人开始办理接交，并请教部"迅予颁给国立京师图书馆关防及馆长小章各一颗"。

袁同礼10月中旬参加新成立的"故宫博物院维持会"。当时政局变动，清室善后委员会为抵制北洋系接管故宫，成立"故宫博物院维持会"，由柯劭忞、梁启超、陈垣、蔡元培、叶恭绰、马衡、袁同礼、吴瀛、沈兼士、吴承仕等著名学者37人组成。12月9日，故宫博物院维持会成立，袁同礼被推选为该会常务委员。该会召集于本年10月中旬，此次常务委员有陈垣、沈兼士、袁同礼、吴瀛、马衡等15人组成。（参见张光润《袁同礼先生年谱初编（1895—1965）》，载张光润《袁同礼研究（1895—1949）》，华东师范大学博士学位论文，2018年）

　　闻一多仍任艺专教务长。年初,迁居西京畿道34号,距艺专只隔半条街,西与北闹市口相接,随后成为一般青年诗人聚会的场所。1月中上旬,闻一多出席艺专评议会会议。16日,北京国立九校教职员大举索薪,闻一多曾代表艺专赴教育部,在那里见到鲁迅一面。20日,教育部拟聘林风眠为艺专校长,次日又拟派萧俊贤或陈延龄在林风眠未到任前兼代校长。此事引起闻一多及艺专一些同人异议,认为陈延龄身为教育部专门司司长,有部员干涉教育之嫌。21晚,闻一多出席艺专教职员会议,讨论新校长问题,会上推闻一多等4人赴教育部质询。22日下午4时,闻一多与萧友梅、程振基、赵太侔四人赴教育部询问艺专校长问题,由教育部次长陈任中接见。23日,北京国家主义团体联合会开会讨论日俄出兵东三省问题,并决定发表宣言,表示反对。同日,闻一多致梁实秋信,谈到艺专校长问题,谓"我近来懊丧极了。当教务长不是我的事业,现在骑虎难下真叫我为难。现在为校长问题学校不免有风潮"。信中又说到"大江"的事,说"国家主义的同志中有一般人也常到我家里开会"。当时闻一多依然信仰国家主义,以为唯国家主义方能救国,而把共产主义视为国家主义之主要障碍与对手,称两者"将在最近时期内有剧烈的战斗",因此,"切望同志快回来共同奋斗"。

　　按:北京国家主义团体联合会《反对日俄出兵宣言》曰:日俄的野心,不暂时收拾起来,这回北方以至全国的乱祸,不知道要蔓延到几时!我们如果要根本的制止这回的战祸,我们该当表示民意,使日俄有一个戒心,因此我们慎重的提议三点:

　　一、国民全体起来,要日使芳泽俄使加拉罕电告他的本国政府,速戢野心,不得干涉中国内乱,不得恣意威吓我们,如再不改悔,我们国民不能再忍,便要请强盗的使臣立刻出境。

　　二、国民全体起来,向亲日俄的军阀官僚,以至为虎作伥的中国共产党人,加以警告,如果还是只知私利,一味丧心,倒行逆施的这样长远做下去,而无悔过的意思,我们国民誓以非常手段来对付。

　　三、用全体国民的名义通告世界各国,将这回日俄干涉我内争,侵犯我主权的事实详细的说明,使世界各国了然日俄的野心,不要被他口头亲善、口头平等者一手掩尽了天下人耳目。

　　亲爱的同胞们,这回日俄举动的意义,不是比五卅英人举动的意义轻,这是侵略我者第一次明张旗鼓加入我国的内争,这个旗鼓鲜明,更将引起境内的国际战争。我们同胞将要到这样的情景之下,不愿作走狗,便是成池鱼,不愿作卖国权,也是当亡国民!爱国同胞们,请注意日俄举动的意义,请速起警告大小诸国贼与东西两强邻。(《国家主义团体联合会之反对日俄出兵宣言》,《晨报》,1926.1.24)

　　按:闻一多致梁实秋信中说道:"大江命我做的事我虽自揣能力不够,但仍是不敢辞让。我只望在美同人多帮一点忙,不要使我一人踏于呼吁无门的境地,那便是《季刊》的幸事。国内赤祸猖獗,我辈国家主义者际此责任尤其重大,进行益加困难。国家主义与共产主义势将在最近时期内有剧烈的战斗。我不但希望你赶快回来,并且希望多数同志赶快回来。我辈已与醒狮诸团体携手组织了一个北京国家主义团体联合会,声势一天浩大一天。若没有大批生力军回来作实际的活动,恐怕要使民众失望。醒狮社的人如李璜乃一书生,只能鼓吹主义,恐怕国家主义的实践还待大江。此点李璜等亦颇承认,故努生在京时,彼等极为敬视。在努生未归之先,我希望浩若要快回来。我包管他回来了有极有兴味的事可做。"

　　闻一多1月27日在艺专学生会投票选举校长中得20票,不及总数五分之一。得票较多者林风眠、蔡元培、萧俊贤、彭沛民和李石曾5人,呈请教育部,请于其中一人委以校长。28日,北京国家主义团体联合会发出通启,发起反日俄出兵东省大会,定次日晚7时半,在北京大学第二院宴会厅开会,讨论进行办法。29日,北京国家主义团体联合会在北大二院召开反日俄出兵东省大会筹备会议。闻一多代表大江社前往参加。

　　按:1月29日,到会者有北京国家主义团体联合会、中国国民党同志俱乐部、反共党刊物同志会、北京国家主义青年团、国魂社、铁血救国会、台湾救国同志会、救国杂志社、京津竞学会、夏声社、蜀光社、奋斗社、中国少年自强会北京支部、政治讨论会、醒狮社、工大救国同志会、民国公报社、正声日报社、大神州会、朔风社、秋枫社、信社、少年行健会、全民学会、中原通信社、中华妇女协会、群益社、北京工界维持会、起舞社、临江学会、国民党各团体联合办事处、旅京川南政学联欢社、旅京四川什邡县同乡公会、崇庆旅外联合会、广东开平旅京学会、国是协进会、甲子社、少年爱国社、四川联县青年互助学会、青年改进社等团体。晚8时，王施真主席主持开会，谓"此次国家主义团体联合会发起反对日俄进兵东省大会，惟一目的，在反对赤白帝国之侵略行为，唤起国人之自觉"。张作霖"借日本之力，自固地盘，引其进兵南满""苏俄亦狡焉思逞，乘东路运兵问题，小题大作，借护路为名，出兵北满""吾人为谋国家之生存，对于侵略我国之日本苏俄一致反对"。诸团体代表发言后，由中国国民党同志俱乐部江伟藩、北京国家主义团体联合会姜华先后提出三项方案："一、通电全国，以宣布日俄侵略行为，而唤醒国人；二、警告日俄大使芳泽加拉罕张作霖等军阀；三、发反对日俄出兵东省宣言。"表决时有人反对。方案通过后，遂宣告散会，反对者"复麇集大吵不止""大起争端，结果受伤四人"。

按：此后，闻一多多次参加北京国家主义团体联合会活动。2月3日上午10时，闻一多参与发起的反日俄出兵东省大会复召开筹备会议，决议通过"电告东省民众，主张国民对外""电告全国民众，声明东三省问题，非东省民众单独的责任，实为全国民众共同之责任"等四项案件。9日，反日俄出兵东省大会复在北大三院开会，讨论进行办法。3月6日晚，闻一多与李璜、余上沅、邱椿等在华侨俱乐部开会，"讨论反抗苏俄及援助旅俄被虐华侨办法"。与会者还有王会卿、杨国梁、杨若金、林有壬、黄有渊、王施真、谭慕愚、何培植、林德懿、戴庆云、彭昭贤等。会议议决召开"反抗苏俄帝国主义援助旅俄被虐侨胞大会"，会后发表了"通启"。10日，北京国家主义团体联合会、北京国家主义青年团、大江会、大神州会、国魂社、中国少年自强会、醒狮社、反日俄出兵东省大会、旅俄华侨商会联合会、苏俄残害金石声案旅京华侨后援会、华侨公会、三门湾开埠促成会、救国团、民主社、铁血救国团、朔风社、北京工人救国团、工大救国同志会等团体共同发起反俄援侨大会，于是日下午二时，在北京大学第三院举行讲演大会。闻一多事前为主要筹备者之一，会上又为主席团成员。出席是日"反俄援侨大会"有三四百人。首由大会主席、醒狮社北京社长、北大教授李璜报告开会理由，谓此次大会"一为侨胞在俄受俄人虐待，藉以报告真象，俾国人起而为同情之援助；二为揭破苏俄侵略我国之阴谋，俾国人起而谋自卫之道"。旋由旅俄华侨代表王会卿报告华侨在苏联所处境遇，后由彭昭贤讲演苏联国内之情形及对中国之态度。此时，台下人声嘈杂，国家主义派与共产主义派发生争执，并出现了混战。11日，反俄援侨大会因与共产派矛盾，复开会讨论进行办法，议决"通电全国宣布俄人率领党徒捣乱大会之真象""警告加拉罕""赴外部催办金石声案"等具体事项多种。16日，闻一多准备参加18日在天安门前举行的"反对八国最后通牒国民大会"，但由于李璜劝阻作罢。17日晚，闻一多代表大江会，与国魂社、国家主义青年团、大神州社、少年自强会、朔风社等30余团体，召开紧急会议，讨论反对八国通牒事项，并决定次日上午9时在北大第三院操场集合国家主义派人员，向政府示威，以监视政府不得承认八国通牒。18日，北京国家主义团体联合会、中国国民党北京市党部、孙文主义学会等50余团体200余人赴外交部、国务院陈述意见。当他们离开国务院不及两小时，在天安门前参加完国民大会的民众亦来到国务院门前。这时军警开枪镇压，"三一八"惨案发生。21日，为抗议"三一八"惨案，北京各团体暂时摈弃成见，举行联席会议。发起者有国家主义团体联合会、中国国民党北京市特别党部、北京学生总会、北京国民反辛丑条约国侵略大会等不同派别的团体。22日下午3时，上述团体与国民党两北京市党部、爱国运动大同盟、雪耻大会、北京孙文主义学会、旅法华侨总工会、民治主义同志会、外交学会等，共200余团体及60余校代表300余人，在北大第三院第一教室召开联席会议。会上大家对"三一八"惨案的发生一致表示愤怒，但在成立组织讨论执行委员人数及分股问题时，又发生了争执与分裂。随后国家主义团体联合会与孙文主义学会、国民党右派的南花园市党部另行开会。

闻一多2月24日与北京艺专事务长共同召集教职员谈话会，"议决为挽救学生学业计，各教职员得于不妨害与九校一致争经费之运动范围内，自动的到校指导学生，并由各班教职员各约各班学生""研究补习办法"。3月6日下午1时，闻一多出席艺专全体教职员茶话会。3月18日，"三一八"惨案发生，刘和珍、李家珍、杨德群、郭杰红、江禹烈等惨遭杀害，艺专学生姚宗贤亦身亡,谭祖尧等受伤,闻一多愤恨不已,先后作《唁词——纪念三月十八日的惨剧》《文艺与爱国——纪念三月十八》等。25 日,诗《唁词——纪念三月十八日的惨剧》发表于《国魂周刊》第 10 期。27 日,诗《天安门》发表于《晨报·副刊》第 1370 号。同日,徐志摩第一次到闻一多家。4 月 1 日,闻一多与同仁发起的专门研究新诗的周刊《晨报·诗镌》创刊,为我国现代文学史上第二个专门发表诗与诗评的专刊,旨在发起一场改良新诗的运动。由于经济等条件限制,便借用了《晨报》的副刊。副刊主编徐志摩也参加了主要编辑工作。主要撰稿人有闻一多、徐志摩、朱湘、饶孟侃、杨世恩、杨振声、刘梦苇、塞先艾、于赓虞、孙大雨等。编辑则是大家轮流负责。在《诗镌》创刊号上发表了《文艺与爱国——纪念三月十八》,认为爱国运动与新文学运动之间有着密切的关系。

　　按:《文艺与爱国——纪念三月十八》指出:"爱国运动能够和文学复兴互为因果……我们的爱国运动和新文学运动何尝不是同时发轫的?他们原来是一种精神的两种表现。在表现上,两种运动一向是分道扬镳的。我们也可以说正因为他们没有携手,所以爱国运动的收效既不大,新文学运动的成绩也就有限了。……这两种运动合起来便能互收效益,分开来定要两败俱伤。所以《诗刊》的诞生刚刚在铁狮子胡同大流血之后,本是碰巧的,我却希望大家要当他不是碰巧的。我希望爱自由、爱正义、爱理想的热血要流在天安门,流在铁狮子胡同,但是也要流在笔尖,流在纸上。"文中还特别提倡为爱国而死的献身精神:"同情心发达到极点,刺激来得强,反动也来得强,也许有时仅仅一点文字上的表现还不够,那便非现身说法不可了。所以陆游一个七十衰翁要"泪洒龙床请北征",拜伦要战死在疆场上了。所以拜伦最完美、最伟大的一首诗,也便是这一死。所以我们觉得诸志士们三月十八日的死难不仅是爱国,而且是伟大的诗。我们若得着死难者的热情的一部分,便可以在文艺上大成功;若得着死难者的热情的全部,便可以追他们的踪迹,杀身成仁了。因此我们就将《诗刊》开幕的一日最虔诚的献给这次死难的志士们了。

　　闻一多 4 月 8 日所作《〈诗与历史〉附识》发表于《晨报·诗镌》第 2 号。《〈诗与历史〉附识》,谓:"这篇文有两层主要的意思:(一)怀疑学术界以科学方法整理国故、研究历史的时论。(二)诊断文艺界的卖弄风骚、专尚情操、言之无物的险症。他的结论是历史与诗应该携手;历史身上要注射些感情的血液进去,否则历史家便是发墓的偷儿,历史便是出土的僵尸;至于诗这东西,不当专门以油头粉面、娇声媚态去逢迎人,她也应该有点骨格,这骨格便是人类生活的经验,便是作者所谓'境遇'。"9 日,应徐志摩、杨振声、赵太侔、邓叔存邀宴,闻一多与林风眠夫妇、陈源、俞平伯、余上沅、张歆海、陶孟和、冯友兰、凌叔华、张奚若、丁巽甫、陆小曼、王代之等以及日本学者小畑熏良亦参加。15 日,诗《死水》发表于《晨报·诗镌》第 3 号,被公认为闻一多所提倡的格律诗的代表作,在当时文坛引起一定反响。22 日,《晨报·诗镌》第 4 号首篇为饶孟侃的《新诗与音节》,系《诗镌》首次登载的关于新诗理论的文章。4 月 27 日,闻一多致梁实秋信,谈及与朱湘关系的恶化。5 月 13 日,在《晨报·诗镌》第 7 号发表《诗的格律》,为闻一多酝酿已久的新诗理论的探讨文章,反映了闻一多对新诗创作应遵循一定格律的思想,对当时以及后来的诗创作产生过影响。20 日,《诗镌》提倡的讲求新诗格律,引起文学界的注意。27 日,在《晨报·诗镌》第 9 号发表《诗人的横蛮》,这是对朱湘近来态度的批评,话讲得很不客气,却流露出闻一多与朱湘关系恶化的原因。6 月 3 日,在《晨报·诗镌》第 10 号发表《英译的李太白》,乘日本学者小畑熏良此次来华之机,对他翻译的英文《李白诗集》加以评论。10 日,《晨报·诗镌》第 11 号出刊,这是《诗镌》最后一号,原拟暑假中将版面借给另一副刊《剧刊》,但《剧刊》结束后,《诗镌》并未继续出刊。

　　按:《诗镌》一共只出了 11 期,前后 70 天,但在新诗的长远繁荣与发展上看,起了积极的作用。朱自清在《唱新诗等等》中说:"至于现在的新诗,初期大部分出于词曲,《尝试集》是最显著的例子,以后的作者,则似乎受西洋影响的多。所谓西洋影响,内容方面是新的人生观和宇宙观,形式方面是自由诗体。这新的人生观和宇宙观,不幸不久就已用完,重新换上风花雪月、伤春悲秋那些老调,只剩自由诗体存留着。直到去年,闻一多、徐志摩诸先生刊行《诗镌》,才正式反对这自由诗体,而代之以格律体。"(《语丝》第154期,1927.11.1)后来,朱自清又在《中国新文学大系·诗集·导言》中把十年来的诗坛分作三派,即自由诗派、格律诗派、象征诗派。而格律诗派的代表便是以《诗镌》为标志的。朱自清说:"北京《晨报·诗镌》出世,这是以闻一多、徐志摩、朱湘、饶孟侃、刘梦苇、于赓虞诸氏主办的。他们要'创格',要发见'新格式与新音节'。闻一多氏的理论最为详明,他主张'节的匀称''句的均齐',主张'音尺',重音,韵脚。他说诗应该具有音乐的美,绘画的美,建筑的美;音乐的美指音节,绘画的美指词藻,建筑的美指章句。他们真研究,真实验;每周有诗会,或讨论,或诵读。梁实秋氏说,'这是第一次一伙人聚集起来诚心诚意的试验作新诗'。虽然只出了十一号,留下的影响却很大——那时大家都做格律诗;有些从前极不顾形式的,也上起规矩来了。'方块诗''豆腐干块'等等名字,可看出这时期的风气。"

闻一多6月17日参与《晨报·剧刊》创刊,该刊由张嘉铸提议办起,主要编辑为余上沅,闻一多与赵太侔曾参与组稿。6月24日,在《晨报·剧刊》第2号发表《戏剧的歧途》,认为西方的易卜生、萧伯纳、王尔德、哈夫曼、高斯俄绥等人的戏剧传入中国,都是注重于介绍思想,而不是介绍艺术。7月2日,小畑薰良作《答闻一多先生》,经徐志摩翻译,发表于8月7日《晨报副刊》第1427号。此为对闻一多《英译的李太白》的回应。7月15日,邓以蛰为《戏剧与道德的进化》一文致闻一多与赵太侔、余上沅的信刊于《晨报·剧刊》第5号。8月14日,闻一多与杨振声、余上沅、丁西林、陈西滢及刚刚回国的梁实秋等,至北海参加徐志摩、陆小曼订婚宴。杨振声在这次宴会上首次与梁实秋见面。9月16日,闻一多与赵太侔、余上沅、孙伏园于上年7月共同草拟的《北京艺术剧院计划大纲》连载于《晨报·剧刊》第14—15号。同月,闻一多受聘为吴淞国立政治大学教授兼训导长。校长君劢为闻一多好友张嘉铸的哥哥,也是国家主义有力鼓吹者。校中教授有瞿世英、陈石孚、吴国桢、潘光旦等,均系先生清华时同学。(参见闻黎明、侯菊坤《闻一多年谱长编》(增订版),上海交通大学出版社2014年版)

饶孟侃在"三一八"惨案发生后,于22日写成《三月十八日——纪念铁狮子胡同大流血》,发表在3月25日《晨报》上,表达诗人难以压抑的愤怒。4月1日,《晨报》副刊《诗镌》创刊,饶孟侃和闻一多经过不懈地努力,把《诗镌》创刊做成纪念"三月十八血案的专号"。

常乃惪3月10日出席北京各爱国团体在北大召开的抗俄援侨大会,与李璜、彭昭腺、闻一多等俱有演讲。任教燕大两年来,以对现行教育制度怀疑日深,应辞未获而其意益决。常乃德兼办《学园周刊》,并参加鲁迅主编之《莽原》周刊,二者均为北京《世界日报》之副刊。7月,中国青年党召开第一届全国代表大会,常乃惪被选为中执委,兼宣传部长。8月28日、9月4日,在《现代评论》第4卷第90—91期发表《东西文化质胡适之先生——读〈我们对于西洋近代文明的态度〉》一文。是年,在《中华教育界》第16卷第6期发表《公民教育与国民教育》。(参见顾友谷《常乃德学术思想述评》,云南大学出版社2013年版)

李璜7月在《晨报副刊》第58期发表《我们为什么要办爱国中学》。8月1日,中国青年党第一次全国代表大会在上海召开,李璜出席大会,并被选为中央执行委员。大会还通过了《对于时局宣言》,鼓吹实行"全民革命"和"全民政治",反对"共产党式的包办国事"。10月,李璜在《东方杂志》第20号发表《历史学与社会科学的关系》,提出"社会科学每有所见,必定立刻要影响到历史科学;而历史科学每有所得,也必定要影响到社会科学"。

按:《历史学与社会科学的关系》指出:"近三四十年来,因社会科学与历史科学的同时发展,更是彼此影响而关系愈密。""历史学的发展,实大有功于社会科学。……近今社会科学的发达,也实使历史内容改了观。""人类学和人种学使历史增加了生理的背景,风俗学和考古学使历史认识到文化的源头,经济学为历史指出经济生活对于人类活动的影响,已经足以使历史学家眼界大开,头头是道;而近二三十年来社会学的进步,又使历史家深切的了解,'社会'这个建设对于人类活动有一种超个人的力量。"总之,"社会科学每有所见,必定立刻要影响到历史科学;而历史科学每有所得,也必定要影响到社会科学"。(参见王学典《20世纪史学编年(1900—1949)》,商务印书馆2014年版)

任鸿隽4月由中基会专门秘书改任执行秘书,协助干事长处理日常工作。10月30日至11月11日,出席在日本东京举行的第三次泛太平洋学术会议。经中国全体代表一致力争,终以中国科学社代表中国科学机关加入太平洋科学会议中央委员会。11月,所撰《科学概论》由商务印书馆出版。(参见樊洪业、潘涛、王勇忠编《中国近代思想家文库·任鸿隽卷》及附录《任鸿隽年谱简编》,中国人民大学出版社2015年版)

陈衡哲所著《西洋史》(下册,近代部分)2月由商务印书馆出版。两册《西洋史》为陈衡哲的史学代表作,集中地反映了她研究与教学西洋史的成果与特点。(参见杨同生《陈衡哲年谱》,《中国文学研究》1991年第3期)

张相文"三一八"惨案发生后,愤作《学匪歌》,痛斥段祺瑞政府开枪杀害北京学生的残暴罪行。

张竞生在《晨报》副刊刊登征集个人"性史"的启事。5月,经过精心整理,从性史征文的200多篇文章中,抽选了在京大学生所写的7篇,编成《性史》第一集由性育社公开出版。其中何女士的《我的性经历》最有学术价值,小江平的董二嫂则是对性盲的有力控诉,性史体裁为自传式小说体,每篇之后,都有针对性的按语,如"第三种水""如何协调夫妻双方性生活""手淫",以及如何避孕等等。嗣后,张竞生拟将"性史"征文分集陆续出版。"性史第二集已编好,并发稿到书社,书社预付第二集稿酬大洋千元,如不遭到社会责难,性史第二集、第三集、第四集,也将很快在中国出现。"8月,时任天津南开大学校长的张伯苓首先发难。在南开大学生中宣布《性史》属宣传淫秽的淫书,禁止学生阅读,接着天津市警察局宣布在该市查禁《性史》,报章杂志纷纷发表声讨张竞生的文章,诬陷张竞生博士为淫虫,宣扬淫秽,污浊社会,毒害青年等等。当局也严厉查封,不法书商纷纷假冒其名以谋暴利,张氏因此被讥讽为"性博士"。

按:《性史》是中国性史调查与研究的开端。张氏在该书序中说:"我们不但看性为一种学问,我们尤当看它作一种艺术。把它好的方面竭力提倡,把恶的劣的材料立意放弃。"如果说,张竞生关于避孕节育,以提高中华民族人口素质只是反封建的外围战,在《京报副刊》发启《性史》征文是投向封建礼教的一把投枪,那么,《性史》第一集的集结出版,则是扔向中国旧礼教的一颗重型炸弹,这个炸弹使封建卫道士震惊愤怒,使庸俗文痞技痒,使爱钱如命的书店老板找到了一个发大财的好机会。而这几股污浊的恶势力勾结兵痞官僚,则欲置张竞生博士于死地而后快。(参见张枫《张竞生博士年表及其性学术思想》,《韩山师专学报》1992年第1期)

陶行知1月8日在《新教育评论》第1卷第6期发表《师范教育下乡运动》。春,被推为中华教育改进社"国家教育改革委员会"委员及"促成宪法中制定教育专章委员会"委员。2月26—28日,在北京出席中华教育文化基金董事会首次常会。7月9日至8月7日,主持与马叙伦、曹云祥、高仁山、凌冰等联名发起并由中华教育改进社与清华大学合办的第二届科学教员研究会。10月3日,在南京安徽公学召开燕子矶试验乡村幼稚园董事会,被推为副董事长。5日,偕改进社乡村教育研究员赵叔愚、邵仲香参观江宁县立师范学校,深为该校坚持面向农村的办学精神所感动,盛赞该校为天将明之师范学校。29日,在《新教育评论》第2卷第22期发表《创设乡村幼稚园宣言书》,针对当时国内幼稚园的"外国病""花钱病""富贵病",提出用科学的方法来"建设一个省钱的、平民的、适合国情的乡村幼稚园"。11月12日,在《新教育评论》第2卷第24期发表《幼稚园之新大陆》,提出幼稚园之新大陆为工厂与农村。21日在南京明陵小学召开中华教育改进社特约乡村试验学校第一次研究会暨乡村教育研究会成立大会。12月3日,以中华教育改进社名义发表《改造全国乡村教育宣言书》,明确提出"为我们三万万四千万农民服务""筹集一百万元基金,征集一百万位同志,提倡一百万所学校,改造一百万个乡村"。开始为乡村教育事业筹集资金。12日,在上海邀集改进社在沪社员,召开乡村教育讨论会。演讲《中国乡村教育之根本改造》,拟定推行乡村教育计划。17日,发表《试验乡村师范学校第一院简章草案》,筹备创设试验乡村师范学校。25日,在南京尧化门小学召开中华教育改进社特约乡村教育第二次研究会,举行立志乡村教育的宣誓典礼。誓词题为《我们的信条》。会上提议组织"乡村教育同志会"。27日,通宵撰成《试验乡村师范学校答客问》。31日,江苏教育厅复函,准允改进社设立试验乡村师范学校(第一院)。(参见江苏省陶行知研究会、南京晓庄师范学校编《陶行知文集》下附录《陶行知生平年表》,江苏教育出版社2008年版;余子侠编《中国近代思想家文库·陶行知卷》附录《陶行知年谱简编》,中国人民大学出版社2015年版)

晏阳初10月以平教总会在定县设立办事处,划东亭镇为中心的62村首先开展乡村建设实验。11月,美国斯坦福大学校长、太平洋国交会议长韦尔伯博士访华晏阳初引荐与梁启超、熊希龄、张伯苓、胡适等人会见。(参见杜学元、郭明蓉、彭雪明《晏阳初年谱长编》,上海交通大学出版社2017年版;宋恩荣编《中国近代思想家文库·晏阳初卷》附《晏阳初年谱简编》,中国人民大学出版社2015年版)

王宠惠被选为国民党第二届中央监察委员。12月5日,代表中国政府在北京《法权会议报告书》第四编上签字(在北京署名的其他诸国代表有美国的司注恩,比利时的王格森,英国的特纳),同时发布《中国委员会宣言》,王宠惠在署名下的括号里表明"署名于本报告书不能认为对于第一、第二、第三编所载各节悉表赞同"。(参见王宠惠著、张仁善编《王宠惠法学文集》附录《王宠惠先生年谱》,法律出版社2008年版)

吴承仕所撰《诺皋说》1月刊于《北京大学研究所国学门周刊》第1卷第8期。3—6月,撰写《论今古文上章太炎先生书》《经名数略释》《尚书古今文说》《〈程笃原答吴检斋书〉跋》《〈欧阳竞无难蓟汉微言成内色义〉跋》《白狼慕汉歌诗本语略释》等手稿,先后在《中大季刊》第1卷第1—2号发表。6月,所撰《〈章炳麟论中医剥复案与吴检斋书〉跋》和《说桃》刊于《华国月刊》第3期第3册。秋,吴承仕出任中国大学国学系主任,领导国学系的建设与改造,苦心谋划,力主革新,使之具有完备的课程而又思想新述,在社会上享有声誉。(参见庄华峰编纂《吴承仕研究资料集》,黄山书社1990年版)

黄侃上半年继续任教于武昌大学。1月1日,撰《重访江汉书院》。2月20日,撰《集韵声类表》。同日,有《与徐行可书》,拟借《孟子音义》《国语补音》《尔雅匡名》等书。5月,与李汉俊等出面组织临时校务维持会。在校务维持会的安排下,学生们照常上课,应届毕业生也如期完成了毕业考试。8月22日中元节后,北伐军逼近武汉,北方侨居武汉者纷纷运物出城,汉阳门为之堵塞。黄侃因闭门读书,竟然不知消息。不久吴佩孚大败于贺胜桥,奔还武昌,黄侃尚无迁居之意,以为北伐军必不守此孤城。30日,始携家眷渡长江。9月1日,北伐军进攻武昌城。携全家借居汉口避难，委托黄焯看家。10月10日，应吴承仕之邀，就北京师范大学聘，取道南京转赴北京。15日晨起，坐书室，自述避难经过。16日午，赴郑奠、李仲骞之约，同门吴承仕、钱玄同、朱希祖、马裕藻、沈尹默均在座。归后，杨树达、孙蜀丞、骆鸿凯来访，同出，又邀上吴承仕，至五道庙街春华楼吃饭，杨树达作主人。17日下午，访朱希祖、钱玄同、马裕藻，均未晤。晤朱师辙。19日，得黄焯自武昌寄念华书，述危城事及处置书物事。22日晨赴北京师范大学上课。11月9日，访黄节。12日，赴黄节之招。14日，赴陈世宜（匪石）之招。是月，撰《喜晤公铎》，自注：“丙寅十月在北京。”是年，所撰《感鞠庐日记》刊于《华国》月刊第2期第11—12册；陆宗达始来问学；为吴承仕父作《印廷先生六十生日献寿文》。

按：陆宗达《黄季刚先生逝世五十周年诞生一百周年纪念集》曰：“我通过吴检斋先生认识了黄侃（季刚）先生，为他的学问和治学方法所倾倒，当即去他家拜师。从此，我的生活和学习便发生了很大的变化。……我从1926年起亲随他学习，得到先生殷切的教诲，我随他从北京到东北，又从东北到南京，又在北京迎接他，为他组织了兴艺社从事讲学活动。”

按：黄侃《印廷先生六十生日献寿文》作于武昌，于乾嘉学派之皖派大师极为推崇，认为“学术之隆，足以使举世从风。其始恒由一二人处艰屯之世，持特立独行之操，抱残守缺而不悔，其人必辄为天所相，假之以甚长之岁月，使得从容传其学于后之人。盖秦、汉之际，有伏生、申公、高堂生、张丞相。王莽之时，有杜子春。隋、唐间有曹宪。五季之扰攘，而有隋同文。故曰人能弘道，非虚言也。清世儒学所成就，过于前世甚远。然唯皖南之儒者为最甚。溯其初由婺源江君，一身自奋于末流，得东原、易畴辅之，诸君为之羽翼，不数十年，卒令天下之士无不彬彬然向于学。盛衰循环，至于今日痟矣”。（参见司马朝军、王文晖合撰《黄侃年谱》，湖北人民出版社2005年版）

钱端升仍就职清华。2月5日晚，清华学生开大会，挽留教务长张彭春（仲述），并将反张之人，就其事迹之轻重、立意之公私、人品之高下，分为“元凶”“次凶”“陪凶”三等，钱端升被列为“陪凶”三人之一。3月5日，在《清华周刊》第369期上发表《清华改组之商榷》，主张教授治校，反对董事会干涉学校内部事务；要求废除国学研究院之机关建置。18日，参加对段祺瑞政府的请愿游行。4月9日，应清华政治学研究会邀请，演讲“国际联盟与罗加纳会议问题”。11月4日，钱端升自清华学校写信给胡适，恳请胡适出任清华校长，下力整顿清华，使负起维持北方大学教育的重任。同月，经高仁山、陈翰笙介绍，加入中国国民党。是年在《现代评论》等刊物上发表评论共50余篇。（参见孙宏云编《中国近代思想家文库·钱端升卷》附录《钱端升年谱简编》，中国人民大学出版社2015年版）

冯友兰1月20日左右由开封抵达北京，住东城弓弦胡同北京大学公寓。1月30日，至东华饭店赴友人招宴，同席者有顾颉刚等。2月3日，至北海赴陈源、杨振声招宴，同席者有顾颉刚、江绍原、徐志摩、金岳霖、俞平伯、邓以蛰等人。5日，至新月社赴江绍原招宴，同席者有顾颉刚、徐志摩、俞平伯、陶孟和、陈博生、林宰平等。6日下午6时，在宣南春应吴宓宴请，同席者还有汤用彤、查良钊、翟国眷、叶企孙、杨周翰、汪懋祖、李思纯。同月，开始担任燕京大学哲学教授兼燕京研究所导师，讲中国哲学史，又兼北京大学讲师，讲授西洋哲学史。同时在东单四条5号华语学校讲《庄子》。3月20日，在《现代评论》第3卷第67期发表《大人物的分析》。6月1日，到华语学校讲演《秦汉统一的由来和战国人对于世界的想象》。7月，所撰《中国哲学之贡献》刊于日本《改造》7月号。9月18日，所撰《势力的分析》刊于《现代评论》第4卷第93期。9月，由《人生理想之比较研究》（*A Comparative Study of Life Ideals*）改写为中文，并加改写之《一种人生观》作为最后两章，合并为《人生哲学》一书,由商务印书馆出版。11月,《一种人生观》由商务印书馆再版。12月21日上午9时,访吴宓宅,又与吴宓同往研究院访王国维。又往清华北院1号访梁启超,谈翻译西书事。是年,《人生理想之比较研究》(*A Comparative Study of Life Ideals*)由商务印书馆三版;应顾颉刚之邀入股创办朴社;傅斯年任广东大学文学院院长,曾来函请他回广东大学,复信谢绝,谓"广东和燕京皆非我安身立命之地";与新月社徐志摩等聚会并摄影。定期参加《现代评论》社聚餐会;范文澜赠其所著《〈文心雕龙〉讲疏》(天津新懋印书局1925年10月出版)。(参见蔡仲德《冯友兰年年谱长编》,中华书局2014年版;李中华编《中国近代思想家文库·冯友兰卷》附录《冯友兰年谱简编》,中国人民大学出版社2015年版)

朱自清3月18日与清华学校师生一道参加为抗议日本帝国主义侵犯中国主权而举行的天安门集会和执政府请愿。3月23日,朱自清根据亲身参加"三一八"惨案发生当天集会,游行、请愿时所目睹的事实撰写和发表了《执政府大屠杀记》一文,详细叙述了惨案发生的事实经过,痛斥段祺瑞等的种种兽行。4月11日,朱自清撰《现代生活的学术价值》,刊于5月9日《文学周报》第224期,对"五四"以后传统势力的复辟和现代精神的淡薄深感不安,强调"先要打破那'正统国学'的观念,改变那崇古轻今的风气",引起学界关于国学与现代生活关系的争论。

按:朱自清在文中说:"近来在《北京大学国学门研究所周刊》上,看到顾颉刚先生的《一九二六年始刊词》,又在《晨报副刊》上看到他的论小戏转变的杂记,又在《现代评论》上看到杨金甫先生论国学的文字,我也引起了一些感想。我的感想与他们二位的主旨无甚关涉,只是由他们的话引起了端绪而已。可惜三篇文只有一篇在我手边,我所要用的话,有些已不能确忆;现在只略述大意,以资发凡。顾先生说,我们研究学问,不一定要向旧书堆里去找:我们若愿留意,可以在每日所闻所见里寻到许多研究的材料。可是一向无人注意这种材料,他们以不平等的眼光看待古代和现代的东西。敦煌石室出来的物事,谁都当做珍物秘玩;但是北大国学门研究所风俗室里的弓鞋和玩具,便有人摇头了。顾先生在那篇《一九二六年始刊词》的第二节里,记这种'势利'的情形,最是有趣。杨先生《从红毛鬼子说到北大国学周刊》的时候,很谦虚地说,他最喜欢《周刊》上搜集的歌谣和民间故事,其余是不大懂得的。若我不猜错,他是喜欢现代的东西的。……本篇系就中国立论,我所谓现代生活的学术价值,就是以现代生活的材料,加入国学的研究,使它更为充足,完备;而且因为增多比较的事例,使它更能得着明确的结论。……所以为一般研究者计,我们现在非打破'正统国学'的观念不可。我们得走两条路:一是认识经史以外的材料(即使是弓鞋和俗曲)的学术价值,二是认识现代生活的学术价值。"(朱自清《大家国学·朱自清卷》,天津人民出版社2008年版)

按:5月23日,曹聚仁在《文学周报》第226期发表《国故与现代生活——和佩弦先生谈谈》,与朱自清的《现代生活的学术价值》一文展开商榷,认为"先生所讲的现代生活就是国故"。此后,周予同、叶圣陶等人也著文加入讨论。

朱自清6月4日在《清华周刊》第25卷第15号发表《翻译事业与清华学生》,针对翻译界某些人不负责任的胡译乱译,希望清华学生能在翻译事业上多做些工作,认为"必须有好好的几百部名著的名译本,中国的翻译界才可能有生气;一般人对于西方文化,才可望有正确的了解"。9月15日,立达学会主编的《立达》季刊创刊,朱自清为立达学会59名会员之一。11月2日作《〈子恺画集〉跋》,刊于12月5日《文学周刊》第353期,又载《子恺画集》,开明书店1927年2月版。(参见姜建、吴为公编《朱自清年谱》,安徽教育出版社1996年版;中央教育科学研究所编《中国现代教育大事记1919—1949》,教育科学出版社1988年版)

陆懋德筹办清华学校历史系,并任系主任,同时兼任哲学系讲师,讲授"中国哲学史",在国文学系讲授"中国政治书选读"。3月19日,陆懋德《清华之改革问题》,刊于《清华周刊》第 371 期。4 月 16 日,陆懋德《清华学生与新主义》刊于《清华周刊》第 375 期。6 月 11 日,陆懋德所撰《筹办历史系计划书》刊于《清华周刊》第 25 卷第 16 期。10 月开始,陆懋德与吴亦、梁家义等人组织"读经团",并定期集合讲学。12 月,陆懋德在《清华学报》第 3 卷第 2 期发表《评顾颉刚古史辨》,对《古史辨》提出批评,认为"未能举出考古学上之证据"。同期还刊载了赵文锐《唐代商业之特点》、吴其昌《宋代学生干政运动考》等文。

按:《评顾颉刚古史辨》认为"此书实为近年吾国史学界极有关系之著作,因其影响于青年心理者甚大。又足以使吾国中学发生革命之举动也"。及"余披阅顾君之书一过,甚服其读书之细心及其疑古之勇气,然亦惜其唯知作故纸堆中之推求,而未能举出考古学上之证据,故辩论数十万言而未得结果也""顾君愿为'科学的史学者',余惜其书亦有未能尽合科学之理而易滋青年后学之惑者"。文章最后指出:"在西国,凡研究上古史事,纯为考古学家之责任。历史学家不必皆是考古学家,故作上古史者必须借用考古学家所得之证据。……顾君所标之治史方法虽极精确,然如尧、舜、禹等均为历史前(Prehistoric)的人物,终当待地下之发掘以定真伪,实不能仅凭书本字面之推求而定其有无者也。余甚愿顾君能用其方法以治周以后之史事,则其廓清之功有益于学界者必大于此矣。顾君之书虽未求得结论,而三千年以前之尧、舜、禹者,其存在已受其影响,而其地位已感其动摇,则此书势力之大亦可惊矣。"此文后收入《古史辨》第 2 册。(参见齐家莹编《清华人文学科年谱》,清华大学出版社 1999 年版;王学典《20 世纪史学编年(1900—1949)》,商务印书馆 2014 年版)

陈达等 7 人 4 月 19 日当选为清华第一次教授会选评议员。4 月 29 日,第三次教授会议,选举各系主任,陈达任新成立的社会学系主任。6 月,在《清华学报》第 3 卷第 1 期发表文章《近八年来国内罢工的分析》。12 月,在《清华学报》第 3 卷第 2 期发表《生活费研究法讨论》。(田彩凤《陈达先生年谱》,《清华大学学报》1995 年第 2 期;王学典《20 世纪史学编年(1900—1949)》,商务印书馆 2014 年版)

叶企孙兼清华大学理学院院长兼物理系主任。此后陆续聘请熊庆来、吴有训、萨本栋、张子高、黄子卿、周培源、赵忠尧、任之恭等一批年轻有为的科学家到清华理学院任教。

按:从 1926 年到 1937 年,叶企孙先后聘请熊庆来、吴有训、萨本栋、张子高、黄子卿、周培源、赵忠尧、任之恭等一批年轻有为的科学家到清华理学院任教。有了这批"名师","高徒"就不断从清华理学院涌现,以致 1955 年中国科学院成立时,数理化学部半数以上的院士均来自清华。

钱基博年初仍任教上海光华大学。4 月,所著《读〈庄子·天下篇〉疏记》由商务印书馆出版。5 月,在《清华周刊》第 25 卷第 10 号发表《读太史公谈〈论六家要指〉考论》;在《清华周刊》第 25 卷第 11 号发表《读〈庄子·天下篇〉疏记叙目》。秋,钱基博北上清华任教。12 月 1 日,钱基博在为《国学文选类纂》写的《总叙》中,对民国初期大学南北分派作了简要梳理与概括,首次提出"学衡派"概念。

按:《国学文选类纂·总叙》曰:"清廷既覆,革命功成,言今文者既以保皇变法,无所容其喙;势稍稍衰息矣! 而章氏之学,乃以大白于天下! 一时北京大学之国学教授,最著者刘师培、黄侃、钱玄同辈,亡虑皆章氏之徒也! 于是古学乃大盛! 其时胡适新游学美国归,方以誉髦后起讲学负盛名……于是言古学者,益得皮傅科学,托外援以自张壁垒,号曰'新汉学',异军突起! 而新汉学,则以疑古者考古……在欲考见'古之所以为古之典章文物'……万流所仰,亦名曰'北大派',横绝一时,莫与京也! 独丹徒柳诒徵,不徇众好,以为古人古书,不可轻疑;又得美国留学生胡先骕、梅光迪、吴宓辈以自辅,刊《学衡》杂志,盛言人文教育,以排难胡适过重知识论之弊。一时之反北大派者归望焉,号曰'学衡派'。世以其人皆东南大学教授,或亦称之曰'东大派'。然而议论失据,往往有之! 又以东大内畔,其人散而之四方,卒亦无以大相胜!"(参见王玉德《钱基博学术年谱简编》,载舒大刚主编《儒藏论坛》,四川大学出版社 2009 年版;沈卫威《学衡派编年文事》,南京大学出版社 2015 年版)

金岳霖2月回国,受中国大学之聘,讲授英文和英国史。6月23日,在《晨报副刊》第57期发表《唯物哲学与科学》。8月,在《晨报副刊》第59期发表《自由意志与因果关系的关系》。9月,在赵元任引荐下,被清华聘为教授,讲授逻辑课。旋即清华大学哲学系创立,金岳霖任教授兼系主任,讲授"逻辑学"和"西方哲学"。稍后聘梁启超讲授"儒家哲学"。10月23日,在《晨报副刊》第61期发表《说变》。(参见王中江编《中国近代思想家文库·金岳霖卷》及附录《金岳霖年谱简编》,中国人民大学出版社2015年版;齐家莹编《清华人文学科年谱》,清华大学出版社1999年版)

杨树达6月辞北京师范大学国文系代主任职,应聘清华大学,9月起,任国文学系教授。(参见齐家莹编《清华人文学科年谱》,清华大学出版社1999年版)

王庸仍就学于清华国学研究院。1月8日,在《清华周刊》第367期发表《旧伦理与新道德》,表达对新文化运动以来兴起的"旧伦理"与"新道德"论争的看法。4月底,王庸在《清华十五周年纪念增刊》发表《宋明间关于亚洲西南沿海诸国地理之要籍》,后又刊于12月1日《史学与地学》创刊号。6月11日,王庸在《清华周刊》第25卷第16期发表《怎样才是人生地理学》,率先批判"人文地理学"分类叙述传统,指出以往人文地理学"又可分为政治地理、商业地理、历史地理等条目。这种门类观念,不免把人生地理学的根本态度弄错了",又将人生地理学研究的方法归纳为"多面的、理解的、实证的、区域的"四大原则,提出了实证研究和区域分析的观念。此与张其昀12月1日刊于《史学与地学》杂志的《人生地理学之态度与方法》开始以"人生地理学"的新内涵批判方志地学框架下的"人文地理学"传统,并构建起新阶段"人生地理学"的理论与方法体系。12月,王庸在《史学与地学》第2期《四海通考》。是年,王庸著《经济地理学原理》列入"新智识丛书"由上海商务印书馆出版,为国内经济地理学的开创性著作。(参见齐家莹编《清华人文学科年谱》,清华大学出版社1999年版;曾滩嘉《20世纪上半叶中国"人文地理学"与"人生地理学"内涵演变研究》,《历史地理研究》2019年第1期)

吴其昌、刘盼遂、汪吟龙、杜钢百等清华大学研究院学生2月组织实学社,以"实事求是整理国故"为宗旨,发起组织清华实学社。4月,实学社所编《实学》月刊创刊,刘盼遂为该刊主要编辑人,曹云祥校长题词,特载王国维《黑鞑事略跋考》,刘盼遂《春秋名字解诂补正》、杜钢百《中庸伪书考》、闻惕《尔雅释例匡谬》、余戴海《荀子字义疏证》、高亨《韩非子集解补正》、汪吟龙《与章太炎论文中子书》、吴其昌《两宋历数天文学考》,文苑有汪吟龙《圆明园赋》等。秋,吴其昌兼任河南中州大学教授。是年,刘盼遂常往从黄侃学音韵学和《文心雕龙》。(参见齐家莹编《清华人文学科年谱》,清华大学出版社1999年版;王学典《20世纪史学编年(1900—1949)》,商务印书馆2014年版)

姜亮夫2月于杭州购买《太炎丛书》,详细作各篇提要,并择要加以注释。3月,由上海北游至北京,住在云南会馆,打算继续深造。18日,参与执政府请愿,在"三一八"惨案中幸免,转而折节读书。8月,考入北京师范大学研究科。9月,通过王国维、梁启超主持的考试,被录取进入清华研究院。入学后,以《诗骚联绵字考》《诗氏族考》《先秦成语考》三题请教王国维,最后确定《诗骚联绵字考》为论文题目,并得到王国维相关研究资料与手稿。在学期间,遍读清华园图书馆藏书,结识陆侃如、王力、刘盼遂、谢国桢等人。10月,拜见黄节,访何凤孙、王树桐,均以所著著作相赠。11月,以成都高等师范学校期间所作诗集求正梁启超、王国维,均以思理多情感少,缺乏诗才。因焚烧全部诗稿,致力于国学研究。12月,撰成《诗骚联绵字释例》一文。(参见林家骊《姜亮夫先生年谱简编》,《职大学报》2012年第4期)

王献唐继续在青岛胶澳商埠局任职。1月14日,《公孙龙子悬解》校毕,以函付邮致商务印书馆。3月21日《公孙龙子悬解》由刘希三介绍,交上海中华书局出版。23日,自订工作学习时间表。6月4—21日,辍记日记,此间辞去胶澳商埠局税务科职务。22日,同丁叔弢赴北京,寓王祥五处。自此始在北京广收图书、碑帖,并始治版本目录之学。7月17日,接到北京京汉铁路局文书科办事员委任令。20日,始至北京京汉铁路局文书科上班。30日,日记载:"阅《铁路史》。游览历史博物馆,陈列古物甚多,如碑帖、原石、吉金、陶瓷及古代衣车诸制甚多,惜时间甚短,未得细玩。晚访希农不遇。读山僧《断鸿零雁记》,哀婉动人,端推上乘。"11月1日游览北京历史博物馆。是年,始收藏古印,并研求治印。(参见张书学、李勇慧《王献唐年谱长编》,华东师范大学出版社2017年版)

林可胜与吴宪等发起创立中国生理学会,创办《中国生理学杂志》,其宗旨是促进我国科技进步、经济振兴和社会发展。2月27日,中国生理学会在北平协和医院举行成立大会,林可胜为首任会长。

许仕廉出任燕京大学社会学系主任,强调学术研究,重视社会调查,倡导讲授中国的社会学。聘请陈翰笙主讲"农民运动",吴文藻主讲"社会学原理",张鸿钧主讲"社会行政",严景耀主讲"犯罪学"及"监狱行政",雷洁琼主讲"社会福利事业",林东海主讲"社会立法"。此外,杨开道、言心哲、陶孟和、冯友兰等均在该系兼课。

李安宅于燕京大学社会学系毕业后,留任该校社会学系助教、讲师和国学研究所编译员。

李景汉任中华教育文化基金委员会社会调查部主任,兼任燕京大学社会学系讲师,并对都市的下层生活作了重点调查。

罗庸加入三时学会,并参与创办华北大学。8月1日,北京教育界邀请太虚大师演讲"佛学概论",罗庸与张怡荪、罗常培等前往聆听。罗庸还编订了太虚大师6月在北平社稷坛所作演讲录《四十二章经讲录》,由周少如、黄适园、王尚菩、骆馨吾合记。

林风眠3月任国立北京艺术专门学校校长,聘柯罗多、齐白石为教授。徐兰贞从师柯罗多习画。

熊佛西从美国回国,曾任北京大学、国立北京艺术专门学校戏剧系主任,参加中国戏剧社,主编《戏剧文艺》。

李苦禅毕业于国立艺专。应聘为北京师范学校与保定第二师范学校的美术教师。

孙宝琦、童杭时等4月25日发起成立中华同胞息争会于北京,以"消弭内争,振导民德,发扬民治"为宗旨。

吕振羽在第一次国共合作破裂后抵达北平,系统地学习马克思主义,尤精研经济学和哲学,结合中国实际,探索中外各国政治经济发展之规律与特点,参加了中国社会性质和社会史问题论战。

胡致、徐步垣、贾祝平等人7月15日在北京发起成立江西建设同志会,以"研究学术,商榷社会上建设事业"为宗旨。

张挹兰、韩桂琴、袁世桐、周慎生、廖玉珍等为委员的妇女之友社12月26日在北京成立。出版《妇女之友》。

石评梅与陆晶清等编辑北京《世界日报》副刊《蔷薇周刊》。

焦桂材为会长的世界新闻研究会3月1日在北京成立,以"研究新闻,阐扬国粹,发扬民主,改良社会"为宗旨。

金震东、陈劭南等发起成立北京新闻界协进会，以"共同合作，谋行文事业之发展"为宗旨。

尚小云1月当选为北京梨园春公会会长。

刘凌沧入北京中国画学研究会，师从徐燕荪、管平湖学习工笔重彩人物画。

胡蛮、徐火、尚宗振在北京创办糊涂画会。

金城之子金潜庵与金门弟子吴熙曾、陈少梅、秦仲文等十数人从中国画学研究会中脱离出来，在北京另组湖社。

陈东原就读于北京大学教育系，在胡适先生指导下，汇集史料，整理辨析，写成《中国妇女生活史》书稿，两年后由商务印书馆刊行。

冯雪峰继续在北京大学旁听课程，春季开始从日文翻译散文、短篇小说和有关文艺理论的文章。翻译小说《花子》曾由鲁迅校改，刊于6月10日《莽原》半月刊第11期。8月5日，首次拜访鲁迅，想请他介绍到北新书局去出版一个文艺刊物。11月10日，所译日本升曙梦著《无产阶级诗人和农民诗人》刊于《莽原》半月刊第21期。（参见包子衍《雪峰年谱》，上海文艺出版社1985年版）

刘节毕业于上海国民大学，同年考入清华大学国学研究所，师从王国维、梁启超和陈寅恪。与他同届的有陆侃如、王力、姜亮夫等。

吴金鼎考进北京清华学校国学研究院，成为第2届36名学生之一，师从任职讲师的李济博士。专题研究题目为《中国人种考》。

姚名达、杜钢百、周传儒、王庸、杨筠如、余永梁、程憬、徐中舒、方壮猷、王镜第、刘盼遂、吴其昌、刘纪泽、何士骥、蒋传官、孔德、赵邦彦、黄淬伯、王啸苏、汪吟龙、闻惕、史椿龄、李绳熙、余戴海、李鸿樾、陈拔、冯德清等6月从清华大学国学研究院毕业。（参见齐家莹编《清华人文学科年谱》，清华大学出版社1999年版）

王力、戴家祥、卫聚贤、陆侃如等8月被清华大学国学研究院录取，梅贻琦主持录取会议，王国维、赵元任、李济南等参加会议。王力在赵元任和王国维的影响下，选定了语言学作为自己研究的专业，成为本届惟一跟赵元任学语言学的学生。是年，所作《文话平议》一文刊于《甲寅周报》第1卷第35期。（参见齐家莹编《清华人文学科年谱》，清华大学出版社1999年版）

蓝文征考入清华学校研究院，师从陈寅恪，治隋唐五代史。

戴家祥考取清华大学国学研究院，师从王国维，治经学和古文字学。

谢国桢考入清华大学国学院，师从梁启超、王国维、赵元任、陈寅恪，而以梁启超为专任导师，选定的研究题目为"清代学术史征"。同学有刘盼遂、吴其昌、刘节、王力、徐中舒等。

梁方仲考入清华大学农学系，次年转入西洋文学系。

胡风入清华大学英文系。不久辍学，回乡参加革命活动。

余逊考入北京大学历史系。

容庚北京大学毕业后留校任教。

张天翼考入北京大学预科。

丁声树考入北京大学预科。

郑德坤考入燕京大学，师从顾颉刚、容庚等。

蔡元培1月2日偕夫人周养浩由法国马赛登"福尔达"轮，启程回国。16日，蔡元培尚在从法国回国途中，中国国民党第二次全国代表大会选举第二届中央执行委员、候补执行委员、中央监察委员、候补监察委员。吴稚晖、张静江、蔡元培、王宠惠、李石曾、陈果夫等当选为中央监察委员。1月22日，蔡元培到新加坡，访林义顺、陈嘉庚。2月3日上午7时30分，蔡元培夫妇所乘"福尔达"轮到上海，住入静安寺路的沧州饭店。4日，蔡元培在上海接受《国闻周报》记者采访，就国内教育问题和政治形势发表见解。6日午前，蔡元培到商务印书馆，与高梦旦、高凤池等晤谈。2月7日中午12时，旅沪北京大学诸同学，假座一品香西餐馆，举行欢迎蔡元培校长的公宴。8日，浙江教育界推派该省教育会会长李俊夫专程到沪，即往沧州饭店访晤蔡元培，邀请蔡迅即赴杭，作公开讲演。11日晚，到杭。16日午后，回上海。17日晚7时，中国科学社上海社友会假爱多亚路联华总会举行新春宴会，到社员马相伯、凌鸿勋、宋梧生、张乃燕、朱其清等50余人，来宾朱懋澄夫妇、赵叔雍夫妇、唐瑛、葛成慧女士等40余人。由周美权主席，马相伯、蔡元培、叶恭绰均有演说。同月，北京政府设立国立编译馆，聘蔡元培、李石曾等11人为董事，组织董事会，以章士钊为总裁。

　　蔡元培3月4日午后，赴杭州。12日上午9时，浙江省各界在平海路省教育会举行追思孙中山先生的大会，到总商会、省农会、中等以上教职员联合会、学生联合会、国民党浙江省及杭县各级党部等50余团体，总司令部、省长公署、各厅、处等十余机关，共3000余人。各团体、各机关代表致祭、读祭文后，由蔡元培讲演中山先生40年来革命之精神，实为中外人所钦佩。现在先生之躯体虽死，精神仍在，希望民众起来革命，以竟先生未竟之志。14日，回上海。16日，致蒋梦麟电："国立北京大学蒋梦麟兄：学生死伤，同深怆悼！请代慰伤者。望联合各校要求惩凶，但不可陈义过高。"22日上午9时，应浙江省教育会之请，到该会讲演《我对于吾浙教育界之希望》。25日午后2时30分，到杭州中学，演讲《中学生爱国心的实现法》。30日，被聘为广州中山大学筹备委员。

　　蔡元培4月2日复北大评议会函："奉电敬悉。旷职已久，亟思来校，惟目前尚难于抽身，稍缓即决定行期，专函奉告。诸希鉴谅。"同日，复蒋梦麟函："奉电敬悉。累兄久劳，弟亦亟思北行，惟现在尚难于脱身，稍缓即决定行期，专函奉告。诸希鉴谅。"22日，为王云五所著《四角号码检字法》作序。4月，浙江省科学院筹备处成立，被推为主任。5月15日，复周作人函："奉四月二十五日惠函，语长心重，感荷无已。弟对于北大，既不能脱离，而久旷职守，慊愧万分。惟现因胃病大发，医生禁为长途之旅行，一时竟不克北上。稍愈决当首途，容晤罄一切。敬希鉴谅。"25日，复北京大学函："奉电，命于内阁成立后即行北上，诸蒙体谅，既感且惭。惟培现适患胃病，医生不许为长途之旅行。拟俟稍愈，即行首途。诸希见谅。"同日，复胡适函："奉本月十六日惠函，勤勤恳恳，使弟十分感动。惟近日实因胃疾大发，决不能北行。因二十日来激刺既多，起居无节，不能不引起旧疾也。……弟日日以旷职为疚心，一到可以北上之时期，决不再有迟延。幸知我者谅之。"29日，复北大评议会函："前奉惠电，以仅写北京大学，故曾复一函，亦仅写北京大学公启，顷奉惠函，始知前电亦贵会所发也。函中情词勤恳，面面想到，培非木石，能无感动。苟能力疾启行，自必即日首途；惟培实因胃疾大发，不能动身，负疚万状，尚祈鉴谅。"

　　按：北大评议会来函刊于5月20日《北京大学日刊》曰：先生返国后，本校曾一再电恳返校，主持校务。惟电文词简，诸多未尽，兹故续上一函，以稍补电文之略。月前军事剧变，京中一般人心诚不免于警惶，……然本校校务仍未尝因是而有一日之停顿。今则京中秩序，已复常态，……先生北来，殆毫无危险，知先生之学问道德与政见，不论何种环境，俱足使野心者不易中伤耶。

自先生去国而后,三数年来,外间对于本校诚然有不少的攻毁,本会同人,虽不敢谓外间之攻毁,概属非是;然平心而论,本校学生之程度,本校学生之爱纪律,本校图书、仪器之设备,在近三数年间,实际上固俱有显著的进步。假使先生北来,则凡先生图利学校与学术之计画,实不难次第实行。脱非如此,本校同人亦复有何乐趣,今犹不避艰窘,株守此间?

本校经费,积欠已达十五阅月之久,最近三数月,校费之枯竭,尤为历来所无。所以本校目前最大困难,仍是经费问题。……但俄国庚子赔款,为数甚巨,大可接济北京国立诸校。俄国使署近亦较前容易商洽,先生为俄款委员会之委员长,如能及时北来,进行此款,益以蒋梦麟先生及其他本校同人之辅助,大概可望成功。此事所关甚巨,因为北京政府现在既已毫无经常收入可言,则本校以及北京其他国立学校,如果不能向俄款方面设法,其将完全停顿,殆极难避免。所以此间企盼先生早日返京者,尚不以本校同人为限。……本会同人,用特一致恳请先生早日到校,主持一切,俾目前急待解决之种种问题,得顺利进行。想先生爱校情殷,值兹学校万分危难之际,必能容纳本会同人迫切之请,而决然北还也。

蔡元培6月5日为王祥辉所撰《逻辑学》作序。同日,上海复旦大学举行创校20周年纪念大会及子彬院落成礼,到来宾及家长和全校师生3000余人。由该校创办人及第一任校长马相伯主席,报告该校历史,马相伯说他之所以创"办震旦"随之而"另办复旦公学",是"由于蔡孑民等之敦促"。6月13日,上海美术专门学校在法租界莱市路新建的校舍,本日举行落成典礼,主席校董蔡元培因事赴杭州,前日特到校面托校长刘海粟代任主席。首由刘代蔡报告建造经过,继有校董康有为、黄炎培及教授汪亚尘等演说,最后,来宾参观画作展览会。28日午前11时,致电北京政府国务院及教育部,请辞北京大学校长及俄国庚子赔款委员会委员之职。此为蔡元培第八次辞北京大学校长职。

按:蔡元培于7月5日复胡适函中,告知发电经过,着重说了三方面原因:

(一)预料教育公债由弟参与之无效。俄款本已全由吾国政府支配;从前借俄使之压力,作成俄使得有"专用于教育"之要求而设委员会以处理之,其经过情形弟不甚明了,第三者已有放弃主权之攻击。俄委员对于维持国立各校之提案,屡屡梗议,其用意何在?先生曾为弟言之。彼现在岂屈服于军威而软化乎?弟以为不若是之易,梦麟之乐观,以为弟若与俄委员一谈,彼必照行,谈何容易?若果如此其易,则彼必有利用我之条件,弟岂能受之?惟梦麟对于此事,知之较详,而平日办事之手腕又远胜于弟,或者有促成此事之方法。闻内阁已有别派委员之议,不如弟先让出,而梦麟或可补入,则办理较为顺手。

(二)怀疑于现在是否为取消不合作主义之时期?又是否有"从井救人"之必要?弟三年前出京时,本宣布过"不合作"之意见,虽不为先生所赞同,而亦以成事不说之态度对之;而在弟却不可不有前后相应之态度。今之北京状况,可以说是较彭允彝时代又降下几度,而我乃愿与合作,有是理乎?且五月二十八日之北京《国民晚报》与六月一日之英文《导报》均载某与《密勒评论》主笔之言,其所准备,可以想见。先生殆亦早知之,故有"六十老翁复何所畏"之忠告,诚见爱人以德之美意。然牺牲主义,本以所为牺牲之事实为标准,而并不以年龄为标准。今所为牺牲者,乃一本人所认为万无希望之公债,则不敢认为有牺牲之价值也。

(三)认辞职为较善于被免职。近日友人自北京来者,传某方定有改组北大之计划。最近一友人报告一消息:某甲条陈于某乙,谓内阁不可无新派人,如某丙、某丁者宜以任司法、教育。某乙谓丙无问题,丁则吾留以任北大校长。于是某甲以书面告某丙,而外间知之。所以梦麟曾与某君为弟事谈及,有"先辞职"抑"待免职"孰为较妥之商酌。闻梦麟以待免职为较妥,然而弟所见与之相反也。

蔡元培强调:"诸位重要教员之耐苦而维持,弟自然佩服万分。但弟不能筹款以供之,则即不能为继续维持之要求","对于'别有高就'之教员,自然为北大惜之。然弟既以'不合作'律己,宁敢以'合作'望人"。

蔡元培6月30日为寿鹏飞《红楼梦本事疏证》作序。7月2日,北大评议会闻悉蔡先生提出辞职后,本日下午开会,决议:一面电蔡请打销辞意,一面函教育部请其坚留。7日,北京教育部于本日上午10时开部务会议,讨论关于教费问题与北大校长蔡孑民辞职问题。同日,教育部总长任可澄致电蔡元培慰留。8日上午,北大教职员特开全体大会,公推谭熙鸿为主席,樊际昌、李书华、燕树棠、徐炳昶、郑阳和等等纷纷发言,最后综合大家意见,提出三项办法付表决,全体通过。其办法如下:(一)与教部接洽,请其派代表到沪,切实挽留。并对教部坚决表示,非蔡先生不可,另换他人,暂不承认。(二)派全权代表到沪,对蔡先生表示坚决挽留,非请打消辞意不可。(三)对外发表宣言,北大非挽留蔡先生不可之理由。11日,北大教职员全体大会所派代表,本日到北京教育部,总长任可澄亲自接见,代表等谓北大教职员坚决挽蔡,非蔡不可。12日,蔡元培又发一电给北京教育部任可澄总长再请辞职,谓"一月以来,衰病渐深,北大校长职务,实难担任,仍盼俯赐体谅,另简贤能接替,俾免旷误"。

蔡元培7月19日与汤尔和一同往访浙江省驻军总司令卢香亭,商谈筹备中的浙江省科学院的经费问题,卢表示愿竭力相助。22日,北大全体教职员所派挽留代表钟观光、谭熙鸿两教授到达杭州,与蔡校长晤谈。8月14日,上海全浙公会召开全体董事会议,由会长褚辅成主席,首先报告:已得蔡元培先生及马叙伦先生等人复函,允任名誉会董之职。9月1日,全国国语教育促进会,本日上午10时在上海西藏路宁波同乡会举行成立大会,到各地会员及来宾500余人,公推袁希涛为主席,通过该会会章,投票选出蔡元培、黎锦熙、陆衣言、王璞、赵元任、钱玄同、刘半农、张一麐、吴稚晖、汪怡、胡适等为董事。随后,董事会开会,互推蔡元培为会长。10月10日,为《申报》"国庆纪念增刊"撰写《十五年来我国大学教育之进步》一文。

按:《十五年来我国大学教育之进步》文中略谓:元年惟北京、山西各有国立大学一所,各省公立的止有高等学堂,……没有大学;私立大学,除教会所设者外,没有临到。到了现在,在北京,国立的增了师范、女师范、医科、农科、工科、法政、女子等大学,……又素有美国大学预备科(之称)的清华学校,已扩为大学,在江苏与广东,增了东南与广州两大学,天津的北洋,上海的南洋与同济,均扩为大学了,在上海又增了一个政治大学。省立大学,在云南、陕西、四川、湖北、湖南、河南、山东、直隶、奉天等处,都已成立,浙江、安徽,也有成议。私立的,在北京有中法、朝阳、中国、民国、华北、平民等三十所,在上海有复旦、大同、中国公学大学部、大夏、光华等三十所,在福建有厦门大学。总算起来,有八十几所。虽其中程度不及大学而冒用大学之名的很不少,然而名副其实的,只要有四分之一,也就十倍于民国元年了。

就内容上说,仅即名副其实的大学说一说。有几种是认为进步的优点:(一)从前大学,科目甚不完备,求曾在大学毕业之人来任大学教员,已苦于不易得,不得已仍以旧时代所谓学者充之。现今在国内外大学毕业的,岁有增加,……所以各大学延聘教员,饶有选择余地,而教员也很自重,不肯敷衍了事。(二)从前大学,以教员印发讲义,而在讲堂上照讲义演述一遍,便算尽责,并且这种讲义,年年如此,永不修增,学生领了讲义,就算得了学问,也不要看参考书,不要做实验的工夫。现在的大学,注重于图书、仪器设备,教员对于所教的学科,不断的继续研究,……增加的新材料,且督率学生,尽自行试验、自行参考的义务。(三)从前大学,还是科举的变相,……学生也抱了一种升官发财的目的而来。现在知道大学对于学生,不但传授学术,更有养成人格的义务。所以于指导学生切实用功以外,还有各种体育、美育之设备,辩论演说的练习,游历调查的组织,以引起学生自尊人格、服务社会的精神。就这几点看来,不能不说今日的大学,比十五年前已经进步得多了。

还有一事值得特别标举的,是现在大学渐共趋于设立研究所之一途。大学不但是教育传授学术于学生的机关,而实在是教员与学生共同研究的机关。……国立北京大学……研究所……为自然科学、社会科学、国学、外国文学四门。而国学门即于十一年成立。其中编辑室、考古学研究室、明清史料整理会、风俗调查会、歌谣研究室、方言调查会等,已著有不少的成绩,所著录研究生三十二人,也已有十二人贡献心得的著作。……最近两年来,清华大学已设立研究院,而厦门大学也有国学研究所的组织,这尤是大学教育进步的明证。古人说:"国于天地,必有与立。"立国之本,在实业与教育,而教育负有养成实业人才的任务。所以教育进步,确为国民进步的符验。……我是最接近于大学教育的人,所以由大学教育的进步,而推想教育界全体的进步,又由教育进步而推想实业的进步。只要从此进步不已,那政治、军事上的纠纷,是没有不可以解决的。

蔡元培10月为《南洋大学三十周年纪念征文集》特撰《中国古代之交通》一文。11月14日上午,苏浙皖三省联合会在上海正式成立,到会者有:(江苏)沈恩孚、黄炎培、孟森、张君劢、赵晋卿、(浙江)褚辅成、沈钧儒、王晓籁、王廷扬、魏炯、邬志豪、(安徽)许世英、江晞、孙希久、王龙廷等50余人。公推许世英为主席,通过了向全国发出的通电。11月23日,苏浙皖三省联合会举行委员会会议,公推蔡元培为主席。推定王正廷等4人为外交委员会委员,推定孟森等9人为事务委员会委员。通过所起草的通电,郑重宣布:(一)孙传芳所有行动,与三省无涉。(二)奉直鲁军如侵犯三省,誓以民意抵抗。(三)三省军队赞成民治者,供其给养,否则视为公敌。11月26日下午4时,与吴稚晖一同出席国民党上海市特别党部全体委员的会议,由陈希豪主席,蔡元培、杨杏佛、张振亚报告指导股、登记股的工作。11月28日下午1时,上海工商学各界在公共体育场开市民大会,反对奉鲁军南下,到会团体400多个,共5万余人。在齐唱革命歌中开会,公推学生代表冷隽为主席,宣布开会宗旨,继通过大会宣言及议决案,继由各界代表蔡元培、褚辅成、朱叔源、杨贤江、杨杏佛、葛建时、褚松雪、王惠杰等演说。最后,出发游行。

蔡元培11月30日下午4时出席在宁波同乡会4楼举行的苏浙皖三省联合会招待中外新闻界,到中、西各日报、各通讯社记者及该会委员、来宾70余人。蔡元培主席,致欢迎词,由殷汝耕译为日语。次由日本记者代表林贞次郎致答词,继由中国新闻界陈水伯、张振远、朱少屏致词。12月1日,爱国女学举行创校25周年纪念会,蔡先生因事未能前往参加,特撰一篇演说词,由夫人周养浩到会,代为宣读。5日,发表《说民族学》一文。7日,与吴稚晖等一同出席国民党上海特别市党部全体委员会议,王汉良任主席,报告党员登记工作。23日,孙传芳下令取缔苏皖浙三省联合会,因遭通缉,与马叙伦等避走福建。(以上参见高平叔编著《蔡元培年谱长编》,人民教育出版社1996年版)

陈独秀1月1—19日在国民党第二次全国代表大会在广州举行期间,致函中共广东区委,认为目前郭松龄倒戈失败、冯玉祥四面受敌、奉军气焰嚣张并与吴佩孚勾结一起的形势,革命处于低潮,指示中共在统一战线方面要执行让步的策略。会后,中共广东区委曾作出决议,指责陈独秀为首的党中央在上海谈判及国民党二大上的退让政策。1月下旬至2月下旬,陈独秀患伤寒病住进医院,未通知组织。组织派人四处寻找无着,称为"陈独秀失踪"事件。2月21—24日,中共中央在北京召开特别会议,李大钊、陈延年、任弼时、谭平山、瞿秋白等出席会议,陈独秀因病未出席。会议决定中央迁移北京,上海设交通局,广州设临委,万一不幸国民军在北方失败,中央决移广州。3月2日,陈独秀会见去广州途经上海的苏联考察团布勃诺夫等人,共同分析了中国革命中各阶级的表现和力量、国民党的内部状况、广东的工作和形势、北伐、与冯玉祥国民军的合作、党中央迁出上海,以及国民革命的前途等问题。陈独秀的看法很悲观,还表示坚决不同意北京中央全会关于党中央迁出上海的决定。3月7日,发表《反赤运动与中国民族运动》。12日,中共中央就孙中山逝世周年纪念日,发表《告中国国民党党员书》,称当前有两件"最痛心的事":一是国民党左右派之分裂,一是反赤运动之高涨。3月18日"三一八"惨案发生后,中共中央于20日发表《为段祺瑞屠杀人民告全国民众》,宣布段祺瑞是"彰明较著的卖国凶犯"。某日晚,到亚东图书馆,就"三一八"事件,给章士钊写了一封信,说"我们从小一道革命,你现在怎么这样的糊涂了。我和你绝交"。气恼至极,快信寄出。3月20日,蒋介石制造"三二〇"事件,派兵逮捕和监视共产党人,包围苏联顾问团和省港罢工委员会。27日,陈独秀发表《红派势力与外人势力及曹锟势力之消失》《安格联为什么要听张作霖电令?》《孙文主义的信徒呢,还是冯自由主义的信徒?》。

陈独秀4月3日在《向导》第148号上发表《广州事变之研究》《中国革命势力统一政策与广州事变》《国民党右派之过去现在及将来》以及《这就是戴季陶所谓"仁爱"之言》《国民党右派之光荣》《帝国主义者悬出重赏来了》等。4月中旬,陈独秀召集中共中央会议,决定在广州成立一个特别委员会。陈独秀在亚东图书馆房子里,探望"三二〇"事件后逃到上海的高语罕。13日,发表《什么是帝国主义?什么是军阀?》。23日,发表《国民党右派大会》。5月1日,发表《第二次和第三次劳动大会之间的中国劳动运动》。8日,发表《最近政局之观察》《我们要认清敌与友》及《张作霖口供中之赤与反赤》《章炳麟与镇威争威》《向赤或向反赤之路标》《奉军胜利之教训》。15日,蒋介石召开国民党中央二届二中全会,通过所谓"整理党务案"。同日,陈独秀发表《南方形势与国民党》《宪法与贿选》《英国大罢工与东方民族运动》及《张作霖、吴佩孚的假慈悲》《不怪外人都说中国人自己不好》《官民合作》《外交界是以平等的好感对谁》。22日,发表《直奉冲突之迫近与各方应取的态度》。25日,发表《孙中山三民主义中之民族主义是不是国家主义?》。30日,撰《世界革命与中国民族解放运动》。6月3日,发表《对于上海五卅纪念运动之感想》。4日,陈独秀根据共产国际指示精神,以私人名义,给蒋介石一封信,逐条批驳蒋介石就"三二〇"事件对共产党的"裁评",辩白中共并无"阴谋倒蒋"。

陈独秀7月7日发表《论国民政府之北伐》,违背2月中央北京特别会议的决定,反对北伐。12—18日,陈独秀在上海主持召开中共中央四届三次扩大会议,在会上作"中央政治报告"并起草决议。14日,发表《帝国主义者最近在上海之暴行》。同月,不定期刊物《新青年》出版第5期后永远停刊。9月6日,陈独秀会见柳亚子,回忆与亡友苏曼殊的交往及合译《惨社会》等情况。25日,发表《我们现在为什么争斗?》。10月10日,发表《帝国主义者对待中国人之态度》。12日,发表《我们现在怎样斗争?》。19日,发表《对于国民党中央会议的希望》。11月4日,发表《对于国民军再起的希望》。4—5日,出席中共中央政治局和国际代表的联席会议,并作关于国民党问题的报告。15日,发表《十月革命与东方》及《研究系官运不亨通》《研究系是只白虎》《国家主义者对国民党党旗及北伐》《国家主义派有了极阔的首领》等。25日,发表《革命与武力》。12月13日,陈独秀赴武汉主持中共中央政治局特别会议,在会上作政治报告,提出反对党内的左倾,防止党外的右倾。12月下旬,陈独秀回到上海,与瞿秋白、彭述之、维经斯基一起,多次到苏联驻上海领事馆,讨论中国革命的形势和策略等根本问题。(以上参见唐宝林、林茂生《陈独秀年谱》,上海人民出版社1988年版)

瞿秋白2月21—24日在北京参加中共中央特别会议。议定党的主要任务是从各方面准备广东政府的北伐战争。3月1日,应北京学生总会邀请,在女师大礼堂演讲《中国经济状况与国民革命》,李大钊演讲《日本维新运动与中国国民革命比较观》。春,病重,入上海宝隆医院治疗竟月。6月30日,与陈独秀同共产国际执委会远东局维经斯基等商谈北伐问题。7月12—18日,参加在上海召开的中共四届三中全会扩大会议。8月19—20日、26

日,参加在广州召开的共产国际执委会远东局和中共中央代表团联席会议。20 日,与张国焘至廖仲恺墓祭悼。22 日,与张国焘参加广东省农民协会执委扩大会议,致辞。29 日,到劳动学院演讲《什么是共产主义》。8 月下旬,到农民运动讲习所演讲《国民革命中之农民问题》。9 月,向中共中央递交《秋白由粤回来报告》。12 月 13 日,在汉口参加中共中央特别会议。返沪后病倒。年底,瞿秋白与陈独秀、彭述之、维经斯基等多次到苏联驻上海领事馆,与苏驻华代表纳索诺夫等讨论中国革命问题。(参见陈铁健编《中国近代思想家文库·瞿秋白卷》附录《瞿秋白年谱简编》,中国人民大学出版社 2015 年版)

茅盾、张闻天、恽代英、郭沫若等联署在 1 月 1 日《济难》月刊创刊号发表《〈中国济难会〉宣言》。同日晚,乘"醒狮"号轮前往广州,出席国民党第二次代表大会。其间按郑振铎嘱托,约见了参加广州文学研究会的岭南大学学生刘思慕等。上旬,与恽代英在出席会议期间访问过广东区委书记陈延年。下旬,正准备回上海,却根据广东区委书记陈延年的指示,留下来担任国民党中央宣传部秘书,恽代英则被安排去黄埔军校任政治教官。毛泽东时任国民党代理宣传部长,因忙于筹备第六届农民运动讲习所,就将国民党政治委员会的机关报《政治周报》的编辑任务交给了茅盾。从第 5 期开始,茅盾接手《政治周报》。12 日,茅盾与 43 位同仁联署在《民国日报》发表《人权保障宣言》,强烈抗议上海军阀当局残酷杀害工人领袖刘华,提出四项严正要求。

按:43 位署名者包括丁晓先、王伯祥、王璧如、朱公垂、朱云楼、何劳民、余祥森、吴颂皋、吴觉农、李石岑、李季、汪静之、沈雁冰、周予同、周全平、周建人、周越然、胡仲持、胡愈之、徐耘阡、徐调孚、夏丏尊、常云湄、张仲友、张梓生、章锡琛、郭沫若、陶希圣、陶载良、叶圣陶、赵景深、刘心如、刘英士、樊仲云、楼建南、蒋光赤、蒋径三、郑振铎、钱智修、应修人、丰子恺、严良才、顾均正。

茅盾 1 月在《民铎》第 7 卷第 1 期发表《各民族的开辟神话》。2 月初,到国民党中央宣传部办公。根据代理部长毛泽东指示,与肖楚女合作起草宣传国民党第二次全国代表大会精神的宣传大纲。约在中旬,应肖楚女约请,为政治讲习班的学员讲革命文学。3 月 7 日,在《政治周报》第 5 期发表《国家主义者的"左排"与"右排"》《国家主义——帝国主义最新式的工具》《国家主义与假革命不革命》。24 日上午,茅盾向毛泽东辞行,毛泽东说:"到上海后赶紧设法办个党报。"30 日,船航行 6 天后到上海,向陈独秀交秘密文件。31 日,回沪后第二天,郑振铎来访。获悉自己离沪期间已被当局列入"赤化分子"的名单。同月,所编选注本《淮南子》由商务印书馆出版。

茅盾 4 月初筹划接办《中华新报》为党报的事宜。12 日,正式辞去商务印书馆编辑职务,担任国民党上海交通局主任,从事革命宣传工作。同月,收到编辑国民运动丛书的通知,此丛书编辑为毛泽东未曾交卸代理宣传部长时之计划。因恽代英留广州,茅盾遂代理国民党上海交通局局长至 5 月底,后被正式任命为局长。30 日,应郑振铎之邀,与 29 日晨抵沪的鲁迅(经沪赴厦门)首次晤面。先在中洋茶楼饮茶,晚至消闲别墅夜饭,谈笑甚欢。座中有鲁迅、陈望道、夏丏尊、胡愈之、朱自清、叶圣陶、王伯祥、周予同、郑振铎、刘大白等。10 月,所编选注本《庄子》由商务印书馆出版。11 月 21 日,在《文学周报》第 4 卷第 1 期发表《中国文学不能健全发展之原因》一文。12 月上旬,茅盾被党中央派到中央军事政治学校武汉分校工作。

按:《中国文学不能健全发展之原因》认为中国文学不能健全发展的原因是:"一、没有明确的文学观与文学之不独立;二、迷古非今;三、不曾清确地认识文学须以表现人生为首务,须有个性;——此三者便是源远流长的中国文学不能健全发展的根本原因。"(参见唐金海、刘长鼎主编《茅盾年谱》,山西高校联合

出版社1996年版;陈福康《郑振铎年谱》,三晋出版社2008年版)

　　阿英5月任外交后援会杂志《苍茫》主编。与李克农、宫乔岩、王稼祥等常在十里长街的科学图书社研究形势和开展工作,研究形势和开展工作,因此受到五省联军总司令孙传芳通缉。6月,阿英被迫流亡上海,住在法租界一个亭子间里。常和高语罕、蒋光慈、周范文等来往。通过周剑云介绍,参加由明星影片公司、大中华百合影片公司、民新影片公司、上海影片公司、华剧影片公司、友联公司组成的上海市六合影片营业公司工作,担任公司的经理人。秋,经高语罕、周范文介绍,参加中国共产党。(参见钱厚祥整理《阿英年谱》,《新文学史料》2006年第1期)

　　田汉1月29日与欧阳予倩、唐槐秋、郭沫若等发起在新少年影片公司举行上海文艺界"消寒会"。郑振铎、王独清、卜万苍、周予同、俞振飞、关良及正在上海访问的日本作家谷崎润一郎等60多人出席。2月18日,与黎锦晖发起举办上海文艺界"梅花会"。蔡元培、郭沫若、郁达夫、郑振铎、叶绍钧、宗白华、徐悲鸿、林风眠、丰子恺、李金发、洪深、欧阳予倩、唐槐秋、史东山等156人应邀参加。3月,计划应聘赴广州中山大学文学院任教。后因人事纷争而未成行。4月,与唐槐秋、姚肇里、唐越石、唐琳、顾梦鹤、陈望道、左舜生、宗白华、黎锦晖等发起成立"南国电影剧社",并亲撰《启事》。7月9日晚,发起在南国电影剧社举行"文酒会"。上海文艺界百余人出席,正在上海访问的苏联作家皮涅克也应邀参加。此次聚会场面被摄入《到民间去》镜头,皮涅克及蒋光慈、李金发等均客串角色。31日,在晨光美术会组织的夏令文艺演讲会上作题为《影戏与文学》的演讲。8月16日晚,与唐槐秋一起主持南国电影剧社为欢送皮涅克而举行的聚会。蒋光慈、顾颉刚等中外文艺界百余人出席。10月,南国电影剧社由徐家汇路10号迁至蒲石路64号。此时剧社因"后以将事业扩充分为新剧、电影、音乐、跳舞、绘画、杂志等六部",已简称为"南国社"。11月,多次陪同来上海游览并办画展的日本画家阔田七藏和三岸好太郎。12月15日,《我的上海生活》刊于《上海生活》创刊号。秋冬间,受苏联驻沪领事林德之托,南国电影剧社在上海大戏院放映苏联电影《战舰波将金号》等两部影片,招待上海文化界。这是苏联故事影片首次在中国放映。(参见张向华编《田汉年谱》,中国戏剧出版社1982年版)

　　李登辉继续任私立复旦大学校长。6月,《李氏英语修词作文合编》由商务印书馆初版。9月8日,李登辉与中华国民拒毒会名誉会长唐绍仪、总干事钟可托致函全国各省区商会、教育会、医学会、学生会、农会、工会、青年会、耶佛孔回道教会、节制会、各报馆、各学校、各拒毒分会等各团体,定于10月3—9日为全国拒毒运动周。12月1日,为即将出版的《中国今日之重要因素》作序。序言称,此书是专门为一般英语读者所编纂的书籍,也适合作《公民学》、《社会科学》的补充读物。主要目的是要引导学生具有理性的爱国精神和国际主义精神。内容分五大类:一、关于性格修养、成功秘密等一般问题;二、关于我国的经济问题;三、关于我国的工业问题;四、关于我国的教育问题;五、关于国际问题。是年,复旦创办实验中学。(参见钱益民《李登辉传》及附录四《李登辉年谱简编》,复旦大学出版社2005年版)

　　陈望道等发起的上海艺术协会3月27日成立,陈望道被推举为执行委员,其他执行委员还有田汉、欧阳予倩等八人。是年,陈望道将复旦国文部新闻学讲座扩大设立为新闻学组。在《黎明》发表《〈龙山梦痕〉序》;在《新女性》发表《中国女子的觉醒》。(上海鲁迅纪念馆编《陈望道先生纪念集》,复旦大学出版社2006年版)

　　姜琦继续任暨南学校校长。秋,北伐军兴起,学校因有战事,暂时迁往法国租界神甫路

上课。冬,迁回真如。(参见张晓辉、夏泉主编《暨南大学史(1906—2016)》,暨南大学出版社2016年版)

蒋光赤仍任教于上海大学。1月,蒋光慈与瞿秋白来访郭沫若,谈论对"醒狮派""孤军派"政治主张的看法。年初,蒋光慈的第一部中篇小说《少年飘泊者》问世,这是一部反映少年如何在一连串不幸遭遇和最终走上革命道路、血洒疆场的书信体小说,出版后受到青少年读者的热烈欢迎。5月30日,即"五卅"运动一周年时,蒋光慈创作的一篇直接反映五卅斗争的短篇小说《疯儿》,在中国共产主义青年团机关刊物《中国青年》的"五月特刊号"上发表,编者专门为这篇小说加了一段按语:"我们对于文艺的意见,以为只要是真能表现现代被压迫者的人生,只要是实际生活中喊出来的被压迫者的痛苦和欲求,那便好了。"是年,在《创造月刊》第1卷第2、3、4期连载的《十月革命与俄罗斯文学》。(参见林甘泉、蔡震主编《郭沫若年谱长编》,中国社会科学出版社2017年版)

杨贤江继续主编《学生杂志》。1月1日,参加上海国民党左派所组织的特别市党部成立大会,当选为特别市党部执行委员。5日,在《济难》创刊号上发表《中国济难会与中国学生》,认为中国济难会的目的是"救济一切解放运动之被难者,并发展世界被压迫民众之团体精神。"4月3日,主持召开国民党上海党员代表大会。4日,在国民党上海市党部党员代表大会上作政治报告,号召联络各阶级中革命分子,以增进国民革命的力量,迎接革命高潮的到来。5月5日,在《学生杂志》第13卷第5号上发表《"三·一八"惨案的责任问题》。30日,在上海南市西门体育场召开的"五卅"运动一周年纪念大会上发表演说,号召上海各界民众挺身奋起,恢复"五卅"运动中反帝联合战线,实现"五卅"运动未完成的任务。同月,委托叶圣陶主编《光明》半月刊。6月5日,在《光明》创刊号上,发表《中国"光明"运动的开端》。7日,主持召开国民党上海第二次党员代表大会。10月23日,参加上海第一次工人武装起义的组织工作。同月,被推选为国民党上海特别市党部常务委员会委员兼青年部部长。(参见杜学元、吴吉惠等《杨贤江年谱长编》,光明日报出版社2005年版)

郑振铎1月1日参与发起的《济难月刊》创刊。同月10日中午,出席《新女性》社聚餐会。到者有章锡琛、周建人、胡愈之、夏丏尊、郑振铎、叶绍钧、吴觉农等20人。觥筹交错,颇极一时之盛。29日下午,赴新少年影片公司,参加田汉、欧阳予倩发起的以"消寒会"形式欢迎日本作家谷崎润一郎。

按:据次日《申报·艺术界》报道《上海文艺界消寒会盛况》:"昨日本埠文艺界同人假新少年公司,开消寒大会举行聚餐,藉联情谊。到者六十余人,如飞行家唐槐林(法国新回),陆军石醉六,地理学家姚明辉,经济学家张定,周佛海,生物学家费鸿年,文学家谷崎润一郎、田汉、左舜生、华林、王独清、郑振铎、方光焘、周予同、欧阳予倩夫人、王瀚君、黄毅君、黄介民、郭沫若、向恺然,画家唐越石、叶鼎洛、陈抱一、朱应鹏、宋志钦、陈南苏、关良、周一舟、鲁少飞、王玉书、冯超然,音乐家傅彦长、仲子通、郑觐文、黎锦晖,戏剧家欧阳予倩、汪仲贤、朱双云、方红叶、姚家璜、俞振飞、谢绳祖、翁瑞午,电影家王慧仙、陶杏珍、卜万苍、张织云、陈寿荫、王英之、史东山、杨静吾、菱清、姚肇里、唐琳、袭逸苇、任矜苹、杨耐福、严索贞,大鼓家金小香、邬凤云、张少岩,剑客米剑华,新闻界许窥豹、唐世昌、张冥飞。聚餐外有余兴,直至下午十二时始尽欢而散。"

郑振铎3月4日被上海立达学园聘为教师。23日,任立达学会常务委员会委员。24日,为抗议"三一八"惨案,立达学会开全体大会,决定停课一天,并发表宣言。25日,郑振铎出席立达学会全体大会。胡愈之提议出版杂志,议决推胡愈之、章锡琛计划印刷发行事项,郑振铎、夏丏尊、李石岑、刘薰宇筹备编辑事宜,预定9月内出版,该杂志后来定名为《一般》。4 月 22 日,郑振铎出席中国济难会全国临时总会联席会议,递补为文书股干事。5 月 27 日,郑振铎、王伯祥、胡愈之、李石岑、周予同、章锡琛、周建人、高觉夫、李未农、刘叔琴、方光焘、丰子恺、沈亦珍、刘薰宇、夏丏尊、叶圣陶等因立达学园筹备增设文学专门部。6 月 12 日,该部门定名为立达学园文艺院中国文学系。9 月 25 日,立达中国文学系在开明书店召开教务会议,叶圣陶、王伯祥、胡愈之、周予同、高觉夫、夏丏尊、方光焘、刘薰宇、樊仲云等人参加。是年,章锡琛向郑振铎提起,茅盾能背诵《红楼梦》整书,郑振铎不信,于是二人打赌。他们请茅盾、夏丏尊、周予同等人到饭店吃饭,酒至半酣,请茅盾背书助兴。郑振铎翻开早已准备好的书,茅盾随即琅琅而背,一口气背了半个多小时,将近一个回目。至此,郑振铎才深信不疑。(参见陈福康《郑振铎年谱》,三晋出版社 2008 年版;葛晓燕、何家炜编著《夏丏尊年谱》,中国文史出版社 2012 年版)

夏丏尊 1 月 12 日参与联署在《民国日报》上发表《人权保障宣言》。3 月,译著《爱的教育》由开明书店出版,由丰子恺绘制插图和封面。当时开明书店初创,尚未正式挂牌,许多事情都由经理本人打理。此书就是由章锡琛亲自校对的。在校对过程中,章锡琛也大受感染。由于翻译者和出版者的共同喜爱,此书在印制上极为用心,从纸张到印刷装订,都一丝不苟,力求上乘,出版后很快成了畅销书。3 月 26 日,郑振铎等在大新街悦宾楼饭店聚会。胡愈之提出,立达学会应创办一份自己的刊物,大家一致赞成。于是推选胡愈之和章锡琛负责筹备印刷发行事项,郑振铎与夏丏尊、李石岑、刘薰宇等负责筹备编辑事项,预定半年内出版。这就是于 9 月创刊的《一般》杂志。4 月初,夏丏尊与胡愈之、范寿康等 50 余人发起,改《上虞声》为《上虞声三日报》。同月 10 日,译作《芥川龙之介氏的中国观》刊《小说月报》第 17 卷第 4 号。又于 6 月 9、12 日在《晨报》副刊连载。12 日,上虞青年协进社上海会员在美丽菜社召开聚餐会,理事胡愈之报告该社过去之历史及《上虞声》改组为三日报之经过情形。夏丏尊在会上讲话,略谓今年家居半载,目睹本县环境,益觉无处不是缺点。种种可叹情形,举不胜举。希望在座诸君,一筹改良之道。暮春,丰子恺接弘一法师信,知其在杭州暂住,即约夏丏尊一起赴杭州里西湖招贤寺探访。回沪后,夏丏尊收到弘一法师"南无阿弥陀佛"长卷并题记。丰子恺得弘一法师信,要求"集道侣数人,合赠英国制水彩颜料数瓶,以抄写经文之用"。于是,夏丏尊、丰子恺等七八人合买了 8 瓶 Windsor Newton 制水彩颜料寄赠。5 月 22 日,立达学园召开第三次导师会,讨论添设"文学专门部",并推定郑振铎、王伯祥、李石岑、周予同、章锡琛、周建人、高觉敷、李未农、刘叔琴、方光焘、丰子恺、沈亦珍、刘薰宇、夏丏尊、叶圣陶为筹备委员。同时还增设了文艺专门部。

夏丏尊、方光焘、刘薰宇在商务印书馆 6 月 12 日与立达同人集会,商决文学专科事,决定设立"立达学园文艺院中国文学系"。会后聚饮于悦宾楼,赴宴者另有王伯祥、郑振铎、叶圣陶、章雪村(即章锡琛)、樊仲云、李石岑、孙伏园等。6 月 24 日,与同仁一起赴济难会之招,参加"榴花小集"于一品香。赴会者多熟友,有周予同、胡愈之、叶圣陶、李石岑、胡仲持、陈望道、杨贤江等,特宾有《商报》馆的陈布雷和潘公展。7 月,在《新女性》杂志第 7 号上发表《闻歌有感》,呼吁所有女性要在生活中"发挥自己,实现自己,显出自己的优越"。同月,为立达学园筹备会刊,听到白采不久将来上海的消息,准备向他约稿。不幸的是,白采竟病殁在将抵吴淞口的公平号轮船上,年仅 32 岁;朱自清由北京回白马湖,夏丏尊为《一般》杂志向朱自清约写文艺批评稿子。8 月 1 日,同日,译作《武者小路实笃氏的话——伟大的支那》,刊于《文学周报》第 236 期。同日,由章锡琛、夏丏尊、刘叔琴、丰子恺、胡仲持、吴仲盐、章锡珊等发起（胡愈之、郑振铎因在商务印书馆工作，不便列入发起人名单）在上海宝山路宝山里60号章锡琛家，正式挂牌成立开明书店。

按：书店由孙伏园取名并书写招牌，丰子恺把徽标设计成一本打开的书，封面上是"开明"两个字，书页上面半圆形的太阳光芒四射，象征着开明书店的事业红红火火，蒸蒸日上。开明成立后，立达会刊《一般》由开明书店负责发行。

夏丏尊等8月30日晚宴鲁迅于消闲别墅，饭后叙谈。8月，与刘薰宇合著之《文章作法》由开明书店出版，夏丏尊作序。此书初版后，不断再版，畅销不衰，堪称20世纪中学作文辅导的经典之作。秋，应刘大白、陈望道之邀，夏丏尊兼任复旦大学国文教授。9月4日下午5时，郑振铎、沈雁冰在郑振铎处设宴，主客为由粤来沪的叶启方，陪客有夏丏尊、叶圣陶、王伯祥、胡愈之、樊仲云和谢六逸。9月5日，立达学会同人创办的《一般》杂志创刊，夏丏尊任主编，并为诞生号题写刊名。责任编辑有方光焘、周予同、周为群、周建人、胡愈之、高觉敷、张作人、陈宅桴、陈望道、章克标、章锡琛、叶圣陶、刘大白、刘叔琴、刘薰宇、郑振铎、丰子恺等。丰子恺负责装帧设计。刊名的寓意是：以一般的人，写一般的文章，面向一般的读者。内容包括文学作品、文学评论、书报评介等，同时刊登谈一般社会问题，特别是青年问题和教育问题的文章。11月5日，《一般》第3号发表《批评〈哲学辞典〉》，对由樊炳清编、商务印书馆出版的《哲学辞典》提出批评。12月5日，在《一般》第1卷第4号《读〈中国历史的上帝观〉》《介绍〈人生哲学〉》（冯友兰著、商务印书馆出版）。是年，贾祖璋开始写作鸟类等动物方面的通俗文章，夏丏尊以《鸟与文学》为题，嘱贾祖璋为《一般》杂志撰稿。"鸟与文学"实际上是运用现代生物学知识整理我国古籍中有关鸟类记载的集纳。是年，春晖中学第一届毕业生王文川，在夏丏尊等人的资助下，偕其他7位同学赴日本留学。（参见葛晓燕、何家炜编著《夏丏尊年谱》，中国文史出版社2012年版）

叶圣陶任商务印书馆国文部编辑，主持文学研究会的日常工作。1月20日，叶圣陶与王芝九、丁晓先一同办的《苏州评论》创刊，设在上海香山路仁余里28号叶圣陶家里。同月，恽代英、张闻天、沈泽民、杨贤江、沈雁冰等共同发起的中国济难会成立，发表《中国济难会宣言》，叶圣陶加入济难会；丰子恺的画集《子恺漫画》作为"文学周报社丛书"，由文学周报社出版，是我国最早的漫画集，叶圣陶参加了编选工作。5月29日，与上海各界人士为五卅烈士墓行奠基礼。同月，叶圣陶受肖朴生委托，着手创办中国济难会机关刊物《光明》半月刊；叶圣陶著文与曹聚仁、朱自清、周予同等讨论"国故"。

叶圣陶6月6日在《文学周报》第228期发表《国故研究者》，同意曹聚仁的说法，反对朱自清"把国故同现代生活划开"，认为国故的研究虽然是学问上的事情，但还事实以本来面目的研究结果，多少可以告诉现代人何去何从，进而推进现代社会的合理生活，纯正的国故研究者（而非国故虔奉者）也必然在明晰旧生活的真面目之后，成为新社会、新生活的建设工程师。7月，叶圣陶选注的《礼记》为"学生国学丛书"，由商务印书馆出版。8月6日，上海创造社被淞沪警厅所封，并拘捕叶灵凤、成绍宗、柯仲平、周毓英等4人。叶圣陶特辑《涂炭日志》（刊于《光明》半月刊第6期），记此事。30日，叶圣陶在友人的宴会上，初次见到鲁迅，座中有刘大白、夏丏尊、陈望道、沈雁冰、郑振铎、胡愈之、朱自清、叶圣陶、王伯祥、周予同、章雪村、刘勋宇、刘叔琴及三弟。9月，立达学会创办同人刊物《一般》杂志，叶圣陶为责任编辑之一；由杨贤江介绍到松江景贤女子中学上海分校任教，与侯绍裘相识。是年，商务印书馆的《妇女杂志》主编章锡琛因写了一篇讨论新、女性道德的文章，与馆中当局意见相左,言论颇受钳制,遂辞商务,在上海宝山路宝山里 60 号创办开明书店。叶圣陶出钱出力,支持章锡创业。(参见商金林编《叶圣陶年谱》,江苏教育出版社 1986 年版)

周予同 2 月在《民铎》发表《纬书与经今古文学》。所著《经今古文之争及其异同》改名《经今古文学》,收入商务印书馆《国学小丛书》出版。由于是书抓住了经学史上的重要问题,且跳出了经学门户的窠臼,出版后影响不小。3 月 25 日,立达学会召开全体大会,会议决定创办杂志,后来定名为《一般》。27—28 日,周予同与叶圣陶、郑振铎、胡愈之、王伯祥、李石岑、樊仲云等友人游无锡。4 月 9—12 日,与郑振铎、叶圣陶、王伯祥等同游扬州、镇江。5 月 27 日,立达学园召开导师会,讨论添设文学专门部,被推为筹备员。6 月 12 日,定名为"立达学园文艺院中国文学系",筹备委员会即告解散。同月,为章锡琛校对《国学周刊》。7 月 11 日,周予同在《文学周报》第 233 期发表《顾著〈古史辨〉的读后感》,对顾颉刚的治学方法与治学态度作了评述。文中于《国学概论》《国学大纲》等著作有所讥刺,致使认为"现代生活的大部分都是国故"的曹聚仁感到不满,并作《再论国故与现代生活——兼致意圣陶予同两先生》一文以为回应,刊于《文学周报》第 237 期。

按:关于辨伪的工作,周予同认为"在现在国内乌烟瘴气的学术界,尤其是国学方面,我承认是必要的,而且是急需的"。鉴此,周予同建议作一部集大成的、有系统的《古今伪书伪物考》,这样"才能网罗古今来辨伪的片言只语而无遗漏,而学者也可以因此而对于古今来伪书伪物得到完整的、历史的、系统的而且彻底的了解"。关于考证古史真相的工作,周予同指出:"大概我们要考证古史的真相,逃不了两个方法;一、实物考证法;二、记载考证法。而前者方法的价值实远胜于后者。"关于用研究故事转变的方式来研究古史的方法,周予同认为"这是目下研究古史的最重要工作,而且比较地容易有成绩"。

周予同 8 月 30 日下午出席同仁茶宴。29 日,鲁迅抵沪。至是日郑振铎邀鲁迅饮茶,并设夜宴为之洗尘,兼为朱自清送行,周予同应邀出席。9 月,朴社重派职务,与叶圣陶担任沪分部书记。26 日,立达学园中国文学系于开明书店召开教务会议,周予同应约出席。是月,《一般》杂志创刊。周予同为《国故论丛》所作介绍词刊于《一般》创刊号。10 月 5 日,所撰《僵尸的出祟》发表于开明书店《一般》杂志第 1 卷第 2 期。11 月,所著《经今古文学》再版。是年,与郑振铎一同介绍赵景深到绍兴第五中学和绍兴师范学校教《中国文学小史》。

按:周予同所撰《僵尸的出祟》完成于 9 月 6 日,针对学校读经一事而发。文中宣称:"经是可以研究的,但是绝对不可以迷恋的;经是可以让国内最少数的学者去研究,好像医学者检查粪便,化学者化验尿素一样;但是绝对不可以让国内大多数的民众,更其是青年的学生去崇拜,好像教徒对于莫名其妙的《圣经》一样。"(参见成棣《周予同先生年谱》,《传统中国研究集刊》第 20 辑,上海社会科学院出版社 2019 年版)

曹聚仁 5 月 23 日在《文学周报》第 226 期发表《国故与现代生活——和佩弦先生谈谈》,与朱自清发表在《文学周报》第 224 期的《现代生活的学术价值》一文展开商榷,认为"先生所讲的现代生活就是国故",国故与现代生活实际上无法截然分开,因为当前许多人的脑子里依然盘桓着落后的旧思想和旧观念,因此,国故学的研究不可能撇下现代生活,"研究国故,并非专研究文字上的死国故,而在研究民族心理上的活国故"。8 月 8 日,曹聚仁在《文学周报》第 237 期发表《再论国故与现代生活:兼致意圣陶予同两先生》,针对 6 月 6 日叶圣陶在《文学周报》第 228 期发表《国故研究者》与 7 月 11 日周予同在《文学周报》第 233 期发表的《顾著〈古史辨〉的读后感》两文作出回应。对周文于《国学概论》《国学大纲》等著作有所讥刺,致使认为"现代生活的大部分都是国故"的曹聚仁感到不满;而对叶文则表示赞同:"'拘守是自缚,盲从是谬妄……笃旧的国故虔诚者,你们休矣!'这话说的对极了。"

按:文韬《"国故学"与"中国学术"的纠结——民国时期两种"国学"概念的争执及其语境》(《中山大

学学报》2013年第5期)说：作为"整理国故"的坚定支持者,曹聚仁和叶圣陶对国学始终保持着清醒的批判意识,因而重申"国故研究",并非重视'国故'而是重视研究"的基本态度,仅在自己接受的范围内讨论国学问题,他们眼中的国学与朱自清笔下的"国学"其实并非同一指涉。朱自清呼吁的是扩充当前的"国学"研究范围,即对整理国故派狭隘的国学观念(把"国故"等同于"国故学"的做法)表示不满,希望以开放的、面向未来的"中国学术"重新界定"国学"。而曹聚仁和叶圣陶的回应乃就国故学的研究态度和后效问题立论,即国故学的研究并非出于对古代的偏爱,而是力图以新的方法重新条理古代,批判性的研究结果客观上会对现代人的现代生活有所助益。这样一来,论争的焦点由"国学"研究是否应当容纳现代学术,变成了着眼于中国古代学术的国故学研究是否有脱离现代生活的危险。这样一场表面热烈,实际上却未曾接刃的交锋,结果自然是争而未果,悬而不决。这既说明以"国故学"对应"国学"概念的影响力之大,也透露出了国故学派在古今问题上的矛盾与模糊。

王伯祥9月在《一般》创刊号发表《读〈经今古文学〉和〈古史辨〉》,评述周予同《经今古文学》和顾颉刚《古史辨》两部著作,指出:周予同是倾向今文的经学家,顾颉刚是万物齐观的史学家,他们外观虽不同,——只是研究的方面不同——而其终极之点还是归结到"实事求是"四个字。王伯祥还指出了顾颉刚"万物齐观"的治学特点:"他持平恕观物的态度,所以'万物齐观',而求所以各存其真;以此没有偶像的崇拜,没有门户的依傍,没有主奴的成见,不但把古今优劣的障壁打通,而且连那雅俗的鸿沟也填平了。"(参见王学典《20世纪史学编年(1900—1949)》,商务印书馆2014年版)

胡朴安主编《国学》10月在上海创刊,由大东书局发行,立足于复兴国学,所载文章有一定的学术价值,同时在珍稀书目的辑佚和保存方面也发挥了一定作用。胡朴安、陈乃乾等编辑,撰稿人有胡朴安、姚光、闻宥、陈乃乾、陈垣、陈柱、方孝标等。主要发表关于语言文学、哲理、史地、礼教、文章、美术、博物、科技方面的论述,同时刊登一些人物传记、年谱、回忆录、诗歌,还有少量的游记与考证文章。该刊最为珍贵的是用大量篇幅登载了陈乃乾辑录的元小令和元小令(续),包括元代一些著名的词曲家如马致远、张可久、白朴、关汉卿等人的作品均见诸该刊。

按:该刊1926年10月创刊,1927年1月第4期停刊。其间所载如:胡怀琛《韩柳欧苏文之渊源》,闻宥《国学概论》,日本人神田喜一郎撰写、孙世伟翻译的《顾千里先生年谱》,陈垣《李之藻传》,姚光《怀旧楼丛录》,蒋维乔《重考古今伪书考序》,董康《日本内阁藏小说戏曲书目》《敦煌唐写本明妃曲(摘录诵芬日记)》,陈乃乾《读史方舆纪要校记》,胡朴安的《论读书法》等多有学价值。

吕思勉所著《中国文字变迁考》2月收入上海商务印书馆"国学小丛书"出版。4月,所著《经子解题》收入上海商务印书馆"国学小丛书"出版。6月,所著《章句论》收入上海商务印书馆"国学小丛书"出版。5月,东南大学蒋维乔致函吕思勉,邀往东南大学任教。8月,由童斐介绍,吕思勉任上海光华大学国文系教授。该校后设历史系,即担任历史系主任兼教授,直到1952年院系调整光华大学并入华东师范大学为止,吕思勉重要著作均在光华时期完成。12月,所著《象棋梅花谱(校订)》有上海文明书局出版。是年,所撰《夏都考》刊于《光华季刊》第2卷第1期;《沪江大学丙寅年刊序》刊于上海沪江大学《丙寅年刊》。(参见李永圻、张耕华编撰《吕思勉先生年谱长编》,上海古籍出版社2012年版)

陈柱是春为无锡国学馆讲授墨子,为孙诒让《定本墨子间诂》作补正。夏,家居两月,继作《定本墨子间诂补正》。5月1日,于锡山国学馆作《定本墨子间诂补正自叙》。秋,为上海大夏大学诸生讲老子,并著成《老子集训》上下篇,其《老子集训自序》:"丙寅秋,承无锡国学馆唐馆长之命,为诸生讲老子。笃著数日,苦不得善本。书太多,非专门之学,而欲于一二年毕其业,实势所不能。故成《老子集训》上下篇,力求其备,复力求其简,以便吾之讲授。书既成。友人请公诸世。爰复述其大意于简端。"又为上海大夏讲墨子,著成《墨学十论》,其《墨学十论序》:"秋,上海大夏复以讲《墨子》见委,余亦既授之如前法矣。复惧两校生徒,徒沉溺于章句,而不能通其条贯,明其得失也。故再为之分题讲论,凡共十篇,名曰《墨学十论》。既毕业,乃为之叙其首。"是年,所著《国学教学论》一书出版,其中《中学生研究国文之方法》和《中学校国文教授之方法》分别对中学国文科的"学法"和"教法"作了系统论述。另有《大学生研究国文之方法》《大学校国文教授之方法》《大学生研究国学重要书目及其导言》《读书之方法及其目的》《古今论学粹言按语》和《读书作文谈》等篇。又作作《公羊微言大义自序》《茹经堂文集序》。(参见张京华、王玉清《陈柱学术年谱》,《广西社会科学》2007年第2期)

徐中舒毕业于清华大学研究院国学门,回到安庆,在合肥六中任教半年,旋又受聘于上海立达学园。其间,曾在《立达》第1期上发表了《古诗十九首考》,引起复旦大学中文系主任刘大白的注意。

江亢虎2月22日发出《正告反对赤化者》,提醒反对赤化者"当得群众之后援,但不可利用暴民""当有武力之准备,但不可利用军阀""当征国际之同情,但不可利用外力"。北京"三一八"惨案发生后,江亢虎被执政府通缉。江亢虎从报纸上看到此通缉令后,发出"启事"予以表白和澄清。4月,江亢虎撰写《新修金鳌江氏宗谱序》,强调"吾国家族制度最古,谱牒之学亦最详"。又为上海南方大学年鉴撰写序言。同月,分别写信给张作霖和吴佩孚。以近期到京后,只会晤了张学良,未见到张作霖,遂给张作霖写信建言:在军事方面,可"统一号令,整饬军纪,恢复交通,接济粮食";在政治方面,对外"设法收复外蒙""对内则主张建设军政府"。又给吴佩孚复函,系对吴佩孚在来函中"痛论三一八案"的一个回复,提出善后和应对之术。5月,江亢虎为纪念"五一"劳动节发表《五月特刊感言》,就"五一"劳动节、"五四"运动、"五七"与"五九"之国耻、"五卅"租界之惨案等事件,分别发表感想,最后归结为"新社会主义不实行,劳资两阶级利害冲突终不可免";出路在于"新社会主义取资本主义而代之,新民主主义取帝国主义而代之"。6月,江亢虎就"江南书院"的创办事致函孙传芳,同时推销自己"新社会主义"的主张。9月,因湖南的朋友来信谈及,蒋介石两次同该朋友会见时,均询问江亢虎的现状,并说对江亢虎极佩仰,但以无缘晤见为憾,于是给国民革命军总司令蒋介石写信,首先简要描述了自己同国民党和孙中山20年来的关系,自称是与国民党"最接近"的人,对孙中山"最崇拜"的人;继而介绍了自己多年来力主社会改革的思想和经历;最后表示自己主张的"政党政治","一惟总司令与其余诸伟人是赖"。10月,代表中国新社会民主党发表宣言,提出中国当前"国本未定,内战迭起""宪法、国会、责任内阁,均不存在",已无从事政党政治的条件。故党的目前任务"惟有专从宣传与准备着手";政治上主张"反对一党专政、阶级独裁",但当前"采取超然态度,对于各派各系,概不合作,亦不讥评"。(参见江佩伟编《中国近代思想家文库·江亢虎卷》及附录《江亢虎年谱简编》,中国人民大学出版社2015年版)

张申府2月10日在《京报副刊》发表《终于投一票》。3月15日,在《中大季刊》(北京)发表所译英约德著《罗素先生之哲学》。26日,在《京报副刊》发表《自由》。4月,因章士钊辞去教育总长一职,专门审查教科书的编审委员被撤,专任中国大学西洋哲学教授,并为该校哲学系学生主办的《哲学月刊》撰文。15日,在《中大季刊》第1卷第2号发表所译罗素著《英国对华的蠢举》。同月,在《中大季刊》所译罗素著《自然与人》,此文同时登在4月1日

《中央副刊》第 19 号。12 月 10 日,在《东方杂志》第 23 卷第 24 号发表《文明或文化》,针对胡适《我们对于西洋近代文明的态度》的"全盘西化",提出了不同意见,认为应正确对待"中国旧有文化"和"西洋近代文明"的关系,认为这两者都有所偏,也都有所值得借鉴的方面。其独特之处在于从阶级论、反动或革命的视角看待"西洋近代文明",指出"中国旧有的文明(或文化),诚然许多是应该反对的。西洋近代的文明,也不见得就全不该反对,就已达到了文明的极境,就完全能满足人人的欲望。但反对有两个意思,一为反动的,一为革命的。我以为囫囵地维护或颂扬西洋近代文明,与反动地反对西洋近代文明,其值实在差不多。我以为现代人对于西洋近代文明,宜取一种革命的相对的反对态度"。是年,张申府又在《哲学月刊》(北京)第 1 卷发表《詹美士的彻底经验论》《现代哲学校论》。(参见雷颐编《中国近代思想家文库·张申府卷》附录《张申府年谱简编》,中国人民大学出版社 2015 年版;郭一曲《现代中国新文化的探索——张申府思想研究》,广东人民出版社 2002 年版)

张君劢 1 月 2 日出席大夏大学教授宴请第一届毕业生会议,并即席讲话。2 月 4 日下午 4 时,江苏省教育会公民教育委员会开第七次二月份常会,沈信卿、张君劢、杨卫玉、陆规亮、潘仰尧、章伯寅、程湘帆、杨聘渔、顾臣庐、谢守恒 10 人出席会议,通过 8 项议案。20日上午,与徐志摩晤谈并请午餐。3 月 10 日,江苏省教育会附设之公民教育委员会分别致函张君劢、袁观澜、黄炎培等公民教育讲习会讲师。27 日正午 12 时,国立政治大学第七次董事会在上海西藏路一品香开会,到会 13 人,推定沈信卿为主席,校长张君劢报告建筑情形。4 月 21 日,江苏教育会于下午 4 时,借中华职业教育馆,招待英国庚款委员会代表团,到会者有英委员威木顿、苏希尔、安特生女士、秘书长庄士,华委员胡适之、王景春、丁文江,省教育会代表袁观澜,以及张一麐、张君劢、张东荪等 80 余人。29 日,张君劢致函英国庚款委员会,建议将此款用于中国的政治和社会教育。5 月 6 日下午 4 时,出席江苏省教育会公民教育委员会五月份常会,沈信卿主席。会议通过《议组织公民教育图书审查会》等四项决议案。21 日,在北京访颜惠庆,谈英国庚子赔款问题,欲得一部分经费。25 日,在《东方杂志》第 23 卷第 10 期上发表《爱国的哲学家——菲希德》一文。6 月 8 日晚 7 时,由张君劢等发起的中国社会科学社在大同大学开成立大会。12 日下午 2 时,由张君劢等发起的中国社会科学社在商科大学继续开会,列席者数十人,仍由潘序伦主席,继续讨论章程,当将章程全部修改通过。26 日下午,中国社会科学社在商科大学开会,张君劢被选举为理事。

按:据 6 月 10 日《申报》载《中国社会科学社成立纪闻》:"张君劢等上海各大学担任社会科学之教授,鉴于中国社会科学尚在萌芽时代,极应集合同志。共图社会科学之发展。并建设合乎中国国情之学说,以为改造今后中国之方案,爰于日前推举金井羊、叶之龙等为筹委会,着手组织中国社会科学社,颇得一般社会科学家之同意。于 8 日晚七时在南火车站大同大学正式开成立大会,到会者有李权时、金井羊等数十人。当推潘序伦为临时主席,刘南核为临时书记,将社章草案逐条讨论。直至午夜始散。该会以社会科学命名与自然科学相对待,凡于政治经济法学历史研究有素者。皆有入会资格,现已加入之会员,皆为欧美留学归国。而于国内学术界负有声望者,将来必可与研究自然科学者所组织之中国科学社并驾齐驱。"

张君劢 6 月 12 日与黄以霖、褚辅成等联名致信南京孙传芳、陈陶遗,要求暂停放垦。20 日,张君劢出席大夏大学毕业典礼会,代表校董向毕业生颁发文凭,并发表演讲。7 月 4日,出席上海美专毕业典礼仪式并发表演讲。15 日下午 4 时,出席在江苏省教育经费管理处召开的第十六次江苏省教育经费稽核员常会。出席者还有袁观澜、蒋竹庄、仇亮卿等。

20日,教育总长任可澄电张君劢,请担任俄款委员会委员。22日午,出席大夏大学校长马君武在功德林举行的欢迎新校董王省三宴会。出席者还有王伯群、王一亭等在沪董事。8月5日,张君劢与汤尔和应教育部之召,同车北上进京,商议俄款处理事宜。24日下午3时,教联会在北京教育会开茶话会,招待俄、英、日、法各国庚款委员会及董事会中国委员及董事,交换支配庚款意见。张君劢、邓萃英、沈尹默等均有演说。在京期间,应清华大学暑期在北海集学之同学邀请,做"宋贤名理"的演讲。吴鼎昌于"丁卯初夏清华学校研究院同学录"中,称张君"盖穆然有鹅湖鹿洞之遗风"。30日上午10时,与汤尔和由北京乘车回沪,临行之时,曾致教长任志清一函,报告交涉经过,以及不能担任委员原因,同时并致九校校长,以及京师公立中小学各一函。

张君劢10月7日与黄以霖、沈恩孚等江浙协会同仁邀同殷汝骊、褚辅成等集商,续推和平代表。14日,与吴秉元作东,在联珠里召开江浙协会勘视太湖报告会。24日下午2时,出席在上海宁波路7号4楼新会所举行的德奥瑞同学会成立大会。下旬,张君劢于北伐军攻至武汉之际,认为时局将有巨变,独自秘密赴武汉观察,归来后为政治大学师生演讲在武汉之观感。11月,所著《武汉见闻》一书由国立政治大学出版。12月7日,应邀出席公民教科书编撰委员会第一次会议。由于到会者只有张君劢、胡叔异、杨聘渔3人,未能成会,略有谈话即散。9日,江苏教育委员会公民教育委员会及编撰公民教科书委员会下午4时同时开会,出席者7人。其通过之决议中,有请张君劢汇集公民教科书材料,就政治大学组织委员会编定之议案。是年,所著《我对于海外侨胞之意见》由上海国立自治学院出版,收录三文:《海外中华民族之前途》《华侨与政治能力》《参与致公堂五祖祠开幕演说》。又开始翻译英国政治哲学家拉斯基之代表作《政治典范》。(参见李贵忠《张君劢年谱长编》,中国社会科学出版社2016年版;贺翁凯编《中国近代思想家文库·张君劢卷》附录《张君劢年谱简编》,中国人民大学出版社2015年版)

张东荪1月10日在《东方杂志》第23卷第1号上发表《初学哲学之一参考》阐述了自己的中西文化观:"要起中国的沉疴非彻底输入西方文化不可。所谓输入西方文化自然是针对科学而言,但输入科学却非先改变做人的态度不为功。所以输入科学而求其彻底,则非把科学的祖宗充分输入不可。科学的祖宗非他,西洋哲学便是。"2月10日,张东荪在《东方杂志》第23卷第3号上发表《由自利的我到自制的我》,提出化欲主义的人生观,并经对中国社会现状的"实地察看"后断定:西方文明输入中国后,中国社会出现了严重的"畸形状态"。而要补救中国社会畸形状态,只有提倡理智主义。张东荪在此向当时思想界提出了一个现实的问题:如何在中国建立"新道德"的问题,他所提倡的"理智主义",正是五四后建立新道德观的一种尝试。3月15日,张东荪为陈兼善(达夫)撰《进化论纲要》作序。

按:陈兼善在十年研读进化论的基础上撰写了《进化论纲要》,请对西方哲学熟悉的张东荪为该书作序。张东荪在《序言》中首先回顾了自己与陈兼善交往的情况,充分肯定进化论对中国学术界的影响。又特别指出:"须知达尔文主义只是进化论中之一种学说,绝对不能代表进化论全体。达尔文主义,可以动摇,可以修改,或竟可以全废,而进化论却是依然无损。进化论自身可以有进化,而达尔文主义却不能有进化。在学术界对于进化的概念,尚欠明了,又何况其它呢?所以达夫此书实有速编纂、速出版的必要了。"

张东荪是年春到北京协和医院探望病中的梁启超,劝他重新干政,为建立民主政治而努力,但受到梁启超婉言拒绝。此事对张东荪思想刺激颇大,思考良多。他后来伤感地说:"中国之始终未能走上民主轨道,可以说就是因为没有人肯作民主主义的殉道者。"6月12

日,张东荪撰《兽性问题》,刊于8月10日《东方杂志》第23卷第15号。此文是对《由自私的我到自制的我》一文的续篇。他在该文中继续阐述化欲主义人生观。文末谓"我曾允许人撰一篇《做人论》,而迄未动笔。本篇即可算我的做人论之一节。希望关心世道的来共商榷这个升移本能的问题,以形成舆论,而挽回浅薄的风气"。12月25日,张东荪在《东方杂志》第23卷第24号上发表《西方文明与中国》,系针对胡适《我们对于西洋近代文明的态度》而作,集中阐述了其对中西文化的看法,提出"西洋文明的输入既排山倒海而来,是阻挡不住的,即反抗亦是百分之九十九无效的""这是自然的趋势,即大势所趋,不是任何一人鼓吹主张的力量",但"实地察看中国社会情形,知道纯粹走西洋这条路不是绝无问题""对于畸形状态却以为亦非有一种补救之法不可"。(参见左玉河编《张东荪年谱》,群言出版社2014年版;左玉河编《中国近代思想家文库·张东荪卷》附录《张东荪年谱简编》,中国人民大学出版社2015年版)

张尔田《史微》再版,增《史微札记》1卷。6月,在《学衡》第54期发表《与人论天台宗性具善恶书》《再论天台宗性具善恶书答余居士》;8月,在《学衡》第56期发表《答龙君问性具善恶疑义书》。10月,在《学衡》第57期发表《报叶君长青书》。12月,在《学衡》第58期发表《上陈石遗先生书》,批评时人对敦煌甲骨材料趋之若鹜、蔑视古经的风气,谓"若夫新郑碎金敦煌残楮,其所以为吾经典佐证者,盖亦有限。然此乃成学者取资。今悉屏落一切,驱天下之学僮惟是之从,至有正经疏注,终身未读其全,而中西稗贩,高谈皇古者,侮圣蔑经,行且披发于伊川矣。某生平师友,若孙仲年丈暨王君观堂,其为学皆自有本末,乃亦为时风众势,扳之而去,私心诚不能无惜"。是年,在《国学专刊》第1卷第3期发表《昭明太子赞》。(参见孙文阁、张笑天编《中国近代思想家文库·张尔田、柳诒徵卷》及附录《张尔田年谱简编》,中国人民大学出版社2015年版;王学典《20世纪史学编年(1900—1949)》,商务印书馆2014年版)

潘光旦2月担任本年《留美学生季报》代理总编辑。3月,在《留美学生季报》第11卷第1号发表《生物学观点下之孔门社会哲学》,此与潘光旦发表于1927年5月《留美学生季报》第11卷第4号的《孔门社会哲学的又一方面》都是潘光旦早期尝试从生物学的基本原则来研究儒家社会思想的论文5月20日,在《留美学生季报》第11卷第2号发表《基督教与中国——一个文化交际的观察》。夏,潘光旦毕业于哥伦比亚大学,获硕士学位。8月,潘光旦回国,到国立政治大学教课并任教务长一年。9月,在《东方杂志》第23卷第17期上发表《科学与新宗教道德》一文,批评胡适的《我们对于西洋近代文明的态度》,认为胡适一方面尊崇西方的科学精神;一方面又尊信西方的自由、平等、博爱,这两方面是矛盾的。潘光旦也不同意胡适对东方圣人的批评,认为乐天,安命,守分的哲学是适合中国环境的。(参见吕文浩编《中国近代思想家文库·潘光旦卷》及附录《潘光旦年谱简编》,中国人民大学出版社2015年版;参见耿云志《胡适年谱》,四川人民出版社1989年版)

丁文江2月11日致函胡适,主要谈英款调查团开会的事。4月末,丁文江与许沅等连日会商淞沪商埠督办公署组织办法。5月1日,丁文江奉孙传芳之召,由沪赴宁,报告在沪与官绅接洽情形,顺便欢迎孙氏来沪。4日,孙传芳就任淞沪督办,丁文江就任督办公署总办,淞沪商埠督办公署即告成立。14日,淞沪商埠督办公署开始办公,丁文江主持召开第一次行政会议。19日,丁文江拜会驻沪各国领事,均得各国总领事之竭诚欢迎。21日下午,丁文江、许沅以及江苏交涉署交际科科长杨念祖与英国驻沪总领事巴尔顿(Sidney Barton)、美国驻沪总领事克宁汉(Edwin S. Cunningham)、日本驻沪总领事矢田七太郎就收回会审公廨问题在交涉公署外交大楼举行秘密会议。

按:双方共同认定,此次会议属非正式交涉性质,"在中央未经商妥以前,拟定一暂行办法,以应现实之需要"。在谈判中丁文江又声明此临时法"以二年为期"。这次谈判的基础是1924年北洋政府外交部向外交团提出的草案,争论的焦点是刑事案件是否需要外员陪审的问题。双方未达成协议,但约定于25日续开会议。

丁文江、许沅、杨念祖5月25日与英总领事巴尔顿、美总领事克宁汉、日总领事矢田七太郎就收回会审公廨问题举行第二次秘密会议。6月9日,丁文江、许沅、杨念祖与英、美、日三国总领事就收回会审公廨问题举行第四次秘密会议。21日下午,丁文江、许沅、杨念祖、秘书伍守恭与英、美、日三国总领事以及挪威总领事华理、荷兰总领事赫龙门就收回会审公廨问题举行第五次秘密会议。双方在传票与拘票无须由领事签字、监狱等问题上仍存在严重分歧。7月16日下午,丁文江、许沅、杨念祖、伍守恭与英、美、日、挪、荷五国总领事就收回会审公廨问题举行第七次秘密会议。丁文江首先对协定在英文报纸上发表向美总领事提出质询,但外国领事拒绝承认泄密。双方就书记官长之英文名称等问题达成共识。27日,孙传芳、陈陶遗致电北京外交、司法两部,报告丁文江、许沅与领团交涉订暂行章程9条,抄呈华、洋文各一份备案。8月6日下午,丁文江、许沅、杨小堂、伍守恭、郑天锡与英、美、日、挪四国总领事就收回会审公廨问题举行第八次秘密会议。16日,丁文江致函胡适,谈在上海工作的情形,并谈到个人经济状况很是窘迫。10月5日,孙传芳致电丁文江、严春阳,令严查党人造谣。11月15日,丁文江自宁返沪,到龙华公署批阅公文后,与李司令面谈一切。28日,丁文江致函胡适,略谈北伐军和孙传芳之间的军事形势,又谈到"个人经济甚窘"。12月10日,丁文江、陈陶遗、刘厚生3人为孙传芳联奉张事,对孙有所劝说。12日清晨,丁文江由杭州返抵上海,乘汽车回寓途中发生车祸,受伤。旋送仁济医院医治,后转至红十字医院。(参见宋广播编《中国近代思想家文库·丁文江卷》及附录《丁文江年谱简编》)

杨杏佛1月1日以国民党左派身份任国共合作秘密成立的国民党上海特别市党部执行委员会执委,并兼宣传部长,执委尚有共产党人恽代英、沈雁冰、杨贤江等。同日,杨杏佛为《民国日报》元旦增刊作《科学与革命》一文,提出科学与社会革命结合的思想,得出结论:"惟有科学与革命合作是救国的一个不二法门。换句话说,便是革命家须有科学的知识。科学家须有革命的精神,共同努力去研究社会问题,以及人生一切的切身问题,中国才有救药,世界上才有光明!"17日,中国济难会上海总会成立,到会者2000余人,杨杏佛发表演讲。会上当选为中国济难会上海总会审查委员。3月10日,杨杏佛随宋庆龄、孙科等从上海赴南京,出席12日在紫金山举行的孙中山陵墓奠基仪式。4月,自费编印发行《国人力争英庚款主权之言论》小册子。8月27日至9月1日,中国科学社第十一次年会在广州中山大学农科学院举行,杨杏佛任年会演讲委员会和文牍委员会委员。28日下午,参观黄埔军校,代表该社对军校学员讲话。年会推举杨任中国科学社社会学分会筹备委员。11月12日,应《中国晚报》之约,为孙中山60周年诞辰写纪念文章《中山先生几个伟大的观念》,阐述了孙中山关于无省界、无阶级、无国界的世界大同思想,号召"一切被压迫的省民团结起来! 一切被压迫的阶级团结起来! 一切被压迫的民族团结起来!"是年,国民革命军从广东出师北伐。为配合北伐军行动,上海国民党部设秘密电台于孙中山葬事筹备处三楼,由杨杏佛负责每日将敌情电告北伐军。但被军阀孙传芳侦悉,杨杏佛被法租界巡捕房逮捕。后经留法女律师郑毓秀向法租界当局疏通获释。出狱后又即租用华龙路法国公园(今复兴公园)内的法国驻军电台继续与北伐军通报联系。(参见许为民《杨杏佛年谱》,《中国科技史料》1991年第2期)

胡汉民1月1日缺席中国国民党第二次全国代表大会,被选为中央执行委员会常务委员、中央工人部部长。同月,拜访斯大林等联共(布)中央重要领导人。2月3日,胡汉民与第三国际执行委员会主席季诺维也夫交谈,讨论中国国民党与第三国际建立密切联系的必要性问题。13日,胡汉民代表国民党就接纳国民党加入共产国际问题致共产国际执行委员会书。14日,胡汉民与第三国际东方部中国分部主任维经斯基就国民党加入第三国际事进行长谈。17日,共产国际执委会第六次扩大全会开幕,胡汉民应邀列席大会并以中国人民、中国工人和农民代表的名义向大会献词。19日,又与斯大林交谈了国民党加入第三国际问题,未被接受。3月13日,离莫斯科返国。5月3日,在广州出席国民党第138次中央政治会议,报告考察苏俄经过。5月,被解除外交部长职。同月11日,经香港转赴上海,闭门读书,以译述著作维持生计。(参见陈红民、方勇编《中国近代思想家文库·胡汉民卷》附录《胡汉民年谱简编》,中国人民大学出版社2015年版;李永春编著《蔡和森年谱》,湘潭大学出版社2008年版)

沈钧儒5月15日被全浙公会第一次董事常会推定为名誉会董。夏,与在江、浙、沪的友好王孚川、阮性存、褚辅成等常有书信往来。与全浙公会、浙江自治会等亦关系不断。反对北京政府的卖国政策。10月1日,在《浙江》月报第1卷第2期发表《联省自治谈》一文,认为"联省自治"四字意义不明。主张根据"主权在民"之意,将"自治"改为"民治",可使人民对省治之观念更为明确;可促进民治运动,使省治基础巩固,并可杜绝军阀官僚代谋自治之弊。6日,与章炳麟、于右任、蔡元培、褚辅成等创办上海法科大学,聘董康(绥经)、潘大道(力山)为正副校长。褚辅成任董事长,先生任校董。9日,赴杭,寓平海路六号阮性存寓所。11月14日,苏浙皖三省联合会在上海举行成立大会。沈钧儒与许世英、褚辅成、黄炎培等50余人出席,大会通过联合会章程。22日,参加苏浙皖三省联合会第二次委员会。议决:组成军事、外交、事务等委员会,先生任事务委员会委员。28日下午3时后,参加苏浙皖三省联合会委员会议。会上,沈钧儒宣读第三次通电电文。12月2日,参加苏浙皖三省联合会委员会议。与董康、袁观澜、周继漤、杨千里、李时蕊被推为上海特别市市制大纲起草委员。6日,参加上海特别市市民公会成立大会,任会议主席。被推定为常务委员,与林钧、王晓籁分工负责总务。会上由沈钧儒宣读上海特别市市民公会简章,获通过。19日,参加上海特别市市民公会委员会,会议推定由先生等四人起草三个宣言:(一)说明孙传芳即是鲁军,孙如来沪,战端必启;并陈述各界所受痛苦。(二)告民众书。(三)罢市宣言。23日 与蔡元培、褚辅成、殷汝骊、殷汝耕、王绍、杨天骥、包世杰、董康、关建藩、李时蕊等遭孙传芳下令通缉。25日,上海《申报》载:中国济难会函聘沈钧儒与宋庆龄、蔡元培、王正廷、王晓籁、吴稚晖、于右任、褚辅成、柏文蔚等16人为名誉董事。26日,参加上海特别市市民公会谈话会。议决出版市民公报三日刊,推沈钧儒及李时蕊为主任。(参见沈谱、沈人骅编《沈钧儒年谱》,中国文史出版社1992年版)

陶希圣投稿《孤军》杂志讨论社会问题,发表政见。受邀主编《独立评论》周刊,为文标榜"三个自决",即"民族自决""国民自决"和"劳工自决"。9月,兼任上海法政大学讲师,教授亲属法。10月,代课东吴大学。(参见陈峰编《中国近代思想家文库·陶希圣卷》及附录《陶希圣年谱简编》,中国人民大学出版社2015年版)

蒋百里南下上海,任五省联军总司令孙传芳的高等军事顾问。

马相伯等发起的国民外交协会4月11日在上海成立,马相伯为会长,杨春绿、沈四莘为副会长,章太炎等为名誉会长。(参见李天纲编《中国近代思想家文库·马相伯卷》附录《马相伯年谱简编》,中国人民大学出版社2015年版)

杨守敬有藏书数十万卷,海内孤本逾万卷。所藏之书,是年,移交故宫博物院收藏。

汪辟疆 10 月在上海《东方杂志》第 23 卷第 19 号上发表《读书举要》，开列 130 种必读书目。

按：汪辟疆在《读书举要·导言》说："载籍极博，遍读实难；提要钩玄，是为急务。梁、胡论列，可谓备矣！鄙意尚嫌过多，非今日学子所能尽读。盖治学既难囿于方隅，时日复若不给，彷徨歧路，欲进越趄，仍等于束书不观而已。爰为芟其繁芜，补其漏略，不为高论，为事铺张，所谓约者博之基，简者久之业。"

黄炎培 3 月 14 日偕杨卫玉赴杭州筹备中华职业教育社第九届年会。此次会议除例行年会及职业教育出品展览会外，并将开职业教育研究会。研究会议题包括农村教育、平民职业教育和职业指导。5 月 3 日，以职业教育社名义联合中华教育改进社、中华平民教育促进会总会，以及东南大学农科、教育科等团体或组织，试办农村教育，以期改进农村生活。6 日，中华职业教育社第九届年会在杭州举行，黄炎培、沈恩孚、袁希涛、穆湘玥、张一麐、史量才、张一鹏、贾丰臻、宋汉章、聂云台、张嘉璈、王正廷、许沅、郭秉文、穆湘瑶、钱永铭、范源濂、荣宗铨、黄以霖、王宠惠、陆规亮 25 人当选为议事员。6 月 26 日，辞去中华职业教育社办事部主任之职，推荐江问渔代理。9 月 1 日，中华职业教育社第九届年会改选评议会，继续当选为办事部主任。22 日，南通张謇（季直）逝世。自 1909 年被选为咨议局议员，即获交于议长张謇。其后在张任江苏学务总会会长期间，随之任副会长，对张謇一直尊之如师。是年，黄炎培在《教育与职业》第 71 期上发表《提出大职业教育主义征求同志意见》，正式提出"大职业教育主义"的概念。（参见余子侠编《中国近代思想家文库·黄炎培卷》附录《黄炎培年谱简编》，中国人民大学出版社 2015 年版；张人凤、柳和城编著《张元济年谱长编》，上海交通大学出版社 2011 年版）

邹韬奋继续担任中华职业教育社编辑股主任，负责编撰"职业教育丛刊"，编辑《教育与职业》月刊。3 月 1 日，《学师范者所应注意之一事》《增进实业和平之仲裁法》刊于《教育与职业》第 73 期。4 月 1 日，《实业界之酬报问题》《美国补习教育法令之研究》刊于《教育与职业》第 74 期。21 日，《中华职教社对英庚款之意见》刊于《申报》第 10 版。5 月 1 日，《办理平民职业教育所应根据之原则》《一九二五年之美国职业教育》以及译文《实施工商补习教育之一例》刊于《教育与职业》第 75 期。7 月 1 日，《美国增高劳动教育程度之运动》以及译文《职业分析之内容与效用》刊于《教育与职业》第 76 期。同月，《职业心理学》列入职业教育丛刊第八种，由上海商务印书馆出版。8 月 19 日，参加江苏职业学校联合会假上海职工教育馆开年会，作《评述江厅长关于职业教育之演讲》。9 月 1 日，《职业学校分级之商榷》以及译文《大学校之职业指导举例》刊于《教育与职业》第 78 期。同月，译文《职业指导员之训练》刊于《中华教育界》第 16 卷第 3 期。10 月 1 日，《根据习惯心理学之职业训练》《美国青年职业介绍所之组织与办法》刊于《教育与职业》第 79 期。10 月，接办《生活》周刊。"接办之后，变换内容，注重短小精悍的评论和'有趣味有价值'的材料。"从第 2 卷第 1 期起，开辟"信箱"专栏，亲自解答"读者所提出的种种问题"，亲切坦诚，成为《生活》周刊的一大特色。11 月 1 日，《关于救济毕业生失业之一种建议》刊于《教育与职业》第 80 期。（参见邹嘉骊编著《邹韬奋年谱长编》，上海交通大学出版社 2015 年版）

余家菊 1 月 1 日著成出版的《师范教育》一书之第七章中《师范教育至特质》有专论"国民精神之培养"，至 9 月由上海中华书局出版，此书系由东南大学授课期间所授"师范教育"课程之讲义整理而成。5 月 14 日，余家菊撰《爱国教材在小学教育上的地位》，刊于 7 月《中华教育界》第 16 卷第 1 期，就爱国教材相关层面作了专题讨论。7 月，中国青年党第一次代表大会在上海召开，余家菊与曾琦、李璜、左舜生、陈启天、张子柱等 7 人被推选为中央委员。曾琦为中央执行委员会委员长。夏,余家菊与舒新城联手编撰《中国教育大辞典》,"本书力求成一册'中国的'教育辞典,而不愿成为一纯粹抄译之作,故于本国固有之教育学说、教育史实、教育名家,乃至于教育有密切关系之各项事例,莫不留意搜采。"年底成书,后由中华书局于1928年出版发行。暑期,余家菊受孙传芳之邀赴金陵军校授课,讲授"国家学"与"军人修身"。其间著成《国家主义概论》一书,于次年由靳云鹏出资印行。是年,余家菊在《醒狮周报》发表《教育界与儿童幸福》《国语运动与打倒汉字》《哪是国语?》和《读经问题内的问题》等文。(参见余子侠、郑刚编《中国近代思想家文库·余家菊卷》及附录《余家菊年谱简编》,中国人民大学出版社2015年版)

杜定友在《教育杂志》第18卷第9—10期发表《图书馆学的内容和方法》一文中指出,图书馆学与其他专门学一样包括两个内容:"第一是原理,第二是应用,而应用是根据于原理而来的。图书馆学若是只有目录分类方法、书籍排列方法那种机械的事——在一般人的眼光看来,图书馆只有干这些事——那么当然不值得研究;只能称为技艺,不能称为科学。但图书馆学所以能成为科学,是因为图书馆现在已成为一种活的教育机关。"杜定友此处的表述与阮冈纳赞关于"图书馆是一个发展的有机体"的认识有相似之处。(张世泰《杜定友先生传略》,《广东图书馆学刊》1981年第1期)

张元济1月17日与夏敬观、吴昌硕、高凤谦、李宣龚、郑孝胥等请林纾家人"将所藏屏条、堂幅、册页、手卷尽行陈列于四马路西首三山会馆",于是日公开展览。2月12日,为拟请黄炎培进商务印书馆任经理职,第四次访黄炎培。同月,商务印书馆购定蒋氏密韵楼藏书。春,撰《东方图书馆·缘起》。4月14日,时任北京图书馆馆长的梁启超致张元济书,闻涵芬楼购取蒋氏密韵楼藏书,欲请将复本而可以见让者分与北京图书馆,并求东方图书馆书目一部。4月25日,赴西藏路宁波同乡会出席商务印书馆股东年会。26日,致商务印书馆董事会书,辞监理职。27日,在《申报》《新闻报》刊登《海盐张元济启事》。28日,商务印书馆董事会举行特别会议,讨论张元济辞职事。张元济未出席。议决由董事会复函挽留。27—30日,王云五、丁榕、吴麟书、叶景葵、陈叔通、赵竹君、夏鹏等来访。5月2日,出席东方图书馆开幕仪式。6日,中华职业教育社第九届年会在杭州举行,黄炎培等25人当选为议事员,张元济与蒋梦麟、顾维钧、王志莘、叶景葵等12人当选为候补议事员。26日,傅增湘为张元济在北京购得海盐张氏珍藏清吕无党抄本《金石录》,因战事阻搁,近日方始邮到,张元济即撰跋。

张元济6月29日致商务印书馆董事会书,详言教科书降低批发折扣及30周年馆庆纪念活动事。7月21日,商务印书馆举行特别董事会议,议决同意张元济辞监理职。夏,为清康熙四十九年精刊本《徐蘋村全稿》题识。8月4日,为罗家伦自欧洲购回清道光、咸丰年间外交公牍分类编目,题为《道咸之际外交公牍目录》。5日,出席商务印书馆特别董事会议,被推选为董事会主席。8日,撰《祝商务印书馆三十年纪念》文。同日,商务印书馆工会、职工会总务处同人会、编译所同人会、同人俱乐部五团体于俱乐部演讲厅召开庆祝公司卅周年纪念大会,张元济以公司代表身份发言。10月15日,撰商务印书馆影印清道光乙未夏重修本《词林纪事》跋。同月,商务印书馆开始编印"儿童史地丛书",收录(英)张伯伦著、陈锦英译《人类的住所》,(英)张伯伦著、何其宽译《人类的食》,(美)丁歇金鲍汤著、吕金录译《太古世界图说》,(美)房龙著、陈叔谅译《远古的人类》等书。秋,张元济撰明刻递修本《新注朱淑真断肠诗集前集》跋。初冬重印《四部丛刊》始。是年,商务印书馆影

印清道光乙未夏重修本《词林纪事》竣事。（参见张人凤、柳和城编著《张元济年谱长编》，上海交通大学出版社2011年版）

王云五提议将商务印书馆内部图书馆——涵芬楼，更名为东方图书馆，并于本年对外正式开放，他兼任馆长。是年被上海图书馆协会选举为委员长。

何炳松到上海商务印书馆工作，先后任史地部主任、国文部主任、编译所所长、大学丛书委员会委员等职。1月，译著《历史教学法》由商务印书馆出版。4月，在《醒狮周报》第78号发表《帝国主义与国家主义》。12月，在《东方杂志》第23卷第23号发表与程瀛章合撰的《外国专名汉译问题之商榷》。（参见房鑫亮《忠信笃敬：何炳松传》，浙江人民出版社2006年版）

张其昀、向达仍任职商务印书馆编译所。年初，张其昀、向达与柳诒徵等组织"中国史地学会"，柳诒徵为总干事，具体事项由任职商务印书馆编译所的向达和张其昀负责。12月1日，由中国史地学会负责编辑出版的《史学与地学》杂志创刊，柳诒徵为该刊撰写《弁言》。

> 按：中国史地学会的会员散居各地，如向达、张其昀在上海，陈训慈在浙江，柳诒徵在北京女子大学任教，缪凤林等远在东北，通过学会长久保持学术联系。柳诒徵等人组建的史地学会虽以"中国"为号，但成员为南高师时之师友，地域限于江浙一带，完全是一个地方性组织。他们特重发扬传统史学优长的治学倾向，也可视为南高史地学会的继续。所惜仅出版4期后即停刊。

张其昀12月在《史学与地学》杂志创刊号、第2期连载《人生地理学之态度与方法》一文，指出："人生地理学者，所以研究地理环境与人类生活之关系者也。地理环境如地形、气候、水道、生物等是。人类生活从简单的衣食住，乃至复杂的经济、社会、政治各种生活是也。""人生地理学者，相互关系也；人固藉地而生养，地亦藉人而开发。人类之于环境，在一方面被动的，在他方面为主动的。人生地理学合内外而观之，兼受授而论之；任废其一，均不能得其真相。"同时又强调从时间维度审视人地关系："今日之各种地理现象，其所以如此者，非一朝一夕之故，所从来远矣；苟不知过去之历史，则其现状亦不能彻底了解"。继此之后，以张其昀、王庸、胡焕庸等为主的学者开始以"人生地理学"的新内涵批判方志地学框架下的"人文地理学"传统，并构建起新阶段"人生地理学"的方法体系。同期还刊载了缪凤林《读史微言》、向达译《近四十年来美国之史学》、郑鹤声《各家〈后汉书〉综述》、梁启超《中国之都市》（第2期连载）、陈汉章《中国回教史》、陈训慈《希腊四大史学家小传》、裴复恒译《比罗奔尼苏战役史》、王庸《宋明间关于亚洲南方沿海诸国地理之要籍》等文。

> 按："人生地理学"受到法国学派白兰氏、白吕纳等人可能论的影响，在诠释人地关系的过程中，更进一步越出在日本人生地理学中甚嚣尘上的环境决定论框架，强调人的主动性，提出人地相互关系的论断。曾潍嘉《20世纪上半叶中国"人文地理学"与"人生地理学"内涵演变研究》（《历史地理研究》2019年第1期）指出："当今学界对于我国地理学发展史上'人文地理学'与'人生地理学'二者的内涵界定和关系阐述并不完全准确。通过对20世纪上半叶地理学科文献的解读，可以发现二者存在三个阶段的演化：第一阶段，为传统方志地学与近代人文地理学交汇下萌发，以分类呈现人文事象为主的'人文地理学'；第二阶段，为批判方志传统，主张以人地关系论为核心，并在法国学派思想影响下产生的'人生地理学'；第三阶段，为批判人地关系论，在景观论与辩证唯物主义理论相结合的背景下提出的'人文地理学'。在三个不同阶段，'Human Geography'一词未曾改变，但在中国代表的内涵迥异，相互之间存在部分的继承，但更多的是通过批判而形成的思想演化。其根源在于西方近代地理学思想传入中国后，与中国地方的学术环境及时代背景产生交融，继而形成内涵各异的学术思想变体。"（以上参见王学典《20世纪史学编年（1900—1949）》，商务印书馆2014年版；沈卫威《学衡派编年文事》，南京大学出版社2015年版）

闻宥在上海商务印书馆编译所任编辑，同时在私立持志大学、民国大学、正风文学院任教。12月10日,闻宥在《国学月刊》第1卷第3期发表《国学概论》,首先对国学的概念进行了界定,对国学与国故含义从历史的角度予以区别,并将国学研究者分为"抱残守缺""舍己从人"两派,提出"自满则国学不能得他山之助,自卑则国学不能立最后之基",重点就学人对国学的误解进行了辨析与评论,从而提出国学的研究方法与范围,这对国学的深入研究与理论构建富有启发意义。

按:《国学概论》将国学研究者分为两派:"其第一派之特点曰抱残守缺,凡学之属于古者,不问其精粗美恶,而一切珍视之,甚至其说之已与常识相违背者,亦竟不欲弃置。其第二派之特点曰舍己从人,视我一切学术,皆若为西洋学说之附庸,甚至其说万不可合者,亦竟曲加比附。此两者之态度,适成两绝对,而其误乃相等。由前之说,在乎自视过满,由后之说,在乎自视过卑。自视过满者,固不欲引人以自广,自视过卑者,亦不惮尽弃而从人。自满则国学不能得他山之助,自卑则国学不能立最后之基,而国学之真,于以尽失矣。"(参见王学典《20世纪史学编年(1900—1949)》,商务印书馆2014年版)

章锡琛请胞弟章锡珊合伙经营,8月1日在上海正式开办开明书店。夏丏尊、叶圣陶主持编辑工作。

按:开明书店是由1925年创刊的《新女性》杂志扩建而成。1928年,改组为有限股份公司。主要出版中学教科书及《开明英文读本》《开明活页文选》等课外辅导读物,另出《子夜》《家》《辞通》《二十五史补编》《六十种曲》《开明文史丛刊》等。刊行《新女性》《中学生》《开明少年》《地理知识》《一般》《国文月刊》《英文月报》等刊物。抗战时期曾迁武汉、桂林、重庆。在全国设16个分店。1953年,发行部并入中国图书发行公司,其余部分与青年出版社合并为中国青年出版社。

戈公振著述《中国报学史》6月完稿,作《自序》,其中写道:"民国十四年夏,国民大学成立,延予讲《中国报学史》。予维报学(Journalism)一名词,在欧美亦甚新颖,其在我国,则更无成书可考。无已,姑取关于报纸之掌故与事实,附以己见,编次为书。时未越岁,已衮然成帙矣。……欧美人有不读书者,无不读报者。盖报纸者,人类思想交通之媒介也。夫社会为有机体之组织,报纸之于社会,犹人类维持生命之血,血行停滞,则立陷于死状;思想不交通,则公共意识无由见,而社会不能存在。有报纸,则各个分子之意见与消息,可以互换而融化,而后能公同动作,如身之使臂,臂之使指然。报纸与人生,其关系之密切如此。故报纸之知识,乃国民所应具。"(参见洪惟杰编著《戈公振年谱》,江苏人民出版社1990年版)

黎锦晖因中华书局发生工潮受牵连,遂辞去国语文学部部长,同时国语专修学校亦停办,乃着手筹办中华歌舞专门学校。

李震瀛先后任上海总工会组织部主任兼工人自卫团指挥处总指挥,中共上海区委军事委员会主任,职工运动委员会主任兼上海总工会组织部部长等职,参与领导指挥了上海工人第一、二、三次武装起义。

陆定一任共青团南洋大学支部书记及上海法南区团委书记。同年秋调团中央宣传部工作,编辑《中国青年》。

黄宾虹重回神州国光社主持编辑业务,并与邓尔雅、宣古愚等人组织中国金石书画艺观学会,主编《艺观》双月刊。

张隶光、潘天寿、俞寄凡、潘伯英、俞剑华、诸闻韵、谭抒真等在上海发起成立新华艺术专科学校。

丰子恺任教职于上海艺术大学。9月30日,开明书店出版了《子恺漫画》,此为以居士风度见称于世人的丰子恺先生的一本随笔即兴式的作品集。

方介堪加入西泠印社。上海美专校长刘海粟聘其任教篆刻,续在文艺学院(艺专)兼课,得与郑曼青、黄宾虹、张大千、马孟容等共事。

马宗霍移居上海,先后应何鲁、胡适、马君武等之聘,任中国公学大学部教授、文学系主任、文学院院长等职,同时又兼任上海国立交通大学、国立同济大学等校教授。

张知本4月任国民党第二届中央执行委员。北伐军占领武汉后,湖北法科大学并入武昌中山大学,张知本卸职赴沪任上海法政大学校长。

吴永康从日本回到上海,在中共中央担任《红旗报》《上海报》编辑。

张东屏在上海创办华东体育专科学校。

戴望舒与施蛰存、杜衡3月在上海共同创办《璎珞》旬刊,出版4期即停刊。

翁秉谦、徐惠霖等6月发起成立中华民国制赤会于上海,出版《黄华》杂志。

徐伯昕协助邹韬奋承办《生活》周刊,"九一八"事变后,与邹韬奋在《生活》周刊上用文字和图片揭露日寇的侵略暴行。

邹鲁主办的《江南晚报》11月在上海创刊,宣传国民党右派主张。

周瘦鹃在邵飘萍被害后,在5月4日《上海画报》第107期上发表《吾念飘萍》,对军阀枪杀新闻记者的罪行表示抗议。5月15日,毕倚虹病逝,遂正式接任《上海画报》主编。6月10日《紫罗兰》第1卷第13期为《呜呼,毕倚虹先生》专号。6月15日,就任《良友》主编。是年,周瘦鹃任大中华百合影片公司编辑,编写电影剧本《真爱》《还金记》《一夜豪华》等。

黎民伟将民新公司迁往上海,罗致欧阳予倩、侯曜、卜万苍等著名编导参与公司工作。

胡蝶转入天一影片公司,主演近20部言情片、古装片。

林淡秋就读于上海大学英文系。

孙本文在复旦大学讲授社会学。

张曙入上海艺术大学音乐系学习,并参加南国社的戏剧活动。

施蛰存秋季与杜衡由大同大学转入上海震旦大学法文特别班。

徐懋庸参加第一次大革命,后因政府通缉,逃亡上海,考入半工半读的劳动大学。

钱亚新在杜定友的鼓励下,考入文华图书专科。

太虚在上海发起成立全亚佛化教育会,后改名中华佛化教育社,创办《心灯》旬刊。8月,应星洲讲经会之请,赴新加坡弘法。

顾显微编辑的《净业月刊》5月由上海佛教净业社创办。

李大钊、毛泽东、林伯渠、彭湃、阮啸仙、谭平山、廖仲恺、陈公博、邓演达等编撰的《中国农民》1月1日在广州创刊。4月14日,毛泽东列席国民党中常会第二十次会议,提出在上海开办党报的议案,请张静江为经理,张廷灏为副经理,柳亚子为编辑部主笔,沈雁冰为副主笔,侯绍裘、杨贤江、顾谷宜为编辑委员。毛泽东发表《中国农民中各阶级的分析及其对革命的态度》。9月1日,毛泽东主持编印《农民问题丛刊》。在为《农民问题丛刊》写的序中指出"农民问题乃国民革命的中心问题"。

恽代英1月9日在《中国青年》第109期上发表《秀才造反论》。19日,在国民党第二次全国代表大会闭幕日发表演说,强烈谴责西山会议派和国民党右派,并严正声明,对于自己被西山会议派的伪中央执委会除名的做法,不予承认。2月17日,在广州国民党中央执委会举行的欢迎省港罢工工友代表大会上发表演说,后发表在《工人之路》第236—238期。2月20日,在《黄埔潮》第35期上发表《党纪与军法》,强调党纪与军法对于革命胜利的重要性。4月，在黄埔军校发表《革命之障碍》的演说，分析了孙中山致力国民革命40年，未能成功的原因。认为革命者必须在主观上改正自身缺点、统一思想、团结一致、努力为民众利益服务，才能在客观上扫除革命障碍。5月上旬，奉命到黄埔军校担任政治主任教官，同时为加强中共对军校的领导工作，在军校成立了中共特别委员会（即中共党团），恽代英任书记，熊雄、聂荣臻、陈赓、饶来杰等4人为委员。22日，在《中国青年》第120期上发表《耶稣、孔子与革命青年——在岭南大学演说辞》，揭露帝国主义文化侵略的罪行，号召青年坚持斗争，反对妥协。月底，在中国国民党政治讲习班作《"五卅"运动》的长篇演讲，该演讲词后由中国国民党政治讲习班印行出版。6月30日，在《广东青年》第4期上发表《反对帝国主义的文化侵略》。8月22日，在《人民周刊》上发表《廖仲恺与黄埔军校》，高度评价了廖仲恺致力于国共合作、创办军校以及支持农工运动方面的功绩。号召黄埔学生继承廖先生的遗志，完成他未竟的事业。25日，在《革命生活》第17期上发表演讲词《国民革命与阶级斗争》，认为"国民革命是各阶级联合的革命"，在国民革命中阶级斗争依然存在。阶级斗争愈剧烈，则国民革命愈易成功。9月15日，作《军队中政治工作的方法》，刊于国民革命军总司令部政治部印行的《政治工作演讲集》第1集。同月，国民党中央军事政治学校政治部印行恽代英所编政治讲义数种，其中包括《本党重要宣言训令之研究》《国民革命》《政治学概论》《中国国民党与劳动运动》以及《中国国民党与农民运动》等。10月1日，在《少年先锋》第1卷第4期上发表《怎样做一个共产党员?》。是年，所编《国民革命与农民》《组织群众与煽动群众》《世界革命与中国革命（讲演大纲）》《中国民族革命运动史》等分别由国民革命军总司令部政治部、第一军第三师政治部等单位印行。（参见刘辉编《中国近代思想家文库·恽代英卷》附录《恽代英年谱简编》，中国人民大学出版社2015年版）

周恩来1月1—19日在中国国民党在广州召开的第二次全国代表大会会前，曾与陈延年、鲍罗廷商议，决定利用各地选举的大会代表中左派占优势的条件，在大会上公开提出开除右派戴季陶等人的党籍，实行"打击右派，孤立中派，扩大左派"的方针，但中共中央没有采纳这个计划。20日，国民党在潮、梅、海陆丰地区的主要党报《岭东民国日报》创刊，周恩来推荐国民党左派李春涛任社长，又为该报副刊题写刊头《革命》，作为办报的宗旨。21日，出席汕头各界纪念列宁逝世二周年大会，并在会上发表演说。2月1日，国民党中央执行委员会常务委员会议通过决议，任周恩来为第一军副党代表，李富春为第二军副党代表，朱克靖为第三军副党代表。3月8日，周恩来在汕头妇女界举行的"三八"妇女节庆祝会上发表关于妇女解放问题的讲演，12日，在国民革命军第一军第一师《党刊》总理逝世周年纪念号上发表《纪念总理》和《孙文主义（一）》。20日，闻讯"中山舰事件"后到广州造币厂，向蒋介石提出质问，被蒋软禁一天。周恩来和陈延年、聂荣臻、黄锦辉等在广东区委议论，主张对蒋介石进行反击，但中共中央和苏联顾问未予采纳，主张妥协让步，以致蒋介石在军事上的地位更加巩固。

周恩来5月初回到广州。任国民革命军政治训练部举办的特别政治训练班主任。5月15—22日，国民党召开二届二中全会。蒋介石在会上提出"整理党务案"的8条具体办法。23日，中共广东区委发表《中国共产党广东区委员会对于中国国民党第二次中央全体会议的宣言》。夏，为国民革命军政治训练部举办的特别政治训练班讲《反吴与反帝国主义》《中国政治军事的观察》《政治工作的设施及运用》等课程。6月22日，出席北伐军总政治部主任邓演达主持的北伐军战时工作会议，被推举为宣传员训练及补充委员会主席和总政治部编制委员会主席。7 月,在国民革命军总政治部举办的战时政治训练班讲《国民革命及军事政治工作》。9 月 4 日,出席在广东国民大学礼堂召开的国际青年纪念演讲会,并发表演说。24、25 日,出席广东各界慰劳北伐军演讲大会,并发表演说。12 月 10—17 日,为批驳国民党右派对国共合作和工农运动的诬蔑之词,在中共广东区委机关刊物《人民周刊》上连续发表《国民革命及国民革命势力的团结》《现时政治斗争中之我们》《现时广东的政治斗争》等文。同月,离广东,秘密至上海,任中共中央组织部秘书兼中央军委委员。

萧楚女 1 月初到广州,任国民党中央宣传部干事兼阅览室主任,协助代理部长毛泽东编辑《政治周报》。2 月,被聘为全国农民运动委员会委员。5 月,担任第六届农民运动讲习所专任教员,遵照所长毛泽东的意见,制定教学计划。10 月,萧楚女撰成《帝国主义侵略中国史》一书,此后数年间,撰写出版“帝国主义侵略中国史”蔚然成风,于树德、陈彬和、黄克谦、张佳玖、黄孝先、吴寿彭、黎炎培、王敬、知行丛书社、国民党中央执委会、国民革命军第 4 集团军总司令部政治训练处等分别撰写出版了《帝国主义侵略中国史》,此外还有题名稍有不同的刘彦《帝国主义压迫中国史》、唐守常《帝国主义侵略中国痛史》等。11 月,农讲所结束,萧楚女到黄埔军校任政治教官,并兼任黄埔军校国民党特别党部宣传委员会的政治顾问,参加指导全校的政治工作,被称为杰出政治教官。(参见王学典《20 世纪史学编年(1900—1949)》,商务印书馆 2014 年版)

邓中夏与鲍罗廷、恽代英等人 1 月 21 日 12 时赴广东大学操场,出席“广东各界纪念李卜克内西、卢森堡、列宁大会”。会场分别搭建了军政、工农、商学三个演讲台,邓中夏与鲍罗廷、谭平山、恽代英、甘乃光、蒋介石、邵力子、阮啸仙等相继到各台演说。晚上,邓中夏与黄平等出席在广东大学举行的游艺晚会。26 日,邓中夏与苏兆征、邓颖超、谭平山、何香凝、谭延闿、汪精卫、邓泽如、陈公博、林伯渠、陈树人、甘乃光、伍朝枢、谭植棠、徐苏中、周逸群、郭寿华、穆蜀山等 18 人联名在《工人之路特号》第 213 期发表《中国济难会广东总会发起旨趣书》,决定筹备成立“中国济难会广东总会”,设临时办事处在九曜坊广东省教育会。31 日,中国济难会广东总会筹备委员会举行第一次会议,决定下设组织、文书、会计、交际、宣传、筹款六股,即日起开始办公。同月,邓中夏与邵力子、汪精卫、高语罕、侯绍裘等人联名向出席国民党第二次全国代表大会的代表发出《上海大学募捐团发致代表大会书》,要求出席国民党第二次全国代表大会的代表为上海大学慷慨解囊,积极劝募。2 月 7 日,中共广东区执行委员会机关刊物《人民周刊》在广州创刊,邓中夏为该刊编委之一。21 日,国民党中央农民部发出邀请书,邀请邓中夏、萧楚女、沈雁冰、陈公博、甘乃光、高语罕等社会名流莅临该部“特派员大会及扩大执委会”演讲。26 日正午,邓中夏赴广东大学操场,出席广东各界国民会议促成会举行的大会。会场设三个主席台,正中为工农台,左边为学商台,右边为军政台。邓中夏代表中华全国总工会在工农台任大会主席。28 日上午 10 时,邓中夏应国民党中央党部之邀,出席国民党“政治讲习班”开学典礼,并在开学典礼上作了《中山先生之农工政策》的讲演。

按:这个讲习班是为培养政治工作人才,由国民党中央决定开办的。讲习班由理事会领导。理事为谭延闿(主席)、程潜、林伯渠、陈嘉佑、鲁涤平、毛泽东、李富春。担任本班教授的有汪精卫、肖楚女、沈雁冰、朱剑帆、邓中夏、陈公博、高语罕、熊君锐、毛泽东。

邓中夏 5 日正午 12 时赴广东大学操场,出席中国济难会广东总会成立大会。12 日正午 12 时,广州 30 万民众在东校场集会,隆重纪念孙中山先生逝世一周年。纪念大会由谭植棠主持,汪精卫报告孙中山生平,随后邓中夏、何香凝以及苏联代表等相继发表演说。邓中夏还在会上提交了草拟的《广东各界纪念孙总理大会决议案》,全场一致通过。自是日起至 28 日止,每天下午 6 点半开始,在广东大学礼堂举行,邀请名人汪精卫、蒋介石、谭延闿、伍朝枢、沈雁冰、林伯渠、甘乃光、宋子文、高语罕、邓中夏、何香凝、陈公博等演讲。16 日,国民党中央农民部农民运动委员会召开会议,会议决定第六届农民运动讲习所所长由毛泽东担任。聘请邓中夏、林伯渠、周恩来、恽代英、汪精卫等人为农民运动讲习所教授。4 月 2日,邓中夏出席在广东大学操场举行的"广东各界声讨段祺瑞惨杀北京爱国民众大会"。会上一致通过决议,组织"各界京案后援会",要求国民政府从速北伐。17 日上午 10 时,邓中夏出席香港总工会第一次代表大会,代表中华全国总工会向大会作政治报告,第一次向国人明确提出"中国人民一定要收回香港"这个口号。5 月 4 日,邓中夏出席第三次全国劳动大会举行的五四纪念大会,上海总工会代表李立三作《世界工会运动状况》报告。5 日下午2 时,邓中夏出席在中央党部礼堂举行的第三次全国劳动大会第六次会议,代表大会主席团向与会代表报告《马克思略史》。6 月,邓中夏受聘担任国民革命军总政治部举办的"战时政治训练班"教授,为该班讲授"职工运动"课程。8 月 16 日,所著《省港罢工概观》一书完稿,作《自序》。同月 23 日,邓中夏赴东校场,出席广州各界群众 30 万集会举行的"沙基惨案一周年纪念大会"。9 月,邓中夏受中共广东区委委派,与恽代英、毕磊和徐文雅等多次找到中山大学校长戴季陶谈判,要求聘请鲁迅来中山大学就任文学院院长。(参见冯资荣、何培香编著《邓中夏年谱》,中国文史出版社 2014 年版)

吴玉章 1 月 1—19 日出席在广州举行的中国国民党第二次全国代表大会,任大会秘书长。10 日下午,吴玉章组织二大全体代表参观黄埔军校。16 日,当选为国民党第二届中央执行委员会委员。19 日下午,国民党二大闭幕。大会通过《宣言》,重申对外打倒帝国主义,对内打倒军阀、官僚、买办及地主豪绅。中国的国民革命必须和苏联合作,和一切被压迫民族共同奋斗。大会还通过《弹劾西会议决议案》《处分违犯本党纪律党员决议案》等。2 月底,迭接关于四川右派活动猖狂的报告,吴玉章决定立即返川。5 月 13 日,和杨闇公介绍刘伯承加入中国共产党。24 日,驻成都的刘文辉遣使来重庆礼请去担任成都大学校长,并表示愿意出资创办一家日报为国民党作宣传,还希望国民党派人去其部队作政治工作。7 月中旬,得国民党中央急电,召速回广州。8 月中旬,到达广州。根据中共中央"与左派结合密切的联盟,帮助他们发展国民党并反对右派"的精神。通过国民党中央的会议和活动,着手采取对策。9 月中旬,应邀去黄埔军校作《中国革命与世界革命的关系》演讲,阐述孙中山为什么要联俄联共。9 月下旬,为解决北伐中的问题,遏制蒋介石独裁倾向,吴玉章与顾孟余等商定发起开国民党执监委员联席会议,解决时局的严重问题。10 月 14—28 日,吴玉章在广州与宋庆龄、谭延闿、张静江、徐谦等 5 人组成主席团,主持召开国民党中央执委、监委和各省代表联席会议。会议讨论了国民党最近的政纲和国民会议召集方案等重大问题,讨论通过了提高党内民主,反对个人独裁,发展工农运动,实行二五减租,实行国民革命军党代表制,迁都武汉等重要提案。12 月 8 日,吴玉章经上海溯江而上,抵达武汉。(参见刘文耀、杨世元《吴玉章年谱》,四川人民出版社 1998 年版)

甘乃光 1 月在中国国民党委二次全国代表大会上当选为中央执行积分委员。在中国国民党二届一中全会上,又被选为中央执行委员会常务委员,并担任中国国民党中央青年部部长。5 月,与蒋介石等 9 人联名提出"整理党务案"。5 月,甘乃光任国民党中央农民部部长后,曾致函毛泽东,十分赞同毛泽东有关农民运动的主张,特聘毛泽东为第六届农民运动讲习所所长,并时常到课堂里倾听毛泽东讲授的"中国农民问题""农村教育""地理"等课程。10 月,甘乃光当选为国民党广东省党部执行委员。11 月,任广东省政府委员。12 月,任广州政治分会委员。是年,甘乃光兼任黄埔军校第四期政治讲师、中国国民党中央政治会议候补委员、国民党中央农民运动委员会委员、广州农民运动讲习所教员、国立中山大学训育部副主任、广州《国民新闻报》和广州《民国日报》社社长等职。

陈公博年初继任广东大学代理校长。1 月,在广州召开的国民党第二次全国代表大会上当选为国民党中央执行委员,并兼任广东大学代校长两月。2 月 10 日,陈公博致函郭沫若、田汉,希望南下广东,刊于 18 日《广州民国日报》,题为《陈公博函催郭沫若等南归》。信中谓"我们对于革命的教育始终具有一种恳挚迫切的热情,无论何人长校,我们对于广东大学都有十二分热烈的希望,于十二分希望中大家都盼望先生急速南来。""现在广州充满了革命紧张的空气,所以我更望全国的革命的中坚分子和有思想的学者们全集中到这边来,做革命青年的领导。深望先生能冠日南来,做我们的向导者。"3 月 1 日,广东国民政府教育行政委员会在广州成立,陈公博、甘乃光、许崇清、金曾澄、钟荣光、褚民谊等委员就职。后加派韦悫、经亨颐为委员。6 月,北伐战争开始,陈公博成为蒋介石的重要随员随军北上。攻克武昌后,蒋介石委任陈公博为湖北新政府的财政委员会主任兼政务委员会委员。稍后,陈公博又兼任外交部湖北省交涉员和江汉关监督。随着北伐军顺利进军,蒋介石的总司令部迁驻南昌,蒋介石将陈公博调至江西任江西政务委员会主任之职,主掌江西新政府大权。10 月,国民党中央决定国民政府迁都武汉,但蒋介石却出于维护个人独裁地位的考虑,提出要迁都南昌,于是国民党内部左、右两派围绕迁都问题展开了激烈的争斗。陈公博受蒋介石之托,奔走各方,出谋划策。但鉴于当时蒋介石在政治上还处于劣势,陈公博劝蒋介石先迁都武汉,等过了危机再想办法。蒋介石考虑再三,接受了陈公博的"韬晦"之计。蒋介石一方面通电国民党中央,同意迁都武汉,一方面改组国民党中央党部,由陈公博任代理组织部长。(参见 1926 年 5 月《国立广东大学概览》;林甘泉、蔡震主编《郭沫若年谱长编》,中国社会科学出版社 2017 年版;中央教育科学研究所编《中国现代教育大事记 1919—1949》,教育科学出版社 1988 年版)

褚民谊1 月在中国国民党第二次全国代表大会上当选中央候补执行委员,不久又升任中央执行委员。2 月间,陈公博以代理时期已满、本身兼职务过多、精神不能集中为由,申请辞掉了广东大学代理校长的职务。国民党中央政治委员会决定改由褚民谊教授代理校长职。同月 22 日,中山大学第 67 次校务会议起,由褚民谊主持校务工作。褚民谊曾于 1924 年度第二学期代理过国立广东大学校长,较为熟悉学校情况。27 日,校第 68 次校务会议决定成立全校评议会,评议会由广东大学校长及各科教授代表、学生代表等人员组成,主要议定校中一切设施及革新等事项,或将其作讨论,然后提交校务会议决定。同日召开的第 69 次校务会议对校评议会组成人员和职权作了具体规定。3 月 1 日,褚民谊与新成立的国民政府教育行政委员会委员在国立广东大学礼堂举行宣誓就职典礼。同日,国立广东大学管理委员会被撤销,学校恢复校长制。褚民谊上任之后,即着手筹备改名中山大学事宜,并为此辞掉了其他兼职。他认为第一步当为改革本校问题。此项改革拟先征求学生及教员的意见并以此为标准。其次是党化问题,应先将各学生完全党化,然后改为中山大学,以便名副其实。上旬,褚民谊函聘筹备中山大学委员会委员,由甘乃光、宋子文、陈公博、蒋中正、各科学长、教员代表、学生代表等 40 名委员,以及林祖涵、孙科、吴稚晖、蔡元培等 30 名特聘委员组成。13 日,校第 70 次校务会议决定组织筹备中山大学委员会。14 日,褚民谊校长出席广东大学特别区党部欢迎会,在会上向与会者介绍了其办校计划。

按:该计划主要内容:(一)组织中山大学筹备委员会。(二)严定纪律,促成党化教育。(三)中山大学完成后,免收学费,以达到平民教育化。(四)规定教职员资格,教职员须信仰中山主义及学力优良。(五)扩充教职员及学生宿舍,以育多士。(六)增设各种仪器,藉研究高深学术。"对于党务之发展计划,尤为发挥尽致"。决定聘请筹备中山大学委员后,褚民谊便致函敦促各应选派代表的机关。他强调,改名为中山大学以纪念孙中山先生,筹备伊始,事体重大,"惟有集合名流,共同商榷,庶事无遗误,制倍周详。经拟组织筹备中山大学委员会,并拟聘各委员呈奉核准在案,用特函请台端为本会委员,共商筹备,以策进行"。

褚民谊 3 月 27 日主持广东大学第 72 次校务会议,讨论筹备中山大学委员会成立的问题。与黎国昌、黄著勋一起被指定审核科学教席方案。4 月 3 日,主持广东大学第 73 次校务会议,决定增设文科图书馆,并被指定负责在校内确定馆址,与图书总馆商议调拨图书等事宜。6 日,筹备中山大学委员会召开第一次会议,决定"中山大学要达到党化地步,将来凡系党员入校肄业,一律免费",并决定每周二下午举行筹备会议,讨论筹备中山大学委员会章程、中山大学规程等事宜。筹备会议共召开了 11 次。同日,褚民谊与郭沫若、郁达夫、王独清等在广东大学会议厅出席国立广东大学东方学报社成立大会,该社以"发扬东方固有文化,介绍新文化"为宗旨,褚民谊任社长,编辑部主任为郭沫若等。每月出版《东方学报》一期,由社员负责分任每期撰稿一篇。10 日,褚民谊主持广东大学第 74 次校务会议,会议指定郭沫若与黎国昌、黄著勋一起被编制拟订科学教席方案预算。12 日,举行孙中山纪念周,学校特邀请伍朝枢讲演《欧大战前各国之形势与战后世界之变迁》,次由周恩来讲《国民革命当中之工农运动、学生运动》,再由法国学者穆南讲《商业都市与文化都市之对抗——加尔达果与罗马》。出版文科学院丛书、季刊两种。设世界语为公开讲座,由黄尊生教授担任,演讲国际语问题及简易速成法。13 日,在广东大学钟楼主持筹备中山大学委员会第二次会议,陈树人、郭沫若、陈其瑗等 30 余人出席了会议。会议讨论并通过了《筹备中山大学委员会章程》12 条。20 日,主持召开第三次筹备会议,通报国民政府已核准该委员会所呈请的章程及筹备委员名单,并议定从这次会议至 6 月 17 日的第十次筹备会议着重逐章逐条讨论并通过《国立中山大学规程》。同日,褚民谊校长与郭沫若学长联署发布革新教务布告,公布文科新开科目,允许学生注销原来已选,自己不愿修习的科目,可以自由选修新科目,文科"择师运动"和广东大学革新运动由是兴起。

按:广东大学文科在邹鲁任校长时聘请了一批前清举人、贡生任教,还有一些洋装而无实学的教授。因此,文科学生,从前曾屡次要求学校改革文科,其要点有二:(一)撤换不良教师;(二)设立文科图书馆。但是一直没有结果,自郭沫若担任文科学长后,学生知道他是一位有革命性的人,所以又旧案重提,向他提出改革要求。"择师运动"改革遭到黄希声教授等 26 人反对,他们致函褚民谊,提出要罢免郭沫若文科学长职,并以罢教施压。黄希声等人的举动激起学生公愤,"择师运动"进一步展开。对此表示声援。4 月 22 日,国民党广东大学特别区党部召开党员大会,声明援助文科学生择师运动,拥护褚校长、郭沫若学长改革文科计划。23 日,郭沫若致函褚民谊接信,谈文科"择师运动"和广东大学革新运动。同日,文科和文预科召开学生大会,决定成立文科革新委员会,为郭沫若学长的革新计划出谋划策,摇旗呐喊。26 日,褚民谊校长致信罢课集会的各文科教员,解释文科改革计划,要求早日解决风潮。28 日,褚民谊致函郭沫若,谓"顷据文本预科全体同学来函声称,罢课教员中有石光瑛等十一位,为良好教师,请求挽留等情,业经俯从公意,照准备函,分致石光瑛等十一位教员,照旧到校授课矣。应将原函抄附函达,即请贵学长查照原函,石光瑛等十一位姓名,妥为接洽,照常上课是盼"。同日,郭沫若复函褚民谊。5月3日,褚民谊函呈国民政府,报告校务革新情况申请预算,同时报告了文科部分教师罢课风潮的经过及解决。对于参加罢课的26位教员,除已经公意恢复授课的11人外,呈请对于另外15位罢课教员,"从轻处分,即日免其职务,不使借本校教员名义在外煽动,以正学风"。国民政府接到呈文后,于12日批示:"准如所请办理。"不受学生欢迎的黄希声等15名教授被辞退。

按:据4月24日《广州民国日报》载:"'广大'革新运动,因前日有文科学生朱念民等百余人,请褚校长将不良教师,一律辞退,惟褚校长与郭学长之意见,以本学期将近结束,届期自有一番瓜替,所称不良教师,其所授功课,仍有多人选修,不能由片面断决,惟又念各生选师求学之心,出于至诚,特通融准于本月中,对于所有功课,一律从新改选,改选结果,如有必修科目停开时,将来有重开机会,可以再行补修。如无重开机会,本学期中所有必修科目之学分,可以如数核减,似此一方面与以选择之自由,而他方面对于教员亦示以行藏之取决等,遂根据此意,发出布告。""该布告发后,平日学浅之教员,不免心虚,极端反对此事,但不敢指斥褚校长,仅致函褚校长,称郭学长蔑视校章,侮辱教员,请即日免郭学长职,并声明自本日起,文科学科,一律停课。自此事发生之后,该校学生,大为激越,满校标贴,'解决饭桶,煽动罢课''打倒一切饭桶,无论西式,基督教徒,古董,八股先生,都要打倒'……而该校特别党部,及文科,文预科于前昨两日,均开会讨论此事,一致决定,拥护褚校长、郭学长此次之革新计划。"

按:当时反对革新教务的教师,以教育系主任兼文学及专修学院教授黄希声为首,串联了部分文科教授讲师26人开会,于21日宣布罢教,同时呈文校长,要求"罢斥"郭沫若。22日,又将呈文在广州报纸上登出,并向国民政府教育行政委员会、广东省教育厅呈送。同日,中国国民党广东大学特别党部召开党员大会,到会者五百余人,众推毕磊为主席。通过四项议案,对于文科改革计划予以支持:"(一)援助文科同学之择师运动;(二)拥护为学生谋利益之褚校长及郭学长;(三)拥护褚校长郭学长改革文科之计划;(四)普遍择师运动于学校。"(《广大特别党部报告》,中国国民党中央执行委员会编《党务月报》1926年第2期;4月26日《广州民国日报》)

褚民谊5月11日与孙科、郭沫若、林祖涵等出席筹备中山大学委员会第五次会议,议决规程草案第六章条款。并与马洪焕、温泰华、毕磊一起被确定组成审查委员会,负责审查修订的草案。18日下午,主持筹备中山大学委员会第六次会议,议决规程草案第六章校长及校务机关的有关条款。26日,主持广东大学第78次校务会议。同月,《国立广东大学概览》载,广东大学此时设有文、理、法、农、医五科。文科下设中国文学、英国文学、史学、哲学、教育学五系,及原广东高师的文史、英语、社会三部。6月3日,褚民谊主持筹备中山大学委员会第八次会议。5日,主持广东大学第79次校务会议。9日,主持筹备中山大学委员会第九次会议。12日,主持广东大学第80次校务会议,讨论接受上海大夏大学及香港罢课离校学生问题,讨论通过了广东大学文科学院学程修正草案。17日,主持筹备中山大学委员会第十次会议,着重逐章逐条讨论并通过《国立中山大学规程》。至此,中山大学规程草案已全部通过。同日,国民政府所批准的国立中山大学筹备委员会名单为:褚民谊、甘乃光、黎樾廷、谢瀛洲、沈宝同、陈树人、宋子文、陈公博、蒋中正、金曾澄、许崇清、伍朝枢、郭沫若、徐甘棠、孔宪铿、邓植仪、李奉藻、陈炳权、黄著勋、陈大训、伍德森、张于潦、金绍祖、汪宗混、古直、黄希声、毕磊、黎国昌、柳金田、陈宗基、邝嵩龄、曾济宽、梁昌汉、熊锐、潘考鉴、温泰华、徐甘澍、张乃燕、黄兆栋、黎兆葵。特聘筹备委员名单为:林伯渠、孙科、陈其瑗、蔡元培、吴稚晖、顾孟余、李石曾、蒋梦麟、张伯苓、于右任、程天固、高冠天、周柏年、黄枯桐、徐谦、易寅村、李圣章、李润章、沈蕙如、沈尹默、范源濂、陈钟凡、陈陶遗、袁希涛、陈振中、徐振亚、许学彬、陈群、王肯堂、李其芳。筹备委员会成立之后,学校改名改制工作即全面展开。同月,国立广东大学秘书处出版部特印行出版了《国立中山大学讨论号》以为学校改名改制之事作宣传并资纪念。19日,褚民谊主持广东大学第81次校务会议。23日,出席在广东大学礼堂举行的"沙基惨案纪念会",并作演讲。7月,北伐开始,褚民谊任总司令部军医长。8月17日,国民政府发布命令,正式宣布将国立广东大学改为国立中山大学。当时,除广东出现国立中山大学外,全国其他地方也出现了以"中山"为名的大学。较有名的有四所:国立第二中山大学(武汉)、国立第三中山大学(杭州)、国立第四中山大学(南京)。

　　按:国民政府后来于1928年初在上海议决:"将各地中山大学悉易以所在地之名,只留广州第一中山大学"。(参见吴定宇主编《中山大学校史(1924—2004)》,中山大学出版社2006年版;林甘泉、蔡震主编《郭沫若年谱长编》,中国社会科学出版社2017年版)

　　戴季陶1月在国民党第二次全国代表大会在广州召开,当选为中央执行委员会(中央执委会)委员。8月7日,戴季陶由国民政府任命为国立中山大学校长,时在湖州吴兴养病的戴季陶乃以病相辞。8—9月,戴季陶未到任前,暂由经亨颐代理校长,经亨颐力图有所作为,即聘曾任东南大学和北京女子大学校长的胡敦复来校任秘书长。9月4日,在学校党部、革新委员会及区分部委员会联席会上宣布了校务改革计划,并且向国民政府上万言书,指出要对《国立广东大学规程》和筹备中山大学委员会所定的规程进行革新。其主要意见有:改校长制为委员制,废除学位,强调党化,附中小学划归中学办理,预科并入高中,改造校舍。此外,他还曾拟《国立中山大学规程草案》。但因学校事务千头万绪,整顿起来困难重重,他本人又身兼政府要职,无法全力投入其中。鉴此,经亨颐代任不到两个月,即向国民政府提交了辞职申请。接到经亨颐的辞呈后,国民政府当时并未立即批准,而是打算将辞呈提交常务委员会议,共同讨论,以决定他的去留。

　　其间,国民党派中央政治会议秘书长周觉与朱家骅等前往吴兴再三劝驾敦请,戴季陶终于首肯。

　　戴季陶9月30日到中山大学履任。因悉校务紊乱至极,师生情况复杂,党派林立,风潮潜起,遂不愿接事校长。后经张静江、谭延闿挽留敦请,勉强答应留在学校,但转荐顾孟余任校长。顾孟余坚辞,只愿协助其主持校务。后戴季陶根据中山大学的现状,向国民政府提出改校长制为委员制等建议,整顿学校,被国民政府所采纳。10月14日,国民党中央、国民政府决定在中山大学实行委员制。16日,国民政府发布命令,令学校改行委员制,以戴季陶、顾孟余为正副委员长,徐谦、丁维汾、朱家骅为委员。17日,举行委员会就职礼,开始主持校务。戴季陶基于对改革中山大学的通盘考虑和比较详细的思路,又根据政府训令,集思广益,反复磋商,最后会上宣布了整顿中山大学的六条办法,包括:教职员一律停职另任;各级学生一律停课复试甄别;原有一切规章废除,重新厘定。同月,中山大学委员会第七次会议议决中山大学英文名称为Sun Yatsen University,并经国民党中央委员会政治会议议决通过。郭沫若订定了中山大学的校歌。26日,戴季陶被中央政治会议派为浙江政治特派员。11月11日,戴季陶与李煜瀛、易培基等3人被中央政治会议特派赴日本。30日,戴季陶与何香凝、甘乃光、陈树人、李济深、孙科、宋子文等被选为政治会议广州分会委员。12月,戴季陶积劳疾发,往香港疗养,途中欲蹈海,被朱家骅等制止,自杀未遂。未几日即返穗,接蒋介石电报赴庐山度岁。(参见吴定宇主编《中山大学校史(1924—2004)》,中山大学出版社2006年版;龚克主编《张伯苓全集》第十卷附编《张伯苓年谱》,南开大学出版社2015年版;桑兵、朱凤林编《中国近代思想家文库·戴季陶卷》附录《戴季陶年谱简编》,中国人民大学出版社2015年版)

　　郭沫若1月1日为廖仲恺被害题词:"舍生取义",发表于上海《济难》月刊创刊号。同日,与恽代英、张闻天、沈雁冰、沈泽民等联名发起成立的中国济难会成立,《宣言》发表于上海《济难》月刊创刊号。3日下午,往北四川路中央大会堂参加上海学生联合会同乐会,并作演讲,勉励学生参与爱国活动。17日下午,郭沫若参加中国济难会举办的募捐游艺大会,在大会上成立中国济难会上海市总会,被推选为文书股委员。19日,作《社会革命的时机》,发表于《洪水》半月刊2月5日第1卷第10—11期合刊。同月,因与学艺大学董事之一的孤军派国家主义者林骚(灵光)笔战,于第一学期结束后即辞去学艺大学教职;蒋光慈与瞿秋白来访,谈论对"醒狮派""孤军派"政治主张的看法,由此初识瞿秋白。

　　按:郭沫若《创造十年续编》曰:光慈陪着秋白的来访,是在我已经辞掉了学艺大学以后,但是,是在一九二五年的年底,还是翌年的年初,我不记得了。只记得是在午后一点钟的光景,是颇阴晦的一天。我正坐在楼下的小堂屋里看书,他们突然进来了。光慈在先,秋白在后,秋白戴着一副药片眼镜,一进门便取了下来。秋白的面孔很惨白,眼眶的周围有点浮肿。他有肺病,我早是知道的,看到他的脸色却不免使我吃惊。他说,他才吐了一阵血,出院才不久。我那时的意趣是集中在政治问题上的,因为在和"孤军派""醒狮派"的那些国家主义者论争,目的总是想怎样地去破除他们的国家主义的迷信和其催眠力。我就象坐在书斋里的浮士德一样,把秋白和光慈作为自己的听众,在那儿唱独白。秋白是很寡默的,他只说我的意见是正确的,可以趁早把它写出来。零碎地又谈了些俄国文学,秋白劝我翻译托尔斯泰的《战争与和平》。他说那部小说的反波拿伯主义,在我们中国有绝对的必要。……秋白的劝说,我在三年后是遵照了的,但可惜那书只译了三分之一便中断了。谈了有一个钟头的光景,秋白说他另外还有事,便又和着光慈一道告辞走了。不久便在报上看见秋白到了广州的消息。又不久便有广东大学聘我的消息。后来陈豹隐对我说过,这事是出于秋白的推挽。但秋白自己却不曾对我说过。

　　郭沫若1—2月间在日本人所设的上海同文书院的中国学生班讲演,讲演内容后来作成《革命与文学》一文。2月10日,郭沫若往大东旅社参加由田汉、黎锦晖发起的文艺界桃花会聚餐,与会者有一百五六十人,特别邀请的客人是蔡元培和北京国立艺专新任校长林风眠。11日,郭沫若由上海孙文主义学会讲演会续请为讲师,将在该会寒假讲演会上讲"革命与文学"。12日,郭沫若得朋友所赠卡尔·书及题辞:"如怀疑者般思索,如殉教者般实行!"中旬,接广东大学代校长陈公博10日来信,希望南下广东。下旬,接广东大学信,欲聘为文科学长。即与郁达夫商量,并决定一同南下广州;初识来访的王独清;复信广东大学,同意应聘,并要求同聘郁达夫、王独清。3月1日,郭沫若在上海《洪水》半月刊第1卷第12期发表《无抵抗主义者》。2日,作《文艺家的觉悟》,刊于《洪水》半月刊5月1日第2卷第16期。文中论述了文艺家应该具有"思想上的信条",文艺应该反映时代精神的问题。7日,作《写在〈三个叛逆的女性〉后面》,载上海光华书局4月初版《三个叛逆的女性》。上旬,收到广东大学复信,同意所提要求,并接到由林祖同携来上海的聘书和旅费。与郁达夫、王独清走楼建南和湖畔诗社几位朋友所设的饯行宴。12日,在交通大学参加孙中山逝世周年纪念会,讲到三民主义与共产主义。

　　郭沫若与郁达夫、王独清3月18日同乘新华轮离开上海赴广州。23日晨,抵达广州,由成仿吾接船。同日,拜访林伯渠,在林伯渠寓所第一次与毛泽东见面。午后,由林伯渠、成仿吾引领,赴广东大学接洽,郁达夫同往。27日,出席广东大学第72次校务会议。讨论了筹备中山大学委员会成立的问题,与黎国昌、黄著勋一起被指定审核科学教席方案。28日中午,与郁达夫、成仿吾、王独清一起出席广东大学文科同学欢迎大会,与会同学60余人。郭沫若致辞说:革新文科事,自当竭力去做,务祈无负同学所望。

　　按:《文科同学欢迎郭学长大会纪盛》刊于《国立广东大学周刊》4月5日第45期。郭沫若致辞又说,第一次到了平生所极愿到的革命策源地广东,是欢喜不过的事。到广州后,更觉到快心的,还有两件事;

第一就是"个个同胞,都昂首挺身,吐气扬眉,是个堂堂正正的人,外国人才俯首帖耳,像条可怜的动物了!第二就是这里工会林立,像反帝国主义的无数营垒"。谓"欧洲文化之发达,自南而北,后来者居上。中国文化之发达,则自北而南,由黄河流域至长江流域,由长江流域以至珠江流域,将来也必后来者居上。努力去做,是所望于诸同学"。

郭沫若3月29日与广东大学同学在黄花岗祭奠七十二烈士。30日,参加广东大学学生会为"三一八"惨案举行的"追悼北京殉难烈士大会",并发表演讲。同月,译作《雪莱诗选》列为"辛夷小丛书"第5种,由上海泰东图书局出版;向中国共产党广东大学总支提出入党申请。4月3日,出席广东大学第73次校务会议。会议决定增设文科图书馆,并被指定负责在校内确定馆址,与图书总馆商议调拨图书等事宜。6日,与褚民谊、郁达夫、王独清等在广东大学会议厅出席广东大学东方学报社成立大会,并被推举为编辑部主任,社长由校长褚民谊兼任社长。10日,出席广东大学第74次校务会议,与黎国昌、黄著勋一起被指定编制拟订科学教席方案预算。晚,往东山市培正礼堂,参加悼念北京"三一八"惨案死难烈士演讲会,并与毛泽东、马伯援等先后发表演讲;小说集《落叶》列为"落叶丛书"第1种,由创造社出版部初版发行。上旬,由褚民谊函聘为筹备中山大学委员会委员。12日,在广东大学举行总理纪念周中,校长褚民谊特请伍朝枢、周恩来、穆南演讲,郭沫若初次见到来广东大学演讲的周恩来。13日下午,出席在广东大学钟楼出席筹备中山大学委员会第二次会议。会议议决筹备章程12条。同日,郭沫若作《革命与文学》,刊于5月《创造月刊》第1卷第3期,文中首先提出了这样的论题:"我们现代是革命的时代,我们是从事于文学的人。我们所从事的文学对于时代有何种关系,时代对于我们有何种要求,我们对于时代当取何种的态度"? 主张文学和革命也并不是不能两立,而且是互为因果,有完全一致的可能,并重点讨论了革命与文学的关系问题。

按:《革命与文学》提出:"凡是革命的文学就是应该受赞美的文学,而凡是反革命的文学便是应该受反对的文学。应该受反对的文学我们可以根本否认它的存生,我们也可以简切了当地说它不是文学。""我们更可以归纳出一句话来:就是文学是永远革命的,真正的文学是只有革命文学的一种。所以真正的文学永远是革命的前驱,而革命的时期中总会有一个文学的黄金时代出现。"对于革命文学的内容,认为,它是时代精神的反映,要随着革命的意义而转变。"社会进化的过程中,每个时代都是不断地革命着前进的。每个时代都有每个时代的精神,时代精神一变,革命文学的内容便因之而一变。"中国革命的进程已经到了"是以无产阶级为主体的力量对于有产阶级的斗争"的阶段,"所以我们对于个人主义和自由主义要根本铲除,对于反革命的浪漫主义文艺也要取一种彻底反抗的态度"。号召青年们:"把时代精神抓着,把自己的生活坚实起来,把文艺的主潮认定。到兵间去,民间去,工厂间去,革命的漩涡中去。"

郭沫若4月15日出席广州学联会欢迎各地代表大会,并作演讲。19日,出席广东大学特别党部与学生会共同举行的欢迎广东省学联会代表大会,并代表教职员致欢迎辞。20日,出席筹备中山大学委员会第三次会议,讨论国立中山大学规程草案。又与校长褚民谊联署发布革新教务布告,公布文科新开科目,允许学生注销原来已选,自己不愿修习的科目,可以自由选修新科目。由是,文科"择师运动"和广东大学革新运动遂兴起。22日,作《由经济斗争到政治斗争》,刊于广东大学纪念"五一"国际劳动节专刊5月1日《劳动号》。同日,郭沫若被反对革新教务的一批教师攻击,并被呈请学校罢斥;中国国民党广东大学特别党部召开党员大会,通过四项议案,对于文科改革计划予以支持。同日夜,郭沫若作《我来广东的志望》,刊于1926年4月25日《革命生活》旬刊第5期。23日,郭沫若致褚民谊校长信,谈"择师运动"和广东大学革新运动。

按:郭沫若致褚民谊校长信后以《郭沫若致褚校长函》为题,发表于 26 日《广州民国日报》,曰:昨承示以文科教员黄希声等二十六人公函,陈述校长与沫若四月二十日准许学生改选科目之布告,认为沫若蔑视校章,捣乱学程,污辱全体教员,竟以罢课要挟之举,请求校长即日辞免沫若文科学长之职,无使为学界之羞等情,细阅之下,已不胜愕异。乃该教员等不待校长处决,不待沫若剖辩,竟于今日将原函公诸报端,以扰乱社会视听,实属存心破坏,毫不以顾全大局为前提,沫若实已忍无可忍。沫若此次奉命来粤,非为素餐而来。力虽绵薄,对于教务之革新,颇思效命。乃该教员等早含敌意,故为刁难。每有施设,动辄掣肘。今复小题大做,任意捏诬,沫若与该教员等殊觉势难共事。

该教员等诬沫若为蔑视校章,捣乱学程,然布告所载均有先例可援,且经校长署名,何得妄事媒陷。该教员等诬沫若为侮辱全体教员,然而多数教员仍然照常上课。且行藏一语,本系圣贤心事,该教员等既为文科大学教师,对于简单词句,何至曲解乃尔。该教员等痛诋沫若为学界之羞,而沫若视该教员等之行为,实欲为国家前途痛哭。夫以师长之资,乃为青年所不容,且复任意罢课,牺牲学生之光阴而不顾,所谓蔑视校章,捣乱学程,实属莫此为甚。

且查本学期之课程,其凌乱杂沓,实在令人有难言之痛。中等学堂之科目,滥竽大学商业学校之簿记,充乘文科,以至选课者每多人数三名,而讲授者则复笑话百出。学生在此情形之下,其所受痛苦如何,自有屡次热烈之要求可以佐证。沫若初到校时,课程业早排定,欲改无从。编改教员之不称职者,亦因有待遇教员规则为其护符,不能即时商请辞退。值此之故,只得因陋就简,以待暑期。然学生之要求愈激愈烈,而学生之痛苦,愈久愈深,不得已始有四月二十日之布告,以为调剂。此乃校长所亲许,而沫若所副署者也。

沫若行事,以校长为依归,以学生为本位,以良心为指导,自信毫无恣肆。乃该教员等竟以罢课要挟,致激成学生之风潮,咎有攸归,责无旁贷。该教员等捏诬捣乱之行为,应请校长予以相当之处分。至于沫若本身,如经校长认为有失当之处,沫若当引咎辞职,以谢罪于全校。又本院教员共五十五人,拟次日召集科务会议,将罢课教员所任科目,暂请留职各教员分担,以免学程停顿。

按:同时刊登在《广州民国日报》上的,还有广东大学文科学生全体大会通过的《文科全体学生宣言》。宣称:"学校的革新,是整个的,一部分的革新,与全体自然有很大的关系,饭桶是为人人所痛恶的,我们希望各科同学大家团结起来,拿革命的精神与手段自动的起来,择选与我们学业上有直接关系的教师。末后我们的口号是,打倒毫无学识的饭桶主义者,拥护努力革新学校的褚校长郭学长,拥护其他学识丰富的良好教授。"全体大会对于签名罢教的 26 名教师进行分析,认为黄希生等 15 人不宜再为人师,要求校方予以除职;对不明真相、被人利用的其余 11 位教师,则认为情有可原,应予挽留。又决议组织"文本预科革新委员会",选出委员 9 人,办理一切。会后,分别呈请国民政府、中央党部及广大校长,撤换"不良教师"。(《广大文科学院风潮续志》,26 日《广州民国日报》《广大特别党部报告》,中国国民党中央执行委员会编《党务月报》1926 年第 2 期)

郭沫若 4 月 27 日出席筹备中山大学委员会第四次会议,议决国立中山大学规程 15 条;出席广东大学第 76 次校务会议。同日,郭沫若为中山大学订定的校歌发表于《广州民国日报》。28 日,郭沫若接褚民谊校长当日信,谈对"择师运动"和广东大学革新运动的处理意见。同日,郭沫若复褚民谊校长信,谓"大示及附件二种,均已奉悉。嘱挽留文科教员石光瑛等 11 人,已分别致函,请其从速返校授课矣"。又"文本预科革新委员会"于同日通过宣言,要求"驱除不良教员",表示"拥护褚校长郭学长及其改革计划,奋斗到底,反对妥协"。同月,郭沫若在黄埔军校与任军校教育长的邓演达初次见面;在青年会看戏时与邵力子相识。4—5 月间,郭沫若重逢时任潮州中学校长,到广州参加教育会议的杜国庠。又与陈启修等发起成立四川革命同志会。5 月 3 日,郭沫若往番禺出席第六届广州农民运动讲习所开学式,并作演讲。开学式由农民部长林伯渠主持,所长毛泽东报告讲习所筹备经过和招生情况,来宾相继发表演讲。出席开学式的还有谭延闿、何香凝、褚民谊、陈其瑗、彭述之、彭湃等。在这一届讲习所上,毛泽东主讲"中国社会各阶级的分析",周恩来讲授"军事运动与农民运动"方面的课程。4日,郭沫若出席广东大学纪念五四运动大会,并发表演讲,由甘家馨记录,收广东大学秘书处出版部8月印行《国立广东大学演讲录》第二集。

　　按:郭沫若演讲词说道:"五四是中国革命史上最光荣的一页,是中国学生取得光荣的革命先锋地位的一日,是开中国一切民众运动的新纪元。他的价值与精神,实为无限的光荣与伟大;中国学生之所以为帝国主义所认识,就是由于他们有这个光荣的产物:五四运动。不过五四运动,是青年学生独立与帝国主义搏战的运动;后来虽有商人及其他阶级人民参加,但主力军及发动者均系学生。我们今天来庆祝纪念,最要紧的就是要今后应将这种运动的精神,扩大到各阶级人民去。换言之,就是要联合各界群众,继续五四那种精神,将战线扩大,一致向帝国主义者及军阀下总攻击,勿独自为战!现在有一般人有意无意的中伤或悲观学生运动,说学生运动是没有结果的。这种言论,不管他是好意还是恶意,但总离开事实太远,实在不对。殊不知最显明的事实给我们的证明,就是五四。五四的学生,赤手空拳,奋不顾身地抵抗帝国主义,当时的精神热烈,实如怒潮之不可遏,卒之打倒陆章曹诸卖国贼,收回青岛,拒签巴黎和约,都是学生运动的结果的明证。所以我们敢说学生运动是完全有收获的,有结果的。有意无意的中伤或悲观,我们都不理他,我们还须要继续扩大当年的五四运动,努力奋斗!"

　　"但近来的学生,颇不统一,实在是令人痛心的事件。他们大概可分为四派:(一)革命的。(二)读书的。(三)不革命又不读书的。(四)专假借革命的名义,以出风头的。这四派人各持一见,自以为是,但我相信革命的人必发愤读书,革命的人亦必须发愤读书。比方如何用什么计划去作运动?运动的步骤是怎样?如何可使民众参加我们的运动,信仰我们的运动?⋯⋯都是实验的学问,也必须有学问才可。故革命者必发愤读书,知道如何读书者必革命。如上举种种事实不是读死书者可以做到,也不是不读书者可以行的。故在这四派人之中,第一第二两派都是相互并进的有用。最可观的就是那般不革命又不读书和专出风头的。他们不知道什么革命也懒读什么书:你若要他去参加各种运动,做革命工作,他说我要读书;你若要他认真读书,他又说我不读死书,要革命呵。其实在旁观的人看出他的破绽:不过做个不革命又不读书的劳什子。还有一般人竟日忙个不了,东跑西跑,时而在这个会场中当什么主席,时而在那个团体中当什么干事,看起来似很能够牺牲和努力,但究其实际,他何尝做些什么成绩在那里,不过借此招摇招摇,出了风头而已。⋯⋯这两种人都是害群之马,都是青年界的蠹贼。这种习惯传染遍及青年界,影响于国民革命的工程,实非小可,我们非唤醒或打倒他不可!我们要唤醒了或打倒了这班人,才能肃清队伍,整齐步伐,和敌人混战,表现我们学生界的精神。现在的时局,比当年五四,是何等严重!现在的学生所负的责任,比当年五四,是何等加重!在这个时局紧张和责任重大之下,我们要一致努力抵抗一切恶势力。从今天起,我们要努力唤醒那班不革命的老气横秋者!我们要努力打倒那班专出风头者!要他们一致随着我们到真革命道上去努力,去救国!这才是五四的精神,这才是今天纪念五四的意义。"

　　郭沫若5月5日傍晚往番禺学宫,参加第三次全国劳动代表大会和广东省第二次全省农民代表大会代表为马克思诞辰108周年联合举行的纪念大会,并发表演讲。11日,郭沫若与褚民谊、孙科、林祖涵等出席筹备中山大学委员会第五次会议。议决规程草案第六章条款。并与马洪焕、温泰华、毕磊一起被确定组成审查委员会,负责审查修订的草案。17日,出席四川革命同志会执行委员和监察委员联席会议,被选为出版部委员长,负责起草成立大会宣言,并筹备会刊。18日下午,出席筹备中山大学委员会第六次会议。议决规程草案第六章校长及校务机关的有关条款。中旬,郭沫若经褚民谊介绍,加入国民党。26日,出席广东大学第78次校务会议。31日晚,应邀在培正礼堂东山市民举行的纪念"五卅"大会上演讲。同月,《周秦以前古代思想之蠡测》发表于上海商务印书馆初版《国故论丛》;与柳亚子初次相识;应毛泽东之邀,在广州农民运动讲习所作报告,担任第六届全国农民运动讲习所教员。6月3日,郭沫若出席筹备中山大学委员会第八次会议。与孙宪鎕、陈炳权二委员一同被议定审查熊锐等委员提出的修改中山大学规程草案意见,以提交下次会议议决。同日,与黄日葵、许崇清等出席国民党省党部青年夏令营讲习班第一次校务会议,被确定与许崇清、陈启修等负责教务工作。并将讲授"革命与文艺"。

> 按:其他将开设的课程有蒋介石讲授"北伐计划与国民党政策"、段锡明讲授"五四运动史"、周恩来讲授"国民革命与党"、黄日葵讲授"国际社会运动史"等。

郭沫若 6月5日出席广东大学第79次校务会议。同日,出席广东大学预科毕业典礼,并演讲。9日,出席筹备中山大学委员会第九次会议,与孙宪锉、陈炳权二委员负责审查的规程草案修改意见议决通过。10日,出版《少年维特之烦恼》增订本。上旬,与吴稚晖、张太雷、恽代英、成仿吾、何香凝等受聘为国民党广东大学特别党部暑期政治研究班教授。12日,出席广东大学第80次校务会议。讨论接受上海大夏大学及香港罢课离校学生问题,讨论通过了广东大学文科学院学程修正草案。17日,出席筹备中山大学委员会第十次会议,会议三读议决中山大学规程草案。19日,被广州国民政府批准为筹备中山大学委员会委员。同日,出席广东大学第81次校务会议。21日,以"准备进入新政治部"的身份,参加国民革命军总司令部政治部战时政治工作会议。会议之要点,"在决定战时政治工作之方针,及准备一切北伐应做之事项"。22日,参加国民革命军总司令部政治部战时政治工作会议,并被推举为"北伐宣传队训练班"委员。23日,参加国民革命军总司令部政治部战时政治工作会议。同日,出席在广东大学礼堂举行的"沙基惨案纪念会",与褚民谊校长作演讲。25日,作《毋忘台湾》序,收入广州卜丁图书馆6月出版的《毋忘台湾》一书。同月,邀关良参加北伐。并带关良面见邓演达,推荐其任政治部宣传科艺术股长。7月5日,出席广东大学第82次校务会议。9日,出席国民革命军北伐誓师大会,并致辞说:"革命不成功,誓不回广东。"10日,出席广东大学第83次校务会议,并被指定为广东大学在外省招生之本科国文试题命题。20日,出席四川革命同志会在广东大学法科学院举行的"欢迎吕汉群至广州并欢送郭沫若同志等北伐大会",并发表演说。中旬,与邓演达等参加何香凝为总政治部科以上干部举行的饯行宴。宴会特别邀请了周恩来、邓颖超;与周恩来、陈启修、陈公培、李硕勋、朱代杰、李民治、欧阳继修、周逸群等赴八景酒家,参加总政治部留守处主任孙溶明为总政治部四川同乡举行的饯行宴;受命负责起草战时新闻办法,将《军人日报》改组,前方发行《革命军日报》,后方出《战事新闻》。

郭沫若 22日上午与国民革命军总司令部政治部主任邓演达、俄国顾问铁罗尼、政治局长陈公博及两部人员百余人从广州黄沙车站乘火车赴韶关北上,任总政治部宣传科科长。顾孟余、彭泽民、何香凝等往车站送行。同月,作《西洋美术史提要·序》《西洋美术史提要·书后》,其中《西洋美术史提要》由上海商务印书馆初版发行,列为百科小丛书第118种。8月6日,与邓演达、俄国顾问铁罗尼等抵达长沙。9月1日晨,徒步赶往武昌。同月,郭沫若与朱德初次见面;创造社出版部第一次理事会在广州分部举行,郭沫若被推选为创造社总社第一届执行委员会总务委员、出版部总部第一届理事会主席;暂行代理总政治部主任工作。10月9日,郭沫若任总政治部副主任,少将军衔,兼任总政治部编史委员会委员长。下旬,晤见刘少奇。11月1日,黄埔军校武汉分校招考委员会本日成立,邓演达任主席,郭沫若、董必武、李民治、陈公博、李汉俊、包惠僧等共15人任委员。7日,郭沫若以总政治部副主任名义,与主任邓演达共同署名,颁布湖北各军政机关监察条例。19日晚,应召与回到南昌的蒋介石谈话,谈及总司令部或总政治部应设经济科。26日下午,参加蒋介石在总司令部行营召开的政治、经济、党务联系会议。讨论江西政治、经济、党务方面的问题及提案。政治部受命起草"文官考试""惩吏条例"等有关吏治的条例。29日上午,往总司令部参加总理纪念周活动,并作政治报告,蒋介石亦发表演说。同月,在南昌汪静之来访,要求参加革命军,介绍其往武昌总政治部宣传科作编辑工作。12月8日,与周恩来、张国焘、陈潭秋、李富春、蔡畅、章伯钧等应聘为黄埔军校政治科政治教官。16日上午,与蒋介石一起出席南昌各界召开的反英反奉大会,并相继演讲。28日上午,与蒋介石、陈公博等出席南昌各界20万人在大校场举行的追悼北伐阵亡将士及死难烈士大会,担任司仪主祭,并发表演讲。在南昌期间,郭沫若向蒋介石推荐时任《上海商报》主笔的陈布雷作起草文稿的秘书。
(参见林甘泉、蔡震主编《郭沫若年谱长编》,中国社会科学出版社2017年版)

　　成仿吾2月6日在长沙作《文艺批评杂论》,刊于《创造月刊》第1卷第1期。2月25日,出湖南到上海。3月3日,乘船先行离上海去广州。是年初的广州,国民党"二大"反击了右派的进攻,广州人民反帝反封建的革命热情空前高涨。成仿吾到广州后,任教于广东大学,同时兼任黄埔军校兵器处代处长,接触了毛泽东、周恩来、恽代英、刘少奇、孙炳文等许多共产党人。16日,《创造月刊》在上海创刊,主要筹办和编辑者为郁达夫、成仿吾。19日,在广东大学作《文艺批评杂论》,刊于《创造月刊》第1卷第3期。23日,郭沫若、郁达夫、王独清应广东大学之邀,同船由沪抵广州。成仿吾去码头相迎,并带领他们到林祖涵(即林伯渠)家里接头。是日下午同林祖涵一起把郭一行领到学校报到。28日中午,成仿吾与郁、王一起出席了广东大学文科学生在该校礼堂召开的欢迎郭沫若学长大会,到会学生60余人,相继发表演说。此后一段时间,成仿吾与郭沫若同住广东大学校内教职楼的二层,成仿吾则要每周乘坐汽艇去黄埔军校工作两日。4月1日,创造社出版部广州分部成立,成仿吾任分部主任,地址设昌兴新街42号。18日,成仿吾接编《创造月刊》后,于本日作第1卷第3期《编者的话》。同月,广东大学学生风潮过后,首先发起择师运动的两名文科学生,特邀郭沫若、郁达夫、成仿吾,王独清、穆木天等几位教师在广州惠爱路妙其香酒家聚餐,并合影留念。5月7日,广东大学秘书处编辑发行的丛刊《学艺》第3期出版,扉页刊有成仿吾题辞。16日,由成仿吾编辑的《创造月刊》第1卷第3期在上海出版。同月,成仿吾作《革命文学和它的永远性》,刊于《创造月刊》第4期。

　　按:文中提出:"革命的文学家,当他先觉或同感于革命的必要的时候,便以审美的文学的形式传出他的热情。他的作品常是人们的心脏,常与人们以不息的鼓舞。"后收自选集《从文学革命到革命文学》。

　　成仿吾6月1日在《洪水》第2卷第18期发表诗歌《不朽的人豪——纪念孙中山先生》。同月,成仿吾在为《创造月刊》第1卷第4期写的《编辑余话》中谈道:"这回真是有史以来的难产。广东大学文科的风潮,不时袭来的喉症,昏雨闷人的天时,彼去此来,扫尽了创作的兴致。此外沫若忙着讲演,声如破罐,达夫满腹牢骚,日思醉酒;独清追逐幻影,奔走不宁,这些联合起来,终于使这期不能按时集稿。"7月21日,郭沫若随师北伐。9月初,收到郭沫若从前线寄来的信,告以从长沙出发以后的情形,并托成将他写给家人的短信转给安娜夫人。11月17日,成仿吾同郁达夫谈创造社出版部的问题,决定由郁达夫回上海专办出版部的事情。21日,成仿吾在东山王独清处由成仿吾主持,大家谈了改组创造社内部的事情,决定由郁达夫担当总务理事,在最短时间内去上海一次,算清存账,整理内部。12月1日,成仿吾在创造社广州分部同郁达夫谈整理出版部事,直至夜10时,总算把大体决定了。7日,为祝郁达夫30岁生日,到会20多人。11日,成仿吾同郁达夫、穆木天诸人在陆园饮茶,谈创造社的一些事情。13 日,成仿吾同伯奇等人为郁达夫饯行。同月,《洪水》自第 25 期起,移至广州,改由成仿吾主编。实际上是由郁达夫回上海接编;《洪水》周年增刊载《创造社社章》及总社第一届执行委员名录;总务委员郭沫若,编辑委员成仿吾、郁达夫,会计委员成仿吾,监察委员张资平、王独清。又载《创造社出版部章程》及理事名录:理事会主席郭沫若,常务理事成仿吾(会计兼总务)、王独清(编辑),理事郁达夫、张资平、周全平、周灵均、穆木天、李初梨。是年,成仿吾在《创造月刊》第 1 卷第 4 期发表《革命文学与他的永远性》。(参见张傲卉、宋彬玉《成仿吾年谱》,《东北师大学报》1985 年第 5 期)

　　翦伯赞 1 月由美国回到上海,径回湖南老家。3 月,到北京,住常桃会馆。3 月 18 日,参加了北京市民和青年学生的游行示威。在"三一八"惨案后,怂而南下,先回桃源。9 月,到长沙,经董维键(国民革命政府湖南省教育厅长兼外交特派员)、鲁遇之介绍,加入国民党。12 月,经唐生智介绍,至武汉,由邓演达安排在国民革命军总政治部工作。(参见张传玺《翦伯赞传》及附录张怡青《翦伯赞大事年表》,北京大学出版社 1998 年版)

　　郁达夫所著《小说论》1 月由上海光华书局初版。2 月初,病稍好转,离杭返沪,与郭沫若等商议出版《创造月刊》具体事项,以作为《创造季刊》的继续,表示愿意承担创刊号的编辑工作。21 日,作《创造月刊》发刊词——《卷头语》。22 日,为《创造月刊》第 1 卷第 1 期作《尾声》。同月,郭沫若接广东大学(后改名中山大学)来信,聘任文科院长,即去四马路旅馆找郁达夫商量,郁达夫同意一道南下,王独清亦表示愿意前往。即复信广东大学,嘱寄旅费。3 月 1 日,郁达夫作论文《小说论及其他》,刊于 16 日《洪水》半月刊第 2 卷第 13 期。11 日,作《历史小说论》,刊于 4 月 16 日《创造月刊》第 1 卷第 2 期。18 日,广东大学同意郭沫若增聘郁达夫、王独清为文科教授的意见。是日,三人启程,前赴广州。楼建南、应修人、周全平前往码头送行。

　　按:郁达夫后来在《〈鸡肋集〉题辞》在谈到去广州的原因时说,当时广东已成为革命策源地,为"想改变旧习,担满腔悲愤都投向革命中去"。

　　郁达夫与郭沫若、王独清 23 日晨抵达广州,成仿吾前往码头迎接,先住旅馆,后去广东大学接洽。28 日,搬进学校宿舍。与在广州的创造社主要成员郭沫若、成仿吾,郑伯奇、穆木天、王独清着手筹建创造社出版部广州分部。郁达夫除担任文科教授外,又兼任广东大学出版部主任,打算创办"广东大学小丛书"。4 月 12 日,作《南行杂记》。6 月,所著《文艺论集》由上海光华书店出版。31 日,得知鲁迅将去厦大执教,特访鲁迅。同月,所著《戏剧论》由上海商务印书馆初版。11 月 13 日下午 4 点半后,郁达夫和成仿吾去创造社分部,谈创造社出版部情况。17 日,接上海蒋光赤来信,说和成仿吾取同一意见,要郁达夫去上海专编《创造》。同日午后,与戴季陶"谈出版部之事",戴要达夫办一种小丛书,他不肯,想辞职,但戴一定不让他辞职。21 日午前,上东山王独清处,同来自黄浦的仿吾等人讨论"改造创造社内部的事情",决定由达夫去"担当总务理事,在最短的时间内去上海一次,算清存账,整理内部"。22 日,郁达夫开始制定中山大学小丛书计划。23 日午后,会戴季陶,商谈辞职回上海事。未遇。27 日,与成仿吾同上"清一色"吃午饭,谈创造社出版之事,感叹不已:"人心不良,处处是阴谋诡计,实在中国是没有希望了。"28 日,与王独清去武陵酒家饮,叙谈创造社内幕。29 日,向戴季陶及其学校诸委员辞去中大教授及出版部主任之职。12 月 7 日,郁达夫 30 岁生日,为其庆贺到会 20 多人。(参见陈其强《郁达夫年谱》,浙江大学出版社 1989 年版)

　　傅斯年在柏林大学继续攻读,主修课程普通语言学。9 月上旬,与胡适在法国巴黎会面长谈。秋,在柏林大学肄业。结束6年多的旅欧生活,从德国经巴黎回国。冬,返回山东聊城省亲。12月,应戴季陶、朱家骅等人邀请,偕弟傅斯岩(孟博)去广州,任教于中山大学。傅斯年任中山大学教授,兼任文科学长、国文历史两系主任。(参见欧阳哲生编《中国近代思想家文库·傅斯年卷》及附录《傅斯年年谱简编》,中国人民大学出版社2015年版;王学典《20世纪史学编年(1900—1949)》,商务印书馆2014年版)

周鲠生参与改组广东大学为中山大学筹备的工作。北伐军占领南京后,任南京东南大学教授、政治系主任。

何香凝9月在广州创办妇女运动讲习所,兼任所长,蔡畅为教务主任,邓颖超讲授妇女运动课程。

彭泽民为所长的华侨运动讲习所12月在广州成立,萧楚女、熊锐、韩麟符、陈其瑗、甘乃光等兼任教员。

施存统遭军阀孙传芳的通缉,党组织上安排他奔赴广州,在广州施存统先后在黄埔军校、广州农民运动讲习所讲授政治经济学。

陈豹隐随鲍罗廷等前往蒙古库伦(现乌兰巴托)说服冯玉祥参加国民革命。其后到达广州,被聘为黄埔军校政治教官、第六届广州农民运动讲习所教员、国立中山大学法科科务主席兼经济学系主任、《广州民国日报》主笔等,并与郭沫若组织四川革命同志会,出版《鹃血》杂志。

柯柏年被调到广州,任国民革命军第三军政治教官,并协助张太雷编辑中共两广区委机关刊物《人民周刊》。曾与梁工甫等创办《岭东日日新闻》,任副总编。是年,柯柏年译《唯物史观与马克思》(即《卡尔·马克思》的部分内容)和《1848年6月巴黎无产阶级之失败》(即《1848年到1850年法兰西阶级斗争》中的"六月失败"),刊载于《岭东民国日报》。

张静江5月在国民党二届二中全会上被蒋介石推举为国民党中央执行委员会常务委员会主席。两个月后,张静江力辞此职,提名由蒋介石担任,但在北伐期间仍由张静江代理该职。

杨杰5月任国民革命军第六军总参议,参加北伐战争。12月,任国民革命军第十七师师长。(参见皮民勇、侯昂妤编《中国近代思想家文库·蒋百里、杨杰卷》及附录《杨杰年谱简编》,中国人民大学出版社2015年版)

陈树人在国民党第二次全国代表大会上被选为候补中央执行委员。

林柏生从苏联回国,任黄埔军校政治教官。

安体诚被派赴黄埔军校任政治教官,主编《黄埔日刊》。

余洒度任黄埔同学会宣传科长,主编《黄埔潮》。

王昆仑从北京到广东,任黄埔军校潮州分校政治教官。同年7月随军北伐。"四·一二"反革命政变后,在南京担任以陈铭枢为首的国民革命军总司令部政治部秘书长,后辞职。

马哲民从日本回国,先在广州任国民党中央党部秘书处文书主任,后调武汉任国民革命军第十五军政治部文书股长兼《汉口民国日报》编辑、武汉中央军事政治学校政治教官、国民政府劳工部秘书等职。

丁惟汾是夏赴广州任国民党青年部长、中央执行委员会常务委员和中央政治会议委员。

段锡朋经陈果夫介绍在国民党中央组织部任职。

王任叔去广州,任国民革命军总司令部秘书处机要科秘书、代科长。

李公朴赴广州参加北伐军,在国民革命军东路军前敌总指挥部政治部工作。

萧友梅作词的国民革命歌,被广东国民政府颁发为北伐时的代国歌。

马云译《列宁主义的革命战术》(即《共产主义运动中的左派幼稚病》的部分内容)一文刊载于《中国青年》。

罗汉任总编辑,罗伯先、王炳南、郭慕等任编辑的《军人日报》4月1日在广州创刊。

关良赴广州任教于广州美术学校、中山大学附中。同时参加北伐战争,担任国民革命军总政治部宣传科艺术股股长。

董泽继续任私立东陆大学校长。3月14日,东陆大学行政委员会成立。《东陆大学行政委员会简章》指出:本校为办事便利起见,特组织行政委员会执行校内行政事务。行政委员会委员由校长聘任之。行政委员会设委员长1人,由各委员轮流担任之,其次序以抽签主之;责权有(1)遇校长离校或因故不能执行校务时代理执行校长职务;(2)属于全校行政事宜、经校长委托办理者;(3)处理旧时发生的各种行政事宜。(2)(3)两项所载事件于处理后须陈明校长,但重大事件仍须先行报请校长裁决。本会处理事务以委员全体五分之三以上出席、出席三分之二以上之议决行之。根据简章规定,特聘任工科主任肖扬勋、文科主任华秀升、预科主任赵家通、实习工场主任杨克嵘、会计长周恕、庶务长杨维浚、工科教授余名钰、文科教授袁丕佑等8人为该委员会委员。(参见《云南大学志》编审委员会《云南大学志》第2卷《大事记(1915年—1993年)》,云南大学出版社1993年版)

林文庆任厦门大学校长,筹备厦门大学国学院,全校文理商教各科主任均参与其事,包罗甚广。1月,公布《厦门大学国学研究院组织大纲》,刊于《厦门大学周刊》第134、135期,提出该院为研究"中国固有文化而设",其研究目标既包括"从书本上搜求古今书籍或国外佚书秘笈及金石甲骨木简文字为考证之资料",也包括"从实际上采集中国历史或有史以前之器物或图绘影拓之本及属于自然科学之种种实物为整理之资料",分设历史古物、博物(指动植矿物)、社会调查(礼俗方言等)、医药、天算、地学、美术(建筑、雕刻、磁陶漆器、音乐、图绘、塑像、绣织、书法)、哲学、文学、经济、法政、教育、神教、闽南文化研究等14组。10月10日,厦门大学国学研究院正式成立。校长林文庆兼任院长,研究院聚集了鲁迅、林语堂、沈兼士、顾颉刚、张星烺、孙伏园、陈万里、张颐、俄国人类学家史禄国、法国汉学家戴密微等中外著名学者,林语堂任总秘书,沈兼士任研究主任。研究教授鲁迅、顾颉刚、张星烺,考古学导师林万里,陈列部干事黄坚,编辑部干事孙伏园,出版部干事章廷谦,图书部干事陈乃乾,英文编辑潘家洵。编辑容肇祖、丁山、林景良、王肇鼎,除后二人外,其余均出身北大。10月底,沈兼士回京,张星烺代理其职务至1929年。由于北京大学国学门的几位骨干加盟厦大国学院,时媒体称其"大有北大南移之势"。研究院组织上基本继承北大风格,设语言文字学、史学及考古学、哲学、文学、美术音乐等5组,并组织风俗调查会。其研究理念是:"研究古学必得地质学、人类学、考古学、古生物学等等作为参考";注意研究对象所蕴藏的区域,注意调查和研究"闽南各种方言社会以及民间一切风俗习惯";并学欧西的科学精神,对研究对象条分缕析、悉心研究。厦门大学国学院建立时确立的它虽然只存在短短几个月,但所开辟的研究领域已为厦门大学诸多学科的发展奠定了基础,而它所开创的学术传统则影响了一代代厦大学人。

林语堂7月受聘到厦门大学任教。7月31日,《申报》第11版刊登署名"蜀生"之人撰写的《厦门大学之积极整顿》一文,内称:"厦门大学伏假后大更张,仍分设文、理、法、教、工、商、医七科,并新聘北大教授林语堂(原名玉堂)、沈兼士、周树人(鲁迅)、顾颉刚,任文科及国学教授,并决于下届创设国学研究院。现定文科主任为林语堂。林为人云,渠主张以英人授英国文学,法人授法科文学,德人授德科文学,以本国人授本国文学,必较深明著切。现正向国内外物色人选中,已聘定之沈、周、顾等则任整理国学。沈为北大研究院国学门主任,即以任下届创办之国学研究院主任,并兼文科国文系主任;又以黄坚为研究院襄理。"9月初,林语堂正式出任厦门大学语言学正教授、文科主任兼国学研究院总秘书,同时担任该校图书馆代理主任。同期,厦门大学国学研究院与文科新聘教职员还有沈兼士、顾颉刚、陈万里、容肇祖、黄坚、孙伏园、章廷谦、潘家洵、丁山、陈乃乾、王肇鼎。林语堂的大哥林景良则受聘担任厦门大学"国学研究院编辑兼管报告及定期刊物"。20日上午10—11时,厦门大学在该校大礼堂举行秋季开学典礼,校长林文庆、文科主任林语堂、理科主任刘树杞、教育科主任孙贵定、商科主任陈灿、法科主任黄开宗、商科主任徐馨金及新旧教职员100多人及400多位新旧学生出席,医科筹备主任廖超照、工科主任田渊添因事缺席。在本次典礼上,林语堂介绍了文科新聘教员,称文科新教员已有7人到校,另有四五人正在商聘。

按:9月27日,《厦大周刊》第157期"布告"栏目刊登了林语堂拟写的一条布告,以《文科》为题,文末署名"文科主任林语堂"。全文如下:"顷准哲学系主任提议,林玉霖先生所担任哲学方法论,改请陈定谟先生担任。又,陈定谟先生所担任论理学史,及艾克先生所担任之泰西哲学概论,请张颐先生担任。此布文科主任林语堂。"

林语堂10月10日下午2时许出席厦门大学国学研究院成立大会,共有300多人出席。先由厦门大学校长兼国学研究院院长林文庆、国学研究院主任沈兼士、国学研究院总秘书林语堂、国学研究院教授张星烺、厦门大学代理秘书刘树杞、英国驻厦门领事代表等人陆续发表演说。演说结束后,林文庆、沈兼士、林语堂引导来宾至生物学院三楼茶叙,并参观该院陈列室与图书部。陈列室有两间,东边一间陈列周树人(鲁迅)所藏拓片(多为六朝隋唐造像),以及陈万里所藏大同云冈石窟拓片、敦煌像片等;西边一间则陈列各种古物(多数出土自河南洛阳一带),以及厦门大学商科所藏古钱。11月9日,国语统一筹备会自行公布了由"数人会"费时一年完成的《国语罗马字拼音法式》。"数人会"由刘复发起成立,成员包括钱玄同、黎锦熙、赵元任、林语堂与汪怡。另,此次公布的《国语罗马字拼音法式》后收入黎锦熙编、中华书局于1928年2月出版发行的《国语罗马字国语模范读本》首册。17日,林语堂赠给鲁迅一本《汉字末笔索引法》,上书"鲁迅兄指正 语堂敬赠"。20日《厦大周刊》第164期刊登一则题为《国学季刊将付印》的报道,公布了《厦门大学国学研究院季刊》创刊号的内容,所憾《厦门大学国学研究院季刊》创刊号最终并未正式出版。27日,林语堂陪同鲁迅一起到集美学校进行演讲,集美学校师生2000余人在集美大礼堂集合,由叶采真主持。鲁迅的演讲内容涉及生活的意义与价值。12月18日下午2时,林语堂在国学院楼下生物院演讲室进行公开演讲《闽粤方言的来源》。19日夜间,撰写《冢国絮语解题》。23日,撰写《文妓说》。26日,撰写《谈文化侵略》,以上三文皆未公开发表。是年,林语堂所编《汉字末笔索引法》由上海商务印书馆出版;林语堂又与顾颉刚合作编撰《七种疑年录统编》,此书与林语堂自著的《汉代方音考》原本都计划交由厦门大学国学院列入"国学院丛书"出版。但两本书后来均未见正式出版,《七种疑年录统编》更是佚失不存。(参见郑锦怀《林语堂学术年

谱》,厦门大学出版社 2018 年版)

　　鲁迅 7 月 28 日收厦门大学薪水 400 元,旅费 100 元,正式接受厦门大学聘请,任国文系教授兼国学院研究教授。8 月 26 日下午,鲁迅由北京启程赴厦门,许广平同行。29 日途经上海,寓沪宁旅馆,当日移住孟渊旅社。30 日晚至消闲别墅用饭,同座有刘大白、夏丏尊、陈望道、沈雁冰、郑振铎、胡愈之、朱自清、叶圣陶、周建人等文化界知名人士。同月,鲁迅小说集《彷徨》由北京北新书局出版。又发表所译苏俄托洛茨基《文学与革命》第三章《勃洛克论》。9 月 4 日,鲁迅抵厦门,寓中和旅馆,林语堂、沈兼士、孙伏园来访,即雇船移入厦门大学,暂住生物学院大楼三层。同日,致居留上海的许广平信,叙述了离上海至厦门旅途中的情景,以及初到厦门的见闻。14 日,致许广平信,对北洋军阀政府武装接管女师大表示愤慨,又对北伐的顺利进军表示欢欣。18 日,鲁迅作《从百草园到三味书屋》,刊于 10 月 10 日《莽原》半月刊第 19 期。19 日,鲁迅应戴锡璋、宋文翰、庄奎章之邀,至南普陀午餐,林语堂、沈兼士、孙伏园作陪。20 日,厦门大学开学,鲁迅在厦门大学开设小说选及小说史、文学史纲要二门课程。24 日,鲁迅因与黄坚冲突,辞国学院研究教授职,未成。25 日,鲁迅从国学院迁居集美楼。27 日,开始编写中国文学史讲义,次日编好第一章。9—12 月,著《中国文学史略》,后改名《汉文学史纲要》。

　　按:这是鲁迅在厦门大学、中山大学讲授"中国文文学史"课程时的讲义(未完稿)。全书共分 10 篇,从文字的起源论到司马相如与司马迁。该书在鲁迅生前没有出版过,最早收入 1938 年由鲁迅先生纪念委员会编辑、鲁迅全集出版社出版的《鲁迅全集》第 10 卷。

　　鲁迅 10 月 4 日致许寿裳信,表示对厦门寂寞生活的厌烦。10 日,召开国学研究院成立会,各界来宾约 300 余人。在这次成立大会的陈列室,陈列了鲁迅收集的石刻拓片,大多数为六朝隋唐造象。12 日,作《藤野先生》,刊于 12 月 10 日《莽原》半月刊第 23 期。14 日上午,往厦大周会演讲 30 分钟。同日,作《〈华盖集续编〉小引》《〈华盖集续编〉校讫记》。15 日下午,编定《华盖集续编》。16 日,在致许广平信中谈到"现代评论派"在厦门大学结党营私的情形,认为厦大"毫无希望"。21 日,应邀参加南普陀寺及闽南佛学院公宴太虚和尚的晚餐,入席者 30 余人。30 日,作《〈坟〉的题记》。11 月 4 日,作《〈嵇康集〉考》讫。11 日,得中山大学聘书。

　　按:中山大学邀请鲁迅任教,是由中共广东区委员会提出,经过与当时任中大委员会委员长的国民党右派分子戴季陶斗争以后决定的。据徐彬如《回忆鲁迅一九二七年在广州的情况》(《中山大学学报》1976 年第 6 期)回忆:"这时鲁迅正在厦门,我们提出要请鲁迅来中大当文学院长。我们与戴季陶谈判了两三次,提出许多条件,聘请鲁迅便是其中一条。"又据韩托夫《一个共产党员眼中的鲁迅先生》(《文艺报》1956 年第 19 号)回忆:"当郭沫若先生一九二六年离开中山大学后,两广区委党的组织曾派恽代英、毕磊和徐彬如等同志向学校当局提出要求聘请鲁迅先生来中山大学主持文学系,结果学校当局是答应了。"据郭沫若《坠落了一个巨星》(1936 年 11 月 16 日《现世界》第 1 卷第 7 期)回忆:"一九二六年,他(按:指鲁迅)受段祺瑞的压迫,被逐出北京的时候,我在做着广东中山大学的文学院长,那时曾商同校长,聘鲁迅做教授。然而,待鲁迅南下广东的时候,我已经参加北伐军出发了。"

　　鲁迅 11 月 13 日与丁山、孙伏园等往南普陀寺观傀儡戏。17 日,鲁迅参加厦门大学教职员照相,又赴恳亲会。20 日,作《所谓"思想界先驱者"鲁迅启事》刊于 12 月 10 日《莽原》半月刊第 23 期,同时又载《语丝》《北新》《新女性》等期刊。25 日,在与校长林文庆的"谈话会"上,就削减国学院预算经费一事向林提出强硬抗议,迫使林文庆取消前议。27 日,往集美学校演讲 30 分钟。30 日,收到商务印书馆寄来的英译《阿 Q 正传》三本。同月,热情支持并指导厦门大学爱好文艺的青年所创办的文艺团体"泱泱社"和"鼓浪社"。其中"泱泱社"曾出版过《波艇》月刊两期;作《〈阿Q正传〉的成因》刊于12月18日《北新》周刊第18期。12月5日,致韦素园信,对"未名社"的工作提出自己的建议。11日,应丁山之邀,与罗心田、孙伏园往鼓浪屿游日光岩及观海别墅。12日,鲁迅赴平民学校成立会并发表演说。20日,作《关于三藏取经记等》刊于1927年1月15日《北新》周刊第21期。21日,得中山大学委员会信,催促尽快前往任教。22日,作《〈走到出版界〉的"战略"》刊于1927年1月8日《语丝》周刊第113期。24日,为接待川岛全家到厦门大学而奔忙。31日。辞厦门大学一切职务。(参见鲁迅博物馆、鲁迅研究室编《鲁迅年谱》,人民文学出版社1981年版)

顾颉刚、沈兼士等学人8月21日抵达厦门大学。因张作霖入北京通缉进步分子,先行南下就任厦门大学文科学长的林语堂乃聘请沈兼士、鲁迅、顾颉刚、张星烺等前往任教。8月25日,厦门大学因顾颉刚在古史研究领域的成就,乃改聘顾颉刚为厦门大学国学研究院史学研究教授,编《国学研究院周刊》,兼国文系名誉讲师,授"经学专书研究"课,讲《尚书》,编讲义。顾颉刚撰《国学研究院周刊》之《缘起》。9月3日,蔡元培致函顾颉刚,谓"久不见,由伏园兄转到大著《古史辨》,把个人思想的经过与朋友讨论的函件都次第辑录起来,不但使读者感多许趣味,而且引出无数方法。最颠扑不破的方法,是'层累地造成的中国古史'的说明。虽现在尚有证据不充分处(如以'禹敷土''奕奕梁山,惟禹奠之'等为禹有天神性之证,弟未敢附和),然随时留意,将来必有可以证明者。""到厦门后,希望兄《自序》上所说的四种苦痛,能减少几种,而专努力于所欲努力之事业。"10月10日,厦门大学国学研究院成立,鲁迅、顾颉刚、张星烺为研究教授。11月,顾颉刚与林幽、孙伏园、容肇祖发起成立风俗调查会。是年,作《孟姜女故事研究》《诸子辨序》《春秋时的孔子和汉代的孔子》等文章。又记笔记《蕲闲室杂记》第二、三册。(以上参见顾潮编著《顾颉刚年谱》,中国社会科学出版社1993年版;高平叔编著《蔡元培年谱长编》,人民教育出版社1996年版;耿云志《胡适年谱》,四川人民出版社1989年版;王学典《20世纪史学编年(1900—1949)》,商务印书馆2014年版)

容肇祖秋从北大哲学系毕业。10月,应顾颉刚之邀,到厦门大学任国文系讲师兼厦大国学研究院编辑,曾编《厦大国学研究院周刊》3期。其间,与时在厦门授课的鲁迅相识,鲁迅借予未付印的《嵇康集校本》(手抄本)阅读,为后来撰成的《魏晋的自然主义》一书大有助益。

按:《容肇祖自传》曰:"1926年秋,我在北大毕业。这年十月,我到厦门大学任国文系讲师兼厦大国学研究院编辑。当时北洋军阀野蛮地摧残文化界,北京许多名教授被迫离京,鲁迅、张星烺、沈兼士、顾颉刚等应厦门大学之聘,厦大因之创办了国学研究院。当时鲁迅在厦大生活不大习惯,有时我们在小饭馆相遇。他间询及广州情况,我举所知以对。他与我谈到魏晋间的名流,知我研究嵇康、阮籍,热情地借给我他校阅整理过的《嵇康集》手写本,我深佩他的诲人为乐的精神。不久,他即接受中山大学教授之聘离去。我在厦大,教书之外,曾编过《厦大国学研究院周刊》三期。寒假后,厦大因经济困难,即宣布停办国学研究院。"(参见《容肇祖全集》编纂委员会《容肇祖全集·容肇祖自传》,齐鲁书社2013年版;袁尔钜《容肇祖年谱简编》,东莞市政协编《容庚容肇祖学记》,广东人民出版社2004年版)

罗常培应林语堂之邀,与鲁迅、沈兼士等人南下到福建厦门大学任教。罗常培讲授"经学通论""中国音韵学沿革"等课程,并开始调查研究厦门方言。(参见《罗常培文集》编委会编《罗常培文集》第10卷附录《罗常培年谱》,山东教育出版社2000年版)

陈衍任厦门大学国学专刊社主任,叶长青自任社长。3月,《国学专刊》创刊,陈衍任主编。创刊号刊载叶长青《论版本学与校勘学之关系》、陈衍《周礼辨证》《史汉研究法》(第4

期连载)、陶然《中国活字版考》等文。

按:《国学专刊》自1926年3月至1927年10月,共出版了4期。(参见王学典《20世纪史学编年(1900—1949)》,商务印书馆2014年版)

林可玑从法国回国,在福州创办学校,创办《社会评论周刊》《综合月刊》等。

张謇1月1日往更俗剧场,参加伶工学社毕业生评艺会,观看"诸生擅场各剧"。约1月13日起,偕张詧筹备参加美国费城世界博览会展品事项,并任孙儆为筹备主任。4月17日,往县立女子师范学校,参加建校20周年纪念会并发表演说。5月6—8日,中华职业教育社在杭州律师公会与浙江省教育会举行的年会上,与黄炎培等25人被推为议事员。5月17日,抵省第一代用师范学校第一附属小学校,参加20周年纪念会、校友会、成绩展览会等并发表演说。7月2日,往南通县署,参加《南通县图志》修纂会议。8月24日中午12时许,张謇于濠南别业去世,终年73岁。8月28日,《密勒氏评论报》载《敬爱的张謇去世》:"他近年来最为卓著的事业,是对于所谓南通模范城市建设的推进。""尽管由于时局动荡而导致经济萧条,南通已经在海内外广为人知。"

按:8月31日,张謇获北京国务院摄行大总统颁令襃扬:"勋一位前农商总长张謇,耆年硕德,体国忠诚,位望崇隆,邦人所重。民国肇造,于建设因革诸大端,多所赞助。嗣后总管农商及督办水利导淮、商埠各事宜,筹画经营,效绩昭著。比年引退,尤复振兴实业,造福邦家。方冀克享遐龄,共谋国是,讵意偶患微痾,遽尔溘逝。老成凋谢,怆悼殊深。着给予治丧费三千元,派陈陶遗前往致祭。生平事迹,宣付国史立传,并交国务院从优议恤,用示笃念耆勋之至意。此令!"

按:8月下旬至约10月,各处的挽唁函电,如雪片而来,许多地方,不约而同的开会追悼,举国都有木坏山颓的哀感。梁启超挽云:"一老不遗,失恸岂唯吾党;万方多难,招魂怕望江南。"蔡元培挽云:"为地方兴教养诸业,继起有人,岂惟孝子慈孙,尤属望南通后进;以文学鸣光宣两朝,日记若在,用神征文考献,当不让常熟遗篇。"王毓祥挽云:"讴思淮海三千里,关系东南第一人。"吴昌硕挽云:"许吾为金石精神,自愧衰年,有道乃先书墓碣;救世日棉铁政策,纵更时变,此语可长悬国门。"易作霖挽云:"历代状元不少,名世有几?先生蓄道德,能文章,蕴经纶,著事业,令闻越东西瀛海,譬万古云霄,斯人难再;全国大县孔多,模范者谁?南通盛学堂,广垦牧,富机厂,纷轮舟,小试垂教寔母仪,梦两盈俎豆,于我焉依。"侯鸿鉴挽云:"上不靠政府,下不靠社会,落落千秋,犹忆公园谈实业;通使苦其行,锡使苦其知,茫茫大地,当为民国哭前途。"中国科学社年会同人挽云:"年会惊闻尊翁仙逝,国丧柱石;社失导师,无任哀悼。"福开森挽云:"河汾学术古今同,论交卅五年,江左犹传文正派;司马姓名中外识,驰誉数万里,东方忽陨启明星。"姜灶港镇绅商学界挽云:"古今几许大儒,问谁不假政权,能使勋名垂宇宙;时势适丁厄运,惟公力崇民治,独留模范在乡邦。"(参见庄安正《张謇年谱长编(民国篇)》,上海交通大学出版社2018年版)

章炳麟1月发表对时局意见,认为国内之问题,打倒赤化较之护法倒段更引人注意。2月,应五省联军总司令孙传芳之邀赴宁商议时局问题。4月,在沪组织反赤救国大联合,任理事。又参与发起成立国民外交协会,任名誉会长。6月,任广州国民大学校长。7月,与太虚法师等组织佛化教育会。8月,应孙传芳及江苏省长陈陶遗之邀,到南京就任修订礼制会会长,行雅歌投壶礼。8月13日,通电全国,反对蒋介石组织北伐。(参见姜义华编《中国近代思想家文库·章太炎卷》附录《章太炎年谱简编》,中国人民大学出版社2015年版)

谢无量以孙中山去世后,蒋介石、汪精卫执掌大权,颇为失望。故从是年起有些沉默,转而潜心改志,将大部分精力用于教育、学术和艺术。7月,应东南大学(后名中央大学)之聘,任历史系教授兼主任,教授历史研究法、古代政治思想等。在教学中,谢无量介绍和宣传孙中山的《建国大纲》。后因国民党当局干预其教学内容,并迫害学生,引起学潮,谢无量也被迫于次年8月离开东南大学。计其终始,前后不及一年。(参见刘长荣、何兴明编《谢无量年谱》,《文教

《资料》2001年第3期；彭华《谢无量年谱》，《儒藏论坛》第3辑，四川大学出版社2009年版）

胡先骕仍任南开大学哲学系教授。2月17日晚，中国科学社上海社友会举行新春宴会，假爱多亚路联华总会举行，社员到者有马相伯、蔡元培、叶恭绰、周美权、凌鸿勋、席鸣九、宋梧生、张君谋、朱其清、王琎、胡先骕等50余人，由周美权主席，马相伯、蔡元培、叶恭绰均有演说。演说毕，复移座举行音乐游艺等事，游艺则由杨杏佛、竺可桢主持。问答竞赛得奖者为胡先骕、何斗恒、徐志芟、周美权，各得儿童玩具一件。最后由到会者自由打何斗恒昆仲新制文虎，以应年景，至10时散。6月，胡先骕辞东南大学教职。8月初，中国科学社聘其为生物研究所专职研究。8月27日至9月1日，出席中国科学社在广州中山大学农科学院举行的第十一次年会。28日，会议举行公开演讲，胡先骕宣读论文《东南诸省森林植物之初步观察》，其后又代读秉志之论文《虎口硬腭之构造》。29日，举行科学社社务会，任鸿隽报告编辑杂志之状况，胡先骕报告生物研究所一年之事业，在会上胡先骕提议修改章程第74条，获通过。9月1日，胡先骕讲《生物学研究与人生》。

按：胡先骕此事前后思想有变化，其《对于我的旧思想的检讨》曰："我当初对于孙中山联俄容共的政策都是本能地厌恶的，一九二六年中国科学社暑假中在广州开年会，我曾赴会，看到广州的一切设施都有新气象，渐渐对国民党有点好感。"（中国科学院植物所档案）

秦汾继续任东南大学校长。3月，实行文理分科。理科设物理、化学、数学、地学等系；理科主任为孙洪芬。文科设国文、历史、外国语文（1924年由西洋文学系、英语系及德、法、日文各学程合并改组而成）、政治经济、哲学等系；文科主任为卢晋候。至此，本校共设文、理、农、教、商5科，计31个系。除文理科各系外，教育科有：教育、心理、乡村教育、体育等系；农科有：植物、动物、农艺、园艺、畜牧、蚕桑、病虫害等系；商科有：普通商业、会计、工商管理、银行理财、国际贸易、保险、交通运输等系。7月，本校孙洪芬、胡先骕、秉志、陈祯、卢晋候、邹秉文、陈鹤琴、谢家声、戴芳澜、邹树文等教授倡议办大学研究院。暑期 应西北农垦督办冯玉祥之请，本校"绥远农垦调查团"前往调查。8月1日，本校修正《组织大纲》，计7章46条。11月18日，本校修正通过《研究院简章》。（参见南京大学高教研究所编《南京大学大事记1902—1988》，南京大学出版社1989年版）

胡先骕10月出席在日本东京召开的第三届太平洋会议（The Fourth Pacific Sciences Congress）。是年，胡先骕与孙洪芬等22人在东南大学联名提出《创办大学研究院案》。11月18日，该校教授会通过《研究院简章》，决定设立研究院。（参见胡宗刚《胡先骕先生年谱长编》，江西教育出版社2007年版）

梁实秋2月15日在纽约完成《现代中国文学之浪漫的趋势》的长文，寄回北京，连载于3月25、27、29、31日《晨报副镌》第1369、1370、1371、1372号，文中批评白话新文学，其结论是："现今中国文学是趋向于浪漫主义。"梁文明显受白璧德人文主义思想的影响，文学观念与《学衡》接近。7月，乘麦金莱总统号轮船由沪返国。经梅光迪介绍，往南京拜谒胡先骕，获东南大学教职聘书。同时在暨南大学兼课。（参见万直纯《梁实秋年谱》，《阜阳阜阳教育学院学报》1994年第3、4期）

吴梅仍在东南大学任教。春，潜社习词，共集四次。所撰《元剧略说》刊于《东南论衡》第1卷第11—13期。6月，所撰《说作曲子法》刊于《东南论衡》第1卷第16期。夏，为任中敏作《四家之曲汇刻·序》。秋，作《潜社词刊·序》。10月，所著《中国戏曲概论》由上海大东书局出版。是年，指点卢前作《饮虹五种》。又有《词学通论》拟作于是年。（参见《吴梅全集·日记卷上》附录《吴梅年谱》，河北教育出版社2002年）

陈鹤琴继续任东南大学教务部主任兼教授。在鼓楼幼稚园主持实验幼稚园的课程、故事、读法、设备和幼稚生应有的习惯和技能等,以实验成果供全国参考。与张宗麟合写《一年来南京鼓楼幼稚园试验概要》一文,由《新教育评论》发表。夏,主办东南大学幼稚师范讲习所,并去安徽省教育厅主办的暑期学校讲课。讲稿《幼稚教育》全面论述幼稚教育的意义、目标、原则、实施及其历史。与陶行知、王伯秋一同发动群众"平鼓楼",共同参加劳动平坡,方便人力车夫和行人。是年,在《教育杂志》发表《未达学龄的儿童之研究》《一个儿童的人形画之研究》等文。(参见陈鹤琴《陈鹤琴全集》附录《陈鹤琴生平年表》,江苏教育出版社2008年版)

陈中凡1月仍在苏州东吴大学兼课。当时教育部长易培基曾电邀陈中凡出任江苏省教育厅长,未就。2月,应聘任金陵大学国学系教授兼系主任。为补充办学经费事,与本系同仁胡光炜、叶长青、束世徵等联名致函胡适,呼吁从"庚子赔款"之退款中秉公接济金大。6月,新居告成。陈衍特为寄诗落之;又别赠长诗一首。其中有"子今研究遍四部,考订著作双沈酣""诗史经传本同物,吾道北矣子其堪"等语,勖勉有加。是年,接杨树达信,曾赠《古书疑义举例续补》一册。又欲觅曾朴著《后汉书艺文志考证》一书,请设法一询。(参见姚柯夫编著《陈中凡年谱》,书目文献出版社1989年版)

胡小石仍在金陵大学任教,兼东南大学教授。为补充办学经费一事,与本系陈中凡、叶长青、束世澂等联名致函胡适,呼吁从"庚子赔款"的退款中秉公接济金陵大学。论文《〈远游〉疏证》刊于金陵大学学报《金陵光》。(参见胡小石《胡小石文史论丛》附录《胡小石先生年表》,南京大学出版社2008年版)

唐文治1月出席无锡国学专修馆补行第二班插班生毕业礼,共毕业学生何葆恩、施秉均、黄谟泰、黄谟沁、童咏南、严云鹤等6人。4月,《高子别集》(《高忠宪公别集》)刊刻完竣,唐文治作序。5月,为庆祝交通大学成立30周年,张元济、虞和德、王清穆、陆梦熊、唐文治、王宠惠、叶恭绰、福开森、蔡元培、黄炎培、章宗元等11人发起《南洋大学三十周年纪念工业馆募捐启》,拟募捐5万元建筑工业馆一座。6月23日,锡匡村中学成立校董会,并在国学专修馆召开校董会成立会,唐文治、袁观澜、钱孙卿、顾述之、殷芝龄、蒋仲怀、顾彬生、杨翰西、孙鹤卿、陈献可、袁蔽臣名列校董,公推唐文治为会议主席。

唐文治所著《茹经堂文集》初编7月刊成,由南洋毕业生金绍基刊刻,曹元弼、李颂韩、金绍基、陈柱分别作序。10月9日至11日交通大学举行30周年校庆活动。在首日纪念大会上,校长凌鸿勋宣布将大礼堂改名为"文治堂",以纪念唐文治对学校发展的贡献。唐文治委托其子唐庆诒参加,并作演讲。其间,《南洋大学三十周年纪念征文集》问世,唐文治和凌鸿勋分别作序。12月20、21日下午和22日上午,无锡国学专修馆分三次举行第三届毕业生论文演讲活动,讲题有《清代江浙诗派概说》《黄元同先生学术概论》《孔子、墨子、庄子三家大同学说之两大问题》等十余节。12月22日下午,无锡国学专修馆举行第三班第三届学生毕业礼,毕业生计丁儒珍、王志熊、王士培、王承堪、印文灿、安锺祥、李耀春、吴鸿璋、周岐、周渭泉、金凤鸣、易羲、芮良珍、胡述尧、夏敷章、孙学静、张寿贤、张文郁、张述明、陈千钧、陈起绍、徐玉成、徐舆、倪殿扬、倪可均、庄锡元、黄文中、黄雨蹯、赵履坦、刘作邦、钱尊孙(仲联)、谢宗元、庞天爵等33人。唐文治曾将本届学生中的钱萼孙(仲联),与第一届学生王蘧常、第二届学生蒋天枢(一说是唐文治执掌上海工业专门学校校政时的学生陈柱)称为唐门弟子中的"三鼎甲"。是年,为家藏明刻铜版顾炎武《音论》作跋;所撰《守玄阁诗学叙》

刊于《国学专刊》第3期。(参见陆阳《唐文治年谱》,上海三联书店2013年版)

钱穆仍继续在无锡第三师范任教。秋,随班递升教四年级国文,讲"国学概论",始编《国学概论》一书。所著《孟子要略》由上海大华书局出版。是年,撰《编纂中等学校国文科公用教本之意见》等论文二篇。(参见韩复智编著《钱穆先生学术年谱》,中央编译出版社2012年版)

郭廷以毕业于东南大学历史系,获文学士学位;在校曾受业于柳诒徵、徐养秋等教授。

陈恭禄金陵大学毕业,获文学学士学位。

按:陈恭禄在读书期间,撰写《日本全史》《印度通史大纲》。这两本书填补了当时高等教育教学参考书的空白。

沙学浚考入金陵大学,后转入中央大学教育学系,兼修地理学,受业于张其昀。

陆俨少考入江苏无锡专科学校。

钱伟长8月入无锡国学专修馆就读。学习不到一年,即随父亲钱挚转入无锡县立初中就读。(参见陆阳《唐文治年谱》,上海三联书店2013年版)

吴作人考入苏州工业专科学校建筑系。

陈国符考入江苏省江阴县南菁中学。

欧阳竟无3月在南京内院第14次研究会上作《今日此方应用律》和《研学方法》的演讲。11月,内院接待了日本佛教考察团的来访。12月,成立树因研究室,以研究外文佛典为己任。(参见徐清祥《欧阳竟无评传》及附录一《欧阳渐学术行年简表》,百花洲文艺出版社2010年版;徐清祥编《欧阳竟无先生学术年表》,载欧阳竟无《欧阳竟无内外学》,商务印书馆2017年版)

慈舟赴江苏苏州灵岩寺静修。

张伯苓2月12日除夕赴严宅,与严修久谈。25日,与孟禄夫妇、黄炎培乘车赴北京。26日,在北京饭店举行中华教育文化基金董事会第一次常会,通过分配款项的补充原则,张伯苓当选副董事长。同月,应山东烟台中华基督教邀请,到烟台作《教育救国》讲演,3天内演讲10次。3月2日,张伯苓邀请孟禄博士到南开大学演讲《大学之责任》。假南开中学招餐孟禄夫妇、黄炎培等人。16日,参加私立大学校长、北京国立大学校长及北京国立九校教职员代表在欧美同学会召开的联席会议,讨论英国处理庚款问题。同月,接待湖南明德学校及汉口明德大学校长来校参观。4月15日,请美国布林茅尔学院(Bryn Mawr College)施太太(Mrs. F. Houls Slale)演讲。16日,召开文、理、商及矿科主任会议,讨论下期预科课程问题。28日,委托范文澜、朱瑶圃等4名教师负责审查南开中学高级国文教本,并由他们负责选编教材。同月,将反映南开发展成就的资料和照片寄送美国费城博览会,总题为《三十年来之中国——南开学校发达史》。6月13日,学校董事会召开例会,李伯芝、范源濂、李琴湘、卞傲成出席,张伯苓列席。19日,国民政府批准筹备中山大学委员会名单(40人)和筹备中山大学委员会特聘委员会名单(30人),张伯苓为特聘委员。22日,南开大学第四次毕业典礼在大学秀山堂举行,张伯苓讲话,来宾及毕业生代表致辞,严修等颁发毕业证书。24日,在北京参加中华教育文化基金董事会会议。

张伯苓7月中旬会见新聘来南开大学任教的美国耶鲁大学博士何廉,并同赴严宅引见严修。同月23日,为南开大学汤用彤、唐伯源二教授调查天津工商业事,函托天津商会夏琴西协助。8月10日,召集大学、中学两部教职员开会研究建立社会调查委员会事宜。同日,为请天津总商会协助南开大学汤用彤教授暑假进行工商业调查事,致函夏琴西速颁调查介绍书。9月中旬,函恳天津警察厅查封南开学校左近贩售诲淫导邪之书的卖书铺,并称青年学子，血气未定，情窦初开，一经引诱，受害甚大。22日，范源濂致函顾临，告诉张伯苓当选中华基金会执行委员会委员。26日，张伯苓与严修商量学校筹款事宜。同月，聘竺可桢教授来南开大学任教。10月15日，陶行知来校，张伯苓派张彭春引导参观。16日，陶行知写信给张伯苓"劝南开大学开办小学"。17日，在南开学校22周年纪念会上致开会辞，宣扬"咱南开二十二年的历史，就是奋斗与进步的结果"。继由任鸿隽演讲，又次为毕业生代表高仁山、查良钊演讲及在校学生代表演讲。同日，南开女中举行新校舍落成庆祝典礼，张伯苓、严修、黎元洪、靳云鹏等出席，各国驻天津领事与会。黎元洪演讲直言，"对其四子女在南开道德学问之优良甚为满意"。华南圭的夫人华露存用英语演讲《对中国女子教育的希望》，并约请陈衡哲女士来校讲演《女子新使命》。11月11日，《梁启超致江翊云书》记，范源濂、张伯苓、周寄梅、戴志骞、任鸿隽为北京图书馆（即北海新馆）委员。20日，欢迎张学良在南开学校东三省同乡会发表《东三省非吾家私产》演讲，并陪同参加南开大学、中学、女中三部联欢会。晚，主持张学良在青年会特别智育讲演会，致欢迎词。26日，张伯苓以南开大学校长名义为《中学教育实验性研究》课题向中华教育文化基金董事会申请经费资助。

按：这是由张伯苓和南开大学教授黄钰生指导的关于中学教育的科学研究，旨在通过系统地访问和调查自然及社会情况，探讨"如何使中国学生产生用科学的方法和科学的观念看待生活的动力和热情""试图解决一个中国理科教育中关键的问题"。该项目除有计划地开展自然和社会实践调查外，还包括英语教学的教材和教法的研究，以及一个合作性的教师培训计划，并在此基础上以期建立中学教育研究所。张伯苓在申请报告最后提出，南开是开展这项研究工作"最佳的地方"，并且强调该项目提出的"是一个通过创新的方式尝试解决中国巨大社会转型中某一阶段的问题"。

张伯苓11月27日主持天津学术讲演会举行成立会，张彭春被聘请为顾问。29日，天津日文《京津日日新闻》及日文《天津日报》刊载天津戒严司令部派侦探到南开检查学校是否有共产党的报道。张伯苓即函两报申明"贵报登载失实，望即为更正，以明真相"。同月，与梁启超、熊希龄、颜惠庆、王宠惠、顾维钧、胡适等会见美国斯坦福大学校长威尔伯博士（Ray Lyman Wilbur），同游北京名胜。12月4日，美国斯坦福大学校长威尔伯博士参观南开大学，并就中国科学教育问题与张伯苓座谈，黎元洪、靳云鹏、张彭春与会。10日，赴北京出席中华教育文化基金董事会会议。11日，拜访颜惠庆，谈南开大学募集基金事。19日，学校董事会召开例会，范源濂、孙子文、严慈约、卞傲成出席，张伯苓列席。张伯苓报告学校民国十四年度决算概况。26日，张伯苓主持《大公报》社胡政之在南开大学"天津学术讲演会"作《新闻事业》演讲。27日，张伯苓致函北京中国银行马寅初，请其于本星期三南下过津之际，莅南开大学演讲赐教。是年，张伯苓与胡适、梅贻琦、杜威等人共同发起成立华美协进社。其宗旨为促进中美文化交流，资金由美国联邦政府教育部门与基金会资助。（参见龚克主编《张伯苓全集》第十卷附编《张伯苓年谱》，南开大学出版社2015年版）

章士钊1月2日在《甲寅》周刊第1卷第25号发表《书郭松龄》《说林》《赵伯先事略》《对吴祖沅〈论武力统一〉一文的按语》《章氏墨学》《易学——答梁家义》《偶阅——答张效敏》7篇文章。9日，在《甲寅》第1卷第26号发表《论难》《逻辑》《揣篰绿》《前上——答钱基博》《教育——答唐大圆》《对特载〈圣贤与英雄异同论〉一文的按语》等文。16日，在《甲寅》第1卷第27号发表《释言》《原用》《再答吴稚晖先生》《章氏墨学》《批评——答梁家义》《囊在——答石克士》《不佞——答重世》《囊者——答郑琬》等文。同日，上海澄衷学校《智识月刊》发表曹慕管的评章士钊教育政策的文章。30日，在《甲寅》第1卷第29号方能《原用》

《章氏墨学》《揣籥绿》《孤桐杂记》《时评》等。2月27日，在《甲寅》第1卷第31号发表《章氏墨学》《孤桐杂记》。同月，经过段祺瑞的一再邀请，章士钊又出任段执政府的秘书长。又大谈"整顿学风"。3月18日，发生"三一八"惨案。北京女子师范大学学生自治会职员刘和珍在遭受枪击后被执政府卫兵用木棍捶打致死。"三一八"惨案后，舆论大都认为章士钊是其罪魁之一。19日，为段祺瑞起草通缉令，通缉徐谦、李大钊、易培基、顾兆熊等，妄图将惨案罪责嫁祸于人。同日，陈独秀就"三一八"惨案，给章士钊写了一封信，说"我们从小一道革命，你现在怎么这样的糊涂了，我和你绝交"。

　　章士钊3月20日看到《世界晚报》消息后，认为这是《世界晚报》的蓄意报复，怒不可遏，就在各大报刊上登"启事"，指责《世界晚报》凭空捏造，意存煽动，有干法律，将提起诉讼。于是《世界晚报》遂登长文进行反击。27日，在《甲寅》第1卷第35号时评栏发表《曳白记》，说其本拟撰写《狮门喋血记》，对"三一八"惨案有所论列，被朋友喝止，故不得不曳白。4月，段执政府在几派军阀互斗中垮台后，章士钊出走天津，继续在日租界出版《甲寅》周刊。7月11日，撰《马学微》一文，宣传马克思和马克思的剩余价值学说。18日，因国民军败，邵振青（飘萍）与574人同死于奉军之手，章士钊撰《书邵振青》一文。同月，《甲寅》暂时停刊，为《国闻周报》撰稿。8月1日，在《国闻周报》第3卷第29期发表《政治心解》一文，用心理分析法探讨了当时中国人的政治心理。15日，在《国闻周报》第3卷第31期发表《与章太炎书》。22日，北京女师大学生举行毁校周年纪念会，出版《章士钊毁校周年特刊》。同日，章士钊撰《论南京倡投壶礼事》，刊于《国闻周报》第3卷第32期。29日，章士钊撰《论影印四库全书不成事》，刊于《国闻周报》第3卷第33期。（参见袁景华编《章士钊先生年谱》，吉林人民出版社2001年版）

　　汤用彤受聘转任南开大学文科哲学系教授、系主任。5月29日，撰《佛典举要》发表于《南大周刊》2周年纪念号。此为汤用彤所发表的现存他涉及中国佛教史领域的最早文章，初步总结了他研读佛典20多年来的积淀和思考，也是首次向世人提供的一份研究中印佛教史的必读书目和最佳入门途径。文中所列书目择取审慎，独具匠心，其解说简明扼要，注重印度佛教与中国佛教的联系，显示出汤用彤由疏理印度佛教史转向中国佛教史的治学思路。冬，汤用彤在南开大学完稿讲义《中国佛教史略》，其中前半部分就是其在中国佛教史方面划时代的传世名著《汉魏两晋南北朝佛教史》的初稿。是年，熊十力《唯识学概论》讲义第二稿付梓，始自立新说，"借鉴易之变易与不易来讲佛学的体用关系"。熊十力把该讲义赠送汤用彤。（参见汤一介、赵建勇编《中国近代思想家文库·汤用彤卷》及附录《汤用彤年谱简编》，中国人民大学出版社2015年版）

　　张彭春任南开中学主任、南开大学教授。

　　顾随执教于天津女子师范学院。

　　张季鸾与吴鼎昌、胡政之9月1日合组新记公司，接办天津《大公报》，吴鼎昌任社长，胡政之任经理兼副总编辑，张季鸾任总编辑兼副经理。

　　董显光出资筹备，王缕冰任经理，邵光典任总编辑的《庸报》6月25日在天津创刊。

　　王芸生1月创办《民力报》于天津，3月被迫停刊。

　　徐谟任天津《益世报》总编辑。

　　胡霖任天津《大公报》总经理兼副总编辑。

　　马叙伦夏秋间离京赴杭，策动浙江省长夏超反正。动员许宝驹、王昆仑脱离西山会议派。8月,复函上海全浙公会,同意担任名誉会董。14日,顾颉刚、陈乃乾来访。18日,顾颉刚再次相访未遇。23日,参加上海职工生计研究会工人家庭调查特别委员会。9月,马叙伦代表浙江省长夏超赴广州,与张人杰(静江)接洽。10月16日,夏超宣布就任国民革命军第十八军军长兼浙江省民政长,荐马叙伦等13人为政务委员。23日,夏超兵败遇害。27日,孙传芳部进入杭州,马叙伦、许宝驹、黄人望等7名与夏案策划有关者受通缉。马叙伦辗转到沪,要求广东方面驻沪代表钮永健援浙。25日,余绍宋日记透露马叙伦曾过目李慈铭身后越缦堂藏书。(参见卢礼阳《马叙伦年谱》,浙江古籍出版社2021年版)

朱谦之《谦之文存》4月由泰东书局出版,9月,《历史哲学》由泰东书局出版。此书详细介绍了西方历史哲学的研究方法和成就。作者受新生机主义者杜里舒、柏格森、麦独孤、鲍尔文的影响,又借重孔德、克鲁泡特金等人,提出"生命史观",又称"生机主义史观"。即采用生物学的方法,主要是西方生物学中的"新生机主义",借助孔德的实证哲学,将生物学和社会科学相结合。是年,朱谦之又有《一个唯情论者的宇宙观及人生观》和《大同共产主义》由泰东书局出版。朱谦之在《大同共产主义》中把大同主义的实现寄托于当时的国民革命。(参见黄夏年编《中国近代思想家文库·朱谦之卷》及附录《朱谦之年谱简编》,中国人民大学出版社2015年版;王学典《20世纪史学编年(1900—1949)》,商务印书馆2014年版)

胡仁源3月接替茅以升担任唐山交通大学校长。

任贾德耀内阁教育总长。旋任浙江大学工学院教授。

常书鸿为浙江大学工业学院美术教员。

徐懋庸在中共领导的浙江上虞县国民党党部任宣传干事,编辑《南针报》。

蒋伯潜参与策动浙江省省长夏超起义,响应国民革命军。

李叔同自温州至杭州,居招贤寺,从事《华严疏钞》之厘会、修补与校点。夏丏尊、丰子恺曾自沪至杭专程拜访。夏初,与弘伞法师同赴庐山,参加金光明法会。

洪巢林为蔡元培之南洋公学弟子,是年向马一浮请教诗道和佛法。

李达所著《现代社会学》6月由湖南现代丛书社出版,此为"中国人自己写的最早的一部联系中国革命实际系统论述唯物史观的专著"。冬,李达应邓演达(时任国民革命军总司令部政治部主任)之邀,由长沙到武汉,任中央军事政治学校政治教官,并兼任国民革命军总政治部编审委员会主席。(参见宋俭、宋景明编《中国近代思想家文库·李达卷》附录《李达年谱简编》,中国人民大学出版社2015年版)

按:王学典《20世纪史学编年(1900—1949)》(商务印书馆2014年版)曰:《现代社会学》填补了中国马克思主义史学在草创阶段的一些重大理论空白。与先前问世的蔡和森《社会进化史》以及瞿秋白《现代社会学》和《社会科学概论》等书相比,该书不论是研究问题的深度、广度,还是在阐述问题的准确性方面,均有明显提升。该书对历史发展的动力、历史发展的规律、阶级斗争与社会历史发展的关系以及个人在历史上的作用等一系列问题都有研究。不过,有研究者指出,李达书中所阐述的社会进化之原理,基本上是按照马克思《政治经济学批判·序言》中关于唯物史观的表述译过来的,李达对于这一原理的中国化表述,为马克思主义史学家提供了认识历史的方法论。尽管该书不是一本严格意义上的史学著作,但它对一些重大历史问题的理论研究,为后来郭沫若、吕振羽等运用唯物史观具体而微地研究中国社会史,提供了启示。吕振羽说:"李达老师是我国有系统地传播唯物史观的第一人,他的《现代社会学》一书是中国人自己写的最早的一部联系中国革命实际系统论述唯物史观的专著。这部著作在当时影响之大,凡是亲身经历过那些岁月的老同志一定不会忘却的。"尹达说:"二十年代前期讲唯物史观社会发展史最著名的是李达的《现代社会学》和蔡和森的《社会进化史》,循此,人们也找到了寻求中国社会进化法则的通道。"

胡风是夏离开北京大学。9月,转入清华大学英文系二年级,但对英文和英、美文学并不感兴趣。参加了清华的党团员会议。11月,回本县参加大革命。当时的国民党湖北省党部由亲共的左派及共产党员董必武、邓初民、李汉俊等组成,而蕲春县党部由省党部直接领导。胡风任县党部常委兼宣传部长。参加对地方反动势力的斗争,与詹大星一起,代表县党部要求县长逮捕土豪劣绅、商会会长余肇周。代表本县参加省党部的代表会议,认识了董必武及邓初民等人。任妇女协会"顾问",帮助她们进行反封建、争妇女解放的宣传。(参见晓风《胡风年表简编》,《新文学史料》1986年第4期)

罗章龙主编《群众》10月在武汉创刊,陈潭秋、林育南、李立三等编撰。

谢冠生任武汉国民政府外交部秘书,一度代理部务,参与主持收回汉口、九江租界。

苏新甫为经理的长江书店11月在武汉设立,是中共出版发行机构。

邓初民任湖北省临时政务委员会委员,任慰问江西军民代表团团长。

潘漠华离开北京,赴武汉参加北伐军。

李之龙任武汉中央人民俱乐部主任、《血花日报》社长。

潘宜之任《中央日报》社社长。

陈启修主持武汉《中央日报》笔政。

黄士衡兼任湖南大学校长。

徐复观入湖北省国学馆。

谢冰莹考入武汉中央军事政治学校(黄埔军校前身)。

徐特立1月10日参加省三民主义学会成立大会,与谢觉哉等10余人当选为理事会员。22日,参加长沙县教育会改选筹备会,被选为干事,熊瑾巧为驻会评议员。4月24日,在国民党省党部召开的长沙讨伐吴佩孚市民大会上演讲,号召社会各界积极参加讨伐叶开鑫战争。中旬,第6次向教育司提出辞职,仍未获批准。同月至9月,多次参加长沙女子师范学生会讨论,呼吁社会各界支持长沙女师,并派代表郑杰、殷毅、黄厚纯、易克琛4人先后向县议会、教育会、劝学所请愿,请求收归县办。5月中旬,第一女师因学生膳费无着断炊,校务被迫停顿。19日,召集第一女师全体教职员开会讨论,决定本星期内,恢复上课。6月16日,以"兼职误事"为由,再向教育司提出解职。7月16日,徐特立参加在省教育会坪举行的湖南人民欢迎国民革命军大会,与仇亦山、刘伯伦、廖锡瑞、易礼容等轮流演讲。7月27日,教育厅厅长周鳌山为整顿教育、改革教材,聘请教育界富有专门学识或经验的徐特立、陈润霖等23人组成湖南教育行政会议临时委员会。30日,受湖南省教育厅聘请,与陈润霖、黄士衡、王季范、夏曦等20名教育界名流和教育厅3位科长,组成湖南省教育行政委员会。

徐特立7月30日至8月27日出席教育行政委员会开会10余次,先后议决了大学组织、教育局条例及学校新旧经费解决办法。在此期间,多次主持会议,并上书省教育厅,反对将6所师范学校改为政治学校,获得批准。8月2日,被教育厅厅长周鳌山委任为省立第一女子师范学校校长,但教育经费仍无法及时到位。10月3日,湖南省立第一女子师范因政府积欠薪资达12个月之多,经费无着,全体教职员生活陷入绝境,开会并决定全体退聘辞职,次日全校停课。4日,带领省立第一女子师范学校学生向教育厅请愿,要求速发经费以资维持。同日晚,召集教职员会议,拟设法加息借债以图继续维持。7日,与朱剑凡、张坦然等一道出席省学联第二届代表大会并发表讲话。12月25日,与李维汉、朱剑凡、周以栗、夏曦一同出席反文化侵略大同盟召开的集会并演讲。中旬,在长沙望麓园与回湖南考察农民运动的毛泽东会面,根据毛泽东的意见,决定回五美乡调查农民运动的情况。同月,为省农协教育部制定《农民教育计划大纲》。年底,被选为国民党长沙市党部执行委员。(参见《徐特立年谱》编纂委员会编《徐特立年谱》,人民出版社2017年版)

杨东莼居于长沙。春,湖南省总工会成立,会址设在大东茅巷。应郭亮(中国工人运动的领袖)的邀请,在全省第一次工人代表大会期间,制定通过了《湖南全省总工会章程》和工会组织大纲,依据《湖南全省总工会章程》规定,执行委员会下设文书、组织、财务、宣传、教育、交际、游艺等部。在第一次执行委员会上,杨东莼被聘请为湖南总工会宣传部部长。冬,湖南省总工会创办《工人日报》,杨东莼任报社社长。(参见周洪宇等著《杨东莼大传》及附录《杨东莼生平年表》,华中师范大学出版社2014年版)

周谷城投身湖南农民运动,发表《论租谷》《农村社会新论》等文章。

潘汉年、杨贤江历任主编的《革命军日报》8月在湖南衡阳创刊。

张澜4月6日正式就任成都大学校长,乃广延名师出任教职,陆续聘任向楚、刘咸炘、余苍一、林思进、吴虞、李植、赵少城、吴君毅、李劼人、杨伯恺、尹伯端、吴芳吉、刘绍禹、何鲁之、廖学章等著名人士来校任教。张澜掌校期间,成大教师共有142人,其中教授、副教授83人,在当时教育部立案的21所国立大学中,名列第七。(参见王承军《蒙文通先生年谱长编》,中华书局2012年版)

吴虞接陆丹林2月3日来信,言吴虞之《发刊词》已发表于《道路月刊》。4月10日,成大校长张澜送来国立成都大学、师范大学聘书。26日,余啸风来,言徐炯开紧急会议,反对吴虞任教育事。29日,吴虞草《告满清举人徐炯》文一篇,并交余啸风,请代印1000张。5月5日,成都《四川日报》《国民公报》《新川报》《西陲日报》均将《告满清举人徐炯》文刊出。7日,徐炯见事僵,托周凤池调和,张澜表示愿徐、吴双方停止攻击。7月24日,张澜送来成大教授聘书。10月9日,黎纯一创办中法大学成都学院,与孙少荆来聘吴虞,请每周任文学史2小时。11日,黎纯一送来聘书。19日,开始在中法大学成都学院上课。11月29日,作《论少正卯》文。(参见朱玉、孙文周《吴虞年谱简编》,《吴虞诗词研究与整理》附录一,河南文艺出版社2016年版)

卢作孚3月在合川成立民生公司事务所,任经理。6月10日,民生实业股份有限公司在重庆成立,公司宗旨是"服务社会,便利人群,开发产业,富强国家",卢作孚任总经理,陈伯遵、黄云龙为协理。6—7月,卢作孚前往宜昌,接民生轮回渝。7月23日,率民生轮驶抵合川。11月,刘湘成立军事政治研究所,大规模调训中下级干部,卢作孚、刘航琛任政治教官。(参见王果编《中国近代思想家文库·卢作孚卷》及附录《卢作孚简编》,中国人民大学出版社2015年版)

蒙文通是年夏由渝返蓉,任教于成都佛学院。回成都不久,曾拜访罗江叶秉诚。(参见王承军《蒙文通先生年谱长编》,中华书局2012年版)

李劼人被聘为公立成都大学教授,后又被聘为文科主任兼预科主任。兼任成都《民力日报》副刊编辑。小说《编辑室的风波》发表于该年6月28日《文学周刊》。

阳翰笙5月14日参加四川革命同志会成立大会并被选为监察委员。

杜钢百毕业于清华大学国学院,曾任四川图书馆馆长。

游国恩以优异成绩毕业于北京大学,旋即回到故乡,任江西临川中学国文教员。

傅抱石毕业于江西省立第一师范艺术科,并留校任教。

范烟桥去山东济南助编《新鲁日报》副刊《新语》。

王统照辞职,迁居青岛从事创作活动。

缪钺任保定私立培德中学国文教员,兼保定私立志存中学国文教员。7月1日,长子缪慈明生。11月,缪钺在《学衡》第59期发表《与学衡编者书》,批评新旧两派各走极端。

按:《与学衡编者书》曰:"神州厄运,百事殂落。文化沈黯,尤为大忧。即以文学论,哲人之长,清澄细腻,毫分厘析,抉择入微,婉达衷情,曲肖物状,如水银泻地,无孔不入,如游丝袅空,缠绵无绝。而评衡之作,尤多善言。此固学人所同感。吾宗邦近虽不竞,然以数千年之蕴积,其璀璨之光,要自有不能掩没者。譬如梨柚异味,而同悦于口;施嫱殊色,而同美于魂。不可以国势强弱横生轩轾也。故居今之世,尊人尊己,举无一当。惟有镜照衡权,撷长弃短,镕冶为崭然之真新文学,兼蓄新质,而能存故美,庶几得之。自三五巨子,以肤受末学,投国人嗜奇趋易之心,登高一呼,得名而去,使后生嚣然狂走不已,其弊既为识者所洞鉴矣。而鸿生硕彦,湛溺旧闻,墨守故矩,傲然自尊,于西人之作,一切闭拒,以为绝不可相谋,斯亦未为得也。荀卿有言:'万物异则莫不相为蔽。'今哗众取宠之士,既蔽于今,蔽于浅矣,而老师宿儒,抱残守缺,又不免蔽于古,蔽于博。闳达不出,孰通其邮,此千钧之责,惟冀诸君子负之。而华夏文运,亦将于斯卜盛衰焉。然则钺之所以景慕高明者,又岂独声应气求之感而已哉。"(参见缪元朗《缪钺先生生平编年(1904年—1978年)》,载《魏晋南北朝史论文集》,四川巴蜀书社2006年版)

冯玉祥3月20日为亲自了解苏联的情况由平地泉出发,借访问德国的名义去苏联访问。23日到库伦时,鲍罗廷、徐谦、顾孟余等人与冯玉祥谈中国的前途,希望他加入国民党,接受其主义与政策,联合一致,共计革命的成功。5月9日,冯玉祥到达莫斯科,莫斯科中山大学学生到车站欢迎冯玉祥。冯玉祥到莫斯科后颇有感触。10日,冯玉祥决心加入国民党。为国民党一党员,以努力致力于中国国民革命。5月中旬,蔡和森在欧罗巴旅馆,向冯玉祥及其随行人员作了整整3天的报告,详尽而精辟地阐述了中国共产党的政治主张和实现国民革命的伟大意义,对他们提出的问题给予耐心的回答。冯玉祥由此在思想上发生了很大变化,表示回国后要参加国民革命,对蔡和森的知识渊博也很是敬佩。

按:蔡和森还多次向冯玉祥讲解马克思主义的理论,阐述了列宁是怎样运用马克思主义指导俄国革命,并在革命的实践中进一步发挥和丰富了马克思主义。蔡和森还派中山大学中共负责人朱务善和周达人,每周用两个下午,去察里村冯氏住处给他讲解中国革命的问题。5月17日,受蔡和森和党组织的派遣,刘伯坚、曾涌泉、武胡景等人以《前进报》记者身份,到冯玉祥的住处去拜访冯玉祥,并赠送了一套《前进报》。他们同冯玉祥畅谈了国际国内形势,对国内政局的发展也进行了精辟的分析,并进一步指出如何才能彻底解放工农劳苦大众,建立一个富强的新中国。于是,冯玉祥要求蔡和森、刘伯坚、朱务善、周达文等共产党人为他讲课。蔡和森对冯玉祥的宣传工作,加深了他对中国革命和世界革命的理解,加强了同中国共产党合作的信念,坚定了继续参加国民革命的决心。蔡和森及时将这一情况通报李大钊,说冯玉祥"在此进步甚大,颇可乐观"。

冯玉祥8月17日离开莫斯科回国时,请求蔡和森一同回国,帮助他做思想政治工作。蔡和森因共产国际的工作暂不能回国,冯玉祥于是向共产国际提出要求派刘伯坚和他一道回国去主持政治部的工作,获得共产国际同意。刘伯坚遂与冯玉祥以及苏联顾问等一起回国。9月17日,冯玉祥在绥远五原县宜普就任革命军总联军司令,改西北国民军为国民联军,全部加入国民党,正式接受国共合作的纲领和三大政策,史称"五原誓师"。18日,冯玉祥发表回国宣言,表示与革命同志共同担负推翻帝国压迫、实行国民革命的重要使命。陈独秀在《向导》第117期发表《对于国民军再起的希望》,称赞"这个宣言是中国革命史上重要的文件之一,由这个宣言所产生效果,将来非常之大",又说"今日的冯玉祥,我们不能当作从前的冯玉祥看待了"。(参见李永春编著《蔡和森年谱》,湘潭大学出版社2008年版)

于右任1月当选为国民党中央执行委员。3月,刘镇华围西安城。5月,日本帝国主义在上海制造"五卅"惨案后又强占上海大学。6 月 6 日,于右任回到上海,在《民族日报》发表文章,痛斥日帝暴行。7 月,为了配合北伐,争取国民军,中共北方区委领导人李大钊派于右任、马文彦赴苏联,敦促冯玉祥回国,并为冯玉祥制订了"进军西北、解围西安、出兵潼关、策应北伐"的战略。同月 21 日,于右任抵达莫斯科,入驻莫斯科中国领事馆。蔡和森等人常去交谈,共同争取冯玉祥参加国民革命。下旬,蔡和森支持与帮助国民党代表于右任与冯玉祥在莫斯科秘密会谈,并很快达到协议。冯玉祥接受中共和李大钊提出的意见,并决心 8 月下旬启程回国。8 月 10 日,于右任从莫斯科启程回国。9 月 17 日,于右任与冯玉祥率部在五原誓师,担任国民联军副总司令,率军入陕。11 月下旬,解西安围,于右任任国民联军驻陕总部总司令。共产党人刘伯坚、邓希贤(邓小平)、魏野畴、史可轩、刘志丹等人均在其部工作,创"红城西安"一段历史。(参见李永春编著《蔡和森年谱》,湘潭大学出版社 2008 年版)

楚图南是年春由杜继曾介绍,李大钊批准,由中国社会主义青年团团员转为中国共产党正式党员。又经北京高师同学王奠安推荐,先在哈尔滨特区一中,后到三中、省六中、特区女中等校任国文、史地教员,并给学生介绍进步作家的作品。4 月,楚图南参加中共哈尔滨特别支部扩大会,会议决定将特别支部改组为中共北满地方委员会。6 月,楚图南到吉林市毓文中学兼课,遂之还到省立五中、一师等校任课。8 月,在《国语报》第 18 期发表《国语运动与"人"的运动》。10 月,在《哈尔滨日报》社参加吴丽石召集的文教界共产党员晚餐会。由于中共地下党组织领导的《哈尔滨日报》社和滨江大戏院被查封,吴丽石派楚图南到北京向李大钊请示汇报,李大钊指示,被查封的报社和戏院不再恢复,要注意隐蔽,善于运用策略,不要暴露身份。(参见麻星甫编著《楚图南年谱》,群言出版社 2008 年版)

高亨从清华大学研究院毕业后开始任教。初任吉林省立法政专门学校教授兼第一师范学校教员。

穆绍武为社长的《哈尔滨日报》6 月 8 日创刊。

刘瀚在哈尔滨筹办广播电台,10 月开播,是为中国自办的第一座无线电台。

能海法师与大勇法师在康定依止降巴格格[西]学习藏文、《比丘戒》《菩萨戒》等,并经灌顶,受度母等密法,随后加入留藏学法团。

胡适 7 月 17 日离京赴英国参加庚款咨询委员会的会议。在李大钊建议下,取道莫斯科赴欧。26 日,在到达莫斯科前三天,于西伯利亚旅途中写信给江冬秀,为了消解他们夫妇间临别时因江冬秀反对胡适帮助徐志摩与陆小曼结合引起的不愉快的争执。29 日,到莫斯科进行考察,停留 3 天。31 日,在于右任住所与蔡和森相遇并展开论辩。其间,胡适通过参观访问以及同苏联人士谈过话,了解到一些具体的情况。新俄国的革命和建设的热情、干劲和雄心,给他留下了深刻印象。他在给国内朋友的信中谈了对苏联良好的观感,对苏联的教育尤为赞佩。

　　按:胡适在给张慰慈的信中说:"他们的理想也许有我们爱自由的人不能完全赞同的,但他们的意志的专笃却是我们不能不十分顶礼佩服的。……他们有理想,有计划,有绝对的信心,只此三项已足使我们愧死。"胡适对苏联的教育,尤为赞佩,说"苏俄虽是狄克推多,但他们却真是用力办新教育,努力想造成一个社会主义的新时代。""我看苏俄的教育政策确是采取世界最新的教育学说,作大规模的试验。"又说:"我是一个实验主义者,对于苏俄之大规模的政治试验,不能不表示佩服。"又说:"去年许多朋友要我加入'反赤化'的讨论,我所以迟疑甚久,始终不加入者,根本上只因我的实验主义不容我否认这种政治试验的正当,更不容我以耳为目,附和传统的见解与狭窄的成见。"他甚至打算将来组织考察团对苏联作更深入的调查。他的信在国内发表后,颇有"赤化"之嫌。

　　胡适 8 月 4 日抵达伦敦后,即到大英博物馆去查阅敦煌卷子。在伦敦住 10 日,于开过咨询委员会第一次会议之后便去巴黎。在中黎国家图书馆收藏的敦煌卷子中,发现了神会和尚的《语录》2 万余字,并看到写本《楞伽师资记》,在此共花了 16 天的时间。在巴黎期间,傅斯年从德国专程赶来相晤谈。9 月 1 日,胡适在法国巴黎与梅光迪相遇,胡适在日记中写下的印象是"别后两年,迪生还是那样一个顽固"。20 日左右,胡适回到伦敦。9 至 10 月间,胡适在伦敦时曾与沈刚伯谈及国内北伐战争开始后的政局,谓"我本来是反对暴力革命同一党专政的。但是革命既已爆发,便只有助其早日完成,才能减少战争,从事建设。目前中国所急需的是一个近代化的政府。国民党总比北洋军阀有现代知识。只要他们真能实行三民主义,便可有利于国。一般知识分子是应该加以支持的"。10 月 14 日,胡适写信给徐志摩,继续谈论此次欧游过程中的感受和想法。11 月,胡适在伦敦又发现神会和尚的《显宗记》。据胡适自云,在巴黎共阅了 50 卷子,在伦敦阅近百卷子(《海外读书记》,《胡适文存》三集卷二)。这些成为他后来治禅学史,写《神会传》的重要材料。从 11 月起,胡适在英国一些大学作了 10 次学术讲演,讲题有:《过去一千年来中国停滞不进步吗?》《中国与传教士》《中英文化关系的增进》等。11 月 4 日,钱端升自清华学校写信,恳请胡适担任清华校长,下力整顿清华,使负起维持北方大学教育的重任。因目下只有清华有可靠的经费。12 月 31 日夜,胡适登轮赴美。(参见耿云志《胡适年谱》,四川人民出版社 1989 年版;胡颂平《胡适先生年谱长编初稿》,台湾联经出版公司 1984 年版)

　　老舍 6 月 6 日给英国伦敦大学东方学院写信,要求有一份校方签字的合同。10 日,老舍写信给英国伦敦大学东方学院,按照他与校方所订契约提出了加薪要求,老舍的这项要求很快得到批准。7 月 10 日,所作长篇小说《老张的哲学》连载于《小说月报》第 17 卷第 7—12 号,自第 8 号起,第一次使用笔名"老舍"。16 日,老舍接到伦敦大学东方学院院长秘书来信,言院长建议其于 11 月 17 日公开举办一个"唐朝爱情小说"讲座。18 日,老舍给东方学院院长秘书回信,建议此题分四部分来讲:(一)唐朝短篇小说的写作进展——引言;(二)唐朝爱情小说的分类和思想(有关伦理、宗教等故事);(三)对唐朝爱情小说的语言和主要书籍的研究;(四)唐朝爱情小说对元、明朝戏剧所产生的影响。8 月 1 日,老舍与东方学院签订了为期 3 年的新契约,薪水增加到每年 300 英镑,职称由原来的"中国语讲师"改称"北京官话以及中国古典文学讲师"。是年,老舍继续在英国伦敦大学东方学院任教,并进行文学创作;协助艾支顿将《金瓶梅》译为英文,全书共 4 卷。后由英国乔治·鲁特利支父子公司 1939 年出版,迄今该书为唯一的英译本;以东方学院中文教学班名义,为"灵格风语言中心"编写,录制了一套教学唱片,共 30 面(课),并用毛笔抄后拓印成教科书。这套由老舍亲自朗读的中文语言教材唱片曾在世界各国广为流传,保存下来;由许地山介绍,加入文学研究会(入会号 167)。(参见甘海岚编《老舍年谱》,书目文献出版社 1989 年版)

　　许地山在牛津大学获得文学士学位。受友人罗家伦委托,在牛津大学波德林图书馆抄录关于鸦片战争前中英交涉史料(东蝙公司广州夷馆存放之旧信函件及公文底稿),后编成《达衷集》一书。10 月,取海路回国,途经印度,在罗奈城印度大学作短期逗留,继续佛学和梵文的研究,实地考察民俗风情。又专程去圣蒂尼克圳拜访所崇敬的印度"诗圣"泰戈尔,进行交谈,甚为融洽。泰戈尔赠许地山相片及一白色瓷象,还建议他编写《梵文字典》,鼓励他为中印文化交流作先驱。是年,在《小说月报》第 17 卷号外上发表论文《梵剧体例及其在

汉剧上底点点滴滴》。(参见周俟松原著、王盛修订《许地山年表》(上),《世界华文文学论坛》1992年第2期)

王光祈3月在柏林完成《音学》一书。他在自序中感叹"吾国今日学术,处处皆落人后""有志之士,无不竞言西洋科学。只可惜所竞言者,尚多囿于'应用科学'一途。而对于一切学术所基之'纯粹科学',则习之者反寥寥……此亦吾国学术界不思树本之一证也"。

　　按:该书脱稿后,中华书局以"过于专门,恐无销路",拒绝接受出版。总编辑左舜生深知他生活困窘,将书转托启智书局出版,但每千字只付三元稿费。为此,他写信给左舜生,说他患头痛症,常常是"一手握管,一手扶额""痛楚无力时,工作始废"。希望能提高稿酬,以维持生活。该书1929年9月由上海启智书局印行。

王光祈10月22日完成《评卿云歌》一文。这是他对1921年3月被定为国歌的《卿云歌》的一篇评论文章,后发表于《中华教育界》第16卷第12期。11月,著成《战后德国之经济》一书。12月21日,撰成《教育家对中国现状应有之三大觉悟》一文,后发表于《中华教育界》第16卷第11期。是年,在德国《德累斯顿导报》用德文发表《音乐在中国的意义》。(参见四川音乐学院、成都市温江区人民政府编《王光祈文集》,巴蜀书社2009年版)

胡焕庸获东南大学理学士学位,赴法国巴黎大学和法兰西学院进修。10月,在《史地学报》第4卷第1期发表所译《美国国民史》(续)。(参见沈卫威《学衡派编年文事》,南京大学出版社2015年版)

王思华是年至1930年在法国里昂大学和英国伦敦政治经济学院学习期间,就开始翻译《资本论》,并撰写题为《马克思主义和普鲁东主义》的博士论文。

杨堃转入中法大学文科,从师汉学家古恒教授。

袁昌英赴法国巴黎大学研究院深造。

蔡和森年初继续为中山大学旅莫支部作《中国共产党史的发展》的报告。施益生等人对照整理了笔记并油印装订成册,送给蔡和森同志校阅。此为蔡和森同志党史报告的唯一原始版本,也是中国共产党的第一部党史,是我党领导中国革命的真实记录和总结,为研究我党早期历史提供了宝贵的资料。2月5日,斯大林接见中国共产党参加共产国际执行委员会第六次扩大会议代表团的代表蔡和森、李立三、向警予等人,并发表了讲话。10日,蔡和森向共产国际提交了关于中国共产党的组织和党内生活的报告。同日,特地向共产国际提出改进《向导》出版问题的办法。17日,共产国际执委第六次扩大全会开幕,选举会议主席团。季诺维也夫、斯大林、布哈林、罗易、片山潜等24人为主席团成员,中共代表蔡和森(化名苏方),被选为主席团成员之一。3月12日,蔡和森在《中国青年》第117期发表《妇女运动》一文,分析了几年来中国妇女运动没有成绩的现状、原因。同月,蔡和森担任中国共产党驻共产国际代表,留在莫斯科。向警予进入莫斯科东方劳动大学,与施益生等人同在中国班学习。两人感情难以恢复,遂至最后的分离。5月中旬,蔡和森在欧罗巴旅馆向冯玉祥及其随行人员作了整整3天的报告,详尽而精辟地阐述了中国共产党的政治主张和实现国民革命的伟大意义,对他们提出的问题给予耐心的回答,由此促成了冯玉祥思想上的重大转变,表示回国后要参加国民革命,对蔡和森的知识渊博也很是敬佩。6月,蔡和森所著《社会进化史》一书由上海民智书局印行第3版。

蔡和森在7月21日于右任抵达莫斯科后,常去莫斯科中国领事馆与于右任交谈,共同争取冯玉祥参加国民革命。下旬,蔡和森支持与帮助国民党代表于右任与冯玉祥在莫斯科秘密会谈,并很快达到协议。31日,蔡和森与胡适在于右任住所相遇并展开论辩。8月1

日，蔡和森与刘伯坚一道去胡适所住旅馆谈话。9月26日，蔡和森自莫斯科致信李大钊，提出在北方联合各派力量，反对奉系军阀的斗争策略，要求加强国民军中的政治工作。12月16日，共产国际执委会第七次扩大会议通过《关于中国形势问题的决议》，详细论述了中国革命的形势，分析并指出了中国革命的前途，阐述了农民和土地问题的重要性，强调要巩固和加强国共两党的合作，蔡和森明确表示支持这个决议。年底，蔡和森与李一纯在莫斯科结婚；蔡和森进入莫斯科国际列宁主义学院学习，在这里阅读了许多中文和法文书籍，还托郭绍棠购买俄文版马克思的《资本论》、恩格斯的《反杜林论》，以及列宁和普列汉洛夫的著作、俄国文学作品、俄国史和世界史、政治经济学、哲学等方面的书籍。（参见李永春编著《蔡和森年谱》，湘潭大学出版社2008年版）

　　张闻天1月出席在莫斯科中山大学工会大厦举行的开学典礼，托洛茨基主持典礼并发表演说。同月，张闻天被编入中共旅莫支部的一个小组，任小组长。2月24日，中山大学学生编为11班。张闻天被编在第八班，该班为翻译班，共39人。其中有庄东晓、王稼祥、李培之、俞秀松、竺廷璋、董亦湘、朱务善、沈泽民、任卓宣、黄平、刘源、郑子瑜、林晶爱、卓春珠、刘铭励、邵至刚等。张闻天从此时起一面学习课程，一面担任翻译工作，起初通过英语翻译，在逐步掌握俄语后，便直接用俄文翻译。除课堂上、大会上翻译外，还翻译学校各种讲义，一些马、恩、列、斯的书籍与单篇论文演讲。3月12日，张闻天参加中山大学学生与莫斯科俄国党部党委会联合召开的孙中山逝世周年纪念会。会上讲演者有：托洛茨基、胡汉民、拉狄克、片山潜。20日，蒋介石在广州制造中山舰事件，事件后在中山大学学生中激起了关于中国革命问题的热烈辩论。斯大林、托洛茨基两人曾相继参加中大学生讨论国共合作的大会。（参见张培森主编《张闻天年谱》，中共党史出版社2000版）

　　谭平山9月受中共中央派赴莫斯科，向共产国际执行委员会主席团和农民国际报告中国革命运动的实际情况等问题，请共产国际加强对中共的指导，请农民国际加强在农民运动策略方面的指导。同时实地考察苏联农民组织的情况，考察和研究中山大学、劳动大学的情况和工作内容等。并会同蔡和森作为中国共产党代表，一起出席共产国际执委会第七次扩大全会。11月12日至12月16日，共产国际执委会第七次扩大会议，着重讨论中国革命问题。谭平山作为中共代表出席并先后6次发言。11月29日，谭平山在共产国际第七次扩大执行委员会会议上作《关于中国情况的报告》，谈及中国革命运动的状况和发展、国民党问题、工会运动、农民问题、城市中小商人问题、青年运动、妇女运动、中国共产党的地位与活动问题。（参见李永春编著《蔡和森年谱》，湘潭大学出版社2008年版）

　　邵力子仍是跨"中共"的国民党员。1月，任国民党中央第二届监察委员。8月，从广州到上海，准备出国去苏联开会，退出共产党，中国共产党中央召开欢送会。11月，邵力子去莫斯科，以国民党"友好代表"身份，出席共产国际第七届扩大会议，后进中山大学。同学有蒋经国、冯宏国、冯弗能（冯玉祥子女）、于芝秀（于右任女）、沈泽民、张琴秋、乌兰夫、屈武、傅学文等。同月，邵力子代表国民党向共产国际建议共产国际和国民党之间互派代表，共产国际驻国民党中央委员会的代表应当在所有党的事务和革命策略问题上给党以忠告和指导，国民党驻莫斯科的代表应当参与国际革命的工作。同月22日至12月16日，邵力子出席共产国际执行委员会第七次扩大会议。在11月22日举行的第一次会议上，继谭平山代表中国共产党"向全会致祝词"后，邵力子代表国民党致祝词。（参见晨朵《邵力子生平大事纪要》，《浙江师范学院学报》1983年第1期）

罗易时任共产国际执行委员会主席团成员、中国委员会书记。12月26日,罗易被任命为共产国际驻中国代表团的首席代表,奉命来华贯彻共产国际执委第七次扩大全会关于中国问题的决议。年底,罗易在谭平山陪同下取道海参崴来中国。(参见李永春编著《蔡和森年谱》,湘潭大学出版社2008年版)

陈翰笙3月18日参加北京进步学生在党的领导下举行游行示威。以亲身经历撰写《三月十八日惨案目击记》,发表在3月27日第3卷第67期。3月19日,段祺瑞发出通缉令后,李大钊迁入苏联驻中国大使馆,陈翰笙经常前往探望。7月,陈翰笙经李大钊选派,赴苏联莫斯科中山大学学习,一年后回国。

嵇文甫赴苏联莫斯科中山大学学习。

卜士奇是秋作为邵力子翻译出使苏联。后就读于莫斯科中山大学高级部、苏联科学院世界经济研究院。

聂绀弩受国民党派遣入苏联莫斯科中山大学。

秦邦宪入莫斯科中山大学学习。

秦汾、翁文灏、任鸿隽、竺可桢、胡先骕、薛德焴、魏嵒寿、沈宗瀚共11人10月出席在日本东京召开的第三届太平洋会议(The Fourth Pacific Sciences Congress)。在会议期间参观了东京帝国大学之小石川植物园与植物研究所和农林省目黑林业试验场等机构,与日本植物学界建立联系。胡先骕提交论文《中国东南诸省森林植物初步之观察》(A Preliminary Survey of Forest Flora of Southeastern China),系依据作者和其他采集员所采集到的浙江、江西、安徽、江苏等省森林植物,而得此初步结论。

按:胡先骕《参观日本植物森林研究机关小记》曰:"日本自维新以来,植物学进步异常之速。其分类学之著作,高可等身,不但于其本国植物研究已极精详,对于东亚之一部分,如朝鲜、台湾等亦有极大之贡献。惜自甲午战后,与吾国猜忌甚深。其植物学家无机缘研究吾国植物。故知之不详,其所搜集中国之植物亦不富。吾国青年欲研究中国植物,不能就日本之便而须就教于欧美,即以其植物园规模之宏大,而栽培中国植物亦不多。幸此次作者与陈焕镛教授赴会时,曾与其著名各植物学机关联络,以便将来交换标本与种子;彼邦植物学家亦争以研究著作图籍相赠,自后交谊日密,研究植物学之利便,亦将与日俱增也。(目黑林业试验场)场长白泽保美博士为林学之泰斗,其所著《日本森林树木图谱》久享盛名。通常坊间发行者,为缩印本,仅及原书四分之一。承赠东南大学植物系原本图谱两册,竹类图谱一册,皆为至可宝贵者。作者曾寄赠东南大学所发现新种树种数种,以答其雅谊,甚望以后能合作互助焉。"(张大为、胡德熙、胡德焜编《胡先骕文存》下卷)(参见胡宗刚《胡先骕先生年谱长编》,江西教育出版社2007年版)

贾恩绂、王树枏等应日本文部省邀请访问日本,参观了奈良、东京、神户等多个城市,并与日本商订纂修《续四库全书提要》。

按:贾恩绂归国后写成《东游日记》(现已佚),现存诗歌保存在《思易草庐诗稿》(续稿)中。

刘海粟、王一亭、唐吉生、曾农髯、钱瘦铁和日本画家桥本官雪、小杉未醒、小川芋钱、石井林响、森田径友等成立"解衣社书画会",是年5月该社在东京、大阪等地举行第一次画展。

何思敬又入日本帝大研究院进修。受经济学家河上肇教授影响,阅读马克思、恩格斯的著作,参加帝国大学师生进步活动。

蒋维乔再度赴日本考察教育。

倪贻德东渡日本,留学于日本川端绘画学校。

黎烈文留学日本,开始翻译外国文学作品。

刘大杰在郁达夫的帮助下赴日本留学,在东京一个补习学校学习日语。

彭迪先留学日本,先后在日本庆应大学、九州帝国大学学习。

夏衍3月从明治专门学校毕业,获工学士学位。4月入九州帝国大学。10月任国民党中央海外部驻日神田总支部常委、组织部部长。

贺麟7月毕业于清华大学。8月,乘一艘美国客轮离国赴美。9月,插入美国俄亥俄州的奥柏林大学哲学系三年级,学习拉丁文、心理学、哲学史、宗教哲学、伦理学以及圣经等课程。课外,听耶顿夫人(Mrs. Yeaton)讲解黑格尔和斯宾诺莎哲学。先后撰写《神话的本质和理论》《魔术》《村社制度研究》《结婚、离婚的历史和伦理》《论述吉伍勒的伦理思想》等论文,后皆收入《哲学与哲学史论文集》。认真阅读美国系统哲学首创者、黑格尔哲学专家鲁一士的《近代哲学的精神》一书,并利用空余时间将其中的《黑格尔的为人及其学说概要》译成中文。又将鲁一士《近代唯心主义演讲集》中有关研究黑格尔的《精神现象学》的五章译成中文。是年,在《清华周刊》1926年纪念号增刊发表《林纾、严复时期的翻译》。(参见高金喜编《中国近代思想家文库·贺麟卷》及附录《贺麟年谱简编》,中国人民大学出版社2015年版)

郭秉文5月与门罗在纽约创立"华美协进社",任首任社长,对中华文化交流有重大贡献。在美国费城组织中国五千年教育文化发展的图片展览。(参见郭秉文著、耿有权编《郭秉文教育文集》附录《郭秉文学术年谱》,东南大学出版社2018年版)

许地山获牛津大学文学硕士学位,论文题目是《法华经研究》。随后自英伦返国,途经印度,为了进一步了解佛学思想的起源,特别到印度大学从事梵文和佛学研究。(参见于凌波著《中国近现代佛教人物志》,宗教文化出版社1995年版)

杨汝梅在美国密歇根大学获博士学位,博士论文题目是《无形资产论》。

吴有训在美国《物理评论》上发表论文,为证实康普顿效应提供了主要实验数据。

陈序经8月14日获美伊利诺斯大学硕士学位。

潘菽在芝加哥大学卡尔教授指导下,完成题为《背景对学习和回忆的影响》的论文,获得博士学位。

余青松在美国利克天文台获博士学位。

陈岱孙取得哈佛大学哲学博士学位。

孙大雨赴美国留学,就读于新罕布什尔州的达德穆斯学院。

程天放获加拿大多伦多大学政治学博士学位。曾任加拿大《醒华日报》总编辑。

太虚是年春与章炳麟、熊希龄等发起组织全亚佛化教育社(后改名为中华佛化教育社)。7月,拟筹办环球佛教图书馆。8月,南游星洲,10月返国。(参见于凌波《中国近现代佛教人物志》,宗教文化出版社1995年版)

美国司徒雷登继续任燕京大学校务长。3月2日,接受课程委员会关于名誉学位的建议;"三一八"事件委员会由吴雷川、刘廷芳代表校方处理受伤学生事,费用由校方付半费或全费;理事部选吴雷川为副校长。4月,举行燕大旧校址辞别会。夏,迁海淀新校址。6月14日,第一次在海淀新校舍临时校长办公室开会,讨论院长委员会成员及重选问题;为研究生设立"中国研究"(CHINESE STUDIES)并任命其委员会成员。8月,哈佛燕京学社国学研究设奖学金十名;为哈佛燕京学社提名成员,从事中国研究。26日,决定9月18日第一次在海淀校园举行开学典礼。27日,决定将院长委员会改为教职员执行委员会,由校长、副校长及男、女校主任组成;决定各部门常务委员会成员人选。10月,国学研究院成立常设委员会;新闻系主任白瑞登回美筹款(1927年辞职);与商务印书馆发行燕大丛书;聂士芬代新闻系主任。同月5日,决定新校舍的落成典礼将于1927年10月1日举行决定大学的人名录,仅包括有教学任务的教授及讲师。而各系的公报则包括系中所有的人。12日,选举吴雷川副校长在司徒校长缺席时为代理主席、代理校长。11月2日,决定两个科学楼的名称南楼称"科学家楼";北楼称"科学仪器楼";在成府成立四处平民学校。11月6日,司徒雷登报告美国一笔捐款166500美元为建设使用。同月,社会系请梁漱溟讲学,开《孔子的社会理论》系列讲座。(参见张玮瑛、王百强、钱辛波主编《燕京大学史稿》,北京人民中国出版社2000年版)

瑞典著名探险家斯文·赫定(Sven Hedin)是年冬第五次抵达中国,受德国汉莎航空公司的委托,考察德国至中国的中亚航线事宜,为开辟经中亚通往中国的航线进行气象探险,带来一支由不同学科科学家组成的大规模远征队——所谓的"中瑞探险"(部分经费来自德国政府及德国汉莎航空),探险队主要探索戈壁沙漠和蒙古等地。11月25日,斯文·赫定由安特生陪同拜访中国地质学会会长翁文灏。翁文灏表示对斯文·赫定的探险计划表示全力支持。此后,斯文·赫定为此与安特生多次拜访翁文灏,双方就有关科学考察事进行了认真商讨。翁文灏建议考察团吸收中国学者参加古生物考察,其考察成果应发表在中国的古生物学杂志上。斯文·赫定表示吸收有知识、有能力的中国人参加,有助于考察的事业,因此接受了翁文灏的建议。双方共同草拟了探险大纲,并就科学考查事宜由安特生和翁文灏分别代表瑞典中国委员会、地质调查所签订了协议。其中规定,考察团所有采集品均留在中国;考察团吸收三名中国学者参加,其中两名为地质学家,一名为考古学家;考察团名为"中瑞联合考查团"。翁文灏还陪同斯文赫定拜访了外交总长顾维钧,最后获得官方同意。(参见李学通《翁文灏年谱》,山东教育出版社2005年版)

英国布朗(H. D. Brown)任成都大学经济系教授,指导成都大学经济系师生对四川峨眉山新开寺附近25个田区和成都平原50个农户进行调查,写成《四川峨眉山25个田区之调查》和《四川成都平原50个田区之调查》的报告。

英国退还庚子赔款委员会委员威灵顿等3人2月22日到中国,旨在调查并征集庚款用途之舆论。其后,中华教育改进社分函全国各机关,对于英国庚款,主张先保主权,后谈用途。京师教育界讨论英国庚款问题,反对英国政府所定庚款处理办法,以保国权。(参见中央教育科学研究所编《中国现代教育大事记1919—1949》,教育科学出版社1988年版)

日本京都大学的滨田耕作和东亚考古学会干事岛村孝三郎来北京,与北京大学的蒋梦麟经过会谈,双方组成东方考古学协会,6月30日,由北京大学国学门的考古学会与日本的东亚考古学会正式联合成立"东方考古学协会",并联合举行公开讲演会。(参见王学典《20世纪史学编年(1900—1949)》,商务印书馆2014年版)

日本作家谷崎润一郎1月上旬到访上海,内山完造在内山书店为其举行"见面会",邀请郭沫若、田汉、欧阳予倩、谢六逸、方光焘、徐蔚南、唐越石等人出席,郭沫若初次结识谷崎润一郎。见面会后,郭沫若与田汉、谷崎润一郎同往其下榻的一品香旅馆交谈,直到深夜。(参见林甘泉、蔡震主编《郭沫若年谱长编》,中国社会科学出版社2017年版)

日本学者小畑薰良与闻一多就小畑薰良英文《李白诗集》展开讨论。6月3日,闻一多在《晨报·诗镌》第10号发表《英译的李太白》对小畑薰良翻译的英文《李白诗集》加以评论,称赞小畑薰良"是第四个用自由体译中国诗"者,他的成就比西方几位先行者都高,"而且我们应注意译者是从第一种外国文字译到第二种外国文字,打了这几个折扣,再通盘计算起来,我们实在不能不佩服小畑薰良先生的毅力和手腕",同时也对小畑薰良的翻译也做了坦率的批评。7月2日,小畑薰良作《答闻一多先生》,经徐志摩翻译,发表于8月7日《晨报·副刊》第1427号,对闻一多的《英译的李太白》作出回应。

按:小畑薰良《答闻一多先生》曰:闻一多先生新近在《晨报副刊》上发表了一篇批评我的《李太白》英译本的文章。在我所见到的几十篇书评之中,这是独一的,因为写的人不仅是个中国人,并且他自己是一个诗人,也是我相当熟的朋友。再说,这篇文章提出很多中肯的问题及确切的指正,除了中国人是看不到的。我写这篇答复第一是为闻君写了这篇有学识的,周到的,优容的文章,我应分表示深挚的感谢。第二因为闻君文中指出有好几点是一般翻译家都应得注意的问题,尤其是我们少数人尝试译中国诗的曾经感受的难处。

现行所谓李太白全集是王琦在一七五九年编定的,共收有一千首诗。我的选本只有一百二十四首。评书的人当然要问为什么我刚正选定那几首诗。我在我原书的序文里说过,这选数的大部分是我在涉猎中国文学时期内随时随兴译成积起来的。我唯一的领导是我当时的意兴,我也跟着它走,有时歇了下来就为逢着了文字上的阻难。这样一个选法当然不免漏掉很多好诗以及重要的诗,为什么呢,就为我当时没有翻,或是不能翻。

话虽这样说,在这书付印的时候,我也确曾尽我的力量使这本子在体裁上与形式上足以尽量的代表太白的诗。我也想法子拿他自己的作品来反映他的生平以及他所经历的时代。为此,有几首诗,例如寄内诸作,不问诗的本身价值如何,也给选上了。因为在那几首诗我们可以看出他生平人情方面的一斑;还有那首像悼他的日本朋友的选入也为要表示诗人自己以及他那时代吴越一家的气概。另外有几首是李白同时代人做了送他的,也为同一理由我给选入。

关于某几首诗真伪性的考订,闻君文中有详细的讨论,这问题在研究汉学的人固然有趣而且重要,但就我出书的旨趣说,并没有多大关系,因为我那书的意思是介绍一个在中国最有名的古诗人给欧西的文坛,选译的诗也是在中国一般人认为是他的作品的,因此我在诗人的小传中也收集了好些传话的逸事。谁都没有我自己觉得我的译文的不到家与种种缺憾的地方。关于这一层,我十分感谢闻君好意的优容的态度,我尤其佩服他的细心,他在我那集子里最长的一首译诗(也是李白集中是最长的一首)的两行遗漏都给我找出来了。闻君说李白有知名的诗谁都没法子翻成恰到好处的英文。这话是对的。本来从一种文字翻成另一种文字,其间的困难就不知有多少。那还是就两种文字是相近的说。至于文字的差别远如中文与英文。那时翻译的难处简直是没法想的了。单说通常名词与词句就够困难。因为彼此没有确切相符的句格或思想格式。严格的说,英文的 Woman,德文的 Frau,法文的 femme,都还不是永远可以对换的,因为每个名词的背后都含着独有的国民性或是民族性的特性,这一家有的,那一家不一定有。在英文里面就没有恰当的字可以替代中文里妻或是妾,侠客或是丈夫。我们竟可以说 home 译家字,hat 译冠字,shoe 译袜字,都是不对的。尤其是一逢到成语的表情,直译简直是不可能。

翻译人还有一个困难,就是中国文的文法不清楚,时间与数量的辨别既是没有,人身代名词又用得绝少。结果往往同是一节书,而有几种不同的解法。再说呢,他所能做的也不过是将某一段书在他心中所引起的心影转译成另一种语言,他看到那儿就是那儿。关于这点我得承认在译"赠汪伦"那首诗我是太随便了,我在译文里平白地给添上"your friends",这在原诗意思里许隐含着,但在字面上绝无根据,因为在我的想象中李白走的那天送别的决不止汪伦一人,我可以想见一个乡村中的先生同着一群朋友在河岸上"踏歌"着来送诗人的行。

综起来说,就是重复我原书序里的话,我在译文中尽有地方作添补字句的意译。我也有地方略去不重要(甚至重要)的字句。很多专门名词我丢开不译,或从意择。这种情形在崇拜李白的人看来很是大不敬的亵渎了他的艺术。我并不来在这类翻译方法上替自己作辩护。我只要对好叫闻君以及别人感着兴味的说明我的原委,给他们再下批评时一点子参考就是。

闻一多君说翻译是煞风景的事业是不错的。我听说甜味的橘过了江就会变种成苦的枳。我也明知道中国诗是一种娇柔的鲜花,一经移杆,便不免变性。但变不一定是变坏,莎士比亚说的"海变",这变的结果是变成某一种"富丽而奇异的东西"。翻译在文学上有时是一种有效果的异种播植。再说,且不论译文全身艺术上的价值,单就使某种民族对另一种民族的文化发生兴趣这点子实在的功用,也是不该忽视的。

近年来欧美注意中国文学的事实是一个使人乐观的现象:韦雷君以罗威尔女士的译本极受欢迎不说,就我这部书印得比他们的迟,也已经到了第二版的印行。西方人对于中国的兴味终究不仅集中在他的商场与土地上。他们也何尝不急急想发现中国文学的宝藏,这到现在为止他们还没法接近。翻评这事业,不论怎样细小或不准确,总还是他们寻得一个灵性的中华的起点,这里的财富许比他们老祖宗们所梦想的藏金地方更来得神奇呢。我恳切的希望我的中国朋友们,有学问的乃至爱文学的,都会注意到这部分的工作,这事业的成功不仅是中国,也是全世界的利益。

按:《晨报副刊》在刊登小畑薰良这封信前,译者徐志摩做有《附记》。其文曰:"在本副刊的某期刊上,闻一多先生曾经印过他的小畑薰良先生英译李太白的评文。小畑先生看了说有应得答复的地方,我就请他写,但他为公事忙直延至七月初才写起,碰巧我又回南了;他的大文在我的尘封的书案上竟酣睡了这一个整月。我现在把这翻了出来,对不起小畑先生,我没有用心翻他这篇翻译极有启示的文章。我们都得感谢小畑先生,不为别的,就为他爱中国文学的一点真心。说也惭愧,我们自家的诗人还得劳邻居先生和手笔来翻译给别家看!我们得感谢小畑先生.因为他这次在北京住了几个月,虽则他有他的外交性质的公干,他大部份光阴是化在结交中国朋友上面的。他是一个'好朋友';他会喝酒,会闹,会笑,我们接近他的都觉不出他是一个日本人或是外国人;他是我们中间的一个,一点也没有分别。这也许是他浸润于中国文学工夫够深了的缘故,要不然他那能这样的随便,这样的好兴趣,这样的'落拓'。有了他我们觉得中国与日本可亲的程度加深了一层,不幸的外交上与政治上的障碍似乎至少退远了一步。他是懂得我们的;我们从不曾见他穿上黑光光的大礼服,戴上黑光光的大礼帽,那是我们最怕见的。现在听说小畑先生快回国了,这消息很使我们感着惆怅,但我们没法留住他;我们只盼望这穷极无聊的北京社会的实际,不曾些微减谈他从文学上对中国民族的敬意与爱心。小畑先生应得知道,假如他这半年来吃着我们的满汉全席以及四五十年的阵(闻案:疑是陈)花雕,这不是我们礼貌不周,我们实在是——没法想!我们盼望他再有机会回来。他的中国朋友永远会记着他的。"(参见闻黎明、侯菊坤《闻一多年谱长编》(增订版),上海交通大学出版社2014年版)

三、学术论文

魏建功《新史料与旧心理》刊于《北京大学国学周刊》第15期。

谷凤田《崔莺莺的故事》刊于《北京大学国学门周刊》第2卷第14期。

叶瀚《山西壁画七佛像题辞》刊于《国学门月刊》第1卷第1号。

黄文弼《山西兴化寺壁画名相考》刊于《国学门月刊》第1卷第1号。

马衡《壁画考语跋》刊于《国学门月刊》第1卷第1号。

马衡《魏李相海造像碑跋》刊于《国学门月刊》第1卷第1号。

郑宾于《保定莲花池六幢考》刊于《国学门月刊》第1卷第1号。

马衡《保定莲花池六幢考跋》刊于《国学门月刊》第1卷第1号。

[日]内藤虎次郎著,容庚译《乐浪遗迹出土之漆器铭文》刊于《国学门月刊》第1卷第1号。

容庚《乐浪遗迹出土之漆器铭文考》刊于《国学门月刊》第1卷第1号。

魏建功《古音学上的大辩论——"歌戈鱼虞古读考"引起的问题》刊于《国学门月刊》第1卷第1号。

张寿林《诗经是不是孔子所删定的》刊于《国学门月刊》第1卷第2号。

沅君《楚辞之祖祢与后裔》刊于《国学门月刊》第1卷第2号。

李嘉善《春秋天王赗仲子非礼辨》刊于《国学门月刊》第1卷第2号。

唐钺《杨朱考再補》刊于《国学门月刊》第1卷第2号。

沅君《楚辞韵例》刊于《国学门月刊》第1卷第2号。

魏建功《吴歌声韵类》刊于《国学门月刊》第1卷第2号。

钱南扬《千字文院本之前后》刊于《国学门月刊》第1卷第2号。

沅君《读笔生花杂记》刊于《国学门月刊》第1卷第2号。

谷凤田《吴歌与山东歌谣之转变》刊于《国学门月刊》第1卷第2号。

魏建功《吴歌与山东歌谣之转变附记》刊于《国学门月刊》第1卷第2号。

谷凤田《论近世歌谣》刊于《国学门月刊》第1卷第2号。

李嘉善《诸葛亮的故乡》刊于《国学门月刊》第1卷第2号。

郑宾于《刘爷与刘爷庙》刊于《国学门月刊》第1卷第2号。

王家宾《关于刘守真的传说掇拾》刊于《国学门月刊》第1卷第2号。

郑宾于《论三百篇后的风诗问题》刊于《国学门月刊》第1卷第3号。

郑宾于《读诗辩说——写在"三百篇后的风诗问题"之后》刊于《国学门月刊》第1卷第3号。

沅君《南宋诗人小记二则》刊于《国学门月刊》第1卷第3号。

刘复《帝与天》刊于《国学门月刊》第1卷第3号。

魏建功《读"帝与天"》刊于《国学门月刊》第1卷第3号。

刘充葆《陆安传说宁波传说与常州传说之比较》刊于《国学门月刊》第1卷第3号。

王国维《鞑靼考》刊于《清华学报》第3卷第1期。

刘大钧《中国古代田制研究》刊于《清华学报》第3卷第1期。

陈长蘅《中国劳工问题讨论》刊于《清华学报》第3卷第1期。

庄泽宣《动生感论——以神经反流解释心理上某种现象》刊于《清华学报》第3卷第1期。

钱基博《汉儒显真理惑论》刊于《清华学报》第3卷第1期。

陈达《近八年来国内罢工的分析》刊于《清华学报》第3卷第1期。

裘冲曼《中国算学书目汇编》刊于《清华学报》第3卷第1期。

赵万里《唐写本文心雕龙残卷校记》刊于《清华学报》第3卷第1期。

赵元任《北京,苏州,常州语助词的研究》刊于《清华学报》第3卷第2期。

陈长蘅《美国劳动者财力之进展》刊于《清华学报》第3卷第2期。

赵文锐《唐代商业之特点》刊于《清华学报》第3卷第2期。

朱彬元、唐泽焱《近十年来中央财政概况》刊于《清华学报》第3卷第2期。

吴其昌《宋代学生干政运动考》刊于《清华学报》第3卷第2期。

周明群《李邹顾戴徐诸家对于对数之研究》刊于《清华学报》第3卷第2期。

陈达《生活费研究法的讨论》刊于《清华学报》第3卷第2期。

刘盼遂《〈荀子·正名〉篇札记》刊于《清华周刊》第25卷第10期。

太虚《中国人用中国法之自救》刊于《华国月刊》第2期第11册。

孙世扬《论语考》刊于《华国月刊》第2期第11册。

庞树典《大学郑注释微》刊于《华国月刊》第2期第11册。

黄侃《感鞠庐日记》刊于《华国月刊》第2期第11册。

罗运贤《老子余谊》刊于《华国月刊》第2期第11册。

缪篆《订孔篇注》刊于《华国月刊》第2期第11册。

吴承仕《诺皋说》刊于《华国月刊》第2期第11册。

但焘《法学卮言》刊于《华国月刊》第2期第11册。

唐大圆《真自由论》刊于《华国月刊》第2期第12册。

尤程镳《师许斋经义偶钞》刊于《华国月刊》第2期第12册。

吴承仕《论古今文上章先生书》刊于《华国月刊》第2期第12册。

宋慈袠《吕氏春秋补正》刊于《华国月刊》第2期第12册。

沈彭年《声律论》刊于《华国月刊》第2期第12册。

姚朋图《扶桑百八吟》刊于《华国月刊》第2期第12册。

唐大圆《论孟子有大乘气象》刊于《华国月刊》第3期第1册。

吴承仕《尚书传王孔异同考》刊于《华国月刊》第3期第1册。

黄侃《文心雕龙札记》刊于《华国月刊》第3期第1册。

唐大圆《佛学丛论》刊于《华国月刊》第3期第1册。

古直《汪容甫先生文笺》刊于《华国月刊》第3期第1册。

缪篆《订孔篇注》刊于《华国月刊》第3期第1册。

姚朋图《扶桑百八吟》刊于《华国月刊》第3期第1册。

寄生《铅椠余录》刊于《华国月刊》第3期第1册。

唐大圆《东方心理学略谈》刊于《华国月刊》第3期第2册。

尤程镳《师许斋经义偶钞》刊于《华国月刊》第3期第2册。

刘绍宽《周礼郑注方丘祭崐崘北郊祭神州说》刊于《华国月刊》第3期第2册。

黄侃《感鞠庐日记》刊于《华国月刊》第3期第2册。

宋慈袠《吕氏春秋补正》刊于《华国月刊》第3期第2册。

陈谧《管子集注序》刊于《华国月刊》第3期第2册。

沈彭年《声律论》刊于《华国月刊》第3期第2册。

姚朋图《扶桑百八吟》刊于《华国月刊》第3期第2册。

唐大圆《中华之政治史观》刊于《华国月刊》第3期第3册。

唐大圆《开示物质学者以轮回说》刊于《华国月刊》第3期第3册。

吴承仕《说祆》刊于《华国月刊》第3期第3册。

章炳麟《论中医剥复案与吴检斋书》刊于《华国月刊》第3期第3册。

黄侃《文心雕龙札记》刊于《华国月刊》第3期第3册。

古直《汪容甫先生文笺》刊于《华国月刊》第3期第3册。

缪篆《争教篇注》刊于《华国月刊》第3期第3册。

吴梅《朝野新声太平乐府校勘记》刊于《华国月刊》第3期第3册。

寄生《铅椠余录》刊于《华国月刊》第3期第3册。

唐大圆《中学国文叙例》刊于《华国月刊》第3期第4册。

尤程镳《师许斋经义偶钞》刊于《华国月刊》第3期第4册。

黄侃《感鞠庐日记》刊于《华国月刊》第3期第4册。

宋慈裒《吕氏春秋补》刊于《华国月刊》第3期第4册。

缪篆《争教篇注》刊于《华国月刊》第3期第4册。

但焘《法学卮言》刊于《华国月刊》第3期第4册。

程绍德《言论自由与政治学术》刊于《东南论衡》第18期。

按：是文曰："旷观欧史，由埃及而至罗马时代，政尚自由，（概言之）人尊个性，艺术文学哲学等，琳琅峥嵘，蔚为西欧学术之泉源。大哲如亚里斯多特柏拉图等，人才辈出，近之讲欧学者，莫能舍是。降级中古，铁骑蹂躏，教会怙恶，阿从教义者为信徒，宣发真理者为叛教，一切学术教育，不脱乎宗教色彩。数百年来，人性禁锢，晦而不张，为欧洲学术最黑暗之时期。迨至文艺复兴，意大利诸市府，文人学士麇集，言论自由，加以马丁路德宗教改革之提倡，于是欧洲学术界，始如春苞怒发，洪水奔流，一泻千里，而蔚成今日之大观。吾国春秋以前，学术简朴，禹汤文武周公递嬗相传，惟王道者近是。……然学司职守，传统思想，总难尽脱，学术虽自由而不自由，学者虽自由而不克自由。迨及春秋，王官失守，士大夫散而求诸野。乡间士夫，奇思异论，百家争鸣。墨老庄韩商鞅申不害之徒，接踵而起。一破从前拘泥墨守之弊，开我华学术史之新纪元，为吾华学术之黄金时代。……其自由解放之程度，可谓极矣。秦汉以降，汉高过鲁太牢祀孔子，史臣持书，独标尊儒之义。董仲舒汉武之伦，力尊儒术，排斥异端，植两千年来思想禁锢之基。……加以朱明以后，制股取士，……为箝制臣民之利器。学术思想言论不自由，于斯为烈。然反观吾国之政治学术，受其影响之深者，究为何如耶。言论自由，中间虽无若何之明白禁止，然精深上之制止，较诸有形之束缚，其害殊不可以道里计也。"

"欧洲自马丁路德，大唱宗教改革，而宗教思想，为之一变。自文艺复兴而学术思想为之一变。再察之于吾国二三千年来治乱兴亡之迹，以后例今，可以了然于政治学术发达之正轨。西哲某国，致意于斯，立国大法中，多列为人权保障。旧普鲁士宪法第二十条曰：学问及学说，皆得自由。瑞士给耐佛州宪法第八条曰：著作自由，为神圣不可侵犯。比利时宪法第十七条十八条曰：教授为自由，一切防止皆禁之，著作刊布自由，不得设监查法。欧战后新兴国，若德意志，若波兰，若巨哥斯拉夫，若察哥斯拉夫等，均有至密之规定——参看各该国之宪法——思想言论，保障不遗余力。"

"吾不知吾国二千年来政治之不条明，学术之无异彩不能多方发展，究为何而致。由是结果而推之，廿世纪之世界，阅者能予吾以确实之答复否。研究政治者，专制政体，群目之为最劣之政体。曷言乎以其最劣，以其惟我独尊，大皇陛下，神圣不可侵犯，令人讨厌，各事惟己为是，无异议者立足之余地也。一七八九年法兰西大革命后，欧洲政治之掀动，抛无数头颅，流无限热血，其惟一之大目的非力争自由者欤，然自由德矣，言论尽量发挥矣。不图优游浸透而号称某人类幸福者，反有如许无意识之反动也。从前部分之小压迫，于大体尚无妨碍，今日之某种主义行为，前途之危机至矣。吾言及此，而吾平素政治循环之观念，突然现于脑际。人言政治为进化，吾言政治为返古。人言政治之进化为直线，一往无前。吾言政治为倒退，为曲线，甚或途径不善变为圈式之循环，斯种武断式之结论，年来盘旋脑际。久欲一吐为快。然静以观之，欲于政治事实上各个点，观察演进程序，以为斯说确证。然最近各国某某派之极力压迫自由言论，尤特别予吾以深刻之印象。专制政治之大弊，在排斥非我之意见，而今压迫言论自由者，与专制政治之特点，究何以异乎？谓非政治之'开倒车'举动，乌可得！反专制革命，抛无限头颅，洒无限血泪，耗占大之牺牲，时至今日，为若辈糟蹋净尽矣！"

吴梅《元剧略说》刊于《东南论衡》第1卷11至13期。

刘永济《文诣篇》刊于《学衡》第49期。

柳诒徵《解蔽》刊于《学衡》第49期。

林损《伦理正名论 续第四十八期》刊于《学衡》第49期。

柳诒徵《中国文化史 第一编 第十三至第十八章》刊于《学衡》第49期。

王国维《蒙文元朝秘史跋》刊于《学衡》第49期。

刘盼遂《释工》刊于《学衡》第49期。

林损《政理古微六 劝学(上 下)》刊于《学衡》第50期。

杨成能《学识与技能》刊于《学衡》第50期。

柳诒徵《中国文化史 第一编 第十九章》刊于《学衡》第50期。

向达译《亚里士多德伦理学卷八》刊于《学衡》第50期。

柳诒徵《墨化》刊于《学衡》第51期。

林损《政理古微七 尊隐》刊于《学衡》第51期。

柳诒徵《中国文化史 第一编第二十章至二十六章》刊于《学衡》第51期。

黄建中《中国认识论史 导言》刊于《学衡》第51期。

[美]福开森《陶斋旧藏古酒器考》刊于《学衡》第51期。

胡先骕《评亡友王然父思斋遗稿》刊于《学衡》第51期。

杨成龙《欲救中国当速养悃愊无华埋头执务之人才说》刊于《学衡》第52期。

聂其杰《论教有义方》刊于《学衡》第52期。

柳诒徵《中国文化史 第一编 二十七至三十三章》刊于《学衡》第52期。

钱萼孙《近代时评》刊于《学衡》第52期。

柳诒徵《中国文化史 第二编 第一至七章》刊于《学衡》第53期。

王国维《辽金时代蒙古考》刊于《学衡》第53期。

[英]亨勒著,吴宓译《物质生命心神论》刊于《学衡》第53期。

吴宓译《孔子老子学说对于德国青年之影响》刊于《学衡》第54期。

景昌极《佛法浅释之一 苦与乐》刊于《学衡》第54期。

刘朴《答诸生问中国可否共产》刊于《学衡》第54期。

柳诒徵《述社》刊于《学衡》第54期。

黄建中《墨子书分经辩论三部考辨》刊于《学衡》第54期。

向达《龟兹苏祇婆琵琶七调考原》刊于《学衡》第54期。

柳诒徵《中国文化史 第二编 第八至十章》刊于《学衡》第54期。

郭斌龢《新文学家之痼疾》刊于《学衡》第55期。

吴宓译《中国欧洲文化交通史略》刊于《学衡》第55期。

陆懋德《中国文化史 第三章 第四章(续第四十一期)》刊于《学衡》第55期。

瞿方梅的遗著《史记三家注补正卷六(续第四十五期)》刊于《学衡》第55期。

张荫麟译《芬诺罗萨论中国文字之优点》刊于《学衡》第56期。

吴宓《论事之标准》刊于《学衡》第56期。

柳诒徵《中国文化史 第二编 第十一至十四章》刊于《学衡》第56期。

陈柱《定本墨子间诂补正自叙》刊于《学衡》第56期。

刘永济《旧诗话(续第四十八期)》刊于《学衡》第56期。

浦江清译《薛尔曼现代文学论序》刊于《学衡》第57期。

景昌极《实践与玄谈》刊于《学衡》第57期。

王国维《中国历代之尺度》刊于《学衡》第57期。

王易《词曲史 第一至四篇》刊于《学衡》第57期。

瞿方梅遗著《史记三家注补正卷七》刊于《学衡》第57期。

景昌极《因与果"神学玄学科学之异趣"》刊于《学衡》第58期。

王国维《莽量考》刊于《学衡》第 58 期。

柳诒徵《中国文化史　第二编　第十五至十九章》刊于《学衡》第 58 期。

张荫麟译《中国印刷术发明述略》刊于《学衡》第 58 期。

瞿方梅《史记三家注补正卷八》刊于《学衡》第 58 期。

向达译《亚里士多德伦理学卷九至卷十（完）》刊于《学衡》第 59 期。

李思纯《正名论》刊于《学衡》第 60 期

王国维遗著《黑车子室韦考》刊于《学衡》第 60 期。

缪凤林《评王桐龄新著东洋史》刊于《学衡》第 60 期。

黄子亭《史汉异同》《史地学报》刊于第 4 卷第 1 期。

张世禄《诗经篇中所见之周代政治风俗》《史地学报》刊于第 4 卷第 1 期。

陈伯瀛《倭寇》《史地学报》刊于第 4 卷第 1 期。

V. A. Smith 著,龙文彬译《北传阿育王事略》刊于《史地学报》第 4 卷第 1 期。

陈慎《法显求法归程考》刊于《史地学报》第 4 卷第 1 期。

邵森《大婆罗谭考》刊于《史地学报》第 4 卷第 1 期。

王福隆《自汉迄唐交阯官吏考》刊于《史地学报》第 4 卷第 1 期。

陈祖源《土耳其共和国》刊于《史地学报》第 4 卷第 1 期。

胡焕庸译《美国国民史（续）》刊于《史地学报》第 4 卷第 1 期。

柳诒徵《弁言》刊于《史学与地学》第 1 期。

按:《史学与地学》为中国史地学会会刊,主要刊载历史、地理方面的学术论著。是文曰:"宇宙者,时与空之和也。……故欲明宇宙之真相,舍治史地,其道无由""国家者,亦时与空之和也。……故欲知国家之真谛,舍治史地,其道无由""人生者,亦时与空之和也。……故欲识人生之真义,舍治史地,其道无由"。

柳诒徵《中国史学之双轨》刊于《史学与地学》第 1 期。

竺可桢《何谓地理学》刊于《史学与地学》第 1 期。

缪凤林《读史微言》刊于《史学与地学》第 1 期。

向达译《近四十年来美国之史学》刊于《史学与地学》第 1 期。

郑鹤声《各家后汉书综述》刊于《史学与地学》第 1 期。

张其昀《人生地理学之态度与方法》刊于《史学与地学》第 1 期。

梁任公《中国之都市》刊于《史学与地学》第 1 期。

陈汉章《中国回教史》刊于《史学与地学》第 1 期。

陈训慈《希腊四大史学家小传》刊于《史学与地学》第 1 期。

王庸《宋明间关于亚洲南方沿海诸国地理之要籍》刊于《史学与地学》第 1 期。

［日］内藤虎次郎《〈西湖至包头〉序》刊于《史学与地学》第 1 期。

柳诒徵《说吴》刊于《史学与地学》第 2 期。

王庸《四海通考》刊于《史学与地学》第 2 期。

梁任公《中国之都市（续）》刊于《史学与地学》第 2 期。

竺可桢《论以岁差定尚书尧典四仲中星之年代》刊于《史学与地学》第 2 期。

柳诒徵《宋太宗实录校证》刊于《史学与地学》第 2 期。

张其昀《人生地理学之意义与方法（续）》刊于《史学与地学》第 2 期。

张荫麟《双忽雷影本跋》刊于《史学与地学》第 2 期。

孙福熙《古史辨第 1 期》刊于《北新》第 1 期。

学昭《白采的诗》刊于《北新》第 1 期。

记者《渴望早日奉读佳作》刊于《北新》第 1 期。

何济《论中西文化寄春台》刊于《北新》第 2 期。

孙福熙《清心长有虑，幽事更无涯》刊于《北新》第 2 期。

春苔《中国之花》刊于《北新》第 2 期。

唐劳《巴黎我见》刊于《北新》第 3 期。

黎锦明《我的批评》刊于《北新》第 3 期。

学昭《中元夜》刊于《北新》第 3 期。

孙福熙《秃笔淡墨写在破烂的茅纸上》刊于《北新》第 4 期。

胡然《译诗》刊于《北新》第 4 期。

田间《我的道德观》刊于《北新》第 4 期。

黎锦明《我的批评——前梦》刊于《北新》第 4 期。

寿明齐《申报新闻报的本埠附刊》刊于《北新》第 4 期。

长虹《走到出版界》刊于《北新》第 4 期。

淑章《论艺术运动》刊于《北新》第 5 期。

长虹《走到出版界》刊于《北新》第 5 期。

孙福熙《中国的建筑》刊于《北新》第 5 期。

朱大枬《说"平民的"并评先艾的诗》刊于《北新》第 5 期。

学昭《秋的描写》刊于《北新》第 6 期。

春苔《讲讲语丝》刊于《北新》第 6 期。

石兰《兰生弟的日记》刊于《北新》第 6 期。

平《元刊本小说之发现》刊于《北新》第 6 期。

平平《发见李卓吾墓》刊于《北新》第 7 期。

更之《国庆日论出版事业》刊于《北新》第 8 期。

记者《林语堂氏的检字新法》刊于《北新》第 8 期。

长虹《走到出版界》刊于《北新》第 8 期。

学昭《女画家研香老人》刊于《北新》第 9 期。

黎锦明《我的批评》刊于《北新》第 9 期。

渠门《读瓦釜集后》刊于《北新》第 9 期。

孙福熙《国庆增刊—大堆》刊于《北新》第 9 期。

赵景深《莫泊桑作品汉译》刊于《北新》第 10 期。

鸣着《介绍青年的战友——狂飙周刊》刊于《北新》第 10 期。

温仲良《读了倦旅后的感想》刊于《北新》第 10 期。

王友声《和平与战争》刊于《北新》第 10 期。

松齐《最薄的书》刊于《北新》第 10 期。

岂明《关于李卓吾的墓碑》刊于《北新》第 10 期。

稚望《读了幼稚园的研究》刊于《北新》第 10 期。

唐劳《巴尔扎克的房子》刊于《北新》第 11 期。

叔庄《吴歌甲集》刊于《北新》第 11 期。

龚珤《读子恺漫画》刊于《北新》第 12 期。

莫泊桑《两位名人（小说）》刊于《北新》第 12 期。

学昭《纪念我们的友爱》刊于《北新》第 12 期。

静思《出版事业的艺术》刊于《北新》第 13 期。

赵景深《吕洞宾故事二集》刊于《北新》第 13 期。

云裳《关于校对》刊于《北新》第 13 期。

菊农《钱塘江边》刊于《北新》第 13 期。

杜鹃《纳兰的悼亡词》刊于《北新》第 14 期。

黎锦明《我的批评》刊于《北新》第 14 期。

春苔《秋深了》刊于《北新》第 14 期。

孙福熙《小学教科书》刊于《北新》第 15 期。

赵景深《扬鞭集上卷》刊于《北新》第 15 期。

陈明中《读了〈纪念我们的友爱〉》刊于《北新》第 15 期。

秦圆《米价贵，学问更贵》刊于《北新》第 16 期。

傅雷《介绍一本使你下泪的书》刊于《北新》第 16 期。

唐劳《罗丹博物院》刊于《北新》第 17 期。

静齐《不能生利的科学》刊于《北新》第 17 期。

鲁迅《阿 Q 正传的成因》刊于《北新》第 18 期。

按：文章说：在《文学周报》二五一期里，西谛先生谈起《呐喊》，尤其是《阿 Q 正传》。这不觉引动我记起了一些小事情，也想借此来说一说，一则也算是做文章，投了稿；二则还可以给要看的人去看去。我先要抄一段西谛先生的原文——

　　"这篇东西值得大家如此的注意，原不是无因的。但也有几点值得商榷的，如最后'大团圆'的一幕，我在《晨报》上初读此作之时，即不以为然，至今也还不以为然，似乎作者对于阿 Q 之收局太匆促了；他不欲再往下写了，便如此随意的给他以一个'大团圆'。像阿 Q 那样的一个人，终于要做起革命党来，终于受到那样大团圆的结局，似乎连作者他自己在最初写作时也是料不到的。至少在人格上似乎是两个。"

　　阿 Q 是否真要做革命党，即使真做了革命党，在人格上是否似乎是两个，现在姑且勿论。单是这篇东西的成因，说起来就要很费功夫了。我常常说，我的文章不是涌出来的，是挤出来的。听的人往往误解为谦逊，其实是真情。我没有什么话要说，也没有什么文章要做，但有一种自害的脾气，是有时不免呐喊几声，想给人们去添点热闹。譬如一匹疲牛罢，明知不堪大用的了，但废物何妨利用呢，所以张家要我耕一弓地，可以的；李家要我挨一转磨，也可以的；赵家要我在他店前站一刻，在我背上贴出广告道：敝店备有肥牛，出售上等消毒滋养牛乳。我虽然深知道自己是怎么瘦，又是公的，并没有乳，然而想到他们为张罗生意起见，情有可原，只要出售的不是毒药，也就不说什么了。但倘若用得我太苦，是不行的，我还要自己觅草吃，要喘气的工夫；要专指我为某家的牛，将我关在他的牛牢内，也不行的，我有时也许还要给别家挨几转磨。如果连肉都要出卖，那自然更不行，理由自明，无须细说。倘遇到上述的三不行，我就跑，或者索性躺在荒山里。即使因此忽而从深刻变为浅薄，从战士化为畜生，吓我以康有为，比我以梁启超，也都满不在乎，还是我跑我的，我躺我的，决不出来再上当，因为我于"世故"实在是太深了。

　　近几年《呐喊》有这许多人看，当初是万料不到的，而且连料也没有料。不过是依了相识者的希望，要我写一点东西就写一点东西。也不很忙，因为不很有人知道鲁迅就是我。

　　我所用的笔名也不只一个：LS，神飞，唐俟，某生者，雪之，风声；更以前还有：自树，索士，令飞，迅行。鲁迅就是承迅行而来的，因为那时的《新青年》编辑者不愿意有别号一般的署名。

现在是有人以为我想做什么狗首领了,真可怜,侦察了百来回,竟还不明白。我就从不曾插了鲁迅的旗去访过一次人;"鲁迅即周树人",是别人查出来的。这些人有四类:一类是为要研究小说,因而要知道作者的身世;一类单是好奇;一类是因为我也做短评,所以特地揭出来,想我受点祸;一类是以为于他有用处,想要钻进来。那时我住在西城边,知道鲁迅就是我的,大概只有《新青年》《新潮》社里的人们罢;孙伏园也是一个。他正在《晨报》馆编副刊。不知是谁的主意,忽然要添一栏称为"开心话"的了,每周一次。他就来要我写一点东西。

阿Q的影像,在我心目中似乎确已有了好几年,但我一向毫无写他出来的意思。经这一提,忽然想起来了,晚上便写了一点,就是第一章:序。因为要切"开心话"这题目,就胡乱加上些不必有的滑稽,其实在全篇里也是不相称的。署名是"巴人",取"下里巴人",并不高雅的意思。谁料这署名又闯了祸了,但我却一向不知道,今年在《现代评论》上看见涵庐(即高一涵)的《闲话》才知道的。那大略是——

"……我记得当《阿Q正传》一段一段陆续发表的时候,有许多人都栗栗危惧,恐怕以后要骂到他的头上。并且有一位朋友,当我面说,昨日《阿Q正传》上某一段仿佛就是骂他自己。因此便猜疑《阿Q正传》是某人作的,何以呢? 因为只有某人知道他这一段私事。……从此疑神疑鬼,凡是《阿Q正传》中所骂的,都以为就是他的阴私;凡是与登载《阿Q正传》的报纸有关系的投稿人,都不免做了他所认为《阿Q正传》的作者的嫌疑犯了! 等到他打听出来《阿Q正传》的作者名姓的时候,他才知道他和作者素不相识,因此,才恍然自悟,又逢人声明说不是骂他。"(第四卷第八十九期)

我对于这位"某人"先生很抱歉,竟因我而做了许多天嫌疑犯。可惜不知是谁,"巴人"两字很容易疑心到四川人身上去,或者是四川人罢。直到这一篇收在《呐喊》里,也还有人问我:你实在是在骂谁和谁呢? 我只能悲愤,自恨不能使人看得我不至于如此下劣。

第一章登出之后,便"苦"字临头了,每七天必须做一篇。我那时虽然并不忙,然而正在做流民,夜晚睡在做通路的屋子里,这屋子只有一个后窗,连好好的写字地方也没有,那里能够静坐一会,想一下。伏园虽然还没有现在这样胖,但已经笑嬉嬉,善于催稿了。每星期来一回,一有机会,就是:"先生,《阿Q正传》……。明天要付排了。"于是只得做,心里想着"俗语说:'讨饭怕狗咬,秀才怕岁考。'我既非秀才,又要周考,真是为难……。"然而终于又一章。但是,似乎渐渐认真起来了;伏园也觉得不很"开心",所以从第二章起,便移在"新文艺"栏里。

这样地一周一周挨下去,于是乎就不免发生阿Q可要做革命党的问题了。据我的意思,中国倘不革命,阿Q便不做,既然革命,就会做的。我的阿Q的运命,也只能如此,人格也恐怕并不是两个。民国元年已经过去,无可追踪了,但此后倘再有改革,我相信还会有阿Q似的革命党出现。我也很愿意如人们所说,我只写出了现在以前的或一时期,但我还恐怕我所看见的并非现代的前身,而是其后,或者竟是二三十年之后。其实这也不算辱没了革命党,阿Q究竟已经用竹筷盘上他的辫子了;此后十五年,长虹"走到出版界",不也就成为一个中国的"绥惠略夫"了么?

《阿Q正传》大约做了两个月,我实在很想收束了,但我已经记不大清楚,似乎伏园不赞成,或者是我疑心倘一收束,他会来抗议,所以将"大团圆"藏在心里,而阿Q却已经渐渐向死路上走。到最末的一章,伏园倘在,也许会压下,而要求放阿Q多活几星期的罢。但是"会逢其适",他回去了,代庖的是何作霖君,于阿Q素无爱憎,我便将"大团圆"送去,他便登出来。待到伏园回京,阿Q已经枪毙了一个多月了。纵令伏园怎样善于催稿,如何笑嬉嬉,也无法再说"先生,《阿Q正传》……。"从此我总算收束了一件事,可以另干别的去。另干了别的什么,现在也已经记不清,但大概还是这一类的事。

其实"大团圆"倒不是"随意"给他的;至于初写时可曾料到,那倒确乎也是一个疑问。我仿佛记得:没有料到。不过这也无法,谁能开首就料到人们的"大团圆"? 不但对于阿Q,连我自己将来的"大团圆",我就料不到究竟是怎样。终于是"学者",或"教授"乎? 还是"学匪"或"学棍"呢? "官僚"乎,还是"刀笔吏"呢? "思想界之权威"乎,抑"思想界先驱者"乎,抑又"世故的老人"乎? "艺术家"? "战士"? 抑又是见客不怕麻烦的特别"亚拉籍夫"乎? 乎? 乎? 乎? 乎?

但阿Q自然还可以有各种别样的结果,不过这不是我所知道的事。

先前,我觉得我很有写得"太过"的地方,近来却不这样想了。中国现在的事,即使如实描写,在别国的人们,或将来的好中国的人们看来,也都会觉得grotesk。我常常假想一件事,自以为这是想得太奇怪了;但倘遇到相类的事实,却往往更奇怪。在这事实发生以前,以我的浅见寡识,是万万想不到的。

大约一个多月以前,这里枪毙一个强盗,两个穿短衣的人各拿手枪,一共打了七枪。不知道是打了不死呢,还是死了仍然打,所以要打得这么多。当时我便对我的一群少年同学们发感慨,说:这是民国初年初用枪毙的时候的情形;现在隔了十多年,应该进步些,无须给死者这么多的苦痛。北京就不然,犯人未到刑场,刑吏就从后脑一枪,结果了性命,本人还来不及知道已经死了呢。所以北京究竟是"首善之区",便是死刑,也比外省的好得远。

但是前几天看见十一月二十三日的北京《世界日报》,又知道我的话并不的确了,那第六版上有一条新闻,题目是《杜小拴子刀铡而死》,共分五节,现在撮录一节在下面——

杜小拴子刀铡余人枪毙先时,卫戍司令部因为从了毅军各兵士的请求,决定用"枭首刑",所以杜等不曾到场以前,刑场已预备好了铡草大刀一把。刀是长形的,下边是木底,中缝有厚大而锐利的刀一把,刀下头有一孔,横嵌木上,可以上下的活动,杜等四人入刑场之后,由招扶的兵士把杜等架下刑车,就叫他们脸冲北,对着已备好的刑桌前站着。……杜并没有跪,有外右五区的某巡官去问杜:要人把着不要?杜就笑而不答,后来就自己跑到刀前,自己睡在刀上,仰面受刑,先时行刑兵已将刀抬起,杜枕到适宜的地方后,行刑兵就合眼猛力一铡,杜的身首,就不在一处了。当时血出极多。在旁边跪等枪决的宋振山等三人,也各偷眼去看,中有赵振一名,身上还发起颤来。后由某排长拿手枪站在宋等的后面,先毙宋振山,后毙李有三赵振,每人都是一枪毙命。……先时,被害程步墀的两个儿子忠智忠信,都在场观看,放声大哭,到各人执刑之后,去大喊:爸!妈呀!你的仇已报了!我们怎么办哪?听的人都非常难过,后来由家族引导着回家去了。

假如有一个天才,真感着时代的心搏,在十一月二十二日发表出记叙这样情景的小说来,我想,许多读者一定以为是说着包龙图爷爷时代的事,在西历十一世纪,和我们相差将有九百年。

这真是怎么好……。

至于《阿Q正传》的译本,我只看见过两种。法文的登在八月分的《欧罗巴》上,还止三分之一,是有删节的。英文的似乎译得很恳切,但我不懂英文,不能说什么。只是偶然看见还有可以商榷的两处:一是"三百大钱九二串"当译为"三百大钱,以九十二文作为一百"的意思;二是"柿油党"不如译音,因为原是"自由党",乡下人不能懂,便讹成他们能懂的"柿油党"了。十二月三日,在厦门写。

孤桐《农国辨》刊于《甲寅》第 1 卷第 26 号。

钱基博《克己复礼为仁荀故》刊于《甲寅》第 1 卷第 26 号。

钱基博《民治二字解故》刊于《甲寅》第 1 卷第 26 号。

孤桐《释言》刊于《甲寅》第 1 卷第 27 号。

孤桐《再答稚晖先生》刊于《甲寅》第 1 卷第 27 号。

梁家义《吾人所请愿于吴稚晖先生者》刊于《甲寅》第 1 卷第 27 号。

孤桐《论约法答负仓子》刊于《甲寅》第 1 卷第 28 号。

孤桐《与徐志摩书》刊于《甲寅》第 1 卷第 28 号。

负仓《读毁法辨质疑》刊于《甲寅》第 1 卷第 28 号。

梁家义《论解决时局方案》刊于《甲寅》第 1 卷第 28 号。

孤桐《三答稚晖先生》刊于《甲寅》第 1 卷第 29 号。

孤桐《原用》刊于《甲寅》第 1 卷第 29 号。

陈宰均《工化与农化》刊于《甲寅》第 1 卷第 29 号。

孤桐《告罪》刊于《甲寅》第 1 卷第 30 号。

孤桐《吴敬恒—梁启超—陈独秀》刊于《甲寅》第 1 卷第 30 号。

梁家义《白话文学驳义》刊于《甲寅》第 1 卷第 30 号。

林治南《八字辩》刊于《甲寅》第 1 卷第 30 号。

孤桐《共弃论》刊于《甲寅》第 1 卷第 31 号。

孤桐《答曹君慕管》刊于《甲寅》第 1 卷第 31 号。

彭国栋《墨学之渊源》刊于《甲寅》第 1 卷第 31 号。

唐兰《圣贤与英雄异同论》刊于《甲寅》第 1 卷第 31 号。

汪荣宝《原法》刊于《甲寅》第 1 卷第 32 号。

孤桐《同异义间》刊于《甲寅》第 1 卷第 32 号。

孤桐《书徐子热遗稿后》刊于《甲寅》第 1 卷第 32 号。

彭景林《论废督裁兵与联省自治》刊于《甲寅》第 1 卷第 32 号。

廖竞天《读吴章两先生近论所感》刊于《甲寅》第 1 卷第 32 号。

陈德基《论六书次序质顾惕生先生》刊于《甲寅》第 1 卷第 32 号。

顾惕《随感》刊于《甲寅》第 1 卷第 33 号。

顾惕《与杨怀中书》刊于《甲寅》第 1 卷第 33 号。

张贞敏《天论》刊于《甲寅》第 1 卷第 33 号。

唐铁风《痛言》刊于《甲寅》第 1 卷第 33 号。

孤桐《猜意》刊于《甲寅》第 1 卷第 34 号。

孤桐《论价格标准》刊于《甲寅》第 1 卷第 34 号。

孤桐《铜官感旧书记》刊于《甲寅》第 1 卷第 34 号。

陈拔《论清华研究院》刊于《甲寅》第 1 卷第 34 号。

唐庆增《新文化运动平议》刊于《甲寅》第 1 卷第 34 号。

陈德基《文体平义》刊于《甲寅》第 1 卷第 34 号。

孤桐《曳白记》刊于《甲寅》第 1 卷第 35 号。

茂名《论政府宣言抛弃出口税及复进口半税事》刊于《甲寅》第 1 卷第 35 号。

张翼枢《论大沽事件》刊于《甲寅》第 1 卷第 35 号。

彭国栋《我与群》刊于《甲寅》第 1 卷第 35 号。

王力《文话平议》刊于《甲寅》第 1 卷第 35 号。

汪廷松《解惑》刊于《甲寅》第 1 卷第 35 号。

章士钊《党治驳义》刊于《甲寅》第 1 卷第 36 号。

章士钊《对作篇》刊于《甲寅》第 1 卷第 36 号。

赵淦《救济粮荒之治标策》刊于《甲寅》第 1 卷第 36 号。

孙光庭《诚与识》刊于《甲寅》第 1 卷第 36 号。

章士钊《何故农村立国》刊于《甲寅》第 1 卷第 37 号。

章士钊《说党》刊于《甲寅》第 1 卷第 37 号。

董时进《农村合作》刊于《甲寅》第 1 卷第 37 号。

梁家义《盲从苏俄之过》刊于《甲寅》第 1 卷第 37 号。

张右直《政本篇》刊于《甲寅》第 1 卷第 37 号。

徐佛苏《在野党》刊于《甲寅》第 1 卷第 37 号。

章士钊《论业治》刊于《甲寅》第 1 卷第 38 号。

章士钊《林白水案与出廷壮》刊于《甲寅》第 1 卷第 38 号。

彭粹中《豫章变乱纪事本末》刊于《甲寅》第 1 卷第 38 号。

唐庆增《论斯密斯四大税纲》刊于《甲寅》第 1 卷第 38 号。

董时进《救荒策》刊于《甲寅》第 1 卷第 38 号。

江亢虎《海滨书院》刊于《甲寅》第 1 卷第 38 号。

励平《政论家》刊于《甲寅》第 1 卷第 38 号。

蔡无忌《曼殊大师》刊于《甲寅》第 1 卷第 38 号。

章士钊《主义屑》刊于《甲寅》第 1 卷第 39 号。

章士钊《文论》刊于《甲寅》第 1 卷第 39 号。

陈拔《论法与礼》刊于《甲寅》第 1 卷第 39 号。

唐大圆《东方文化》刊于《甲寅》第 1 卷第 39 号。

董亨久《党治》刊于《甲寅》第 1 卷第 39 号。

章士钊《国民党周刊后题》刊于《甲寅》第 1 卷第 40 号。

梁敬錞《英案解剖敬告国民及南北当局》刊于《甲寅》第 1 卷第 40 号。

唐兰《读论衡》刊于《甲寅》第 1 卷第 40 号。

周鲠生《中国的国际地位》刊于《东方杂志》第 23 卷第 1 号。

胡愈之《国民外交与国际时事研究》刊于《东方杂志》第 23 卷第 1 号。

楼桐孙《为几个政治名词进一解》刊于《东方杂志》第 23 卷第 1 号。

张蔚慈《国际劳工组织》刊于《东方杂志》第 23 卷第 1 号。

黄惟志《罗加拿条约成立后之国际新形势》刊于《东方杂志》第 23 卷第 1 号。

胡愈之《叙利亚问题(国际问题研究之一)》刊于《东方杂志》第 23 卷第 1 号。

幼雄《摩赛尔问题》刊于《东方杂志》第 23 卷第 1 号。

幼雄《波斯王朝之复亡》刊于《东方杂志》第 23 卷第 1 号。

白本《美国的犯罪问题》刊于《东方杂志》第 23 卷第 1 号。

竺可桢《论江浙两省人口之密度》刊于《东方杂志》第 23 卷第 1 号。

张东荪《初学哲学之一参考》刊于《东方杂志》第 23 卷第 1 号。

李润章《各国科学家对于物理学的贡献》刊于《东方杂志》第 23 卷第 1 号。

心史《李义山锦瑟诗考证》刊于《东方杂志》第 23 卷第 1 号。

唐钺《入声演化和词曲发达的关系》刊于《东方杂志》第 23 卷第 1 号。

楼桐孙《我之萨威棱贴观》刊于《东方杂志》第 23 卷第 2 号。

沈蕃《附加税用途与内政问题》刊于《东方杂志》第 23 卷第 2 号。

胡愈之《比萨拉比亚问题(国际问题研究之二)》刊于《东方杂志》第 23 卷第 2 号。

幼雄《保希争论之解决与马其顿问题》刊于《东方杂志》第 23 卷第 2 号。

幼雄《激成叙利亚乱事的几件事情》刊于《东方杂志》第 23 卷第 2 号。

作霖《美国的废奴新运动》刊于《东方杂志》第 23 卷第 2 号。

从予《英国劳动运动的新发展》刊于《东方杂志》第 23 卷第 2 号。

张荫麟《洪亮吉及其人口论》刊于《东方杂志》第 23 卷第 2 号。

万国鼎《汉字母笔排列法》刊于《东方杂志》第 23 卷第 2 号。

张东荪《由自利的我到自制的我》刊于《东方杂志》第 23 卷第 3 号。

幼雄《红色外交与白色外交的斗争》刊于《东方杂志》第 23 卷第 3 号。

戴铭礼《法兰西之阁潮与财政》刊于《东方杂志》第 23 卷第 3 号。

幼雄《希腊的执政政治》刊于《东方杂志》第 23 卷第 3 号。

作霖《欧战中各国损失的统计》刊于《东方杂志》第 23 卷第 3 号。

高一涵《卢梭的民权论和国权论》刊于《东方杂志》第 23 卷第 3 号。

谢冠生《历代刑法书存亡考》刊于《东方杂志》第 23 卷第 3 号。

王允元《命原论》刊于《东方杂志》第 23 卷第 3 号。

张蔚慈《俄国革命前后社会阶级状况的变迁》刊于《东方杂志》第 23 卷第 4 号。

马寅初《银行之势力何以不如钱庄》刊于《东方杂志》第 23 卷第 4 号。

幼雄《战债问题之现状》刊于《东方杂志》第 23 卷第 4 号。

樊仲云《新土耳其》刊于《东方杂志》第 23 卷第 4 号。

幼雄《国际裁军问题(国际问题研究之四)》刊于《东方杂志》第 23 卷第 4 号。

何作霖《各国无产政党议会运动的成绩》刊于《东方杂志》第 23 卷第 4 号。

宋介《保护儿童的社会立法》刊于《东方杂志》第 23 卷第 4 号。

王世杰《国际移民问题》刊于《东方杂志》第 23 卷第 5 号。

何作霖《英国最近对印度的政策》刊于《东方杂志》第 23 卷第 5 号。

李长傅《中国殖民南洋小史》刊于《东方杂志》第 23 卷第 5 号。

胡愈之《国际联盟(国际问题研究之五)》刊于《东方杂志》第 23 卷第 5 号。

何作霖《苏俄最近的婚姻问题》刊于《东方杂志》第 23 卷第 5 号。

何作霖《欧战产生的两大主义》刊于《东方杂志》第 23 卷第 5 号。

金侣琴《社会主义与科学方法》刊于《东方杂志》第 23 卷第 5 号。

陈延杰《论唐人七言歌行》刊于《东方杂志》第 23 卷第 5 号。

吕炯《物质一元说》刊于《东方杂志》第 23 卷第 5 号。

楼桐孙《所贵乎有国家者》刊于《东方杂志》第 23 卷第 6 号。

胡善恒《原富一百五十岁寿言》刊于《东方杂志》第 23 卷第 6 号。

邬翰芳《菲律宾之独立运动》刊于《东方杂志》第 23 卷第 6 号。

胡愈之《的罗尔问题（国际问题研究之六）》刊于《东方杂志》第 23 卷第 6 号。

幼雄《国际联盟的危机》刊于《东方杂志》第 23 卷第 6 号。

何作霖《葡萄牙革命与政局》刊于《东方杂志》第 23 卷第 6 号。

何作霖《意大利的新法律》刊于《东方杂志》第 23 卷第 6 号。

心史《中国染业史》刊于《东方杂志》第 23 卷第 6 号。

李之常《古生物学在科学上的地位》刊于《东方杂志》第 23 卷第 6 号。

任二北《散曲之研究》刊于《东方杂志》第 23 卷第 7 号。

曾友豪《法权委员会与收回治外法权问题》刊于《东方杂志》第 23 卷第 7 号。

周曙山《日本在满蒙的所谓特殊地位及其势力》刊于《东方杂志》第 23 卷第 7 号。

张梓生《三月十八日国务院前之大惨杀事情》刊于《东方杂志》第 23 卷第 7 号。

邵元冲《工厂劳工状况的调查方法及应注意之点》刊于《东方杂志》第 23 卷第 7 号。

幼雄《裁军声中之法俄密约说》刊于《东方杂志》第 23 卷第 7 号。

何作霖《意大利现代的新教育》刊于《东方杂志》第 23 卷第 7 号。

李权时《吕那拿遗产税之社会意义》刊于《东方杂志》第 23 卷第 7 号。

任二北《散曲之研究》刊于《东方杂志》第 23 卷第 7 号。

马寅初《中国历年入超之解释及其危险》刊于《东方杂志》第 23 卷第 8 号。

潘大道《联邦国之新形式》刊于《东方杂志》第 23 卷第 8 号。

华超《大学教育改革与提高问题》刊于《东方杂志》第 23 卷第 8 号。

胡愈之《意国殖民地问题（国际问题研究之七）》刊于《东方杂志》第 23 卷第 8 号。

幼雄《各国之国家总动员令法》刊于《东方杂志》第 23 卷第 8 号。

郑鹤声、向达《摄山佛教石刻小纪》刊于《东方杂志》第 23 卷第 8 号。

斯滨加著,华林一译《表现主义的文学批评论》刊于《东方杂志》第 23 卷第 8 号。

许仕廉《地方服务与公民训练》刊于《东方杂志》第 23 卷第 9 号。

张蔚慈《苏俄政府的经济政策》刊于《东方杂志》第 23 卷第 9 号。

何作霖《棒喝团的国际大阴谋》刊于《东方杂志》第 23 卷第 9 号。

张水淇《开垦边荒与国家之关系》刊于《东方杂志》第 23 卷第 9 号。

黄惟志《石油战争（国际问题研究之八）》刊于《东方杂志》第 23 卷第 9 号。

化鲁《匈牙利伪钞事件与复辟运动》刊于《东方杂志》第 23 卷第 9 号。

何作霖《捷克斯洛伐克共和国的国文》刊于《东方杂志》第 23 卷第 9 号。

孔德《汉短萧铙歌十八曲释》刊于《东方杂志》第 23 卷第 9 号。

张廷玉《北极之观测》刊于《东方杂志》第 23 卷第 9 号。

梁龙《租界地内法权收回问题》刊于《东方杂志》第 23 卷第 10 号。

程湘帆《收回教育权的具体办法》刊于《东方杂志》第 23 卷第 10 号。

黄惟志《裁军筹备会议的议题》刊于《东方杂志》第 23 卷第 10 号。

龚骏《橡皮事业在国际上之恐慌与其成因》刊于《东方杂志》第 23 卷第 10 号。

邬翰芳《菲律宾人的生活》刊于《东方杂志》第 23 卷第 10 号。

何作霖《俄国的国民皆兵主义运动》刊于《东方杂志》第 23 卷第 10 号。

幼雄《俄德中立条约》刊于《东方杂志》第 23 卷第 10 号。

何作霖《太平洋上英美日三国的航业》刊于《东方杂志》第 23 卷第 10 号。

何作霖《各国对于无线电事业之竞争》刊于《东方杂志》第 23 卷第 10 号。

何作霖《墨西哥的宗教问题》刊于《东方杂志》第 23 卷第 10 号。

张君劢《爱国的哲学家——菲希德》刊于《东方杂志》第 23 卷第 10 号。

郑鹤声《大月氏与东西文化》刊于《东方杂志》第 23 卷第 10 号。

林风眠《东西艺术之前途》刊于《东方杂志》第 23 卷第 10 号。

愈之《英国煤矿争议与总罢工》刊于《东方杂志》第 23 卷第 11 号。

胡颖之《日本无产政党的再生及其将来》刊于《东方杂志》第 23 卷第 11 号。

[日]长谷川如是闲著,仲云译《中国的军阀与现代国家》刊于《东方杂志》第 23 卷第 11 号。

陈章《电机制造工业与中国》刊于《东方杂志》第 23 卷第 11 号。

邹敬芳《东西国民性及其社会思想》刊于《东方杂志》第 23 卷第 11 号。

朱光潜《中国文学之未开辟的领土》刊于《东方杂志》第 23 卷第 11 号。

徐中舒《木兰歌再考补篇》刊于《东方杂志》第 23 卷第 11 号。

唐钺《现代人的现代文》刊于《东方杂志》第 23 卷第 12 号。

孟实《英国大罢工的经过》刊于《东方杂志》第 23 卷第 12 号。

侯厚培《中国实业发展之根本问题》刊于《东方杂志》第 23 卷第 12 号。

[德]何夫曼著,魏以新译《国际政治关系中之非洲》刊于《东方杂志》第 23 卷第 12 号。

幼雄《俄土条约的意义》刊于《东方杂志》第 23 卷第 12 号。

孙本文《美国社会学现状及其趋势》刊于《东方杂志》第 23 卷第 12 号。

宋慈袭《孙籀顾先生年谱》刊于《东方杂志》第 23 卷第 12 号。

竺可桢《论祈雨禁屠与旱灾》刊于《东方杂志》第 23 卷第 13 号。

楼桐孙《上议院之权限问题》刊于《东方杂志》第 23 卷第 13 号。

张蔚慈《战后的欧洲农民——绿色国际》刊于《东方杂志》第 23 卷第 13 号。

邬翰芳《菲律宾之对华经济独立运动》刊于《东方杂志》第 23 卷第 13 号。

何作霖《葡萄牙革命后之独裁制》刊于《东方杂志》第 23 卷第 13 号。

幼雄《波兰政变之经过》刊于《东方杂志》第 23 卷第 13 号。

[日]长谷川如是闲著,刘叔琴译《罗素的社会思想与中国》刊于《东方杂志》第 23 卷第 13 号。

张其昀《金陵史势之鸟瞰(上)》刊于《东方杂志》第 23 卷第 13 号。

梁伯强《医学上中国民族——汉族——之研究》刊于《东方杂志》第 23 卷第 13 号。

刘南陔《淞沪宅地税平议》刊于《东方杂志》第 23 卷第 14 号。

唐庆增《近代欧美各国租税之趋势》刊于《东方杂志》第 23 卷第 14 号。

[日]本间雅晴著,幼雄译《黎明期之西部亚细亚》刊于《东方杂志》第 23 卷第 14 号。

沙公超《中国各埠电车交通概况》刊于《东方杂志》第 23 卷第 14 号。

化鲁《德国皇室财产问题》刊于《东方杂志》第 23 卷第 14 号。

化鲁《赤俄的禁书》刊于《东方杂志》第 23 卷第 14 号。

幼雄《摩洛哥独立运动之失败》刊于《东方杂志》第 23 卷第 14 号。

潘大道《民主主义之各面貌》刊于《东方杂志》第 23 卷第 14 号。

朱光潜《完形派心理学之概略及其批评》刊于《东方杂志》第 23 卷第 14 号。

王重民《道德经碑幢刻石考》刊于《东方杂志》第 23 卷第 14 号。

汪馥炎《中央政制论》刊于《东方杂志》第 23 卷第 15 号。

郭绍宗《美日战争之战略观》刊于《东方杂志》第 23 卷第 15 号。

夏奇峰《国际联盟之最近形势》刊于《东方杂志》第 23 卷第 15 号。

俞颂华《谈中等阶级》刊于《东方杂志》第 23 卷第 15 号。

朱懋澄《劳动问题之里面及其解决之方案》刊于《东方杂志》第 23 卷第 15 号。

化鲁《摩塞尔问题之解决》刊于《东方杂志》第 23 卷第 15 号。

何作霖《国际劳动会议与八小时工作协约》刊于《东方杂志》第 23 卷第 15 号。

张东荪《兽性问题》刊于《东方杂志》第 23 卷第 15 号。

张其昀《金陵史势之鸟瞰(下)》刊于《东方杂志》第 23 卷第 15 号。

蔡源明《我国北方各省将化为沙漠之倾向与实证》刊于《东方杂志》第 23 卷第 15 号。

楼桐孙《改造代议制之具体方案》刊于《东方杂志》第 23 卷第 16 号。

许仕廉《民族主义下的人口问题》刊于《东方杂志》第 23 卷第 16 号。

冯柳塘《粮荒之状况及其补救》刊于《东方杂志》第 23 卷第 16 号。

夏奇峰《亚比色尼亚与英意协定》刊于《东方杂志》第 23 卷第 16 号。

幼雄《美洲大陆联盟的提倡》刊于《东方杂志》第 23 卷第 16 号。

陈灿《陆宣公之财政学说》刊于《东方杂志》第 23 卷第 16 号。

周建人《拉马克的习得性遗传问题》刊于《东方杂志》第 23 卷第 16 号。

刘子芬《竹园陶说》刊于《东方杂志》第 23 卷第 16 号。

董时进《民食困难之解释与解决》刊于《东方杂志》第 23 卷第 17 号。

黄惟志《裁军会议之序幕》刊于《东方杂志》第 23 卷第 17 号。

幸农《欧洲各国农业的趋势》刊于《东方杂志》第 23 卷第 17 号。

何作霖《苏俄金融制度之沿革》刊于《东方杂志》第 23 卷第 17 号。

何作霖《土耳其的新法典》刊于《东方杂志》第 23 卷第 17 号。

胡适《我们对于西洋近代文明的态度》刊于《东方杂志》第 23 卷第 17 号。

按:是文曰:"今日最没有根据而又最有毒害的妖言是讥贬西洋文明为唯物的(Materialistic),而尊崇东方文明为精神的(Spiritual)。这本是很老的见解,在今日却有新兴的气象。从前东方民族受了西洋民族的压迫,往往用这种见解来解嘲,来安慰自己。近几年来,欧洲大战的影响使一部分的西洋人对于近世科学的文化起一种厌倦的反感,所以我们时时听见西洋学者有崇拜东方的精神文明的议论。这种议论,本来只是一时的病态的心理,却正投合了东方民族的夸大狂;东方的旧势力就因此增加了不少的气焰。我们不愿'开倒车'的少年人对于这个问题没有一种彻底的见解,所以不能没有一种鲜明的表示。"

为了对这一问题有更深入的讨论,是文对讨论的几个基本观念做了界定:"第一,文明(Civilization)是一个民族应付他的环境的总成绩。第二,文化(Culture)是一种文明所形成的生活的方式。第三,凡一种文明的造成,必有两个因子:一是物质的(material),包括种种自然界的势力与质料;一是精神的(Spiritual),包括一个民族的聪明才智,感情和理想。凡文明都是人的心思智力运用自然界的质与力的作品;没有一种文明是精神的,也没有一种文明单是物质的。"

是文讨论的核心是:"(1)什么叫做'唯物的文明',(2)西洋现代文明是不是唯物的文明。"是文认为:"崇拜所谓东方精神文明的人说,西洋近代文明偏重物质上和肉体上的享受,而略视心灵上与精神上的要求,所以是唯物的文明。我们先要指出这种议论含有灵肉冲突的成见,我们认为错误的成见。我们深信,精神的文明必须建筑在物质的基础之上。提高人类物质上的享受,增加人类物质上的便利与安逸,这都是朝着解放人类的能力的方向走,使人们不至于把精力心思全抛在仅仅生存之上,使他们可以有余力去满足他们的精神上的要求。……西洋近代文明的特色便是充分承认这个物质的享受的重要。西洋近代文明,依我的鄙见看来,是建筑在三个基本观念之上:第一,人生的目的是求幸福。第二,所以贫穷是一桩罪恶。第三,所以衰病是一桩罪恶。借用一句东方古话,这就是一种'利用厚生'的文明。……我们可以大胆地宣言:西洋近代文明绝不轻视人类的精神上的要求。我们还可以大胆地进一步说:西洋近代文明能够满足人类心灵上的要求的程度,远非东洋旧文明所能梦见,在这一方面看来,西洋近代文明绝非唯物的,乃是理想主义的(idealistic),乃是精神的(spiritual)。"

　　是文最后对西洋近代文明做了综合评判:"这一系的文明建筑在'求人生幸福'的基础之上,确实替人类增进了不少的物质上的享受;然而他也确然很能满足人类的精神上的要求。他在理智的方面,用精密的方法,继续不绝地寻求真理,探索自然界无穷的秘密。他在宗教道德的方面,推翻了迷信的宗教,建立合理的信仰;打倒了神权,建立人化的宗教;抛弃了那不可知的天堂净土,努力建设'人的乐国''人世的天堂';丢开了那自称的个人灵魂的超拔,尽量用人的新想象力和新智力去推行那充分社会化了的新宗教与新道德,努力谋人类最大多数的最大幸福。东方的文明的最大特色是知足。西洋的近代文明的最大特色是不知足。"

　　　　[英]罗素著,钱星海译《进化国里的社会主义》刊于《东方杂志》第23卷第17号。

　　　　心史《臧三耳辨》刊于《东方杂志》第23卷第17号。

　　　　陈震异《大上海建筑策》刊于《东方杂志》第23卷第18号。

　　　　楼桐孙《各国现行之经济政策与世界未来之大战》刊于《东方杂志》第23卷第18号。

　　　　忻启介《日本最近的小作争议问题》刊于《东方杂志》第23卷第18号。

　　　　仲云《独裁政治之勃兴》刊于《东方杂志》第23卷第18号。

　　　　幼雄《菲律宾独立运动之现状》刊于《东方杂志》第23卷第18号。

　　　　育干《菲律宾之华侨人数》刊于《东方杂志》第23卷第18号。

　　　　何作霖《意大利的新经济政策》刊于《东方杂志》第23卷第18号。

　　　　夏奇峰《瑞士兵制谈》刊于《东方杂志》第23卷第18号。

　　　　陈延杰《读〈文心雕龙〉》刊于《东方杂志》第23卷第18号。

　　　　愈之《最近列强的外交策》刊于《东方杂志》第23卷第19号。

　　　　楼桐孙《欧洲大陆合众国之经济组织果足以保障世界和平乎》刊于《东方杂志》第23卷第19号。

　　　　黄惟志《英意协定之意义》刊于《东方杂志》第23卷第19号。

　　　　何作霖《国际知识界的合作运动》刊于《东方杂志》第23卷第19号。

　　　　黄汉瑞《塔克那阿里卡问题》刊于《东方杂志》第23卷第19号。

　　　　刘叔琴《从自然的社会学进向文化的社会学》刊于《东方杂志》第23卷第19号。

　　　　王增华、罗长海译《阿孟曾北极飞行述》刊于《东方杂志》第23卷第19号。

　　　　汪国垣《读书举要》刊于《东方杂志》第23卷第19号。

　　　　张蔚慈《欧战前后的国际政治》刊于《东方杂志》第23卷第20号。

　　　　李景泌《英国与埃及问题之研究》刊于《东方杂志》第23卷第20号。

　　　　胡愈之《坦及尔问题(国际问题研究之九)》刊于《东方杂志》第23卷第20号。

　　　　周宪文《中国之烟祸及其救济策》刊于《东方杂志》第23卷第20号。

　　　　何作霖《土耳其的新税制》刊于《东方杂志》第23卷第20号。

幼雄《法德的新关系》刊于《东方杂志》第 23 卷第 20 号。

幼雄《国际会议的公用语问题与世界语》刊于《东方杂志》第 23 卷第 20 号。

李璜《历史学与社会科学的关系》刊于《东方杂志》第 23 卷第 20 号。

朱偰《五言诗起源问题》刊于《东方杂志》第 23 卷第 20 号。

马寅初《中国之财政与金融》刊于《东方杂志》第 23 卷第 21 号。

[日]稻垣直文著,仲云译《现代中国论》刊于《东方杂志》第 23 卷第 21 号。

黄泽苍《缅甸人的生活》刊于《东方杂志》第 23 卷第 21 号。

幼雄《斯干狄那维主义》刊于《东方杂志》第 23 卷第 21 号。

高卓《完形派心理学与行为主义》刊于《东方杂志》第 23 卷第 21 号。

[美]戈德著,周建人译《进化论的历史和应用》刊于《东方杂志》第 23 卷第 21 号。

姚大荣《辩画征录记王石谷与吴渔山绝交事之诬》刊于《东方杂志》第 23 卷第 21 号。

张正学《会审公廨收回后建设新法院之我见》刊于《东方杂志》第 23 卷第 22 号。

张蔚慈《战后的欧洲劳工阶级》刊于《东方杂志》第 23 卷第 22 号。

孟博《震骇日本全国之长野县民大暴动》刊于《东方杂志》第 23 卷第 22 号。

胡愈之《苏丹问题(国际问题研究之十)》刊于《东方杂志》第 23 卷第 22 号。

程天放《加拿大华侨概况》刊于《东方杂志》第 23 卷第 22 号。

孔祥鹅《电传像的成功与电传影的将来》刊于《东方杂志》第 23 卷第 22 号。

唐庆增《经济学用书概要》刊于《东方杂志》第 23 卷第 22 号。

姚维锐《〈古书疑义举例〉续补》刊于《东方杂志》第 23 卷第 22 号。

马寅初《中日现行通商航海条约之研究》刊于《东方杂志》第 23 卷第 23 号。

张蔚慈《战后的欧洲中等阶级》刊于《东方杂志》第 23 卷第 23 号。

武堉干《反动政象中欧洲财政经济状况概观》刊于《东方杂志》第 23 卷第 23 号。

罗宏顺《高生殖率的中国人口问题与民族前途》刊于《东方杂志》第 23 卷第 23 号。

幼雄译《世界人口增加之大势》刊于《东方杂志》第 23 卷第 23 号。

何作霖《西班牙的革命运动》刊于《东方杂志》第 23 卷第 23 号。

育干《黑色人种的新解放运动》刊于《东方杂志》第 23 卷第 23 号。

何炳松、程瀛章《外国专名汉译问题之商榷》刊于《东方杂志》第 23 卷第 23 号。

何畏《法兰西近代哲学思想的特征》刊于《东方杂志》第 23 卷第 23 号。

汪德官《无线电界之新发明》刊于《东方杂志》第 23 卷第 23 号。

陈延杰《读〈诗品〉》刊于《东方杂志》第 23 卷第 23 号。

程维嘉《废除不平等条约问题》刊于《东方杂志》第 23 卷第 24 号。

沈毅《一年来日本政局之回顾》刊于《东方杂志》第 23 卷第 24 号。

仲云《白色恐怖下的匈牙利》刊于《东方杂志》第 23 卷第 24 号。

汤茂如《平民教育促进会的组织和工作》刊于《东方杂志》第 23 卷第 24 号。

何作霖《世界各国名流反对征兵制度运动》刊于《东方杂志》第 23 卷第 24 号。

林绍昌《菲律宾的政党》刊于《东方杂志》第 23 卷第 24 号。

从予《拉丁亚美利加的学生运动》刊于《东方杂志》第 23 卷第 24 号。

张崧年《文明与文化》刊于《东方杂志》第 23 卷第 24 号。

张东荪《西方文明与中国》刊于《东方杂志》第 23 卷第 24 号。

按:《东方杂志》第23卷第17号刊发了胡适《我们对于西洋近代文明的态度》,张东荪先生《西方文明与中国》"所欲讨论的乃是我们采取西洋文明是否绝无问题",所以这一短篇"并不是批评胡适之,乃是补足他,换言之,即于他的那篇文章后下一转语"。

是文认为:"要请一班注意于东西文明争论的朋友,不仅胡适之先生,要放开眼界来看中国的现状。中国自近三十年以来,尤其最近十年,已早走上了西洋文明的这条路。但是于无意识中走上去的,换言之,即于不知不觉中自然而然到了这上头去。试看每年出洋的学生有增无减;每年毕业归国的亦突然增加。以近两年的比例,恐怕不下千名。介绍西方学术的出版物亦是一个证明。这就好象以盐水来冲淡水,盐水的成分愈多则淡水中必愈咸了。所以我们对于西洋文明到中国的前途非但不必杞忧,且亦正可预料其必然大兴。这是自然的趋势,即大势所趋,不是任何一人鼓吹主张的力量。至于其间偶有极少数的人在那里诅咒西洋的物质文明。我们不可仅从其阻碍西洋文明的输入来注目。须知西洋文明的输入既排山倒海而来,是阻挡不住的,即反抗亦是百分之九十九无效的。所以我们正不必引为毒害的妖言,特辞而辟之。我们当认这种反对西洋文明的言论是有缘故的,而当一研究其故何在。"

"在十余年以前,我早就主张中国应当彻底采用西洋文明,不过后来我实地察看中国社会情形,知道纯粹走西洋这条路不是绝无问题。换言之,即是不如设想的那样简单。自欧风东被以来,不消说,论政治,只见纷乱不见安靖;论社会,只见摇动不见向荣。这些还不去说他。最有影响的就是那些经过西洋化的人们,所谓新人也者的做人方法与生活态度。因为做人的方法变了,生活的态度改了,所以无论社会上任何方面都受了影响。而显著的方面莫如男女关系的婚姻制度。但我们拿老先生与新人物来比较:就社会全体的福利来讲,实使人发见不出什么分别。不过老先生用作伪的方法迂缓地以充满其下等本能;而新人物以门面的标语勇敢地以充足其下等本能罢了。所以现在的中国是一个 laissez faire。旧道德之不便于本能的弃之惟恐不速;新道德之不便于本能的不愿迎来。在这种畸形状态下,凡不满意于现状的人因为依恋故旧的缘故,发为诋毁西洋物质文明的言论,其言虽非,其心可恕。所以我们应该引为问题的不是如何以阻止他们的言论,乃是如何使这班新人不演这样奇怪把戏。"

"说到这里,我不能不又回到西洋文明。西洋近代的文明是希腊文明的复活;西(希)腊文明是主知主义,以为凡人生缺憾都可由知识来补足。所以才有利用厚生的一切施设。但我们须知西洋近代文明不纯是希腊文明,还有希伯来的宗教文明为主要的成分。所以我们看见许多的大科学家同时对于宗教,不但不反对,还有热烈的信仰。这种文明对于生活上很有影响。往往有些科学家对于所研究的虽则常本其不知足的心而猛进,却同时又象中国的理学家或道学先生那样乐天而知天命地生活着。可见单纯的不知足是不能使人生活下去。且单知人生目的是求幸福亦势必令人都误会为求个人的私利。总之,人生只是率欲望而前进不已,亦是不行的;抑止欲望固然是不行的。所以西洋有希腊文明以推之,又有宗教的文明以挽之。在这一推一挽之间,他们得了进步又得了安慰。换一句话来讲,就是个人本位的主义太发达了是不行的;但促进利用厚生却又非以个人思想为推动力不可。这其间如何把增进人生的福利使其在个人方面的与在群体方面的相调和,实是一个难以解决的大问题。因为其间往往有冲突,所以时时演成畸形,发为悲剧。至于我们的东方,固有的文明,已不能担负这个'挽'的责任;于是只有'推'。势必至于推车撞壁。所谓挽,无他,就是精神上的安慰。虽各人的环境不同所需要以安慰的自亦不同;然而无论何人仅是由当前的欲望而率进,必是不行的;必学有安慰他的灵魂的。而社会秩序即建筑于此上。无如中国固有的文明大部分于无形中腾化了。现在只有考古家在那里研究;这便证明其与现时人生无直接的接触。在这种状态下,安得不成如我前所说的一种放任状态呢? 在这样情形下,输入西洋文明不是绝无问题,这是我愿促起讨论文明问题的人们注意的。至于我个人的意见,虽则仍主张彻底输入西洋精神,然对于畸形状态却以为亦非有一种补救之法不可。"

徐庆誉《心是脑的产物吗》刊于《东方杂志》第23卷第24号。

成仿吾《文艺批评杂论》刊于《创造月刊》第1卷第1期。

郭沫若《论节奏》刊于《创造月刊》第1卷第1期。

穆木天《谭诗》刊于《创造月刊》第1卷第1期。

王独清《再谭诗》刊于《创造月刊》第1卷第1期。

郁达夫《历史小说论》刊于《创造月刊》第1卷第2期。

蒋光赤《十月革命与俄罗斯文学》刊于《创造月刊》第1卷第2期。

郭沫若《革命与文学》刊于《创造月刊》第1卷第3期。

按：是文认为："我们现代是革命的时代，我们是从事于文学的人。我们所从事的文学对于时代有何种关系，时代对于我们有何种要求，我们对于时代当取何种的态度，这些问题是我想在这儿讨论的。"全文主要讨论了三个问题：

一是"革命与文学的关系"。是文认为："革命与文学一并列起来，我们立地可以联想到的，便是有两种极端反对的主张。有一派人说：革命和文学是冰炭不相容的，这两个东西根本不能并立。主张这个意思的人更可以分为两小派：一派是所谓文学家，一派是所谓革命家。所谓文学家，尤其是我们中国人的所谓文学家，他们是居住在别外一种天地的别外的一种人种。他们的生涯是风花雪月，他们对于世事是从不过问的。……他们对于革命，比较冷静的，他们可以取一种超然的态度，不然便要极力加以诅咒。这种实例无论是旧式的文人或者新式的文人我们随处都可以看见，在他们看来，文学和革命总是不两立的。……而革命家对于文学也极力在想轻视，在想否认。我们时常听着实际从事于革命的人说：文学！文学这样东西于我们的革命事业究有甚么？……文学家极力在诅咒革命，革命家也极力在诅咒文学，这两种人的立脚点虽然不同，然而在他们的眼光里，文学和革命总是不能两立的。"而另外一派，则是"说文学和革命是完全一致"，"譬如周代的变风变雅和屈子《离骚》，都是在革命时期中所产生出的千古不磨的文学。而每当朝代换易，一些忠臣烈士所披沥的血泪文章，至今犹传诵于世的，我们也可以说是指不胜屈的了。是这样看来，文学和革命也并不是不能两立，而且是互为因果，有完全一致的可能。主张这种见解的人，自然不能说是全无根据。"

对于这一问题，是文认为："革命本来不是固定的东西，每个时代的革命各有每个时代的精神，不过革命的形式总是固定了的。每个时代的革命一定是每个时代的被压迫阶级对于压迫阶级的彻底反抗。阶级的成分虽然不同，反抗的目的虽然不同，然而其所表现的形式是永远相同的。……你是反对革命的人，那你做出来的文学或者你所欣赏的文学，自然是反革命的文学，是替压迫阶级说话的文学；这样的文字当然和革命不两立，当然也要被革命家轻视和否认的。你假如是赞成革命的人，那你做出来的文学或者你所欣赏的文学，自然是革命的文学，是替被压迫阶级说话的文学；这样的文学自然会成为革命的前驱，自然会在革命时期中产生出一个黄金时代了。这样一来，我们可以知道文学的这个公名中包含着两个范畴：一个是革命的文学，一个是反革命的文学。""我们得出了文学的两个范畴，所有一切概念上的纠纷，都可以无形消灭，而我们对于文学的态度也就可以决定了，文学是不应该笼统的反对，也不应该笼统的赞美的。这儿我们应该要分别清楚，我们无论是创作文学的人或者研究文学的人，我们是应该要把自己的脚跟认定。每个时代的每种文学都有她的赞美人和她的反对人，但是我们现在暂且作为第三者而加以观察和批判的时候，究竟哪一种文学真是应该受人赞美？哪一种文学真是应该受人反对呢？据这样看来，我们可以说凡是革命的文学就是应该受赞美的文学，而凡是反革命的文学便是应该受反对的文学。应该受反对的文学我们可以根本否认她的存在，我们也可以简切了当地说她不是文学。大凡一个社会在停滞着的时候，那时候所产生出来的文学都是反革命的，而且同时是全无价值的。"由此，"我们更可以归纳出一句话来：就是文学是永远革命的，真正的文学是只有革命文学的一种。所以真正的文学永远是革命的前驱，而革命的时期中总会有一个文学的黄金时代出现。所以我在讨论文学和革命的关系的时候，我始终承认文学和革命是一致的，并不是不两立的。"

是文讨论的第二个问题是："文学何以能为革命的前驱，而革命的时期中何以会有一个文学的黄金时代出现呢？"是文认为："文学在革命时代能够兴盛的原故也可以用心理学上的根据来说明。我们知道文学的本质是始于感情终于感情的。文学家把自己的感情表现出来。而他的目的——不管是有意识的或无意识的——总是在读者心中引起同样的感情作用的。那么作家的感情愈强烈愈普遍,而作品的效果也就愈强烈愈普遍。这样的作品当然是好的作品。一个时代好的作品愈多,就是那个时代的文学愈兴盛的表现。革命时代的希求革命的感情是最强烈最普遍的一种团体感情,由这种感情表现而为文章,来源不穷,表现的方法万殊,所以一个革命的时期中总含有一个文学的黄金时代了。""革命时期是容易产生悲剧的时候,被压迫阶级与压迫者反抗,在革命尚未成功之前,所有一切的反抗都是要归于失败的。阶级的反抗无论由个人所代表,或者是由团体的爆发,这种个人的失败史,或者团体的失败史,表现成为文章便是一篇悲剧。而悲剧在文学的作品上是有最高级的价值的,革命时期中容易产生悲剧,这也就是革命时期中自会有一个文学上的黄金时代的第二个原因了。"

是文讨论的第三个问题,"就是所谓革命文学究竟是怎么样的文学,就是革命文学的内容究竟怎么样"。是文认为:"这个问题我看是不能限制在一个时代里面来说话的。社会进化的过程中,每个时代都是不断地革命着前进的,每个时代都有每个时代的精神,时代精神一变,革命文学的内容便因之而一变。……文学是革命的函数。文学的内容是跟着革命的意义转变的,革命的意义变了,文学便因之而变了。……在第一个时代是革命的,在第二个时代又成为非革命的,在第一个时代是革命文学,在第二个时代又成为反革命的文学了。所以革命文学的这个名词虽然固定,而革命文学的内涵是永不固定的。""把欧洲文艺思潮的进展追踪起来,可以知道革命文学在史实上也的确是随着时代的精神而转换的。前一个时代有革命文学出现,而在后一个时代又有革革命文学出现,更后一个时代又有革革革命文学出现了。如此进展以至于现世,为我们所要求的革命文学,其内容与形式是很明了的。凡是表同情于无产阶级而且同时是反抗浪漫主义的便是革命文学。革命文学倒不一定要描写革命,赞扬革命,或仅仅在文面上多用些炸弹,手枪,干干干等花样。无产阶级的理想要望革命文学家点醒出来,无产阶级的苦闷要望革命文学家实写出来。要这样才是我们现在所要求的真正的革命文学。"

何畏《个人主义艺术的灭亡》刊于《创造月刊》第1卷第3期。

成仿吾《文艺批评杂论(续)》刊于《创造月刊》第1卷第3期。

蒋光赤《十月革命与俄罗斯文学(续)》刊于《创造月刊》第1卷第3期。

梁实秋《拜伦与浪漫主义》刊于《创造月刊》第1卷第3期。

成仿吾《革命文学与他的永远性》刊于《创造月刊》第1卷第4期。

穆木天《写实文学论》刊于《创造月刊》第1卷第4期。

蒋光赤《十月革命与俄罗斯文学》刊于《创造月刊》第1卷第4期。

徐祖正《拜伦的精神》刊于《创造月刊》第1卷第4期。

梁实秋《拜伦与浪漫主义(续)》刊于《创造月刊》第1卷第4期。

摩南《诗人缪塞之爱的生活》刊于《创造月刊》第1卷第4期。

方光斋《文学与情绪》刊于《创造月刊》第1卷第5期。

刘盼遂《〈春秋名字解诂〉补正》刊于《实学》第1期。

刘盼遂《〈尔雅草木鸟兽虫鱼释例〉补》刊于《实学》第2期。

刘盼遂《〈广韵叙录〉校笺》刊于《实学》第4期。

刘盼遂《鄎王刘厉学叙齿引》刊于《实学》第5期。

刘盼遂《反切不始于孙叔然辨证》刊于《实学》第6期。

刘盼遂《跋唐人写韵书二残笺》刊于《实学》第6期。

黄侃著,刘盼遂笔录《说文之形声字》刊于《弘毅》第1卷第5期。

余上沅《旧戏评价》刊于《晨报副刊》1926年7月1日。

全平《关于这一周年的洪水》刊于《洪水周年增刊》。

为法《作品与作家》刊于《洪水周年增刊》。

冢辅《解放过程的争斗》刊于《洪水周年增刊》。

沫若《矛盾的调和》刊于《洪水周年增刊》。

沫若《新国家的创造》刊于《洪水半月刊》第1卷第8期。

树芬《为日本出兵东三省警告国人》刊于《洪水半月刊》第1卷第8期。

郁达夫《牢骚五种》刊于《洪水半月刊》第1卷第8期。

剑华《评易家钺著〈社会学史要〉》刊于《洪水半月刊》第1卷第8期。

光赤《共产不可不反对》刊于《洪水半月刊》第1卷第8期。

为法《木兰歌,革命文学,及其他》刊于《洪水半月刊》第1卷第8期。

树芬《共产问题的我见》刊于《洪水半月刊》第1卷第9期。

焦尹孚《评田汉君的莎译——〈罗密欧和朱丽叶〉》刊于《洪水半月刊》第1卷第9期。

沫若《讨论〈马克斯进文庙〉》刊于《洪水半月刊》第1卷第9期。

沫若《社会革命的时机》刊于《洪水半月刊》第1卷第10—11期合刊。

焦尹孚《评田汉君的莎译——〈罗密欧和朱丽叶〉(续)》刊于《洪水半月刊》第1卷第10—11期合刊。

民治《国家资本主义》刊于《洪水半月刊》第1卷第10—11期合刊。

沫若《无抵抗主义者》刊于《洪水半月刊》第1卷第12期。

为法《斥〈国家主义与新文艺〉》刊于《洪水半月刊》第1卷第12期。

衡石《到底谁共谁的产》刊于《洪水半月刊》第2卷第12期。

仿吾《上海滩上》刊于《洪水半月刊》第2卷第13期。

郁达夫《小说论及其他》刊于《洪水半月刊》第2卷第13期。

钟隐《杀敌》刊于《洪水半月刊》第2卷第13期。

周毓英《钱之可贵》刊于《洪水半月刊》第2卷第13期。

沫若《卖淫妇的饶舌》刊于《洪水半月刊》第2卷第14期。

柳克述《可怜的上海报纸》刊于《洪水半月刊》第2卷第14期。

长弓《爆裂的思想》刊于《洪水半月刊》第2卷第14期。

全平《仙境》刊于《洪水半月刊》第2卷第14期。

陶其情《马克斯到底不能进文庙》刊于《洪水半月刊》第2卷第14期。

霆声《新的教训》刊于《洪水半月刊》第2卷第15期。

苇甘《法国安那其党人的故事》刊于《洪水半月刊》第2卷第15期。

沫若《文艺家的觉悟》刊于《洪水半月刊》第2卷第16期。

为法《"五一"给我们的教训》刊于《洪水半月刊》第2卷第16期。

先愚《共产瞎谈》刊于《洪水半月刊》第2卷第16期。

周毓英《自己制造自己享乐》刊于《洪水半月刊》第2卷第16期。

苇甘《法国安那其党人的故事(续)》刊于《洪水半月刊》第2卷第16期。

民治《五一节与中国劳动运动》刊于《洪水半月刊》第2卷第16期。

欧阳华汉《五一节与中国农民运动》刊于《洪水半月刊》第2卷第16期。

何畏《劳动艺术运动》刊于《洪水半月刊》第2卷第16期。

全平《光明之路》刊于《洪水半月刊》第2卷第17期。

敬隐渔《读了〈罗曼罗兰评鲁迅〉以后》刊于《洪水半月刊》第2卷第17期。

苏桥《在法华的人消息》刊于《洪水半月刊》第2卷第17期。

悟真《大革命快要来了》刊于《洪水半月刊》第2卷第17期。

木天《道上的话》刊于《洪水半月刊》第2卷第18期。

徐活萤《"反赤"的"救国"》刊于《洪水半月刊》第2卷第18期。

文子慧《"当"的滋味》刊于《洪水半月刊》第2卷第18期。

叶灵凤《归来》刊于《洪水半月刊》第2卷第18期。

全平《光明之路(续)》刊于《洪水半月刊》第2卷第18期。

为法《伟大的批评者》刊于《洪水半月刊》第2卷第19期。

霆声《反赤救国论》刊于《洪水半月刊》第2卷第19期。

胜华《今日之北京》刊于《洪水半月刊》第2卷第19期。

皑岚《此图书馆大约以蟋蟀多而著名》刊于《洪水半月刊》第2卷第19期。

沫若《少年维特之烦恼增订本后序》刊于《洪水半月刊》第2卷第20期。

陆定一《五卅节的上海》刊于《洪水半月刊》第2卷第20期。

李剑华《哀飘萍之死》刊于《洪水半月刊》第2卷第20期。

霆声《中国式的·科学的·无抵抗主义》刊于《洪水半月刊》第2卷第20期。

为法《长跪》刊于《洪水半月刊》第2卷第21期。

鉴泉《读罢了"兰顺之死"》刊于《洪水半月刊》第2卷第22期。

景云《谈谈自己制造自己享乐》刊于《洪水半月刊》第2卷第22期。

熊锐《革命的经济基础》刊于《洪水半月刊》第2卷第23—24期。

邹成熙《诗之鉴赏的态度》刊于《洪水半月刊》第2卷第23—24期。

周毓英《革命者的自省与恕道》刊于《洪水半月刊》第2卷第23—24期。

青民《评朱湘的"还乡"》刊于《洪水半月刊》第2卷第23—24期。

刘汉清《没资格·利用·专门人材》刊于《洪水半月刊》第2卷第23—24期。

柯仲平《关于我就要出版的"海夜歌声"》刊于《洪水半月刊》第2卷第23—24期。

马衡《中国书籍制度变迁之研究》刊于《图书馆学季刊》第1卷第2期。

沈奏廷《历代田赋概略》刊于《经济学报(南洋大学经济学会)》第2卷第1期。

徐佩琨《经济学之意义及其研究之途径》刊于《经济学报(南洋大学经济学会)》第2卷第1期。

周增奎《工厂委员制》刊于《经济学报(南洋大学经济学会)》第2卷第1期。

尤玉照《汇丰银行》刊于《经济学报(南洋大学经济学会)》第2卷第1期。

章作霖《零买业地点抉择之标准》刊于《经济学报(南洋大学经济学会)》第2卷第1期。

贡乙青《学校储蓄之银行功用》刊于《经济学报(南洋大学经济学会)》第2卷第1期。

孙泳沂《劳资融洽之促进》刊于《经济学报(南洋大学经济学会)》第2卷第1期。

谏初《买价与零售卖涨落何以不同》刊于《经济学报(南洋大学经济学会)》第2卷第1期。

荣溥仁《参观公大第一纱厂记》刊于《经济学报(南洋大学经济学会)》第2卷第1期。

马寅初《中日商约修改之必要》刊于《经济学报(南洋大学经济学会)》第2卷第2期。

章作霖《我国历代国家财政之得失观》刊于《经济学报(南洋大学经济学会)》第2卷第2期。

沈奏廷《修改商约中之外人土地占有权问题》刊于《经济学报（南洋大学经济学会）》第 2 卷第 2 期。

荣伟仁《坎拿大粉麦业之概状》刊于《经济学报（南洋大学经济学会）》第 2 卷第 2 期。

荣溥仁《上海日纱厂工人之工作与工资概况》刊于《经济学报（南洋大学经济学会）》第 2 卷第 2 期。

沈奏廷《我国物价之上涨是否经济上之进步》刊于《经济学报（南洋大学经济学会）》第 2 卷第 2 期。

邱褚联《银价腾落与中国国外贸易》刊于《经济学报（南洋大学经济学会）》第 2 卷第 3 期。

华立《中交两行发行辅币券之利益》刊于《经济学报（南洋大学经济学会）》第 2 卷第 3 期。

荣伟仁《世界金产额减少后之金价》刊于《经济学报（南洋大学经济学会）》第 2 卷第 3 期。

华立《银价跌落之前因后果》刊于《经济学报（南洋大学经济学会）》第 2 卷第 3 期。

谏初《日金解禁之前提》刊于《经济学报（南洋大学经济学会）》第 2 卷第 3 期。

沈奏廷《实行金本位制之新途径》刊于《经济学报（南洋大学经济学会）》第 2 卷第 3 期。

贡乙青《释金融》刊于《经济学报（南洋大学经济学会）》第 2 卷第 3 期。

荣溥仁《我国粉业观》刊于《经济学报（南洋大学经济学会）》第 2 卷第 3 期。

谏初《证券交易清算单与物品交易清算单之比较》刊于《经济学报（南洋大学经济学会）》第 2 卷第 3 期。

李石岑《今后青年教育之方针》刊于《教育杂志》第 18 卷第 1 期。

杜佐周《青年心理与青年教育》刊于《教育杂志》第 18 卷第 1 期。

高卓《青年心理与教育》刊于《教育杂志》第 18 卷第 1 期。

刘薰宇《青年与政治》刊于《教育杂志》第 18 卷第 1 期。

张友仁《青年教育与平民教育》刊于《教育杂志》第 18 卷第 1 期。

丰子恺《青年艺术教育》刊于《教育杂志》第 18 卷第 1 期。

沈仲九《关于青年教育的几个问题》刊于《教育杂志》第 18 卷第 1 期。

盛振声《青年的特别问题与教育责任》刊于《教育杂志》第 18 卷第 1 期。

赵廷为《青年学生的教育》刊于《教育杂志》第 18 卷第 1 期。

王骏声《青年农民的教育》刊于《教育杂志》第 18 卷第 1 期。

彭秉候《青年工人的教育（一）》刊于《教育杂志》第 18 卷第 1 期。

陈宗器《青年工人的教育（二）》刊于《教育杂志》第 18 卷第 1 期。

俞子夷《青年业余休闲教育的重要与小学教育的关系》刊于《教育杂志》第 18 卷第 1 期。

匡互生《青年教育者的修养》刊于《教育杂志》第 18 卷第 1 期。

金翠生《外国青年教育现状》刊于《教育杂志》第 18 卷第 1 期。

舒新城《至青年书》刊于《教育杂志》第 18 卷第 1 期。

夏承枫《教育学术科学化与教育者》刊于《教育杂志》第 18 卷第 2 期。

高卓《社会心理学概说》刊于《教育杂志》第 18 卷第 2 期。

杜佐周《读法的心理(续)》刊于《教育杂志》第18卷第2期。

胡家健《教学指导法概要》刊于《教育杂志》第18卷第2期。

俞焕斗《国语文读法的研究》刊于《教育杂志》第18卷第2期。

沈百英《低年级自然研究教学法》刊于《教育杂志》第18卷第2期。

胡叔异《儿童图书在小学教育上之地位》刊于《教育杂志》第18卷第2期。

王化周《童话的研究》刊于《教育杂志》第18卷第2期。

王衍康《高级小学生国家观念测验统计》刊于《教育杂志》第18卷第2期。

刘薰宇《全人教育论发端》刊于《教育杂志》第18卷第3期。

高觉《心理测验之改良》刊于《教育杂志》第18卷第3期。

杜佐周《读法的心理(再续)》刊于《教育杂志》第18卷第3期。

胡家健《教学指导法概要(续)》刊于《教育杂志》第18卷第3期。

虞季中《四则九九练习片的编制法》刊于《教育杂志》第18卷第3期。

黄希杰《小学国语科书法教学法》刊于《教育杂志》第18卷第3期。

杨鼎鸿《儿童图书馆在教育上之价值》刊于《教育杂志》第18卷第3期。

李振枚《对于儿童图书馆的我见》刊于《教育杂志》第18卷第3期。

王志成《儿童文学的重要》刊于《教育杂志》第18卷第3期。

胡衡臣《美国最近二十五年妇女教育之趋势》刊于《教育杂志》第18卷第3期。

赵演《菲利宾最近教育之趋势》刊于《教育杂志》第18卷第3期。

常道直《美国纽甲色省汉特顿县之乡村学校及乡村生活》刊于《教育杂志》第18卷第3期。

郑振铎《巴莎杜麦诺夫》刊于《教育杂志》第18卷第3期。

李石岑《悼三月十八北京被杀学生》刊于《教育杂志》第18卷第4期。

常道直《美国教育之管窥》刊于《教育杂志》第18卷第4期。

高卓《社会心理学概况(中)》刊于《教育杂志》第18卷第4期。

杜佐周《数学的心理》刊于《教育杂志》第18卷第4期。

陈兼善《小学校动植物教授通论》刊于《教育杂志》第18卷第4期。

杜定友《儿童图书馆问题》刊于《教育杂志》第18卷第4期。

胡叔异《编辑儿童读物的我见》刊于《教育杂志》第18卷第4期。

胡衡臣《美国最近二十五年妇女教育之趋势(续)》刊于《教育杂志》第18卷第4期。

张其昀《近年英国地理教育之趋势》刊于《教育杂志》第18卷第4期。

郑振铎《巴莎杜麦诺夫(续)》刊于《教育杂志》第18卷第4期。

刘薰宇《"五四"以来的教育》刊于《教育杂志》第18卷第5期。

高卓《社会心理学概说(下)》刊于《教育杂志》第18卷第5期。

罗廷光《小学算学心理概说》刊于《教育杂志》第18卷第5期。

周建人《性教育的几个问题》刊于《教育杂志》第18卷第5期。

丰子恺《教育漫画》刊于《教育杂志》第18卷第5期。

陈兼善《小学校动植物教授通论(续)》刊于《教育杂志》第18卷第5期。

汪德全《特别班级之研究》刊于《教育杂志》第18卷第5期。

胡钟瑞《儿童课外阅读指导法》刊于《教育杂志》第18卷第5期。

刘炳藜《格里学校之一瞥》刊于《教育杂志》第 18 卷第 5 期。

高鸿缙《美国之义务教育法律》刊于《教育杂志》第 18 卷第 5 期。

刘叔琴《生活与思想》刊于《教育杂志》第 18 卷第 6 期。

胡家健《县教育行政机关之组织》刊于《教育杂志》第 18 卷第 6 期。

沈亦珍《学习心理概况》刊于《教育杂志》第 18 卷第 6 期。

杜佐周《数学的心理(续)》刊于《教育杂志》第 18 卷第 6 期。

丰子恺《教育漫画》刊于《教育杂志》第 18 卷第 6 期。

蔡斌咸《时事教学经过》刊于《教育杂志》第 18 卷第 6 期。

赵冕《改进吾国小学英语教学管见》刊于《教育杂志》第 18 卷第 6 期。

俞子夷《儿童对于各科好恶的调查》刊于《教育杂志》第 18 卷第 6 期。

赵演《美国中等教育之性质及范围》刊于《教育杂志》第 18 卷第 6 期。

高鸿缙《美国之义务教育法律(续)》刊于《教育杂志》第 18 卷第 6 期。

樊仲云《我的学校(太戈尔原著)》刊于《教育杂志》第 18 卷第 6 期。

杜佐周《儿童心理学概论》刊于《教育杂志》第 18 卷第 7 期。

高卓《本能与儿童心理》刊于《教育杂志》第 18 卷第 7 期。

陈鹤琴《未达学龄的儿童之研究》刊于《教育杂志》第 18 卷第 7 期。

汪德全《儿童智愚之研究》刊于《教育杂志》第 18 卷第 7 期。

张耀翔《由外貌观察儿童智能》刊于《教育杂志》第 18 卷第 7 期。

陈大齐《儿童的被暗》刊于《教育杂志》第 18 卷第 7 期。

俞子夷《关于书法科学习心理》刊于《教育杂志》第 18 卷第 7 期。

赵演《天才心理》刊于《教育杂志》第 18 卷第 7 期。

甘豫源《低能儿之心理与教》刊于《教育杂志》第 18 卷第 7 期。

陆志韦《儿童智慧发展的公式》刊于《教育杂志》第 18 卷第 7 期。

薛鸿志《努力数(F)之研究》刊于《教育杂志》第 18 卷第 7 期。

艾伟《儿童心理学之发达史》刊于《教育杂志》第 18 卷第 8 期。

张铭鼎《儿童心理在儿童教育上之意义》刊于《教育杂志》第 18 卷第 8 期。

卢于道《交替反射法在儿童心理学上之应用》刊于《教育杂志》第 18 卷第 8 期。

杜佐周《本能与习惯》刊于《教育杂志》第 18 卷第 8 期。

萧恩承《儿童生活之演进》刊于《教育杂志》第 18 卷第 8 期。

汪德全《儿童智愚之研究(续)》刊于《教育杂志》第 18 卷第 8 期。

张宗麟《儿童的观察能力及其教育的功效》刊于《教育杂志》第 18 卷第 8 期。

周调阳《儿童时最早之记忆》刊于《教育杂志》第 18 卷第 8 期。

甘豫源《低能儿之心理与教育(下)》刊于《教育杂志》第 18 卷第 8 期。

陈鹤琴、张宗麟《关于感动性的学习之两个试验》刊于《教育杂志》第 18 卷第 8 期。

陈鹤琴《一个儿童的人形画之研究》刊于《教育杂志》第 18 卷第 8 期。

杜佐周《高等教育与国家前途》刊于《教育杂志》第 18 卷第 9 期。

杜定友《图书馆学的内容和方法》刊于《教育杂志》第 18 卷第 9 期。

胡家健《县教育行政机关之组织》刊于《教育杂志》第 18 卷第 9 期。

赵廷为《良好的测验标准》刊于《教育杂志》第 18 卷第 9 期。

沈百英《小学教育论坛——小学行政一得》刊于《教育杂志》第18卷第9期。

赵演《问答教学法》刊于《教育杂志》第18卷第9期。

常道直《参观美国公立学校略记》刊于《教育杂志》第18卷第9期。

傅葆琛《乡村平民教育实施方法的商榷》刊于《教育杂志》第18卷第10期。

赵演《天才教育》刊于《教育杂志》第18卷第10期。

丰子恺《音乐教养的初步》刊于《教育杂志》第18卷第10期。

杜定友《图书馆学的内容和方法(续)》刊于《教育杂志》第18卷第10期。

陆鼎裒《编造好学生的经过》刊于《教育杂志》第18卷第10期。

沈百英笔记《幼稚生的工作研究(Kate B. Hachneg女士讲演)》刊于《教育杂志》第18卷第10期。

陈庆雄《日本统治下之台湾教育》刊于《教育杂志》第18卷第10期。

常道直《美国之职业教育及特殊教育举例》刊于《教育杂志》第18卷第10期。

华格心《大卫斯的初级中学教育》刊于《教育杂志》第18卷第10期。

刘薰宇《一个被"光复"掉的学校》刊于《教育杂志》第18卷第10期。

陈博文《罗素论教育之目的》刊于《教育杂志》第18卷第11期。

王克仁《学校人员数目问题的研究》刊于《教育杂志》第18卷第11期。

毛礼锐《励行乡校教学辅导计划》刊于《教育杂志》第18卷第11期。

杜佐周《横行排列与直行排列之研究》刊于《教育杂志》第18卷第11期。

蒋石洲《小学校行政人员之训练问题》刊于《教育杂志》第18卷第11期。

马静轩《寒暑假儿童作业之指导》刊于《教育杂志》第18卷第11期。

樊仲云《记太戈尔的和平学院》刊于《教育杂志》第18卷第11期。

华林一《初级中学的课程》刊于《教育杂志》第18卷第11期。

刘薰宇《一个被"光复"掉的学校(续)》刊于《教育杂志》第18卷第11期。

刘薰宇《闽漆镜匣与女子教育》刊于《教育杂志》第18卷第12期。

丁晓先《教育界与学生救国运动》刊于《教育杂志》第18卷第12期。

杨贤江《教科书教授的利弊与采用补充教材之研究》刊于《教育杂志》第18卷第12期。

杜佐周《横行排列与直行排列之研究(续)》刊于《教育杂志》第18卷第12期。

沈百英《小学校中之小娱乐会》刊于《教育杂志》第18卷第12期。

杨彬如《乡村小学训育方面之改进》刊于《教育杂志》第18卷第12期。

陈博文《儿童犯罪之应付与防止》刊于《教育杂志》第18卷第12期。

汪家培《南洋英属马来半岛华侨教育之概况》刊于《教育杂志》第18卷第12期。

赵廷为《中学课程适应》刊于《教育杂志》第18卷第12期。

陶知行《四年前的这一周》刊于《新教育评论》第1卷第5期。

高仁山《苏俄的教育制度》刊于《新教育评论》第1卷第5期。

赵迺传《小学里的几个试验问题》刊于《新教育评论》第1卷第5期。

翁文灏《与中小学教员谈中国地质(二)》刊于《新教育评论》第1卷第5期。

孟宪承《世界教育年鉴》刊于《新教育评论》第1卷第5期。

陶知行《师范教育下乡运动》刊于《新教育评论》第1卷第6期。

汪懋祖《读国立广东大学离校教授宣言》刊于《新教育评论》第1卷第6期。

孟宪承《最近英国教育的趋势》刊于《新教育评论》第1卷第6期。

王希曾《新教育应得的待遇》刊于《新教育评论》第1卷第6期。

翁文灏《与中小学教员谈中国地质(三)》刊于《新教育评论》第1卷第6期。

黎锦熙《全国国语运动大会》刊于《新教育评论》第1卷第6期。

程时煃《女师大女大问题之我见》刊于《新教育评论》第1卷第6期。

王希曾《北京教育经费的窘况》刊于《新教育评论》第1卷第7期。

陶知行《国画也要提倡了》刊于《新教育评论》第1卷第7期。

蔡元培《敬告第二届国际教育会议到会诸君》刊于《新教育评论》第1卷第7期。

赵迺传《中学生的思想训练》刊于《新教育评论》第1卷第7期。

裴义理《美国之工读协作制》刊于《新教育评论》第1卷第7期。

郭道甫《蒙古教育之方针及其办法》刊于《新教育评论》第1卷第7期。

高仁山《教务上的人员问题》刊于《新教育评论》第1卷第7期。

孟宪承《小学教育问题》刊于《新教育评论》第1卷第7期。

王希曾《我的书》刊于《新教育评论》第1卷第7期。

王希曾《北京教育经费的窘况》刊于《新教育评论》第1卷第8期。

陶知行《国画也要提倡了》刊于《新教育评论》第1卷第8期。

蔡元培《敬告第二届国际教育会议到会诸君》刊于《新教育评论》第1卷第8期。

赵迺传《中学生的思想训练》刊于《新教育评论》第1卷第8期。

裴义理《美国之工读协作制》刊于《新教育评论》第1卷第8期。

郭道甫《蒙古教育之方针及其办法》刊于《新教育评论》第1卷第8期。

高仁山《教务上的人员问题》刊于《新教育评论》第1卷第8期。

孟宪承《小学教育问题》刊于《新教育评论》第1卷第8期。

王希曾《我的书》刊于《新教育评论》第1卷第8期。

王希曾《读奉天战后的教育训令》刊于《新教育评论》第1卷第9期。

高仁山《法国中等教育的改革》刊于《新教育评论》第1卷第9期。

卫士生《欧洲新教育的试验》刊于《新教育评论》第1卷第9期。

姚金绅《京师地方教育行政概况》刊于《新教育评论》第1卷第9期。

薛鸿志《全国各省区县辖小学教育比较(一)》刊于《新教育评论》第1卷第9期。

赵迺传《蔡孔合著教育原理》刊于《新教育评论》第1卷第9期。

陶知行《答同仁中学杨继宗先生书》刊于《新教育评论》第1卷第9期。

陶知行《整个的校长》刊于《新教育评论》第1卷第10期。

汪懋祖《教育界之督办》刊于《新教育评论》第1卷第10期。

邱椿《中国教育没有进步的原因》刊于《新教育评论》第1卷第10期。

凌冰《欧游杂感》刊于《新教育评论》第1卷第10期。

孟宪承《什么是改革教育的方案》刊于《新教育评论》第1卷第10期。

卫士生《欧洲新教育的试验(续)》刊于《新教育评论》第1卷第10期。

姚金绅《京师地方教育行政概况(续)》刊于《新教育评论》第1卷第10期。

陶知行《清华学校问题》刊于《新教育评论》第1卷第11期。

谢循初《画梦与教育》刊于《新教育评论》第1卷第11期。

高仁山《对艺文中学学生讲道尔顿制》刊于《新教育评论》第 1 卷第 11 期。

陈桢《与中小学校生物学教员谈金鱼》刊于《新教育评论》第 1 卷第 11 期。

王希曾《译白朗的〈教育潮〉》刊于《新教育评论》第 1 卷第 11 期。

凌冰《欧游杂感》刊于《新教育评论》第 1 卷第 11 期。

孙德中《对于考试问题一点平庸的意见》刊于《新教育评论》第 1 卷第 11 期。

赵迺传《教部取缔私立与外资学校》刊于《新教育评论》第 1 卷第 12 期。

汪懋祖《瑞典教育现况》刊于《新教育评论》第 1 卷第 12 期。

查良钊《参观保定一带的乡村平民教育》刊于《新教育评论》第 1 卷第 12 期。

高仁山《对艺文中学学生讲道尔顿制》刊于《新教育评论》第 1 卷第 12 期。

王西征《译白朗的〈教育潮〉》刊于《新教育评论》第 1 卷第 12 期。

陶知行《答山西铭贤学校徐正之先生书》刊于《新教育评论》第 1 卷第 12 期。

凌冰《为解决清华学校问题进一言》刊于《新教育评论》第 1 卷第 13 期。

孟宪承《公民教育之一说》刊于《新教育评论》第 1 卷第 13 期。

朱君毅《与中小学教员谈教育统计（一）》刊于《新教育评论》第 1 卷第 13 期。

凌冰《西北所办的平民教育》刊于《新教育评论》第 1 卷第 13 期。

卫士生《中国教学经验谈》刊于《新教育评论》第 1 卷第 13 期。

高仁山《教育上的新运动与新方法》刊于《新教育评论》第 1 卷第 13 期。

高仁山《国立九校开不了学》刊于《新教育评论》第 1 卷第 14 期。

王卓然《改良视学制度管见》刊于《新教育评论》第 1 卷第 14 期。

余家菊《与蔡先生谈话后之感想》刊于《新教育评论》第 1 卷第 14 期。

汪懋祖《瑞典教育现况》刊于《新教育评论》第 1 卷第 14 期。

朱君毅《与中小学教员谈教育统计（续）》刊于《新教育评论》第 1 卷第 14 期。

章洪熙《中华教育改进社社务报告》刊于《新教育评论》第 1 卷第 14 期。

陈剑翛《英国庚欵委员团到华》刊于《新教育评论》第 1 卷第 15 期。

牛荣声《爱国运动与爱知运动》刊于《新教育评论》第 1 卷第 15 期。

朱君毅《与中小学谈教育统计（三）》刊于《新教育评论》第 1 卷第 15 期。

卫士生《欧美教育的新趋势及其扩展》刊于《新教育评论》第 1 卷第 15 期。

董澡《兼任教员与北京的中等学校》刊于《新教育评论》第 1 卷第 15 期。

凌冰《俄国庚欵问题》刊于《新教育评论》第 1 卷第 16 期。

陶孟和《清华学校在中国教育界的地位》刊于《新教育评论》第 1 卷第 16 期。

黄建中《英国庚欵问题之经过事实述要》刊于《新教育评论》第 1 卷第 16 期。

杨荫庆《考试之新功用》刊于《新教育评论》第 1 卷第 16 期。

傅葆琛《保定乡村平民学校第一次调查》刊于《新教育评论》第 1 卷第 16 期。

卫士生《欧美教育的新趋势及其扩展（续）》刊于《新教育评论》第 1 卷第 16 期。

董澡《兼任教员与北京的中等学校（续）》刊于《新教育评论》第 1 卷第 16 期。

赵迺传《谁的责任？》刊于《新教育评论》第 1 卷第 17 期。

查良钊《民众运动今后之努力》刊于《新教育评论》第 1 卷第 17 期。

汪懋祖《三月十八日惨案感言》刊于《新教育评论》第 1 卷第 17 期。

凌冰《商联会与庚款用途》刊于《新教育评论》第 1 卷第 17 期。

杨荫庆《考试之新功用》刊于《新教育评论》第 1 卷第 17 期。

卫士生《欧美教育的新趋势及其扩展(续)》刊于《新教育评论》第 1 卷第 17 期。

夏家驹《戏剧与教育》刊于《新教育评论》第 1 卷第 17 期。

汪懋祖《教育独立释义》刊于《新教育评论》第 1 卷第 18 期。

孟宪承《学生运动与教育者》刊于《新教育评论》第 1 卷第 18 期。

刘荣祖《励行乡校教学辅导计划》刊于《新教育评论》第 1 卷第 18 期。

卫士生《欧美教育的新趋势及其扩展(续)》刊于《新教育评论》第 1 卷第 18 期。

庄泽宣《关于美国大学教育的新著》刊于《新教育评论》第 1 卷第 18 期。

查良钊《俄款委员会与教育主权》刊于《新教育评论》第 1 卷第 19 期。

王西征《三谈"日本对支文化事业"》刊于《新教育评论》第 1 卷第 19 期。

刘荣祖《励行乡校教学辅导计划(续)》刊于《新教育评论》第 1 卷第 19 期。

卫士生《欧美教育的新趋势及其扩展(续)》刊于《新教育评论》第 1 卷第 19 期。

黄钰生《一个清华毕业生对于清华的意见》刊于《新教育评论》第 1 卷第 19 期。

赵迺传《邬尔编中等教育原理》刊于《新教育评论》第 1 卷第 19 期。

孟宪承《人名与略历》刊于《新教育评论》第 1 卷第 19 期。

凌冰《一星期的公民教育运动》刊于《新教育评论》第 1 卷第 20 期。

高仁山《发展自治能力》刊于《新教育评论》第 1 卷第 20 期。

赵迺传《养成互助精神》刊于《新教育评论》第 1 卷第 20 期。

汪懋祖《崇尚公平兢胜》刊于《新教育评论》第 1 卷第 20 期。

王西征《遵守公共秩序》刊于《新教育评论》第 1 卷第 20 期。

章寅《履行法定义务》刊于《新教育评论》第 1 卷第 20 期。

陶知行《尊重公有财产》刊于《新教育评论》第 1 卷第 20 期。

凌冰《注意公众卫生》刊于《新教育评论》第 1 卷第 20 期。

查良钊《培养国际同情》刊于《新教育评论》第 1 卷第 20 期。

查良钊《庚款与国权》刊于《新教育评论》第 1 卷第 21 期。

孙世庆《小学校教授公民科的管见》刊于《新教育评论》第 1 卷第 21 期。

晏阳初《"平民"的公民教育之我见》刊于《新教育评论》第 1 卷第 21 期。

王西征《辑薛氏国耻历纪》刊于《新教育评论》第 1 卷第 21 期。

刘荣祖《励行乡校教学辅导计划(续)》刊于《新教育评论》第 1 卷第 21 期。

孟宪承《公民教育周快到了》刊于《新教育评论》第 1 卷第 22 期。

陈宝锷《捷克斯拉夫的成人教育》刊于《新教育评论》第 1 卷第 22 期。

祁伯文《学级本位道尔顿制教学法》刊于《新教育评论》第 1 卷第 22 期。

李栋《新学制小学课程草案和修正案》刊于《新教育评论》第 1 卷第 22 期。

卫士生《欧美教育的新趋势及其扩展(续完)》刊于《新教育评论》第 1 卷第 22 期。

王西征《阅读杂缀》刊于《新教育评论》第 1 卷第 22 期。

麦克乐《介绍学校卫生名著》刊于《新教育评论》第 1 卷第 22 期。

王西征《四谈日本〈对支文化事业〉》刊于《新教育评论》第 1 卷第 23 期。

查良钊《英庚款"退远"了吗》刊于《新教育评论》第 1 卷第 23 期。

汪懋祖《五四感言》刊于《新教育评论》第 1 卷第 23 期。

毕楚翘《"开倒车"的中国教育》刊于《新教育评论》第 1 卷第 23 期。

孟宪承《商戴克讲学二十五年纪念》刊于《新教育评论》第 1 卷第 23 期。

冯梯霞《试验改进乡村之合作计划草案》刊于《新教育评论》第 1 卷第 23 期。

王西征《苏教应注重社会教育通令》刊于《新教育评论》第 1 卷第 24 期。

查良钊《国耻纪念日与教育界》刊于《新教育评论》第 1 卷第 24 期。

黄建中《何谓学生自治》刊于《新教育评论》第 1 卷第 24 期。

陆兴焕《琼崖教育的一斑》刊于《新教育评论》第 1 卷第 24 期。

俞子夷《最近的感想》刊于《新教育评论》第 1 卷第 24 期。

冯梯霞《试验改进村区之合作计划草案》刊于《新教育评论》第 1 卷第 24 期。

王西征《普通教育问题》刊于《新教育评论》第 1 卷第 24 期。

查良钊《北京教育经费须彻底解决》刊于《新教育评论》第 1 卷第 25 期。

王西征《西班牙教育的特色》刊于《新教育评论》第 1 卷第 25 期。

杨廉《北京艺文中学试验首尔顿制的几个事实》刊于《新教育评论》第 1 卷第 25 期。

赵迺传《我对于北京平民中学的希望》刊于《新教育评论》第 1 卷第 25 期。

高仁山《罗素在教育上的主张》刊于《新教育评论》第 1 卷第 25 期。

高仁山《对"五卅"惨案之回顾》刊于《新教育评论》第 1 卷第 26 期。

查良钊《徬徨歧途的英庚款》刊于《新教育评论》第 1 卷第 26 期。

孟宪承《高等教育的新试验》刊于《新教育评论》第 1 卷第 26 期。

王西征《师范学程的根本弱点》刊于《新教育评论》第 1 卷第 26 期。

杨廉《北京艺文中学试验道尔顿制的几个事实》刊于《新教育评论》第 1 卷第 26 期。

王西征《答朱启勳先生通信》刊于《新教育评论》第 1 卷第 26 期。

查良钊《去年的今天》刊于《新教育评论》第 2 卷第 1 期。

王西征《五谈日本"对支文化事业"》刊于《新教育评论》第 2 卷第 1 期。

凌冰《论英庚款咨询委员会之第二次宣言》刊于《新教育评论》第 2 卷第 1 期。

苏耀祖《我们这个专刊的使命》刊于《新教育评论》第 2 卷第 1 期。

宫璧成《本专刊的希望》刊于《新教育评论》第 2 卷第 1 期。

张安国《儿童一生的幸不幸》刊于《新教育评论》第 2 卷第 1 期。

余家菊《教育界与儿童幸福》刊于《新教育评论》第 2 卷第 1 期。

王孟仁《可怜的都市儿童》刊于《新教育评论》第 2 卷第 1 期。

孙洁黄《我们现在要作的几件事》刊于《新教育评论》第 2 卷第 1 期。

钱希乃《介绍浙江五中附小复式教学新制》刊于《新教育评论》第 2 卷第 1 期。

凌冰《各团体对英庚款一致之主张》刊于《新教育评论》第 2 卷第 2 期。

黄建中《英国庚款问题解决之步骤》刊于《新教育评论》第 2 卷第 2 期。

高仁山《艺文中学时间的分配及其功用》刊于《新教育评论》第 2 卷第 2 期。

庄泽宣《国民性与教育》刊于《新教育评论》第 2 卷第 2 期。

王西征《阅读杂缀》刊于《新教育评论》第 2 卷第 2 期。

赵迺传《江苏省的义务教育和师资》刊于《新教育评论》第 2 卷第 3 期。

祁伯文《日本各政党之教育政策总评》刊于《新教育评论》第 2 卷第 3 期。

陈宝锷《中学生之修养问题》刊于《新教育评论》第 2 卷第 3 期。

孙世庆《现今初等教育界的危机》刊于《新教育评论》第2卷第3期。

高仁山《艺文中学时间的分配及其功用(续)》刊于《新教育评论》第2卷第3期。

凌冰《对英庚款咨询委员会之临别赠言》刊于《新教育评论》第2卷第4期。

曾作忠《日本在东三省之教育势力》刊于《新教育评论》第2卷第4期。

邱椿《评道尔顿制》刊于《新教育评论》第2卷第4期。

孙世庆《现今初等教育界的危机(续)》刊于《新教育评论》第2卷第4期。

高仁山《艺文中学时间的分配及其功用(续)》刊于《新教育评论》第2卷第4期。

王西征《读复大心理实验中学部续办宣言》刊于《新教育评论》第2卷第5期。

曾作忠《日本在东三省之教育势力(续)》刊于《新教育评论》第2卷第5期。

陈宝锷《我对于道尔顿制之观察》刊于《新教育评论》第2卷第5期。

邱椿《评道尔顿制(续)》刊于《新教育评论》第2卷第5期。

冯友兰《燕京华文学校》刊于《新教育评论》第2卷第5期。

查良钊《这就是"整顿学风"吗?》刊于《新教育评论》第2卷第6期。

凌冰《部校怎样能合作?》刊于《新教育评论》第2卷第6期。

高仁山《与邱椿先生讨论〈评道尔顿制〉》刊于《新教育评论》第2卷第6期。

罗志英《读〈破坏的批评〉》刊于《新教育评论》第2卷第6期。

姚寅恭《改革学制之我见》刊于《新教育评论》第2卷第6期。

王西征《华东基督教教育会年会感评》刊于《新教育评论》第2卷第7期。

王倘《个别的能力态度与兴趣之量尺》刊于《新教育评论》第2卷第7期。

孔敏中《图书馆是完全的教育机关》刊于《新教育评论》第2卷第7期。

沈荣龄《复式教学新制讨论》刊于《新教育评论》第2卷第7期。

陈剑修《英庚款主权算争回了么?》刊于《新教育评论》第2卷第8期。

马寅初《俄国庚款之估计》刊于《新教育评论》第2卷第8期。

麦克乐《军事教育概论》刊于《新教育评论》第2卷第8期。

李栋《论道尔顿制》刊于《新教育评论》第2卷第8期。

叶桐《参观后留着的印象》刊于《新教育评论》第2卷第8期。

王西征《新教育杂志停刊怨言》刊于《新教育评论》第2卷第8期。

孙德中《教部的整顿教育》刊于《新教育评论》第2卷第9期。

汤茂如《平民教育促进会总会的组织》刊于《新教育评论》第2卷第9期。

傅葆琛《直隶南部各县乡村平民教育的状况及最近旅行观察所得的感想》刊于《新教育评论》第2卷第9期。

李景汉《平民教育运动的社会调查》刊于《新教育评论》第2卷第9期。

冯锐《平民教育运动的农业改进》刊于《新教育评论》第2卷第9期。

王西征《六谈日本"对支文化事业"》刊于《新教育评论》第2卷第10期。

朱经农《教育的歧途》刊于《新教育评论》第2卷第10期。

邱椿《再评道尔顿制》刊于《新教育评论》第2卷第10期。

麦克乐《军事教育概论(续)》刊于《新教育评论》第2卷第10期。

王西征《七谈日本"对支文化事业"》刊于《新教育评论》第2卷第11期。

于震寰《日本在东三省之教育势力》刊于《新教育评论》第2卷第11期。

汤茂如《改大运动与整顿教育》刊于《新教育评论》第 2 卷第 11 期。

邱椿《再评道尔顿制(续)》刊于《新教育评论》第 2 卷第 11 期。

赵欲仁《小学教育的新生命》刊于《新教育评论》第 2 卷第 11 期。

喻谟烈《教部考试未立案私大毕业生评议》刊于《新教育评论》第 2 卷第 11 期。

王西征《八谈日本"对支文化事业"》刊于《新教育评论》第 2 卷第 12 期。

李芳《人类进化与体育》刊于《新教育评论》第 2 卷第 12 期。

陈翰笙《呜呼中学的历史程度》刊于《新教育评论》第 2 卷第 12 期。

孙德中《各国退还庚款的比较观》刊于《新教育评论》第 2 卷第 12 期。

余家菊《为成高与成大进一言》刊于《新教育评论》第 2 卷第 13 期。

赵迺传《教科书问题》刊于《新教育评论》第 2 卷第 13 期。

翁文灏《如何改良中等教育》刊于《新教育评论》第 2 卷第 13 期。

高仁山《再与邱先生讨论〈评道尔顿制〉》刊于《新教育评论》第 2 卷第 13 期。

陈荣祖《习惯与姿势》刊于《新教育评论》第 2 卷第 13 期。

查良钊《"开学期"又到了?》刊于《新教育评论》第 2 卷第 14 期。

赵迺传《教科书问题(续)》刊于《新教育评论》第 2 卷第 14 期。

罗志英《读〈再评道尔顿制〉》刊于《新教育评论》第 2 卷第 14 期。

陈荣祖《习惯与姿势(续)》刊于《新教育评论》第 2 卷第 14 期。

麦克乐《体育专门学校体育课程的商榷》刊于《新教育评论》第 2 卷第 14 期。

查良钊《"开学"与"上课"》刊于《新教育评论》第 2 卷第 15 期。

凌冰《教部武装接收女师大》刊于《新教育评论》第 2 卷第 15 期。

傅葆琛《直隶南部各县平民教育的状况及最近旅行观察所得的感想(续)》刊于《新教育评论》第 2 卷第 15 期。

冯锐《平民教育运动的农业改进(续)》刊于《新教育评论》第 2 卷第 15 期。

李栋《第一表演平民学校招生的经过》刊于《新教育评论》第 2 卷第 15 期。

赵迺传《毕业生就业指导委员会》刊于《新教育评论》第 2 卷第 16 期。

邱椿《评道尔顿制的尾声》刊于《新教育评论》第 2 卷第 16 期。

王西征《跋燕子矶小学》刊于《新教育评论》第 2 卷第 16 期。

麦克乐《体育专门学校体育课程的商榷》刊于《新教育评论》第 2 卷第 16 期。

张荣光《半年白黑生涯的我》刊于《新教育评论》第 2 卷第 16 期。

查良钊《第十二届教联会》刊于《新教育评论》第 2 卷第 18 期。

赵迺传《道尔顿制的原则》刊于《新教育评论》第 2 卷第 18 期。

高仁山《哀〈评道尔顿制的尾声〉》刊于《新教育评论》第 2 卷第 18 期。

罗志英《读〈评道尔顿制的尾声〉》刊于《新教育评论》第 2 卷第 18 期。

李溶《从逻辑上批评邱椿〈评道尔顿制〉》刊于《新教育评论》第 2 卷第 18 期。

查良钊《日本帝大等校长受处分》刊于《新教育评论》第 2 卷第 19 期。

王西征《北京警察厅扩充保婴会》刊于《新教育评论》第 2 卷第 19 期。

赵迺传《中学里的两个切要问题》刊于《新教育评论》第 2 卷第 19 期。

傅养恬《中学校之外国语科目》刊于《新教育评论》第 2 卷第 19 期。

麦克乐《儿童心身发达与体育之关系》刊于《新教育评论》第 2 卷第 19 期。

王西征《胡适先生在伦敦的演说》刊于《新教育评论》第 2 卷第 20 期。

凌冰《共进社被捕社员可免一死》刊于《新教育评论》第 2 卷第 20 期。

赵迺传《中学里的两个切要问题(续)》刊于《新教育评论》第 2 卷第 20 期。

麦克乐《儿童心身发达与体育之关系(续)》刊于《新教育评论》第 2 卷第 20 期。

裴文中《介绍一部研究幼稚教育的书籍合著者》刊于《新教育评论》第 2 卷第 20 期。

王西征《十谈日本〈对支文化事业〉》刊于《新教育评论》第 2 卷第 21 期。

高仁山《这是什么政府?》刊于《新教育评论》第 2 卷第 21 期。

李成谟《中学训育上一些消极的意见》刊于《新教育评论》第 2 卷第 21 期。

陶知行《天将明之师范学校》刊于《新教育评论》第 2 卷第 21 期。

宓爱华《学校儿童健康谈》刊于《新教育评论》第 2 卷第 21 期。

邱椿《〈经海一滴〉的辨正》刊于《新教育评论》第 2 卷第 21 期。

查良钊《开学后北京国立各校经费问题》刊于《新教育评论》第 2 卷第 22 期。

李成谟《中学训育上一些消极的意见(续)》刊于《新教育评论》第 2 卷第 22 期。

宓爱华《学业校儿童健康谈(续)》刊于《新教育评论》第 2 卷第 22 期。

陈科美《介绍克伯屈教授》刊于《新教育评论》第 2 卷第 22 期。

凌冰《克伯屈与设计教育法》刊于《新教育评论》第 2 卷第 22 期。

谢循初《中比条约》刊于《新教育评论》第 2 卷第 23 期。

陶知行《南京中等学校训育研究会》刊于《新教育评论》第 2 卷第 23 期。

李成谟《中学训育上一些消极的意见(续)》刊于《新教育评论》第 2 卷第 23 期。

宓爱华《学校儿童健康谈(续)》刊于《新教育评论》第 2 卷第 23 期。

查良钊《废除不平等条约的第一声》刊于《新教育评论》第 2 卷第 24 期。

陶知行《幼稚园之新大陆》刊于《新教育评论》第 2 卷第 24 期。

张雪门《怎样在幼稚园里引导新进来的孩子》刊于《新教育评论》第 2 卷第 24 期。

陈鹤琴、张宗麟《一年来南京鼓楼幼稚园试验概况》刊于《新教育评论》第 2 卷第 24 期。

黎锦熙《国语罗马》刊于《新教育评论》第 2 卷第 25 期。

陈宝锷《江西学界的厄运》刊于《新教育评论》第 2 卷第 25 期。

张雪门《九十十一月的幼稚园的工作》刊于《新教育评论》第 2 卷第 25 期。

刘荣祖《创设乡村巡回学校计划》刊于《新教育评论》第 2 卷第 25 期。

李栋《京师小学教育之隐忧》刊于《新教育评论》第 2 卷第 25 期。

吴有容《统一国语言文一致的暗礁》刊于《新教育评论》第 2 卷第 25 期。

凌冰《教育界分配俄款风波》刊于《新教育评论》第 2 卷第 26 期。

张雪门《九十十一月幼稚园的工作(续)》刊于《新教育评论》第 2 卷第 26 期。

刘荣祖《创设乡村巡回学校计划(续)》刊于《新教育评论》第 2 卷第 26 期。

陶知行《无锡小学之新生命》刊于《新教育评论》第 2 卷第 26 期。

陶知行《中国师范教育建设论》刊于《新教育评论》第 3 卷第 1 期。

孙世庆《小学校的朝会》刊于《新教育评论》第 3 卷第 1 期。

王西征《从新教育到新教育评论》刊于《新教育评论》第 3 卷第 1 期。

陶知行《教育改进社特约乡校教师研究会纪事》刊于《新教育评论》第 3 卷第 1 期。

郭秉文《费城博览会中国教育展览近况述要》刊于《新教育评论》第 3 卷第 1 期。

叶傅六《重庆市教育统计之编制》刊于《新教育评论》第 3 卷第 1 期。

傅葆琛《直隶南部各县乡村平民教育的状况及最近旅行视察所得的感想》刊于《新教育评论》第 3 卷第 2 期。

张哲农《平民教育运动与平民的生活》刊于《新教育评论》第 3 卷第 2 期。

纪沧海《平民教育运动与救国运动》刊于《新教育评论》第 3 卷第 2 期。

盛朗西《平民教育史料》刊于《新教育评论》第 3 卷第 2 期。

舒新城《中国中学教育之分期》刊于《新教育评论》第 3 卷第 3 期。

余家菊《教育家之孟子》刊于《新教育评论》第 3 卷第 3 期。

芮良恭《读天将明之师范学校》刊于《新教育评论》第 3 卷第 3 期。

谢循初《介绍一本心理学书》刊于《新教育评论》第 3 卷第 3 期。

陶知行《中华教育改进社设立试验乡村师范学校第一院简章草案》刊于《新教育评论》第 3 卷第 3 期。

郭秉文《美洲图书馆协会纪念会报告》刊于《新教育评论》第 3 卷第 3 期。

舒新城《中国中学教育之分期(续)》刊于《新教育评论》第 3 卷第 4 期。

王庚《体育教师修养问题》刊于《新教育评论》第 3 卷第 4 期。

宓爱华《学校卫生教育谈(一)》刊于《新教育评论》第 3 卷第 4 期。

王西征《录集美学校全体教职员对于风潮之宣言附序》刊于《新教育评论》第 3 卷第 4 期。

黄建中《狄珂尼教学法及春试验学校》刊于《新教育评论》第 3 卷第 5 期。

石民傭《一个利用作文矫正社会恶习的实例》刊于《新教育评论》第 3 卷第 5 期。

朱昊飞《中等化学教科书之批评》刊于《新教育评论》第 3 卷第 5 期。

刘慎旃《改进四川体育教育之刍议》刊于《新教育评论》第 3 卷第 5 期。

景荪《美术的起源和功能》刊于《妇女杂志》第 12 卷第 1 号。

农隐《美术的范围》刊于《妇女杂志》第 12 卷第 1 号。

少英《王瑞竹女士的略传》刊于《妇女杂志》第 12 卷第 1 号。

农隐《美洲古代处女的美术》刊于《妇女杂志》第 12 卷第 1 号。

沈鸿鹏、蔡醉樵《美刺的漫画》刊于《妇女杂志》第 12 卷第 1 号。

丁佩《刺绣的秘诀》刊于《妇女杂志》第 12 卷第 1 号。

万介绍《湘绣的发展》刊于《妇女杂志》第 12 卷第 1 号。

浦山《论画八则》刊于《妇女杂志》第 12 卷第 1 号。

友如《陈圆圆遗容及其比丘像》刊于《妇女杂志》第 12 卷第 1 号。

农隐《著名的女画家》刊于《妇女杂志》第 12 卷第 1 号。

农隐《油绘的大略》刊于《妇女杂志》第 12 卷第 1 号。

农隐《油绘必须的色油》刊于《妇女杂志》第 12 卷第 1 号。

农隐《画室应有的条件》刊于《妇女杂志》第 12 卷第 1 号。

农隐录《书法名言》刊于《妇女杂志》第 12 卷第 1 号。

农隐《文房四宝》刊于《妇女杂志》第 12 卷第 1 号。

左企《精神方面和物质方面》刊于《妇女杂志》第 12 卷第 1 号。

徐鹤林《什么生活革命》刊于《妇女杂志》第 12 卷第 1 号。

王历澜《把它写奉于读者》刊于《妇女杂志》第 12 卷第 1 号。

王黎声《人人都有爱美的天性》刊于《妇女杂志》第 12 卷第 1 号。

邱景梅《这是我的意义》刊于《妇女杂志》第 12 卷第 1 号。

素芬《人类的得天独厚》刊于《妇女杂志》第 12 卷第 1 号。

道仁《均能怡情适性自得其乐》刊于《妇女杂志》第 12 卷第 1 号。

志纲《美感自人类天然赋有的》刊于《妇女杂志》第 12 卷第 1 号。

万福林《美真善鼎足而为三》刊于《妇女杂志》第 12 卷第 1 号。

方青筠《愿养成美术化的生活》刊于《妇女杂志》第 12 卷第 1 号。

久享《同人羡经的世界》刊于《妇女杂志》第 12 卷第 1 号。

孙家驹《美术可忽视么》刊于《妇女杂志》第 12 卷第 1 号。

卓莺《诚心去亲近他吧》刊于《妇女杂志》第 12 卷第 1 号。

铭心《应该有美术化的生活》刊于《妇女杂志》第 12 卷第 1 号。

爱莲《求我平生的安慰》刊于《妇女杂志》第 12 卷第 1 号。

鸿鹏《皆不出爱的范围》刊于《妇女杂志》第 12 卷第 1 号。

刘让裕《我所觉得》刊于《妇女杂志》第 12 卷第 1 号。

农隐《雕刻的略说》刊于《妇女杂志》第 12 卷第 1 号。

农隐《我国的雕刻》刊于《妇女杂志》第 12 卷第 1 号。

农隐《西洋的雕刻》刊于《妇女杂志》第 12 卷第 1 号。

农隐《篆刻的由来》刊于《妇女杂志》第 12 卷第 1 号。

农隐《篆刻法的纲要》刊于《妇女杂志》第 12 卷第 1 号。

汪镐京《调合紫泥印色法》刊于《妇女杂志》第 12 卷第 1 号。

万红友《回文织锦》刊于《妇女杂志》第 12 卷第 1 号。

黄运初《我们》刊于《妇女杂志》第 12 卷第 1 号。

梦生《湖畔别夜》刊于《妇女杂志》第 12 卷第 1 号。

径庵《歌谣中的家庭问题》刊于《妇女杂志》第 12 卷第 1 号。

竹友《浦东民歌》刊于《妇女杂志》第 12 卷第 1 号。

徐鹤林《应该研究文艺》刊于《妇女杂志》第 12 卷第 1 号。

素芬《妇工谈》刊于《妇女杂志》第 12 卷第 1 号。

方青筠《最好是图案篆刻摄影三件》刊于《妇女杂志》第 12 卷第 1 号。

振之《学摄影术的利益》刊于《妇女杂志》第 12 卷第 1 号。

竹荫《女子好美是不用说的》刊于《妇女杂志》第 12 卷第 1 号。

毅真女士《一件有趣的小职业》刊于《妇女杂志》第 12 卷第 1 号。

瘦巅《古琴与妇女》刊于《妇女杂志》第 12 卷第 1 号。

蔼蔼《妇女富于审美的观念》刊于《妇女杂志》第 12 卷第 1 号。

道仁《广告画与剧场》刊于《妇女杂志》第 12 卷第 1 号。

陆淑宜《妇女的工艺美术草帽辫》刊于《妇女杂志》第 12 卷第 1 号。

少英《家庭的美术》刊于《妇女杂志》第 12 卷第 1 号。

韶音《美肤浴》刊于《妇女杂志》第 12 卷第 1 号。

李颂尧《家内美装法的讨论》刊于《妇女杂志》第 12 卷第 1 号。

程瀚章《自来水》刊于《妇女杂志》第 12 卷第 1 号。

农隐《我国的俳优》刊于《妇女杂志》第 12 卷第 1 号。

忆梅《喜剧和妇女》刊于《妇女杂志》第 12 卷第 1 号。

亚白《妇女在戏剧上的地位》刊于《妇女杂志》第 12 卷第 1 号。

农隐《舞蹈的起源及派别》刊于《妇女杂志》第 12 卷第 1 号。

农隐《舞蹈曲的大略》刊于《妇女杂志》第 12 卷第 1 号。

农隐《留声机的种类及使用法》刊于《妇女杂志》第 12 卷第 1 号。

周维藩《音乐志异》刊于《妇女杂志》第 12 卷第 1 号。

周维藩《关于音乐的感想断片》刊于《妇女杂志》第 12 卷第 1 号。

徐鹤林《西湖上的喜剧》刊于《妇女杂志》第 12 卷第 1 号。

陈德圻《你为什么又悲伤》刊于《妇女杂志》第 12 卷第 1 号。

宋化欧《女权运动的先决问题》刊于《妇女杂志》第 12 卷第 2 号。

杨荫民《家庭分子与经济独立》刊于《妇女杂志》第 12 卷第 2 号。

少英《社交上一个重要的问题》刊于《妇女杂志》第 12 卷第 2 号。

少英《为什么女子多不成大事业?》刊于《妇女杂志》第 12 卷第 2 号。

徐学文《应当防渐杜微》刊于《妇女杂志》第 12 卷第 2 号。

董纯标《当分别讨论对症下药》刊于《妇女杂志》第 12 卷第 2 号。

天朴《已成一种普遍的社会病》刊于《妇女杂志》第 12 卷第 2 号。

青石女士《就是无教育的凭证》刊于《妇女杂志》第 12 卷第 2 号。

林文方《虚荣和虚伪的结果》刊于《妇女杂志》第 12 卷第 2 号。

EG《家庭的生活一斑》刊于《妇女杂志》第 12 卷第 2 号。

李云良《家庭会计谈》刊于《妇女杂志》第 12 卷第 2 号。

白本《古代西方民族与独身主义》刊于《妇女杂志》第 12 卷第 2 号。

彭道明《非独身主义》刊于《妇女杂志》第 12 卷第 2 号。

幼雄《文化生活与科学》刊于《妇女杂志》第 12 卷第 2 号。

莘耘《音乐略论》刊于《妇女杂志》第 12 卷第 2 号。

徐鹤林《恶化后的供状》刊于《妇女杂志》第 12 卷第 2 号。

徐学文《他的祝祷能成功吗?》刊于《妇女杂志》第 12 卷第 2 号。

黄俊琬《遗产的害处》刊于《妇女杂志》第 12 卷第 2 号。

张寒鹤《纲中之她》刊于《妇女杂志》第 12 卷第 2 号。

钟焕郴《女子教育的责任问题》刊于《妇女杂志》第 12 卷第 3 号。

枕薪《忆勇敢的罗爱德女士》刊于《妇女杂志》第 12 卷第 3 号。

少英《实业界中的妇女》刊于《妇女杂志》第 12 卷第 3 号。

朱善芳《缠足和解放的方法》刊于《妇女杂志》第 12 卷第 3 号。

郑景馥《敷粉的隐害》刊于《妇女杂志》第 12 卷第 3 号。

微知《自然界的惊异》刊于《妇女杂志》第 12 卷第 3 号。

臧幼博《科学和人生的关系》刊于《妇女杂志》第 12 卷第 3 号。

朱云楼《鼠谈》刊于《妇女杂志》第 12 卷第 3 号。

莘耘《音乐略论》刊于《妇女杂志》第 12 卷第 3 号。

徐宝山《我的学书谈》刊于《妇女杂志》第 12 卷第 3 号。

宁人《读妇女问题十讲》刊于《妇女杂志》第 12 卷第 3 号。

陈江滔《家庭制度上的西洋镜》刊于《妇女杂志》第 12 卷第 4 号。

少英《万国妇女最近的大活动》刊于《妇女杂志》第 12 卷第 4 号。

志纲《愚者一得》刊于《妇女杂志》第 12 卷第 4 号。

秉机《我的管见》刊于《妇女杂志》第 12 卷第 4 号。

刘孝柏《也觉得有点意见》刊于《妇女杂志》第 12 卷第 4 号。

SM《全靠着自己的毅力》刊于《妇女杂志》第 12 卷第 4 号。

洪竞芳《三种心理作用》刊于《妇女杂志》第 12 卷第 4 号。

欲樵《不要忘了一个恒字》刊于《妇女杂志》第 12 卷第 4 号。

少英《少女多情的原因》刊于《妇女杂志》第 12 卷第 4 号。

白本《何谓模仿》刊于《妇女杂志》第 12 卷第 4 号。

隐仙《六十年前的怪婚姻》刊于《妇女杂志》第 12 卷第 4 号。

张世禄《文字学上所见古代女子之地位》刊于《妇女杂志》第 12 卷第 4 号。

胡伯恳《妇女的历史》刊于《妇女杂志》第 12 卷第 4 号。

娟娟《呆婆小姑》刊于《妇女杂志》第 12 卷第 4 号。

臧幼博《科学和人生的关系》刊于《妇女杂志》第 12 卷第 4 号。

微知《发明界的惊异》刊于《妇女杂志》第 12 卷第 4 号。

邹盛文《西洋造园法》刊于《妇女杂志》第 12 卷第 4 号。

莘耘《音乐略论》刊于《妇女杂志》第 12 卷第 4 号。

周振韶《读〈梧桐叶落的秋夜〉书后》刊于《妇女杂志》第 12 卷第 4 号。

梦仙《冲喜以后》刊于《妇女杂志》第 12 卷第 4 号。

章绳以《为姊妹们进一忠告》刊于《妇女杂志》第 12 卷第 5 号。

东生女士《近世爱之变迁史》刊于《妇女杂志》第 12 卷第 5 号。

韶音《密尔洼基的女伟人》刊于《妇女杂志》第 12 卷第 5 号。

少英《一九二五年女子于政治上的进程》刊于《妇女杂志》第 12 卷第 5 号。

逸尘《缺不得知识和能力》刊于《妇女杂志》第 12 卷第 5 号。

钟竹友《应从学识品性艺术三面着想》刊于《妇女杂志》第 12 卷第 5 号。

爱环女士《近年来我所注意的事》刊于《妇女杂志》第 12 卷第 5 号。

兰娘《我是试行中的一人》刊于《妇女杂志》第 12 卷第 5 号。

车久享《心的改革》刊于《妇女杂志》第 12 卷第 5 号。

许伴山《郁结时的我所思》刊于《妇女杂志》第 12 卷第 5 号。

恒三《应具有几个条件》刊于《妇女杂志》第 12 卷第 5 号。

少英《青年男女间的友谊》刊于《妇女杂志》第 12 卷第 5 号。

徐宝山《民歌中的妇女问题》刊于《妇女杂志》第 12 卷第 5 号。

项楚人《野蛮时代的装饰及其流传》刊于《妇女杂志》第 12 卷第 5 号。

王桂馨《体力与体态》刊于《妇女杂志》第 12 卷第 5 号。

邹盛文《西洋造园法》刊于《妇女杂志》第 12 卷第 5 号。

欲樵《光怪陆离的妇女时装》刊于《妇女杂志》第 12 卷第 5 号。

东生女士《社会革命与中国妇女问题》刊于《妇女杂志》第12卷第6号。

钟焕邺《中国社会的母性保护》刊于《妇女杂志》第12卷第6号。

吕舜祥《母亲对于子女应当的三种责任》刊于《妇女杂志》第12卷第6号。

叶作舟《崇拜女性的美国》刊于《妇女杂志》第12卷第6号。

宋淑贞《期望女文学家的崛起》刊于《妇女杂志》第12卷第6号。

少英《合作的要诀》刊于《妇女杂志》第12卷第6号。

少英《爱的价值》刊于《妇女杂志》第12卷第6号。

朱枕薪《日本刑事犯中之女性》刊于《妇女杂志》第12卷第6号。

朱枕薪《外人之中国妇女与儿童观》刊于《妇女杂志》第12卷第6号。

我裁《烹饪和食物的关系》刊于《妇女杂志》第12卷第6号。

邹盛文《西洋造园法》刊于《妇女杂志》第12卷第6号。

农隐《爱的杂说》刊于《妇女杂志》第12卷第7号。

农隐《人类的爱情》刊于《妇女杂志》第12卷第7号。

汤西台《爱的诗》刊于《妇女杂志》第12卷第7号。

泪沁《关于爱神的神话》刊于《妇女杂志》第12卷第7号。

周逸君《百世不能泯灭的》刊于《妇女杂志》第12卷第7号。

善园《血缘上最烈的热情》刊于《妇女杂志》第12卷第7号。

王荷卿《歌谣中流露的爱》刊于《妇女杂志》第12卷第7号。

天朴《爱之研究》刊于《妇女杂志》第12卷第7号。

马醉南《爱的神妙》刊于《妇女杂志》第12卷第7号。

HCT女士《男女的爱》刊于《妇女杂志》第12卷第7号。

农隐《男女的爱之要素》刊于《妇女杂志》第12卷第7号。

性天女士《恋爱与条件》刊于《妇女杂志》第12卷第7号。

舒新城《恋爱上的几个问题》刊于《妇女杂志》第12卷第7号。

少英《善种学与恋爱》刊于《妇女杂志》第12卷第7号。

农隐《夫妇的爱与男女的爱》刊于《妇女杂志》第12卷第7号。

农隐《爱的历史》刊于《妇女杂志》第12卷第7号。

农隐《天才与爱》刊于《妇女杂志》第12卷第7号。

金煜华《青年与爱》刊于《妇女杂志》第12卷第7号。

李也止《童年的爱》刊于《妇女杂志》第12卷第7号。

由衷《时代下的牺牲者》刊于《妇女杂志》第12卷第7号。

KS《觉悟的忏悔书》刊于《妇女杂志》第12卷第7号。

鸿鹏《怎样可以保持两性间的爱情》刊于《妇女杂志》第12卷第7号。

志坚《今日之恋爱者的责任》刊于《妇女杂志》第12卷第7号。

六月生《多妻制对于爱的摧残》刊于《妇女杂志》第12卷第7号。

焦颂周《如何可使恋爱的成立》刊于《妇女杂志》第12卷第7号。

陈光鼎《如何可使失恋的治愈(一)》刊于《妇女杂志》第12卷第7号。

钱振夏《如何可使失恋的治愈(二)》刊于《妇女杂志》第12卷第7号。

任梦霞《郎财女貌》刊于《妇女杂志》第12卷第7号。

迦音《他所爱的金钢钻》刊于《妇女杂志》第12卷第7号。

天朴《苦工的爱妻》刊于《妇女杂志》第12卷第7号。

黄厚生《爱所给的赏赐》刊于《妇女杂志》第12卷第7号。

廖伯龙《破天荒的怪信》刊于《妇女杂志》第12卷第7号。

廖伯龙《创作的乐观》刊于《妇女杂志》第12卷第7号。

农隐《本月刊插图的解释》刊于《妇女杂志》第12卷第7号。

蒋燊《儿童本位与民本主义》刊于《妇女杂志》第12卷第8号。

少英《万国儿童福利委员会》刊于《妇女杂志》第12卷第8号。

少英《奥大利亚女议员关于婚事法律男女平等的议案》刊于《妇女杂志》第12卷第8号。

董纯标《我所望于现代新妇女者》刊于《妇女杂志》第12卷第8号。

陶秉珍《生物学观的女性发达史》刊于《妇女杂志》第12卷第8号。

韵秋女士《看护妇女应有的常识》刊于《妇女杂志》第12卷第8号。

程瀚章《家庭中驱除虫类的药剂》刊于《妇女杂志》第12卷第8号。

玉纹《琼崖的妇女》刊于《妇女杂志》第12卷第8号。

沂川《嘉应的妇女》刊于《妇女杂志》第12卷第8号。

左企《匀称与美》刊于《妇女杂志》第12卷第8号。

邹盛文《西洋造园法》刊于《妇女杂志》第12卷第8号。

徐宝山《李师师考》刊于《妇女杂志》第12卷第8号。

徐景逸《游昭君墓》刊于《妇女杂志》第12卷第8号。

金煜华《月的故事》刊于《妇女杂志》第12卷第8号。

杜怀白《桥畔趣谈》刊于《妇女杂志》第12卷第8号。

徐鹤林《莫泊桑〈人心〉里的上流妇女观》刊于《妇女杂志》第12卷第8号。

绿鸽《太太应该得工钱吗?》刊于《妇女杂志》第12卷第8号。

右任《于太夫人行述》刊于《妇女杂志》第12卷第8号。

胡海洲《女性中心的主义》刊于《妇女杂志》第12卷第9号。

李考颖《对于家庭教育的述评》刊于《妇女杂志》第12卷第9号。

李九思《说几句公道话》刊于《妇女杂志》第12卷第9号。

汪如干《谁愿意学习家事呢》刊于《妇女杂志》第12卷第9号。

涛声《逆潮流的话》刊于《妇女杂志》第12卷第9号。

患生《救济失学妇女的小提议》刊于《妇女杂志》第12卷第9号。

患生《女子剪发》刊于《妇女杂志》第12卷第9号。

患生《家庭制度可以废除吗》刊于《妇女杂志》第12卷第9号。

素芬《妇女阅日报的利益》刊于《妇女杂志》第12卷第9号。

阶平《家庭讲演》刊于《妇女杂志》第12卷第9号。

琴如女士《爱伦凯的思想及其晚年》刊于《妇女杂志》第12卷第9号。

沈连三《爱睡的日本妇人》刊于《妇女杂志》第12卷第9号。

逸卿女士《合浦妇女的现状》刊于《妇女杂志》第12卷第9号。

欧则鸣《最近美国妇女的美容术》刊于《妇女杂志》第12卷第9号。

敬仁《月以的障碍及春处理法》刊于《妇女杂志》第12卷第9号。

幼麟《矿石收音机》刊于《妇女杂志》第12卷第9号。

陈作絮《单座真空管收音机的构造法》刊于《妇女杂志》第12卷第9号。

吴筱曼《饲育金鱼的简法》刊于《妇女杂志》第12卷第9号。

王本元《秋虫的饲养法》刊于《妇女杂志》第12卷第9号。

颖之《欧洲妇人的平和运动》刊于《妇女杂志》第12卷第10号。

林云娴《新时代女子的几件先决问题》刊于《妇女杂志》第12卷第10号。

心译《文明的进步与婚期迟早的关系》刊于《妇女杂志》第12卷第10号。

周颂华、张春浩《小家庭生活的一种报告》刊于《妇女杂志》第12卷第10号。

柳村《杨大姑的隐痛》刊于《妇女杂志》第12卷第10号。

金煜华《可诅咒的礼教》刊于《妇女杂志》第12卷第10号。

苏仪贞《妇女于职业时的卫生》刊于《妇女杂志》第12卷第10号。

同心《从体育上获得的幸福》刊于《妇女杂志》第12卷第10号。

宋化欧《北京妇女之生活》刊于《妇女杂志》第12卷第10号。

桂贞《我所经历的苦处》刊于《妇女杂志》第12卷第10号。

邹盛文《西洋造园法》刊于《妇女杂志》第12卷第10号。

段线明、段左明《水族珍谈》刊于《妇女杂志》第12卷第10号。

幼雄《矿石收音机的能力增进》刊于《妇女杂志》第12卷第10号。

微知《热与人生》刊于《妇女杂志》第12卷第10号。

季赞育《女子的由来》刊于《妇女杂志》第12卷第10号。

木《凄断故人情》刊于《妇女杂志》第12卷第10号。

章绳以《南侨女学生应有之觉悟及责任》刊于《妇女杂志》第12卷第11号。

贞球《妇孺在世间的地位若何》刊于《妇女杂志》第12卷第11号。

梅俪《我国妇女教育今后的趋势》刊于《妇女杂志》第12卷第11号。

小江《女子独身生活的研究》刊于《妇女杂志》第12卷第11号。

蓝孕欧《原始社会的妇女》刊于《妇女杂志》第12卷第11号。

豹孙《家在山环水绕中》刊于《妇女杂志》第12卷第11号。

毅成《意中的设施》刊于《妇女杂志》第12卷第11号。

克三《中等阶级的计划》刊于《妇女杂志》第12卷第11号。

鹤林《艺术化的乐园》刊于《妇女杂志》第12卷第11号。

泪沁《我们合作主义的住宅村》刊于《妇女杂志》第12卷第11号。

婉芳《我的计划如此》刊于《妇女杂志》第12卷第11号。

君月《空中楼阁》刊于《妇女杂志》第12卷第11号。

梦萍《于愿已足》刊于《妇女杂志》第12卷第11号。

费达生《蜜饯及果汁的制法》刊于《妇女杂志》第12卷第11号。

魏明新《公共卫生与经济的关系》刊于《妇女杂志》第12卷第11号。

李尚春《义乌妇女的生活状况》刊于《妇女杂志》第12卷第11号。

邹盛文《西洋造园法》刊于《妇女杂志》第12卷第11号。

顾依仁《摄影术上的新意匠》刊于《妇女杂志》第12卷第11号。

刘大杰《琵琶的怨语》刊于《妇女杂志》第 12 卷第 11 号。

顾绮仲《妇女与职业的关系》刊于《妇女杂志》第 12 卷第 12 号。

李运文《男女应同在水平线上的我见》刊于《妇女杂志》第 12 卷第 12 号。

詹渭《男女同学中女性的观察及批评》刊于《妇女杂志》第 12 卷第 12 号。

陈祥云《中国妇女与经济》刊于《妇女杂志》第 12 卷第 12 号。

梁颀《妇女解放与职业问题》刊于《妇女杂志》第 12 卷第 12 号。

少英《巴黎大会与中国妇女》刊于《妇女杂志》第 12 卷第 12 号。

张云阶《天津生产前后风俗略志》刊于《妇女杂志》第 12 卷第 12 号。

朱云楼《为人的不便》刊于《妇女杂志》第 12 卷第 12 号。

素心《利用刺激是攻学的健将》刊于《妇女杂志》第 12 卷第 12 号。

蔡光谟《育婴法》刊于《妇女杂志》第 12 卷第 12 号。

邹盛文《西洋造园法》刊于《妇女杂志》第 12 卷第 12 号。

费达生《人造丝的现在及将来》刊于《妇女杂志》第 12 卷第 12 号。

少英《圣品糖的做法》刊于《妇女杂志》第 12 卷第 12 号。

少英《关于伤风的常识》刊于《妇女杂志》第 12 卷第 12 号。

徐鹤林《天性上的缺点》刊于《妇女杂志》第 12 卷第 12 号。

陈吕娟《受妇女的赏赐》刊于《妇女杂志》第 12 卷第 12 号。

郭魁琥《觉的太无知识了》刊于《妇女杂志》第 12 卷第 12 号。

许又非《世评》刊于《妇女杂志》第 12 卷第 12 号。

叔琴《一般与特殊》刊于《一般》诞生号。

丏尊译《中国的国家秩序与社会秩序》刊于《一般》诞生号。

薰宇《青年底生活问题》刊于《一般》诞生号。

范寿康《读胡适〈我们对于西洋近代文明的态度〉》刊于《一般》诞生号。

匡互生《趣味丰富的秋的天象》刊于《一般》诞生号。

孟实《旅英杂谈》刊于《一般》诞生号。

默之《张资平氏的恋爱小说》刊于《一般》诞生号。

王伯祥《读〈经今古文学〉和〈古史辨〉》刊于《一般》诞生号。

周建人《关于〈性史〉的几句话》刊于《一般》诞生号。

沈本权《评商务印书馆的〈学生杂志〉》刊于《一般》诞生号。

李石岑《美神与酒神》刊于《一般》10 月号。

薰宇《中国的国家秩序与社会秩序》刊于《一般》10 月号。

周予同《僵尸的出祟》刊于《一般》10 月号。

仲持《上海的新闻界》刊于《一般》10 月号。

互生《趣味丰富的秋的天象（续）》刊于《一般》10 月号。

西谛《中世纪的波斯诗人》刊于《一般》10 月号。

孟实《旅英杂谈》刊于《一般》10 月号。

自清《白采的诗》刊于《一般》10 月号。

赵景深《读白采小说偶识》刊于《一般》10 月号。

田秉祥《评中华书局〈高级生物学〉》刊于《一般》10 月号。

文铠《评妇女杂志〈爱之专号〉》刊于《一般》10 月号。

默之《文章学初编》刊于《一般》10 月号。

谢孚《世界文学家列传》刊于《一般》10 月号。

景深《社会的文学批评论》刊于《一般》10 月号。

心如《章句论》刊于《一般》10 月号。

胡愈之《我们的时代》刊于《一般》11 月号。

周为萃《再论青年生活问题》刊于《一般》11 月号。

高卓《所谓〈兽性问题〉》刊于《一般》11 月号。

朱孟实《谈读书》刊于《一般》11 月号。

张克成《人类维持健康的本能》刊于《一般》11 月号。

西谛《中世纪的波斯诗人(完)》刊于《一般》11 月号。

方光灵《爱欲》刊于《一般》11 月号。

白采遗著《绝俗楼我辈语》刊于《一般》11 月号。

陆定一《读〈青年的生活问题〉》刊于《一般》11 月号。

张竞生《读〈关于性史的几句话〉》刊于《一般》11 月号。

薰宇《我的答复》刊于《一般》11 月号。

周建人《答张竞生先生》刊于《一般》11 月号。

薰宇《复萧恩承博士》刊于《一般》11 月号。

心如《旧事重提质商务印书馆》刊于《一般》11 月号。

蔡孑民《说民族学》刊于《一般》12 月号。

亦乐《舆论》刊于《一般》12 月号。

一真译《中国的白祸》刊于《一般》12 月号。

朱孟实《谈动》刊于《一般》12 月号。

朱孟实《谈静》刊于《一般》12 月号。

薰宇《我们应当为社会牺牲自己吗》刊于《一般》12 月号。

未农《说三》刊于《一般》12 月号。

丰子恺《工艺实用品与美感》刊于《一般》12 月号。

张觉任《古国游记——珊瑚国》刊于《一般》12 月号。

绥百《从上海到日本西京》刊于《一般》12 月号。

张水洪《阿门独语》刊于《一般》12 月号。

白采遗著《绝俗楼我辈语》刊于《一般》12 月号。

子恺《尝试》刊于《一般》12 月号。

唐大圆《东方文化抉择谈》刊于《东方文化》第 1 期。

大圆《今日改良教育应备之常识》刊于《东方文化》第 1 期。

大圆《推理之正讹》刊于《东方文化》第 1 期。

大圆《转念三昧及其应用》刊于《东方文化》第 1 期。

大圆《唯识论式举隅》刊于《东方文化》第 1 期。

太虚《东方文化大系谈》刊于《东方文化》第 1 期。

大圆《世界教育议》刊于《东方文化》第 1 期。

唐大圆《东方心理学阐真叙》刊于《东方文化》第1期。

唐大圆《东方心理学阐真》刊于《东方文化》第1期。

大圆《与山西大学校长卫西琴(西洋人)论东方文化书》刊于《东方文化》第1期。

大圆《修学之标准》刊于《东方文化》第2期。

太虚《人与傍生之取舍》刊于《东方文化》第2期。

大圆《中华之政治史观》刊于《东方文化》第2期。

卫中《中国教育改进之商榷》刊于《东方文化》第2期。

释者《答起信论难识释质疑》刊于《东方文化》第2期。

大圆《世间出世间之问题》刊于《东方文化》第2期。

大圆《道之释义》刊于《东方文化》第2期。

唐大圆《唯识实验学》刊于《东方文化》第2期。

景昌极《苦与乐》刊于《东方文化》第2期。

象贤《记太虚法师说身心之病及医药》刊于《东方文化》第2期。

寄尘《记虚公老法师谈话》刊于《东方文化》第2期。

大圆《学佛略要》刊于《东方文化》第2期。

大圆《经验与记忆》刊于《东方文化》第2期。

大圆《我之内外学观》刊于《东方文化》第2期。

欧阳渐《支那内学院院训释(上篇)》刊于《内学》第3辑。

吕澂、释存厚等《诸家戒本通论》刊于《内学》第3辑。

王恩洋《佛学概论各章导言》刊于《内学》第3辑。

吕澂《安慧三十唯识释略抄》刊于《内学》第3辑。

吕澂《入论十四过解》刊于《内学》第3辑。

张宗载《创造诗的大乘佛化诗人发愿词》刊于《佛音》第3年第1期。

张宗载《我对于今后东亚佛教信徒之希望》刊于《佛音》第3年第1期。

宁达蕴《视察日本佛教后之感想》刊于《佛音》第3年第1期。

宁达蕴《东亚佛教大会三日大会之经过及所议决之议案》刊于《佛音》第3年第1期。

宁达蕴《佛诞纪念感言》刊于《佛音》第3年第4期。

范古农《真正信佛之信条》刊于《佛音》第3年第4期。

谭佛果《皈依我佛者须有孙公中山之精神》刊于《佛音》第3年第4期。

静观《中华全国佛化新青年会小史》刊于《佛音》第3年第4期。

宁达蕴《五年中作佛化运动之观感》刊于《佛音》第3年第5期。

云台《劝研究佛法说》刊于《佛音》第3年第5期。

常惺《唯识宗之人生观》刊于《佛音》第3年第5期。

张宗载《我对于释迦牟尼文佛之观察》刊于《佛音》第3年第5期。

宁达蕴《我们为什么要宣传佛法》刊于《佛音》第3年第5期。

鹃啼《破刘显亮论佛学不可归纳于他书》刊于《佛音》第3年第5期。

无相居士《性海之不可思议赋》刊于《佛音》第3年第5期。

张宗载《新佛化运动歌》刊于《佛音月刊》第3年第7—8期合刊。

张鹿鸣《我对于中国佛教徒之警告》刊于《佛音月刊》第3年第7—8期合刊。

杜鹃啼《末法时代之文化大问题》刊于《佛音月刊》第 3 年第 7—8 期合刊。

吼狮《大小乘之切要解决》刊于《佛音月刊》第 3 年第 7—8 期合刊。

张宗载《新佛教之两翼与青年救世之方针》刊于《佛音月刊》第 3 年第 7—8 期合刊。

张宗载、宁达蕴《赴南洋辞别闽南诸同心诗》刊于《佛音月刊》第 3 年第 7—8 期合刊。

张宗载《赴南洋思亲感赋》刊于《佛音月刊》第 3 年第 7—8 期合刊。

鹃啼《送张宁二君赴星洲歌》刊于《佛音月刊》第 3 年第 7—8 期合刊。

何勇仁《佛的革命》刊于《楞严特刊》第 2 期。

观自《国民政府下的佛化运动》刊于《楞严特刊》第 2 期。

何勇仁《佛家的无人相与太虚的误解》刊于《楞严特刊》第 2 期。

蔡慎鸣《释佛》刊于《楞严特刊》第 2 期。

曹瑟修《离苦得乐》刊于《楞严特刊》第 2 期。

沧溟《唯性主义的成毁论》刊于《楞严特刊》第 2 期。

高剑父《时代思想的需要》刊于《楞严特刊》第 2 期。

蔡慎鸣《伪孔》刊于《楞严特刊》第 2 期。

隐忍《金刚经释义(续)》刊于《楞严特刊》第 3 期。

何通仁《佛的革命(续)》刊于《楞严特刊》第 3 期。

鹃声《佛教革命的我见》刊于《楞严特刊》第 3 期。

蔡慎鸣《伪佛》刊于《楞严特刊》第 3 期。

观空《非宗教的佛法》刊于《楞严特刊》第 3 期。

何勇仁《佛学探微》刊于《楞严特刊》第 3 期。

沧溟《唯性主义的成毁论(续)》刊于《楞严特刊》第 3 期。

隐忍《金刚经释义(续)》刊于《楞严特刊》第 4 期。

何通仁《佛的革命(续)》刊于《楞严特刊》第 4 期。

桂了凡《佛学辑论》刊于《楞严特刊》第 4 期。

黄钧《唯识淡释(续)》刊于《楞严特刊》第 4 期。

高剑父《讨论宗教应否存在问题》刊于《楞严特刊》第 4 期。

侠悟《我之佛非宗教谈》刊于《楞严特刊》第 4 期。

蔡慎鸣《伪天说》刊于《楞严特刊》第 4 期。

隐忍《金刚经释义(续)》刊于《楞严特刊》第 5 期。

观自《释迦牟尼文佛略史》刊于《楞严特刊》第 5 期。

隐忍《金刚经释义(续)》刊于《楞严特刊》第 5 期。

桂了凡《佛学辑论(续)》刊于《楞严特刊》第 5 期。

隐忍《金刚经释义(续)》刊于《楞严特刊》第 6 期。

释大空《大乘起信论五重释义(续)》刊于《楞严特刊》第 6 期。

黄钧《唯识淡释(续)》刊于《楞严特刊》第 6 期。

桂了凡《佛学辑论(续)》刊于《楞严特刊》第 6 期。

金佛《今之学佛者的面面观》刊于《楞严特刊》第 6 期。

张宗载《什么是真正的佛法(续)》刊于《楞严特刊》第 6 期。

蔡慎鸣《原神》刊于《楞严特刊》第 6 期。

隐忍《金刚经释义(续)》刊于《楞严特刊》第 7 期。

释大空《大乘起信论五重释义(续)》刊于《楞严特刊》第 7 期。

黄钧《唯识浅释(续)》刊于《楞严特刊》第 7 期。

蔡慎鸣《见谛》刊于《楞严特刊》第 7 期。

金佛《今之学佛者的面面观》刊于《楞严特刊》第 7 期。

张宗载《什么是真正的佛法》刊于《楞严特刊》第 7 期。

张宗载《今后真佛教之改进》刊于《楞严特刊》第 7 期。

隐忍《金刚经释义(续)》刊于《楞严特刊》第 8 期。

释大空《大乘起信论五重释义(续)》刊于《楞严特刊》第 8 期。

黄钧《唯识浅释(续)》刊于《楞严特刊》第 8 期。

桂了凡《佛学辑论(续)》刊于《楞严特刊》第 8 期。

张宗载《今后真佛教之改进》刊于《楞严特刊》第 8 期。

金佛《频伽音中谬论的净禅》刊于《楞严特刊》第 8 期。

隐忍《金刚经释义(续)》刊于《楞严特刊》第 9 期。

释大空《大乘起信论五重释义(续)》刊于《楞严特刊》第 9 期。

桂了凡《佛学辑论(续)》刊于《楞严特刊》第 9 期。

黄钧《唯识浅释(续)》刊于《楞严特刊》第 9 期。

觅觅《观法华经后之讨论》刊于《楞严特刊》第 9 期。

张宗载《今后真佛化之产生与东亚民族之努力》刊于《楞严特刊》第 9 期。

释月澄《无生法忍之研究》刊于《楞严特刊》第 9 期。

隐忍《金刚经释义(续)》刊于《楞严特刊》第 10 期。

释大空《大乘起信论五重释义(续)》刊于《楞严特刊》第 10 期。

桂了凡《佛学辑论(续)》刊于《楞严特刊》第 10 期。

黄钧《唯识浅释(续)》刊于《楞严特刊》第 10 期。

高剑父《学佛徒今后实行应有的觉悟》刊于《楞严特刊》第 10 期。

太虚《论华日当联布佛教于欧美》刊于《三觉丛刊》第 1 卷。

乐山《拟成立北京佛教会暨弘法利生宣言书》刊于《三觉丛刊》第 1 卷。

觉归《论研究佛学的新方法》刊于《三觉丛刊》第 1 卷。

太虚《法相唯识学概论》刊于《三觉丛刊》第 1 卷。

寄尘《论三论宗在佛学中之地位及价值》刊于《三觉丛刊》第 1 卷。

妙空《论三论宗在世界诸哲学上之地位及价值》刊于《三觉丛刊》第 1 卷。

楚灯《说有情结生之状态》刊于《三觉丛刊》第 1 卷。

无名《三相迁流之实相安在》刊于《三觉丛刊》第 1 卷。

江善圣《邪正因果之研究》刊于《三觉丛刊》第 1 卷。

笠居众生《我对于三觉丛刊之胜望》刊于《三觉丛刊》第 2 卷。

孚中《敬告各界同志各宜自爱求生净土书》刊于《三觉丛刊》第 2 卷。

觉归《论三论宗在世界诸哲学中之地位及价值》刊于《三觉丛刊》第 2 卷。

性空《论三论与唯识之关系》刊于《三觉丛刊》第 2 卷。

江善圣《俱生分别二我执之浅说》刊于《三觉丛刊》第 2 卷。

游如渊译《中华民国佛教界之盟主太虚法师》刊于《三觉丛刊》第 2 卷。

孚中记《记院护李隐麈先生谈佛教显密之关系》刊于《三觉丛刊》第 2 卷。

觉归《数论解脱观的批评》刊于《三觉丛刊》第 2 卷。

山僧《黑暗天地之湖南教育司》刊于《三觉丛刊》第 2 卷。

太虚《佛法大系》刊于《三觉丛刊》第 3 卷。

笠居众生《论同善社人与悬空佛子之缺点》刊于《三觉丛刊》第 3 卷。

笠居众生《因明述义》刊于《三觉丛刊》第 3 卷。

寄麈《现量比量之定义及其应用之点》刊于《三觉丛刊》第 3 卷。

梵灯《述因明学中之法自相相违因》刊于《三觉丛刊》第 3 卷。

妙空《有法自相相违因之研究》刊于《三觉丛刊》第 3 卷。

释玠宗《佛心宗哲学(续)》刊于《南瀛佛教会会报》第 4 卷第 1 号。

许林《维摩经(续)》刊于《南瀛佛教会会报》第 4 卷第 1 号。

许林《佛教与社会事业之关系》刊于《南瀛佛教会会报》第 4 卷第 1 号。

罗妙吉《论人生不自由与自由》刊于《南瀛佛教会会报》第 4 卷第 1 号。

善雄《春与佛之使命》刊于《南瀛佛教会会报》第 4 卷第 1 号。

术参苓草《替佛作事为天道好生恶死而使之不生不灭言之》刊于《南瀛佛教会会报》第 4 卷第 1 号。

释善雄《佛家的社会主义(其三)》刊于《南瀛佛教会会报》第 4 卷第 1 号。

释溪声《台湾佛教改革论(二)》刊于《南瀛佛教会会报》第 4 卷第 1 号。

善雄《吾人何故信佛教乎何为学佛乎》刊于《南瀛佛教会会报》第 4 卷第 1 号。

释玠宗《最新无上体育卫生之发明》刊于《南瀛佛教会会报》第 4 卷第 1 号。

释玠宗《天台宗三谛圆融中道观》刊于《南瀛佛教会会报》第 4 卷第 2 号。

仲诚《太上老君清静经(续)》刊于《南瀛佛教会会报》第 4 卷第 2 号。

沈本圆《临东亚佛教大会之概况与所感》刊于《南瀛佛教会会报》第 4 卷第 2 号。

许林《出席东亚佛教大会之感想》刊于《南瀛佛教会会报》第 4 卷第 2 号。

释溪声《台湾佛教改革论(三)》刊于《南瀛佛教会会报》第 4 卷第 2 号。

高抵德《犯戒者非佛弟子》刊于《南瀛佛教会会报》第 4 卷第 2 号。

善雄《吾人何故信佛教乎何为学佛乎》刊于《南瀛佛教会会报》第 4 卷第 2 号。

净空《最新无上体育卫生之发明(续)》刊于《南瀛佛教会会报》第 4 卷第 2 号。

释玠宗《佛心宗哲学(续)》刊于《南瀛佛教会会报》第 4 卷第 3 号。

韫辉《救世之佛教》刊于《南瀛佛教会会报》第 4 卷第 3 号。

曾普信《佛教捷径(一)》刊于《南瀛佛教会会报》第 4 卷第 3 号。

善雄《吾人何故信佛教乎何为学佛乎(续)》刊于《南瀛佛教会会报》第 4 卷第 3 号。

释圆瑛《佛教者消极厌世乎》刊于《南瀛佛教会会报》第 4 卷第 4 号。

许林《佛教进行商榷书》刊于《南瀛佛教会会报》第 4 卷第 4 号。

澎岛愚善《敬神戒奢华俭财救穷苦》刊于《南瀛佛教会会报》第 4 卷第 4 号。

曾普信《佛教捷径(二)》刊于《南瀛佛教会会报》第 4 卷第 4 号。

一粟《妙在顺逆之分子为谁辩》刊于《南瀛佛教会会报》第 4 卷第 4 号。

高神觉昇《佛教学概论》刊于《南瀛佛教会会报》第 4 卷第 5 号。

释玠宗《佛心宗哲学（续）》刊于《南瀛佛教会会报》第 4 卷第 5 号。

仲诚《太上老君清静经（续）》刊于《南瀛佛教会会报》第 4 卷第 5 号。

曾普信《善恶根源之研究（一）》刊于《南瀛佛教会会报》第 4 卷第 5 号。

释圆瑛《挽救人心之惟一方法论》刊于《南瀛佛教会会报》第 4 卷第 5 号。

张宗载《新佛化运动与中日亲善之实现（上）》刊于《南瀛佛教会会报》第 4 卷第 5 号。

许林《佛教进行商榷书（续）》刊于《南瀛佛教会会报》第 4 卷第 5 号。

愚善《政治与佛教相依说》刊于《南瀛佛教会会报》第 4 卷第 5 号。

苓草《稻江水醮关系僧人与星士家比较说》刊于《南瀛佛教会会报》第 4 卷第 5 号。

曾普信《佛教捷径（三）》刊于《南瀛佛教会会报》第 4 卷第 5 号。

罗妙吉《何故崇拜释加乎》刊于《南瀛佛教会会报》第 4 卷第 5 号。

鹈林利见《无我教》刊于《南瀛佛教会会报》第 4 卷第 6 号。

高神觉昇《佛教学概论》刊于《南瀛佛教会会报》第 4 卷第 6 号。

释玠宗《佛心宗哲学（续）》刊于《南瀛佛教会会报》第 4 卷第 6 号。

觉天民《念佛》刊于《南瀛佛教会会报》第 4 卷第 6 号。

曾普信《善恶根源之研究（二）》刊于《南瀛佛教会会报》第 4 卷第 6 号。

张宗载《今后真佛教之产生与东亚民族之努力》刊于《南瀛佛教会会报》第 4 卷第 6 号。

林玠宗《佛化新僧之宣言》刊于《南瀛佛教会会报》第 4 卷第 6 号。

罗瑞祥《施报》刊于《南瀛佛教会会报》第 4 卷第 6 号。

苓草《归依佛》刊于《南瀛佛教会会报》第 4 卷第 6 号。

张宗载《新佛化运动与中日亲善之实现（下）》刊于《南瀛佛教会会报》第 4 卷第 6 号。

愚善《处世上佛教重道德教育》刊于《南瀛佛教会会报》第 4 卷第 6 号。

曾普信《佛教捷径（四）》刊于《南瀛佛教会会报》第 4 卷第 6 号。

印老法师《因果为儒释圣教之根本说》刊于《净业月刊》第 1 期。

寄尘《述净业社之因缘》刊于《净业月刊》第 1 期。

显微《报恩说》刊于《净业月刊》第 1 期。

兴慈法师《楞伽阿跋多罗宝经发源疏》刊于《净业月刊》第 1 期。

兴慈法师《性相净土融通说》刊于《净业月刊》第 1 期。

谛老法师《天台山万年寺丙寅春戒同戒录序》刊于《净业月刊》第 1 期。

印老法师《石印普陀山志序》刊于《净业月刊》第 1 期。

印老法师《观世音菩萨本迹感应颂序》刊于《净业月刊》第 1 期。

智海《世界佛教居士林林所落成颂词》刊于《净业月刊》第 1 期。

显微《讚佛颂十首》刊于《净业月刊》第 1 期。

寄尘《念佛以信愿为先》刊于《净业月刊》第 3 期。

显微《释净业社名义》刊于《净业月刊》第 3 期。

观月法师《法相净土融通说（续第一期）》刊于《净业月刊》第 3 期。

印老法师《庐山青莲寺结社念佛宣言书》刊于《净业月刊》第 3 期。

印老法师《心经浅解序》刊于《净业月刊》第 3 期。

程雪楼居士《纪沙门寺缘起》刊于《净业月刊》第 3 期。

陆德绅《佛诞放生记》刊于《净业月刊》第 3 期。

谛老法师《天台山万年寺三坛戒法集要》刊于《净业月刊》第 3 期。

妙煦《江苏监狱感化会报告本会经过情形并拟进行纲要》刊于《净业月刊》第 3 期。

智如《在漕河泾第二监狱讲演辞》刊于《净业月刊》第 3 期。

懇觉《拟推广佛教慈悲会缘起文》刊于《净业月刊》第 3 期。

寄尘《净土资粮篇》刊于《净业月刊》第 6 期。

寄尘谨录《印老法师开示法语》刊于《净业月刊》第 6 期。

丁福保居士《释迦牟尼佛别传》刊于《净业月刊》第 6 期。

印老法师《金刚经功德颂序》刊于《净业月刊》第 6 期。

印老法师《归宗精舍同修净业序》刊于《净业月刊》第 6 期。

沙健庵居士《沈书轩居士传》刊于《净业月刊》第 6 期。

谛老法师《天台山万年寺三坛戒法集要(续第五期)》刊于《净业月刊》第 6 期。

尤雪行居士《转祸为福之捷径》刊于《净业月刊》第 6 期。

静安居士《劝东岳关帝二会宜素食文》刊于《净业月刊》第 6 期。

了一《佛言爱欲莫甚于色一章》刊于《净业月刊》第 7 期。

朱石僧居士《自由平等说》刊于《净业月刊》第 7 期。

侍者谨录《谛老法师开示法语》刊于《净业月刊》第 7 期。

马惕庵居士录《金山融通老和尚开示念佛之法》刊于《净业月刊》第 7 期。

观月法师《楞伽阿跋多罗宝经发源疏(续第二期)》刊于《净业月刊》第 7 期。

印老法师《生西金鉴序》刊于《净业月刊》第 7 期。

印老法师《普陀山伴山庵募修大殿疏》刊于《净业月刊》第 7 期。

印老法师《马母姚夫人住生事实发隐》刊于《净业月刊》第 7 期。

程雪楼居士《重建苏州报国寺募捐启》刊于《净业月刊》第 7 期。

智海《桂嫂姚夫人像赞》刊于《净业月刊》第 7 期。

沙健庵居士《颂百岁夏母长歌一首》刊于《净业月刊》第 7 期。

智海《读顾孝妇传敬赋二律》刊于《净业月刊》第 7 期。

谛老法师《天台山万年寺三坛戒法集要(续)》刊于《净业月刊》第 7 期。

谛老法师《欢迎日本佛教团演说词》刊于《净业月刊》第 7 期。

演乘法师《论八福田》刊于《净业月刊》第 8 期。

黄忏华、龚慧云谨记《印老法师开示法语》刊于《净业月刊》第 8 期。

观月法师《楞伽阿跋多罗宝经发源疏(续)》刊于《净业月刊》第 8 期。

印老法师《因果录序》刊于《净业月刊》第 8 期。

印老法师《岳运生居士往生记》刊于《净业月刊》第 8 期。

演乘法师《上海莲社成立四十八愿法会小启》刊于《净业月刊》第 8 期。

显微《净业正因颂一》刊于《净业月刊》第 8 期。

谛老法师《天台山万年寺三坛戒法集要(续)》刊于《净业月刊》第 8 期。

显微《奇闻异事》刊于《净业月刊》第 8 期。

演乘大法师《古井微波》刊于《净业月刊》第 9 期。

印老法师《汪含章夫人往生记》刊于《净业月刊》第 9 期。

王莲航《王莲台居士生西纪实》刊于《净业月刊》第 9 期。

智海《南洋中学藏经目录序》刊于《净业月刊》第 9 期。

显微《净业正因颂二》刊于《净业月刊》第 9 期。

谛老法师《天台山万年寺三坛戒法集要(续)》刊于《净业月刊》第 9 期。

谛闲述《念佛三昧宝王论以五重玄义释题》刊于《净业月刊》第 9 期。

释演乘《祝大云辞》刊于《大云》第 4 号第 70 期。

江《说人》刊于《大云》第 4 号第 70 期。

古越季、骆印雄述《净土三要述义》刊于《大云》第 4 号第 70 期。

释印光《五台山秘魔严中庵石窟接引佛装金记》刊于《大云》第 4 号第 70 期。

释印光《教观纲宗释义纪重刻序》刊于《大云》第 4 号第 70 期。

华文祺《无锡慧山觉圣禅院募造大殿疏》刊于《大云》第 4 号第 70 期。

慧源《参观湖南佛教慈幼院记》刊于《大云》第 4 号第 70 期。

程鹏《劝同志提倡佛学书》刊于《大云》第 4 号第 70 期。

潘对凫《读尊义乞赈书感而赋此所望仁人君子一为援手也》刊于《大云》第 4 号第
70 期。

良玉《纪普仁大师白喇嘛之烧功课》刊于《大云》第 4 号第 70 期。

徐棠、黄庆澜《致上海县危知事请禁捕捉田雞书》刊于《大云》第 4 号第 70 期。

圆觉《华严原人论合解——华严原人论解序》刊于《大云》第 5 号第 71 期。

古越季、骆印雄述《净土三要述义(续)》刊于《大云》第 5 号第 71 期。

陈曼《熏修净业日课仪轨跋》刊于《大云》第 5 号第 71 期。

宁达蕴记《妇女学佛之规范》刊于《大云》第 8 号第 74 期。

归元《敬告负宏扬佛法之责任者请以佛戒为先导》刊于《大云》第 8 号第 74 期。

杨雪菴译《[佛]Buddha》刊于《大云》第 8 号第 74 期。

古越季、骆印雄述《净土三要述义(续)》刊于《大云》第 8 号第 74 期。

印光法师《绍兴偏门外娄江村兴教禅寺(即小云楼)募修大殿疏》刊于《大云》第 8 号第
74 期。

潘对凫《济宁保节会募捐启》刊于《大云》第 8 号第 74 期。

王莲航《王莲台居士生西纪实》刊于《大云》第 8 号第 74 期。

徐文蔚《致显荫法师函》刊于《大云》第 8 号第 74 期。

潘对凫《上某大师书》刊于《大云》第 8 号第 74 期。

石麟《怪鱼记》刊于《大云》第 8 号第 74 期。

邱瘦蝶《雷击淫恶》刊于《大云》第 8 号第 74 期。

王莲航《管家狗》刊于《大云》第 8 号第 74 期。

曹锟《学佛须知》刊于《仁智林丛刊》第 3 期。

曹锟《说佛》刊于《仁智林丛刊》第 3 期。

曹锟《郑州海滩禅寺观释迦卧像记》刊于《仁智林丛刊》第 3 期。

曹锟《佛光记》刊于《仁智林丛刊》第 3 期。

曹锟《阿弥陀佛真言》刊于《仁智林丛刊》第 3 期。

曹锟《训言》刊于《仁智林丛刊》第 3 期。

李翊灼《声字实相义释》刊于《仁智林丛刊》第 3 期。

郑沅《罪福报应经集解序》刊于《仁智林丛刊》第 3 期。

夏寿田《与虎禅师书》刊于《仁智林丛刊》第 3 期。

黄敦怿《东土帝王宏法纪略》刊于《仁智林丛刊》第 3 期。

夏寿田《法眼颂》刊于《仁智林丛刊》第 3 期。

夏寿田《云何偈》刊于《仁智林丛刊》第 3 期。

曹锟《仁书大成》刊于《仁智林丛刊》第 3 期。

吴佩孚《虎钤经必要》刊于《仁智林丛刊》第 3 期。

郭大癡《紫微山古开福寺记》刊于《仁智林丛刊》第 3 期。

刘异《琴学丛书总序》刊于《仁智林丛刊》第 3 期。

杨增荦《移居答赵湘帆见赠》刊于《仁智林丛刊》第 3 期。

杨增荦《柬湘帆》刊于《仁智林丛刊》第 3 期。

杨增荦《藕花曲》刊于《仁智林丛刊》第 3 期。

杨增荦《归梦》刊于《仁智林丛刊》第 3 期。

杨增荦《寿郑叔进居士》刊于《仁智林丛刊》第 3 期。

太虚法师《我之宗教观》刊于《海潮音》第 6 年第 11 期。

真嵩《受心所对于有情之价值》刊于《海潮音》第 6 年第 11 期。

满智《对于边润还三问题之研究》刊于《海潮音》第 6 年第 11 期。

史一如《慧圆居士集》刊于《海潮音》第 6 年第 11 期。

太虚法师《阿陀那识论》刊于《海潮音》第 6 年第 12 期。

清净说《世间三大势力》刊于《海潮音》第 6 年第 12 期。

善慧《东亚佛教大会演说辞》刊于《海潮音》第 6 年第 12 期。

满智记《太虚法师游日讲演集》刊于《海潮音》第 6 年第 12 期。

太虚法师《由职志的种种国际组织造成人世和乐国》刊于《海潮音》第 7 年第 1 期。

大圆《东方文化抉择谈》刊于《海潮音》第 7 年第 1 期。

海峰记《善慧法师在支那内学院讲演》刊于《海潮音》第 7 年第 1 期。

太虚法师《成唯识论科目表》刊于《海潮音》第 7 年第 1 期。

康寄遥《叶石湘解甲入山述略》刊于《海潮音》第 7 年第 1 期。

太虚《序刘君仁航东方大同学案》刊于《海潮音》第 7 年第 1 期。

化声《先考云溪府君行状》刊于《海潮音》第 7 年第 1 期。

慧敏《讲求佛学之目的》刊于《海潮音》第 7 年第 1 期。

丁福保《一切经音义提要等》刊于《海潮音》第 7 年第 1 期。

太虚《居士学佛之程序》刊于《海潮音》第 7 年第 2 期。

太虚法师《能知的差别地位上之所知诸法》刊于《海潮音》第 7 年第 2 期。

帅睿民《评罪言录学术篇》刊于《海潮音》第 7 年第 2 期。

太虚《大乘入楞伽经释》刊于《海潮音》第 7 年第 2 期。

大圆《唯识三十颂口义》刊于《海潮音》第 7 年第 2 期。

宝明《中国佛教之现势》刊于《海潮音》第 7 年第 3 期。

江谦《云湾佛光社大会演词》刊于《海潮音》第 7 年第 3 期。

会觉《大乘种姓辨》刊于《海潮音》第 7 年第 3 期。

清净《十义量》刊于《海潮音》第 7 年第 3 期。

欧阳渐《涅槃轻大意》刊于《海潮音》第 7 年第 4 期。

叶青眼《孔教为东洋文化之源应如何复兴策》刊于《海潮音》第 7 年第 4 期。

会觉《论因明相违因及本别作法》刊于《海潮音》第 7 年第 4 期。

体参译《陈唐三十唯识论国译对照》刊于《海潮音》第 7 年第 4 期。

唐大圆《东方教育之为不为论》刊于《海潮音》第 7 年第 5 期。

宁墨公《寺院法之研究》刊于《海潮音》第 7 年第 5 期。

张宗载《新佛教之两翼与青年救世之方针》刊于《海潮音》第 7 年第 5 期。

张仲如《国学阐微》刊于《海潮音》第 7 年第 5 期。

太虚《法相唯识学概论目录》刊于《海潮音》第 7 年第 5 期。

太虚法师《法相唯识学概论》刊于《海潮音》第 7 年第 5 期。

陈维东记《法相唯识学之由起》刊于《海潮音》第 7 年第 5 期。

刘凤鸣《日本佛诞大会盛况纪要》刊于《海潮音》第 7 年第 5 期。

印光《徐母杨太夫人生西记》刊于《海潮音》第 7 年第 5 期。

谢家梓《曼陀罗塔志铭》刊于《海潮音》第 7 年第 5 期。

妙空、寄尘记录《白喇嘛在佛学院之演讲》刊于《海潮音》第 7 年第 5 期。

寄尘《人生目的之究竟说》刊于《海潮音》第 7 年第 5 期。

宁达蕴《佛诞纪念感言》刊于《海潮音》第 7 年第 5 期。

嘿庵《新僧箴言》刊于《海潮音》第 7 年第 5 期。

粟庵《入藏退不之自述》刊于《海潮音》第 7 年第 5 期。

江友莲《听严慧法师讲经记》刊于《海潮音》第 7 年第 5 期。

太虚法师《佛法大系》刊于《海潮音》第 7 年第 6 期。

宁墨公《世间法与出世间法》刊于《海潮音》第 7 年第 6 期。

太虚《评宝明君中国佛教之现势》刊于《海潮音》第 7 年第 6 期。

王佛愿《海潮音改良刍议》刊于《海潮音》第 7 年第 6 期。

宁墨公《暹逻之小乘化》刊于《海潮音》第 7 年第 6 期。

释愿修《支那近代之佛教进化》刊于《海潮音》第 7 年第 6 期。

释者《答起信论唯识释质疑》刊于《海潮音》第 7 年第 6 期。

大悲《送会觉大师还湘赋赠》刊于《海潮音》第 7 年第 6 期。

太虚法师《法相唯识学之由起》刊于《海潮音》第 7 年第 7 期。

常惺《佛诞纪念讲演词》刊于《海潮音》第 7 年第 7 期。

宁墨公《生物演化与心行演化》刊于《海潮音》第 7 年第 7 期。

李涤尘《佛骨之新发现》刊于《海潮音》第 7 年第 7 期。

杨棣棠《香山高僧传略》刊于《海潮音》第 7 年第 7 期。

香坡《论名利恭敬》刊于《海潮音》第 7 年第 7 期。

圆瑛法师《挽救人心之唯一方法论》刊于《海潮音》第 7 年第 8 期。

大勇法师《在成都女青年会及广益学会之演讲问答》刊于《海潮音》第 7 年第 8 期。

王少湖《摄论大义》刊于《海潮音》第 7 年第 8 期。

张孟敬《与人论天台宗性具善恶书》刊于《海潮音》第 7 年第 8 期。

奇尘《对于传密近况之感想》刊于《海潮音》第 7 年第 8 期。

妙空《研究佛学之新方法》刊于《海潮音》第 7 年第 8 期。

邓尉山僧《华严十玄门之略解》刊于《海潮音》第 7 年第 8 期。

宏渡《众同分与同分彼同分辨》刊于《海潮音》第 7 年第 8 期。

欧阳竟无《复张孟劬先生论学书》刊于《海潮音》第 7 年第 9 期。

宁墨公《物理力用与心理力用》刊于《海潮音》第 7 年第 9 期。

杨雪菴译《"佛"》刊于《海潮音》第 7 年第 9 期。

周见性《敬告海外同侨注重佛教应办之事业书》刊于《海潮音》第 7 年第 9 期。

释大勇《略述三皈要义》刊于《海潮音》第 7 年第 9 期。

张仲如《国学阐微》刊于《海潮音》第 7 年第 9 期。

蒋特生《复郝旅长旭辉书》刊于《海潮音》第 7 年第 9 期。

一菴《松奉金青四县佛教联合会礼请太虚法师为指导师启》刊于《海潮音》第 7 年第 9 期。

光月《说佛法平等》刊于《海潮音》第 7 年第 9 期。

杨振仁《我对于太虚法师南来之希望》刊于《海潮音》第 7 年第 10 期。

宁达蕴《欢迎太虚法师》刊于《海潮音》第 7 年第 10 期。

农禅《我们为什么欢迎太虚法师》刊于《海潮音》第 7 年第 10 期。

蒋慧雄《我对于欢迎太虚法师之目的与希望》刊于《海潮音》第 7 年第 10 期。

陈丽池《星洲讲经会欢迎太虚法师之感想》刊于《海潮音》第 7 年第 10 期。

苏慧纯《敦请太虚法师南来之感言》刊于《海潮音》第 7 年第 10 期。

梵钟《太虚法师法驾临叻之刍言》刊于《海潮音》第 7 年第 10 期。

黄葆光《太虚法师与星洲讲经会》刊于《海潮音》第 7 年第 10 期。

明慧《读太虚法师〈建设人间净土论〉之感言》刊于《海潮音》第 7 年第 10 期。

陈电洲《敬聆太虚上人畅演法要有感于转道长老及发起讲经会诸同仁之小言》刊于《海潮音》第 7 年第 10 期。

苏秋涛《佛化复兴趋势与太虚法师》刊于《海潮音》第 7 年第 10 期。

宁达蕴《略祛世人对于佛法之误会》刊于《海潮音》第 7 年第 10 期。

宁达蕴《经商与学佛》刊于《海潮音》第 7 年第 10 期。

宁达蕴《救世觉人之佛法》刊于《海潮音》第 7 年第 10 期。

宁达蕴《欲求人类之真幸福须〈止恶修善〉》刊于《海潮音》第 7 年第 10 期。

宁达蕴《妇女学佛之规范》刊于《海潮音》第 7 年第 10 期。

明慧《现代人心救济之方法》刊于《海潮音》第 7 年第 10 期。

见性《筹办星洲佛经流通处为当务之急》刊于《海潮音》第 7 年第 10 期。

云山《为太虚法师及其徒众进一言》刊于《海潮音》第 7 年第 10 期。

太虚《太虚法师在南普陀欢迎会讲演》刊于《海潮音》第 7 年第 11 期。

太虚《缘起性空之人生宇宙观》刊于《海潮音》第 7 年第 11 期。

一澄记《大乘佛法的真义》刊于《海潮音》第 7 年第 11 期。

涵虚《三论源流考》刊于《海潮音》第 7 年第 11 期。

了一《辨掌珍中有法不极成过》刊于《海潮音》第 7 年第 11 期。

寂声《唯识宗之人生观》刊于《海潮音》第 7 年第 11 期。

达如《佛化与民治之关系》刊于《海潮音》第 7 年第 11 期。

华池《台湾佛教之观察》刊于《海潮音》第 7 年第 11 期。

度寰《缘生主义中之力命观》刊于《海潮音》第 7 年第 11 期。

翠华《多闻熏习系增上缘云何摄论说为入所知相因》刊于《海潮音》第 7 年第 11 期。

達如《僧徒的实业》刊于《海潮音》第 7 年第 11 期。

了一《佛化前途之观察》刊于《海潮音》第 7 年第 11 期。

刘廷芳《为注册事致全国基督教教育书》刊于《中华基督教教育季刊》第 2 卷第 1 期。

博尔敦《基督教教育宗旨》刊于《中华基督教教育季刊》第 2 卷第 1 期。

吴哲夫《基督教教育当前的问题》刊于《中华基督教教育季刊》第 2 卷第 1 期。

门罗《基督教教育在国家教育制度中的地位》刊于《中华基督教教育季刊》第 2 卷第 1 期。

韦卓民《中国本色教会》刊于《中华基督教教育季刊》第 2 卷第 1 期。

罗运炎《基督教与不平等条约》刊于《中华基督教教育季刊》第 2 卷第 1 期。

程湘帆《我对于基督教文字事业的意见》刊于《中华基督教教育季刊》第 2 卷第 1 期。

赵紫宸《基督教文字宣传问题》刊于《中华基督教教育季刊》第 2 卷第 1 期。

缪秋笙《宗教教育的几个新实验》刊于《中华基督教教育季刊》第 2 卷第 1 期。

广东基督教教育会《中小学校教学国文历史等科应备图书标准》刊于《中华基督教教育季刊》第 2 卷第 1 期。

韦卓民《东西文化之融洽》刊于《中华基督教教育季刊》第 2 卷第 2 期。

余日章《中华基督教运动中的需要》刊于《中华基督教教育季刊》第 2 卷第 2 期。

魏馥兰《怎样贯彻基督教大学之中国化》刊于《中华基督教教育季刊》第 2 卷第 2 期。

顾子仁《基督教大学学生的灵性生活》刊于《中华基督教教育季刊》第 2 卷第 2 期。

吴哲夫《学校标准及达到标准的方法》刊于《中华基督教教育季刊》第 2 卷第 2 期。

黎天锡《提倡大学中有目的之基督化活动》刊于《中华基督教教育季刊》第 2 卷第 2 期。

李常树《小学卫生问题》刊于《中华基督教教育季刊》第 2 卷第 2 期。

刘廷芳《为解释部令第十六号第五条事》刊于《中华基督教教育季刊》第 2 卷第 3 期。

汪宗海《欧洲各国教育之新发展（一）》刊于《中华基督教教育季刊》第 2 卷第 3 期。

罗炳生《基督教高等教育之近况及当前的问题》刊于《中华基督教教育季刊》第 2 卷第 3 期。

李天禄《基督教教育之我见》刊于《中华基督教教育季刊》第 2 卷第 3 期。

招观海《教会有无设立基督教学校之权利和责任》刊于《中华基督教教育季刊》第 3 卷第 3 期。

钟鲁斋《基督教教育之功劳及其缺陷》刊于《中华基督教教育季刊》第 2 卷第 3 期。

程湘帆《注册问题之经过及解决之焦点》刊于《中华基督教教育季刊》第 2 卷第 3 期。

许崇清《教育方针草案》刊于《中华基督教教育季刊》第 2 卷第 3 期。

黄溥《遵道中学国文课程之计划》刊于《中华基督教教育季刊》第 2 卷第 3 期。

余日章《基督教在中国当前之五大问题》刊于《中华基督教教育季刊》第 2 卷第 4 期。

赵紫宸《知识界的领袖与一般公民的训练》刊于《中华基督教教育季刊》第 2 卷第 4 期。

汪宗海《各国教育的新发展(二)》刊于《中华基督教教育季刊》第2卷第4期。

甘乃德《中国与外国化》刊于《中华基督教教育季刊》第2卷第4期。

陶行知《无锡小学之新生命》刊于《中华基督教教育季刊》第2卷第4期。

咸达翰《亚非两洲教育中之西方贡献》刊于《中华基督教教育季刊》第2卷第4期。

贾溥明《小学学生淘汰问题之调查》刊于《中华基督教教育季刊》第2卷第4期。

程湘帆《教员之训练与检定办法》刊于《中华基督教教育季刊》第2卷第4期。

柯毓才《拟圣经学校国文课程纲要》刊于《中华基督教教育季刊》第2卷第4期。

四、学术著作

(梁)刘勰著,黄素标点《新论》由上海泰东图书局刊行。

(隋)王通著,(宋)阮逸注释,陈益标点《(新式标点)文中子》由上海扫叶山房刊行。

(唐)刘知几著,曹聚仁校注《史通》由上海梁溪图书馆刊行。

(唐)不空译,王弘愿集释《大日经七支念诵法集释》由震旦密教重兴会刊行。

(宋)陈抟著,(宋)邵雍述,秦慎安校勘《河洛理数》(1—4册)由上海文明书局刊行。

(宋)朱熹著,青年协会书包部校订《朱子小学》由上海青年协会书局刊行,书前有皕诲《校印朱子小学例言》,淳熙丁未朱熹序及题词。

(元)周德清著,曹聚仁(原题蜗庐)校读《元人曲论》由上海梁溪图书馆刊行。

(明)沈宏宇述,范遇安校订《浑如篇》由上海北新书局刊行。

(明)董潜著,秦慎安校勘《董公选要览》由上海文明书局刊行。

(明)宋濂著,顾颉刚标点《诸子辨》(一名《龙门子》)由北京朴社刊行。

(明)王守仁著,许啸天整理,胡翼云校阅《王阳明集》(上下册)由上海群学社刊行,书前有许啸天《王阳明集新书》,马相伯序,严复序,郑孝胥序。

(明)朱之瑜著,许啸天整理《朱舜水集》由上海群学社刊行,书前有《朱舜水传记》,许啸天著《朱舜水集新序》。

(清)黄宗羲著,许啸天整理《黄梨洲集》由上海群学社刊行。

(清)王夫之著,许啸天整理《王船山集》由上海群学社刊行。

(清)颜元(原题颜习斋)著,许啸天整理《颜习斋集》(上下册)由上海群学社刊行,书前有许啸天序。

(清)章学诚著,章锡琛选注《文史通义》由上海商务印书馆刊行。

(清)杜诏编,袁韬壶标点《读史论略》由上海扫叶山房刊行。

(清)姚际恒著《重考古今伪书考》由上海大东书局刊行。

(清)纪昀编《四库全书总目》(1—8册)由上海大东书局刊行。

(清)东岩辑,许印芳编订《渊明诗话》由上海源记书庄刊行。

(清)王再越著《象棋梅花谱》由上海文明书局刊行,有吕思勉识语。

(清)范宜宾集,秦慎安校勘《乾坤法窍》由上海文明书局刊行。

(清)黑凤鸣、刘智著《性理注释·五功释义合刊》刊行。

(清)黑凤鸣注释《纂译天方性理本经注释》刊行。

(清)马注著《清真指南要言》刊行。

（清）张九仪著，秦慎安校勘《穿透真传》由上海文明书局刊行。

（清）方宗诚著《柏堂师友言行记》4 卷刊行。

按：方宗诚《柏堂师友言行记》所载，在镇压太平军起义过程中，有大批中下层宗主理学的士人为清廷尽忠效节，其中有名字可寻者不下数十人，如罗泽南、马树华、马三俊、张小嵩、徐启山、唐治、赵献、朱道文、甘绍盘、陈东明、胡纯、臧纾青、吴调鼎、徐琨、文汉光等。

章太炎著《章太炎国学讲演集》由梁溪图书馆刊行。

唐钺著《国故新探》由上海商务印书馆刊行。

中华学艺社编《国故论丛》由上海商务印书馆刊行。

中国大学出版部编辑《中国大学学术讲演集》（第 2 集）由北京编者刊行。

梁启超著《中国近三百年学术史》由上海民志书店刊行。

按：是书论述明末至民国初年中国学术发展的历史。着重论述清代学术变迁与政治的关系，各派学说的特点，并对各派代表人物加以评论。详尽列述了清代学者在经学、小学、音韵学、校注古籍、辨伪、辑佚书、史学、方志学、地理学、传记、谱牒学、历算等方面的成绩。书中附《明清之际耶稣会教士在中国者及其著述》。

胡适著《中国哲学史大纲》（卷上）由上海商务印书馆刊行。

按：是书将中国哲学史划分为三个时代：(1)自老子至韩非子，为古代哲学；(2)自汉至北宋，为中世哲学；(3)近世哲学，并称"明代以后，中国近世哲学完全成立"。胡适认为："世界上的哲学大概可分为东西两支。东支又分印度、中国两系。西支也分希腊、犹太两系。初起的时候，这四系都可算作独立发生的。到了汉以后，犹太系加入希腊系，成了欧洲中古的哲学。印度系加入中国系，成了中国中古的哲学。到了近代，印度系的势力渐衰，儒家复起，遂产生了中国近世的哲学，历宋元明清直到于今。"像这样明确地对中国哲学进行历史分期，并将中国哲学放在世界哲学史的范围内对中国近代哲学作明晰的源流探析的，在中国近代史学史和中国近代哲学史上，是前所未有的。顾颉刚评价《中国哲学史大纲》为"中国第一本有系统的哲学史"（顾颉刚撰、王晴佳导读《当代中国史学》，上海古籍出版社 2002 年版）。

周予同《经今古文学》由商务印书馆刊行。

按：1925 年，周予同接受李石曾的建议，撰写了《经今古文学及其异同》，先于《民铎》杂志上连载，再至 1926 年将此文合编增订为《经今古文学》。该书的主要内容有"经今古文的诠释""经今古文异同示例""经今古文的争论""经今古文的混淆""经今文学的复兴""经今古文学与其他学术的关系""经今文学在学术思想上的价值""经今文学的重要书籍"。周予同认为只有超脱学派偏见，"从历史入手，由了解经学而否定经学"是当时必要的学术思想工作，所以能跳出经学门户的窠臼，抓住经学史上的重要问题展开论述，出版后影响不小。1929 年 10 月商务印书馆又将此书收入"万有文库"出版，1955 年中华书局又出版该书。（参见王学典《20 世纪史学编年（1900—1949）》，商务印书馆 2014 年版）

唐敬杲选注《管子》由上海商务印书馆刊行。

郎擎霄著《老子学案》由上海大东书局刊行。

陈和祥评注，秦同培辑校《（评注标点）老子读本》由上海世界书局刊行。

陈和祥著，秦同培辑校《（标注标点）孔子家语读本》由上海世界书局刊行。

罗运炎著《孔子社会哲学》由上海美以美书报部刊行。

谢无量著《孔子》由上海中华书局刊行。

陈和祥评注，秦同培辑校《（评注标点）墨子读本》由上海世界书局刊行。

许啸天整理，胡翼云校《（新式标点）墨子》由上海群学社刊行。

许啸天整理，胡翼云校阅《（新式标点）墨子考证》由上海群学社刊行。

文瑞楼编辑部标点,朱公振评注《(标点评注)墨子读本》由上海文瑞楼书局刊行。

栾调甫编《墨辩讨论》由上海中华书局刊行。

唐敬杲选注《墨子》由上海商务印书馆刊行。

沈雁冰(原题沈德鸿)选注《庄子》由上海商务印书馆刊行。

陈和祥评注,秦同培辑校《(评注标点)庄子读本》由上海世界书局刊行。

钱穆编著《孟子要略》(后更名《孟子研究》)由上海大华书局刊行。

缪天绥选注《孟子》由上海商务印书馆刊行。

李福星著《孟子经济思想》由北京交通大学月刊社刊行。

陈和祥评注,秦同培辑校《(评注标点荀子读本)》由上海世界书局刊行。

陶师承著《荀子研究》由上海大东书局刊行。

陈和祥评注,秦同培辑校《(评注标点)管子读本》上海世界书局刊行。

陈和祥评注,秦同培辑校《(评注标点)韩非子读本》由上海世界书局刊行。

唐敬杲选注《韩非子》由上海商务印书馆刊行。

陈和祥评注,秦同培辑校《(评注标点)列子读本》由上海世界书局刊行。

唐敬杲选注《列子》由上海商务印书馆刊行。

陈益标点《(新式标点)晏子春秋》由上海扫叶山房出版,书前有孙星衍原序。

庄适选注《晏子春秋》由上海商务印书馆刊行。

庄适选注《吕氏春秋》由上海商务印书馆刊行。

陈和祥评注,秦同培辑校《(评注标点)扬子法言读本》由上海世界书局刊行。

沈雁冰选注《淮南子》由上海商务印书馆刊行。

陈安仁著《六朝时代学者之人生哲学》由上海民智书局刊行,有自序。

董士廉编《四朝先贤言行录》(上下卷)由上海谢文益总店刊行。

张绵周著《陆王哲学》由上海民智书局刊行,有自序。

江恒源著《中国先哲人性论》由上海商务印书馆刊行。

刘仁航著《东方大同学案》由江苏南京乐天书馆刊行。

按:是书作者认为大同世界是东西文化共同的理想,所以把中国先秦哲学、基督教、佛教合编为大同学案。全书分6卷:孔孟大同小康学案,老庄自然学案,杨子兼利学案,墨(侠)兼爱学案,耶稣爱人学案,佛福慧圆满学案等。

范寿康著《柏拉图》由上海商务印书馆刊行。

范寿康著《康德》由上海商务印书馆刊行。

范寿康著《卢梭》由上海商务印书馆刊行。

何子恒著《希腊哲学史》由上海光华书局刊行。

中国青年社编《马克思主义浅说》由上海书店刊行。

徐宗泽编著《共产主义驳论》由上海徐汇圣教杂志社刊行。

按:是书站在天主教的立场来反对马克思主义学说。

《共产主义与共产党》由汕头书店刊行。

中华学艺社编《唯物史观研究》由上海商务印书馆刊行。

按:是书收论述马克思唯物史观的论文7篇。其中3篇是何嵩龄译自日本河上肇著《唯物史观研究》、《经济学批评序》中之《唯物史观公式》、《唯物史观公弍中之一句》、《唯物史观中所谓"生产""生产力"

"生产关系"的意义》;另外 4 篇为《马克思主义经济学》(陈昭彦)、《马克思之资本复生产论》(萨孟武)、《亚丹·斯密与马克思之关系》(资耀华)、《马克思和近时的批评家》(李希贤)。

彭基相、余文伟著《哲学论文集》由上海北新书局刊行。

李石岑著《人生哲学》卷上由上海商务印书馆刊行。

吴稚晖著《一个新信仰的宇宙观与人生观》由上海中山书店刊行。

三民公司编辑《孙文学说概要》由上海三民公司刊行。

戴季陶著《孙文主义之哲学基础》由上海民智书局刊行。

按:此书后改名为《三民主义之哲学基础》。

邰爽秋著《正义进化与奋斗》由上海中华书局刊行。

按:是书论述人生问题、古代思想选评、近代思想选评、奋斗主义之精髓、社会改造原理、奋斗成功之要素,以及中国人人生观之改造、中国人创造文化和拥护公理之奋斗等问题。

许啸天整理《(标点选节)清初五大师集》(上册)由上海群学社刊行。

许啸天整理《名言大辞典》由上海群学社刊行。

江恒源编著《伦理学概论》由上海大东书局刊行。

按:是书分 3 编。第 1 编:总论,论述伦理学的各种重要概念;第 2 编:道德行为论,论述道德判断的对象及其相关的问题;第 3 编:道德判断论,讨论道德标准、道德知识及人生目的等问题。

熊十力著《因明大疏删注》由上海商务印书馆刊行。

太虚讲,黄中疆等编《佛学概论》由北京佛学研究会刊行。

吕澂著《佛学研究法》由上海商务印书馆刊行。

太虚著《庐山学》由上海泰东图书局刊行。

吕澂著《因明纲要》由上海商务印书馆刊行。

陈省著《测字秘旨》由上海中华新教育社刊行。

韩主教著《如比来翁大赦》由山东兖州府刊行。

幻修著《八识规矩颂贯珠解》由上海世界佛教居士林刊行。

王治心著《中国历史的上帝观》由上海中华基督文社刊行。

林步基编著《诸教参考》由上海中华圣公会刊行。

苗仰山著《方言问答撮要》由上海土山湾印书馆刊行。

缪秋笙编《学校礼拜秩序》由上海中华基督教教育会刊行。

宁达蕴编《东瀛佛教观察记》刊行。

秦慎安校勘《滴天髓·穷通宝鉴》由上海文明书局刊行。

秦慎安校勘《罗经解定》全 2 册由上海文明书局刊行。

秦慎安校勘《罗经透解》全 2 册由上海文明书局刊行。

秦慎安校勘《平砂玉尺经》由上海文明书局刊行。

秦慎安校勘《三命通会》(1—4 卷)由上海文明书局刊行。

秦慎安校勘《五行大义》由上海文明书局刊行。

秦慎安校勘《星平会海》(1—4 册)由上海文明书局刊行。

秦慎安校勘《选择正宗》(上下册)由上海文明书局刊行。

秦慎安校勘《阳宅紫府宝鉴》由上海文明书局刊行。

秦慎安校勘《阴阳二宅全书》(全 4 册)由上海文明书局刊行,有自序,王汝元序及跋。

秦慎安校勘《张果星宗》(1—4 册)由上海文明书局刊行。

青年协会书报部编《青年会与中国前途》由上海青年协会书报部刊行。

时兆报馆编《长生路志》由上海同编者刊行。

世界佛教居士林编《世界佛教居士林林务报告》由上海编者刊行。

孙仲霞编《五蕴有解》由北京日报馆刊行。

王明道著《基督的新妇》由北平灵食季刊社刊行。

王明道著《受苦有益》由北平灵食季刊社刊行。

肖杰三著《崇修引》(1—3 册)由河北献县张家庄天主堂刊行。

谢颂羔著《诸教的研究》由上海广学会刊行。

杨道荣编《传道经验谭》(第 2 集)由中华信义会书报部刊行。

杨慧镜编《近代往生传》由上海佛学书局刊行。

意某传教士著《隐修与传教》刊行。

张横秋著《今日乡村教会的观察》由中华全国基督教协进会乡村教会农民生活事业委员会刊行。

张宗载编《世界新文化之标准》由上海世界佛教居士林刊行。

赵振武著《至圣实录纪年校勘记》由北平成达师范出版部刊行。

赵紫宸著《基督教哲学》由上海中华基督教文社刊行。

赵紫宸著《耶稣的人生哲学》由上海中华基督教文社刊行。

支那内学院编《内学》(第 3 辑)由江苏南京编者刊行。

智遁编《慈悲镜》由福建泉州同文斋印书馆刊行。

中华全国基督教协进会编《第四届年会报告》由上海编者刊行。

周伯琴著《宗教与人生》由广东广州著者刊行。

周群敏著《人鬼交通奇观》(上下册)由上海灵性学会刊行。

朱有光、曾昭森编《耶稣的生平和教训》(圣经原文)由上海伊文思图书有限公司刊行。

紫阳真人述《南无阿弥陀佛注解》由湖南长沙民治书局刊行。

龚约翰著《乡村领袖之培养》由中华全国基督教协进会乡村教会农民生活事业委员会刊行。

克乐恺编著,青年协会书报部译《青年会事业之设计训练法(青年会干事适用)》由上海青年协会书报部刊行。

中国精神研究会编《催眠术》由上海编者刊行。

崔载阳编《近世六大家心理学》由上海商务印书馆刊行。

吴致觉著《心理学原理》由上海商务印书馆刊行。

按:是书分 14 章。论述心理学的定义,方法、分类,意识与生理的关系,心理现象:感觉、知觉、联想、记忆、思想、运动、注意、情态、情绪等。书末附录:《教育心理学》。

高觉敷著《心理学论文集》由上海商务印书馆刊行,书末附有《介绍德列威之(人之本能)》。

舒新城编《心理学大意》由上海中华书局刊行。

按:是书分上下 2 篇。上篇讲述心理学的意义、方法、范围;下篇为心理学的一般问题,包括本能、情绪、习惯、潜意识等。书末附:《心理学派别》。

吴俊升编《新中学论理学概论》由上海中华书局刊行。

王志仁著《领袖之职务及其要素》出版。

陆费逵著《青年修养杂谈》由上海中华书局刊行。

马良著《致知浅说》(卷 1 原言)由上海商务印书馆刊行。

杨廉辑《海天集》由上海北新书局刊行。

洪馈编《联想论》由上海群众图书公司刊行。

费云鹤著《男女能力之研究》由上海商务印书馆刊行。

宋麟等编校《现代新主义》由上海世界书局刊行。

李达著《现代社会学》由上海昆仑书店刊行。

按：是书"欲应用唯物史观改造社会科学之一尝试"，既系统地阐述了唯物史观的基本原理，又论及世界革命和中国革命面临的问题，还批评了各种反马克思主义学说。全书包括社会学之性质，社会之本质，社会之起源，社会之发达，家族，氏族，社会意识，社会之变革，社会之进化，社会问题，社会思想等 18 章，为我国最早用马克思主义观点较系统地研究社会学的著作之一，填补了中国马克思主义史学在草创阶段的一些重大理论空白。与先前问世的蔡和森《社会进化史》以及瞿秋白《现代社会学》和《社会科学概论》等书相比，该书不论是研究问题的深度、广度，还是在阐述问题的准确性方面，均有明显提升。该书对历史发展的动力、历史发展的规律、阶级斗争与社会历史发展的关系以及个人在历史上的作用等一系列问题都有研究。不过有研究者指出，李达书中所阐述的社会进化之原理，基本上是按照马克思《政治经济学批判·序言》中关于唯物史观的表述译过来的，李达对于这一原理的中国化表述，为马克思主义史学家提供了认识历史的方法论。尽管该书不是一本严格意义上的史学著作，但它对一些重大历史问题的理论研究，为后来郭沫若、吕振羽等运用唯物史观具体而微地研究中国社会史，提供了启示。自 1926 年出版至 1933 年，共印行 14 版，足见影响之广泛。(参见王学典《20 世纪史学编年(1900—1949)》，商务印书馆 2014 年版)

易家钺著《社会学史要》由上海商务印书馆刊行。

熊得山著《社会问题》由上海北新书局刊行。

张竞生著《美的社会组织法》由北平北新书局刊行。

按：是书论述作者自己理想中的社会，提出美的、艺术的、情感的社会组织法。包括情爱与美趣的社会，爱与美的信仰和崇拜，美治政策，极端公道与极端自由的组织法 4 章。

贾逸君著《中华妇女缠足考》由北平文化学社刊行。

乔启明著《乡村社会区划的方法》由江苏金陵大学刊行。

韩获编《恋爱之问题》由上海文明书局刊行。

王平陵著《中国妇女恋爱观》由上海光华书局刊行。

王庚编《婚姻指导》由上海大东书局刊行。

易家钺著《西洋家族制度研究》由上海商务印书馆刊行。

张竞生《性史》第一集由性育社刊行。

吹影庐编《性之研究》由上海民智书局刊行。

许啸天等著《性欲讨论集》由上海大仁书店刊行。

易家钺著《妇女职业问题》由上海泰东图书局刊行。

潘吟阁编《职业概况》由上海商务印书馆刊行。

杨真如著《精神祈祷》由上海精神祈祷会刊行。

陈长蘅著《中国人口论》由上海商务印书馆刊行。

按：是书分 8 章，第一章绪论，第二章人口原理，第三章人口编查法略说，第四章世界诸国与我国人口之现情,第五章人口疏密孳生徐速与国家强弱种族盛衰国民贫富生活文野之关系,第六章婚姻之改良,第七章婚姻之改良(续),第八章世界进化之趋势与吾国国强之指针。

邹恩润著《书记之职能与任务》由上海中华职业教育社刊行。

熊卿云编《开会的方法》由上海商务印书馆刊行。

陈毅夫著《会议常识》由上海学术书店刊行。

高一涵著《中国御史制度的沿革》由上海商务印书馆刊行。

徐宗泽编辑《国家真诠》由上海徐汇圣教杂志社刊行。

恽代英编《政治学概论》由中央军事政治学校政治部刊行。

按:是书共5讲:政治、国家、国体、中央集权与地方分权、政体、人民参政的方式、人民的权利、党。

陈启天著《建国政策发端》由少年中国学会刊行。

少年中国学会编《国家主义论文集》(第2集)由上海中华书局刊行。

唐海著《中国劳动问题》由上海光华书局刊行。

恽代英编纂《中国国民党与劳动运动》由中央军事政治学校政治部刊行。

中国共产党扩大中央执行委员会编《中国共产党对于时局的主张》由编者刊行。

朱懋澄著《调查上海工人住屋及社会情形记略》由上海中华基督教青年会全国协会职工部刊行。

郭绍鸿、郭绍周著《新民气》(英帝国排华概况)由个人刊行。

国民革命军总司令部编《中国国民党重要宣言及训令》由编者刊行。

进思堂编《进思堂周年纪录》由编者刊行。

四川省议会编辑发行处编《四川省议会会刊》由编者刊行。

中国国民党第二次全国代表大会编《重要宣言集》由编者刊行。

中国国民党中央执行委员会宣传部编辑《中国国民党最近宣言集》由编者刊行。

陶汇曾著《对华门户开放主义》由上海商务印书馆刊行。

谢彬著《蒙古问题》由上海商务印书馆刊行。

樊希智编《政府论》由上海商务印书馆刊行。

任溪庐著《联村自治法》由著者刊行。

上海青年协会书报部编《公民纲要》由上海青年协会书报部刊行。

刘湛恩编《公民与民治》由上海青年协会书局刊行。

按:是书分6课。讲述民主政体的沿革,法律统治,民意、选举,以及公民的权利、责任、义务等。附公民测验表。

王懋廷编《帝国主义大纲》由广东广州中央军事政治政治部刊行。

张蔼蕴著《帝国主义之内幕》由广东广州群众书社刊行。

张锐编著,梁启超校阅《市制新论》由上海商务印书馆刊行。

甘乃光编《孙文主义丛刊》由国民书局刊行。

甘乃光著《孙文主义大纲》由国民革命军中央军事政治学校政治部刊行。

甘乃光著《孙文主义之理论与实际》由广东广州国民新闻刊行。

高尔柏著《中山主义概论》由上海光华书局刊行。

金曾澄编述《三民主义问答》(民族主义)由广东省教育会刊行。

三民公司编《三民主义精义》由上海三民公司刊行。

三民公司编《三民主义问答》由上海三民公司刊行。

三民公司编《孙中山主义读本》由上海三民公司刊行。

邵元冲讲，高良佐、邱元武笔记《孙文主义总论》由上海民智书局刊行。

左学昌著，孙传芳评《孙中山三民主义之研究》由联军总司令部刊行。

孙中山著，太平洋书店编《中山丛书》（1—4 册）由上海太平洋书店刊行。

孙中山著《三民主义》由上海和平书店刊行。

孙中山著，三民公司编《孙公遗书》由上海三民公司刊行。

爱知社编《汪精卫先生讲演集》由上海编者刊行。

上海文华书局编《汪精卫先生讲演集》由北平文华书局刊行。

中国国民党中央执行委员会北京执行部辑《汪精卫先生讲演集》由辑者刊行。

中央军事政治学校政治部宣传科编《汪精卫先生演讲集》编者刊行。

汪精卫著《汪精卫文存》由广东广州民智书局刊行。

廖仲恺著《廖党代表讲演集》由国民革命军中央军事政治学校政治部刊行。

廖仲恺著《廖仲恺集》由著者刊行。

胡汉民著《胡汉民先生在俄演讲录》（第 1 集）由广东广州民智书局刊行。

吴稚晖著，李晓峰编《吴稚晖近著》由北京北新书局刊行。

新青年社编《中国革命问题论文集》由新青年社刊行。

曾杰著《人民的建设》由广东广州人民的建设杂志社刊行。

陈伯华编《内国问题讨论大纲》由上海青年协会书局刊行。

陈伯华等编《和平运动讨论大纲》由上海青年协会书局刊行。

陈达著《近八年来国内罢工的分析》刊行。

恽代英编《国民革命》由中央军事政治学校政治部宣传科刊行。

陆费逵著《妇女问题杂谈》由上海中华书局刊行。

徐宗泽著《妇女问题》由上海圣教杂志社刊行。

文学研究所编《新社会的妇女》由编者刊行。

中国国民党广东省执行委员会青年部编《统一青年运动》由编者刊行。

李正谊著，傅春吾校订《新中国缩图》由四川成都四川宪政专门学校筹备处刊行，有著者序。

安若定讲，铸魂学社编《怎样复兴中国》由江苏南京铸魂书局刊行。

彭学沛著《最近世界各国政治》由北京国立北京大学出版部刊行。

按：是书分 6 章。介绍法国、德国、比利时、美国、英国及罗马尼亚的政党、外交及政治概况等。

陈懋烈编《最近之日本》由上海中华书局刊行。

国民政府秘书处编《国民政府法令汇编》由广东广州编者刊行。

薛学海著《薛著宪政论》由上海商务印书馆刊行。

谢瀛洲编《五权宪法大纲》由广东广州民政厅课吏馆刊行。

秦同培编，陈和祥评注《孙子读本》由上海世界书局刊行。

十大家注、袁韬壶标点《孙子十家注》（上下）由上海扫叶山房刊行。

支伟成编《孙子兵法史证》由上海泰东图书局刊行。

陈增荣编著《四忠兵略》由北京武学书馆刊行。

陈玖学评注,陈益标点《七子兵略》由上海扫叶山房书局刊行。

周亚卫著《国防论》刊行。

丁文江著《民国军事近纪》上编由上海商务印书馆刊行。

林修梅著《精神讲谈一斑》由国光书店刊行。

陈铭枢讲《陈铭枢师长对本师军官训话》由国民革命军第十师政治部刊行。

国民革命军总司令部政治部编《国民革命军政治部组织草案》刊行。

国民革命军总司令部政治部编《政治训练大纲》刊行。

国民革命军总司令部政治部编《士兵政治训练大纲》刊行。

吴佩孚编订《军中必要续集》由武学书局刊行。

法规编纂委员会编《国民革命军第一军法规》由重庆同记石印局刊行。

白雄远著《排哨之商榷》刊行。

端木彰编著《步兵炮狙击炮迫击炮操法》由北京武学书馆刊行。

吴应图编《资本问题》由上海中华书局刊行。

甘乃光著《先秦经济思想史》由上海商务印书馆刊行。

按:是书系作者在岭南大学讲授"中国经济思想史"课程的讲稿。分8章,介绍老子、孔子、墨子、孟子、荀子、管子等诸子百家经济思想的基本观念。

唐启宇编《农业经济学》由南京中华农学会刊行。

龚厥民编《农业经济学》由上海商务印书馆刊行。

杨道腴编《经济学概论》由中央军事政治学校宣传科刊行。

王庸著《经济地理学原理》由上海商务印书馆刊行。

按:是书分为经济地理要素分论和经济生活概要等两编,其中包括经济地理学之定义及其要素、土壤与物产、健康与作业之气候的影响、渔牧业、热带农业、林业和商业等。该书列入"新智识丛书",为国内经济地理学著作中最早者。

吴宗寿编《会计浅说》由上海商务印书馆刊行。

寿毅成(原题寿景伟)著《应用统计浅说》由上海商务印书馆刊行。

金国宝著《物价指数浅说》由上海商务印书馆刊行。

陈达著《生活费研究法的讨论》由北京清华学校刊行。

刘树梅编《记账学》由上海商务印书馆刊行。

广州市土地局编《广州市土地局行政纪要》由编者刊行。

李谟著《工业会计揽要》由上海中华书局刊行。

郭绍周著,林有壬等校《热带农业》第1集由北京京华印书局刊行。

赵竞南著《中国茶叶之研究》由北京银行月刊社刊行。

王宠佑著《煤业概论》由上海商务印书馆刊行。

按:是书共13章。内分绪论,煤业发展史,煤的分类、用途与方法、贸易、检样、存储与防火,煤矿的国有及账目分配问题,世界煤的储藏量与现代产额,以及世界煤业状况、中国煤业发展纲要等。

刘秉麟著《李嘉图》由上海商务印书馆刊行。

谢家荣著《中国矿业纪要》(第二次,民国七年至十四年)由农商部地质调查所刊行。

黄著勋著《中国矿产》由上海商务印书馆刊行。

虞和寅著《矿业报告》(平定阳泉附近保晋煤矿报告)由北京农商部矿政司刊行。

虞和寅著《矿业报告》(抚顺煤矿报告)由北京农商部矿政司刊行。

虞和寅著《抚顺煤矿报告》由北京农商部矿政司刊行。

虞和寅著《矿业报告》(临榆柳江煤矿报告)由北京农商部矿政司刊行。

虞和寅著《矿业报告》(本溪湖煤铁公司报告)由北京农商部矿政司刊行。

虞和寅著《矿业报告》(锦西大窑沟煤业报告)由北京农商部矿政司刊行。

恒丰周刊社编《恒丰汇刊》由上海恒丰纺织新局刊行。

交通部铁路联运事务处编《第十四次中日联运会议协定书》由编者刊行。

按：会议于1926年在东京召开。

庚款筑路期成会编译股编《铁路协会会报特刊》由铁路协会书报经理部刊行。

南洋大学经济学会编《全国铁路提要》由编者刊行。

交通部编《中华国有铁路客货车运输通则》由编者刊行。

铁道部联运处编《华北旅客联运规章汇览》由编者刊行。

交通部铁路联运事务处编《或被旅客联运规章汇览》由编者刊行。

江东著《吉敦铁路借款之研究》由北京交通大学刊行。

侯镇平编《整顿宁省铁路意见书》由编者刊行。

刘文贞、刘敏功著《川汉铁路计划书》由编者刊行。

国民外交丛书社编，左舜生校阅《各国航业竞争》由上海中华书局刊行。

按：是书为国民外交小丛书之一，概述英、美、德、法、意、日诸国的航海政策。

万隐编著《新商业尺牍》由上海文明书局刊行。

涂开舆编著《商业通信之研究》由上海文明书局刊行。

童蒙正著《中国陆路关税史》由上海商务印书馆刊行。

陈向元编著《中国关税史》由北京世界书局刊行。

赵文锐编《关税问题专刊》由中国经济学社刊行。

陈立廷编《关税问题》由上海青年协会书局刊行。

徐式庄著《中国财政史略》由上海中华学艺社刊行。

吴士瑜编《银行学》由北京晨报社刊行。

傅文楷、丘汉平编著《国际汇兑与贸易》由上海民智书局刊行。

丘汉平著《国际汇兑浅说》由上海民智书局刊行。

吴应图编《利息问题》由上海中华书局刊行。

徐寄庼编《最近上海金融史》由编者刊行。

杨德森编著《英格兰银行史》由编者刊行。

唐大圆编著《东方文化》(第1集)由上海泰东图书局刊行。

唐大圆编著《东方文化》(第2集)由上海泰东图书局刊行。

任白涛著《应用新闻学》由上海亚东图书馆刊行。

陶孟和著《社会与教育》由上海商务印书馆刊行。

按：此书开创社会学分支学科——教育社会学的研究。

青年协会平民教育科编《平民千字帖》由上海青年协会书局刊行。

王炽昌编《新师范教育学(教育部审定)》由上海中华书局刊行。

按：是书分教育目的、三民主义之教育、儿童、课程、训育、美育、养护、教师、学校等10章，为中国较早出版的一部全面反映杜威教育思想的教育学著作，影响较广。1919年"五四"运动后，美国杜威来华讲学,实用主义教育思想在中国广泛传播,对中国教育的发展产生很大影响。一些出版社刊行了不少宣传杜威教育理论的图书。

孙振编纂《教育学讲义》由上海商务印书馆刊行。

按:是书分教育目的论、教育方法论、教育主体论、教育客体论、保育论5编。

苏儒善编《教育的理法问题》由上海亚东图书馆刊行,有官尚清序。

沈子善、周之淦、卢殿宜编《教育入门》由上海中华书局刊行。

朱君毅著《教育统计学》(东南大学教育科丛书)由上海商务印书馆刊行。

周调阳著《教育统计学》(教育丛书、国家教育协会丛书)由上海中华书局刊行。

按:是书为中国最早的教育统计学专著之一。内容包括绪论、教育事实之搜集、表列法、图示法、全体量数、集中量数、差异量数、相关量数、常态曲线之应用等9章。

陈青之著《中国教育史》(上卷)(北京师范大学教育丛书)由北平师范大学心理室刊行。

王海初著《西洋教育小史》(百科小丛书)由上海商务印书馆刊行。

杨廉著《西洋教育史》(教育丛书)由上海中华书局刊行。

按:是书分13章,叙述自初民、希腊、罗马、中古时代至现代的教育。书前有学生用西洋教育史重要参考书目。

杨贤江演讲,高尔松编辑《教育问题》由上海文学讨论社刊行。

周太玄著《法国教育概览》由上海中华书局刊行。

按:是书介绍法国的教育行政、初级教育、中级教育、高级教育、专门教育等。

周调阳编《教育测量法精义》(教育丛书)由上海中华书局刊行。

程湘帆著《教学指导》由上海商务印书馆刊行。

李世楷著《考试制之商榷》由四川成都四川教育厅编审处刊行。

赵宗预编《设计式的各科教学法》(师范丛书)由上海商务印书馆刊行。

曾作忠著《儿童学》(素存室心理丛书)由北京素存室刊行。

陈华编《实际幼稚园学》(师范小丛书)由上海商务印书馆刊行。

张雪门著《幼稚园的研究》(第1集)由上海北新书局刊行。

沈百英编《商务印书馆附设尚公学校养真幼稚园概况》由上海商务印书馆刊行。

刘百川编《小学教学法通论》(师范小丛书)由上海商务印书馆刊行。

陈子仁编《单级教师之友》由上海商务印书馆刊行,有徐特立等6人的序。

陈献可编《新师范单级教学法》由上海中华书局刊行。

汤鸿翥著《道尔顿制之新表格》由上海商务印书馆刊行。

杨逸群、谢季超、何恭甫编《小学校道尔顿制实施法》由上海中华书局刊行。

按:是书分别论述道尔顿制的原理、实施步骤、编制方法、课程选择、设备目的、教学方式、图表用法、测验施行、训育及课余活动组织等。

唐湛声、薛溙龄编《小学各科成绩考查法》由上海中华书局刊行。

张九如、周翥青编《新学制小学各科教学法》(师范丛书)由上海商务印书馆刊行。

张振中等编《课前研究指导案》(历史科第4册)(北师附小丛书)由北京北师附小编辑部刊行。

王国元编《游戏教学法》(师范小丛书)由上海商务印书馆刊行。

俞子夷编《小学算术应用题测试》(第3类)由上海商务印书馆刊行。

德尔满编《算术四则测验》(第1类)由上海商务印书馆刊行。

杨彬如编《不用器具的游戏教材》由上海商务印书馆刊行。

陈志超、高元浚编《游戏新教材》由上海中华书局刊行。

沈雷渔编《小学组织法》由上海商务印书馆刊行，有黄炎培的弁言。

程其保、沈廪渊著《小学行政概要》（大学丛书）由上海商务印书馆刊行。

丁超等著《燕子矶小学》（燕子矶小学丛书）由江苏南京燕子矶小学刊行。

余介石、陈柏琴《现代初中教科书代数学习题解答》由上海商务印书馆刊行。

中华教育文化基金董事会编《初中国文成绩之实验研究》（国立中央大学教育心理讲座研究报告）由江苏南京编者刊行。

孙逸园编《社会教育设施法》（师范丛书）由上海商务印书馆刊行，有蒋维乔等人序。

欧阳祖经著《欧美女子教育史》（师范小丛书）由上海商务印书馆刊行。

徐松石著《家庭教育与儿童》（教育丛书）由上海中华书局刊行。

按：是书论述儿童的特质，介绍对儿童进行德、智、体的训练以及社交、审美、经济、政治等方面的训练方法。

社会大学同学会编《社会大学》由重庆北门出版社刊行。

庄泽宣著《职业教育概论》（百科小丛书）由上海商务印书馆刊行。

按：是书与《职业教育通论》两本书构成了当时职业教育原理的基本体系，体现了当时我国职业教育研究与发展水平。

中华职业教育社编《工业补习教育一览》由上海编者刊行。

侯曜著《平民教育的原理》（平民教育小丛刊）由中华平民教育促进会总会刊行。

汤茂如著《平民教育实施的试验》（平民教育丛书）由北京中华平民教育促进会总会刊行。

沈戟仪著《办理平民教育经验谈》由上海平民教育实进会刊行。

陈醉云等编《平民千字课本教授书》（第 3、4 册）由上海中华书局刊行。

中华职业教育社编《农村教育丛辑》（第 1 辑）由上海编者刊行。

盛蔼如等编《民众工人课本》（1—4 册）由上海中华书局刊行。

江苏省教育会编《第十二届全国教育会联合会在沪代表谈话会经过》由编者刊行。

中央教育行政第一次大会编《中央教育行政第一次大会概览》由编者刊行。

中华教育改进社编《京师教育概况》（民国十三年至十四年）由北京编者刊行，有陶行知、凌冰序。

山西省教育厅编《山西全省十四年度教育统计表》由编者刊行。

民国十五年厦门大学教育科第四年级学生考察团编《民国十五年厦门大学教育科第四年级学生考察团报告》由厦门大学教育科刊行。

江苏省教育会编《江苏省教育会年鉴》（第 11 期）由编者刊行。

陈达著《江都教育行政今后进行之管见》由江苏江都县教育局刊行。

温仲良编《广东全省教育大事记》刊行。

昆明县教育局编《昆明县教育概览》由云南昆明编者刊行。

京师公立第三中学校编《京师公立第三中学校章程》由北京编著刊行。

国立北京师范大学附属中学校编《国立北京师范大学附属中学校一览》由北京编者刊行。

黎明中学教务处编《黎明中学概览》由北京编者刊行。

北京温泉中学编《温泉中学校章程》由北京中法大学刊行。

北京中法大学西山中学校编《北京中法大学西山中学校章程》（十五年七月改订）由编者刊行。

上海浦东中学校廿周纪念筹备会编《浦东中学校廿周纪念刊》由上海编者刊行。

上海南洋中学校友会编《南洋中学三十周年纪念册》由上海编者刊行。

上海中西女校编《墨梯》由上海编者刊行。

上海县立务本女子中学校编《上海县立务本女子中学校二十五周年纪念册》由上海编者刊行。

上海晏摩氏女学校编《晏摩氏年刊》由上海编者刊行。

上海南光中学暨南光高级商校编《南光中学暨南光高级商校章程》由上海编者刊行。

上海广肇公学编《上海广肇公学概况》由上海编者刊行。

上海承天中学校编《上海承天中学校十周纪念刊》由上海编者刊行。

圣玛利亚女校编《凤藻》由上海编者刊行。

上海广东公学编《上海广东公学十五周纪念刊》由上海编者刊行。

上海广东公学编《丙寅文艺观摩录》由上海编者刊行。

立达学园编《立达学园一览》由上海编者刊行。

国立广东大学编《国立广大平校校刊》由国立广东大学出版部刊行。

南洋槟榔屿钟灵中学编《钟灵中学校刊》由马来西亚编者刊行，有王培荪、钱鹤、曹仲渊序。

南洋霹雳太平修齐学校编《南洋太平修齐特刊》由新加坡编者刊行，有林栋、陈君葆等人的序。

同文俱乐部编《天津同文书院体育记分法》由天津同文书院刊行，有谢希云序。

朱士方编《柔软操教学法》由上海能强小学社刊行。

汤鹏超著《武艺精华》由浙江第一中学刊行。

汤显编著《达摩派拳诀》由上海商务印书馆刊行。

王怀琪编《分级八段锦》（中国健学社体育丛书）由上海中国健学社刊行，有唐蔚之等6人序、编者自序。

张澹如等评定《东瀛围棋精华》由上海学生书局刊行，有张澹如、王咸熙序。

吕思勉著《中国文字变迁考》由上海商务印书馆刊行。

按：是书讲述文字变迁之理、文字之始、古文篆籀、隶书八分、正书、草书、行书等。

赵元任正音，赵虎延、孙珊馨编校《（国际音标）国语正音字典》由上海商务印书馆刊行。

按：此书约选应用字一万个，根据《国音字典》及赵元任所定拼音表，逐字注国音、国际音标和罗马字拼音。按国音检字。

马国英编著《国音入声字指南》由上海中华书局刊行。

按：是书以北京声调为标准，研究入声字的声调。

乐嗣炳著《国语话》（国语讲义第6种）由上海中华书局刊行。

乐嗣炳编《声韵沿革大纲》由上海中华书局刊行。

按：此书分绪论、声母期、韵书期、官话期、字母期5讲。偏重于国音声韵的变迁，而略声韵学的方法,故名"声韵沿革"。中等学校适用。

乐嗣炳编《国语辨音》由上海中华书局刊行。

黎锦熙编著,张蔚瑜写绘《国语四千年来变化潮流图》由北京中华教育改进社刊行。

按:1926年为纪念美国开国一百五十周年在费城举行世界博览会,本图是博览会应征的中国教育陈列品,图中显示了四千年来中国语言文字的变迁及文学的源流派别,对各时代的辞书、字典、韵书及文学上的重要典籍略举内容,列成系统。对历代作家,略考生卒年代,举例作品,分别流派。本图初版多有错误,再版时加以订正。初版译校者为汤洪真,再版译校者为邵松如。

陈柱著《国学教学论》刊行。

按:陈柱在中学、大学任教期间,除致力于国学研究以外,也倾心于国文教学的理论探讨和改革实践。其中《中学生研究国文之方法》和《中学校国文教授之方法》两篇论文,分别对中学国文科的"学法"和"教法"作了系统论述。书中另有《大学生研究国文之方法》《大学校国文教授之方法》《大学生研究国学重要书目及其导言》《读书之方法及其目的》《古今论学粹言按语》和《读书作文谈》等篇。

李仲南编《国语教学问题》由江苏南京世界书局刊行。

后觉编著《国语声调研究》由上海中华书局刊行。

国语统一筹备会编制《国语罗马字拼音法式》(国音字母第二式)由编制者刊行。

周铭三、冯顺伯编《中学国语教学法》(中华国语协会国语丛书)由上海商务印书馆刊行。

郭后觉编著《国语成语大全》由上海中华书局刊行。

陆衣言等编《国语学生字典》由上海中华书局刊行。

按:此书收 8000 余字。有注音字母、同音汉字、反切三种注音。按部首编排。

王云五著《四角号码检字法》由上海商务印书馆刊行。

按:此书介绍该法创编经过及使用方法。书前有蔡元培、胡适等人的序三篇。书末附录:四角一览表等。另有英文版。

沈镕编《中华万字字典》由上海中华书局刊行。

按:此书收 10400 余字。分 12 集。按部首检字。供中小学生及一般识字者用。

黄钟瀛编《分类尺牍辞海》由上海世界书局刊行。

王易著《修辞学》由上海商务印书馆刊行。

吕思勉著《章句论》(国学小丛书,王云五主编)由上海商务印书馆刊行。

龚自知编《文章学初编》由上海商务印书馆刊行。

方沩生编著《文字教授改良论》由上海大东书局刊行。

赵闻伟编《平民书信》由上海商务印书馆刊行。

张九如、周翥青编《小演说家》(儿童课余服务丛书)由上海中华书局刊行。

张鸿来编著《(初级中学)应用文》由北平文化学社刊行。

夏丏尊、刘薰宇编《文章作法》由上海开明书店刊行。

汪蓉第编著《作文虚字自通法》由上海世界书局刊行。

陶孟和选辑《国文故事选读》由上海亚东图书馆刊行。

秦同培编《(详注)现代文读本》(上下册)由上海世界书局刊行。

穆济波编《高级古文读本》(第 1、3 册)由上海中华书局刊行。

吕云彪编《楹联作法》由上海文明书局刊行。

后觉著《世界语概论》(百科小丛书)由上海商务印书馆刊行。

陆费执编辑《英华万字字典》由上海中华书局刊行。

文艺书局编辑《英文翻译指南》(2 集)(华英注解学生读本)由上海文艺书局刊行。

厉志云编《(双解)标准英文成语辞典》由上海商务印书馆刊行。

李儒勉著《英语修学指导》(青年丛书)由上海中华书局刊行。

黎锦熙编《〈笑〉之图解》由北京文化学社刊行。

曹绣君编著《(言文对照)新学生尺牍》(上下册)由上海文明书局刊行。

梁启超著《梁任公近著》(第一辑中卷、下卷)由上海商务印书馆刊行。

陶明浚著《文艺丛考初编》由辽宁沈阳盛京时报社刊行。

郁达夫著《文艺论集》由上海仙岛书店刊行,有自序。

按:是书收《艺术与国家》《文学上的阶级斗争》《文艺赏鉴上的偏爱价值》等论文 14 篇。

刘永宁述论《文学论》(附录四种)由上海太平洋印刷公司刊行。

沈天葆编著《文学概论》由上海梁溪图书馆刊行。

按:是书介绍文学的定义、起源、分类、派别以及中国诗词、戏曲、小说、文学流派等问题。

顾实编《中国文学史大纲》由上海商务印书馆刊行。

姚永朴编《惜抱轩诗训纂》8 卷刊行。

郑宾于著《长短句(中国文学流变史稿)》由北京海音书局刊行。

曹聚仁编著《平民文学概论》由上海梁溪图书馆刊行。

游国恩著《楚辞概论》由北京北新书局刊行,陆侃如作序。

陆侃如著《乐府古辞考》由上海商务印书馆刊行。

张陈卿著《钟嵘诗品之研究》由北京文化学社刊行。

李宗莲著《碣阳诗话》由北平京津印书局刊行。

顾实著《诗法捷要》由上海商务印书馆刊行。

顾颉刚编著《吴歌甲集》由北京大学研究所国学门歌谣研究会刊行,钱玄同、胡适、刘半农、沈兼士作序。

按:胡适《吴歌甲集序》说:"我们很热诚地欢迎这第一部吴语文学的专集出世。颉刚收集之功,校注之勤,我们都很敬服。他的《写歌杂记》里有许多很有趣味又很有价值的讨论,可以使我们增添不少关于《诗经》的见识。"

按:刘半农《吴歌甲集序》说:"前年,颉刚做出孟姜女考证来,我就羡慕得眼睛里喷火,写信给他说:'中国民俗学上的第一把交椅,给你抢去坐稳了。'现在编出这部《吴歌集》,更是咱们'歌谣店'开张七八年以来第一件大事,不得不大书特书的。"

刘半农著《扬鞭集》《瓦釜集》刊行。

刘半农校点《香奁集》由北京北新书局刊行。

王国维(原题王静安)著《人间词话》由北京朴社刊行。

按:作者说:"古今之成大事业,大学问者,必经过三种之境界:'昨夜西风凋碧树。独上高楼,望尽天涯路'此第一境也。'衣带渐宽终不悔,为伊消得人憔悴。'此第二境也。'众里寻他千百度,蓦然回首,那人却在灯火阑珊处。'此第三境也。"

胡云翼编著《宋词研究》由上海中华书局刊行。

按:是书上篇分研究宋词的绪论、词的起源、宋词的先驱、宋词概观、宋词之弊等;下篇分柳永、苏东坡、李清照、辛弃疾等词人评传及晚宋词家、宋词人补志等。

徐珂著《清代词学概论》由上海大东书局刊行。

徐谦著《诗词学》由上海商务印书馆刊行。

傅岩著《小说通论》由湖北武昌时中合作书社刊行。

按：是书分小说的定义、中国小说大概、研究小说方法、人物之创造、环境之描写等16章，对中西小说的原理、分类、作法等问题进行了浅近、系统的论述。原稿系高中国文科的讲稿。书后附"练习题"。

郁达夫著《小说论》由上海光华书局刊行。

按：是书分6章，研究现代小说的性质、意义、产生、发展、目的等小说的基本理论，兼论小说的结构、人物、背景等创作问题。

周瘦鹃、骆无涯编辑《小说丛谭》由上海大东书局刊行。

鲁迅著《小说旧闻钞》由北京北新书局刊行。

徐公美著《戏剧短论》由上海光华书局刊行。

郁达夫著《戏剧论》由上海商务印书馆刊行。

按：是书分戏剧之一般概念、戏剧发展的径路、近代戏剧的发生、近代剧之开展与分化、近代生活的内容、近代剧之形式及技巧等6章。

吴梅著《中国戏曲概论》由上海大东书局刊行。

按：是书将研究重心放在元明清三代，吸收了王国维《宋元戏曲考》的研究成果，并对元明清戏曲作家、作品、曲谱、曲律等都做了详尽细致的研究，弥补了《宋元戏曲考》的某些缺陷，成为真正意义上的中国戏曲通史。段天炯《吴霜崖先生在现代中国文学界》说："若以近代文学史观之，则宋元三百年间戏剧之有史，为海宁王先生苦心整理之功；至于八百年来，曲之成学，俾后有天才，得所津逮，则实自霜崖先生始也。"（《时事新报》1939年4月16日）钱基博《现代中国文学史》说："曲学之兴，国维治之三年，未若吴梅之劬以毕生。国维限于戏曲，未若吴梅之集其大成。国维详其历史，未若吴梅之发其条例。国维赏其文采，未若吴梅之析其声律。而论曲学者，并世要推吴梅为大师。"（上海书店出版社2007年版）

台静农编《关于鲁迅及其著作》由北平未名社刊行部刊行。

沈苏约著《恋爱与文学》由上海梁溪图书馆刊行。

朱谦之著《谦之文存》由上海泰东图书局刊行。

谢六逸编著《俄德西冒险记》由上海商务印书馆刊行。

刘国定编《法兰西近代文学史略》由湖南沅江国定学校刊行。

张传普著《德国文学史大纲》由上海中华书局刊行。

按：是书叙述8—20世纪德国文学史发展概况。

侯曜著《影戏剧本作法》由上海泰东图书局刊行。

滕固著《中国美术小史》由上海商务印书馆刊行。

按：是书分生长时代、混交时代、昌盛时代、沉滞时代4章。

潘天寿（原题潘天授）编《中国绘画史》由上海商务印书馆刊行。

按：是书第一编古代史，包括绘画之起源与成立、唐虞夏商周之绘画、春秋战国及秦之绘画；第二编上世史，包括汉代之绘画、魏晋之绘画及其画论、南北朝之绘画及其画论、隋代之绘画；第三编中世史，包括唐代之绘画、五代之绘画及其画论、宋代之绘画、元代之绘画；第四编近世史，包括明代之绘画、清代之绘画。附录：域外绘画流入中土考略。

郭沫若著《西洋美术史提要》由上海商务印书馆刊行。

按：是书简述自古代至近代的绘画、雕刻、建筑的概况及发展史。以日本板垣鹰穗的《西洋美术史》为蓝本写成。卷首有日本矢代幸雄的《西洋美术史讲话·总说》（代序）。

上海爱美社编《裸体美之研究》由上海爱美社刊行。

倪贻德著《水彩画概论》由上海光华书局刊行。

丰子恺绘《子恺漫画》由上海开明书店刊行,有郑振铎、朱自清、夏丏尊等人的序及作者序,有俞平伯的跋。

陶冷月绘《冷月画集》(袖珍本第1册)由江苏苏州新中国画社刊行,有赵眠云序。

鼎脔周刊社编《鼎脔同人书画展览会纪念册》由上海鼎脔周刊社刊行。

吴梦非著《西画概要》由上海商务印书馆刊行。

朱复戡著《静戡印集》由上海商务印书馆刊行,罗振玉题签、吴昌硕题扉叶。

赵子云绘《赵子云山水册》由上海有正书局刊行。

俞剑华编著,何明斋、焦秉贞校订《最新图案法》由上海商务印书馆刊行,有陈师曾的序。

严个凡编《中国雅乐集》由上海华胜制本所刊行。

刘湛恩编《公民诗歌》由上海青年协会书局刊行,有自序。

丰子恺著《音乐入门》由重庆开明书店刊行。

刘质平编《中等音乐理论教科书》第1集由上海泰东图书局刊行。

陈仲子编《音乐教授法》由上海商务印书馆刊行。

唐舞编著《谭调指南》由中华石印局刊行。

郑观文《中国音乐史》由上海大同乐会出版。

浦梦古编辑《中国音乐谱》第1集由上海中国音乐函授学社刊行。

王光祈著《东西乐制之研究》由上海中华书局刊行,有自序。

按:是书分乐制概论,中国、欧亚非三洲接壤诸国、希腊、欧洲中古时代、欧洲近代等有关乐制的研究。

王光祈著《各国国歌评述》由上海中华书局刊行。

按:是书分中国国歌之评述、西洋国歌之历史、西洋国歌作品等。

嵇宇经编纂《(初级小学)表情唱歌》由上海商务印书馆刊行。

童斐编纂《中乐寻源》由上海商务印书馆刊行,有吴梅的序。

新民书社编《风琴小调指南》由上海新民书社刊行。

徐公美编《演剧术》由上海中华书局刊行。

黎锦晖著《月明之夜》(独幕歌舞剧)由上海中华书局刊行。

戴正一编《中日名伶合影集》由北京群强报社刊行。

天一影片公司编辑部编辑《孟姜女号》由上海天一影片公司发行部刊行。

大中华百合影片公司编辑部编《马介甫》由上海大中华百合影片公司刊行。

大中华百合影片公司编辑部编《呆中福特刊》由编者刊行。

大中华百合影片公司编辑部编《透明的上海特刊》由上海大中华百合影片公司刊行。

大中华百合影片公司编辑部编《探亲家特刊》由上海大中华百合影片公司刊行。

大中华百合影片公司编辑部编《殖边外史特刊》由上海大中华百合影片公司刊行。

上海影片公司编《西游记盘丝洞特刊》由编者刊行。

甘亚子编《孔雀东南飞》专号由上海孔雀电影公司发行部刊行。

民新影片公司编辑部编辑《玉洁冰清号》由上海民新影片公司刊行。

朱双云编辑《凌波仙子号》由上海新舞台发行部刊行。

邓之诚《骨董琐记》8 卷编者自费印行。

按：此书从史学类典籍、前人别集笔记中摘录出有关金石、书画、陶瓷、雕绣，共 700 余条，成书 8 卷。尤详于明清两代的朝章国故，逸闻轶事，出版后受到学界的欢迎，邓之诚乃在 1933 年又印行《骨董续记》4 卷，1941 年又成《骨董三记》6 卷，但未印行。1955 年 7 月，三联书店将此三编合为《骨董琐记全编》出版。

顾颉刚编《古史辨》(第 1 册)由北平朴社刊行。

按：是书为中国历史，尤其是上古史的考证论文集。作者多为顾颉刚、胡适、钱玄同三人，也收录了柳诒徵、魏建功、容庚、王国维、李玄伯等人的文章。全书分 3 编，上编为顾颉刚与胡适、钱玄同之间的往来书信，共 35 篇；中编收录《读书杂志》上发表的书信，共 10 篇；下编为《读书杂志》停刊以后的书信，共 19 篇。顾颉刚在《古史辨》第 1 册《自序》末尾说："我再向读者诸君唠叨几句话。第一，这书的性质是讨论的而不是论定的，里面尽多错误的议论(例如《古今伪书考：跋》中说清代无疑《仪礼》者，又如与玄同先生信中讥今文家，谓依了章学诚《易教》的话，孔子若制礼便为僭窃王章)。现在为保存讨论的真相计，不加改正。希望出版之后，大家切切实实地给以批判，不要轻易见信。第二，古史的研究现在刚才开头，要得到一个总结论不知在何年。我个人的工作，不过在辨证伪古史方面有些主张，并不是把古史作全盘的整理，更不是已把古史讨论出结果来。希望大家对于我，能够知道我的学问的实际，不要作过度的责望。第三，我这本书和这篇序文中提出了多少待解决的问题。像我这般事忙学浅的人，不知道什么时候才可把这些问题得到一个约略的解决，说不定到我的生命终止时还有许多现在提出的问题不曾着手。读者诸君中如有和我表同情，感到这些问题确有研究的价值的，请便自己动手做去。总结一句话，我不愿意在一种学问主张草创的时候收得许多盲从的信徒，我只愿意因了这书的出版而得到许多忠实于自己的思想，敢用自力去进展的诤友。"

按：《古史辨》第 1 册出版后，顾颉刚拿出 246 册赠与学术界乃至社会各界人士，其中有蔡元培、胡适之、钱玄同、沈兼士、沈士远、马幼渔、梁启超、王国维、傅孟真、毛子水、郑介石、俞平伯、柳翼谋、刘掞藜、胡堇人、陶孟和、李济之、徐志摩、郁达夫、金岳霖、博晨光、恒慕义、钢和泰等国外国学者，还有华文学校图书馆、京师图书馆、师大图书馆等机构。

朱谦之著《历史哲学》由上海泰东图书局刊行。

按：是书对历史的新意义、历史哲学的进化等 8 个问题进行论述。

王桐龄著《中国史》(第 1—3 编，第 4 编上册)由北京文化学社刊行。

按：是书为中国通史，共 4 编。其中绪论讲述史的定义、中国的种族、中国的历史地理等。本论第一编为上古史——汉族萌芽时代(史前时代到春秋战国)；第二编为中古史——汉族全盛朝代(秦汉至唐末)；第三编为近古史——汉族衰微时代(宋至明末)；第四编为近世史——西力东渐时代(清初至嘉、道两朝)。

常乃惪著《中国史鸟瞰》(第 1 册：中华民族之构成及其发展)由太原育英学舍刊行。

按：是书分 14 章，论述何谓中华民族、黄河流域之开化、长江上下流之同化、满洲、珠江之同化、蒙古入中国版图、西北之开拓、西藏之加入中国版图、朝日与中国历史上的关系、中华民族在印支半岛及南洋群岛之发展、历史上之中国与西亚文明之交换、白人之东渐与中华民族之危机等问题。

王理堂编《中国历代大事记》由上海大东书局刊行。

张亮采编《中国风俗史》由上海商务印书馆刊行。

张伯简编《社会进化简史》由国光书店刊行。

按：是书分 8 章，叙述原始共产社会、族长的血族公社至共产社会的历史进化。后附"各时代社会经济结构原素表"。

计硕民选注《春秋公羊传》由上海商务印书馆刊行。

郭步陶著《史记入门》由上海文科专修学校刊行。

杨启高著《史记通论》由清山阁刊行。

按：是书论述《史记》的作者、结构、校勘、训诂、辨订、章句、图表等。

李思纯著《元史学》由上海中华书局刊行。

按：是书分元史学之鹄的、过去之元史学及其史料、元史学之各项文体、元史学之将来等。

王国维编校《蒙古史料校注四种》列为《清华研究院丛书》第一种刊行

按：包括《长春真人西游记校注》《圣武亲征录校注》《蒙鞑备录笺证》《黑鞑事略笺证》4 种，附《鞑靼考》《辽金时蒙古考》。

陆光宇著《中国近世史》(增订)由北京文化学社刊行。

左舜生编《中国近百年史资料》(上下册)由上海中华书局刊行。

按：是书资料包括自道光季年至辛亥革命时的重要史迹。

曾友豪编著《中国外交史》由上海商务印书馆刊行。

按：是书叙述自明代以来的中国外交史。包括中国与欧美各国的关系，中日交涉史，中国与列强。书前有《中外国际大事年表》。书中各章节中引用了大量条约、回忆录和前人研究文章，是当时比较全面地研究中国外交史的专著。

陈垣《中西回史日历》由北京大学刊行。

刘炳荣著《西洋文化史纲》由上海太平洋书店刊行，

按：此书 1927 年刊行时改名为《西洋文化史》。

谢勖之编《近世文化史》由上海光华书局刊行。

按：是书共 7 章。全书论述了从法国大革命至第一次世界大战期间世界各国的法律思想、政治思想、经济思想、文学思想、艺术思想和宗教思想六方面演化与进步的历史。

高维昌编《西洋近代文化史大纲》由上海商务印书馆刊行，有汪懋祖、江亢虎序。

按：是书分西洋近代文化概论、法兰西大革命、西洋近代民治主义之发展、实业革新潮流、近代科学发达观、西洋近代教育之发展、西洋近代思想述略、俄德之革命等 11 章。

高一涵著《欧洲政治思想史》(卷上)由上海商务印书馆刊行。

P. Y. 著《二十世纪之母》由上海出版合作社刊行。

陈衡哲著《西洋史》(下册，近代部分)由上海商务印书馆刊行。

张乃燕著《世界大战全史》由上海商务印书馆刊行。

按：是书作者根据在英国、法国、瑞士留学期间的见闻，参阅各种史籍编成此书。详细介绍第一次世界大战始末。

谢颂羔编著《欧战笔记》由上海广学会刊行。

向达著《纸自中国传入欧洲考略》由上海中国科学社刊行。

邵元冲讲《中国之革命运动及其背景》由上海民智书局刊行。

按：是书分三部分：1. 革命运动之意义及其目的；2. 孙中山先生革命以前之中国革命运动概况；3. 中法战后孙中山先生革命运动之概况。

贝华著《中国革命史》由上海光明书局刊行。

程演生编《太平天国史料第一集》由北京大学出版部刊行。

潘朕凡著《辛亥革命日记》由上海中原书局刊行。

国民书局编《中华开国史》由上海国民书局刊行。

刘炳荣著《新编民国史》由上海太平洋书店刊行。

按：是书分辛亥革命、外蒙问题，西藏问题及南北政府三对峙等 8 篇。

南海胤子编《安福痛史》(上卷)由编者刊行。

蒋恭晟著《国耻史》由上海中华书局刊行。

按：是书采用纪事本末体裁，讲述明清以来中国受外人侵略的史实，如鸦片战争、八国联军之战等。

翁敬棠编《金案检举汇刊》刊行。

汤澄波著，恽代英审定《各国革命运动概论》由中国国民党中央军事政治学校政治部刊行。

燕尘社编辑部编《现代支那之记录》由燕尘社刊行。

彭湃著，广东农民协会编辑《海丰农民运动》由广东广州国光书店刊行。

杨信孚编《北伐中农民的实际行动》由中国国民党中央军人部刊行。

国民革命军总司令部政治部编《国民革命与农民》由广东广州编者刊行。

古蒋孙编《乙丑军阀变乱纪实》由北京萃文商行文具部刊行。

邓中夏著《省港罢工中之中英谈判》由中华全国总工会省港罢工委员会宣传部刊行。

邓中夏著《省港罢工概观》由中华全国总工会省港罢工委员会宣传部刊行。

华大留校学生临时学生会编《华大学潮特刊》由编者刊行。

雷殷著《东三省之过去现在与未来》由民国大学出版部刊行。

蒋瘦石编，朱揆一校《虞山杂志》由常熟同文社刊行。

汉人著《台湾革命史》由上海泰东图书局刊行。

谢彬著《西藏交涉略史》由上海中华书局刊行。

谢彬《西藏问题》由上海商务印书馆刊行。

刘炳荣编著《印度史》由上海太平洋书店刊行。

柳克述编《新土耳其》由上海商务印书馆刊行。

陈衡哲著《文艺复兴小史》由上海商务印书馆刊行。

霍姆（原题翁姆）著，滕柱译《加拿大小史》由上海商务印书馆刊行。

孙毓修著《班超》由上海商务印书馆刊行。

孙毓修著《马援》由上海商务印书馆刊行。

孙毓修著《诸葛亮》由上海商务印书馆刊行。

孙毓修著《陶渊明》由上海商务印书馆刊行。

孙毓修著《司马光》由上海商务印书馆刊行。

许浩基著《文文山年谱》由吴兴许氏杏荫堂汇刻本刊行。

朱襄廷著《庄史案辑论》由广州国立中山大学语言历史研究所刊行。

按：庄廷鑨明史案是清代文字狱的第一宗，本书对此案的有关材料进行了辑录和评论。

徐宗泽著《明末清初灌输西学之伟人》由上海土山湾印书馆刊行。

俞汝茂编《中国现代金石书画家小传》（第1集）由上海书画保存会刊行。

张维著《甘肃人物志》由陇右乐善书局刊行。

钱西樵著《孙中山传》由上海古今图书店刊行。

廖兴汉编辑《孙文大事记》由上海国民书局刊行。

三民公司编译部编纂《孙中山轶事集》由上海三民公司刊行部刊行。

黄昌毅讲演《孙中山先生之生活》由上海民智书局刊行。

文庄著《孙中山生平及其主义大纲》由上海光华书局刊行。

古应芬记录《孙大元帅东征日记》由上海民智书局刊行。

总理逝世周年纪念潮梅筹备委员会编《孙中山先生逝世周年纪念册》由编者刊行。

梅县各界总理周年纪念会编辑处编《总理周年纪念刊》由编者刊行。

中国国民党军事委员会特别党部总理逝世周年纪念刊委员会编《总理逝世周年纪念刊》由编者刊行。

国民革命军总令部政治部编《廖仲恺先生逝世周年纪念特刊》由编者刊行。

中国书报社编辑《李烈钧出巡记》由编者刊行。

湖南劳工会编《黄庞四周年纪念册》由编者刊行。

国民编译社编《黄花岗烈士殉难记》由编者刊行。

北京师大追悼范士融烈士会编《北京师大追悼范士融烈士纪念刊》由北京编者刊行。

穆湘玥著《藕初五十自述》由上海商务印书馆刊行。

张謇著《啬翁自订年谱》由作者自行刊行。

铸九等编《梅兰芳传》由上海编者刊行。

张肖伧编《菊部丛谈》由上海大东书局刊行。

范寿康著《柏拉图》由上海商务印书馆刊行。

范寿康著《康德》由上海商务印书馆刊行。

范寿康著《卢梭》由上海商务印书馆刊行。

朱有光、曾昭森编《耶稣的生平和教训》（圣经原文）由上海伊文思图书有限公司刊行。

樊仲云著《圣雄甘地》由上海梁溪图书馆刊行。

孙俍工编《世界文学家列传》由上海中华书局刊行。

按：是书介绍欧美、印度、日本等国家主要文学家共174人的生平和创作，分国排列。

李金发著《雕刻家米西盎则罗》由上海商务印书馆刊行。

张资平著《地质学者达尔文》由上海中华学艺社刊行。

蒋平阶、郑熊等著《地理录要》（上下册）由上海文明书局刊行。

秦慎安校勘《地理末学》（上下册）由上海文明书局刊行。

秦慎安校勘《地理正宗》（上下册）由上海文明书局刊行。

秦慎安校勘《地理知半金锁秘》（上下册）由上海文明书局刊行。

秦慎安校勘《郭璞葬经·水经》由上海文明书局刊行。

陈万里著《西行日记》由北京朴社刊行。

按：此书系对西部石刻、壁画、雕塑、古城遗址等进行实地调查的考察报告。

王理堂著《国内大旅行记》由上海大东书局刊行。

陈铎编《珍儿旅行记》（第一、二、三册）上海商务印书馆刊行。

卢广绩著《游湘参会记》刊行。

吴灵园编《西湖一朵花》由上海益众图书流通处刊行。

何心冷编《小上海》由上海冰卢出版部刊行。

周傅儒编《四川省一瞥》由上海商务印书馆刊行。

邓恕著《乙丑游记》由重庆编者刊行。

凌文渊著《我的美感》由北平简庐刊行。

刘贝锦著《刘贝锦归国记》由上海三民公司刊行。

徐正铿著《留美采风录》由上海商务印书馆刊行。

由云龙著《游美笔谈》由云南崇文印书馆刊行。

白眉初著《民国地志总论—地文之部》由北京师大史地系刊行。

李珍甫编《东三省旅行指南》由上海银行旅行部刊行。

陈柏年编《铁蹄下之新加坡》由中国经济研究会刊行。

丘守愚著《荷属东印度概况》由江苏南京著者刊行。

储安平著《英国采风录》由上海商务印书馆刊行。

广三铁路管理局编《广三铁路旅行指南》由广东广州编者刊行。

傅鳌绘《中华民国省区全图》由北京中学社刊行。

童世亨著《中国形势一览图》由上海商务印书馆刊行。

马渥天编《陕西舆程考》由编者刊行。

喻守真等编《全国都会商埠旅行指南》由上海中华书局刊行。

俞邦藩著《最新上海分图》由上海制图社刊行。

浚浦总局绘制《上海商埠全图》由编者刊行。

丁国瑞著《竹园丛话》(第 19 集)由天津敬慎医室刊行。

丁国瑞著《竹园丛话》(第 20 集)由天津敬慎医室刊行。

丁国瑞著《竹园丛话》(第 21 集)由天津敬慎医室刊行。

丁国瑞著《竹园丛话》(第 22 集)由天津敬慎医室刊行。

丁国瑞著《竹园丛话》(第 23 集)由天津敬慎医室刊行。

丁国瑞著《竹园丛话》(第 24 集)由天津敬慎医室刊行。

李继煌编《古书源流》一、二卷由上海商务印书馆刊行，有编者序。

姚际恒著，顾实重考《重考古今伪书考》由上海大东书局出版。

周云青著《四库全书提要叙》由上海医学书局刊行。

清室善后委员会编《故宫已佚书画目录三种》由编者刊行。

抱经堂书局编《抱经堂书局第四号临时书目》由编者刊行

抱经堂书局编《杭州抱经堂临时书目第五号》由编者刊行

晨报社编辑处编《晨报七周增刊》由晨报社发行部刊行。

会文堂书局编《会文堂书局图书目录》由编者刊行

锦文堂书庄编《锦文堂临时书目》(第 1 号)由编者刊行

上海民智书局编《民智书局图书目录》由编者刊行

商务印书馆编《图书汇报》(第 117 期)由编者刊行

上海通信图书馆编《上海通信图书馆书目》由编者刊行

王文山编《南开大学图书馆目录》由南开大学刊行。

文殿阁书庄编《文殿阁新旧书目》(第 3 期)由编者刊行

中国书店编《中国书店临时书目》(第 2 期)由编者刊行

中华书局编《中华书局图书目录》(附本局经售文明书局图书目录)由编者刊行

杜定友著《图书目录学》由上海商务印书馆刊行，有上海图书馆协会丛书总序。

按：是书分总论、中国图书目录、编目规则、目录用法 4 章。

杜定友著《图书选择法》由上海商务印书馆刊行，有杜定友《上海图书馆协会丛书总序》。

洪有丰著《图书馆组织与管理》由上海商务印书馆刊行，有自序。

按：是书分 16 章，讲述图书馆学的意义，图书馆的沿革、种类、创设与经费、建筑与设备、馆员与服务，以及图书的选购、分类、编目、出纳的方法等。

何明斋、都彬如编《分类十字图案》第 1—2 类由上海商务印书馆刊行。

张堰图书馆编《张堰图书馆协赞会年报》（中华民国十四、十五年度草册第一分册）由编者刊行。

陈天鸿著《中外一贯实用图书分类法》由上海民立中学图书馆刊行。

陈天鸿编《上海民立中学图书馆概况》由上海民立中学图书馆刊行。

东方图书馆编《东方图书馆概况》由编者刊行。

民众图书馆编《民众图书馆特刊》由编者刊行。

景堂图书馆编《景堂图书馆概况》由编者刊行。

集美图书馆编《集美图书馆概况》由编者刊行。

朱麟编《中学世界百科全书（样本）》由上海世界书局刊行。

［日］宇野哲人著《孔子》由上海商务印书馆刊行。

［日］渡边秀芳著，刘侃元译《中国哲学史概论》由上海商务印书馆刊行。

［日］津田左右吉著，李继煌译《儒道两家关系论》由上海商务印刊行。

［日］金子筑水著，蒋径三译《现代理想主义》由上海商务印书馆刊行。

按：是书分现代理想主义渊源、发达、派别、科学的理想主义哲学、伦理的理想主义哲学、新康德派、胡塞尔哲学等 7 章，主要论述 17、18 世纪以来的欧洲理想主义的各学派。

［日］井上义澄编译《佛教改革家日莲》由支那风物研究会刊行。

［日］小柳司气太著，陈彬龢译述《道教概说》由上海商务印书馆刊行。

［日］三浦藤作著，张宗元、林科棠译《中国伦理学史》由上海商务印书馆刊行。

［日］弓家七郎著，刘光华译《都市问答》由上海商务印书馆刊行。

［日］高畠素之著，李达译《社会问题总览》由上海中华书局刊行。

［日］羽太锐治著，华纯甫编译《性欲常识》由上海文明书局刊行。

［日］饭岛幡司著，周佛海译《金融经济概论》由上海商务印书馆刊行。

按：是书共 12 章。述及通货供求、通货与物价、利息、国际资金流动、支付平衡、外汇、银行经营等。

［日］津村秀松著，陈家瓒译《商业政策》由上海商务印书馆刊行。

按：是书分 3 编共 20 章。首编论述国际贸易政策学说及政策的发展。如自由贸易主义与保护主义等；次编介绍国际贸易政策手段，如关税、通商条约、最惠国条款、设立自由港及保税仓库等；末编分析国际贸易上列强现势与将来，着重剖析英、美两国的经济实力与外贸政策，最后探讨日本的外贸发展方向与国策。

［日］波多野乾一著，鹿原人编译，洪珍白校《京剧二百年之历史》由北京顺天时报馆、东方日报馆总发行。

［日］稻毛诅风著，刘经旺译《创作教育论》（师范小丛书）由上海商务印书馆刊行，有原著者序。

［日］盐谷温著，陈彬龢译《中国文学概论》由北京朴社刊行。

［日］高桑驹吉著，李继煌译《中国文化史》由上海商务印书馆刊行。

［日］澁江保著，傅运森译《泰西事物起原》由上海文明书局刊行。

　　〔日〕植原悦二郎著，黄文中译述《日本民权发达史》由上海商务印书馆刊行。

　　〔日〕鸟居龙藏著，汤尔和译《东北亚洲搜访记》由上海商务印书馆刊行。

　　〔美〕古力非此著，邹恩润编译《职业心理学》由上海商务印书馆刊行。

　　〔美〕亨特（原题亨德），陆志韦译《普遍心理学》由上海商务印书馆刊行，书前有原序及译者序；书末附有中英文人名及内容检索表。

　　〔美〕瓦纳马克（原译瓦纳盖刻）著，唐海译《服务箴言》由上海商务印书馆刊行。

　　〔美〕浮士德著，简又文译《人类生存奋斗中宗教之功用》由上海中华基督教文社刊行。

　　〔美〕海尔著，刘乃壬译《使徒时代》由上海青年协会书局刊行。

　　〔美〕赫士著《教会历史》（上卷）由上海广学会刊行。

　　〔美〕华德著，简又文译《革命的基督教》由上海中华基督教文社刊行。

　　〔美〕怀爱伦著《基督实录引义》（官话）由上海时兆报馆刊行。

　　〔美〕怀爱伦主编《拾级就主》由上海时兆报馆刊行。

　　〔美〕怀爱伦著，何禄门等译《传道良助（国语）》由上海时兆报馆刊行。

　　〔美〕怀爱伦著，胡钝初译《派书传道》由上海时兆报馆刊行。

　　〔美〕摩耳著，泽绍原译《宗教的出生与成长》由上海商务印书馆刊行。

　　〔美〕美国工党教育部编，中国青年社译《共产主义的 ABC 问题及附注》由中国青年社刊行。

　　〔美〕布来克马（原题白拉克马）著，陶乐勤译《社会学原理》由上海新文化书社刊行。

　　〔美〕门罗著，宋介译述《市政原理与方法》由上海商务印书馆刊行。

　　〔美〕庞德著，陆鼎揆译《社会法理学论略》由上海商务印书馆刊行。

　　〔美〕推士著，王琎译《科学教授法原理》由上海商务印书馆刊行。

　　〔美〕桑戴克著，陆志韦译《教育心理学概论》（大学丛书）由上海商务印书馆刊行，有译者序及原序。

　　〔美〕格利哥莱著，严既澄译述《教学的七个法则》由上海商务印书馆刊行，有译者序。

　　〔美〕毕德曼著，赵叔愚译《乡村教学经验谭》由上海商务印书馆刊行。

　　〔美〕利克著，王长平译《实业教育》（师范丛书）由上海商务印书馆刊行。

　　〔美〕培氏著，沈荣龄译《乡村学校的新理想》（师范小丛书）由上海商务印书馆刊行。

　　〔美〕蒲克著，傅东华译《社会的文学批评论》由上海商务印书馆刊行。

　　〔美〕约翰生·亨利著，何炳松译《历史教学法》由上海商务印书馆刊行。

　　〔美〕麦甘兰著，周瘦鹃译《侠盗查禄》由上海大东书局刊行。

　　〔英〕罗素著，何道生译《我的信仰》由上海商务印书馆刊行。

　　〔英〕罕直克马伦定著，张炳镇初译，马镇邦重译（锡兰）友努斯来博阿罕默德摩希甸编《清真教之研究》刊行。

　　〔英〕嘉玛鲁丁编，周沛华、汤伟烈译《至圣先知言行录》刊行，有译者序。

　　〔英〕科克著，陈楚译《宗教基础》由上海商务印书馆刊行。

　　〔英〕恳治著，贾立言、于化龙译《基督教合理论》由上海广学会刊行。

　　〔英〕罗杰斯著，张仕章编译《基督教百问》由上海广学会刊行。

　　〔英〕雅各韦白斯脱著《宗教教育与国魂》由上海广学会刊行。

　　〔英〕耶方斯著，严既澄译《比较宗教学》由上海商务印书馆刊行。

[英]司托浦司著,胡仲持译《结婚的爱》由上海开明书店刊行。

[英]司托浦司著,李小峰译《结婚的爱》由北京北新书店刊行。

[英]卡本特(原题嘉本特)著,后安译《爱的成年》由北平晨报社刊行。

[英]林勤原著,舒新城译《个别作业与道尔顿制》(教育丛书)由上海中华书局刊行,有译者短语,著者自叙。

[英]司托浦司著,水宁人译《贤明的父母》由上海北新书局刊行。

[英]罗素著,赵文锐译《科学与未来之人生》由上海中华书局刊行。

[英]雪莱著,郭沫若译《雪莱诗选》由上海泰东图书馆刊行。

[英]王尔德著,潘家洵译《温德米尔夫人的扇子》由北京朴社刊行。

[英]戈斯华士著,郭沫若译《争斗》由上海商务印书馆刊行。

[英]斐尔丁著,伍光建译《大伟人威立特传》由上海商务印书馆刊行。

[英]迭更斯著,伍光建译《劳苦世界》由上海商务印书馆刊行。

[英]卫尔斯著,钟期伟译《山德孙校长传》由上海商务印书馆刊行。

按:是书介绍英国教育家、昂德尔学校校长山德孙的生平事略。

[英]开利著,汪今蛮译《缅甸一瞥》由上海商务印书馆刊行。

[英]密林根著,孟秀玮译《土耳其一瞥》由上海商务印书馆刊行。

[英]布牢温著,顾德隆译《西班牙一瞥》由上海商务印书馆刊行。

[爱尔兰]约翰沁孤著,郭沫若译《约翰沁孤的戏曲集》由上海商务印书馆刊行。

[法]柏格森著,潘梓年译《时间与意志自由》由上海商务印书馆刊行,书前有作者原序、英译者序、中译者序。

[法]孟司铎著《圣心临格》(5版)由河北献县张家庄刊行,有自序。

[法]涂尔干著,许德珩译《社会学方法论》由上海商务印书馆刊行。

[法]黎明(原题鲁滂)著,钟健宏译《群众》(原名《原群》)由上海泰东图书局刊行。

[法]季特著,楼桐孙译《政治经济的基本原理》由上海法政大学刊行。

[法]锡亚鲁尔·季特,姚伯麟译《劳动之改造》由上海学术研究会总会刊行。

[法]莫泊桑著,张秀中译《莫泊桑的诗》由北京海音书局刊行。

[法]小仲马著,刘半农译《茶花女》由北京北新书局刊行。

[法]大仲马著,伍光建译《续侠隐记》(上下册)由上海商务印书馆刊行。

[法]梅礼美著,樊仲云译《嘉尔曼》由上海商务印书馆刊行。

[法]莫泊桑著,李青崖译《莫泊桑短篇小说集(三)》由上海商务印书馆刊行。

[法]莫泊桑著,张秀中译《欧儿拉》由北京海音书局刊行。

[法]莫泊桑著,徐蔚南译《一生》(上下册)由上海商务印书馆刊行。

[法]勒白朗著,周瘦鹃译《古城秘密》由上海大东书局刊行。

[法]郎格诺瓦、塞纽博(原题瑟诺博司)著,李思纯译《史学原论》由上海商务印书馆刊行。

[法]沙畹著,冯承钧译《中国之旅行家》由上海商务印书馆刊行。

[德]马克思著,李春蕃译《哥达纲领批评》由上海解放丛书社刊行。

[德]朗格著,李石岑、郭大力译《朗格唯物论史》由上海中华书局刊行。

[德]发尔亭著,余志远译《男女特性比较论》由上海商务印书馆刊行。

　　［德］康德著，瞿菊农编译《康德教育论》（师范小丛书）由上海商务印书馆刊行，有编译者序。

　　［德］凯兴斯泰纳著《教育家的精神》（师范小丛书）由上海商务印书馆刊行。

　　［德］歌德著，汤元吉译《克拉维歌》由上海商务印书馆刊行。

　　［德］席勒著，杨丙辰译《强盗》由上海北新书局刊行。

　　［德］席勒著，杨丙辰译《讨暴虐者》由上海北新书局刊行。

　　［德］豪布陀曼著，杨丙辰译《火焰》由上海商务印书馆刊行。

　　［德］豪布陀曼著，杨丙辰译《濑皮》由上海商务印书馆刊行。

　　［德］歌德著，郭沫若译《少年维特之烦恼》由上海创造社刊行部刊行。

　　［德］霍普特曼著，郭鼎堂译《异端》由上海商务印书馆刊行。

　　［德］歌德著，君朔译《狐之神通》由上海商务印书馆刊行。

　　［俄］托尔斯泰著，郎醒石、张国人合译《土地与劳工》由上海商务印书馆刊行。

　　［苏］布哈林著《共产主义的 ABC》由湖北汉口新青年社刊行。

　　［苏］巴波鲁著，朱则译《帝国主义之政策的基础》由中国国民党中央执行委员会宣传部刊行。有汪精卫序。

　　［苏］米留金著，邹敬芳译《社会主义与农业问题》由中国国民党中央执行委员会农民部刊行。

　　［俄］亚历山大·勃洛克著，胡敩译《十二个》由北京北新书局刊行。

　　［俄］安特列夫著，李霁野译《往星中》由北京未名社刊行。

　　［俄］果戈理著，韦漱园译《外套》由北平未名社刊行部刊行。

　　［俄］屠格涅夫著，李杰三译《胜利的恋歌》由上海光华书局刊行。

　　［俄］屠格涅夫著，沈颖译《九封书》由上海自由社刊行。

　　［俄］陀思妥耶夫斯基著，韦丛芜译《穷人》由北京未名社刊行。

　　［俄］克罗连科著，张亚权译《盲乐师》由上海商务印书馆刊行。

　　［俄］契诃夫著，张友松译《三年》由上海北新书局刊行。

　　［俄］托尔斯泰著，常惠译《儿童的智慧》由上海北新书局刊行。

　　［波兰］显克微支著，周作人译《炭画》由北京北新书局刊行。

　　［波兰］露存著，华通斋译《心文》由著者刊行。

　　［挪威］易卜生著，潘家洵译，胡适校《易卜生集》（1—5）由上海商务印书馆刊行。

　　［挪威］易卜生著，刘伯量译《罗士马庄》由北京诚学会刊行。

　　［挪威］穆格新著《教会史略》由汉中中华信义会书报部刊行。

　　［意］亚米契斯著，夏丏尊译《爱的教育》由上海开明书店刊行。

　　［意］利高烈著《拜圣体兼拜圣母简言》由香港纳匝肋静院刊行。

　　［瑞士］沙若理著，广学会译《苏俄之观察》由上海护宪社刊行。

　　［希腊］亚里斯多德著，傅东华译《诗学》由上海商务印书馆刊行。

　　［奥地利］耶路撒冷著，［美］散得斯英译，陈正谟译《西洋哲学概论》由上海商务印书馆刊行。

　　［奥］福若瑟著《避静指南》由山东兖州天主堂刊行。

　　［芬兰］喜渥恩编著，杨道荣校阅《礼拜学》由湖北汉口中华信义会书报部刊行。

［土］阿皮沙刺著，外交部译《土耳其恢复国权之经过》由译者刊行。

［印度］泰戈尔（原题太谷儿）著，王靖、钱家骧译《人生之实现》由上海泰东图书局刊行。

James Moffatt 著，谢颂羔译《耶稣的生平》由上海中华基督教文社卡马哈刊行。

Y. F. Ong，Y. L. Yang 编《（英华合解）英文习语大全》由上海商务印书馆刊行。

L. M. Cross 著，A. H. Mateer 编译《家庭祷告》4 卷由上海长老会刊行。

J. Verdier 著，听鹂译《社会丛谈》由上海圣教杂志社刊行。

P. Hull 著《伦理纲要》由山东青岛天主堂印书馆刊行。

利高烈著《备终录》（5 版）由上海土山湾慈母堂刊行。

司徒葛耳著，陈启新译《保罗生平录》由上海中国基督圣教书会刊行。

麦甘佛著，金振华译《女子职业训练谈》（妇女丛书）由上海商务印书馆刊行。

安圣谟译，周道范、马焕章校阅《圣五伤方济各行实》由山东烟台天主堂印书馆刊行。

步武尔著，穆若望译《周月善思》由河北献县张家庄天主堂刊行。

玛窦著，江南耶稣会隐名士译《新经译义》由上海土山湾印书馆刊行。

孟嘉玉德、刘敬垣译《日本传道伟人集》由湖北汉口中国基督圣教书会刊行。

伦敦圣教书会编，［英］卜道成译《圣经地域图》由上海广学书局刊行。

谷察著，程中行译述《国家主义之历史观》由上海商务印书馆刊行，有著者序。

拉哀勃撒西著，戈乐天译《现代青年性教育》由上海国风书店刊行。

斯丹大尔著，任白涛译《恋爱心理研究》由上海亚东图书馆刊行。

赫莱尔著，东篱译《中国民族运动与劳动阶级》由广东广州国光书店刊行。

李建勋著，康绍言译《直隶省教育行政组织之改革案》（北京文化学社教育丛书）由北京文化学社刊行。

里斯加波拉、川添利基著，郑心南译《电影艺术》由上海商务印书馆刊行。

布兰农著，郑贤宗译《设计教学地理教授法》（师范丛书）由上海商务印书馆刊行。

樊炳清编译《哲学辞典》由上海商务印书馆刊行。

按：樊炳清自 20 世纪初期开始从事翻译工作，是一位成绩卓越的翻译家。他 1920 年前后编译的《哲学辞典》是根据日文，英文资料编著的，是上世纪 20 年代出版的一本较早介绍西方哲学的工具书。

余家菊、汪德全编译《战后世界教育新趋势》（教育丛书）由上海中华书局刊行。

按：是书介绍第一次世界大战后法国、美国、奥地利、加拿大、意大利、荷兰、德国、日本、澳大利亚、印度、英国的教育新趋势。

杨荫庆编译《教育宗旨论》（素友学社丛书）由北平素友学社刊行。

郑毓秀编译《国际联盟概况》由上海商务印书馆刊行。

宫廷璋编译《人类与文化进步史》（原名《人类学》）由上海商务印书馆刊行。

袁承斌、丁汝成译《方德望神父小传》由上海圣教杂志社刊行。

刘赖孟多编译《退思录》（上下卷）由河北献县张家庄天主堂刊行。

晁德莅译述《敬礼圣母月》由上海土山湾印书馆刊行。

袁绩熙编译《参谋业务》由江苏南京军用图书社刊行。

韩士元编译《心理学史》由上海民智书局刊行。

胡仲持辑译《世界性的民俗谭》由上海光华书局刊行。

今叟氏编译《世界婚姻奇谈》由上海大东书局刊行。

易家钺编译《家庭问题》由上海商务印书馆刊行。

费培杰译述《会场必携》由上海商务印书馆刊行。

蒋梦鹴译述《美国总统威尔进参战演说》由上海商务印书馆刊行。

盛俊编译《日本收回关税之经过》由财政部驻沪调查货价处刊行。

周作人译《狂言十番》（日本古代小喜剧集）由北京北新书局刊行。

张资平辑译《别宴》（日本名家短篇小说集）由湖北武昌时中合作书社刊行。

徐蔚南辑译《法国名家小说集》由上海开明书店刊行。

鲁彦辑译《犹太小说集》由上海开明书店刊行。

郑振铎译述《列那狐》由上海开明书店刊行。

张碧梧译《白室记》由上海大东书局刊行。

王怀琪、吴洪兴编译《笼球游戏》（健学社丛书）由上海大东书局刊行。

王昌谟等编译《世界名人传》（上中下册）由上海商务印书馆刊行。

按：是书分 10 卷。上册包括伟人传、杰俊传、发明家传。中册包括思想家传、科学家传、文学家传。下册包括艺术家传、宗教家传、历代名帝后传、杂传。

弹指居士编译《近世大发明家小传》由上海商务印书馆刊行。

按：是书介绍居里夫人夫妇、诺贝尔、福特、爱迪生、乔治·威斯汀豪斯、艾萨克、辛格、乔治、伊斯门等 10 位发明家。

张士泉编译《圣达尼老小传》由上海土山湾印书馆刊行。

汪启堃编译《爱迭生小史》由上海电流社刊行。

顾德隆译《法兰西一瞥》由上海商务印书馆刊行。

吴杏芬绘，吴秉钧译《中华名胜图说》刊行。

《圣达尼老行实》由上海土山湾印书馆刊行。

《圣若望枭波莫传》由河北献县张家庄天主堂刊行。

《（儿童用书）圣诞琴谱》由上海广学会刊行。有英文序。

《颂主诗歌》由上海美华书馆刊行。

《救灵引》由河北献县张家庄天主堂刊行。

《圣达尼老行实》由上海土山湾印书馆刊行。

《圣若望枭波莫传》由河北献县张家庄天主堂刊行。

《默想规略》刊行。

《圣达尼老九德默想》刊行。

《圣若瑟月》刊行。

《圣月心》刊行。

《新式圣母月》刊行。

《瞻礼》由河北献县张家庄天主堂刊行。

五、学者生卒

方仁渊（1844—1926）。仁渊字耕霞，号倚云，别号思梅，江苏江阴人。初习举子业，好诗文,攻经史,后从名医王旭高学医。曾在苏州药店学徒,后移居常熟悬壶,医术精进。1922年为抗议国民政府内务部颁布的旨在逐渐取缔中医的《管理医士暂行规则》,被选为常熟医学会会长,共议对策,并创办《常熟医学会月刊》。尝辑《新编汤头歌诀》《倚云轩医案》《倚云轩医论》等。今有《王旭高医案》行世。

冯雪卿(1844—1926)。雪卿名沄,字雪卿,号卧云,以字行,浙江慈溪人。青年时游沪,从钱塘吴鞠潭学书,画则师从嘉兴朱梦庐。与山阴任伯年、桐城胡铁梅、宁波舒萍桥友善。其行草及山水花鸟,法晋唐宋明诸大家,皆能入堂奥。后走京师,寻师访友,艺乃益进。1875年以后,历游鄂、湘、川、粤诸省,嗣又东渡日本,受聘东亚语学校,长期教授中国书画及汉语。

吴畹卿(1847—1926)。畹卿名曾祺,字畹卿,以字行,江苏无锡人。幼年从师惠杏村学习词曲。自1875年起,在无锡昆曲社任曲师达50年之久。1917年,无锡昆曲社正式命名为天韵社,被推为社长。精通音韵学,善奏琵琶、三弦、笙、笛等乐器。唱曲技艺精湛,梅兰芳、韩世昌及杨荫浏等,均受教其门下。著有《读曲例言》。

张謇(1853—1926)。謇字季直,号啬庵,江苏通州人。1894年慈禧太后六十大寿设恩科会试,考中状元,授翰林院修撰。1995年,受两江总督张之洞委派,在通州主办团练,创办大生纱厂。1901年,响应清廷"更新"诏令,著《变法平议》。1902年,创办广生油厂和通州师范学校。1904年,被清政府授予三品官衔。1906年,与汤寿潜、郑孝胥等组织成立预备立宪公会,任副会长。同年创办资生铁冶厂。1909年,被推为江苏咨议局议长。1910年,发起国会请愿活动。1911年,任中央教育会长、江苏议会临时议会长、江苏两淮盐政总理。1912年,起草退位诏书。南京政府成立后,任实业部总长。1913年,任北洋政府农商总长兼全国水利总长,1914年,兼任全国水利局总裁。1915年8月,辞职南归。1920年,创办南通大学。一生创办20多个企业,370多所学校,主张"实业救国""教育救国",为我国近代民族工业的兴起,为教育事业的发展作出宝贵贡献,被称为"状元实业家"。著有《张季子九录》《张謇日记》《啬翁自订年谱》等,今有《张謇全集》传世。

按:胡适《南通张季直先生传记序》曰:"张季直先生在近代中国史上是一个很伟大的失败的英雄,这是谁都不能否认的。他独立开辟了无数新路,做了三十年的开路先锋,养活了几百万人,造福于一方,而影响及于全国。终于因为他开辟的路子太多,担负的事业过于伟大,他不能不抱着许多未完的志愿而死。这样的一个人是值得一部以至于许多部详细传记的。他的儿子孝若先生近年发誓用全副精力做季直先生的传记。他已费了几年工夫编辑季直先生的全部著作,自己亲手整理点读。这部全集便是绝大的史料。还有季直的朋友的书信,保存在南通的,也有近万封之多,这也是重要史料。季直先生自己又编有年谱,到七十岁为止,此外还有日记,这都是绝可宝贵的材料。有了这些材料做底子,孝若做先传的工作便有了稳固的基础和坚实的间架了。孝若做先传还有几桩很重要的资格。第一,他一生最爱敬崇拜他的先人,所以他的工作便成了爱的工作,便成了宗教的工作。第二,他生在这个新史学萌芽的时代,受了近代学者的影响,知道爱真理,知道做家传便是供国史的材料,知道爱先人莫过于说真话,而为先人忌讳便是玷辱先人,所以他曾对我说,他做先传要努力做到纪实传真的境界。第三,他这回决定用白话做先传,决定打破一切古文家的碑传义法,决定采用王懋竑《朱子年谱》和我的《章实斋年谱》的方法,充分引用季直先生的著作文牍来做传记的材料,总期于充分表现出他的伟大的父亲的人格和志愿。有了这几种资格,我们可以相信孝若这篇先传一定可以开儿子做家传的新纪元,可以使我们爱敬季直先生的人添不少的了解和崇敬。"(胡适《胡适文存三集》卷八,亚东图书馆1930年版)

况周颐(1859—1926)。周颐原名周仪,以避宣统帝溥仪讳,改名周颐,字夔笙,一字揆孙,别号玉梅词人、玉梅词隐,晚号蕙风词隐,广西桂林人,原籍湖南宝庆。1879年乡试举人,援例授内阁中书,任会典馆绘图处协修、国史馆校对。叙劳以知府用,分发浙江。在京师为官期间,与同乡王鹏运友善,结词社,朝夕唱和,钻研词学,人称"王况",共创临桂词派。1895年入两江总督张之洞府,领衔江楚编译官书局总纂。戊戌变法后,离京南下,掌教常州龙城书院,讲学南京师范学堂,受聘端方幕中,治理金石文字。后充任安徽宁国府盐厘督办。其间,复执教于武进龙城书院和南京师范学堂。民国年间寓居上海,卖文为生。曾为刘承干嘉业堂校书。著有《词学讲义》《玉栖述雅》《餐樱庑词话》《历代词人考略》《宋人词话》《漱玉词笺》《选巷丛谭》《西底丛谈》《兰云菱梦楼笔记》《蕙风簃随笔》《蕙风簃二笔》《香东漫笔》《眉庐丛话》《餐樱庑随笔》等。

按:郑炜明说:"况氏堪称为二十世纪最重要的词学家之一。《蕙风词话》自问世以来即享誉词坛,历久不衰,晚清四大词人中的朱祖谋,曾称赞《蕙风词话》为'自有词话以来,无此有功词学之作'。而《蕙风词》亦奠定了况氏作为晚清入民国最大词人之一的地位。"(郑炜明撰辑《况周颐佚诗辑考·前言》,香港大学饶宗颐学术馆2009年版)

秦树声(1860—1926)。树声字幼衡,一宁晦鸣,号乖庵,河南固始人。1886年中进士,1903年经济特科进士。曾授工部主事,历任知府、道员、按察使,提法使、提学使。1914年任清史馆纂修。曾参与《河南通志》的编纂。著有《清史地理志》《乖庵文集》等。

王寿昌(1864—1926)。寿昌字子仁,号晓斋,福建闽县人。14岁,考入福州马尾船政前学堂制造班,是该班第三届毕业生。1885年4月,被选送法国巴黎大学,攻读法律兼修法文。1891年,毕业回国,到马尾船政学堂任法文教师,后到天津洋务局任奉天军署翻译。1898年,清政府创办京汉铁路,向法国借款。1911年,被调为会办任总翻译。铁路建成后,调任湖北交涉使汉阳兵工厂总办(厂长),特为湖广总督张之洞所器重。后充经理各国事务衙门章京及三省铁路学校校长。1912年,回福州,任福建省交涉司司长,时间长达13年。后被人排挤,复任马尾船政局法文教师。曾与林纾共译《巴黎茶花女遗事》,又译有法国博乐克原著《计学浅训》,是我国较早的一部有关经济学的译著。著有《晓斋遗稿》。

英敛之(1867—1926)。敛之原名英华,字敛之,号安蹇斋主、万松野人,满族正红旗人,生于北京。1898年前后,受康有为、梁启超变法思想影响,开始评论国事,曾在澳门《知新报》上发表同情戊戌维新变法的文章。1902年,在天津创办《大公报》,兼任总理和编撰工作。1911年辛亥革命后,名义上仍负责《大公报》工作,实际上已退居北京香山静宜园,以主要精力创办女学、辅仁社等慈善教育事业,从事天主教革新工作,后又创办辅仁大学。1916年,将《大公报》售予王郅隆。1926年去世前,将辅仁社校务托付给北京政府教育次长陈垣,后该校改名为辅仁大学。著有《也是集》(正、续编)《万松野人言善录》《安蹇斋丛残稿》等。

曾习经(1867—1926)。习经字刚甫、刚父,号刚庵、蛰庵,晚号蛰庵居士,广东揭阳人。1892年进士,授户部主事,官至度支部右丞。先后兼任税务处提调、印刷局总办、学部咨议官等。家有藏书处名"湖楼",有书万卷。工于诗、书、画。著有《蛰庵诗存》等。

孙文昱(1869—1926)。文昱又名彪,字蔚璘,湖南湘潭人。清光绪以孝廉官部曹,讲经京师大学堂。民国后曾任湖南大学、孔道国学专修学校等校教授。著有《诸经论述》《战国策补注》《宋书校勘记》《王志商存》2卷、《孙文昱著作序言集》。

林白水(1874—1926)。白水初名林獬,又名林万里,字少泉,号宣樊、退室学者、白话道人,福建闽侯人。1901年,任《杭州白话报》主笔。同年冬赴沪,与蔡元培、蒋智由、叶瀚、王小徐等成立中国教育会,组织爱国学社。后留学日本,入早稻田大学法科兼习新闻,加入同盟会。回国后历任福建军政府法制局局长、北京大总统府秘书、众议院议员等职。1903年12月,在上海创办《中国白话报》,自任主编。1904年,参与蔡元培发起组织的"对俄同志会",创办《俄事警闻》日报。1904年2月,"对俄同志会"改名"争存会",《俄事警闻》也改名为《警钟日报》,成为"争存会"的机关报。1916年,在北京创办《公言报》,自任社长兼总编辑。又创办《杭州白话报》、北京《新社会日报》(后改《社会日报》)、上海《平和日报》等。1926年8月,被奉系军阀张宗昌枪杀于北京天桥。1985年7月30日,被中华人民共和国民政部追认为革命烈士。著有《剑绮缘》《生春红室金石述记》《各国宪法源泉》《林白水先生遗集》。

按:林璋华《针砭时弊　笔耕不辍——记近代报界先驱林白水》说:"林白水是近代报界先驱,自1901年起至1926年牺牲为止,先后在杭州、上海、福州、北平等地创办或参与编辑许多报刊,鼓吹中国资产阶级民主革命和反抗北洋军阀黑暗统治,是一位为反封建、反军阀、反官僚奋斗终生的爱国志士。"(《福建图书馆理论与实践》2012年第2期)

刘世珩(1874—1926)。世珩字葱石,号聚卿,别号楚园,安徽贵池人。光绪举人,曾任道员、江苏候补道、江宁商会总理,湖北、天津造币厂监督,历办江南商务官报、学务。后任直隶财政监理官、度支部左参议等职。家藏图书极多,因得到两部宋刊《玉海》,遂命其藏书楼为"玉海堂"。刊刻《玉海堂景宋丛书》52种;《宜春堂景宋元巾箱本丛书》8种;《贵池先哲遗书》31种;《聚学轩丛书》60种;《暖红宝传奇汇刻》51种等。著有《贵池二妙集》《贵池唐人集》《临春阁曲谱》《重编会真杂录》《贵池先哲遗书待访目》《秋浦双忠录》《大小忽雷曲谱》《梦凤词》《曲品》等。

俞泽箴(1875—1926)。泽箴字丹石,浙江德清人。俞平伯堂叔。毕业于北洋大学,曾任无锡竞志学校教员、厦门集美学校教务长、江苏省立图书馆主任。1919年11月以后,在北京图书馆工作,负责敦煌石室唐人写经整理编目工作,为我国早期敦煌学研究人员。参与编撰有《敦煌经典目》等书。

吴璧华(1877—1926)。璧华,浙江永嘉人。居士,毕业于日本士官学校。1920年,在杭州发起组织佛教筹赈会,劝募赈款。1924年,被推为杭州佛学联合会会长,1925年与江味农一起随白普仁喇嘛弘传藏密,1926年被推为中华佛化教育社副会长,致力于佛化教育运动。

金绍城(1878—1926)。绍城又名金城,字拱北,号北楼,又号藕湖,浙江吴兴人。曾留学英国,学习法律,同时研究西方画学。回国后任上海会审公廨委员、京曹。民国时期任众议院议员,国务院秘书。曾举办中国画会研究会,并筹设中日联合展览会。

胡石庵(1879—1926)。石庵原名人杰,又名金门,别号天石,湖北天门人。19岁赴北京,与谭嗣同交好。戊戌变法失败后返武昌,入经心书院学习,与唐才常交往,加入兴中会。八国联军入京时,又返鄂肄业于经心书院,旋被开除。1904年,襄助刘静庵、吕大森等组织武昌科学补习所。同年冬与马天汉、王禹田等设伏汉口火车站,谋炸清白部侍郎铁良,事泄被捕。1910年,集资在汉口创办大成汉记印刷公司,出版革命书籍,编印白话小说、报纸,宣扬种族主义。1924年,曾一度对孙中山提出的"联俄、联共、扶助农工"三大政策持反对态度。著有《湖北革命实见记》、诗文集及小说《明珠血》《马上儿女传》等40余种。

李德锡(1881—1926)。德锡原名李佩亭,艺名万人迷,北京人。幼年从祖父万人迷李广义学说相声,人称"小万人迷",祖父逝世后承艺名为"万人迷"。10岁时拜恩绪(后改名恩培)为师,在天桥水心亭说相声,以"小孩哏"在听众中享有声誉。15岁拜徐有禄为师,在单口表演方面颇受教益,后又拜桂祯(艺名富有根)为师。民国初年在北京石头胡同四海升平茶社演出时,京剧名家杨小楼、龚云甫等,常来听他说单口相声。曾辗转天津、上海、沈阳、济南、开封等地演出。时人誉之为"相声大王",与其他七位"德"字辈著名相声艺人并称"相声八德"。代表作品有《满汉斗》《弦子书》《卖对子》《灯谜》《绕口令》《扒马褂》《训徒》等。

邵飘萍(1886—1926)。飘萍原名邵新成,字振青,号飘萍,学名锡康,后改作镜清,浙江东阳人。1912年,任《汉民日报》主编,袁世凯称帝后,为《时事新报》《申报》《时报》撰稿,抨击袁的罪恶阴谋。1913年,被捕入狱。1914年,至日本创办东京通讯社,专为京、沪报纸提供东京通讯。1916年7月,在北京创办北京新闻编译社。1918年10月,在北京创办《京报》,任社长,开始独立办报生涯。后又与蔡元培创办北京大学新闻学研究会,并举办讲习会,第一期学习的就有毛泽东、罗章龙等。1920年,后致力于新闻教育事业并赞颂十月革命,介绍马克思主义思想。1925年,在李大钊和罗章龙介绍下,秘密地加入中国共产党,对共产主义运动作了大量的报道。1926年4月26日,以"宣传赤化"的罪名在北京天桥被奉系军阀政府杀害。1928年,北京新闻界为他补开追悼会。1949年4月,毛主席亲自批示追认邵飘萍为革命烈士。著有《新闻学总论》《实际应用新闻学》《综合研究各国社会思潮》《新俄国之研究》等。今有方汉奇主编的《邵飘萍选集》(上下册)。

按:沈尹默说:"飘萍君生前主持《京报》,有声一时。余与之极少往还,然明其为人。英特自芒刺,杰然自建,异于寻常新闻记者。观夫每为文抨击当道,深刻峭利,无论何人,皆畏其笔锋。受者切齿,读者快意,卒以此遭不测。当其致命之日,识与不识,咸为之叹息泣下。民国以来,以言论贾祸身殁而名彰,盖未有如君之烈烈者也!"(华德韩《邵飘萍传》第九篇《千秋纪念》引,杭州出版社1998年版)

按:钟沛璋说:"邵飘萍是以新闻为武器从事战斗的,写下了大量为人民拍手称快、反动派切齿痛恨的消息、通讯、特写和评论。他还为我国最早的新闻教育组织新闻研究会授课讲学。新闻研究会曾经是革命的摇篮,荟萃了民族的精华,培育了毛泽东为代表的中国共产党的早期党员和党的领导人。邵飘萍从事新闻工作十四年,正是我国历史上最黑暗、新闻工作最危险的岁月。明知是虎穴,越向虎穴行。邵飘萍以'铁肩辣手'自勉,铁肩担道义,辣手著文章,多次被捕入狱,最后献出了生命。"(华德韩《邵飘萍传》第九篇《千秋纪念》引,杭州出版社1998年版)

毕倚虹(1892—1926)。倚虹名振达,字倚虹,以字行,别署几庵、清波、春明逐客、婆婆生等,江苏仪征人。先捐资为兵部郎中,后改官刑部。辛亥革命后,入上海中国公学读法律。联合同学创办《夏星杂志》、《学艺杂志》。1926年,充当律师,并先后兼任《时报》副刊《滑稽余谈》和《时报》《小说时报》《妇女时报》编辑。曾任《上海画报》主编。著有诗集《几庵绝句》,词集《销魂词》《光绪宫词》,杂著《清宫谈旧录》,短篇小说集《毕倚虹说集》,长篇小说《十年回首》《人间地狱》《新人间地狱》《黑暗上海》《苦恼家庭》《极乐世界》《春江花月夜》《红粉金戈记》等。

刘梦苇(1900—1926)。梦苇原名国钧,湖南安乡人。1923年,在《创造季刊》上发表处女作《吻的三部曲》。1924年,在上海参与成立飞鸟社,并创办《飞鸟》月刊。1926年,参加《晨报副刊·诗刊》的发起和编辑。是湖南早期的无政府主义者和新月派诗人之一。著有《青春之花》《孤鸿集》等诗集。

杨德群(1902—1926)。德群字光哲,湖南湘阴人。1913年,考入湖南女子师范学校,受教于杨昌济、徐特立等。1918年毕业后,到向警予创办的小学任教。1925年,考入北京艺术专科学校,后转入北京高等女子师范大学,成为预科班国文系的学生。1926 年 3 月 18 日,在北京天安门参加反帝示威大会和游行,被军警开枪打死。3 月 25 日,女师大和北京各界 8000 人在女师大礼堂举行刘和珍、杨德群追悼大会。

刘和珍(1904—1926)。和珍号素予,江西南昌人。1918 年,入南昌女子师范学校学习。1919 年"五四"运动爆发后,率女师学生并联合南昌各女校学生起来响应。1922 年,在南昌创建觉悟青年之社,出版《时代之花》和《女师周刊》,任主编。1923 年 1 月,与赵醒侬、方志敏等加入中国社会主义青年团,同年考入国立北京女子高等师范学校预科英语系,被选为女师大学生自治会主席。1925 年 5 月 9 日,因反对杨荫榆任女师大校长,与许广平等 6 人被学校开除学籍。1926 年 3 月 18 日,在北京天安门参加反帝示威大会和游行,被军警开枪打死。3 月 25 日,女师大和北京各界 8000 人在女师大礼堂举行刘和珍、杨德群追悼大会。鲁迅先生作有《纪念刘和珍君》。

程之(—1995)、张志民(—1998)、吴枫(—2001)、王若水(—2002)、李若冰(—2005)、荆其诚(—2008)、余绳武(—2009)、马克昌(—2011)、王来棣(—2012)、陶阳(—2013)、王运熙(—2014)、张宗祜(—2014)、高敏(—2014)、齐世荣(—2015)、熊性美(—2015)、魏金玉(—2015)、郭寿康(—2015)生。

六、学术评述

本年度是第一次国内革命战争时期(1924 年 1 月至 1927 年 7 月)的第三年,也是北伐战争的正式开启之年。其间,南北、中外政治角力渐趋白热化,国民党左右分化与国共分裂相互交织,彼此联动。1 月 1 日,中国国民党第二次全国代表大会在广州召开,李大钊、毛泽东等 14 名共产党员被选为国民党中央执行委员。大会确定加强国共合作、扩大反帝反军阀运动等重要决议。在此新年开局,似乎国民党的左右分化与国共分裂尚未彻底暴露,其中的种种矛盾皆被北伐的中心主题所掩盖。7 月 4 日,国民党中央临时全体会议通过《国民革命军北伐宣言》,正式揭开了北伐的序幕。9 日,国民革命军举行誓师北伐典礼,蒋介石就任总司令。本年国民革命军北伐的重要结果,是造就了蒋介石逐渐登上中国政治舞台的中央。与此同时,是国民党的左右消长与国共的严酷斗争。3 月 12 日,中共中央在孙中山逝世周年纪念日发表《告中国国民党党员书》,称当前有两件"最痛心的事",一是国民党左右派的分裂,一是反赤运动之高涨,因此"极诚恳的劝告"国民党右派"继续中山先生的革命政策",来担负中国民族革命的工作。20 日,蒋介石在广州制造"中山舰事件",谎称共产党人指挥的中山舰要炮轰黄埔,共产党要暴动,借以宣布戒严,派兵逮捕和监视共产党人,包围省港罢工委员会和苏联顾问办事处。5 月 15 日,国民党在广州召开二届二中全会,通过蒋介石提出的整理党务案,限制中共在该党的活动。7 月 12—18 日,中共中央执委会第四届第三次扩大会议在上海举行。会议讨论了党在北伐战争中的组织路线、国共合作的策略和民众运动的政策等,着重讨论了对待资产阶级和蒋介石的方针问题,通过了《中央政治报告》和《党和国民党关系问题》等决议案,发表了《中共中央第五次对于时局的主张》。12 月16 日,共产国际执委会第七次扩大会议通过《关于中国形势问题的决议》,详细论述了中国革命的形势,分析并指出了中国革命的前途,阐述了农民和土地问题的重要性,强调要巩固和加强国共两党的合作。与南方国共合作北伐的势如破竹相对应的是北方军阀政局的血雨腥风。3月18日,北京群众10余万人在李大钊、赵世炎等共产党和国民党左派的领导下举行游行示威,抗议日本军舰炮轰大沽口,反对帝国主义的侵略和执政府的卖国罪行。在执政府门前,卫队开枪镇压,造成"三一八"惨案。"三一八"惨案发生后,北方笼罩在一片白色恐怖之中。19日,北京段祺瑞政府发布通缉李大钊、徐谦、李石曾、易培基、顾孟余5人的命令。当时北洋政府还开出了一张黑名单,要抓54名批评政府的左翼教授,其中有来自北大的蒋梦麟、马叙伦、马裕藻、沈兼士、陈垣、林语堂、徐旭生、鲁迅、周作人、李宗侗等人,因此不少人纷纷设法逃离北京。在一片恐怖的气氛中,北京大学国学门的学术工作完全停顿下来。4月26日,北京大学教授、《京报》社长邵飘萍被北洋政府奉系军阀张作霖以"勾结赤俄,宣传赤化,罪大恶极"的罪名杀害于北京天桥。当日晚,北京大学代理校长蒋梦麟得前国务总理孙宝琦面告,获知被列入张作霖通缉的45人名单中,遂搭乘来访王宠惠的汽车,急避东交民巷六国饭店,将北大校务委托总务长宇文灿代理。5月16日,傅斯年与朱家骅联名致函国民党元老李石曾、吴稚晖,希望将北京大学因"三一八"惨案星散的知名教授重新聚集到中山大学来,受到邀请的有马衡、李玄伯、丁山、刘半农、李圣章、徐旭生、李润章等教授。8月6日,奉系军阀张宗昌令宪兵司令部逮捕《社会日报》社社长、主笔林白水,并立即枪毙。要之,本年的南方北伐与北方镇压一同影响着中国的政治、文化与学术格局。

在延续以往的四大板块结构中,北京轴心在清华国学研究院王国维、梁启超、陈寅恪、赵元任"四大导师"全部到位之后,北大、清华的"双子星座"已基本形成,尽管彼此在学术群体与整理成果上难以旗鼓相当。其中蔡元培不仅继续居于学坛领袖地位,而且享有崇高的社会声望。1月4日,《京报副刊》主编孙伏园有一个创意:在《京报副刊》新年第一期头版刊登向读者征求关于"新中国柱石十人"的倡议书。经过两个多月的征集工作,投票者达791人。结果蔡元培以得票最多而名列第一,其他9人依次为汪精卫、蒋介石、吴稚晖、冯玉祥、王宠惠、陈独秀、李烈钧、于右任、徐谦,从一个侧面反映了北洋军阀的衰落、国民党的重新崛起以及新文化运动的影响等趋势。然而,为了与北洋军阀抗争,蔡元培于2月3日上午乘"福尔达"轮到上海后,不仅滞留南方没有重回北大,而且再次请辞北京大学校长职。尽管外界的种种猜忌和怀疑渐渐浮现出来,但蔡元培于7月5日复胡适函中,着重说了三方面原因:一是"预料教育公债由弟参与之无效";二是"怀疑于现在是否为取消不合作主义之时期?"三是"认辞职为较善于被免职"。归根到底,还是不与北洋政府合作以示抗议。无奈之下,蒋梦麟继续代理北京大学校长。对于当时的北大而言,继去年"法日派"与"欧美派"两相分化与相互对峙之后,更为严酷的摧残或者说对于学者群体最为严峻的考验是"三一八惨案"后的腥风血雨。北大的损失不仅仅是诸多教授离京难逃,而且再次分裂为左右翼的不同教授群体,彼此的代表人物就是胡适与李大钊。当然,北大的最大亮点是以顾颉刚为代表的"古史辨派"的创立。6月11日,顾颉刚主编《古史辨》第1册由北平朴社出版。全书分3编,收录顾颉刚、胡适、钱玄同3人的文章,也收录了柳诒徵、魏建功、容庚、王国维、李玄伯等人的文章。此书出版后,在学术界引起巨大轰动。在此推动下,一些学者纷纷加入,于是在中国史坛上形成了以疑古辨伪为旗帜、以"层累地造成中国古史"为基本理论的学派——"古史辨派"。再就清华而论,经清华学校校长曹云祥、教务长梅贻琦以及吴宓教授的不懈努力,清华国学研究院"四大导师"王国维、梁启超、陈寅恪、赵元任全部到位,从而创造了清华国学研究院之辉煌。6月间,清华国学研究院首届毕业生有刘盼遂、吴其昌、杜钢百、姚名达、周传儒、王庸、杨筠如、余永梁、程憬、徐中舒、方壮猷、高亨、王镜第、刘纪泽、何士骥、蒋传官、孔德、赵邦彦、黄淬伯、王啸苏、闻惕、汪吟龙、史椿龄、李绳熙、谢星郎、余戴海、李鸿樾、陈拔、冯德清等29人。其中15名毕业生申请留校继续研究,经教务会议议决批准。后来到校注册时有刘盼遂、周传儒、姚名达、吴其昌、何士骥、赵邦彦、黄淬伯7人。这是对清华国学研究院办学成果的初步印证与检验。

上海轴心由于蔡元培的留居而得以增添学术分量。蔡元培6月28日致电北京政府国务院及教育部,请辞北京大学校长及俄国庚子赔款委员会委员之职。此后便有相应的挽留行动,但蔡元培不仅态度坚绝,不为所动,而且在上海发起成立苏浙皖三省联合会,被公推为三省联合会委员会主席。12月23日,孙传芳下令取缔苏皖浙三省联合会,因遭通缉,蔡元培与马叙伦等避走福建。在此革命低潮时期,陈独秀与党内同志的分歧正在扩大。1月1—19日国民党第二次全国代表大会在广州举行期间,陈独秀致函中共广东区委,认为目前郭松龄倒戈失败、冯玉祥四面受敌、奉军气焰嚣张并与吴佩孚勾结一起,革命处于低潮,指示中共在统一战线方面要执行让步的策略。会后,中共广东区委曾作出决议,指责陈独秀为首的党中央在上海谈判及国民党"二大"上的退让政策。此外,陈独秀反对中央迁往北京,又明确反对北伐,皆与中央会议精神相左,其中有对有错,但说明无论是当时成立不久的共产党组织还是其总书记,对于危局与危机的处理都还不够成熟。发生在上海轴心的另外一件重要事件是1月12日茅盾与43位同仁联署在《民国日报》发表《人权保障宣言》,强烈抗议上海军阀当局残酷杀害工人领袖刘华,提出四项严正要求,这对于团结左翼知识分子群体开展反抗斗争具有舆论与实际的重要意义。另外比较重要的活动是多种学术刊物的创办:一是郑振铎、王伯祥、胡愈之、李石岑、周予同、章锡琛、周建人、高觉夫、李未农、刘叔琴、方光焘、丰子恺、沈亦珍、刘薰宇、夏丏尊、叶圣陶等5月发起成立立达学会,创办《一般》杂志;二是胡朴安主编《国学》10月在上海创刊,由大东书局发行,胡朴安、陈乃乾等编辑,撰稿人有胡朴安、姚光、闻宥、陈乃乾、陈垣、陈柱、方孝标等,主要发表关于语言文学、哲理、史地、礼教、文章、美术、博物、科技方面的论述,同时刊登一些人物传记、年谱、回忆录、诗歌,还有少量的游记与考证文章。该刊立足于复兴国学,所载文章有一定的学术价值,同时在珍稀书目的辑佚和保存方面也发挥了一定作用。其中最为珍贵的是用大量篇幅登载了陈乃乾辑录的元小令和元小令(续),包括元代一些著名的词曲家如马致远、张可久、白朴、关汉卿等人的作品均见诸该刊。三是张其昀、向达与柳诒徵等于年初组织"中国史地学会",柳诒徵为总干事,具体事项由任职商务印书馆编译所的向达和张其昀负责。12月1日,由中国史地学会负责编辑出版的《史学与地学》杂志创刊,张其昀在《史学与地学》杂志创刊号上发表了题为《人生地理学之态度与方法》一文,与王庸此前发表的《怎样才是人生地理学》开始以"人生地理学"的新内涵批判方志地学框架下的"人文地理学"传统,从而构建起新阶段"人生地理学"的理论与方法体系。

诸省板块中,江苏依然占据一定优势,但广东、福建地位迅速上升,于是形成新的"三足鼎立"格局。8月24日中午12时许,张謇于濠南别业去世,终年73岁。张謇以及南通传奇由此落幕。在江苏学界,尤其值得重点关注的是章炳麟8月应孙传芳及江苏省长陈陶遗之邀,到南京就任修订礼制会会长,行雅歌投壶礼。同月13日,章炳麟通电全国,反对蒋介石组织北伐。谢无量以孙中山去世后,蒋介石、汪精卫执掌大权,颇为失望。故从是年起有些沉默,转而潜心改志,将大部分精力用于教育、学术和艺术。7月,谢无量应南京东南大学(后名中央大学)之聘,任历史系教授兼主任,教授历史研究法、古代政治思想等。孙洪芬、胡先骕等 22 人在东南大学联名提出《创办大学研究院案》。11 月 18 日,该校教授会通过《研究院简章》,决定设立研究院。12 月 22 日下午,无锡国学专修馆举行第三班第三届学生毕业礼,唐文治曾将本届学生中的钱萼孙(仲联)、与第一届学生王蘧常、第二届学生蒋天枢(一说是唐文治执掌上海工业专门学校校政时的学生陈柱)称为"唐门弟子"中的"三鼎甲"。广东地位的迅速上升,首先是因为此地不仅是国民党的大本营亦即战时首都,同时也是国共合作的前沿阵地,除了国民党的高层领导之外,共产党阵营也几乎倾注了绝大部分力量,包括鲍罗廷、恽代英、周恩来、毛泽东、吴玉章、张太雷、萧楚女、林伯渠、谭平山、彭湃、邓中夏、刘少奇、施存统等。其次是缘于国民党倾力打造的中山大学的聚集功能。其间从校长、代理校长的陈公博、褚民谊、经亨颐、戴季陶的更迭,到广东大学改名中山大学的筹建,由甘乃光、宋子文、陈公博、蒋中正、各科学长、教员代表、学生代表等 40 名委员,以及林祖涵、孙科、吴稚晖、蔡元培等 30 名特聘委员组成中山大学的筹建委员会,再到郭沫若、成仿吾、郁达夫、王独清等左翼教授以及应戴季陶、朱家骅等人邀请,从德国留学回国的傅斯年偕弟傅斯岩(孟博)陆续加盟中山大学,一同提升了广东的政治与学术地位。其中出任文科学长的郭沫若在文科"择师运动"和广东大学革新运动中经受了严峻的考验,最终取得了胜利。此外,还与黄埔军校这一重要汇聚点息息相关。蒋介石任黄埔军校校长,教官群体由国共所共同组成。5 月上旬,恽代英奉命到黄埔军校担任政治主任教官,同时为加强中共对军校的领导工作,在军校成立了中共特别委员会(即中共党团),恽代英任书记,熊雄、聂荣臻、陈赓、饶来杰等 4 人为委员。12 月 8 日,周恩来与郭沫若、李富春、章伯钧、蔡畅等应聘为黄埔军校政治科政治教官。福建学术地位的迅速崛起,则是厦门大学创办国学院与北京大学左翼教授南下加盟两相结合的结果。是年 1 月,厦门大学校长林文庆加快筹备厦门大学国学院,公布《厦门大学国学研究院组织大纲》,提出该院为研究"中国固有文化而设",分设历史古物、博物(指动植矿物)、社会调香(礼俗方言等)、医药、天算、地学、美术(建筑、雕刻、瓷陶漆器、音乐、图绘、塑像、绣织、书法)、哲学、文学、经济、法政、教育、神教、闽南文化研究等 14 组,从而为有效吸纳南下左翼教授提供了重要平台。10 月 10 日,厦门大学国学研究院成立。校长林文庆兼任院长,研究院聚集了鲁迅、林语堂、沈兼士、顾颉刚、张星烺、孙伏园、陈万里、张颐、俄国人类学家史禄国、法国汉学家戴密微等中外著名学者,林语堂任总秘书,沈兼士任研究主任。研究教授鲁迅、顾颉刚、张星娘,考古学导师林万里,陈列部干事黄坚,编辑部干事孙伏园,出版部干事章廷谦,图书部干事陈乃乾,英文编辑潘家洵。编辑容肇祖、下山、林景良、王肇鼎,除后二人外,其余均出身北大。由于北京大学国学门的几位骨干加盟厦大国学院,时媒体称其"大有北大南移之势"。研究院组织上基本继承北大风格,设语言文字学、史学及考古学、哲学、文学、美术音乐等 5 组,并组织风俗调查会。其研究理念是:"研究古学必得地质学、人类学、考古学、古生物学等等作为参考";注意研究对象所蕴藏的区域,注意调查和研究"闽南各种方言社会以及民间一切风俗习惯";并学欧西的科学精神,对研究对象条分缕析、悉心研究。厦门大学国学院虽然只存在短短几个月,但所开辟的研究领域已为厦门大学诸多学科的发展奠定了基础,而它所开创的学术传统则影响了一代代厦大学人。

　　海外板块中,"出"的方面,欧洲区域最值得关注的是胡适的俄—欧之行。7 月 17 日,胡适离京赴英国参加庚款咨询委员会的会议。在李大钊建议下,胡适取道莫斯科赴欧。29日,到莫斯科进行考察,停留 3 天。31 日,在于右任住所与蔡和森相遇并展开论辩。其间,胡适通过参观访问以及同苏联人士谈话，了解到一些过去未曾了解的具体情况，尤其是新俄国的革命和建设的热情、干劲和雄心，给他留下了深刻印象。他在给国内朋友的信中谈了对苏联良好的观感，对苏联的教育，尤为赞佩。胡适甚至打算将来组织考察团对苏联作更深入的调查。胡适之信在国内发表后，颇有"赤化"之嫌。然而胡适还是胡适，不可能被"赤化"。9 至 10 月间，胡适在伦敦时曾与沈刚伯谈及国内北伐战争开始后的政局，谓"我本来是反对暴力革命同一党专政的。但是革命既已爆发，便只有助其早日完成，才能减少战争，从事建设。目前中国所急需的是一个近代化的政府。国民党总比北洋军阀有现代知识。只要他们真能实行三民主义，便可有利于国。一般知识分子是应该加以支持的"。再看俄国，当时汇聚了蔡和森、李立三、向警予、谭平山、邵力子、罗易、陈翰笙、秦邦宪、嵇文甫、聂绀弩等。蔡和森年初继续为中山大学旅莫支部作《中国共产党史的发展》的报告，施益生等人对照整理了笔记并油印装订成册，送给蔡和森同志校阅。此为蔡和森同志党史报告的唯一原始版本，也是中国共产党的第一部党史，是我党领导中国革命的真实记录和总结，为研究我党早期历史提供了宝贵的资料。2 月 5 日，斯大林接见中国共产党参加共产国际执行委员会第六次扩大会议代表团的代表蔡和森、李立三、向警予等人，并发表了讲话。此后，蔡和森的重要成果是对冯玉祥进行思想工作的成功。冯玉祥为亲自了解苏联的情况，于 3 月 20 日由平地泉出发，借访问德国的名义去苏联访问。5 月中旬，蔡和森在欧罗巴旅馆，向冯玉祥及其随行人员作了整整 3 天的报告，详尽而精辟地阐述了中国共产党的政治主张和实现国民革命的伟大意义，对他们提出的问题给予耐心的回答。冯玉祥由此在思想上发生了很大变化，表示回国后要参加国民革命，对蔡和森的知识渊博也很是敬佩。7 月，为了配合北伐，争取国民军，中共北方区委领导人李大钊派于右任、马文彦赴苏联，敦促冯玉祥回国，并为冯玉祥制订了"进军西北、解围西安、出兵潼关、策应北伐"的战略。同月 21 日，于右任抵达莫斯科，入驻莫斯科中国领事馆。蔡和森等人常去交谈，共同争取冯玉祥参加国民革命。下旬，蔡和森支持与帮助国民党代表于右任与冯玉祥在莫斯科秘密会谈，并很快达成协议。冯玉祥接受中共和李大钊提出的意见，并决心 8 月下旬启程回国。冯玉祥 8 月 17 日离开莫斯科回国时，请求蔡和森一同回国，帮助他做思想政治工作。蔡和森因共产国际的工作暂不能回国，冯玉祥于是向共产国际提出要求派刘伯坚和他一同回国去主持政治部的工作，获得共产国际同意。刘伯坚遂与冯玉祥以及苏联顾问等一起回国。9 月 17 日，冯玉祥在绥远五原县宜誓就任革命军总联军司令，改西北国民军为国民联军，全部加入国民党，正式接受国共合作的纲领和三大政策，史称"五原誓师"。18 日，冯玉祥发表回国宣言，表示与革命同志共同担负推翻帝国压迫、实行国民革命的重要使命。陈独秀在《向导》第 117 期发表《对于国民军再起的希望》，称赞"他这个宣言是中国革命史上重要的文件之一，由这个宣言所产生效果，将来非常之大"。又说："今日的冯玉祥，我们不能当作从前的冯玉祥看待了。""进"的方面，主要有英国布朗任成都大学经济系教授，指导成都大学经济系师生对四川峨眉山新开寺附近 25 个田区和成都平原 50 个农户进行调查，撰成《四川峨眉山 25 个田区之调查》和《四川成都平原 50 个田区之调查》的报告；日本京都大学的滨田耕作和东亚考古学会干事岛村孝三郎来北京，与北京大学的蒋梦麟经过会谈，双方组成"东方考古学协会"，并联合举行公开讲演会；日本作家谷崎润一郎 1 月上旬到访上海，内山完造在内山书店为其举行"见面会"，邀请郭沫若、田汉、欧阳予倩、谢六逸、方光焘、徐蔚南、唐越石等人出席，郭沫若初次结识谷崎润一郎；日本学者小畑薰良与闻一多就小畑薰良英文《李白诗集》展开讨论;等等。

本年度的学术论争主要聚焦于"古史辨派"的创立与论争、新旧文化与革命文学论争的深化、"语丝派"与"现代评论派"论战的延续、"国家主义"的高涨与论争等方面,是对上年论题的延续与深化。其中重中之重是"古史辨派"的创立与论争。

1. 关于"古史辨派"的创立与论争。依然与延续往年的"整理国故""疑古—信古"论争交织在一起。由于来自不同层面而出现不同的讨论重心与价值取向,主要包括以下各个论题。一是关于《古史辨》出版引发的论争。顾颉刚自去年编辑《古史辨》第1册,至本年6月11日由北平朴社出版。书首冠以顾颉刚长达六万言的自序,说明自己治学的经过,研究古史的方法和所以产生这些见解的原因,强调"我的唯一的宗旨,是要依据了各时代的时势来解释各时代的传说中的古史"。在此前的6月8日,顾颉刚曾致信胡适,告《古史辨》即将出版,谈到其《自序》时说:"这篇《自序》是费了两个多月的工夫作的。我本来不愿求人知,但数年来竭力要打出一条治学的境遇,终于打不出来。不得不尽量把自己说一下,希望人家知道之后肯帮助我一点。"可见顾颉刚本人对此自序的重视程度,实际上即是宣告以疑古辨伪为旗帜、以"层累地造成中国古史"为基本理论的学派"古史辨派"创立的宣言书。此书出版后,顾颉刚拿出246册赠与学术界乃至社会各界人士,其中有蔡元培、胡适之、钱玄同、沈兼士、沈士远、马幼渔、梁启超、王国维、傅孟真、毛子水、郑介石、俞平伯、柳翼谋、刘掞藜、胡堇人、陶孟和、李济之、徐志摩、郁达夫、金岳霖、博晨光、恒慕义、钢和泰等国内外学者,还有华文学校图书馆、京师图书馆、师大图书馆等机构,在学术界引起巨大轰动,古史辨派也以此成为民国时期影响最巨的学术派别。胡适这样评价《古史辨》:"这是中国史学界的一部革命的书,又是一部讨论史学方法的书。此书可以解放人的思想,可以指示做学问的途径,可以提倡那'深澈猛烈的真实'的精神。"又说:"这些讨论至今未完。但我们可以说,颉刚的'层累地造成的中国古史'一个中心学说已替中国史学界开了一个新纪元了。中国的古史是逐渐地、层累地堆砌起来的,——'譬如积薪,后来居上'。——这是决无可讳的事实。""在中国古史学上,崔述是第一次革命,顾颉刚是第二次革命。"甚至有论者认为"古史辨运动在中国近世史学史上的地位与十九世纪初年西洋史家如尼布尔等人同垂不朽"。但古史辨运动同时也在学界引发了激烈而持久的论争。12月,陆懋德在《清华学报》第3卷第2期发表《评顾颉刚古史辨》,对《古史辨》提出批评,认为"未能举出考古学上之证据"。此文后收入《古史辨》第2册。在《评顾颉刚古史辨》开启批评之风后,学界对于《古史辨》的质疑与批评不仅一直未尝中止,而且时有趋于激烈之势。二是关于国学研究的学理反思与矫正。1月27日,顾颉刚所编《北京大学研究所国学门周刊》第2卷第15—16期合册"《说文》证史讨论号"刊发5篇文章:先转载东南大学教授柳诒徵《论以〈说文〉证史必先知〈说文〉之谊例》,然后以顾颉刚《答柳翼谋先生》、钱玄同《与顾颉刚先生论〈说文〉书》、魏建功《新史料与旧心理》、容庚《论〈说文〉谊例代顾颉刚先生答柳翼谋先生》4人的文章列于其后,这是信古派与古史辨派发生的直接学术冲突,由此将3年前《读书杂志》上开始的古史论辩推向高潮。然而,随着国故、国学热本身的种种偏向以及有关论争的深入,不同层面出现了不同的讨论重心与价值取向,其中值得重点关注的是论争双方的自我反思与矫正。先看北大"疑古"派一方。6月6日,亦即顾颉刚主编《古史辨》出版前夕,胡适在北京大学研究所国学门第四次恳亲会上,面对学界的诸多质疑与争议以及"整理国故"本身的偏向,充分彰显了清醒的自我反思意识,甚至表示:"这事我大约总得负一点点责任,所以不得不忏悔。我们所提倡的'整理国故',重在'整理'。""我们不存什么'卫道'的态度,也不想从国故里求得什么天经地义来供我们安身立命。"再看学衡"信古"派一方。柳诒徵在 12 月《史学与地学》创刊号发表的《中国史学之双轨》一文,同样对此前的"信古"意见作出了矫正。柳诒徵并无一味固守旧学,而是主张"革新正史""运用以新法,恢弘史域""于史界开新纪元"。学衡派对于这种史学观的接纳和申述,可以视为其基于自我反思的一种超越。三是关于国学价值及其与现代生活的论争,清华大学朱自清刊于 5 月 9 日《文学周报》第 224 期的《现代生活的学术价值》率先引出这一论题。朱自清眼里的"国学"概念是不断生长的"中国学术",只有进一步拓宽国学研究的视野,"以现代生活的材料,加入国学的研究""将现代与古代打成一片",才不至于把"国学"做成类似于"埃及学"的亡国之学。总之,朱自清《现代生活的学术价值》基于对整理国故派狭隘的国学观念(把"国学"等同于"国故学"的做法)的不满,希望以开放的、面向现实与未来的"中国学术"重新界定"国学",将"国学"引入现代生活的维度而讨论和确立其学术价值,无疑具有"温故知新""破旧立新"的重要意义。然后至 5 月 23 日,曹聚仁在《文学周报》第 226 期发表《国故与现代生活——和佩弦先生谈谈》,反对朱自清"把国故同现代生活划开"的说法。6 月 6 日,叶圣陶在《文学周报》第 228 期发表《国故研究者》,赞同曹聚仁的意见。7 月 11 日,周予同在《顾著〈古史辨〉的读后感》中评述顾颉刚的治学方法与治学态度的同时,对于曹聚仁《国学概论》《国学大纲》等著作有所讥刺,致使认为"现代生活的大部分都是国故"的曹聚仁感到不满,遂于 8 月 8 日在《文学周报》第 237 期再发表《再论国故与现代生活——兼致意圣陶予同两先生》一文,一并对叶圣陶《国故研究者》与周予同《顾著〈古史辨〉的读后感》作出回应。四是关于国学研究的学派梳理与总结。回顾 1924 年 1 月胡适为东南大学国学研究班作《再谈谈整理国故》演讲,谓"东大与北大,虽同为国立的,而在世界学术上尚无何等位置,要想能够有一种学术能与世界上学术上比较一下,惟有国学",这是首次对当时整理国故两大中心以及论战双方的重要定位,至本年 12 月 1 日钱基博所撰《国学文选类纂·总叙》则进而对民国初期大学南北分派作了简要梳理与总结,首次提出"北大派""东大派"的二分法以及"学衡派"概念。再至 12 月 10 日,上海商务印书馆编译编辑闻宥则在《国学月刊》第 1 卷第 3 期发表《国学概论》,首先对国学的概念进行了界定,对国学与国故含义从历史的角度予以区别,并将国学研究者分为"抱残守缺""舍己从人"两派,文中还重点就学人对国学的误解进行了辨析与评论,从而提出国学的研究方法与范围,这对国学的深入研究与理论构建富有启发意义。此外,还需略略关注一下在保定私立培德中学任国文教员的缪钺在 11 月《学衡》第 59 期发表的《与学衡编者书》,信中批评新旧两派各走极端,这是非常有见地的评论。

    2. 关于新旧中西文化论争的延续。由于《晨报》已依附于奉系军阀张作霖,此后就不再见刊登纪念五四运动的文章了。而上海的《民国日报》也仅于 5 月 4 日刊出署名"飞"的《五四"感言"》一文,多少属于应景而作。但有关新旧中西以及文学革命的论争还在延续。关于新旧中西文化这一论题的重提,是缘于 1 月南北两篇论文。先是北京王庸于 1 月 8 日在《清华周刊》发表《旧伦理与新道德》,表达对新文化运动以来兴起的"旧伦理"与"新道德"论争的看法。而在上海,则有张东荪于 1 月 10 日在《东方杂志》第 23 卷第 1 号上发表《初学哲学之一参考》,文中阐述了张东荪的中西文化观:"要起中国的沉疴非彻底输入西方文化不可。所谓输入西方文化自然是指科学而言,然而输入科学却非先改变做人的态度不为功。所以输入科学而求其彻底,则非把科学的祖宗充分输入不可。科学的祖宗非他,西洋哲学便是。"由此可见,尽管新文化运动已近 10 年,但新旧文化论争远未结束,依然具有强大的内在动力。然而,本年新旧中西文化论争的深化,与"三一八"惨案对知识群体的强烈刺激及其对"五四"的回味与反思密切相关。5 月 10 日,鲁迅作《二十四孝图》,刊于 5 月 25 日《莽原》半月刊第 10 期,文中严厉抨击守旧派反对新文化、维护旧文化的罪行。24 日,鲁迅作《再来一次》,刊于 6 月 10 日《莽原》半月刊第 11 期,将两年前发表过的《"两个桃子杀了三个读书人"》加上说明重新发表。文中将章士钊的《评新文化运动》全文引入,再次对章士钊鼓吹古文,反对白话,并为自己的谬误狡辩的行径,进行了深刻的揭露和辛辣的讽刺。6 月 28 日,周作人作《六月二十八日》,刊于 7 月 1 日《世界日报·副刊》第 1 卷第 1 号,系为"三一八"百日忌所写的纪念文章,指出"正如'五四'是解放运动的开头一样,这'三一八'乃是压迫反动的开始""这三四年来,我天天在怕将有复古运动之发生,现在他真来了,三月十八日是他上任的日期。对于这种事情不大喜欢的人应当记取这个日子,永远放在心上,像母鸡抱蛋一样,一心守候它的孵化",皆由"三一八"惨案联系到五四新文化运动。其实,作为这场新旧文化论争的引领者,胡适于 6 月 6 日撰写《我们对于西洋近代文明的态度》,然后刊于 7 月 10 日《现代评论》第 4 卷第 83 期,与"三一八"惨案亦有一定的内在关联,因为不同于鲁迅、周作人等左翼学者的直接抗争,胡适则一直倡导"学术救国""全盘西化",以此改造中国,拯救中国。就在"三一八"惨案发生之后三天的 3 月 21 日,胡适在上海大同学院讲演,主张学术救国。再至 7 月,胡适在北大再次演讲"学术救国",谓"救国不是摇旗呐喊能够行的,是要多少多少的人投身于学术事业,苦心孤诣、实事求是的去努力才行。……你们知道,无论我们要做甚么,离掉学术是不行的"。所以胡适于"三一八"惨案不久,适时撰写并发表《我们对于西洋近代文明的态度》,同样体现了他不同于左翼学者更不同于共产党阵营的价值取向。概而言之,胡适此文主要是针对文化守旧势力而发,批评梁启超等津津乐道的西洋学者崇拜东方精神文明的议论"本来只是一时的病态的心理,却正投合东方民族的夸大狂"。胡适《我们对于西洋近代文明的态度》发表后,在学界引发了不同观点的论争。先是 7 月 10 日希祖在中共北方局机关刊物《政治生活》第 79 期发表《我们对于西洋近代文明的态度》,点名批评胡适并没有真正介绍西洋近代的新的健康的文明——新兴的无产阶级的文化,而只是"为资产阶级的文明又作了一次将死的最后呻吟"。文中表示同时反对胡适等赞美的西方资本主义文化与梁漱溟称颂的东方传统文化,而欢迎无产阶级的革命文化。8 月 28 日、9 月 4 日,常乃惪在《现代评论》第 4 卷第 90—91 期发表《东西文化质胡适之先生——读〈我们对于西洋近代文明的态度〉》一文,从国家主义观点对胡适《我们对于西洋近代文明的态度》提出质疑与批评。再至 9 月,潘光旦在《东方杂志》第 23 卷第 17 期上发表《科学与新宗教道德》一文,批评胡适一方面尊崇西方的科学精神;一方面又尊信西方的自由、平等、博爱,这两方面是矛盾的。潘光旦不同意胡适对东方圣人的批评,认为乐天、安命、守分的哲学是适合中国环境的。再至 12 月 10、25 日,《东方杂志》第 23 卷第 24 号发表张申府的《文明或文化》与张东荪的《西方文明与中国》这两篇针对胡适《我们对于西洋近代文明的态度》的代表性论文。前文针对胡适"全盘西方"的观点提出了不同意见,提出现代人对于西洋近代文明,宜取一种革命的相对的反对态度。尽管胡适为张申府"五四"时同一营垒的"战友",仍持"五四"新文化"全盘西化"或"充分的现代化"的文化立场,但张申府已转为马克思主义者,从阶级论、反动或革命的视角看待"西洋近代文明"。后文反思"实地察看中国社会情形,知道纯粹走西洋这条路不是绝无问题。换言之,即是不如设想的那样简单"。作者最后强调:"在这样情形下,输入西洋文明不是绝无问题,这是我愿促起讨论文明问题的人们注意的。至于我个人的意见,虽则仍主张彻底输入西洋思想,然对于畸形状态却以为亦非有一种补救之法不可。"此即张东荪《西方文明与中国》对于中西文化所得出的结论。

3. 关于革命文学讨论的延续。此与新旧文化论争具有内在的关联性,我们不难从上述希祖《我们对于西洋近代文明的态度》点名批评胡适并没有真正介绍西洋近代的新的健康的文明——新兴的无产阶级的文化,而只是"为资产阶级的文明又作了一次将死的最后呻吟"中获得某种启示。在左翼阵营,茅盾、郭沫若都曾演讲"革命文学"。与此不同的是,梁实秋2月15日在纽约完成《现代中国文学之浪漫的趋势》的长文,连载于3月25、27、29、31日《晨报副镌》第1369、1370、1371、1372号,文中批评白话新文学,其结论是:"现今中国文学是趋向于浪漫主义。"梁文明显受白璧德人文主义思想的影响,文学观念与《学衡》接近。这也从一个侧面印证了新旧文学与文化论争的内在关联性。这里拟重点讨论一下郭沫若关于"革命文学"的主要观点。是年,郭沫若先于1—2月间在"日本人所设的上海同文书院的中国学生班"与上海孙文主义学会寒假讲演会上讲演《革命与文学》,后刊于5月《创造月刊》第1卷第3期。文中首先提出了这样的论题:"我们现代是革命的时代,我们是从事于文学的人。我们所从事的文学对于时代有何种关系,时代对于我们有何种要求,我们对于时代当取何种的态度?"然后归纳和分析两种对立的文学的观:一种认为革命和文学是冰炭不相容的,这两个东西根本不能并立。主张这个意思的人更可以分为两小派:一派是所谓文学家,一派是所谓革命家;一种认为文学和革命也并不是不能两立,而且是互为因果,有完全一致的可能。作者认同后一种观点,并就革命与文学的关系问题展开系统的阐述,提出:"凡是革命的文学就是应该受赞美的文学,而凡是反革命的文学便是应该受反对的文学。应该受反对的文学我们可以根本否认它的存生,我们也可以简切了当地说它不是文学。""我们更可以归纳出一句话来:就是文学是永远革命的,真正的文学是只有革命文学的一种。所以真正的文学永远是革命的前驱,而革命的时期中总会有一个文学的黄金时代出现。"革命文学的内容是时代精神的反映,要随着革命的意义而转变,"社会进化的过程中,每个时代都是不断地革命着前进的。每个时代都有每个时代的精神,时代精神一变,革命文学的内容便因之而一变"。据此可以得出一个数学的方式,这用言语来表现时,就是文学是革命的函数。文学的内容是跟着革命的意义转变的,革命的意义变了,文学便因之而变了。革命在这儿是自变数,文学是被变数,两个都是XYZ,两个都是不一定的。在第一个时代是革命的,在第二个时代又成为非革命的,在第一个时代是革命文学,在第二个时代又成为反革命的文学了。所以革命文学的这个名词虽然固定,而革命文学的内涵是永不固定的。文中最后号召青年们:把时代精神抓着,把自己的生活坚实起来,把文艺的主潮认定,"到兵间去,民间去,工厂间去,革命的漩涡中去"。同在5月,郭沫若在上海《洪水》半月刊第2卷第16号发表《文艺家的觉悟》,文中论述了文艺家应该具有"思想上的信条",文艺应该反映时代精神的问题,提出"我们现在所需要的文艺是站在第四阶级说话的文艺,这种文艺在形式上是写实主义的,在内容上是社会主义的。此与《革命与文学》的精神是息息相通的。此外,还可参看成仿吾在《创造月刊》第1卷第4期发表的《革命文学与他的永远性》,蒋光赤在《创造月刊》第1卷第2—4期连载的《十月革命与俄罗斯文学》等文。

4. 关于"语丝派"与"现代评论派"论战的激化。"语丝派"一方主要有鲁迅、周作人、刘半农、林语堂等；"现代评论派"一方主要有陈源、徐志摩。其中1月是双方论争火力最旺的时期。1月1日，陈源在《〈现代评论〉第一周年纪念增刊》上发表《做学问的工具》，与章士钊发表于去年12月29日的《寒家再毁记》相呼应："从《寒家再毁记》看来，好象他们夫妇两位的藏书都散失了。这真是很可惜的。"2日，陈源在刊于《现代评论》第3卷第56期的《闲话》中，把他美化帝国主义、诬蔑爱国群众的行径称为"管闲事"，并说因此"常常惹了祸"，表示从今年起"永远不管人家的闲事"了。3日，鲁迅作《杂论管闲事·做学问·灰色等》，刊于1月18日《语丝》周刊第62期，系针对1月2日陈源发表于《现代评论》第3卷第56期的《闲话》而作，继续对陈源等现代评论派开展反击与批判，文中对现代评论派的政治特色作了深刻的概括：他们虽然"光怪陆离"，但"不免要显出灰色来"。同月上旬，林语堂撰《苦矣！左拉！》，批评陈源（西滢）刊于1925年12月12日《现代评论》第53期（出版）与1926年1月2日第56期的两篇《闲话》。13日，徐志摩在《晨报副刊》发表《闲话引出来的闲话》，盛赞陈源在《现代评论》第3卷第57期（1926年1月9日）谈法朗士的《闲话》，是"一篇可羡慕的妩媚的文章"。14日，鲁迅作《有趣的消息》，刊于19日《国民新报副刊》，继续揭露现代评论派佯装"不管闲事"和宣称将有大著作问世的伎俩。16日，鲁迅控告章士钊初步获胜，教育部发布"复职令"，"被告呈请免职之处分系属违法，应予取消"。20日，周作人在《晨报副刊》发表《闲话的闲话之闲话》一文，批评1月13日《晨报副刊》发表的徐志摩的《闲话引出来的闲话》中恭维陈源的话，指责徐志摩与章士钊、陈源沆瀣一气。20日，陈源致信周作人，谓"先生今天在《晨报》骂我的文章里，又说起'北京有两位新文化新文学的名人名教授……扬言于众曰：现在的女学生都可以叫局'。这话先生说了不止一次了，可是好像每次都在骂我的文章里，而且语气里很带些阴险的暗示……请先生清清楚楚的回我两句话：（一）我是不是在先生所说的两个人里面？（二）如果有我在内，我在什么地方，对了谁扬言了来？"21日，周作人作致陈源的信，刊于1月30日《晨报副镌》，信中回答了陈源20日来信中提出的两个问题。23日，林语堂所绘《鲁迅先生打叭儿狗图》载《京报副刊》第393号，漫画旁边附有鲁迅载《莽原》是年1月10日第1期的《论费厄泼赖应该缓行》一文中的部分文字。24日，鲁迅作《学界的三魂》。25日，又作《〈学界的三魂〉附记》，两文刊于2月1日《语丝》周刊第64期。文中针对现代评论派诬蔑鲁迅等为"土匪""学匪"的谬论，对"官魂""匪魂""民魂"作了具体分析，反击现代评论派诬蔑鲁迅等为"土匪""学匪"的谬论，揭露了当时教育界"官气弥漫，顺我者'通'，逆我者'匪'"的黑暗现象，抨击陈源等辈至今还在依仗官势，"慷慨激昂"地对别人进行诬陷。同日，鲁迅作《古书与白话》，刊于2月2日《国民新报副刊》，文中针对章士钊的做好白话文必须"读破几百卷书"的论调，揭露他鼓吹文言文、反对白话文的手段，不过是袭用"保古家"的"祖传的成法"，强调指出"古文已经死掉了；白话文还是改革道上的桥梁"，由古文到白话的发展趋势是任何人也改变不了的。又作《一点比喻》，刊于2月25日《莽原》半月刊第4期，文中把胡适、陈源一类"青年毕师"形象地比作领路的"山羊"，他们"脖子上还挂着一个小铃铎，作为智识阶级的徽章"，竭力将"人们，尤其是青年"引向"循规蹈矩""使天下太平"的死路；同时，又把统治阶级比作"豪猪"，对于他们鼓吹的安于命运、"中庸""礼让"等反动虚伪论调，也进行了讽刺和批判，指出人民必须"用牙角或棍棒"来抵御"豪猪"的进攻。同在25日，《语丝》第63期刊出刘半农《骂瞎了眼的文学史家》《刘复博士订正中国现代文学史冤狱图表》，以及林语堂《写在刘复博士文章及"爱管闲事"图表的后面》。《骂瞎了眼的文学史家》把斗争的矛头直接指向了北洋军阀的"叭儿狗""现代评论派"

干将陈源(西滢),将自比英国狄更斯、法国伏尔泰、左拉、法朗士的陈源视作"名盗、名贼、名妓、名优"之流。《刘复博士订正中国现代文学史冤狱图表》除把段祺瑞比作俾斯麦、徐树铮比作林肯、徐志摩比作泰戈尔外,又把陈源比作伏尔泰、左拉、法朗士。该表的最后一行尚有"阿哥(陈源)的妹妹"拟:"阿哥的英文比 Dickens 好"的字样,从而使"妹妹问题"又成为当时争论的新焦点。26 日,徐志摩致信周作人,谓"我妄想解围做和事老,谁想两头(按指周作人和陈源)都碰钉子……同时我却还有一句老实话,启明兄以为是否? 谑固然不碍,但不当近虐;新近有许多东西玩笑开得似乎太凶了。说来我还是不明白我们这几个少数人何以一定有吵架的必要。我呢,也许是这无怀氏之民的脾胃,老是想把事情的分别看小看没了的。就说西滢吧,我是完全信得过他的,就差笔头太尖酸些不肯让人,启明兄你如其信得过我,按我说,也就不该对西滢怀疑,说来还不是彼此都是朋友? 也许真是我笨,你们争执的分量我始终不曾看清楚"。30 日,刘半农《晨报副刊》上发表《致通伯》,驳斥陈通伯(即陈源)的谬论。同期刊出徐志摩的《关于下面一束通信告读者们》与陈源的《闲话的闲话之闲话引出来的几封信》,对鲁迅集中进行反击。又攻击鲁迅《中国小说史略》抄袭日本人盐谷温的《支那文学概论讲话》里面的"小说"部分。这一并无实据的指责,碰触到了鲁迅的底线,于是引来鲁迅更为激烈、密集的反击。到了 1 月底 2 月初,现代评论派徐志摩提出息战呼吁。1 月 31 日,徐志摩致信周作人,谓"关于语丝派和现代评论派的笔战事,我今天与平伯、绍原、金甫诸君谈了,我们都认为有从此息争的必要,拟由两面的朋友们出来劝和,……千万请你容纳"。2 月 3 日,《晨报副刊》以《结束闲话,结束废话!》为题,发表了徐志摩等人的通信。但鲁迅一方还在继续猛烈战斗。3 月 18 日"三一八"惨案发生后,鲁迅、周作人等都被列入北洋政府的黑名单,于是将批判陈源与章士钊以及北洋政府段祺瑞连在一起。再至 5 月 24 日,胡适在天津裕中饭店,因读鲁迅的《热风》很有感触,遂写信给鲁迅、周作人及陈源,对他们之间八九个月来的"深仇也似的笔战"表示很惋惜,信中说:"你们三位都是我很敬爱的朋友;所以我感觉你们三位这八九个月的深仇也似的笔战;是朋友中最可惋惜的事。我深知道你们三位都自信这回打的是一场正谊之战;所以我不愿意追溯这战争的原因与历史,更不愿评论此事的是非曲直。我最惋惜的是当日各本良心的争论之中,不免都夹杂着一点对于对方动机上的猜疑:由这一点动机上的猜疑,发生了不少笔锋上的感情;由这笔锋上的感情,更引起了层层猜疑,层层误解。猜疑愈深,误解更甚。结果便是友谊上的破裂,而当日各本良心之主张,就渐渐变成了对骂的笔战。"并表示希望"从今以后,都向上走,都朝前走,不要回头睬那伤不了人的小石子,更不要回头自相践踏。我们的公敌是在我们的前面;我们进步的方向是朝上走"。但胡适与陈源、徐志摩同属于现代评论派,在内心思想倾向上显然站在陈源一边,所以不无拉偏架之嫌。后来事实证明,由于"语丝派"与"现代评论派"矛盾的日趋激烈,这场论争最后不可避免地要烧到胡适。7 月 4 日,周作人在《世界日报·副刊》第 1 卷第 4 号发表《胡适之的朋友的报》。5 日,周作人在《语丝》第 86 期发表《现代评论主角唐有壬致〈晶报〉书书后》,这是对 5 月 18 日唐有壬致《晶报》社的信的回击。唐有壬信中声明《晶报》载"现代评论被收买"的消息,是转载《语丝》的,它"起源于莫斯科","这不过是共产党造谣的惯伎"。周作人在这篇"书后"指出:"《现代评论》收章士钊一千元的消息乃是从现代评论社出来的,收受国民党一千元的消息也是如此。唐君却硬说这是赤俄的消息,信中又拉共产党的言动,时时用他们这一个代名词笼统包括,这实在是一种卑劣阴险、没有人气的行为。"至此,鲁迅、周作人、刘半农、林语堂等"语丝派"与胡适、陈源、徐志摩的

"现代评论派"业已决裂,这从一个侧面反映了当时左、右翼知识群体的不同价值取向。在此补充一下,8月21日,高一涵在《现代评论》第89期发表《闲话》,批时下文坛"一骂而诸侯惧"的互骂文风,呼吁:"我二十四分的希望一般文人彼此收起互骂的法宝,做我们应该做的和值得做的事业。"鲁迅在《华盖集》中曾引此文予以反驳。10月16日,鲁迅在致许广平信中谈到"现代评论派"在厦门大学结党营私的情形,认为厦大"毫无希望",可见鲁迅对于"现代评论派"的憎恨至深。

5. 关于"国家主义"的高涨与论争。"国家主义"依然以中国青年党为主导。7月,中国青年党第一次代表大会在上海召开。此时中国青年党自我定位为一"革命政党",以"国家主义之精神、全民革命的方式外抗强权,力争中华民国之独立与自由,内除国贼,建设全民福利的国家"为宗旨,以"国家主义"为中心,反对共产主义。大会通过了《对于时局宣言》,鼓吹实行"全民革命"和"全民政治",反对"共产党式的包办国事"。曾琦、李璜、左舜生、陈启天、余家菊、张子柱等7人被推选为中央委员,曾琦为中央执行委员会委员长。中国青年党中的余家菊、李璜重在教育领域鼓吹"国家主义"。余家菊在1月1日著成、9月出版的《师范教育》一书之第七章《师范教育之特质》中有专论"国民精神之培养"。5月14日,撰《爱国教材在小学教育上的地位》,刊于7月《中华教育界》第16卷第1期,就爱国教材相关层面作了专题讨论。暑期,余家菊受孙传芳之邀赴金陵军校授课,讲授"国家学"与"军人修身",其间著成《国家主义概论》一书,于次年由靳云鹏出资印行。7月,李璜在《晨报副刊》第58期发表《我们为什么要办爱国中学》,另有中国青年党骨干常乃惪、陈启天皆为教育家,常乃惪在《中华教育界》第16卷第6期发表《公民教育与国民教育》,陈启天所著《建国政策发端》由少年中国学会刊行,彼此所论宗旨相通。是年,少年中国学会编《国家主义论文集》(第2集)由上海中华书局刊行,汇集了本年度"国家主义派"的重要论文。另一个新拓展的重要领域就是文学界,其中闻一多代表"大江会"积极参与了北京国家主义团体联合会的相关活动。当时闻一多依然信仰国家主义,以为唯国家主义方能救国,而把共产主义视为国家主义之主要障碍与对手,称两者"将在最近时期内有剧烈的战斗",因此,"切望同志快回来共同奋斗"。3月18日"三一八"惨案发生后,闻一多愤恨不已,先后作《唁词——纪念三月十八日的惨剧》《文艺与爱国——纪念三月十八》等。4月1日,《晨报副刊·诗镌》创刊,闻一多和饶孟侃经过不懈的努力,把《诗镌》创刊做成纪念"三月十八血案的专号"。闻一多《文艺与爱国——纪念三月十八》随即发表于《晨报副刊·诗镌》创刊号上。爱国运动与新文学运动之间有着密切的关系,爱国运动能够和文学复兴互为因果。从中可以看到闻一多"国家主义"的积极一面。然而由于中国青年党依托于军阀孙传芳,以及"国家主义"的反共反俄反北伐主张,必然要受到国共以及左翼学者阵营的反击与批判。时在广州的茅盾3月7日在其主编的《政治周报》第5期一并发表了《国家主义者的"左排"与"右排"》《国家主义——帝国主义最新式的工具》《国家主义与假革命不革命》三篇文章,对"国家主义"作了集中的批判,重在揭露"国家主义"作为"帝国主义最新式的工具""假革命不革命"的本质特性,同时也代表了作为国共合作的重要舆论阵地的《政治周报》之于"国家主义"派的政治立场与态度。对于"国家主义"批判更为持久和深入的是陈独秀。5月25日,陈独秀在《新青年》第4号发表《孙中山三民主义中之民族主义是不是国家主义?》。在这篇具有深度学理的批驳文章中,作者不仅超越了西方资产阶级政治学说对国家的定义,而且揭示了国家的阶级本质、"国家主义"的反民族革命、逆时代潮流、背离中国国情的反动本性。此后,陈独秀还于《向导》第 178 期发表了《国家主义派有了极阔的首领！》《国家主义者眼中的赤化！》《国家主义者对国民党党旗及北伐》等文，揭露"国家主义派"反对国共、纠结军阀与帝国主义的本质。郭沫若也曾发文批判"国家主义"，在作于 3 月 2 日、刊于 5 月 1 日《洪水》半月刊第 2 卷第 16 期的《文艺家的觉悟》一文中对"国家主义"与"无政府主义"同时开展批判。

　　除了上述论争之外，本年度聚焦于重要学术论题的尚有：李大钊著《马克思的中国民族革命观》，杨杏佛著《科学与革命》，程绍德著《言论自由与政治学术》，金岳霖著《唯物哲学与科学》《自由意志与因果关系的关系》，景昌极著《因与果"神学玄学科学之异趣"》，章太炎著《章太炎国学讲演集》，唐钺著《国故新探》，中华学艺社编《国故论丛》，陈柱著《国学教学论》，中华学艺社编《唯物史观研究》，李石岑著《人生哲学》卷上，吴稚晖著《一个新信仰的宇宙观与人生观》，刘仁航著《东方大同学案》，胡适著《中国哲学史大纲》卷上，周予同著《经今古文学》，郎擎霄著《老子学案》，罗运炎著《孔子社会哲学》，李福星著《孟子经济思想》，陈安仁著《六朝时代学者之人生哲学》，中国青年社编《马克思主义浅说》，何子恒著《希腊哲学史》，王治心著《中国历史的上帝观》，熊十力著《因明大疏删注》，太虚讲，黄中疆等编《佛学概论》，太虚著《庐山学》，吕澂著《因明纲要》《佛学研究法》，赵紫宸著《基督教哲学》，章士钊著《政治心解》，甘乃光著《孙文主义大纲》《孙文主义之理论与实际》，高尔柏著《中山主义概论》，邵元冲等著《孙文主义总论》，左学昌著《孙中山三民主义之研究》，彭学沛著《最近世界各国政治》，高一涵著《中国内阁制度的沿革》，陈达著《近八年来国内罢工的分析》，孟天培、甘博著，李景汉译《二十五年来北京之物价工资及生活程度》，甘乃光著《先秦经济思想史》，王庸著《经济地理学原理》，吴士瑜编《银行学》，徐寄顾编《最近上海金融史》，孟森著《中国染业史》，李俨著《明代算学书志》，李达著《现代社会学》，易家钺著《社会学史要》，陈长蘅著《中国人口论》，张竞生著《美的社会组织法》与《性史》第一集，蔡元培著《中国古代之交通》，梁启超著《中国都市小史》《中国之都市》，吕思勉著《夏都考》，陶孟和著《社会与教育》，赵元任著《符号学大纲》，吕思勉著《中国文字变迁考》，赵元任正音，赵虎延、孙珊馨编校《(国际音标)国语正音字典》，王云五著《四角号码检字法》，茅盾著《中国文学不能健全发展之原因》，郭斌龢著《新文学家之痼疾》，郁达夫著《文艺论集》《小说论》《戏剧论》，顾实编《中国文学史大纲》，曹聚仁编著《平民文学概论》，张世禄《诗经篇中所见之周代政治风俗》，游国恩著《楚辞概论》，陆侃如著《乐府古辞考》，徐中舒著《古诗十九首考》，刘半农校点《香奁集》，郑宾于著《长短句(中国文学流变史稿)》，胡云翼编著《宋词研究》，姚永朴编辑其先祖姚鼐诗作《惜抱轩诗训纂》8 卷，徐珂著《清代词学概论》，王国维(原题王静安)著《人间词话》《中国历代之尺度》《辽金时代蒙古考》《鞑靼考》，鲁迅著《小说旧闻钞》，傅岩著《小说通论》，周瘦鹃，骆无涯编辑《小说丛谭》，吴梅著《中国戏曲概论》，顾颉刚编著《吴歌甲集》《古史辨》(第 1 册)，台静农编《关于鲁迅及其著作》，贺麟《林纾，严复时期的翻译》，陈衡哲著《文艺复兴小史》，潘天寿(原题潘天授)编《中国绘画史》，邓之诚《骨董琐记》，郭沫若著《西洋美术史提要》，郑观文著《中国音乐史》，王光祈著《东西乐制之研究》，李璜著《历史学与社会科学的关系》，朱谦之著《历史哲学》，王桐龄著《中国史》(第 1—3 编，第 4 编上册)，常乃惪著《中国史鸟瞰》(第 1 册：中华民族之构成及其发展)，张亮采编《中国风俗史》，曾友豪编著《中国外交史》，杨启高著《史记通论》，李思纯著《元史学》，谢彬著《西藏交涉略史》，刘炳荣著《西洋文化史纲》，谢勩之编《近世文化史》，高维昌编《西洋近代文化史大纲》，高一涵著《欧洲政治思想史》(卷上)，张乃燕著《世界大战全史》，向达著《纸自中国传入欧洲考略》，徐宗泽编著

《明末清初灌输西学之伟人》，左舜生编《中国近百年史资料》（上下册），邵元冲讲《中国之革命运动及其背景》，贝华著《中国革命史》，汤澄波著，恽代英审定《各国革命运动概论》，程演生编《太平天国史料第一集》，刘复（半农）著《太平天国有趣文件十六种》，潘朕凡著《辛亥革命日记》，陈垣著《中西回史日历》，朱襄廷著《庄史案辑论》，徐宗泽著《明末清初灌输西学之伟人》，张謇著《啬翁自订年谱》，陈万里著《西行日记》，王庸著《怎样才是人生地理学》，张其昀著《人生地理学之态度与方法》，姚际恒著、顾实重考《重考古今伪书考》，杜定友著《图书目录学》《图书选择法》等等。杨杏佛《科学与革命》提出科学与社会革命结合的思想，得出结论："惟有科学与革命合作是救国的一个不二法门。换句话说，便是革命家须有科学的知识。科学家须有革命的精神，共同努力去研究社会问题，以及人生一切的切身问题，中国才有救药，世界上才有光明！"中华学艺社编《唯物史观研究》收论述马克思唯物史观的论文7篇，可谓当时唯物史观研究学术成果之集成。刘仁航著《东方大同学案》设想比较新颖，认为大同世界是东西文化共同的理想，所以把中国先秦哲学、基督教、佛教合编为大同学案。全书分6卷：孔孟大同小康学案、老庄自然学案、杨子兼利学案、墨（侠）兼爱学案、耶稣爱人学案、佛福慧圆满学案等。胡适著《中国哲学史大纲》卷上将中国哲学史划分为三个时代：(1)自老子至韩非子，为古代哲学；(2)自汉至北宋，为中世哲学；(3)近世哲学，并称"明代以后，中国近世哲学完全成立"。像这样明确地对中国哲学进行历史分期，并将中国哲学放在世界哲学史的范围内对中国近代哲学作明晰的源流探析的，在中国近代史学史和中国近代哲学史上，是前所未有的。顾颉刚评价《中国哲学史大纲》为"中国第一本有系统的哲学史"。周予同《经今古文学》能跳出经学门户的窠臼，抓住经学史上的重要问题展开论述，具有旧题新著的意义，出版后产生不小影响。李达著《现代社会学》乃我国最早用马克思主义观点较系统地研究社会学的著作之一，既是对先前问世的蔡和森《社会进化史》以及瞿秋白《现代社会学》和《社会科学概论》等的深化，又为后来郭沫若、吕振羽等运用唯物史观具体而微地研究中国社会史提供了启示。张竞生《性史》第一集出版后在社会上引起了轩然大波，但作为中国性史调查与研究的开端，依然具有重要价值。梁启超《中国都市小史》《中国之都市》皆系《中国文化史》"都市"部分的内容，率先开启了中国近代意义上的城市史研究之先声。孟天培、甘博著，李景汉译《二十五年来北京之物价工资及生活程度》主要通过对北京城内一些老店铺的老账簿等第一手资料的分析，探讨1900—1924年间北京城内主要商品如食品等的物价波动、家庭生活的资金分配等情况。该文不仅是社会经济史研究的开风气之作，而且保留了大量有价值的史料，文中还配有相关变化图表。朱君毅著《教育统计学》与周调阳著《教育统计学》皆为教育统计学的开创之作。王云五著《四角号码检字法》介绍该法创编经过及使用方法，具有原创性价值。书前有蔡元培、胡适等人的序三篇。书末附录：四角一览表等。王国维（原题王静安）著《人间词话》初刊于1908—1909年上海《国粹学报》第47、49、50期，至是年由北京朴社刊行。卷首有俞平伯《序》，首次高度评价了这本寥寥数千言的书内"明珠翠羽，俯拾即是"，是中国古典文论的"瑰宝"，并揭示此书之要旨即"论词标举'境界'"及"'隔'与'不隔'之说"。吴梅著《中国戏曲概论》将研究重心放在元明清三代，吸收了王国维《宋元戏曲考》的研究成果，并对元明清戏曲作家、作品、曲谱、曲律等都做了详尽细致的研究，弥补了《宋元戏曲考》的某些缺陷，成为真正意义上的中国戏曲通史。段天炯《吴霜崖先生在现代中国文学界》（《时事新报》1939年4月16日）中说："若以近代文学史观之，则宋元三百年间戏剧之有史，为海宁王先生苦心整理之功；至于八百年来，曲之成学，俾后有天才，得所津逮，则实自霜崖先生始也。"钱基博《现代中国文学史》（上海书店刊行社 2007 年版）说："曲学之兴，国维治之三年，未若吴梅之劬以毕生。国维限于戏曲，未若吴梅之集其大成。国维详其历史，未若吴梅之发其条例。国维赏其文采，未若吴梅之析其声律。而论曲学者，并世要推吴梅为大师。"顾颉刚编著《吴歌甲集》有钱玄同、胡适、刘半农、沈兼士作序。胡适《吴歌甲集序》说："我们很热诚地欢迎这第一部吴语文学的专集出世。颉刚收集之功，校注之勤，我们都很敬服。他的《写歌杂记》里有许多很有趣味又很有价值的讨论，可以使我们增添不少关于《诗经》的见识。"刘半农《吴歌甲集序》说："前年，颉刚做出孟姜女考证来，我就羡慕得眼睛里喷火，写信给他说：'中国民俗学上的第一把交椅，给你抢去坐稳了。'现在编出这部《吴歌集》，更是咱们'歌谣店'开张七八年以来第一件大事，不得不大书特书的。"朱谦之著《历史哲学》对历史的新意义、历史哲学的进化等 8 个问题进行论述，并借鉴生物学理论与方法提出了"生命史观"，又称"生机主义史观"。李璜《历史学与社会科学的关系》提出历史学与社会科学相互促进这一论题。王桐龄著《中国史》为中国通史。此书的优长之处，一是在长篇序论中阐述历史的定义、中国史的命名、中国史上之种族、中国史上之地理、中国史上之年代等若干理论问题；二是将上古至清代的中国历史划分为上古、中古、近古、近世四大时段，然后又将这四个大时代细分为八个小时代，从而构建了一个新的历史叙事框架；三是融合由章节体、纪事本末体而成的一种综合体，在史体上作了新的探索；四是书后附有大量图表，共计 362 份，能起到图表文互释的作用。常乃惪著《中国史鸟瞰》（第 1 册：中华民族之构成及其发展）分 14 章，尤重历史地理的叙事视角，依次论述了何谓中华民族、黄河流域之开化、长江上下流之同化、满洲之同化、珠江之同化、蒙古之加入中国版图、西北之开拓、西藏之加入中国版图、朝日与中国历史上的关系、中华民族在印支半岛及南洋群岛之发展、历史上之中国与西亚文明之交换、白人之东渐与中华民族之危机等问题。李思纯著《元史学》分元史学之鹄的、过去之元史学及其史料、元史学之各项文体、元史学之将来等，善于勤搜博采中西史籍中所得者而融合之，率先为国内的蒙古史研究者提供了较为完整的学术史背景。陈垣《中西回史日历》系我国中西回历合编的最早著作，为这三种历法的纪年提供了方便而准确的换算工具，出版后受到学界高度评价。陈万里著《西行日记》系对西部石刻、壁画、雕塑、古城遗址等进行实地调查的考察报告。王庸《怎样才是人生地理学》、张其昀《人生地理学之态度与方法》开始以"人生地理学"的新内涵批判方志地学框架下的"人文地理学"传统，并构建起新阶段"人生地理学"的理论与方法体系。

　　再就聚焦于学术史的论者而言，其经典之作还是梁启超著《中国近三百年学术史》，此前先行连载于 1924—1925 年《史地学报》，至是年由上海民志书店出版。书中附《明清之际耶稣会教士在中国者及其著述》。此与后来钱穆所著《中国近三百年学术史》成为清代学术史著作之"双璧"。此外，《清华十五周年纪念增刊》4 月底出版，其中真正具有学术史论性质的是吴宓《由个人经验评清华教育之得失》、卫士生《京师教育评议》、周传儒《十五年来中国教育的回顾》。后文又可与 10 月 10 日蔡元培为《申报》"国庆纪念增刊"撰写的《十五年来我国大学教育之进步》相参看；梁启超 10 月 26 日在欢迎瑞典皇太子来华访问所发表的演说辞《中国考古学之过去及将来》载《晨报》，认为考古学在中国成为一门专门学问起自北宋，中国传统学术中就有考古学的成分，只是未得到充分的发展，欧美的新方法新技术可以对中国既有的考古学有所裨益，并代表了今后考古学的发展方向。此外，《史学与地学》创刊号发表向达译《近四十年来美国之史学》、郑鹤声《各家〈后汉书〉综述》，也具有学术史论性质与价值；黎锦熙编著、张蔚瑜写绘的《国语四千年来变化潮流图》为在费城举行的纪念美国开国150周年世界博览会的中国教育陈列品，图中显示了四千年来中国语言文字的变迁及文学的源流派别，对各时代的辞书、字典、韵书及文学上的重要典籍略举内容，列成系统，对历代作家，略考生卒年代，举例作品，分别流派。本图初版多有错误，再版时加以订正。初版译校者为汤洪真，再版译校者为邵松如。其他尚有：梁启超《先秦学术年表》、黄建中《中国认识论史·导言》、陈竞《上古史学概论》、郭沫若《周秦以前古代思想之蠡测》、马叙伦《中国文字之原流与研究方法之新倾向》等等。（以上参见本书"学术背景""学术活动""学术著作""学者生卒"栏所引文献与出处，以及章恒忠、王亚夫主编《中国学术界大事记(1919—1985)》，上海社会科学出版社1988年版；中央教育科学研究所编《中国现代教育大事记1919—1949》，教育科学出版社1988年版；曹义孙、胡晓进编著《三十年中国法学教育大事记1919—1949》，中国政法大学出版社2011年版；王学典《20世纪史学编年(1900—1949)》，商务印书馆2014年版；付喜祥《20世纪前期中国文学史写作编年史》，北京师范大学出版社2013年版；中国大百科全书总编辑委员会编《中国大百科全书·考古学》，中国大百科全书出版社2002年版；王学珍等编《北京大学纪事(1898—1997)》，北京大学出版社1998年版；清华大学校史研究室编《清华大学一百年》，清华大学出版社2011年版；北京师范大学党委办公室、北京师范大学校长办公室《北京师范大学纪事》，北京师范大学出版社2012年版；南京大学高教研究所编《南京大学大事记(1902—1988)》，南京大学出版社1989年版；洪永宏编著《厦门大学校史》(第一卷)，厦门大学出版社1990年版；沈卫威编《学衡派编年文事》，南京大学出版社2015年版；吴永贵《民国图书出版史编年：1912—1949》，社会科学文献出版社2018年版；欧阳哲生《纪念"五四"的政治文化探幽——一九四九年以前各大党派报刊纪念五四运动的历史图景》，《中共党史研究》2019年第4期；文韬《"国故学"与"中国学术"的纠结——民国时期两种"国学"概念的争执及其语境》，《中山大学学报》2013年5期；李长银《古史辨运动的兴起——个学术史的分析》，山东大学硕士学位论文，2013年；郭佳《历史与神话的交融——近现代学术史视野下的顾颉刚禹夏研究》，山东大学博士学位论文，2019年；雷颐《张申府与"新民主主义文化"理论建构》，《兰州学刊》2019年第5期；刘群《新月社研究》，复旦大学博士学位论文，2006年；顾颉刚撰、王晴佳导读《当代中国史学》，上海古籍出版社2002年版；姜建、吴为公编《朱自清年谱》，安徽教育出版社1996年版；顾潮编著《顾颉刚年谱》，中国社会科学出版社1993年版；耿云志《胡适年谱》，四川人民出版社1989年版；董恩强《顾颉刚学术思想评析：以〈一九二六年始刊词〉为中心》，《福建论坛》2015年第6期；高平叔编著《蔡元培年谱长编》，人民教育出版社1996年版；王玉德《钱基博学术年谱简编》，载舒大刚主编《儒藏论坛》，四川大学出版社2009年版；缪元朗《缪钺先生生平编年(1904年—1978年)》，载《魏晋南北朝史论文集》，四川巴蜀书社2006年版；耿云志《胡适年谱》，四川人民出版社1989年版；李永春编著《蔡和森年谱》，湘潭大学出版社2008年版；林甘泉、蔡震主编《郭沫若年谱长编》，中国社会科学出版社2017年版；谢保成、魏红珊、潘素龙编《中国近代思想家文库·郭沫若卷》及附录《郭沫若年谱简编》，中国人民大学出版社2015年版；闻黎明、侯菊坤《闻一多年谱长编》(增订版)，上海交通大学2014年版；左玉河编《张东荪年谱》，群言出版社2014年版；左玉河编《中国近代思想家文库·张东荪卷》附录《张东荪年谱简编》，中国人民大学出版社2015年版；鲁迅博物馆、鲁迅研究室编《鲁迅年谱》，人民文学出版社1981年版；张菊香、张铁荣主编《周作人年谱》，南开大学出版社1985年版；雷颐编《中国近代思想家文库·张申府卷》附录《张申府年谱简编》，中国人民大学出版社2015年版；吕文浩编《中国近代思想家文库·潘光旦卷》及附录《潘光旦年谱简编》，中国人民大学出版社2015年版；林甘泉、蔡震主编《郭沫若年谱长编》，中国社会科学出版社2017年版；顾友谷《常乃德学术思想述评》，云南大学出版社2013年版）